Wörterbücher
Dictionaries
Dictionnaires

HSK 5.1

# Handbücher zur Sprach- und Kommunikationswissenschaft

Handbooks of Linguistics
and Communication Science

Manuels de linguistique et
des sciences de communication

Mitbegründet von
Gerold Ungeheuer

Herausgegeben von / Edited by / Edités par
Hugo Steger
Herbert Ernst Wiegand

Band 5.1

Walter de Gruyter · Berlin · New York
1989

# Wörterbücher
# Dictionaries
# Dictionnaires

Ein internationales Handbuch zur Lexikographie
An International Encyclopedia of Lexicography
Encyclopédie internationale de lexicographie

Edited by / Herausgegeben von / Editée par
Franz Josef Hausmann · Oskar Reichmann
Herbert Ernst Wiegand · Ladislav Zgusta

Erster Teilband / First Volume / Tome Premier

Walter de Gruyter · Berlin · New York
1989

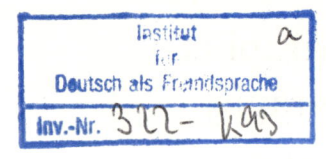

∞ Gedruckt auf säurefreiem Papier
Printed on acid free paper

*CIP-Titelaufnahme der Deutschen Bibliothek*

**Handbücher zur Sprach- und Kommunikationswissenschaft** / mitbegr. von Gerold Ungeheuer. Hrsg. von Hugo Steger; Herbert Ernst Wiegand. — Berlin; New York: de Gruyter.
   Teilw. mit Parallelt.: Handbooks of linguistics and communication science. — Früher hrsg. von Gerold Ungeheuer u. Herbert Ernst Wiegand
NE: Ungeheuer, Gerold [Begr.]; Steger, Hugo [Hrsg.]; PT

Bd. 5. Wörterbücher.
   Teilbd. 1 (1989)

**Wörterbücher:** ein internationales Handbuch zur Lexikographie = Dictonaries / hrsg. von Franz Josef Hausmann ... — Berlin; New York: de Gruyter.
   (Handbücher zur Sprach- und Kommunikationswissenschaft; Bd. 5)
NE: Hausmann, Franz Josef [Hrsg.]; PT
Teilbd. 1 (1989)
ISBN 3-11-009585-8

© Copyright 1989 by Walter de Gruyter & Co., D-1000 Berlin 30.
Dieses Werk einschließlich aller seiner Teile ist urheberrechtlich geschützt. Jede Verwertung außerhalb der engen Grenzen des Urheberrechtsgesetzes ist ohne Zustimmung des Verlages unzulässig und strafbar. Das gilt insbesondere für Vervielfältigungen, Übersetzungen, Mikroverfilmungen und die Einspeicherung und Verarbeitung in elektronischen Systemen.
Printed in Germany
Satz und Druck: H. Heenemann GmbH & Co., Berlin
Buchbinderische Verarbeitung: Lüderitz & Bauer, Berlin

# Vorwort

Die Lexikographie, die in diesem Handbuch in erster Linie als Sprachlexikographie verstanden wird, ist eine über 4000 Jahre alte Praxis, die in recht unterschiedlichen Formen die verschiedenen Schriftkulturen stets begleitet hat: von den zweisprachigen, auf Tontäfelchen geschriebenen, sumerisch-akkadischen Wortlisten bis zur elektronischen Datenbank. Die Begründung für die Existenz von lexikographischen Nachschlagewerken liegt einerseits in der Vielzahl der Sprachen und Sprachvarietäten und dem individuellen Gebrauch, der zum Sprachwandel führt, sowie andererseits vor allem in der anthropologisch begründeten Notwendigkeit, dennoch in und zwischen möglichst vielen Lebensbereichen sprachliche Verständigung zu erreichen oder z. T. auch zu verhindern. Es waren meist die kulturtragenden und gesellschaftlich bestimmenden Gruppen und deren unterschiedliche kulturelle Institutionen, welche die Lexikographie gefördert haben. Die Antriebskräfte hierzu waren und sind vor allem: Religion und Dichtung, Politik und Wirtschaft, das Bildungswesen, Sprachplanung und Sprachpflege sowie die Wissenschaften und unter diesen insbesondere die Sprach- und Kommunikationswissenschaft (vgl. Art. 1).

Gegenwärtig tritt die Sprachlexikographie in zwei, wenn einander auch überlappenden, Ausprägungen auf, einer nichtwissenschaftlichen und einer wissenschaftlichen. In der ersten Ausprägung ist sie eine autodidaktisch erlernbare kulturelle Praxis; in der zweiten, die heute von ungleich höherem gesellschaftlichen Gewicht ist, handelt es sich um eine eigenständige kulturelle und wissenschaftliche Praxis mit einer selbstreflexiven Komponente, welche von externen Theorien mehr oder weniger stark beeinflußt ist und in ihrer Gesamtheit nur von akademisch ausgebildetem Personal überschaut und beherrscht werden kann.

Die Aufgaben der wissenschaftlichen Lexikographie sind vielseitig, und entsprechend haben lexikographische Nachschlagewerke und besonders die Sprachwörterbücher Zwecke in sehr verschiedenen Bereichen zu erfüllen. Dies gilt vor allem für den mutter- und fremdsprachlichen Lernprozeß, in verschiedenartigen fachlichen Lernprozessen in Wissenschaft und Technik, im Sprachmittlungsprozeß, im kulturhistorischen Aneignungsprozeß, in den ideologischen Prozessen, die der Herausbildung einer sich selbst bewußt werdenden Sprachgemeinschaft dienen, sowie im Rahmen der Sprachpolitik gegenüber anderen Sprachgemeinschaften. In allen genannten Bereichen sind Wörterbücher wertvolle Hilfsmittel für die sprachliche Verständigung, insbesondere wenn sie im Medium schriftlicher Texte erreicht werden soll. Aus Wörterbüchern können ihre Benutzer nicht nur sprachliches Wissen erschließen, sondern mit diesem meist auch einen Teil des Sachwissens und stets auch wichtige Ausschnitte aus dem ideologischen Wissen der eine Sprache oder Sprachvarietät benutzenden Gruppe. Wörterbücher, insbesondere die führenden einsprachigen, machen immer auch Identifikationsangebote. Diese können vom Lexikographen und den hinter ihm stehenden Instanzen unverbindlich als Entscheidungshilfen im Prozeß der Kulturvermittlung gemeint sein und vom Benutzer als solche akzeptiert werden. Bei normativer Anlage und bewußt ideologischer Ausrichtung von Wörterbüchern können sie jedoch auch der Durchsetzung kultureller Programme dienen, beispielsweise der Etablierung einer bestimmten Sprachvarietät als schriftsprachlicher Leitvarietät oder im Extremfalle der Indoktrination eines ganzen Staatsvolkes auf dem Wege staatlicher Verordnung geschlossener Ideologiegebäude. Sieht man von Details und Besonderheiten ab, dann gilt wohl für die meisten Fälle: Das freie Angebot sich frei fühlender Lexikographen und die autoritäre Verordnung mischen sich und haben oft gemeinsame Konsequenzen; diese bestehen in der Akzeptierung der lexikographisch vermittelten Inhalte und in der bewußten oder unbewußten Identifikation mit ihnen. Dadurch wird die Bildung von Gruppensolidaritäten gefördert sowie die Abgrenzung von Gruppen nach außen und damit die Konstitution kollektiver Handlungseinheiten. Die Förderung der Lexikographie wurde in die Schlußakte der Konferenz von Helsinki für Sicherheit und Zusammenarbeit in Europa (1975) aufgenommen. Dies kann als ein Zeichen dafür gewertet werden, daß auch in der internationalen Politik erkannt worden ist, daß die Lexikographie wichtige gesellschaftliche Aufgaben wahrzunehmen hat.

Das Interesse an der Lexikographie und ihren verschiedenen Produkten hat sich, insbesondere in den beiden letzten Jahrzehnten, erheblich verstärkt. Für diese Tendenz gibt es außerwissenschaftliche und wissenschaftsimmanente Ursachen. Zu den ersteren gehören u. a. die ständig wachsende Internationalisierung des Warenaustausches, die zunehmende internationale Verflechtung der Wirtschaft, der Aufbau supranationaler Organisationen, der Tourismus etc. und mit alledem der zunehmende Bedarf an Fremdsprachenkenntnissen insbesondere auch im fachsprachlichen Sektor. Zu den wissenschaftsimmanenten Ursachen gehört es u. a., daß in den verschiedenen Grammatiktheorien das lange vernachlässigte Lexikon als Modellkomponente eine zunehmend größere Rolle spielt, daß in den auf die Kognition bezogenen Wissenschaften realistische Lexikonmodelle im Zentrum des Interesses stehen, daß auch im Fremdsprachenunterricht der Wortschatz wiederentdeckt und daß der Computer in den lexikographischen Prozeß integriert wurde. Bei dem wachsenden Interesse an der Lexik, die ja vor allem über Wörterbücher zugänglich ist, konnte es nicht ausbleiben, daß sich in den letzten beiden Jahrzehnten allmählich auch eine Disziplin herausbildete, die sich vor allem für die Wörterbücher selbst, ihre Formen, Strukturen, ihre Benutzung, ihre Kritik und ihre Geschichte und damit ihre Stellung in der Gesellschaft interessierte. Als Name für diese Disziplin konkurrieren derzeit im deutschen Sprachgebiet vor allem *Wörterbuchforschung* und *Metalexikographie*. Die Wörterbuchforschung hat einen homogenen Gegenstandsbereich, eine Reihe von klaren Perspektiven, verfügt über eigene Methoden, ein bestimmtes Wissenskorpus sowie bestimmte Darstellungsmittel. Damit erfüllt sie die notwendigen Bedingungen, um als Disziplin im wissenschaftstheoretischen Sinne zu gelten. Sie kann als ein *wissenschaftliches* Forschungsfeld verstanden werden und ist derzeit auf dem Wege, eine *wissenschaftliche* Disziplin im wissenschaftstheoretischen Sinne zu werden (vgl. Art. 29).

Die Lexikographie als Praxis und die Wörterbuchforschung als wissenschaftliches Forschungsfeld gehören systematisch zusammen, da sie ein gemeinsames oberstes Ziel haben. Dieses besteht darin, die kulturelle Praxis der Wörterbuchbenutzung zu ermöglichen und zu fördern. Die Lexikographie dient diesem Ziel praktisch, die Wörterbuchforschung theoretisch. Den Gegenstand dieses Handbuchs bildet die Lexikographie und die Wörterbuchforschung, und letztere präsentiert sich in diesem Handbuch zum ersten Mal in ihren verschiedenen Ausprägungen mit einem großen Reichtum an Details, aber — so hoffen die Herausgeber — zugleich in einer zusammenhängenden und umfassenden Weise.

Die Aufgaben und Zielsetzungen des Handbuches ergeben sich aus der hier gegebenen Charakterisierung des Gegenstandes, aus der Lage der Lexikographie und dem Forschungsstand der Wörterbuchforschung. Sie können wie folgt in allgemeiner Weise charakterisiert werden. Zielsetzung des Handbuches ist es,
— die Lexikographie aller Sprachkreise der Erde zu registrieren sowie die der größeren Sprachen, und hier besonders die der europäischen Sprachen und die ihrer Varietäten, detailliert darzustellen,

Vorwort

- den Status und die Funktion von lexikographischen Nachschlagewerken, insonderheit die von Sprachwörterbüchern in ihren unterschiedlichen Typen innerhalb der Kultursysteme von Gesellschaften zu beschreiben,
- die Geschichte der Lexikographie an Beispielen größerer Kulturen zu entwerfen,
- auf der Grundlage der Kenntnis der gesellschaftlichen Funktionen von Wörterbüchern und der Wörterbuchgeschichte und unter Berücksichtigung von Theorien über den Aufbau des Lexikons und seine Stellung im Sprachganzen Ausschnitte zu einer Allgemeinen Theorie der Lexikographie zu liefern und damit einen Beitrag dazu zu leisten, daß die Wörterbuchforschung in jeder Hinsicht eine vollständig ausgebaute wissenschaftliche Disziplin im wissenschaftstheoretischen Sinne wird,
- die Methodik der Lexikographie für alle Phasen des lexikographischen Prozesses, von der äußeren Arbeitsorganisation der Wörterbuchkanzleien bis hin zu methodischen Einzelverfahren (z. B. Datenerhebung, Gestaltung der Außentexte, Bedeutungserschließung bei historischen Wörterbüchern) unter Berücksichtigung des Computereinsatzes darzustellen und weiterzuentwickeln,
- auf die Unterschiede zwischen den realistischen Möglichkeiten und der gegebenen Realität der lexikographischen Praxis hinzuweisen und aus der Kenntnis von lexikographischen Defiziten Möglichkeiten für qualitative Verbesserungen und aussichtsreiche Perspektiven für neue lexikographische Projekte und metalexikographische Forschungen aufzuzeigen,
- die primäre und sekundäre Literatur möglichst breit und zuverlässig zu dokumentieren
- und insgesamt nachhaltig dazu beizutragen, daß die moderne wissenschaftliche Lexikographie zu einer von Wissenschaftlern lehrbaren und von Studenten lernbaren praxisorientierten Diziplin entwickelt wird.

Die gewählten Zielsetzungen sind so, daß als Adressaten des Handbuches vor allem alle Lexikographen sowie die lehrenden und forschenden Mitglieder und Studierenden aller Philologien und der Linguistik gelten können; zum weiteren Adressatenkreis gehören Historiker, Juristen und Theologen sowie darüber hinaus alle, die regelmäßig mit Texten arbeiten. Das Handbuch dient der lexikographischen Praxis ebenso wie der Vorbereitung und Durchführung der akademischen Lehre. Es war das Bemühen aller Beteiligten, das überlieferte Wissen zur Lexikographie ebenso wie neue Kenntnisse und fruchtbares Problempotential aus der Wörterbuchforschung, das bei zukünftigen Projekten eine Rolle spielen kann, in übersichtlicher und zusammenhängender Form und dennoch so bereitzustellen, daß es auch unter punktuellen Nachschlagebedürfnissen möglichst rasch zugänglich ist. Der Leser wird beim Auffinden der gesuchten Inhalte durch ein dichtes Netz von Querverweisen sowie durch das Sach- und Namenregister unterstützt, das auch die ausgewählten Bibliographien am Ende der Artikel berücksichtigt.

Die Konzeption des Handbuchs, die sich auch in seiner Gliederung widerspiegelt, versucht, den oben charakterisierten Zielsetzungen gerecht zu werden. Die Herausgeber haben sich bemüht, die Handbuchkonzeption mit möglichst vielen Fachkollegen zu diskutieren. Zu diesem Zwecke haben sie das Handbuchkonzept in verschiedenen, jeweils weiterentwickelten Versionen der wissenschaftlichen Öffentlichkeit vorgestellt und um Kritik und Anregung gebeten. Die erste Fassung der Konzeption wurde während der internationalen Konferenz zur Lexikographie, die vom 9. bis 12. 9. 1983 in Exeter stattfand, an über 270 Teilnehmer verteilt. Eine leicht veränderte Version, bei deren Ausarbeitung die schriftlichen und mündlichen Vorschläge von R. R. K. Hartmann, K. Heger, A. Kirkness, M. Ripfel, R. Schmitt-Brandt, D. Viehweger und W. Wolski beachtet wurden, wurde ca. neun Monate später, im Sommer 1984, unter dem Titel „Konzeption zu einem internationalen Handbuch der Lexikographie" im Band IV der von H. E. Wiegand herausgegebenen „Studien zur neuhochdeutschen Lexikographie" (Germanistische Linguistik 1—3/83, 487—506) in Deutsch veröffentlicht. 1986 folgte der Abdruck der um mehrere Artikel erweiterten Konzeption in englischer Sprache unter dem Titel "The International Encylopedia of Lexicography: an Outline of the Project" in dem von A. Kučera, A. Rey, H.E. Wiegand und L. Zgusta in Zusammenarbeit mit der "Dictionary Society of North America" (DSNA) und der "European Association for Lexicography" (EURALEX) herausgegebenen Internationalen Jahrbuch für Lexikographie (Lexicographica 2. 1986, 271—283). Ein Ausschnitt aus der Konzeption wurde ferner 1987 in französischer Sprache in den Cahiers de lexicologie (46. 1985, 133—138) veröffentlicht. Eine von Pan Zaiping angefertigte Übersetzung der 3. Version ins Chinesische erschien im April 1987 im 2. Heft des Journal of Foreign Languages (72—78), einer Zeitschrift, die von der „Shanghai International Studies University" redigiert wird. Schließlich wurde die Handbuchkonzeption von F.J. Hausmann am 16. 11. 1985 an der Universität Lille und auf einer Tagung "Coloquio de Lexicografía" vorgestellt, die vom 27. 2.—1. 3. 1986 in Santiago de Compostela stattfand (vgl. Verba. Anuario galego de filoloxía, Anexo 29. 1988, 90—102). Die genannten Initiativen hatten Erfolg, denn noch bis Ende 1987 erreichten die Herausgeber zahlreiche kritische Anregungen. Nicht alle, aber doch ein relativ großer Teil der Vorschläge, die sich auf die Einbeziehung weiterer Sachbereiche und Sprachen, auf Gliederungsaspekte sowie auf die Formulierungen der Artikel- und Kapitelüberschriften, in keinem Fall jedoch auf die Anlage der Gesamtkonzeption bezogen, konnte, z. T. nach intensiven brieflichen oder mündlichen Diskussionen, für die nun vorliegende Fassung des Handbuchs berücksichtigt werden. Den bereits genannten Kollegen sowie L. Bray, M. Cop, M. Görlach, P. Kühn, J. Mugdan und W. Müller danken die Herausgeber für ihre kritischen Anregungen und Vorschläge. Besonderen Dank schulden sie B. Schaeder, der ihnen rechtzeitig eine ausführliche Ausarbeitung zur Gliederung hat zukommen lassen, aus der mehrere Gesichtspunkte berücksichtigt werden konnten, sowie H.-P. Kromann. Letzterer lud alle Autoren, die Artikel zur zweisprachigen Lexikographie übernommen haben, mit Mitteln der Wirtschaftsuniversität Kopenhagen zu einem Werkstattgespräch in das International Service Center in Holte in Dänemark ein, um vom 11.—13. Mai 1986 die Artikelentwürfe zu diskutieren und abzustimmen.

Für die Gliederung des Gegenstandsbereiches in diesem Handbuch waren einige Leitgedanken und Gewichtungen ausschlaggebend, die nun in den nächsten Abschnitten dargelegt werden sollen, weil zu erwarten ist, daß ihre Kenntnis zur erfolgreichen Benutzung der drei Teilbände des Handbuchs beitragen kann. Wie bereits andere Herausgeber früherer Handbücher in der Reihe HSK, so sind auch die Herausgeber des Handbuches 'Wörterbücher' der Auffassung, daß es die für immer und für alle verbindliche Einteilung eines geistes- und sozialwissenschaftlichen Gegenstandsbereiches nicht geben kann; vielmehr konkurrieren verschiedene sinnvolle — und dies heißt hier auch für ein Handbuch geeignete — Gliederungsmöglichkeiten miteinander. Die Erarbeitung einer bestimmten Gliederung führt stets zugleich zu einer bestimmten Perspektive, so daß zwangsläufig eine unterschiedliche Gewichtung von Aspekten des Gegenstandsbereiches erfolgt. Mit dem hier gewählten Aufbau des Handbuches und auch mit den vorgenommenen qualitativen und quantitativen Gewichtungen verbinden die Herausgeber die Hoffnung, daß sie einen angemessenen Rahmen für die Präsentation der Fakten und die Entfaltung der Problemstellungen gefunden haben.

Das Handbuch besteht aus Gründen des Umfangs aus drei Teilbänden. Die sachlich motivierte Untergliederung beginnt auf der Ebene der Kapitel. Insgesamt besteht das Handbuch aus 38 Kapiteln. Der erste Teilband umfaßt die Kapitel I—VII (Art. 1—100), der zweite Teilband die Kapitel VIII—XX (Art. 101—219) und der dritte Teilband die Kapitel XXI—XXXVIII (Art. 220—334) einschließlich einer Bibliographie der Bibliographien und des Sach- und Namenregisters. Insgesamt enthält das Handbuch 349 Artikel, die von 248 Autoren verfaßt wurden.

Vorwort

Der 1. Teilband, der vornehmlich, aber nicht ausschließlich auf die einsprachige Lexikographie gerichtet ist, wird eröffnet durch die Darstellung des Verhältnisses von Lexikographie und Gesellschaft, so daß Wörterbücher vor allem als Texte in Funktion betrachtet werden. Dies geschieht in zwei Schritten im Kapitel I und II. Zunächst werden die Beziehungen von Wörterbüchern und Öffentlichkeit exemplarisch für die westeuropäischen Sprachräume und Nordamerika dargestellt, dann folgt unter der Spezifizierung „Wörterbücher und ihre Benutzer" die Beschreibung zentraler Aspekte der Benutzungsfunktionen von Wörterbüchern sowie eine Darstellung der Wörterbuchdidaktik. Den Gegenstand des Kapitels III bilden ausgewählte generelle und übergreifende Aspekte der Geschichte und Theorie der Lexikographie und Wörterbuchforschung. Die historisch ausgerichteten Artikel dieses Kapitels schließen dabei inhaltlich an die Artikel der beiden ersten Kapitel an, die zwar vorwiegend von soziologisch und pragmatisch motivierten Fragestellungen ausgehen, aber bereits mit Einzelaspekten auch in die Geschichte, einschließlich der Wissenschaftsgeschichte, ausgreifen, während die theoretisch ausgerichteten Artikel zu den Kapiteln IV und V überleiten.

Diese beiden Kapitel behandeln ausführlich die Theorie der einsprachigen Lexikographie, dabei werden — nach einem Übersichtsartikel (Art. 36) — zunächst alle wichtigen Bauteile, die funktionalen Textteile von Wörterbuchartikeln ebenso wie die Teiltexte, die dem Wörterverzeichnis allgemeiner einsprachiger Wörterbücher vor- oder nachgestellt sind, sowie die wichtigsten Textstrukturen in 35 Artikeln (Art. 36—67a) behandelt. In den 24 Artikeln (Art. 68—90a) des V. Kapitels werden traditionelle und neue Problemstellungen der Beschreibung lexikalischer Einheiten im allgemeinen einsprachigen Wörterbuch dargestellt sowie Lösungsmöglichkeiten angeboten und Perspektiven diskutiert. Die Auswahl der Problembereiche und besonders auch die der behandelten Typen von sprachlichen Ausdrücken wurde von der aktuellen metalexikographischen Forschungslage und von dem Autorenpotential mit beeinflußt; für einige geplante Artikel in diesem Kapitel konnten keine Autoren gefunden werden.

Neben einer Theorie lexikographischer Texte gehört angesichts der kaum überschaubaren Vielfalt lexikographischer Produkte die Typologie der Wörterbücher zu den wichtigsten Aufgaben einer Allgemeinen Theorie der Lexikographie. Das Handbuch trägt diesem Umstand Rechnung: auf den Artikel 91, in welchem allgemeine Fragen der Typologie behandelt werden und diejenige Typologie ausführlich begründet wird, die der Handbuchgliederung in den Kapiteln VI—XV zugrunde liegt, folgen 77 Artikel (Art. 92—166), in denen Wörterbuchtypen betrachtet werden. Die Behandlung der Wörterbuchtypen reicht weit in den 2. Teilband hinein, da mit dem Kapitel VII, dem zweiten Kapitel zur Wörterbuchtypologie, der erste Teilband schließt.

Da die Typologie, die den Herausgebern als Grundlage geeignet erscheint, um die Darstellung der Wörterbuchtypen in einem Handbuch übersichtlich anzuordnen, in Art. 91 eingehend erörtert und begründet wird, folgen hier nur solche Hinweise, die einer ersten Orientierung dienen können.

Abgesehen von den allgemeinen einsprachigen Wörterbüchern, die typologisch vorangehen (Kapitel VI), werden in der Typologie des Handbuchs die linguistischen Merkmale soweit wie möglich als oberste Typologiekriterien angesetzt. Eine solche linguistisch begründete Typologie hat den Vorteil der größtmöglichen universalen Verstehbarkeit, nicht zuletzt deshalb, weil sie den weithin eingeführten Titeln der Spezialwörterbücher am nächsten steht. Man kann sich originellere Typologien denken, etwa solche nach Wörterbuchfunktionen und/oder Zugriffsprofilen. Die Herausgeber haben sich aus Gründen der Benutzerfreundlichkeit des Handbuches gegen die Originalität entschieden.

Im einzelnen wurden die folgenden Typen unterschieden: Wörterbücher, die über die syntagmatischen Beziehungen von Wörtern oder über syntagmatische Einheiten informieren, wurden im Kapitel VII als syntagmatische Spezialwörterbücher zusammengefaßt. — Wörterbücher, die über lexikalische inhalts- wie ausdrucksseitige Paradigmenbildung informieren, werden als paradigmatische Spezialwörterbücher im Kapitel VIII zusammengefaßt, das von Artikel 101 eingeleitet wird, einem Übersichtsartikel über den Typus des onomasiologischen Wörterbuches, mit dem der 2. Teilband beginnt. Die Bedeutung der syntagmatischen und paradigmatischen Achse für die Konstitution von Sprachsystemen weist diesen beiden Kapiteln in der Typologie die obersten Ränge zu. — Mit gleicher Klarheit hebt sich sodann die große Anzahl der Wörterbuchtypen ab, die bestimmten Klassen von diasystematisch markierten Lemmata der Standardsprache einer bestimmten Synchronie gewidmet sind (Kap. IX). — Wörterbücher zu bestimmten weiteren Lemmatypen faßt Kapitel X zusammen, das in sich notgedrungen insofern relativ heterogen ist, als die Eigenschaften, welche die Lemmatypen festlegen, von recht unterschiedlicher Art sind. Deutlich abgrenzbar ist hingegen wieder der Lemmatyp, zu dem die Eigennamen zählen; ihm ist Kapitel XI gewidmet.

Den drei Kapiteln zu den Lemmatypen (IX—XI) folgt das Kapitel XII, welches die Wörterbücher zu bestimmten einzelnen Informationstypen zusammenfaßt. Während in ersteren die äußere Selektion der Lemmata aus der Wörterbuchbasis von besonderer Bedeutung für die Typologiebildung ist, liegt nunmehr der Akzent auf der inneren Auswahl.

Bislang waren die Typologiekriterien linguistischer Natur. Sie erweisen sich jedoch als ergänzungsbedürftig, wenn die Typologie möglichst phänomenologisch bleiben soll. Kapitel XIII ist deshalb unter dem Kriterium der Wörterbuchfunktionen zusammengestellt und versammelt die in besonderer Weise didaktischen Wörterbücher, die sich sowohl durch ihren Lemmatyp als auch durch ihren Informationstyp unterscheiden.

Alle bisher skizzierten Kapitel zu den Wörterbuchtypen betreffen zentral, wenn auch nicht ausschließlich, heutige Standardsprachen, und damit die jeweiligen Leitvarietäten als kulturell bedeutsamste Ausschnitte einzelsprachlicher Systeme. Ein weiteres Kapitel (XIV) muß deshalb den anderen Teilsystemen gewidmet sein.

Die Teilsysteme auf der Zeitachse werden in Sprachstadienwörterbüchern lexikographisch bearbeitet, denen exemplarisch vier Artikel gewidmet sind (Art. 154, 154a, 155, 156). Die Wörterbücher zu den raumbezogenen Teilsystemen konnten nur sehr ausschnitthaft berücksichtigt werden; mit Rücksicht auf die Darstellung zur deutschen Dialektlexikographie im Handbuch Dialektologie (vgl. HSK 1.1 und 1.2, bes. Art. 5, 41, 43 und 79) sowie auch im Handbuch Sprachgeschichte (vgl. HSK 2.1 und 2.2, bes. Art. 34) wurden die französischen Dialektwörterbücher ausgewählt. Weitere Dialektwörterbücher werden in den Kapiteln zur Lexikographie der Einzelsprachen behandelt (z. B. eingehend in Art. 182). Zwei weitere Artikel (158, 158a) behandeln am Beispiel des Englischen und Französischen die Wörterbücher zu solchen Varietäten, die außerhalb desjenigen Sprachraumes — und dort nicht in Sprachinseln — gesprochen werden, in der diejenige Sprache sich entwickelt hat, zu der sie „exportierte" Varietäten sind (sog. transplanted varieties).

Auch die Wörterbücher zu den Fach- und Wissenschaftssprachen konnten mit zwei Artikeln (159, 160) nur sehr ausschnitthaft erfaßt werden. Es ist den Herausgebern bewußt, daß das weitgefächerte Gebiet der einsprachigen, vor allem aber auch das der zwei- und mehrsprachigen Fachlexikographie (vgl. Art. 306, 307) insgesamt im Handbuch unterrepräsentiert ist, auch wenn sich in manchen Artikeln zur Lexikographie der Einzelsprachen weitere Hinweise und Überlegungen finden (vgl. z. B. Art. 206). Der Grund dafür, daß die Fachwörterbücher nicht auf breiter Basis behandelt werden konnten, ist die Forschungslage der Fachsprachenforschung ebenso wie die der Metalexikographie: die Erforschung der neueren Fachwörterbücher hat gerade erst begonnen. Es ist beabsichtigt, die Fachlexikographie im Handbuch „Fachsprachen und Fachkommunikation" (voraussichtlich Bd. 13 der Reihe HSK) auf breiterer Basis darzustellen.

Vorwort XI

Die Darstellung der Wörterbuchtypen wird im Kapitel XV (Art. 163—166) mit der Beschreibung der Typen, die zur Textlexikographie gehören, abgeschlossen.

In den insgesamt zehn Kapiteln, in denen die Wörterbuchtypen behandelt werden, wird grundsätzlich eine möglichst gesamtgeschichtliche und weltumspannende Dokumentation angestrebt. Dieses Ziel konnte nicht in allen Artikeln erreicht werden; es standen dem Raumgründe entgegen, aber auch begreifliche Begrenzungen bei der Informationsbeschaffung sowie ebenso begreifliche Lücken in der Sprachenkenntnis. Daß der Schwerpunkt auf der westlichen Welt liegt, ist unverkennbar. Die dadurch bedingte teilweise unterschiedliche Gestaltung der Artikel zu den Wörterbuchtypen — einmal liegt das Gewicht stärker auf der Dokumentation, einmal mehr auf der exemplarischen Problembehandlung — war nicht zu vermeiden, hat aber auch eine Reihe von positiven Aspekten, insbesondere den des Reichtums der Perspektiven.

Im Kapitel XVI werden die Fragen der Organisation des lexikographischen Prozesses, und damit die verschiedenen Arten der Datenerhebung und Datenbearbeitung einschließlich des Computereinsatzes dargestellt. Den Themenbereich „Computer und Lexikographie" hätte man weiter auffächern können; mit Rücksicht auf die Behandlung dieses Bereiches im Handbuch Computerlinguistik wurde dies unterlassen (vgl. HSK 4, bes. Art. 38 und 39).

Mit Kapitel XVII im zweiten Teilband beginnt die Darstellung der Lexikographie der Einzelsprachen; sie reicht mit 114 Artikeln (Art. 174—284), die auf 16 Kapitel verteilt sind, bis weit hinein in den dritten Teilband und endet mit Kapitel XXXII. Ein sachlich gerechtfertigtes und zugleich benutzerfreundliches durchgreifendes Gliederungsprinzip für diesen Handbuchteil zu finden, war nicht ganz einfach. Selbstverständlich wäre es möglich gewesen, ein Gliederungsprinzip zu wählen, welches strikt auf den Sprachverwandtschaften gründet. Die Anwendung dieses genetischen Prinzipes zur Organisation des Stoffes hätte jedoch beispielsweise dazu geführt, daß die ostasiatischen Sprachen, welche gänzlich oder teilweise mit der chinesischen Schrift geschrieben werden, auseinandergerissen worden wären; auch bei den Sprachen Indiens, die weitgehend eine kulturelle Einheit bilden, wäre dies der Fall gewesen. Weiterhin hätte man z. B. das Sumerische vom Akkadischen abtrennen und etwa mit dem Baskischen in einem Kapitel mit dem Titel „Sprachen ungeklärter Verwandtschaft" behandeln müssen. Aus solchen Gründen und insbesondere deswegen, weil die Beziehungen der Wörterbücher und ganzer lexikographischer Traditionen mehr durch geographische und kulturelle Gegebenheiten als durch sprachgenetische bestimmt werden, haben sich die Herausgeber dazu entschieden, eine Gliederung vorzuziehen, die in erster Linie die kulturgeschichtlichen und kulturgeographischen Bedingungen und erst in zweiter Linie die sprachgenetischen Zusammenhänge zu Geltung kommen läßt. Die Darstellung der Lexikographie der Einzelsprachen beginnt also mit dem Alten Nahen Osten und führt über Griechenland nach Rom (vgl. Kap. XVII). Die modernen europäischen Sprachen werden dann in ihren sprachgenetischen Zusammenhängen, aber — wenn es möglich ist — stets in einer Reihenfolge behandelt, die durch die Richtung „von Westen nach Osten" bestimmt wird. Das gleiche Prinzip gilt immer, wenn seine Anwendung möglich war, auch bei den sonstigen Sprachen der Welt. Zweifellos sind verschiedene Varianten des gewählten Gliederungsprinzipes und auch einige ganz andere Prinzipien denkbar und wären ebenfalls gut zu verteidigen. Weil es jedoch unmöglich ist, die Mannigfaltigkeit der in der Welt gegebenen und sich mehrfach überlappenden sprachlichen und lexikographischen Zusammenhänge nur in einer bestimmten monodimensionalen Gliederung abzubilden, wäre auch jede andere unter den sinnvoll möglichen Gliederungen Gegenstand möglicher Auffassungsunterschiede. In den in Betracht kommenden Artikeln wird jedenfalls stets auf jene Zusammenhänge hingewiesen, welche die gewählte Gliederung etwa in den Hintergrund treten läßt. Gemäß dem erläuterten Gliederungsprinzip folgt auf Kapitel XVII zunächst die Behandlung der Lexikographie der romanischen, die der germanischen und dann die der slawischen Sprachen (Kap. XVIII—XX). Im Kapitel XXI werden weitere europäische und ihnen benachbarte Sprachen berücksichtigt. Die Kapitel XXII—XXIX behandeln nacheinander die Lexikographie folgender Sprachen: der semitohamitischen, der iranischen, der Sprachen des indischen Subkontinents, der tibetobirmanischen, der austronesischen und sonstiger südostasiatischer Sprachen, der ostasiatischen und arktischen sowie der pazifischen Sprachen. Es folgen schließlich die Sprachen Schwarzafrikas (Kap. XXX) und die Indianersprachen Amerikas, letztere nach kulturgeschichtlichen Gesichtspunkten untergliedert in die Kolonialzeit (Kap. XXXI) und die Zeit seit circa 1800 (Kap. XXXII). Der Umfang und das Gewicht, das der Beschreibung der Lexikographie der Sprachen auch der sog. dritten Welt eingeräumt wird, ergibt sich aus dem expliziten Bestreben der Herausgeber, die lexikographische Situation der betroffenen Sprachen systematisch zu dokumentieren, die vorhandenen Lücken detailliert nachzuweisen, auf die aus dem Sprachtyp und der Gebrauchssituation der jeweiligen Sprache resultierenden besonderen lexikographischen Probleme aufmerksam zu machen und mit all dem Perspektiven für die zukünftige Lexikographie der Sprachen ganzer Subkontinente anzudeuten.

In einem Handbuch zur Lexikographie und Wörterbuchforschung erwartet man nicht unbedingt, daß sprachgeographische Karten in größerer Zahl als Darstellungsmittel Verwendung finden. Da dies im zweiten und dritten Teilband dennoch der Fall ist, soll hier die Aufnahme von Karten, die das Ergebnis intensiven Abwägens war, etwas ausführlicher begründet werden.

Folgende Überlegungen standen einander gegenüber: Die Größe des Gebietes einer Sprache und die Art seiner räumlichen Lagerung stehen in keinem direkten Bezug zur Lexikographie dieser Sprache; eine genaue geographische Dokumentation vieler Sprachen oder gar ihrer Dialekte ist aufgrund fehlender diesbezüglicher Kenntnisse in vielen Fällen selbst dann unmöglich, wenn die Frage geklärt wäre, ob die zu dokumentierenden Idiome Sprachen oder Dialekte sind; es kommt weiterhin dies hinzu: sehr oft ist es nicht möglich, das Geltungsgebiet von Sprachen ohne die Formulierung und Abwägung von Entscheidungskriterien zu bestimmen, und zwar infolge sprachsoziologischer Überlagerungsverhältnisse und sprachgeographischer Mischungen sowie infolge divergierender bis gegensätzlicher sprachpolitischer Auffassungen. Dies alles und einiges weitere spricht gegen die Aufnahme von Karten. — Umgekehrt kann von vielen Handbuchbenutzern nicht erwartet werden, daß sie alle in den einzelnen Artikeln behandelten Sprachen zu lokalisieren wissen. Dies führt zumindest für eine Reihe von Artikeln zur Desorientierung; die Herausgeber möchten diese so weit wie möglich verhindern. Die Karten des Handbuchs haben dementsprechend den Zweck, dem Handbuchbenutzer Hinweise auf den geographischen Raum zu geben, in dem eine behandelte Sprache gebraucht wird; es geht nicht — auch nicht in Einzelfällen — um eine genaue kartographische Dokumentation mit eigenem wissenschaftlichen Anspruch, d. h. die Karten können nicht als Forschungsinstrumente verwendet werden, sondern haben einen Veranschaulichungszweck.

Da das geographische Informationsanliegen der Handbuchbenutzer von Sprache zu Sprache differieren kann, waren Richtlinien für oder gegen die Aufnahme einer Karte zu formulieren. Diese hatten folgenden Inhalt:

(1) Für Sprachen mit einer hohen Sprecherzahl, mit anerkannter Relevanz im internationalen und interkulturellen Sprachverkehr, mit einem hohen Bekanntheitsgrad und einem großen geschlossenen Sprachraum besteht ein geringeres Bedürfnis nach geographischen Hinweisen als für Sprachen mit einer geringen Sprecherzahl, mit geringer Relevanz im internationalen und interkulturellen Sprachverkehr, mit geringem Bekanntheitsgrad und kleinem oder diskontinuierlichem Sprachraum.

(2) Für Sprachen, deren Gebiet sich vollständig oder weitgehend mit den Grenzen

eines Staatsgebietes deckt, besteht ein geringeres Bedürfnis nach geographischen Hinweisen als für Sprachen, deren Gebiet in keinerlei Beziehung zu irgendeinem Staatsgebiet steht.

(3) Für Sprachen, deren geographische Lagerung infolge sprachsoziologischer Überschichtungen und sprachgeographischer Überlagerungen sowie infolge sprachpolitischer Ansprüche nicht mit einfachen kartographischen Mitteln angebbar ist, muß von Fall zu Fall geprüft werden, ob der notwendige kartographische Differenzierungsaufwand in einem vertretbaren Verhältnis zu den im Artikel vermittelten Inhalten steht.

Diese Formulierungen lassen in vielen Einzelfällen unterschiedliche Entscheidungen zu. Die Autoren wurden gebeten, diese vorzunehmen; für den Fall, daß sie sich zugunsten der Aufnahme einer Karte äußerten, wurden sie ersucht zu prüfen, ob man eine vorhandene Karte nachdrucken solle oder eine neue zeichnen müsse. In der Regel war nur diese letztere Möglichkeit gegeben, teils weil keine Karten vorhanden waren, teils deshalb, weil der Inhalt vorhandener Karten mit dem Inhalt des jeweiligen Artikels nicht hinreichend in Beziehung stand oder diesem direkt entgegengesetzt war. In einer Reihe von Fällen scheiterte die Möglichkeit einer Karte auch daran, daß die dazu notwendigen Kenntnisse fehlen oder von den Autoren als nicht ausreichend beurteilt wurden. — In Erwartung all dieser Schwierigkeiten wurden die Autoren gebeten, die auf den Karten vermittelten Informationen eher als offene Hinweise denn als exakte Festlegung zu gestalten. Dies bedeutet, daß öfter zur Schraffur mit offenen Außenrändern als zur Ziehung von Grenzlinien gegriffen wurde. In einer großen Anzahl von Fällen wurde selbst die Schraffur als den sprachgeographischen Verhältnissen oder dem Kenntnisstand nicht adäquates Darstellungsmittel verworfen. In diesen Fällen behalfen sich die Autoren mit der Eintragung von Sprachennamen oder Symbolen in das Gebiet, in dem der Mittelpunkt der betreffenden Sprache angesetzt oder vermutet wird. Zur Unterstreichung des Hinweischarakters solcher Einträge wurde dann zusätzlich eine Formulierung der Kartenunterschrift vorgenommen, die die Offenheit der Verhältnisse spiegelt.

Auf die Darstellung der Lexikographie der Einzelsprachen folgt in den Kapiteln XXXIII—XXXVI die Behandlung der zwei- und mehrsprachigen Lexikographie mit Schwerpunkt auf der ersteren, und zwar — weitgehend parallel zum Vorgehen bei der einsprachigen Lexikographie im ersten Teilband — zunächst unter theoretischem Aspekt im Hinblick auf Prinzipien und Bauteile (Kap. XXXIII), im Hinblick auf ausgewählte Beschreibungsprobleme (Kap. XXXIV) sowie im Hinblick auf die Typologie und ausgewählte Typen der zwei- und mehrsprachigen Lexikographie (Kap. XXXV).

In der Fachwelt besteht weitgehend Einigkeit darüber, daß die Probleme des zweisprachigen Wörterbuchs ungleich größer sind als die der einsprachigen Lexikographie. Das systematisch-ökonomische Prinzip des Fortschreitens vom Einfachen zum Komplexen legte demnach nahe, die zweisprachige Lexikographie erst darzustellen, nachdem mit der Behandlung der einsprachigen Lexikographie eine Beschreibungsbasis aufgebaut war. Alle Probleme, die sich in beiden Wörterbuchtypen auf die gleiche Weise stellen, werden bei den einsprachigen Wörterbüchern abgehandelt. Die systematischen Kapitel zum zweisprachigen Wörterbuch brauchen deshalb mit den entsprechenden Kapiteln zum einsprachigen nicht deckungsgleich zu sein.

Die Intensität der Erforschung des zweisprachigen Wörterbuchs ist zu der Kompliziertheit des Gegenstandes und zur Rolle, die dieser Wörterbuchtyp auf dem Wörterbuchmarkt spielt, umgekehrt proportional. Das zweisprachige Wörterbuch hat bislang nahezu außerhalb der offiziellen Forschungsinstitutionen gestanden. Selten wurde ein zweisprachiges Wörterbuch mit öffentlichen Mitteln gefördert. Nur vereinzelt fanden sich Lexikographen oder Wörterbuchforscher bereit, über die Probleme dieses zentralen Wörterbuchtyps grundsätzlich nachzudenken. Hinzu kam immer das Problem der großen Sprachenzersplitterung (allein in Europa Hunderte von Sprachenpaaren) und damit das Kommunikationsproblem unter den Spezialisten. In dieser Situation war das Kolloquium in Holte für die Herausgeber eine sehr geschätzte Hilfe. Auf diesem ersten ausschließlich der zweisprachigen Lexikographie gewidmeten wissenschaftlichen Kolloquium (vgl. Lexicographica 4. 1988, 186—202) wurde auch deutlich, daß das Handbuch nicht alle Probleme erschöpfend behandeln kann. Der wissenschaftliche Nachholbedarf ist dafür einfach zu groß. Das gilt auch für die Beschreibung der Lexikographie aller Sprachenpaare der Welt in Geschichte und Gegenwart, die im Kapitel XXXVI nur im Ansatz geleistet werden konnte und einen vierten Teilband erfordert hätte.

Auch zu verschiedenen Arten von Hilfssprachen und zu anderen Kommunikationssystemen gibt es lexikographische Nachschlagewerke. Eine Auswahl wird im Kapitel XXXVII beschrieben, das mit einem Ausblick in die Zukunft der Lexikographie schließt.

Im letzten Kapitel XXXVIII sind die Bibliographie der Bibliographien zu Wörterbüchern, das Sach- und das Namenregister zusammengefaßt. Zusammen mit den ausgewählten Bibliographien am Ende der einzelnen Artikel bietet das Handbuch damit den Zugang zu den allermeisten Titeln, die für seinen Gegenstandsbereich einschlägig sind. Es ist zu beachten, daß in den Bibliographien die Titel nicht in allen Artikeln in der Originalschrift angeführt sind; werden Umschriften verwendet, gelten die — aufgrund der Entscheidung des Autors — in der Sprache des jeweiligen Artikels für die behandelte Sprache üblichen Regeln. Die Textstellen, die bestimmte Wörterbücher behandeln, sind auch über die Namen der Lexikographen im Namenregister auffindbar, vorausgesetzt, das betreffende Wörterbuch ist unter einem Autorennamen bibliographiert. Auf eine durchgehende Vereinheitlichung der Abkürzungen für Wörterbücher wurde verzichtet. Alle benutzten Abkürzungen sind in den einzelnen Artikeln erklärt. Das dreisprachige Sachregister erlaubt nicht nur den Zugriff auf Daten, die sachlich und terminologisch zusammengehören, aber in verschiedenen Artikeln stehen, sondern ermöglicht auch einen Einblick in die terminologische Entwicklung der Disziplin und den Verbund dreier traditionsreicher Wissenschaftssprachen. Zwar wurden bestimmte Artikelgruppen — besonders im ersten Teilband — auch terminologisch untereinander abgestimmt. Aus den gleichen Gründen aber, die die Herausgeber des Handbuches Dialektologie in ihrem Vorwort angeführt haben (HSK 1.1, XV), wurde auf eine rigorose terminologische Vereinheitlichung innerhalb der drei Darstellungssprachen verzichtet.

Die Herausgeber haben sich bemüht, den im Untertitel mit dem Wort *international* erhobenen Anspruch durch den Zuschnitt des Gegenstandsbereiches, durch die Auswahl der Autoren und durch die Wahl der drei Publikationssprachen Deutsch, Englisch und Französisch einzulösen. Was die Mehrsprachigkeit des Handbuches angeht, schließen sich die Herausgeber der Auffassung an, die H. Steger und H. E. Wiegand im Geleitwort zum Handbuch Soziolinguistik (HSK 3.1, VII—VIII) vertreten haben. Dort werden Deutsch, Englisch und das Französische — vor allen Dingen aus praktischen Gründen — als gleichberechtigte Publikationssprachen von HSK-Bänden genannt. Was die Dreisprachigkeit dieses Handbuchs angeht, rechtfertigt sich die Wahl der drei Sprachen zusätzlich dadurch, daß die Mehrheit der metalexikographischen Arbeiten in diesen drei Sprachen veröffentlicht wird und daß sie — vor allem wenn man sie zusammen betrachtet — wahrscheinlich von der größeren Zahl der potentiellen Leser als erste oder zweite Sprache beherrscht werden. Die französische Sprache kann darüber hinaus als Stellvertreterin aller romanischen Sprachen gelten, welche durch ihre Latinität in Wissenschaftskreisen auch heute noch ein funktionierendes Modell von gegenseitiger Verstehbarkeit darstellt. Die Dreisprachigkeit (und ihre Verzweigungen) sowie auch der Reichtum der behandelten Sprachen symbolisieren das von den Herausgebern für fundamental erachtete Ideal der Vielfalt, das zu dem ebenfalls legitimen Ideal der Einheit und Einheitlichkeit ein notwendiges Gegengewicht schafft.

# Vorwort

In der nun erreichten Schlußphase einer Arbeit, die sich — wenn sie mit dem Abschluß der redaktionellen Arbeiten am dritten Teilband 1991 beendet sein wird — über eine Zeitspanne von gut acht Jahren erstreckt hat, steht der Dank an alle, die mitgearbeitet haben. Der Dank der Herausgeber gilt zunächst den Autoren der Artikel; viele von ihnen haben Änderungs-, besonders Kürzungs- und Ergänzungswünsche — z. T. nach gründlicher Diskussion mit den Herausgebern — akzeptiert. Manche waren bereit, ihre Artikel unter Zeitdruck abzufassen. Viele Autoren, deren Muttersprache nicht eine der drei Publikationssprachen ist, waren damit einverstanden, ihre Manuskripte durch einen Muttersprachler stilistisch überarbeiten zu lassen und die dadurch entstehende Mehrarbeit auf sich zu nehmen. Ausdrücklich sei hier auch allen, die diese Überarbeitungen vorgenommen, sowie allen, die Artikel übersetzt haben, besonders aber folgenden Mitarbeitern gedankt: Donna M. T. Cr. Farina, Margaret Cop, Andreas Gardt, Peter Hough, Dieter Martin, Sarah V. Tsiang-Furrier und Rosemary Zahn. Die Karten hat Heinz Laackman, der Kartograph des Forschungsinstituts für deutsche Sprache in Marburg, gezeichnet, unterstützt von Helga Krumpholz. Petra Schaffrodt und Helga Langer haben die Vorlagen für die Verfilmungen der Textbeispiele vorbereitet, die vom Fotolaboranten des Marburger Forschungsinstituts, Wilfried Braun, vorgenommen wurden.

Für dieses Handbuch gab es zwei Organisationszentralen: am Lehrstuhl für germanistische Linguistik in Heidelberg und am Lehrstuhl für Angewandte Sprachwissenschaft in Erlangen; den Sekretärinnen an diesen Lehrstühlen, Roswitha Feigt, Ursula Quoos und Lissy Säuberlich sei hiermit sehr gedankt. Umfangreiche Korrekturarbeit leisteten in Erlangen Udo Amm, Michaela Heinz und Gerhard Jerabek, in Heidelberg Klaus-Peter Konerding und Andrea Lehr. Auch die Hilfe von Jennifer Brundage, Thorsten Roelcke und Gisela Schmidt an den Registern sei dankbar erwähnt. Schließlich und nicht zuletzt danken die Herausgeber Heinz Wenzel und Susanne Rade vom Verlag Walter de Gruyter. Ersterer hat für die wissenschaftlich notwendigen Planungsänderungen verlegerisches Entgegenkommen und Verständnis gezeigt; letztere war durch ihre umsichtige herstellerische und redaktionelle Arbeit den Herausgebern eine zuverlässige Hilfe. Der Verlag und die Herausgeber hoffen, daß dieses Handbuch die Lexikographie und Wörterbuchforschung fördert.

Im Sommer 1989              F. J. Hausmann, O. Reichmann,
                       H. E. Wiegand, L. Zgusta

# Preface

Lexicography (which is to be understood here above all as linguistic lexicography) is a practice that has existed for more than 4000 years, in various forms and in various cultures: the gamut begins with the bilingual Sumerian and Akkadian word lists written on clay tablets, and ends for the moment with electronic databanks. The main reason for the existence of lexicographic sources of information has been the need for mutual comprehension in spite of the multiplicity of languages, the existence of many variants of one language, and the constant changeability of language. Lexicography usually is carried on within groups that are culturally and socially dominant. The impulses to lexicographic activity have usually come from religion (study of religious texts, liturgy), poetry, politics, commerce and economics, education, language planning and cultivation of language, sciences, and last but not least, linguistics and the communication sciences.

In our time, there are two branches of lexicography: scientific and non-scientific. These two branches can be discerned in spite of their wide areas of overlap. Non-scientific lexicography is a cultural practice that can be acquired by an autodidact; scientific lexicography is a cultural and scientific practice that has a stronger and more independent theoretical component; it is more or less strongly influenced by theories external to itself; and it presupposes the academic education of its practitioners.

The tasks of lexicography are manifold; by the same token, lexicographic reference works, and above all dictionaries, have to serve manifold purposes. The main areas where lexicography is useful are the acquisition of languages, native and foreign; handling of scientific and technical terms and registers; bilingual communication; the development of national languages; linguistic politics and policies within and without a linguistic community. Dictionaries are useful tools for communication, particularly in the written form, in all of these areas. Users of dictionaries can gather from them not only linguistic information, but also at least some non-linguistic information, including the cultural context obtaining within the community speaking a given language or one of its varieties. Such cultural context is always implied; usually it is intended and accepted as mere information, but a normative or prescriptive dictionary can aim at fostering a cultural program, be it the fostering of a certain variety of a language as the acrolect, be it in an extreme case an attempt at the indoctrination of a whole nation in the ideology propagated by the state. Leaving aside details and anomalies, it can be said that in most cases the purely descriptive information provided by lexicographers (who have not had to cope with ideological concerns) is combined in varying proportions with prescriptive suggestions that tend to influence usage. Since at least some of these suggestions are accepted by the linguistic community, lexicography has a certain influence on the delimitation and consolidation of linguistic groups, and on their communicative interactions. This is why support for lexicography was expressed in the final resolution of the recent Helsinki Conference on Security and Cooperation in Europe (1975): hence, lexicography has a political reference as well.

In the last two decades, one can perceive strongly increased interest in lexicography and its products. There are several reasons for this. There is the activity of international commerce (in the broadest sense) which is constantly increasing, the existence of supra-national organizations, mass tourism, etc.: all of these mean that an at least partial knowledge of foreign languages is more necessary than ever before, particularly in the special and technical registers. There are also purely linguistic and scientific reasons for this increased interest: the lexicon now plays a more important role in various linguistic theories; realistic models of the lexicon are of central interest in cognitive science; the importance of vocabulary has been rediscovered in foreign language teaching; and the computer has become an integral part of lexicographic practice. Greater interest in the lexicon and in vocabulary has entailed more interest in the dictionary, the usual means of access to them; and the use of computers in lexicography has sparked interest in the applicability of lexicographic work to other fields of inquiry. Given all of this, it is only natural that the last two decades have also witnessed the beginning of the formation of a scientific discipline which studies dictionaries, their forms, structures, and uses; their criticism and history, their position in society; the methodology and procedures of their compilation, and their underlying theoretical stances.

This new discipline is called *métalexicographie* in French, *Wörterbuchforschung* or *Metalexikographie* in German; in English, the term *metalexicography* is very occasionally used, but the normal reference is the non-terminological traditional expression *theory of lexicography*. Since this discipline has a homogeneous object of study, clear perspectives, its own methodology; since it can offer a body of scientific knowledge presented in a way of its own, it can be considered a scientific body of thought on its way to development into a separate scientific discipline (see also Article 29).

Lexicography as practice and the theory of lexicography have a common goal, namely to foster the effective use of dictionaries. The subject of the Encyclopedia is both lexicography and its theory; the latter is presented, for the first time, in all of its different forms; also, it is presented in unprecedented detail but (we hope) in a coherent way.

The task and goals of the Encyclopedia follow from the statement of its subject, from the situation obtaining in various branches of lexicography, and from the degree of development of the theory of lexicography. They can be described in a general way as follows. It is the purpose of the Encyclopedia:

— to present the lexicography of all the linguistic areas of the world and to describe in greater detail the lexicography of the major (particularly European) languages and their varieties;
— to describe the status and function of lexicographic reference works, above all the different types of linguistic dictionaries within various cultural systems;
— to adumbrate the history of lexicography, particularly within the large cultures;
— to foster the further development of the theory of lexicography into an integrated scientific discipline by an analysis of the social function of dictionaries, and by a consideration of theories of organization of the lexicon and of the locus of the lexicon within the system of language; this should be helpful in the further development of the theory of lexicography into an integrated scientific discipline of its own;
— to describe and develop the methodology of lexicography, taking into consideration all phases of lexicographic work (e.g., collecting data, presenting information, interpretation of contextual meanings in historical dictionaries, the use of the computer; but also the flow of work and the equipment used in the lexicographic office);
— to compare the possible and desirable development of lexicography with the actual situation and thereby identify areas ripe for qualitative improvement, for new lexicographic projects, and for theoretical study;
— to collect bibliographic references to both primary and secondary works on lexicography, and present them in a reliable way;
— to develop modern scientific lexicography by all of the above into a discipline that, while concerned with practical activities, will be capable of being taught in a scientific way and of being acquired as such by students.

The presumed readership of the Encyclopedia consists of lexicographers, teachers and students of lexicography, researchers in all areas of lexicography, and students of various branches of philology and linguistics; there may, however, be a broader range of readers as well, consisting of historians, legal scholars, theologians, and all scholars who work with texts. The Encyclopedia intends to be useful in the practical activities of the lexicographer and in the preparation and implementation of courses in lexicography. It was the endeavor of everyone who participated in this effort to present the corpus of knowledge together with a discussion of pertinent problems and their possible solutions. While the presentation is such as to make coherent reading possible, it should be possible to locate isolated pieces of information by the use of the indices of names and topics, use of the selected bibliographies at the end of each article, and of the rich cross-references in each text.

The plan of the Encyclopedia was formulated to reach the goals mentioned. The editors took care to discuss it with as many colleagues as possible. To make this possible, gradually improved versions of the original plan were published and readers were asked to offer their criticism and suggestions. The first version was distributed to the more than 270 participants of the international lexicographic conference that took place October 9—12, 1983 in Exeter, England. Some 9 months later, a slightly improved version of the plan, which had the benefit of input by R. R. K. Hartmann, K. Heger, A. Kirkness, M. Ripfel, R. Schmitt-Brandt, D. Viehweger, and W. Wolski, was published in German under the title: "Konzeption zu einem internationalen Handbuch der Lexikographie" in vol. IV of *Studien zur neuhochdeutschen Lexikographie* (ed. by H. E. Wiegand, Germanistische Linguistik 1—3/83, pp. 487—507). There followed in 1986 the publication in English of a third version (that contained several new articles) under the title: "The International Encyclopedia of Lexicography" in *Lexicographica, International Annual for Lexicography* (ed. in cooperation with the Dictionary Society of North America and the European Association for Lexicography, by A. Kučera, A. Rey, H. E. Wiegand, L. Zgusta; vol. 2, pp. 271—283). A part of the plan appeared in French in 1987 in *Cahiers de lexicologie* (vol. 46, 1985, pp. 133—138). A Chinese translation (by Pan Zaiping) of the third (English) version was published in April 1987 in the 2nd issue of *Journal of Foreign Languages* (pp. 72—78), a journal edited by Shanghai University of International Studies. Furthermore, the plan of the Encyclopedia was presented by F. J. Hausmann on November 16, 1985 at a conference at the University of Lille, France, and at the Coloquio de Lexicografía that took place February 27—March 1, 1986 in Santiago de Compostela, Spain (see *Verba. Anuario Galego de filoloxía,* Anexo 29, 1988, pp. 90—102).

All of these publications were successful, because the editors received many suggestions, up to the end of 1987. None of the suggestions disputed the general concept of the plan; they were mostly concerned with the articulation of the matter into single articles and the sequence of articles; they suggested the inclusion of additional languages and topics, and clarified some titles of chapters and similar. Most of these suggestions, if not all of them, were gratefully accepted by the editors, in some cases after thorough discussion with their authors. Besides the colleagues already mentioned, the editors are particularly thankful to L. Bray, M. Cop, M. Görlach, P. Kühn, J. Mugdan, and W. Müller for their critical observations and suggestions. Particular thanks are owed to B. Schaeder, who submitted to the editors an extensive discussion of the articulation of the matter; he submitted it in good time so that several of his points were used in the final draft. Also, gratitude is owed to H.-P. Kromann, who invited all the European authors of articles concerning bilingual lexicography to a colloquium hosted by the Handelshøjskola in Copenhagen, that took place May 11—13, 1986 in the International Service Center in Holte, Denmark. The purpose of the colloquium was the discussion and coordination of the articles concerning bilingual lexicography.

Preface

The plan of the Encyclopedia is based on several main ideas which, if understood, will make the three volumes easier to use. As do the editors of the other volumes in this series of Manuals, we believe that it is not possible in the area of humanities and social sciences to find the best or the only possible articulation of a matter for an encyclopedia; there is always competition among several reasonable and applicable principles of articulation. A plan is always based on a certain point of view and entails a certain perspective; also, it entails that some topics are given more weight than other topics. The editors of the Encyclopedia hope that the plan adopted here will be found adequate for a work of this type.

The division of the Encyclopedia into three volumes is a mere technicality; the real topical articulation of the matter is given by the 38 chapters. The first volume contains Chapters I—VII (Articles 1—100), the second volume Chapters VIII—XX (Articles 101—219), the third volume Chapters XXI—XXXVII (Articles 220—334) plus a bibliography of bibliographies and indices of names, and topics and terms. The Encyclopedia contains 349 articles by 248 authors.

The first volume deals mainly (but not exclusively) with topics pertaining to the monolingual dictionary. Chapters I and II discuss the relation of lexicography to society. There are case studies of public attitude in Western Europe and North America toward dictionaries, and a description of the purposes for which dictionaries are used; there follows a discussion of various pedagogical aspects of lexicography. Chapter III analyses general aspects of the history and theory of lexicography and of the study of dictionaries. The more historically-oriented articles in this chapter are to be considered in relation to the articles of the first two chapters that have a sociological and pragmatic character; the more theoretical articles point already to topics to be discussed in the next two chapters.

Chapters IV and V discuss the theory of monolingual lexicography. Article 36 offers a survey; the articles following analyse the component parts and the functional slots of dictionaries as texts, including the various appendices to dictionaries and similar additional material (Art. 36—67a). The 24 articles (68—90a) of Chapter V discuss traditional and recently discovered problems that arise in the description of lexical units; the attempt is made to offer various possible solutions to these problems. The selection of topics and of the types of linguistic units discussed was largely governed by scientific consideration, but also by the availability of possible authors. Other topics originally planned for this chapter did not find suitable authors.

Considering the practically endless multiplicity of dictionaries, their typology is, together with the theory of the lexicographic text, one of the most important components of lexicographic theory. Therefore, typology is discussed in 77 articles (Art. 92—166); Article 91 discusses general problems and analyses the typology that is used in the Encyclopedia. These typological articles are largely contained in volume II, because volume I closes with Chapter VII. Since Article 91 describes the typology used in the Encyclopedia in detail, there follow here only a few remarks for the initial orientation of the reader.

Chapter VI discusses monolingual dictionaries. In the rest of the typology, the linguistic properties of the material presented in dictionaries are used as the basic typological criteria. Such a linguistically-based typology has the advantage that it is most easily and generally understood: after all, its categories are similar to frequently used titles and subtitles of dictionaries. More original typologies are undoubtedly imaginable, for instance one that would be based on the functions of dictionaries and/or on the different types of organization of addresses (that is, types of organization of access to information). Considerations of the "userfriendliness" of the Encyclopedia caused the rejection of such originality.

Discerned were the following types. Chapter VII discusses special syntagmatic dictionaries that treat the syntagmatic properties of lexical units. Chapter VIII discusses dictionaries that inform the reader about paradigmatic associations (both in form and in content) of lexical units. The chapter opens with Article 101 (the first of the second volume), which offers a survey of onomasiological dictionaries. Chapter IX discusses "dia-systems" (i.e., sets of differently restricted vocabulary) within the standard language, and their treatment in dictionaries of different types. Chapter X is less homogeneous than the preceding ones because it collects discussions of variously marked entrywords and their treatment; Chapter XI is more homogeneous again, and discusses dictionaries of proper names.

While these chapters are concerned with the types of entrywords, Chapter XII discusses dictionaries according to the types of information offered.

Up to now, the typological criteria have been of a linguistic nature; if the typology is to have a strong phenomenological character, it must be complemented by consideration of other criteria. Therefore, Chapter XIII is compiled from the point of view of the function of the dictionary; it analyses above all pedagogical dictionaries which are differentiated both by their selection of entrywords and by the type of information offered.

All of these chapters are concerned primarily with dictionaries of modern standard languages as the culturally most important varieties of language. Thus, Chapter XIV is concerned with other varieties. Articles 154, 155, and 156 are case studies of dictionaries that deal with various stages in the development of a language; that is, they are concerned with variation on the time axis. Variation on the space axis as treated in dictionaries is only adumbrated in the Encyclopedia, since German dialectal dictionaries are treated in the dialectological Manual of this series (*Dialektologie,* HSK 1.1 and 1.2, esp. Art. 5, 41, 43, 79) and French dialectal dictionaries are treated in the Manual on historical linguistics (*Sprachgeschichte,* HSK 2.1 and 2.2, esp. Art. 34). Further dialectal dictionaries are discussed in the chapters dealing with single languages (e.g., Art. 182). Two further articles (157, 158) deal with the transplanted varieties of English and French.

Dictionaries of technical and special registers are also treated only selectively (Art. 159, 160). The editors are aware that the widely ramified area of special mono-, but above all bi- and multilingual lexicography (Art. 306, 307) is not sufficiently represented. (This is true in spite of the fact that pertinent suggestions and remarks on these areas of lexicography are contained in several other articles, e.g. Art. 206.) The cause for this is to be found in the fact that research on special languages and dictionaries has only started. It is to be hoped that more will be offered on dictionaries of special languages in the Manual *Fachsprachen und Fachkommunikation* (probably HSK 13).

Chapter XV (Art. 163—166) closes the typological discussion with the description of dictionaries that belong to textual lexicography.

The ten chapters concerned with typology try to offer broad documentation from the entire world and from all historical epochs. It was not possible to reach this goal in all of the articles in a uniform way, for reasons of space but also due to gaps in scholarship. The Western cultures are unavoidably at the center of attention. Only in the future will it be possible to offer equal treatment for all areas of the world. Nor was it avoidable that some of the articles stress problems and others documentations; on the whole, this disparity at least offers a difference in perspectives and points of view.

Chapter XVI discusses problems of organization of lexicographic work, including the problems of collecting and handling data. The various uses of the computer could have been discussed in greater detail; this topic, however, is treated in the Manual *Computerlinguistik* (HSK 4, esp. Art. 38 and 39).

Chapters XVII—XXXII contain 114 articles that present the lexicography of the individual languages of the world. (They stretch into the third volume of the Encyclopedia.) It was not easy to find a single and simple principle for organization of the sequence of these articles. It would have been possible to choose the genetic principle and organize the sequence by families of languages. However, this would have as its consequence that (for instance) the languages of East Asia which completely or largely use the Chinese script would be separated; in a similar way, the languages of India, which form a cultural unit, would also be separated. Also, one would have had to separate Sumerian from Akkadian and put it, probably together with Basque, into a chapter entitled "Languages of Unknown Affiliation". Because of such considerations, and above all because the relations of dictionaries and whole lexicographic traditions are determined more by cultural and geographical than by linguistic-genetic affiliations, the editors chose an organizing principle based in the first line on cultural, historical, and geographical connections and on language families only in the second line. Consequently, presentation of the lexicographies of the individual languages begins in the ancient Near East and moves to Greece and Rome (Chapt. XVII). The modern European languages are organized largely on the genetic principle, but always when possible in a west-to-east sequence. The same principle is applied, wherever possible, to the other languages of the world. There is no doubt that the sequence followed here could be modified; one could also defend a completely different principle of organization. Since it is, however, impossible to map the polydimensional and overlapping relations and connections of the languages into a monodimensional sequence in a biuniquely correct way, any other possible organizations and sequences would be subject to differences of opinion as well. To obviate difficulties as much as possible, the single articles explicitly mention connections that are not expressed by the sequence of the articles itself. Accordingly, Chapters XVIII—XX deal with the Romance, Germanic, and Slavonic languages. Chapter XXI discusses other languages of Europe and adjacent areas. Chapters XXII—XXIX deal with the following: Semito-Hamitic and Iranian languages; the languages of the Indian subcontinent; Tibeto-Burmese, Austronesian, and other languages of Southeast Asia, East Asia, the Arctic and the Pacific region. There follow the languages of Subsaharan Africa (Chap. XXX) and the Indian languages of America; the latter are subdivided on a cultural basis into the colonial epoch (Chap. XXXI) and the epoch since ca. 1800 (Chap. XXXII). It can be seen that the lexicography of the so-called "third world" is treated in detail: this is the result of the explicit desire of the editors to document what has been done, thereby drawing attention to the fruitful tasks of future lexicography on several subcontinents.

One does not necessarily expect many maps and cartographic sketches in an encyclopedia of lexicography. Since there is quite a number of them interspersed through the second and third volumes, the reasons for their inclusion should be indicated. When the decision as to their inclusion was being made, it was necessary to ponder several considerations, some of them, alas, somewhat contradictory:

On the one hand, the extent of the domain of a language and the location of this domain are in no direct relation to the lexicography of that language. In some cases, the exact extent of the territory of a language, let alone of its dialects, is not known; not to mention the fact that with some idioms it is not clear whether they are separate languages or dialects of one language. In some cases, the territory of a language is contested, because some of its dialects or other variants are considered, within the framework of another linguistic policy, as belonging somewhere else. All of these and some other arguments militate against the inclusion of maps. On the other hand, one cannot expect that every reader will be able to localize each of the languages discussed in the Encyclopedia. Therefore, the editors decided that the inclusion of maps might be helpful in many cases. The maps, or rather cartographic sketches, indicate the approximate geographic location and extent of a language's use; in no case are they intended to be scientifically exact and to be used in further research.

Not all articles concerning the single languages are accompanied by maps. The reasons for inclusion or exclusion were the following:
— It is less necessary to document the extent of use of languages with many speakers, with a recognized position in international and intercultural contacts, and with a well defined territory, than it is to document the languages about which the contrary can be said.
— It is less necessary to document cartographically those languages whose territory completely or largely coincides with the territory of a state, than it is to document languages whose area is in no correlation to the territory of a (single) state.
— There are complicated cases of languages whose territory cannot be easily documented by cartographic means; this is usually caused by various sociolinguistic and territorial shifts, and above all by different prisms of linguistic policy through which a given language situation is regarded: such cases were individually considered on the basis of the expected amount of difficulty of documentation and its relation to the degree of clarification that could be expected from a map's inclusion.

Even with these considerations, many single cases allow either a negative or an affirmative decision. The authors were asked to make such a decision themselves; and in the case that their decision was for the inclusion of a map, they were asked to determine whether one already existed that could be used, or whether it would be necessary to draw up a new one. This last possibility frequently proved to be the case, sometimes because of the lack of existing maps, sometimes because existing maps did not correspond well to a given article. There were several cases, however, where it was not possible to draw a map, because of the scarcity of relevant geographical information. The unavoidable inexactitude of many indications was handled by the technique of shading the putative areas where different territories meet; that is, by marking these areas as overlapping zones instead of drawing strict demarcation lines. There are, however, cases in which even the shading of zones would indicate more information than we actually have. In such situations, the name of the language is simply written in the putative center of its territory and no demarcation is given; such cases are duly noted in the legends to the respective maps.

The chapters that follow (XXXIII—XXXVI) discuss bilingual and to some extent also multilingual lexicography. The structure of the discussion is parallel to that for monolingual lexicography. Chapter XXXIII discusses the principles of bilingual lexicography and the components of bilingual dictionaries; emphasis is on theoretical problems. Chapter XXXIV deals with descriptive problems and Chapter XXXV with the typology of bilingual dictionaries.

Since there is general consent that the problems of bilingual lexicography are more complex than those of monolingual lexicography, it seems quite logical that the problems of the latter were analysed first and the former afterwards. In this way, the chapters concerning bilingual lexicography can build on the preceding ones treating monolingual lexicography, with problems common to both not repeated; however, no one-to-one correlation of the two sequences of chapters was sought.

The amount of research devoted to the bilingual dictionary does not correspond to the complexity of its problems nor to its position on the dictionary market. It has remained practically excluded from the activities of institutional research centers and only seldom does it get the benefit of public funding. The amount of research given to the bilingual dictionary is also smaller than necessary. Additional difficulties are created by the great number of pairs of languages (in Europe alone, there are several hundred language pairs). The above mentioned colloquium in Holte was most useful given this situation, since it was the first colloquium devoted exclusively to problems of bilingual lexicography (see *Lexicographica* 4, 1988, pp. 186—202). The discussion there made it quite clear that the Encyclopedia cannot treat all of the problems in an exhaustive way: research is not yet ripe for that. By the same token, it is not possible to offer a discussion of the lexicography of all the language pairs in the world, past and present, a task which would require an entire additional volume; therefore only some case studies are given in Chapter XXXVI.

Various auxiliary languages and communication systems also have lexicographic works of reference. A selection is offered in Chapter XXXVII, which closes with an article on possible future developments in lexicography.

The last chapter (XXXVIII) contains a bibliography of lexicographic bibliographies, a topical index and a names index. Taken together with the bibliographies at the end of each article, most of the necessary references are contained in the Encyclopedia. References in the bibliographies are usually not printed in non-Roman (original) scripts; the transliterations were decided upon by the authors of the articles according to the usual conventions of their area and of the language of the article. Textual passages quoted from various dictionaries and analyzed in different places in the Encyclopedia can be located by the author of the dictionary in the names index. No attempt was made to unify the abbreviations in the whole Encyclopedia; they are explained in the article in which they are used. The trilingual topical index is not only a means to locate related topics discussed in different articles, but also allows some comparison of the terminology in the three languages and provides insight into its development. Several articles, particularly in the first volume, use a unified set of terminology. However, an attempt at unification of terminology in the whole Encyclopedia was not made, for reasons well stated by the editors of the Manual *Dialektologie* in their Preface (HSK 1.1, p. XV).

It was the endeavor of the editors to justify the attribute "international" occurring in the subtitle of the Encyclopedia by the choice of the topics, by the selection of the authors, and by admitting the three languages English, French, and German as languages in which articles can be published. The reasons for the trilingual character of the whole series of Manuals are well stated by H. Steger and H. E. Wiegand in the Preface to the Manual *Soziolinguistik* (HSK 3.1, pp. VII—VIII). English, French, and German are listed there as languages which enjoy equal status, as the three languages in which the articles of all the Manuals will be published. In the case of this Encyclopedia it can also be maintained that the majority of metalexicographic work is published in these three languages and that, particularly if taken together, they are spoken and understood as first or second language by most of the readership. French can also be considered as being representative of all the Romance languages, because their common Latinity can serve even today in scientific registers, as a functional model of mutual intelligibility. The trilingual character of the Encyclopedia (together with its ramifications) and the number of languages treated within it, should be taken as symbolic of the editors' fundamental belief that the ideal of multiplicity and diversity is the necessary corollary to the ideal of unity.

We are reaching the goal of an editorial work that will have taken some eight years (if the third volume is published in 1991); hence, it is time to express our gratitude to all those who have cooperated. In the first line, we owe our thanks to our authors. Many of them have kindly accepted our suggestions for modifications, additions, or reductions of their original texts; many have written their articles on short notice; many have allowed for stylistic changes (by a native speaker) made in texts authored in a non-native language, which in itself always is an additional burden. Our gratitude goes to those who made stylistic changes; particularly mentioned should be: Margaret Cop, Donna M. T. Cr. Farina, Andreas Gardt, Peter Hough, Dieter Martin, Sarah V. Tsiang-Furrier, and Rosemary Zahn. The maps were drawn by Heinz Laackman, the cartographer of the Forschungsinstitut für deutsche Sprache in Marburg; he was helped by Helga Krumpholz. Petra Schaffrodt and Helga Langer prepared the material for reproduction of the text samples; the reproductions were made by Wilfried Braun, the photographer of the Research Institute in Marburg.

Organizational work on this Encyclopedia was concentrated in two places: the Department of Germanic Linguistics in Heidelberg and the Department of Applied Linguistics in Erlangen. To the secretaries of these two institutions, Roswitha Feigt, Ursula Quoos, and Lissy Säuberlich, we also owe our thanks. Many proofs were read by Udo Amm, Michaela Heinz, and Gerhard Jerabek in Erlangen, and by Klaus-Peter Konerding and Andrea Lehr in Heidelberg. The kind cooperation of Jennifer A. Brundage, Thorsten Roelcke, and Gisela Schmidt in the elaboration of indices should be gratefully mentioned. Last but not least, we wish to thank Heinz Wenzel and Susanne Rade from the publishing house of Walter de Gruyter. The former was highly cooperative when editorial considerations made changes of publication plans necessary; the latter gave the editors her careful support in all matters that concerned the production and publication of the book. The publisher and the editors share the hope that this Encyclopedia will be useful in the further development of lexicography.

Summer 1989                                            F. J. Hausmann, O. Reichmann,
                                                       H. E. Wiegand, L. Zgusta

# Préface

La lexicographie, qu'on comprendra ici dans le sens restreint de lexicographie de langue, est une praxis culturelle vieille de 4000 ans. Sous les formes les plus diverses, des répertoires bilingues sumérien-akkadien gravés sur des tablettes d'argile aux banques de données électroniques actuelles, elle n'a cessé d'accompagner les différentes cultures scripturales. Aujourd'hui comme hier l'existence d'ouvrages lexicographiques s'explique par le besoin d'atteindre à l'intercompréhension — et ce en dépit de la multiplicité, de la variété et de l'instabilité des langues. Parfois, il est vrai, les dictionnaires servent à limiter cette intercompréhension. C'est que la lexicographie émane surtout des groupes culturellement dominants qui peuvent être tentés de faire du dictionnaire un facteur consolidant leur pouvoir. Quoi qu'il en soit, au sein même de la société politique et civile, les mobiles de la lexicographie sont multiples, qu'il s'agisse de la religion ou de la littérature, de l'économie ou de la politique étrangère, de l'enseignement ou de la science, ou, plus particulièrement, de la linguistique et des sciences de la communication (cf. art. 1).

La lexicographie de langue se manifeste actuellement sous deux faces qui toutefois se recoupent partiellement: une face scientifique et une face non scientifique. La lexicographie non scientifique est une pratique culturelle assimilable de façon autodidactique. La lexicographie scientifique, dont l'importance sociale est plus grande, est une pratique culturelle et scientifique autonome et à composante auto-réflexive, pratique plus ou moins influencée par des théories externes et qui dans son ensemble ne peut être dominée et maîtrisée que par des personnes formées au niveau universitaire.

Les tâches de la lexicographie scientifique sont multiples et considérables. On ne saurait surestimer l'importance du dictionnaire de langue en tant qu'instrument de communication presqu'indispensable entre les membres de communautés linguistiques différentes. Le dictionnaire joue ainsi un rôle essentiel lors des échanges commerciaux ou culturels entre ces communautés. Il permet à la fois de comprendre les sources historiques écrites d'une société et d'appréhender parmi ses expressions linguistiques contemporaines les variantes géographiques et sociales ou celles spécifiques à certains groupes. Il rend possible la compréhension des textes de communautés linguistiques appartenant à des civilisations semblables ou, au contraire, totalement étrangères les unes aux autres.

Mais le dictionnaire ne renseigne pas seulement sur la langue, il véhicule également une partie du savoir encyclopédique d'une communauté linguistique donnée et, qui plus est, il renseigne sur l'idéologie dominante de cette communauté. Il propose en effet des modèles d'identification. Ces modèles, quand ils sont perçus par l'utilisateur du dictionnaire comme de simples propositions soumises à son libre choix, contribuent à faciliter le processus des échanges culturels. En revanche, lorsqu'ils apparaissent dans les dictionnaires normatifs ou dans ceux qui s'inscrivent consciemment dans certains courants idéologiques, ces modèles d'identification peuvent aussi servir à imposer certaines options culturelles. C'est le cas, par exemple, quand on se propose de conférer à une variante linguistique donnée le statut de langue écrite ou encore, dans un cas extrême, d'assujettir des peuples entiers en les rendant, par décrets interposés, culturellement dépendants d'édifices idéologiques autonomes.

Cependant, quelle que soit l'essence des modalités retenues, les propositions du lexicographe indépendant et celles qu'imposent les idéologies dominantes se confondent dans la plupart des cas. Elles ont souvent des conséquences communes: l'acceptation des contenus proposés, leur assimilation plus ou moins consciente et, par là, l'instauration de solidarités de groupes qui mènent à un isolement vis-à-vis de l'extérieur et souvent à un cloisonnement vertical à l'intérieur du groupe même, contribuant ainsi à la constitution des unités d'action historiques que sont, par exemple, les nations. Le fait que la lexicographie ait fait l'objet d'une des résolutions de la Conférence d'Helsinki sur la Sécurité et la Coopération en Europe (1975) témoigne de l'importance du rôle social accordé, au niveau politique, à cette pratique scientifique.

Depuis une vingtaine d'années l'intérêt porté à la lexicographie et à ses divers produits s'est considérablement intensifié. Les causes de cette évolution sont à la fois scientifiques et extra-scientifiques. Parmi ces dernières l'internationalisation des échanges commerciaux et des structures économiques, la mise en place d'organismes supranationaux, le tourisme et bien d'autres facteurs ont contribué à créer, dans le domaine de la connaissance des langues étrangères et notamment en ce qui concerne les langues de spécialités, des besoins qui ne cessent d'augmenter. Parmi les causes scientifiques on comptera le rôle que joue dans les théories grammaticales récentes un lexique trop longtemps négligé, la position centrale qu'occupent dans les sciences cognitives les modèles lexicaux réalistes, la redécouverte du vocabulaire par l'enseignement des langues étrangères et la mise à profit de l'ordinateur pour le travail lexicographique. L'intérêt croissant accordé au lexique, dont le principal accès passait précisément par les dictionnaires, a mené en toute logique à la gestation, ces vingt dernières années, d'une discipline nouvelle qui se penche sur les dictionnaires eux-mêmes, leurs formes, leurs structures, leur usage, leur critique et leur histoire, en un mot sur le rôle qu'ils jouent au sein de nos sociétés. L'appellation française donnée à cette nouvelle discipline est *métalexicographie*, c'est-à-dire «recherche sur les dictionnaires». La métalexicographie possède un domaine d'études homogène, elle jouit de perspectives nettes et bien délimitées et elle dispose de méthodes propres, d'un certain corpus de connaissances ainsi que de moyens particuliers de description, satisfaisant par là les conditions nécessaires pour mériter le statut de discipline au sens que donne à ce mot la théorie des sciences. La métalexicographie peut en effet passer pour un domaine de recherche *scientifique* qui est en train de se muer en une discipline *scientifique* (cf. art. 29).

La lexicographie en tant que pratique et la métalexicographie en tant que domaine de recherche scientifique sont intimement liées en ce qu'elles ont le même objectif, celui de permettre et de promouvoir la pratique culturelle de l'utilisation des dictionnaires. Ce but suprême, la lexicographie le poursuit au niveau pratique, la métalexicographie le vise au niveau théorique. L'*Encyclopédie internationale de lexicographie* a pour objet à la fois la lexicographie et la métalexicographie, cette dernière se présentant ici pour la première fois de façon aussi complète et aussi structurée.

Les objectifs et les ambitions de l'*Encyclopédie* résultent d'abord de son objet tel qu'il vient d'être caractérisé, ensuite de la situation actuelle de la lexicographie, enfin, de l'état de la recherche en métalexicographie. Elle a pour but
— de dresser un tableau complet des activités lexicographiques de toutes les communautés linguistiques de la terre et, pour les plus importantes, de les décrire de façon détaillée,
— de décrire le statut et la fonction des dictionnaires et de leurs différents types dans les diverses civilisations,
— de décrire l'histoire de la lexicographie en prenant pour exemples les communautés linguistiques les plus importantes,
— de contribuer au développement d'une théorie générale de la lexicographie basée sur la connaissance de l'histoire et des fonctions des dictionnaires et tenant compte de la position du lexique dans l'ensemble de la langue,

— de faire en sorte que la métalexicographie devienne à tous égards une discipline scientifique à part entière,
— de décrire et de développer les méthodes de la lexicographie depuis l'organisation du travail dans les unités de rédaction et dans les services jusqu'aux moyens méthodiques mis en œuvre (collectes de matériaux, procédés définitoires, travaux sur ordinateurs, etc.),
— de souligner l'écart qui subsiste entre les possibilités de la lexicographie et sa pratique et, partant de la connaissance des déficits, de proposer des améliorations ainsi que de nouveaux projets lexicographiques et métalexicographiques,
— de fournir sur les dictionnaires et les travaux s'y rapportant une documentation aussi large et aussi fiable que possible,
— finalement de jeter les fondations nécessaires à la création d'un enseignement à la fois théorique et pratique de la lexicographie dans les universités.

En visant ces objectifs, l'*Encyclopédie* s'adresse à tous les lexicographes ainsi qu'aux enseignants et aux chercheurs tout comme aux étudiants de toutes les unités d'enseignement et de recherche qui ont affaire aux langues et à la linguistique ou qui travaillent régulièrement sur des textes en tant qu'historiens, juristes ou théologiens. En effet elle entend servir à la fois la pratique lexicographique et l'enseignement universitaire. Il s'agit de mettre à la disposition du public intéressé tant le savoir traditionnel que les découvertes récentes de la métalexicographie, de présenter les problèmes non encore résolus, et ceci de façon claire, cohérente et rapidement accessible. Aussi le consultant en quête d'information est-il assisté par un réseau de renvois et d'index qui couvre également les bibliographies choisies à la fin des articles.

La conception de l'*Encyclopédie,* qui se reflète dans son plan, essaie de réaliser les objectifs mentionnés. En vue de soumettre cette conception au jugement du plus grand nombre possible de spécialistes, les éditeurs en ont présenté différentes versions au public intéressé, lui demandant des commentaires critiques. Une première version de la conception a été distribuée à plus de 270 participants à la Conférence internationale de lexicographie qui s'est déroulée du 9 au 12 septembre 1983 à Exeter. Ayant bénéficié des suggestions orales et écrites de R. R. K. Hartmann, K. Heger, A. Kirkness, M. Ripfel, R. Schmitt-Brandt, D. Viehweger et W. Wolski, une version remaniée fut publiée en langue allemande au cours de l'été 1984 dans le volume IV des Studien zur neuhochdeutschen Lexikographie (Germanistische Linguistik 1—3/83, 487—506) éditées par H. E. Wiegand. En 1986, la Revue Internationale de Lexicographie (Lexicographica 2. 1986, 271—283), qui est éditée en collaboration avec la Dictionary Society of North America (DSNA) et l'Association Européenne de Lexicographie (EURALEX) par A. Kučera, A. Rey, H. E. Wiegand et L. Zgusta, a publié un plan élargi sous le titre «The International Encyclopedia of Lexicography: an Outline of the Project». Un extrait de la conception a été publié en langue française dans les Cahiers de lexicologie (46. 1985, 133—138), parus en 1987. En outre, la troisième version a été traduite en chinois (par Pan Zaiping) et publiée en avril 1987 dans le Journal of Foreign Languages (72—78) rédigé par la Shanghai International Studies University. Finalement, F. J. Hausmann a présenté le plan de l'*Encyclopédie* à l'Université de Lille le 16 novembre 1985 et lors d'un colloque de lexicographie qui s'est déroulé du 27 février au 1er mars 1986 à Saint Jacques de Compostelle (cf. Verba. Anuario Galego de filoloxía. Anexo 29. 1988, 90—102). A la suite de ces présentations les éditeurs ont reçu de nombreuses suggestions critiques. Une bonne partie d'entre elles a pu être prise en compte, souvent après d'intenses échanges oraux ou épistolaires. Ainsi, tout en laissant intact le plan global du projet, les éditeurs ont été amenés à élargir la gamme des problèmes et des langues à incorporer, à remodeler dans le détail la structure des chapitres et à reformuler un certain nombre de titres. Ils remercient les collègues déjà nommés ainsi que L. Bray, M. Cop, M. Görlach, P. Kühn, J. Mugdan et W. Müller pour leurs suggestions. Ils doivent une reconnaissance particulière à B. Schaeder qui leur a fait parvenir un exposé détaillé et très utile concernant le plan et à H.-P. Kromann qui, aux frais de l'Université Économique de Copenhague, a invité tous les auteurs des articles sur la lexicographie bilingue à discuter et à coordonner leurs textes dans le cadre d'un atelier organisé du 11 au 13 mai 1986 au Centre International des Services à Holte.

Le plan de l'*Encyclopédie* repose sur un certain nombre d'idées directrices et de décisions qu'il convient d'exposer parce que leur connaissance contribue à la bonne utilisation de l'ouvrage. Comme les éditeurs d'autres volumes de la série Manuels de linguistique et des sciences de communication, les éditeurs du volume «Dictionnaires» sont d'avis qu'aucun domaine d'études auquel on a affaire en sciences humaines, ne se prête à une structuration définitive et incontestable, mais qu'il y a au contraire rivalité de plusieurs structurations possibles et plausibles notamment pour un manuel de ce genre. Un plan donné exprime toujours une perspective donnée — ce qui sous-tend l'accentuation de tels aspects au détriment de tels autres. Les éditeurs ont l'espoir que le plan adopté pour cette *Encyclopédie* et la pondération des facteurs telle qu'elle a été décidée seront jugés adéquats pour présenter les faits et développer les problèmes.

Si l'ampleur du texte de l'*Encyclopédie* a nécessité une division en trois tomes, il y a lieu de souligner que cette répartition n'est pas motivée par le contenu. Le plan cohérent du manuel se lit au niveau des chapitres qui sont au nombre de 38. Le tome premier comprend les chapitres I—VII (art. 1—100), le tome deuxième les chapitres VIII—XX (art. 101—219) et le tome troisième les chapitres XXI—XXXVII (art. 220—334) ainsi qu'une bibliographie des bibliographies de dictionnaires et les index. Au total, le manuel compte 349 articles rédigés par 248 auteurs.

Essentiellement (mais non exclusivement) consacré à la lexicographie monolingue, le premier tome commence par décrire en deux chapitres les rapports qui unissent la lexicographie à la société, considérant ainsi les textes lexicographiques dans leur fonctionnalité. A l'étude du rôle de la lexicographie dans la société à partir de l'exemple européen et nord-américain (chap. I) succède, sous le titre «Le dictionnaire et ses utilisateurs» (chap. II), la description des aspects centraux d'une typologie fonctionnelle ainsi que d'une pédagogie des dictionnaires. Le chapitre III analyse les aspects généraux de la théorie et de l'histoire de la lexicographie, les articles à orientation historique élargissant certains thèmes évoqués dans les chapitres précédents, alors que les articles à dominante théorique s'enchaînent avec les chapitres suivants. Les chapitres IV et V font une large part à la théorie de la lexicographie monolingue en présentant — après un article de synthèse (art. 36) — l'ensemble des éléments et structures du texte lexicographique dans le dictionnaire général monolingue (art. 36—67 a), ainsi que 24 problèmes de description lexicographiques d'unités lexicales, problèmes traditionnels ou de nature récente dont les solutions sont ébauchées et les perspectives esquissées. Le choix des problèmes et notamment des types d'unités traités porte l'empreinte de l'état actuel de la recherche métalexicographique et du potentiel d'auteurs disponibles; pour certains articles prévus pour ce chapitre il n'a d'ailleurs pas été possible de trouver d'auteurs.

Si l'on considère la variété presque illimitée des produits lexicographiques existants, la typologie des dictionnaires compte, à côté d'une théorie du texte lexicographique, parmi les tâches les plus nobles d'une théorie générale de la lexicographie. L'*Encyclopédie* tient compte de ce fait. L'article 91, consacré aux problèmes généraux de typologie et qui justifie de façon détaillée le plan du manuel dans les chapitres VI—XV, ouvre une série de 77 articles (art. 92—166) traitant des divers types de dictionnaires. Le tome premier s'achevant sur le chapitre VII qui est le second chapitre de la typologie des dictionnaires, la description des différents types de dictionnaires empiète largement sur le deuxième tome.

Ce qui suit permettra une première orientation dans la typologie adoptée par les éditeurs. Pour une explication plus approfondie le lecteur est renvoyé à l'article 91.

Préface  XXIX

A l'exception des dictionnaires généraux monolingues qui arrivent en tête de la typologie (chap. VI), ce sont les caractéristiques linguistiques qui, dans la mesure du possible, ont été choisies comme critères dominants de la typologie des dictionnaires. En effet une typologie linguistique a l'avantage d'être presque universellement compréhensible, surtout parce qu'elle est le plus proche des titres traditionnels des dictionnaires spécialisés. Certes on pourrait imaginer des typologies plus originales qui se fonderaient sur les fonctions ou les profils d'accès des dictionnaires. Pour des raisons de convivialité les éditeurs ont cependant préféré renoncer à l'originalité.

Le chapitre VII traite des dictionnaires qui informent soit sur les unités syntagmatiques soit sur les propriétés syntagmatiques des mots. Placé au début du tome deuxième, le chapitre VIII réunit les dictionnaires consacrés aux paradigmes lexicaux, qu'ils soient morphologiques, sémantiques ou morpho-sémantiques. L'article 101 présente une vue d'ensemble des dictionnaires onomasiologiques. En donnant de cette façon la priorité à la syntagmatique et à la paradigmatique, on tient compte de l'importance de ces deux axes pour la constitution des systèmes linguistiques. On distingue ensuite, sans aucune difficulté typologique, un nombre considérable de dictionnaires spécialisés consacrés aux unités diasystématiquement marquées d'une certaine synchronie de la langue standard (chap. IX). On concède, en revanche, une certaine hétérogénéité au chapitre X qui rassemble des dictionnaires relatifs à certains autres types d'entrées, tels que les affixes ou les abréviations. Le troisième chapitre, parmi ceux qui sont consacrés aux types d'entrées, informe sur les dictionnaires onomastiques (chap. XI).

Alors que les chapitres IX—XI mettent l'accent sur la sélection extérieure des entrées, le chapitre XII insiste sur la sélection intérieure et rassemble les dictionnaires spécialisés donnant certains types d'information comme par exemple la prononciation ou l'étymologie.

Désirant poursuivre une typologie aussi phénoménologique que possible, on se voit contraint de compléter les critères linguistiques par des critères d'une autre nature. C'est ainsi que le chapitre XIII se place sous le signe de la fonctionnalité des dictionnaires pour réunir plusieurs types de dictionnaires pédagogiques.

Jusqu'à ce chapitre tous les dictionnaires présentés relèvent de la langue standard en tant que variété dominante du système de la langue. Le chapitre XIV, en revanche, est consacré aux dictionnaires spécialisés traitant d'autres variétés. Sur l'axe temporel, quatre articles (art. 154, 154a, 155, 156) présentent pour un certain nombre de langues les dictionnaires de périodes historiques. Quant à l'axe spatiolinguistique, les éditeurs se sont vu obligés de procéder de façon rigoureusement sélective. Étant donné que les dictionnaires dialectaux allemands sont bien représentés dans le manuel «Dialektologie» (HSK 1.1 et 1.2, cf. notamment les art. 5, 41, 43 et 79) ainsi que dans le manuel «Sprachgeschichte» (HSK 2.1 et 2.2, cf. notamment art. 34), on a opté pour la présentation exemplaire des dictionnaires français (art. 157). Pour beaucoup d'autres dictionnaires dialectaux, il est possible de consulter les articles relatifs aux langues particulières (cf. par ex. art. 182). Deux articles (art. 158, 158 a) sont en outre consacrés aux dictionnaires des variétés «exportées» (*transplanted varieties*) de l'anglais et du français (pour l'espagnol cf. art. 182).

De même l'immense domaine des dictionnaires de langues de spécialités n'a pas pu être documenté de façon adéquate (cf. art. 159, 160 pour les dictionnaires monolingues et art. 306, 307 pour les dictionnaires bilingues). C'est qu'ici la recherche n'en est qu'à ses débuts tant du côté des langues de spécialités que du côté de la métalexicographie. Les éditeurs font toutefois savoir que le manuel «Fachsprachen und Fachkommunikation» (prévu comme vol. 13 de HSK) se propose de combler cette lacune.

La description des types de dictionnaires s'achève au chapitre XV (art. 163—166) sur les types appartenant à la lexicographie des textes comme la concordance ou l'index.

Si, dans les dix chapitres consacrés aux dictionnaires spécialisés, les éditeurs ont en principe voulu présenter les dictionnaires de toutes les langues et de tous les temps, il faut avouer que, pour des raisons de place mais aussi à cause de déficits bien compréhensibles dans la connaissance des langues et des lexicographies lointaines, ce but n'a pas toujours été atteint. Tel article met l'accent sur les problèmes, tel autre sur la documentation. De plus, le centre des préoccupations du manuel est indéniablement le monde occidental; de telles imperfections semblent actuellement inévitables. Il appartiendra à l'avenir de permettre aux informations de circuler de par le monde entier, sans entraves aucunes.

Le chapitre XVI a pour objet les méthodes du travail lexicographique, depuis la collecte des matériaux jusqu'à leur traitement, y compris l'aide apportée par l'ordinateur. Pour une information supplémentaire en ce qui concerne le rôle de l'informatique, les éditeurs renvoient au manuel «Computerlinguistik» (cf. HSK 4, notamment les art. 38 et 39).

La lexicographie des langues particulières est exposée à partir du chapitre XVII. Commençant au milieu du deuxième tome, cette description, répartie sur 16 chapitres et 114 articles, empiète largement sur le troisième où elle s'achève au chapitre XXXII. Il ne fut guère aisé de trouver, pour cette partie de l'*Encyclopédie,* une structure à la fois objective et transparente. Il aurait été évidemment possible de choisir une structure fondée exclusivement sur la parenté génétique des langues. Toutefois, l'application rigoureuse de ce principe génétique aurait par exemple entraîné la dispersion des langues est-asiatiques qui méritent pourtant d'être regroupées, étant toutes graphiées entièrement ou partiellement à l'aide de l'écriture chinoise. Pour les langues de l'Inde qui constituent plus ou moins une unité culturelle, l'inconvénient aurait été le même, tout comme il aurait été nécessaire de séparer le sumérien de l'akkadien pour le regrouper avec le basque dans un chapitre qu'il aurait fallu intituler «Langues à parenté obscure». Pour ces raisons et surtout parce que les interconnexions des traditions lexicographiques sont davantage déterminées par des données géographiques et culturelles que par la parenté des langues, les éditeurs ont préféré choisir un plan qui respectât cette hiérarchie. La présentation de la lexicographie des langues particulières commence donc par celle du Proche-Orient ancien pour mener à Rome en passant par la Grèce (chap. XVII). Les langues européennes modernes sont ensuite regroupées selon leurs rapports génétiques et disposées sur un axe qui va d'ouest en est. On s'est efforcé de maintenir ce principe pour les autres langues. Ici encore on pourrait imaginer des modifications du principe adopté, voire sa substitution par des principes entièrement différents. Comme toutefois il est impossible de faire entrer la complexité des rapports dans un seul plan unidimensionnel, ces solutions de rechange seraient à leur tour susceptibles d'être critiquées. En outre, quand cela s'est avéré nécessaire, on a mentionné dans les articles les rapports insuffisamment mis en lumière par le plan choisi.

Conformément aux principes exposés, le chapitre XVII est suivi de la lexicographie des langues romanes, germaniques et slaves (chap. XVIII—XX). Le chapitre XXI présente d'autres langues européennes et apparentées. Dans les chapitres XXII—XXIX on trouvera, dans l'ordre, la lexicographie des langues suivantes: les langues chamito-sémitiques, les langues iraniennes, les langues du sous-continent indien, les langues tibéto-birmanes, les langues austronésiennes et d'autres langues du Sud-Est asiatique, les langues est-asiatiques, ainsi que les langues de l'Arctique et de l'Océanie. S'y ajoutent les langues d'Afrique noire (chap. XXX) et les langues indiennes des deux Amériques, ces dernières étant divisées d'un point de vue historique et culturel en une période coloniale (chap. XXXI) et une période postérieure à 1800 (chap. XXXII). L'importance accordée à la description de la lexicographie des langues dites du Tiers-Monde reflète le souci des éditeurs d'informer systématiquement sur la situation lexicographique des langues en question, de mettre en évidence de façon détaillée les lacunes constatées,

Préface                                                                                                                                    XXXI

d'attirer l'attention sur les problèmes spécifiques posés par les différents types de langues et leurs usages effectifs et d'esquisser ainsi les directions que devra suivre la lexicographie future de ces langues, les préoccupations scientifiques rejoignant ici celles à caractère politico-culturel.

La présence d'un grand nombre de cartes linguistiques peut surprendre dans un manuel consacré à la lexicographie et à la métalexicographie, d'autant que l'extension géographique d'une langue n'a pas de rapport direct avec sa lexicographie et qu'on est souvent mal informé sur cette extension, sans parler de la difficulté qu'il y a à distinguer entre langues et dialectes. De plus, il est souvent impossible de circonscrire de façon objective une aire linguistique parce qu'il y a superposition sociologique et interpénétration géographique ou parce que la reconnaissance de la langue dépend d'opinions politiques divergentes. Si malgré ces constatations, l'insertion de cartes géolinguistiques a été jugée indispensable, c'est tout simplement parce qu'on ne peut attendre de la part de tous les lecteurs qu'ils sachent localiser l'ensemble des langues traitées dans les divers articles. Par conséquent les cartes ont pour but de combler cette lacune éventuelle. En aucun cas elles n'ont l'ambition de fournir une documentation à valeur scientifique.

Les besoins d'informations géographiques variant d'une langue à l'autre, il a fallu faire le départ entre les différentes situations géolinguistiques. Certaines langues appelaient un complément cartographique; pour d'autres, au contraire, celui-ci s'avérait superflu. Les considérations qui ont dicté l'insertion de documents cartographiques ont été les suivantes:

(1) Le besoin d'information géolinguistique est inversement proportionnel au nombre de locuteurs de la langue considérée, à l'importance du rôle de celle-ci dans les échanges internationaux et interculturels, au degré de sa connaissance ainsi qu'à l'étendue de son aire d'emploi.

(2) Le besoin d'information géolinguistique varie selon que les frontières de l'aire linguistique considérée recouvrent — ou non — celles d'un État: il est moins marqué pour les langues dont l'aire d'emploi coïncide avec le territoire d'un État.

(3) La représentation cartographique de certaines aires linguistiques peut s'avérer hautement complexe dès lors que des facteurs socio-culturels ou d'ordre politique doivent être pris en compte. Il a donc fallu considérer cas par cas la nécessité de l'illustration cartographique. Les trois arguments qui viennent d'être présentés ont été soumis au jugement des auteurs et ce sont eux qui ont finalement décidé de l'opportunité des compléments cartographiques.

Les auteurs qui se sont exprimé en faveur de l'insertion d'une carte géolinguistique ont été priés de vérifier s'il n'existait pas déjà de documents géolinguistiques exploitables, c'est-à-dire susceptibles d'être reproduits immédiatement. Dans la majorité des cas, il s'est révélé nécessaire de dessiner de nouvelles cartes, soit qu'il n'en existait pas encore, soit que celles qui existaient ne se prêtaient pas à la représentation des faits traités. Dans de nombreux autres cas le manque d'informations a rendu impossible la représentation cartographique des domaines linguistiques considérés. Face à ces difficultés, les auteurs ont été priés de donner des informations cartographiques une représentation plus indiciaire que définitive. Ces consignes éditoriales se traduisent concrètement par des cartes dont les hachures ne sont pas arrêtées, par des isoglosses restées à l'état d'esquisses. Les hachures ne sont d'ailleurs pas toujours aptes à représenter certaines situations géolinguistiques. Dans ces cas-là on a préféré se limiter à l'indication du nom de la langue traitée (ou de symboles la représentant) dans la région dans laquelle on suppose le centre de son aire. Si besoin est, les légendes des cartes soulignent le caractère provisoire des informations présentées.

Parallèlement à ce qui a été fait pour les dictionnaires monolingues, les chapitres XXXIII—XXXV consacrés à la lexicographie bilingue et plurilingue traitent d'abord, sous un aspect théorique, des principes et des éléments du dictionnaire bilingue (chap.

XXXIII), de problèmes choisis de description (chap. XXXIV) et de certains aspects de sa typologie (chap. XXXV).

Les spécialistes sont d'accord pour déclarer que les problèmes du dictionnaire bilingue sont plus importants que ceux de la lexicographie monolingue. Par conséquent il a semblé logique de décrire les dictionnaires bilingues après la lexicographie monolingue, pour que celle-ci puisse servir de base de description selon le principe didactique qui consiste à aller du simple au complexe. Tous les problèmes qui se posent de la même façon pour les deux types de dictionnaires sont traités aux chapitres consacrés au dictionnaire monolingue. La description systématique du dictionnaire bilingue n'a donc pas besoin d'être en tous points conforme à celle du dictionnaire monolingue. Actuellement l'intensité de la recherche portant sur le dictionnaire bilingue est inversement proportionnel à la complexité de l'objet et au rôle qu'il joue sur le marché. Il est en effet resté pratiquement exclu des centres de recherche officiels. Rares sont les dictionnaires bilingues ayant bénéficié de subventions de l'Etat et peu de lexicographes et de métalexicographes ont daigné se pencher sur les problèmes qui leur sont particuliers. A cela s'ajoute la dispersion des langues (rien qu'en Europe il existe des centaines de paires de langues) qui est à l'origine d'un réel problème de communication des spécialistes entre eux. Vu la situation défavorisée des dictionnaires bilingues, le colloque de Holte, mentionné plus haut, a été une aide très appréciée des éditeurs. Ce premier colloque scientifique exclusivement consacré à la lexicographie bilingue (cf. Lexicographica 4. 1988, 186—202) a révélé d'autre part que l'*Encyclopédie* ne pouvait traiter les problèmes de façon exhaustive; il y a un trop grand retard à rattraper. Cela vaut également pour la description des lexicographies bilingues historiques et contemporaines du monde entier, qui, pour être complète, aurait exigé un quatrième tome et dont le chapitre XXXVI, malgré une vingtaine d'articles, ne fournit qu'une ébauche.

Le chapitre XXXVII se penche sur la lexicographie des langues auxiliaires et celle d'autres systèmes de communication. Un article sur l'avenir de la lexicographie (art. 334) clôture la partie narrative du manuel.

Le chapitre XXXVIII regroupe à la fin de l'*Encyclopédie* la bibliographie des bibliographies de dictionnaires ainsi qu'un index des sujets traités et un index des noms.

Si l'on y ajoute les bibliographies choisies des différents articles, on peut estimer que le manuel donne accès à la quasi-totalité des dictionnaires et travaux de quelque importance. A noter que sur décision de l'auteur certaines références bibliographiques ne sont pas reproduites dans leur écriture originale et que la transcription éventuelle obéit aux règles en usage dans la langue en question. L'index des noms permet de repérer les endroits où est traité un dictionnaire donné, à condition évidemment que ce dictionnaire soit mentionné sous un nom d'auteur. Le projet d'un index des titres de dictionnaires, envisagé un certain temps, a dû être abandonné. Les éditeurs ont également renoncé à uniformiser les abréviations des titres de dictionnaires. Cependant toutes les abréviations utilisées sont expliquées dans les articles. L'index trilingue des sujets traités rend possible l'accès à toutes les informations d'un même ordre et il permet aussi de se rendre compte de l'évolution terminologique de la discipline, ceci dans trois langues ayant chacune une terminologie très développée. Par endroits, une certaine coordination terminologique a certes été réalisée, mais dans l'ensemble, les éditeurs ont renoncé à une standardisation terminologique rigoureuse dans les trois langues utilisées, les raisons en étant expliquées dans la préface du manuel «Dialektologie» (HSK 1.1, XV).

En parant l'*Encyclopédie* de l'épithète «internationale», les éditeurs ont voulu exprimer une ambition qu'il n'est pas facile de satisfaire. Ils s'y sont efforcés tant par l'ampleur des thèmes sélectionnés que par le nombre des auteurs sollicités, mais aussi et surtout par la décision d'admettre trois langues de publication à statut égal: l'allemand, l'anglais et le français. Le choix de ces langues se justifie d'abord par les raisons d'ordre pratique avancées par H. Steger et H. E. Wiegand dans la préface du manuel «Soziolinguistik» (HSK 3.1, VII—VIII), ensuite par le fait que la majorité des travaux métalexicographiques a été publiée dans ces langues, enfin parce que la plus grande partie des lecteurs potentiels les possèdent probablement comme première ou seconde langue. Quant à la langue française, elle représente en outre toutes les langues romanes qui, de par leur latinité commune, continuent d'être dans les cercles scientifiques un modèle fonctionnel d'intercompréhension. Ainsi le trilinguisme descriptif, d'une part, et le grand nombre de langues décrites, d'autre part, symbolisent l'idéal fondamental de pluralisme qui fait contrepoids à l'idéal, également légitime, d'unité et d'uniformité.

Au terme d'un travail qui, lorsqu'il aura pris fin avec la parution du tome troisième en 1991, se sera étendu sur une période de plus de huit ans, il convient de remercier tous ceux qui y ont collaboré. Les remerciements des éditeurs s'adressent d'abord aux auteurs des articles; nombre d'entre eux ont accepté de modifier, d'abréger ou de compléter leur texte, souvent après en avoir longuement discuté avec les éditeurs. Certains ont été prêts à rédiger leurs articles dans des délais très limités. Beaucoup d'autres dont la langue maternelle ne figurait pas parmi les trois langues de publication ont été d'accord pour soumettre leur manuscrit à un locuteur natif en vue d'un remaniement stylistique. Les éditeurs remercient également tous ceux qui se sont chargés de ces remaniements et ceux qui ont traduit des articles, en particulier les collaborateurs suivants: Laurent Bray, Margaret Cop, Donna M. T. Cr. Farina, Andreas Gardt, Peter Hough, Dieter Martin, Sarah V. Tsiang-Furrier et Rosemary Zahn. Aidé par Helga Krumpholz, Heinz Laackman, cartographe du *Forschungsinstitut für deutsche Sprache* à Marburg, a dessiné l'ensemble des cartes géographiques. Petra Schaffrodt et Helga Langer ont préparé les originaux pour la photographie des extraits textuels, photographie réalisée par Wilfried Braun du laboratoire photographique de l'*Institut* de Marburg.

L'*Encyclopédie* a été réalisée à partir de deux centres d'organisation: la chaire de Linguistique allemande de Heidelberg et celle de Linguistique appliquée de Erlangen; une reconnaissance particulière est due aux secrétaires affectées à ces chaires: Roswitha Feigt, Ursula Quoos et Lissy Säuberlich. D'importants travaux de correction ont été réalisés à Erlangen par Udo Amm, Michaela Heinz et Gerhard Jerabek, à Heidelberg par Klaus-Peter Konerding et Andrea Lehr. A Heidelberg, les index ont bénéficié de l'aide apportée par Jennifer Brundage, Thorsten Roelcke et Gisela Schmidt. Last but not least, les éditeurs remercient Heinz Wenzel et Susanne Rade de la maison d'édition Walter de Gruyter, le premier pour la compréhension à l'égard des nombreuses modifications de programme intervenues pour des raisons scientifiques au cours des préparatifs, la dernière pour l'aide précieuse apportée à la rédaction et à la réalisation de l'ouvrage. La maison d'édition et les éditeurs nourrissent l'espoir que cette *Encyclopédie* contribuera à la promotion mondiale de la lexicographie et de la métalexicographie.

Au mois d'août 1989                                            F. J. Hausmann, O. Reichmann
                                                               H. E. Wiegand, L. Zgusta

# Inhalt / Contents / Table des matières

## Erster Teilband / First Volume / Tome Premier

| | |
|---|---|
| Vorwort | V |
| Preface | XVI |
| Préface | XXV |

I. Lexikographie und Gesellschaft I: Wörterbücher und Öffentlichkeit
Lexicography and Society I: Dictionaries and Their Public
Lexicographie et société I: Les dictionnaires et leur public

1. Franz Josef Hausmann, Die gesellschaftlichen Aufgaben der Lexikographie in Geschichte und Gegenwart . . . . . . . . . . . . . . . . . . . . 1
(Social Tasks of Lexicography, Past and Present · Rôle de la lexicographie dans la société d'hier et d'aujourd'hui)

2. Franz Josef Hausmann, Das Wörterbuch im Urteil der gebildeten Öffentlichkeit in Deutschland und in den romanischen Ländern . . . . . . . . . . . 19
(Dictionaries as Seen by the Educated Public in Germany and the Romania · Le dictionnaire vu par le public cultivé en Allemagne et dans les pays de langue romane)

3. John Algeo, Dictionaries as Seen by the Educated Public in Great Britain and the USA . . . . . . . . . . . . . . . . . . . . . . . . . . . . . . 28
(Wörterbücher im Urteil der gebildeten Öffentlichkeit in Großbritannien und den USA · Le dictionnaire vu par le public cultivé en Grande-Bretagne et aux U.S.A.)

4. John Algeo, The Image of the Dictionary in the Mass Media: USA . . . . . 34
(Das Bild des Wörterbuchs in den Massenmedien: USA · Le dictionnaire dans les mass-médias: U.S.A.)

5. Laurent Bray, Le dictionnaire dans les mass-médias en France . . . . . . . 38
(Das Bild des Wörterbuchs in den Massenmedien in Frankreich · The Dictionary's Image in the Mass-Media in France)

6. Jean-Claude Boulanger, Lexicographie et politique langagière: l'exemple français des avis officiels . . . . . . . . . . . . . . . . . . . . . . . 46
(Lexikographie und Sprachpolitik: das Beispiel der französischen Spracherlasse · Lexicography and Linguistic Politics: The French Example of Official Ingerence)

7. Yakov Malkiel, Wörterbücher und Normativität . . . . . . . . . . . . 63
(Dictionaries and Normative Activities · Dictionnaires et normativité)

8. Ladislav Zgusta, The Role of Dictionaries in the Genesis and Development of the Standard . . . . . . . . . . . . . . . . . . . . . . . . . . . . . 70
(Die Funktion von Wörterbüchern bei der Entstehung und Entwicklung von Schriftsprachen · Le rôle du dictionnaire dans la naissance et dans l'évolution des langues écrites)

9. Jean-Pierre Beaujot, Dictionnaire et idéologies . . . . . . . . . . . . . 79
(Wörterbücher und Ideologievermittlung · The Dictionary and Ideologies)

10. Janet Whitcut, The Dictionary as a Commodity . . . . . . . . . . . . 88
(Das Wörterbuch als Marktobjekt · Le dictionnaire et sa commercialisation)

10a. Edward Gates, The Training of Lexicographers . . . . . . . . . . . . 94
(Die Ausbildung zum Lexikographen · La formation des lexicographes)

11. Franz Josef Hausmann, Dictionary Criminality . . . . . . . . . . . . . 97
    (Wörterbuchkriminalität · Criminalité lexicographique)

II. Lexikographie und Gesellschaft II: Wörterbücher und ihre Benutzer
    Lexicography and Society II: Dictionaries and Their Users
    Lexicographie et société II: Le dictionnaire et ses utilisateurs

12. Reinhard Rudolf Karl Hartmann, Sociology of the Dictionary User: Hypotheses
    and Empirical Studies . . . . . . . . . . . . . . . . . . . . . . . . . 102
    (Soziologie der Wörterbuchbenutzer: Hypothesen und empirische Untersuchungen · Sociologie de l'utilisateur: hypothèses et recherches empiriques)

13. Peter Kühn, Typologie der Wörterbücher nach Benutzungsmöglichkeiten . . . 111
    (A Typology of Dictionaries Based on Their Uses · Typologie fonctionnelle des dictionnaires)

14. Ulrich Püschel, Wörterbücher und Laienbenutzung . . . . . . . . . . . 128
    (Dictionaries as Used by Laymen · Le grand public, utilisateur de dictionnaires)

15. Laurent Bray, Consultabilité et lisibilité du dictionnaire: aspects formels . . . 135
    (Konsultierbarkeit und Lesbarkeit des Wörterbuchs: formale Aspekte · Easy Access and Readability of the Dictionary: Formal Aspects)

16. Giovanni Nencioni, The Dictionary as an Aid in Belles Lettres . . . . . . . 146
    (Wörterbücher als Hilfsmittel für Dichter und Schriftsteller · Le dictionnaire aux mains des écrivains)

17. Rolf Bergmann, Wörterbücher als Hilfsmittel der philologischen Arbeit . . . 152
    (Dictionaries as an Aid in Philological Research · Le dictionnaire, instrument de la recherche philologique)

18. Gisela Harras, Wörterbücher als Hilfsmittel der linguistischen Forschung . . . 159
    (Dictionaries as an Aid in Linguistic Research · Le dictionnaire, instrument de la recherche linguistique)

19. Jochen Hoock, Wörterbücher als Hilfsmittel für den Wirtschaftshistoriker . . . 163
    (Dictionaries as an Aid in Economic History · Le dictionnaire, instrument de la recherche en histoire économique)

20. Juan C. Sager, The Dictionary as an Aid in Terminology . . . . . . . . . 167
    (Wörterbücher als Hilfsmittel der Terminologiearbeit · Le dictionnaire, instrument du travail terminologique)

21. Hans J. Vermeer, Wörterbücher als Hilfsmittel für unterschiedliche Typen der
    Translation . . . . . . . . . . . . . . . . . . . . . . . . . . . . . . 171
    (Dictionaries as an Aid in Various Types of Translation · Le dictionnaire, auxiliaire du traducteur)

22. Gaston Gross, Le dictionnaire et l'enseignement de la langue maternelle . . . 174
    (Wörterbücher als Hilfsmittel im muttersprachlichen Unterricht · Dictionaries as an Aid in Teaching the Mother-Tongue)

23. Reinhard Rudolf Karl Hartmann, The Dictionary as an Aid to Foreign-Language
    Teaching . . . . . . . . . . . . . . . . . . . . . . . . . . . . . . . 181
    (Wörterbücher als Hilfsmittel im fremdsprachlichen Unterricht · Le dictionnaire et l'enseignement des langues étrangères)

24. Martha Ripfel, Die normative Wirkung deskriptiver Wörterbücher . . . . . 189
    (The Normative Influence of Descriptive Dictionaries · Influence normative du dictionnaire descriptif)

25. Henri Béjoint, The Teaching of Dictionary Use: Present State and Future Tasks . 208
    (Wörterbuchdidaktik: Stand und Aufgaben · Enseigner l'utilisation du dictionnaire: état de la question et perspectives)

| | | |
|---|---|---|
| III. | Geschichte und Theorie der Lexikographie: Allgemeine Aspekte<br>History and Theory of Lexicography: General Aspects<br>Théorie et histoire de la lexicographie: Aspects généraux | |
| 26. | Franz Josef Hausmann, Pour une histoire de la métalexicographie<br>(Elemente zu einer Geschichte der Metalexikographie · Prolegomena to a History of Metalexicography) | 216 |
| 27. | Noel Edward Osselton, The History of Academic Dictionary Criticism With Reference to Major Dictionaries<br>(Geschichte der wissenschaftlichen Wörterbuchkritik am Beispiel großer Wörterbücher · Histoire de la critique du dictionnaire: quelques exemples importants) | 225 |
| 28. | Oskar Reichmann, Geschichte lexikographischer Programme in Deutschland<br>(A History of Lexicographic Projects in Germany · Histoire des projets lexicographiques allemands) | 230 |
| 29. | Herbert Ernst Wiegand, Der gegenwärtige Status der Lexikographie und ihr Verhältnis zu anderen Disziplinen<br>(The Contemporary Status of Lexicography and its Relation to Other Disciplines · L'état actuel de la lexicographie et ses rapports avec les autres disciplines) | 246 |
| 30. | Luis Fernando Lara, Dictionnaire de langue, encyclopédie et dictionnaire encyclopédique: le sens de leur distinction<br>(Das Verhältnis von Sprachwörterbuch, Enzyklopädie und enzyklopädischem Wörterbuch · Language Dictionaries, Encyclopedias, and Encyclopedic Dictionaries: the Approaches to Their Distinction) | 280 |
| 31. | Dirk Geeraerts, Principles of Monolingual Lexicography<br>(Prinzipien der einsprachigen Lexikographie · Principes de la lexicographie monolingue) | 287 |
| 32. | Ladislav Zgusta, The Influence of Scripts and Morphological Language Types on the Structure of Dictionaries<br>(Der Einfluß der Schriftarten und der morphologischen Sprachtypen auf die Wörterbuchstruktur · L'influence des types d'écritures et des types morphologiques de langues sur la structure du dictionnaire) | 296 |
| 33. | Josette Rey-Debove, La métalangue lexicographique: formes et fonctions en lexicographie monolingue<br>(Formen und Funktionen der lexikographischen Metasprache in einsprachigen Wörterbüchern · The Lexicographic Metalanguage: Its Forms and Functions in Monolingual Lexicography) | 305 |
| 34. | Elisabeth Link/Burkhard Schaeder, Fachsprache der Lexikographie<br>(The Special Language of Lexicography · Terminologie de la lexicographie) | 312 |
| 35. | Claude Poirier, Les différents supports du dictionnaire: livre, microfiche, dictionnaire électronique<br>(Mediale Formen der Wörterbuchpräsentation: Buch, Mikrofiche, elektronisches Wörterbuch · Forms of the Dictionary: Book, Microfiche, Electronic Device) | 322 |
| IV. | Theorie der einsprachigen Lexikographie I: Bauteile und Strukturen von Wörterbüchern<br>Theory of Monolingual Lexicography I: Components and Structures of Dictionaries<br>Théorie de la lexicographie monolingue I: Éléments et structures du dictionnaire | |
| 36. | Franz Josef Hausmann/Herbert Ernst Wiegand, Component Parts and Structures of General Monolingual Dictionaries: A Survey<br>(Bauteile und Strukturen einsprachiger Wörterbücher: eine Übersicht · Éléments et structures du dictionnaire monolingue: vue d'ensemble) | 328 |

| | | |
|---|---|---|
| 37. | Werner Wolski, Das Lemma und die verschiedenen Lemmatypen | 360 |
| | (The Lemma and its Different Types · L'entrée et ses différents types) | |
| 38. | Herbert Ernst Wiegand, Aspekte der Makrostruktur im allgemeinen einsprachigen Wörterbuch: alphabetische Anordnungsformen und ihre Probleme | 371 |
| | (Aspects of Macrostructure in the General Monolingual Dictionary: Various Forms of Alphabetic Ordering and Their Problems · Aspects de la macrostructure dans le dictionnaire général monolingue: le classement alphabétique et ses problèmes) | |
| 38a. | Herbert Ernst Wiegand, Der Begriff der Mikrostruktur: Geschichte, Probleme, Perspektiven | 409 |
| | (The Notion of Microstructure: History, Problems, Outlook · Le concept de microstructure: histoire, problèmes, perspectives) | |
| 39. | Herbert Ernst Wiegand, Formen von Mikrostrukturen im allgemeinen einsprachigen Wörterbuch | 462 |
| | (Forms of Microstructures in the General Monolingual Dictionary · Organisation de la microstructure: ses différentes formes dans le dictionnaire monolingue) | |
| 40. | Nina Catach, L'orthographe dans le dictionnaire monolingue | 501 |
| | (Die orthographischen Angaben im allgemeinen einsprachigen Wörterbuch · Orthography in the General Monolingual Dictionary) | |
| 41. | Elmar Ternes, Die phonetischen Angaben im allgemeinen einsprachigen Wörterbuch | 508 |
| | (Phonetic Information in the General Monolingual Dictionary · Informations sur la prononciation dans le dictionnaire monolingue) | |
| 42. | Joachim Mugdan, Information on Inflectional Morphology in the General Monolingual Dictionary | 518 |
| | (Die flexionsmorphologischen Angaben im allgemeinen einsprachigen Wörterbuch · Informations sur la morphologie flexionnelle dans le dictionnaire monolingue) | |
| 43. | Patrick Dockar Drysdale, Etymological Information in the General Monolingual Dictionary | 525 |
| | (Die etymologischen Angaben im allgemeinen einsprachigen Wörterbuch · Informations sur l'étymologie dans le dictionnaire monolingue) | |
| 44. | Herbert Ernst Wiegand, Die lexikographische Definition im allgemeinen einsprachigen Wörterbuch | 530 |
| | (The Lexicographic Definition in the General Monolingual Dictionary · La définition lexicographique dans le dictionnaire monolingue) | |
| 45. | Anthony Paul Cowie, Information on Syntactic Constructions in the General Monolingual Dictionary | 588 |
| | (Die Angaben zur syntaktischen Konstruktion im allgemeinen einsprachigen Wörterbuch · Informations d'ordre syntaxique dans le dictionnaire monolingue) | |
| 46. | Harald Burger, Phraseologismen im allgemeinen einsprachigen Wörterbuch | 593 |
| | (Set Expressions, Set Collocations and Idioms in the General Monolingual Dictionary · La phraséologie dans le dictionnaire monolingue) | |
| 47. | Robert Martin, L'exemple lexicographique dans le dictionnaire monolingue | 599 |
| | (Das lexikographische Beispiel im allgemeinen einsprachigen Wörterbuch · The Lexicographic Example in the General Monolingual Dictionary) | |
| 47a. | Gisela Harras, Zu einer Theorie des lexikographischen Beispiels | 607 |
| | (Prolegomena to a Theory of the Lexicographic Example · Pour une théorie de l'exemple lexicographique) | |
| 48. | Werner Wolski, Die Synonymie im allgemeinen einsprachigen Wörterbuch | 614 |
| | (Synonymy in the General Monolingual Dictionary · Les synonymes dans le dictionnaire monolingue) | |

| | | |
|---|---|---|
| 49. | Wolfgang Müller, Die Antonyme im allgemeinen einsprachigen Wörterbuch<br>(Antonyms in the General Monolingual Dictionary · Les antonymes dans le dictionnaire monolingue) | 628 |
| 50. | Josette Rey-Debove, Le traitement analogique dans le dictionnaire monolingue<br>(Die sach- und begriffsverwandten Wörter im allgemeinen einsprachigen Wörterbuch · Analogical Treatment in the General Monolingual Dictionary) | 635 |
| 51. | Franz Josef Hausmann, Les homonymes et les paronymes dans le dictionnaire monolingue<br>(Die Homonyme und Paronyme im allgemeinen einsprachigen Wörterbuch · Homonyms and Paronyms in the General Monolingual Dictionary) | 640 |
| 52. | Wolfgang Rettig, Die Wortbildungszusammenhänge im allgemeinen einsprachigen Wörterbuch<br>(Word-Derivational Relations in the General Monolingual Dictionary · La formation des mots dans le dictionnaire monolingue) | 642 |
| 53. | Franz Josef Hausmann, Die Markierung im allgemeinen einsprachigen Wörterbuch: eine Übersicht<br>(Labeling in the General Monolingual Dictionary: A Survey · Les marques d'usage dans le dictionnaire monolingue: vue d'ensemble) | 649 |
| 54. | Günter Dietrich Schmidt, Diachronische Markierungen im allgemeinen einsprachigen Wörterbuch<br>(Diachronic Labels in the General Monolingual Dictionary · Les marques diachroniques dans le dictionnaire monolingue) | 657 |
| 55. | Hermann Niebaum, Diatopische Markierungen im allgemeinen einsprachigen Wörterbuch<br>(Diatopic Labels in the General Monolingual Dictionary · Les marques diatopiques dans le dictionnaire monolingue) | 662 |
| 56. | Broder Carstensen, Die Markierung von Entlehnungen im allgemeinen einsprachigen Wörterbuch<br>(Labeling of Borrowings in the General Monolingual Dictionary · Le marquage des emprunts dans le dictionnaire monolingue) | 668 |
| 57. | Pierre Corbin, Les marques stylistiques/diastratiques dans le dictionnaire monolingue<br>(Diastratische Markierungen im allgemeinen einsprachigen Wörterbuch · Stylistic/Diastratal Labels in the General Monolingual Dictionary) | 673 |
| 58. | Hartwig Kalverkämper, Diatechnische Markierungen im allgemeinen einsprachigen Wörterbuch<br>(Diatechnical Labels in the General Monolingual Dictionary · Les marques diatechniques dans le dictionnaire monolingue) | 680 |
| 59. | Burkhard Schaeder, Diafrequente Markierungen im allgemeinen einsprachigen Wörterbuch<br>(Frequency Labels in the General Monolingual Dictionary · Les marques de fréquence dans le dictionnaire monolingue) | 688 |
| 60. | Ulrich Püschel, Evaluative Markierungen im allgemeinen einsprachigen Wörterbuch<br>(Evaluative Labels in the General Monolingual Dictionary · Les marques diaévaluatives dans le dictionnaire monolingue) | 693 |
| 61. | Michel Glatigny, Les commentaires normatifs dans le dictionnaire monolingue<br>(Dianormative Markierungen und Kommentare im allgemeinen einsprachigen Wörterbuch · Normative Glosses in the General Monolingual Dictionary) | 700 |

62. Werner Hupka, Die Bebilderung und sonstige Formen der Veranschaulichung im allgemeinen einsprachigen Wörterbuch . . . . . . . . . . . . . . . 704
(Pictorial and Other Graphic Forms of Illustration in the General Monolingual Dictionary · Illustrations et autres formes de visualisation dans le dictionnaire monolingue)

63. Laurent Bray, Les renvois bibliographiques dans le dictionnaire monolingue . . 726
(Belegstellenangaben und Literaturhinweise im allgemeinen einsprachigen Wörterbuch · Bibliographic References in the Monolingual Dictionary)

64. Joachim Mugdan, Grundzüge der Konzeption einer Wörterbuchgrammatik . . 732
(Guidelines for the Design of Grammars in Dictionaries · Vers une grammaire dictionnairique)

65. Dieter Herberg, Wörterbuchvorwörter . . . . . . . . . . . . . . . . . 749
(Introductions to Dictionaries · La préface du dictionnaire)

66. Betty Kirkpatrick, User's Guides in Dictionaries . . . . . . . . . . . . 754
(Benutzungshinweise in Wörterbüchern · Instructions d'utilisation du dictionnaire)

67. Margaret Cop, Linguistic and Encyclopedic Information Not Included in the Dictionary Articles . . . . . . . . . . . . . . . . . . . . . . . . 761
(Sprach- und Sachinformation außerhalb der Wörterbuchartikel · Informations linguistiques et encyclopédiques en dehors des articles du dictionnaire)

67a. Alan Kirkness, Wörterbuchregister . . . . . . . . . . . . . . . . . . 767
(Indexes to Dictionaries · Les index de dictionnaire)


V. Theorie der einsprachigen Lexikographie II: Ausgewählte Beschreibungsprobleme im allgemeinen einsprachigen Wörterbuch
Theory of Monolingual Lexicography II: Selected Problems of Description in the General Monolingual Dictionary
Théorie de la lexicographie monolingue II: Problèmes choisis de la description dans le dictionnaire monolingue

68. Henning Bergenholtz, Probleme der Selektion im allgemeinen einsprachigen Wörterbuch . . . . . . . . . . . . . . . . . . . . . . . . . . . 772
(Selection of Vocabulary in the General Monolingual Dictionary · Problèmes de la sélection dans le dictionnaire monolingue)

69. Ekkehard Zöfgen, Homonymie und Polysemie im allgemeinen einsprachigen Wörterbuch . . . . . . . . . . . . . . . . . . . . . . . . . . . 779
(Homonymy and Polysemy in the General Monolingual Dictionary · Homonymie et polysémie dans le dictionnaire monolingue)

70. Gerhard Strauß, Angabe traditioneller Wortarten oder Beschreibung nach funktionalen Wortklassen im allgemeinen einsprachigen Wörterbuch? . . . . . 788
(Indication of Traditional Parts of Speech or Description of Functional Word Classes in the General Monolingual Dictionary? · Le mot dans le dictionnaire monolingue: partie du discours ou classe fonctionnelle?)

71. Günther Drosdowski, Die Beschreibung von Metaphern im allgemeinen einsprachigen Wörterbuch . . . . . . . . . . . . . . . . . . . . . . . . 797
(Metaphors in the General Monolingual Dictionary · La métaphore dans le dictionnaire monolingue)

72. Werner Wolski, Die Beschreibung von Modalpartikeln im allgemeinen einsprachigen Wörterbuch . . . . . . . . . . . . . . . . . . . . . . . . 805
(Modal Particles in the General Monolingual Dictionary · Description lexicographique des particules dans le dictionnaire monolingue)

| | | |
|---|---|---|
| 73. | Werner Holly, Die Beschreibung sprachhandlungsbezeichnender Ausdrücke im allgemeinen einsprachigen Wörterbuch . . . . . . . . . . . . . . . . . (Pragmatic and Speech Act Expressions in the General Monolingual Dictionary · Description des expressions performatives dans le dictionnaire monolingue) | 814 |
| 74. | Armin Burkhardt, Die Beschreibung von Gesprächswörtern im allgemeinen einsprachigen Wörterbuch . . . . . . . . . . . . . . . . . . . . . . (Conversational Words in the General Monolingual Dictionary · Description lexicographique des mots du discours dans le dictionnaire monolingue) | 822 |
| 75. | Peter Kühn, Die Beschreibung von Routineformeln im allgemeinen einsprachigen Wörterbuch . . . . . . . . . . . . . . . . . . . . . . . . . (Formulaic Expressions in the General Monolingual Dictionary · Les stéréotypes du discours dans le dictionnaire monolingue) | 830 |
| 76. | Walther Dieckmann, Die Beschreibung der politischen Lexik im allgemeinen einsprachigen Wörterbuch . . . . . . . . . . . . . . . . . . . . . (Political Vocabulary in the General Monolingual Dictionary · Le lexique politique dans le dictionnaire monolingue) | 835 |
| 77. | Günter Kempcke, Probleme der Beschreibung fachsprachlicher Lexik im allgemeinen einsprachigen Wörterbuch . . . . . . . . . . . . . . . . . . (Problems of Terminology and Special Language Vocabulary in the General Monolingual Dictionary · Les problèmes de la description du vocabulaire technique dans le dictionnaire monolingue) | 842 |
| 78. | Ludwig Jäger/Sabine Plum, Probleme der Beschreibung von Gefühlswörtern im allgemeinen einsprachigen Wörterbuch . . . . . . . . . . . . . . . . (Problems of Words of Emotion in the General Monolingual Dictionary · Problèmes de description du vocabulaire émotionnel dans le dictionnaire monolingue) | 849 |
| 79. | Gottfried Kolde, Probleme der Beschreibung von sog. Heckenausdrücken im allgemeinen einsprachigen Wörterbuch . . . . . . . . . . . . . . . . (Problems of Hedges in the General Monolingual Dictionary · Problèmes de description des atténuateurs dans le dictionnaire monolingue) | 855 |
| 80. | Ewald Lang, Probleme der Beschreibung von Konjunktionen im allgemeinen einsprachigen Wörterbuch . . . . . . . . . . . . . . . . . . . . . . (Problems of Conjunctions in the General Monolingual Dictionary · Problèmes de description des conjonctions dans le dictionnaire monolingue) | 862 |
| 81. | Wolfgang Müller, Die Beschreibung von Affixen und Affixoiden im allgemeinen einsprachigen Wörterbuch . . . . . . . . . . . . . . . . . . . . . (Affixes and Affixoids in the General Monolingual Dictionary · Description des affixes et affixoïdes dans le dictionnaire monolingue) | 869 |
| 82. | Peter von Polenz, Funktionsverbgefüge im allgemeinen einsprachigen Wörterbuch . . . . . . . . . . . . . . . . . . . . . . . . . . . . . . . (Phrasal Verbs in the General Monolingual Dictionary · Description des phrases à verbe support dans le dictionnaire monolingue) | 882 |
| 83. | Dieter Viehweger, Probleme der Beschreibung semantischer Vereinbarkeitsrelationen im allgemeinen einsprachigen Wörterbuch . . . . . . . . . . . (Semantic Problems of Collocational Relations in the General Monolingual Dictionary · Problèmes de description des compatibilités sémantiques dans le dictionnaire monolingue) | 888 |
| 84. | Immo Wegner, Lexikographische Definition und Frame-Theorie im allgemeinen einsprachigen Wörterbuch . . . . . . . . . . . . . . . . . . . . . (The Lexicographic Definition and the Frame-Theory in the General Monolingual Dictionary · Définition lexicographique et théorie des cadres sémantiques dans le dictionnaire monolingue) | 893 |

85. Fritz Neubauer, Vocabulary Control in the Definitions and Examples of Monolingual Dictionaries . . . . . . . . . . . . . . . . . . . . . . . . . . . . . 899
(Die Kontrolle des Wortschatzes in Definitionen und Beispielen · Contrôle du vocabulaire utilisé dans les définitions et exemples)

86. Gérard Gorcy, Différenciation des significations dans le dictionnaire monolingue: problèmes et méthodes . . . . . . . . . . . . . . . . . . . . . . . 905
(Probleme und Methoden der Ermittlung und Differenzierung von Bedeutungen · Meaning Discrimination in the General Monolingual Dictionary: Problems and Methods)

87. Reinhold Werner, Probleme der Anordnung der Definitionen im allgemeinen einsprachigen Wörterbuch . . . . . . . . . . . . . . . . . . . . . . . 917
(Ordering of Definitions in the General Monolingual Dictionary · Problèmes de l'agencement des définitions dans le dictionnaire monolingue)

88. Josette Rey-Debove, Les systèmes de renvois dans le dictionnaire monolingue . 931
(Verweissysteme im allgemeinen einsprachigen Wörterbuch · Systems of Cross-References in the Monolingual Dictionary)

89. Danielle Corbin/Pierre Corbin, Sélection et description des dérivés et composés dans le dictionnaire monolingue . . . . . . . . . . . . . . . . . . . . . 937
(Selektion und Beschreibung von Ableitungen und Zusammensetzungen im allgemeinen einsprachigen Wörterbuch · Selection and Description of Derivations and Compounds in the General Monolingual Dictionary)

90. Heidrun Gerzymisch-Arbogast, Standardisierte Wörterbuchartikel des allgemeinen einsprachigen Wörterbuches als Texte: Probleme der Kohärenz und der Thema-Rhema-Struktur . . . . . . . . . . . . . . . . . . . . . . . . . . 946
(Standardized Entries and Their Textual Cohesion: Problems of the Theme-Rheme Structure · Entrées standardisées, problèmes de cohésion textuelle et de structure thème/rhème)

90a. Werner Wolski, Formen der Textverdichtung im allgemeinen einsprachigen Wörterbuch . . . . . . . . . . . . . . . . . . . . . . . . . . . . . . . . 956
(Forms of Textual Condensation in the General Monolingual Dictionary · Redondance et compression dans le texte lexicographique)

### VI. Wörterbuchtypen I: Allgemeine Aspekte der Wörterbuchtypologie und allgemeine einsprachige Wörterbücher
Dictionary Types I: General Aspects of Dictionary Typology and Monolingual Dictionaries
Typologie des dictionnaires I: Aspects généraux et types principaux

91. Franz Josef Hausmann, Wörterbuchtypologie . . . . . . . . . . . . . . 968
(Typology of Dictionaries · Typologie des dictionnaires)

92. Franz Josef Hausmann, Das Definitionswörterbuch . . . . . . . . . . . 981
(The definitional dictionary · Le dictionnaire de définitions)

93. Werner Hupka, Das enzyklopädische Wörterbuch . . . . . . . . . . . . 988
(The Encyclopedic Dictionary · Le dictionnaire encyclopédique)

### VII. Wörterbuchtypen II: Syntagmatische Spezialwörterbücher
Dictionary Types II: Syntagmatic Dictionaries
Typologie des dictionnaires II: Dictionnaires syntagmatiques

94. Ekkehard Zöfgen, Das Konstruktionswörterbuch . . . . . . . . . . . . 1000
(The Dictionary of Syntactic Patterns · Le dictionnaire de constructions)

95. Franz Josef Hausmann, Le dictionnaire de collocations . . . . . . . . . 1010
(Das Kollokationswörterbuch · The Dictionary of Collocations)

| Inhalt | XLIII |

96. Hans Schemann, Das phraseologische Wörterbuch . . . . . . . . . . . 1019
   (The Dictionary of Set Expressions and Idioms · Le dictionnaire de locutions)
97. Wolfgang Mieder, Das Sprichwörterbuch . . . . . . . . . . . . . . 1033
   (The Dictionary of Proverbs · Le dictionnaire de proverbes)
98. Franz Josef Hausmann, Das Zitatenwörterbuch . . . . . . . . . . . 1044
   (The Dictionary of Quotations · Le dictionnaire de citations)
99. Franz Josef Hausmann, Das Satzwörterbuch . . . . . . . . . . . . 1050
   (The Sentential Dictionary · Le dictionnaire de phrases)
100. Franz Josef Hausmann, Weitere syntagmatische Spezialwörterbücher . . . . 1054
   (Other Syntagmatic Dictionaries · Autres types de dictionnaires syntagmatiques)

Zweiter Teilband (Überblick über den vorgesehenen Inhalt)
Second Volume (Overview of Contents)
Tome Second (articles prévus)

VIII. Wörterbuchtypen III: Paradigmatische Spezialwörterbücher
Dictionary Types III: Paradigmatic Dictionaries
Typologie des dictionnaires III: Les dictionnaires paradigmatiques

101. Oskar Reichmann, Das onomasiologische Wörterbuch: Ein Überblick
102. Franz Josef Hausmann, The Dictionary of Synonyms: Discriminating Synonymy
103. Franz Josef Hausmann, Das Synonymenwörterbuch: Die kumulative Synonymik
104. Franz Josef Hausmann, Das Antonymenwörterbuch
105. Carla Marello, The Thesaurus
106. Franz Josef Hausmann, Le dictionnaire analogique
107. Franz Josef Hausmann, Das Umkehrwörterbuch
108. Werner Scholze-Stubenrecht, Das Bildwörterbuch
109. Giovanni Meo Zilio, Le dictionnaire de gestes
110. Franz Josef Hausmann, Das Wörterbuch der Homonyme, Homophone und Paronyme
111. Nicole Celeyrette-Pietri, Le dictionnaire de rimes
112. Kurt Gärtner/Peter Kühn, Das rückläufige Wörterbuch
113. Franz Josef Hausmann, Wörterbücher weiterer ausdrucksseitiger Paradigmen
114. Gerhard Augst, Das Wortfamilienwörterbuch

IX. Wörterbuchtypen IV: Spezialwörterbücher zu markierten Lemmata der Standardsprache
Dictionary Types IV: Dictionaries Dealing Specifically With Labelled Standard Language Entrywords
Typologie des dictionnaires IV: Dictionnaires des entrées marquées de la langue standard

115. Oskar Reichmann, Wörterbücher archaischer und untergegangener Wörter
116. Robert Barnhart/Clarence Barnhart, The Dictionary of Neologisms
117. Wilfried Seibicke, Wörterbücher des landschaftlich markierten Wortschatzes
118. Alan Kirkness, Das Fremdwörterbuch
119. Franz Josef Hausmann/Wilfried Seibicke, Das Internationalismenwörterbuch
120. Franz Josef Hausmann, Das Wörterbuch der Sprechsprache, des Argot und des Slang
121. Wilfried Seibicke, Das Schimpfwörterbuch
122. Edgar Radtke, Das Wörterbuch des sexuellen Wortschatzes

123. Manfred Kaempfert, Das Schlagwörterbuch
124. Franz Josef Hausmann, Das Wörterbuch der schweren Wörter
125. Jean-Paul Colin, Le dictionnaire de difficultés

X. Wörterbuchtypen V: Wörterbücher zu bestimmten weiteren Lemmatypen
   Dictionary Types V: Dictionaries Dealing With Certain Other Types of Entrywords
   Typologie des dictionnaires V: Dictionnaires traitant certains autres types d'entrées

126. Franz Josef Hausmann/Gerhard Jerabek, Le dictionnaire grammatical
127. Franz Josef Hausmann, Wortklassenbezogene Wörterbücher
128. Elisabeth Link, Das Wörterbuch der Wortbildungsmittel
129. Oskar Reichmann, Erbwortbezogene Wörterbücher im Deutschen
130. Erwin Reiner, Le dictionnaire de doublets
131. Franz Josef Hausmann, Das Onomatopöienwörterbuch
132. Dieter Kremer, Das Wörterbuch der Berufsbezeichnungen
133. Lothar Voetz, Wörterbücher von Tier- und Pflanzenbezeichnungen
134. Charles Bernet, Le dictionnaire d'éponymes
135. Hans-Bernd Menzel, Das Abkürzungswörterbuch

XI. Wörterbuchtypen VI: Namenwörterbücher (unter besonderer Berücksichtigung des Deutschen)
    Dictionary Types VI: Onomastic Dictionaries (With Special Reference to German)
    Typologie des dictionnaires VI: Dictionnaires de noms propres (référence spéciale à l'allemand)

136. Wilfried Seibicke, Personennamenwörterbücher
137. Albrecht Greule, Ortsnamenwörterbücher
138. Wolfgang P. Schmid, Gewässernamenwörterbücher
139. Wilfried Seibicke, Weitere Typen des Namenwörterbuchs

XII. Wörterbuchtypen VII: Spezialwörterbücher mit bestimmten Informationstypen
     Dictionary Types VII: Dictionaries Offering Specific Types of Information
     Typologie des dictionnaires VII: Dictionnaires specialisés donnant certains types d'information

140. Dieter Nerius, Das Orthographiewörterbuch
141. Henriette Walter, Le dictionnaire de prononciation
142. Franz Josef Hausmann, Das Flexionswörterbuch
143. Willy Martin, The Frequency Dictionary
144. Yakov Malkiel, Das etymologische Wörterbuch von Informanten- und Corpussprachen
145. Bernhard Forssman, Das etymologische Wörterbuch rekonstruierter Sprachen
146. Wilhelm Kesselring, Das chronologische Wörterbuch
147. Franz Josef Hausmann, Le dictionnaire humoristique

XIII. Wörterbuchtypen VIII: Didaktische Spezialwörterbücher
      Dictionary Types VIII: Specialized Pedagogical Dictionaries
      Typologie des dictionnaires VIII: Les dictionnaires pédagogiques

148. Peter Kühn, Das Grundwortschatzwörterbuch
149. Franz Josef Hausmann, Das Kinderwörterbuch
150. René Lagane, Les dictionnaires scolaires: enseignement de la langue maternelle

Inhalt

151. Thomas Herbst, Dictionaries for Foreign Language Teaching: English
152. Franz Josef Hausmann, Les dictionnaires pour l'enseignement de la langue étrangère: français


XIV. Wörterbuchtypen IX: Auf die Varietäten der Sprache bezogene Wörterbücher
    Dictionary Types IX: Dictionaries Dealing With Language Varieties
    Typologie des dictionnaires IX: Dictionnaires traitant différentes variétés de la langue

153. Oskar Reichmann, Das gesamtsystembezogene Wörterbuch
154. Oskar Reichmann, Das Sprachstadienwörterbuch I: Deutsch
154 a. Piet G. J. van Sterkenburg, Das Sprachstadienwörterbuch II: Niederländisch
155. Richard W. Bailey, The Period Dictionary III: English
156. Bodo Müller, Das Sprachstadienwörterbuch IV: Die romanischen Sprachen
157. Pierre Rézeau, Le dictionnaire dialectal: l'exemple français
158. Manfred Görlach, The Dictionary of Transplanted Varieties of Languages: English
158 a. Franz Josef Hausmann, Les dictionnaires du français hors de France
159. Kurt Opitz, The Technical Dictionary for the Expert
160. Hartwig Kalverkämper, Das Fachwörterbuch für den Laien
161. Dieter Möhn, Das gruppenbezogene Wörterbuch
162. Edgar Radtke, Wörterbücher von Geheimsprachen


XV. Wörterbuchtypen X: Auf Texte bezogene Wörterbücher
   Dictionary Types X: Dictionaries Dealing With Texts
   Typologie des dictionnaires X: Dictionnaires de textes

163. Oskar Reichmann, Das textsortenbezogene Wörterbuch
164. Josef Mattausch, Das Autoren-Bedeutungswörterbuch
165. Suzanne Hanon, La concordance
166. Paul Sappler, Der Index/Das Belegstellenwörterbuch


XVI. Arbeitsverfahren in der Lexikographie
    Procedures in Lexicographical Work
    Les méthodes du travail lexicographique

167. Claude Dubois, Considérations générales sur l'organisation du travail lexicographique
168. Oskar Reichmann, Formen und Probleme der Datenerhebung I: Synchronische und diachronische historische Wörterbücher
169. Henning Bergenholtz/Joachim Mugdan, Formen und Probleme der Datenerhebung II: Gegenwartsbezogene synchronische Wörterbücher
170. Kurt Opitz, Formen und Probleme der Datenerhebung III: Fachwörterbücher
171. Martha Ripfel, Probleme der Erhebung metalexikographischer Daten
172. Burkhard Schaeder, Quantitative Datenerhebung
173. Francis E. Knowles, The Computer in Lexicography
173 a. Gérard Gorcy, L'informatisation d'un dictionnaire: l'exemple du Trésor de la langue française

XLVI                                                                                                                    Inhalt

XVII. Lexikographie der Einzelsprachen I: Die alten Sprachen des Nahen
Ostens und die klassischen Sprachen
Lexicography of Individual Languages I: The Ancient Languages of the
Near East and the Classical Languages
Lexicographie des langues particulières I: Les langues anciennes d'Asie
mineure et les langues classiques

174.  Jürgen Osing, Ägyptische und koptische Lexikographie
175.  Miguel Civil, Sumerian and Akkadian Lexicography
176.  Annelies Kammenhuber, Hethitische Lexikographie
177.  Stanislav Segert, The Lexicography of Other Ancient Languages of the East
178.  Ladislav Zgusta/Demetrius J. Georgacas, Lexicography of Ancient Greek
179.  Demetrius J. Georgacas/Barbara Georgacas, The Lexicography of Byzantine and Modern Greek
180.  Dietfried Krömer, Lateinische Lexikographie

XVIII. Lexikographie der Einzelsprachen II: Die romanischen Sprachen
Lexicography of Individual Languages II: The Romance Languages
Lexicographie des langues particulières II: Les langues romanes

181.   Dieter Woll, Portugiesische Lexikographie
181 a. José Luis Pensado, Galician Lexicography
182.   Günther Haensch, Spanische Lexikographie
183.   Günther Schütz, Cuervos Wörterbuch als herausragendes Werk der hispanischen Lexikographie
184.   Günther Haensch, Katalanische Lexikographie
185.   Laurent Bray, La lexicographie française des origines à Littré
186.   Alain Rey, La lexicographie française depuis Littré
187.   Max Pfister, Die italienische Lexikographie von den Anfängen bis 1900
188.   Aldo Duro, La lexicographie italienne du XX$^e$ siècle
189.   Paul Miron, Rumänische Lexikographie
190.   Johannes Kramer, Die Lexikographie des Provenzalischen, Rätoromanischen, Sardischen und Dalmatischen
191.   Heinrich Kohring, Judenspanische Lexikographie

XIX. Lexikographie der Einzelsprachen III: Die germanischen Sprachen
Lexicography of Individual Languages III: The Germanic Languages
Lexicographie des langues particulières III: Les langues germaniques

192.   Elfriede Stutz (†), Gotische Lexikographie
193.   Poul Lindegård Hjorth, Danish Lexicography
194.   Dag Gundersen, Norwegian Lexicography
195.   Magnús Pétursson, Inselnordische Lexikographie
196.   Lars Holm/Hans Jonsson, Swedish Lexicography
197.   Noel Edward Osselton, English Lexicography From the Beginning Up to and Including Johnson
198.   John A. Simpson, English Lexicography After Johnson to 1945
199.   Robert Ilson, Present-Day British Lexicography
199 a. Adam Jack Aitken, The Lexicography of Scots
200.   John Algeo, American Lexicography
201.   Hans Heestermans, Niederländische und afrikaanse Lexikographie
202.   Nils Århammar, Friesische Lexikographie
203.   Klaus Grubmüller, Die deutsche Lexikographie von den Anfängen bis zum Beginn des 17. Jahrhunderts
204.   Peter Kühn/Ulrich Püschel, Die deutsche Lexikographie vom 17. Jahrhundert bis zu den Brüdern Grimm ausschließlich

| | | |
|---|---|---|
| 205. | Peter Kühn/Ulrich Püschel, Die deutsche Lexikographie von den Brüdern Grimm bis Trübner | |
| 206. | Herbert Ernst Wiegand, Die deutsche Lexikographie der Gegenwart | |
| 207. | Joshua Fishman, The Lexicography of Yiddish | |

XX. Lexikographie der Einzelsprachen IV: Die slawischen Sprachen
Lexicography of Individual Languages IV: The Slavic Languages
Lexicographie des langues particulières IV: Les langues slaves

| | |
|---|---|
| 208. | Franz Wenzel Mareš, Altkirchenslavische Lexikographie |
| 209. | Stanisław Urbańczyk, Polnische Lexikographie. Polabische Lexikographie |
| 210. | Siegfried Michalk, Sorbische Lexikographie |
| 211. | Alois Jedlička, Tschechische Lexikographie |
| 212. | Ján Horecký, Slowakische Lexikographie |
| 213. | Radoslav Katičić, Serbokroatische Lexikographie |
| 214. | Katja Sturm-Schnabl, Slowenische Lexikographie |
| 215. | Blaže Koneski, Makedonische Lexikographie |
| 216. | Klaus Steinke, Bulgarische Lexikographie |
| 217. | Helmut Jachnow, Russische Lexikographie |
| 218. | Jaroslav B. Rudnyckyj, Ukrainian Lexicography |
| 219. | Peter J. Mayo, Belorussian Lexicography |

# Dritter Teilband (Übersicht über den vorgesehenen Inhalt)
# Third Volume (Overview of Contents)
# Tome Troisième (articles prévus)

XXI. Lexikographie der Einzelsprachen V: Weitere europäische und ihnen benachbarte Sprachen
Lexicography of Individual Languages V: Further Languages of Europe and Adjacent Areas
Lexicographie des langues particulières V: Autres langues européennes et langues avoisinantes

| | |
|---|---|
| 220. | Karl Horst Schmidt, Alt-Irische Lexikographie |
| 221. | Elmar Ternes, Die Lexikographie der neukeltischen Sprachen |
| 222. | William R. Schmalstieg, Lexicography of the Baltic Languages I: Lithuanian, Old Prussian |
| 223. | Wolfgang P. Schmid, Die Lexikographie der baltischen Sprachen II: Lettisch |
| 224. | Armin Hetzer, Albanische Lexikographie |
| 225. | Gevork Djahukian, Armenian Lexicography |
| 226. | Miren Azkarate, Basque Lexicography |
| 227. | Ferenc Bakos, Die Lexikographie der uralischen Sprachen I: Ungarisch |
| 228. | Jarmo Korhonen/Ingrid Schellbach-Kopra, Die Lexikographie der uralischen Sprachen II: Finnisch |
| 228 a. | Mikko Korhonen, Die Lexikographie der uralischen Sprachen III: Lappisch |
| 229. | Alo Raun, Lexicography of the Uralic Languages IV: Estonian and Livonian |
| 230. | Daniel Abondolo, Lexicography of the Uralic Languages V: Other Uralic Languages |
| 231. | Andreas Tietze, Lexikographie der Turksprachen I: Osmanisch-Türkisch |
| 232. | Gerhard Doerfer, Lexikographie der Turksprachen II: Sonstige Turksprachen |
| 233. | Brian George Hewitt, Lexicography of the Caucasian Languages I: Georgian and Kartvelian |
| 234. | Brian George Hewitt, Lexicography of the Caucasian Languages II: Northwest Caucasian Languages |
| 235. | Johanna Nichols, Lexicography of the Caucasian Languages III: Northeast Caucasian Languages |

XXII. Lexikographie der Einzelsprachen VI: Die semitohamitischen Sprachen
Lexicography of Individual Languages VI: The Hamito-Semitic Languages
Lexicographie des langues particulières VI: Langues chamito-sémitiques

236. Stanislav Segert, Hebrew and Aramaic Lexicography
237. John A. Haywood, Arabic Lexicography
238. Wolf Leslau, Lexicography of the Semitic Languages of Ethiopia
239. Abdallah Bounfour, La lexicographie berbère
240. Paul Newman/Roxana Ma Newman, Lexicography of the Chadic Languages
241. Gene Gragg, Lexicography of Cushitic Languages

XXIII. Lexikographie der Einzelsprachen VII: Die iranischen Sprachen
Lexicography of Individual Languages VII: The Iranian Languages
Lexicographie des langues particulières VII: Langues iraniennes

242. Manfred Mayrhofer, Altiranische Lexikographie
243. David Neil MacKenzie, Middle Iranian Lexicography
244. John R. Perry, Modern Iranian Lexicography: Persian/Tajik
245. Sonja Gippert-Fritz, Die Lexikographie der übrigen neuiranischen Sprachen

XXIV. Lexikographie der Einzelsprachen VIII: Die Sprachen des indischen Subkontinents
Lexicography of Individual Languages VIII: The Languages of the Indian Subcontinent
Lexicographie des langues particulières VIII: Les langues du sous-continent indien

246. Sumitra Katre, Lexicography of Old Indo-Aryan: Vedic and Sanskrit
247. Elisabeth Strandberg, Lexicography of Middle Indo-Aryan
248. Ram Adhar Singh, Lexicography of New Indo-Aryan
249. Bhadriraju Krishnamurti, Dravidian Lexicography
250. Norman Zide, Lexicography of Other Languages of the Indian Subcontinent

XXV. Lexikographie der Einzelsprachen IX: Die Tibeto-Birmanischen Sprachen
Lexicography of Individual Languages IX: The Tibeto-Burman Languages
Lexicographie des langues particulières IX: Les langues tibéto-birmanes

251. Melvyn C. Goldstein, Tibetan Lexicography
252. John Okell, Burmese Lexicography
253. Frederic K. Lehman, Lexicography of Other Tibeto-Burman Languages

XXVI. Lexikographie der Einzelsprachen X: Die austronesischen Sprachen
Lexicography of Individual Languages X: The Austronesian Languages
Lexicographie des langues particulières X: Les langues austronésiennes

254. John V. Wolff, Javanese Lexicography
255. John V. Wolff, Lexicography of Indonesian
256. John V. Wolff, The Lexicography of the Languages of Indonesia aside from Indonesian and Javanese
257. R. David Paul Zorc, Tagalog Lexicography
258. R. David Paul Zorc, Lexicography of Other Philippine Languages
259. John V. Wolff, Polynesian and Melanesian Lexicography

XXVII. Lexikographie der Einzelsprachen XI: Südostasiatische Sprachen
Lexicography of Individual Languages XI: The Languages of Southeast Asia
Lexicographie des langues particulières XI: Les langues du Sud-Est asiatique

260. Theraphan L. Thongkum/Pranee Kullavanijaya, Lexicography of the Thai-Language
261. Dinh-Hoa Nguyen, Vietnamese Lexicography
262. David Thomas, Lexicography of Other Southeast Asian Languages

XXVIII. Lexikographie der Einzelsprachen XII: Ostasiatische Sprachen
Lexicography of Individual Languages XII: The Languages of East Asia
Lexicographie des langues particulières XII: Langues est-asiatiques

263. Thomas B. I. Creamer, Chinese Lexicography
264. Yang Ky Baek, Korean Lexicography
265. Bruno Lewin, Japanische Lexikographie
266. Michael Weiers, Mongolische Lexikographie

XXIX. Lexikographie der Einzelsprachen XIII: Arktische und pazifische Sprachen
Lexicography of Individual Languages XIII: The Languages of the Arctic and of the Pacific
Lexicographie des langues particulières XIII: Les langues de l'Arctique et de l'Océanie

267. Robert Austerlitz, Lexicography of the Paleosiberian Languages
268. Michael Krauss, Lexicography of Eskimo-Aleut
269. Stephen Adolphe Wurm, Lexicography of the Languages of New Guinea
270. Peter Austin, Australian Lexicography

XXX. Lexikographie der Einzelsprachen XIV: Sprachen Schwarz-Afrikas
Lexicography of Individual Languages XIV: The Languages of Black Africa
Lexicographie des langues particulières XIV: Les langues d'Afrique noire

271. R. M. R. Hall, Nilo-Saharan Lexicography
272. Edgar C. Polomé, Lexicography of the Niger-Kordofanian Languages
273. Eric P. Hamp, Lexicography of the Khoisan Languages

XXXI. Lexikographie der Einzelsprachen XV: Die Indianersprachen Amerikas während der Kolonialzeit
Lexicography of Individual Languages XV: The Languages of the American Indians in the Colonial Period
Lexicographie des langues particulières XV: Les langues amérindiennes pendant la période coloniale

274. Frances Karttunen, Nahuatl Lexicography
275. Norman A. McQuown, Lexikographie der Mayasprachen
276. Wolf Dietrich, Die Lexikographie des Tupí-Guaraní
277. Bruce Mannheim, Lexicography of Quechua
278. Martha J. Hardman-de Bautista, Aymara Lexicography

XXXII. Lexikographie der Einzelsprachen XVI: Die Indianersprachen seit ca. 1800
Lexicography of Individual Languages XVI: The Languages of the American Indians From About 1800 on
Lexicographie des langues particulières XVI: Les langues indiennes d'Amérique depuis env. 1800

279. Richard Rhodes, Lexicography of the Languages of the North American Indians
280. Doris Bartholomew, Lexicography of the Languages of the Mesoamerican Indians
281. Mary R. Key, Lexicography of the Languages of the Indians of the Orinoco and Amazon Area
282. Mary R. Key, Lexicography of the Languages of the Andean Indians
283. Harriet E. Manelis Klein, Lexicography of the Languages of the Indians of Southern Brazil and the Rio de la Plata Area
284. Harriet E. Manelis Klein, Lexicography of the Languages of the Indians of Southern South America

XXXIII. Theorie der zwei- und mehrsprachigen Lexikographie I: Prinzipien und Bauteile
Theory of Bilingual and Multilingual Lexicography I: Principles and Components
Théorie de la lexicographie bilingue et plurilingue I: Principes et éléments

285. Hans-Peder Kromann/Theis Riiber/Poul Rosbach, Principles of Bilingual Lexicography
286. Franz Josef Hausmann, Spezifische Bauteile und Strukturen zweisprachiger Wörterbücher: eine Übersicht
287. Hans-Peder Kromann/Theis Riiber/Poul Rosbach, Grammatical Constructions in the Bilingual Dictionary
287a. Franz Josef Hausmann, Die Kollokationen im zweisprachigen Wörterbuch
288. Ronald Lötzsch, Die Komposita im zweisprachigen Wörterbuch
289. Jane Rosenkilde Jacobsen/James Manley/Viggo Hjornager Pedersen, Examples in the Bilingual Dictionary
290. Hans Schemann, Die Phraseologie im zweisprachigen Wörterbuch
291. Franz Josef Hausmann, Die Paradigmatik im zweisprachigen Wörterbuch
292. Reinhold Werner, Die Markierungen im zweisprachigen Wörterbuch

XXXIV. Theorie der zwei- und mehrsprachigen Lexikographie II: Ausgewählte Beschreibungsprobleme
Theory of Bilingual and Multilingual Lexicography II: Selected Problems in Description
Théorie de la lexicographie bilingue et plurilingue II: Problèmes choisis de description

293. Bernard P. F. Al, Dictionnaire bilingue et ordinateur
294. Veronika Schnorr, Problems of Lemmatisation in the Bilingual Dictionary
295. Alain Duval, L'équivalence dans le dictionnaire bilingue
296. Ilse Karl, Grammatische und lexikalische Kategorisierung im zweisprachigen Wörterbuch
297. Bernard P. F. Al, L'organisation microstructurelle dans le dictionnaire bilingue
298. Werner Wolski, Formen der Textverdichtung im zweisprachigen Wörterbuch
299. Reinhard Rudolf Karl Hartmann, Contrastive Linguistics and Bilingual Lexicography

300. Josette Rey-Debove, La métalangue dans les dictionnaires bilingues
301. Alain Rey, Divergences culturelles et dictionnaire bilingue
302. Annegret Bollée, Problèmes de description lexicographique des langues pidgins et créoles

## XXXV. Typologie und ausgewählte Typen der zwei- und mehrsprachigen Lexikographie
Typology and Selected Types of Bilingual and Multilingual Lexicography
Typologie et types choisis de la lexicographie bilingue et plurilingue

303. Franz Josef Hausmann, Typologie der zweisprachigen Spezialwörterbücher
304. Adeline Gorbahn/Franz Josef Hausmann, The Dictionary of False Friends
305. Ekkehard Zöfgen, Bilingual Learner's Dictionaries
305 a. Reinhold Werner, Reisewörterbücher
306. Günther Haensch, Die mehrsprachigen Wörterbücher und ihre Probleme
307. Günther Haensch, Die zweisprachige Fachlexikographie und ihre Probleme

## XXXVI. Die zweisprachigen Wörterbücher in Geschichte und Gegenwart
Bilingual Dictionaries in Past and Present
Les dictionnaires bilingues hier et aujourd'hui

308. Roger Jacob Steiner, Bilingual Lexicography: English-Spanish and Spanish-English
309. Franz Josef Hausmann, Bilingual Lexicography: English-French and French-English
310. Kurt-Michael Pätzold, Bilingual Lexicography: English-German, German-English
311. Desmond O'Connor, Bilingual Lexicography: English-Italian, Italian-English
312. Robert A. Verdonk, La lexicographie bilingue espagnol-français, français-espagnol
313. Reinhold Werner, Die zweisprachige Lexikographie Spanisch-Deutsch, Deutsch-Spanisch
314. Annamaria Gallina, La lexicographie bilingue espagnol-italien, italien-espagnol
315. Wolfgang Rettig, Die zweisprachige Lexikographie Französisch-Deutsch, Deutsch-Französisch
316. Nicole Bingen/Anne-Marie Van Passen, La lexicographie bilingue français-italien, italien-français
317. Laurent Bray/Maria Luisa Bruna/Franz Josef Hausmann, Die zweisprachige Lexikographie Deutsch-Italienisch, Italienisch-Deutsch
318. Stefan Ettinger, Die zweisprachige Lexikographie mit Portugiesisch
319. Dietfried Krömer, Die zweisprachige Lexikographie des Lateinischen
320. Noel Edward Osselton, Bilingual Lexicography With Dutch
321. André Kahlmann, La lexicographie bilingue suédois-français, français-suédois
321 a. Gustav Korlén, Die zweisprachige Lexikographie Schwedisch-Deutsch, Deutsch-Schwedisch
321 b. Arne Olofsson, Bilingual Lexicography: Swedish-English, English-Swedish
322. Jens Rasmussen, La lexicographie bilingue avec le danois
323. Jan A. Czochralski, Die zweisprachige Lexikographie mit Polnisch
324. Wolfgang Eismann, Die zweisprachige Lexikographie mit Russisch
325. John A. Haywood, Bilingual Lexicography With Arabic
326. K. Balasubramanian, Bilingual Lexicography on the Indian Subcontinent
327. Thomas B. Creamer, Bilingual Lexicography With Chinese
328. Daisuke Nagashima, Bilingual Lexicography With Japanese

XXXVII. Lexikographie von Hilfssprachen und anderen Kommunikationssystemen
   Lexicography of Auxiliary Languages and Other Communication Systems
   Lexicographie des langues auxiliaires et d'autres systèmes de communication

329. Reinhard Haupenthal, Lexikographie der Plansprachen
330. Fritz Haegert (†), Lexikographie der Kurzschriften
331. Jerome D. Schein, Dictionaries of Deaf Languages
332. Hilda Caton, Dictionaries in and of Braille
333. Joachim Knape, Wörterbücher zu Bildsymbolen
334. Ladislav Zgusta, Some Thoughts About the Future Development of Lexicography

XXXVIII. Bibliographischer Anhang und Register
   Bibliographic Appendix and Indexes
   Annexe bibliographique et index

335. Margaret Cop, Bibliography of Bibliographies
336. Sachregister
337. Namenregister

# I. Lexikographie und Gesellschaft I: Wörterbücher und Öffentlichkeit
# Lexicography and Society I: Dictionaries and Their Public
# Lexicographie et société I: Les dictionnaires et leur public

## 1. Die gesellschaftlichen Aufgaben der Lexikographie in Geschichte und Gegenwart

1. Einführung
2. Die treibenden gesellschaftlichen Kräfte
2.1. Religion
2.2. Dichtung
2.3. Bildungswesen
2.4. Staatliche Organisation und Politik
2.5. Wirtschaft/Handel/Tourismus
2.6. Sprachplanung und Sprachpflege
2.7. Sprachwissenschaft
3. Die Funktionen der Wörterbücher
3.1. Gebrauchslexikographie und Dokumentationslexikographie
3.2. Lexikographie der Fremdsprache
3.3. Fremdheit im Staat und in der Sprachgemeinschaft
3.4. Von der Lexikographie des Fremden zur Lexikographie des Vertrauten: die europäische Entwicklung bis ins 18. Jahrhundert
3.5. Sachlexika und nationale Wortschatzdokumentation seit dem 19. Jahrhundert
4. Konflikte zwischen Lexikographie und Gesellschaft und die Rolle der Wörterbuchforschung
5. Aufgaben der Zukunft
6. Literatur (in Auswahl)

### 1. Einführung

Die Schlußakte der Konferenz für Sicherheit und Zusammenarbeit in Europa (Helsinki 1975) erwähnt die Förderung der Lexikographie als eine Aufgabe von hohem gesellschaftlichem Rang. Offenbar herrscht in der Beurteilung des Wörterbuchs über die politischen Gegensätze hinaus Einigkeit. Und in der Tat zeigt die Geschichte, wie eng das Phänomen Wörterbuch mit dem Auftreten von Kultur überhaupt verbunden ist und wie konstant Lexikographie alle Arten von Schriftkultur begleitet.

Will man den gesellschaftlichen Bedarf an Lexikographie weltweit und durch die Epochen hindurch beschreiben, so bieten sich zwei Ausgangspunkte an: die Gesellschaft und die Wörterbücher. Es zeigt sich nämlich, daß es von seiten der Gesellschaft eine begrenzte Zahl immer wiederkehrender treibender Kräfte gibt, die, wie etwa Religion und Dichtung, Lexikographie entstehen lassen (vgl. unten 2.). Auf der anderen Seite gibt es Konstanten in der Funktion von Wörterbüchern, die individuell oder gesamtgesellschaftlich determiniert sind. Hier stehen sich etwa gegenüber: Befriedigung von Nachschlagebedürfnissen des einzelnen und Dokumentationswunsch (oder auch Legitimationswunsch) des Kollektivs (vgl. 3.).

In den Abschnitten 2 und 3 wird die Verbindung von Geschichte und Gegenwart unter universellem Blickwinkel angestrebt. Lediglich die Herausbildung des allgemeinen einsprachigen Wörterbuchs moderner Prägung wird, unter Ausklammerung der orientalischen Kultur, auf den europäisch-amerikanischen Sprachraum beschränkt dargestellt (vgl. 3.4.). Zwischen Lexikographie und Gesellschaft herrscht nicht notwendig Harmonie. Gerade in unserer Zeit kommt es wegen gegenseitiger Überforderung zunehmend zu Konflikten, die unter den Schlagworten *Benutzerfreundlichkeit* und *Wörterbuchkultur* ausgetragen werden (vgl. 4.). — Ein Ausblick auf die dringlichsten Zukunftsaufgaben schließt den Artikel ab (vgl. 5.).

### 2. Die treibenden gesellschaftlichen Kräfte

Überblickt man mehr als 4000 Jahre Lexikographie (vgl. Collison 1982, McArthur 1986, Rey 1982, Zaunmüller 1958, Zischka 1959), so läßt sich eine Reihe treibender gesellschaftlicher Kräfte ausmachen, die immer schon das Anfertigen von Wörterbüchern begünstigten. Es sind dies: *Religion, Dichtung, Bildungswesen, Politik, Wirtschaft, Sprachplanung* und *Sprachwissenschaft*.

Die Reihenfolge kann keine generelle Gewichtung widerspiegeln, da der Einfluß der einzelnen Faktoren von Epoche zu Epoche und von Land zu Land variiert. Auch versteht es sich, daß die genannten Kräfte einander oft überlappen. Jedoch ist es für ihre Beschreibung methodisch ratsam, sie nach Möglichkeit auseinanderzuhalten. Auf der lexikographischen Seite ist zwischen ein- und zweisprachigen Wörterbüchern zu unterscheiden. Es wird Kap. 3 vorbehalten sein, grundsätzliche funktionale Gemeinsamkeiten zwischen ein- und zweisprachiger Lexikographie herauszustellen.

### 2.1. Religion

Religiöse Motive gehören seit dem 2. Jahrtausend vor Christus zu den stärksten Auslösern von Lexikographie. Wenn, wie im alten Indien, die Sprache der heiligen Schriften, das Sanskrit, als Sprache der Götter Verehrung genießt, dann wird Lexikographie zur religiösen Aufgabe der Priester. Die Logik dieser Lexikographie wird sich ein Jahrtausend später in China gegenüber den kanonischen Texten des Konfuzius und ein weiteres Jahrtausend später in der arabischen Welt gegenüber dem Koran wiederholen. Um die Reinheit der heiligen Texte trotz des Ärgernisses des Sprachwandels zu erhalten, bedarf es der Erläuterung veralteter und mehrdeutig gewordener Wörter. Zudem wird der Umgang mit dem „göttlichen" lexikalischen Material selbst zum Gottesdienst, sei es, daß die *Rig Veda* konkordanzenhaft in ihre lexikalischen Einzelteile zerlegt wird, sei es, daß Sachgruppen-Wörterbücher die göttliche Weltordnung lexikalisch spiegeln (vgl. Art. 246).

Der Einfluß der Religion wird im Abendland in der *Reformationszeit* offenkundig, da viele bedeutende Lexikographen des 16. Jh. (wie auch die Grammatiker) auf der Seite der Reformation oder ihr nahe standen, wobei freilich religiöse Motive mit humanistisch-wissenschaftlichen und kulturpatriotischen zusammenwirkten. Im Gegenzug hat in den folgenden Jahrhunderten das von den Jesuiten aufgebaute Bildungswesen der Gegenreformation eine große Zahl von Wörterbüchern hervorgebracht.

Lexikographisch noch fruchtbarer und geradezu weltumspannend wurde seit dem 16. Jh. die Praxis der Religionsverbreitung, die nicht ohne von Missionaren für Missionare erarbeitete zwei- oder mehrsprachige Wörterbücher auskommen konnte, um die mündliche Verständigung mit den Missionierten zu erleichtern. Bis in unsere Tage hinein wurden auf diese Weise Tausende von oft bewundernswerten Wörterbüchern durch linguistische Laien erstellt; man denke nur an das 2000 Seiten starke Tuareg-Wörterbuch des Charles de Foucauld (1951—52).

### 2.2. Dichtung

Dichtung braucht Wörterbücher zu ihrer Rezeption wie zu ihrer Produktion. *Rezeptiv* werden dichterische Texte nach ähnlichen Bedingungen wie religiöse Texte für die Entstehung von Lexikographie wirksam. Der Wandel der Sprache macht bestimmte Textstellen von Homer, der attischen Literatur (vgl. Cohn 1913, Adrados 1977), von Chaucer (vgl. Kerling 1979) oder des Kirchenslawischen schwer verständlich. Diese Stellen werden zuerst in der Reihenfolge ihres Vorkommens glossiert (erläutert) und die Glossen in einem weiteren Schritt systematisch oder alphabetisch zu Textglossaren zusammengestellt, deren textübergreifende Zusammenfassung in Wörterbücher schwerer Wörter münden kann. Dieser Weg gilt weithin als der klassische Weg der Herausbildung allgemeiner einsprachiger Wörterbücher überhaupt. — *Textproduktiv* wirkt sich Dichtung insofern aus, als belletristische Autoren beim Schreiben durch poetische Hilfswörterbücher unterstützt werden wollen, die in der verschiedensten Weise ausgesuchtes lexikalisches Material bereitstellen. Von dieser Funktion her wird verständlich, warum jene Wörterbücher weniger alphabetisch geordnet sind, als vielmehr nach Sachgruppen oder (im Orient sogar in erster Linie) in Reimordnung. Bis ins 19. Jh. hinein waren nämlich bedeutende (vielfach sogar die bedeutendsten) Wörterbücher Chinas, Indiens, ebenso wie der arabischen Welt Reimwörterbücher oder Reimlexika (vgl. Art. 237, 246—248, 263, 265).

### 2.3. Bildungswesen

Wenn im Orient, dem Vorderen wie dem Fernen, das Reimwörterbuch bis ins 19. Jh. hinein als das allgemeine einsprachige Wörterbuch anzusehen ist, so liegt das neben seiner Nähe zur Dichtung in noch stärkerem Ausmaß an der orientalischen Tradition des Lernens durch Auswendiglernen (vgl. aber auch Buridant 1986, 15—17 für das europäische Mittelalter). Chinesische, indische und arabische Wörterbücher waren vielfach keine Referenzwörterbücher, sondern Bücher, die nach orientalischer Art auswendig gelernt wurden und deshalb in Versen verfaßt waren.

Der Faktor Bildungswesen steht bei der Entstehung von Wörterbüchern oft in engster Beziehung zu den Faktoren Religion und Dichtung, weil die Schulen religiöse Schulen oder Dichterschulen waren. Bereits das griechische Bildungswesen brachte so nicht nur die Homerglossare oder die Glossensammlungen zu den Gesetzestexten Drakons und Solons hervor, sowie daneben mancherlei enzyklopädische Verzeichnisse, sondern auch, im römischen Kaiserreich, puristische und zweisprachige Wörterbücher und Handbücher mit dem Lateinischen (vgl. Art. 178). So führt namentlich die Existenz einer verbreiteten Bildungssprache, welche nicht die Vernakularsprache und auch nicht die eigentliche Vehikularsprache ist (z. B. das Sanskrit in Indien, das klassische Arabisch, Latein in Europa usw.), in dem jeweiligen Bildungswesen zu einer umfangreichen lexikographischen Tätigkeit. Die jesuitische Lateinlexikographie wurde oben bereits genannt.

Zu einer expansiven Entwicklung kommt es dann, wenn, wie in Europa oder in Japan im 19. Jh., die allgemeine Schulpflicht eingeführt wird und Wörterbücher staatlich verordnet oder mindestens empfohlen werden. Die Stellung von Larousse in Frankreich oder Webster in den USA wäre ohne deren Schulwörterbücher nicht zu erklären. Und wenn es in Deutschland keine dem *Petit Larousse* vergleichbare Tradition gibt, so offenbar deswegen, weil das deutsche Schulwesen sich in den letzten 100 Jahren nie auf ein allgemeines einsprachiges Schulwörterbuch gestützt hat.

2.4. Staatliche Organisation und Politik

Als vor mehr als viertausend Jahren die Akkader die sumerisch-akkadischen zweisprachigen Wortlisten auf Tontäfelchen schrieben, da geschah das im Dienste der Staatsverwaltung, die sich des Verständnisses der von den Sumerern übernommenen, aber sonst nicht mehr gesprochenen Verwaltungssprache des Sumerischen versichern wollte (vgl. Art. 175). In China wurde durch Jahrtausende die Beamtenelite durch den selektiven Mechanismus einer Prüfung konstituiert, auf die man sich durch Auswendiglernen von Wörterbüchern vorbereitete. Auch hier, wo dieses Auswendiglernen mit Schrifterlernung überhaupt einherging, waren Schriftlichkeit und Wörterbuchbenutzung Monopol der gebildeten Bürokratie, waren Bildung und Verwaltung demnach weitgehend identisch (vgl. Art. 263). Gleichermaßen nah stehen sich Verwaltung und Lexikographie im Europa der frühen Neuzeit, wo die Juristen sowohl den Kader der Staatsverwaltung als auch gleichzeitig die tragende Bildungsschicht ausmachen. Für die jungen, noch ungeübten „Schreiber", d. h. Verwaltungsbeamten, stellte z. B. Mitte des 16. Jh. der Stadtschreiber Leonhard Schwartzenbach sein Synonymwörterbuch zusammen (Haß 1986). Das Anfertigen von Verwaltungstexten ist neben den religiösen, belletristischen und schulischen Texten die vierte große Textproduktion, die zu ihrer Unterstützung des Wörterbuchs bedarf.

Mehr noch als die Staats*verwaltung* ist hingegen staatliche *Politik* nach innen wie nach außen Motor von Lexikographie. Nach außen ist das evident, wenn zweisprachige Wörterbücher zur Unterstützung der Diplomatie angefertigt werden, vor allem aber dann, wenn der Krieg intensive Sprachkontakte schafft, die ohne Wörterbücher nicht zu bewältigen sind. Dann trägt der Soldat wie 1870 sein „Deutsch-französisches Tornisterwörterbuch für Deutschlands Krieger" bei sich, das immerhin in hunderttausend Exemplaren an die Truppen verteilt wurde (Langenscheidt 1981, 27). Man denke auch an den durch den Kolonialismus oder die heutige Entwicklungshilfe geschaffenen Wörterbuchbedarf.

Für das innere Staatsleben können vor allem ideologische Strömungen auf die lexikographische Produktion einen wesentlichen Einfluß ausüben. In Europa haben nationale Strömungen seit dem 16. Jh. die Ausarbeitung nationalsprachlicher Wörterbücher wesentlich gefördert. Eine starke nationale Welle hat ab dem 19. Jh. die Ära der thesaurierenden Wörterbücher nach Art des Grimmschen Wörterbuchs eingeleitet. Der Nationalismus steht in Deutschland z. B. an der Wiege einer Unzahl von verdeutschenden Fremdwörterbüchern (s. Art. 118), ganz so, wie er es im arabischen Raum über Jahrhunderte hinweg verhindert hat, daß die Realität des Fremdworts in der offiziellen Lexikographie zur Kenntnis genommen wurde. — Neben dem Nationalismus ist in unseren Tagen der sprachlich begründete Regionalismus, etwa in Spanien, ein nicht zu unterschätzender politischer Motor für Lexikographie.

Zum offenen ideologischen Eingriff des

Staates kommt es in den sozialistischen Ländern, etwa wenn in der Sowjetunion 1937 das große Wörterbuch von Grot 1891 ff. wegen politischer Fehler eingestellt und durch das erste sowjetische Wörterbuch ersetzt wird (vgl. Art. 217), oder wenn Ende der 60er Jahre in der DDR das *Wörterbuch der deutschen Gegenwartssprache* (WDG) seinen gesamten Wortschatz konsequent auf der Grundlage der marxistisch-leninistischen Weltanschauung darstellen muß (vgl. Malige-Klappenbach 1986).

### 2.5. Wirtschaft/Handel/Tourismus

Außenhandel und Tourismus haben von jeher Sprachkontakte und Kommunikationsprobleme geschaffen, die nur mit Hilfe von Dolmetschern oder zweisprachigen Wörterbüchern zu bewältigen waren. Wie komplex die Verständigung gelegentlich ablief, zeigt sich etwa an dem Werbehinweis eines italienisch-deutschen Wörterbuchs des frühen 18. Jh., das sich, im Dienste des schwungvollen Levantehandels, zur Erschließung des einzigen zweisprachigen Wörterbuchs mit Türkisch, das ein türkisch-italienisches Wörterbuch war, anbietet. Etwa zur gleichen Zeit empfiehlt sich ein italienisch-deutsches und deutsch-italienisches Taschenwörterbuch als bequemes Hilfsmittel für den deutschen Bildungsreisenden (Hausmann 1988). In unseren Tagen ist die zunehmende Entwicklung des Tourismus gewiß einer der Gründe, warum in Deutschland ein großer Verlag für zweisprachige Wörterbücher einen großen Verlag für einsprachige Wörterbücher aufkauft und nicht umgekehrt.

Ein weiterer wirtschaftlich bedingter Faktor mit lexikographischen Auswirkungen ist spätestens seit 1960 die Migration der Arbeitskräfte. So ist z. B. die nach 50jähriger Stagnation plötzlich um 1960 herum reaktivierte deutsch-neugriechische und neugriechisch-deutsche Lexikographie in erster Linie aus den Bedürfnissen griechischer Gastarbeiter erwachsen (vgl. Art. 11). Der wichtigste wirtschaftlich bedingte Sektor der Lexikographie ist jedoch in unseren Tagen die stark ausgeweitete zwei- und mehrsprachige Fachlexikographie und parallel zu ihr die terminologisch orientierte Lexikographie. Der weltweite technologische Transfer zieht angesichts der Zunahme der Fachsprachen eine Explosion der Fachsprachenwörterbücher nach sich, die, wenn sie von wirklichem praktischem Nutzen sein sollen, für jeden kleinen und kleinsten Industriebereich gesondert und dies in einer Fülle von Sprachenpaaren existieren müssen. Da die technologisch unterlegenen Länder vielfach aus nationalen Erwägungen heraus an dem Prinzip einer nationalen Fachsprache festhalten, muß die gesamte moderne Industrieterminologie, in der Regel aus dem Englischen, in die Einzelsprachen übertragen werden, was weithin nicht ohne staatlich normativen Eingriff und planvolle Terminologiearbeit möglich ist (vgl. Art. 34). Staatliche terminologische Wörterbücher sind die Folge. Hier hat z. B. die große Weltsprache Spanisch in ihrer multiplen südamerikanischen Ausprägung ein vitales Interesse, dessen Realisierung weitgehend der Zukunft vorbehalten bleibt und wohl nur mit Hilfe von Datenbanken möglich sein wird (vgl. unten 5).

### 2.6. Sprachplanung und Sprachpflege

In der Geschichte betraf die wichtigste offizielle oder offiziöse staatliche Sprachplanung die Standardisierung und Stabilisierung von Schriftsprachen (vgl. Art. 32), ein Vorhaben, das ohne autoritative Wörterbücher, orthographische Wörterbücher oder allgemeine einsprachige Wörterbücher, gelegentlich auch einsprachig-zweisprachige Wörterbücher (z. B. deutsch-lateinische in der Funktion von deutschen Wörterbüchern oder ein friesisch-holländisches Wörterbuch in der Funktion eines friesischen Wörterbuchs) nicht denkbar ist. Sprachnormierung braucht das normative Vorbild in Form des Wörterbuchs, das gilt vom alten China über das erste französische Akademiewörterbuch bis hin zum deutschen Duden. Und wenn irgendwo eine Schriftsprache neu zum staatlichen Medium erhoben werden soll, so tut man (wie in diesen Tagen in der spanischen Region Galizien, vgl. Art. 181 a) gut daran, zuerst ein Wörterbuch, mindestens ein orthographisches Wörterbuch zu publizieren. Für jede Art von Sprachreform gilt das gleiche. Dirigistische Sprachpflege über normativ-erklärende Wörterbücher zur Erhöhung der kulturellen Leistungsfähigkeit und damit zur Demokratisierung der Bildung betreiben die Sowjetunion und in ihrem Gefolge seit dem 2. Weltkrieg alle kommunistischen Staaten (vgl. Art. 217). Freilich führt diese Haltung auch zu gewissen ideologisch bedingten blinden Flecken in der Lexikographie. So ist z. B. in der Sowjetunion die reiche Palette von Spezialwörterbüchern ganz auf die Hebung der normativ verstandenen Sprachkultur ausgerichtet, und es fehlt nicht zufällig das Wörterbuch der niederen Umgangssprache, das man in einem Arbeiter- und Bauernstaat als Außenstehender erwartet, das aber nach marxistischer Ideologie feudalistische Verhältnisse fixieren würde. Parallel dazu ist zu sehen, daß man es in der DDR dem westdeutschen Duden überläßt, die unteren Regionen des deutschen Wortschatzes lexikographisch zu bearbeiten, Regionen, die man in anderen Sprachen (aber eben nur in anderen Sprachen, z. B. in einem französisch-deutschen Wörterbuch, Schlegelmilch 1985) mit besonderer Liebe behandelt. Formen staatlich verordneten Purismus, mehr aber noch religiös oder national motivierter spontaner Purismus wirken fast überall auf der Erde und zu allen Zeiten auf die Lexikographie ein. Das Ausscheiden und Negieren des Fremden (Fremdsprachpurismus) oder des Niedrigen (Varietätenpurismus) ist offenbar ein weitverbreiteter lexikographischer Reflex gesellschaftlicher Tabuzonen (vgl. Art. 128). Nach dem Prinzip, die Sprachkultur zu heben und ideologisch nach den Einsichten der kulturell führenden Schicht auszurichten, ist auch heute noch an vielen Stellen der Welt die Kluft zwischen der tatsächlichen Sprache, z. B. der Zeitungssprache (um von der Sprechsprache gar nicht erst zu reden), und der Sprache des Wörterbuchs unübersehbar.

### 2.7. Sprachwissenschaft

Zahlreiche Wörterbücher haben keinen direkteren gesellschaftlichen Bezug als den, einer sprachwissenschaftlichen Forschungsfreiheit zu entspringen, welche sich die Gesellschaft wie eine Art Luxusgut für ihr kulturelles Wohlleben erlaubt. Anders ist es wohl kaum zu erklären, daß im deutschen Sprachraum im 20. Jh. riesige Wörterbücher der französischen und italienischen Etymologie, des Altfranzösischen, des Altspanischen usw. unter Einsatz von hohen Geldsummen gemacht wurden und gemacht werden. Allerdings sind das Extremfälle. Oft ist auch die wissenschaftliche Lexikographie relativ direkt gesellschaftlich motiviert, etwa wenn historische Lexikographie sich in den Dienst der nationalstaatlichen Idee stellt. Und fast immer sind die Erzeugung von Kulturstolz und der Erwerb von internationalem Kulturprestige im Spiel. Solange diese Lexikographie bei ihren ureigenen, relativ gesellschaftsfernen Projekten bleibt, besteht wenig Anlaß zum Konflikt. Dieser muß aber eintreten, wenn eine wie auch immer verstandene Wissenschaft von der Lexikographie (früher Lexikologie, heute eher Metalexikographie) das utilitaristische Tun und Treiben, die sog. Kunst oder das sog. Handwerk der gesellschaftlich relevanteren Lexikographie zu beeinflussen und zu verbessern unternimmt (vgl. 29). Da nämlich die Gesellschaft nicht wissenschaftlich denkt und zu wenige Wissenschaftler gesellschaftlich praktisch denken können, entsteht die Gefahr einer Entfernung der Lexikographie von der Gesellschaft, über die weiter unten noch zu sprechen sein wird (vgl. 4.).

### 3. Die Funktionen der Wörterbücher

#### 3.1. Gebrauchslexikographie und Dokumentationslexikographie

Die gesellschaftlichen Funktionen der Wörterbücher sind, wie bereits im Abschnitt 2 deutlich geworden ist, vielgestaltig, denn sie richten sich einmal nach Typus und Entwicklungsstand der Sprache und zum anderen nach den politischen und kulturellen Bedürfnissen der jeweiligen Gesellschaft. Innerhalb des Begriffs der Gesellschaft ist wiederum zu unterscheiden zwischen (a) der *Gesellschaft als Summe der Individuen* und (b) der *Gesellschaft als Kollektiv*. Wörterbücher haben nämlich einerseits gewisse punktuelle Informationsbedürfnisse der Individuen zu befriedigen (Gebrauchslexikographie), andererseits können ihnen nationale, staatliche, politische, administrative oder wissenschaftliche Dokumentationswünsche zugrunde liegen.

Zwar ist zwischen beiden Aufgaben nicht immer scharf zu trennen, da (a) das Individuum immer gesellschaftlich geprägt ist, (b) die Interessen von Individuum und Kollektiv zusammenfallen können, (c) die kollektiv motivierten Wörterbücher individual genutzt werden können und (d) sich das Kollektiv der individuellen Bedürfnisse annehmen kann, doch tut man methodisch gut daran, die beiden Aufgabentypen nach Möglichkeit auseinanderzuhalten.

3.1.1. Das unmittelbarste Informationsbedürfnis ergibt sich aus der Begegnung mit dem Schwierigen, insonderheit dem Fremden, das sprachlicher und sachlicher Natur sein kann. Das Problem der Fremdheit (Alterität) zeigt sich in erster Linie in rezeptiven Zusammenhängen, nur in zweiter Linie betrifft es die produktive Verwendung.

Auf der Seite des *sprachlich Fremden* läßt sich eine Skala der abnehmenden Fremdheit aufstellen, die Alain Rey (1970) in seiner

Wörterbuchtypologie im Ansatz berücksichtigt (vgl. Art. 91). Rey faßt nämlich unter dem Oberbegriff „nicht-homologe Informationssprache" einerseits die „heteroglossen" zweisprachigen Wörterbücher (der nichtkommunizierenden Sprachen, z. B. Deutsch-Französisch) und andererseits die „homoglossen" Wörterbücher der Subsysteme einer Sprache (z. B. Dialekte) zusammen. Damit wird der Begriff der Zweisprachigkeit in hier fruchtbarer (wenn auch generell falscher) Weise auf die Subsysteme einer Sprache ausgedehnt. Rezeptionsorientiert ergibt sich folgende Liste der Fremdheit:

1 Fremdsprache
2 Fremdwörter
3 Dialektwörter
4 Fachwörter
5 alte Wörter
6 neue Wörter
7 Wörter des Substandards
8 seltene Wörter
9 undurchsichtige Wörter und Wendungen
10 Wörter zweifelhafter Korrektheit
11 Wörter zweifelhafter Identität (Homonyme/ Paronyme)
12 Wörter zweifelhafter Etymologie.

Auf der Seite des *sachlichen Informationsbedürfnisses* ergibt sich im Prinzip eine nahezu unbegrenzte Liste des Nachschlagwürdigen, das in den verschiedensten Zugangsformen dargeboten wird. Störig 1986 stellt neben Sprachwörterbuch, Enzyklopädie und Fachlexikon folgende Werke zusammen: Telefonbuch, Verzeichnis der Postleitzahlen, Kursbuch, Warenkatalog, Tabellenwerke, Briefmarkenkatalog, Atlanten, Führer, Kulturfahrplan usw.

Aus der Sicht der individuellen Bedürfnisse ist eine Trennung von sprachlichen und sachlichen Nachschlagewerken nicht a priori einsichtig. Es kann deshalb nicht verwundern, daß neben einer mehr oder weniger strikten Arbeitsteilung (aus praktischen eher als theoretischen Gründen) sich durch die gesamte Geschichte der Nachschlagewerke auch eine unaufhörliche Vermischung der Informationsarten zieht (vgl. Art. 30, 93).

Die bei der Textproduktion auftretenden individuellen Informationsbedürfnisse können hier nicht mehr alle aufgeführt werden. Sie betreffen schwere Orthographie, Morphologie, Konstruktion, Kollokation, aber auch Bedeutungen und Synonymie sowie manches andere (vgl. Art. 13, 101, 124).

3.1.2. Viele existierende standardisierte Wörterbücher sind offensichtlich nicht vorrangig zur Lösung aktueller Kommunikationskonflikte gemacht worden. Oder zumindest erscheint diese Funktion in keinem vertretbaren Verhältnis zum Aufwand, etwa bei dem auf 10 000 Seiten angelegten *Dicziunari rumantsch grischun,* der eine Sprachgemeinschaft von nur 50 000 Sprechern bedient. Neben der Gebrauchslexikographie verlangt die Gesellschaft offenbar Dokumentationslexikographie, mit deren Hilfe, Museen vergleichbar, die Sprachschätze aufbewahrt und ausgestellt werden. Diese Sprachmuseen sichern die Tradition, befriedigen den Sammeltrieb der Gesellschaft, nachdem sie oft genug ohne direkten utilitaristischen Anstoß aus dem Sammeltrieb eines einzelnen hervorgegangen sind.

3.1.3. Die folgende Darstellung bewegt sich innerhalb eines partiell chronologischen Rahmens zwischen den beiden Polen der Gebrauchs- und der Dokumentationslexikographie hin und her. Im Zentrum steht die gesellschaftlich begründete Ausbildung des allgemeinen einsprachigen Gebrauchswörterbuchs in Europa vom 16. bis zum 18. Jh. (3.4.). Voraus gehen die chronologisch ältere Lexikographie der Fremdsprache und des Fremden in der Sprache (3.2. und 3.3.). Die spezifische Entwicklung seit dem 19. Jh. beschließt dieses Kapitel (3.5.). Das 20. Jh. hat bislang auf die Herausforderungen der Zeit kaum neue lexikographische Antworten gefunden.

3.2. Lexikographie der Fremdsprache

In Gesellschaften mit regen Sprachkontakten gehört die lexikographische Erarbeitung der Fremdsprachen zu den elementarsten Aufgaben. Dabei gilt folgendes Gesetz der Lastenverteilung. Bei kulturellem, demographischem und politischem Ungleichgewicht zweier Sprachen fällt die Last der Lexikographie in der Regel dem schwächeren Partner zu. Die frühesten zweisprachigen alphabetischen Wörterbücher zwischen modernen Sprachen in Europa folgen bereits diesem Gesetz: Ein 1499 gedrucktes bretonisch-französisches Wörterbuch, ein 1547 erschienenes walisisch-englisches Wörterbuch oder auch ein 1557 publiziertes französisch-flämisches Wörterbuch. Alle drei Werke gehen solchen zwischen den großen europäischen Sprachen voran, nimmt man den Sonderfall zweier an Grammatiken gebundener englisch-französischer und italienisch-englischer Wörterbücher von 1530 und 1550 aus. Aber selbst diese widersprechen nicht der Regel, denn gegenüber dem Italienischen und Französischen war die englische Sprache im 16. Jh. sichtlich nicht gleichberechtigt. Namentlich Frankreich kümmert sich im 16. Jh. nicht um das Englische, noch weniger um das Deutsche. Jahrhundertelang hat man es gänzlich der deutschen Seite überlassen, französisch-deutsche und deutsch-französische Wörterbücher anzufertigen, und nicht anders war es im deutschen Verhältnis zu Italien. Ähnlich hat im Fernen Osten Japan die Bürde der Verständnissicherung zu China getragen, während das Reich der Mitte solches nicht nötig hatte (vgl. Art. 328). Heute ist es vielfach anders. Da die sprachpolitische Stellung des Italienischen in der Welt schwach ist, zeigt sich die italienische Produktion an zweisprachigen Wörterbüchern allen anderen westeuropäischen Ländern zumindest quantitativ überlegen. Und das ehemalige Reich der Mitte erstellt heute planvoll große Wörterbücher mit Englisch, Französisch und Deutsch, die in den westlichen Ländern kaum Gegenstücke finden (vgl. Wiegand 1988). Solche Einseitigkeit der Lastenverteilung — solche Schlagseite — hat aber in der Regel schwere Karenzen zur Folge, die es geraten erscheinen lassen, zweisprachige Lexikographie nicht gänzlich dem freien Spiel der Kräfte und schon gar nicht dem freien Markt zu überlassen.

Zweisprachige Wörterbücher unterliegen nämlich dem Gesetz der Monodirektionalität, d. h.: ein und dasselbe Wörterbuch kann in der Regel nicht für beide beteiligte Sprechergruppen gleich gut sein. Bidirektionale Wörterbücher sind Fiktion oder Notbehelf (vgl. Art. 285). Daraus folgt, daß sich jeder Partner eines Sprachenpaares selbst um die in Frage stehende zweisprachige Lexikographie zu sorgen hat. Z. B. kann sich die deutsche Seite im deutsch-chinesischen Dialog nicht mit dem Hinweis auf die chinesischen Projekte vor der Aufgabe drücken, chinesisch-deutsche und deutsch-chinesische Wörterbücher *für Deutsche* anzufertigen. Ferner gilt, daß zweisprachige Wörterbücher, auch wenn sie monodirektional geplant sind, nicht ohne substantielle Mitwirkung von Vertretern der Partnersprache angefertigt werden können. Auch das in China gemachte deutsch-chinesische Wörterbuch für Chinesen braucht, wenn es gut werden soll, nahezu ebenso viele deutsche Mitarbeiter wie chinesische. Es wäre also notfalls die Aufgabe deutscher Kulturpolitik in China, die deutschen Mitarbeiter des Projektes zu finanzieren.

Daß zweisprachige Lexikographie kulturpolitischer Pflege bedarf, ergibt sich auch aus weiteren historischen Karenzen. Die zweisprachige Lexikographie ist nämlich grundsätzlich anfällig für Hilfskonstruktionen, nicht nur für die Hilfskonstruktion der Bidirektionalität. So muß etwa erstaunen, daß das erste nennenswerte englisch-deutsche Wörterbuch nicht vor dem 18. Jh. erschien, obwohl es an kulturellen und politischen Kontakten nicht fehlte. Des Rätsels Lösung liegt in dem Behelf mit englisch-französischen und englisch-niederländischen Wörterbüchern (vgl. Hausmann/Cop 1985). Ähnlich hat man sich in Deutschland in diesem Jahrhundert über mehrere Jahrzehnte hinweg mit einem chinesisch-englischen Wörterbuch beholfen, das erheblich besser war als das existierende chinesisch-deutsche. Als dann das erste englisch-deutsche Wörterbuch erschien, war es die Weiterübersetzung eines englisch-französischen Wörterbuchs. Dieses Verfahren der Weiterübersetzung existierender zweisprachiger Wörterbücher ist seit dem Mittelalter und namentlich seit dem 16. Jh. von nicht nachlassender Produktivität (und hat dazu geführt, daß die Geschichte des zweisprachigen Wörterbuchs in Europa ein nahezu unentwirrbares Netz von Abhängigkeiten darstellt), die Produktivität garantiert aber nicht die Qualität. Denn grundsätzlich ist auch dieses Verfahren Behelf, da die Zielsprache des zweisprachigen Wörterbuchs wegen der Anisomorphie der Sprachen auf die Analyse der Ausgangssprache einen wesentlichen Einfluß hat oder mindestens haben sollte. Dieses Gesetz macht auch die oft geübte Praxis der Übersetzung einer einsprachigen Vorlage zum Behelf, da sich auch hier die Ausgangssprache durch die Brille der Zielsprache ganz anders darstellen sollte als im einsprachigen Wörterbuch.

Alles in allem hat man den Eindruck, daß die marktwirtschaftlich orientierten westlichen Staaten (mit Ausnahme einiger kleinerer Länder) die interkulturelle sprachpolitische Bedeutung des zweisprachigen Wörterbuchs nicht erkannt haben (vgl. Wiegand 1988, 618 für die Bundesrepublik Deutschland) und vor allem nicht erkennen, daß diese Wörterbücher sprachpolitischer Pflege und Unterstützung bedürfen.

Die Rolle des zweisprachigen Wörterbuchs in der heutigen Welt kann schon quantitativ kaum hoch genug eingeschätzt werden. Man bedenke, daß 3000 Sprachen, wollte man alle mit allen in Verbindung bringen, nicht weniger als 5 Millionen Sprachenpaare ergäben. Auch wenn diese gigantische Zahl kaum als Richtwert für lexikographische Beziehungen gelten darf, bleiben doch Tausende, wenn nicht Zigtausende Sprachenpaare, für die zweisprachige Wörterbücher realisiert oder wünschenswert sind.

In vielen Fällen wäre bereits der intelligente Behelf ein Fortschritt. So ist derzeit das umfangreichste Wörterbuch der Literatursprache mit Chinesisch als Ausgangssprache ein chinesisch-russisches Wörterbuch (Bol'šoj 1984). Dieses Wörterbuch bleibt in den westlichen Staaten aus Mangel an Russischkenntnissen nahezu wirkungslos. Es würde deshalb bereits einen erheblichen Fortschritt darstellen, wenn es gelänge, mit staatlicher Unterstützung aus diesem chinesisch-russischen Wörterbuch chinesisch-deutsche, chinesisch-englische, chinesisch-französische oder auch chinesisch-spanische Wörterbücher abzuleiten.

### 3.3. Fremdheit im Staat und in der Sprachgemeinschaft

Fremdsprachen fordern besonders dann zweisprachige Lexikographie, wenn sie innerhalb einer Staatsgrenze auftreten, wie das in der Sowjetunion oder in Indien in großem Umfang der Fall ist, aber auch z. B. in Spanien durchaus wirksam geworden ist, wo das Nebeneinander von Spanisch, Katalanisch, Galizisch und Baskisch zu mehrsprachigen Territorialwörterbüchern geführt hat (vgl. Fontanillo 1985). — Dieser Situation nicht unähnlich ist das Nebeneinander von D i a l e k t e n innerhalb einer Sprachgemeinschaft. Schon um Christi Geburt hat die Notwendigkeit interdialektaler Kommunikation zu bedeutenden chinesischen Dialektwörterbüchern mit Auflistung und Kommentar der Heteronyme geführt (vgl. Art. 263).

Auch dem Einbruch des Fremden in die Sprachgemeinschaft in Form von L e h n - w ö r t e r n hat die Lexikographie seit jeher Rechnung tragen müssen, sofern nicht ideologische Gründe die öffentliche Bestätigung des Phänomens verhinderten. Auffallend, aber begreiflich ist ferner, daß selbst uräletste Lexikographie, wie etwa in der Zeit der Pharaonen oder im Fernen Osten, auf die systematische oder alphabetische Auflistung von F a c h w o r t s c h a t z und auf Nomenklaturen gerichtet war (Fauna, Flora, Anatomie und *materia medica*, Ämter, Berufe, Topographie, Jagdbegriffe), also terminologisch peripheres Wortmaterial, das dem einzelnen lexikographisch zur Verfügung gestellt wurde, um es seiner Fremdheit zu entkleiden.

In diese Reihe sollten auch frühe etymologische Wörterbücher gestellt werden, z. B. die sog. *Etymologiae* des Isidor oder japanische Werke des 13. Jahrhunderts (vgl. Art. 265). Durch die Frage nach seiner diachronischen Motiviertheit wird der gebildeten Gesellschaft auch das vertrauteste Wort auf eine gewisse Weise fremd.

### 3.4. Von der Lexikographie des Fremden zur Lexikographie des Vertrauten: die europäische Entwicklung bis ins 18. Jahrhundert

Fremde Sprachen und Fremdheit in der Sprache lösen (wie auch jede Art von sachlicher Fremdheit) unmittelbaren Informationsbedarf für den einzelnen aus. Sie provozieren, was man das *Auskunftswörterbuch*, das *Hilfswörterbuch* oder das *Nachschlagewerk* (früher: *Aufschlagbuch*) genannt hat (vgl. Grubmüller 1987). Die Wörterbuchgeschichte zeigt weltweit eine solche Auskunftslexikographie als primär. Ihre Reinform hat ein banales Kennzeichen: der alltägliche Wortschatz ist nicht lexikographiert, oder er wird nachlässig behandelt (statt einer Definition erfährt man etwa „bekanntes Tier", „bekanntes Wort"). Lexikographie war zuerst solche der *hard words*, der schweren Wörter, ein Phänomen, das besonders in der Geschichte der englischen Lexikographie bekannt ist, weil diese Lexikographie daran auffallend lange festhielt (vgl. Art. 197 sowie Stein 1985, Starnes/Noyes 1946, Schäfer 1984). Wie also kam es zur Lexikographie des alltäglichen Wortschatzes, der Wörter, die, so sollte man meinen, nie nachgeschlagen werden? Die Antwort muß zweigeteilt werden. Der Anstoß ging meist von anderen Faktoren aus als der Befriedigung unmittelbarer Nachschlagbedürfnisse. Als die Wörterbücher aber erst einmal vorlagen, erwies es sich, daß es auch aus der Sicht des Informationsbedürfnisses reichlich Gründe für ihre Existenz gab, so daß sie heute aus dem Grundbestand jeglicher Lexikographie nicht wegzudenken sind.

Der Ursprung des allgemeinen einsprachigen Wörterbuchs moderner Prägung (Webster 1961, LDEL, Petit Robert, DUW) liegt, was Europa betrifft — und darauf müssen wir uns für diesen Teil beschränken — im geistesgeschichtlichen Phänomen der Renaissance. Diese aber ist nicht von der mittelalterlichen Lexikographie zu trennen. Dabei sind zwei Traditionsstränge zu unterscheiden, zum einen die großen Werke der lateinischen Lexikographie des Mittelalters, zum anderen die zahlreichen lateinisch-neusprachlichen

1. Die gesellschaftlichen Aufgaben der Lexikographie

Glossare. Hingegen sind die existierenden zwei- oder mehrsprachigen Reise- oder Lernwörterbücher in Sachgruppen (vgl. Art. 105) zwar von großer historischer Kontinuität, für die hier interessierende alphabetische Lexikographie aber nicht vorrangig.

3.4.1. Die einsprachige lateinische Lexikographie des Mittelalters kulminiert in drei teils lexikalischen, teils enzyklopädischen Werken alphabetischer Anlage, dem *Elementarium Doctrinae Erudimentum* des Papias von 1063, dem *Liber derivationum (Magnae derivationes)* des Hugutio (Uguccione) von Pisa von 1210 (vgl. Riessner 1965) und dem *Catholicon* des Giovanni Balbi von Genua (Johannes de Janua) von 1286. Papias wurde von Palencia 1490 ins Spanische übersetzt (vgl. Niederehe 1984), vor allem aber diente das *Catholicon,* allein oder mit anderen Quellen, im 15. Jh. als Vorlage für zweisprachige Wörterbücher lateinisch-neusprachlich, z. B. dem Firmin le Ver 1440 (vgl. Merrilees 1988) und zahlreichen kleineren lateinisch-französischen Vokabularen (vgl. Buridant 1986), namentlich aber dem lateinisch-spanischen *Lexicon* des Nebrija 1492, das seinerseits europäische Wirkung hatte durch Weiterübersetzung ins Französische 1511 (vgl. Lindemann 1985), ins Sizilianische (durch Scobar 1520, vgl. Tancke 1984) sowie noch 1569 ins Portugiesische; es diente auch als Grundlage einiger Wörterbücher von Indianersprachen, z. B. Nahuatl (s. Art. 274).

3.4.2. Die neusprachlich-lateinische Lexikographie beginnt im europäischen Rahmen etwa ab dem 14. Jh. in Form von entsprechenden Indices zu den lateinisch-neusprachlichen Glossaren, löst sich aber ab dem 15. Jh. in Deutschland und England aus dieser Abhängigkeit und bringt dort die ersten eigenständigen Werke hervor. Das gilt dann auch 1495 für das spanisch-lateinische Wörterbuch des Nebrija.

3.4.3. 1502 erscheint das weitgehend enzyklopädische und darin dem Mittelalter verhaftete *Dictionarium* des Calepino, das aber in humanistischer Weise eine große Zahl von lateinischen Belegen aufweist (zu den zahlreichen Editionen vgl. Labarre 1975). Calepino ist Quelle des lateinisch-englischen Wörterbuchs von Elyot 1538 und des lateinisch-deutschen Wörterbuchs von Dasypodius aus der gleichen Zeit, mit deutsch-lateinischem Teil. Vor allem aber hat das Buch von Calepino den Franzosen Robertus Stephanus zu seinem thesaurierenden, zitierenden, kontextreichen lateinischen *Dictionarium* von 1531 angeregt, das zum Ausgangspunkt des überwiegenden Teils der darauffolgenden europäischen Lexikographie wird, vor allem durch das von Stephanus 1538 erarbeitete lateinisch-französische und das 1539 folgende französisch-lateinische Wörterbuch. Aus letzterem erwächst durch zunehmende Kommentierung des ausgangssprachlichen Materials und durch Anreicherung aus der Sprachrealität der Typ des einsprachig-zweisprachigen Zwittergebildes, das man für gewöhnlich bereits zur Geschichte der einsprachigen Lexikographie hinzuzählt. Der Typ dieses Wörterbuchs wird in Frankreich 1606 durch den *Thresor* des Jean Nicot vertreten, als der umfangreichsten Bearbeitung des *Dictionnaire françoyslatin* des Robert Estienne (1539, 2. Aufl. 1549). In Deutschland mag man die Wörterbücher von Stieler 1691 und Steinbach 1734 zu dieser Kategorie zählen. Da diese Wörterbücher nie als einsprachige Wörterbücher geplant waren, tut man gut daran, sie nicht mit den im folgenden aufgeführten Werken zu vermischen.

3.4.4. Ein weiterer Typ Renaissancewörterbücher legt den Schwerpunkt auf etymologische Erörterung und bezieht Sachinformation mit ein, dies überwiegend einsprachig. Dieser an die *Etymologiae* des Isidor von Sevilla (um 600) und an Hugutio anschließende Typ wird in Spanien 1611 durch den *Tesoro* des Covarrubias vertreten. Nicot und Covarrubias waren für die Erarbeitung einer einsprachigen Lexikographie des modernen Typus in ihren Ländern als Quellen von Bedeutung.

3.4.5. Eine ganze Reihe weiterer früher einsprachiger Wörterbücher sind typologisch als gescheiterte Versuche zu verstehen, ihren Typus als Gebrauchswörterbücher durchzusetzen. Sie sind gleichsam abgestorbene Richtungen der Lexikographie. Das gilt etwa für das erste einsprachige französische Wörterbuch überhaupt, die *Epithetes* des Maurice de La Porte (1571), oder für Reimwörterbücher mit großem Informationsreichtum wie Alberus 1540 in Deutschland, Levins 1570 in England oder Boyer 1649 in Frankreich, die möglicherweise an die arabisch-orientalische Tradition der Reimwörterbücher als allgemeine einsprachige Wörterbücher anknüpfen.

3.4.6. Bislang unberücksichtigt blieb die italienische Lexikographie. Sie wird sich als die für die Herausarbeitung des modernen einsprachigen Wörterbuchs wichtigste Tradition erweisen, stellt sich aber im 16. Jh. ganz anders dar als die bisher geschilderten Sprachräume. Die italienische Lexikographie hat als erste den Typ des modernen einsprachigen alphabetischen Wörterbuchs hervorgebracht, weil sie bereits im 16. Jh. eine intensive einsprachige Glossographie und Autorenlexikographie kannte, die entweder alphabetisch angelegt war oder umfangreiche, nach Sachgruppen geordnete Sammlungen u. alphabetische Register erzeugte (vgl. im einzelnen Tancke 1984).1602 erschien dann als Frucht der durch die Namen N. Liburnio, G. Verini, F. Luna, A. Acharisio, F. Alunno, G. Marinello, G. S. da Montemerlo und T. Porcacchi bezeichneten Entwicklung das erste auf exhaustive Erfassung des Wortschatzes angelegte alphabetische Definitionswörterbuch in Europa, nämlich das *Memoriale* des Pergamini. Es wurde jedoch zehn Jahre später überstrahlt von dem Prestige des *Vocabolario degli Accademici della Crusca* (Crusca 1612), mit dem man für gewöhnlich die europäische Wörterbuchgeschichte einsetzen läßt. In der Tat setzte dieses Wörterbuch (zusammen mit dem durchaus ähnlichen Pergamini) die künftigen Maßstäbe der Lexikographie durch folgende Prinzipien: Dokumentation des Kernbestandes der Sprache, Definition aller Einträge, Authentifizierung der Wörter durch Zitate aus den als Sprachautoritäten verstandenen klassischen Autoren. Bedenkt man, daß dies in einem im 17. Jh. publizierten Wörterbuch die seit bis zu 300 Jahren verstorbenen Dante, Petrarca und Boccaccio waren, so ist die Parallele zu den voraufgehenden lateinischen, vornehmlich auf Cicero basierenden *Thesauri* unverkennbar. Der Crusca ging es nicht in erster Linie um ein Nachschlagewerk, sondern um die lexikographische Herausstellung der Vollkommenheit des Italienischen. Die Sprache des Dreigestirns wird behandelt wie das Sanskrit in Indien oder die Koransprache im arabischen Raum. Kulturstolz, Denkmalpflege, Sprachpolitik (in der *Questione della lingua*) und keineswegs reale Benutzerbedürfnisse motivieren das Cruscawörterbuch, die berühmteste frühe Umsetzung eines neuen gesellschaftlichen Wörterbuchparadigmas (vgl. Grubmüller 1986).

Seine Wirkung im europäischen Rahmen ist unbestreitbar. Denn es fordert den Kulturpatriotismus der rivalisierenden Nationen geradezu heraus. 1635 setzt sich die französische Akademie ein vergleichbares Wörterbuch zum Ziel, 1640 beginnt in Deutschland im Rahmen der Fruchtbringenden Gesellschaft eine Serie von Wörterbuchprogrammen (Weinrich 1985 und Art. 28). Mit der Realisierung hapert es aber allenthalben. Die deutsche Idee wird 150 Jahre unverwirklicht bleiben, die französische Akademie läßt sich 1680 und 1690 von zwei Rivalen überholen, die eigene Konzeptionen verwirklichen, zuerst Richelet 1680 mit einem synchronisch-deskriptiven, mit Zitaten durchsetzten, aber auch an unsignierten Beispielen sowie Sacherklärungen reichen Wörterbuch mit nachhaltigem Erfolg (vgl. Bray 1986), dann Furetière 1690 mit dem ersten *Dictionnaire universel,* ein Typ, der unter Einbeziehung des zentralen Wortschatzes vor allem auf den peripheren Wortschatz, den Fachwortschatz, zielt und ebenfalls reiche Sacherklärungen bietet. Während bei Richelet der Cruscaeinfluß unverkennbar ist, wenn auch französisch-praktisch auf die Gegenwart appliziert, erscheint Furetière bereits als Anfang einer neuen Wörterbuchtradition, nämlich der des enzyklopädischen Wörterbuchs, über das noch zu reden sein wird.

1694 erscheint das französische Akademiewörterbuch (Académie 1694) und überrascht die Welt mit einer Abkehr vom Cruscaprinzip. Die selbstbewußten Franzosen erklären, sie seien selber klassisch und hätten es nicht nötig, irgendwen zu zitieren. Also scheuen sie sich nicht, in einem ungemein kollokationsreichen Wörterbuch die ganze Banalität ihres Alltagswortschatzes auszubreiten. Damit ist nun zum ersten Mal das neue Wörterbuchparadigma der Dokumentation des Üblichen, dessen, was alle schon beherrschen, auf die Spitze getrieben. Es wird in seiner Art lange einzig dastehen. Denn 1726—39 publiziert die spanische Akademie einen *Diccionario de autoridades* (Diccionario 1739), der ganz dem Cruscaparadigma verpflichtet ist, 1755 Johnson in England (vgl. Sledd/Kolb 1955) ebenfalls ein zitierendes Wörterbuch (nachdem 1668 mit William Lloyds' alphabetischem Index zu John Wilkins' Begriffswörterbuch der erste Ausgriff auf den Allgemeinwortschatz erfolgt war, vgl. Dolezal 1985), und was das erste deutsche einsprachige Wörterbuch betrifft, Adelungs *Versuch eines vollständigen grammatisch-kritischen Wörterbuches* (1774—1786), so lehnt es sich an keines der hier genannten Wörterbücher allein an, sondern steht auch in der im

18. Jh. aufgekommenen Tradition des normativ kommentierenden grammatischen Wörterbuchs, die für das Lateinische von Apinus und für das Französische von Féraud vertreten wird, der wohl den unmittelbaren Anstoß gegeben hat.

3.4.7. Die weitere Entwicklung der Akademielexikographie — Einfluß der spanischen auf die portugiesische Akademie (1793, nur *A*), Einfluß der französischen Akademie auf das erste russische Akademiewörterbuch (Slovar' 1789—1794) und auf das italienische *Dizionario universale* des Alberti di Villanova (1797—1805), der damit ein Gegenparadigma zur Crusca begründet — kann hier nicht weiter dargestellt werden. Statt dessen ist die gesellschaftliche Leistung der Lexikographie seit Pergamini und der Crusca zu unterstreichen und zu zeigen, daß die Lexikographie des Wortschatzzentrums nicht so informations- und nachschlagfern ist, wie man denken könnte.

Zum ersten ist der banale Wortschatz wichtig für den Ausländer (und den Autor eines zweisprachigen Wörterbuchs), und es läßt sich nachweisen, daß diese Perspektive von den Autoren in einer Zeit für uns erstaunlicher Internationalität immer mitbeachtet worden ist. Zum zweiten darf man nicht vergessen, daß namentlich in Italien, Frankreich und Deutschland das sprachliche Ausland gleichsam Teil der Nation ist, in Italien und Deutschland durch dialektale Zersplitterung, in Frankreich zusätzlich durch Fremdsprachen, allen voran das Okzitanische. In Frankreich sprach buchstäblich nur eine Minderheit Französisch. Das Einheitswörterbuch der Alltagssprache entsprach also einer Forderung absolutistischer Politik, die in der dialektmörderischen Haltung der Französischen Revolution ihre direkte und logische Fortsetzung fand. Die Gründe für die englische und deutsche Verspätung müssen in England in einer weniger ausgeprägten sprachlichen Zersplitterung und in Deutschland in kultureller und politischer Schwäche gesehen werden. Jedenfalls ist das Einheitswörterbuch (unter Einschluß des zentralen Wortschatzes oder gar beschränkt auf diesen) für den gesellschaftlichen Zusammenhalt einer Nation unersetzlich, und nur dies erklärt die Rolle eines Webster im amerikanischen *melting pot*, eine Rolle, die auch Jacob Grimm vor Augen schwebte, die aber von seinen Nachfolgern gänzlich aus den Augen verloren wurde.

Zum dritten kann die orthographienormierende Kraft des nationalen Wörterbuchs im orthographischen Chaos des französischen 17. und 18. Jh. nicht hoch genug eingeschätzt werden. Diese Rolle hat das französische Akademiewörterbuch kraft seiner Autorität voll ausgefüllt. Aber auch in besser verschulten Kulturen bleibt die orthographische Referenz (auch und gerade des alltäglichen Wortschatzes) wichtigste lexikographische Aufgabe. Dafür sind Geschichte und Aktualität des Duden (Rechtschreibduden, vgl. Sauer 1988) in Deutschland der beste Beweis.

Manch weitere lexikographische Informationstypen wären zu nennen, die auch für den alltäglichen Wortschatz das Nachschlagen lohnen (Morphologie, Zweifelsfälle und vieles andere), doch müssen wir uns mit einem vierten Punkt begnügen, der zeigt, daß letztlich auch eine Nachschlaglexikographie nicht ohne den vertrauten Wortschatz auskommen kann. Das nachschlagwürdige Periphere betrifft ja nicht nur die schweren Wörter, sondern auch die schweren, fachsprachlichen, seltenen, veralteten *Bedeutungen* von ansonsten häufigen Wörtern. Diese aber sind meist nicht adäquat darstellbar ohne Nennung auch der zentralen Bedeutungen, zu denen sie oft in charakteristischen Bezügen stehen. Es war deshalb folgerichtig, daß Furetière, dem es vor allem um den peripheren Wortschatz ging, dennoch ein komplettes Wörterbuch vorlegte unter Einschluß des zentralen Wortschatzes, wenn der auch nicht mit der gleichen Liebe behandelt wurde.

3.5. Sachlexika und nationale Wortschatzdokumentation seit dem 19. Jahrhundert

3.5.1. Die von Furetière bereits ausgangs des 17. Jahrhunderts gefundene Formel der Verbindung von zentralem und peripherem Wortschatz, von Sprach- und Sachwissen, hat das Frankreich des 18. Jahrhunderts in Gestalt des *Dictionnaire de Trévoux* beherrscht (vgl. in Spanien Terreros 1786—93 und in Italien Alberti 1797—1805) und ist in der Mitte des 19. Jahrhunderts, bereichert um die Eigennamen und um weitere Elemente der Sachlexikographie, endgültig zum führenden Wörterbuchtyp des industriellen Zeitalters in allen den Ländern geworden, in denen Wörter und Sachen gleichen Rang beanspruchen durften. Außer einigen anglophonen Hochleistungen, z. B. Whitneys *Century Dictionary* (1889—91), erlebt dieses Wörterbuch als *Dictionnaire encyclopédique* seine vollendetste Verkörperung in den verschiedenen Auflagen des französischen Verlages Larousse, von den 15 Bänden des *Grand Dictionnaire universel* des Pierre Larousse selbst (1866—1876) über den *Nouveau Larousse illustré* (1897—1904), den *Larousse du XX*$^e$ *siècle* (1927—1933), den *Grand Larousse encyclopédique* (1960—1964) bis zum *Grand Dictionnaire encyclopédique Larousse* (1982—1985; vgl. Art. 186), und seine verbreitetste in dem *Petit Larousse,* dem größten Wörterbucherfolg aller Zeiten.

Von Frankreich aus hat die Formel des enzyklopädischen Wörterbuchs in die gesamte übrige Romania Eingang gefunden, sich hingegen im deutschsprachigen Raum nie durchgesetzt. Dort war nämlich ab dem 18. Jahrhundert, endgültig aber ab dem frühen 19. Jahrhundert, der für breite Benutzerbedürfnisse geschaffene Typ des Konversationslexikons (Brockhaus 1812—19, Meyer 1840—55, vgl. Lexika 1976) entstanden, der in der Verbindung von sachenzyklopädischer, personenenzyklopädischer und Schwerwortlexikographie dem enzyklopädischen Wörterbuch vergleichbar ist, bis auf eine Komponente, die Lexikographie des Wortschatzzentrums, die in ihm fehlt. Vergleicht man heute beide Typen, so wird man sagen dürfen, daß in der einbändigen Version das enzyklopädische Wörterbuch den Nachschlagbedürfnissen besser entspricht, während sich das Nachschlagen sprachlicher Information zum zentralen Wortschatz im vielbändigen *dictionnaire encyclopédique* angesichts hervorragender Sprachwörterbücher überlebt hat.

3.5.2. Das 19. Jahrhundert war ausgesprochen janusköpfig mit direkter Rückwirkung auf die Lexikographie. Wenn dem Industriezeitalter das enzyklopädische Wörterbuch und das Konversationslexikon entsprachen, so brachte gleichzeitig die romantisch begründete diachronische Sprachwissenschaft das **nationale Wörterbuch mit historischer Tiefe** hervor, das auf neuer und umfassenderer Basis den Thesaurusgedanken des 16. Jh. ein zweites Mal anging. Die Produkte dieser längst nicht abgeschlossenen Phase von Grimm (1854—1960) über Littré (1863—73), das *Oxford English Dictionary* (OED) und zahlreiche Nachahmungen in vielen europäischen Ländern mit Projekten, die vielfach noch laufen, wurden so monumental und auch so disparat, daß von einer Nutzung durch den einzelnen Sprachteilhaber nur noch im Ausnahmefall (z. B. Littré) die Rede sein kann. Die manchmal über ein Jahrhundert hinweg entstandenen Wörterbücher stehen als nationale Sprachmuseen in den öffentlichen Bibliotheken und erlangen, je weniger sie eingesehen werden, desto mehr mythischen Status. Für den einzelnen außerwissenschaftlich fruchtbar wurden die gigantischen Unternehmungen erst durch Kürzung, möglichst auf einen Band, meist unter Weglassung der Zitate. Das war schon beim griechischen Lexikon des Pamphilos (vgl. Art. 178) so, nicht anders bei der Umwandlung des arabischen „Wortozeans" des Iben Manzur (vgl. Art. 237) in einen billigen Bestseller oder bei der Verkürzung des OED bis zum *Concise Oxford Dictionary* (COD). Ebenso wurde das Wörterbuch der spanischen Akademie erst durch die Kürzung auf einen Band (unter Verzicht auf sämtliche Zitate) zum unumstrittenen Referenzinstrument der Hispanophonie (DRAE). Gesellschaftlich wirksam wird nur das einbändige Wörterbuch (weswegen die Versuchung naheliegt, sehr viel Text zwischen zwei Buchdeckel zu zwängen). Das Grimmsche Wörterbuch muß als gesellschaftlich gescheitert angesehen werden, da es nie wirklich benutzt worden ist. Und das großartige Wörterbuchunternehmen von Paul Robert ist erst durch den genialen Wurf des *Petit Robert* 1967 von Alain Rey bis auf die Schreibtische der frankophonen Welt vorgedrungen. Erst mit dem *Duden Deutsches Universalwörterbuch* (DUW 1983) hat das Bibliographische Institut ein Gebrauchswörterbuch von internationalem Rang geschaffen, was weder das Hilfsbuch *Rechtschreibduden* noch das 6bändige *Große Wörterbuch der deutschen Sprache* (GWDS) sein konnten.

## 4. Konflikte zwischen Lexikographie und Gesellschaft und die Rolle der Wörterbuchforschung

Oskar Reichmann hat die zentrale Funktion von Wörterbüchern auf die Formel gebracht „Nachschlagewerke in einer kulturellen Praxis" (Reichmann 1988, 395) und damit ihre kulturpädagogische Rolle unterstrichen. Sprachwörterbücher ebenso wie Sachlexika setzen das Werk von Schule und Hochschule fort, ergänzen es oder ersetzen es auch, wenn es nicht mehr sein Ziel erreicht. Dabei ist das reine Faktum der Benutzung von Wörterbüchern ambivalent und wenig aussagekräftig. Es kann Zeichen schwerwiegender Bildungs-

1. Die gesellschaftlichen Aufgaben der Lexikographie

defizite sein, Folge eines durch das Bildungswesen eingegebenen sprachlichen Minderwertigkeitskomplexes (Ostrá 1983) oder auch Indiz für aufgeklärten selbstbewußten Umgang mit der Sprache. Entscheidend ist, daß die Nachschlagehandlungen erfolgreich verlaufen. Dies können sie nur, wenn Lexikographie und Gesellschaft die gleiche Sprache sprechen, sich in völliger Übereinstimmung befinden. Die Geschichte der Lexikographie zeigt aber, daß die Harmonie zwischen Lexikographie und Publikum ständig gefährdet ist, weil Lexikographie, getrieben durch die große Zahl von Zwängen, denen sie unterliegt (vor allem dem Zwang, alles verdichtet und auf geringem Raum sagen zu müssen, vgl. Art. 90a), zur Professionalisierung neigt und damit die erfolgreiche Benutzung davon abhängt, inwieweit der laienhafte Benutzer das professionalisierte Instrument versteht. Die heute gängigen Schlagwörter für diesen Konflikt heißen *Wörterbuchkultur* (Ickler 1988) und *Benutzerfreundlichkeit* (vgl. Art. 10 und 14). Benutzerfreundlichkeit bedeutet Anpassung der Lexikographie an die Gesellschaft, Wörterbuchkultur bedeutet Anpassung der Gesellschaft an die Lexikographie. Der stärkere in diesem Tauziehen ist allemal die Gesellschaft, die mit dem Geldbeutel des einzelnen oder des Staates votiert.

Dafür gibt es ein Beispiel von frappierender historischer Kontinuität, der stets fehlgeschlagene Versuch, dem Publikum für den Vorteil der sinnfälligen Darbietung von Wortbildungsbeziehungen eine partielle Abweichung vom alphabetischen Prinzip und damit (wegen starker Nestbildung) praktisch doppeltes Nachschlagen zuzumuten (vgl. Art. 38).

Der *Thesaurus linguae graecae* wurde von seinem Autor, H. Estienne, auf dem makrostrukturellen Prinzip der Nestbildung zur Darstellung der Wortbildungsbeziehungen aufgebaut. Obwohl es das beste griechische Wörterbuch bis ins 19. Jh. blieb, war der kommerzielle Erfolg beim Publikum dem Wörterbuch des J. Scapula beschieden, der das Wörterbuch von Stephanus plagiarisierte, aber die alphabetische Buchstabenfolge stärker zur Geltung brachte (s. Art. 178).

Auch das erste Wörterbuch der französischen Akademie hatte den wissenschaftlichen und professionellen Ansatz seinem Publikum gänzlich naiv zugemutet. Ab der zweiten Auflage mußte die Akademie klein beigeben. Einen ähnlichen Versuch auf stärker synchronischer Basis machte das aus dem großen Richelet abgeleitete *Dictionnaire portatif* von 1756, mit dem gleichen Mißerfolg (Bray 1986, 126). Nach dem Zweiten Weltkrieg mußte das russische Akademiewörterbuch ab dem 4. Bd. zur strikten Einhaltung des Alphabets zurückkehren (Slovar' 1950—65). Und vielleicht die gewichtigste Niederlage erlitt die Serie der linguistisch beeinflußten, stark nestalphabetischen Wörterbücher von Larousse, namentlich der *Dictionnaire du français contemporain* (DFC) von 1966 und sein großer Bruder *Lexis* von 1975, die wegen ihrer geringen Akzeptanz von einem neuen Management gegenwärtig in strikt alphabetische Wörterbücher umgewandelt werden.

Wie das Beispiel zeigt, müssen sich die Wörterbücher an dem vorhandenen Niveau der Wörterbuchkultur orientieren (welches allerdings nicht leicht einzuschätzen ist). Der auf Rentabilität angewiesene Verlag kann es sich nicht leisten, das Publikum mit seinen lexikographischen Produkten zu überfordern. (Allerdings kann es sein, daß das Publikum *unter*fordert wird, ein Zustand, der in Deutschland so lange vorherrschte, als es Wörterbücher vom Typ des DUW 1983 gar nicht gab). Unter diesen Voraussetzungen stellen sich zwei gewichtige Fragen: Wie kann überhaupt die Wörterbuchkultur einer Sprachgemeinschaft (und mit ihr die Lexikographie) verbessert werden? Und welche Rolle kann eine Wissenschaft von den Wörterbüchern im Zusammenspiel von Lexikographie und Gesellschaft übernehmen?

Wenn es stimmt, daß die Lexikographie in ihrem Kern Ergänzung und Fortsetzung von Schule ist, dann muß es Aufgabe der Schule sein, ihre eigene Verlängerung ins Leben hinaus entsprechend vorzubereiten und die Kulturtechnik „erfolgreiche Wörterbuchbenutzung" zu vermitteln. Dazu müssen die Lehrer, Fremdsprachen- wie Muttersprachenlehrer, in ihrem Studium entsprechend ausgebildet werden. (Meta-)Lexikographie hätte obligatorischer Bestandteil jedes lehrerbildenden Sprachstudiums zu sein. Davon sind die meisten Bildungssysteme weit entfernt. Aber selbst wenn es gelänge — z. B. mit Hilfe dieses Handbuchs —, die Curricula zu verändern, dürfte mit konkreten Rückwirkungen auf die Wörterbuchkultur der Nation erst nach einigen Generationen zu rechnen sein.

Man kann deshalb versucht sein, das Publikum unter Umgehung des Bildungsweges direkt anzusprechen, durch Aufklärungskampagnen in den Medien oder durch Publikationen von Vergleichstests in Organen, die ansonsten Konsumgüter verbrauchergerecht beurteilen. Bei einem so komplexen Gegenstand wie dem Wörterbuch wird man damit aber kaum die gleiche Aufklärungswirkung erzielen können wie etwa bei dem Testobjekt Waschmaschine.

Also drängt sich der Gedanke auf, den Hebel doch — und sei es nur flankierend zu anderen Maßnahmen — auf der Seite der Lexikographie anzusetzen, bessere Wörterbücher zu machen, in der Erwartung, daß das Publikum seinerseits die nötigen Anstrengungen unternehmen wird, um sich auf das Niveau dieser Hilfsmittel zu heben. Eine derart risikoreiche Pionierlexikographie wird man aber den privaten Verlagen in der Regel nicht zumuten können. Sie wäre Aufgabe staatlicher Gebrauchslexikographie, bislang fast ausschließlich in totalitären Staaten üblich, in den westlichen Demokratien aber verpönt. Dort werden Wörterbücher bisher vor allem dann staatlich gefördert, wenn sie rein wissenschaftlichen Charakter haben. Wir sagten es schon: die Verbesserung der Gebrauchslexikographie wird bislang vor allem jenseits des Eisernen Vorhangs als kulturpolitische Aufgabe ernst genommen. (Allerdings gibt es im Westen ruhmreiche Ausnahmen, z. B. das Summer Institute of Linguistics in den USA, das als private Institution viel für die Lexikographie der Eingeborenensprachen nicht nur in Amerika, sondern auch in Afrika und Neuguinea getan hat.)

Freilich sind auch die Gefahren einer staatlichen Gebrauchslexikographie nicht zu übersehen. Ohne den Druck der Rentabilität neigen solche Unternehmungen zu Perfektionismus, Langsamkeit und Esoterik (vgl. Voigt 1984). Die Gefahr der Abkoppelung von der Gesellschaft ist gerade bei einem von Wissenschaftlern erarbeiteten Wörterbuch besonders groß. Während marktwirtschaftliche Lexikographie zu übertriebener Anpassung an das Publikum neigt, könnte marktunabhängige Lexikographie in einer „Position außerhalb der Gesellschaft" (Reichmann 1988, 400) enden. Dies zu verhindern, müßten wirksame Kontrollmechanismen vorgesehen werden.

Die Frage nach der gesellschaftlichen Rolle der Wörterbuchforschung, die teils als Disziplin bereits existiert, in jedem Fall aber durch dieses Handbuch breiter fundiert werden könnte, hängt mit den bisherigen Erörterungen eng zusammen. Es ist vielleicht unrealistisch zu glauben, die Universität könne künftig diplomierte Lexikographen ausbilden, welche in den Wörterbuchverlagen Lebenszeitstellungen erhielten, um bessere Wörterbücher als bisher zu machen. Manches spricht gegen diese Vorstellung. Hingegen ist es mit Sicherheit realistisch, daß universitäre Wörterbuchforschung Verlagslexikographie kritisch berät und vor allem das Publikum mit verständlich formulierter Information über die Wörterbücher versorgt. Dazu gehört auch das Brandmarken eventueller Wörterbuchkriminalität (vgl. Art. 11).

Eine Schlüsselrolle käme der Wörterbuchforschung bei dem skizzierten lexikographischen Aufklärungsprozeß über den Weg des Bildungswesens zu. Schließlich ist die universitäre Wörterbuchforschung aufgerufen, selbst Gebrauchswörterbücher zu machen, die sich trotz wissenschaftlichen Anspruchs beim breiten Publikum bewähren. Die Tradition dieses Verfahrens ist in den verschiedenen Ländern sehr unterschiedlich ausgeprägt, stark z. B. in Italien, wo namhafte Linguisten Gebrauchswörterbücher erstellten.

## 5. Aufgaben der Zukunft

Welches sind die gesellschaftlichen Aufgaben der Lexikographie in der Zukunft? Die Antwort wird von Land zu Land mit anderer Gewichtung ausfallen. Weltweit schälen sich jedoch folgende großen Linien heraus.

a) Eine nie endende, sondern im Gegenteil ständig wachsende Aufgabe der Lexikographie ergibt sich aus der Last der Geschichte. Wegen des Wandels der Sprache müssen die alten Kulturgüter in regelmäßigen Abständen neu erschlossen werden, denn nicht nur entfernen wir uns von der Sprache, in der sie abgefaßt sind, sondern wir entfernen uns auch von der Kommentarsprache der Wörterbücher. Auch z. B. lateinisch-deutsche Wörterbücher müssen regelmäßig neu verfaßt werden, da sich zwar die lateinische Sprache nicht mehr, die Sprache der Interpretamente aber sehr wohl verändert. So wird mit Recht gerade in diesen Tagen ein *Deutsches Klassiker-Wörterbuch* ins Auge gefaßt, weil nicht sicher ist, daß künftige Generationen Goethe noch so verstehen wie wir.

b) Eines der drängendsten Kommunikationsprobleme der Zukunft ist das der fachsprachlichen Zersplitterung. Auf Anregung von Harald Weinrich wurde deshalb in Deutschland das Projekt eines „interdisziplinären Wörterbuchs" diskutiert, das die Laien in die Lage versetzen sollte, sich fachlich zu informieren, und den Fachleuten helfen sollte, sich Laien verständlich zu machen (Weinrich 1976, Interdiszipl. d. Wb. sowie Art. 28). Der Schwerpunkt sollte auf dem fachexternen und interfachlichen Vokabular der Fachsprachen liegen. Das Projekt, das nicht verwirklicht wurde (vgl. aber Art. 124),

1. Die gesellschaftlichen Aufgaben der Lexikographie

bleibt in Deutschland Desiderat. Anderswo mögen bestimmte enzyklopädische Wörterbücher bereits als interdisziplinär angesehen werden. (Zur interlingualen Komponente des Fachsprachenproblems und zu den Zukunftsaufgaben der terminologischen Lexikographie vgl. oben 2.5.)

c) Zahlreich sind auf der Erde die lexikographischen Entwicklungsländer, deren Sprachen und Kulturen ein Recht auf Wörterbücher haben.

Da ist z. B. das Ciluba, eine der vier Landessprachen Zaires. Bislang gibt es nur zweisprachige Wörterbücher mit Französisch und Englisch, die von weißen Missionaren für weiße Benutzer gemacht worden sind. Wie Hunderte anderer Sprachen verdient das Ciluba sowohl den Anschluß an die Nachbarsprachen und an die großen Weltsprachen durch zweisprachige Wörterbücher für eingeborene Benutzer als auch aus kulturpädagogischen Gründen eine eigene einsprachige Lexikographie.

d) Die Weltsprachen müssen ihrerseits neue Anstrengungen zur lexikographischen Erschließung der vielen afrikanischen und asiatischen Sprachen unternehmen (vgl. oben 3.2.). Den Sprachen Schwarzafrikas gegenüber ist z. B. die Bundesrepublik Deutschland (im Unterschied zur DDR) nahezu untätig.

e) Aber nicht nur die zweisprachige Brücke zu den anderen Sprachen muß ausgebaut werden, auch die vielleicht einzige originelle lexikographische Entwicklung des 20. Jh., nämlich die einsprachige Lernlexikographie für den Ausländer, hervorragend entwickelt für Französisch und Englisch, wäre auf viele weitere Sprachen auszudehnen, z. B. auf die Weltsprache Spanisch, die lexikographisch nicht anders denn unterentwickelt genannt werden kann. Auf dem Lernsektor ist auch an eine Annäherung von einsprachiger und, ihrerseits freilich wenig entwickelter, zweisprachiger Lernlexikographie zu denken.

Die Welt erlebt derzeit eine Informations- und Kommunikationsexplosion nie gekannten Ausmaßes. Dabei stehen den zentripetalen Kräften (Stichwort *Welthilfssprache Englisch*) zentrifugale Kräfte gegenüber, weil die Sprecher der Sprachen und Regionalsprachen ihre Idiome für die Bewahrung der eigenen Identität, der kulturellen und menschlichen Identität, brauchen. In dieser Lage ist die Zukunft der Lexikographie die einer unübersehbaren Expansion — vorausgesetzt unser Globus ist überhaupt weiterhin Nährboden von Kultur.

f) Schließlich müssen die neuen Möglichkeiten, die der Computer für die Lexikographie bietet, richtig eingeschätzt werden, so daß er dazu beitragen kann, das Wörterbuch als Printmedium zu fördern. Ob er es ersetzen kann, ist derzeit nicht mit Sicherheit einschätzbar. Die bisherigen Erfahrungen sprechen eher dagegen.

## 6. Literatur (in Auswahl)

### 6.1. Wörterbücher

*Academia 1793* = Diccionario da lingoa portugueza publicado pela Academia Real das Sciencias de Lisboa. Tomo primeiro: A. Lisboa 1793 [CC, 543 S.].

*Académie 1694* = Dictionnaire de l'Académie françoise. 2 Bde. Paris 1694 [676, 671 S.; 2. Aufl. 1718].

*Adelung 1774—86* = Johann Christoph Adelung: Versuch eines vollständigen grammatisch-kritischen Wörterbuches der hochdeutschen Mundart, mit beständiger Vergleichung der übrigen Mundarten [. . .]. 5 Bde. Leipzig 1774—1786 [3796 S.].

*Alberti 1797—1805* = Francesco Alberti di Villanova: Dizionario universale critico enciclopedico della lingua italiana. 6 Bde. Lucca 1797—1805.

*Alberus 1540* = Erasmus Alberus: Novum dictionarii genus [. . .]. Francoforti 1540 [823 S.].

*Apin 1728* = Sigmund Jacob Apin: Grammaticalisches Lexicon. Nürnberg 1728 [646, 150 S.].

*Bol'šoj 1984* = Bol'šoj kitajso-russkij slovar'. 4 Bde. Moskau 1984.

*Boyer 1649* = Paul Boyer du Petit Puy: Dictionaire servant de bibliotheque universelle [. . .]. Paris 1649 [1198 S.].

*Brockhaus 1812—19* = Friedrich Arnold Brockhaus (Hrsg.): Conversationslexicon oder Hand-Wörterbuch für die gebildeten Stände. 10 Bde. Leipzig 1812—1819.

*Calepino 1502* = Ambrosius Calepinus: Dictionarium. Reggio 1502.

*COD 1911* = The Concise Oxford Dictionary. Oxford 1911.

*Covarrubias 1611* = Sebastián Covarrubias Orozco: Tesoro de la lengua castellana, o española [. . .]. Madrid 1611 [602 S., 2. Aufl. 1673/4].

*Crusca* = Vocabolario degli Accademici della Crusca. Venezia 1612 [960 S.].

*Dasypodius 1536* = Petrus Dasypodius: Dictionarium latino-germanicum. Argentorati 1536 [490 S.].

*DFC 1966* = Jean Dubois u. a.: Dictionnaire du français contemporain. Paris 1966 [1124 S.].

*Diccionario 1726—39* = Diccionario de la lengua castellana. (Diccionario de autoridades). 6 Bde. Madrid 1726—1739 [4183 S.].

*Dicziunari 1939 ff.* = Dicziunari rumantsch grischun. Cuira 1939 ff. [Bd. I—VII, A-G].

*DRAE* = Real Academia Española: Diccionario de la lengua castellana reducido a un tomo para su más fácil uso. Madrid 1780 [19. Aufl., 1424 S.; ab der 20. Aufl. 1984, 2 Bde.].

*DUW 1983* = Duden Deutsches Universalwörterbuch. Mannheim 1983 [1504 S.].

*Elyot 1538* = The Dictionary of Syr Thomas Eliot Knyght. London 1538.

*Estienne 1538* = Robert Estienne: Dictionarium latino-gallicum. Paris 1538 [757 S.; 1546, 1376 S.].

*Estienne 1539* = Robert Estienne: Dictionnaire francoislatin. Paris 1539 [527 S., 2. Aufl. 1549, 675 S.].

*Estienne 1572* = Henri Estienne: Thesaurus Graecae linguae, ab Henrico Stephano constructus. 5 Bde. Paris 1572.

*Féraud 1761* = Jean-François Féraud: Dictionnaire grammatical de la langue françoise. Avignon 1761 [Paris 1768, 1131 S., bis 1788].

*Fontanillo 1985* = Enrique Fontanillo Merino (Hrsg.): Diccionario de las Lenguas de España. Madrid 1985 [657 S.].

*Foucauld 1951—52* = Charles de Foucauld: Dictionnaire touareg-français. 4 Bde. Paris 1951—1952 [2028 S.].

*Furetière 1690* = Antoine Furetière: Dictionnaire universel. 3 Bde. Den Haag. Rotterdam 1690 [ohne Pag.].

*Grimm 1854—1960* = Jacob Grimm und Wilhelm Grimm: Deutsches Wörterbuch. 16 Bde. Leipzig 1854—1960.

*Grot 1891 ff.* = Ja. K. Grot [u. a.]: Slovar' russkogo jazyka. St. Petersburg 1891—1937 [unvollendet].

*GWDS* = Duden. Das Große Wörterbuch der deutschen Sprache. 6 Bde. Mannheim 1976—1981 [2992 S.].

*Johnson 1755* = Samuel Johnson: A Dictionary of the English Language. 2 Bde. London 1755 [ohne Pag.].

*La Porte 1571* = Maurice de La Porte: Les Epithetes. Paris 1571 [568 S.].

*LDEL 1984* = Longman Dictionary of the English Language. London 1984 [1876 S.].

*Levins 1570* = Peter Levins: Manipulus vocabulorum. London 1570 [230 S.].

*Lexis 1975* = Lexis. Dictionnaire de la langue française. Paris 1975 [1950 S.].

*Littré 1863—73* = Emile Littré: Dictionnaire de la langue française. 4 Bde. Paris 1863—1873.

*Meyer 1840—55* = Joseph Meyer (Hrsg.): Das große Conversations-Lexicon für die gebildeten Stände. 52 Bde. Hildburghausen. Amsterdam. Paris. Philadelphia 1840—1855.

*Nebrija 1492* = Elio Antonio de Nebrija: Lexicon ex sermone latino in hispaniensem. Salamanca 1492.

*Nebrija 1495* = Elio Antonio de Nebrija: Dictionarium ex hispaniensi in latinum sermonem. (Vocabulario de romance en latin) Salamanca 1495.

*Nicot 1606* = Jean Nicot: Thresor de la langue francoyse. Paris 1606 [666 S.].

*OED* = A New English Dictionary on an Historical Basis. 12 Bde. London 1884—1928.

*Palencia 1490* = Alfonso de Palencia: Universal vocabulario en latin y en Romance. Sevilla 1490 [1100 S.].

*Pergamini 1602* = Giacomo Pergamini: Il Memoriale della Lingva. Venetia 1602 [ohne Pag.].

*Petit Larousse* = Petit Larousse illustré. Paris 1905 [Jährliche Neuaufl.].

*Petit Robert 1967* = Petit Robert. Dictionnaire alphabétique et analogique de la langue française. Paris 1967 [1970 S.; 2. Aufl. 1977, 2173 S.].

*Rechtschreibduden* = Konrad Duden: Vollständiges Orthographisches Wörterbuch der deutschen Sprache. Leipzig 1880 [207 S.; 19. Aufl. Mannheim 1986, 792 S.].

*Richelet 1680* = Pierre Richelet: Dictionnaire françois, contenant les mots et les choses [...]. 2 Bde. Genève 1680. 1679 [1128 S.].

*Richelet 1756* = Pierre Richelet: Dictionnaire portatif de la langue françoise, extrait du grand dictionnaire. Lyon 1756 [670 S.; 2. Aufl. 1761, 755 S.].

*Robert 1953—64* = Paul Robert: Dictionnaire alphabétique et analogique de la langue française. 6 Bde. Paris 1953—1964 [5548 S.].

*Scapula 1579* = Joannes Scapula: Lexicon graecolatinum novum in quo ex primitivorum et simplicium fontibus derivata atque composita ordine non minus naturali quam alphabetico breviter et dilucide deducuntur. Basel 1579 [bis 1820].

*Schlegelmilch 1985* = Aribert Schlegelmilch (Hrsg.): Handwörterbuch Französisch-Deutsch. 2 Bde. Leipzig 1985 [1063 S.].

*Scobar 1520* = L. Christoforo Scobar: Vocabularium Nebrissense: Ex latino sermone in Siciliensem et Hispaniensem denuo traductum. Venetiis 1520.

*Slovar' 1789—94* = Slovar' Akademii Rossijskoj. St. Petersburg 1789—1794.

*Slovar' 1950—65* = Slovar' sovremennogo russkogo literaturnogo jazyka. 17 Bde. Moskau 1950—1965.

*Steinbach 1734* = Christoph Ernst Steinbach: Vollständiges deutsches Wörterbuch vel Lexicon Germanico-Latinum. 2 Bde. Breslau 1734 [2220 S.].

*Stephanus 1531* = Robertus Stephanus: Dictionarium seu Latinae Linguae Thesaurus. Paris 1531 [2. Aufl. 1536; 3. Aufl. 1543].

*Stieler 1691* = Kaspar Stieler: Der Teutschen Sprache Stammbaum und Fortwachs oder Teutscher Sprachschatz. Nürnberg 1691 [1616 S.].

*Terreros 1786—93* = Esteban Terreros y Pando: Diccionario castellano con las voces de ciencias y artes [...]. 4 Bde. Madrid 1786—1793 [3289 S.].

*Trévoux* = Dictionnaire universel françois et latin. 3 Bde. Trévoux. Paris 1704 [1771, 8 Bde., 8086 S.].

*Webster 1961* = Webster's Third New International Dictionary of the English Language. Springfield, Mass. 1961 [64, 2662 S.].

*Whitney 1889—91* = William Dwight Whitney (Hrsg.): The Century Dictionary. 6 Bde. New York 1889—1891 [7046 S.].

6.2. Sonstige Literatur

*Adrados 1977* = Francisco R. Adrados [et al.]: Introducción a la lexicografía griega. Madrid 1977.

*Baldinger 1951* = Kurt Baldinger: Autour du „Französisches Etymologisches Wörterbuch" FEW. Considérations critiques sur les dictionnaires français: Aalma 1380 — Larousse 1949. In: Revista Portuguesa de Filologia 4. 1951, 5—36.

*Baldinger 1982* = Kurt Baldinger: La lexicographie française du XVIe au XVIIIe siècle. In: La lexicographie française du XVIe au XVIIIe siècle. Hrsg. v. Manfred Höfler. Wolfenbüttel 1982 (Wolfenbütteler Forschungen 18), 149—158.

*Bray 1986* = Laurent Bray: César-Pierre Richelet (1626—1698). Biographie et œuvre lexicographique. Tübingen 1986 (Lexicographica Series Maior 15).

*Buridant 1986* = Claude Buridant: Lexicographie et glossographie médiévales. Esquisse de bilan et perspectives de recherche. In: Lexique 4. 1986, 9—46.

*Cohn 1913* = Leopold Cohn: Griechische Lexikographie. In: K. Brugmann, Griechische Grammatik. 4. Aufl. v. A Thumb. München 1913 (Handbuch der klassischen Altertumswissenschaft 2,1), 679—730.

*Collison 1982* = Robert L. Collison: A History of Foreign-Language Dictionaries. London 1982.

*Diesner 1976* = Hans-Joachim Diesner: Lexikographie und Enzyklopädie in der Antike. In: Lexika 1976, 11—60.

*Dolezal 1985* = Fredric Dolezal: Forgotten but Important Lexicographers: Modern Approach to Lexicography before Johnson. Tübingen 1985 (Lexicographica Series Maior 4).

*Encyclopédies 1966* = Encyclopédies et civilisations. In: Cahiers d'histoire mondiale 9. 3, 459—851. Neuchâtel 1966.

*Grubmüller 1986* = Klaus Grubmüller: Vokabular und Wörterbuch. Zum Paradigmawechsel in der Frühgeschichte der deutschen Lexikographie. In: Brüder-Grimm-Symposion zur Historischen Wortforschung. Hrsg. v. Rainer Hildebrandt/Ulrich Knoop. Berlin. New York 1986 (Historische Wortforschung 1), 148—163.

*Grubmüller 1987* = Klaus Grubmüller: Wörterbücher aus Wörterbüchern. Methodisches zum Quellenwert von Vokabularien und Lexika des 15.—18. Jahrhunderts. In: Theorie und Praxis des lexikographischen Prozesses bei historischen Wörterbüchern. Hrsg. v. Herbert Ernst Wiegand. Tübingen 1987 (Lexicographica Series Maior 23), 183—190.

*Haß 1986* = Ulrike Haß: Leonhard Schwartzenbachs „Synonyma". Beschreibung und Nachdruck der Ausgabe Frankfurt 1564. Lexikographie und Textsortenzusammenhänge im Frühneuhochdeutschen. Tübingen 1986 (Lexicographica Series Maior 11).

*Hausmann 1988* = Franz Josef Hausmann: Les dictionnaires bilingues italien-allemand/allemand-italien au dix-huitième siècle. In: ZüriLEX '86 Proceedings. Hrsg. v. M. Snell-Hornby. Tübingen 1988, 207—216.

*Hausmann/Cop 1985* = Franz Josef Hausmann/Margaret Cop: Short History of English-German Lexicography. In: Symposium on Lexicography II. Hrsg. v. Karl Hyldgaard-Jensen/Arne Zettersten. Tübingen 1985 (Lexicographica Series Maior 5), 183—197.

*Heerdegen 1910* = Ferdinand Heerdegen: Lateinische Lexikographie. In: Fr. Stolz/J. H. Schmalz, Lateinische Grammatik. 4. Aufl. München 1910 (Handbuch der klassischen Altertumswissenschaft 2, 2), 687—718.

*Henne 1977* = Helmut Henne: Nachdenken über Wörterbücher: Historische Erfahrungen. In: G. Drosdowski u. a.: Nachdenken über Wörterbücher. Mannheim 1977, 7—50.

*Ickler 1988* = Theodor Ickler: Wörterbuchkultur in Deutschland. In: Das Wörterbuch: Artikel und Verweisstrukturen. Jahrbuch 1987 des Instituts für Deutsche Sprache. Hrsg. v. G. Harras. Düsseldorf 1988 (Sprache der Gegenwart 74), 374—393.

*Interdiszipl. d. Wb.* = Interdisziplinäres deutsches Wörterbuch in der Diskussion. Hrsg. v. H. Henne [u. a.]. Düsseldorf 1978 (Sprache der Gegenwart 45).

*Kafker 1981* = F. A. Kafker (ed.): Notable Encyclopaedias of the Seventeenth and Eighteenth Centuries: Nine Predecessors of the *Encyclopédie*. Oxford 1981.

*Kerling 1979* = Johan Kerling: Chaucer in Early English Dictionaries. The old-word tradition in English lexicography down to 1721 and Speght's Chaucer glossaries. Leiden 1979.

*Labarre 1975* = Albert Labarre: Bibliographie du Dictionarium d'Ambrogio Calepino (1502—1779). Baden-Baden 1975.

*Langenscheidt 1981* = 125 Jahre Langenscheidt. Eine Geschichte. Mit einer Bibliographie aller nach 1945 erschienenen Verlagswerke. Berlin u. a. 1981.

*Lexika 1976* = Lexika gestern und heute. Hrsg. v. H.-J. Diesner/G. Gurst. Leipzig 1976.

*Lindemann 1985* = Margarethe Lindemann: Le VOCABULARIUS NEBRISSENSIS et les débuts de la lexicographie française. In: Actes du IVe Colloque international sur le moyen français. Hrsg. A. Dees. Amsterdam 1985, 55—86.

*Malige-Klappenbach 1986* = Helene Malige-Klappenbach: Das „Wörterbuch der deutschen Gegenwartssprache". Bericht, Dokumentation und Diskussion. Tübingen 1986 (Lexicographica Series Maior 12).

*Matoré 1968* = Georges Matoré: Histoire des dictionnaires français. Paris 1968.

*McArthur 1986* = Tom McArthur: Worlds of Reference. Lexicography, learning and language from the clay tablet to the computer. Cambridge 1986.

*Merrilees 1988* = Brian Merrilees: The Latin-French *Dictionarius* of Firmin Le Ver (1420—1440). In: ZüriLEX '86 Proceedings. Hrsg. v. M. Snell-Hornby. Tübingen 1988, 181—188.

*Miethaner-Vent 1986* = Karin Miethaner-Vent: Das Alphabet in der mittelalterlichen Lexikographie. Verwendungsweisen, Formen und Entwicklung des alphabetischen Anordnungsprinzips. In: Lexique 4. 1986, 83—112.

*Niederehe 1984* = Hans-Josef Niederehe: Das 'Universal Vocabulario' des Alfonso Fernández de Palencia (1490) und seine Quelle. In: Historiographia Linguistica 11. 1984, 39—54.

*Ostrá 1983* = Ružena Ostrá: Les raisons de l'usage abondant des dictionnaires en France. In: Etudes romanes de Brno 14. 1983, 17—25.

*Quemada 1967* = Bernard Quemada: Les dictionnaires du français moderne (1539—1863). Etude sur leur histoire, leurs types et leurs méthodes. Paris 1967.

*Reichmann 1984* = Oskar Reichmann: Historische Lexikographie. In: Sprachgeschichte. Ein Handbuch zur Geschichte der deutschen Sprache und ihrer Erforschung. Hrsg. v. Werner Besch/Oskar Reichmann/Stefan Sonderegger. Erster Halbband. Berlin. New York 1984 (Handbücher zur Sprach- und Kommunikationswissenschaft 2.1), 460—492.

*Reichmann 1988* = Oskar Reichmann: Resümee der Tagung. In: Das Wörterbuch: Artikel und Verweisstrukturen. Jahrbuch 1987 des Instituts für deutsche Sprache. Hrsg. v. Gisela Harras. Düsseldorf 1988 (Sprache der Gegenwart 74), 394—408.

*Rey 1970* = Alain Rey: Typologie génétique des dictionnaires. In: Langages 19. 1970, 48—68.

*Rey 1982* = Alain Rey: Encyclopédies et dictionnaires. Paris 1982.

*Rey 1982* = Alain Rey: La lexicographie française: rétrospective et perspectives. In: Lexique 1. 1982, 11—24.

*Riessner 1965* = Klaus Riessner: Die 'Magnae Derivationes' des Uguccione da Pisa und ihre Bedeutung für die romanische Philologie. Rom 1965.

*Rossebastiano Bart 1986* = Alda Rossebastiano Bart: Alle origini della lessicografia italiana. In: Lexique 4. 1986, 113—156.

*Sauer 1988* = Wolfgang Werner Sauer: Der „Duden". Geschichte und Aktualität eines „Volkswörterbuchs". Stuttgart 1988.

*Schäfer 1984* = Jürgen Schäfer: Glossar, Index, Wörterbuch und Enzyklopädie: der Beginn einsprachiger Lexikographie zur Zeit Shakespeares. In: Theoretische und praktische Probleme der Lexikographie. Hrsg. v. Dieter Goetz/Thomas Herbst. München 1984, 276—299.

*Schnell 1986* = Bernhard Schnell: Der *Vocabularius Ex quo*. Zum wirkungsmächtigsten lateinisch-deutschen Wörterbuch im Spätmittelalter. In: Lexique 4. 1986, 71—82.

*Sledd/Kolb 1955* = James H. Sledd/Gwin Kolb: Dr. Johnson's Dictionary: Essays in the Biography of a Book. Chicago 1955.

*Starnes/Noyes 1946* = DeWitt T. Starnes/Gertrud Noyes: The English Dictionary from Cawdrey to Johnson 1604—1755. Chapel Hill 1946.

*Stein 1985* = Gabriele Stein: The English Dictionary before Cawdrey. Tübingen 1985 (Lexicographica Series Maior 9).

*Störig 1986* = Hans Joachim Störig: Zur Abgrenzung der Lexikographie. In: Studien zur neuhochdeutschen Lexikographie VI. 1. Teilband. Hrsg. v. Herbert Ernst Wiegand. Hildesheim. Zürich. New York 1986 (Germanistische Linguistik 84—86/ 1986), 183—195.

*Störig 1987* = Hans Joachim Störig: Abenteuer Sprache. Ein Streifzug durch die Sprachen der Erde. Berlin. München 1987.

*Tancke 1984* = Gunnar Tancke: Die italienischen Wörterbücher von den Anfängen bis zum Erscheinen des „Vocabolario degli Accademici della Crusca" (1612). Bestandsaufnahme und Analyse. Tübingen 1984 (Beihefte zur Zeitschrift für Romanische Philologie 198).

*Voigt 1984* = Walter Voigt: Der Wörterbuchverlag und das „optimale" Wörterbuch. In: Theoretische und praktische Probleme der Lexikographie. Hrsg. v. Dieter Goetz/Thomas Herbst. München 1984, 334—349.

*Weinrich 1976* = Harald Weinrich: Die Wahrheit der Wörterbücher. In: Probleme der Lexikologie und Lexikographie. Jahrbuch 1975 des Instituts für deutsche Sprache. Düsseldorf 1976 (Sprache der Gegenwart 39), 347—371. Auch in: Probleme des Wörterbuchs. Hrsg. v. Ladislav Zgusta. Darmstadt 1985 (Wege der Forschung 612), 248—276.

*Weinrich 1985* = Harald Weinrich: La Crusca fruttifera. Considerazioni sull' effetto dell' Accademia della Crusca nella vita accademica in Germania. In: La Crusca nella tradizione letteraria e linguistica italiana. Atti del Congresso Internazionale per il IV Centenario dell' Accademia della Crusca. Firenze 1985, 23—34.

*Wiegand 1988* = Herbert Ernst Wiegand: „Shanghai bei Nacht". Auszüge aus einem metalexikographischen Tagebuch zur Arbeit beim Großen Deutsch-Chinesischen Wörterbuch. In: Studien zur neuhochdeutschen Lexikographie 6.

2. Teilbd. Hrsg. v. Herbert Ernst Wiegand. Hildesheim. New York 1988 (Germanistische Linguistik 87—90/1986), 521—626.

*Wooldridge 1977* = Terence Russon Wooldridge: Les débuts de la lexicographie française. Estienne, Nicot et le *Thresor de la langue francoyse* (1606). Toronto. Buffalo 1977.

*Zaunmüller 1958* = Wolfram Zaunmüller: Bibliographisches Handbuch der Sprachwörterbücher. Stuttgart 1958.

*Zischka 1959* = Gerd A. Zischka: Index lexicorum. Bibliographie der lexikalischen Nachschlagewerke. Wien 1959.

*Franz Josef Hausmann, Erlangen*
*(Bundesrepublik Deutschland)*

## 2. Das Wörterbuch im Urteil der gebildeten Öffentlichkeit in Deutschland und in den romanischen Ländern

1. Einleitung
2. Das Wörterbuch zwischen Faszination und Langeweile
3. Das allgemeine einsprachige Wörterbuch im Urteil der gebildeten Öffentlichkeit
4. Das Spezialwörterbuch im Urteil der gebildeten Öffentlichkeit
5. Das zweisprachige Wörterbuch im Urteil der gebildeten Öffentlichkeit
6. Schluß
7. Literatur (in Auswahl)

### 1. Einleitung

Das Kulturprodukt Wörterbuch, das die europäische Gesellschaft seit Jahrhunderten begleitet und das auch heute in jeder allgemein sortierten Buchhandlung sein Regal hat — Lyons 1877, 182 schätzt, daß zu seiner Zeit jedes 50. Buch ein Wörterbuch war — wird unzweifelhaft in großem Umfang erworben. Weniger bekannt ist bereits, ob es auch genutzt wird. Nahezu gar nichts wissen wir über die Meinungen, welche die Käufer und die Nichtkäufer zum Wörterbuch haben. Ist das Wörterbuch banaler Gebrauchsgegenstand oder sakrosanktes Prestigeobjekt? Welche Mythen, welche Vorurteile haften ihm an? Eine fundierte Antwort auf solche Fragen ist nicht leicht. Denn über das Wörterbuch haben sich vor allem die Lexikographen geäußert. Deren Urteil muß jedoch als befangen angesehen und hier ausgeklammert werden. Unberücksichtigt bleiben müssen auch die Massenmedien, denen die Artikel 3 und 4 gewidmet sind. Spezifische Umfragen bei Prominenten oder auf der Straße liegen nicht vor.

Aus welchen Quellen also schöpfen? In dieser methodischen Notsituation können zwei Quellentypen verläßliche Informationen liefern über das Bild, das sich die Intellektuellen vom Wörterbuch machen. Die eine Quelle könnte man das Prominentenvorwort nennen. Ein berühmter geistiger Kopf, der nicht Lexikograph oder Wörterbuchspezialist ist, wird zum Wörterbuch um einleitende Gedanken gebeten, ein Verfahren, das sich derzeit in den romanischen Ländern einiger Beliebtheit erfreut. Die andere Quelle ist das literarische Zeugnis. Jedes Vorkommen des Wörterbuchs in literarischen Texten spiegelt in dieser oder jener Weise gesellschaftliche Reaktionen gegenüber dem Wörterbuch. In manchen literarischen Texten wird das Wörterbuch gar direkt und explizit thematisiert.

Die im folgenden ausgewerteten Quellen sind zum Teil durch Zufallslektüre, zum Teil auch durch systematische Auswertung von Zitatenwörterbüchern (s. v. Wörterbuch) oder von zitierenden Wörterbüchern gesammelt worden. Auch die Urteilssammlung von Lenz 1984, die hauptsächlich dem Lexikon, d. h. dem Sachwörterbuch, gewidmet ist, hat einiges beigesteuert.

### 2. Das Wörterbuch zwischen Faszination und Langeweile

Das auffallendste Merkmal der Urteile über das Wörterbuch ist ihre Spannweite. Negative und positive Reaktionen stehen hart nebeneinander. Durch die Brille der Öffentlichkeit erscheint das Wörterbuch janusköpfig. Auf der einen Seite fasziniert es, auf der anderen Seite gilt es geradezu als Prototyp des langweiligen, trockenen, phantasielosen Gegenstandes.

#### 2.1. Faszination

Daß das Wörterbuch Faszination ausüben kann, geht schon aus der Tatsache hervor, daß erstaunlich viele Laien eines Tages den Plan fassen, ein Wörterbuch zu machen, und daß daraus oft genug eine Lebensaufgabe wird. Den eklatantesten Beweis lieferte im 20. Jahrhundert der Wirtschaftsjurist Paul Robert, der einzige, der dann auch regelrechte Wörterbuchmemoiren geschrieben hat (Robert 1979). Eindrucksvoll ist auch das Zeugnis eines erfolgreichen Verlegers, der die Publikation seines ersten Wörterbuchs als Höhepunkt seiner 30jährigen Verlagskarriere betrachtet (Grijalbo 1986, Presentación del editor). Woher aber rührt die Faszination? Die Antwort ist in einer übergeordneten Institution zu suchen, an deren Faszination das Wörterbuch in besonderer Weise teilhat, der Sprache. Über die Sprache erfährt der Mensch die Welt. Deshalb wird ihm innerhalb der Sprache das am meisten bewußt, was der Welt am nächsten steht, der Wortschatz mit seiner Begriffsbildung. Was ist ein Pfeiler? Was ist eine Säule? Was ist Betriebsblindheit? Was ist ein Geisterfahrer? Was ist Liebe? Was ist Haß? Was ist Demokratie? Die Sprache ist des Menschen Leben. Wenn das so ist, dann ist der Wortschatz sein Leben und folglich das Wörterbuch. Der Mensch (als soziales Wesen) hat den Eindruck, daß das Wörterbuch einen großen Teil seiner selbst schwarz auf weiß einschließt, fixiert, nachschlagbar und überprüfbar macht. Das ist deshalb so wichtig, weil kein Mensch ein präsentes Bewußtsein seines sprachlichen Wissens hat. Ich weiß, daß ich viel weiß. Aber ich kann mein Wissen nicht vor mir aufschlagen. Aufschlagen aber kann ich das Wörterbuch. Das Wörterbuch ist die präsente Synopsis des versteckten sozialen Wissens. Man findet darin sich selbst in einer Weise, wie man sich ohne das Wörterbuch nicht finden kann. Das macht die Faszination des Wörterbuchs aus.

Freilich ist das Wörterbuch nicht nur dazu da, Gewußtes abzubilden. Die zweite Funktion besteht darin, Wissen anderer abzubilden, das nicht mein Wissen ist. Hierin liegt sogar der größte Nutzen, denn das Nachschlagen gilt ja in der Regel der Peripherie, weniger dem Zentrum, weswegen es nationale Wörterbuchtraditionen gibt, die sich jahrhundertelang mit Wörterbüchern der schweren Wörter zufriedengaben, und noch heute spielen Spezialwörterbücher der schweren Wörter im Handel (etwa in Form von Fremdwörterbüchern) eine besondere Rolle. Nun gilt aber, daß in der Peripherie der Nutzen die Faszination überwiegt, während im Zentrum die Faszination deutlich höher ist als der Nutzen.

Ist so die Grundlage der Faszination definiert, dann wird auch deutlich, daß es möglich ist, die Faszination mit sekundären, nicht geistigen, sondern sinnlichen Mitteln anzureizen oder zu unterstützen. Und zwar durch die gefällige Form, durch Mittel der Ästhetik. Durch Bilder, gar bunte, durch schönen lesbaren Druck, durch die richtige Verteilung der Druckerschwärze (auch Druckerröte) und weißem Blatt. Das Wörterbuch als Fotografie meines sprachlichen und damit meines Weltwissens soll eine schöne, eine gelungene Fotografie sein. Heimito von Doderer meint, mit dem Schießen eines Fotos (Paßbildes) werde der Fotografierte im wahren Sinne des Wortes totgeschossen. Auch das Wörterbuch ist eine Art Totschießen des Wortschatzes. Mit dem Museum und der Bibliothek teilt das Wörterbuch den zweifelhaften Vorzug, als Friedhof zu gelten. Gerade deshalb aber muß für diesen Friedhof der Wörter die gebührende Form gefunden werden. Wörterbücher sind Produkte hoher Buchkunst, ihr Layout, ihre Typographie sind reiflich überlegt. Ihre Produktion kostet mehr Geld als die von Romanen. Und eben diese Investition erhöht die Faszination. Sartres Memoiren tragen den Titel «Les mots», was ihn aber am *Nouveau Larousse illustré* (NLI) so fasziniert hat, waren die Bilder zu den Wörtern:

La bibliothèque ne comprenait guère que les grands classiques de France et d'Allemagne. Mais le *Grand Larousse* me tenait lieu de tout: j'en prenais un tome au hasard, derrière le bureau, sur l'avant-dernier rayon, A-Bello, Belloc-Ch ou Ci-D, Mele-Po ou Pr-Z (ces associations de syllabes étaient devenues des noms propres qui désignaient les secteurs du savoir universel: il y avait la région Ci-D, la région Pr-Z, avec leur faune et leur flore, leurs villes, leurs grands hommes et leurs batailles); je le déposais péniblement sur le sous-main de mon grand-père, je l'ouvrais, j'y dénichais les vrais oiseaux, j'y faisais la chasse aux vrais papillons posés sur de vraies fleurs. Hommes et bêtes étaient là, en personne: les gravures, c'étaient leurs corps, le texte, c'était leur âme, leur essence singulière; hors les murs, on rencontrait de vagues ébauches qui s'approchaient plus ou moins des archétypes sans atteindre à leur perfection: au Jardin d'Acclimatation, les singes étaient moins singes, au Jardin du Luxembourg, les hommes étaient moins hommes.

2.2. Langeweile

Die erwähnte Friedhofsmetaphorik leitet bereits über zum anderen Gesicht des Wörterbuchs. In der Tat steht die Faszination hart neben einer konträren Reaktion, der Allergie gegen das Wörterbuch als einem zutiefst langweiligen und uninteressanten Gegenstand. Die Benutzererfahrung mit Wörterbüchern geht indirekt aus einem berühmten literarischen Zeugnis hervor, nämlich dem Roman *Madame Bovary* von Flaubert. Von dem unbegabten, aber gewissenhaften und fleißigen Schüler Charles Bovary, der Verkörperung der Mittelmäßigkeit, heißt es im ersten Kap., er habe als einziger Schüler in seiner Klasse jeweils alle Wörter im Wörterbuch (gemeint ist das lateinisch-französische und französisch-lateinische) nachgeschlagen. Warum schlagen die Mitschüler nicht im Wörterbuch nach? Für die Antwort muß man sich die Durchschnittserfahrung des Wörterbuchbenutzers plastisch vor Augen führen. Zur Wörterbuchbenutzung gehört ein großes Maß an Zähigkeit angesichts der Mühsal des Nachschlagens, der Ungewißheit des Findens und des Nutzens, wenn man gefunden hat, schließlich wegen des unvermeidlichen Zeitverlustes beim Nachschlagen. Hinzu kommt, daß die Wörterbuchbenutzung ohne intellektuelles Prestige ist, im Gegenteil, es ist wie eine zugegebene Niederlage, wie der Beweis des Nichtwissens, der Dummheit; zur Benutzung des Wörterbuchs gehört intellektuelle Bescheidenheit, geistige Unterwerfung. Demgegenüber ist die hilfsmittellose Auseinandersetzung mit dem Text eine geistige Herausforderung, ein Appell an die Kombinationsgabe, Impuls zur Anspannung aller geistigen Kräfte, Gelegenheit zum Brillieren, zum Hervorbringen von Geistvollem. Nachschlagen, das tut nur der Dumme. Es nimmt deshalb nicht wunder, daß schon Fr. Nicolai 1762 die Wörterbuchbenutzung „mit verächtlichem Unterton" (wie Grimm s. v. *Wörterbuch* erklärt) als schülerhaft hinstellt, und Flaubert im *Dictionnaire des idées reçues* lakonisch empfiehlt: «En dire: N'est fait que pour les ignorants».

Was hindert das Wörterbuch daran, attraktiv zu sein? Die wichtigste Antwort ist die: es wird nicht als Text verstanden, als Abfolge formulierter Gedanken. Der Laie stellt es auf eine Stufe mit dem Telefonbuch, und wer wird auf die Idee kommen, das Telefonbuch für interessant zu halten, den Umgang mit ihm für ein geistiges Abenteuer anzusehen. Das Telefonbuch hat Millionen punktueller Antworten zu geben. Es ist aber keiner weiteren Beschäftigung würdig. Gibt es etwa eine Telefonbuchforschung? Fehlende Textualität und Linearität — jedenfalls in der Vorstellung der Benutzer — verhindern jeden intellektuellen Zugang. Es erscheint ausgeschlossen, sich eine Vorstellung vom Ganzen und damit das Ganze zu seinem geistigen Besitz zu machen, was, nebenbei, allein die Masse der Informationen unmöglich macht. Was man aber nicht intellektuell als Ganzes bewältigen kann, das scheint auch keine geistige Attraktion ausüben zu können.

Die Vorstellung von der gänzlich uninteressanten Instrumentalität des Wörterbuchs ist außerhalb der Linguistik (und sogar innerhalb) auch bei Fachwissenschaftlern weit verbreitet. Uneingeweihte Universitätskollegen des Wörterbuchforschers haben Mühe, sich vorzustellen, daß das Wörterbuch überhaupt der Forschung würdig ist. Sie haben für den Forschungsgegenstand Wörterbuch, jene «cosa escrementizia», nur ein mitleidiges Lächeln.

## 3. Das allgemeine einsprachige Wörterbuch im Urteil der gebildeten Öffentlichkeit

### 3.1. Das Wörterbuch als Autorität

Das verbreitetste Urteil über das Wörterbuch wird fast nie formuliert, nämlich die stillschweigende und voraussetzungslose Anerkennung seiner Autorität. Dafür ein Beispiel, das Marc Blancpain in seiner Autobiographie erzählt (1973, 36). Eine Dame erklärt dem jungen Blancpain den Erbberuf der Familie: «Joailliers et non pas simples bijoutiers» (etwa: Juweliere, keine einfachen Schmuckwarenhändler). Dem Erzähler ist der Unterschied neu. Er greift zum Wörterbuch:

Je m'étais tout de suite reporté au Larousse, le seul dictionnaire en ma possession: il s'agissait, qu'on fût bijoutier ou joaillier, de faire et de vendre bijoux et pierreries, mais on devait se dire bijoutier quand on se contentait d'en vendre. J'appréciai à sa valeur la précision du vocabulaire de la mère de mon élève.

Weder die Identität (der Verlag Larousse hat zu allen Zeiten viele Wörterbuchtypen verkauft) noch die Autorität (es ist keineswegs sicher, daß der Unterschied in der definierten Weise gemeint war) des Wörterbuchs sind überhaupt einer kritischen Überlegung würdig.

Genauso schildert Leo Spitzer (1961, 172) aus amerikanischer Exilerfahrung den dortigen Umgang mit dem Wörterbuch:

Warum nun das Fremdwort *(spleen)* frage ich mich? Welches ist die genaue Nuance in der englischen Sprache? Und nun tue ich, was jeder Amerikaner tut, wenn er über ein Wort Auskunft wissen will: er schaut in den „Webster". Jeder Amerikaner, ob gebildet oder ungebildet, benützt den Webster. Das ist ein Phänomen, das es anderswo nicht gibt. Ein Franzose schaut nicht gerade in den Littré, außer, wenn er vielleicht ein Gelehrter ist, oder wir schauen nicht in den Grimm. Es ist einfach die englische Sprache zu schwer für ihre Sprecher.

Ist nun die häufige Wörterbuchbenutzung ein Zeichen besonderen Kulturniveaus oder, wie Spitzer anzudeuten scheint, Ausdruck des Kulturverfalls, der, wenn man sich seiner bewußt wird, mit einem erheblichen sprachlichen Minderwertigkeitskomplex einhergeht? Immerhin fällt auf, daß es weder zu Shakespeares Zeiten für das Englische noch im *Siglo de oro* für das Spanische ein autoritatives Wörterbuch gab. Dante, Petrarca und Boccaccio haben ohne Wörterbuch geschrieben und die französische Klassik ebenfalls. Letztere war sogar in besonderer Weise selbstbewußt, denn sie erklärte ihren eigenen Sprachgebrauch für klassisch. Sie machte nicht ihr Urteil vom Wörterbuch abhängig, sondern das Wörterbuch von ihrem Urteil. Aber schon in der Zeit der bekanntlich verspäteten deutschen Klassik war solch hehre Unbefangenheit vorbei. 1804 bittet sich Schiller bei Goethe das „Orakel Adelung" aus (Henne 1977, 17).

Der gesellschaftliche Effekt des Wörterbuchs ist offenbar zweischneidig. Solange es keines gibt, herrscht schöpferische Freiheit. Existiert erst einmal eins, wird es automatisch zur Autorität mystifiziert (obwohl vielfach nicht mehr Autorität dahinter steckt als die eines einzigen Sprechers) und legt eine ganze Nation sprachlich an die Kette. «Faut-il brûler les dictionnaires?» (Sollte man nicht die Wörterbücher alle verbrennen?) hieß das Thema, über das am 7. 12. 1976 der Linguist Bernard Pottier und der Lexikograph Paul Robert im französischen Rundfunk debattierten. Nein, können wir antworten, denn auch das Gegenbild ist wahr. Schöpferische Freiheit mag nur eine andere Bezeichnung für Anarchie und Chaos sein, während die angebliche Versklavung als hilfreicher Ariadnefaden im Labyrinth der Sprache empfunden werden kann. Die Gesellschaft braucht Norm an sich. Existiert Norm erst einmal (und heißt Larousse, Duden oder Webster), ist ihre unwissenschaftliche Fundierung ohne Belang. Einzig ihre reale Existenz zählt. So hat das Wörterbuch eine wichtige Funktion als einer der Stabilisatoren der Gesellschaft.

Paul Léautaud (cf. Carlier 1980, 341) hat das in seinem Tagebuch ironisch, aber nichtsdestoweniger treffend zum Ausdruck gebracht: «La seule foi qui me reste, et encore! c'est la foi dans les Dictionnaires!».

### 3.2. Das Wörterbuch als Gegenstand der Verehrung

Die Wörterbücher nicht zu verbrennen, gibt es aber einen weiteren triftigen Grund: die Verehrung, die ihnen allenthalben entgegengebracht wird. Zahlreich sind die Texte, in denen Autoren ihre Liebe zum Wörterbuch ausdrücken.

In den Jahren nach 1945 schreibt der später mit dem Nobelpreis geehrte chilenische Dichter Pablo Neruda eine Ode an das Wörterbuch. Das bedeutet nicht, daß das Wörterbuch bei Neruda einen hervorragenden Platz einnähme. Denn Neruda hat an so gut wie alles Oden geschrieben, unter anderem auch an das Briefmarkenalbum. Dennoch ist sein Text eine der schönsten Hommages, die das Wörterbuch je empfangen hat.

Der Dichter schildert, wie seine anfängliche hochmütige Verachtung des nutzlosen und altmodischen „Kamels" eines Tages umschlägt, weil das Wörterbuch rebelliert:

se rebeló y plantándose
en mi puerta
creció, movió sus hojas
y sus nidos,
movió la elevación de su follaje:
árbol
era,
natural
generoso
*manzano, manzanar* o *manzanero,*
y las palabras
brillaban en su copa inagotable,
opacas o sonoras,
fecundas en la fronda del lenguaje,
cargadas de verdad y de sonido.
(Rebellierte es und pflanzte sich hin
in meine Tür,
wuchs an, bewegte seine Blätter
und Nester,
bewegte die Höhe seines Laubwerks:
Baum
war es
unverfälscht,
freigebiger
*Apfelbaum, Apfelgarten, Apfelhändler,*
und die Worte
in seinem unerschöpflichen Wipfel funkelten
durchsichtig und tönend,
fruchtbar im Laubwerk der Sprache,
voller Wahrheit und Wohlklang.)

## 2. Das Wörterbuch im Urteil der gebildeten Öffentlichkeit 23

„Arbol era": Das Wörterbuch als Baum, mithin als Symbol von Leben, steter Lebenserneuerung, Vielfalt, strukturiertem Wissen, aber auch von fruchtbringender, ehrwürdiger Unüberschau- und Unerreichbarkeit, von göttlicher Überdimension.

Es ist das eine alte Chiffre für das Wörterbuch (und das Lexikon), vom Baum des Porphyrios bis zu dem Baum, den man auf dem Rücken der Bände des *Nouveau Larousse illustré* (NLI) bewundern kann.

Neruda widersetzt sich den alten Vorurteilen und kehrt sie um:

Diccionario, no eres
tumba, sepulcro, féretro,
túmulo, mausoleo,
sino preservación,
fuego escondido,
plantación de rubíes,
perpetuidad viviente
de la esencia,
granero del idioma.
(Wörterbuch, du bist nicht
Grab, nicht Friedhof, Sarg,
Hügel der Toten, Mausoleum,
sondern Bewahrung,
verborgenes Feuer,
Rubinengarten,
lebendige Verewigung
des Seins,
Kornspeicher der Sprache.)

„Granero del idioma", Kornkammer der Sprache.

Das Wörterbuch als Behältnis versteckten Lebens, geistigen, lexikalischen Lebens, das aufgrund der alten Wort = Geist-Einheit *(logos)* teilhat am spirituellen Geheimnis unseres Daseins und teilhat am dichterischen Ausdrucksdrang. „Aus Erde bin ich und mit Worten sing ich" heißt die letzte Zeile von Nerudas Ode. Der Gesang des Dichters ist das zum Klingen gebrachte Wörterbuch, der in blühende Frucht verwandelte unscheinbare Speicherinhalt.

Sehr verwandt, wenn auch in Prosa, ist die Hymne, die Roland Barthes auf das Wörterbuch gesungen hat, eine Auftragsarbeit für das erste große enzyklopädische Wörterbuch, mit dem der Verlag Hachette sich nach langer Abstinenz zu einer lexikographischen Marktoffensive entschloß (Hachette 1980).

Auch Barthes geht von der Doppelbödigkeit, der Doppelgesichtigkeit des Wörterbuchs aus, das auf den ersten Blick banalpraktisch scheint, hinter dem sich jedoch in Wirklichkeit schwindelerregende geistige Fragen verbergen («les problèmes les plus graves, les plus brûlants, peut-être même les plus vertigineux que l'esprit humain ait eu à connaître et à débattre»).

Die erste dieser Fragen rührt gleich an das Geheimnis unseres ganzen Universums, seine Unbegrenztheit, seine Unendlichkeit. Gleichermaßen unendlich ist der Wortschatz, zu dem das Wörterbuch nur die Spitze des Eisbergs darstellt. Wer nur die Spitze sieht, mag den beruhigenden Eindruck der Begrenztheit haben. Er weiß eben nicht, was verborgen ist, das unendlich Große und das unendlich Kleine des Lexikalischen. Daher der letztlich verzweifelte Kampf des Wörterbuchs mit Zeit und Raum, sein ständig neues Versinken im überbordenden Leben. («Le dictionnaire lutte sans cesse avec le temps et l'espace (social, régional, culturel); mais il est toujours vaincu; la vie est toujours plus ample, plus rapide, elle déborde, non le langage, mais sa codification»).

Das Wörterbuch hat demnach eine *philosophische Funktion*: es nimmt uns die Angst vor der Unendlichkeit. Freilich, der Vorteil der Begrenzung hat seinen Preis. Die Zirkeldefinitionen des Wörterbuchs lehren uns, die Sprache insgesamt nicht nur als Privileg, sondern auch als Gefängnis des Menschen zu sehen.

Aber, so fährt Barthes fort, das Wörterbuch ist nicht nur der Ort geistiger Geborgenheit (und Begrenzung) im Unendlichen, es lädt auch — wegen seiner heimlichen Beziehung zum Unendlichen — ein zum träumerischen Aufbruch, zum gedanklichen Umherschweifen im Kosmos der Wörter und Sachen. Es ist eine wahre Traummaschine («machine à rêver»). Diese *poetische Funktion* des Wörterbuchs, die auch Neruda besang, hat die Schriftsteller oft genug fasziniert. Barthes nennt Mallarmé und Francis Ponge. Weitere Namen sollen später genannt werden.

Schließlich hat das Wörterbuch laut Barthes eine *politisch-soziale Funktion* (welche auch der Sprachwissenschaftler Claude Hagège im Vorwort zu Hachette 1987 nachzeichnet). In der Geschichte war es ein wichtiges Instrument der Demokratisierung des Wissens. Und heute? Heute sieht Roland Barthes im Wörterbuch eines der Heilmittel gegen die von ihm scharf verurteilte Massenmedienkultur. Gegenüber der durch die Medien verbreiteten Herrschaft der Approximation, der konturenlosen Oralität, des Halb-Verstehens, der Berieselung (um nicht zu sagen Verblödung) ist das Wörterbuch ein Symbol des zähen Strebens nach Genauigkeit, der kompromißlosen Intellektualität, des Ringens um adäquaten Ausdruck. Denn die richtige Formulierung ist die Frucht eines Kampfes gegen die Sprache: «chacun doit lutter avec le langage, [...] cette lutte est incessante, [...] il y faut des armes (tel le dictionnaire), tant le langage est vaste, puissant, retors».

Einen großen intellektuellen Kopf als Vorwortautor zu gewinnen, ist ein typisches Bestreben der romanischen Länder. So schrieb André de Montherlant im Vorwort des freilich wenig bekannten *Dictionnaire encyclopédique Lidis* (Lidis 1971), er habe sein Leben lang die Wörterbücher aufgeschlagen, um ausgiebig darin zu lesen, wie man ein Buch liest («pour en lire d'affilée et longuement les articles, comme on lit un livre, des livres de chevet»). Rilke las im Grimmschen Wörterbuch (vgl. Grimm s. v. Wörterbuch). Und kurz vor seinem Tode sagte Jorge Luis Borges im Vorwort zum *Diccionario enciclopédico Grijalbo* (Grijalbo 1986) nicht nur die Zweisprachigkeit der westlichen Welt voraus (mit Spanisch und Englisch), sondern bekannte auch, daß für einen interessierten Müßiggänger seines Schlages das Wörterbuch und die Enzyklopädie die ergötzlichste der literarischen Gattungen repräsentierten («el diccionario y la enciclopedia son el más deleitable de los géneros literários»). Auch er versteht, wie Barthes (und Baudelaire, cf. Rétif 1971, 125 oder Emerson, cf. OED s. v. *dictionary*), das Wörterbuchlesen als Stimulans der Phantasie («Para los trabajos de la imaginación no hay mejor estímulo») und wandelt damit auf den Spuren des „Autocrat of the Breakfast Table", der meinte: "When I feel inclined to read poetry, I take down my dictionary. The poetry of words is quite as beautiful as that of sentences" (Holmes 1858). Die von Barthes so genannte poetische Funktion des Wörterbuchs ist sichtlich ernst zu nehmen, und eine wichtige Benutzungssituation des Wörterbuchs ist offenbar das „Schmökern", eine Tätigkeit, für die nur die angelsächsische Tradition ein salonfähiges Wort zur Verfügung hat, das *browsing*. Das *browsing*, gänzlich „außerhalb aktueller Kommunikationskonflikte" (Wiegand 1977, 81) oder durch solche nur sekundär in Gang gesetzt (man vgl. die plastische Schilderung durch den Humoristen Eugen Roth in dem Gedicht „Das Hilfsbuch"), verdient zum metalexikographischen Fachterminus erhoben zu werden (vgl. auch Jorif 1987).

Die Liebe zum Wörterbuch ist in literarischen Texten so oft ausgedrückt worden, daß hier nur wenige weitere zitiert werden können. So schildert z. B. Frank 1937, 170 die Faszination des Oxford English Dictionary:

Ludwig war mehrmals hergekommen [in den „Lesedom" des British Museum], um sprachliche Nachschlagewerke zu konsultieren. Er tat es mehr aus Neigung als aus Notwendigkeit, weniger für seine Schüler als für sich. Das große Oxforder Lexikon besonders hatte es ihm angetan, dies vollkommenste Wörterbuch der Erde, das unerschöpfliche Bergwerk menschlichen Ausdrucksvermögens, erleuchtet bis in die untersten Adern.

Und wie die kanadische Fortsetzung unserer Tage liest sich Poulin 1978, 17:

D'aussi loin qu'il se souvenait, il avait toujours aimé les dictionnaires et les encyclopédies. Le *Petit Robert,* le gros *Harrap's,* le *Grand Larousse,* le petit *Littré,* le gros *Webster* remplaçaient les amis qu'il n'avait pas. Le gros *Webster* recevait un traitement de faveur: à cause de son poids et de sa taille, il avait l'épine dorsale assez fragile et Teddy le mettait tout seul et grand ouvert sur une table, avec une lampe au-dessus; c'est lui-même qui se déplaçait lorsqu'il avait besoin de lui. Le *Webster* l'avait souvent tiré d'embarras.

Ähnliches berichtet Weinrich 1976 von Henri Michaux, der Dada-Gruppe um Aragon und dem Dichter René Char. Und die Artikel *dictionnaire* des TLF und des GR zitieren gleich mehrere einschlägige Stellen von Anatole France und Georges Duhamel.

## 4. Das Spezialwörterbuch im Urteil der gebildeten Öffentlichkeit

Es fällt auf, daß bestimmte Typen von Spezialwörterbüchern sich beim gebildeten Publikum besonderer Beliebtheit erfreuen. Das gilt einmal für die rein instrumentellen Hilfsmittel des Typs kumulative Synonymik oder Fremdwörterbuch. Von diesen soll hier nicht die Rede sein, weil die Benutzer zu ihnen in der Regel keine affektiven Beziehungen entwickeln. Anderen Spezialwörterbüchern hingegen gilt die Zuneigung (gelegentlich auch die Abneigung) des Publikums, was mit einem besonderen Verhältnis des Benutzers zu dem beschriebenen Sprachausschnitt zusammenhängen mag oder mit einem besonderen intellektuellen Reiz, der sich mit dem lexikographischen Werk verbindet.

### 4.1. Öffentlichkeit und Diachronie

Das hervorstechendste Interesse, das der gebildete Laie an seiner Sprache bekundet, gilt zweifellos dem Phänomen ihres Wandels im weitesten Sinn. In der sich vor seinen Augen vollziehenden oder ihm indirekt sichtbar werdenden Veränderung wird dem Sprachteilhaber die sonst selbstverständliche Sprache erst bewußt. Allgemeine Wörterbücher werden deshalb mit Vorliebe (und in grober Verkürzung des Urteils) daran gemessen, in welchem Umfang sie auffälligen Neologismen Rechnung tragen. *Neologismenwörterbücher* haben mehr als instrumentellen Nutzen, sie spiegeln das Aufkommen einer neuen Zeit und mithin die existentielle Erfahrung des Benutzers. Erstaunlicherweise kommen die einzelnen nationalen Wörterbuchtraditionen diesem Publikumsbedürfnis sehr unterschiedlich entgegen (vgl. Art. 116). Im deutschen Sprachraum entziehen sich die Wörterbuchverlage dieser Aufgabe und überlassen das Feld einer Fülle halbseriöser Taschenbüchlein, die mit dem Thema eher humoristisch denn lexikographisch umgehen (vgl. Art. 147).

Neologismen haben nach traditionellem Stilverständnis kaum poetische Aura. Anders die *Archaismen*. Ihnen gilt das Interesse des Dichters, der den Untergang eines Teils seines Sprachschatzes mit Bedauern beobachtet oder die Expressivität des nicht mehr Banalen zu nutzen gedenkt. «Le vieux langage se fait regretter» sagt Fénelon (1714, Kap. III). «*Cil,* klagt La Bruyère 1688, a été dans ses beaux jours le plus joli mot de la langue française; il est douloureux pour les poètes qu'il ait vieilli» (371). La Fontaines Fabeln sind kunstreich mit Archaismen durchsetzt (Stefenelli 1987). Also kann nicht verwundern, daß Voltaire das Projekt eines *Archaismenwörterbuchs* anregte (Stefenelli 1983, 151) und daß die Archaismen von Chateaubriand, Th. Gautier und Victor Hugo nachweislich auf entsprechende Spezialwörterbücher zurückgehen, die ihrerseits zum Teil auf dem archaischen Gebrauch von Rousseau beruhen (Stefenelli 1983, 169). In unseren Tagen arbeitet Alexander Solschenizyn an einem Archaismenwörterbuch des Russischen (Enard 1983).

4.2. Öffentlichkeit und Idiomatik

Mit der Diachronie hängt auch das auffällige Interesse der gebildeten Laien an den *Redewendungen* zusammen. Der „etymologische Instinkt" des Laien ist oft beschrieben worden, z. B. in seiner volksetymologischen Ausprägung. Etymologie ist für den Sprachteilhaber eine Möglichkeit, das für ihn unbefriedigende, frustrierende Gesetz von der Arbitrarität des sprachlichen Zeichens zu durchbrechen und die scheinbar arbiträren Zeichen zu motivieren, und dies um so mehr, als die Sprache ihm in vielen Fällen (z. B. in der Wortbildung) Teilmotivationen vorführt. Zur Befriedigung der etymologischen Neugier des Laien liefern viele allgemeine einsprachige Wörterbücher in knapper Form etymologische Angaben, enthalten viele Sprachglossen in den Zeitungen ausführliche etymologische Erörterungen. Das eigentliche etymologische Wörterbuch fällt, wohl wegen seines betont wissenschaftlich unzugänglichen Charakters, für die Laienbenutzung weniger ins Gewicht (immerhin gibt es solche Werke in Taschenbuchausgaben oder in Form von Glossensammlungen). Hingegen gibt es einen ungemein verbreiteten Wörterbuchtyp, der fast ausschließlich seiner (höchst unsicheren) etymologischen Information wegen gekauft wird, obwohl von Etymologie im Titel nie die Rede ist, gemeint ist das volkstümliche Wörterbuch der Redewendungen. Bildliche Redensarten, weil sie gleichzeitig alltäglich und rätselhaft sind, gehören zum auffälligsten Sprachmaterial überhaupt. Der Laie möchte wissen, „was dahinter steckt", wozu ihm zahllose mehr oder weniger ernsthafte Sammlungen „kuriose und ergötzliche Geschichten" erzählen, meist ohne wissenschaftlichen Wert, denn leider ist ja das Teilgebiet der Etymologie, das die Laien am meisten interessiert, für die Wissenschaft am schwersten zu erforschen. Eine der berühmtesten literarischen Verkörperungen des Interesses an den Redewendungen ist der Docteur Cottard im Werk von Marcel Proust (1913, 241). Für den in der Provinz aufgewachsenen Fachidioten Cottard sind die in Paris geläufigen Redewendungen (z. B. *une vie de bâton de chaise, le quart d'heure de Rabelais, donner carte blanche, être réduit à quia*) ständiger Anlaß des Staunens und Objekt einer lächerlich wirkenden Wißbegier.

Cottard geht nicht so weit, ein Wörterbuch anzulegen. Das aber unternimmt der junge Held in Bruno Franks Roman *Der Reisepaß* (1937, 167). Im Londoner Exil, aus der Distanz zur zurückgelassenen Muttersprache, ist es bezeichnenderweise die diachronische Dimension der Redewendungen, welche ihn zu lexikographischer Tätigkeit beflügelt, denn es heißt:

Immer häufiger kam es vor, daß er den Bleistift sinken ließ und einer lebensvollen Wendung nachhing, in der die Stimme lang vergangener Bauerngeschlechter noch klang oder der Hammerschlag einer Handwerkerzunft oder ein Landknechtskommando. Genauigkeiten, Konkretheiten, gingen ihm auf, die er achtlos hingenommen hatte. Es war, als werde die Sprache, die flächig gewesen war, für ihn dreidimensional. Er begann sie mit einer neuen Bewußtheit zu lieben.

### 4.3. Öffentlichkeit und Onomasiologie

Auch das onomasiologische Wörterbuch hat beim gebildeten Publikum von jeher eine gewisse Popularität genossen, namentlich in Zeiten der bewußten engagierten Hinwendung zum guten Sprachgebrauch.

Die distinktive Synonymik hat es im 18. Jahrhundert bis zum Status eines Gesellschaftsspiels gebracht (vgl. Art. 102 mit einem literarischen Zeugnis). Heute hat sie eher die Funktion einer Denkschulung (z. B. in den USA), und in Deutschland ist sie offenbar funktionslos.

Das Fehlen onomasiologischer Schreibhilfen — die distinktiven Synonymiken waren dazu zu wortarm — bewog keinen Geringeren als Jean Paul zum Abfassen privater Wortwahlwörterbücher, die nach Wortfeldern geordnet waren (Wilkending 1968, 146—155).

Spezialwörterbücher, die, in welcher Weise auch immer, beim Abfassen von Texten hilfreich sein konnten, mußten zwangsläufig im 19. Jahrhundert zu besonderen Ehren kommen. Denn der mit der Industrialisierung und Verbürgerlichung einsetzende Strukturwandel der Öffentlichkeit schuf bei breiten Aufsteigerschichten einen sprachlichen Minderwertigkeitskomplex großen Ausmaßes. Hier war der Nährboden für eine blühende Kultur von Wörterbüchern der Zweifelsfälle (vgl. Art. 125), von Zitatenwörterbüchern (vgl. Art. 98), sowie von Orthographie- und Homonymenwörterbüchern (vgl. Art. 140 u. 110). Wie Püschel 1986 nachgewiesen hat, erklärt diese Situation auch den Boom an Wörterbüchern in Sachgruppen (Art. 105) in der zweiten Hälfte des 19. Jahrhunderts, ein Boom, der angesichts der fragwürdigen Praktikabilität dieser Wörterbücher auf einem Mißverständnis beruhte. Noch heute gründet der Erfolg des weltbekannten Wörterbuchs von P. M. Roget mehr auf einem Mythos als auf tatsächlicher Brauchbarkeit. Und bei dem *Dictionnaire analogique* von P. Boissière (vgl. Art. 106) dürfte es ähnlich gewesen sein. André Gide hat jedenfalls gegenüber Roger Martin du Gard zugegeben, er habe sich zwar den Boissière gekauft, habe es aber nie verstanden, damit umzugehen (vgl. Rey 1965, 67).

### 4.4. Die ungeliebten Wörterbücher

Neben den seit jeher beliebten Spezialwörterbüchern, zu denen man noch die Sprichwörterbücher, Bildwörterbücher, Argotwörterbücher und Schimpfwörterbücher zählen könnte, stehen andere ständig oder teilweise im Schatten des öffentlichen Interesses. So war z. B. in Frankreich das Mundartenwörterbuch (*dictionnaire de patois* vgl. Art. 157) lange Zeit eine rein philologische Angelegenheit, die öffentlich an der seit der französischen Revolution definitiven Verachtung der *patois* abprallte, während entsprechende Werke derzeit weltweit von einem gewissen Regionalisierungs- und Partikularisierungstrend profitieren.

Ein früher viel benutzter — die Auflagen beweisen es — aber ungern genannter und offiziell geschmähter Typ des Spezialwörterbuchs ist das *Reimwörterbuch*. In dem gleichen Text, in dem Victor Hugo sich rühmt, dem Wörterbuch (d. h. dem Wortschatz) die Revolutionsmütze aufgesetzt und auch manch veraltetes Wort rehabilitiert zu haben, triumphiert er auch über das von ihm „zur Strecke gebrachte" Reimwörterbuch («Et j'ai [...] égorgé Richelet», Hugo 1964, 24). Der Romantiker, der in seinen *Misérables* das ganze 7. Buch dem Argot widmet, betrachtet das Reimwörterbuch als einen Überrest des Ancien Régime. Zur Zeit von Flaubert ist die Verachtung des Reimwörterbuchs zum bürgerlichen Gemeinplatz geworden. Im *Dictionnaire des idées reçues* heißt es: «Dictionnaire de rimes: s'en servir? Honteux!»

## 5. Das zweisprachige Wörterbuch im Urteil der gebildeten Öffentlichkeit

Die Belegdichte literarischer Zeugnisse nimmt beim zweisprachigen Wörterbuch rapide ab. Das zweisprachige Wörterbuch gilt heute mehr als das einsprachige als ein Produkt handwerklichen Könnens, nicht wissenschaftlicher Praxis. Vorbei ist die Zeit der Sachs, Villatte, Muret, Sanders. Heutige Wörterbücher, auch die größten, sind nahezu anonym. Man kennt nur Verlage, keine Autoren. Das geht aus dem obigen Zitat von Poulin 1978 hervor, der mit „Gros Harrap's" Mansion 1934 meint, und auch aus dem Zeugnis von Max Frisch in *Montauk*. Frisch ersteht um Mitternacht in einer New Yorker Buchhandlung ein Wörterbuch (20):

Ich habe den kleinen gelben Langenscheidt gekauft, um dann, wenn ich darin nachschlage, fast

jedes Mal das Gedächtnis zu blamieren; nämlich man hat das schon einmal gewußt: SENSIBLE/SENSITIVE/SENSUAL
Später berichtet der Erzähler von seiner ersten Ehe (73):

Er findet es eine seltsame Geschichte und hofft, daß sein Vokabular ausreicht ohne den kleinen gelben Langenscheidt, sofern Lynn nicht zu viele Nebenfragen stellt.

Der „kleine gelbe Langenscheidt" ist ein typisches Beispiel für laienhafte Identifizierung des Wörterbuchs, nämlich durch Verlag und Farbe (zusätzliches unterscheidendes Merkmal: Format). Andererseits zeugt die Stelle vom unbestrittenen Nutzen des zweisprachigen Wörterbuchs, der von Gutzkow in einem (für Wander 1867, s. v. *Wörterbuch*) zitatwürdigen Ausspruch formuliert wurde: „Ein gutes Wörterbuch ist in der Fremde mehr wert als ein Schwert".

## 6. Schluß

In dem utopischen Roman *1984* von George Orwell (1949) spielt das Wörterbuch eine wichtige und wenig schmeichelhafte Rolle. Nirgends ist deutlicher die politische Relevanz des Wörterbuchs dargestellt worden. Der totalitäre Staat kann auf die Dauer keinen lexikographischen Freiraum zulassen. Also betreibt er staatlich die konsequente Ideologisierung des Wörterbuchs. 20 Jahre nach dem Erscheinen des Orwellschen Romans hat ein unter freiheitlichen Bedingungen begonnenes Wörterbuch eine massive offene Ideologisierung erfahren. Gemeint ist das *Wörterbuch der deutschen Gegenwartssprache* (cf. Malige-Klappenbach 1986, 50—52), in dem etwa die *Zensur* nicht einfach als „staatlich angewandte Kontrolle von Druckwerken" definiert, sondern hinzugesetzt wird, „von herrschenden reaktionären Klassen zur Aufrechterhaltung ihrer Macht (angewandte ...)", womit es Zensur im Lande dieses Wörterbuchs *per definitionem* nicht geben kann.

Wörterbücher sind Spiegel offener oder verdeckter Ideologien (cf. Art. 9). Meist perpetuieren sie diese Ideologien. Ob langweilig oder faszinierend, sie sind offenbar ernstzunehmen.

## 7. Literatur (in Auswahl)

### 7.1. Wörterbücher

*Carlier 1980* = Robert Carlier et al.: Dictionnaire des citations françaises et étrangères. Paris 1980 [896 S.].

*Flaubert 1966* = Gustave Flaubert: Dictionnaire des idées reçues. Ed. Léa Caminiti. Paris 1966.

*GR* = Grand Robert de la langue française. 9 Bde. Paris 1985 [9 440 S.].

*Grijalbo 1986* = Diccionario enciclopédico Grijalbo. Barcelona 1986 [2 062 S.].

*Grimm* = Jacob und Wilhelm Grimm: Deutsches Wörterbuch. 33 Bde. Leipzig 1954—1960.

*Hachette 1980* = Dictionnaire Hachette. Paris 1980 [1 432 S.].

*Hachette 1987* = Dictionnaire du français. Paris 1987 [1 800 S.].

*Lidis 1971* = Dictionnaire encyclopédique Lidis. 3 vol. Paris 1971.

*Mansion 1934* = J. E. Mansion: Harrap's Standard French and English Dictionary. 2 Bde. London 1934, 1939 [912, 1 488 p.].

*NLI* = Nouveau Larousse illustré. 7 Bde. Paris 1897—1904 [7 115 S.].

*OED* = Oxford English Dictionary. London 1884—1928.

*TLF* = Trésor de la langue française. Paris 1971 ff.

*Wander 1867* = K. F. W. Wander: Deutsches Sprichwörter-Lexikon. 5 Bde. Leipzig 1867.

### 7.2. Sonstige Literatur

*Blancpain 1973* = Marc Blancpain: En français, malgré tout. Paris 1973.

*Enard 1983* = Jean-Pierre Enard: Une journée pas très ordinaire chez le dissident soviétique n° 1. In: VSD 325. 24.—30. 11. 1983, 13—14.

*Fénelon 1714* = François de S. d. L. M. Fénelon: Lettre à l'Académie. Paris 1923.

*Flaubert 1961* = Gustave Flaubert: Madame Bovary. Paris 1961 [1856].

*Frank 1980* = Bruno Frank: Der Reisepaß. Roman. München 1980 [Amsterdam 1937].

*Frisch 1975* = Max Frisch: Montauk. Eine Erzählung. Frankfurt 1975.

*Henne 1977* = Helmut Henne: Nachdenken über Wörterbücher: Historische Erfahrungen. In: G. Drosdowski et al., Nachdenken über Wörterbücher. Mannheim 1977, 7—49.

*Holmes 1858* = Oliver Wendell Holmes: The Autocrat of the Breakfast Table. Boston 1858.

*Hugo 1964* = Victor Hugo: Les Contemplations. Paris 1964.

*Hugo 1972* = Victor Hugo: Les misérables. Tome III. Paris 1972 [1862].

*Jorif 1987* = Richard Jorif: Le navire Argo. Paris 1987.

*Krauss 1945* = Werner Krauss: Macht und Ohnmacht der Wörterbücher. In: Die Wandlung 1. 1945/1946, 772—786.

*La Bruyère 1688* = Jean de La Bruyère: Les caractères. Paris 1985 [1688].

*Lenz 1984* = Begegnungen mit Lexika. Das Lexikon im Leben und Urteil berühmter und weniger bekannter Leute durch die Jahrhunderte. Gesammelt von Werner Lenz. Hrsg. z. Erscheinen der Großen Bertelsmann Lexikothek [Gütersloh 1984].

*Lyons 1877* = Ponsonby A. Lyons: Dictionary. In: Encyclopaedia Britannica. 9. ed. Bd. 7. London 1877, 179—193.

*Malige-Klappenbach 1986* = Helene Malige-Klappenbach: Das «Wörterbuch der deutschen Gegenwartssprache». Tübingen 1986.

*Neruda 1962* = Pablo Neruda: Obras completas. 2. Aufl. Buenos Aires 1962.

*Neruda 1985* = Pablo Neruda: Elementare Oden. Hrsg. v. K. Garscha. Darmstadt 1985.

*Okopenko 1970* = Andreas Okopenko: Lexikon einer sentimentalen Reise zum Exporteurtreffen in Druden. Salzburg 1970 [Späterer Titel: Lexikon-Roman].

*Orwell 1949* = George Orwell: 1984. London 1949.

*Ostrá 1983* = R. Ostrá: Les raisons de l'usage abondant des dictionnaires en France. In: Etudes romanes de Brno 14. 1983, 17—25.

*Poulin 1978* = Jacques Poulin: Les grandes marées. Ottawa 1978.

*Proust 1954* = Marcel Proust: Du côté de chez Swann. Paris 1954 [1913].

*Püschel 1986* = Ulrich Püschel: Vom Nutzen synonymisch und sachlich gegliederter Wörterbücher des Deutschen. In: Lexicographica 2. 1986, 223—243.

*Rétif 1971* = André Rétif: Baudelaire et le dictionnaire. In: Vie et langage 227. 1971, 122—131.

*Rey 1965* = Alain Rey: Les dictionnaires: forme et contenu. In: Cahiers de lexicologie 7. 1965, 65—102.

*Robert 1979* = Paul Robert: Au fil des ans et des mots. 2 Bde. Paris 1979, 1980.

*Roth 1983* = Eugen Roth: Mensch und Unmensch. München 1983.

*Saroyan 1949* = William Saroyan: Don't Go Away Mad. New York 1949.

*Sartre 1964* = Jean-Paul Sartre: Les mots. Paris 1964.

*Spitzer 1961* = Leo Spitzer: Interpretationen zur Geschichte der französischen Lyrik. Heidelberg 1961 (Selbstverlag des Romanischen Seminars der Universität).

*Stefenelli 1983* = Arnulf Stefenelli: Der lexikologische Quellenwert und die wortgeschichtliche Relevanz von Charles Pougens' Archéologie française, ou Vocabulaire de mots anciens tombés en désuétude, et propres à être restitués au langage moderne (1821/1825). In: Zeitschrift für französische Sprache und Literatur 93. 1983, 151—169.

*Stefenelli 1987* = Arnulf Stefenelli: Die lexikalischen Archaismen in den Fabeln von La Fontaine. Passau 1987.

*Test 1979* = Des mots, des mots, encore des mots. Test: 13 dictionnaires explicatifs de français. In: Test-Achats 204. 1979, 21—26.

*Test 1979a* = [12 erklärende niederländische Wörterbücher]. In: Test-Aankop 198. 1979.

*Weinrich 1976* = Harald Weinrich: Die Wahrheit der Wörterbücher. In: Probleme der Lexikologie und Lexikographie. Jahrbuch 1975 des Instituts für deutsche Sprache. Düsseldorf 1976, 347—371.

*Wiegand 1977* = Herbert Ernst Wiegand: Nachdenken über Wörterbücher. Aktuelle Probleme. In: Günther Drosdowski u. a., Nachdenken über Wörterbücher. Mannheim 1977, 51—102.

*Wilkending 1968* = Gisela Wilkending: Jean Pauls Sprachauffassung in ihrem Verhältnis zu seiner Ästhetik. Marburg 1968.

*Franz Josef Hausmann, Erlangen (Bundesrepublik Deutschland)*

## 3. Dictionaries as Seen by the Educated Public in Great Britain and the USA

1. Prestige of the Dictionary
2. Prevalence of the Dictionary
3. Types and the Archetype
4. The Dictionary as Academy
5. The *Webster's Third* Controversy
6. The Usage Backlash
7. User Expectations
8. The Quest for Authority
9. Misunderstandings — Correctness
10. Misunderstandings — Fiat Verbum
11. Misunderstandings — Dictionary Conventions
12. Selected Bibliography

## 1. Prestige of the Dictionary

English speakers have adopted two great icons of culture: the Bible and the dictionary. As the Bible is the sacred Book, so the dictionary has become the secular Book, the source of authority, the model of behavior, and the symbol of unity in language. The respect accorded both books is perhaps greater in the United States than in the United Kingdom, but American reverence for the sacred and secular books of lore is an exaggeration of the common English respect for these volumes, not a New World innovation. As Raven McDavid (1979, 18) put it,

"At one time — in the dear, dead days we might wish to recall — a dictionary, of a specific quality and size — one of the so-called 'collegiate' dictionaries — was the single book most likely to be required of college freshmen, and they carried it with them through the baccalaureate and on into graduate school, and even used it to set up housekeeping. That in later years it became a book more venerated than used — like that only more successful best-seller, the Holy Scriptures — mattered little. A literate household without a dictionary (and it mattered not what dictionary) was as badly exposed as a shoe salesman without his pants."

Dictionaries have a two-fold claim on the hyperdulia accorded them in the English-speaking world. First, they are "repositories of information and truth" and, second, they are "museums for rare and curious specimens of language" (Quirk 1973, 76—77). The first claim is echoed in the grudging admiration of the epithet "a walking dictionary" used of a polymath, and the second in the unflattering characterization of one inclined to sesquipedalianisms as "talking like a dictionary."

## 2. Prevalence of the Dictionary

Although it is widely, and doubtless correctly, believed that dictionaries enjoy greater prestige and influence in the United States than in the United Kingdom (Quirk 1973, 76), they still have their following in the land of Samuel Johnson. A Gallup survey made in the late 1970s (cited by Stein 1984, 3) showed that more than 90 percent of the persons questioned lived in a house with at least one dictionary, about as many as had television sets and considerably more than had cookbooks (about 70 percent). These statistics are not necessarily evidence that Britons value language more highly than food, but they do attest to the pervasiveness of dictionaries and to their status as a normal part, if not a necessity, of life.

## 3. Types and the Archetype

To be sure, users are aware of a wide variety of types of dictionaries for various uses: collegiate or desk dictionaries, "unabridged" dictionaries, "pocket" dictionaries, secretaries' dictionaries for spellings and word-division, historical dictionaries for scholarly use, learners' dictionaries for the native child, learners' dictionaries for the foreign student, bilingual dictionaries, dictionaries of dialects and national varieties, dictionaries of particular registers ("special purpose" dictionaries limited to a subject or style), dictionaries of hard, foreign, or new words, pronunciation dictionaries, dictionaries of phrasal idioms, dictionaries of usage problems, and so forth. Yet despite that rich variety of lexicographical scope and purpose, dictionary users tend to hypostatize the Book, and thus to talk about and think of "the" dictionary as though there were some actual physical embodiment of that archetype. This hypostatization of an archetypal Book lying behind actual published volumes, coupled with the respect accorded the archetype, leads to a kind of unconscious lexicographicolatry that has shaped public attitudes to dictionaries in large segments of the English-speaking world. Allen Walker Read (1973, 74) believes that such attitudes have caused dictionaries to "have a hampering, restrictive influence, and [that consequently] it is probable that they have had a malign effect in American culture."

## 4. The Dictionary as Academy

Perhaps because of its exaggerated respect for "the" dictionary, the educated public has followed with passion, if not always understanding, the various dictionary wars, such as those in England between Johnson and Bailey or Sheridan and Walker, and in America between Webster and Worcester (Read 1979) and later the great *Webster's Third* controversy. The desire for guidance and authoritative judgments in linguistic questions is by no means limited to English speakers. But whereas other nations have established academies for that purpose, English speakers have turned to dictionaries. The academy-function of the dictionary and the consequent passionate concern of users for lexicographical quality, as they conceive it, goes back to the very beginnings of the English dictionary tradition (Riddell 1979, Wells 1973). It was acute during the eighteenth century and particularly with regard to Samuel Johnson, whose "success in doing the work of an academy helped to prevent the establishment of one in England" (Sledd 1972, 120). In America, the mantle of lexicographic authority fell upon the shoulders of Noah Webster. The English speaker's reliance on lexicographical authority was aggravated in the United States by colonial cringe — the need felt by persons isolated from the center of culture in the motherland for guidance in standards and styles (Read 1986). Webster's preeminence as a lexicographical authority descended to the Merriam Company, and especially to the second edition of *Webster's New International,* which for some twenty years after its publication in 1934 "was pretty much unchallenged as the best unabridged one-volume utility dictionary, a book which scholars had made and scholars respected but which students and intelligent laymen also consulted, safely granting it the kind of authority it did not claim because it had the kind of authority that learning gives" (Sledd 1972, 123).

## 5. The *Webster's Third* Controversy

Nothing more clearly illustrates popular American attitudes toward dictionaries than the controversy that exploded in the popular press upon the publication of *Webster's Third* in 1961 (Sledd/Ebbitt 1962, cf. Art. 4). Amidst the popular wave of linguistic hysteria that greeted the new dictionary, a few sane voices stood out. Notable among the latter was that of Allen Walker Read (1963, 489—490), who noted

> "the belief, a bequest from American colonialism, that one must go to a book to find language standards. This has been fostered as a folk attitude in grade schools for many generations. Students have been encouraged to look to the dictionary as arbiter and lawgiver rather than a source of information."

The intensity and extent of journalistic comments on language to some degree inevitably distort the reality of attitudes among the educated public. Journalism thrives on the alarming and the outlandish: sensationalism sells. In Britain there is a sharp contrast between the tabloids and the quality press, just as there is between Tories and Labourites, and consequently the more lurid forms of reporting and reviewing are associated with down-market journalism. In America, both political and journalistic enterprises are much less clearly divided, and consequently even the quality press was inclined to varying degrees of hysteria in its response to the appearance of the *Third New International* from the Merriam-Webster Company. The discrepancy between British and American reviewing policies is that British publications are more likely to turn to academic specialists for their reviews; American publications go for professional reviewers, self-appointed "word-smiths," academics dabbling outside their fields, and those with a commercial ax to grind. The need for adequate reviews of dictionaries is great (Chapman 1977). Despite the frequent journalistic distortion, especially in American publications, in the direction of an imagined Lexical Apocalypse, views in the popular press both mirror and help to form large segments of educated opinion, and thus are at least partly reliable gauges of that opinion (Algeo 1985).

## 6. The Usage Backlash

The harsh criticism of the liberal stand on usage by *Webster's Third* invited the preparation of competing dictionaries whose selling point was a presumed conservatism of standards. The result has been called "a disaster to descriptive English lexicography in the United States" (Sledd 1972, 126), and has led to a gap between linguistic theory and lexicographic practice, "the bizarre present-day state of affairs" (Malkiel 1980, 44). That gap is the consequence, at least in part, of the neglect of lexical study by linguists from the Structuralist schools. Although such judgments may be too apocalyptic, it is certainly true that, in response to what many regarded as the "abrogation of responsibility" by *Webster's Third,* its new competitors were conservative if not reactionary in their advertised stance on questions of usage. Chief among them were *The Random House Dictionary of the English Language* (*RHD,* 1966) and *The American Heritage Dictionary of the English Language* (*AHD,* 1969). A distinguishing and widely advertised feature of the latter dictionary, which was revised for a Second College Edition in 1982, is the attention it gives to questions of correctness through usage notes based on the opinions of its Usage Panel as a source of guidance in questions of uncertain or divided usage. The comments of the members of the Usage Panel on specific questions have been widely noted, mainly because exclamatory outrage makes good copy (Shenker 1979, 141—152). The American Heritage Usage Panel is a technique that had been used considerably earlier by Sterling A. Leonard (1932) in his assessment of the acceptability of various disputed points of usage. With proper controls, the technique is a potentially useful one from the scholarly repertory of assessment tools (Barnhart 1978, 133—134). Indeed, applying the kind of elicitation experiments developed by Greenbaum/Quirk (1970) has great potential for getting at facts of both usage and attitude that should be reported in dictionaries. However, a comparison of the usage notes in the two editions of the *American Heritage Dictionary* and of the composition of the Usage Panels for those editions leads to the conclusion that the Panel has not in fact been used significantly as a basis for usage guidance, but is primarily an advertising gimmick (Creswell/ McDavid 1986). As such, it is evidence of the longing by dictionary users for authoritative guidance and of their inability to judge the value of the guidance given.

## 7. User Expectations

What is it that the ordinary educated public wants from a dictionary? It is only recently that we have had any reliable evidence about how people use a dictionary and what they use it for, and we are still in need of detailed evidence on those questions (Hartmann 1987, Stein 1984). The answer to such questions may, however, be disheartening to lexicographers, for users are apparently not much concerned about the things to which lexicographers devote their attention. The needs of the ordinary user are few and simple (Malkiel 1980, 55):

"Some elements of this mass [of average citizens] tend to purchase a dictionary — typically a monolingual one — the better to understand every word, or at least, key word, in an important text; or to pronounce with aplomb difficult, polysyllabic, newly-coined, or newly-introduced vocables; or to discriminate with increased assurance between near-synonyms. A small minority of such users — those that one associates with a quaintly genteel, Victorian attitude — may occasionally display a lukewarm curiosity about a word origin, provided there attaches to it a certain anecdotal piquancy, through migration over a zigzag itinerary or through striking change of meaning."

Even this jaundiced view of how users regard a dictionary is probably too rosy. Surveys of dictionary use in the United Kingdom by Randolph Quirk (1973) and in the United States by Sidney Greenbaum (1984) show that in both countries college students reported using a dictionary most often to look up meanings but that American students in addition expected encyclopedic information and checked spellings more than their British counterparts (nearly as often as they did meanings). The British students were more inclined to use the dictionary as a source of etymologies and of synonyms and antonyms and for playing word games. On the whole, Americans reported using the dictionary much more frequently than Britons: twice as many (68 to 34 percent) said they used it weekly. Britons reported a wider range of uses, Americans seldom consulting it for anything except meanings and spellings (Greenbaum/Meyer/Taylor 1984, 46—48). In either case, users were far from taking extensive advantage of the range of information available to them. Lexicographers "are bursting to impart a whole mass of information to a public that doesn't seem to want to listen" (Whitcut 1986, 111—112, 121). Commercial lexicographers are accordingly caught in a dilemma. On the one hand, they want to respond to current scholarship; but, on the other hand,

"It is the function of a popular dictionary to answer the questions that the user of the dictionary asks, and dictionaries on the commercial market will be successful in proportion to the extent to which they answer these questions of the buyer" (Barnhart 1962, 161; Sledd 1972).

While commercial lexicographers respond to the mercantile imperative by seeking to inform themselves of the expectations of prospective buyers of their products, efforts have also been made to educate dictionary consumers so that they can make more intelligent purchases. To that end, Kister's buying guide (1977) is notable for the extent of its coverage. Sidney Landau's survey of dictionary making for the intelligent lay-person (1984) is a model of how to communicate a technical subject. For foreign language students using bilingual dictionaries, a different set of particulars apply, but the general problems are similar (Hatherall 1984).

## 8. The Quest for Authority

What many users want, whether they consult the dictionary for meanings, spellings, or any other sort of information, is to be told what is true and right. They look to the dictionary as an authority. The lexicographer is necessarily a middleman, a mediator between linguistic theories and the rich data of lexicography, on the one hand, and the simple needs and expectation of authoritative answers by the user, on the other hand. To the extent that dictionary publishers, in order to sell their products, have succumbed to the temptation of trading on the naive expectation of users that the dictionary will give final and simple answers to complex questions of usage, they have failed to seize the opportunity to educate the dictionary-using public about the reality of language use and the role of dictionaries in recording it. To the extent that dictionary publishers have shied away from gathering and presenting reliable information about the acceptability of variant and disputed forms, they have failed in their responsibility to describe the English lexicon as fully as possible. The best dictionaries have tried responsibly to meet both challenges: to describe the actual use of words and also the emotional reactions that their use evokes. Two temptations are, however, always present: to pander to irrational prejudices as a merchandizing ploy and to ignore those prejudices because they are messy to deal with. A complete lexicographical account of a word will give a factual account both of how the word is used and also of how users respond to its uses. The fact that users are not always aware that they need the full range of information is no reason for not giving it.

## 9. Misunderstandings — Correctness

If the users' actual demands on the dictionary are surprisingly modest, their understanding or misunderstanding of what the dictionary gives them is extensive. Chief among such misunderstandings is the widespread expectation that a dictionary will tell its users what is right and what is wrong about language use — not what is possible or impossible, not even what speakers and writers think is good and bad, but what is, in absolute terms, right and wrong. Such dependence on dictionaries for linguistic ukases is the result of assigning them the role of academies and of looking to them as authorities on language. As a consequence, the average user comes to a dictionary, not to be given information about acceptability, but to be told what is right and wrong.

## 10. Misunderstandings — Fiat Verbum

A related misunderstanding has to do with the appearance or nonappearance of a word in "the" dictionary. The omission of a word is often taken as a statement that "there is no such word" in the language; the entry of a word is perceived as a seal of approval. For that reason, and responding to the sensibilities of users, lexicographers have until recently omitted taboo words from their dictionaries (Steiner 1975). A particularly sensitive type of word, in addition to sexual vulgarisms, is the racial slur, or indeed even an ethnic term defined so as to displease someone (Burchfield 1980). For example, *Jesuit* defined as "deceitful person" risks the displeasure of the spiritual descendants of St. Ignatius, and *Palestinian* defined as "person seeking to displace Israelis from Palestine" incurs the wrath of Arabs, whereas "native or inhabitant of Palestine" incurs that of Jews. Groups with special interests want unpleasing definitions left out of the dictionary and sensitive terms to be defined according to their ideologies. In effect, even otherwise intelligent users adopt the view that lexicographers create or annihilate words and meanings — bless or blackball them — by entering or omitting them from their dictionaries. Such naive and irrational faith in the lexicographer's fiat is a survival of primitive word magic in the technological age: what has no name has no existence, so if we refuse to talk about what we do not like, it will have no power over us.

## 11. Misunderstandings — Dictionary Conventions

Another misunderstanding arises from the necessity of a dictionary's putting entries, pronunciations, definitions, and the like in some order. It is true that "every lexicographic convention is meaning-bearing" (Ilson 1984, 80), but there is no guarantee that the user will find the same meaning as the lexicographer, even if the lexicographer intended a meaning and that intention is clearly stated in the dictionary preface, prefaces being documents seldom read by users. Users tend to assume that order represents preference. An earlier pronunciation, meaning, etc. is interpreted as being preferable to a later one. Preferable to whom is irrelevant; it is an abstract preference that the lexicographer is thought to have precipitated out of the suspension of linguistic usage. Many other conventions dear to the lexicographer's heart are also probably misinterpreted or unnoticed by most users. *Webster's Third* quite wisely abandoned the usage label *colloquial* because it was and still is widely misunderstood. College students asked about its meaning are apt to reply that it denotes "regional" or "sloppy" language; some will suggest "informal"; almost none will be familiar with the traditional sense of the term as "conversational". A label that is almost universally misunderstood is worse than useless. Little research has been directed to finding out how users interpret lexicographical labels and conventions and, with the exception of a relatively few studies like those cited here, not much to documenting how the educated public in Great Britain and the United States see dictionaries. That question is of considerable importance to both dictionary users and dictionary makers. It merits a fuller answer than we now have for it.

## 12. Selected Bibliography

### 12.1. Dictionaries

*AHD* = The American Heritage Dictionary. Boston 1969 [L, 1553 pp.].

*AHD2* = The American Heritage Dictionary. Second College Edition. Boston 1982 [1568 pp.].

*RHD* = The Random House Dictionary of the English Language. New York 1966 [xxxii, 2059 pp.].

*W2* = Webster's New International Dictionary. Springfield, Massachusetts, 1934 [xcvi, 3210 pp.].

*W3* = Webster's Third New International Dictionary. Springfield, Massachusetts, 1961 [56 a, 2662 pp.].

### 12.2. Other Literature

*Algeo 1985* = John Algeo: The Mirror and the Template: Cloning Public Opinion. In: The English Language Today. Ed. Sidney Greenbaum. Oxford 1985, 57—64.

*Barnhart 1962* = Clarence L. Barnhart: Problems in Editing Commercial Monolingual Dictionaries. In: Problems in Lexicography. Ed. Fred W. Householder and Sol Saporta. Bloomington, Indiana, 1962, 161—181.

*Barnhart 1978* = Clarence L. Barnhart: American Lexicography, 1945—1973. In: American Speech 53. 1978, 83—140.

*Burchfield 1980* = Robert Burchfield: Dictionaries and Ethnic Sensibilities. In: The State of the Language. Ed. Leonard Michaels and Christopher Ricks. Berkeley 1980, 15—23.

*Chapman 1977* = Robert L. Chapman: Dictionary Reviews and Reviewing: 1900—1975. In: James B. McMillan: Essays in Linguistics by his Friends and Colleagues. Ed. James C. Raymond and I. Willis Russell. University, Alabama, 1977, 143—161.

*Creswell/McDavid 1986* = Thomas J. Creswell/Virginia McDavid: The Usage Panel in *The American Heritage Dictionary, Second College Edition*. In: Advances in Lexicography. Ed. William Frawley and Roger Steiner. Edmonton, Alberta, 1986, 84—96.

*Greenbaum/Meyer/Taylor 1984* = Sidney Greenbaum/Charles F. Meyer/John Taylor: The Image of the Dictionary for American College Students. In: Dictionaries 6. 1984, 31—52.

*Greenbaum/Quirk 1970* = Sidney Greenbaum/Randolph Quirk: Elicitation Experiments in English. London 1970.

*Hartmann 1987* = R. R. K. Hartmann: Dictionaries of English: The User's Perspective. In: Dictionaries of English: Prospects for the Record of Our Language. Ed. Richard W. Bailey. Ann Arbor, Michigan, 1987, 121—135.

*Hatherall 1984* = Glyn Hatherall: Studying Dictionary Use: Some Findings and Proposals. In: LEXeter '83 Proceedings: Papers from the International Conference on Lexicography at Exeter, 9—12 September 1983. Tübingen 1984, 183—189.

*Ilson 1984* = Robert Ilson: The Communicative Significance of Some Lexicographic Conventions. In: LEXeter '83 Proceedings: Papers from the International Conference on Lexicography at Exeter, 9—12 September 1983. Tübingen 1984, 80—86.

*Kister 1977* = Kenneth F. Kister: Dictionary Buying Guide. New York 1977.

*Landau 1984* = Sidney I. Landau: Dictionaries: The Art and Craft of Lexicography. New York 1984.

*Leonard 1932* = Sterling Andrus Leonard: Current English Usage. Chicago 1932.

*Malkiel 1980* = Yakov Malkiel: The Lexicographer as a Mediator between Linguistics and Society. In: Theory and Method in Lexicography: Western and Non-Western Perspectives. Ed. Ladislav Zgusta. Columbia, South Carolina, 1980, 43—58.

*McDavid 1979* = Raven I. McDavid, Jr.: The Social Role of the Dictionary. In: Papers on Lexicography in Honor of Warren N. Cordell. Ed. J. E. Congleton, J. Edward Gates, and Donald Hobar. Terre Haute, Indiana, 1979, 17—28.

*Quirk 1973* = Randolph Quirk: The Social Impact of Dictionaries in the UK. In: Lexicography in English. Ed. Raven I. McDavid, Jr., and Audrey R. Duckert. New York 1973, 76—88.

*Read 1963* = Allen Walker Read: *That* Dictionary or *The* Dictionary? In: Consumer Reports 28. 1963, 488—492.

*Read 1973* = Allen Walker Read: The Social Impact of Dictionaries in the United States. In: Lexicography in English. Ed. Raven I. McDavid, Jr., and Audrey R. Duckert. New York 1973, 69—75.

*Read 1979* = Allen Walker Read: The War of the Dictionaries in the Middle West. In: Papers on Lexicography in Honor of Warren N. Cordell. Ed. J. E. Congleton, J. Edward Gates, and Donald Hobar. Terre Haute, Indiana, 1979, 3—15.

*Read 1986* = Allen Walker Read: Competing Lexicographical Traditions in America. In: The History of Lexicography. Ed. R. R. K. Hartmann. Amsterdam 1986, 197—206.

*Riddell 1979* = James A. Riddell: Attitudes towards English Lexicography in the Seventeenth Century. In: Papers on Lexicography in Honor of Warren N. Cordell. Ed. J. E. Congleton, J. Edward Gates, and Donald Hobar. Terre Haute, Indiana, 1979, 83—91.

*Shenker 1979* = Israel Shenker: Harmless Drudges: Wizards of Language — Ancient, Medieval and Modern. Bronxville, New York, 1979.

*Sledd 1972* = James Sledd: Dollars and Dictionaries: The Limits of Commercial Lexicography. In: New Aspects of Lexicography: Literary Criticism, Intellectual History, and Social Change. Ed. Howard D. Weinbrot. Carbondale, Illinois, 1972, 119—137.

*Sledd/Ebbitt 1962* = James Sledd and Wilma R. Ebbitt: Dictionaries and THAT Dictionary. Chicago 1962.

*Stein 1984* = Gabriele Stein: The English Dictionary: Past, Present and Future. Exeter 1984.

*Steiner 1975* = Roger J. Steiner: The Lexicographical Treatment of Obscene Words. In: Lektos Special Issue: Papers from the Seminar in Lexicography, Modern Language Association Convention, 26—30 December 1975. Ed. James D. Anderson. Louisville, Kentucky, 1975, 12—24.

*Wells 1973* = Ronald A. Wells: Dictionaries and the Authoritarian Tradition. The Hague 1973.

*Whitcut 1986* = Janet Whitcut: The Training of Dictionary Users. In: Lexicography: An Emerging International Profession. Ed. Robert Ilson. Manchester 1986, 111—122.

*John Algeo, University of Georgia, Athens, Georgia (USA)*

## 4. The Image of the Dictionary in the Mass Media: USA

1. Types of Media Treatment
2. Correctness
3. New Words
4. Limited Words
5. Conflicting Images
6. Selected Bibliography

### 1. Types of Media Treatment

The image of the dictionary in the minds of the educated public of the USA (cf. Art. 3), like that of other aspects of language, is both reflected in and formed by the mass media, especially newspapers and popular magazines (Algeo 1985). Within the mass media, the genres that treat dictionaries most often are reviews of dictionaries, news stories about them, and language columns. Dictionary reviewing during the first three-quarters of the twentieth century has been analyzed by Robert L. Chapman (1977). The most famous case of such reviewing — the blitz of reviews, many emotionally laden and aggressively critical, that greeted the publication of *Webster's Third New International Dictionary* in 1961 — has been documented in detail (Sledd/Ebbitt 1962). News stories that report the publication of new dictionaries or progress on dictionaries in preparation are examples of a symbiosis between the publishers, who are seeking free publicity, and the media, who are receptive to human-interest fillers. Language columns are a popular genre in the American press. They include regular and occasional articles on the subject of language, generally usage and correctness, written by authors whose primary competence is in another area, especially political commentators and social critics. There is nothing new about newspaper people becoming language mavens. The best known example earlier in this century was H. L. Mencken, a reporter for the Baltimore *Sun* papers who became the nation's greatest popularizer of interest in American English and whose master work on the subject, *The American Language,* has gone through many editions, expansions, and abridgments (most recently Mencken 1963). The best and most productive of the current popular commenters on language is William Safire, whose weekly columns have been brought together in several volumes (1980, 1982, 1984).

### 2. Correctness

As the US mass media see dictionaries, they are, above all else, arbiters of correctness. In this function they mirror general opinion in

American society, but also reinforce it. Americans generally see the dictionary less as a reporter of usage than as a definer of standards. When *Webster's Third New International Dictionary (W3)* was published in 1961, the initial spate of unfriendly reviews focused squarely upon the dictionary's approach to questions of correctness in (a) entries, (b) citations, and (c) usage labels. (a) Concerning entries, *W3* was criticized for including evanescent words — chiefly slang words that the critics believed to be beneath the dignity of a lexicographical record, such as *bug* 'annoy' and *pad* 'living quarters'. (b) Among its citations, the dictionary quoted some 14 000 authors, both older and contemporary, to illustrate the use of words, contemporary quotations including those from persons like Polly Adler, a madam turned author, and Willy Mays, a baseball player. In a particularly virulent review of the dictionary, Wilson Follett (1962, 76) asked, "Can some thousands of authors truly worth space in a dictionary ever be found in any one brief period?" That question shows clearly the assumption that citations are not to illustrate the use of a word, but rather to document its correctness by associating it with revered authors from an accepted canon. (c) *W3* restricted the number and frequency of its labels for styles of language; for doing so, it was widely criticized as abandoning standards. The critical reactions to the dictionary included comments like these: "disastrous" *(New York Times)*, "a general decay in values" *(Chicago Daily News)*, "A Non-Word Deluge" *(Life)*, "abdication of responsibility" *(American Bar Association Journal)*, "a very great calamity" *(Atlantic)*, "deplorable" *(Library Journal)*, "a monstrosity" *(Washington Post)*, "Bolshevism" *(Detroit News)*, "the erosion of vulgar usage" *(Nation)*, "debasing our language" *(New Yorker)*, "a corruption of language" *(Chicago Sun-Times)*, and other such judgments (all cited by Sledd/Ebbitt 1962). What such comments show is that dictionaries are conceived by the mass media to be guardians of standards, not reporters of usage. Because of the firestorm of protest against what was seen as a laxity of standards in the reporting of usage by *W3*, succeeding dictionaries were more cautious in questions of correctness and levels of style. First among these was *The American Heritage Dictionary (AHD)* of 1969, whose protective gimmick was a panel of advisors that expressed their opinions about the correctness of disputed matters of usage. Those opinions were summarized and cited in usage notes in the body of the dictionary and became the subject of extensive comment in the mass media by members of the panel, many of whom were media-persons, and by reviewers. One review (Time 1969) called the *AHD*'s use of its panel "a canny middle course" between permissiveness and upholding standards. And so it was, in a sense. After James Parton of *American Heritage* magazine had been frustrated in his ambition to buy up Merriam stock and scrap *W3*, the *AHD* was conceived as an alternative book that would uphold standards. However, no dictionary today can merely assert idiosyncratic fiats about usage and expect to be commercially successful, for one critic's fiat is another's veto. The Usage Panel was a device to allow the dictionary's editor to do the job of reporting facts about words and still express emotional prejudices about language without being editorially accountable for them, since they were presented as the prejudices (or judgments) of a distinguished panel. It was indeed a canny way to wiggle out of the dilemma created by a conflict between the lexicographer's job and the popular view of dictionaries as arbiters of correctness. Meanwhile, the Merriam Company had learnt their lesson, and when the eighth edition of the *New Collegiate (WNCD8)* appeared in 1973, its editor, Henry Bosley Woolf, was quoted in the mass media as asserting his own adherence to impeccable standards of correctness: "'I would never use the word "finalize,"' he said. 'And I shudder when I hear people say forMIdable and harASS'" (Shenker 1973). Shuddering had become the expected response from lexicographers faced with the realities of language, and it took one who was brave and relatively free from the threat of commercial backlash to speak out on principles of lexicographical honesty and responsibility. When Robert Burchfield, editor of the *Supplement to the Oxford English Dictionary (OEDS)*, visited the United States after the publication of the first two volumes of that work, he was interviewed in a newspaper piece with the subtitle "OED 'guardian' editor undismayed by misuse" — a fact deemed not only news- but also headline-worthy. The interviewer, frustrated in his efforts to get Burchfield to agree with Edwin Newman about the imminent demise of English, made front-page news out of the *OEDS* editor's observation that "those who complain that the English language is being destroyed through misuse might do well to 'improve their knowledge of history'" (Petersen 1978).

## 3. New Words

Although the dictionary appears in the mass media as a guardian of linguistic standards, it also appears as a recorder of new words. To some extent, these functions are in conflict, since neologisms are often seen as a weakness in language, innovation generally being equated with degeneration. However, the entertainment value of new words is high, and their proliferation is just as often taken as a sign of the vitality of the language. The appearance of *Webster's Ninth New Collegiate (WNCD9)* elicited comments on such entries as *moonie, palimony, trickle-down,* and *Watergate* as documenting American history (Atlanta 1983). The completion of the four supplementary volumes to the *OED* called forth extensive comment on them and the neologisms they record (for example, Lehman 1986). Robert Burchfield's remarks about Americanisms and his use of American sources such as the journal *American Speech,* as well as his statement that "the location of English's center of gravity ... has shifted to America" (Burchfield 1986) were widely noted in the US mass media. Similar attention to neologisms accompanies the appearance of most new dictionaries, such as the second edition of the unabridged *Random House Dictionary (RHD2),* which was seen as recording evidence of contemporary society like *Super Bowl, AIDS,* and *chocoholic* (Newsweek 1987).

## 4. Limited Words

In addition to neologisms, the dictionary is seen as a record of words whose use is limited in any of various ways — dialectally, stylistically, or socially — although specialized dictionaries are recognized as needed for certain kinds of limitations. The publication of the first volume of the *Dictionary of American Regional English (DARE)* was widely noted in the mass media, which attended to such American exotica as *bobbasheely* 'close friend' and *conk* 'straighten one's hair artificially' as well as a reported 176 terms for dust balls under the bed (Bowen 1985). Slang is a perennial subject of interest. Although there is strong feeling among those who see the dictionary as a guardian of linguistic purity that slang has no place in it — at least in general dictionaries — specialized dictionaries of slang are quite acceptable both for their entertainment value and perhaps in a cautionary function of identifying terms for the fastidious to avoid. Chapman's revision *(NDAS)* of Harold Wentworth and Stuart Berg Flexner's slang dictionary — for many years the best work on the subject — elicited comment on such terms as *bodice ripper* 'a romantic-erotic novel', *eight-hundred-pound gorilla* 'a powerful force', and *Joe Six-pack* 'an ordinary American male' (Sanoff 1986). Whereas dialect words are quaint and slang is curious, both evoking a tolerant interest — as long as they know their place — tabooed terms are emotionally charged and thus likely to shock readers who find them in unaccustomed places. Time was when the dictionary was not a place for tabooed language. Most such words did not appear in that monument to decorous Victorian scholarship, the *OED;* and despite its reputation as the epitome of permissiveness, *W3* did not admit the best known of the tabooed terms, the one on which Allen Walker Read wrote a learned article called "An Obscenity Symbol" in 1934 without being able to mention the word itself, even in a journal devoted to linguistic scholarship. When dictionaries began including tabooed terms, the fact that they did so was news and still is, although such inclusion is now the norm. By a curiously appropriate twist of circumstance, it was the *AHD* of 1969, a dictionary associated with rigorous propriety of usage, that first included the tabooed terms in recent times. Just as only a president like Richard Nixon, with Redbaiting credentials beyond dispute, could have established diplomatic relations between the US and Communist China, so only a dictionary like the *AHD,* which was conceived as a bulwark against permissiveness, could have opened the lexicographical door to tabooed terms. Other dictionaries followed its lead, and during the 1970s public concern mounted over "obscenities" in reference works available in public libraries and schools. (An intelligent and witty account of taboo in lexicography has been given by Sidney I. Landau 1984, 182—86.) Even sophisticated men of letters, such as Thomas H. Middleton (1976), found themselves sympathizing with the plight of those who reacted viscerally to the offensive language:

"There was a group of people who wanted a particular dictionary removed from the shelves of the local library because it contained a lot of obscenity. I think they said there were sixty-five or so dirty words in it. Some poor woman who was acting as a spokesman for the group had a list of the offending words, which she started to read aloud at a hearing. She managed to read about twenty of them before she started sobbing uncontrollably and couldn't continue.... I certainly can't fault someone who is overpowered by a collection of — to her — hideous taboos taken from a dictionary."

Sixty-five hideous taboos seem rather many even for the most permissively liberated of dictionaries; however, other news reports of the period explain the number. The objectionable words included not only the traditionally tabooed ones, but a good many other terms for tabooed referents: verbs like *bed* and *shack,* adjectives like *hot* and *horny,* and nouns like *rubber* and *slut* (Omang 1979). The emotional impact of sixty-five such words concentrated together might well bring tears to the eyes of the otherwise linguistically uncontaminated, but it must be remembered that, to do so, they would have to be garnered from their proper places among the 200 000 or so definitions in a typical collegiate or desk dictionary. One recalls the perhaps apocryphal story of a woman who congratulated a lexicographer on his having omitted all the improper words from his dictionary. His response was, "Ah, so you looked for them, madam, did you?"

## 5. Conflicting Images

For many Americans, lexicography is still associated with the name of the venerable Noah Webster, though few have any idea of who he was. Lexicographers on the whole are regarded as a queer lot, harmless drudges who busy themselves with such exotica as Sumerian and Middle English. Their product, the dictionary, is a grand book that belongs in every home; and according to a Gallup poll, 87 percent of the population owns one (Athens 1977). The dictionary is an upholder of standards and a record of current usage. Its image in the mass media is a mixture of weightiness and trivia, of respect and amusement — an image that embodies the reaction Americans have long had to scholarship of every kind.

## 6. Selected Bibliography

### 6.1. Dictionaries

*AHD* = The American Heritage Dictionary. Ed. William Morris. Boston 1969 [L, 1553].

*DARE* = Dictionary of American Regional English. Vol. 1. Ed. Frederic G. Cassidy. Cambridge, Massachusetts, 1985 [clvi, 903].

*NDAS* = New Dictionary of American Slang. Ed. Robert L. Chapman. New York 1986 [xxxvi, 485].

*OEDS* = A Supplement to the Oxford English Dictionary. 4 vols. Ed. Robert Burchfield. Oxford 1972—86 [xxiii, 1331; xvii, 1282; xvii, 1579; xxiii, 1409, 45].

*RHD2* = The Random House Dictionary of the English Language. 2nd ed. Unabridged. Ed. Stuart Berg Flexner. New York 1987 [xlii, 2478, 32].

*W3* = Webster's Third New International Dictionary. Springfield, Massachusetts, 1961 [56 a, 2662].

*WNCD8* = Webster's New Collegiate Dictionary. 8th ed. Ed. Henry Bosley Woolf. Springfield, Massachusetts, 1973 [32 a, 1536].

*WNCD9* = Webster's Ninth New Collegiate Dictionary. Ed. Frederick C. Mish. Springfield, Massachusetts, 1983 [1562].

### 6.2. Other Publications

*Algeo 1985* = John Algeo: The Mirror and the Template: Cloning Public Opinion. In: The English Language Today. Ed. Sidney Greenbaum. Oxford 1985, 57—64.

*Athens 1977* = Love of Dictionaries Typically American. In: Athens (Georgia) Banner-Herald/ Daily News supplement. 31 July 1977, 6.

*Atlanta 1983* = Webster's Gets Pop Jargon. In: Atlanta Constitution (UPI). 8 April 1983, B-1.

*Bowen 1985* = Ezra Bowen: Blind Tigers and Manniporchia. In: Time magazine. 7 October 1985, 55.

*Burchfield 1986* = Robert Burchfield: All Other Dictionaries are Temporary Works. In: U. S. News & World Report. 11 August 1986, 59—60.

*Chapman 1977* = Robert L. Chapman: Dictionary Reviews and Reviewing: 1900—1975. In: James B. McMillan: Essays in Linguistics by His Friends and Colleagues. Ed. James C. Raymond and I. Willis Russell. University, Alabama, 1977, 143—61.

*Follett 1962* = Wilson Follett: Sabotage in Springfield. In: Atlantic magazine. January 1962, 73—77.

*Landau 1984* = Sidney I. Landau: Dictionaries: The Art and Craft of Lexicography. New York 1984.

*Lehman 1986* = David Lehman: The Last Word in Dictionaries. In: Newsweek. 2 June 1986, 74.

*McDavid 1969* = Raven I. McDavid, Jr.: Dictionary Makers and Their Problems. In: Language and Teaching: Essays in Honor of W. Wilbur Hatfield. Ed. Virginia McDavid. Chicago 1969, 70—80.

*Mencken 1963* = H. L. Mencken: The American Language. 4th ed. and 2 supplements abridged with new material by Raven I. McDavid, Jr. New York 1963.

*Middleton 1976* = Thomas H. Middleton: The Magic Power of Words. In: Saturday Review. 11 December 1976, 90.

*Newsweek 1987* = 'Chocoholic'? Look It Up. In: Newsweek. 14 September 1987, 69.

*Omang 1979* = Joanne Omang: Activists Watch Values in Education. In: Atlanta Journal and Constitution. 21 October 1979, A-21.

*Petersen 1978* = Clarence Petersen: Language Gulps, Gasps — but Goes On. In: Chicago Tribune. 10 July 1978, 1.

*Read 1934* = Allen Walker Read: An Obscenity Symbol. In: American Speech 9. 1934, 264—78.

*Safire 1980* = William Safire: On Language. New York 1980.

*Safire 1982* = William Safire: What's the Good Word? New York 1982.

*Safire 1984* = William Safire: I Stand Corrected. New York 1984.

*Sanoff 1986* = Alvin P. Sanoff: Everything from Airheads to Zoids. In: U. S. News and World Report. 3 November 1986, 76.

*Shenker 1973* = Israel Shenker: Merriam Again Puts Words in Their Place. In: Atlanta Constitution (New York Times news service). 30 March 1973, B-19.

*Sledd/Ebbitt 1962* = James Sledd and Wilma R. Ebbitt: Dictionaries and THAT Dictionary. Chicago 1962.

*Time 1969* = Language: A Defense of Elegance. In: Time magazine. 22 August 1969, 50.

*John Algeo, University of Georgia, Athens, Georgia (USA)*

## 5. Le dictionnaire dans les mass-médias en France

1. Introduction
2. Exemples d'emploi du dictionnaire
3. Le dictionnaire dans la vie quotidienne et ce qu'en rapportent les médias
4. Le dictionnaire sur les ondes
5. Le dictionnaire dans les médias imprimés
6. Bibliographie choisie

### 1. Introduction

Devenu objet de consommation courante dans les pays industrialisés, le dictionnaire apparaît de plus en plus fréquemment dans les différents médias de nos sociétés. De la grande presse à la presse spécialisée, de la radio à la télévision, de la cassette à l'affiche, il n'est pratiquement aucun support médiatique qui n'ait, un jour ou l'autre, présenté tel ou tel aspect du phénomène dictionnairique. L'ampleur de ce phénomène varie selon les pays, selon les cultures, selon le degré de conscience linguistique des communautés dans lesquelles on l'observe. Hausmann (1985, 36—9) peut ainsi déceler en France une véritable «passion dictionnairique», constater en Grande Bretagne «un changement d'attitude, [...] une prise de conscience générale face au phénomène dictionnairique» et noter que «l'Allemagne [i. e. la République Fédérale] quitte le statut de pays dictionnairique sous-développé».

Quelles sont les formes du discours métalexicographique public tenu dans les médias européens? On essaiera ici de répondre à cette question en partant d'observations faites dans les médias français principalement, mais aussi allemands, italiens ou britanniques.

### 2. Exemples d'emploi du dictionnaire

#### 2.1. Les dictionnaires de Marie Cardinal et de Joseph Kosuth

Il n'existe pas de méthodes objectives permettant d'appréhender le statut du dictionnaire dans une société donnée, mais il existe des points de repères, des indices, à partir desquels l'image que cette société se fait du dictionnaire peut être reconstituée: ce qu'en ont fait les artistes, par exemple, ou ce qu'en ont dit les écrivains; ceux des envolées lyriques pour qui le Littré est «une bouffée d'oxygène, une urgence vitale, une hygiène de vie» (Bermond/Hego 1988, 122) ou ceux, plus prosaïques, qui nous avouent sans ambages sa présence dans leurs toilettes — comme le fait Marie Cardinal dans *Les mots pour le dire* (Cardinal 1975, 124 et 128), livre pour lequel justement elle reçut, mais pour d'autres raisons, le prix Littré (cf. aussi art. 2).

Ce qu'en ont fait les artistes, disions-nous. Ce que Joseph Kosuth, par exemple, a à nous dire du dictionnaire quand il a l'idée, dans les années soixante, de présenter au public des agrandissements de définitions lexicographi-

## 5. Le dictionnaire dans les mass-médias en France

> **Abstract** [æbs'trækt], I. v.a. (withdraw) ab=
> ziehen, ablenken; (separate) absondern; abstra=
> hieren; (steal) (heimlich) entwenden; (epitomize)
> sich (*Dat.*) einen Auszug machen (aus (*Dat.*)).
> II. *v.n.* absehen (from, von). III. *adj.*
> ['æbstrækt], abgezogen; (not concrete) abstrakt,
> unwirklich; theoretisch, rein begrifflich (*Log.*);
> (general) allgemein (*Log.*, etc.); rein (*Math.*);
> (profound) tiefsinnig, schwer verständlich; an
> — idea, ein abstrakter, unanschaulicher *or* abgezo=
> gener Begriff; — noun, das Begriffswort, Ab=
> straktum (*Gram.*); an — number, eine unbe=
> nannte Zahl; the — sciences, die reinen *or*
> abstrakten Wissenschaften.

Ill. 5.1: Joseph Kosuth: «Art as Idea as Idea» 1967 (tiré de: Thomas 1972, 120)

ques: dans «One and three chairs» (1965) quand il expose une chaise, la photographie de cette chaise et l'agrandissement d'une photographie d'un article «Chair», ou bien dans «Art as Idea as Idea» (1967) quand il présente l'agrandissement d'un article bilingue «Abstract — Abziehen» (cf. ill. 5.1). Redécouvrir le monde, réapprendre à voir le quotidien par le biais du dictionnaire, voilà ce que fait Kosuth. Ce qui m'a plu, explique-t-il en substance, ça a été l'idée de prendre un concept connu de tout le monde et de le présenter d'une façon neuve:

„Die erste „Kunst als Idee als Idee"-Serie — die Vergrößerungen von Wörterbuchdefinitionen — beunruhigten mich allmählich [...]. Das war zuerst ein positiver Aspekt der Arbeit für mich — mir gefiel die Idee, einen Begriff zu nehmen, den jeder kennt und ihn in einem Kunstzusammenhang neu zu präsentieren. Man mag es glauben oder nicht, das entstand [...] aus meiner früheren Arbeit mit Material wie Glas, Wasser, Luft — Material mit einem neutralen, niedrigen Informationspegel" (Thomas 1972, 119).

### 2.2. Les dictionnaires de Gaston Lagaffe et des Académiciens

Les travaux d'un Joseph Kosuth ne sont malheureusement pas d'un accès facile à tous. Pour lui le dictionnaire représente une abstraction, c'en est du moins le point de départ. Ce qu'il n'est assurément pas pour la majorité des utilisateurs pour qui le dictionnaire est d'abord un objet bien concret, pesant, volumineux et potentiellement contondant. C'est le dictionnaire-tarte-à-la-crème, celui qu'à l'occasion on jette à la figure de l'autre, celui d'un Gaston Lagaffe par exemple (voir ill. 5.2). Lagaffe qui, d'ailleurs, n'a rien inventé: Furetière (1694, II, 334) nous a déjà montré comment, il y a plus de trois siècles, les Académiciens réglaient leurs différends; on sait ainsi que le deux octobre 1683

«... Charpentier jetta à la tête de Tallem[an]t un Dictionaire de Nicot, Tallemant jetta à la tête de Charpentier un Dictionaire de Monet. Ils se repliquerent même par d'autres volumes avant qu'on eût le loisir de se mettre entre deux [...]. Ce fut

Ill. 5.2: André Franquin: Gaston Lagaffe (Éd. Dupuis Bruxelles)

alors qu'on vit ce combat fabuleux décrit si agréablement dans le Lutrin de Mr. Despreaux, converti en réalité.» (Furetière 1694, II, 334)

Le dictionnaire est donc omniprésent: nous le trouvons dans les in-octavos hollandais du dix-septième siècle, dans les bandes dessinées des années soixante du vingtième (avec Lagaffe dessiné par André Franquin), dans celles des années quatre-vingts aussi où il apparaît indirectement dans l'œuvre de Francis Masse qui baptise deux de ses personnages Didererte et D'Alembot et qui fait entrer un troisième larron, Kebra, à l'Académie française où il tient d'ailleurs un discours de réception dans lequel il reconnaît être «vachte jouasse d'incruste[r] chez les accros du dico d'la Pol-Kou» (Masse 1986).

## 3. Le dictionnaire dans la vie quotidienne et ce qu'en rapportent les médias

Le dictionnaire fait partie de notre vie quotidienne: ce n'est pas seulement l'exotique machine à rêver que les intellectuels se plaisent à découvrir au fil de leurs lectures. Le dictionnaire est en effet aussi, et d'abord, un objet contraignant auquel — directement ou indirectement — nous sommes régulièrement confrontés.

Confrontation directe: — quand nous utilisons le dictionnaire, comme le fait Frédéric Dard, par exemple, qui se plaint de sa «crampe du Robert» quand il doit sortir dix fois son dictionnaire pour écrire quelques lignes (Dard/Sorin 1985). Comme le fait aussi le garçon de restaurant que nous décrit Harris 1982:

Client [britannique]: . . . Cher Dieu, qu'est que c'est que Holy James Shell?

Garçon [français]: Holly James Shell, very good. 40 Francs. She is a cadeau.
Client: Oui, mais quoi? [. . .] Montrez. Ciel, c'est un scallop.
Garçon: Scallop? But I have dictionary in pocket. I traduit all the menu avec. [. . .] See: coquille, shell; saint, holy; Jacques, James. You are véritable Angliche? I pay dictionary 25 francs, he is good dictionary.

Harris terminera la scène en rappelant, non sans quelque raison, que «seul celui qui [maîtrise déjà] la langue étrangère [peut] se permettre le luxe de consulter un petit dictionnaire bilingue». L'anecdote est plaisante et n'est d'ailleurs pas sans nous en rappeler une autre, malheureusement réelle celle-là, rapportée dans *Le Monde* du 16 février 1988:

«La presse populaire britannique n'a retenu du conseil européen de Bruxelles que «l'obscénité» proférée par M. Chirac à l'encontre de Mme Thatcher. Selon la version publiée ici, le premier ministre français a, dans un moment de colère, employé le mot «couille». [. . .] Les diplomates britanniques sont plongés depuis vendredi dans leur dictionnaire français-anglais pour comprendre la signification de ce terme que, apparemment, ils ne connaissaient pas.» (Dhombres 1988).

Mais la confrontation directe avec le dictionnaire, avec les difficultés de sa consultation, n'est pas quotidienne: l'homme de la rue n'utilise pas son dictionnaire tous les jours. Tous les jours cependant il ouvre son journal, branche sa radio, regarde sa télévision et c'est là, dans les médias, qu'indirectement, il sera confronté au phénomène dictionnairique.

## 4. Le dictionnaire sur les ondes

On sait que le discours métalexicographique public est tenu sur les ondes depuis quelques années.

Ce discours est relativement rare en Grande Bretagne. Hausmann (1985, 37) a rapporté une anecdote significative de la situation britannique: rendant compte dans le *Times* du 7 février 1983 d'une émission télévisée dans laquelle il était question de dictionnaires, Michael Church ne pouvait pas cacher sa surprise: «Tuning idly to Channel 4 last Monday evening I found something I had thought I would never see on British television: a group of people [. . .] discussing the merits of the A to Z and «Chambers Twentieth Century Dictionary» . . .».

Le discours métalexicographique n'est guère plus fréquent dans le paysage audio-visuel d'Allemagne Fédérale où, seuls, deux événements lexicographiques sont susceptibles d'intéresser un public suffisamment nombreux: la sortie d'une nouvelle édition du dictionnaire orthographique de chez

Duden, le *Duden Rechtschreibung,* ou de l'encyclopédie de chez Brockhaus: tous les six ans pour le premier ([19]1986, [18]1980, [17]1973, [16]1967), tous les vingt ans pour la deuxième ... (cf. Minaty 1986). Ainsi, le 11 mars 1988 on a pu voir la ZDF, la deuxième chaîne de télévision allemande, consacrer exceptionnellement un quart d'heure d'antenne, dans l'émission «Aspekte», au *Brockhaus,* à l'occasion de la fin de la souscription de la dernière édition.

En France, pays de culture langagière, le discours métalexicographique des médias audio-visuels est quantitativement et qualitativement différent. Il est tout d'abord plus fréquent que dans les deux pays dont nous venons de parler (cf. Bray 1986); il diffère aussi dans la qualité dans la mesure où, en France, les nouveautés lexicographiques sont régulièrement présentées dans les magazines littéraires: belles lettres et lexicographie s'y côtoient le plus naturellement du monde francophone. Le 23 avril 1980 l'émission «Répliques» était consacrée aux dictionnaires; les publicitaires de chez Larousse, connaissant bien le public français, enregistrèrent l'émission et la distribuèrent gratuitement sous forme de cassettes-vidéo (Médias & Langage 1980, 10). Bernard Pivot, dans son émission «Apostrophes», reprenait le sujet quelques mois plus tard (Bourdon 1981, 12) et réitérait le 30 septembre 1983 à l'occasion de la révision annuelle du *Petit Larousse Illustré* (PLI) et de la sortie du *Nouveau dictionnaire des difficultés du français moderne* de J. Hanse (Hanse 1983; cf. Bray 1986, 303).

## 5. Le dictionnaire dans les médias imprimés

L'analyse des textes dans lesquels, d'une manière ou d'une autre, il est question du dictionnaire dans les médias imprimés nous permet de distinguer trois types de discours métalexicographiques: (1) le discours publicitaire, qui, dans la majorité des cas, est celui du producteur du dictionnaire, (2) le discours du médiateur, c'est-à-dire du journaliste et (3) le discours de l'utilisateur du dictionnaire, discours qu'on pourra par exemple trouver dans la rubrique «courrier des lecteurs» des journaux. Mais avant de commencer l'analyse de ces discours nous avancerons quelques chiffres qui nous ferons mieux comprendre le statut du dictionnaire en France.

### 5.1. Le phénomène dictionnairique français: chiffres et faits

Les chiffres qui suivent — qui ont été fournis par les services de presse des maisons d'édition à la presse imprimée d'où nous les avons extraits (il conviendra de les considérer avec certaines réserves) — vont nous permettre de concrétiser l'ampleur du phénomène dictionnairique français:

La maison Larousse qui «assure plus de la moitié des ventes de dictionnaires et d'encyclopédies en France» (Penicaut 1986) vend annuellement 10 000 exemplaires du *Grand Larousse Universel* en 15 volumes (Bermond/Hego 1988, 117). Depuis 1981 elle a vendu 150 000 exemplaires du *Grand dictionnaire encyclopédique Larousse* (GDEL) en 10 volumes et elle vend chaque année 100 000 exemplaires du *Dictionnaire du français au collège* (DFCol 1986; FF 92, — 1988; cf. Ibrahim 1987, 27).

Mais chez Larousse le dictionnaire vedette reste bien évidemment le *Petit Larousse illustré* (PLI; FF 335, — 1988) dont on vend régulièrement de un million à un million deux cent mille exemplaires par an — dont 800 000 en France (Penicaut 1986, Bermond/Hego 1988). Il est intéressant de noter que 25 % des *PLI* vendus en France, c'est-à-dire 200 000 exemplaires, le sont dans des hypermarchés (Penicaut 1986). En d'autres termes, et si l'on compte 300 jours ouvrables dans l'année, cela signifie qu'il se vend quotidiennement plus de 650 *PLI* dans les seuls hypermarchés français. Tous points de vente confondus, les ventes quotidiennes du *PLI* avoisinent, dans la seule France métropolitaine, les 2650 exemplaires!

Signalons encore que les statisticiens de chez Larousse ont observé que les besoins scolaires représentent 47 % des raisons d'achat du *PLI* et que les cadeaux en représentent 13 % (Penicaut 1986). Ajoutons finalement que le livre de poche le plus vendu en France est un dictionnaire et qu'il paraît chez Larousse: c'est le *Larousse de poche* (FF 28, — 1988) qui, à ce jour, a très certainement trouvé plus de 9 millions d'acquéreurs: on en comptait plus de 8,7 millions en 1983 (Savigneau 1983 et 1984).

On notera, à titre de comparaison, que Hachette vend par an 30 000 exemplaires de son *Dictionnaire Hachette de la langue française* (DHLF 1980), désormais remplacé par le *Dictionnaire du français* (DF 1987; FF 275, — 1988), et que le *Petit Robert 1* (PR 1982; FF 315, — 1988) se vend à environ 250 000 exemplaires par an (Ibrahim 1987).

Passons à d'autres chiffres: ceux des affaires. En 1981 l'édition française produisait plus de dix millions de dictionnaires qui lui assuraient 18,6 % de son chiffre d'affaires, soit environ 1,4 milliard de Francs français 1981 (Monde 1982). On sait qu'en 1985 le chiffre d'affaires des éditions Larousse s'élevait à 800 millions de Francs français 1985 et qu'un quart de cette somme provenait des ventes du *PLI* (Penicaut 1986).

Les dictionnaires se vendent donc bien: 65 % des Français en possèdent au moins un (Penicaut 1986). En 1982 on trouvait un dictionnaire dans 84 % des foyers français (Monde 1982). On sait encore, et c'est ce que le directeur de la publicité de chez Larousse expliquait à Penicaut 1986, que «autrefois les achats de renouvellement de dictionnaires ne s'effectuaient que tous les quinze ans» et que «désormais le rythme s'est raccourci à 8—9 ans». Le marché dictionnairique est donc un marché particulièrement dynamique et l'on comprend au vu des chiffres qui viennent d'être avancés que les éditeurs n'hésitent pas à investir des sommes importantes dans la publicité de leurs produits.

5.2. Le discours publicitaire

Le dictionnaire est un produit de consommation — produit pour lequel il existe, du moins en France, un marché publicitaire très important.

C'est généralement en septembre, pour la rentrée scolaire, et en décembre, pour les fêtes de fin d'année, qu'on trouve dans les journaux français les exemples les plus nombreux de cette publicité dictionnairique. Hausmann 1983 et 1985 a cité et reproduit plusieurs de ces exemples; nous ne continuerons pas ici l'énumération.

Le discours métalexicographique des publicitaires est un discours aux multiples facettes: Jean-Michel Adam (1980, 48) y a découvert «la réalité sémiologique et sémantique d'un discours participant de l'ordre de la domination sociale»; nous-même y découvrons un tout autre texte, mythique celui-là, presque religieux, texte qui s'inscrit en droite ligne dans la tradition des panégyriques du dix-septième siècle. Qu'on se rappelle l'Apothéose de 1696:

«Je suis le Seigneur ton Dieu — pouvait-on y lire — tu n'auras point d'autre Dictionnaire que moy [...] Je serai dorénavant le Tribunal où les doutes & les differents de la Langue Françoise doivent être portez [...] Tu ne consulteras point autre part, ny chercheras ailleurs la regle ...» (Apothéose 1696, 6).

Or ce dictionnaire omnipotent (pour Brosse/Brugère 1980, 49 le dictionnaire est «une divinité domestique»), ce «dictionnaire-bible» existe encore aujourd'hui: Chombeau 1984 l'a découvert dans le *PLI*, cette «bible» familiale, Imbert 1985 le retrouve dans Hanse 1983 («une sorte de bible») et Bausinger (1985, 148), qui présente le *Sprichwörter-Lexikon* de H. & A. Beyer (Beyer 1984), relève la dimension surnaturelle du dictionnaire: ouvrage où tout a été dit, où tous les jugements ont été prononcés, le dictionnaire nous délivre des incertitudes du quotidien: «Man entfernt sich aus den Unsicherheiten des Alltags, überläßt sich der Souveränität der Urteile, [...] bewegt sich schwerelos über die Welt, ohne sie aus dem Auge zu verlieren ...» Et puis, évidement, c'est aussi dans ce contexte qu'il faut nommer Littré. Littré, ce n'est pas seulement la Bible, nous assure l'américaine Encyclopaedia Britannica 1988: le Littré «c'est toute la légende des mots [...] avec leurs permissions d'emploi précises comme les Tables de la Loi. [...] Mots de chair et de sang ...». L'Encyclopaedia nous convie ici à une véritable communion lexicale, à une transsubstantiation lexicographique. Certes, on pourra sourire de l'argumentation des publicitaires, mais les chiffres sont là qui nous montrent que le discours n'est pas tenu dans le désert. Il y a quelques mois encore Encyclopaedia Britannica, à qui appartiennent les droits du Littré depuis 1974, en vendait une petite centaine d'exemplaires par an. Depuis décembre 1987, date de lancement de la campagne publicitaire dont nous venons de parler, le fameux dictionnaire (7 volumes, FF 1850, — 1988) se vend à près de deux cents exemplaires ... par mois.

Cependant, dans les publicités imprimées, la véritable culture dictionnairique c'est ailleurs — semble-t-il — qu'il faut aller la chercher: là où, de prime abord, il n'est pas question de lexicographie. Hausmann (1985, 36) a déjà signalé l'exemple de «la société Technal S. A. qui dans «Le Monde» du 27. 10. 83 fait de la publicité sous forme d'article de dictionnaire». Le procédé qui est employé ici consiste à présenter au public un produit nouveau dans un cadre dans lequel on se sente à l'aise, un cadre agréablement familier — or, les publicitaires de Technal ont apparemment pensé que la forme de l'article de dictionnaire pourrait être ce cadre familier ... D'ailleurs il ne s'agit pas d'un cas isolé: lorsque la maison Volvo veut vendre des voitures en France, elle achète une page entière du Monde (7. 2. 1984, p. 6) où elle rappelle au public qu'il faut savoir reconnaître une voiture d'une bagnole et que «D'après le Larousse, une bagnole «est une mauvaise voiture»». Lorsque, de son côté, le groupe Piaggio veut vendre ses scooters, il achète, lui aussi, une page entière du Monde (4. 4. 1985, p. 7) et il met en scène, devant l'Institut, un académicien qui, s'inspirant d'Hugo, nous déclare: «Et j'inscrirai le mot Vespa dans le dictionnaire».

5.3. Le discours du médiateur

Le discours métalexicographique tenu par les journalistes est souvent un discours de présentation — présentation de nouveaux ouvrages, de nouvelles éditions, mais aussi de véritables dossiers dictionnairiques: *L'Express* daté du 13 au 19 septembre 1980 présentait à ses lecteurs un dossier de sept pages intitulé «La bataille des dictionnaires» (cf. Hausmann 1983, [154]). Un an plus tard, le 25 septembre 1981, *Paris Match* consacrait six pages à la sortie du *Dictionnaire Hachette de la langue française* (Brosse/Brugère 1981). Plus récemment, le mensuel *Lire,* dans son numéro de mars 1988, conviait ses lecteurs à un très long «Voyage au pays des dictionnaires» (Bermond/Hego 1988), voyage au cours duquel on présentait plus de cinquante dictionnaires sur 25 pages! Notons finalement le dossier italien paru dans *L'Espresso* du 4 octobre 1987 (cf. Espresso 1987, Mauro 1987, Sanguinetti 1987) et l'anglais paru dans *The Times Literary Supplement* en janvier 1988 (cf. Cowie 1988, Irwin 1988).

Ces dossiers dictionnairiques sont parfois présentés sous la forme de tests: confiné qu'il est entre les machines à laver et les aspirateurs, le dictionnaire perd alors tout caractère divin. C'est le cas dans la revue bruxelloise *Test-achats* de septembre 1979 (n° 204, p. 21—26) ainsi que dans son édition néerlandaise *Test-Aankoop* (septembre 1979, n° 198). C'est aussi le cas dans l'hebdomadaire de Hambourg *Die Zeit* dans lequel Dieter E. Zimmer résume parfaitement le statut du dictionnaire en Allemagne Fédérale en le reléguant au niveau de la brosse à dents: «Ein Wörterbuch ist einem etwa so lieb wie eine Zahnbürste» (Zimmer 1986, 47).

En France, quand il est question de présentation de dictionnaires dans les journaux, c'est presque toujours à celle de l'édition annuelle du *Petit Larousse Illustré* que l'on pense. Chaque année, en septembre, la cérémonie se répète autour du dictionnaire: Sibylle Vincendon nous le présente dans *Libération* (cf. Vincendon 1982, 1983) et Jean-Marie Dunoyer (cf. Dunoyer 1982, 1983, 1984, 1985, 1987) fait de même dans *Le Monde;* Dunoyer chez qui on retrouve d'ailleurs une singulière thématique de l'ingestion: «Le Petit Larousse 1986 cannibalise la langue», «Le Petit Larousse 1988. Gastronomique?» — un thème qu'on avait déjà relevé chez Giannesini 1983 qui, lui, parlait de «gros mangeurs de dictionnaires»...

Et chaque année, autour des quatre chiffres sacrés (que sont les nombres des acceptions, des expressions, des mots et des noms propres qui font leur entrée dans le *PLI*), c'est le même exercice de style, la même rédaction d'un texte qui, par sa régularité, par sa monotonie et sa répétition, pourra d'ailleurs être rapproché du texte liturgique (cf. aussi: Couvreur 1983, Roux 1983, Gaudemar 1986, Leauthier 1986, Slatka 1986).

Le texte métalexicographique du journaliste n'est pas exclusivement synchronique: à l'occasion le journaliste sait aussi rapporter l'histoire de la lexicographie: Evelyne Baron a résumé l'histoire de la lexicographie française du dix-septième siècle dans *La Voix du Nord* (cf. Hausmann 1985, 36); *L'Union de Reims* a consacré une demi-page de son numéro du 18 février 1975 à Richelet et, dans *Le Monde,* J. Cellard nous a rapporté les déboires de Furetière (Cellard 1978), J.-P. Peroncel-Hugoz ceux de l'Académie (Peroncel-Hugoz 1986) et Josane Duranteau (1978) nous a convié à un «Voyage en Laroussie». Oser présenter l'histoire d'un dictionnaire dans un journal destiné à des non-spécialistes, voilà, semble-t-il, un indice certain de culture dictionnairique; indice d'autant plus marqué que ces articles à caractère historique sont le fait de non-linguistes: il semble qu'on ait affaire ici à une caractéristique du discours sur les dictionnaires dans les médias français (ce qui cependant n'a pas empêché Jean Peytard (1971) ou R.-L. Wagner (1967) de publier des articles métalexicographiques dans *Les Nouvelles Littéraires*).

Cet indice, on le retrouve évidemment ailleurs, en RFA par exemple, mais là ce sont des linguistes, des professionnels, qui ont la parole: le romaniste Weinrich (1975, 1985), qui nous présente le paysage dictionnairique allemand dans le *Frankfurter Allgemeine Zeitung* ou dans *Die Zeit,* ou les germanistes Wapnewski (1984) et Buck (1984, 1987) qui, eux, écrivent pour le *Spiegel.* C'est aussi en Allemagne Fédérale, dans un quotidien franconien, qu'on trouvera l'article le plus inattendu: le 25 juillet 1983 les *Erlanger Nachrichten* publiaient un article que Dieter Köchel consacrait à Levinus Hulsius, un lexicographe que beaucoup d'entre nous auront, à tort, peut-être déjà oublié (mais là, Köchel s'inspirait du cours inaugural que Franz Josef Hausmann avait donné à Erlangen le 10 février 1983).

Pour le journaliste, le dictionnaire est aussi un outil de travail, «ein Möbel der Büroausstattung wie Schreibmaschine und Diktiergerät» nous précise Weinrich (1976, 349). C'est l'instrument que l'on consulte avec le lecteur pour se mettre d'accord sur telle ou telle acception, telle ou telle nuance — comme le fait ici Bruno Frappat (1984):

«Le projet Savary a bien des défauts, mais certaines réactions tournent à l'hystérie. Si l'on admet la définition que le Petit Larousse donne de ce mot: «Vive excitation poussée jusqu'au délire».»

Le dictionnaire, c'est aussi l'outil qui va permettre au journaliste d'expliquer ce que dit un tiers, de décoder le discours d'un François Mitterrand par exemple:

— le 25 mars 1988 la rédaction du *Monde* consulte le Larousse à propos du mot «factieux»:

> *ceux qui ne le sont pas.* » Toutefois, M. Jospin a soutenu qu'en évoquant de façon transparente le RPR à propos de « *factions* », M. Mitterrand n'a pas voulu traiter M. Chirac de « *factieux* » (1), mot qu'il n'a pas employé. « *Une faction, c'est une chose ; un factieux, c'en est une autre* », a ajouté M. Jospin (1).
>
> ---
>
> (1) NDLR. — Le Larousse en trois volumes définit ainsi le terme factieux : « *qui fomente des troubles : ligues factieuses. Adj. Entaché de l'esprit de faction, de sédition : caractère factieux. Des paroles factieuses* ». Une « *faction* » est définie comme un « *parti de gens unis pour une action politique violente : constituer une faction* ».

Ill. 5.3: Le dictionnaire outil de travail du journaliste (tiré de: *Le Monde,* 25. 3. 1988, 9)

5.4. Le discours de l'utilisateur

Dans les médias imprimés (dans les rubriques «courrier des lecteurs» p. ex.) le discours de l'utilisateur du dictionnaire est relativement rare — trop rare en tout cas pour qu'on puisse y relever des tendances représentatives du statut du dictionnaire dans les couches les plus larges de la population. Tout au plus peut-on noter que c'est généralement pour se plaindre qu'on écrit:

„Das Maß ist voll! Wie lange wollen wir uns eigentlich von der „Duden-Redaktion" auf der Nase rumtanzen lassen?" (Renner 1984)

ou pour remettre en cause l'autorité de tel ou tel dictionnaire:

«... le Petit Robert qu'on ne peut vraiment pas taxer d'impartialité (voir par exemple «minet, ette», ça vaut son pesant de cacahuètes)...» (Bono 1983 — qui écrit sur la formation des substantifs féminins).

Dans le contexte qui nous occupe ici, la communication la plus curieuse, la plus symptomatique de la situation du dictionnaire en France, est très certainement l'annonce que nous avons trouvée à la page 50 du numéro de *Libération* daté du 16 janvier 1987; nous terminerons sur celle-ci en nous demandant s'il peut bien exister un autre pays au monde où les détenus font passer des petites annonces pour recevoir des dictionnaires?

> **DES DETENUS PREPARANT UN CAP** et démunis de dictionnaires et d'argent pour en acquérir souhaiteraient trouver donateur(s) qui accepterai(en)t de se démunir d'un excédent. Tél 16-44-73-03-13 (dans l'Oise) et demander Marie-Laure Bidault. (Je peux me déplacer Paris et banlieue).

Ill. 5.4: Annonce (tirée de: *Libération,* 16. 1. 1988)

6. Bibliographie choisie

6.1. Dictionnaires

*Beyer 1984* = Horst und Annelies Beyer: Sprichwörter-Lexikon. Sprichwörter und sprichwörtliche Ausdrücke [...]. Leipzig 1984 [Licence: München 1985, 712 pp.].

*Brockhaus 1986* = Brockhaus Enzyklopädie in zwanzig Bänden. Achtzehnte völlig neubearb. Aufl. des Großen Brockhaus. Wiesbaden 1986 ss [20 volumes à paraître].

*DF 1987* = Françoise Guérard (éd.): Dictionnaire du français. Préface de Claude Hagège. Paris 1987 [1767 pp.].

*DFCol 1986* = Jean Dubois (directeur): Dictionnaire du français au collège. Paris 1986 [1059 pp.].

*DHLF 1980* = Françoise Guérard (éd.): Dictionnaire Hachette de la langue française. Paris 1980 [1813 pp.].

*Duden Rechtschreibung 1986* = Duden. Rechtschreibung der deutschen Sprache und der Fremdwörter. 19., neu bearb. u. erw. Aufl. Duden Bd. 1. Mannheim. Wien. Zürich 1986 [792 pp.].

*GDEL* = Grand dictionnaire encyclopédique Larousse. Paris 1982—1985 [10 volumes].

*Hanse 1983* = Joseph Hanse: Nouveau dictionnaire des difficultés du français moderne. Paris. Gembloux 1983 [1014 pp.; 2ème éd.: 1987, 1031 pp.].

*Larousse de poche* = Larousse de poche. Dictionnaire des noms communs et des noms propres. Paris 1954 ss [543, LV pp.].

*PLI* = Petit Larousse Illustré. Paris 1905 ss.

*PR 1982* = Paul Robert: Le Petit Robert 1. Dictionnaire alphabétique et analogique de la langue française. Réd. dir. par A. Rey et J. Rey-Debove. Nouv. éd. Paris 1982 [XXXI, 2171 pp.].

## 6.2. Travaux

*Adam 1980* = Jean-Michel Adam: Sens et rhétorique pratique: le prix des dictionnaires. In: BREF 24. 1980, 39—49.

*Apothéose 1696* = L'Apothéose du Dictionnaire de l'Académie et son expulsion de la région céleste. La Haye 1696.

*Bausinger 1985* = Hermann Bausinger: Ein Glatzkopf ist schwer zu rupfen. H. Bausinger über das „Sprichwörter-Lexikon" von Horst und Annelies Beyer. In: Der Spiegel 34/1985. 19. 8. 1985, 146—8.

*Bermond/Hego 1988* = Daniel Bermond/Jean Marie Hego: Voyage au pays des dictionnaires. In: Lire 150. Mars 1988, 99—124.

*Bono 1983* = Marianne Bono: lettre intitulée «Intéressée». In: Le Monde Dimanche 8 mai 1983, II.

*Bourdon 1981* = Marie-Françoise Bourdon: Entretien avec Bernard Pivot. In: Médias & Langage 9. Février 1981, 12—13.

*Bray 1986* = Laurent Bray: Dictionnaire et télévision. Notes sur la conscience linguistique des Français. In: Französisch heute 17. 1986, 300—4.

*Brosse/Brugère 1981* = Sabine de la Brosse/Vincent Brugère: Ces intrépides traqueurs de mots. In: Paris Match 25. 9. 1981, 41—9.

*Buck 1984* = Timothy Buck: Neue Maßstäbe im deutschen Wörterbuch?. In: Der Spiegel 48/1984. 26. 11. 1984, 218—20.

*Buck 1987* = Timothy Buck: «Kitty, Fotomodell, hat noch Termine frei». Zwei Staaten, zwei Wörterbücher. In: Der Spiegel 38/1987. 14. 9. 1987, 236—41.

*Cardinal 1975* = Marie Cardinal: Les mots pour le dire. Paris 1975 (Livre de Poche 4887).

*Cellard 1978* = Jacques Cellard: Le Dictionnaire Universel d'Antoine Furetière. In: Le Monde 27. 10. 1978, 23.

*Chombeau 1984* = Christiane Chombeau: Tout ce que l'on doit savoir sur la sexualité. In: Le Monde 29. 3. 1984, 14.

*Couvreur 1983* = Dominique Couvreur: Huit mots en quête de définition. In: Libération 8. 9. 1983, 6.

*Cowie 1988* = Anthony P. Cowie: In pursuit of running words. In: The Times Literary Supplement N° 4424. 15—21. 1. 1988, 67.

*Dard/Sorin 1985* = Frédéric Dard/Raphael Sorin: entretien. In: Le Monde 26. 7. 1985.

*Dhombres 1988* = Dominique Dhombres: La presse populaire s'émeut des écarts de langage de M. Jacques Chirac. In: Le Monde 16. 2. 1988.

*Dunoyer 1982* = Jean-Marie Dunoyer: Le Petit Larousse 1983 reflet du changement. In: Le Monde 18. 9. 1982.

*Dunoyer 1983* = Jean-Marie Dunoyer: Dictionnaire: la méritocratie ne vole pas au ras des pâquerettes. In: Le Monde 23. 9. 1983, 16.

*Dunoyer 1984* = Jean-Marie Dunoyer: Fantômas, Astérix et Tintin dans le Petit Larousse 1985. In: Le Monde 21. 9. 1984, 22.

*Dunoyer 1985* = Jean-Marie Dunoyer: Le Petit Larousse 1986 cannibalise la langue. In: Le Monde 13. 9. 1985.

*Dunoyer 1987* = Jean-Marie Dunoyer: Le Petit Larousse 1988. Gastronomique? In: Le Monde 11. 9. 1987, 15 (Cf. 2. 9. 1988, 21).

*Duranteau 1978* = Josane Duranteau: Voyage en Laroussie. In: Le Monde 19. 5. 1978, 23.

*Encyclopaedia Britannica 1988* = page de publicité pour le dictionnaire de Littré. In: Le Monde 12. 2. 1988, 17.

*Espresso 1987* = R. C.: Una sfida dalla A alla Z. In: L'Espresso 4. 10. 1987, 165.

*Furetière 1694* = Antoine Furetière: Factums. Amsterdam 1694.

*Frappat 1984* = Bruno Frappat: Pathologie. In: Le Monde 20. 6. 1984.

*Gaudemar 1986* = Antoine de Gaudemar: Docteur Larousse, comment va ma langue? In: Libération 8. 9. 1986, 21—2.

*Giannesini 1983* = Marc Giannesini: La grandmesse des «Chiffres et des lettres». In: Le Monde Dimanche 16. 10. 1983, IX.

*Harris 1982* = John Harris: Holy James Shell. In: Le Monde Dimanche 24. 10. 1982, II.

*Hausmann 1983* = Franz Josef Hausmann: Wörterbücher in Frankreich und Deutschland. Ein Vergleich. In: Studien zur neuhochdeutschen Lexikographie III. Hrsg. von Herbert Ernst Wiegand. Hildesheim. Zürich. New York 1983 (Germanistische Linguistik 1—4/82), 119—155.

*Hausmann 1985* = Franz Josef Hausmann: Trois paysages dictionnairiques: la Grande-Bretagne, la France et l'Allemagne. Comparaisons et connexions. In: Lexicographica 1. 1985, 24—50.

*Ibrahim 1987* = Amr Helmy Ibrahim: Dossier «Les dictionnaires». In: Diagonales 2. Juillet 1987, 25—37.

*Imbert 1985* = Pierre Imbert: Difficile le français? Vous voulez rire! In: La Nouvelle République du Centre-Ouest 21. 5. 1985.

*Irwin 1988* = Robert Irwin: Native foreign languages. In: The Times Literary Supplement N° 4424. 15—21. 1. 1988, 67.

*Köchel 1983* = Dieter Köchel: Die «elende Plakkerei» des Levinus Hulsius In: Die Erlanger Nachrichten 25. 7. 1983, 15.

*Leauthier 1986* = Alain Leauthier: Les cent mots de 87. In: Libération 8. 9. 1986, 20.

*Masse 1986* = Francis Masse: [couverture]. In: Le français dans le monde 200. 1986.

*Mauro 1987* = Tullio de Mauro: Viva le parole incrociate. In: L'Espresso 4. 10. 1987, 165—9.

*Médias & Langage 1980* = La mode des dictionnaires. In: Médias & Langage 8. Décembre 1980, 8—10.

*Minaty 1986* = Wolfgang Minaty: Die Deutschen leben mit dem Brockhaus. In: Die Welt 27. 9. 1986.

*Monde 1982* = Un sondage sur le livre. Près de trois Français sur quatre lisent au moins un ouvrage par an. In: Le Monde 12. 11. 1982, 12.

*Penicaut 1986* = Nicole Penicaut: Les lettres et les chiffres. In: Libération 8. 9. 1986, 20.

*Peroncel-Hugoz 1986* = J.-P. Peroncel-Hugoz: A l'Académie: de Pierre le Grand à Brian le Munificent. In: Le Monde 22. 2. 1986.

*Peytard 1971* = Jean Peytard: Dictionnaire et lexicologie. In: Les Nouvelles Littéraires 30. 7. 1971, 11.

*Renner 1984* = Jürgen Renner: lettre. In: Der Spiegel 50/1984, 11.

*Roux 1983* = Emmanuel de Roux: Petit Larousse: suivez la fréquence. In: L'Express 16. 9. 1983, 23.

*Sanguinetti 1987* = Edoardo Sanguinetti: La fine del vocabolario. Zuzzurellone e' morto! In: L'Espresso 4. 10. 1987, 162—4.

*Savigneau 1983* = Josyane Savigneau: Les trente ans du livre de poche. In: Le Monde 6. 5. 1983, 18.

*Savigneau 1984* = Josyane Savigneau: L'avalanche des «dicos-poche». In: Le Monde 24. 3. 1984.

*Slakta 1986* = Denis Slakta: Petit Larousse 1987: quelle cuvée! In: Le Monde 26. 9. 1986, 19.

*Thomas 1972* = Karin Thomas: Kunst-Praxis heute. Eine Dokumentation der aktuellen Ästhetik. Köln 1972.

*Vincendon 1982* = Sibylle Vincendon: La rentrée des mots. In: Libération 10. 9. 1982.

*Vincendon 1983* = Sibylle Vincendon: La rentrée des mots. In: Libération 8. 9. 1983, 6.

*Wagner 1967* = Robert-Léon Wagner: présentation du «Dictionnaire du français contemporain». In: Les Nouvelles Littéraires 2. 3. 1967.

*Wapnewski 1984* = Peter Wapnewski: Ein Schatz- und Beinhaus unserer Sprache. In: Der Spiegel 52/1984, 138—44.

*Weinrich 1975* = Harald Weinrich: Die Wahrheit der Wörterbücher. In: Die Zeit 27. 6. 1975.

*Weinrich 1976* = Harald Weinrich: Die Wahrheit der Wörterbücher. In: Probleme der Lexikologie und Lexikographie. Düsseldorf 1976 (Jahrbuch 1975 des Instituts für deutsche Sprache. Sprache der Gegenwart 39), 347—71.

*Weinrich 1985* = Harald Weinrich: Eine deutsche Wörterbuchlandschaft. Grimm, Duden, Klappenbach/Steinitz, Brockhaus/Wahrig. In: Frankfurter Allgemeine Zeitung 1. 6. 1985.

*Zimmer 1986* = Dieter E. Zimmer: Wörterbuchtest. In: Die Zeit 16. 5. 1986, 47—8.

*Laurent Bray, Erlangen*
*(République Fédérale d'Allemagne)*

## 6. Lexicographie et politique langagière: l'exemple français des avis officiels

1. Introduction
2. Une vieille histoire
3. L'émergence de la normalisation officielle
4. Qu'en disent les dictionnaires?
5. La cartographie lexicographique des avis officiels
6. Conclusion
7. Annexe
8. Bibliographie choisie

### 1. Introduction

Avant d'entamer l'analyse de l'impact des lois linguistiques francophones sur la lexicographie, il faut réanimer quelques concepts-clés. Une «politique linguistique» ou «langagière» est une décision législative qui concrétise l'intérêt de l'État dans le domaine de la langue. L'«aménagement linguistique» sera perçu comme une intervention volontaire en vue de planifier et de modeler le changement linguistique dans une société. Il est donc question d'une «intervention consciente dans les affaires linguistiques, soit de l'État, soit d'individus ou de groupes, dans le dessein d'influencer l'orientation et le rythme de la concurrence linguistique, le plus souvent en faveur des langues menacées, ou dans l'intention de façonner la langue elle-même, en la standardisant, en la décrivant ou en l'enrichissant lexicalement» (Corbeil 1987, 565). La standardisation et la description de la langue renvoient respectivement à la norme et à la grammaire ou au dictionnaire.

L'interaction entre le dictionnaire et la norme, et plus précisément la norme d'origine socioprofessionnelle dégagée des travaux des commissions de terminologie, sera l'objet de notre attention dans la suite de cet article. Depuis une quinzaine d'années, le répertoire lexicographique prend de plus en plus d'importance en tant qu'organe de transmission des décisions normatives à caractère technolectal. Il complète le processus d'aménagement linguistique enclenché par les commissions de terminologie sectorielles ou générales. Sa mission consiste à banaliser l'usage des termes entérinés par des autorités mandatées. Le dictionnaire devient un instrument stratégique et un outil didactique fiable pour répandre, et même installer dans l'usage, les formes choisies par un groupe social dominant. La sélection des unités lexicales et leurs modalités d'insertion constituent les deux principales tâches qui seront examinées ici.

L'intérêt de la lexicographie privée envers les politiques qui traitent de la langue et surtout en direction de l'application des articles des lois par l'entremise des avis de normalisation ou de recommandation officiels, n'est pas un mouvement subit. Il s'inscrit naturellement dans la ligne de pensée directrice du dictionnaire qui a depuis plusieurs siècles l'obligation de véhiculer la norme et le bon usage. De tout temps, le dictionnaire a relayé la notion de la «correction langagière» qui «exprime tout d'abord une tradition sociale, un comportement linguistique transmis mais toujours en évolution, qui oblige le [lexicographe] à se tenir sans cesse aux écoutes de ceux qui ont le souci de bien parler et de bien écrire» (Wolf 1983, 123). Qu'on le veuille ou non, la notion de «langue correcte» se trouve au centre des activités des organismes qui veillent à la protection ou à l'enrichissement terminologique de la langue française. Cette idée revient toujours au premier plan des discussions souvent passionnées sur les néologismes, les emprunts — notamment anglo-américains —, les régionalismes et les difficultés de langue de toute sortes. L'objectif prioritaire envisagé est l'accomplissement et le perfectionnement de la communication entre les individus, particulièrement de la communication institutionnalisée.

Ainsi donc, scruter les rapports entre la politique langagière et le dictionnaire, c'est obligatoirement convoquer dans le débat la grande question de la norme officielle, et plus spécifiquement de son établissement, de son implantation et de sa diffusion. Or le dictionnaire se veut descriptif par nature, neutre, sans parti pris aucun, tant à l'étape de l'élaboration de l'œuvre qu'à l'étape de la consultation du produit fini par les usagers (voir le commentaire de l'article *listing* du *GRLF* repris dans l'annexe). Dans les faits, le dictionnaire général monolingue (DGM), puisque c'est de lui qu'il s'agit, véhicule au moins deux types de norme: une norme générale collective (voir Rey 1972) et une norme socio-professionnelle qui relève des technolectes et qui vient s'imbriquer dans la première surtout lorsque les termes se vulgarisent et passent dans l'usage commun, ou à tout le moins atteignent un certain degré de connaissance passive chez les non-spécialistes (par exemple en médecine, en (micro-)informatique, etc.). Même s'ils sont conscients d'enseigner le bon usage, les lexicographes prennent la précaution de signaler que leur dictionnaire n'est pas prescriptif, qu'il ne fait que mentionner, et à l'occasion soutenir ou contester, une prescription ou un jugement officiel (ex. *commanditer*: REM. Le mot pourrait servir d'équivalent franç. à l'anglic. *sponsoriser; bouteur*: REM. Ce mot n'est pas attesté à notre connaissance, dans l'usage spontané. (*GRLF*)). Malgré quelques observations de cette sorte disséminées dans leurs dictionnairs, les lexicographes n'ont aucunement la prétention de se substituer aux autorités désignées. C'est ce qui explique l'attribution de marques d'officialisation ou l'insertion de commentaires dans les articles (voir 5. et l'annexe).

La prise en charge lexicographique volontaire ou forcée des normes officielles a comme conséquence d'accentuer la popularisation et la standardisation linguistique des langues de spécialité (LSP). On acquiescera donc à l'idée qui veut que «la connaissance des décisions normatives a plus de chances d'être suffisamment répandue si les ouvrages de consultation à caractère descriptif en tiennent compte. Cela présuppose pourtant que les jugements normatifs soient conciliables avec le but d'un ouvrage descriptif» (Wolf 1983, 131). Quoi qu'il en soit, le dictionnaire devient un intermédiaire entre les autorités politiques ou leurs représentants, qui édictent des lois ou prônent des usages, et les consommateurs ordinaires de mots.

## 2. Une vieille histoire

La complicité dictionnairique avec le pouvoir étatique est inévitable. Elle est attestée tout au long de l'histoire de la langue française et le musée (méta-)lexicographique témoigne amplement de l'intérêt ou de l'obligation du lexicographe envers les gouvernements. Depuis quatre siècles et demi la collusion est établie entre le pouvoir et le lexicographique par le biais des «académies», créées par l'État ou mises sous sa protection, et des répertoires privés. Chacun à sa manière, ils montrent comment le dictionnaire se présente comme l'une des principales sources de la standardisation du français.

Depuis François 1er, les politiques langagières figurent en bonne place dans les travaux parlementaires. Plusieurs actions d'aménagement linguistique ont donné naissance à des organismes officiels dont le caractère normatif ou la vocation interventionniste étaient manifestes. Ces foyers, gardiens ou greffiers de la langue, sont désignés ci-avant sous l'appellation englobante *d'académie*, qui n'est que le représentant lexical d'une panoplie d'institutions parmi lesquelles apparaissent les Offices, les Instituts, les Centres, les Fondations, les Conseils, les Comités, les Bureaux, les Sociétés, les Associations, les Régies, les Commissariats, les Commissions, ainsi de suite (voir Hagège 1983, 43—45). Les académies ont toujours eu pour «mandat de réglementer l'usage de la langue en valorisant une variété linguistique socialement privilégiée à laquelle on a attribué des qualités «linguistiques» supérieures aux autres variétés linguistiques avec lesquelles elle était en concurrence» (Daoust/Maurais 1987, 30).

L'une des premières décisions valorisantes des organismes langagiers politiques a toujours été de s'atteler ou de vouloir se livrer à la préparation d'un dictionnaire reflétant l'usage officiel, fût-il général ou technolectal. De la Renaissance au XXe siècle, de la France au Québec, ce leitmotiv est omniprésent. Dans le sillage de l'Édit de Villers-Cotterêts proclamé en 1539 alors que le roi François 1er décide d'ordonner que désormais toutes les opérations de justice se déroulent en français, des savants et des érudits songent immédiatement à la mise en œuvre d'un dictionnaire dans lequel sera enfermé le patrimoine lexical de la nation. Dans la zone d'oïl de la France d'alors, le «français» a atteint le statut de langue nationale et son emprise ira en se raffermissant à mesure qu'il se centralisera davantage au cours des siècles qui suivront. La décision royale, autrement dit politique et gouvernementale, est prise en pleine conscience «d'une évolution déjà très largement amorcée et qui va dans le sens qu'il [le roi] souhaite, vers l'unification de la justice, de l'administration et du royaume» (Demaizière 1984, 79). A cette époque, Robert Estienne, imprimeur de François 1er, publie son premier dictionnaire. La rencontre du roi avec son imprimeur-lexicographe fut sans aucun doute la première collaboration entre un dictionnairiste et un responsable d'une politique linguistique. Aucune preuve directe n'existe de l'intérêt d'Estienne de rendre compte et de perpétuer dans un répertoire lexical les décisions gouvernementales, si ce n'est la présence d'une certaine quantité de vocables appartenant au domaine juridique dans le *Dictionnaire françois-latin [...]* paru en 1549. «Faut-il penser, comme certains, que François 1er ait ordonné à son imprimeur de travailler sur le vocabulaire juridique en raison des besoins créés par l'Édit de Villers-Cotterêts?» (Demaizière 1984, 83). Les chances sont excellentes pour qu'il en ait été ainsi.

Les autres épisodes sont suffisamment connus et trop nombreux pour qu'on s'y attarde. De l'Académie richelienne, dont l'article XXVI des statuts en date du 22 février 1635 proclame la nécessité de «composer» un dictionnaire, au colloque strasbourgeois du CNRS français en 1957, qui a donné le coup d'envoi à l'aventure, toujours en cours, du *Trésor de la langue française,* chaque époque a favorisé et entretenu ce compagnonnage entre le pouvoir et la description lexicographique. Il importe de ramener à la mémoire que le dictionnaire de l'Académie a souvent servi de *tertium comparationis* pour évoquer la collusion politico-lexicographique. L'ouvrage est sorti des mains d'une «compagnie» dont la pratique interventionniste est politiquement connue, et continue de l'être. «La fonction explicite du dictionnaire de l'Académie est normative» (Rey 1983, 558). En un autre lieu géographique, les efforts récents et les travaux nombreux de l'Office de la langue française du Québec, organisme responsable de l'application de la Charte de la langue française (loi 101), ont conduit «à concevoir qu'il est devenu souhaitable et désirable que soit confectionné un dictionnaire d'usage de la langue française au Québec» (Gendron 1987, 356).

Ainsi donc, les dynasties royales ou la succession des partis au pouvoir et les faiseurs de dictionnaires ont été continuellement solidaires en raison des législations sur la langue ou de l'intérêt plus ponctuel des grands commis de l'État pour les affaires linguistiques. A chaque fois que le pouvoir a fait connaître son avis sur le contrôle social de la langue, il a amorcé l'idée de l'érection d'un dictionnaire national en même temps qu'il a alerté les lexicographes en exercice.

## 3. L'émergence de la normalisation officielle

L'établissement ou le raffermissement contemporain des liens entre les lexicographes et les instances politiques préoccupées par la langue peut être situé au détour des années 75, tout de suite après la mise en place et le début du fonctionnement des commissions ministérielles de terminologie en France. Dans ce pays, l'action législative se concrétise dans trois types de textes officiels: (1) Les commissions ministérielles de terminologie créées par le décret du 7 janvier 1972 relatif à l'enrichissement de la langue française; (2) La proclamation de la loi Bas-Lauriol du 31 décembre 1975 qui institue l'emploi obligatoire du français dans des secteurs d'activité socio-économique; (3) L'élaboration de circulaires, instructions et notes ministérielles relatives à l'enrichissement du français (voir Gueunier 1985, 10—11).

Les premiers décrets de normalisation paraissent au *Journal officiel* le 18 janvier 1973. Les termes répertoriés appartiennent à plusieurs sphères spécialisées: nucléaire, pétrole, techniques spatiales, transports, audiovisuel, bâtiments, travaux publics et urbanisme.

Au Québec, la succession des lois à caractère linguistique débouche sur la sanction de la loi 101, dite Charte de la langue française, le 26 août 1977, après l'épisode de la loi 63 (promulguée en 1969) et le détour par la loi 22, sanctionnée en 1974. La Charte crée, entre autres organismes, l'Office de la langue française et elle lui impose le devoir de «normaliser et diffuser les termes et expressions qu'il approuve» (article 113 a). Pour accomplir ce mandat, le législateur autorise l'OLF à instituer des commissions de terminologie au sein des ministères et organismes de l'Administration (article 114 b). La Commission de terminologie de l'OLF fut créée en avril 1978 et ses pouvoirs et devoirs définis. Elle assume une double responsabilité car elle «joue le rôle de commission générale de terminologie en traitant les dossiers les plus divers qui lui sont soumis par ses diverses clientèles» (Auger 1986, 7) et elle «joue également le rôle d'une commission centrale de terminologie vis-à-vis des commissions ministérielles de terminologie» (Auger 1986, 7) instituées dans d'autres milieux gouvernementaux. Les avis de ces commissions sont transmis à la grande commission pour étude et approbation par les membres de l'OLF. La commission générale coordonne aussi les travaux des commissions sectorielles puisque l'un de ses représentants y siège.

La première manifestation de la CTOLF a eu lieu dans la *Gazette officielle du Québec* le 26 mai 1979; à cette occasion, elle publie 19 avis de normalisation, dont 16 consacrés aux boissons gazeuses, et 15 avis de recommandation, dont plusieurs concernent la reconnaissance officielle de québécismes (voir Boulanger 1986 b, en particulier p. 25—30 pour le fonctionnement et la composition de la CTOLF).

### 3.1. L'activité lexicographique

La mise en place des mécanismes québécois et français d'intervention ministérielle sur la langue s'est étendue sur une période d'environ six ans (1972—1978). Pendant ces six années de gestation aménagementale, la France a été témoin de l'accélération d'un phénomène de renouveau dans le domaine du dictionnaire. Chez Larousse, on est en pleine préparation d'un ouvrage basé sur les théories linguistiques modernes: le *Lexis,* qui sera publié en 1975 et mis à jour en 1979. La refonte du *Petit Robert (PR)* est déjà inscrite dans les plans de développement de l'entreprise. La seconde édition du *PR* apparaît sur le marché en 1977, dix ans après son aînée. Vers la fin des années 70, Hachette songe de son côté à reconquérir sa place au soleil dictionnairique. La maison lance le *Dictionnaire Hachette de la langue française (DHLF)* en 1980. Ces trois dictionnaires ont été cités comme exemples de l'activité nouvelle en lexicographie française au cours des années 70, parce qu'ils visent le même public et qu'ils ont des nomenclatures comparables. Il est clair que le bouillonnement économique en matière de dictionnaire ne s'arrête pas là. Qu'on songe à l'achèvement du *Grand Larousse de la langue française* en 1978, aux éditions annuelles du *Petit Larousse illustré,* à la seconde édition du *Dictionnaire du français vivant* (1979) et aux multiples dictionnaires spéciaux qui envahissent les rayons des librairies (voir Boulanger 1986 a, 18—23), sans compter le *TLF*.

Dans cet esprit de renouveau, la conjoncture est plus que favorable pour que lexicographes, terminographes et aménagistes discutent fréquemment ensemble lors de rencontres scientifiques. De fait, entre 1972 et 1978, l'Office de la langue française du Québec organisera une dizaine de colloques — dont tous les actes furent publiés — auxquels plusieurs lexicographes européens (Robert, Larousse, *TLF,* etc.) et québécois s'associeront à chaque occasion. De nombreux échanges ont alors porté sur la nécessité d'intégrer dans les DGM les décisions normatives ministérielles.

### 3.2. Les attitudes des aménagistes et des lexicographes

Dès les débuts de leurs travaux, les aménagistes ont envisagé la possibilité que leurs gestes normalisateurs se répercutent dans les dictionnaires de langue afin d'atteindre le plus grand nombre d'usagers possible. Mais il semble que la communauté lexicographique ne soit pas totalement convaincue d'une part et que, d'autre part, ses membres qui en acceptent l'idée ne soient pas tous au diapason. «Le problème de convaincre les éditeurs d'ouvrages descriptifs (dictionnaires et grammaires) de tenir compte des décisions normatives officiellement adoptées tant en France qu'au Québec n'a pas encore été résolu» (Maurais 1983, 5). Les interventions gouvernementales ne laissent pas les lexicographes indifférents; elles les forcent à rechercher des solutions afin de concilier les jugements prescriptifs avec les objectifs d'un instrument descriptif qui se veut d'abord le témoin de l'usage inscrit dans la mémoire. Nul doute que l'urgence de cette tâche se fait de plus en plus pressante à mesure que s'accroît le nombre de décisions normatives et qu'elles touchent de plus en plus la langue générale ou des domaines spécialisés qui rejoignent l'ensemble des locuteurs, le tourisme par exemple.

Les premiers circuits de diffusion des normes sont les organes parlementaires comme le *Journal officiel* français ou la *Gazette officielle du Québec.* Quelques avis passent ensuite par les canaux médiatiques habituels et par divers périodiques, magazines et revues plus ou moins spécialisés. A intervalles réguliers, le produit des décisions officielles est rassemblé dans des ouvrages plus complets et cumulatifs, publiés dans le sillage des circuits politiques officiels. On a alors affaire à de véritables dictionnaires structurés qui traitent les mots dans des articles construits suivant des modèles microstructuraux conformes aux principes lexicographiques. Outre les mots entérinés, ces répertoires incluent souvent des énoncés de politique, des extraits de lois, de décrets, d'arrêtés, etc. Parmi ces dictionnaires les plus récents, on peut citer le *Répertoire des avis linguistiques et terminologiques* (première édition en 1982 et seconde édition en 1986) pour le Québec et *Termes techniques nouveaux* (1982), le *Dictionnaire des néologismes officiels* (DNO) (1984) et le *Guide des mots nouveaux* (1985) pour la France. Les ouvrages québécois sont diffusés par l'éditeur gouvernemental tandis que les répertoires français sont diffusés par un éditeur privé.

Mais c'est dans le dictionnaire de langue traditionnel que les aménagistes voudraient s'aventurer le plus loin. De par sa construction architecturale, la micro- et la macrostructure, le DGM possède des zones d'accueil multiples sous la forme de rubriques d'information qui peuvent prendre charge des unités émanant des commissions de terminologie afin de les fusionner dans l'article. L'étiquette officielle fait alors partie d'un tout et elle peut ainsi rejoindre un plus vaste public. L'information officielle se retrouve dans la rubrique étymologique (ex. *remue-méninges, GRLF*), dans la définition (ex. *télémaintenance, bouteur, PR 1977; cuisinette, PLI 1988*), dans une rubrique nouvelle, qui n'a pas encore de dénomination et qui se trouve fréquemment en fin d'article (ex. *jingle, tuner, GRLF*), ainsi de suite (voir aussi 5.2.6.).

L'aménagiste conçoit donc clairement que le dictionnaire puisse contribuer à «réparer» les fautes du passé (formes fautives, emprunts indésirables, etc.), à sauvegarder le présent et à enrichir l'avenir de la langue en accueillant les «officialismes». Il est en outre conscient qu'il œuvre à l'établissement d'une norme socioprofessionnelle, qui rejoint et complémente la norme sociale déjà propagée par le DGM. Son but ultime est de convaincre les lexicographes de prendre en considération le maximum d'avis officiels, car le dictionnaire est sans aucun doute un outil indispensable pour contribuer à infléchir dans le sens le plus évolutif le destin d'une langue. Les répertoires d'unités lexicales deviennent ainsi des instruments d'appoint dans toute stratégie d'aménagement linguistique.

Quant aux lexicographes, ils voient surgir un nouvel intrus dans leur chasse-gardée. Ils doivent l'accueillir, mais pas à n'importe quelle condition. Ils ne retiendront des dictionnaires d'autorités normatives que les termes diffusables auprès de leur clientèle cible respective, que les unités lexicales qui ont quelque chance d'intéresser la majorité des consommateurs de dictionnaires. Autrement dit, le lexicographe garde toujours la haute main sur le choix et sur le traitement de sa nomenclature. Cette règle sacrée ne doit pas être enfreinte au détriment de la cohérence du dictionnaire et du programme établi. L'obéissance aveugle aux sources d'avis officiels n'est pas encore inscrite dans le code d'éthique lexicographique et il n'a pas besoin de l'être. Observateurs de l'usage avant tout, les lexicographes continuent d'introduire des emprunts américains qui se répandent et ont du succès (voir le discours sur *listing* dans le *GRLF* et sur *baladeur* dans le *PLI 1988*, tous deux repris en annexe), des technolectismes, des néologismes, des mots de différents registres de langue, etc. Sans s'écarter de leur politique descriptive, ils enregistrent néanmoins «les condamnations et recommandations officielles en matière de termes techniques jugés indésirables: l'intrusion de la norme prend ici figure officielle, ministérielle — et les dictionnaires ne peuvent refuser cette manifestation évaluative et prescriptive, alors même qu'ils se veulent descriptifs» (Rey 1983, 546). Mais on connaît fort bien l'effet normalisateur du dictionnaire de langue: aux yeux du consulteur l'effet prescriptif (jugements, exclusions, condamnations, propositions de remplacement, interdictions) l'emporte sur la simple observation (voir Boulanger 1986 a). Il est indéniable que le recours au dictionnaire par les utilisateurs ordinaires — et ils sont beaucoup plus nombreux que les consommateurs professionnels — a des effets décisifs sur le statut et la carrière des mots. Les responsabilités des lexicographes sont claires: ils doivent «relayer les décisions officielles d'aménagement des langues, quitte à noter l'échec (le succès correspond à la situation normale d'observation de l'usage)» (Rey 1988, 288). Même s'il ne peut ignorer ces matériaux nouveaux, le lexicographe conserve toujours la prérogative de sélectionner les unités qu'il veut. Sa subjectivité est en concordance avec l'idéologie propre à chacun ou à chaque institution dictionnairique (voir l'annexe).

Au Québec, la terminologie et l'aménagement linguistique se nourrissent de la tradition germanique en matière de normalisation et de la tradition française en ce qui concerne la lexicographie. Depuis quatre ou cinq ans, plusieurs aménagistes ont entrepris une carrière parallèle de lexicographes. Ils transposent un savoir aménagemental, acquis au service d'organismes responsables de l'application de lois linguistiques, dans l'exercice de la lexicographie privée, c'est-à-dire en travaillant à la préparation de dictionnaires généraux ou spéciaux pour des éditeurs du secteur privé. Quelques répertoires publiés ces dernières années illustrent bien l'amalgame qui s'est produit: le *Dictionnaire thématique visuel* (1986), le *Dictionnaire CEC Jeunesse* (1986), le *Dictionnaire du français plus* (1988), le *Multidictionnaire des difficultés de la langue française* (1988). Dans ces quatre répertoires de mots fort différents, on trouvera d'abondants exemples, identifiés ou non marqués, des avis de normalisation ou de recommandation officiels des organismes chargés de conduire les politiques québécoise et française en matière d'aménagement linguistique et terminologique (voir Boulanger 1988).

## 4. Qu'en disent les dictionnaires?

Avant de constater la situation dans le corps proprement dit du dictionnaire, nous avons jeté un coup d'œil sur les discours de présentation de six dictionnaires français parus entre 1979 et 1988. Ils forment trois groupes d'appartenance. Ce sont: le *Dictionnaire du français* (DFH) et le *Dictionnaire Hachette de la langue française,* tous deux parus chez Hachette respectivement en 1987 et 1980, le *Lexis* et le *Petit Larousse illustré,* respectivement publiés en 1979 et 1988 par la Librairie Larousse, et le *Petit Robert* et le *Grand Robert de la langue française,* parus en 1986 et en 1985 aux éditions Dictionnaires Le Robert.

Dans sa présentation du tirage 1986 de la seconde édition du *PR*, Alain Rey définit la position de l'équipe de rédaction robertienne ainsi que les critères de choix des mots à retenir parmi les officialismes. «Le *Petit Robert* signale les «recommandations officielles» françaises *(recomm. offic.),* soit sous l'emprunt, soit, lorsqu'elles semblent effectivement en usage, à l'ordre alphabétique. *Bulldozer* malgré l'existence d'un remplaçant officiel *bouteur,* demeure dans l'usage; *matériel* et *logiciel* concurrencent heureusement *hardware* et *software,* que la description ne peut, par ailleurs, négliger. Les termes approuvés par arrêtés ministériels — à partir des arrêtés du 12 janvier 1973 — ont été mentionnés dans le dictionnaire dans la mesure où ils remplaçaient un anglicisme figurant à la nomenclature et quand leur emploi était effectif, ou probable dans les années à venir. La publication exhaustive et commentée des termes officiellement approuvés relèverait d'une autre perspective, ouvertement normative, que nous n'avons jamais adoptée» (Rey 1986, XVIII—XIX). Le discours d'introduction du *GRLF* est plus discret. On n'y trouve qu'une brève allusion à l'intervention étatique. Elle concerne la marque *anglicisme* qui étiquette les emprunts qui «ne sont pas unanimement acceptés et font parfois l'objet d'une décision officielle de francisation — qui est signalée» (Rey 1985, XXIV). En revanche, la liste des abréviations recense deux éléments qui confirment l'intégration des avis: sous *régional,* il est mentionné qu'il a été tenu compte des mots et des sens normalisés ou institutionnels tandis que sous *recomm. off.* l'explication suivante apparaît: «termes et expressions approuvés ou recommandés par arrêté ministériel, en application des décrets relatifs à l'enrichissement de la langue française» (*GRLF,* vol. 1, LIV).

Les auteurs de la préface du *Lexis* indiquent qu'ils ont, «quand il y avait opposition, cité, à côté de la forme usuelle, la forme préconisée par l'Administration dans les circulaires parues au *Journal officiel* (18 janvier 1973, 3, 12 et 16 janvier 1974). L'avenir dira quel mot sera finalement consacré par l'usage, de *kitchenette* (terme souvent rencontré dans les petites annonces) ou de *cuisinette* (terme préconisé par l'Administration), de *software* ou de *logiciel.* La fonction du dictionnaire n'est pas de prendre parti entre ces synonymes, entre les deux usages concurrents, mais de constater qu'aujourd'hui deux usages s'opposent *(Lexis, VIII).* L'introduction du *PLI* ne fait aucune mention des recommandations officielles. Les auteurs des introductions du *DFH* et du *DHLF* n'expliquent pas leur position en face des travaux soutenus ou menés par des organismes ou des institutions gouvernementales. Outre le discours de présentation, les dictionnaires renferment des informations sur les termes officialisés dans la liste des abréviations, dans les annexes et, bien entendu, dans les articles.

## 5. La cartographie lexicographique des avis officiels

Les premières manifestations officielles rejoignent timidement les colonnes des dictionnaires à partir de 1975. Quelques mots-clés, systématiquement repris par la suite, sont utilisés. Les informations sont généralement logées en fin d'article; à l'occasion, elles se substituent à la définition. Ainsi dans le *LEXIS,* à la conclusion des articles on trouve: *bulldozer:* (L'Administration recommande le mot BOUTEUR.); *kitchenette:* (L'Administration recommande le terme CUISINETTE.); *software:* [(...) l'Admin. préconise *logiciel.*]. On constate que le codage de l'information n'est pas encore fixé: on rencontre des parenthèses et des crochets, une abréviation non explicitée dans la liste, deux verbes *(recommander* et *préconiser)* pour signaler la normalisation et enfin le renvoi à la décision officielle est fait dans un cas à l'aide de l'unité *mot,* dans un autre à l'aide de l'unité *terme* et dans le dernier la forme est simplement indiquée en italique. L'article *bouteur* fournit un exemple de définition métalinguistique: *LEXIS:* «Terme préconisé par l'Administration comme synonyme de BULLDOZER»; *PR:* «Mot recommandé officiellement en remplacement de bulldozer».

Le léger décalage entre la préparation, la promulgation et l'application des politiques langagières dans le monde francophone et leur répercussion dans les DGM s'explique aisément. Il a fallu attendre que les choses se tassent, que les propositions terminologiques se précisent, qu'elles s'installent dans l'usage socioprofessionnel d'abord, puis qu'elles sortent du cercle des spécialistes avant d'être admissibles au panthéon lexicographique. A cet ensemble de conditions sur le cheminement des officialismes, il faut adjoindre les précautions habituelles des dictionnaires qui sont toujours prudents devant toute forme de nouveauté qui vient heurter la tradition. A l'appui, on n'a qu'à songer à la récente ouverture aux régionalismes extrahexagonaux et à la position des éditeurs devant les néologismes (voir Boulanger 1986 a). Il ne faut pas oublier enfin l'inévitable retard sur l'actualité, véritable cauchemar de la recherche lexicographique soumise aux longs délais occasionnés par une série de démarches précises.

L'examen concret de la cartographie des avis officiels a été mené dans les six dictionnaires mentionnés auparavant. L'étude est restreinte aux dictionnaires publiés en France — entre 1979 et 1988 — afin de conserver une homogénéité. Vingt-cinq termes ou mots ont été sélectionnés au hasard dans le *DNO* afin de servir de témoins pour vérifier le traitement donné ou non donné aux officialismes (voir l'annexe). Les commentaires qui suivent sont limités aux discours d'accès des dictionnaires (essentiellement le *GRLF,* le *PR* et le *LEXIS*) et aux articles.

### 5.1. Les critères de sélection

Il n'a jamais été question que les dictionnaires enregistrent aveuglément l'ensemble des recommandations linguistiques des commissions de terminologie. Les lexicographes filtrent les termes officiels à partir de quelques critères (tous les exemples cités figurent dans l'annexe).

5.1.1. Le premier critère est celui de l'usage. Pour être traité, le mot doit être intégré dans l'usage, au moins socioprofessionnel, et ne pas relever d'un usage artificiel, non vivant (ex. *prêt-à-monter* et *sonal* qui n'ont pas réussi à percer). A tout le moins, le mot doit avoir des chances d'avenir en français (ex. *baladeur, visuel*).

5.1.2. Le second critère est celui de la concurrence avec un emprunt. A ce jour, on n'a considéré que les emprunts anglo-américains. Le terme recommandé peut remplacer, évincer l'anglicisme (ex. *câbliste*), il peut vivre en concurrence synonymique avec lui (ex. *matériel/hardware*), il peut n'être que l'ombre du mot étranger (ex. *autocaravane*) ou encore il peut n'avoir aucune chance de déloger l'intrus allogène bien installé en français (ex. *stylique, chalandage*). Les deux derniers exemples n'apparaissent pas à la nomenclature des dictionnaires du corpus témoin. Aucune allusion aux équivalents recommandés n'est faite ni à *design*, ni à *shopping* (seul un équivalent québécois est noté par le *GRLF* pour ce vieil anglicisme (1905)).

5.1.3. Le troisième critère est celui de la nouveauté. Un bon nombre de mots préconisés par l'Administration pour se substituer aux formes d'emprunt ou aux formes fautives ou indésirables sont eux-mêmes des néologismes, c'est-à-dire des unités qui n'ont pas encore reçu l'aval de l'usage, leur mise en circulation étant trop récente. Les néologismes de substitution proposés par les Commissions de terminologie sont loin d'être tous bien connus du public ou acceptés par lui (voir Hagège 1987, 124—129). Le lexicographe demeure prudent à l'égard des mots nouveaux et il pèse le pour et le contre de leur future carrière. Ainsi *voyagiste* n'apparaît que dans le *GRLF* et le *PLI* tandis que *synthoniseur* ne figure que dans le *PLI*.

5.1.4. Le quatrième critère est le degré de technicité. Bon nombre de termes objets d'avis appartiennent à des champs onomasiologiques très spécialisés et fermés à l'usager ordinaire (par ex. le nucléaire, la justice, les techniques spatiales, la défense, la télédétection aérospatiale). Très peu de mots de ces domaines hyperspécialisés échappent à l'attraction de leurs utilisateurs socioprofessionnels et passent dans le dictionnaire général (ex. *visuel*). Ces vocabulaires du lexique total n'occupent qu'une faible partie de la macrostructure des DGM car ils sont le fait de l'inévitable spécialisation chez les membres des regroupements professionnels. Par ailleurs, quelques sphères d'activité se banalisent favorisant ainsi le passage de la terminologie dans l'usage habituel (ex. la micro-informatique, l'infographie, etc.). Ce phénomène entraîne l'augmentation régulière et géométrique des termes dans les dictionnaires destinés au grand public (ex. *jumbo-jet/gros-porteur; software/logiciel*).

5.1.5. Le cinquième critère est celui de la provenance géographique. Quelques propositions de remplacement sont d'origine régionale (québécoise, belge, française même). Or le statut du régionalisme lexical dans les DGM est encore fragile (voir Boulanger 1985). Le lexicographe mentionne à l'occasion la provenance régionale de l'équivalent (ex. *aubette* (*PR:* Belgique et Ouest de la France), *autocaravane* (*GRLF:* Québec)), tandis que pour les mêmes termes certains dictionnaires sont muets (ex. *DHLF* et *DFH* pour *aubette*).

5.1.6. Le sixième critère est celui du statu quo. Plusieurs des suggestions reprennent en effet des mots qui figurent déjà à la nomenclature des dictionnaires où les normalisateurs sont allés les cueillir pour les officialiser. Les lexicographes n'ont pas toujours tendance à attester la nouvelle vocation officielle de ces unités en les affublant de l'étiquette *recomm. offic.* (ex. *coupon, régulateur*). D'autres mots, identifiés comme étant à remplacer par les commissions de terminologie, ne sont même pas marqués (ex. *design*).

La série de critères énumérés illustre bien comment les dictionnaires ont une attitude éminemment descriptive, même si aucune description lexicographique n'est en soi purement objective puisqu'elle présuppose une intervention préalable dans le stock des possibilités lexicales (considérer (ex. *dispatcher*) ou ignorer (ex. *sonal, visualiseur*) l'unité dans la macrostructure et faire un choix entre plusieurs orientations dans le traitement microstructural des mots retenus). Le traitement des officialismes peut être fort varié comme il est démontré au paragraphe suivant.

## 5.2. Le traitement dans l'article

Les discours informatifs et de décodage publiés en tête des dictionnaires préparent les lecteurs — qui les lisent — à une nouvelle réalité dans le dictionnaire: les recommandations officielles. Ils les trouveront essentiellement en lisant l'article puisque rien ne distingue ces entrées des autres dans la macrostructure. C'est donc le traitement microstructural qui nous intéresse ici. Quelques constats se dégagent de l'étude de l'annexe.

5.2.1. Malgré l'absence d'information dans la présentation de quelques répertoires, tous les dictionnaires intègrent à un titre ou à un autre des recommandations officielles. La différence est quantitative et qualitative.

5.2.2. Aucun dictionnaire ne répertorie l'ensemble des unités normalisées.

5.2.3. Il existe manifestement un discours codé rendant lexicographiquement compte de l'intervention étatique dans le lexique. Des mots comme *recommander, remplacer, normaliser, préconiser, conseiller, proposer* l'attestent amplement. Il y a donc une terminologie explicite qui renvoie à l'autorité normative et dégage le lexicographe de cette responsabilité.

5.2.4. Tout en visant un rendement identique, chaque dictionnaire, ou plutôt chaque entreprise, favorise une terminologie qui le distingue de ses concurrents. A titre d'exemple, les Robert recourent souvent à l'expression *recommandation officielle*, les Larousse parlent de *mot/terme préconisé par l'Administration* tandis que les Hachette varient les formules: *synonyme conseillé, mot/terme officiellement recommandé pour remplacer, synonyme (préconisé par l'Administration)*.

5.2.5. Certains dictionnaires signalent simplement les interventions officielles, d'autres les discutent, parfois même en long et en large (ex. *câbliste, voyagiste (GRLF), publipostage (DHLF)*).

5.2.6. L'indicatif d'officialisation niche à peu près dans n'importe quelle rubrique de l'article (étymologie, définition, exemple, renvois ou suite de synonymes, rubrique séparée du corps principal, etc.: voir 3.2.). Il peut aussi être déduit de la lecture d'un court article (ex. *PR: listing* [...] Anglicisme. V. *Listage*).

5.2.7. Seul le *GRLF* fait état des décisions normatives en provenance d'organismes extérieurs à la France. Il note la norme québécoise de l'Office de la langue française (ex. *camping-car, tour-opérateur, ferry-boat*).

5.2.8. Le traitement peut être général (ex. tous les dictionnaires marquent *kitchenette* et son équivalent *cuisinette*), partiel (trois dictionnaires marquent *kit* et *aubette*), minimal (seul le *GRLF* fait allusion à un équivalent possible pour *shopping*) ou nul (tous les dictionnaires ignorent l'officialisation de *coupon*). Le traitement peut concerner le couple de termes, soit l'anglicisme ou la forme fautive et le terme d'absolution, ou l'un ou l'autre des éléments du couple. Trois couples sont traités par tous les dictionnaires *(hardware/matériel, kitchenette/cuisinette, software/logiciel)*. Des termes fautifs ou des anglicismes, seul *visualiseur* est ignoré par tous les répertoires — il n'a même pas d'entrée — tandis que *design* n'est marqué par aucun. Du côté de la solution officielle, *régulateur* et *coupon* ne sont marqués par personne tandis que *stylique, sonal,*

*prêt-à-monter, chalandage, bon d'échange* n'ont pas eu accès à la nomenclature, même si la plupart d'entre eux sont signalés comme équivalents proposés sous la forme indésirable (voir *jingle, kit* et *voucher*).

Les politiques linguistiques s'intéressent avant tout aux LSP, ce qui a pour effet de renvoyer au principe de la constellation terminologique dans les dictionnaires. Les ordres spécialisés du savoir occupent de plus en plus de place dans la macrostructure des DGM. Ce sont eux qui alimentent également la microstructure lorsque les termes introduisent des sens nouveaux.

Qui plus est, lorsque le terme est affublé d'une étiquette officielle, il faut en rendre compte dans l'article suivant les modalités passées en revue. C'est dire que la microstructure s'enrichit d'une rubrique ou d'une série d'informations nouvelles relatives à la référence prescriptive, au jugement de l'Administration. En fin de compte, les articles de dictionnaire s'allongent car les commentaires métalinguistiques prennent de l'importance (voir les développements des articles *remue-méninges, jingle* et *tour-opérateur* dans le *GRLF*).

La notation des recommandations officielles introduit une nouvelle marque d'usage prescriptive, une information de nature fonctionnelle ou une information simplement utilitaire pour le locuteur; il peut s'agir également d'une indication à caractère culturel (ex. *drive-in, tuner*). Ainsi, sans déroger à la tradition déjà existante au regard des marques, «le lexicographe commente, juge, loue ou condamne une forme ou un emploi par le discours, codé ou suivi, qu'il tient après une entrée. A côté du jugement explicite, une formule typologique s'est répandue, aussi nécessaire dans son principe que critique dans son application: celle des «marques» qualifiant tout ce qui n'est pas, dans le matériel présenté, considéré comme neutre ou, selon le terme anglo-saxon, «standard»» (Rey 1983, 563). Les marques servent en outre à distancer le lexicographe par rapport aux circuits interventionnistes dont celui des officialismes est le dernier en date.

## 6. Conclusion

Sous le drapeau législatif, le français a été promu au rang de langue de l'État afin de retrouver, de conserver, de façonner ou d'enrichir son intégrité lexicale, prioritairement dans les technolectes (voir Gendron 1987, 350). Le rapprochement des intérêts étatiques et des préoccupations des lexicographes a provoqué deux conséquences significatives: (1) Même si son agir est concentré en principe sur les LSP, l'intervention consciente de l'État ne demeure pas sans écho dans l'emploi de la langue générale; (2) Cette intervention a des répercussions importantes dans la production des dictionnaires généraux monolingues.

Pour la période envisagée ici, c'est-à-dire entre 1975 et 1988, il est manifeste que les législations linguistiques se sont heurtées à une lexicographie elle aussi «officielle» par l'intermédiaire de quelques grandes entreprises privées ayant une influence séculaire sur la consignation des mots et sur l'établissement d'une ou de normes sociales auxquelles se plient les usagers. Ni les aménagistes, ni les lexicographes ne s'ignoraient. Par des voies différentes, la coercition législative pour les producteurs de normes et l'incitation pour les observateurs de l'usage, les uns et les autres interviennent dans l'évolution de la langue pour fixer tantôt l'orthographe, tantôt le lexique et à l'occasion la prononciation ou la morphologie.

«Le dictionnaire a toujours été l'instrument de communication et de dialogue entre la connaissance du lexique et de l'usager» (Quemada 1971, 141). Il a toujours tenu compte de l'opinion de l'autorité sur la langue, la répercutant dans l'usage individuel aux seules fins de favoriser la communication, d'autoriser les échanges et le dialogue dans une communauté linguistique. En tant qu'institution majeure dans une société, il dépasse alors l'individu pour s'associer à la collectivité. Il se revêt de l'autorité accordée à l'appareil de description linguistique qui joue le rôle de «surmoi linguistique collectif» auquel toute personne cherche à se rattacher lorsqu'elle s'exprime officiellement et qu'elle souhaite être entendue de ses pairs.

«Le dictionnaire reflète alors l'attitude générale de la partie dominante de la société: la couche sociale possédant le pouvoir, l'institution pédagogique, administrative, culturelle (l'Académie française, avec une infime influence), produisent une morale et une esthétique qui jugent, tentent de contrôler les discours [...] et contrôlent effectivement la diffusion de ces discours, au besoin par l'intervention juridique» (Rey 1983, 560).

La portion marquée *recommandation officielle* dans les dictionnaires n'est que l'une des prises de position visibles des lexicographes qui se prononcent sur bien d'autres questions au sein des articles, ce dont témoignent le discours lexicographique lui-même (voir Boulanger 1986 a), les textes d'introduction au dictionnaire ou les écrits commerciaux. Quantitativement, la part de notation reste minime par rapport à l'ensemble macrostructural et à la longueur moyenne des articles. Le lexicographe se livre à un tamisage sévère et il ne communique au consommateur que ce qu'il juge viable et au niveau de son public. Par ailleurs, par le canal d'une politique linguistique, les législateurs veulent dicter aux locuteurs certains comportements langagiers dans quelques domaines limités et bien identifiés en vue de protéger d'autres droits, du moins dans la plupart des cas. Ainsi les mots doivent pouvoir être compris des consommateurs et les médias ne peuvent écrire n'importe quoi, ni n'importe comment.

Le phénomène de consignation et de traitement des décisions officielles est trop jeune pour qu'on puisse en tirer des évaluations définitives devant l'histoire. L'idéal est de parvenir à une connaissance suffisante de chaque donnée pour juger des rapports entre la politique langagière et la lexicographie et pour établir et maintenir un équilibre entre le nombre d'avis disponibles et ceux qui seront intégrés dans le corps des dictionnaires. Le facteur temps n'a pas encore joué son rôle. Par ailleurs, on ne connaît pas encore le sort des politiques linguistiques dans le monde francophone alors que des préoccupations de nature économique semblent submerger les «désidératas» linguistiques des sociétés. Il reste que le dictionnaire s'est toujours accommodé d'un nouvel ordre de vie quand celui-ci s'est manifesté. Nul doute que le dictionnaire survivra à d'autres crises ou à d'autres changements dans les sociétés et dans les cultures pour en témoigner.

## 7. Annexe

| Dict. | Mot à remplacer | Entrée | Marque d'officialisation | Mot officiel | Entrée | Marque d'officialisation |
|---|---|---|---|---|---|---|
| DFH | abribus/ Abribus | + | — | aubette | + | (Mot recommandé par l'Administration pour [...]) |
| DHLF | | — | ∅ | | + | — |
| GRLF | | + | (recomm. off. [...]) | | + | REM. Ce terme est recommandé officiellement pour remplacer [...] en France. |

| Dict. | Mot à remplacer | Entrée | Marque d'officialisation | Mot officiel | Entrée | Marque d'officialisation |
|---|---|---|---|---|---|---|
| LEXIS 79 | | + | — | | + | — |
| PLI 88 | | + | — | | + | — |
| PR 86 | | + | Recomm. offic. [...] | | + | Recomm. offic. pour [...] |
| DFH | brain(-)storming | + | — | remue-méninges | — | ∅ |
| DHLF | | + | — | | — | ∅ |
| GRLF | | + | REM. Le mot, critiqué par les puristes, n'a pas reçu d'équivalent français efficace; Louis Armand avait proposé le plaisant [...] (le mot est parfois employé, en particulier au Québec). | | + | mot proposé par Louis Armand pour traduire l'angl. [...], et officiellement recommandé par arrêté du 24 janvier 1983. REM. En dépit des recommandations pressantes des puristes contempteurs du français, ce mot-boutade n'est pas réellement parvenu à supplanter dans l'usage l'anglicisme [...] (du moins en France). |
| LEXIS 79 | | + | — | | — | ∅ |
| PLI 88 | | + | — | | — | ∅ |
| PR 86 | | + | — | | — | ∅ |
| DFH | cableman | — | ∅ | câbliste | + | — |
| DHLF | | — | ∅ | | + | — |
| GRLF | | + | — | | + | Recomm. off. (*Journ. off.*, 18 janvier 1973) pour remplacer l'anglicisme [...] |
| LEXIS 79 | | — | ∅ | | + | — |
| PLI 88 | | — | ∅ | | + | — |
| PR 86 | | — | ∅ | | + | — |
| DFH | camping(-)car | + | Syn. (recommandé par l'Administration) [...] | auto(-)caravane | — | ∅ |
| DHLF | | — | ∅ | | — | ∅ |
| GRLF | | + | REM. Francisation normalisée au Québec (3 oct. 1980) [...] | | + | (t. normalisé, *Office de la langue française*, 3 oct. 1980) |
| LEXIS 79 | | — | ∅ | | — | ∅ |
| PLI 88 | | + | L'Administration préconise [...] | | — | ∅ |
| PR 86 | | + | (Recomm. offic. [...]) | | — | ∅ |
| DFH | design | + | — | stylique | — | ∅ |
| DHLF | | + | — | | — | ∅ |
| GRLF | | + | — | | — | ∅ |
| LEXIS 79 | | + | — | | — | ∅ |
| PLI 88 | | + | — | | — | ∅ |
| PR 86 | | + | — | | — | ∅ |
| DFH | dispatcher (nom) | + | Syn. conseillé [...] | répartiteur/régulateur | +/+ | —/— |
| DHLF | | + | Syn. conseillé [...] | | +/+ | —/— |
| GRLF | | + | Recomm. off. [...] | | +/+ | (recomm. off. pour remplacer [...])/— |
| LEXIS 79 | | + | — | | +/+ | —/— |

6. Lexicographie et politique langagière: l'exemple français

| Dict. | Mot à remplacer | Entrée | Marque d'officialisation | Mot officiel | Entrée | Marque d'officialisation |
|---|---|---|---|---|---|---|
| PLI 88 | | + | (L'Administration préconise [...]) | | +/+ | —/— |
| PR 86 | | + | *Recomm. offic.* [...] | | +/+ | (Recomm. offic. pour remplacer [...])/— |
| DFH | drive-in (cinéma) | — | ∅ | ciné-parc | — | ∅ |
| DHLF | | — | ∅ | | — | ∅ |
| GRLF | | + | [...] on dit au Québec [...] | | + | (équivalent franç. de l'angl. [...]) |
| LEXIS 79 | | + | — | | — | ∅ |
| PLI 88 | | + | — | | — | ∅ |
| PR 86 | | + | — | | + | (équivalent franç. de l'angl. [...]) |
| DFH | fast(-)food | + | Syn. [...] | restauration rapide | — | ∅ |
| DHLF | | — | ∅ | | — | ∅ |
| GRLF | | + | REM. Équivalents français proposés [...] | | — | ∅ |
| LEXIS 79 | | — | ∅ | | — | ∅ |
| PLI 88 | | + | (L'Administration préconise [...]) | | + | — |
| PR 86 | | + | — | | — | ∅ |
| DFH | ferry(-boat) | + | — | (navire) transbordeur | + | Syn. de [...] |
| DHLF | | + | — | | + | Syn. de [...] |
| GRLF | | + | REM. L'Administration propose (1973) de remplacer l'anglicisme [...] par [...]. Au Québec, on dit [...] | | + | Anciennt. [...] |
| LEXIS 79 | | + | — | | + | — |
| PLI 88 | | + | (L'Administration préconise [...]) | | + | Mot préconisé par l'Administration pour remplacer [...] |
| PR 86 | | + | — | | + | — |
| DFH | hardware | + | Syn. (conseillé par l'Administration) [...] | matériel | + | (Terme officiellement recommandé pour remplacer [...]) |
| DHLF | | + | Syn. (conseillé par l'Administration) [...] | | + | (Terme officiellement recommandé pour remplacer [...]) |
| GRLF | | + | Équivalent français [...]; on a proposé d'autres équivalents, notamment [...] mais seul [...] est en usage [...] | | + | Recomm. off. pour [...] |
| LEXIS 79 | | + | (L'Administration préconise [...]) | | + | Mot préconisé par l'Administration pour remplacer [...] |
| PLI 88 | | + | Syn. de [...] | | + | (Syn. [...]) |
| PR 86 | | + | *Recomm. offic.* [...] | | + | Recomm. off. pour [...] |
| DFH | jingle | — | ∅ | sonal | — | ∅ |
| DHLF | | — | ∅ | | — | ∅ |

| Dict. | Mot à remplacer | Entrée | Marque d'officialisation | Mot officiel | Entrée | Marque d'officialisation |
|---|---|---|---|---|---|---|
| GRLF |  | + | REM. On a proposé pour cet anglicisme les équivalents français [...] (recomm. off., arrêté du 18 janv. 1973) et [...] (resté inusité en français central, assez courant en français canadien). |  | − | ∅ |
| LEXIS 79 |  | − | ∅ |  | − | ∅ |
| PLI 88 |  | + | (L'Administration préconise [...]) |  | − | ∅ |
| PR 86 |  | + | − |  | − | ∅ |
| DFH | jumbo-jet | + | (L'Admin. préconise le mot franç. [...]) | gros(-)porteur | − | ∅ |
| DHLF |  | + | (L'Admin. préconise le mot franç. [...]) |  | − | ∅ |
| GRLF |  | + | REM. L'équivalent français est [...], mais [...] et surtout l'abrév. [...] est très employée dans la langue du tourisme. |  | + | − |
| LEXIS 79 |  | + | (syn. [...]) |  | + | − |
| PLI 88 |  | + | Syn. de [...] |  | + | − |
| PR 86 |  | | | Cf. fr. [...] |  | + | − |
| DFH | kit | + | − | prêt-à-monter | − | ∅ |
| DHLF |  | + | − |  | − | ∅ |
| GRLF |  | + | Recomm. off. [...] |  | − | ∅ |
| LEXIS 79 |  | + | − |  | − | ∅ |
| PLI 88 |  | + | (L'Administration préconise [...]) |  | − | ∅ |
| PR 86 |  | + | Recomm. offic. [...] |  | − | ∅ |
| DFH | kitchenette | + | Syn. (préconisé par l'Administration) [...] | cuisinette | + | Syn. (préconisé par l'Administration) de [...] |
| DHLF |  | + | Syn. (préconisé par l'Administration) [...] |  | + | Syn. (préconisé par l'Administration) de [...] |
| GRLF |  | + | Recomm. off. [...] |  | + | (recomm. off. pour remplacer l'anglic. [...]) |
| LEXIS 79 |  | + | (L'Administration recommande le terme [...]) |  | + | Terme préconisé par l'Administration pour [...] |
| PLI 88 |  | + | (L'Administration préconise [...]) |  | + | Mot préconisé par l'Administration pour remplacer [...] |
| PR 86 |  | + | Recomm. offic. [...] |  | + | (recomm. offic. pour remplacer l'anglicisme [...]) |
| DFH | listing | + | Syn. déconseillé de [...] | listage/liste | +/+ | −/(anglicisme déconseillé en parlant de *listing*) |
| DHLF |  | + | (Anglicisme déconseillé.) |  | +/+ | −/(anglicisme déconseillé en parlant de *listing*) |

6. Lexicographie et politique langagière: l'exemple français

| Dict. | Mot à remplacer | Entrée | Marque d'officialisation | Mot officiel | Entrée | Marque d'officialisation |
|---|---|---|---|---|---|---|
| GRLF | | + | REM. Malgré les efforts de l'Administration, ce terme est le seul usuel en informatique et s'est répandu dans le public non spécialisé. | | +/+ | recomm. off. pour franciser l'anglic. [...]/— |
| LEXIS 79 | | + | — | | +/+ | —/— |
| PLI 88 | | + | (L'Administration préconise [...]) | | +/+ | Syn., préconisé par l'Administration, de [...]/Syn. de [...] |
| PR 86 | | + | Anglicisme | | +/— | Recomm. offic. pour [...]/∅ |
| DFH | mailing | + | Syn. de [...] | publi-postage | + | Syn. officiel de [...] |
| DHLF | | — | ∅ | | + | Syn. [...] (Anglicisme proscrit par l'Admin.) |
| GRLF | | + | Recomm. off. [...] (*Journ. off.*, 18 janvier 1973) | | + | (recomm. off. pour remplacer l'anglicisme [...]) |
| LEXIS 79 | | — | ∅ | | + | — |
| PLI 88 | | + | Syn. de [...] | | + | (Syn. [...]) |
| PR 86 | | + | — | | + | (recomm. offic. pour remplacer l'anglicisme [...]) |
| DFH | shopping | + | — | chalandage | — | ∅ |
| DHLF | | + | — | | — | ∅ |
| GRLF | | + | En franç. du Canada, on dit [...] | | — | ∅ |
| LEXIS 79 | | + | — | | — | ∅ |
| PLI 88 | | + | — | | — | ∅ |
| PR 86 | | + | — | | — | ∅ |
| DFH | software | + | Américanisme pour [...] | logiciel | + | (Mot officiellement recommandé pour remplacer [...]) |
| DHLF | | + | Américanisme pour [...] | | + | (Mot officiellement recommandé pour remplacer [...]) |
| GRLF | | + | Recomm. off. [...] | | + | REM. L'Administration recommande ce terme pour traduire l'anglais [...] |
| LEXIS 79 | | + | l'Administration préconise [...] | | + | Mot préconisé par l'Administration pour remplacer [...] |
| PLI 88 | | + | Syn. de [...] | | + | (Syn. de [...]) |
| PR 86 | | + | *Recomm. offic.* [...] | | + | Recomm. offic. pour [...] |
| DFH | sponsoriser | + | — | commanditer | + | — |
| DHLF | | — | ∅ | | + | — |
| GRLF | | + | [...] ces anglicismes pouvant être remplacés par [...] | | + | REM. Le mot pourrait servir d'équivalent franç. à l'anglic. [...] |
| LEXIS 79 | | — | ∅ | | — | ∅ |
| PLI 88 | | + | (L'Administration préconise [...]) | | — | ∅ |

| Dict. | Mot à remplacer | Entrée | Marque d'officialisation | Mot officiel | Entrée | Marque d'officialisation |
|---|---|---|---|---|---|---|
| PR 86 | | — | ∅ | | — | ∅ |
| DFH | surbooking | — | ∅ | surréservation | + | — |
| DHLF | | — | ∅ | | + | (Terme préconisé par l'Administration pour remplacer l'anglicisme [. . .]) |
| GRLF | | + | — | | + | Recomm. off. pour [. . .] ∅ |
| LEXIS 79 | | — | ∅ | | — | ∅ |
| PLI 88 | | — | ∅ | | — | ∅ |
| PR 86 | | — | ∅ | | — | ∅ |
| DFH | tour-opérateur | + | Syn. de [. . .] | voyagiste | — | ∅ |
| DHLF | | — | ∅ | | — | ∅ |
| GRLF | | + | L'équivalent français est *organisateur de voyage;* l'Office de la langue française du Québec et le Journal officiel (3 avr. 1982) recommandent [. . .] (nom m. et f.) | | + | Équivalent franç. de l'angl. [. . .] et de son adaptation [. . .] («à proscrire», *Journ. off.*, 3 avril 1982). |
| LEXIS 79 | | + | — | | — | ∅ |
| PLI 88 | | + | | | + | — |
| PR 86 | | + | *Recomm. offic.* [. . .] | | — | ∅ |
| DFH | tuner | + | — | synthoniseur | — | ∅ |
| DHLF | | + | — | | — | ∅ |
| GRLF | | + | REM. On a proposé de nombreux équivalents français pour cet anglicisme [. . .] (recomm. off.); [. . .], mais [. . .] reste seul usuel dans le commerce. | | — | ∅ |
| LEXIS 79 | | + | — | | — | ∅ |
| PLI 88 | | + | (L'Administration préconise [. . .]) | | + | Terme préconisé par l'Administration pour éviter l'anglais [. . .] |
| PR 86 | | + | — | | — | ∅ |
| DFH | visualiseur | — | ∅ | visuel | + | — |
| DHLF | | — | ∅ | | + | — |
| GRLF | | — | ∅ | | + | (Trad. offic. de l'angl. [. . .]) |
| LEXIS 79 | | — | ∅ | | — | ∅ |
| PLI 88 | | — | ∅ | | + | Syn. de [. . .] |
| PR 86 | | — | ∅ | | + | (trad. offic. de l'angl. [. . .]) |
| DFH | voucher | — | ∅ | bon d'échange/ coupon | —/+ | ∅/— |
| DHLF | | — | ∅ | | —/+ | ∅/— |

| Dict. | Mot à remplacer | Entrée | Marque d'officialisation | Mot officiel | Entrée | Marque d'officialisation |
|---|---|---|---|---|---|---|
| GRLF | | + | Terme à proscrire (*Journ. off.*, 3 avr. 1982); équivalents français [...]. | | −/+ | ∅/− |
| LEXIS 79 | | − | ∅ | | −/+ | ∅/− |
| PLI 88 | | + | — | | −/+ | ∅/− |
| PR 86 | | − | ∅ | | −/+ | ∅/− |
| DFH | Walkman | + | (Syn. conseillé par l'Admin. [...]) | baladeur | + | Syn. préconisé par l'Administration de [...] |
| DHLF | | − | ∅ | | − | ∅ |
| GRLF | | + | Recomm. off. [...] (1983). | | + | Équivalent proposé de l'anglicisme [...] |
| LEXIS 79 | | − | ∅ | | − | ∅ |
| PLI 88 | | + | (L'Administration préconise [...]) | | + | Terme préconisé par l'Administration pour éviter l'angl. [...] |
| PR 86 | | + | (Recomm. off. [...]) | | + | — |

*Légende:* + → le mot possède une entrée dans le dictionnaire;
− → le mot ne possède pas d'entrée ou de sens correspondant à l'avis officiel; le même signe indique qu'aucun commentaire officiel n'est fait dans l'article;
∅ → ce signe suit le signe (−) lorsque celui-ci indique une entrée absente.

*Note:* Tous les «mots à remplacer» sont tirés du *DNO*. Le texte des dictionnaires est respecté, y compris les abréviations et les jeux de caractères. Les parenthèses ou les traits obliques dans la colonne «entrée» signalent respectivement différentes graphies ou différentes propositions. Les [...] remplacent le mot à éviter, la forme officielle ou d'autres suggestions.

## 8. Bibliographie choisie

### 8.1. Dictionnaires

*CECJ 1986* = Dictionnaire CEC Jeunesse. Nouvelle édition revue et augmentée par Raymonde Abenaim/Jean-Claude Boulanger/A. E. Shiaty/Denis Vaugeois. Montréal 1986 [1200 p.; 1re édition 1982].

*DFH* = Dictionnaire du français. Paris 1987 [1782 p.].

*DFL 1549* = Robert Estienne: Dictionnaire françois-latin [...]. Corrigé et augmenté. Paris 1549 [678 p.; 1re édition 1539].

*DFP* = Dictionnaire du français plus à l'usage des francophones d'Amérique. Sous la direction de A. E. Shiaty. Montréal 1988 [XXIV, 1856 p.].

*DFV 1979* = Maurice Davau/Marcel Cohen/Maurice Lallemand: Dictionnaire du français vivant. Nouvelle édition entièrement revue et augmentée. Paris 1979 [XII, 1346 p.; 1re édition 1972].

*DHLF* = Dictionnaire Hachette de la langue française. Sous la direction de Françoise Guérard. Paris 1980 [1817 p.].

*DNO* = Dictionnaire des néologismes officiels. Tous les mots nouveaux. Paris 1984 [544 p.].

*DTV* = Jean-Claude Corbeil: Dictionnaire thématique visuel. Montréal 1986 [800 p.].

*GLLF* = Grand Larousse de la langue française. Sous la direction de Louis Guilbert/René Lagane/Georges Niobey, avec le concours de Henri Bonnard/Louis Casati/Alain Lerond. Paris 1971—1978 [7 vol. CXXVIII, 6730 p.].

*GMN* = Loïc Depecker/Alain Pagès: Guide des mots nouveaux. Paris 1985 [160 p.].

*GRLF* = Paul Robert: Le Grand Robert de la langue française. Dictionnaire alphabétique et analogique de la langue française. 2e édition entièrement revue et augmentée par Alain Rey. Paris 1985 [9 vol. LVIII p., p. v.; 1re édition 6 vol., 1958—1964; Supplément 1970].

*Lexis 1975* = Lexis. Dictionnaire de la langue française. Sous la direction de Jean Dubois. Paris 1975 [LXXIX, 1951 p.].

*Lexis 1979* = Larousse de la langue française. Lexis. 2e édition, illustrée. Sous la direction de Jean Dubois. Paris 1979 [XVI, 2111 p.; 1re édition 1975].

*MDLF* = Marie-Éva de Villers: Multidictionnaire des difficultés de la langue française. Montréal 1988 [XXXI, 1148 p.].

*PLI 1988* = Petit Larousse illustré 1988. Paris 1987 [XXXI, 1799 p.; tirage de l'édition 1980].

*PR 1967* = Paul Robert: Le Petit Robert. Dictionnaire alphabétique et analogique de la langue française. Secrétaire général de rédaction: Alain Rey. Paris 1967 [XXXII, 1972 p.].

*PR 1977* = Paul Robert: Le Petit Robert. Dictionnaire alphabétique et analogique de la langue française. Seconde édition. Rédaction dirigée par Alain Rey et Josette Rey-Debove. Paris 1977 [XXXI, 2172 p.; 1re édition 1967].

*PR 1986* = Paul Robert: Le Petit Robert 1. Dictionnaire alphabétique et analogique de la langue française. Seconde édition. Rédaction dirigée par Alain Rey et Josette Rey-Debove. Paris 1977 (tirage de 1986) [XXXI, 2175 p.; 1re édition 1967].

*RALT 1982* = Répertoire des avis linguistiques et terminologiques. Québec 1982 [101 p.].

*RALT 1986* = Répertoire des avis linguistiques et terminologiques, mai 1979—octobre 1985. 2e édition revue et augmentée, vol. 1. Québec 1986 [179 p.; 1re édition 1982].

*TLF* = Trésor de la langue française. Dictionnaire de la langue du XIXe et du XXe siècle (1789—1960). Sous la direction de Paul Imbs (vol. 1 à 7) et de Bernard Quemada (vol. 8 et suivants). Nancy 1971—1986 [12 vol. parus (*a-pénétrer*)].

*TTN* = Bruno de Bessé: Termes techniques nouveaux. Termes officiellement recommandés par le Gouvernement français. Paris. Bruxelles 1982 [367 p.].

### 8.2. Travaux

*Auger 1986* = Pierre Auger: Introduction. In: Répertoire des avis linguistiques et terminologiques, mai 1979—octobre 1985. 2e édition revue et augmentée, vol. 1. Québec 1986, 5—11 [1re édition 1982].

*Boulanger 1985* = Jean-Claude Boulanger: A propos du concept de «régionalisme». In: Lexique 3. 1985, 125—146.

*Boulanger 1986 a* = Jean-Claude Boulanger: Aspects de l'interdiction dans la lexicographie française contemporaine. Tübingen 1986 (Lexicographica. Series Maior 13).

*Boulanger 1986 b* = Jean-Claude Boulanger: L'aménagement linguistique du Québec ou le prélude à de nouvelles ordonnances. In: Zeitschrift der Gesellschaft für Kanada-Studien 6. 1986, 17—38.

*Boulanger 1988* = Jean-Claude Boulanger: La lexicographie québécoise entre Charybde et Scylla. In: International Journal of Lexicography 1. 1988, 127—150.

*Corbeil 1987* = Jean-Claude Corbeil: Vers un aménagement linguistique comparé. In: Politique et aménagement linguistiques. Textes publiés sous la direction de Jacques Maurais. Québec. Paris 1987, 553—566.

*Daoust/Maurais 1987* = Denise Daoust/Jacques Maurais: L'aménagement linguistique. In: Politique et aménagement linguistiques. Textes publiés sous la direction de Jacques Maurais. Québec. Paris 1987, 5—46.

*Demaizière 1984* = Colette Demaizière: L'importance du Dictionnaire français-latin de 1549 dans l'œuvre lexicographique de Robert Estienne. In: Mélanges sur la littérature de la Renaissance à la mémoire de V.-L. Saunier. Genève 1984 (Travaux d'humanisme et Renaissance 202), 79—86.

*Gendron 1987* = Jean-Denis Gendron: Effets linguistiques de l'intervention de l'État en matière de langue au Québec: la création d'un usage dominant. In: Hans-Josef Niederehe/Lothar Wolf (éd.): Français du Canada. Français de France. Actes du Colloque de Trèves du 26 au 28 septembre 1985. Tübingen 1987, 349—363.

*Gueunier 1985* = Nicole Gueunier: La crise du français en France. In: La crise des langues. Textes colligés et présentés par Jacques Maurais. Québec. Paris 1985, 3—38.

*Hagège 1983* = Claude Hagège: Voies et destins de l'action humaine sur les langues. In: István Fodor/Claude Hagège (éd.): La réforme des langues. Histoire et avenir. Vol. 1. Hambourg 1983, 11—68.

*Hagège 1987* = Claude Hagège: Le français et les siècles. Paris 1987.

*Maurais 1983* = Jacques Maurais: Introduction. In: La norme linguistique. Textes colligés et présentés par Édith Bédard et Jacques Maurais. Québec. Paris 1983, 1—16.

*Quemada 1971* = Bernard Quemada: A propos de la néologie. Essai de délimitation des objectifs et des moyens d'action. In: La Banque des mots 2. 1971, 137—150.

*Rey 1972* = Alain Rey: Usages, jugements et prescriptions linguistiques. In: Langue française 16. Décembre 1972, 4—28.

*Rey 1983* = Alain Rey: Norme et dictionnaires (domaine du français). In: La norme linguistique. Textes colligés et présentés par Édith Bédard et Jacques Maurais. Québec. Paris 1983, 541—569.

*Rey 1985* = Alain Rey: Préface de la deuxième édition. In: Le Grand Robert de la langue française. Dictionnaire alphabétique et analogique de la langue française. 2e édition entièrement revue et augmentée par Alain Rey. Vol. 1. Paris 1985, XVII—XLII.

*Rey 1986* = Alain Rey: Présentation du dictionnaire. In: Le Petit Robert 1. Dictionnaire alphabétique et analogique de la langue française. Paris 1986, IX—XIX.

*Rey 1988* = Alain Rey: Dictionnaire et néologie. In: Actes du colloque Terminologie et technologie nouvelles. Paris-La Défense du 9 au 11 décembre 1985. Montréal 1988, 279—289.

*Wolf 1983* = Lothar Wolf: La normalisation du langage en France. De Malherbe à Grevisse. In: La norme linguistique. Textes colligés et présentés par Édith Bédard et Jacques Maurais. Québec. Paris 1983, 105—137.

*Jean-Claude Boulanger, Québec (Canada)*

# 7. Wörterbücher und Normativität

1. Typologische Vorbemerkungen
2. Beispiele normativer Wörterbücher
3. Zum Verhältnis von Individual- und Gruppenleistung in der normativen Lexikographie
4. Mögliche Gegenstände lexikographischer Normierung
5. Definition und Beispiel im normativen Wörterbuch
6. Literatur (in Auswahl)

## 1. Typologische Vorbemerkungen

Obwohl sich Spuren von Vorläufern des normativen Wörterbuchs bereits im Altertum finden, ist diese Spielart der lexikographischen Kunst eigentlich auf die letzten Jahrhunderte beschränkt. Darin liegt einer der grundsätzlichen Unterschiede zwischen Grammatik und Wörterbuch: der Laie greift zur Grammatik als dem Leitfaden, der ihn zum erstrebten Ziel des 'richtigen' Sprechens und Schreibens führen soll, bedient sich indessen des Wörterbuches hauptsächlich, um allerlei kleine Lücken in seinem Wissen um Sprache und Umwelt schnell und ohne Mühe zu füllen. Erst sekundär entwickelt sich eine Variante des Wörterbuchs, die genau wie die Elementargrammatik das Ziel verfolgt, den Leser über die gesellschaftlich (oder schulmäßig) zulässige Form des Sprachgebrauchs in didaktischem Ton zu unterrichten.

Man kann die wichtigeren Ergebnisse dieser Entwicklung rein chronologisch verfolgen oder das zeitliche Moment einer hauptsächlich typologischen Übersicht unterordnen. Diese letztere Perspektive scheint ergiebiger zu sein und wird hier dementsprechend vorgezogen. Dabei ergeben sich die folgenden Möglichkeiten:

(a) eine Einzelperson oder eine Institution kann in die Entwicklung der Lexis normativ eingreifen, (α) entweder indem man vorbildliche Beispiele anführt und Unzulässiges einfach unerwähnt läßt oder (β) indem man etwaige Abweichungen von der erstrebten Norm kritisiert bzw. den richtigen Beispielen gegenüberstellt. Dabei ist es möglich, eine weitere Unterscheidung zu treffen (b), je nachdem, ob es sich (α) um den individuellen, privaten Geschmack des betreffenden Verfassers, d. h. „Schiedsrichters", handelt oder (β) um das Urteil einer anerkannten Institution, z. B. einer Sprachakademie. Vieles hängt weiterhin davon ab (c), ob man (α) auf rein lexikalische Eigentümlichkeiten abzielt (z. B. Vermeidung von Fremdwörtern, Solözismen, Archaismen und dergleichen) oder ob das Wörterbuch wenigstens beiläufig auch (β) orthographische, orthoepische oder gar syntaktisch-phraseologische Ziele verfolgt. Schließlich (d) läßt sich unterscheiden zwischen solchen Wörterbüchern, die sich (α) auf den besten Sprachgebrauch bestimmter hochangesehener Autoren („Klassiker") des vorausgehenden Zeitabschnitts oder der Gegenwart berufen, und solchen, die (β) von einer solchen literarischen Fundierung gänzlich abzusehen sich berechtigt fühlen.

Trotz aller Bemühungen um eine straffe Klassifizierung des Materials ist es nicht immer möglich, eine wirklich exakte Grenze zwischen dem belehrenden (oder erzieherischen) und dem nur Auskunft erteilenden Wörterbuch zu ziehen. Deskriptive, historische und sogar etymologische Wörterbücher von großem Wert können gelegentlich normative Randbemerkungen enthalten; und umgekehrt: ein normatives Wörterbuch kann, unter besonderen Umständen, seine positiven und negativen Entscheidungen damit zu rechtfertigen versuchen, daß es ein umstrittenes Wort oder eine problematische Konstruktion eines gegebenen Wortes oder ein interessantes Äquivalent zu einem solchen Wort in tonangebenden Texten nachweist und damit die Verwendung des betreffenden Wortes (in einer historisch-traditionell ausgerichteten Kultur) entweder legitimiert oder aber untersagt. Die Besprechung dieser vielfältigen Erscheinungen soll mit einigen Bemerkungen über charakteristische Vertreter dieser lexikographischen Gattung abgeschlossen werden.

## 2. Beispiele normativer Wörterbücher

2.1. Ein normatives Wörterbuch braucht, wie gesagt, nichts ausdrücklich zu kritisieren, um seine Verwendung zu verhindern: die Tatsache des Verschweigens kann stärker wirken als jede Kritik — aber nur, wenn der Lexikograph oder die mit solchen Entscheidungen beauftragte Institution durch ihr Prestige einen entsprechenden Einfluß in der Gesellschaft ausüben.

Ein gutes Beispiel liefern die beiden Teile des spanisch-lateinischen Wörterbuchs (1492—95) von Antonio de Nebrixa (1444—1522): der in Italien ausgebildete Verfasser war allen seinen spanischen Zeitgenossen an philologischem Wissen und Feingefühl so sichtlich überlegen, daß fast jedermann sich seinem Urteil gerne beugte. Das traf auf seinen älteren Zeitgenossen Alfonso de Palencia (1423—1492) jedoch nicht zu: das *Universal vocabulario en latín y en romance* (1490) dieses vielseitig gebildeten Schriftstellers übte kaum einen bedeutenden Einfluß aus, weil man eben seinen Namen mit didaktischen Traktaten, historiographischen Bemühungen und geglückten Übersetzungen aus dem Lateinischen, aber nicht mit grammatisch-lexikographischer Kompetenz assoziierte. Bemerkenswert ist, daß um die Wende zum 16. Jahrhundert ein lateinisch-neusprachliches, also im Grunde zweisprachiges Nachschlagewerk eine Aussicht hatte, auch als normativ verläßlich zu gelten, was zu einem späteren Zeitpunkt nur selten möglich war. Eine streng positive Richtschnur bietet seit Jahrzehnten der ungemein beliebte *Petit Larousse illustré,* dessen vielleicht einflußreichste Ausgaben von Claude Augé stammen: Für den durchschnittlichen Leser existiert 'offiziell' überhaupt nicht, was 'der Larousse' (und damit meint man gemeinhin die einbändige Ausgabe) nicht aufführt. Wo es sich um die Formung oder Erneuerung einer Sprache handelt, erreicht die potentielle Wirkung eines normativen Wörterbuchs ihren Höhepunkt. Als es z. B. galt, die katalanische Schriftsprache nach einer langen Periode des Verfalls wieder auf ihre vormalige Höhe zu bringen, machte sich der große Einfluß Pompeu Fabras sofort bemerkbar: Als hochgeschätzter Mitbegründer und Direktor des Institut d'Estudis Catalans (Barcelona) konnte er mittels solcher Wörterbücher wie seines sehr erfolgreichen *Diccionari ortogràfic* (zuerst 1917) und etwas später seines umfassenden *Diccionari general de la llengua catalana* die notwendige Standardisierung der mundartlich stark zersplitterten Sprache fast eigenhändig durchführen.

2.2. Ein normatives Wörterbuch kann aber auch gewisse negative Komponenten enthalten, wobei das zugrunde liegende Element der Kritik, der Unzufriedenheit mit einem 'falschen' Gebrauch, verschiedener Art sein kann. Der Verfasser kann eine ältere Autorität in Zweifel ziehen, was den Versuch bedeutet, eine anerkannte Norm durch eine andere, zeitgemäßere zu ersetzen. Oder der beanstandete 'falsche' Gebrauch ist im eigentlichen (mündlichen oder schriftlichen) Sprachgebrauch erkennbar, und die Absicht des Lexikographen ist, ihn offenzulegen und dem lernfreudigen Leser den notwendigen Ersatz zur Verfügung zu stellen. Die Beanstandungen können von zweierlei Art sein: entweder handelt es sich um Sprachfehler unterschiedlichster Natur (darunter auch sogenannte 'Sprachdummheiten'), wie sie sich gelegentlich einschleichen; oder aber eine Mode soll angeprangert und die notwendigen Korrektive zur Verfügung gestellt werden. Bekanntere Beispiele dieser letzteren Art sind die Versuche, Fremdkörper aus dem deutschen Sprachgebrauch sowie Gallizismen (und neuerdings auch Anglizismen) aus dem amerikanischen Spanisch zu entfernen, und zwar mittels lexikographischer Unterweisung.

Nur einige wenige Beispiele können hier aufgeführt und kurz erörtert werden. Es dürfte nur selten vorkommen, daß ein vielseitiger Schriftsteller mit einer scharf profilierten Weltanschauung zugleich der Verfasser eines einflußreichen, wiederholt aufgelegten zweisprachigen Wörterbuchs ist. Diese Beschreibung trifft aber auf den lange in England ansässigen Giuseppe Baretti zu, dessen einflußreiches Werk auf dem Gebiet der Lexikographie, nämlich *A dictionary of the English and Italian languages,* zuerst in London, und zwar im Jahre 1760, erschien. Da Baretti eine führende Figur der italienischen Aufklärung war, wurde er ein scharfer Kritiker des „klassizistischen" Wörterbuchs der Florentiner Accademia della Crusca, eine Einstellung, die natürlich auch auf die Auswahl des herangezogenen italienischen Wortmaterials abfärbte, von dem er allerlei Archaismen fernzuhalten bestrebt war. Des Verfassers realistische Einstellung zu der berühmten Streitfrage, die Italien Jahrhunderte lang beunruhigte („questione della lingua" — die Suche nach der Schriftsprache), erklärt so seine Befürwortung einer neuen Norm, unter Abwerfen eines schweren Ballastes veralteter Wörter.

Negativ-normativ sind auch solche Wörterbücher, die gegen den Gebrauch von Fremdwörtern auftreten. Die besseren unter ihnen erklären zunächst die Herkunft solcher beanstandeten Eindringlinge, übersetzen sie in die jeweilige Nationalsprache und geben damit dem Leser die Möglichkeit und manchmal auch den Anstoß, die Fremdwörter — wenn es ihm beliebt — zu vermeiden. Stammt die beigefügte Erklärung aus der Feder eines angesehenen Sprachforschers, so behält ein solches Werk einen gewissen objektiven Wert, auch wenn man mit der Absicht des Vorhabens nicht unbedingt einverstanden ist. Das trifft z. B. auf J. C. A. Heyses *Allgemeines verdeutschendes und erklärendes Fremdwörterbuch* zu, namentlich in der späteren Bearbeitung des keineswegs inkompetenten Berliners K. A. F. Mahn (1859), wenn auch der Untertitel: „Ein Handbuch zum Verstehen und Vermeiden der [...] fremden Ausdrücke" einen anderen Eindruck entstehen lassen mag. Auf sehr hohem wissenschaftlichem Niveau steht das vor etwa fünf Jahren veröffentlichte *Dictionnaire des anglicismes: les mots anglais et américains en fran-*

çais, das nicht nur krasse Anglizismen berücksichtigt, sondern auch Bedeutungserweiterungen und Konstruktionsänderungen in Betracht zieht, die sich eben unter fremdem Einfluß durchsetzen, obwohl den Wörtern selbst, wie z. B. *absurde,* nichts spezifisch 'Angelsächsisches' anhaftet. Die Verfasserin, Josette Rey-Debove, schon vorher als Sprachtheoretikerin bestens eingeführt, hat hier, in Zusammenarbeit mit Gilberte Gagnon und anderen Mitarbeitern, wertvolle Beobachtungen zusammengetragen, z. B. über die in Frankreich vorherrschende Aussprache der übernommenen englischen Wörter. Außerdem wird die anglisierende Mode („le franglais") nicht radikal bekämpft, sondern es werden echt französische Äquivalente oder Umschreibungen mitgeteilt, gelegentlich mit einem Vermerk, aus dem hervorgeht, daß von einer wirklichen Äquivalenz nicht die Rede sein kann (so unter *breakfast* 'petit déjeuner à l'anglaise').

Von einer Überschwemmung des Büchermarktes mit allerlei normativ-didaktischen Wörterbüchern und Glossaren kann man in Bezug auf Lateinamerika reden, wo es, besonders gegen Ende des 19. Jahrhunderts, galt, zwei angeblichen Gefahren mit lexikographischen Mitteln entgegenzutreten. Zunächst wollte man dem Risiko einer radikalen Regionalisierung der spanischen Lexis vorbeugen, und zwar dadurch, daß man etwaige regionale Abweichungen von der angeblich von der Madrider Akademie meisterhaft festgelegten kastilischen Norm feststellte und heftig kritisierte. Dann aber galt es, die sich leicht einschleichenden Gallizismen als Fremdkörper bloßzustellen und durch authentisches Wortgut möglichst zu ersetzen. (Zu einer parallelen Sammlung unerwünschter Latinismen ist es aber nicht gekommen.) Auf die Ausmerzung der als negativ gekennzeichneten Gallizismen folgte, um das Jahr 1940 herum, die Kennzeichnung der — in gewissen puristischen Kreisen — ebenso unerwünschten Anglizismen (eigentlich Anglo-Amerikanismen). Charakteristische Beispiele aller Spielarten dieser lexikographischen Praxis (die übrigens in Portugal und Brasilien viel schwächer vertreten ist, obwohl die Umstände im Grunde die gleichen sind) sind unter 6.1. vermerkt, und zwar unter den Namen R. M. Baralt, A. Batres Jáuregui und F. J. Orellana; über Einzelheiten unterrichtet Y. Malkiel 1959. Lexikographische Sammlungen von Sprachdummheiten (z. B. Verwechslungen gewisser Wörter, wie *vorhalten* und *vorbehalten,* E. *ingenious* und *ingenuous* und dergleichen), meistens von Lehrern verfaßt, findet man überall; sie spiegeln fast nie tiefere Einsichten und veralten sehr schnell.

Eine gewisse Ähnlichkeit mit den belehrend normativen Wörterbüchern weisen manche Sammlungen von „faux amis" auf. Damit meint man Wörter, die in zwei gegebenen Sprachen (z. B. dem Englischen und dem Französischen) sehr ähnlich aussehen, auch ungefähr dasselbe bedeuten und meistens sogar gleichen Ursprungs sind, die aber in wichtigen Einzelheiten der Bedeutung und der Konstruktion doch voneinander abweichen, so daß der Lernende vor allem vor raschen Rückschlüssen gewarnt werden muß. Auch einige deskriptive Wörterbücher enthalten gelegentlich solche eingeklammerten didaktischen Ratschläge und Warnungen, z. B. James L. Taylors *A Portuguese-English Dictionary*.

Dagegen besteht ein prinzipieller Unterschied zwischen wissenschaftlichen Abhandlungen etwa über Skandismen und Batavismen im Englischen, Italianismen im Spanischen oder im Französischen (und dergleichen) einerseits und Anglizismen im neuesten Deutsch andererseits, da es sich dort um einen abgeschlossenen Prozeß handelt, der eigentlich nur den Sprachhistoriker angeht, während sich hier die Handlung vor unseren Augen (und Ohren) abspielt, so daß der Lexikograph eine beschränkte Möglichkeit hat, in sie — konstruktiv oder destruktiv — einzugreifen und den Gang der Ereignisse dadurch mitzubestimmen.

## 3. Zum Verhältnis von Individual- und Gruppenleistung in der normativen Lexikographie

Die obige Behauptung, daß ein streng normatives oder ein allgemeines und nur nebenher normatives Wörterbuch in jedem Fall entweder den Geschmack einer Einzelperson oder einer Institution widerspiegele, stellt natürlich eine gewisse Überspitzung der wirklichen Verhältnisse dar. Es gibt allerlei Kompromisse und Zwischenpositionen, etwa wenn die Verantwortung auf den Schultern von zwei oder drei Lexikographen ruht, wobei man gelegentlich, aber bei weitem nicht immer, von einem „team" (oder einer „équipe") reden kann. Wo es sich um gleichrangige Mitarbeiter handelt, mag der eine die grammatische und etymologische, und der andere die semantische Seite jedes Eintrags überwachen. So wenigstens dachten sich ihre Zusammenarbeit Arsène Darmesteter und Adolphe Hatzfeld bei der Ausarbeitung ihres vorzüglichen *Dictionnaire général de la langue française*. Da aber Darmesteter schon 1888 starb, während der erste Band des gemeinsamen Unternehmens erst zwei Jahre später erschien, mußte noch eine dritte Person, nämlich Antoine Thomas, zur Überprüfung aller Urteile herangezogen werden. Es gibt aber auch ganz andere Modelle der Zusammenarbeit, etwa wenn sich ein bedeutender Theoretiker und Historiker, als welchen man Giacomo Devoto ja getrost bezeichnen darf, mit einem ausgesprochenen Praktiker oder Pragmatiker, nämlich Gian Carlo Oli, verbündete, um noch in hohem Alter das zweibändige *Vocabolario illustrato della lingua italiana* herauszugeben. Eine weitere Variante, oder sogar ein Bündel von Varianten, liefern solche Wörterbücher, die zwar von einem Verfasser stammen, aber in späteren Auflagen ein Supplement aus der Feder eines viel jüngeren Lexikographen erhalten. So beherrschte von 1916 bis 1942 G. Cappuccinis *Vocabolario della lingua italiana* den italienischen Büchermarkt, erschien aber von 1945 an mit einem so reichhaltigen Nachtrag von Bruno Migliorini (der übrigens eine viel bedeutendere Forscherpersönlichkeit darstellt), daß das nach wie vor sehr beliebte und normativ weit beachtete Wörterbuch von diesem Zeitpunkt an als der „Cappuccini-Migliorini" im Buchhandel und Bibliotheksbetrieb galt. Anders verfuhr der Verlag, als es galt, Nicola Zingarellis ebenfalls geschätztes *Vocabolario della lingua italiana* einer Verjüngungskur zu unterziehen. Die damit beauftragten Forscher, M. Dogliotti und L. Rosiello, blieben diskret im Hintergrund, aber das sorgfältig revidierte Buch hieß von nun an *Il nuovo Zingarelli*. Es handelt sich nun bei einer solchen nachträglichen oder zusätzlichen Zusammenarbeit nicht immer um eine postume Verjüngung; es liegt gelegentlich auch ein Auszug vor. So erschien Émile Littrés berühmtes *Dictionnaire de la langue française* in den Jahren 1863—72, dazu ein Nachtrag (1877); aber schon im Jahre 1875 war eine einbändige Kurzfassung (Abrégé [...]), von dem heute gänzlich vergessenen A. Beaujean besorgt, zu einem erschwinglichen Preis erhältlich, und diesen Leitfaden arbeitete dann (1958) Gérard Venzac für den heutigen Leser um.

Wenn man, trotz dieser Einschränkung, noch immer vom Littré spricht, so ging dessen ungeschmälerte Autorität zunächst darauf zurück, daß das ursprüngliche Wörterbuch ein unbestrittenes Meisterwerk war. Hinzu kommt, daß Littré überhaupt ein herausragender Vertreter der französischen Wissenschaft jener Zeit war, der durch seine Beiträge zur französischen Sprachgeschichte und zur Philosophie jedermann imponierte.

Solches Prestige kann nicht vom durchschnittlichen Verfasser eines brauchbaren normativen Wörterbuchs erwartet oder gefordert werden. Hermann Pauls *Deutsches Wörterbuch* konnte es beanspruchen auf Grund nicht nur seiner unbestrittenen Qualität, sondern auch des Rufes, den Paul als bahnbrechender Theoretiker der historischen Sprachwissenschaft im allgemeinen und als Verfasser einer vorzüglichen mehrbändigen Grammatik des Deutschen im besonderen genoß; er war eben nicht nur Lexikograph im engeren Sinne des Wortes. Wo besondere Umstände — so die Herauskristallisierung einer neuen oder wesentlich verjüngten Schriftsprache — einem lexikographischen Unternehmen eine bahnbrechende Rolle verleihen, wie es z. B. mit Ben-Yehudas Worterbuch des Neuhebräischen der Fall war, oder wo der Verfasser sich auf eine vorzügliche Kenntnis der jeweiligen Mundarten bei seiner lexikographischen Synthese stützen kann (man denke an Frédéric Mistrals *Trésor* als einem Schlüssel zum Neuprovenzalischen, oder an Uriel Weinreichs abschließendes Werk, nämlich sein *Wörterbuch des Jiddischen*), kann und darf ein Individuum seinen diesbezüglichen Einfluß geltend machen, wobei auch gewisse kulturelle Vorbedingungen — z. B. die Fähigkeit einer Sprachgemeinschaft, sich für die Leistung eines Einzelgängers zu begeistern — eine gewisse Rolle spielen. Aber wo dem Leser die Wahl freisteht zwischen den Entscheidungen eines einzelnen, wenn auch hochqualifizierten Zeitgenossen und den Beschlüssen einer allgemein als kompetent anerkannten Institution, kann man voraussagen, daß das 'korporative' Wörterbuch im Falle eines etwaigen Widerspruches das größere Ansehen genießen und somit häufiger herangezogen werden wird. Im spanischen Sprachkreis z. B. erfreut sich Samuel Gili Gayas *Vox* mit voller Berechtigung einer großen Beliebtheit und verdankt seine Autorität z. T. auch dem berühmten Essay aus der Feder Ramón Menéndez Pidals, das als eine Art Vorwort oder Einleitung gedacht ist. Eine ähnliche Stellung nimmt unter den semantisch orientierten spanischen Wörterbüchern Julio Casares' *Diccionario ideológico* ein. Und doch wird man in Spanien und Lateinamerika zunächst zum Wörterbuch der spanischen Akademie greifen, das gerade jetzt (1984) in seiner erheblich verbesserten 20. Auflage vorliegt und dadurch, daß es ein Wort oder einen stereotypen Ausdruck entweder verzeichnet oder wegläßt, dem jeweiligen Detail des Sprachgebrauchs den Stempel der Autorität aufdrückt.

Die Institution, auf die hier des öfteren angespielt worden ist, ist gewöhnlich die jeweilige Sprachakademie oder die Akademie der Wissenschaften, die allerdings eine Gruppe ihrer Mitglieder mit der Ausführung oder der Überwachung des Projekts beauftragen kann. Gewöhnlich begleitet ein solches Wörterbuch eine entsprechende (d. h. ebenfalls normative) Grammatik, während die Arbeit an der historischen Grammatik und am Sprachatlas einem Forschungsinstitut anvertraut wird (doch fehlt es nicht an Variationen). Dutzende von Beispielen lassen sich anführen. Die Vorzüge einer solchen Organisation sind sofort erkennbar, doch mangelt es nicht an Nachteilen. Zunächst ist es nicht immer klar, wie Sprachforscher und Vertreter der schönen Literatur fruchtbar zusammenarbeiten können oder sollen. Dann muß man mit besonders starken politischen und wirtschaftlichen Rückschlägen rechnen. So ist von dem von der Königlichen Italienischen Akademie geplanten *Vocabolario della lingua italiana* (verantwortliche Schriftleiter: Giulio Bertoni und Clemente Merlo) nur der erste Band (A—C) erschienen, und zwar im Kriegsjahr 1941. Aber auch in Friedenszeiten gibt es allerlei Krisen; seit zwölf Jahren liegt von dem von der Lissaboner Akademie der Wissenschaften befürworteten *Dicionário da língua portuguesa* lediglich der erste Band (A) vor.

## 4. Mögliche Gegenstände lexikographischer Normierung

In einem normativen Wörterbuch können gewisse Komponenten der zu berücksichtigenden Wörter — Rechtschreibung, Aussprache, grammatische Besonderheiten, phraseologische Einzelheiten usw. — scharf hervorgehoben und sogar zum Mittelpunkt und eigentlichen Ziel der gesamten Mitteilung werden. Vieles hängt dabei davon ab, wie sich Orthographie und Aussprache jeweils zueinander verhalten; ein anderer Faktor ist, wieviel Klärung (oder umgekehrt: Verwirrung) eine noch nicht lange zurückliegende Reform der Rechtschreibung hervorgerufen haben mag.

In Sprachgebieten, wo die offizielle Rechtschreibung die Aussprache und insbesondere die Betonung eines Wortes unter den Gebildeten zumindest in groben Umrissen verrät, darf ein Wörterbuch von jeder orthoepischen Hilfe absehen; so die 20. Auflage (1984) des spanischen Wörterbuchs der Madrider Akademie. Geht die Standardschreibung mit prosodischen Hilfsmitteln sparsam um, wie es im Italienischen der Fall ist, so kann ein Wörterbuch diese Quote erheblich überschreiten (vgl. Barbara Reynolds' Vorgehen im italienisch-englischen Teil ihres Wagnisses) oder verallgemeinern (so A. Albertoni und E. Allodoli). Ein gutes modernes Wörterbuch des Englischen, also einer Sprache, in der Schrift und Aussprache zuweilen ihre eigenen Wege gehen, wird den Leser in jedem Fall zumindest beiläufig (in Klammern beigefügt) mit Hilfe einer phonetischen Umschrift über die prosodischen Verhältnisse aufklären; vgl. das durchaus fortschrittliche *American Heritage Dictionary,* und zwar unter Einschluß der stark gekürzten Schulausgabe ('college edition'). Eine radikale Reform der Rechtschreibung, wie sie Portugal im Jahre 1911 durchführte, berechtigt die Abfassung eines speziell orthographischen Wörterbuchs, wie es auch seit 1914 vorliegt; die Wahl des Verfassers fiel, mit voller Berechtigung, auf den phonetisch vorzüglich ausgebildeten A. dos R. Gonçalves Viana. Welcher Beliebtheit beim großen Publikum sich ein solches Unternehmen zuweilen erfreut, zeigt am deutlichsten der Fall von Konrad Duden (1829—1911), des Verfassers von mehreren mehr oder weniger parallelen Nachschlagewerken dieser Art, von denen das wohl älteste das *(Vollständige) orthographische Wörterbuch der deutschen Sprache* ist. Unter den davon abgeleiteten Werken sind (a) *Wörterbuch und Leitfaden der deutschen Rechtschreibung* und (b) *Rechtschreibung der deutschen Sprache und der Fremdwörter* der Erwähnung wert. Der Fall Duden ist fast einzigartig, weil man — lange nach dem Hinscheiden des Verfassers — allmählich daranging, um den Kern dieses ursprünglich streng orthographischen Unternehmens eine ganze Reihe ganz anders ausgerichteter lexikographischer Experimente aufzubauen („Der Große Duden"), darunter ein vom gleichen Verlag betreutes Aussprache-, Bild-, Fremd-, Herkunfts-, Stil- und Synonymenwörterbuch, dazu noch eine Grammatik, die sich alle einer nachweisbaren Beliebtheit erfreuen.

Aussprache und Rechtschreibung, besonders in ihrem schwankenden Wechselverhältnis, sind jedoch (für den Muttersprachler) nicht die einzigen Probleme. Es gibt z. B., und zwar seit dem 19. Jahrhundert, Wörterbücher, die die Konjugation oder Rektion der Verba beschreiben und so eine Brücke zur eigentlichen Grammatik bilden. Es wird immer üblicher, solche Schwierigkeiten (die man wohl als interne Schwierigkeiten bezeichnen darf, um sie so den Übersetzungsschwierigkeiten um so klarer gegenüberzustellen) in einer einzigen und meistens einbändigen Synthese straff zusammenzufassen; man denke an das von der Pariser Firma Larousse lancierte, sehr lesenswerte *Dictionnaire des difficultés de la langue française,* für das Adolphe V. Thomas verantwortlich zeichnet, oder an den Band 9 des „Großen Duden": *Hauptschwierigkeiten der deutschen Sprache* (von G. Drosdowski und anderen betreut). Die alphabetische Anordnung des Stoffes wird in solchen Fällen der systematischen vorgezogen.

## 5. Definition und Beispiel im normativen Wörterbuch

Im allgemeinen genügt es, wenn in einem normativen Wörterbuch das jeweilige Wort durch eine Definition kurz identifiziert wird, die ihrerseits entweder auf einer Zuhilfenahme von Synonymen oder auf einer Umschreibung beruht. Einer solchen Definition entspricht im zweisprachigen Wörterbuch die Übersetzung (oder Glosse). Es erübrigt sich, Beispiele anzuführen. Darüber hinaus kann aber ein normatives Wörterbuch die gegebene lexikalische Einheit auch kontextualisieren, was den zweifachen Vorteil gewährt, das isolierte Wort in einem sinnvollen Zusammenhang zeigen und manchmal auch den Sprachgebrauch maßgebender Gewährsleute als nachahmenswertes Beispiel heranziehen zu können.

Im einzelnen kann nun eine solche Veranschaulichung recht verschiedener Art sein. Der erfahrene Lexikograph kann selbst kurze Sätze oder zumindest charakteristische Wortbildungen prägen; oder er kann zweckmäßige Zitate anführen, besonders aus der schönen Literatur, wobei es ihm weitgehend freisteht, sich auf Klassiker zu beschränken (die natürlich in der Regel Vertreter einer etwas älteren Sprachstufe sind) oder zeitgenössische Quellen mit der notwendigen Vorsicht heranzuziehen oder dem Leser sogar eine bunte Mischung von Beispielen älteren und jüngeren Sprachgebrauchs zu bieten, solange die beste Qualität garantiert wird. Schließlich kann sich der Verfasser eines solchen Nachschlagewerkes dafür entscheiden, die jeweilige Definition durch selbstersonnene Syntagmata und Sätze in gelungener Verbindung mit Zitaten aus anerkannten literarischen Quellen zu erhärten. Diesen letzten Standpunkt vertrat z. B. nicht ohne Erfolg der russische Lexikograph D. N. Ušakov, wobei er sich im wesentlichen auf das Schrifttum des 19. Jahrhunderts stützte. Auch die Musterbeispiele des Sprachgebrauchs, die das Wörterbuch der Accademia della Crusca und das sechsbändige *Diccionario de Autoridades* (1726—39) der Academia Española boten, gehörten einem vergangenen Zeitalter an (wenn man so will, einem vielbewunderten Goldenen Zeitalter), wirkten also eher hemmend und archaisierend. Als Ersatz für eine solche Veranschaulichung, oder als ihre Ergänzung, kann das normative Wörterbuch vor dem Leser folkloristisches Material unter den gegebenen Stichwörtern ausbreiten, wobei den Sprichwörtern eine besondere Rolle zukommt. Man denke an die letzte Ausgabe (1984) des spanischen Akademiewörterbuchs, das überreich an treffenden Beispielen ist. Etwas anders orientiert war Vladimir Dal's bahnbrechendes Wörterbuch (1863—66) des gesprochenen Großrussischen: hier dominierten volkstümliche Vergleiche und Metaphern.

Die allerneueste Erscheinung allerdings ist die graphische Illustration und damit das Bildwörterbuch, durch Übernahme von Zeichnungen und Photographien aus dem verwandten Genre der Enzyklopädie entstanden. Hier verdient z. B. Heinz Küppers *Illustriertes Lexikon der deutschen Umgangssprache* (8 Bände, Stuttgart 1982—84) als ein Beleg für die radikalste Lösung des Problems der Veranschaulichung angeführt zu werden.

## 6. Literatur (in Auswahl)

### 6.1 Wörterbücher

*Academia de Lisboa 1976* = Academia das Ciências de Lisboa: Dicionário da língua portuguesa, 1: A-Azuverte. Lissabon 1976 [CXV, 678 S.].

*Academia Española 1726—39* = Real Academia Española: Diccionario de la lengua española (castellana). 20. Aufl. Madrid 1984 [Zuerst: 1726—39] [XXV, 1416 S.].

## 7. Wörterbücher und Normativität

*Accademia della Crusca 1612* = Vocabolario degli Accademici della Crusca. Venedig 1612 [960, 114 S.].

*Accademia d'Italia 1941* = R. Accademia d'Italia: Vocabolario della lingua italiana, 1: A—C. Mailand 1941 [XXIV, 977 S.].

*Albertoni/Allodoli 1947* = A. Albertoni/E. Allodoli: Vocabolario della lingua italiana. 8. Aufl. Florenz 1962 [Zuerst: 1947] [VII, 1071 S.].

*American Heritage Dictionary 1969* = The American Heritage Dictionary of the English Language. Hrsg. William Morris. Boston usw. 1969; College Edn. 2. Aufl. 1982 [L, 1550; 1568 S.].

*Augé 1925* = Claude Augé: Nouveau petit Larousse illustré; dictionnaire encyclopédique. 28. Aufl. Paris 1948 [Zuerst 1925] [1767 S.].

*Baralt 1855* = R. M. Baralt: Diccionario de galicismos [...] con el juicio crítico de las [voces] que deben adoptarse y la equivalencia castiza de las que no se hallan en este caso. 2. Aufl. Madrid 1874 [Zuerst: 1855] [XXI, 626 S.].

*Baretti 1760* = Giuseppe Baretti: A Dictionary of the English and Italian Languages. Firenze 1832 [Zuerst London 1760].

*Batres Jáuregui 1904* = A. Batres Jáuregui: El castellano en América. Guatemala [City] 1904 [285 S.].

*Beaujean 1960* = A. Beaujean: Dictionnaire de la langue française d'Émile Littré; abrégé. Ed. G. Venzac. Paris 1963 [Zuerst: 1875] [1343 S.].

*Ben-Yehuda 1910—59* = Eliezer Ben-Yehuda (~ Yehuda): Millōn: Thesaurus Totius Hebraitatis... Berlin etc. 1910—59.

*Cappuccini/Migliorini 1945* = Giulio Cappuccini: Vocabolario della lingua italiana, bearb. von Bruno Migliorini. Turin 1945 [XV, 1820 S.].

*Casares 1942* = Julio Casares: Diccionario ideológico de la lengua española... Barcelona 1959 [Zuerst: 1942] [LXXV, 887 S.].

*Dal' 1863—66* = Vladimir Dal': Tolkovÿj slovar' živogo velikorusskogo jazýka. 4 Bände. Sankt Petersburg. Moskau 1863—66 [LXXXVIII, 699, 779, 555, 683 S.].

*Darmesteter/Hatzfeld/Thomas 1890* = Arsène Darmesteter/Adolphe Hatzfeld/Antoine Thomas: Dictionnaire général de la langue française [...] 2 Bände. 6. Aufl. Paris 1920 [Zuerst: 1890 f.] [2272 S.].

*Devoto/Oli 1967* = Giacomo Devoto/Gian Carlo Oli: Vocabolario illustrato della lingua italiana. 2 Bände. Mailand 1967 [XXII, 1519; XII, 1584 S.].

*Drosdowski 1965* = Günther Drosdowski u. a.: Hauptschwierigkeiten der deutschen Sprache. Der große Duden 9. Mannheim 1965 [759 S.].

*Duden 1880* = Konrad Duden: Vollständiges orthographisches Wörterbuch der deutschen Sprache mit zahlreichen [...] Verdeutschungen der Fremdwörter. 5. Aufl. Leipzig 1898 [Zuerst: 1880] [350 S.].

*Duden 1902* = Konrad Duden: Orthographisches Wörterbuch der deutschen Sprache. 8. Aufl. Leipzig. Wien 1905, 1913 [7. Aufl. 1902, 1904] [XXIV, 415 S.].

*Duden 1903* = Konrad Duden: Rechtschreibung der Buchdruckereien deutscher Sprache. 2. Aufl. Leipzig. Wien 1907—08, 1910 [Zuerst: 1903] [XLII, 393 S.].

*Duden 1915* = Konrad Duden: Rechtschreibung der deutschen Sprache und der Fremdwörter. (Der große Duden, Bd. 1.) 17. Aufl., hrsg. von Paul Grebe. Mannheim 1973 [Zuerst 1915, als Verschmelzung zweier älterer Bücher; 800 S.].

*Fabra 1917* = Pompeu Fabra: Diccionari ortogràfic. 3. Aufl. Barcelona 1931 [Zuerst: 1917] [575 S.].

*Fabra 1931* = Pompeu Fabra: Diccionari general de la llengua catalana. Barcelona 1954 [Zuerst: 1931] [XXVII, 1761 S.].

*Gili Gaya 1945* = Samuel Gili Gaya: 'Vox': diccionario general ilustrado de la lengua española. Vorwort von Ramón Menéndez Pidal. Barcelona 1956 [Zuerst: 1945] [XXXIX, 1815 S.].

*Gonçalves Viana 1914* = Aniceto dos Reis Gonçalves Viana: Vocabulário ortográfico e remissivo da língua portuguesa [...]. 4. Aufl. Paris 1920 [Zuerst: 1914; 661 S.].

*Heyse/Mahn 1859* = J. C. A. Heyse: Allgemeines verdeutschendes und erklärendes Fremdwörterbuch, hrsg. von K. A. F. Mahn. Hannover 1859 [XVI, 978 S.].

*Küpper 1982—84* = Heinz Küpper: Illustriertes Lexikon der deutschen Umgangssprache. 8 Bände. Stuttgart 1982—84 [3216 S.].

*Littré 1863—72* = Émile Littré: Dictionnaire de la langue française [...]. 4 Bände. Paris 1875—89 [Zuerst: 1863—72] [LIX, 2080, 2628 S.].

*Mistral 1879—86* = Frédéric Mistral: Lou tresor dóu Felibrige; ou, Dictionnaire provençal-français, embrassant les divers dialectes de la langue d'oc moderne. 2 Bände. 2. Aufl. Paris 1932 [Zuerst: Aix-en-Provence 1879—86; XIV, 1196/XX, 1167 S.].

*Nebrixa 1495* = Antonio de Nebrixa: Diccionario español-latino. Salamanca ca. 1495 [186 S.].

*Orellana 1889* = F. J. Orellana: Cizaña del lenguaje; vocabulario de disparates, extranjerismos, barbarismos y demás corruptelas, pedanterías y disparates [...]. 4. Aufl. Barcelona 1891 [Zuerst: Curazao 1889] [134 S.].

*Palencia 1490* = Alfonso (Fernández) de Palencia: Universal vocabulario en latín y en romance. Sevilla 1490 [314 S.].

*Paul 1897* = Hermann Paul: Deutsches Wörterbuch. 7. Aufl., bearb. von A. Schirmer. Halle 1960/5. Aufl., bearb. von Werner Betz. Tübingen 1957—66 [Zuerst: Halle 1897] [VII, 752/X, 841 S.].

*Rey-Debove 1980* = Josette Rey-Debove/Gilberte Gagnon: Dictionnaire des anglicismes; les mots anglais et américains en français. 'Les usuels du Robert'. Paris 1980 [XIX, 1152 S.].

*Reynolds 1962* = Barbara Reynolds: The Cambridge Italian Dictionary, 1: Italian—English. Cambridge 1962 [XXXI, 899 S.].

*Taylor 1958* = James L. Taylor: A Portuguese—English Dictionary. Stanford 1958 [XX, 655, VI S.].

*Thomas 1956* = Adolphe V. Thomas: Dictionnaire des difficultés de la langue française. Paris 1979 [Zuerst: 1956] [XI, 435 S.].

*Ušakov 1934—40* = Dmitrij N. Ušakov: Tolkovÿj slovar' russkogo jazÿka. 4 Bände. Moskau 1934—40 [LXXV, 1566, 1040, 1424, 1502 Spalten].

*Zingarelli 1917* = Nicolà Zingarelli: Vocabolario della lingua italiana. 8. Aufl., von Giovanni Balducci besorgt. Bologna 1959 [Zuerst Mailand 1917] [1786 S.].

### 6.2. Sonstige Literatur

*Malkiel 1959* = Yakov Malkiel: Distinctive features in lexicography; a typological approach to dictionaries, exemplified with Spanish. In: Romance Philology. 12.366—399; 13.111—155.

*Yakov Malkiel, University of California, Berkeley, California (USA)*


## 8. The Role of Dictionaries in the Genesis and Development of the Standard

1. Typology of Dictionaries That Influence the Standard
2. Type 1: Standard-Creating Dictionaries
3. Type 2: Modernizing Dictionaries
4. Type 3: Antiquating (or Archaizing) Dictionaries
5. Type 4: Standard-Descriptive Dictionaries
6. Means and Methods of Influencing the User, Their Effectiveness, and Their Results
7. Selected Bibliography

### 1. Typology of Dictionaries That Influence the Standard

With respect to the way in which they influence the standard, dictionaries can be distributed into the following types: (1) dictionaries that aim at creating a written standard: standard-creating dictionaries; (2) dictionaries that try to render the standard more modern: modernizing dictionaries; (3) dictionaries that try not only to stop any change in the standard, but even try to reverse change, to reintroduce obsolete forms and meanings: antiquating (or archaizing) dictionaries; (4) dictionaries that try to describe the existing standard, thereby clarifying it: standard descriptive dictionaries.

Many dictionaries are typologically mixed, and probably few if any dictionaries belong to one type only, free of any contaminating elements from another type; indeed, some dictionaries are hard to classify. Particularly frequent are combinations of type 1 & 2; 1 & 4; 2 & 3; 2 & 4; 3 & 4.

There are other important parameters, or dimensions, of typological variation besides those mentioned. For instance, some dictionaries constitute a lexicographer's isolated effort, whereas others can be seen as connected with a cultural, literary, scientific movement, or with some change in society. Some dictionaries are not endowed with any official authority, whereas others are. Some dictionaries try to foster regularity, logical character of expressions and similar properties of language, real or only perceived as such. Some are more and some are less restrictive in their selection of vocabulary; some intend to deal with contemporary standard language only, whereas others are less exclusive.

These and similar typological properties will be taken into consideration, however, as secondary features. The primary *fundamentum divisionis* is the compiler's attitude toward linguistic change, because this we regard as the most important distinction for the purposes of this article; at the same time, it is the most difficult one for the lexicographer to cope with.

### 2. Type 1: Standard-Creating Dictionaries

#### 2.1. Type 1.1: New Standard Languages

We know several historical cases in which the introduction of a written standard language was not the outcome of (usually rather slow) indigenous growth, but the result of a rather abrupt action, frequently by exterior agents (in many cases missionaries, mostly Christian and Buddhist); the creation of the Old

Church Slavonic written standard language by the translation of the Bible by St. Cyril (about 860 A. D.) is a good example. However, the cultural activities that followed such a development were usually restricted, at least initially, to proselytizing for and catechizing the new religion, and to the exegesis of the sacred scriptures; since the use of the new written language was consequently restricted to the theological register, lexicographic activities were, again at least in the initial stages, limited to glossaries of the particularly heavy words. Conversely, in our own days (approximately since World War I) such an abrupt introduction of the written standard, even if carried out by missionaries, usually entails a general or at least partial acculturation to the technical age, not only acceptance of theological doctrine. This has the consequence that a new written standard language, if its introduction is to be successful, must be used in many registers with their terminologies and nomenclatures: consequently, the role of lexicography is more prominent. It is above all bilingual dictionaries that are compiled in this situation, in order to introduce into the 'new' language the terms lacking in it but present in the 'cultural language' (mostly English, French, Russian, Spanish, and to some extent also Chinese and perhaps Portuguese) in whose sphere the 'new' language is embedded. A bilingual dictionary of the 'cultural language' as the source language and the 'new' language as the target language is clearly unambiguously compiled for this purpose: it presupposes that there are or soon will be native speakers of the 'new' language who have received various types of education in the 'cultural language' and who will need the help of the dictionary in order to write in the 'new' language.

On the other hand, a bilingual dictionary in which an 'exotic' language is the source and the 'cultural language' is the target language can be compiled either for the purpose of linguistic description of the source language (perhaps with some ethnographic or similar information added), or for the purpose of fostering the 'exotic' language as a new written standard language. A good example of the first (purely linguistic) type is Karttunen's Nahuatl-English dictionary (Karttunen 1983): it concentrates on the indigenous Nahuatl morphemes, largely omitting the frequent borrowings from Spanish that found their way into that language. Had the purpose of the Nahuatl-English dictionary been to foster Nahuatl as a written standard language, it would have been necessary to take the borrowings into consideration.

In our days, standard-creating activities are mostly carried out by missionaries (see Bartholomew/Schoenhals 1983) and by state agencies (directly or indirectly; in the latter case funding only is provided); a good description of government sponsored activities that also provides insight into possible political considerations and manipulations, is given in Article 232 (Turkic languages of the Soviet Union). A complicated situation that involves dialects and specialists located in several states is analyzed in Article 226 (Basque).

## 2.2. Type 1.2: Revived Languages

A subcategory of this type comprises dictionaries instrumental in the revival of a language, i. e. in its reintroduction as a written standard language. There were several cases of such a revival of a language nearly dead (or at least not used in any cultural register) in the 19th century; one good example may be found in Czech, in whose revival a dictionary was highly instrumental; see Article 211. The best example in our century is, of course, the revival of Modern Hebrew; see Article 236.

## 2.3. Type 1.3: Varieties Raised to Standards

It can be safely expected that a new subcategory of this type will develop soon: dictionaries of regional varieties of a standard language that will help those varieties to develop a standard of their own. A modest beginning has already been made by such small monolingual dictionaries as the Australian one (Turner 1984); and several of New Zealand English (Orsman 1979; Gordon 1984; above all Burchfield 1986). (However, the dictionary of New Foundland English [1982] naturally refrains from attempts to foster a new standard; for specificities of Canadian English lexicography, see Story 1986 [and the whole volume].) The large monolingual dictionary of Mexican Spanish (in preparation by L. Lara), of which Lara 1986 is a preliminary version, will give that variety its own standard and perhaps the (also well advanced) project of the dictionary of Quebec French (Poirier 1985) will exercise a similar influence. See Article 201 (Afrikaans) and Kachru (1980); in general, see Article 158.

## 2.4. Borderline Cases

No dictionary that belongs to any subcategory of this type creates a new standard language *ex nihilo*: either there is the spoken language used for daily purposes, if only in a few registers, or else there is the language as it existed before its decline that offers a basis for the revival (and frequently influences the new standard by its archaic character), or there is the existing standard of the 'metropolitan' variety (e. g., British English, Castilian Spanish) from which the new standard must be extricated. It follows from this circumstance that many dictionaries are borderline cases between types 1 and 2, or between types 1 and 4.

## 3. Type 2: Modernizing Dictionaries

### 3.1. Type 2.1: Terminology

Constant change of lexicon is observable in each language: incessant influx of new words and expressions is one of its outstanding manifestations. Dictionaries of neologisms frequently register such new coinages (see Article 116). Such dictionaries, however, do not fully belong to the type of the modernizing dictionary, because the intention to influence speakers to use these new expressions normally is not their main purpose. In well-established languages, it is mainly dictionaries of scientific and other terminology that pursue such a goal; naturally so, because scientific and technical registers need defined terms which are consistently used in order for communication to be effective. The task of such dictionaries is rendered even more important and complicated by the fact that scientific and technical progress constantly brings in new notions and terms and redefines the old ones. The existence of different schools of thought whose terminologies vary, as well as of terminological differences between languages, add to the difficulties of this subject. Coping with these problems is sometimes the duty of authoritative, mostly government-approved or government-operated bodies, that publish lists and dictionaries of approved terms and their definitions. This type of lexicographic activity is of utmost importance; also, the authoritative impact of such dictionaries is so strong (although neither omnipotent nor omniscient) that they belong among those that influence real usage most tangibly.

### 3.2. Type 2.2: New Registers

3.2.1. However, the notion of 'modernization' usually is reserved for languages that already have a written standard, but for some reason several of its registers are not developed. This is mostly the case with many languages of Asia and some of Africa that already have a written standard, but only recently were introduced (sometimes only tentatively or partially) as languages of administration, higher education, etc. The vocabulary necessary for these registers is frequently introduced through lexicographic activity, sometimes carried out by governmental or other similar authorities as well. See Article 224 for an example of one such case.

3.2.2. There is another subcategory of this subtype. There are known cases in history where a language, although it had a well established written standard, receded in real use, so that it failed to develop vocabularies for all the registers and absorbed many borrowings not only for new things and concepts, but also as replacements for existing indigenous words. When an effort similar to the revival described in Section 2.2. (type 1.2) takes place, modernization of the lexicon is needed in order to create the vocabulary

| | |
|---|---|
| * | obsolete words, recently re-introduced by good writers, or deserving re-introduction. |
| ** | obsolete words, incapable of re-introduction. |
| 0 | neologisms, already used by good writers, or approved of by esteemed linguists. |
| ⊙ | neologisms whose value is not yet certain; all neologisms coined by Campe himself get this sign. |
| ð | neologisms coined or used by important writers, which should not be accepted, nevertheless. |
| + | regionalisms, either already used by good writers or deserving acceptance. |
| ∓ | regionalisms that do not deserve acceptance. |
| χ | "low" words that are useful for the "minor" styles (jocose, sarcastic, etc.). |
| χ— | "low", nearly vulgar words which should not be used in any style, nor in the better colloquial language. |
| △ | words to be used only in poetic language. |
| ▲ | neologisms to be used only in poetic language. |
| ⊙△ | such neologisms coined by Campe himself. |
| 0χ | neologisms coined for the "minor" styles. |
| ⊙χ | such neologisms coined by Campe himself. |

Fig. 8.1: A list of symbols used in Campe 1807, with English translations of their meaning (from Zgusta 1980)

necessary for the hitherto neglected registers. Such effort is frequently accompanied by a wave of purism during which borrowings are ostracized (not always successfully). While the filling up of lexical gaps in the new register brings about an overlap of types 2 and 1, these puristic tendencies frequently cause an overlap with type 3, because one of the ways to expunge borrowings is to replace them with old or obsolete indigenous words (unless neologisms are coined for that purpose).

To illustrate the complexity of such efforts at modernization, a list of labels or symbols used by Campe (1807), to qualify entrywords in his dictionary, is given in Fig. 8.1.

It goes without saying that there are borderline cases between types 1 and 2, not only with respect to the dictionaries involved, but also to the underlying linguistic situations. For instance, while no one will doubt that attempts, such as the one for German exemplified by Campe, are efforts toward modernization of the language, some may doubt whether similar efforts in Irish in this century are to be classified as an attempt at modernization, or whether the notion of revival (type 1.2) should be invoked.

### 3.3. Type 2.3: Overcoming Diglossia

Another subtype consists of dictionaries that make the attempt to overcome diglossia (as described below, in type 3) because in that situation we also face the emergence of a new standard. However, since this is a slow, sometimes generational process (such as, e. g., in Modern Greek of the 20th century), the usual development is that dictionaries of type 3 gradually change their character into type 4. However, even if the break with diglossia is very sharp, such as in China after 1911 or in Turkey after 1922, real dictionaries of type 4, describing the new standard, do not come immediately afterwards. (There cannot be large lexicographic ventures of type 1, because such sharp breaks usually are unplanned and are connected with major upheavals in seemingly stabilized societies.) Even in a situation such as that obtaining in Turkey after 1922 when modernization was not only supported but fully engineered by governmental agencies, the lexicographic tools of modernization are in the first line not fully fledged dictionaries but mainly orthographic, terminological and similar outlines, plus glossaries.

## 4. Type 3: Antiquating (or Archaizing) Dictionaries

### 4.1. Type 3.1: Weaker Type

Cases of strong diglossia are known, in which the written standard language (and sometimes even the spoken standard language in its more formal styles) is archaic in comparison with the colloquial language. Contemporary Arabic is a good example of such a situation, in which the written (and formal spoken) language is a classical idiom acquired mostly by education, for which dictionaries are necessary; see Article 237.

Classical Arabic has been uninterruptedly used for literary purposes, so that its dictionaries help to preserve it: they belong to what can be called the weaker subcategory of antiquating dictionaries.

### 4.2. Type 3.2: Stronger Type

There are cases of diglossia that are, so to say, reintroduced by the revival of an older language form whose active use was discontinued for some time. A good example of such development is late ancient Greek: somewhere in the second and third centuries A. D. the effort began to reintroduce the language of the classical Attic authors as the standard of the day. Since those authors flourished mostly in the fifth and fourth centuries B. C., there was a span of some seven centuries, during which the Attic form of language had disappeared and been absorbed into the common Greek koine. A form of didactic dictionaries developed in the third and fourth centuries that gave advice on which classical expressions to use in place of common-language ones. For instance, one of these dictionaries (Phrynichus; see Zgusta 1980, 126) contains (in translation) items like the following ones:

Εὐχαριστεῖν has been used by no esteemed author, only χάριν εἰδέναι [both expressions mean 'to thank'].

Σίναπι one should not say, only νᾶπυ [both mean 'mustard'].

Βρέχειν instead of ὕειν is a totally despicable word [both mean 'it rains'].

Ἧς is a solecism worthy of the market place. Say ἦσθα [here the prohibition pertains to a later morphological form of the verb 'to be' in 2nd sing. past tense].

Dictionaries of this stronger type positively try to reverse change, not only to stop it or slow it down. They are rather rare and belong to the stronger subcategory of antiquating dictionaries.

### 4.3. Borderline Cases

There are two ways in which to conceive of diglossia: in the first understanding, the term refers only to situations in which the written standard is so archaic that it is largely unintelligible to the speaker of the colloquial variant; in the other understanding, differences such as that obtaining between *le français littéraire* and *le français commun* are also called diglottic. Although the difference between the two types of situations is only gradual, it is probably more useful to reserve the term diglossia for the first type only, because otherwise the notion could become so broad that every difference of style could be termed diglottic. Still, even with the narrower understanding one can say that there are elements of diglossia in situations such as the French one, consequently there is a typological similarity between the weaker subcategory of the antiquating dictionaries and the so-called 'dictionaries of difficulties' that belong to type 4 (see below).

## 5. Type 4: Standard-Descriptive Dictionaries

### 5.1. Difficulties of Compilation

In a language with a well established standard functioning in all registers, the compilation of a descriptive dictionary of the standard variety should not be different from that of any other variety of language, whether it be a geographical or social dialect or any other functionally restricted language. In reality the former task is much more difficult, particularly for the following reasons:

(a) Only the standard language has developed all registers and styles; consequently, it has a vast vocabulary from which it is difficult to select. Also, there is probably no single speaker who knows and can use the totality of this vocabulary; consequently, some variation is built into the situation from the beginning.

(b) The delimitation of the standard from the nonstandard is at least as difficult as in the case of any other variety, and perhaps more so: tangible data such as the place of birth of a speaker-informant, the area(s) in which he spent his life, his social background, profession, age, etc., are less useful for the decision as to the standard or non-standard character of a text produced by him than is the case with other varieties.

(c) As does any other variety, the standard language changes in time. However, if we leave aside terminological and other innovations coined on purpose, language change usually starts with an aberration from the normal. Some aberrations do not spread but disappear again and are haphazard or non-systemic; on the other hand, some spread and become normal in their turn. However, a dictionary of the standard language cannot, in contradistinction to dictionaries of some other types, list every aberration, because the very purpose of the standard language is (at least ideally) to function as a generally and identically comprehensible means of communication beyond the boundaries and limits of other language varieties (dialects in particular); and because a standard language needs some stability to remain generally and identically comprehensible for some period of time. Thus the problem boils down to how to decide whether a change or alternation is sufficiently widespread to be considered or accepted as normal.

(d) Many users of a dictionary of the standard language are interested in getting advice. This is partly caused by the idiolectal character of every individual form of speech; more importantly, the standard language is used by many speakers who acquired it by education, not in the family and from their peers. The other reason for seeking advice is that the more important the text, the greater the probability that it will be couched in standard language, although in different styles. Such advice is either implicit (e. g., the non-advisable items and usages are excluded from the dictionary) or explicit (e. g., expressed by labels or usage notes; see article 61). However, it is necessarily more difficult to give advice, i. e., to give a generalized rule, than merely to describe phenomena.

(e) Most general dictionaries of contemporary languages also contain much other information besides this standard-descriptive layer, such as information about obsolete words not used any more but met in literary works that are still read; about dialectal expressions, colloquialisms, 'demotic' speech, taboo words, etc. This brings in the necessity to differentiate these various types of standard and non-standard lexical units (usually by labels; see Articles 57 and 60); since, however, opinions can vastly differ as to what is, e. g., colloquial, what is — or should be — taboo, the lexicographer's indications can hardly ever be based on a complete consensus.

(f) Yet another set of difficulties is caused by the fact that various points of view of theoretical-linguistic, sociological or even philosophical character can influence not only the lexicographer's stances, but also the public's and the critics' attitudes and perceptions; that there may be a great diversity of clashing opinions and interests goes without saying. To mention only a few problems: the dissociation of theoretical linguistics from school practice (observable, with notable exceptions, particularly in the United States) leads to the clash between the (*per se* quite correct) assumption that all varieties of language are instrinsically equivalent (although their functions are neither equivalent nor interchangeable), and the school's duty to teach the standard (standard usage being frequently called 'good' or 'correct', non-standard 'bad' or 'incorrect', 'wrong'); the lexicographer's and the public's frequent focussing on the standard can be perceived as elitist, all the more so since the ability to use the standard is strongly connected with a speaker's education and thereby indirectly with his societal status; the lexicographer's inability or unwillingness to accept recent neologisms and changed or vacillating usages can be perceived as a pedantic narrow-mindedness or archaizing purism; on the other hand, at least a part of the public will consider it a lack of due care if the lexicographer does not give enough information on the status of expressions where usage vacillates and opinions differ.

### 5.2. Various Subcategories and Terms

The circumstance that all these difficulties and problems admit various solutions causes practically every dictionary to have ultimately an individual character. For instance, the dictionary may stress the historical dimension so that it approaches type 3, etc. There are additional parameters of variation in dictionaries. One of them is the possibility for the lexicographer to evaluate the logical appropriateness of complex expressions; e. g. Littré (1873) rejected the collocation *remplir le but* (literally, 'fulfill the goal'), in spite of its being frequently used and by good authors at that, because one does not fulfill a goal, one reaches it.

As we have seen above, the (at least theoretical) basis of this type of dictionary is the description of the standard, not of all its peripheral vacillations, but of normal usage. The rules or regularities of such stabilized, normal usage (including the 'rule for how to apply a word', i. e., its lexical meaning) are sometimes called the norm of usage: hence the term 'norm-descriptive' dictionary, sometimes used instead of the term 'standard-descriptive'. Parallel to the difference between the lexicon and grammar (as parts of the speaker's competence) on the one hand, and the dictionary and grammar as the linguist's descriptions of the former on the other hand, there are, in this terminological approach, the norm of usage as a part of the speaker's (or rather speakers') competence, and its description; this description is sometimes distinguished (particularly in Prague-inspired works) by the term 'codified norm', hence the term 'norm-codifying' dictionary. The obvious difficulty of this term consists in its suggesting (against the original intention) the obligatory, binding character of the norm (the norm as a law). The same applies to the term 'normative' dictionary: some authors use it for the purely norm-descriptive dictionary; however, the term carries for some authors the suggestion of (too) restrictive selections, rulings against real usage, etc. Other authors call a dictionary of this restrictive type a 'prescriptive' dictionary (or a 'prohibitive' one, if it concentrates on prohibitions). It probably would be useful to restrict the term 'normative' dictionary to those dictionaries of type 1 and 2 that really help to create a yet inexistent norm of standard usage. The term 'prescriptive' dictionary could be usefully applied to dictionaries that not only select from vacillating usage, but that rule against real usage: these are mostly dictionaries of type 3, but at least elements of prescriptivism are present in a number of dictionaries of type 4; and it is a matter sometimes of terminological tradition, sometimes merely of taste and preference whether one wishes to consider various school and learning oriented dictionaries prescriptive or not. 'Prohibitive' dictionaries are mostly to be found among the so-called dictionaries of difficulties (see Article 125); these frequently overlap with or belong to type 3.1 (section 4.1.). See on all this Article 7.

### 6. Means and Methods of Influencing the User, Their Effectiveness, and Their Results

The means by which the dictionary tries to influence its users are basically the following:

(a) Selection of information. This is a particularly strong factor in type 1, 2, and 3: for instance, if from among several synonymous or other variants only one or two are listed in the dictionary, it can be presumed that the user who tries to communicate in the new standard language would use the listed rather than the nonlisted varieties. (Why would he otherwise check, if he felt that he knew better?) However, the selection or non-selection of information (lexical units, variants of usage, etc.) is an influential factor in type 4 as well, because users do check the dictionary, particularly when drafting written texts, and frequently accept what the dictionary says.

(b) The next means for influencing the user are the labels and symbols that give information about the status (colloquial, informal, dialectal, obsolete...) of the expression, or that give indications of syntactic patterns, rections, etc.

(c) Thirdly, larger dictionaries contain short commentaries of various types within the entry or appended to it: we have seen above that Littré used logical arguments when advising the user against a certain usage. Dictionaries with a historical slant can and do give a historically founded argument for or against a usage. Dictionaries of technical terminology sometimes give encyclopedic arguments to make the selection of a term instead of a competing synonym well founded. Recently, dictionaries of type 4 frequently use what are called 'usage notes' that select the preferable one from among competing syntactic, collocational or other variants, or that warn that using a word or expression involves some danger of which the user may not be aware, or sim. Although performing the same function as labels, these usage notes have the objective advantage (particularly in cases of vacillating usage) that they inform the user about various possibilities and leave the final choice to him, while giving the *pro et contra;* the reader gets thus more involved and may develop a sensitivity and judgement of his own. The subjective advantage of these usage notes consists in the fact that the lexicographer does not act by what seems to be a flat (although a good lexicographer would always have his apparent fiat founded in some consensus: of sources, of the editorial staff, or of experts): the onus is shifted, because the usual formulation is, e.g., 'frequently felt as offensive'; 'frequently rejected, particularly by teachers of English'. The lexicographer is not or pretends not to be the judge, he merely reports somebody else's reactions: there always is a broad harmony between the dictionary and the culture; in this case, between the dictionary's acrisy and our euphemistic (if not occasionally paradiastolic) and responsibility palming epoch. Some dictionaries have for this purpose advisory panels, whose majority verdicts on the acceptability of some usage are reported. A remark should be made in this connection: since these judgements pertain exclusively to the usage in standard language, it is quite in order if these panels consist only of speakers and writers of standard language. The criticism (Wolk 1972; Creswell/McDavid 1986) that these panels do not reflect the whole demography of the language in question, with speakers of various dialects, educational classes, etc. represented, is not valid: in the same way that a dictionary of, say, a geographical dialect of a language is based on speakers (and texts) of that dialect only, a dictionary of the standard language is based on speakers of that variety; dialectal and any other variation should be considered only in as far as it is reflected within the standard language. (It goes without saying that this applies only to the standard-descriptive component of a dictionary, as mentioned above, 5.1.e.) There are yet no empirical data as to how far these usage notes do influence real usage; within my, admittedly limited, observation of native speakers of English, they occasionally do. Thus, one can maintain that even dictionaries of type 4 exercise a certain influence on their users, so that they tend to stabilize the norm.

On the whole, one can say that the influence on the speaker is much stronger in types 1, 2, and 3 than in type 4. That is because the (unsophisticated) user of those dictionaries (not a learned colleague of the lexicographer or sim.!) has already made the basic a priori decision: either he wishes to use the new standard language or not; either he wishes to go with the modernizing tendency or not; either he wishes to use the acrolectal ('higher', 'classical', whatever the term) variety of a diglottic language or not; if yes, he is willing to use the advice and help offered. This attitude probably is much weaker in the users of type 4, because they feel more confident in regard to their knowledge of the language.

One could generally say that the influence of a dictionary of any type ultimately depends on the willingness of the public to cooperate: it was not good or bad dictionaries which decided that the revival of Czech or Hebrew would be successful and the modernization (or revival) of Irish less so, but the willingness (or otherwise) of the public to (learn and) use the language. By the same token, antiquating dictionaries would not impose diglossia on their own, without the population, or at least an influential part of it, being willing to archaize anyhow, before any use of the dictionary.

There are areas of lexicography where the influence on the user is strong because of the overwhelming superiority of the knowledge contained in the dictionary. 'Hard words', archaic expressions, technical terms are typical examples of such areas. Most users who seek information on the meaning of *paradiastole* 'deliberately deceptive euphemism', *portcullis* 'sliding grille in a gateway', or *defenestration* 'throwing out of a window, usually as an attempt to kill' will accept what they are told; nor will the user seeking information on *pericarp* 'walls of a plant ovary' reject what the dictionary tells him (unless he is a specialist and happens to have his own opinions on it, and on *endocarp, epicarp, mesocarp* as well).

Yet other branches of lexicography are particularly influential because of governmental or similar support. Terminological and similar activities frequently performed under governmental or similar auspices and the nearly obligatory character of their results have already been mentioned. A somewhat different situation obtains in the educational system. Depending on the degree to which it is centralized within single countries, the educational system can use recommended dictionaries in teaching the native language. It is particularly the smaller, restricted types of dictionaries that are widely used in schools, such as orthographic dictionaries and sim. As far as the larger dictionaries go, we should not forget the wisdom of Dubois (1970) who told us that a regulation of the French ministry of education makes it the duty of every student of a lycée to have a (monolingual) dictionary; the regulation does not, however, make it his duty really to use it. Even with the small amount of empirical research at our disposal, it seems that schools generally do not open to the student all the wealth of information contained in the larger dictionaries. The arrival of specific pedagogical and learner's dictionaries (mono- and bilingual) may help to change this situation.

To sum up: there is no doubt that dictionaries do influence the linguistic behavior of their users. They cannot stop change, nor can they cause changes disapproved of, or not accepted by, the user. They can and do stabilize the usage, particularly in the written language and in the related formal styles of spoken language; they do clarify meanings and make them more systematic (particularly in the area of terminology as used in scientific and other technical registers, but also as increasing numbers of terminological words enter into general language, in spite of the fact that they usually lose the defined precision of their meaning).

During the last 2 000 years or more, the growth of dictionaries is concomitant to the growth of culture. Dictionaries certainly do not create culture, but in a modest way help in its development; they are part and parcel of culture, its product and expression.

## 7. Selected Bibliography
### 7.1. Dictionaries

*Burchfield 1986* = Robert W. Burchfield: The New Zealand Pocket Oxford Dictionary. Auckland 1986 [901 pp.].

*Campe 1807* = Joachim Heinrich Campe: Wörterbuch der deutschen Sprache. Braunschweig 1807 [5 vol; 4991 pp.].

*Gordon 1984* = Ian A. Gordon: The Collins New Zealand Compact English Dictionary. Auckland 1984.

*Juilland 1965* = Alphonse Juilland: Dictionnaire inverse de la langue française (Janua Linguarum, Series Practica, 7). The Hague 1965 [564 pp.].

*Karttunen 1983* = Frances Karttunen: An Analytical Dictionary of Nahuatl. Austin 1983 [349 pp.].

*Lara 1986* = Luis Fernando Lara, ed.: Diccionario básico del español de México. México, D. F. 1986 [565 pp.].

*Littré 1873* = Emile Littré: Dictionnaire de la langue française. Paris 1873 [4 vol. and supp.; 5239 pp.].

*Orsman 1979* = H. W. Orsman: Heinemann New Zealand Dictionary. Auckland 1979 [1339 pp.].

*Poirier 1985* = Claude Poirier: Dictionnaire du français québécois, volume de présentation. Sainte-Foy 1985 [167 pp.].

*Story/Kirwin/Widdowson, eds. 1982* = G. M. Story/W. J. Kirwin/J. D. A. Widdowson, eds.; Dictionary of Newfoundland English. Toronto 1982 [702 pp.].

*Turner 1984* = George W. Turner, ed.: The Australian Pocket Oxford Dictionary. 2nd ed. Melbourne 1984 [824 pp.].

### 7.2. Other Publications

*Barnhart 1980* = Clarence L Barnhart: What Makes a Dictionary Authoritative? In: Zgusta, ed. 1980, 33—42.

*Bartholomew/Schoenhals 1983* = Doris A. Bartholomew/Louise C. Schoenhals: Bilingual Dictionaries for Indigenous Languages. Mexico 1983.

*Brozović 1982* = Dalibor Brozović: O sadržaju pojma **norma** u leksikologiji i leksikografiji. In: Leksikografija i leksikologija: Zbornik referata. Ed. by Drago Ćupić. Beograd 1982, 15—20.

*Burchfield 1975* = Robert W. Burchfield: The Art of the Lexicographer. In: Journal of the Royal Society for the Encouragement of Arts 123. 1975, 349—361.

*Casares y Sánchez 1963* = Julio Casares y Sánchez: Novedades en el Diccionario académico, «La Academia Española trabaja». Madrid 1963.

*Creswell 1975* = Thomas J. Creswell: Usage in Dictionaries and Dictionaries of Usage (Publication of the American Dialect Society, 63—64). University, Alabama 1975 [pub. 1978].

*Creswell 1977* = Thomas J. Creswell: Usage in Contemporary American Dictionaries. In: Babel 23. 1977, 23—28.

*Creswell/McDavid 1986* = Thomas J. Creswell/ Virginia McDavid: The Usage Panel in «The American Heritage Dictionary, Second College Edition». In: Advances in Lexicography. Ed. by William Frawley/Roger Steiner (Papers in Linguistics, 19). Edmonton 1986, 83—96.

*Dubois 1970* = Jean Dubois: Dictionnaire et discours didactique. In: La Lexicographie. Ed. by Josette Rey-Debove (Langages, 19). Paris 1970, 35—47 [German translation: Das Wörterbuch und der didaktische Text. In: Probleme des Wörterbuchs. Ed. by Ladislav Zgusta (Wege der Forschung, 612). Darmstadt 1985, 115—135].

*Echols 1978* = John M. Echols: Dictionaries and Dictionary Making: Malay and Indonesian. In: Journal of Asian Studies 38. 1978, 11—24.

*Engelmann/Rackebrandt 1970* = Gudrun Engelmann/Renate Rackebrandt: Zu einigen Problemen bei der Arbeit an einem Deutsch-Suaheli Wörterbuch. In: Probleme der Lexikographie. Ed. by Kaspar Riemschneider (Protokollband der Sektion II der Tagung des Instituts für Orientforschung der Deutschen Akademie der Wissenschaften zu Berlin anläßlich seines zwanzigjährigen Bestehens vom 23.—25. Oktober 1967. Institut für Orientforschung, Akademie der Wissenschaften, Veröffentlichung 73). Berlin 1970, 101—110.

*Filipec 1982* = Josef Filipec: Sprachkultur und Lexikographie. In: Grundlagen der Sprachkultur: Beiträge der Prager Linguistik zur Sprachtheorie und Sprachpflege, vol. 2. Ed. by Jürgen Scharnhorst/Erika Ising (Akademie der Wissenschaften der DDR, Zentralinstitut für Sprachwissenschaft, Reihe Sprache und Gesellschaft, 8/2). Berlin 1982, 174—202.

*Gallardo 1980* = Andrés Gallardo: Dictionaries and the Standardization Process. In: Zgusta, ed. 1980, 59—69.

*Gallardo 1984* = Andrés Gallardo: The Standardization of American English (Serie Lingüística, Universidad de Concepción, no. 4). Concepción 1984.

*Gove 1966* = Philip B. Gove: Usage in the Dictionary. In: College English 1966, 285—292. [Reprint in: The Role of the Dictionary. Ed. by Philip B. Gove (The Bobbs-Merrill Series in Composition and Rhetoric). Indianapolis, Indiana 1967].

*Hartmann 1979* = Reinhard R. K. Hartmann: Who Needs Dictionaries? In: Dictionaries and Their Users: Proceedings of the 1978 BAAL Seminar on Lexicography. Ed. by Reinhard R. K. Hartmann (Exeter Linguistic Studies, 4; ITL, Review of Applied Linguistics, 44—45). Exeter 1979, 1—8.

*Hartmann 1981* = Reinhard R. K. Hartmann: Style Values: Linguistic Approaches and Lexicographical Practice. In: Lexicography and Its Pedagogic Applications = Applied Linguistics 2, No. 3. Ed. by Anthony P. Cowie. Oxford 1981, 263—273.

*Householder/Saporta, eds. 1962* = Fred W. Householder/Sol Saporta, eds.: Problems in Lexicography = International Journal of American Linguistics 28, No. 4, 1962. [2nd & 3rd eds., 1967 & 1975: Indiana University Publications in Anthropology and Linguistics, 21. Bloomington, Indiana; The Hague.]

*Kachru 1980* = Braj B. Kachru: The New Englishes and Old Dictionaries: Directions in Lexicographical Research on Non-Native Varieties of English. In: Zgusta, ed. 1980, 71—101.

*Käge 1982* = Otmar Käge: Noch 'ugs.' oder doch schon 'derb'? Bemerkungen und Vorschläge zur Praxis der stilistischen Markierung in deutschen einsprachigen Wörterbüchern. In: Studien zur neuhochdeutschen Lexikographie II. Ed. by Herbert Ernst Wiegand (Germanistische Linguistik, 3—6/80). Hildesheim 1982, 109—120.

*Kahane/Kahane 1977* = Henry and Renée Kahane: Virtues and Vices in the American Language: A History of Attitudes. In: TESOL Quarterly 11. 1977, 185—202.

*Karttunen 1981* = Frances Karttunen: Nahuatl Lexicography. In: Texas Linguistic Forum 18. 1981, 105—118.

*Kenyon 1948* = John S. Kenyon: Cultural Levels and Functional Varieties of English. In: College English 10. 1948, 31—26. [Reprint in: Harbrace Guide to Dictionaries. Ed. by Kenneth G. Wilson/ R. H. Hendrikson/Peter Alan Taylor. New York 1963, 114—118.]

*Lara 1983* = Luis Fernando Lara: Activité normative, anglicismes et mots indigènes dans le «Diccionario del español de México». In: La norme linguistique. Ed. by Edith Bédard/Jacques Maurais (Collection L'ordre des mots, Le Robert, Paris). Québec 1983, 571—602.

*Ludwig 1982* = Klaus-Dieter Ludwig: Zu normativen, konnotativen und stilistischen Angaben in Wörterbucheintragungen. In: Wortschatzforschung heute: Aktuelle Probleme der Lexikologie und Lexikographie. Ed. by Erhard Agricola/Joachim Schildt/Dieter Viehweger. Leipzig 1982, 166—184.

*Maier 1984* = Elisabeth Maier: Studien zur Sprachnormtheorie und zur Konzeption der Sprachnorm in französischen Wörterbüchern (Heidelberger Beiträge zur Romanistik, 17). Frankfurt a. M. New York. Nancy 1984.

*Malkiel 1980* = Yakov Malkiel: The Lexicographer As a Mediator Between Linguistics and Society. In: Zgusta, ed. 1980, 43—58.

*Marckwardt 1973 a* = Albert H. Marckwardt: Lexicographical Method and the Usage Survey. In: Lexicography and Dialect Geography: Festgabe for Hans Kurath. Ed. by Harald Scholler/John Reidy (Zeitschrift für Dialektologie und Linguistik, Beihefte, N. F. 9 der Zeitschrift für Mundartforschung). Wiesbaden 1973, 134—146.

*Marckwardt 1973b* = Albert H. Marckwardt: Questions of Usage in Dictionaries. In: McDavid/Duckert, eds. 1973, 172—178.

*McDavid/Duckert, eds. 1973* = Raven I. McDavid, Jr./Audrey R. Duckert, eds.: Lexicography in English (Annals of the New York Academy of Sciences, 211). New York 1973.

*Monson 1973* = Samuel C. Monson: Restrictive Labels — Descriptive or Prescriptive? In: McDavid/Duckert, eds. 1973, 208—212.

*Nir 1981* = Raphael Nir: On Lexicographic Acceptability in Modern Hebrew. In: Hebrew Teaching and Applied Linguistics. Ed. by Moshe Nahir. Washington, D. C. 1981, 335—353.

*Read 1962* = Allen Walker Read: The Labeling of National and Regional Variation in Popular Dictionaries. In: Householder/Saporta, eds. 1962, 217—227.

*Rey 1972* = Alain Rey: Usage, jugements et prescriptions linguistiques. In: Langue Française 16. 1972, 4—28.

*Ryan 1969* = William M. Ryan: Where Has All the Usage Gone? In: American Speech 44. 1969, 129—134.

*Scaglione 1984* = Aldo Scaglione: The Emergence of National Languages. Ravenna 1984.

*Schippan 1987* = Thea Schippan: Zum Charakter 'stilistischer' Markierungen im Wörterbuch. In: Lexikologie und Lexikographie: Vorträge der IV. sprachwissenschaftlichen Konferenz DDR - Finnland, Humboldt-Universität zu Berlin, 3.—5. September 1986. Ed. by Klaus Welke/Renate Neurath (Linguistische Studien, Reihe A, Arbeitsberichte 160). Berlin 1987, 58—66.

*Stein 1984* = Gabriele Stein: *Traditio delectat* or No Change at OUP [= Oxford University Press]. In: Anglia. Zeitschrift für englische Philologie 102. 1984, 392—405.

*Story 1986* = G. M. Story: The Role of the Dictionary in Canadian English. In: In Search of the Standard in Canadian English. Ed. by W. C. Loughheed (Occasional Papers, no. 1, Strathy Language Unit, Queen's University). Kingston, Ontario 1986.

*Tietze 1962* = Andreas Tietze: Problems of Turkish Lexicography. In: Householder/Saporta, eds. 1962, 263—272.

*Wiegand 1986* = Herbert Ernst Wiegand: Von der Normativität deskriptiver Wörterbücher: Zugleich ein Versuch zur Unterscheidung von Normen und Regeln. In: Sprachnormen in der Diskussion: Beiträge vorgelegt von Sprachfreunden. Berlin. New York 1986, 72—101.

*Wilts 1979* = Ommo Wilts: Lexikographie zwischen Sprachwissenschaft und Sprachpflege: Ein Dilemma der nordfriesischen Wörterbucharbeit. In: Us Wurk 28. 1979, 197—206.

*Wilts 1986* = Ommo Wilts: Sprachnorm und Dialektwörterbuch: Zu einem aktuellen Problem nordfriesischer Dialektologie. In: Lexikographie der Dialekte: Beiträge zu Geschichte, Theorie und Praxis. Ed. by Hans Friebertshäuser, unter Mitarbeit von Heinrich J. Dingeldein (Reihe Germanistische Linguistik, 59). Tübingen 1986, 211—220.

*Wolk 1972* = Anthony Wolk: Linguistic and Social Bias in the «American Heritage Dictionary». In: College English 33. 1972, 930—935.

*Zgusta 1980* = Ladislav Zgusta: Die Rolle des Griechischen im römischen Kaiserreich. In: Die Sprachen im Römischen Reich der Kaiserzeit. Ed. by Günter Neumann/Jürgen Untermann (Beihefte der Bonner Jahrbücher, 40). Köln. Bonn 1980, 121—145.

*Zgusta, ed. 1980* = Ladislav Zgusta, ed.: Theory and Method of Lexicography: Western and Non-Western Perspectives. Columbia, South Carolina 1980 [Particularly Introduction, 3—29.].

*Zgusta 1986* = Ladislav Zgusta: Grimm, Littré, OED, and Richardson: A Comparison of Their Historicity (Cātuṣkośyam). In: Dictionaries: Journal of the Dictionary Society of North America 8. 1986, 74—93.

*Ladislav Zgusta, University of Illinois, Urbana, Illinois (USA)*

# 9. Dictionnaire et idéologies

1. Les dictionnaires d'usage comme expression privilégiée de l'idéologie dominante
2. Mots reconnus et mots exclus
3. Les ruses du discours lexicographique
4. Tabou du dictionnaire et tabou de la langue
5. Bibliographie choisie

## 1. Les dictionnaires d'usage comme expression privilégiée de l'idéologie dominante

Du heurt des idéologies (systèmes de concepts et de catégories propres à une société ou classe) s'en dégage une, qui, implicitement reconnue plutôt qu'explicitement formulée, existe avec la force de l'évidence; le lexicographe ne peut qu'enregistrer ce que l'histoire a inscrit dans la langue, mais il lui faut aussi le définir: parler un mauvais français, c'est, selon le Petit Robert (PR) «s'exprimer en petit nègre». Dans cette perspective (du dictionnaire comme produit et vecteur de l'idéologie) la distinction pertinente est celle qui oppose spécialité et usage; le dictionnaire usuel étant conçu pour satisfaire le grand public, les lexicographes utilisent une métalangue naturelle; le choix des définisseurs, termes banals, souvent polysémiques, riches en connotations, est le signe d'un discours essentiellement idéologique. Cette caractéristique permet de délimiter un premier domaine de recherches: celui des interdits d'une société, dont, par le dit et le non dit, rend compte tout dictionnaire de ce type: la pluralité des dictionnaires, l'existence de dictionnaires-gigognes (Le MR procède du PR, qui lui-même...), le jeu des rééditions, le fonctionnement du dictionnaire, permettent de déceler les ruses de l'idéologie, par quoi «une société manipule son lexique» (Seguin 1981). Le second concerne le dictionnaire même, et la langue, ici le français; consulter un dictionnaire, c'est toujours consulter LE dictionnaire, en reconnaître l'autorité: rapport idéologisé à la langue, sur quoi se fonde le pouvoir des doctes; qu'entend-on, enfin, par le français? Quel est le rôle du dictionnaire dans l'élaboration, l'illustration et la défense de ce concept?

## 2. Mots reconnus et mots exclus

Nommer, c'est reconnaître. L'exigence de complétude, volontiers affichée, est contrariée par le respect de divers interdits culturels; or, le mot n'est pas la chose, comme l'observait avec malice P. Larousse dans l'article **cocu** de son *Grand Dictionnaire universel du XIX*$^e$ *siècle* (GDU), où il laisse parler un lecteur tartuffard: «c'est là un mot affreux: Avant que de parler, prenez-moi ce mouchoir et cachez-moi ce mot, que je ne saurais voir». Puisqu'il y a conflit et évolution de l'(auto)-censure, mesure il y a: le contraste est net entre la rapidité avec laquelle sont accueillis les mots des sciences et des techniques (ceux de l'automobile se multiplient dans les éditions annuelles du *Petit Larousse illustré* (PLI) de 1906 à 1986) et la lenteur qui est le lot d'autres vocabulaires: le PLI accepte **prépuce** en 1961, **phallus** en 1974... Ainsi l'«enrichissement» de la nomenclature, en conciliant le souci de l'actualité et la désactualisation de certains interdits, masque une disparité significative. Il a fallu, en somme, que fût introduite dans les programmes des collèges l'éducation sexuelle pour qu'on traitât comme neuf un vocabulaire usagé; on pouvait penser jusqu'alors que la nomenclature dépendait du format; or, le *Larousse des débutants* (LDéb 1969) faisait la part plus belle au vocabulaire de l'architecture (**péristyle**...) qu'à celui de l'anatomie! Disons clairement que les contraintes matérielles et didactiques qu'invoquent rédacteurs et éditeurs masquent toujours un choix idéologique qui est aussi le signe d'une connivence: la censure du mot *nègre* dans nombre de dictionnaires des 17$^e$ et 18$^e$ siècles, alors que «le nègre existe comme chose et comme mot en usage» (Delesalle/Valensi 1972), trahit l'embarras né de la contradiction ressentie entre principes chrétiens et plaisirs du profit; son enregistrement est moins une reconnaissance tardive de l'usage que l'aveu qu'il n'est plus possible d'ignorer, avec le mot, le fait. L'invocation de l'usage est donc un alibi; il n'est, pour s'en convaincre, que d'étudier, non les dictionnaires d'un passé où est balisé le passage du non-dit au dit (signe que l'interdit a perdu sa raison d'être), mais les dictionnaires de notre usage contemporain. Voici bientôt dix ans qu'exercent en France des sages-femmes de sexe masculin, tout naturellement appelés sages-hommes; aucun dictionnaire n'a encore accueilli le mot; mais, dans le corps médical, certains doctes proposent (imposent?) un néologisme de sens: *maïeuticien;* et peut-être l'emportera l'usage du petit nombre, le bon usage; alors, le couple *maïeuticien/sage-femme* sera conforme au schéma idéologique de la répartition des genres et des rôles sociaux où le masculin est valorisé.

Cette censure brutale devient obsolète; il fut un temps, quand les dictionnaires devinrent des ouvrages de vulgarisation, où l'on bannit des mots qui avaient reçu droit de cité; c'est l'histoire, plaisante, de *con, cul, couille* et de certains dérivés (Girardin 1979); maintes entrées, célébrées par la publicité comme des conquêtes, ne sont que des rentrées. Des lacunes, certes, demeurent, qui sont plutôt le résultat d'une lenteur appelée prudence, mais on ne trouve plus guère la belle franchise de l'Ordre Moral, quand MM. Noël et Chapsal (1860), présentant la 17$^e$ édition de leur *Nouveau dictionnaire de la langue française,* tiraient gloire de la «suppression des termes et des explications qui peuvent réveiller des idées inconvenantes». C'est que, pour l'essentiel désormais, la censure s'est déplacée de la nomenclature (macrostructure) à la microstructure: le discours tenu sur le mot pouvant le neutraliser, en affaiblir l'impact, ou le récupérer.

## 3. Les ruses du discours lexicographique

Sa discontinuité justifie le caractère répétitif des informations: discours d'autant plus fortement idéologisé qu'il se donne comme technique.

### 3.1. Le marquage

L'absence de marque étant le signe de la conformité à la norme, toute marque est signe d'une restriction d'emploi. Or, d'une part, certaines n'apparaissent que fort tardivement, et, d'autre part, les datations ne sont jamais données clairement; le cas de *nègre* est exemplaire: longtemps absent des dictionnaires, il ne reçoit aucune marque quand il est enregistré; ce n'est que vers 1960 que change significativement la rédaction de l'article dans la gamme des dictionnaires Larousse: «REM. Le mot *nègre* ayant pris un sens péjoratif, on dit plutôt *Noir*». On notera que l'emploi du participe *ayant pris* escamote et l'histoire et le traitement idéologique de *nègre;* il aura donc fallu un siècle aux rédacteurs des dictionnaires Larousse pour qu'ils se débarrassent de l'étonnant paternalisme légué par P. Larousse dans l'article **nègre** de son GDU; il reste cependant encore à faire: la marque «péj» manque encore pour la définition de *petit nègre,* par ex. dans le PR; or cette expression peut être mal acceptée de noirs non pourvus du même humour que celui de certains blancs.

Inversement, la marque donnée d'emblée peut n'être que l'expression adoucie d'une marque encore frappée d'interdiction: **bougnoule**: «*péj.* appellation injurieuse donnée par les Européens d'Afrique du Nord aux Nord-Africains» (PR); le marquage par euphémisme est le signe d'une difficulté à définir objectivement le statut idéologique de certains mots: les marques *rac.* et *sex.* pour *raciste* et *sexiste* sont encore à inventer.

### 3.2. La banalisation des marques

Les marques s'organisent apparemment en un ensemble cohérent d'informations relatives aux conditions et aux domaines d'emploi; mais on confond ainsi, et ce n'est pas innocemment, des marques de stricte dénotation objectivement définissables (*anat., bot., méd., région.,* etc.) et d'autres, socioculturelles, fortement connotatives, subjectivement appréciées; heureuse confusion, qui par la rigueur des unes occulte le flou et l'arbitraire des autres! Car celles-ci sont (presque) interchangeables: *fam., pop., péj.* permutent volontiers d'un dictionnaire à l'autre, parfois d'une page à l'autre d'un dictionnaire (Corbin, D. et P. 1980); *flic,* qui reçoit souvent la marque *fam.,* est *pop.* dans le PR, ainsi que ses dérivés *flicard* et *flicaille;* mais le PR, par ailleurs, définit le suffixe *-aille* comme un «collectif à valeur péjorative *(mangeaille, marmaille)*». Ce qui est sûr, c'est que les flics sont enclins à considérer que ces mots sont péjoratifs: peut vérifier qui l'ose!

Ce manque de rigueur a sa raison d'être. Le marquage a pour fonction, non de refléter l'usage, mais de contraindre les usagers à respecter une norme socio-culturelle, linguistiquement discutable; le traitement lexicographique des doublets est, à cet égard, révélateur; la marque *fam.* est alors la traduction désinvolte du jugement péremptoire des doctes: il en est ainsi d'*émotionner* pour lequel le PR se borne à un renvoi: «*fam.* émouvoir», l'indication de niveau de langue dispensant d'une définition (Corbin, P. 1980); le PR enregistre aussi *émouvant;* or *émotionner* et *émotionnant* ne sont pas de simples variantes familières (d'autres diront populaires) d'*émouvoir* et *émouvant,* le préjugé socio-culturel fait ici négliger la pertinence d'une opposition nouvelle: un film émotionnant, riche en péripéties, peut n'être pas émouvant; s'il donne des émotions, il ne suscite pas l'émotion; on retrouve bien la vieille opposition du singulier et du pluriel des mots abstraits (la beauté/les beautés d'une femme); *émotionner* étant parfaitement formé, d'une part, et, d'autre part, utile, ce que fait le lexicographe, c'est s'instituer gardien de l'usage, contrôleur de la créativité lexicale (Corbin, D. 1983) par l'artifice du marquage. Il faudrait pour le moins expliciter les bases théoriques du marquage (Rey 1983, 564); à partir d'une pragmatique de la communication, élaborer une typologie affinée de ses fonctions. Il conviendrait notamment que, les critères de description objectivement définis, la part subjective de l'appréciation puisse être elle-même appréciée.

### 3.3. L'économie de la microstructure

Tout signe requiert, pour sa définition, sa description, son illustration, d'autres signes; chacun d'eux renvoie à sa propre entrée, où il est lui-même défini, décrit, illustré; il est donc théoriquement possible de passer d'une lecture ponctuelle, passive, à une lecture active, critique, à la condition que soit respectée l'interdépendance des macro- et microstructures: quand l'actualité fait entrer le mot afrikaan *apartheid* dans le PR (1977) (où l'ordre alphabétique le situe entre *aparté* et *apathie!*), son traitement est moins le fait de sa traduction «séparation» et de sa définition sèche: «ségrégation des populations de races différentes en Afrique du Sud» que celui du renvoi (suggéré par le mot *ségrégation*) à un dit antérieur.

### 3.3.1. Le discours éclaté

La chaîne des renvois se rompt trop souvent: discours éclaté où les ruptures de l'information sont, dans les domaines idéologiquement sensibles, la règle (Lehmann 1981 et 1984); il ne suffit pas, en effet, que deux mots soient liés, c'est-à-dire que l'un entre dans la définition de l'autre: il faut aussi qu'il y ait un parcours à suivre. La définition de **vagin**: «canal auquel aboutit le col de l'utérus et qui s'ouvre dans la vulve» (PLI 1948) qui renvoie aux rentrées **utérus** et **vulve,** permet, si la thématique est respectée, d'améliorer l'information, à condition que les nouvelles définitions fonctionnent comme relais, en introduisant de nouveaux mots; or, la circularité est une constante du discours définitionnel; en quoi, par ex., la définition de **homme** «être humain de sexe masculin» est-elle éclairée par celle de **sexe** «différences physiques et constitutives de l'homme et de la femme, du mâle et de la femelle» (PLI 1906)? Définition elliptique, dont les éléments n'apportent rien, ni **femme** «compagne de l'homme» ni **femelle** «animal du sexe féminin». Ainsi une définition formellement satisfaisante peut n'être qu'illusoire, les éléments nécessaires à une compréhension globale demeurant séparés les uns des autres, alors que la structure du discours lexicographique favorise en principe leur mise en relation.

### 3.3.2. Le renvoi pervers

Procédure dilatoire, il peut aussi être perverti, par son orientation même; l'expression *mère célibataire* étant apparue dans l'usage, bien après celle, péjorative, de *fille-mère*, il a pu paraître «normal» de renvoyer, pour l'expression nouvelle à la définition ancienne: solution de pure technicité, apparemment, qui a d'abord été celle du PLI (1977): **mère célibataire:** v. *fille* (fille-mère) — et à **fille-mère** on avait une information en elle-même satisfaisante: «jeune femme non mariée, mère d'un ou plusieurs enfants (ce terme qui peut avoir une nuance péjorative tend à être remplacé par celui de *mère célibataire*)». Cet ordre fait de *fille-mère* l'unité lexicale de référence: ce faisant, le lexicographe, bien qu'il signale la valeur péjorative de l'expression, se conforme à l'usage qu'il prétend condamner: ne maintient-il pas sous l'entrée **fille** l'information qu'il eût fallu placer sous l'entrée **mère**? L'ordre des éléments dans ces deux lexies composées n'est, en effet, nullement indifférent: dans *fille-mère,* la péjoration naît du rapprochement brutal de deux mots dont le premier, *fille*, dénote traditionnellement un état social (et, implicitement, un état physiologique: la virginité) qui excluait — sauf illégitimité — la maternité; au contraire, dans *mère célibataire,* le statut social dénoté par *célibataire*, apparaît secondaire; la définition compte alors moins — si juste soit-elle considérée pour elle-même —, que son mode d'accès: la placer sous l'entrée **fille** plutôt que sous l'entrée **mère,** donne au renvoi plus d'importance qu'à la définition: c'est bien par la mise en forme du discours que l'idéologie se manifeste le plus naturellement, et donc, le plus efficacement; par la suite, l'orientation s'est inversée: **fille-mère:** synonyme péjoratif de *mère célibataire* (PLI 1986); on observe donc, pour les changements de la microstructure la même majestueuse lenteur que pour l'enregistrement dans la macrostructure, à ceci près toutefois, qui n'est pas rien, que le refus d'enregistrer était trop inutilement brutal, tandis que la microstructure offre à l'idéologie l'occasion de multiples mises en scène.

### 3.3.3. Le discours oblique

La définition directe est coûteuse, où l'extension du définisseur générique est réduite par un ou plusieurs définisseurs spécifiques; on recourt donc souvent à des procédures économiques: rattachement notionnel ou «synonymie»; le choix de la définition n'est pas indifférent et dénonce souvent une servitude idéologique. La pratique du PLI, de 1906 à 1986, est ici significative. **Homme** a été, d'emblée, défini directement «être humain de sexe masculin»; **femme** a connu deux avatars avant d'être traité à égalité: «compagne de l'homme (1906), «être humain femelle» (1959), «être humain de sexe féminin» (1971). Lenteur, donc, de l'évolution propre du PLI; que la comparaison avec des dictionnaires plus anciens rend plus sensible encore: dans son édition de 1897, le *Dictionnaire français illustré des mots et des choses* de Larive et Fleury avait déjà accordé les définitions de *homme* et de *femme*. Dans le PLI, donc, *femme* a longtemps été défini par un rapport de dépendance, écho durable de la définition et de l'exemple du *Dictionnaire de l'Académie* (Acad. 1694) **femme**: «la femelle de l'homme». Le renvoi tient lieu de définition.

Que, désormais, les définitions de *homme* et de *femme* soient semblables ne change rien à l'essentiel: la distinction du genre est toujours le signe d'une répartition des rôles sociaux selon le sexe; bref, le modèle définitionnel demeure: la bouchère est «femme de boucher» (PR), la préfète est «femme d'un préfet: Madame la préfète» (PR); il existe pourtant des sous-préfètes, et il y eut, en 1981, une préfète qu'on appelait, sans doute, prestige de la fonction oblige, Madame le Préfet!

Ce rapport de dépendance s'exprime aussi par le choix d'un définisseur de forme négative; depuis trois siècles, les dictionnaires d'usage ne font que reproduire la définition du Dictionnaire de l'Académie «**fille:** il se dit aussi par opposition à femme mariée. Elle est encore fille, elle n'est pas mariée.» La définition de *fille* comme «non mariée» (au lieu de célibataire) désigne le mariage comme norme, de même que la péjoration attachée à *fille-mère* signalait l'importance du statut social que seul le mariage conférait à la fille; ainsi, de proche en proche, le discours définitionnel révèle, en dépit de son morcellement, sa profonde cohésion; il existe, jamais dite, une échelle de valeurs propre à l'être humain de sexe féminin, de fille à femme, et de femme à mère (Beaujot/Lehmann 1978, Beaujot 1979). Cette stratégie de l'émiettement n'est concevable que pour des dictionnaires de quelque épaisseur; quand le format est modeste, le discours se resserre; d'où la brutalité du «**femme:** compagne de l'homme; épouse et mère» (Ldéb. 1969) tout naturellement, la conjonction copulative *et* ajoute au sémantisme de *femme* le trait /maternité/. On sait que le nombre des définisseurs dépend des ambitions du dictionnaire; quand diminue le format, ne demeurent que les définisseurs nécessaires, idéologiquement pertinents; la violence idéologique d'un dictionnaire croît en raison inverse de son volume; enfin, l'idéologie s'affirme plus vigoureusement quand l'intention est clairement didactique.

La définition synonymique, dite aussi de substitution, est une autre forme de cette violence: il s'agit d'une pure relation de signe à signe, par laquelle est escamoté tout travail d'analyse; l'équivalence imposée comme naturelle et l'emploi commode du *on* dans ce lieu commun lexicographique du 18e siècle: «**nègre:** esclave noir qu'on tire de la Côte d'Afrique» (Delesalle/Valensi 1972) ont longtemps permis d'occulter la responsabilité des blancs dans la traite des noirs; cette technique d'escamotage signale toujours, dans le dispositif idéologique d'un dictionnaire, un point sensible; le PLI, qui n'a jamais défini nettement la lexie **jeune fille,** l'emploie cependant comme définisseur synonymique: «**pucelle:** Jeune fille» (1906—1947); curieusement, en 1948, s'y ajoute une détermination a priori surprenante: «**pucelle:** jeune fille vierge», qu'il est loisible de rapprocher de l'exemple du *Grand Larousse de la langue française* (GLLF 1973) «**jeune fille:** fille nubile, non mariée: une vraie jeune fille». Ce n'est donc qu'obliquement qu'est signalée, ô combien allusivement, une altération non négligeable du concept de jeune fille: le jeu des équivalences révèle que célibat et virginité ne coïncident plus dans le sémantisme de ce signe; la rapide évolution des mœurs a contraint les lexicographes à ne plus définir *jeune fille* que socialement, comme non-mariée; cela va jusqu'à neutraliser l'opposition entre *fille* et *femme:* «**jeune fille:** femme ou fille non-mariée» (PLI 1986). Le recours systématique à la «synonymie» est bel et bien le signe d'une gêne: comment rendre compte clairement de la dévalorisation socio-culturelle de la virginité féminine, alors que jamais auparavant n'avait été clairement exploitée la pertinence du trait /virginité/?

### 3.3.4. Le refus de l'étymologie

L'arbitraire de l'ordre alphabétique n'est guère limité que par les effets souvent aléatoires de la morphologie et de l'étymologie; une parenté formelle pouvant être l'indice d'un rapport sémantique, il est significatif que cette relation inscrite dans la langue puisse être négligée. Les dictionnaires du 17e siècle ont ainsi ignoré le lien étymologique entre *liberté* et *libertin,* et, par la suite, à de rares exceptions près, il en a été de même (Seguin 1981); du coup, la définition de *libertin* a pu, sans contradiction, développer l'idée de dérèglement: Almaviva a tué Gassendi; depuis, les connotations péjoratives étouffent l'étymologie devenue confidentielle: «déréglé dans sa conduite» (PLI 1979), «qui s'adonne sans retenue aux plaisirs charnels, qui manifeste un dérèglement dans la conduite» (DFC). Faut-il s'étonner qu'une société défende l'ordre qui la fonde et les institutions qui la font perdurer? Ce que peut avoir désormais de surprenant le comportement des lexicographes du passé, si l'on tient compte de l'évolution des mœurs, ne doit pas masquer le rôle que le dictionnaire, cette institution (4.1.), joue nécessairement dans l'élaboration de l'image qu'une société veut donner d'elle-même; il suffit, pour s'en convaincre, de déplacer légèrement le champ de l'observation. Jamais, par ex., et aujourd'hui moins qu'autrefois, le lien tissé par l'étymologie entre *désert* et *déserter, déserteur* n'a été exploité par les lexicographes; pourtant, entre «**désert**: lieu inhabitable» et ces acceptions de «**déserter**: abandonner complètement un lieu: déserter une région; quitter, trahir: déserter une cause; mil. quitter son corps ou son poste sans autorisation» (PLI 1981), il y a un fil que l'on coupe; d'où la péjoration; le déserteur ne peut plus être, aussi, celui qui quitte un lieu (pays, parti, cause) où il ne peut plus vivre, il n'est plus que celui qui trahit, abandonne: «**déserteur**: militaire qui a déserté, celui qui abandonne un parti, une cause» (PLI 1981). La marque péjorative n'apparaît pas, jugée inutile (3.1.), mais, quand la péjoration est explicitée, elle l'est avec vigueur: on distingue alors le **transfuge** qui «déserte à l'ennemi, change de camp, ce peut être un traître» du **déserteur** qui «déserte à l'intérieur, refuse de servir, c'est plutôt un lâche» (Bénac 1956); énoncé péremptoire (c'est la vertu première de toute définition) par lequel une société protège une institution — ici l'armée — tutrice de sa légitimité: quel dictionnaire osera affirmer qu'il peut être légitime de déserter quand l'armée que l'on sert se livre à une sale guerre, en citant comme exemple (3.3.5.) *Le déserteur* de Boris Vian? Car le système des marques, pour imparfait qu'il soit — et peut-être parce qu'il l'est — renvoie à une norme qui est non «un fait quantitatif, statistique, une loi au sens naturel et objectif du mot, mais une loi culturelle, une prescription» (Rey/Delesalle 1979, 22). Cette loi est aussi commerciale.

### 3.3.5. Un discours exemplaire

En contrepoint du discours définitionnel, l'ensemble discontinu des exemples est d'une efficacité idéologique d'autant plus grande que tout exemple paraît gratuit; l'idéologie s'y déploie avec une candeur comparable à celle des exemples et exercices de ces manuels de grammaire et d'arithmétique, d'où la leçon de morale n'est jamais absente; discours des exemples, discours exemplaire.

Ce discours est stable; il y a même un corpus d'exemples dont l'autorité, depuis les premiers dictionnaires, est reconnue: les reprendre est signe d'allégeance; ne disparaissent que ceux qui ont «vieilli»; on ne trouve plus, de nos jours, l'exemple: «Dieu tira la femme de la côte d'Adam» qui légitimait d'une référence biblique la définition de **femme** «la femelle de l'homme» (Acad. 1694), mais celui qui, dans l'article **femelle** de ce même dictionnaire illustrait ce rapport «naturel» de dépendance, «la biche est la femelle du cerf» celui-là a perduré de dictionnaire en dictionnaire jusque dans les éditions annuelles du PLI: la relation, en trois siècles, ne s'est jamais inversée; jamais, sous l'entrée **mâle,** un dictionnaire n'a proposé l'homologue «le cerf est le mâle de la biche», exemple idéologiquement non recevable! Ainsi se trouve conforté de génération en génération un des stéréotypes les plus tenaces de l'idéologie dominante: le cerf et la biche, la puissance et la douceur, etc...

L'exemple peut fort bien être thématiquement sans rapport avec l'entrée; c'est fréquemment le cas pour les exemples dits grammaticaux: l'impact idéologique s'accroît de l'effet de surprise; comment comprendre autrement «on est heureuse d'être mère», alors qu'il ne s'agit que d'illustrer la règle de l'accord en genre et en nombre de *on*?

Il n'est pas indifférent enfin que l'exemple soit forgé ou cité: dans ce cas, la notoriété du cité fait l'intérêt de la citation, pour le meilleur et pour le pire! Volontiers progressiste dans le traitement de l'actualité, le PR cite Mauriac dans l'article **bougnoule**: «la révolution de ces désespérés qui ont pris les armes pour n'être plus jamais les ratons et les bougnoules de personne»; en matière de langue, il est, non moins volontiers, conservateur, il cite, en 1977, à propos d'**émotionner,** Sainte-Beuve (3.2.) «je ne dirai pas que cet ouvrage émeut, mais il émotionne: mauvais mot, mauvaise chose». Dans la citation littéraire, le modèle linguistique compte moins, en définitive, que le clin d'œil idéologique.

### 3.4. Les aspects de l'interdiction

L'affaiblissement de certains interdits correspond moins sans doute à un recul de la censure, en tant que telle, qu'à une meilleure appréciation de ses champs d'intervention: les aspects de l'interdiction, tels qu'on peut les étudier dans la lexicographie contemporaine (Boulanger 1986), se modifient, certes, mais il ne semble pas que cette évolution touche à l'essentiel, à savoir la défense et l'illustration des institutions et valeurs propres, dans une société, à l'exercice du pouvoir réel. Le champ d'études demeure donc largement ouvert, étant entendu que l'étude des mécanismes de manipulation utilisés dans le passé, vaut pour le présent (3.3.3.: *déserteur*); il y a beaucoup à faire, un mot en valant un autre; il existe cependant des mots conflictuels, tel *grève* (Tournier 1982), où le jeu des dénotations et connotations pose aux lexicographes des problèmes que le dictionnaire résout en les ignorant; au moins le mot est enregistré, même si son histoire est escamotée! Il en va autrement pour les mots antagonistes, dont l'un seulement est reconnu; tel *pourboire* qui dénote et connote, dans le vocabulaire du bourgeois (à qui la nourriture est assurée) ce que les gens de métier appelaient jadis un «a bon droit», rétribution légitime d'un service supplémentaire; y a-t-il beaucoup de dictionnaires qui enregistrent *mouroir,* mot qui désigne les lieux où une société laisse mourir ses vieillards et incurables? Nous voilà donc renvoyés au fonctionnement du mot dans le discours social, les avatars du mot renvoyant aux avatars de la chose (Delesalle/Buzon/Girardin 1979); avec cependant un effet de distorsion, dû, peut-être, aux délais inévitables, sûrement au travail de réfraction qu'opère l'idéologie, ainsi qu'on en peut juger par l'ensemble des discours tenus sur l'intellectuel (Ory/Sirinelli 1986); or, parmi ces discours, celui des dictionnaires est le moins pertinent: le dictionnaire peut-il être le «modèle des usages sociaux de la langue et de leurs conflits?» (Rey/Delesalle 1979, 20).

## 4. Tabou du dictionnaire et tabou de la langue

Est tabou ce dont il n'est pas parlé; si l'on critique des dictionnaires, on ne conteste pas l'*institution* qu'est le dictionnaire tel que nous le connaissons; il n'est pas davantage question de la langue, dont le dictionnaire précisément nous impose le modèle, sous l'alibi de l'usage. Ces deux tabous n'en font qu'un, en réalité, mais les distinguer permettra de constater que le second dépend étroitement du premier.

### 4.1. Le dictionnaire tel qu'en lui-même...

Sélectif par nécessité, un dictionnaire général connaît aussi la tentation de l'impossible exhaustivité; la fuite en avant, à quoi ne sont pas étrangères les exigences du commerce, demeure la règle d'or des lexicographes; chacun enchérit sur l'autre, chaque édition sur la précédente, la crédibilité d'un dictionnaire dépendant de l'importance de sa nomenclature: connivence des usagers et des lexicographes, les uns et les autres ne connaissant que les mots, les premiers par naïveté, les seconds par commodité; de cette confusion entre dictionnaire de mots et dictionnaire de langue (Buzon 1979), entre vocabulaires et lexique, l'idéologie a su faire son profit, le dictionnaire apparaissant toujours comme l'autorité légitimante. A quel besoin réel, sinon, répond ce souci d'enregistrer des mots régulièrement dérivés, parfaitement interprétables et utilisables, sinon celui de prévenir et contrôler l'usage que font de la langue les usagers? Pourtant le ver est dans le fruit, la lexicographie — et c'est fort heureux — mène à la lexicologie, et les lexicologues deviennent volontiers lexicographes (Rey 1977, Corbin 1984). Désormais, la part consacrée à la description du lexique (radicaux et affixes — et leur syntaxe — des fonds français et gréco-latin) augmente; mais on est loin encore, pour le fonds français, de la somme commode du *Dictionnaire des structures du vocabulaire savant* (Cottez 1980); c'est qu'alors le lexicographe doit tenir compte de la polysémie et des connotations propres à tout vocabulaire général. On ne s'étonnera donc pas que la description des vocabulaires demeure la règle: l'accroissement de la macrostructure, quantitatif, masque ses insuffisances qualitatives, et rend difficile la maîtrise des ressources du lexique. Ainsi, la présence dans la nomenclature du PR du suffixe **-ite,** correctement défini («inflammation de...»), devrait dispenser de multiplier les entrées de dérivés réguliers; l'absence **d'arachnoïdite** est donc normale, mais que dire des entrées inutiles de **artérite, vulvite,** etc..., les entrées principales suffisant à l'information, comme dans le *Robert méthodique* (RM) où **artérite** figure sous l'entrée **artère**; plus grave: la définition de **-ite** est insuffisante et ne permet de rendre compte ni de **espionnite** (enregistré), ni de **réunionnite** (absent), d'autant que jamais n'est donnée l'information rhétorique nécessaire à l'interprétation des néologismes de sens (par métaphore, antiphrase etc.) Pourquoi les adverbes en -*ment* viennent-ils, souvent, inutilement, doubler l'information donnée par les adjectifs du genre féminin (Corbin 1982)? Ce flottement est plus net encore dans le traitement des dérivés par préfixation: l'ordre alphabétique les rassemble de provocante façon: il en est ainsi, paradoxalement, de **non,** toujours adverbe dans la métalangue, mais traité comme préfixe productif, les dictionnaires s'enrichissant de ses dérivés discursifs réguliers dont l'enregistrement n'offre souvent — tel **non-belligérant**— aucun intérêt (Beaujot 1976). Ce qui est en cause, c'est l'image du dictionnaire dans l'imaginaire social, illustré par le statut culturel des néologismes (Rey 1976, Corbin, D. 1975); toujours en retard sur l'usage, le dictionnaire peut-il aider les usagers à produire les mots nécessaires? Il suffirait que le dictionnaire fît leur juste part aux structures dynamiques de la langue et à la compétence lexicale des usagers (Corbin, D. 1980). L'enregistrement de **privatiser** (PR 1977) annonce le néologisme (tout néologisme construit n'étant jamais qu'un mot enfin actualisé) **déprivatiser,** encore faut-il que l'article **dé-** soit adéquatement rédigé, ce qui n'est pas encore le cas. Que le dictionnaire d'usage soit mis au service de la créativité lexicale aiderait sans doute à régler partiellement le problème des emprunts qui chagrine tant les puristes: que fait le téléspectateur, jouant de sa télécommande pour fuir le saucissonnage publicitaire, sinon du saute-chaîne? On fait aisément l'économie d'un mot anglo-américain en -*ing*.

Cette évolution, les dictionnaires à venir la connaîtront nécessairement, du fait de la concurrence imminente des banques de données (Muller 1982) qui offriront à l'usager une mise à jour instantanée et une capacité illimitée d'informations et d'exemples; outre cela, l'ensemble des formes anciennes, actuelles et virtuelles proposées par le lexique.

### 4.2. Le ou les français

Quel est l'objet d'un dictionnaire qui se veut le dictionnaire de la langue française? Dictionnaire général, s'entend. Il y eut d'abord la marginalisation des vocabulaires, notamment régionaux, puis est venu, acquise la suprématie du français des beaux quartiers de Paris, le temps de la récupération. De même que les dictionnaires d'usage ont conservé un vocabulaire vieilli — les chronolectes — pour la compréhension des œuvres du passé, accueilli, le brassage de la société aidant, les sociolectes, de même les vocabulaires régionaux — les topolectes — acquièrent droit de cité, souvent — ô paradoxe! — du fait de leur emploi dans des œuvres littéraires: *wassingue,* qui s'emploie dans le Nord de la France pour *serpillière* est justifié (PR) par une citation de Butor! Où l'affaire se corse, c'est dans la définition même des français régionaux: qu'est-ce qu'un belgicisme en Belgique (Goosse 1977)? Si l'on peut admettre que dans l'Hexagone est tenu pour régional tout mot dont l'aire d'emploi est restreinte, peut-il en être de même au Québec? Suffit-il, par ex., que le PR saupoudre sa nomenclature de quelques québécismes? Quel est alors le français décrit? Il est vrai que le français ne connaît pas encore la situation de l'anglais, de l'espagnol: les hispanophones sont plus nombreux en dehors de l'Espagne qu'en Espagne même, et cela n'est pas sans conséquences. Reste que le français hors de France existe, et connaît ses développements propres, en Afrique notamment. Alors se posera en termes nouveaux, et de façon pressante, le problème des rapports entre dictionnaire de langue — susceptible d'assurer un degré suffisant de généralité — et dictionnaire de mots. On peut concevoir que dans un avenir prochain tout possesseur d'un micro-ordinateur aura accès à autant de logiciels qu'il en manifestera le besoin. Telles sont les perspectives, qui ne changent rien aux données fondamentales du problème que pose tout dictionnaire, quelle que soit sa présentation; à la fois, au mieux, guide et gardien de l'usage, il est conçu, élaboré, fabriqué par de doctes usagers pour d'autres usagers. Quis custodiet custodes? Qui contrôlera les contrôleurs?

### 5. Bibliographie choisie
(par J.-P. B. et F. J. H.)

#### 5.1. Dictionnaires

*Acad. 1694* = Le dictionnaire de l'Académie françoise. 2 vol. Paris 1694.

*Bénac 1956* = Henri Bénac: Dictionnaire des synonymes. Paris 1956 [1026 p.].

*Cottez 1980* = Henri Cottez: Dictionnaire des structures du vocabulaire savant. Paris 1980 [XXXIII, 515 p.].

*DFC* = Dictionnaire du français contemporain. Paris 1967 [1224 p.].

*GDU* = Pierre Larousse: Grand dictionnaire universel du XIX$^e$ siècle. 15 vol. Paris 1866—1876.

*GLLF* = Grand Larousse de la langue française. 7 vol. Paris 1971—1978 [6730 p.].

*Larive et Fleury* = Larive et Fleury: Dictionnaire français illustré des mots et des choses. 3 vol. Paris 1897.

*LDéb* = Larousse des débutants. Paris 1969.

*MR* = Micro Robert. Dictionnaire du français primordial. Paris 1971.

*Noël et Chapsal* = J.-F. M. Noël/Ch.-P. Chapsal: Nouveau dictionnaire de la langue française. 17e éd. Paris 1860 [1ere éd. 1826].

*PLI* = Petit Larousse illustré. Ed. annuelle. Paris 1906−1986.

*PR* = Petit Robert. 2e éd. Paris 1977 [1ere éd. 1967].

*RM* = Josette Rey-Debove: Le Robert méthodique. Paris 1982.

5.2. Travaux

*Beaujot 1976* = Jean-Pierre Beaujot: A quoi peut bien servir le préfixe «non»? In: Bulletin de recherche sur l'enseignement du français — nouvelle série 7. 1976, 29−50; 8. 1976, 37−56.

*Beaujot 1979* = Jean-Pierre Beaujot: Le genre, le sexe et le dico. In: Bulletin de recherche sur l'enseignement du français 17. 1979, 23−48.

*Beaujot/Lehmann 1978* = Jean-Pierre Beaujot/Maryse A. Lehmann: Langue, idéologie, dictionnaire: le discours sur *femme* et *fille* dans le Petit Larousse Illustré, de 1906 à 1978. In: Bulletin du Centre d'analyse du discours 3. 1976−1978, 1−175.

*Benhamou 1986* = S. Benhamou: Analyse dictionnairique de «femme» et de «homme». In: Cahiers de lexicologie 48. 1986-1, 27−67.

*Boulanger 1986* = Jean-Pierre Boulanger: Aspects de l'interdiction dans la lexicographie contemporaine. Tübingen 1986 (Lexicographica Series Maior 13).

*Buzon 1979* = Christian Buzon: Dictionnaire, langue, discours, idéologie. In: Langue française 43. 1979, 27−44.

*Corbin, D. 1975* = Danielle Corbin: La Notion de néologisme et ses rapports avec l'enseignement du lexique. In: Bulletin de recherche sur l'enseignement du français 4. 1975, 41−57.

*Corbin, D. 1980* = Danielle Corbin: Compétence lexicale et compétence syntaxique. In: Modèles linguistiques II, 2. 1980, 52−138.

*Corbin, D. 1982* = Danielle Corbin: Le monde étrange des dictionnaires (2): Sur le statut lexicographique des adverbes en -*ment*. In: Lexique 1. 1982, 25−64.

*Corbin, D. 1983* = Danielle Corbin: Le monde étrange des dictionnaires (4): La créativité lexicale, le lexicographe et le linguiste. In: Lexique 2. 1983, 43−68.

*Corbin, D. et P. 1980* = Danielle et Pierre Corbin: Le monde étrange des dictionnaires (1): «Les marques d'usage» dans le Micro-Robert. In: Synonymies. Bulletin du Centre d'analyse du discours 4. 1980, 227−324.

*Corbin, P. 1980* = Pierre Corbin: «Niveaux de langue»: Pèlerinage chez un archétype. In: Synonymies. Bulletin du Centre d'analyse du discours 4. 1980, 325−353.

*Corbin, P. 1984* = Pierre Corbin: Lexicographe — Conseil. In: LEZ Valenciennes 9. 1984, 113−121.

*Delesalle/Buzon/Girardin 1979* = Simone Delesalle/Christian Buzon/Chantal Girardin: Dévergondé, dévergondage: Les avatars du mot et de la chose. In: Langue française 43. 1979, 45−59.

*Delesalle/Valensi 1972* = Simone Delesalle/Lucette Valensi: Le mot «nègre» dans les dictionnaires d'Ancien Régime: Histoire et lexicographie. In: Langue française 15. 1972, 79−104.

*D'Oria 1972* = D. D'Oria: La structure politique de la société française au XVIIe siècle dans les dictionnaires de Richelet, Furetière, Académie: Pour une relecture du dictionnaire. In: Annali della Facultà di lingue e letterature straniere. Bari 3. 1972, 207−288.

*Falconnet/Lefaucheur 1975* = Georges Falconnet/Nadine Lefaucheur: La fabrication des mâles. Paris 1975.

*Feldman 1980* = Jacqueline Feldman: La sexualité du Petit Larousse ou Le jeu du dictionnaire. Paris 1980.

*Gershuny 1977* = H. Lee Gershuny: Sexism in Dictionaries and Texts: Omissions and Commissions. In: A. P. Nilson et al.: Sexism and Language. Urbana 1977, 143−160.

*Girardin 1979* = Chantal Girardin: Contenu, usage social et interdits dans le dictionnaire. In: Langue française 43. 1979, 84−99.

*Goosse 1977* = André Goosse: Qu'est-ce qu'un belgicisme? In: Bulletin de l'Académie royale de langue et de littérature française 55. 1977, 345−367.

*Hampares 1976* = K. J. Hampares: Sexism in Spanish Lexicography? In: Hispania 59. 1976, 100−109.

*Krötzsch-Viannay 1979* = Monique Krötzsch-Viannay: Sexisme et lexicographie. Les mots «femme» et «homme» dans le dictionnaire. In: OBST. Osnabrücker Beiträge zur Sprachtheorie 9. 1979, 109−143.

*Lehmann 1981* = Maryse-Alise Lehmann: Analyse du discours lexicographique. Le corps sexué dans le PLi, de 1906 à 1980. Thèse de 3e cycle — Paris VIII.

*Lehmann 1984* = Maryse-Alise Lehmann: Graphes et description des renvois dans le dictionnaire. Le traitement du vocabulaire de l'appareil génital dans le PLi de 1948 à 1980. In: Cahiers de Lexicologie 45. 1984, 47−60.

*Muller 1982* = Charles Muller: Dictionnaire ou banque de données? In: Le Français moderne 59. 1982, 329−331.

*Ory/Sirinelli 1985* = Pascal Ory/Jean-François Sirinelli: Les intellectuels en France de l'Affaire Dreyfus à nos jours. Paris 1985.

*Pusch 1983* = Luise F. Pusch: «Sie sah zu ihm auf wie zu einem Gott.» Das Duden-Bedeutungswörterbuch als Trivialroman. In: Der Sprachdienst 27. 1983, 135—142.

*Reissner 1983* = Paul Alcides Reissner: El indio en los diccionarios. Exégesis léxica de un estereotipo. México 1983.

*Rey 1976* = Alain Rey: Néologisme: Un pseudoconcept? In: Cahiers de Lexicologie 28. 1976, 3—17.

*Rey 1977* = Alain Rey: Le lexique: Images et modèles, du dictionnaire à la lexicologie. Paris 1977.

*Rey 1983* = Alain Rey: Normes et dictionnaires. In: E. Bédard/J. Maurais (eds.): La norme linguistique. Québec. Paris 1983, 541—570.

*Rey/Delesalle 1979* = Alain Rey/Simone Delesalle: Problèmes et conflits lexicographiques. In: Langue française 43. 1979, 4—26.

*Scafoglio/Cianfione 1977* = D. Scafoglio/G. Cianfione: Le parole e il potere. L'ideologia del vocabolario italiano. Messina 1977.

*Seco 1983* = Manuel Seco: La definición lexicográfica subjetiva: el Diccionario de Domínguez (1846). In: Serta Philologica F. Lázaro Carreter. Madrid 1983, 587—596.

*Seguin 1981* = Jean-Pierre Seguin: Le mot «libertin» dans le Dictionnaire de l'Académie ou Comment une société manipule son lexique. In: Le Français moderne 49. 1981, 193—205.

*Sgroi 1981* = Salvatore Claudio Sgroi: Riflessi dell'interdizione linguistica nella lessicografia francese. In: Studi italiani di linguistica teorica ed applicata 10. 1981, 403—421.

*Steiner 1980* = Roger J. Steiner: Putting Obscene Words into the Dictionary. In: Maledicta 4. 1980, 23—37.

*Tournier 1982* = Maurice Tournier: Les mots conflits: L'exemple de *grève* au milieu du 19e siècle. In: Le Français d'aujourd'hui 58. 1982, 39—48.

*Whitcut 1984* = Janet Whitcut: Sexism in Dictionaries. In: LEXeter '83 Proceedings. Papers from the International Conference on Lexicography at Exeter, 9—12 September 1983. Ed. R. R. K. Hartmann. Tübingen 1984 (Lexicographica. Series Maior 1), 141—144.

*Yaguello 1978* = Marina Yaguello: Les mots et les femmes. Essai d'approche socio-linguistique de la condition féminine. Paris 1978.

*Jean-Pierre Beaujot, Lille (France)*

# 10. The Dictionary as a Commodity

1. Identifying a Market
2. Planning and Budgeting
3. The Time Factor
4. Headword Inclusion
5. Encoding
6. Presentation and Format
7. Market Research
8. Training the User
9. The Engaging of Lexicographers
10. Lexicographic Training
11. Data Collection
12. Lexicography as a Career
13. Selected Bibliography

## 1. Identifying a Market

A dictionary is an artefact, like a dam or a hospital: built to serve a purpose. This is equally true whether it emanates from a university, a State-sponsored dictionary centre, or a commercial publishing house. (Various combinations are possible here: for instance the *Collins COBUILD English Language dictionary* 1987, a monolingual English dictionary for the foreign learner, is the result of a cooperation between the publisher Collins and the University of Birmingham.) But the commercial publisher is subject to certain specific constraints, and has in recompense certain opportunities. In the planning phase, such a publisher begins by identifying the probable readership of the intended dictionary. What is conceived may be, for instance, an English monolingual dictionary for eight-to-ten-year-olds; or a pocket French-Italian dictionary aimed primarily at tourists. We must find out how these groups are being provided for at present by the competition, the other comparable dictionaries. How can we do better? Various sorts of market research are appropriate here, according to the circumstances. The project leader for a school dictionary may decide to sit in on classes, to see how dictionaries are actually used at school, or conduct an enquiry among teachers and Departments of Education. Only then can decisions be begun to be made about headword inclusion, and an embryo styleguide be devised for the editorial team.

## 2. Planning and Budgeting

It is now possible to set up a provisional budget and time-schedule. The budget must cover the expenses of recruiting and training editorial staff; a calculation of the total workload, in editor-weeks; the necessary clerical and data-processing staff; and the provision of adequate premises for everyone to work in. Perhaps there may be the opportunity of access to someone else's citation files, at a price. There may be outside consultants or an advisory board to be paid. The estimate of editor-weeks is complicated by the need for every entry to be checked by a senior editor, for certain more difficult entries to be written by particular people — the function words by a grammarian, the chemical words by a chemist — and for each semantic set such as compass points or kinship terms to be handled by one writer so that they "match". All of this precludes a straightforward and therefore measurable progress through the text from A to Z. It is important to run one or more pilot studies on small sections of the text, which may lead to important modifications in the original design. Such modifications may mean that we shall need either more people or more time, so that the sums must be done over again. The budget has yet to cover the production, promotion, and distribution of the finished book, with the best possible guess as to how many copies to print. If the expected total profit over a certain period (say five years) is unacceptable, then some adjustment must be made, and the three variables that can be adjusted are time, money, and text quality.

## 3. The Time Factor

Time may be very important. In this competitive field we may have got wind, despite the traditional secrecy and discretion that prevail between rival publishing houses, of a similar dictionary that is due to come out next year, so that we shall want to publish first; a school dictionary must be ready for the new academic year; and the sort of dictionary that people give as Christmas presents must be published (and reviewed) in time for the Christmas market. In any case the printers, the proofreaders, the binders have all their own schedules, and ours is not the only book that they are handling. But if we are to meet our deadlines, we may be able to do so only by making everyone work faster, or by taking on more staff. In the first case, quality will suffer. In the second case we exceed the budget, and quality may suffer too, since the extra staff may be too numerous and too inadequately trained for the senior editors to supervise. The easiest sort of project to organise is one involving an experienced team who are used to working together, and one that is not too novel: perhaps the production of a pocket version of an existing larger dictionary, or a British English adaptation of an American original, or merely a new edition of an earlier dictionary of our own. Yet a new project is the most satisfying. Many lexicographers in the private sector are genuinely enthusiastic about lexicography, and eager for innovation for its own sake as well as for the glory that may attend it.

## 4. Headword Inclusion

So if people are to buy our projected dictionary, what will persuade them to buy it? The received wisdom, substantiated by market research, is that meaning is the primary consideration. Accordingly, in their promotional material publishers always emphasise the number of headwords they include, variously described in the blurbs as "definitions", "entries", "vocabulary items", "references" and so on. Although a reputable publisher will not deliberately lie in this matter, the ways of estimating vary very widely, and no outside body has yet managed to set up an objective standard. Publishers also make a great deal of play with the amount of neologisms they include. This presumably encourages the public to replace their battered old dictionaries, just as a car manufacturer will stress the new features incorporated in this year's model. But apart from new words and senses, there are many other policy decisions to be made about headword inclusion. A native-speaker dictionary aimed at schools, for instance, should include the vocabulary used in the textbooks prescribed for the relevant public examinations. How far should we go, though, in the inclusion of technical terms in a general dictionary? Does a chemist look up *alkene* and *aliphatic* in such a work, or turn to a specialised dictionary of chemistry? Not enough is known about such questions. Here we are at once involved in the vexed question of the "hard word" dictionary. People use dictionaries to look up what they do not know, so it would seem logical for a monolingual dictionary of moderate size to leave out the "easy" words and senses altogether. If modern publishers have hardly ever been brave enough to publish "hard word" dictionaries, it is probably because the potential buyer thumbs through a dictionary in a bookshop to ensure that it includes the words he or she does know.

Other decisions must be made over whether to include regional and national varieties, which may be important to an American reader of the British press; archaisms, which are useful when reading Shakespeare; slang and idiom; trademarks; biographical and geographical entries. This last decision arouses particularly strong feelings, and there are differences of national expectation, even between the British and the American public for monolingual English dictionaries. To the American, on the whole, it seems illogical for a dictionary to include *Dickensian* but not *Dickens*. To British users, on the whole, *Dickensian* is more or less a "word" whereas *Dickens* is a "name", and does not belong in the alphabetical headword list. At most it should go in an appendix at the back. It may be relevant here that the British seem to use their dictionaries for word games more than the Americans do, and many word games expect you to distinguish sharply between word and name. The proprietors of "Scrabble" for example explicitly forbid the use of capitalised words in their game.

If the first consideration is to include as many headwords as possible in a dictionary of finite size, other qualities must be sacrificed. Definitions must be terse; which means in practice that they will be harder to understand, since technical words are most concisely defined by using other technical words rather than by a more lucid but longer-winded periphrasis. A good deal of abbreviation must be used, both in definition text and in the surrounding material. Less information can be given about grammar and usage. There will be less exemplification, although an example is often the clearest way to illustrate meaning, and real citational examples add both authority and vividness to our text. A publisher can only try to guess whether the intended buyer would rather have more words or a more diffuse treatment of each word.

## 5. Encoding

This raises the whole question of how far the dictionary is going to be used for encoding. Traditionally, a monolingual dictionary is chiefly designed for passive comprehension; but a bilingual dictionary whether large or small is likely to be used a good deal for active expression. (How do I tell this man what is wrong with my car?) A monolingual foreign learner's dictionary, which is sold to speakers of many different L1's, must also contain a large encoding element. These various encoding requirements all lead to greater diffuseness, and consequently to fewer headwords for the size:

(a) Even the monolingual native-speaker dictionary must encode to some extent. It is going to be used, whether we like it or not, as an arbiter of "correctness". Ordinary people believe that the inclusion of an item in a printed dictionary gives it the status of a "proper word". However much we insist that our latest offering is based on actual usage, it will be received as an "academy's dictionary". A further consequence of this is the popularity, apparently increasing, of essays for the native speaker on points of disputed usage.

(b) An aspect of correct encoding that affects every user is that of spelling. After meaning, spelling seems to be the second most important reason for buying a dictionary at all, whether it is to lie on the secretary's desk or be used in family word games. One might suppose that spelling is taken care of by including as many headwords as possible, but the matter does not end there. Shall we include variant spellings, either between varieties *(centre/center)* or within world English *(judgment/judgement)*? It seems that our public do expect these, but we are only just beginning to offer them further help with the perennial problem of finding a word in the dictionary that one does not know how to spell, for instance by advising that a word beginning with the sound /r/ may be spelled with *wr-;* and nobody yet seems to have been bold enough to include common wrong spellings at their own place in the dictionary, which might be popular. Related to spelling is syllabification *(judg·ment),* which is included purely for encoding purposes and chiefly by American dictionaries.

(c) Every user, whether native speaker or foreign learner, can profit in varying degrees by synonym essays or mere lists of near-synonyms, which go a little way towards adding a thesaurus to one's dictionary; by cross-references to related entries *(agranulocyte* — compare *granulocyte);* by antonyms; and for the learner, by a good deal of grammatical information, far more detailed than the traditional statements about part of speech and verb transitivity. Teachers and students have come to expect this last component, particularly in English dictionaries for foreigners.

(d) It seems surprising, but obvious when one considers it, that pronunciations and stress are part of the encoding service we offer. Something of the sort is traditionally included even in native-speaker dictionaries, at least for English with its non-phonemic spelling. Nevertheless, even English spelling is phonemic enough for it to be adequate to mark only stress on many words for the native speaker, and for "respelling" systems ("haws" for *horse*) to be popular with this public. British publishers of such English dictionaries are only just gaining the courage to introduce IPA, and the movement has scarcely begun in America, although IPA is now accepted in dictionaries for French native speakers. (IPA, or the Trager-Smith system in the US, is of course almost obligatory in bilingual and learner's dictionaries, since the learner has no built-in apparatus for pronouncing the L2.) But the publisher of a native-speaker dictionary has still to decide how much space to give to variant pronunciations, and indeed whether a prescriptive element is appropriate here: do our readers want to know that the pronunciation of *controversy* as /kənˈtrɒvəsi/ raises some hackles?

(e) Most kinds of "labels" are probably included for encoding purposes. This is true of temporal and regional labels and of labels of level, since it is most often before actually using a word that one needs to know whether it is *slang, British, archaic, offensive* and so on. (The foreigner, in particular, needs to know that *weep* is a more "formal" word than *cry*.) Subject labels, on the other hand, are chiefly useful for finding the right sense of a polysemous word, as with the musical sense of *flat*.

## 6. Presentation and Format

This brings us to the whole matter of sense ordering and homographing, which again affects the final appearance and format of the book. Probably only a minority of our readers will be the sort of sophisticated browsers who are interested in the history of words. It is for these that we would include etymologies, and show the historically earlier sense or homograph before the later. But for most users, it seems sensible to give the most frequent (or what we judge to be the most frequent) sense or homograph first. Strangely enough, even dictionaries that abandon historical ordering and perhaps give no etymologies at all seem reluctant to treat etymologically unrelated homographs as the same headword. It is probably our own prejudices rather than those of our readers that make us separate the verb *curry* ("to cook an Indian dish") from the idiom *curry favour* (related to the grooming of horses).

The first decision to be taken over the total format of our product is, of course, whether it is to be a book at all rather than something in electronic form. In the future at any rate our users may expect to access the information we offer through their own terminals, and Langenscheidt has already marketed an electronic 8,000-word German-English dictionary in a form like that of a pocket calculator. But for practical purposes today, most of us are concerned with books. A book must be to varying degrees portable: a tourist's bilingual dictionary must fit into a pocket or handbag, a school dictionary is carried about in a school satchel, and even a "desk" dictionary must not be too heavy to lift. Publishers feel some trepidation about producing even a fairly large trade dictionary in more than one volume, although the *Reader's Digest Great Illustrated Dictionary* [1920 pp] 1984 has been successfully marketed as two. This is, by the way, profusely illustrated, which suggests that the British public at any rate may like pictures after all. All the equivalent American dictionaries are illustrated, but publishers have generally believed that British users of serious dictionaries find pictures frivolous. If they are included, there will be some tension between the designer, who wants pictures to be bright and beautiful even if somewhat unrelated to the text, and the lexicographer, who wants to use them to define concepts such as *echelon* and *helix* that make dull pictures but cry out for visual explanation. From the point of view of the potential buyer thumbing through the book in a shop, the designer is presumably right.

Further decisions about format concern page layout and typography. How many columns shall we use on a page? Only one column makes the dictionary look reassuringly like an ordinary book, but is impossibly space-consuming except for children's dictionaries; two columns is the normal choice; a three-column page is the prerogative of the largest and most scholarly works. Then we shall naturally wish to distinguish headword, definition text, examples, etymologies, cross-references and so forth by different typefaces, which are supposed to help the reader but may make our page look scrappy. In any case, does our reader understand what we mean by italics or by small capitals? If we try to be too clever, a prospective buyer may turn away from the book in alarm.

From the buyer's point of view, too, the chief consequence of the fundamental choice between paragraph-type entries and shorter discrete entries is the difference of page appearance. In the former, noun compounds and phrasal verbs and so forth are grouped under one main entry, and this is the common British practice. In the latter, which is usual in American lexicography and is coming into British use, *turnkey* and *turn out* have headword status rather than being shown under *turn*. Which of the two systems makes a word easier to find chiefly depends on which one is used to, but the short-entry system does make the page look less daunting.

7. Market Research

Publishers devote a good deal of research to finding out what their intended public wants in all these areas. They may enquire into even such an apparently trivial but really crucial question as what the jacket ought to look like: do people want a dictionary to look bright and lively, or authoritative and serious? And choosing the right title may be very important. Publishers as well as academics have used questionnaires to find out what people expect from their dictionaries, and how they use them; though the drawback there is that most respondents reply by describing what in their experience a dictionary is, rather than suggesting how it might be improved. The same is probably true of the alternative strategy, that of presenting informants with a set of sample definitions: they choose the one that looks most familiar. A more searching approach is to require the respondent to perform specified tasks — choosing the right word for a context, or perhaps recognising from the pronunciation whether two words rhyme — which will test the dictionary used. But this sort of test is much easier to carry out with an educational dictionary, which has a large potential captive audience already seated in classrooms and available to be tested, than with a trade dictionary whose amorphous public are simply running about the streets.

8. Training the User

The publisher can do a good deal to help that captive audience in the classroom, once the dictionary is printed. We shall have done our best to be lucid, but some dictionary conventions and abbreviations there must be; the teachers at least can be taught what they mean, and encouraged to present this information to their classes; and a school dictionary can be equipped with an associated workbook, to give practice in using all that this particular dictionary has to offer. None of these proceedings are possible with a trade dictionary. Here the user is unlikely to come any distance at all to assist the lexicographer. Accordingly, the lexicographer and everybody on the team must go as far as possible to assist the user. At the styleguide stage we must develop a policy for cross-referencing that will enable our readers to find an idiom such as *split hairs* whether they first look for it at *hair* or at *split;* we have used our best judgment as to what sound system to employ and how much abbreviation is acceptable, but the designer must see that these systems can be easily referred to, inside the cover or as a running foot. But most important, for any dictionary at all, is clarity and felicity of defining. Lexicographers succeed or fail by their prowess as communicators.

9. The Engaging of Lexicographers

So what is a publisher looking for when he or she advertises for lexicographers to work on a project? If it is for a bilingual dictionary, obviously someone with an excellent knowledge of the relevant L2. For a general dictionary of anything above the smallest size or most elementary level, the publisher will need several subject specialists, and will look for applicants qualified in law or medicine or whatever else may be required to fill gaps in a team. A suitable person for general monolingual defining may well have a degree in the L1 of the dictionary, perhaps not so much for the sake of anything taught in the degree course as because the sort of young people who take degrees in their native language and literature are often those who like writing and can write. A formal training in general linguistics is useful to those who are to work on a learner's dictionary, and to perhaps the one specialist on a general dictionary team who is to define the grammatical terms themselves and also probably the function words; but linguistics has surprisingly little to do with the day-to-day work of most definers. The phonetics component of each entry will probably be handled by a specialist phonetician and the etymologies by an etymologist. A general definer with no background in lexicology, morphology or syntax can be taught what is necessary by in-house training and where appropriate by attending outside courses. Finally, some familiarity with computers is useful, or at least some awareness of what the computer can do.

What the publisher is looking for first and foremost, however, is the power to write. Publishers often select their trainees by an entrance test, setting a list of words to define or a piece of text from which the trainee is to choose words that need glossing. A possible definer of scientific words will be given that sort of word, and be judged partly on the accuracy of the resultant definition and partly on its clarity and conciseness. An essential requirement for the good lexicographer, about which his or her formal qualifications tell us nothing, is wide general knowledge and knowledge of the world, and the entrance test may help to identify this. (Very young lexicographers often fail here, because though highly qualified in some formal discipline they have simply not lived long enough or "been around" enough.)

The wise publisher also asks applicants to do a proofreading test, since they are to embark on a profession that needs a high degree of mechanical accuracy; and trivial though it may seem, it is a good idea not to engage anyone with really illegible handwriting. Nobody is going to have time to pore over scribbles on proofs or printouts that cannot be read.

## 10. Lexicographic Training

There is some controversy about how far lexicographers (as distinct from terminologists) can or should learn their trade by means of a formal university course. On the whole academics favour this, while commercial publishers are sceptical about its value. As Alain Rey of the Robert has justly commented (1986): "A school of lexicography within the traditional university structure would probably be more efficient in training authors of dissertations on lexicography rather than lexicographers proper." Most publishers prefer to train their new staff on the job by the apprenticeship system, combining in-house seminars of some sort with practical work under an experienced definer. There are "house styles" to be learned, and a whole philosophy to be imbibed which will be specific to the individual publishing house or even to the individual project. All of this bulks so large that a lexicographer may have to unlearn a whole ethos on moving, as they often do, from one employer to another. Someone whose experience has been chiefly of citation-gathering in the Bodleian for Oxford may not be the best person to write a sprightly little picture dictionary for young children.

## 11. Data Collection

Of course most lexicographers do have to collect their material as well as handling it when it has been collected. The older way of doing this, by reading printed sources and setting up a card file, coexists with the newer one of working from an enormous electronic data base; but both require the same alertness in the identification of new words, senses, and usages. The citational evidence is filtered through a human mind, and the success of the process depends upon human Sprachgefühl. Very often the mental process involved must be one of *recognition:* the citation reminds the citation-gatherer of an item which he or she knew already but had not thought of entering in the dictionary. This is where knowledge of the world may be vital. A young lexicographer who has had little to do with babies may otherwise reject a citation for the open compound *cot death;* or (as may be seen from Webster's Third International) an American lexicographer may misinterpret the British phrase "*half* ten" as meaning half-past nine, which it would in German, rather than half-past ten, which it does.

Besides working from written sources, lexicographers may have to collect oral data. This is of course particularly true for the phonetician on the team, who spends a good deal of time listening to radio and may have to set up a subsidiary team of assistant listeners. It is also true for those working in areas of language, slang or regional dialect, which seldom get written down at all. The well-founded prejudice which existed in the past against using spoken sources, on the grounds that they are not publicly verifiable, has been to a great extent overcome by the proliferation of broadcasting and the existence of spoken corpora such as the Survey of English Usage material at University College London.

Finally, a lexicographer may have to work with outside professional consultants. This operation requires considerable human tact, since all consultants want to include far more of their own jargon than there is room for in the dictionary, they all offer definitions of their jargon which are incomprehensible and which offend against the dictionary style, and they all hate us to change a single word.

## 12. Lexicography as a Career

Such then are the skills which the profession requires. It seems there is no straightforward advice one can give to the eighteen-year-old eager to become a lexicographer. Those who have succeeded in this work have come to it by widely various routes. Some young people apply for lexicographic posts in the hope of "getting into publishing", and most of these are disappointed. Lexicographic work gives little chance to demonstrate the worldliness, the marketing flair, and the administrative capacity that make one eligible for that kind of promotion. A few of those who enter the profession may stay there for life, rising to become the senior member of a team or the managing editor of a project; but there is a great deal of wastage.

Many lexicographers are freelancers. This is appropriate to the nature of the work, since as was noted at the beginning making a dictionary is like building a dam, and it is reasonable to discharge the engineers when the dam is finished. A competent freelancer with good contacts (and to have good contacts one must attend conferences and try to do some journalism) does not find it difficult to remain in regular work: although of course there is no pension scheme, no arrangements for holidays or sickness, and no union. There is also considerable scope for part-time work. Both these factors make the profession particularly attractive to women with domestic responsibilities, and there is a high proportion of mature women in the field. Such outsiders come in with a fully adult experience of life, and bring a welcome breath of common sense. They can judge, as many a highly qualified young graduate cannot, what the public needs because they have been "the public". They warn us, working as we do within our closed environment and subject to the byzantine complexity of our self-imposed rules, against the besetting danger of déformation professionelle.

## 13. Selected Bibliography

### 13.1. Dictionaries

*ALPHA 8* = Langenscheidts elektronisches Wörterbuch Englisch ALPHA 8. Berlin. Munich 1983.
*COBUILD* = Collins COBUILD English Language Dictionary. London 1987 [1703 p.].
*Reader's Digest* = Reader's Digest Great Illustrated Dictionary. 2 vol. London 1984 [1920 p.].
*Webster's Third* = Webster's Third New International Dictionary. 2 vol. Springfield, Massachusetts 1961 [64, 2662 p.].

### 13.2. Other Publications

*Ilson 1986* = Lexicography. An emerging international profession. Ed. Robert Ilson. Manchester 1986.
*McGregor 1985* = Charles McGregor: From First Idea to Finished Artefact: the general editor as chief engineer. In: Dictionaries, Lexicography and Language Learning. Ed. Robert Ilson. Oxford 1985, 123—132.
*Rey 1986* = Alain Rey: Training lexicographers: some problems. In: Ilson 1986, 93—100.

*Janet Whitcut, London (Great Britain)*


# 10 a. The Training of Lexicographers

1. General Educational Background
2. Training in Lexicography
3. Selected Bibliography

Those who work professionally to produce dictionaries require both a general education obtained through university study and training in lexicography, traditionally obtained on the job.

## 1. General Educational Background

The level and kind of educational background expected of an applicant for work on a dictionary staff varies according to the kind of work to be done and the policy of the employer. (The information in this article reflects the writer's familiarity with the North American situation; information on Europe and other parts of the world is only representative.) A publisher usually expects an applicant for a staff opening to have completed a baccalaureate degree in one of the arts and sciences. Most university dictionary projects seek editors with master's or doctoral degrees. So do American publishers for etymologists, for pronunciation editors, and sometimes for definers of scientific terminology. On the other hand, one may work freelance or, exceptionally, be employed on a publisher's staff with much less education if one has a special flair for lexicography.

A candidate for any editorial position should have cultivated skill in detecting, analysing, and stating nuances of language. The ability to write correctly, clearly, and concisely is essential. Though many employers consider academic training in languages and linguistics desirable (cf. Rey 1986, 97), it is seldom a requirement for all editors. Appropriate language training is needed for work on bilingual dictionaries and dictionaries of older forms of a language. A practical skill increasingly expected is ability to use a computer.

When an editor is to be a generalist, dealing with words from all fields and with all parts of a dictionary entry, an applicant is usually expected to have a broad educational background, with any sound academic major, especially in one of the humanities, social sciences, or natural sciences. The greatest number of editors have majored in a modern or classical language, philology, or linguistics, and some employers prefer these majors.

Specialists are expected to have suitable preparation. Publishers usually do not employ staff definers for specialized terminology but have these entries written or at least reviewed by outside consultants; however, training in law, medicine, engineering, art, etc. is utilized when it exists on the staff. Publishers employ staff etymologists who have knowledge of earlier forms of the language, classical languages, and historical linguistics. American publishers also employ staff editors for pronunciation and expect candidates to have an advanced degree in linguistics with a good grounding in phonetics and phonology.

## 2. Training in Lexicography

### 2.1. Self-Instruction

The knowledge and skills needed to make dictionaries can be acquired on one's own, or by apprenticeship, or through academic instruction. A beginner working without help from an experienced lexicographer picks them up by examining existing dictionaries, by reading books and articles on lexicography, and by trial and error. Generations of lexicographers, from Cawdrey to Burchfield, have taught themselves their craft, but this way is slow and painful, and the products often display less than professional competence. Though books and articles on dictionary making have been published in recent years that improve the effectiveness of self-instruction, and computerized manuals may soon be available, learning from an experienced lexicographer seems likely to remain the best road to professional competence.

### 2.2. On-the-Job Instruction

Today long-term university projects and dictionary publishers with a permanent staff provide on-the-job instruction for their new editors. In some places this instruction is almost all oral; in others in-house memoranda or manuals cover some or all of the topics. Trainees may also be assigned readings in the growing literature on dictionary making, such as Sidney Landau's *Dictionaries: The Art and Craft of Lexicography*.

Following the training programs, the learner's work continues to be reviewed by senior editors for some time. It takes a year or two for novices to become professionally productive.

### 2.3. Academic Instruction

Dictionary making can also be learned by study and practice in a university program. It has been proposed that those who wish to learn a broad range of lexicographic principles and methods are best served by a complete academic program.

Lexicography as an academic discipline is a development of the twentieth century. In North America, courses to train lexicographers have been offered since at least 1925, when Sir William Craigie began work on the *Dictionary of American English* at the University of Chicago and taught a course on "Making a Dictionary" for his graduate assistants. The history of such courses has been traced by the writer (Gates 1979, 113 ff). Until recent years few permanent dictionary staffs existed, and lexicography was not a practical career choice. Except where students were assisting in dictionary projects, training courses were seldom offered. As a result very few members of dictionary staffs in 1988 have taken a lexicography course. Today, however, most dictionary publishers employ a permanent staff; career interest in lexicography is rising; and in recent decades an increasing number of courses on lexicographic principles and practice have been taught in universities by faculty members with experience in dictionary making. Beginning in

1970, courses in lexicography were developed by J. E. Gates at Indiana State University, Terre Haute, as the core of a specialization within the English master's degree program. Lexicography has also been taught regularly by A. W. Read at Columbia University (1971—74); Ladislav Zgusta at the University of Illinois, Urbana (by 1976); Roger J. Steiner at the University of Delaware (by 1979); Morton Benson at the University of Pennsylvania (by 1979); and Dinh Hoa Nguyen at Southern Illinois University, Carbondale (by 1980). A lexicography course has been offered at least once in several other institutions, and occasional workshops have been offered for the preparation of missionary linguists of the Summer Institute of Linguistics, whose work entails making dictionaries of previously unwritten languages, and in connection with meetings of the Linguistic Society of America.

In Europe, a seminar in lexicography related to the making of the dictionary of the Spanish Royal Academy was taught by Julio Casares in Madrid in 1947. Lexicography is regularly taught by R. R. K. Hartmann at the University of Exeter, by F. J. Hausmann at the University of Erlangen-Nürnberg in cooperation with the University of Heidelberg and the University of Munich; and at the Universities of Valenciennes and Lille (cf. Gates 1979, 116—117; and Hausmann 1986, 107—108).

Lexicography has also been taught in other parts of the world. In India, a seminar was offered in 1975 by Ladislav Zgusta at the Central Institute of English and Foreign Languages in Hyderabad. Since then workshops and seminars have been a regular part of the meetings of the Lexicographical Society of India, which was formed on that occasion. Lexicography courses or workshops have also been offered in Israel, Tunisia, Australia, the West Indies, and the Philippines. As training for dictionary makers, academic programs are effective when they are taught by experienced lexicographers and include guided experience in the making of a dictionary.

There are several advantages to academic training. (a) One does not need to be a member of a dictionary staff to obtain it. A person who wishes to make a dictionary (perhaps as a scholarly project) but who has never had the opportunity to learn the craft on the staff of a dictionary project can get instruction from an experienced lexicographer. (b) Moreover, the university can offer a more extensive program than a publisher or university project can afford. In-house training is usually designed to prepare a person for a particular kind of work on a particular dictionary. To plan and produce a dictionary requires broader training. A university program has the time and resources to give the student a broad view of dictionaries and reference literature through courses on lexicology, lexicography, history of dictionaries, and information science. Practical training can be organized to progress systematically from basic to more complex skills in courses on defining and other aspects of dictionary making. John Sinclair has outlined a master's level curriculum in his "Lexicography as an Academic Subject" (Sinclair 1984, 6 ff; cf. Rey 1986 and Hausmann 1986). Dictionary editors with academic background in lexicography may be better equipped to work out the adaptation of dictionaries and other word reference tools to new technologies and to the needs and wishes of today's users. (c) If substantive academic study becomes the norm among lexicographers, the standards of career preparation in the field will be raised. This in turn will contribute to the recognition of lexicography as a profession (cf. Sinclair 1984, 6). Academic training must, of course, be supplemented on the job by instruction in the conventions of the publisher and the project.

2.4. Continuing Professional Education

Lexicographers can continue their professional growth not only through experience but also by means of in-house and university training programs, professional activity, and individual reading. In-house programs range from the circulation of books and articles and discussion of theoretical and practical matters at regular staff meetings to seminars with visiting speakers or papers given by staff members. Universities sometimes offer workshops for lexicographers. As professionals, dictionary editors participate in conferences on lexicography, applied linguistics, and language teaching, and engage in research, writing, speaking, and other professional activities that put them in touch with new developments and prompt them to think critically about dictionary making. The literature of the field has expanded rapidly in recent years, acquainting readers with the work of other lexicographers, critiques of current practice, and advances in information science and technology. Among the resources are the *Lexicographica Annual* and *Series Maior, Dictionaries: Journal of the Dictionary Society of North America, Cishu Yanjiu* (Lexicographical Studies, Shanghai), *The International Journal of Lexicography,* and the bulletins of the Dictionary Society of North America and the European Association for Lexicography.

The training of lexicographers has developed from trial and error through reliance on the models of prior dictionaries to apprenticeship and more formal on-the-job training. In recent decades a literature on dictionary making has come into being and professional organizations have been established. Workshops, courses, and programs of study have begun to be offered by universities. All this promises to contribute to the recognition of lexicography as a profession, to the establishment of standards of career training, and to the making of more useful dictionaries.

## 3. Selected Bibliography

### 3.1. Dictionaries

*Craigie 1938* = William A. Craigie/James R. Hulbert, eds.: Dictionary of American English on Historical Principles. Chicago 1938—44 [4 vols.; XII; 2552 S.].

### 3.2. Other Publications

*Gates 1979* = Edward Gates: A Survey of the Teaching of Lexicography. In: Dictionaries: Journal of the Dictionary Society of North America 1. 1979, 113—131.

*Hausmann 1986* = Franz Josef Hausmann: The Training and Professional Development of Lexicographers in Germany. In: Lexicography: An Emerging International Profession. Ed. R. Ilson. Manchester 1986 (The Fulbright Papers: Proceedings of Colloquia I), 101—110.

*Landau 1984* = Sidney I. Landau: Dictionaries. The Art and Craft of Lexicography. New York 1984.

*Rey 1986* = Alain Rey: Training Lexicographers: Some Problems. In: Lexicography: An Emerging International Profession. Ed. R. Ilson. Manchester 1986 (The Fulbright Papers: Proceedings of Colloquia I), 93—100.

*Sinclair 1984* = John M. Sinclair: Lexicography as an Academic Subject. In: LEXeter '83 Proceedings. Papers from the International Conference on Lexicography at Exeter, 9—12 September 1983. Ed. R. R. K. Hartmann. Tübingen 1984 (Lexicographica Series Maior 1), 3—12.

*Edward Gates, Indiana State University, Terre Haute, Indiana (USA)*

# 11. Dictionary Criminality

1. Introduction
2. Deception as Regards Identity
3. Deception as Regards Performance
4. Dictionaries in the Tunnel
5. Selected Bibliography

## 1. Introduction

Dictionary criminality is any form of deception involving the author of the dictionary, its publisher and its buyers or users. The terms *criminality* and *deception* are not to be understood in a strictly legal sense. The legal position of many of the facts mentioned here has not yet been clarified. Others may even be quite legal and in accordance with the laws of the country in question. And yet the terms *deception* and *criminality* are preferable to more neutral terms such as *misinformation*. After all, it is not any old product that is involved in the deception but rather the Dictionary — a cultural possession of great importance. But deception involving cultural possessions is shocking and is one of the *evil facts (faits blâmables)*, which is one of the ways of defining a criminal.

Dictionary deception is as old as dictionaries themselves. Since the 16th century it has evidently been common practice to either withhold or falsify information whether in the title, the preface, or the advertising copy. However, a distinction must be made here between the two main aspects of dictionary deception: on the one hand the dictionary's identity, on the other the dictionary's performance.

## 2. Deception as Regards Identity

A dictionary's identity is printed on the title page in the title, possibly by naming an author, but also by giving the publisher's name and domicile as well as the year of publication. Some of this information might be printed on the reverse of the title page, on subsequent pages or on the last page in the dictionary, too.

### 2.1. Title, Author and Publisher

Firstly, as regards the title, publishers have been known to sell some of their dictionaries under two (or more) different titles although the content is absolutely identical. This amounts in effect to a depreciation of the title. If a dictionary is on one occasion called a *school dictionary (Schulwörterbuch)* and on another *Everyman's dictionary (Volkswörterbuch)* then it has clearly not been tailor-made for either of these target groups. If a dictionary with identical text is sometimes called the *pocket dictionary (Taschenwörterbuch)* but sometimes the *standard desk dictionary (Großwörterbuch)* because it is bigger in format and type as well as being more expensive, the deception consists in allowing the user to expect both titles primarily to offer different content and not merely greater legibility, particularly when both titles in a certain lexicographical tradition have always implied a difference in content hitherto. (This example illustrates that the degree of deception has to be measured according to whatever expectations the user may have as a result of deep-rooted traditions, cf. Corbin 1982.) A particular form of identity cover-up occurs with the generally welcome practice of selling the same dictionary in two different countries and thus in two different traditions such as in Great Britain and the USA or in Great Britain and West Germany, for the publisher purchasing the rights on the exported dictionary often feels called upon to give the book a new title. A well-intentioned attempt to adapt the product to a different lexicographical tradition may well be the motivating force behind this. But in view of the growing internationalisation in publishing, this practice gives rise to considerable confusion, not least of all amongst those who have access to the dictionary information in the licence holder's country. One simply has to know, for example, that the *Compact School Dictionary* only carries that title in German bookshops, whereas in British bookshops it sells as the *Active Study Dictionary*, or that the *English College Dictionary*, which is retailed in the USA and on the Continent, is called the *Dictionary of the English Language* in London and that one must not be confused by differences in the advertising copy. Extensive historical evidence of this malpractice is to be found in Kister 1977.

The author's name in a dictionary can be manipulated in three different ways. It can be withheld, which is unfair on the author as well as withholding a part of the dictionary's identity from its readership. It can be fictitiously added because it is prestigious (cf. the names *Webster* and *Roget* in many dictionaries which have nothing at all to do with Noah Webster and Peter Mark Roget). And finally it can be exchanged for another (this is usually coupled with a change of title). A good dictionary of synonyms is currently available in Germany in two versions; the original, complete with title and author, sells for DM 60.— in the bookshops, whereas the licensed edition of the last but one edition (but which is identical from A—Z) sells under a different title and with a different and, as might be expected, fictitious author for DM 20.— in the big stores.

And thus we come to the problem of the publishers. In its dictionary every publishing house that purchases publishing rights from elsewhere should have to name the publishing house that originally published or is still publishing this dictionary, as well as its title and author. It seems that publishing and bookselling legislation, despite having made great progress, is still full of loopholes in this respect.

### 2.2. The Year of Publication (Deception as Regards Age)

Since a dictionary ages quickly because of new developments in lexicographical methods but still more because of rapid changes in a language, the dictionary buyer has a right to clear information on its genesis and development. When was the text (A—Z) of the dictionary in question first published? When was the edition in question last revised? How extensive was the revision? Though these are obvious prerequisites, many dictionaries omit any publication dates whatsoever, or even data about the first edition. Instead, there are very often discreet copyright dates, sometimes even in several countries. Here, apparently, we are again up against a contradiction between the legal position on the one hand and the reader's demand for publication of the actual facts on the other. Not even the terminology has been uniformly agreed on an international basis. A publisher in Germany can call something that in Great Britain would be regarded as a reprint, an *Auflage (edition)*, whereas the English word *edition* would more probably correspond to a completely newly revised edition. The preface should contain information on the extent and nature of the revision. Often a completely new revision is simulated although the author was in fact simply commissioned to replace 2000 outdated words by 2000 neologisms without undertaking any attempt to correct possibly numerous errors of a different kind (cf. Rossenbeck 1975 and 1981 for impressive evidence of publishing house practice).

A further not uncommon practice consists in leaving untouched a preface which was appropriate for an extensive previous revision but which has lost its validity although several superficially revised editions have appeared in the meantime. It has been known to occur that the reader of the preface to a dictionary bought in 1979 was not put wise to the fact that all the assurance about updating to be found in that preface referred to the revision of 1917, the most recent one to have been undertaken. An extreme case of this was the instance when a one hundred year old bilingual dictionary whose copyright had expired was simply reissued under a new publisher and an updated year of publication and was sold to emigrating guestworkers although a change in the orthography of the language which had long since taken place had distorted the foreign language right down to the words in the title of the dictionary, not to mention the changes that the world had undergone in the course of a century.

## 2.3. Deception as Regards Sources (The Problem of Copying)

In addition to the practice of concealing the complete identity of a dictionary there is that of obscuring part of its identity by withholding information about important source dictionaries or about one definitive source dictionary which has perhaps only been changed by 10%. This applies in particular to traditional revision "routes" such as from the USA to Great Britain, or between East and West Germany, or the Spanish dictionaries' dependence on the *Academy Dictionary*. In a case like this, the British revised edition only seldom reveals its American source dictionary with the desired candour. Nor are well-known preface writers always open either (cf. Burchfield 1984, Ilson 1986 and Hartmann 1987). Similarly, East German dictionaries often serve as a basis for West German ones and vice versa.

Lifting information from other dictionaries cannot generally be seen as deceptive because there is no such thing as copyright on the language, nor is it even possible to write a completely independent, new dictionary. In any case, borrowed information of this kind is not necessarily harmful to the buyer. Thus a theory of lexicographical copying (cf. initial attempts made by Zgusta 1986, Wiegand 1987) will not be able to condemn this activity but rather will have to acknowledge it as being part and parcel of the tricks of the lexicographer's trade. But the question of revealing sources in the preface is a rather different matter. The authors of most dictionaries leave it up to the user to find out whether and where they have copied, and that does in fact contain an element of deception in that it makes their lexicographical achievement seem greater than it deserves. It must of course be viewed as blatant deception when the preface contains a denial that any copying might possibly have occurred. It is almost as if, for this cultural genus, the dictionary, we need a hitherto non-existent moral code just for the preface. After all, the function of prefaces is not to hide but rather to reveal sources. If they fail to do so, it can happen that others will put the author to shame by exposing the sources and, in borderline cases, his rival will (cf. Poitevin 1856 on the sources of L. N. Bescherelle's famous dictionary).

If we regard copying as inevitable to a certain extent because it would be foolish when improving and enlarging upon the abstract dictionary of a given language (Dolezal 1986) not to build upon the work of one's predecessor, then we are, of course, accepting a system of injustice towards the lexicographical achievement. The greater the lexicographical achievement, the lesser the likelihood that one will be able to take the material credit due for the work because there will be no shortage of other publishers who, having added a little of their own material, will immediately exploit the new information in their own, naturally updated dictionaries. Dictionary production is the classic field of competitive imitation.

## 3. Deception as Regards Performance

### 3.1. Quantitative Performance

For centuries dictionary advertising has been based on statements about the number of entries, the words chosen, the definitions, the examples, the idioms, right down to the number of symbols in the dictionary. Internationally, considerable distortions can occur here, since it depends on whatever the prevailing tradition of counting is. Reviewers often accept the publisher's figures without checking them because of the sheer enormity of the task. In reality though, checking these figures by random survey is not very difficult at all. The 1.5 million examples claimed to be contained in Bescherelle's dictionary were, for example, a striking case of overstatement. Poitevin 1856,4 was able to provide convincing evidence that the number was at best 150,000. In fact a rough estimate of the number of lines per column is often means enough to expose the publisher's advertising copy as deceptive when, as occurred in Germany, for example, the dictionary claimed to contain 2 million definitions and examples although the columns only contained 500,000 lines in all. We must be particularly critical of general statements about quantity. What are we to understand by "the most comprehensive dictionary of language x"? Does that only refer to the macrostructure while the microstructure may be all the more impoverished?

### 3.2. Qualitative Performance

Factual statements about the qualitative performance of a general monolingual dictionary are manipulated relatively rarely. Either they list constituent parts of the dictionary (pronunciation, etymology, synonymy etc.) or they adhere to generalities which are hard to check. But in the case of bilingual dictionaries and some specialised dictionaries on the other hand, we encounter a systematic kind of deception. Whenever dictionaries are written for one language community and one language community only, the sale of that dictionary to other language communities must be regarded as irresponsible. This is true in particular of monofunctional bilingual dictionaries for translation into the mother tongue (cf. Art. 285, 286). This type of dictionary consciously relies upon the user's mother tongue competence. If it is sold abroad, where this competence is not at hand, it automatically becomes a systematic source of error. The same applies to monolingual specialised dictionaries of the cumulative paradigmatic type (Art. 103, 105). Using strong words to advertise a purely cumulative English dictionary of synonyms for a German learner indicates a complete unawareness of the pitfalls of placing a work of this kind in foreign hands. No dictionary can guarantee the correctness of a linguistic utterance in the foreign language, not even the bilingual dictionary designed for translation into the foreign language. And yet for years this claim was there for all to read on the cover of one German dictionary.

### 4. Dictionaries in the Tunnel

Dictionaries are to be found where the world of commerce and academic research overlap. Lexicography is indeed an academic discipline but its products are subjected to the laws of the market for they are made for the general public and not for the academic. Dictionaries are cultural products, but they are marketed as if they were a bar of soap because they are cultural products for the man in the street. Dictionaries are highly complex things which are barely understood by their authors, not understood at all by the publishers, advertising agents, and booksellers and understood least of all by the buyers. But hardly anyone appreciates this fact. An enlightened, critical attitude towards dictionaries is a rarity. It is almost as if, when submitting his manuscript, the author were dispatching the dictionary into a tunnel. There the publisher, advertising agents, booksellers and buyers grope around blindly in a confusing maze of uncritical opinions, prejudice and jockeying for position. But there is method in the madness inasmuch as the publisher is obliged to bow to the buyer's preferences. It is the buyer who holds the trumps. He buys or does not buy, he buys well or buys badly. So anyone who wants to bring light into the tunnel, anyone who wants to put an end to dictionary deception, must first of all educate the buyer, must raise his dictionary culture, and counter sales pressure by cultural pressure. The attempt must be made because the present state of dictionary criminality is unworthy of our great cultural nations.

### 5. Selected Bibliography

*Burchfield 1984* = Robert Burchfield: Dictionaries, New & Old. Who Plagiarizes Whom? Why & When? In: Encounter, September/October 1984, 10—19.

*Burkett 1936* = Elizabeth M. Burkett: American Dictionaries of the English Language before 1861. London 1979. Reprint from 1936.

*Corbin 1982* = Pierre Corbin: Le monde étrange des dictionnaires (3): La faisselle et autres contes. Scolies sur le changement lexical. In: Modèles linguistiques IV, 1. 1982, 125—184.

*Corbin 1984* = Pierre Corbin: Le monde étrange des dictionnaires (6): Le commerce des mots. In: Lexique 3. 1984. 65—124.

*Dolezal 1986* = Fredric Dolezal: How Abstract is the English Dictionary? In: The History of Lexicography. Ed. by R. R. K. Hartmann. Amsterdam 1986, 47—56.

*Friend 1967* = Joseph H. Friend: The Development of American Lexicography 1798—1864. The Hague 1967.

*Hartmann 1987* = Reinhard Hartmann: Yes, but WHICH dictionary? Great Britain. In: English Today 10. 1987, 10—13.

*Hausmann 1977* = Franz Josef Hausmann: Einführung in die Benutzung der neufranzösischen Wörterbücher. Tübingen 1977.

*Hausmann 1986* = Franz Josef Hausmann: Wörterbuch und Wahrheit. Zur Rezeption des Wörterbuchs der deutschen Gegenwartssprache in der Bundesrepublik. In: H. Malige-Klappenbach, Das „Wörterbuch der deutschen Gegenwartssprache". Bericht, Dokumentation und Diskussion. Ed. by F. J. Hausmann (Lexicographica Series Maior 12). Tübingen 1986, 175—192.

*Hausmann 1986a* = Franz Josef Hausmann: Romanistische Wörterbuchforschung und Gesellschaft. Das Beispiel der Wörterbuchkriminalität. In: Romanistik: Arbeitsfelder und berufliche Praxis. Ed. by H. Christ. Tübingen 1986, 73—83.

*Hausmann 1986b* = Franz Josef Hausmann: The training and professional development of lexicographers in Germany. In: Lexicography. An emerging international profession. Ed. by R. Ilson. Manchester 1986, 101—110.

*Hausmann 1987* = Franz Josef Hausmann: Wörterbuchkriminalität. Lexikographie zwischen Markt und Wissenschaft. In: Toegepaste Taalwetenschap in Artikelen 27. 1987, 7—17.

*Hupka 1984* = Werner Hupka: Wort und Bild. Die Illustrationen in einsprachigen französischen Wörterbüchern. In: Theoretische und praktische Probleme der Lexikographie. 1. Augsburger Kolloquium. Hrsg. v. D. Goetz u. Th. Herbst. München 1984, 166—207.

*Ilson 1986* = Robert Ilson: British and American Lexicography. In: Lexicography. An emerging international profession. Ed. by R. Ilson. Manchester 1986, 51—71.

*Kister 1977* = Kenneth F. Kister: Dictionary Buying Guide. New York 1977.

*Poitevin 1856* = Prosper Poitevin: Examen critique du Dictionnaire national de M. Bescherelle Aîné. In: Id., Nouveau Dictionnaire universel de la langue française. Paris 1856, 1—16.

*Rettig 1985* = Wolfgang Rettig: Die zweisprachige Lexikographie Französisch-Deutsch, Deutsch-Französisch. Stand, Probleme, Aufgaben. In: Lexicographica 1. 1985, 83—124.

*Rossenbeck 1975* = Klaus Rossenbeck: „En rak vänster" —, ein gerader Linker? Bemerkungen zu einem neuen schwedisch-deutschen Wörterbuch. In: Moderna Språk 69. 1975, 21—34.

*Rossenbeck 1975a* = Klaus Rossenbeck: „Zwei durch acht macht vier". Weiteres zum schwedisch-deutschen Wörterbuch des Prisma-Verlages. In: Moderna Språk 69. 1975, 316—333.

*Rossenbeck 1981* = Klaus Rossenbeck: 'Der Unfalltüchtige' und 'die Einundfünfzige' — oder: *Goddag,* yxskaft! Zur zweiten Auflage von Modern svensk-tysk ordbok (Stockholm: Bokförlaget Prisma, 1980). In: Germanistisches Bulletin 5. 1981, 75—103.

*Voigt 1984* = Walter Voigt: Wörterbuchverlag und das optimale Wörterbuch. In: Theoretische und praktische Probleme der Lexikographie. 1. Augsburger Kolloquium. Hrsg. v. D. Goetz u. Th. Herbst. München 1984, 334—349.

*Wiegand 1987* = Herbert Ernst Wiegand: Über den Nutzen von Wörterbüchern. In: Festschrift für K. Hyldgaard-Jensen. Ed. by M. Dyhr/J. Olsen. Kopenhagen 1987, 308—317.

*Wolski 1986* = Werner Wolski: Partikellexikographie. Tübingen 1986.

*Zgusta 1986* = Ladislav Zgusta: Eine Kontroverse zwischen der deutschen und der englischen Sanskrit-Lexikographie. Erster Schritt zu einer Theorie des Abschreibens. In: Kontroversen, alte und neue. Akten des VII. Internationalen Germanisten-Kongresses Göttingen 1985. Hrsg. v. A. Schöne. Band 3. Tübingen 1986, 248—252.

*Zgusta 1988* = Ladislav Zgusta: Copying in Lexicography. In: Lexicographica 4. 1988, 145—164.

*Franz Josef Hausmann, Erlangen*
*(Federal Republic of Germany)*
*(Translated from the German*
*by Rosemary Zahn)*

# II. Lexikographie und Gesellschaft II: Wörterbücher und ihre Benutzer
# Lexicography and Society II: Dictionaries and Their Users
# Lexicographie et société II: Le dictionnaire et ses utilisateurs

## 12. Sociology of the Dictionary User: Hypotheses and Empirical Studies

1. Dictionary-Making and Dictionary Use
2. Hypotheses About the Dictionary User
3. Empirical Studies of Dictionary Use
4. Selected Bibliography

### 1. Dictionary-Making and Dictionary Use

"A consumer can determine whether a given purchase was a 'good buy' only if he or she knows the types of goods for sale and the price range of each. Likewise, a competent consumer of research needs to know the range of work on the topic to be studied, not just a specific report." (Adams/Schvaneveldt 1985, 50)

This quotation from a consumer-oriented social-science research guide is doubly appropriate to the subject treated here: the consumer or 'user' of dictionaries. A users's success with a dictionary depends on the product's suitability for his/her particular needs. And relevant knowledge about the user depends, in turn, on the quality of the research that has been done. — In this Encyclopedia, the mutual and often complementary relationship between the compiler and the user is emphasised, in line with recent interest in the user perspective which has been gaining ground since Wiegand called for a 'sociology of dictionary use' in the mid-1970's. — This Article reviews a number of basic hypotheses about dictionary use (Section 2) and tests them against evidence from some relevant data-based investigations (Section 3). It is hoped that this will lay a new foundation for statements made elsewhere about dictionary typology (cf. Art. 13 and 91) and dictionary design (cf. Art. 36 and 286).

### 2. Hypotheses About the Dictionary User

Definitions vary as to the precise nature of a 'hypothesis'; I take it to lie anywhere along the cline between the two poles of the theoretical axiom and the practical desideratum. An example of the former is the generally accepted claim as formulated by Hudson (1981, 341) that "there is no known limit to the amount of detailed information of all (such) types which may be associated with a lexical item. Existing dictionaries, even large ones, only specify lexical items incompletely". An example of the latter is the dictum by Haas (1962, 48) that "a good dictionary is one in which you can find the information you are looking for — preferably in the very first place you look". — Within such a wide range of testable theses, several postulates in the literature may be considered relevant: Householder (1962, 279), Henne (1976, 99), Henne/Weinrich (1976, 344), Wiegand (1977a, 101), Wiegand (1977b, 66 ff.), Hartmann (1983, 5), Kühn/Püschel (1982, 143 ff.), Kromann/Riiber/Rosbach (1984, 223 ff.). Assuming agreement on the basic tenet that the dictionary user must be an important consideration in dictionary-making, here is a list of a dozen such hypotheses which will later be described and tested in the light of empirical evidence:

(H1) Dictionary makers have always made assumptions about their intended audience(s).
(H2) There is no one-to-one match between intended uses (or 'functions') and actual uses of the dictionary.
(H3) Classifications of dictionaries (dictionary typology) should be based on users' needs as well as

the information categories supplied in the dictionary.
(H4) There is no one-to-one match between the dictionary maker's assumptions and the dictionary user's assessment of the dictionary 'image'.
(H5) An analysis of users' needs should precede dictionary design.
(H6) Different user groups have different needs.
(H7) Users' needs are determined by various factors — of these, the purpose of the activity is the most important.
(H8) Users' needs may change, e. g. according to time and place.
(H9) Dictionary reference skills involve complex (psycho-)linguistic processes.
(H10) Dictionary skills can be and should be taught.
(H11) Instruction should be appropriate to the user and the instructor should be aware of all available media.
(H12) Research into dictionary use needs to be further encouraged.

## 2.1. History of Dictionary Use

Hypothesis 1 is concerned with the question of what kind of role(s) the dictionary compiler has assigned to his product. It is tempting (without transgressing into the topics covered in Art. 174 to 284) to pursue the question of what the history of lexicography should look like if it were to be rewritten from the point of view of the dictionary user rather than the compiler. There have also been suggestions from a number of scholars that historical records should be related to the indirect (and more difficult-to-obtain) evidence of book production figures, literacy rates, and the development of text genres. — In the absence of a user-oriented history of lexicography it is difficult to verify or fault Hypothesis 1 in detail. Nor is it possible to get more than the occasional glimpse of successive user 'profiles' through the ages, much less reconstruct a diachronic sociology of dictionary use. (The problem is akin to that of developing a sociology of dictionary-making: what are the sociocultural and ideological constraints on the work of the lexicographer?; cf. Art. 10 a).

## 2.2. The Functions of the Dictionary

Dictionary compilers do take cognizance of the needs of putative buyers, but we cannot always be sure whether and to what extent intended uses are matched by actual uses. Hypothesis 2 deals with some of the specific functions dictionaries may be said to perform. The literature on dictionary functions is still often confused and sketchy; in this Encyclopedia several are treated in Art. 1 to 11 and 14 to 23. — However, it is difficult to see how such global macro-functions can be converted into ways of satisfying users' needs. In this form they are still too crude for the purposes of a sociology of dictionary users.

## 2.3. Dictionary Typology

Hypothesis 3 relates the problem of how to classify the diverse types of dictionaries according to the information contained in them. There is an extensive literature on this subject (cf. Art. 91), but most of the relevant statements start from the assumption that all the information categories supplied by the lexicographer (such as variant forms, information on meanings, grammatical information, etymologies, illustrations, usage labels, etc.) are ipso facto 'useful'. A typology of dictionaries by user functions is sorely needed (it is attempted in Art. 13). — Reichmann (1984, 460 ff.), in his account of the historical dictionaries of German, has refined the more conventional distinctive-feature approach to typology by adding *Benutzerbezug* as one of the defining criteria. This adds a new dimension to dictionary classification: by using such functional features as 'instrument of philological interpretation', 'instructional aid for students', 'contribution to intellectual history' etc., we could characterise in greater detail even the more specialised research dictionaries. In Reichmann's framework, the *Oxford English Dictionary* (Murray 1884 ff.) might thus be described as a multi-period, alphabetical, semasiological (etc.) historical dictionary containing information on phonemic and graphemic variants, etymology, grammar, dialects, technolects (etc.), useful for historical/literary research, as an aid to advanced students (etc.). Such a view recognises the user as an important aspect — perhaps even the final arbiter — of dictionary typology.

## 2.4. The 'Image' of the Dictionary

Hypothesis 4 voices a doubt as to whether the dictionary maker's assumptions provide a direct match for the user's expectations. To give just one illustration: the treatment of etymology in general and specialised dictionaries. It is not at all obvious how much of this information is sought by the general public, and how much detail should be provided in the dictionary (and in what form). It may even be the case that some unabridged monolingual dictionaries cover this information category in greater detail than the more technical etymological dictionaries. — It is therefore essential that we should specify which 'image' of the dictionary prevails for which groups of compilers and users (cf. Galisson 1983). It will also be necessary to sub-divide Hypothesis 4 to allow for more refined distinctions, e. g. general-purpose vs. specialised works (Kühn/Püschel 1982) or all-inclusive vs. segmental works (Opitz 1983).

## 2.5. User Needs

Historically, functionally, and typologically we are led to the conviction that more research is necessary about the user's interests, habits and preferences. Hypothesis 5 encapsulates this view. But objective knowledge about dictionary users' needs is still rare. Wiegand has drawn attention to this research lacuna by demanding more detailed empirical studies of *Wörterbuchbenutzungssituationen,* or typical contexts of dictionary consultation. Fig. 12.1 is based on Wiegand's (1977a, 81) classification of basic reference acts.

The design of any dictionary cannot be considered realistic unless it takes into account the likely needs of various users in various situations. It would be helpful to know, for example, whether traditional semasiological reference acts for decoding purposes ("Where does item X come from?", "How is it used?", "What is its basic meaning?") are indeed more popular than onomasiological queries for encoding purposes ("Which field is X confined to?", "How can I use it appropriately?", "What other items may be (more) suitable?"). Hypothesis 5 may have its uses in the design of general as well as more specialised dictionaries, once we had at our disposal a complete account of the needs of such particular user groups.

## 2.6. Variations in Use

The utility of the dictionary has never been in doubt, but we must question whether a single type of dictionary can satisfy all the possible reference needs. — Hypothesis 6 formulates one version of the variability of users' needs. Different groups (or even individuals performing different social roles or activities) are likely to have different information requirements. — Hypothesis 7 goes a step further by claiming that there may be several competing causes of variable dictionary use. Of these, the chief factor is often said to be the purpose of the activity that leads to dictionary consultation in the first place. The aim of detailed studies of activity contexts would be akin to that of 'needs analysis', a technique used in educational planning and language teaching methodology, e. g. for cataloguing the concrete requirements of a pupil-as-learner in order to determine what syllabus provisions should be made to satisfy them (cf. Art. 23). — It is also very likely that users' needs may change from place to place and from time to time. Hypothesis 8 captures this eventuality, which may subsume both an intercultural and a diachronic perspective. Thus, Dubois (1981, 248) has hinted that "the reference needs of dictionary users in the last quarter of this century are quite different from those of ten or twenty years ago". — However much we may agree intuitively with such sentiments about the variability of dictionary use, we do not yet possess more than preliminary outline sketches of specific user profiles.

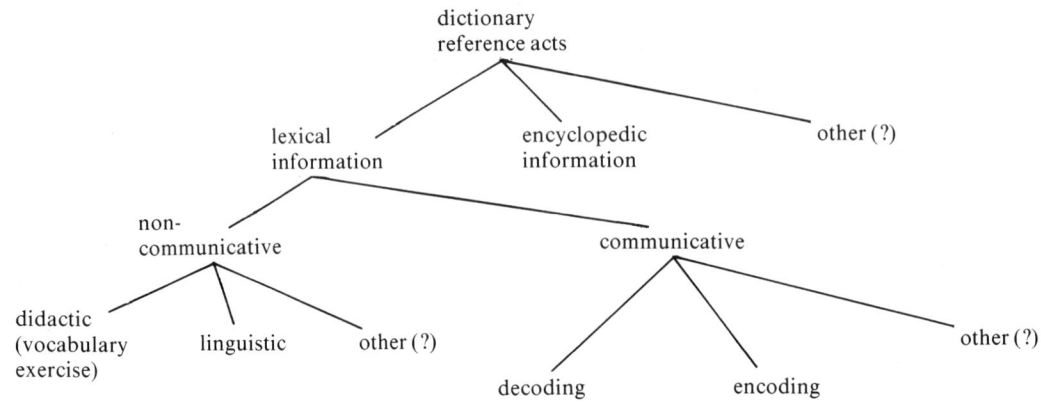

Fig. 12.1: Towards a taxonomy of dictionary reference acts

## 2.7. Reference Skills

Various suggestions have been put forward as to how to inculcate good 'dictionary habits' and 'reference skills', and specific advice on 'how to read a dictionary' has been given in practice manuals issued by dictionary publishers and teachers' groups (cf. Art. 25 and 66). Compilers, critics and users of dictionaries have always known that the presentation of information involves such things as abbreviations, codes and other notational conventions, but not until relatively recently has there been any attempt to relate these to the complex operations of dictionary look-up. Haas's (1962) dictum, already mentioned, about instant locatability has been followed up by studies of the conditions of successful consultation. Hypothesis 9 concentrates on the complexity of the operation, Hypothesis 10 on the teachability of the component skills, and Hypothesis 11 on the optimisation of instructional media.

Fig. 12.2, which is based loosely on Scholfield (1982, 186 ff.), specifies the main constituent strategies of dictionary reference, four with respect to macrostructure, three with respect to microstructure. Such a more detailed framework may allow the empirical checking of the various stages involved in locating desired items of information. Unfortunately, direct observation of reference acts (see Section 3.5 below and Art. 171) is still in its infancy; we simply do not know how different user groups behave in reality using such skills.

## 2.8. Research Desiderata

Hypothesis 12 on the needs for developing research methods for observing dictionary use follows naturally from all the others. The survey of empirical investigations attempted in Section 3 below documents some progress in that direction. Above all, such work must be carried out in an interdisciplinary and cross-cultural framework, accommodating conceptualisations and techniques from several expert fields, involving linguistic, historical, sociological, psychological and technological vantage points. — The objective of such research is to challenge or confirm some of the hypotheses listed above by the whole panoply of (social) scientific methodology. An immediate priority would be to classify the parameters of dictionary use; Fig. 12.3 attempts this in terms of four quadrants:

(I) dictionary typology, or specification of 'information categories' (content and type of dictionary, from general wordlore to specialised description),

(II) user typology, or specification of 'social roles' (locus and status of user, from family home to variegated work settings),

(III) needs analysis, or specification of 'activity contexts' (situation and purpose of consultation, from simple reading to complex tasks), and

(IV) skills analysis, or specification of 'reference skills' (strategies of look-up, from basic lists to diversified access).

In a recent paper, Wiegand (1987) has advocated social transaction theory as an aid to empirical studies; in such a framework, reference acts could indeed be viewed in terms of teleologically motivated search questions.

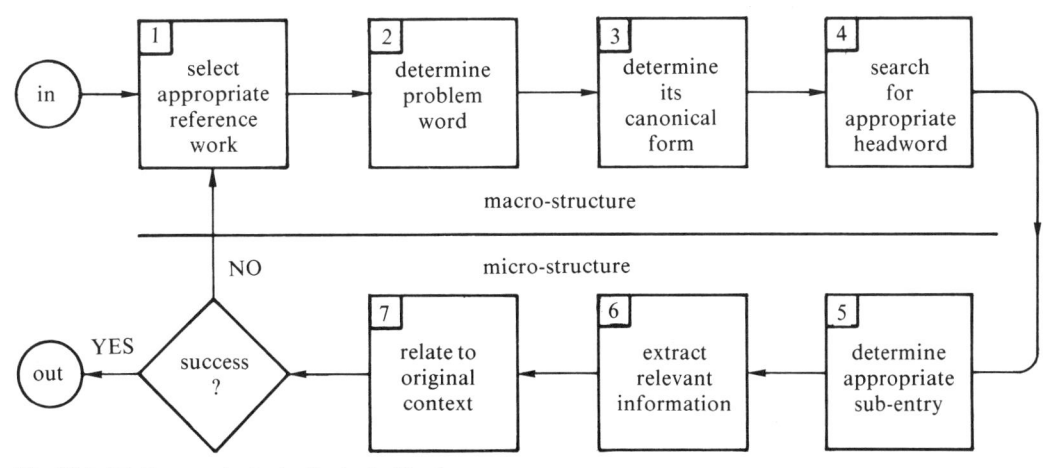

Fig. 12.2: Dictionary strategies for lexical look-up

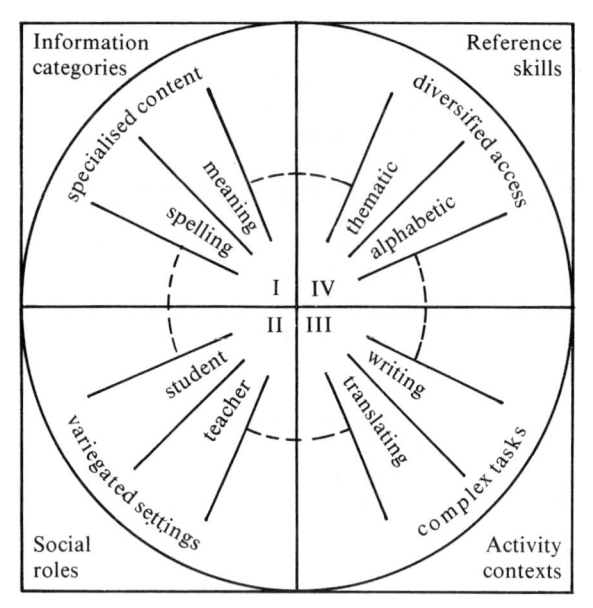

Fig. 12.3: Towards a dictionary user profile

## 3. Empirical Studies of Dictionary Use

In reviewing a selection of empirical projects on the dictionary user we may not have to depart too much from the chronological order in which they are listed here: Barnhart (1962), Gates (1972), Quirk (1973), Bujas (1975), Hoffmann (1978), Tomaszczyk (1979), Baxter (1980), Béjoint (1981), Kühn/ Püschel (1982), Ard (1982), Mitchell (1983), Bensoussan/Sim/Weiss (1983), Galisson (1983), Greenbaum/Meyer/Taylor (1984), Rasmussen (1985), Wiegand (1985), Benbow et al. (1986), Tono (1986), Krings (1986), Atkins et al. (forthcoming).

### 3.1. Personal and Public Opinion

Opinion based on individual experience without independent evidence to support it remains at the level of the 'case study', the bottom rung in the hierarchy of scholarly methodology. There have been many useful critical reviews of dictionaries (cf. Art. 27), but even the most reliable among them can hardly claim to represent fully the needs of a particular user group for which the dictionary in question may have been intended. The same goes for comparative surveys, dictionary buying guides, and studies of various instances of usage insecurity. Nevertheless, they may indirectly influence opinions of dictionary publishers and compilers on what kind of information the potential user may be seeking (cf. Art. 10). Commenting on invest- ment and marketing strategies in the dictionary publishing industry, Ullstein (1981, 2056) observed that according to a Gallup poll, commissioned by Longman, "... dictionaries had as high a penetration into homes as television sets", but that nonetheless the British dictionary market was still capable of further expansion to levels comparable to sales figures in France and the U.S.A. — Publishers have learned from these opinion polls (and also from their own questionnaire surveys administered subsequently, see 3.4 below) that user profiles are more differentiated than had previously been assumed, and that the so-called 'general' monolingual dictionary could be adapted to several more specific groups, like children, family/home, students, E.F.L. learners etc. — The latter point in particular lends further support at least to Hypothesis 5 on the (chrono-)logical priority of needs analyses over dictionary design.

### 3.2. Indirect Observation

In an attempt to determine the relative importance of various information categories in American desk dictionaries, Barnhart initiated what was probably the first large-scale user survey ever attempted. Starting with the double premise (Barnhart 1962, 161) that "it is the function of a popular dictionary to answer the questions that the user of the dictionary asks, and dictionaries on the commercial market will be successful in proportion to the extent to which they answer these questions of the buyer", he distributed questionnaires to teachers at 99 colleges in 27 of the United States to gather data on how 56,000 students rated six types of information in 'college dictionaries' available at the time (circa 1955). The following rank-scale emerged:

1 meaning,
2 spelling,
3 pronunciation,
4 synonyms,
5 usage notes,
6 etymology.

Although the results are based on indirect reporting by teachers rather than direct observation of the students themselves, the data are based on a large sample and therefore likely to be relatively representative of American college freshmen. Barnhart concluded, correctly, that this approach provided the dictionary compiler with a better guide to what information should be offered to school users than the hunches on which the presentation of dictionary content had been based previously, thus providing a partial proof of Hypotheses 2, 4 and 5 on the lack-of-fit between assumed uses and actual uses. Quadrant I ('information categories') in the user profile sketched in Fig. 12.3 was thus given its first recognisable features; Quadrant II ('social roles') remained somewhat indistinct until later studies added more detail on user preferences (see Section 3.4 below).

3.3. Text Coverage

The intuitive judgement of the single critical reviewer can be improved upon by group action, pooling the informed opinion of several experienced users. What would be desirable is the development of tests or indices for measuring the content and usability of particular dictionaries for particular tasks against a set of numerical criteria. Bujas (1975) recorded over 6,000 vocabulary items in 34 issues of 9 topical news magazines over a period of 2 1/2 years and concluded that over three quarters of these items were not covered in a medium-size general-purpose bilingual dictionary and should be incorporated in a revised edition. — Hoffmann (1978) combined a personal critique of the etymological information contained in a general and a specialised dictionary with a survey of the views of 28 university teachers and students. Such studies can lay open discrepancies between stated and actual coverage of dictionaries and their performance in handling specific tasks or texts. Such measures are in line with some of the above hypotheses. Numbers 2 to 5, in particular, seem well supported: there is no direct match between intended functions and actual uses, the content is determined by the dictionary maker's assumptions about potential uses, and real users' needs are not systematically assessed before a new dictionary is compiled. The profile of the dictionary user is becoming much more varied in terms of Quadrants I ('information categories') and II ('social roles') in Fig. 12.3. In addition to the layman as family member or school learner, the professional translator, LSP teacher and philological scholar are acknowledged as users of reference works for specialist purposes.

3.4. Refined Survey Techniques

More sophisticated research instruments involving sampling and surveying began to replace personal opinion and indirect observation in the late 1960's and early 1970's. Quirk's (1973, 76) pioneering paper pleaded for 'more objective evidence' to counteract or support 'folkloristic beliefs'. The results of a more specialised investigation of the dictionary needs of American biblical scholars by Gates (1972) had just been published, demonstrating the usefulness of the questionnaire method for gaining this kind of knowledge; Quirk devised a 30-item questionnaire and distributed it to 220 British undergraduate students in London, half in the humanities, half in the sciences. The most dominant information categories indicated as useful were again meaning and spelling (the latter stressed more by scientists), while little interest was expressed in etymology and pronunciation. The image of the dictionary as a complete register of the vocabulary of the national standard language giving definitions came over strongly, but criticism was also expressed of the metalanguage used and the inadequate coverage of current items in the general English dictionary. — A decade later, Greenbaum/Meyer/Taylor (1984) replicated Quirk's survey on 240 American college students, obtaining comparable results. Unlike their British counterparts, U.S. undergraduates relied more on their dictionaries, especially for spelling, non-standard usage and encyclopedic information. Interesting differences emerge in the way the dictionary's role, e. g. as an 'authority', is perceived by users in different communities, although the language is shared by British and American users. — Cross-culturally, the differences may be even more pronounced, e. g. when Kühn/Püschel (1982) reported that the so-called general dictionary is less known and used among German-language teachers than more specialised spelling dictionaries, such as the *Duden* (1980). — The first and to this day most comprehensive empirical study of the use of interlingual as well as monolingual dictionaries was Tomaszczyk's (1979) questionnaire survey of foreign-language learners, teachers and translators in Poland and the U.S., involving 449 subjects and 16 languages. The most significant finding was that "the extent of the dictionary use depends on the nature of the skill practiced" (1979, 108), on the subject's level of language proficiency, and on the extent to which the given language skill (6 were distinguished) is exercised. The proportion of monolingual over bilingual dictionary users was found to rise with increasing proficiency and complexity of the activity engaged in. A significant minority prefer 'restricted' to general dictionaries. — Baxter (1980) provided further evidence on the relationship between bilingual dictionaries and target-language monolingual dictionaries in the learning process. Baxter argued, with questionnaire data from 342 Japanese students of English, that excessive use of interlingual dictionaries can strengthen the mistaken belief in one-to-one lexical equivalence and negative interference and should thus be discouraged in favour of the monolingual dictionary which promotes vocabulary acquisition in more natural 'handfuls'. — However, as Béjoint (1981) has shown with data based on his survey of the language needs and reference skills of French university students of English, there is no guarantee that information in even the most advanced English learners' dictionaries is exploited to the full by foreign learners (cf. also Art. 23). — Finally, in the first-ever truly comparative user survey, Galisson (1983) evaluated the needs and expectations of two samples of students of French, a group of foreign nationals at Paris University and a group of English-speaking learners at an American college. One important difference between them is the greater dependence on bilingual dictionaries in the U.S. context, while the mixed group living in the 'natural' French community seem to prefer monolingual target-language dictionaries. — Several other questionnaire surveys have been and are being carried out by different authors in different countries, from the U.S. to Australia and from Scandinavia to the Middle East. In general, the more pedagogically motivated research projects at academic institutions tend to be more detailed and better publicised than the efforts within publishing firms (one example of a compromise between these two modes of inquiry is Benbow 1986, mounted in connection with the computerisation of the *Oxford English Dictionary*). All these studies lend support to several hypotheses formulated earlier: The discrepancy between intended and real uses (H2) is underlined by the recurring preference for specialised or restricted dictionaries over general-purpose dictionaries; the dominant influence of information content on dictionary typology (H3) is questioned by studies of overlapping user groups; the lack-of-fit between the lexicographer's and the user's assumptions (H4) is confirmed by findings on the image of the dictionary; the plea for basing dictionary design on real reference needs (H5) is repeated in several investigations; the divergent needs of different users by social role (H6) are clarified by surveys straddling a number of (home/school/office) contexts; that activity type is among the most important factors of dictionary use (H7) is confirmed, as well as the claim that user needs can vary by their cultural environment (H8). — The user profile of Fig. 12.3 has become much more variegated. In terms of Quadrant II ('social roles'), e. g., each of the major domains of use can be further subdivided (different types of learners, teachers, office workers etc.). In terms of Quadrant III ('activity contexts'), the simple distinction reading/writing is in need of refinement, e. g. by adding such occupations as translating, scholarly research, or quiz games.

### 3.5. Direct Observation

Some authorities remain sceptical of the full reliability of the questionnaire as an instrument of social research. Most recently, Hatherall (1984, 184) has raised the objection that this method tends to reveal more about the behaviour of subjects "when faced with a particular questionnaire, rather than authentic data on what they use the dictionary for". — To overcome the difficulty of capturing authentic data, some scholars have supplemented questionnaires with exercises, interviews and tests in an effort to simulate realistic reference settings, e. g. in a collaborative Europe-wide learner-user project (Atkins et al. forthcoming). Ard (1982), in an effort to determine whether the use of bilingual dictionaries helps or hinders progress in ESL writing tasks, combined filmed protocols with oral interviews. Unfortunately, the sample of only two cases reported is too small to draw valid general conclusions. The protocol approach has also been advocated, apparently quite independently, by Galisson (1983) and Wiegand (1985), for documenting the use and reliability of dictionaries for specific activities. In the context of advanced foreign-language learning, Krings (1986) has used so-called thinking-aloud protocols to record the psycholinguistic complexities of the translation process, thus also throwing light on the related problem of observing dictionary reference strategies in action. — More controlled test settings and larger samples will be necessary to build up intersubjective knowledge about the ways and means of successful dictionary use. Two projects are of relevance here: Mitchell's study (1983) of reading strategies among Scottish secondary-school pupils and the large-scale testing programme involving Israeli EFL students' reading comprehension skills by Bensoussan/Sim/Weiss (1984); the former is remarkable for specifying testable dictionary search tasks, the latter for the statistical validation of claims about whether or not dictionaries have a place in examinations. — The following hypotheses may be considered to have been addressed and at least partly verified by the above research projects: that different users have different needs (H6), that these needs are determined by the activity from which they arise (H7), and that dictionary reference skills are both complex (H9) and teachable (H10). Many suggestions have been made in the literature on which methods might be most appropriate for teaching the necessary skills (H11), but it must be said that often the conclusions still reflect opinions and attitudes about desirable practices rather than evidence about actual practice. For the first time in our search for a user profile, Quadrant IV ('reference skills') in Fig. 12.3 comes into the picture, informing us of some of the strategies required and/or exhibited by particular user groups. These tend to be based on student populations (always a 'captive audience' for researchers, cf. Zöfgen 1985, Cowie 1987) rather than special professional or vocational groups, concentrating on conventional alphabetic reference rather than more diversified access methods.

## 3.6. Controlled Experimentation

Research designs can be classified in a number of ways. In the tripartite taxonomy 'exploratory-descriptive', 'field studies', and 'experimental-causal' (Adams/Schvaneveldt 1985), the last is the most ambitious and complex; it is also the one least tried in the exploration of dictionary use. — Tests or experiments can measure a certain behaviour or attitude under 'laboratory' conditions; to find out the cause of a change, a 'control group' is often required. But there is little work of this type to draw on. The most impressive experimental project to date is Tono's (1986), based on his undergraduate dissertation on the parameters of dictionary look-up. 402 randomly selected students were tested on a translation task; the passages contained a number of artificial words which were illustrated and explained in mini-dictionaries carefully controlled for definition style and the ordering of examples. Statistical analysis of the data confirmed Tono's hypothesis that users (at least of bilingual English-Japanese dictionaries) tend to choose the translation equivalent that appears as the first sub-entry and ignore definitions and examples in subsequent sub-entries unless there is an obvious negative clue which makes the initial sense unlikely. Research of this kind has important implications for dictionary design (e. g. a list of senses without definitions and examples could be put at the beginning of each multiple entry) and the teaching of reference skills (e. g. users should be made aware of the need to scan the whole entry).

## 3.7. Towards the Electronic Dictionary

It is possible that computer technology may bring advances in this field, e. g. by allowing the user to choose from a 'menu' the type of information needed before the whole entry is scanned, and by keeping records of log-in and log-out operations. It should also be possible to design 'multifunctional' dictionaries (Zimmermann 1983) in which the information is presented for specific activity contexts, e. g. spelling correction for secretaries, hyphenation marking for editors, automatic indexing of documents for research students, bilingual equivalent search for translators. However, no systematic user studies are available so far. — The electronic media may also bring relief in areas where the use of ordinary dictionaries is impaired (cf. the experiments at the University of Regina in Saskatchewan with machine-readable dictionaries for the visually or otherwise handicapped, reported in Law/Sandness 1985). — Meanwhile, Hypotheses 9 to 11 on dictionary reference skills and their development seem on the right lines, even though the appropriate research methods used are still often rather primitive. Quadrant IV ('reference skills') in Fig. 12.3 appears in this light the most promising for further work.

In general, empirical research on dictionary use has made great strides, in line with the demands of Hypothesis 12. Some of the questions asked by Wiegand (1977b, 65) can now be answered, but regrettably they do not yet add up to a mature sociology of the dictionary user.

## 4. Selected Bibliography
### 4.1. Dictionaries

*Der Duden 1980* = Dudenredaktion: Duden Rechtschreibung der deutschen Sprache und der Fremdwörter. Mannheim. Wien. Zürich 1980 [Vol. 1 of Der Duden in 10 Bänden, 792 pp., 1st edition Leipzig 1880].

*Murray 1884 ff.* = James Murray (et al.): Oxford English Dictionary (OED). Oxford 1884—1928 (etc.) [12 volumes and Supplement to 1933; 4 Supplements 1972—1986 ed. by Robert Burchfield].

### 4.2. Other Publications

*Adams/Schvaneveldt 1985* = Gerald R. Adams/Jay D. Schvaneveldt: Understanding Research Methods. New York. London 1985.

*Ard 1982* = Josh Ard: The use of bilingual dictionaries by ESL students while writing. In: ITL. Review of Applied Linguistics No. 58. 1982, 1—22.

*Atkins et al. forthcoming* = Beryl T. Atkins et al.: Report on research project into dictionary use. In: BudaLEX '88 (Proceedings of EURALEX Congress).

*Barnhart 1962* = Clarence L. Barnhart: Problems in editing commercial monolingual dictionaries. In: Problems in Lexicography. Ed. by Fred W. Householder/Sol Saporta. Bloomington, Indiana 1962, 161—181.

*Baxter 1980* = James Baxter: The dictionary and vocabulary behavior: a single word or a handful? In: TESOL Quarterly 14. 1980, 325—336.

*Béjoint 1981* = Henri Béjoint: The foreign student's use of monolingual English dictionaries: a study of language needs and reference skills. In: Applied Linguistics 2. 1981, 207—222.

*Benbow 1986* = Timothy Benbow [et al.]: User Survey Report. Oxford. Waterloo, Ontario 1986 (unpublished interim report for the New Oxford English Dictionary).

*Bensoussan/Sim/Weiss 1984* = Marsha Bensoussan/Donald Sim/Razelle Weiss: The effect of dictionary usage on EFL test performance compared with student and teacher attitudes and expectations. In: Reading in a Foreign Language 2. 1984, 262—276.

*Bujas 1975* = Željko Bujas: Testing the performance of a bilingual dictionary on topical current texts. In: Studia Romanica et Anglica Zagrabiensia No. 39. 1975, 193—204.

*Cowie 1987* = Anthony P. Cowie (ed.): The Dictionary and the Language Learner. Papers from the EURALEX Seminar at the University of Leeds. 1—3 April 1985. Tübingen 1987 (Lexicographica. Series Maior 17).

*Dubois 1981* = Jean Dubois: Models of the dictionary: evolution in dictionary design. In: Applied Linguistics 2. 1981, 236—249.

*Galisson 1983* = Robert Galisson: Image et usage du dictionnaire chez des étudiants (en langue) de niveau avancé. In: Etudes de Linguistique Appliquée No. 49. 1983, 5—88.

*Gates 1972* = John Edward Gates: An Analysis of the Lexicographical Resources Used by Biblical Scholars. Missoula, Montana 1972 (Society of Biblical Literature. Dissertation Series 8).

*Greenbaum/Meyer/Taylor 1984* = Sidney Greenbaum/Charles F. Meyer/John Taylor: The image of the dictionary for American college students. In: Dictionaries 6. 1984, 31—52.

*Haas 1962* = Mary R. Haas: What belongs in a bilingual dictionary? In: F. W. Householder/S. Saporta (eds.): Problems in Lexicography. Bloomington, Indiana 1962, 45—50.

*Hartmann 1983* = Reinhard Rudolf Karl Hartmann: On theory and practice. In: R. R. K. Hartmann (ed.): Lexicography. Principles and Practice. London. New York 1983, 3—11.

*Hatherall 1984* = Glyn Hatherall: Studying dictionary use: some findings and proposals. In: R. R. K. Hartmann (ed.): LEXeter '83 Proceedings. Tübingen (Lexicographica. Series Maior 1) 1984, 183—189.

*Henne 1976* = Helmut Henne: Prinzipien einsprachiger Lexikographie. In: Probleme der Lexikologie und Lexikographie. Jahrbuch 1975 des Instituts für Deutsche Sprache. Hrsg. von Hugo Moser. Düsseldorf 1976 (Sprache der Gegenwart XXXIX), 95—117.

*Henne/Weinrich 1976* = Helmut Henne/Harald Weinrich: Zwanzig Thesen über ein neues Großes Wörterbuch der deutschen Sprache. In: Zeitschrift für germanistische Linguistik 4. 1976, 339—349.

*Hoffmann 1978* = Wolfgang Hoffmann: Zum gebrauchswert etymologischer wörterbücher. Der lemmata-bestand von Kluge-Mitzka und Duden und eine umfrage unter ihren benutzern. In: Zeitschrift für germanistische Linguistik 6. 1978, 31—46.

*Householder 1962* = Fred W. Householder: Summary report. In: F. W. Householder/S. Saporta (eds.): Problems in Lexicography. Bloomington, Indiana 1962, 279—282.

*Hudson 1981* = Richard A. Hudson: Some issues on which linguists can agree. In: Journal of Linguistics 17. 1981, 333—343.

*Krings 1986* = Hans P. Krings: Was in den Köpfen von Übersetzern vorgeht. Eine empirische Studie zur Struktur des Übersetzungsprozesses an fortgeschrittenen Französischlernern. Tübingen 1986 (Tübinger Beiträge zur Linguistik 291).

*Kromann / Riiber / Rosbach 1984* = Hans-Peder Kromann/Theis Riiber/Poul Rosbach: Überlegungen zu Grundfragen der zweisprachigen Lexikographie. In: Studien zur neuhochdeutschen Lexikographie V. Hrsg. von Herbert Ernst Wiegand. Hildesheim. Zürich. New York 1984 (Germanistische Linguistik 3—6/84), 159—238.

*Kühn/Püschel 1982* = Peter Kühn/Ulrich Püschel: 'Der Duden reicht mir'. Zum Gebrauch allgemeiner einsprachiger und spezieller Wörterbücher des Deutschen. In: Studien zur neuhochdeutschen Lexikographie II. Hrsg. von Herbert Ernst Wiegand. Hildesheim. Zürich. New York 1982 (Germanistische Linguistik 3—6/80), 121—151.

*Law/Sandness 1985* = Alan G. Law/Glen D. Sandness: A microcomputer-based electronic dictionary for blind persons. In: Dictionaries 7. 1985, 246—252.

*Mitchell 1983* = Evelyn Mitchell: Search-Do Reading: Difficulties in Using a Dictionary. Aberdeen 1983 (College of Education, Formative Assessment of Reading — Working Paper 21).

*Opitz 1983* = Kurt Opitz: On dictionaries for special registers: the segmental dictionary. In: R. R. K. Hartmann (ed.): Lexicography: Principles and Practice. London. New York 1983, 53—64.

*Quirk 1973* = Randolph Quirk: The social impact of dictionaries in the UK. In: R. I. McDavid/A. R. Duckert (eds.): Lexicography in English. New York (Annals of the New York Academy of Sciences 211) 1973, 76—83.

*Rasmussen 1985* = Jens Rasmussen: Enquête sur l'emploi du dictionnaire danois-français de Blinkenberg et Høybye. In: Copenhagen School of Economics and Business Administration Language Department Publication No. 7. Copenhagen 1985, 130—154.

*Reichmann 1984* = Oskar Reichmann: Historische Lexikographie. In: W. Besch/O. Reichmann/St. Sonderegger (eds.): Sprachgeschichte. Ein Handbuch zur Geschichte der deutschen Sprache und ihrer Erforschung. 1. Halbbd. Berlin 1984 (Handbücher zur Sprach- und Kommunikationswissenschaft 2.1.), 460—492.

*Scholfield 1982* = Philip J. Scholfield: Using the English dictionary for comprehension. In: TESOL Quarterly 16. 1982, 185—194.

*Tomaszczyk 1979* = Jerzy Tomaszczyk: Dictionaries: users and uses. In: Glottodidactica 12. 1979, 103—119.

*Tono 1986* = Yukio Tono: A scientific approach toward lexicography. In: LEO (Journal of the Linguistic, Literary, and Educational Organization, Tokyo) 15. 1986, 37—53.

*Ullstein 1981* = Bart Ullstein: The dictionary war. In: The Bookseller June 13, 1981, 2056—2060.

*Wiegand 1977a* = Herbert Ernst Wiegand: Nachdenken über Wörterbücher: Aktuelle Probleme. In: Günther Drosdowski/Helmut Henne/Herbert Ernst Wiegand: Nachdenken über Wörterbücher. Mannheim 1977, 51—102.

*Wiegand 1977b* = Herbert Ernst Wiegand: Einige grundlegende semantisch-pragmatische Aspekte von Wörterbucheinträgen. In: Kopenhagener Beiträge zur Germanistischen Linguistik 12. 1977, 59—149.

*Wiegand 1985* = Herbert Ernst Wiegand: Fragen zur Grammatik in Wörterbuchbenutzungsprotokollen. Ein Beitrag zur empirischen Erforschung der Benutzung einsprachiger Wörterbücher. In: H. Bergenholtz/J. Mugdan (eds.): Lexikographie und Grammatik. Akten des Essener Kolloquiums 1984. Tübingen 1985 (Lexicographica. Series Maior 3), 20—98.

*Wiegand 1987* = Herbert Ernst Wiegand: Zur handlungstheoretischen Grundlegung der Wörterbuchbenutzungsforschung. In: Lexicographica 3. 1987, 178—227.

*Zimmermann 1983* = Harald H. Zimmermann: Multifunctional dictionaries. In: The Possibilities and Limits of the Computer in Producing and Publishing Dictionaries (Proceedings of ESF Workshop, Pisa 1981). Ed. by A. Zampolli/A. Cappelli. Linguistica Computazionale 3. 1983, 279—288.

*Zöfgen 1985* = Ekkehard Zöfgen (ed.): Wörterbücher und ihre Didaktik. Bad Honnef. Zürich 1985 (Bielefelder Beiträge zur Sprachlehrforschung 14. No. 1 & 2).

*Reinhard Rudolf Karl Hartmann,*
*Exeter (Great Britain)*

# 13. Typologie der Wörterbücher nach Benutzungsmöglichkeiten

1. Wörterbuchtypologien
2. Wörterbuchbenutzungsforschung: Parameter der Wörterbuchtypologisierung
3. Wörterbuchbenutzer und Wörterbuchtypen
4. Wörterbuchbenutzungszweck und Wörterbuchtypen
5. Folgerungen und Ausblick
6. Literatur (in Auswahl)

## 1. Wörterbuchtypologien

Eine Systematisierung existierender Wörterbücher scheint insofern notwendig und nützlich, als nicht nur Laien, sondern auch Fachleute immer wieder überrascht sind, wie viele und welche Wörterbücher existieren und benutzt werden können bzw. könnten. Aus metalexikographischer Sicht wird die Ausarbeitung einer Wörterbuchtypologie sogar als

Voraussetzung für eine Theorie der lexikographischen Sprachbeschreibung und als zentraler Teil einer allgemeinen Theorie der Lexikographie angesehen (vgl. Ščerba 1982, Wiegand 1983 a, 1983 b).

Es gibt in der Zwischenzeit eine Vielzahl an Typisierungsvorschlägen (vgl. Art. 91). Dabei findet man in Abhängigkeit der zugrundeliegenden Kriterien unterschiedliche Typologien; zudem liegen den Typisierungsvorschlägen in der Regel verschiedene Kriterien zugrunde, die sich teilweise überschneiden (zu lexikographischen Typisierungsproblemen vgl. Wiegand 1988 a).

F. J. Hausmann (1985 a, 379 ff.) typologisiert Wörterbücher beispielsweise in synchronische vs. diachronische, historische vs. gegenwartsbezogene, philologische vs. linguistische, standardsprachliche vs. regionalsprachliche, gesamtsprachliche vs. variantenspezifische, gemeinsprachliche vs. fachsprachliche, gemeinschaftssprachliche vs. individualsprachliche sowie in Gesamtwörterbücher und Spezialwörterbücher (syntagmatische, paradigmatische, standardsprachliche, lemmatypische, informationstypische, didaktische und weitere). Da einem Wörterbuch meist mehrere Kriterien zugeordnet werden können, bleibt die Zuordnung einzelner Wörterbücher zu bestimmten Wörterbuchtypen immer eine „vertrackte Sache": so ließe sich Weigands (1909/1910) „Deutsches Wörterbuch" durchaus als synchronisches und diachronisches, historisches und gegenwartsbezogenes, standardsprachliches und regionalsprachliches, gesamtsprachliches und variantensprachliches, gemeinsprachliches wie spezialinformatives (flexionsbezogenes, variantenbezogenes, wortbildungsbezogenes, etymologisches, erbwortbezogenes) Wörterbuch kennzeichnen. (Vgl. auch Reichmann 1984, 468 u. dazu die Kritik von Wiegand 1987 c). Aber auch den im eigentlichen Sinne als Spezialwörterbücher bezeichneten Nachschlagewerken können meist mehrere Merkmale zugeordnet werden: Der „Versuch einer Vereinigung der Mundarten von Teutschland" von Joh. Siegm. Val. Popowitsch (vgl. Kühn 1987 b) ist ein paradigmatisch-distinktives, diachronisches, historisches, gemein- und fachsprachliches, namenkundliches, normatives sowie orthographisch orientiertes Mundartwörterbuch mit teilweise enzyklopädischem Anspruch.

Wörterbuchtypologien sind folglich nie vollständig und nie streng distinktiv, auch deshalb nicht, weil immer wieder neue Wörterbuchtypen entstehen (z. B. Valenzwörterbücher, Antonymenwörterbücher).

Während der Kriterienkatalog bisheriger Wörterbuchtypologien vor allem bezogen war (1) auf den Umfang des Lemmatabestandes (z. B. thesaurierend vs. selektiv), (2) auf die Spezifik des Lemmatabestandes (z. B. standardsprachlich vs. variantensprachlich), (3) auf die Art der Interpretation (z. B. orthographisch vs. orthoepisch), (4) auf die Art der Kodifikation (z. B. onomasiologisch vs. semasiologisch) sowie (5) auf die Einstellung des Lexikographen (z. B. deskriptiv vs. präskriptiv; weitere Unterscheidungen in Art. 91), steht eine Typologisierung von Wörterbüchern nach Benutzungsmöglichkeiten noch aus. Dies ist auch wenig verwunderlich, denn zum einen werden Probleme der Wörterbuchbenutzung erst seit kurzem in der Metalexikographie ausführlicher thematisiert (vgl. die Lit. bei Wiegand 1987 b, 180 u. Ripfel/Wiegand in: Germanistische Linguistik 87—90), zum anderen besteht eine deutliche Diskrepanz zwischen Benutzungshypothesen auf seiten der Wörterbuchschreiber und Verlage und der tatsächlichen Nachschlagepraxis auf seiten der Wörterbuchbenutzer.

## 2. Wörterbuchbenutzungsforschung: Parameter der Wörterbuchtypologisierung

Bislang gibt es nur wenige Arbeiten, in denen aus metalexikographischer Sicht über Nützlichkeit der Wörterbuchbenutzung räsoniert wird (vgl. jüngst Wiegand 1987 a, 1987 b). Geht man einmal von der Grundannahme aus, die Benutzung eines Wörterbuches als kommunikative Handlung zu begreifen (vgl. Wiegand 1987 b), dann muß eine Typologie der Wörterbücher nach Benutzungsmöglichkeiten besonders auf die Parameter „Wörterbuchbenutzer" und „Benutzungszweck" bezogen sein (zu weiteren Differenzierungen Wiegand 1987 b, 192 ff.). Ein bestimmtes Wörterbuch oder ein bestimmter Wörterbuchtyp ist nur für bestimmte Benutzer(gruppen) wertvoll und brauchbar und zwar wiederum nur für bestimmte Ziele und Zwecke. So leuchtet sofort ein, daß der Nutzen eines finalalphabetischen, historischen Wörterbuches für Schüler oder Übersetzer geringer zu veranschlagen ist als für einen Textphilologen oder Sprachhistoriker. Für einen Schüler ist zur Klärung orthographischer Zweifelsfälle ein Rechtschreibwörterbuch nützlicher als z. B. ein etymologisches Wörterbuch. Wenn man etwas über die Bedeutung eines Wortes in Erfahrung bringen möchte, dann schlägt man z. B. nicht in einem Häufigkeitswörterbuch oder Index, sondern in einem Bedeutungswörterbuch nach. Zur Bestimmung der Benutzungsmöglichkeiten eines Wörterbuchtyps sind also zwei Fragen wichtig:

(1) Die Frage „Wer benutzt welches Wörterbuch?" ergibt Hinweise auf die Zuordnung von Wörterbuchbenutzern zu bestimmten Wörterbuchtypen (vgl. Abschn. 3).

(2) Auf die Frage „Aus welchem Anlaß benutzt wer mit welcher Frage zu welchem Zweck welches Wörterbuch?" erhält man Antworten auf Korrespondenzen zwischen Wörterbuchbenutzungsanlässen bzw. -zwekken und bestimmten Wörterbuchtypen (vgl. Abschn. 4).

Die Feststellung der Benutzungsmöglichkeiten eines Wörterbuchtyps wird nun zusätzlich dadurch erschwert, daß die Parameter „Wörterbuchbenutzer" und „Benutzungszweck" wiederum in spezifischer Weise miteinander verquickt sein können. Deutschlehrer suchen beispielsweise diejenigen Informationen in einem Wörterbuch, die ihnen aufgrund ihres Sprachwissens oder ihrer Ausbildung unbekannt sind und die sie für ihre unterrichtliche Tätigkeit brauchen: exakte Bedeutungsbeschreibungen, Bedeutungen unbekannter Fach- und Fremdwörter, Bedeutungen ungebräuchlich gewordener Wörter oder Rechtschreibbesonderheiten. Andere Sach- oder Sprachinformationen — z. B. Wortbildungsmöglichkeiten, Angaben zum Stil, Kontexte eines Stichwortes, Ausspracheangaben, Angaben über Mehrdeutigkeiten, phraseologische Wendungen usw. — gehören entweder zu ihrer Sprachbeherrschung oder sind von unterrichtlicher Seite nur von sekundärem Interesse (vgl. Kühn/Püschel 1982, 141). Für andere Wörterbuchbenutzer, z. B. für deutschlernende Ausländer, ergeben sich andere Benutzungsanlässe und -zwecke (vgl. hierzu Hartmann 1982, Wiegand 1985 a, Neubauer 1985).

Eine Typologisierung der Wörterbücher nach Benutzungsmöglichkeiten muß folglich auf die erwähnten Parameter bezogen sein. Wegen der Abhängigkeit der Parameter untereinander und ihres Zusammenspiels ist eine einzige Typologisierung, die alle Aspekte berücksichtigt, nicht möglich. Dennoch lassen sich wesentliche Typologisierungsausschnitte skizzieren.

## 3. Wörterbuchbenutzer und Wörterbuchtypen

Da Wörterbücher immer von jemandem benutzt werden, bietet sich zunächst einmal eine Typisierung nach Benutzern bzw. Benutzergruppen an. Einerseits behaupten Wörterbuchschreiber, daß sie sich auf verschiedene Benutzer(gruppen) einstellen, andererseits kann man beobachten, daß bestimmte Benutzer(gruppen) immer wieder Wörterbücher desselben Typs gebrauchen. Bezeichnenderweise visieren Wörterbuchschreiber mit dem allgemeinsprachlichen Wörterbuch „breiteste Benutzerkreise" an, denn dieser Wörterbuchtyp enthält umfangreiche Informationen, die für eine Vielzahl unterschiedlicher Benutzer(gruppen) von Interesse sein könnten. Mit einem Spezialwörterbuch wird dagegen in der Regel ein engerer Benutzerkreis angesprochen — es sei denn, die lexikographische Information ist von allgemeinem Interesse (z. B. bei Abkürzungswörterbüchern; vgl. Art. 135). So ist es nicht verwunderlich, daß sich Wörterbuchschreiber mit ihren Spezialwörterbüchern explizit an bestimmte Benutzer(gruppen) wenden:

— Aussprachewörterbücher (vgl. Art. 141) sind in erster Linie konzipiert für Schauspieler, Rundfunksprecher, Lehrer, Politiker und Wirtschaftsfunktionäre
— Indices, Konkordanzen (vgl. Art. 165 u. 166) oder rückläufige Wörterbücher (vgl. Art. 112) sind vor allem für Philologen und Linguisten bestimmt
— Lern(er)wörterbücher, Spracherwerbswörterbücher (vgl. Art. 150 u. 151), Grundwortschatzbücher (vgl. Art. 148) richten sich an Fremdsprachenlerner
— Häufigkeitswörterbücher (vgl. Art. 149) sollen benutzt werden von Stenographen, Didaktikern, Lehrbuchautoren und Wissenschaftlern
— Wörterbücher der Gaunersprache wurden erstellt für Polizisten, Kriminologen und Juristen, aber auch für Wissenschaftler
— (Familien)Namenbücher (vgl. Art. 136) wenden sich an Kulturforscher, Sprachforscher und Familienforscher
— (Pflanzen)Namenbücher (vgl. Art. 133) an Sprachwissenschaftler, Mundartforscher, Volkskundler, Botaniker, Apotheker, Floristen, Gärtner, Landwirte und Ärzte
— Zwei- und mehrsprachige Wörterbücher an Berufs- und Laienübersetzer sowie an Lerner
— Begriffswörterbücher und Thesauri (vgl. Art. 101) an Wissenschaftler (Historiker, Linguisten, Philologen, Kulturwissenschaftler), Lerner, Lehrende, Übersetzer, Terminologen, Laien, Schriftsteller, Rätselrater, Stilisten und Lehrer
— Synonymenwörterbücher (vgl. Art. 102 u. 103) an Geschäftsleute, Korrespondenten, Werbetexter, Journalisten, Sekretärinnen, Schriftsteller, Übersetzer, Lerner, Wissenschaftler, Redner, Politiker

Trotz der Unvollständigkeit dieser Zusammenstellung lassen sich einige Folgerungen über die Zuordnung potentieller Benutzer(gruppen) und Wörterbuchtypen aufstellen:

(1) Für viele Spezialwörterbücher (z. B.

Rechtschreibwörterbücher, Fremdwörterbücher, etymologische Wörterbücher usw.) lassen sich offensichtlich keine genauen Benutzer(gruppen) angeben, bzw. können aus den Vorworten der Wörterbücher nicht eruiert werden (vgl. Reichmann 1984, 485). Zur Typisierung dieser Wörterbücher scheinen andere Parameter (z. B. Benutzungszwecke (vgl. Abschn. 4)) wesentlicher, oder aber die Verfasser von Wörterbüchern gehen davon aus, daß mit der bloßen Existenz eines Wörterbuches automatisch ein Publikum gefunden ist.

(2) Die Palette der Benutzertypen ist recht bunt: sie reicht vom Schüler bis zum Wissenschaftler, vom Kriminologen bis zum Politiker, vom Arzt bis zum Rätselrater. Als Benutzergruppen kristallisieren sich vor allem verschiedene Berufsgruppen heraus. Einem Wörterbuchtyp werden dabei meist mehrere Benutzer(gruppen) zugeordnet, Wörterbuchschreiber und Verlage wollen auch für Spezialwörterbücher den Benutzer- und damit potentiellen Käuferkreis möglichst groß halten.

(3) Versucht man eine vorläufige Systematisierung der angegebenen Benutzer(gruppen), dann ergeben sich folgende.

(a) Wissenschaftler (Philologen (vgl. Art. 17), Linguisten (vgl. Art. 18), Historiker (vgl. Art. 19)), (b) Lehrer und Lerner (vgl. Art. 22, 23), (c) Übersetzer (vgl. Art. 21), (d) Fachleute (vgl. Art. 20), (e) Textproduzenten (Schriftsteller (vgl. Art. 16), Büroangestellte, Politiker, Werbetexter, Journalisten) und (f) Private/Laien (vgl. Art. 13). Eine Sondergruppe wären Wörterbuchschreiber und Wörterbuchkritiker (vgl. hierzu Wiegand 1987 b, 217 f.).

(4) Einige Benutzer(gruppen) tauchen immer wieder auf: Wissenschaftler sowie Lernende und Lehrende scheinen zu den ständigen Wörterbuchbenutzern zu gehören.

So einleuchtend manche Korrespondenzen auf den ersten Blick auch sein mögen, nach dem heutigen Stand der empirischen Benutzungsforschung ist die Zuordnung bestimmter Benutzer(gruppen) zu einzelnen Wörterbuchtypen nicht unproblematisch:

(a) Ob die genannten potentiellen Wörterbuchbenutzer auch mit den tatsächlichen übereinstimmen, kann natürlich nicht ohne empirische Erhebungen überprüft werden. Der tatsächliche Wörterbuchbenutzer gilt wohl noch lange Zeit als „bekannter Unbekannter" (Wiegand 1977 b, 59). Empirische Nachforschungen werden sicherlich manche Überraschungen bringen: So ist durchaus vorstellbar, daß Benutzer, die man nur am Rande des Benutzerspektrums ansiedeln würde oder die vielleicht gar nicht erst ins Blickfeld geraten, gerade zu den tatsächlichen Wörterbuchbenutzern zählen.

F. Dornseiff ([7]1970, 14) repliziert beispielsweise die Kritik an seinem Hinweis, auch die Rater von Kreuzworträtseln könnten in dem auf sprachwissenschaftliche Zwecke angelegten „Deutschen Wortschatz nach Sachgruppen" Hilfe suchen, folgendermaßen: „Aber wenn alle Rätselrater und -raterinnen mein Buch kaufen, kann ich bald wieder eine verbesserte Auflage machen. Die Spezialisten für altlateinische Sprachgeschichte können mir diesen Wunsch nicht verwirklichen." Deutschlehrer, von denen man erwarten sollte, daß sie zu den fleißigeren Wörterbuchbenutzern gehören, scheinen auf dem Standpunkt zu stehen: „Der Duden reicht mir" (vgl. Kühn/Püschel 1982).

(b) Es gibt Wörterbücher, die aufgrund ihrer Konzeption zum gleichen Wörterbuchtyp gehören, in denen aber gegensätzliche Aussagen über Benutzer(gruppen) gemacht werden: Das Valenzwörterbuch von G. Helbig und W. Schenkel (1973, 5) richtet sich ausdrücklich an Fremdsprachenlehrer und -lerner, U. Engel und H. Schumacher (1976, 3) schließen wegen der theoretischen Anlage ihres Valenzlexikons den Fremsprachenlerner dagegen explizit aus.

(c) Die Nennung von Benutzern scheint oft zu pauschal: So braucht der Schriftsteller G. Grass nach Eigenaussage ein Wörterbuch „nur im Notfall [...] es steht nicht im Vordergrund" (zitiert nach Wolski 1986, 230). Für L. Harig scheinen dagegen bestimmte Wörterbuchtypen zu den normalen Arbeitsmitteln eines Schriftstellers zu zählen (vgl. Kühn 1985 a).

(d) Unter historischen Gesichtspunkten tauchen vom Beginn der deutschen Wörterbuchschreibung an bestimmte Benutzergruppen immer wieder auf. Zu diesen Vorzeigebenutzern zählen „Gelehrte" und „Nichtgelehrte" (Stieler 1691) — heute „Fachleute" und „interessierte Laien" — ebenso wie der „deutschlernende Ausländer" (Gottsched 1758). Solche Angaben müssen als Benutzertopoi angesehen werden: sie fungieren entweder als Berufungsinstanzen oder als Verkaufsanreiz, denn die Wörterbuchschreiber nehmen bei Konzeption und Ausgestaltung der Wörterbücher keine erkennbare Rücksicht auf die Bedürfnisse, Kenntnisse oder Wünsche der verschiedenen Benutzer: Wenn H. Paul (1897, III) in seinem Wörterbuch z. B. „in erster Linie" an den Deutschlehrer als Benutzer gedacht hat, aber gleichzeitig an den „fremdsprachlichen Unterricht", so ergibt sich hieraus noch kein erkennbarer Zusammenhang zum Verzicht auf Vollständigkeit bei der Aufnahme der Wörter und den Bedeutungserklärungen. Diese Beschränkungen werden erst verständlich, wenn man sie als Wendung gegen das ausufernde Grimmsche Wörterbuch sieht. Schon die generelle Frage, ob ein einsprachiges Wörterbuch für den deutschlernenden Ausländer sich nicht in der Anlage von dem für Deutsche unterscheiden muß, bleibt bei Paul ungeklärt, bzw. wird durch die Praxis dahingehend entschieden, daß keine Unterschiede gemacht werden. Ähnliches gilt z. B. auch für Dialektwörterbücher, die einerseits an Sprachliebhaber/Heimatfreunde/Volkskundler und andererseits an den Wissenschaftler adressiert sind, beide Wörterbuchadressaten(gruppen) haben aber unterschiedliche Erwartungen an ein Dialektwörterbuch (vgl. Stellmacher 1986). Trotz der gängigen Praxis ist es aus metalexikographischer Sicht unmöglich, mit ein und demselben Darstellungstyp allen Benutzeransprüchen gerecht zu werden (vgl. für das etymologische Wörterbuch Seebold 1983, 264 f. Art. 18). Aus diesem Grunde ist es nur folgerichtig, die Benutzer, z. B. Schüler, über die Nützlichkeit und Brauchbarkeit verschiedener Wörterbuchtypen für unterschiedliche Benutzungsinteressen aufzuklären (in diesem Sinne stellvertretend Hausmann 1977, 1979, 1982, 1983, 1985 b; zur weiteren Literatur vgl. Wiegand 1984 b, Schaeder 1984, Schröder 1985, Wiegand 1985 b, Zöfgen 1985, Kühn 1987 a).

Eine Typisierung der Wörterbücher nach Benutzer(gruppen) ist also möglich, hat aber den Nachteil, daß man mangels empirischer Studien auf die Aussagen von Wörterbuchschreibern und Verlagen angewiesen ist. Ob solche Typologisierungen nach Benutzer(gruppen) aber durabel und konsistent sind, können allerdings erst konkrete Erhebungen über tatsächliche Wörterbuchbenutzungssituationen erweisen (vgl. Art. 12).

## 4. Wörterbuchbenutzungszweck und Wörterbuchtypen

Im Zusammenhang mit der Frage nach dem Wörterbuchbenutzer stellt sich natürlich gleichzeitig auch die nach den Benutzungsinteressen (vgl. Henne 1980, 783), d. h.: zur Bestimmung der Leistung eines Wörterbuches müssen auch Motive und Gründe berücksichtigt werden, die den Benutzer veranlassen, ein bestimmtes Wörterbuch zu konsultieren.

Auch auf dem Gebiet der Benutzungsanlässe gibt es kaum empirisch abgesicherte Daten (vgl. Béjoint 1981, Hartmann 1982, Kühn/Püschel 1982, Neubauer 1985, Wiegand 1987 b, Whitcut 1986; vgl. Art. 171). Die wenigen Untersuchungen beziehen sich vor allem auf die Erforschung von Benutzungsbedürfnissen bei Studenten mit meist neuphilologischer Ausbildung und Interessenorientierung.

Ausgehend von den Bedürfnissen der Wörterbuchbenutzer(gruppen) (vgl. Abschn. 3), den in den Wörterbuchvorworten sowie den in der metalexikographischen Literatur angegebenen Benutzungszwecken (vgl. Kühn/Püschel 1982, Kühn 1983, Reichmann 1984, 485 ff., Kühn 1987 a, 79 ff., bes. Wiegand 1987 b) werden im folgenden zwei grundlegende Wörterbuchbenutzungsmöglichkeiten postuliert: die Benutzung des Wörterbuchs als Nachschlagewerk (4.1.) und die Benutzung als Lesebuch (4.2.). Diesen Basismöglichkeiten lassen sich wiederum nachgeordnete Benutzungsmöglichkeiten zuweisen. Das Wörterbuch als Nachschlagewerk kann benutzt werden bei der Kompetenzkontrolle (4.1.1.), der Textrezeption (4.1.2.), der Textproduktion (4.1.3.), der Übersetzung (4.1.4.), der Fach(sprachen)arbeit (4.1.5.) sowie bei der Forschung (4.1.6.). Das Wörterbuch kann als Lesebuch gebraucht werden zur Erbauung und Belehrung (4.2.1.), aber auch zu (Sprach)Lernzwecken (4.2.2.). Überschneidungen und Veränderungen müssen dabei einkalkuliert werden: So werden die meisten Wörterbücher zum (Sprach)Lernen heute vorwiegend noch als Nachschlagewerke benutzt, obwohl sie häufig als Lesebücher konzipiert sind oder sein sollten (vgl. Ickler 1982).

### 4.1. Ein Wörterbuch als Nachschlagewerk benutzen

Wörterbücher werden sehr oft zum punktuellen Nachschlagen benutzt, d. h.: der Benutzer konsultiert ein Wörterbuch, weil ihm entweder bestimmte Informationen fehlen (Informationsdefizit) oder aber weil ihm eine bestimmte Information nicht abgesichert genug erscheint (Informationsunsicherheit). Die Benutzung eines Wörterbuchs als Nachschlagewerk ist also immer mit einer bestimmten Suchfrage verbunden (vgl. Wiegand 1987 b, 202). Das Nachschlagebedürfnis ist utilitaristisch motiviert. Der Ausgleich des Informationsdefizits bzw. die Beseitigung der Informationsunsicherheit durch punktuelles Nachschlagen kann dabei verursacht sein durch

4.1.1. sprachliche Kompetenzprobleme; die Kompetenzkontrolle qua Wörterbuch geschieht in der Regel bei der Textproduktion

(Suchfrage: Schreibt man *Blockwurst* oder *Plockwurst?*)

4.1.2. Verstehensschwierigkeiten bei der Textrezeption (Suchfrage: Was bedeutet *Parorexie?*)

4.1.3. Formulierungsprobleme und -unsicherheiten bei der Textproduktion (Suchfrage: Wie heißt das Gegenwort zu *kontinuierlich?*)

4.1.4. Äquivalenzprobleme bei der Übersetzungsarbeit (Suchfrage: Wie lautet das französische Äquivalent für *jmdm. einen Bären aufbinden?*)

4.1.5. sachliche Kompetenzlücken (Suchfrage: Um was handelt es sich bei „Retentionskontinuum"?)

4.1.6. Forschungsinteressen (Suchfrage: Bei welchen Lexemen der deutschen Gegenwartssprache taucht das Suffix *-haft* auf?)

Die Benutzung des Wörterbuches als Nachschlagebuch läßt sich also weiter spezifizieren:

### 4.1.1. Wörterbücher zur Sprachkompetenzkontrolle benutzen

Wörterbücher werden besonders dann zur sprachlichen Kompetenzkontrolle eingesetzt, wenn sich Defizite und Unsicherheiten auf formale Aspekte der Wortstruktur beziehen, sei es hinsichtlich der phonetischen oder graphetischen (Rechtschreib- und Ausspracheunsicherheiten) oder sei es im Hinblick auf grammato-syntaktische (z. B. Genus- oder Rektionsunsicherheiten) Realisierungen. Daneben kann der Benutzer sein Wörterbuch auch bei semantisch bedingten Unsicherheiten als Kontrollbuch heranziehen (Wortbedeutungsunsicherheit) (vgl. Wiegand 1977 b, 75 f.). Wörterbücher sind in allen diesen Fällen Ratgeber in Normfragen, sie sehen sich denn auch als „maßgebend in allen Zweifelsfällen" (Duden. Rechtschreibung (1986) Untertitel). Folgende Wörterbuchtypen eignen sich besonders für die genannten Kontrollzwecke: Rechtschreibwörterbücher und Aussprachewörterbücher, Schwierigkeitenwörterbücher und Flexionswörterbücher sowie Bedeutungswörterbücher. Die Benutzung des Wörterbuches als Kontrollbuch scheint dabei sowohl in der Schule (vgl. Kühn 1987 a) als auch in Freizeit und Beruf (vgl. Kühn/Püschel 1982) kennzeichnend für die Wörterbuchkultur des Deutschen. Der Rechtschreibduden gilt als der lexikographische Bestseller par excellence.

### 4.1.2. Wörterbücher bei der Textrezeption benutzen

Die Benutzung des Wörterbuchs als Nachschlagebuch kann auch im Zusammenhang textrezeptiver Verstehensprozesse erfolgen, und zwar bei Verständigungsstörungen und zur Interpretationsverstärkung.

4.1.2.1. Wörterbücher werden als Nachschlagewerke z. B. dazu benutzt, um „wortbedingte Verständigungsstörungen" bei der Textrezeption entweder prophylaktisch zu verhindern oder, wenn sie aufgetreten sind, zu beheben (vgl. Wiegand 1977 b, 70). Der Benutzer gebraucht sein Wörterbuch in diesen Fällen als „semantisches Aufklärungsbuch" zur Verständnissicherung, um bestimmte „Wortschatzlücken" (Simplexlücke, Wortbedeutungslücke, Ableitungslücke, Kompositumslücke) zu beseitigen (vgl. Wiegand 1977 b, 70 ff.), d. h., um die Bedeutung von Abkürzungen, Fremdwörtern, Fachwörtern, Mundartwörtern, Sondersprachenwörtern, Namen oder phraseologischen Wendungen, Sprichwörtern usw. zu erfahren. In Abhängigkeit des jeweiligen Sprachzeichentyps und der Wortschatzvarietät lassen sich bei semantisch bedingten Verständigungsstörungen folgende Wörterbuchtypen heranziehen: (a) Abkürzungswörterbücher, Fachwörterbücher, Namenbücher, phraseologische Wörterbücher, Sprichwörterbücher usw. (b) Übersetzungswörterbücher, Sondersprachenwörterbücher, Mundartwörterbücher, Fremdwörterbücher usw. Natürlich können hierzu auch die großen allgemeinsprachlichen Wörterbücher, in denen es ja vor allem um die Beschreibung von Bedeutungen geht, benutzt werden.

4.1.2.2. Durch die lexikographische Inventarisierung werden Wörter von ihren historischen und situativen Kontexten isoliert. Häufig möchte man aber gerade etwas über die besondere(n) Verwendungsweise(n) eines Wortes in Erfahrung bringen, über Verschiebungen und Vagheiten im Wortgebrauch oder über Wandlungen von Wortbedeutungen. Man will etwas über die Geschichte des Wortgebrauchs wissen — meist dann, wenn man eine Äußerung besser oder genauer verstehen will. Man benutzt das Wörterbuch als Interpretationsbuch. Wörterbücher können jedoch nur dann als Interpretationshilfen herangezogen werden, wenn in ihnen auf eine bestimmte Art und Weise die Verwendungsmöglichkeiten der Wörter aufgezeigt werden. Es sind Wörterbücher, in denen semantische Wortgeschichten stehen. Hierzu zählen zunächst einmal die bedeutungsgeschichtlichen Wörterbücher (vgl. fürs Deutsche Wiegand 1984 a, 577 ff. mit weiterführender Literatur), in denen „Wendepunkte im Leben der Wörter beleuchtet" werden (Trübners Deutsches Wörterbuch I/1939, V), aber auch solche Wörterbücher, in denen der unterschiedliche Gebrauch ideologisch oder emotional brisanter Wörter in Bedeutungs- oder Begriffsgeschichten beschrieben wird (vgl. Hermanns 1982; Strauß 1983, 1984, Strauß/Zifonun 1984, Wiegand 1984 a, 582 ff.); hierzu zählen begriffsgeschichtliche Wörterbücher aus Philosophie, Pädagogik oder Soziologie genauso wie Neologismenwörterbücher, Archaismenwörterbücher, etymologische Wörterbücher, Schlagwörterbücher oder auch Konversationslexika. Als Benutzer werden in erster Linie „Sprachgebildete" (Studenten, Lehrer, Philologen, Historiker, Soziologen usw.) angesehen (vgl. Wiegand 1984 a, 589), die sprach- und sozialgeschichtliche Informationen suchen. Solche Wörterbücher können demnach vor allem zu sozialkritischen (Brunner/Conze/Koselleck 1972 ff.) und sprachkritischen (vgl. Kühn 1983, Strauß 1984) Zwecken gebraucht werden.

### 4.1.3. Wörterbücher bei der Textproduktion benutzen

Wörterbücher können als Nachschlagebuch nicht nur zur Textrezeption, sondern auch zur Textproduktion benutzt werden. Dabei wollen sie einerseits mnemotechnisches Hilfsbuch sein, andererseits aber auch direkte Anregungs- und Formulierungshilfen bieten. Diese Wörterbücher sind für

„die Praxis bestimmt, für Schreibende und Sprechende, für alle die, die sich um das treffende und richtige Wort bemühen, die aussagekräftig, differenziert und lebendig formulieren wollen. Wem der passende Ausdruck fehlt, wer für ein landschaftliches, umgangssprachliches oder vulgäres Wort eine hochsprachliche Entsprechung wissen möchte, wer sich im Ausdruck nicht wiederholen, sondern seine Aussage variieren will oder wer sich an ein Wort — z. B. an ein Fachwort der Medizin —, das er einmal gehört hat, aber wieder vergessen hat, zu erinnern sucht" (Duden. Sinn- und sachverwandte Wörter und Wendungen 1972, 5; kritisch hierzu Kühn 1985 a).

Wörterbücher können also zur Behebung unterschiedlicher Formulierungsprobleme genutzt werden: zur lexikalsemantischen Generalisierung, Spezifizierung, Nuancierung, Polarisierung oder Differenzierung (vgl. hierzu Wiegand 1977 b, 78 ff. u. 1985 a, 47). Als Erinnerungs-, Anregungs- und Formulierungsbuch können alle diejenigen Wörterbuchtypen herangezogen werden, die auf eine bestimmte Art und Weise die vielfältigen und unterschiedlichen semasiologischen und onomasiologischen Wortschatzstrukturen kodifizieren: Begriffswörterbücher, Synonymenwörterbücher, Antonymenwörterbücher. Neben Anregungen im paradigmatischen Bereich bieten manche Wörterbücher auch syntagmatische Formulierungshilfen, d. h. Anregungen und Hinweise zur „inhaltlich sinnvollen und grammatisch richtigen Verknüpfung" (Duden. Stilwörterbuch ⁶1970, V); als syntagmatische Spezialwörterbücher können Konstruktionswörterbücher (z. B. Valenzwörterbücher) und Kollokationswörterbücher (z. B. Stilwörterbücher) genutzt werden. Schließlich können zu bestimmten Anlässen (z. B. Fastnacht) und zur Abfassung bestimmter Texte (z. B. Büttenreden) solche Wörterbücher als Formulierungshilfe gebraucht werden, die ausdrucksseitig reihenbildend aufgebaut sind: Reimwörterbücher oder rückläufige Wörterbücher.

Das Nachschlagen im Wörterbuch gilt heute weithin als zentrale, wesentliche Benutzungsart und wurde daher schon immer von schulischer Seite als rationale Technik und Fertigkeit zur „Demokratisierung" und „Intellektualisierung" betrachtet und propagiert (vgl. Jungmann/Schmidt 1970, 17 ff.).

### 4.1.4. Ein Wörterbuch bei der Übersetzung benutzen

Wörterbücher werden als Nachschlagewerke besonders auch im Sprachmittlungsprozeß eingesetzt, wenn man von einer Ausgangssprache in eine oder mehrere Zielsprache(n) hinübersetzt oder von einer Zielsprache in eine Ausgangssprache herübersetzt. Man spricht daher auch vom Hinübersetzungswörterbuch/aktives Übersetzungswörterbuch bzw. vom Herübersetzungswörterbuch/passives Übersetzungswörterbuch (vgl. Art. 21 u. 285). Dabei muß zusätzlich berücksichtigt werden, ob der Benutzer Angehöriger der Muttersprache oder der Zielsprache ist (vgl. Kromann/Riiber/Rosbach 1984, 185 ff.). Übersetzungswörterbücher können also grundsätzlich zur Textproduktion und -rezeption eingesetzt werden. Die Benutzung des Wörterbuchs als Übersetzungsbuch unterscheidet sich jedoch durch die Äquivalenzproblematik qualitativ vom Gebrauch des Wörterbuchs als Nachschlagebuch bei Textrezeption oder -produktion (vgl. 4.1.2., 4.1.3.). Hinzu kommen weitere Differenzierungen, z. B., ob es sich bei der Rezeption um eine stilistisch adäquate Textwiedergabe oder um ein bloßes Verstehen eines fremdsprachigen Textes handelt bzw. ob es bei der Textproduktion um die Hinübersetzung eines vorgegebenen oder freien Textes in die Fremdsprache geht (vgl. Hausmann 1977, 144 ff.). Schließlich kann ein Übersetzungswörterbuch auch als Lernwörterbuch benutzt werden (vgl. Hausmann 1977, 145).

Eine benutzerorientierte Typologie der Übersetzungswörterbücher wurde schon früh gefordert (bes. Ščerba 1936, 40). Es leuchtet ein, daß ein hinübersetzendes Wörterbuch anders konzipiert sein muß als ein herübersetzendes: Die Leistungsfähigkeit herübersetzender Wörterbücher wird — selbst bei kleinen und schlechten Wörterbüchern — als „hochgradig" angesehen, da Kontext und Muttersprachenkompetenz des Benutzers vorhandene Wörterbuchinkonsistenzen ausgleichen können (vgl. Hausmann 1985 a, 378). Aus diesem Grunde könnte man u. U. den Gebrauch des herübersetzenden Wörterbuches auch als Nachschlageoperation zur Verständigungssicherung (vgl. 4.1.2.1.) begreifen, obwohl das Übersetzen mehr ist als nur eine einfache Lemmazuordnung zwischen Zielsprache und Ausgangssprache. Da beim Hinübersetzen dem Benutzer die Kompetenz in der Zielsprache fehlt, müssen Hinübersetzungswörterbücher vollkommen anders aufgebaut sein, wenn sie nicht fortlaufend Fehlerquellen (z. B. Äquivalenzprobleme) hervorrufen sollen. In der bisherigen Wörterbuchpraxis werden allerdings solche Konzeptionsunterschiede nicht gemacht. Inzwischen existieren jedoch Arbeiten, in denen verschiedene Übersetzungswörterbücher „im Hinblick auf die Bedürfnisse und die Kompetenz eines gegebenen und relevant gesetzten Benutzerkreises" gefordert werden (vgl. Kromann/Riiber/Rosbach 1984, 161), besonders für die allgemeinsprachige Übersetzungs-Lexikographie, die Fachsprachen-Lexikographie (vgl. z. B. Wüster 1979) und Phraseographie (vgl. die entsprechenden Beiträge in Korhonen 1987, Kühn 1987 d). Eine Sonderform des Übersetzungswörterbuches ist das mehrsprachige Bildwörterbuch (vgl. Werner 1982 a).

4.1.5. Ein Wörterbuch bei der Fach(sprachen)arbeit benutzen

Die dichotomische Einteilung der Wörterbücher in Sprachwörterbücher und Sachwörterbücher ist zwar weit verbreitet (vgl. z. B. Hiorth 1967), aber äußerst problematisch (vgl. Wiegand 1976, Püschel 1981, Werner 1982 b, 1984), da im lexikographischen Kommentar der Lemmata in vielen Fällen nicht zwischen sprachlichen und enzyklopädischen Informationen zu trennen ist. So ist es nicht verwunderlich, daß Sprachwörterbücher zu Sachinformationen herangezogen werden können; umgekehrt kann der Benutzer die Erklärungen in Sachwörterbüchern auch immer als Bedeutungsangaben interpretieren (vgl. Kühn 1987 c). Als Prototyp des Sachwörterbuches kann das Fachwörterbuch angesehen werden (vgl. zu weiteren Differenzierungsvorschlägen Wiegand 1988 b). Trotzdem lassen sich zwischen Sachwörterbuch/ Fachwörterbuch einerseits und Sprachwörterbuch andererseits Unterschiede festmachen: In Fachwörterbüchern wird vor allem die fachspezifische Lexik kodifiziert, daher werden Fachwörterbücher im Kontrast zu Gesamtwörterbüchern auch als „Differenzwörterbücher" gekennzeichnet (vgl. Hausmann 1985 a, 380 f.), insofern können sie — ähnlich wie die Wörterbücher anderer Wortschatzvarietäten — auch als Nachschlagebücher zur Verständigungssicherung gebraucht werden (vgl. 4.1.2.1.); Wiegand (1988 b) spricht daher auch von „fachlichen Sprachwörterbüchern". Fachwörterbücher enthalten hinsichtlich der lexikographischen Erklärung über allgemeine Kennzeichnungen hinaus weitere Spezial-Kennzeichnungen, die in einem Sprachwörterbuch fehlen. Aus diesem Grunde sollen Fachwörterbücher nicht nur als „Nachschlagewerke" dienen, sondern „Mittel zu eingehender Information" sein (Dorsch [7]1976, V). Solche Fachwörterbücher werden daher auch „fachliche Sachwörterbücher" genannt (Wiegand 1988 b). Fachwörterbücher wenden sich mit ihren Spezial-Informationen aber sowohl an den interessierten Laien als auch an den sachkundigen Insider, sind also praktisch fachliches Sprachbuch und fachliches Sachbuch in einem (Wiegand 1988 b: „fachliches Allbuch"). Die Verfasser von Fachwörterbüchern wollen mit ihren Nachschlagewerken Antworten geben auf Fragen wie „Um was handelt es sich bei ...?, Was denkt man heute über ...?" oder „Wo kann man mehr darüber nachlesen?" (Schmidt/Schischkoff [18]1969, V). In diesem Zusammenhang gibt es Vorschläge für eine lemmaspezifische Beschreibung fachsprachlicher Einheiten für den Laienbenutzer (vgl.

Schröer 1909, Wiegand 1977 a) sowie zu genormten Fachwortschätzen („Normwörterbücher") für den Fachmann (vgl. Felber/ Nedobity/Manu 1982).

### 4.1.6. Ein Wörterbuch zu Forschungszwecken benutzen

Wörterbücher können auch Ausgangspunkt für weitergehende Forschungen sein. Gemeint ist dabei nicht die Auseinandersetzung mit Wörterbüchern durch Wissenschaftler oder Rezensenten, in der es im Sinne einer Wörterbuchkritik darum geht, etwas über ein Wörterbuch zu erfahren oder auszusagen („Wörterbuch als Prüfgegenstand benutzen" (Wiegand 1987 b)), sondern die Benutzung von Wörterbüchern als Hilfsmittel, Vorlage und Materialbasis für die weitere wissenschaftliche Arbeit. Diese Benutzungsart der Wörterbücher ist forschungsorientiert. Im Prinzip können natürlich alle Wörterbücher zu Forschungszwecken herangezogen werden, aufgrund ihrer Konzeption und Anlage bieten sich aber einige Wörterbücher hierfür geradezu an: z. B. Sprachstadienwörterbücher (vgl. Reichmann 1984, 486 u. Art. 154 u. 155), Indices und Konkordanzen (vgl. Gärtner/Kühn 1984, 633 ff. u. Art. 165 u. 166), Mundartwörterbücher (vgl. Kühn 1982, 715) oder rückläufige Wörterbücher (vgl. Art. 112). Schließlich gibt es sogar Wörterbücher, die — nach Aussagen ihrer Verfasser — ausschließlich zu Forschungszwecken erstellt wurden (z. B. Häufigkeitswörterbücher (vgl. z. B. Kaeding 1898) oder Morphemwörterbücher (vgl. z. B. August 1975). Es mag sein, daß Wissenschaftler sehr häufig Wörterbücher als Forschungsinstrumente für ihre Arbeit heranziehen, diese Benutzungsart zählt jedoch sicherlich nicht zu den gängigen.

## 4.2. Ein Wörterbuch als Lesebuch benutzen

Wörterbücher — insbesondere stark standardisierte — bieten eigentlich schon aufgrund ihres Aufbaus keinen Anreiz zur fortlaufenden Lektüre. Dennoch werden sie gelegentlich als Lesebuch benutzt, sei es, daß sich der Wörterbuch-Leser für die Besonderheiten der Sprache interessiert und sich daran erfreuen will, sei es, daß er sich von der Wörterbuch-Lektüre weiterführende Belehrungen verspricht. Die Benutzung des Wörterbuches als Lesebuch ist also nicht unmittelbar mit Suchfragen verknüpft (vgl. dagegen 4.1.). Das Wörterbuch-Lesebedürfnis ist kontemplativ motiviert:

„Jemand, der in einem Wörterbuch liest, hat z. B. Interesse an der oder einer Sprache, am Bau der Sprache, an ihrer Geschichte, an der Geschichte bestimmter Wörter etc. Er läßt sich bei der Lektüre vom Wörterbuchtext führen, um zu entdecken, studiert im Wörterbuch und sucht Belehrung. Es kann sogar sein, daß er den besonderen Reiz lexikographischer Texte genießt, z. B. das nuancenreiche Beieinander der Wörter im Paradigma und ihre Variation in Kollokationen" (Wiegand 1987 b, 210).

Natürlich reizen nicht alle Wörterbuchtypen zum Wörterbuch-Lesen (z. B. Häufigkeitswörterbücher) — es gibt jedoch Wörterbücher, die paradoxerweise gerade nicht zum punktuellen Nachschlagen, sondern nur zum Lesen geeignet sind (z. B. Schmutzige Wörter 1987). Es mag auch zutreffen, daß die meisten Benutzer(gruppen) normalerweise in einem Wörterbuch herkömmlicher Art nicht lesen würden — dennoch hat die Idee des Wörter-Lesebuchs in der deutschen Lexikographie Tradition und scheint gerade in jüngster Zeit unter pädagogischen (Ickler 1982) und kulturhistorischen (z. B. Lins 1974) Interessen oder aber als reines unterhaltsames Freizeit-Lese-Vergnügen (Wehle 1980) wieder aufzuleben. Dabei könnten folgende Wörterbuchtypen einen Leseanreiz bieten: Bedeutungsgeschichtliche Wörterbücher (vgl. 4.1.2.2.), volkskundlich und kulturhistorisch orientierte Wörterbücher (Dialektwörterbücher (vgl. Kühn 1982, 713 f.), Redensartenbücher), instruierende Wörterbücher (Sprichwörterbücher, Eponymenwörterbücher) oder viele interessante wie kuriose Spezialwörterbücher: Wörterbücher des sexuellen Wortschatzes (Borneman 1977), Neologismen- (Heberth 1977) und Archaismenwörterbücher (Osman 1972) oder Wörterbücher zur Sprache der Teenager und Twens (Welter 1968).

### 4.2.1. Ein Wörterbuch als Erbauungs- und Belehrungsbuch benutzen

Die Benutzung des Wörterbuchs als Lesebuch ist vor allem ideologisch motiviert. Die Idee, ein Wörterbuch als Lesebuch zu verwenden, wird immer wieder auf die bildungsidealistischen Vorstellungen der Hausbuch-Ideologie der Brüder Grimm (Deutsches Wörterbuch 1854, XIII) zurückgeführt, das Wörterbuch könne „zum hausbedarf, und mit verlangen oft mit andacht gelesen werden". Die Hausbuch-Ideologie hat viele Nachahmer gefunden: G. A. Seilers Beitrag zum schweizer-deutschen Idiotikon ist zugleich „ein Wörterbuch für Schule und Haus" (Untertitel):

„[...] es möchte auch in der Familie Eingang finden [...], möchte denkenden Müttern namentlich einen Stoff bieten, mit dem sie der öffentlichen Erziehung wirksam unter die Arme greifen könnten, zu Nutz und Frommen der Jugend, zur eigenen Erholung und Verjüngung" (Seiler 1879, XII f.).

So unrealistisch diese Hausbuchideologie auch gewesen sein mag, es gibt in der Geschichte der deutschen Lexikographie eine Vielzahl von Wörterbüchern und Wörterbuchtypen, in denen sprachbezogene Bildungsideale verfolgt werden. Hierzu zählen etymologische Wörterbücher, Mundartwörterbücher, bedeutungsgeschichtliche Wörterbücher, Redensartenbücher, Zitatenwörterbücher (vgl. Art. 98), Sprichwörterbücher (vgl. Art. 97), Eponymenwörterbücher (vgl. Art. 134), Autorenwörterbücher u. a.

Wasserzieher (1927, 5) möchte mit seinem etymologischen Wörterbuch dazu beitragen, „tiefere Erkenntnis und Einsicht in unsre reiche Muttersprache zu verbreiten", Trübners Deutsches Wörterbuch (I/1939, V) will „die sprachgeschichtlich anziehenden und kulturgeschichtlich bedeutsamen Wortgeschichten ausheben". Dabei wird einerseits das historische Sprachwissen als Bildungswissen verstanden, andererseits möchte man die „Wortgeschichte" mit der „Kultur- und Geistesgeschichte" verknüpfen (Duden. Etymologie 1963, 5).

In diesen Zusammenhang gehört auch das normative Verständnis eines vorbildlichen Sprachgebrauchs, der an den klassischen Schriftstellern orientiert ist und im Wörterbuch verzeichnet wird (vgl. in diesem Sinne bes. Kehrein 1863). Lipperheide (1907, V) versteht sein „Spruchwörterbuch" als „Enzyklopädie des Geistes", das Goethe-Wörterbuch (I/1978, 8) will zur „deutschen Bildungs- und Geistesgeschichte" beitragen.

Von dem auf sprachgeschichtliche Einsichten zielenden Bildungsideal ist es ein kleiner Schritt, mit Wörterbüchern nationalpädagogische Zwecksetzungen zu verbinden: Das Wörterbuch gilt als „Band aller einzelnen Völker Deutschlands, der Schatz deutscher Nationalität, der Stolz, ja die Kraft aller Deutschsprechenden" (Graff I/1834, IV). Der Wortschatz gilt als Mittel nationaler Identifikation und Integration (vgl. Reichmann 1984, 487 f.). Im Extremfall wurde das Wörterbuch sogar in den Dienst nationalistischer Propaganda gestellt.

### 4.2.2. Ein Wörterbuch als Lernbuch benutzen

Die Forderung, didaktisch konzipierte Wörterbücher im primär- und sekundärsprachlichen Unterricht zur systematischen Wortschatzarbeit einzusetzen, ist nicht neu, sie hat besonders in der Fremdsprachenlexikographie eine lange Tradition (vgl. Lübke 1982) und erfährt heute unter den Begriffen „Lernwörterbuch" (Hausmann 1977), „pedagogical dictionary" und „learner's dictionary" (Hartmann 1982) eine aufstrebende Renaissance. Der Benutzer gebraucht das Lernwörterbuch dabei als „silent language teacher" (Stein 1984, 126) zum Zwecke der kontrollierten Aneignung, Festigung und Erweiterung seiner Wortschatzkompetenz. Diese Wörterbuchbenutzungsart ist didaktisch und lernpsychologisch motiviert. Der Adressatenkreis, der für Lernwörterbücher in Frage kommt, ist dabei relativ klein: Schüler, Studenten, erwachsene Fremdsprachenlerner. In Abhängigkeit verschiedener Funktionen, in denen ein Lerner sein Wörterbuch heranziehen können sollte, wird der Wörterbuchtypus Lernwörterbuch weiter differenziert: z. B. in ein primäres vs. sekundäres Lernwörterbuch (Hausmann 1976, 102), zudem müssen weitere Benutzungsaspekte der Lernenden (z. B. Textproduktion und -rezeption) in die Konzeption eines Lernwörterbuches eingehen (vgl. dazu Zöfgen 1985 b).

Lern(er)wörterbücher gehören also zu den Desiderata moderner Wörterbuchschreibung. Bisherige Grundwortschatzbücher oder Mindestwortschätze sind zu Lernzwekken ebensowenig geeignet wie die existierenden muttersprachlichen Schulwörterbücher, denn diese werden in erster Linie als Kontrollbücher für Rechtschreibfragen und nicht zur gleichsam geforderten Erweiterung und Vertiefung des Sprachgebrauchs und der Sprachreflexion benutzt (vgl. Kühn 1985 b). Für den Fremdsprachenunterricht wird als neuer Wörterbuchtyp ein „Wörterlesebuch" (Ickler 1982), für den Muttersprachenunterricht ein semantisiertes Wörterbuch als Lernwörterbuch (vgl. Kühn 1987) gefordert. Die Vorstellung, ein Wörterbuch als Lernwörterbuch zu benutzen, findet sich gelegentlich auch in anderen Wörterbüchern — allerdings als vollkommene Fehleinschätzung der Wörterbuchschreiber: wenn etwa behauptet wird, man könne aus einem Schimpfwörterbuch das Schimpfen erlernen (vgl. Kapeller [3]1964, 7).

## 13. Typologie der Wörterbücher nach Benutzungsmöglichkeiten

EIN WÖRTERBUCH BENUTZEN
als

**NACHSCHLAGEWERK (4.1.)**
zur

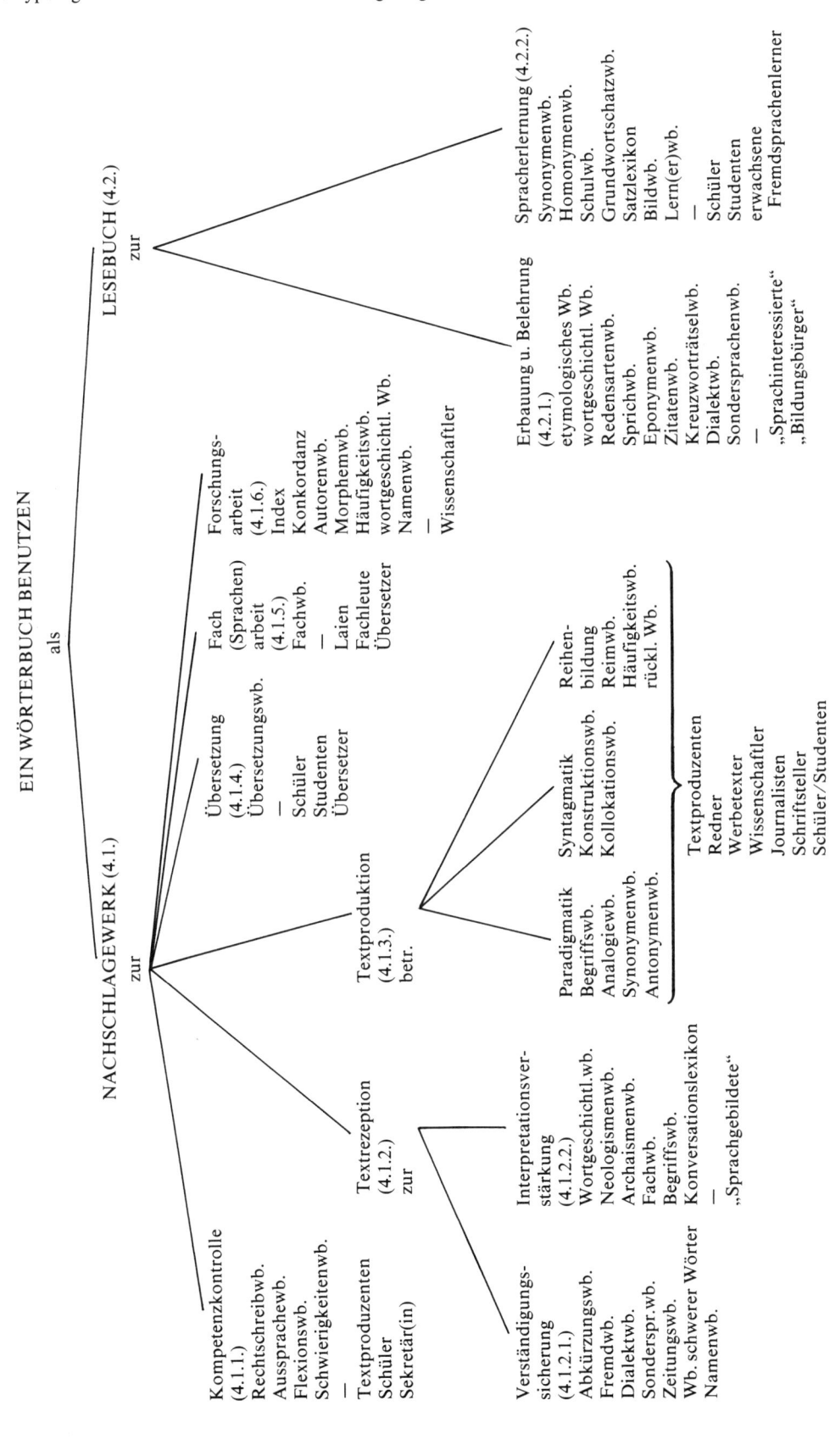

- Kompetenzkontrolle (4.1.1.)
  - Rechtschreibwb.
  - Aussprachewb.
  - Flexionswb.
  - Schwierigkeitenwb.
  - —
  - Textproduzenten
  - Schüler
  - Sekretär(in)

- Textrezeption (4.1.2.) zur
  - Verständigungssicherung (4.1.2.1.)
    - Abkürzungswb.
    - Fremdwb.
    - Dialektwb.
    - Sonderspr.wb.
    - Zeitungswb.
    - Wb. schwerer Wörter
    - Namenwb.
  - Interpretationsverstärkung (4.1.2.2.)
    - Wortgeschichtl.wb.
    - Neologismenwb.
    - Archaismenwb.
    - Fachwb.
    - Begriffswb.
    - Konversationslexikon
    - —
    - „Sprachgebildete"

- Textproduktion (4.1.3.) betr.
  - Paradigmatik
    - Begriffswb.
    - Analogiewb.
    - Synonymenwb.
    - Antonymenwb.
  - Syntagmatik
    - Konstruktionswb.
    - Kollokationswb.
  - Reihenbildung
    - Reimwb.
    - Häufigkeitswb.
    - rückl. Wb.
  - }
  - Textproduzenten
  - Redner
  - Werbetexter
  - Wissenschaftler
  - Journalisten
  - Schriftsteller
  - Schüler/Studenten

- Übersetzung (4.1.4.)
  - Übersetzungswb.
  - —
  - Schüler
  - Studenten
  - Übersetzer

- Fach(Sprachen)arbeit (4.1.5.)
  - Fachwb.
  - —
  - Laien
  - Fachleute
  - Übersetzer

- Forschungsarbeit (4.1.6.)
  - Index
  - Konkordanz
  - Autorenwb.
  - Morphemwb.
  - Häufigkeitswb.
  - wortgeschichtl. Wb.
  - Namenwb.
  - —
  - Wissenschaftler

**LESEBUCH (4.2.)**
zur

- Erbauung u. Belehrung (4.2.1.)
  - etymologisches Wb.
  - wortgeschichtl. Wb.
  - Redensartenwb.
  - Sprichwb.
  - Eponymenwb.
  - Zitatenwb.
  - Kreuzworträtselwb.
  - Dialektwb.
  - Sondersprachenwb.
  - —
  - „Sprachinteressierte"
  - „Bildungsbürger"

- Spracherlernung (4.2.2.)
  - Synonymenwb.
  - Homonymenwb.
  - Schulwb.
  - Grundwortschatzwb.
  - Satzlexikon
  - Bildwb.
  - Lern(er)wb.
  - —
  - Schüler
  - Studenten
  - erwachsene Fremdsprachenlerner

Abb. 13.1: Möglichkeiten der Wörterbuchbenutzung

In der vorstehenden Typologie sind die Möglichkeiten der Wörterbuchbenutzung unter Einschluß von Benutzungsanlässen, -umständen und -zielen zusammengefaßt. Dieser Wörterbuchbenutzungstypologie sind exemplarisch wichtige Wörterbuchtypen und — soweit wie möglich — auch Benutzer(gruppen) zugeordnet. Die Typologie läßt sich anhand der nachfolgenden Literatur leicht durch deutsche, englische und französische Wörterbücher veranschaulichen: Hausmann 1977, 1979, 1982, 1983, 1985 a (mit weiterführender Literatur), Kühn 1978.

## 5. Folgerungen und Ausblick

Der Facettenreichtum und die Verschiedenartigkeit der Wörterbuchbenutzungsmöglichkeiten dürfen allerdings nicht darüber hinwegtäuschen, daß in der Konzeption und Ausarbeitung der Wörterbücher immer noch zu wenig die Bedürfnisse von Wörterbuchbenutzern berücksichtigt werden. Die Wichtigkeit, Nützlichkeit und Brauchbarkeit eines Wörterbuches gilt immer noch als lexikographisches Apriori, ohne daß geklärt wird, für wen und für welche Zwecke ein bestimmtes Wörterbuch wichtig, nützlich oder brauchbar ist oder sein könnte. Die Hinweise zur Benutzung von Wörterbüchern beziehen sich bislang in der Regel auf die formale Handhabung des Wörterbuchs oder lassen aufgrund ihrer sprachlichen Formulierung („Es soll als grundlegendes Nachschlagewerk dienen", „ist als Nachschlagewerk für jeden wichtig, der deutsch spricht und beruflichen Umgang mit dieser Sprache pflegt") keine genauen Rückschlüsse auf Benutzer bzw. Benutzungszwecke zu (vgl. Reichmann 1984, 485). Aus metalexikographischer Perspektive gelten empirisch abgesicherte Daten über Benutzer und Benutzungszwecke mittlerweile als Selbstverständlichkeiten (vgl. Henne/Weinrich 1976, 340), in der Wörterbuchplanung und -praxis folgt man dagegen häufig immer noch ausgetretenen lexikographischen Pfaden, denn Wörterbuchbenutzer und Benutzungsbedürfnisse werden weithin immer noch (voraus)gesetzt (vgl. stellvertretend Kaiser 1984).

Eine solche Typologie verdeckt die Kluft, die häufig immer noch zwischen potentiellen und tatsächlichen Benutzern bzw. Benutzungsanlässen und -zielen besteht. So ist das Deutsche Wörterbuch der Brüder Grimm trotz einiger persönlicher Bekenntnisse (vgl. Hofmann 1909, 482) nie das geplante Haus- und Lesebuch für die Familie, sondern ein Thesaurus für wissenschaftliche Zwecke geworden. Im Bereich der Schullexikographie waren die sog. mehrsprachigen Grundwortschatzbücher als Lernwörterbücher konzipiert, genutzt wurden und werden sie allerdings als rudimentäre Übersetzungswörterbücher (vgl. Kühn 1981). Dies bedeutet: Solange Benutzer- und Zweckhypothesen nur pauschal und zu vordergründigen Legitimationszwecken angeführt werden, solange können Wörterbuchtypen, besonders aber einzelne Wörterbücher, nur mit Vorbehalt und unter sorgfältiger Prüfung der tatsächlichen Benutzung eingeordnet und damit ihre Benutzungsmöglichkeiten festgestellt werden.

Diejenigen Wörterbücher, die zu einem Wörterbuchtyp zusammengefaßt werden können, bilden oft eine äußerst diffuse Gruppe.

So unterscheiden sich Mundartwörterbücher nicht nur hinsichtlich theoretischer und methodologischer Prinzipien (vgl. hierzu Kühn 1982, 705 ff.), sondern auch im Hinblick auf postulierte Zielsetzungen; für diesen Wörterbuchtyp werden u. a. folgende Zielsetzungen genannt (vgl. Dietrich 1975, 73 ff.): (a) Im Mundartwörterbuch wird eine dem Standard gleichwertige Sprachform verzeichnet, (b) Mundartwörterbücher enthalten neben rein sprachlichen Angaben auch außersprachliche Informationen für Historiker, Soziologen, Volks- und Heimatkundler, (c) Mundartwörterbücher haben sprachpflegerischen Charakter, (d) Mundartwörterbücher sollen als Hilfsmittel im sprachdidaktischen Bereich eingesetzt werden und (e) die Kodifizierung des dialektalen Wortschatzes dient der weiteren sprachwissenschaftlichen Forschung (z. B. in der Wortgeographie) als Materialsammlung.

Diese unterschiedlichen Zielsetzungen können natürlich nur durch spezielle Subtypen des Wörterbuchtyps Mundartwörterbuch erreicht werden. Innerhalb eines Wörterbuchtyps müssen oft Wörterbuchtyp-Varianten in Rechnung gestellt werden (vgl. Art. 91), die hinsichtlich Wörterbuchbenutzer und Benutzungszielen stark voneinander abweichen können.

Viele Wörterbuchtypen sind nicht aus einem unmittelbaren Wörterbuchbenutzungsbedürfnis heraus entstanden. Die ersten niederdeutschen Mundartwörterbücher haben restaurative Zielsetzungen und sind als Reaktion auf die Ausbreitung des Hochdeutschen im niederdeutschen Sprachgebiet entstanden (vgl. Kühn 1982, 713); die distinktive Synonymik des Deutschen entstand im Kontext philosophischer Begriffsunterscheidungen (vgl. Püschel 1986) und die Grundwortschatzlexikographie des Deutschen ist ein Abfallprodukt der Frequenzforschung (vgl. Kühn 1984). Aufgrund solcher Voraussetzungen ist die unkritische Zuordnung bestimmter Wörterbuchtypen in eine Benutzungstypologie problematisch, d. h. aber auch, daß man bestimmten Wörterbüchern bzw. Wörterbuchtypen nicht vorab eine bestimmte Benutzungsfunktion im Sinne eines Benutzungsbedürfnisses zuschreiben kann.

Aus einer Benutzungstypologie können keine Rückschlüsse über Präferenzen und Häufigkeiten der Benutzungszwecke abgelesen werden. Die kontinuierliche Benutzung des Rechtschreibwörterbuches in Deutschland ist nur auf den hohen Prestigewert des normgerechten Schreibens zurückzuführen und hat damit sicher zu einer Verarmung der Wörterbuchkultur beigetragen. Entscheidende Impulse zur Steigerung und Effektivierung der Wörterbuchbenutzung sind also nur dann zu erwarten, wenn Wörterbuchbenutzer und Benutzungszwecke in die konzeptionelle Planung und praktische Ausarbeitung von Wörterbüchern bzw. Wörterbuchtypen eingehen.

## 6. Literatur (in Auswahl)

### 6.1. Wörterbücher

*Augst 1975* = Gerhard Augst: Lexikon zur Wortbildung. 3 Bde. Tübingen 1975 (Forschungsberichte des Instituts für deutsche Sprache 24, 1—3) [1306 S.].

*Borneman 1977* = Ernest Borneman: Der obszöne Wortschatz der Deutschen. Bd. 2: Wörterbuch nach Sachgruppen. Reinbek bei Hamburg 1977 (Rororo 6853) [510 S.].

*Brunner/Conze/Koselleck 1972ff.* = Geschichtliche Grundbegriffe. Historisches Lexikon zur politisch-sozialen Sprache in Deutschland. Hrsg. von Otto Brunner/Werner Conze/Reinhart Koselleck. Bd. 1: A—D. Stuttgart 1972 [948 S.]; Bd. 2: E—G. Stuttgart 1975 [1082 S.]; Bd. 3: H—Me. Stuttgart 1982 [1128 S.]; Bd. 4: Mi—Pre. Stuttgart 1978 [927 S.]; Bd. 5: Pro—Soz. Stuttgart 1984 [1032 S.].

*Deutsches Wörterbuch 1854* = Jacob Grimm und Wilhelm Grimm: Deutsches Wörterbuch. Erster Band: A—Biermolke. Leipzig 1854 [XCII, 1824 Sp.].

*Dornseiff 1970* = Franz Dornseiff: Der deutsche Wortschatz nach Sachgruppen. 7., unveränd. Aufl. Berlin 1970 [922 S., 1. Aufl. Berlin 1933].

*Dorsch 1976* = Friedrich Dorsch: Psychologisches Wörterbuch. Hrsg. in Verbindung mit C. Bekker-Carns, R. Bergius, J. Graichen u. a. 9., vollständig neubearbeitete Aufl. Bern. Stuttgart. Wien 1976 [VIII, 774 S., 11., erg. Aufl. u. d. T.: Dorsch. Psychologisches Wörterbuch. Hrsg. von Friedrich Dorsch, Hartmut Häcker, Kurt Hermann Stapf. Bern. Stuttgart. Toronto 1987; XIV, 921 S.].

*Drosdowski 1968* = Günther Drosdowski: Lexikon der Vornamen. Herkunft, Bedeutung und Gebrauch von mehr als 3000 Vornamen. Mit 75 Abbildungen. Mannheim. Wien. Zürich 1968 (Duden-Taschenbücher 4) [236 S.].

*Duden. Etymologie 1963* = Etymologie. Herkunftswörterbuch der deutschen Sprache. Bearbeitet von Günther Drosdowski/Paul Grebe und weiteren Mitarbeitern der Dudenredaktion. In Fortführung der „Etymologie der neuhochdeutschen Sprache" von Konrad Duden. Mannheim. Wien. Zürich 1963 (Der große Duden 7) [816 S.].

*Duden. Rechtschreibung 1986* = Rechtschreibung der deutschen Sprache und Fremdwörter. 19., neu bearbeitete und erweiterte Aufl. Hrsg. von der Dudenredaktion. Auf der Grundlage der amtlichen Rechtschreibregeln. [Redaktionelle Bearbeitung Werner Scholze-Stubenrecht unter Mitwirkung von Dieter Berger und weiteren Mitarbeitern der Dudenredaktion sowie des österreichischen und schweizerischen Dudenausschusses]. Mannheim. Wien. Zürich 1986 (Duden 1) [792 S., 1. Aufl. u. d. T.: Vollständiges Orthographisches Wörterbuch der deutschen Sprache von Konrad Duden. Nach den neuen preußischen und bayerischen Regeln. Leipzig 1880; XX, 187 S.].

*Duden. Sinn- und sachverwandte Wörter und Wendungen 1972* = Sinn- und sachverwandte Wörter und Wendungen. Wörterbuch der treffenden Ausdrücke. Bearbeitet von Wolfgang Müller unter Mitwirkung von M. Dose, J. Ebner, S. Lang und weiteren Mitarbeitern der Dudenredaktion. Mannheim. Wien. Zürich 1972 (Der große Duden 8) [797 S., 2., neu bearbeitete, erweiterte und aktualisierte Aufl. hrsg. und bearb. von Wolfgang Müller. Mannheim. Wien. Zürich 1986; 801 S.].

*Duden. Stilwörterbuch 1970* = Stilwörterbuch der deutschen Sprache. Die Verwendung der Wörter im Satz. 6., völlig neu bearb. und erw. Aufl. von Günther Drosdowski unter Mitwirkung von D. Berger, M. Dose, J. Ebner und anderen Mitarbeitern der Dudenredaktion. Mannheim. Wien. Zürich 1970 (Duden 2) [846 S.].

*Engel/Schumacher 1976* = Ulrich Engel/Helmut Schumacher: Kleines Valenzlexikon deutscher Verben. Unter Mitarbeit von Joachim Ballweg, Angelika Ballweg-Schramm, Bernd-Ulrich Biere u. a. Tübingen 1976 (Forschungsberichte des Instituts für deutsche Sprache 31) [306 S.].

*Goethe Wörterbuch 1978* = Goethe Wörterbuch. Hrsg. von der Akademie der Wissenschaften der DDR, der Akademie der Wissenschaften in Göttingen und der Heidelberger Akademie der Wissenschaften. Stuttgart. Berlin. Köln. Mainz. Bd. 1: A—az. 1978 [1307 S.], Bd. 2: B—eigens [1408 S.].

*Gottsched 1758* = Johann Christoph Gottsched: Beobachtungen über den Gebrauch und Misbrauch vieler deutscher Wörter und Redensarten. Straßburg. Leipzig 1758 [450 S.].

*Graff 1834* = Eberhard G. Graff: Althochdeutscher Sprachschatz oder Wörterbuch der althochdeutschen Sprache [...] Erster Teil: Die mit Vokalen und Halbvokalen J und W anlautenden Wörter. Reprografischer Nachdruck der Ausgabe Berlin 1834. Hildesheim 1963 [LXXIII, 1168 Sp.].

*Heberth 1977* = Alfred Heberth: Neue Wörter. Neologismen in der deutschen Sprache seit 1945. Wien 1977 [240 S.].

*Helbig/Schenkel 1973* = Gerhard Helbig/Wolfgang Schenkel: Wörterbuch zur Valenz und Distribution deutscher Verben. 2., überarb. und erw. Aufl. Leipzig 1973 [458 S., 1. Aufl. Leipzig 1969; 311 S.].

*Kaeding 1898* = Friedrich Wilhelm Kaeding: Häufigkeitswörterbuch der deutschen Sprache. Festgestellt durch einen Arbeitsausschuß der deutschen Stenographiesysteme. Steglitz bei Berlin 1898 [VI, 671 S.].

*Kapeller 1964* = Ludwig Kapeller: Das Schimpfbuch. Von Amtsschimmel bis Zimtziege. Mit 37 Zeichnungen von Helmut Voigt. 3. Aufl. Herrenalb/Schwarzwald 1964 [240 S., 1. Aufl. Herrenalb 1962; 240 S.].

*Kehrein 1863* = Joseph Kehrein: Onomatisches Wörterbuch, zugleich ein Beitrag zu einem auf die Sprache der klassischen Schriftsteller gegründeten Wörterbuch der neuhochdeutschen Sprache. 2. Ausgabe Wiesbaden 1863 [1244 S.; Nachdruck Hildesheim. New York 1974].

*Kreuzworträtsel-Lexikon o. J.* = Kreuzworträtsel-Lexikon in der Tasche. Ein Lexikon für Rätselfreunde. Köln o. J. [240 S.].

*Lins 1974* = Eberhard Lins: Sächsisch auf deutsch. Herkunft und Bedeutung sächsischer Wörter. München 1974 [80 S.].

*Lipperheide 1907* = Franz Freiherr von Lipperheide: Spruchwörterbuch. [...] 8., unveränd. Abdruck nach der Originalausgabe Berlin 1907. Berlin 1976 [1069 S.].

*Osman 1972* = Nabil Osman: Kleines Lexikon untergegangener Wörter. Wortuntergang seit dem Ende des 18. Jahrhunderts. München 1972 [263 S.].

*Paul 1897* = Hermann Paul: Deutsches Wörterbuch. Halle a. S. 1897 [576 S.].

*Russischer Wortschatz 1915* = Russischer Wortschatz in rückläufiger alphabetischer Folge. Berlin 1915.

*Schmidt/Schischkoff 1969* = Philosophisches Wörterbuch. Begründet von Heinrich Schmidt. 18. Aufl. neu bearb. von Georgi Schischkoff. Stuttgart 1969 (Kröners Taschenausgabe 13) [690 S., 1. Aufl. Leipzig 1912; 106 S.].

*Schmutzige Wörter 1987* = Eichborns sechssprachiges Wörterbuch der Schimpfwörter, Vulgärausdrücke und Flüche. Deutsch. Englisch. Französisch. Italienisch. Spanisch. Türkisch. Internationale Verbalinjurien hrsg. von Hella Thal. Frankfurt a. M. 1987 [87 S.].

*Seiler 1879* = Gustav A. Seiler: Die Baseler Mundart. Ein grammatisch-lexikalischer Beitrag zum schweizerdeutschen Idiotikon. Zugleich ein Wörterbuch für Schule und Haus. Mit einem Vorwort von Moritz Heyne. Basel 1879 [XVIII, 331 S.; Nachdruck Wiesbaden 1970].

*Stieler 1691* = Caspar Stieler: Der Teutschen Sprache Stammbaum und Fortwachs [...]. 2 Theile. Nürnberg 1691 [2672 Sp.; Nachdruck Hildesheim 1968].

*Trübners Deutsches Wörterbuch 1939* = Trübners Deutsches Wörterbuch. Im Auftrag der Arbeitsgemeinschaft für deutsche Wortforschung hrsg. von Alfred Götze. Erster Bd.: A—B. Berlin 1939 [XI, 482 S.].

*Wasserzieher 1927* = Ernst Wasserzieher: Woher? Ableitendes Wörterbuch der deutschen Sprache. 7., stark vermehrte und verb. Aufl. Berlin 1927 [245 S., 1. Auflage Berlin 1918; 158 S.].

*Wehle 1980* = Peter Wehle: Sprechen Sie Wienerisch? Von Adaxl bis Zwutschkerl. Wien. Heidelberg 1980 [287 S.].

*Weigand 1909/1910* = Friedrich Ludwig Karl Weigand: Deutsches Wörterbuch. 5. Auflage in der neuesten für Deutschland, Österreich und die Schweiz gültigen amtlichen Rechtschreibung. Nach des Verfassers Tode vollständig neu bearbeitet von Karl von Bahder/Hermann Hirt/Karl Kant. Hrsg. von Hermann Hirt. 1. Bd.: A—K. Gießen 1909 [1184 Sp.], 2. Bd.: L—Z. Gießen 1910 [1360 Sp.].

*Welter 1968* = Ernst Günther Welter: Die Sprache der Teenager und Twens. 3., durchges. und erw. Aufl. Frankfurt a. M. 1968 (Schriftenreihe zur Jugendnot 5) [76 S., 1. Auflage Frankfurt 1961].

6.2. Sonstige Literatur

*Béjoint 1981* = Henri Béjoint: The foreign student's use of monolingual English dictionaries. A study of language needs and reference skills. In: Applied Linguistics 2. 1981, 207—222.

*Dietrich 1975* = Margot Dietrich: Dialektwörterbücher — wozu? In: Der Sprachdienst 19. 1975, 73—76.

*Felber/Nedobity/Manu 1982* = Helmut Felber/Wolfgang Nedobity/Adrian Manu: Normwörterbücher. Erstellung. Aufbau. Funktion. In: Studien zur neuhochdeutschen Lexikographie II. Hrsg. von Herbert Ernst Wiegand. Hildesheim. New York 1982 (Germanistische Linguistik 3—6/80), 37—72.

*Gärtner/Kühn 1984* = Kurt Gärtner/Peter Kühn: Indices und Konkordanzen zu historischen Texten des Deutschen: Bestandsaufnahme, Typen, Herstellungsprobleme, Benutzungsmöglichkeiten. In: Sprachgeschichte. Ein Handbuch zur Geschichte der deutschen Sprache und ihrer Erforschung. Hrsg. von Werner Besch/Oskar Reichmann/Stefan Sonderegger. Erster Halbband. Berlin. New York 1984 (Handbücher zur Sprach- und Kommunikationswissenschaft 2.1), 620—641.

*Hartmann 1982* = Reinhard R. K. Hartmann: Das zweisprachige Wörterbuch im Fremdsprachenerwerb. In: Studien zur neuhochdeutschen Lexikographie II. Hrsg. von Herbert Ernst Wiegand. Hildesheim. New York 1982 (Germanistische Linguistik 3—6/80), 73—86.

*Hausmann 1976* = Franz Josef Hausmann: Sprache und Welt im Wörterbuch. Wortschatzlernen mit dem „Wörterbuch nach Sachgruppen". In: Französisch heute 7. 2/1976, 94—104.

*Hausmann 1977* = Franz Josef Hausmann: Einführung in die Benutzung der neufranzösischen Wörterbücher. Tübingen 1977 (Romanistische Arbeitshefte 19).

*Hausmann 1979* = Franz Josef Hausmann: Neue Wörterbücher für den Französischunterricht oder: Was ist ein Schulwörterbuch? In: Die Neueren Sprachen 78. 1979, 131—151.

*Hausmann 1982* = Franz Josef Hausmann: Neue Wörterbücher für den Französischunterricht II. In: Die Neueren Sprachen 81. 1982, 191—219.

*Hausmann 1983* = Franz Josef Hausmann: Neue spanische Wörterbücher. In: Hispanorama 35. 11/1983, 156—161.

*Hausmann 1985 a* = Franz Josef Hausmann: Lexikographie. In: Handbuch der Lexikologie. Hrsg. von Christoph Schwarze/Dieter Wunderlich. Königstein/Ts. 1985, 367—411.

*Hausmann 1985 b* = Franz Josef Hausmann: Neue französische Wörterbücher III. In: Die Neueren Sprachen 84. 1985, 686—720.

*Henne 1980* = Helmut Henne: Lexikographie. In: Lexikon der germanistischen Linguistik. Hrsg. von Hans Peter Althaus/Helmut Henne/Herbert Ernst Wiegand. 2., vollständig neu bearb. und erw. Aufl. Tübingen 1980, 778—787.

*Henne/Weinrich 1976* = Helmut Henne/Harald Weinrich: Zwanzig Thesen über ein neues großes Wörterbuch der deutschen Sprache. Zugleich ein Bericht über zwei weitere Projektkonferenzen am 28./29. Mai und 25./26. Juni 1976 in Bad Homburg. In: Zeitschrift für germanistische Linguistik 4. 1976, 339—349.

*Hermanns 1982* = Fritz Hermanns: Brisante Wörter. Zur lexikographischen Behandlung parteisprachlicher Wörter und Wendungen in Wörterbüchern der deutschen Gegenwartssprache. In: Studien zur neuhochdeutschen Lexikographie II. Hrsg. von Herbert Ernst Wiegand. Hildesheim. New York 1982 (Germanistische Linguistik 3—6/80), 87—108.

*Hjorth 1967* = Kirsten Hjorth: Lexikon, Wörterbuch, Enzyklopädie, Konversationslexikon. In: Muttersprache 77. 1967, 353—365.

*Hofmann 1909* = Reinhold Hofmann: Zur Geschichte des Deutschen Wörterbuchs. In: Preußische Jahrbücher 136. 1909, 472—491.

*Ickler 1982* = Theodor Ickler: Ein Wort gibt das andere. Auf dem Weg zu einem „Wörter-Lesebuch" für Deutsch als Fremdsprache. In: Linguistik und Didaktik 13. 49/50. 1982, 3—17.

*Jungmann/Schmidt 1970* = Ernst Jungmann/Edgar Schmidt: Umgang mit Wörterbüchern. Oberursel/Ts. 1970 (Schule aktuell A 1).

*Kaiser 1984* = Stephan Kaiser: Der neue Dornseiff. Konzept einer Neubearbeitung von Franz Dornseiffs „Der deutsche Wortschatz nach Sachgruppen". In: Zeitschrift für germanistische Linguistik 12. 1984, 181—199.

*Korhonen 1987* = Jarmo Korhonen (Hrsg.): Beiträge zur allgemeinen und germanistischen Phraseologieforschung. Internationales Symposium in Oulu 13.—15. Juni 1986. Oulu 1987 (Veröffentlichungen des Germanistischen Instituts der Universität Oulu, Finnland 7).

*Kromann/Riiber/Rosbach 1984* = Hans-Peder Kromann/Theis Riiber/Poul Rosbach: Überlegungen zu Grundfragen der zweisprachigen Lexikographie. In: Studien zur neuhochdeutschen Lexikographie V. Hrsg. von Herbert Ernst Wiegand. Hildesheim. Zürich. New York 1984 (Germanistische Linguistik 3—6/84), 159—238.

*Kühn 1978* = Peter Kühn: Deutsche Wörterbücher. Eine systematische Bibliographie. Tübingen 1978 (Reihe germanistische Linguistik 15).

*Kühn 1981* = Peter Kühn: Notwendigkeit, Gebrauchswert und Verwendung von Grundwortschatzbüchern. In: Zeitschrift für germanistische Linguistik 9. 1981, 164—179.

*Kühn 1982* = Peter Kühn: Typen lexikographischer Ergebnisdarstellung. In: Dialektologie. Ein Handbuch zur deutschen und allgemeinen Dialektforschung. Hrsg. von Werner Besch/Ulrich Knoop/Wolfgang Putschke/Herbert Ernst Wiegand. Erster Halbband. Berlin. New York 1982 (Handbücher zur Sprach- und Kommunikationswissenschaft 1.1), 702—723.

*Kühn 1983* = Peter Kühn: Sprachkritik und Wörterbuchbenutzung. In: Studien zur neuhochdeutschen Lexikographie III. Hrsg. von Herbert Ernst Wiegand. Hildesheim. Zürich. New York 1983 (Germanistische Linguistik 1—4/82), 157—177.

*Kühn 1984* = Peter Kühn: Primär- und sekundärsprachliche Grundwortschatzlexikographie: Probleme, Ergebnisse, Perspektiven. In: Studien zur neuhochdeutschen Lexikographie V. Hrsg. von Herbert Ernst Wiegand. Hildesheim. Zürich. New York 1984 (Germanistische Linguistik 3—6/84), 239—306.

*Kühn 1985 a* = Peter Kühn: „Wegweiser zum treffenden Ausdruck" oder Gibt es sinnvollere Zielsetzungen für Synonymenwörterbücher? In: Wirkendes Wort 35. 1985, 39—52.

*Kühn 1985 b* = Peter Kühn: Grundschulwörterbücher unter der Lupe. In: Grundschule 17. 10/1985, 32—36.

*Kühn 1987 a* = Peter Kühn: Mit dem Wörterbuch arbeiten. Eine Einführung in die Didaktik und Methodik der Wörterbuchbenutzung. Bonn—Bad Godesberg 1987 (Schriften zur Deutsch-Didaktik).

*Kühn 1987 b* = Peter Kühn: Johann Siegmund

Valentin Popowitschs „Versuch einer Vereinigung der Mundarten von Teutschland". Ein Beitrag zur Mundartlexikographie im 18. Jahrhundert. In: Studien zur Dialektologie I. Hrsg. von Ulrich Knoop. Hildesheim. Zürich. New York 1987 (Germanistische Linguistik 91—92/1987), 81—148.

*Kühn 1987 c* = Peter Kühn: Bedeutungserklärungen im Wörterbuch: Angaben zum Verwendungsdurchschnitt oder zur Verwendungsvielfalt? Ein Beitrag zur Lexikographie des Gefühlswortschatzes am Beispiel *Eifersucht*. In: Zeitschrift für Phonetik, Sprachwissenschaft und Kommunikationsforschung 40. 1987, 267—278.

*Kühn 1987 d* = Peter Kühn: Deutsch als Fremdsprache im phraseodidaktischen Dornröschenschlaf. Vorschläge für eine Neukonzeption phraseodidaktischer Hilfsmittel. In: Fremdsprachen lehren und lernen (FLuL) 16. 1987, 60—77.

*Kühn/Püschel 1982* = Peter Kühn/Ulrich Püschel: „Der Duden reicht mir". Zum Gebrauch allgemeiner einsprachiger und spezieller Wörterbücher des Deutschen. In: Studien zur neuhochdeutschen Lexikographie II. Hrsg. von Herbert Ernst Wiegand. Hildesheim. New York 1982 (Germanistische Linguistik 3—6/80), 121—151.

*Lübke 1982* = Diethard Lübke: Das Wörterbuch im Französischunterricht. Überlegungen zu den Schulwörterbüchern von morgen. München 1982 (Langenscheidt-Arbeitshilfen für den Fremdsprachenlehrer 17).

*Neubauer 1985* = Fritz Neubauer: Auf der Spur des „unbekannten Wesens": der DaF-Wörterbuchbenutzer. In: Zöfgen 1985 a, 216—235.

*Püschel 1981* = Ulrich Püschel: Bedeutungserklärungen als Regel- und Sachbeschreibungen. In: Studien zur neuhochdeutschen Lexikographie I. Hrsg. von Herbert Ernst Wiegand. Hildesheim. New York 1981 (Germanistische Linguistik 3—4/79), 123—138.

*Püschel 1986* = Ulrich Püschel: Joh. August Eberhards Synonymik — bloß historisches Dokument oder auch Vorbild für heute? In: Textlinguistik contra Stilistik? Wortschatz und Wörterbuch. Grammatische oder pragmatische Organisation von Rede. Hrsg. von Walter Weiss/Herbert Ernst Wiegand/Marga Reis. Tübingen 1986 (Akten des VII. Internationalen Germanisten-Kongresses, Göttingen 1985, 3), 242—247.

*Reichmann 1984* = Oskar Reichmann: Historische Lexikographie. In: Sprachgeschichte. Ein Handbuch zur Geschichte der deutschen Sprache und ihrer Erforschung. Hrsg. von Werner Besch/Oskar Reichmann/Stefan Sonderegger. Erster Halbband. Berlin. New York 1984 (Handbücher zur Sprach- und Kommunikationswissenschaft 2.1), 460—492.

*Ščerba 1936* = L. V. Ščerba: Vorwort zu „Russkofrancuzskij slovar. Pod red. D. V. Sezemana. Moskau 1959.

*Ščerba 1940/1982* = L. V. Ščerba: Versuch einer allgemeinen Theorie der Lexikographie. Opyt obščej teorii leksikografii. In: Werner Wolski (Hrsg.): Aspekte der sowjetrussischen Lexikographie. Übersetzungen, Abstracts, bibliographische Angaben. Tübingen 1982 (Reihe germanistische Linguistik 43), 17—62.

*Schaeder 1984* = Burkhard Schaeder: Anleitung zur Benutzung neuhochdeutscher Wörterbücher. In: Der Deutschunterricht 36. 5/1984, 81—95.

*Schröder 1985* = Konrad Schröder: Wortschatzunterricht, Wortschatzerwerb und Umgang mit Wörterbüchern. Eine Bibliographie für die Jahre 1973—1984. In: Die Neueren Sprachen 84. 1985, 652—669.

*Schröer 1909* = Arnold Schröer: Englische Lexikographie. In: Germanisch-romanische Monatsschrift 1. 1909, 550—567.

*Seebold 1983* = Elmar Seebold: Etymologie, Begriffs- und Funktionsbestimmung. In: Zeitschrift für germanistische Linguistik 11. 1983, 260—267.

*Stein 1984* = Gabriele Stein: Towards a theory of lexicography: principles and/vs. practice in modern English dictionaries. In: LEXeter '83 Proceedings. Papers from the International Conference on Lexicography at Exeter, 9—12 September 1983. Ed. by Reinhard R. K. Hartmann. Tübingen 1984 (Lexicographica, Series Maior 1), 124—130.

*Stellmacher 1986* = Dieter Stellmacher: Der Benutzer des Dialektwörterbuchs. Gibt es eine Antwort auf die ungeklärte Frage der Wörterbuchforschung (Metalexikographie)? In: Lexikographie der Dialekte. Beiträge zu Geschichte, Theorie und Praxis. Hrsg. von Hans Friebertshäuser unter Mitarbeit von Heinrich J. Dingeldein. Tübingen 1986 (Reihe germanistische Linguistik 59), 35—45.

*Strauß 1983* = Gerhard Strauß: Begründung einer Theorie der lexikographischen Nomination: Regeln zur semantisch-pragmatischen Beschreibung funktionaler Wortklassen im einsprachigen Wörterbuch. In: Studien zur neuhochdeutschen Lexikographie III. Hrsg. von Herbert Ernst Wiegand. Hildesheim. Zürich. New York 1983 (Germanistische Linguistik 1—4/82), 307—381.

*Strauß 1984* = Gerhard Strauß: Politische Sprachkultivierung im Wörterbuch. In: Aspekte der Sprachkultur. Hrsg. vom Institut für deutsche Sprache. Mannheim 1984 (Mitteilungen 10), 91—121.

*Strauß/Zifonun 1984* = Gerhard Strauß/Gisela Zifonun: Versuch über 'schwere Wörter': Zur Frage ihrer systembezogenen Bestimmbarkeit. In: Studien zur neuhochdeutschen Lexikographie IV. Hrsg. von Herbert Ernst Wiegand. Hildesheim. Zürich. New York 1984 (Germanistische Linguistik 1—3/83), 381—452.

*Werner 1982 a* = Reinhold Werner: Das Bild im Wörterbuch. Funktionen der Illustration in spanischen Wörterbüchern. In: Linguistik und Didaktik 13. 49/50/1982, 62—94.

*Werner 1982 b* = Reinhold Werner: La definición semántica. In: Günther Haensch/Lothar Wolf/Stefan Ettinger/Reinhold Werner: La lexicografía.

De la lingüística teórica a la lexicografía práctica. Madrid 1982 (Biblioteca Romanica Hispanica, III. Manuales 56), 259—328.

*Werner 1984* = Reinhold Werner: Semasiologische und enzyklopädische Definition im Wörterbuch. In: Dieter Götz/Thomas Herbst (Hrsg.): Theoretische und praktische Probleme der Lexikographie. 1. Augsburger Kolloquium. München 1984, 382—407.

*Whitcut 1986* = Janet Whitcut: Research project into dictionary use. In: Euralex Bulletin 3. 2/1986, 1—5.

*Wiegand 1976* = Herbert Ernst Wiegand: Synonymie und ihre Bedeutung in der einsprachigen Lexikographie. In: Probleme der Lexikologie und Lexikographie. Jahrbuch 1975 des Instituts für deutsche Sprache. Düsseldorf 1976 (Sprache der Gegenwart 39), 118—180.

*Wiegand 1977 a* = Herbert Ernst Wiegand: Fachsprachen im einsprachigen Wörterbuch. Kritik, Provokationen und praktisch-pragmatische Vorschläge. In: Kongreßberichte der 7. Jahrestagung der Gesellschaft für Angewandte Linguistik. GAL e. V. Trier 1976. Stuttgart 1977, 19—65.

*Wiegand 1977 b* = Nachdenken über Wörterbücher: Aktuelle Probleme. In: Günther Drosdowski/Helmut Henne/Herbert Ernst Wiegand: Nachdenken über Wörterbücher. Mannheim. Wien. Zürich 1977, 51—102.

*Wiegand 1983 a* = Herbert Ernst Wiegand: Ansätze zu einer allgemeinen Theorie der Lexikographie. In: Joachim Schildt/Dieter Viehweger (Hrsg.): Die Lexikographie von heute und das Wörterbuch von morgen. Analysen, Probleme, Vorschläge. Berlin 1983 (Linguistische Studien, Reihe A, Arbeitsberichte 109), 92—127.

*Wiegand 1983 b* = Herbert Ernst Wiegand: Überlegungen zu einer Theorie der lexikographischen Sprachbeschreibung. In: Karl Hyldgaard-Jensen/Arne Zettersten (Hrsg.): Symposium zur Lexikographie. Symposium on lexicography. Proceedings of the Symposium on lexicography September 1—2, 1982, at the University of Copenhagen. Hildesheim. Zürich. New York 1983 (Germanistische Linguistik 5—6/82), 35—72.

*Wiegand 1984 a* = Herbert Ernst Wiegand: Prinzipien und Methoden historischer Lexikographie. In: Sprachgeschichte. Ein Handbuch zur Geschichte der deutschen Sprache und ihrer Erforschung. Hrsg. von Werner Besch/Oskar Reichmann/Stefan Sonderegger. Erster Halbband. Berlin. New York 1984 (Handbücher zur Sprach- und Kommunikationswissenschaft 2.1), 557—620.

*Wiegand 1984 b* = Herbert Ernst Wiegand: Germanistische Wörterbuchforschung nach 1945. Eine einführende Übersicht für Deutschlehrer. In: Der Deutschunterricht 36. 5/1984, 10—26.

*Wiegand 1985 a* = Herbert Ernst Wiegand: Fragen zur Grammatik in Wörterbuchbenutzungsprotokollen. Ein Beitrag zur empirischen Erforschung der Benutzung einsprachiger Wörterbücher. In: Henning Bergenholtz/Joachim Mugdan (Hrsg.): Lexikographie und Grammatik. Akten des Essener Kolloquiums zur Grammatik im Wörterbuch, 28.—30. 6. 1984. Tübingen 1985 (Lexicographica. Series Maior 3), 20—98.

*Wiegand 1985 b* = Herbert Ernst Wiegand: German dictionaries and research on the lexicography of German from 1945 to the present. With a select bibliography. In: Lexicographica 1. 1985, 172—224.

*Wiegand 1987 a* = Herbert Ernst Wiegand: Über den Nutzen von Wörterbüchern. In: Festschrift für Karl Hyldgaard-Jensen. Zum 70. Geburtstag am 3. Februar 1987. Hrsg. von Mogens Dyhr/Jørgen Olsen. Kopenhagen 1987 (Kopenhagener Beiträge zur Germanistischen Linguistik. Sonderband 3), 308—318.

*Wiegand 1987 b* = Herbert Ernst Wiegand: Zur handlungstheoretischen Grundlegung der Wörterbuchbenutzungsforschung. In: Lexicographica 3. 1987, 178—227.

*Wiegand 1988 a* = Herbert Ernst Wiegand: Vorüberlegungen zur Wörterbuchtypologie: Teil I. In: Karl Hyldgaard-Jensen/Arne Zettersten (Hrsg.): Symposion on lexicography III. Proceedings of the Third International Symposium on Lexicography May 14—16, 1986 at the University of Copenhagen. Tübingen 1988, 3—105 (Lexicographica, Series Maior 19).

*Wiegand 1988 b* = Herbert Ernst Wiegand: Was eigentlich ist Fachlexikographie? Mit Hinweisen zum Verhältnis von sprachlichem und enzyklopädischem Wissen. In: Deutscher Wortschatz. Lexikologische Studien. Ludwig Erich Schmitt zum 80. Geburtstag. Hrsg. von Horst Haider Munske, Peter von Polenz, Oskar Reichmann, Reiner Hildebrandt. Berlin. New York 1988, 729—790.

*Wolski 1986* = Werner Wolski: Autorenwörterbücher — Last und Lust der Germanisten. Podiumsdiskussion mit Günter Grass und Helmut Heißenbüttel. In: Textlinguistik contra Stilistik? Wortschatz und Wörterbuch. Grammatische oder pragmatische Organisation von Rede? Hrsg. von Walter Weiss/Herbert Ernst Wiegand/Marga Reis. Tübingen 1986 (Akten des VII. Internationalen Germanisten-Kongresses, Göttingen 1985, 3), 228—236.

*Wüster 1979* = Eugen Wüster: Einführung in die allgemeine Terminologielehre und Terminologische Lexikographie. Hrsg. von L. Bauer. 2 Teile. Wien. New York 1979.

*Zöfgen 1985 a* = Ekkehard Zöfgen (Hrsg.): Wörterbücher und ihre Didaktik. Themenheft der Bielefelder Beiträge zur Sprachlehrforschung 14. 1,2/1985.

*Zöfgen 1985 b* = Ekkehard Zöfgen: Lernwörterbücher auf dem Prüfstand oder: Was ist ein Lernwörterbuch? In: Zöfgen 1985 a, 10—89.

*Peter Kühn, Trier*
*(Bundesrepublik Deutschland)*

# 14. Wörterbücher und Laienbenutzung

1. Laienbenutzung und Laienbenutzer
2. Allgemeine Anforderungen an Wörterbücher für Laienbenutzer
3. Der muttersprachliche Laienbenutzer
4. Der fremdsprachliche Laienbenutzer
5. Ausblick
6. Literatur (in Auswahl)

## 1. Laienbenutzung und Laienbenutzer

### 1.1. Zum Ausgangspunkt der Benutzungsforschung

Der Forderung, „Dictionaries should be designed with a special set of users in mind and for their specific needs" (Householder 1962/7, 279), wird wahrscheinlich jeder Lexikograph uneingeschränkt zustimmen. Einlösen können wir er diese Forderung aber nur unter Schwierigkeiten, da er über den Benutzer und seine Bedürfnisse relativ wenig weiß. Der Wörterbuchbenutzer ist weithin Objekt von Spekulation und Vorurteil (Quirk 1974, 148 f.) oder ein „bekannter Unbekannter" (Wiegand 1977, 59; vgl. auch Neubauer 1987), von dem bekannt ist, daß es ihn gibt, von dem jedoch unbekannt ist, wer er genau ist und was genau er tut, wenn er Wörterbücher benutzt. Davon zeugen beispielhaft die stereotypen Hinweise in vielen allgemeinen einsprachigen Wörterbüchern des Deutschen, Englischen und Französischen, denen zufolge das Wörterbuch für Einheimische wie Ausländer gemacht ist, ein unentbehrlicher Ratgeber für den nachschlagenden Jedermann in allen Lebenslagen (vgl. z. B. die Einleitungen und Vorreden zu Stieler 1691, Gottsched 1758, Webster 1828, Littré 1873, Robert 1970, Duden-GWDS 1976). Umgekehrt scheinen auch Wörterbuchbenutzer ziemlich undifferenzierte Vorstellungen zu haben, wie Wörterbücher aufgebaut sind und was man in ihnen nachschlägt. Man kann Wörterbucherklärungen zu den Lemmazeichen *dictionary*, *Wörterbuch* als Widerspiegelung solcher alltagsweltlichen Vorstellungen werten, denen zufolge Wörterbücher vor allem alphabetisch angelegt sind; außerdem sucht man in ihnen meistens Bedeutungserklärungen oder fremdsprachliche Wortäquivalente:

**dictionary** 'reference book or list of words (usually in alphabetical order) together with a guide to their meanings, pronunciation, spelling, or equivalence in other languages'
**Wörterbuch** 'nach dem Alphabet geordnetes Verzeichnis der Wörter einer Sprache und ihrer Erklärungen bzw. ihrer Übersetzungen in eine andere Sprache'

Neben solchen lexikographischen Stereotypen und reduzierten Benutzererwartungen existiert bei (Meta-)Lexikographen ein allgemeines, eher vortheoretisches Wissen über Benutzer und Benutzung von Wörterbüchern, das aufgearbeitet und systematisiert als Ausgangspunkt lexikographischer Benutzungsforschung dienen kann. In vieler Hinsicht ist dieses Wissen nur vage und vorläufig. Speziell für die Wörterbuchbenutzung durch Fremdsprachenlerner gibt es aber auch schon genauere Untersuchungen (vgl. Ripfel/Wiegand 1988 u. Art. 171).

### 1.2. Zur Bestimmung des Laienbenutzers

Eine zentrale Aufgabe der Benutzungsforschung besteht in der Strukturierung der Gesamtheit von Benutzungsmöglichkeiten von Wörterbüchern nach Benutzungszielen (Wiegand 1987). Dabei spielt die Laienbenutzung mit dem Laienbenutzer oder common reader wohl die wichtigste Rolle. Ein Laie ist laut Wörterbuch ein Nichtfachmann, eine Person, die auf einem Gebiet keine Fachkenntnisse besitzt. Ein Laienbenutzer könnte dann jemand sein, der unter Umständen sogar recht kundig und geübt mit Wörterbüchern umgeht, aber nie in der Wörterbuchbenutzung geschult worden ist und keine weitergehenden Kenntnisse über Typen von Wörterbüchern und ihre Funktionen besitzt. Obwohl die Nachschlagefähigkeiten des Wörterbuchbenutzers und seine Wörterbuchkenntnisse eine wichtige Voraussetzung für die reibungslose und erfolgreiche Wörterbuchbenutzung sind, sind sie keine zureichenden Kriterien zur Bestimmung des Laienbenutzers. Sie betreffen zwar die individuelle Kompetenz des Benutzers, über die zu verfügen bei der Wörterbuchbenutzung von Vorteil ist, sie beziehen sich aber nicht auf die Zielsetzungen, die der Laienbenutzer mit seiner Wörterbuchbenutzung verfolgt. Bei diesen Zielsetzungen und nicht bei den Personen muß die Benutzungsforschung ansetzen (anders Béjoint 1981, 207, der die Klassifikationsmöglichkeiten nach „language needs" und „reference skills" gleichberechtigt sieht).

In negativer Abgrenzung ist dann der Laienbenutzer ein Wörterbuchbenutzer, der Wörterbücher nicht zu wissenschaftlichen bzw. wissenschaftspraktischen Zwecken gebraucht: also nicht zu philologischen, linguistischen, historiographischen, auf die Terminologiearbeit bezogenen, didaktischen, lexikographischen und metalexikographischen Zwecken (vgl. Art. 17—20, 22, 23). All diesen Benutzungsanlässen ist gemeinsam, daß sie von nicht- bzw. metakommunikativer Art sind, d. h., sie resultieren nicht unmittelbar aus Problemen bei der Textproduktion und Textrezeption. Die Benutzungsanlässe für die Laienbenutzer sind dagegen zuerst einmal kommunikativer Art, d. h. Wörterbücher werden im Zusammenhang mit der Textproduktion und Textrezeption benutzt. Das Ziel bei der Konsultation von Wörterbüchern besteht darin, bei der Textproduktion oder Textrezeption auftretende Sprachprobleme mit Hilfe des Wörterbuchs zu bewältigen. Bei einer so globalen Bestimmung der Laienbenutzung kann es nicht verwundern, daß es d e n Laienbenutzer nicht gibt, sondern nur ein recht heterogenes Spektrum von Typen und Gruppen von Laienbenutzern. Zu ihnen gehört z. B. der gelegentliche Briefschreiber, der einen orthographischen Zweifelsfall mit dem Wörterbuch klärt; oder der Lexikograph, wenn er als „naïve expert speaker" (Hill 1970) zur Lektüre eines lexikographischen Beitrags in einer ihm nicht besonders geläufigen Sprache ein Wörterbuch heranzieht; oder der professionelle Übersetzer, der routiniert und gezielt nachschlägt. Zur Laienbenutzung zählt also die im Dienst von Textproduktion und Textrezeption stehende Wörterbuchbenutzung von Wissenschaftlern und Nichtwissenschaftlern, von Muttersprachlern und Fremdsprachlern, von Kundigen und Geschulten wie von Unkundigen und Ungeschulten, von Personen, die im privaten wie beruflichen Rahmen nachschlagen.

Obwohl die kommunikativen Benutzungsanlässe bei der Laienbenutzung von Wörterbüchern im Vordergrund stehen, darf nicht übersehen werden, daß Laienbenutzer auch zu nicht oder nicht primär kommunikativen Zwecken im Wörterbuch nachschlagen. Hier sind z. B. die Fremdsprachenlerner zu nennen, die sich mit Hilfe eines Lernwörterbuchs (Ickler 1982) fremdsprachliche Kompetenz aneignen; aber auch Lehrer, die bei der Korrektur von Schülerarbeiten Wörterbücher zur Stützung der eigenen Kompetenz heranziehen. Eindeutig nichtkommunikativ veranlaßte Ziele verfolgt, wer etwas über Herkunft und Geschichte seines Namens im Namenbuch sucht; wer Kreuzworträtsel mit Hilfe von Rätselwörterbüchern löst; wer eine sprachliche Streitfrage zwischen Freunden oder Kollegen mit dem Wörterbuch entscheidet; oder wer vielleicht nur aus Neugier oder Freude an der Sprache im Wörterbuch schmökert. Im Bereich der nichtkommunikativ veranlaßten Wörterbuchbenutzung stößt die Unterscheidung von Laienbenutzer und wissenschaftlichem Benutzer an ihre Grenzen, da sie nicht mehr durch die Art der Benutzungsanlässe zu rechtfertigen ist, sondern allenfalls durch weiterreichende Ziele. Wenn ein Laienbenutzer und ein wissenschaftlicher Benutzer in einem Ortsnamenbuch nachschlagen, was *Gusterath* bedeutet, dann stellen sie beide die gleiche Frage an das Wörterbuch; sie befinden sich beide in der gleichen Benutzungssituation. Der eine mag es tun, weil er sich für die Herkunft des Namens interessiert; der andere, weil er das Nachschlageergebnis in einer Arbeit über Siedlungsnamen verwerten möchte.

1.3. Problembereiche der Laienbenutzung

Die Beschäftigung mit der Laienbenutzung hat in der Benutzungsforschung einen hervorragenden Stellenwert, da der Hauptanteil der Wörterbuchbenutzung sicherlich auf den Laienbenutzer entfällt. Über die Frage nach der Bestimmung von Laienbenutzung und Laienbenutzer hinaus zielt die Beschäftigung mit dem Laienbenutzer auf folgende Problembereiche: (a) Man hat die Benutzungsbedürfnisse des Laienbenutzers zu erkunden, indem man die realen Benutzungssituationen für Laienbenutzer untersucht (vgl. Art. 12 und 13). (b) Man muß sich einen Überblick über die Fertigkeiten des Laienbenutzers im Umgang mit Wörterbüchern und über seine Kenntnis der Wörterbücher verschaffen (vgl. Art. 171). (c) Man hat schon existierende Wörterbücher im Hinblick darauf zu befragen, wie sie den Nachschlagebedürfnissen des Laienbenutzers gerecht werden und ob sie dem Laienbenutzer einen gezielten und schnellen Zugriff auf die gesuchten Informationen ermöglichen. (d) Man hat Vorschläge zur Entwicklung bedarfsgerechter Wörterbücher zu machen. Die Vielfalt der Aspekte und Möglichkeiten der Laienbenutzung verhindert schnelle und einfache Lösungen für die benutzungsorientierte Lexikographie. Es kommt noch erschwerend hinzu, daß die Bedürfnisse des Laienbenutzers keine unveränderlichen Vorgaben für die Lexikographen sind. Dubois (1981, 248) hebt hervor, daß sich die an Wörterbücher herangetragenen

Informationswünsche innerhalb relativ kurzer Zeiträume von zehn bis zwanzig Jahren deutlich ändern können. Die Überarbeitung bestehender oder die Erarbeitung neuer Wörterbücher darf deshalb nicht nur die Antwort auf gewandelte sprachliche Verhältnisse sein, sondern muß auch den gewandelten Benutzerbedürfnissen Rechnung tragen.

Der Laienbenutzer kann auf die Erfahrung, daß Wörterbücher nicht unbedingt auf seine Nachschlagebedürfnisse abgestimmt sind, in zweierlei Weise reagieren. Entweder er verzichtet völlig auf die Benutzung von Wörterbüchern, oder er arrangiert sich mit ihren Mängeln und Tücken. Diese Tendenz zum Arrangement zeigt sich in der Beobachtung, daß bei „Umfragen keine allzu große Unzufriedenheit der Benutzer mit ihren Wörterbüchern [zu] erkennen [ist]" (Bergenholtz/ Mugdan 1985a, 11), obwohl sie deren Unzulänglichkeiten sehr wohl wahrnehmen. Hier können nur die Lexikographen mit verbesserten Wörterbuchkonzepten Abhilfe schaffen. — Verwirren muß den Laienbenutzer auch die unüberschaubare Wörterbuchlandschaft mit ihrer Vielfalt von Wörterbuchtypen und Fülle konkurrierender Unternehmen. Die Beschäftigung mit dem Laienbenutzer sollte sich deshalb nicht auf die Frage beschränken, wie sich der Benutzer „im Wörterbuch wiederfindet", sondern sie sollte ihm auch Orientierungshilfen an die Hand geben. Dies kann z. B. in Form der Entwicklung und Durchsetzung einer Wörterbuchdidaktik im mutter- wie im fremdsprachlichen Unterricht geschehen (Kühn 1987 u. Art. 25). Außerdem ist anzustreben, einer breiteren Öffentlichkeit kritische Informationen über das Wörterbuchangebot zu vermitteln. So schenkt z. B. im englischsprachigen Raum das Zeitungsfeuilleton den Wörterbüchern vermehrt Aufmerksamkeit; auch im deutschsprachigen Bereich ist dies neuerdings zu beobachten (vgl. z. B. Zimmer 1986). Solche Orientierungshilfen sind zudem notwendig, weil für eine nicht unbeträchtliche Zahl von Laienbenutzern der Erwerb eines Wörterbuchs eine einmalige Angelegenheit ist.

## 2. Allgemeine Anforderungen an Wörterbücher für Laienbenutzer

### 2.1. Benutzeradäquatheit und -freundlichkeit

Wörterbücher für die Laienbenutzung sollten einigen allgemeinen Anforderungen genügen, die noch vor jeder Ausrichtung auf spezifische Benutzertypen garantieren, daß das Wörterbuch benutzungsadäquat und -freundlich ist. Ein zuerst einmal rein äußerliches Merkmal ist die Handlichkeit (im wörtlichen Sinn) des Wörterbuchs. Es ist für den Laienbenutzer nicht gleichgültig, ob die von ihm gesuchten Informationen auf ein bis zwei oder auf sechs und mehr Bände verteilt sind (Kempcke 1980, 347). Allerdings ist der Umfang eines Wörterbuchs nicht beliebig manipulierbar; was man z. B. in sechs Bänden an Material ausbreiten kann, läßt sich nicht einfach in einen Band pressen. Insofern zeigt sich, daß schon die Frage nach der Handlichkeit bestimmt wird von konzeptionellen Vorentscheidungen, die sich aus Fragen wie den folgenden ergeben: (a) Soll das Wörterbuch für eine, mehrere oder gar viele Benutzungssituationen gemacht werden (vgl. Art. 13)? (b) Wird das Wörterbuch für einen oder mehrere Benutzertypen gemacht? (c) Soll das Wörterbuch dem Nachschlagen in kommunikativen Benutzungssituationen als dem Hauptzweck oder auch noch bestimmten Nebenzwecken dienen (Wiegand 1985, 42)? Die Antworten auf diese Fragen bestimmen die zu berücksichtigenden Informationstypen, den Grad an Fülle und Detaillierung des auszubreitenden Materials und die Systematik seiner Präsentation. Die Benutzeradäquatheit ist dann gegeben, wenn der Laienbenutzer, der an das Wörterbuch eine „zweckgerechte" Frage stellt (Wiegand 1985, 40), eine befriedigende Antwort erhält. Nicht zu unterschätzen ist die Präsentation der Informationen, die von ihrer Anordnung bis zur typographischen Gestaltung reicht. Sie steht im Dienst der Übersichtlichkeit und Verständlichkeit und hat den schnellen Zugriff auf die gesuchte Auskunft zu sichern (vgl. Art. 15). Denn nur ein Wörterbuch, in dem der Laienbenutzer die gesuchten Informationen problemlos findet, ist ein gutes Wörterbuch (Haas 1962/7, 48). — Als Ergänzung der benutzerfreundlichen Gestaltung des Wörterbuchs sollten die Lexikographen seine Zwecke, den Aufbau, die verwendeten typographischen Mittel und ihre Funktionen explizit erläutern. Außerdem sollten sie dem Laienbenutzer exemplarisch vorführen, wie er mit dem Wörterbuch arbeiten kann (vgl. Art. 65 u. 66).

### 2.2. Mutter- und fremdsprachliche Laienbenutzung

Obwohl die Unterscheidung von mutter- und fremdsprachlicher Laienbenutzung schon auf Typen von Wörterbuchbenutzern zielt, ist sie so elementar, daß ihre Berücksichtigung zu den allgemeinen Anforderungen gezählt werden kann. Dies zeigt sich in zugespitzten Urteilen, denen zufolge der Muttersprachler überhaupt kein Wörterbuch brauche, da ihm ein entsprechendes Informationsbedürfnis fehle (Zöfgen 1985, 133), während für den Fremdsprachler die Wörterbuchbenutzung vorprogrammiert sei. Tatsächlich hat der muttersprachliche Laienbenutzer ein stark eingeschränktes Fragebedürfnis; er konsultiert das Wörterbuch weithin zu orthographischen Zwecken (Barnhart 1962/7, 163; Ickler 1982), was aber andere Benutzungssituationen keineswegs ausschließt (Kühn/Püschel 1982). Die Diskrepanz zwischen den Nachschlagebedürfnissen resultiert daraus, daß der Fremdsprachler im Gegensatz zum Muttersprachler über keine ausgebaute Sprachkompetenz in der Zielsprache verfügt. Insofern ist er dazu gezwungen, sich an das Wörterbuch als „interlocuteur natif absent" zu wenden (Galisson 1983, 60; Kromann 1985, 346).

## 3. Der muttersprachliche Laienbenutzer

### 3.1. Die Benutzung von Gebrauchswörterbüchern

Gebrauchswörterbücher enthalten eine Fülle von Informationen verschiedenster Art, weshalb sie in einer Vielfalt von Benutzungssituationen herangezogen werden können. Dem Laienbenutzer wird dieses Wörterbuch als ein Instrument angeboten, das ihm in jeder Fragesituation zuverlässig Auskunft gibt und in dem er möglichst täglich nachschlagen soll. Die Realität sieht allerdings wohl anders aus (vgl. Quirk 1974, 154; Kühn/Püschel 1982), da der kompetente Muttersprachler an den meisten der gebotenen Informationen gar kein Interesse haben kann. Möglicherweise beeinflussen Wörterbücher dieses Typs den Laienbenutzer eher indirekt, indem sie präskriptiv wirken (vgl. Wiegand 1986, 97 ff. u. Art. 24). Normsetzend gedacht waren schon das Wörterbuch der Accademia della Crusca (1612), dte. Wörterbücher des 17. und 18. Jahrhunderts und ist noch heute das Wörterbuch der Académie française (vgl. Art. 7). Auch ausdrücklich deskriptiv konzipierte Wörterbücher entwickeln eine normative Kraft (Zgusta 1971, 211; vgl. Art. 24), die aus der unter Laienbenutzern weit verbreiteten Ansicht resultiert, daß im Wörterbuch stehe, was in einer Sprache richtig, gut und erlaubt sei (Drosdowski 1977, 105 f.).

### 3.2. Die Benutzung von Spezialwörterbüchern

Spezialwörterbücher sind häufig Reaktionen auf wirkliche oder scheinbare Nachschlagebedürfnisse, deren Entstehung sich historisch fixieren und erklären läßt (Püschel 1986a; 1986b). So verdankt das Rechtschreibewörterbuch in Deutschland seine Existenz der Festlegung einer einheitlichen Orthographie. Die hohe gesellschaftliche Wertschätzung des richtigen Schreibens führt zu seiner regen Benutzung. Für das Aussprachewörterbuch, in dem die Orthophonie festgeschrieben ist, besteht dagegen keine vergleichbare Notwendigkeit zur Benutzung. Wer den Variationsstil pflegt oder seinen Text mit ausgefallenen und stark konnotativen Lexemen stilistisch färben möchte, der kann in distinktiven oder kumulativen Synonymiken nachschlagen. Mit dem Fremdwörterbuch, dem Wörterbuch der „schweren Wörter" (hard words) (Kirkness 1986), dem Fachwörterbuch und dem Abkürzungswörterbuch hat der Laienbenutzer Mittel zur Bewältigung von Wortverständnisproblemen zur Hand. Die historische Gebundenheit zeigt sich besonders gut beim Reimwörterbuch, das der Laienbenutzer nur dann konsultiert, wenn Gelegenheitsgedichte zum guten Ton gehören.

### 3.3. Annäherung an den muttersprachlichen Laienbenutzer

Trotz der plausiblen Vermutungen über die Wörterbuchbenutzung des Muttersprachlers können erst empirische Untersuchungen gesicherte Ergebnisse bringen, auf deren Basis vielleicht stärker benutzerorientierte Gebrauchswörterbücher entwickelt werden können, die unter Umständen sogar benutzerstimulierend wirken (Hoberg 1978, 33; Wiegand 1985, 34 Anm. 11). Realen Sprachproblemsituationen kann sich die Benutzungsforschung annähern, indem sie z. B. Sprachanfragen an als Sprachautoritäten betrachtete Institutionen, Sprachglossen und Auseinandersetzungen über Sprachfragen in Wissenschaft und Öffentlichkeit auswertet (Mentrup 1984). Wörterbuchredaktionen nutzen wohl schon immer die Rückmeldungen der Laienbenutzer für ihre weitere Arbeit (Voigt 1984, 336 f.), wie besonders das Beispiel der Duden-Redaktion zeigt. Diese werten die eingegangenen Sprachanfragen für die

Neubearbeitung des Rechtschreib-Duden aus. So wurde die ursprüngliche Rechtschreibeliste mit ausgewählten Bedeutungserklärungen, morphologischen und enzyklopädischen Informationen sowie Hinweisen zu Herkunft und Aussprache von Wörtern angereichert. Einen anderen Weg zur empirischen Datengewinnung haben Descamps/Vaunaize (1983) gezeigt, indem sie eine Reihe von Testpersonen dazu bewegen konnten, während eines Monats Protokoll über ihre Benutzung von Gebrauchswörterbüchern zu führen (vgl. Art. 171).

## 4. Der fremdsprachliche Laienbenutzer

### 4.1. Die Benutzung zweisprachiger Wörterbücher

Der fremdsprachliche Laienbenutzer konsultiert Wörterbücher, um von seiner Muttersprache in die Fremdsprache hinzuübersetzen oder um von der Fremdsprache in seine Muttersprache herzuübersetzen. Mit dem Nachschlagen im Wörterbuch vollzieht er also in der Regel eine Übersetzungshandlung (Kromann 1985, 347). Zweisprachige Wörterbücher/Äquivalenzwörterbücher bieten sich dem Fremdsprachler wie von selbst als genuine Übersetzungshilfen an. Damit der Laienbenutzer mit geringstem Informationsverlust übersetzen kann, muß ihm das zweisprachige Wörterbuch die lexikalischen Äquivalente möglichst ohne Informationsverlust anbieten. Das verlangt weit mehr als das Streben nach vollständiger Lemmatisierung. Schon 1936 hat L. V. Ščerba im Vorwort zu seinem russisch-französischen Wörterbuch darauf hingewiesen, daß die Einbeziehung des Benutzers zu vier Wörterbuchtypen für ein Sprachenpaar führt, da nach der Übersetzungsrichtung und der Muttersprache des Übersetzenden zu differenzieren ist. Kromann/Riiber/Rosbach (1984) unterscheiden deshalb das aktive vom passiven Wörterbuch (vgl. Art. 285), während Hausmann (1974) von Schreib- und Lesewörterbuch spricht (vgl. auch Haas 1962/7, 47 f.). Diese Differenzierung hat innerhalb der Wörterbuchartikel Folgen für die Gestaltung der Bedeutungserklärungen, für phonetische, morphologische, syntaktische, syntaktisch-semantische Angaben (Kollokationen). Im Lemmabestand wirkt sie sich aus auf die Lemmatisierung morphologischer Unregelmäßigkeiten, orthographischer Varianten, Phraseologismen (vgl. ausführlich Kromann/Riiber/Rosbach 1984; Al-Kasimi 1983, 157 ff.; Herbst 1985). Auf diese Weise soll dem Benutzer entsprechend seiner Muttersprache und der aktuellen Übersetzungsrichtung das nötige Maß an relevanter Information geboten werden: Das Wörterbuch darf nicht zu wenig, aber auch nicht zu viel Informationen enthalten. Überinformation ist unnötiger Ballast, der das Wörterbuch benutzerunfreundlich macht, da er den Nachschlagenden behindert. Darüber hinaus ist vor allem das hinübersetzende Wörterbuch, das nicht als aktives Wörterbuch ausgestaltet ist, „gemeingefährlich" (Hausmann 1979, 334). Mit seinen Äquivalentangaben gaukelt es dem Benutzer vertrauenswürdige Übersetzungsvorschläge vor, während es allenfalls Übersetzungsanregungen anbietet (Hausmann 1977, 152). Für das Herübersetzen gilt dieses Urteil nicht in gleicher Weise, da der Benutzer dabei auch mit einem „schlechten" Wörterbuch zurechtkommen kann (Ickler 1985, 359 f.).

### 4.2. Die Benutzung einsprachiger Wörterbücher

Fortgeschrittenere Fremdsprachenlerner können auch einsprachige Wörterbücher benutzen. Auf diese Möglichkeit beziehen sich Lexikographen, wenn sie ihre einsprachigen Gebrauchswörterbücher auch für den Ausländer als nützlich anpreisen. Während das zweisprachige Wörterbuch schnell und direkt zu Äquivalenten führt, kann der Benutzer vom einsprachigen Wörterbuch ausführlichere und weiterführende Informationen erwarten. Neben einsprachigen Wörterbüchern, die nicht speziell für den Fremdsprachler gemacht sind, gibt es auch Lernwörterbücher (learner's dictionaries, Erwerbswörterbücher), die besonders im englischsprachigen Raum einen festen Platz haben (Hausmann 1974; 1979; Béjoint 1981; Standop 1981; Hartmann 1982, 74 f.; vgl. Art. 151). Sie sind in Auswahl und Präsentation auf die Bedürfnisse und den Kenntnisstand der Benutzer abgestimmt (Jain 1981; Heath 1982; Heath/Herbst 1985, 590 ff.). Ausgespart werden z. B. etymologische Angaben und enzyklopädische Erläuterungen; vermehrt berücksichtigt werden grammatische Informationen, besonders Idiosynkrasien (Kromann 1985). Ein besonderes Problem bietet die Beschreibungssprache in Lernerwörterbüchern, die so einfach gehalten sein soll, daß der Benutzer nicht auf nachschlagebedürftige Wörter stößt. Ein sorgfältig ausgewähltes und gesondert erklärtes Beschreibungsvokabular hilft hier weiter (West 1936/53; Jain 1981; Neubauer 1980; 1984; Ayto 1984; vgl. Art. 33 u. 85).

### 4.3. Annäherung an den fremdsprachlichen Laienbenutzer

Ähnlich wie beim muttersprachlichen Laienbenutzer führen empirische Untersuchungen zur besseren Kenntnis der realen Benutzungssituationen, in die der fremdsprachliche Laienbenutzer kommt. Ickler (1985) schlägt zu diesem Zweck empirische Fehleranalysen vor, mit deren Hilfe Fehlerschwerpunkte gefunden werden, zu deren Behebung in den Wörterbüchern entsprechend Vorsorge getroffen werden könnte. Ein anderes Verfahren, bei dem man dem Benutzer sozusagen über die Schulter schauen kann, ist das Wörterbuchbenutzungsprotokoll. Man läßt den Laienbenutzer über seine Wörterbuchbenutzung genau Buch führen, wenn er z. B. mit einem einsprachigen Gebrauchswörterbuch (Wiegand 1985) oder einem zweisprachigen Wörterbuch (Hatherall 1984) hinübersetzt. So erfährt man, welche Fragen überhaupt an das Wörterbuch gestellt werden und wie sie quantitativ verteilt sind. Es lassen sich weiterhin die Benutzungsbedürfnisse spezifischer Gruppen von Laienbenutzern herausfinden. Und schließlich gewinnt man eine Beurteilungsgrundlage für die benutzten Wörterbücher, da man einen Überblick über Schwierigkeiten, Erfolg und Mißerfolg beim Nachschlagen bekommt (vgl. Art. 12).

### 5. Ausblick

Die explizite Berücksichtigung des (Laien-)Benutzers bei der Wörterbuchplanung und -erarbeitung kann der Lexikographie als einer wissenschaftlichen Praxis (Wiegand 1983, 38) starke Impulse für die Entwicklung von benutzergerechteren Wörterbüchern geben. Die seit den 70er Jahren verstärkt geführte Diskussion über Benutzungsfragen zeugt nicht nur von einem (neu)erwachten Problembewußtsein, sondern hat auch konkrete Vorschläge vor allen Dingen für den Bereich der fremdsprachlichen Laienbenutzung erbracht. Die empirische Benutzungsforschung, die erst am Anfang steht, wird über die theoretische Reflexion hinaus zu vertieften Kenntnissen von den Problemen des fremdsprachlichen Laienbenutzers führen. Trotz dieser optimistischen Einschätzung der Vorzüge und Fortschritte einer be-

nutzerorientierten Lexikographie wird sich der Benutzer selbst noch gedulden müssen, bis er in den Genuß von Wörterbüchern kommt, die seinen Bedürfnissen vermehrt Rechnung tragen. Denn die Umsetzung der Verbesserungsvorschläge, die die Benutzungsforschung macht, in die „Wörterbuch-Tat" braucht Zeit.

### 6. Literatur (in Auswahl)

#### 6.1. Wörterbücher

*Duden-GWDS 1976* = Duden. Das große Wörterbuch der deutschen Sprache in sechs Bänden. Bd. 1: A—Ci. Mannheim. Wien. Zürich 1976 [464 S.].

*Gottsched 1758* = Johann Christoph Gottsched: Beobachtungen über den Gebrauch und Misbrauch vieler deutscher Wörter und Redensarten. Straßburg. Leipzig 1758 [450 S.].

*Littré 1873* = Emile Littré: Dictionnaire de la langue française. Tome premier. A—C. Paris 1873 [944 S.].

*Robert 1970* = Paul Robert: Dictionnaire alphabétique et analogique de la langue française. A—C. Paris 1970 [1077 S.].

*Stieler 1691* = Caspar Stieler: Der Teutschen Sprache Stammbaum und Fortwachs [...]. 2 Theile. A—L, M—Z. Nürnberg 1691 [Neudruck 1968; zus. 2672 Sp.].

*Webster 1828* = Noah Webster: An American dictionary of the English language. Vol. I. A—I. New York 1828 [Neudruck 1970].

#### 6.2. Sonstige Literatur

*Al-Kasimi 1983* = A. M. Al-Kasimi: The interlingual/translation dictionary. In: Lexicography: Principles and practice. Ed. by Reinhard R. K. Hartmann. London 1983, 153—162.

*Ayto 1984* = John Ayto: The vocabulary of definition. In: Goetz/Herbst 1984, 50—62.

*Barnhart 1962/7* = Clarence L. Barnhart: Problems in editing commercial monolingual dictionaries. In: Householder/Saporta 1962/7, 161—181.

*Béjoint 1981* = Henri Béjoint: The foreign student's use of monolingual English dictionaries. A study of language needs and reference skills. In: Applied Linguistics 2. 1981, 207—222.

*Bergenholtz/Mugdan 1985* = Lexikographie und Grammatik. Akten des Essener Kolloquiums zur Grammatik im Wörterbuch. 28.—30. 6. 1984. Hrsg. von Henning Bergenholtz und Joachim Mugdan. Tübingen 1985 (Lexicographica Series Maior 3).

*Bergenholtz/Mugdan 1985a* = Henning Bergenholtz/Joachim Mugdan: Vorwort. In: Bergenholtz/Mugdan 1985, 7—19.

*Descamps/Vaunaize 1983* = Jean-Luc Descamps/P. Vaunaize: Le dictionnaire au jour le jour en milieu adulte: une pré-enquête. In: Études de linguistique appliquée 49. 1983, 89—109.

*Drosdowski 1977* = Günther Drosdowski: Nachdenken über Wörterbücher: Theorie und Praxis. In: Drosdowski/Henne/Wiegand 1977, 103—143.

*Drosdowski/Henne/Wiegand 1977* = Günther Drosdowski/Helmut Henne/Herbert Ernst Wiegand: Nachdenken über Wörterbücher. Mannheim. Wien. Zürich 1977 [korrigierte Ausgabe 1984].

*Dubois 1981* = Jean Dubois: Models of the dictionary: evolution in dictionary design. In: Applied Linguistics 2. 1981, 236—249.

*Galisson 1983* = Robert Galisson: Image et usage du dictionnaire chez des étudiants (en langue) de niveau avancé. In: Études de linguistique appliquée 49. 1983, 5—88.

*Goetz/Herbst 1984* = Dieter Goetz/Thomas Herbst (Hrsg.): Theoretische und praktische Probleme der Lexikographie. 1. Augsburger Kolloquium. München 1984.

*Haas 1962/7* = Mary R. Haas: What belongs in the bilingual dictionary? In: Householder/Saporta 1962/7, 45—50.

*Hartmann 1982* = Reinhard R. K. Hartmann: Das zweisprachige Wörterbuch im Fremdsprachenerwerb. In: Herbert Ernst Wiegand (Hrsg.): Studien zur neuhochdeutschen Lexikographie II. Hildesheim. New York 1982 (Germanistische Linguistik 3—6/1980), 73—86.

*Hartmann 1984* = Reinhard R. K. Hartmann (ed.): LEXeter '83 Proceedings. Papers from the International Conference on Lexicography at Exeter. 9—12 September 1983. Tübingen 1984 (Lexicographica Series Maior 1).

*Hatherall 1984* = Glyn Hatherall: Studying dictionary use: some findings and proposals. In: Hartmann 1984, 183—189.

*Hausmann 1974* = Franz Josef Hausmann: Was ist und was soll ein Lernwörterbuch? In: Zeitschrift für französische Sprache und Literatur 84. 1974, 91—129.

*Hausmann 1977* = Franz Josef Hausmann: Einführung in die Benutzung der neufranzösischen Wörterbücher. Tübingen 1977 (Romanistische Arbeitshefte 19).

*Hausmann 1979* = Franz Josef Hausmann: Neue Wörterbücher für den Französischunterricht oder: Was ist ein Schulwörterbuch? In: Die Neueren Sprachen 78. 1979, 331—351.

*Heath 1982* = David Heath: The treatment of grammar and syntax in monolingual English dictionaries for advanced learners. In: Linguistik und Didaktik H. 49/50. 1982, 95—107.

*Heath/Herbst 1985* = David Heath/Thomas Herbst: Wer weiß schon, was im Wörterbuch steht? Plädoyer für mehr Wörterbucharbeit im Englischunterricht. In: Die Neueren Sprachen 84. 1985, 580—595

*Herbst 1985* = Thomas Herbst: Das zweisprachige Wörterbuch als Schreibwörterbuch: Informationen zur Syntax in zweisprachigen Wörterbüchern Englisch-Deutsch/Deutsch-Englisch. In: Bergenholtz/Mugdan 1985, 308—331.

*Hill 1970* = Archibald A. Hill: Laymen, lexicographers, and linguistics. In: Language 46. 1970, 245—258.

*Hoberg 1978* = Rudolf Hoberg: Zur Frage der Benutzer eines neuen großen Wörterbuchs der deutschen Gegenwartssprache. In: Helmut Henne/Wolfgang Mentrup/Dieter Möhn/Harald Weinrich (Hrsg.): Interdisziplinäres deutsches Wörterbuch in der Diskussion. Düsseldorf 1978 (Sprache der Gegenwart 45), 31—41.

*Householder 1962/7* = Fred W. Householder: Summary report. In: Householder/Saporta 1962/7, 279—282.

*Householder/Saporta 1962/7* = Fred W. Householder/Sol Saporta (eds.): Problems in lexicography. Bloomington 1967 [1. Aufl. 1962].

*Ickler 1982* = Theodor Ickler: Ein Wort gibt das andere. Auf dem Weg zu einem „Wörter-Lesebuch" für Deutsch als Fremdsprache. In: Linguistik und Didaktik. H. 49/50. 1982, 3—17.

*Jain 1981* = Mahavir P. Jain: On meaning in the foreign learner's dictionary. In: Applied Linguistics 2. 1981, 274—286.

*Kempcke 1980* = Günter Kempcke: Handwörterbuch der deutschen Gegenwartssprache. Ein Arbeitsbericht. In: Zeitschrift für Germanistik 1. 1980, 347—356.

*Kirkness 1986* = Alan Kirkness: Vom Fremdwörterbuch zum Lehnwörterbuch und Schwerwörterbuch — auch zum allgemeinen einsprachigen deutschen Wörterbuch. In: Albrecht Schöne (Hrsg.): Akten des VII. Internationalen Germanisten-Kongresses Göttingen 1985. Bd. 3. Tübingen 1986, 153—162.

*Kromann 1985* = Hans-Peder Kromann: Zur Selektion und Darbietung syntaktischer Informationen in einsprachigen Wörterbüchern des Deutschen aus der Sicht ausländischer Benutzer. In: Bergenholtz/Mugdan 1985, 346—357.

*Kromann/Riiber/Rosbach 1984* = Hans-Peder Kromann/Theis Riiber/Poul Rosbach: Überlegungen zu Grundfragen der zweisprachigen Lexikographie. In: Studien zur neuhochdeutschen Lexikographie V. Hrsg. von Herbert Ernst Wiegand. Hildesheim. Zürich. New York 1984 (Germanistische Linguistik 3—6/1984), 159—238.

*Kühn 1987* = Peter Kühn: Mit dem Wörterbuch arbeiten. Eine Einführung in die Didaktik und Methodik der Wörterbuchbenutzung. Bonn-Bad Godesberg 1987 (Schriften zur Deutsch-Didaktik).

*Kühn/Püschel 1982* = Peter Kühn/Ulrich Püschel: „Der Duden reicht mir". Zum Gebrauch allgemeiner einsprachiger und spezieller Wörterbücher des Deutschen. In: Studien zur neuhochdeutschen Lexikographie II. Hrsg. von Herbert Ernst Wiegand. Hildesheim. New York 1982 (Germanistische Linguistik 3—6/1980), 121—151.

*Mentrup 1984* = Wolfgang Mentrup: Wörterbuchbenutzungssituationen — Sprachbenutzungssituationen. Anmerkungen zur Verwendung einiger Termini bei H. E. Wiegand. In: Werner Besch/Klaus Hufeland/Volker Schupp/Peter Wiehl (Hrsg.): Festschrift für Siegfried Grosse zum 60. Geburtstag. Göppingen 1984 (Göppinger Arbeiten zur Germanistik 423) 143—173.

*Neubauer 1980* = Fritz Neubauer: Die Struktur der Explikationen in deutschen einsprachigen Wörterbüchern. Hamburg 1980 (Papers on Text Linguistics 27).

*Neubauer 1984* = Fritz Neubauer: The language explanation in monolingual dictionaries. In: Hartmann 1984, 117—123.

*Neubauer 1987* = Fritz Neubauer: Auf der Spur des „unbekannten Wesens": der DaF Wörterbuchbenutzer. In: Bielefelder Beiträge zur Sprachlehrforschung 14. 1985 [1987] (Themenheft: Wörterbücher und ihre Didaktik. Hrsg. von Ekkehard Zöfgen), 216—235.

*Püschel 1986a* = Ulrich Püschel: Vom Nutzen synonymisch und sachlich gegliederter Wörterbücher des Deutschen. Überlegungen zu ausgewählten historischen Beispielen. In: Lexicographica 2. 1986, 223—243.

*Püschel 1986b* = Ulrich Püschel: Joh. August Eberhards Synonymik — bloß historisches Dokument oder auch Vorbild für heute? In: Albrecht Schöne (Hrsg.): Akten des VII. Internationalen Germanisten-Kongresses Göttingen 1985. Bd. 3. Tübingen 1986, 242—247.

*Quirk 1974* = Randolph Quirk: The linguist and the English language. New York 1974.

*Ripfel/Wiegand 1988* = Martha Ripfel/Herbert Ernst Wiegand: Empirische Wörterbuchbenutzungsforschung. Ein kritischer Bericht. In: Studien zur neuhochdeutschen Lexikographie VI, 2. Teilbd. Hrsg. von Herbert Ernst Wiegand. Hildesheim. Zürich. New York 1988 (Germanistische Linguistik), 491—520.

*Standop 1981* = Ewald Standop: Neue englische Wörterbücher. In: Die Neueren Sprachen 80. 1981, 240—259.

*Voigt 1984* = Walther Voigt: Der Wörterbuchverlag und das „optimale" Wörterbuch. In: Goetz/Herbst 1984, 335—349.

*West 1936/53* = Michael West: A general service list of English words. London 1953 [1. Aufl. 1936].

*Wiegand 1977* = Herbert Ernst Wiegand: Nachdenken über Wörterbücher: Aktuelle Probleme. In: Drosdowski/Henne/Wiegand 1977, 51—102.

*Wiegand 1983* = Herbert Ernst Wiegand: Überlegungen zu einer Theorie der lexikographischen Spachbeschreibung. In: Symposium zur Lexikographie. Symposium on lexicography. Proceedings of the Symposium on Lexicography September 1—2, 1982, at the University of Copenhagen. Ed. by Karl Hyldgaard-Jensen/Arne Zettersten. Hildesheim. Zürich. New York 1983 (Germanistische Linguistik 5—6/1982), 35—72.

*Wiegand 1985* = Herbert Ernst Wiegand: Fragen zur Grammatik in Wörterbuchbenutzungsprotokollen. Ein Beitrag zur empirischen Erforschung der Benutzung einsprachiger Wörterbücher. In: Bergenholtz/Mugdan 1985, 20—98.

*Wiegand 1986* = Herbert Ernst Wiegand: Von der Normativität deskriptiver Wörterbücher. Zugleich ein Versuch zur Unterscheidung von Normen und Regeln. In: Sprachnormen in der Diskussion. Beiträge vorgelegt von Sprachfreunden. Berlin. New York 1986, 72—101.

*Wiegand 1987* = Herbert Ernst Wiegand: Zur handlungstheoretischen Grundlegung der Wörterbuchbenutzungsforschung. In: Lexicographica 3. 1987, 178—227.

*Zgusta 1971* = Ladislav Zgusta [et al.]: Manual of lexicography. The Hague. Paris 1971 (Janua Linguarum. Series Maior 39).

*Zimmer 1986* = Dieter E. Zimmer: Wörterbuchtest. In: Die Zeit Nr. 21 v. 16. Mai 1986, 47.

*Zöfgen 1985* = Ekkehard Zöfgen: Definitionswörterbuch kontra Valenzwörterbuch. Zur lexikographischen Darstellung der Verbsyntax aus pragmatischer Sicht. In: Bergenholtz/Mugdan 1985, 130—158.

*Ulrich Püschel, Trier*
*(Bundesrepublik Deutschland)*


# 15. Consultabilité et lisibilité du dictionnaire: aspects formels

1. Généralités
2. Définitions
3. Consultabilité du macro-texte lexicographique
4. Consultabilité du micro-texte lexicographique
5. Bibliographie choisie

## 1. Généralités

Parce qu'elle se propose de présenter le phénomène dictionnairique dans sa globalité, la recherche métalexicographique, aujourd'hui principalement axée sur le contenu du dictionnaire, doit aussi porter sur les aspects purement formels du phénomène. La métalexicographie se doit, entre autres, de décrire et de commenter l'évolution historique et l'état actuel des différentes techniques (principalement typographiques) mises en œuvre pour assurer la consultation du dictionnaire. Cette description critique est d'autant plus urgente qu'on peut régulièrement observer une certaine insensibilisation du public, mais aussi de certains éditeurs, vis-à-vis de la composante matérielle du dictionnaire (cf. cependant Thorndike 1935, VI et GR 1985, XXVIII). De fait, il semble que le dictionnaire soit du nombre de ces objets familiers que l'habitude nous empêche de voir.

Pendant près de cinq siècles ni le livre qu'est le dictionnaire, ni les techniques typographiques qui y sont appliquées n'ont connu de bouleversements majeurs: il n'existe pas de différences fondamentales entre le physique du premier recueil lexical imprimé connu (Giovanni Balbi 1460) et celui des dictionnaires qui nous sont contemporains. Au fil des siècles cet immobilisme de surface, immobilisme tout relatif, a engendré un processus d'accoutumance au texte lexicographique et c'est contre les effets de cette accoutumance que la métalexicographie se doit de mettre en garde.

Envisagée dans une optique contemporaine synchronique, l'analyse formelle du dictionnaire vise à l'amélioration des produits lexicographiques existants. Menée dans la diachronie, l'étude de l'évolution des présentations du texte lexicographique contribue, quant à elle, à la description de la genèse du livre qu'est le dictionnaire: «à ce titre, elle est partie intégrante de l'histoire de la lexicographie, tout comme l'est, par exemple, l'étude de l'évolution des techniques de définition» (Bray 1986, 47).

Les ouvrages d'introduction à la lexicographie ont généralement soin de signaler la dépendance qui existe entre présentation et consultabilité. Cependant, n'étant pas un trait spécifique du dictionnaire, cette dépendance ne peut être étudiée que dans le cadre d'une recherche interdisciplinaire. L'étude des aspects formels du dictionnaire doit rendre compte des résultats des recherches menées par les spécialistes des sciences de la communication et de la psychologie cognitive. Les premiers analysent les facteurs matériels susceptibles d'influencer la lecture ou la consultation d'un texte, les seconds s'appliquent à dresser un tableau critique des mécanismes impliqués dans l'activité de lecture.

## 2. Définitions

Le dictionnaire appartient à la catégorie des ouvrages dits ‹de consultation›. C'est un livre (sur les différents supports du texte lexicographique, cf. art. 35) dont la lecture est à deux dimensions: la lecture horizontale de l'article y est nécessairement précédée d'un travail de localisation, lequel nécessite une lecture verticale des unités d'entrée. Cette lecture bidimensionnelle est appelée consultation (Collignon/Glatigny 1978, 73—4). Le principe même de la consultation détermine la présentation spécifique du texte lexicographique: «le caractère le plus frappant du dictionnaire est la présentation de son texte» (Rey-Debove 1971, 20). Parallèlement, le degré de consultabilité du dictionnaire, c'est-à-dire son efficacité plus ou moins grande à transmettre l'information lexicographique, est en corrélation avec la présentation de son texte: un dictionnaire efficace est un dictionnaire dont la présentation permet un accès simple et rapide à l'information qu'il contient.

Le texte du dictionnaire, texte discontinu, ou macro-texte lexicographique, est une série structurée de textes continus, les articles ou micro-textes lexicographiques (cf. Wooldridge 1977, 97).

Ceci posé, on peut envisager deux phases dans l'analyse de la consultabilité du dictionnaire: la première portant sur les différents facteurs susceptibles d'influencer la consultabilité du macro-texte (format, mise en page, typographie des entrées), la seconde portant sur la consultabilité et la lisibilité du micro-texte (traitement typographique des différents types d'informations lexicographiques). Les composants typographiques influant sur la lisibilité/consultabilité des textes continus (les micro-textes du dictionnaire) ayant déjà été décrits (cf. infra 4), nous porterons plus particulièrement notre attention sur les facteurs pouvant avoir une incidence sur la consultabilité du macro-texte, c'est-à-dire susceptibles d'influencer la localisation de l'entrée (première phase de la consultation).

## 3. Consultabilité du macro-texte lexicographique

### 3.1. Maniabilité du dictionnaire

La consultabilité du dictionnaire est fonction de sa maniabilité, de ses qualités ergonomiques. Objet tridimensionnel, le ‹livre-dictionnaire› doit adapter son volume aux fonctions qui lui sont assignées. C'est pourquoi Kister (1977, 23) conseille aux acheteurs potentiels de considérer en premier lieu le physique du dictionnaire: «Is the dictionary well constructed physically? Does the binding appear to be sturdy and able to withstand heavy use? [...] Does the dictionary lie flat when open, so that the volume can be left open on a desk or stand for ready consultation? [If its] physical size is too large for your study or desk, you have not chosen the right dictionary». Le volume du livre est déterminé par le format et l'épaisseur de l'ensemble des feuillets imprimés (grammage du papier) et détermine lui-même le poids de l'ouvrage. Pour les dictionnaires en un volume celui-ci peut varier dans le rapport de 1 à 300: de 25 grammes (Lilliput 1961; 640 pp., 35 × 50 mm) à 7,7 kg (Funk & Wagnalls 1963; 2817 pp., 240 × 310 mm).

### 3.1.1. Grammage du papier

L'épaisseur du livre, la souplesse du papier et, indirectement, celle de la reliure, sont déterminées par le grammage (masse au mètre carré) du papier. Un dictionnaire imprimé sur papier à grammage trop élevé se laisse difficilement feuilleter; ses pages, trop rigides, se cassent rapidement. Notre exemplaire de Du Chazaud 1979, imprimé sur un papier présentant ces défauts, contrecarre tout essai de consultation: à peine ouvert, le livre se referme de lui-même (!) et ce d'autant plus facilement que la page est particulièrement étroite (118 mm).

### 3.1.2. Format

Le format du dictionnaire varie en fonction de sa destination. Il s'agit d'une variable déterminée par

«L'in-folio [...] domine la production [lexicographique] jusque vers les années 1760. Réservé au public privilégié de la République des lettres, [le dictionnaire] est un ouvrage de bibliothèque qui doit faire figure et dont la destination, le contenu culturel impose la grande page» (Rétat 1984, 188). Dans la seconde moitié du 18ème siècle les éditeurs, exploitant le succès des grands dictionnaires en réduisant leur contenu, sont amenés à adopter les formats in-4° et in-8°: ceux-ci, produits à moindre frais, peuvent être proposés à des prix accessibles à un public élargi. Parallèlement on observe à partir de la première moitié du 18ème siècle l'augmentation sensible du nombre des dictionnaires portatifs originaux de format in-8°, in-12°, in-16° ou in-32° (cf. Bray 1988). Caractéristique du 18ème siècle français, la bipolarité de l'édition lexicographique («grands ouvrages pour les bibliothèques, les savants et les riches amateurs» d'un côté et «petits dictionnaires de type abrégé, portatif ou spécialisé» de l'autre; cf. Rétat 1984, 189) s'efface avec l'avènement du 19ème siècle: l'élévation du niveau d'instruction générale et le nombre croissant des utilisateurs potentiels imposent alors et définitivement les formats in-4° et in-8°. Seules, quelques rares réalisations de prestige (Littré 1863) justifient encore l'impression in-folio.

### 3.1.2.2. Les formats contemporains

Considérant le nombre d'entrées et les dimensions physiques des dictionnaires disponibles sur le marché américain, Kister 1977 propose de distinguer quatre catégories d'ouvrages (cf. Ill. 15.1).

|  | entrées | pages | format |
|---|---|---|---|
| (1) Unabridged dictionaries | > 250 000 | 2470 | 230 × 310 mm |
| (2) Semi-unabridged dictionaries | 130 000 — 250 000 | 1620 | 195 × 265 mm |
| (3) Abridged dictionaries | 55 000 — 130 000 | 910 | 155 × 225 mm |
| (4) Pocket dictionaries | < 55 000 | 460 | 95 × 150 mm |

Ill. 15.1: Classification des formats de dictionnaires (d'après Kister 1977, 4—5 et 39—150).

le besoin d'information mais aussi par la situation budgétaire du public visé. Rappelons que la production purement matérielle engloutit jusqu'à 50 % des sommes totales investies dans l'élaboration de dictionnaires originaux.

### 3.1.2.1. Evolution des formats

L'analyse diachronique de l'évolution des formats montre que la composante physique du dictionnaire évolue en parallèle de la composante sociale et des capacités d'absorption du marché: les formats évoluent à mesure que le marché s'étend et que les tirages augmentent. Rétat 1984 a ainsi pu montrer que pendant près d'un siècle, qu'on peut grossièrement dater de 1650 à 1750, la majorité des dictionnaires français ont été imprimés in-folio:

(1): Le «unabridged dictionary» perpétue aux États-Unis la tradition des in-folios de prestige; certaines maisons d'édition le proposent d'ailleurs avec un pupitre («Its Early American design will look well in your home or office»; extrait de l'encart «How to care for your Unabridged Merriam-Webster» [UMW] inséré dans l'édition de 1934). C'est un dictionnaire qu'on expose plus qu'on ne le consulte. Son poids particulièrement élevé en fait un ouvrage difficilement maniable. Spencer/Reynolds 1977, 360 rappellent d'autre part que les grands formats peuvent avoir une incidence sur la lisibilité. Spencer 1969, 48 a montré que «a large and heavy book which cannot comfortably be supported in the hands will, if placed flat on a table, be read at a more acute angle to the reader's line of vision than a smaller book held in the hand.

Any departure from the 90° angle will diminish the optical size of the type».

(2) et (3): Le grand in-octavo (approx. 150—180 × 250—300 mm) est le format courant des dictionnaires en un volume les plus répandus. C'est celui des dictionnaires «semi-unabridged» et «abridged» de la classification de Kister 1977. Il s'agit d'ouvrages qui offrent des nomenclatures exhaustives tout en restant maniables et qui ont leur place sur la table de travail de l'étudiant ou de l'écolier. On regroupe ces deux catégories d'ouvrages sous le terme générique de «desk dictionaries». Ceux-ci sont souvent disponibles en édition brochée (couverture souple) ou reliée (couverture rigide); cette dernière étant plus résistante à l'usage.

(4): Présentant un contenu quantitativement limité, les dictionnaires de poche sont généralement brochés. La qualité souvent médiocre de leur reliure est compensée par un prix modique. Luidl 1971, 60 recommande l'emploi de petits formats pour les ouvrages de consultation: «Der schmale Band [hat] gegenüber dem breiten beachtliche Vorzüge. Nicht nur, daß er leichter zu halten ist. Seine kleineren Seiten sind auch übersichtlicher und deshalb zum Nachschlagen geeigneter. Vielleicht wird eines Tages die Einsicht, daß kleine Bände nicht nur schneller, sondern auch billiger auszutauschen sind, das handlichere Format begünstigen».

3.2. Dictionnaires à onglets

La consultation des dictionnaires à onglets (échancrures en demi-cercles pratiquées sur la tranche du livre) peut commencer alors même que le dictionnaire est encore fermé. Les onglets, où sont imprimées les initiales, contribuent donc à l'accélération de la première phase du repérage des séquences alphabétiques; mais ils ne peuvent être utilisés que lorsque la marge extérieure est relativement large: l'onglet entrave l'exploitation maximale de la page (cf. infra 3.4.). Le dictionnaire à onglets est une production typique du domaine américain où il semble particulièrement apprécié. Il est très courant aux États-Unis et on le trouve aussi en Amérique du Sud (Karten 1977). La lexicographie européenne n'a que très rarement recours à l'onglet (Quillet 1975). L'index marginal, quand il est présent dans les dictionnaires européens, n'y est pas échancré mais imprimé: la tranche présente alors le dessin caractéristique d'un escalier irrégulier qui peut être complété (Mackensen 1964) ou non (Wahrig 1986) de l'impression de l'alphabet sur la tranche.

3.3. Les lettrines

La lettrine est une unité de première orientation: elle circonscrit le contenu de la page. Jusqu'à la fin du 19ème siècle la lettrine supérieure (imprimée dans la marge de tête), séquence de 2 à 4 lettres, annonçait de façon plus ou moins régulière les initiales des premières unités lexicales traitées dans la colonne à laquelle elle était superposée. Ne tenant pas compte des changements alphabétiques survenant éventuellement dans le corps de la colonne, la lettrine supérieure, employée dès les origines de la lexicographie imprimée (cf. Quemada 1967, 331—3), ne permettait qu'une localisation approximative des entrées. D'autre part son degré d'efficacité était fonction de l'étendue des séquences alphabétiques qu'elle annonçait: il était inversement proportionnel au nombre des colonnes introduites par la lettrine. Dans le courant du 17ème siècle la localisation des entrées a pu être précisée grâce à l'impression de lettrines intérieures qui ont découpé la colonne en séquences alphabétiques plus facilement repérables (cf. Bray 1986, 48—52). L'impression de ces lettrines intérieures, peu économique, peut être observée jusqu'à la deuxième moitié du 19ème siècle (Académie 1878). La lettrine supérieure à initiales, peu efficace, disparaît progressivement à la fin du 19ème siècle (mais on la trouve encore dans NPL 1971) et est remplacée par une lettrine qui redonne désormais la totalité des séquences graphiques représentant les première et dernière unités lexicales traitées sur la page. Ces lettrines ont tout d'abord été imprimées au centre de la marge de tête (Académie 1878). On observe aujourd'hui deux modalités d'emploi de la lettrine supérieure: (a) une lettrine par page; à gauche sur la page de gauche où elle annonce la première entrée, à droite sur la page de droite où elle annonce la dernière entrée; (b) deux lettrines par page: celle de gauche annonçant la première entrée, celle de droite la dernière. Cette dernière disposition, plus précise, accélère le processus de recherche: elle est préférable à la première dans les dictionnaires dont le macrotexte est particulièrement dense — quand il est imprimé sur trois colonnes par exemple.

3.4. Les marges

La page de dictionnaire est caractérisée par l'exploitation maximale de sa surface. Dans un livre ordinaire la surface imprimée occupe environ la moitié de la page (Spencer/Reynolds 1977, 359); dans un dictionnaire elle en occupe les 3/4. En d'autres termes la surface accordée aux marges dans les livres ordinaires est réduite de moitié dans les dictionnaires. Les expériences menées par Paterson/Tinker 1940 ont montré que des marges extrêmement étroites (1,5 mm) ne diminuent pas de façon significative la lisibilité de textes de moins de 500 mots (Spencer 1969, 48). L'étroitesse de la marge du dictionnaire serait ainsi justifiée. Mais ces résultats ne valent que pour les marges extérieures (grand fond), supérieure (blanc de tête) et inférieure (blanc de pied). En effet une marge intérieure (petit fond) trop étroite nuit considérablement à la lisibilité: la moitié intérieure de la page du dictionnaire ouvert présente une surface courbe (dûe à l'épaisseur du livre et d'autant plus marquée qu'on s'approche du milieu de celui-ci) et cette courbure de la page, qui ne peut pas être tenue perpendiculaire à l'axe de vision du consultant, a une incidence sur la lisibilité des colonnes intérieures (colonne droite de la page gauche, colonne gauche de la page droite): «Reading efficiency is severely reduced by any departure from the horizontal, and by departure from the 90° angle in reading» (Spencer 1969, 55). La lisibilité des colonnes intérieures peut être améliorée en élargissant la marge intérieure: plus celle-ci sera large, moins la courbure de la surface imprimée sera marquée et plus la consultation de la page sera aisée.

### 3.5. Les colonnes

Le texte du dictionnaire est un texte de stockage: c'est un texte dont on attend un maximum d'informations sur un minimum d'espace. Pour satisfaire à ces exigences on utilise en lexicographie le multicolonnage, procédé qui permet d'employer de très petits corps (Spencer/Reynolds 1977, 359). Le nombre des colonnes dépend de leur justification, de leur largeur. Tinker 1969 a montré qu'une justification trop courte entraîne une augmentation du temps de lecture: plus les colonnes sont nombreuses, plus elles sont étroites et plus leur lecture est lente: un nombre trop élevé de colonnes nuit à la consultabilité du dictionnaire. Jusqu'au 19ème siècle la majorité des dictionnaires présentent une justification sur deux colonnes. Au 19ème siècle, exploitant les avantages de l'impression de l'entrée en gras (cf. infra 3.6.), les éditeurs de dictionnaires de grand format multiplient le nombre des colonnes (on compte quatre colonnes dans Bescherelle 1867). À l'exception des produits de la RFA, où la justification sur trois colonnes est de règle (cf. DUW 1983, Wahrig 1986), les dictionnaires européens contemporains en un volume (desk dictionaries) destinés à des publics adultes divisent généralement la page en deux colonnes (mais on en compte encore trois dans PLI 1984). L'espacement entre les colonnes peut être réduit par l'impression d'un filet vertical (cf. Mackensen 1982).

### 3.6. Les entrées

L'entrée, considérée comme unité de macro-texte, est l'unité d'accès à l'information; en tant que telle, elle doit être facilement repérable, c'est-à-dire (1) se détacher clairement du reste du texte lexicographique et (2) présenter un graphisme constant. On peut mettre l'entrée en relief en variant sa position et/ou son intensité de couleur (graisse) typographique. Il existe trois procédés typographiques d'ouverture du micro-texte lexicographique.

### 3.6.1. La composition en débord

Les articles composés en débord présentent une entrée décalée de plusieurs caractères sur la gauche du bord vertical gauche de la colonne. C'est un procédé de composition compliqué et cher, mais qui a l'avantage d'être particulièrement efficace en lecture de recherche (Spencer 1974). La composition en débord caractérise la grande majorité des dictionnaires européens parus des origines jusqu'à la deuxième décade du 19ème siècle (Dasypodius 1536, Estienne 1549, Crusca 1612, Richelet 1680, Autoridades 1726, Johnson 1755, Adelung 1793). Dans ces dictionnaires-là, le recours à la composition en débord s'explique par le fait que la lettre d'imprimerie ne varie alors que selon deux paramètres fondamentaux: sa forme (romains vs italiques, capitales vs bas de casse) et sa force de corps. Or ces deux variables n'influencent pas l'intensité de la couleur typographique. La seule opposition des formes et/ou des forces de corps ne garantissant pas une mise en relief optimale de l'entrée, le composeur attire alors l'attention du consultant en irrégularisant la forme de la colonne. Pour cela il a recours à la mise en saillie de l'entrée, à son débord. La création du caractère gras, par Robert Thorne vers 1815, révolutionne les habitudes de mise en relief typographique (Zachrisson 1965, 194) et, indirectement, la présentation de la colonne du dictionnaire. L'impression en caractères gras, en effet, va sensiblement faciliter la localisation de l'entrée; à elle seule, sa couleur typographique plus intense suffit désormais à assurer un repérage aisé et la mise en relief par débord devient superflue. Son abandon permet par ailleurs une intensification de l'exploitation de la surface imprimée dans la mesure où l'espace séparant les colonnes peut être diminué. Les caractères gras entraînent donc l'abandon — provisoire — de la composition en débord et autorisent l'introduction du deuxième procédé de composition.

### 3.6.2. La composition en renfoncement (ou rentrée)

Les articles composés en renfoncement présentent une entrée en retrait par rapport au bord vertical gauche de la colonne. Combinée avec l'impression de l'entrée en gras, ou demi-gras, la composition en renfoncement caractérise les recueils lexicographiques européens du 19ème siècle (Raymond 1832, Poitevin 1856, Sanders 1876, Larousse 1891); cependant, on peut encore l'observer dans certaines productions contemporaines (Durvan 1964, TLF 1971—, De Felice/Duro 1975, Paul 1981).

### 3.6.3. La composition au carré

Les articles composés au carré présentent une entrée (en gras) alignée sur le bord vertical gauche de la colonne. Le passage d'un microtexte au suivant est alors généralement marqué par un interlignage supplémentaire qui peut atteindre l'épaisseur d'une ligne de texte (cf. Planeta 1982). L'absence de cet interlignage supplémentaire, observée dans certains ouvrages (cf. Wahrig 1986), permet des économies d'espace mais nuit à la lisibilité. La composition au carré autorise l'exploitation maximale de la largeur de la colonne.

Signalons, à titre de curiosité, le procédé de composition proposé par Taylor 1931. S'inspirant de la présentation des tables logarithmiques, Taylor prétend améliorer la consultation du dictionnaire en éliminant la répétition des syllabes ou lettres communes à des séries graphiques (cf. ill. 15.2.).

### 3.6.4. Supériorité de la composition en débord en lecture de recherche

Il est indispensable de connaître le processus de lecture pour comprendre comment certaines variables typographiques peuvent influencer la consultation du dictionnaire.

L'acte de lecture a été interprété comme un balayage (scanning) de la séquence graphique (Heron 1957, Terrace 1959, Harcum/Jones 1962). Le sens de ce balayage est déterminé par nos habitudes de lecture (Kimura 1959): dans les sociétés utilisant des alphabets lus de gauche à droite le balayage commence sur la gauche pour se continuer sur la droite. Le mot situé le plus à gauche est celui qui est reconnu le plus rapidement. Le phénomène s'inverse lorsque les alphabets sont lus de droite à gauche (Mishkin/Forgays 1952). Dans la pratique, dans un dictionnaire utilisant l'alphabet latin on aura donc intérêt à présenter les entrées sur la gauche du corps de la colonne. L'attention focale du consultant se portant d'abord sur la gauche du texte, on posera la règle selon laquelle plus la vedette est décalée sur la gauche de la colonne, plus elle est rapidement localisée. On constate en effet que la consultation des dictionnaires utilisant l'alphabet latin est rendue particulièrement difficile lorsque les unités d'entrée des micro-textes y sont décalées sur la droite (composition en renfoncement) sans pour autant être typographiquement mises en

| Table 1 | | Table 2 | | Table 3 | Table 4 |
|---|---|---|---|---|---|
| N | log N | N | log N | Usual system | Proposed system |
| 150 | 17609 | 151 | 17609 | | |
| 151 | 17898 | 2 | 898 | schmelz | schMELZ |
| 152 | 18184 | 3 | 18184 | schmelzarbeit | ARBEIT |
| 153 | 18469 | 4 | 469 | schmelzbar | BAR |
| 154 | 18752 | 4 | 752 | schmelzhafen | HAFEN |
| 155 | 19033 | 5 | 19033 | schmelzwerk | WERK |
| 156 | 19312 | 6 | 312 | schmer | schMER |
| 157 | 19590 | 7 | 590 | schmergel | GEL |
| 158 | 19866 | 8 | 866 | schmerhaft | HAFT |
| 159 | 20140 | 9 | 20140 | schmerz | Z |
| 160 | 20411 | 160 | 411 | schmetterling | schMETTERLING |
| | | | | schmettern | N |
| | | | | schmetterschlag | SCHLAG |
| | | | | schmidt | schMIDT |
| | | | | schmied | schMIED |
| | | | | schmiedbar | BAR |
| | | | | schmiedbarkeit | BARKEIT |
| | | | | schmiede | E |
| | | | | schmiedearbeit | schmiedeARBEIT |
| | | | | schmiedeeisen | EISEN |
| | | | | schmiedeeisern | EISERN |
| | | | | schmiedefeuer | FEUER |
| | | | | schmiedeherd | HERD |
| | | | | schmiedeisen | schmiedEISEN |
| | | | | schmiedeisern | EISERN |
| | | | | schmieden | EN |
| | | | | schmiegen | schMIEGEN |
| | | | | schmiegsam | SAM |

Ill. 15.2: Composition proposée par Taylor 1931, 367. Parce qu'il ignore le sémantisme des entrées (Schmetterling//schmettern!), le principe de Taylor ne peut être retenu en lexicographie.

*Abaiſſement, & hauſſement alternatif*: Mutua deiectio, ſublatio. Alterna demiſſio, & erectio. *Le mouuement des marteaux de forge, conſiſte en vn perpetuel, & alternatif Abaiſſement, & hauſſement*: Ærariarum fabricarum motus, in perpetua, mutuaque ſublatione, ac depreſſione verſatur.

*Abaiſſeur, qui abaiſſe*: hic Deiector, Depreſſor, oris.

*Abbaïe, maiſon principale religieuſe, & monaſtique, aiant intandance ſur d'antres, depandantes d'elle*: hæc Abbatia, Primarium Monaſterium. Princeps Cœnobium. *Abbaïe d'hommes Religieux*: Virorum Abbatia. Virorum primarium cœnobium. Virorum princeps Monaſterium. *Abbaïe de fammes*: Virginum Abbatia. Parthenia Abbatia. Parthenônis Abbatia: Parthenij Abbatia.

*Abbé, Superieur d'Abbaïe*: hic Abbas, atis. Abbatiæ Præſes. Abbatiæ Antiſtes. Cœnobiarcha Abbas. Monaſtici conuentus Abbas. *Abbeſſe, ſuperieure d'Abbaïe de fammes*: hæc Abbatiſſæ. Partheniæ Abbatiæ Præſes. Parthenônis Abbatiſſa. Abbatia Virginum Antiſtita.

Extrait textuel 15.1: exemple de composition en renfoncement (tiré de: Monet 1636, 5).

valeur (variation de l'intensité de la couleur). Nous citerons à titre d'exemple le dictionnaire bilingue français-latin de Monet 1636. Chez Monet le début de l'alinéa est marqué par un retrait de trois caractères sur la droite: c'est donc dans le corps même de la colonne qu'il y faut chercher l'unité d'entrée (cf. extrait textuel 15.1). Sa localisation y est d'autant plus difficile qu'elle n'est pas différenciée typographiquement de la définition qui la suit (entrées et définitions sont imprimées en italiques).

Remarquons finalement que le phénomène du balayage optique n'est probablement pas étranger aux difficultés observées lors de la consultation de dictionnaires inverses ou de dictionnaires intégrant des sous-entrées insuffisamment repérables dans le corps du micro-texte (cf. DUW 1983).

En lexicographie la codification typographique optimale est celle qui (1) est redondante (variation des formes et des couleurs typographiques des caractères selon les différents statuts lexicographiques) et qui (2) tient compte des mécanismes impliqués dans le processus de lecture (composition en débord).

Aujourd'hui le débord est couramment employé dans la lexicographie du domaine anglophone, principalement aux États-Unis et en Grande Bretagne; il est relativement rare en Europe (Beaujean 1959, Anaya 1980, Salinari 1981, DUW 1983) où il semble qu'on lui préfère, et notamment en France, le procédé plus économique de composition au carré (Planeta 1982, Zingarelli 1983, Wahrig 1986 et, en France: DFC 1966, GLF 1971, Quillet 1975, Logos 1976, GDEL 1982, GR 1985).

### 3.6.5. Couleur des entrées

La localisation de l'entrée pourrait d'autre part être facilitée par l'impression de celle-ci en une couleur différente de celle du reste du texte lexicographique. Ce procédé coûteux n'est que très rarement employé. Il est généralement réservé aux dictionnaires destinés à des publics de débutants. Les entrées du Micro-Robert 1971 et du Robert Méthodique 1982 sont imprimées en rouge (ocre, sépia); celles de Seche/Seche 1983 le sont en bleu. L'efficacité de l'impression en couleur dépend de l'économie de son emploi. Les éditeurs qui impriment en couleur et les entrées et certaines unités de micro-texte (Porrua 1970, Panagopoulos 1980?) surestiment les capacités de discrimination de l'œil du consultant: «l'œil, face à une mosaïque de composants typographiques variés, ne discernera plus leurs différences et accordera la même importance [...] à tous les éléments de [la] page» (Richaudeau 1979, 67).

### 3.6.6. Graphisme des entrées
### 3.6.6.1. Familiarité du graphisme

L'ensemble des situations de consultation du dictionnaire n'a pas encore été décrit empiriquement. Cependant l'expérience commune permet de poser comme fort probable l'hypothèse selon laquelle, dans la majorité des cas, l'utilisateur a recours au dictionnaire pour s'assurer soit de la signification soit de l'orthographe d'une graphie qui lui est inconnue ou incertaine (selon toute vraisemblance les termes de la périphérie sont plus souvent consultés que ceux du centre du vocabulaire). Dans les situations de vérification orthographique et de recherche sémasiologique la graphie recherchée n'est pas familière au consultant. Or on sait qu'en lecture les séquences graphiques à structures inaccoutumées entravent le processus d'identification des mots (sur l'effet de la familiarité du stimulus en lecture, cf. Pynte 1983, 27—38). Ce processus est d'autant plus rapide que la fréquence d'usage des graphies est élevée — ce que Jastrzembski 1981 a d'ailleurs confirmé à partir d'une étude sur l'identification des mots d'un texte lexicographique.

L'insécurité vis-à-vis de la graphie, qu'il s'agisse de lui assigner une signification ou, plus simplement, d'en contrôler la correction, semble donc motiver la majorité des situations de consultation du dictionnaire. Or c'est précisément par le biais de la graphie qu'on accède, dans les dictionnaires sémasiologiques, à l'information lexicographique. Dans la pratique lexicographique il convient donc d'apporter la plus grande attention au choix des systèmes graphiques signalant les entrées. Celles-ci devront être facilement lisibles, c'est-à-dire (1) assurer une identification rapide et (2) garantir un contrôle fiable de la compatibilité graphique du «mot de lecture» (celui qui a motivé la consultation) et du «mot de dictionnaire» (celui qui représente le mot de lecture dans le macro-texte lexicographique). Le squelette graphique des caractères employés en lexicographie doit donc être familier au consultant; il doit correspondre — et correspond généralement — à celui des caractères les plus couramment employés. Ce qui explique d'ailleurs pourquoi Updike 1962 propose d'étudier l'évolution historique des caractères d'imprimerie en partant de l'analyse typographique des dictionnaires:

«Dictionaries being popular books, and for that reason employing types familiar and easy for the eye to seize quickly, thus show, if examined chronologically, (1) what types were the most familiar at a particuliar epoch, and (2) the date when they became obsolete» (Updike 1962, 2/141).

Il est d'autre part utile de rappeler que la modification de l'image graphique des caractères, aujourd'hui courante grâce aux techniques de la typographie numérique (cf. Bigelow/Day 1983), si elle rend possible une économie d'espace non négligeable, peut aussi sensiblement entraver le processus de lecture. A titre d'exemple, nous montrons ici la déformation du squelette graphique des caractères de bas de casse ‹q› et ‹g› dans GWDS 1976:

```
nach dem Jugendliche in der Christmette od. von Haus
zu Haus gehend Quempaslieder singen.
Quendel ['kvɛndl], der; -s, - [mhd. quen(d)el, ahd. quen(e)l(a)
< lat. cunila ~ griech konilē]: in Polstern wachsender,
niedriger                              kleinen Blät-
tern u. zc                             üten.
Quengelei                              Pl.› lästiges
Quengeln                               g: man hört
nur -en         quengelig,             ə)lıç] ‹Adj.›
(ugs.): 1.                             ider ... quen-
gelig wer                              uengeln (1 b,
2) neigei                              ., quengelig.
```

Extrait textuel 15.2: Exemple de réduction des jambages intérieurs (‹q›, ‹g›) (tiré de: GWDS 1976, 5, 2081).

Justifiée par des critères essentiellement économiques (économie d'espace au niveau de l'interlignage), la déformation des graphismes (ici: réduction des jambages) n'en ralentit pas moins le processus de reconnaissance.

Le dictionnaire ne doit pas être un champ d'expérimentation typographique. Il doit, dans sa présentation, être le reflet des conventions typographiques, tout comme il est, dans son contenu, le reflet des conventions linguistiques: «design should be in direct accord with content» (Zachrisson 1965, 76).

### 3.6.6.2. Régularité des graphismes

L'identité des graphismes signalant les entrées garantit la transparence de la macrostructure (structure de la nomenclature): à un graphisme donné doit correspondre un statut lexicographique donné. Les dictionnaires dans lesquels cette règle d'équivalence fondamentale n'est pas observée sont à déconseiller. On peut trouver ce défaut dans les rééditions légèrement remaniées — et produites à moindre frais — de dictionnaires récents (Duden FremdWB 1982, PR 1986). L'extrait 15.3 donne un exemple de l'irrégularité des graphismes signalant les entrées:

◇ ANT. Petit. Rare.
**NOMBRIL** [nɔ̃bʀi]. *n. m.* (xiie; lat. pop. *umbiculus, class. umbilicus*). ♦ 1° Cicatrice arrondie formant une petite cavité ou une saillie, placée sur la ligne médiane du ventre des mammifères; à l'endroit où le cordon ombilical a été sectionné (nom scientifique : V. Ombilic). Par exagér. *Être décolleté jusqu'au nombril*, avoir un décolleté très profond. ◇ *Fig.* V. **Centre**. *Le nombril de la terre, du monde.* Fam. *Se prendre pour le nombril du monde*, donner à sa personne une importance exagérée. ♦ 2° *Bot.* Petite cavité sur un fruit, à l'opposé de la queue (On dit aussi *œil*).
**NOMBRILISME** [nɔ̃bʀilism]. *n. m.* (v. 1950; de *nombril*). Fam. Attitude égocentrique.
**NOME** [nɔm]. *n. m.* (1732; gr. *nomos* « portion de territoire »). *Hist.* Division administrative de l'Égypte ancienne. ◇ Circonscription administrative de la Grèce moderne.
**-NOME, -NOMIE, -NOMIQUE.** Éléments du gr. *-nomos, -nomia, -nomikos*, rad. *nemein* « distribuer, administrer ».
**NOMENCLATEUR, TRICE** [nɔmɑ̃klatœʀ, tʀis]. *adj.* et *n.* (1664, hist.; lat. *nomenclator*; Cf. le suiv.). Sc. Qui établit une nomenclature. « *La tendance des nomenclateurs à distribuer les êtres par familles ou genres* » (J. ROSTAND).
**NOMENCLATURE** [nɔmɑ̃klatyʀ]. *n. f.* (1559; lat. *nomenclatura* « action d'appeler [*calare*] par le nom [*nomen*] »). ♦ 1° Ensemble des termes employés dans une science, une technique, un art..., méthodiquement classés; méthode de classement de ces termes. V. **Terminologie**. *Nomenclature systématique*. « *Un nom qui ne semblait pas avoir été encore adopté officiellement dans la nomenclature botanique* » (ROMAINS). ◇ Liste méthodique des objets, des éléments d'une collection*. V. **Catalogue, inventaire, recueil, répertoire**. *La nomenclature des douanes. Nomenclature juridique* : ensemble systématique de rubriques (mots clés) utilisable en informatique juridique. ♦ 2° Ensemble des formes (mots, expressions, morphèmes) répertoriées dans un dictionnaire, un lexique et faisant l'objet d'un article distinct. V. **Liste, recueil**. *Compléter la nomenclature d'un dictionnaire*.
**NOMENKLATURA** [nɔmɛnklatuʀa]. *n. f.* (v. 1980; mot russe). En U. R. S. S., dans les pays de l'Est, Liste de personnes bénéficiant de prérogatives exceptionnelles ; ces personnes.

Extrait textuel 15.3: exemple d'irrégularité du graphisme de l'entrée (tiré de: PR 1986, 1277).

Ici trois familles de caractères (facilement discernables à la forme du ‹M›) ont été employées pour l'impression des unités de macrostructure. La multiplication des graphismes entraîne inéluctablement l'incertitude du consultant vis-à-vis du statut de l'entrée.

## 4. Consultabilité du micro-texte lexicographique

Les différents facteurs susceptibles d'influencer la lisibilité et/ou la consultabilité des textes continus, c'est-à-dire, entre autres, des micro-textes du dictionnaire, ont été décrits en détail dans diverses publications spécialisées. Ces facteurs sont (1) la dimension du signe, (2) son squelette graphique, (3) les détails d'exécution du signe, (4) la longueur des lignes, (5) l'interlignage et (6) le positionnement des blocs typographiques. Nous renvoyons pour leur description à trois ouvrages de synthèse fondamentaux: Spencer 1969, Richaudeau 1976 et Kapr 1983. Nous renvoyons également à Richaudeau 1979 dont les résultats, principalement ceux relatifs à la «visualisation des hiérarchies», doivent être pris en compte lors de la conception de dictionnaires destinés à des publics scolaires. Signalons finalement que Tinker 1969, 221—5 rend compte des travaux de Glanville/Kreezer/Dallenbach 1946 sur la lisibilité du micro-texte.

### 4.1. Visualisation des charges informationnelles

Les informations véhiculées par le micro-texte lexicographique ne sont pas toutes d'égale importance pour le consultant. Selon le type de dictionnaire envisagé, tel type d'information peut être considéré comme essentiel, tel autre comme secondaire, voire facultatif.

On remarque (1) que chaque composant de micro-texte a une charge informationnelle qui lui est propre et (2) qu'il existe, à l'intérieur du micro-texte, une hiérarchie des charges informationnelles.

Dans le dictionnaire la typographie a pour fonction première la visualisation de cette hiérarchie (cf. Richaudeau 1979). À la hiérarchie des charges informationnelles correspond une hiérarchie typographique, réalisable par la combinaison des trois caractéristiques de la lettre d'imprimerie moderne: sa forme, sa force de corps et l'intensité de sa couleur typographique. La hiérarchie typographique n'est pas fixée: chaque dictionnaire, chaque éditeur, offre un système typographique spécifique (cf. Ilson 1984, 80—1). Ce système doit être jugé non pas selon les modalités de différenciation retenues (emploi de tel ou tel caractère pour tel ou tel type d'information) mais selon la finesse de sa structure, selon son potentiel discriminatif. Dans le micro-texte l'efficacité discriminative optimale de la typographie est atteinte quand à un type donné de caractères correspond une charge informationnelle donnée et elle seule; c'est-à-dire lorsque le type de caractères peut être déterminé par une fonction univalente. Ainsi, on pourra dire que le rendement discriminatif du système typographique de Furetière 1690 est faible dans la mesure où les mêmes caractères (bas de casse romains) y on été employés pour l'impression des définitions, des données grammaticales, des marques d'usage, des phrases-exemples et des citations (fonction pentavalente du graphisme). Il est plus élevé dans Richelet 1680 où les bas de casse romains n'ont, au plus, qu'une fonction bivalente (impression de la définition et de la reprise de l'entrée dans la phrase-exemple).

La hiérarchie typographique varie selon les époques; elle est aussi fonction des traditions typographiques régionales. On note ainsi que les définitions proposées dans les dictionnaires contemporains du domaine germanophone sont régulièrement imprimées en italiques (DUW 1983, HWDG 1984, Wahrig 1986) alors qu'elles le sont en romains dans la majorité des productions lexicographiques des autres pays européens. Dans les mains d'utilisateurs étrangers non avertis cette particularité des dictionnaires monolingues allemands peut entraîner certaines confusions — ce que Fleck 1978 confirme dans une analyse du dictionnaire de Wahrig:

«Für die Definitionen wird der Kursivdruck verwendet [i. e. dans Wahrig 1975]. In ausländischen Wörterbüchern ist dagegen zumeist der Kursivdruck für die Redewendungen reserviert und die Definitionen erscheinen in der Grundschrift. Das stiftet gerade für Übersetzer wieder Verwirrung» (Fleck 1978, 37).

En lexicographie la normalisation des conventions typographiques paraît donc souhaitable: elle pourrait en particulier être utile dans les ouvrages à destination internationale (dictionnaires bilingues et plurilingues). La norme DIN 2336, proposée par le Deutsches Institut für Normung 1979, représente un premier essai d'uniformisation des «symboles lexicographiques destinés aux vocabulaires spécialisés produits manuellement»: «ihre Anwendung [de la norme DIN 2336] in Wörterbüchern der Gemeinsprache ist wünschenswert» y précise-t-on à juste titre.

## 5. Bibliographie choisie

### 5.1. Dictionnaires

*Académie 1878* = Académie française: Dictionnaire de l'Académie française. Septième éd. Paris 1878 [Vol. 1: A—H. LXXI, 903 p. Vol. 2: I—Z. 967 p.].

*Adelung 1793* = Johann Christoph Adelung: Grammatisch-kritisches Wörterbuch der Hochdeutschen Mundart [...]. Leipzig 1793—1801 [Vol. 1: A—E. VIII, 1992 col. Vol. 2: F—L. 2140 col. Vol. 3: M—Scr. 1762 col. Vol. 4: Seb—Z. 1796 col. Réimpr.: Hildesheim. New York 1970].

*Anaya 1980* = Diccionario Anaya de la lengua [...] elaborado [...] bajo la dirección de Enrique Fontanillo Merino [...] [...]. Madrid 1980 [XXI, 730 p.].

*Autoridades 1726* = Real Academia Española: Diccionario de la lengua castellana en que se explica el verdadero sentido de las voces [...]. Madrid 1726—1739 [Vol. 1: A—B. LXXXXVI, 723 p. Vol. 2: C. 714 p. Vol. 3: D—F. 816 p. Vol. 4: G—N. 696 p. Vol. 5: O—R. 656 p. Vol. 6: S—Z. 578 p. Réimpr.: Madrid 1979].

*Balbi 1460* = Giovanni Balbi: Summa quae vocatur Catholicon. Mayence 1460.

*Beaujean 1959* = A. Beaujean: Dictionnaire de la langue française abrégé du dictionnaire de Littré. Paris 1959 [2449 p.].

*Bescherelle 1867* = Louis Nicolas Bescherelle: Dictionnaire national ou dictionnaire universel de la langue française. Douzième éd. Paris 1867 [Vol. 1: A—C. VII, 863 p. Vol. 2: D—I. — 1319, 274 p. Vol. 3: J—P. — 1036 p. Vol. 4: Q—Z. — 1683 p.].

*Crusca 1612* = Vocabolario degli Accademici della Crusca [...]. Venezia 1612 [960 p. Réimpr.; Firenze 1976].

*Dasypodius 1536* = Petrus Dasypodius: Dictionarium latinogermanicum [...]. Strasbourg 1536 [489 p. Réimpr.: Hildesheim. New York 1974].

*De Felice/Duro 1975* = Emidio de Felice/Aldo Duro: Dizionario della lingua e della civiltà italiana contemporanea. Firenze 1975 [XXI, 2221 p.].

*DFC 1966* = Jean Dubois et al.: Dictionnaire du français contemporain. Paris 1966 [XXII, 1224 p.].

*Du Chazaud 1979* = Henri Bertaud du Chazaud: Dictionnaire des synonymes. Paris 1979 [IV, 468 p.].

*Duden Fremd WB 1982* = Duden Fremdwörterbuch. 4., neu bearb. u. erw. Aufl. Bearb. von Wolfgang Müller [...]. Duden Band 5. Mannheim. Wien. Zürich 1982 [813 p.].

*Durvan 1964* = Diccionario Durvan de la lengua española [...]. Barcelona 1964 [7, 1312 p.].

*DUW 1983* = Duden Deutsches Universalwörterbuch. Hrsg. u. bearb. [...] unter Leitung v. Günther Drosdowski. Mannheim. Wien. Zürich 1983 [1504 p.].

*Estienne 1549* = Robert Estienne: Dictionnaire Francoislatin, avctrement dict Les mots François, auec les manieres dvser diceulx, tournez en Latin. Paris 1549 [675 p. Réimpr.: Genève 1972].

*Funk & Wagnalls 1963* = Funk & Wagnalls New Standard Dictionary of the English Language: Complete in one Volume. New York 1963 [LXX, 2817 p.].

*Furetière 1690* = Antoine Furetière: Dictionnaire universel, contenant generalement tous les mots françois [...]. La Haye. Rotterdam 1690 [3 vols. Réimpr.: Paris 1978].

*GDEL 1982* = Grand dictionnaire encyclopédique Larousse. Paris 1982—1985 [10 vols.].

*GLF 1971* = Grand Larousse de la langue française en sept volumes. Paris 1971—1978.

*GR 1985* = Paul Robert/Alain Rey: Le grand Robert de la langue française. Dictionnaire alphabétique et analogique de la langue française. 2ème éd. entièrement revue et enrichie. Paris 1985 [9 vols.].

*GWDS 1976* = Duden. Das große Wörterbuch der deutschen Sprache in sechs Bänden [...] unter Leitung von Günther Drosdowski. Mannheim. Wien. Zürich 1976—1981 [6 vols.].

*HWDG 1984* = Handwörterbuch der deutschen Gegenwartssprache. In zwei Bänden. Von einem Autorenkollektiv unter der Leitung von Günter Kempcke. Berlin 1984 [Vol. 1: A—K. XXXI, 705 p. Vol. 2: L—Z. — 1399 p.].

*Johnson 1755* = Samuel Johnson: A Dictionary of the English Language [...] in two Volumes. London 1755 [Vol. 1: A—K. Vol. 2: L—Z. non paginés. Réimpr.: Hildesheim 1968].

*Karten 1977* = Diccionario Karten Ilustrado. Buenos Aires 1977 [1629 p.].

*Larousse 1891* = Pierre Larousse: Dictionnaire complet illustré [...]. 57ème éd. Paris 1891 [1464 p.].

*Lilliput 1961* = Langenscheidt's Lilliput Dictionary. English-Spanish. Berlin. Munich 1961 [649 p.].

*Littré 1863* = Émile Littré: Dictionnaire de la langue française [...]. Paris 1863 [Vol. 1: A—C. LIX, 944 p. Vol. 2: D—H. —2080 p. Vol. 3: I—P. II, 1396 p. Vol. 4: Q—Z. —2628 p.].

*Logos 1976* = Jean Girodet: Logos. Grand dictionnaire de la langue française. Paris 1976 [Vol. 1: A—E. XV, 1165 p. Vol. 2: F—N. —2173 p. Vol. 3: O—Z. —3113, 68 p.].

*Mackensen 1964* = Lutz Mackensen: Deutsche Rechtschreibung. Gütersloh 1964 [741 p.].

*Mackensen 1982* = Lutz Mackensen: Deutsches Wörterbuch [...]. 10. erw. Aufl. München 1982 [1228 p.].

*Micro Robert 1971* = Paul Robert: Micro Robert. Dictionnaire du français primordial. Paris 1971 [XIV, 1207 p.].

*Monet 1636* = Philibert Monet: Invantaire des devs langves, françoise et latine [...]. Lyon 1636 [990 p. Réimpr.: Genève 1973].

*NPL 1971* = Nouveau Petit Larousse. Dictionnaire encyclopédique pour tous. Paris 1971 [1790 p.].

*Panagopoulos 1980?* = Andreas Ch. Panagopoulos: Hyperlexiko tis neoellinikis glossas monotoniko [...]. Athènes s. d. (1980?) [6 vols.].

*Paul 1981* = Hermann Paul: Deutsches Wörterbuch. Bearb. v. Werner Betz. 8. Aufl. Tübingen 1981 [X, 841 p.].

*Planeta 1982* = Diccionario Planeta de la lengua española usual. Barcelona 1982 [1351 p.].

*PLI 1984* = Petit Larousse illustré. Dictionnaire encyclopédique pour tous. Paris 1984 [XXXI, 1798 p.].

*Poitevin 1856* = P. Poitevin: Nouveau dictionnaire universel de la langue française rédigé d'après les travaux [...] des membres des 5 classes de l'Institut [...]. Paris 1856—1860 [Vol. 1: A—G. 16, XII, 1063 p. Vol. 2: H—Z. 1014 p.].

*Porrua 1970* = Diccionario Porrua de la lengua española preparado por Antonio Raluy Poudevida [...] revisado por Francisco Monterde [...]. Tercera ed. Mexico 1970 [IX, 848 p.].

*PR 1986* = Paul Robert: Le Petit Robert 1. Dictionnaire alphabétique et analogique de la langue française. Rédaction dirigée par A. Rey et J. Rey-Debove. Nouv. éd. revue, corrigée et mise à jour pour 1986. Paris 1985 [XXXI, 2171 p.].

*Quillet 1975* = Dictionnaire Quillet de la langue

française. Paris 1975 [Vol. 1: A—C. Vol. 2: D—J. Vol. 3: K—P. Vol. 4: Q—Z non paginés].

*Raymond 1832* = F. Raymond: Dictionnaire général de la langue française et vocabulaire universel des sciences, des arts et des métiers [...]. Paris 1832 [Vol. 1: A—L. 12, LIX, 862 p. Vol. 2: M—Z. 784, 39, 99, 5 p.].

*Richelet 1680* = César-Pierre Richelet: Dictionnaire françois contenant les mots et les choses [...]. Genève 1680—1679 [Vol. 1: A—L. 88, 480 p. Vol. 2: M—Z. 560 p.].

*Robert Méthodique 1982* = Le Robert Méthodique. Dictionnaire méthodique du français actuel. Rédaction dirigée par Josette Rey-Debove. Paris 1982 [XXIII, 1617 p.].

*Salinari 1981* = Carlo Salinari: Dizionario ragionato della lingua parlata in Italia. Milano 1981 [1222 p.].

*Sanders 1876* = Daniel Sanders: Wörterbuch der deutschen Sprache. Mit Belegen von Luther bis auf die Gegenwart [...]. Leipzig 1876 [Vol. 1: A—K. VIII, 1065 p. Vol. 2: L—R. 825 p. Vol. 3: S—Z. —1828 p. Réimpr.: Hildesheim 1969].

*Seche/Seche 1983* = Luiza Seche/Mircea Seche: Dicționarul limbii române pentru elevi. DREV. Bucarest 1983 [896 p.].

*Thorndike 1935* = E. L. Thorndike: The Thorndike-Century Junior Dictionary. Chicago 1935.

*TLF 1971* = Trésor de la langue française. Dictionnaire de la langue du XIXe et du XXe siècle (1789—1960). Publié sous la direction de Paul Imbs. Paris 1971—.

*UMW 1934* = Webster's New International Dictionary of the English Language. Second Ed. Unabridged. [...]. Springfield, Mass. 1934 [3350 p.].

*Wahrig 1986* = Gerhard Wahrig: Deutsches Wörterbuch mit einem Lexikon der deutschen Sprachlehre. [...]. Völlig überarb. Neuausgabe. München 1986 [1493 p.].

*Zingarelli 1983* = Nicola Zingarelli: Il nuovo Zingarelli. Vocabolario della lingua italiana [...]. Undicesima ed. Bologna 1983 [XIII, 2256 p.].

5.2. Travaux

*Bigelow/Day 1983* = Charles Bigelow/Donald Day: La typographie numérique. In: Pour la science. Octobre 1983, 48—62.

*Bray 1986* = Laurent Bray: César-Pierre Richelet (1626—1698). Biographie et œuvre lexicographique. With an English Summary. Tübingen 1986 (Lexicographica Series Maior 15).

*Bray 1988* = Laurent Bray: Notes sur la genèse des dictionnaires portatifs français. L'exemple du «Dictionnaire portatif de la langue françoise, extrait du grand dictionnaire de Pierre Richelet» 1756. In: Höfler 1988 (à paraître).

*Collignon/Glatigny 1978* = Lucien Collignon/Michel Glatigny: Les dictionnaires. Initiation à la lexicographie. Paris 1978.

*Deutsches Institut für Normung 1979* = Deutsches Institut für Normung. DIN 2336: „Lexikographische Zeichen für manuell erstellte Fachwörterbücher". Berlin. Köln (März) 1979.

*Fleck 1978* = Klaus E. W. Fleck: Compte-rendu de «Gerhard Wahrig: Deutsches Wörterbuch 1975». In: Lebende Sprachen 23. 1978, 36—8.

*Glanville/Kreezer/Dallenbach 1946* = A. Douglas Glanville/George L. Kreezer/Karl M. Dallenbach: The effect of type size on accuracy of apprehension and speed of localizing words. In: The American Journal of Psychology 59. 2. April 1946, 220—35.

*Harcum/Jones 1962* = E. R. Harcum/M. L. Jones: Letter recognition within words flashed left and right of fixation. In: Science 138. 1962, 444—5.

*Heron 1957* = W. Heron: Perception as a function of retinal locus and attention. In: American Journal of Psychology 70. 1957, 28—48.

*Höfler 1988* = Manfred Höfler (éd.): La lexicographie française du 18ème au 20ème siècle. Actes du Congrès de Düsseldorf (septembre 1986). À paraître.

*Ilson 1984* = Robert Ilson: The communicative significance of some lexicographic conventions. In: Reinhard R. K. Hartmann (éd.): Lexeter '83 Proceedings. Papers from the International Conference on Lexicography at Exeter, 9—12 September 1983. Tübingen 1984 (Lexicographica Series Maior), 80—6.

*Jastrzembski 1981* = J. E. Jastrzembski: Multiple meanings, number of related meanings, frequency of occurence and the lexicon. In: Cognitive Psychology 13. 1981, 278—305.

*Kapr 1983* = Albert Kapr: Schriftkunst. Geschichte, Anatomie und Schönheit der lateinischen Buchstaben. München 1983 [1ère éd.: Dresden 1971].

*Kimura 1959* = D. Kimura: The effect of letter position on recognition. In: Canadian Journal of Psychology 13. 1959, 1—10.

*Kister 1977* = Kenneth Kister: Dictionary Buying Guide. New York. London 1977.

*Luidl 1971* = Philipp Luidl: Typografie neu. Stuttgart 1971.

*Mishkin/Forgays 1952* = M. Mishkin/D. G. Forgays: Word recognition as a function of retinal locus. In: Journal of Experimental Psychology 43. 1952, 43—8.

*Paterson/Tinker 1940* = D. G. Paterson/Miles A. Tinker: How to make type readable. New York 1940.

*Pynte 1983* = Joël Pynte: Lire... Identifier, comprendre. Lille 1983.

*Quemada 1967* = Bernard Quemada: Les dictionnaires du français moderne. 1539—1863. Étude sur leur histoire, leurs types et leurs méthodes. Paris 1967.

*Rétat 1984* = Pierre Rétat: L'âge des dictionnaires. In: Henri-Jean Martin et R. Chartier (éds.): Histoire de l'édition française. Paris 1984. II, 186—94.

*Rey-Debove 1971* = Josette Rey-Debove: Étude linguistique et sémiotique des dictionnaires français contemporains. The Hague. Paris 1971 (Approaches to semiotics 13).

*Richaudeau 1976* = François Richaudeau: La lisibilité. Paris 1976. [1ère éd.: 1969]

*Richaudeau 1979* = François Richaudeau: Conception et production des manuels scolaires. Guide pratique. Paris 1979.

*Richaudeau/Dreyfus 1977* = François Richaudeau/John Dreyfus (éds.): La chose imprimée. Paris 1977.

*Spencer 1969* = Herbert Spencer: The Visible Word. London 1969.

*Spencer 1974* = Herbert Spencer: La lisibilité en lecture de recherche. In: Communication et Langages 21. 1974, 66—75.

*Spencer/Reynolds 1977* = Herbert Spencer/L. Reynolds: Lisibilité. In: Richaudeau/Dreyfus 1977, 350—64.

*Taylor 1931* = Nelson W. Taylor: On the improvement of the dictionary. In: Science 74. No. 1919. October 1931, 367—8.

*Terrace 1959* = H. Terrace: The effect of retinal locus and attention on the perception of words. In: Journal of Experimental Psychology 58. 1959, 382—5.

*Tinker 1969* = Miles A. Tinker: Legibility of Print. Ames 1969.

*Updike 1962* = Daniel Berkeley Updike: Printing Types. Their History, Forms, and Use. A Study in Survivals. London 1962 [1ère éd.: 1922].

*Wooldridge 1977* = Terrence Russon Wooldridge: Les débuts de la lexicographie française. Estienne, Nicot et le Thresor de la langue françoyse (1606). Toronto 1977.

*Zachrisson 1965* = Bror Zachrisson: Studies in the Legibility of Printed Text. Stockholm 1965.

*Laurent Bray, Erlangen*
*(République Fédérale d'Allemagne)*


# 16. The Dictionary as an Aid in Belles Lettres

1. Introductory Remarks
2. The Example of France
3. The Example of Italy
4. The Dictionary as an Aid to Reading Authors
5. The Dictionary as an Aid to the Author: the Case of D'Annunzio
6. Conclusion
7. Selected Bibliography

## 1. Introductory Remarks

A language dictionary is, above all, a means of "first aid" to fill the gaps of our direct language competence — the direct competence of an individual, that is, his particular linguistic heritage, not being able to match the vastness of a language as a collective heritage. Whoever consults the dictionary to this aim is building up a vaster linguistic competence which we will call reflective. The dictionary, then — although it is a reference work which is consulted punctually — constitutes a source of individual linguistic enrichment certainly more modest and less frequent than a book read in continuity; this, however, does not mean that the dictionary is insignificant. As opposed to the book, it can reply to punctual questions the reader may have. When the dictionary no longer functions as a simple reference book but supplies its headwords with contextual examples drawn from documents and authors and placed in chronological order, it becomes a mirror of the history of the language; and in language history is reflected, here and there, the history of ideas, of culture, of customs. But such a dictionary can assume even more important tasks in the hands of its consultors. If the user is a literary historian and critic, the dictionary will give him useful — sometimes necessary — information in judging the language and style of an author, i.e. in expressing well-founded and adequate stylistic criticism. If the user is himself an author, i.e. a poet or storywriter, the dictionary can furnish him with examples of original usage of words or phrases, and suggest rare and effective combinations (Horace's *callidae iuncturae*), figurative senses and even thematic stimuli. Such is the situation in all nations, in which, parallel to literary production, a lexicography has developed as testimony and consciousness of a national language and has exercised a guiding, normative or stimulative influence on writers. Because of limited space, this will be exemplified here for only two European languages, which, however, have quite differing traditions.

## 2. The Example of France

It can be said that in France the first specialized monolingual dictionaries were conceived for writers (for example, *Les Epithètes de M. de La Porte. Livre non seulement utile à ceux qui font profession de la poésie, mais fort propre aussi pour illustrer tout autre sorte de composition françoise,* Paris 1571; it is not necessary to list the rhyming dictionaries here, nor, for humanist poetry, the famous Parisian *Regia Parnassi,* 1679). And it is known that Molière made use of the *Nouveau dictionnaire françois-italien, italien-françois,* Anon. Geneva 1677, which was valuable for its recording of neologisms missing in the other dictionaries. But it is only with the affirmation of the concept of a "classical" French, created by the authors of the *Grand siècle,* that French monolingual dictionaries began recording examples from authors and thus became sources of literary language and strongly deliberate tools of linguistic orientation. The keen interest of the Age of Enlightenment in technical vocabulary and of the Romantic Age in the national linguistic tradition are embodied in two great monuments: Diderot and d'Alembert's *Encyclopédie* (1751—72) and Littré's *Dictionnaire de la langue française* (1863—72). In the authors of the nineteenth century, from Romantics to Symbolists, the appeal of archaic and modern lexis and the contrasting of inkhorn terms with familiar and trivial words become a veritable *lexicomania:* prose writers and poets such as Balzac, Chateaubriand, Gautier and Baudelaire possessed numerous dictionaries and consulted them assiduously; Baudelaire even declared having been a "lexicomaniac" since his youth.

## 3. The Example of Italy

Amongst the European languages, Italian has, in this respect, a unique and complex situation because of its particular historical development. The literary language is never a conventionalized tool which is uniform and highly predictable; rather it is remodelled progressively by the authors, so that the reader must rediscover it again and again, thus acquiring a reflective competence in it. This is especially true in Italy where literature is not based on common contemporary and living national usage, and not even — as in France — on a cultivated language of conversation, but on the language of three great authors of one and the same epoch (Dante, Petrarch and Boccaccio) and one and the same city (Florence); it is a language learned from books by the authors from other Italian cities and which has strong local and individual variants as well as such dictated by literary genre and taste. The Italian language has thus been a solely written language for over five centuries — a language which, outside of Tuscany, is only written and is therefore not subject to collective control by speakers; it is thus considered by the authors as a means of personal experimentation; neither has there been in Italy, divided as it was in many small states speaking widely varying dialects, a central political and administrative power which could impose uniform usage by law as is the case in France. Under such conditions (modified only after the political union of Italy [1861], when the need for a common written and spoken language of communication arose as a political and politico-cultural problem) a historical dictionary rich in material and examples drawn from a canon of good writers could constitute a useful source of reference to the reader and the writer as well as a factor of linguistic unification. As a matter of fact, the dictionary compiled in Florence by the Accademia della Crusca and published in 1612 (it has since been revised and reedited four times) was for three centuries a precious hoard of the words and expressions used by the best Florentine writers or those writing in Florentine from the 14th to the 16th centuries, and an authoritative guide to pure and correct writing; a guide which — because it was based on the illustrious models of the past rather than on the living speech of Florence's inhabitants — was necessarily purist and archaistic. With its limitations, this dictionary, which became a model to the other great European dictionaries, formed all non-Tuscan authors taking refuge from their own dialect; and it was sometimes admired and blindly obeyed, sometimes challenged for its errors and above all for its lacunae, especially by writers desirous of a language which kept up with cultural development and was receptive to linguistic contributions from the new cultural centers outside of Tuscany. Without a paragon of a common and living national language, such were the linguistic labours to which all Italian authors from the seventeenth to the eighteenth centuries were condemned. If then, in reading these authors, we wish to gain an impression of the painstaking formation of their individual language and style, that is, of their linguistic consciousness and historicity, we should read them with the aid of the Crusca dictionary; and almost the same applies to the authors of the sixteenth century, inasmuch as this century, too, had dictionaries based on a restricted canon of excellent authors; and it applies even to Dante Alighieri, himself the creator of a potentially national literary language: he enriched his own Florentine vernacular — not only by having recourse to the texts of the Latin classics — but to a large medieval etymological dictionary, Uguccione da Pisa's *Derivationes*. Here are two examples from Dante: in *Purg.* 31, 4 Dante presents a hapax in *sanza cunta* ('senza indugio' 'without delay'); here *cunta* is not, as has been supposed, a deverbative from the Latin *cunctari* 'delay', and coined by the poet; it can be found already in Uguccione's dictionary: "*cuncta, -ae,* id est mora" under the false etymon *eo ... ire,* and in *Par.* 33, 94 we find — apparently for the first time in the vernacular — the word *letargo* in the sense of *"oppressio cerebri cum oblivione et somno iugi"* which, stemming from Isidore of Seville's *Etymologiae,* has passed into Uguccione's dictionary with the same meaning.

Turning back to the Crusca's dictionary, we must say that two great modern Italian authors have maintained inevitable relations of attraction and aversion to it; whether they wanted to or not, they were forced to pass under its yoke.

One of them is Giacomo Leopardi, who in the notes to ten of his *Canzoni* printed in Bologna in 1824 indicates the grave lacunae of the dictionary, closing them at the same time with elements drawn from his own reading and from Latin, thus exalting his own personal linguistic wealth and his own right to linguistic creativity. In his *Zibaldone di pensieri* he puts the Crusca dictionary continuously to the test for its values and shortcomings, and uses it as an indispensable philological tool in commentating Petrarca's *canzoniere*. The other author is Alessandro Manzoni, who, in his search of a national language truly common to the writer and the speaker, suitable for his historic romance *I promessi sposi,* and especially to his protagonists, two humble country workers from the environs of Milan, studied at length the Crusca dictionary; he glossed it with examples drawn from his own reading and with numerous comparisons with French and dialectal usage of Lombardy. Evidently, Manzoni considered this dictionary — this treasure trove of the Florentine literary language — as a necessary, yet insufficient point of departure for a modern Italian author.

Given the great and lasting influence of humanism on Italian culture — by far greater than on other Romance cultures —, recourse to Latin and sometimes to Greek dictionaries was to be useful even to modern authors. Ugo Foscolo's predilection, for example, for the epithetic use of the past participle, especially in forms with a privative prefix, as in the combinations *illacrimata sepoltura* from the sonnet *A Zacinto* 14 and *Troade inseminata* from *Sepolcri* 235, leads to suggesting a Greek model which recurs in Homer: ἄκλαυτον καὶ ἄθαπτον from *Od.* 11, 54 or παρὰ θῖν' ἁλὸς ἀτρυγέτοιο from *Il.* 1,327. The reader lacking in reflective competence and who encounters the word *sònito* in Manzoni's *Cinque Maggio* ("di mille voci al sònito", 17, used already by Vincenzo Monti in the *Mascheroniana,* 2, 255), could interpret this extremely rare latinism as a variant of *suono* ('sound'), used by the poet as a convenient completion of the proparoxytone line, while it is in fact a "marked" form meaning 'din, clamor', as the "mille voci" ('thousand voices') in the context suggest.

## 4. The Dictionary as an Aid to Reading Authors

Reading the authors of any literature with the aid of the dictionary or dictionaries on which they most likely relied for their composition and with the added aid of more recent historical dictionaries based on citations from authors, permits us to ascertain many things: the extent of their dependence on literary tradition, their linguistic creativity, their influence on literary tradition and the formation of lexical currents particular to certain genres; it also permits us to reconstruct the times and paths of diffusion of many words and phrases, their occurrence and recurrence, conceptual and stylistic values, as well as changes in these values; for such reconstructions the literary text will sometimes not only be the point of departure but the point of arrival, too. Such a method is especially appropriate and fruitful when applied to the Italian authors, although Italian lexicography has up to the present important yet imperfect tools at its disposal: firstly, the Crusca dictionary in its 5 editions (the last one incomplete at this point) with its archaistic and puristic limitations — it is therefore more important as a prototype and model of language and style rather than for documentation; and secondly, the dictionaries which, in spite of expansions and modernization, largely depend on the former: that of Niccolò Tommaseo and Bernardo Bellini (1861—79) and the one begun by Salvatore Battaglia which is still in compilation (1961 ff.). The fact that commentaries of the Italian classics have limited themselves — as far as the language is concerned — to an explanation of the meanings of words which are archaic, rare, or difficult in any respect, has prevented the reader from appreciating the linguistic creativity of individual authors and from situating these words in precise currents of the literary language. It is known, for example, that Dante made his own Florentine dialect into a language endowed with all the colors and values of a rich palet ranging from vulgar to courtly and scholarly; and an attentive examination of his innovations and of their linguistic fate opens important perspectives on the history of the Italian language. According to what can be lexicographically ascertained, he coined the verb *infuturarsi* ('extend into the future') (*Par.* 17, 98: *s'infutura la tua vita*), which remained a hapax (that is, an unaccepted proposal) up to the eighteen hundreds, when Vincenzo Gioberti, Alessandro Poerio, Francesco De Sanctis and Pietro Cossa used it again, and, by the intermediary of Arturo Graf, Gabriele D'Annunzio and Arturo Onofri, it reappears in recent times in the work of Eugenio Montale and Pier Paolo Pasolini. Gioberti even created the derivatives *infuturamento* and *infuturizione* (cf. Crusca 1612, Crusca 1863—1923, Battaglia, s.v.). Two verbs referring to the perception of color, *trascolorare* and *discolorare*, were introduced into the vernacular by Dante; the origin of the first is unknown, the roots of the second reach back as far as Classical and Postclassical Latin. While the first went into century-long hibernation, reappearing only in modern literature, the second was used by Petrarch and has been transmitted without interruption especially through poetic channels, up to Montale (cf. Battaglia, s.v.). In contrast, the famous *concolore* from *Par.* 12, 11 *("due archi paralleli e concolori")*, which Dante drew from Virgil and was the first to introduce into the vernacular, did not have any luck: already the fourteenth century commentators of the *Divina Commedia* had difficulties understanding such an apparently neologistic verb, and it remained a hapax up to the time when it was unearthed again in the late nineteenth century by a capricious and learned writer, the bohemian Carlo Dossi (cf. Battaglia, s.v.). Looking now at a latinism from another semantic field, *plenilunio*, it was Dante who introduced it into the vernacular, but only in *Paradise* (23, 25), after having had Virgil, in *Inferno* (20, 127), use the popular Florentine expression, *luna tonda ("e già iernotte fu la luna tonda")*. Dante's learned proposal (insofar learned, as the fourteenth century commentator of the Commedia, Francesco da Buti, sensed the need to annotate it), by its mere presence in our dictionaries, was to leave the field of poetry (except for its appearance in the seventeenth century *Fiera* by Michelangelo Buonarroti the younger) and enter the fields of technical and astronomical language; only modern literature was to recover it. Finally, in a quite different register, the reader of the popular and mocking metaphor, *zucca* ('gourd; pumpkin') for *testa* ('head') in *Inf.* 18, 124 *("ed elli allor, battendosi la zucca")* who then consults the article for this headword in Tommaseo/Bellini, can see that Dante's 'comic' initiative could have given the impulse for a continuous burlesque thread through the eye of this metaphor, from Giovanni Boccaccio to Franco Sacchetti and Domenico Burchiello to Luigi Pulci's *Morgante* and on to Giovan Battista Fagiuoli. The few lexical extracts from the *Commedia* presented above and their comparison with the Italian lexicographical tools at our disposal provide sufficient evidence to suggest that Dante's linguistic popularity was limited up to and throughout the entire eighteenth century, experiencing a strong comeback in the nineteenth century thanks to a renewed interest in medieval literature, in archaic language and subsequently in Dante's work.

## 5. The Dictionary as an Aid to the Author: the Case of d'Annunzio

Let us now look at the reverse case: that of a modern Italian poet who profited from the aid of dictionaries to extract from them not only words and lexical combinations, but themes and motifs as well. Gabriele D'Annunzio was not the only one, but certainly the most significant in this respect. He is noted for his linguistic panchronism — for his ability to enrich his own artistic language with words from all epochs and style registers, thus presenting us with a sumptuous linguistic medley. One aspect of this lexical voracity of his can be seen in his way of forming technical words: in *Laudi*, and in other poetic compositions, we find a profusion of modern and obsolete nautical terms stemming largely from Alberto Guglielmotti's *Vocabolario marino e militare* (1889). He also made full use of the Crusca dictionary and that of Tommaseo/Bellini to enrich and flavor the lexis which he drew directly from his readings of old texts. The poem, *L'otre* from his book *Alcyone* (1904) is a veritable catalogue of rare and choice samples, always suggested or enhanced by rhyme: for example, the rustical *fortigno* ('of a strong and acrid flavor') coupled with the rare *caprigno*, ('caprino', 'caprine') (29/32), the naturalistic latinism, *bisulco* (used already by the 16th century authors, Iacopo Sannazaro and Benedetto Varchi and meaning 'having a cloven, forked foot') coupled with the Virgilian and Columellian *petulco* ('aggressive'), (1/4), and the archaic *àlbori* ('trees') rhyming with *falbo* ('dark yellow') from the equine and bovine realm (126/127). Apart from the strikingly direct latinisms such as *sulfure, lapidoso, insanire, viride, ubero, alvo, ficulno*, a particular fondness for those rusticisms becomes evident, in which the archaism of the literary level is always connected with popularity, that is, with their survival in dialect: this is the case with *argnone* ("rognone" — 'kidney'), as with *téttola* ("poppa, mammella" — 'breast', 'teat'), and *febbricoso* as applied by D'Annunzio to the marshes, but whose active sense Tommaseo/Bellini says to be current in Tuscany and Corsica to describe fruit. D'Annunzio's incessant consultation of the dictionary, especially that of Tommaseo/Bellini can be demonstrated by a more general fact: this dictionary has a penchant for the more archaic or rarer variant of individual headwords always listing it in second position or cross-referencing to it, and sometimes marking with a cross the obsolete or antiquated form: *spiga* and † *spica; dea* and † *iddia; dei* and † *iddii; rovello* and *rovella; riempiere* and † *rempiere; salire* and † *saglire; otre* and *otro*. Accordingly D'Annunzio almost always prefers *spica* to *spiga, rempiere* to *riempiere, diaccio* to *ghiaccio, saglire (sagliente)* to *salire, capegli* to *capelli, plori* to *piangi, rovella* to *rovello, licore* to *liquore, iddii* and *iddia* to *dei* and *dea*, and alternates the form *otre* with *otro*. Under *otre/otro*, Tommaseo/Bellini cites the bloody episode between Ciro and Tomiri as told in Franco Sacchetti's poem in tercets (CXCVII of *Libro delle rime* ed. by A. Chiari): "La testa gli tagliò in tal delitto/mettendola in un otro pien di sangue/dicendo: Béi, se sete t'ha trafitto." ('He cut off his head in such a criminal act/placing it in a wineskin full of blood/saying: drink, when thirst has pierced you'). The connection between Sacchetti's episode and the corresponding one in *L'otre* is obvious; in D'Annunzio's *poem* the archaic variant *otro* appears out of rhyme in the Tomirian episode (lines 96 and 132), to later abruptly yield way to *otre*. A remarkable example of the stimulus to linguistic creativity which D'Annunzio received from the dictionary is line 15 of the lyric poem *Gli indizii* in *Alcyone*, in which we read that in the water of the canal "s'infracida la dolce carne erbale"; an expression which dates back to a 14th century vernacularization of Pietro de' Crescenzi's medieval treatise on agriculture in Latin. The exquisite lexicographical operation carried out by the poet is worthy of note: in the Crusca's dictionary of 1612 under the headword *erbale* we read: «Di qualità d'erba. Il Cresc. Lat. dice *herbalis*. Cr(escenzio) 2.4.16 "Per la qual cagione spesse volte si seccano, quando i pedali, dattorno attorno, si partono dalla corteccia infino alla carne lignea, o vero erbale della pianta", e cap. 5.1 "Sono nelle piante parti lignee, overo erbali"». Here we see that *carne erbale* was a botanical term and therefore scientific. The citation remains unchanged up to the third edition of the Crusca dictionary, but in the 4th (II, 1731) it is supplemented by the citation of yet another passage from Crescenzio, 3, 15, 5: «Se l'acqua non sia corrotta, si dee tenere infino a sette, accioché infracidi la carne erbale»; this passage makes its way into Tommaseo/Bellini. This very punctual lexicographical deduction then becomes the object of lexicological intervention by the poet: the addition of *dolce* lends a new and sensual metaphoricity to the henceforward forgotten botanical 'technicity' of the archaic metaphor *carne erbale*.

## 6. Conclusion

The civilization and subsequently the literature of each culture is monumental in its own way. It would therefore not be absurd to class its dictionaries amongst the monuments of a literature. And this applies to Italian literature in a special way: it would be a grave error to banish the old dictionaries to paleo-lexicographic junk and replace them with new ones. On the contrary, they should be totally rehabilitated by placing them side by side with, indeed by matching them up with the literary works as equal partners, granting them their active part in literary periodization. This should be done not for the Crusca in general, but for the one or the other edition, the one or the other regional reworking of the Crusca dictionary; not for the dialect dictionary today at hand, but that which was contemporary to the author; not for the Georges or the Lewis and Short or the *Thesaurus Linguae Latinae,* but Stephanus's *Thesaurus* or for Forcellini and for any of the Latin dictionaries which the authors presumably used — just as we no longer venture to normalize, in modern critical editions, Latin or vernacular passages cited in a classical text, but respect the reading of the editions which served as the author's source — whether they be creditable or not. And so, in conclusion, a requirement for philological reading should henceforward become lexicographical reading, especially for those authors who, as all Italian authors, have been "vocabulists".

## 7. Selected Bibliography

### 7.1. Dictionaries

*Battaglia* = Salvatore Battaglia: Grande dizionario della lingua italiana. 14 vol. (A-Py). Torino 1961 ff.
*Crusca* = Vocabolario degli Accademici della Crusca. Venezia 1612 [2. ed. 1623; 3. ed. 3 vol. 1961; 4. ed. 5 vol. 1729—1738 (7 vol. 1806—1811); 5. ed. A—O. 11 vol. 1863—1923].
*Diderot* = Denis Diderot/Jean Le Rond d'Alembert (eds.): L'Encyclopédie, ou Dictionnaire raisonné des sciences, des arts et des métiers. Paris 1751 ff.
*Forcellini* = Egidio Forcellini: Totius Latinitatis Lexicon. 4 vol. Padua 1771.
*Georges* = Karl Ernst Georges: Ausführliches lateinisch-deutsches Handwörterbuch. 7. ed. 2 vol. Leipzig 1879.
*Guglielmotti* = Alberto Guglielmotti: Vocabolario marino e militare. Roma 1889.
*La Porte* = Maurice de La Porte: Epithètes. Paris 1571 [571 p.].
*Lewis/Short* = Charlton Th. Lewis/Charles Short: A Latin Dictionary. Oxford 1975 [2019 p.].
*Littré* = Emile Littré: Dictionnaire de la langue française. 4 vol. Paris 1863—1873 [4708 p.].
*Nouv. dict.* = Nouveau dictionnaire françois-italien et italien-françois. Genève 1677.
*Stephanus* = Robertus Stephanus [Robert Estienne]: Dictionarium seu Latinae linguae Thesaurus. Paris 1531.
*Thesaurus* = Thesaurus linguae latinae. Lipsiae 1900 ff.
*Tommaseo/Bellini* = N. Tommaseo/B. Bellini: Dizionario della lingua italiana. 8 vol. Torino 1861—1879.
*Uguccione* = Uguccione da Pisa: Liber derivationum. [Magnae derivationes]. Manuscripts. 1200.

### 7.2. Other Publications

*Manzoni 1964* = Alessandro Manzoni: Postille al Vocabulario della Crusca nell'edizione veronese, ed. by D. Isella. Milan. Naples 1964.
*Migliorini 1963* = Bruno Migliorini: Gabriele d'Annunzio e la lingua italiana. In: Saggi sulla lingua del Novecento. Florence 1963, 293—323.
*Nencioni 1980* = Giovanni Nencioni: Lessicografia e letteratura italiana. In: Studi di lessicografia italiana II. 1980, 5—30.
*Nencioni 1981* = Giovanni Nencioni: Giacomo Leopardi lessicologo e lessicografo. In: Studi di lessicografia italiana III. 1981, 67—96.
*Nencioni 1984/85* = Giovanni Nencioni: Corso e ricorso linguistico nella "Scienza nuova". In: Bollettino del Centro di studi vichiani XIV—XV. 1984—85, 39—62.
*Praz 1930* = Mario Praz: D'Annunzio e l'"amor sensuale della parola". In: La carne, la morte e il diavolo nella letteratura romantica. Milan 1930, 423—89.
*Quemada 1968* = Bernard Quemada: Les dictionnaires du français moderne, 1583—1863. Paris 1968.
*Rétif 1971* = André Rétif: Baudelaire et le dictionnaire. In: Vie et langage 228. 1971, 122—31.
*Rétif 1971 a* = André Rétif: Sartre et le dictionnaire. In: Vie et langage 232. 1971, 375—84.

*Giovanni Nencioni, Florence (Italy)*
*(Translated from the Italian by Margaret Cop)*

## 17. Wörterbücher als Hilfsmittel der philologischen Arbeit

1. Vorbemerkung
2. Wörterbücher als Hilfsmittel der philologischen Textherstellung
3. Wörterbücher als Hilfsmittel der philologischen Texterklärung
4. Wörterbücher als Hilfsmittel der philologischen Textlokalisierung und Textdatierung
5. Wörterbücher als Hilfsmittel der philologischen Textinterpretation
6. Literatur (in Auswahl)

### 1. Vorbemerkung

#### 1.1. Zur Stellung des Artikels in Kapitel II

Die Artikel 12 bis 25 behandeln unterschiedliche Aspekte des Verhältnisses von Wörterbüchern und Wörterbuchbenutzern. In Art. 17 geht es um „praktische" Benutzungssituationen von Wörterbüchern, eben die philologischen, die neben anderen, wie z. B. denjenigen, in denen Wörterbücher beim Übersetzen, beim Fremdsprachenunterricht benutzt werden, vorkommen. Den Ausgangspunkt für die Gliederung und die Darstellung bieten demnach die philologische Arbeit und die dabei im einzelnen vorkommenden, unterschiedlichen Benutzungssituationen von Wörterbüchern, nicht aber eine vorgegebene Wörterbuchtypologie oder eine Typologie von Benutzungssituationen.

#### 1.2. Philologische Arbeit

Philologische Arbeit soll hier verstanden werden als Herstellung von Texten aus der erhaltenen Überlieferung, Erklärung der Texte auf allen sprachlichen Ebenen, geographisch-historische Einordung der Texte sowie schließlich ihre Interpretation im weitesten Sinne. Philologische Bearbeitung ist Voraussetzung für jede historische Auswertung von Texten, insbesondere also auch für jede Sprachgeschichte und Literaturgeschichte. Nachfolgend werden solche Einzelaspekte philologischer Arbeit und solche Verfahrensweisen herausgehoben und an Beispielen veranschaulicht, bei denen Wörterbücher eine besondere Bedeutung als Hilfsmittel besitzen. Der Artikel bringt philologische Arbeit also nur insoweit zur Darstellung, als sie Wörterbuchbenutzungssituationen umfaßt. Die Darstellung ist insofern systematisch angelegt; sie verfährt exemplarisch, indem für die einzelnen Benutzungssituationen jeweils ein Textbeispiel und dazugehörige Wörterbücher vorgeführt werden.

### 2. Wörterbücher als Hilfsmittel der philologischen Textherstellung

#### 2.1. Überlieferung und Edition

„Die Arbeit der Ph[ilologie] beginnt [...] mit der Sicherung des Wortlautes eines Textes durch Überprüfung der Überlieferung [...]" (Schweikle 1984, 327). Ziel dieses Schrittes philologischer Arbeit ist die Edition des Textes in methodisch gesicherter Gestalt. Die Arbeitsweise differiert dabei stark nach den Bedingungen der Überlieferung in Handschrift oder Druck, in einem oder mehreren Exemplaren, als Autograph oder in Abschrift durch andere. Insofern die Edition einen verstehbaren Text zum Ziel hat, sind die verschiedenen Arbeitsweisen der Texterklärung, insbesondere auf der morphologisch-syntaktischen Ebene, bereits bei der Textherstellung einbezogen. Aus systematischen Gründen sollen sie aber erst im entsprechenden Zusammenhang in Abschnitt 3 behandelt werden. Im Rahmen der Textherstellung bietet die Tatsache unvollständiger Überlieferung besondere Aufgaben philologischer Arbeit, bei der ganz spezielle Wörterbuchtypen benutzt werden können.

#### 2.2. Ergänzung fragmentarischer Überlieferung

Äußere Einwirkung wie Beschneidung oder Zerstörung durch Brand hat öfter zu Textverlusten an Blatträndern geführt, so daß Wortbruchstücke überliefert sind, denen der Anfang oder das Ende fehlt. Soweit möglich wird hier in philologischer Arbeit der Text durch gezielte Einzelergänzung vervollständigt. Diese Ergänzungen können durch Wortformenindices zu vergleichbaren Texten gestützt und erleichtert werden. Dabei kommen für die Ergänzung am Anfang und am Ende jeweils alphabetisch-rechtsläufige wie alphabetisch-rückläufige Wortformenindices in Frage. Für die Ergänzung einer am Ende unvollständigen mittelhochdeutschen Wortform *gebo[* ergeben sich aus einem Wortformenindex beispielsweise *geborn, geboten* als Ergänzungsmöglichkeiten. Für eine am Anfang unvollständige Wortform *Jrouwen* führt ein rückläufiger Wortformenindex auf Wortformen wie *vrouwen, trouwen* und so weiter. Für Ergänzungen am Versende, falls mit abgesetzt geschriebenen Versen gerechnet werden kann, bieten Reimwörterbücher vergleichbarer Texte ebenfalls Ergänzungsmöglichkeiten (vgl. Gärtner/Kühn 1984 u. Art. 111, 112).

## 3. Wörterbücher als Hilfsmittel der philologischen Texterklärung

### 3.1. Morphologisch-syntaktische Texterklärung

#### 3.1.1. Aufgabenstellung und Wörterbuchtypen

Auf einer ersten Ebene ist das Textverständnis im Hinblick auf Flexionsmorphologie und Syntax zu sichern. Flektierte Wortformen sind soweit wie möglich grammatisch zu bestimmen und zusammen mit anderen syntaktischen Ausdrucksmitteln für eine syntaktische Analyse des ganzen Satzes auszuwerten. Bei diesem Arbeitsschritt können Wörterbücher verschiedener Typen zur Überprüfung und Sicherung des eigenen Textverständnisses verwendet werden, sofern sie grammatische Bestimmungen einzelner Wortformen enthalten. Sofern der gerade bearbeitete Text bereits in entsprechenden Wörterbüchern berücksichtigt ist, führt die Wörterbuchbenutzung zur Kontrolle und Bestätigung oder Korrektur der eigenen Formbestimmung, gegebenenfalls auch zur Korrektur des Wörterbuchs. Für bisher nicht berücksichtigte Texte können Wörterbücher zu vergleichbaren Texten eine entsprechende Funktion besitzen. Als Wörterbuchtypen kommen für diesen Arbeitsschritt in Betracht: Wortformenindex mit grammatischen Bestimmungen, lemmatisierter Wortindex mit Belegangaben und grammatischen Bestimmungen, Textglossar oder Corpuswörterbuch mit Angabe aller Belegstellen mit grammatischen Bestimmungen, schließlich jedes mit Belegen dokumentierende Wörterbuch, sofern die grammatische Bestimmung der einzelnen Belegstellen gegeben wird.

#### 3.1.2. Fallbeispiel

Der frühmittelhochdeutsche Text 'Himmel und Hölle' (zu Überlieferung, Lokalisierung, Datierung usw. vgl. McLintock 1983) beginnt mit folgendem Satz:

*Diu himilisge gotes burg diu nebedarf des sunnen noh des manskimen da ze liehtenne* (Steinmeyer 1963, 153, 1f.).

Die Bestimmung der Wortformen und die Feststellung der syntaktischen Beziehungen macht insgesamt keine Schwierigkeiten, so daß der Satz übersetzt werden kann: 'Die himmlische Stadt Gottes, die hat nicht nötig die Sonne noch den Mondschein dort zum Leuchten.' Erklärungsbedürftig ist aber die Formengruppe *des sunnen,* in der die Artikelform Gen. Sing. Mask. oder Neutr. auf den ersten Blick dem geläufigen femininen Genus des Substantivs *sunne* widerspricht. Zur Bestätigung des Textverständnisses und zur Beseitigung von Zweifeln ist an entsprechende Wörterbücher die Frage zu richten, ob das Substantiv *sunne* auch als Maskulinum (oder eventuell auch als Neutrum) bezeugt ist und wie gegebenenfalls die vorliegende Stelle in Wörterbüchern bestimmt wird.

Der Text 'Himmel und Hölle' ist in einem Wortindex mit Belegformenbestimmung zu der ganzen Textsammlung, in der er ediert ist, berücksichtigt. Unter dem Lemma **sunna** mit der alleinigen Genusangabe «fem» ist die Belegstelle beim Gen. Sing. aufgeführt (Heffner 1961, 146), womit die eindeutig nicht-feminine Artikelform *des,* die Heffner selbst (1961, 25) als Maskulinum bestimmt, nicht berücksichtigt wird.

Die Möglichkeit, das Substantiv *sunne* als Maskulinum zu bestimmen, wird aber durch die Genusangaben und durch weitere Belege im 'Mittelhochdeutschen Handwörterbuch' gezeigt (Lexer 1876, 1314 f.), wo aber der hier interessierende Beleg nicht genannt wird. Das 'Deutsche Wörterbuch' diskutiert im Formteil seines Artikels *Sonne* (DWB X, 1, 1905, 1590—1592) auch die Genusfrage. Danach ist das maskuline Genus im Althochdeutschen nicht nachgewiesen, im Mittelhochdeutschen aber sehr häufig. Als ältester Beleg wird die fragliche Stelle aus 'Himmel und Hölle' zitiert, deren Bestimmung damit gesichert ist.

### 3.2. Lexikalische Texterklärung

#### 3.2.1. Aufgabenstellung und Wörterbuchtypen

Ein angemessenes Verständnis eines Textes ist nur möglich, wenn auch die lexikalische Bedeutung der in den einzelnen Sätzen enthaltenen Wörter philologisch geprüft und gesichert wird. Bei fremdsprachigen Texten und ebenso bei Texten aus älteren Sprachstufen ist die Übersetzung in die jeweils eigene Gegenwartssprache Nachweis dieser Prüfung. Zur Übersetzung wird für jedes Wort der Vorlage ein geeignetes semantisches Äquivalent benötigt, womit ganz bestimmte Anforderungen an entsprechende Wörterbücher gestellt sind. Für die philologische Erklärung von Texten aus älteren Sprachstufen wie aus Fremdsprachen benötigt man daher prinzipiell Übersetzungswörterbücher, in denen derartige Übersetzungsäquivalente textbezogen angegeben werden.

Innerhalb der jeweils eigenen Sprache und Sprachstufe steht in der Regel keine Übersetzung an. Der Wortschatz eines entsprechenden Textes kann aber trotzdem ebenso erklärungsbedürftig sein. Jedenfalls ist auch in diesem Fall die Bedeutung eines Wortes für Zeit und Ort der Entstehung des Textes, gegebenenfalls unter Berücksichtigung bestimmter Gebrauchsbedingungen, zu überprüfen. Als philologische Hilfsmittel kommen alle Wörterbücher zu Sprachen, Sprachstufen, Autoren, Einzelwerken in Betracht, sofern sie Bedeutungsangaben enthalten.

3.2.2. Fallbeispiel

In Notkers althochdeutscher Übersetzung des Werks 'De nuptiis Philologiae et Mercurii' des Martianus Capella (zu Notker vgl. Sonderegger 1987) heißt es bei der Aufzählung der Eingeladenen:

*Fóne dero fierdozêndûn uuárd keládôt ter áltcót. tér sâte máchôt. únde sîn himeliuno. dáz ist sîn uuírten ops* (Piper I, 738, 7 = Sehrt/Starck II, 72, 6 f.).

Bei der Übersetzung soll ein Wort zunächst stehen bleiben: 'Aus der vierzehnten (Himmelsregion) wurde eingeladen der Älteste der Götter, der die Saaten hervorbringt, und seine *himeliuno,* das ist seine Gattin Ops.' Es handelt sich hier nach Sehrt/Legner (1955, 264) um den einzigen Beleg bei Notker; nach Schützeichel (1981, 83) kommt das Wort in keinem anderen althochdeutschen Text vor. Sehrt (1962, 92) gibt folgende Interpretamente zum Lemma: „*himel-iuno:* caelestis iuno .i. ops: die Göttin Ops, Gemahlin des Saturnus." Mit den lateinischen Angaben wird der von Notker übersetzte Text berücksichtigt: *Ex bis septena saturnus. eiusque cęlestis iuno consequenter acciti.* Auf der Ebene des Denotats ist hier Ops, die Gemahlin Saturns gemeint. Die so formulierten Interpretamente bei Sehrt (1962) informieren also darüber, welche antike Göttin mit dem Wort *himeliuno* in Notkers Übersetzung bezeichnet wird und bieten somit bereits Hilfe beim Verstehen des Textes. Ein semantisches Äquivalent, das bei der Übersetzung der althochdeutschen Textstelle ins Neuhochdeutsche einsetzbar wäre, liefern sie allerdings nicht.

Ausdrücklich unter dem Aspekt der Einsetzbarkeit ist das Althochdeutsche Wörterbuch von R. Schützeichel konzipiert (1981, XXXIII; vgl. auch Schützeichel 1971, Schützeichel 1976), das für das fragliche Wort (S. 83) die Angabe 'himmlische Gemahlin' bietet. In dieser Angabe wird die bezeichnete Göttin nicht erkennbar, was der metaphorischen Verwendung des Göttinnennamens *Juno* durchaus entspricht. Die Metapher selbst kann im Neuhochdeutschen nicht wiedergegeben werden, da der Name *Juno* durch das Adjektiv *junonisch* dann eher auf die körperliche Gestalt als auf den Status der Gattin bezogen würde. Es wird daher zwangsläufig die Metapher durch die Angabe der bezeichneten Klasse — 'Gemahlin' — ersetzt; dem althochdeutschen Bestimmungswort im Kompositum kann durch ein Adjektivattribut entsprochen werden. Die Konstruktion 'himmlische Gemahlin' kann in die Übersetzung des konkreten Satzes eingesetzt werden und das dort vorhandene Possessivpronomen *sîn* zu sich nehmen, das die Beziehung zu Saturn herstellt: '... und seine himmlische Gemahlin, das ist seine Gattin Ops'.

Das Beispiel verdeutlicht das philologische Bedürfnis nach Wörterbüchern, die textstellenbezogen Übersetzungsäquivalente bieten. Wörterbücher historischer Sprachstufen folgen aber vielfach auch noch anderen, oft nicht explizierten Prinzipien und liefern etwa sog. etymologische Bedeutungen. Das Beispiel sollte zugleich zeigen, wo die stilistischen Gegebenheiten einer Textstelle den Rahmen eines einfachen Wörterbuchartikels bereits sprengen.

3.3. Pragmatisch-stilistische Texterklärung

3.3.1. Aufgabenstellung und Wörterbuchtypen

Syntaktische und lexikalische Analyse führen noch nicht zu einem vollständigen Textverständnis. Es sind gegebenenfalls auch Auskünfte über den Stilwert einzelner Ausdrücke oder über soziale Bedingtheiten ihres Gebrauchs erforderlich. Die pragmatischen Gegebenheiten, also die in einem Text auf die Situation sowie auf Sprecher/Schreiber und Hörer/Leser bezogenen Elemente, bedürfen angemessener Einschätzung, da auch sie historischem Wandel unterliegen. Ein philologisches Erfordernis nach derartiger Einbeziehung der pragmatischen Dimension zeigt sich besonders deutlich im Bereich der Anrede und läßt sich deshalb gut an einem Beispiel aus einem Drama veranschaulichen.

Auskünfte über historische Gebrauchsbedingungen von Wörtern einschließlich ihrer pragmatischen Komponenten geben Wörterbücher aus der Zeit der jeweiligen Texte sowie alle historischen Bedeutungswörterbücher, insbesondere wenn sie entsprechende Belegstellen unter dem hier interessierenden Aspekt kommentieren.

3.3.2. Fallbeispiel

Im ersten Teil von Goethes Faust redet Faust Margarethe folgendermaßen an:

*Mein schönes Fräulein, darf ich wagen, Meinen Arm und Geleit Ihr anzutragen?* (Vers 2605 f.; Goethe III, 84).

Faust wählt als Anredesubstantiv das Wort *Fräulein*, als Anredepronomen den Sing. des Personalpronomens der 3. Person im Femininum: *sie*, Dativ *ihr*. Die historischen Gebrauchsbedingungen dieser Anreden sind teilweise schon aus dem näheren und weiteren Kontext ablesbar, und sie lassen sich mit Wörterbüchern zusätzlich erfassen. Margarethe weist die Anrede als *Fräulein* ohne Begründung zurück: *Bin weder Fräulein, weder schön* (Vers 2607). Etwas später will Mephistopheles Marthe rasch wieder verlassen, als er Margarethe bei ihr bemerkt: *Sie hat da gar vornehmen Besuch* (Vers 2902; Goethe III, 93). Die so ausgedrückte soziale Einstufung Margarethes vermittelt Marthe dieser mit folgenden Worten: *Denk, Kind, um alles in der Welt! Der Herr dich für ein Fräulein hält* (Vers 2905 f.). Hier wird erkennbar, daß das Wort *Fräulein* in der Sprache des Textes einen höheren sozialen Rang der damit angesprochenen oder bezeichneten Person ausgedrückt haben muß als in der deutschen Gegenwartssprache.

Die aus dem Text schon herleitbare historische Gebrauchsbedingung des Wortes *Fräulein* läßt sich mit Wörterbüchern sicherer nachweisen und genauer bestimmen. Das mit dem Text in etwa zeitgenössische Wörterbuch J. Ch. Adelungs (1796, 275) erläutert *Fräulein* als 'Ehrenname unverheiratheter adeliger Frauenzimmer'. Das Deutsche Wörterbuch stellt die 'Faust'-Belege als historisches Bedeutungswörterbuch zu der Bedeutung 'ein vornehmes, edles mädchen' (DWB IV, 1, 1, 88 f.). Gegenwartssprachliche Wörterbücher berücksichtigen die Veränderung der Gebrauchsbedingungen des Wortes, indem sie den älteren Gebrauch ('Anrede nur für unverheiratete Adlige') ausdrücklich als 'veraltet' bezeichnen (so WDG II, 1369, mit Zitat der ersten 'Faust'-Stelle) oder einen anderen wortgeschichtlichen Kommentar bieten (Duden 1976, II, 892). Ein besonders wichtiges Wörterbuch für die Überprüfung des Bedeutungswandels und der Veränderung der Gebrauchsbedingungen im Deutschen im 18. und 19. Jh. ist das von H. Paul begründete 'Deutsche Wörterbuch' (1. Aufl. 1897, 8. Aufl. 1981), in dem zu *Fräulein* neben anderem erklärt wird: 'Bis in den Anfang des 19. Jahrh. war es dem Adel vorbehalten.' (mit Zitat der letzten oben angeführten 'Faust'-Stelle 1981, 212).

Zum vollen Verständnis der als Beispiel gewählten Anrede im Faust gehört aber auch die Beachtung des Anredepronomens, dessen Verwendung im Zusammenhang der Geschichte der Anredepronomen zu sehen ist. Auch dafür bieten Wörterbücher Hilfe. Von der Textstelle aus ist die Frage nach den Verwendungsregeln für die Anrede mit dem Pronomen der 3. Person im Sing. zu stellen. Im Text redet beispielsweise Mephistopheles Marthe in dieser Weise an: *Sie hat da gar vornehmen Besuch,* woraus sich bereits vermuten läßt, daß diese Anrede mit der Anrede *Fräulein* nach den sozialen Implikationen nicht kongruent ist. Über die Verwendung von *sie* (Sing.) gibt das Deutsche Wörterbuch folgende Auskunft:

„anrede an eine weibliche person, die im 17. jahrh. aufkommt, anfangs als feinere und ehrende ausdrucksweise gegenüber der älteren höflichkeitsform ihr [...], dann aber schnell im gebrauche sank, durch den plur. sie [...] verdrängt und auf dienstboten und personen niedern standes eingeschränkt wurde [...]".

Das Wörterbuch zitiert dann eine Belegstelle aus Lessings Minna von Barnhelm, die die Verwendung der Anrede *sie* (Sing.) für die Kammerzofe neben der Anrede *Fräulein* mit dem dazugehörigen Pronomen *sie* (Plur.) für Minna selbst nebeneinander enthält:

*der wirth ... ich komme, gnädiges fräulein, ihnen einen unterthänigen guten morgen zu wünschen, — (zur Franciska) und auch ihr, mein schönes kind."* (DWB X, 1, 1905, 764)

Der Wörterbuchbefund bestätigt den Eindruck, daß Fausts Anrede *Fräulein* an Margarethe in der Verbindung mit *sie* (Sing.) nicht stimmig ist und sich somit vor dem Hintergrund der zeitgenössischen Gebrauchsbedingungen als nicht ernst gemeint zu erkennen gibt.

## 3.4. Denotative Texterklärung: 'Sachphilologie'

### 3.4.1. Aufgabenstellung und Wörterbuchtypen

Texte stehen immer auch in historischen Zusammenhängen, was die in ihnen vermittelten Vorgänge, Handlungen, Gegebenheiten usw. betrifft. Sie sind Ausdruck einer historisch bedingten Bildung des Autors und reflektieren durch direkte Bezugnahme oder indirekte Anspielung ein historisches soziokulturelles Umfeld. Ihr volles Verständnis ist erst dann erreicht, wenn die gemeinten Sachzusammenhänge im weitesten Sinne dem jeweiligen Leser erschlossen werden, was insbesondere in der philologischen Textgattung des Kommentars geschieht. Dabei gilt ganz allgemein, daß mit dem zeitlichen, räumlichen und kulturellen Abstand des Lesers vom Ursprung des Textes die Kommentarbedürftigkeit steigt. Doch sind gegenwartsnahe Texte nicht prinzipiell davon auszuschließen, wie das folgende Beispiel zeigen wird.

Lexikographische Hilfsmittel der auch als 'Sachphilologie' bezeichneten philologischen Kommentierung sind neben den Sprachwörterbüchern eher die Sachwörterbücher. Dabei kommen wiederum mit dem jeweiligen Text zeitgenössische oder moderne Lexika in Betracht und zwar ebenso allgemeine enzyklopädische Werke wie die verschiedenartigsten Fachlexika.

### 3.4.2. Fallbeispiel

In dem zuerst im Jahre 1962 erschienenen Roman 'Sonne und Mond' von Albert Paris Gütersloh beginnt innerhalb der Beschreibung eines Gartenfestes mit Kegelspiel ein Abschnitt mit folgenden Sätzen:

*Die Reihe war also an dem heut' so zart und harmlos erscheinenden südlichen Weibe, sein Glück mit der nordisch schweren Kugel zu versuchen. Die Kegelbrüder traten als Areopag zusammen, geboten dem Buben alle neun aufzustellen, daß wenigstens einen die Anfängerin träfe, gaben ihr Ratschläge, die sie vergeblich wußten, und erwarteten den Fehlschuß.* (Gütersloh 1984, 94 f.)

Ein vollständiges Verständnis dieser Textstelle setzt unter anderem die Kenntnis des Kegelspiels voraus. Es bedarf aber auch der Kenntnis des Wortes *Areopag*. Die Fortsetzung der Textstelle enthält unter anderem folgende Ausdrücke und Wendungen, deren Kenntnis nicht selbstverständlich erscheint:

*launische Götter, Kostüm einer Grazie, Prätorianer, Eros, Felsblock, der den Leugner der Götter zerschmettern sollte, Fortunas Weltball, die Kommandostimme der Ananke* (Gütersloh 1984, 95 f.).

Der Autor bietet somit die Fülle von Anspielungen auf antike Geschichte und Mythologie, die zu einem vollständigen Verständnis des Textes entschlüsselt werden müssen, wofür Sprachwörterbücher und Sachlexika Hilfe leisten. *Ananke* und *Areopag* erscheinen etwa als Stichwörter in einem gegenwartssprachlichen allgemeinen Bedeutungswörterbuch (Duden 1976, I, 123, 186), sie werden in Fremdwörterbüchern wie dem 'Großen Fremdwörterbuch' (1980, 51 f., 70) kurz erklärt. Ausführlichere historische bzw. mythologische Sachinformation zu *Ananke* (griechische Schicksalsgöttin, 'Notwendigkeit') und *Aeropag* (oberster Rat im antiken Athen) bietet etwa der 'Brockhaus' (1966, I, 487, 697) als Beispiel einer Allgemein-Enzyklopädie oder 'Der Kleine Pauly' (1979, I, 332, 524 f.) als Beispiel einer Fachenzyklopädie.

## 4. Wörterbücher als Hilfsmittel der philologischen Textlokalisierung und Textdatierung

Kenntnis von Ort und Zeit der Entstehung oder Bearbeitung eines Textes sind allgemeine Voraussetzungen für eine historische Interpretation des ganzen Textes, gegebenenfalls aber auch für das Verständnis im einzelnen. Lokale oder zeitgebundene Bezüge eines Textes lassen sich nur bei entsprechender Kenntnis richtig verstehen. Texte aus früheren Epochen sind vielfach ohne Angaben zu Ort und Zeit der Entstehung überliefert, sie müssen daher erst in philologischer Arbeit lokalisiert und datiert werden. Dazu werden außersprachliche und sprachliche Kriterien verwendet. Sofern bei den sprachlichen Kriterien der Wortschatz eine Rolle spielt, kommen Wörterbücher als Hilfsmittel in Betracht.

### 4.1. Textlokalisierung durch Wortgeographie

Mittelalterliche deutsche Texte spiegeln die wortgeographische Variation der noch nicht normierten landschaftlich unterschiedlichen Schreibsprachen wider. Der Wortschatz eines Textes kann daher Wörter enthalten, die ein eng begrenztes Verbreitungsgebiet besaßen, deren Auftreten im Text daher mit einer gewissen Wahrscheinlichkeit die Herkunft des Textes aus dem betreffenden Gebiet anzeigt. Auf die methodischen Probleme der Lokalisierung kann hier nicht eingegangen werden; es sei aber betont, daß dabei die Befunde möglichst vieler unterschiedlicher Einzelanalysen zu einem widerspruchsfreien Gesamtbild vereinigt werden. Wortgeographische Beobachtungen werden daher in der Regel nicht allein als Argument dienen. Angaben über historische Verbreitungsgebiete können in Einzelfällen aus historisch-wortgeographischer Forschung oder aus den Ansätzen historischer Wortatlanten entnommen werden. In vielen Fällen wird man aber auf Dialektwörterbücher des 19. und 20. Jahrhunderts angewiesen sein, aus denen auf ältere Verbreitungsverhältnisse zurückgeleitet werden kann.

Als Beispiel sei hier eine Echternacher Handschrift des 11. Jhs. (Paris, Bibliothèque Nationale lat. 9344) mit Vergils Werken genannt, zu denen über tausend deutsche Wörter in Form von Glossen eingetragen wurden. Die Sprachform dieser Glossen weist auf den westmoselfränkischen Dialekt Echternachs, was in vielen Fällen auch am Wortschatz bestätigt werden konnte (Bergmann 1977, 123f.). Das Vorkommen einer Glossierung *Stiria kichilla* in dieser Handschrift (Steinmeyer-Sievers II, 703, 20) läßt sich beispielsweise mit Hilfe der Angaben des Rheinischen Wörterbuchs (IV, 452) über die heutige linksrheinische Verbreitung von *kichel* 'Eiszapfen' wortgeographisch für die Lokalisierung der Glossensammlung verwerten.

4.2. Textdatierung durch Wortgeschichte

Wortgeschichtliche Veränderungen begegnen als Verlust und als Neubildung ganzer (aus Ausdruck und Inhalt bestehender) Wörter oder als Veränderungen der Wortinhalte unter Bewahrung der Ausdrucksseite. Sofern bestimmte Wörter oder Wortbedeutungen nach einem Zeitpunkt nicht mehr sowie vor allem vor einem Zeitpunkt noch nicht belegt sind, liefern sie für Texte, die diese Wörter oder Wortbedeutungen enthalten, termini ante quos beziehungsweise in erster Linie termini post quos. Für solche wortgeschichtlichen Datierungen werden Wörterbücher benötigt, die entweder selbst Quellen für ihre jeweilige Zeit sind oder aber datierte Belege, insbesondere Erstbelege, enthalten. Für die deutschsprachige Überlieferung spielen derartige Datierungen wegen des Fehlens entsprechender Erstbelegwörterbücher keine große Rolle. Doch werden wortgeschichtliche Verhältnisse zur zeitbezogenen historischen Erklärung von Textverhältnissen herangezogen. Dafür sei hier auf ein von Lenschen (1985) analysiertes Beispiel verwiesen, in dem Wörter eines Lesebuchtextes vom Jahre 1941 mit den entsprechenden Begriffserklärungen in der zeitgenössischen Auflage von Meyers Lexikon (8. Auflage 1936ff.) verglichen werden, wodurch die ideologische Gebundenheit der Wortverwendung des Lesebuchtextes deutlich wird. Über die Datierung eines undatierten Textes hinaus kann wortgeschichtliche Analyse von Texten also ihre historische Einbindung nachweisen und so zu ihrer philologischen Erarbeitung beitragen.

5. Wörterbücher als Hilfsmittel der philologischen Textinterpretation

5.1. Aufgabenstellung und Wörterbuchtypen

In dem knappen Lexikonartikel 'Philologie' von Schweikle (1984) steht am Ende der philologischen Arbeit die Interpretation. Nach der Sicherung des Textwortlauts und nach der Wort- und Sachphilologie als sprachlicher und inhaltlicher Analyse und Kommentierung werden Stoff, Form, Struktur und Gehalt analysiert und die historischen Zusammenhänge aufgedeckt. Dann kann der Text insgesamt durch Exegese in seinem Sinn erschlossen werden. Philologische Arbeit mit Wörterbuchbenutzung ist hier insbesondere bei der historischen Einordnung erforderlich, soweit nicht schon die lexikalische Analyse zur Berücksichtigung historisch gebundener Gebrauchsbedingungen und wortgeschichtlicher Verhältnisse geführt hat. Über historische Bedeutungswörterbücher hinaus werden — soweit vorhanden — Autorenwörterbücher sowie auch Begriffswörterbücher zu konsultieren sein, in denen Begriffsinhalte für bestimmte Zeiten und geistige Strömungen historisch dargestellt werden.

5.2. Fallbeispiel

Wörterbuchbenutzung als Hilfe der Interpretation im umfassenden Sinn kann hier nur ansatzweise veranschaulicht werden. In Goethes 'Prometheus' heißt es in Strophe 4:

*Hast du's nicht alles selbst vollendet,/ Heilig glühend Herz?/ Und glühtest, jung und gut,/ Betrogen, Rettungsdank/Dem Schlafenden dadroben?* (Goethe I, 45)

Zu der Wendung *Und glühtest... Rettungsdank* läßt sich mit Hilfe des Deutschen Wörterbuchs für die syntaktische Erklärung folgendes ermitteln:

„als bewusztes stilmittel verwendet der junge Göthe transitives *glühen* in verbindung mit abstrakten objekten von besonderem empfindungsgehalt." (DWB IV, 1, 5, 1958, 454).

Der Artikel *heilig* (DWB IV, 2, 1877, 835 f.) dokumentiert die fortschreitende Säkularisierung des Wortes besonders im 18. Jh., in deren Folge eine Verwendung wie im 'Prometheus' möglich wurde. *Herz* schließlich erweist sich in dem umfangreichen DWB-Artikel (IV, 2, 1877, 1207—1223) als zentrales Wort der Literatur der Empfindsamkeit und des Sturm und Drang. Der Befund kann durch ein geistesgeschichtliches Epochenwörterbuch erweitert werden, A. Langens 'Wortschatz des deutschen Pietismus', das über sein ausführliches Wortregister wie ein Wörterbuch benutzbar ist (Langen 1968, 514 mit den Stellenangaben zu *Herz*). Schließlich liefert das 'Historische Wörterbuch der Philosophie' den weiteren begriffsgeschichtlichen Hintergrund zum Stichwort *Herz*, der die Basis für eine Interpretation der fraglichen Stelle sein kann (Biesterfeld 1974).

## 6. Literatur (in Auswahl)

### 6.1. Wörterbücher

*Adelung 1796* = Johann Christoph Adelung: Grammatisch-Kritisches Wörterbuch der Hochdeutschen Mundart, II. Leipzig 1796 [2140 Sp.].

*Brockhaus 1966* = Brockhaus Enzyklopädie in zwanzig Bänden. Siebzehnte völlig neubearbeitete Auflage des Großen Brockhaus. Erster Band. Wiesbaden 1966 [zs. 16655 S.].

*Duden 1976* = Duden. Das große Wörterbuch der deutschen Sprache in sechs Bänden. Hrsg. und bearbeitet vom Wissenschaftlichen Rat und den Mitarbeitern der Dudenredaktion unter Leitung von Günther Drosdowski. Bd. I. Bd. II. Mannheim. Wien. Zürich 1976 [Bd. I u. II zs. 928 S.].

*DWB* = Jacob Grimm/Wilhelm Grimm: Deutsches Wörterbuch. Band I—Band XVI. Leipzig 1854—1958 [zs. 36612 Sp.].

*Großes Fremdwörterbuch 1980* = Großes Fremdwörterbuch. Bearbeitet vom Lektorat Deutsche Sprache des VEB Bibliographisches Institut Leipzig. 3., durchgesehene Auflage. Leipzig 1980.

*Heffner 1961* = R.-M. S. Heffner: A Word-Index to the Texts of Steinmeyer Die kleineren althochdeutschen Sprachdenkmäler. Madison 1961.

*Der Kleine Pauly 1979* = Der Kleine Pauly. Lexikon der Antike. Auf der Grundlage von Pauly's Realencyclopädie der classischen Altertumswissenschaft unter Mitwirkung zahlreicher Fachgelehrter bearbeitet und hrsg. von Konrad Ziegler/Walther Sontheimer. Band I. München 1975. Taschenbuchausgabe München 1979 [2624 S.].

*Lexer 1876* = Matthias Lexer: Mittelhochdeutsches Handwörterbuch. Band II. Leipzig 1876 (Nachdruck 1965) [2050 Sp.].

*Paul 1981* = Hermann Paul: Deutsches Wörterbuch. Bearbeitet von Werner Betz. 8. Auflage. Tübingen 1981 [851 S.].

*Rheinisches Wörterbuch* = Rheinisches Wörterbuch. Band I—IX. Bonn 1928 — Berlin 1971 [zs. 6208 S.].

*Schützeichel 1981* = Rudolf Schützeichel: Althochdeutsches Wörterbuch. Dritte, durchgesehene und verbesserte Aufl. Tübingen 1981.

*Sehrt 1962* = Edward H. Sehrt: Notker-Glossar. Ein Althochdeutsch-Lateinisch-Neuhochdeutsches Wörterbuch zu Notkers des Deutschen Schriften. Tübingen 1962 [343 S.].

*Sehrt/Legner 1955* = Notker-Wortschatz. Das gesamte Material zusammengetragen von Edward H. Sehrt und Taylor Starck. Bearbeitet und hrsg. von Edward H. Sehrt und Wolfram K. Legner. Halle (Saale) 1955 [641 S.].

*WDG* = Wörterbuch der deutschen Gegenwartssprache. Hrsg. von Ruth Klappenbach und Wolfgang Steinitz. Band II. Berlin 1967 [800 S.].

### 6.2. Sonstige Literatur

*Antony 1981* = Heinz Antony: Korruptel oder Lemma? Die Problematik der Lexikographie auf dem Hintergrund der Editionen. In: Mittellateinisches Jahrbuch 16. 1981 [1982], 288—333.

*Bergmann 1977* = Rolf Bergmann: Mittelfränkische Glossen. Studien zu ihrer Ermittlung und sprachgeographischen Einordnung. Zweite, durchgesehene und um einen Nachtrag ergänzte Auflage. Bonn 1977 (Rheinisches Archiv 61).

*Biesterfeld 1974* = W. Biesterfeld: Herz. In: Historisches Wörterbuch der Philosophie. Band III. Basel. Stuttgart 1974, Sp. 1100—1112.

*Erb 1985* = Teja Erb: Fragen der semantischen Interpretation in der mittelalterlichen Lexikographie. In: Wissenschaftliche Zeitschrift der Universität Rostock 34. 1985, H. 1, 17—21.

*Gärtner/Kühn 1984* = Kurt Gärtner/Peter Kühn: Indices und Konkordanzen zu historischen Texten des Deutschen: Bestandsaufnahme, Typen, Herstellungsprobleme, Benutzungsmöglichkeiten. In: Sprachgeschichte. Ein Handbuch zur Geschichte der deutschen Sprache und ihrer Erforschung. Hrsg. von Werner Besch/Oskar Reichmann/Stefan Sonderegger. Handbücher zur Sprach- und Kommunikationswissenschaft 2.1. Berlin. New York 1984, 620—641.

*Goethe* = Johann Wolfgang von Goethe: Werke. Hamburger Ausgabe in 14 Bänden. Band I. Gedichte und Epen I. Textkritisch durchgesehen und kommentiert von Erich Trunz. 12., neubearbeitete Aufl. 1981. Taschenbuchausgabe München 1982. Band III. Dramatische Dichtungen I. Textkritisch durchgesehen und kommentiert von Erich Trunz.

11., neubearbeitete Aufl. 1981. Taschenbuchausgabe München 1982.
*Gütersloh 1984* = Albert Paris Gütersloh: Sonne und Mond. Ein historischer Roman aus der Gegenwart. Mit einem einleitenden Essay von Helmut Heißenbüttel. Neuausgabe München. Zürich 1984 (Serie Piper 305).
*Langen 1968* = August Langen: Der Wortschatz des deutschen Pietismus. 2. Aufl. Tübingen 1968.
*Lenschen 1985* = Walter Lenschen: Enzyklopädische Lexika als Hilfsmittel zum kritischen Lesen. In: Lexicographica 1. 1985, 225—238.
*Piper* = Die Schriften Notkers und seiner Schule. Hrsg. von Paul Piper. Band I—III. Freiburg. Tübingen 1882—1883 (Germanischer Bücherschatz 8—10).
*Schützeichel 1971* = Rudolf Schützeichel: Vom Übersetzen aus dem Althochdeutschen. In: Studi Medievali, Serie Terza 12. 1971, 807—818.
*Schützeichel 1976* = Rudolf Schützeichel: Kontext und Wortinhalt. Vorüberlegungen zu einer Theorie des Übersetzens aus älteren Texten. In: „Sagen mit sinne". Festschrift für Marie-Luise Dittrich zum 65. Geburtstag. Hrsg. von Helmut Rücker/Kurt Otto Seidel. Göppingen 1976, 411—434.

*Schweikle 1984* = Günther Schweikle: Philologie. In: Metzler Literatur Lexikon. Stichwörter zur Weltliteratur. Hrsg. von Günther Schweikle/Irmgard Schweikle. Stuttgart 1984, 327—328.
*Sehrt/Starck* = Notkers des Deutschen Werke. Nach den Handschriften neu hrsg. von E. H. Sehrt und Taylor Starck. Zweiter Band. Marcianus Capella, De nuptiis Philologiae et Mercurii. Unveränderter Nachdruck der 1. Auflage. Halle (Saale) 1966 (Althochdeutsche Textbibliothek 37) [623 S.].
*Sonderegger 1987* = Stefan Sonderegger: Notker III. von St. Gallen. In: Die deutsche Literatur des Mittelalters. Verfasserlexikon. Zweite, völlig neu bearbeitete Auflage. Bd. VI. Berlin. New York 1987, Sp. 1212—1236.
*Steinmeyer 1963* = Die kleineren althochdeutschen Sprachdenkmäler. Hrsg. von Elias von Steinmeyer. Zweite Aufl. Unveränderter Nachdruck der 1. Aufl. 1916. Berlin. Zürich 1963.
*Steinmeyer-Sievers* = Die althochdeutschen Glossen. Gesammelt und bearbeitet von Elias Steinmeyer/Eduard Sievers. Band II. 1882. Unveränderter Nachdruck Dublin. Zürich 1969.

*Rolf Bergmann, Bamberg*
*(Bundesrepublik Deutschland)*


# 18. Wörterbücher als Hilfsmittel der linguistischen Forschung

1. Linguistische Forschung und Wörterbuchbenutzung
2. Wörterbücher als sprachtheoretische Modelle
3. Wörterbücher als Informanten
4. Literatur (in Auswahl)

## 1. Linguistische Forschung und Wörterbuchbenutzung

Über Verwendungsweisen von Wörterbüchern in linguistischen Forschungszusammenhängen ist ebenso wenig bekannt wie über Verwendungsweisen von Wörterbüchern in alltäglichen Kommunikationssituationen, d. h.: es gibt keine empirischen Untersuchungen zur Frage, wann, wie und zu welchem Zweck Linguisten für ihre Forschungsarbeiten Wörterbücher benutzen (vgl. auch Art. 14). Zwar enthalten die Literaturverzeichnisse vieler semantischer und lexikologischer Untersuchungen u. a. auch Wörterbücher, in den seltensten Fällen geht aber aus den Darstellungen selbst hervor, welche Rolle sie, bzw. ihre Benutzung, für die linguistische Analyse und ihre Ergebnisse gespielt haben. Im folgenden sollen deshalb an einigen wenigen Fällen linguistischer Wörterbuchbenutzung exemplarisch die grundsätzlichen Möglichkeiten dargestellt werden, die Linguisten nutzen können, wenn sie — einsprachige, seltener zweisprachige — Wörterbücher verwenden. Die Funktion, die Wörterbücher dabei haben können, ist eine doppelte:

Zum einen haben sie die Funktion eines (Kontrast-)Modells für sprachtheoretische Konzepte; zum andern haben sie die Funktion von Informanten, die dem Linguisten sprachliche Daten liefern, die er im Rahmen bestimmter linguistischer (Teil-)Theorien bewertet und auswertet.

## 2. Wörterbücher als sprachtheoretische Modelle

### 2.1. Lexikon und Wörterbuch

In allen sprachtheoretischen Konzeptionen, ganz gleich aus welcher Schule sie stammen, spielt der Wortschatz, das Lexikon, einer

Sprache eine eigenständige und besondere Rolle. Im Unterschied zu anderen theoretischen Bestimmungsstücken wie Grammatik (Syntax) oder Pragmatik, die durch eine Menge von Prinzipien und Regeln zur Bildung von korrekten Sätzen und Äußerungen in einer Sprache spezifiziert sind, enthält das Lexikon die objektsprachlichen Einheiten selbst: es stellt eine Liste aller Wörter einer Sprache dar, im Unterschied etwa zu einer Grammatik, die keine Liste von Sätzen einer Sprache darstellt.

Diese Konzeption des Lexikons einer Sprache als Liste ist als solche — unabhängig von ihrer jeweiligen Anordnung — an der Organisationsform eines einsprachigen Wörterbuchs orientiert. Gleichzeitig wird das Lexikon aber auch im Kontrast zum Normaltyp eines Wörterbuchs gesehen (vgl. Grewendorf/Hamm/Sternefeld 1987, 276): es enthält neben usuellen Wörtern einer Sprache auch gebundene Morpheme sowie eine endliche Menge von Regeln der Komposition und Derivation und eine unendliche Menge von potentiellen Bildungen bzw. möglichen Wörtern. Die usuellen Wörter einer Sprache bestehen einmal aus Lexemen, d. h. Formen, die mental, also im Gedächtnis gespeichert sind, und andererseits aus usuellen Bildungen, Kompositionen und Derivationen. Der Normaltyp des einsprachigen Wörterbuchs stellt einen Ausschnitt aus dem Lexikon einer Sprache dar: es enthält eine endliche Liste aller Lexeme einer jeweiligen Sprache, wobei Wortbildungsprodukte nur insofern berücksichtigt werden, als sie lexikalisiert, d. h. mental gespeichert sind, also nicht mit Hilfe von Wortbildungsregeln aus den Bedeutungen ihrer Bildungselemente erschlossen werden können, vgl. z. B. *Haustür* im Unterschied zu *Hausbesichtigung*.

Unter dieser Voraussetzung können einsprachige Wörterbücher als Informanten für Daten dienen, die Aufschluß über Lexikalisierungen und Lexikalisierungsgrade von Wortbildungsprodukten geben. Dies bedeutet auch, daß solche Wörterbücher als Informanten über den Status von Wortbildungsprodukten — als Lexeme oder als usuelle Bildungen — dienen und damit eine Hilfe bei der Sortierung sprachlicher Daten darstellen können.

2.2. Lexikoneintrag und Wörterbucheintrag

Alle in der Liste des Lexikons angeführten Lexeme und gebundenen Morpheme sind mit lexikalischen Einträgen versehen. Die Informationsarten, die solche Einträge enthalten, können mit denen von Wörterbucheinträgen bzw. Wörterbuchartikeln verglichen werden: sie enthalten eine — meist phonologische — Repräsentation der entsprechenden Lexikoneinheit sowie die Angabe ihrer Wortart oder Kategorienzugehörigkeit. Die Frage nach weiteren notwendigen Informationen in Lexikoneinträgen beantwortet z. B. Radford mit einem Verweis auf Wörterbuchartikel:

„Traditional dictionaries such as Hornby's (1974) Oxford Advanced Learner's Dictionary of Current English include not only categorial information in their entries, but also information about the range of complements which a given item permits." (Radford 1988, 339)

Analog zu Wörterbucheinträgen sollen Lexikoneinträge die Angabe von syntaktischen Kontexten, d. h. die Subkategorisierung einer lexikalischen Einheit sowie ihre semantische Charakterisierung enthalten. Die vier Bestandteile (phonologische) Repräsentation, Kategorisierung, Subkategorisierung und semantische Charakterisierung einer Lexikoneinheit gehören zum obligatorischen Bestand von Einträgen im Normaltyp eines einsprachigen Wörterbuchs und sind als solche abbildbar auf Lexikoneinträge.

3. Wörterbücher als Informanten

Die wichtigste Funktion von Wörterbüchern besteht darin, als Informanten Daten zu liefern, die im Rahmen einer Sprachtheorie bewertet und ausgewertet werden. Insofern unterscheidet sich die typische Benutzungssituation von Wörterbüchern zu Forschungszwecken grundlegend von der in alltäglichen Kommunikationszusammenhängen: in letzteren wird die Bewertung bezüglich Korrektheit und Angemessenheit der gebotenen Daten vom Wörterbuchbenutzer stillschweigend vorausgesetzt — das Wörterbuch stellt für denjenigen, der nicht Sprachexperte ist, eine kompetente Instanz dar, die als solche Maßstäbe von Korrektheit und Angemessenheit der Daten erfüllt. Demgegenüber sind die Daten, die der Linguist aus Wörterbüchern gewinnt, zunächst wertneutral, sie werden erst in einem zweiten Schritt im Rahmen bestimmter Theorien und meist unter Hinzuziehung weiterer Daten, z. B. durch Befragung zusätzlicher Informanten oder auch der Sprachkompetenz des Linguisten selbst, gewichtet und ausgewertet.

## 3.1. Einsprachige Wörterbücher als Informanten für Daten einer semantischen Beschreibungssprache

In einsprachigen Wörterbüchern, in denen die Bedeutungen zu den Stichwörtern angegeben sind, werden diese mit anderen Wörtern als dem Stichwort selbst paraphrasiert. Den didaktischen Zwecken eines Wörterbuchs entsprechend erwartet man, daß die erklärenden Wörter leichter verständlich sind als das zu erklärende Wort oder anders ausgedrückt, daß die Beschreibungssprache einfacher, grundlegender, 'primitiver' ist als die zu beschreibende Sprache. Diese Erwartung hat Parallelen zu Forderungen, die man in der linguistischen Semantik an eine semantische Beschreibungssprache stellt: diese soll aus einer endlichen, relativ kleinen Menge von semantischen Primitiven bestehen, d. h. natürlich-sprachlichen Prädikaten, die nicht weiter analysierbar sind und insofern, wie man auch sagt, atomare Prädikate darstellen, mit denen alle in einer Sprache vorkommenden Wörter definiert oder vorsichtiger: semantisch beschrieben werden können (vgl. z. B. Wierzbicka 1972). Kandidaten für solche atomaren Prädikate sind z. B. MENSCHLICH, BELEBT, WOLLEN, BEWIRKEN oder auch GUT. Über die Frage, inwieweit solche Prädikate nicht weiter zerlegbar, d. h. wirklich atomar sind, ist in der linguistischen Literatur viel geschrieben und diskutiert worden. Unstrittig ist dabei aber immer das Desiderat geblieben, über eine solche primitive, grundlegende Beschreibungssprache verfügen zu wollen.

Eine erste Annäherung an eine Konzeption zu einer solchen Beschreibungssprache könnte nun darin bestehen, einsprachige Bedeutungswörterbücher in ihrem Verhältnis von beschriebener zu beschreibender Sprache zu untersuchen, wie in Neubauer 1980 (vgl. auch Neubauer/Petöfi 1981). Ausgehend von der Beobachtung, daß die Bedeutungsbeschreibungen in einsprachigen Wörterbüchern Zirkularitäten enthalten (vgl. Art. 44), kann man die zirkulär auftretenden Wörter als Kandidaten für eine primitive Beschreibungssprache aussortieren. Dies sei an einem Beispiel demonstriert (vgl. Neubauer 1980, 6):

Im Wahrig-[1]DW (wie auch im DUDEN-GW und im Duden-DUW) wird das Lemma **können** durch 'vermögen', 'fähig sein', 'imstande sein' und 'in der Lage sein' erklärt. Die erklärenden Ausdrücke als Lemmata werden ihrerseits wiederum mit 'können' bzw. mit den anderen Wörtern, durch die das Lemma **können** paraphrasiert wird, beschrieben. Insgesamt ergibt sich das folgende Bild:

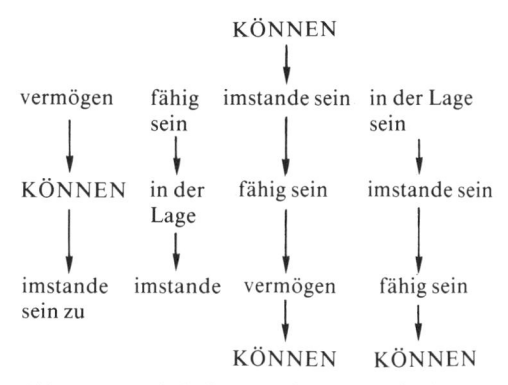

```
              KÖNNEN
                 ↓
vermögen   fähig   imstande sein   in der Lage
           sein                    sein
   ↓         ↓         ↓              ↓
KÖNNEN    in der   fähig sein     imstande sein
          Lage
   ↓         ↓         ↓              ↓
imstande  imstande  vermögen       fähig sein
sein zu
             ↓         ↓              ↓
           KÖNNEN    KÖNNEN         KÖNNEN
```

Abb. 18.1: Verhältnis von erklärten und erklärenden Ausdrücken (1)

Durch Umstellung der Einheiten läßt sich zeigen, wie diese ein in sich zirkuläres Wortfeld bilden (vgl. Neubauer 1980, 6):

```
              IMSTANDE SEIN
              ↗     ↕     ↖
VERMÖGEN ⟵ KÖNNEN ⟶ FÄHIG SEIN
              ↘     ↕     ↙
             IN DER LAGE SEIN
```

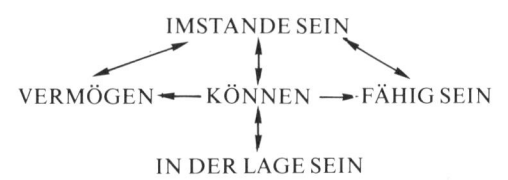

Abb. 18.2: Verhältnis von erklärten und erklärenden Ausdrücken (2)

Es zeigt sich an diesem zirkulären Wortfeld, daß offenbar der Ausdruck KÖNNEN als Kandidat für eine semantische Beschreibungssprache geeigneter, weil grundlegender ist als alle anderen erklärenden Ausdrücke: diese sind alle — wenn auch auf unterschiedlichen Erklärungswegen — auf KÖNNEN zurückführbar. Es versteht sich von selbst, daß solche Hypothesen über Kandidaten für eine semantische Beschreibungssprache nur dann zulässig sind, wenn Zirkularitäten von Bedeutungsbeschreibungen als prinzipiell unvermeidbar gelten können, was wohl von niemandem ernsthaft bestritten wird (vgl. auch Art. 85).

## 3.2. Einsprachige Wörterbücher als Informanten für Daten des Grundwortschatzes einer Sprache

Auf der Grundlage der angestellten Überlegungen zu möglichen Kandidaten für eine primitive semantische Beschreibungssprache kann man auch einen Schluß ziehen, der sich auf den Bestand des grundlegenden Wortschatzes einer Sprache bezieht (vgl. Neubauer 1980). Wörter, auf die die Zirkularität von Bedeutungsbeschreibungen letztlich zurückführt, können als geeignete Kandidaten für das Inventar eines Grundwortschatzes angesehen werden. Das bedeutet auch, daß Wörterbücher, auf ihr Verhältnis von beschriebener zu beschreibender Sprache hin untersucht, wertvolle Informanten für den Bestand von Grundwortschätzen abgeben und eine wertvolle Ergänzung oder Kontrastierung zu entsprechenden Frequenzuntersuchungen darstellen können.

### 3.3. Wörterbücher als Informanten für die Gewinnung untersuchungsleitender Hypothesen

Wörterbücher können zu linguistischen Zwecken als heuristische Instrumente benutzt werden: in einer kontrastiven Analyse zu Verben des Visuellen im Französischen und Deutschen werden z. B. von der Autorin entsprechende einsprachige und zweisprachige Wörterbücher benutzt, um zu Hypothesen über Sortierungskriterien der untersuchten Verben zu gelangen und um Hypothesen zu gewinnen über die semantischen Eigenschaften der beiden Verbklassen: Verben der visuellen Wahrnehmung und Verben des visuellen Handelns (vgl. Schepping 1982). Die gewonnenen Hypothesen werden im Verlauf der Untersuchung durch weitere Informantenbefragungen und Tests verifiziert bzw. falsifiziert (vgl. Schepping 1982, 68 f.). Gleiches gilt für den kontrastiven Aspekt der Untersuchung: zweisprachige Wörterbücher werden verwendet, um Hypothesen über semantisch-pragmatische Übersetzungsäquivalenzen in den Sprachen Französisch und Deutsch zu gewinnen.

### 3.4. Wörterbücher als Informanten für die Gewinnung eines Untersuchungskorpus

Ein- und zweisprachige Wörterbücher können auch als heuristische Instrumente bei der Gewinnung eines Untersuchungskorpus genützt werden. Dies gilt vor allem für Untersuchungen zu Wortschatzverbänden wie Wortfeldern (vgl. z. B. Lutzeier 1981). Die ein Lemma paraphrasierenden Ausdrücke können z. B. als Kandidaten für Elemente eines Wortfeldes herangezogen werden (vgl. Schepping 1982, 87), ebenso wie Synonyme, die im Wörterbuchartikel ausdrücklich verzeichnet sind (vgl. Art. 48). Für das Deutsche ist man da allerdings eher auf Synonymensammlungen wie Dornseiff 1970 oder Wehrle-Eggers 1967 angewiesen, die als Informanten für Wortfeldzugehörigkeiten dienen können.

Darüber hinaus können Wörterbücher natürlich noch unter unterschiedlichsten Gesichtspunkten als heuristische Instrumente für die Korpuswahl in einer linguistischen Untersuchung dienen: z. B. bei der Auswahl von sprachvarietätenbezogenen Ausdrücken, bei der Auswahl von Ausdrücken nicht-nativer Herkunft oder — kontrastierend — bei der Auswahl von Neologismen einer Sprache.

### 3.5. Wörterbücher als Informanten zu mangelhaften theoretischen und methodischen Konzeptionen

Ein letzter Aspekt der linguistischen Verwertung von Wörterbüchern bezieht sich auf die häufig sehr kritische Haltung, die Linguisten Wörterbüchern als Informanten für linguistische Zwecke entgegenbringen: das Wörterbuch als exemplum in contrario! Das heißt: häufig werden Wörterbücher — vielleicht nicht ganz zu Unrecht — als negative Vorbilder für semantisch-lexikologische Untersuchungen entlarvt: Ballmer/Brennenstuhl 1986 z. B. unterziehen die Synonymenwörterbücher des Deutschen und Englischen einer kritischen Untersuchung hinsichtlich ihrer möglichen zugrundeliegenden Klassifikationskriterien. Die festgestellten Mängel und Inkonsistenzen legitimieren die Autoren zu ihrer eigenen, andersartigen Analyse des deutschen Verbwortschatzes. Wörterbücher können also auch dazu dienen — und das ist keineswegs negativ zu verstehen —, Impulse für bessere theoretische und methodische Konzepte bei der Untersuchung des Wortschatzes einer Sprache zu geben.

## 4. Literatur (in Auswahl)

### 4.1. Wörterbücher

*Dornseiff 1970* = Franz Dornseiff: Der deutsche Wortschatz nach Sachgruppen. 7. unveränd. Aufl. Berlin. New York 1970 [922 S.].

*Duden-DUW* = Duden. Deutsches Universalwörterbuch. Hrsg. und bearb. vom Wissenschaftlichen Rat und den Mitarbeitern der Dudenredaktion unter Leitung von Günther Drosdowski. Mannheim. Wien. Zürich 1983 [1504 S.].

*Duden-GW* = Duden. Das große Wörterbuch der deutschen Sprache in sechs Bänden. Hrsg. und bearb. vom Wissenschaftlichen Rat und den Mitarbeitern der Dudenredaktion unter Leitung von Günther Drosdowski. Mannheim. Wien. Zürich. Bd. 1: *A—Ci* 1976; Bd. 2: *Cl—F* 1976; Bd. 3: *G—Kal* 1977; Bd. 4: *Kam—N* 1978; Bd. 5: *O—So* 1980; Bd. 6: *Sp—Z* 1981 [Zus. 2992 S.; 2. Aufl. als Bd. 30, 1979; Bd. 31, 1980; Bd. 32, 1981 von Meyers Enzyklopädischem Lexikon. Mannheim. Wien. Zürich, zus. 2992 S.].

*Wahrig-[1]DW* = Gerhard Wahrig: Das Große Deutsche Wörterbuch. Hrsg. in Zusammenarbeit mit zahlreichen Wissenschaftlern und Fachleuten. Mit einem „Lexikon der deutschen Sprachlehre". Gütersloh 1966 (Die große Bertelsmann Lexikon-Bibliothek) [4 S., 4184 Sp.].

*Wehrle-Eggers 1967* = Hugo Wehrle und Hans Eggers: Deutscher Wortschatz. Ein Wegweiser zum treffenden Ausdruck. 13. Aufl. Stuttgart 1967 [821 S.].

### 4.2. Sonstige Literatur

*Ballmer/Brennenstuhl 1986* = Thomas T. Ballmer/Waltraud Brennenstuhl: Deutsche Verben. Eine sprachanalytische Untersuchung des deutschen Verbwortschatzes. Tübingen 1986.

*Grewendorf/Hamm/Sternefeld 1987* = Günther Grewendorf/Fritz Hamm/Wolfgang Sternefeld: Sprachliches Wissen. Eine Einführung in moderne Theorien der grammatischen Beschreibung. Frankfurt a. M. 1987.

*Lang 1983* = Ewald Lang: Lexikon als Modellkomponente und Wörterbuch als lexikographisches Produkt: ein Vergleich als Orientierungshilfe. In: Die Lexikographie von heute und das Wörterbuch von morgen. Analysen — Probleme — Vorschläge. Hrsg. von Joachim Schild und Dieter Viehweger. Berlin [DDR] 1983 (Linguistische Studien. Reihe A. Arbeitsberichte 109), 76—91.

*Lutzeier 1981* = Peter Rolf Lutzeier: Wort und Feld. Wortsemantische Fragestellungen mit besonderer Berücksichtigung des Wortfeldbegriffs. Tübingen 1981.

*Neubauer 1980* = Fritz Neubauer: Die Struktur der Explikationen in deutschen einsprachigen Wörterbüchern. Eine vergleichende lexikosemantische Analyse. Hamburg 1980 (Papiere zur Textlinguistik 27).

*Neubauer/Petöfi 1981* = Fritz Neubauer/Janos Petöfi: Word Semantics, Lexicon Systems, and Text Interpretation. In: Hans-Jügen Eikmeyer/Hannes Rieser (Hrsg.). Words, Worlds, and Contexts. New Approaches in Word Semantics. Berlin. New York 1981, 343—377.

*Radford 1988* = Andrew Radford: Transformational Grammar. A first Course. Cambridge 1988.

*Schepping 1982* = Marie-Theres Schepping: Kontrastive semantische Analyse von Verben des Visuellen im Französischen und Deutschen. Tübingen 1982.

*Wierzbicka 1972* = Anna Wierzbicka: Semantic Primitives. Frankfurt a. M. 1972.

*Gisela Harras, Mannheim*
*(Bundesrepublik Deutschland)*


# 19. Wörterbücher als Hilfsmittel für den Wirtschaftshistoriker

1. Allgemeines
2. Typen wirtschaftshistorischer lexikalischer Hilfsmittel
3. Zur Geschichte wirtschaftskundlicher Wörterbücher
4. Literatur (in Auswahl)

## 1. Allgemeines

Ein wesentlicher Teil der vom Wirtschaftshistoriker benützten lexikalischen Hilfsmittel deckt sich mit den in den historischen Nachbarfächern verwandten Sachwörterbüchern, die terminologische und begriffliche (Haberkern/Wallach 1980, Bayer 1980, Ladendorf 1906), begriffsgeschichtliche (Geschichtliche Grundbegriffe 1972—) oder auch epochenspezifische (Lexikon des Mittelalters 1977—) Hilfestellungen geben. Zu diesem Komplex allgemeingeschichtlicher Hilfsmittel gehören auch länder- bzw. regionalspezifische Lexika (z. B. Dictionary of American History 1978, The Modern Encyclopedia of Russian and Soviet History 1976—), die Personen, Ereignisse, Institutionen, aber auch komplexere ökonomische Sachzusammenhänge nach Stichworten dokumentieren. Sie werden ergänzt durch topographische und statistische Wörterbücher (z. B. Ritter 1905). In vielen Fällen, etwa bei der Untersuchung von Problemen der Wirtschaftsethik, ist der Rückgriff auf speziellere Hilfsmittel notwendig (Die Religion in Geschichte und Gegenwart 1957—, Lexikon für Theologie und Kirche 1957—). Die Breite möglicher wirtschaftshistorischer Fragestellungen bestimmt letztendlich die Spannweite der benötigten Hilfsmittel.

## 2. Typen wirtschaftshistorischer lexikalischer Hilfsmittel

Die im engeren Sinne fachspezifischen Hilfsmittel lexikalischen Charakters lassen sich in drei große Gruppen untergliedern: wirtschaftskundliche Lexika, systematisierende Handwörterbücher und handbuchartige Nachschlagewerke. Die Dichte wirtschaftsgeschichtlicher Informationen im eigentlichen Sinne ist in den verschiedenen Texttypen sehr unterschiedlich ausgeprägt. Von den pragmatischen Selektionsschemata einer Ökonomie des Wirtschaftsalltags ohne erkennbare diachrone Dimension reicht die Breite der Darstellungsformen und Inhalte bis zu dem Versuch, prozessuale Abläufe und Zusammenhänge begrifflich bzw. stichwortartig auseinanderzulegen.

### 2.1. Wirtschaftskundliche Lexika

Sie gehören zu den ausgesprochen gegenwartsbezogenen Handreichungen, die sich vornehmen, zu bieten, „was der in der Wirtschaft Stehende sucht und was der Erklärung bedarf" (Bülow 1936). Sie zielen auf eine „normale Information" (Recktenwald 1987), die alltagssprachliche Artikulationsformen und ökonomische Begrifflichkeit zu vermitteln bemüht ist.

Strukturbestimmend ist durchgängig die stark handlungsorientierte Auswahl der Stichwörter und Leitbegriffe. Das *Wörterbuch der Wirtschaft* räumt betriebswirtschaftlichen, rechtlichen und ordnungspolitischen Problemen einen gewissen Vorrang ein; zum Texttypus gehört der Verzicht auf Personenartikel und eine weitergehende Darstellung historischer Sachverhalte. Auf bibliographische Hinweise und Quellenangaben wird in der Regel verzichtet. Eine Ausnahme bildet das *Wirtschaftslexikon* (Gabler 1977), das sich bemüht, die Funktionen des aktuellen Nachschlagewerks mit gründlich dokumentierten theoretischen und historischen Informationen und bibliographischen Rückverweisen zu verknüpfen. Die kaufmännisch-technischen Aspekte, die an der Zirkulationssphäre sich orientierenden Kriterien wirtschaftlicher Relevanz wiegen allerdings auch hier eher vor. Warenkundliche und technologische Aspekte treten, besonders gemessen an der älteren Literatur (s. u. 3.), stark zurück.

Für den Historiker sind die wirtschaftskundlichen Lexika vornehmlich unter dem Gesichtspunkt der Quellen- bzw. Problemnähe oder als eine Reihe bildende Dokumentation stichwortartiger Verknüpfungen ökonomischer Sachverhalte interessant. Als erste oder vorgeblich zeitlose Handreichungen verdienen sie eine doppelte Lektüre, die sie zu sehr wertvollen Zeugnissen über vergangene Wahrnehmungsmuster macht (s. auch unten 3.).

### 2.2. Handwörterbücher

Das Spektrum der einschlägigen Handwörterbücher ist relativ breit und zeitlich tief gestaffelt. Die großen um die Jahrhundertwende konzipierten Realenzyklopädien bleiben, besonders in ihren historischen Abteilungen eine wichtige, häufig unabdingbare Ergänzung neuerer Auflagen oder sie fortsetzender Publikationen.

Im deutschen Sprachbereich gehört hierhin die 1890 mit dem von J. Conrad herausgegebenen *Handwörterbuch der Staatswissenschaften* (HDS) beginnende Reihe großer lexikographischer Unternehmungen im Bereich der Staats- und Sozialwissenschaften. Die Fortsetzung dazu bildeten das *Handwörterbuch der Sozialwissenschaften* (HDSW 1956—) und das *Handwörterbuch der Wirtschaftswissenschaften* (HDWW 1977—), die jeweils explizit aneinander anschließen. Gemeinsam ist diesen stichwortalphabetisch angelegten Texten eine gewisse Tendenz zur geschlossenen Darstellung größerer zusammenhängender Aspekte des Wirtschaftslebens. Anteilsmäßig spielen theoretische und methodologische Probleme dabei eine zunehmend wichtigere Rolle. Bei der Darstellung historischer Sachverhalte kommt es zu einer deutlichen Schwerpunktbildung im Bereich der Geschichte der ökonomischen Lehrmeinungen und der wirtschaftlichen Institutionen. Der Struktur der Einträge nach dominiert die Überblicksdarstellung. Ausführliche Literaturnachweise sollen der weiteren Orientierung den Weg weisen (Bsp. HDSW 1965, 12 Art. **Wirtschaftsgeschichte,** gliedert nach Grundlegung und einzelnen Epochen). Eine etwas engmaschigere Verzahnung zwischen historischem, theoretisch-analytischem und praxisorientiertem Zugriff kennzeichnet das *Handwörterbuch der Wirtschaftswissenschaften* (Bsp. HDWW 1980, 5 Art. **Öffentliche Verschuldung,** gliedert nach Überblick, Geschichte, Theoretische Grundlagen, Praxis der öffentlichen Verschuldung und der öffentlichen Kassenhaltung). Diesen dt. Nachschlagewerken in der Anlage vergleichbar sind die 1930—35 von Edwin R. A. Seligman edierte *Encyclopedia of Social Sciences* und die *International Encyclopedia of Social Sciences*, 1968—.

### 2.3. Handbuchartige Nachschlagewerke

Neben den wirtschaftskundlichen Lexika und den klassischen Handwörterbüchern spielen handbuchartige Nachschlagewerke eine gewisse Rolle, die sich bemühen, „die Vorteile eines 'Handbuchs' mit den positiven Eigenschaften eines 'Wörterbuchs' zu verbinden" (HDV 1978, Vorwort). Dabei geht es in der Regel darum, systematische Geschlossenheit und lexikalische Übersichtlichkeit unter darstellerischen Gesichtspunkten miteinander zu verknüpfen. Bisweilen sucht dieser Typus des „Lehr- und Nachschlagewerks" (Recktenwald 1983) allerdings auch übergreifende Bezüge, historische Wurzeln und aktuelle empirische Aspekte einzelner wirtschaftlicher Phänomene in Stichworten zu thematisieren. Sein spezifisch historisches Pendant ist der *Wirtschafts-Ploetz* 1985, ein vornehmlich chronologisch und regional gegliedertes Nachschlagewerk, das alphabetisch durch ein ausführliches Register aufgeschlossen wird. Dem Informationsgehalt nach haben diese Texte eher einführenden, wenn auch keineswegs bloß vulgarisierenden Charakter.

Dem Typus nach lassen sich dieser Gruppe von Handwörterbüchern wirtschaftshistorischen Inhalts die statistischen Übersichtsdarstellungen und münz- und preisgeschichtlichen Materialsammlungen in tabellarisch und lexikalisch aufbereiteter Form zuordnen, die einführende und informative Funktionen miteinander verknüpfen (The Economist's Handbook 1934, Klimpert 1896, Alberti 1957, Sozialgeschichtl. Arbeitsbuch 1975). Das gilt auch für die auf einzelne Perioden sich beziehenden Nachschlagewerke, die lehrbuchartiges Exposé und lexikalische Darstellung miteinander verbinden (Tulard 1987, Vovelle 1988).

### 3. Zur Geschichte wirtschaftskundlicher Wörterbücher

Den zeitgenössischen wirtschaftskundlichen Lexika und Handwörterbüchern geht eine lange Reihe von Nachschlagewerken voraus, die für den Wirtschaftshistoriker eine nicht weniger große Bedeutung besitzen als viele moderne Hilfsmittel. Ihre Entstehung verdanken sie zu Ende des 17. Jh. so unterschiedlichen Überlieferungssträngen wie dem der Hausväterliteratur, dem der kaufmännischen Anleitungen (prattiche di mercatura) und dem der merkantilistischen bzw. kameralistischen Literatur.

Savary des Bruslons 1723 liefert das Modell des diese verschiedenen Wissensbereiche integrierenden enzyklopädischen Wörterbuchs. Ausgehend von einer bloßen warenkundlichen Nomenklatur nahm Savarys Vorhaben, das ohne staatliche Unterstützung kaum denkbar gewesen wäre, Informationen aus den Berichten der frz. Manufakturinspektion, der auswärtigen Konsulate, den verfügbaren Reiseberichten, privaten und öffentlichen Sammlungen (wie die der Académie des Sciences) auf, die eigens erstellte Gutachten von Wissenschaftlern wie Tournefort, Lemery, Jussieu, Geoffroy und Homberg ergänzten (vgl. Préface historique). Der Sache nach bildete der Savary des Bruslons damit den Schlußstein eines etwa ein halbes Jahrhundert zuvor einsetzenden Verschriftlichungsprozesses, der zum ersten Mal die Zirkulations- und Produktionssphäre in annähernd gleicher Weise erfaßte. — Zahlreiche Übersetzungen und Adaptationen in nahezu allen europäischen Sprachen begleiteten im Verlauf des 18. Jh. die zahlreichen Neuauflagen des *Dictionnaire universel de Commerce* (vgl. dazu Perrot 1981). Malachy Postlethwayts Übersetzung ins Englische kommt darunter eine besondere Bedeutung zu, da sie zuerst den (allerdings weitgehend gescheiterten) Versuch machte, die (im herkömmlichen Sinne) historische Darstellung durch eine analytische Perspektive zu ergänzen (Postlethwayt 1749). Ähnliche lexikographische Konzepte entwickelten in Deutschland Ludovici, May und Leuchs (vgl. Weber 1914). Eine theoretisch und axiomatisch geschlossene Konzeption eines wirtschaftskundlichen Handwörterbuchs entwickelte zuerst der Abbé Morellet 1769. Ansatzweise verwirklicht wurde ein solches systematisches Konzept von der *Encyclopédie méthodique* 1787—. Den historisch-statistischen Bericht strukturiert in diesem Fall eine sukzessiv an der Physiokratie und an Adam Smith sich orientierende Theorie ökonomischer Sachverhalte. In deutscher Sprache erscheint in etwa der gleichen Periode das außergewöhnlich informative, aber theoretisch weitaus traditionellere Handwörterbuch von J. G. Krünitz (Krünitz 1773—). Die Wende zum positivistischen Handwörterbuch vollzieht Jacques Peuchet mit seinem fünfbändigen *Dictionnaire de la géographie commerçante*, das zwischen 1799 und 1800 in sehr rascher Folge erscheint. Die historiographische, statistische und ökonomische Dimension treten bei Peuchet tendenziell auseinander. Um so deutlicher wird bei ihm damit allerdings auch der unterschiedliche Status der verschiedenen Wissensformen hervorgehoben.

Diese Spannung positiver Wissensformen tritt nach Beginn des 19. Jh. immer deutlicher zutage und wird zu einem bestimmenden Moment der Struktur wirtschaftskundlicher Wörterbücher (vgl. McCulloch 1846, Dictionnaire de l'Economie Politique 1852). Als methodologisches Problem tritt sie allerdings erst mit dem wachsenden Einfluß der deutschen historischen Schule ins Bewußtsein. Die Reihe der im deutschen Sprachraum erscheinenden Staats- und Gesellschaftslexika spiegelt diesen epistemologischen Wandel, der dem kritischen Handwörterbuch, wie es sich um die Jahrhundertwende durchsetzte, den Weg bereitet (Rotteck-Welcker 1834, Bluntschli-Brater 1857, Wagener 1859, Staatslexikon 1887—). Der strukturelle Wandel, der damit einsetzt, führt nicht nur zu einer deutlichen Unterscheidung des Status der einzelnen Einträge, sondern auch zu deren kritischer Sichtung. Antiquarisches Wissen, das in den älteren Lexika mitgeschleppt wurde, verliert den ihm bisher zukommenden Rang. Dieser faktische Informationsverlust spiegelt allerdings zugleich die zunehmend schwierigere Informationsbewältigung in der entstehenden Industriegesellschaft.

## 4. Literatur (in Auswahl)

### 4.1. Wörterbücher

*Alberti 1957* = H. J. v. Alberti: Maß und Gewicht. Geschichtliche und tabellarische Darstellung von den Anfängen bis zur Gegenwart 1957.

*Arbeitsbuch 1975* = Statistische Arbeitsbücher. Hg. v. Jürgen Kocka und Gerhard A. Ritter. München 1975—.

*Bayer 1980* = Erich Bayer: Wörterbuch zur Geschichte. Begriffe und Fachausdrücke. 4. Aufl. Stuttgart 1980.

*Bluntschli/Brater 1857* = Deutsches Staats-Wörterbuch. Hg. v. Johann Caspar Bluntschli und Karl Brater. Bd 1—11. Stuttgart. Leipzig 1857—69.

*Bülow 1936* = Friedrich Bülow: Wörterbuch der Wirtschaft. Stuttgart 1936 [fortgeführt von Heinz Langen, Stuttgart. 5. Aufl. 1967].

*Dictionary of American History 1978* = Dictionary of American History. Bd 1—8. New York 1978.

*Dictionnaire de l'Economie Politique 1852* = Dictionnaire de l'Économie Politique. Hg. v. Ch. Coquelin und Guillaumin. Paris 1852/53.

*Economist's Handbook* = The Economist's Handbook. A manual of statistical sources. Hg. v. G. Verwey/D. C. Renooij. Amsterdam 1934.

*Encyclopedia of the Social Sciences 1930* = Encyclopedia of the Social Sciences. Hg. v. Edwin R. A. Seligman. Bd 1—15. New York 1930—35 [Neudruck New York 1953].

*Gabler 1977* = Dr. Gablers Wirtschaftslexikon. Wiesbaden 1977.

*Geschichtliche Grundbegriffe 1972* = Geschichtliche Grundbegriffe. Historisches Lexikon zur politisch-sozialen Sprache in Deutschland. Hg. v. Otto Brunner, Werner Conze, Reinhart Koselleck. Stuttgart 1972—.

*Haberkern/Wallach 1980* = Eugen Haberkern/Joseph Friedrich Wallach: Hilfswörterbuch für Historiker. Mittelalter und Neuzeit. 6. Aufl. Bern. München 1980.

*HDS 1890* = Handwörterbuch der Staatswissenschaften. Hg. v. J. Conrad. Bd 1—6. Jena 1890—1894; 4. Aufl. hg. v. Ludwig Elster [u. a.] Bd 1—8, Erg.-Bd 1. Jena 1923—29.

*HDSW 1956* = Handwörterbuch der Sozialwissenschaften. Zugleich Neuauflage des Handwörterbuchs der Staatswissenschaften. Hg. v. Erwin v. Beckerath [u. a.]. Bd 1—12. Reg.-Bd 1. Stuttgart. Tübingen. Göttingen 1956—1968.

*HDV 1978* = Handwörterbuch der Volkswirtschaft. Hg. v. Werner Glastetter [u. a.]. Wiesbaden 1978.

*HDWW 1977* = Handwörterbuch der Wirtschaftswissenschaften. Zugleich Neuauflage des Handwörterbuchs der Sozialwissenschaften. Hg. v. Willi Albers (u. a.). Bd 1—9, Reg.-Bd 1. Stuttgart 1977—83.

*International Encyclopedia 1968* = International Encyclopedia of the Social Sciences. Hg. v. David L. Sills. Bd 1-17. New York 1968 [Nachdruck New York 1972].

*Klimpert 1896* = Richard Klimpert: Lexikon der Münzen, Maße, Gewiche, Zählarten und Zeitgrößen aller Länder der Erde. Graz 1972 [Nachdruck der Ausgabe von 1896].

*Krünitz 1773* = Johann Georg Krünitz: Oekonomisch-technologische Encyclopädie, oder System der Staats-, Stadt-, Haus- und Landwirtschaft in alphabetischer Ordnung. Bd 1—242. Berlin 1773—1858.

*Ladendorf 1906* = Otto Ladendorf: Historisches Schlagwörterbuch. Straßburg. Berlin 1906.

*Lexikon des Mittelalters 1977* = Lexikon des Mittelalters. Red. Liselotte Lutz [u. a.]. Bd 1. Zürich 1977—.

*LTHK 1957* = Lexikon für Theologie und Kirche. 2. völlig neu bearb. Aufl. hg. v. Josef Höfer [u. a.]. Bd 1—10. Freiburg 1957—65. Reg.-Bd 1967, Erg.-Bd 1—3. Freiburg 1966—68.

*McCulloch 1846* = J. R. McCulloch: Dictionary, Practical, Theoretical and Historical of Commerce and Commercial Navigation illustrated with maps and plans. London 1846.

*Modern Encyclopedia 1976* = The Modern Encyclopedia of Russian and Soviet History. Hg. v. Joseph L. Wieczynsky. Bd 1—23. Gulf Breeze Fl. 1976.

*Peuchet 1799* = Jacques Peuchet: Dictionnaire universel de la géographie commerçante. Bd 1—5. Paris 1799—1800.

*Postlethwayt 1749* = Malachy Postlethwayt: A Dissertation on the Plan, Use and Importance of the Universal Dictionary of Trade and Commerce. London 1749.

*Postlethwayt 1751* = Malachy Postlethwayt: The universal dictionary of trade and commerce. Bd 1—2. London 1751.

*Recktenwald 1983* = Horst Claus Recktenwald: Lexikon der Staats- und Geldwirtschaft. München 1983.

*Recktenwald 1987* = Horst Claus Recktenwald: Wörterbuch der Wirtschaft. Stuttgart 1987.

*RGG 1957* = Die Religion in Geschichte und Gegenwart. Handwörterbuch für Theologie und Religionswissenschaft. 3. Aufl. hg. v. Kurt Galling. Bd 1—6. Reg.-Bd 1. Tübingen 1957—1965.

*Ritter 1905* = Karl Ritter: Geographisch-statistisches Lexikon. 9. Aufl. Bd 1—2. 1905—1906.

*Rotteck/Welcker 1834* = Das Staatslexikon. Hg. v. Carl von Rotteck und Carl Welcker. Bd 1—15. Altona 1834—44 [4. Aufl. Leipzig 1856—66].

*Savary des Bruslons 1723* = Jacques Savary des Bruslons: Dictionnaire universel de Commerce. Bd 1—2. Paris 1723 [Bd. 3, 1730].

*Staatslexikon 1887* = Staatslexikon. Hg. v. A. Bruder. Bd 1—5. 1887—97 [6. Aufl. Hg. v. der Görresgesellschaft, Bd 1—8, Erg.-Bd. 1—3. Freiburg 1957—70].

*Tulard 1987* = Jean Tulard [u. a.]: Histoire et dictionnaire de la Révolution francaise, 1789—1799. Paris 1987.

*Vovelle 1988* = Michel Vovelle [u. a.]: L'état de la France pendant la Révolution, 1789—1799. Paris 1988.

*Wagener 1859* = Neues Conversations-Lexikon. Staats- und Gesellschaftslexikon. Hg. v. Hermann Wagener. Bd 1—23. Berlin 1859—67.

*Wirtschafts-Ploetz 1985* = Wirtschafts-Ploetz. Die Wirtschaftsgeschichte zum Nachschlagen. Hg. v. Hugo Ott [u. a.]. 2. Aufl. Würzburg 1985.

4.2. Sonstige Literatur

*Perrot 1981* = Jean-Claude Perrot: Les dictionnaires de commerce au XVIIIe siècle. In: Revue d'histoire moderne et contemporaine 36. 1981.

*Weber 1914* = Eduard Weber: Literaturgeschichte der Handelsbetriebslehre. Tübingen 1914 (Zeitschrift für die Gesamte Staatswissenschaft. Ergänzungsheft XLIX). [Nachdruck Frankfurt 1967].

*Jochen Hoock, Paderborn (Bundesrepublik Deutschland)*


# 20. The Dictionary as an Aid in Terminology

1. Applied Terminology and Lexicography
2. Existing and Potential Dependency
3. Dictionaries in the Creation of Terminological Databases
4. Dictionaries in the Delimitation of Terminological Fields
5. Dictionaries in the Compilation of Glossaries
6. Dictionaries in Specific Terminological Enquiries
7. Dictionaries in Standardisation
8. Selected Bibliography

## 1. Applied Terminology and Lexicography

In order to define the role of dictionaries in applied terminology, it is useful to differentiate clearly between the terminological/terminographical concern and the domain of lexicographical activities which find their completion in the dictionary.

(1) The typical terminological approach is onomasiological, i. e. it proceeds from concepts and associates them with existing and potential terms or designations yet to be acknowledged (Rey 1979). This onomasiological approach is reflected in the sequential arrangement of the terminological glossary which is structured by conceptual contiguity and provides a separate entry article for each "homonym"; the semasiological approach of dictionaries permits the grouping of homonyms in the same article.

(2) Terminology takes a fragmented view of the lexicon and therefore rarely acknowledges the phenomena of homonymy and polysemy; indeed, in a strict theory of termi-

nology there is no room for identical names for separate concepts. Such "aberrations of natural language" are either resolved by separate subject attributions or by prescriptive intervention (see (3) below). Terminology is not concerned with the lexicon of a language but with the separate vocabularies of subject fields, a division of the universe of knowledge which is at times stronger than the boundaries of natural languages (Rondeau 1981). For terminology, therefore, synonymy where it is permitted to exist may be a cross-linguistic phenomenon rather than a monolinguistic source of enrichment of a language system. There is no room for Roget's Thesaurus in the world of special subject glossaries.

(3) Terminology is openly selective and prescriptive, properties which lexicographers only reluctantly acknowledge as inevitable limitations of their endeavour. Where the lexicographer is a faithful recorder, a botanist in the flora of words, the terminologist is a plant breeder, a linguistic engineer planning the infrastructure of efficient communication. Terminological glossaries therefore do not only record existing usage but also recommended use, and can be as openly regulatory as standards documents (Wersig 1976).

(4) Arising out of this didactic function, terminology has a dynamic role unknown to lexicography. In order to improve designations new terms have to be created. In his role of linguistic advisor on special subject communication the terminologist frequently has to provide new terms for new concepts, translation equivalents for terms unknown in one language or indeed entire vocabularies for a new machine, process or product. Grossly simplifying the respective roles of lexicographer and terminologist, we can say that their work overlaps and that both precede and follow each other. The lexicographer records what the regulatory and creative work of the terminologist has established as current usage; the terminologist needs the documentation provided in dictionaries in order to carry out his special task of maintenance engineer of subject vocabularies and technical communication. Their work overlaps in the description of existing usage.

## 2. Existing and Potential Dependency

In a world of rapidly changing lexicographical techniques and unprecedented growth in information needs and so of special vocabularies, the interdependence between lexicographer and terminologist is also undergoing a shift of emphasis.

Automation in the collection, processing and storage of lexical data has reduced the time gap that made the slow lexicographical effort of the past irrelevant to the immediate communicative needs of rapidly developing areas of knowledge. With the help of computers, lexicographers can now process and update dictionaries more quickly and more regularly so that information on neologisms and changes in usage can be readily vetted for their topicality. We can therefore expect a greater involvement of lexicographers in the production of subject specific dictionaries and glossaries as these become responsive and relevant to current needs. Dictionaries in the form of on-line databases will further add to this extension of the lexicographer's field of activities into the vocabularies of special subjects. The growth of the technical vocabulary in everyday use is shifting the borderline between general and special lexicography and widens the domains to be covered in general language dictionaries. The greater involvement of the lexicographer in the traditional domain of terminology will involve him to a greater extent in regular consultation with terminologists who can provide the link with the special subject fields which are increasingly too wide for lexicographers to cover. Being better supported by the lexicographer, the terminologist of the future will be able to extend his role of language advisor both for the creation of new terms and the finding of translation equivalents.

## 3. Dictionaries in the Creation of Terminological Databases

Terminological databases differ from dictionaries and lexicographical databases in function and therefore scope (Bennett 1986; cf. art. 173): As essentially dynamic collections they constantly undergo revision, addition and deletion of information as well as subdivision for specific purposes. By contrast dictionaries are relatively stable sources of reference and provide the basic material for building the highly specific subsets of the lexicon which are the terminological collections. The dictionary then supplies the information which indicates the linguistic and social norms against which the observed or recommended special usage can be measured.

In the past and in the absence of advanced lexicographical tools, terminological databases were largely build up without reference to dictionaries, which seriously limits their general validity and future scope. Alternatively entire technical dictionaries were copied indiscriminately into terminological databases for building up terminological collections; this practice proved equally unsatisfactory because this information lacked the precision and detailed differentiation needed in terminology. Even though today the technical dictionary does not contain the specificity of usage and scope notes required of terminological tools, this information will eventually feed back from terminological databases into dictionaries. For the less rapidly evolving subject fields, the dictionary should therefore potentially become identical with the terminological database.

## 4. Dictionaries in the Delimitation of Terminological Fields

The exploration of a terminological field is usually approached from several ends: a corpus of spoken and written discourse is analysed to identify and extract the concepts used in the domain (Dubuc 1978); these concepts have then to be matched against a listing of the terms used in the domain as it can be obtained from specialised dictionaries or via the subject label and in some cases the usage label of more general dictionaries. In this method the dictionary can provide source material and at the same time a test instrument for the completeness and cohesion of the subset of the lexicon identified. The totality of subject labels used to subdivide the lexicon of a language in all its dictionaries should provide an adequate subject classification for the attribution of the words of a language. To be meaningful subject labels in dictionaries and subject classification in terminology should be identical; exhaustiveness of a terminology should be provable by matching it with relevant dictionary items. Interaction with terminology can ensure that this, largely hidden, classification is at least compatible and responsive to changes in our view of the structure of the lexicon as a reflection of the knowledge structure of our society. While the dictionary may not be the most reliable test, it is the only and therefore by necessity best measure available and provides valuable information of a contrastive nature about other meanings of terms in general and in other domains.

## 5. Dictionaries in the Compilation of Glossaries

Glossaries of small sets of terms (with definitions) have hitherto been ad hoc creations, useful in their own right, but without any wider validity or applicability outside a small circle of specialist users (Sager 1982). This was largely the result of the particular circumstances of production in which subject specialists satisfied an immediate pressing need without reference to an existing lexicographical tradition, nor in many cases even an awareness of such a tradition. In many cases glossaries are produced to supplement existing dictionaries.

In an ordered and responsive tradition of automated lexicography, a specialised glossary may be a subset of a comprehensive lexical database, or, if developed by terminologists, should be organised in such a way that it can be readily incorporated into a larger dictionary. While the glossary may contain more information than is conventionally provided in a dictionary, that information which matches data categories in lexical databases for dictionaries should be compatible. Cooperation between terminologists and lexicographers is important at this level of contact (Sager 1984).

## 6. Dictionaries in Specific Terminological Enquiries

In his role as linguistic advisor on specific questions the terminologist is a dictionary user and needs to draw on the entire range of tools provided by lexicography. Since this specific work begins when the terminological tools he has created prove inadequate, he is dependent on all manner of dictionaries to assist his client. With respect to dictionary use, there are two distinct modes of work: assistance in comprehension — which calls for translation or technical defining dictionaries — and the more complex work of advising on neologisms and neonyms. This occurs when (a) new concepts have to be named; (b) concepts known and named in one language have to be given a name in another language; (c) scopes of reference have to be determined by means of definitions. Though the occurrence of these needs is known, these activities cannot be foreseen and specialised dictionaries provide considerable assistance in this work, e. g. for (a) dictionaries of inflections, roots, word-formation elements, abbreviations, etymologies, foreign words and internationalisms as well as paronyms, homonyms and synonyms; for (b) the same dictionaries are required but bilingually; for (c) defining dictionaries and thesauri will prove helpful (Arntz/Picht 1982, Corbeil 1973).

## 7. Dictionaries in Standardisation

Standardisation of terminology is rather a forceful intervention in the life of a special language in order to regulate its reference and usage and so to achieve greater precision and reliability in communication. To be effective standardised terminology must be acceptable to the linguistic community expected to use it in preference to other designations. A standardised term becomes an exclusive designation with a character akin to a proper name or a trade mark which are mandatory and unsubstitutable in certain texts or discourse situations. It is therefore essential to select designations which do not already carry a heavy semantic load and which can remain dedicated to their rather exclusive and restricted function.

While dictionaries as a rule either exclude trade names altogether or label them separately, standardised terminology cannot be so readily identified in dictionaries.

The concept of standardisation itself is too imprecise to provide an unambiguous label in dictionaries. "Standardised" clearly refers to prescribed usage in certain situations but as there is no agreed schedule of discourse situations which could be applied, such a label would only provide a warning but not a positive usage note. The process of standardisation consists of two stages: the reference of a term must be fixed by means of a definition or by other non-linguistic methods of identification; the second stage is the firm attribution of a designation by which we remove the equation of concept = definition = term from the normal flexible use of lexical items. This process involves choices from among existing or potential names for concepts and these choices must be made on sound pragmatic and linguistic principles. As in the naming process (5., above) dictionaries are the support for the terminologist. They provide him with all the necessary information on linguistic forms and their meaning in general language usage (DIN 2330, BS 3669).

## 8. Selected Bibliography

*Arntz/Picht 1982* = Reiner Arntz/Heribert Picht: Einführung in die übersetzungsbezogene Terminologiearbeit. Hildesheim 1982.

*Bennett 1986* = P. A. Bennett/R. L. Johnson/J. McNaught/J. M. Pugh/J. C. Sager/H. L. Somers: Multilingual Aspects of Information Technology. London 1986.

*BS 3669* = BS 3669 — Recommendation for the selection, formation and definition of technical terms. London 1963.

*Corbeil ed. 1973* = Jean-Claude Corbeil (ed.): Guide de travail en terminologie, Gouvernement du Québec. Montréal 1973.

*DIN 2330* = DIN 2330 — Begriffe und Benennungen. Berlin 1979.

*Dubuc 1978* = Robert Dubuc: Manuel pratique de terminologie. Montréal. Paris 1978.

*Rey 1979* = Alain Rey: Terminologie: normes et notions. Paris 1979.

*Rondeau 1981* = Guy Rondeau: Introduction à la terminologie. Montréal 1981.

*Sager 1982* = J. C. Sager: Definitions in Terminology. In: Problèmes de la définition et de la synonymie (Actes du colloque international de terminologie). Université Laval 1982.

*Sager 1984* = J. C. Sager: Terminology and the technical dictionary. In: LEXeter '83 Proceedings. Papers from the International Conference on Lexicography at Exeter, 9—12 September 1983 ed. by R. R. K. Hartmann. Tübingen 1984 (Lexicographica. Series Maior 1), 315—326.

*Wersig 1976* = Gernot Wersig: Probleme und Verfahren der Terminologiearbeit. In: Fachsprachen (Terminologie-Struktur-Normung). Berlin 1976.

*Wüster 1979* = Eugen Wüster: Einführung in die allgemeine Terminologielehre und terminologische Lexikographie. Teil 1: Textteil. Teil 2: Bildteil. Hrsg. von L. Bauer. Wien. New York 1979 (Schriftenreihe der Technischen Universität Wien, Bd. 8/Teil 1 u. Teil 2).

*Juan C. Sager, Manchester (Great Britain)*

# 21. Wörterbücher als Hilfsmittel für unterschiedliche Typen der Translation

1. Vorbemerkungen
2. Wörterbuchtypen
3. Benutzungsarten
4. Desiderata
5. Literatur (in Auswahl)

## 1. Vorbemerkungen

„Wörterbuch" sei hier als Sprachwörterbuch verstanden (Wiegand 1977) und schließe Phraseologismen- und Affixlisten, komputerisierte Terminologiebanken, private Wortsammlungen usw. ein. Natürlich enthält ein Sprachwörterbuch notwendigerweise eine Menge „kultureller" Informationen. — Professionelles Übersetzen und Dolmetschen seien als „Translation" zusammengefaßt; der professionelle Übersetzer/Dolmetscher heiße „Translator"; der Zieltext heiße „Translat". Im folgenden ist nur vom professionellen Übersetzen/Dolmetschen die Rede. (Vgl. dagegen Art. 23) — Den folgenden Überlegungen liegt eine moderne „funktionale" Translationstheorie zugrunde (vgl. Vermeer 1983; Reiß/Vermeer 1984; Holz-Mänttäri 1984): Translation sei als transkulturelle Handlung definiert, bei der ein Translat funktionsadäquat für einen bestimmten Zweck aufgrund eines entsprechenden Auftrags hergestellt werden soll. Translation verstehen wir nicht als die bloß sprachliche Transkodierung der Elemente eines Ausgangstexts in (möglichst strukturähnliche) Elemente eines Zieltexts! Translation geht also weder von Textteilen (z. B. Wörtern oder Sätzen) noch von situationsfreien Texten aus. Die primäre Translationseinheit ist vielmehr ein Text-in-Situation, den es in der Zielkultur und deren Sprache funktionsgerecht zu erstellen gilt. — Voraussetzung für Translation ist eine hohe Kompetenz des Translators in seinen Arbeitskulturen und -sprachen. (Translation eignet sich nicht als Mittel des Fremdsprachenerwerbs; hierzu wird die Kultur- und Sprach-„Konfrontation" eingesetzt. Vgl. Art. 299) — Zum Text gehören u. U. nicht-verbale Elemente, z. B. Graphiken, und paralinguale Elemente, auch Gebärden. Zum Text gehört das (intuitive) Wissen um kulturspezifische Verwendungsweisen und Vorkommensfrequenzen; dieses Wissen geht ja in Vertextungs- und Interpretationsstrategien mit ein. Vgl. Fragen wie die folgenden: In welchen Situationen redet man in der Kultur A in welcher Weise über Sex? Welche Konnotation hat der Gebrauch von Sprichwörtern in der Kultur B? Mit welcher Frequenz wird ein Phänomen in der Kultur C im Gegensatz zur Kultur D verbalisiert? Derartige Kompetenzfragen sind für den Translator relevant. Beispiel (vgl. Wiegand 1983, 23 f.): Ein schwarzhaariger Junge spielt 'Pferd'. Der Vater sagt „Hü, du Rappe!" Kaum möglich — oder doch nicht für alle im deutschen Kulturbereich Kompetenten akzeptabel — scheint folgende Äußerung: Der Junge spielt 'Hund'. Der Vater sagt *„Lauf, du Hund!"

## 2. Wörterbuchtypen

2.1. Es sind zwei Situationssorten zu unterscheiden: (1) die Situation des Wörterbuchbenutzers (die im folgenden nicht weiter berücksichtigt wird; vgl. Art. 12 bis 25); (2) die im Wörterbuch verarbeiteten Situationen/Situationstypen. — Wörterbücher sollten Kondensierungen von Situationen/Situationstypen sein (Schröpfer 1979, XXXII f.); doch Wörterbücher können keine Situationen berücksichtigen (vgl. dagegen Textglossare — wenn sie ideal wären); selten berücksichtigen sie Situationstypen in hinreichendem Maß. — Die Angabe von Sachgebieten, Stilschichten usw. ist kaum Ersatz für Situationstypenkennzeichnungen. Ein Ersatz wäre eventuell ein stark kultursensitives Wörterbuch (vgl. Art. 301). Solange ein solches fehlt, sind Paralleltexte in Ausgangs- und Zielsprache (einschließlich zuverlässiger Translate), Enzyklopädie- und Sachwörterbuchartikel, Expertenbefragung usw. wichtigere Hilfsmittel für den Translator als Wörterbücher. — Generell kann gelten:

(1) Je weniger ein Wörterbuch nur „Wörter"buch ist, desto hilfreicher ist es für den Translator. (2) Je mehr es den Charakter eines (durch Indices aufgeschlüsselten) Texts annimmt (vgl. Freeman 1940), desto situationstypenintensiver wird es (vgl. auch Ausstattung mit Abbildungen). (3) Je kontextsensitiver die Anordnung, je mehr Querverweise (auf Synonyme, Hyperonyme usw.) enthalten sind, desto geeigneter ist ein Wörterbuch für eine Translatfindung. (Vgl. hier auch die mögliche Anordnung nach Wortstämmen bei bestimmten Sprachstrukturen: *kommen*,

~/*ab*, ~/*aus*, usw. Vgl. die Anordnung nach Radikalen in arabischen Wörterbüchern.) (4) Je ausführlicher der metasprachliche Apparat (vgl. Preston 1978), desto größer wird der Anwendungsbereich eines Wörterbuchs für die Translation.

Vor allem im Hinblick auf „Synonyme" wären Wörterbücher stärker kulturspezifisch zu gestalten, als dies bisher gemeinhin der Fall ist, um sie für den Translator brauchbar(er) zu machen: Was genau umfaßt der Begriff *Wild* auf den verschiedenen Sprachverwendungsebenen und in seinen verschiedenen Funktionen? Was umfaßt dagegen englisch *game* oder französisch *gibier?* Welches sind ihre jeweiligen Frequenzen auf den einzelnen Ebenen? Oder kulturell gefragt: Wer jagt (usw.) was unter welcher Bezeichnung in Deutschland/England/Frankreich? — Meta-Indikationen müßten entsprechend einer dem Wörterbuch zugrundeliegenden Translationstheorie geordnet sein. Als Beispiel sei nochmals auf eine „funktionale" Theorie verwiesen (vgl. 1.): In einem solchen Fall würden Wörterbuchmarkierungen zuerst ein Funktionsfeld eingrenzen (z. B. Technik — Komputertechnik — Mikrochips), dann Adressaten spezifizieren (in einem für Laien bestimmten medizinischen Sachtext wird man *Blinddarmentzündung* statt *Appendicitis* erwarten) usw. Einen ersten (noch recht statischen) Ansatz zu einem kontextsensitiven Wörterbuch hat m. W. zuerst Neubert (1973, 19f) skizziert. — Nonverbale Kommunikation macht etwa 70 % aller Kommunikation aus (vgl. Birdwhistell 1972); sie ist vielfach wichtiger als die verbale (Condon/Yousef 1976, 127; Taraman 1986). Wir brauchen mehr „Wörterbücher" zur nonverbalen Kommunikation (vgl. Art. 109). — Ausführlichkeit und Spezialisierung schlossen sich bisher aus ökonomischen Gründen aus; desgleichen Ausführlichkeit und Aktualität; beide Probleme werden mit komputerisierten Terminologiebanken lösbar.

2.2. Ein Wörterbuch muß zweckgerecht angelegt sein. Ščerba (1982, 55) forderte 4 Wörterbuchtypen für interlinguale Benutzung [Wir ergänzen die Angaben Ščerbas durch den kulturellen Aspekt]: für Ausgangs- und Ziel[kultur und] -sprache je ein erklärendes und ein übersetzendes Wörterbuch. Solche Wörterbücher informieren über (Sprachen-als-)Sachen. Zu ergänzen wäre die Forderung nach einem Wörterbuch, das über (Sprache-als-)Sprache informiert (z. B. über Orthographie, Rektion). — Bei Translation werden Wörterbücher mono- und transkulturell und -lingual konsultiert. Im Translationsprozeß interessieren Wörterbücher bei der Ausgangstextanalyse und bei der Zieltextproduktion. (In unserer Translationstheorie [vgl. 1.] werden bei einer Translation nicht einfach „Äquivalenzen" für Textelemente gesucht.) Dabei haben Wörterbücher im wesentlichen zwei Funktionen (zu Einzelheiten vgl. Wiegand 1977, 70—81): (1) „Erinnerungs-" und (2) „Such(richtungs-)"funktion und zwar jeweils für Stichwörter und für metasprachliche Angaben zu Stichwörtern und innerhalb beider vorgenannter Hauptfunktionen je zwei Unterfunktionen: (a) intra- und (b) interkulturelle und -linguale Information. Andere Funktionen (Bedeutungsgeneralisierung, -spezifizierung, -opposition usw.) sind Sonderfälle der vorgenannten Funktionen. — Gemeint ist folgendes:

(ad 1) Ein nicht, nicht sicher oder nur teilweise im Gedächtnis präsentes Prozeßelement (Wort, Phrase etc., Synonym etc., Grammatikregel) in Rezeption bzw. Produktion wird mit Hilfe eines Wörterbuchs ins Gedächtnis zurückgerufen (erinnert), bzw. die Erinnerung wird induziert, bis die situationsadäquate Textelementbedeutung bzw. ihr Translat (unter Umständen mit Hilfe weiterer Hilfsmittel) erreicht ist („Ach-ja"-Effekt). Dieser Prozeß läuft häufiger von der Sprache mit geringerer Kompetenz ($K_2$) zur Sprache mit größerer Kompetenz ($K_1$) ab als umgekehrt. — (ad 2) Ein nicht, nicht sicher oder nur teilweise bekanntes Prozeßelement wird durch ein Wörterbuch (ungefähr) lokalisiert; weitere Hilfsmittel präzisieren die Angaben sukzessive bis zum Auffinden des situationsadäquaten Textelements bzw. seines Translats („Aha"-Effekt). Dieser Prozeß läuft häufiger von der $K_1$- zur $K_2$-Sprache ab, gerade im Bereich der Fachterminologie. Die vorstehende Einteilung korreliert — anders als bei Kromann (1983) — nicht mit der Unterscheidung in Mutter- vs. Fremdsprache. Die genannten Funktionen gelten für beide Sprachsorten (Mutter- und Fremdsprache) und Translationsrichtungen; im allgemeinen wird das „Sprachgefühl" allerdings in einer Fremdsprache geringer sein als in der Muttersprache (vgl. Biehlfeldt/Lötzsch 1983, 1. X).

Wörterbücher sollten eindeutig auf eine der beiden Funktionen (oder auf beide) ausgerichtet sein und dies auch explizitmachen. Voraussetzung für ihre Benutzung ist in beiden Fällen eine Sachkenntnis seitens des Benutzers. Wörterbücher können die Sachkenntnis verbessern, je mehr sie sich (mit Illustrationen) dem Enzyklopädietypus nähern.

2.3. In beiden vorgenannten Fällen ist zwischen kultureller (sachlicher, konventionaler usw.) und sprachlicher Information zu unterscheiden. — Wenn Kulturen Gefüge sind, ist der „Stellenwert" 'eines' Gegenstandes oder Sachverhalts in Relation zu anderen Gegenständen oder Sachverhalten derselben Kultur in zwei Kulturen per definitionem verschieden (vgl. *Kuh* in Indien vs. *Kuh* in der BRD). Gegenstände oder Sachverhalte unterscheiden sich in zwei Kulturräumen aber auch sachlich, emotiv, assoziativ usw., so daß sie interkulturell nicht „dieselben" Gegenstände oder Sachverhalte sind: Eine italienische *casa* ist sachlich und funktional etwas anderes als ein deutsches *Haus* (vgl. Müller 1985, besonders den Diskussionsbeitrag Gerighausen, 426; vgl. Kistner-Deppert 1988). Vorstehende Behauptung gilt auch für Fachtermini! — Wörterbücher sollten auf kulturelle Unterschiede aufmerksam machen; viel zu oft noch suggerieren sie — besonders mehrsprachige und leider auch Bildwörterbücher — interkulturelle Gleichheit. — Sprachlich manifestieren sich Kulturunterschiede u. a. in Frequenzen: *Rappe* ist jedem kompetenten Deutschsprachigen als Wort der Allgemeinsprache bekannt; das portugiesische *morzelo* ist Fachwort, üblich ist in der Allgemeinsprache *cavalo preto*, das dann eben nicht gleich *schwarzes Pferd* ist! Stellt man dem Wörterbuchartikel *Kaffee* einen 'autonomen' portugiesischen Artikel *café* gegenüber, ohne auf Übersetzungen abzuzielen, so werden Unterschiede in den kulturspezifischen Bedeutungen, Syntagmen, Kollokationen, Frequenzen deutlich. Aus einem solchen 'asymmetrischen' Vergleich kann der kompetente Benutzer mehr ersehen als aus einem traditionellen Wörterbuch. (Vgl. Viehweger 1983, 267 f.)

## 3. Benutzungsarten

Der Translator kennt (u. a.) folgende Benutzungsarten von Wörterbüchern zur Erinnerung, Bestätigung bzw. Auffindung eines Ausdrucks (zur Gewichtung von Benutzungsarten vgl. 2.1.):

(1) (a) ausschließliche Benutzung von Wörterbüchern; (b) Benutzung von Wörterbüchern neben anderen Quellen mit (α) Wörterbuch als Primärquelle, (β) Wörterbuch als Sekundärquelle; (c) Benutzung anderer Quellen (z. B. Handbuch des internationalen Rechts [Lane 1985]) in der Funktion eines Wörterbuchs; (2) (a) einmaliges Nachschlagen eines Stichworts in einem ein- bzw. mehrsprachigen Wörterbuch (in den meisten Fällen ist das mehrsprachige ein zweisprachiges Wörterbuch); (b) mehrfaches Nachschlagen in einem mehrsprachigen Wörterbuch (Richtung Sprache$_1$ → Sprache$_2$ und umgekehrt zur Kontrolle bzw. Bedeutungspräzisierung bei multivalenten Einträgen); (c) Aufschlagen mehrerer Stichwörter in Sprache$_1$ bzw. Sprache$_2$ zur Bedeutungspräzisierung eines Stichworts; (d) Vergleich von Einträgen zum selben Stichwort in mehreren Wörterbüchern; (e) Vergleich mit anderen Quellen (Texte, Enzyklopädien usw.).

## 4. Desiderata

Aus dem Vorstehenden ergibt sich eine Desiderataliste für die Gestaltung von Wörterbüchern für Translatoren: (1) Die Gestaltung sollte international geregelt werden („Normung"); dies wäre angesichts der heutigen Situation besonders wichtig für Terminologiebanken (Hohnhold 1985) und im Hinblick auf sogenannte „Querübersetzungen". (Eine Querübersetzung liegt dann vor, wenn aus einer Ausgangssprache in eine Zwischensprache und erst von hier in die Zielsprache übersetzt wird. Derartige Fälle kommen u. a. da vor, wo das Wörterbuchmaterial zwischen Ausgangs- und Zielsprache und -kultur unzureichend, aber von Ausgangs- zu Zwischen- und von Zwischen- zu Zielsprache und -kultur hinreichend ist.) (2) Semantische Angaben sollten k u l t u r sensitiv sein. (3) Präzision kann durch Merkmalmatrizen erreicht werden. (4) Verweise auf spezielle Informationsquellen (Literaturangaben) wären erwünscht. (5) Die Zusammenarbeit mit benachbarten Gebieten (z. B. Enzyklopädiegestaltung) sollte geregelt und intensiviert werden. (6) Der spezifisch translationsgerichtete Wörterbuchtyp (vgl. 2.3.) fehlt noch (vgl. Kistner-Deppert 1988). Bisher benutzt der Translator 'fremdorientierte' Wörterbücher der verschiedensten Typen.

## 5. Literatur (in Auswahl)

### 5.1. Wörterbücher

*Biehlfeldt/Lötzsch 1983* = Hans Holm Biehlfeldt/Ronald Lötzsch et alii: Deutsch-Russisches Wörterbuch. 3 Bände. Berlin 1983.

*Freeman 1940* = Henry G. Freeman: Das englische Fachwort. 2 Teile. Essen 1940 ($^2$1944).

*Schröpfer 1979* = Johannes Schröpfer: Wörterbuch der vergleichenden Bezeichnungslehre (Onomasiologie). Band 1, Ausgabe A (Lieferung 1/2). Heidelberg 1979.

### 5.2. Sonstige Literatur

*Birdwhistell 1972* = Ray L. Birdwhistell: Kinesics and Context. New York 1972.

*Condon/Yousef 1976* = John C. Condon/Fathi Yousef: An Introduction to Intercultural Communication. Indianapolis 1976.

*Hohnhold 1985* = Ingo Hohnhold: Was ist, was soll, was kann Terminologiearbeit — nicht nur für Übersetzer? In: Mitteilungsblatt für Dolmetscher und Übersetzer 31.5.1985, 1—4.

*Holz-Mänttäri 1984* = Justa Holz-Mänttäri: Translatorisches Handeln. Theorie und Methode. [Helsinki 1984] (Annales Academiae Scientiarum Fennicae [B 226]).

*Kistner-Deppert 1988* = Karin Kistner-Deppert: Das Bildwörterbuch für den Übersetzer. In: TEXTconTEXT 3. 1988, 77—99.

*Kromann 1983* = Hans-Peder Kromann: Paradigmatische und syntagmatische Relationen im zweisprachigen Wörterbuch. In: J[oachim] Schildt/D[ieter] Viewweger (Hgg.): Die Lexikographie von heute und das Wörterbuch von morgen. Analysen — Probleme — Vorschläge. Berlin 1983 (Akad. d. Wiss. der DDR, Zentralinstitut für Sprachwissenschaft, Linguistische Studien A 109), 330—348.

*Lane 1987* = Alexander Lane: Rechts- und Verwaltungssprache im internationalen Verkehr. In: Alberto Destro/Johann Drumbl/Marcello Soffritti (ed.): Tradurre. Teoria ed esperienze. Atti del Convegno Internazionale Bolzano 27/2, 28/2, 1/3, 1986. Bolzano 1987, 107—118.

*Müller 1985* = Bernd-Dietrich Müller: Bedeutungsanalytische Praxisforschung in der Lehrerausbildung. In: Josef Gerighausen/Peter C. Seel (Hgg.): Sprachpolitik als Bildungspolitik. Dokumentation eines Werkstattgesprächs des Goethe-Instituts München vom 20.—22. September 1984. München (1985), 396—429.

*Neubert 1973* = A[lbrecht] Neubert: Invarianz und Pragmatik. Ein zentrales Problem der Übersetzungswissenschaft. In: A[lbrecht] Neubert/O[tto] Kade (Hgg.): Neue Beiträge zu Grundfragen der Übersetzungswissenschaft. Materialien der II. Internationalen Konferenz „Grundfragen der Übersetzungswissenschaft" an der Sektion „Theoretische und angewandte Sprachwissenschaft" der Karl-Marx-Universität Leipzig vom 14. bis 17. September 1970. Frankfurt a. M. 1973 (Athenäum-Skripten Linguistik 12), 13—26.

*Paepcke 1982* = Fritz Paepcke: Brauchbarkeit und Grenzen eines zweisprachigen Wörterbuchs. Bemerkungen zu Langenscheidts Großwörterbuch Französisch-Deutsch (1979). In: Mitteilungsblatt für Dolmetscher und Übersetzer 28. 2. 1982, 6—9.

*Preston 1978* = Dennis R. Preston: Distinctive Feature Labeling in Dictionaries. Trier 1978 (L.A.U.T. B 44).

*Reiß/Vermeer 1984* = Katharina Reiß/Hans J. Vermeer: Grundlegung einer allgemeinen Translationstheorie. Tübingen 1984 (Linguistische Arbeiten 147).

*Ščerba 1982* = L[ev] V. Ščerba: Versuch einer allgemeinen Theorie der Lexikographie [1940]. In: Werner Wolski (Hg.): Aspekte der sowjetrussischen Lexikographie. Tübingen 1982 (Germanistische Arbeiten 43), 17—62.

*Taraman 1986* = Soheir Taraman: Das 'Kulturspezifische' als Übersetzungsproblem. Ein Vergleich arabischer und deutscher Phraseologismen am Beispiel von Übersetzungen aus dem Arabischen. Diss. Germersheim 1985. Heidelberg 1986 (TEXTconTEXT, Beiheft 1).

*Vermeer 1983* = Hans J Vermeer: Aufsätze zur Translationstheorie. Heidelberg 1983.

*Viehweger 1983* = Dieter Viehweger: Wege zu einem neuen Typ von Bedeutungswörterbüchern. In: Zeitschrift für Germanistik 4. 1983, 261—270.

*Wiegand 1977* = Herbert Ernst Wiegand: Nachdenken über Wörterbücher: Aktuelle Probleme. In: Günther Drosdowski/Helmut Henne/Herbert E. Wiegand: Nachdenken über Wörterbücher. Mannheim. Wien. Zürich 1977, 51—102.

*Wiegand 1983* = Herbert Ernst Wiegand: On the Structure and Contents of a General Theory of Lexicography. In: R[einhard] R[udolf] K[arl] Hartmann (ed.): LEXeter '83 Proceedings. Papers from the International Conference on Lexicography at Exeter, 9—12 September 1983. Tübingen 1984 (Lexicographica. Series maior 1), 13—30.

*Hans J. Vermeer, Heidelberg
(Bundesrepublik Deutschland)*

# 22. Le dictionnaire et l'enseignement de la langue maternelle

1. Un développement récent
2. L'attitude des enseignants
3. L'enfant et le dictionnaire
4. Réflexions linguistiques et perspectives
5. Bibliographie choisie

## 1. Un développement récent

### 1.1. Quelques repères historiques

La place importante qu'occupe le dictionnaire dans l'apprentissage du français langue maternelle est un phénomène récent qu'on peut dater du début des années 60. Les Instructions Officielles de 1938 autorisaient timidement son utilisation, celles de 1959 l'introduisaient dans les collèges et il fallait attendre 1972 pour voir recommander le maniement du dictionnaire de manière impérative. Ce n'est pas qu'auparavant le vocabulaire ait été ignoré. Pierre Larousse avait proposé deux petits ouvrages: *Les Miettes lexicographiques* qui avait pour objet «la convenance des termes, la propriété des mots» et *La Lexicographie des écoles* qui est en fait une grammaire syntaxique et littéraire. Augustin Boyer, un associé de P. Larousse, a édité un opuscule de P. Boissière *Clef des dictionnaires* «au moyen de laquelle beaucoup de recherches jusqu'alors à peu près impossibles deviennent faciles dans tous les dictionnaires». Ces initiatives ne semblent guère avoir suscité d'émulation, car jusque vers 1950, il n'y avait guère qu'un seul dictionnaire dans les classes, souvent enfermé dans une armoire. Une pratique assez répandue voulait que les mairies offrent un dictionnaire aux enfants de la commune qui avaient réussi leur certificat d'études primaires, au moment précisément où, à quatorze ans, ils quittaient définitivement l'école.

### 1.2. Situation actuelle

En 1966, apparaît un nouveau type de dictionnaire, le *Dictionnaire du français contemporain* (DFC 1966, Larousse), destiné explicitement à la classe. Ses caractéristiques sont les suivantes: dictionnaire de langue, à nomenclature réduite (25 000 entrées), il est fondé sur les acquis de la linguistique structurale et regroupe, de ce fait, les mots par famille. A partir de là, les dictionnaires scolaires se multiplient, destinés à un public de plus en plus ciblé: les différents niveaux d'enseignement. Le développement a été si rapide qu'en 1986 on trouve sur le marché, pour les enfants jusqu'à 15 ans, plus de soixante ouvrages différents. Le nombre total des dictionnaires en usage dans les classes est assez difficile à apprécier. Une enquête faite en 1984 par un éditeur évaluait le nombre à trois millions pour l'enseignement primaire; il y aurait 0,8 dictionnaire par élève. Le degré de renouvellement annuel était estimé à la même date à 10%. Le marché annuel est donc de plus de 300 000 dictionnaires scolaires. Cette évolution rapide peut avoir plusieurs explications. L'accroissement des ventes correspond à une période d'expansion économique exceptionnelle. Le rôle social de l'enfant a changé dans le même temps; la publicité s'en est rendue compte qui s'adresse directement à lui. De plus, le renouvellement pédagogique, l'adaptation des outils scolaires au niveau des enfants ont suscité la création de produits nouveaux. Ce mouvement a été amplifié par une politique audacieuse de la part des éditeurs. Cet élan était possible parce que le dictionnaire a toujours joui d'une autorité presque incontestée. Sa nature moins spéculative et moins charpentée que celle des grammaires, par exemple, le rend moins dépendant des modes et de conceptions théoriques nécessairement mouvantes. Il est enfin, par son aspect référentiel et discontinu, plus ouvert sur le monde et son évolution. Le dictionnaire de langue, auquel nous nous limitons dans cet article, a donc conquis dans la classe une importance nouvelle.

## 2. L'attitude des enseignants

### 2.1. Les Instructions Officielles

Cette évolution est sanctionnée par les directives ministérielles que constituent ces instructions. Celles de 1972 stipulent: «On multipliera les occasions d'utiliser les dictionnaires.» Elles recommandent «d'entraîner les enfants à se servir d'un dictionnaire le plus tôt possible.» Elles souhaitent enfin qu'on se serve de «dictionnaires pour enfants.» Toutes les instructions ultérieures (1978, 1985) vont dans le sens d'un accroissement du rôle du dictionnaire dans l'apprentissage de la langue.

### 2.2. L'attitude des enseignants

Les enquêtes faites tant par le Ministère que par les éditeurs montrent que 80% des enseignants du primaire et près de 100% de ceux du collège apprennent à leurs élèves à se servir d'un dictionnaire. De plus, 93% d'entre eux conseillent aux familles l'achat d'un dictionnaire. Cet outil a donc auprès des enseignants un prestige incontestable. Leur demande varie, bien entendu, avec le niveau d'enseignement. Au lycée, les élèves sont, de ce point de vue, assimilés à des adultes: aucun travail systématique n'est prévu pour eux. Il en va différemment du collège où se fait un apprentissage continu. Cependant l'enquête que nous avons menée dans la région parisienne montre que les enseignants du collège recourent souvent à des dictionnaires «complets» *(Petit Robert, Larousse 1984, Hachette 1981, DFC, Robert Méthodique)* pour des raisons psychologiques (besoin pour l'enfant de cet âge d'être considéré comme un adulte) et pratiques (la diversité des lectures proposées dans les classes met en jeu un vocabulaire qui dépasse le cadre de la nomenclature des dictionnaires «pour enfants»). On observe donc, au collège, une «poussée vers le haut».

Dans l'enseignement primaire, la situation est très différente: les maîtres souhaitent des dictionnaires spécifiques et adaptés aux différents cycles. Ces ouvrages doivent avoir des caractéristiques particulières qui ne sont pas toujours explicites. La grille d'appréciation des dictionnaires par les maîtres comprend les paramètres suivants: étendue de la nomenclature et adaptation aux besoins des enfants; nombre et diversité des phrases-exemples; clarté et simplicité des définitions; netteté de la présentation générale. Il est souhaité aussi que l'élève puisse conserver le dictionnaire par la suite. Ces critères expliquent les reproches adressés généralement aux dictionnaires scolaires existants: les définitions sont souvent trop compliquées; le système des renvois est inadapté; il n'y a pas assez d'exemples; le regroupement par famille (introduit par le *DFC 1966*) n'est pas souhaitable. On peut noter que ces observations traduisent une préoccupation plus pédagogique que scientifique: les maîtres n'exigent que très rarement une description précise des différents emplois d'un mot et de leur présentation contrastive. Cela tient au fait, assez généralement répandu, que les études de vocabulaire sont indépendantes de la grammaire (cf. 4).

Pratiquement, l'utilisation dans les classes, quotidienne semble-t-il, concerne trois types d'activités: a) la compréhension des mots (recherche de vocabulaire lors d'une séance de lecture, ou de toute autre activité où l'on rencontre des mots inconnus, ou encore, dans quelques cas privilégiés, travail systématique sur les dictionnaires); b) apprentissage de l'orthographe (à la suite d'une dictée ou au cours de la correction d'un devoir écrit), c) apprentissage des règles du message écrit (rédaction, composition). Il y a là trois objectifs pédagogiques différents. On peut penser cependant que a) et c) correspondent à un même type d'activité: pour décoder ou encoder, il faut avoir une connaissance active des différents emplois d'un mot ainsi que des réseaux associatifs que ce mot évoque (synonymes, antonymes). Il semble difficile, à l'heure actuelle, d'enseigner aux enfants de l'école primaire la lexicographie, à cause de la part importante de métalinguistique qu'elle comprend nécessairement. Cependant, un travail systématique de découverte du fonctionnement des différents dictionnaires, de la description des emplois de chaque élément lexical et des lois du discours lexicographique, doit permettre de faire effectuer aux enfants des fichiers de vocabulaire ou des lexiques de classe. Des expériences ont montré que ce type d'activité peut avoir des résultats surprenants et peut constituer un facteur de réussite scolaire pour des élèves linguistiquement handicapés.

## 3. L'enfant et le dictionnaire

### 3.1. Les prérequis

Le dictionnaire est un outil assez complexe et nécessite de la part de l'élève la connaissance préalable de certains savoir-faire. On ose à peine compter dans ces prérequis la lecture, si certaines enquêtes ne révélaient pas que la moitié des enfants de onze ans (entrée en sixième) n'avaient de sérieux problèmes de lecture. La connaissance de l'ordre alphabétique doit faire l'objet d'un entraînement systématique. Les brochures d'accompagnement des dictionnaires présentent, à cet effet, une initiation remarquable: exercices de reconnaissance des formes, manipulations de fichiers et d'annuaires, jeux numériques, propositions concrètes concernant l'apprentissage de l'ordre alphabétique: tout un ensemble d'activités ludiques qui permettent une acquisition aisée et présentent le dictionnaire comme une activité attrayante. L'enfant doit avoir conscience des particularités orthographiques et de l'homonymie *(vent, vend, van)*. De même lui faut-il être capable de reconnaître les formes fléchies et de retrouver sous cette diversité la forme constituée par l'entrée de dictionnaire.

A cela s'ajoute la connaissance du discours particulier de la langue lexicographique. Tout d'abord, il faut reconnaître la valeur des différents caractères (droits, italiques, gras, maigres) ainsi que leur emploi; identifier les différentes parties de discours ainsi que leurs abréviations (*n; v; adj;...*) et certaines abréviations courantes (*syn; pop; litt;...*) et pour certains dictionnaires, les symboles particuliers: →X: voir le mot X; ↓↑ : niveau de langue plus ou moins élevé. L'élève doit pouvoir distinguer entre les phrases-exemples et les définitions proposées par le lexicographe. Cela suppose enfin qu'on soit à même de reconstituer ce que le texte lexicographique efface: X (est un) nom; X (veut dire, signifie) Y; (voici, comme dans l'exemple) Z. Le dictionnaire, pour être mis entre les mains des enfants, en toute autonomie, doit faire l'objet d'une assez longue initiation, qu'on peut estimer à un semestre à raison d'une heure par semaine, pour des enfants de dix ans.

### 3.2. Utilisation du dictionnaire par les enfants

Que le travail de consultation du dictionnaire soit fait en autonomie ou fasse l'objet d'un travail collectif, il a comme objectif l'apprentissage global de la langue. Dans la pratique cependant, le dictionnaire est source d'activités particulières qui peuvent se grouper comme suit: enrichissement du vocabulaire, apprentissage de l'orthographe, prise de conscience du système de la langue.

A) A propos de l'enrichissement du vocabulaire, il faut faire une observation importante. Quand on parle de mot, il peut y avoir confusion sur le sens donné à ce terme. Il se peut que l'enfant ignore le sens d'un mot. C'est le cas le plus évident. Le dictionnaire permet de mémoriser une suite phonique comme entrée: *torréfier,* par exemple, qui n'a qu'un seul sens. Cette situation est loin d'être la règle. La plupart des mots (verbes ou noms) ont plusieurs emplois. Le dictionnaire, compte tenu de l'importance de sa nomenclature, doit définir de façon contrastive chacun de ces emplois. Ces définitions mettent en jeu un certain nombre de propriétés syntactico-sémantiques; le travail lexicographique consiste donc à donner les propriétés de définition de chacun de ces emplois. Il faut respecter pour ce faire un principe essentiel: pour un emploi donné, d'un verbe par exemple, doit figurer dans le dictionnaire la suite la plus longue, c'est-à-dire l'ensemble des arguments.

Pour *torréfier,* il faut mentionner les deux arguments et pour *donner* il faut mentionner les trois: *Luc a donné trois billes à son voisin.* Il est utile de préciser aussi quels arguments peuvent être effacés. Dans notre exemple, le datif est dans ce cas. Si, d'autre part, l'objet direct désigne un terme équivalant à «argent», cet objet peut être effacé: *J'ai déjà donné.* De même des verbes psychologiques comme *énerver* ou *ennuyer* peuvent avoir deux emplois selon la nature du sujet: sujet phrastique ou sujet humain dont le sens est différent: *Cela énerve Luc ≠ Paul énerve Luc.* Dans la deuxième phrase, *Paul* peut exercer une influence volontaire sur la personne de *Luc,* interprétation qui n'est pas possible dans la première phrase.

Les remarques que nous venons de faire, et qui semblent n'être que de bon sens, ont pourtant une portée théorique pour la confection des dictionnaires. Comme il s'agit de rendre compte de la construction des éléments qu'on définit et de rien d'autre que ce qui est pertinent pour l'emploi actif de cet élément, les phrases d'illustration ne peuvent être des citations d'auteurs mais doivent être le résultat d'une construction, d'un «montage», au sens où l'on dit que l'on «monte» une expérience. Une citation a presque toujours le double inconvénient d'apporter des informations parasites et de ne pas comporter certaines propriétés de structure indispensables. Le travail lexicographique ne peut donc être compris comme l'accumulation d'une liste de mots.

B) Pour ce qui est de l'orthographe, un dictionnaire ne peut donner que l'orthographe d'usage. Ce travail très important, négligé pendant les années de l'audio-visuel triomphant, pourrait être facilité par la généralisation de l'informatique; on sait qu'il suffit d'une erreur de frappe pour bloquer le calcul. Il reste que, de ce point de vue, le dictionnaire se consulte mais reste inerte. L'orthographe, dans la régularité qu'elle peut comprendre, doit s'apprendre de façon systématique par le recours à des exercices appropriés.

C) La prise de conscience du système de la langue doit prendre de plus en plus d'importance. Si un mot ne se comprend que dans le cadre d'une phrase, il est vrai aussi qu'il y a des relations entre phrases. Ces relations peuvent relever de la syntaxe (passif, interrogation, etc.) qui garde les contraintes entre les éléments. Il en est d'autres, moins régulières, qui sont liées de façon directe au lexique: relations verbe/nom; nom/adjectif; relations sémantiques entre mots. Une procédure morphologique exclusive regrouperait des mots en fonction de leur radical, sans recours à des propriétés syntaxiques.

A quoi sert de mettre en regard *sympathie* et *sympathique* si on ne montre pas que la place des actants est inversée quand on passe de la construction nominale à la construction adjectivale. *Paul a de la sympathie pour Eve. Eve est sympathique à Paul.* Mettre en évidence les emplois verbaux permet aussi de rendre compte des réseaux de dérivation. Prenons le verbe *causer* qui a un certain nombre d'éléments associés morphologiquement: *cause, causerie, causette, causeur* etc. La syntaxe permet de faire le tri des emplois et de procéder à un classement opératoire. *La pluie a causé de nombreuses dégradations = La pluie a été cause de nombreuses dégradations. Paul a causé à ces personnes = Paul a fait (la causette, une causerie) à ces personnes.* Chaque emploi verbal a ainsi un réseau de constructions associées. Comme ces associations, régulières peut-être au niveau morphologique, ne le sont pas du point de vue des constructions syntaxiques, elles doivent figurer dans le dictionnaire.

Du fait que la connaissance d'une langue implique celle de ces associations et de leurs restrictions, le dictionnaire doit fournir à l'élève la possibilité de construire le mot qu'il cherche et non pas seulement de lui présenter un équivalent sémantique. Il reste que le dictionnaire doit fournir aussi, en plus des informations sur le fonctionnement interne de la langue, le tissu des synonymes ainsi que les niveaux de langue. On sait bien que toutes les délimitations dans ce domaine sont arbitraires. Il est nécessaire cependant que les enfants sachent qu'on utilise tel mot et non tel autre, qui serait synonyme, dans telle situation de communication.

### 4. Réflexions linguistiques et perspectives

Comme les dictionnaires scolaires se diversifient et qu'ils sont, de ce fait, susceptibles d'évolution, on peut porter sur eux un regard critique et formuler sur certains points quelques améliorations.

#### 4.1. Rôle de la grammaire

Dans les études linguistiques, la tradition sépare nettement la syntaxe, lieu des régularités, du lexique, qui rend compte des relations avec le monde et des idiosyncrasies. Cette dichotomie ne correspond pas au fonctionnement des langues, car il n'y a pas deux instances différentes: le lexique ne doit pas être séparé de la grammaire.

— un verbe ne se définit que par la totalité de ses actants.
— la différence entre substantifs concrets et substantifs prédicatifs ne peut être mise en évidence que dans le cadre de la phrase.
— les propriétés aspectuelles et leurs compatibilités ne sont pas le fait du lexique seul.
— le fonctionnement des prépositions et les emplois multiples qu'elles ont toutes nécessitent la prise en compte de propriétés syntaxiques. Cela veut dire qu'une entrée de dictionnaire ne doit pas être constituée d'un mot seul (unité lexicale) mais d'une phrase entière, niveau minimal d'analyse permettant de rendre compte du fonctionnement d'une unité.

#### 4.2. Les verbes supports

Un dictionnaire doit donc donner les informations nécessaires à la construction du mot recherché. Ceci est vrai à l'évidence d'un dictionnaire bilingue. Si on se contente de l'équivalence *fier = stolz; suivre = folgen,* le lecteur ne pourra deviner que les constructions sont différentes: *fier de, stolz auf; suivre quelqu'un, jemandem folgen.* Le français a l'accusatif, l'allemand le datif. Mais ceci est vrai aussi pour les dictionnaires monolingues.

Prenons le cas des substantifs prédicatifs et supposons les phrases-exemples suivantes: *La permission de Paul nous a fait plaisir. L'admiration de ces enfants devant le feu... L'admiration de Paul pour son père est visible.* On constate que la relation entre le nom prédicatif et son sujet est traduite par le génitif subjectif (préposition *de*). Or il se trouve que ces exemples passent sous silence les différentes constructions élémentaires de ces substantifs prédicatifs dans la phrase simple: *Paul nous **a donné** la permission de... Les enfants **sont en** admiration devant... Paul **a de l'**admiration **pour** son père.*

Les verbes soulignés (appelés verbes supports ou Funktionsverben) ne sont pas prédictibles. Il faut les donner dans le dictionnaire: à partir d'eux, en revanche, le génitif est, lui, entièrement prédictible. C'est donc la construction à verbe support qui doit figurer systématiquement dans le dictionnaire et non celle du génitif; mais ceci n'est presque jamais le cas à l'heure actuelle.

La situation est identique en allemand. Sommerfeldt/Schreiber 1980 rendent compte des propriétés syntaxiques des substantifs à l'aide de leur valence, le sujet du substantif prédicatif étant rendu par le génitif comme dans les exemples suivants: *Die Reise des Marco Polo nach China. Der Abschied des Jungen von seiner Vaterstadt. Die Genehmigung der Polizei zur Einreise. Der Gruß des Urlaubers an seinen Freund.* Cette présentation ne permet pas de générer la forme de la phrase élémentaire, le génitif fait penser à une régularité inexistante. Le recours aux Funktionsverben aurait permis aux auteurs d'apporter à l'apprenant une information beaucoup plus complète sur les substantifs étudiés. *Marco Polo **machte** eine Reise nach China. Der Junge **nimmt** Abschied von seiner Vaterstadt. Die Polizei **gibt** die Genehmigung zur Einreise. Der Urlauber **sendet** einen Gruß an seinen Freund.*

On peut d'autre part montrer que, dans ces exemples, la construction nominale est associée à des phrases à structure verbale: *Paul nous permet de... Les enfants admirent le feu. Paul admire son père. Marco Polo reist nach China. Der Junge verabschiedet sich von seiner Vaterstadt. Der Urlauber grüßt seinen Freund.*

D'autre part, la construction à verbe support permet aussi, à l'aide d'une phrase simple, de rendre compte des substantifs prédicatifs non reliés à un verbe:

*Nous **avons fait** un tour en Italie. Paul **a l'**idée qu'il est trop tard. Paul **a donné** son aval à Luc. Ce mécanisme **a un** défaut.*

Ceci est vrai de l'allemand (Sommerfeldt/Schreiber 1980): *der Groll des Gärtners auf den*

*Nachbarn; die Gelegenheit des Mannes, ein Auto zu kaufen; die Verbindung des Ingenieurs mit dem Arbeiter.* Ces structures peuvent être régularisées en utilisant des Funktionsverben:

*Der Gärtner* **hat Groll** *auf den Nachbarn. Der Mann* **hat** *die* **Gelegenheit**, *ein Auto zu kaufen. Der Ingenieur* **(ist, steht)** *in* **Verbindung** *mit dem Arbeiter.*

Les phrases-exemples doivent donc être constituées de phrases élémentaires comprenant un verbe support. C'est à ce stade qu'on peut introduire des remarques sur les niveaux de langue. Il se trouve que les verbes supports ont presque tous des variantes d'ordre aspectuel ou stylistique. Ces variantes pourraient être notées de la façon suivante pour être disponibles dès la première consultation:

*Paul donne (passe, file) un coup de téléphone à Luc. Paul donne (flanque, administre, allonge) une claque à Luc. Paul donne (accorde, concède) à Luc l'autorisation de partir.* On remarquera enfin que l'effacement du verbe support rendra compte de la forme de la nominalisation et en particulier de la forme de la préposition, ce qui est un grand gain pédagogique.

### 4.3. Problèmes de figement

#### 4.3.1. Les noms composés

A observer la nomenclature des dictionnaires scolaires, on constate que les entrées sont presque exclusivement constituées de mots simples. Or, il se trouve que dans une langue naturelle, il y a trois ou quatre fois plus de noms composés que de noms simples. Dès lors, ils doivent figurer en tant que tels comme entrées et ne pas être disséminés dans le corps de l'article de l'un ou l'autre de ses composants. Cela est d'autant plus vrai que le sens du composé ne peut souvent pas être calculé à partir de sens de ses composants. L'apprentissage doit donc, pour les élèves, se faire par cœur. La forme habituelle des grammaires ne rend pas compte de ces combinaisons, seul le dictionnaire peut à l'heure actuelle rendre ce service. Mais dans des dictionnaires même assez conséquents comme *Lexis* ou *Petit Robert* ne figurent pas des composés aussi fréquents que: *un passage nuageux, la médecine douce, un gros cube, les acquis sociaux, un carton jaune, une perle rare, un bulletin-réponse.* Nous sommes ici en présence d'une faille importante des dictionnaires.

#### 4.3.2. Les phrases figées

Ce que nous venons de dire des noms est vrai aussi des verbes. S'il y a dix mille verbes ou plutôt dix mille emplois verbaux simples, il y a le double de verbes composés, du type: *casser sa pipe, discuter le bout de gras, manger le morceau, prendre le taureau par les cornes, prendre la clef des champs* etc. Le sens de la plupart de ces verbes est opaque et n'est pas compositionnel. Comme, à l'heure actuelle, il n'y a pas d'exercices scolaires portant systématiquement sur les phrases figées, le lieu naturel de leur recensement est encore le dictionnaire. Il est possible qu'un élève, relativement avancé déjà dans l'apprentissage de sa langue, soit incapable de décrypter ces expressions. Nous plaidons donc pour qu'elles figurent largement dans les dictionnaires. C'est le moyen le plus efficace de réduire les handicaps langagiers d'un grand nombre d'enfants, qui ne sont pas nécessairement des enfants d'immigrés. Cela pose, bien entendu, des problèmes de mise en pages et de lisibilité.

#### 4.3.3. Adjectifs et adverbes composés

Les remarques que nous venons de faire s'appliquent aussi aux adjectifs et aux adverbes composés. Très peu d'études ont été consacrées à ces catégories, qui sont l'objet, en français, de considérations essentiellement morphologiques (problème de l'accord). Des entités comme *à la mode, de travers, en marge, à vif, sur la touche, sous tension, à la traîne, en boule, aux petits soins* etc. figurent, dans l'article consacré au nom, tantôt sans spécification catégorielle, tantôt comme locutions adverbiales, alors qu'il s'agit, en fait, d'adjectifs comme le montrent les propriétés transformationnelles qui les caractérisent (pronominalisation en *le*).

Nous prenons pour illustrer la carence des structures adverbiales, une construction intensive assez générale, puisqu'elle comporte des centaines d'exemples (M. Gross 1986). Ces intensifs portent sur des constructions adjectivales: *être libre comme l'air, menteur comme un arracheur de dents, chauve comme une boule de billard, muet comme une carpe, utile comme un cautère sur une jambe de bois, gras comme un chanoine, réglé comme du papier à musique, malheureux comme les pierres.* D'autres modifient un verbe, avec une interprétation intensive ou d'antiphrase: *friser comme une baguette de tambour, se démener comme un beau diable, chanter comme une casserole, briller comme des escarboucles, passer comme une lettre à la poste, s'en fiche comme de l'an quarante, marcher comme sur des roulettes.*

Ces constructions imagées sont souvent opaques et ne peuvent faire l'objet d'une création individuelle de la part des locuteurs. Il nous semble qu'il est plus utile de les faire figurer dans le dictionnaire plutôt que des termes comme *père, mère, maison, pain* dont le sens est transparent pour les enfants.

### 4.4. Conclusion

La position que nous défendons consiste à ne pas séparer le lexique de la grammaire. Rien ne justifie la séparation du sens d'un élément de son fonctionnement syntaxique. La maîtrise d'une langue implique qu'il y ait fusion des deux niveaux. Cette position a pour conséquence que l'unité minimale d'analyse n'est pas une unité lexicale mais la phrase simple où elle figure; cette phrase simple doit être considérée comme l'adresse de dictionnaire. On peut sur ces bases envisager de nouveaux types de dictionnaires à l'avenir, grâce à la révolution informatique. Le système de réseaux déjà en usage actuellement (type Minitel, en France) permet qu'on envisage d'avoir un terminal dans chaque classe. Cela aurait l'avantage de faire du dictionnaire un produit susceptible d'évoluer rapidement et, libéré de son support-papier, d'être amélioré à mesure. Les informations concernant un mot donné pourraient être structurées selon le niveau d'apprentissage. Moins contraintes par l'espace, les phrases-exemples pourraient être multipliées ou changées en fonction de l'expérimentation des enseignants. On aurait ainsi un outil plus souple, moins dépendant des contingences typographiques, et susceptible d'une évolution rapide, qui ne ferait pas double emploi avec le dictionnaire-papier habituel.

### 5. Bibliographie choisie

#### 5.1. Dictionnaires

*Bordas 1976* = Mes 10 000 mots. Le dictionnaire Bordas pour l'école élémentaire. Paris 1976 [X, 792 p.].

*DFC 1966* = Dictionnaire du français contemporain, sous la dir. de Jean Dubois. Paris 1966 [XXII, 1224 p.].

*Hachette 1981* = Françoise Guérard: Dictionnaire Hachette de la langue française. Paris 1981 [1813 p.].

*Hachette Juniors 1980* = Dictionnaire Hachette Juniors, sous la dir. de Paul Bonnevie. Paris 1980 [1088 p.].

*Hatier 1974* = Gisèle Coté-Préfontaine/Robert Préfontaine/François Ters: Je doute, je cherche, je trouve. Paris 1984 [288 p.].

*Larousse 1984* = Petit Larousse illustré 1984, sous la dir. de Claude Dubois. Paris 1983 [XXXI, 1799 p.].

*Larousse des débutants 1981* = Nouveau Larousse des débutants, sous la dir. de René Lagane. Paris 1981 [874 p.].

*Lexis 1975* = Lexis: Larousse de la langue française, sous la dir. de Jean Dubois. Paris 1975 [LXXIX, 1950 p.].

*Nathan 1976* = Frank Marchand: Dictionnaire actif Nathan. Paris 1976 [287 p.].

*Petit Robert 1968* = Dictionnaire alphabétique et analogique de la langue française dit «Petit Robert 1», sous la dir. de Alain Rey. Paris 1968 [XXXII, 1971 p.].

*Robert Méthodique 1982* = Robert méthodique. Dictionnaire méthodique du français actuel, sous la dir. de Josette Rey-Debove. Paris 1982 [XXIII, 1617 p.].

*Sommerfeldt/Schreiber 1980* = Karl-Ernst Sommerfeldt/Herbert Schreiber: Wörterbuch zur Valenz und Distribution der Substantive. Leipzig 1980 [432 p.].

#### 5.2. Travaux

*Engelen 1968* = Bernd Engelen: Zum System der Funktionsverbgefüge. In: Wirkendes Wort 18. 1968, 289—303.

*Giry-Schneider 1978* = Jacqueline Giry-Schneider: Les nominalisations en français. L'opérateur *faire* dans le lexique. Genève 1978.

*Gross 1981* = Gaston Gross: Lexicographie et grammaire. In: Cahiers de Lexicologie 39. 1981, 35—46.

*Gross 1975* = Maurice Gross: Méthodes en syntaxe. Paris 1975.

*Gross 1982* = Maurice Gross: Une classification des phrases figées du français. In: Revue québécoise de linguistique 11. 1982, 151—185.

*Gross 1986* = Maurice Gross: Syntaxe de l'adverbe. Paris 1986.

*Harris 1976* = Zellig Sabbetai Harris: Notes du cours de syntaxe. Paris 1976.

*Heringer 1968* = Hans Jürgen Heringer: Die Opposition von «kommen» und «bringen» als Funktionsverben. Düsseldorf 1968 (Sprache der Gegenwart 3).

*Polenz 1963* = Peter von Polenz: Funktionsverben im heutigen Deutsch. Düsseldorf 1963.

*Gaston Gross, Paris (France)*

# 23. The Dictionary as an Aid to Foreign-Language Teaching

1. Introduction
2. Historical Aspects
3. The Compiler's Perspective
4. The User's Perspective
5. Pedagogical Aspects
6. Selected Bibliography

## 1. Introduction

This Article examines historical links between dictionary-making and foreign-language teaching (in Section 2.), then explores the points of view of both dictionary maker and dictionary user (Sections 3. and 4.), and finally reviews a number of pedagogical issues (Section 5.). — The discussion will focus on German and English, conscious of the neglect of other potentially relevant references, particularly from the French and Russian scenes (Hausmann 1977, Tomaszczyk 1981). The emphasis will be on foreign-language teaching (as opposed to mother-tongue teaching, cf. Art. 22), on formal school settings (as opposed to natural language acquisition), on general lay (as opposed to technical expert) audiences, and on young (as opposed to adult) learner groups. But even such a radical restriction still leaves a very diffuse situation which includes the cultural and educational backgrounds of the various German- and English-speaking countries, a wide range of available dictionaries for very diverse learner groups and purposes, and a wealth of divergent opinions and activities. — The stress will be on comparative-empirical studies published during the last 15 years or so (e. g. in Cowie 1981, Hausmann 1982, Wiegand 1982, Hartmann 1984, Götz/Herbst 1984, Bergenholtz/Mugdan 1985, Ilson 1985, Schröder 1985, Cowie 1987). A number of relevant research projects are also reported in Art. 12 (on dictionary user surveys) and 25 (on the teaching of dictionary use).

## 2. Historical Aspects

The use of dictionaries in the field of foreign-language teaching is fairly widely documented. Nevertheless, too little is still known about the joint development of language teaching and lexicography (the 'phylogenetic' history will be treated here, the 'ontogenetic' view of the learner will be hinted at in Section 4. below). — The whole span of English-German lexicographical history has only recently come into our view (cf. Hausmann/Cop 1985), but it reveals throughout its healthy development a strong didactic preoccupation. As Stein (1985) has shown, even the early multilingual forerunners of the first German-English dictionary (Ludwig 1716) were at least in part designed to replace some of the functions of the school-master, an issue that has continued to reverberate to the present day. (Are teachers sceptical, or possibly afraid, that learners might acquire independence from the taught course too soon?) — German learners of English and English learners of German from the Renaissance onwards have been served by a succession of phrase books, glossaries and bilingual dictionaries, many designed with the intention of building up a repertoire of vocabulary learning strategies (cf. Schröder 1984). However, gradually and partly under the influence of expanding linguistic and literary scholarship, the emphasis on vocabulary has tended to be deflected to such concerns as philology, etymology and translation. — In our own century, it has taken more than a generation of advocates of 'vocabulary control' (cf. Howatt 1984) to right the balance. The last few years have seen rapid advances in the direction of genuinely 'pedagogical' dictionaries, taking into account such factors as the directionality of presenting the information for the benefit of the native speaker of either source or target language, the distinction between encoding and decoding activities, and the limitation of the defining vocabulary. — Currently the dictionary is regarded as one of several 'teaching aids' (with textbook, grammar exercises, visual aids, games, tests, etc.) as well as a potential 'liberator' in the trend towards individualised instruction. Under the influence of a new 'eclectic' spirit which stresses the similarities rather than differences between foreign-language and mother-tongue teaching, we must keep an open mind about the various dictionary types, especially the distinction between the mono- and interlingual dictionary.

## 3. The Compiler's Perspective

Statements about which (types of) dictionaries are 'necessary' or 'useful' in the foreign-language teaching context are regularly made, but they tend to be full of preconceived ideas of what dictionaries (should) contain rather than what learners actually require. Thus, Beattie castigated British Modern Language teachers for not concerning "themselves with ... teaching pupils how to use dictionaries" (1973, 161), but then catalogued available (chiefly monolingual target-language) dictionaries in terms of their content and suitability for three arbitrarily chosen proficiency levels or phases of use.

Frauen-zimmer (das) 1. das frauen-volck, the female sex, women. Adeliches frauen-zimmer, gentle-women, ladies, noble ladies, ladies of a noble descent or extraction, ladies of quality. 2. Ein frauen-zimmer, a woman or lady. 3. Das frauen-zimmer an dem türckischen hofe, the seraglio; the place where the Sultan's concubines are kept in.
Frauenzimmer-schneider (der) a womens-taylor.
Fräulein (das) 1. ein adeliches fräulein, a young lady that is a daughter of a noble-man. Ein gräfliches, herzogliches oder fürstliches fräulein, a young lady that is a daughter of an earl, lord, duke or prince. 2. Gott schuff den menschen ein männlein und fräulein, God created men male and female.
Fräulein-steur (die) a contribution layd on for to make up the charges required to the consummation of a princess's marriage.

Dictionary excerpt 23.1: Entries *Frauenzimmer, Fräulein* (in: Ludwig 1716, col. 652)

journal). ~₁zim·mer n 1. *bes. contp.* woman, female. 2. *humor.* petticoat, *vulg. sl.* skirt, *bes. Am.* dame, broad; er ist hinter jedem ~ her he runs (*od.* chases) after every woman (*od. vulg.* every bit of skirt). ~₁zim·mer·chen n *lit.* (little) woman.
**Fräu·lein** ['frɔylaɪn] n ⟨-s; -, *colloq. a.* -s⟩ 1. young lady (*od.* woman), girl. 2. (*unverheiratete Frau*) unmarried (*od.* single) woman (*od.* lady); ein älteres ~ an elderly lady, a spinster. 3. *in Verbindung mit Namen, Titel:* Miss; (das) ~ Müller Miss Müller; (das) ~ Doktor (the) Doctor, Dr. X; Ihr ~ Schwester your sister, *förmlich*: Miss X. 4. *als Anrede in Verbindung mit Namen:* Miss; ~ Rita Miss Rita; Liebes (*od.* Sehr verehrtes) ~ Rita! *als Briefanfang*: Dear Miss Rita. 5. *als Anrede ohne Namen*: *colloq.* miss, *förmlich*: Madam; *colloq.* gnä' ~ ma'am; ~! a) *im Restaurant etc*: waitress!, *colloq.* miss, b) *im Laden etc*: *colloq.* miss, c) *in der Schule*: Miss X!, Teacher!, *colloq.* Miss!; *humor.* kleines ~ zu e-m Kind: young lady! 6. (*Kellnerin etc*) waitress, *colloq.* girl; *cf. a.* 5. 7. (*Verkäuferin*) salesgirl, shopgirl, (shop) assistant; *cf. a.* 5. 8. (*Lehrerin*) teacher; *cf. a.* 5. 9. (*Erzieherin*) governess, *colloq.* miss; (*Kinder*2) nurse, nanny. 10. *teleph. colloq.* das ~ vom Amt the operator. 11. *R. C.* die Englischen ~ the Institute *sg* of Mary, the Ladies of Loretto.

Dictionary excerpt 23.2: Entries *Frauenzimmer, Fräulein* (in: Messinger 1982, 440)

More recently, Standop (1985) criticised existing monolingual and bilingual English dictionaries by comparing their information content, e. g. of the *Kleiner Muret-Sanders* (or *Langenscheidts Großwörterbuch*, Messinger 1982) by reference to such features as the publisher's own description of the number of pages and entries rather than the uses to which such information might be put in the learning process. — On the apparent assumption of 'the more the better', compilers of bilingual dictionaries from Ludwig (1716) to Messinger (1982) have offered the following amalgam of information categories (see also excerpts 23.1 and 23.2): spelling, pronunciation, grammatical information, meaning(s) in terms of equivalents, and examples of usage.

Occasionally, this massive concentration of material in the general-purpose dictionary is challenged and alternatives are put forward for the design of more 'restricted', 'segmental' or 'partial' dictionaries to cover these information types separately (see below). — What we need is not more dogma about what should be included in the dictionary, but more research on the real uses of dictionaries by real learners in real settings. Fortunately, such user studies have become available recently (e. g. Hartmann 1983 for English learners and teachers of German and Heath/ Herbst 1985 for German students of English), although they are not always comparable in terms of their aims, methods and results (cf. Ripfel/Wiegand 1988).

## 4. The User's Perspective

### 4.1. Considering the Foreign-Language Teaching Situation as a Whole

"There is a real danger of opening the gap which is known to exist between the sophistication of some features of dictionary design and the user's often rudimentary skills" (Cowie 1981, 206).

Not by crowding more and more information into the pages of ever more comprehensive dictionaries are we going to help our learners, but by determining their reference needs and reference skills (cf. Art. 25). In line with current thinking in language-teaching methodology, such needs and skills must be defined not in terms of fixed repertoires of linguistic items and structures, but as open-ended communicative processes and strategies. — But what are the typical communicative processes and strategies in foreign-language teaching? Which of them require the use of a dictionary? There is no secure empirical foundation for statements about the (optimal) conditions and (natural) progression of foreign-language teaching. Writing in the context of German mother-tongue teaching, Neuland (1984, 65) has deplored the dearth of research evidence, which, in addition, seems to be inversely proportional to increasing school age:

„Der Überblick über den einschlägigen hiesigen Forschungsstand zeigt, daß das linguistische Forschungsinteresse an der Sprachentwicklung mit zunehmendem Alter der Kinder eindeutig abnimmt."

If this is equally true of the situation in foreign-language teaching and for more advanced learners, we shall find it difficult to correlate specific learning styles with developmental stages and thus predict at what ages and in what areas the use of dictionaries might bring particular benefits. — But could we at least hope to obtain an ontogenetic learner profile (see Fig. 23.1) by plotting some of the variable factors against the axes of chronological age and linguistic skills?

From the selection of studies surveyed in Neuland (1984) we are led to a rather uncertain answer: there are conflicting data even on the most basic issues, e. g. what the basic vocabulary size at school entry is, whether the acquisition of lexical and grammatical units follows a particular age pattern, which of several parameters such as intelligence, personality and socialisation predominate, and how the various communicative processes increase in complexity from the secondary to the tertiary level. All we can do is to list some of the more important linguistic, psychological, sociological, cultural and technological factors in the hope of establishing a crude framework for cautious generalisations.

### 4.2. Linguistic Factors

Motivation for and progress in foreign-language learning are influenced by a number of linguistic factors. — The first set can be summed up under the heading 'distance and contact' between the source and target languages in question. The relative status of English and German in the world league of languages, their typological similarity and the increasingly closer links between them have helped determine individual and collective interest in their acquisition. That the relationship is often uneven is well known: it has affected language teaching practices and lexicographical traditions through the centuries. Hausmann/Cop (1985, 192), e. g., note that most bilingual dictionaries to date have been compiled by Germans, though not exclusively aimed at German native speakers. — The second set of linguistic factors may be introduced by the question: Which skills are to be acquired by foreign language learners? The notion of 'skill' itself is still a matter of dispute among language-teaching methodologists whose theories contain a bewildering array of classifications, from imitation and the creation of automatic habits to cognition and the inculcation of conceptual knowledge. The most well-known typology is the fourfold distinction into speaking, writing, listening and reading, usually in conjunction with such purposes as active production (encoding) and passive comprehension (decoding), particularly for the lower proficiency ranges. For higher-level activities like translation and independent study (with or without dictionary use), such distinctions are perhaps less fruitful, and even at the lower levels they ignore such realities as the practice of 'grouping' or 'streaming' school classes by intellectual or occupational criteria. — More recent approaches have stressed the need for a more differentiated analysis of communicative control in terms of basic constituent functions and notions (e. g. van Ek 1975, Baldegger 1981). Such 'threshold level' specifications also contain guidelines on vocabulary

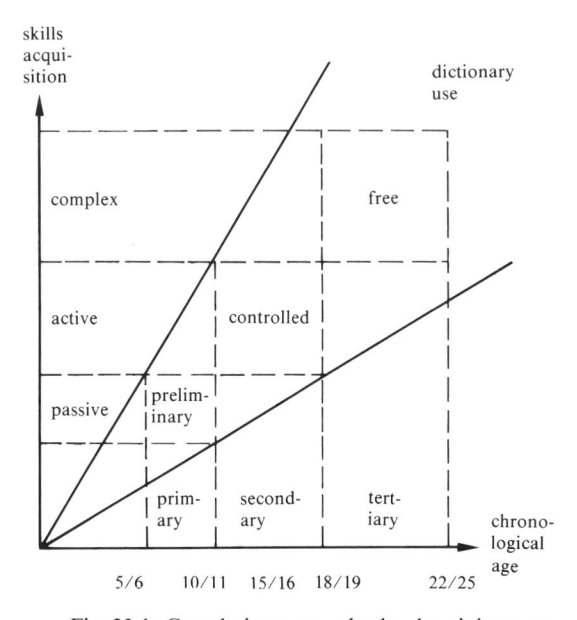

Fig. 23.1: Correlating age and school activity contexts

and structures, but unfortunately nothing on dictionary use. The communicative skills movement has brought a welcome shift from static repertoires to dynamic strategies — it is thus part of the wider concerns of 'needs assessment' or 'needs analysis' in education (cf. Suarez 1985) — but it must be admitted that it has not yet affected the bulk of practical language teaching. Meanwhile, some impression of skills practised in schools may be gained from an analysis of exercises listed in the syllabuses of examination boards. Studies of such regulations in West Germany (Heath/ Herbst 1985) and in Britain (Hartmann 1987) show that much remains to be done in terms of the specific component skills to be practised and tested, particularly as far as dictionary reference needs and reference strategies are concerned. — Finally in this section we must try to answer the double question: What are the main instances of foreign-language teaching activities in which dictionaries are known to play a part, and what kind of information is consulted in them? A number of authors have recently criticised the traditional notion of the all-purpose 'school dictionary' and its more fashionable equivalents 'learner's dictionary' or *'Spracherwerbswörterbuch'* as being much too global. Instead, dictionaries ought to cater for more restricted activities such as, e. g., 'encoding' (*Schreibwörterbücher,* cf. Herbst 1985), 'decoding' (*Lesewörterbücher,* cf. Ickler 1982), 'translating' and other, even more specific purposes. — Regrettably, the necessary design features are rarely set out in detail. There are, in any case, few prototypes available. One of the few more narrowly conceived pedagogically oriented reference works is the *Oxford Advanced Learner's Dictionary* (Hornby 1974; see also excerpt 23.3), which has broken new ground — and sales records — by supplying some of the information apparently needed primarily for the encoding activities of foreign learners of English: a simplified defining vocabulary, coded clause patterns, and idiomatic examples combine to assist the writing process, in particular.

Consequently, the *ALD* has been much copied by other compilers and publishers of English dictionaries, yet nothing approaching its type has been attempted so far for the field of German as a second/foreign language. — A deliberate effort is made in such learners' dictionaries to take some special aspects of the language acquisition process into account. Many of the issues of specifying vocabulary, style, grammar, idioms, pronunciation, etc. have not been satisfactorily solved, however. It is not proven, e. g., that restricting the defining vocabulary to a basic core will automatically ease the learner's comprehension task, since these more frequent words are also the most polysemous and idiomatic in the target language. — The syntactic information which is provided in coded or abbreviated form has been criticised in an increasing number of detailed studies (e. g. in Bergenholtz/Mugdan 1985 and Cowie 1987). — Another important issue we must address is whether the current stress on monolingual as opposed to bilingual dictionaries can obviate the problem of interlingual interference, i. e. the production of errors due to the influence of the patterns of the mother tongue. Dictionaries are often said to aggravate such difficulties, but it is by no means certain whether the problem can be solved by phasing out the use of the bilingual dictionary, as some authorities have argued (e. g. Underhill 1985), or by improving it, for example by confronting equivalents not in the misleading form of one-to-one equations, but within their respective though often diverging lexical fields. The logical consequence of this latter view would be the design of parallel, but interlocking pairs of monolingual dictionaries ('bilingual thesauruses' or 'contrastive dictionaries of synonyms', cf. Snell-Hornby 1984, 278). In the absence of such tools we can only warn learners of the main pitfalls of bilingual dictionaries (cf. Atkins 1985).

---

**de·cide** /dɪˈsaɪd/ *vt, vi* **1** [VP6A,14,2A,3A] settle (a question or a doubt); give a judgement (*between, for, in favour of, against*): *We ~d the question by experiment. The judge ~d the case. It's difficult to ~ between the two. The judge ~d for/in favour of/against the plaintiff.* **2** [VP6A,7A,8,9,10,3A] think about and come to a conclusion; make up one's mind; resolve: *The boy ~d not to/~d that he would not become a sailor. It has been ~d that the exhibition shall not be open on Sundays. He could not ~ what to do/what he should do next. In the end she ~d on/~d to buy the green hat. We ~d against/~d not to go for a holiday in Wales.* **3** [VP17] cause to ~(2): *What ~d you to give up your job?* **de·cided** *part adj* **1** clear; definite: *There is a ~d difference between them. He's a man of ~d opinions.* **2** (of persons) having ~d opinions; determined: *He's quite ~d about it.* **de·cid·ed·ly** *adv* definitely; undoubtedly: *answer ~dly; ~dly better.*

Dictionary excerpt 23.3: Entry *decide* (in: Hornby 1974, 225—226)

### 4.3. Psychological Factors

The research deficits mentioned above in connection with the linguistic aspects of language learning styles and dictionary reference skills are similarly serious with regard to the psychological processes involved. How does learning progress? How can the teacher improve it? What is the best sequence of acquiring language skills? How can recall and transfer be maximised and forgetting minimised? Some of the factors affecting motivation (such as intellectual curiosity, parental encouragement, the will to communicate, interesting classroom and outside activities etc.) and its utilisation in language-teaching methodology are known (Apelt 1981), but their interactive effects need to be investigated in greater detail. — The limitations of individual case studies and questionnaire surveys and the desirability of observational and experimental techniques have been pointed out elsewhere (cf. Art. 12). One example of the latter type attempted recently are so-called 'thinking aloud' protocols, as used by Krings (1986), which document the psycholinguistic complexities of the translation process among advanced learners of French in a German university context. (Whatever one's view of the value of translation exercises may be, they still play a major part in many advanced foreign-language courses). Krings's findings underline what has already been said about the shortcomings of the dictionary in the translation of texts from or into the foreign language. It turns out that the bilingual dictionary (often erroneously called 'translation dictionary') is indeed an important, but not the exclusive instrument for locating equivalents. When the advanced language learner (and this is true even more so of professional translators; cf. Art. 21) searches for equivalent lexical items and constructions, many (up to two thirds) of the difficulties involve dictionary consultation, but often they are overcome not by direct interlingual matching, but by intralingual paraphrase operations within the source or target languages. The problem of matching equivalents between different text discourse patterns in pairs of languages may lend support to the case for teaching thesaurus skills (see excerpt 23.4), even designing a completely new type of 'parallel thesaurus'.

At the lower proficiency levels, psychological factors have been discussed in relation to the problem(s) of vocabulary teaching, producing a vast literature with sometimes very little secure empirical foundation (cf. Schröder 1985, Hornung/Wolff 1985). Much of it is taken up by the question of

---

**M132** *nouns, etc* : **parts of roads, etc**

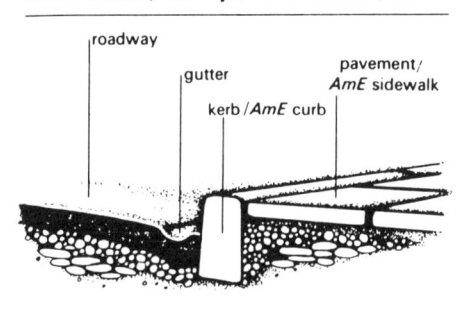

*[diagram of road cross-section with labels: roadway, gutter, kerb/AmE curb, pavement/AmE sidewalk]*

**pave** [T1 *often pass*] to put flat stones, etc on (a road or other surface): *The road was paved with stones.*
**paving stone** *also* **flagstone** [C] a large flat stone used for paving paths, etc
**pavement** [C] **1 sidewalk** *AmE* a paved surface or path at the side of a street for people to walk on **2** *AmE* the paved surface of a street
**kerbstone** [C] a raised stone separating the pavement from the road

Dictionary excerpt 23.4: Entry *parts of roads* (in: McArthur 1981, 647)

---

| | | |
|---|---|---|
| **die Frau** /en | woman; wife | la femme; l'épouse *f* |
| *Frau X* | *Mrs X* | *Mme X* |
| *gnädige Frau!* | *Madam!* | *Madame!* |
| **das 'Fräulein** s/- | young lady, girl | la demoiselle |
| *Fräulein X* | *Miss X* | *Mlle X* |
| *Fräulein X!* | *Miss (X)!* | *Mademoiselle!* |
| **frei** → *unfrei/besetzt* | free; vacant | libre |
| *Eintritt frei!* | *Admission free!* | *Entrée libre!* |
| *wir haben frei* | *we have a holiday* | *nous avons congé* |
| *ist der Platz frei?* | *is this seat vacant?* | *cette place est-elle libre?* |
| *im Freien* | *in the open (air)* | *en plein air [libre?* |
| *eine Zeile frei lassen* | *to leave a line blank* | *laisser une ligne en blanc* |

Dictionary excerpt 23.5: Entries *Frau* to *frei* (in: Oehler 1966, 60)

whether a basic-core vocabulary can be isolated, using statistical-computational procedures, and how such lists can be integrated into language-teaching practice (cf. Kühn 1979 for a sceptical view). Teachers can certainly profit from the frequency information provided in some of the basic vocabulary dictionaries (cf. excerpt 23.5).

But, as a number of authors have pointed out, frequency must be combined with a number of other utility measures (such as interest, availability and familiarity) to be truly helpful. Listing the items is no guarantee for learning and remembering new vocabulary (cf. Scherfer 1985, 431 ff.).

### 4.4. Sociological Factors

Clyne' recommendation (1984, 73) of more comparative studies "among people of matching socio-economic background" cannot be realised until we have a better understanding of what motivates dictionary users in separate communities. One approach might include an analysis of types of usage conflict (cf. Kolde 1976). There is no guarantee, however, that priority rankings of enquiries made at usage advice centres will reflect dictionary reference acts of general users or of foreign-language learners, but surveys of this kind might at least sensitise us to the global facts of social variation and divergent behaviour. — The use of dictionaries in foreign-language teaching varies not only with the country (within countries even by *county, Bundesland* and other regional divisions), but also with the type (even location) of the school or college in question, the attitudes of teaching staff, the composition of courses and classes, and the physical availability of the books themselves. Examples of such variation that have been reported in the already mentioned surveys by Hartmann (1983) and Heath/Herbst (1985) include wide discrepancies among the teaching syllabuses of various German *Länder* and varying practices as regards the choice of commercially available dictionaries and guidance on their use in schools. Furthermore, familiarity with the text genre dictionary will depend on attitudes in the parental home and the eventual job specialisation of trainees. It is thus impossible at this stage to attempt more than a sketch of tendencies.

### 4.5. Cultural Factors

The cultural, economic and ideological background in which foreign-language learning

Dictionary excerpt 23.6: Entry *Camping* (in: Solf/ Schmidt 1977, 475, detail)

takes place is bound to influence the assessment of the value of dictionaries, perhaps even more so in pairs of speech communities which are more distinct than those in the German- and English-speaking world. Griffin (1985) surveyed 128 foreign students in an American university by means of a questionnaire and found evidence of general 'culture shock' affecting their English language learning habits. One effective answer seemed additional classes in 'dictionary awareness' at three proficiency levels. — Another area where dictionaries can lend support in intercultural interpretation is pictorial illustration.

The potential usefulness of picture dictionaries (e. g. the *Duden Bildwörterbuch,* see excerpt 23.6) in the foreign-language classroom is not in doubt, but what Hiddemann (1980, 244) has said about one bilingual member of this class could be taken as a general warning not to overestimate its practical value:

„Der Lehrer wird es für die Übersetzung von Details unserer Umwelt heranziehen. Ihm wird dabei bewußt werden, daß Wort und Bild als Ausdruck der Sprache einer modernen Industriegesellschaft in einem repräsentativen und ausgewogenen Verhältnis stehen müssen und daß Skipiste, Campingzelt, Trecker und Computer unser heutiges Leben weit mehr bestimmen als Pantoffel, Besen, von Hand geführter Pflug und eine Stickerei vergangener Tage..."

## 4.6. Technological Factors

A report on this topic would be incomplete without mentioning the possibilities of educational technology. The advance of microprocessors into Western schools is rapid and widespread. It may lead to a strengthening of the idea that the computer-assisted dictionary should become an integral part of the multimedia package of aids to (individualised) learning. — Fox et al. (1980) have submitted convincing evidence that most dictionary look-up operations can be handled, usually faster than manually (e. g. new possibilities for vocabulary learning or letter composition), at the computer terminal. However, until more actual dictionaries become available in machine-readable form on compatible equipment, the electronic dictionary will remain a dream.

## 5. Pedagogical Aspects

In this final section an attempt will be made to sift the information presented once more through the pedagogical filter. Some progress has been made since Beattie (1973, 161) declared:

"Common sense indicates that at some point between beginning a foreign language and (say) taking a University degree in it, dictionaries will have to be introduced as an aid to learning."

Specifically, Beattie' two questions (At what point? and What sort of dictionaries?) could now be answered with less arbitrary dogma and more detailed understanding of the contributing factors. We have seen, for instance, that the long-lost connection between lexicographical production and dictionary use in language learning is being re-established, and that there is a greater awareness among dictionary compilers and language teachers of the fact that the acquisition and practice of certain skills can be tied to various types of dictionaries. The recent change of emphasis from teacher-directed to learner-centred activities may also have a part to play in this trend. — Answers to both questions will have to be related to the discussion of what kinds of learners' needs are to be met and whether the required skills can be taken as present or whether they have to be developed. Detailed needs assessments are in any case being carried out as part of the ongoing reevaluation of teaching curricula. There is some indication that examination boards are even beginning to reconsider their traditional reluctance to dictionaries in assessments. Admitting the use of the dictionary in examination halls, at least for some formal written tests, would go a long way towards establishing it as a regular teaching aid. Additional support could come from media technology provided that suitable computer dictionaries can be designed at reasonable cost. — We have seen that appropriate learners' dictionaries are not yet available for all languages (Hornby's *ALD* 1974 was a pioneer for English), but also that the ideal of the all-purpose pedagogical dictionary has not yet been achieved. It is more realistic to think of a range of dictionaries being used for certain narrowly defined exercises, e. g. reading, writing and translating. — The idea of weaning away the learner from the bilingual dictionary, with all its known faults, to the monolingual target-language dictionary has many advocates, but the use of the general bilingual dictionary seems here to stay as long as translation plays a dominant role in foreign-language education. The notion of a dictionary typology for pedagogical purposes seems somewhat premature at this stage, but it should not be given up as completely impossible. It would have to account for some or all of the following factors:

(a) level of proficiency (basic/intermediate/advanced learners);
(b) type of activity (reading comprehension/writing/translating);
(c) language base and directionality (mother tongue only/mother tongue — foreign language/foreign language — mother tongue/target language only);
(d) category of information (pronunciation/spelling/meaning/grammar etc.) —

Whichever dictionary is chosen by teacher and learner for a particular task (only 6 dictionaries have been briefly exemplified in this Article), one thing is certain: much more must be done to develop the skills and strategies necessary for the consultation process. Many of the authors cited (especially Beattie 1973, Cowie 1987, Griffin 1985, Heath/Herbst 1985, Ickler 1982, Underhill 1985) provide concrete advice on deliberate instruction in dictionary use (cf. also Art. 25).

## 6. Selected Bibliography

### 6.1. Dictionaries

*Hornby 1974* = A. S. Hornby (et al.): The Oxford Advanced Learner's Dictionary of Current English. Oxford 3rd ed. 1974 [1055 pp., 1st ed. 1948; previously called Idiomatic and Syntactic English Dictionary].

*Ludwig 1716* = Christian Ludwig: Teutsch-Englisches Lexicon. Leipzig 1716 [1336 pp.].

*McArthur 1981* = Tom McArthur: Longman Lexicon of Contemporary English. Harlow, Essex 1981 [xv & 910 pp.].

*Messinger 1982* = Heinz Messinger (et al.): Langenscheidts Großwörterbuch der englischen und deutschen Sprache ('Der Kleine Muret-Sanders' Deutsch-Englisch). Berlin. München (etc.) 1982 [1296 pp.].

*Oehler 1966* = Heinz Oehler: Grundwortschatz Deutsch/Essential German/Allemand fondamental. Stuttgart 1966 [236 pp.].

*Solf/Schmidt 1977* = Kurt Dieter Solf/Joachim Schmidt [et al.]: Duden Bildwörterbuch der deutschen Sprache. 3rd ed. Mannheim. Wien. Zürich 1977 [Vol. 3 of Der Duden in 10 Bänden, 672 & 112 pp., 1st ed. Leipzig 1935].

### 6.2. Other Publications

*Apelt 1981* = Walter Apelt: Motivation und Fremdsprachenunterricht. Leipzig 1981 (Linguistische Studien).

*Atkins 1985* = Beryl T. Atkins: Monolingual and bilingual learners' dictionaries: a comparison. In: Ilson 1985, 15—24.

*Baldegger 1981* = Markus Baldegger/Martin Müller/Günther Schneider: Kontaktschwelle Deutsch als Fremdsprache. Berlin 1981 (Council of Europe Modern Languages Project).

*Beattie 1973* = Nicholas Beattie: Teaching dictionary use. In: Modern Languages 54. 1973, 161—168.

*Bergenholtz/Mugdan 1985* = Lexikographie und Grammatik. Akten des Essener Kolloquiums, Juni 1984. Hrsg. von Henning Bergenholtz/Joachim Mugdan. Tübingen 1985 (Lexicographica. Series Maior 3).

*Clyne 1984* = Michael G. Clyne: Language and Society in the German-Speaking Countries. Cambridge 1984.

*Cowie 1981* = Anthony P. Cowie (ed.): Lexicography and Its Pedagogic Applications. In: Applied Linguistics 2. 1981 (thematic issue), 203—303.

*Cowie 1987* = The Dictionary and the Language Learner. Papers from the EURALEX Seminar at the University of Leeds, 1—3 April 1985. Ed. by Anthony P. Cowie. Tübingen 1987 (Lexicographica. Series Maior 17).

*Fox 1980* = Mark S. Fox et al.: The automated dictionary. In: Computer (IEEE) 13. 1980, 35—48.

*Götz/Herbst 1984* = Dieter Götz/Thomas Herbst (Hrsg.): Theoretische und praktische Probleme der Lexikographie. München 1984.

*Griffin 1985* = Pamela J. Griffin: Dictionaries in the E.S.L. Classroom. Carbondale, Illinois 1985 (Southern Illinois University M.A. dissertation).

*Hartmann 1983* = Reinhard Rudolf Karl Hartmann: The bilingual learner's dictionary and its uses. In: Multilingua 2. 1983, 195—201.

*Hartmann 1984* = LEXeter '83 Proceedings. Papers from the International Conference on Lexicography at Exeter, 9—12 September 1983. Ed. by R. R. K. Hartmann. Tübingen 1984 (Lexicographica. Series Maior 1).

*Hartmann 1987* = Reinhard Rudolf Karl Hartmann: The dictionary in vocabulary learning, with particular reference to English learners of German. In: W. Lörscher/R. Schulze (eds.): Perspectives on Language in Performance. Tübingen 1987 (Werner Hüllen Festschrift), 133—147.

*Hausmann 1977* = Franz Josef Hausmann: Einführung in die Benutzung der neufranzösischen Wörterbücher. Tübingen 1977 (Romanistische Arbeitshefte 19).

*Hausmann 1982* = Franz Josef Hausmann (Hrsg.): Linguistik und Didaktik 13. 1982, 1—112 (thematic issue).

*Hausmann/Cop 1985* = Franz Josef Hausmann/Margaret Cop: Short history of English-German lexicography. In: Hyldgaard-Jensen/Zettersten 1985, 183—197.

*Heath/Herbst 1985* = David Heath/Thomas Herbst: Wer weiß schon, was im Wörterbuch steht? Plädoyer für mehr Wörterbucharbeit im Englischunterricht. In: Schröder 1985, 580—595.

*Herbst 1985* = Thomas Herbst: Das zweisprachige Wörterbuch als Schreibwörterbuch: Informationen zur Syntax in zweisprachigen Wörterbüchern Englisch-Deutsch/Deutsch-Englisch. In: Bergenholtz/Mugdan 1985, 308—331.

*Hiddemann 1980* = Herbert Hiddemann: Des Lehrers und Schülers 'ständiger Begleiter' — das Wörterbuch: ein Wegweiser für Englisch. In: Praxis des neusprachlichen Unterrichts 27. 1980, 243—249.

*Hornung/Wolff 1985* = Wolfgang Hornung/Armin Wolff (Hrsg.): Lexik im Fremdsprachenerwerb. In: Materialien Deutsch als Fremdsprache 24. 1985, 7—207 [thematic issue].

*Howatt 1984* = Anthony P. R. Howatt: A History of English Language Teaching. Oxford 1984.

*Hyldgaard-Jensen/Zettersten 1985* = Symposium on Lexicography II. Proceedings of the Second International Symposium on Lexicography May 16—17, 1984 at the University of Copenhagen. Ed. by Karl Hyldgaard-Jensen/Arne Zettersten. Tübingen 1985 (Lexicographica. Series Maior 5).

*Ickler 1982* = Theodor Ickler: Ein Wort gibt das andere. Auf dem Weg zu einem „Wörter-Lesebuch" für Deutsch als Fremdsprache. In: Hausmann 1982, 3—17.

*Ilson 1985* = Dictionaries, Lexicography and Language Learning. Ed. by Robert F. Ilson. Oxford 1985 (ELT Documents 120).

*Kolde 1976* = Gottfried Kolde: Sprachberatung:

Motive und Interessen der Fragesteller. In: Muttersprache 86. 1976, 20—47.

*Krings 1986* = Hans-Peter Krings: Was in den Köpfen von Übersetzern vorgeht. Eine empirische Studie zur Struktur des Übersetzungsprozesses an fortgeschrittenen Französischlernern. Tübingen 1986 (Tübinger Beiträge zur Linguistik 291).

*Kühn 1979* = Peter Kühn: Der Grundwortschatz: Bestimmung und Systematisierung. Tübingen 1979 (Reihe Germanistische Linguistik 17).

*Neuland 1984* = Eva Neuland: Ausgewählte Probleme der Sprachentwicklung im Schulalter. In: J. Baurmann/O. Hoppe (Hrsg.): Handbuch für Deutschlehrer. Stuttgart 1984, 64—91.

*Ripfel/Wiegand 1988* = Martha Ripfel/Herbert Ernst Wiegand: Wörterbuchbenutzungsforschung. Ein kritischer Bericht. In: Studien zur neuhochdeutschen Lexikographie VI, 2. Teilbd. Hrsg. von Herbert Ernst Wiegand. Hildesheim. Zürich. New York 1988 (Germanistische Linguistik 87—90), 492—520.

*Scherfer 1985* = Peter Scherfer: Lexikalisches Lernen im Fremdsprachenunterricht. In: C. Schwarze/D. Wunderlich (Hrsg.): Handbuch der Lexikologie. Königstein/Ts. 1985, 412—440.

*Schröder 1984* = Konrad Schröder: Die Vermittlung von englischem Wortschatz in Lehrwerken des 17. und 18. Jahrhunderts. In: D. Götz/T. Herbst 1984, 300—333.

*Schröder 1985* = Konrad Schröder (Hrsg.): Wörterbücher und Wortschatzerwerb. In: Die Neueren Sprachen 84. 1985, 577—733 (thematic issue, with bibliography pp. 652—669).

*Snell-Hornby 1984* = Mary Snell-Hornby: The bilingual dictionary — help or hindrance? In: Hartmann 1984, 274—281.

*Standop 1985* = Ewald Standop: Englische Wörterbücher unter der Lupe. Tübingen 1985 (Lexicographica. Series Maior 2).

*Stein 1985* = Gabriele Stein: English-German/German-English lexicography: Its early beginnings. In: Lexicographica 1. 1985, 134—164.

*Suarez 1985* = T. M. Suarez: Needs assessment studies. In: T. Husen/T. N. Postlethwaite (eds.): The International Encyclopedia of Education. Research and Studies. Vol. 6. Oxford 1985, 3496—3498.

*Tomaszczyk 1981* = Jerzy Tomaszczyk: Issues and developments in bilingual pedagogical lexicography. In: Cowie 1981, 287—296.

*Underhill 1985* = Adrian Underhill: Working with the monolingual learners' dictionary. In: Ilson 1985, 103—114.

*Van Ek 1975* = Jan A. van Ek: Threshold Level English in a European Unit/Credit System for Modern Language Learning by Adults. Oxford 1975 (Council of Europe Modern Languages Project).

*Wiegand 1982* = Studien zur neuhochdeutschen Lexikographie II. Hrsg. von Herbert Ernst Wiegand. Hildesheim. New York 1982 (Germanistische Linguistik 3—6/80).

*Reinhard Rudolf Karl Hartmann,*
*Exeter (Great Britain)*

## 24. Die normative Wirkung deskriptiver Wörterbücher

1. Vorbemerkung
2. Sprachnorm und Sprachnormen
3. Normative versus deskriptive Wörterbücher
4. Die normative Wirkung deskriptiver Wörterbücher
5. Schlußbemerkung
6. Literatur (in Auswahl)

### 1. Vorbemerkung

In einem Aufsatz über die Normativität deskriptiver Wörterbücher schreibt Wiegand:

„Meine Fragen sind, ob deskriptiven Wörterbüchern Normativität zukommt, und wenn ja, welche Aspekte sie hat und wie sie eigentlich zustande kommt. Antwortversuche verlangen eine Unterscheidung von Normen und Regeln" (Wiegand 1986, 73).

Die hier zur Beantwortung anstehenden Fragen sind ähnlich; daher stellt sich wieder das Problem, den Terminus *Norm* näher zu beleuchten. Tatsächlich scheint es innerhalb der Linguistik vor allem notwendig, die Termini *Norm* und *Regel* zu bestimmen und voneinander abzugrenzen. Wenn in der Wörterbuchforschung von *Norm* die Rede ist, denkt man zunächst an normstabilisierende oder die Sprachnorm begründende Wörterbücher (vgl. z. B. Art. 8). Als *normative Wörterbücher* werden üblicherweise allerdings nicht die Wörterbücher bezeichnet, in denen die sog. standardsprachliche Norm oder Sprachnorm verzeichnet wird, sondern solche, mit denen regelnd in den Sprachgebrauch eingegriffen wird. Der Terminus *Norm* wird innerhalb dieses Forschungsfeldes also unterschiedlich verwendet (vgl. z. B. Filipec 1982; Dokulil/ Kuchař 1982; wie auch in Art. 7 und 8).

Die unterschiedliche Verwendung desselben Terminus ist an sich nicht problematisch, solange jeweils klar ist, worüber gerade gesprochen/geschrieben wird (vgl. auch Art. 38a, 1). Bei den Verwendungsweisen der Termini *Norm(en)/Sprachnorm(en)* gibt es aber z. T. Bedeutungsähnlichkeiten, die zu Verwirrungen führen, wenn keine klare Abgrenzung vorgenommen wird.

Wenn Wörterbücher hinsichtlich ihrer normativen Eingriffe in den Sprachgebrauch, des Setzens von Sprachnormen oder als Mittel, um diese durchzusetzen, des Grades ihrer Normativität, der Art der normativen Kommentare etc. untersucht werden sollen, dann ist dabei immer eine Verwendung von *Norm* und *normativ* impliziert, die soziologischen Normdefinitionen nahekommt. Das zeigt, daß eine soziologisch orientierte Definition von *Norm(en)/Sprachnorm(en)* für die Wörterbuchforschung notwendig ist. Explizite Bemühungen, den Terminus *Norm* an die relevante Forschung in Linguistik und Soziologie anzuschließen, sind relativ selten. Um hierzu einen Beitrag zu leisten, folgen nun zunächst Vorüberlegungen zu den Termini *Norm(en)* und *Sprachnorm(en)*. Im Rahmen dieses Artikels soll aber auch der durch die Ausdrücke *normativ* und *deskriptiv* aufscheinende Widerspruch im Titel überwunden und gezeigt werden, wodurch sich eine normative Wirkung deskriptiver Wörterbücher ergeben kann.

## 2. Sprachnorm und Sprachnormen

In der Linguistik lassen sich wenigstens zwei verschiedene Verwendungsweisen von *Norm* unterscheiden, die allerdings nicht ganz unabhängig voneinander sind: *Norm* oder *Sprachnorm* im Sinne von *üblichem/kollektivem Sprachgebrauch, Sprachwirklichkeit* oder auch *standardsprachlicher Norm* und *Norm* (hier meistens in der Pluralform *Normen*) als *Handlungsanweisung und Richtschnur für korrektes Sprechen/Schreiben*. In der ersten Bedeutung wurde der Terminus vor allem von Coseriu geprägt als Abgrenzung zum System. Coseriu sah die Notwendigkeit, die Saussuresche langue-parole-Differenzierung um die Norm zu erweitern. Dabei stellt er das System als funktionelles System der idealen und wesentlichen Strukturen der Sprache und die Norm als System der normalen Realisierungen der konstanten und traditionellen Strukturen dar (vgl. Coseriu 1970, 207—208). Daß er der Norm durchaus auch einen verbindlichen Charakter zuweist, zeigt sich darin, daß er das System als System von Möglichkeiten und Freiheiten des Individuums beschreibt, das dagegen durch die Norm in seinem Sprechen auf die traditionellen Realisierungen beschränkt wird:

„Die Norm kann in der Tat als System der obligatorischen Realisierungen der sozialen und kulturellen „Auflagen" betrachtet werden; [...]" (Coseriu 1970, 209).

Die Prager Schule dehnt, ausgehend von Havránek, den Terminus *Sprachnorm* auf alle Varietäten aus. Die Sprachnorm ist die Gesamtheit der sprachlichen Mittel, die in einer Sprachgemeinschaft verbindlich sind. Der Charakter der Verbindlichkeit ist das, was der Sprachnorm und den Sprachnormen gemeinsam ist. Havránek spricht sogar von sozialem Zwang:

„Die Sprachnorm ist überhaupt kein der Schriftsprache eigentümlicher Begriff, sondern jedes Mitglied einer Gemeinschaft richtet sein Sprechen nach seiner Gemeinschaft, nach ihrer Sprachnorm ein, die ihm also direkt und indirekt, unter dem Zwang des sozialen Miteinanderlebens, auferlegt wird: so kann man in diesem Sinne mit Recht von Sprachnorm sprechen" (Havránek 1966, 414).

Es scheint dennoch sinnvoller zu sein, das, was hier als *Sprachnorm* oder *Norm* bezeichnet wird, treffender den *üblichen Sprachgebrauch* zu nennen, dessen Erfassung und Beschreibung — abgesehen von den damit verbundenen Auswahlproblemen — zunächst in durchaus deskriptiver Absicht geschehen kann und erst dadurch normativen Charakter erhält, daß er zum Maßstab des Sprechens/Schreibens erhoben wird. Die Termini *Norm(en)/Sprachnorm(en)* sollten m. E. im Sinne der soziologischen Normdefinition verwendet werden, da es durchaus Sprachnormen gibt, die sich nicht auf den üblichen Sprachgebrauch stützen und der normative Charakter sprachlicher Handlungen eben nicht darin besteht, daß etwas üblicherweise so oder so gemacht wird; mit einem empirischen Befund und seiner Deskription allein, die z. B. den üblichen Gebrauch eines Wortes, einer grammatischen Konstruktion etc. erläutert, ist noch kein normativer Anspruch verbunden. Im folgenden wird daher ein an die soziologische Definition angelehnter Terminus für *Sprachnormen* eingeführt, der in der Linguistik — außer in den Bereichen Soziolinguistik, Ethnolinguistik und Stilistik — bisher selten Verwendung fand und für die Wörterbuchforschung geeignet ist.

## 2.1. Soziale Normen

Einige Normdefinitionen sollen für die folgende Normendiskussion als Ausgangspunkt dienen:

(1) „**Norm, soziale** mehr oder weniger verbindliche, allgemein geltende Vorschriften für menschliches Handeln. S. N.en legen fest, was in spezifischen und sich wiederholenden *Situationen* geboten oder verboten ist und können als Spezifikationen allgemeiner soziokultureller *Wertvorstellungen* aufgefaßt werden. Sie werden im Sozialisationsprozeß internalisiert und durch *Sanktionen* abgesichert" (Grundbegriffe der Soziologie 1986, 217).

(2) „Normen sind allgemein geltende und in ihrer Allgemeinheit verständlich mitteilbare Vorschriften für menschliches Handeln, die sich direkt oder indirekt an weitverbreiteten Wertvorstellungen orientieren und diese in die Wirklichkeit umzusetzen beabsichtigen. Normen suchen menschliches Verhalten in Situationen festzulegen, in denen es nicht schon auf andere Weise festgelegt ist. Damit schaffen sie Erwartbarkeiten. Sie werden durch Sanktionen abgesichert" (Bahrdt 1987, 49).

(3) „In einem hinreichend allgemeinen Sinn können wir soziale Normen — und die Normen der sprachlich-kommunikativen Tätigkeit sind ein spezieller Fall sozialer Normen — als „gedankliche Festsetzungen" verstehen, die sich auf menschliche Handlungen beziehen und kollektive Verbindlichkeiten besitzen, die vom Handelnden also eine bestimmte, wiederkehrende Art des Handelns fordern und so auf eine Regulation sozialen Verhaltens hinzielen" (Hartung 1977, 11).

(4) „Unter 'Sprachnormen' verstehe ich jene Teilmenge sozialer Normen [...], die durch Werturteile, Aufforderung und (geäußerte) normative Erwartung den Umfang der zulässigen sprachlichen Mittel und — in Abhängigkeit von Faktoren der 'Situation' sprachlichen Handelns — eine spezifische Auswahl dieser Mittel bestimmen, vorschreiben oder auch nur empfehlen. 'Sprachnormen' sind also nicht etwa sprachlich fixierte Normen überhaupt, d. h. Normformulierungen, sondern soziale Normen, die — gleichgültig ob formuliert oder nicht formuliert — den Umfang, die Auswahl, den spezifischen Gebrauch von *Sprachmitteln* in irgendeiner Hinsicht als verbindlich festlegen" (Gloy 1975, 61).

In allen vier Definitionen wird der verbindliche, vorschreibende Charakter von Normen betont, und deren Bezugsbereich, das menschliche Handeln, genannt. Normen sind insofern sozial, als sie Handlungen von anderen Interaktionspartnern verlangen oder eigenes interaktives Handeln bestimmen. Zwar kann man auch normative Erwartungen an eigenes nichtinteraktives Handeln haben; diese Erwartungen sind aber dennoch sozial definiert, d. h.: sie ergeben sich in der Regel aus gesellschaftlich bestimmten Rollen, beruflicher Stellung u. ä. Normen beziehen sich auf Handlungen, Handlungsziele und Handlungsergebnisse.

Eine Unterscheidung von Produkt- und Produktionsnormen leuchtet im technischen Bereich ein, wobei auch hier Normen, die an das Produkt gestellt werden, z. B. Härte, Festigkeit, Form, Größe etc., die Auswahl des Materials, wie auch des Produktionsverfahrens und damit wiederum der Handlungen, die zur Herstellung des Produkts notwendig sind, bestimmen.

Im sprachlichen Bereich ist eine Differenzierung von Produkt- und Produktionsnormen nicht sinnvoll, weil Normen, die ein sprachliches „Produkt" erfüllen soll — wobei jeweils erst geklärt werden müßte, was als sprachliches Produkt gilt, etwa ein Wort oder ein Satz oder ein Text etc.? — unmittelbar auch an das sprachliche Handeln gestellt sind und auch jederzeit als „Produktionsnormen" formuliert werden können.

Beispiel: Die „Produktnorm" *wissenschaftliche Texte dürfen nicht in der Ich-Form geschrieben sein!* läßt sich umformulieren in die „Produktionsnorm" *Beim Schreiben wissenschaftlicher Texte ist das Personalpronomen ich zu vermeiden!*

Die Behauptung von Bartsch, daß Sprachnormen immer an sprachliche Produkte gestellt werden, muß daher zurückgewiesen werden (vgl. Bartsch 1982, 67; 1985, 6). Besonders deutlich wird dies an einem Typ kommunikativer Normen, bei dem sich die normativen Erwartungen nicht auf das Wie der sprachlichen Handlung richten, sondern nur darauf, daß eine bestimmte Handlung ausgeführt wird, z. B. daß sich jemand für eine ihm erwiesene Gefälligkeit BEDANKT oder daß man einen Bekannten BEGRÜSST, wenn man ihn zum ersten Mal am Tag sieht.

Um Verwirrungen zu vermeiden, sollte man vielleicht eine terminologische Differenzierung dahingehend vornehmen, daß man von *normieren/ Normierung* nur dann spricht, wenn Handlungen davon betroffen sind und von *normen/Normung*, wenn im technischen Bereich Produktnormen festgelegt werden; konsequenterweise müßte man dann von *genormten Produkten* und *normierten Handlungen* sprechen. Da Sprachnormen das sprachliche Handeln einschränken, muß das Setzen solcher Normen als *Normierung* bezeichnet werden.

## 2.2. Normen und Wertvorstellungen

Eine wesentliche Komponente von Normen ist deren Basis: Normen beruhen auf Wertvorstellungen und darin liegt ihre grundsätzliche Anfechtbarkeit. Eine Handlung/ein Handlungsziel wird zunächst als gut/wünschenswert/richtig ... bewertet und deshalb dann als verbindlich angesehen. Da auch weitverbreitete Wertvorstellungen — und ihre Verbreitung sagt nichts über ihre Angemessenheit aus — keine Tatsachen sind, sondern prinzipiell veränderbare menschliche Setzungen, sind sie als Voraussetzung für das Entstehen von Normen grundsätzlich hinsichtlich ihrer Berechtigung hinterfragbar (vgl. zur Bestimmung von Wertvorstellungen und Bewertungen Ripfel 1987). Obgleich Normen auf Wertvorstellungen beruhen, sind sie nicht mit diesen identisch: „Normen betreffen nur das Handeln, Werte das Handeln und alle weiteren Objekte dazu" (Lautmann 1969, 69), d. h.: sie unterscheiden sich vor allem durch ihren Bezugsbereich. Bewerten kann man nicht nur Handlungen, sondern alle möglichen Artefakte ebenso wie Naturereignisse, Stimmungen, Wünsche, Träume etc.; normieren kann man dagegen nur Handlungen. Aber auch Handlungsbewertungen sind nicht gleichzusetzen mit Normierungen. Eine Handlung kann durchaus als gut/schön/etc. bewertet werden, ohne daß damit schon der Anspruch verbunden wäre, daß sie überhaupt von jemandem wiederholt und dann in bestimmter Weise ausgeführt werden soll. Zu einer Bewertung muß bei einer Normierung immer hinzukommen, daß eine Handlung so, wie sie als gut/richtig/schön bewertet worden ist, künftig für jemanden als verbindlich und damit als Richtschnur für weitere Handlungen anzusehen ist. Ein weiterer Unterschied besteht darin, daß die Geltung von Normen „durch Sanktionen abgesichert" wird (vgl. Definition (1) und (2). Damit ist gemeint, daß normwidriges Handeln negative und normkonformes positive Reaktionen hervorruft auf seiten des Normsetzenden oder Norm-in-Geltung-Setzenden und derjeniger, die die Norm schon akzeptiert und übernommen haben. Solche negativen oder positiven Reaktionen erfolgen nur, wenn man bestimmte Handlungen von einem Interaktionspartner verlangt, d. h.: sie sind nur mit normativen Erwartungen, nicht mit Handlungsbewertungen aleine, verbunden (vgl. hierzu Lautmann 1969, 70). Es ist also festzuhalten, daß alle Normierungen auf Handlungsbewertungen beruhen, das Umgekehrte aber nicht gilt.

2.3. Normen und Sanktionen

Wenn von *Sanktionen* die Rede ist, werden gewöhnlich Assoziationen zu Maßregelungen, Zwang oder ähnlichem hervorgerufen, d. h.: man denkt dabei hauptsächlich an negative Reaktionen bzw. Strafen. Da Sprachnormen vor allem in der Sozialisation von Eltern und Lehrern vermittelt und in Geltung gesetzt werden und aus didaktischen Gründen häufig positive Sanktionen gewählt werden, scheint es angemessen zu sein, *Sanktion* hier in seiner weiteren Bedeutung zu verwenden. Aus diesem Grund muß m. E. auch die allgemeine Gültigkeit von Normen, die in den Definitionen (1) und (2) betont wird, für Sprachnormen relativiert werden. Lautmann schreibt:

„ [...] und es ist doch überraschend, wie viele das Element der Allgemeinheit nachdrücklich in ihre Definition aufnehmen. [...] Die Rede von Normen bezieht sich zuallermeist auf die Regeln der herrschenden Moral, des Rechts, der Sitte, der Religion usw., also auf Normen, die von einer Gruppe getragen werden. Man sträubt sich etwas, die Anordnungen eines einzelnen, etwa eines Vaters, Lehrers oder Anführers, 'Normen' zu nennen" (Lautmann 1969, 61).

Hierzu ist anzumerken, daß die Sprachnormen, die Eltern und Lehrer in Geltung setzen, zwar auch von Gruppen getragen werden, insofern sind auch sie von einzelnen Anordnungen oder Befehlen zu unterscheiden, die Gruppen aber nicht immer die Mehrheiten der Sprachgemeinschaften sind. Außerdem muß darauf hingewiesen werden, daß sich Sanktionen als Reaktion auf sprachliches Handeln dem Beobachter der Kommunikation sehr oft (und manchmal auch den Kommunikationspartnern) nur da zeigen, wo sie selbst sprachlich geäußert werden, wenn also Lob oder Tadel, Enttäuschung oder Freude sprachlich mitgeteilt werden. Sanktionen werden aber nicht immer explizit geäußert, etwa in asymmetrischer Interaktion (vgl. dazu Gloys Kritik an Luhmann 1975, 47 ff.); dennoch sind z. B. Sympathie- oder Achtungsentzug, Rückzug aus der Kommunikation oder auch kooperatives Verhalten, Verteidigung oder Stützung eines Gesprächspartners gegenüber anderen als Gegenleistung für vorgängiges normkonformes Handeln von ihm als Sanktionsformen anzusehen (vgl. Lautmann 1969, 66—67). Normen haben also immer Sanktionen im weitesten Sinn zur Folge, aber nicht nur da, wo der Beobachter Sanktionen empirisch feststellen kann, wird die Interaktion durch Normen beeinflußt bzw. geregelt.

## 2.4. Normative versus kognitive Erwartungen

Normen lassen sich auch deshalb schlecht beobachten, weil sie als intraindividuelle Phänomene der Interaktionspartner nur über Formen der Veräußerung zugänglich sind. Formen der Veräußerung sind erkennbar werdende Sanktionen, die auf zugrundeliegende Normen schließen lassen, oder explizite Normformulierungen. Zunächst aber sind Normen existent als normative Erwartungen auf seiten eines Interaktionspartners. Normative Erwartungen sind derart, daß ein Interaktionspartner will, daß ein anderer handeln soll bzw. daß er in einer bestimmten Weise handeln soll; sie sind zu unterscheiden von kognitiven Erwartungen, bei denen man aufgrund vergangener Erfahrung erwartet, daß jemand in einer bestimmten Weise handeln wird, aber nicht, daß er so handeln soll. Kognitive Erwartungen können sich auch auf Naturereignisse beziehen. An Außerungen wie *ich erwarte/glaube, daß es morgen regnen wird* oder *am Dienstagabend brauchst du Peter gar nicht anzurufen, da geht er immer Schwimmen* zeigen sich kognitive Erwartungen bezüglich bestimmter Ereignisse oder Handlungen. Normative Erwartungen beziehen sich immer auf menschliche Handlungen.

Es muß ausdrücklich darauf hingewiesen werden, daß die Termini *normative* und *kognitive Erwartung* hier anders verwendet werden, als sie Luhmann im Anschluß an Galtung einführt (vgl. Luhmann 1969). Luhmann bezeichnet als *kognitive Erwartungen* solche, bei denen man bereit ist, seine Erwartungen zurückzunehmen oder zu verändern, wenn sie nicht erfüllt werden, und als *normative* solche, bei denen man dazu nicht bereit ist, auch wenn sie nicht erfüllt werden. Bei kognitiven Erwartungen verhält man sich nach Luhmann lernbereit, bei normativen lernunwillig.

Die Differenzierung in dieser Art kann wohl nicht als besonders geglückt gelten, weil m. E. eine normative Erwartung auch dann da war, wenn man bei Nichterfüllung bereit ist, seine Erwartung aufzugeben; d. h.: eine normative Erwartung hat man zunächst unabhängig davon, ob sie vom Interaktionspartner erfüllt wird oder nicht. Man weiß ja vorher nicht, ob und wie er handeln wird. Ob jemand eine normative oder kognitive Erwartung hatte, könnte nach Luhmann also immer erst entschieden werden, nachdem man die Reaktion auf die Handlung des Interaktionspartners kennt. Außerdem kann man auch nur vom Grad seiner normativen Erwartung abweichen, sie aber grundsätzlich in ihrer Art beibehalten, d. h., es handelt sich bei lernbereit (kognitiv) und lernunwillig (normativ) gar nicht um ein rein dichotomisches Begriffspaar, sondern man kann mehr oder weniger lernbereit sein bis hin zur Lernunwilligkeit. Wenn Normen die Interaktion bestimmen, hat also ein Interaktionspartner bezüglich der Handlungen des anderen normative Erwartungen. Wenn der andere weiß, daß sein Interaktionspartner diese normative Erwartung an ihn hat, dann hat er entweder die Möglichkeit, normkonform zu handeln und damit den normativen Erwartungen zu entsprechen oder gegen die Norm zu verstoßen und damit die normativen Erwartungen nicht zu erfüllen. Es kann aber auch der Fall eintreten, daß er die normative Erwartung seines Interaktionspartners nicht kennt. Würde er dennoch normgemäß handeln, wäre dies zufällig und damit nicht als normkonformes Handeln zu betrachten; würde er normwidrig handeln, wäre dies zwar ein Abweichen von der Norm, aber kein Normverstoß, denn ein Normverstoß setzt, ebenso wie Normkonformität, eine Kenntnis der normativen Erwartungen voraus. Normen existieren damit in Form von normativen Erwartungen auf seiten des einen Interaktionspartners (bzw. auch der sozialen Gruppe oder Institution) und der Kenntnis davon auf seiten des anderen. Solange normative Erwartungen durch normkonformes Handeln erfüllt werden und dies nicht wieder durch explizites Lob oder ähnliches belohnt wird, läßt sich nicht unmittelbar feststellen, ob die Interaktionspartner nur Gewohnheiten bzw. Regeln folgen oder auch gegenseitige normative Erwartungen erfüllen.

## 2.5. Existenzformen und Entstehung von Normen

Mit der Frage nach der Existenz und dem Entstehen von Normen rückt eine Differenzierung in den Blick, die in Definition (4) angedeutet ist. Gloy spricht von Normen, die „formuliert oder nicht formuliert sind". Damit ist nun m. E. nicht nur gemeint, daß man Normen und Normformulierungen unterscheiden muß, weil verschiedene Normformulierungen dieselbe Norm beschreiben/ vorschreiben können, sondern daß Normen sowohl auf verschiedene Art entstehen, als auch existieren können:

„Die gedanklichen Festsetzungen können dem Individuum auf verschiedene Art zur Verfügung stehen, stets als im individuellen Bewußtsein fixierte Erfahrung und als entsprechendes Wissen über Handlungsweisen, als eine interiorisierte Handlungsvorschrift also, oft aber auch als vergegenständlichte, d. h. in der Regel sprachlich ausformulierte Handlungsvorschriften oder -anweisungen" (Hartung 1977, 12).

Die beiden Existenzweisen, die Hartung hier unterscheidet — er bezeichnet sie an anderer Stelle als *implizite* und *explizite Normen* (vgl. 1977, 16 ff.; 1986, 6—7) — werden von Kohrt treffender *interne* und *externe Normen* genannt und einer ausführlichen Analyse unterzogen. Die Vergegenständlichung interner Normen kann danach auf zweierlei Weise geschehen: in Form von Normdeskriptionen, die selbst keinen Verbindlichkeitscharakter haben und „nachgelieferte Veräußerungen interner Normen darstellen" und in Form von Normexplikationen, die als metasprachliche Festlegungen von Normen „selbst wiederum einen normativen Charakter besitzen"; eine Unterklasse davon sind die Normkodifikationen (vgl. Kohrt 1983, 272 ff.). Die hier gewählten Termini *Normdeskription* und *Normexplikation* bzw. *-kodifikation* sind treffender als die Termini *deskriptive* und *präskriptive Norm*. Da Normen immer präskriptiv sind, beinhaltet *deskriptive Norm* einen Widerspruch in sich und *präskriptive Norm* ist doppelt gemoppelt (kritisch dazu auch Hartung 1977, 18 und 1986, 6). Kohrt zeigt auch den Zusammenhang zwischen externen und internen Normen auf und stellt klar, daß externe Normen so verinnerlicht werden können, daß sie zu internen Normen werden und dann 'blind' befolgt werden (vgl. 273 ff.). Ein muttersprachlicher Sprecher, der die übliche Schulbildung erhalten hat, kann damit kaum mehr feststellen, welche Normen er beim Sprechen befolgt, weil er sich freiwillig am Sprechen anderer orientiert, und welche Normen er befolgt, weil er sie in der Sozialisation über Normexplikationen oder -kodifikationen gelernt hat. Interne Normen können also entweder aus ursprünglich externen entstehen oder unabhängig von sprachlichen Vergegenständlichungen und Aufforderungen anderer durch eigene Interpretation von Regeln und situativen Komponenten:

„An important property of norms is that they have to be *learned*. Therefore, they must be learned by prescription or from observable *regularities* within frameworks that provide *relevance* and *salience* to these regularities" (Bartsch 1982, 65).

Allein aus der Beobachtung von Kommunikation, z. B. einer Situation, in der sich jemand entschuldigt, nachdem er vorher aus Versehen jemand anderen gestoßen hat, lernt man (meist in der Sozialisation) nicht nur, wie man sich entschuldigt und in welcher Situation man das macht (das sind die Regeln, die man dabei lernt), sondern auch, daß man sich in einer solchen Situation entschuldigen *soll*.

2.6. Normen und Regeln

Damit ist die Unterscheidung von *Norm* und *Regel* angesprochen. Ähnlich wie Wertvorstellungen sind Regeln in gewisser Hinsicht Grundlage von Normen, und dennoch auch grundsätzlich von diesen zu unterscheiden. *Regel* wird hier im Sinne von *Handlungsregel* oder *Handlungsmuster* verwendet. Regeln ergeben sich aus Regelmäßigkeiten (des Handelns), sind aber von Regel- bzw. Gesetzmäßigkeiten der Natur strikt zu trennen (vgl. hierzu Öhlschläger 1974). Eine Regelbeschreibung sagt, wie etwas gemacht wird; man muß die Regel aber nicht über Regelbeschreibungen lernen, man kann sie auch aus eigener Beobachtung lernen und weiß dann, wie etwas gemacht wird oder kann es. Regeln spielen sich in einer Gemeinschaft ein, d. h.: sie sind konventionell bestimmt. (Privatregeln sind m. E. als Grenzfälle zu betrachten und besser als *persönliche Handlungsgewohnheiten* zu bezeichnen). Dies gilt für alle Handlungsregeln gleichermaßen, für Schwimm-, Back- und Drachenflugregeln ebenso wie Sprachregeln. Handlungen wie Schwimmen, Backen, Drachenfliegen werden durch das Medium, Material, Gerät bestimmt, mit dem man dabei zu tun hat. Wenn man mit jemandem spricht, muß man sich daran orientieren, wie der andere spricht, sonst kann man sich nicht verstehen, d. h.: beim Sprechen wird das Handeln nicht durch äußere Umstände oder Objekte eingeschränkt, sondern durch andere Sprecher aufgrund der notwendigen Koordination. Da eine solche Koordination nur über regelgerechtes Sprechen möglich ist, erwarten andere auch, daß man sich an die Regeln hält. Darüber hinaus liegt es natürlich im eigenen Interesse jedes Sprechers, sich verständlich auszudrücken. Man folgt also in der Kommunikation nicht nur ständig Regeln, sondern man erfüllt auch ständig normative Erwartungen, d. h.: man handelt normkonform und erwartet auch von anderen Normkonformität. Bei einer Einschränkung der Handlungen durch äußere Objekte oder Umstände kann man dagegen nicht von normkonformem Handeln sprechen, weil solche Objekte/Umstände an den

Handelnden keine normativen Erwartungen haben. In der Kommunikation dagegen werden die Handlungen durch normative Erwartungen eingeschränkt. Die Tatsache, daß es unmittelbar einsichtig ist, daß eine solche Einschränkung notwendig ist, ändert nichts daran, daß man dabei normkonform handelt, auch wenn man sich freiwillig diesen Normen unterwirft. Um Kommunikation zu ermöglichen, geht es zunächst nur darum, daß man Sprachregeln folgt, d. h.: daß man verständliche Sätze einer Sprache äußert; es geht noch nicht darum, daß man ausgewählten (besonders geeigneten oder schönen) Sprachregeln folgt. Sprachregeln unterscheiden sich von Sprachnormen also dadurch, daß sie nur sagen, wie etwas konventionell gemacht wird, aber mit ihnen keinerlei Anspruch verbunden ist, daß man etwas machen soll. Sprachregeln beherrscht der kompetente Sprecher; sie geben ihm damit die Möglichkeit, die normativen Erwartungen anderer Sprecher zu erfüllen. Daß es nicht so ist, daß Normen immer auf die Übereinstimmung von Regeln zielen (vgl. Wimmer 1977, 44), sondern auch schon darin bestehen, daß überhaupt nach Regeln gehandelt wird, zeigt sich beim Spracherwerb. Hier geht es nicht darum, jemanden, der anderen Regeln folgt, dazu zu bringen, daß er den eigenen Regeln folgt, sondern es geht zunächst einmal darum, ihm sprachliche Regeln zu vermitteln. Das kann man natürlich 'normfrei' machen, indem man eben nur die Regeln erklärt.

Im Falle von semantischen Bezugsregeln macht man das bei Kindern z. B. oft so, daß man ihnen Bilder zeigt und dann sagt, was darauf abgebildet ist. Solange man nur das tut, werden von den Eltern aus gesehen nur die Bezugsregeln vermittelt. Es kommt aber sehr bald der Zeitpunkt — wenn das Kind von der Entwicklungsphase her fähig sein müßte und man das Spiel oft genug wiederholt hat —, daß man erwartet, daß es nun selbst richtig sagen kann, was auf den Bildern ist und auch verärgert ist, wenn es das nun immer noch nicht kann, oder aber es lobt und seine Freude zeigt, wenn es die Dinge auf den Bildern zum ersten Mal richtig benennt.

Überdies lernt ein Kind, unabhängig von den normativen Erwartungen und den positiven/negativen Sanktionen, allein aus der sich wiederholenden Belehrungssituation nicht nur die Regeln und deren Geltungsbereich, sondern auch, daß es die Regeln anwenden soll beim Sprechen. Es lernt also Sprachregeln und Sprachnormen gleichzeitig. Das scheint ein Grund dafür zu sein, daß Sprachregeln und -normen vielfach nicht unterschieden werden. Daß ein Unterschied besteht, zeigt sich zum einen daran, daß bei bestimmten Sprechern in bestimmten Situationen Regelverstöße nicht negativ, sondern eher positiv sanktioniert werden und zum anderen daran, daß man sich wesentlich seltener darüber streitet (und es in anderer Weise nachprüft), ob eine Regel gilt, als darüber, ob eine Norm berechtigt ist oder nicht.

Es ist keine „akzeptierte Normabweichung" (vgl. Hartung 1977, 27; Erben 1960, 7—8), wenn Regelverstöße von Dichtern nicht negativ sanktioniert werden; vielmehr überläßt man es dem kreativen Spielraum des Dichters (allerdings erst, wenn er als solcher anerkannt ist), ob und inwieweit er sich an Sprachregeln hält. An ihn werden also meistens keine normativen Erwartungen bezüglich des Einhaltens von Sprachregeln gestellt; (man könnte sogar eher sagen, daß normative Erwartungen bezüglich des Regelverstoßes an ihn gestellt werden, zumindest von bestimmten Lesern). Der Dichter verstößt daher nicht gegen Normen, wenn er gegen Sprachregeln verstößt, und er handelt nicht normkonform, wenn er sich an sie hält. Damit gelten für ihn keine Sprachnormen, die Sprachregeln gelten für ihn aber genauso, und folgt ihnen auch meist, denn er verstößt nicht bei jedem Ausdruck gegen die semantischen Bezugsregeln und nicht an jeder Stelle gegen syntaktische Regeln, sondern nur da, wo er besondere Akzente setzen möchte. Würde er unentwegt gegen Regeln verstoßen, wäre sein Werk unverständlich.

### 2.7. Normen, Gewohnheiten, Habitualisierungen

Dieses 'normfreie' Reden gibt es aber durchaus nicht nur für Dichter, sondern auch in vielen Bereichen der privaten Kommunikation:

„Das Redeverhalten am häuslichen Mittagstisch ist bei uns beispielsweise weniger stark normiert als das Redeverhalten der Teilnehmer an einer Fernsehdiskussion. Solche Unterschiede haben ihren Ursprung aber nicht in inhaltlichen Schranken für Normen bzw. Normierungen als bestimmten Regeltypen bzw. Handlungstypen. Sie sind vielmehr das Ergebnis spezieller historischer Entwicklungen, [...]" (Wimmer 1977, 46—47).

Es gibt danach keine inhaltlich gekennzeichneten sprachlichen Mittel, die allein für Normierungen in Frage kommen; vielmehr können normative Erwartungen auf alle Arten sprachlicher Mittel bezogen sein, und zwar entweder darauf, daß überhaupt irgendwelchen Sprachregeln gefolgt wird (siehe Spracherwerb) oder darauf, daß bestimmten Sprachregeln gefolgt wird, weil sie als besonders geeignet/schön/angemessen gelten. Situationen, in denen das Redeverhalten wenig normiert ist, müssen nicht dadurch gekennzeichnet sein, daß vermehrt Regelverstöße zu beobachten sind. Das Einhalten bestimmter Regeln wird nur nicht normativ erwartet, und dementsprechend nicht sanktioniert. In solchen Fällen sprechen die Soziologen von Gewohnheiten:

„*Gewohnheiten* sind ebenfalls Verhaltensregelmäßigkeiten, an denen sich das Verhalten anderer Menschen orientiert. Sie basieren nicht auf allgemein geltenden Sollensvorschriften. Eine Abweichung von Gewohnheiten hat auch keine Sanktion zur Folge" (Bahrdt 1987, 52).

Zu automatischen Abläufen erstarrte Gewohnheiten werden *Habitualisierungen* genannt. Als sprachliche Habitualisierungen könnten Gesprächs- oder Routineformeln bezeichnet werden. Ein Großteil der privaten Kommunikation ist demnach sowohl durch normativ gesteuerte Handlungsregelmäßigkeiten, als auch durch Gewohnheiten und Habitualisierungen gekennzeichnet. Eine vollkommen normfreie Kommunikation gibt es wohl nicht. So ist z. B. am Stammtisch den meisten in der Runde sicher egal, welche Art von Begrüßung man wählt, wenn man dazustößt, daß man aber irgendeine Begrüßung äußert, wird in der Regel doch normativ erwartet.

2.8. Die Diskussion um die Sprachnormen

Streit um Sprachnormen entzündet sich vor allem dann, wenn sie nicht nur darauf gerichtet sind, daß jemand Sprachregeln folgt, sondern darauf, daß jemand Sprachregeln folgt, die als besser/angemessener/schöner/geeigneter... bewertet werden als andere. Es geht dann darum, die Regeln anderer an als in irgendeiner Hinsicht vorbildlich und nachahmenswert geltende Regeln anzupassen; in Wimmers Beispiel etwa darum, die Sprachregeln der Jugend-/Schülerszene, die als unschön gelten (bei den Erwachsenen wohlgemerkt), zu mißachten und sich dagegen den Regeln der Erwachsenensprache anzupassen (vgl. Wimmer 1977, 44). Grundsätzlich handelt es sich dabei entweder um die Bevorzugung eines Regelsystems unter mehreren konkurrierenden (Soziolekt/Dialekt versus Standardsprache; Orientierung am Sprechen versus Orientierung an der Schriftsprache) oder um die Auswahl bevorzugter Regeln, wo ein Regelsystem mehrere Möglichkeiten zur Ausführung derselben sprachlichen Handlung zur Verfügung stellt (Stilregeln, rhetorische Regeln, Textgestaltungsregeln, kommunikative Regeln). Aber auch wenn es um die Sicherung der Verständigung geht, also darum, welche Regeln man überhaupt beherrschen/lernen muß, um sich (wenigstens) verständlich machen zu können, gibt es durchaus keine Einigkeit. Die Diskussion geht hier darum, aus welchem sprachlichen Material man die Regeln der sog. deutschen Standardsprache ermitteln muß und in welchem Maß Regelkenntnis zur Verständigung notwendig ist. Wenn man also den üblichen Sprachgebrauch zur Richtschnur für verständliches Sprechen macht (und damit ist bereits eine Norm gesetzt), besteht immer noch die Schwierigkeit, den üblichen Sprachgebrauch bzw. die Sprachwirklichkeit zu erforschen. Der Zusammenhang zwischen Wert, Regel und Norm kann damit etwa so beschrieben werden: Ein bestimmtes Quellenmaterial wird als besonders geeignet bewertet, um die Regeln des üblichen Sprachgebrauchs zu ermitteln; die daraus ermittelten Regeln des üblichen Sprachgebrauchs werden als besonders geeignet bewertet, um die Verständigung im ganzen deutschsprachigen Raum zu sichern; die Fähigkeit, sich im ganzen deutschsprachigen Raum verständigen zu können, wird als besonders erstrebenswert bewertet; aufgrund dieser Bewertungen werden die ermittelten Regeln des üblichen Sprachgebrauchs als die korrekten Sprachregeln ausgewählt, die den Sprechern der Gemeinschaft vor allem in der Sozialisation vermittelt und dann von ihnen normativ erwartet werden. Erst auf der letzten Ebene werden diese Sprachregeln mit Verbindlichkeitsanspruch versehen und damit zu Sprachnormen. Solange es um die Ermittlung und Bewertung der Regeln geht, beeinträchtigt diese Auswahl niemanden in seinem Handeln und sind keine normativen Erwartungen im Spiel. Solange befindet man sich auf der Ebene der Erforschung und wissenschaftlichen Diskussion. Sobald aber die Beherrschung dieser Regeln von anderen verlangt wird, wird deren Handeln und möglicherweise ihre Interessen beeinträchtigt, wenn sie z. B. nicht in der Lage sind, sich diese Regeln anzueignen. Weil aber solche Bewertungen immer Voraussetzung für das Entstehen von Sprachnormen sind, denn Normen lassen sich nicht aus Tatsachen ableiten (zumindest ist bisher keine Lösung für das sog. *Sein-Sollen-Problem* gefunden worden, nach der ein solcher Schluß möglich wäre, vgl. Frankena 1939, Morscher 1974), muß man immer wieder fragen, „wer in welcher Absicht und mit welcher Berechtigung sprachliches Handeln in welcher Weise zu normieren versucht" (Gloy 1975, 20). Dabei ist immer in zweierlei Hinsicht nach der Berechtigung zu fragen: zum einen danach, ob die vorgängigen Bewertungen angemessen sind, zum anderen danach, ob es angemessen ist, — relativ zur jeweiligen Situation — das als korrekt bewertete Handeln von anderen zu verlangen. Das bedeutet gleichzeitig, daß sich Sprachwissenschaftler nicht in den Elfenbeinturm der Forschung zurückziehen sollten mit dem Argument *wir haben es nur mit der Erforschung der Regeln zu tun,* denn eben diese Regeln werden vielleicht zur Grundlage für Normen im Mutter- und Fremdsprachenunterricht. Jedes in deskriptiver Absicht ermittelte Regelsystem kann als das Regelsystem ausgewählt werden, das es zu lernen gilt und dessen Beherrschung dann von anderen erwartet wird. Der von der wissenschaftlichen Intention aus gesehene große Unterschied zwischen Regel- oder Normdeskription und Normexplikation bzw. -kodifikation im Sinne Kohrts — der Unterschied zwischen deskriptiver und präskriptiver Absicht also — hebt sich für den Lernenden auf, denn für ihn spielt es keine Rolle, ob ein bestimmtes sprachliches Handeln bereits von den Lehrbuchschreibern normativ verlangt wird oder erst über den Lehrplan von der Schule bzw. den Lehrern. Da die Sprachwissenschaftler wohl am ehesten die Fähigkeiten haben, die Bewertung des Quellenmaterials und die Auswahl der Sprachregeln in angemessener Weise vorzunehmen und nicht zuletzt auch für die Ausbildung der Sprachlehrer verantwortlich zeichnen und damit auch für die Entwicklung ihres Normen- und Normierungsbewußtseins (vgl. anregende und kritische Hinweise hierzu in von Polenz 1982, 85 und 88—89; ebenso Juhász 1985, 324), haben sie auch die Verpflichtung, sich dieser Aufgabe zu stellen, es sei denn man vertritt die Position Jägers, der Normkodifikationen und Regelbücher für überflüssig hält, weil sich die für die Kommunikation nötige „Einheitssprache" im gesamten Sprachgebiet von selbst ergebe (vgl. Jäger 1971, 166). Dies scheint mir allerdings eine utopische Einschätzung der Verhältnisse zu sein (kritisch dazu auch von Polenz 1972, 8).

2.9. Gefahren von Sprachnormen

Es gibt einen weiteren Grund, warum die Beschäftigung mit dem Problem der Sprachnormen immer wieder notwendig ist: Natürliche Sprachen sind ständigem Wandel unterworfen, d. h.: ihre Regeln ändern sich ständig. Die Regeln, die heute erforscht werden, können deshalb schon wenn sie beschrieben sind, bis zu einem gewissen Grad veraltet sein; sie haben vielleicht nur noch in einem kleinen Kreis der Sprachgemeinschaft Geltung oder konkurrierende Regeln sind bereits entstanden. Sie gehen aber in Lehrbücher für den Unterricht ein (Grammatiken und Wörterbücher) und werden damit zur Grundlage von Normen. Im Unterricht wird der Zusammenhang zwischen Wert, Regel und Norm nicht erläutert. Die in den Lehrbüchern beschriebenen Regeln werden zumeist als unveränderliche Tatsachen der Sprache dargestellt:

„Von nicht zu überschätzender Bedeutung ist die Beschäftigung mit Normen deshalb, weil die Institution, die die größte Verantwortung für die Gestaltung oder zumindest Mitgestaltung der sprachlichen Kreativität in der modernen Gesellschaft trägt, nämlich die Schule, heute immer noch allzu oft Normen als Dogmen lehrt und auf diese Weise die sprachliche Entwicklung ganzer Generationen unterbindet" (Juhász 1986, 15).

Wenn die ehemaligen Schüler dann selbst Kinder haben, korrigieren sie diese in Redebewertungen deshalb gemäß den vermeintlich als eindeutig richtig feststehenden Regeln und Normen, die sie in der Schule gelernt haben. Dadurch kann es dazu kommen, daß eine Einhaltung von Regeln normativ verlangt wird, die sich längst verändert haben bzw. nicht mehr allgemein gelten; genauer gesagt wird dann eine Verwendung sprachlicher Mittel verlangt, die regelabweichend ist:

„Wenn solche Normungsmotive aus alten Sprachtheorien und -ideologien unerkannt als Prämissen in noch heute geforderten Sprachnormen impliziert sein sollten, kann es dazu kommen, daß Normen nur noch um ihrer selbst willen tradiert und jeder neuen Schülergeneration immer von neuem abverlangt werden" (von Polenz 1982, 86; vgl. auch Hartung 1977, 17; Erben 1960, 6—7).

Da Normen immer den Handlungsspielraum, die Individualität und Kreativität der Sprecher einengen (vgl. Heringer 1982, 96), als Kodifikationen zwangsläufig retrospektive, konservative Züge aufweisen und dadurch z. T. ungerechtfertigte Sollensforderungen darstellen, daneben häufig durch dogmatische Vermittlung eine unangemessene Normengläubigkeit hervorrufen, ist vor allem immer wieder zu prüfen, in welchen Situationen und in welchem Ausmaß Sprachnormen berechtigt sind. Und hier gibt es offenbar seit langem und immer noch eine unangemessene Ausweitung empirisch nicht hinreichend belegbarer sprachlicher Regeln und Formen, die normativ verlangt werden, denn schon 1966 stellt Grebe fest:

„Fast möchte man überspitzt formulieren: Je mehr Sprachwirklichkeit sichtbar wird, desto weniger Normen bleiben bestehen" (1966, 146; vgl. auch Hartung 1977, 28; Bartsch 1985, 93—94).

Dies bedeutet: die Sprachgemeinschaften kommen mit weit weniger Normen aus als manche Normsetzer wahrhaben wollen. Trotzdem sind Sprachnormen in einem gewissen Umfang notwendige Voraussetzungen für die Kommunikation. Denn während es z. B. für die Verständigung nicht nötig ist, die Schüler- oder Erwachsenensprache innerhalb einer Familie normativ einzuschränken, ist eine ausreichende Verständigung ohne eine koordinierende Sprachform zwischen nord- und süddeutschen Dialektsprechern nicht möglich. Auch wenn man sprachliche Normierungen in allen Bereichen, die über das bloße Verständlichmachen hinausgehen, wie Stilnormen, Normen der Textgestaltung, kommunikative Normen etc. ablehnt, liegt in dieser Koordination ihre notwendige Funktion:

„Das Sollen selbst läßt sich auch nicht aus höheren Normen ableiten. Es löst bestimmte Probleme, die mit der menschlichen Weise, sich auf Welt zu beziehen verbunden sind. Seine Begründung liegt deshalb nicht in seiner Seinsweise und auch nicht in der Evidenz seiner Gesolltheit, sondern in seiner funktionalen Unersetzlichkeit" (Luhmann 1969, 29).

Die Normendiskussion abschließend wird daher folgende Definition vorgeschlagen: Sprachnormen sind Sollensforderungen, die in Form gegenseitiger normativer Erwartungen in bestimmten Situationen die Verwendung bestimmter sprachlicher Mittel vom jeweiligen Kommunikationspartner verlangen; sie beruhen auf vorgängigen Bewertungen dieser sprachlichen Mittel als korrekt, ästhetisch wertvoll oder besonders geeignet für bestimmte Ziele und damit als vorbildlich und sind bis zu einem gewissen Umfang notwendig für die Koordination sprachlichen Handelns zum Zwecke der Verständigung; Normverstöße werden, ebenso wie normkonforme sprachliche Handlungen, mit Sanktionen bedacht, die den Kommunikationspartnern selbst, wie dem Beobachter sprachlicher Kommunikation, nicht unmittelbar erkennbar sein müssen.

## 3. Normative versus deskriptive Wörterbücher

Nach dieser Sprachnormendiskussion und -definition läßt sich nun festlegen, was ein normatives Wörterbuch (hier und im folgenden nur als Sprachwörterbuch zu verstehen) ist: Ein normatives Wörterbuch ist ein Wörterbuch, in dem das in ihm Verzeichnete an irgendeiner Stelle (entweder innerhalb der Wörterbuchartikel oder der Registerteile, des Grammatikvorspanns oder im Vorwort) als verbindlich für andere bezeichnet wird bzw. normative Erwartungen durch Normexplikationen ausgedrückt werden. Daneben gibt es verdeckt normative Wörterbücher. In diesen werden normative Erwartungen nicht explizit mitgeteilt. Normative Wörterbücher werden in der Absicht gemacht, das sprachliche Handeln anderer zu korrigieren, zu regulieren, zu bessern etc., d. h.: die Lexikographen wollen, daß die Wörterbuchbenutzer sich beim Sprechen nach den Angaben im Wörterbuch richten. Ein Hinweis auf diese Absicht findet sich häufig im Vorwort des Wörterbuchs, z. B.:

„Ganz bewußt stellt sich das 'Deutsche Universalwörterbuch' in den Dienst der Sprachkultur (vgl. Art. 1). Es will dazu beitragen, daß die deutsche Standardsprache nicht in Varianten zerflattert, sondern weiterhin als Trägerin der politischen, kulturellen und wissenschaftlichen Entwicklung verläßlich bleibt" (Duden. Deutsches Universalwörterbuch 1983).

Sehr bekannt ist auch der folgende Ausschnitt aus dem Wörterbuch der deutschen Gegenwartssprache (WDG):

„In den sprachlichen Unterschieden zwischen der DDR und der BRD, [...], manifestiert sich die ökonomische, politische, insbesondere aber die ideologische Konfrontation zweier Weltsysteme. Das Wörterbuch der deutschen Gegenwartssprache wird das erste semantische Wörterbuch sein, das dieser Konfrontation auf linguistischem Gebiet Rechnung trägt. Es wird vom 4. Band an den gesamten Wortschatz konsequent auf der Grundlage der marxistisch-leninistischen Weltanschauung darstellen. Das gilt für die Auswahl der Stichwörter, für die Bedeutungsangaben, die kommentierenden Bemerkungen und auch für die Auswahl der Beispiele" (WDG, Bd. 4 1970).

Während die Dudenredaktion nicht verrät, durch welche Eingriffe und Darstellungsarten das „Zerflattern in Varianten" der Sprache verhindert werden soll, erfährt man aus dem Vorwort des WDG, auf welche Teile bzw. Datentypen des Wörterbuchs sich die ideologisch begründeten normativen Ansprüche beziehen. Eher sprachpuristisch be-

## 24. Die normative Wirkung deskriptiver Wörterbücher

gründet wurden die normativen Ansprüche in älteren Wörterbüchern:

„Dasselbe [das vorliegende Wörterbuch] sollte den echt = deutschen Wörterschatz (Mit Ausschließung der nicht völlig eingebürgerten Fremdlinge) in alphabetischer Folge möglichst vollständig darlegen [...]. — Allein nicht bloß ein erklärendes Wörterverzeichnis sollte dieses Werk sein, sondern zugleich ein zuverlässiger Rathgeber zur richtigen grammatischen Behandlung und syntaktischen Anwendung der verzeichneten Wörter hinsichtlich ihrer Rechtschreibung, Wortbiegung und Fügung und beständiger Rücksicht auf etwanige der Volkssprache oder einzelnen Mundarten eigene Fehler und Mißbräuche im Sprechen und Schreiben" (Heyse: Handwörterbuch der deutschen Sprache 1. Theil 1833).

Hier ging es also darum, regionale Varianten, die als „Fehler und Mißbräuche" bewertet wurden, und Fremdwörter auszuschließen, so daß dem Wörterbuchbenutzer nur der „echt = deutsche Wörterschatz" im Wörterbuch erläutert wurde. Normative Kommentare finden sich auch innerhalb der Wörterbuchartikel mancher Wörterbücher. Beispiele:

LIEBESEPISTEL. Göthe 20, 155, 160; 21, 7. *hier ist das halbfremde wort recht bezeichnend gesetzt; die jungen leute in Frankfurt bitten Göthen einen* liebesbrief *aufzusetzen; er selbst nennt das unwahre schreiben eine* liebesepistel *wie er 20, 161 von einem 'leichenkarmen' redet.*

LIEBESSTRANG, *überflüssiges wort für* liebeskette *und* liebestrick.
   zieht hurtig an den liebessträngen
   und laßt es euch recht sauer sein.
            v. KOTTWITZ verm. ged. 108 (1736).

LIEBESFLUR. *in gezwungenem bilde für das abstractum* liebe. NEUKIRCH 4, 130.

Textbeispiele 24.1—24.3: Artikel aus: Gombert: Nomenclator amoris 1883

ALLESAM, *nicht das ahd.* alsama (GRAFF 6, 31), *mhd.* alsam, *welche eine verstärkung von* sama, sam *enthaltend, sicut ausdrücken; sondern verkürzt und entstellt aus ahd.* al samant, al sament (GRAFF 6, 43) *simul, wofür gewöhnlicher und besser* allesamt, allesammt *gesagt wird.* allesam *findet sich bei* H. SACHS, *z. b.* II. 4, 83ᶜ, *doch braucht er daneben häufiger* allesand *und* allesander. KEISERSBERG *setzt* alsamen, *doch* allesam *klingt voller, s.* allsam.

ALLGEMEINGÜLTIG, *besser* allgültig, *wenigstens getrennt zu schreiben:* ein allgemein gültiges bildungsgesetz. DAHLMANN *franz. rev. 424, wiewohl man auch ein subst.* allgemeingültigkeit *gebildet hat.*

Textbeispiele 24.4—24.5: Artikel aus: J. und W. Grimm: Deutsches Wörterbuch 1. Bd. 1854

Normative Kommentare innerhalb von Wörterbuchartikeln gehören aber keineswegs der Vergangenheit an; vielmehr erfahren sie gerade in diesen Tagen eine ungeahnte Hochkonjunktur in zahlreichen „Alternativwörterbüchern"; Beispiele sind die folgenden Artikel aus Kellow/Westkolle 1986:

**alternativ:** Man muß schon jugendlich naiv sein, um nicht zu bemerken, daß die Bezeichnung „alternativ" — ohne Verschulden der wirklich Alternativen — zur Beliebigkeit verkommen ist. Nichts, was verkaufsfördernd eingesetzt werden kann, bleibt von Mißbrauch verschont, und der Tag ist absehbar, an dem eine alternative Nuklearwaffe die Befürchtungen zerstreut.

**Innovation:** Imponiervokabel für: „Neuerung", „Erneuerung", „Entdeckung", „Erfindung".

**Laufbahn:** „Wie altmodisch pomadig klang doch noch 'beruflicher Werdegang', das hatte so etwas steifhosig Gemessenes, 'Laufbahn' klingt demgegenüber doch gleich viel rasanter, das hat den Hauch sportlicher Dynamik und Erregung, und das Ziel wird ja dann auch viel früher erreicht", sinnierte der Hamster im Laufrad und legte noch einen Zahn zu.

Mit normativen Wörterbüchern erheben die Lexikographen also normative Ansprüche, die allerdings dem Wörterbuchbenutzer nicht immer, wie in den oben dargestellten Beispielen, im Wörterbuch explizit mitgeteilt werden. Wie verdeckt normative Wörterbücher entstehen, wird in 3.4. dargelegt. Damit ließen sich deskriptive Wörterbücher nun ex negativo einfach als solche bestimmen, mit denen keine normativen Ansprüche/Erwartungen erhoben werden. Dies ist zwar grundsätzlich richtig, soll aber aus zweierlei Gründen noch genauer erläutert werden: zum einen, weil der Ausdruck *deskriptiv* in verschiedenen Bedeutungen, zu denen es jeweils ein anderes Antonym gibt, verwendet und auch von Wörterbüchern prädiziert wird, zum anderen, weil seit Bergenholtz/Schaeder 1977 bzw. 1978 in anderer Bedeutung als der oben genannten von *deskriptiven Wörterbüchern* gesprochen wird.

„Einen zentralen Platz nimmt im Gang der Deskription die Beschreibung der Ergebnisse von Sprech- bzw. Schreibereignissen ein, wobei darunter nicht bloß Präsentation der Beobachtungsdaten, sondern eine komplexe Handlung verstanden wird, die aus den prozeduralen Teilaktivitäten des Beobachtens, des innersprachlichen Vergleichs und des Identifizierens und schließlich des Klassifizierens besteht. Ein Textcorpus liefert der Beobachtung die Daten für die weiteren Vorgehensschritte im Prozeß des Beschreibens" (Bergenholtz/Schaeder 1978, 122).

Wörterbücher, die als Ergebnis deskriptiver Lexikographie und damit durch vollständige Auswertung eines Textkorpus in der zitierten Weise entstehen, werden von den Autoren als *deskriptive Wörterbücher* bezeichnet. In weiteren Arbeiten wird diese Bestimmung der deskriptiven Lexikographie von Bergenholtz, Schaeder und Mugdan wiederholt (vgl. Schaeder 1979, Bergenholtz 1983, Bergenholtz/Mugdan 1984, Mugdan 1985), von anderen lexikographischen Methoden abgegrenzt und als die für die Erfassung der Sprachwirklichkeit am besten geeignete bezeichnet. Zu unterstreichen ist, daß die maschinelle Auswertung von Textkorpora eine umfassendere Darstellung der Sprachwirklichkeit ermöglicht als traditionelle Verfahren, weil durch sie eine wesentlich umfangreichere empirische Basis erfaßt und bearbeitet werden kann, und ihr wird auch die Zukunft in der Lexikographie gehören. Dennoch ist die Bezeichnung *deskriptive Lexikographie* dafür nicht gut geeignet, weil nicht klar ist, in welcher Bedeutung *deskriptiv* hier verwendet wird, bzw. weil damit offensichtlich verschiedene Bedeutungen von *deskriptiv* gemeint sind. Synonym mit *deskriptiv* verwenden Bergenholtz/Schaeder im Anschluß an Toulmin und andere *primär-induktiv* und befinden sich damit im Bereich der wissenschaftstheoretischen Differenzierung der Theoriebildungen induktiv versus deduktiv. Gleichzeitig wird m. E. durch die Betonung der Beobachtung und Beschreibung von Sprachereignissen eine Abgrenzung zur Wertung oder Präskription vorgenommen (explizit in Mugdan 1985, 210) und damit *deskriptiv* im Sinne von *etwas Wahres, Nachprüfbares, objektiv Gegebenes beschreibend* verwendet. Diese Bedeutung von deskriptiv kann aber nicht synonym mit *primär-induktiv* verwendet werden, denn auch in vielen induktiven Verfahren sind Bewertungen unumgänglich. Daneben wird noch ein weiteres Antonymenpaar mit *deskriptiv* tangiert, das zwar von Bergenholtz, Schaeder und Mugdan nirgends explizit differenziert wird, aber durch die Rede von statistischer Auswertung, Repräsentativität und probabilistischem Erkenntniswert implizit angesprochen ist: die Differenzierung von deskriptiver und induktiver Statistik. Und hier scheint mir eine unangemessene Gleichbehandlung von primär-induktiv im wissenschaftstheoretischen Sinn mit induktiv im statistischen Sinn vorzuliegen. Zwar werden in der induktiven Statistik immer auf primär-induktivem Weg Ergebnisse erarbeitet, aber um Verfahren der induktiven Statistik anwenden zu können, muß die empirische Datenbasis bestimmte Voraussetzungen erfüllen, die durchaus nicht bei allen primär-induktiven Ansätzen erfüllt sind. Die Autoren weisen mehrfach darauf hin, daß repräsentative Korpora für die deutsche Standardsprache noch nicht vorhanden sind oder sogar aufgrund von Eigenschaften des Objektbereichs nie zur Verfügung stehen werden, behandeln ihre Ergebnisse dann aber doch so, als stammten sie aus einem repräsentativen Korpus. Durch mehrere Arbeiten zieht sich m. E. der Widerspruch zwischen Hinweisen auf Nicht-Repräsentativität einerseits und Korpusgläubigkeit andererseits. Wenn es keine Kriterien zur Auswahl eines repräsentativen Korpus nach Art und Umfang gibt (vgl. Bergenholtz/Schaeder 1978, 118; Mudgan 1985, 199), wie sollte es dann möglich sein, den Umfang eines Textkorpus für ein bestimmtes Wörterbuch zu errechnen oder zu beurteilen, wann ein Korpus ausgewogen ist (vgl. Bergenholtz/Schaeder 1978, 120; Mudgan 1985, 206)? Die Tatsache, daß es noch kein repräsentatives Korpus der deutschen Standardsprache gibt, besagt aber nicht, daß es auch keine Kriterien zur Auswahl eines solchen gibt.

### 3.1. Deskriptiv versus induktiv

M. E. ist der Forschungsstand in der Linguistik durchaus nicht so, daß repräsentative Korpora nicht zusammengestellt werden können. Sogar echte Zufallsstichproben sind für bestimmte Forschungsziele möglich. So könnte man z. B. für ein Wörterbuch der deutschen Literatursprache zwischen den Weltkriegen oder für eine Textsortenuntersuchung der Heiratsanzeigen in überregionalen Zeitungen seit 1945 eine echte Zufallsstichprobe ziehen, denn dazu ist es nur nötig, den Umfang der Grundgesamtheit zu ermitteln und jeden Text daraus identifizieren zu können, dies scheint mir hier möglich. Eine echte Zufallsstichprobe der deutschen Standardsprache zu ziehen, ist zwar aus prinzipiellen Gründen unmöglich (eben weil hier kein Umfang ermittelt werden kann), aber eine systematische oder merkmalspezifisch-repräsentative Stichprobe läßt sich in absehbarer Zukunft vielleicht ziehen. Mit solchen Stichproben wird in vielen Bereichen erfolgreich gearbeitet (so z. B. bei Wahlprognosen und nahezu der gesamten Markt- und Meinungsforschung). Repräsentativität ist daher keine unangemessene Kennzeichnung für linguistische Korpora (vgl. dagegen Rieger 1979). Und sollte es tatsächlich unmöglich sein, ein repräsentatives Korpus der deutschen Standardsprache zusammenzustellen, so heißt das, daß sich diese empirisch n i c h t vollständig erforschen läßt bzw. allgemeingültige Aussagen über sie aus empirischen Untersuchungen nicht ableiten lassen. Unangemessen ist es daher, anderen Korpusdaten über die untersuchte empirische Basis hinaus Gültigkeit zuzuweisen. Wenn kein repräsentatives Korpus bei der Erarbeitung eines Wörterbuchs ausgewertet wird, dann sind die Angaben im Wörterbuch auch nicht repräsentativ, d. h.: kein Wörterbuch der deutschen Sprache kann bisher in diesem umfassenden Sinn gültige Angaben machen. Solange repräsentative Stichproben nicht gezogen werden können, kann jedes andere empirische Material nur mit Verfahren der deskriptiven Statistik ausgewertet und für die Ergebnisse nur auf diese empirische Grundlage beschränkte Gültigkeit beansprucht werden. Allerdings sind nicht alle nichtrepräsentativen Stichproben ungeeignet oder gleich gut geeignet für die Erarbeitung eines Wörterbuchs. Jedes Textkorpus und jedes andere empirische Material muß daher, wenn es schon nicht aus einer repräsentativen Stichprobe stammt, daraufhin überprüft werden, ob es sich um exemplarisches oder untypisches Material handelt (vgl. dazu Bungarten 1979, 42—43), was in erster Linie linguistisches Beurteilungsvermögen erfordert. Die linguistische Kompetenz kann aber um so besser unterstützt werden, je größer und einfacher zugänglich das empirische Material ist. Diese Möglichkeiten eröffnet die maschinelle Auswertung von Textkorpora. Obgleich bisher keine Kriterien zu Auswahl und Umfang einer hinreichenden empirischen Basis für die Ermittlung des üblichen Sprachgebrauchs festgelegt sind, läßt sich abschätzen, daß 3 Millionen Textbelege dazu in keinem Fall ausreichen (vgl. Drosdowski 1980). In statistischer Hinsicht deskriptiv ist aber nicht nur die Auswertung von Textkorpora, sondern die Auswertung jeglichen empirischen Materials anhand bestimmter statistischer Verfahren, die bei nichtrepräsentativen Stichproben angewandt werden können. Grundsätzlich ist eine statistische Auswertung von empirischem Material für lexikographische Zwecke nur in begrenztem Umfang sinnvoll. Sie kann zwar für grammatische Angaben hilfreich sein (vgl. dazu Bergenholtz/Schaeder 1978; Bergenholtz 1983; Bergenholtz/Mugdan 1984), Bedeutungserläuterungen, etymologische und pragmatische Angaben, Beispiele etc. lassen sich aber nicht allein durch die Angabe von Lageparametern bzw. Häufigkeitsverteilungen machen. Da nur wenige Angaben in Bedeutungswörterbüchern mit Verfahren der deskriptiven Statistik ermittelt werden können, ist die Bezeichnung *deskriptive Lexikographie* für eine Lexikographie, die teilweise mit solchen Verfahren arbeitet, ungeeignet.

### 3.2. Primär-induktiv oder empirisch-deskriptiv versus primär-deduktiv oder axiologisch-nomologisch

Wie steht es aber mit den anderen Bedeutungen von *deskriptiv?* Hinsichtlich der wissenschaftstheoretischen Differenzierung der Theoriebildungen in primär-induktiv oder empirisch-deskriptiv versus primär-deduktiv oder axiologisch-nomologisch stellt sich damit die Frage so: Lassen sich Wörterbücher sinnvoll einteilen in solche, die mit wissenschaftlichen Methoden der einen und solchen, die mit wissenschaftlichen Methoden der anderen Art erarbeitet worden sind? M. E. kann ein Wörterbuch, zumindest ein Bedeutungswörterbuch, nicht ausschließlich mit primär-deduktiven Verfahren gemacht werden, denn dies würde bedeuten, daß der Lexikograph alle Wörterbuchartikel gewissermaßen fertig im Kopf hat, also nur anhand der eigenen Kompetenz zusammengestellt und dann nur noch Textbelege sucht, die seine „Modelle" stützen. Das würde wohl die menschliche Erinnerungsfähigkeit übersteigen, denn niemand kann alle Wortbedeutungen und weitere Angaben zu Lemmata, die er kennt, ohne zusätzliche Hilfsmittel aufzeichnen. Völlig unmöglich ist dies aber bei Lemmata, deren Bedeutung der Lexikograph vorher nicht kennt. Ohne Textbelege oder Sekundärquellen wie andere Wörterbücher, die interpretiert werden, kann ein Bedeutungswörterbuch daher nicht gemacht werden. Wenn nur aus Sekundärquellen abgeschrieben wird, ist das auch kein primär-deduktives Verfahren, denn erstens sind auch Wörterbücher und Grammatiken fachsprachliche Texte und damit empirisches Sprachmaterial und zweitens wird beim Abschreiben keine wissenschaftliche Methode angewandt; es müßte dann geprüft werden, ob die Quellen, von denen abgeschrieben wird, auf primärdeduktive Weise entstanden sind, was allenfalls bei Grammatiken möglich ist. Das bedeutet, daß wesentliche Teile von Bedeutungswörterbüchern immer mit primär-induktiven Verfahren ermittelt werden und damit eine Differenzierung nur dahingehend möglich wäre, wie viele der in den Wörterbuchartikeln verzeichneten Datentypen mit primär-induktiven und wie viele mit primärdeduktiven Verfahren ermittelt wurden. Bis zu einem gewissen Grad entstehen alle Wörterbücher auf primär-induktive oder empirisch-deskriptive Art.

### 3.3. Deskriptiv versus evaluativ

Bleibt zu prüfen, ob sich Wörterbücher sinnvoll in deskriptive und evaluative einteilen lassen. Diese Differenzierung stammt aus der Logik und wird in der Regel auf Sätze angewandt. Aussagen wie *Der Ball ist rot* sind auf ihre Wahrheit hin überprüfbar und damit deskriptiv. Dies ist nicht der Fall bei solchen wie *Der Ball ist schön;* sie gelten als evaluativ. Auf Wörterbücher übertragen würde das bedeuten: in deskriptiven Wörterbüchern finden sich nur Angaben, die auf ihre Wahrheit hin überprüfbar sind und in evaluativen solche, die nicht auf ihre Wahrheit hin überprüfbar sind. Auf ihre Wahrheit hin überprüfbar sind aber wieder nur bestimmte Datentypen in Wörterbüchern. Zwar können wertende Angaben in Wörterbuchartikeln u. U. intersubjektiv nachprüfbar dargestellt werden durch Angabe von Textbelegen, die zu den Bewertungen führten, sie werden dadurch aber nicht wahr. Darüber hinaus sind weitere Bewertungen bei der Herstellung von Wörterbüchern notwendig: das Textmaterial muß bezüglich seiner Eignung bewertet und ausgewählt werden; es muß entschieden werden, welche Lemmata im Wörterbuch angesetzt werden sollen; es muß beurteilt werden, welche Art der Darstellung für den ins Auge gefaßten Benutzerkreis günstig ist; die geeigneten Beispiele müssen ausgesucht werden; usw. In dieser Hinsicht sind also alle Wörterbücher evaluativ und nur einzelne Datentypen darin deskriptiv. Nach Gloy wären damit auch alle Wörterbücher normativ:

„Ich nehme schließlich eine letzte Ausweitung in Richtung der Bewertung (Werturteile) vor, die als Grundlage von Normen als metonymische Normen gelten können" (Gloy 1975, 17).

Wie bereits erwähnt, sind nicht alle Bewertungen Grundlage von Normen, sondern nur Bewertungen von Handlungen oder Handlungszielen als vorbildlich oder nachahmenswert und auch zu solchen Bewertungen muß ein normativer Anspruch/eine normative Erwartung gegenüber anderen erst noch hinzukommen; derartige Bewertungen sind nur Voraussetzungen für das Entstehen von Normen. Würde man Bewertungen grundsätzlich zu den Normen zählen, wäre außerdem jede Forschung normativ, denn wie Gloy an anderer Stelle richtig darlegt, gehen bereits in die Wahl des Forschungsgebiets und die Darstellung des Forschungszieles Bewertungen ein (vgl. 1975, 87 ff.):

„Ich behaupte also, daß es unmöglich ist, ohne jegliche Sinnannahme und ohne jedes Werturteil Wissenschaft zu betreiben" (Gloy 1975, 89).

Zwar ist diese Behauptung richtig, aber was hat z. B. das größere Interesse und damit eine höhere Einschätzung und Entscheidung für Semantik bei dem einen Sprachwissenschaftler und für Syntax beim anderen damit zu tun, daß sie „den Umfang, die Auswahl, den spezifischen Gebrauch von Sprachmitteln in irgendeiner Hinsicht als verbindlich festlegen" (1975, 61), was Sprachnormen nach Gloys eigener Definition tun. M. E. gibt es einen grundsätzlichen Unterschied zwischen der Auswahl des Forschungsgebiets, des empirischen Materials, dessen Identifikation, Ordnung etc., was immer Bewertungen erfordert, und dem verbindlichen Festlegen von Sprachmitteln für andere, d. h. es gibt einen grundlegenden Unterschied zwischen evaluativer und normativer Intention. Die Erforschung von Sprachmitteln oder -regeln ist notwendig mit Bewertungen verbunden (vgl. den in 2.8. dargestellten Zusammenhang zwischen Wert, Norm und Regel). Unabhängig davon ist aber, ob man die erforschten Sprachregeln als verbindlich für andere festlegt und ein Nicht-an-die-Regeln-Halten negativ sanktioniert, oder ob man das Erforschte als Informationsangebot zur Verfügung stellt, es dem Leser/Wörterbuchbenutzer aber selbst überläßt, ob er sich das Angebotene zu eigen macht oder nicht. Es ist also durchaus möglich, in deskriptiver Absicht Bewertungen vorzunehmen.

### 3.4. Deskriptiv versus normativ

Schließlich ist noch das letzte Antonymenpaar mit *deskriptiv* zu betrachten. Beim Erarbeiten von Wörterbüchern sind Bewertungen unumgänglich. Solange dabei alle erforderlichen Beschreibungen und Bewertungen wie geeignete Auswahl und Zusammenstellung des Textmaterials, Auswahl der Lemmata, Auswahl der Darstellungsform, der geeigneten Beispiele (geeignet heißt hier immer: geeignet für die Erforschung und Darstellung eines genannten Ausschnitts aus der Sprachwirklichkeit und für einen ins Auge gefaßten Benutzerkreis) nur vorgenommen werden, um Sprachregeln als Informationsangebot ohne normativen Anspruch zu ermitteln und darzustellen, kann man sinnvoll von deskriptiver Lexikographie sprechen; ihr Ergebnis sind deskriptive Wörterbücher. Am jeweiligen Wörterbuch selbst läßt sich gewöhnlich auch feststellen, ob es in deskriptiver oder normativer Absicht gemacht worden ist. Im Gegensatz zu normativen Wörterbüchern finden sich in deskriptiven keine Normexplikationen und auch im Vorwort und anderen Teilen keine Hinweise darauf, daß das im Wörterbuch Verzeichnete als verbindlich gelten soll; vielmehr wird in der Regel die deskriptive Absicht bekräftigt und explizit gemacht:

„Das große Wörterbuch der deutschen Sprache" erfaßt zum einen den Wortschatz der deutschen Gegenwartssprache mit allen Ableitungen und Zusammensetzungen so vollständig wie möglich. Es bezieht alle Sprach- und Stilschichten ein, alle landschaftlichen Varianten, auch die sprachlichen Besonderheiten in der Bundesrepublik Deutschland, in der DDR, in Österreich und in der deutschsprachigen Schweiz, und alle Fach- und Sondersprachen, insofern sie auf die Allgemeinheit hinüberwirken. Besonders berücksichtigt dieses Wörterbuch die Umgangssprache, wie sie z. B. am Arbeitsplatz, in der Stehkneipe oder auf dem Fußballplatz gesprochen wird. Zum anderen erklärt dieses Wörterbuch den Wortschatz so genau wie möglich. Stärker als es bisher in der Lexikographie üblich war, arbeitet es mit sprachwissenschaftlichen Methoden die Bedeutungen heraus und registriert alle Bedeutungen **ohne Einschränkungen oder ideologische Vorbehalte** [Hervorhebung M.R.]" (Duden. Das große Wörterbuch der deutschen Sprache. Bd. 1. 1976).

Es gibt aber auch Wörterbücher, die der Darstellungsart nach wie deskriptive Wörterbücher gemacht sind und in denen sich auch nirgends Hinweise auf normative Erwartungen zeigen, die aber dennoch als normative Wörterbücher einzustufen sind; es handelt sich in diesen Fällen um verdeckt normative Wörterbücher. Hier werden bei der Herstellung die erforderlichen Bewertungen nicht unter dem Aspekt der Eignung für die Erforschung und Darstellung eines Ausschnitts der Sprachwirklichkeit vorgenommen, sondern unter dem Aspekt der Erforschung und Darstellung einer angemessenen, vorbildlichen und nachahmenswerten Sprache, und man will, daß die Wörterbuchbenutzer sich diese Sprache aneignen. Beispiele: das Textmaterial wird so zusammengestellt, daß es nur Texte der besonders Gebildeten und der schöngeistigen Literatur oder einer politisch akzeptierten Gruppe enthält (im Wörterbuch findet sich damit zwangsläufig überwiegend deren Sprache), bei der Auswahl der Lemmata wird als vulgär und umgangssprachlich geltender Wortschatz nicht berücksichtigt, die Beispiele werden gemäß ihrer ästhetischen Wirkung ausgewählt.... (vgl. Art. 7).

„In der Sprache soll der Souverän die Sprachgemeinschaft sein. Qualitative oder sogenannte aristokratische Normen, die sich nach dem Sprachgebrauch der Dichter und besten Schriftsteller eines Volkes richten, sind heute nicht mehr vertretbar" (Drosdowski 1980, 12).

Diese Einstellung ist zwar lobenswert, angesichts der relativ schmalen empirischen Basis, auf die sich die Festlegungen in der Dudenredaktion stützen, ist es aber fraglich, ob dieser Souverän dort auch regiert. Wenn Bewertungen unter normativen Aspekten vorgenommen werden und die normative Absicht in der Darstellung nicht explizit gemacht wird, entstehen verdeckt normative Wörterbücher. Sie unterscheiden sich in ihrer Erscheinungsform nicht von deskriptiven Wörterbüchern. Ob ein konkretes Wörterbuch ein deskriptives oder ein normatives ist, läßt sich daher nur feststellen, wenn neben der entsprechenden Darstellungsform des Sprachmaterials in der Wörterbucheinleitung die zugrundeliegende empirische Basis und Sekundärquellen, die Auswahlprinzipien für Lemmata und Beispiele etc. kurz dargestellt und erläutert werden. Verdeckt normative Wörterbücher haben u. U. eine stärkere normative Wirkung als offenkundig normative Wörterbücher, weil der Wörterbuchbenutzer aus dem Wörterbuch selbst die normativen Ansprüche nicht entnehmen und sie daher auch nicht auf ihre Berechtigung hin prüfen kann.

## 4. Die normative Wirkung deskriptiver Wörterbücher

Zu klären ist aber noch, wie eine normative Wirkung bei deskriptiven und verdeckt normativen Wörterbüchern, also solchen, in denen ein normativer Anspruch dem Benutzer nicht explizit mitgeteilt wird, überhaupt zustande kommt. Da sich in solchen Wörterbüchern keinerlei Normexplikationen finden, ist der Wörterbuchbenutzer durch das Wörterbuch selbst nicht mit externen Normen konfrontiert. Es bleibt daher nur die Möglichkeit, daß durch deskriptive und verdeckt normative Wörterbücher ein internes Normenbewußtsein beim Benutzer entsteht, es sei denn, es wird von dritter Seite das in diesen Wörterbüchern Verzeichnete zur Norm erhoben. Eine solche Situation ergibt sich oft im Sprachunterricht. Die Normexplikationen und damit die normativen Erwartungen werden dann nicht im Wörterbuch ausgedrückt, sondern der Lehrer/die Schule erhebt das darin Verzeichnete zur Norm und sanktioniert auch wörterbuchkonformes Handeln und Verstöße gegen Angaben im Wörterbuch entsprechend.

Daneben kann es durch deskriptive Wörterbücher zur Ausbildung eines internen Normenbewußtseins in der in 2.5. beschriebenen Weise kommen. Der Wörterbuchbenutzer interpretiert die im Wörterbuch verzeichneten Sprachregeln dann nicht nur als

Sprachregeln, sondern als Sprachnormen. Ohne daß ein normativer Anspruch explizit gemacht wird, interpretiert der Benutzer das Dargestellte so, daß er es sich nicht nur aneignen **kann**, sondern auch aneignen **soll** und beim Sprechen gemäß den Regeln handeln **soll**. Zu solchen Interpretationen deskriptiver Wörterbücher kommt es dadurch, daß Wörterbücher zum großen Teil einen guten Ruf haben, d. h.: als Autorität in Sprachfragen gelten. Diese Einschätzung entsteht zum einen durch entsprechende Werbung von seiten der Wörterbuchverlage, zum anderen durch eine entsprechende Erziehung in Schulen und auch durch die gewöhnliche Benutzungssituation selbst, denn in einer echten Benutzungssituation (also nicht in einer, in der man das Wörterbuch auf seine Qualität hin prüfen will) hat man ja eine Frage bezüglich einer Sprachregel, die man in diesem Augenblick nicht anders als durch Nachschlagen im Wörterbuch klären kann; ein gutes Wörterbuch hilft in solchen Situationen weiter und dadurch entsteht oder verstärkt sich eine derartig positive Einschätzung beim Benutzer.

Zur Veranschaulichung des gemeinten Sachverhalts kann folgendes konstruierte Beispiel gelten: Zwei ausländische Austauschschülerinnen (A und G) unterhalten sich mit ihrer deutschen Freundin (K) über die Jungs in Ks Klasse. Dabei sagt K zu den beiden schwärmend *Der U. ist ein echt starker Typ*. A und G verstehen diese Äußerung nicht richtig, vor allem weil U. nicht besonders kräftig und muskulös aussieht und sie *echt* nur in Verbindungen wie *echt Leder, echte Seide* etc. kennen. Sie trauen sich aber nicht, K zu fragen, was sie gemeint hat, und schlagen zu Hause im Wörterbuch unter **echt** nach.

**echt** [ɛçt] ⟨Adj.; -er, -este⟩ [aus dem Niederd. < mniederd. echt = echt, recht, gesetzmäßig, zusges. aus: ehacht, entsprechend mhd., ahd. ēhaft = gesetzmäßig, zu mhd. ē, ahd. ēwa = Recht, Gesetz, Ehe(vertrag), vgl. Ehe]: **1. a)** ⟨o. Steig.; nicht adv.⟩ *nicht nachgemacht, nicht imitiert, unverfälscht* (Ggs.: falsch 1 a, unecht): ein -er Pelz, Orientteppich; -e Perlen; ein -er Dürer *(von Dürer selbst gemaltes Bild)*; die Unterschrift ist e.; der Ring ist e. *(rein) golden;* **b)** ⟨o. Steig.; meist attr.⟩ *reinrassig:* ein -er Pudel; **c)** *wahr, wirklich, nicht vorgetäuscht, nicht scheinbar:* eine -e Freundschaft; Hier handelt es sich um einen -en Notstand (v. d. Grün, Glatteis 305); sein Schmerz war e.; (oft mit Modewort:) ein -es Problem; eine -e Lücke; als adv. Bestimmung, insbes. bei Adj., meist ugs. *verstärkend:* er hat sich e. *(wirklich, richtig)* angestrengt; ich war e. überrascht; Das ist einer der Punkte, wo es auch e. zu Auseinandersetzungen ... gekommen ist (Spiegel 43, 1975, 38). **2.** ⟨nur attr.⟩ *typisch:* ein -er Berliner; das ist e. englisch, e. Hitchcock; ⟨ugs. auch präd.:⟩ das war ja wieder einmal e.! **3.** ⟨o. Steig.; nicht adv.⟩ (Math.) *einen Zähler besitzend, der kleiner als der Nenner ist:* ein -er Bruch. **4.** ⟨nicht adv.⟩ (Chemie, Textilw.) *(von Farben) sehr beständig, gegenüber bestimmten chemischen u. physikalischen Einflüssen fast unempfindlich:* -e Farben; das Blau ist e.

Textbeispiel 24.6: Artikel aus Duden 1981

Beide stellen dadurch fest, daß K *echt* wohl in der im Wörterbuchartikel unter 1. c) genannten Bedeutung ugs. 'verstärkend *wirklich, richtig*' verwendet hat, und sind nun immer noch erstaunt darüber, daß U. so stark sein soll, wo er doch gar nicht so aussieht. A wundert sich darüber so, daß sie auch noch unter **stark** nachschlägt

**stark** [ʃtark] ⟨Adj.; stärker, stärkste⟩ [mhd. starc, ahd. star(a)ch, verw. mit ↑starren, urspr. wohl = steif, starr]: **8.** (Jugendspr.) *so großartig, hervorragend, ausgezeichnet, daß das od. der Betreffende (den Sprecher) tief beeindruckt u. (von ihm) als das Absolute u. einzig Erstrebenswerte angesehen wird:* ein -er Film, -e Musik; er trägt -e Stiefel; ich finde den Typ irre s., unerhört s.; sie kann unheimlich s. singen, spielen, malen; in deinen neuen Jeans siehst du aber s. aus!

Textbeispiel 24.7: Artikelausschnitt aus Duden 1981

und ihr dann durch die unter 8. formulierte Bedeutungserläuterung plötzlich klar wird, was K gemeint hat. Sofort erzählt sie ihrer Freundin dann *Du, K hat nicht gemeint, daß U besonders kräftig ist, sondern daß er ein unheimlich toller Kerl ist.* Auf die Frage Gs, wie sie nun darauf kommt, antwortet sie *Ich habe auch noch unter 'stark' nachgeschlagen und das heißt nicht nur kräftig, sondern auch großartig oder hervorragend, das steht im Wörterbuch.*

Würde das Ansehen eines Wörterbuchs nur dadurch entstehen, daß es in Sprachfragen tatsächlich weiterhilft, dann hätte es dieses Ansehen zu Recht. Das ist aber oft nicht der Fall, sondern man kann z. B. als Sprachlerner meist nicht beurteilen, ob die Angaben im Wörterbuch stimmen oder nicht, weil das eigene Sprachgefühl noch nicht so weit ausgebaut ist.

Hätte K im obigen Beispiel ihren beiden ausländischen Freundinnen über den von ihr umschwärmten U. gesagt *Das ist echt abartig, was der drauf hat*, und damit etwa dasselbe ausdrücken wollen wie mit *das ist ein echt starker Typ*, dann hätten die beiden nach der Lektüre der Wörterbuchartikel zu *echt, abartig* und *drauf* vielleicht ihre Freundin K für die nächste Zeit gemieden.

**abartig** ⟨Adj.⟩: *(bes. in sexueller Hinsicht) von der normalen Art krankhaft abweichend, pervers:* eine -e Neigung haben; auf etwas a. reagieren; ⟨Abl.:⟩

**drauf** [drauf; mhd. drūf, aus: dār ūf = ↑darauf]: ugs. für ↑darauf (1-5): Käse d. (= auf dem belegten Brot) haben; auf meinem Konto ist nichts d.; „Den roten Hund kennen wir doch!" ... „Drauf!" (Remarque, Obelisk 328). *etw. d. haben (1. etw. einstudiert, gelernt haben u. beherrschen, in seinem Repertoire haben. 2. mit einer bestimmten Geschwindigkeit fahren:* er hat 120 Kilometer, Sachen d.); **d. und dran sein, etw. zu tun** *(fast soweit sein, etw. Negatives zu tun):* ich war d. und dran, die ganze Arbeit wieder hinzuwerfen.

Textbeispiel 24.8: Artikel aus Duden 1981

Als ausländischer Sprachlerner ist man auf das Wörterbuch angewiesen und ihm in gewisser Hinsicht auch ausgeliefert, weil man oft keine Möglichkeit hat, das Verzeichnete zu prüfen und manchmal erst viel später in der Kommunikation merkt, daß man etwas Falsches gelernt hat; dann weiß man aber häufig nicht mehr, daß es im Wörterbuch falsch dargestellt war oder daß darin eine Wortbedeutung gar nicht erläutert war. Nur wer ein Wörterbuch sehr häufig benutzt oder wer eine Sprache schon recht gut spricht, merkt daher beim Benutzen, ob ein Wörterbuch zu Recht großes Ansehen genießt. Die Autorität eines Wörterbuchs bröckelt nämlich bald, wenn die Angaben dem eigenen Sprachgefühl widersprechen. Daher ist der ausländische Sprachlerner Wörterbüchern (und auch anderen Sprachregelbüchern) stärker „ausgeliefert" als der Muttersprachler. Die normative Wirkung deskriptiver Wörterbücher entsteht dadurch, daß der Benutzer annimmt, daß die Angaben im Wörterbuch dem üblichen Sprachgebrauch entsprechen; bei einem guten Wörterbuch ist das in den meisten Fällen auch so. Dem üblichen Sprachgebrauch schließt sich der Benutzer meist freiwillig an, weil er ihm die bestmögliche Verständigung gewährleistet, d. h. diese Normen akzeptiert er. Aus diesem Grund ist die normative Wirkung verdeckt normativer Wörterbücher u. U. größer als die offenkundig normativer, denn ein selbstbewußter und kritischer Wörterbuchbenutzer könnte Sprachnormen ablehnen, die ein relativ kleiner Kreis von Sprechern verlangt — wenn ihm dies, wie in offenkundig normativen Wörterbüchern, deutlich gemacht wird —, weil er nicht bereit ist, deren Sprachnormen zu akzeptieren; nimmt er dagegen an, daß ihm der übliche Sprachgebrauch erläutert wird, was er bei deskriptiven und verdeckt normativen Wörterbüchern annehmen muß, akzeptiert er diese Normen. Dadurch daß sich viele Wörterbuchbenutzer den Angaben im Wörterbuch anschließen, tragen auch deskriptive Wörterbücher zu einer Stabilisierung der verzeichneten Sprache bei.

Die normative Wirkung deskriptiver und verdeckt normativer Wörterbücher kann sich dadurch multiplizieren, daß sie nicht nur zur Bildung eines internen Normenbewußtseins beim Wörterbuchbenutzer führen, sondern zusätzlich zur Bildung normativer Erwartungen gegenüber anderen Sprechern, die er möglicherweise durch Normexplikationen ausdrückt und so weitervermittelt. Er hält sich also nicht nur selbst beim Sprechen an das, was er sich aus dem Wörterbuch angeeignet hat, sondern verlangt es seinerseits normativ von anderen Sprechern. Das ist der übliche Weg der Normentradierung. Der Schüler lernt Sprachnormen entweder über Normexplikationen oder durch entsprechende Interpretation von deskriptiven und verdeckt normativen Sprachregelbüchern oder aus der Kommunikation. Die Einhaltung so erworbener Sprachnormen verlangt er seinerseits von anderen Sprechern, spätestens, wenn er selbst Kinder hat oder auch Lehrer geworden ist. Dadurch kommt es oft zu einer unangemessenen Konservierung von Sprachnormen.

## 5. Schlußbemerkung

Abschließend soll noch folgendes betont werden: Sprachnormen sind, wie schon erwähnt, bis zu einem gewissen Grad notwendig für die Verständigung. Normative Wörterbücher bringen daher dem Benutzer nicht immer Nachteile. In manchen Fällen sind sie notwendig, um eine überregionale Standard- oder Schriftsprache zu etablieren (vgl. Art. 8). Wichtige Funktionen erfüllen sie z. T. auch in Wissenschaft und Technik beim Schaffen einer effizienten und begrenzten Terminologie. Auch für den Anfänger im Sprachlernprozeß können sie durchaus nützlich sein, allerdings nur unter der Voraussetzung, daß der Benutzer normativer Regelwerke erfährt, wessen Sprachnormen er übernehmen soll (wird von ihm die Einhaltung von Sprachregeln verlangt, an die sich die meisten anderen Sprachteilhaber halten und ihrerseits normativ von den Kommunikationspartnern verlangen, oder wird von ihm eine Sprache verlangt, die aus bestimmten anderen Gründen für vorbildlich gehalten wird?). Soweit er aus den Regelwerken entnehmen kann, wessen Sprachregeln mit welcher Begründung normativ erwartet werden, hat er immer die Möglichkeit, die Berechtigung solcher Normen zu prüfen und sie für sich zu akzeptieren oder zu verwerfen. Abzulehnen sind daher insbesondere verdeckt normative Regelbücher. Darüber hinaus wäre es unbedingt erforderlich, daß im Sprachunterricht die Funktion und Natur von Sprachnormen, der Zusammenhang von Wert, Norm und Regel und damit auch die Dynamik von Sprachnormen vermittelt würden. Dadurch ließe sich die bestehende Normengläubigkeit ab- und eine normenkritische Haltung aufbauen und damit auch eine unangemessene Konservierung und Bildung normativer Erwartungen verhindern. Das Entstehen und Einhalten von Sprachnormen würde sich dadurch stärker an den kommunikativen Notwendigkeiten orientieren, wodurch letztendlich das gegenseitige Verständnis der Kommunikationspartner gefördert würde, denn Sprachnormen, deren Notwendigkeit man einsieht, lernt man lieber und dadurch leichter.

## 6. Literatur (in Auswahl)

### 6.1. Wörterbücher

*Deutsches Wörterbuch 1854* = Jacob Grimm und Wilhelm Grimm: Deutsches Wörterbuch. Bd. 1 A—*Biermolke,* Leipzig 1854 [1823 S.].
*Duden 1981* = Duden. Das große Wörterbuch der deutschen Sprache in sechs Bänden. Hrsg. und bearb. vom Wissenschaftlichen Rat und den Mitarbeitern der Dudenredaktion unter Leitung von Günther Drosdowksi. Mannheim. Wien. Zürich. Bd. 1, 1976; Bd. 2, 1976; Bd. 3, 1977; Bd. 4, 1978; Bd. 5, 1980; Bd. 6, 1981 [zus. 2992 S.].
*Duden 1983* = Duden. Deutsches Universalwörterbuch. Hrsg. und bearb. vom Wissenschaftlichen Rat und den Mitarbeitern der Dudenredaktion unter Leitung von Günther Drosdowski. Mannheim. Wien. Zürich 1983 [1504 S.].
*Grundbegriffe der Soziologie 1986* = Grundbegriffe der Soziologie. Hrsg. v. Bernhard Schäfers unter Mitarbeit von Hermann L. Gukenbiehl/Klaus Lankenau/Rüdiger Peuckert u. a. Opladen 1986 [400 S.].
*Heyse 1849* = Karl Wilhelm Ludwig Heyse: Handwörterbuch der deutschen Sprache mit Hinsicht auf Rechtschreibung, Abstammung und Bildung, Biegung und Fügung der Wörter so wie auf deren Sinnverwandtschaft. Magdeburg 1. Theil 1833; 2. Theil 1849; 3. Theil 1849 [zus. 2195 S.].
*Kellow/Westkolle 1986* = S. E. Kellow/Peer Westkolle: Wörterbuch wider die rhetorische Unzucht. Von *abartig* bis *Zeitgeist*. Mit einem Nachwort und mehreren Einreden von Dr. Peter R. Drach-Eiswolke. Frankfurt 1986 [116 S.].
*Nomenclator Amoris 1883* = Albert Gombert: Nomenclator Amoris oder Liebeswörter. Ein Beitrag zum Deutschen Wörterbuche der Gebrüder Grimm. Strassburg 1883 [119 S.].
*Philosophisches Wörterbuch 1971* = Philosophisches Wörterbuch: Norm. Hrsg. v. Klaus Buhr. Berlin 1971, 793—796 [2 Bde. zus. 1394 S.].
*Wörterbuch der deutschen Gegenwartssprache 1977* = Wörterbuch der deutschen Gegenwartssprache. Hrsg. von Ruth Klappenbach und Wolfgang Steinitz. Bearbeiter: Ruth Klappenbach und Helene Malige-Klappenbach. Berlin 1. Bd. 1964; 2. Bd. 1967; 3. Bd. 1969; 4. Bd. 1974; 5. Bd. 1976; 6. Bd. 1977 [zus. 4579 S.].

### 6.2. Sonstige Literatur

*Bahrdt 1987* = Hans Paul Bahrdt: Schlüsselbegriffe der Soziologie. Eine Einführung mit Lehrbeispielen. 3. Aufl. München 1987.
*Bartsch 1982* = Renate Bartsch: The Concepts "Rule" and "Norm" in Linguistics. In: Lingua 58. 1982, 51—81.
*Bartsch 1985* = Renate Bartsch: Sprachnormen: Theorie und Praxis. Tübingen 1985.
*Bergenholtz 1983* = Henning Bergenholtz: Grammatik im Wörterbuch: Zur Terminologie und zur empirischen Basis. In: Kopenhagener Beiträge zur Germanistischen Linguistik 21. 1983, 70—92.
*Bergenholtz/Mugdan 1984* = Henning Bergenholtz/Joachim Mugdan: Grammatik im Wörterbuch: von *ja* bis *Jux*. In: Studien zur neuhochdeutschen Lexikographie V. Hrsg. v. Herbert Ernst Wiegand. Hildesheim. Zürich. New York 1984 (Germanistische Linguistik 3—6/84), 47—102.
*Bergenholtz/Schaeder 1977* = Henning Bergenholtz/Burkhard Schaeder: Deskriptive Lexikographie. In: Zeitschrift für Germanistische Linguistik 5. 1977, 2—33.
*Bergenholtz/Schaeder 1978* = Henning Bergenholtz/Burkhard Schaeder: Ausblicke auf eine deskriptive Lexikographie. In: Interdisziplinäres deutsches Wörterbuch in der Diskussion. Hrsg. v. Helmut Henne/Wolfgang Mentrup/Dieter Möhn/Harald Weinrich. Düsseldorf 1978 (Sprache der Gegenwart Band XLV), 116—172.
*Bungarten 1979* = Theo Bungarten: Das Korpus als empirische Grundlage in der Linguistik und Literaturwissenschaft. In: Empirische Textwissenschaft. Aufbau und Auswertung von Text-Corpora. Hrsg. v. Henning Bergenholtz/Burkhard Schaeder. Königstein Ts. 1979, 220—267.
*Coseriu 1970* = Eugenio Coseriu: System, Norm und 'Rede'. In: Eugenio Coseriu: Sprache. Strukturen und Funktionen. XII Aufsätze zur Allgemeinen und Romanischen Sprachwissenschaft. Hrsg. v. Uwe Petersen. Tübingen 1970, 193—212.
*Dokulil/Kuchař 1982* = Miloš Dokulil/Jaroslav Kuchař: Zur Norm der Literatursprache und ihrer Kodifizierung. In: Jürgen Scharnhorst/Erika Ising (Hrsg.) in Zusammenarbeit mit Karel Horálek und Jaroslav Kuchař: Grundlagen der Sprachkultur. Beiträge der Prager Linguistik zur Sprachtheorie und Sprachpflege, Teil 2. Berlin 1982, 114—131.
*Drosdowski 1980* = Günther Drosdowski: Der Duden — Geschichte und Aufgabe eines ungewöhnlichen Buches. Mannheim. 1980.
*Erben 1960* = Johannes Erben: Gesetz und Freiheit in der deutschen Hochsprache der Gegenwart. Norm — Spielraum — Verstöße. In: Der Deutschunterricht 12. 1960, 5—28.
*Frankena 1939* = W. K. Frankena: The Naturalistic Fallacy. In: Mind 48. 1939, 465—477.
*Filipec 1982* = Josef Filipec: Sprachkultur und Lexikographie. In: Jürgen Scharnhorst/Erika Ising

(Hrsg.) in Zusammenarbeit mit Karel Horálek und Jaroslav Kuchař: Grundlagen der Sprachkultur. Beiträge der Prager Linguistik zur Sprachtheorie und Sprachpflege, Teil 2. Berlin 1982, 174—202.

*Gloy 1975* = Klaus Gloy: Sprachnormen I. Linguistische und soziologische Analysen. Stuttgart-Bad Cannstatt 1975.

*Gloy 1987* = Klaus Gloy: Norm. In: Soziolinguistik. Ein internationales Handbuch zur Wissenschaft von Sprache und Gesellschaft. Hrsg. v. Ulrich Ammon/Norbert Dittmar/Klaus Jürgen Mattheier. Erster Halbband. Berlin. New York 1987, 119—124.

*Grebe 1966* = Paul Grebe: Sprachnorm und Sprachwirklichkeit. In: Wirkendes Wort 16. 1966, 145—156.

*Hartung 1977* = Wolfdietrich Hartung: Zum Inhalt des Normbegriffs in der Linguistik. In: Normen in der sprachlichen Kommunikation. Hrsg. v. der Akademie der Wissenschaften der DDR, Zentralinstitut für Sprachwissenschaft, Berlin 1977 (Reihe Sprache und Gesellschaft Band 11), 9—69.

*Hartung 1984* = Wolfdietrich Hartung: Sprachnormen und/oder kommunikative Normen? In: Deutsch als Fremdsprache 21. 1984, 270—275.

*Hartung 1986* = Wolfdietrich Hartung: Sprachnormen: Differenzierungen und kontroverse Bewertungen. In: Sprachnormen: lösbare und unlösbare Probleme. Hrsg. v. Peter von Polenz/Johannes Erben/Jan Goossens. Tübingen 1986, 3—11.

*Havránek 1966* = Bohuslav Havránek: Zum Problem der Norm in der heutigen Sprachwissenschaft und Sprachkultur. In: A Prague School Reader in Linguistics. Hrsg. v. Josef Vachek. Bloomington. London 1966, 413—420.

*Heringer 1982* = Hans Jürgen Heringer: Normen? Ja — aber meine! In: Holzfeuer im hölzernen Ofen. Aufsätze zur politischen Sprachkritik. Hrsg. v. Hans Jürgen Heringer. Tübingen 1982, 94—105.

*Jäger 1971* = Siegfried Jäger: Zum Problem der sprachlichen Norm und seiner Relevanz für die Schule. In: Muttersprache 81. 1971, 162—175.

*Juhász 1967* = János Juhász: Zur sprachlichen Norm. Aus Anlaß der 14. Auflage von Wustmanns *Sprachdummheiten*. In: Muttersprache 77. 1967, 333—343.

*Juhász 1985* = János Juhász: Zur normierenden Rolle der Linguistik. Thesen mit exemplarischen Argumenten. In: Germanistik. Forschungsstand und Perspektiven. 1. Teil: Germanistische Sprachwissenschaft. Didaktik der deutschen Sprache und Literatur. Berlin. New York 1985, 319—324.

*Juhász 1986* = János Juhász: Sollen, wollen, dürfen, können wir eine sprachliche Norm haben? In: Sprachnormen: lösbare und unlösbare Probleme. Hrsg. v. Peter von Polenz/Johannes Erben/Jan Goossens. Tübingen 1986, 12—17.

*Kohrt 1983* = Manfred Kohrt: Grundlagenstudien zu einer Theorie der deutschen Orthographie. Teil II: Theoretische Aspekte der deutschen Orthographie. (Habilitationsschrift) Münster 1983.

*Lautmann 1969* = Rüdiger Lautmann: Wert und Norm. Begriffsanalysen für die Soziologie. Köln. Opladen 1969.

*Luhmann 1969* = Niklas Luhmann: Normen in soziologischer Perspektive. In: Soziale Welt 20. 1969, 28—48.

*Morscher 1974* = Edgar Morscher: Das Sein-Sollen-Problem logisch betrachtet. Eine Übersicht über den gegenwärtigen Stand der Diskussion. In: Conceptus 8. 1974, 5—29.

*Öhlschläger 1974* = Günther Öhlschläger: Einige Unterschiede zwischen Naturgesetzen und sozialen Regeln. In: Seminar: Der Regelbegriff in der praktischen Semantik. Hrsg. von Hans Jürgen Heringer. Frankfurt 1974, 88—110.

*von Polenz 1972* — Peter von Polenz: Sprachnorm, Sprachnormung, Sprachnormenkritik. In: Linguistische Berichte 17. 1972, 76—84.

*von Polenz 1982* = Peter von Polenz: Sprachkritik und Sprachnormenkritik. In: Holzfeuer im hölzernen Ofen. Aufsätze zur politischen Sprachkritik. Hrsg. v. Hans Jürgen Heringer. Tübingen 1982, 70—93.

*Rieger 1979* = Burghard Rieger: Repräsentativität: von der Unangemessenheit eines Begriffs zur Kennzeichnung eines Problems linguistischer Korpusbildung. In: Empirische Textwissenschaft. Aufbau und Auswertung von Text-Corpora. Hrsg. v. Henning Bergenholtz/Burkhard Schaeder. Königstein Ts. 1979, 52—70.

*Ripfel 1987* = Martha Ripfel: Was heißt Bewerten? In: Deutsche Sprache 15. 1987, 151—177.

*Schaeder 1979* = Burkhard Schaeder: Zur Methodik der Auswertung von Textkorpora für die Zwecke der Lexikographie. In: Empirische Textwissenschaft. Aufbau und Auswertung von Text-Corpora. Hrsg. v. Henning Bergenholtz/Burkhard Schaeder. Königstein Ts. 1979, 220—267.

*Wiegand 1986* = Herbert Ernst Wiegand: Von der Normativität deskriptiver Wörterbücher. Zugleich ein Versuch zur Unterscheidung von Normen und Regeln. In: Sprachnormen in der Diskussion. Beiträge vorgelegt von Sprachfreunden. Berlin. New York 1986, 72—101.

*Wimmer 1977* = Rainer Wimmer: Sprachliche Normen. In: Einführung in die Praktische Semantik. Hrsg. v. Hans Jürgen Heringer/Günther Öhlschläger/Bruno Strecker/Rainer Wimmer. Heidelberg 1977, 40—59.

*Martha Ripfel, Heidelberg (Bundesrepublik Deutschland)*

## 25. The Teaching of Dictionary Use: Present State and Future Tasks

1. Introduction
2. Why Teach Dictionary Use?
3. General and Specific Objectives: The Dictionary as an Aid
4. The Skills of the Ideal Dictionary User
5. How to Teach Dictionary Skills
6. Conclusions and Future Prospects
7. Selected Bibliography

### 1. Introduction

The present article is an attempt at delineating the general principles that should be applied to the teaching of dictionary use. The why, the what for, the what and the how will be examined in turn. The aim is not to offer ready-made solutions to teachers interested in dictionary skills. That would be an impossible task, because there are too many differences between the various groups of users, according mainly to their language(s) and to their levels of linguistic competence.

### 2. Why Teach Dictionary Use?

Several recent studies have shown that dictionaries are not always used in the way their compilers intended them to be (cf. Art. 12). For example, it has been established that
(a) some of the information supplied by dictionaries is consistently misunderstood. One notable example is that of usage labels in the *Webster's Second* and *Third*, particularly the labels *illiterate, substandard, nonstandard* and *colloquial* (Marckwardt 1967, 35);
(b) some types of information offered by dictionaries are used much less than could have been expected (Atkins 1985, 23; and many others). The most often quoted example is that of the grammatical codes in such dictionaries as Procter 1978 or Hornby 1980;
(c) many users tend to think that their dictionary is simply a mirror of the language, that the inclusion (or exclusion) of a lexical item is equivalent to a judgment passed on its existence (or non-existence), and that dictionaries simply cannot be wrong in their descriptions of meaning or of usage. An illustration of this widespread attitude is provided by the way dictionaries are sometimes used in court cases (Robinson 1982, 110—114);
(d) many users seem to be unaware of the variety of dictionaries available, and of the differences between them (Kirkpatrick 1985, 7).

The gap between the lexicographers' expectations and the actual reference skills of the users is not likely to be bridged soon, since dictionaries generally tend to become more and more sophisticated (good examples are Mel'čuk 1985 or Burger 1985). There are two solutions to bridge that gap (Crystal 1986, 78; Zgusta 1986, 143). The first is to try and make dictionaries more "user-friendly" (Whitcut 1986, 111). Some research has been done in that direction by academics and by publishers (cf. Art. 15), and a few dictionaries display the results of such efforts (for example, Cowie/Mackin/McCaig 1983, as opposed to Cowie/Mackin 1975, or Kirkpatrick 1980 as opposed to other learners' dictionaries). The difficulty, for the lexicographer trying to improve the clarity of a dictionary, is to remain true to the language as it is really used (Underhill 1985, 103—104). The second solution is to try and improve the reference skills of the users. It is for this reason that dictionary prefaces have lately become more precise and more helpful. That is certainly a step in the right direction, but its effectiveness is limited by the fact that prefaces are rarely read (Béjoint 1981, 216). Should lexicographers attempt, "at the very least, a national campaign to persuade dictionary users to read their prefaces?" (Crystal 1986, 79)

The need for a specific pedagogy of dictionary use has been stressed by several authors, in many countries, for different populations of users:

Flaherty as early as 1923 and, recently, Mathews 1964, Beattie 1973, Croft 1973, Marckwardt 1973, Barone 1979, Ard 1982, Scholfield 1982, Descamps/Vaunaize 1983, Mitchell 1983, Schaeder 1984, Tono 1984, Griffin 1985, Hartmann 1985, Herbst 1985, Kipfer 1985, Rossner 1985, Underhill 1985, Crystal 1986, Hartmann 1986, Hausmann 1986, Heath/Herbst 1986, Kühn 1987, etc.

It has been recommended for pupils and students, because dictionaries are important tools in the acquisition of language, but first of all for teachers of "the native language and of foreign languages, so that they may transmit this knowledge to their students" (Hausmann 1986, 109). Indeed, some studies have shown that many teachers are indifferent to dictionaries (Herbst 1985).

## 3. General and Specific Objectives: The Dictionary as an Aid

The general objective of a pedagogy of dictionary use is to help the users avoid the pitfalls mentioned in 2., to transform the average student into the ideal user portrayed by Crystal: someone who understands dictionary conventions, who is interested in language and in lexicography, who owns and frequently consults several dictionaries, and who is even capable of contributing to their improvement (Crystal 1986, 79). But this should not obscure the fact that dictionary use is not an end in itself; it is only a means that can be used to improve one's mastery of the language (or one's culture in general). The true objective, therefore, is to help the students help themselves, to help them to "learn for themselves from dictionaries" (Beattie 1973, 161), to help them become independent of a teacher (Wallace 1982, 82; French Allen 1983, 83), and this is very important in a world that stresses individual learning (Hartmann 1986, 9). In the interesting distinction made by Whitcut between training people to use a particular dictionary, training people to use dictionaries in general and training people to use the language in dictionaries for their own purposes (Whitcut 1986, 121), it is clearly the latter that must constitute the ultimate objective, even if the first two points turn out to be indispensable steps. Eventually, the teaching of dictionary use should help the students become independent of the dictionary itself, by developing their "own ability to deal with language independently of dictionaries" (Whitcut 1986, 121). Some authors have stressed the need to show students the limits of their competence, so as to make them use their dictionaries more often (Herbst 1985); others, on the contrary, insist that it is dangerous to turn too often to a dictionary, saying that it may give the users the bad habit of always counting on the dictionary to solve their problems instead of making efforts to find the solutions by themselves (Beattie 1973, Bensoussan 1984). It is true that students sometimes make mistakes that could have been avoided by consulting the dictionary, if only they had been aware of their ignorance. On the other hand, it is clear that the dictionary is meant to help the students find what they do not know or verify what they think they know, but not to do all the work in their place. There is definitely a danger in over-indulgence in dictionary consultation, and this must be reflected in the teaching of dictionary use.

Finally, students should not be expected to become dictionary experts. As Lamy aptly points out, on no account should the users be asked to "reconstruct the lexicographer's routine" (Lamy 1985, 31). Initiation into the intricacies of dictionary-making should be kept to a minimum.

Of course, instructors will want to establish more specific objectives for each particular group of users. Factors like the age of the users, their level of competence in the language, their present or future occupation, whether it is a first or a second language, what dictionaries are being used, etc. will have to be taken into consideration. The question that each instructor will have to answer is the following: What do I want my students to be able to do with their dictionary or dictionaries by the end of the teaching period?

## 4. The Skills of the Ideal Dictionary User

If specific objectives can be determined by an analysis of the users' needs, the choice of what will actually have to be taught rests on a study of their reference skills, that is to say an evaluation of what they can and cannot do.

### 4.1. The Known and the Unknown

Several authors have recently stressed the linguistic and psycholinguistic complexities of dictionary consultation (Scholfield 1982, 185; Béjoint 1987; Hartmann 1985, 19; Whitcut 1986, 112). For Whitcut, for example,

"the learning burden that the lexicographer imposes on the user is formidable" (Whitcut 1986, 112), and for Hartmann "the skills necessary for bringing the operation to a successful conclusion — assuming that the information is actually present in the consulted dictionary — are probably underestimated by teachers and students alike" (Hartmann 1985, 19).

It is true that dictionary consultation seems to involve extremely complex processes, and that very little is known about them. The traditional questionnaire is of doubtful value for such research, and more sophisticated methods are called for (interesting pioneer studies have been made by Mitchell 1983, Tono 1984 and Wiegand 1985). However, one should not jump to the conclusion that those complexities should automatically be reflected in the teaching of dictionary use. For one thing, the reference skills of the users should not be underestimated. There is a great deal that they already know, consciously or unconsciously, when they reach the stage of dictionary consultation. The point is particularly important to bear in mind for learners of a foreign language, whose reference skills are partly carried over from their first to their second language (to a variable extent, according to the degree of similarity between the two; for example, speakers of Chinese have to learn the alphabet before they can use even a very basic English dictionary). It is their linguistic knowledge that is poor, not necessarily their reference skills, which have many things in common across languages. Secondly, it may be impossible to teach certain aspects of dictionary consultation, in the same way that it is impossible to teach all the complex processes involved in the activity of, say, reading. And yet people are taught to read. Ilson sums up the situation nicely:

"The dictionary is a social artefact, no doubt with a 'prototype' of its own, whose users become familiar with its conventions unconsciously — just as lexicographers do. The 'secret language' of dictionaries is often better understood, in practice if not in theory, than sophisticated linguists claim" (Ilson 1984, 85).

Consequently, a careful analysis of the users' existing reference skills should be made prior to any teaching of dictionary use. One way to do that is to organize activities (reading texts, word games, etc.) that require the use of dictionaries, and to observe the areas where difficulties arise. An interesting example of such activities for young children in their native language (in that case English) is provided by Mitchell (1983).

### 4.2. A Checklist of Dictionary Skills

What follows is a checklist of skills that the ideal dictionary user should possess. It is based on experimental evidence of difficulties of various populations of users (cf. Art. 12) and on existing programs teaching dictionary use. Instructors should be able to select what is relevant to their groups, after having analyzed their needs and their skills.

(a) Establishing what lexical item poses a problem (this is only briefly mentioned here, since it is not specific to dictionary use).
(b) Finding a lexical item in the dictionary.
(b 1) Mastering the alphabetical ordering of headwords.
(b 2) Understanding the principles of lemmatisation used in the language.
(b 3) Finding a lexical item in an entry with a different headword (particularly derived words). Understanding the principles of classification.
(b 4) Finding a multi-word lexical item. Understanding the principles of classification.
(b 5) Choosing among homonyms, using grammatical or semantic information (Scholfield 1982, 188—190).
(b 6) Choosing among different senses in a polysemous entry (Scholfied 1982, 188—190).
(b 7) Using more than one list in the macrostructure of a dictionary: proper names, abbreviations, etc.
(c) Finding a piece of information in the microstructure (Underhill 1985, 107—112).
(c 1) Finding information about the spelling of words: inflected forms in general, particularly plurals, comparatives and irregular verbs; use of capital letters, of hyphens, etc.; syllable division.
(c 2) Finding information about the pronunciation of words: sounds and stresses.
(c 3) Finding information about usage: understanding usage labels (temporal, geographical, status and specialized register).
(c 4) Finding information about the grammar of words: for example, in English, position of adjectives, number concord for nouns, choice of preposition, etc. Understanding the codes, if any, and their meanings.
(c 5) Finding information about the meaning of words: understanding definitions (genus-word and specific differences; definition by synonymy, etc.); using other clues: examples, etc.
(c 6) Finding related words: synonyms, antonyms, paronyms, etc.
(c 7) Finding information about the history of words.
(c 8) Using the equivalents proposed by the bilingual dictionary.
(d) Choosing the appropriate dictionary (monolingual or bilingual, alphabetical or conceptual, general or specialized, learner's or native speaker's, etc.) according to the type of lexical item and to the type of information needed. Of course, in some languages, the number of dictionaries to choose from is extremely limited; in others, on the contrary, users may have to be introduced to very nice distinctions, such as, for example, those between a bilingual dictionary for decoding and a bilingual dictionary for encoding (Al 1983). For each new type, some new initiation may be necessary (for example, for conceptually organized dictionaries).
(e) Knowing what to expect and what not to expect from dictionaries in general and from each dictionary in particular (for example, an area where dictionaries are notoriously weak is that of collocation). Learning to use dictionaries that complement one another (for example, a bilingual and a monolingual one).

The technical vocabulary used in the list (*lexical item, lemmatisation, macrostructure,* etc.) should not be taught, except perhaps to highly advanced users. In fact, a teacher in face-to-face interaction with a group of students needs surprisingly little specialized vocabulary: even *headword* or *entry* can be dispensed with!

In this checklist, an attempt has been made to follow the different stages of dictionary consultation step by step. But it is impossible to be perfectly logical in the ordering of the points to be taught, even with a well-defined group of users. Too little is known about how people improve their reference skills and about the relative difficulty of each task. For example, finding information about the meaning of words is at the same time one of the easiest things that users do (one of the first things they do, sometimes the only thing they use the microstructure for) and one of the most complex operations. All dictionary users manage to collect some idea of meaning if they are given a definition, but the full exploitation of the dictionary in that area requires great sophistication on the part of the user. Similarly, most items on the list can be exploited at various levels of difficulty. One particular problem, in the case of L2 learners, is to combine the initiation into the use of the bilingual dictionary with that of the monolingual dictionary. Many authorities now agree that the two types should be used in combination, and that most of the errors that students make when they use bilingual dictionaries could be avoided if they were shown how to use them. But how does that reflect on the teaching of dictionary use?

For some of the points in the checklist, any dictionary can be used, even a bilingual one. For others, it will be necessary to introduce different types of dictionary. For others still, different dictionaries of the same general type will have to be used. This coincides with an increasing order of difficulty: users are taught first how to use one dictionary, then they are shown the different types (Mitchell 1983, however, adopts the reverse order), and finally introduced to the details that differentiate dictionaries that are otherwise very similar (such as for example Guralnik 1970 and Morris 1969, and their respective ways of establishing usage). That is why the choice of the first dictionary with which the students will work is extremely important. It should be sophisticated enough to contain information that even the best students do not know, and yet not be too forbidding. An ill-adapted dictionary would make the teaching of dictionary use extremely difficult, if not counter-productive.

In order to be able to perform the tasks mentioned in the list, some users may have to be given additional help. For example, they may have to be reminded that the guide-words on every page can help them in their search; or some may need help in the scanning technique mentioned by several authors (Descamps/Vaunaize 1983, 109, for example; cf. also Art. 12).

## 5. How to Teach Dictionary Skills

### 5.1. Types of Activity

Five conclusions can be drawn from what has been said so far about the types of activity that are most likely to foster an intelligent use of the dictionary.

(a) The education of dictionary users should be practical rather than theoretical. They should be shown how to use dictionaries rather than how dictionaries are made, in the same way that in modern language teaching they are taught how to use the language rather than about the language.

(b) Activities should be language-oriented, not dictionary-oriented.

"The ideal type of exercise for practising dictionary using skills is obviously an exercise that forces the learners to use the dictionary in order to solve a linguistic task" (Herbst 1985).

That is the type of activity that Heath/Herbst (1986) or O'Brien/Jordan (1985) propose. It is mainly focussed on decoding activities, but some questions deal with encoding difficulties as well. Schaeder 1984 also contains many interesting suggestions.

(c) The education of the users should be spread over the whole period of language teaching as much as possible, rather than concentrated in a few classes and forgotten afterwards, so as to ensure maximum integration into the general strategy of language teaching.

(d) Activities should be geared to particular groups of users, following an analysis of their needs and of their skills. In fact, no two individuals require exactly the same initiation.

(e) Two steps can be suggested (though Beattie 1973 distinguishes three): in the first, the aim is to help the students find answers to the questions that they are asked in their language course (Beattie's "controlled use"); in the second, the aim is to help the students find answers to their own questions (Beattie's "free use").

## 5.2. Ready-Made Courses

In the past few years, a number of brochures, booklets, books or manuals have been published that contain exercises for the education of dictionary users (cf. Art. 66). They exist, at least, for English, for French, for German, for Italian and for Japanese (see Selected Bibliography). They constitute precious sources of exercises, but they also suffer from certain weaknesses. They are generally meant to be used with only one dictionary, or with a few dictionaries from the same publishing house. The few exceptions (Hausmann 1977, Collignon/Glatigny 1978, Kipfer 1984) are better suited to the training of lexicographers than to the education of the average dictionary user. The exercises that most brochures propose tend to be more dictionary-oriented than language-oriented. One example will suffice: a question like "What is the second meaning of *fly*?" will not teach the user much about the language. Finally, those publications tend to overlook the weaknesses of dictionaries, thus failing to educate the users on that important point.

## 6. Conclusions and Future Prospects

The teaching of dictionary use is a relatively recent subject of interest for dictionary publishers, for lexicographers and for academics. It does not seem to be practised in many establishments (Hartmann 1983, 196; Heath/Herbst 1986, 584), although information about such courses, if they exist, is hard to come by. Experimental evidence on the effectiveness of different types of exercise is virtually non-existent (cf. Art. 12), but there seems to be a general agreement among practitioners that some teaching of dictionary use indeed improves the reference skills of the students (Tono 1984, Griffin 1985, Heath/Herbst 1986). It is a particularly difficult area for research, since what matters most, after all, is how the users behave when they work with their dictionaries by themselves, when they are not under pressure, and not even observed. It is clear that more research is needed on what to teach to whom and when and how. In the meantime, it is not surprising that when the teaching of dictionary use is mentioned in the literature it should be in the form of questions, as exemplified in a very recent publication:

"How can people be helped to get the most from their dictionaries and to evaluate dictionaries more critically?" (Ilson 1986, xiv).

The teaching of dictionary use is important not only because it aims at improving the way dictionaries are used, but also because it might turn out in the long run to be instrumental in the general progress of lexicography:

"... many dictionary users — even those with a higher level of education — are lacking in lexicographic knowledge and cannot tell the difference between a superior and an inferior dictionary. As a result they fail to see why they should pay more for a better dictionary.... Only when the public knows as much — if not more — about dictionaries as the publishers will the market be able to exert pressure on the publishers to improve dictionary quality" (Hausmann 1986, 109).

What the future holds in store for the average dictionary user remains very much a mystery. The computerised dictionary will be at the same time easier to use (because of, among other things, multiple access to the macrostructure) and more difficult (because certain techniques of consultation such as scanning will be impossible). The education of the user will have to take such changes into account, and that in turn opens up new vistas for future research.

## 7. Selected Bibliography

### 7.1. Dictionaries

*Burger 1985* = The Wordtree. Ed. by Henry G. Burger. Merriam, Kansas 1985 [379 pp.].

*Cowie/Mackin 1975* = Oxford Dictionary of Current Idiomatic English. Ed. by Anthony P. Cowie/Ronald Mackin. Oxford 1975 [Vol. 1: Verbs with Prepositions and Particles, 396 pp.].

*Cowie/Mackin/McCaig 1983* = Oxford Dictionary of Current Idiomatic English. Ed. by Anthony P. Cowie/Ronald Mackin/Isabel McCaig. Oxford 1983 [Vol. 2: Phrase, Clause and Sentence Idioms, 685 pp.].

*Guralnik 1970* = Webster's New World Dictionary of the American Language. Ed. by David Guralnik. New York 1970 [1692 pp.].

*Hornby 1980* = Oxford Advanced Learner's Dictionary of Current English. Ed. by A. S. Hornby. Oxford 1980 [1037 pp.].

*Kirkpatrick 1980* = Chambers Universal Learners' Dictionary. Ed. by Elizabeth M. Kirkpatrick. Edinburgh 1980 [907 pp.].

*Mel'čuk 1985* = Dictionnaire Explicatif et Combinatoire du Français Contemporain. Ed. by Igor Mel'čuk [et. al.]. Montréal 1985 [Vol. 1, 176 pp.].

*Morris 1969* = The American Heritage Dictionary

of the English Language. Ed. by William Morris. New York 1969 [1550 pp.].

*Procter 1978* = Longman Dictionary of Contemporary English. Ed. by Paul Procter [et al.]. London. Harlow 1978 [1303 pp.].

*Webster's Second* = Webster's New International Dictionary of the English Language. 2. ed. Unabridged. Springfield, Mass. 1934 [XCVI, 3210 pp.].

*Webster's Third* = Webster's Third. New International Dictionary of the English Language. Unabriged. Ed. in chief: Philip Babcock Gove. 2 vol. Springfield/Mass. 1969 [64, 2662 pp.; 1. ed. 1961].

### 7.2. Other Publications

*Al 1983* = Bernard Al: Dictionnaire de thème et dictionnaire de version. In: Revue de Phonétique Appliquée 66—67. 1983, 94—102.

*Ard 1982* = Josh Ard: The use of bilingual dictionaries by EFL students while writing. In: ITL Review of Applied Linguistics 58. 1982, 1—22.

*Atkins 1985* = Beryl T. Atkins: Monolingual and bilingual learners' dictionaries: a comparison. In: Dictionaries, Lexicography and Language Learning. Ed. by Robert Ilson. Oxford 1985, 15—24.

*Barone 1979* = Rosangela Barone: On the use of the Advanced Learner's Dictionary of Current English. In: Rassegna Italiana di Linguistica Applicata 11, 1—2. 1979, 187—194.

*Beattie 1973* = Nicholas Beattie: Teaching dictionary use. In: Modern Languages 54. 1973, 161—168.

*Becker 1977* = Donald A. Becker: The Etymological Dictionary as a Teaching Device. In: Die Unterrichtspraxis 10. 1977, 70—77.

*Béjoint 1981* = Henri Béjoint: The Foreign student's use of monolingual English dictionaries. In: Applied Linguistics 2. 1981, 207—222.

*Béjoint 1987* = Henri Béjoint: The Value of the dictionary in vocabulary acquisition. In: The Dictionary and the Language Learner. Ed. by Anthony P. Cowie. Tübingen 1987 (Lexicographica, Series Maior 17), 97—104.

*Bensoussan 1984* = Marsha Bensoussan/Donald Sim/Razelle Weiss: The effect of dictionary use on EFL test performance compared with student and teacher attitudes and expectations. In: Reading in a Foreign Language 2, 2. 1984, 262—276.

*Bloch 1985* = Menachem Bloch: Use your Dictionary as a Learning Tool. Tel-Aviv 1985.

*Collignon/Glatigny 1978* = Lucien Collignon/Michel Glatigny: Les dictionnaires: initiation à la lexicographie. Paris 1978.

*Croft 1973* = Kenneth Croft: Dictionary use in ESL courses. In: TESL Reporter 7, 1. 1973, 1—9.

*Crystal 1986* = David Crystal: The ideal dictionary, lexicographer and user. In: Lexicography. An Emerging International Profession. Ed. by Robert Ilson. Manchester 1986, 72—81.

*Descamps/Vaunaize 1983* = Jean-Luc Descamps/R. Vaunaize: Le dictionnaire au jour le jour en milieu adulte. Une pré-enquête. In: Etudes de Linguistique Appliquée 49. 1983, 89—109.

*Feldmann 1984* = Armin Feldmann: Befähigung zur rationellen Handhabung des Wörterbuchs beim Lesen von Texten. In: Fremdsprachenunterricht 28. 1984, 84—88.

*Flaherty 1923* = M. C. Flaherty: How to Use the Dictionary. New York 1923.

*French Allen 1983* = Virginia French Allen: Techniques in Teaching Vocabulary. New York 1983.

*Galisson 1983* = Robert Galisson: Image et usage du dictionnaire chez les étudiants (en langue) de niveau avancé. In: Etudes de Linguistique Appliquée 49. 1983, 5—88.

*Göller 1981* = Alfred Göller: Wie kann man Schüler zur Arbeit mit dem Wörterbuch anleiten? In: Der fremdsprachliche Unterricht 59. 1981, 198—204.

*Griffin 1985* = Pamela J. Griffin: Dictionaries in the ESL classroom. Carbondale, Illinois 1985 [Master of Arts Thesis, Southern Illinois University].

*Hartmann 1983* = Reinhard R. K. Hartmann: The bilingual learner's dictionary and its uses. In: Multilingua 2, 4. 1983, 195—201.

*Hartmann 1985* = Reinhard R. K. Hartmann: The dictionary in vocabulary learning, with particular reference to English learners of German. [Typescript, 22 pp.].

*Hartmann 1986* = Reinhard R. K. Hartmann: The Learner's dictionary: Traum oder Wirklichkeit? In: Symposium on Lexicography III. Proceedings of the Third International Symposium on Lexicography May 14—16, 1986 at the University of Copenhagen. Ed. by Karl Hyldgaard-Jansen und Arne Zettersten. Tübingen 1988 (Lexicographica. Series Maior 19), 215—235.

*Hausmann 1977* = Franz Josef Hausmann: Einführung in die Benutzung der neufranzösischen Wörterbücher. Tübingen 1977 (Romanistische Arbeitshefte 19).

*Hausmann 1986* = Franz Josef Hausmann: The training and professional development of lexicographers in Germany. In: Lexicography. An Emerging International Profession. Ed. by Robert Ilson. Manchester 1986, 101—110.

*Heath/Herbst 1986* = David Heath/Thomas Herbst: Wer weiß schon, was im Wörterbuch steht? Plädoyer für mehr Wörterbucharbeit im Englischunterricht. In: Die Neueren Sprachen 84. 1986, 580—595.

*Herbst/Stein 1987* = Thomas Herbst/Gabriele Stein: Dictionary-Using Skills: a Plea for a New Orientation in Language Teaching. In: The Dictionary and the Language Learner. Papers from the EURALEX Seminar at the University of Leeds, 1—3 April 1985. Ed. by Anthony P. Cowie. Tübingen 1987 (Lexicographica. Series Maior 17), 115—127.

*Ilson 1984* = Robert Ilson: The communicative significance of some lexicographic conventions. In: LEXeter '83 Proceedings. Papers from the International Conference on Lexicography at Exeter, 9—12 September 1983. Ed. by R. R. K. Hartmann. Tübingen 1984 (Lexicographica. Series Maior 1), 80—86.

*Ilson 1986* = Robert Ilson: Introduction. In: Lexicography. An Emerging International Profession. Ed. by Robert Ilson. Manchester 1986, xii—xiv.

*Jungmann/Schmitt 1970* = Ernst Jungmann/Edgar Schmitt: Umgang mit Wörterbüchern. Oberursel, Taunus 1970.

*Kipfer 1984* = Barbara Ann Kipfer: Workbook on Lexicography. Exeter 1984.

*Kipfer 1985* = Barbara Ann Kipfer: Dictionaries and the intermediate student [M. Phil. thesis outline, typescript, 4 pp.].

*Kirkpatrick 1985* = Betty Kirkpatrick: A lexicographical dilemma: monolingual dictionaries for the native speaker and for the learner. In: Dictionaries, Lexicography and Language Learning. Ed. by Robert Ilson. Oxford 1985, 7—13.

*Kühn 1987* = Peter Kühn: Mit dem Wörterbuch arbeiten. Eine Einführung in die Didaktik und Methodik der Wörterbuchbenutzung. Bonn-Bad Godesberg 1987 (Schriften zur Deutsch-Didaktik).

*Lamy 1985* = Marie-Noëlle Lamy: Innovative practices in French monolingual learners' dictionaries as compared with their English counterparts. In: Dictionaries, Lexicography and Language Learning. Ed. by Robert Ilson. Oxford 1985, 25—34.

*Marckwardt 1967* = Albert H. Marckwardt: Dictionaries and the English language. In: The Role of the Dictionary. Ed. by Philip Babcock Gove. Indianapolis 1967, 31—38.

*Marckwardt 1973* = Albert H. Marckwardt: The dictionary as an English teaching resource. In: Tesol Quarterly 7, 4. 1973, 369—379.

*Mathews 1964* = Mitford M. Mathews: The Freshman and his dictionary. In: Readings in Applied Linguistics. Ed. by Harold B. Allen. New York 1964, 372—375.

*Mitchell 1983* = Evelyn Mitchell: Search-Do reading. Aberdeen 1983 [Formative Assessment of Reading, Working Paper 21].

*O'Brien/Jordan 1985* = Teresa O'Brien/R. R. Jordan: Developing Reference Skills. London 1985.

*Osman 1965* = Neile Osman: Word Function and Dictionary Use. A Word-Book for Advanced Learners of English. Fair Lawn, New Jersey 1965.

*Pätzold/Schnorr 1985* = Kurt Michael Pätzold/Veronika Schnorr: Wörterbuch ABC Englisch, Übungen zum PONS Globalwörterbuch Englisch. Stuttgart 1985.

*Pohl 1969* = Lothar Pohl: Zur Vorbereitung der Schüler auf eine rationale Verwendung des Wörterbuchs. In: Fremdsprachenunterricht 1969, H. 6, 277—280.

*Powell 1935* = Frank V. Powell: Better Dictionary-Work Habits. Springfield, Mass. 1935.

*Robert 1984* = Rédactrices du Robert Méthodique et un groupe d'enseignants: Livret pédagogique du Robert Méthodique. Paris 1984.

*Robinson 1982* = Jennifer Robinson: The Dictionary as Witness. In: Dictionaries 4. 1982, 110—117.

*Rossner 1985* = Richard Rossner: The learner as lexicographer: using dictionaries in second language learning. In: Dictionaries, Lexicography and Language Learning. Ed. by Robert Ilson. Oxford 1985, 95—102.

*Schaeder 1984* = Burkhard Schaeder: Anleitung zur Benutzung einsprachiger neuhochdeutscher Wörterbücher. In: Der Deutschunterricht 36, 5. 1984, 81—95.

*Schinke-Llano/Spears 1984* = Linda Schinke-Llano/Richard A. Spears: Building Dictionary Skills in English. Lincolnwood, Ill. 1984.

*Scholfield 1982* = Phil Scholfield: Using the English dictionary for comprehension. In: Tesol Quarterly 16, 2. 1982, 185—194.

*Schröder 1985* = Konrad Schröder: Wortschatzunterricht, Wortschatzerwerb und Umgang mit Wörterbüchern. Eine Bibliographie für die Jahre 1973—1984. In: Die neueren Sprachen 84. 1985 (H. 6: Themenheft: Wörterbücher und Wortschatzerwerb), 652—668.

*Tono 1984* = Yukio Tono: On the Dictionary User's Reference Skills. Tokyo 1984 [B. Ed. Dissertation].

*Underhill 1980* = Adrian Underhill: Use Your Dictionary. Oxford 1980.

*Underhill 1985* = Adrian Underhill: Working with the monolingual learner's dictionary. In: Dictionaries, Lexicography and Language Learning. Ed. by Robert Ilson. Oxford 1985, 103—114.

*Wallace 1982* = Michael Wallace: Teaching Vocabulary. London 1982.

*Whitcut 1979* = Janet Whitcut: Learning with LDOCE. London 1979.

*Whitcut 1986* = Janet Whitcut: The training of dictionary users. In: Lexicography. An Emerging International Profession. Ed. by Robert Ilson. Manchester 1986, 111—122.

*Wiegand 1985* = Herbert Ernst Wiegand: Fragen zur Grammatik in Wörterbuchbenutzungsprotokollen. Ein Beitrag zur empirischen Erforschung der Benutzung einsprachiger Wörterbücher. In: Lexikographie und Grammatik. Akten des Essener Kolloquiums zur Grammatik im Wörterbuch 28. 6.—30. 6. 1984. Hrsg. von Henning Bergenholtz/Joachim Mugdan. Tübingen 1985 (Lexicographica. Series Maior 3), 20—98.

*Wiegand 1987* = Herbert Ernst Wiegand: Zur

Grundlegung der Wörterbuchbenutzungsforschung. In: Lexicographica 3. 1987, 178—227.

*Zgusta 1986* = Ladislav Zgusta: Summation. In: Lexicography. An Emerging International Profession. Ed. by Robert Ilson. Manchester 1986, 138—146.

*Zöfgen 1985* = Ekkehard Zöfgen: Zur Einführung: Wörterbuchdidaktik in Theorie und Praxis. In: Wörterbücher und ihre Didaktik (Themenheft der Bielefelder Beiträge zur Sprachlehrforschung 14. 1985 H. 1 und 2). Hrsg. von Ekkehard Zöfgen. Bad Honnef. Zürich 1985 [1987], 3—9.

*Henri Béjoint, Lyon (France)*

# III. Geschichte und Theorie der Lexikographie: Allgemeine Aspekte
# History and Theory of Lexicography: General Aspects
# Théorie et histoire de la lexicographie: Aspects généraux

## 26. Pour une histoire de la métalexicographie

1. Introduction
2. Les sources d'une histoire de la métalexicographie
3. Quelques grands textes de l'histoire de la métalexicographie
4. L'essor actuel de la discipline métalexicographique
5. Bibliographie choisie

### 1. Introduction

Si on appelle *lexicographie* la pratique scientifique qui a pour but de confectionner un dictionnaire (Wiegand 1984, 559), on pourra appeler *métalexicographie* toute activité qui fait du dictionnaire un objet de réflexion et de recherche mais qui, elle-même, ne vise pas à la production de dictionnaires. On connaît l'âge du phénomène dictionnairique. Mais de quand date le phénomène métadictionnairique? Et comment se manifeste-t-il? Y-a-t-il des évolutions, des courants de traditions, des ruptures, des changements de paradigmes? A défaut d'épuiser un sujet qui, du fait de l'imbrication de la théorie et de la pratique lexicographique, risquerait d'accaparer l'ensemble du savoir historique sur les dictionnaires, cet article se contentera de présenter les divers types de sources et d'attirer l'attention sur certains grands textes métalexicographiques des siècles passés pour mettre en lumière l'originalité et la richesse de nos devanciers. Pour finir, nous jetterons un coup d'œil sur l'essor actuel de la métalexicographie.

### 2. Les sources d'une histoire de la métalexicographie

Où trouver, avant le 20ème siècle, des textes métalexicographiques? Cinq types de sources sont à distinguer. La monographie théorique, tant sous forme de publication séparée que sous forme d'article de revue, est rare avant notre siècle. Tout au plus trouve-t-on des bibliographies et des ébauches de l'histoire des dictionnaires. Il existe, en revanche, trois types de textes d'une grande importance pour l'histoire de la réflexion metalexicographique: les préfaces des dictionnaires, leurs comptes rendus et les articles **dictionnaire** des encyclopédies. On peut y ajouter l'information réunie dans certains grands manuels des disciplines philologiques.

#### 2.1. Les préfaces

Si les préfaces des grands dictionnaires monolingues sont généralement reconnues comme des textes classiques de l'histoire culturelle (cf. Viscardi 1959), leur contenu métalexicographique reste souvent à découvrir et à décrire de façon systématique. Un exemple: la préface, par Pierre Bayle, du dictionnaire posthume de Furetière (Bayle 1690) où l'auteur brosse, entre autres, un vaste programme de dictionnaires diachroniques et dialectaux, partiellement réalisé au siècle suivant par l'Académie des Inscriptions et Belles Lettres, alors que l'Académie française se consacrait exclusivement au vocabulaire actuel et central.

Il serait, par conséquent, souhaitable que les nations s'appliquent à rééditer les préfaces importantes de leur histoire lexicographique, accompagnées de quelques pages spécimen de chaque dictionnaire. Les dictionnaires eux-mêmes ayant la plupart du temps perdu tout intérêt pour le non-spécialiste, les préfaces restent des monuments culturels à préserver (cf. par exemple Sahlstedt 1773 ou Barré 1842).

Or, ce programme de sauvetage est particulièrement urgent pour les préfaces des innombrables dictionnaires bilingues. En effet, leurs supports étant, à tort, dénués de prestige culturel, ils restent dans l'ombre, alors qu'ils possèdent souvent une grande richesse d'information tant sur le plan métalexicographique que culturel général (cf. Hausmann 1987 pour Pierre Danet). C'est ainsi qu'aux alentours de 1700, un des plus grands lexicographes de tous les temps, Matthias Kramer, a déposé dans ses nombreuses préfaces une des théories lexicographiques les plus développées et qui mériterait d'être réévaluée à partir de notre savoir théorique actuel (Bray 1988). Comme pour bien d'autres auteurs (cf. Hausmann 1988), on s'apercevrait, si on s'y appliquait, que les découvertes des théoriciens du 20e siècle sont tout au plus des redécouvertes d'un savoir largement répandu au 18e.

### 2.2. Les comptes rendus critiques des dictionnaires

La critique d'un dictionnaire existant a toujours été une excellente occasion de développer avec quelque méthode des idées métalexicographiques. Parmi les plus grands de ces textes on citera les célèbres *Factums* dans lesquels Furetière a laissé libre cours à sa verve polémique à l'égard de l'Académie française dont il compare, sur des dizaines de pages, le dictionnaire — non encore paru! — à celui de Richelet et au sien (Furetière 1690 et 1858). On citera Passow 1812 pour la façon de faire les dictionnaires du grec ancien, texte rédigé comme compte rendu d'un dictionnaire grec-allemand. On pourra aussi lire les admirables pages que Gaston Paris (1890, 1901) a consacrées au *Dictionnaire Général* (DG). (Pour Beni 1612, cf. infra).

### 2.3. Articles métalexicographiques dans les encyclopédies ou dictionnaires encyclopédiques

La richesse métalexicographique des dictionnaires encyclopédiques et des encyclopédies reste à découvrir. Furetière 1690 est l'un des premiers à avoir inséré à l'article **dictionnaire** une notice encyclopédique où il cite entre autres le *Dictionnaire Karaïbe—François* du Père Raymond Breton. Et on lit avec intérêt dans le Zedler 1731—1768 les articles **Philosophisches Lexicon, Teutsche Lexica oder Wörter-Bücher** et **Wörterbuch**. Le sommet, tant pour la qualité que pour la renommée, est atteint au 18e siècle avec l'*Encyclopédie* et au 19e siècle avec l'*Encyclopaedia Britannica* (cf. infra).

### 2.4. Les monographies

Il n'est pas facile de découvrir entre le 16e et le 19e siècle des publications consacrées au dictionnaire qui ne rentrent pas dans les catégories évoquées ci-dessus. Ce que l'on distingue le plus clairement, ce sont les bibliographies, telle celle, très riche et commentée, de Nolten 1758 consacrée aux dictionnaires latins ou celle de Durey 1758, non commentée. (Des références bibliographiques se trouvent également en grand nombre dans le dernier volume du dictionnaire de Bluteau 1728). Une seconde catégorie de textes examine l'histoire des dictionnaires. Un des plus anciens textes est la *Dissertatio de lexicis latinis et graecis* (Borch 1660) qui débouche sur une critique des dictionnaires existants et qui était fort connu jusqu'au 19e siècle, puisque le nom de Borrichius se retrouve cité par Bayle 1690 et par Barré 1842. En revanche, l'histoire de la lexicographie des langues modernes ne connaît guère de travaux systématiques (séparés) avant la seconde moitié du 19e siècle. Le premier article de valeur publié dans une revue française est celui de Pellissier 1836. Or, cet article paraît en même temps dans une encyclopédie.

## 3. Quelques grands textes de l'histoire de la métalexicographie

### 3.1. La lexicographie monolingue

#### 3.1.1. Beni 1612

En 1982 a été publié un manuscrit hautement intéressant pour l'histoire de la métalexicographie. Il s'agit des 2e, 3e et 4e parties de l'*Anti-Crusca* de Paolo Beni parue au début du 17e siècle. En effet, en 1612, paraît l'un des plus célèbres dictionnaires de tous les temps, le *Vocabolario degli Accademici della Crusca* (Crusca). Or, Paolo Beni qui n'était pas d'accord avec la Crusca écrit aussitôt l'*Anti-Crusca,* c'est-à-dire un compte rendu de 400 pages qui ne concerne pas seulement le dictionnaire de la Crusca mais encore trois prédécesseurs de celui-ci, le *Memoriale della lingua* de G. Pergamini de 1602 (qui peut d'ailleurs passer pour le premier dictionnaire général alphabétique monolingue d'une langue moderne), la *Fabrica del mondo* de F. Alunno et *Le Ricchezze della lingua volgare* du même Alunno. Seule, la partie concernant *Le Ric-*

*chezze* a paru, les trois autres parties restant manuscrites jusqu'à ce que Gino Casagrande les découvre aux USA à la Cornell University. Or, à la fin de son texte, Beni a exposé sur une trentaine de pages ce qu'il appelle les «Conditioni del perfetto vocabolario», les «Conditions du parfait vocabulaire», que l'on peut considérer comme le premier grand texte de théorie lexicographique. C'est en 1612 et dans un manuscrit resté inconnu pendant 370 ans que l'on peut situer les débuts de la métalexicographie.

Beni propose 10 règles lexicographiques:

a) En matière d'orthographe et de prononciation, il réclame l'accentuation et la répartition en syllabes. Le premier à le suivre sera pour l'anglais, dans son dictionnaire anglais-français de 1700, Abel Boyer, huguenot français exilé en Angleterre.

b) Beni réclame une étymologie scientifique, parce qu'il considère l'information étymologique comme importante pour la définition du mot. C'est une vue des choses qui concorde avec celle de Nicot (à la même époque) et qui, transmise par les Ménage, Danet et des Pures au 17ᵉ siècle, se retrouve chez Condillac pour se transformer en courant dominant au 19ᵉ siècle, le grand siècle de la diachronie.

c) En troisième lieu, Beni réclame la description complète, grammaticale et morphologique, concernant l'indication de la partie du discours, du genre, du nombre, des finales, des variantes morphologiques, etc.

d) Beni attache une importance particulière aux synonymes et aux périphrases équivalentes. La synonymie lui semble contribuer à l'amélioration à la fois du décodage et de l'encodage. Il recommande la pratique des dictionnaires grecs et latins, en quoi il vise les *gradus ad Parnassum* (cf. art. 95) de son époque qui, outre les collocations, comportent une partie paradigmatique importante. Or, nous savons que l'intégration d'une composante synonymique dans les dictionnaires généraux ne date, en France, que de la fin du 18ᵉ, début du 19ᵉ siècle et reste, quant à la synonymie distinctive, le propre des dictionnaires américains. En Allemagne elle est toujours inexistante.

e) La cinquième règle porte sur l'ordre des exemples dans l'article, les exemples étant, souvent, des citations. De fait, il s'agit de la structuration de la microstructure. Beni propose une progression du sens propre aux sens figurés, ce qui ne nous étonne pas, mais, chose curieuse, il voudrait aussi que les exemples soient regroupés par nombre (singulier-pluriel), modes et temps, ceci bien entendu pour les verbes. En ce qui concerne la filiation des sens, nous savons qu'elle a été réclamée par Condillac et réalisée de façon magistrale dans le DG.

f) Beni consacre la sixième règle aux locutions idiomatiques, pour lesquelles il réclame un traitement intégral. Lorsqu'on examine les dictionnaires actuels, on ne peut que lui donner raison et déplorer les carences qui continuent d'exister dans ce domaine. Les locutions idiomatiques qui, du fait de leur statut d'unités lexicales de plus d'un mot, ne bénéficient pas d'un adressage maximal — elles n'accèdent pas à la macrostructure — sont toujours les laissés pour compte de la lexicographie. Prenons comme exemple la locution *la belle affaire!* dans le *Petit Robert* (PR), qui doit se contenter d'un adressage minimal, à savoir de la simple mention au beau milieu de l'article **affaire** sans définition ni exemple.

g) La septième règle est encore plus moderne, puisqu'elle insiste sur la description des constructions verbales. Cette description est à l'ordre du jour dans les meilleurs dictionnaires actuels.

h) La huitième règle, par contre, est désuète. Beni réclame la mention des équivalents latin et grec, pratique observée, comme nous savons, jusqu'au 18ᵉ siècle. En revanche il ne préconise pas la mention des antonymes (qui auraient mérité la même attention que les synonymes) et il rejette comme une divagation *(un vagare)* la mention des épithètes et des adjoints, c'est-à-dire des collocations. Il trouve que les *épiteti e aggiunti* sont à leur place dans les manuels rhétoriques, autrement dit dans des dictionnaires spécialisés.

i) La neuvième règle concerne les archaïsmes et touche directement les problèmes de son temps. Beni, dans cette autre querelle des anciens et des modernes, est résolument moderne et reproche à l'Académie de la Crusca d'avoir admis beaucoup trop de mots «rances» et ceci sans le marquage nécessaire. Lui, qui a le sens de la synchronie, n'accepte ni Dante ni Pétrarque ni Boccace comme autorités pour la langue du XVIᵉ siècle.

j) Sur cette base moderniste, on n'est pas étonné de voir Beni formuler dans la dixième règle ses principes de sélection. Il anticipe en grande partie sur l'Académie française, puisqu'il rejette le vocabulaire périphérique pour réclamer l'exhaustivité quant au centre lexical, ce qui englobe pour lui le vocabulaire parlé, même si ce vocabulaire ne peut être attesté chez les bons auteurs. Dans ce cas-là, le lexicographe n'a pas besoin de citations, parce que dans une langue vivante l'usage parlé a valeur de citation: «nelle lingue que vivono il commune uso del parlare serve in luogo di esempio». C'est à partir du même principe que les premiers académiciens français ont pu dire que leur témoignage seul faisait autorité.

### 3.1.2. D'Alembert et Diderot (1754, 1755)

Au 18ᵉ siècle, les textes métalexicographiques les plus importants, outre la préface de Samuel Johnson à son dictionnaire de 1755, sont, à la même époque, les articles **dictionnaire** et **encyclopédie** dans la grande *Encyclopédie*, articles rédigés par les directeurs eux-mêmes, le premier l'étant par d'Alembert (1754), le second par Diderot (1755). Les deux auteurs, mais surtout d'Alembert, font un exposé systématique du savoir métalexicographique de leur temps.

D'Alembert, après avoir distingué le *dictionnaire de langue* (ou de mots), type qui est représenté par celui de l'Académie française, le *dictionnaire des sciences et des arts* (ou de choses) et le *dictionnaire historique* (ou de faits), qui équivaut à un dictionnaire de noms propres, se penche surtout sur le premier type.

En ce qui concerne la définition, les auteurs sont d'avis qu'on n'échappe à leur cercle vicieux qu'en renonçant à vouloir tout définir et en essayant de dégager les mots primitifs ou racines philosophiques de la langue, qui tel *être, idée, étendue* ne sauraient être définies. Désirant encyclopédiser le dictionnaire de l'Académie, Diderot insiste sur la nécessité de définir à l'aide des spécialistes. Les deux auteurs sont à nouveau d'accord sur le rôle prépondérant que doivent jouer les synonymes dans un dictionnaire de langue. La réflexion sur la distinction des synonymes mène Diderot à l'idée d'une analyse sémique complète des mots d'une langue comme base indispensable des définitions et conduit d'Alembert à proposer des tests de commutation dans différents contextes et collocations *(pleurs de joie, larmes de joie, larmes de sang, pleurs de rage, \*pleurs de sang, \*larmes de rage)*. Au nom de la fameuse liaison des idées chère à Condillac, Diderot réclame le regroupement des mots par familles. Les auteurs sont unanimes pour réclamer qu'une grammaire complète soit distribuée dans les différents articles du dictionnaire, exigence satisfaite dans les dictionnaires grammaticaux qu'on verra naître par la suite. En bons sensualistes que sont nos auteurs à la suite de John Locke, ils n'imaginent pas qu'on puisse renoncer au pouvoir explicatif des images («figures»). D'Alembert fait le tour des marques dia-systématiques, Diderot celui des différents types de renvois. D'Alembert se penche sur les indications phonétiques et étymologiques, ébauchant entre autres un système de transcription qu'il appelle «alphabet universel». En matière de dictionnaire bilingue, il s'intéresse davantage à celui des langues mortes, pour lequel il formule des principes qui influenceront, à travers Passow 1812, à la fois Jacob Grimm et les maîtres d'œuvre du *Oxford English Dictionary* (Aarsleff 1962). L'utilité du dictionnaire de thème laisse d'Alembert sceptique, alors que dans le dictionnaire de version il trouve important de ne pas multiplier les équivalents. Comme disait Dumarsais, *aqua* ne signifie pas «le feu» (Albrecht 1981); le dictionnaire bilingue (de version) ne saurait épuiser les équivalences contextuelles et doit s'en remettre à la compétence linguistique du traducteur.

Depuis que nous savons que l'*Encyclopédie,* si l'on y ajoute les nombreuses éditions pirates, a été divulguée à *25 000* exemplaires (Möhren 1987), nous pouvons considérer comme acquis qu'entre 1754 et le premier tiers du 19ᵉ siècle aucun lexicographe et métalexicographe de valeur n'ignorait ce texte et que ce texte a été pour beaucoup dans la conception tout aussi bien du Grimm que du *Oxford English Dictionary* (OED).

### 3.1.3. L'Encyclopaedia Britannica (1877, 1910)

En revanche, on n'a pas assez dit la valeur de l'article **dictionary** dans l'*Encyclopaedia Britannica*, notamment de celui de Ponsonby A. Lyons, rédigé en 1864 et publié en 1877.

Pour commencer, cet article fournit une bibliographie, partiellement commentée, de tous les dictionnaires du monde. On y trouve par ordre des langues environ 5000 entrées. Voilà le 19ᵉ siècle inégalé et inégalable dans le recensement positiviste des faits et des noms. On cherchera en vain une bibliographie de ce genre dans les éditions actuelles de la *Britannica*.

Mais l'article de Lyons n'est pas seulement remarquable pour sa richesse bibliographique, Lyons a des idées arrêtées sur de nombreux problèmes lexicographiques. Il sait que l'utilisateur moyen ouvre le dictionnaire pour la périphérie du lexique et non pour le centre. Il voudrait par conséquent qu'on mette l'accent sur les mots difficiles. Il plaide pour l'inclusion des noms propres. Il est contre les annexes «usually overlooked by searchers». Il voudrait que les rapports morpho-sémantiques entre les mots soient recensés, mais à l'aide de renvois et non de regroupements. Lyons a la vision d'un dictionnaire intégré, sémasiologique et onomasiologique, vision qui lui est inspirée par les dictionnaires de Roget et de Boissière (cf. art. 105, 106) et qui sera réalisée un siècle plus tard par Paul Robert. Lyons, qui est décidément du côté de l'utilisateur, recommande de ne pas ménager les remarques, les *usage notes,* qui permettent de tenir à l'utilisateur un discours lisible et de transformer le consultant en lecteur. La façon dont Lyons décrit la microstructure ressemble fort à celle de d'Alembert. Il insiste sur les exemples et les citations, parmi lesquelles il préfère celles qui contiennent des étymologies, des définitions, des synonymes, des antonymes, ou qui sont explicites sur la marque diasystématique des mots. Lyons connaît 30 dénominations du dictionnaire, 24 types de dictionnaires spécialisés et il donne une classification des dictionnaires multilingues. Il considère que 2 livres sur cent sont des dictionnaires.

On lit avec le même intérêt l'article correspondant de la 11e édition, paru en 1910 et qui fait l'éloge du dictionnaire encyclopédique dont il cite, comme réalisations exemplaires, outre Bescherelle, le *Grand Dictionnaire universel* de Larousse (1866—76) le *Nouveau Larousse illustré* (NLI) et, en langue anglaise, le *Century Dictionary* fait sous la direction du grand linguiste W. D. Whitney (1889—91).

### 3.2. La lexicographie bilingue

Après avoir cité trois textes qui concernent surtout le dictionnaire monolingue, il est important de montrer que la théorie du dictionnaire bilingue ne date pas non plus du 20e siècle. Précisons d'abord que les préfaces des dictionnaires font état, dès le 17e siècle, d'une distinction fonctionnelle et directionnelle des dictionnaires. Les notions, à défaut des termes, de *dictionnaire de version* et de *dictionnaire de thème* sont présentes. Il suffit de renvoyer, pour preuve, au dictionnaire italien-allemand publié en 1764 à Nuremberg (Romani 1764) dont le préfacier explique fort bien que son dictionnaire est fait pour les Allemands et que, par conséquent, il a observé dans la partie italien-allemand le principe de la non-transparence (traduire tout le non-transparent et rien que le non-transparent) et dans la partie allemand-italien le principe de sélectivité (les mots périphériques n'étant pas consultés dans un dictionnaire de thème). Et il explique aussi pourquoi la partie allemand-italien n'est utile qu'aux Allemands très avancés dans la connaissance de l'italien de sorte que même le plus grand dictionnaire du monde ne saurait éviter les fautes de composition ou de traduction dans la langue étrangère.

Que l'équivalence lexicale entre deux langues soit infinie, infinie dans les textes et par conséquent infinie dans les dictionnaires bilingues, est une loi qu'aucun lexicographe bilingue ignore. Le lexicographe sait fort bien que le dictionnaire bilingue est incapable de fournir la majorité des équivalents textuels et qu'il doit se contenter de donner des équivalents prototypiques, à partir desquels l'utilisateur du dictionnaire peut trouver dans sa mémoire et dans sa compétence l'équivalent textuel. Mais rares sont les dictionnaires dans lesquels cette loi est clairement formulée, la maison d'édition préférant normalement ne pas déchirer le voile d'illusions qu'il soupçonne à juste titre chez l'acheteur potentiel. Voilà pourquoi, de loin en loin, on voit un lexicographe lancer un cri du cœur tel que celui de Arnold Schröer en 1909 qui réagit contre le gigantisme du 19e siècle et contre le manque de critères qu'il constate dans la critique des dictionnaires. Schröer exprime aussi très nettement l'idée d'une fonction d'apprentissage de $L_2$ que doit remplir le dictionnaire $L_2-L_1$, fonction dont il s'agit effectivement de tenir compte en dehors des fonctions de base que sont la compréhension de $L_2$ et la traduction $L_2-L_1$ (cf. art. 285 et 286).

Quatre ans après l'angliciste Schröer, c'est le romaniste Eugen Herzog qui plaide en faveur du dictionnaire monodirectionnel, puisque, comme il dit, il faut renoncer à l'idée qu'un dictionnaire bilingue puisse satisfaire les utilisateurs des deux nations impliquées. Ses arguments ressemblent (nécessairement) à ceux de Romani en 1764. Il ajoute pour le dictionnaire de thème la loi de la non-prédictibilité. Le dictionnaire de thème doit traduire tout ce qui n'est pas prédictible à partir de la langue maternelle.

### 3.3. La métalexicographie «préfacière»

Les préfaces dont l'importance pour une histoire de la métalexicographie a été évoquée (cf. supra 2.1.), abordent les sujets les plus variés.

a) Parmi les sujets non strictement métalexicographiques, l'histoire de la langue occupe la première place. C'est ainsi que Jacob Baden, dans un texte intitulé «De l'importance de la langue et de la littérature allemande pour le danois» (in: Amberg 1787), retrace l'évolution externe des langues allemande et danoise, décrit leur interaction et propose une culture commune.

Mais les auteurs abordent aussi des questions de linguistique, notamment, dans les dictionnaires bilingues, de linguistique contrastive. Danet 1683 défend l'ordre des mots en latin contre le prétendu «ordre naturel» du français. Antonini 1735 défend la langue italienne contre la dérision dont l'accable le père D. Bouhours. Memmert/Meynier 1802 formulent quatre règles contrastives pour qui veut traduire de l'allemand en français.

b) La théorie de la lexicographie est un des sujets privilégiés des préfaces. Citons comme exemple un texte peu connu, le «Discours préliminaire» de Gattel 1790, qui épouse étroitement le plan de d'Alembert 1754 pour l'appliquer à un dictionnaire bilingue.

c) L'historique des prédécesseurs occupe souvent une partie des préfaces. C'est le cas de Rädlein 1711 ou de Valentini 1831—36.

d) La critique du dictionnaire rival atteint les limites du genre dans Poitevin 1856, qui se livre à un examen minutieux des sources de Bescherelle.

e) Les problèmes techniques du dictionnairiste sont parfois évoqués à la joie de l'historien de la métalexicographie. C'est ainsi que Memmert/Meynier 1802, sous la contrainte éditoriale de ne pas dépasser un certain nombre de pages, se voient amenés en cours de route à rectifier le tir et à gagner de la place par le regroupement (sous forme de nidification) des mots composés. Meynier s'en explique dans la préface.

f) D'une façon générale les préfaces laissent assez souvent transparaître le rôle important de l'éditeur. Les deux préfaces de Memmert/Meynier 1800/1802 nous montrent un éditeur, Johann Jacob Palm, qui est responsable non seulement de l'initiative, mais encore de la conception du dictionnaire, une conception qu'il impose aux lexicographes qui la trouvent erronée. Palm réclame et obtient un dictionnaire manuel (par conséquent bon marché) qui, à l'intention à la fois des écoliers et des couches artisanales et bourgeoises, soit riche en mots techniques et qui, en tant que dictionnaire bilingue, soit utile à la fois aux Allemands et aux Français. L'exemple suggère la nécessité, à l'intérieur d'une histoire de la lexicographie, d'une histoire des maisons d'édition lexicographiques dont les mérites et les erreurs ont pesé lourd sur l'évolution des dictionnaires. Le conflit, plutôt fréquent, entre éditeur et lexicographe est amplement documenté par Penzenkuffer 1825.

g) Il n'est pas jusqu'aux problèmes de l'usage du dictionnaire qui ne soient évoqués dans les préfaces. Bien entendu, de nombreux dictionnaires contiennent des passages consacrés à la question de savoir «comment utiliser le dictionnaire» (cf. art. 66, le genre culmine dans Thorndike 1945, 13—86). Mais il y a aussi le cas du lexicographe qui justifie sa pratique par l'avantage qu'en tire l'utilisateur. Tel est le cas de Mez 1670 qui alphabétise toutes les variantes orthographiques des mots espagnols et qui, chaque fois et en dépit de la perte de place, répète le traitement complet, ceci dans le seul but d'éviter les renvois dont il sait combien ils sont fâcheux pour l'utilisateur (cf. Hausmann 1984).

h) En dernier lieu, les préfaces font état d'une mentalité dictionnairique, le lexicographe se situant par rapport à son travail. Si beaucoup de lexicographes reprennent le *topos* de la corvée, sinon de l'esclavage, certains n'hésitant pas à parler de dégoût (cf. Reiffenstein 1985, 38 qui rapporte les paroles de Schmeller, auteur d'un grand dictionnaire dialectal), d'autres témoignent d'un réel plaisir éprouvé au cours de la besogne lexicographique. Tel est le cas de Pierre Danet qui confesse à ce sujet (Danet 1691, Préface):

> En effet si c'est un Ouvrage pénible & rebutant [scil. le dictionnaire], l'esprit ne laisse pas d'y trouver son plaisir & mesme sa nourriture. C'est un amas de fleurs que l'on va chercher dans les plus beaux pays du monde, & il n'est pas possible, qu'en les ramassant, quoique toûjours avec peine & parmi des épines, on ne joüisse pourtant de la veuë des lieux agréables où on les cueille, ce qui délasse l'esprit & paye avec usure le travail qu'on a pris à faire ce ramas.

## 4. L'essor actuel de la discipline métalexicographique

Si la première moitié du 20e siècle a connu un certain nombre de travaux importants sur l'histoire des dictionnaires (Brunot 1905 ss., Cohn 1900, Heerdegen 1900, les recherches de l'école de D. T. Starnes aux Etats-Unis), elle n'a laissé que peu de réflexions théoriques. Jusqu'en 1966, Casares 1950 et Migliorini 1946 étaient restés les seuls textes introductifs dans le monde occidental. Or, cette situation change brusquement aux alentours de 1970, surtout en France, où entre 1967 et 1971 paraissent cinq livres importants (Wagner 1967, Quemada 1967, Matoré 1968, Dubois/Dubois 1971, Rey-Debove 1971), ainsi que des recueils et la longue préface de Paul Imbs au premier tome du *Trésor de la langue française* (Imbs 1971). Mais le tournant est également marqué par la parution, en langue anglaise, du *Manual of Lexicography* (Zgusta 1971) ou, en Allemagne, par la grande thèse métalexicographique de Henne 1972. Depuis, un essor mondial de la métalexicographie n'a cessé d'être sensible dans de nombreux pays, menant entre autres à la fondation de deux sociétés lexicographiques, la Dictionary Society of North America (DSNA), fondée en 1975, mais dont le nom actuel date de 1977, et l'Association européenne de lexicographie (EURALEX) fondée en 1983. Témoins de cet essor, une demi-douzaine de revues se consacrent totalement ou partiellement à la lexicographie. Il s'agit (dans l'ordre chronologique de leur naissance) de *Cahiers de lexicologie. Revue internationale de lexicologie et de lexicographie* (1959 ss.), *Dictionaries. Journal of the Dictionary Society of North America* (1979 ss.), *Studi di lessicografia italiana* (1979 ss.), *Lexique* (1982 ss.), *Lexicographica. International Annual for Lexicography. Revue internationale de lexicographie. Internationales Jahrbuch für Lexikographie* (1985 ss.) et *International Journal of Lexicography* (1988 ss.). De même que le nombre des articles, celui des ouvrages croît de façon vertigineuse, entre autres dans la collection *Lexicographica Series Maior. Suppléments à la Revue internationale de lexicographie* (1984 ss.), de sorte qu'une bibliographie exhaustive des ouvrages métalexicographiques publiés jusqu'à ce jour comprendrait autour de 300 titres.

Il est trop tôt pour s'essayer à une explication fondée de cet essor. On peut néanmoins penser que trois facteurs y ont largement contribué, l'explosion du marché lexicographique, l'explosion de la recherche linguistique et l'apparition de l'ordinateur.

## 5. Bibliographie choisie

### 5.1. Dictionnaires

*Alunno 1543* = Francesco Alunno: Le Ricchezze della lingua volgare. Vinegia 1543.

*Alunno 1548* = Francesco Alunno: La Fabrica del mondo. Vinegia 1548.

*Amberg 1787* = Hans Christian Amberg: Vollständiges deutsches und dänisches Wörterbuch. A—L. Copenhague 1787 [1536 p.].

*Antonini 1735* = Annibal Antonini: Compendio del Vocabolario della Crusca, colla spiegazione latina, e francese. Paris 1735 [698 p.].

*Bescherelle* = Louis-Nicolas Bescherelle: Dictionnaire national. Paris 1843 [3016 p.].

*Boyer 1700* = Abel Boyer: The Royal Dictionary Abridged. English-French. London 1700.

*Crusca* = Vocabolario degli Accademici della Crusca. Venise 1612.

*Danet 1683* = Pierre Danet: Nouveau Dictionnaire françois et latin. Paris 1683 [867 p.].

*Danet 1691* = Pierre Danet: Magnum Dictionarium latino-gallicum. Paris 1691 [1333 p.].

*DG* = Adolphe Hatzfeld/Arsène Darmesteter: Dictionnaire Général de la langue française. 2 vol. Paris 1889—1900 [2272 p.].

*Furetière 1690* = Antoine Furetière: Dictionnaire universel. 3 vol. Rotterdam 1690 [s. p.].

*Kramer 1712* = Matthias Kramer: Das recht vollkommen-königliche Dictionarium Radicale, Etymologicum, Synonymicum, Phraseologicum, et Syntacticum, Frantzösisch-Teutsch. 4 vol. Nürnberg 1712 [2102 p.].

*Larousse 1866—76* = Pierre Larousse: Grand dictionnaire universel du XIX$^e$ siècle. 15 vol. Paris 1866—1876 [24 000 p.].

*Memmert/Meynier 1800/1802* = Johann Friedrich Memmert/Johann Heinrich Meynier: Französisch-deutsches Handwörterbuch für die Schulen und den Bürgerstand. Deutsch-französisches Handwörterbuch für die Schulen und den Bürgerstand. 2 vol. Erlangen 1800, 1802 [1300, 1578 p.].

*Mez 1670* = Nicolàs Mez de Braidenbach: Diccionario muy copioso de la lengua española y alemana. Vienne 1670 [339 p.].

*NLI* = Nouveau Larousse illustré. 7 vol. Paris 1897—1904 [7115 p.].

*OED* = Oxford English Dictionary. London 1884—1928 [16 000 p.].

*Pergamini 1602* = G. Pergamini: Il Memoriale della lingua. Venise 1602.

*PR* = Petit Robert 1. Dictionnaire alphabétique et analogique de la langue française. Paris 1977 [2172 p].

*Rädlein 1711* = Johannes Rädlein: Trésor des langues européen. It.-Allmd.-Frçs., Frçs.-Allmd.-It., Allmd.-It.-Frçs. 3 vol. Leipzig 1711 [1094, 869, 1127 p.].

*Robert* = Paul Robert: Dictionnaire alphabétique et analogique de la langue française. Les mots et les associations d'idées. 6 vol. Paris 1953—1964 [5548 p.].

*Romani 1764* = Clemente Romani: Vollständiges

Italienisch-Deutsches und Deutsch-Italienisches Wörterbuch. Ed. Wolfgang Jäger. Nuremberg 1764 [616, 261 p.].

*Schmeller* = Johann Andreas Schmeller: Bayerisches Wörterbuch. Stuttgart. Tübingen 1827—1837.

*Thorndike 1945* = E. L. Thorndike: Thorndike Century Beginning Dictionary. Chicago 1945 [645 p.].

*Valentini 1831—36* = Franz Valentini: Gran dizionario grammatico-pratico italiano-tedesco, tedesco-italiano. 4 vol. Leipzig 1831—1836 [1392, 1414, 74 p.].

*Whitney 1889—91* = William Dwight Whitney (ed.): The Century Dictionary. An Encyclopedic Lexicon of the English Language. 6 vol. 1889—1891 [7046 p.].

*Zedler 1731—1768* = Zedlers Universallexikon. 68 vol. Leipzig 1731—1768.

5.2. Travaux

*Aarsleff 1962* = Hans Aarsleff: The Early History of the Oxford English Dictionary. In: Bulletin of the New York Public Library 66. 1962, 417—439.

*Albrecht 1981* = Jörn Albrecht: «Les dictionnaires nous diront que *aqua* signifie *le feu*». Du Marsais zum Problem der kontrastiven Metaphorik und Idiomatik. In: Logos Semantikos: Studia linguistica in honorem Eugenio Coseriu 1921—1981. Vol. 1. Histoire de la philosophie du langage et de la linguistique, éd. J. Trabant. Berlin. New York. Madrid 1981, 215—228.

*Alembert 1754* = Jean Le Rond d'Alembert: Dictionnaire. In: Encyclopédie, ou Dictionnaire raisonné des sciences, des arts et des métiers. Tome IV. Paris 1754, 958—969.

*Barré 1842* = Louis Barré: Préface. In: Complément du Dictionnaire de l'Académie française. Paris 1842, I—XXXI.

*Bayle 1690* = Pierre Bayle: Préface. In: Antoine Furetière, Dictionnaire universel. La Haye 1690.

*Beni 1612* = Paolo Beni: L'Anticrusca. 2 vol. Florence 1982, 1983.

*Bluteau 1728* = Rafael Bluteau: Vocabulario de vocabularios portuguezes, castelhanos, italianos, francezes, et Latinos com a noticia dos tempos, e lugares, em que foraõ impressos. In: Id., Vocabulario portuguez e latino. Supplemento II. Lisboa 1728, 535—548.

*Borrichius 1660* = Olaf Borch: Dissertatio de lexicis latinis et graecis. Hafniae 1660.

*Bray 1988* = Laurent Bray: La lexicographie bilingue italien-allemand et allemand-italien au dix-septième siècle. In: International Journal of Lexicography 1. 1988, 313—342.

*Britannica 1910* = [Anonyme]: Dictionary. In: Encyclopaedia Britannica. 11. éd. Tome VIII. New York 1910, 186—200.

*Brunot 1905* = Ferdinand Brunot: Histoire de la langue française. Paris 1905 ss.

*Casares 1950* = Julio Casares: Introducción a la lexicografía moderna. Madrid 1950.

*Cohn 1900* = Leopold Cohn: Griechische Lexikographie. In: Karl Brugmann: Griechische Grammatik. 4. éd. Munich 1913, 679—730.

*Diderot 1755* = Denis Diderot: Encyclopédie. In: Encyclopédie, ou Dictionnaire raisonné des sciences, des arts des métiers. Tome V. Paris 1755, 635—648 [In: Denis Diderot: Oeuvres complètes. Tome VII. Paris 1976, 174—262].

*Dubois/Dubois 1971* = Jean et Claude Dubois: Introduction à la lexicographie: le dictionnaire. Paris 1971.

*Durey 1758* = Jean Baptiste Durey de Noinville: Table alphabétique des dictionnaires. Paris 1758.

*Furetière 1858* = Antoine Furetière: Recueils des Factums. Ed. Charles Asselineau. 2 vol. Paris 1858, 1859.

*Gattel 1790* = Claude M. Gattel: Discours préliminaire. In: Id., Nouveau dictionnaire espagnol et français, français et espagnol avec l'interprétation latine de chaque mot. Tome 1. Lyon 1790, XVI—LXXII.

*Hausmann 1984* = Franz Josef Hausmann: Diderot lexicographe. In: Titus Heydenreich et al. (éds.), Denis Diderot 1713—1784. Zeit — Werk — Wirkung. Erlangen 1984, 53—61.

*Hausmann 1984a* = Franz Josef Hausmann: Der Diccionario muy copioso des Nicolàs Mez (1670). Ein frühes spanisch-deutsches Wörterbuch. In: Navicula Tubingensis. Studia in honorem Antonii Tovar. Festschrift zum 70. Geburtstag von Antonio Tovar, ed. F. J. Oroz Arizcuren. Tübingen 1984, 167—171.

*Hausmann 1987* = Franz Josef Hausmann: Sprachwissenschaft im Wörterbuchvorwort. Das französisch-lateinische Wörterbuch des Pierre Danet (1673—1691). In: Die Frühgeschichte der romanischen Philologie: von Dante bis Diez. Beiträge zum deutschen Romanistentag in Siegen, 30. 9.—3. 10. 1985. Tübingen 1987, 123—133.

*Hausmann 1987a* = Franz Josef Hausmann et al.: Jacob Badens Vorwort zum Vollständigen deutschen und dänischen Wörterbuch von 1787. In: Festschrift für Karl Hyldgaard-Jensen. Zum 70. Geburtstag am 3. 2. 1987 (Kopenhagener Beiträge zur Germanistischen Linguistik. Sonderband 3). Kopenhagen 1987, 79—93.

*Hausmann 1988* = Franz Josef Hausmann: Les dictionnaires bilingues italien-allemand/allemand-italien au 18ᵉ siècle. In: ZüriLEX '86 Proceedings. Ed. M. Snell-Hornby. Tübingen 1988, 207—216.

*Henne 1972* = Helmut Henne: Semantik und Lexikographie. Untersuchungen zur lexikalischen Kodifikation der deutschen Sprache. Berlin 1972.

*Heerdegen 1900* = Friedrich Heerdegen: Lateinische Lexikographie. In: J. H. Schmalz/Fr. Stolz:

Lateinische Grammatik. 3. éd. Munich 1900, 497—525. /4. éd. 1910, 687—718; d'abord in: Karl Brugmann et al., Griechische und lateinische Sprachwissenschaft, Nördlingen 1885, 427—451.

*Herzog 1913* = Eugen Herzog: Französische Lexikographie. In: Kritischer Jahresbericht über die Fortschritte der romanischen Philologie éd. Karl Vollmöller. Tome XII. Erlangen 1913, I 184—I 189.

*Imbs 1971* = Paul Imbs: Préface. In: Trésor de la langue française. Dictionnaire de la langue du XIX$^e$ et du XX$^e$ siècle (1789—1960). Tome premier. Paris 1971, IX—XLVII.

*Lyons 1877* = Ponsonby A. Lyons: Dictionary. In: Encyclopaedia Britannica. 9. éd. Tome 7. Londres 1877, 179—193.

*Mahn 1817* = E. A. Ph. Mahn: Darstellung der Lexikographie nach allen ihren Seiten. Rudolstadt 1817.

*Matoré 1968* = Georges Matoré: Histoire des dictionnaires français. Paris 1968.

*Migliorini 1946* = Bruno Migliorini: Che cos'è un vocabolario? Rome 1946.

*Möhren 1987* = Frankwalt Möhren: Die materielle Bibliographie der *Encyclopédie:* Originale und Raubdrucke. In: Dietrich Hardt/M. Raether (éds.), Denis Diderot oder die Ambivalenz der Aufklärung. Würzburg 1987, 63—89

*Nolten 1768* = Johann Friedrich Nolte(n)(ius): Bibliothecae latinitatis restitutae. In: Id., Lexici latinae linguae antibarbari quadripartiti tomus posterior. Ed. Johann Andreas Nolte(n)(ius). Berlin 1780 [1. éd. 1768].

*Paris 1890* = Gaston Paris: Dictionnaire Général. Premier fascicule. In: Journal des savants 1890, 603—620; 665—684.

*Paris 1901* = Gaston Paris: Un nouveau dictionnaire de la langue française. In: Revue des deux mondes 1901, V, 241—269; 802—828.

*Passow 1812* = Franz Passow: Über Zweck, Anlage und Ergänzung griechischer Wörterbücher. Berlin 1812.

*Pelissier 1836* = H. J. F. E. Pelissier: Recherches sur les anciens lexiques suivies de considérations sur les principaux moyens d'améliorer les nouveaux dictionnaires. In: Bulletin du bibliophile. Mars 1836, 119—138, 167—181 [= Dictionnaire. In: Dictionnaire de la conversation et de la lecture, éd. William Duckett. Tome 20. Paris 1836, 468—485. 2. éd. élargie. Tome 7. Paris 1873, 557—560].

*Penzenkuffer 1825* = Christian Wilhelm Friedrich Penzenkuffer: Geschichte meiner jüngsten schriftstellerischen Vertragsverhältnisse. Nürnberg 1825.

*Poitevin 1856* = P. Poitevin: Examen critique du Dictionnaire national de M. Bescherelle aîné. In: Id., Nouveau dictionnaire universel de la langue française. Tome premier. Paris 1856, 1—16.

*Quemada 1967* = Bernard Quemada: Les dictionnaires du français moderne 1539—1863. Etude sur leur histoire, leurs types et leurs méthodes. Paris 1967.

*Reiffenstein 1985* = Ingo Reiffenstein: Zur Geschichte, Anlage und Bedeutung des Bayerischen Wörterbuchs. In: Zeitschrift für bayerische Landesgeschichte 48. 1985, 17—39.

*Rey-Debove 1971* = Josette Rey-Debove: Etude linguistique et sémantique des dictionnaires français contemporains. La Haye 1971 (Approaches to semiotics 13).

*Sahlstedt 1773* = Abraham Sahlstedt: Til Läsaren/Ad Lectorem. In: Id., Swensk Ordbok med Latinsk Uttolkning/Dictionarium svecicum cum interpretatione Latina. Stockholm 1773, 1—15.

*Schröer 1909* = Arnold Schröer: Englische Lexikographie. In: Germanisch-Romanische Monatsschrift 1. 1909, 550—567.

*Starnes 1954* = Dewitt T. Starnes: Renaissance Dictionaries English Latin and Latin-English. Austin 1954.

*Starnes/Noyes 1946* = Dewitt T. Starnes/Gertrude Noyes: The English Dictionary from Cawdrey to Johnson 1604—1755. Chapel Hill 1946.

*Viscardi 1959* = A. Viscardi et al.: Le prefazioni ai primi grandi vocabolari delle lingue europee. Milan 1959.

*Wagner 1967* = Robert-Léon Wagner: Les vocabulaires français I. Définitions. Les dictionnaires. Paris 1967.

*Wiegand 1984* = Herbert Ernst Wiegand: Prinzipien und Methoden historischer Lexikographie. In: Sprachgeschichte. Ed. Werner Besch/Oskar Reichmann/Stefan Sonderegger. Erster Halbbd. Berlin. New York 1984 (Handbücher zur Sprach- und Kommunikationswissenschaft 2.1), 557—620.

*Worcester 1860* = Joseph E. Worcester: History of Lexicography. In: Id., A Dictionary of the English Language. Boston 1860.

*Zgusta 1971* = Ladislav Zgusta: Manual of Lexicography. La Haye 1971.

*Franz Josef Hausmann, Erlangen*
*(République Fédérale d'Allemagne)*

# 27. The History of Academic Dictionary Criticism With Reference to Major Dictionaries

1. Introduction
2. The Pre-Critical Period and Dr Johnson
3. Trench on Dictionary Deficiencies
4. The Critical Reception of the *Deutsches Wörterbuch*
5. The *Woordenboek der Nederlandsche Taal* and Problems of Long-Term Lexicographical Projects
6. The *Oxford English Dictionary* and the Historical Principle
7. Conclusion: Dictionary Criticism and Dictionary Research
8. Selected Bibliography

## 1. Introduction

It has for long been the fate of dictionary compilers to be criticized more extensively on matters which they would regard as being trivial than on the substance and method of their work (Murray 1977, 234—5). With certain noteworthy exceptions such as Johnson 1747, Trench 1857 and Littré 1897, until recently few systematic statements of lexicographical principles have been offered outside the prefaces of the dictionaries themselves. Criticism has thus been impoverished because the slow methodological evolution of the great historical dictionaries took place without real dialogue between the dictionary makers on the one hand and the philologists and linguists on the other (Quemada 1967, 16—17; Quemada 1972, 433). This lack of depth in critical appraisal is the more remarkable because the major works to be considered here — Johnson's *Dictionary of the English Language* (1755), the *Deutsches Wörterbuch* (1854—1960) of the Grimm brothers (= DWB), the *Woordenboek der Nederlandsche Taal* begun in 1864 and still unfinished (= WNT) and the *Oxford English Dictionary* published between 1884 and 1928 (= OED) — all bear indelible marks of the linguistic ideals of their time.

## 2. The Pre-Critical Period and Dr Johnson

Dictionaries did not escape comment even in the pre-critical age before Johnson. Charges of plagiarism and erroneous definition occur in the seventeenth century (Starnes/Noyes 1946, 51—3) and the supposed redundancies and deficiencies in the word-lists of rival dictionary makers became the staple of self-advertisement in eighteenth-century prefaces (Starnes/Noyes 1946, 71, 82, 100). Even Johnson, it has been said, received little intelligent criticism in the reviews and so must be counted "his own best critic" (Noyes 1954—55). The truth of the last remark is clear enough from a reading of the *Preface,* since Johnson there effectively forestalls most of the objections which could even conceivably be made to his performance. But the extensive collections of contemporary criticism in Rypins 1925, Noyes 1954—55 and Congleton/Congleton 1984 show how many of the now familiar themes of dictionary criticism had by then become established, even though this often happened in an incidental *ad hoc* manner. Johnson was berated for his circular definitions such as *long* 'not short', *short* 'not long' (Withers 1788), for defining common words by means of erudite ones — *twisted* 'contorted' (*Critical Review* 1783) — for the lack of order in his definitions (Webster 1807) and in particular for placing figurative meanings before literal (De Rivarol 1797), for indulging too much in learned 'dictionary' words such as *morigerous* and *tenebrosity* (*Gentleman's Magazine* 1788), for excluding (and also for including) archaic and dialectal words (Maxwell 1755, Croft 1788) as well as for his neglect of synonymy (Adam Smith 1755) and for his failures in etymology (Maxwell 1755, Adelung c. 1780, Webster 1807) which became best known to posterity from Macaulay's unkind comment that he was "a wretched etymologist".

In the matter of his use of quotations Johnson's critics were divided. There was praise, especially for the preference given by him to authors who (as Boswell put it) showed no tendency to hurt sound religion and morality (cf. De Maria 1986). But he was condemned by others for making use of "the least reputable of our modern authors" (*Gentleman's Magazine* 1788) and for making "injudicious choices" such as Sir Roger L'Estrange (Webster 1807). Johnson was acknowledged to be strong on the written, literary language, but weaker in his coverage of common usage, idioms, phraseology, etc. (Adelung c. 1780), and it was of course for the latter that he needed to turn especially to non-literary sources. He was thus both criticized for including words unsupported by quotations (Callender 1782), and blamed for an overkill of literary evidence on the commonest of words (six citations for *finger* "the flexible member of the hand by which men catch and hold"). The problem of covering everyday usage in large scholarly dictionaries had come to stay.

## 3. Trench on Dictionary Deficiencies

The older tradition of dictionary making was effectively demolished by Trench in his papers read to the Philological Society of London (Trench 1857), which constitute one of the most sustained pieces of dictionary criticism in the nineteenth century. Trench condemns wholeheartedly the prescriptive principle which he associates with the dictionary of the *Académie française,* and refers to the "constant confusion" which exists in men's minds about the real function of the dictionary. For Trench, a dictionary "according to that idea of it which seems to me to be alone capable of being logically maintained, is an inventory of the language", and the dictionary maker has no concern with the *delectus verborum:* he is the historian of a language, not a critic. The matter has seldom been expressed so forcibly or so clearly, and most of Trench's strictures on the dictionaries before his time proceed from this firm and committed view. He considers Webster to be "deprived of all value" because of its lack of illustrative quotations, and expresses his strongest disapproval of those who "make our Dictionaries the representation merely of what the language now is, and not also of what it has been." In Trench's view, as in that of many of his contemporaries, the study of language gave as ready an access to the cultural heritage of the past as did that of history, of laws, or of literature. His dismissal of merely synchronic dictionaries clearly reflects this belief, as do the high demands he placed on the historical dictionary as the treasure-house of the nation's linguistic past: it must contain not only all the words of the language ("good or bad"), but must give the first (as well as the last) recorded instances of a word's use — Johnson, he says, has never even tried to do this; it must present senses in strict chronological sequence (Johnson again falls short here) and must record faithfully the older forms and spellings of words (in this Richardson is found wanting) and give a full record of all the derivations which are, he says, far more numerous than existing dictionaries would lead us to believe. At the same time Trench criticizes earlier works for a superfluity of technical terms (though Richardson is praised for excluding them), and self-explanatory compounds (especially in Webster) and rejects utterly the "strange medley" of encyclopaedic matter which had crept into them — "they are gazetteers, mythologies, scientific encyclopaedias, and a hundred things more."

Trench's powerful criticism was to act as a catalyst for work on the OED, which has indeed remained largely true to the ideals implied in it; though it is striking to find modern critics still exercised by some of them — e. g. Burchfield 1973 on the matter of names, and Stein 1983 on that of prescriptive editorial comments.

## 4. The Critical Reception of the *Deutsches Wörterbuch*

Not surprisingly, the reception of the first parts of the great German historical dictionary by the Grimm brothers took up many of the same topics (the Grimms were honorary members of the Philological Society, and Trench himself praised the DWB for its treatment of synonymy; Aarsleff 1967, 257; Trench 1857, 47). Trench was proposing full coverage of the older stages of the language, but in 1852 Sanders was already taking Grimm to task for the over-representation of earlier periods to the neglect of the modern (for this and further references cf. Kirkness 1980). On the other hand he was rebuked by Wurm for the lack of legal, medical and other technical terms such as Trench had warned against. He was criticized also for having no rational plan for the selection of compounds, words and derivations. There was praise for the leaving out of *Fremdwörter,* but puzzlement over the seemingly arbitrary entries which had been made (why *Anekdotenjäger,* but not *Anekdote?*)

The fully documented objections of Grimm's reviewers also covered topics such as alphabetization, spelling, syntax and morphology (gender, pluralization, verb forms). The general tone of the criticism was hostile, and there were also charges of protestant bias both in the selection and definition of religious words, and the inevitable disputed etymologies. In the selection and use of illustrative quotations modern German authors were said to have been neglected (Jacob Grimm was later to accept this point) and quotations were said to be unevenly distributed and inadequately identified. One of the more substantial criticisms provided both by Sanders and Wurm has to do with inconsistencies in the techniques adopted for the explanation of words in the DWB. Some had been left wholly unexplained *(Abendspaziergang)*, sometimes a French synonym would be given (*Allheit* 'totalité') and often the compilers had resorted to Latin (*Achtpfünder* 'Tormentum octo librarum globos emittens'). Such a gratuitous use of bookish explanations leads Sanders to conclude that the dictionary is rendered unusable for the unlatined ("especially for women"): „Heiliger Gott", he exclaims „muß man denn wirklich, um Deutsch zu verstehen, nothwendig Lateinisch kennen?" The complaint is reminiscent of criticisms made of Johnson's contorted and polysyllabic definitions of words such as *network*. Johnson, admittedly, could do it all in the vernacular language, but the odium of *ignotum per ignotius* still clings to many of our dictionaries today.

It is of interest to record the spirited defence provided by the Grimms. Their argument that the use of Latin for the explanation of word-meanings gave the dictionary an air of permanency smacks rather of eighteenth than nineteenth-century beliefs. Their justification of Latin because it helped foreigners and would in any case be understood by two-thirds of the population is of course a historically conditioned one. They note its usefulness for dealing with obscenities (this was to last till the twentieth century), and strike a curiously modern note in saying that where illustrative quotations are provided a definition is not strictly necessary anyway.

Did all this remarkably detailed criticism achieve any results? It appears that the Grimms never came to an effective dialogue with their critics Sanders and Wurm (Kirkness 1980, 207), and that such improvements as were made in going along probably owed more to their increased lexicographical experience than to any process of feedback from their detractors.

## 5. The *Woordenboek der Nederlandsche Taal* and Problems of Long-Term Lexicographical Projects

Publication of the DWB took over a hundred years: it was completed only in 1960. The corresponding historical dictionary of the Dutch language (WNT) was begun in 1864 but is still not finished, though as things are going now it should be completed by the end of this century. Such protracted work on a single scholarly project imposes strains on those who carry it out: Quemada has argued that unity of conception and method can be maintained at the most for 25 or 30 years (Quemada 1972, 430). Whether we accept that figure or not, it is striking that in the case of the WNT much of the academic criticism has centred on the inconsistencies and blemishes which were the unhappy and almost inevitable outcome of delay in execution (cf. Van Sterkenburg 1984). Even in 1883 Van Vloten was saying that the dictionary could never be completed on the scale envisaged: at that time, after thirty years' endeavour, no single letter of the alphabet was finished though four letters had been started. Van Vloten's criticism was marred by being intemperate and personal, but it had an uneasy ring of prophecy about it: as recently as 1971 the editor Kruyskamp was himself pessimistic about the chances of completion. Cosijn, who had worked on the dictionary for some years, also found the plans of the editor Matthias de Vries too grandiose and idealistic, arguing in 1892 that not all words entered in the dictionary merited the extensive treatment they had been given — why supply the meaning of common ones anyway? There was also an unnecessary ballast of hypothetically existing words supported only by fictitious illustrations. The unfortunate decision to let the editor of each letter tackle it in his own way led to what De Tollenaere has since called a methodological shambles. Initially the editor De Vries had excerpted mainly nineteenth-century texts, taking even from major writers of the seventeenth and eighteenth century only what could still be counted as current in his own day. He eschewed technical terms and strictly excluded Gallicisms and Germanicisms. But his successors determined to upgrade the WNT to a historical inventory of the language, shunted the *terminus a quo* back to 1500, and adopted a more liberal admissions policy, with the result that in the later volumes the non-literary language and foreign loans became fully represented. In 1882 De Vries had announced that the collection of material for the whole alphabet was complete; but successive additions of newer material were made at later stages, and it was not until 1972 that the year 1921 was finally fixed as the definitive *terminus ad quem*. Van der Voorst/ van der Kleij could thus justifiably say in 1976 that it was simply impossible for the dictionary to be internally consistent in character or quality, since no permanent principle for collecting the material had ever existed. Van Sterkenburg characterizes the WNT as 'hybrid' and the major criticisms which have been made of it — many virtues though individual volumes may possess — have arisen not only from the lack of editorial control over a long period, but from the problem of combining the synchronic description of a major cultural language with a large-scale historical account of it: Van Sterkenburg points out that 'contemporary Dutch' meant the period from 1852—84 for Part I *(A—ajuin)*, but it meant 1957—71 for part XXI *(ves-vluwe)*, and argues that as a research tool the dictionary must remain flawed if for that reason alone.

## 6. The *Oxford English Dictionary* and the Historical Principle

Early reactions to the publication of the OED tended to be commendatory, descriptive and critical only of incidental details (Bivens 1980—81). The sheer scale of the work may have daunted reviewers. The OED is more inclusive, and covers a longer period of language history than Littré, Grimm or the WNT. But the policy of doing this seems to have been accepted without question, and once the work was under way there appear to have been few doubts as to the viability of the whole project such as arose with the WNT. Perhaps because of the proclaimed aim of comprehensiveness, critics tended to batten upon omissions which they had discovered; even as early as 1889 the American scholar Lounsbury was offering antedatings, thus giving rise to the enthusiastic if somewhat nit-picking scholarly industry which flourished (especially in the columns of *Notes & Queries)* until well into the second half of the twentieth century.

The inclusion of nonce-words caused a certain uneasiness from the start, and it is a category still being recognized as 'controversial' in Burchfield 1973. Much the same can be said of scientific and technical terms: Trench had cautioned against including too many of them, Grimm had been rebuked for neglecting them, the WNT had switched its policy on them, and we find that modern reviewers of the OED Supplement (Potter 1973, Samuels 1983) have severally rediscovered the same problem.

Some early references are to be found to the need for avoiding 'inferior' authors (echoing criticism of Johnson a century before). It is a complaint which goes with the rejection in the *Edinburgh Review* in 1859 of the descriptivist approach, and a call in the same journal thirty years later (as well as by Lounsbury in 1886) for more 'authoritative' quotations by which 'the best' usage might be established.

The superficiality of much of the early criticism contrasts sharply with the impressive reviews published by Henry Bradley in *The Academy* (Bradley 1884), which "marked him out as one of the few who were competent to appreciate the Dictionary at its proper value, or to offer helpful criticism" (OED, Vol. I, General Introduction, xvii). Bradley offered specific comparisons with Littré and Grimm, pointing out that the OED went much further back than either of these, giving us in effect a dictionary of Middle English and Old English as well. It was also superior in the number and precision of its citations and the fullest in its vocabulary (he criticized Grimm for a "Teutonic purism" which misled him into excluding many words known to all Germans). On the other hand he saw the OED as falling short of Littré in the coverage of idiomatic phrases, and accorded it the "Middle rank" between Littré and Grimm in regard to its definitions (though Littré had at times fallen into "an over-refinement which is rather confusing than helpful" — for instance in its 23 numbered senses for the word *eau*).

Bradley was able to offer expert comment on etymologies, finding the OED in general "all but faultless" in that department, and he was quickly rewarded for his criticism by being recruited on to the editorial team. It is easy to see why. Alone among the critics his comments were informed by a sense of the practical needs of the dictionary user. For instance, he deals with typography, praising the great variety of types used in the OED, which "abridge the labour of consulting the Dictionary" (whereas Littré, he says, was a typographical chaos), and praises the phonetic notation not as ideal but as striking a balance between precision and facility.

In particular Bradley reveals a sensitive understanding of the problem of ordering the different senses of a word in the historical dictionary. He shows that Murray does not keep rigorously to a single system (such as Trench would have approved of) with the original or etymological meaning first, but argues rightly that there are good reasons for not doing so in the case of foreign loans.

This is creative criticism at its best, and Bradley seems, even in 1884, to have sensed what was later to be identified as a major methodological problem in historical dictionaries: the distortion introduced by including material from the few years immediately preceding publication, which savours too much of "bringing the work down to the latest date." For earlier periods the editor of a historical dictionary is dealing with a "lexicographically closed" vocabulary (Burchfield, 1980), but among recent items it is hard for him to decide what is ephemeral, so that coverage of contemporary usage must be an interim exercise; though, as Bradley concedes, such material will retain its value for students of the history of the language. Is it possible to cover the whole of the recorded language in a single work? Bradley had seen that synchrony and diachrony made unhappy bed-fellows, and it is a view which would find support in more recent lexicographical writings. Quemada (1972, 436) proposed 500 years as the maximum period for inclusion in a historical dictionary, and many of the more modern projects (such as the *Trésor de la langue française*) have taken a tranche far slimmer than that.

## 7. Conclusion: Dictionary Criticism and Dictionary Research

In the range and perceptiveness of his observations Bradley must be counted exceptional among the OED critics. For the most part the criticism of all these great historical dictionaries reveals a surprising lack of interest in general principles, with incidental sniping taking the place of any real exploration of the intentions with which the works being criticized had been set up. Omissions are lamented and superfluities condemned, but the whole basis for determining the nomenclature remains largely undiscussed. The near-total absence of concern for the semantic principles of definition is specially striking, and the topic of lemmatization is seldom raised. User-convenience is hardly an issue. Even the reviews of the Supplements to the OED published from 1972 onwards have tended to content themselves with well-worn topics such as casual omissions, unassimilated terms, etc., trundled out in the familiar way.

But dictionary criticism, like literary criticism, is now in the process of becoming professionalized. The publication of Schäfer 1980 has marked for the OED at least a turning-point at which the dictionary ceases to be merely the subject of criticism but becomes also the object of research. With full statistical paraphernalia Schäfer shows retrospectively the extent to which the OED is flawed in historical coverage because of the excerption methods used. Such a demonstration is of course beyond the capability of the instant reviewer, but with the computerization of texts the insights provided by such research will doubtless in time become the common coin of criticism. Meantime the first of a regular series of Round Table Conferences on Historical Lexicography was held at Florence in 1971. With the current quickening of scholarly interest in lexicographical theory, and the practice of getting out progress reports on major projects (such as those on the Toronto *Dictionary of Old English* in Bammesberger 1985) we may hope for more settled and purposive canons of dictionary criticism in the future.

## 8. Selected Bibliography

### 8.1 Dictionaries

*DWB* = Jacob Grimm and Wilhelm Grimm: Deutsches Wörterbuch. Leipzig 1854—1960 [33872 pp.].

*Johnson 1755* = Samuel Johnson: A Dictionary of the English Language. London 1755 [2887 pp.].

*Littré* = Emile Littré: Dictionnaire de la langue française. Paris 1863—72 [4708 pp.].

*OED* = James Augustus Henry Murray: A New English Dictionary on Historical Principles. Oxford 1884—1928 [15486 pp. Title from 1897: The Oxford English Dictionary]. Supplements 1933, [956 pp.]; 1972—86 [5646 pp.].

*Richardson 1835* = Charles Richardson: A New Dictionary of the English Language. London 1835 [2226 pp.].

*TLF* = Paul Imbs: Trésor de la langue française. Dictionnaire de la langue du XIXe et du XXe siècle (1789—1960). Paris 1971 ff. [Parts 1—12 15074 pp.].

*WNT* = Matthias de Vries: Woordenboek der Nederlandse Taal. The Hague. Leiden 1864 ff.

### 8.2. Other Publications

*Aarsleff 1967* = Hans Aarsleff: The Study of Language in England, 1780—1860. Princeton 1967.

*Bammesberger 1985* = Alfred Bammesberger (ed.): Problems of Old English Lexicography. Regensburg 1985.

*Bivens 1980—81* = Leslie Bivens: Nineteenth century reactions to the OED: an annotated bibliography. In: Dictionaries. Journal of the Dictionary Society of North America 3. 1980—81, 146—52.

*Bradley 1884* = Henry Bradley: review of A New English Dictionary ... Edited by James A. H. Murray. Part I. A—ANT. In: The Academy 1884. Reprinted in The Collected Papers of Henry Bradley. Oxford 1928, 127—37.

*Burchfield 1973* = Robert W. Burchfield: The treatment of controversial vocabulary in The Oxford English Dictionary. In: Transactions of the Philological Society. London 1973, 1—28.

*Burchfield 1980* = Robert W. Burchfield: Aspects of short-term historical lexicography. In: Pijnenburg, W./de Tollenaere, F.: Proceedings of the Second International Round Table Conference on Historical Lexicography. Dordrecht 1980, 271—86.

*Congleton/Congleton 1984* = J. E. and Elizabeth C. Congleton: Johnson's Dictionary. Bibliographical Survey 1746—1984. Terre Haute 1984.

*De Maria 1986* = Robert De Maria, Jr.: Johnson's Dictionary and the Language of Learning. Oxford 1986.

*Johnson 1747* = Samuel Johnson: The Plan of a Dictionary of the English Language. London 1747.

*Kirkness 1980* = Alan Kirkness: Geschichte des Deutschen Wörterbuchs 1838—1863. Dokumente zu den Lexikographen Grimm. Stuttgart 1980.

*Littré 1897* = Emile Littré: Comment j'ai fait mon dictionnaire de la langue française. Paris 1897.

*Murray 1977* = Katharine Maud Elisabeth Murray: Caught in the Web of Words. James A. H. Murray and the *Oxford English Dictionary*. New Haven. London 1977.

*Noyes 1954—55* = Gertrude E. Noyes: The critical reception of Johnson's Dictionary in the later eighteenth century. In: Modern Philology 52. 1954—55, 175—91.

*Potter 1973* = Simeon Potter: review of A Supplement to the Oxford English Dictionary ed. R. W. Burchfield. Vol. I A—G. In: Review of English Studies 24. 1973, 460—4.

*Quemada 1967* = Bernard Quemada: Les dictionnaires du français moderne 1539—1863. Paris 1967.

*Quemada 1972* = Bernard Quemada: Lexicology and lexicography. In: T. A. Sebeok (ed.): Current Trends in Linguistics. Vol. 9*. The Hague 1972.

*Rypins 1925* = Stanley Rypins: Johnson's dictionary reviewed by his contemporaries. In: Philological Quarterly 4. 1925, 281—6.

*Samuels 1983* = M. L. Samuels: review of A Supplement to the Oxford English Dictionary ed. R. W. Burchfield. Vol. III O—Scz. In: Notes & Queries 228. 1983, 483—7.

*Schäfer 1980* = Jürgen Schäfer: Documentation in the OED. Oxford 1980.

*Starnes/Noyes 1946* = DeWitt T. Starnes/Gertrude E. Noyes: The English Dictionary from Cawdrey to Johnson 1604—1755. Chapel Hill 1946.

*Stein 1983* = Gabriele Stein: review of A Supplement to the Oxford English Dictionary ed. R. W. Burchfield. Vol. III O—Scz. In: Anglia 101. 1983, 468—75.

*Trench 1857* = Richard Chenevix Trench: On some deficiencies in our English dictionaries. In: Transactions of the Philological Society. London 1857, 1—70.

*Van Sterkenburg 1984* = P. G. J. van Sterkenburg: Van woordenlijst tot woordenboek. Inleiding tot de geschiedenis van woordenboeken van het Nederlands. Leiden 1984.

*Noel Edward Osselton, Newcastle upon Tyne (Great Britain)*


# 28. Geschichte lexikographischer Programme in Deutschland

1. Vorbemerkungen
2. Das Programm eines Stammwörterbuches
3. Das Programm eines gesamtsprachbezogenen Wörterbuches
4. Das Programm eines literatursprachbezogenen Wörterbuches
5. Das Programm einer Sammlung landschaftlicher Idiotika in der zweiten Hälfte des 18. Jahrhunderts
6. Das Programm von Wörterbüchern der heutigen deutschen Dialekte
7. Das Programm eines neuen Großen Wörterbuches der deutschen Sprache
8. Schlußbemerkungen
9. Literatur (in Auswahl)

## 1. Vorbemerkungen

Zur Bestimmung des Themas wird dreierlei vorausgeschickt:

(1) Ein Wörterbuchprogramm sei immer dann

gegeben, wenn ein oder mehrere Autoren als Individuen, als Vertreter einer umreißbaren gesellschaftlichen Gruppierung oder als Exponenten allgemeiner sprach- und damit bildungspolitischer Wünsche innerhalb einer Sprachgesellschaft den Gegenstand, die theoretische Grundlage, das methodische Verfahren und den Zweck eines lexikographischen Unternehmens als Grundlage für Diskussionen und lexikographische Tätigkeit formulieren. Damit unterscheidet sich ein Programm von einem flüchtig geäußerten und kurzfristig verfolgten Wunsch, von einer bloßen Idee, einem Einfall, die alle lediglich auf Teile eines ausgearbeiteten Programms, meist auf ein erstrebenswertes Arbeitsresultat, hinzielen.

(2) Es sollen nur diejenigen Programme behandelt werden, die sich entweder auf das Zentrum der Lexikographie, nämlich auf die großen einsprachigen allgemeinen Wörterbücher des Deutschen, beziehen oder die eine ganze Varietätengruppe, also z. B. Dialekte, Fachsprachen, Historiolekte, zum Gegenstand haben. Auf Einzelvarietäten des Deutschen bezügliche Programme, wie z. B. das Hamburger Vorhaben eines mittelhochdeutschen Wörterbuches (vgl. Vogt 1961; Bachofer 1986), der Budapester Plan eines Wörterbuches des Frühneuhochdeutschen in Ungarn (Paul 1986; Mollay 1988) oder die vielen innerfachlichen Bemühungen um Sprach- bzw. Fachlexika der Philosophie, Theologie usw., auch vieler Naturwissenschaften, bleiben mithin unberücksichtigt.

(3) Es geht ausschließlich um Programme im Sinne von noch auszuführenden Plänen, nicht um fertiggestellte Projekte, auch wenn diese nach einem lang und intensiv diskutierten Programm durchgeführt wurden. Der ideale Typ eines Programms ist insofern der Plan eines Großen Wörterbuches der deutschen Sprache, wie er 1976 vorgestellt wurde (Henne/Weinrich 1976a; 1976b); als fertiggestellte Projekte, die aus dem Themenbereich dieses Artikels herausfallen, können etwa das *Deutsche Wörterbuch* von Jacob Grimm und Wilhelm Grimm (1854—1971), das *Wörterbuch der deutschen Sprache* von Daniel Sanders (1876), oder vorher z. B. die Wörterbücher Adelungs und Campes gelten, obwohl sie von sehr eingehenden programmatischen Erörterungen begleitet waren (vgl. Henne 1975; Kirkness 1980; Dückert 1987; Sanders 1852—1853); ihre Charakterisierung sowie die Nachzeichnung der ihnen zugrundeliegenden lexikographischen Konzeptionen erfolgt in Art. 204. Da nun zwischen Programm und Programmausführung alle Zwischenstufen möglich sind, ergibt sich für viele Projekte die Notwendigkeit der Entscheidung, ob sie eher dem einen oder eher dem anderen Ende der Skala zuzuordnen sind. Als Kriterien der Entscheidung dienen der jeweilige Stand der Bearbeitung und die Wahrscheinlichkeit, mit der die definitive Fertigstellung nach Prüfung aller dafür relevanten Gegebenheiten erwartet werden kann.

Wörterbuchprogramme, wie sie insbesondere in den Punkten (1) und (2) bestimmt wurden, setzen außer einer fachlichen eine im einzelnen unterschiedlich breite interessierte Öffentlichkeit innerhalb der gebildeten Schichten voraus.

Demnach kann es Wörterbuchprogramme erst seit einem historischen Zeitpunkt geben, seit dem der Anspruch des Besitzes von Wahrheit bzw. ein Handeln, das diesen Anspruch voraussetzt, angesichts des faktischen geschichtlichen Zustandes nicht mehr aufrechterhalten werden konnte, umgekehrt ausgedrückt, seit dem Bildungsinhalte immanenter Gegenstand der öffentlichen Diskussion wurden, also der Aushandlung unterlagen. Dieser Zustand war in Deutschland gegen Ende des 30jährigen Krieges, damit gegen Ende der Epoche der Religionskriege, erreicht. Lexikographiegeschichtlich ist es die Zeit, in der die Glossographie des Mittelalters und vor allem die in ihrem Inhalt und ihrer Gliederung von der christlichen Religion geprägten Sach- und Synonymenglossare ihr definitives Ende gefunden haben.

Die Wörterbuchprogramme, die im folgenden behandelt werden sollen, betreffen das Stammwörterbuch, das gesamtsprachbezogene Wörterbuch, Idiotika zum Landschaftswortschatz, Wörterbücher der heutigen deutschen Mundarten und das neue *Große Wörterbuch der deutschen Sprache*.

## 2. Das Programm eines Stammwörterbuches

Das Programm eines Stammwörterbuches der deutschen Sprache wurde zwischen 1641 und 1663 von Georg Philipp Harsdörffer, Christian Gueintz, Justus Georg Schottelius und Fürst Ludwig von Anhalt-Köthen, dem Haupt der 1617 in Weimar gegründeten Fruchtbringenden Gesellschaft, entwickelt und diskutiert. Starke Nachwirkungen des Programmes finden sich bei Leibniz, Jablonski, Gottsched bis hin zu den Vorwörtern der landschaftsbezogenen Idiotika des 18. Jahrhunderts und sogar noch im 19. Jahrhundert, z. B. in der von Radloff (1827, 188) erhobenen Forderung von „Stammwörter = Büchern" bzw. „stammgeordneten Wörterbüchern". Die wichtigste Programmvoraussetzung ist die Auffassung vom Stammwort.

Das Deutsche verfügt in seiner Eigenschaft als *Haupt*sprache im Gegensatz zu vielen anderen, insbesondere zu den auf das Lateinische zurückgehenden und deshalb abgeleiteten Sprachen, über die sog. Stammwörter. Diese haben mindestens folgende Eigenschaften: Sie sind uralt, d. h., sie wurzeln tief in der Stammesgeschichte der Deutschen, reichen möglicherweise sogar bis in die Zeit der babylonischen Sprachverwirrung und über diese hinaus bis ins Paradies zurück. — Sie sind (wiederum im Gegensatz zum Wortschatz der abgeleiteten Sprachen) der Wirklichkeit in besonderer Weise gemäß; mit dem Besitz des Stammwortes ist also eine, von heilsgeschichtlichen und sonstigen Brechungen abgesehen, direkte Erkenntnis der Realität verbunden. — Sie liegen in einer solchen Anzahl vor, daß tendenziell jede Gegebenheit der Realität mit einem eigenen Ausdruck belegt ist. Man kennzeichnet die hohe Anzahl der Stammwörter mittels des Terminus *Reichtum*. — In dem Maße, in dem der deutsche Wortschatz aus Stammwörtern besteht, kommt ihm die sog. *Reinheit* zu. Reinheit ist eine sprachgeschichtlich in doppelter Weise gefährdete Qualität. Sie wird einerseits durch den Gebrauch von Fremdwörtern (gemeint ist vor allem das Französische) beeinträchtigt, insofern nämlich, als Stammwörter durch Fremdwörter verdrängt werden; aus dieser Gefährdung ergeben sich die puristischen, genau gesprochen fremdwortpuristischen Aussagen nahezu aller relevanten Sprachkonzeptionen des 17. Jahrhunderts. Sie wird andererseits durch die Nachlässigkeit des Sprachgebrauchs der unteren sozialen Schichten gefährdet, die zu ausdrucksseitigen Deformationen wie zu semantischer Fehlanwendung von Wörtern führt und damit die Wirklichkeitsgemäßheit des Stammwortes berührt; aus dieser Gefährdung (auch aus anderen Gründen) ergeben sich die varietätenpuristischen, vor allem die auf die Sozialdialekte bezogenen Aussagen der Sprachtheorien des 17. Jahrhunderts. — Die Stammwörter bilden eine Copia, in heutiger Terminologie: ein Inventar an Bezeichnungsmöglichkeiten; die strukturell-semantischen Beziehungen innerhalb der Copia werden nicht thematisiert. — Jede einzelne Einheit der Copia gestattet Verbindungsmöglichkeiten mit anderen Einheiten, und zwar nach den Kompositions- oder *Doppelungs*regeln des Deutschen; außerdem ist jede Einheit mit Affixen zu sog. *Derivata* 'Ableitungen' verbindbar; auch dies geschieht wieder nach dem Deutschen spezifischen Regeln. Außer den Kompositions- und Derivationsregeln, zusammengefaßt: Wortbildungsregeln, gibt es syntaktische Regeln; sie spielen gegenüber den Wortbildungsregeln aber eine weniger berücksichtigte Rolle. Wortbildungs- und syntaktische Regeln zusammen machen die Sprache *kunstfüglich, lehrrichtig, grundrichtig*. Die Kunstfüglichkeit/Lehrrichtigkeit/Grundrichtigkeit ist ihrerseits eine Qualität, die dem Deutschen seit Urzeiten zukommt. — Neben den Stammwörtern spielen immer wieder die Redensarten eine Rolle, ohne daß deren Status im Verhältnis zum Stammwort bzw. zu den Wortbildungs- und syntaktischen Regeln genau bestimmt würde.

Diese Voraussetzungen — und einige weitere — bestimmen die Wörterbuchprogrammatik wie folgt (vgl. hierzu, wie auch für die Abschnitte 3 und 4 generell Henne 1969):

(1) Gefordert wird ein Wörterbuch der Stammwörter und daneben ein Redensartenbuch (Gueintz 1640) bzw. ein Stammwörterbuch, in das die Redensarten integriert sind (Harsdörffer 1644; 1648). Von der Aufnahme in das Wörterbuch ausgeschlossen sind die Fremdwörter; Lehnwörter dagegen scheinen nach der von Schottelius gegebenen Probe (1663, Tl. 2; 1277—1450) sowie nach gewissen Zugeständnissen der fremdwortpuristischen Konzeptionen (Quellen dazu bei Kirkness 1975, Bd. 1, 16—63) dann zugelassen zu sein, wenn sie erstens völlig eingedeutscht und zweitens nicht durch geeignete deutsche Ausdrücke ersetzbar sind.

(2) Stammwörter sind ihrem historischen Alter entsprechend im vorgesehenen Wörterbuch etymologisch, „aus dem Grunde Teutscher Deutung" (Schottelius 1663, Tl. 1, 160) zu beschreiben; genauere Vorstellungen dazu werden nicht entwickelt.

(3) Die Stammwörter sind zum Beweis des Reichtums des Deutschen vollständig zu sammeln. Damit stellt sich die Frage nach der Berücksichtigung der einzelnen Varietäten der Gesamtsprache Deutsch.

(4) Im Mittelpunkt stehen die hochschichtigen Varietäten des Deutschen, so wie sie in den Reichstagsabschieden, in den Werken Martin Luthers, bei Melchior Goldast, in deutschen Übersetzungen fremdsprachiger Literatur, generell bei den Poeten greifbar werden. In der Terminologie D. Jostens (1976) ausgedrückt: Es geht um — in jedem Falle hochschichtige — Autoritätsprinzipien, nämlich das institutionelle, das personale und das im engeren Sinne soziale. — Außer den hochschichtigen Varietäten können die Fachwortschätze berücksichtigt werden, und zwar von denjenigen der Handwerke bis hin zu denjenigen der akademischen Wissenschaften wie z. B. der Philosophie. Dies hat aber nicht in der Weise zu erfolgen, daß jedes Fachwort aufgenommen wird; vielmehr ist der hochschichtige sprachsoziologische Filter anzusetzen: Die Wörter müssen *gut* (z. B. Schottelius 1651, 293—305) sein. — Der Wortschatz der Sozialdialekte (und als solche gelten oft stillschweigend die Arealdialekte) bleibt selbstverständlich ausgeschlossen.

(5) Die Frage, wer die zu berücksichtigenden Varietäten festlegt und z. B. darüber befindet, welches fachsprachliche Wort *gut* sei, wird eher implizit als explizit beantwortet: Es sind die Gelehrten der Sprachgesellschaften, die selbst den höheren und höchsten Sozialschichten angehören. Die sich im 17. und 18. Jahrhundert vollziehende Vertikalisierung des deutschen Varietätenspektrums (vgl. Reichmann 1988) ist nicht ausschließlicher Spiegel der vom Absolutismus bestimmten sozialen Umschichtungen der Gesellschaft, sondern erfährt eine zusätzliche Verstärkung von ihrem geistigen Überbau, darunter den gesellschaftlichen Sprachprogrammen, her.

(6) Beim Lemmaansatz hat man sich entsprechend den hochschichtigen Autoritätsprinzipien bei der Lemmaauswahl an die „beste Aussprache" und die dieser entsprechenden Schreibung zu halten (Harsdörffer 1644, 18).

(7) Jedes Lemmazeichen ist nach den Regeln der Wortbildung und der Syntax in seiner Kompositions- und Ableitungsfähigkeit sowie seiner syntaktischen Verbindungsfähigkeit zu beschreiben. Bauteile einer solchen Beschreibung sind für die Wortbildung die Angabe der Wurzel des Stammwortes und der sog. Stammformen der Konjugation (bei Verben), ferner die Aufführung analogischer Beispielreihen für systematisch mögliche, nicht unbedingt in der Norm des Deutschen vorkommende Ableitungen und Komposita; für die Syntax werden Belege empfohlen (Schottelius 1651). In diesem Programmpunkt spiegelt sich die rationale und systemgerichtete Grundhaltung der Barockzeit (Henne 1969, 9—13).

(8) Die praktische Ausführung des Programms stellt man sich mangels einer dafür zuständigen Akademie als Gemeinschaftsarbeit in der Weise vor, daß einzelne Mitglieder der Fruchtbringenden Gesellschaft jeweils einen Buchstaben übernehmen, diesen innerhalb eines Jahres bearbeiten und das fertige Produkt bei der Gesellschaft abliefern (Harsdörffer 1648, 392; 397). In Anlehnung an Punkt (5) sei ausdrücklich hervorgehoben, daß als Bearbeiter keine subalternen Beauftragten, sondern die zum Teil hochadligen Mitglieder der Fruchtbringenden Gesellschaft angenommen werden.

Die lexikographischen Programme der Barockzeit dienten vordergründig der Förderung der deutschen Sprachkultur und hatten insofern einen angewandt-linguistischen Eigenwert. Sie sind insgesamt aber in weiteren Bezugssystemen zu sehen, mindestens in einem ethischen und einem national-patriotischen. Spracharbeit galt nämlich erstens als Tätigkeit, die von der Erziehung zur Sittlichkeit als nicht trennbar betrachtet wurde; sie galt zweitens als Tätigkeit, die zur Identifizierung aller Deutsch Sprechenden und Schreibenden mit ihrer durch Alter und soziale Würde aufgewerteten Sprache, damit zur nationalen Solidarisierung (nach innen) und zur bewußten Absetzung nach außen führen sollte (vgl. Reichmann 1978). Diese über alles Sprachimmanente weit hinausgehende geschichtliche Rolle des geplanten Stammwörterbuches fiel bezeichnenderweise in eine Zeit, in der das Alte Deutsche Reich Interventionsgebiet anderer europäischer Staaten, insbesondere Frankreichs und Schwedens, geworden war (man vgl. den Westfälischen Frieden, 1648). Daß sich auch Territorialfürsten das Programm zu eigen machten, stützt die hier nur holzschnittartig formulierte These, daß die für den Zerfall der Einheit Mitverantwortlichen in der Tat eine Kompensation im sprachkulturellen Bereich gesucht haben (Gessinger 1980).

Das Stammwörterbuch ist so, wie es sich seine Theoretiker gedacht hatten, nicht zustande gekommen. Erst 40 Jahre nach der Hauptphase der Diskussion, 1691, lieferte Caspar Stieler (*der Spate*, so sein Mitgliedsname in der Fruchtbringenden Gesellschaft) sein Werk: *Der Deutschen Sprache Stammbaum und Fortwachs [. . .].* Obwohl es sich in einer ganzen Anzahl von Programmpunkten (vgl. oben (1), (2), (3), (6) und (7)) vor allem an Schottelius' Sprachtheorie anlehnte, konnte es schon auf Grund des zeitlichen Abstandes nicht mehr als Erfüllung des Programms der beiden Jahrzehnte um 1650 aufgefaßt werden. Insbesondere durch die Betonung des Prinzips der Grundrichtigkeit wurde es mehr zu einem Werk über die systematisch im Deutschen gegebenen Wortbildungsmöglichkeiten als zu einer Darstellung des in der Norm des Deutschen vorhandenen Wortschatzes. Die Kritiker (zunächst M. Kramer, dann auch J. L. Frisch, vgl. die Vorwörter zu den Nachdrucken von Ising bzw. Powitz, abgedruckt in Henne 1975) machen ihm genau diese Ausrichtung zum Vorwurf, denn inzwischen hatte sich auch die Rezeptionssituation verschoben.

## 3. Das Programm eines gesamtsprachbezogenen Wörterbuches

Das Programm eines gesamtsprachbezogenen Wörterbuches wurde zwischen 1690 und einem nicht exakt angebbaren Datum in den zwanziger/dreißiger Jahren des 18. Jahrhunderts vorwiegend von Johannes Bödiker (1690), Johann Gottfried Leibniz (1697), Daniel Ernst Jablonski (1711), Johann Leonhard Frisch (1723) in entscheidenden Grundzügen so weit entwickelt und diskutiert, daß Gottsched noch 1738 eine seiner Fassungen (diejenige von Jablonski), von Änderungen in Details abgesehen, nachdruckt (Beyträge 1738). Eine sprachtheoretische Voraussetzung, die für die Gesamtwörterbuch-Diskussion so einheitlich und zentral gewesen wäre, wie sie die Stammwortideologie für das stammwortbezogene Wörterbuchprogramm war, fehlt. Die theoretischen Voraussetzungen werden deshalb im Zusammenhang mit der nun folgenden Auflistung der wichtigsten Programmpunkte erörtert.

(1) Gegenstand des geforderten Wörterbuches ist der Gesamtwortschatz des Deutschen, nicht mehr ein Teilwortschatz wie z. B. die Copia aller Stammwörter. Der Gesamtwortschatz ist vollständig zu erfassen. Es stellt sich die Frage, wie sich Gesamtwortschatz und Stammwortschatz in praxi unterscheiden. Jablonski bestimmt nämlich in seinem offiziellen Programmentwurf von 1711 „alle gute, reine, übliche und bekannte teutsche Stamm- und Wurzelwörter, die in der Taht solche sind oder an des abgegangenen eigentlichen Stammwortes Stelle treten", als den Gegenstand des Wörterbuches. Ausdrücke wie *Stamm-, Wurzelwort,* auch Charakterisierungen wie *gut, rein* hätten auch in einem der Programme um 1650, z. B. bei Schottelius, stehen können; auch die grammatische Terminologie soll von Schottelius übernommen werden. Das Fazit aus den Punkten (2) bis (8) zeigt aber zur Genüge, daß der Skopus des Gesamtwörterbuches wesentlich weiter gezogen ist als der für das Stammwörterbuch.

(2) Fremdwörter sind nicht mehr in der rigorosen Weise ausgeschlossen wie für das Stammwörterbuch. Insbesondere Frisch läßt, vorbereitet durch die tolerante Auffassung von Leibniz, in sehr detaillierten lexikographischen Entscheidungen nicht nur das eingebürgerte, sondern auch das erst in jüngerer Zeit entlehnte Fremdwort als Einheit des deutschen Wortschatzes unangetastet (Powitz 1975 in Henne 1975, 102).

(3) Hinsichtlich der Berücksichtigung der Lehnwörter gilt inhaltlich und zum Teil wörtlich für die gesamte Diskussionsphase bis hin zu Gottsched und teilweise über diesen hinaus (vgl. auch Kirkness 1980, 16—63) die folgende Formulierung Jablonskis: Aufgenommen werden sollen „alle bekänntlich aus fremden Sprachen übernommene, der teutschen aber dergestalt, dass sie als angenommene Kinder vor gleiche Rechtsgenossen angesehen werden mögen, eingepflanzte Wörter, jedoch daß zum Unterschied deren Ursprung jedesmal kürzlich angezeigt werde" (vgl. auch Leibniz 1697, 50—54).

(4) Mundartwörter unterliegen viel weniger dem varietätenpuristisch gerechtfertigten Ausschluß als in der Phase der Stammwortdiskussion. Insbesondere für Leibniz bilden sie einen Wortschatzteil, der für das Deutsche im Gegensatz zum Abstraktwortschatz der Theologie, Philosophie usw. einen hohen Differenzierungsgrad erreicht hat, in dem sich eine von Leibniz als sehr hoch veranschlagte Fülle regionaler Erfahrungen niedergeschlagen hat und der infolgedessen sowohl zu deren Feststellung wie zu ihrer produktiven Weitervermittlung dienen kann. Nach Jablonskis Programm sollen die Mundartwörterbücher selbst in ein (zunächst zu realisierendes) Wörterbuch des Sprachusus unter der Voraussetzung aufgenommen werden, daß sie historische Aufschlüsse über hochsprachliche Ableitungen zu geben vermögen oder sonst einen „merkwürdigen [d. h. 'merkenswürdigen'] Gebrauch haben, daraus der Sprache ein sonderbares Licht entstehen kann", ein Kriterium, das mit der varietätenpuristischen These von der Deformation der Mundarten schlechterdings unvereinbar ist und das später wieder Adelung zum Selektionsprinzip machen sollte. Auch Frisch hat gegenüber dem Mundartwort trotz sprachsoziologischer Bedenken insgesamt eine tolerante Haltung; schon die Exzerption von Quellen des Frühneuhochdeutschen aus allen deutschsprachigen Landschaften dokumentiert dies.

(5) Die Fachwörter, deren Aufnahme in das Wörterbuch schon von den Stammworttheoretikern unter gewissen Bedingungen immer wieder vertreten wurde, gelten für Leibniz (1697, 47—50), Jablonski, Frisch, auch für Matthias Kramer ohne jeden Zweifel als Teil des zu berücksichtigenden Wortschatzes. In ein Wörterbuch des Sprachgebrauches gehören sie in dem Maße hinein, wie sie Üblichkeit erreicht haben (Jablonski: „in gewissem Brauche üblich [sind]"). Diese der Interpretation des Lexikographen unterliegende Bestimmung wird von Frisch sehr weit ausgelegt, zu den Quellen seines Wörterbuches zählen z. B. Innungsartikel der Seifensieder zu Salzwedel ebenso wie der Maurer in Prenzlau, das Fleischpatent vom Hausschlachten in Sachsen oder die Registratur der Generalbefahrung der Magdeburgischen Bergwerke zu Wettin. In einem Dokument aus dem Jahre 1727 berichtet er, in einem gerade durchgeführten Exzerptionsgang habe „Er so viel Teich-Ordnungen, als er haben können, durchlesen, und die darin angemerkte Wörter, so bei dieser Sprache gebraucht werden, ausgezogen: dergleichen Er mit anderen, als Bergwerks-Jagd-Fischerei- und s. w. Sachen auch thun, und die bei einem jeden gewerb vorkommende eigene wörter und redensarten sammlen wolle" (Powitz 1975, 103 in Henne 1975). Man erkennt: *Fachwort* ist nicht im Sinne von 'Einheit der wissenschaftlich-technischen Fachsprache', sondern auch als 'Einheit regionaler Fachmundarten' zu sehen. Vorbereitet war diese weite und tolerante Auffassung schon durch das *Teutsch-Italiänische Dictionarium* von M. Kramer; die theoretische Begründung hatte — in Parallele zu derjenigen für die Mundartwörter — wiederum Leibniz geliefert.

(6) Einen weiteren Wortschatzteil, dessen Aufnahme in das Gesamtwörterbuch diskutiert wird, bilden die Soziolektalismen, d. h. die schichtenzugehörigen Wörter. Das sind einerseits die an die soziale Grundschicht gebundenen Einheiten 'gemeiner und niedriger Red- und Schreibarten' (Jablonski), denen gegenüber trotz einer gewissen varietätenpuristischen Skepsis ungefähr so wie mit den Mundartwörtern verfahren werden soll (in Wirklichkeit decken sich ja beide Wortschatzteile weitgehend), und andererseits die Simplizia und Wortbildungen des hohen Stils der institutionellen und sozialen Autoritäten, z. B. der Kanzleien, der Poeten, der Gelehrten. Schon die Tatsache, daß diese letzteren zur Diskussion stehen und mit einer besonderen Angabe über ihre Gültigkeitsdimension versehen werden sollen (wie übrigens auch die Mundart-, die Fremd- und die Fachwörter), zeigt

28. Geschichte lexikographischer Programme in Deutschland

die Verschiebung ihrer Bewertung (Jablonski) gegenüber der Stammwörterbuchzeit. Frisch schließt differenziert Conzipistenwörter (= kanzleisprachliche Bildungen), Hyperbeln vom Typ *Heldensprache, Ursprache,* unübliche Abstraktbildungen vom Typ *Ichheit* aus (Powitz 1975, 101—102 in Henne 1975); Kramer verwahrt sich gegen die zwar systemgerechten, aber nicht in der Norm des Deutschen vorhandenen Einheiten in Stielers Wörterbuch (Vorbericht).

(7) Historismen zählen in vollem Sinne zum Gegenstand des Gesamtwörterbuches. Sowohl bei Leibniz wie bei Jablonski und Frisch gehört ein Wortschatzteil *Etymologicum* explizit zum Programm, während es in der Stammwörterbuchdiskussion lediglich um die etymologische Deutung ging (vgl. 2.1., Punkt (2)).

(8) Frisch (1723) fordert zusätzlich ein *Eponymologicum,* in dem die Eigennamen des Deutschen zu behandeln seien.

(9) Die Frage, ob all diese Wortschatzteile in einem einzigen Wörterbuch oder in mehreren Teilen eines Wörterbuchensembles erfaßt werden sollten, wird unterschiedlich behandelt. Leibniz denkt an mehrere Teile, ein *Lexikon* für den „Sprachgebrauch", d. h. so viel wie 'Gemeinsprache', ein *Cornu copiae* oder einen *Sprach-Schatz* für den Fachwortschatz und ein *Glossarium (Etymologicum)* oder einen *Sprachquell* vorwiegend für den historischen und regionalen Wortschatz (1697, 57). Dem entspricht bei Jablonski die Konzeption eines *Lexici usualis,* eines *Lexici technici* und eines *Lexici etymologici.* Das erstere soll „um des allgemeinsten und nötigsten Gebrauchs willen" zuerst gemacht werden; von den beiden anderen dient das Technicum nur dem Kunstverständigen ('Fachorientierten'), das Etymologicum nur dem Gelehrten. Bei Frisch (1723) begegnen statt dreier deutlich getrennter Wortschatzteile folgende Termini: a) *Usuale generale* für das gemeinsprachliche Wortgut, b) *Usuale speciale* (Technicum) für mundartliches und fachsprachliches Wortgut, c) *Archäologicum* für historisches Wortgut, d) *Eponymologicum* für alte Orts- und Personennamen, e) *Etymologicum* für Herkunfts- und Verwandtschaftserläuterungen, f) *Criticum* für grammatische und sprachkritische Erörterungen. Es sind nur noch teilweise Kennzeichnungen von Wortschatzteilen (a, b, c, d), zum anderen Teil sind es Kriterien der Behandlung von Wörtern in den einzelnen Artikeln. Aus der Kombination von beidem ergibt sich: Frisch will ein einziges Wörterbuch mit unterschiedlichen, nämlich allgemeinsprachlichen, mundartlich/fachsprachlichen usw. Gegenstandsteilen; und er will jeden seiner Artikel mit einer etymologischen und einer sprachkritischen Informationsposition ausstatten.

(10) Nach jedem Lemmazeichen sollen die Ableitungen und Doppelungen (Komposita) der jeweiligen Einheit, nach den Doppelungen wiederum deren Ableitungen aufgeführt werden (Jablonski); die Ableitungs- und Kompositionsfähigkeit des Deutschen ist also in Fortsetzung des entsprechenden Punktes (vgl. 2.1. (7)) der Stammwortdiskussion ausführlich zu beschreiben. Wenn man sich umgekehrt aber gegen die Listen bloß systemgerechter Wortbildungen Stielers (vgl. oben Punkt (6)) wendet, so stellt sich die Frage, welche Wortbildungen denn nun genau in den einzelnen Wörterbuchartikel aufgenommen werden sollen. Nach dem ganzen Duktus der Argumentation und der Wahl einiger Ausdrücke bei Jablonski zu urteilen (z. B. *oft, mit Fleiß zusammengetragen*) sind es die Einheiten der Norm, nicht durch Beispielreihen zu repräsentierende Systemmöglichkeiten. Da Normeinheiten aber immer dazu tendieren, lexikalisiert zu werden, fragt sich, wo die lexikalisierten Einheiten stehen sollen. Nach dem — allerdings beiläufig verwendeten — Passus bei Jablonski „Beibehaltung der Urbedeutung" könnte geschlossen werden, daß es nur die nicht lexikalisierten Bildungen der Norm des Deutschen sind, die unter dem Lemmazeichen behandelt werden. Ob den lexikalisierten Bildungen dann konsequenterweise ein eigener Artikel zugebilligt wird, bleibt unerörtert.

(11) Nach der Position 'Wortbildung' sollen die Wörterbuchartikel (des *Usuale generale*) nach Jablonski eine Auslegung und Erklärung der Wörter enthalten, und zwar eine solche mit partiellen Synonymen in Kombination mit phrastischen Erläuterungsformen. Hat ein Wort mehrere Bedeutungen, wie stillschweigend als Regel vorausgesetzt wird, so soll die Behandlung der eigentlichen Bedeutung derjenigen der „entwandte(n), verblümte(n), sprüchwörtliche(n), kunstübliche(n) u. d. g. Bedeutungen" vorangehen (Jablonski).

(12) Die Erläuterungssprache des Wörterbuchartikels ist Deutsch, „damit der Gebrauch des Buchs allgemeiner, und auch denen, so keiner anderen Sprache kundig, diensam gemacht werde" (Jablonski). Ziel ist demnach ein einsprachiges Wörterbuch. Allerdings wird die Möglichkeit offengelassen, neben die deutschsprachige Erläuterung zusätzlich eine lateinische zu setzen. Das inhaltliche Verhältnis beider Erläuterungsteile wird nicht diskutiert.

(13) Auf die Bedeutungserläuterung hat eine Position Exempla „aus bewährten und solchen Schriften, die ingemein zum Muster und Urbild unserer Sprache angenommen sind" zu folgen (Jablonski). Damit ist indirekt die Quellengrundlage angesprochen. Leibniz (1697, 67) schlägt eine systematische „Besichtigung, Musterung" von „guten Teutschen Schrifften" durch eine Gruppe von Gelehrten vor und nennt namentlich Martin Opitz, Johann Wilhelm von Stubenberg, Philipp Zesen und holt danach entsprechend seiner Bewertung des historischen, fachlichen und landschaftlichen Wortschatzes breit in das Gesamtspektrum des Deutschen aus: „Ferner wäre auf die Wiederbringung vergessener und verlegener, aber an sich guter Worte und Redens-Arten zu gedenken, zu welchem Ende die Schrifften des vorigen Seculi, die Wercke Lutheri und anderer Theologen, die alten Reichs-Handlungen, die Landes-Ordnungen und

Willkühre der Städte, die alten Notariat-Bücher, und allerhand geistliche und weltliche Schrifften, so gar des *Reinecke Voss,* des *Froschmäuselers,* des Teutschen *Rabelais,* des übersetzten *Amadis,* des Oesterreichers *Theuerdancks,* des *Bäyerschen Aventins,* des Schweitzerischen *Stumpfs* und Paracelsi, des Nürnbergischen Hans Sachsen und anderer Landes-Leute nützlich zu gebrauchen" (68).

(14) In allen Programmen der Gesamtwörterbuchdiskussion treten immer wieder Ausdrücke wie *Brauch, Gebrauch, üblich, usualis, allgemein* auf. In der Häufigkeit ihrer Verwendung spiegelt sich die Tatsache, daß der Status der Lemmazeichen des Gesamtwörterbuches prinzipiell anders konzipiert ist als derjenige der Lemmazeichen des Stammwörterbuches, nämlich als historische, soziale, pragmatische Gegebenheit (besonders bei Leibniz 1697), während das Stammwort infolge der ihm zugeschriebenen Konstanz über Zeiten, Räume und Schichten hinweg letztlich eine ahistorische, asoziale, apragmatische Gegebenheit war, dem die Variabilität in einem prinzipiellen Sinne fehlte.

(15) Die Theoretiker der Gesamtwörterbuchdiskussion stehen in herausgehobener sozialer Stellung. Das Programm Jablonskis geht auf einen persönlichen Auftrag König Friedrich Wilhelms I. an die neugegründete Berliner Sozietät der Wissenschaften zurück, Leibniz und Frisch waren ihre Mitglieder, Jablonski Hofprediger, Leibniz Geheimer Justizrat von Braunschweig-Lüneburg, Frisch und Bödiker Rektoren berühmter Gymnasien. Nur Kramer, der aber ohnehin etwas außerhalb des engsten Diskussionsrahmens steht, war ohne entsprechende institutionelle Position.

Ein Gesamtwörterbuch in der von Bödiker, Leibniz, Jablonski, Frisch konzipierten Art ist nicht zustande gekommen. Die zweisprachigen Wörterbücher Kramers, vor allem *Das herrlich Grosse Teutsch-Italiänische Dictionarium [. . .]* und das *Teutsch-Lateinische Wörterbuch* Frischs haben zwar einzelne Programmpunkte realisieren können, sie stehen aber als Werke zweisprachiger Lexikographie von vornherein in einem weitgehend eigenen lexikographischen Rahmen.

## 4. Das Programm eines literatursprachbezogenen Wörterbuches

Das literatursprachbezogene Wörterbuch ist eher eine Forderung herausragender Dichter (Lessing, Klopstock, Wieland) der 2. Hälfte des 18. Jahrhunderts geblieben als zu einem wenigstens die Lemmaauswahl und die Artikelpositionen umreißenden lexikographischen Programm ausgearbeitet worden. Diese Forderung ist in entscheidenden Punkten als Kritik an der von Johann Christoph Gottsched und Johann Christoph Adelung vertretenen rationalistisch-kritischen Sprachauffassung, nicht also ausschließlich an ihren lexikographischen Vorstellungen bzw. Werken (dies letztere gilt nur für Adelung) zu verstehen (vgl. Blackall 1966). Bezeichnenderweise trägt der Hauptbeitrag, der in diesem Zusammenhang zu behandeln ist, nämlich Christoph Martin Wielands Artikel im Teutschen Merkur von 1782, denn auch den gar nicht speziell lexikographischen Titel: *Was ist Hochdeutsch? und einige damit verwandte Gegenstände [. . .].* Dies alles besagt, daß die Forderung nach einem literatursprachbezogenen Wörterbuch hier nur in relativer Kürze behandelt werden kann.

Folgende Kennzeichen sind konstitutiv für das geforderte literatursprachbezogene Wörterbuch:

(1) Gegen die vor allem von Gottsched ausgesprochene oder durchgehend implizierte Auffassung, Sprache stelle ein System dar, dessen Einheiten und Regeln durch Generationen kritischer Arbeit in ihrer Anzahl und ihrem Inhalt vollständig/ definitiv beschreibbar und damit von den gelehrten Grammatikern für alle Zukunft fixierbar seien, und die damit verbundene Überzeugung, man sei einer solchen Kulturleistung bereits recht nahe (vgl. Gottsched 1758; 1762; Slangen 1955, 10—34), setzen Klopstock und noch deutlicher Wieland die These von der prinzipiellen Offenheit des Sprachgebrauchs und damit des Wortschatzes in den sozialen und pragmatischen Raum sowie in die Geschichte hinein. Klopstock (1774, 231—232) formuliert: „*Diejenigen, die Wörterbücher schreiben, sollen ja die Sprache festsetzen.* Festsetzen? Als wenn die unsrige nicht schon *beinah' durchgehends* festgesetzt wäre? und es eine lebende Sprache jemals *ganz* würde?" Wieland teilt zwar die rationalistische Auffassung von der stetigen Aufwärtsentwicklung der Sprache aus dem Zustand der „Barbarey" zu „höheren Stufen von Cultur", ja „zu einigem Grade von Vollkommenheit", aber da Sprache als „eine Tochter des Bedürfnisses und ein Pflegekind der Geselligkeit" ein Werk der Zeit und der Arbeit des Geschmacks ist, der sich in einem unbekannten Winkel ebenso wie „in der feinsten und elegantesten Weltgesellschaft" (1782, 419) finden läßt, ergibt sich mit Konsequenz, daß es nie einen Zeitpunkt geben wird, in dem die Sprache als fertig betrachtet werden könnte: „wenn es wahr ist, daß jede lebende Sprache, so vollkommen sie auch sein mag, niemals für *ganz vollendet* angesehen werden kann, so lange noch ein höherer Grad von Aufklärung und Politur bey der Nazion möglich ist, so lange noch neue Ideen erworben, neue Empfindungen entwickelt, neue Schattierungen (*nuances*) der einen und andern gemacht werden, und also hierzu entweder neue Wörter, oder neue Redensarten, ungewöhnliche Metafern, Figuren und Konstruktionen nöthig seyn können: um wie viel-

mehr muß [...] Alles dieß nöthig seyn, wenn eine Sprache noch kaum vor wenig Jahrzehnten mit Geschmack geschrieben zu werden angefangen hat" (1782, 409).

(2) Die Regeln, nach denen Sprache gebraucht wird bzw. gebraucht werden sollte, sind auf keinen Fall generelle Regeln für die Sprache schlechthin, sondern unterliegen der pragmatischen Varianz. In wenigen Sätzen hat Wieland zentrale Programmteile der modernen Varietätenlinguistik formuliert: „die guten Schriftsteller in jeder Schreibart entscheiden [...] was Hochteutsch in der höheren Redner- und Dichter-Sprache, was Hochteutsch in der Sprache der Wissenschaften und Künste, und was Hochteutsch in der täglichen Gesellschaftssprache der obern Classen ist. Jeder dieser Sprach-Distrikte (wenn ich so sagen darf) hat wieder sein eigenes Gebiet, seine eigne Verfassung, Gesetze, und Gerechtsame, so wie seine eigenen Grenzen: und nur aus ihnen allen zusammengenommen besteht die Schriftsprache einer durch Künste und Wissenschaften gebildeten Nation" (1782, 420).

(3) Die Garanten der unter (1) genannten Offenheit der Sprache sind die Gelehrten, unter diesen eine herausragende Gruppe, nämlich „die Schriftsteller von Genie, Talenten und Geschmack, [...] Dichter, Redner, Geschichtsschreiber und populare Philosophen" (Wieland 1782, 419). Ein literatursprachbezogenes Wörterbuch, so könnte man folgern, wird vom Lemmabestand her entscheidend auf die Literatursprache im engeren Sinne bezogen sein, und zwar weniger aus Gründen ihrer sozialen Höhenlage als wegen der für sie konstitutiven Offenheit.

(4) Es ist deshalb kein Zufall, daß Lessing sich mit der von ihm vorgelegten lexikographischen Arbeit einem Dichter, nämlich Friedrich von Logau, zuwendet, der ihn wegen der Variabilität seiner Sprache fasziniert hat: „Seine Worte sind überall der Sprache angemessen: nachdrücklich und körnicht, wenn er lehrt; pathetisch und vollklingend, wenn er straft; sanft, einschmeichelnd, angenehm tändelnd, wenn er von Liebe spricht; komisch naiv, wenn er spottet; possierlich und launisch, wenn er bloß Lachen zu erregen sucht" (1759, 352).

(5) Aus (1) und (4) ergibt sich mit Konsequenz, daß eine Festlegung des Leitbildes einer Literatursprache auf die oberen Klassen einer Provinz (so im Prinzip, aber mit vielen Differenzierungen Adelung) ausgeschlossen ist. Vielmehr besteht die Schriftsprache aus der Gesamtheit der Varietäten aller Künste und Wissenschaften betreibenden sozialen und räumlichen Schichten bzw. Gruppen einer Nation.

Das literatursprachliche Wörterbuch, so wie es wiederum (vgl. 2. u. 3.) herausragende Vertreter des Geisteslebens der deutschen Nation forderten, ist nicht zustande gekommen, auch wenn man zugestehen muß, daß Adelung von der Menge der berücksichtigten literarischen Quellen her sehr viel literatursprachliches Material dokumentiert und — allerdings nach kritischen Zwecken — beschreibt. Eher wird man deshalb Campe zubilligen müssen, von den Forderungen der Dichter am meisten realisiert zu haben.

## 5. Das Programm einer Sammlung landschaftlicher Idiotika in der zweiten Hälfte des 18. Jahrhunderts

Parallel zur Diskussion der Frage, was Hochdeutsch sei, und parallel zu der Auseinandersetzung, wie je nach Beantwortung dieser Frage ein deutsches Wörterbuch auszurichten sei, werden im 18. Jahrhundert in allen deutschen Landschaften regionale Idiotika gefordert, hinsichtlich ihres Zweckes, ihres Lemmabestandes und ihrer artikelinternen Gestaltung beschrieben und in einer insgesamt sehr hohen Anzahl (rund 140 sind bibliographisch erfaßt; vgl. Dingeldein 1986, 222) realisiert, auch wenn der Umfang von nur wenigen Seiten bis zu mehreren Bänden (z. B. Tiling 1767—1771) gehen kann und die Qualität erheblich differiert. Trotzdem ist das Integral aller dieser Einzelwerke, zu dessen Schaffung sie gedacht waren, nicht entstanden; das allgemeine Idiotikon als Zusammenfassung von Einzelidiotika ist in besonderer Weise Programm geblieben, was nicht ausschließt, daß zwischenzeitliche Zusammenfassungsversuche unternommen wurden (z. B. Fulda 1788). Inhaltlich mischen sich in dem Idiotikenprogramm Gedanken der Stammwörterbuch- und der Gesamtwörterbuchdiskussion mit solchen der Ergänzung des literatursprachbezogenen Wörterbuches.

Idiotika sind Sammlungen von Idiotismen. Idiotismen sind regional beschränkte Wörter bzw. Wortbedeutungen, die in der Schriftsprache nicht allgemein üblich sind und deshalb mit einer Erklärung für jedermann versehen werden müssen (Richey 1755, XXXIII; Fulda 1788, A2r). Die wichtigsten Punkte des Idiotikenprogramms sind:

(1) Das mit der Traditionslinie Gottsched-Adelung verbundene besondere Prestige der oberen Klassen der südlichen kursächsischen Lande wird zwar nicht in Frage gestellt, Berndt (1787, XXIV—XXVII) ist sogar zu dem Zugeständnis bereit, den Stamm des weitverzweigten deutschen Sprachbaumes in Obersachsen zu sehen, aber die den Vertretern der Obersachsen-These zugeschriebene — wenn auch in dieser Strenge von ihnen gar nicht vertetene — extreme Auffassung, daß „alle Wörter, die der Gebrauch in Sachsen nicht gestempelt hat, von hochteutschen Schriften gänzlich ausgemerzt" (Fulda 1788, A2v) werden sollen, sei angesichts des geschichtlichen Status des Deutschen,

vor allem eine Gesamtheit landschaftlicher Varietäten zu sein, durch nichts zu rechtfertigen und auf ein den tatsächlichen Qualitäten des Deutschen entsprechendes Maß zu reduzieren. Die Sprache jeder Provinz bilde nämlich einen Zweig des deutschen Sprachbaumes (Berndt 1787, XIII), folglich würde die Sammlung aller Provinzialismen (sofern diese gewisse Kriterien erfüllen) den 'Reichtum' (zum Begriff vgl. 2.) des Deutschen weit über das Maß hinaus aufzuführen in der Lage sein (z. B. Richey 1755, V), das von einer einzigen Provinz (gemeint ist Obersachsen) aus erreichbar sei. Reichtum aber führe zu 'Vollkommenheit' (Fulda 1788, AIVr); da dieser Begriff an der angegebenen Stelle nicht weiter expliziert wird, ist allerdings anzunehmen, daß Fulda seine von Gottsched gelieferte strenge Definition nicht kennt: 'Grenzwert von Reichtum, 1:1-Verhältnis zwischen Wort- und Begriffscopia, so daß keine polysemiebedingten Verständigungsprobleme auftreten können' (Beyträge 1732, 56—57).

(2) Vereinzelt (bei Zaupser 1789; Idioticon Austriacum 1824, ¹1811) tritt neben die oder an die Stelle der in (1) gegebenen Begründung von landschaftlichen Idiotika eine zweite speziell kommunikative: Provinzialismen würden von Sprechern anderer Dialekte des Deutschen (so Zaupser; Dähnert 1781, 2v) bzw. von Ausländern (so Idioticon Austriacum) nicht verstanden. Idiotika seien dementsprechend nützliche Belehrungsbücher. — Nach einer dritten Begründung soll ein Beitrag zum besseren Verständnis historischer Texte, insbesondere von Urkunden, geliefert werden (Richey 1755, V; Tiling 1767, 2r/v; speziell zur Begründung der älteren westfälischen Wörterbücher vgl. Niebaum 1979 a).

(3) Die Vorwörter der entstandenen Idiotika (z. B. Fulda, Zaupser, Schmidt) enthalten in der Regel einen Hinweis auf den dialektvergleichenden Wert solcher Werke: Provinzialismen begegnen nicht nur in einer, sondern in mehreren Landschaften, ihre Erfassung vermag Aufschluß zu geben über den internen, im Bild des Stammbaumes gedachten Zusammenhang der Dialekte des Deutschen; ein Integral aller Idiotika wäre dementsprechend ein gesamtdialektbezogenes Wörterbuch geworden (vgl. Kühn 1987). Allerdings werden diese auf das gesamtdeutsche Dialektspektrum gerichteten Bemühungen dadurch wieder verwässert, daß auch die historischen Varietäten des Deutschen und anderer germanischer, ja sogar indogermanischer Sprachen (Latein) in den Vergleich einbezogen werden sollen: Der dialektvergleichende Aspekt ist zum etymologischen hin offen.

(4) Alle Programme von Idiotika haben insgesamt eine gewisse Höherbewertung von Provinzialismen zur Voraussetzung, als dies in der Phase der Stammwörterbuchdiskussion und in den Forderungen eines literaturbezogenen Wörterbuches der Fall war bzw. ist. „Provinziell zu sein, hŏrt als ein Vorwurf endlich auf, und erhält sein Recht wieder, nicht mit dem Pŏbelhaften fŭr einerlei zu gelten" (Fulda 1788, A3r), Provinzialismen seien „anstăndig", „analogisch", „ehrwürdig" (Berndt 1787, XXVII), „ein durch die Aussprache verdorbenes hochdeutsches Wort [sei] kein Provinzialismus" (von Klein 1792, V—VI), also nicht zu verwechseln mit der Menge „kernhafter Wŏrter, die sich nur in dem Munde des Landvolkes erhalten haben" (ebd.). Das landschaftsgebundene Wort wird also nicht zugleich sozial deklassiert, man gesteht ihm vielmehr einen Platz in einem eigenen, wie die Hochsprache analogisch aufgebauten System zu. Hand in Hand damit geht eine vereinzelte Aufwertung des Volkes als des Trägers von Provinzialismen (vgl. von Klein 1792, V—VI). Bei Schmid (1795, 1) findet sich sogar die Umkehrung, Schriftsprache werde durch Kultur „glatt", „charakter- und pråglos". Dies ist weder Barock noch Aufklärung, sondern frühe Romantik.

(5) Der Wert des Provinzialismus erfährt dadurch eine Steigerung, daß ihm wie dem Stammwort gerne geschichtliches Alter zugesprochen wird. Dies bedeutete vor allem in der Barockzeit nationale Solidarisierung durch das Wort; auch der Provinzialismus wird in dieser Richtung genutzt, allerdings auf einer kleineren, nämlich provinziellen Ebene, ohne daß diese kleinräumlichen Solidarisierungen die alles überdachende nationale Solidarisierung gefährdet hätten. Sie sind im Gegenteil eher zu ihrer Stützung gedacht (Berndt 1787; Zaupser 1789; von Klein 1792).

(6) Die in den Punkten (4) und (5) zum Ausdruck gebrachte Bewertung des Provinzialismus bedeutet nicht, daß er nicht gewisse Bedingungen hinsichtlich seiner sozialen Höhenlage erfüllen müßte. Ausdrücke wie „edel" (Berndt 1787, XXVII) und umgekehrt „pöbelhaft" (Fulda 1788, 2), „verdorben" (von Klein 1792, VI) dokumentieren, daß eine Schicht zwischen den Sozialdialekten einerseits und dem Hochdeutschen (im sprachsoziologischen Sinne) andererseits Voraussetzung für die Aufnahme in ein Idiotikon ist. Die genaue Höhe dieser Schicht bleibt aber unbestimmt.

(7) Gegenüber dem Fremdwort, vor allem aber dem Lehnwort, gibt es keine klar durchgehaltene allgemeine Richtlinie. Insgesamt läge es in der Konsequenz der Punkte (1), (3), (4) und (5), diesen Teil des deutschen Wortschatzes nur vorsichtig zu berücksichtigen; und in der Tat gibt es vereinzelte Äußerungen in dieser Richtung (Fulda 1788, A2v) und entsprechend restriktive, auf die 'Reinheit' des Wortschatzes gerichtete Selektionsverfahren in der Praxis (z. B. von Klein 1792; Zaupser 1789). Dem steht aber gegenüber, daß andere Idiotika (z. B. Schmid 1795, Idioticon Austriacum 1824, letzteres infolge seiner kommunikationsorientierten Zielsetzung) dem Lehn- und Fremdwort einen breiten Platz zuweisen.

(8) Der Katalog der Informationspositionen, die für die Idiotika vorgesehen bzw. auch ansatzweise realisiert sind, entspricht der Zielsetzung der Idiotika und umfaßt maximal:
a) die Lemmaposition mit einem in der Regel der Hochsprache angenäherten, oft aber auch an die Mundartlautung angelehnten Lemmaansatz,

b) Angaben zur Flexionsmorphologie,
c) Angaben zur Wortbildungsmorphologie (Komposition und Derivation, ähnlich wie in den Programmen des stammwortbezogenen und gesamtsprachbezogenen Wörterbuches),
d) Angaben zur Etymologie,
e) Angaben zur Syntax,
f) Nennung entsprechender Wörter und Bedeutungen aus anderen Varietäten des Deutschen und/oder Sprachen des Germanischen,
g) Aufführung von Sprichwörtern,
h) die Bedeutungserläuterung, die stark auf die provinziellen (nicht also die allgemeinsprachlichen) Wortverwendungen ausgerichtet ist und in Einzelfällen von 'eigentlich' zu 'metaphorisch' verläuft (Schmid 1795),
i) sachliche, darunter volkskundliche Erläuterungen,
j) raum- und zeitbezogene Symptomwertangaben.

Die Programmatiker einer allgemeinen deutschen Idiotikensammlung gehören von ihrer sozialen Zugehörigkeit (Juristen, Ärzte, Lehrer, Pfarrer, Schriftsteller; vgl. Kühn 1987, 82) und ihrem nationalen Einfluß her gesehen nicht in dem Maße zu den in den Kulturinstanzen vertretenen Persönlichkeiten von nationaler Bedeutung, wie dies für die Vertreter der ersten drei hier behandelten Wörterbuchprogramme gilt. Es mag damit zusammenhängen, daß ihre Pläne auch deshalb keine wirkliche Chance hatten, realisiert zu werden. Neben allgemeinen Aufrufen zum Sammeln gibt es keine Ansätze einer Wörterbuchorganisation.

## 6. Das Programm von Wörterbüchern der heutigen deutschen Dialekte

Die Forderung des 18. Jahrhunderts nach Idiotika aller deutschen Landschaften und nach einer daran anschließenden allgemeinen Sammlung von Idiotika wurde im 19. Jahrhundert durch das von einer Reihe von Einzelpersönlichkeiten (vgl. Mitzka 1937, Baur 1976) vertretene Bemühen ersetzt, ein Wörterbuch der jeweils interessierenden Ausgangslandschaft zu schaffen, das nicht den Charakter eines Idiotikons (im Sinne von 5.) hat, sondern außer dem idiomatischen (= dialekteigentümlichen) auch den nicht dialekteigentümlichen Lemma- und Bedeutungsbestand einer Sprachlandschaft erfaßt. In einer heutigen Terminologie ausgedrückt: Es geht um den Ersatz des kontrastiven durch das konfrontative Wörterbuch (Wiegand 1986, 198). Die Geschichte dieser Umpolung des Interesses kann im Rahmen dieses Artikels nicht beschrieben werden, da die entsprechenden Bemühungen nicht Gegenstand eines theoretischen und allgemeinen Programmes geworden sind: es sei lediglich auf Schmellers *Bayerisches Wörterbuch* als einen Vertreter des neuen Wörterbuchtyps sowie auf einige, z. T. bibliographische Literatur verwiesen: Mitzka 1937; Foerste 1960; Berichte 1965; Schmitt 1965; Barth 1966; Baur 1976; Friebertshäuser 1976; 1983; 1986; Niebaum 1979b; Wiegand 1988.

Zu Beginn des 20. Jahrhunderts wurden die einzelnen Landschaftsunternehmen zunehmend aus ihrer relativen Isolierung herausgeführt und schlossen sich in einer 1913 von der Deutschen Kommission der Preußischen Akademie der Wissenschaften nach Marburg einberufenen Konferenz (vgl. Teuchert 1914) zum sog. *Wörterbuchkartell*, einer Interessenvertretung der deutschsprachigen Mundartlexikographie, zusammen. Deren Aufgaben waren u. a.: Austausch mundartlexikographischer Fachliteratur, Vereinheitlichung der Methoden der Datenerhebung vor allem durch analog angelegte Fragebögen, die inhaltliche Konzeption der Mundartwörterbücher und insbesondere die Gebietsabgrenzung. Hinsichtlich des letzteren Problems entschied man sich pragmatisch nach der politischen Gliederung des deutschsprachigen Raums. Dies hatte zur Folge, daß das gesamte deutsche Sprachgebiet der Absicht nach von mindestens einem Mundartwörterbuch erfaßt wurde.

Diese Absicht ist bis heute teilweise verwirklicht worden (zum Stand vgl. Friebertshäuser 1976; 1983; Niebaum 1979b), teilweise Programm geblieben. Das geplante Bayerische, das Ostfränkische, das Sudetendeutsche, das Obersächsische, das Elbostfälische, das Pommersche und das Baltendeutsche Wörterbuch haben mit der Publikation noch nicht beginnen können. Deren Probleme sind teils institutioneller, darunter finanzieller, teils wissenschaftlicher Art. In letzterem Falle betreffen sie den Sinn und Zweck von Mundartwörterbüchern in der heutigen Zeit (vgl. Dietrich 1975, Stellmacher 1986), die Methodik der Materialsammlung (vgl. Große 1958), die Auswahl des Lemmabestandes und der zu berücksichtigenden Bedeutungen, den Lemmaansatz und die Anordnung der Lemmata, die Berücksichtigung des historischen Wortschatzes der Mundartlandschaft, die mundartliche Wortsoziologie und -pragmatik und damit zusammenhängend den Umfang und die Art der Symptomwertangaben, das Ausmaß sachlicher, darunter volkskundlicher Erläuterungen in Verbindung mit der Bedeutungsbeschreibung, die Beschreibung der onomasiologischen Vernetzung des Wortschatzes in den einzelnen Wörterbuchartikeln, die grammatischen (morphologischen und syntaktischen) Angaben, Art und Umfang der Belege, die Angaben zur Etymologie, die Anzahl und das Aussehen von Wort- und Wortbedeutungskarten, den Umfang der Beschreibung der lautlichen Varianz des Lemmazeichens.

All diese Probleme sind in der Fachliteratur diskutiert und in den erschienenen (vgl. Wiegand 1988, Register s. v. *Dialektlexikographie*) bzw. im Erscheinen befindlichen Wörterbüchern auch praktisch zum Teil vorbildlich gelöst worden und brauchen deshalb in diesem — dem Programm gewidmeten Artikel — nicht näher diskutiert zu werden. — Die Realisierung des noch ausstehenden Teils des Programms des ehemaligen Wörterbuchkartells wird erschwert durch den bildungssoziologischen Ort der Mundartlexikographie: Begründet und geleitet von Ordinarien, betrieben von Angehörigen der mittleren akademischen Ränge und gerichtet an einen teils rein fachwissenschaftlich orientierten, teils heimatkundlich-nostalgisch an einer untergegangenen oder untergehenden Lebensform interessierten kleinen Benutzerkreis, steht sie an der Peripherie gesellschaftlicher Bildungsinteressen.

## 7. Das Programm eines neuen Großen Wörterbuches der deutschen Sprache

Das Programm zu diesem jüngsten großen Wörterbuchprojekt des Deutschen wurde in den Jahren 1975 und 1976 in mehreren dazu einberufenen Projektkonferenzen von Vertretern der Germanistik, Linguistik, Jurisprudenz, Philosophie, Medizin, Physik sowie der Terminologielehre entwickelt, in seinen Grundzügen von H. Henne/H. Weinrich (1976a; 1976b) vorgestellt und daraufhin noch rund zwei Jahre im Umfeld des Mannheimer Instituts für deutsche Sprache diskutiert (vgl. Henne/Mentrup/Möhn/Weinrich 1978). Nachdem sich herausstellte, daß es keine Nationalstiftung geben würde, die das Projekt finanzieren könnte, ist die Diskussion verstummt. Die abrupte Plötzlichkeit, mit der dies geschah, läßt darauf schließen, daß die Planer vor dem Umfang des Projekts sowie vor den lexikographischen Problemen, die zu lösen man sich vorgenommen hatte, kapituliert haben. Und in der Tat: Das ohne jeden Zweifel ebenso innovative wie großartig-monumentale Projekt ist bei der gegenwärtigen Organisation der Geisteswissenschaften in der Bundesrepublik Deutschland nicht realisierbar, da es wegen der Menge der notwendigen Planstellen von den Universitäten nicht finanziert werden kann und weil es für längerfristige geisteswissenschaftliche Unternehmen außerhalb der Universitäten kaum Förderungsmöglichkeiten gibt. Auch die Einschätzung der Lexikographie in der gebildeten Öffentlichkeit wie in der Politik, nämlich eine unter vielen gesellschaftlich peripheren und in ihrem Nutzen als beschränkt eingeschätzten geisteswissenschaftlichen Disziplinen zu sein, trägt zu diesem Urteil bei. Man erinnere sich: Nicht einmal der Auftrag eines Königs und die Mitträgerschaft vornehmer Teile des Adels und des gehobenen Bildungsbürgertums hatten zur Zeit des Barock und der Frühaufklärung zum Erfolg geführt.

Die Programmpunkte für das geplante Projekt lauten in enger Anlehnung an Henne/Weinrich (1976a; 1976b), aber stark gekürzt, wie folgt.

(1) Das auf rund 20 Bände veranschlagte und in 20 Jahren zu realisierende Wörterbuch hat als Gegenstand die deutsche Standardsprache und die Fachsprachen in der Bundesrepublik Deutschland, in der DDR, in Österreich, in der Schweiz sowie in anderen deutschsprachigen Gebieten. — Mit der Bestimmung 'Standardsprache *plus* Fachsprachen' zielt das Projekt auf das für die heutigen Sprachverhältnisse wichtigste Faktum: Nicht mehr die ausschließliche Beherrschung der Mundart schafft — wie bis zu Anfang des 20. Jahrhunderts — Sprachbarrieren, die es zu überwinden gilt, sondern die Existenz von Fachvarietäten, und zwar in der Weise, daß der Sprecher der Standardsprache die Fachvarietät nicht ohne Probleme versteht und der Benutzer einer Fachvarietät erstens Vermittlungsprobleme gegenüber den Sprechern der Standardsprache und zweitens Verstehensprobleme gegenüber anderen Fachvarietäten hat, geschweige denn diese letzteren gebrauchen kann.

(2) Diese Verhältnisse sind lexikographisch nur dann adäquat beschreibbar, wenn die Benutzerbedürfnisse mit Methoden der empirischen Sozialwissenschaften ermittelt werden, wenn also die lexikographische Reflexion auf Grund detaillierter Kenntnis und Berücksichtigung der mit den Fachvarietäten gegebenen Kommunikationsprobleme zu einer neuen, besonderen Qualität gesteigert werden kann. Dabei sind unterschiedliche Explikationstypen für unterschiedliche Typen von Wörtern (statt eines einheitlichen Definitionsschemas) zu entwickeln.

(3) In dem Maße, wie die Grammatik den Ge-

brauch von Wörtern bestimmt, wird dem Wörterbuch eine Grammatik beigegeben. Entsprechendes gilt für die Wortbildung.

(4) Das Wörterbuch hat eine alphabetische Ordnung; diese schließt systematische Aspekte, Artikelteile oder gar Satellitenwörterbücher nicht aus.

(5) Das Wörterbuch ist von einem Team aus Linguisten und Vertretern der Fachvarietäten zu erarbeiten.

(6) Für die Erstellung des Corpus ist eine Systematik der Fachsprachen „auf pragmatischer Basis, insbesondere durch empirisch fundierte Schätzungen über den Umfang der einzelnen Fachsprachen und den Grad ihrer gesellschaftlichen und lebensgeschichtlichen Bedeutsamkeit" zu entwickeln (1976b, 346). Als Corpusumfang sind nicht weniger als 50 Millionen Textwörter vorgesehen, die Anzahl der Lemmata wird auf 200 000 geschätzt.

(7) Das Wörterbuch hat trotz seiner synchronen Anlage (1945 bis zur Bearbeitungszeit) „eine historische Komponente in dem Sinne, daß die Reichweite der historischen Begriffs in den einzelnen Wörterbuchartikeln unterschiedlich festgelegt werden muß" (1976b, 348).

## 8. Schlußbemerkungen

Die Schlußbemerkungen haben verschiedene Zwecke: Erstens sollen einzelne Aussagen, die für alle Programme gelten, thesenartig noch einmal herausgestellt werden, obwohl sie aus der Darstellung der Einzelprogramme bereits hervorgingen. Zweitens sollen bisher eher versteckt gebliebene Aussagen explizit gemacht werden. Drittens sind einige Zukunftsperspektiven der Lexikographie zu formulieren.

(1) Die behandelten Wörterbuchprogramme haben, sofern sie im Kern die deutsche Hochsprache (hier zusammenfassend für alle hochschichtigen Varietäten gebraucht) betreffen, einen gemeinsamen publizistischen Ort: Sie wurden in den bildungssoziologisch führenden Zeitschriften, in den Organen von Akademien und vergleichbaren Institutionen, als Teile von Dichter- und Gelehrtenwerken, in führenden Fachzeitschriften, in einzelnen Fällen auch in eigenen Monographien publiziert, diskutiert und dokumentiert. Sofern varietätenbezogene (in casu: dialektbezogene) Programme vertreten wurden, sank das soziologische Niveau der Publikationsorgane.

(2) Der publizistische Ort der Programmvorstellung und -diskussion spiegelt die Bildungssoziologie der Programmverfasser: Alle hochsprachbezogenen Programme — vom Programm eines neuen Großen Wörterbuches der Deutschen Sprache abgesehen — hatten einen erstaunlich hohen, die beiden dialektbezogenen Programme einen mittelschichtig bis gehobenen soziologischen Ort.

(3) Alle Programme hatten ein fachwissenschaftliches, und zwar a) ein linguistisches, b) ein angewandt linguistisches Anliegen. Diesem Typ von Anliegen entsprechend waren die Hochzeiten der Programmdiskussion zugleich Hochzeiten lexikologischer, darunter wortgeschichtlicher und wortsoziologischer Diskussion. Dabei war die Lexikographie trotz ihres prinzipiell immer als interdependent zu sehenden Verhältnisses zur allgemeinen Sprachtheorie der jeweiligen Zeit eher der gebende als der nehmende Teil.

(4) Neben dem fachwissenschaftlichen Anliegen verfolgen alle Programme fachübergreifende kulturpädagogische Zwecke; zwischen Lexikographie, sprachbezogener Bildungspolitik der jeweiligen Gesellschaft und Kulturpolitik im umfassendsten Sinne des Wortes gab es nie eine natürliche Grenze; für eine lexikographische Diskussion intra muros fehlen überzeugende geschichtliche Beispiele. Diese Tradition sollte unbedingt fortgesetzt werden.

(5) Unter kulturgeographischem Aspekt lagen die Zentren der Diskussion der unter Abschnitt 2 bis 5 behandelten Programme eher im mittleren und nördlichen als im südlichen Deutschland. Eine Territorialisierung der Lexikographie stand trotzdem niemals zur Diskussion. Diese Linie setzt sich im Programm des neuen Großen Wörterbuches der deutschen Sprache fort, indem das Standard- und Fachdeutsch der vier Staaten mit deutschsprachiger Bevölkerungsmehrheit seinen Gegenstand bildet, auch wenn an die Stelle der Territorien des Alten Reiches (Schweiz bis 1648 zugehörig) nunmehr völkerrechtlich und/oder de facto souveräne und sogar verschiedenen Weltblöcken zugehörige Staaten getreten sind. Sprachliche und staatliche Gliederung Mitteleuropas divergieren auch weiterhin, nur anders als früher. Sprachwissenschaft und Lexikographie deshalb staatsgebietsbezogen zu betreiben, ginge an Geschichte und Gegenwart des Deutschen als Sprache vorbei und wäre Provinzialismus.

(6) Die Geschichte lexikographischer Programme in Deutschland ist eine Geschichte des (partiellen) Scheiterns dieser Programme. Diese Aussage ist nicht ausschließlich durch das Thema des vorliegenden Artikels bedingt; realisierte größere Programme sind überhaupt relativ selten (Adelung, Campe, Grimm/Grimm, aspektuell die drei Sechsbänder zum heutigen Deutsch). Schlußfolgerungen aus diesem Befund könnten sein: Man möge sich gar nicht erst an solchen Programmen versuchen; man möge den Rahmen der Programme enger ziehen; man möge zur Vermeidung des Verlustes von Arbeitskraft, Motivation und finanzieller Mittel vor der Programmausführung eine langfristige finanzielle Absicherung erwirken (was aber heute z. B. in der Bundesrepublik illusorisch ist). Man kann aber auch umgekehrt argumentieren, der Gewinn aus einer Programmentwicklung und -diskussion für die Wortgeschichte, -soziologie, Metalexikographie, Sprachwissenschaft und im weiteren Sinne für die Sensibilisierung des öffentlichen Sprachbewußtseins sei so

hoch, daß es gar nicht ausschließlich auf die Fertigstellung des Wörterbuches ankomme; Verzicht gerade auf imperiale Programme sei kultureller Rückschritt; ich teile diese Meinung.

(7) Alle behandelten Programme waren explizit oder von ihrer ganzen Konzeption her auf Teamarbeit angelegt. Verbindet man dieses Faktum mit dem in (6) konstatierten (partiellen) Scheitern der Programme, so könnte man den Schluß ziehen, eine so konzipierte Lexikographie habe — zumindest bei bestimmten Bedingungen, darunter finanziell unzureichender Absicherung, — von vornherein kaum Aussicht auf Erfolg. Auch die Gegenprobe weist in diese Richtung: Alle in der Geschichte des Deutschen fertiggestellten Wörterbücher — und zwar gerade die großen — sind Individualleistungen oder von Autoritäten initiierte und bestimmte Leistungen: Stieler, Kramer, Steinbach, Frisch, Adelung, Sanders, Grimm/Grimm (bis 1861/3), Graff, Benecke/Müller/Zarncke, Lexer; Schmeller, Fischer (Schwäbisches Wörterbuch), Mensing (Schleswig-holsteinisches Wörterbuch), Wossidlo/Teuchert (Mecklenburgisches Wörterbuch), Ziesemer (Preußisches Wörterbuch), Kück (Lüneburger Wörterbuch), Müller (Rheinisches Wörterbuch), Berthold (Hessen-Nassauisches Volkswörterbuch), Mulch/Mulch (Südhessisches Wörterbuch), Krämer (Pfälzisches Wörterbuch), Spangenberg (Thüringisches Wörterbuch), Mitzka (Schlesisches Wörterbuch), Staub/Tobler (Schweizerisches Idiotikon), Dollmayr/Kranzmayer (Bayerisch-Österreichisches Wörterbuch); zur Bibliographie dieser Werke vgl. Niebaum 1979; Friebertshäuser 1976 und 1983; HSK 2.1. Art. 34. Lediglich für die Zeit nach 1945 wie für bestimmte Räume, vor allem die Schweiz, relativiert sich dieses Bild. Wie immer man zu der gerade vorgetragenen Argumentation auch stehen mag: Die fehlende Verantwortlichkeit einer als Autorität anerkannten Einzelpersönlichkeit mag für das Scheitern der Programme eine Rolle gespielt haben; dies wäre für neue Programme zu berücksichtigen.

## 9. Literatur (in Auswahl)

### 9.1. Wörterbücher

*Adelung 1793—1801* = Johann Christoph Adelung: Grammatisch-kritisches Wörterbuch der Hochdeutschen Mundart, mit beständiger Vergleichung der übrigen Mundarten, besonders aber der Oberdeutschen. Zweyte vermehrte und verbesserte Ausgabe. 4 Theile. Leipzig 1793—1801 [Neudruck mit einer Einführung und Bibliographie v. Helmut Henne. Hildesheim. New York 1970; VIII S.; 7695 Sp.].

*Berndt 1787* = Versuch zu einem slesischen Idioticon, nebst einer großen Anzahl anderer veralteten Worte, welche in Documenten und sonderlich bey alten slesischen Dichtern, angetroffen werden. Stendal 1787 [Von Johann George Berndt]. [XXXII; 168 S.].

*Bock 1759* = Idioticon Prussicum oder Entwurf eines Preußischen Wörterbuches, Darin die deutsche Redensarten und Ausdrücke die allein in hiesigem Lande gebräuchlich sind, zusammen getragen und erörtert werden soll, eröfnet v. Johann George Bock. Königsberg 1759 [VI; 86 S.].

*Campe 1807—1811* = Wörterbuch der Deutschen Sprache. Veranstaltet und herausgegeben v. Joachim Heinrich Campe. 5 Theile. Braunschweig 1807—1811 [Nachdruck Hildesheim. New York 1969 mit einer Einleitung und Bibliographie v. Helmut Henne; XXIV; zus. 4964 S.].

*Dähnert 1781* = Johann Carl Dähnert: Platt = Deutsches Wörter = Buch nach der alten und neuen Pommerschen und Rügischen Mundart. Stralsund 1781 [Nachdruck Wiesbaden 1967; 6 ungez.; 562 S.].

*Frisch 1741* = Johann Leonhard Frisch: Teutsch-Lateinisches Wörter-Buch, Darinnen Nicht nur die ursprünglichen, nebst deren davon hergeleiteten und zusammengesetzten allgemein gebräuchlichen Wörter; Sondern auch die bey den meisten Künsten und Handwerken, bey Berg = und Waltzwerken, Fischereyen, Jagd = Forst = und Hauß = Wesen, u. a. m. gewöhnliche Teutsche Benennungen befindlich [...]. Berlin 1741 [Nachdruck mit einer Einführung und Bibliographie v. Gerhard Powitz. Hildesheim. New York 1975; diese auch in Henne 1975, 93—108, XVIII, 1285 S.].

*Fulda 1788* = Versuch einer allgemeinen teutschen Idiotikensammlung, Sammlern und Liebhabern zur Ersparung vergeblicher Mühe bey bereits schon aufgefundenen Wörtern, und zu leichterer eigener Fortsetzung gegeben v. Friedrich Carl Fulda. Berlin. Stettin 1788 [X S.; 608 Sp.].

*Grimm/Grimm 1854—1971* = Deutsches Wörterbuch von Jacob Grimm und Wilhelm Grimm. 16 Bände (in 32 Bänden); Quellenverzeichnis. Leipzig 1854—1971 [Nachdruck München 1984; XCI S.; zus. 67 744 Sp.].

*Idioticon Austriacum* = Idioticon Austriacum, das ist: Mundart der Oesterreicher, oder Kern ächt österreichischer Phrasen und Redensarten. Von A—Z. Zweyte, vermehrte Aufl. [...]. Wien 1824. [131 S.].

*von Klein 1792* = Deutsches Provinzialwörterbuch. 2 Bände. Frankfurt. Leipzig 1792 [Von Anton von Klein]. [X; 291, 252 S.].

*Kramer 1700—1702* = Matthias Kramer: Das herrlich Grosse Teutsch-Italiänische Dictionarium, oder Wort- und Red-Arten-Schatz der unvergleichlichen Hochteutschen Grund- und Hauptsprache [...]. 2 Bände. Nürnberg 1700; 1702 [Nachdruck mit einer Einführung und Bibliographie v. Gerhard Ising. Hildesheim. New York 1975; diese auch in Henne 1975, 59—70; 11 ungez.; 2032 S.].

*Lessing 1759* = Gotthold Ephraim Lessing: Wörterbuch. In: Gotthold Ephraim Lessings sämtliche Schriften. Hrsg. v. Karl Lachmann. Dritte, auf's neue durchgesehene und vermehrte Auflage besorgt durch Franz Muncker. Band 7. Stuttgart 1891, 352—411 [Nachdruck Berlin. New York 1979].

*Reinwald 1793* = Hennebergisches Idiotikon, oder Sammlung der in der gefürsteten Grafschaft Henneberg gebräuchlichen Idiotismen, mit etymologischen Anmerkungen und Vergleichen anderer alten und neuen Germanischen Dialecte, v. W. F. H. Reinwald. Berlin. Stettin 1793 [XVI; 171 S.].

*Richey 1755* = Michael Richey: Idioticon Hamburgense oder Wörter = Buch, zur Erklärung der eigenen, in und um Hamburg gebräuchlichen Nieder = Sächsischen Mund = Art. Jetzo vielfältig vermehrt, vund mit Anmerckungen und Zusätzen Zweener berühmten Männer [...]. Hamburg 1755 [Neudruck Leipzig 1976; 6 ungez.; LII; 480 S.].

*Sanders 1876* = Daniel Sanders: Wörterbuch der Deutschen Sprache. [...]. 2 Bände. 2., unveränderter Nachdruck. Leipzig 1876 [Nachdruck Hildesheim 1969 mit einer Einführung und Bibliographie v. Werner Betz; VIII; zus. 3409 S.].

*Schmeller 1872—1877* = Johann Andreas Schmeller: Bayerisches Wörterbuch. Sammlung von Wörtern und Ausdrücken, die in den lebenden Mundarten sowohl, als in der älteren und ältesten Provincial-Litteratur des Königreichs Bayern [...] üblich sind [...]. 4 Theile. 2., mit des Verfassers Nachträgen vermehrte Auflage bearb. v. Karl Frommann. 2 Bände. München 1872; 1877 [Nachdruck Leipzig 1939; 3. Neudruck Aalen 1973; Sonderausgabe München 1985; zus. XV S.; 3048 Sp.].

*Schmid 1795* = Versuch einer schwäbischen Idioticon, oder Sammlung der in verschiedenen schwäbischen Ländern und Städten gebräuchlichen Idiotismen, mit etymologischen Anmerkungen. Von M. Johann Christoph Schmid. Berlin. Stettin 1795 [142 S.].

*Schmidt 1800* = Westerwäldisches Idiotikon, oder Sammlung der auf dem Westerwalde gebräuchlichen Idiotismen, mit etymologischen Anmerkungen und der Vergleichung anderer alten und neuen Germanischen Dialecte; v. Karl Christian Ludwig Schmidt. Hadamar. Herborn 1800 [XXVI; 348 S.].

*Stieler 1691* = Der Deutschen Sprache Stammbaum und Fortwachs/oder Teutscher Sprachschatz/Worinnen alle und jede teutsche Wurzeln oder Stammwörter/so viel deren annoch bekant und ietzo im Gebrauch seyn/nebst ihrer Ankunft/ abgeleiteten/duppelungen/und vornehmsten Redarten [...] befindlich. [...] von dem Spaten. Nürnberg 1691 [Nachdruck mit einer Einführung und Bibliographie von Gerhard Ising. Hildesheim 1968; diese auch in Henne 1975, 39—58. Weiterer Nachdruck mit einem Vorwort von Stefan Sonderegger. München 1968; 2956; 19 S.].

*Tiling 1767—1771* = Eberhard Tiling: Versuch eines bremisch-niedersächsischen Wörterbuchs, worin nicht nur die in und um Bremen, sondern auch fast in ganz Niedersachsen gebräuchliche und eigenthümliche Mundart nebst den schon veralteten Wörtern und Redensarten in bremischen Gesetzen, Urkunden und Diplomen gesammelt, zugleich auch nach einer behutsamen Sprachforschung, und aus Vergleichung alter und neuer verwandten Dialekte erkläret sind; hrsg. von der Bremischen deutschen Gesellschaft. 5 Theile. Bremen 1767—1771 [Zusätze und Verbesserungen v. L. Dreyer. Bremen 1869. Neudruck Osnabrück 1975; 2052; VII, 424 (Nachtrag) S.].

*Zaupser 1789* = Versuch eines baierischen und oberpfälzischen Idiotikons. Nebst grammatischen Bemerkungen über diese zwo Mundarten, und einer kleinen Sammlung von Sprüchwörtern und Volksliedern. Von Andreas Zaupser. München 1789 [XVI ungez.; 103 S.].

## 9.2. Sonstige Literatur

*Bachofer 1986* = Wolfgang Bachofer: Die Arbeitsstelle des mittelhochdeutschen Wörterbuches am Germanischen Seminar der Universität Hamburg. In: Beiträge zur historischen Lexikographie. Vorträge und Aufsätze zur mhd. und frnhd. Lexikographie. Hrsg. v. Vilmos Ágel/Rainer Paul/Lajos Szalai. Budapest 1986 (Budapester Beiträge zur Germanistik 15), 7—13.

*Barth 1966* = Erhard Barth: Bibliographie. Deutsche Mundartwörterbücher 1945—1965. In: Zeitschrift für Mundartforschung 33. 1966, 190—192.

*Baur 1976* = Gerhard W. Baur: Mundartwörterbücher im alemannischen Sprachraum. In: Alemannica. Landeskundliche Beiträge. Festschrift für Bruno Boesch zum 65. Geburtstag. Bühl/Baden 1976 (Alemannisches Jahrbuch 1973/75), 28—85.

*Berichte 1965* = Berichte über dialektologische Forschungen in der Deutschen Demokratischen Republik. Berlin 1965.

*Beyträge 1732; 1738* = Beyträge zur kritischen Historie der deutschen Sprache, Poesie und Beredsamkeit hrsg. v. einigen Mitgliedern der Deutschen Gesellschaft in Leipzig. [...]. Band 1, 1. Stück, 1732, 55—84; 5, 19. Stück, 1738, 480—488.

*Blackall 1966* = Eric A. Blackall: Die Entwicklung des Deutschen zur Literatursprache 1700—1775. Mit einem Bericht über neue Forschungsergebnisse 1955—1964. Von Dieter Kimpel. Stuttgart 1966.

*Bödiker 1690* = Johann Bödiker: Grund-Sätze der Deutschen Sprache im Reden und Schreiben, samt einem kurtzen Bericht von dem rechten Gebrauch der Vorwörter [...]. Cölln a. d. Spree 1690 [Nachdruck Leipzig 1977 nach der von Leonhard Frisch und Johann Jacob Wippel besorgten Ausgabe Berlin 1746].

*Dietrich 1975* = Margot Dietrich: Dialektwörterbücher — wozu? In: Der Sprachdienst 19. 1975, 73—76.

*Dingeldein 1986* = Heinrich J. Dingeldein: Dialektlexikographie in der Diskussion. Diskussionsbericht und Resümee. In: Friebertshäuser 1986, 221—230.

*Dückert 1987* = Joachim Dückert [Hrsg.]: Das

Grimmsche Wörterbuch. Untersuchungen zur lexikographischen Methodologie. Leipzig 1987.

*Foerste 1960* = William Foerste: Mundartwörterbücher Niederdeutschlands und der angrenzenden Gebiete. In: Niederdeutsches Wort 1. 1960, 32—44.

*Friebertshäuser 1976* = Hans Friebertshäuser (Hrsg.): Dialektlexikographie. Berichte über Stand und Methoden deutscher Dialektwörterbücher. Festgabe für Luise Berthold zum 85. Geburtstag am 27. 1. 1976. Wiesbaden 1978 (Zeitschrift für Dialektologie und Linguistik, Beiheft N. F. 17).

*Friebertshäuser 1983* = Hans Friebertshäuser: Die großlandschaftlichen Wörterbücher der deutschen Dialekte. Areale und lexikologische Beschreibung. In: Dialektologie. Ein Handbuch zur deutschen und allgemeinen Dialektforschung. Hrsg. v. Werner Besch/Ulrich Knoop/Wolfgang Putschke/Herbert Ernst Wiegand. 2. Halbbd. Berlin. New York 1983, 1283—1295 (Handbücher zur Sprach- und Kommunikationswissenschaft 1.2).

*Friebertshäuser 1986* = Hans Friebertshäuser (Hrsg.) unter Mitarbeit v. Heinrich J. Dingeldein: Lexikographie der Dialekte. Beiträge zu Geschichte, Theorie und Praxis. Tübingen 1986 (Reihe Germanistische Linguistik 59).

*Frisch 1723* = Johann Leonhard Frisch: Specimen Lexici Germanici oder Ein Entwurf sampt einem Exempel wie er sein teutsches Wörter=Buch einrichtet. [. . .]. Berlin 1723.

*Gessinger 1980* = Joachim Gessinger: Sprache und Bürgertum. Zur Sozialgeschichte sprachlicher Verkehrsformen im Deutschland des 18. Jahrhunderts. Stuttgart 1980.

*Gottsched 1758* = Hrn. Johann Christoph Gottscheds [...] Beobachtungen über den Gebrauch und Misbrauch vieler deutscher Wörter und Redensarten. Straßburg. Leipzig 1758 [Abdruck in J. H. Slangen, s. d.].

*Gottsched 1762* = Johann Christoph Gottsched. Ausgewählte Werke. Hrsg. v. P. M. Mitchell. Band 8 bearb. v. Herbert Penzl: Deutsche Sprachkunst (5. Auflage, Leipzig 1762). Berlin. New York 1978 (Ausgaben deutscher Literatur des XV. bis XVIII. Jahrhunderts).

*Große 1958* = Rudolf Große: Zu den Methoden der Materialsammlung für Mundartwörterbücher. In: Forschungen und Fortschritte 32. 1958, 312—317.

*Gueintz 1640* = Schriftwechsel des Ordnenden [Gueintz] mit dem Nährenden [Fürst Ludwig]. In: Krause (s. d.) 1855, 241—278.

*Harnack 1900* = Adolf Harnack: Geschichte der königlichen preußischen Akademie der Wissenschaften zu Berlin. 4 Bände. Berlin 1900.

*Harsdörffer 1644* = Schutzschrift/für die Teutsche Spracharbeit/und Derselben Beflissene: Zu einer Zugabe/den Gesprächspielen angefüget. durch den Spielenden. In: Fravenzimmer Gesprechspiele [. . .]. Nürnberg 1644. [Anhang].

*Harsdörffer 1648* = Des Spielenden [Harsdörffer] Unvergreiffliches wolgemeintes Bedencken, Wie ein Teutsches Dictionarium oder wortbuch Zuverabfassen. Titel. Vollständiges Wortbuch in welchem die Majestetische Deutsche Haubtsprache aus ihren gründen kunstfüglich erhoben, nach ihrer angeborenen Eigenschafften eingerichtet, mit ihren stammwörtern, Ableitungen und verdopplung ausgezieret, und durch lehrreiche Sprüche, Hofreden, Gleichnisz und redarten erklärt, Zum erstenmahl an das licht gesetzet wird. Allen Geistlichen und weltlichen, Gesanden, Sachwaltern, Rednern, Poeten und liebhabern unsrer Sprache nöthig und nützlich. Durch Etliche Mitglieder der Hochlöblichen Fruchtbringenden Gesellschaft. In: Krause 1855, 387—392.

*Henne 1968* = Helmut Henne: Deutsche Lexikographie und Sprachnorm im 17. und 18. Jahrhundert. In: Wortgeographie und Gesellschaft. Hrsg. v. Walther Mitzka. Festgabe für Ludwig Erich Schmitt zum 60. Geburtstag am 10. Februar 1968. Berlin 1968, 80—114 [Nachdruck in Henne 1975, 3—37; Erwähnungen nach dem Nachdruck].

*Henne 1975* = Helmut Henne (Hrsg.): Deutsche Wörterbücher des 17. und 18. Jahrhunderts. Einführung und Bibliographie. Hildesheim. New York 1975.

*Henne/Weinrich 1976a* = Helmut Henne/Harald Weinrich: Projekt eines neuen Großen Wörterbuchs der deutschen sprache. Thesen, kommentar und bericht über zwei projektkonferenzen am 12./13. Dezember 1975 und 7. Februar 1976 in Bad Homburg. In: Zeitschrift für Germanistische Linguistik 4. 1976, 55—64.

*Henne/Weinrich 1976b* = Helmut Henne/Harald Weinrich: Zwanzig Thesen über ein neues großes Wörterbuch der deutschen Sprache. Zugleich ein Bericht über zwei weitere Projektkonferenzen am 28./29. Mai und 25./26. Juni 1976 in Bad Homburg. In: Zeitschrift für Germanistische Linguistik 4. 1976, 339—349.

*Henne/Mentrup/Möhn/Weinrich 1978* = Helmut Henne/Wolfgang Mentrup/Dieter Möhn/Harald Weinrich (Hrsg.): Interdisziplinäres Wörterbuch in der Diskussion. Düsseldorf 1978 (Sprache der Gegenwart 45).

*Hübner 1940* = Arthur Hübner: Lessings Plan eines deutschen Wörterbuchs. In: Ders., Kleine Schriften zur deutschen Philologie. Berlin 1940, 235—245.

*Jablonski 1711* = Daniel Ernst Jablonski: Entwurf eines deutschen, von der Preussischen Societät der Wissenschaften herauszugebenden Wörterbuchs, verfasst v. D. E. Jablonski (1711). In: Harnack 1900. Band 2, 223—225.

*Josten 1976* = Dirk Josten: Sprachvorbild und Sprachnorm im Urteil des 16. und 17. Jahrhunderts. Sprachlandschaftliche Prioritäten. Sprachautoritäten. Sprachimmanente Argumentation. Bern. Frankfurt/M. 1976 (Europäische Hochschulschriften. Reihe I, 152).

*Kirkness 1975* = Alan Kirkness: Zur Sprachreinigung im Deutschen 1789—1871. Eine historische Dokumentation. 2 Teile. Tübingen 1975.

*Kirkness 1980* = Alan Kirkness: Geschichte des deutschen Wörterbuches 1838—1863. Dokumente zu den Lexikographen Grimm. Mit einem Beitrag v. Ludwig Denecke. Stuttgart 1980.

*Klopstock 1774* = Friedrich Gottlieb Klopstock: Die deutsche Gelehrtenrepublik, ihre Einrichtung, ihre Gesetze, Geschichte des letzten Landtages. In: Klopstock's sämmtliche Werke 8. Leipzig 1856 [S. 231—232: Von einem zu schreibenden deutschen Wörterbuche].

*Krause 1855* = G[ottlieb] Krause (Hrsg.): Der Fruchtbringenden Gesellschaft ältester Ertzschrein. Briefe, Devisen und anderweitige Schriftstücke. Leipzig 1855 [Nachdruck Hildesheim. New York 1973].

*Kühn 1987* = Peter Kühn: Johann Siegmund Valentin Popowitschs „Versuch einer Vereinigung der Mundarten von Teutschland". Ein Beitrag zur Mundartlexikographie im 18. Jahrhundert. In: Studien zur Dialektologie I. Hrsg. v. Ulrich Knoop. Hildesheim. Zürich. New York 1987, 81—148 (Germanistische Linguistik 91—92, 1987).

*Leibniz 1697* = Gottfried Wilhelm Leibniz: Unvorgreiffliche Gedancken, betreffend die Ausübung und Verbesserung der Teutschen Sprache. In: August Schmarsow (Hrsg.), Leibniz und Schottelius. Straßburg 1877, 44—92 (Quellen und Forschungen zur Sprach- und Kulturgeschichte der germanischen Völker 23).

*Mitzka 1937* = Walther Mitzka: Die landschaftlichen deutschen Mundartwörterbücher. In: Zeitschrift für Mundartforschung 13. 1937, 91—99.

*Mollay 1988* = Karl Mollay: Das Wörterbuch des Frühneuhochdeutschen in Ungarn. In: Mittelhochdeutsches Wörterbuch in der Diskussion. Symposium zur mittelhochdeutschen Lexikographie Hamburg, Oktober 1985. Hrsg. v. Wolfgang Bachofer. Tübingen 1988 (Reihe Germanistische Linguistik 84), 27—30.

*Niebaum 1979a* = Hermann Niebaum: Beiträge zur Geschichte der westfälischen Lexikographie (1750—1850). In: Gedenkschrift für Heinrich Wesche. Hrsg. v. Wolfgang Kramer/Ulrich Scheuermann/Dieter Stellmacher. Neumünster 1979, 165—201.

*Niebaum 1979b* = Hermann Niebaum: Deutsche Dialektwörterbücher. In: Deutsche Sprache 7. 1979, 345—373.

*Paul 1986* = Rainer Paul: Überlegungen zu den Grundlagen des „Wörterbuches des Frühneuhochdeutschen in Ungarn" (WFU). In: Beiträge zur historischen Lexikographie. Vorträge und Aufsätze zur mhd. und frnhd. Lexikographie. Hrsg. v. Vilmos Ágel/Rainer Paul/Lajos Szalai. Budapest 1986, 129—145 (Budapester Beiträge zur Germanistik 15).

*Püschel 1987* = Ulrich Püschel: Friedrich Carl Fuldas „IdiotikenSammlung". In: Studien zur Dialektologie I. Hrsg. v. Ulrich Knoop. Hildesheim. Zürich. New York 1987 (Germanistische Linguistik 91—92, 1987), 43—80.

*Radloff 1827* = J. G. Radloff's [...] teutsch-kundliche Forschungen und Erheiterungen für Gebildete. Band 3. Berlin 1827.

*Reichmann 1978* = Oskar Reichmann: Deutsche Nationalsprache. Eine kritische Darstellung. In: Germanistische Linguistik 2—5. 1978, 389—423.

*Reichmann 1988* = Oskar Reichmann unter Mitwirkung von Christiane Burgi/Martin Kaufhold/Claudia Schäfer: Zur Vertikalisierung des Varietätenspektrums in der jüngeren Sprachgeschichte des Deutschen. In: Deutscher Wortschatz. Lexikologische Studien. Ludwig Erich Schmitt zum 80. Geburtstag von seinen Marburger Schülern. Hrsg. v. Horst Haider Munske [u. a.]. Berlin. New York 1988, 151—180.

*Sanders 1852—1853* = Daniel Sanders: Das deutsche Wörterbuch von Jakob Grimm und Wilhelm Grimm, kritisch beleuchtet. 2 Hefte. Hamburg 1852; 1853.

*Schmitt 1965* = Ludwig Erich Schmitt: Regionale Dialektologie der deutschen Sprache. Arbeitsberichte der Forschungsunternehmen. In: Zeitschrift für Mundartforschung 32. 1965, 99—165.

*Scholz 1933* = Adolf Scholz: Deutsche Mundartwörterbücher. Versuch einer Darstellung ihres systematisch-historischen Werdegangs vom Anbeginn bis zum Ende des 18. Jahrhunderts. Leipzig 1933.

*Schottelius 1641* = Iusti-Georgii Schottelii Einbeccensis, Teutsche Sprachkunst/Darinn die Allerwortreichste / Prächtigste / reinlichste / vollkommene/Uhralte Hauptsprache der Teutschen auß ihren Gründen erhoben/dero Eigenschaften und Kunstsťúcke völliglich entdeckt/und also in eine richtige Form der Kunst zum ersten Mahle gebracht worden. Abgetheilet in Drey Bůcher. Braunschweig [...] 1641.

*Schottelius 1651* = Iusti-Georgii Schottelii J. V. D. Teutsche Sprach Kunst/Vielfältig vermehret und verbessert [...]. Zum andern mahle heraus gegeben im Jahr 1651. Braunschweig.

*Schottelius 1663* = Justus Georg Schottelius: Ausführliche Arbeit von der Teutschen HauptSprache. 1663. Hrsg. v. Wolfgang Hecht. 2 Teile. Tübingen 1967 (Deutsche Neudrucke. Reihe Barock 12).

*Slangen 1955* = Johann H. Slangen: Johann Christoph Gottsched. Beobachtungen über den Gebrauch und Mißbrauch vieler deutscher Wörter und Redensarten. Straßburg und Leipzig 1758. Utrecht 1955.

*Stellmacher 1986* = Dieter Stellmacher: Der Benutzer des Dialektwörterbuchs. Gibt es eine Antwort auf die ungeklärte Frage der Wörterbuchforschung (Metalexikographie)? In: Friebertshäuser 1986, 35—46.

*Teuchert 1914* = Hermann Teuchert: Mitteilung der Schriftleitung. In: Zeitschrift für deutsche Mundarten 1914, 187—188.

*Vogt 1961* = Heinrich L. Vogt: Das mittelhochdeutsche Wörterbuch. Editionsgrundsätze und Probeartikel. In: Zeitschrift für deutsche Philologie 80. 1961, 253—272.

*Wiegand 1986* = Herbert Ernst Wiegand: Dialekt und Standardsprache im Dialektwörterbuch und standardsprachlichen Wörterbuch. In: Friebertshäuser 1986, 185—210.

*Wiegand 1988* = Herbert Ernst Wiegand: Bibliographie zur Wörterbuchforschung von 1945 bis auf die Gegenwart. 2200 Titel. Ausgewählt aus germanistischer Perspektive. In: Studien zur neuhochdeutschen Lexikographie VI. 2. Teilbd. Mit einem Namen- und Sachregister zu den Bänden I—VI sowie einer Bibliographie zur Wörterbuchforschung. Hrsg. v. Herbert Ernst Wiegand. Hildesheim. Zürich. New York 1988 (Germanistische Linguistik 87—90), 627—821.

*Wieland 1782* = Christoph Martin Wieland: Über die Frage Was ist Hochdeutsch? und einige damit verwandte Gegenstände. 1782. In: Wielands Gesammelte Schriften. 1. Abt. Band 22. Berlin 1954, 399—428.

*Oskar Reichmann, Heidelberg*
*(Bundesrepublik Deutschland)*

## 29. Der gegenwärtige Status der Lexikographie und ihr Verhältnis zu anderen Disziplinen

1. Vorbemerkung
2. Zum gegenwärtigen Status der Lexikographie
3. Überlegungen zum Begriff der Disziplin
4. Zum Verhältnis der Lexikographie zu anderen Disziplinen
5. Die Wörterbuchforschung als akademische Disziplin
6. Resümee: der Status der Lexikographie als Praxis und das Verhältnis der wissenschaftlichen Lexikographie zu den akademischen Disziplinen
7. Literatur (in Auswahl)

### 1. Vorbemerkung

Das Thema verlangt eine Bearbeitung von wenigstens den folgenden drei Fragen:

(i) Was versteht man gegenwärtig unter Lexikographie?

(ii) Was kann unter einer Disziplin verstanden werden?

(iii) Wie sind die Beziehungen der gegenwärtigen Lexikographie zu anderen Disziplinen?

Die Darstellung basiert durchgehend auf Wiegand 1989 a (vgl. aber 3.).

### 2. Zum gegenwärtigen Status der Lexikographie

Um den gegenwärtigen Status der Lexikographie charakterisieren zu können, wird der Frage, was man unter Lexikographie versteht, dadurch nachgegangen, daß der Gebrauch von *Lexikographie* besonders in neueren deutschen Fachtexten sowie der entsprechender Wortäquivalente in Fachtexten anderer Sprachen untersucht wird; darüber hinaus werden auch Nachschlagewerke berücksichtigt.

Mit Rücksicht auf den locus publicandi können die untersuchten Textstellen (es handelt sich um über 100; vgl. Wiegand 1989 a) nicht extensiv dokumentiert werden; man vgl. hierzu auch die Zitatenzusammenstellungen und deren Kommentierungen bei Doroszewski 1973, 23—37, die historisch weit zurückreicht; bei Rey 1977, 169 ff.; Al-Kasimi 1977, 1—5; Wiegand 1983 b, 36—41; Quemada 1987; Schaeder 1987 a, 108—128 und Schaeder 1987 b. Da es in diesem Artikel lediglich um die Sprachlexikographie geht, die sich von den anderen Lexikographiearten, insbesondere von der Sach- und Allbuchlexikographie eindeutig abgrenzen läßt (vgl. Wiegand 1988 a, 733—750 u. 1989 a), werden nur Textstellen berücksichtigt, in denen mit *Lexikographie* (und mit entsprechenden nichtdeutschen Wortäquivalenten) auf die Sprachlexikographie Bezug genommen wird. Wenn der nachfolgende Text keine andere Semantisierung erforderlich macht, wird mit *Lexikographie* stets auf die Sprachlexikographie Bezug genommen.

#### 2.1. Negative Statusbestimmungen: was die Lexikographie nicht ist

Die für den gegenwärtigen Status der Lexikographie entscheidende Frage, ob die Lexikographie eine Wissenschaft sei, wird von den Lexikographen selbst sehr unterschiedlich beantwortet, und insbesondere gibt es eine überraschende Diskrepanz bei den Auffassungen in ihren Texten außerhalb von Nachschlagewerken einerseits und in Wörterbuchartikeln zu *Lexikographie* und *Lexikograph* andererseits.

Für eine ganze Reihe von erfahrenen Lexikographen der Gegenwart ist die Lexikographie keine Wissenschaft, z. B. für Bahr (1978, 98), Störig (1985, 183 f.), Tollenaere (1979, 119 u. 1980, 17—19). Während für Bahr die Lexikographie eine Wissenschaft werden kann, ist selbst dies für Gove ausgeschlossen; er schreibt:

Zitat 1: „Lexicography is not yet a science. It may never be. It is an intricate and subtle and sometimes overpowering art, requiring subjective analysis, arbitrary decisions and intuitive reasoning" (1967, 7).

Rund 13 Jahre später ist für Olšanski (1979, 3) die Lexikographie gerade dabei, sich in eine „selbständige wissenschaftliche Disziplin" zu verwandeln. Nicht nur für Lexikographen, sondern auch für zahlreiche Sprachwissenschaftler ist die Lexikographie keine Wissenschaft. Für Ullmann (1962, 30) ist sie lediglich eine "special technique", für Vennemann/Jacobs (1982, 61) eine „praktische Betätigung" und für Haensch (1984, 118 f.) eine „praktische Tätigkeit", die explizit von der „wissenschaftlichen Theorie der Lexikographie" unterschieden wird. Zahlreiche Lexikographen und Linguisten, für die die Lexikographie keine Wissenschaft ist, weisen ihr einen unbestimmten Status zu, der sozusagen „irgendwo zwischen" praktischer Betätigung und Wissenschaft zu suchen ist. Sie charakterisieren dann — wie schon Gove im Zitat 1 — die Lexikographie als *art* (vgl. z. B. Casares 1950, 11; Gelb 1958, 65; Lakoff 1973, 144); der Untertitel von Landau 1984 lautet, "The Art and Craft of Lexicography". Eine adäquate Wort-für-Wort-Übersetzung dieses Untertitels ins Deutsche ist nicht möglich. Mit *art and craft* ist das Beieinander von individuellem Können und kreativer Geschicklichkeit einerseits sowie erlernbaren handwerklichen Fertigkeiten andererseits gemeint.

In deutschen Texten wird die Lexikographie häufig als Handwerk charakterisiert (vgl. Tollenaere 1979, 119; Müller 1984, 362), und es findet sich eine deutlich ausgeprägte Handwerk-Metaphorik. So machen z. B. nur Lexikographen Werkstattberichte. Häufig — besonders auch in einsprachigen Wörterbüchern verschiedener Art (z. B. Ullstein-LdS, Knaurs-GW, Knaurs-EL, Knaurs-FL, GD 1981, BW, GFW, Duden-1, Herders Sprachbuch 1973, und Wahrig-⁵DW) — wird die Lexikographie als eine Lehre bezeichnet, vereinzelt auch als Wörterbuchkunde (z. B. in Mackensen 1977), wodurch sie ebenfalls einen unbestimmten Status zwischen praktischer Betätigung und Wissenschaft erhält. Allen bisher erwähnten Auffassungen ist gemeinsam, daß die Lexikographie keine Wissenschaft ist.

Die gegenteilige Auffassung, sie sei eine selbständige Wissenschaft oder eine wissenschaftliche Disziplin, ist jedoch ebenfalls reich belegt (vgl. z. B. Quemada in Tollenaere 1980, 27.; implizit Schippan 1984, 47). Für Ginzburg et al. (1966, 249) ist Lexikographie "the science of dictionary-compiling" und Lewkowskaja schreibt:

Zitat 2: „Die Lexikographie ist kein Zweig der Lexikologie, sondern eine selbständige, sich mit der Lexikologie auf engste berührende Wissenschaft." (1968, 266)

Eine Sichtung einschlägiger Texte ergibt also, daß der Gebrauch von *Lexikographie* und seiner englischen und französischen Wortäquivalente — bezugssemantisch gesehen — relativ stark schwankt und daß eine Stabilisierung "in the sense of the 'art and science of the dictionary'" (wie Quemada 1987, 229 meint) gerade nicht eingetreten ist, so daß derzeit auch kein einheitlicher Begriff von Lexikographie gegeben ist. Semantisch ausgedrückt heißt das: relativ zu usuellen, fachlichen Benennungskontexten (i. S. v. Wiegand 1985) ist unentschieden, ob entweder *Wissenschaft* oder *Handwerk* oder *Lehre* ein Hyperonym zu *Lexikographie* ist oder anders ausgedrückt: Die Experten sind sich über den Status der Lexikographie derzeit nicht einig. Es muß daher eine Klärung versucht werden.

Der Frage, ob und in welchem Sinne die Lexikographie eine Lehre ist, gründlicher nachzugehen, lohnt sich kaum (vgl. Wiegand 1989 a). Ähnliches gilt für die Auffassung, sie sei ein Handwerk. Genauso wie man z. B. sagen kann, daß dieser Arzt (sich auf) sein Handwerk versteht oder daß dieser Lehrer sein Handwerk nicht beherrscht, so kann man z. B. sagen, daß einige Lexikographen mit der Erstellung des BW gezeigt haben, daß sie ihr Handwerk nicht gut beherrschen (vgl. Wiegand/Kučera 1981 u. 1982). Aus diesem Gebrauch von *Handwerk* als Teil von Phrasemen kann offensichtlich nicht gefolgert werden, daß Ärzte oder Lehrer Handwerker sind oder ein Handwerk ausüben. Auch Lexikographen üben eben (wenigstens in den allermeisten Ländern) gerade kein richtiges Handwerk aus; es gibt keine Lexikographielehrlinge (oder Auszubildende), keine -gesellen und -meister, keine geregelte Ausbildung und keine Prüfungen wie in jedem vernünftigen Handwerk. Die Auffassung, die Lexikographie sei ein Handwerk, muß daher als Statusbestimmung — auch im Interesse der Lexikographen — ausdrücklich zurückgewiesen werden. Auf deutschen Arbeitsämtern ist *Lexikograph* als Berufsbezeichnung unbekannt.

Nur scheinbar schwieriger zu beantworten ist die Frage, ob die Lexikographie eine Wissenschaft ist oder nicht. Glaubt man den neueren einsprachigen Wörterbüchern des Deutschen, dann ist Lexikographie eine Wissenschaft, und wahrscheinlich ist das WDG das erste bedeutende deutsche Wörterbuch, das sie dazu macht. Wie könnte auch an einer deutschen Akademie etwas anderes als Wissenschaft betrieben werden? Die verdichtete Bedeutungsparaphrasenangabe (v. BP²A i. S. v. Art. 44), aus der zwei lexikalische Paraphrasen zum Lemmazeichen erschlossen werden können, lautet: *„Wissenschaft von der Zusammenstellung eines Wörterbuches, Lexikons."* Im HWDG lautet sie: *„Wissenschaft von der Zusammenstellung und Erklärung des Wortschatzes in Wörterbüchern und Lexika."*

Relativ zu dem tatsächlich stark schwankenden Sprachgebrauch sind diese Bedeutungsparaphrasenangaben zu einseitig, denn nur eine Auffassung wird berücksichtigt. Nicht alle neueren Wörterbücher sind dieser Linie gefolgt, und auch in großen Sachwörterbüchern ist die Lexikographie meistens noch nicht zur Wissenschaft avanciert. Sie wahren vielmehr die ältere Beschreibungstradition, wie sie sich z. B. in Weigand/Hirt findet, und geben das Synonym *Wörterbuchschreibung* oder wie Pekrun 1933 *Wörterbuchverfassung* oder wie NDW *Wörterbuchabfassung* als Bedeutungsangabe an (vgl. Wiegand 1989 a).

Da die Lexikographen, welche *Lexikographie* als Hyponym zu *Wissenschaft* erläutern, relativ zum belegten Sprachgebrauch nicht korrekt gearbeitet haben, können die entsprechenden Wörterbücher für die Statusbestimmung der Lexikographie nicht maßgeblich sein.

Offenbar setzt eine Antwort auf die Frage, ob die Lexikographie eine Wissenschaft ist, eine Antwort auf die Frage voraus, was als Wissenschaft gelten soll. Auf die letztere Frage kann jedoch keine allgemein verbindliche Antwort gegeben werden, da ein einheitlicher Wissenschaftsbegriff nicht gegeben ist (vgl. z. B. Diemer 1964 mit Wohlgenannt 1969), und auch unter Praxis Verschiedenes verstanden wird (vgl. z. B. Hartung 1987). Allerdings lassen sich bei den verschiedenen Wissenschaftsauffassungen der Neuzeit einige gemeinsame Merkmale aufzeigen. Eines dieser Merkmale, das hier wichtig wird, ist das folgende: Eine menschliche Tätigkeit, die als wissenschaftliche gilt, hat — zwar nicht in jedem einzelnen ihrer Aspekte und in jeder einzelnen als eine bestimmte Handlung interpretierbaren Aktivität — insgesamt jedoch das Ziel, einen Ausschnitt zu einer Theorie, eine Teiltheorie oder gar eine vollständige Theorie zu erarbeiten, die sich auf einen bestimmten wissenschaftlichen Gegenstand beziehen. Wissenschaftliche Tätigkeit (und zwar solche, die nicht unmittelbar auf „Anwendung" bezogen ist) hat stets einen theoriebildenden Zug. Die verschiedenen Wissenschaften lassen sich als Versuche verstehen, über alltägliches Wissen, über Alltagstheorien systematisch hinauszugehen, um zur zusammenhängenden theoretischen Erkenntnis von je bestimmten Weltausschnitten zu gelangen. Die Lexikographie hat mit einem solchen Streben nichts zu tun. Die genuin lexikographische Tätigkeit — und hierzu gehört nicht jede Handlung, die Lexikographen ausführen (vgl. Wiegand 1989 a) — ist und war insgesamt nie darauf ausgerichtet, Theorien zu erarbeiten, sondern darauf, daß Wörterbücher als Gebrauchsgegenstände entstehen. Weder die verschiedenen Zwischenergebnisse in einem lexikographischen Prozeß, der als ein spezieller Fall eines informationsverarbeitenden Prozesses angesehen werden kann (vgl. Lemnitzer 1988), noch die Endergebnisse, die Wörterbücher, lassen sich als Theorien verstehen. Damit ist natürlich weder gesagt, daß Theorien oder Teile von solchen oder aus ihnen abgeleitete Methoden bei der Planung und Erarbeitung von Wörterbüchern keine Rolle spielen, noch daß ein lexikographischer Prozeß als ein Feld von Herstellungshandlungen in sich reflexionslos ist.

Rechnet man zur Lexikographie alle genuin lexikographischen Tätigkeiten sowie alle deren Ergebnisse einschließlich dem Endergebnis, so daß also das prozeßexterne Schreiben über die Lexikographie (das natürlich auch von Lexikographen ausgeführt werden kann und ausgeführt worden ist) nicht zur Lexikographie zählt, dann muß man feststellen: Die (so verstandene) Lexikographie war nie eine Wissenschaft, ist derzeit keine und wird wahrscheinlich nie eine werden. Diese Auffassung entspricht der von Gove (vgl. Zitat 1); allerdings ist sie ganz anders begründet. Für Gove spielen in der Lexikographie subjektive Analysen, ad-hoc-Entscheidungen und intuitives Vorgehen eine wichtige Rolle, was offenbar mit seinem Begriff von science nicht verträglich ist. Die von

Gove angeführten Denk- und Handlungsweisen können m. E. keine Gründe sein, um der Lexikographie den Status einer Wissenschaft abzusprechen, denn sie treten in jeder Wissenschaft auf, insbesondere können Wissenschaften — und dies gilt sogar für die Mathematik und die Naturwissenschaften — ohne "intuitive reasoning" nicht auskommen, und außerdem sind sie keine Einrichtungen, in denen die Vernunft die Alleinherrschaft hat. Der entscheidende Grund ist vielmehr der, daß das Ziel der Lexikographie nicht darin besteht, theoretische Erkenntnisse von Weltausschnitten zu erlangen und erklärende wissenschaftliche Theorien zu erarbeiten. In der Sprachlexikographie geht es gerade nicht um eine zusammenhängende theoretische Erkenntnis von Sprachen oder Sprachausschnitten, sondern um die mehr oder weniger stark parzellierte, weil zugriffsfreundliche Präsentation von Wissen über Sprachen.

Wenn die Lexikographie schon keine Wissenschaft ist, ist sie dann vielleicht eine sog. angewandte Wissenschaft? Viele Autoren sind dieser Auffassung (vgl. Bakos 1983, 129 f.). Quemada führt aus:

Zitat 3: "Lexicography which, until recently, had been limited to the art of making dictionaries is on the verge of becoming not only a technique in its own right, surer of itself, of its resources and its limitations, but for certain authors, if not a science, then at least an applied science" (1972, 427).

Eine Einschränkung der Auffassung, Lexikographie sei eine angewandte Wissenschaft, vertreten diejenigen Autoren, für die Lexikographie sog. angewandte Sprachwissenschaft oder sog. angewandte Linguistik ist (vgl. z. B. Meier 1969, 141; Liebold 1975, 304; Malkiel 1971, 363). Bakos stellt fest:

Zitat 4: „Es setzte sich allgemein die Ansicht durch, die die Lexikographie als einen Zweig der angewandten Sprachwissenschaft betrachtet; es fragt sich aber, ob sich die Lexikographie bloß auf diese reduzieren läßt" (Bakos 1983, 129).

Das ist allerdings die Frage, die sich nur beantworten läßt, wenn man angeben kann, was unter sog. angewandter Linguistik oder Sprachwissenschaft verstanden werden soll. Dies ist jedoch vollkommen unklar (vgl. z. B. Back 1970), schon die Bezeichnung *Angewandte Linguistik* oder *applied linguistics* ist irreführend (vgl. HdL 1975, 30 u. Courchêne 1984). Die Linguistik ist eine wissenschaftliche Disziplin, und Disziplinen kann man nicht anwenden. Man kann bestenfalls bestimmte Theorien, Teiltheorien, Theoriefragmente, Methoden oder Methodenkombinationen „anwenden". Bei keinem der Gebiete, die üblicherweise zur sog. angewandten Linguistik gerechnet werden, werden ausschließlich linguistische Theorien „angewandt". Es gibt überhaupt keine Praxisfelder, die allein dadurch bestimmbar sind, daß wissenschaftliche Theorien angewendet werden, und Praxisfelder können nicht dadurch hinreichend charakterisiert werden, daß man sie als Anwendung lediglich einer oder mehrerer wissenschaftlicher Theorien begreift. Weder die genuin lexikographischen Tätigkeiten noch die Tätigkeiten des Lexikographen bestehen nur darin, daß linguistische Theorien und Methoden „angewendet" werden (vgl. hierzu Barnhart 1967). Schließlich muß auch gefragt werden, welche Theorien denn angewendet werden sollen und selbst wenn hierüber entschieden wäre, käme durch bloße sog. Anwendung von Theorien sicherlich kein Wörterbuch zustande. Auch darf man die Deutung von Ausschnitten aus der lexikographischen Praxis im Lichte einer linguistischen Theorie nicht für eine Anwendung dieser Theorie i n der Lexikographie halten; vielmehr handelt es sich hierbei allenfalls um eine „Anwendung" dieser Theorie a u f die Lexikographie. Selbst wenn eine solche Art der Anwendung von Theorien auf die Lexikographie zu Erkenntnissen führt (vgl. z. B. Art. 44, 2.), folgt daraus keineswegs, daß diese Theorie i n der Lexikographie anwendbar ist.

Die Statusbestimmung, Lexikographie sei angewandte Linguistik, ist genauso wie die noch weiter eingeschränkte, Lexikographie sei angewandte Lexikologie (vgl. Crystal 1980, 210) oder gar angewandte Semasiologie (vgl. Pasch 1987 als Antwort auf Lerchner 1983), viel zu einseitig und leicht mißverständlich; sie ist daher unbrauchbar (vgl. auch Schaeder 1987a, 122). Natürlich können in der Lexikographie Ergebnisse aus der Linguistik verwertet oder bestimmte Methoden aus der Semasiologie angewandt werden; nur dadurch wird die Lexikographie noch nicht zur angewandten Linguistik oder zur angewandten Semasiologie. Denn es werden auch Methoden der Statistik angewendet (vgl. z. B. Alekseev 1984), bei Autorenwörterbüchern auch Ergebnisse der Literaturwissenschaft (vgl. Art. 164), bei fachlichen Sprachwörterbüchern (i. S. v. Wiegand 1988a, 761 ff.) Ergebnisse z. B. der Medizin oder Jurisprudenz verwertet (vgl. z. B. Sube 1985). Wer gedankenlose Feststellungen der Form 'Lexikographie ist angewandte X' (mit

„X" als Variable für Bezeichnungen von Einzelwissenschaften, Disziplinen und Subdisziplinen) verbreitet, wird bereits bei den einfachsten Rückfragen seine Position mit Argumenten nur schlecht verteidigen können. Wieso ist die Erarbeitung eines Häufigkeitswörterbuchs angewandte Semasiologie? Wieso ist die Erstellung eines Zitatenwörterbuchs angewandte Linguistik? Was hat die Formulierung der phonetischen Angaben oder der Satzmusterangaben in einem allgemeinen einsprachigen Wörterbuch mit angewandter Semasiologie zu tun? Wieso ist die Formulierung der Außentexte angewandte Lexikologie? Man kann hier über Seiten weiterfragen. — Der gegenwärtige Status der Lexikographie ist nicht hinreichend charakterisiert, wenn man sie nur als e i n e angewandte Wissenschaft, Disziplin oder Subdisziplin auffaßt. Der Status der Lexikographie muß differenzierter charakterisiert werden.

Schließlich findet sich noch die relativ weit verbreitete Auffassung, die Lexikographie sei ein Zweig (oder eine Unterdisziplin) der Lexikologie (vgl. z. B. Henne 1972, 35; Iskos/Lenkowa 1963, 258; Bondzio 1980, 182). Wie man Lexikologie im einzelnen auch immer bestimmen mag: auch diese Statusbestimmung ist viel zu eng, und sie ist nicht einmal dann hinreichend, wenn man nur die allgemeinen einsprachigen Wörterbücher betrachtet. Wieso soll beispielsweise ein Gestenwörterbuch oder ein Aussprachewörterbuch, ein Reisewörterbuch oder ein Reimwörterbuch von einer Disziplin erarbeitet werden, die eine Subdisziplin der Lexikologie ist? Die Lexikographie kann nicht als ein Zweig der Lexikologie gelten. Auch ist es heute zu einseitig, die Lexikologie als die Grundlage für die Lexikographie aufzufassen (vgl. z. B. Conrad 1969, 58), eine Ansicht, die offenbar an die in zahlreichen Nachschlagewerken nachweisbare und nachwirkende ältere Auffassung anschließt, die Lexikologie sei die Lehre von der Abfassung von Lexika und Wörterbüchern (vgl. Wessely-Schmidt 1925 u. Hiller 1980). Für Frequenzwörterbücher z. B. ist eher die Statistik die Grundlage (Alekseev 1984), für das Wörterbuch zu Goethes West-Östlichem Divan (Dill 1987) auch die Goethe-Philologie, für das geplante Deutsche Klassikerwörterbuch (vgl. hierzu Wiegand 1989 d) auch die germanistische Literaturwissenschaft, und für die verschiedenen Valenzwörterbücher (z. B. ViF) sind es auch Grammatiken bzw. Grammatiktheorien. Historisch gesehen, ist die Lexikographie älter als die Lexikologie (vgl. z. B. für das Deutsche Wiegand 1985 a), so daß man auch nicht sagen kann, die Lexikographie setze Lexikologie immer schon voraus (so Schaeder 1981, 3). Zwischen der Lexikologie und der Lexikographie gibt es ein wechselseitiges Geben und Nehmen, und dieses Verhältnis ist historisch unterschiedlich gewichtet; betrachtet man die gesamte gegenwärtige Lexikographie und ihr Verhältnis zu anderen Gebieten, dann kommt der Lexikologie (in ihren verschiedenen Ausprägungen) und damit auch der Sprachwissenschaft allerdings eine ausgezeichnete Rolle auch dann zu, wenn sie bei manchen Wörterbuchtypen unwichtig ist (vgl. Wiegand 1989 a).

Das Ergebnis des ersten Schrittes einer Statusbestimmung der Lexikographie kann nun wie folgt zusammengefaßt werden: Die gegenwärtige Sprachlexikographie ist keine Wissenschaft, kein Handwerk, keine Lehre, keine angewandte Linguistik, kein Teilgebiet der angewandten Linguistik und kein Zweig der Lexikologie.

### 2.2. Positive Statusbestimmungen: was die Lexikographie ist

Empirisch ist uns die Lexikographie gegeben entweder in abgeschlossenen lexikographischen Prozessen oder in solchen, die derzeit noch im Gange sind. Ein abgeschlossener lexikographischer Prozeß ist zu verstehen als die Menge derjenigen Tätigkeiten von Lexikographen, die ausgeführt wurden, damit ein bestimmtes Wörterbuch entsteht, wobei hier der Terminus *Wörterbuch* bezugssemantisch synonym mit *Sprachnachschlagewerk* verwendet ist, so daß die Formwörterbücher (i. S. v. Wiegand 1986) also z. B. Konkordanzen, Indices und ihre diversen Mischformen (vgl. Art. 166) ebenso zu seiner Extension gehören wie die elektronischen Wörterbücher (z. B. alpha 8; alpha 40). Abgeschlossene lexikographische Prozesse können wieder in Gang gesetzt werden, z. B. dadurch, daß bewährte Wörterbücher neu bearbeitet werden. Ein Beispiel hierzu ist die Neubearbeitung des Paulschen Wörterbuches (vgl. Henne/Objartel 1988 u. Wiegand 1984 e). Historisch betrachtet, sind viele lexikographische Prozesse voneinander nicht unabhängig, sondern greifen ineinander, schon allein deswegen, weil Wörterbücher zu Quellen von anderen Wörterbüchern werden können oder weil einsprachige als Basis für zweisprachige dienen (vgl. Wiegand 1988 b, 603—618). Sieht man auf die Einzelheiten, auf die einzelnen Prozeßphasen von der Wörterbuchplanung bis zum Wörterbuchdruck, so sind die verschiedenen lexikographischen Prozesse recht unterschiedlich. Es gibt aber eine Reihe von Gemeinsamkeiten, wozu jetzt einige Bemerkungen folgen (genauer und ausführlich dazu Wiegand 1989 a).

Nach der neueren Aristoteles-Exegese hat man nicht mehr das Problem, daß sich die menschlichen Tätigkeiten nur einer von zwei disjunkten Klassen zuweisen lassen, und zwar entweder der Poiesis oder der Praxis (vgl. Ebert 1976; Müller 1982; Hubig 1985). Menschliche Werke müssen nun nicht mehr ausschließlich als das (sog.) Ziel von Herstellungshandlungen (also auch von solchen, die zur Poiesis gezählt werden) aufgefaßt werden, und bei Handlungen, die zur Praxis gerechnet werden, realisieren sich die Ziele nicht mehr ausschließlich im Handlungsvollzug selbst. In Übereinstimmung mit der neueren analytischen Handlungstheorie und Aristoteles können Werke als die Ergebnisse von Handlungen Mittel sein, um Ziele zu erreichen, die jenseits der Werke liegen. Man befindet sich jetzt sogar im Einklang mit der Handlungsauffassung und Terminologie der Nikomachischen Ethik, wenn man von *lexikographischer Praxis* spricht und den Status der Lexikographie — zunächst stark vereinfacht — so bestimmt: Die Lexikographie ist eine Praxis, die darauf ausgerichtet ist, daß Wörterbücher entstehen, damit eine andere Praxis, nämlich die kulturelle Praxis der Wörterbuchbenutzung ermöglicht wird (vgl. Wiegand 1983 b, 42; dazu Schaeder 1987 a, 123; Wiegand 1984, 559; 1984 b, 11; 1987, 310; 1989 a). Als die Ergebnisse der lexikographischen Tätigkeiten und gegebenenfalls anderer Tätigkeiten von Lexikographen gehören die Wörterbücher (ebenso wie alle Zwischenergebnisse innerhalb des lexikographischen Prozesses) selber zur Praxis, was man mittels einer handlungstheoretisch fundierten Argumentation zeigen kann (vgl. Wiegand 1983 b, 40 ff.). Allen lexikographischen Prozessen ist gemeinsam, daß sie die Eigenschaft haben, eine Praxis zu sein, und zwar eine Praxis, in der ein Gebrauchsgegenstand hergestellt wird.

Herstellungshandlungen werden durch ein vorgängiges Wissen über die Eigenschaften des herzustellenden Produktes gesteuert. Die Kenntnis der unterschiedlichen Produkteigenschaften ermöglicht eine qualitative Einteilung der Herstellungshandlungen nach verschiedenen Typen (z. B. Handlungen vom Typ DIE QUELLEN EXZERPIEREN versus solche vom Typ DIE AUSSPRACHEANGABEN FORMULIEREN). Dadurch werden die Fertigkeiten und Fähigkeiten einschätzbar, über die jemand verfügen muß, der die Handlungen ausführen soll, so daß der lexikographische Prozeß weitgehend kalkulierbar ist. Aus der Kalkulierbarkeit folgt seine Zerlegbarkeit, Kontrollierbarkeit und Reglementierbarkeit. (Man vgl. hierzu die Unterscheidung von "definer" und "citation-gatherer" in Art. 10). Hat man das notwendige Sach- und Herstellungswissen, kann dieses an andere weitergegeben werden, so daß eine wichtige Eigenschaft der lexikographischen Tätigkeiten ihre Lehrbarkeit ist (vgl. auch Art. 10 a u. Gates 1979). Hat man das nötige Wissen, welche Eigenschaften das herzustellende Produkt haben muß, läßt sich seine Qualität prüfen, und es lassen sich Prüfungsstandards erarbeiten.

Angesichts gewisser Verlagspraktiken (vgl. hierzu Art. 11) und angesichts relativ hoher Fehlerquoten in manchen Wörterbüchern (vgl. z. B. Rossenbeck 1975, 1975 a und 1981; Wiegand/Kučera 1981, 1982; Bergenholtz/Mugdan 1986; Fröhler 1982; Wörterbuch als Fehlerquelle 1970) sind solche Standards ein dringendes Desideratum.

Kalkulierbarkeit, Zerlegbarkeit, Kontrollierbarkeit, Reglementierbarkeit, Lehrbarkeit und Prüfbarkeit sind zentrale Eigenschaften, die lexikographische Herstellungsprozesse und die gesamte lexikographische Praxis mit Herstellungsprozessen anderer Art teilen. Daraus ergibt sich, daß eine allgemeine Theorie der Organisation von lexikographischen Prozessen als Modul einer allgemeinen Theorie der Lexikographie (Teiltheorie B i. S. v. Wiegand 1984, 560; vgl. auch 1983 a, 98 ff.; 1983 b, 44 ff.; 1984 a) möglich sein muß.

Geht man nun in genereller Weise der Frage nach, in welchen Beziehungen die Lexikographie als Praxis zu den Wissenschaften steht, dann ergibt sich, daß es viele Sprachwörterbücher gibt, deren Erarbeitung mit keiner Wissenschaft etwas zu tun hat, z. B. die folgenden: Bierce 1911, Dummdeutsch 1985, Harfst 1986 (dazu Wiegand 1987 b), Hoppe 1986 u. 1986 a, Kraemer 1980, Lukoschick 1986, Prosinger 1984. Auch die meisten der von Henne und Objartel neu edierten Wörterbücher zur deutschen Studentensprache des 18. und 19. Jahrhunderts können nicht als Produkte einer wissenschaftlichen Lexikographie angesehen werden (vgl.

Henne/Objartel 1984). Das Sach- und Herstellungswissen, das jemand benötigt, um z. B. ein Wörterbuch wie Kraemer 1980 zu erstellen, ist sehr gering. Es ist — ausreichende muttersprachliche Kompetenz vorausgesetzt — autodidaktisch in kurzer Zeit zugänglich, und die kulturellen Fertigkeiten, über die jemand verfügen muß, um ein solches Wörterbuch zu schreiben, sind von keiner außergewöhnlichen Qualität. Die Herstellungsprozesse, die zu nichtwissenschaftlichen Wörterbüchern führen, können sehr verschieden ablaufen und von denen, die zu wissenschaftlichen Wörterbüchern führen, ganz erheblich abweichen; z. B. ist Bierce 1911 so entstanden, daß vorher publizierte, definitionsartige Kurztexte später alphabetisiert und zu einem Wörterbuch zusammengestellt wurden (vgl. auch Wiegand 1988, 74f.).

Zur Lexikographie gehört daher ein Ausschnitt, der als *nichtwissenschaftliche kulturelle Praxis* zu gelten hat. Der andere Teil, die wissenschaftliche Lexikographie, ist für die Gesellschaft wichtiger. Hierbei handelt es sich um eine *eigenständige* Praxis, die projektspezifisch in sehr verschiedenen Ausprägungen existiert. Diesen unterschiedlichen Praxisausprägungen ist gemeinsam, daß zu ihrer erfolgreichen Ausführung eine ganze Reihe von kulturellen Fertigkeiten benötigt wird, und die Unterschiedlichkeit kommt vor allen Dingen dadurch zustande, daß in sehr unterschiedlichem Ausmaß wissenschaftliche Methoden aus verschiedenen Wissenschaften angewendet werden sowie spezifisch ausgewählte wissenschaftliche Ergebnisse aus verschiedenen Wissenschaften genutzt werden. Die wissenschaftliche Lexikographie als eigenständige kulturelle und wissenschaftliche Praxis kann in ihrer Gesamtheit nur von akademisch ausgebildeten Personen beherrscht werden.

Aus der Charakterisierung der wissenschaftlichen Lexikographie als Praxis kann nicht gefolgert werden, es handele sich nur um die eklektizistische Applikation vorgefertigter Methoden und Theorieausschnitte sowie um die uneigenständige Verwertung von Ergebnissen, ohne daß diese in einen spezifisch lexikographischen Fundus von Methoden und Ergebnissen integriert würden, und weiterhin auch nicht, daß der lexikographische Prozeß, in dem ein wissenschaftliches Wörterbuch erarbeitet wird, ohne eigene (selbst-)reflexive Komponenten abläuft. Auch die praxisimmanente Reflexion, die sich auf die eigene Arbeit, auf deren angemessene Gestaltung und Verbesserung etc. richtet und sich auch in Publikationen zeigt, ist unterschiedlich ausgeprägt; sie macht den theoretischen Anteil an der wissenschaftlichen Praxis aus. Die reflexive Komponente beginnt mit der Planungsphase und durchzieht wie ein roter Faden den gesamten Herstellungsprozeß. Die Aktivitäten, die man dieser Komponente zurechnen kann (z. B. Erarbeitung von Kriterien für die äußere Selektion, Erarbeitung von Richtlinien für die Artikelformulierung, Diskussion von Probeartikeln etc.) und bei denen prozeßexterne Theorien oder Theoriefragmente der verschiedensten Art eine Rolle spielen können, haben allerdings keine die jeweiligen Probleme eines bestimmten lexikographischen Prozesses **grundsätzlich** transzendierenden theoretischen Ziele, die auf die Erarbeitung einer Theorie der Lexikographie insgesamt gerichtet sind; vielmehr dienen sie der Initiierung, Steuerung, Kontrolle und Korrektur des jeweiligen lexikographischen Prozesses.

Nun gibt es jedoch viele Autoren, für die die Lexikographie (einen Unterschied zwischen wissenschaftlicher und nichtwissenschaftlicher machen sie alle nicht!) zugleich Theorie und Praxis, theoretische und praktische Lexikographie ist (vgl. z. B. Lewkowskaja 1968, 266; Filipec 1982, 175 f. Schaeder 1981, 55). Czochralski schreibt:

Zitat 5: „Unter praktischer Lexikographie oder praktischer lexikographischer Arbeit können wir, kurz, das Abfassen von Wörterbüchern verstehen. Unter theoretischer Lexikographie verstehen wir die Erforschung und Lösung lexikographischer Probleme sowie die Festlegung von Prinzipien der Bearbeitung von Wörterbüchern. Bevor aber handfeste Bearbeitungsprinzipien festgelegt werden können, müssen viele lexikologische Probleme im einzelnen gelöst werden. Der Bereich der theoretischen Lexikographie deckt sich also zum Teil mit dem Bereich der Lexikologie." (1981, 167).

Natürlich müssen vor der Festlegung von Bearbeitungsprinzipien lexikologische Probleme gelöst werden. Aber wieso dadurch ein Bereich der theoretischen Lexikographie sich mit der Lexikologie deckt, ist unverständlich. Auf jeden Fall decken sich diese Bereiche nicht dadurch, daß ein Lexikograph genuin lexikologische Probleme löst; vielmehr hat dieser Lexikograph dann lexikologisch gearbeitet, so daß ein Beitrag zur Lexikologie entstanden ist. Die Abgrenzung und inhaltliche Bestimmung der sog. theoretischen Lexikographie ist bei allen Autoren, die von ihr reden, ziemlich undeutlich. Man kann sich natürlich auf den Sprachgebrauch festlegen, daß man z. B. von einem Wissenschaftler, der über die sog. lexikographische Definition eine Abhandlung schreibt, sagt, er treibe „theoretische Lexikographie" (oder „Lexikographie als Theorie", was allerdings m. E. merkwürdig klingt), und von jemandem, der an einem Wörterbuch arbeitet, er betreibe „praktische Lexikographie" (oder „Lexikographie als Praxis"). Dann ist es aber erforderlich anzugeben, was genau unter theoretischer Lexikographie verstanden werden soll, was die Autoren, die diesen Sprachgebrauch vorschlagen, unterlassen haben (vgl. Wiegand 1989 a).

Im Interesse der wissenschaftlichen Lexikographie ist es m. E. zweckmäßiger, den wechselseitigen Zusammenhang von Theorie und Praxis nicht dadurch zu markieren, daß man von theoretischer und praktischer Lexikographie spricht, weil dadurch die Gefahr besteht, daß die praxiszugehörige reflexive Komponente von lexikographischen Prozessen zur theoretischen Lexikographie gerechnet wird und eine Kompilationstechnik als stupide, bloße Anwendungspraxis übrigbleibt. Es kommt m. E. darauf an (wenigstens in der gegenwärtigen Phase der Entwicklung), die Lexikographie als Praxis von der wissenschaftlichen Beschäftigung mit dieser Praxis möglichst deutlich zu unterscheiden, und zwar auch terminologisch, wobei eine deutliche Unterscheidung nicht mit einer Trennung verwechselt werden darf. Es wird daher zwischen Sprachlexikographie und Wörterbuchforschung unterschieden (vgl. dazu unten).

Eine Statusbestimmung der gegenwärtigen Lexikographie kann nicht erfolgen, ohne ausdrücklich zu berücksichtigen, daß die Lexikographie immer mit gesellschaftlichen Interessen mehr oder weniger eng verknüpft ist (vgl. Art. 1). Wenn oben festgestellt wurde, daß in der Lexikographie Wörterbücher erarbeitet werden, um die Praxis ihrer Benutzung zu ermöglichen, dann ist damit noch nicht explizit zum Ausdruck gebracht, daß Lexikographen und/oder ihre Auftraggeber nicht auch hoffen, daß die erfolgreiche Benutzung von Wörterbüchern bestimmte intendierte Wirkungen bei den Benutzern zur Folge hat. Daher haben die Wörterbücher auch meistens Eigenschaften, in denen sich diese Interessen mehr oder weniger deutlich zeigen (vgl. Wiegand 1977, 112 ff. das Beispiel *sterben;* 1984, 582 ff. der politisch-soziale Wortschatz). Die Verflechtung der Lexikographie mit gesellschaftlichen Interessen der verschiedensten Art kann nicht als ein marginaler Aspekt angesehen werden. Es gibt zahlreiche Gründe, warum die lexikographische Sprachbeschreibung — insbesondere dann, wenn sie auf die Semantik und Pragmatik der Lemmazeichen zielt — von vorgängigen Standpunkten entweder bewußt abhängig gemacht wird oder unbewußt beeinflußt ist. In vielen Wörterbüchern hat man es nicht nur mit der vermeintlich objektiven Präsentation von sprachlichen Fakten zu tun, und Lexikographie ist nicht nur das Zusammenstellen von Daten, sondern auch das Schreiben von Texten, damit geistige Verarbeitung von Daten zu neuen Daten und damit Selektion und gezielte Information.

Nimmt man die Ergebnisse des ersten Schrittes einer Statusbestimmung (vgl. 2.1.) als Abgrenzungen hinzu, dann ergibt sich bisher folgende (noch vorläufige) Statusbestimmung für die Sprachlexikographie: Die Sprachlexikographie ist ein Teilgebiet der Lexikographie. Sie läßt sich gegen die anderen Teilgebiete, insonderheit gegen die Sach- und Allbuchlexikographie, eindeutig abgrenzen. Sie ist keine Wissenschaft. Damit ist sie auch kein Zweig der Lexikologie, mit deren unterschiedlichen Ausprägungen sie in einem wechselseitigem Verhältnis des Gebens und Nehmens steht. Sie ist keine angewandte Linguistik und damit auch keine angewandte Lexikologie oder Semasiologie. Die Sprachlexikographie tritt in einer nichtwissenschaftlichen und einer wissenschaftlichen Ausprägung auf; erstere ist eine kulturelle, autodidaktisch erlernbare Praxis, letztere eine eigenständige kulturelle und wissenschaftliche Praxis mit einer mehr oder weniger theoriebeeinflußten selbstreflexiven Komponente, die in ihrer vielschichtigen Gesamtheit nur von akademisch ausgebildetem Personal beherrscht werden kann. Insgesamt besteht diese Praxis aus einer Menge von entweder abgeschlossenen oder noch im Gang befindlichen lexikographischen Prozessen, die darauf ausgerichtet sind, daß Wörterbücher als Gebrauchsgegenstände entstehen, so daß durch diese eine andere kulturelle Praxis, nämlich die Wörterbuchbenutzung ermöglicht wird, die eine intendierte oder nichtintendierte Beeinflussung des Benutzers im Sinne bestimmter gesellschaftlicher und/oder staatlicher Interessen zur Folge haben kann. Die Sprachlexikographie greift auf Methoden und Ergebnisse aus verschiedenen Wissenschaften zurück. Sie ist der zentrale

```
Wörterbuchforschung                    Lexikographie

           Sprachlexikographie    Sachlexikographie    Allbuchlexikographie
           (als Praxis)

nichtwissenschaftliche      wissenschaftliche
Sprachlexikographie         Sprachlexikographie
(als kulturelle Praxis)     (als eigenständige kulturelle
                            und wissenschaftliche Praxis)

                    n Wissenschaften        Lexikologie
                    (n > 1)
```

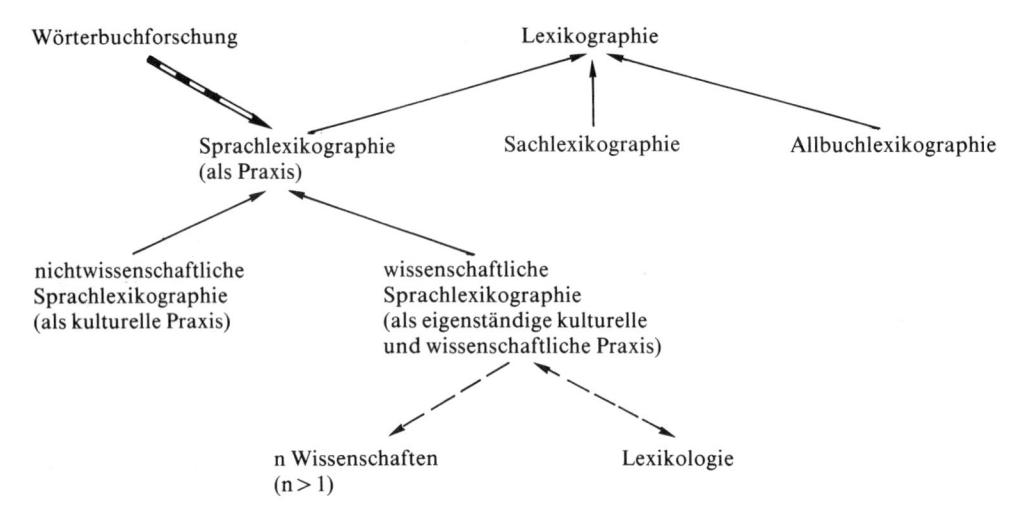

Abb. 29.1: Veranschaulichung zum Status der Sprachlexikographie; „ ⬛▶ ": hat als zentralen Teil ihres empirischen Gegenstandsbereiches: „ ⟶ ": ist ein Teil von; „ — — ▶ ": übernimmt Ergebnisse und Methoden von; x „ ◀ — — ▶ " y: y übernimmt i Ergebnisse und Methoden von x und y übernimmt j Ergebnisse und Methoden von x.

Teil des empirischen Gegenstandsbereiches, aus dem die Wörterbuchforschung ihre wissenschaftlichen Gegenstände gewinnt.

Eine Veranschaulichung zu einigen Aspekten dieser Statusbestimmung findet sich in der Abb. 29.1.

Um den Status der Lexikographie noch genauer und umfassender bestimmen zu können, muß im folgenden der unter 1. gestellten Frage (ii) nachgegangen werden.

## 3. Überlegungen zum Begriff der Disziplin

Der in diesem Abschnitt gewählte Angang, Disziplinen zu charakterisieren, ist in seinen Grundlinien — nicht aber in allen Gewichtungen und Unterscheidungen im einzelnen — Posner 1987 und 1988 stark verpflichtet. Bei den nachfolgenden Überlegungen kann weder wissenschaftshistorisch noch wissenschaftstheoretisch stets so weit ausgeholt werden, daß alle Feststellungen durch zusammenhängende Argumentationen hinreichend begründet werden können; hierzu muß auf die einschlägige Literatur verwiesen werden, wie sie bei Posner 1988 angegeben ist; nur vereinzelt wird auf diese direkt verwiesen.

Beim Nachdenken über Disziplinen erweist es sich als zweckmäßig, zwei grundsätzlich verschiedene Begriffe von Disziplinen zu unterscheiden, und zwar einen berufsorientierten (oder: ausbildungsorientierten) sowie einen, der erkenntnis- und wissenschaftstheoretischer Natur ist. Zur Charakterisierung beider — grundsätzlich verschiedener

— Termini wird der Terminus *Handlungsfeld* (oder auch: *Tätigkeitsfeld*) benötigt, der nachfolgend auch in seiner Kurzform *Feld* verwendet wird und wie folgt charakterisiert werden kann. Eine Menge rekurrenter Tätigkeiten (oder auch: Handlungen), für die es meistens wenigstens eine eingeführte Bezeichnung gibt, heißt ein *Feld*. Beispiele sind: die Philatelie, der Flugzeugmodellbau und das Turniertanzen. Damit eine Tätigkeit zu einem bestimmten Feld gezählt wird, sind die Handlungsziele der Handlungssubjekte und die Art und Weise des Handlungsvollzuges im einzelnen nicht ausschlaggebend; sie können — innerhalb eines gewissen Rahmens — verschieden sein. Eine Menge von Tätigkeiten, die eine bestimmte Person ausführt, um ihren Lebensunterhalt zu verdienen, heißt *Arbeit*. Bestimmte Arbeitsarten sind in modernen Gesellschaften bestimmten Berufen zugeordnet, so daß eine Arbeits(auf)teilung gegeben ist, relativ zu der man verschiedene Berufe unterscheiden kann. Die Ausübung eines Berufes erfordert bestimmte Kenntnisse und Fertigkeiten. Diese können autodidaktisch erworben oder durch Institutionen vermittelt werden. Berufe, deren spezifische Inhalte an Institutionen öffentlich gelehrt werden, und zwar nach einem anerkannten Berufsausbildungsprogramm, gelten als *berufliche Disziplinen*. Nach dieser relativ groben Charakterisierung von beruflichen Disziplinen ist die Lexikographie in den allermeisten Ländern keine berufliche Disziplin; durch diese Feststellung wird die unter 2.2. gegebene, vorläufige Statusbestimmung der Lexikographie um einen wesentlichen Aspekt ergänzt.

Im folgenden werden die Kriterien grob skizziert, die auf ein Feld zutreffen müssen, damit dieses als eine Disziplin in wissenschaftstheoretischer Perspektive gelten kann.

Eine Menge von Tätigkeiten, die dem Ziel dienen, Wissen zu erlangen, heißt *Studium*. Dieser allgemeine Begriff des Studiums (des Studierens im Sinne von Wissensaneignung und -erweiterung) darf nicht mit dem engeren Begriff des akademischen Studiums z. B. an einer Universität verwechselt werden. Besteht ein Studium aus rekurrenten Tätigkeiten, gehört es zu einem Feld. Derjenige Teil der Realität („Realität" hier im üblichen lebensweltlichen Sinne), dem ein Studium gilt, um die Erkenntnisse über ihn zu erweitern, heißt *Gegenstandsbereich* des Studiums. Ein Studium kann sich auf einen festgelegten Gegenstandsbereich in seiner Gesamtheit beziehen oder auf bestimmte Ausschnitte; ist das erstere der Fall, kann man von der *Erkundung* des Gegenstandbereiches sprechen. Ist der Gegenstandsbereich zusätzlich homogen oder zusammenhängend, heißt sein Studium *Erforschung*. Es ist zu beachten, daß die Erforschung eines Gegenstandsbereiches von der *wissenschaftlichen Forschung* zu unterscheiden ist (vgl. unten). Der Gegenstandsbereich eines Studiums kann sich mit den Gegenstandsbereichen anderer Studien überschneiden. Auch können zwei Felder den gleichen Gegenstandsbereich haben, nämlich dann, wenn sich das Studium gemäß seiner Ziele auf unterschiedliche Eigenschaften im Gegenstandsbereich richtet, denn ein Studium, dessen Ziele so bestimmt sind, daß es sich auf alle Eigenschaften der Gegenstände im Gegenstandsbereich richtet, gibt es nicht.

Die Ziele des Studiums bestimmen seine *Perspektive*, und diese determiniert, welche Eigenschaften der Gegenstände im Gegenstandsbereich als relevant gelten und welche nicht. Perspektiven können (in einem bestimmten Sinne) wertneutral oder wertorientiert sein. Ein feldzugehöriges Studium kann unter einer Perspektive oder unter mehreren durchgeführt werden. Eine Erforschung eines Ausschnittes des Gegenstandsbereiches unter wenigstens einer einheitlichen Perspektive, heißt eine *Untersuchung*. Ein Feld von Studien (also eine Menge von rekurrenten Tätigkeiten mit dem Ziel, das Wissenskorpus zu erweitern), zu dem es eine festgelegte Menge von Perspektiven gibt (so daß also bestimmte Eigenschaftsmengen von Gegenständen eines bestimmten Gegenstandsbereiches als für das Studium relevant gelten und andere nicht), heißt ein *Fach*, und die Menge der Eigenschaften der bereichszugehörigen Gegenstände, die perspektivengemäß als relevant gelten, bilden den *Fachgegenstand* (und damit den sog. „Inhalt" des Faches). Ein Fach darf nicht von vornherein mit einer Disziplin im wissenschaftstheoretischen Sinn identifiziert werden. Die einzelnen Eigenschaften, die den Fachgegenstand ausmachen, können den Subjekten eines Studiums in unterschiedlicher Weise zugänglich sein. Manche sind direkt, andere indirekt (d. h. mittels Apparaturen) beobachtbar. Solche Eigenschaften heißen die Daten des Faches; nichtbeobachtbare Eigenschaften heißen *Konstrukte*. Fächer, zu deren Fachgegenständen Daten zählen, heißen *empirisch;* solche, bei denen das nicht der Fall ist, heißen entsprechend *nichtempirisch*. Um die Daten in verschiedener Weise zu bearbeiten und um die Konstrukte zu erzeugen und zu prüfen, entwickeln die Fächer Methoden. Bei einer Untersuchung, in der solche Methoden angewandt wurden, deren Anwendung wiederholbar ist, handelt es sich um *wissenschaftliche Forschung* (die also nicht mit der Erkundung und der Erforschung verwechselt werden darf, für die das Kriterium der Wiederholbarkeit der Methoden nicht gilt, so daß diese nicht lehrbar sind). Fachspezifische Studien können das Wissen, das ein Fach produziert, erweitern. Das neue Wissen muß in das vorhandene integriert werden. Gelingt das nicht, kann ein Fach in eine Krise geraten, sich aufspalten oder sich umorganisieren. Das Wissen eines Faches kann man sich denken als eine Menge von Thesen. Eine ausgezeichnete Untermenge dieser Thesen, die als gültig angesehen werden, beinhalten die (oder eine der) Lehrmeinung(en) des Faches. Eine Lehrmeinung darf nicht mit einer wissenschaftlichen Theorie verwechselt werden, da sie Werturteile, Anweisungen, Vorschläge etc. enthält, die nur relativ zu Autoritäten erfolgreich zu verteidigen sind, während für Theorien charakteristisch ist, daß ihre Aussagen im Fach als wahr angenommen werden. Wissenschaftliche Theorien (die von Alltagstheorien unterschieden werden müssen) können sehr unterschiedlich aufgebaut sein und unterschiedlichen Zwecken dienen. Die wichtigsten generischen Zwecke sind: Beschreibung, Erklärung, Voraussage und Veränderung. Wissenschaftliche Forschung, die darauf ausgerichtet ist, daß Theorien über den Fachgegenstand entstehen, nennt man Wissenschaft. Handlungstheoretisch gesehen, gehören die Ergebnisse dieser Forschung selbst zur Forschung und damit zur Wissenschaft. Werden wissenschaftliche Theorien außerhalb der wissenschaftlichen Forschung angewendet, orientiert sich diese Anwendung an Werten.

Methoden, Theorien, Forschungsergebnisse etc. müssen an andere vermittelt und kontrolliert werden können. Hierzu müssen sie auf einen Datenträger fixiert werden. Dies geschieht mittels allgemein verständlicher Darstellungsmittel, oder es werden spezifische geschaffen, die so eingeführt sein müssen, daß sie intersubjektiv und im Prinzip auch in anderen Fächern (besonders in Nachbarfächern) verständlich sind, so daß ein wechselseitiger Wissensaustausch, eine Begrenzung und Kontrolle möglich ist. Damit das fachintern produzierte Wissen aufeinander abgestimmt werden kann, ist eine *fachinterne Kommunikation* zwischen denen erforderlich, die im Fach wissenschaftlich arbeiten und die (fachspezifische) wissenschaftliche Gemeinde bilden, die einen Teil der Wissenschaftler bildet. Diese schafft sich im Laufe der Entwicklung des Faches ihre spezifischen Kommunikationsformen (z. B. regelmäßige fachspezifische Tagungen) sowie fachspezifische Publikationsmittel (z. B. Fachzeitschriften, Jahrbücher etc.). Sie gibt sich auch — auf einem gewissen Stand der Entwicklung — ihre eigene Fachgeschichte, in der kanonische Texte („Klassiker") paradigmatische Problemformulierungen und -lösungen Integrationszentren bilden, so daß eine historische Identität des Faches entsteht (vgl. Hausmann 1989).

Mit diesen Überlegungen sind die Kriterien genannt, die man benötigt, um eine wissenschaftliche Disziplin im wissenschaftstheoretischen Sinne zu spezifizieren. Die Geschichte der Wissenschaftstheorie erlaubt den Schluß, daß nur ein ausgewähltes Kriterium (z. B. eine Menge von Methoden oder ein einheitlicher Gegenstandsbereich) nicht ausreicht, um wissenschaftliche Disziplinen angemessen zu charakterisieren. Die Kriterien müssen vielmehr gebündelt werden, wobei man Kriterien, die aus anderen folgen, vernachlässigen kann.

Im folgenden wird eine erste Menge ($M_1$) von fünf Kriterien (k) angegeben (vgl. Posner 1988, 177 ff.). Wenn alle fünf Kriterien ($k_1$, $k_2$, ..., $k_5$) auf ein Feld von Studien zutreffen, so daß ein Feld fünf bestimmte Komponenten hat, liegt die notwendige Bedingung dafür vor, daß dieses Feld von Studien als Disziplin im wissenschaftstheoretischen Sinne gelten kann; die Kriterien besagen, daß folgende Komponenten vorliegen müssen:
— ein festgelegter Gegenstandsbereich ($k_1$)
— eine bestimmte Menge von Perspektiven ($k_2$)
— bestimmte Methoden ($k_3$)
— ein bestimmtes Wissenskorpus ($k_4$)
— bestimmte Darstellungsmittel ($k_5$).

Wendet man die genannten Kriterien auf historisch gegebene Fälle an, wird ersichtlich, daß sie nicht ausreichen, um verschiedene Disziplinen gegeneinander abzugrenzen. Zwar müssen auf jedes Feld von Studien, wenn es als Disziplin gelten soll, alle fünf Kriterien zutreffen, aber dennoch kann wenigstens eines der Kriterien für die Charakterisierung einer wissenschaftlichen Disziplin ein höheres Gewicht haben, weil es in jeder Disziplin ein Art Integrationszentrum gibt, das einmal mehr bei den Methoden, ein anderes Mal mehr bei den Fachgegenständen etc. zu finden ist.

Es kann daher eine zweite Menge ($M_2$) von Kriterien ($k_6$, $k_7$, ..., $k_{10}$) angegeben werden, die in einer Oder-Beziehung stehen (derart, daß auch mehrere Kriterien erfüllt sein dürfen — ein Oder im „einschließenden" Sinne), so daß gesagt werden kann: Eine Disziplin im wissenschaftstheoretischen Sinne ist charakterisiert durch
— einen *homogenen* Gegenstandsbereich ($k_6$) oder
— eine *durchgehend einheitliche* Perspektive ($k_7$) oder
— eine *zentrale* Methode ($k_8$) oder
— ein *zentrales* Wissenskorpus ($k_9$) oder
— *dominante* Darstellungsmittel ($k_{10}$).

Die Kriterien der ersten und der zweiten Menge zusammengenommen, bilden die notwendigen und hinreichenden Bedingungen dafür, daß ein Feld von Studien als Disziplin im wissenschaftstheoretischen Sinne gelten kann.

Damit eine Disziplin als *wissenschaftliche* Disziplin angesehen werden kann, müssen die Kriterien noch weiter spezifiziert werden. Denn mit den Kriterien der beiden Mengen sind bestimmte, für *wissenschaftliche* Disziplinen charakteristische Eigenschaften der fünf Komponenten noch nicht genannt; z. B. ist eine Disziplin keine wissenschaftliche Disziplin, wenn die Methoden nicht derart sind, daß ihre Anwendung wiederholt werden kann oder wenn die Perspektiven nicht in einem bestimmten Sinne wertneutral sind etc. Es wird daher — um dies auszuschließen — folgende dritte Menge (M$_3$) von fünf Kriterien (k$_{11}$, k$_{12}$, ..., k$_{15}$) zusammengestellt. Eine Disziplin im wissenschaftstheoretischen Sinne erfüllt die notwendige Bedingung für eine **wissenschaftliche** Disziplin, wenn

— ihr Gegenstandsbereich *in seiner Gesamtheit* erforscht wird (k$_{11}$)
— ihre Perspektiven *in einem bestimmten Sinne wertneutral* sind (k$_{12}$)
— ihre Methoden *wiederholt anwendbar* sind (k$_{13}$)
— das Wissenskorpus vornehmlich auf Theoriebildung angelegt ist und wenigstens eine *konsistente Theorie* enthält (k$_{14}$)
— die Darstellungsmittel *intersubjektiv* und damit prinzipiell auch interfachlich verstehbar sind (k$_{15}$).

Felder von Studien, auf die nicht alle Kriterien aus M$_1$ zutreffen, sind deswegen keine Disziplinen im wissenschaftstheoretischen Sinne, weil sie unvollständig sind. Felder, die kein Integrationszentrum haben, so daß kein Kriterium aus M$_2$ zutrifft, sind ebenfalls keine Disziplinen, da sie insofern amorph sind, als sie nicht abgegrenzt sind. Schließlich sind Felder von Studien keine wissenschaftlichen Disziplinen, wenn nicht alle Kriterien aus M$_3$ und wenigstens ein Kriterium aus M$_2$ zutreffen.

Im Anschluß an Posner 1988 können nun die genannten Kriterien verwendet werden, um folgende zusammenfassende Charakterisierung von einer wissenschaftlichen Disziplin zu geben. Ein Feld von Studien ist eine wissenschaftliche Disziplin im wissenschaftstheoretischen Sinne (i) wenn es folgende fünf Komponenten aufweist:

— einen festgelegten Gegenstandsbereich, der in seiner Gesamtheit erforscht wird
— festgelegte Perspektiven, die (in einem bestimmten Sinne) wertneutral sind
— Methoden, die wiederholt anwendbar sind
— ein Wissenskorpus, das vornehmlich auf Theoriebildung hin angelegt ist und wenigstens eine konsistente Theorie enthält
— Darstellungsmittel, die intersubjektiv und damit interfachlich verstehbar sind und
(ii) wenn die Disziplingrenzen bestimmbar sind hinsichtlich
— der Homogenität des Gegenstandsbereiches oder hinsichtlich

— der Einheitlichkeit seiner Perspektiven oder hinsichtlich
— der zentralen Rolle einer seiner Methoden oder hinsichtlich
— einer zentralen Theorie oder hinsichtlich
— dominanter Darstellungsmittel.

Daß zu einer wissenschaftlichen Disziplin disziplininterne Kommunikation sowie eine spezifische Geschichte gehört, ergibt sich aus dieser Charakterisierung.

Fragt man sich nun, ob alle *akademischen Disziplinen*, die man an allen Arten von Hochschulen mit einem anerkannten Abschluß studieren kann, zugleich wissenschaftliche Disziplinen im wissenschaftstheoretischen Sinne sind, muß die Antwort lauten: Nein. Vielmehr sind wohl die meisten akademischen Disziplinen, die man gegenwärtig aufzählen kann, eklektische Kompromißgebilde aus Anforderungen aus beruflichen Disziplinen, Disziplinen und wissenschaftlichen Disziplinen im wissenschaftstheoretischen Sinne.

Die vorläufige Statusbestimmung der Lexikographie (vgl. 2.2.) kann nun dahingehend ergänzt werden: Die Lexikographie ist in den allermeisten Ländern derzeit keine eigenständige akademische Disziplin, da es keine speziellen Studiengänge für Lexikographie mit einem spezifischen, anerkannten akademischen Abschluß gibt.

## 4. Zum Verhältnis der Lexikographie zu anderen Disziplinen

Relativ zu den in 3. skizzierten Disziplinbegriffen kann nun versucht werden, das Verhältnis der Lexikographie zu anderen Disziplinen zu charakterisieren.

Da es hierbei auch darum gehen muß, das Verhältnis von Lexikographie und Wörterbuchforschung näher zu betrachten, muß zunächst der Status der Wörterbuchforschung näher charakterisiert werden.

### 4.1. Zum gegenwärtigen Status der Wörterbuchforschung

Bisher wurde die Wörterbuchforschung in 2.2. nur als „wissenschaftliche Beschäftigung" mit der Sprachlexikographie gekennzeichnet. Wie u. a. die beiden neuesten einschlägigen Bibliographien (vgl. Zgusta 1988 und Wiegand 1988 d) und auch dieses Handbuch ausschnittsweise verdeutlichen, gibt es gute Gründe für die Feststellung: Es läßt sich ein Feld von solchen Studien abgrenzen, deren Ziel es ist, das Wissen über die Lexikographie zu erweitern.

Über die Benennung dieses Feldes in seiner Gesamtheit herrscht noch eine (wissenschaftssoziologisch verständliche) Unsicherheit (vgl. hierzu im einzelnen Wiegand 1989a). In der neueren, auf Deutsch verfaßten Literatur konkurrieren insbesondere die Benennungen *Wörterbuchforschung* und *Metalexikographie* (vgl. Hausmann 1985, 368; Link 1987, 238 ff.; Schaeder 1987a, 145—155; Schaeder 1987b, 99—110). Beide Benennungen haben Vor- und Nachteile; ein Vorteil des Ausdruckes *Metalexikographie* (das selbst eine Übersetzung aus dem Französischen ist) ist seine uneingeschränkte Übersetzbarkeit in alle anderen Kultursprachen sowie die hohe morphosyntaktische Variabilität von *metalexikographisch* und seiner Wortäquivalente in anderen Sprachen. Diesen Vorteilen entsprechen entsprechende Nachteile von *Wörterbuchforschung*. Ein gewisser Nachteil von *Metalexikographie* besteht darin, daß diese Ableitung suggerieren kann, es handele sich um eine Metadisziplin im erkenntnis- und wissenschaftstheoretischen Sinne (etwa i. S. v. Posner 1987), was nicht der Fall ist. Faktisch ist der Status von „Bereichen", deren Benennung mit dem Präfix *meta*- gebildet sind, sehr unterschiedlich. So gilt die Metamathematik als Teil der Mathematik, die Metaethik dagegen nicht als Teil der Ethik. — Die Frage, was unter *Metalexikographie* zu verstehen ist, läßt sich allerdings nicht durch Orientierung an formulierten Wortbildungsregeln/-mustern klären, weil eine formulierte Wortbildungsregel die Benennungspraxis selbst dann nicht regelt, wenn die Regelformulierungen korrekt sind, vielmehr die mehr oder weniger regelmäßige (aber nicht immer den formulierten Regeln gemäße) Sprachpraxis und insonderheit die Benennungspraxis formulierten Wortbildungsregeln vorauseilt, weil sprachliches Handeln nicht nur regelgeleitet ist (vgl. Wiegand 1986b, 79 ff.). — Vollständig andere terminologische Lösungen unter Rückgriff auf den Ausdruck dictionnairique schlägt Quemada 1987 vor (vgl. hierzu kritisch Wiegand 1989a).

Im folgenden wird in präzisierender Fortführung von Wiegand 1984 das gesamte Feld derjenigen Studien, die darauf abzielen, das Wissen über lexikographische Nachschlagewerke (die von den nichtlexikographischen wie z. B. Bibliographien und Telefonbüchern unterschieden werden müssen; vgl. Wiegand 1989a) zu erweitern, mit *Metalexikographie* bezeichnet, so daß das zugehörige Adjektiv *metalexikographisch* zur Verfügung steht. Neben der Lexikon- und Allbuchforschung, die hier nicht weiter interessieren, wird die Wörterbuchforschung zunächst als ein Unterfeld der Metalexikographie angesehen, und zwar hinsichtlich des Gegenstandsbereiches (vgl. unten). Der Fachausdruck *Wörterbuchforschung* kann dann als lexikalisch hyponym zu *Metalexikographie* interpretiert werden.

Im folgenden wird versucht, die Frage zu beantworten, ob das Feld von Studien mit Namen Wörterbuchforschung als eine Disziplin im wissenschaftstheoretischen Sinne gelten kann (ausführlich dazu Wiegand 1989a). Dazu wird zunächst geprüft, ob die fünf Kriterien aus $M_1$ zutreffen, die zusammen die notwendige Bedingung dafür bilden, daß dies der Fall ist.

*Kriterium $k_1$*: Die Wörterbuchforschung hat einen festgelegten Gegenstandsbereich. Dieser besteht aus

— der Sprachlexikographie
— der Wörterbuchbenutzung
— dem nichtwissenschaftlichen Metabereich zur Sprachlexikographie.

Der zentrale Teil des Gegenstandsbereiches ist die Sprachlexikographie in ihrer wissenschaftlichen und nichtwissenschaftlichen Ausprägung, somit eine Menge von bereits abgeschlossenen oder noch im Gang befindlichen lexikographischen Prozessen, also auch alle Zwischenergebnisse des Prozesses (wie z. B. Arbeitsanweisungen, Konzeptionspapiere, Probeartikel), in denen die selbstreflexive Komponente der lexikographischen Praxis erkennbar wird, sowie vor allem die Endergebnisse, die Sprachwörterbücher jeglicher Art. — Neben dem zentralen Teil ist die Wörterbuchbenutzung (insgesamt bestehend aus einer nicht bekannten Zahl von individuellen Benutzungshandlungen) ein deutlich abgegrenzter Teil des Gegenstandsbereiches. Die empirische Gegebenheitsweise von Benutzungshandlungen ist anders als die von lexikographischen Tätigkeiten, da die Handlungsergebnisse keine Schriftstücke sind, sondern lexikographische Informationen, die aus lexikographischen Daten erschlossen wurden und damit kognitive Entitäten sind (vgl. Wiegand 1989a). Schließlich besteht der dritte Teil des Gegenstandsbereiches, der unter der Bezeichnung *nichtwissenschaftlicher Metabereich zur Sprachlexikographie* zusammengefaßt werden kann, aus allen nichtwissenschaftlichen Texten, die sich zur Gänze auf die Lexikographie beziehen, wie z. B. journalistische Wörterbuchrezensionen (i. S. v. Ripfel 1988) oder Werbetexte der Verlage zu Wörterbüchern etc. sowie aus Textstellen in nichtwissenschaftlichen Texten, die von der Lexikographie und der Wörterbuchbenutzung handeln (vgl. hierzu Art. 2).

Der hier relevante Teil der Abb. 29.1 kann

29. Der gegenwärtige Status der Lexikographie

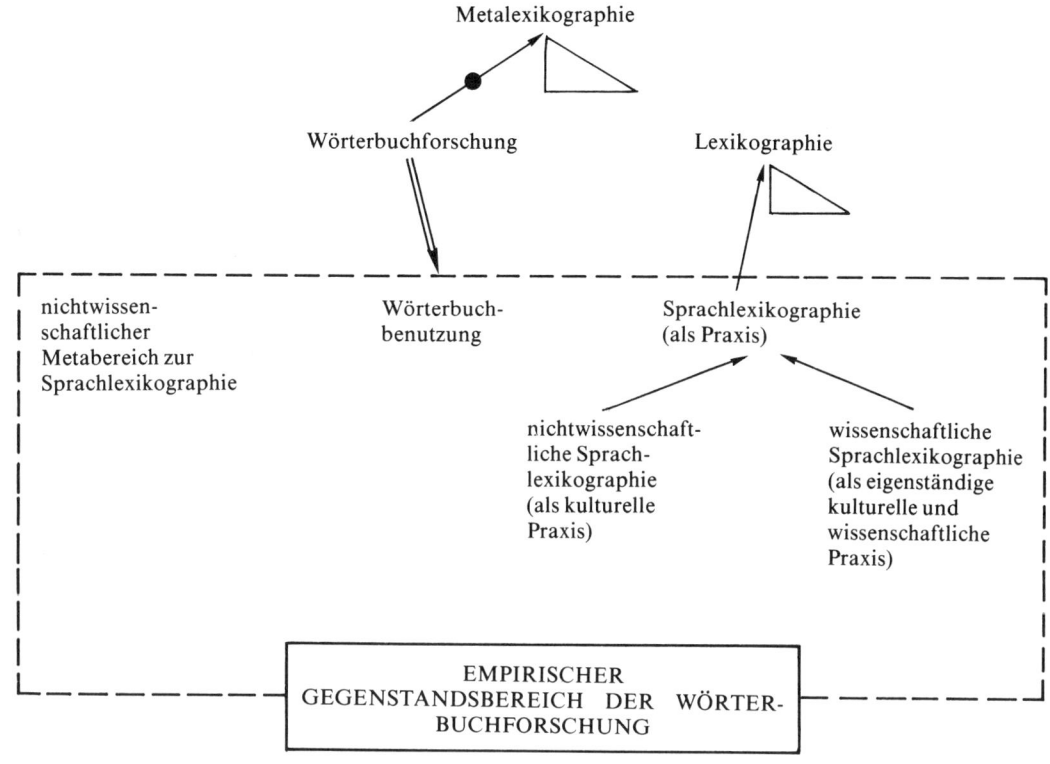

Abb. 29.2: Veranschaulichung zum Gegenstandsbereich der Wörterbuchforschung; „—●—►": ist ein Unterfeld von Studien zu; „═══►": hat als empirischen Gegenstandsbereich; „———►": ist Teil von.

nun wie in der Abb. 29.2 ergänzt und modifiziert werden.

*Kriterium $k_2$:* Wie in Wiegand 1989a gezeigt wird, können die Perspektiven der Wörterbuchforschung aus ihren Untersuchungen über die Zwischenstufe von Fragebereichen ermittelt werden. Die wichtigsten Perspektiven können in verkürzter Weise wie folgt charakterisiert werden:
(i)   eine historische Perspektive
(ii)  eine formstrukturelle Perspektive
(iii) eine prozeßorganisatorische Perspektive
(iv)  eine dokumentarische Perspektive
(v)   eine produktbewertende Perspektive
(vi)  eine Nutzungsperspektive.

Unter jeder dieser Perspektiven (die Unterperspektiven haben) werden in Untersuchungen andere Eigenschaften der Fachgegenstände im Gegenstandsbereich der Wörterbuchforschung relevant. Unter der Perspektive (i) alle Eigenschaften, die zu untersuchen sind, um eine Geschichte der Sprachlexikographie zu erarbeiten; unter (ii) alle Eigenschaften der Wörterbuchform aller Wörterbuchtypen, die zu erforschen sind, um eine generelle Theorie zur Struktur der Wörterbuchform zu erstellen; unter (iii) alle Eigenschaften, deren Untersuchung die Ausarbeitung einer Theorie der Organisation eines lexikographischen Prozesses ermöglicht; unter der Perspektive (iv) geht es um das Verhältnis von Wörterbuchgegenstandsbereich (z. B. dem Sprachstadium einer historischen Einzelsprache) zum Wörterbuchgegenstand eines Wörterbuches (d. h. zu der Menge der in einem Wörterbuch beschriebenen Eigenschaften von sprachlichen Gegenständen aus dem Wörterbuchgegenstandsbereich) und damit um die Eigenschaften, deren Untersuchung qualitative und quantitative Aussagen über die lexikographische Abdeckung (i. S. v. Wiegand 1989) erlauben. Unter der Perspektive (v) geht es um diejenigen Eigenschaften von Wörterbüchern, die anhand von (selbst noch zu entwickelnden) Standards relativ zu den genuinen Zwecken, denen die Wörterbücher dienen wollen/sollen, zu untersuchen sind, um die Wörterbuchqualität zu prüfen. Und schließlich geht es unter der Perspektive (vi) um die Benutzung und den Nutzen von Wörterbüchern.

*Kriterium $k_3$:* Die Auflistung der Perspektiven zeigt bereits, daß in der Wörterbuchforschung sehr verschiedene Methoden zur Anwendung gelangen können. Diese Methoden wurden z. T. in anderen Disziplinen entwickelt (vgl. z. B. Ripfel/Wiegand 1988). Andere Methoden wurden innerhalb der Wörterbuchforschung entwickelt, z. B. die Methode zum Vergleich von Wörterbuchauflagen (vgl. Rettig 1976) oder die Methode der funktional-positionalen Segmentation (vgl. Art. 38 a, 3.3. u. Wiegand 1989).

*Kriterium $k_4$*: Daß die Wörterbuchforschung über ein bestimmtes Wissenskorpus verfügt, kann als gesichert gelten.

*Kriterium $k_5$*: Schließlich verwendet die Wörterbuchforschung bestimmte Darstellungsmittel, wie z. B. Diagramme und Graphen (vgl. z. B. Art. 38, 38 a, 39), und sie verfügt über eine spezielle Fachsprache (vgl. Art. 34).

Damit erfüllt die Wörterbuchforschung die notwendige Bedingung dafür, um als Disziplin im wissenschaftstheoretischen Sinne zu gelten, und es kann danach gefragt werden, ob eines der Kriterien aus $M_2$ zutrifft. Dies ist der Fall, und zwar trifft $k_6$ zu: Die Homogenität des Gegenstandsbereiches besteht darin, daß er durchgehend aus Handlungen besteht, die sich auf Wörterbücher beziehen, und zwar aus

— Handlungen, mit denen Wörterbücher benutzt werden: Benutzungshandlungen
— Handlungen, mit denen Wörterbücher hergestellt werden: Herstellungshandlungen
— Handlungen, mit denen über Wörterbücher geschrieben/gesprochen wird: kommunikative Handlungen.

Da sich (nach welcher Handlungstheorie auch immer) Handlungen nicht ohne ausdrückliche Berücksichtigung ihrer Ergebnisse definieren lassen, gehören die Handlungsergebnisse zur Handlung (vgl. Wiegand 1983 b und 1989 a). Bestimmte Ausschnitte der Wörterbuchforschung bedürfen daher einer handlungstheoretischen Grundlegung (vgl. z. B. Wiegand 1987 a für die Wörterbuchbenutzungsforschung).

Jede Disziplin steht zu ihren fünf Komponenten in unterschiedlichen Relationen (z. B. verwendet eine Disziplin ihre Darstellungsmittel und nicht ihren Gegenstandsbereich, vgl. Posner 1988, 179). Der Einfachheit halber kann man die Komponenten als Mengen von Elementen eines bestimmten Typs auffassen (z. B. eine Methode als eine Menge von Vorschriften). Dann lassen sich Subdisziplinen wie folgt charakterisieren: Sind zwei Disziplinen $D_1$, $D_2$ soweit gleich, daß sie sich nur dadurch unterscheiden, daß eine Komponente von $D_1$ eine Untermenge der entsprechenden Komponente von $D_2$ ist, dann ist $D_1$ eine Subdisziplin von $D_2$. Die Relation, auf die der Relationsterm *ist Subdisziplin von* zutrifft, ist transitiv. Bei fünf Komponenten gibt es fünf Möglichkeiten, Subdisziplinen zu bilden; diese sollen hier nicht alle durchgespielt werden (vgl. dazu Wiegand 1989 a). Vielmehr wird die systematische Bildung von Subdisziplinen nur an einem Beispiel skizziert, und zwar anhand der Subdisziplinen hinsichtlich der Komponente 'Gegenstandsbereich' (vgl. $k_1$). Hinsichtlich des Gegenstandsbereiches sind z. B. die französische oder die deutsche Wörterbuchforschung Kandidaten für eine Subdisziplin der Wörterbuchforschung, weil z. B. gilt:

— die Menge der lexikographischen Prozesse, die zu einem deutschen Wörterbuch führen, ist eine Untermenge aller lexikographischen Prozesse
— die Menge der Handlungen, in denen ein deutsches Wörterbuch benutzt wird, ist eine Untermenge aller Benutzungshandlungen
— die Menge der nichtwissenschaftlichen Texte bzw. Textstellen über deutsche Wörterbücher ist eine Untermenge der nichtwissenschaftlichen Texte bzw. Textstellen über Wörterbücher.

Die Gegenstandsbereiche von metalexikographischen Subdisziplinen können sich überschneiden: z. B. gehört die Lexikographie Deutsch-Französisch/Französisch-Deutsch sowohl zum Gegenstandsbereich der französischen als auch zu dem der deutschen Wörterbuchforschung. Subdisziplinen im wissenschaftstheoretischen Sinne liegen allerdings nur dann vor, wenn alle Kriterien aus $M_1$ und wenigstens ein Kriterium aus $M_2$ zutrifft. Ist dies nicht der Fall, liegen Subfelder von Studien vor, die sich zu Subdisziplinen entwickeln können. Im Falle der französischen und deutschen Wörterbuchforschung handelt es sich um Subdisziplinen. Im Anschluß an die Abb. 29.2 kann nun eine weitere Veranschaulichung gegeben werden (vgl. Abb. 29.3).

Im folgenden sei nun auf die Frage eingegangen, ob die Wörterbuchforschung eine *wissenschaftliche* Disziplin im wissenschaftstheoretischen Sinne ist. Dazu muß geprüft werden, ob alle Kriterien aus $M_3$ und wenigstens ein Kriterium aus $M_2$ auf die Wörterbuchforschung zutreffen. Eine solche Prü-

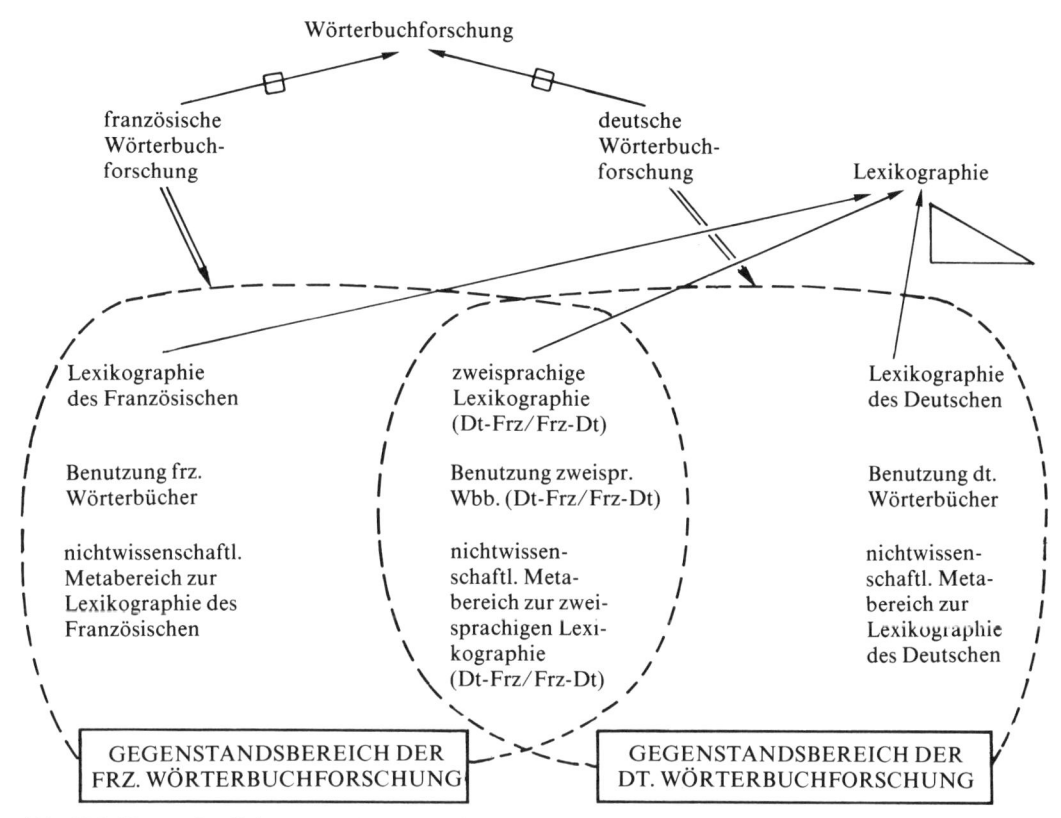

Abb. 29.3: Veranschaulichung zum Gegenstandsbereich von Subdisziplinen relativ zu $k_1$: „—☐—▶": ist eine Subdisziplin von; „———▶": ist ein Teil von; „═══▶": hat als empirischen Gegenstandsbereich

fung ist beim derzeitigen Stand der Forschung bis zu einem gewissen Grade eine Einschätzungsfrage, insbesondere dann, wenn derjenige, der diese Prüfung vornimmt, selbst in der Disziplin arbeitet. M. E. treffen folgende Kriterien zu; $k_6$, $k_{12}$, $k_{13}$ und $k_{15}$, nicht aber $k_{11}$ und $k_{14}$. Das Kriterium $k_{11}$ kann nicht so verstanden werden, daß mit ihm verlangt wird, jeder im Gegenstandsbereich auftretende Gegenstand sei einzeln zu untersuchen; vielmehr muß $k_{11}$ so verstanden werden, daß von der Anlage der Forschungstätigkeit in einer Disziplin insgesamt her ersichtlich ist, daß ihr Gegenstandsbereich in seiner Gesamtheit, d. h. die Gegenstände in ihren Zusammenhängen unter den disziplinspezifischen Perspektiven zu erforschen sind. Das kann von der derzeitigen Wörterbuchforschung nicht gesagt werden (vgl. Wiegand 1989 a).

Auch das Kriterium $k_{14}$ trifft nicht zu. Zwar gibt es in der neueren Wörterbuchforschung eine ganze Reihe von Ansätzen zur Theoriebildung. Es gibt aber bisher keine konsistente metalexikographische Theorie, die in einer falsifizierbaren Form vorliegt und einen größeren zusammenhängenden Ausschnitt aus dem Gegenstandsbereich erklärt.

Die Wörterbuchforschung — so wie sie sich (mir) derzeit darstellt — ist keine *wissenschaftliche* Disziplin im wissenschaftstheoretischen Sinne. Vielmehr ist sie eine Disziplin, die sich derzeit so entwickelt, daß man eventuell zu einem zukünftigen Zeitpunkt feststellen kann, daß auch die Kriterien $k_{11}$ und $k_{14}$ zutreffen. Eine Disziplin, die auf dem Wege ist, sich zu einer wissenschaftlichen Disziplin zu entwickeln, kann ein *wissenschaftliches Forschungsfeld* heißen. Ein wissenschaftliches Forschungsfeld ist mithin aufzufassen als ein historisches Zwischenstadium zwischen einer Disziplin und einer wissenschaftlichen Disziplin. Ein Feld von Studien ist dann ein wissenschaftliches Forschungsfeld, wenn alle Kriterien aus $M_1$ gelten, wenigstens ein Kriterium aus $M_2$ sowie mindestens ein Kriterium, höchstens aber vier Kriterien aus $M_3$.

Historisch gegebene wissenschaftliche Forschungsfelder sind untergliedert. Die Untergliederung hat sich nach den feldzugehöri-

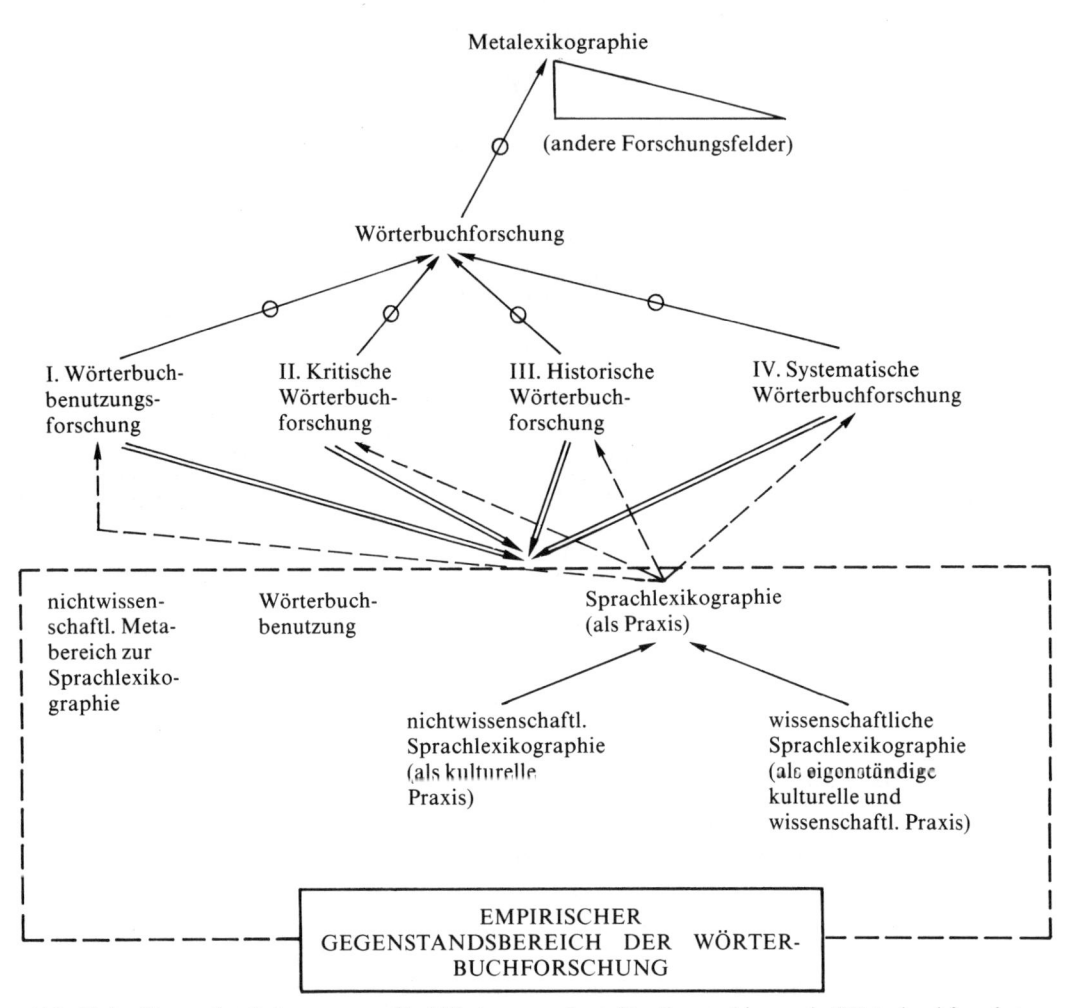

262                                                                                III. Geschichte und Theorie der Lexikographie: Allgemeine Aspekte

Abb. 29.4: Veranschaulichung zum Verhältnis von Sprachlexikographie und Wörterbuchforschung; „―⊖―►": ist ein unmittelbar untergeordnetes wissenschaftliches Forschungsfeld zu; „═══►": hat als empirischen Gegenstandsbereich; „― ― ―►": berücksichtigt Ergebnisse aus; „―――►": ist ein Teil von

gen Untersuchungen zu richten (vgl. Wiegand 1989 a). Diese legen eine Untergliederung nach Perspektiven nahe. Nennt man die Subfelder von wissenschaftlichen Forschungsfeldern *Forschungsgebiete,* dann lassen sich (im präzisierenden Anschluß an Wiegand 1984) folgende *Forschungsgebiete* unterscheiden:

I: Wörterbuchbenutzungsforschung
(Perspektive vi)
II: Kritische Wörterbuchforschung
(Perspektive v)
III: Historische Wörterbuchforschung
(Perspektive i)
IV: Systematische Wörterbuchforschung
(Perspektiven ii, iii, iv)

*Bem.:* Ob die Wörterbuchdidaktik als ein Forschungsgebiet angesetzt werden kann, sei hier offengelassen. Die systematische Wörterbuchforschung kann untergliedert werden, vgl. z. B. Wiegand 1984, 558 ff. Sie ist dasjenige Forschungsgebiet, in dem diejenigen Untersuchungen entstehen müssen, deren Ergebnisse es eventuell erlauben, die Wörterbuchforschung als wissenschaftliche Disziplin einzustufen.

Es kann nun folgende Veranschaulichung gegeben werden (vgl. Abb. 29.4).

*Bem.:* Es ist zu beachten, daß Relationsterme wie *hat als empirischen Gegenstandsbereich* oder *berücksichtigt Ergebnisse aus* bewußt relativ allgemein gehalten sind. Sie können spezifiziert und in konkreten Untersuchungen pragmatisch entfaltet werden. Werden z. B. (wie im Heidelberger Projekt COLEX) bestimmte lexikographische Prozesse untersucht, dann treten die Handlungssubjekte als Teil des empirischen Gegenstandsbereiches sozusagen konkret in Erscheinung: Man kann sie z. B.

methodisch befragen, so daß also Relationen gegeben sind wie *a befragt b* oder *a lernt von b* usw.

Die Wörterbuchforschung insgesamt als wissenschaftliches Forschungsfeld und die Lexikographie als Praxis gehören insofern systematisch zusammen, als sie ein gemeinsames oberstes Ziel haben; dies besteht darin, die kulturelle Praxis der Wörterbuchbenutzung zu ermöglichen und zu fördern. Die Lexikographie dient diesem Ziel praktisch, die Wörterbuchforschung theoretisch.

### 4.2. Zum Verhältnis der wissenschaftlichen Lexikographie zu anderen akademischen Disziplinen

Die wissenschaftliche Lexikographie — so kann im Anschluß an 2.2. festgestellt werden — berücksichtigt Methoden und Ergebnisse aus ganz verschiedenen akademischen Disziplinen; um diese Feststellung zu bekräftigen, wurde bereits eine Reihe von Beispielen genannt. Um über eine solche allgemeine Charakterisierung des Verhältnisses von wissenschaftlicher Lexikographie und akademischen Disziplinen hinauszukommen, muß man ausgewählte lexikographische Prozesse aus den unterschiedlichsten Bereichen zuerst historisch untersuchen und dann unter Zuhilfenahme metalexikographischer Kategorien zu Generalisierungen fortschreiten. Auf der Basis solcher Einzeluntersuchungen kann dann das Verhältnis von akademischen Disziplinen relativ zu Typen von lexikographischen Prozessen bestimmt werden, die ihrerseits durch Typen oder durch Klassen von Typen von Wörterbüchern bestimmt sind. Damit diese Vorgehensweise, die hier nicht im Detail vorgeführt werden kann, wenigstens in einer generellen Weise nachvollziehbar ist, wird zunächst anhand eines Beispiels argumentiert.

Das im Entstehen begriffene Frühneuhochdeutsche Wörterbuch (vgl. Fnhd. Wb. 1986) wird ein Sprachstadienwörterbuch (vgl. Art. 154—156). Sein Wörterbuchgegenstandsbereich ist das Frühneuhochdeutsche. Es muß daher als zielführend gelten, daß in dem lexikographischen Prozeß (LP), der als Endergebnis das Frühneuhochdeutsche Wörterbuch (Fnhd.) haben soll (= LP/Fnhd.), alle diejenigen akademischen Disziplinen als Kandidaten für informationsspendende Disziplinen angesehen werden, für die gilt:
 (i) Ihr Gegenstandsbereich ist das Frühneuhochdeutsche oder
  (ii) ihr Gegenstandsbereich sind die nichtsprachlichen historischen Daten im raum-zeitlichen Umfeld des Frühneuhochdeutschen.

Die akademischen Disziplinen firmieren an den Hochschulen z. T. unter recht unterschiedlichen Bezeichnungen, und was an der einen als Disziplin gilt, taucht an der anderen als Unterdisziplin auf usw. Dies ist bei der nachfolgenden Aufzählung zu bedenken, die aufgrund eines Studiums von Fnhd. Wb. 1986 erfolgt.

Akademische Disziplinen nach (i) sind: Deutsche Philologie, Linguistik des Deutschen (germanistische Linguistik). Besonders folgende untergeordnete Felder von Studien wurden berücksichtigt: Mediävistik, historische Linguistik des Deutschen, historische Dialektologie, historische Grammatik, historische und allgemeine Lexikologie.

Akademische Disziplinen nach (ii) sind: Geschichte (Geschichtswissenschaft). Berücksichtigte Unterfelder sind vor allem Kultur-, Rechts- und Sozialgeschichte.

Die Disziplinen nach (i) und (ii) liefern Informationen, die vor allem wichtig sind für
— die Abgrenzung und Strukturierung des Wörterbuchgegenstandsbereiches (was ist Frühneuhochdeutsch, und wie ist es strukturiert?)
— die Gestaltung der Wörterbuchbasis (welche Quellen überhaupt? Welche Quellensorten besonders?)
— die lexikographische Beschreibung des Wörterbuchgegenstandes (z. B. wie wird lemmatisiert? Was bedeutet *ablas*?).

Es muß weiterhin als zweckmäßig gelten, wenn innerhalb von LP/Fnhd. die Wörterbuchforschung explizit berücksichtigt wurde, und zwar u. a. bei
— der Einschätzung des Adressatenkreises
— der damit zusammenhängenden Festlegung des mikrostrukturellen Informationsprogramms
— der Charakterisierung der möglichen Typen von Benutzungssituationen
— der Gestaltung der Wörterbuchform.

Schließlich wird innerhalb von LP/Fnhd. auf alle Sprachwörterbücher und andere Nachschlagewerke zurückgegriffen, die für die Informationsgewinnung und -verarbeitung von Interesse sind. Die Informationen, die aus diesen Nachschlagewerken gewonnen wurden, sind dabei nicht nur solche über den Wörterbuchgegenstand(sbereich), sondern auch solche über die Wörterbuchform.

Um das Verhältnis von wissenschaftlicher Lexikographie zu anderen Disziplinen mög-

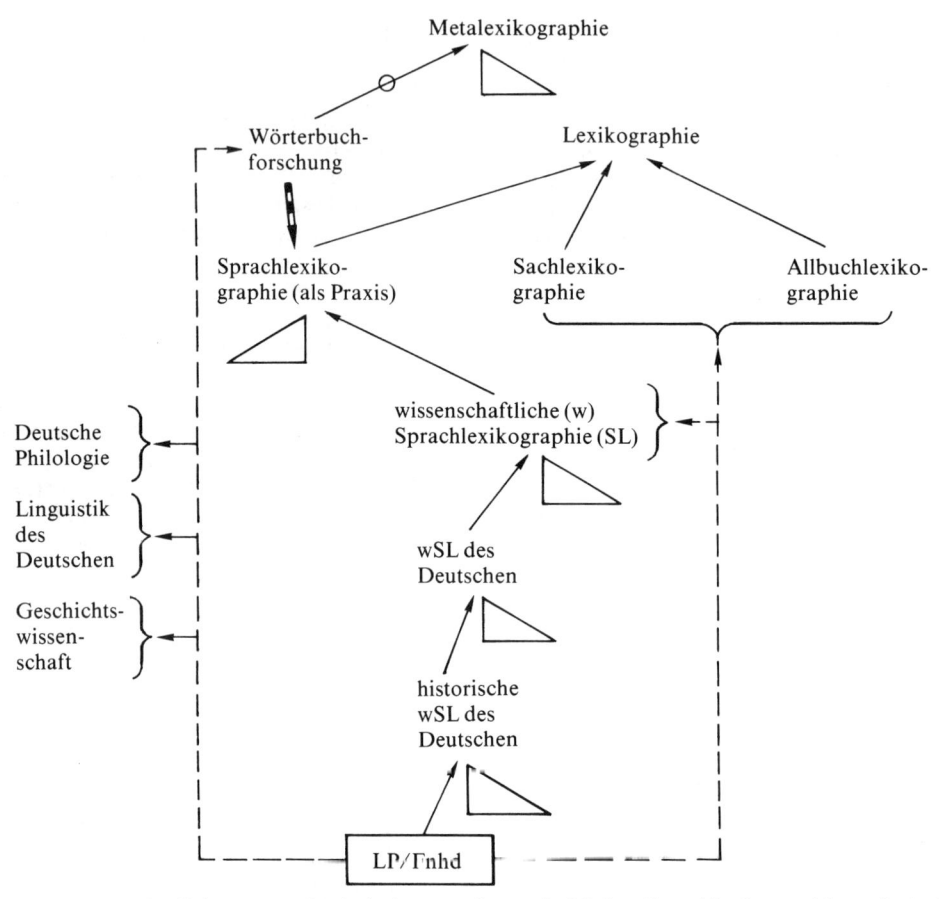

Abb. 29.5: Veranschaulichung zum Verhältnis von wissenschaftlicher Sprachlexikographie und akademischen Disziplinen sowie der Wörterbuchforschung anhand von LP/Fnhd.; „ —⊖→ ": ist ein unmittelbar untergeordnetes wissenschaftliches Forschungsfeld; „ ■■■► ": hat als zentralen Teil ihres empirischen Gegenstandsbereichs; „ ——→ ": ist ein Teil von; „ — — → ": berücksichtigt Ergebnisse aus

lichst treffend zu charakterisieren, muß zusätzlich berücksichtigt werden, daß die Wörterbücher selbst Hilfsmittel für weitere Forschung werden können. Sie beeinflussen die Forschung meistens vor allem in denjenigen Disziplinen, deren Ergebnisse sie selbst berücksichtigt haben; wie dies im einzelnen geschieht und mit welchen Wirkungen, darüber ist bisher m. W. recht wenig bekannt. Darüber hinaus gewinnen alle Wörterbücher (was nicht zu ihren genuinen Zwecken gehört) mit zunehmendem Alter einen Quellenwert für historische Forschungen der verschiedensten Art.

Untersucht man andere im Gang befindliche oder abgeschlossene lexikographische Prozesse, z. B. solche im Bereich der Autorenlexikographie, Dialektlexikographie, der pädagogischen Lexikographie und der zweisprachigen Lexikographie, dann zeigt sich, daß andere akademische Disziplinen zu informationsgebenden Disziplinen werden als jene, die im Beispiel genannt wurden. In einem viersprachigen Fachwörterbuch (Sube 1985) liest man z. B. in den Vorbemerkungen:

Zitat 6: „Die weiteren Hauptthemen dieses Wörterbuches sind die Anwendungen von Kernstrahlungen, Kernenergie und Isotopen in der Medizin, Biologie und Landwirtschaft. Für Grundlagenuntersuchungen in der Biologie, speziell der Biochemie, Molekularbiologie und Genetik, für Bodenuntersuchungen, Probleme der Düngung und Schädlingsbekämpfung in der Landwirtschaft sowie für die Diagnose und Therapie in der Medizin werden verbreitet ionisierende Strahlungen sowie radioaktive und stabile Isotope eingesetzt. Die dazu entwickelte spezielle Terminologie ist ebenfalls Gegenstand dieses Wörterbuches. Damit enthält der Band die biologisch-medizinischen Aspekte der angewandten Kernphysik einschließlich Strahlenschutz und Atomrecht und ist gegenüber dem in der gleichen Reihe erschienenen Wörterbuch 'Kerntechnik' insofern klar abgegrenzt, als dort nur die technischen, physikalischen und chemischen Aspekte behandelt werden."

Hier sind also mehrere akademische Disziplinen informationsgebend für ein Fachwörterbuch. Da es aber kaum eine akademische Disziplin gibt ohne eine spezielle ein-, zwei- und mehrsprachige Fachlexikographie, kann man davon ausgehen, daß die allermeisten akademischen Disziplinen als informationsgebende Disziplinen in mindestens einem lexikographischen Prozeß auftreten.

Die Frage ist nun, ob in eine solche Vielfalt eine metalexikographische Übersicht gebracht werden kann. Hierzu kann (im Anschluß an Wiegand 1989 a) der nachfolgend grob skizzierte Vorschlag gemacht werden.

Die informationsgebenden Disziplinen können relativ zu Kategorien geordnet werden, die aus der systematischen Wörterbuchforschung stammen. Jedes Wörterbuch hat einen Wörterbuchgegenstandsbereich, der nicht mit dem Wörterbuchgegenstand verwechselt werden darf. In der Textlexikographie (i. S. v. Wiegand 1984, 590 ff.) bestehen die Wörterbuchgegenstandsbereiche entweder aus einem Text oder aus einer Menge von Texten, und die Autorenwörterbücher z. B. sind solche zu Texten (z. B. Dill 1987). In der Langue-Lexikographie sind Wörterbuchgegenstandsbereiche z. B. ein Sprachstadium einer Einzelsprache (vgl. z. B. BW, Duden-GW), eine Varietät (z. B. ein Dialekt) oder bestimmte Ausschnitte aus einer Einzelsprache. Diese werden durch die Quellen, die zur Wörterbuchbasis gehören, repräsentiert, und die Wörterbücher der Langue-Lexikographie sind nicht intendiert als solche, die nur diese Quellen lexikographisch erschließen. Der Wörterbuchgegenstand von Dill 1987 wird aus dem Text des Westöstlichen Divans dadurch gewonnen, daß das Wörterbuch eine bestimmte „Perspektive" hat, ein spezifiziertes Informationsprogramm, so daß nicht alle Eigenschaften der Lemmazeichen lexikographisch beschrieben werden, sondern nur bestimmte, die relativ zum Adressatenkreis als relevant eingeschätzt wurden wie z. B. die kotextspezifische Bedeutung der Lemmazeichen. Nicht zum Wörterbuchgegenstand von Dill 1987 gehören z. B. die Valenz der Substantive und die Aussprache der Lemmazeichen. Grob gesprochen, ist also der Wörterbuchgegenstand eine durch das Informationsprogramm des Wörterbuches spezifizierte Menge von Eigenschaften von sprachlichen Ausdrücken aus dem Wörterbuchgegenstandbereich (vgl. hierzu ausführlich Wiegand 1989).

Damit wird folgende Unterscheidung möglich:

(i) Akademische Disziplinen (und entsprechend Subdisziplinen und Felder von Studien), die in einem lexikographischen Prozeß berücksichtigt werden, so daß aus feldzugehörigen Untersuchungen Informationen gewonnen werden, heißen *informationsspendend*.

(ii) Informationsspendende Disziplinen heißen *bereichsabdeckend*, wenn der Gegenstandsbereich, den sie erforschen, sich entweder mit dem Wörterbuchgegenstandsbereich deckt oder wenn letzterer einen Ausschnitt aus dem disziplinspezifischen Gegenstandsbereich bildet.

(iii) Informationsspendende Disziplinen heißen *bereichsverwandt*, wenn sie das Umfeld des Wörterbuchgegenstandsbereiches erforschen, also die Sprecher/Hörer und/oder Entitäten, auf die sich die Sprache, der Sprachenausschnitt, die Texte etc. beziehen.

(iv) Informationsspendende Disziplinen heißen *gegenstandsspezifisch*, wenn zu ihrem Gegenstandsbereich wenigstens eine Klasse der Eigenschaften gehört, die zum Wörterbuchgegenstand gehören.

Wendet man diese Unterscheidungen auf das Beispiel des Frühneuhochdeutschen Wörterbuches an, dann ergibt sich z. B.:

(a) Deutsche Philologie und Linguistik des Deutschen sind *bereichsabdeckende* Disziplinen;

(b) Geschichte (Geschichtswissenschaft) ist eine *bereichsverwandte* Disziplin, und Kultur-, Rechts- und Sozialgeschichte sind *bereichsverwandte* Subdisziplinen;

(c) Graphematik (vgl. Anderson/Goebel/Reichmann 1981) und Lexikologie (vgl. Fnhd. Wb. 1986, bes. 31 ff.) sind *gegenstandsspezifische* Subdisziplinen.

Als informationsspendendes Forschungsfeld über alle Eigenschaften von Wörterbüchern fungiert die Wörterbuchforschung, und zu den sekundären Informationsquellen gehören alle lexikographischen Nachschlagewerke, die in der Werkstatt des Fnhd. Wb. 1986 benutzt werden und damit zur Wörterbuchbasis gehören.

Ist ein Wörterbuch fertig, dann bildet es, insbesondere für die bereichsabdeckenden und bereichsverwandten Disziplinen, aber z. T. auch für die gegenstandsspezifischen Disziplinen (und Felder) sowie natürlich für

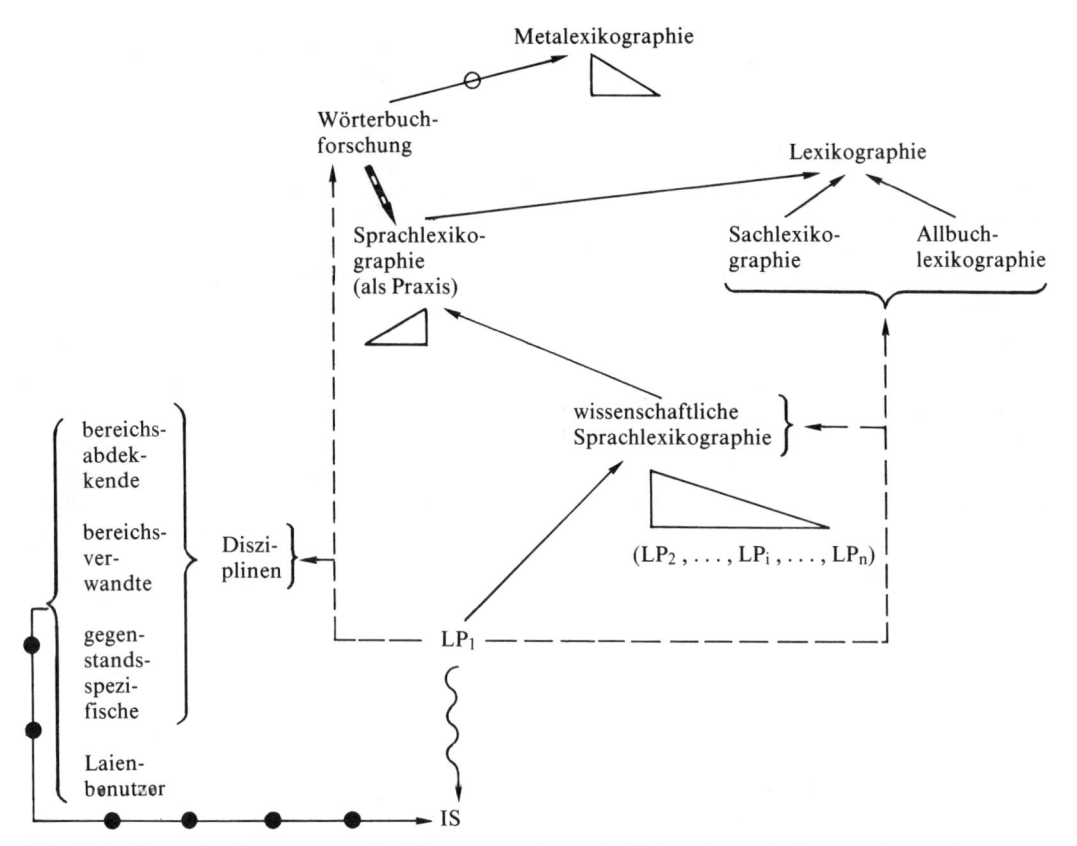

Abb. 29.6: Veranschaulichung zum Verhältnis von wissenschaftlicher Sprachlexikographie, akademischen Disziplinen, Wörterbuchforschung und Lexikographie; „ —⊖— ": ist ein mittelbar untergeordnetes wissenschaftliches Forschungsfeld; „ ▬▬▶ ": hat als zentralen Teil ihres empirischen Gegenstandsbereiches; „ ——▶ ": ist ein Teil von; „ – – –▶ ": berücksichtigt Ergebnisse aus; „ —●—▶ ": greift zu auf; „ ∿∿▶ ": hat als Endergebnis; LP = lexikographischer Prozeß; IS = Informationssystem

Laienbenutzer, die aus irgendwelchen Gründen an den entsprechenden Gegenstandsbereichen ein Interesse haben, ein statisches Informationssystem (und zwar ein sog. Referenzsystem), d. h. ganz allgemein gesagt, eine auf einem Datenträger fixierte Sammlung von Daten über einen bestimmten Bereich, auf die man über wenigstens eine Zugriffsstruktur (i. S. v. Art. 38) anhand von Fragen zugreifen kann. Wörterbücher können aufgefaßt werden als die traditionellen Vorfahren moderner elektronischer Informationssysteme (vgl. auch Schulze 1988 u. McArthur 1986).

Generalisierend und vereinfacht kann nun das Verhältnis der wissenschaftlichen Sprachlexikographie zu anderen akademischen Disziplinen wie folgt veranschaulicht werden (vgl. Abb. 29.6).

Die am Ende von 2.2. gegebene Statusbestimmung der Lexikographie kann nun, was die Beziehungen zu anderen akademischen Disziplinen betrifft, wie folgt ergänzt werden: Die wissenschaftliche Sprachlexikographie greift auf Ergebnisse der bereichsabdeckenden, bereichsverwandten und gegenstandsspezifischen akademischen Disziplinen sowie auf die der Wörterbuchforschung zurück.

## 5. Die Wörterbuchforschung als akademische Disziplin

Bisher wurde herausgearbeitet, daß die Wörterbuchforschung ein wissenschaftliches Forschungsfeld ist, d. h. eine Disziplin, die auf dem Wege ist, eine wissenschaftliche Disziplin im wissenschaftstheoretischen Sinne zu werden; letzteres wäre sie dann, wenn eine falsifizierbare Theorie über zentrale Ausschnitte des Gegenstandsbereiches vorgelegt würde und zusätzlich deutlich zu erkennen wäre, daß der Gegenstandsbereich in seiner Gesamtheit erforscht wird, so daß die beiden noch fehlenden Komponenten (vgl. die Kriterien $k_{11}$ und $k_{14}$) vorliegen. Weiterhin wurde konstatiert, daß die historisch gegebenen Disziplinen, wie sie an akademischen Institutionen anzutreffen sind, häufig keine wissenschaftlichen Disziplinen sind, was vor allem damit zusammenhängt, daß sie auf berufliche Disziplinen abgestimmt werden müssen (vgl. Posner 1988). Disziplinen, wie man sie an Hochschulen, Akademien etc. tatsächlich antrifft, heißen *akademische* Disziplinen (wobei *akademisch* etwa zu lesen ist wie *zu einer höheren Lehrstätte gehörig;* vgl. auch Sinclair 1984).

Geht man der Frage nach, ob die Wörterbuchforschung eine akademische Disziplin ist, muß man zunächst genau zwischen der akademischen Existenz eines Forschungsfeldes und seinem offiziellen Status als akademische Disziplin unterscheiden. Die Minimalvoraussetzung dafür, daß eine akademische Disziplin einen offiziellen Status hat, ist gegeben, wenn sie — auf der Basis eines geregelten akademischen Studiums — entweder alleine oder im offiziell geregelten Zusammenwirken mit einer oder mehreren anderen akademischen Disziplinen — über einen anerkannten akademischen Abschluß verfügt (z. B. den Magister-Abschluß in der Bundesrepublik Deutschland). Eine akademische Disziplin wird zur offiziell anerkannten, berufsausbildenden Disziplin, wenn sie entweder alleine oder im geregelten Zusammenwirken mit anderen akademischen Disziplinen über einen Abschluß verfügt, der als die staatlich anerkannte Qualifikation für die Ausübung eines oder mehrerer akademischer Berufe gilt (z. B. das 1. Staatsexamen in der Bundesrepublik Deutschland).

Da die offiziellen Regelungen in den einzelnen Staaten verschieden sind, kann die Frage, ob die Wörterbuchforschung eine akademische Disziplin mit offiziellem Status ist, nur relativ zu einzelnen Staaten beantwortet werden. An der Telugu University in Hyderabad gibt es ein eigenes Department und eine Professur für Lexikographie. Für die amerikanischen Verhältnisse vgl. man Art. 10 a. In Frankreich ist die Wörterbuchforschung keine offizielle akademische Disziplin (vgl. Rey 1986); dies gilt auch für Großbritannien (vgl. Sinclair 1984; Hartmann 1986), für die Bundesrepublik Deutschland (vgl. Hausmann 1986; Wiegand 1989 c) und für die Deutsche Demokratische Republik und wahrscheinlich auch für Spanien, Italien und zahlreiche andere Staaten in Europa. Dies heißt natürlich nicht, daß es in den genannten Staaten keine akademischen Kurse für Lexikographen gegeben hat (z. B. die von R. R. K. Hartmann organisierten Kurse im Rahmen der EURALEX). Solche Kurse müssen allerdings von akademischen Lehrveranstaltungen, die ja nicht für Lexikographen, sondern für die Studierenden, meistens die der philologischen/sprachwissenschaftlichen akademischen Disziplinen abgehalten werden, unterschieden werden (vgl. unten).

Während also die Frage, ob die Wörterbuchforschung derzeit eine akademische Disziplin mit offiziellem Status ist, wohl für die meisten Staaten Europas verneint werden muß, muß umgekehrt die nach ihrer akademischen Existenz durchgehend bejaht werden. Die akademische Existenz zeigt sich darin, daß es Lehrveranstaltungen über Lexikographie und Wörterbücher gibt und daß diejenigen Wissenschaftler, die sich für Lexikographie interessieren, z. T. zusammen mit Lexikographen ihre eigenen Kommunikationsmittel geschaffen haben (z. B. das internationale Jahrbuch „Lexicographica" und die angeschlossene Reihe „Lexicographica. Series Maior", oder die Zeitschriften „Dictionaries" in den USA, „International Journal of Lexicography" in Großbritannien, „Lexicographical Studies" in China u. a."); sie zeigt sich weiterhin darin, daß es internationale Organisationen gibt (wie z. B. DNSA und EURALEX) und regelmäßige Tagungen (wie z. B. seit 1983 den EURALEX-Kongreß) sowie eigene Sektionen in großen philologischen Kongressen (z. B. beim IVG-Kongreß 1985) und spezifische kleinere Tagungen und Symposien.

Der metalexikographische Kalender von 1980—1986 kann den Vorwörtern zu den „Studien zur neuhochdeutschen Lexikographie I—VI" entnommen werden, die zusammen als ein Ausschnitt aus einer metalexikographischen Zeitgeschichte gelesen werden können (vgl. Wiegand 1981, 1982, 1983 c, 1984 c, 1984 d, 1986 a). — Eine Übersicht über die Tagungen zur Lexikographie von 1960—1989 (mit einer Themenaufschlüsselung der wichtigsten 65 Konferenzen in diesem Zeitraum) gibt Hartmann 1989.

Die Feststellung, daß die Wörterbuchforschung (meistens unter dem Namen *Lexikographie* bzw. entsprechender Wortäquivalente in anderen Sprachen) eine akademische Existenz hat, erlaubt eine weitere Präzisierung der am Schluß von 2.2. gegebenen Statusbestimmung der Lexikographie: Die Lexikographie ist (in einem bestimmten Sinne) im Rahmen anderer akademischer Disziplinen Lehr- und Forschungsgegenstand.

Es kann daher nun die Frage gestellt werden, ob und damit für wen es nützlich ist, wenn die Wörterbuchforschung zu einer akademischen Disziplin mit offiziellem Status wird. Da diese Frage relativ zu einzelnen Staaten wahrscheinlich recht unterschiedlich zu behandeln ist, kann sie hier erstens nur auf die Bundesrepublik Deutschland bezogen und zweitens auch nur in relativ allgemeiner Weise behandelt werden; letzteres deswegen, weil die notwendigen Daten (z. B. über die Zahl der derzeit beschäftigten Lexikographen, über Arbeitsteilung im lexikographischen Prozeß etc. vgl. auch Hartmann 1986, 91 f.) und entsprechende Statistiken derzeit noch fehlen.

Wertet man die im Institut für deutsche Sprache (IdS, Mannheim) erarbeiteten Dokumentationen über sprachwissenschaftliche Lehrveranstaltungen aus, in die alle Lehrveranstaltungsankündigungen an den Universitäten und Hochschulen der Bundesrepublik Deutschland, Österreichs und der deutschsprachigen Schweiz aufgenommen wurden, die zur allgemeinen und germanistischen Linguistik gehören, sowie solche aus anderen Philologien, deren Fragestellungen erkennbar von allgemeinem Interesse sind, und geht dabei so vor, daß man nur solche Lehrveranstaltungsankündigungen berücksichtigt, in denen die Ausdrücke *Lexikographie, Wörterbuch, Wörterbuchforschung, Index, Konkordanz, Lexikon* in der Bedeutung von *Sprachwörterbuch* (und diese auch in Komposita wie z. B. *Mundartwörterbuch* oder *Fachlexikographie*) sowie die entsprechenden Äquivalente in anderen Sprachen und Namen bekannter Lexikographen vorkommen, dann ergibt sich für den Zeitraum, der durch die Dokumentation abgedeckt wird (Sommersemester 81 — Wintersemester 85/86) eine Zahl von über 250 Lehrveranstaltungsankündigungen (vgl. dazu näher Wiegand 1989 a). Greift man — nur um einen Eindruck zu vermitteln — vier Semester heraus, und zwar folgende: SS 1983, WS 1983/84, SS 1984 und WS 1984/85 (vgl. Dokumentation 1983—84), dann verteilen sich die 98 ermittelten Lehrveranstaltungsankündigungen, die von 60 Dozenten stammen, auf 41 Universitäten (vgl. Abb. 29.7). Die letzte Spalte in der Abb. 29.7 gibt nicht etwa den genauen Titel der Lehrveranstaltungen wieder; es handelt sich vielmehr um grobe Bereichszuordnungen, soweit diese aufgrund der Ankündigungen möglich waren. Es zeigt sich, daß weite Ausschnitte des Gegenstandsbereiches der Wörterbuchforschung berücksichtigt sind. Die Frage, in welcher Weise die Lexikographie in den 98 Lehrveranstaltungen zum Lehrgegenstand geworden ist, kann hier nicht für jede einzelne Veranstaltung genau beantwortet werden. Als sicher kann jedoch gelten, daß in den meisten Veranstaltungen nicht ausdrücklich gelehrt wurde, wie man Wörterbuchtexte der verschiedensten Art (z. B. Benutzungshinweise, stark standardisierte Artikeltexte, diskursive Artikelteile) formuliert und wie man Wörterbücher ohne Computer oder mit Computerunterstützung herstellt. Kurz: Es wird (mit wenigen Ausnahmen z. B. in Heidelberg im Zusammenhang mit dem dort eingerichteten Forschungsschwerpunkt 'Lexikographie') nicht die Lexikographie als eigenständige wissenschaftliche Praxis gelehrt; denn dazu gehört auch, daß wichtige Praxisausschnitte projektspezifisch und systematisch eingeübt werden und die entstandenen Zwischenprodukte, insonderheit die entstandenen lexikographischen Texte kontrolliert, diskutiert und sodann verbessert werden. Die Wörterbuchforschung — falls sie Lexikographen ausbilden will — muß daher in der Lage sein, ein aufeinander abgestimmtes System von Kursen anzubieten, in denen das Machen von Wörterbüchern gelehrt und geübt wird. Da der lexikographische Prozeß lehrbar ist, gibt es keine prinzipiellen Gründe, die dies als unmöglich erscheinen lassen. Hier können nicht eventuelle, realiter auftretende Schwierigkeiten diskutiert werden (die im übrigen nicht zum Diskutieren da sind, sondern dazu, daß sie abgeschafft werden). Mögliche Wege, um solche Kurse zu initiieren, wären: die Vergabe von Lehraufträgen an erfahrene und erfolgreiche Lexikographen, Beteiligung der Studierenden als offizielle Praktikanten an lexikographischen Projekten außerhalb und innerhalb der Universitäten und Hochschulen. Es ist m. E. relativ sicher, daß die Entfaltung einer zwar theoriegestützten und dennoch durchgehend praxisbezogenen Lehrtätigkeit dieser Art für die Wörterbuchforschung selbst dann nützlich ist, wenn Forschungszeit zugunsten von Lehrtätigkeit verlorengeht, da sich die hier gewonnenen Erfahrungen und Einsichten auch auf die weitere Forschung und die Theoriebildung positiv auswirken können.

Eine andere Frage ist es, ob sich für die

29. Der gegenwärtige Status der Lexikographie

| Universitäten | Zahl der LV | Name der Dozenten | Zuordnung zu Forschungsgebieten I—IV der Wörterbuchforschung (vgl. Abb. 29.4)/ Angabe von Unterfeldern |
|---|---|---|---|
| Aachen | 4 | J. Klein; L. Jäger; A. Schütz; Ch. Stetter | IV; dt., franz. L; einsprachige Wb. |
| Augsburg | 8 | D. Goetz; G. Haensch; W. Hupka; E.-M. Heinle; N. Weinhold; H. Wellmann | II; III; IV; span., franz., ital., dt. L. |
| Bamberg | 2 | W. Dahmen; I. Neumann | III; IV; ital., span. L. |
| Basel | 1 | B. Van't Hul | III; engl. L. |
| Berlin | 2 | Lewis; M. Phillips | IV; engl. L.; komparative L. |
| Bern | 1 | J. Hubschmid | III; IV; etymol. Wb., roman. Sprachen |
| Bielefeld | 1 | R. Römer | III; IV; dt. L. |
| Bochum | 1 | J. Kornelius | IV |
| Bonn | 1 | W. Schlepper | IV |
| Düsseldorf | 7 | B. von Gemmingen-Obstfelder; M. Lindemann; W. Rettig; K.-H. Roth | I; III; VI; span., franz., ital. L. |
| Duisburg | 2 | H. Kleineidam | IV; franz. L. |
| Erlangen | 4 | F.-J. Hausmann | II; III; IV; franz., it.-dt., dt. L. |
| Essen | 3 | W. Anders; C. Gilbers; B. Schaeder | |
| Flensburg | 1 | A. Sladek | IV; dt. L. |
| Frankfurt | 1 | B. Schlieben-Lange | III; IV; franz. L. |
| Freiburg | 1 | U. Pörksen | III; dt. L.; Campe |
| Freiburg (Schweiz) | 1 | P. Dalcher | IV; Schweizerdt. Wb. |
| Germersheim | 2 | P. Kussmaul; N. Salinkow | IV; Russisch |
| Hamburg | 2 | K.-H. Mulagk; H. Schemann | IV; dt. L. |
| Hannover | 1 | K. Gnutzmann | I; IV; engl. L. |
| Heidelberg | 11 | M. Görlach; K. Henschelmann; W. Kesselring; U. Krohmer; K. Lothholz; O. Reichmann; H. P. Schwake; H. E. Wiegand | I; II; III; IV; engl., franz., span., dt. L. |
| Innsbruck | 1 | M. Iliescu | IV |
| Karlsruhe | 1 | P. Schmidt | IV; dt. L., Verbwörterbücher |
| Kiel | 1 | U. Tolksdorf | III; IV; Dialektlexikographie |
| Köln | 4 | M. Görlach; E. Kurschildgen; J. Rolshoven | III; IV; engl., franz., ital., rumän. L.; Computerlexikographie |
| Mainz | 1 | G. Holthus | III; ital. L. |
| Mannheim | 1 | G. Harras | IV; dt. L. |
| Marburg | 3 | H. Friebertshäuser; K. Kehr; D. Woll | III; IV; dt., port., span. L.; Dialektlexikographie, Kehrrein; Crecelius; Fachsprachenlexikographie |
| Münster | 7 | H. Beckers; K. Grubmüller; J. Mugdan; R. Peters; R. Pfeiffer-Rupp; I. T. Piirainen; J. Splett | III; IV; dt. (einschl. niederdt.), engl. L. |

| Universitäten | Zahl der LV | Name der Dozenten | Zuordnung zu Forschungsgebieten I—IV der Wörterbuchforschung (vgl. Abb. 29.4)/ Angabe von Unterfeldern |
|---|---|---|---|
| Nürnberg | 1 | H. Gburek | IV; engl. L. |
| Paderborn | 1 | M. Metzeltin | IV; L. roman. Sprachen |
| Passau | 1 | R. Emons | IV; engl. L. |
| Saarbrücken | 4 | I. Dahlberg; Ch. Feneyrol; A. Raasch; B. Reuter | IV; dt. L.; terminologische Lexikographie; Computerlexikographie; Wb. der Kindersprache |
| Salzburg | 1 | F. Rainer | IV; franz. L. |
| Siegen | 3 | G. Augst; I. Kornelius | III; IV; dt., engl. L. |
| Trier | 3 | H.-J. Niederehe; H. Schay | IV; Valenzlexikographie |
| Tübingen | 1 | D. A. Reibel | IV; engl. L.; Computerlexikographie |
| Vechta | 1 | O. Grannis | IV; engl. L. |
| Würzburg | 2 | G. Neumann; E. Standop | III; IV; engl., dt. L.; Grimm |
| Wien | 1 | I. A. Mel'čuk | IV; Wortbildung |
| Zürich | 3 | P. Dalcher; R. Drewek; St. Sonderegger | III; IV; dt., schweizerdt. L.; Computerlexikographie |

Abb. 29.7: Übersicht zu den Lehrveranstaltungen (LV) zur Lexikographie (= L.)

Lexikographie als wissenschaftliche Praxis nützlich ist, wenn die Wörterbuchforschung eine akademische Disziplin mit offiziellem Status wird. Geht man dieser Frage in allgemeiner Weise nach, dann wird man sie — wie z. B. auch Sinclair 1984 — positiv beantworten müssen. Dies gilt jedoch nur, wenn die akademische Ausbildung zum Lexikographen ein hohes Niveau hat und so durchgeführt wird, daß eine vielseitige Verwendbarkeit derjenigen garantiert ist, die eine entsprechende Abschlußqualifikation erworben haben. Sieht man auf die bereits im Feld arbeitenden Lexikographen, dann erhalten diese Konkurrenz, so daß man mit Widerständen rechnen muß. Die Argumente, die gegen eine akademische Ausbildung von Lexikographen vorgebracht werden, sind im Prinzip alle voraussagbar und z. T. bekannt (vgl. Sinclair 1984). Da jedoch zu erwarten ist, daß mittel- und langfristig die akademisch zum Lexikographen Ausgebildeten die Standards bestimmen und anheben und für ein klares, gehaltvolles und eigenständiges Berufsbild sorgen werden, muß man feststellen, daß es insbesondere für denjenigen Teil des Praxisfeldes, der als Verlagslexikographie bezeichnet wird, langfristig nützlich ist, wenn die Wörterbuchforschung zur akademischen Disziplin mit offiziellem Status wird. Auch ist zu erwarten, daß der soziale Status von Lexikographen sich verbessert, wenn ein klares Berufsbild vorliegt.

Schließlich ist die Frage, ob und für wen es nützlich ist, wenn die Wörterbuchforschung eine offizielle, akademische Disziplin wird, auf diejenigen zu beziehen, die in dieser Disziplin studieren. Dann ist zunächst festzustellen, daß ein geregeltes Studium in dieser Disziplin natürlich nicht zu einem eigenständigen Abschluß, sondern nur zu einem selbständigen Teilabschluß führen kann, den man nicht erhalten sollte, ohne ein lexikographisches Praktikum nachweisen zu können. Die anderen Teilabschlüsse müssen in anderen akademischen Disziplinen erworben werden. Kandidaten für solche Disziplinen bzw. Subdisziplinen sind: die Philologien, die Linguistik, die linguistische Informatik, die Computerlinguistik. Ein Studiengang, an dem die Wörterbuchforschung mitwirken könnte und der durchlässig und mit unterschiedlichen Gewichtungsmöglichkeiten angelegt sein müßte, sollte einen Gesamtabschluß im Diplom-Rang haben. Wer ein solches Diplom erworben hat, sollte ein Fachmann für die Repräsentation des lexikalischen Wissens auf allen Datenträgern sein. Da es für eine zusammenhängende Gesamtheit von solchen lexikalischen Einheiten nur einen generischen Ausdruck gibt, nämlich *Lexikon* in seinen verschiedenen Verwendungsweisen (ein Internationalismus), empfiehlt sich als Berufsbezeichnung eine Wortbildung mit *Lexikon* (z. B. *Dipl.-Lexikograph* oder *Dipl.-Lexikotechniker* oder *Dipl.-Lexikoingenieur*). Da die Nützlichkeit hier auch mit Hinsicht auf mögliche Arbeitsplätze beurteilt werden muß, muß die Ausbildungskapazität gering gehalten werden.

Die in Abschnitt 2.2. gegebene Statusbestimmung der Lexikographie soll nun wie folgt ergänzt werden: Für die Zukunft der wissenschaftlichen Sprachlexikographie ist es nützlich, wenn die Wörterbuchforschung zu einer akademischen Disziplin mit offiziellem Status wird, so daß sie in Interaktion mit anderen Disziplinen diejenigen Fachleute ausbilden kann, die die Lexikographie als gesamte Praxis übersehen und in zentralen Ausschnitten beherrschen.

6. Resümee: der Status der Lexikographie als Praxis und das Verhältnis der wissenschaftlichen Lexikographie zu den akademischen Disziplinen

Die Ergebnisse der Überlegungen können wie folgt zusammengefaßt werden, wobei die in 2.1. gegebenen negativen Statusbestimmungen nicht mehr berücksichtigt werden. Die Sprachlexikographie ist — wendet man das Kriterium des genuinen Zweckes von Wörterbüchern (i. S. v. Wiegand 1988 a, 743 ff.) an — von der Sach- und Allbuchlexikographie als den beiden anderen Teilgebieten der Lexikographie eindeutig abgegrenzt. Die Sprachlexikographie tritt in einer nichtwissenschaftlichen und einer wissenschaftlichen Ausprägung auf. In der ersten Ausprägung ist sie eine autodidaktisch erlernbare, kulturelle Praxis; in der letzteren handelt es sich um eine für Staat und Gesellschaft wichtige, eigenständige, kulturelle und wissenschaftliche Praxis mit einer selbstreflexiven Komponente, die von externen Theorien und Theoriefragmenten mehr oder weniger stark beeinflußt ist und in ihrer Gesamtheit nur von akademisch ausgebildetem Personal überschaut und beherrscht werden kann. Insgesamt ist die Praxis aufzufassen als eine Menge von kalkulierbaren (aber oft schlecht kalkulierten) lexikographischen Prozessen und damit als eine Menge von z. T. ineinandergreifenden und durchgängig lehrbaren lexikographischen Tätigkeiten verschiedenen Typs, so daß die einzelnen entweder bereits abgeschlossen oder noch im Gang befindlichen lexikographischen Prozesse — historisch betrachtet — nicht alle voneinander unabhängig, sondern z. T. relativ eng miteinander verwoben sind. Jeder lexikographische Prozeß ist darauf ausgerichtet, daß Wörterbücher als Gebrauchsgegenstände entstehen, so daß diese für eine andere kulturelle Praxis zur Verfügung stehen, nämlich die der Wörterbuchbenutzung, die eine intendierte oder nichtintendierte Beeinflussung des Benutzers im Sinne bestimmter gesellschaftlicher und/ oder staatlicher Interessen zur Folge haben kann. Die wissenschaftliche Sprachlexikographie ist in den allermeisten Ländern weder eine berufliche noch eine akademische Disziplin.

Die gesamte Sprachlexikographie bildet (neben der Wörterbuchbenutzung und dem nichtwissenschaftlichen Metabereich zur Sprachlexikographie) den homogenen empirischen Gegenstandsbereich der Wörterbuchforschung, die sich auf der Basis ihrer Untersuchungen anhand ihrer Perspektiven in vier Forschungsgebiete, die Wörterbuchbenutzungsforschung, die kritische, die historische und die systematische Wörterbuchforschung untergliedern läßt. Die Wörterbuchforschung ist ein wissenschaftliches Forschungsfeld und damit eine Disziplin, die derzeit auf dem Wege ist, zu einer wissenschaftlichen Disziplin im wissenschaftstheoretischen Sinne zu werden. Sie hat eine — zunehmend deutlicher erkennbare — akademische Existenz, und es kann für ihre eigene Zukunft sowie für die der wissenschaftlichen Sprachlexikographie als nützlich gelten, wenn sie sich zu einer offiziellen Disziplin entwickelt, die über einen eigenen akademischen Teilabschluß verfügt, so daß die Lexikographen allmählich zu einer geregelten Berufsausbildung kommen.

Die wissenschaftliche Sprachlexikographie berücksichtigt — in den verschiedenen lexikographischen Prozessen in unterschiedlichem Ausmaß — Ergebnisse aus anderen akademischen Disziplinen. Neben der Wörterbuchforschung lassen sich folgende Klassen von informationsspendenden Disziplinen angeben: die bereichsabdeckenden, die bereichsverwandten und die gegenstandsspezifischen. Die akademischen Disziplinen, deren Gegenstandsbereiche überwiegend sprachlicher Natur sind, spielen als informationsspendende Disziplinen eine besondere Rolle, was insbesondere für die Lexikologie (in ihren verschiedenen Ausprägungen) und damit für die Sprachwissenschaft gilt.

Wörterbücher sind statische Informationssysteme vor allem für die Mitglieder der informationsspendenden Disziplinen und für Laien.

Die hier gegebene Statusbestimmung der gegenwärtigen Lexikographie ist so angelegt, daß eine weiter fortschreitende Einbindung des Computers in den lexikographischen Prozeß eine Änderung erst dann erforderlich macht, wenn eine konkrete metalexikographische Utopie zum Alltag werden sollte, nämlich die, daß die allermeisten lexikographischen Prozesse, die neu geplant werden, nicht mehr zu Sprachwörterbüchern in Buchform führen werden.

## 7. Literatur (in Auswahl)

### 7.1. Wörterbücher

*Bierce 1911* = Ambrose Bierce: The Devil's Dictionary. Cleveland. New York 1911 [376 S.].

*BW* = Brockhaus-Wahrig: Deutsches Wörterbuch in sechs Bänden. Hrsg. von Gerhard Wahrig †, Hildegard Krämer, Harald Zimmermann. Wiesbaden. Stuttgart. 1. Band *A—BT*, 1980; 2. Bd. *BU—FZ*, 1981; 3. Bd. *G—JZ*, 1981; 4. Bd. *K—OZ*, 1982; 5. Bd. *P—STD*, 1983; 6. Bd. *STE—ZZ*, 1984 [zus. 5310 S.].

*Crystal 1980* = David Crystal: A First Dictionary of Linguistics and Phonetics. London 1984 [390 S.].

*Dill 1987* = Christa Dill: Wörterbuch zu Goethes West-Östlichem Divan. Tübingen 1987 [LIV, 488 S.].

*Duden-GW* = Duden. Das große Wörterbuch der deutschen Sprache in sechs Bänden. Hrsg. und bearb. vom Wissenschaftlichen Rat und den Mitarbeitern der Dudenredaktion unter Leitung von Günther Drosdowski. Mannheim. Wien. Zürich. Bd. 1: *A—Ci* 1976; Bd. 2: *Cl—F* 1976; Bd. 3: *G—Kal* 1977; Bd. 4: *Kam—N* 1978; Bd. 5: *O—So* 1980; Bd. 6: *Sp—Z* 1981 [zus. 2992 S.; 2. Ausg. als Bd. 30, 1979; Bd. 31, 1980; Bd. 32, 1981 von Meyers Enzyklopädischem Lexikon. Mannheim. Wien. Zürich, zus. 2992 S.].

*Duden-1* = Duden. Rechtschreibung der deutschen Sprache und der Fremdwörter. 19., neu bearb. und erw. Aufl. Hrsg. von der Dudenredaktion. Auf der Grundlage der amtlichen Rechtschreibregeln. Duden Bd. 1. Mannheim. Wien. Zürich 1986 (Der Duden in 10 Bänden) [792 S.].

*Duden-2* = Duden. Stilwörterbuch der deutschen Sprache. Die Verwendung der Wörter im Satz. 7., völlig neu bearb. u. erw. Aufl. von Günther Drosdowski unter Mitwirkung folgender Mitarbeiter der Dudenredaktion: Wolfgang Eckey, Dieter Mang, Charlotte Schrupp, Marion Trunk-Nuß-

baumer. Duden-Bd. 2 Mannheim. Wien. Zürich 1988 (Der Duden in 10 Bänden) [864 S.].

*Duden-5* = Duden. Fremdwörterbuch. 4., neu bearb. und erw. Aufl. Bearb. von Wolfgang Müller unter Mitwirkung von Rudolf Köster und Marion Trunk [...] Duden Bd. 5. Mannheim. Wien. Zürich 1982 (Der Duden in 10 Bänden) [813 S.].

*Duden-10* = Duden. Bedeutungswörterbuch. 2., völlig neu bearb. u. erw. Aufl. Hrsg. und bearb. von Wolfgang Müller unter Mitwirkung folgender Mitarbeiter der Dudenredaktion: Wolfgang Eckey, Jürgen Folz, Heribert Hartmann, Rudolf Köster, Dieter Mang, Charlotte Schrupp, Marion Trunk-Nußbaumer. Mannheim. Wien. Zürich 1985 (Der Duden in 10 Bänden, Bd. 10) [797 S.].

*Dummdeutsch 1985* = Dummdeutsch. Ein satirisch-polemisches Wörterbuch unter Federführung von Eckhard Henscheid und Mitwirkung von Carl Lierow und Elsemarie Maletzke mit Zeichnungen von Chlodwig Poth. Frankfurt 1985 [85 S.].

*DUW 1983* = Duden. Deutsches Universalwörterbuch. Hrsg. und bearb. vom Wissenschaftlichen Rat und den Mitarbeitern der Dudenredaktion unter Leitung von Günther Drosdowski. Mannheim. Wien. Zürich 1983 [1504 S.].

*Fnhd. Wb. 1986* = Frühneuhochdeutsches Wörterbuch. Hrsg. von Robert R. Anderson, Ulrich Goebel, Oskar Reichmann. Bd. 1 Lief. 1. Einleitung. Quellenverzeichnis. Literaturverzeichnis. *a—abfal* bearb. von Oskar Reichmann. Berlin. New York 1986 [285 S., 96 Sp.].

*GD 1981* = Der Große Duden mit einem Anhang: Vorschriften für den Schriftsatz, Korrekturvorschriften und Hinweise für das Maschinenschreiben. Leipzig 1981 [768 S.].

*GFW* = Großes Fremdwörterbuch. 3. durchges. Aufl. Leipzig 1980 [824 S.].

*Harfst 1986* = Gerold Harfst: Rauschgift. Szenen-Jargon von *A—Z*. Damit auch wir im Bilde sind. Eine Begriffsammlung als Hilfe für Eltern, Erzieher und andere. Würzburg 1986 [299 S.].

*Herders Sprachbuch 1973* = Herders Sprachbuch. Ein neuer Weg zu gutem Deutsch. Rechtschreibung. Trennung. Aussprache. Bedeutung. Herkunft zu rund 60 000 Wörtern. 36 Rahmenartikel zu Sprachlehre, Sprachkunde, Sprachgebrauch neu bearb. von Kurt Abels. Freiburg i. Br. 1973 (Herderbücherei 470) [XXVIII, 803 S.].

*Hiller 1980* = Helmut Hiller: Wörterbuch des Buches. 4. vollständig neu bearb. Auflage. Frankfurt a. M. 1980.

*Hoppe 1986* = Ulrich Hoppe: Bös-Deutsch. Das Wörterbuch für Zyniker(innen). München 1986 (Heyne Allgemeine Reihe 01/6727) [175 S.].

*Hoppe 1986 a* = Ulrich Hoppe: Jubel-Deutsch. Das Wörterbuch für Schönfärber(innen). München 1986 (Heyne Allgemeine Reihe 01/6726) [218 S.].

*HWDG* = Handwörterbuch der deutschen Gegenwartssprache. In zwei Bänden. Von einem Autorenkollektiv unter der Leitung von Günter Kempcke [...]. Bd. 1: *A—K;* Bd. 2: *L—Z.* Berlin [DDR] 1984 [zus. XXXI, 1399 S.].

*Knaurs-EL* = Knaurs etymologisches Lexikon. 10 000 Wörter unserer Gegenwartssprache. Herkunft und Geschichte. Von Ursula Hermann. München 1983 [520 S.].

*Knaurs-FL* = Knaurs Fremdwörter-Lexikon von Ursula Hermann. München 1977 [448 S.].

*Knaurs-GW* = Knaurs Großes Wörterbuch der deutschen Sprache. Der große Störig. Erarb. von Ursula Hermann unter Mitarbeit von Horst Leisering und Heinz Hellerer. München 1985 [1120 S.].

*Kraemer 1980* = Deutsches Wörterbuch. Mit Silbentrennung und Phonetik. Hrsg. von Rolf Kraemer unter Mitarbeit von Helga Hahn, Jürgen R. Braun und J. Reichenberg. Wiesbaden 1980 [392 S.].

*Lukoschick 1980* = Ganz schön shaky. Die Schicki-Micki-Sprache. Hrsg. von Andreas Lukoschick [Sic!]. München 1986 (Heyne Allgemeine Reihe 01/6688) [140 S.].

*Mackensen 1977* = Lutz Mackensen: Deutsches Wörterbuch. Rechtschreibung. Grammatik. Stil. Worterklärung. Fremdwörterbuch. Geschichte des deutschen Wortschatzes. 9. völlig neubearb. u. stark erw. Aufl. München 1977 [XLIV, 1212 S.; S. 1213—1220: Geschichte des deutschen Wortschatzes].

*NDW* = Neues Deutsches Wörterbuch. Die deutsche Rechtschreibung. Grammatik. Fremdwörter. Aussprache. Bedeutung. Köln o. J. [600 S.].

*Pekrun 1933* = Das Deutsche Wort. Rechtschreibung und Erklärung des deutschen Wortschatzes sowie der Fremdwörter. Nach den amtlichen Regeln bearb. von Richard Pekrun. Leipzig 1933 [XVI, 1151 S.].

*Prosinger 1984* = Wolfgang Prosinger: Das rabenstarke Lexikon der Scene-Sprache. Der große Durchblick für alle Freaks, Spontis, Schlaffis, Softies, Flipper und Hänger sowie deren Verwandte und sonstige Fuzzis. Illustriert von Peter Gaymann. Frankfurt 1984 [90 S.].

*Schulze 1988* = Hans Herbert Schulze: Das RoRoRo Computer Lexikon. Schwierige Begriffe einfach erklärt. Aktualisierte u. erw. Neuausgabe. Hamburg 1988 [568 S.].

*Sube 1985* = Wörterbuch Strahlenschutz. Strahlenbiologie. Nuklearmedizin. Englisch. Deutsch. Französisch. Russisch. Hrsg. von Ralf Sube. Essen 1985 [474 S.].

*Ullstein-LdS* = Ullstein Lexikon der deutschen Sprache. Wörterbuch für Rechtschreibung, Silbentrennung, Aussprache, Bedeutungen, Synonyme, Phraseologie, Etymologie. Hrsg. und bearb. von Rudolf Köster unter Mitarbeit von Harald Hahmann, Heribert Hartmann und Franz Mehling. Frankfurt a. M. 1969 [1024 S.].

*ViF* = Verben in Feldern. Valenzwörterbuch zur Syntax und Semantik deutscher Verben. Hrsg. von Helmut Schumacher. Berlin. New York 1986 (Schriften des Instituts für deutsche Sprache 1) [XIV, 882 S. + ein Faltblatt mit Abkürzungsverzeichnis].

*Volks-Brockhaus 1934* = Der Volks-Brockhaus. Deutsches Sach- und Sprachwörterbuch für Schule und Haus. Mit über 3600 Abbildungen und Karten im Text und 71 einfarbigen und bunten Tafel- und Kartenseiten sowie 35 Übersichten und Zeittafeln. 3. verb. Aufl. *A—Z.* Leipzig 1934 [VIII, 794 S.].

*Wahrig-$^5$DW* = Gerhard Wahrig: Deutsches Wörterbuch. Mit einem „Lexikon der deutschen Sprachlehre". Hrsg. in Zusammenarbeit mit zahlreichen Wissenschaftlern und anderen Fachleuten. Völlig überarb. Neuausgabe [von Ursula Hermann, Renate Wahrig-Burfeind, Klaus Rüme und Norbert Raum]. München 1986 [1493 S.].

*WDG* = Wörterbuch der deutschen Gegenwartssprache. Hrsg. von Ruth Klappenbach † und Wolfgang Steinitz †. Berlin. 1. Bd.: *A—deutsch* [...]. 1. Aufl. 1961, 10. bearb. Aufl. 1980; 2. Bd.: *Deutsch—Glauben* [...]. 1. Aufl. 1967, 7. Aufl. 1981; 3. Bd.: *glauben—Lyzeum* [...]. 1. Aufl. 1969, 5. Aufl. 1981; 4. Bd.: *M—Schinken* [...]. 1. Aufl. 1975, 4., durchges. Aufl. 1981; 5. Bd.: *Schinken—Vater-, vater—* [...]. 1. Aufl. 1976, 4. Aufl. 1980; 6. Bd.: *väterlich—Zytologie* [...]. 1. Aufl. 1977, 3. Aufl. 1982 [zus. 38, 4579 S.].

*Weigand/Hirt* = Fr. L. K. Weigand: Deutsches Wörterbuch. 5. Aufl. [...] von Hermann Hirt. 1. Bd. *A—K;* 2. Bd. *L—Z.* Gießen 1909—10 [Photomechanischer Nachdruck Berlin 1968; zus. XXIII S., 2544 Sp.].

*Wessely-Schmidt 1925* = Wessely-Schmidt. Deutscher Wortschatz. Handwörterbuch der deutschen Sprache auf grammatisch-stilistisch-orthographischer Grundlage nebst Fremdwörterbuch. 6. verb. und stark vermehrte Aufl. Hrsg. von Walther Schmidt und Emil Kraetsch. Berlin 1925 [1544 Sp.].

7.2. Sonstige Literatur

*Alekseev 1984* = P. M. Alekseev: Statistische Lexikographie. Zur Typologie, Erstellung und Anwendung von Frequenzwörterbüchern. Lehrbuch. Übers. von Werner Lehfeldt. Bochum 1984 (Quantitative Linguistics 22).

*Al-Kasimi 1977* = Ali M. Al-Kasimi: Linguistics and Bilingual Dictionaries. Leiden 1977.

*Anderson/Goebel/Reichmann 1981* = Robert R. Anderson/Ulrich Goebel/Oskar Reichmann: Ein idealisiertes Graphemsystem des Frühneuhochdeutschen als Grundlage für die Lemmatisierung frühneuhochdeutscher Wörter. In: Studien zur neuhochdeutschen Lexikographie I. Hrsg. von Herbert Ernst Wiegand. Hildesheim. New York 1981 (Germanistische Linguistik 3—4/79), 53—122.

*Apostel et al. 1971* = L. Apostel/G. Berger/A. Briggs/G. Michaud (eds.): Interdisciplinarity: Problems of Teaching and Research in Universities. Paris 1971.

*Back 1970* = Otto Back: Was bedeutet und was bezeichnet der Ausdruck „angewandte Sprachwissenschaft"? In: Die Sprache. Zeitschrift für Sprachwissenschaft 16. 1970, 21—53.

*Bahr 1978* = Joachim Bahr: Ist lexikographie eine wissenschaft? In: Zeitschrift für germanistische Linguistik 6. 1978, 97—98.

*Bakos 1983* = Ferenc Bakos: Gegenseitige Bedingungen von Lexikologie und Lexikographie. In: Die Lexikographie von heute und das Wörterbuch von morgen. Analysen — Probleme — Vorschläge. Hrsg. von Joachim Schildt und Dieter Viehweger. Berlin [DDR] 1983 (Linguistische Studien. Reihe A. Arbeitsberichte 109), 128—140.

*Barnhart 1967* = Clarence L. Barnhart: Problems in Editing Commercial Monolingual Dictionaries. In: Problems in Lexicography. Ed. by Fred W. Householder and Sol Saporta. Sec. Ed. with Additions and Corrections. Bloomington 1967, 161—181.

*Bergenholtz/Mugdan 1986* = Henning Bergenholtz/Joachim Mugdan: Der neue „Super-Duden". Die authentische Darstellung des deutschen Wortschatzes? In: Studien zur neuhochdeutschen Lexikographie VI, 1. Teilbd. Hrsg. von Herbert Ernst Wiegand. Hildesheim. Zürich. New York 1986 (Germanistische Linguistik 84—86), 1—149.

*Blanar 1985* = V. Blanar: Leksikologija leksikografii [Die Lexikologie der Lexikographie]. In: Voprosy Jazykoznanija 1985. H. 3, 77—82.

*Bondzio 1980* = Einführung in die Grundfragen der Sprachwissenschaft. Von einem Autorenkollektiv unter Leitung von Wilhelm Bondzio. Leipzig 1980.

*Casares 1950* = Julio Casares: Introducción a la Lexicografía. Madrid 1950.

*Conrad 1969* = Rudi Conrad: Aufgaben und Methoden der Sprachwissenschaft [Abschnitt 1.2]. In: die deutsche Sprache. 1. Bd. Hrsg. von Erhard Agricola, Wolfgang Fleischer und Helmut Protze unter Mitwirkung von Wolfgang Ebert. Leipzig 1969 (Kleine Enzyklopädie in zwei Bänden), 38—60.

*Courchêne 1984* = Robert Courchêne: The history of the term *applied* in *applied linguistics*. In: Bulletin de l'ACLA/Bulletin of the CAAL 6. 1984, 43—78.

*Czochralski 1981* = Jan Czochralski: Zur theoretischen und praktischen Lexikographie. In: Kwartalnik neofilologiczny 28. 1981, 167—180.

*Diemer 1964* = Alwin Diemer: Was heißt Wissenschaft. Meisenheim am Glan 1964.

*Dokumentation 1983—84* = Dokumentation. Sprachwissenschaftliche Lehrveranstaltungen. Institut für deutsche Sprache. SS 1983. WS 1983/84. SS 1984. WS 1984/85. Mannheim 1983—84.

*Doroszewski 1973* = Witold Doroszewski: Elements of Lexicology and Semiotics. The Hague. Paris 1973 (Approaches to Semiotics 46).

*Drosdowski 1985* = Günther Drosdowski: Einige Anmerkungen zur heutigen Lexikographie. In: Germanistik — Forschungsstand und Perspektiven. Vorträge des Deutschen Germanistentages 1984. Hrsg. von Georg Stötzel. 1. Teil: Germanistische Sprachwissenschaft. Didaktik der Deutschen Sprache und Literatur. Berlin. New York 1985, 63—68.

*Ebert 1976* = Theodor Ebert: Praxis und Poiesis. Zu einer handlungstheoretischen Unterscheidung des Aristoteles. In: Zeitschrift für philosophische Forschung 30. 1976, 12—30.

*Filipec 1982* = Josef Filipec: Sprachkultur und Lexikographie. In: Grundlagen der Sprachkultur. Beiträge der Prager Linguistik zur Sprachtheorie und Sprachpflege. Tl. 2. In Zusammenarbeit mit Karel Horálek und Jaroslav Kuchař hrsg. und bearb. von Jürgen Scharnhorst und Erika Ising. Berlin [DDR]: 1982 (Reihe Sprache und Gesellschaft 8/2), 174—202.

*Freidhof 1984* = Gerd Freidhof: Sowjetische Lexikologie und Lexikographie. In: Handbuch des Russisten. Sprachwissenschaft und angrenzende Disziplinen. Hrsg. von Helmut Jachnow unter Mitarbeit von Klaus Hartenstein und Waltraud Jachnow. Wiesbaden 1984 (Slavistische Studienbücher N. F. Bd. 2), 143—175.

*Fröhler 1982* = Horst Fröhler: Zum neuen Österreichischen Wörterbuch (35. Aufl. 1979). Acht Thesen über seine Mängel und über deren Beseitigung. In: Österreich in Geschichte und Literatur 26. 1982, 152—183.

*Gates 1979* — Edward Gates: A Survey of the Teaching of Lexicography. In: Dictionaries. Journal of the Dictionary Society of North America 1. 1979, 113—131.

*Gelb 1958* = Ignace J. Gelb: Lexicography, Lexicology, and the Akkadian Dictionary. In: Diego Catalán (ed.): À André Martinet. Estructuralismo e Historia. Vol II. Canarias 1958, 63—75.

*Ginzburg et al. 1966* = R. S. Ginzburg/S. S. Khidekel/G. Y. Knyazeva/A. A. Sankin: A Course in Modern English Lexicology. Moskau 1966.

*Good 1987* = Colin H. Good: Lexicography and Linguistic Theory with Special Reference to German. In: Studia Neophilologica 59. 1987, 65—79.

*Haensch 1984* = Günther Haensch: Lexikographie zwischen Theorie und Praxis — heute. In: Dieter Goetz/Thomas Herbst (Hrsg.): Theoretische und Praktische Probleme der Lexikographie. 1. Augsburger Kolloquium. München 1984, 118—138.

*Haensch et al. 1982* = G. Haensch/L. Wolf/S. Ettinger/R. Werner: La lexicografía. De la lingüística teórica a la lexicografía práctica. Madrid 1982 (Biblioteca románica hispánica. III. Manuales 56).

*Hartmann 1983* = Reinhard R. K. Hartmann: Theory and Practice in Dictionary-Making. In: Lexicography: Principles and Practice. Ed. by R. R. K. Hartmann. London [usw.] 1983 (Applied Language Studies), 3—11.

*Hartmann 1986* = R. R. K. Hartmann: The train-

ing and professional development of lexicographers in the UK. In: Lexicography. An emerging international profession. Ed. by Robert Ilson. Manchester 1986 (The Fulbright Papers. Proceedings of Colloquia 1), 89—92.
*Hartmann 1989* = R. R. K. Hartmann: A quarter of a century's lexicographical conferences. In: Budalex '88. Papers from the 3rd EURALEX Congress. Ed. by T. Magay and J. Zigány. [im Druck].
*Hartung 1987* = Wolfdietrich Hartung: Wissenschaft und Praxis. In: Sociolinguistics [...]. An International Handbook of the Science of Language and Society. Ed. by Ulrich Ammon, Norbert Dittmar, Klaus J. Mattheier. Berlin. New York 1987 (Handbücher zur Sprach- und Kommunikationswissenschaft 3.1), 52—60.
*Hausmann 1985* = Franz Josef Hausmann: Lexikographie. In: Christoph Schwarze/Dieter Wunderlich (Hrsg.): Handbuch der Lexikologie. Königstein/Ts. 1985, 367—411.
*Hausmann 1986* = Franz Josef Hausmann: The training and professional development of lexicographers in Germany. In: Lexicography. An emerging international profession. Ed. by Robert Ilson. Manchester 1986 (The Fulbright Papers. Proceedings of Colloquia 1), 101—110.
*Hausmann 1989* = Franz Josef Hausmann: Kleine Weltgeschichte der Metalexikographie. In: Wörterbücher in der Diskussion. Vorträge aus dem Heidelberger Lexikographischen Kolloquium. Hrsg. von Herbert Ernst Wiegand. Tübingen 1989 (Lexicographica. Series Maior 27).
*Hausmann et al.* = Franz Josef Hausmann/Oskar Reichmann/Herbert Ernst Wiegand/Ladislav Zgusta: Konzeption zu einem internationalen Handbuch der Lexikographie. In: Studien zur neuhochdeutschen Lexikographie IV. Hrsg. von Herbert Ernst Wiegand. Hildesheim. Zürich. New York 1984 (Germanistische Linguistik 1—3/83), 487—506.
*HdL 1975* = Handbuch der Linguistik. Allgemeine und angewandte Sprachwissenschaft. Aus Beiträgen von [...] unter Mitarbeit von Hildegard Janssen zusammengestellt von Harro Stammerjohann. München 1975.
*Henne 1972* = Helmut Henne: Semantik und Lexikographie. Untersuchungen zur lexikalischen Kodifikation der deutschen Sprache. Berlin. New York 1972 (Studia Linguistica Germanica 7).
*Henne/Objartel 1984* = Bibliothek zur historischen deutschen Studenten- und Schülersprache. Hrsg. von Helmut Henne und Georg Objartel. Bd. 2: Wörterbücher des 18. Jahrhunderts zur deutschen Studentensprache; Bd. 3: Wörterbücher des 19. Jahrhunderts zur deutschen Studentensprache I; Bd. 4: Wörterbücher des 19. Jahrhunderts zur deutschen Studentensprache II. Berlin. New York 1984.
*Henne/Objartel 1988* = Helmut Henne/Georg Objartel: Der neue 'Paul'. Ziele, Methoden, Beispiele. In: Zeitschrift für germanistische Linguistik 16. 1988, 219—227.
*Heß/Brustkern/Lenders 1983* = Klaus Heß/Jan Brustkern/Winfried Lenders: Maschinenlesbare deutsche Wörterbücher. Dokumentation, Vergleich, Integration. Tübingen 1983 (Sprache und Information 6).
*Hilty 1988* = Gerold Hilty: Lexikologie und Semantik. In: Mary Snell-Hornby (ed.): ZüriLEX '86 Proceedings. Papers read at the EURALEX International Congress, University of Zürich, 9—14 September 1986. Tübingen 1988, 3—15.
*Hoffer 1966* = Bates Lowry Hoffer: Lexicology and Lexicography. In: Gongo Runskuu 7. 1966, 89—102.
*Hoffer 1967* = Bates Lowry Hoffer: Linguistic Principles in Lexicography. Diss. [masch.] Univ. of Texas. Austin 1967.
*Hubig 1985* = Christoph Hubig: Handlung — Identität — Verstehen. Von der Handlungstheorie zur Geisteswissenschaft. Weinheim und Basel 1985.
*Ilson 1988* = Robert Ilson: Introduction [zum 1. Heft]. In: International Journal of Lexicography 1. 1988, ii.
*Iskos/Lenkowa 1963* = A. Iskos/A. Lenkowa: Deutsche Lexikologie für pädagogische Hochschulen und Fremdsprachenfakultäten. 2. Aufl. Leningrad 1963.
*Kempcke 1982* = Günter Kempcke: Lexikologie, lexikographische Theorie und lexikographische Praxis. In: Wortschatzforschung heute. Aktuelle Probleme der Lexikologie und Lexikographie. Hrsg. von Erhard Agricola, Joachim Schildt, Dieter Viehweger. Leipzig 1982 (Linguistische Studien), 42—61.
*Knorr et al. 1981* = K. D. Knorr/R. Krohn/R. Whitley (eds.): The Social Process of Scientific Investigation. Dordrecht. Boston 1981.
*Kučera et al. 1985* = Antonín Kučera/Alain Rey/Herbert Ernst Wiegand/Ladislav Zgusta: Introduction [zum 1. Bd. von Lexicographica]. In: Lexicographica 1. 1985, IX—X.
*Lakoff 1973* = George Lakoff: Lexicography and Generative Grammar I: Hedges and Meaning Criteria. In: Lexicography in English. Ed. by Raven I. McDavid, Jr., Audrey R. Duckert. New York 1973 (Annuals of the New York Academy of Sciences 211), 76—88.
*Landau 1984* = Sidney I. Landau: Dictionaries. The Art and Craft of Lexicography. New York 1984.
*Lang 1983* = Ewald Lang: Lexikon als Modellkomponente und Wörterbuch als lexikographisches Produkt: ein Vergleich als Orientierungshilfe. In: Die Lexikographie von heute und das Wörterbuch von morgen. Analysen — Probleme — Vorschläge. Hrsg. von Joachim Schildt und Dieter Viehweger. Berlin [DDR] 1983 (Linguistische Studien. Reihe A. Arbeitsberichte 109), 76—91.

*Lebrun 1963* = Yvan Lebrun: Lexicographie et structuralisme. In: Revue Belge de philologie et d'histoire 41. 1963, 815—819.

*Lemnitzer 1988* = Lothar Lemnitzer: Unterstützung des lexikographischen Prozesses durch Datenbankmanagementsysteme. MA-Arbeit [masch.] Heidelberg 1988.

*Lerchner 1983* = Gotthard Lerchner: Kann Lexikographie angewandte Semasiologie sein? In: Zeitschrift für Germanistik 4. 1983, 444—448.

*Lewkowskaja 1968* = X. A. Lewkowskaja: Lexikologie der deutschen Gegenwartssprache [. . .]. Moskau 1968.

*Lieb 1976* = Hans-Heinrich Lieb: Zum Verhältnis von Sprachtheorien, Grammatiktheorien und Grammatiken. In: Dieter Wunderlich (Hrsg.): Wissenschaftstheorie der Linguistik. Kronberg 1976 (Athenäum Taschenbücher Sprachwissenschaft), 200—214.

*Lieb 1976 a* = Hans-Heinrich Lieb: Rekonstruktive Wissenschaftstheorie und empirische Wissenschaft [. . .]. In: Dieter Wunderlich (Hrsg.): Wissenschaftstheorie der Linguistik. Kronberg 1976 (Athenäum Taschenbuch Sprachwissenschaft), 183—199.

*Liebold 1975* = Harald Liebold: Probleme des Verhältnisses von Lexikologie und Lexikographie. In: Beiträge zur Romanischen Philologie 14. 1975, 299—304.

*Link 1987* = Elisabeth Link: Was ist Metalexikologie? (Lehn-)Wortbildung im Wörterbuch. In: Gabriele Hoppe/Alan Kirkness/Elisabeth Link/Isolde Nortmeyer/Wolfgang Rettig/Günter Dietrich Schmidt: Deutsche Lehnwortbildung. Tübingen 1987 (Forschungsberichte des Instituts für deutsche Sprache. Mannheim 64), 225—329.

*Malkiel 1971* = Yakov Malkiel: Lexicography. In: C. E. Reed (ed.): The Learning of Language. New York 1971, 363—387.

*McArthur 1986* = Tom McArthur: Worlds of Reference. Lexicography, learning and language from the clay tablet to the computer. Cambridge [usw.] 1986.

*Meier 1969* = Hans Heinrich Meier: Lexicography as Applied Linguistics. In: English Studies 50. 1969, 141—151.

*Mentrup 1988* = Wolfgang Mentrup: Zur Pragmatik einer Lexikographie. Handlungsausschnitt — Sprachausschnitt — Wörterbuchausschnitt. Auch zur Beschreibung schwerer Wörter in medizinischer Kommunikation. Am Beispiel fachexterner Anweisungstexte. Teil 1. Von Prinzipien der Sprachforschung zu Prinzipien einsprachiger Lexikographie. Handlungsausschnitt: Fachexterne Anweisungshandlungen. 'Packungsbeilage'/'Bedienungsanleitung'. Tübingen 1988 (Forschungsberichte des Instituts für deutsche Sprache. Mannheim 66.1).

*Meyersteen 1960* = R. S. Meyersteen: Bilingual Dictionaries and Applied Linguistics. In: Modern Language Journal 44. 1960, 163—167.

*Mittelstraß 1972* = Jürgen Mittelstraß: Das praktische Fundament der Wissenschaft und die Aufgabe der Philosophie. Konstanz 1972 (Konstanzer Universitätsreden).

*Moerdijk 1983* = A. Moerdijk: Het WNT. Lexicographie en Linguistiek. In: Leuvense Bijdragen 72. 1983, 1—36.

*Müller 1982* = Anselm Winfried Müller: Praktisches Folgern und Selbstgestaltung. Freiburg. München 1982 (Reihe: Praktische Philosophie 14).

*Müller 1984* = Wolfgang Müller: Zur Praxis der Bedeutungserklärung (BE) in (einsprachigen) deutschen Wörterbüchern und die semantische Umkehrprobe. In: Studien zur neuhochdeutschen Lexikographie V. Hrsg. von Herbert Ernst Wiegand. Hildesheim. Zürich. New York 1984 (Germanistische Linguistik 3—6/84), 358—461.

*Nüssler 1983* = Otto Nüssler: Das Lexikon, die Wolpertinger. Zwei lexikalische Streifzüge. In: Festschrift für Hans Joachim Störig. 20 Jahre Lexikographisches Institut. München 1983.

*Olšanski 1979* = I. G. Olšanski: Moderne deutsche Lexikographie. Ein Hilfsbuch zur deutschen Lexik. Moskau 1979.

*Pan Zaiping/Wiegand 1987* = Pan Zaiping/Herbert Ernst Wiegand: Konzeption für das Große Deutsch-Chinesische Wörterbuch (Zweiter Entwurf). In: Lexicographica 3. 1987, 228—241.

*Pasch 1987* = Renate Pasch: Ja, Lexikographie kann angewandte Semasiologie sein und muß es auch. In: Zeitschrift für Germanistik 5. 1987, 577—582.

*Posner 1987* = Roland Posner: The relationship between individual disciplines and interdisciplinary approaches. Typoskript. 1. Fassung. Berlin 1987.

*Posner 1988* = Roland Posner: What is an Academic Discipline? In: Gedankenzeichen. Festschrift für Klaus Oehler zum 60. Geburtstag. Hrsg. von Regina Claussen und Roland Daube-Schackat. Mit einem Geleitwort von Hellmut Flashar. Tübingen 1988, 165—185.

*Quemada 1972* = Bernard Quemada: Lexicology and Lexicography. In: Current Trends in Linguistics. Ed. by Thomas A. Sebeok. Vol. 9: Linguistics in Western Europe. The Hague. Paris 1972, 395—475.

*Quemada 1987* = Bernard Quemada: Notes sur *lexicographie* et *dictionnairique*. In: Cahiers de lexicologie 51. 1987, 229—242.

*Rettig 1976* = Wolfgang Rettig: Ein Verfahren zum Vergleich von Wörterbuchauflagen. In: Zeitschrift für Romanische Philologie 92. 1976, 138—149.

*Rey 1977* = Alain Rey: Le Lexique, images et modèles. Du dictionnaire à la lexicologie. Paris 1977.

*Rey 1986* = Alain Rey: Training Lexicographers: Some Problems. In: Lexicography. An emerging international profession. Ed. by Robert Ilson.

Manchester 1986 (The Fulbright Papers. Proceedings of Colloquia 1), 93—100.

*Rey-Debove 1970* = Josette Rey-Debove: Les limites des applications de la linguistique à la lexicographie (dictionnaires monolingues). In: Babel 16. 1970, 25—29.

*Rey-Debove 1971* = Josette Rey-Debove: Étude linguistique et sémiotique des dictionnaires français contemporains. The Hague. Paris 1971 (Approaches to Semiotics 13).

*Ripfel 1988* = Martha Ripfel: Wörterbuchkritik. Eine empirische Analyse von Wörterbuchrezensionen. Diss. [masch.] Heidelberg 1988 [erscheint 1989 als Bd. 29 von Lexicographica. Series Maior].

*Ripfel/Wiegand 1988* = Martha Ripfel/Herbert Ernst Wiegand: Wörterbuchbenutzungsforschung. Ein kritischer Bericht. In: Studien zur neuhochdeutschen Lexikographie VI, 2. Teilbd. Mit einem Namen- und Sachregister zu den Bänden I—VI sowie einer Bibliographie zur Wörterbuchforschung. Hrsg. von Herbert Ernst Wiegand. Hildesheim. Zürich. New York 1988 (Germanistische Linguistik 87—90), 491—520.

*Rossenbeck 1975* = Klaus Rossenbeck: „En rak vänster" —, ein gerader Linker? Bemerkungen zu einem neuen schwedisch-deutschen Wörterbuch. In: Moderna Språk 69. 1975, 21—34.

*Rossenbeck 1975 a* = Klaus Rossenbeck: „Zwei durch acht macht vier." Weiteres zum schwedisch-deutschen Wörterbuch des Prisma-Verlages. In: Moderna Språk 69. 1975, 316—333.

*Rossenbeck 1981* = Klaus Rossenbeck: Der 'Unfall-tüchtige' und 'die Einundfünfzige' — oder: *Goddag, yxskaft!* Zur zweiten Auflage von Modern svensk-tysk ordbok (Stockholm: Bokförlaget Prisma, 1980). In: Germanistisches Bulletin 5. 1981, 75—103.

*Schaeder 1981* = Burkhard Schaeder: Lexikographie als Praxis und Theorie. Tübingen 1981 (Reihe Germanistische Linguistik 34).

*Schaeder 1987 a* = Burkhard Schaeder: Germanistische Lexikographie. Tübingen 1987 (Lexicographica. Series Maior 21).

*Schaeder 1987 b* = Burkhard Schaeder: Lexikographie ist, wenn man ... Ein Beitrag zur Fachsprache der germanistischen Lexikographie. In: Clemens Knobloch (Hrsg.): Fachsprache und Wissenschaftssprache. Essen 1987 (Siegener Studien 42), 91—115.

*Schippan 1984* = Thea Schippan: Lexikologie der deutschen Gegenwartssprache. Leipzig 1984.

*Sinclair 1984* = John M. Sinclair: Lexicography as an academic subject. In: LEXeter '83 Proceedings. Papers from the International Conference on Lexicography at Exeter, 9—12 September 1983 ed. by R. R. K. Hartmann. Tübingen 1984 (Lexicographica. Series Maior 1), 3—12.

*Skála 1984* = Emil Skála: Lexikographie im Hochschulunterricht. In: Deutsch als Fremdsprache 21. 1984, 143—145.

*Störig 1986* = Hans Joachim Störig: Zur Abgrenzung der Lexikographie. In: Studien zur neuhochdeutschen Lexikographie VI, 1. Teilbd. Hrsg. von Herbert Ernst Wiegand. Hildesheim. Zürich. New York 1986 (Germanistische Linguistik 84—86), 183—195.

*Svensén 1987* = Bo Svensén: Handbok i lexikografi. Principer och metoder i ordboksarbetet. Stockholm 1987.

*Table ronde 1983* = Table ronde 1983 avec la participation de MM. A. Goosse, P. Imbs, G. Matoré, B. Quemada, A. Rey et J.-M. Zemb. In: Actes du Colloque Littré. Paris, 7—9 octobre 1981. Paris 1983.

*Tollenaere 1974* = Felicien de Tollenaere: Lexicographie en Linguistiek. Het Probleem der woordbetekenis. In: Tijdschrift voor Nederlands Taalen Letterkunde 90. 1974, 81—105.

*Tollenaere 1979* = Felicien de Tollenaere: Probleme der Lexikographie. Bestimmungsmöglichkeiten historischer Wortbedeutungen In: Studia Germanica Gandensia 20. 1979, 119—135.

*Tollenaere 1980* = Felicien de Tollenaere: Some afterthoughts at the parting of the ways. In: Proceedings of the Second International Round Table Conference on Historical Lexicography. Actes de La Seconde Table Ronde Internationale de Lexicographie Historique. W. Pijnenburg/F. de Tollenaere (eds.): Instituut voor Nederlandse Lexicologie. Leiden. Dordrecht. Cinnaminson/N. J. 1980, 9—25; and discussion 26—32.

*Ullmann 1962* = Stephen Ullmann: Semantics. An Introduction to the Science of Meaning. Oxford 1962.

*Vasić 1982* = Smiljka Vasić: Doprinas drugih nauka leksikografiji. In: Drago Ćupič (Hrsg.): Leksikografija i leksikologija: Zbornik referata. Beograd. Novi Sad 1982, 27—32.

*Vennemann/Jacobs 1982* = Theo Vennemann/Joachim Jacobs: Sprache und Grammatik. Grundprobleme der linguistischen Sprachbeschreibung. Darmstadt 1982 (Erträge der Forschung 176).

*Wahrig 1983* = Gerhard Wahrig: Linguistische Theorien und lexikographische Praxis. In: Gerhard Wahrig: Gesammelte Schriften hrsg. und zusammengestellt von Eva Wahrig. Redaktion: Renate Wahrig, mit einem Geleitwort von Hans Eggers. Tübingen 1983, 449—455.

*Warfel 1964* = Harry R. Warfel: Dictionaries and Linguistics. In: Readings in Applied Linguistics. Ed. by Harold Byron Allen. New York 1964, 444—450.

*Weinreich 1967* = Uriel Weinreich: Lexicographic Definition in Descriptive Semantics. In: Problems in Lexicography. Ed. by Fred W. Householder and Sol Saporta. Sec. Ed. with Additions and Corrections. Bloomington 1967, 25—44.

*Wersig 1985* = Gernot Wersig: Thesaurus-Leitfaden. Eine Einführung in das Thesaurus-Prinzip in Theorie und Praxis. 2. erg. Aufl. Unter Mitarbeit von Petra Schuck-Wersig. München [usw.] 1985 (DGD-Schriftenreihe 8).

*Wiegand 1977* = Herbert Ernst Wiegand: Einige grundlegende semantisch-pragmatische Aspekte von Wörterbucheinträgen. Ein Beitrag zur praktischen Lexikologie. In: Kolloquium über Lexikographie. Kopenhagen 1976. Beiträge von Helmut Henne, Helmut Schumacher, Angelika Ballweg-Schramm, Herbert Ernst Wiegand, Elisabeth Møller und Hans-Peder Kromann. Hrsg. von Karl Hyldgaard-Jensen. Kopenhagen 1977 (Kopenhagener Beiträge zur germanistischen Linguistik 12), 59—149. [Teilabdruck mit einem „Nachtrag 1981" in: Probleme des Wörterbuchs. Hrsg. von Ladislav Zgusta. Darmstadt 1985 (Wege der Forschung 612), 342—377].

*Wiegand 1977 [1984]* = Herbert Ernst Wiegand: Nachdenken über Wörterbücher: Aktuelle Probleme. In: Günther Drosdowski, Helmut Henne, Herbert Ernst Wiegand: Nachdenken über Wörterbücher. Mannheim. Zürich 1977, 51—102. [Korrigierter Nachdruck 1984].

*Wiegand 1981* = Herbert Ernst Wiegand: Vorwort. In: Studien zur neuhochdeutschen Lexikographie I. Hrsg. von Herbert Ernst Wiegand. Hildesheim. New York 1981 (Germanistische Linguistik 3—4/79), 3—8.

*Wiegand 1982* = Herbert Ernst Wiegand: Vorwort. In: Studien zur neuhochdeutschen Lexikographie II. Hrsg. von Herbert Ernst Wiegand. Hildesheim. New York 1982 (Germanistische Linguistik 3—6/80), 3—14.

*Wiegand 1983* = Herbert Ernst Wiegand: Was ist eigentlich ein Lemma? Ein Beitrag zur Theorie der lexikographischen Sprachbeschreibung. In: Studien zur neuhochdeutschen Lexikographie III. Hrsg. von Herbert Ernst Wiegand. Hildesheim. Zürich. New York 1983 (Germanistische Linguistik 1—4/82), 401—474.

*Wiegand 1983 a* = Herbert Ernst Wiegand: Ansätze zu einer allgemeinen Theorie der Lexikographie. In: Die Lexikographie von heute und das Wörterbuch von morgen. Analysen — Probleme — Vorschläge. Hrsg. von Joachim Schildt und Dieter Viehweger. Berlin [DDR] 1983 (Linguistische Studien. Reihe A. Arbeitsberichte 109), 92—127.

*Wiegand 1983 b* = Herbert Ernst Wiegand: Überlegungen zu einer Theorie der lexikographischen Sprachbeschreibung. In: Symposium zur Lexikographie. Symposium on Lexicography. Proceedings of the Symposium on Lexicography September 1—2, 1982 at the University of Copenhagen. Ed. by Karl Hyldgaard-Jensen, Arne Zettersten. Hildesheim. Zürich. New York 1983 (Germanistische Linguistik 5—6/82), 35—72.

*Wiegand 1983 c* = Herbert Ernst Wiegand: Vorwort. In: Studien zur neuhochdeutschen Lexikographie III. Hrsg. von Herbert Ernst Wiegand. Hildesheim. Zürich. New York (Germanistische Linguistik 1—4/82), 3—8.

*Wiegand 1983 d* = Herbert Ernst Wiegand: Resümee der Tagung. In: Wortschatz und Verständigungsprobleme. Was sind „schwere Wörter" im Deutschen? Jahrbuch 1982 des Instituts für deutsche Sprache. Hrsg. von Helmut Henne und Wolfgang Mentrup. Düsseldorf 1983 (Sprache der Gegenwart LVII), 260—279.

*Wiegand 1984* = Herbert Ernst Wiegand: Prinzipien und Methoden historischer Lexikographie. In: Sprachgeschichte. Ein Handbuch zur Geschichte der deutschen Sprache und ihrer Erforschung. Hrsg. von Werner Besch, Oskar Reichmann, Stefan Sonderegger. 1. Halbbd. Berlin. New York 1984 (Handbücher zur Sprach- und Kommunikationswissenschaft 2.1), 557—620.

*Wiegand 1984 a* = Herbert Ernst Wiegand: On the structure and contents of a general theory of lexicography. In: LEXeter '83 Proceedings. Papers from the International Conference on Lexicography at Exeter, 9—12 September 1983 ed. by R. R. K. Hartmann. Tübingen 1984 (Lexicographica. Series Maior 1), 13—30.

*Wiegand 1984 b* = Herbert Ernst Wiegand: Germanistische Wörterbuchforschung nach 1945. Eine einführende Übersicht für Deutschlehrer. In: Der Deutschunterricht 36. 1984, H. 5, 10—26.

*Wiegand 1984 c* = Herbert Ernst Wiegand: Vorwort. In: Studien zur neuhochdeutschen Lexikographie IV. Hrsg. von Herbert Ernst Wiegand. Hildesheim. Zürich. New York 1984 (Germanistische Linguistik 1—3/83), 3—12.

*Wiegand 1984 d* = Herbert Ernst Wiegand: Vorwort. In: Studien zur neuhochdeutschen Lexikographie V. Hrsg. von Herbert Ernst Wiegand. Hildesheim. Zürich. New York 1984 (Germanistische Linguistik 3—6/84), III—XVI.

*Wiegand 1984 e* = Herbert Ernst Wiegand: Aufgaben eines bedeutungsgeschichtlichen Wörterbuches heute. In: Mitteilungen der Technischen Universität Carola Wilhelmina zu Braunschweig XIX. 1984, 41—48.

*Wiegand 1985* = Herbert Ernst Wiegand: Eine neue Auffassung der sog. lexikographischen Definition. In: Symposium on Lexicography II. Proceedings of the Second International Symposium on Lexicography May 16—17, 1984 at the University of Copenhagen. Ed. by Karl Hyldgaard-Jensen and Arne Zettersten. Tübingen 1985 (Lexicographica. Series Maior 5), 15—100.

*Wiegand 1985 a* = Herbert Ernst Wiegand: Zum Verhältnis von germanistischer Lexikologie und Lexikographie. In: Germanistik — Forschungsstand und Perspektiven. Vorträge des Deutschen Germanistentages 1984. Hrsg. von Georg Stötzel. 1. Teil: Germanistische Sprachwissenschaft. Didaktik der Deutschen Sprache und Literatur. Berlin. New York 1985, 69—73.

*Wiegand 1985 b* = Herbert Ernst Wiegand: Zur Einführung [in den thematischen Teil des 1. Bandes von Lexicographica]. In: Lexicographica 1. 1985, 1—2.

*Wiegand 1986* = Herbert Ernst Wiegand: Bedeutungswörterbücher oder sogenannte Indices in der Autorenlexikographie? Die Eröffnung einer Kontroverse. In: Textlinguistik contra Stilistik? — Wortschatz und Wörterbuch — Grammatische oder pragmatische Organisation von Rede? Hrsg. von Walter Weiss, Herbert Ernst Wiegand, Marga Reis. Tübingen 1986 (Akten des VII. Internationalen Germanisten-Kongresses. Göttingen 1985: Kontroversen, alte und neue. Hrsg. von Albrecht Schöne. Bd. 3), 163—169.

*Wiegand 1986 a* = Herbert Ernst Wiegand: Vorwort. In: Studien zur neuhochdeutschen Lexikographie VI, 1. Teilbd. Hrsg. von Herbert Ernst Wiegand. Hildesheim. Zürich. New York 1986 (Germanistische Linguistik 84—86), III—XXIX.

*Wiegand 1986 b* = Herbert Ernst Wiegand: Von der Normativität deskriptiver Wörterbücher. Zugleich ein Versuch zur Unterscheidung von Normen und Regeln. In: Sprachnormen in der Diskussion. Beiträge vorgelegt von Sprachfreunden. Berlin. New York 1986, 72—101.

*Wiegand 1987* = Herbert Ernst Wiegand: Über den Nutzen von Wörterbüchern. In: Festschrift für Karl Hyldgaard-Jensen. Zum 70. Geburtstag am 3. Februar 1987. Hrsg.: Mogens Dyhr und Jørgen Olsen. Kopenhagen 1987 (Kopenhagener Beiträge zur Germanistischen Linguistik. Sonderbd. 3), 307—318.

*Wiegand 1987 a* = Herbert Ernst Wiegand: Zur handlungstheoretischen Grundlegung der Wörterbuchbenutzungsforschung. In: Lexicographica 3. 1987, 178—227.

*Wiegand 1987 b* = Herbert Ernst Wiegand: [Rezension zu Harfst 1986]. In: Lexicographica 3. 1987, 271—272.

*Wiegand 1988* = Herbert Ernst Wiegand: Wörterbuchartikel als Text. In: Das Wörterbuch. Artikel und Verweisstrukturen. Jahrbuch 1987 des Instituts für deutsche Sprache. Hrsg. von Gisela Harras. Düsseldorf 1988 (Sprache der Gegenwart LXXIV), 30—120.

*Wiegand 1988 a* = Herbert Ernst Wiegand: Was eigentlich ist Fachlexikographie? Mit Hinweisen zum Verhältnis von sprachlichem und enzyklopädischem Wissen. In: Deutscher Wortschatz. Lexikologische Studien. Ludwig Erich Schmitt zum 80. Geburtstag von seinen Marburger Schülern. Hrsg. von Horst Haider Munske, Peter von Polenz, Oskar Reichmann, Reiner Hildebrandt. Berlin. New York 1988, 729—790.

*Wiegand 1988 b* = Herbert Ernst Wiegand: „Shanghai bei Nacht". Auszüge aus einem metalexikographischen Tagebuch zur Arbeit beim Großen Deutsch-Chinesischen Wörterbuch. In: Studien zur neuhochdeutschen Lexikographie VI, 2. Teilbd. Mit einem Namen- und Sachregister zu den Bänden I—VI sowie einer Bibliographie zur Wörterbuchforschung. Hrsg. von Herbert Ernst Wiegand. Hildesheim. Zürich. New York 1988 (Germanistische Linguistik 87—90), 522—626.

*Wiegand 1988 c* = Herbert Ernst Wiegand: Vorüberlegungen zur Wörterbuchtypologie: Teil I. In: Symposium on Lexicography III. Proceedings of the Third International Symposium on Lexicography May 14—16, 1986 at the University of Copenhagen. Ed. by Karl Hyldgaard-Jensen and Arne Zettersten. Tübingen 1988 (Lexicographica. Series Maior 19), 3—105.

*Wiegand 1988 d* = Herbert Ernst Wiegand: Bibliographie zur Wörterbuchforschung von 1945 bis auf die Gegenwart. 2200 Titel. Ausgewählt aus germanistischer Perspektive. In: Studien zur neuhochdeutschen Lexikographie VI, 2. Teilbd. Mit einem Namen- und Sachregister zu den Bänden I—VI sowie einer Bibliographie zur Wörterbuchforschung. Hrsg. von Herbert Ernst Wiegand. Hildesheim. Zürich. New York 1988 (Germanistische Linguistik 87—90), 627—821.

*Wiegand 1988 e* = Herbert Ernst Wiegand: Nachwort [zu den „Studien zur neuhochdeutschen Lexikographie I—VI]. In: Studien zur neuhochdeutschen Lexikographie VI, 2. Teilbd. Mit einem Namen- und Sachregister zu den Bänden I—VI sowie einer Bibliographie zur Wörterbuchforschung. Hrsg. von Herbert Ernst Wiegand. Hildesheim. Zürich. New York 1988 (Germanistische Linguistik 87—90), 915—917.

*Wiegand 1989* = Herbert Ernst Wiegand: Wörterbuchforschung. Kapitel III: Studien zur Theorie der Lexikographie. Typoskript. 1. Fassung. Heidelberg 1989.

*Wiegand 1989 a* = Herbert Ernst Wiegand: Wörterbuchforschung. Kapitel I: Studien zur Strukturierung eines Forschungsfeldes. Typoskript. 1. Fassung. Heidelberg 1989.

*Wiegand 1989 b* = Herbert Ernst Wiegand: Überlegungen zur Wörterbuchtypologie. Teil II. Typoskript. 1. Fassung. Heidelberg 1989.

*Wiegand 1989 c* = Herbert Ernst Wiegand: Einsprachige Gebrauchswörterbücher — Verlagslexikographie — akademische Wörterbuchforschung. Plädoyer für einen Diplom-Studiengang zur Lexikographie. Podiumsreferat für die AnGeRo-Tagung, 8.—10. 3. 1989. Typoskript. Heidelberg 1989.

*Wiegand 1989 d* = Herbert Ernst Wiegand: Deutsches Klassikerwörterbuch. Kolloquium vom 15. bis 17. Dezember 1988. Typoskript. Heidelberg 1989 [erscheint in: Zeitschrift für germanistische Linguistik].

*Wiegand/Kučera 1981* = Herbert Ernst Wiegand/ Antonín Kučera: Brockhaus-Wahrig: Deutsches Wörterbuch auf dem Prüfstand der praktischen Lexikologie. I. Teil: 1. Band *(A—BT)*, 2. Band *(BU—FZ)*. In: Kopenhagener Beiträge zur Germanistischen Linguistik 18. 1981, 94—206.

*Wiegand/Kučera 1982* = Herbert Ernst Wiegand/ Antonín Kučera: Brockhaus-Wahrig: Deutsches Wörterbuch auf dem Prüfstand der praktischen Lexikologie. II. Teil 1. Band *(A—BT);* 2. Band *(BU—FZ);* 3. Band *(G—JZ)*. In: Studien zur neuhochdeutschen Lexikographie II. Hrsg. von Herbert Ernst Wiegand. Hildesheim. New York 1982 (Germanistische Linguistik 3—6/80), 285—373.

*Wohlgenannt 1969* = Rudolf Wohlgenannt: Was

ist Wissenschaft? Braunschweig 1969 (Wissenschaftstheorie, Wissenschaft und Philosophie 2).

*Wörterbuch als Fehlerquelle 1970* = Wörterbuch als Fehlerquelle. Eine Untersuchung der bekanntesten englischen Wörterbücher und Dictionaries nach linguistischen Gesichtspunkten. Von einem studentischen Autorenkollektiv. Hamburg 1970.

*Zgusta 1970* = Ladislav Zgusta: Die Lexikographie und die Sprachwissenschaft. In: Probleme der Lexikographie. Protokollband der Sektion II der Tagung des Instituts für Orientforschung der Deutschen Akademie der Wissenschaften zu Berlin anläßlich seines zwanzigjährigen Bestehens vom 23.—25. Oktober 1967. Hrsg. von Kaspar Riemschneider Berlin [DDR] 1970 (Deutsche Akademie der Wissenschaften zu Berlin. Institut für Orientforschung. Veröffentlichung Nr. 73), 7—22.

*Zgusta 1971* = Ladislav Zgusta: Manual of Lexicography. The Hague. Paris 1971 (janua linguarum. series maior 39).

*Zgusta 1988* = Ladislav Zgusta with the assistance of Donna M. T. Cr. Farina: Lexicography Today. An annotated bibliography of the theory of lexicography. Tübingen 1988 (Lexicographica. Series Maior 18).

*Herbert Ernst Wiegand, Heidelberg*
*(Bundesrepublik Deutschland)*


# 30. Dictionnaire de langue, encyclopédie et dictionnaire encyclopédique: le sens de leur distinction

1. Définition préliminaire
2. La défense structuraliste de la distinction
3. La lexicographie du structuralisme
4. La distinction dans la lexicographie contemporaine
5. Le dictionnaire encyclopédique
6. Sens et connaissance des choses
7. Bibliographie choisie

## 1. Définition préliminaire

La distinction entre dictionnaire de langue et encyclopédie peut être considérée comme le résultat d'une vieille tradition lexicographique qui remonte au Moyen Âge. D'après Bernard Quemada (1968), on trouve à l'origine la différence entre les *glossaires* de voix latines qu'élaboraient les érudits pour comprendre les textes antiques et les *sommes* dans lesquelles ils collectionnaient leurs connaissances à propos des choses qu'ils avaient heritées du passé (par exemple, les *Etymologies* de Saint Isidore de Séville). Quemada définit le dictionnaire de langue comme étant celui «dont les commentaires se limitent à assurer la compréhension des termes consignés et leur emploi dans le discours» (Quemada 1968, 14); il définit d'autre part le dictionnaire encyclopédique — et par là même l'encyclopédie — comme des «répertoires de données extralinguistiques» (Quemada 1968, 15; Zgusta 1971, 198; Dubois 1971, 7). Autrement dit, il établit une nette différence entre, d'une part, le dictionnaire de langue orienté vers le mot et, d'autre part, le dictionnaire encyclopédique et l'encyclopédie orientés vers les objets. Cependant dès le XVIII$^{ème}$ siècle cette distinction recouvrait une difficulté identique à celle qui pousse aujourd'hui beaucoup de linguistes à affirmer qu'elle n'a pas de raison d'être et que *les dictionnaires sont des encyclopédies* (Haiman 1980, 331). Certes il n'est pas facile de maintenir une démarcation entre *le mot* et *l'objet* auquel il se réfère: chaque fois que l'on voudra parler de l'objet — et c'est ce que fait toute communication verbale — le mot apparaîtra et chaque fois que le mot apparaîtra, il se référera à un objet (Wiegand 1984). Cependant, malgré tout, de nombreuses traditions lexicographiques ont conservé cette distinction qui a trouvé sa justification théorique au moment où le structuralisme est venu définir tout l'horizon de sens des disciplines du langage.

## 2. La défense structuraliste de la distinction

Si l'on considère que la linguistique structurale se caractérise par les idées suivantes, à savoir (a) que toute langue est un système de relations entre éléments et que la valeur de chaque élément est attribuable, justement, à l'ensemble des relations qu'il entretient avec d'autres éléments de la même classe et (b) que ces dites relations sont fondamentalement d'opposition et binaires, on possède les éléments de base pour comprendre comment le structuralisme a adopté la vieille distinction entre dictionnaire et encyclopédie et en a introduit les termes, de manière conséquente, en lexicographie. En effet, le structuralisme soutient comme conséquence de son idée de système, que le lexique ne doit pas être compris comme une nomenclature de référents du monde sensible, mais comme un jeu bien organisé de relations entre les mots, jeu qui parvient à définir par lui-même ses signifiés, indépendamment des référents. Le signifié des mots n'est pas une idée, une image mentale, ou un concept du référent sinon la formule constituée par ces traits minimum significatifs des signes que l'on a pris l'habitude de désigner par le nom de *sèmes*. Pour les *sèmes*, l'existence ou non de quelque correspondance dans le référent est absolument indifférente. Au cas même où elle existerait, ce serait par pure coïncidence (cf. A. J. Greimas 1967, 13—14; Ullmann 1962, 64—65; Coseriu, 1966). D'après le structuralisme, l'organisation interne du système linguistique fonde ses propres critères d'objectivité et de pertinence (Coseriu 1966, Baldinger 1977); c'est ainsi que par exemple, de nombreuses langues font la différence entre le *soleil*, la *lune* et les *étoiles* sur la base de caractéristiques comme le moment du jour où ils apparaissent dans le ciel, leur éclat, leurs mouvements ou leur apparence visible. En accord avec ces caractéristiques, le *soleil* et les *étoiles* sont des objets qui s'excluent mutuellement (cf. la définition de l'espagnol *estrella* du DRAE 70 de l'extrait textuel 30.1). Ce sont ces caractéristiques qui sont pertinentes pour la langue; elles définissent le caractère objectif des choses auxquelles elles se réfèrent. En termes structuralistes, elles constituent les sèmes de l'analyse du champ sémantique (Coseriu 1966, Greimas 1967) et par conséquent elles composent le signifié de ces mots.

Il y a lieu de s'interroger si les caractéristiques du signifié d'un signe proviennent véritablement de l'intérieur du système; en ce cas se produirait le miracle grâce auquel les langues, en dépit du fait d'être enfermées en elles-mêmes (voir la notion de système auto-contenu qui a tant passionné le structuralisme), servent à parler des choses et donc s'y réfèrent. La plupart des structuralistes n'ont pas adhéré à une conception aussi radicale; mais au contraire, explorant la forme par laquelle la langue définit ce qui lui est pertinent d'un objet ou d'une situation du monde réel et comparant les classes d'objets construites par le système sémantique avec les objets tels que les définit la science, ils ont postulé que

**ESTRELLA.** En esta dicción interpuso nuestra lengua castellana la R, como haze en otras muchas, con que se muestra áspera y fuerte; porque en latín se dize *stella, ab stando, quod stare stellae videantur, vel quia stant in caelo tanquam nodi in tabula inter se semper aeque distantes.* Estrellas fixas llamamos las del firmamento, y se mueven en él por su movimiento y guardan entre sí la distancia de lugares do están fixas; a diferencia de los planetas, que unas vezes están en conjunción, otras en oposición y en diferentes aspectos. La estrella, según los físicos y astrólogos, *est pars densior sui orbis.* Son las estrellas de diversas magnitudines: primera, segunda, tercera, etc. Magnitud, lo que influyen en los cuerpos inferiores y el dominio que tienen sobre ellos. Los astrólogos judiciarios lo dirán. Cielo estrellado, quando por la serenidad del aire se echan de ver las estrellas de noche, las quales se esconden con el tiempo nublo͟so. Estrellar a uno a la pared, es bravata, dando

ESTRELLA. ſ. f. Cuerpo celeſte, eſphérico y denſo; que luce y reſplandece con luz propria ò ajéna. Es del Latino *Stella*. Lat. *Aſtrum*. Cerv. Quix. tom.2. cap.18. Ha de ſer Aſtrólogo, para conocer por las *eſtrellas* quantas horas ſon paſſadas de la noche. Burg. Son. 99.
*No digo yo que fuerzan las* eſtrellas,
*Que inclinan digo; pero tu no quieres*
*Por tu eleccion, ni porque inclinan ellas.*
Estrella. Por ſemejanza ſe llama la mancha

**estrella.** (De lat. *stella*.) f. Cada uno de los innumerables cuerpos que brillan en la bóveda celeste, a excepción del Sol y la Luna. || **2.** Especie de lienzo.

**estrella.** (Del lat. *stella*.) f. En el uso común, cada uno de los innumerables cuerpos que brillan en la bóveda celeste, a excepción del Sol, la Luna, Aldebarán, Sirio, etc. || **2.** *Astron.* Cuerpo celeste que radia energía electromagnética (luminosa, calorífica, etc.), producida por las reacciones nucleares que ocurren en su seno. Una **estrella** típica es el Sol. || **3.** Especie de lienzo. || **4.** En el torno de la

**estrella** s f **1** Cuerpo celeste que emite energía, generalmente producida por reacciones nucleares en su interior, como el Sol o Sirio **2** Cualquiera de los cuerpos celestes que se ven brillar en la noche, excepto la Luna **3** Figura con la que se representa a ese cuerpo celeste,

Extrait textuel 30.1: La définition de l'espagnol *estrella* (tiré de: Cobarruvias 1611, Autoridades 1726, DRAE 1970, DRAE 1984, DBEM 1986)

la langue et la science, toutes deux, prennent comme référent le monde réel mais qu'elles le font de manière différente. La langue comme réceptacle des expériences accumulées par une communauté linguistique tout au long de son histoire, privilégie et l'on peut même dire construit les traits des objets en accord avec les intérêts et les expériences immédiates de ceux qui la parlent. C'est ainsi qu'elle crée pour chaque communauté linguistique, une «vision du monde» caractéristique qui est à la fois le résultat de son expérience du monde et ce qui donne forme à cette expérience. Pour Walther von Wartburg, Rudolf Hallig ou Leo Weisgerber (1963/1950) la langue se convertit en un «monde intermédiaire» entre l'individu et la réalité et c'est de ce monde qu'il s'agit quand on étudie le signifié des signes.

Pour reprendre l'exemple du signifié d'*estrella*, on se rend compte que la tradition linguistique espagnole (et avec elle de nombreuses autres traditions) conçoit les corps célestes en se fondant sur de nettes distinctions entre le soleil, la lune et les étoiles; distinctions qui, à un moment déterminé de leur histoire furent les seules «objectives», mais qui, maintenant, confrontées à la connaissance produite par l'astronomie deviennent scientifiquement fausses. C'est ce qui explique la proposition des structuralistes de faire correspondre le signifié des signes à une étape du développement de l'humanité dans laquelle la connaissance est «préscientifique» et «naïve» (Wartburg/Hallig 1963, 88). Alors qu'au contraire, on considère la science comme la connaissance objective et vraie par excellence. Bien que, comme le démontrent de nombreux sémanticiens structuralistes et comme on peut le voir à partir d'un seul exemple, celui du mot *estrella*, cette connaissance ne corresponde pas au véritable signifié linguistique, sinon à la nature des choses qui est justement ce que n'aborde pas la langue. Et apparemment personne n'a jamais proposé d'explication sur la manière dont l'expérience de la réalité, bien que préscientifique et naïve, pénètre la structure de la langue comme pour lui offrir des traits significatifs qui, malgré tout, entretiennent quelque relation avec cette réalité.

3. La lexicographie du structuralisme

Le développement de la sémantique structurale a eu pour conséquence le renforcement de la distinction entre dictionnaire de langue et encyclopédie. On peut même dire que du point de vue de la typologie des travaux lexicographiques, cette distinction s'est radicalisée: c'est le moment où apparaissent les «dictionnaires linguistiques», ceux que Josette Rey-Debove definit comme «dictionnaires monolingues qui informent sur le signe à l'exclusion du contenu, ou ceux qui informent sur le contenu sans informer sur la chose (pas de définition). Ce sont en somme des ouvrages qui parlent du signe à l'état pur, sans que ce discours sur le signe révèle jamais rien de la chose» (1971, 29). De tels dictionnaires sont rares, il est difficile de les trouver, même en tant que partie de la description linguistique d'une langue étrangère aux cultures occidentales. Le dictionnaire de langue, lui aussi, s'est trouvé théoriquement modifié: considérons la nécessité de distinguer les signifiés des mots des cas où ceux-ci sont purs noms de choses (que l'on pense, pour le comprendre, aux noms des éléments chimiques). C'est seulement dans le premier cas qu'ils feraient partie de la langue, alors que dans le second cas ils seraient les purs supports sonores de terminologies et ce serait alors au dictionnaire de langue qu'il reviendrait de traiter uniquement ce lexique usuel et traditionnel qui s'organise dans la connaissance préscientifique de la communauté linguistique, alors que l'encyclopédie s'occuperait de toutes les terminologies (Coseriu 1966, 181). Des termes comme ceux du labourage traditionnel, de la menuiserie, du cheval et de sa monte, etc. feraient partie de l'encyclopédie.

La distinction entre connaissance préscientifique traditionnelle et connaissance scientifique crée très vite une contradiction: en effet, on ne voit pas pourquoi ces terminologies ne devraient pas s'intégrer à la langue, étant donné leur caractère historique, antérieur ou étranger à la science et à ses technologies, et évidemment interne à la culture de la communauté. C'est alors que la définition lexicographique souffre certaines modifications, pour le moins en ce qui concerne un de ses aspects: dans sa formulation elle doit pouvoir transmettre la position du mot à l'intérieur de la structure qui lui correspond; ainsi par exemple, la définition des noms de

**verde.** (Del lat. «víridis»; v.: «berza, vergel; reverdecer; verdegay, verdemar, verdinegro».) ① Color simple que se encuentra en el espectro de luz blanca entre el amarillo y el azul. Es, por ejemplo, el color del follaje.

**1. vert, e** [vɛr, vɛrt] adj. 1° Se dit d'une couleur située entre le bleu et le jaune dans le spectre, et que l'on peut reproduire par la combinaison du bleu et du jaune : *Les feuilles vertes des arbres. Porter une robe verte. L'eau verte d'un étang. Avoir les*

Extrait textuel 30.2: extraits d'article (tirés de DUE et de DFC)

| après | avant |
|---|---|
| 1° Postériorité dans le temps. | 1° Antériorité dans le temps. |
| *Un an après sa mort, on l'avait complètement oublié. Il est arrivé bien après moi. Ne vous décidez qu'après mûre réflexion. N'allez pas trop vite : il sera trop tard après pour regretter* (syn. : ENSUITE). *Après bien des difficultés, il réussit. Après le repas, nous irons au cinéma. Et que ferez-vous après ? Vingt ans après, la guerre recommença.* | *Il est arrivé avant moi. Il doutait de lui avant ce succès. Ne vous décidez pas tout de suite ; réfléchissez avant* (syn. : AUPARAVANT, PRÉALABLEMENT [langue soignée]). *On a construit une nouvelle route ; avant, il fallait faire un long détour* (syn. : AUPARAVANT, AUTREFOIS, JADIS). *N'attendez pas son retour, partez avant (partez devant signifierait « sur le chemin qu'il prendra »). Je l'ai vu avant dîner.* |
| 2° Postériorité de situation dans l'espace, dans le cours d'un mouvement réel ou figuré. | 2° Antériorité de situation dans l'espace, dans le cours d'un mouvement réel ou figuré. |
| *La maison est juste après l'église* (en partant d'ici ; *derrière l'église* pourrait signifier « du côté opposé à l'entrée »). *Allez jusqu'à l'angle de la rue, après vous verrez la rivière* (syn. : ET PUIS, ENSUITE). *Il traîne après lui deux enfants* (= derrière lui). *Voici la poste, l'épicerie est après.* | *Le bureau de poste est juste avant le pont* (en partant d'ici ; *devant le pont* signifierait « en face du pont »). *N'allez pas jusqu'à la place ; arrêtez-vous avant.* |
| 3° Infériorité de rang. | 3° Priorité de rang. |
| *Dans la hiérarchie des grades, le lieutenant vient après* (derrière) *le capitaine. L'amusement passe après le travail. Qui mettez-vous après ?* | *Il place son intérêt avant celui des autres. Il n'avait pas de rendez-vous ; le fait-on cependant entrer avant ?* |
| 4° L'hostilité ou l'attachement, le contact immédiat avec (comme prép. ou comme adv. avec un nombre limité de verbes) [généralement fam. en ces cas]. | 4° L'éloignement du point de départ (employé seulement comme adv. et dans la langue soignée, avec les mots *bien, plus, si, assez, fort, trop*). |
| *Les chiens aboient après le facteur. Il crie après les enfants. Pourquoi toujours crier après ? Elle est furieuse après son mari. Ils se mettent tous après lui. Il est toujours après son frère. La clef est après la porte. Il grimpe après l'arbre. Pourquoi es-tu monté après ? Il est toujours après son travail* (il s'en occupe sans cesse). *Il est toujours après. Il attend après lui* (il désire sa venue). *Il court après elle. Il demande après lui.* | *Creusez plus avant. Je me suis engagé trop avant. Fort avant dans la nuit* (la nuit étant fort avancée). |

Extrait textuel 30.3 : extrait d'article (tiré de DFC, 71)

couleurs doit seulement signaler le lieu de chacune d'entre elles dans la structure d'opposition à laquelle elles appartiennent ; le *vert* serait la couleur qui se trouve entre le *jaune* et le *bleu* (cf. Extrait textuel 30.2).

Dans le cas de mots comme les adverbes, les adjectifs ou les prépositions, la définition doit se manifester plus nettement comme l'effet de structures d'opposition auxquelles appartiennent ces mots (cf. Extrait text. 30.3).

## 4. La distinction dans la lexicographie contemporaine

Comme nous l'avons vu dans les exemples antérieurs, le structuralisme a laissé sa trace en lexicographie. Cependant celle-ci a continué à conserver ses distinctions initiales même si elle ne peut nier l'apport théorique de la sémantique structurale (cf. Zgusta 1971, 103 ss.). Les différences entre les dictionnaires de langue et les encyclopédies s'appuient sur les points suivants :

(a) On considère la nomenclature des dictionnaires de langue comme un inventaire du lexique *structuré* d'une langue ; en conséquence il possède tous les éléments de ce qu'on appelle les « paradigmes fermés » (pronoms, prépositions, conjonctions, etc.), éléments structuraux par excellence, ainsi que le plus grand nombre possible de mots appartenant à des « paradigmes ouverts » (Martinet 1966, 117). Au contraire, la nomenclature de l'encyclopédie ne s'intéresse pas aux mots des « paradigmes fermés », elle n'inclut pratiquement pas de verbes, et parmi les substantifs, elle privilégie seulement les noms propres (d'hommes célèbres, de lieux) ou les noms communs qui se réfèrent à des concepts importants pour la connaissance du monde. On peut voir dans l'ill. 30.1 des tableaux contenant les 25 premières entrées de deux dictionnaires que l'on qualifiera de dictionnaires de langue (l'un est en espagnol et l'autre en français) et deux encyclopédies écrites dans ces mêmes langues. La conception structuraliste du dictionnaire de langue explique l'inclusion dans ces dictionnaires de mots appartenant à un même paradigme de dérivation (esp. *abacería, abacero, abacial*, fr. *abaissable, abaissant, abaisse-langue*, etc.) Les mots qui font partie de la nomenclature de l'encyclopédie, au contraire, ne proviennent d'aucune structure ; ils constituent une liste arbitraire, d'un point de vue linguistique, mais adéquate aux intérêts de connaissance des communautés auxquelles ils se dirigent.

(b) Les dictionnaires de langue s'occupent de *signes,* ce qui explique qu'ils les caractérisent toujours linguistiquement avec la transcription de leur prononciation, de leurs syllabes, avec des marques qui indiquent leurs paradigmes flexionnels ou de conjugaison, avec

| DRAE 84 | Espasa |
|---|---|
| a | A |
| a- | Á |
| aarónico | AA |
| aaronita | A.A |
| ab | AˆA |
| aba | A.A.A. |
| ¡aba! | AAABAM |
| abab | A.A.A.F.F. |
| ababa | A.AB |
| ababillarse | AABAM |
| ababol | Aabesch |
| abacá | Aaboden |
| abacal | Aabogen |
| abacalero | Aabora |
| abacería | Aab's head |
| abacero | Aabye |
| abacial | Aacen |
| ábaco | Aaela |
| abacorar | Aacs |
| abad | Aaenabe |
| abada | Aacus |
| abadejo | Aaça |
| abadengo | Aach |
| abanderar | Aachen |
| abadesa | Aachenense |
| *PR* | *Universalis* |
| a | Aalto, A. |
| a- | Aaron |
| à | 'Abbadides |
| abaca | 'Abbas ibn Al-Ahnaf |
| abaissable | 'Abbas 1er. Le grand |
| abaissant | Abbasides |
| abaisse-langue | Abbaye |
| abaissement | Abcès |
| abaisser | 'Abd Al-Hamid |
| abaisseur | Abd El-Kader |
| abajoue | Abs El-Krim |
| abandon | Abdomen |
| abandonnataire | Abulie |
| abandonné | Abel, Niels H. |
| abandonner | Abélard |
| abaque | Abencérage (Le) |
| abasourdi | Aberhart, William |
| abasourdir | Aberration astronomique |
| abasourdissant | Aberration syst. optiques |
| abasourdissement | Abhinavagupta |
| abat | Abidjan |
| abâtardir | Abiétacées |
| abâtardissement | Abiétique (acide) |
| abat-jour | Abkhazie |
| abat-son | Ablation |

Ill. 30.1: les 25 premières entrées dans deux dictionnaires et deux encyclopédies (espagnols et français)

de brèves ou longues indications étymologiques (cf. extrait 1), avec des exemples d'utilisation, des réflexions à propos de leur syntaxe, etc. Les encyclopédies omettent en général ces informations linguistiques.

(c) Le dictionnaire de langue inclut des observations ou indications sur l'utilisation des signes au niveau pragmatique: pour chaque signe et chaque acception il utilise les marques de dialecte géographique ou social, d'argot, de style, etc. et va jusqu'à inclure de petits textes réflexifs sur ces caractéristiques. L'encyclopédie n'offre rien de tel.

(d) On ne trouve pas dans les dictionnaires de langue, de dessins, diagrammes ou photographies formant partie des articles, et ceci précisément parce que, la conception selon laquelle le signifié d'un mot est d'une nature distincte de celle du référent, prédomine. Ainsi, par exemple, le signifié de *lion* n'a rien à voir, en principe, avec l'aspect de l'animal. Une illustration de ce type ne réfère pas à un signe mais à l'objet lui-même. Les encyclopédies, au contraire, utilisent des illustrations à profusion, précisément parce que ce sont les choses qu'elles visent. Bref, le dictionnaire de langue dit *ce que signifie le signe ‹lion›* alors que l'encyclopédie dit et montre *ce qu'est un lion* (Rey-Debove 1971, 35). Bien qu'on ne puisse l'observer fréquemment, on peut constater que la *traduisibilité* d'un article relève surtout d'un critère de distinction entre dictionnaire de langue et encyclopédie, corollaire de leur essentielle différence d'approche des signes et des choses. Les dictionnaires de langue ne peuvent être traduits. Un dictionnaire bilingue n'est pas une double liste de traductions entre deux langues; la traduction s'effectue sur le plan des propositions que transmet un discours sur la réalité. L'encyclopédie, pour être un discours sur le monde peut se traduire, comme le montrent les traductions espagnoles de la *Britannica,* ou la traduction anglaise de l'encyclopédie soviétique.

## 5. Le dictionnaire encyclopédique

Contrairement au dictionnaire de langue et à l'encyclopédie, la nature du dictionnaire encyclopédique peut se concevoir de deux manières, selon la tradition lexicographique à laquelle il appartient (celle-ci est en dernière instance un produit de la conception linguistique ou sociale du langage dans la communauté). Pour les traditions qui distinguent dictionnaire de langue et encyclopédie, les dictionnaires encyclopédiques seront des produits mixtes, étant donné qu'ils combinent le traitement caractéristique des signes dans le dictionnaire de langue avec des informations sur les choses désignées par ces signes. Certains dictionnaires encyclopédiques séparent clairement à l'intérieur de chaque article, l'information linguistique de l'information sur la chose. Il existe par contre des traditions lexicographiques qui ne thématisent pas le dictionnaire de langue comme tel, bien qu'elles fassent la distinction entre dictionnaires tout court et encyclopédies (Voir ill. 30.2 la liste des 25 premières entrées du dictionnaire W 3 et la comparer avec les 25 premières entrées de la *Britannica*). La distinction entre les deux est la même que celle que nous avons signalée auparavant (4), avec les différences suivantes: (a) Dans ces dictionnaires il n'y a pas de séparation entre les mots propres à la langue — tels qu'ils sont définis par la tradition et par la théorie structuraliste — et les terminologies. Les mots usuels et traditionnels et les termes scientifiques et techniques apparaissent unis dans la même nomenclature. (b) La définition de ces dictionnaires réunit sans distinction des éléments de signifié traditionnels de la langue avec des éléments qui proviennent de la connaissance scientifique comme on peut le voir dans l'extrait textuel 30.4:

Extrait textuel 30.4: extrait d'article (tiré de W 3)

(c) Il est très fréquent que le dictionnaire encyclopédique renforce sa définition avec des illustrations comme le fait l'encyclopédie.

## 6. Sens et connaissance des choses

Le dictionnaire encyclopédique contredit sans doute l'idéal lexicographique du structuralisme; cependant il résout l'insatisfaction produite par le rejet structuraliste des terminologies et la distinction entre connaissance

| W3 | Britannica |
|---|---|
| a | Aalto |
| abelian group | Aaron |
| abscisin | 'Abbas I the Great |
| acceptable | 'Abd al Malik |
| acetylcholineterase | 'Abd al-Mu'mia |
| acetylco A | 'Abd ar-Rahman |
| actinospectacin | Abdelkader |
| action painting | 'Abduh, Muhammad |
| additive inverse | Abel, Niels Henrik |
| adenovirus | Abelard, Peter |
| adrenocorticosteroid | Abraham |
| aeronomy | Abrassises |
| aerospace | Abu Hanifah |
| aflatoxin | Acanthocephala |
| aftertax | Acarina |
| agora | Accelerators, Particle |
| agravic | Acclimatization |
| aldosteronism | Accounting, Principles |
| aleatoric | Accra |
| algol | Acid-base Reactions |
| algorithm | Acoustical Engineering |
| aliesterase | Acre |
| allosteric | Acting |
| alpha decay | Actinide Elements |
| alpha helix | Acton, Lord |

Ill. 30.2: les 25 premières entrées dans un dictionnaire encyclopédique et dans une encyclopédie de langue anglaise

préscientifique et scientifique des choses. Mais, d'autre part, dans cette autre tradition lexicographique, l'existence d'une distinction entre dictionnaire tout court et encyclopédie replace au centre de la discussion la question de savoir à partir de quelle base s'opère la distinction des uns et des autres. Ceci peut s'interpréter comme la persistance d'un fait caractéristique de la langue que la tradition lexicographique a enregistré depuis ses débuts comme discipline du langage: une différence réelle entre le signifié d'un mot et la nature de la chose signifiée. En effet, si nous revenons à la définition de l'anglais *star* (extrait textuel 30.4), nous pouvons prouver qu'il existe aussi pour un «dictionnaire encyclopédique» comme le W 3 un signifié (traditionnel) de *star* et une nature de ce corps céleste définie par la science.

C'est pourquoi la lexicographie moderne a essayé de dépasser les distinctions structuralistes sans pour autant nier la totalité des caractéristiques du signifié que ce courant linguistique avait mise en évidence. Pour la lexicographie contemporaine le signifié d'un mot a un caractère historique et anthropologique dont le principal objectif est d'organiser le *sens* du monde réel pour la communauté linguistique; c'est-à-dire que le lexique *organise,* sur la base de la pertinence déterminée par la mémoire de l'expérience historique de la communauté, une vision de la réalité qui, en effet, n'est pas scientifique mais qui, en revanche, définit autant l'intelligible du monde en relation avec l'histoire que l'intelligible de la propre connaissance scientifique en relation avec la société (Rey 1972, 5—6; Rey-Debove 1971, 194). Par conséquent, le dictionnaire de langue, lui aussi, parle des choses comme le fait le dictionnaire encyclopédique; sa définition ne dépend pas de l'existence d'une reconnaissance scientifique des choses mais elle procède de l'organisation culturelle de leur connaissance (Dubois 1971, 36); autrement dit, la définition du dictionnaire de langue est une définition du *sens* des mots dans la culture à laquelle il appartient, alors que la définition de l'encyclopédie peut omettre la manifestation de ce sens, bien qu'elle trouve également son propre fondement dans l'intelligibilité sociale, et elle peut s'orienter exclusivement vers la définition de ce qui, en son moment historique, est considéré comme la *nature* des choses.

Toutefois, pour le moins depuis le XVIII$^{ème}$ siècle, la science s'est peu à peu constituée comme la manière privilégiée de connaître la réalité (Rey 1965, 77 ss.) et a élaboré ses propres critères de pertinence et d'objectivité sur la base d'une mise à l'écart de la culture. Et c'est ainsi que sa définition de la connaissance des choses comme révélation de leur nature s'est progressivement imposée comme l'unique forme possible de connaissance. Par conséquent la connaissance, distinguée de la culture, se définit comme universelle et réduit les langues à de simples véhicules d'expression; elle se soustrait à ses signifiés historiques et élabore des concepts comme de vrais discours sur le monde; sur cette base, c'est naturellement l'encyclopédie qui a un sens et, comme le pensent quelques-uns, le dictionnaire devient une petite encyclopédie dont le problème central s'établit comme problème méthodique, celui de la limite convenable pour un discours sur les choses qui peut s'étendre jusqu'au traité scientifique sans solution de continuité (Haiman 1980, 329). Il faut pourtant reconnaître que cette conclusion n'est que le résultat de ce point de vue; tandis que la distinction entre le dictionnaire de langue (ou le dictionnaire tout court) et l'encyclopédie, faite par d'autres traditions lexicographiques, repose sur une autre conception de la langue en tant qu'horizon de l'intelligible social.

## 7. Bibliographie choisie

### 7.1. Dictionnaires

*Autoridades 1726* = Real Academia Española: Diccionario de autoridades. Ed. facsímil. Madrid 1969 [1e éd. 1726].

*Britannica* = The New Encyclopaedia Britannica. Macropaedia. Chicago 1974.

*Cobarruvias 1611* = Sebastián de Cobarruvias: Tesoro de la lengua castellana o española. Ed. facsímil. Madrid 1984 [1e éd. 1611].

*DBEM 1986* = Diccionario básico del español de México. México 1986 [565 p.].

*DFC* = Dictionnaire du français contemporain Larousse. Paris 1971 [1109 p.].

*DRAE 1970* = Real Academia Española: Diccionario de la lengua española. 19e éd. Madrid 1970.

*DRAE 1984* = Real Academia Española: Diccionario de la lengua española. 20e éd. Madrid 1984.

*DUE* = María Moliner: Diccionario de uso del español. Madrid 1970 [1146, 1585 p.].

*Espasa* = Enciclopedia universal ilustrada europeo-americana. Madrid 1908.

*PR* = Paul Robert: Le petit Robert. Dictionnaire alphabétique et analogique de la langue française. Paris 1972.

*Universalis* = Encyclopaedia Universalis. Paris 1979.

*W 3* = Webster's Third New International Dictionary of the English Language. Unabridged. Springfield, Mass. 1961 [2662 p.].

### 7.2. Travaux

*Baldinger 1977* = Kurt Baldinger: Vers une sémantique moderne. Paris 1977.

*Coseriu 1966* = Eugenio Coseriu: Structure lexicale et enseignement du vocabulaire. In: Actes du 1er Colloque International de linguistique appliquée. Nancy 1966, 175—217.

*Dubois 1971* = Jean et Claude Dubois: Introduction à la lexicographie: le dictionnaire. Paris 1971.

*Greimas 1967* = Algirdas Julien Greimas: Sémantique structurale. Recherche de méthode. Paris 1967.

*Haiman 1980* = John Haiman: Dictionaries and encyclopedias. In: Lingua 50. 1980, 329—357.

*Hallig/Wartburg 1963* = Rudolf Hallig et Walther von Wartburg: Système raisonné des concepts pour servir de base à la lexicographie. Berlin 1963.

*Keesing 1979* = Robert M. Keesing: Linguistic knowledge and cultural knowledge. In: American Anthropologist 81. 1979, 14—36.

*Martinet 1966* = André Martinet: Éléments de linguistique générale. Paris 1966.

*Quemada 1968* = Bernard Quemada: Les dictionnaires du français moderne. 1539—1863. Paris 1968.

*Rey 1965* = Alain Rey: À propos de la définition

lexicographique. In: Cahiers de lexicologie 6. 1965, 67—80.

*Rey 1977* = Alain Rey: Le lexique: images et modèles. Du dictionnaire à la lexicologie. Paris 1977.

*Rey-Debove 1971* = Josette Rey-Debove: Étude linguistique et sémiotique des dictionnaires français contemporains. La Haye 1971 (Approaches to semiotics 13).

*Ullmann 1962* = Stephen Ullmann: Semantics. An introduction to the science of meaning. Oxford 1962.

*Weisgerber 1950* = Leo Weisgerber: Vom Weltbild der deutschen Sprache. Düsseldorf 1950.

*Wiegand 1984* = Herbert Ernst Wiegand: On the structure and contents of a general theory of lexicography. In: LEXeter '83 Proceedings. Papers from the International Conference on Lexicography. Ed. R. R. K. Hartmann. Tübingen 1984 (Lexicographica. Series Maior 1), 13—30.

*Zgusta 1971* = Ladislav Zgusta: Manual of lexicography. The Hague 1971.

*Luis Fernando Lara, Mexico (Mexique)*


# 31. Principles of Monolingual Lexicography

1. The Nature of Lexicographical Principles
2. The Foundations of Lexicography
3. The Concept of a Monolingual Dictionary
4. The Tasks of Theoretical Lexicography
5. Selected Bibliography

## 1. The Nature of Lexicographical Principles

Any attempt to define the principles of lexicography methodologically implies a particular conception of the nature of those principles; entirely different principles will be mentioned, e. g., according to whether the principles of lexicography are considered to be practical guidelines such as may be found in manuals for dictionary making, or whether they are conceived of as aspects of the structure of language that determine the foundations of lexicography. Any argumentation in favour of a particular set of lexicographical principles will therefore tend to be a simultaneous argumentation for the plausibility of the methodological point of view that determines the type of principles that is being listed. In this respect, there are two presuppositions about the nature of lexicographical principles that will play an explicit role in the following metalexicographical discussion.

In the first place, *the principles of lexicography are like the foundations of engineering rather than like the laws of physics*. The laws of physics specify the principles governing the structure and the behaviour of physical reality. But the principles of lexicography are not the laws of language; they do not specify the fundamental rules determining linguistic structures and linguistic behaviour, but they specify the underlying axioms of secondary structures and secondary behaviour. The structure of dictionaries and the behaviour of lexicographers are, in fact, only indirectly related to the structure of language and the behaviour of language users, rather in the way that the principles of engineering are related to the laws of physics. Engineering is a purposeful human activity for which the laws of the material world are just one among a number of boundary conditions that have to be taken into account (such as available resources and practical intentions). Likewise, lexicography is a purposeful human activity for which the principles of language are merely one among a number of parameters that determine the actual shape dictionaries take. If this is correct, metalexicographical theories should be very much concerned with the relationship between theoretical linguistics and practical lexicography. The following pages will try to make clear that this relationship is indeed similar to that between theoretical physics and practical engineering.

In the second place, a metalexicographical analysis of lexicographical principles is not simply an inductive enterprise in which the essential characteristics of a given set of things (dictionaries, or a particular type of dictionary) are derived from a careful consideration of those things. Rather, *because the concepts to be elucidated do not always have a clear-cut pretheoretical use, the theoretical analysis of those concepts may lead to sophisticated technical notions that are not completely identical or coextensive with the original pretheoretical ones*. In particular, it will be shown that the topic of this paper is methodologically problematic in the sense that the class of monolingual dictionaries is pretheoretically not well-defined. The existence of boundary problems with regard to the class of monolingual dictionaries prevents an enquiry into the principles of monolingual lexicography from simply listing the common fundamental characteristics of those dictionaries. Rather, it will turn out that stating the principles that are specific to monolingual dictionaries to a certain degree equals defining what one will understand by the notion "monolingual".

The first metalexicographical principle just mentioned will come to the fore mainly in paragraph 2; the second one will be treated primarily in paragraph 3. In general, the former principle will receive more attention than the latter. In addition, the following restrictions with regard to the set of lexicographical principles described below should be mentioned. First, the article will not endeavour to give a state-of-the-art report on lexicographical principles. Rather than, e. g., giving an overview of the literature mentioned in Zgusta (1987), it will try to present an original and coherent set of fundamental principles for lexicography. Second, the principles in question are high-level principles that are not concerned with the details of dictionary design, but rather with the overall structure and purpose of lexicographical reference works. And third, the particular principles governing monolingual lexicography will be discussed against the background of a general view of lexicography; this is a consequence of the definitional problems surrounding the notion of "monolingual dictionary" mentioned above.

## 2. The Foundations of Lexicography

The seven principles listed below are divided into two groups, according to whether they relate primarily to the structure of dictionaries, or to the pragmatic intentions that make lexicographers choose for a particular structure. With some exaggeration, one might say that the first set of principles is taxonomic, whereas the second is explanatory; the first set defines what lexicographers can do, the second why they do it. The first principle in each set is the major one; the others are specifications and elaborations of this basic principle.

### 2.1. Structural Principles

Principle i. *The structure of any dictionary is determined by specific choices with regard to the selection and presentation, on the microstructural and the macrostructural level, of lexical elements of one or more languages, or of data relating to those elements.* — The distinction between the macrostructure and the microstructure of a dictionary corresponds roughly (but see Principle ii) with the distinction between the set of items to be treated, and the data giving information about those items. The lexicographer has to choose what lexical items to include in the dictionary, and what kinds of information to give about them. (Note, by the way, that the notion "lexical item" includes elements of the lexicon that are smaller than words, viz. bound morphemes, and lexical elements that are larger than words, such as proverbs and idioms). On the macro- as well as on the microstructural level, a distinction has to be made between the selection of items and data, and the presentation thereof, since the same kind of information may be presented in various ways. Thus, lexicographers will not only have to choose macrostructural elements as such, but they will also have to select a formal organization for those elements (such as an alphabetical or a thematic arrangement). Likewise, they will have to choose what types of data to present with regard to the microstructural elements (e. g., should grammatical or etymological information be included?), but they will also have to select a way of presenting them (e. g., according to what principle should the meanings of a word be ordered?).

For lack of space, it is impossible to give a detailed overview of the alternatives with regard to macrostructural and microstructural selection and presentation that the lexicographer is confronted with; the reader is referred to Geeraerts (1984) for more details. It may be sufficient to specify here, first, that the selection of macrostructural elements is mostly based on geographical, sociolinguistic, chronological, interlingual, etymological, formal, grammatical, stylistic, semantic, or statistical criteria. Second, the major alternative with regard to the macrostructural presentation is between an alphabetical and a thematic grouping. Third, the selection of microstructural elements will mainly involve orthographic, phonetic, grammatical, stylistic, distributional, etymological, interlingual, illustrative, and semantic data. And fourth, the best known question with regard to the microstructural presentation concerns the order of the various senses of a word in semasiological dictionaries.

Principle ii. *In the outward form of the*

*dictionary, specific aspects of the macrostructure and the microstructure, or specific answers with regard to the selectional and the presentational problem may be indistinguishable.* — The distinctions made in Principle i are abstract characteristics of dictionaries that need not correspond in a one-to-one fashion with actual, ostensible aspects of the outward appearance of the dictionary. The traditional alphabetical dictionary may easily create a false impression to the contrary: the macrostructure coincides with the set of entry headwords, whereas the microstructure is visibly present in the form of information printed after each headword. Similarly, it is easy to distinguish between the set of headwords as such, and the (alphabetic) way in which they are presented, or between the types of information given with regard to each headword, and the order in which these data are presented. However, such a neat reflection of macro- and microstructural, selectional and presentational characteristics in ostensible aspects of the actual dictionary need not always occur. On the one hand, the way in which particular data are presented may itself carry information, i. e., may itself be determined by choices on the selectional (and not just the presentational) level. If, e. g., definitions are chronologically ordered, this way of presentation is itself a form of microstructural information, and hence the result of an answer to the microstructural selection problem. On the other hand, macrostructural characteristics may coincide with microstructural features. Thus, the macrostructural organization of a thematic dictionary into semantic fields automatically conveys the microstructural information that the words in any specific group are semantically related on the basis of at least one of their meanings. Similarly, the macrostructural organization of the dictionary into groups of rhyming words carries the microstructural information that a word in any of those groups rhymes with the other members of the same group. In cases such as these, there is not only a coincidence between micro- and macrostructural features, but also between selectional and organizational features: the microstructural information about rhyming relations is conveyed by the macrostructural organization of the dictionary, but at the same time the microstructural decision restricts the macrostructural selection to words that rhyme.

Principle iii. *The criteria chosen with regard to the micro- and macrostructural selection and presentation problems need not be applied uniformly or exclusively.* — In the design of any specific dictionary, different answers with regard to the basic questions may be combined in various ways. This can most easily be demonstrated with regard to the macrostructural selection problem. Take the example of a standard language dictionary. The basic choice is of a sociolinguistic nature; the object of the lexicographical description is a language variety that is most adequately defined along sociolinguistic dimensions. But as the same language variety may also be characterized along a geographical dimension (a standard language is the language variety par excellence that is geographically neutral in a given linguistic community), a sociolinguistic and a geographical selectional criterion co-occur. More important, however, is the fact that additional criteria may lead to a simultaneous extension and restriction of the vocabulary selected by the basic criterion. On the one hand, a standard language dictionary may contain words that explicitly do not belong to the standard, but that are incorporated into the dictionary precisely to indicate this fact. Words with a fairly broad but still geographically restricted distribution may e. g. be incorporated with a label such as "regional"; the label then functions as a warning that the word is not as general as one might be tempted to believe. Such a strategy is motivated by the instructive purposes of the dictionary; if its primary intention is to give explicitly or implicitly normative information about the constitution of the standard language, the incorporation of warnings with regard to substandard items may be justified. On the other hand, words whose standardized status is beyond doubt may be left out of the macrostructure, e. g. because they are semantically transparent. To the sociolinguistic selectional criterion is then added a semantic criterion, and this undermining of the methodological supremacy of the sociolinguistic criterion may be motivated by economical restrictions on the size of the dictionary, or by the pragmatic consideration that transparent derivations and compounds are not likely to be the object of a lexicographical search, as they are not likely to cause problems of understanding. Whether the latter line of thought is correct is a question that need not be settled here; the main point is to see how such pragmatic considerations may interfere with a primary selection on a purely linguistic basis of the object of the lexicographical description. An attempt at classifying those pragmatic considerations may be found in section 2.2.

Principle iv. *The data presented in dictionaries need not be linguistic data in the traditional sense.* — While the question what is a linguistic fact need not be settled here, it should be clear that the information presented in dictionaries is linguistic only to the extent that "linguistic information" (and more specifically, lexical information) is taken to mean "any kind of data that can be related (in whatever way) to the lexical elements of the language". Such a definition includes, among other things, encyclopaedic information and the kind of critical or humorous definitions that appear in Flaubert (1972) and Bierce (1911). Whereas encyclopaedic information may not be the best example of non-linguistic data in dictionaries (since there has been a continuing debate in semantic theory whether a distinction between linguistic, semantic data and non-linguistic encyclopaedic data can consistently be made — cf. Haiman 1980), it is probably beyond serious challenge that mock definitions such as they appear in Bierce (1911) are linguistic only in the remotest sense. The information contained in, e. g., Bierce's definition of *grammar* as

"a system of pitfalls thoughtfully prepared for the feet of the self-made man, along the path by which he advances to distinction"

is information about the facts of linguistic usage only to the extent that it expresses a particular critical idea associated with a specific word by an individual language user — whereas linguistics is usually taken to be concerned with phenomena that are common to, or at least conventionally accepted by, larger sets of language users.

As a possible way out one might impose a terminological distinction between dictionaries and lexica (or whatever one decides to name them), the former being explicitly restricted to linguistic data in the traditional sense. But such an approach rests on an arbitrary terminological decree, no less arbitrary than the opposite decision of taking "lexicography" to refer to any kind of lexical reference work. In the latter case, the distinction between "linguistic" and other dictionaries leads to a classification of *types* of dictionaries, whereas in the former case, the distinction between both kinds of reference works is considered a major categorial distinction; this would seem to be merely a question of stressing similarities rather than differences (or vice versa). It should be noticed, though, that some dictionaries that would traditionally without hesitation be called linguistic dictionaries, may contain information that is again linguistic only in the same remote sense as the examples just discussed. In fact, it may sometimes happen that the compilers of standard language dictionaries include value judgements that are highly idiosyncratic, in the sense that they are not shared by a larger linguistic (sub)community. Van Dale (1976), e. g., explained the Dutch word *kosmonaut* as

"een ietwat hyperbolische ben. voor personen die een klein sprongetje in de kosmische ruimte doen, door zich b. v. naar de mann of een planeet van ons zonnestelsel te laten schieten" ["a somewhat hyperbolic designation for persons who make a tiny jump in cosmic space, e. g. by having themselves shot to the moon or a planet of our solar system"].

This ironical comment reflects a value judgement that is no less private than the critical judgements reflected by Bierce's satirical definitions. Given such occasional intrusions of idiosyncratic information in dictionaries that are otherwise indubitably of the linguistic type, the proposed distinction between dictionaries and lexica appears to be one of degree rather than principle, and is thus less suited as a major classificatory distinction.

On the methodological level, the fact as such that a terminological discussion arises is more interesting than the final result of the debate. In fact, we find here a first example of the second metalexicographical principle mentioned in paragraph 1. Attempts to give a theoretical definition of the concept "dictionary" may lead to a technical concept that need not be coextensive with the pretheoretical notion one started from. In itself, this kind of theoretical refinement is not at all uncommon in scholarly and scientific work. One should beware, however, of the normative side-effects such terminological discussions may have. A terminological discussion as to what should be included under the (technical) label "dictionary" may e. g. shift towards a discussion as to what dictionaries "really are" (and hence, should be). Thus, restricting the label "dictionary" to reference works containing only linguistic information may have the undesirable effect of relegating "nonlinguistic" reference works to the background of one's attention (and perhaps, appreciation). The decision to consider only "linguistic" reference works true dictionaries should not mean either that non-linguistic lexica are deemed less important, or that the specification of their basic principles is neglected.

## 2.2. Pragmatic Principles

Principle v. *The choices with regard to the macro- and microstructural selection and presentation of information are ultimately determined by practical considerations, viz. by communicative intentions and material restrictions.* — Lexicography is not a disembodied activity taking place in a vacuum; it is an act of communication in a real-world context, and both aspects are essential to the lexicographical decisions to be made. On the one hand, the dictionary is a text conveying information to an audience, and the intended audience together with the purpose(s) the dictionary intends to serve will determine the kind of information to be included. Linguists may have a tendency to see lexicography primarily as a research activity, but it should not be forgotten that an investigation into the facts of language is basically only a preliminary step in the compilation of dictionaries. This preliminary step of linguistic data gathering and description is logically followed by a second step, when the decision is made which of the collected data will ultimately be the most interesting for the intended public of the dictionary, in respect to the pragmatic purpose(s) the dictionary tries to serve. For instance, a linguistically adequate description of the lexicon of any language combines a semasiological with an onomasiological approach, but dictionaries restrict themselves to either of these on the basis of their projected use. Thus, an alphabetical semasiological dictionary primarily serves language comprehension purposes; it is easiest to use when you want to look up a word whose meaning you want to know. An onomasiological, ideological dictionary, on the other hand, is best suited for language production purposes; you may use it when you are trying to find a suitable expression for an idea that you have in mind. The lexicographer's decision to compile a dictionary that is mainly suited for either comprehension or production, materializes itself as a choice among semasiological and onomasiological data. Thus, the linguistic data are the raw material of lexicography, to be shaped by formative principles derived from pragmatic intentions.

On the other hand, dictionary making has a specific material context. It takes place, e. g., in the framework of lexicographical publishing houses whose purpose is ultimately of a commercial nature. Needless to say, commercial imperatives may restrict the freedom of the lexicographer. The incorporation of a specific kind of information (say, data about the pronunciation or the etymology of the words) may then be prohibited by the economical prerequisite that the size of the dictionary should not be too great. (In fact, lexicographical companies may have to make a commercial choice between economically conflicting interests of their intended audience: whereas potential buyers of the dictionary may value the incorporation of etymological information, they may also resent the higher price that results from an increase in size.)

Principle vi. *The material restrictions on lexicography are of two distinct types: the unaccessibility of data and the unrepresentability of data.* — On the one hand, lexicographers may not be able to collect the information they ideally might want to include into the dictionary; on the other hand, the information that is available may be difficult to represent. The first situation is the easiest to illustrate. Lexicographers are subject to all kinds of practical constraints, of which insufficient financial support, deadlines, and lack of collaborators are but a few obvious examples. These constraints (which need not be less real for academic lexicographical projects than for commercial dictionaries) prevent them from doing the research they might in principle deem necessary to achieve their pragmatic purpose. In most cases, the data that lie at the basis of the dictionary are to a large extent not readily available; the lexicographical activities of selection and presentation presuppose the existence of an extensive, detailed, and trustworthy lexical documentation, but bringing together this documentation will very often be the task of the lexicographer himself — a task that is hampered by the constraints just mentioned. These economical constraints do not, however, affect only the preliminary, documentational stage of dictionary making. The necessity to keep the price of the final product down may e. g. lead to the imposition of a maximum number of pages, and this in turn may be the cause of specific lexicographical decisions that are less interesting from a pragmatic point of view. On the macrostructural selectional level, e. g., a reduction in size of standard language dictionaries is often realized by discarding less frequent words, but of course, less frequent words may precisely be more likely to be in need of clarification for the average dictionary user. The impossibility of incorporating data that are in fact available does not only result from the economical and institutional restrictions mentioned so far. The very fact that dictionaries mostly take the material form of a book restricts the representational possibilities. For instance, the book-format creates the necessity to impose a linear order on the meanings of a word, whereas the semantic relations among those meanings are not linear but multidimensional. Specifically, recent developments in lexical semantics have convincingly shown that the canonical form of polysemous categories is one in which semantically distinct applications of a word are clustered round one or more central meanings (cf. Rosch 1978, and Wierzbicka 1985, Geeraerts 1987 for lexicographical applications). This prototypical conception of lexical-semantic structures accords very well with the conclusions that may be drawn from lexicographical practice (cf. Geeraerts 1983), but at the same time, the classical enumerations of distinct meanings in dictionaries are not well suited for that kind of structure (first, because they suggest that each meaning is a self-contained unit that does not overlap with the others, and second, because the multidimensional relations among word meanings are reduced to a single linear dimension). Of course, adding figures and schemata and using extensive cross-referencing may remedy part of the problem, but then again, economical restrictions on the available space may stand in the way of a generalized adoption of such a strategy. In an entirely different dictionary format, on the other hand, other representational possibilities obtain. It should be mentioned, specifically, that computerized dictionaries and terminological data bases constitute a much more flexible, less space-bound means of representation than the traditional dictionary in bookform. Incorporating figures (or, for another matter, combining semasiological and onomasiological data) can be achieved much more easily in electronic dictionaries than in paper dictionaries; as such, the material form of the dictionary is likely to influence the decisions of the lexicographer with regard to the content of his work.

Principle vii. *The communicative intentions of any dictionary may be related to three types of consultative interest on the part of its assumed audience: an interest in objective knowledge for its own sake, an interest in objective knowledge to be used according to the audience's practical requirements, and an interest in crictial comments and evaluation.* — These three communicative approaches may be called (simplifying somewhat) the basis of lexicography as a scholarly, as a pedagogical, and as a critical enterprise. The normal case is the pedagogical one: the dictionary offers a description of facts that are supposed to be useful for its users. The dictionary registers, e. g., the accepted pronunciation or spelling of a particular word in order to help dictionary users with any problems they might have concerning those aspects of language use. It should be stressed that the pedagogical approach is not restricted to such linguistic uses; the lexicographical data, even if they are of an indubitably "linguistic" nature, need not necessarily serve the purpose of making people more familiar with, or proficient in a specific language as an instrument of communication. A crossword dictionary, e. g., is consulted for purposes of entertainment rather than efficient communication, even though the information it contains is to a large extent linguistic (viz. onomasiological) in the strictest sense. Similarly, consulting a technical encyclopaedia in order to see what might be wrong with one's vacuum cleaner offers a clear example of a dictionary serving a non-linguistic type of usage.

In all the cases mentioned so far, the information included in the dictionary is put into practical use: something is done with it. In other cases, the information may merely be contemplated, i. e., the dictionary user looks something up merely to know what things are like, independently of any intention to put that information into immediate, practical use. If dictionaries specifically address this kind of consultative interest, they may become scholarly enterprises in which the preliminary research stage mentioned in connection with the previous Principle becomes the most important part of the lexicographical activity. Good examples are certain historical and dialectal dictionaries that are more interested in giving linguistically adequate descriptions of language variety and language development than in providing useful, immediately applicable information. Historical dictionaries such as the WNT, e. g., are primarily linguistic studies into the lexicological and the semantic history of the language; only secondarily do they help in making texts from older language stages understandable. Also, the linguistic information contained in these kinds of dictionary may be used by other linguists as part of their own research, but then again, the main aim is one of acquiring information about language for its own scholarly sake, not for the sake of immediate applicability. Neither of these intentions is preponderant in the critical type of dictionary mentioned in connection with Principle iv. Bierce's mock definitions do not describe an existing kind of linguistic usage (either out of a scholarly interest or as a useful piece of information), but they comment upon it in an evaluative fashion. Their purpose is not to describe the facts of language as neutrally or practically as possible, but to take an evaluative stand with regard to those facts. (In fact, you have to know what *grammar* means before you can understand Bierce's definition of that word.) It should be noted that this critical attitude is not restricted to the kind of humorous dictionary just mentioned; a serious attempt at ideological criticism in dictionary form may e. g. be found in Van Nieuwstadt (1970), where the vocabulary of the Dutch National-Socialist movement is critically examined from an explicitly Marxist point of view.

It should be clear from the examples given thus far that the three types of consultative interests do not define clear-cut classes of dictionaries, as one dictionary may easily serve different uses. As mentioned before, e. g., scholarly historical dictionaries will also serve the practical pedagogical purpose of making older texts understandable to the contemporary reader. The fact that the distinctions made here appear to be differences of emphasis rather than essence does not, however, make them less real. Starting from a specific consultative interest on the part of one's possible audience will clearly influence the final shape of the dictionary. This can easily be demonstrated on the basis of an example mentioned in connection with Principle iii. Let us assume you are compiling a standard-language dictionary. From a pedagogical point of view, it will then be normal to incorporate words in your macrostructure that are *not* a part of the standard-language vocabulary, but that are included precisely to warn the dictionary user of their substandard status. But whereas the incorporation of substandard items is justified from a pedagogical point of view, it serves no particular purpose from a scholarly point of view. If it were just your intention to describe the vocabulary of the standard language from a linguistic standpoint (i. e., as a particular linguistic object, rather than with someone in mind who wishes to get to know the standard variety but who may be misled by his own substandard speech habits), there would be no need to extend your macrostructure beyond the standard language vocabulary as such. Including substandard or regional words in a dictionary of a standard language is inconsequential from the point of view of linguistic research, but it is not at all superfluous within a pedagogical approach to lexicography. More generally, adequacy criteria for linguistic descriptions are not necessarily applicable to any kind of dictionary without further reservations; they will be most important for scholarly dictionaries. Thus, lexicographical proposals based on linguistic theories will often be countered on the basis of a pedagogical conception of the dictionary involved. It may be recalled, e. g., how De Tollenaere (1960) argued against the plea made by Hallig/Wartburg (1952) in favour of an ideological (thematically organized) dictionary. While the latter started from the theoretical, structuralist point of view that the linguistic structure of the lexicon is not alphabetical at all, the former defended an alphabetical arrangement of dictionaries mainly on pragmatic (user-oriented rather than theory-oriented) grounds. Referring to the first metalexicographical principle mentioned in paragraph 1, examples such as these make it clear that the influence of pragmatic principles precludes a characterization of lexicography as a linguistic discipline pure and simple.

## 3. The Concept of a Monolingual Dictionary

It follows from the discussion in the previous paragraph that the notion "dictionary" is a prototypical one, in the sense of "prototype" outlined by Rosch (1978): there are clear, central cases of "dictionarity" next to peripheral, less salient examples. The prototypical dictionary, in particular, is monolingual rather than multilingual, provides linguistic rather than encyclopaedic information, contains primarily semasiological rather than onomasiological or non-semantic data, gives a description of a standard language rather than restricted or marked language varieties, and serves a pedagogical purpose rather than a critical or scholarly one. Thus, less salient kinds of dictionaries may differ in a number of respects from the conceptual reference point formed by the prototypical kind of dictionary just described. At the periphery of the category, boundary problems may arise: is an encyclopaedia strictly speaking a dictionary or not? The point is not that an answer to such questions might not be arrived at (the discussion under Principle iv considered some arguments for treating them as dictionaries), but rather that the class of dictionaries is not very well defined before the metalexicographical reflection takes up the question of what it is for something to be a dictionary. Our pretheoretical notion of dictionaries is clear-cut mainly near the prototypical centre of the category; a closer look at the edges may reveal these to be blurred.

As the following step in the analysis, it should now be noted that the characteristics of the prototypical dictionary may themselves be prototypical. In particular, when is a dictionary monolingual? Notice, to begin with, that monolingual dictionaries are not just dictionaries that, pragmatically speaking, do not serve the purposes of translation (dictionaries for translation being the prototypical case of the non-monolingual dictionary). An etymological dictionary such as Pokorny is clearly multilingual, though it is not a dictionary for translation. For obvious reasons, monolingual dictionaries can neither be defined as dictionaries with a macrostructure consisting of items taken from a single language: this definition applies to ordinary dictionaries for translation just as well. Notice, further, that a combination of the two criteria just mentioned is not adequate either. Although an etymological dictionary such as De Vries (1962) has a monolingual macrostructure, and though it does not serve the purposes of translation, it is indubitably a bilingual dictionary. Let us say, then, that monolingual dictionaries are dictionaries in which the explanatory metalanguage is identical with the object language; the information given about the elements of the macrostructure is formulated in the very language those elements belong to. However, picture dictionaries that specify the names of the listed objects in just a single language are monolingual dictionaries that do not conform to the definition: as the explanatory metalanguage consists of drawings, it is obviously not identical with the object language. Suppose, therefore, that the definition is adapted in the sense that the metalanguage is not a language that is distinct from the object language: it may either be the same language, or no language at all. This definition is suitable, provided that it is coupled with the requirement that there is only one object language. Thus, *a monolingual dictionary is a dictionary that contains only one object language and in which the explanatory metalanguage is not distinct from the object language.*

At this point, the major difficulty with the definition of the monolingual dictionary comes to the fore: what is it for something to be a single language? As far as linguistic theory is concerned, there are roughly two major definitions of "language" to be considered: a language is either any coherent communicative speech system with a distinct structure, or it is a "diasystem", i. e. a set of interconnected cases of such speech systems (cf. Weinreich 1954). Both definitions yield counterintuitive results when incorporated into the definition given above. The restrictive definition entails that, e. g., a dialect dictionary with definitions in the standard language, or a historical dictionary with definitions in the contemporary idiom are not (contrary to the usual view) monolingual dictionaries (because each dialect and each diachronic stage in the evolution of a language constitutes an autonomous communicative system with a distinct structure). The broad definition, on the other hand, has the disadvantage that diasystems may be defined in a variety of ways (and any speech system may thus belong to several diasystems according to the perspective of the linguist). Linguistically, a standard language with its regional and social varieties constitutes a diasystem along a sociolinguistic dimension, whereas all Indo-European languages constitute a diasystem along a historical dimension. But etymological dictionaries that describe such a historical diasystem (such as Pokorny) are not considered monolingual! It seems plausible, therefore, that *the definition of "language" that lies at the basis of pretheoretical classifications of dictionaries as monolingual refers to a sociolinguistic diasystem with a standard language at its centre.* A dictionary is monolingual if it macro- and microstructurally involves only a single standard language, its synchronic varieties, or its immediately preceding stages (i. e., diachronic language varieties that are not common predecessors of more than one standard language).

Unfortunately, this reformulation does not entirely solve the problem. In particular, when regional varieties of a given standard language become widespread, they may themselves be considered a distinct standard language. Thus, American English and British English are readily recognized as autonomous standard languages — but does that mean that a dictionary that contains Americanisms as well as Briticisms is a bilingual dictionary? Moreover, differences of opinion with regard to the status of a particular language variety may entail that a dictionary is considered monolingual by some but bilingual by others. For instance, De Clerck (1981) lists lexical peculiarities of Belgian Dutch, together with their equivalent in Netherlandish Dutch (i. e., standard Dutch in the usual sense); the question whether this dictionary is monolingual is then not a purely academic question, but it may reflect one's attitude with regard to the autonomy of Belgian Dutch. Those who consider that it is (or should be) on an equal footing with Netherlandic Dutch may answer the question differently from those who think that it is just a regional, substandard variety of Dutch rather than an autonomous standard language.

In short, the point to be made is not that sophisticated metalexicographical theorizing may not come up with an acceptably clear-cut definition of monolinguality, but rather that such a definition will be a refinement, and not a simple explication of a pretheoretical judgement on monolinguality. This refinement is forced upon us by the fact that the pretheoretical concept is a prototypically structured one: it is well-defined with regard to a central case (contrasting defining dictionaries for standard languages with translational dictionaries for standard languages), but it becomes blurred when more peripheral cases are considered.

## 4. The Tasks of Theoretical Lexicography

The analyses of the previous pages have specific consequences for the tasks of metalexicography. On the one hand, an investigation into the foundations of lexicography in general revealed that pragmatic purposes and linguistic facts combine to shape actual dictionaries. On the other hand, an investigation into the notion of "monolingual dictionary" revealed that metalexicographical technical concepts may have to refine and redefine pretheoretical lexicographical conceptions. Each of these conclusions leads to a particular guideline for further metalexicographical research.

First, for each of the macro- and microstructural choices with regard to the selection and presentation of dictionary data, theoretical lexicography will have to specify how these choices can be rationally justified on the basis of theoretical criteria with regard to the definition of the data, and pragmatic criteria with regard to the functional purpose of their incorporation. That is to say, *theoretical lexicography should systematically explore the relationship between the possible macro- and microstructural choices made by the lexicographers, and the justification of these choices on the basis of the functional purposes to be served* (granting that scholarly linguistic description may be one of those purposes). In this respect, it is an important aspect of the revival of theoretical lexicography that has taken place during the last decade, that the pragmatic aspects of lexicography (which had traditionally been more or less neglected) are now receiving full attention.

Second, *the theoretical reformulation of pretheoretical concepts should not be allowed to have normative side-effects that clash with the pragmatic intentions of lexicography*. On the one hand, theoretical refinements may lead to a change in actual lexicographical practice; a better insight into the way in which lexicographical concepts may be coherently defined may lead to more coherent dictionaries. But because of their theoretical nature, these refinements may tend, on the other hand, to give undue stress to the linguistic background of lexicography and to underestimate the pragmatic side (see the examples at the end of paragraph 2.2.). Specifically, the selection of a particular technical definition of the principles of monolingual lexicography should not entail the neglect of the principles of the pretheoretically peripheral monolingual dictionaries that are not covered by the refined definition.

Seeing how pragmatically adequate reference works may be compiled is infinitely more important than a terminological debate about what the technical definition of "monolingual" or "dictionary" should be.

## 5. Selected Bibliography

### 5.1. Dictionaries

*Bierce 1911* = Ambrose Bierce: The Devil's Dictionary. New York. Washington 1911 (Collected Works, vol. 7) [204 pp.].

*De Clerck 1981* = Walter de Clerck: Nijhoffs Zuidnederlands Woordenboek. 's-Gravenhage. Antwerpen 1981 [854 pp.].

*De Vries 1962* = Jan de Vries: Altnordisches Etymologisches Wörterbuch. 2nd ed. Leiden 1962 [689 pp.].

*Flaubert 1972* = Gustave Flaubert: Dictionnaire des idées reçues. Paris 1972 (Oeuvres complètes, vol. 6) [56 pp.].

*Pokorny* = Julius Pokorny: Indogermanisches Etymologisches Wörterbuch. 2 vol. Bern 1959 [1183 p.], 1969 [495 pp.].

*Van Dale 1976* = C. Kruyskamp: Van Dale's Groot Woordenboek der Nederlandse Taal. 10th ed. 's-Gravenhage 1976 [3230 pp.].

*Van Nieuwstadt 1970* = Michel van Nieuwstadt: Van 'aardgetrouw' tot 'aziatisch'. Materiaal voor een taal- en ideologiekritiek van het fascisme. Nijmegen 1970 [202 pp.].

*WNT* = Matthias de Vries/Lammert te Winkel [et al.]: Woordenboek der Nederlandsche Taal. s'-Gravenhage 1864ff. [33 completed volumes by 1988].

### 5.2. Other Publications

*De Tollenaere 1960* = Felicien De Tollenaere: Alfabetische of ideologische lexicografie? Leiden 1960.

*Geeraerts 1983* = Dirk Geeraerts: Lexicografie en linguïstiek. Reichling gerehabiliteerd. In: Tijdschrift voor Nederlandse Taal- en Letterkunde 99. 1983, 186—206.

*Geeraerts 1984* = Dirk Geeraerts: Dictionary classification and the foundations of lexicography. In: ITL Review of Applied Linguistics 63. 1984, 37—63.

*Geeraerts 1987* = Dirk Geeraerts: Types of semantic information in dictionaries. In: A Spectrum of Lexicography. Ed. R. Ilson. Amsterdam 1987, 1—10.

*Haiman 1980* = John Haiman: Dictionaries and encyclopedias. In: Lingua 50. 1980, 329—357.

*Hallig/Wartburg 1952* = Rudolf Hallig/Walther von Wartburg: Begriffssystem als Grundlage für die Lexikographie. Berlin 1952.

*Rosch 1978* = Eleanor Rosch: Principles of categorization. In: Cognition and Categorization. Eds. E. Rosch/B. Lloyd. Hillsdale 1978, 27—48.

*Weinreich 1954* = Uriel Weinreich: Is a structural dialectology possible? In: Word 10. 1954, 388—400.

*Wierzbicka 1985* = Anna Wierzbicka: Lexicography and Conceptual Analysis. Ann Arbor 1985.

*Zgusta 1987* = Ladislav Zgusta [et al.]: Lexicography Today. An Annotated Bilbiography of the Theory of Lexicography. Tübingen 1987.

*Dirk Geeraerts, Leuven (Belgium)*


# 32. The Influence of Scripts and Morphological Language Types on the Structure of Dictionaries

1. Introduction
2. Scripts
3. Morphology of the Entryword
4. Combinations of Lexemes as Entries
5. Headwords Consisting of Bound Morphemes
6. Bilingual Dictionary
7. Selected Bibliography

## 1. Introduction

A dictionary must be organized in such a way that each item (in most cases, a word) can be found as easily as possible. From this requirement follow the most usual three types of organization of headwords:

(1) Organization by the sequence of words in the text to which such a dictionary belongs. This is the order (sometimes called the local order — from Latin *locus* 'passage') most frequently used in ancient glossaries and medieval mamotrects: e. g., a glossary to Homer follows the sequence of words in the Iliad and the Odyssey; a mamotrect follows the sequence of words in a scriptural text. No need to say that this organization is practical only for limited purposes.

(2) Organization by meaning as used in onomasiological dictionaries (thesauri); see Articles 101 and 105.

(3) Organization by the form of words. (a) While there exist dictionaries presenting the acoustic form of the words (e. g., Juilland 1965), it must be noted that the sequence of their entries is to my

knowledge never governed by some sequence of acoustic — or articulatory — parameters, but always by the sequence of the letters of phonetic transcription. Thus, these dictionaries are not only marginal by their number and by the high specificity of their purpose, but they ultimately belong to the following category, to wit, (b) that of dictionaries organized by the written form of the entrywords. Such organization is by statistics and by the logic of practicality the most widely used macrostructural principle.

## 2. Scripts

Scripts can be divided into alphabetic and non-alphabetic ones. Further subdivisions of the first category, such as into syllabaries and alphabetic scripts in the narrower sense (i. e. such scripts that attempt to represent approximations of single phonemes) are of little interest for our purposes. Also, the character of the different types of spellings, or orthographies (e. g., how closely they correspond to the phonology and morphonology of the language), is not our main concern here.

### 2.1. Alphabetic Sequences

Alphabet is the sequence of letters established in each script and language. Some alphabets, or alphabetic sequences, are of a principled character: an outstanding case is that of the Nagari script (the syllabic script used in India), whose alphabet is based on a phonetic classification of the sounds represented. The sequence is: a, ā, i, ī, u, ū, e, o, ai, au; ... ka, kha, ga, gha, ṅa (velars); ca, cha, ja, jha, ña (palatals); ṭa, ṭha, ḍa, ḍha, ṇa (retroflexes); ta, tha, da, dha, na (dentals); pa, pha, ba, bha, ma (labials); etc.

On the contrary, the sequence of letters in the alphabets that ultimately derive from (Northwest) Semitic script(s) (such as, above all, Hebrew, Arabic; Greek, Roman, Cyrillic) is given historically, without an underlying principle that can be perceived. In spite of this drawback, the alphabets of these scripts are easy to remember, because the number of letters is small. Indeed, the ease with which alphabetically ordered dictionaries can be used is the reason that such a macrostructure is so widespread and generally accepted as to be considered the normal one. Even in computerized dictionaries in which the information may be ordered and stored by other principles, its retrieval is usually carried out (with the exception of computerized thesauri and similar) through the alphabetical sequence of the headwords.

All this does not mean that the alphabetic sequence is without difficulties. The main neuralgic points are diacritic signs and digraphs (trigraphs, etc.). For instance, the Czech alphabetic sequence treats c: č, r: ř, s: š, z: ž as different letters separately alphabetized; but e: ě are not differentiated in the sequence. Turkish differentiates all the diacriticized letters (to the extent that ı is taken as basic and precedes i, considered diacriticized), but German usually does not differentiate its ä's, ö's, and ü's from a, o and u respectively. The digraph ch is treated as two letters in English, French, and German, but as one grapheme with a position of its own in Spanish and Czech. Besides the practical problems that this causes in the ordering of entries, both manual and automatic (on the latter see Štindlová 1977), this matter is of importance to the lexicographer who himself must decide what the alphabetic sequence in the dictionary will be (usually because he works with a language hitherto undescribed, or with only a weak, dubious lexicographic tradition). Probably the best decision is to follow, or imitate, the tradition of the culturally dominant language of the area. For instance, if the lexicographer uses the digraph ch to represent the affricate [tʃ] in an Indian language of Venezuela, it will be reasonable to treat it in the same way as in Spanish, i. e. as a grapheme of its own; on the other hand, the same digraph ch representing [tʃ] in an Australian aboriginal language may be treated in the English way, i. e. as two letters.

### 2.2. Non-Alphabetic Sequences

While it is easy to remember the alphabetic sequence, however arbitrary, of some 20—50 letters of a normal alphabetic script, or of the 80—200 letters of a normal syllabary, it would be difficult to remember an arbitrary sequence of the several or even many thousands of characters necessary for a developed ideographic script. If those characters are to be ordered by their written form, not by their meaning, a manageable organizational principle must be found in some properties of the written form itself. In Chinese characters, it usually is the number of strokes of which a character (or its nuclear part) consists and their form which serve as such an ordering principle; see on this in Article 263.

A similar situation obtains in dictionaries of most languages written in cuneiform script, which consists of both ideographic and syllabic signs (see Articles 175, 176). Although some short glossaries existed in antiquity, fully fledged dictionaries of Sumerian, Akkadian, Hittite and other languages came into existence only in modern times; therefore, it was necessary to create an alphabetic sequence for these languages. The possibility of locating an unknown character entails again that the shape of the character (i. e., the number of the wedges and their direction) is the decisive factor.

Dictionary excerpt 32.1: Wu 1979

## 2.3. Hybrid Sequences

Naturally, there are dictionaries whose macrostructure (above all, the sequence of entries) is based on various hybrid forms of such organizational principles. For instance, the Chinese-English dictionary (Wu 1979) gives all Chinese expressions either in characters only, or with the Romanized transcription (or spelling, called 'pinyin') in the second place; however, all the entries are organized on the alphabetic sequence of the Romanized transcription, with different characters forming subgroups within homophonous syllables. Obviously, a system like this can be used only by a user who already knows Chinese, including its characters and their pronunciation. See Dictionary excerpt 32.1.

## 2.4. Various Scripts and Signs

Among the scripts invented in modern times, the various systems of stenography (see Article 330) and Braille (see Article 332) are of particular importance; dictionaries of sign language and of various symbols are largely based on other semiotic means than script, although there are signs in sign language that represent letters of the alphabet (see Articles 331, 333).

## 3. Morphology of the Entryword

The entryword in a dictionary (represented by the headword) is a lexical abstraction, i. e. what is called a type; only some glossaries, indexes, concordances and similar deal with tokens, i. e. with a word's single concrete occurrences in a given text. In the case of uninflected words (which are not frequent in Indo-European languages, and are mostly prepositions, conjunctions and similar), the type: token relation pertains only to the difference between the word as a unit of language stored in memory and usable on any suitable occasion (type), and its single concrete applications in texts, spoken or written (token). However, in the case of inflected words, it also is necessary to decide which morphological forms belong to a type; that is, which forms will be considered members of the word's paradigm. The fact that the headword represents the whole paradigm of the entryword (or, in Firthian terms, the entryword's morphological dispersion) has the consequence that the lexicographer should check, for each entryword, whether all its forms are regular with respect to their morphology and semantics; irregularities should be noted, depending on the density of the dictionary.

## 3.1. The Paradigm and the Canonical Form

In most languages, the paradigms of the single word classes have already been established by grammatical tradition. If the lexicographer works with a language not yet described, he will have to analyse the grammar of the language first and base his dictionary on the paradigms thus established. Naturally, there are cases of competing grammatical descriptions of the same language between which the lexicographer may have to choose; in such a case a ripe deliberation on the consequences of the respective grammatical descriptions for lexicographic presentation is indicated. See Casagrande/Hale (1967). Another problem may arise in (dead) languages not completely known: the lexicographer cannot always decide to which entryword a given attested form belongs; see Butler 1980.

A minor if possibly vexing problem can arise when the canonical form of the headword, i. e. the form in which it is to be cited, is to be chosen. (Again, most languages have already established traditions.) In general terms: either one of the really occurring forms of the paradigm is chosen as the canonical form (e. g., nominative singular of nouns, nominative singular masculine of adjectives, present infinitive of the verb [thus in modern European languages], first person singular active indicative of the verb [thus in Greek and Latin], etc.); or the canonical form is a theoretical, linguistic construct (e. g., the stem of the noun or the root of the verb [thus in Sanskrit]). If the lexicographer has to choose the canonical forms himself, his choice should be such that the whole paradigm is derivable from the canonical form as easily as possible. However, he should also take into consideration two practicalities. Firstly, if the linguistically unsophisticated users are accustomed to certain canonical forms of an important cultural language habitual to them, they will find it easier to cope with headwords of a less known language that have the same canonical form. E. g., an unsophisticated user of a Venezuelan Indian language may possibly find it easier to have verbal headwords quoted in the infinitive (instead of the root form), because he is accustomed to that in Spanish dictionaries. Also, the layman's idea of 'ease of derivation' just mentioned is not necessarily fully coincident with that of the linguist. Secondly, the ease of lexicographic presentation should be considered. For instance, let us suppose that French is an exotic, undescribed language spoken within the area of Anglophone culture. What should be the canonical form of the French adjective? Certainly nominative singular of the positive degree; however, masculine or feminine gender? Linguistically, it is as easy to derive the regular forms and as difficult to derive the irregular forms of the feminines from the masculines as *vice versa*. There is no gender in the English adjective, so no preference would come from this consideration, either. Consequently, the final decision would probably be based on the fact that it is easier to write something like *petit, -e* than *petite, -e → Ø* or anything similar. It should, however, be remembered that these two are practical considerations; if there are important linguistic reasons for preferring a certain canonical form of the headword, they should have precedence.

### 3.2. Paradigms and Derivations

The members of a paradigm are considered to be different grammatical (morphological) forms of the same word: cases and numbers of nouns and pronouns; cases, numbers, genders, and degrees of adjectives; persons, numbers, tenses, moods, and diatheses of verbs. These are typical examples of forms that traditionally are considered to belong to a paradigm. Languages differ vastly as to the extent of their paradigms; e. g., the English noun has only two forms (singular and plural), unless we count the so-called Saxon genitive (e. g., *Richard's, Monica's,* etc.) as a separate form. The English verb usually has three *(walk, walks, walked)* or four *(sing, sings, sang, sung)* forms; even if we take into consideration the periphrastic forms (formed by auxiliaries: *he will walk, he may walk, he may have walked,* etc.), the verbal paradigms are not rich.

Derivation is another morphological process by means of which new words are coined. Derivation processes differ from language to language (see Article 89). Sometimes they are very regular; e. g., most English adverbs are formed by attaching *-ly* to the adjective, French ones by attaching *-ment* to the adjective. Indeed, the boundary between inflection and derivation is a fuzzy one. The more regular, both from the point of view of morphology and semantics, the derivational process, the easier it is to conceive of it as of an inflectional (grammatical) one. For instance, Engl. *fall: fell* 'cause to fall' are taken as two entrywords in any English dictionary, in spite of the fact that the second verb is derived from the stem of the first by a process that once was productive (*\*fallan: \*falljan,* similarly as *drincan* 'drink': *\*drankjan* 'drench'). On the contrary, Sanskrit causatives are so regularly formed by the suffix *-aya-* that (in spite of some differences of the treatment of the root) *gamayati* 'cause to go', *dāpayati* 'cause to give', *dhārayati* 'cause to hold', etc. are considered parts of the total paradigm of the roots *gam-* 'go', *dā-* 'give', *dhar-*'hold', etc. Thus, one can say that formal and semantic regularity plus productivity are crucial in the decision as to how various morphological processes will be considered and treated, particularly if the derived form belongs to the same word class as the non-derived one. However, lexicographic practice has specificities of its own. Agglutinative languages show more morphological (including derivational) regularity and have fewer morphophonological changes than the inflectional ones. Thus, Turkish series such as: *gezmek* 'go': *gezdirmek* 'cause to go': *gezdirtmek* 'lead (act.) someone': *gezdirtdirmek* 'have someone lead (pass.)'; *ölmek* 'die': *öldürmek* 'kill': *öldürtmek* 'have someone killed': *öldürtdürmek* 'have someone kill somebody' etc. are regular and synchronically productive; still, most dictionaries, particularly the modern, recent ones, will list at least some of the derived (or morphological?) forms as separate entries. One of the reasons for such a treatment consists in the fact that some of the derived forms develop unpredictable meanings (e. g., *öldürmek* 'tenderize' [as a culinary term]); another reason is that users mostly prefer short, compartmentalized entries.

Derivational and similar processes (see Article 52) are particularly difficult to treat if they affect the beginning of the entryword, because they disrupt the alphabetical sequence. The situation is relatively easy to deal with in languages in which there are, say, prefixes that have a regular form but affect the meaning in various ways. E. g., in German: *schlagen* 'hit': *vor-schlagen* 'propose'; *werfen* 'throw': *vor-werfen* 'reproach'. Treatment in individual entries is self-evident; if the lexicographer wishes, he can indicate, in a large dictionary, under *schlagen,* with which prefixes it combines, but the combined forms themselves must be treated separately. There are, however, languages in which prefixation is a largely regular grammatical process, cf. Tagalog (see Articles 257 and 258). Some dictionaries (Panganiban 1972) treat this in complex entries, as a grammatical phenomenon; on the other hand, other dictionaries (Santos 1983) list the single prefixed forms in individual entries. The latter type of treatment seems to enjoy a greater success with the public: this exemplifies the general statement that the linguistically oriented lexicographer tends to (or at least would if he could) 'put together what belongs together', i. e., tends to take into consideration grammatical and derivational regularities and present them in the dictionary by using subentries *et sim.,* whereas the unsophisticated public tends to prefer compartmentalized, quickly digestible information on isolated points of immediate interest. See also Article 114 on dictionaries dealing with derivational groups.

We have already seen that morphophonological and generally phonological changes disrupt derivational regularity and transparency. Such changes are stronger in Indo-European languages than in, e. g., the Semitic ones. With transparent, regular vowel alternations such as Arabic *katab* 'write': *kātib* 'writer (clerk)'; *malak* 'reign': *mālik* 'king', it is possible to perceive the coherence of the pairs. Indo-European pairs such as *\*bher-ō: \*bhor-os; \*ten-yō: \*ton-os; \*gᵂhen-yō: \*gᵂhon-os* would probably allow a similar observation concerning the proto-language; however, in an attested language, e. g. Greek, these pairs were disrupted by phonological change: *phér-ō* 'bring': *phór-os* 'payment, tribute'; *tein-ō* 'stretch': *tón-os* 'strain; cord, band'; *thein-ō* 'kill': *phón-os* 'murder'. This explains why indigenous Arabic lexicography largely operates with roots (see Article 237 on this) whereas European lexicography, whose tradition is based on the treatment of Greek and Latin, does not. However, the same tension between the interests of the learned lexicographer and the public is observable here as well: recent Arabic dictionaries tend to the type of compartmentalized entries containing single entrywords, regardless of their derivation. On the other hand, there were attempts in the history of Greek lexicography to treat derivational groups of words in a cohesive way, such as Henricus Stephanus in the first edition of his Thesaurus (1572) and Franz Passow in his Project of a Greek dictionary (Passow 1812); in each case, the non-derivational, one-word-one-entry model was reintroduced, in the case of the Thesaurus by its later editors, and in the case of Passow by the author of the Project himself when he started concrete work on the dictionary, after having collected the reactions of the public (see Art. 178).

The situation is reversed in English, where many noun-verb pairs have identical form. While larger dictionaries do treat them in two entries, e. g., **plough** n.: **plough** v., **work** n.: **work** v., smaller ones frequently collapse them into one entry, **plough** n. . . . v. . . ., **work** n. . . . v. . . ., without any resistance from the public, because the location of the information sought is not rendered more difficult by this. It is a matter of conjecture whether English lexicography would not tend more strongly to such comprehensive entries but for the centuries of contrarious tradition; probably not, because such pairs are not semantically parallel (*plough* n.: *plough* v. is different from *drink* n.: *drink* v.), and frequently they are different even in form (*song* n.: *sing* v.). Thus, the only source for the English comprehensive entries in small dictionaries probably is the saving of space, i. e. a technical practicality. The same consideration of saving space obtains in other languages as well, particularly with respect to regular derivations.

## 4. Combinations of Lexemes as Entries

If we call a lexeme a morpheme that carries lexical meaning, we can say that there are, in various languages, not only words that consist of one lexeme (possibly accompanied by derivational or grammatical morphemes), but also those that consist of more than one lexeme; they usually are called compounds (see also Article 89). Although languages vary vastly as to the frequency of their compounds and as to the possible number of compoundable lexemes, the compounds themselves do not create any particularly difficult problems of their own. Probably the most important circumstance to remember, from the purely lexicographic point of view, is that while the spelling and other properties of compounds suggest a degree of stability, they can be as ephemeral *ad hoc* coinages or nonces as any free combination of words. Should a man be called in German *Minijäger,* the compound would be immediately comprehensible (in a suitable context) as a counterpart to the lexically stabilized *Schürzenjäger,* but it would be a nonce just as its English counterpart 'chaser of minis' would be; or in another context, it could be understood as a 'minimal', i. e. not very successful, hunter.

The alphabetic sequence of entrywords causes the same lexeme which occurs as the second (third, etc.) part of different compounds to be listed in different entries, according to the first part and its position in the alphabet. The loss of information entailed by this can be obviated by the listing, in the entry of the lexeme occurring as a second part, of all the compounds in which it occurs (see also Article 114).

In contrast to compounds, lexical units consisting of more than one lexeme that are not or only weakly characterized in their form (spoken or written) as word-like units, cause manifold difficulties. However, their discussion does not properly belong in this article, because they are not tied to certain morphological types of languages. Phraseological verbs, multiword lexical units, set collocations, idioms, standing expressions — all these and some others (or some of them, in various constellations) are present in all languages that we know. There is no consensus among lexicographers or lexicologists on how to delimit their types and define them, nor in the terminology used in reference to them, in various languages. While one can say that there are noticeable tendencies in the lexicographies of various languages (e. g., there is a greater probability that *guinea pig* will get an entry of its own in an English dictionary than *pomme de terre* in a French one), all the relevant problems both of theoretical (mostly diagnostic) and practical character (Entries? Subentries? Idioms assembled at one position in the entry or distributed by the senses? etc.) are not much connected with the morphological structure of a language, as already stated. See on this Articles 36, 46, 95, 96.

Languages of the so-called isolating morphological type, i. e. languages with nearly inexistent morphological alternations, are an exception to the observations just made, because their structure, to wit the absence of morphological markers, makes it difficult to decide which sequences of lexemes should be considered words or word-like lexical units. This difficulty comes to its apogee if such a language, concretely Chinese, uses an ideographic script that does not indicate pronunciation and that does not divide words by spaces or another device. (That the absence of spaces may have been caused, if we consider it historically, by the monomorphemic status of most words and by the low relevance of the status of the more complex strings of lexemes has little bearing on the present discussion.) Script has here an important role: if we compare English, the space between the lexemes, traditionally kept, e. g. in *high school,* disguises the unitary character of the combination of lexemes in spite of the stress that clearly marks it as a compound. On the contrary (but with the same result), in Chinese it is the absence of spaces that renders more difficult the recognition of the unitary character of some combinations of lexemes, although the cohesion of at least some of them is indicated by changes in the tones of the single lexemes and similar phenomena. It is only very recently that some Chinese dictionaries started marking such polylexemic units by putting them into brackets, if only when they are indicated as subentries. A perusal of the right column of p. 391, Dictionary excerpt 32.2, particularly a comparison of the di-, tetra-, penta- and hexasyllabic groups within brackets will show that the expressions thus marked probably have different status, as to the degree of their setness. Thus, it is natural that the pivot of the Chinese headword is the written character; and it will stay so, at least until these difficulties are resolved. See also Article 263.

## 5. Headwords Consisting of Bound Morphemes

Even in languages in which the word is clearly marked as a coherent unit in spite of consisting of more than one morpheme, it became the accepted practice recently to treat highly productive bound morphemes in entries of their own. (That the term 'headword' is thereby partly turned into a misnomer should cause no undue concern: if footnotes can be printed at the end of the texts, not necessarily at the foot of each page, and if we sail on steamers propelled by combustion engines, then a headword need not necessarily be a real word.) This follows from what has been said above about compounds: nonce compounds are coined ad hoc just as easily (in many languages) as free combinations of words; by the same token, so are derivations by prefixes, suffixes, etc. If a new (and under-

[吭声] kēngshēng utter a sound or a word: 你为什么不~？ Why do you keep silent?

铿 kēng 〈象〉 clang; clatter: 拖拉机走在路上~~地响。Tractors clattered along the road.
[铿锵] kēngqiāng ring; clang: 这首诗读起来~有力。This poem is sonorous and forceful.
[铿然] kēngrán 〈书〉 loud and clear

## kōng

空 kōng ① empty; hollow; void: ~箱子 an empty box/ 把抽屉腾~ empty out a drawer/ 这棵树被虫子蛀~了。This tree has been eaten hollow by worms./ 屋里~无一人。There isn't a single soul in the house. ② sky; air: 晴~ a clear sky ③ for nothing; in vain: ~跑一趟 make a journey for nothing/ ~忙 make fruitless efforts
另见 kòng
[空靶] kōngbǎ air (或 aerial, airborne) target
[空包弹] kōngbāodàn 〈军〉 blank cartridge
[空舱费] kōngcāngfèi 〈交〉 dead freight
[空肠] kōngcháng 〈生理〉 jejunum
[空城计] kōngchéngjì empty-city stratagem (bluffing the enemy by opening the gates of a weakly defended city); presenting a bold front to conceal a weak defence
[空挡] kōngdǎng 〈机〉 neutral (gear)
[空荡荡] kōngdàngdàng empty; deserted: 农忙季节,人都下地了,村子里显得~的。In the busy season the village looked deserted when the peasants had gone to the fields.
[空洞] kōngdòng ① cavity: 肺~ pulmonary cavity ② empty; hollow; devoid of content: ~的理论 empty theory/ ~的词句 empty phraseology/ ~无物 utter lack of substance; devoid of content
[空对地导弹] kōng duì dì dǎodàn air-to-ground guided missile
[空对空导弹] kōng duì kōng dǎodàn air-to-air guided missile
[空翻] kōngfān 〈体〉 somersault; flip: 后~ backward somersault; backflip
[空泛] kōngfàn vague and general; not specific: ~的议论 vague and general opinions; generalities
[空防] kōngfáng air defence
[空腹] kōngfù on an empty stomach: 此药需~服用。This medicine is to be taken on an empty stomach.
[空话] kōnghuà empty talk; idle talk; hollow words: 说~ indulge in idle talk/ ~连篇 pages and pages of empty verbiage
[空怀] kōnghuái 〈牧〉 nonpregnant; barren
[空欢喜] kōnghuānxǐ rejoice too soon; be or feel let down
[空幻] kōnghuàn visionary; illusory
[空际] kōngjì in the sky; in the air
[空架子] kōngjiàzi a mere skeleton; a bare outline
[空间] kōngjiān space: 外层~ outer space
◇ ~点阵 〈物〉 space lattice/ ~技术 space technology/ ~科学 space science/ ~站 〈字航〉 space station/ ~知觉 〈心〉 space perception
[空降] kōngjiàng airborne ◇ ~兵 airborne force; parachute landing force/ ~地点 landing area
[空军] kōngjūn air force
◇ ~部队 air (force) unit/ ~基地 air base/ ~司令部 general headquarters of the air force; air command/ ~司令员 commander of the air force/ ~武官 air attaché
[空空如也] kōngkōng rú yě absolutely empty
[空口] kōngkǒu eat dishes without rice or wine; eat rice or drink wine with nothing to go with it
[空口说白话] kōngkǒu shuō báihuà make empty promises
[空口无凭] kōngkǒu wú píng a mere verbal statement is no guarantee: ~，立字为证。Words of mouth being no guarantee, a written statement is hereby given.
[空旷] kōngkuàng open; spacious: ~的原野 an expanse of open country; champaign
[空阔] kōngkuò open; spacious: 水天~ a vast expanse of water and sky
[空廓] kōngkuò open; spacious: 四望~ spacious and open on all sides
[空论] kōnglùn empty talk
[空门] kōngmén Buddhism: 遁入~ become a Buddhist monk or nun
[空濛] kōngméng 〈书〉 hazy; misty: 山色~ hills shrouded in mist
[空气] kōngqì ① air: 呼吸新鲜~ breathe fresh air/ 湿~ moist air ② atmosphere: ~紧张 a tense atmosphere
◇ ~弹道 aeroballistic (或 atmospheric) trajectory/ ~冷却 air-cooling/ ~力学 aeromechanics/ ~调节器 air conditioner/ ~污染 air pollution/ ~压缩机 air compressor
[空前] kōngqián unprecedented: 我国石油工业正以~的速度向前发展。China's oil industry is developing at an unprecedented rate./ 我们的国家现在是~统一的。Never before has our country been as united as it is today./ 盛况~ an unprecedentedly grand occasion
[空前绝后] kōngqián-juéhòu unprecedented and unrepeatable; unique
[空勤] kōngqín air duty ◇ ~人员 aircrew; aircraft crew; flight crew
[空手] kōngshǒu empty-handed
[空谈] kōngtán ① indulge in empty talk ② empty talk; idle talk; prattle ◇ ~主义 phrase-mongering
[空头] kōngtóu ① (on the stock exchange) bear; short-seller ② nominal; phony ◇ ~文学家 phony writer/ ~政治家 armchair politician
[空头支票] kōngtóu zhīpiào ① dud (或 rubber) cheque; bad cheque ② empty promise; lip service
[空投] kōngtóu air-drop; paradrop: ~救灾物资 air-drop relief supplies (to a stricken area)
◇ ~伞 parapack/ ~场 dropping ground/ ~伞 aerial delivery parachute/ ~特务 air-dropped agent
[空文] kōngwén ineffective law, rule, etc.: 一纸~ a mere scrap of paper
[空吸] kōngxī 〈物〉 suction
[空袭] kōngxí air raid; air attack ◇ ~警报 air raid alarm/ ~警报器 air raid siren
[空想] kōngxiǎng idle dream; fantasy: 别~了，还是从实际出发吧。Stop daydreaming. Be realistic. ◇ ~家 dreamer; visionary
[空想社会主义] kōngxiǎng shèhuìzhǔyì utopian socialism ◇ ~者 utopian socialist
[空心] kōngxīn hollow ◇ ~长丝 〈化纤〉 hollow filament/ ~砖 hollow brick
另见 kòngxīn
[空虚] kōngxū hollow; void: 生活~ lead a life devoid of meaning/ 思想~ lack mental or spiritual ballast; be impractical in one's thinking/ 敌人后方~。The enemy rear is weakly defended.
[空穴] kōngxué 〈电子〉 hole
[空穴来风] kōngxué lái fēng an empty hole invites the wind — weakness lends wings to rumours
[空域] kōngyù airspace: 战斗~ combat airspace
[空运] kōngyùn air transport; airlift: ~救灾物资 airlift relief supplies (to a stricken area) ◇ ~货物 airfreight; air

Dictionary excerpt 32.2: Wu 1979

standable) word can be coined any time with such prefixes, suffixes (or whatever they are) as *anti-, -ism,* etc., it is useful to indicate these productive elements in entries of their own, with an indication of what meaning they carry, in spite of the fact that they never (at least under normal circumstances) occur independently. See on this Article 81. It is above all in technical terminology and nomenclature where such bound morphemes (such as, e. g., *deriv-, di-, dia-, hetero-, piez-, poly-)* are particularly productive; there exist dictionaries with the specific purpose of dealing with them, e. g., Fachwort der Technik 1984, or Cottez 1980.

We have seen above that the boundary between grammatical inflection and derivation is not a sharp one; no wonder, then, that some dictionaries, above all those compiled to be used by foreign learners, list also some purely grammatical morphemes in entries of their own. The practice is a useful one and should be expanded. It is above all dictionaries planned and prepared as a part of an automatic language data processing system, such as automatic text analysis, parsing, lemmatization, machine translation, etc., that do need entries of this type and will need them more.

The morphological structure of the respective language has little importance in the decision to list such morphemes: whether the grammatical morpheme is an independent, free function-word, or whether it is somewhat loosely connected with the lexical morpheme to form an agglutinative word, or whether it is fully coalesced with the lexeme in the word of inflectional languages: if it is useful (given the purpose of the dictionary) to list it on its own, listed it will be, provided it is productive and regular both in form and meaning.

## 6. Bilingual Dictionary

For the purpose of the present discussion, it is necessary to discern genuinely bilingual dictionaries from quasi-bilingual ones. The latter category comprises those bilingual dictionaries whose function is identical with, or similar to, the monolingual dictionary. Such dictionaries are particularly frequently compiled for dead, or exotic languages: since it would be difficult to define the meaning of Akkadian words in Akkadian, an Akkadian-English dictionary is compiled instead. Since the purpose of such dictionaries is more or less the same as that of the monolingual ones, namely the description of the lexical units of a language and of their meaning, quasi-bilingual dictionaries do not much differ from the monolingual ones in their techniques of presentation, either.

The genuinely bilingual dictionaries have the basic purpose of helping to handle texts in a foreign language. (Their further differentiation into active and passive ones, etc., need not interest us here.) Since their purpose is not description, these dictionaries may and do take practical concerns into strong consideration. We have seen above that occasionally the lexicographer will have to choose either a presentation that closely follows some line given by the structure of language, or a presentation influenced or inspired by concern for the user and his needs, by the necessity to save space, by the usefulness of the information: the monolingual lexicographer will occasionally choose the second alternative; the bilingual lexicographer is even more entitled to exercise frequently his right to do the same.

## 7. Selected Bibliography

### 7.1. Dictionaries

*Cottez 1980* = Henri Cottez: Dictionnaire des structures du vocabulaire savant. Éléments et modèles de formation. Paris 1980 [XXXIV + 515 pp.].

*Fachwort der Technik 1984* = Das deutsche Fachwort der Technik. Bildungselemente und Muster. Ed. by Werner Reinhardt/Gunter Neubert. Leipzig 1984 [395 pp.].

*Juilland 1965* = Alphonse Juilland: Dictionnaire inverse de la langue française. The Hague 1965 (Janua Linguarum, Series Practica, 7) [564 pp.].

*Panganiban 1972* = José Villa Panganiban: Diksyunaryo-Tesauro Pilipino-Ingles. Lungsod Quezon, Pilipinas 1972 [1027 pp.].

*Santos 1983* = Vito C. Santos: Vicassan's Pilipino-English Dictionary. Caloocan City, Philippines 1983 [2675 pp.].

*Stephanus 1572* = Henricus Stephanus: Θησαυρὸς τῆς ἑλληνικῆς γλώσσης, Thesaurus Graecae linguae ab Henrico Stephano constructus. Paris 1572 [Graz 1954, 9 vol. 10 622 pp.].

*Wu 1979* = Jinrong Wu: The Pinyin Chinese-English Dictionary. Beijing. Hong Kong 1979 [976 pp.].

### 7.2. Other Publications

*Bottéro 1973* = J. Bottéro: La lexicographie accadienne. In: Studies on Semitic Lexicography. Ed.

by Pelio Fronzaroli. Firenze 1973 (Quaderni de Semitistica), 25—60.

*Butler 1980* = Sharon Butler: Problems With Headwords in Old English. In: Theory and Method of Lexicography: Western and Non-Western Perspectives. Ed. by Ladislav Zgusta. Columbia, South Carolina 1980, 105—114.

*Casagrande/Hale 1967* = Joseph B. Casagrande/Kenneth Hale: Semantic Relationships in Papago Folk-Definitions. In: Studies in Southwestern Ethnolinguistics. Ed. by Dell H. Hymes/William E. Bittle. The Hague 1967, 67—118.

*Chu, ed. 1982* = Yaohan Chu, ed.: Proceedings of 1982 International Conference of the Chinese-Language Computer Society, Capital Hilton, Washington, D. C., September 22—23, 1982 (Conference devoted to all aspects of computer processing of Chinese and oriental languages.) s. l. 1982.

*Lesko 1977* = Leonard H. Lesko: The Berkeley Late Egyptian Dictionary. In: Computers and the Humanities 11. 1977, 139—145.

*Mathias 1984* = Jim Mathias: Computer-Aided Processing of Chinese Lexicographic Materials. In: LEXeter 83 Proceedings: Papers from the International Conference on Lexicography at Exeter, 9—12 September 1983. Ed. by Reinhard R. K. Hartmann. Tübingen 1984 (Lexicographica Series Maior, 1), 371—376.

*Meriggi 1973* = Piero Meriggi: Un lexique de l'hittite cunéiforme. In: Linguistica matematica e calcolatori: Atti del convegno e della prima scuola internazionale, Pisa, 16/VIII—6/IX 1970. Ed. by Antonio Zampolli. Firenze 1973 (Academia Toscana di Scienze e Lettere 'La Colombaria', 'Studi' 28), 111—113.

*Möcker 1985* = Hermann Möcker: Wittgensteins Beitrag zu einer Hierarchie der Buchstaben: Das «Wörterbuch für Volksschulen» und die alphabetische Einreihung der deutschen Zusatzbuchstaben ä, ö, ß, ü. In: Muttersprache 1985, 181—198.

*Passow 1812* = Franz Passow: Über Zweck, Anlage und Ergänzung griechischer Wörterbücher. Berlin 1812 (Zweytes Programm des Conradinum bey dem Michaelis-Examen 1812).

*Štindlová 1977* = Jitka Štindlová: Some Problems of Alphabetical Arrangement. In: Lexicologie: Een bundel opstellen voor F. de Tollenaere ter gelegendheid van zijn 65e verjaardag door vrienden en vakgenoten. Ed. by P. G. J. van Sterkenburg. Groningen 1977, 259—263.

*Uemura/Sugawara/Hashimoto/Furuya 1980* = Syunsuke Uemura/Yasuo Sugawara/Mantaro J. Hashimoto/Akihiro Furuya: Automatic Compilation of Modern Chinese Concordances. In: COLING 80: Proceedings of the 8th International Conference on Computational Linguistics, Sept. 30—Oct. 4, 1980, Tokyo. S. l. 1980.

*Vokoun-David 1974* = Madeleine Vokoun-David: L'histoire de l'écriture et les textes du domaine linguistique chamito-sémitique. In: Actes du Premier Congrès International de Linguistique Sémitique et Chamito-sémitique. Ed. by André Caquot/David Cohen. The Hague 1974, 76—84.

*Ladislav Zgusta, University of Illinois, Urbana, Illinois (USA)*

## 33. La métalangue lexicographique: formes et fonctions en lexicographie monolingue

1. Définition du métalangage: sa composante lexicale
2. Les mots et les choses dans le discours du dictionnaire
3. Les universaux du métalangage lexicographique
4. Normalisation du discours lexicographique
5. Bibliographie choisie

### 1. Définition du métalangage: sa composante lexicale

On appelle *métalangue* (ou *métalangage*) tout discours, oral ou écrit, qui a pour thème le langage, c'est-à-dire dont le signifié dénotatif est le langage lui-même et ce qu'on en dit. Ce discours (qui s'oppose au langage primaire) met en œuvre un lexique métalinguistique (par exemple, les mots *dire, signature, alpha-* *bétique, verbalement*) dont une partie, la terminologie linguistique, appartient au langage des spécialistes (par ex. les mots *lemmatiser, morphème, élidé, phonétiquement*). Cette terminologie est dite *linguistique* au sens de «métalinguistique», et *linguistique* s'oppose à *langagier*, par exemple dans: *expression langagière d'une émotion*. La terminologie linguistique, comme toutes les terminologies, est essentiellement faite de noms. Mais la spécificité de la terminologie linguistique, c'est de posséder deux types sémiotiques de noms, les noms métalinguistiques et les noms autonymes.

#### 1.1. Langage secondaire

Les noms métalinguistiques ont pour extension des signes différents, comme *adverbe* s'appliquant à *très, parfois, verbalement*, etc. — Les noms autonymes ont pour extension les occurrences d'un même signe déterminé, comme «*très*» dans «*très* est un adverbe». — La série des hyponymes dans une chaîne lexicale du langage primaire est homogène; par exemple: *cet objet est un meuble, ce meuble est un siège, ce siège est une chaise.* — La série des hyponymes dans une chaîne lexicale du métalangage s'articule sur deux types sémiotiques de noms, par exemple: *ce signe est un mot, ce mot est un adverbe, cet adverbe est «très».* «*Très*» désigne un signe déterminé, notamment par son signifiant obligatoire, que ce soit un élément de la classe des *très* (occurrence, ou token) ou tous les éléments de cette classe (unité de langue, ou type).

Les autonymes sont donc des noms de signes ou de séquences langagières déterminées, qui sont forgés en discours au fur et à mesure des besoins, et qui forment, avec les mots métalinguistiques codés, le lexique de base du métalangage (métalexique).

### 1.2. Langage tertiaire

Il existe aussi des autonymes de mots métalinguistiques, par exemple «*adverbe*» dans la phrase: «*Adverbe* est un nom masculin». Il existe également des autonymes d'autonymes, par exemple le second *très* («‹‹très››») dans la phrase «Dans «*très* est un adverbe», «*très*» est autonyme». Ces autonymes relèvent aussi du métalangage comme langage tertiaire (métamétalangage). Le langage tertiaire pose de difficiles problèmes de notation, comme en témoigne le discours de cet article.

### 1.3. Propriétés des autonymes

La métalangue a tous les caractères du langage ordinaire (primaire) mais présente, avec les autonymes, des signes motivés par leur référent langagier, donc dépourvus de synonymes et de traduction (Rey-Debove 1978, 4.2.). «*Très* est un adverbe» devient en anglais «*Très* is an adverb» tout comme «*Très* se termine par un s» ne peut donner que «*Très* ends in an s», et non pas «*Very* ends in an s». L'autonyme est donc un signe iconique qui montre la face sensible du signe auquel il réfère (le signifiant *[très]*); «*Très* se termine par un s» est donc un énoncé métalinguistique qui fait la preuve empirique de sa vérité, ce qui est impossible pour un énoncé du langage primaire. L'autonyme étant iconique, il arrive que des énoncés dans une langue donnée Ll soient ambigus quand ils décrivent Ll, et ceci selon les structures de chaque langue; par exemple, en anglais «Of course, you know what it means» (L. Carroll), où *it* peut-être autonyme («le mot *it*») ou non («cela»).

## 2. Les mots et les choses dans le discours du dictionnaire

Or cette situation de Ll décrivant Ll, productrice d'ambiguïté, est justement celle d'un texte métalinguistique traditionnel très divulgué, celui des dictionnaires monolingues (les bilingues généraux échappent à cette ambiguïté et sont toujours des dictionnaires de langue).

### 2.1. L'entrée comme sujet grammatical de l'article

Les dictionnaires sont tous des ouvrages qui décrivent un ensemble par ses éléments, sous forme d'articles classés dans un ordre permettant la consultation. Le sujet de l'article (le thème) est aussi le sujet grammatical des prédicats qui constituent l'article, sujet grammatical appelé *entrée*. Tout article de dictionnaire peut se lire comme une longue phrase développée ayant un seul sujet, l'entrée, quel que soit le degré d'organisation et de codification de l'article. La même entrée est engagée par ailleurs dans une liste verticale ordonnée (nomenclature) qui présente les éléments de l'ensemble, désigné plus ou moins clairement par le titre de l'ouvrage. Cette liste n'est généralement pas un objet de lecture, mais de repérage.

### 2.2. Statut autonyme de l'entrée

Tous les dictionnaires de langue présentent un texte métalinguistique puisqu'ils parlent du langage; c'est une caractéristique fondamentale pour la typologie des dictionnaires, qui distingue les premiers des encyclopédies. Les encyclopédies, même alphabétiques, présentent au contraire un texte en langage primaire qui parle du «monde» (tout ce qui n'est pas le langage). Là où l'encyclopédie affirme: *La météorologie est l'étude scientifique des phénomènes atmosphériques* et donne des exemples de ces phénomènes, soutenus par des illustrations graphiques, le dictionnaire de langue affirme: *Météorologie est un nom féminin qui signifie «Etude scientifique des phénomènes atmosphériques»* et donne des exemples des réalisations de ce mot en discours. L'encyclopédie définit la chose et l'illustre par l'image (exemple de chose); le dictionnaire de langue définit le mot et l'illustre par l'exemple (exemple de mot). La définition de la chose est un des éléments de la définition du mot, c'est-à-dire son signifié. — Très souvent même, l'encyclopédie se passe de définition et le sujet est traité de tout autre façon.

Dans un dictionnaire de langue, l'entrée désigne un mot (c'est le nom du mot), et dans une encyclopédie, l'entrée désigne directement le monde (c'est le nom de la chose). La ressemblance des nomenclatures, toujours faites de mots, ne doit pas nous abuser, c'est au niveau du signifié que les entrées diffèrent; ainsi, pour *Météorologie (est un) nom féminin...* et *(La) météorologie (est une) science...* Exprimée autrement, c'est la distinction qu'on faisait autrefois (XVII$^e$ siècle) entre «dictionnaires de mots» et «dictionnaires de choses», c'est-à-dire dont les nomenclatures désignaient des mots ou désignaient des «choses» (le monde), selon l'opposition traditionnelle «mots/choses» encore très vivante dans la phraséologie française d'aujourd'hui.

2.3. Conséquences pour les nomenclatures

A l'évidence, l'entrée d'un dictionnaire de langue ne saurait être lue comme un mot du discours ordinaire (langage primaire); la preuve est aisément faite lorsque le mot-entrée ne représente pas un nom (est suivi d'une autre indication sur la catégorie grammaticale). La phrase: «Avec est une préposition» n'est acceptable que dans le métalangage, puisque la préposition *avec* ne peut être sujet grammatical. C'est donc le nom autonyme *«avec»* («mot *avec*») qui est sujet de la phrase. Aussi bien, les entrées des encyclopédies sont-elles obligatoirement des noms qui servent de sujet grammatical à l'article (noms propres, noms communs, termes, syntagmes nominaux, infinitifs nominaux) alors que les dictionnaires de langue ont pour entrées tous les mots du lexique (ou d'autres unités langagières) qui deviennent des noms autonymes dans la lecture de l'article *(Le mot «avec» est une préposition).* — D'autre part, la nature des prédicats fait aussi la différence; même si le statut de l'entrée est ambigu (nom, comme pour *météorologie*), on peut désambiguïser l'entrée par les prédicats qui lui sont appliqués.

2.4. Le mélange des discours

2.4.1. Prédicats mélangés

Il arrive qu'un dictionnaire de langue, que l'on croit tel à cause de sa nomenclature, donne des informations encyclopédiques à propos du référent des noms, introduisant un discours non métalinguistique dans le métalangage de l'article. Par exemple, le *Petit Larousse 1985* cumule à l'article **mètre** un prédicat de catégorie (n. m.), une étymologie (lat. *metrum* mesure, gr. *metron*), des définitions, et 18 lignes d'encyclopédie sur l'histoire de cette unité de mesure et de ses étalons. Un tel article contient donc deux types de discours dont le sujet est tantôt le mot *mètre*, tantôt le mètre lui-même. La mixité des informations fait de l'entrée un signe ambigu à l'encodage, comme dans les jeux de mots. — Inversement, il arrive qu'un dictionnaire qui semble encyclopédique par sa nomenclature donne des informations sur le mot (généralement le genre du nom commun dans les langues où c'est pertinent, son étymologie, ou la prononciation d'un nom propre). Là encore, il y a un discours mixte qui rend l'entrée ambiguë comme sujet de l'article.

2.4.2. Nomenclature mixte

La situation est encore plus perturbée lorsque la nomenclature, ou macrostructure, est elle-même mixte et qu'elle contient, par exemple, des noms propres et des mots grammaticaux (*Encyclopédie de Diderot et d'Alembert*, XVIII$^e$ siècle) qui donnent lieu à des discours complètement disparates déterminés essentiellement par la disparité sémiotique des entrées, comme si le lexicographe ne savait pas exactement quel ensemble il décrivait. Cette incertitude peut remonter jusqu'au titre, dont la fonction est de caractériser le contenu de la nomenclature (l'ensemble décrit); certains dictionnaires encyclopédiques spécialisés ont indifféremment pour titre *Dictionnaire de médecine* ou *Dictionnaire des termes de médecine,* par exemple. Le *Robert des sports* est en fait un dictionnaire du vocabulaire des sports (dictionnaire de langue restreint à un domaine référentiel).

2.4.3. L'encyclopédie du signe

La mixité ne trouve de justification que s'il s'agit des discours secondaire (métalangage) et tertiaire (métamétalangage, voyez 1.2.). En effet, l'ambiguïté qui peut surgir entre le langage secondaire et le langage tertiaire reste à l'intérieur du métalangage (par exemple l'adverbe et le mot *adverbe*). Elle ne concerne pas l'opposition langue/monde. — Très souvent, le dictionnaire de langue est tenté de tenir un discours encyclopédique sur le signe, par exemple pour des entrées comme **préposition,**

**gérondif,** etc. Car ce n'est pas le mot *préposition* ou le mot *gérondif* qui est intéressant, mais son référent, qui est un fait de langage général. On peut le vérifier par l'absence d'exemples pour le mot **préposition** (un nom comme un autre); au contraire, le lexicographe donne des exemples de prépositions (*à, de, sur,* etc.). Le dictionnaire de langue se croit en droit de faire de l'encyclopédie de la langue (un secteur minuscule de l'encyclopédie générale). Ce faisant, il explicite son propre code métalinguistique et assure la fermeture de l'ensemble de l'ouvrage. Il peut outrepasser cette limite par l'illustration de signes qui sont hors dictionnaire (par exemple, un alphabet cyrillique dans un dictionnaire français, à l'article **cyrillique** adj.).

### 2.4.4. Rapport du discours métalinguistique avec la taille des nomenclatures

Finalement, il n'y a aucune difficulté à définir ce qui, dans le discours lexicographique, est métalinguistique ou ne l'est pas, dans l'enchevêtrement des informations de microstructure. La mixité croît au profit de l'encyclopédie lorsque le dictionnaire de langue a une très vaste nomenclature. Car, à la macrostructure, il intègre des «termes» des terminologies (relation de désignation), et à la microstructure, il détourne l'étude de la signification vers l'étude du référentiel (définitions et exemples encyclopédiques, analogies). — De plus, le discours métalinguistique s'affaiblit pour un dictionnaire à macrostructure riche et à microstructure pauvre (par exemple, le *Webster's Third 1961*) et se renforce dans le modèle inverse (par exemple, le *Trésor de la langue française, TLF*).

## 3. Les universaux du métalangage lexicographique

Le texte métalinguistique du dictionnaire de langue est articulé par les deux réalisations fondamentales du métalangage: a) les séquences autonymes iconiques qui montrent la langue dont on parle — b) les prédicats métalinguistiques qui utilisent les mots métalinguistiques et une terminologie (à peu près) constante. Cette structure se présente dans tous les dictionnaires de langue, quelle que soit la langue décrite.

### 3.1. Les autonymes dans l'article

Dans la lecture de l'article, les séquences autonymes sont d'abord l'entrée et l'exemple à tous ses niveaux de codification (séquence contenant le mot-entrée). Certains dictionnaires font des renvois qu'il faut aussi considérer comme autonymes: **évoquer** [...] v. tr. [...] (définition) V. *Invoquer.* Contr. *Conjurer.* Les renvois onomasiologiques qui suivent un exemple posent quelques problèmes de lecture (Rey-Debove, 1971, 7.2.4.), l'entrée n'étant plus le sujet du renvoi-prédicat.

### 3.1.1. L'entrée

L'entrée est lemmatisée (unité conventionnelle de langue), et la délemmatisation, c'est-à-dire la description des réalisations de discours liées à la morphosyntaxe, se fait généralement dans les exemples. Néanmoins, il arrive que la présentation de certaines formes se fasse à l'entrée, selon les structures des langues et les traditions (en français, le féminin des adjectifs, et parfois le pluriel: **Idéal, ale, als** ou **aux** (Robert Méthodique 1982). — Il est généralement admis que la lemmatisation garde la fonction monstratoire de l'autonyme: l'entrée est un signe qui existe (choisi parmi les unités de discours) et non une unité conventionnelle inconnue dans la langue décrite. Le statut d'entrée devient discutable dans le cas contraire; ainsi les entrées du *Webster's Third 1961* «montrent» des mots tronçonnés pour la coupe typographique et dépourvus de majuscule quand elle est obligatoire (**en-glish** *adj.*); dans le premier cas, une information de microstructure s'ajoute à l'entrée, et dans le second cas un élément de l'entrée est supprimé et rétabli dans la microstructure *(USU cap)*.

### 3.1.2. L'exemple

L'entrée et les exemples sont sur un continuum codé → non codé, et le passage se fait insensiblement de l'entrée à l'exemple libre: entrée (lexicalisée), sous-entrée (composés, locutions, dérivés pour certaines langues), collocations, exemple forgé, exemple signé. Toutes ces séquences autonymes montrent par iconicité des morceaux de discours cités en style direct. L'entrée est citée comme unité de langue et de discours (mot); l'exemple signé est cité comme unité de discours (phrase).

a) Double lecture de l'exemple

L'exemple-phrase révèle son statut autonyme dans la mesure où il ne s'adresse pas au lecteur, à la différence des prédicats métalinguistiques; ainsi pour l'entrée **ineptie,** l'exemple *Ne lisez pas ces inepties!* s'intègre dans la phrase «*Ineptie* est un nom féminin qui s'emploie notamment dans la phrase *Ne* *lisez pas ces inepties!»*. Le signifié est bien celui d'un nom, la phrase «...», en tant que signe, et non un conseil donné par une phrase. Il existe néanmoins une exploitation de l'ambiguïté aussi bien chez le lexicographe (exemples encyclopédiques, idéologiques) que chez le lecteur (protestations contre le contenu des exemples). Le choix des exemples forgés ou cités est aussi un choix de contenu du discours primaire, et ce choix (comme absence de nécessité) peut toujours être critiqué. Il en est de même pour l'entrée (mots tabous), avec cette différence que le choix porte sur une unité codée, parfois de haute fréquence.

b) Traitement métalinguistique

L'exemple signé (citation) est fidèle et ne peut subir aucun traitement métalinguistique de la part du lexicographe. — L'exemple forgé (phrase ou non) est au contraire souvent modélisé, c'est-à-dire neutralisé en forme de matrice productive: pour l'entrée **refuser,** l'exemple *Refuser qqch à qqn* est un syntagme verbal destiné à être «rempli» par des variables. Néanmoins, comme pour l'entrée, l'iconicité impose que l'on rencontre une telle expression en discours *(C'est difficile de refuser quelque chose à quelqu'un qu'on aime!)*. La modélisation de l'exemple est le correspondant de la lemmatisation de l'entrée: une intention de montrer la langue (le code) à l'aide du discours.

## 3.2. Les prédicats sur le mot

Les informations de microstructure s'appliquent toutes au signe. Le minimum obligatoire pour la description du signe langagier est: a) la transcription phonétique, plus ou moins indispensable selon les langues (ce signe lisible du signe oral n'est pas iconique) — b) la fonction du signe dans la phrase (catégorie, genre, transitivité, etc. — c) la signification (définition). — Néanmoins quelle que soit la richesse du programme de microstructure, il n'y a que deux types de prédications métalinguistiques: celles de l'information sur le signe (signe total ou signifiant) et celles de l'information sur le signifié. Cette dichotomie est imposée par la nature du métalangage utilisé: les prédicats du premier type ne peuvent s'appliquer qu'au signe alors que ceux du deuxième type s'appliquent à la fois au signifié et au référent.

Ainsi **«Layon** [...] Sentier en forêt» peut se lire avec le verbe *être* (un layon est un...) ou avec le verbe *signifier* (*Layon* signifie...). La définition du layon et la signification de *layon* sont des énoncés isomorphes. Ceci reste vrai même si la définition est réduite à un synonyme. Ainsi la définition est-elle différemment interprétée: tantôt comme une information métalinguistique en restituant la copule *signifier,* tantôt comme une information encyclopédique, en restituant la copule *être*. Si l'entrée désigne une partie du discours qui n'est pas un nom, on peut imaginer sa réinsertion en syntagme nominal, par exemple «Une personne [adjectif] est une personne qui...» «[verbe] un arbre c'est...». Pour élaborer sa définition, le lexicographe utilise plutôt le modèle avec *être,* plus facile à manier par sa relation d'identité vérifiable, que le modèle avec *signifier* dont les propriétés logiques sont mal connues. Ce modèle est devenu explicite dans le Petit Robert des enfants (PRE 1988). — Le verbe *signifier* (ou *avoir pour sens*) a un statut sémiotique particulier: son complément n'est pas autonyme (on peut donner une autre définition synonyme de la première) et cependant, ce n'est pas du langage primaire (il est toujours nominal bien que substituable au mot à définir: *Jamais* signifie «aucune fois»). C'est cette particularité sémiotique qui caractérise la prédication de signification. Au contraire, *avoir le sens de, avoir le même sens que* sont toujours suivis d'un autonyme, comme dans les équivalences des dictionnaires bilingues.

## 4. Normalisation du discours lexicographique

Le programme de microstructure étant valable pour chaque article, et le nombre d'articles étant toujours considérable, il est traditionnel d'économiser de la place en normalisant le texte. Le métalangage des dictionnaires de langue présente généralement plusieurs caractères spécifiques, plus ou moins exploités selon les auteurs et les époques. Ce sont 1) le style plus ou moins elliptique — 2) l'ordre constant des types d'information — 3) le code typographique utilisé comme signal d'un type d'information.

### 4.1. Ellipse ou déploiement des verbes métalinguistiques

Le style «télégraphique» fait l'économie des verbes métalinguistiques et offre une suite de séquences nominales ressemblant aux renseignements portés sur une carte d'identité ou à celle d'un formulaire à remplir. Les abréviations font aussi gagner de la place (et sont claires si une liste en est donnée avec des explications). Par exemple en français (Petit Robert 1985), l'article:

GÉMELLAIRE [ʒeme(ɛl)lɛR] *adj* (1842; du lat. *gemellus*) Didact. Qui se rapporte aux jumeaux. *Grossesse, portée gémellaire,* fait l'économie de *se prononce, est un, apparaît en, vient du, s'emploie dans le style, signifie, se dit dans les expressions*. Ou en anglais (Collins 1985), l'article:

**pro + tru + sile** (prə'truːsaɪl) *adj. Zoology,* capable of being thrust forwards: *protrusile jaws.* Also: projectile,

fait l'économie de *must be cut off* (+), *is pronounced, is an, is used in, means, as in, can be (also) expressed by*.

Autrefois, la plupart des verbes métalinguistiques étaient présents dans l'article, et le métalangage complètement déployé dans toute sa complexité, ainsi dans cet extrait de l'article **bain**, dans Acad. 1694:

> On appelle auſſi, *Bain*, L'endroit d'une riviere où il fait beau ſe baigner, & on dit que *Le bain eſt bon à Charenton. le bain eſt beau dans cet endroit de la Seine.*
> Il ſignifie encore, La temperature de l'eau bonne à ſe baigner. *S'il pleut, le bain ne vaudra plus rien.*
> Le Bain ſe prend quelquefois pour la cuve, ou la baignoire. *Remplir le bain. vuider le bain. mettre l'eau dans le bain.* Et quelquefois pour l'eau ou pour quelque autre liqueur dont on l'emplit; & meſme pour les choſes qu'on met avec l'eau, comme *Bain de lait, bain d'herbes fines.*
> On dit, *Ce que vous me donnez à boire eſt chaud comme bain,* pour dire, qu'Il n'eſt pas aſſez frais.

Extrait textuel 33.1: Acad 1694, vol. 1, 77

Le discours métalinguistique est ici à un niveau élevé de complexité. Même les exemples sont présentés en style direct et leur signifiés en style indirect (On dit *[ceci]* pour dire que *[cela]*). Parfois l'exemple est présenté en style indirect connotant le signe, comme l'indique le caractère italique (On dit que *[cela]*). La lecture en est incontestablement difficile, parfois équivoque ou fautive (phrase métalinguistique inacceptable dans sa forme même) ou bizarre (On dit que *[ceci]* pour dire que *[cela]*). Voyez Rey-Debove 1982.

Aujourd'hui, dans certains dictionnaires, il reste quelque chose de ce discours; le métalangage se manifeste dans la définition par une allusion au signe. Il en est ainsi dans le DFC 1967:

**minuscule** adj. Superlatif de *petit*. — **déclouer** v. Contraire de *clouer* au sens 1.,

alors que la plupart des dictionnaires écrivent tout simplement:

**minuscule** adj. Très petit. — **déclouer** v. Défaire ce qui était cloué.

L'édition de 1980 du DFC a d'ailleurs supprimé la plupart de ces définitions qui avaient été critiquées: on ne voit pas quelle nécessité pousse le lexicographe à rédiger de telles définitions pour certains mots — et pas pour d'autres. A notre connaissance, il n'existe aucun ouvrage où ce procédé définitionnel serait généralisé. — Néanmoins, le recours au discours sur le signe dans la définition reste envisageable pour les mots dont le sens est difficile à appréhender (mots grammaticaux, interjections etc.) par exemple la préposition **à** dans Petit Robert 1985: A *prép* [...] IV Marquant la manière d'être ou d'agir 1. Moyen, instrument [...] 2. Manière [...] 3. Prix [...] etc. —

Récemment, l'attention nouvelle portée à la grammaire-lexique (description complète des propriétés grammaticales et sémantiques de chaque mot) a poussé les lexicographes à la formalisation, comme en témoigne Mel'čuk 1984, par exemple, un extrait de l'article **mémoire** n. f.:

Mémoire sous l'aspect de conservation des informations

$$\beta = \text{'garder'}$$

$F_3 = \text{Magn}_{2[\beta]}^{\text{quant}}$ ou
$\qquad \text{Magn}_{[\beta]}^{\text{temp}}$ : d'éléphant
$\text{AntiF}_{3[\beta]}$ : de lièvre
$\text{AntiMagn}_{[\beta]}^{\text{temp}}$ +
$\qquad \text{Oper}_{1[\beta]}$ : avoir [la ~ courte]
$\text{Real}_{1[\beta]}$ : // se souvenir, rappeler
$\text{AntiReal}_{1[\beta]}$ : // oublier [N]
du plus loin que X
$\qquad$ puisse $\text{Real}_{1[\beta]}$ : de [ ~ ] | $C_1 \neq \Lambda$, $C_2 = \Lambda$, s'emploie dans une phrase négative [*De mémoire d'homme* ‹ *de sportif,...* › *on n'avait assisté à un match pareil*]

Extrait textuel 33.2: Mel'čuk 1984, 126

Il est évident que ce type de métalangage scientifique formalisé, à supposer qu'il soit bien construit, ne saurait s'adresser qu'aux linguistes (parmi les plus travailleurs), alors que la vocation traditionnelle du dictionnaire, c'est d'être un ouvrage de grande diffusion utile à l'«honnête homme». La question qui se pose est alors: l'ouvrage de Mel'čuk est-il un dictionnaire? Non, dans la mesure où il n'est pas rédigé en métalangage naturel; oui, dans la mesure où il ne s'agit pas d'une lexicologie, mais d'une étude de chaque mot.

## 4.2. L'ordre constant des types d'information

La présentation des informations dans un ordre constant accoutume le lecteur à cette économie des verbes métalinguistiques, et constitue, de plus, une garantie que tous les points du programme d'information sont honorés. Le lexicographe se trouve dans la situation de «remplir un formulaire». La lexicographie moderne suit cette tendance, là où autrefois l'information était plus désordonnée et plus aléatoire. Mais on peut encore observer dans un même ouvrage des incertitudes, dues, en général, à une mauvaise relecture globale. Aujourd'hui, la saisie des informations par l'ordinateur oblige à un respect absolu du programme de microstructure pour chaque article. — L'articulation de la polysémie appartient aussi à la normalisation. Les dictionnaires d'autrefois présentaient à la suite les différents sens des mots sans autre précaution, parfois en désignant plusieurs fois le sujet (*Ce mot désigne aussi . . ., Il signifie encore . . .*, etc.). L'habitude s'est prise, par la suite, de numéroter les sens, soit de façon linéaire, soit de façon arborescente ; cette dernière classification, aujourd'hui très répandue, est de beaucoup la plus claire, quels que soient les critères choisis pour l'ordre des sens.

### 4.3. La typographie liée au type d'information

La typographie du dictionnaire de langue est un élément fondamental de sa lisibilité et de l'exacte compréhension d'un article écrit en style télégraphique (cf. art. 15).

Le sujet de l'article, l'entrée, est généralement imprimé dans un corps spécial, distinct du reste du texte. Les langues où la majuscule n'apparaît qu'avec le nom propre (qui n'est jamais à la nomenclature d'un dictionnaire de langue) ont souvent des entrées en capitales ; les autres utilisent la minuscule en gras ou demi-gras pour garder la possibilité de signaler une majuscule. Dans un dictionnaire de langue pour débutants, la double graphie (capitales/minuscules) doit pouvoir être retrouvée dans l'article. — Un des contrastes typographiques le plus utile et le plus largement répandu est celui du romain et de l'italique, le romain représentant en général le métalangage du lexicographe, dont la définition, et l'italique représentant les exemples. Dans le Littré 1867, les définitions et les exemples sont dans le même caractère, ce qui développe parfois une ambiguïté très gênante à la lecture (d'autant que les exemples signés ne portent pas de guillemets.) — Un dictionnaire comme le NGR 1985 utilise 23 sortes différentes de caractères dans le texte des articles (réparties en Times et Helvetica) et 7 symboles spéciaux ; ces caractères différents et ces symboles sont les signaux métalinguistiques des types d'information. On voit que l'exploitation rationnelle de la typographie donne la bonne mesure entre le dictionnaire en forme de narration et le dictionnaire formalisé, illisible sans connaissance du code.

Finalement, le métalangage des dictionnaires de langue évolue en même temps que la technique des lexicographes qui s'est beaucoup améliorée, mais aussi, avec les progrès du lecteur qui s'accoutume à ce type d'ouvrage et à son évolution. Néanmoins la consultation du dictionnaire de langue par les non-linguistes (la majorité des lecteurs) oblige à une lisibilité parfaite ; le texte des dictionnaires doit être clair, homogène, agréable à l'œil et même élégant. Le métalangage naturel, qui appartient à une langue donnée, doit aussi exprimer cette part d'harmonie qui se manifeste dans chaque langue.

### 5. Bibliographie choisie
#### 5.1. Dictionnaires

*Acad. 1694* = Dictionnaire de l'Académie françoise. Paris 1694.

*Collins 1985* = Collins Dictionary of the English Language. London. Glasgow 1985 [first published 1979 ; 1669 p.].

*DFC 1967* = Dictionnaire du français contemporain, dir. Jean Dubois. Paris 1967 [Seconde édit. revue et illustrée, 1980 ; XXXII, 1263 p.].

*Encyclopédie de Diderot et d'Alembert* = Encyclopédie ou Dictionnaire raisonné des sciences, des arts et des métiers. Paris 1751–1765 [17 vol. et planches].

*Mel'čuk 1984* = Igor A. Mel'čuk et al.: Dictionnaire explicatif et combinatoire du français contemporain. Recherches lexico-sémantiques 1. Montréal 1984 [XVI, 162 p.].

*NGR 1985* = Le Grand Robert de la langue française, dir. Alain Rey. Paris 1985 [9 vol.].

*Petit Larousse 1985* = Petit Larousse illustré. Paris 1984.

*Petit Robert 1985* = Le Petit Robert 1. Dictionnaire de la langue française, dir. Alain Rey et Josette Rey-Debove. Paris 1985 [1ère édit. 1967].

*PRE 1988* = Le Petit Robert des enfants. Dictionnaire de la langue française, dir. Josette Rey-Debove. Paris 1988 [XXV, 1187 p.].

*Robert des sports* = Georges Petiot: Le Robert des sports. Dictionnaire de la langue des sports. Paris 1982 [XXIV, 553 p.].

*Robert Méthodique 1982* = Le Robert Méthodique. Dictionnaire méthodique du français actuel, dir. Josette Rey-Debove. Paris 1982 [XXIII, 1617 p.].

*TLF* = Trésor de la langue française, dir. Paul Imbs. Paris 1971–1985 [11 vol. jusque NATALITÉ].

*Webster's Third 1961* = Webster's Third New International Dictionary of the English Language Unabridged, dir. Philip B. Gove. Springfield, Mass. 1961 [2662 p.].

## 5.2. Travaux

*Lamy 1980* = Marie-Noëlle Lamy: Le dictionnaire et le métalangage. In: Cahiers de lexicologie 36. 1980, 95—110.

*Rey-Debove 1971* = Josette Rey-Debove: Etude linguistique et sémiotique des dictionnaires français contemporains. Paris. La Haye 1971 (Approaches to semiotics 13).

*Rey-Debove 1978* = Josette Rey-Debove: Le métalangage. Etude linguistique du discours sur le langage. Paris 1978.

*Rey-Debove 1982* = Josette Rey-Debove: Le métalangage dans les dictionnaires du XVIIe siècle (Richelet, Furetière, Académie). In: Manfred Höfler (Ed.): La Lexicographie française du XVIe au XVIIIe siècle. Wolfenbüttel 1982, 137—147.

*Josette Rey-Debove, Paris (France)*


# 34. Fachsprache der Lexikographie

1. Vorbemerkung
2. Die Funktionen von Fachsprachen
3. Fachsprache der Lexikographie
4. Internationale und nationale Normung lexikographischer Fachsprache
5. Literatur (in Auswahl)

## 1. Vorbemerkung

Wenigstens seit dem 17. Jh. gibt es Fachwörterbücher bzw. Fachlexika der verschiedensten Berufs- und Wissenschaftssprachen Auch die Verfasser gemeinsprachlicher Wörterbücher haben schon früh den Fachsprachen ihre Aufmerksamkeit geschenkt, die bis ins 19. Jh. hinein als „Kunstsprachen" oder auch „technische Sprachen" bezeichnet wurden.

In Adelungs „Grammatisch-kritischem Wörterbuch der Hochdeutschen Mundart" (2. Aufl. 1793—1801) findet sich die folgende Erklärung:

**Die Kunstsprache,** plur. die -n, 'die in einer Kunst übliche Art sich auszudrucken, der Inbegriff aller zu einer Kunst gehörigen Kunstwörter. So hat jede Wissenschaft, jede Kunst, jedes Handwerk, ja fast jede Beschäftigung ihre eigene Kunstsprache, worin die dahin gehörigen Dinge und Veränderungen kurz und den Kunstgenossen deutlich ausgedruckt werden'.

Gleichgültig, ob man nun die Lexikographie als eine Wissenschaft, als eine Kunst, als ein Handwerk oder als eine sonstwie geartete Beschäftigung ansieht, fest steht, daß wir bis zum heutigen Tag nicht über ein Wörterbuch oder Lexikon der Fachsprache der Lexikographie verfügen; und zwar weder für die Fachsprache der deutschen, der französischen oder der russischen noch einer sonstigen Lexikographie. Lediglich für die englischsprachige Lexikographie gibt es ein „Glossary of English Lexicographical Terms, A—Z" (Robinson 1984) bzw. „A Glossary of Contemporary English Lexicographical Terminology" (Robinson 1983).

Über den Umstand, daß es die Lexikographie, der wir eine schier unübersehbare Zahl von Fachwörterbüchern verdanken, bisher versäumte, ihre eigene Fachsprache in einem Wörterbuch zu kodifizieren, lassen sich allenfalls Spekulationen anstellen. Da niemand ernsthaft die Existenz einer Fachsprache der Lexikographie bestreiten wird, ließe sich etwa annehmen, daß der Umfang dieser Fachlexik zu gering oder ihre Gesamtheit zu heterogen sei, um Eingang in ein eigenes Wörterbuch zu finden. Vielleicht halten Lexikographen auch den ihnen eigenen Fachwortschatz für zu wenig konventionalisiert, als daß man ihn lexikographisch beschreiben könnte. Nicht zuletzt läßt sich mutmaßen, daß bisher kein Bedürfnis nach einer Kodifikation aufkam, weil die Lexikographie keine eigene Disziplin bzw. kein Fach darstellt und es vor allem derzeit noch keine institutionell geregelte Ausbildung für den Beruf eines Lexikographen gibt (vgl. Art. 29).

Auch innerhalb der Fachsprachenforschung hat die Lexikographie bisher kaum Beachtung gefunden. Die Arbeiten zu diesem Thema lassen sich an einer Hand aufzählen (vgl. Karpovič 1982, Schaeder 1987a).

## 2. Die Funktion von Fachsprachen

Nachdem lange Zeit ein hinreichendes Einverständnis über die in lexikographischen Texten (theoretischen Schriften, Arbeitsanweisungen für die lexikographische Praxis, Wörterbuchartikeln, Wörterbucheinleitungen) verwendeten Ausdrücke zu bestehen schien, ist im Rahmen der zunehmenden wissenschaftlichen Diskussion über die Lexikographie die Präzision mancher dieser Ausdrücke in Zweifel gezogen worden (vgl. die

Diskussion über den Ausdruck *Lexikographie* in Schaeder 1987, 108—128). Diese über terminologische Fragen geführte Auseinandersetzung ist kein bloßer Streit um Worte, sondern notwendig, und zwar aus folgenden Gründen:

(a) In den einzelnen Wissensbereichen (wie etwa dem Wissensbereich „Sprache") und Tätigkeitsbereichen (wie etwa dem Tätigkeitsbereich „Herstellen von Wörterbüchern") gibt es wegen der damit verbundenen notwendigen Differenzierung und Präzisierung und zum Zwecke der fachlichen Kommunikation einen über die alltagssprachlichen Bedürfnisse hinausreichenden Bezeichnungs-, Beschreibungs- und Erklärungsbedarf. Exakt diesem Umstand verdanken die Fachsprachen (als Wissenschafts- und Berufssprachen) ihre Entstehung und Entwicklung.

(b) Fachsprachen — so auch die Fachsprache der Lexikographie — dienen dazu, (wissenschaftliche) Gegenstände und Sachverhalte bezeichnend, beschreibend und erklärend als solche festzustellen bzw. zu konstituieren. Sie haben des weiteren die Funktion, ein gemeinsames und aufeinander abgestimmtes Handeln bzw. die auf Erkenntnisfortschritt zielende wissenschaftliche Auseinandersetzung oder auch Verständigung zu gewährleisten.

(c) Neben grammatischen und pragmatischen Besonderheiten zeichnet Fachsprachen — so auch die Fachsprache der Lexikographie — auch eine eigene Lexik aus. Diese Fachlexik stellt eine Menge von Fachausdrücken zur Verfügung, die nach Möglichkeit monoreferentiell, in ein bestehendes Gefüge von Fachausdrücken integriert bzw. integrierbar und hinreichend definiert sein sollten (zum Präzisionspostulat und zum Auseinanderklaffen von Soll- und Istzustand vgl. z. B. die kritischen Anmerkungen in Hahn 1983, 98—106 und Schmitt 1986). Angeraten ist zudem, daß man bei der Etablierung eines Fachausdrucks — so er bisher schon als fachlicher oder auch nicht-fachlicher Ausdruck verwendet wird — nicht ohne Not vom schon üblichen Sprachgebrauch abweicht.

(d) Ausdrücke fachlicher Art können aus Gründen verschiedenster Art in ihrem Gebrauch durch Vereinbarung oder Festsetzung konventionalisiert, standardisiert, terminologisiert und bisweilen auch normiert werden, wobei die Konventionalisierung am einen, die Normierung am anderen Ende der Verbindlichkeitsskala liegt.

(e) Das Maß, in dem ein Fachausdruck extensional und intensional bestimmt ist, hängt von verschiedenen Faktoren ab; und zwar von dem durch ihn zu bezeichnenden Gegenstand oder Sachverhalt, von seinem Status innerhalb eines Gefüges bzw. Systems von Fachausdrücken und nicht zuletzt von dem jeweiligen kommunikativen Zweck, den er zu erfüllen hat.

(f) Für bestimmte Zwecke der fachexternen, interfachlichen wie selbst der fachinternen Kommunikation genügt es, sicherzustellen, daß einzelne Fachausdrücke annähernd gleich verwendet werden. Anders sieht es aus, wenn Fachausdrücke im Rahmen einer bestehenden Theorie präzise definiert sind bzw. definiert werden sollen oder wenn sie gar dazu bestimmt sind, eine Theorie zu fundieren, zu entwickeln, zu begründen (vgl. Art. 38 a zum Gebrauch von *Mikrostruktur*).

## 3. Fachsprache der Lexikographie

Fachsprachlicher Natur sind etwa Ausdrücke wie die folgenden:

*Lexikographie* (engl. *lexicography*, franz. *lexicographie*, ital. *lessicografia*, span. *lexicografia*, russ. *lexikografija*);

*Wörterbuch* (engl. *dictionary*, franz. *dictionnaire*, ital. *dizionario*, span. *diccionario*, russ. *slovar*);

*(Wörterbuch)Artikel* (engl. *article*, franz. *article*, ital. *articolo*, span. *artículo*, russ. *slovarnaja stat'ja*);

*Lemma/Stichwort* (engl. *entry-word/entry word/entry-head/headword/key word/ lemma/ main entry/word-entry*, franz. *adresse/entrée/mot entrée/mot vedette*, ital. *lemma/voce*, span. *voz guía/lema*, russ. *černoe slovo/zaglavnoe slovo/zagolovočnoe slovo);*

*Angabe* (engl. *information*, franz. *marque*, ital. *indicazione*, span. *advertencia);*

*(Bedeutungs)Erklärung* (engl. *definition/explanation (of meaning)*, franz. *définition*, ital. *definizione/spiegazione*, span. *definición/explicación*, russ. *tolkovanie/slovarnoe definicija/istolkovanie/ istolkovyvanie).*

Entsprechend der in der Fachsprachen-Linguistik (vgl. die Literatur unter 5.3.) üblichen vertikalen Einteilung von Fachsprachen in die Ebenen (1) Theoriesprache, (2) Fachumgangs- bzw. Werkstattsprache und (3) Verteilersprache lassen sich für die Fachsprache der Lexikographie drei Bereiche ausmachen, in denen sie verwendet wird: (1) als Theoriesprache, insofern sie sich mit der Praxis und Theorie der Lexikographie beschäftigt, (2) als Fachumgangs- bzw. Werkstattsprache im Zusammenhang mit der Konzeption, Herstellung bzw. Revision von Wörterbüchern und

(3) als Verteilersprache für die Vermittlung von lexikographischem Fachwissen an Laien.

Mit der hier getroffenen Unterscheidung ist selbstverständlich nicht gesagt, daß jeder lexikographische Fachausdruck nur jeweils in einem der genannten Bereiche verwendet wird bzw. daß umgekehrt jeder lexikographische Fachausdruck sich ohne weiteres einem der drei Bereiche zuordnen ließe. Es ist mit der Unterscheidung der Verwendungsbereiche ebenfalls nicht gesagt, daß lexikographische Fachsprache ein insgesamt konsistentes, wohlgeordnetes Gebilde darstellt und von angrenzenden Fachsprachen säuberlich abzugrenzen ist.

### 3.1. Zur Theoriesprache der Lexikographie

„Theorie und Praxis der Lexikographie, die sich im Verlauf der letzten Jahrzehnte überaus intensiv entwickelt haben, stellten den Spezialisten die Aufgabe, eine hinreichend vollständige Nomenklatur von Termini für die Bezeichnung der einen oder anderen Begriffe zu erstellen. Diese Aufgabe erweist sich als sehr aktuell, wenn man berücksichtigt, daß auf dem Gebiet der lexikographischen Theorie theoretische Arbeiten bislang nahezu völlig ausgeblieben sind und in linguistische Wörterbücher nur eine völlig unzulängliche Anzahl lexikographischer Termini Eingang gefunden hat." (Karpovič 1982, 141)

Diese Aufgabe war, wie Wiegand (1983, 402) bemerkt, auch 1983 noch aktuell; und sie ist bis heute aktuell geblieben.

Wichtige Beiträge zur Lösung dieser Aufgabe haben u. a. Karpovič (1982), Wiegand (1983) und Robinson (1983 und 1984) beigesteuert.

In seinem Beitrag „O leksikografičeskoj terminologii" [Zur lexikographischen Terminologie] diskutiert Karpovič (1982) verschiedene, in der russischen Lexikographie synonymisch verwendete Ausdrücke, um schließlich die folgenden Ausdrücke zur Terminologisierung vorzuschlagen und zu definieren:

*zagolovočnoe slovo [Lemma], vokabula [Vokabel], slovarnaja stat'ja [Wörterbuchartikel], slovarnoe gnezdo [Wortnest], tolkovanija [Erklärung].*

In seinem Aufsatz „Was ist eigentlich ein Lemma?" unternimmt es Wiegand (1983), nicht nur diese Frage zu beantworten, sondern gleichzeitig 52 weitere, im Umfeld des Fachausdrucks *Lemma* anzusiedelnde Fachausdrücke aufzugreifen bzw. einzuführen und durch explizite Festsetzungsdefinitionen zur Terminologisierung vorzuschlagen (vgl. Wiegand 1983, 450—455). Zu den von Wiegand definierten Fachausdrücken gehören u. a.

*Lemma, Lemmazeichen, Lemmabestand, Lemmaposition, Eingangslemma, Sublemma, Hauptlemma, Nebenlemma, vollständiges Lemma, Teillemma, Mehrfachlemma, Nestlemma, Nesteingangslemma, Nischenlemma, Konstruktlemma, Lemmatisierungsalgorithmus, Lemmatisierungskonvention, Lemmatisierungsprinzip, Lemmatisierungsverfahren, Lemmatisierungsvorschrift;* und auch: *Nest, Nestartikel, Nesteingang, Nische, Nischenartikel;* sowie nicht zuletzt: *Makrostruktur, Mikrostruktur, Wörterbuchartikel, Subartikel, Wörterbucheintrag* (vgl. Art. 37, 38, 38 a u. 39).

Robinson (1983 und 1984), die in ihrem Glossar rd. 120 (sowohl theorie- als auch verteilersprachliche) Fachausdrücke aufführt und erklärt, gibt im Falle konkurrierender Ausdrücke jeweils einem einzigen den Vorzug. Das wird dadurch erkennbar, daß sie zwar alle gebräuchlichen Ausdrücke als Lemmata ansetzt, aber nur bei dem von ihr jeweils bevorzugten eine Erklärung bietet. Von den anderen Lemmata (Verweislemmata) wird auf dieses eine Lemma verwiesen, gleichzeitig unter diesem Lemma notiert, was es an weiteren (quasi)synonymischen Ausdrücken gibt;

z. B. **entry** → entry word, **entry-head** → entry word, **guide word** → entry word, **headword** → entry word, **key word** → entry word, **lemma** → entry word, **main entry** → entry word, **word-entry** → entry word.

**entry word, entry-word** 'n. a lexical unit, usually in canonical form, which heads an entry and is explained in that entry [...] Also called ENTRY, ENTRY-HEAD, GUIDE WORD, HEADWORD, KEY WORD, LEMMA, MAIN ENTRY, WORD-ENTRY.'

Die (bisher nur in Ansätzen entwickelte) Theoriesprache der Lexikographie findet sich vornehmlich in wissenschaftlichen Publikationen und dient der wissenschaftlichen Beschreibung und Erklärung lexikographischer Praxis und Theorie, d. h.: dazu, Gegenstände und Sachverhalte aus dem Wissens- und/oder Praxisbereich der Lexikographie als (wissenschaftliche) Gegenstände und Sachverhalte festzustellen bzw. zu konstituieren, zu beschreiben und zu erklären und auf diese Weise Erkenntnisse wie auch Verständigung über sie zu fördern.

Die Theoriesprache der Lexikographie reicht — im Ausmaß abhängig vom jeweiligen Verständnis des Gegenstandsbereichs einer Theorie der Lexikographie — zu guten Teilen in andere Fach- bzw. Sachbereiche hinein und kommt daher nicht umhin, auch fachsprachliche Ausdrücke von dort zu übernehmen.

Da es die Sprachlexikographie an erster Stelle mit linguistischen Gegenständen und Sachverhalten zu tun hat, kommt die Theoriesprache der Sprachlexikographie nicht ohne Fachausdrücke aus, die der Theoriesprache der Linguistik entstammen (etwa den Bereichen der Lexikologie und der Grammatik), wobei es sich möglicherweise als notwendig erweisen kann, den einen oder anderen dieser Ausdrücke für die Zwecke einer lexikographischen Theorie neu zu definieren.

Eine für den Schulgebrauch bestimmte Sammlung linguistischer Termini in deutscher, englischer, französischer, italienischer, lateinischer, russischer und spanischer Sprache bieten Raasch et al. 1988.

In welchem Umfang Ausdrücke aus weiteren wissenschaftlichen Disziplinen (z. B. der Wissenschaftstheorie, der Handlungstheorie oder der Tätigkeitstheorie) benötigt werden, hängt davon ab, was jeweils unter *Lexikographie* verstanden wird. Was die Präzision eines Fachausdrucks anbelangt, meint Drozd (1964, 304):

„Es kann aber kein Gegenstand oder Sachverhalt genauer und eindeutiger sprachlich gefaßt werden, als seine Begriffsabgrenzung ist. Im allgemeinen gilt, daß erst eine genaue Begriffsabgrenzung zu klaren und genauen Benennungen führt."

3.2. Zur Fachumgangs- bzw.
Werkstattsprache der Lexikographie

Für Planung, Herstellung und Revision von Wörterbüchern, d. h. für die lexikographische Praxis gibt es eine Reihe von fachlichen Ausdrücken, die insgesamt das ausmachen, was man auch eine lexikographische Werkstattsprache nennen könnte.

Zu dieser lexikographischen Werkstattsprache gehören z. B. Ausdrücke wie die folgenden:

*(potentieller) Nutzer/(potentieller) Benutzer, nutzerfreundlich/benutzerfreundlich, Zugriff, Zugriffszeit, (lexikographische) Hilfsmittel, (lexikographischer) Apparat, (lexikographische) Arbeitsrichtlinien, Stichwortgut, Stichwortliste/Stichwortverzeichnis, Stichwortauswahl/Stichwortselektion, Proportionierung des Stichwortguts; Anlage/Aufbau (des Wörterbuchs), Textteil, Benutzungshinweise, Benutzungsanleitung; Stichwort/Lemma, Unterstichwort, Sachwort, Lemmatisierung, Ansetzungsform, weites Stichwort, enges Stichwort.*
*Alphabetisierung, strenge Alphabetisierung, gemäßigte Alphabetisierung, (Alphabetisieren nach) Buchstabenfolge, (Alphabetisieren nach) Wortfolge, Ordnungswort, Doppelstelle; Abfassen (eines Wörterbuchartikels), Worterklärung, Sacherklärung, Definition, Zitat, Aussprachehilfe, Betonungshilfe, versteckte Bibliographie, (Wörterbuch) Artikel, Artikelautor, Artikeldarbietung, Artikeltext, Artikelinhalt, Artikelumfang; Artikelarten: Übersichtsartikel, Komplexartikel, Sammelartikel, Großartikel, Rahmenartikel, erläuternder Artikel, Definitionsartikel, Strichartikel, Verweisartikel; Sonderartikel: Personenartikel, Länderartikel; Musterartikel.*
*Verweis, Verweisung, Verweissystem/Verweisungssystem, direkter Verweis, indirekter Verweis, Stichwortverweisung, Textverweisung, Schlußverweisung, Verweisstelle, Hauptstelle, Aufwort* ('Stichwort, auf das verwiesen wird'; Riedel/Wille 1979, 113), *Synonymenverweisung, Rückverweisung, Verweisungsartikel, Verweiskontrolle.*

Werkstatt- bzw. Fachumgangssprache kennzeichnet u. a. auch, daß sie von Werkstatt zu Werkstatt mehr oder weniger variieren kann. Hinzu kommt, daß bei der praktischen Arbeit auch jargonhafte Ausdrücke verwendet werden, wie etwa *Leiche* als Bezeichnung für ein falsch oder überflüssigerweise angesetztes Stichwort (vgl. Riedel/ Wille 1979, 42 und 55) oder *Niete* als Bezeichnung entweder für ein nicht wörterbuchwürdiges Wort (vgl. Riedel/Wille 1979, 44) oder für eine Verweisung, die ins Leere führt (vgl. Riedel/Wille 1979, 110). Ein Beispiel aus der englischsprachigen Lexikographie ist *bogey* ['ghost word'].

Da die Erzeugnisse lexikographischer Praxis, die Wörterbücher, auch Angaben zur Aussprache, Orthographie, Herkunft, Morphologie und Grammatik der durch ein Lemma repräsentierten lexikalischen Einheit enthalten (können), gehören zur lexikographischen Werkstattsprache auch Ausdrücke aus dem Bereich der Linguistik. Den praktischen Bedürfnissen der Wörterbuchplaner, -hersteller, -revisoren entsprechend zeichnet diese Ausdrücke nicht so sehr Theoriehaltigkeit und eine damit verbundene präzise Definiertheit als vielmehr ein hohes Maß an Kommunikabilität aus. Aus diesem Grund sind sie eher der linguistischen Fachumgangssprache als der linguistischen Theoriesprache zuzurechnen.

Hierher gehören etwa Ausdrücke wie (vgl. Wahrig-DW):

*Bedeutung, Allgemeinsprache, Wort, Wortstruktur, Synonym, Quasisynonym, Homonym, Benennung, Zeichen, Neuwort, Wortform, Wortgruppe, Text.*

Je nach der Art des Trägermediums oder der Herstellungsverfahren überschneidet sich die lexikographische Werkstattsprache mit dem Fachwortschatz der Druckersprache bzw. des Druckereiwesens; vgl. etwa:

*Spaltenzählung, Seitenzählung, (lebender) Kolumnentitel; Typographie; Schriftarten: Antiqua, Fraktur; Schriftauszeichnung: Halbfett, Kursive, Sperrsatz, Versalien, Kapitälchen, Grundschrift; Satztechnik: Fotosatz, Lichtsatz, Composersatz, Handsatz; Unterführungszeichen, Et-Zeichen, Ligatur, Tilde, Zwiebelfisch, Fliegenkopf, Leiche, Blokkade, Spieß, Durchschuß, Absatz, Einzug;* oder auch der Computersprache bzw. des Computerwesens, wie z. B. *Daten, Datenbank, Input, Output, Adresse, File, Codierung, Formatieren, Blocken, Datenerfassung, Edit, Kompatibilität, Portabilität, Listing, Menütechnik, Pointer, Interface, Entry usw.*

Insgesamt charakterisiert die lexikographische Werkstatt- bzw. Fachumgangssprache, daß sie zu guten Teilen gesprochene Sprache ist. Ausschnittsweise findet sie ihren Niederschlag in hauseigenen (und dem externen Interessenten nicht zugänglichen) Instruktionsschriften (manuals), die dazu dienen, die lexikographische Praxis der Wörterbuchkonzeption, -herstellung, und -revision anzuleiten und zu koordinieren.

### 3.3. Lexikographische Verteilersprache

Die Produkte lexikographischer Praxis, die Wörterbücher, enthalten Informationen zur Sprache und werden neben dem Zweck der Dokumentation bestimmter Sprachzustände vor allem dazu geschaffen, daß sprachlich interessierte Benutzer in ihnen nachschlagen und Antworten auf ihre sprachbezüglichen Fragen erhalten können. Als Nachschlagewerke haben sie bestimmte Bedingungen zu erfüllen, zu denen an erster Stelle gehört, daß sie schnell auffindbare und zuverlässige Informationen in komprimierter Form bieten.

Damit das Nachschlagen in einem Wörterbuch durch potentielle Benutzer erfolgreich sein kann, müssen Wörterbuchverfasser (1) mögliche Bedürfnisse potentieller Benutzer kennen und berücksichtigen sowie (2) zum möglichen und sicheren Gebrauch des Wörterbuchs anleiten, und zwar in einer der Sache angemessenen und gleichzeitig potentiellen Benutzern verständlichen Weise.

Auf die Frage der Benutzerbedürfnisse soll hier nicht eingegangen werden (vgl. hierzu Wiegand 1977 und 1985 sowie Art. 12—14); beschäftigen soll uns an dieser Stelle allein der unter (2) angesprochene Punkt.

Zu den Aufgaben von Wörterbuchverfassern gehört es demnach, Benutzer über den Inhalt und Aufbau von Wörterbuch und Wörterbuchartikeln zu instruieren, sie mit den Möglichkeiten der Auswertung vertraut zu machen und ihnen mitzuteilen, auf welchem Wege sie sicher und schnellstens das gewünschte Ziel erreichen.

Als hierfür geeignete Sprache (genauer: Fachsprachenebene) wird angesehen, was man innerhalb der Fachsprachenforschung als „Verteilersprache" bezeichnet, die immer dann angestrebt wird, wenn es gilt, Fachwissen an Laien zu vermitteln. Zweierlei Fachwissen haben Wörterbuchverfasser zu vermitteln: solches aus dem Bereich der Linguistik und solches aus dem Bereich der praktischen Lexikographie. Linguistisches Fachwissen benötigen Wörterbuchbenutzer, um bestimmte in den Wörterbuchartikeln enthaltene Informationen zu verstehen, lexikographisches Fachwissen, um die von ihnen gesuchten Informationen auffinden (und entschlüsseln) zu können.

Der Ort, an dem Wörterbuchbenutzer entsprechend kundig gemacht werden, sind die meist im Wörterbuchvorspann in Form von Instruktionstexten enthaltenen Benutzungshinweise.

An Fachausdrücken aus dem Bereich der praktischen Lexikographie finden sich z. B. im WAHRIG-DW:

*Wörterbuch, Konversationslexikon, Stilwörterbuch, Wörterbuchartikel/Wortartikel/Artikel, Gliederung der Wörterbuchartikel, Aufbau der Wörterbuchartikel, Stichwort, Hauptstichwort, Anordnung der Stichwörter, streng nach dem ABC, Tilde, Worterklärung/Definition, Angaben, Schriften* („Die sinnvolle Verwendung von Schriften ist die wichtigste Voraussetzung dafür, daß sich Verfasser und Benutzer von Wörterbüchern untereinander verständigen"; Sp. 21): *Fettdruck, Halbfettdruck, Grundschrift, Kursivdruck.*

Erläutert werden die verwendeten Fachausdrücke meistens durch entsprechende Beispiele, bisweilen auch durch eine eigene Erklärung. So wird der (von der ansonsten üblichen Verwendung erheblich abweichende und im Wörterverzeichnis synonymisch durch *Stichwort* erklärte) Gebrauch des Fachausdrucks *Lemma* folgendermaßen eingeführt: „in den etymologischen Angaben aufgeführtes Wort" (Sp. 21).

Ein anderes Mal wird in einer Fußnote (Sp. 21—22) auf eine in der Druckereisprache anders geregelte Verwendung eines Fachausdrucks ausdrücklich hingewiesen:

„Als 'fett' wird hier der Einfachheit halber die in der Fachsprache 'halbfett' genannte Plantin bezeichnet."

Erheblich umfangreicher ist der aus dem

Bereich der Linguistik hier und in anderen Wörterbüchern verwendete Fachwortschatz. Das WAHRIG-DW wartet z. B. mit folgenden Fachausdrücken auf, die hier allerdings nur in einer Auswahl wiedergegeben werden:

*muttersprachliches Zeichensystem, Grammatik, Kontext, Wort, Fremdwort, Lehnwort, Fachwort, Hochsprache, Umgangssprache, Dialekt, Sondersprachen, Fachsprachen, Sprachsilbenfuge, Betonung, Akzent, Lautschrift, phonetische Umschrift, Substantiv, zusammengesetztes Substantiv, Grundwort, zählbar, unzählbar, Plural, Singular, Beugungsendung, Substantivierung, Verb, reflexiv/rückbezüglich, transitiv/zielend, intransitiv/nicht zielend, unregelmäßige Verben, regelmäßige Verben, Konjugation, Passiv, Partizip, Präsens, Perfekt, Bedeutung, enge Bedeutung, weite Bedeutung, Grundbedeutung, morphologische Form (eines Wortes), syntaktische Form (eines Wortes), Etymologie/Wortherkunft, Adjektiv, Partikeln, Fragewörter, Synonyme, Antonyme.*

Erläutert wird der Gebrauch dieser Ausdrücke auf verschiedene Weise: durch eine hinzugefügte Erklärung (z. B. *unzählbar*, 'd. h. wenn sie keinen Plural bilden', Sp. 19; *Synonyme:* 'bedeutungsgleiche oder bedeutungsverwandte Wörter', Sp. 26; *Antonyme:* 'Wortpaare mit gegensätzlicher Bedeutung', Sp. 26), durch eine vollständige oder unvollständige Aufzählung (z. B. *Partikeln:* 'Adverbien, Präpositionen, Konjunktionen'; *Sondersprachen:* 'Kaufmannssprache, Schülersprache, Studentensprache, Jägersprache'; *Fachsprachen:* 'Architektur, Mathematik, Bauwesen, Grammatik') oder auch durch die Angabe eines äquivalenten Ausdrucks (z. B. *reflexiv:* 'rückbezüglich', *transitiv:* 'zielend', *intransitiv:* 'nichtzielend'. Nicht zuletzt erfolgen Erklärungen durch die Angabe von Beispielen.

Der Textsorte ‚Instruktionstext' entsprechend bauen die Verfasser von Benutzungshinweisen in mehr oder weniger großem Maß auf ein zumindest rudimentäres fachliches Vorwissen der Wörterbuchbenutzer und organisieren im Idealfall ihre Instruktionen in der Weise, daß bei fortlaufender Lektüre eine wohldosierte Wissensprogression entsteht.

Zusammenfassend läßt sich über die Lexik der lexikographischen Verteilersprache sagen, daß sie (1) eine Mischung von Ausdrücken sowohl aus dem Bereich der lexikographischen Praxis als auch aus demjenigen der Linguistik darstellt, (2) einerseits Ausdrücke aus der jeweiligen Fachumgangs- bzw. Werkstattsprache, andererseits aus der Gemeinsprache enthält und sich (3) wesentlich durch die vage, eher auf allgemeine Ver-

ständlichkeit, denn auf Präzision zielende Bestimmtheit der ihr zuzurechnenden Ausdrücke auszeichnet. Diese Charakterisierung zeigt an, daß im Einzelfall nur schwer entscheidbar ist, ob es sich um einen gemeinsprachlichen Ausdruck ohne jede fachsprachliche Spezifik, um einen gemeinsprachlichen Ausdruck mit (zwar vager, aber in einschränkendem Maße geltender) Fachspezifik oder aber um einen fachsprachlichen Ausdruck handelt.

Bisweilen geben die Wörterverzeichnisse Auskunft über die im Wörterbuch verwendeten Fachausdrücke, indem sie dort als Stichwort aufgeführt und erklärt werden. Bei ihrer Untersuchung von „Linguistic Terms in German and English Dictionaries" fanden Bergenholtz/Mugdan (1985, 3) allerdings heraus:

„There is an astonishing lack of congruence between the explanation given for grammatical terms and their use in the dictionary itself."

## 4. Internationale und nationale Normung lexikographischer Fachsprache

### 4.1. Normungskontext, Normungsziele, Normungspraxis

Lexikographische Dokumentation ist auch ein wichtiges Mittel der Feststellung bzw. Konstitution und Verbreitung genormter fachsprachlicher Wortschätze. Infolgedessen hat sie ihren festen Platz sowohl als Teil der nationalen wie der internationalen terminologischen Normungsarbeit, wie sie heute im Bereich der Bundesrepublik Deutschland im DIN Deutsches Institut für Normung e. V., in den übrigen deutschsprachigen und in zahlreichen europäischen Ländern in entsprechenden Institutionen, international in der ISO International Organization for Standardization stattfindet (vgl. Felber 1979, Felber/Nedobity/Manu 1982). — Im DIN z. B. beschäftigt sich der Normenausschuß Terminologie (NAT) neben den metaterminologischen Basisfragen nach den Grundlagen und Prinzipien des terminologischen Benennens (= Festlegen des Signifikanten eines Terminus) und Definierens (= Festlegen des Signifikats eines Terminus) (vgl. u. a. DIN 2330, DIN 2332) ausdrücklich auch mit den Grundlagen und Prinzipien der lexikographischen Darstellung lexikalischer Einheiten im Zusammenhang terminologischer Normungsarbeit (vgl. DIN 2333, DIN 2335,

DIN 2336, DIN 2339 T. 1, DIN 2339 T. 2, DIN 2341 T. 1).

Die Arbeit dieses Ausschusses kann bis ins Jahr 1917, d. h. in die Zeit kurz nach Gründung des DNA (als Vorläufer des DIN) zurückverfolgt werden und hat insbesondere durch die (von de Saussure und der nachfolgenden modernen Sprachwissenschaft angeregten) terminologietheoretischen Arbeiten Eugen Wüsters (vgl. Wüster 1970, Wüster 1971, Wüster 1979) seit den 30er Jahren entscheidende Anstöße und vermehrte Aufmerksamkeit erhalten.

Im Rahmen der ISO widmet sich das Technical Committee (TC) 37 „Terminology (Principles and coordination)" der grundsätzlichen Reflexion über lexikographische Probleme im Bereich der Normung und deren praktische Lösungsmöglichkeiten durch Empfehlungen bzw. Normen (vgl. ISO/R 639, ISO 1951).

Die Anfänge dieses Komitees, das sich ansonsten wie der NAT vor allem die metaterminologische Beschäftigung mit den theoretischen und praktischen Grundlagen der Terminologiearbeit (vgl. u. a. ISO 704, ISO/R 860) vorgenommen hat, liegen im Jahre 1936 (ISA 37 „Terminology").

In diesen Ausschüssen/Komitees arbeiten Fachleute unterschiedlicher technisch-naturwissenschaftlicher Disziplinen gemeinsam mit Philosophen, Sprachwissenschaftlern und anderen Sprachfachleuten (Terminologen, Übersetzer, Lexikographen etc.) nicht zuletzt auch an der Aufgabe, eine einheitliche und eindeutige Terminologie in einer bzw. in mehreren Sprachen (Englisch und Französisch) für eben die terminologische Normungsarbeit, u. a. deren lexikographischen Ausschnitt, zu vereinbaren. D. h. bestimmte, als zentral ausgewählte Termini, mit denen im Bereich der normenden lexikographischen Dokumentation von dadurch genormter Terminologie über eben diese Form der Darstellung gesprochen und auf deren Elemente, Prozesse, Ergebnisse etc. Bezug genommen wird/werden soll, werden hier (unter Einbeziehung der interessierten Öffentlichkeit, die die Vereinbarungen der Fachleute als Normentwürfe zur Begutachtung bzw. zum Einspruch vorgelegt erhält,) autoritativ festgelegt. Dies bedeutet vor allem, daß die Begriffe der ausgewählten Termini eindeutig definiert und diesen — im Idealfall — eine oder — in begründeten Sonderfällen — mehrere Benennungen fest zugeordnet werden. — Die Terminologie für die eigene Arbeit ist die einzige konkrete Terminologie, die unmittelbar von den terminologischen Grundsatzgremien — selbstverständlich nach den eigenen Prinzipien des normenden Definierens, Benennens und Dokumentierens — genormt wird. Diese dienen damit in ihrem eigenen Bereich demselben Ziel, wie andere Gremien das in anderen Sachbereichen mit Hilfe terminologischer Festlegungen tun, nämlich die fachliche Verständigung über bestimmte Sachverhalte in einer oder mehreren Sprachen durch den Gebrauch einer einheitlichen und eindeutigen Terminologie zu erleichtern und so zu verbessern.

Die zugleich metalexikographische und lexikographische Normungsarbeit schlägt sich nieder in wörterbuchartigen Normen, sog. Normwörterbüchern oder Begriffsnormen. Der Geltungsbereich dieser Normen ist auf der einen Seite der gesamte Bereich der lexikographischen Dokumentation der nationalen und internationalen terminologischen Normung, zum anderen sind mögliche Adressaten alle diejenigen Fachleute, die auf betrieblicher oder institutioneller, auf regionaler, nationaler oder internationaler Ebene ein- oder mehrsprachige Terminologie lexikographisch dokumentieren und zu diesem Zwecke metalexikographische Terminologie verwenden und gegebenenfalls dokumentieren.

4.2. Stand der Normung

Die Begriffsnorm des NAT zum Gegenstand 'deutsche Terminologie der Terminologienormung (einschließlich deren lexikographischer Darstellung)' DIN 2342 besteht aus zwei Teilen. Teil 1 mit dem Titel „Begriffe der Terminologielehre; Grundbegriffe" ist im Oktober 1986 als Entwurf erschienen; der Entwurf zu Teil 2 mit dem Titel „Begriffe der Terminologielehre; Maschinelle Hilfen für die Terminologiearbeit und Lexikographie" befindet sich in Vorbereitung. Abschnitt 4 des Teils 1 dieser Norm mit der Überschrift „Bearbeitung und Darstellung von Wortschatz" (das neben Kapiteln mit den Überschriften „Sprache", „Begriffsebene", „Bezeichnungsebene" und „Lehre und Unterricht, Normung und Anwendung" steht) verzeichnet Einträge zu den folgenden Begriffen/Benennungen:

*Korpus, Beleg, Kontext, Wörterbuch, Fachwörterbuch, Begriffsnorm, Wörterbucheintrag* (auch: *Eintrag*), *Stichwort, Lemma, Eintragsinformation, Paraphrase, Inversion, systematische Ordnung, alphabetische Ordnung, Wörterbuchregister.*

Auch andere Abschnitte lemmatisieren u. a. Begriffe/Benennungen, die im vorlie-

## 34. Fachsprache der Lexikographie

genden Zusammenhang von Interesse sind, z. B. Abschnitt 5:

*Lexikologie, Lexikographie, allgemeine Lexikographie, terminologische Lexikographie* (auch: *Terminographie;* nicht: *Fachlexikographie*).

International entspricht der DIN 2342 die weitgehend parallel aufgebaute, seit 1988 in englischer und französischer Fassung vorliegende Draft International Standard ISO/DIS 1087 „Terminology — Vocabulary"/„Terminologie — Vocabulaire", die die Recommandations ISO/R 1087 von 1969 ablöst. Dort wird allerdings keine Zweiteilung des Gegenstandsbereichs vorgenommen und der von DIN 2342 Teil 2 zu erwartende Inhalt wird in Abschnitt 6 unter der Überschrift „Machine-aided terminology work"/„Terminologie assistée par ordinateur" präsentiert. Abschnitt 5 dieser Norm mit der Überschrift „Vocabulary"/„Vocabulaires" enthält Einträge zu zwei thematischen Komplexen mit den Subüberschriften „Preparation/Elaboration" und „Presentation/Présentation". Zum ersten thematischen Komplex finden sich dabei (außer einem Verweiseintrag) Einträge zu den folgenden Begriffen/Benennungen:

*excerption/dépouillement terminologique, source /source, corpus/corpus, token/occurrence, type/vocable* bzw. *type, term identification/découpage terminologique, term list/nomenclature, terminological record/fiche terminologique, terminological format/format terminologique, terminological datum/donnée terminologique, main entry/vedette* bzw. *entrée principale, grammatical label/indicatif de grammaire, language code/indicatif de langue, country code/indicatif de pays, terminological acceptability rating/code d'acceptabilité terminologique, subject label/domaine d'emploi, context/contexte, illustration/illustration, note/note, source code/ indicatif de source.*

Der zweite thematische Komplex weist Einträge zu den folgenden Begriffen/Benennungen auf:

*dictionary/dictionnaire, terminological dictionary* (admitted term: *technical dictionary*)/*dictionnaire terminologique* (terme toléré: *dictionnaire technique*), *glossary* (admitted term: *vocabulary*)/*vocabulaire, microstructure/microstructure, entry term/entrée, entry/article, macrostructure/macrostructure, entry term list/nomenclature, systematic arrangement/classement systématique, alphabetical arrangement/classement alphabétique, mixed arrangement/classement mixte, index*[1]*/index*[1]*, transliteration/translittération, transcription/transcription, romanization/romanisation.*

Auch in der ISO/DIS 1087 weisen andere Abschnitte als der eben angesprochene Abschnitt 5 Lemmata auf, die als Bestandteile lexikographischer Fachsprache betrachtet werden können, z. B. Abschnitt 7 „Theoretical foundations and practical applications"/„Fondements théoriques et applications" u. a. *terminography/terminographie.*

Die Überschneidung der genormten (meta-)lexikographischen Terminologie mit der nicht genormten ist — zumindest was die Benennungen, häufig aber auch was die Definitionen betrifft — relativ groß. — Dies beruht zum einen auf der Praxis, in der sie gewonnen wird: Bestandsaufnahme, Prüfung, Auswahl und Ergänzung der traditionellen (meta-)lexikographischen Terminologie gehen der normativen Festlegung durch Vereinbarung unter den betroffenen Fachleuten voran. — Zum anderen gründet diese Überschneidung in der (der Praxis vorausgehenden) Intention, terminologische Normung — wo möglich — auf dem Hintergrund und der Basis der Usualität, eingeführter und bewährter Termini also, zu leisten und den terminologischen Festlegungen dadurch die nötige Akzeptabilität für ihre Durchsetzung im Sprachgebrauch zu beschaffen. Entsprechend den Hauptzielen jeder terminologischen Normung wird allerdings zum Zwecke der Einheitlichkeit oder sogar Eineindeutigkeit des festgelegten Vokabulars — wo nötig, abweichend vom nicht genormten fachsprachlichen Sprachgebrauch — Homonymie bzw. Polysemie weitgehend vermieden. Im Einzelfall schließen bestimmte Lemmata auch in diesem Sprachgebrauch feststellbare terminologische Lücken. Dies bedeutet z. B., daß der als Oberbegriff für den Gegenstandsbereich der normenden lexikographischen Dokumentation von Terminologie notwendig für die Fachsprache dieses Bereichs zentrale, in der Tradition jedoch weder definierte noch benannte Begriff der terminologischen Lexikographie in DIN 2342 (in Abgrenzung von Lexikographie allgemein bzw. von beliebiger fachbezogener Lexikographie, die den Ist-Zustand von Terminologie registrieren) zunächst einmal als „geordnete Darstellung von Terminologie auf der Grundlage der in der Lexikologie und der Terminologielehre gewonnenen Erkenntnisse", d. h. als Präsentation eines Soll-Zustandes von Terminologie, definiert und dadurch als neuer Begriff erst konstituiert wird, um ihm dann die relativ gut motivierbaren (und die begriffliche Abgrenzung relativ deutlich werden lassenden) neu konstituierten Benennungen *terminologische Lexikographie* bzw. *Terminogra-*

*phie* fest zuzuordnen. Die (gegen das Ideal der Eineindeutigkeit der Relation zwischen Begriff und Benennung verstoßende) Zulassung mehrerer — gleichwohl einheitlicher und eindeutiger — Benennungen in einer Sprache ist dabei ein Zugeständnis an das Bestreben, Internationalität fachlicher Kommunikation durch Nutzung von Benennungsähnlichkeiten (vgl. die engl./frz. Äquivalente *terminography/terminographie*) bei gleichen oder nur unwesentlich differierenden Begriffen so weit als möglich zu fördern. Dieses letztgenannte Bestreben terminologischer Normung wird nicht zuletzt auch aus einem Vergleich der zitierten Lemmata in der englischen bzw. französischen Fassung der ISO/DIS 1087 deutlich.

### 4.3. Probleme der Normung

Die Probleme der Normung der (meta-)lexikographischen Terminologie für den Bereich der terminologischen Normung sind zum einen dieselben, wie sie bei jeder Terminologisierung von Vokabular auftreten. Insbesondere muß gelegentlich eine gewisse Entfernung vom Sprachgebrauch und eine entsprechende 'Künstlichkeit' der terminologischen Einheiten in Kauf genommen werden, sei es durch Monosemierung eines Terminus (= Auswahl eines Begriffs/einer Definition unter den usuell einer Benennung zugeordneten), durch Neukonstitution eines Begriffs (durch entsprechende Formulierung einer Definition mit Zuordnung zu einer vorhandenen oder einer neukonstituierten Benennung) oder durch Konstitution einer neuen Benennung (für einen schon definierten, bisher jedoch anders benannten Begriff oder einen neu definierten Begriff). Unter dem Gesichtspunkt der Internationalität von Terminologie bedeutet dies oft, daß sich genormte Terminologie in einer Sprache weiter von der Usualität entfernen muß als in der anderen Sprache, je nachdem wie das jeweilige Begriffs- und Benennungssystem in den einzelnen Sprachen ausgebildet ist. Durch diese Diskrepanz zum Sprachgebrauch ist die Akzeptanz einer Terminologie bzw. bestimmter ihrer Elemente und die jeweilige Durchsetzung mehr oder weniger leicht und wahrscheinlich.

Die Probleme der Normung der (meta-)lexikographischen Terminologie der terminologischen Normung sind zum anderen dieselben, wie sie bei jeder Standardisierung von Terminologie auftreten, z. B. eine gewisse Schwerfälligkeit, mit der bestehende Normen dem ständig sich verändernden Wissensstand und nationalen wie internationalen Sprachgebrauch der (meta-)lexikographischen Praxis angepaßt werden (können).

### 5. Literatur (in Auswahl)

#### 5.1. Wörterbücher

*Duden-GWB* = Duden Das Große Wörterbuch der deutschen Sprache. Hrsg. und bearb. vom Wissenschaftlichen Rat und den Mitarbeitern der Dudenredaktion unter der Leitung von Günther Drosdowski. 6 Bde. Mannheim. Wien. Zürich 1976—1980 [zus. 5310 S.].

*Duden-DUW* = Duden Deutsches Universalwörterbuch. Hrsg. und bearb. vom Wissenschaftlichen Rat und den Mitarbeitern der Dudenredaktion unter Leitung von Günther Drosdowski. Mannheim. Wien. Zürich 1983 [1504 S.].

*HWDG* = Handwörterbuch der deutschen Gegenwartssprache. Von einem Autorenkollektiv unter der Leitung von Günter Kempcke. 2 Bde. Berlin 1984 [zus. XXXI, 1399 S.].

*Robinson 1983* = Jennifer Robinson: A Glossary of Contemporary English Lexicographical Terminology. In: Dictionaries 5. 1983, 76—114.

*Robinson 1984* = Jennifer Robinson. Glossary of English Lexicographical Terms. In: Kipfer 1984, 173—188.

*Wahrig-DW* = Gerhard Wahrig. Das Große Deutsche Wörterbuch. Hrsg. in Zusammenarbeit mit zahlreichen Wissenschaftlern und anderen Fachleuten. Mit einem „Lexikon der deutschen Sprachlehre". Gütersloh 1967 [Völlig überarb. Neuausgabe unter dem Titel „Deutsches Wörterbuch", bearb. von Ursula Hermann, Renate Wahrig-Burfeind, Klaus Rüme, Nobert Raum. München 1986; 1493 S.].

*WDG* = Wörterbuch der deutschen Gegenwartssprache. Hrsg. von Ruth Klappenbach und Wolfgang Steinitz. 6 Bde. Berlin 1961—1977 [zus. 38, 4579 S.].

#### 5.2. Normen

*DIN 2330* = DIN 2330 Begriffe und Benennungen. Allgemeine Grundsätze. Berlin 1979.

*DIN 2332* = DIN 2332 Benennen international übereinstimmender Begriffe. Berlin 1988.

*DIN 2333* = DIN 2333 Fachwörterbücher. Stufen der Ausarbeitung. Berlin 1987.

*DIN 2335* = DIN 2335 Sprachenzeichen. Berlin 1986.

*DIN 2336* = DIN 2336 Lexikographische Zeichen für manuell erstellte Fachwörterbücher. Berlin 1979.

*DIN 2339* = DIN 2339 Ausarbeitung und Gestaltung von Publikationen mit terminologischen Festlegungen. Teil 1: Stufen der Terminologiearbeit. Berlin 1987. Entwurf Teil 2: Normen. Berlin 1986.

*DIN 2341* = Entwurf DIN 2341 Teil 1: Format für den maschinellen Austausch terminologischer/lexikographischer Daten — MATER; Kategorienkatalog. Berlin 1986.

*DIN 2342* = DIN 2342 Teil 1: Begriffe der Terminologielehre. Grundbegriffe. Berlin 1986.

*ISO/R 639* = ISO/R 639 Symbols for languages, countries and authorities. 1967.

*ISO 704* = ISO 704 Principles and methods of terminology. 1987.

*ISO/R 860* = ISO/R 860 International unification of concepts and terms. 1968.

*ISO 1951* = ISO 1951 Lexicographical symbols particulary for use in classified defining vocabularies. 1973.

*ISO 1087* = ISO/DIS 1087 Terminology — Vocabulary. 1988.

5.3. Sonstige Literatur

*Bausch et al. 1976* = Karl-Heinz Bausch/W. H. U. Schewe/Heinz-Rudi Spiegel: Fachsprachen. Terminologie — Struktur — Normung. Berlin. Köln 1976 (DIN Normungskunde 4).

*Bungarten 1981* = Theo Bungarten (Hrsg.): Wissenschaftssprache. Beiträge zur Methodologie, theoretischen Fundierung und Deskription. München 1981.

*Bungarten 1985* = Theo Bungarten (Hrsg.): Wissenschaftssprache und Gesellschaft. Aspekte der wissenschaftlichen Kommunikation und des Wissentransfers in der heutigen Zeit. Hamburg 1985.

*Drozd 1964* = Ludomír Drozd: Grundfragen in der Terminologie in der Landwirtschaft. In: Muttersprache 74. 1964, 296—312; 336—344; 360—369.

*Drozd/Seibicke 1973* = Ludomir Drozd/Wilfried Seibicke: Deutsche Fach- und Wissenschaftssprache. Bestandsaufnahme — Theorie — Geschichte. Wiesbaden 1973.

*Felber 1979* = Helmut Felber: Theory of Terminology. Terminology Work and Terminology Documentation. In: Fachsprache 1. 1979, 20—32.

*Felber/Nedobity/Manu 1982* = Helmut Felber/Wolfgang Nedobity/Adrian Manu: Normwörterbücher. Erstellung — Aufbau — Funktion. In: Studien zur neuhochdeutschen Lexikographie II. Hrsg. von Herbert Ernst Wiegand. Hildesheim 1982, 37—72 (Germanistische Linguistik 3—6/80).

*Fluck 1985* = Hans-R. Fluck: Fachsprachen. Einführung und Bibliographie. 3., aktualisierte und erw. Aufl. Tübingen 1985 (UTB 483).

*Hahn 1983* = Walther von Hahn: Fachkommunikation. Entwicklung — linguistische Konzepte — betriebliche Beispiele. Berlin. New York 1983 (Sammlung Göschen 2223).

*Hoffmann 1985* = Lothar Hoffmann: Kommunikationsmittel Fachsprache. 2., völlig neu bearb. Aufl. Tübingen 1985 (Forum für Fachsprachenforschung 1).

*Karpovič 1982* = A. E. Karpovič: Zur lexikographischen Terminologie. In: Werner Wolski (Hrsg.): Aspekte der sowjetrussischen Lexikographie. Übersetzungen, Abstracts, bibliographische Angaben. Tübingen 1982, 141—147 (Reihe Germanistische Linguistik 43).

*Kipfer et al. 1984* = Ann Kipfer et al.: Workbook on Lexicography. Exeter 1984.

*Knobloch 1987* = Clemens Knobloch (Hrsg.): Fachsprache und Wissenschaftssprache. Essen 1987 (Siegener Studien 42).

*Link 1987* = Elisabeth Link: Was ist *Metalexikographie?* (Lehn-)Wortbildung im Wörterbuch. In: Gabriele Hoppe et al.: Deutsche Lehnwortbildung. Tübingen 1987, 225—329 (Forschungsberichte des Instituts für deutsche Sprache 64).

*Link 1989* = Elisabeth Link: Was ist eigentlich ein Lemma? Oder: Gehört z. B. das „-" bzw. „..." in „meta-, Meta-" bzw. „meta..., Meta..." zum Lemma oder nicht? Anmerkungen zu einem Beitrag H. E. Wiegands zur Theorie der lexikographischen Sprachbeschreibung. In: Wörterbücher in der Diskussion. Vorträge aus dem Heidelberger Lexikographischen Kolloquium. Hrsg. von Herbert Ernst Wiegand. Tübingen 1989 (Lexicographica. Series Maior 27), 155—190.

*Möhn/Pelka 1984* = Dieter Möhn/Roland Pelka: Fachsprachen. Eine Einführung. Tübingen 1984 (Germanistische Arbeitshefte 30).

*Raasch et al. 1988* = Albert Raasch et al.: Grammatische Fachausdrücke für den Sprachunterricht. Stuttgart 1988.

*Riedel/Wille 1979* = Hans Riedel/Margit Wille: Über die Erarbeitung von Lexika. Grundsätze und Kriterien. Leipzig 1979 (Beiheft 91 zum Zentralblatt für Bibliothekswesen).

*Schaeder 1987* = Burkhard Schaeder: Germanistische Lexikographie. Tübingen 1987 (Lexicographica, Series Maior 21).

*Schaeder 1987a* = Burkhard Schaeder: „Lexikographie ist, wenn man ...". Ein Beitrag zur Fachsprache der germanistischen Lexikographie. In: Knobloch 1987, 91—115.

*Schmitt 1986* = Peter A. Schmitt: Die „Eindeutigkeit" von Fachtexten: Bemerkungen zu einer Fiktion. In: Mary Snell-Hornby (Hrsg.): Übersetzungswissenschaft. Eine Neuorientierung. Tübingen 1986, 252—282 (UTB 1415).

*Wiegand 1983* = Herbert Ernst Wiegand: Was ist eigentlich ein Lemma? In: Herbert Ernst Wiegand (Hrsg.): Studien zur neuhochdeutschen Lexikographie III. Hildesheim 1983, 401—474 (Germanistische Linguistik 1—4/82).

*Wiegand 1983a* = Herbert Ernst Wiegand: Ansätze zu einer allgemeinen Theorie der Lexikographie. In: Lexikographie von heute und das Wörterbuch von morgen. Hrsg. von Joachim Schildt und Dieter Viehweger. Berlin 1983, 92—127 (Linguistische Studien. Reihe A: Arbeitsberichte 109).

*Wiegand 1988* = Herbert Ernst Wiegand: Was eigentlich ist Fachlexikographie? Mit Hinweisen zum Verhältnis von sprachlichem und enzyklopädischem Wissen. In: Deutscher Wortschatz. Lexikologische Studien. Ludwig Erich Schmitt zum 80. Geburtstag von seinen Marburger Schülern. Hrsg. von Horst Haider Munske et al. Berlin. New York 1988, 729—790.

*Wüster 1970* = Eugen Wüster: Internationale Sprachnormung in der Technik, besonders in der Elektrotechnik. 3., verb. Aufl. Bonn 1970 (Sprachforum, Beiheft 2).

*Wüster 1971* = Eugen Wüster: Grundsätze der fachsprachlichen Normung. In: Muttersprache 81. 1971, 289—295.

*Wüster 1974* = Eugen Wüster: Die allgemeine Terminologielehre — ein Grenzgebiet zwischen Sprachwissenschaften, Logik, Ontologie, Informatik und den Sachwissenschaften. In: Linguistics 119. 1974, 61—106.

*Wüster 1979* = Eugen Wüster: Einführung in die Allgemeine Terminologielehre und Terminologische Lexikographie. 2 Teile. Wien 1979 (Schriftenreihe der Technischen Universität Wien, Bd. 81).

*Elisabeth Link, Mannheim/*
*Burkhard Schaeder, Siegen*
*(Bundesrepublik Deutschland)*

## 35. Les différents supports du dictionnaire: livre, microfiche, dictionnaire électronique

1. L'influence du support sur l'évolution de la lexicographie
2. Le livre
3. Le dictionnaire sur microfiches
4. Le dictionnaire électronique
5. Bibliographie choisie

### 1. L'influence du support sur l'évolution de la lexicographie

L'étude des intitulés des dictionnaires depuis les commencements de la lexicographie fournirait certainement des données intéressantes sur l'évolution de la discipline et, de façon plus large, sur celle des sociétés au sein desquelles elle s'est développée. Un examen sommaire des titres choisis par les lexicographes français depuis le XVIᵉ s. permet de prendre conscience du dilemme de plus en plus contraignant dans lequel ils ont été placés à mesure que se multipliaient et se diversifiaient les dictionnaires: d'une part la volonté de mettre à la portée du lecteur un ouvrage qui satisfasse l'ensemble de ses besoins, ce qui invitait à en développer le contenu, et d'autre part le souci de faire de cet ouvrage un instrument de consultation commode, ce qui avait pour effet d'en restreindre le texte.

Après avoir révolutionné le mode de transmission des idées, l'imprimé a rapidement fait sentir ses limites: poids et encombrement des livres, coûts de production, de stockage et de diffusion, etc. Ce problème a été particulièrement senti par les lexicographes dont le travail consiste à manipuler, à organiser et à diffuser des volumes considérables de données. L'amélioration de la qualité du papier et des techniques de composition, de reproduction et de fabrication des livres a progressivement fourni des moyens de repousser les limites de l'imprimé. Il n'en reste pas moins qu'au seuil du nouveau millénaire, le livre ne peut plus satisfaire entièrement aux ambitions des lexicographes, ni répondre à tous les besoins des utilisateurs de dictionnaires qui sont confrontés aux exigences de la communication instantanée, aux impératifs du dialogue entre les peuples et les cultures de même qu'à la nécessité de comprendre les techniques de pointe et de dominer les terminologies qui les expriment. D'autres supports ont déjà pris ou commencé à prendre la relève: la microfiche et les systèmes informatiques miniaturisés.

### 2. Le livre

C'est à compter de la première moitié du XVIIIᵉ s. que la production lexicographique française témoigne clairement, par les titres des dictionnaires, du problème des limites de l'imprimé. On cherche à produire des ouvrages qui soient à la fois nouveaux et complets, tout en étant de maniement facile et de prix abordable, cf. Richelet 1732, Avertissement:

Les deux Editions du Dictionnaire de Richelet publiées en France dans très peu de tems, sembloient devoir empêcher d'en donner une nouvelle, mais on est persuadé qu'un grand nombre de personnes seront bien aises d'avoir en petit volume un Livre aussi utile, & de se le procurer à un prix mediocre. C'est ce qui a déterminé les Libraires de la Compagnie d'Amsterdam à former cette entreprise [...]

Mais ce qui mérite le plus l'attention des Lecteurs, c'est le soin qu'on a pris d'enrichir cette nouvelle Edition d'environ 6000. Articles nouveaux, qu'on a eu soin de distinguer par une double croix (≠).

Ces préoccupations n'étaient pas inconnues auparavant. Les qualificatifs *nouveau* (*nouveau et dernier* en 1645), *grand, général, universel* (*très ample* en 1604), etc. sont déjà fréquents au XVIIe s. sur les couvertures des dictionnaires et le mot *petit* est employé dès le XVIe s. dans le titre d'un dictionnaire bilingue (cf. la liste établie par Quemada 1967, 567—634).

### 2.1. La diversification des formats

Entre 1720 et 1789, on assiste à l'émergence de trois nouveaux types de dictionnaires: abrégés, portatifs et de poche (cf. Quemada 1967, 250—261). Le mot *abrégé* met l'accent sur la filiation par rapport à un ouvrage plus développé (la réduction portant essentiellement sur la microstructure et non sur la nomenclature), alors que les mots *portatif* et *de poche* font référence directement au format. Dès leur apparition (vers 1735), les dictionnaires portatifs ont eu une grande vogue comme instruments de diffusion des connaissances spécialisées (beaux-arts, médecine, commerce, agriculture, etc.); c'est surtout à partir de la fin du XVIIIe s. qu'ils servent comme ouvrages de référence sur la langue générale, bien que certains dictionnaires de ce type aient pu connaître une grande popularité bien avant (cf. le *Dictionnaire portatif de la langue françoise* de Richelet, publié en 1756). La formule du dictionnaire de poche a été exploitée surtout en lexicographie bilingue (langues vivantes) depuis l'apparition de ce format, à l'époque de la Révolution (le premier ouvrage répertorié par Quemada 1967 est le *Dictionnaire de poche allemand-français et français-allemand* de Th. Ehrmann, publié en 1787). Le format de poche convenait bien aux objectifs pratiques que visaient les auteurs de lexiques bilingues. Il faut cependant prendre conscience que l'appellation *de poche*, comme l'ensemble du vocabulaire servant à dénommer les dictionnaires, a une fonction publicitaire. Cette fonction est évidente, par exemple, dans le cas du *Dictionnaire de poche italien, anglais et français* de Bottarelli (1789), qui consiste en un ouvrage de format in-octavo en trois volumes!

### 2.2. Vers une lexicographie de masse

Il n'en reste pas moins que les lexicographes ont bien perçu les inconvénients du livre au cours du XVIIIe s. Les gros in-folios deviennent rarissimes à partir de la Révolution; même les auteurs du *Dictionnaire de l'Académie française* (DAF) y renoncent en 1798. La démocratisation du savoir, annoncée par les travaux des encyclopédistes qui ne s'adressent encore qu'à un groupe privilégié, se concrétise peu à peu au XIXe s.; mais ce n'est qu'au XXe s., avec l'amélioration des procédés de composition et de la qualité du papier, que se produit un véritable renouvellement des formats et que le dictionnaire devient un produit de consommation à la portée de toutes les bourses. Le dictionnaire devenant un objet de nécessité, notamment pour l'enseignement, on voit apparaître de nombreux ouvrages de petit format et de prix modique, tel le *Petit Larousse illustré* (PL) qui a connu une carrière brillante, ponctuée de quelques changements mineurs dans son intitulé, depuis sa première parution en 1906. A cet égard, il est symptomatique que l'adaptation la plus importante qu'ait connue le Littré au moment de sa réédition en 1958 en ait été une de format: le texte de l'ouvrage n'a été retouché que sur des points mineurs, mais les gros volumes à trois colonnes par page du XIXe s. ont été recomposés et fondus en une collection de sept petits volumes faciles à manier et à consulter. Cet exemple fait voir l'importance qu'a prise la question du support matériel au XXe s. Les dictionnaires ont été adaptés sur mesure aux diverses clientèles, les formats plus encombrants (cf. les grands ouvrages comme le *Trésor de la langue française* [TLF], le *Grand Larousse de la langue française* [GLLF] etc.) ou ayant une typographie moins invitante (cf. le *Middle English Dictionary* [MED], à vocation philologique) étant en général réservés aux spécialistes et aux lettrés ou destinés aux bibliothèques publiques. Il n'y a pas de doute que les éditeurs français pourraient tirer un meilleur parti du papier pour la diffusion de leurs dictionnaires, par exemple en recourant au papier bible, à l'instar des Japonais. La formule du livre de poche offre des possibilités qui n'ont pas été vraiment exploitées non plus en lexicographie française. Aux États-Unis, il est devenu courant de trouver un même ouvrage sous divers formats; c'est ainsi que *The American Heritage Dictionary* (AHD) est diffusé en format régulier, en format livre de poche (comprenant des illustrations, cf. l'édition de 1980) et, depuis peu, sur support électronique (cf. 4.1), ce qui le rend virtuellement accessible à toutes les catégories de lecteurs.

### 2.3. Le miniformat

Les techniques de reproduction par photographie rendent de nos jours possible la réédition en miniformat d'ouvrages de grande dimension (v. Arnaud 1977, 25—26). Le procédé consiste à photographier en le réduisant un ouvrage déjà composé et à le reproduire en offset sur papier bible. L'*Oxford English Dictionary* (cf. l'illustration 35.1) a été réédité de cette façon en 1971 avec l'aide de la Readex Microprint Corporation (États-Unis). Le miniformat est une excellente solution au problème de l'encombrement (on réduit ainsi de dix fois le volume du papier) et, contrairement à la microfiche, il permet une lecture directe (une loupe est cependant nécessaire pour une lecture approfondie). Le miniformat a en outre l'avantage de conserver les caractéristiques typographiques du texte d'origine. La technique du miniformat permet d'élargir l'éventail des possibilités quand on veut reproduire un ouvrage volumineux, épuisé ou ancien; pour cette raison justement, cette formule ne présente un intérêt que pour des groupes limités d'utilisateurs.

### 3. Le dictionnaire sur microfiches

La micrographie a connu ses premiers développements il y a plus de cent ans; cependant, en dépit des progrès réalisés dès le XIX$^e$ s., ce n'est que récemment que s'est répandue l'utilisation des *microformes* (terme générique désignant les microfilms et les microfiches). Le microfilm convient bien à la réédition de documents volumineux, comme les collections de journaux, mais se révèle moins pratique que la microfiche pour celle de dictionnaires. La microfiche a en effet l'avantage de présenter l'information en unités faciles à repérer, à consulter, à reproduire et à distribuer. De format commode (celui d'une enveloppe postale standard), la microfiche peut comporter jusqu'à 420 images si l'on opte pour un taux de réduction de 1/48$^e$. De plus, les appareils de lecture pour microfiches sont beaucoup moins chers que ceux pour microfilms; certains modèles comportent une double lentille (pour lire des documents ayant des taux de réduction différents) et sont tout à fait silencieux (pour l'ensemble de la question, cf. Arnaud 1977).

### 3.1. Le public visé: les lecteurs spécialisés

Ces appareils constituent malgré tout un obstacle pour la majorité des lecteurs. C'est pourquoi le dictionnaire sur microfiches ne s'adresse qu'à certaines catégories d'utilisateurs: les chercheurs et les usagers des grandes bibliothèques. C'est à l'intention de ce public que France Expansion a, dans les années 1970, réédité quelque 400 ouvrages anciens (dont le tiers sont des dictionnaires) dans sa collection «Archives de la linguistique française»; en 1986, une centaine de collections complètes avaient été vendues. Mais la microfiche sert aussi de moyen de diffusion de dictionnaires en voie d'élaboration. Les auteurs du *Dictionary of Old English* (DOE) ont publié en 1986 un premier fascicule de leur ouvrage (la lettre D) sur microfiches. Ils visaient ainsi à diffuser le plus rapidement possible une première série de textes et à se donner la possibilité de refondre et de publier périodiquement l'ensemble des arti-

Extrait textuel 35.1: Réédition en miniformat (tiré de OED)

cles rédigés, selon l'avancement des travaux. Cette méthode peu coûteuse permettra aux auteurs d'incorporer facilement à l'ouvrage les corrections et les compléments qu'on pourra leur suggérer, puisque le texte du dictionnaire est établi avec l'aide de l'ordinateur, et de publier à la fin une édition complète et à jour sur papier. C'est un projet semblable qu'exposaient dès 1972 les responsables du *Early Modern English Dictionary* (dont la préparation a été momentanément suspendue). Leur objectif était de diffuser au moyen de microfiches générées par ordinateur (procédé C. O. M.: Computer Output Microfilm) une collection d'exemples devant servir à la préparation du dictionnaire (cf. Robinson/Bailey 1973, 8—9).

### 3.2. La microfiche: une solution efficace à l'encombrement

Les avantages de la microfiche pour la diffusion de dictionnaires sont évidents, étant bien entendu que cette diffusion vise des groupes bien précis de lecteurs. Une équipe de recherche ou un centre spécialisé peuvent actuellement se constituer une bonne collection de dictionnaires français anciens sur microfiches à un prix modique. Outre le fait que la plupart de ces ouvrages n'ont pas été réédités sur papier, il faut considérer que l'acquisition de microfiches permet d'éviter l'encombrement et la manipulation de lourds volumes de même que les coûts d'entreposage et d'entretien qu'ils entraîneraient. Pour le dictionnaire en voie d'élaboration, il faut cependant s'attendre à ce que la microfiche ne connaisse pas un développement important compte tenu de l'essor que les dictionnaires électroniques sont appelés à connaître au cours de la prochaine décennie.

### 4. Le dictionnaire électronique

A une époque où il est possible de trouver réponse à diverses questions que pose la vie quotidienne par une simple manipulation de sa montre, qui devient au besoin calculatrice, chronomètre ou agenda, il n'est pas étonnant que les éditeurs explorent les possibilités de diffusion des dictionnaires par voie électronique. Il y a quelques années, la maison Langenscheidt a mis sur le marché une petite calculatrice de poche qui est en même temps un dictionnaire bilingue (français-allemand, allemand-français). L'*Elektronisches Wörterbuch Französisch* contient 4000 mots français ainsi que leurs équivalents allemands. On obtient le mot de départ au moyen de touches commandant le défilement plus ou moins rapide des mots en ordre alphabétique. La fenêtre de l'appareil ne peut afficher que neuf caractères, mais on peut obtenir des unités plus longues (par ex. *avoir besoin de, s'il vous plaît*) grâce à une touche complémentaire. Il s'agit pour l'instant d'un gadget répondant à des besoins élémentaires, mais ce nouveau support ouvre des perspectives intéressantes dans les pratiques quotidiennes de consultation en matière de langue (cf. Alpha 40 déjà nettement plus performant).

La recherche se poursuit en effet depuis quelques décennies déjà sur les techniques de fabrication des dictionnaires à l'aide de l'informatique. On a mis l'ordinateur à contribu-

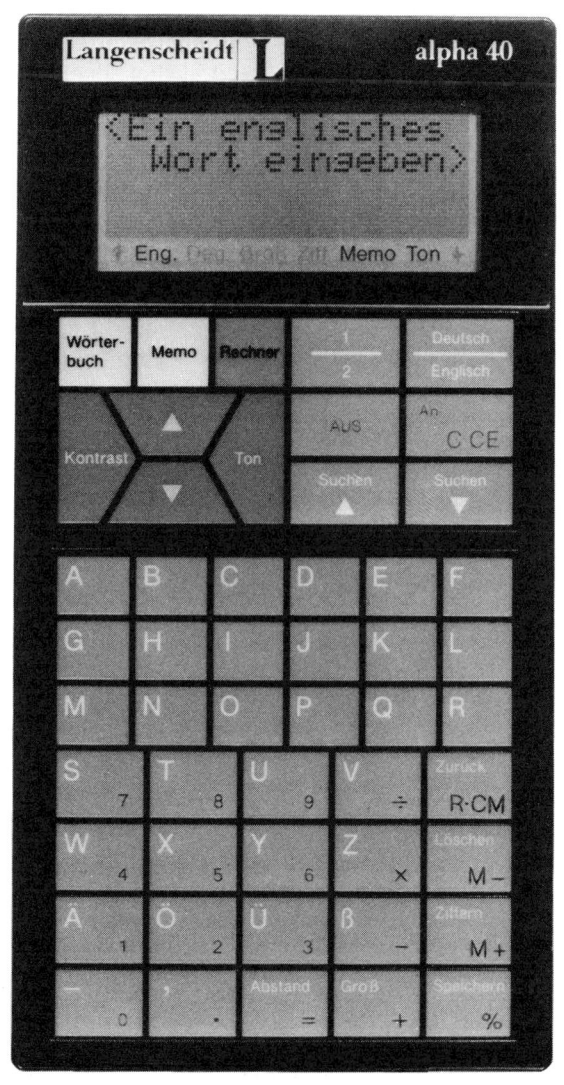

Ill. 35.1: Alpha 40

tion pour l'établissement du texte des articles de même que pour le traitement automatique des données qui s'y trouvent. La diffusion des dictionnaires par voie électronique en est cependant à ses débuts. On pourrait dès maintenant créer des dictionnaires qu'on consulterait au moyen d'un téléviseur relié à un service de câblodistribution. Un ouvrage de référence conçu de cette façon pourrait être mis à jour continuellement et servir diverses catégories d'utilisateurs.

4.1. Le disque compact

Certains grands éditeurs américains diffusent aujourd'hui des dictionnaires et autres manuels de même nature sur des disques compacts (CD-ROM en anglais, pour Compact disc — read only memory). Le disque compact, qui relève de la technologie du laser, peut contenir le même volume d'information que 1500 disquettes standard, soit l'équivalent de 250 000 pages de texte. La multinationale Microsoft offre, dans sa collection d'ouvrages sur disques compacts (Microsoft Bookshelf), le *Roget's II* et *The American Heritage Dictionary* (AHD).

La consultation d'un dictionnaire sur disque compact nécessite un lecteur au laser relié à un micro-ordinateur. Ce type de dictionnaire offre des possibilités presque illimitées pour la consultation et les tris automatiques. On peut repérer une définition en parcourant, au moyen d'une souris, le texte qui s'affiche sur l'écran, choisir un exemple et l'incorporer instantanément à un texte en traitement. Grâce au système des menus qu'on incorpore à l'enregistrement et qui guide efficacement l'utilisateur, on peut se permettre de faire des dictionnaires très élaborés, qui répondront presque instantanément aux demandes les plus variées formulées à partir d'un micro-ordinateur. Le disque compact donne aux lexicographes la possibilité de réaliser l'un de leurs rêves les plus fous: faire un «dictionnaire des dictionnaires», cf. Guérin 1884, Avertissement:

Dans ce siècle de Dictionnaires de toutes sortes, il en manquait un réunissant tout ce que les autres contiennent d'utile, d'intéressant et de curieux, et satisfaisant le grand nombre de lecteurs, obligés à une économie de temps et d'argent. Tout le monde ne peut pas consacrer cinq ou six cents francs à l'acquisition d'une encyclopédie; et, d'autre part, c'est un travail considérable et souvent impossible, que de se livrer à de longues recherches dans des ouvrages spéciaux.

Le Dictionnaire des Dictionnaires, comme son titre l'indique, contient la substance de tous les dictionnaires, c'est-à-dire le résumé des connaissances humaines, sous forme de vocabulaire.

A la suite de chaque terme il offre toutes les notions essentielles que les diverses catégories de lecteurs peuvent désirer.

4.2. Les travaux en cours

Les lexicographes de l'anglais sont en voie de faire une percée importante dans le domaine des dictionnaires électroniques. L'occasion leur en est fournie par le projet de la maison Oxford de fondre dans le corps de l'ouvrage principal les suppléments qu'on a ajoutés depuis 1928 aux douze volumes originaux du OED. Comme le soulignent Hultin/Logan 1984, il était devenu impensable d'ajouter un supplément à des suppléments, ce qui invitait à explorer des voies nouvelles. Le *New Oxford English Dictionary,* tout en demeurant un dictionnaire (qu'on diffusera de diverses façons, sur disque compact, sur papier et peut-être aussi sur microformes), deviendra une véritable banque de données qui se prêtera à de multiples traitements et qui pourra générer divers sous-produits (cf. Weiner 1987).

Des projets similaires sont en voie d'élaboration dans le monde francophone. L'Institut national de la langue française est à reproduire sur disque compact la base de données textuelles (FRANTEXT) qui a été réalisée en vue de la rédaction du *Trésor de la langue française* (TLF); ce corpus, qui se compose de plus de cent millions d'occurrences et qui peut être interrogé en différé, sera de cette façon accessible à de nombreux chercheurs. L'Institut projette également d'informatiser le dictionnaire lui-même et de le convertir en une banque de données qui pourrait être développée pour répondre aux attentes des diverses communautés francophones.

Les nouveaux dictionnaires qui naîtront de ces projets continueront, comme par le passé, de refléter par leur contenu les valeurs des sociétés au sein desquelles ils auront vu le jour; ces dictionnaires témoigneront en outre, par les supports qu'ils emprunteront, de l'essor considérable de la technologie dans le dernier quart du XXe s.

5. Bibliographie choisie

5.1. Dictionnaires

*AHD* = The American Heritage Dictionary of The English Language. Paperback edition by Peter Davies. New York 1980 [820 p.].

*Bottarelli 1789* = F. Bottarelli: Dictionnaire de

poche italien, anglais et français. 3 vol. Londres 1789.

*DAF* = Dictionnaire de l'Académie française. 5ᵉ éd. 2 vol. Paris 1798 [XII, 768, 776 p.].

*DOE* = Dictionary of Old English (letter D). By Angus Cameron/Ashley C. Amos/Antonette di-Paolo Healey/Sharon Butler/Joan Holland/David McDougall/Ian McDougall. University of Toronto 1986 [951 p.].

*Ehrmann 1787* = Th. Ehrmann: Dictionnaire de poche allemand-français et français-allemand. 2 vol. Strasbourg 1787 [227, 397 p.].

*GLLF* = Grand Larousse de la langue française. Sous la dir. de Louis Guilbert/René Lagane/Georges Niobey. 7 vol. Paris 1971—1978 [CXXXVI, 6730 p.].

*Guérin 1884* = Dictionnaire des dictionnaires. Sous la dir. de Paul Guérin. 6 vol. Paris 1884—1890; Supplément illustré en 1895.

*Littré 1958* = Emile Littré: Dictionnaire de la langue française. 7 vol. Paris 1956—1958 [13 738 p.].

*MED* = Middle English Dictionary. Hans Kurath/Shermann M. Kuhn editors. Ann Arbor 1954 ff.

*OED* = The Compact Edition of the Oxford English Dictionary (Complete text reproduced micrographically). 2 vol. Oxford 1971.

*PL* = Petit Larousse illustré. Paris 1905.

*Richelet 1732* = Pierre Richelet: Dictionnaire de la langue françoise ancienne et moderne. Nouv. éd. 2 vol. Amsterdam 1732 [837, 939 p.].

*Richelet 1756* = Pierre Richelet: Dictionnaire portatif de la langue françoise. Lyon 1756 [670 p.].

*Roget's II* = Roget's II. The New Thesaurus. Boston 1980 [1072 p.].

*TLF* = Trésor de la langue française. Dictionnaire de la langue du XIXᵉ et du XXᵉ siècle (1789—1960). Sous la dir. de Paul Imbs (t. 1—7) et de Bernard Quemada (t. 8 et suiv.). Paris 1971 ss.

### 5.2. Travaux

*Arnaud 1977* = Danièle Arnaud: La microédition: mini échec ou mini succès? In: A paraître (Paris). Décembre 1977, 13—27.

*Hultin/Logan 1984* = N. C. Hultin/H. M. Logan: The New Oxford English Dictionary Project at Waterloo. In: Dictionaries. Journal of The Dictionary Society of North America 6. 1984, 128 et 183—198.

*Quemada 1967* = Bernard Quemada: Les dictionnaires du français moderne, 1539—1863. Paris. Bruxelles. Montréal 1967.

*Robinson/Bailey 1973* = J. L. Robinson/R. W. Bailey: Computer-produced Microfilm in Lexicography: Toward a Dictionary of Early Modern English. In: The Computer and Literary Studies. Publié par A. J. Aitken/R. W. Bailey/N. Hamilton-Smith. Edimbourg 1973, 3—14.

*Weiner 1987* = Edmund Weiner: The Electronic English Dictionary. In: Oxford Magazine. Second Week, Hilary Term, February 1987, 6—9.

*Claude Poirier, Québec (Canada)*

# IV. Theorie der einsprachigen Lexikographie I: Bauteile und Strukturen von Wörterbüchern
# Theory of Monolingual Lexicography I: Components and Structures of Dictionaries
# Théorie de la lexicographie monolingue I: Éléments et structures du dictionnaire

## 36. Component Parts and Structures of General Monolingual Dictionaries: A Survey

1. Basic Notions
2. The Textual Book Structure
3. The Textual Word List Structure
4. The Macrostructure
5. The Access Structures
6. The Microstructure: the Classical Conception
7. Microstructures in the Dictionary: a New Conception
8. Addressing
9. Types of Microstructures
10. Other Lexicographic Traditions
11. Selected Bibliography

### 1. Basic Notions

The general monolingual dictionary (e.g. LDEL, CED, WB, DUW, PR, GDLE, Zingarelli, Van Dale, SOB, etc.) is the main component of a theory of monolingual lexicography. Therefore the present article focuses on this dictionary type. When the term *dictionary* is used, it means "general monolingual dictionary" (see also art. 92).

In a textual perspective, the word *dictionary* has at least two meanings: the whole book and the *word list* G. Wörterverzeichnis, F. nomenclature), which constitutes the main part of the book. Both of them have structures, the textual book structure (2.) and the textual word list structure (3.), respectively.

The word list (there may be a central word list and several additional word lists) has several important units and structures.

The basic unit of the dictionary (= word list) is the *treatment unit* (G. Bearbeitungseinheit, F. unité de traitement, or énoncé lexicographique, cf. Wooldridge 1977, XVIII). The treatment unit results when a form mentioned and information relating to that form are brought together. The relation of form and information is that of *topic* and *comment* (G. Thema/Rhema, F. thème/propos).

The way in which a form and information relating to that form are brought together is the *addressing procedure* (G. Adressierung, F. adressage). Each information *item* (G. Angabe, F. indication) is addressed to a form called *address* (G. Adresse, F. adresse).

In the general monolingual dictionary the most important item is the definition (cf. art. 44), but there may be hundreds of other information types, i.e. items. The most important address is the *lemma* (entryword or headword) (G. Lemma, Stichwort, F. lemme, entrée, vedette), because the lemma belongs to the (initial-)alphabetic *access structure* (G. Zugriffsstruktur, F. structure d'accès) of the dictionary. Roughly speaking the ordered set of all lemmata of the dictionary forms the *macrostructure* (G. Makrostruktur, F. macrostructure). If the dictionary has one word list only, the alphabetic access structure and the macrostructure are identical (cf. art. 38, 4.). If the dictionary has additional word lists, the central word list and the additional word lists are all partial structures of the macrostructure. The lemma and the whole set of information items which are addressed to the lemma, form the *dictionary article* (G. Wörterbuchartikel, F. article de dictionnaire). Roughly speaking, the structure of information within the article is called the *microstructure* (G. Mikrostruktur, F. microstructure). In the classical conception of the

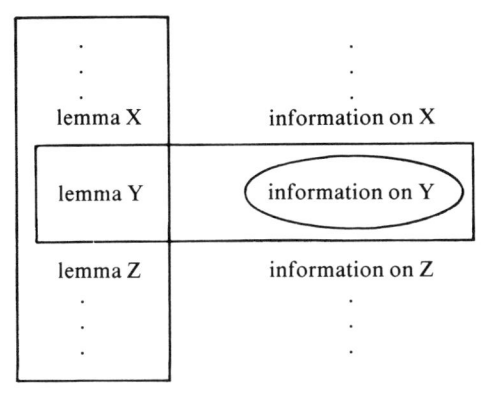

Fig. 36.1: Simplified visualization of macrostructure and microstructure of the dictionary ( □ = macrostructure, ☐ = article, ◯ = microstructure)

microstructure (6.) the lemma does not belong to the microstructure (cf. Fig. 36.1).

The access structure of the microstructure is called the inner access structure. All other access structures, above all the access structure of the central word list, are called outer access structures. If there is no additional word list, the outer access structure of the dictionary and the macrostructure of the dictionary are identical. If there are additional word lists, the dictionary has several outer access structures, but it always has only one macrostructure.

Additional word lists are considered separated parts of the macrostructure, capable of being reintegrated into the central word list. This is not the case of, say, an alphabetic dictionary grammar, which obviously has its own access structure, without belonging to the macrostructure. Even if the alphabetic dictionary grammar is combined with the central word list (COBUILD), it must be admitted that it is integrated into the main access structure, but does not belong to the macrostructure.

In most general monolingual dictionaries there are a lot of items not addressed to the lemma but either to a *sublemma* (or subentry) (G. Sublemma, Untereintrag, F. sous-lemme, sous-entrée, sous-vedette) or to *non-lemmatic addresses*. The French dictionary PR, for example, is full of non-lemmatic treatment units, above all of definitions which do not refer to the lemma but to other forms mentioned. In a dictionary article which has non-lemmatic addresses, there is, consequently, a lot of topic switching, because each non-lemmatic address is a new topic within the article (cf. art. 90). We may call all non-lemmatic addressing *sub-addressing* (G. Subadressierung F. sous-adressage). The structure which describes all types of addressing in a given dictionary is the *addressing structure* (G. Adressierungsstruktur, F. structure d'adressage).

Strictly speaking, the information contained in the microstructure does not refer to the lemma but to the linguistic sign which the lemma arbitrarily represents in the macrostructure. The sign may be called the *lemma sign* (G. Lemmazeichen, F. signe-lemme). Lemmatisation will thus refer to the selection of one single morphological form whose function in the macrostructure is to represent the total set of grammatical and morphological forms of the linguistic sign treated in the microstructure (cf. art. 37).

In the European tradition, the dictionaries opt for the infinitive or for the first person singular of the present indicative in order to lemmatise verbs. With regard to adjectives, the masculine form is normally preferred to the feminine one. The inclusion of all irregular forms in the macrostructure is rare.

For information on the various lemma types and macrostructural ordering schemes, cf. 4. (below) and art. 37 and 38. Within the framework of this survey it suffices to say that the macrostructure primarily accounts for ordering and placing dictionary information. The only ordering principle which all users may be reasonably expected to master easily is alphabetic order. Every deviation from this order leads to location problems. But even alphabetic ordering is inadequate when it comes to the problem of multiword lexical units, such as phrasal verbs. Because they are linguistic signs, they should ideally be treated as lemmata. However, for practical reasons of location, they are traditionally treated in the microstructure.

Within the whole structure of the article, the most important order structure is the microstructure, which may be described as linear (= precedential) or hierarchical. In the following discussion the microstructure is normally considered hierarchical. For the different types and components of microstructure (which may be concrete or abstract) see 6., 7., 9. (below) and art. 38a, 39. Here it will suffice to say that because most lemma signs are polysemous, the order structure relating to polysemy is most important.

The topic of the dictionary is language, not only its lexis, but also its grammar, spelling, pronunciation, usage, etc. Because the language is very complex and made up of many very different parts and elements, the dictionary cannot but have complex structures and many different elements, too.

Therefore it was convenient here to distribute the treatment of the elements and structures as well as of the description problems in chapters IV and V. This article only gives an outline of the most important elements and structures and of their interconnections. Some of the structures introduced in this article do not appear in other articles (but cf. Wiegand 1989). Whenever possible, the relation to other articles is indicated by cross-referencing. Important terms are translated into German and French, so that this article may also be read as a contribution to the development of international metalexicographical terminology.

## 2. The Textual Book Structure

General monolingual dictionaries in printed form, especially in the form of books — for other data carriers see art. 35 —, may be understood as *texts* of a certain type. By *textual segmentation* (as used by Wiegand 1989; cf. art. 38a, 3) they may be segmented into functional *component parts* (or functional *elements*) (G. Bauteile, F. éléments), according to our knowledge of the structure of books, dictionaries, and texts. Some of the functional parts are themselves texts of a certain text type, e.g. the *prefaces* (see art. 65). Others are functional parts but not texts, e.g. the *titles*, the *running heads of the column* (see below 5.), and all textual segments of dictionary articles (in the sense of art. 38a).

The segmentation of a dictionary text sample (Brenner 1951) gives rise on the first level to the following functional text parts as immediate text constituents of the whole dictionary text:

(a) the title (main title)
(b) the table of contents
(c) the imprint
(d) the user's guide
(e) the dictionary grammar
(f) the word list (the dictionary in the narrow sense)
(g) Appendix I: foreign expressions and idioms (first separate word list)
(h) Appendix II: abbreviations (second separate word list).

On a second segmentation level these functional text parts may be segmented into smaller functional text parts which are secondary constituents of the whole dictionary text; segmentation is finished when it reaches the level of those text constituents which cannot be segmented further into functional parts (see Wiegand 1989; for the segmentation of articles see art. 38, 3; art. 39, especially ill. 39.1).

All functional text parts preceding the (central) word list are called the *front matter* of the dictionary (G. Vorspann, F. pré-texte). In our example it is made up of the text parts (a)—(e) and is identical to what book sciences call *prelims* (see for example Blana 1986, 72 ff.). But front matter is not necessarily identical to the prelims, because the latter are part of the *inner book*. Some recent one-volume dictionaries deviate from normal book design by printing parts of the front matter on the *flyleaf* (G. Vorsatz(blatt), F. garde). The flyleaf does not belong to the inner book but to the book cover; the parts in question are for example explanatory charts or parts of the user's guide (see for example Wahrig-⁵DW, ALD, DPF), mainly lists of abbreviations (RH, Zingarelli 1983), and pronunciation keys (CED). In Mackensen 1977 one finds a short punctuation course; DFplus has Canadian provincial flags there.

Normally the front matter is not as a whole a functional part of the dictionary, but rather an arbitrary set of functional text parts. Accordingly, the front matter of different dictionaries may contain very different functional text parts. Compare for example CED and TLF1. In CED one finds the following text parts:

— Pronunciation Key (flyleaf)
— List of Abbreviations (flyleaf)
— [bastard title]
— General Consultant
— Special Consultants
— [title]
— [imprint]
— Note [on trade marks]
— Contents
— Staff and Contributors
— Publisher's Foreword
— Editorial Preface
— Explanatory Chart
— Guide to the Use of the Dictionary
— Pronunciation Key
— The Pronunciation of British English by A. C. Gimson
— The Development of English as a World Language
— Meaning and Grammar by Patrick Hanks

TLF1, by comparison, has the following text parts:

— [bastard title]
— [title]
— [imprint]
— L'œuvre et ses ouvriers

- Table des matières du tome premier
- Préface
- Liste des textes dépouillés
- Etudes fréquemment citées
- Prononciation
- Liste des abréviations
- Signes conventionnels

All functional text parts coming after the (central) word list form the *back matter* of the dictionary (G. Nachspann, F. posttexte). Like front matter, back matter is not normally a functional text part as a whole (see however in Duden-GW the supplement to the list of sources in volume 6, 2991 f.), but a set of text parts; in our example (Brenner 1951), the text parts (g) and (h) make up the back matter. Back matter text parts, too, vary considerably from one dictionary to the other. Compare the back matters of CULD and DFplus. The back matter of CULD contains the following text parts:

- Numbers, Fractions and Numerical Expressions
- Geographical Names, Nationalities and Languages
- Ranks in the British Armed Forces
- Musical Notation
- Weights and Measures
- The Solar System
- The English Alphabet
- Abbreviations and Symbols
- Some Common Affixes and Combining Forms

The back matter of DFplus, in contrast, contains the following text parts:

- Alphabets non latins
- Quelques règles d'orthographe
- Tableaux de conjugaison des verbes
- Eléments chimiques
- Unités physiques
- Tableau des monnaies
- Liste de noms de lieux et de gentilés correspondants
- Principaux proverbes
- Textes complémentaires par Claude Poirier
- L'anglicisme en France et au Québec
- La notion de québécisme
- L'expansion du français hors de France
- [Achevé d'imprimer]
- Drapeaux de la francophonie nord-américaine [picture, flyleaf]
- Emblèmes floraux des provinces et territoires canadiens [12 pictures, flyleaf]

Except for titles and prefaces, particular functional text parts are not obligatorily allotted to front matter or back matter. The user's guide, for example, may well appear in the back matter (Sprachbrockhaus 1982), and the separate word lists have no fixed place either. In Worcester 1860 the "Archaisms, Provincialisms, and Americanisms" are to be found in the front matter, whereas the "Collection of Words, Phrases, and Quotations from the Greek, Latin, French, Italian, and Spanish Languages" appears in the back matter.

The main and obligatory immediate text constituent of the whole dictionary is the (central) *word list* (G. Wörterverzeichnis, cf. Knaurs-GW, 5 and Brenner 1951, 2, 29; ÖW, 89; F. nomenclature). Other dictionaries call the word list 'dictionary' (BW).

The word list is called continuous when there is no *middle matter* inserted. Middle matter units are those immediate constituents of the whole dictionary text which are inserted into the (central) word list but which are not part of this word list. They are called *inserts* (G. Einschübe, F. intertextes). An example is Herders Sprachbuch 1973, where one finds 36 inserted articles on grammatical terms (e.g. Grammatik, Wertigkeit, Zeichensetzung). See also the encyclopedic articles on linguistic terms in GLLF. For other types of middle matter (plates and diagrams, word fields and so on) see art. 67.

Most parts of front and back matter are optional. Apart from the word list, only one text in the dictionary seems to be obligatory, namely the text in which the word list and its use are explained to the user. In accordance with the text theory put forward by van Dijk 1980, 156 this text is considered a *metatext*. On a metalevel the metatext uses the language which is dealt with lexicographically in the word list. It comments on the lexicographical description of language and characterizes the most important features of the dictionary form (cf. Wiegand 1983, 419 f.).

The functional text parts of front matter, middle matter and back matter may be called *outside matter* (G. Außentexte, F. textes externes). We can now characterize the textual book structure of a general monolingual dictionary in an informal way.

*Note:* In the following the same concept of structure is taken as a basis as in the art. 38, 38a and 39 (see esp. 38a, 1. and 4. as well as 39, 1. and 2.), viz the more recent mathematic concept according to Bourbaki. For this synopsis only the following is important: structures are considered as sets of elements on which at least one relation is defined. Sets on which relations are defined are called universe (or domain) of the structure. In case the elements of the universe are certain concrete constituents of a certain dictionary and (if necessary) the dictionary itself, they are *concrete* dictionary structures; in case the elements of the universe are classes of

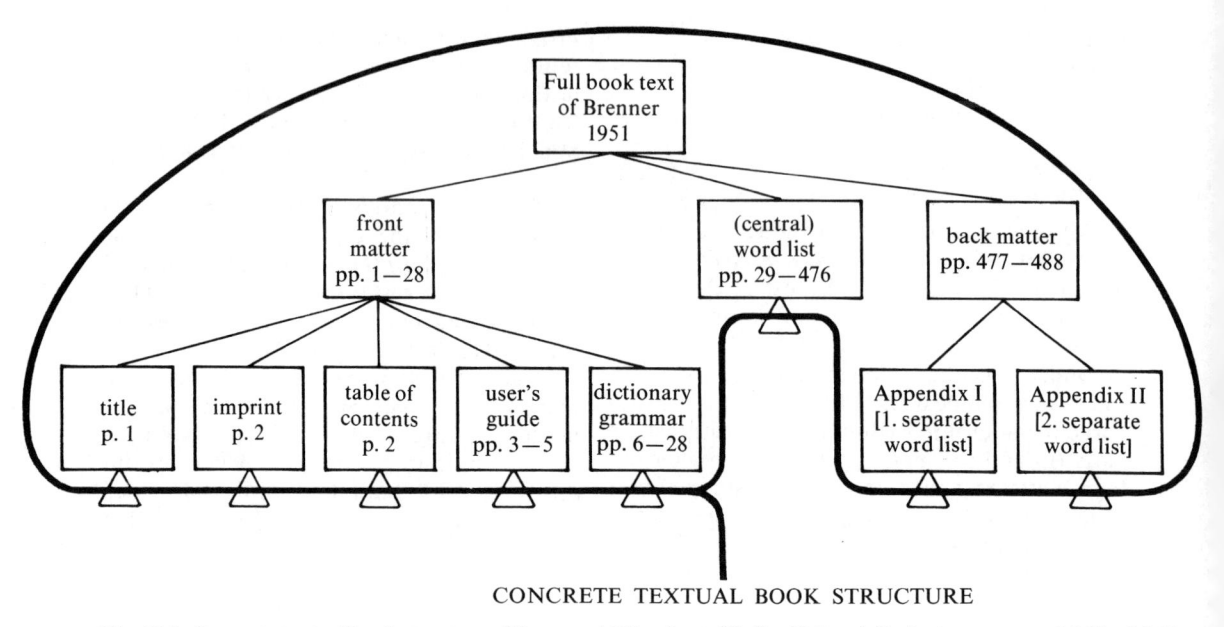

Fig. 36.2: Concrete textual book structure of Brenner 1951; cf. art. 38, fig. 38.7 and dictionary excerpts 38.11—38.13

constituents and (if necessary) classes of dictionaries, they are *abstract* dictionary structures. In the following a short mode of expression is always used when misunderstandings are not to be expected. Instead of speaking of the "elements of the universe of a structure" one then refers to the "elements of a structure" or one says: "the constituents belong to the structure" instead of, more precisely: "the constituents belong to the universe of the structure".

The concrete textual book structure found in Brenner 1951 may therefore be represented as in fig. 36.2.

Figure 36.2 represents a textual book structure made up of eleven elements. These are represented by the labelled nodes of the tree graph.

*Note:* Two order relations are defined on the universe of the textual book structure, that is (i) a two-place part-whole-relation, which is reflexive, antisymmetric and transitive and to whose elements (i.e. pairs like (title, introductory part) or (appendix II, supplementary part)) the relational term *is a constituent of* applies, as well as (ii) a two-place predecessor-successor-relation, which is reflexive (and thus asymmetric) and transitive and to whose elements (i.e. pairs like (title, table of contents) or (appendix I, appendix II)) the relational term *precedes* applies. The two order relations are disjunctive; the universe of the textual

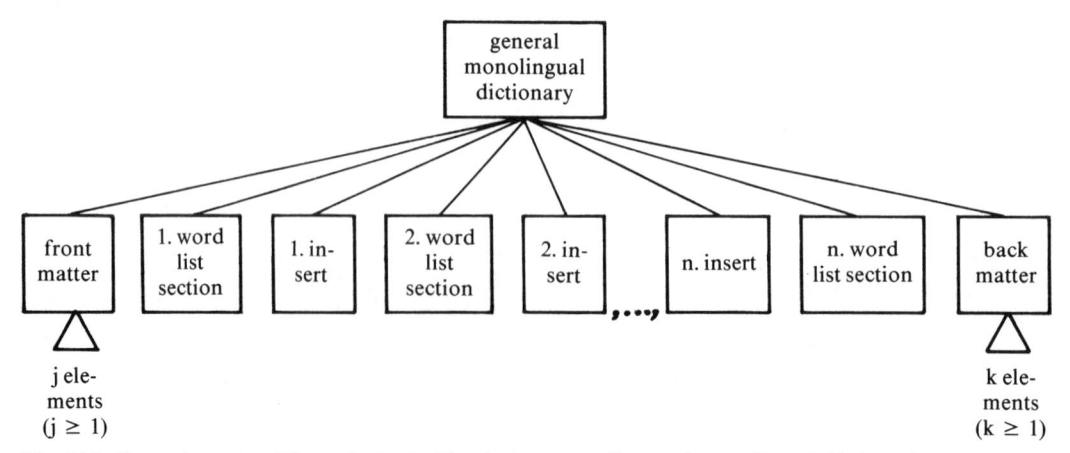

Fig. 36.3: General structural frame for textual book structures of general monolingual dictionaries

book structure arranges their union exhaustively. The concrete textual book structure from Brenner 1951 is thus an order structure.

The most important requirements the textual book structure must meet as an order structure can be clearly seen in fig. 36.2.

Fig. 36.3 displays a general structural frame into which all abstract textual book structures may fit. When the *inserts* are missing, the various parts of the word list move together and form one and the same central word list.

When commenting on the ultimate constituents, one may say that the structure and function of dictionary *titles* have never been thoroughly analysed (cf. Wiegand 1988a and 1988c, 5 ff.). *Tables of contents* are special forms of *access structures;* they should be taken into consideration when characterising the *access profile* of a dictionary (cf. Wiegand 1989) precisely. Generally speaking, the tables of contents in general monolingual dictionaries give access to most of the elements of the textual book structure and occasionally to parts of these elements; see for example WDG, 03 and art. 65; ÖW, 5—7; Brenner 1951, 2; LDW 1968, 6; Knaurs-GW, 5; DFplus, 1795 (back matter only); PR, 2173; CED, 5; DPF, I; Zingarelli 1983, XVI; GDLE, XV. The table of contents may be omitted if the textual book structure is made up of only few elements; see for example Duden-GW, DUW 1983, COBUILD, DFCi. See art. 66 for *user's guides,* art. 64 for the *dictionary grammar.* The *word list* is treated under 3. (below), the *separate word lists* under 5. (below). For further parts of the textual book structure, see art. 67 (encyclopedic information) and 67a (indexes). (For the indexes see also art. 38, 4).

## 3. The Textual Word List Structure

The *textual word list structure* of general monolingual dictionaries (G. textuelle Wörterverzeichnisstruktur or textuelle Binnenstruktur, as used by Wiegand 1989, F. structure textuelle de la nomenclature) is the counterpart of the textual book structure. The word list structure is not, however, identical to the *macrostructure.* Without the concept of the textual word list structure it is impossible to deal systematically with certain features and certain elements of dictionaries (see dictionary excerpt 36.1). The elements "Y = I", "Y = J", "Z" and "siehe auch C und K" are neither elements of the *microstructure* nor elements of the *macrostructure* nor of the *access structure* (cf. art. 38). The textual word list structure makes it possible to incorporate them into the metalexicographic textual description.

```
x-fach, das X-fache (Vielfache)
X-Strahlen (Röntgenstrahlen)
Xylophon, das, —s, —e (Musikinstru-
  ment)
```

$$Y = I$$

```
y, Y (Buchstabe); Ypsilon, das, —s  -s
Ybbs, die, — (Nebenfluß d. Donau)
Yggdrasil (Weltesche)
Ypern (Stadt in Belgien)
Yserkanal [eißer...] (in Flandern)
Yssel, die (Mündungsarm des Rheines)
```

$$Y = J$$

```
Yankee [jänki] (Spottname für Ameri-
  kaner)
Yankee-Doodle [...dudl] (amerik. Na-
  tionallied)
Yard, das, —s, —s (engl. Längenmaß)
Yatagan, der, —s, —e (Krummschwert)
Yen = Jen, der (japan. Münze)
Yokohama (Stadt i. Japan)
York (Stadt; Grafschaft in England)
Youngplan (dtsch. Reparationsplan v.
  1932)
Yukatan (mex. Halbinsel; Staat)
```

$$Z$$

(siehe auch C und K).

```
z, das Z (Buchstabe); von A bis Z
  (alles)
Zacharias (m. Vn.)
```

Dictionary excerpt 36.1: Word list sections y, z (from: Brenner 1951)

Let us examine the word list structure used by Brenner 1951. The book structure and the word list structure have only one element in

TEXTUAL BOOK STRUCTURE

[Diagram: general monolingual dictionary → front matter, word list, back matter]

TEXTUAL WORD LIST STRUCTURE

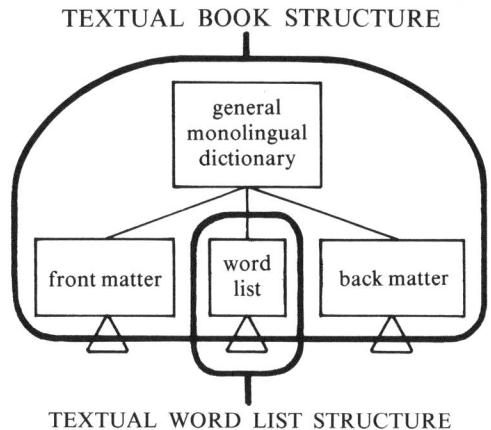

Fig. 36.4: Connection between the textual book structure and the textual word list structure

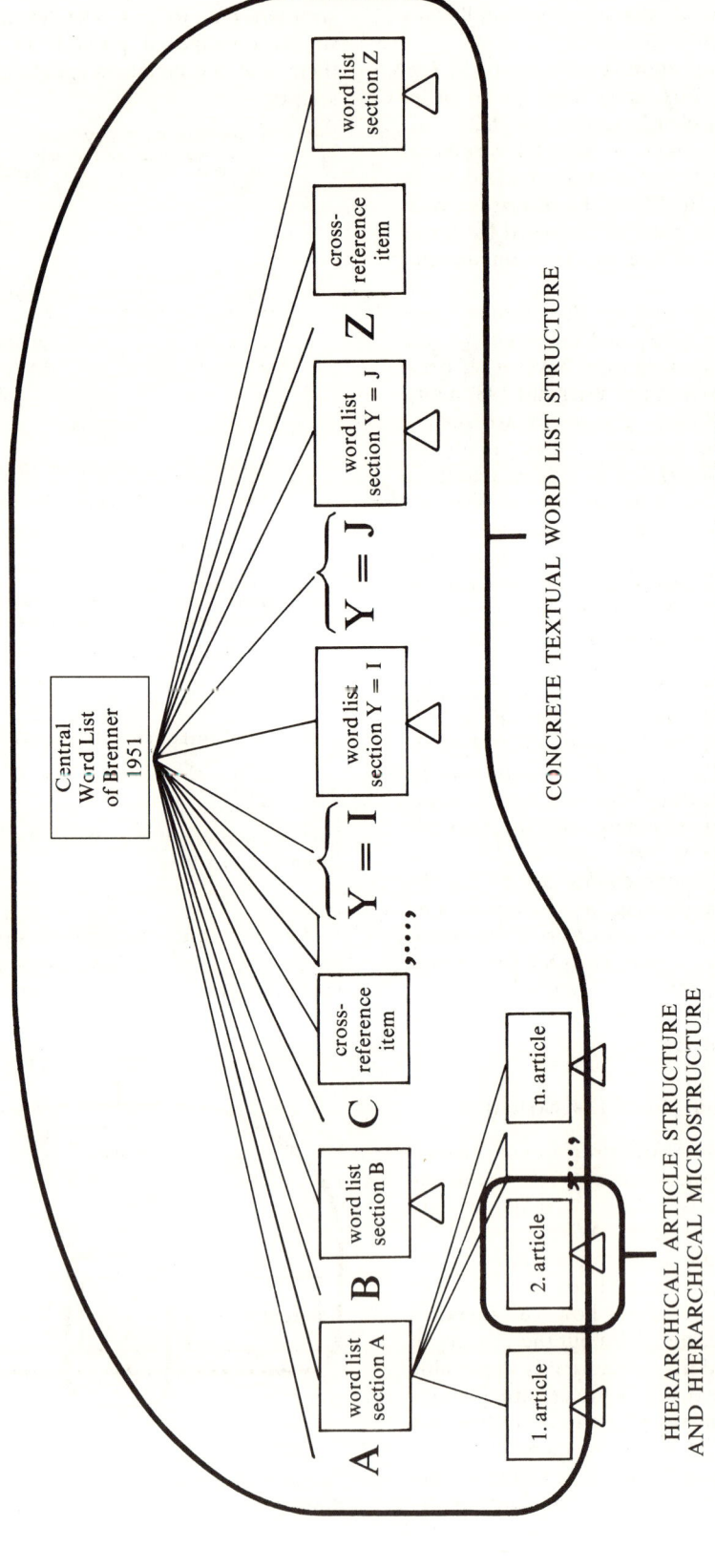

Fig. 36.5: Structural visualization of the concrete textual word list structure of Brenner 1951 (according to Wiegand 1989)

common, namely the whole (central) word list (cf. Fig. 36.4).

By segmenting the word list of Brenner 1951, one arrives at the result that is partly displayed in figure 36.5.

The bold face capitals A, B, ..., Z are *structural indicators* (G. Strukturanzeiger, F. ordonnateurs) (of the non-typographical type, outside the article, in the sense of art. 38 a, 3.2.2.2.), separating different *word list sections* (G. Artikelstrecken, F. sections de la nomenclature). The structural indicators represent the *access alphabet* of the dictionary (in the sense of article 38, 2.1.). Brenner 1951 has in its access alphabet two Ys following one another: Y with the phonetic value of J follows Y with the phonetic value of I.

*Note:* Most German dictionaries (like BW, Duden-GW), which alphabetize |ü| like |u|, |ö| like |o| and |ä| like |a|, should contain the indicators "U, Ü", "O, Ö", "A, Ä". The absence of these elements is a systematic defect.

Some dictionaries like GDEL, RH, COD, DFV, Wahrig-⁵DW have a *thumb index* (G. Daumenregister, F. répertoire à onglets) on the outside stick of the right dictionary pages, which is a *rapid access structure* (in the sense of art. 38) (G. Schnellzugriffsstruktur, F. structure d'accès rapide).

Like the book structure, the textual word list structure is an order structure. The whole *dictionary article* is the only element common to each *(hierarchical) article structure* (and each *hierarchical microstructure*) on the one hand and the word list structure on the other hand.

*Note:* For the sake of clarity fig. 36.5 is restricted to only one article.

Each *(hierarchical) article structure*, and therefore each *(hierarchical) microstructure*,

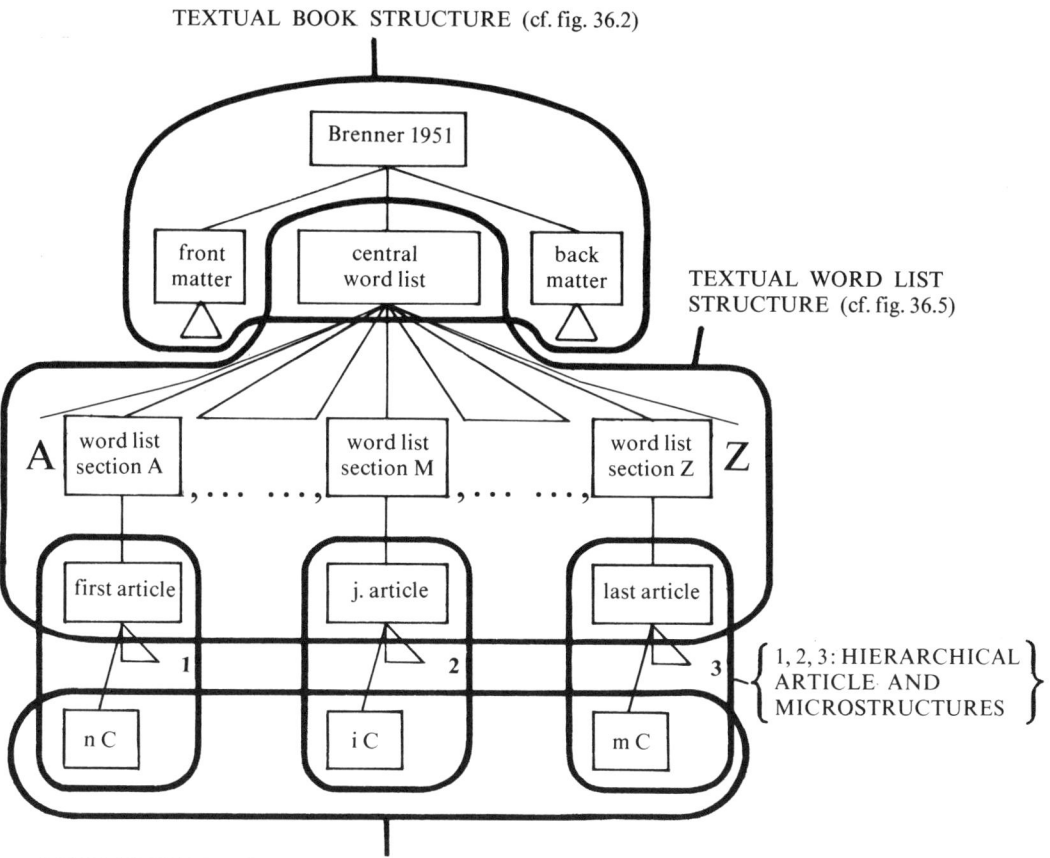

Fig. 36.6: The connection of the following order structures: the textual book structure, the textual word list structure, the hierarchical article structure, the hierarchical microstructure, the main access structure (according to Wiegand 1989). C = Carrier of the guiding element

consists of at least one element which functions as a *guiding element* (as used by Wiegand 1983, 403; cf. art. 37 and 38, 1.) (G. Leitelement, F. élément de repérage). The set of all *guiding elements* of the central word list, which in the case of *straight-alphabetical dictionaries* (in the sense of art. 38., 3.3.1., see below 4.) is identical to the set of all lemmata of the central word list (for example in BW), forms the *main access structure* of a dictionary. If there is no separate word list (see for example BW, DUW 1983, Duden-GW, CO-BUILD, Wordmaster, CED, De Felice/Duro), then the macrostructure is identical to the main access structure. (This is not the case in Brenner 1951, because Brenner's back matter contains two separate word lists).

Fig. 36.6 displays in generalized form how the *order structures* in Brenner 1951, i.e. the textual book structure, the textual word list structure, the (hierarchical) article structure, the (hierarchical) microstructure and the main access structure (as partial structure of the macrostructure), are mutually connected.

## 4. The Macrostructure

The following focuses on alphabetical macrostructures and therefore on languages with alphabetical writing systems (see art. 38.2.1.).

The initial-alphabetical macrostructure of the general monolingual dictionary is a set of carriers of guiding elements, on which a transitive irreflexive order relation is defined, to whose elements the relational term *x initial-alphabetically precedes y* (relative to the access alphabet z) applies; the universe (domain) either already contains all the units systematically treated in the dictionary (i.e. in accordance with the microstructural *information program*) or all the systematically treated units may be transferred by word processing operations into the central word list (which, in this case, is identical to the macrostructure) without changing the *lexicographical coverage* (G. Abdeckung, F. extension). The macrostructure is the only structure which may contain all the units treated. It is the macrostructure that determines under which lemma the lexicographical item is to be found.

The macrostructure may be presented differently within the two dimensions that are available so that we can distinguish different *designs* (G. Anordnungsformen, see art. 38, 3.2. F. arrangements). The common feature of all these designs is the orientation from top to bottom, which is conditioned by the writing system. In *straight-alphabetical* dictionaries (G. glattalphabetisch, F. à alphabet droit) this orientation is strong, that is to say, the *lemma file* is arranged vertically (G. Lemmareihe, F. file des lemmes).

Elsewhere we find sinuous lemma files. This is the case in *niching* and *nesting* dictionaries (G. nischenalphabetische/nestalphabetische Wörterbücher, F. dictionnaires à niches/à nids). *Niching* (G. Nischenbildung, F. nichification) is a strict-alphabetical clustering of lemmata or articles which may or may not be semantically related. We find frequent semantic niching in DUW. *Nesting* (G. Nestbildung, F. nidification) is a clustering or listing of lemmata or articles which stretches the rules of strict-alphabetical ordering in order to exhibit morphosemantic relations between words, for example when in the compound article **fill** the boldface sublemmata **filler, fill in, filling station, fill in on** and **fill out** are listed before the next main lemma **fillet** (WB), or when in the French compound article **bouton** the bold face sublemmata **déboutonner** and **rebroutonner** are clustered before the next main lemma **bouture** (DFC, see Duden-GW for German examples). While niching is no more than a simple alphabetical loop of the macrostructure, nesting leads inevitably to word-finding problems and requires cross-referencing or some other form of user-guidance.

*Listing* (G. Listenbildung, F. listage) refers to an arrangement in which each sublemma is placed on a new indented line (cf. WB). *Clustering* (G. Clusterbildung, F. formation de blocs lexicographiques) is a space-saving arrangement in which each sublemma immediately follows the preceding subentry without beginning a new line (cf. DFC). Listing and clustering are two formal types of lexicographical *grouping* (G. Gruppierung, F. (re-)groupement).

A sinuous lemma file also proceeds roughly from top to bottom (see art. 38, ill. 38.3. and 38.5.). But this orientation is less strong, because it is often disrupted when two lemmata follow in one and the same line or when there is *lemma-clustering* as in dictionary excerpt 36.2.

The lemma-cluster is the result of space-saving *textual condensation*. The basis of condensation in dictionary excerpt 36.2 are 12 referring articles. For textual condensation compare art. 90a and art. 38, 3.3.2. as well as art. 38a, 4.4.

**PHOTOGLYPTIE** [fɔtoglipti] n. f. Art de graver à l'aide de la lumière.
**PHOTOGRAMME, PHOTOGRAMMÈTRE, PHOTOGRAMMÉTRIE, PHOTOGRAMMÉTRIQUE, PHOTOGRAPHE, PHOTOGRAPHIE, PHOTOGRAPHIER, PHOTOGRAPHIQUE, PHOTOGRAPHIQUEMENT, PHOTOGRAVEUR, PHOTOGRAVURE, PHOTOINTERPRÉTATION** → PHOTO.
**PHOTO-IONISATION** [fɔtojɔnizasjɔ̃] n. f. (v. 1950). *Phys.* Ionisation des atomes ou des molécules d'un gaz ou d'une vapeur sous l'action d'un rayonnement ultraviolet.

Dictionary excerpt 36.2: Lemma-cluster (from: Lexis 1987)

Before the lemma signs become part of the macrostructure and are alphabetized (in the sense of art. 38, 2.1.) and occasionally grouped together in one and the same article, they have already undergone several lexicographic treatment procedures. They have been selected from the *dictionary basis* (cf. art. 68 and 89). This is what we call the *outer selection* (cf. Wiegand 1984, 596 ff. and 1989), which has to be distinguished from the *inner selection*: the units submitted to the inner selection belong to the *concrete microstructures* only. The *dictionary basis* (G. Wörterbuchbasis, F. base du dictionnaire) is the set of all dictionary sources, which are themselves of several types (cf. for example Pan Zaiping/ Wiegand 1987, 234 ff.). The lexicographer's native-speaker competence, for example, is a special type of source for the dictionary basis.

The outer selection is followed by *lemmatization* (cf. art. 37) and by *alphabetization*. The *outer selection* has a qualitative and a quantitative aspect: which classes of linguistic units and how many units in the various classes? General monolingual dictionaries vary considerably in both respects. For example, BW has Christian names as lemmata, WDG and Duden-GW do not.

All lexical units may be lemmata. The following can be selected: words (also derivatives and compounds), wordforms (e.g. G. *ging, bist*), flectional morphemes (e.g. F. *-ons, -ez*), affixes (suffixes, prefixes, infixes), affixoids (e.g. G. *-muffel* in *Gurtmuffel*), further elements of word formation, radicals (e.g. F. *-tim-* because of *timoré, timide, intimider*), multiword lexical units (e.g. F. *d'emblée, pomme de terre*), phrasal verbs, parts of multiword lexical units without monemic status (e.g. G. *Bockshorn* in *jemanden ins Bockshorn jagen;* or F. *emblée* in *d'emblée*), idioms (e.g. F. *mettre au pied du mur,* also lemmatised as *pied, mettre au pied du mur* or *mur, mettre au pied du mur*), proverbs, graphical variants (e.g. F. *énième, ennième, nième, n$^{ième}$*), abbreviations (initials, acronyms, apocopes and so on), names, derivations of names (deonomastica), onomatopoeic words.

Dictionaries may interpret lemma signs as homonymous and treat each homonym in a different article. This sort of treatment results in homonymous word list sections like "$^1$Gicht, $^2$Gicht" in DUW or "1. bouton, 2. bouton, 3. bouton" in DFC.

On a semantic, distributional and derivational basis, the DFC has pushed the practice of homonymization further than any other dictionary; it complements the DFC's technique of morphosemantic nesting (cf. dictionary excerpt 36.3).

**1. bouton** [butɔ̃] n. m. Pousse qui, sur une plante, donne naissance à une tige, à une fleur ou à une feuille : *Cueillir des boutons de fleurs qui s'épanouissent dans un vase.* ◆ **boutonner** v. intr. Produire des boutons : *Le rosier boutonne.*
**2. bouton** [butɔ̃] n. m. Petite pustule sur la peau : *Un visage couvert de boutons. La rougeole se signale par une éruption de petits boutons.* ◆ **boutonneux, euse** adj. Qui a des boutons sur la peau : *Le visage boutonneux d'un adolescent.* ◆ **boutonner** v. intr. Se couvrir de boutons : *Son visage commence à boutonner.*
**3. bouton** [butɔ̃] n. m. 1° Pièce généralement circulaire, plate ou bombée, de matière dure, que l'on fixe sur les vêtements pour en assurer la fermeture ou pour servir d'ornement : *Recoudre un bouton qui a été arraché. Des boutons ornent les manches des vestes. Des boutons de nacre ferment le chemisier. Les boutons de manchettes rapprochent les deux bords des poignets de chemise.* — 2° Pièce de forme sphérique ou cylindrique qui sert à ouvrir ou à fermer : *Tourner le bouton de la porte* (syn. : POIGNÉE). *Fermer le bouton du poste de radio.* ◆ **boutonner** v. tr. *Boutonner un vêtement,* le fermer par des boutons : *Boutonner sa veste. Il est boutonné jusqu'au menton dans sa tunique. Corsage qui se boutonne par-derrière.* ◆ **boutonnage** n. m. : *Apprendre à un enfant le boutonnage de ses vêtements.* ◆ **boutonnière** n. f. Petite fente faite à un vêtement pour y passer un bouton : *Refaire des boutonnières qui s'effrangent. Porter une fleur à sa boutonnière* (= à celle qui se trouve au revers du veston ou du tailleur). ◆ **déboutonner** v. tr. Ouvrir en défaisant les boutons (sens 1) : *Déboutonner son veston.* ◆ ***se déboutonner*** v. pr. 1° Défaire les boutons qui attachent ses habits. — 2° *Fam.* Dire tout ce que l'on pense : *Le vin l'a rendu expansif et il s'est déboutonné, nous confiant son amertume.* ◆ **reboutonner** v. tr.

Dictionary excerpt 36.3: Articles 1. bouton, 2. bouton, 3. bouton (from: DFC, 159)

There are very few empirical studies on macrostructure profiles of general monolingual dictionaries and also little operational description to enable us to measure the richness of macrostructure.

## 5. The Access Structures

In many general monolingual dictionaries, the macrostructure and the only *outer access structure* coincide. In a typology of dictionaries whose typological criterion is the outer access profile (cf. Wiegand 1989 and 1989c; see also art. 91), such dictionaries belong to *monoaccessible* (G. monoakzessiv, F. monoaccessible) dictionaries with one outer access structure (cf. art. 38., 4.1.). Examples are BW, Duden-GW, DUW 1983, WDG, HWDG, Mackensen 1977, CED, COBUILD, De Felice/Duro, Wordmaster. Dictionaries are called *monoaccessible* when there is only one defined *search path* (G. Suchpfad, F. voie de repérage) to solve the search problem. The complete search path always has two parts: in one-volume dictionaries the *outer search path* proceeds from top to bottom; if the dictionary has more than one volume, the search path starts with the information on the spine. Once the lemma is found, there is a change in direction. The *inner search path* starts at the lemma and proceeds through the dictionary article. If the user knows the *inner access structure,* the search on the inner search path can also be systematical. Most metatexts explain the *inner access structure* (e.g. Duden-GW, 3, calling it "Grundschema für den Artikelaufbau"). Usually the inner access structure is explained as a string of *article positions* (G. Artikelpositionen, F. positions (dans l'article)) from the first to the last position (cf. dictionary excerpt 36.3). Some metatexts explain inner access structures in relation to types of lemma signs. This is the case in Knaurs-GW: dictionary excerpt 36.4 refers to the type "polysemous adjective".

Wiegand 1983). Some dictionaries have only one running head on one page (Knaurs-GW, Wahrig-$^5$DW, BW, DUW 1983, TLF, Lexis, Wordmaster, Zingarelli 1983), others have two (LDW 1968, ÖW, Herders Sprachbuch 1973, Brenner 1951, CED, COBUILD, CULD, PR). In the dictionaries mentioned, the running heads are identical to the first or the last lemma on the dictionary page. This is not the case in the Sprachbrockhaus. There, only a partial string of the guiding element functions as a running head. On left pages there are the first four letters of the first lemma and on right pages there are the first four letters of the last lemma, which gives elements such as: *Diph . . . Diwa* (158 f.; see also Wiegand 1989). In DFplus the running heads are limited to three letters.

Together the running heads of the dictionary form the *outer rapid access structure.* This is the only outer access structure of the general monolingual dictionary which goes from the left to the right without exception. Some dictionaries have a second rapid access structure, namely the thumb index. The guiding elements of thumb indexes are either letters or pairs of letters or both.

There are also *inner rapid access structures* of a linear type. They include at least one lemma, one structural indicator within the

$$\overbrace{\text{mies}}^{1}\overbrace{\langle\text{Adj., -er, am -esten}\rangle}^{2} 1 \overbrace{\langle\text{im jidd. Sprachgebrauch}\rangle}^{3} \overbrace{h\ddot{a}\beta lich}^{5} 2 \overbrace{\langle\text{ugs.}\rangle}^{6} \overbrace{schlecht,}^{7}$$
$$\underbrace{\ddot{u}bel;\text{ in einer} \sim\text{en Verfassung sein; mir ist m.}}_{8} 3 \underbrace{wertlos, minderwertig, absto\beta end;}_{6}\text{ ein}$$
$$\underbrace{\sim\text{er Charakter;} \sim\text{e Handlungsweise; sich m. verhalten}}_{8}[<\text{jidd. }\textit{miš, miuss ,,schlecht,}$$
$$\underbrace{\textit{unangenehm, widrig; häßlich``,} <\text{hebr. }\textit{mi}^{\ni}\textit{us ,,Abscheu, Widerwille''}]}_{9}$$

1. Stichwort; der Strich unter dem ie bezeichnet die lange Aussprache
2. Angabe der Wortart (Adjektiv)
3. Steigerung
4. arabische Ziffer; sie trennt die verschiedenen Bedeutungen
5. Anwendungsbereich
6. Erklärung (Definition) in Kursivschrift
7. Stilebene; das Wort wird in dieser Bedeutung nur umgangssprachlich gebraucht
8. Anwendungsbeispiel
9. Herkunft des Wortes

Dictionary excerpt 36.4: Guide to the inner access structure (from: Knaurs-GW)

Most dictionaries have, in addition, a shorter version of the outer search path. The shorter search path starts at the running heads of the column, which are *guiding elements* other than the lemmata (G. Leitelemente, F. éléments de repérage) (as used by

article and two *search areas* (G. Suchbereiche, F. champs de repérage). Search areas are sets of article positions marked by a structural indicator. In dictionary excerpt 36.5, the structural indicator "+" separates one search area from the other. In this case the indicator is followed by those article positions which describe idioms (cf. HWDG, XXVII).

**Asche,** die; -, -n /vorw. Sg./ *pulveriger Rückstand verbrannter Materie*: glühende, kalte, radioaktive, vulkanische A.; die A. (von der Zigarre) abstreifen + scherzh. sich A. aufs Haupt streuen (*Selbstkritik üben*); — wie ein ↗ Phönix aus der A. steigen; etw. in ↗ Schutt und A. legen

Dictionary excerpt 36.5: Article with an inner rapid access structure (from: HWDG)

Having arrived at the lemma **Asche**, the well-informed user in search of an idiom leaves the outer search path and, instead of going through the complete inner search path, moves directly to "+" and enters the second part of the complete search path. Especially in longer articles, this method may shorten the using time of the dictionary considerably.

*Note:* Empirically substantiated analyses of search paths are found in Wiegand 1989b. His findings indicate that most of the recent general monolingual dictionaries lack a well-developed access profile. There are also monoaccessible dictionaries with more than one outer access structure (Brenner 1951, LDW 1968, Knaurs-GW). Wahrig-⁵DW gives access to the dictionary grammar. In the back matters of DFC, DPF, DFplus and DFV one finds access structures giving access to proverbs.

Dictionaries having *indexes* (G. Register, F. index) are of the polyaccessible type. In these dictionaries the user may arrive at lexicographic data by more than one defined search path (cf. art. 38, fig. 38.11). For example TLF 12, 1329—1335 calls "Index" an index of all the words from *natation* to *pénétrer* that are treated in the volumes 1—12, but lack lemma status (e.g. *néocortex* treated in a note on the article *cortex*). Certain access structures of indexes may be partial structures of the macrostructure (cf. art. 38, 4.2.).

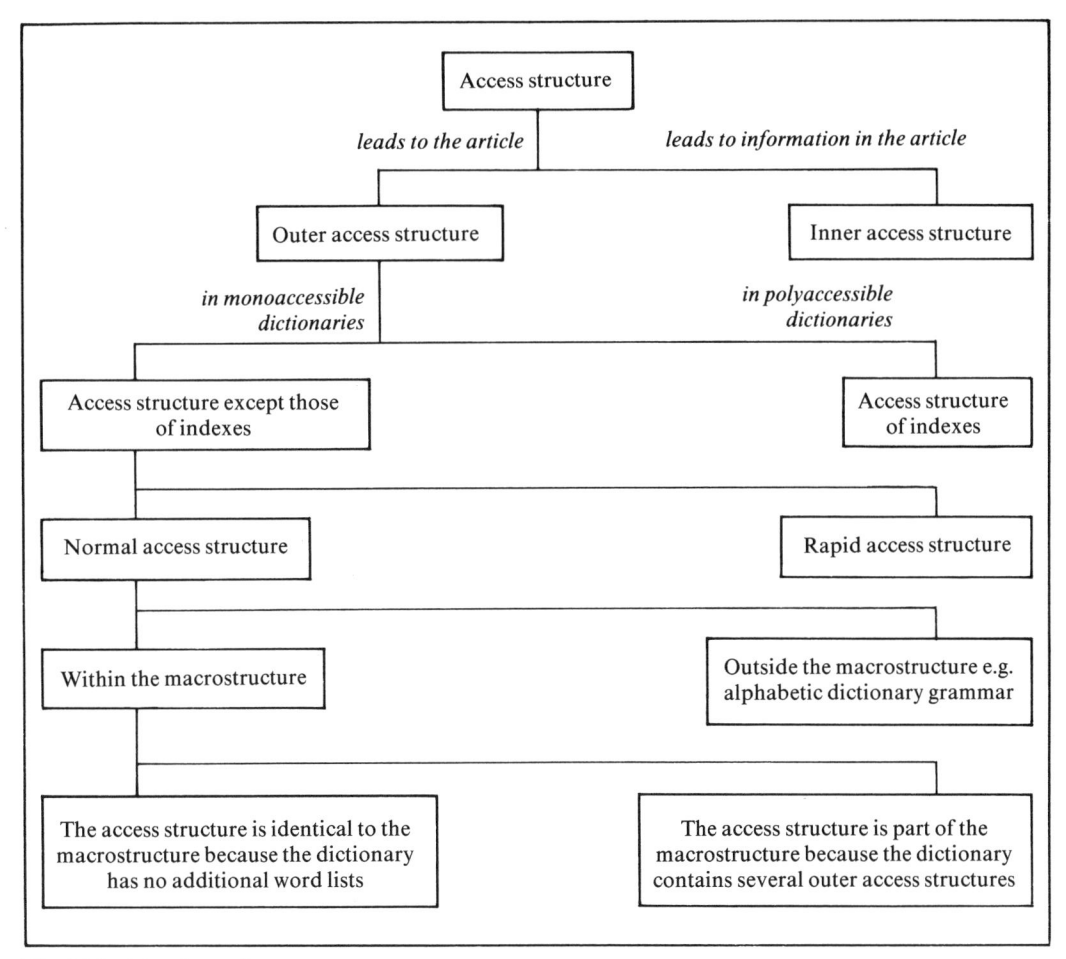

Fig. 36.6a: Typology of access structures

## 6. The Microstructure: the Classical Conception

The classical conception of the microstructure goes back to Josette Rey-Debove (1971, especially 151—179). General aspects are presented and evaluated in article 38 a, 2.1. The core of the theory is as follows (simplified description):

The microstructure of a dictionary article is the total set of linearly ordered information items following the lemma. The microstructure of each dictionary article is the result of a writing process in which the lexicographer goes step by step through the well-established microstructural information program which consists of linearly ordered information types. In this process, he observes the information code by which typography, abbreviations, etc. are determined. When working on lemma signs which are interpreted as monosemous, the lexicographer only goes through the whole information program once. When working on lemma signs which

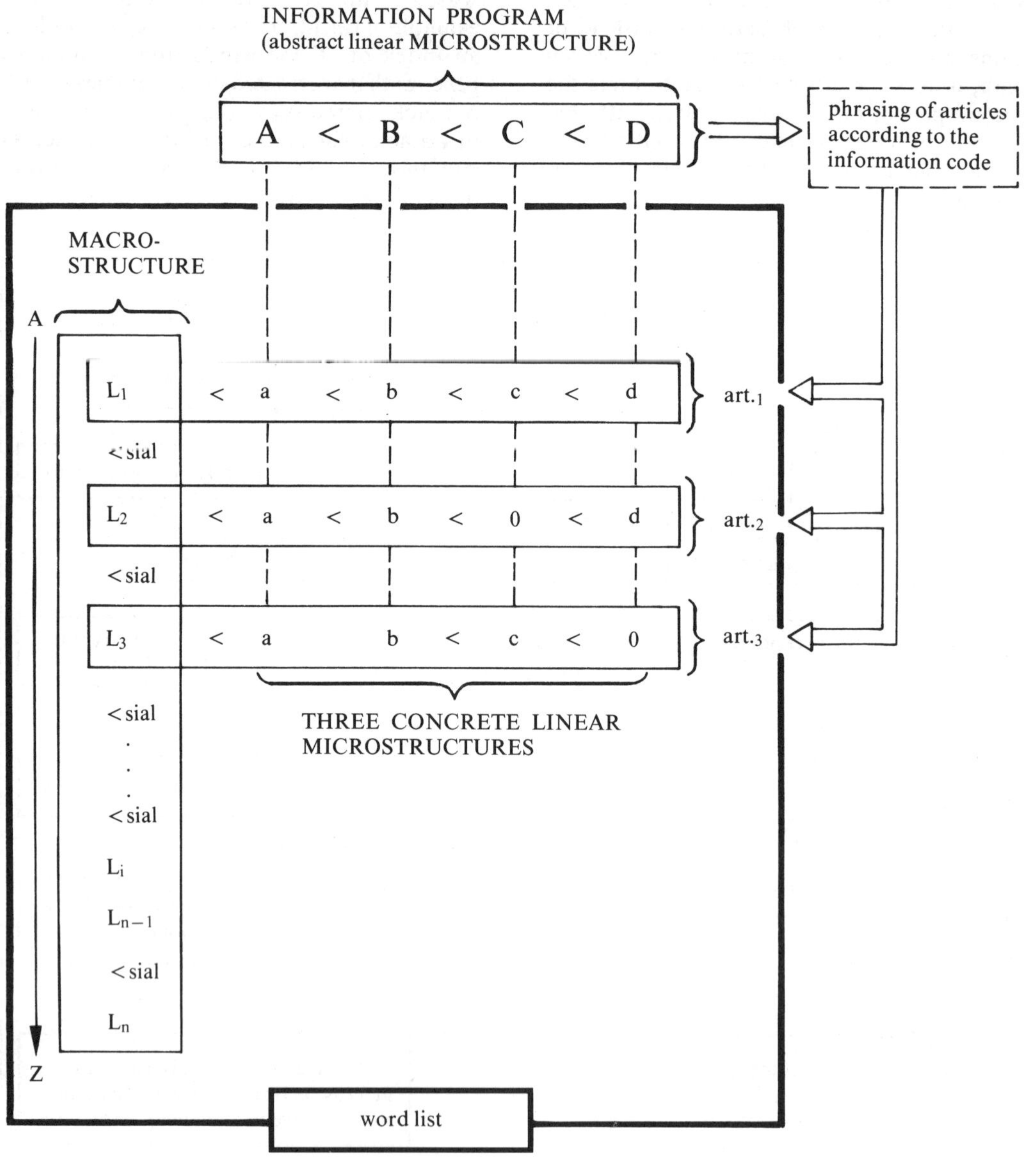

Fig. 36.7: Visualization of the classical conception of the microstructure for monosemous lemma signs (according to Rey-Debove 1971)

are interpreted as polysemous, he processes certain parts several times (cf. art. 38 a, fig. 38 a.13). When the lexicographic treatment of a certain information type within the information program (for example, the type SYNONYM) reveals that no representative of this information type (for example, no synonym) can be found, then one must count a zero degree of information. Taking zero information into account, all dictionary articles of a dictionary (in spite of being rather different texts) are isomorphous with regard to their concrete linear microstructures and all concrete microstructures are isomorphous to the linear structure of the information program (which may be considered a linear abstract microstructure). With this theory as a basis, one can speak of the *constant microstructure* of a dictionary. Fig. 36.7 displays the core of the theory by Rey-Debove (the macrostructure is taken into account, cf. fig. 36.7).

*Note on fig. 36.7:* The letters A, B, C, and D denote the information types PART OF SPEECH, DEFINITION, SYNONYM, and HOMONYM (cf. Rey-Debove 1971, 151), the small letters a, b, c, and d denote the corresponding concrete information. 0 means zero information, appearing under C in article$_2$ and under D in article$_3$. L = Lemma; "<sial" means *comes strictly-initialalphabetically before* and "<" means *comes before*. The vertical broken lines indicate the isomorphous relations between all microstructures.

Part of this theory of microstructure is a more or less limited inventory of information types which are elements of the abstract linear microstructure. The most important information types appearing in the abstract linear microstructure (as defined by Rey-Debove) are presented below in groups. The categories are Saussurean but also those of traditional lexicography. The following discussion is not meant as a classification in a theoretical sense.

*Note:* The elements of the abstract linear microstructure are information types; they may also be considered as information classes. Realizations of a type (or elements of a class) are called hereafter *information*. It is only after applying the specific information code of a dictionary to this information that the information data become specific textual segments of a dictionary article, i.e. lexicographic *items* (cf. art. 38 a, 3.2.2.1.). — Items are not merely information. The user rather reconstructs information by relating the item and its *address* (see below 8). On the basis of one and the same *lexicographic data unit* or *treatment unit* (address + item) two different users may reconstruct different information (cf. Wiegand 1989).

(1) *Synchronic identifying information*
This information, which helps to identify the form of the lemma sign and its morphological paradigm, synchronically refers to spelling (art. 40), pronunciation and accentuation (art. 41), part of speech, inflexion, and aspect (art. 42, 64).

*Note:* Identifying *information* (above all spelling information) may be located in the lemma position (cf. art. 37); the lemma position, however, does not belong to the microstructure of the article (according to Rey-Debove), which it precedes instead (cf. Fig. 36.1 and art. 38 a, 2.1.5.).

(2) *Diachronic identifying information*
This refers above all to etymological information (art. 43). Borrowing labels (art. 56) may also belong to this type of information whose boundaries are rather fluid.

(3) *Diasystematic labelling*
This means restriction of usage indicated by a label or mark (G. Marker, Markierung; F. marque; cf. art. 53). There are temporal (diachronic) labels (F. marques temporelles, G. diachronische Markierungen; cf. art. 54) and regional (diatopic) labels (F. marques spatiolinguistiques ou diatopiques, G. diatopische Markierungen; cf. art. 55), labels for borrowing (F. marques des emprunts, G. Fremdwortmarkierung; cf. art. 56) and for marking style and situation (style labels, F. marques stylistiques et diastratiques, G. diastratische Markierungen); these labels indicate style levels (F. niveaux de langue, G. Stilebenen) other than the neutral one (cf. art. 57); further types of labelling include those for special fields of activity (technical, field and group labels, F. marques socioprofessionnelles ou techniques, G. gruppen- und fachsprachliche Markierungen; cf. art. 58) as well as those for frequency (F. marques quantitatives ou fréquentielles, G. Frequenzmarkierungen; cf. art. 59), occasionally supported by a reference to the corpus; further, there may be labelling for attitude and connotation (attitudinal labels, e.g. *derogatory*, F. marques attitudinales ou évaluatives, G. evaluative Markierungen; cf. art. 60) and, finally, usage (normative labels, F. marques normatives, G. normative Markierungen; cf. art. 61).

(4) *Explanatory information,* above all the definition (cf. art. 44, 48, 87); for certain words this includes further types of explanatory texts such as linguistic or encyclopedic description (cf. art. 30).

(5) *Syntagmatic information* on construction (art. 45) and on collocation (art. 47,

47a), which may be given in the form of any type of example (including quotations).

(6) *Paradigmatic information* concerning synonyms (art. 48), antonyms (art. 49), analogues (art. 50), homonyms and paronyms (art. 51) as well as word formation (art. 52). Synonyms may also be part of definitions (cf. art. 44 and 48).

Within the framework of the classical conception, explanatory, syntagmatic and paradigmatic information form the core of the microstructure, e.g.:

janitor [...]
1   a person hired to take care of a building or offices; caretaker:
2   *The janitor swept the floors and locked up the building each night.*
3   SYN: custodian

Fig. 36.8: The core of the microstructure (1: definition; 2: example; 3: synonym)

Imbs (1979, IX) calls this core the "microcosme nodal où se concentre le fruit de l'activité lexicographique (...). Il en est comme la perle". By including the syntagmatic and paradigmatic *information* in the core of the article, the lexicographer draws upon the structuralism of de Saussure, who insisted on the importance of syntagmatic (combinatory) and paradigmatic (associative) relations for the constitution of the linguistic sign. However, we are far from having attained a (truly) Saussurean lexicography. Too many dictionaries make do with definitions and neglect verb patterns, collocations, synonyms, and antonyms, not to mention morphosemantic paradigms.

(7) *Different kinds of semantic information*

These information types complete the definition and show the dependency of the article structure on the presumed meaning structure of the lemma sign (cf. art. 44). Because their functions are quite different, they are not classed under a generic term. There is, for example, information like *figuratively, metaphorically* or *Ü* (cf. art. 71), which help both to structure the article and mark the semantic process a sign has undergone. Other information belonging to this category are the definition-like statements which mark individual structural positions in a highly structured article, see for example the article **passer**[1], **verbe** in TLF which is structured in two sections, each of which has a bracketed gloss:

1ère Section [Dans l'espace ou dans un mouvement spatial]
2ème Section [Concernant le temps ou dans un déroulement temporel]

*Note:* Compare also glossing *information* as in LDOCE s. v. *eland;* in the definition, one of the *definientia* is in turn defined:
"a large African ANTELOPE (= deerlike animal) with horns that curve round and round"

(8) *Notes*

Various information types may be classed under the term *note* (G. Anmerkungen; F. remarques). A well-known feature are the usage notes.

Usage notes are texts of normal readability, contrasting markedly with the characteristic density of the lexicographical text. This explains the present trend to increase their use which is linked to the trend toward user-friendliness (cf. dictionary excerpt 36.6).

**ball**[1] (bɔːl) *n* **1** a round or approximately round sphere or mass. **2** such a sphere used in a game or sport. **3** the rounded, slightly raised part at the base of a thumb or big toe.
● *vb* make or gather into a ball. **ball-bearing** *n* a bearing with small, hardened, steel balls; one of these balls. **ball-cock** *n* an automatic valve with a floating ball that controls the level of water in a cistern. **ball-point** *n* also **ball-point pen** a pen with a small, metal ball as its writing-point. < Old Norse *böllr.* SEE PANEL.
**ball**[2] *n* a large, formal, social gathering for dancing. **ballroom** *n* a large hall for dancing. **have a ball** (*informal*) enjoy

---

**spot the ball**

Those who are on the ball when it comes to idioms will be familiar with the following expressions:
**on the ball** alert and informed: Jake's really on the ball as far as computer technology is concerned.
**play ball** to co-operate (with others): Some unions have decided not to play ball with the management in their efforts to streamline production.
**set the ball rolling** to start an activity, discussion, etc.

---

Dictionary excerpt 36.6: Usage note (from: Wordmaster, 47)

(9) *Pictorial illustrations* (G. Bilder, Illustrationen, F. images; cf. art. 62).

Information (1)—(9) relates to the dictionary subject (i.e. the language). The following kinds of information relate either to the dictionary form or both to the dictionary subject

# 36. Component Parts and Structures of General Monolingual Dictionaries

```
                                          ┌─ spelling
                                          ├─ pronunciation
            ┌──────────────────┐          ├─ part of speech
    1 ──────┤   synchronic     ├──────────┼─ flexion
            │   identification │          └─ aspect
            └──────────────────┘

            ┌──────────────────┐
    2 ──────┤   diachronic     ├────────── etymology
            │   identification │
            └──────────────────┘

            ┌──────────────────┐
    3 ──────┤   diasystematic  │
            │   labelling      │
            └──────────────────┘
                                          ┌─ definition
            ┌──────────────────┐          ├─ linguistic description
    4 ──────┤   explanatory    ├──────────┴─ encyclopedic description
            │   information    │
            └──────────────────┘
                                          ┌─ construction
            ┌──────────────────┐          ├─ collocation
    5 ──────┤   syntagmatic    ├──────────┼─ example
            │   information    │          └─ quotation
            └──────────────────┘
                                          ┌─ synonymy
                                          ├─ antonymy
            ┌──────────────────┐          ├─ analogy
    6 ──────┤   paradigmatic   ├──────────┼─ homonymy
            │   information    │          ├─ paronymy
            └──────────────────┘          └─ word formation

            ┌──────────────────┐
    7 ──────┤   other          │
            │   semantic information │
            └──────────────────┘

            ┌──────────────────┐
    8 ──────┤      notes       │
            └──────────────────┘

            ┌──────────────────┐
    9 ──────┤ pictorial illustration │
            └──────────────────┘

┌──────────────────┐
│ types of information │
│ inside the microstructure │
└──────────────────┘
            ┌──────────────────┐
   10 ──────┤ ordering devices │
            └──────────────────┘

            ┌──────────────────┐
   11 ──────┤ cross-references,│
            │   references     │
            └──────────────────┘

            ┌──────────────────┐
   12 ──────┤ representation symbols │
            └──────────────────┘
```

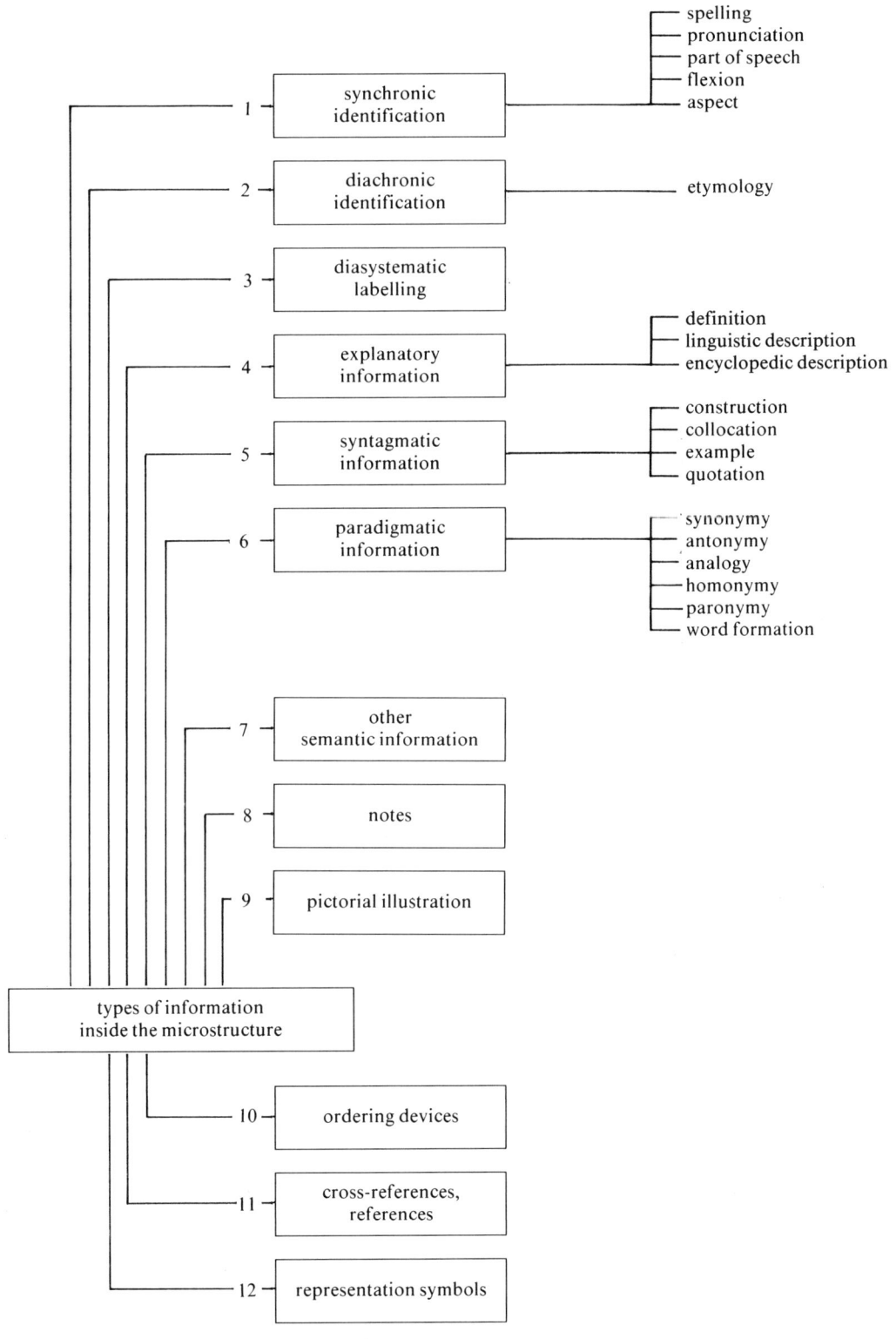

Fig. 36.9: Types of information inside the microstructure

and to the dictionary form, as well as to texts outside the dictionary.

(10) *Ordering devices* (G. Ordnungselemente, F. ordonnateurs) signposting the organization of the article in the form of figures, letters, brackets, punctuation marks, symbols (like the diamond). Although they help to make the structure of the article clear (cf. art. 38 a, 3.2.2.2.), ordering devices, especially in the form of symbols, are largely responsible for the impression of textual density which the dictionary article conveys (cf. art. 90 a).

Some ordering devices divide the article into search areas. They are elements of inner rapid access structures.

(11) *Cross-references* (G. Verweise, F. renvois). Cross-references open search paths which end inside the dictionary. References (G. Hinweise, F. références), frequently of a bibliographical nature, open search paths which end outside the dictionary (cf. Wiegand 1988 b, 559 ff. and art. 63, 88).

(12) *Representation* or *repetition symbols* (G. Platzhaltersymbole, F. symboles de représentation), normally the tilde ("~"). These symbols are substitution instructions. Users following these instructions realize text cohesion (cf. Wiegand 1988, 84 f. and 1988 b, 585 ff.).

## 7. Microstructures in the Dictionary: a New Conception

The new conception of the microstructure partially explained in articles 38 a and 39 (according to Wiegand 1989) is based, essentially, on the classical conception. It attempts to explain consistently all the empirical findings not taken into account by the classical conception because of its small empirical basis. Unlike the classical conception, the new conception of microstructures is based on an elaborated method of how to find partial texts of dictionaries and textual segments of dictionary articles, on an elaborated terminology in theoretical language, as well as on formalism in its formulation (in art. 38 a, 4 and 39 this formalism is only partially indicated). This new conception of microstructures is part of a theory of the lexicographical text, and this theory is in turn a module of a general theory of lexicography (in the sense of Wiegand 1983 a, 1983 b and 1984 a).

The microstructure of the dictionary article is only one of the possible article structures. While the classical conception describes, and partly justifies, the structural state of affairs in the field of general monolingual dictionaries, the new conception attempts to create the theoretical basis to go beyond — in the near future and in a definite way — the old scheme of uniform articles ("Schema-F-Kodifikation" cf. Wiegand 1977, 101 f.). In principle, the theory is so constructed that it is able to put at the lexicographer's disposal the complete *structural design* (in testable variants) for each clearly stated *information goal* of a *polyinformative* dictionary. Stated in a general way and only as far as is necessary for general monolingual dictionaries, the main positions of the new conception are as follows.

The new conception starts from the assumption that the lemma signs belong to different semantic and/or pragmatic types. The typology of lemma signs is based on language theory and determined by the information goals of dictionaries. Each lexicographic treatment unit belongs to such a type of lemma sign. Types of lemma signs are not exclusively determined by word classes. Some dictionaries already distinguish word class types of lemma signs (cf. Duden-2,7: "Die Artikel sind systematisch und für die einzelnen Wortarten einheitlich aufgebaut"). One has, however, to take into account that it is highly desirable for expressions as different as compound verb phrases (cf. art. 82), connectors (cf. art. 72), speech act markers (cf. art. 73), set phrases (cf. art. 75), expressions from political vocabulary (art. 76), expressions of emotion (art. 78), hedges (art. 79) and many others, to be explained in lexicographically different ways. If these lexicographical descriptions and explanations are to be adequate, the article structures, and especially the microstructures of the articles, have to be different. Consequently, a different abstract (hierarchical) microstructure is assigned to each different type of lemma sign. This means that a general monolingual dictionary with n types of lemma signs has exactly n abstract (hierarchical) microstructures.

The *abstract microstructure* of a standardized dictionary article is an *order structure* made up of classes of items which have the same function. All hierarchical microstructures, both abstract and concrete, may be represented by tree diagrams. The abstract microstructure is that part of the complete article structure which selects and orders the (classes of) items of the corresponding concrete microstructure. Since the abstract microstructures of dictionary articles are defined by sets of classes of items, the new conception has elaborated a linguistically and metalexicographically well-founded system of *item classes* which is based on more than 100 dictionaries and which specifies more than 200 item classes (cf. Wiegand 1989; article 38a, 3.2.2.4. especially fig. 38a. 17. and art. 39, 3.).

The following discussion gives a very simple illustration. The article *Grill* (dictionary excerpt 36.7) is exhibited by its concrete microstructure (Fig. 36.10) and by an abstract microstructure (Fig. 36.11) which is isomorphous to the concrete one.

**Grill,** der; -s, -s *je nach Konstruktion durch Holzkohle, Gas, Infrarotstrahlung od. Elektroenergie beheiztes Gerät zum Grillen*: Steaks, Würstchen vom G.

Dictionary excerpt 36.7: Dictionary article $da_1$ (from: HWDG)

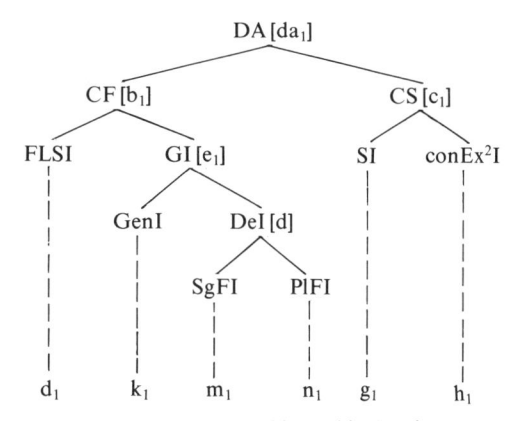

Fig. 36.11: The abstract (hierarchical) microstructure of $da_1$, element-class-relation included, e.g. $d_1 \in FLSI$; $c_1 \in CS$, etc.)

fig. the transitive part-whole-relations are — as usual — only partially represented by the edges, whereas the before-after-relation is not expressly represented, but results from the conditions of the writing system. The abbreviations DA, CF, CS, etc. are class names.

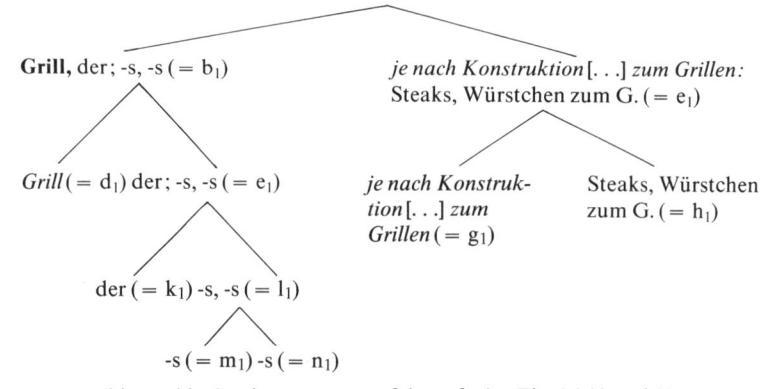

Fig. 36.10: The concrete (hierarchical) microstructure of $da_1$; cf. also Fig. 36.12 and 13

*Note to Fig. 36.10 and 11:* The fig. visualizes a functional-positional segmentation which takes only items into account (cf. art. 38a, 3.3.). In fig. 36.10 the items are concrete textual segments. Their different typographical realization is thus part of their form. After each item its individual name is put in round brackets in order to make Fig. 36.10, 36.11, and 36.13 more comparable. For other details cf. art. 39, Fig. 39.1. — Fig. 36.11 presents the abstract microstructure which is isomorphous to the concrete one of Fig. 36.10. The element-class-relation is partially represented, either by the broken line "---" or, in the case of non-ultimate constituents, by putting the square-bracketed individual names beside the class name. In both

For better reading of art. 38a and 39 the German abbreviations employed in these articles are added in round brackets.
Abbreviations of class names:

| | | |
|---|---|---|
| DA | = | Dictionary article (WA) |
| CF | = | Comment on form (FK) |
| CS | = | Comment on semantics (SK) |
| FLSI | = | Item giving the form of the lemma sign (LZGA) |
| GI | = | Grammatical item (GrA) |
| SI | = | Semantic item (BA) |
| conEx$^2$I | = | Condensed example item giving two examples (v. Bei$^2$A) |
| GenI | = | Item giving the gender (GA) |
| DeI | = | Item giving the declination (DekA) |

SgFI  = Item giving singular form (SgbA)
PlFI  = Item giving plural form (PlbA)

The abstract microstructure of $da_1$ is a simple illustration of the basic positions. The complete structure of the article contains more structures than just the microstructure (cf. art. 38a, 4.), e.g. the *addressing structure* and the *item structure* (see below 8.).

Since, according to the new conception, a general monolingual dictionary has more than one abstract (hierarchical) microstructures, the correlation between the microstructure of the dictionary and the microstructure of its articles has to be constructed in a new way, too (cf. art. 38a, 5. and Wiegand 1989). The different microstructures of the dictionary may be differentiated as follows:

(i) the *obligatory microstructure* of the dictionary
(ii) the *absolutely obligatory microstructure* of the dictionary
(iii) the *complete obligatory microstructure* of the dictionary.

*Ad (i)*: In the case of the general monolingual dictionary, which distinguishes n types of lemma signs and assigns to each of these types just one abstract (hierarchical) microstructure (so that there are n such structures), the obligatory microstructure of the dictionary may be characterized in the following informal way: the obligatory microstructure of the dictionary is a class containing the following elements:
(a) that substructure which is common to all n abstract hierarchical microstructures
(b) structures which differ from that mentioned under (a) only in that in the case of polysemous lemma signs certain partial structures may be repeated a certain number of times (cf. art. 38a, fig. 38a.34).

The universe of the substructure mentioned under (a) consists of exactly those types of classes of items which have to be treated obligatorily for each type of lemma sign. This means that that abstract microstructure for the articles which has the smallest universe of all, determines decisively the number of classes of items which belong to the universe of the obligatory microstructure of the dictionary. This may result in that the obligatory microstructure gives but little information on the number and distribution of the items in the whole dictionary.

*Ad (ii)*: The absolutely obligatory microstructure may be distinguished from the obligatory microstructure. One has to take into account that, in the case of the classes of items treated obligatorily, one has to distinguish those whose lexicographic treatment always produces an item in the article from those where this is not the case; for example, it is always possible, in a general monolingual dictionary, to give a grammatical item or a semantic item. However, this is not the case for antonymic items because not all lemma signs have antonyms. The absolutely obligatory microstructure is therefore a partial structure of the obligatory microstructure because it is isomorphous to a partial structure which appears in each concrete microstructure of a dictionary article (except for cross-reference articles which have only rudimentary microstructures). Thus the absolutely obligatory microstructure informs us about the items which appear in each dictionary article (which is not rudimentary).

Before we characterize the complete obligatory microstructure we shall visualize the connection between the abstract hierarchical microstructure $MiS_h^a$ which is assigned to a certain type of lemma sign (LST) on the one hand and the obligatory as well as the absolutely obligatory microstructures of the dictionary on the other. The visualization in fig. 36.12 is shaped so as to be comparable with the classical conception in fig. 36.10. In order to be as clear as possible it is applied to a monosemous lemma sign.

*Note* on Fig. 36.12. The capitals, A, B, ..., W are names for classes of items. The elements of the item classes (i.e. the items of dictionary articles) are named by indexed minuscules. The items $a_1$, $a_2$, ... $a_n$ are elements of A, the items $b_1$, $b_2$, ..., $b_n$ are elements of B and so on. 0 means *no item available;* L = lemma; "<" means *precedes;* "<sial" means *precedes in a strictly initialalphabetic way;* "$\triangleq$" means *isomorphous to;* "$\Rightarrow$" means *transferred to (by treatment);* $MiS_h^a(LST_1)$ means: the abstract hierarchical microstructure assigned to type 1 of lemma signs. The absolutely obligatory microstructure ($aboMI_{Di}$) is emphasized by light grey colour. The obligatory microstructure ($oMI_{Di}$) is hatched. The three different concrete precedential microstructures (i.e. the linear structures consisting of the sets of ultimate constituents) are emphasized by dark grey colour.

A comparison of the two conceptions of microstructures in Fig. 36.7 and Fig. 36.12 clearly shows that the abstract microstructures that are assigned to the types of lemma sign and that determine the concrete microstructures can be considered information programs which are specific to one type of lemma sign. Unlike the information program

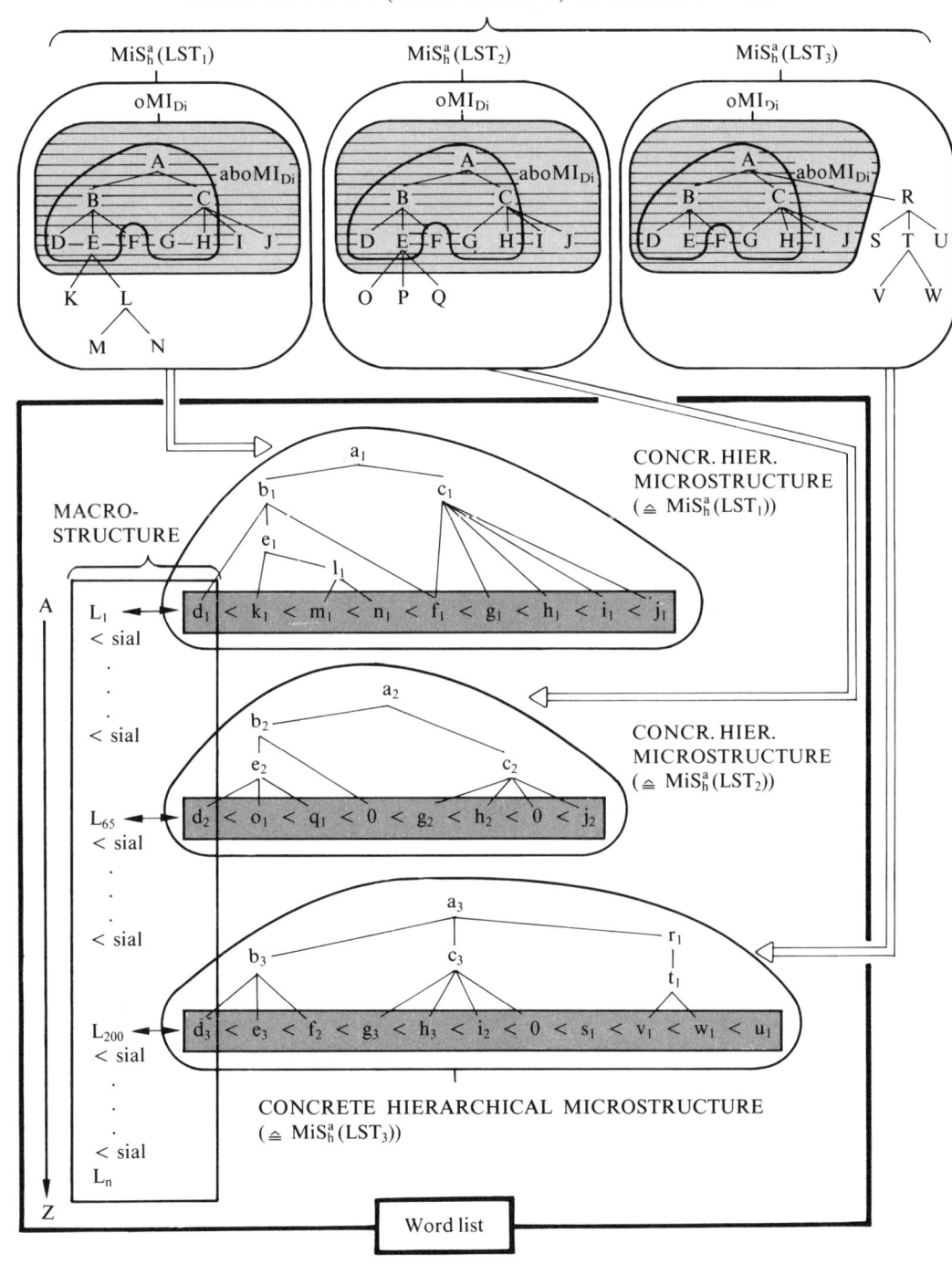

## 36. Component Parts and Structures of General Monolingual Dictionaries

Fig. 36.12: Visualization of the new conception of microstructures relating to monosemous lemma signs: connection between abstract microstructures and concrete macrostructures and both the obligatory and absolutely obligatory microstructure of a dictionary.

of the classical conception, they go down to the ultimate constituents. The new conception allows us to give more careful consideration to the properties of lexicalized expressions of the language. The zero items are not necessary in the new conception. If zero items are not marked in the article by a symbol, not all concrete microstructures are isomorphous to the abstract microstructure which determines them. One may then say that they belong to different isomorphous types which in turn belong to the same abstract microstructure (cf. art. 38 a). Connecting $MiS_h^a(LST_1)$ with dictionary excerpt 36.7, we arrive at the following visualization:

Lexicographers phrasing dictionary articles do not work out any linear scheme. It is true that they write linearly from the left to the right, but when doing so, they must have mentally at their disposal the hierarchical micro- or article structure. See, for example, the equivalence of typographical and non-typographical structural indicators (in the sense of art. 38a, 3.2.2.2.), which cannot be perceived without any relation to higher textual constituents.

Fig. 36.12 and 13 also show that the absolutely obligatory microstructure (aboMI) as well as the obligatory one (oMI) give insufficient information about the number and the

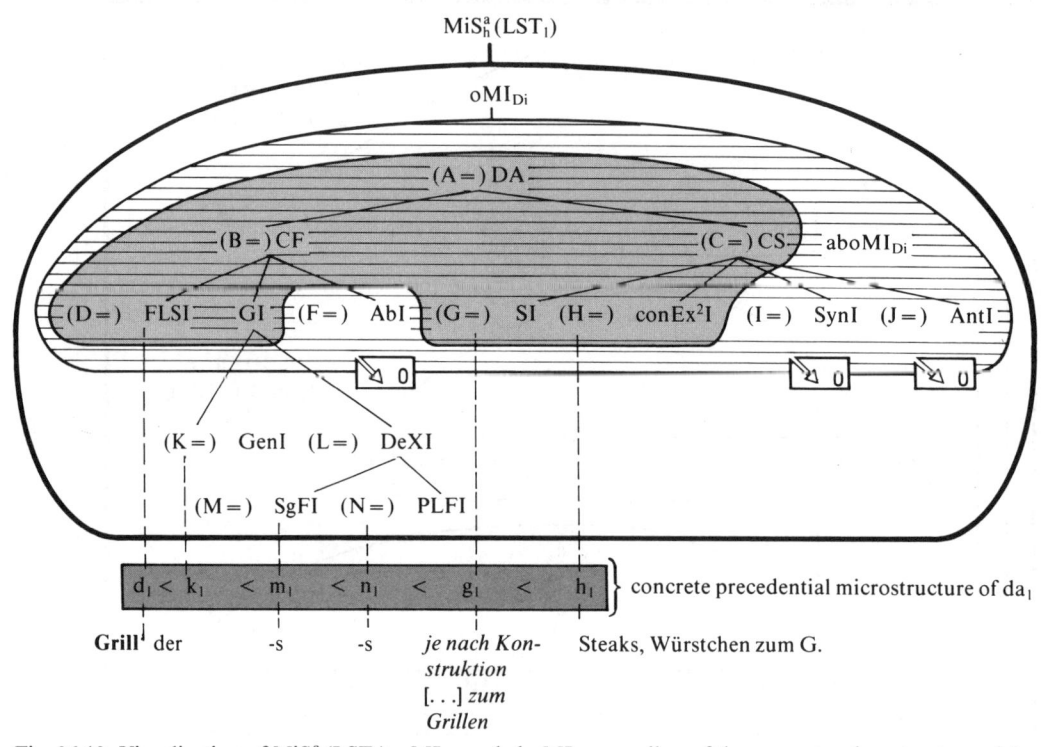

Fig. 36.13: Visualization of $MiS_h^a(LST_1)$, $oMI_{Di}$ and $aboMI_{Di}$ as well as of the concrete microstructure of $da_1$ (cf. Dictionary excerpt 36.7). New abbreviations: AbI = abbreviations item (AbkA), SynI = synonym item (SynA), AntI = antonym item (AntA)

The type of lemma sign $LST_1$, to which the word *Grill* would belong, could be characterized by the following properties: noun, simplex, concrete, monosemous, easy to document. The concrete microstructure of $da_1$ is not isomorphous to the abstract microstructure which is assigned to $LST_1$, because there are no symbols in $da_1$ to document the absence of abbreviations or of synonyms and antonyms.

distribution of item classes because certain partial structures of the three abstract microstructures are not taken into account (cf. especially $MiS_h^a(LST_3)$ in fig. 36.12).

If one wants information about all the types of lemma signs of the dictionary as well as about all item classes and their distribution in the whole dictionary, then one must give a structure which is not a partial structure of all abstract microstructures. This structure is the complete obligatory microstructure of a dictionary (coMI).

*Ad (iii)*: The complete obligatory microstructure of a dictionary gives the following information:
(a) the set of all item classes occurring in a dictionary
(b) all item classes which are obligatory for all types of lemma signs as well as all sets of those item classes which are obligatory only for special types of lemma signs
(c) all types of lemma signs
(d) all abstract microstructures assigned to the types of lemma signs.

The complete obligatory microstructure may then be defined by a function which assigns a structure to each type of lemma sign (cf. art. 38a, 5.). Another way to obtain the complete obligatory microstructure of a dictionary is the construction of a structural generator (a grammar in the sense of formal languages), which generates all abstract microstructures as tree diagrams (cf. Wiegand 1989).

## 8. Addressing

The new conception considers that the microstructure of dictionary articles is not the only (partial) structure within the complete article structure (cf. art. 38a, 4.). The other important structure is the addressing structure (cf. art. 38a, 4.3.).

*Note:* A theoretically founded description of lexicographical addressing requires a broad discussion (including historical perspectives) of the object language — metalanguage relation in the dictionary article as well as in the whole dictionary. It is impossible to discuss the subject here. The conception explained in this chapter has first been sketched in Wiegand 1983, 415 ff. (cf. art. 44). It differs fundamentally from that which is set out in art. 33.

The items of a dictionary article are always textual segments referring to something outside the text. In language dictionaries the segments refer to properties of expressions of the language. These properties are the subject of the dictionary. Each item of the article refers to this dictionary subject. Except in the case of the item giving the form of the lemma sign (FLSI), the relations mentioned are established by *addressing* (G. Adressierung, F. adressage). Each item refers to an addressee (which is at least one property of the dictionary subject) through an *address* (G. Adresse, F. adresse) given in the text of the article.

Normally the central address of a dictionary article is the item giving the form of the lemma sign (FLSI) and, consequently, the lemma. The lemma introduces the lemma sign into the article text by mentioning it. Once mentioned, the lemma sign is available for further lexicographic items, particularly for the definitions. The following discussion emphasizes definition addressing.

When the address is the lemma, we have *lemmatic addressing;* when it is the sublemma, we have *sublemmatic addressing;* in all other cases the items are addressed by *non-lemmatic addressing*. If all items inside the article are addressed to the lemma, we have *full lemmatic addressing*. (In this case the addressing relation is a function, cf. art. 38a, ill. 38.31). This means that there is no topic switching because all lexicographic statements comment on the lemma sign.

Sublemmata are grouped (niched or nested) elements of the macrostructure. Sublemmatic treatment is given to single words or to multiword lexical units, for reasons of space saving, structure displaying or by sheer necessity. The necessity applies to multiword lexical units which otherwise are difficult to look up.

du feu (âtre, cheminée). — (1414) FEU DE JOIE, feu allumé en signe de réjouissance à l'occasion d'une fête. *Feux de la Saint-Jean.* FEU DE CAMP, feu allumé dans un camp de scouts, etc., et autour duquel on se réunit pour chanter, jouer des saynètes. *Par ext.* Veillée récréative. *Organiser un feu de camp.* ♦ 3° Source de chaleur (à l'origine, foyer enflammé) dans la transformation des aliments, etc. *Mettre un plat sur le feu. La soupe est sur le feu.* V. *Cuire.* — À, AU FEU. *Cuire à feu doux, à grand feu.* « Un excellent ragoût... qui mijotait à feu doux » (MAC ORLAN). *Plat qui va au feu :* qui résiste au feu (V. *aussi* Pot-au-feu). — COUP DE FEU : action vive du feu. — (1835) *Le cuisinier est dans son coup de feu :* au moment où tout est en train de cuire. — Fig. *Coup de feu :* moment de presse où l'on doit déployer une grande activité. ◇ *Par ext.* Foyer d'une cuisinière, d'un réchaud. *Cuisinière électrique, réchaud à gaz, à trois feux.* ◇ *Techn.* Chaleur; source de chaleur dans les opérations techniques. *Premier, second, troisième feu :* degré de cuisson d'une matière vitrifiable. — *Feu nu :* qui chauffe directement (*opposé à* feu de réverbère, qui chauffe par réverbération). — *Feu de forge.* — Mar. *Pousser les feux :* activer la chauffe (en vue de l'appareillage). — *Les arts du feu.* V. Céramique, émail, porcelaine, verre. — Loc. *Faïence de grand feu,* cuite à haute température.

Dictionary excerpt 36.8: Part of dictionary article **FEU** (from: PR, 775)

**flood**[1] /flʌd/ also **floods** *pl.*— *n* **1** the covering with water of a place that is usu. dry; a great overflow of water: *The town was destroyed by the floods after the storm.* | *The water rose to flood level.* | *The river was* in flood. ( = overflowing) **2** a large quantity or flow: *There was a flood of complaints about the bad language after the show.* | *She was in floods of tears.* **3** before the Flood *infml* a very long time ago

Dictionary excerpt 36.9: Dictionary article **flood**[1] (from: LDOCE, 392)

Non-lemmatic addresses are addresses which belong exclusively to the microstructure. We may call them *subaddresses* (G. Subadressen, F. sous-adresses). In PR, where there are no sublemmata (because the word list is alphabetical and has neither nests nor niches), we find a large number of subaddresses, mostly multiword lexical units (see FEU DE JOIE, FEU DE CAMP, AU FEU, COUP DE FEU in Dictionary excerpt 36.8. See also LDOCE s. v. *flood*[1] in (Dictionary excerpt 36.9), where the treatment unit "*before the Flood* = a very long time ago" consists of the non-lemmatic address *before the Flood* and the semantic item *a very long time ago*. (American lexicography refers to the defined phrasal entries as "run-in-entries", cf. Landau 1984, 82, 85, 144).

Dictionaries contain a great variety of non-lemmatic addressing. The subaddress *before the Flood* (like FEU DE JOIE) is an explicit part of the microstructure, presented free of context. This is not the case with the non-lemmatic address **in flood** in the treatment unit "*The river was* **in flood** (= overflowing)" (in Dictionary excerpt 36.9), because **in flood** is not presented free of context. It is a contextual subaddress. Wiegand 1989 calls the semantic item *overflowing* a gloss (G. Glossat, F. glose). Glossing constitutes a sort of ad-hoc addressing, because the lexicographer judges it necessary or useful to provide some explanation (by a paraphrase). A gloss is the definition of a contextual subaddress. Glossing is frequent when lexicographic examples contain idiomatic parts or when definitions contain expressions which need to be explained (cf. art. 38 a, 4.3.2. and art. 44).

In the case of **in flood,** addressing of the unit is *open* because the unit is emphasized and thus segmented by typographical means (here: semi bold-face as against italics). Contextual addressing may also be *hidden*. This is the case with a certain idiomatic use of *witness* in LDOCE s. v. *witness* 2, 3 which is presented in the following form:

*The economic situation is clearly beginning to improve — witness the big rise in company profits this year.* ( = this is a fact that proves the statement).

The gloss in brackets refers to a subaddress. But the unit glossed is not stressed by any typographical means. The user has to guess at it (it is *witness*). Other examples of hidden contextual addressing are found in PR s. v. *feu* (Dictionary excerpt 36.8):

(1835) *Le cuisinier est dans son coup de feu:* au moment où tout est en train de cuire.

and in DWG s. v. *zwölf:*

übertr. die deutsche Wehrmacht hatte der vordringenden Sowjetarmee bis fünf Minuten nach zwölf *(auch dann noch, als ihre Niederlage bereits sicher war)* verzweifelten Widerstand geleistet Gesch. d. dt. Arbeiterbewegung 12, 14.

In certain dictionaries contextual addressing (glossing) plays a very important role. (American lexicography calls all contextual addresses "hidden entries". Open contextual addresses are called "hidden boldface entries", cf. Landau 1984, 85, 88, 245).

Addressing sometimes does without definition (in this case, it is a sort of elliptic addressing). This happens rarely with lemmatic addressing, but is frequently the case with sublemmatic addressing. Derivatives and compounds are frequently undefined in the English, French or Italian tradition. It is what American lexicography calls "run-on-entries" (Landau 1984, 77 ff.).

Non-lemmatic addresses may also be undefined (or unglossed). In the article *feu* in PR, the unit "-*Feu de forge.*" is openly addressed. It is by no means a simple example. However, the definition which accompanies most of the other units having the same status, is lacking here. The lexicographer merely states: "*Feu de forge* is an expression of the French language".

Even contextual addressing has its elliptic version. In LDOCE s. v. *get* 12 we find: "When you *get to know* him you'll find he's quite nice". Here the unit *get to know* is emphasized by dark typing and thus becomes an address, although it is not glossed.

Thus the open non-lemmatic address need not necessarily be defined or glossed. And the glossed contextual address need not necessarily be open. However, there cannot be a hidden contextual address without a gloss because nothing would distinguish this from a mere example. Sometimes lexicographers, erroneously, treat idioms like examples instead of defining them. In this case we can speak of *zero addressing* (G. Nulladressierung, F. adressage zéro).

Note: It would lead to incalculable difficulties if we understood parts of examples like *in flood* as sublemmata. The term sublemma (already sufficiently polysemous, cf. Ilson 1988, 73 ff.) should be reserved for such units which are introduced into the dictionary text without any context (a condition which eliminates *in flood*; cf. art. 37). Furthermore, sublemmata should belong to the macrostructure and thus be elements of at least one outer access structure (which eliminates *before the Flood*).

36. Component Parts and Structures of General Monolingual Dictionaries

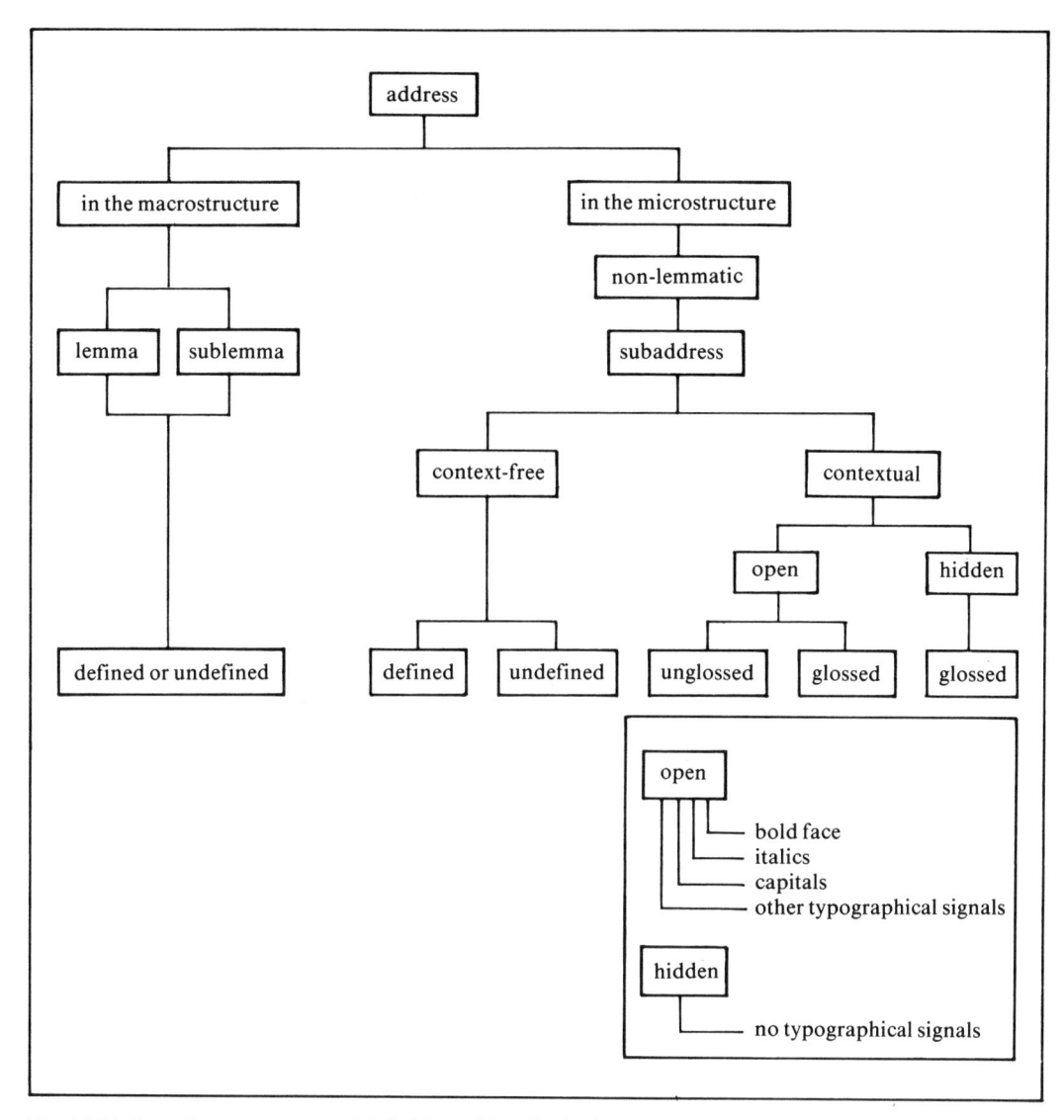

Fig. 36.14: Some important types of definition addressing in the general monolingual dictionary

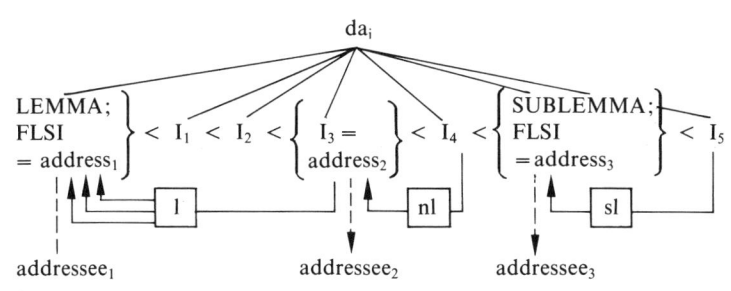

Fig. 36.15: Visualization of addressing inside the article; "→" means *is addressed inside the article to;* l = lemmatic, nl = non-lemmatic, sl = sublemmatic; "<" means *precedes;* FLSI = Item giving the form of the lemma sign.

For the typology of definition addressing see Fig. 36.14.

By adding the addressing relation to the microstructure of a dictionary article, we obtain the item structure (cf. art. 38 a, 4.3.2.). The item structure gives more information than the microstructure. Not only does it make explicit which items from which item classes occur in which order, but also how all items are addressed within the article and consequently which items are addresses and which are not. See the visualization of addressing inside the article (cf. fig. 36.15).

Dictionary excerpt 36.10 provides some further explanation about aspects of addressing.

> **anstechen** ⟨st. V.; hat⟩: **1. a)** *in etw. ein wenig hineinstechen:* die Kartoffeln a. *(prüfen, ob sie gar sind);* ein Stück Fleisch [mit der Gabel] a.; **b)** *durch Hineinstechen beschädigen od. verletzen:* Autoreifen a.; ein angestochener *(durch den Stich eines Insekts madig gewordener)* Apfel; er brüllt, rennt umher wie ein angestochener Eber/ein angestochenes Schwein/wie angestochen/wie ein Angestochener. **2. a)** *durch Einstich öffnen, anzapfen:* ein Faß Bier, den Wein a.; wir haben eben angestochen; **b)** (Archäol.) *durch eine Grabung öffnen:* den Hügel a.; die Mauern eines assyrischen Palastes a. *(beim Graben darauf stoßen).*

Dictionary excerpt 36.10: Dictionary article (from: Duden-GW)

In dictionary excerpt 36.10 all items which are textual elements (in the sense of art. 38a, 3.2.1.) are addressed to the lemma with the exception of the following three items:

(i) *prüfen, ob sie gar sind*. The item (i) is addressed in a non-lemmatic way to the preceding example item "Die Kartoffeln a.". This example item, from which we can reconstruct the lexicographic example *die Kartoffeln anstechen* (by substituting the lemma sign *anstechen* for the abbreviation "a."), is addressed in a lemmatic way; (i) is an item paraphrasing an example, i.e. a gloss. Because it is put after the address we may call it a back gloss.

(ii) *durch den Stich eines Insektes madig gewordener*. The address of (ii) is the example item "ein angestochener Apfel". (ii) is also an item paraphrasing an example and therefore a gloss. Because it is inserted into the address we call it a middle gloss.

(iii) *beim Graben darauf stoßen* has to be analyzed by analogy to (i).

The following pairs of items are concrete lexicographic treatment units and consequently elements of the addressing relation. They all follow the relation term *is addressed to (within the article)*:

(**anstechen**, st.)
(**anstechen**, V)
(**anstechen**, hat),
(die Kartoffeln a., *prüfen, ob sie gar sind*),
(**anstechen**, *durch Einstich öffnen*).

*Note:* The examples show better than dictionary excerpt 36.9 that it is dangerous to interpret glossed addresses as hidden sublemmata. In this interpretation the example item "Die Kartoffeln a." would be a hidden sublemma.

The general monolingual dictionaries show great variety in their addressing practices. See, for example, the transitive part of DFC article **percer**, where all definitions are subaddressed (cf. Dictionary excerpt 36.10 a).

> **percer** [pεrse] v. tr. **1°** *Percer quelque chose,* le traverser de part en part, le marquer d'un trou : *La pointe du compas perce la feuille de papier* (syn. : TROUER). *L'acide a percé la tôle* (syn. : PERFORER). *Le médecin a percé l'abcès* (syn. : CREVER, OUVRIR). *Une attaque qui a réussi à percer le front ennemi* (syn. : ENFONCER). — **2°** *Percer un trou, une fenêtre,* etc., produire ce trou, ménager cette fenêtre, etc. : *Percer des trous avec une chignole pour le passage des boulons* (syn. : FORER). *On a percé une large baie sur la façade de cette vieille maison* (syn. : OUVRIR). ‖ *Percer une rue, une avenue,* abattre des constructions pour établir cette rue, cette avenue. — **3°** *Percer la foule,* passer à travers (syn. : FENDRE, TRAVERSER). ‖ *Lumière qui perce l'obscurité, les ténèbres,* qui apparaît dans le noir. ‖ *Le soleil perce les nuages,* ses rayons filtrent à travers eux. — **4°** *Percer un mystère, une énigme,* les comprendre, trouver la solution (syn. : PÉNÉTRER). — **5°** *Cela vous perce le cœur,* vous afflige profondément (littér.) [syn. : CREVER]. ‖ *Un bruit qui perce les oreilles, le tympan,* qui produit une impression très désagréable par son caractère strident. ◆ v. intr. **1°** (sujet nom de chose) Commen-

Dictionary excerpt 36.10 a: Part of dictionary article **percer**, v. tr. (from: DFC, 843)

There is no international norm for dealing with addressing problems. In principle, the lexicographer is free to enter treatment units by lemmatic addressing, by sublemmatic addressing, by subaddressing (context-free or contextual, open or hidden) or by giving a simple example phrase, which would be a sort of zero addressing. All lexicographers are confronted with the problem of where to address.

There are, however, certain national trends. American dictionaries, for example, insert units into the macrostructure more frequently than do French dictionaries. Other characteristic trends are found at the publishing-house level. But most often practice varies in a seemingly arbitrary manner from dictionary to dictionary — to the great displeasure of the user.

Thus WB treats *to cease fire* as an example of the sense 11a of *fire* but lists *to open fire* as a sublemma which the user may find one page later, if he is tenacious enough. *Fired-up* enjoys the status of lemma, while *to fire-up* is treated as sublemma of *fire*. As the ideal solution does not exist, the only solution to the problem is *multiple addressing* (G. Vielfachadressierung, F. adressage multiple) — by cross-referencing. The sense *d* of *fire-up* should be cross-referenced to *fired-up* and vice versa. The same goes for *cease fire* and *open fire*.

Systematic studies of the addressing practices of dictionaries all over the world are a desideratum of dictionary research for several reasons. Firstly, no quantification of the content of dictionaries seems possible without a clear knowledge of the addressing structures. Sound comparison of two dictionaries has to be made at the level of treatment units. Because two dictionaries seldom have the same addressing profile, comparison presupposes a sort of rewriting of at least one of the dictionary texts in order to make it comparable. Secondly, lexicographers should have a clear notion of what they are doing. Dictionary planning means, partially, planning the addressing profile of the dictionary. Thirdly, the addressing profile is highly responsible for the degree of user-friendliness of the dictionary. Evaluation of different profiles in terms of clearness and practicability related to the main functions of dictionaries (decoding function, encoding function, learning function) is therefore highly desirable. Fourthly, our knowledge about addressing structures is fundamental for developing metalexicographical theory.

## 9. Types of Microstructures

The new conception of microstructures differs from the classical one by giving a systematic key for distinguishing different kinds of microstructures (on the basis of the distinction of partial structures of microstructures). The key is to some extent explained in art. 39 (cf. Wiegand 1989); it allows a systematic comparison of dictionary articles and a systematic construction of article types in relation to types of lemma signs and, above all, it makes possible the evaluation of the suitability of microstructures for defined classes of potential users (cf. Wiegand 1989b). The following discussion is limited to some main assumptions and examples.

Like the classical one, the new conception starts from the assumption that each lexicalized linguistic sign has a form to which is assigned at least one meaning, at best an infinite number of meanings. The total set of meanings assigned to a form is called the lexical meaning of this form; it consists either of one single meaning (or: partial meaning) or of several. In the first case, there is monosemy, in all the other cases polysemy. Monosemy may be considered a special case of polysemy. No effort is made to characterize the entities of meaning which are assigned to lexical units (cf. art. 44).

A standardized article of a general monolingual dictionary which takes into account form and lexical meaning may therefore contain items of the following classes (numerous other items do not matter here):
(i) items giving the form of a lemma sign (e.g. phonetic items, spelling items, syllabification items, inflectional items).
(ii) items relating to a separate meaning (e.g. semantic paraphrasing items)
(iii) items relating to lexical meaning (e.g. polysemy items, i.e. numbers giving meaning positions)
(iv) items relating both to a separate meaning and to a form (e.g. example items).

When studying the distribution of items in standardized dictionary articles with the method of functional-positional segmentation (in the sense of art. 38a, 3.3.), one discovers certain invariant distributional schemes, which enable us to distinguish different kinds of microstructure.

There are, for example, dictionary articles, in which all items belonging to class (i) come before all items belonging to the three other classes. That is the case in $da_1$ (cf. dictionary excerpt 36.7). The items of class (i) are then all analyzed as partial items of a greater textual segment which has in turn the theoretical status of an item and is called 'comment on form' (CF). Since the items of classes (ii)—(iv) essentially provide information about the semantics of the lemma sign, they are analysed as partial items of a greater textual segment which has also the theoretical status of an item and is called 'comment on semantics' (CS). The functional-positional segmentation of such articles as $da_1$ thus leads, on the first segmentation level, to exactly two immediate textual constituents of the whole article text, i.e. CF and CS, the last coming directly after the first. Each dictionary article corresponding to this description has a *simple microstructure* (cf. art. 39, 4.1.1.). Each simple microstructure has as one of its partial structures the *base structure* (cf. art. 39, 4.1.2. definition 8). Furthermore, each dictionary article (having a simple microstructure) consists of two *core structures*, the left core structure and the right core structure; the left core structure is the structure of the comment on form and the right core structure is the structure of the comment on semantics. According to this distinction, the presentation of the abstract microstructure of da$_1$ (cf. fig. 36.11) can be modified (cf. fig. 36.16).

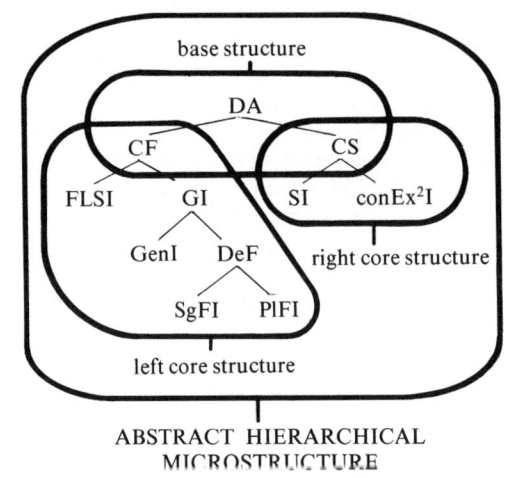

Fig. 36.16: The abstract hierarchical microstructure of da$_1$ and three of its partial structures

Concrete partial structures of the microstructure of a dictionary article may be isomorphous to n corresponding partial structures of the microstructure of other articles, and n concrete partial structures may be isomorphous to one abstract one.

Fig. 36.17 visualizes the left abstract core structure of fig. 36.16 as isomorphous to the left concrete core structure of the following dictionary articles: da$_1$, the article *Ader* of the WDG, the art. *Bucht* of the HWDG, and the article *Herz* of Wahrig-dtv. The five partial structures presented in fig. 36.17 belong to the same type of isomorphy. The distributional scheme of the partial items of the comment on form is invariant.

The exemplification of the left core structure may be transferred mutatis mutandis to all partial structures of microstructures.

When examining the right core structures, i.e. the structure of the comment on semantics, one arrives at the conclusion that there, too, we find invariant distributional schemes at certain levels. We may distinguish four types of microstructure:

— integrated microstructures (cf. art. 39, 5.2.)
— partially integrated microstructures (cf. art. 39, 5.1.)
— unintegrated microstructures (cf. art. 39, 5.3.)
— rudimentary microstructures (cf. art. 39, 4.)

The following discussion explains and contrasts only the integrated and the unintegrated microstructures.

Simple microstructures of general monolingual dictionaries may be called integrated when all items within the article which do not belong to the comment on form are located in the scope of a certain semantic item and belong to the same semantic subcomment to which the semantic item also belongs.

**Gr<u>a</u>t,** der; -(e)s, -e **1.** *schmale Kammlinie eines Gebirgsrückens*: ein scharfer, steiler G.; den G. entlangwandern — **2.** Techn. *durch Stanzen, Gießen entstandene Unebenheit an Rändern von Werkstücken*: die Grate abfeilen, -schleifen

Dictionary excerpt 36.11: Dictionary article with one single integrated microstructure (from: HWDG); cf. also dictionary excerpts 39.9—39.11

The lemma sign *Grat* is interpreted as two times polysemous so that the structural figure for simple integrated microstructures given in fig. 39.19 is also valid for the article **Grat**. The application of functional-positional segmentation results in the structural graph of fig. 36.18 (the segmentation is only partial, the comment on form is left aside).

New abbreviations:

CLM = Comment on lexical meaning (KLB)
CLPM = Comment on lexical partial meaning (KLTB)
comEx$^2$I = Example item based on com-

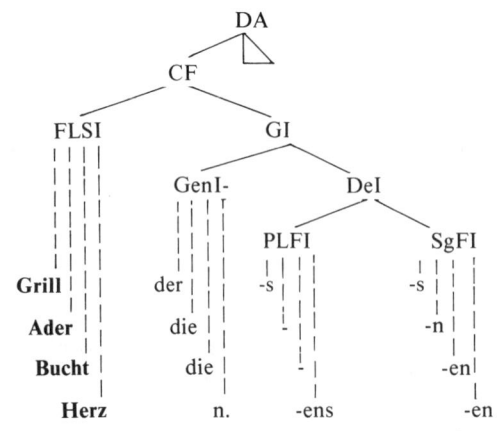

Fig. 36.17: Visualization of the isomorphy of four concrete and one abstract left core structures as partial structures of the microstructures

## 36. Component Parts and Structures of General Monolingual Dictionaries

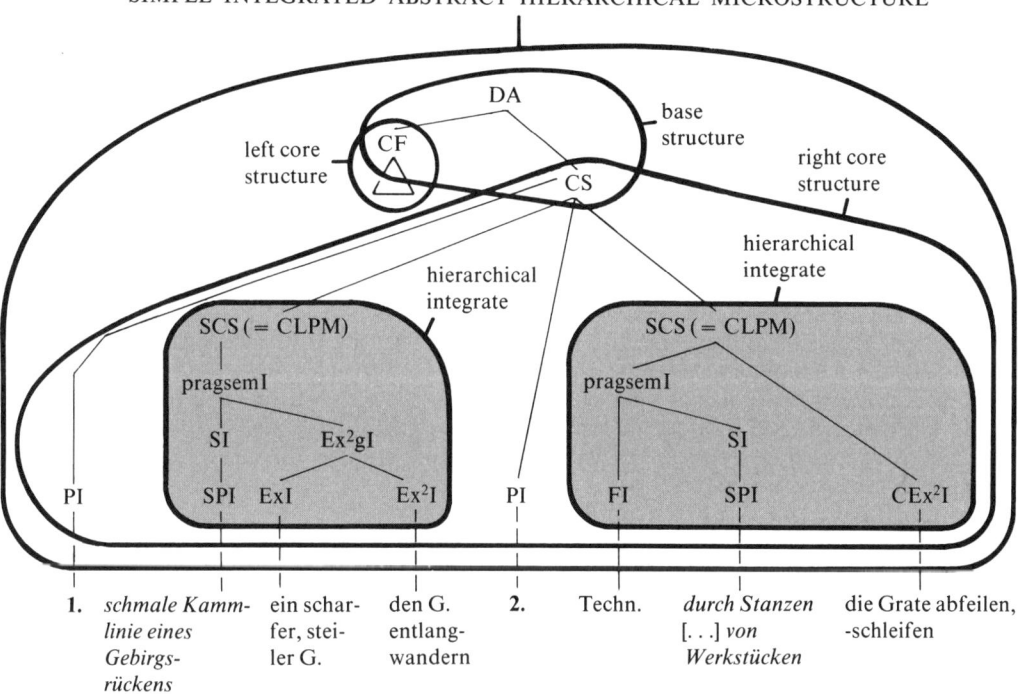

SIMPLE INTEGRATED ABSTRACT HIERARCHICAL MICROSTRUCTURE

Fig. 36.18: Example of a simple integrated microstructure of a lemma sign two times polysemous

| | petence, giving two examples (KBei²gA) |
|---|---|
| comconEx²I = | Condensed example item based on competence, giving two examples (v.KBei²gA) |
| Ex²gI = | Example-group item, giving two examples (Bei²gA) |
| PI = | Polysemy item (PA) |
| SCoC = | Semantic comment on context (SKoK) |
| SCS = | Semantic subcomment (SSK) |
| SFI = | Special field item (FGA) |
| SPI = | Semantic paraphrasing item (BPA) |

When a lemma sign is interpreted as n times polysemous, then the semantic comment of an article with integrated microstructure has n semantic subcomments (SCS). These are always immediate textual constituents of the comment on semantics, and in dictionary articles with integrated microstructures all semantic subcomments are always comments on lexical partial meanings (CLPM). The partial structures of the microstructure which have these comments are called *integrates* (G. Integrate, F. intégrats). All items belonging to an integrate (above all examples and synonyms) are within the scope of the semantic item of the integrate. The appearance of integrates as partial structures of microstructures is the essential criterion for the existence of integrated microstructures. See art. 39 for the different kinds of integrates and their partial structures. In most general monolingual dictionaries of European languages there are integrated and partially integrated microstructures. The latter are derived from the former by text condensation (cf. art. 39, 5.1.). Dictionaries with complicated microstructures (like PR and BW) may have subintegrates at different levels (cf. art. 39, 5.2.).

The dictionaries of Gerhard Wahrig (except Wahrig-dtv) have unintegrated microstructures. This means that all semantic items which are addressed to the lemma, appear in the first semantic subcomment of the article, so that this is a comment on lexical meaning (CLM). And all example items and idiom items are distributed in the semantic subcomment coming after the first one. The system guiding the distribution of the items is a system of context classes; therefore the semantic subcomments in question are called semantic comments on contexts (SCoC).

The dictionary excerpt 36.12 gives the example of an unintegrated microstructure (cf. also dictionary excerpt 39.13 and 14).

**Griff** ⟨m. 1⟩ **1** *Vorrichtung zum Anfassen, wie* Stiel, Kurbel, Henkel (Koffer~), Klinke, Knopf (Tür~), Heft, Knauf (Messer~, Degen~); *Hals der* Geige, Gitarre; *das Greifen, Zupacken, Art des Greifens*; ⟨Mus.⟩ *das Greifen, Anschlagen von Akkorden, Tönen*; ⟨Jägerspr.⟩ *Klaue, Kralle (der Raubvögel)*; ⟨Mil.⟩ *bestimmte Bewegung der Hände zum Handhaben von Geräten*; ⟨Web.⟩ *die Struktur von Gewebe beim Anfühlen* **2** ~e **kloppen** ⟨Soldatenspr.⟩ *Gewehrgriffe üben*; ein paar ~e **machen** (auf dem Klavier); einen guten ~ **tun** ⟨fig.⟩ *eine gute Wahl treffen;* auf einem Musikinstrument ~e **üben 3** das war ein **falscher** ~ ⟨Mus.⟩; der Stoff hat einen **harten, weichen** ~ **4** sich **am** ~ **festhalten**; etwas **im** ~ **haben** ⟨fig.⟩ *etwas geschickt, geübt handhaben*; einen tiefen ~ in den Beutel tun ⟨fig.⟩ *großzügig bezahlen*; einen ~ in die Ladenkasse tun ⟨fig.⟩ *Geld aus der Kasse stehlen*; **mit** einem einzigen ~ hatte er ihn am Boden; das ist mit einem ~ getan *schnell, leicht fertigzumachen*; etwas mit ein paar raschen, geübten ~en tun [ <ahd. *grif*, engl. *grip*; zu *greifen*]

Dictionary excerpt 36.12: Dictionary article with unintegrated microstructure (from: Wahrig-DW)

In the following discussion the unintegrated microstructure of the article **Griff** is analysed only in so far as it reveals the differences with the integrated microstructure. The article **Griff** contains four semantic subcomments, each of which begins immediately after the structural indicators 1, 2, 3, 4. A well-informed user may therefore use this sequence of numbers as an inner rapid access structure (cf. Wiegand 1989b), an approach which is impossible in the case of polysemy items. The comment on lexical meaning consists of semantic items which are labelled (e.g. Mus.) or specified by a compound item (e.g. Tür~) (cf. art. 44). In the following semantic comments the idiom items and example items are ordered according to context partners: in the second semantic subcomment, and consequently in the first semantic context comment, the lemma sign occurs with verbs (SCoC.V), in the next one it occurs with adjectives (SCoC.A) and in the last one with prepositions (SCoC.P). At the end of the article, and outside the semantic comments, there is a postcomment containing the etymological item. We say that the unintegrated microstructure is right-expanded (cf. art. 39., 6.1.2.). Fig. 36.19 gives the general structural figure for the article of dictionary excerpt 36.12.

As shown by fig. 36.19, that partial structure which contains the comment on lexical meaning is called left partial structure. The right partial core structures are numbered (1., 2., 3.). The comparison of fig. 36.18 und 36.19 reveals that the right core structure of an integrated microstructure is completely different from that of an unintegrated microstructure. The distribution of items within the article is fundamentally different, too. Lexis is differently displayed and the difference of the structures forces the user to adopt completely different using behavior (cf. Wiegand 1989 and 1989b).

All simple microstructures, whether they are integrated, partially integrated or unintegrated, can be expanded (cf. art. 39, 4.2. and 6.). Expansion means that outside the base

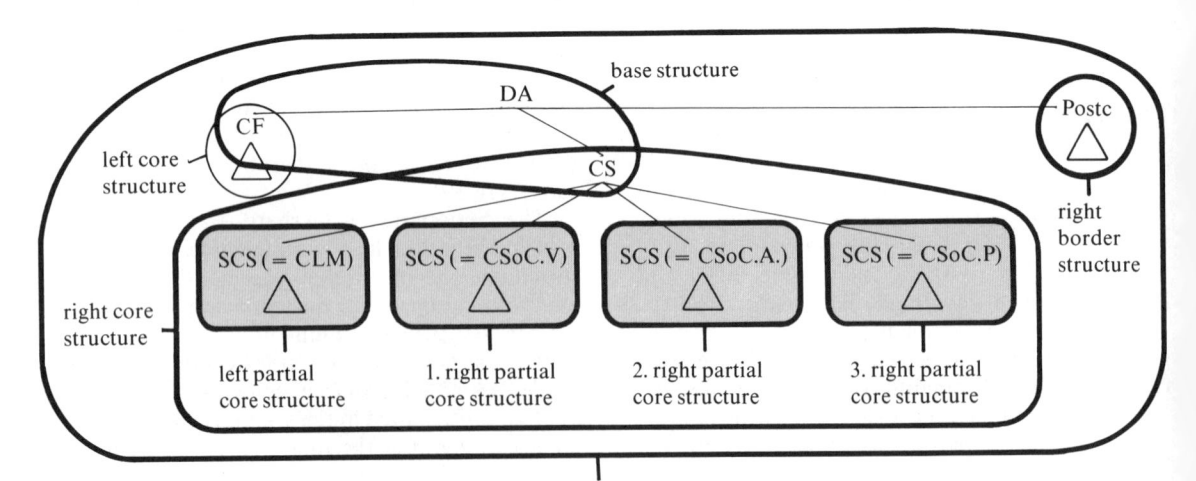

RIGHT-EXPANDED UNINTEGRATED MICROSTRUCTURE

Fig. 36.19: Structural visualization of a right-expanded unintegrated microstructure containing three right partial core structures

structure (made up of the comment on form and the comment on semantics) there is at least one further immediate textual constituent of the article text. In the article **Griff** this immediate constituent is the back comment. The article **Asche** (cf. dictionary excerpt 36.5) has also a back comment; it is separated from the preceding semantic comment by the structural indicator "+". All other possibilities of expansion of simple microstructures are systematically treated in art. 39. There are altogether 93 possibilities, many of which are empirically tested.

We have to differentiate between *expanded microstructures* and *compound microstructures* (cf. art. 39, 4.3.). In dictionary articles with compound microstructures the two basic comments are not immediate textual constituents of the whole article text. Furthermore, the two basic comments may appear repeatedly. All articles containing at least one subarticle have a compound microstructure. The compound microstructure is a certain type of article clustering (see art. 38, 3.3.2. and 3.4.). The most important compound structure is the *covering structure* (G. überdachende Struktur, F. structure couvrante) which is explained in art. 39, 4.3.

## 10. Other Lexicographic Traditions

While the preceding discussion covers above all modern lexicography as it has developed in the last few centuries in various parts of the world, many of its basic concepts are applicable to any lexicographic tradition: this is because the fundamental *theme — rheme* scheme necessarily underlies any dictionary text and because the dictionary must be based on some organizational principle (whether it be alphabetic, purely graphic, phonetic, semantic or other) which allows the user to locate an entry.

However, several independent lexicographic traditions have their own methods for organizing both the macrostructure and the microstructure: for more information, see art. 237 (section on Old Arabic lexicography), 246 (section on Old Sanskrit lexicography), and 263 (section on Old Chinese lexicography).

Also, some differences in modern lexicography from the usual European model can be attributed to the morphological structure of the language treated. The European model needs some modification for the lexicographic treatment of languages having strong morphophonological variation, an excessively rich morphology, or a morphology that may comprise elements of sentential syntactic functions: cf. articles 233 (Kartvel and especially Georgian lexicography), 234 and 235 (lexicography of the languages of the Northwestern and Northeastern Caucasus), 257 and 258 (Philippine lexicography — especially the section on Tagalog), 268 (Eskimo), and 274 (Nahuatl lexicography). See also article 32.

## 11. Selected Bibliography

### 11.1. Dictionaries

*ALD* = Oxford Advanced Learner's Dictionary of Current English. Ed. A. S. Hornby with A. P. Cowie, A. C. Gimson. Oxford 27th Impression 1987 [XLi, 1041 pp.].

*Brenner 1951* = Deutsches Wörterbuch. Bearbeitet von E. Brenner. 2. Ed. Wunsiedel 1951 [488 pp.; 1. Ed. 1949; 3. Ed. 1970].

*BW* = Brockhaus-Wahrig: Deutsches Wörterbuch in sechs Bänden. Hrsg. von Gerhard Wahrig †, Hildegard Krämer, Harald Zimmermann. Wiesbaden. Stuttgart. 1. vol. A—BT, 1980; 2. vol. BU—FZ, 1981; 3. vol. G—JZ, 1981; 4. vol. K—OZ, 1982; 5. vol. P—STD, 1983; 6. vol. STE—ZZ, 1984 [5310 pp.].

*CDEL* = The New Collins Concise Dictionary of the English Language. Ed.: William T. McLeod, Patrick Hanks. London. Glasgow 1982 [XX, 1388 pp.].

*CED* = Collins Dictionary of the English Language. London. Glasgow 1979 [XXXV, 1690 pp.].

*COBUILD 1987* = Collins Cobuild English Language Dictionary. London and Glasgow 1987 [XXIV, 1703 pp.].

*COD* = The Concise Oxford Dictionary of Current English. Fifth Ed. Oxford 1964 [XVI, 1558 pp.].

*CULD* = Chambers Universal Learners' Dictionary. Edinburgh 1980 [XX, 907 pp.].

*DEE* = Victor Garcia Hoz: Diccionario escolar etimológico. Décima edición. Madrid 1983 [747 pp.].

*DFC* = Dictionnaire du français contemporain. Paris 1966 [XXII, 1224 pp.].

*DFCi* = Dictionnaire du français contemporain illustré. Paris 1980 [XXXII, 1263 pp.].

*De Felice/Duro* = Emilio De Felice/Aldo Duro: Dizionario della lingua e civiltà italiana contemporanea. [Palermo] 1974 [XXI, 2221 pp.].

*DFplus* = Dictionnaire du français plus à l'usage des francophones d'Amérique. Montréal 1988 [XXIV, 1856 pp.].

*DFV* = Dictionnaire du français vivant. Paris 1972 [XVII, 1341 pp.].

*DPF* = Dictionnaire pratique du français. Paris 1987 [VIII, 1266 pp.].

*Duden-GW* = Duden. Das große Wörterbuch der deutschen Sprache in sechs Bänden. Hrsg. und bearb. vom Wissenschaftlichen Rat und den Mitarbeitern der Dudenredaktion unter Leitung von Günther Drosdowski. Mannheim. Wien. Zürich. Bd. 1: A—Ci 1976; Bd. 2: Ci—F 1976; Bd. 3: G—Kal 1977; Bd. 4: Kam—N 1978; Bd. 5: O—So 1980; Bd. 6: Sp—Z 1981 [2992 pp.; 2. Ed. as Vol. 30, 1979; Vol. 31, 1980; Vol. 32, 1981 of Meyers Enzyklopädisches Lexikon. Mannheim. Wien. Zürich, 2992 pp.].

*Duden-2* = Duden. Stilwörterbuch der deutschen Sprache. Die Verwendung der Wörter im Satz. 7., völlig neu bearb. u. erw. Aufl. von Günther Drosdowski unter Mitwirkung folgender Mitarbeiter der Dudenredaktion: Wolfgang Eckey, Dieter Mang, Charlotte Schrupp, Marion Trunk-Nußbaumer. Duden-Bd. 2 Mannheim. Wien. Zürich 1988 (Der Duden in 10 Bänden) [864 pp.].

*DUW 1983* = Duden. Deutsches Universalwörterbuch. Hrsg. u. bearb. vom Wissenschaftlichen Rat und den Mitarbeitern der Dudenredaktion unter Leitung von Günther Drosdowski. Mannheim. Wien. Zürich 1983 [1504 pp.].

*GDLE 1985* = Gran Diccionario de la Lengua Española. Madrid 1985 [XV, 1983 pp.].

*GLLF* = Grand Larousse de la langue française. 7 vol. Paris 1971—1978 [XCVI, 6730 pp.].

*Herders Sprachbuch 1973* = Herders Sprachbuch. Ein neuer Weg zu gutem Deutsch. Rechtschreibung. Trennung. Aussprache. Bedeutung. Herkunft von rund 60 000 Wörtern. 36 Rahmenartikel zu Sprachlehre, Sprachkunde, Sprachgebrauch, neu bearb. von Kurt Abels. Freiburg i. Br. 1973 (Herderbücherei 470) [XXVII, 803 pp.].

*HWDG* = Handwörterbuch der deutschen Gegenwartssprache. In zwei Bänden. Von einem Autorenkollektiv unter der Leitung von Günter Kempcke [...]. Bd. 1: A—K; Bd. 2: L—Z. Berlin [DDR] 1984 [XXXI, 1399 pp.].

*Knaurs-GW* = Knaurs Großes Wörterbuch der deutschen Sprache. Der große Störig. Erarbeitet von Ursula Hermann unter Mitarbeit von Horst Leisering und Heinz Hellerer. München 1985 [1120 pp.].

*LDEL* = Longman Dictionary of the English Language. London 1984 [28; 1876 pp.].

*LDOCE* = Longman Dictionary of Contemporary English. New Ed. London 1987 [53, 1229, 29 pp.].

*LDW 1968* = Langenscheidts Deutsches Wörterbuch. Rechtschreibung und Grammatik. Begründet von August Vogel. Neubearb. von Arthur Busse unter Mitarbeit von R. Pekrun. Berlin. München. Zürich. 7. Aufl. 1968 [334 pp.].

*Lexis 1987* = Lexis. Dictionnaire de la langue française. Paris 1987 [LXXIX, 1950 p.].

*Mackensen 1977* = Lutz Mackensen: Deutsches Wörterbuch. Rechtschreibung. Grammatik. Stil. Worterklärung. Fremdwörterbuch. Geschichte des deutschen Wortschatzes. 9., völlig neubearb. u. stark erw. Aufl. München 1977 [XLIV, 1220 pp.].

*ÖW* = Österreichisches Wörterbuch. Hrsg. im Auftrag des Bundesministeriums für Unterricht und Kunst. 35., völlig neu bearb. u. erw. Aufl. Wien 1979 [432 pp.].

*PR 1977* = Paul Robert: Dictionnaire alphabétique et analogique de la langue française. 2. Ed. Paris 1977 [XXXI, 2173 pp.].

*RH* = The Random House Dictionary of the English Language. Second Edition. Unabridged. New York 1987 [XLII, 2478, 32 pp.].

*SOB 1986* = Svensk Ord Bok. Stockholm 1986 [XXI, 1513 pp.].

*Sprachbrockhaus 1982* = Bildwörterbuch der deutschen Sprache. Wiesbaden 1982 Bd. 15. [15. Bd. der 18., völlig neubearb. Aufl. des Großen Brockhaus; 836 p.].

*TLF* = Trésor de la langue française. Dictionnaire de la langue du XIXe et du XXe siècle. (1789—1960). A—Ptarmigan. 13 vol. Paris 1971—1988.

*Van Dale 1984* = P. G. J. van Sterkenburg/W. J. J. Pijnenburg: Groot woordenboek van hedendaags Nederlands. Utrecht 1984 [1569 pp.].

*Wahrig-dtv* = dtv-Wörterbuch der deutschen Sprache. Hrsg. von Gerhard Wahrig in Zusammenarbeit mit zahlreichen Wissenschaftlern und anderen Fachleuten. 2. Aufl. 1979 [942 pp.; identical with Der kleine Wahrig. Wörterbuch der deutschen Sprache. Hrsg. von Gerhard Wahrig in Zusammenarbeit mit zahlreichen Wissenschaftlern und anderen Fachleuten. München 1982; 942 pp.].

*Wahrig-5DW* = Gerhard Wahrig: Deutsches Wörterbuch. Mit einem "Lexikon der deutschen Sprachlehre". Hrsg. in Zusammenarbeit mit zahlreichen Wissenschaftlern und anderen Fachleuten. Völlig überarb. Neuausgabe [von Ursula Hermann, Renate Wahrig-Burfeind, Klaus Rüme und Norbert Raum]. München 1986 [1493 pp.].

*WB* = The World Book Dictionary. Chicago 1986 [124, 2430 p.].

*WDG* = Wörterbuch der deutschen Gegenwartssprache. Hrsg. v. Ruth Klappenbach † und Wolfgang Steinitz †. Berlin 1. Bd.: A—deutsch [...]. 1. Aufl. 1961, 10. bearb. Aufl. 1980; 2. Bd.: Deutsch-Glauben [...] 1. Aufl. 1967, 7. Aufl. 1981; 3. Bd.: glauben—Lyzeum [...]. 1. Aufl. 1969, 5. Aufl. 1981; 4. Bd.: M—Schinken [...]. 1. Aufl. 1975, 4., durchges. Aufl. 1981; 5. Bd.: Schinken—Vater-, vater- [...]. 1. Aufl. 1976, 4. Aufl. 1980; 6. Bd.: väterlich—Zytologie [...]. 1. Aufl. 1977, 3. Aufl. 1982 [38, 4579 pp.].

*Worcester 1860* = Joseph E. Worcester: Dictionary of the English Language. Boston 1860 [LXIX, 1786 p.].

*Wordmaster* = M. H. Manser/N. D. Turton: The Penguin Wordmaster Dictionary. Harmondsworth 1987 [XXIII, 839 pp.].

*Zingarelli 1983* = Nicola Zingarelli: Vocabolario della lingua italiana. 11. Aufl. 1983 [2256 pp.].

## 11.2. Other Publications

*Blana 1986* = Hubert Blana: Die Herstellung. Ein Handbuch für die Gestaltung, Technik und Kalkulation von Buch, Zeitschrift und Zeitung. München [usw.] 1986 (Grundwissen Buchhandel-Verlage 5).

*Bourbaki 1968* = Nicolas Bourbaki: Elements of Mathematics [1]. Theory of Sets. [Translation of Bourbaki 1957]. Paris 1968.

*van Dijk 1980* = Teun A. van Dijk: Textwissenschaft. Eine interdisziplinäre Einführung. Deutsche Übersetzung von Christoph Sauer. München 1980 (dtv Wissenschaft 4364).

*Günther 1988* = Hartmut Günther: Schriftliche Sprache: Strukturen geschriebener Wörter und ihre Verarbeitung beim Lesen. Tübingen 1988 (Konzepte der Sprach- und Literaturwissenschaft 40).

*Hausmann 1977* = Franz Josef Hausmann: Einführung in die Benutzung der neufranzösischen Wörterbücher. Tübingen 1977 (Romanistische Arbeitshefte 19).

*Herberg 1985* = Dieter Herberg: Zur Funktion und Gestaltung von Wörterbucheinleitungen. In: Symposium on Lexicography II. Proceedings of the Second International Symposium on Lexicography May 16—17, 1984 at the University of Copenhagen. Ed. by Karl Hyldgaard-Jensen and Arne Zettersten. Tübingen 1985 (Lexicographica Series Maior 5), 133—154.

*Ilson 1988* = Robert Ilson. Contributions to the terminology of lexicography. In: Mary Snell-Hornby (ed.): ZüriLEX '86 Proceedings. Papers read at the EURALEX International Congress, University of Zürich, 9—14 September 1986. Tübingen 1988, 76—80.

*Imbs 1979* = Paul Imbs: Préface. In: Trésor de la langue française. Dictionnaire de la langue du XIX$^e$ et du XX$^e$ siècle (1789—1960) Tome septième. Paris 1979, VII.—XII.

*Landau 1984* = Sidney Landau: Dictionaries. The art and craft of lexicography. New York 1984.

*Pan Zaiping/Wiegand 1987* = Pan Zaiping/Herbert Ernst Wiegand: Konzeption für das Große Deutsch-Chinesische Wörterbuch (Zweiter Entwurf). In: Lexicographica 3. 1987, 228—241.

*Rey-Debove 1971* = Josette Rey-Debove: Étude linguistique et sémiotique des dictionnaires français contemporains. The Hague. Paris (Approaches to semiotics 13).

*Wiegand 1977 [1984]* = Herbert Ernst Wiegand: Nachdenken über Wörterbücher: Aktuelle Probleme. In: Günther Drosdowski, Helmut Henne, Herbert Ernst Wiegand: Nachdenken über Wörterbücher. Mannheim. Wien. Zürich 1977, 51—102 [Korrigierter Nachdruck 1984].

*Wiegand 1983* = Herbert Ernst Wiegand: Was ist eigentlich ein Lemma? Ein Beitrag zur Theorie der lexikographischen Sprachbeschreibung. In: Studien zur neuhochdeutschen Lexikographie III. Hrsg. von Herbert Ernst Wiegand. Hildesheim. Zürich. New York 1983 (Germanistische Linguistik 1—4/82), 401—474.

*Wiegand 1983a* = Herbert Ernst Wiegand: Ansätze zu einer allgemeinen Theorie der Lexikographie. In: Die Lexikographie von heute und das Wörterbuch von morgen. Analysen — Probleme — Vorschläge. Hrsg. von Joachim Schildt und Dieter Viehweger. Berlin [DDR] 1983 (Linguistische Studien Reihe A. Arbeitsberichte 109), 92—127.

*Wiegand 1983b* = Herbert Ernst Wiegand: Überlegungen zu einer Theorie der lexikographischen Sprachbeschreibung. In: Symposium zur Lexikographie. Symposium on Lexicography. Proceedings of the Symposium on Lexicography September 1—2, 1982 at the University of Copenhagen. Ed. by Karl Hyldgaard-Jensen, Arne Zettersten. Hildesheim. Zürich. New York 1983 (Germanistische Linguistik 5—6/82), 35—72.

*Wiegand 1984* = Herbert Ernst Wiegand: Prinzipien und Methoden historischer Lexikographie. In: Sprachgeschichte. Ein Handbuch zur Geschichte der deutschen Sprache und ihrer Erforschung. Hrsg. von Werner Besch, Oskar Reichmann, Stefan Sonderegger. 1. Halbbd. Berlin. New York 1984 (Handbücher zur Sprach- und Kommunikationswissenschaft 2.1), 557—629.

*Wiegand 1984a* = Herbert Ernst Wiegand: On the structure and contents of a general theory of lexicography. In: LEXeter '83 Proceedings. Papers from the International Conference on Lexicography at Exeter, 9—12 September 1983. Ed. by R. R. K. Hartmann. Tübingen 1984 (Lexicographica. Series Maior 1), 13—30.

*Wiegand 1988* = Herbert Ernst Wiegand: Wörterbuchartikel als Text. In: Das Wörterbuch. Artikel und Verweisstrukturen. Jahrbuch 1987 des Instituts für deutsche Sprache. Hrsg. von Gisela Harras. Düsseldorf 1988 (Sprache der Gegenwart LXXIV), 30—120.

*Wiegand 1988a* = Herbert Ernst Wiegand: Was eigentlich ist Fachlexikographie? Mit Hinweisen zum Verhältnis von sprachlichem und enzyklopädischem Wissen. In: Deutscher Wortschatz. Lexikologische Studien. Ludwig Erich Schmitt zum 80. Geburtstag von seinen Marburger Schülern. Hrsg. von Horst Haider Munske, Peter von Polenz, Oskar Reichmann, Reiner Hildebrandt. Berlin. New York 1988, 729—790.

*Wiegand 1988b* = Herbert Ernst Wiegand: "Shanghai bei Nacht". Auszüge aus einem metalexikographischen Tagebuch zur Arbeit beim Großen Deutsch-Chinesischen Wörterbuch. In: Studien zur neuhochdeutschen Lexikographie VI, 2. Teilbd. Mit einem Namen- und Sachregister zu den Bänden I—VI sowie einer Bibliographie zur Wörterbuchforschung. Hrsg. von Herbert Ernst Wiegand. Hildesheim. Zürich. New York 1988 (Germanistische Linguistik 87—90), 522—626.

*Wiegand 1988c* = Herbert Ernst Wiegand: Vorüberlegungen zur Wörterbuchtypologie: Teil I. In: Symposium on Lexicography III. Proceedings of the Third International Symposium on Lexicography May 14—16, 1986 at the University of Copenhagen. Ed. by Karl Hyldgaard-Jensen and Arne Zettersten. Tübingen 1988 (Lexicographica. Series Maior 19), 3—105.

*Wiegand 1989* = Herbert Ernst Wiegand: Wörterbuchforschung. Kapitel III: Studien zur Theorie der Lexikographie. Typoskript. 1. Fassung. Heidelberg 1989.

*Wiegand 1989a* = Herbert Ernst Wiegand: Textverdichtung und Textauflockerung. Ein Beitrag zur Theorie lexikographischer Texte. Typoskript. 1. Fassung. Heidelberg 1989.

*Wiegand 1989b* = Herbert Ernst Wiegand: Strukturen von standardisierten Wörterbuchartikeln und Wörterbuchbenutzung. Typoskript. 1. Fassung. Heidelberg 1989.

*Wiegand 1989c* = Überlegungen zur Wörterbuchtypologie. II. Teil. Typoskript. 1. Fassung. Heidelberg 1989.

*Wooldridge 1977* = Terence Russon Wooldridge: Les débuts de la lexicographie française. Toronto 1977.

*Zgusta 1971* = Ladislav Zgusta: Manual of Lexicography. The Hague. Paris 1971 (janua linguarum. series maior 39).

*Franz Josef Hausmann, Erlangen/*
*Herbert Ernst Wiegand, Heidelberg*
*(Federal Republic of Germany)*


# 37. Das Lemma und die verschiedenen Lemmatypen

1. Der Terminus *Lemma* in älteren Arbeiten
2. Zum theoretischen Status des Lemmas
3. Lemmatypen
4. Das Lemmaansetzen
5. Das Lemma in texttheoretischer Sicht
6. Probleme der Lemmakonzeption
7. Literatur (in Auswahl)

## 1. Der Terminus *Lemma* in älteren Arbeiten

Der Ausdruck *Lemma* geht zurück auf das Griechische λῆμμα, -ατος, τό (nach λαμβάνω, εἴλημμα) und bedeutete dort laut „Handwörterbuch der griechischen Sprache" (Passow):

„1) Alles was man nimmt od. bekommt, was man genommen od. bekommen hat, das Empfangene [...] dah. Einnahme, Einkünfte, Einkommen [...] 2) in der Dialektik, eine Annahme, ein Vordersatz [...] 3) der Gedanke, der Inhalt eines Schriftwerkes, im Gegens. zum Ausdruck [...]. Bei röm. Schriftstellern auch in der Bdtg. a) der Vorwurf [i. S. von „Thema" — W. W.] eines Schriftstellers, der Stoff eines Schriftwerkes [...] b) Inhaltsanzeige [...] 4) Prophezeihung [...]."

Entsprechend verzeichnet das „Ausführliche Lateinisch-Deutsche Handwörterbuch" (der „Georges") neben *Annahme* bzw. *Vordersatz* auch:

„der Stoff eines Schriftwerks [...] dah. (a) der über ein Gedicht geschriebene Inhalt, die Überschrift [...] b) das Gedicht, bes. das Epigramm, Sinngedicht, selbst [...] c) das Märchen [...]."

Obwohl in den gemeinsprachlichen deutschen Wörterbüchern immer noch „Prämisse" und ähnliches verzeichnet ist, findet man die auf *Annahme, Vordersatz* rückführbare Lesartenvariante eigentlich nur noch in älteren sprachphilosophischen und logischen Darstellungen, so in Ziehen (1974, 801) und in älteren Wörterbüchern, z. B. in „Kirchner's Wörterbuch der philosophischen Grundbegriffe" von 1907:

„**Lehnsatz** oder **Lemma** (gr. λῆμμα) heißt ein Lehrsatz, den eine Wissenschaft von der anderen herübernimmt, dieser den Beweis dafür überlassend. So gebraucht z. B. die Mechanik die Lehrsätze der Geometrie, [...] usf. Ein Lemma ist also nicht zu verwechseln mit einem Dilemma (s. d.) oder mit einer Hypothese (s. d.)."

Die Verwendung des Ausdrucks *Lemma* in der Lexikographie schließt an griech. λῆμμα, lat. *lemma* im Sinne von „Thema", „Überschrift", „Inhaltsanzeige" an. Zur Bezeichnung des Gemeinten stehen in verschiedenen Sprachen meist mehrere Teilsynonyme zur Verfügung: engl. *entry word, headword, vocable,* franz. *entrée, adresse, mot vedette,* rumän. *temă,* seltener auch *lemă,* russ. *zagolovočnoe slovo* oder *zaglavnoe slovo* (beides entspricht am ehesten *headword*), auch *slovoforma* engl. *wordform), vocabula, černoe slovo* (i. e. schwarz gedrucktes Wort). Im

Dtsch. ist neben *Lemma* vor allem *Stichwort* gebräuchlich, daneben auch *(Wörterbuch)Eintrag*.

Eine Differenzierung nach *Lemma* und *Stichwort* und entsprechend Stichwortinformation vs. Lemmainformation wird in van Sterkenburg (1987, 149) wohl in Orientierung an Zgusta (1971) vorgeschlagen. In Objartel (1987, 94 und 95) werden entsprechende Ausdrücke unterschiedlich kombiniert; hier finden sich „Stichwörter", „Hauptlemmata", „Basis- oder Sublemmata" und auch „Zusatzstichwörter".

Das Verzeichnis von Ausdrücken, die im Wörterbuch der Bearbeitung unterliegen, wird als *Wortbestand/Lemmabestand, Nomenklatur/Lemmatabestand,* als *index* (engl. u. franz.) und als *slovník* (russ.) bezeichnet.

In philologischen Texten ist die Bezugnahme auf das Lemma durch „s. v." (= „sub voce") üblich. Im Hebräischen wird auf die entsprechende Einheit mit dem Ausdruck עֵרֶךְ (gesprochen „Erech") Bezug genommen; er bedeutet neben „Lemma" u. a. auch (numerischer) „Wert", „Ordnung".

Eine verläßliche Verständigung über das mit dem Ausdruck *Lemma* (einschließlich der Teilsynonyme) Gemeinte konnte lange Zeit als hinreichend gesichert gelten, vor allem in altphilologischen Arbeiten, so z. B. auch in Antony (1981). Deshalb mangelt es wohl in älteren metalexikographischen Arbeiten aus dem Erscheinungszeitraum 1971/72 und 1977 meist an genauen Charakterisierungen zum Status dieser Einheit. In den einschlägigen monographischen Arbeiten der Jahre 1971/72 wird das Lemma, entsprechend der damaligen Orientierung am strukturalistischen Paradigma der Sprachwissenschaft, im wesentlichen als Etikett einer zur „Definition" anstehenden und der alphabetischen Ordnung unterworfenen Einheit bestimmt.

Henne faßt die „lexikographische Definition" als semantische „Explikation" auf, „wobei das Lemma das Explikandum ist, dem mittels des explikatorischen Gleichheitszeichens (= $_{ex}$) mit dem Explikat die Inhaltsseite zugeordnet wird" (Henne 1972, 115). An anderer Stelle wird im Sinne einer Perspektivenverteilung von Lexikograph und Benutzer ausgeführt:

„(1) Aus der Sicht des Lexikographen stellt das jeweilige Lemma den Signifikanten dar, dem in der semantischen Deskription das Signifikat zugeordnet wird" (Henne 1972, 112).

Für den Benutzer andererseits „stellen diejenigen Lemmata, die Teil seiner Sprachkompetenz sind, eine Einheit von Signifikant und Signifikat dar, während für diejenigen Lemmata, die er nicht kennt, die oben skizzierte Hypothese des Lexikographen gilt" (Henne 1972, 113).

Ähnlich sieht auch Denisov (1977, 89) im Zusammenhang des sog. „linken (Lemmabestand) und rechten Teils (Beschreibung des Lemmabestands, erklärender Teil)" eine „Analogie zur Struktur des Zeichens". — Nach J. und C. Dubois ist das Lemma (hier: *l'entrée*) das „Thema", das von sich selbst seine eigene Orthographie prädiziert:

„[...] le *mot* ou *adresse* forme l'entrée: c'est le *thème* ou sujet dont toutes les autres informations seront les prédicats. Mais, en même temps, le mot est à lui-même son propre prédicat, car l'entrée nous informe sur la composition graphique, sur l'orthographe[...]" (Dubois/Dubois 1971, 39).

Nicht viel anders wird dieser Aspekt in Rey-Debove (1971, 155) gefaßt, allerdings hier unter Bezugnahme auf die Ausdrucksform und Inhaltsform (offenbar nach L. Hjelmslev, wie auch in Zgusta (1971); vgl. dazu unter 6.):

„L'entrée informe implicitement sur la forme et la substance de l'expression, elle est sa propre définition graphématique [...]."

In Dubois/Dubois 1971 findet man über diese Charakterisierung hinaus erstmals einen Aspekt angesprochen, der auch der Definition von *Lemma* nach Wiegand (1983) zugrunde zu liegen scheint: die Unterscheidung zwischen der graphischen Realisierung von Ausdrücken und deren Präsentation als Lemma mit gegebenenfalls vorhandener Spatiierung:

„Mais les entrées de dictionnaire se distinguent sur certains points des mots graphiques: les entrées lexicographiques doivent être des 'mots' compris entre deux blancs typographiques au sens le plus strict. Prenons un exemple où la différence est particulièrement nette: le traitement des mots composés." (Dubois/Dubois 1971, 62).

Am häufigsten ist nach 1971 die Lemmakonzeption von L. Zgusta rezipiert worden. In Zgusta (1971) wird sehr ausführlich auf das Lemma eingegangen, als dessen Teil das „entry word" bzw. „head word" aufgefaßt wird; und es werden dort auch mehrere Funktionen des Lemmas unterschieden:

„The entry consists of two parts: in the first part (which is frequently called the lemma), the lexical unit itself is indicated; the second part contains all the other information.

The most important part of the lemma is the e n t r y w o r d (or h e a d w o r d), which is the indication of each respective lexical unit in its canonical form [...]. The purpose of the lemma is to identify the lexical unit, to locate it in the (formal, frequently specifically morphological) system, and to describe its form [...]. Other similar information can be given in the lemma, provided it concerns primarily the form of the lexical unit. The most frequent indications of this type are about pronunciation" (Zgusta 1971, 249 ff.).

Nach Zgusta (1971) können auch etymologische Angaben wörterbuchintern zu dem Lemma gehören. In Bedeutungswörterbüchern folgen auf das Lemma gewöhnlich Kommentare zur Bedeutung (dort „Definitionen" genannt); vgl. Zgusta (1971, 251).

Zum „headword" als Abstraktion bzw. als „type", mit dessen Hilfe ein ganzes Paradigma präsentiert wird, vgl. neben Zgusta (1971) auch Art. 32.

Eine hierüber (jedenfalls wesentlich) hinausgehende Charakterisierung des Terminus *Lemma* findet sich in späteren metalexikographischen Arbeiten der Jahre 1977 bis 1983/84 — vor Wiegand (1983) — nicht. Nach Landau (1984) beginnt der Wörterbucheintrag („dictionary entry") mit dem alphabetisierten „headword", des so bezeichneten „main entry"; die kanonische Form repräsentiert das entsprechende Paradigma:

„We turn now to a discussion of the elements that make up a dictionary entry, beginning with the alphabetized headword, or main entry, by which the word or expression being defined (the lexical unit) is identified. The canonical form is the form chosen to represent a paradigm; most headwords, with the expression of cross-references and names, are canonical forms." (Landau 1984, 76).

Die Ausführungen zu den Zwecken der „main entry form" sind an Zgusta (1971) orientiert und lassen sich so zusammenfassen:

(a) Indizierung der bevorzugten Aussprache, (b) Indizierung der üblichen Schreibweise einer lexikalisierten Einheit (z. B. Groß- bzw. Klein-Schreibung), (c) Indizierung der Silbengrenze (durch Symbole); vgl. Landau (1984, 87).

In Hausmann (1977) finden sich für didaktische Zwecke einige einführende Bemerkungen zum Lemma, welche dort auf das Verhältnis von Mikro- und Makrostruktur bezogen sind:

Diejenige „Dimension" des Wörterbuchs, die als *Makrostruktur* (vgl. dazu Art. 38) bezeichnet wird, besteht hier aus „einer geordneten Folge von Wörtern", den „'Wörterbucheinträgen' oder 'Lemmata' (Singular 'Lemma') (französisch: *entrée, adresse* oder *mot vedette*), zu denen das Wörterbuch etwas sagt." (Hausmann 1977, 3).

Auch in Karpovič (1977) und (1983) beschränken sich Aussagen zum Stichwort resp. Lemma (russ. *zagolovočnoe slovo*) auf dessen Positionierung im Rahmen der alphabetischen Ordnung. In Denisov (1977) wird außerdem das Lemma als „Beschreibungseinheit" angesehen, als „Subjekt der lexikographischen Äußerung"; das Lemma ist per Kopula mit einer „Definition" verknüpft.

Außerhalb genuin sprachwissenschaftlicher (zeichentheoretischer, handlungsorientierter, textlinguistischer) Argumentationen finden sich allerdings gelegentlich sehr dezidierte Charakterisierungen von *Lemma* im Bereich der automatischen Sprachverarbeitung, die den dort verfolgten Zwecken genügen.

Für ein Vorhaben zur automatischen Lemmatisierung wird in Willée (1979) und Schulze/Willée (1983) an einen Lemmabegriff nach Sture Allén (ein unveröffentl. Vortragsmanuskript) angeschlossen. Dort werden drei Informationskomplexe unterschieden: (a) „Informationen über den Ausdruck (Wortlaut)", (b) solche „über die Funktionen (Morphologie und Syntax)" und (c) solche „über den Inhalt (Semantik)". Die Informationskomplexe (a) und (b) zusammen umfassen hier das Lemma (Lemma als „syntaktische Wortklasse"); (a) ist hier das „Schlüsselwort" bzw. der „Lemma-Name", (c) das „Lexem"; (a) bis (c) machen den gesamten „Eintrag" aus; vgl. Willée (1979, 46) und Schulze/Willée (1983, 40).

## 2. Zum theoretischen Status des Lemmas

In den erwähnten älteren und auch neueren metalexikographischen Arbeiten sind mehrere Fragen zur Statusfestlegung des Lemmas unvollständig und widersprüchlich beantwortet, auch weil entsprechende Fragen im Rahmen der jeweiligen Konzeption (soweit diese überhaupt genügend entwickelt ist), gar nicht gestellt werden können. Fragen dieser Art sind — vgl. Wiegand (1983): Soll das Lemma als Einheit der beschriebenen Sprache oder der Beschreibungssprache gelten? Gehört es zum Wörterbuchartikel oder nicht? Ist das Lemma als Teil der Mikrostruktur anzusehen oder nicht? Zählen Angabesymbole (Platzhaltersymbole, positionsbezogene Angabesymbole wie z. B. die Silbentrennungsangabe, sowie Homonymen-/Homographenindizes) zum Lemma oder nicht? — Die Klärung dieser und anderer Fragen kann nur im Rahmen einer Gesamtkonzeption der Theorie der lexikographischen Sprachbeschreibung verfolgt werden. Diese setzt wiederum eine sprachwirklichkeitsnahe Konzeption der grundlegenden sprachwissenschaftlichen Probleme voraus.

## 37. Das Lemma und die verschiedenen Lemmatypen

Angeschlossen wird hier an die metalexikographische Konzeption, die H. E. Wiegand in zahlreichen Arbeiten entwickelt hat, und die nicht nur zeichentheoretisch, sondern darüber hinaus handlungstheoretisch und textlinguistisch fundiert ist. Dazu wird (vgl. Wiegand 1985) nicht mehr auf tradierte Annahmen und Konzepte aus Linguistik und (Meta-)Lexikographie zurückgegriffen wie „lexikographische Definition", „Merkmalanalyse", Analytizitätsbehauptungen", Trennung von „Objekt- und Metasprache"; vgl. dazu auch Wolski (1986, 5 ff.) und Wolski (1988).

Sämtliche Termini, auf die in nachfolgenden Abschnitten Bezug genommen wird, sind in Wiegand (1983), einige auch in späteren Arbeiten, Wiegand (1988) und Wiegand (1988a), definiert. Hier wird lediglich ausschnitthaft darauf zurückgegriffen.

(1) Das Lemmazeichen: In erster Näherung zur Bestimmung von *Lemma* muß auf den von Wiegand eingeführten Terminus *Lemmazeichen* Bezug genommen werden. Dieser Terminus wird in neueren metalexikogr. Arbeiten mittlerweile weithin gebraucht. In dem Wörterbuchausschnitt (= WA)

/WA₁/ ˈab·stem·peln ⟨V. t.⟩ [...]
(Wahrig-Wörterbuch)

wird das Languezeichen *abstempeln* durch eine Verwendungsinstanz repräsentiert. Dies Languezeichen nennt Wiegand *Lemmazeichen*. Das Lemmazeichen ist „dasjenige Zeichen, das lexikographisch bearbeitet ist", um das es geht, „zu dessen Repräsentation das Lemma angesetzt wird" (Wiegand 1983, 429).

Mit der Angabe ⟨V. t.⟩ wird auf das Lemmazeichen sprachreflexiv Bezug genommen. Im Leseakt wird die textverdichtende Präsentation rückgängig gemacht und /WA₁/ kann nun z. B. gelesen werden als *„abstempeln* ist ein transitives Verb". In anderen Textsegmenten (z. B. in den lexikographischen Beispielen) kann es andere Verwendungen des Lemmazeichens geben. In Wiegand (1983) werden fünf „Verwendungsweisen der im einsprachigen Wörterbuch beschriebenen Sprache" (Wiegand 1983, 415 ff.) unterschieden. Damit wird, wie R. Werner in einer Rezension feststellt, „in Kurzform eine neue Theorie der Metasprachlichkeit natürlicher Sprachen" (Werner 1985, 273) vorgestellt.

(2) Das Lemma: Das Lemma unterscheidet sich vom Lemmazeichen ordnungsstrukturell. Die Def. Nr. 14 aus Wiegand (1983) lautet (die Ziffern verweisen auf andere Definitionen):

„Das Lemma ist entweder das *Lemmazeichen* (29) oder ein Teil des *Lemmazeichens* (29), das bzw. der als Element eines *Lemmabestandes* (16) einer der lexikographischen Ordnungen (X) unterworfen ist."

Das Lemma ist aus wahrnehmungstheoretischen Gründen für den Benutzer hervorgehoben. — Da der Ausdruck *Stichwort* in der Dokumentation besetzt und dort definiert ist, erscheint es in lexikographietheoretischen Zusammenhängen als problematisch, diesen mit *Lemma* synonym zu verwenden.

Wiegand plädiert daher dafür, ähnlich auch Link (1988), ihn als Superonym zu *Lemma* zu verwenden. Die Notwendigkeit einer Differenzierung ergibt sich bereits bei Bezeichnungen für Register von alphabetischen Wörterbüchern. Im Rahmen der texttheoretischen Konzeption aus Wiegand (1988) entspricht dem Titel in Katalogen das Auftreten des Lemmazeichens als Stichwort im Register eines Wörterbuchs.

Weitere Bestimmungen stehen im Zusammenhang mit der Gesamtkonzeption einer Theorie der lexikographischen Sprachbeschreibung:

(i) Das Lemma ist ein obligatorischer Textbaustein des Wörterbuchartikels.

(ii) Das Lemma als erwähntes Languezeichen gehört „zum lexikographischen Diskurs" (d. h. zu der in einem Wörterbuch beschriebenen Sprache), aber „nicht zur lexikographischen Beschreibungssprache, in der über das Lemma geschrieben wird" (Wiegand 1983, 43 a).

(iii) Die Lemmata sind keine Teile der Mikrostruktur, wenn diese als Beziehungs- oder als Relationsgefüge bestimmt wird (vgl. Art. 39), sondern sie werden durch diese geordnet, und zwar anhand einer bestimmten Eigenschaft (das so bezeichnete *Leitelement*). Dadurch wird ihr Platz im Lemmabestand bestimmt.

Leitelement ist in den hier zitierten WA die Graphemfolge; durch sie wird der Benutzer an die entsprechende Stelle des Wörterbuchs geleitet. Das Lemma ist daher nur eine Art der Leitelementträger; vgl. dazu auch Art. 38, insbes. unter 4.2. Es gibt andere, z. B. alphanumerische, numerische (u. a. in Normwörterbüchern).

(iv) Lexikographische Angabesymbole (positionsspezifische wie „|", „ˈ", „.") werden nicht als Angaben „im Lemma" aufgefaßt. Gleiches gilt für Umkastelungen und anderes, sowie für Homonymen- bzw. Homographenindizes (auch sie sind Angabesymbole).

Es muß darauf hingewiesen werden, daß die metalexikographische Terminologie z. B. in Wiegand (1988a) und Art. 38 gegenüber Wiegand

(1983) vereinheitlicht wurde. Hier wird deshalb an die einheitliche „Angabe"-Redeweise aus Wiegand (1988 a) angeschlossen; in Wiegand (1983) wurden entsprechende Klassen von Symbolen noch als *Kommentarsymbole* bezeichnet.

Die gegensätzliche Auffassung, nach der die Angabesymbole zum Lemma gerechnet werden, bezeichnet Wiegand als „unzweckmäßig" (vgl. Wiegand 1983, 446), da in den Wörterbüchern unterschiedliche Markierungskonventionen vorliegen. Die entsprechende Lemmakonzeption wäre an dem jeweiligen Einzelvorkommen orientiert; vgl.:

/WA₂/ 'ab|stem·peln [...]
(Brockhaus-Wahrig)
'ab·stem·peln [...]
(Wahrig-Wörterbuch)
ab|stem|peln [...]
(Duden-Universalwörterbuch)

Aus der unterschiedlichen, bei der Textverdichtung mit Angabesymbolen versehenen Einheit wird jeweils die Graphemfolge ⟨abstempeln⟩ und das Lemmazeichen *abstempeln* rekonstruiert. Nach der von Wiegand vertretenen Auffassung kann das Lemma angegeben werden als: **ab stem peln**.

Es handelt sich hier um ein *diskontinuierliches Lemma*, da die Graphemfolge jeweils durch eine Leerstelle unterbrochen ist. Ein *kontinuierliches Lemma* ist z. B.

/WA₃/ **Hall** [...] (Wahrig-Wörterbuch)

Die Bestimmung des Lemmas — im Falle des diskontinuierlichen als Leerstellengebilde —, wie auch in Dubois/Dubois (1971, 62), unterscheidet sich von den meisten anderen Konzeptionen. Damit wird aber gerade das getroffen, was den Suchpfad des Benutzers leitet. Konsequent ist diese Konzeption von *Lemma* deswegen, weil alle anderen Angaben ordnungsstrukturell, d. h. bei der Einordnung in die Lemmareihe, keine Rolle spielen.

(v) Platzhaltersymbole gehören zum Lemma; vgl. unter 3. (1) zum Teillemma.

Aus (iv) wird ersichtlich, daß bei der gegebenen Charakterisierung von *Lemma* in dem Ausschnitt WA₂ für die jeweils präsentierte Form insgesamt kein Terminus zur Verfügung steht. Hierfür läßt sich auf den Terminus *Lemmaposition* in Anlehnung an Anderson/Goebel/Reichmann (1981, 17 f.) zurückgreifen; vgl. dazu die Def. in Wiegand (1983).

Eine Lemmaposition kann dann mit einem ganzen Wörterbuchartikel zusammenfallen, wenn rechts keine weiteren Angaben vorkommen. Zum Verhältnis von *Lemmaposition* und *Artikelkopf* vgl. Wiegand (1988 a, 546 ff.).

Der Gebrauch der Ausdrücke *Lemmazeichen, Languezeichen, Lemma, Lemmaposition* sei an einem einfachen Beispiel so erläutert:

/WA₄/ **bi..., Bi...** [...]
(Brockhaus-Wahrig)

In dieser Lemmaposition stehen zwei Verwendungsinstanzen des Lemmazeichens, unterschieden durch Initialgraph. Erwähnt wird ein Languezeichen; in der Lemmaposition steht nur ein Lemma. Zur Lemmaposition gehören auch das Interpunktionszeichen und die Platzhaltersymbole.

/WA₅/ **Sol·da·nel·la, Sol·da·nel·le** [...]
(Wahrig-Wörterbuch)

In WA₅ stehen in der Lemmaposition zwei vollständige (unterschiedliche) Lemmata. In diesem Fall kann zwischen *Hauptlemma*, das Träger des Leitelements ist, und dem *Nebenlemma* zum Hauptlemma unterschieden werden.

/WA₆/ **al·ler·christ·lich·ste(r, -s)** [...]
(Brockhaus-Wahrig)

Aus der Lemmaposition WA₆ lassen sich drei Lemmazeichen rekonstruieren, die zum gleichen grammatischen Paradigma gehören. Das Lemma repräsentiert mehrere Lemmazeichen. Es kann mit Wiegand (1983, 443) als *Mehrfachlemma* bezeichnet werden. Hiermit sind einige Probleme verbunden, auf die unter 6. hingewiesen wird.

## 3. Lemmatypen

Auf Differenzierungen zur Makrostruktur wird für die nachfolgend angeführten Lemmatypen verzichtet; dazu sei auf Art. 38 verwiesen.

Wenn die Anordnungsform im Wörterbuch glattalphabetisch ist (im Falle striktalphabetischer Makrostrukturen ohne Gruppierung), dann gehört zu einem Textblock lediglich ein einziger Leitelementträger: Und dieser ist im allgemeinen einsprachigen Wörterbuch notwendigerweise ein Vollemma, welches immer auf der ersten Textblockzeile steht; vgl. dazu Art. 38 unter 3.3.1. Ein Vollemma ist auch das Verweislemma.

Wiegand unterscheidet „striktalphabetische Makrostrukturen mit Gruppierung: die nischenalphabetische Anordnungsform" und „nicht striktalphabetische Makrostrukturen mit Gruppierung: die nestalphabetische Anordnungsform"; vgl. Art. 38.

(1) Nestlemma: Bei der Durchbrechung der striktalphabetischen Reihenfolge entstehen Nester, z. B. Komposita-Nester (vgl.

dazu Art. 38, 3.4.). Diese Durchbrechung kann zugunsten einer zweiten alphabetischen Ordnung, oder auch zugunsten einer nichtalphabetischen Ordnung der Lemmata im Nest erfolgen (Wörterbuchausschnitte hier nur für den ersten Fall).

/WA$_8$/ **ruhm-, Ruhm-: -bedeckt** [...]
 **-begier** [...] (WDG: Wörterbuch der deutschen Gegenwartssprache)
/WA$_9$/ **audio-, Audio-** [...] ~ **lingual**
 [...] ~ **logie** [...] Duden-GWB).

Dazu ist das Verhältnis der Teile z. B. **ruhm-** und **-bedeckt** oder **audio-** und ~ **lingual** zu klären. Nach Wiegand (1983) ist **ruhm-** kein Lemma, sondern ein *Lemmateil* im *lemmaexternen Nesteingang,* da sich der lexikographische Diskurs auf das ganze Lemmazeichen bezieht, z. B. auf **ruhmbedeckt, Ruhmbegier.** Als *Teillemmata* werden aus WA$_8$ bezeichnet **-bedeckt** und **-begier.** Sie bestehen aus dem jeweiligen Lemmateil und dem lexikographischen Platzhaltersymbol; durch Ersetzung kann das vollständige Lemma gebildet werden (vgl. Wiegand 1983, 434). — Die jeweiligen Lemmata im Nest können, wenn es auf die Differenzierung unterschiedlicher Artikelstrukturen ankommt, als *Nestlemmata* bezeichnet werden.

Für weitere Differenzierungen sei auf Wiegand (1983) und Art. 38 verwiesen; zu einigen Problemen vgl. unter 6.

(2) Nischenlemma: Eine geordnete Menge von Artikeln, in denen die Teillemmata von einem *Eingangslemma/Basislemma* abhängig und nur auf dem Umweg über dieses auffindbar sind, bezeichnet Wiegand als *Nische*; vgl.:

/WA$_{10}$/ **Falt|ar|beit,** die *Bastelarbeit, bei der*[...] **falt|bar** [...] **Fal|te** [...] (Duden-Universalwörterbuch)

Es sei darauf hingewiesen, daß in Art. 38 die Extension der Definition von *Nische* aus Wiegand (1983) erweitert wird: vgl. Art. 38 unter 3.3.2.

Als *Nischenlemma* wird z. B. das Lemma in dem Wörterbuchausschnitt WA$_{10}$ zu **falt|bar** bezeichnet; zu diesem gibt es ein *Nischeneingangslemma.* Ein Wörterbuchartikel mit einem Nischenlemma heißt *Nischenartikel.*

Wenn es auf die ordnungsstrukturellen Unterschiede zwischen Nische und Nest nicht ankommt, ist für *Nischenlemma* und *Nestlemma* der Ausdruck *Sublemma* hinreichend, für die jeweiligen Artikel der Ausdruck *Subartikel.*

(3) Verweislemma: Ein Verweislemma wird zur Lösung von Auffindungsproblemen angesetzt; mit ihm wird auf ein anderes Lemma verwiesen; zur Def. vgl. Wiegand (1983).

/WA$_{11}$/ **abweichung,** s. $^1$*abweichen* 1; 2. (Frühneuhochdeutsches Wörterbuch)

Der *Verweisartikel* WA$_{11}$ besteht aus einem *Verweislemma* und aus einem *lexikographischen Verweis.*

Dieser gehört zum Vorbereich der Verweisrelation „X verweist (den Benutzer) auf Y"; vgl. dazu neben Wiegand (1983) auch Wiegand (1988a, 559). Der lexikographische Verweis besteht hier aus einem *Verweissymbol* „s" und einem *Verweisbezugszeichen,* das in WA$_{11}$ mit Bedeutungsstellennummer versehen und indiziert ist.

## 4. Das Lemmaansetzen

Die beiden in der Literatur synonym verwendeten Ausdrücke *Lemmaansetzen* und *Lemmatisieren* werden von Wiegand so unterschieden: Das *Lemmaansetzen* ist „eine komplexe lexikographische Tätigkeit", die aus der Festlegung der Form der Lemmazeichen (= *lemmatisieren*) und dem Anordnen nach einem *Anordnungsverfahren* (zu den Def. vgl. Wiegand 1983) besteht.

Im Falle der sog. „run-on entries" (d. h. im Rahmen der glattalphabetischen Anordnung; vgl. Art. 38) — auch als „multi-headword system" bezeichnet — wird in Standop (1985, 94) von *Polylemmatisierung* gesprochen. Die Lemmatisierung mit „rigoroser Nestbildung", wo das sog. „pauciheadword system" gilt, bezeichnet Standop als *Oligolemmatisierung;* vgl. Standop (1985, 94).

Für das Neuhochdeutsche kann meist auf eingespielte Lösungen zur Bewältigung der *Lemmatisierungsaufgabe* zurückgegriffen werden.

So wird für das Verbum die Form des Infinitivs gewählt, für das Substantiv der Nom. Sg. Hier besteht dann eine *Lemmatisierungskonvention.* Die aus einem grammatischen Paradigma ausgewählte Form, welche das Lemmazeichen bildet, bezeichnet man z. B. als *Zitierform, kanonische Form, Nennform.*

Wird — vor allem für ältere Sprachstufen oder für Dialektwörterbücher — ein Lemma mit einer konstruierten Graphemfolge als Lemma angesetzt, handelt es sich um ein *Konstruktlemma.*

So ist z. B. im „Frühneuhochdeutschen Wörterbuch" für die Belegformen *abplasen, Abblaisen, Abblaasen, abblosen, abbloßen* die Graphemfolge ⟨abblasen⟩ die Form, die das Lemmazeichen repräsentiert; sie stimmt mit keiner der fünf Belegformen überein; vgl. auch andere Beispiele aus Reichmann 1986, insbes. 64 ff.

In Wiegand (1983) werden weitere Differenzierungen zum Prozeß des Lemmaansetzens gemacht:

Eine *Lemmatisierungsaufgabe* besteht beim nichtautomatischen Lemmatisieren z. B. darin, aus einer Menge von Belegformen zu einer Form zu gelangen, die das Lemmazeichen repräsentiert. Diese Lemmatisierungsaufgabe folgt einer *Lemmatisierungsvorschrift.* Die Menge solcher Vorschriften ist das *Lemmatisierungsverfahren.* (Für ein explizites Lemmatisierungsverfahren läßt sich ein *Lemmatisierungsalgorithmus* entwickeln). Aus der regelmäßigen Anwendung einer Lemmatisierungsvorschrift kann auf ein *Lemmatisierungsprinzip* geschlossen werden.

## 5. Das Lemma in texttheoretischer Sicht

In Wiegand (1988) und (1988 a) werden früher bereits vertretene Auffassungen zum Wörterbuchartikel als Text zum Programm einer metalexikographischen Textdeskription weiterentwickelt.

Eine solche Deskription ist Ergebnis mehrerer Analysehandlungen, mit denen Eigenschaften lexikographischer Texte explizit gemacht werden. Aufgewiesen werden Strukturen (standardisierter) Wörterbuchartikel. Dies geschieht auf dem Wege der sog. *funktionalen Segmentation,* eines Verfahrens der restfreien Isolierung von Textsegmenten eines Artikeltextes.

Dieses Verfahren wird in Wiegand (1988a) ausführlich dargelegt und vorgeführt. Es funktioniert auf der Basis des allgemeinen Wissens, was als ein „funktionales Textsegment" gilt, und wie dieses charakterisiert wird. Ein solches Textsegment als Teil eines standardisierten Wörterbuchartikels „ist eine Texteinheit, bestehend aus einer diskreten Form und mindestens einem, höchstens aber endlich vielen genuinen Zwecken, der (bzw. die) der Form in ihrer Ganzheit vom Lexikographen zugeordnet wurden" (Wiegand 1988a, 547). Zu dem „genuinen Zweck" eines Wörterbuchs vgl. auch Wiegand (1987, 199).

In texttheoretischer Perspektive lassen sich Lemmata als Titel auffassen, die aus einem — zugehörigen — Volltext kondensiert sind, d. h., sie sind als Überschrift dem Lemma-Kotext zugeordnet. Das jeweilige Formulierungsresultat, der Wörterbuchartikel als Text mit Lemma, hat hiernach einen irreversiblen Kondensierungsprozeß (vgl. auch Art. 90 a) durchlaufen, der ein Textverarbeitungsprozeß ist: Zu dem vorliegenden standardisierten Artikeltext sind somit unterschiedliche Volltexte denkbar, im Vergleich zu denen der Wörterbuchartikel ein Kondensat ist, da Prozesse des Auslassens, der Selektion, des Generalisierens und Konstruierens dem Kondensat vorausgegangen sind (vgl. Wiegand 1988, 80 ff.).

In eine ähnliche Richtung geht der texttheoretische Ansatz zu Thema und Rhema von Gerzymisch-Arbogast (vgl. Art. 90 a). Hier wird das Lemma als „Aufmerksamkeitsbereich", „als Hyperthema" bestimmt, dem in der Regel „der thematische Ausgangspunkt entnommen wird". — In Link (1989) wird ausführlich auf die Differenzierungen aus Wiegand (1983) Bezug genommen. Die dort vertretene Auffassung, daß jedes Lemma „selbst schon Beschreibung", ein „deskriptives Meta" sei und in gewissem Sinne ein „Konstruktlemma" (vgl. Link 1988), scheint mit den texttheoretischen Überlegungen aus Wiegand (1988) übereinzustimmen.

In Wiegand (1988) wird das Verhältnis von Urtext zu dem Kondensat, das den nicht umkehrbaren Prozeß der Kondensierung durchlaufen hat, so gefaßt:

„Jeder standardisierte Wörterbuchartikel kann als ein zweiteiliges Kondensat (= Ko) aus einem zugehörigen zweiteiligen Volltext (= VT) aufgefaßt werden. VT besteht aus einem Titel und dessen Ko-Text. Bei der Kondensierung wird der Titel zum Lemma und der Ko-Text zu einer geordneten Menge von Angaben zum mit dem Lemma erwähnten Lemmazeichen, so daß der Wörterbuchartikel als ein Text betrachtet werden kann, der aus zwei Teilkondensaten besteht [...]." (Wiegand 1988, 81).

Mit den Lemmata, aufgefaßt als (Zwischen-)Titel, wird das Thema eines zugehörigen Ko-Textes genannt. Das Thema ist das Fragliche im Sinne von Hellwig (1984), formulierbar als „Was gibt es über das mit dem Lemma erwähnte Lemmazeichen zu wissen?". Im zugehörigen Text wird das Fragliche (nach Wörterbuchtyp unterschiedlich) beantwortet. Da die Eigenschaften sog. „beschreibender Texte" nach Hellwig (1984) auch auf das Lemma zutreffen, können diese als „kurze Metatexte zu ihrem Ko-Text" (Wiegand 1988, 87) aufgefaßt werden.

Beschreibende Texte in ihrer Verwendung als Überschriften haben die Funktionen: kurze Metatexte zu sein, mit denen über den Zweck des Ko-Textes informiert wird, Hinweise auf dessen Inhalt zu geben, Interpretationshilfen zum Ko-Text zu sein, diesen zu deliminieren und ihn als Zwischen-Titel zu gliedern.

Anders als in solchen Lemmakonzeptionen, die an isolierten Zeichen ausgerichtet sind, wird hiermit im Grunde an die aus der Antike überkommene, dort immer auch schon textbezogene Orientierung beim Gebrauch des Ausdrucks *Lemma* als „Überschrift" und „Thema" angeschlossen.

## 6. Probleme der Lemmakonzeption

Jede Lemmakonzeption, soweit sie ausgeformt und damit in ein metalexikographisches Konzept (einschließlich einer sprachwissenschaftlichen Orientierung) eingebettet ist, muß daran gemessen werden: Welche Fragen aus Theorie und Praxis werden gelöst? Ist der Zusammenhalt von metalexikographischer Theoriebildung und lexikographischer Werkstattsprache gewährleistet? Ist der Anschluß an gewonnene Standards der sprachwissenschaftlichen Theoriebildung sichergestellt?

Abgesehen von Ad-hoc-Charakterisierungen zu *Lemma*, die von geringem Erklärungswert sind, kontrastieren im wesentlichen die Lemma-Konzeptionen von Zgusta (1971) und Wiegand (1983, 1988, 1988a).

Nach Zgusta (1971) umfaßt das Lemma mehrere Textsegmente (Betonungsangaben, Ausspracheangaben, auch in Form von Angabesymbolen, u. a. m.). Das Lemma kann hier mit dem zusammenfallen, was Wiegand nach *Zeichengestaltangabe, Lemmaposition,* und *Artikelkopf* differenziert hat (Wiegand 1988, 58 f.), sodann auch mit dem, was Wiegand als *Lemma* bezeichnet — allerdings dann stets unter Einschluß weiterer Angaben in, unter und über der von Wiegand so gefaßten Einheit.

In Anschluß an Zgusta wird auch in Ilson (1988) *lemma* wie *Artikelkopf* (im Sinne Wiegands) verwendet; vgl.:

„I propose that *lemma* should be extended to mean 'everything preceding the first explanation (or sense number) in a dictionary entry' (leaving *headword* and *entry word* to retain their present meaning [i. e. Gebrauch im Sinne von L. Zgusta — W. W.]." (Ilson 1988, 73).

Zgustas Lemmakonzeption ist explizit an L. Hjelmslevs Unterscheidung von Form- und Substanzbereich orientiert. Wenn man den gewählten sprachwissenschaftlichen Bezugsrahmen aus Zgusta (1971) akzeptiert, hat dessen Lemmakonzeption, die man als holistisch bezeichnen könnte, gleichwohl einige Vorzüge:

Sie macht keinen erheblichen theoretischen Argumentationsaufwand erforderlich. (Dieser ist allerdings bereits von L. Hjelmslev geleistet, denn die Unterscheidung der vier Ebenen Ausdrucksform/Ausdruckssubstanz, Inhaltsform/Inhaltssubstanz ist selbstverständlich aufwendig). — Die Konzeption ist außerdem an die (vorwissenschaftliche) Intuition insgesamt gut anschließbar, vereinfacht so den Einstieg in entsprechende Zuordnungsprobleme. Zudem bedarf es nicht zahlreicher zusätzlicher terminologischer Differenzierungen, z. B. nach Lemmatypen.

Allerdings wird mit der Wahl dieser Lemmakonzeption auf die Möglichkeit einer exhaustiven Segmentation lexikographischer Texte verzichtet, wie überhaupt auf einen handlungsorientierten und texttheoretischen Zugriff. Relativ zu einer Minimalstrukturierung der Textsegmente, der Differenzierung nach unterschiedlichen Verwendungen einer Sprache L im Wörterbuch u. a. m. lassen sich Unklarheiten des einen oder anderen Textsegments, was dessen Zugehörigkeit zum Lemma im Sinne von Zgusta (1971) angeht, dann relativ schnell aufzeigen.

Wiegand hat darauf hingewiesen, daß nach Zgustas Konzeption die Interpretation möglich ist, Ziffern könnten im Lemma stehen. Denn in manchen Wörterbüchern werden mit Hilfe von Ziffern z. B. Eigenschaften von Adjektiven angegeben. Solche Ziffern verweisen auf die Wörterbuch-Grammatik. Wenn man die Interpretation, es gäbe Ziffern im Lemma, für unerwünscht hielte, dann müßte man sagen, „daß Teile des Lemmas in der Wörterbucheinleitung stehen" (vgl. Wiegand 1983, 449). — Im Grunde wird damit aufgezeigt, daß ein ausschließlich sprachtheoretisch motivierter Lemmabegriff (der auf der Folie bloß sprachtheoretischer Entscheidungen gefaßt ist) nicht tragfähig ist: Denn ein Wörterbuch ist ein praktisches Instrument mit (variierenden) praktischen Entscheidungen für Benutzerhandlungen; und im vorliegenden Fall werden für Benutzerhandlungen Ziffern verlangt.

Im Rahmen der Lemmakonzeption von Wiegand werden zahlreiche Differenzierungen erforderlich: *kontinuierliches/diskontinuierliches Lemma, Nischenlemma, Nestlemma,* u. a. m. Dies liegt zum einen daran, daß ein repräsentativer Ausschnitt aus der vorliegenden Vielfalt der lexikographischen Textgestaltung erfaßt wird, zum anderen daran, daß der Ausdruck *Lemma* relativ eng, d. h. unter Ausschluß von Angabesymbolen, formuliert wird. Allerdings ermöglicht diese Konzeption, da von Einzelrealisationen in unterschiedlichen Wörterbüchern abstrahiert wird (vgl. WA$_2$ unter 2.), erst den Vergleich der verschiedenen Formulierungsresultate, i. e. Textbausteine und andere Textsegmente.

Eine feinere Differenzierung führt dazu, daß Einzelfragen möglicherweise nicht einheitlich genug beantwortet werden. Hingewiesen sei hier auf Probleme im Umfeld von

*Mehrfachlemma* und *Teillemma/Lemmateil.*

(a) Entsprechend der oben (unter 2.) gegebenen Charakterisierung von *Lemma* kann aus WA₂ die Form **ab stem peln** als Lemma notiert werden. Angabesymbole (zur Betonung, Silbentrennung, Aussprache) werden sozusagen an die Lemmaposition delegiert. Das Lemma ist eine abstrakte Einheit, ein Konstrukt, das als Textbaustein rekonstruiert und notiert werden kann. Wenn nun

/WA₆/ **al·ler·christ·lich·ste (r, -s)** [. . .]

wegen der Zusammenfassung von Flexionsformen als *Mehrfachlemma* bezeichnet wird, ergibt sich folgendes Problem: Da zwischen Lemmazeichen lediglich ein ordnungsstruktureller Unterschied besteht (sowie bei diskontinuierlichen Lemmata einer in der graphischen Präsentation), dann kann hier nicht ein Lemma (eben: ein Mehrfachlemma) vorliegen, und mehrere Lemmazeichen (nämlich drei). Um mit dem Terminus *Mehrfachlemma* nicht die gewonnene abstrakte (nicht am je einzeln vorliegenden Fall orientierte) Lemmakonzeption wieder rückgängig zu machen, sei vorgeschlagen: Bei WA₆ handelt es sich um eine Lemmaposition (mit Angabesymbolen, Gliederungssignalen, etc.), um einen Komplex, aus dem drei verschiedene Lemmazeichen, mithin auch drei Lemmata rekonstruiert werden können; die ordnungsstrukturelle Eigenschaft der drei hier diskontinuierlichen Lemmata kann durch Hintereinandernotierung verdeutlicht werden.

Ein weiteres Argument hierfür wird gewonnen, wenn Ausschnitte wie WA₁₂ hinzugezogen werden; hier liegen nämlich keine verschiedenen Flexionsformen vor, wie in der Definition von *Mehrfachlemma* festgesetzt:

/WA₁₂/ **hundert[und]ein[s]**
**hundert[und]einte/-erste** [. . .]
(Duden: Richtiges und gutes Deutsch).

In diesem Sinne spricht viel für die Fruchtbarkeit des Terminus *Lemmaposition,* weil dieser Terminus geeignet ist, zwischen unterschiedlichen Lemmakonzeptionen besser zu vermitteln als Zusatztermini wie *Mehrfachlemma.*

(b) Zu den mit den sog. Strichartikeln verbundenen Problemen wird in der einzigen neueren metalexikographischen Arbeit zum Lemma (neben Wiegands Arbeiten), nämlich in Link (1989), ausführlich Stellung genommen.

/WA₁₃/ **met-, Met-:** [. . .] (Duden-GWB)
/WA₁₄/ **me·ta . . ., Me·ta . . .** [. . .]
(Brockhaus-Wahrig)
/WA₁₅/ **anlage-, Anlage-:** ~ **bedingt** [. . .]
(Duden-GWB).

In Wiegand (1983) gilt der Wörterbuchausschnitt WA₁₅ (dort eines der Beispiele) vor dem Doppelpunkt nicht (!) als Lemma; es handelt sich um sog. *Lemmateile* im Rahmen des *lemmaexternen Nesteingangs* (vgl. unter 2.). Da **anlage-** nicht zum Lemma gehören soll, entsteht hier auch nicht das Problem, ob der Strich „-" zum Lemma gehört oder nicht. Anders wird für ~ **bedingt** z. B. argumentiert: dies gilt als *Teillemma,* wozu die Tilde (das Platzhaltersymbol) deshalb gerechnet wird, weil sie eine Ersetzungsanweisung enthält.

In Link (1989) wird darauf hingewiesen, daß für WA₁₃ und WA₁₄ andere Verhältnisse vorliegen als für WA₁₅: Der Wörterbuchartikel gilt einem „Lemma(zeichen)", das „als vollständig repräsentiert gelten kann und soll" (Link 1988, 40). Im Ko-Text entsprechender Wörterbuchartikel folgen keine „Teillemmata" wie bei Komposita-Nestern. Die Striche bzw. Punkte sind nach Link durchaus kommentierende Symbole:

Sie sind „Indikatoren" dafür, daß das Lemmazeichen „eine prinzipiell gebundene lexikalische Einheit darstellt" (Link 1988, 41), die bei Zusammenfügung nicht durch Leerzeichen getrennt werden darf. Also handelt es sich um eine „(ortho-)graphemische Indizierung bezüglich der das Lemmazeichen auf parole- oder Äußerungsebene repräsentierenden Graphemkette" (Link 1988, 42). Das entsprechende Symbol wird dort (leider völlig unmotiviert) mit dem Namen *Radikalsymbol* (Link 1988, 43) belegt.

Unter berücksichtigung von Link (1989) erscheint eine Vereinheitlichung für Fälle wie WA₁₃/₁₄ und WA₁₅ geboten. Zudem entfällt hierbei ein weiterer Hinweis darauf, den Terminus *Lemmaposition* zur Vereinheitlichung ins Spiel zu bringen. Dies wird deutlicher, wenn man

/WA₄/ **bi . . ., Bi . . .** [. . .]

vergleichend nochmals hinzuzieht (aus Abschnitt 2.). Hier steht in der Lemmaposition (= WA₄) nur ein Lemma (da nur ein Lemmazeichen rekonstruiert wird). Es ist von hierher nicht einsichtig, **anlage-** und **Anlage-** aus WA₁₅ die Repräsentationsmöglichkeit als Lemma abzusprechen.

Deshalb sei folgender Vorschlag zur Vereinheitlichung gemacht, auch um die zur Verwechslung geradezu angelegten Bildungen *Teillemma/Lemmateile* zu umgehen.

(i) Es handelt sich bei WA₄, WA₁₃/₁₄, WA₁₅ (hier bis zum Doppelpunkt) um Lemmapositionen, aus denen jeweils ein Teil-Lemmazeichen rekonstruierbar ist, mithin auch ein (einziges) Teillemma: ein kontinuierliches aus WA₄, WA₁₃/₁₄, ein diskontinuierliches aus WA₁₅.

(ii) Die Angabe zur Graphie in Form eines Angabesymbols (Striche, Punkte) mit unterschiedlichen Funktionen und die implizite Angabe zur Graphie (Groß- und Kleinschreibung) werden zur Lemmaposition gerechnet.

(iii) Im Falle von Kompositanestern, in denen im Artikel-Kotext ein weiterer Teil des Lemmas folgt, soll auch hier von *Teillemma* die Rede sein. Das Platzhaltersymbol gehört in diesem Fall zum Teillemma. Die Tilde ist hier, auch wenn sie die gleiche Form wie zu dem aus der Lemmaposition rekonstruierbaren Lemma hätte, in anderer Funktion gebraucht als dort: als Platzhaltersymbol, nicht als Angabesymbol zur Graphie. — Hieraus wird deutlich, daß der Polyfunktionalität von Symbolen in vorhandenen Wörterbüchern Rechnung getragen werden muß, d. h., daß die jeweilige Funktion genau rekonstruiert werden muß.

(iv) Lemmata mit Kommentarsymbolen zur Graphie (Anweisung zur Zusammenschreibung mit einem zweiten Bestandteil) sollten somit stets als *Teillemma* bezeichnet werden. Hieraus folgt, daß auch der Terminus *lemmaexterner Nesteingang* nicht aufrechterhalten werden kann. Es wird dafür vorgeschlagen: *Nesteingang mit Teillemma*.

Gerade für die Konzeptionsphase geplanter Wörterbücher, so für das „Große Deutsch-Chinesische Wörterbuch" (vgl. Wiegand 1988a) oder ein mit weitgehender Rechnerunterstützung geplantes Wörterbuch (vgl. Link 1989) sind sämtliche Fragen im Umkreis des Lemmaproblems zu lösen, auch solche, die aus externer Sicht möglicherweise als akademisch erscheinen mögen. Aber auch zum Zweck des Vergleichs vorhandener Wörterbücher und zur Gewinnung von Kriterien für eine einheitliche Praxis der Kommentierung in Wörterbüchern ist es unabdingbar, sämtliche Textbausteine und andere Textsegmente ordnungsstrukturell beschreiben zu können. Der wissenschaftliche Gegenstand *Lemma* muß dazu im Rahmen einer Theorie der lexikographischen Sprachbeschreibung so differenziert erfaßt werden, wie es aufgrund der in Wörterbüchern vorhandenen Gestaltungsvielfalt erforderlich ist; gegebenenfalls können als zu weitgehend erkannte Differenzierungen in einem späteren Schritt wieder zurückgenommen werden (schließlich geht es in keiner Wissenschaft und in keiner wissenschaftlichen Praxis um die Vermittlung ewiger Wahrheiten). Vor allem mit Blick auf die noch ganz am Anfang stehende Fach-Metalexikographie ist zu erwarten, daß sich eine texttheoretische Konzeption von Artikelstrukturen zur Gewinnung einer geeigneten Terminologie als fruchtbar erweisen wird.

## 7. Literatur (in Auswahl)

### 7.1. Wörterbücher

*Brockhaus-Wahrig* = Brockhaus-Wahrig. Deutsches Wörterbuch (in sechs Bänden). Hrsg. von Gerhard Wahrig †, Hildegard Krämer und Harald Zimmermann. Wiesbaden. Stuttgart. Bd. 1, 1980 bis Bd. 6, 1984 [805 S.; 901 S.; 837 S.; 941 S.; 906 S.; 920 S.].

*Duden-GWB* = Duden. Das große Wörterbuch der deutschen Sprache in sechs Bänden. Hrsg. und bearb. vom Wissenschaftlichen Rat und den Mitarbeitern der Dudenredaktion unter Leitung von Günther Drosdowski. Mannheim. Wien. Zürich. Bd. 1: A—Ci, 1976 bis Bd. 6: Sp—Z, 1981 [zus. 2992 S.].

*Duden: Richtiges* = Duden: Richtiges und gutes Deutsch. Wörterbuch der sprachlichen Zweifelsfälle. 3., neu bearb. und erw. Aufl. Bearb. von Dieter Berger und Günther Drosdowski, unter Mitwirkung von Otmar Käge und weiteren Mitarbeitern der Dudenredaktion. Mannheim. Wien. Zürich 1985 (Der Duden; Bd. 9) [803 S.].

*Duden-Universalwörterbuch* = Duden — Deutsches Universalwörterbuch. Hrsg. und bearb. vom Wissenschaftlichen Rat und den Mitarbeitern der Dudenredaktion unter Leitung von Günther Drosdowski. Mannheim. Wien. Zürich 1983 [1504 S.].

*Frühneuhochdeutsches Wörterbuch* = Frühneuhochdeutsches Wörterbuch. Hrsg. von Robert R. Anderson, Ulrich Goebel, Oskar Reichmann. Bd. 1, Lieferung 2: *abfal—action*, bearbeitet von Oskar Reichmann. Berlin. New York 1987 [Sp. 97—608].

*Georges* = Ausführliches Lateinisch-Deutsches Handwörterbuch [...] Ausgearbeitet von Karl Ernst Georges. Unveränd. Nachdruck der 8. verb. u. verm. Aufl. Basel. Bd. 1 u. 2. Stuttgart 1967 [3576 Sp.; 3108 Sp.].

*Kirchner* = Kirchner's Wörterbuch der philosophischen Grundbegriffe. Neubearbeitung von Carl Michaelis. Leipzig 1907 [708 S.].

*Passow* = Handwörterbuch der griechischen Sprache. Begründet von Franz Passow. Neu bearb. und zeitgemäß ausgestattet von Dr. Val. Chr. Fr. Rost [et al.]. 5. Aufl. Bd. 1: Leipzig 1841; Bd. 2: Leipzig 1847; Bd. 3: Leipzig 1852 [1313 S., 2649 S.].

*Wahrig-Wörterbuch* = Gerhard Wahrig: Deutsches Wörterbuch. Mit einem „Lexikon der deutschen Sprachlehre. Hrsg. in Zusammenarbeit mit zahlreichen Wissenschaftlern und anderen Fachleuten. Völlig überarb. Neuaufl. Gütersloh. Berlin 1977 [4322 Sp.].

*WDG* = Wörterbuch der deutschen Gegenwartssprache. Hrsg. von Ruth Klappenbach und Wolfgang Steinitz. Berlin. Bd. 1, 1. Aufl. 1961, 10. bearb. Aufl. 1980 bis Bd. 6: 1. Aufl. 1977, 3. Aufl. 1982 [zus. 38, 4579 S.].

### 7.2. Sonstige Literatur

*Anderson/Goebel/Reichmann 1981* = Robert R. Anderson/Ulrich Goebel/Oskar Reichmann: Probeartikel zum Frühneuhochdeutschen Handwörterbuch. In: Studien zur neuhochdeutschen Lexikographie I. Hrsg. von Herbert Ernst Wiegand. Hildesheim. New York 1981 (Germanistische Linguistik 3—4/79), 11—52.

*Antony 1981* = Heinz Antony: Korruptel oder Lemma? Die Problematik der Lexikographie auf dem Hintergrund der Editionen. In: Mittellateinisches Jahrbuch 16. 1981, 288—333.

*Denisov 1977* = P. N. Denisov. Ob universal'noj strukture slovarnoj stat'i. [Zur universalen Struktur des Wörterbuchartikels]. In: Aktual'nye problemy učebnoj leksikografii. Moskva 1977, 205—225. Zitiert nach der Übersetzung aus: Aspekte der sowjetrussischen Lexikographie. Übersetzungen, Abstracts, bibliographische Angaben. Hrsg., übersetzt und eingeleitet von Werner Wolski. Tübingen 1982, 89—111.

*Dubois/Dubois 1971* = Jean Dubois/Claude Dubois: Introduction à la lexicographie. Le dictionnaire. Paris 1971.

*Hausmann 1977* = Franz Josef Hausmann: Einführung in die Benutzung der neufranzösischen Wörterbücher. Tübingen 1977 (Romanistische Arbeitshefte 19).

*Hellwig 1984* = Peter Hellwig: Grundzüge einer Theorie des Textzusammenhanges. In: Text — Textsorten — Semantik. Linguistische Modelle und maschinelle Verfahren. Hrsg. von Annely Rothkegel und Barbara Sandig. Hamburg 1984 (Papiere zur Textlinguistik 52), 51—79.

*Henne 1972* = Helmut Henne: Semantik und Lexikographie. Untersuchungen zur lexikographischen Kodifikation der deutschen Sprache. Berlin. New York 1972 (Studia Linguistica Germanica 7).

*Ilson 1988* = Robert Ilson: Contributions to the Terminology of Lexicography. In: ZüriLEX '86 Proceedings. Papers read at the EURALEX International Congress, University of Zürich, 9—14 Sept. 1986. Ed. by Mary Snell-Hornby. Tübingen 1988, 73—80.

*Karpovič 1977* = A. E. Karpovič: O leksikografičeskoj terminologii. [Zur lexikographischen Terminologie]. In: Sovremennaja russkaja leksikografija 1976. Hrsg. von A. M. Babkin. Leningrad 1977, 205—210. Zitiert nach der Übers. aus: Aspekte der sowjetrussischen Lexikographie. Übersetzungen, Abstracts, bibliographische Angaben. Hrsg., übersetzt und eingeleitet von Werner Wolski. Tübingen 1982, 141—147.

*Karpovič 1983* = A. E. Karpovič: O russkoj leksikografičeskoj terminologii. [Zur russischen lexikographischen Terminologie]. In: RLJ 37. No. 128. 1983, 3—8.

*Landau 1984* = Sidney I. Landau: Dictionaries. The Art and Craft of Lexicography. New York 1984.

*Link 1989* = Elisabeth Link: Was ist eigentlich ein Lemma? Anmerkungen zu einem Beitrag H. E. Wiegands zur Theorie der lexikographischen Sprachbeschreibung. Typoskript. In: Wörterbücher in der Diskussion. Vorträge aus dem Heidelberger Lexikographischen Kolloquium. Hrsg. von Herbert Ernst Wiegand. Tübingen 1989 (Lexicographica. Series Maior 27), 155—190.

*Objartel 1987* = Georg Objartel: Das Konzept für die Neubearbeitung des deutschen Wörterbuchs von Hermann Paul. Ein Werkstattbericht. In: Theorie und Praxis des lexikographischen Prozesses bei historischen Wörterbüchern. Hrsg. von Herbert Ernst Wiegand. Tübingen 1987 (Lexicographica. Series Maior 23), 89—115.

*Reichmann 1986* = Oskar Reichmann: Lexikographische Einleitung. In: Frühneuhochdeutsches Wörterbuch. Hrsg. von Robert R. Anderson, Ulrich Goebel, Oskar Reichmann. Band 1, Lfg. 1: Einleitung, Quellenverzeichnis, a—abfal. Bearb. von Oskar Reichmann. Berlin. New York 1986, 11—164.

*Rey-Debove 1971* = Josette Rey-Debove: Étude linguistique et sémiotique des dictionnaires français contemporains. The Hague. Paris 1971 (Approaches to Semiotics 13).

*Schulze/Willée 1983* = Wolfgang Schulze und Gerd Willée: Noch eine Variation über das Thema „LEMMA". In: Sprache und Datenverarbeitung 7. 1983, 40—46.

*Standop 1985* = Ewald Standop: Englische Wörterbücher unter der Lupe. Tübingen 1985 (Lexicographica. Series Maior 2).

*van Sterkenburg 1987* = P. G. J. van Sterkenburg: Wörterbuch der niederländischen Sprache. Mehrjährige Planung, Vollendung und elektronische Wiedergeburt. In: Theorie und Praxis des lexikographischen Prozesses bei historischen Wörterbüchern. Hrsg. von Herbert Ernst Wiegand. Tübingen 1987 (Lexicographica. Series Maior 23), 139—155.

*Werner 1985* = Reinhold Werner: Rezension zu „Studien zur neuhochdeutschen Lexikographie. Hrsg. von Herbert Ernst Wiegand. Bände I—IV (Germanistische Linguistik 3—4/79, 3—6/80, 1—4/82, 1—3/83). Hildesheim. New York 1979—1983." In: Lexicographica 1. 1985, 268—277.

*Wiegand 1983* = Herbert Ernst Wiegand: Was ist eigentlich ein Lemma? Ein Beitrag zur Theorie der lexikographischen Sprachbeschreibung. In: Studien zur neuhochdeutschen Lexikographie III. Hrsg. von Herbert Ernst Wiegand. Hildesheim. Zürich. New York 1983 (Germanistische Linguistik 1—4/82), 401—474.

*Wiegand 1985* = Herbert Ernst Wiegand: Eine neue Auffassung der sog. lexikographischen Definition. In: Symposium on Lexicography II. Ed. by Karl Hyldgaard-Jensen and Arne Zettersten. Tübingen 1985 (Lexicographica Series Maior 5), 15—100.

*Wiegand 1987* = Herbert Ernst Wiegand: Zur handlungstheoretischen Grundlegung der Wörterbuchbenutzungsforschung. In: Lexicographica 3. 1987, 172—227.

*Wiegand 1988* = Herbert Ernst Wiegand: Wörterbuchartikel als Text. In: Das Wörterbuch: Artikel und Verweisstrukturen. Jahrbuch 1987 des Instituts für deutsche Sprache. Hrsg. von Gisela Harras. Düsseldorf 1988 (Sprache der Gegenwart 74), 30—120.

*Wiegand 1988 a* = Herbert Ernst Wiegand: „Shanghai bei Nacht". Auszüge aus einem metalexikographischen Tagebuch zur Arbeit beim Großen Deutsch-Chinesischen Wörterbuch. In: Studien zur neuhochdeutschen Lexikographie VI, 2. Teilband. Hrsg. von Herbert Ernst Wiegand. Hildesheim. Zürich. New York 1988 (Germanistische Linguistik 87—90), 522—626.

*Willée 1979* = Gerd Willée: LEMMA — Ein Programmsystem zur automatischen Lemmatisierung deutscher Wortformen. In: Sprache und Datenverarbeitung 3. H. 1/2. 1979, 45—60.

*Wolski 1986* = Werner Wolski: Partikellexikographie. Ein Beitrag zur praktischen Lexikologie. With an English Summary. Tübingen 1986 (Lexicographica. Series Maior 14).

*Wolski 1988* = Werner Wolski: Beschriebene und beschreibende Sprache im Wörterbuch. In: Das Wörterbuch. Artikel und Verweisstrukturen. Jahrbuch 1987 des Instituts für deutsche Sprache. Hrsg. von Gisela Harras. Düsseldorf 1988 (Sprache der Gegenwart 74), 144—160.

*Zgusta 1971* = Ladislav Zgusta: Manual of Lexicography. The Hague. Paris 1971 (Janua linguarum. Series maior 39).

*Ziehen 1974* = Th. Ziehen: Lehrbuch der Logik. Auf positivistischer Grundlage mit Berücksichtigung der Geschichte der Logik. Berlin 1974. [Zuerst: Bonn 1920].

*Werner Wolski, Heidelberg
(Bundesrepublik Deutschland)*

# 38. Aspekte der Makrostruktur im allgemeinen einsprachigen Wörterbuch: alphabetische Anordnungsformen und ihre Probleme

1. Zum Begriff der Makrostruktur
2. Einige Voraussetzungen für die Analyse alphabetischer Makrostrukturen
2.1. Einige schrifttheoretische Voraussetzungen
2.2. Einige metalexikographische Voraussetzungen
3. Initialalphabetische Anordnungsformen und ihre Probleme
3.1. Initialalphabetische Makrostrukturen und ihre Darbietung auf Wörterbuchseiten
3.2. Ausschnitt aus einer Klassifikation von Makrostrukturen
3.3. Striktalphabetische Makrostrukturen
3.4. Nicht striktalphabetische Makrostrukturen mit Gruppierung: die nestalphabetische Anordnungsform
4. Initialalphabetische Makrostrukturen und Zugriffsstrukturen
4.1. Zur Unterscheidung von Makrostrukturen und Zugriffsstrukturen
4.2. Zur Anordnung von Zugriffsstrukturen, die Teilstrukturen von Makrostrukturen sind
5. Literatur (in Auswahl)

## 1. Zum Begriff der Makrostruktur

Der Terminus *macrostructure* wurde von Rey-Debove 1971 in die neuere Wörterbuchforschung eingeführt und ist dort wie folgt bestimmt:

Zitat 1: „On appellera MACROSTRUCTURE l'ensemble des entrées ordonnées toujours soumise à une lecture verticale partielle lors du repérage de l'objet du message." (Rey-Debove 1971, 21).

Der Terminus wurde entwickelt anhand hochverdichteter und standardisierter alphabetischer Wörterbücher des Neufranzösischen (DFC, GR, PL, Ql und RM). Zusammen mit dem Terminus *microstructure* (vgl. Art. 38 a) hat er sich in der metalexikographischen Forschung als äußerst nützlich erwiesen.

Ähnlich wie im Falle des Terminus *Mikrostruktur*, so ist inzwischen auch der Gebrauch von *Makrostruktur* nicht mehr einheitlich (vgl. z. B. Wiegand/Kučera 1981, 106—109; Wiegand 1983, 430—432 u. 453, Def. 30; Heß/Brustkern/Lenders 1983, 27—29; Hausmann 1985, 372; Schaeder

1987, 92 f.; Wiegand 1988, 50—56); die Rezeptionsgeschichte kann hier nicht verfolgt werden. Neben der gerade charakterisierten Tradition gibt es einen älteren Gebrauch, der sich z. B. bei Baldinger 1960 findet.

Angeschlossen wird nachfolgend an Wiegand 1989. Hier wird der Terminus *Makrostruktur* — im Rahmen einer allgemeinen Theorie der Lexikographie (i. S. v. Wiegand 1983 a u. 1983 b) — so verallgemeinert, daß er für alle (maschinenexternen und nichtelektronischen) Wörterbücher verwendet werden kann, und zwar unabhängig davon, nach welchem Schriftsystem (i. S. v. Günther 1988, 40) sie geschrieben sind und welche Anordnungsmethode verwendet wurde. Um diesen generalisierten Terminus *Makrostruktur* wenigstens informell — als Bezugspunkt für einen spezielleren — einführen zu können, benötigt man zunächst den (in Wiegand 1983, 430—432 in Anschluß an Wüster 1979, Bd. 1, 101 f. eingeführten) Terminus *Leitelement* und den (in Wiegand 1984, 503 eingeführten) Terminus *Leitelementträger*.

Ein *Leitelement* ist diejenige Eigenschaft oder derjenige Eigenschaftskomplex einer semiotischen Entität, die *Leitelementträger* heißt, anhand derer (bzw. dessen) diese Entität angeordnet werden kann (vgl. auch Art. 37).

Leitelemente können z. B. sein: Ziffern, Ziffernfolgen (z. B. in onomasiologischen Wörterbüchern), Schriftzeichen aller Art (i. S. v. Günther 1988, 44), z. B. Buchstaben, Schriftzeichenketten, z. B. nach graphotaktischen Regeln erzeugte Buchstabenfolgen (z. B. in den deutschen, französischen und englischen allgemeinen einsprachigen Wörterbüchern), geordnete Teile von Schriftzeichen (z. B. im Chinesischen), alphanumerische Gebilde (z. B. in deutschen Normwörterbüchern), Farben, Kombinationen von Farben und Formen (z. B. in Kinderwörterbüchern) u. v. a. m.

Die Leitelemente sind — intensional ausgedrückt — die eigentlichen Relata derjenigen Ordnungsrelationen, durch welche die zugehörigen Leitelementträger geordnet werden. In der Praxis liegt gewöhnlich der Fall vor, daß mit dem Leitelement auch der zugehörige Leitelementträger geordnet wird, so daß nachfolgend von diesem Fall ausgegangen wird. Ein Benutzer in actu, der die Anordnungsmethode eines Wörterbuches kennt, wird anhand eines von ihm identifizierten Leitelementes zu demjenigen Platz innerhalb der Makrostruktur des Wörterbuches geleitet, an dem der gesuchte Leitelementträger — nach der jeweils mit der Anordnungsmethode genannten Ordnung — stehen muß (was nicht heißt, daß er auch tatsächlich dort steht).

Wählt man den gleichen Strukturbegriff wie in Art. 36, 38 a u. 39 (also den neueren mathematischen Strukturbegriff i. S. v. Bourbaki 1957/1968), dann werden Strukturen unter Bezug auf konkrete Mengen oder Mengensysteme definiert; letztere werden dann so analysiert, daß sich spezielle Trägermengen sowie konkrete Strukturen über diesen Mengen ergeben. Ein genereller (aber noch vorläufiger) Terminus *Makrostruktur*, der auf jedes — wie auch immer geordnetes und nach welchem Schriftsystem auch immer geschriebenes — Wörterbuch anwendbar ist, ist dann wie folgt definiert:

Def. 1: Eine lexikographische Makrostruktur ist eine Ordnungsstruktur, deren Trägermenge eine (nichtleere, endliche) Menge von Leitelementträgern eines lexikographischen Nachschlagewerkes ist.

*Bem. zu Def. 1:* (i) Damit eine Struktur zu der (von einer Strukturart definierten) Klasse der Strukturen von der Art der lexikographischen Makrostrukturen gehört, muß sie nach der vorstehenden vorläufigen Definition also lediglich folgende Bedingungen erfüllen: (a) Ihre Trägermenge muß eine (endliche, nichtleere) Menge von Leitelementträgern eines lexikographischen Nachschlagewerkes sein; damit sind z. B. Leitelementträger von nichtlexikographischen Nachschlagewerken (wie z. B. die von Bibliographien oder von Telephonbüchern) nicht zugelassen, so daß z. B. eine „bibliographische Makrostruktur" nicht zur Extension der Definition gehört. (b) Die auf der Trägermenge definierte Struktur muß eine Ordnungsstruktur sein, d. h.: es muß mindestens eine Relation aus der Klasse der Ordnungsrelationen auf der Menge der Leitelementträger definiert sein. Dabei bleibt bei dem generellen Terminus offen, um welche Art von Ordnungsrelationen es sich handelt und wie die Relationsterme lauten.

(ii) Entsprechend dem in Art. 38 a, 4 und 39 skizzierten Vorgehen, kann man von der generellen lexikographischen Makrostruktur zur spezielleren übergehen, und zwar dadurch, daß man die Bedingungen spezifiziert und/oder vermehrt. Man erhält dann Strukturen, die zu einer Teilklasse der Klasse von der Art der lexikographischen Makrostrukturen gehören (vgl. Wiegand 1989).

(iii) Nach dem hier gewählten Strukturbegriff gehören (im Unterschied zu dem in Wiegand 1983 im Anschluß an Carnap gewählten) die Elemente (z. B. die Lemmata als spezielle Leitelementträger) mit zur Makrostruktur. —

Zu einer erschöpfenden metalexikographischen Betrachtung der Makrostruktur eines Wörterbuches gehört daher auch die Behandlung dieser Elemente besonders unter den folgenden Fragestellungen:

(i) Zu welchen — linguistisch definierten — Klassen von sprachlichen Einheiten sollen die Elemente der Trägermenge der Makrostruktur gehören? Diese Frage betrifft (unter der Voraussetzung, daß der Wörterbuchgegenstandsbereich eine Informantensprache oder ein Ausschnitt aus einer solchen ist) den *qualitativen* Aspekt der *äußeren Selektion* der potentiellen Leitelementträger aus der Wörterbuchbasis (vgl. Wiegand 1984, 572f.).

(ii) Wie viele Elemente aus den in Frage kommenden Klassen von sprachlichen Einheiten sollen Elemente der Trägermenge der Makrostruktur werden? Diese Frage bezieht sich auf den *quantitativen Aspekt* der äußeren Selektion.

(iii) Die unter (i) und (ii) formulierten Fragen betreffen zusammen das Verhältnis der Trägermenge der Makrostruktur zur Wörterbuchbasis (i. S. v. Wiegand/Kučera 1981, 100f.) und damit das zum Wörterbuchgegenstandsbereich, der im Falle von Informantensprachen nicht mit der Wörterbuchbasis identisch sein kann. Es geht dabei um die Frage der *relativen äußeren Vollständigkeit*. Diese kann bei allgemeinen einsprachigen Wörterbüchern bisher nur so behandelt werden, daß man die Anzahl der Lexikelemente des bearbeiteten Stadiums einer Einzelsprache schätzt und dann zur Mächtigkeit der Trägermenge der Makrostruktur eines Wörterbuches in Beziehung setzt. Enthält die Trägermenge einer Makrostruktur keine Elemente, die nicht Elemente der lexikographisch zu bearbeitenden Lexik sind, dann ist diese Trägermenge eine Teilmenge der (geschätzten) Menge aller Lexikelemente und heißt (nach Wiegand 1989) die *makrostrukturelle Decke* eines allgemeinen einsprachigen Wörterbuches. Eine quantitative und qualitative Untersuchung der makrostrukturellen Decke, die sich methodisch relativ komplex gestaltet (vgl. Wiegand 1989), führt zu dem *makrostrukturellen Profil* eines allgemeinen einsprachigen Wörterbuches. —

(iv) Wieviel Makrostrukturen bzw. äußere Zugriffsstrukturen (vgl. unten 4.) hat ein Wörterbuch und — falls es mehrere hat — wie ist das Verhältnis der verschiedenen Makrostrukturen bzw. äußeren Zugriffsstrukturen zueinander? Diese Fragen zielen (i. S. v. Wiegand 1989) auf das *äußere Zugriffsprofil* eines Wörterbuchs.

(v) Wie sind die Leitelementträger der Makrostrukturen bzw. äußeren Zugriffsstrukturen eines Wörterbuches angeordnet?

Diese Fragen führen zur Untersuchung der Anordnungsformen.

Nur ein Ausschnitt aus der unter (v) charakterisierten Klasse von Fragen sowie ein kleiner aus der unter (iv) genannten wird in diesem Artikel behandelt. Ausschnitte aus den anderen Frageklassen sowie andere Ausschnitte aus den beiden mit (iv) und (v) charakterisierten werden in den einschlägigen Artikeln behandelt: vgl. Art. 36 zu allgemeinen Fragen, Art. 68 u. 89 zu (i) und (ii), Art. 67a zu (iv) sowie die einschlägigen Art. in den Kap. zu den Wörterbuchtypen bzw. in denen zu den Einzelsprachen.

## 2. Einige Voraussetzungen für die Analyse alphabetischer Makrostrukturen

Eine systematische, metalexikographische Analyse, die alle Schrifttypen berücksichtigt, liegt bisher nicht vor. Nach Ausweis der beiden neuesten Bibliographien zur Wörterbuchforschung (vgl. Zgusta 1988 und Wiegand 1988d) ist auch die Literatur zum Themenbereich „Alphabet und Anordnung in Wörterbüchern" nicht sehr umfangreich. Die Arbeit von Daly (1967) ist theoretisch relativ unergiebig. Die meisten anderen Arbeiten (vgl. das Lit.-Verz.) behandeln Einzelprobleme. Philologisch sehr ertragreich ist Miethaner-Vent 1986. Allerdings findet sich hier eine fragwürdige Auffassung darüber, was ein Alphabet ist bzw. wie man in Texten zur Lexikographie über ein Alphabet sprechen sollte (vgl. unten 2.1.). Neben den Ausführungen der Wörterbuchmacher in ihren Wörterbucheinleitungen (vgl. unten die Zitate 2—5) zeigt gerade auch diese — mit Abstand informativste Arbeit über die Verhältnisse im europäischen Mittelalter — daß es notwendig ist, einige schrifttheoretische Voraussetzungen und terminologische Regelungen zu berücksichtigen sowie metalexikographische Voraussetzungen einzuführen, bevor man über solche lexikographischen Makrostrukturen spricht, deren Leitelementträger unter Rückgriff auf ein Alphabet angeordnet sind. Im folgenden werden daher zunächst einige schrifttheoretische Minimalvoraussetzungen genannt oder eingeführt sowie einige metalexikographische Termini erläutert, die notwendig sind, um *alphabetische Makrostrukturen* so zu betrachten, daß die Ergebnisse für eine allgemeine Theorie der Lexikographie von Interesse sind.

### 2.1. Einige schrifttheoretische Voraussetzungen

Unter einem *Schriftsystem* wird hier mit Eisenberg (1983, 39) ein Teilsystem des Sprachsystems verstanden; der Terminus *Schriftsystem* ist damit auf Einzelsprachen zugeschnitten. Ein alphabetisches Schriftsystem ist dann ein einzelsprachenspezifisches System, in welchem von den Mitteln, die ein alphabetischer Schrifttyp (*Schrifttyp*, i. S. v. Ludwig 1983, 12) bereitstellt, in selektiver Weise Gebrauch gemacht wird. Bei den alphabetischen Schriftsystemen (denen vor allem die logographischen — z. B. das Chinesische — und die wortsilbischen — z. B. das Japanische — gegenüberstehen) lassen sich die silbenalphabetischen (z. B. das Koreanische), die konsonantenalphabetischen (z. B. das Arabische) und die alphabetischen Schriftsysteme im engeren Sinne, die alle auf das griechisch-lateinische Alphabet zurückgehen (z. B. Deutsch), unterscheiden (vgl. Günther 1988, 40 ff.).

Die alphabetischen Schriftsysteme im engeren Sinne (nachfolgend kurz: die alphabetischen Schriftsysteme) zeichnen sich alle dadurch aus, daß es eine Menge von — im einzelnen zwar unterschiedlich ausgeprägten, aber stets hinreichend deutlich analysierbaren — systematischen Beziehungen zwischen den bedeutungsunterscheidenden Elementen der schriftlichen Sprache auf der einen und den bedeutungsunterscheidenden Elementen der Lautsprache auf der anderen Seite gibt.

Die Darstellung von Makrostrukturen muß in diesem Art. auf alphabetische Schriftsysteme eingeschränkt werden, so daß die theoretisch relevanten Ausführungen mutatis mutandis — auch wenn am Beispiel des deutschen Schriftsystems argumentiert wird — dennoch für eine relativ große Anzahl von allgemeinen einsprachigen Wörterbüchern anderer Sprachen gelten.

Die diskreten Elemente einer Schrift heißen nachfolgend *Schriftzeichen*, und unter *Schrift* wird hier das sog. Inventar von Schriftzeichen verstanden, das in einem Schriftsystem zur Anwendung gelangt.

Der Fachausdruck *Inventar* ist (selbst in kanonischen Arbeiten zur Schrift) merkwürdigerweise nicht sauber definiert. Nachfolgend wird unter einem Inventar eine entweder teilweise geordnete oder ungeordnete Menge endlicher Kardinalität verstanden, über deren Mächtigkeit sehr häufig nur durch Dezisionen entschieden werden kann, was vor allem an den sog. Sonderzeichen liegt.

Die Schriften in alphabetischen Systemen heißen Alphabetschriften. Bei allen Alphabetschriften hat das Schriftzeicheninventar eine echte Teilmenge von — synchronisch gesehen — konstanter Mächtigkeit, auf der eine irreflexive, lineare Ordnungsrelation definiert ist. Diese geordnete Teilmenge des Inventars heißt Alphabet. Das Alphabet ist also kein bloßes Inventar (was immer das auch sein mag), sondern eine Ordnungsstruktur, die die Axiome einer irreflexiven totalen Ordnung erfüllt. Diese Eigenschaft ist die Voraussetzung dafür, daß man Ketten (also lineare Sequenzen), die mit den Schriftzeichen des Alphabets gebildet werden, unter Rückgriff auf das Alphabet in mannigfacher Weise ordnen kann.

*Bem.:* Das Alphabet in diesem Sinne darf nicht mit dem Alphabet in der Theorie der formalen Sprachen verwechselt werden; hier nämlich ist das Alphabet eine ungeordnete, endliche Menge von Symbolen, so daß die Elemente der freien Halbgruppe über einem Alphabet, also die Ketten über diesem Alphabet, gerade nicht unter Rückgriff auf das Alphabet (d. h. alphabetfundiert) geordnet werden können.

Die Elemente der Trägermenge eines Alphabets heißen im Deutschen *Buchstaben*. Ein Buchstabe ist eine *gestaltbezogene* Segmentklasse. Diese ist eine Äquivalenzklasse, woraus folgt, daß die Elemente der Trägermenge eines Alphabets Repräsentanten der jeweiligen Äquivalenzklassen sind. Die Elemente einer Segmentklasse sind Elemente der etischen Ebene und heißen (nach Wiegand 1989) Buchstabeninstanzen (oder auch Graphe). Buchstabeninstanzen sind einmalige Entitäten mit physikalischer Existenz. Weil es laufend geschieht, sei daran erinnert, daß Buchstaben nicht mit Graphemen verwechselt werden dürfen, weil Grapheme *funktionsbezogene* Segmentklassen sind. Nicht alle Buchstaben, die im Schriftsystem der deutschen Sprache der Gegenwart verwendet werden, sind notwendigerweise als Elemente der Trägermenge des Alphabets anzusehen, zumindest ist dies für die folgenden Segmentklassen strittig: |ä|, |ö|, |ü|, |ß|.

*Bem.:* Ein Ausdruck der Form |α| mit „α" als Variable für Segmente bezeichnet genau diejenige gestaltbezogene Segmentklasse, zu der dasjenige Segment gehört, welches für „α" eingesetzt wurde; natürlich sind z. B. |ä| und ⟨ä⟩ verschiedene Bezeichnungen, denn üblicherweise ist ein Ausdruck der Form ⟨ß⟩ mit „ß" als Variable für Segmente die Bezeichnung für ein Graphem (vgl. z. B. Althaus 1980, 140).

Gallmann (1985, 14, § 39) gibt drei Analysemöglichkeiten für die Segmentklassen |ä|, |ö|, |ü| an. Im Unterschied zu Gallmann und mit Günther (1988, 67) werden hier die Segmentklassen |ä|, |ö|, |ü| als Buchstaben aufgefaßt und heißen *Umlautbuchstaben* (Terminus nach Muthmann 1988, 17; vgl. auch Möcker 1987). Worum es sich bei |ß| handelt, ist — historisch gesehen — klar, unter systematischen Gesichtspunkten jedoch nicht. Für die Wörterbuchforschung ist es zweckmäßig, auch |ß| als eigenständigen Buchstaben zu analysieren. Die Umlautbuchstaben und |ß| bilden dann die Klasse der *Zusatzbuchstaben* (Terminus nach Möcker 1987). Diese sind alphabetexterne Buchstaben; daraus folgt: in jedem Wörterbuch, welches seine Leitelementträger nach dem hier behandelten Schriftsystem druckt und eine solche alphabetische Makrostruktur besitzt, die nach der *exhaustiven mechanischen Alphabetisierungsmethode* (vgl. unten) hergestellt wurde, muß dem Benutzer im Metatext erklärt werden, wie die Zusatzbuchstaben relativ zum Alphabet behandelt werden, d. h. genauer, wie Leitelemente angeordnet werden, die n Zusatzbuchstaben (mit n ≥ 1) enthalten. Viele deutsche Wörterbücher sind nicht einmal hierzu in der Lage (vgl. unten).

*Bem.*: Mehrere deutsche Wörterbücher sind auch nicht in der Lage, das Alphabet, welches im Neuhochdeutschen zur Anwendung gelangt, vernünftig zu beschreiben. Ein besonders krasser Fall von Irreführung findet sich im Sprachbrockhaus 1982, wo in der Bildtafel A8 behauptet wird, das Alphabet habe 38 Buchstaben und auf |z| folge die Reihe |ä|, |ö|, |ü|, |au|, |ei|, |eu|, |äu|, |ch|, |ck|, |ß|, |st|, |tz|.

Alphabetische Schriftsysteme verfügen neben Buchstaben immer über weitere Schriftzeichen, was meistens der Grund dafür ist, daß keine reinen Systeme vorliegen. Im Deutschen sind dies die Ziffern |0|, |1|,..., |9|, welche logographische Schriftzeichen sind, sowie die sog. Hilfs- und Sonderzeichen, zu denen man auch das Leerzeichen zählt. Im Prinzip kann jedes alphabetexterne Zeichen (nicht nur die Zusatzbuchstaben) bei der Alphabetisierung berücksichtigt werden (was für Fachwörterbücher sogar nützlich wäre, vgl. z. B. $H_2O$, $H_2SO_4$ als Leitelementträger).

Da jedoch (sieht man von historischen Raritäten ab) die allgemeinen einsprachigen Wörterbücher die von ihnen verwendeten Schriftzeichen, die keine Buchstaben sind, bei der Alphabetisierung gerade nicht berücksichtigen (z. B. die Silbentrennungsstriche), und die deutschen Wörterbücher offenbar Ausdrücke wie *60er* (in *die 60er Jahre*) nicht als Lemma ansetzen, sondern auf *sechziger* ausweichen, können bei einer für die Analyse von alphabetischen Makrostrukturen relevanten Klassifizierung alle Schriftzeichen, die nicht Buchstaben sind, als unanalysierte (aber jederzeit analysierbare) Restklasse geführt werden.

Eine systematische Analyse von Anordnungsformen ist nicht möglich, wenn man nur — wie bisher — diejenigen graphischen Mittel eines Schriftsystems berücksichtigt, die zu *Segmentklassen* gehören. Vielmehr müssen die *Suprasegmentklassen* berücksichtigt werden. Nachfolgend werden — im Anschluß an Gallmann 1985 und Günther 1988 — insgesamt vier Klassen von Suprasegmenten unterschieden: die *linearen* und die *flächigen* Suprasegmente; beide Klassen können unterteilt werden in die jeweils *integrativen* und *additiven* Segmente. Auf Einzelheiten dieser Einteilung (die auch für eine gründliche Analyse von Strukturanzeigern i. S. v. Art. 38a von Interesse ist) wird hier nicht eingegangen (vgl. hierzu Wiegand 1989). Stattdessen werden einfache Beispiele erläutert, aus denen erschlossen werden kann, wie die Klassen festgelegt sind.

Ein Beispiel für ein additives lineares Suprasegment ist

(i) <u>Hans im Glück</u>.

Die einfache Unterstreichung (besser: der einfache Unterstrich) ist in (i) das *additive* lineare Suprasegment zu 'Hans im Glück'. Lineare Suprasegmente heißen dann additiv, wenn sie unverbunden bei denjenigen Segmenten bzw. Segmentketten stehen, die sie überlagern. Integrativ heißen sie dann, wenn sie als Eigenschaft der Schriftzeichen gelten können.

(ii) **Rappe** *schwarzes Pferd*

Die Schriftzeichen der Kette **Rappe** haben die Eigenschaft 'halbfett', die der beiden Ketten *schwarzes Pferd* die Eigenschaft 'kursiv'. Ein typographischer Strukturanzeiger (i. S. v. Art. 38 a) ist daher ein Eigenschaftskomplex, welcher sich aus den Eigenschaften derjenigen Schriftzeichen zusammensetzt, die die Form einer Angabe konstituieren.

In Texten, die mit den Mitteln eines alphabetischen Schriftsystems gedruckt sind, stehen die Schriftzeichen auf Zeilen; diese verlaufen horizontal. Ist die Schriftrichtung von links nach rechts, ist der Zeilenanfang links und das Zeilenende rechts. Bei einer Schriftrichtung von rechts nach links ist das entsprechend umgekehrt. Die Zeilen sind quer zur Schriftrichtung geordnet: eine Zeile folgt unter der nächsten, so daß sie „durchgezählt" werden können. Im Deutschen druckt (schreibt u. liest) man einen Text üblicherweise von links nach rechts und (wenn er länger ist als eine Zeile) von oben nach unten. Im graphetischen Sinne haben daher gedruckte Texte einen flächigen Charakter, weil sie eine Fläche (z. B. den sog. Satzspiegel — vgl. Niel 1927 — oder mehrere) bedecken. Daher lassen sich auch *flächige Suprasegmente* bestimmen. Das wichtigste integrative im Zusammenhang der Analyse von Anordnungsformen ist der zweidimensionale *Textblock,* der meistens aus mehreren Zeilen besteht, in besonderen Textsorten jedoch auch aus einer Zeile bestehen kann. Ein Text kann aus mehreren Textblöcken bestehen. Ist das der Fall, dann sind die Textblöcke durch graphische Mittel voneinander abgegrenzt, z. B. dadurch, daß der horizontale Zwischenraum größer ist als der zwischen den Zeilen im Textblock (größerer Durchschuß), oder dadurch, daß die erste Textblockzeile ein- oder ausgezogen wird u. v. a. m. — Die Textblockhöhe wird durch den Schriftkegel, die Breite aller blockimmanenten Durchschüsse sowie die Anzahl der Zeilen, die Textblockbreite durch die Länge der Zeilen bestimmt. Die Textblockbreite ist begrenzt. Auf breiten Seiten werden (um Erschwerungen beim Lesen zu vermeiden) die Textblöcke in zwei oder mehreren Spalten angeordnet wie z. B. in Wörterbüchern. Am Seiten- und Spaltenende kann die Textblockbildung unterbrochen werden, wofür es bestimmte Unterbrechungsregelungen gibt (z. B. schreibt man einen Zwischentitel nicht auf die letzte Zeile einer Seite). Ein Beispiel für eine mehrfache Textblockbildung, in der das eröffnende Abgrenzungssignal ein integratives lineares Suprasegment, nämlich die Eigenschaft 'halbfett' ist, findet sich im Textbeispiel 38.1., wobei dieses integrative lineare Suprasegment — metalexikographisch gesehen — als Eigenschaft der Form einer Lemmazeichengestaltangabe zu gelten hat. In der in Abb. 38.1. wiedergegebenen BW-Spalte gibt es genau 15 Textblöcke, und in jedem Textblock steht genau ein Wörterbuchartikel. Schon hier deutet sich an, daß der graphetische Terminus *Textblock* eine wichtige zweidimensionale Bezugsgröße bezeichnet, relativ zu der alphabetische Makrostrukturen systematisch unterschieden werden können. —

Textblöcke werden relativ zu verschiedenen Textsorten bzw. Textsortengruppen unterschiedlich bezeichnet; relativ neutrale Bezeichnungen sind *Absatz* und *Paragraph.* — Die suprasegmentalen graphischen Mittel können miteinander kombiniert, und alle können funktional verschieden eingesetzt werden.

## 2.2. Einige metalexikographische Voraussetzungen

Betrachtet man alphabetische Makrostrukturen von Wörterbüchern, benötigt man einige Termini, die nachfolgend (nach Wiegand 1989) kurz eingeführt werden.

*Bem.:* Die Termini *Lemma* und *Lemmazeichen* sowie die Termini für die verschiedenen Typen von Lemmata sind in Art. 37 erklärt (vgl. auch Wiegand 1983).

Für lexikographische Nachschlagewerke gilt das *Anordnungsprinzip* (i. S. v. Wiegand 1984, 563). Dieses wird befolgt dadurch, daß man eine *Anordnungsmethode* anwendet. Eine alphabetfundierte Anordnungsmethode heißt *Alphabetisierungsmethode,* und das Handeln danach heißt *etwas alphabetisieren* (was von *jemanden alphabetisieren* unterschieden werden muß). Das, was mittels einer Alphabetisierungsmethode angeordnet wird, sind — in einem strengen Sinne — ausschließlich die aus Buchstabenketten (genauer: aus Ketten von Buchstabeninstanzen und ggf. aus Leerzeichen) bestehenden Leitelemente. In deutschen Wörterbüchern können Buchstaben aus folgenden Buchstabenklassen in Leitelementen auftreten:
— alphabetinterne Buchstaben
— alphabetexterne, aber schriftsysteminterne Buchstaben (die Zusatzbuchstaben; Terminus nach Möcker 1984/85)
— schriftsystemexterne Buchstaben.

Letzteres ist der Fall immer dann, wenn ein deutsches Wörterbuch fremdsprachliche Lemmazeichen berücksichtigt.

Eine Alphabetisierungsmethode ist — wie jede andere Anordnungsmethode auch — eine Menge von geordnet anzuwendenden Anordnungsvorschriften (vgl. Wiegand 1984, 563). Die zentrale Vorschrift besteht in der expliziten Aufführung des Alphabetes, nach dem alphabetisiert wird. In einer weiteren Klasse von Vorschriften muß angegeben werden, wie die Zusatzbuchstaben behandelt werden. Weiterhin muß es Vorschriften darüber geben, ob und wenn, wie das Leerzeichen berücksichtigt wird, auf welche Weise — falls (wie im Neuhochdeutschen) Lemmazeichen mit Anfangsgroßschreibung berücksichtigt werden — die Anfangsgroß- im Verhältnis zur Anfangskleinschreibung behandelt wird (z. B. *Laut* vor *laut* oder umgekehrt), und schließlich muß es — falls entsprechende Lemmazeichen berücksichtigt sind — Vorschriften für die Alphabetisierung schriftsystemexterner Buchstaben geben. Da

## 38. Die makrostrukturelle lexikographische Ordnung

**Bar¹** 〈n. 7; -, -; Meteor.; Zeichen: bar, b〉 *Maßeinheit für Druck* [< grch. *baros* „Schwere"]
**Bar²** 〈f.; -, -s〉 **1** *Gaststätte od. Raum mit erhöhter Theke zur Einnahme von Getränken;* Eis~, Milch~; *kurz vor Mitternacht kehrten sie noch in einer ~ ein* **1.1** *intimes Nachtlokal* **1.2** *der Schanktisch einer Bar(1);* Haus~; *an der ~ stehen; sich lieber an die ~ setzen* **2** *engl. Anwaltskammer* [engl., „Stange, Schranke, Schanktisch"; verwandt mit *Barren, Barre, Barlauf, Barriere*]
**Bar³** 〈m.; -(e)s, -e〉 = *Barform* [Herkunft unklar]
**...bar** 〈Nachs.; in Zus.; zur Bildung von Adj. 24〉 *so, daß man etwas Bestimmtes damit tun kann;* heilbar; auswechselbar; fahrbar [< ahd. *-bāri, -bāre* „tragend"; → *Bahre;* verwandt mit *Bürde, entbehren, gebären*]
**Bär** 〈m.; -en, -en〉 **1** 〈Zool.〉 *Angehöriger einer meist als Einzelgänger lebenden Raubtierfamilie mit dickem Pelz u. von gedrungener Gestalt: Ursidae:* Braun~, Eis~; Brillen~; Kragen~; Lippen~; Höhlen~ **1.1** *jmdm. einen ~en* a u f b i n d e n 〈fig.〉 *jmdm. eine Lügengeschichte erzählen, jmdn. neckend verspotten* **1.2** *sich einen ~en aufbinden lassen* 〈fig.〉 *eine Lügengeschichte glauben, sich veralbern lassen* **1.3** 〈umg.; fig.〉 *großer, kräftiger, plumper Mensch; er ist ein ~ von einem Mann* **1.4** *w i e ein ~* 〈umg.; fig.〉 *brummig, unbeholfen, ungeschickt wie ein Bär(1)* **2** 〈Astr.〉 **2.1** G r o ß e r ~ *bekanntestes Sternbild des nördlichen Himmels, dessen sieben hellste Sterne den Großen Wagen bilden: Ursa Major* **2.2** K l e i n e r ~ *bekanntes Sternbild des nördlichen Himmels, in dem der nördliche Himmelspol liegt u. dessen hellster Stern der Polarstern ist: Ursa Minor* **3** *eisernes Fallgewicht an Schmiedehämmern u. Rammen;* Schlag~, Ramm~ **4** 〈Zool.〉 = *Bärenspinner* **4.1** B r a u n e r ~ *Angehöriger der Familie der Bärenspinner mit dunkelbraunen, weißgebänderten Vorder- u. zinnoberroten Hinterflügeln mit fünf schwarzblauen Flecken; der unter Naturschutz steht: Arctica caja* [< ahd. *bero* (engl. *bear*) < germ. *\*beran-* < idg. *\*bhero-* „braun"; verwandt mit *braun, Biber, Berserker*]
**Ba·ra·ber** 〈m.; -s, -; umg.; österr.〉 *Erdarbeiter, schwer arbeitender Hilfs-, Bauarbeiter* [< ital. *parlare* „sprechen"; urspr. nur für ital. Arbeiter, später abwertend gebraucht]
**ba·ra·bern** 〈V. 400, umg.; österr.〉 **1** *als Hilfsarbeiter, auf dem Bau arbeiten* **2** 〈fig.〉 *hart arbeiten* [zu *Baraber*]
**Ba'racke** 〈-k·k-; f.; -, -n〉 **1** *einfacher, flacher, nicht unterkellerter Bau zur Notwohnung od. Schuppen;* Holz~, Wellblech~; *die Bauarbeiter sind in ~n untergebracht; die Flüchtlinge leben in armseligen ~n* **2** 〈fig.; Pol.〉 *Bundesgeschäftsstelle der SPD, die bis 1974 in einer Baracke untergebracht war* [< frz. *baraque*]
**Ba'racken·la·ger** 〈-k·k-; n.; -s, -〉 *aus Baracken bestehendes Lager*
**Ba'racken·sied·lung** 〈-k·k-; f.; -, -en〉 *aus Baracken bestehende Siedlung*
**Ba'rack·ler** 〈m.; -s, -; umg.〉 *Bewohner einer Barackensiedlung od. eines -lagers*
**ba·ra'dauz** 〈Int.; selten〉 = *pardauz*
**'Ba·ra·ka** 〈f.; -, unz.; Völkerk.; bei den islam. Nordafrikanern〉 *die überirdische Kraft in der Natur, in den Nachkommen Mahammeds u. im Sultan* [arab.]
**Ba'ran·ke** 〈f.; -, -n〉 *Fell des neu- od. ungeborenen Lamms;* Sy *Barankenfell* [< russ. *baran* „Hammel, Widder"]
**Ba'ran·ken·fell** 〈n.; -(e)s, -e〉 = *Baranke*

Textbeispiel 38.1: Wörterbuchspalte aus dem BW, ergänzt um zwei additive flächige Suprasegmente (hellgraue Tonfläche)

es in verschiedenen Bereichen des gesellschaftlichen Lebens immer noch üblich ist, die Buchstabenketten |ch|, |ck|, |sch|, |sp|, |st| insbesondere, wenn sie den Anfang größerer Buchstabenketten bilden, bei der Alphabetisierung als einen Buchstaben zu behandeln, und da es (selbst in neueren deutschen Wörterbüchern, z. B. Herders Sprachbuch 1973) noch teilweise üblich ist, |i| und |j| als einen Buchstaben zu behandeln, ist es angebracht, auch hierzu etwas zu sagen, zumindest bei der benutzeradressierten Erläuterung der Anordnungsmethoden in der Wörterbucheinleitung. Dies empfiehlt sich auch dann, wenn es für die Alphabetisierung sog. Normen (niedergelegt z. B. in sog. DIN-Normen) gibt, denn deren Kenntnis kann nicht vorausgesetzt werden.

Wie die „Stichwörter" alphabetisiert werden, wird in den meisten allgemeinen einsprachigen Wörterbüchern des gegenwärtigen Deutsch nicht gründlich erläutert; in vielen Fällen sind die auf die makrostrukturelle Anordnung bezogenen Erläuterungen unvollständig, öfters sogar eindeutig falsch. Es folgten einige Beispiele.

Zitat 2: „Die **Anordnung** der Stichwörter geschieht streng nach dem Abc, wobei die Umlaute ä, ö, ü, wie die nichtumgelauteten Buchstaben eingeordnet werden; [. . .]." (Wahrig-⁵DW, 10)

Mehr als das, was im Zitat 2 steht, wird im Wahrig-⁵DW zur Anordnung nicht gesagt. Die Erläuterung der Anordnungsmethode ist damit sehr unvollständig, und die im Zitat 2 gemachte Aussage ist auch noch falsch. Man vergleiche das folgende Textbeispiel.

**Bar¹** 〈n.; -, -; Zeichen: bar〉 *Maßeinheit für Luftdruck* [<grch. *baros* „Schwere"]
**Bar²** 〈f. 10〉 *Gaststätte od. Raum mit erhöhter Theke zur Einnahme von Getränken; der Schanktisch selbst; engl. Anwaltskammer* [<engl. *bar* „Stange, Schranke, Schanktisch"; → a. *Barre, Barlauf, Barriere*]
**Bär** 〈m. 16〉 *großes Raubtier (Säugetier) mit dickem Pelz u. gedrungener Gestalt: Ursidae; eisernes Fallgewicht an Schmiedehämmern* (Schlag~) *u. Rammen* (Ramm~), *Rammklotz; jedes der beiden ähnl. Sternbilder des nördl. Himmels; das Fell des ~n verkaufen, ehe man ihn hat* 〈fig.〉 *voreilig handeln; jmdm. einen ~n aufbinden* 〈fig.〉 *jmdn. eine Lügengeschichte erzählen; jmdn. veralbern; sich einen ~en aufbinden lassen* 〈fig.〉 *eine Lügengeschichte glauben, sich veralbern lassen;* Großer ~, Kleiner ~ 〈Astr.〉; *brummig, unbeholfen, ungeschickt wie ein ~* [<ahd. *bero,* engl. *bear* <germ. *\*beran-* <idg. *\*bhero-* „braun"; verwandt mit *braun, Biber, Berserker;* im Sinne von Schlag-, Rammbär entweder Übertragung von *Bär* „Säugetier" od. zu mhd. *ber* „Schlag"; zu *bern* <ahd. *berian* „stampfen, treten, schlagen"]

Textbeispiel 38.2: Drei Wörterbuchartikel aus dem Wahrig-⁵DW

Natürlich kann niemand Paare von Lemmazeichen wie *Bar, Bär; Buhne, Bühne; nutzen, nützen;*

*Kur, Kür; Achtung, Ächtung* sinnvoll so anordnen, daß die Umlautbuchstaben wie die nichtumgelauteten Buchstaben eingeordnet werden. Wollte es jemand dennoch tun, müßte er behaupten, z. B. *Bar* und *Bär* seien Homographen, und (falls er Homographenindizes vorgesehen hat) dann z. B. so anordnen: **Bar**[1] vor **Bär**[2] vor **Bar**[3]!

Aufmerksame Lexikographen weisen auf solche Fälle hin; man vergleiche:

Zitat 3: „Die Stichwörter erscheinen in strenger Abc-Folge; aus mehreren Wörtern bestehende Ausdrücke fügen sich dieser Folge ebenfalls ein, sie werden wie *ein* Wort behandelt. Auf mensis currentis folgt also mens sana in corpore sano.

Die Umlaute ä, ö, ü werden wie die einfachen Vokale a, o, u behandelt, entsprechend äu wie au. Es folgt also auf Packung das Wort Pädagoge und danach Paddel. Dagegen gelten ae und oe als zwei Buchstaben: auf prädominieren folgt also praecox. Unterscheiden sich zwei Wörter nur durch den Umlaut, wie Buhne und Bühne, so steht das nicht umgelautete Wort an erster Stelle. ß ist wie ss eingeordnet." (Knaurs-GW, 8)

Der Vollständigkeitsgrad der Erläuterungen im Zitat 3 ist erheblich höher und, relativ zu dem, was man sonst in deutschen allgemeinen einsprachigen Wörterbüchern gewohnt ist, ist die Erläuterung der Anordnungsmethode im Knaurs-GW — sieht man von der im ÖW ab — diejenige, die als die angemessenste zu gelten hat: unter den Blinden ist eben der Einäugige König.

Eine besondere Stilblüte enthält das folgende Zitat:

Zitat 4: „Das Wörterbuch, dessen Hauptziel die Beschreibung der Bedeutungsstruktur der Wörter ist, ist alphabetisch angeordnet, weil die alphabetische (semasiologische) Anordnung im Gegensatz zur begrifflichen (onomasiologischen) Anordnung nicht die Einheit des Wortes zerreißt.

Etymologisch nicht zusammengehörende Stichwörter beginnen stets mit einer neuen Zeile. Etymologisch zusammengehörende Stichwörter dagegen werden nicht voneinander abgesetzt, sondern in einem „Nest" mit Semikolon aneinandergereiht, z. B. **Debatte...; Debattenschrift...; Debatter...; Debattierclub...; debattieren...**" (Duden-GW, 3)

Daß hier das Wörterbuch alphabetisch angeordnet ist [!] und nicht seine „Stichwörter", ist für geschulte Ohren allenfalls gequält akzeptabel (*alphabetisch geordnet* ginge wohl noch). Daraus, daß Stichwörter mit einer neuen Zeile beginnen können, muß man folgern, daß der Ausdruck *Stichwörter* hier (wie im Lexikographenjargon) mit *Wörterbuchartikel* synonym verwendet wird, denn „Stichwörter" stehen auf Zeilen und beginnen nicht mit solchen (wenigstens nicht nach der Sprache, die im Wörterverzeichnis des Duden-GW beschrieben wird). — Daß von einer „alphabetischen (semasiologischen) Anordnung" gesprochen wird, ist in dieser Form in einer Wörterbucheinleitung irreführend, denn eine semasiologische Anordnung gibt es nicht, allenfalls semasiologische Wörterbücher, und deren „Stichwörter" sind meistens alphabetisch angeordnet.

Zitat 5: „Die geographischen Benennungen wurden in das Alphabet ebenso eingearbeitet wie die sehr vermehrten Abkürzungen." (Mackensen 1977, V).

Hier wird der Ausdruck *Alphabet* wie im Lexikographenjargon verwendet. Eine Verwendungsweise, die dieser weitgehend gleicht, findet sich (leider) auch bei Philologen (vgl. unten). Nach dem Zitat 5 hat ein Wörterbuch ein Alphabet, in das man z. B. Abkürzungen nach dem Alphabet (!) einordnen kann.

Auch in Miethaner-Vent 1986 wird der Ausdruck *Alphabet* in verschiedener Weise verwendet. In Übereinstimmung mit dem auch außerhalb der Lexikographie und Wörterbuchforschung üblichen alltäglichen und dem Gebrauch in den schrifttheoretischen Arbeiten, heißt es z. B.:

Zitat 6: „Das Alphabet war der erste Gegenstand des Unterrichts, es wurde auswendig gelernt, die Buchstaben geschrieben." (Miethaner-Vent 1986, 85).

Gleichzeitig heißt es aber z. B.:

Zitat 7: „Das Silbenalphabet und das mechanische Zweibuchstaben-Alphabet sind uns beide gleich früh belegt. Sie dürften also beide etwa gleichzeitig aus dem Ein-Buchstaben-Alphabet entwickelt worden sein." (Miethaner-Vent 1986, 94).

Im Zitat 7 ist — etwa wie in Zitat 5 — mit *Alphabet* das Ergebnis der Anwendung einer Alphabetisierungsmethode (auf der Grundlage des lateinischen Alphabets) auf eine Menge von Leitelementen gemeint, so daß die verschiedenen Wörterbücher ihr eigenes Alphabet haben. Betrachtet man nun verschiedene Wörterbücher in chronologischer Reihenfolge und stellt unterschiedliche makrostrukturelle Anordnungsformen fest, wird dann davon gesprochen, das Alphabet habe verschiedene Formen und habe sich — innerhalb lexikographischer Traditionen — entwickelt (vgl. Miethaner-Vent 1986, 90). Gleichzeitig wird aber festgestellt, das Alphabetisieren habe sich entwickelt: Es scheint aber — wenigstens relativ zur internationalen schrifttheoretischen Literatur — angebracht, diese Redeweisen nicht zu übernehmen. Denn was Miethaner-Vent (reichlich umständlich, aber philologisch weitgehend korrekt) z. B. unter dem Terminus *Silbenalphabet* beschrieben ist im schrifttheoretischen Sinne kein Silbenalphabet (vgl. z. B. Günther 1988).

Miethaner-Vent beschreibt das sog. Silbenalphabet wie folgt:

Zitat 8: „Bei vokalischem Anlaut gleicht das Silbenalphabet dem uns vertrauten, aber nur bis zum zweiten Buchstaben durchgeführten Alphabet. Bei konsonantischem Anlaut zählt als zweiter Buchstabe im Sinne der Reihenfolge nicht der zweite Buchstabe des Wortes, sondern der Vokal der Silbe. [...] Die einfachste Form des Silbenalphabets findet sich in den *Glossae affatim* [...]. Der Buchstabenabschnitt G— besteht aus fünf Unterabschnitten GA—, GE—, GI—, GO—, GU—. Konsonanten, die zwischen G— und dem Vokal stehen, werden für die Reihenfolge (selbstverständlich nicht in der Schreibung!) ignoriert." (Miethaner-Vent 1986, 90 f.)

In einer Tabelle stellt Miethaner-Vent einige Formen des sog. Silbenalphabets zusammen (v. 9. bis zum 14. Jh.). In der ersten Spalte findet sich ein Auszug aus den Glossae affatim, der die folgende Form hat:

| | |
|---|---|
| Gastrimargia | Gallerium |
| Gallicinium | Gazae [...] |
| Gratuitum | Gnarus |
| Gramma | Gnatius |
| Grammaticus | Gnatus |
| Gamalihel | Gramen [...] |
| Glaciale | |
| Gamus | GE— |
| Ganeo | GI— |
| Grandevus | GO— |
| | GU— |

Eine saubere, lexikographietheoretisch abgestützte Beschreibung dessen, was Miethaner-Vent hier charakterisiert, lautet folgendermaßen:

In den Glossae affatim werden die Lemmazeichen auf der Grundlage des lateinischen Alphabets wie folgt geordnet:
(i) Bei Lemmazeichen mit initialem Vokalbuchstaben gilt lediglich dieser sowie der auf ihn folgende Buchstabe als Leitelement. (ii) Bei Lemmazeichen mit intitialem Konsonantenbuchstaben gilt lediglich dieser sowie derjenige Vokalbuchstabe als Leitelement, der den Vokal der ersten Silbe wiedergibt.

Was soeben beschrieben wurde, ist ein Teil einer der *nicht-mechanischen* Alphabetisierungsmethoden, welche die Silbenstruktur der Lemmazeichen berücksichtigt. Es gibt zahlreiche andere Arten der nicht-mechanischen Alphabetisierungsmethode, die der mechanischen gegenübersteht. Hat man irgendein Alphabet in irgendeinem Schriftsystem, dann heißt eine Alphabetisierungsmethode *mechanisch* genau dann, wenn bei der Herstellung der alphabetfundierten Ordnung über eine Menge von Lemmazeichen, die mittels m Buchstaben geschrieben werden, als Leitelement gilt
(i) entweder nur der Anfangsbuchstabe (erste Buchstabe)
(ii) oder nur der erste und der zweite, ..., und der n-te Buchstabe (mit n < m)
(iii) oder alle Buchstaben, der erste und der zweite, ..., und der m-te.
Im Falle (i) liegt *Anfangsalphabetisierung* vor; bei den Fällen unter (ii) kann man von *partieller mechanischer Alphabetisierung* bis zum n-ten Buchstaben sprechen; schließlich ist mit dem Fall (iii) die *exhaustiv mechanische Alphabetisierung*, also die (heute übliche) Buchstaben-für-Buchstaben-Alphabetisierung in Schriftrichtung unter Berücksichtigung aller Buchstaben der Leitelemente, charakterisiert.

*Bem.:* Da bei allgemeinen einsprachigen Wörterbüchern das mechanische Alphabetisieren gegen die Schriftrichtung, das zu *finalalphabetischen Ordnungen* führt, keine Rolle spielt, wird es hier nicht weiter behandelt (vgl. Wiegand 1989); im übrigen gibt es auch in rückläufigen Wörterbüchern Makrostrukturen, die durch nicht-mechanische Alphabetisierung gegen die Schriftrichtung entstanden sind; vgl. z. B. Muthmann 1988.

In den modernen allgemeinen einsprachigen Wörterbüchern wird die exhaustiv mechanische Alphabetisierungsmethode (in Schriftrichtung) angewandt. Ihre Anwendung führt zu initialalphabetischen Ordnungen. Es ist zu beachten, daß auch die Anwendung der unter (i) und (ii) genannten Alphabetisierungsmethode zu initialalphabetischen Ordnungen führt, nur ist hier der „Grad der Geordnetheit" geringer (relativ zu Ordnungen, die nach der exhaustiv mechanischen Methode hergestellt wurden).

Deshalb sind z. B. alle bei Miethaner-Vent analysierten Wörterbücher (bzw. die in Frage kommenden Teile von solchen) initialalphabetisch. Mit dem Prädikat *initialalphabetisches Wörterbuch* ist daher ein Wörterbuch nur hinsichtlich eines Merkmales der angewandten Alphabetisierungsmethode charakterisiert. — Diese Charakterisierung ist mithin — insbesondere wenn historische Entwicklungsstufen bei den Alphabetisierungsmethoden auf der Basis eines oder mehrerer Schriftsysteme berücksichtigt werden — relativ allgemein.

*Bem.:* Auf eine mathematische Darstellung alphabetischer Ordnungen wird hier verzichtet. Auch der „Grad der Geordnetheit" läßt sich mathematisch behandeln. Es sei allerdings ausdrücklich darauf hingewiesen, daß die Möglichkeiten, alphabetfundiert zu ordnen, auf den *formalen Eigenschaften von Alphabeten als Ordnungsstrukturen* beruhen, ein Aspekt, der bisher in der Literatur zur Alphabetisierung zu wenig und nirgends systematisch beachtet wurde (vgl. Wiegand 1989).

Der höchste „Grad der Geordnetheit" wird durch die Anwendung der exhaustiv mechanischen Alphabetisierung erreicht. Daraus folgt nicht, daß die korrekte Anwendung dieser Methode notwendigerweise dazu führt, daß z. B. alle berücksichtigten Leitelemente in dem Sinne *vollständig geordnet* sind, daß jedes Leitelement genau einen Platz innerhalb der Ordnung hat, und kein Leitelement seinen Platz mit einem anderen teilt. Denn ist z. B. in einem Wörterbuch Homonymisierung vorgesehen, so daß der Lemmaansatz relativ zu einer Sprachtheorie erfolgt, die einen Terminus *Homonymie* bereitstellt, dann kann es homonyme Lemmazeichen geben, die das gleiche Leitelement aufweisen (z. B. *Bank* i. S. v. *Sitzgelegenheit* und *Bank* i. S. v. *Geldinstitut*), so daß die beiden entsprechenden Lemmata den gleichen Platz in der Lemmareihe einnehmen, woran auch ein Homonymenindex nichts ändert, denn dieser hat — wie in Wiegand (1983, 439 f.) gezeigt wird — natürlich keine Ordnungsfunktion.

Weiterhin muß darauf hingewiesen werden, daß oben ausdrücklich davon gesprochen wurde, daß — in einem strengen Sinne — die Leitelemente (und nicht ihre Träger) geordnet werden. Handelt es sich z. B. um eine Sprache oder ein Stadium einer solchen mit stark schwankenden Schreibungen (wie z. B. dem Frühneuhochdeutschen), dann kann es für ein Lemmazeichen n Schreibungen (mit n > 1) geben und damit auch n mögliche Leitelemente. Würde in diesem Falle nicht lemmatisiert, dann stünde eine lexikalische Einheit innerhalb der initialalphabetischen Ordnung an n Stellen. Ein Schritt des Lemmatisierens besteht also gerade darin, nach begründbaren Regelungen (vgl. z. B. Anderson/Goebel/Reichmann 1981) von n Schreibungen (mit n > 1) für ein Lemmazeichen zu genau einer Schreibung für dieses Lemmazeichen überzugehen, so daß dadurch Leitelement und Lemmazeichen in eine umkehrbar eindeutige Beziehung zueinander gebracht werden, wodurch sichergestellt wird, daß jeder Leitelementträger (z. B. jedes Lemma) nur an einer Stelle der Ordnung steht. Dieser Schritt des Lemmatisierens besteht also darin, für die Anordnung der Leitelementträger — nicht nur, aber insbesondere im Interesse ihrer leichteren Auffindbarkeit — in ein Schriftsystem ohne kodifizierte Normen für die Schreibung nachträglich sozusagen eine „wörterbuchspezifische Orthographie" einzuführen. Bei einem Schriftsystem mit Orthographie ist deswegen dieser Schritt der Lemmatisierung nicht notwendig, weil es gerade einer der wichtigsten Zwecke einer Orthographie ist, daß es zu einer Zeichenform möglichst nur eine geschriebene bzw. gedruckte Zeichengestalt gibt, die als korrekt gilt.

Die korrekte Anwendung der exhaustiv mechanischen Alphabetisierungsmethode (in Schriftrichtung) führt dann und nur dann zu einer initialalphabetischen Ordnung, in der alle Leitelementträger in dem Sinne *vollständig geordnet* sind, daß jeder Leitelementträger genau einen Platz in der Ordnung hat und kein Leitelementträger seinen Platz mit einen anderen teilen muß, wenn es für jedes berücksichtigte Lemmazeichen genau eine Schreibung gibt (also ein Schriftsystem mit rigoroser Orthographie vorliegt bzw. wörterbuchspezifisch eingeführt wird) und wenn eine strikte Polysemierung durchgeführt wird, so daß z. B. zwei monoseme Homonyme als ein n-fach polysemes Lemmazeichen (mit n = 2) interpretiert werden.

Zum neuhochdeutschen Schriftsystem gehört das lateinische Alphabet in einer bestimmten Form. Auf der Grundlage dieses Alphabets wird alphabetisiert. Selbst bei denjenigen Wörterbüchern, die gemäß der geltenden Orthographie schreiben, führt die Anwendung der exhaustiv mechanischen Alphabetisierungsmethode zu unterschiedlichen Ergebnissen hinsichtlich der Reihenfolge der Leitelementträger. Der Grund hierfür ist, daß die alphabetexternen Buchstaben sowie das Leerzeichen (im Falle von buchstabenkettenübergreifender Alphabetisierung) verschieden behandelt werden, so daß fast jedes neuhochdeutsche Wörterbuch nach einem eigenen *Zugriffsalphabet* (i. S. v. Wiegand 1989) gearbeitet ist. So wird z. B. im Zitat 3 das Zugriffsalphabet des Knaurs-GW beschrieben. Dieses unterscheidet sich z. B. von dem, das in Herders Sprachbuch 1973 oder in Brenner 1951 (vgl. hierzu Art. 36) zur Anwendung gelangte. Nur bei striktalphabetischen, nicht aber bei nestalphabetischen Wörterbüchern (vgl. unten) reicht eine mit Beispielen versehene Erklärung des Zugriffsalphabets aus, um dem Benutzer die Anordnungsmethode zu erläutern.

## 3. Initialalphabetische Anordnungsformen und ihre Probleme

In diesem 3. Abschnitt werden — in informeller Weise — initialalphabetische Anordnungsformen

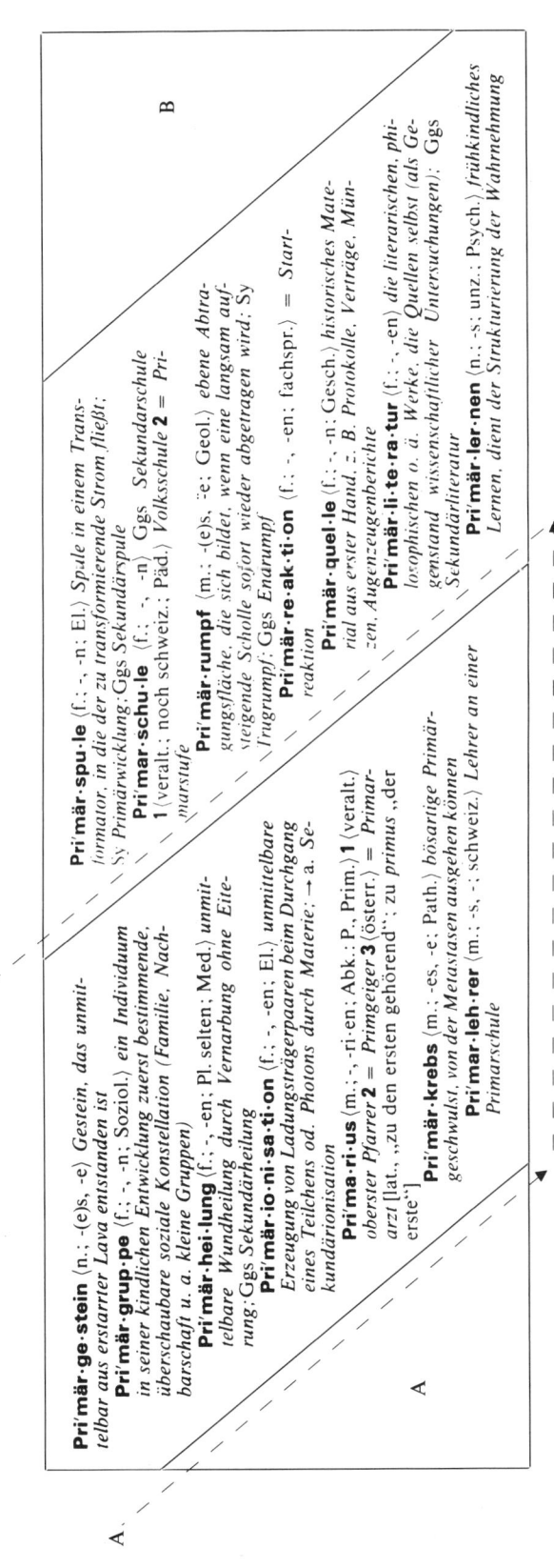

38. Die makrostrukturelle lexikographische Ordnung

Abb. 38.1: Wörterbuchseite aus einem Phantasiewörterbuch (nach Wiegand 1989); „– – – →" zeigt die Richtung im äußeren Suchpfad nach der Reihenfolge des Zugriffsalphabets an.

betrachtet. Der Ausdruck *Anordnungsform* wird nicht explizit definiert, da hier auf eine Anbindung der Darstellung an eine formale Theorie der Makrostrukturen verzichtet werden muß. Seine fachliche Bedeutung ist festgelegt durch seinen nachfolgenden Gebrauch. — Weiterhin wird in diesem Abschnitt die Betrachtung auf *monoakzessive (allgemeine einsprachige) Wörterbücher mit einer äußeren Zugriffsstruktur* (i. S. v. Wiegand 1989 c) eingeschränkt. Die monoakzessiven Wörterbücher mit mehreren äußeren Zugriffsstrukturen (wie z. B. Brenner 1951) sowie die polyakzessiven werden im Abschnitt 4 behandelt. Unter einem monoakzessiven Wörterbuch mit einer äußeren Zugriffsstruktur wird ein Wörterbuch verstanden, in welchem es zu jeder Angabe in den Artikeln gerade einen definierten Suchpfad gibt und die Makro- mit der Zugriffsstruktur zusammenfällt, wobei äußere Schnellzugriffsstrukturen (wie z. B. Daumenregister) nicht berücksichtigt sind. Wörterbücher, die zu diesem (nach dem Zugriffsprofil i. S. v. Wiegand 1989 a und 1989 c) bestimmten Typ gehören, sind z. B.: WDG, HWDG, Duden-GW, Duden-DUW, Wahrig$^{1-5}$-DW, Sanders 1878 und Sanders-WDS.

Nach diesen Einschränkungen sowie den Überlegungen im Abschnitt 2 kann folgende Definition gegeben werden:

Def. 2: Eine initialalphabetische Makrostruktur eines allgemeinen einsprachigen monoakzessiven Wörterbuches mit einer äußeren Zugriffsstruktur ist eine Teilmenge der Menge aller Leitelementträger dieses Wörterbuches, auf der eine Ordnungsrelation definiert ist, auf deren Elemente folgender Relationsterm zutrifft: *x steht initialalphabetisch vor y relativ zu dem Zugriffsalphabet z.*

*Bem. zu Def. 2:* (i) Ist die Trägermenge der Ordnungsstruktur eine unechte Teilmenge der Menge aller Leitelementträger, dann sind alle Leitelementträger streng nach dem Zugriffsalphabet geordnet, so daß die Makrostruktur strikt initialalphabetisch ist; ist dagegen die Trägermenge der Ordnungsstruktur eine echte Teilmenge der Menge aller Leitelementträger, dann sind nicht alle ihre Elemente streng nach dem Zugriffsalphabet geordnet, so daß die Makrostruktur nicht strikt initialalphabetisch ist, sondern z. B. nestalphabetisch. (ii) Bereits hier sei darauf hingewiesen, daß im Falle von monoakzessiven Wörterbüchern mit mehreren äußeren Zugriffsstrukturen die Menge aller Leitelementträger in paarweise disjunkte Teilmengen zerlegt werden kann und auf jeder Teilmenge unterschiedliche Ordnungsrelationen definiert werden können (vgl. unten 4.).

### 3.1. Initialalphabetische Makrostrukturen und ihre Darbietung auf Wörterbuchseiten

Bei der Untersuchung von initialalphabetischen Makrostrukturen reicht es nicht aus, nur die initialalphabetische Ordnung zu berücksichtigen. Denn dann wird nur ein Aspekt einer Anordnungsform untersucht. Der andere — keineswegs weniger relevante Aspekt — ist die Verteilung der initialalphabetisch angeordneten Leitelementträger im zweidimensionalen Raum und damit auf den Wörterbuchseiten. Daß beide Aspekte zu berücksichtigen sind, wird sofort klar, wenn man die Abb. 38.1 mit dem Textbeispiel 38.1 vergleicht.

Die Abb. 38.1 gibt eine Wörterbuchseite aus einem „Phantasiewörterbuch" wieder, das eine initialalphabetische Makrostruktur hat. *A* und *B* bezeichnen freie Räume für Illustrationen, Auslagerungen etc.; in der linken Schrägspalte (der bei A) sind die Leitelementträger (hier Lemmata) von oben nach unten, in der rechten Schrägspalte (der bei B) sind sie *von unten nach oben angeordnet.*

Natürlich hat niemand, der behauptet, die Lemmata im Phantasiewörterbuch seien nicht initialalphabetisch angeordnet, eine Chance, daß seine Behauptung als wahr gilt. Die Lemmata im Phantasiewörterbuch sind — nicht anders als im BW (aus dem seine Artikel stammen) — initialalphabetisch geordnet, allerdings auf *der Wörterbuchseite anders angeordnet,* und zwar unter Mißachtung bestimmter Regelungen, die die linearen und flächigen Suprasegmente betreffen. Wer also die Verteilung der Leitelementträger im zweidimensionalen Raum nicht berücksichtigt, kann die Makrostruktur des BW von der des Phantasiewörterbuches hinsichtlich der Anordnung der Lemmata nicht unterscheiden, was aber offenbar bei einer Betrachtung von initialalphabetischen Anordnungsformen als wünschenswert zu gelten hat. Im Folgenden werden daher stets beide Aspekte berücksichtigt.

### 3.2. Ausschnitt aus einer Klassifikation von Makrostrukturen

Klassifikationen sind teleologische Unternehmungen (vgl. Wiegand 1988 c). Für die nachfolgende Darstellung von Makrostrukturen wird — gemäß der themabedingten Zielsetzung — der folgende Ausschnitt aus einer Klassifikation von lexikographischen Makrostrukturen zugrunde gelegt (vgl. Abb.-38.2).

Zu der Darstellung des Klassifikationsausschnittes seien folgende Erläuterungen gegeben: (i) Es handelt sich um einen sehr schmalen Ausschnitt aus einer Klassifikation lexikographischer Makrostrukturen. Der Gegenstandsbereich, der nachfolgend betrachtet wird, ist durch die Schweifklammer ausgegrenzt. Eine Klasse, nämlich die der nicht strikt initialalphabetischen Makrostrukturen ohne Gruppierung, ist möglicherweise (d. h. hier: beim derzeitigen Kenntnisstand des Verf.) leer. Wenn sie ein Element hätte, wäre dies zumindest ein ungewöhnlicher Fall im Bereich der allgemeinen einsprachigen Wörterbücher; denn daß ein Lexikograph die initialalphabetische Ordnung bei der Anordnung der Leitelementträger z. B. aus linguistischen Motiven durchbricht, um das, was z. B. unter der Perspektive der Wortbildung zusammengehört, auch räumlich zu einem Wörterbuchartikel zusammenzustellen, hierbei aber die mit der Gruppierung (i. S. v. Def. 3) verbundene Chance der Druckraumeinsparung nicht nutzt, ist kaum zu erwarten; anders ausgedrückt heißt das: Wörterbücher mit nur einer vertikalen Lemmareihe (vgl. unten) vom ersten bis zum letzten Lemma, zu der alle Lemmata gehören, die nicht streng nach dem Zugriffsalphabet geordnet sind, gibt es (bei den allgemeinen einsprachigen) m. W. nicht. (ii) Mit der Klammerung in *strikt (initial)alphabetisch* soll angedeutet werden, daß — wenn notwendig — von strikt initialalphabetischen Makrostrukturen (oder auch Wörterbüchern) gesprochen werden muß, z. B. dann, wenn die finalalphabetischen zum Gegenstandsbereich der Untersuchung gehören. (iii) Weiterhin wird nachfolgend stets vorausgesetzt, daß die zu betrachtenden initialalphabetischen Makrostrukturen durch Anwendung der mechanisch-exhaustiven Alphabetisierungsmethode zustande gekommen sind; diese Bemerkung ist deswegen notwendig, weil die vorgenommene Klassifizierung im Prinzip auch auf solche Makrostrukturen paßt, die durch Anwendung der partiellen mechanischen Alphabetisierung entstanden sind.

3.3. Striktalphabetische Makrostrukturen

Ein monoakzessives Wörterbuch mit einer äußeren Zugriffsstruktur weist eine striktalphabetische Makrostruktur auf genau dann, wenn alle Leitelementträger des Wörterbuches streng nach dem für dieses Wörterbuch festgelegten Zugriffsalphabet geordnet sind.

Beispiele hierfür sind der BW, das Duden-DUW, Wahrig-⁵DW und Wahrig-dtv.

*Bem.:* Bei dieser Festlegung zählen Alphabetisierungsfehler nicht, wie sie z. B. im BW vorkommen (vgl. Wiegand/Kučera 1981, 107).

Betrachtet man nur die Alphabetisierung, lassen sich z. B. der BW und das Duden-DUW hinsichtlich der Ordnung der Lemmata nicht weiter systematisch unterscheiden. Dies gelingt erst, wenn man zusätzlich die Anordnung der Lemmata im zweidimensionalen Raum berücksichtigt. Hierzu sei zunächst der in der romanistischen Wörterbuchforschung gängige Terminus *Gruppierung* (französisch *groupement*) — wie er z. B. bei Hausmann (1977, 10 ff.) und Rettig 1985 verwendet wird — mittels des graphetischen Terminus *Textblock* (vgl. 2.1.) wie folgt redefiniert:

Def. 3: Eine Gruppierung von Leitelementträgern liegt vor genau dann, wenn zu einem Textblock eines Wörterverzeichnisses mindestens zwei, höchstens aber endlich viele Leitelementträger gehören.

*Bem. zu Def. 3:* (i) Mit Def. 3 ist der Terminus der *Gruppierung* auf der Ebene der Wörterbuchform definiert, und nach linguistischen und/oder (meta-)lexikographischen Kriterien lassen sich nun unterschiedliche Arten der Gruppierung unterscheiden, z. B. Gruppierung nach Wortfamilien (vgl. z. B. Hundsnurscher 1988 u. Trüb 1986), nach Komposita usw. (ii) Je nachdem wie man den Terminus *Wörterbuchartikel* definiert (vgl. Art. 38a, 3.2.), folgt aus der Gruppierung von Lemmata eine der zugehörigen Artikel; man kann dann sagen, daß die Artikel zu einem Textblock gruppiert sind (vgl. z. B. Def. 4).

3.3.1. Striktalphabetische Makrostrukturen ohne Gruppierung: die glattalphabetische Anordnungsform

Gemäß Def. 3 liegt keine Gruppierung von Leitelementträgern vor, wenn zu einem Textblock lediglich ein Leitelementträger gehört. Dieser ist dann (im allgemeinen einsprachigen Wörterbuch) notwendigerweise ein Volllemma (vgl. Art. 37), welches immer auf der ersten Textblockzeile, nicht aber notwendigerweise am Beginn dieser Zeile steht, da es auch in Wörterbüchern mit glattalphabetischer Anordnung Artikel mit Präkommentaren (i. S. v. Art. 39, 4.2.) geben kann.

*Bem.:* Der Ausdruck *glattalphabetisch* wird von Rettig (1985, 109) übernommen, der an Wiegand 1983 anschließt (vgl. auch Art. 52). Wie dort wird anschließend von *glattalphabetischen Wörterbüchern* gesprochen. Dabei ist zu beachten, daß damit ein Wörterbuch nicht nur hinsichtlich eines Aspekts der Alphabetisierungsmethode (wie z. B. mittels des Prädikats *striktalphabetisches Wörterbuch*) charakterisiert ist, sondern zusätzlich hinsichtlich der Anordnung der Leitelementträger im Raum (vgl. Abb. 38.2).

Rechnet man Verweisartikel (als Wörterbuchartikel mit rudimentären Mikrostrukturen i. S. v. Art. 39, 4; vgl. Wiegand 1989) zu den Wörterbuchartikeln, dann ist ein monoakzessives glattalphabetisches Wörterbuch mit einer äußeren Zugriffsstruktur, wie z. B. der BW, WW 1979, Wahrig-dtv, Witte 1974 und Hübner 1984, dadurch ausgezeichnet, daß jeder Wörterbuchartikel genau einen Textblock bildet, so daß die Abfolge der Textblöcke zugleich die der Wörterbuchartikel ist, und das gesamte Wörterbuchverzeichnis von genau einer (striktalphabetisch ge-

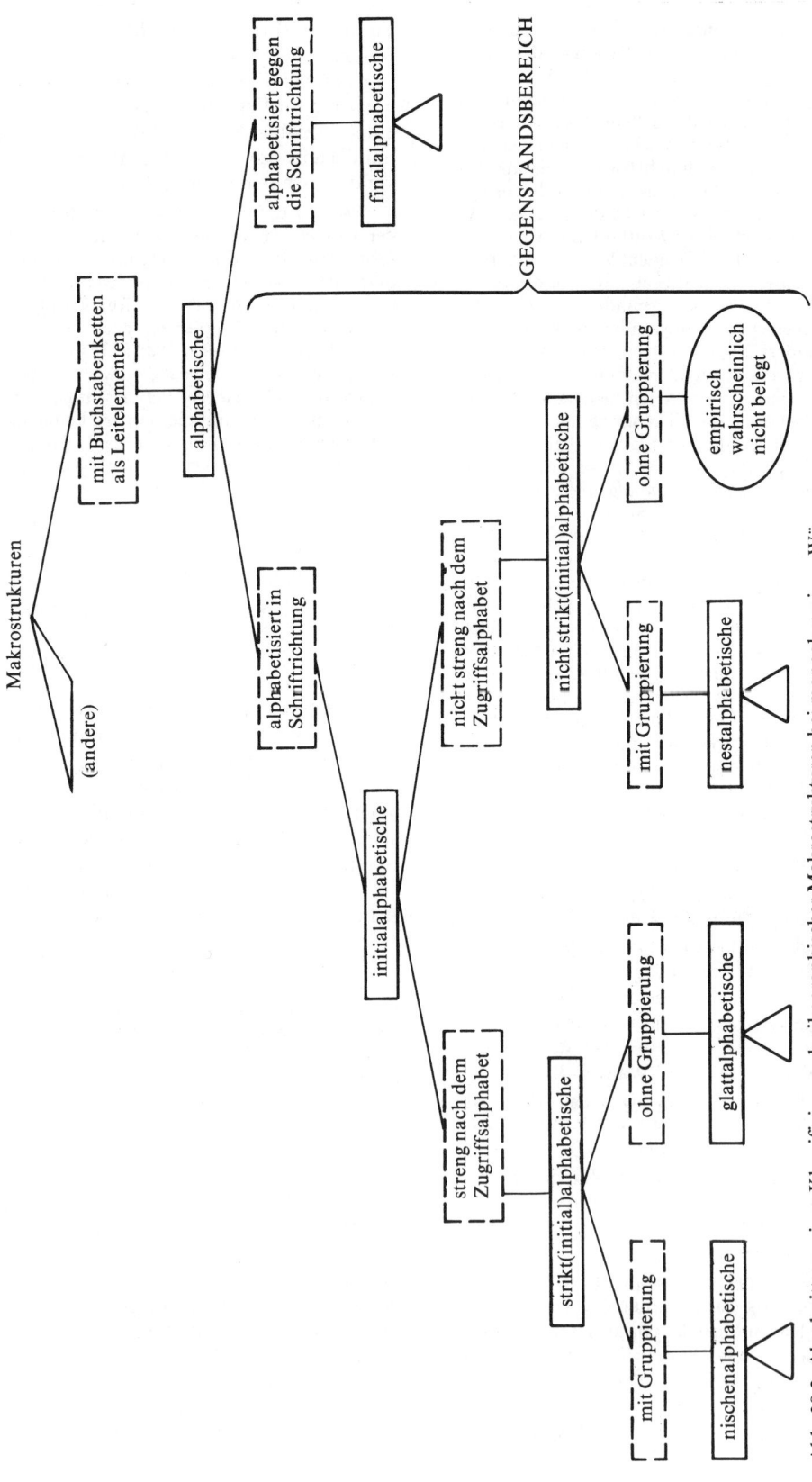

Abb. 38.2: Abschnitt aus einer Klassifizierung lexikographischer Makrostrukturen bei monoakzessiven Wörterbüchern mit einer Zugriffsstruktur

38. Die makrostrukturelle lexikographische Ordnung

ordneten) *vertikalen Lemmareihe* durchzogen wird, die vom ersten bis zum letzten Lemma reicht.

*Bem.:* Im Falle von vertikalen Lemmareihen spricht man auch davon, daß die Lemmata gelistet sind (vgl. Art. 36); bei dieser Terminologie ist darauf zu achten, daß nicht von der Wortliste eines Wörterbuches gesprochen wird, denn meistens bestehen Lemmazeichen nicht nur aus Wörtern.

Das Textbeispiel 38.1 zeigt auch einen Ausschnitt aus der vertikalen Lemmareihe des BW. In einem glattalphabetischen Wörterbuch ist die Anzahl der Leitelementträger, die immer Vollemmata sind, mit der der Wörterbuchartikel gleich, und es gibt keine Sublemmata.

In der Abb. 38.3 wird anhand des Textbeispiels 38.3 eine Veranschaulichung der glattalphabetischen Anordnungsform geboten.

Die Eigenschaft „**halbfett**" wirkt strukturanzeigend: ein neuer Wörterbuchartikel (hier zugleich ein neuer Textblock) beginnt; der Abbruch der letzten Zeile des Artikels (und damit die — meistens — leere Textzeile bis zum Zeilenende) wirkt ebenfalls strukturanzeigend: der Wörterbuchartikel ist beendet, so daß bei glattalphabetischen Wörterbüchern mit dem Textblock zugleich der Wörterbuchartikel für die Wahrnehmung zweimal ab- und damit (i. S. v. Gallmann 1985) ausgegrenzt ist. —

Natürlich hat keine Anordnungsform für sich betrachtet Probleme. Vielmehr entstehen mit Anordnungsformen verbundene Probleme für den Verleger und Lexikographen auf der einen und den Benutzer und Käufer auf der anderen Seite relativ zu je gesetzten Handlungszielen. Glattalphabetische Wör-

**Ali|ment** [lat.], das; des Aliment(e)s, die Alimente; Beitrag zum Unterhalt (eines Kindes).
**Ali|men|ta|ti|on** [lat.; ... ziọhn], die; der Alimentation, die Alimentationen; Erfüllung der Unterhaltspflicht.
**Ali|za|rin** [arab.], das; des Alizarins, —; Farbstoff aus der Krappwurzel.
**Alk**, der; des Alk(e)s, die Alke; Seevogel.
**Al|ka|li**, auch: Alkali [arab.], das; des Alkalis, die Alkalien [... liːen]; chemische Verbindung.
**al|ka|lisch** [arab.]; Eigenschaftswort; laugenartig, ätzend.
**Al|ka|lo|id** [arab.], das; des Alkaloid(e)s, die Alkaloide; pflanzliche Wirkstoffe, von Bedeutung für die Medizin, z. B. Nikotin, Chinin, Strychnin.
**Al|ka|zar** [arab.; alkạsar, auch: alkasar = das Schloß], der; des Alkazars, die Alkazare; Burg.

Textbeispiel 38.3

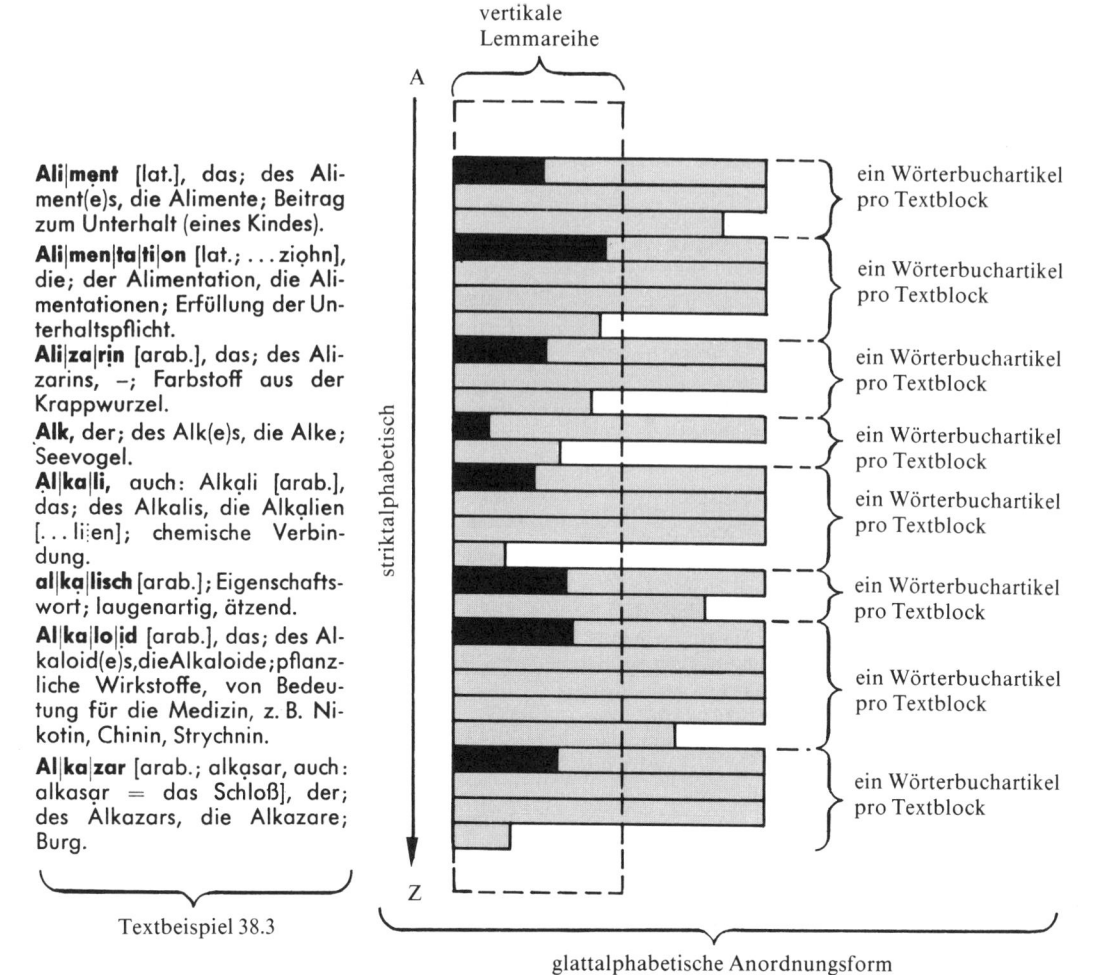

Abb. 38.3: Veranschaulichung zur glattalphabetischen Anordnungsform anhand des Textbeispiels 38.3 aus Witte 1974; „▬" repräsentiert die Eigenschaft „halbfett" der Form der Lemmazeichengestaltangabe.

terbücher weisen eindeutig diejenige Anordnungsform auf, die — verglichen mit den anderen innerhalb des Gegenstandsbereiches — am meisten Druckraum benötigt. Das zeigen deutlich das Textbeispiel 38.3 und auch 38.1 u. 4 aus dem BW, verglichen mit den Textbeispielen 38.5, 38.6 u. 7.

**Alarm·ge·ber** 〈[-'---] m.; -s, -〉 *Gerät, das einen Alarm selbständig auslöst*
**Alarm·ge·rät** 〈[-'---] n.; -(e)s, -e〉 *Gerät zum Alarmgeben, Glocke, Klingel usw.; Sy Alarmapparat*
**Alarm·glocke** 〈-k·k-; [-'---] f.; -, -n〉 *Glocke, mit der Alarm gegeben wird*
**alar'mie·ren** 〈V. 500〉 jmdn. ~ **1** *jmdm. Alarm geben, jmdn. zum Einsatz aufrufen;* die Feuerwehr, Funkstreife, Polizei ~ ; sie mußten (für diese Aufgabe) alle ~ (umg.) **1.1** T r u p p e n ~ 〈Mil.〉 *in Gefechtsbereitschaft setzen* **2** 〈fig.〉 *beunruhigen, in Unruhe versetzen, warnen;* sie wurden durch Schreckensmeldungen alarmiert; ~ de Berichte, Nachrichten [zu *Alarm*]
**Alarm·ka·len·der** 〈[-'----] m.; -s, -; Mil.〉 *von jeder Dienststelle geführter detaillierter Zeitplan für die bei Alarm zu treffenden Maßnahmen*
**Alarm·klin·gel** 〈[-'----] f.; -, -n〉 *Klingel zum Alarmgeben*
**Alarm·maß·nah·me** 〈[-'-----] f.; -, -n; meist Pl.〉 *bei Alarm zu treffende Maßnahmen*
**Alarm·mu·ni·ti·on** 〈[-'-----] f.; -; unz.; Mil.〉 *für den Alarmfall bereitliegende Munition*
**Alarm·pi·kett** 〈[-'---] n.; -(e)s, -e; schweiz.〉 *Überfallkommando*
**Alarm·plan** 〈[-'--] m.; -(e)s, -̈e; Mil.〉 *Plan militärischer u. ziviler Dienststellen für den Alarmfall*
**Alarm·re·ser·ve** 〈[-'----] f.; -, -n; Mil.〉 *Gesamtheit der Reservisten, die für den Ergänzungsbedarf der Bundeswehr notwendig sind*
**Alarm·ruf** 〈[-'--] m.; -(e)s, -e〉 *Notruf, Warnruf;* Sy *Alarmschrei*
**Alarm·schal·ter** 〈[-'---] m.; -s, -〉 *Schalter(1) zur Auslösung des Alarms*

Textbeispiel 38.4: 13 Artikel aus dem BW; Textblockbildung bei einem glattalphabetischen Wörterbuch

Die 13 Artikel im Textbeispiel 38.4 füllen ziemlich genau eine halbe Spalte einer Wörterbuchseite des BW. Die Zeilenlänge beträgt 6,8 cm. Die leeren Teilzeilen der 13 Artikel haben folgende Längen (in cm): 3,5; 0,0 = keine leere Teilzeile; 4,3; 5,5; 2,6; 6,2; 2,7; 2,5; 4,9; 1,0; 3,2; 5,3; 4,0; die Summe beträgt 48,7 cm für leere Teilzeilen; in einer halben Spalte und damit auf dem Viertel einer Druckseite sind daher ziemlich genau 7 Zeilen (48,7 : 6,8) möglicher Druckraum nicht bedruckt. Nimmt man an, dies wäre auf dem Rest der Seite ebenso, wäre das ein Druckraum, der 28 Zeilen entspricht. Die zweispaltige Wörterbuchseite hat 140 Zeilen, so daß pro Seite 20 % möglicher Druckraum nicht bedruckt sind! Das Hochrechnen auf die Seitenzahl des BW ist nicht erlaubt, da die Zahlen 7 bzw. 28 nicht statistisch ermittelt wurden, sondern hier nur Veranschaulichungszwecken dienen. Immerhin dürfte einsichtig geworden sein, daß in glattalphabetischen Wörterbüchern ein relativ hohes Quantum des möglichen Druckraumes nicht bedruckt wird.

Dieses Quantum wird bei einer Anordnungsform mit Gruppierung dagegen erheblich verringert.

Die glattalphabetische Anordnungsform kann den Käufer teuer zu stehen kommen. Geht sie — weil nur ein bestimmter Druckraum insgesamt zur Verfügung steht — nicht auf Kosten der inneren und äußeren Selektion aus der Wörterbuchbasis derart, daß die Menge der Lemmalücken größer wird und die Breite des Datenangebotes sinkt, dann ist sie, relativ zu der Klasse derjenigen Benutzer, die mit punktuellem Konsultationsziel nachschlagen, wahrscheinlich diejenige Anordnungsform aus dem Gegenstandsbereich, die als die benutzerfreundlichste zu gelten hat; zumindest haben empirische Untersuchungen ergeben, daß bei kontrollierter Benutzung die Benutzungsdauer die niedrigste ist und die Auffindbarkeit der Lemmata vergleichsweise hoch (vgl. Wiegand 1989b).

*Bem.:* Die glattalphabetischen Anordnungsformen lassen sich weiter subklassifizieren, z. B. danach, ob die Lemmata ein- oder ausgezogen sind und ob Nebenlemmata (i. S. v. Wiegand 1983a, 448), die keine Sublemmata sind, zugelassen sind oder nicht (vgl. Wiegand 1989).

### 3.3.2. Striktalphabetische Makrostrukturen mit Gruppierung: die nischenalphabetische Anordnungsform

Vergleicht man die Makrostrukturen mit Gruppierung mit denen ohne Gruppierung, dann weisen die ersteren einen höheren Grad der Textverdichtung auf als die letzteren, so daß man die ersteren theoretisch auch so verstehen kann, als seien sie aus den letzteren durch textverdichtende Operationen entstanden.

*Bem.:* In einem vollständigen Modell der Textverdichtung für standardisierte und angeordnete Wörterbuchartikel erscheint dann der Übergang von der glattalphabetischen Anordnungsform zur nischenalphabetischen (und auch zur nestalphabetischen) als die dritte und — wenn eine weitere Auslagerung hinzukommt — als die vierte Stufe der Textverdichtung (vgl. unten). Die erste und zweite Stufe sind in Art. 38a, 4.4. erklärt (vgl. Wiegand 1989 u. 1989a).

Will man von der glattalphabetischen Anordnungsform z. B. des BW zu einer solchen nischenalphabetischen übergehen, die der des Duden-DUW entspricht, muß man die Textblockbildung nach folgender Anweisung ändern: Gruppiere alle Lemmata, die in der vertikalen Lemmareihe unmittelbar aufeinanderfolgen und die etymologisch zusammengehören so, daß alle leeren Teilzeilen am

## 38. Die makrostrukturelle lexikographische Ordnung

Schluß der Artikel — beginnend mit dem unmittelbar folgenden Lemma und denen auf dieses folgenden Textsegmenten — bis zum Zeilenende gefüllt werden und alle in Frage kommenden Lemmata zu einem Textblock gehören.

Wollte man — um Druckraum zu sparen — bei einer 2. Aufl. des BW von der glatt- zu einer nischenalphabetischen Anordnungsform übergehen, die dem Duden-DUW entspricht, müßte man lediglich bei allen Artikeln mit alphabetisch direkt benachbarten Lemmata, die etymologisch zusammengehören, das Korrekturzeichen „⌒" (i. S. v. Weitershaus 1986, 130; vgl. auch DIN 16 511) setzen und bei allen Artikeln mit direkt alphabetisch benachbarten Lemmata, die etymologisch nicht zusammengehören, dessen Setzung unterlassen; die Textverdichtung und der Übergang zur nischenalphabetischen Anordnungsform würde dann durch den Neusatz erfolgen.

Umgekehrt könnte man bei einem Neusatz des Duden-DUW durch das Korrekturzeichen „⌐" an den entsprechenden Stellen, mit dem eine Absatz- und damit eine Textblockbildung verlangt wird (vgl. Weitershaus 1986, 130), so daß eine Textauflockerung erfolgt, von einem Wörterbuch mit einer bestimmten Art der nischenalphabetischen zu einem mit glattalphabetischer Anordnungsform übergehen (vgl. Abb. 38.4).

Entsprechend der Veranschaulichung zur glattalphabetischen ergibt sich für die nischenalphabetische Anordnungsform die folgende Darstellung (vgl. Abb. 38.5).

Nach den bisherigen Erörterungen ist ein monoakzessives nischenalphabetisches Wörterbuch (wie z. B. Duden-DUW und Knaurs-DW) dadurch ausgezeichnet, daß es

**Alarm**, der; -[e]s, -e [ital. allarme, zusgez. aus: all'arme! = zu den Waffen!]: **1.** *Notsignal; Warnung bei Gefahr:* A.!; A. auslösen, geben; er hat den Alarm gehört; Ü *eine leichte Tuberkulose, die nicht zum A. nötigt (zur Beunruhigung, Aufregung);* \* **blinder** A. *(versehentlich ausgelöster, falscher Alarm; grundlose Aufregung);* **A. schlagen** *(die [öffentl.] Aufmerksamkeit auf etw. Bedrohliches, Gefährliches lenken; laut Hilfe fordern).* **2.** *Alarmzustand:* ein längerer A.; es ist A. *(Fliegeralarm)*.⌐**Alarm|an|la|ge**, die: *Anlage, durch die Alarm ausgelöst wird.*⌐**alarm|be|reit** ⟨Adj.⟩: *einsatzfähig; auf Abruf stehend:* ein stets -er Löschzug; man war, hielt sich a.⌐**Alarm|be|reit|schaft**, die ⟨o. Pl.⟩: *alarmbereiter Zustand:* in A. stehen, sein; die Polizei hielt sich in höchster A.⌐**Alarm|ge|ber**, der: *Gerät, das (selbständig) Alarm auslöst.*⌐**Alarm|glocke¹**, die: vgl. Alarmklingel;⌐**alar|mie|ren** ⟨sw. V.; hat⟩ [frz. alarmer, zu: alarme < ital. allarme, ↑ Alarm]: **1.** *(eine Hilfsorganisation) zum Einsatz, zu Hilfe rufen:* die Feuerwehr, Polizei a. **2.** *aufschrecken, beunruhigen, warnen:* das nächtliche Klingeln alarmierte alle; diese Ereignisse sollten jeden Demokraten a.; alarmierende Nachrichten; der Leistungsabfall ist alarmierend;⌐**Alar|mie|rung**, die; -, -en: *das Alarmieren;* ⌐**Alarm|klin|gel**, die: *Klingel, mit der Alarm gegeben wird;* ⌐**Alarm|pi|kett**, das ⟨schweiz.⟩: *Überfallkommando;* ⌐**Alarm|ruf**, der: *aufrüttelnde Worte, Notschrei;* ⌐**Alarm|schal|ter**, der: *Schalthebel, der [automatisch] Alarm auslösen kann;* ⌐**Alarm|schrei**, der: *Alarmruf;* ⌐**Alarm|si|gnal**, das: *akustisches od. optisches Zeichen, mit dem Alarm gegeben wird;* ⌐**Alarm|stu|fe**, die: *bestimmte Stufe der Alarmbereitschaft, des Alarmiertseins bei Gefahr:* A. 3; ⌐**Alarm|übung**, die: *Übung als Probe für den Fall eines richtigen Alarms;* ⌐**Alarm|zei|chen**, das: vgl. Alarmsignal: das A. geben;⌐**Alarm|zu|stand**, der ⟨o. Pl.⟩: *Zustand des Vorbereitetseins auf eine möglicherweise gleich auftretende Gefahr:* die Polizei war, befand sich im (in) A.; eine Stadt in [den] A. versetzen.

nischenalphabetische Anordnungsform

⌐ = „Absatz (Textblock) einführen": die Ausführung der Handlungsanweisung überführt die nischen- in eine glattalphabetische Makrostruktur

vertikale Lemmareihe

Alarm|an|la|ge
alarm|be|reit
Alarm|be|reit|schaft
Alarm|ge|ber
Alarm|glocke
alar|mie|ren
Alar|mie|rung
Alarm|klin|gel
Alarm|pi|kett
Alarm|ruf
Alarm|schal|ter
Alarm|schrei
Alarm|si|gnal
Alarm|stu|fe
Alarm|übung
Alarm|zei|chen
Alarm|zu|stand

glattalphabetische Anordnungsform

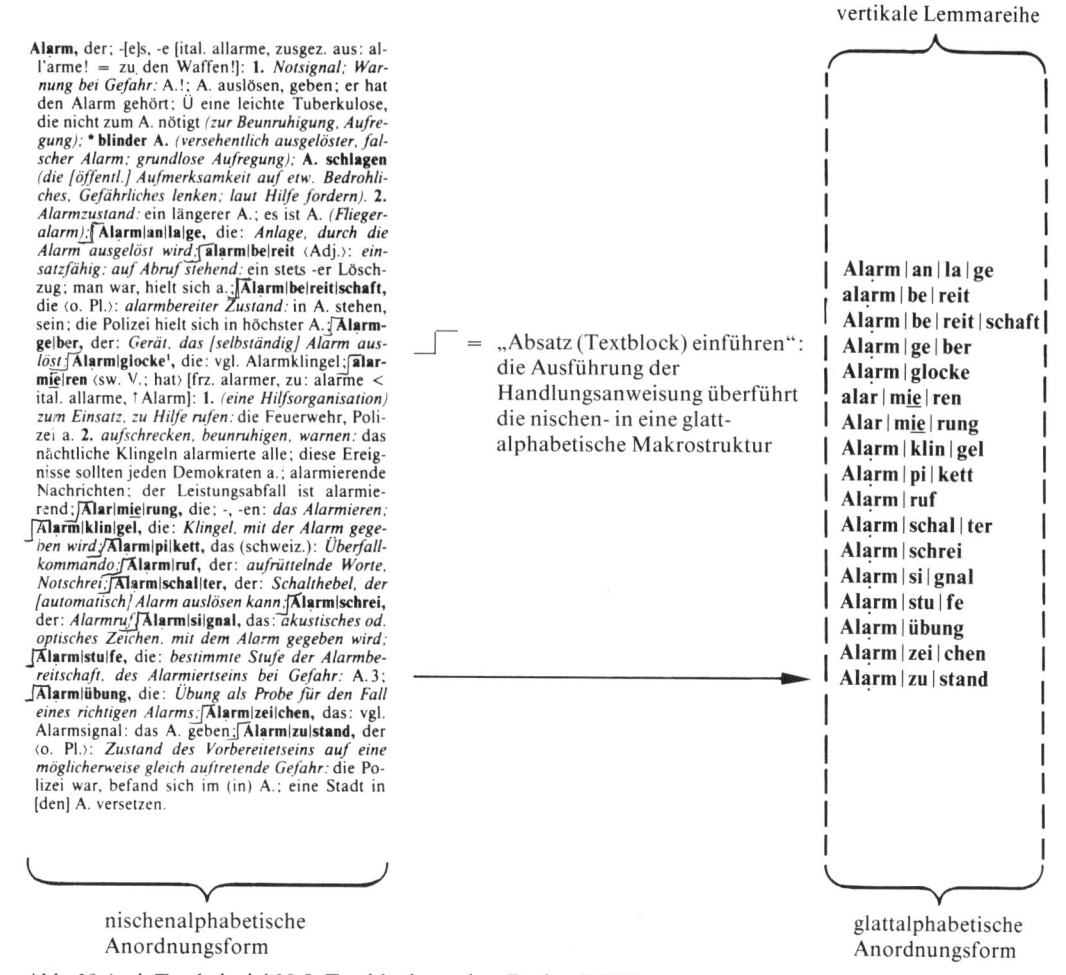

Abb. 38.4 mit Textbeispiel 38.5: Textblock aus dem Duden-DUW

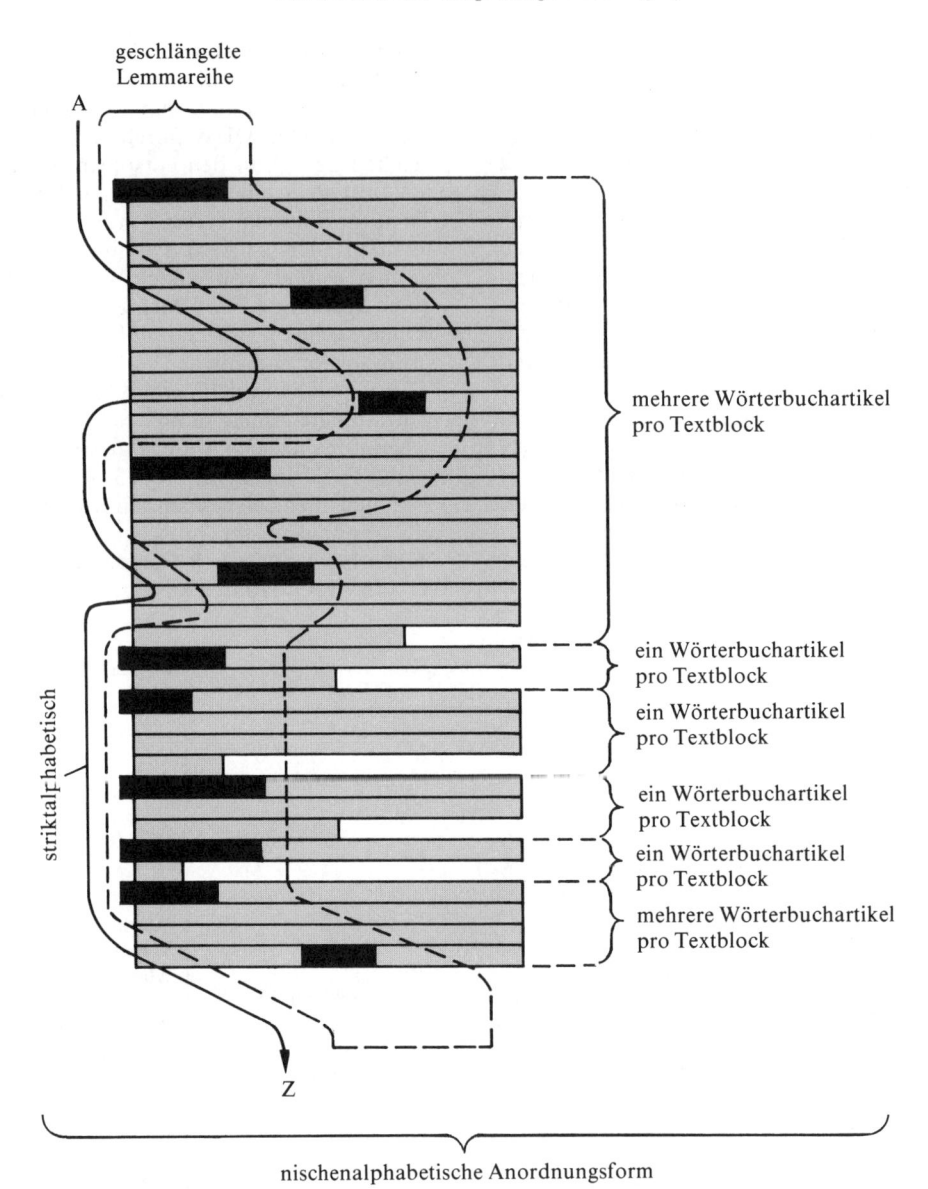

Abb. 38.5: Veranschaulichung zur nischenalphabetischen Anordnungsform

sowohl Textblöcke gibt, die aus mehreren Wörterbuchartikeln gebildet werden, als auch solche, die von genau einem Artikel gebildet werden, sowie weiterhin dadurch, daß das gesamte Wörterverzeichnis von einer (striktalphabetisch geordneten) Lemmareihe durchzogen wird, die — insgesamt betrachtet — eine geschlängelte Form hat mit Teilen, die vertikal verlaufen, und die vom ersten bis zum letzten Lemma reicht.

Eine Nische ist ein Cluster von Wörterbuchartikeln im striktalphabetischen Wörterbuch und kann wie folgt definiert werden:

Def. 4: Eine Nische ist eine Menge von wenigstens zwei, höchstens aber endlich vielen, striktalphabetisch geordneten Wörterbuchartikeln (den Nischenartikeln), die zu genau einem Textblock gruppiert sind.

*Bem. zu Def. 4:* Mit der Def. 4 ist die Extension der in Wiegand (1983, 435 u. 454) gegebenen Def. für die Nische erweitert, und zwar müssen nicht alle Nischenlemmata Teillemmata sein, d. h. solche, deren linker Teil durch ein Symbol für eine Ersetzungsanweisung, z. B. eine Tilde, ersetzt ist (vgl. Textbeispiel 38.6). So sind z. B. im Duden-DUW, im ÖW und im Knaurs-DW alle Nischenlemmata vollständige Lemmata, während sie im Wahrig-DW Teillemmata sind.

Um eine Eindeutigkeit der mit der Gruppierung gegebenen räumlichen Anordnung zu erreichen, ist es bei allen Wörterbüchern mit Gruppierung erforderlich, falls nicht alle Sublemmata Teillemmata sind, die sog. Leit- oder Titelstichwörter (vgl. z. B. Herders Sprachbuch 1973, VIIf.) — also die Basislemmata (i. S. v. Wiegand 1983) — entweder nach links aus- oder nach rechts einzuziehen oder die Textblockbildung zusätzlich durch größeren Durchschuß — wie im WDG — kenntlich zu machen. Der Auszug des Lemmas nach links findet sich z. B. im Duden-GW, Duden-DUW, ÖW, Brenner 1951, Pekrun 1933, Langenscheidts-DW 1968 sowie im ALD, LDCE und im COD; der Einzug ist seltener und findet sich z. B. in Herders Sprachbuch 1973. Bei der Gruppierung ist eine derartige typographische Gestaltung deswegen erforderlich, weil die Nischenlemmata (und ebenso die Nestlemmata) — bedingt durch den fortlaufenden Satz — an den Zeilenanfang rücken können und somit linksbündig mit den Basislemmata stünden, was zur Folge hätte, daß die so plazierten Sublemmata vom zugehörigen vorausgehenden bzw. nächstfolgenden Basislemma hinsichtlich der räumlichen Anordnung nicht unterschieden wären; eine Ausnahme von dieser Gestaltungsart kann nur dann gemacht werden, wenn — wie im HWDG — alle Sublemmata Teillemmata sind, die sich — wenn sie linksbündig stehen — durch das Platzhaltersymbol von den Basislemmata unterscheiden. Wäre z. B. im Textbeispiel 38.4 das Basislemma **Alarm** nicht ausgezogen, dann wären die Nischenlemmata **Alarm klin gel, Alarm stu fe** und **Alarm übung** weder räumlich noch typographisch vom Basislemma unterschieden, und damit gäbe es keine Formeigenschaft (i. S. v. Eigenschaft der Wörterbuchform), durch welche diese als Sublemmata erkennbar wären. —

Die mit der Nischenbildung für den Benutzer verbundenen Probleme lassen sich nicht genau und sorgfältig untersuchen, wenn man nicht verschiedene Arten der Nischenbildung unterscheidet. Aus den zahlreichen Arten, die sich hier unterscheiden lassen (vgl. zu weiteren Arten Wolski 1989), können hier nur wenige kurz charakterisiert werden.

Die erste Unterscheidung wird deutlich, wenn man das Textbeispiel 38.5 mit den Textbeispielen 38.6 u. 7 vergleicht.

**Alarm** ⟨[-'-] m.⟩ 1⟩ *Ruf zur Bereitschaft, Warnung, Gefahrmeldung, Gefahrensignal* (Feind~, Feuer~, Flieger-~); ⟨im 2. Weltkrieg auch⟩ *die Zeit der Gefahr, vom Signal bis zur Entwarnung;* ~ *blasen, geben, läuten, schlagen;* in den letzten Kriegswochen war jede Nacht ~; *blinder, falscher* ~; *dreistündiger, kurzer, langer* ~ [< frz. *à l'arme!* „zur Waffe!"] ~ **ap·pa·rat** ⟨m.⟩ *Alarmgerät, Apparat zum Alarmgeben* ~ **be·reit** ⟨Adj.⟩ *fertig zum Einsatz* ~ **be·reit·schaft** ⟨f.⟩ *Einsatzbereitschaft für den Fall eines Alarms* ~ **ge·rät** ⟨n.⟩ *Gerät zum Alarmgeben, Glocke, Klingel usw.*
**alar'mie·ren** ⟨V. t.⟩ jmdn. ~ jmdm. *Alarm geben, jmdn. warnen, zum Einsatz aufrufen;* ⟨fig.⟩ *beunruhigen;* die Feuerwehr, Funkstreife, Polizei ~

Textbeispiel 38.6: Wörterbuchartikel aus dem Wahrig-²DW; Nischenbildung mit Teillemmata

**Alarm,** der; -(e)s, -e *Signal als Warnung bei Gefahr, verbunden mit der Aufforderung zur Bereitschaft, zum Einsatz:* A. auslösen, geben; A.!
+ blinder A. (*versehentlich ausgelöster Alarm; grundlos verursachte Aufregung*); A. schlagen (*die öffentliche Aufmerksamkeit auf etw. Bedrohliches, eine Gefahr lenken*)
**Alarm/alarm| -anlage,** die *Anlage zum Auslösen von Alarm;* **-bereit** /*Adj.*/: die Feuerwehr ist stets a. (*bei Alarm sofort einsatzfähig*); dazu **-bereitschaft,** die /*o. Pl.*/: die Polizei war in (höchster) A.
**alarmieren** /sw. *Vb.*; hat/ **1.** die Feuerwehr, Polizei, Bergwacht a. (*zum Einsatz, zur Hilfe rufen*) — **2.** etw. alarmiert jmdn. *etw. versetzt jmdn. in Aufregung, Unruhe:* diese Meldungen, Nachrichten alarmierten alle, wirkten, waren alarmierend
**Alarm| -stufe,** die *bestimmter Grad der Alarmbereitschaft:* die höchste A.; A. zwei geben; **-zustand,** der /*o. Pl.*/: die Polizei war, befand sich im, in A. (*war alarmiert und ständig alarmbereit*)

Textbeispiel 38.7: Wörterbuchartikel aus dem HWDG; Nischenbildung mit Teillemmata

Im Textbeispiel 38.5 sind die 17 Nischenlemmata von **Alarm an la ge** bis **Alarm zu stand** alle Vollemmata, also solche, aus denen allein der Benutzer die vollständige Gestalt des Lemmazeichens für die schriftliche Realisierung als lexikographische Information rekonstruieren kann. In den Textbeispielen 38.6 u. 7 dagegen sind die Nischenlemmata jeweils Teillemmata, also solche, aus denen allein der Benutzer die Lemmazeichengestalt für die schriftliche Realisierung nicht erschließen kann; vielmehr muß er im Akt des Lesens eine Ersetzungsoperation (i. S. v. Wiegand 1988b, 585 ff.) ausführen. Beim Lesen der HWDG-Artikel muß er z. B. das Platzhaltersymbol „-" im Teillemma **-anlage** durch einen der beiden ausgelagerten Lemmateile **Alarm/alarm** (die beide das gleiche Teileitelement tragen) ersetzen und so die beiden Lemmateile **Alarm** und **anlage** zusammenfügen, so daß er über die Zeichengestalt *Alarmanlage* für die schriftliche

Realisierung kognitiv verfügt. Es ist klar, daß die Rekonstruktion der korrekten Zeichengestalt für die schriftliche Realisierung nur systematisch gelingen kann, wenn der Benutzer die orthographischen Vorschriften für die Anfangsgroß- und Anfangskleinschreibung im Neuhochdeutschen beherrscht.

Während die Nischenlemmata, die Vollemmata sind, nur deshalb als Sublemmata gelten, weil sie — zusammen mit dem Basislemma — gruppiert sind, so daß der Suchpfad in die Nische normalerweise über das Basislemma als Nischeneingangslemma läuft, sind die Nischenlemmata, die Teillemmata sind, nicht nur, was die räumliche Anordnung angeht, Sublemmata, sondern auch hinsichtlich der Erschließung der lexikographischen Information.

Die nischenalphabetische Anordnungsform mit Nischenlemmata, die Vollemmata sind, kann — so war gezeigt worden — gedacht werden als Ergebnis der Anwendung von textverdichtenden Operationen auf glattalphabetisch angeordnete Artikel. Ein weiterer Schritt der Textverdichtung führt von der nischenalphabetischen Anordnungsform mit Vollemmata in der Nische zu der mit Teillemmata in der Nische, und zwar werden linke Teile des erwähnten Lemmazeichens (meistens erste Konstituenten von Komposita wie im Textbeispiel 38.6 u. 7) ausgelagert. Dies kann wie folgt gezeigt werden.

Gegeben seien folgende drei glattalphabetisch angeordnete Artikel:

**Alarmanlage,** die *Anlage zum Auslösen von Alarm*
**alarmbereit** */Adj./*: die Feuerwehr ist stets a. *(bei Alarm sofort einsatzfähig)*
**Alarmbereitschaft,** die */o. Pl./*: die Polizei war in (höchster) A.

Die nischenalphabetische Anordnungsform mit Vollemmata in der Nische entsteht durch eine textverdichtende Operation, die die Textblockbildung wie folgt ändert:

**Alarmanlage,** die *Anlage zum Auslösen von Alarm*
**alarmbereit** */Adj./*: die Feuerwehr ist stets a. *(bei Alarm sofort einsatzfähig)* **Alarmbereitschaft,** die */o. Pl./*: die Polizei war in (höchster) A.

Die Vollemmata sind nun gruppiert: drei Textblöcke wurden zu einem verdichtet. Der nächste Schritt der Textverdichtung, die Auslagerung von Lemmateilen und ggf. Angabesymbolen, führt zur nischenalphabetischen Anordnung mit Teillemmata in der Nische. Alle Lemmateile, die den ersten Konstituenten der Lemmazeichen *Alarmanlage, alarmbereit, Alarmbereitschaft* entsprechen, sowie das positionsspezifische Angabesymbol (der Unterpunkt) werden getilgt, und die Konstituentenform wird durch ein Platzhaltersymbol (z. B. „—") ersetzt; sodann werden die beiden orthographisch verschiedenen Konstituentenformen **Alarm** und **alarm** an den Beginn des Textblockes gesetzt, mit dem Angabesymbol versehen, durch einen Schrägstrich voneinander und beide durch einen geraden senkrechten Strich vom restlichen Wörterbuchartikeltext getrennt, wodurch sie zum geordneten Paar von Leitformen (i. S. v. Wiegand 1983, 434) werden. Das Ergebnis ist das folgende:

**Alarm/alarm|-anlage,** die *Anlage zum Auslösen von Alarm;* **-bereit** */Adj./*: die Feuerwehr ist stets a. *(bei Alarm sofort einsatzfähig);* **-bereitschaft,** die */o. Pl./*: die Polizei war in (höchster) A.

Der vorstehende Text ist mit dem entsprechenden Teil im Textbeispiel 38.7 — was die Anordnungsform angeht — gleich. —

Die zweite Unterscheidung, die kurz charakterisiert werden soll, wird notwendig, wenn man z. B. Knaurs-DW und Duden-DUW, die beide die nischenalphabetische Anordnungsform aufweisen, hinsichtlich ihrer Anordnungsform unterscheiden will. Im Knaurs-DW wird die Nischenbildung wie folgt beschrieben.

Zitat 9: „Ableitungen auf *-heit, -keit* (oder *-igkeit*), *-ung, -tät* (oder *-ität*) werden, wenn ihre Bedeutung sich aus dem Grundwort ergibt, ohne Erklärung an das betreffende Grundwort angehängt, sofern sie diesem im Alphabet unmittelbar folgen, z. B. abschüssig — Abschüssigkeit, planlos — Planlosigkeit, anspannen — Anspannung;" (Knaurs-DW, 12)

Diese Regelung hat zur Folge, daß in diesem Wörterbuch nur sehr wenige Nischen auftreten, so daß die Lemmareihe über viele Spalten hinweg vertikal verläuft und damit die allermeisten Lemmata linksbündig stehen. Knaurs-DW weist daher starke Züge eines glattalphabetischen Wörterbuches auf: z. B. wird in den allermeisten Fällen ein Textblock von genau einem Wörterbuchartikel gebildet, und auf den Ein- oder Auszug der Lemmata oder auf größeren Durchschuß zwischen den Artikeln kann verzichtet werden. Wörterbücher, die diese Anordnungsform aufweisen, sollen *schwach nischenalphabetisch* heißen. Ihnen gegenüber stehen Wörterbücher, die *stark nischenalphabetisch* genannt werden sollen; hierzu gehören z. B. Wahrig-[2]DW, Duden-DUW, ÖW, Pekrun 1933 und Sprachbrockhaus 1982. Im Duden-DUW z. B. gibt es kaum eine Wörterbuchspalte ohne Nische, da das Kriterium für die

Nischenbildung die sog. etymologische Zusammengehörigkeit ist. Das wichtigste Motiv für die Nischenbildung, das nicht auf sprachbedingte, inhaltliche Aspekte zurückgeht, ist die Druckraumersparnis. Diese liegt vor allem im wirtschaftlichen Interesse des Wörterbuchverlages und z. T. im Interesse der Käufer (vgl. auch Bergenholtz/Mugdan 1986, 47). Für den Benutzer in actu mit punktuellem Konsultationsziel (i. S. v. Wiegand 1989 b) sind besonders stark nischenalphabetische Wörterbücher — verglichen mit glattalphabetischen — erheblich benutzerunfreundlicher; die Benutzungsdauer für die Auffindung von Nischenlemmata ist größer als die für Lemmata in einer vertikalen Lemmareihe, und die Rate der nicht aufgefundenen aber vorhandenen Lemmata liegt höher.

### 3.4. Nicht striktalphabetische Makrostrukturen mit Gruppierung: die nestalphabetische Anordnungsform

In nestalphabetischen Wörterbüchern (z. B. Duden-GW, Herders Sprachbuch 1973, Pekrun 1933 und COD) ist die gesamte, vom Anfangs- bis zum Endbuchstaben des Zugriffsalphabets führende Lemmareihe nicht durchgehend alphabetisch geordnet, vielmehr kann es in den Teilen der Lemmareihe, die nicht vertikal verlaufen, Voll- oder Teillemmata geben, die in dem Sinne die alphabetische Ordnung „durchbrechen", daß sie — falls sie alphabetisch eingeordnet wären — hinter dem nächsten auf sie folgenden Leitelementträger (meistens ein Lemma) stehen müßten, mit dem ein vertikaler Teil der Lemmareihe beginnt (vgl. Textbeispiel 38.8).

In dem sog. „Strichartikel" mit der Leitform **Eich** als lemmaexternem Nesteingang

²**Eich-** (¹Eiche; vgl. auch: Eichen-): ~apfel, der: *Gallapfel*; ~baum, der: svw. ↑¹Eiche (1); ~blatt, das; ~hase, der (landsch.): *Eichhörnchen*; ~horn, das [mhd. eich(h)orn, ahd. eihhorno; 1. Bestandteil entweder zu ↑¹Eiche od. zu einer idg. Wz. mit der Bed. „sich heftig bewegen"; 2. Bestandteil in Anlehnung an „Horn" zu einem germ. Tiernamen mit der Bed. „Iltis, Marder, Wiesel" o. ä.] (bes. Zool.): *Eichhörnchen*; ~hörnchen, das: *auf Bäumen lebendes, flink kletterndes, rotbraunes Nagetier mit langem, buschigem Schwanz*; R mühsam [er]nährt sich das E. (ugs. scherzh.; *die Ausführung dieses Vorhabens ist langwierig, schwierig u. nur in kleinen Schritten möglich*); ~kater, der (landsch.), ~kätzchen, das, (landsch.): svw. ↑hörnchen; ~pilz, der: svw. ↑Steinpilz; ~wald, der.

¹**Eiche** ['aiçə], die; -, -n [mhd. eich(e), ahd. eih]: 1. *großer Laubbaum mit schwerem, hartem Holz, verhältnismäßig kleinen, gelappten Blättern u. Eicheln als Früchten*: alte, mächtige, knorrige -n; R o du dicke E.! (ugs.; Ausruf des Erstaunens); das ist eine große E. (ugs.; *das ist eine große, gewaltige Sache*); das fällt -n (ugs.; *das ist erschütternd, eindrucksvoll*); Spr von einem/vom ersten Streiche fällt keine E. (*jedes Ding braucht seine Zeit*). 2. ⟨o. Pl.⟩

Textbeispiel 38.8: Wörterbuchartikel aus Duden-GW; strikt initialalphabetisch geordnete Nestartikel

(i. S. v. Wiegand 1983, 434) wird mit dem aus dem Teillemma ~hase und dem Lemmateil **Eich** vom Benutzer im Akt des Lesens zu rekonstruierenden Vollemma **Eichhase** die alphabetische Ordnung durchbrochen, denn **Eichhase** müßte nach dem Zugriffsalphabet des Duden-GW (ebenso wie alle anderen Nestlemmata, die folgen bis einschließlich ~wald), wenn es in der alphabetischen Reihenfolge stehen würde, in der Lemmareihe irgendwo hinter ¹**Eiche** stehen, also hinter dem nächsten Lemma, das auf **Eichhase** folgt und das in der vertikalen Lemmareihe steht (nämlich unterhalb von ²**Eich-**).

Wie Nischen, so sind auch Nester Cluster von Wörterbuchartikeln. Der Terminus *Nest* kann wie folgt definiert werden.

Def. 5: Ein Nest ist eine geordnete Menge von mindestens zwei, höchstens aber endlich vielen Wörterbuchartikeln (den Nestartikeln), die genau zu einem Textblock gruppiert sind, und unter denen es wenigstens einen mit einem Nestlemma gibt, das nicht alphabetisch eingeordnet ist.

Im Textbeispiel 38.8 ist die Ordnung im Nest strikt initialalphabetisch, d. h. alle zehn hier zu rekonstruierenden Nestlemmata — von **Eichapfel** bis **Eichwald** — sind nach dem gleichen Zugriffsalphabet geordnet wie diejenigen, die zur Trägermenge der ersten Zugriffsteilstruktur gehören (vgl. 4.).

Dies ist nur eine der Möglichkeiten für die Ordnung im Nest. Eine andere findet sich im Textbeispiel 38.9.

**Nest**, das (idg. Erbw. „Ort z. Niedersitzen") -es/-er: a) *Wohn- und Brutstätte von Tieren*. Rw. sie hat sich ins warme, gemachte ~ gesetzt: *gut eingeheiratet u. versorgt*; Sprw. Ein arger Vogel, der sein eignes ~ beschmutzt (d. h. *über seine Familie, seinen Lebenskreis, sein Volk sein unehrenhaft äußert*). Ggs. das ~ rein halten; b) übtr. *Heim, Heimat*; c) *Dorf, Kleinstadt*: ein hübsches ~, Klatschnest; d) *Schlupfwinkel*: Diebes-, Räuber-, Schmugglernest; e) *dicht gerollter Zopf*: Haarnes; f) mineralogisch: nestartige Anhäufung v. Mineralien, bes. Erzen; g) Turnübung: Liegehang mit hohlem Kreuz nach oben; h) ugs. für *Bett*. ne|sten Ztw. ugs. f. *sich unruhig hin und her wälzen*; n|sten Ztw. f. *Nest bauen, brüten*. **Nest**|ling, der: *noch nicht flügger Vogel*; übtr. *kleines Kind*. Wie Zss. : ~flüchter: *junge Vögel, die alsbald nach d. Ausschlüpfen laufen od. schwimmen*; ~häkchen: *was sich im Nest festhakt, od.* ~küken, ~quakelchen: *zuletzt ausgekrochenes Vögelchen; jüngstes, verhätscheltes Kind*; ~hocker: *Vögel, deren sehr unentwickelte Junge längere Zeit im Nest verbleiben und dort gefüttert werden*, z. B. Sing-, Raubvögel, auch übtr.

Textbeispiel 38.9: Wörterbuchartikel aus Herders Sprachbuch 1973; nichtalphabetisches Nest

Im Textbeispiel 38.9 sind (in Übereinstimmung mit dem Metatext des Wörterbuches) zuerst die Ableitungen vom Basislemma, und zwar *nesten, nisten* und *Nestling* als Nestlemmata angesetzt. Da das auf **Nest** folgende Lemma in der vertikalen Lemmareihe **Ne stel** lautet, wird bereits mit dem ersten Nestlemma **ne sten** die alphabetische Ordnung „durchbrochen". Die drei Ableitungen sind nicht alphabetisch geordnet. Der zweite Teil des Nestes beginnt mit der Angabe „Zss. m. Nest| ...", und es folgen fünf (merkwürdigerweise nicht halbfett gesetzte), alphabetisch geordnete Teillemmata: ~flüchter, ~häkchen, ~küken, ~quakelchen, ~hocker. Die Ordnung in den Nestern ist also zunächst sachlich und in der zweiten Sachrubrik zusätzlich alphabetisch.

Es gibt zahlreiche andere Möglichkeiten, eine sachbedingte mit einer alphabetischen Ordnung zu kombinieren. Von diesen Möglichkeiten wird vor allem in der pädagogischen Lexikographie Gebrauch gemacht.

Schließlich gibt es bei allen Wörterbüchern mit Gruppierung die Möglichkeit, die gesamte Lemmareihe eines Wörterbuchverzeichnisses räumlich so anzuordnen, daß keine geschlängelte Lemmareihe vorliegt; dies geschieht durch Bildung von Untertextblöcken, so daß jeder Subartikel genau einen Untertextblock bildet, alle Sublemmata gelistet sind und somit eine nach rechts versetzte vertikale Teillemmareihe bilden, während alle Basislemmata eine linksbündige Teillemmareihe bilden. Ein Beispiel aus einem nestalphabetischen Wörterbuch findet sich im Textbeispiel 38.10.

Im Textbeispiel 38.10 wird mit dem Nestlemma **colombophile** die alphabetische Ordnung „durchbrochen". Alle Nestlemmata, die die alphabetische Ordnung „durchbrechen", werden im DFV an der alphabetischen Stelle als Verweislemmata angesetzt. Wenn man schon eine nestalphabetische Anordnungsform wählt, dann ist die im DFV gefundene Anordnungsform eine der benutzerfreundlichsten Möglichkeiten.

Es ist klar, daß es in den nestalphabetischen Wörterbüchern auch Nischen gibt (vgl. auch Textbeispiel 38.11). Entscheidend dafür, daß eine nestalphabetische Anordnungsform vorliegt, ist daher, daß bei einer Gruppierung der Leitelementträger die alphabetische Reihenfolge durchbrochen werden darf.

Nach diesen Überlegungen zur nestalphabetischen Anordnungsform ist für ein monoakzessives nestalphabetisches Wörterbuch mit einer äußeren Zugriffsstruktur, das die die alphabetische Ordnung „durchbrechenden" Nestlemmata nicht auch als Verweislemmata ansetzt, charakteristisch, daß die Menge der Leitelementträger derart in zwei disjunkte Teilmengen zerlegt ist, daß die Elemente einer Teilmenge striktalphabetisch geordnet, und die Elemente der anderen Teilmenge irgendeiner Ordnung unterworfen sind, und daß auf die Elemente der letzteren Menge nur über solche Elemente der ersteren Menge zugegriffen werden kann, die entweder als Nesteingangslemma oder als lemmaexterne Nesteingänge fungieren.

Die Auffindungsprobleme, die durch die nestalphabetische Anordnungsform entstehen, verstärken sich relativ zur nischenalphabetischen, wenn die Wahl der typographischen Mittel ungeschickt ist und zusätzlich diejenigen der Nestlemmata, die die alphabetische Ordnung „durchbrechen", nicht als Verweislemmata angesetzt sind. Dies ist z. B. im Duden-GW der Fall, das — was die makrostrukturelle Organisation betrifft — eines

**colombage** [kɔlɔbaʒ] *n. m.* (de *colombe*, anc. forme de *colonne*; du lat. *columna*. V. colonne). *Dans les vieux quartiers de la ville subsistent des maisons à colombage* — charpente apparente consistant en pièces de bois horizontales, verticales ou obliques, ·fixées dans l'épaisseur même des murs de maçonnerie ou de torchis.

**colombe** [kɔlɔb] *n. f.* (lat. *columba*. Même fam. : columbarium). **1** Nom poétique du pigeon blanc, considéré comme symbole de pureté, de douceur. ▲ *Une colombe blanche portant en son bec un rameau d'olivier symbolise la paix.* **2** Dans la théologie chrétienne, la *colombe* symbolise le Saint-Esprit.

**colombier** *n. m.* Bâtiment ou partie de bâtiment où l'on élève des pigeons. *Syn.* pigeonnier.

**colombophile** *adj.* (V. -phile). *Les sociétés colombophiles ont pour but de favoriser l'élevage et l'entraînement des pigeons voyageurs.*

**colombophilie** *n. f.* (V. -philie). Élevage et utilisation des pigeons voyageurs.

**Colombine.** Personnage de la comédie italienne (femme d'Arlequin ou de Pierrot), dont le costume est à bandes blanches et noires.

**colombophile, colombophilie** ▷ COLOMBE.

**colon** [kɔlɔ] *n. m.* (lat. *colonus* « agriculteur, colon »; de *colere* « cultiver ». V. cultiver). **1** Personne qui a quitté son pays pour aller cultiver et mettre en valeur une terre dans une colonie. **2** Membre

Textbeispiel 38.10: Wörterbuchartikel aus DFV

der benutzerunfreundlichsten Wörterbücher des Deutschen ist (vgl. auch Mugdan 1984, 278 ff.). — Allgemein gilt, daß stark nestalphabetische Wörterbücher beim potentiellen Laienbenutzer eine relativ geringe Akzeptanz aufweisen (vgl. Art. 1).

Weiterhin werden die Auffindungsprobleme dadurch verstärkt, daß häufig die Motive für die Gruppierung im Metatext nicht oder nur beiläufig genannt sind bzw. die genannten Kriterien, nach denen gruppiert wird, unklar sind oder nicht durchgehend eingehalten werden (vgl. hierzu Mugdan 1984, 274—283 u. Bergenholtz/Mugdan 1986, 46—50). Das wichtigste Motiv für die Gruppierung in der Geschichte der europäischen Lexikographie besteht darin, Wortbildungszusammenhänge „sichtbar" zu machen (vgl. hierzu Art. 52). Allgemein gesagt, besteht das Motiv darin, mittels gruppierter initialalphabetischer Makrostrukturen, also über das Zusammenrücken im zweidimensionalen Raum (und daher nicht durch Verweisung, die zusätzliches Nachschlagen erfordert), sprachinterne Zusammenhänge zu dokumentieren, die im initialalphabetischen Wörterbuch herkömmlicher Art nicht explizit zugänglich gemacht sind. Eine theoretisch angemessene und für eine Allgemeine Theorie der Lexikographie interessante Behandlung der Problemstellungen, die sich aus diesem Motiv ergeben, existiert bisher m. W. nicht.

*Bem.:* Verfolgt man die Ansichten zu diesen Fragen innerhalb der deutschen Philologie von Jacob Grimm bis auf die Gegenwart (vgl. die Diskussion einiger weniger Stellungnahmen etwa bei Holly 1986 und Hundsnurscher 1988), zeigt sich vielmehr, daß die mit der Gruppierung und ihren verschiedenen philologisch-linguistischen Begründungen zusammenhängenden Probleme nicht einmal erkannt sind. Eine saubere Problemstellung konnte nicht gefunden werden.

## 4. Initialalphabetische Makrostrukturen und Zugriffsstrukturen

Man kann Makrostrukturen mit Zugriffsstrukturen identifizieren und folglich die Termini *Makrostruktur* und *Zugriffsstruktur* synonym verwenden, so daß einer der beiden entbehrlich ist (vgl. Wiegand 1988, 56). Man kann jedoch auch Makro- und Zugriffsstrukturen voneinander unterscheiden; dies ist dann sinnvoll, wenn durch die Unterscheidung die Einsicht in die Gesamtstruktur lexikographischer Nachschlagewerke gefördert wird.

### 4.1. Zur Unterscheidung von Makrostrukturen und Zugriffsstrukturen

Zwischen Makro- und Zugriffsstrukturen kann wie folgt auf informelle Weise unterschieden werden: Jede Makrostruktur hat als Teilstrukturen n äußere Zugriffsstrukturen (mit n ≥ 1); ist n = 1, liegt ein spezieller Fall vor, nämlich der, daß die Makro- und die einzige äußere Zugriffsstruktur ein und desselben Wörterbuches zusammenfallen, so daß ein monoakzessives Wörterbuch mit einer (äußeren, registerexternen) Zugriffsstruktur vorliegt (z. B. Duden-GW). Die äußeren Zugriffsstrukturen eines allgemeinen einsprachigen Wörterbuches, die hier von Interesse sind, sind solche Ordnungsstrukturen, deren Trägermengen Teilmengen der Trägermenge der Makrostruktur des gleichen Wörterbuches sind.

*Bem.:* Von den äußeren müssen die innere(n) Zugriffsstruktur(en) unterschieden werden. Je nach den Erläuterungen im Metatext eines allgemeinen einsprachigen Wörterbuches gilt ein bestimmter (linearer) Schnitt durch die hierarchische Mikrostruktur (vgl. Art. 38a, 4.2.2.) von Wörterbuchartikeln bzw. einer durch die Mikrostruktur des Wörterbuches als *innere Zugriffsstruktur*.

Die Kenntnis der Anordnungsmethode für die Leitelementträger und damit die Kenntnis, wie die Makrostruktur und ihre hier fraglichen Teilstrukturen, die äußeren Zugriffsstrukturen, organisiert sind, ermöglicht dem Benutzer das systematische Suchen dieser Leitelementträger; die Kenntnis der inneren Zugriffsstruktur ermöglicht ihm das systematische Suchen von Angaben im Wörterbuchartikel, so daß er in diesem nach dem Auffinden des Leitelementträgers nicht unsystematisch herumsuchen muß und sich an den äußeren ein innerer Suchpfad (i. S. v. Wiegand 1989) anschließt (vgl. Art. 36).

Da innere Zugriffsstrukturen einschließlich der inneren Schnellzugriffsstrukturen keine Teilstrukturen von Makrostrukturen sind, werden sie in diesem Artikel nicht weiter behandelt (vgl. Wiegand 1989).

Von den inneren und denjenigen äußeren Zugriffsstrukturen, die *registerextern* sind, müssen die *registerinternen Zugriffsstrukturen* (die Registerzugriffsstrukturen) unterschieden werden; hat eine Makrostruktur mehr als eine registerexterne Zugriffsstruktur als Teilstruktur, dann sind die Trägermengen dieser Zugriffsstrukturen paarweise disjunkt. Für solche Trägermengen von registerinternen Zugriffsstrukturen, die Teilstrukturen der Makrostruktur sind, gilt dies nicht: sie können sich mit einer oder mit mehreren Trägermengen der registerexternen Zugriffsstrukturen schneiden. Weiterhin müssen sonstige

Zugriffsstrukturen, die nicht Teilstrukturen der Makrostruktur sind (z. B. solche innerhalb der Wörterbuchgrammatik), unterschieden werden von solchen, die es sind (vgl. auch Art 36).

Da eine ausgearbeitete Theorie zu Wörterbuchregistern derzeit noch fehlt und m. W. auch empirisch angelegte Spezialuntersuchungen nicht vorliegen (vgl. auch Art. 67 a), ist keineswegs von vornherein klar und ohne weiteres (d. h. vortheoretisch und ohne Rückgriff auf einen definierten Terminus *Register*) in jedem Fall entscheidbar, welche Teile in den Außentexten eines Wörterbuches in einem lexikographietheoretisch interessanten Sinne als Register zu gelten haben und welche nicht. — Eine relativ allgemeine Auffassung davon, was als ein Register gelten soll, ist die, wonach ein Register eine endliche Menge von *Registereinträgen* ist, die jeder erstens aus dem *Registereingang* und wenigstens einer, höchstens aber endlich vielen geordneten (sog.) *Registerinformationen* bestehen und die zweitens anhand der Registereingänge als den registerinternen Leitelementträgern (z. B. den Stichwörtern des Registers i. S. v. Wiegand 1983, 442) geordnet sind (vgl. z. B. Wersig 1985, 177 ff.), so daß die Registerzugriffsstruktur eine Ordnungsstruktur ist, deren Trägermenge die Menge aller Registereingänge ist. Diejenigen äußeren registerexternen Zugriffsstrukturen, die Teilstrukturen der Makrostruktur sind, und die Registerzugriffsstrukturen eines und desselben Wörterbuches unterscheiden sich faktisch immer, und zwar entweder

(i) nur in der Mächtigkeit der Trägermenge
(ii) nur durch die Elemente der Trägermenge
(iii) nur durch den Term für die Ordnungsrelation

oder durch die möglichen Kombinationen (also durch (i) und (ii), (i) und (iii), (ii) und (iii) sowie (i), (ii) und (iii).

*Bem.:* Natürlich kann man auch ein Register anlegen, das keine der vorstehenden Unterscheidungen berücksichtigt; ein solches wäre aber relativ sinnlos, z. B. ein strikt initialalphabetisches Register zu einem monoakzessiven glattalphabetischen Wörterbuch mit einer äußeren Zugriffsstruktur (wie z. B. dem BW), dessen Registerzugriffsstruktur die gleiche Trägermenge aufweist wie die Makrostruktur und dessen Registerinformationen aus den Seitenzahlen bestehen!

Die vorstehenden Unterscheidungen stellen daher (wenn sie berücksichtigt werden) sicher, daß der Benutzer über ein Register unter einem anderen *Zugriffsaspekt* auf alle (oder einige ausgewählte) lexikographische Daten systematisch zugreifen kann, zu denen er auch über die äußere(n) registerexterne(n) Zugriffsstruktur(en), die Teilstrukturen der Makrostruktur sind, systematischen Zugang hat. Ein Wörterbuch, das ein Register (in diesem Sinne) hat, ist daher immer ein *polyakzessives Wörterbuch,* da es zu bestimmten Daten mehr als einen definierten Suchpfad gibt. Polyakzessive Wörterbücher (die auch *Mehrwegwörterbücher* heißen, vgl. Pan Zaiping/ Wiegand 1987, 230 sowie Trüb 1986, 256 ff.) haben daher stets mehrere äußere Zugriffsstrukturen, wovon mindestens eine eine Registerzugriffsstruktur ist, was die polyakzessiven von den monoakzessiven Wörterbüchern (die auch *Einwegwörterbücher* heißen) unterscheidet, welche zwar auch mehrere äußere Zugriffsstrukturen aufweisen können, die jedoch alle registerextern sind.

Eine Übersicht zu einem Ausschnitt aus einer Klassifikation für Zugriffsstrukturen in allgemeinen einsprachigen Wörterbüchern gibt die Abb. 38.6.

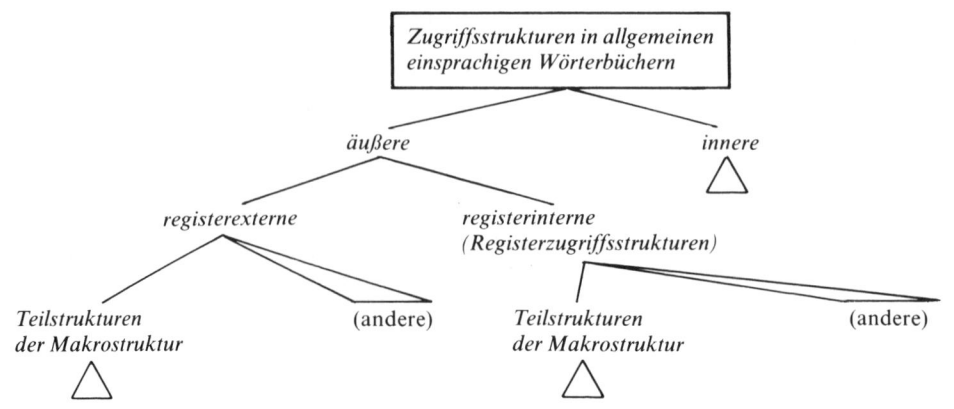

Abb. 38.6: Ausschnitt aus einer Klassifikation von Zugriffsstrukturen in allgemeinen einsprachigen Wörterbüchern

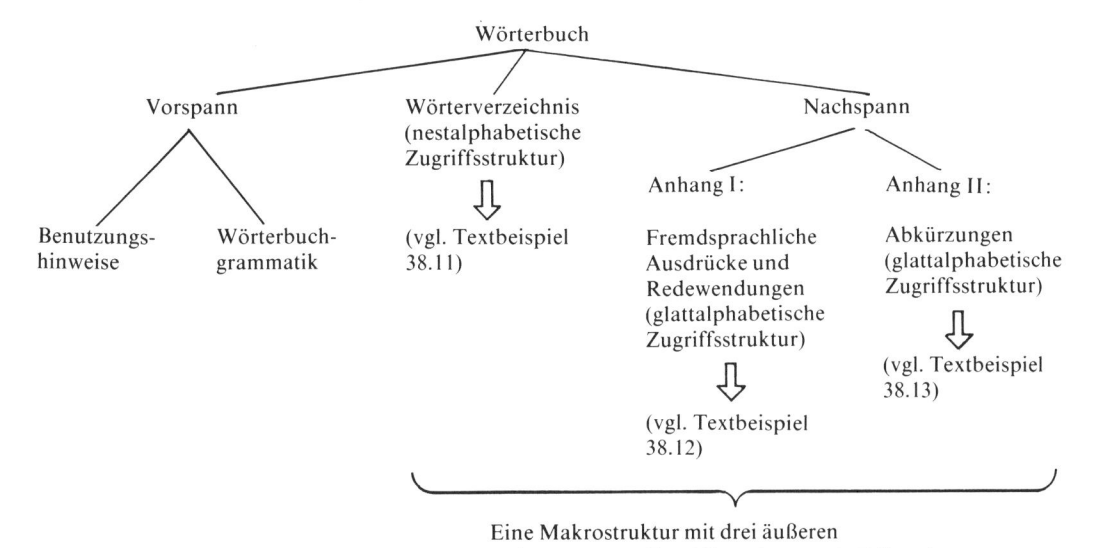

38. Die makrostrukturelle lexikographische Ordnung

```
                           Wörterbuch
              /                 |                \
         Vorspann       Wörterverzeichnis      Nachspann
         /     \         (nestalphabetische    /       \
                         Zugriffsstruktur)  Anhang I:  Anhang II:
   Benutzungs-  Wörterbuch-       ⇩                    
   hinweise     grammatik    (vgl. Textbeispiel   Fremdsprachliche  Abkürzungen
                              38.11)              Ausdrücke und    (glattalphabetische
                                                  Redewendungen    Zugriffsstruktur)
                                                  (glattalphabetische
                                                  Zugriffsstruktur)      ⇩
                                                       ⇩            (vgl. Textbeispiel
                                                  (vgl. Textbeispiel     38.13)
                                                    38.12)
```

Eine Makrostruktur mit drei äußeren
registerexternen Zugriffsstrukturen als Teilstrukturen

Abb. 38.7: Übersicht über Teile eines monoakzessiven Wörterbuches mit drei äußeren registerexternen Zugriffsstrukturen am Beispiel von Brenner 1951

**Labial**, der, —s, —e (Lippenlaut) ‖ labial (die Lippen betreffend) ‖ der
Labiallaut
**labil** (schwankend, unsicher); labiles
Gleichgewicht ‖ die Labilität (Unsicherheit)
**Laborant**, der, —en, —en (Helfer im
Laboratorium) ‖ die Laborantin ‖
das Laboratorium, das Labor (Ver-
suchswerkstätte, Arbeitsraum) ‖ la-
borieren; habe laboriert (probieren,
herumbasteln, an einer Krankheit leiden)
**Labyrinth**, das, —(e)s, —e (Irrgarten,
Irrgang, Wirrnis, inneres Ohr) ‖ laby-
rinthisch (unentwirrbar)
**Lache**, die, —, —n (Pfütze)
**Lache**, die, —, —n (Gelächter) ‖ <u>la-
chen</u>; habe gelacht ‖ <u>das Lachen</u> ‖
<u>der Lacher</u>, —s, — ‖ <u>lächeln</u>; habe
gelächelt ‖ <u>lächerig</u> (gern lachend)
‖ <u>lächerlich</u> (zum Lachen reizend);
<u>sich lächerlich machen</u> (daß andere
darüber lachen); <u>eine Sache ins Lä-
cherliche ziehen</u> (nicht ernst nehmen)
‖ <u>die Lächerlichkeit</u> ‖ <u>lächern</u>, es
lächert mich (volkst.: es reizt mich
zum Lachen) ‖ <u>das Lachgas</u> (Betäu-
bungsmittel) ‖ <u>lachhaft</u> (zum Lachen
reizend) ‖ <u>die Lachhaftigkeit</u> ‖ <u>der
Lachkrampf</u> (krampfhaftes Dauerla-
chen) ‖ <u>der Lachmuskel</u> ‖ <u>die Lach-
taube</u> (Vogel; scherzh.: Mädchen, das
gern lacht)
**Lachesis** (Schicksalsgöttin)
**Lachs**, der, —es, —e (Fisch) ‖ der
Lachsfang ‖ die Lachsleiter (Stufen,
auf denen der Lachs kleine Strom-
schnellen überwindet) ‖ der Lachs-
schinken (lachsfarbener Schinken)
**Lack**, der, —(e)s, —e (Hartglanz) ‖ der
Siegellack (Siegelwachs) ‖ lacken;
habe gelackt ‖ lackieren; habe lak-
kiert (mit Lack streichen) ‖ der Lak-
kierer ‖ die Lackierung ‖ der Lack-
schuh ‖ der Lackstiefel
*Lackel, der, —s, — (grober, unge-
schlachter Mensch)

Textbeispiel 38.11: Abfolge von Wörterbuchartikeln aus Brenner 1951; erste, nestalphabetische Zugriffsstruktur

Im folgenden sei nun die Unterscheidung und der Zusammenhang von alphabetischen Makrostrukturen und äußeren registerexternen Zugriffsstrukturen zunächst am Beispiel eines (kleinen) allgemeinen einsprachigen Wörterbuches, das ein monoakzessiver Einbänder ist und drei äußere registerexterne Zugriffsstrukturen aufweist, verdeutlicht, und zwar anhand von Brenner 1951. Dazu wird zunächst in Abb. 38.7 eine Übersicht über bestimmte Teile dieses Wörterbuches gegeben.

In dem Wörterbuchartikel mit dem Lemma **Lache** (vgl. Textbeispiel 38.11) wurden hier die 15 Einheiten, die als Sublemmata aufgefaßt werden können (da sie nicht halbfett gesetzt sind), einfach unterstrichen. Nach dem Zugriffsalphabet von Brenner 1951 wird mit dem Nestlemma **Lachgas** die initialalphabetische Reihenfolge durchbrochen, denn bei striktalphabetischer Reihenfolge müßten **Lachgas** und die fünf folgenden Nestlemmata (irgendwo) nach dem nächsten Lemma der vertikalen Lemmareihe stehen, das auf das Nesteingangslemma **Lache** folgt, also nach **Lachesis**. — Wie z. B. die Artikel mit den Lemmata **labil** und **Labilität** zeigen, gibt es in Brenner 1951 auch Nischen, und schließlich finden sich, wie z. B. der Artikel zu **Lackel** zeigt (der — in der Tradition Campes — eine Markierungsangabe im Praekommentar i. S. v. Art. 39 aufweist), auch Wörterbuchartikel ohne Sublemmata.

**L**

Labour Party *[lęber pąrti]* (e.), engl. Arbeiterpartei
Laissez-aller *[lä́βę alę]* (fr.), das Sichgehenlassen
Laisser passer *[lä́βę paβę]* (fr.), Passierschein
Lapsus calami (l.), Schreibfehler
Lapsus linguae (l.), Sichversprechen
Lapsus memoriae (l.), Gedächtnisfehler
L'art pour l'art *[lar pur lar]* (fr.), die Kunst für die Kunst
Lasciate ogni speranza voi ch'entrate *[laschąte onji βperantβa woi kentrąte]* (it.), Laßt jede Hoffnung, ihr, die ihr eintretet (Dante)
Last, not least *[laβt not liβt]* (e.), Das Letzte, aber nicht das Geringste; nicht zu vergessen
Laterna magica (l.), Zauberlaterne
Laudator temporis acti (l.), Lobredner der vergangenen Zeit
le style c'est l'homme *[lö βtil βä lom]* (fr.), der Stil ist der Mensch (aus dem Stil eines Menschen läßt sich auf dessen Charakter schließen)
l'État c'est moi! *[leta βä moa]* (fr.), der Staat bin ich! (Ludwig XIV. von Frankreich)

Textbeispiel 38.12: Abfolge von Wörterbuchartikeln aus dem Anhang I in Brenner 1951; zweite, glattalphabetische Zugriffsstruktur

Der Anhang I weist eine glattalphabetische Zugriffsstruktur auf. Man kann sich nun leicht denken, daß alle Artikel des Anhanges I anhand ihrer Lemmata so in das vorausgehende Wörterverzeichnis einsortiert werden, daß sie dort an ihrer alphabetischen Stelle plaziert sind, so daß z. B. der Artikel mit dem Lemma **Labour Party** im Textbeispiel 38.12 zwischen die Nische mit dem Nischeneingangslemma **Laborant** und die mit dem Nischeneingangslemma **Labyrinth** (vgl. Textbeispiel 38.11) zu stehen kommt; dadurch verändert sich die Trägermenge der

**A**

**a:** anno, im Jahre
**a:** Ar (Ackermaß)
**a. a. o.:** am angeführten Orte
**A. B.:** Augsburger Bekenntnis (Lutheraner in Österreich)
**Abb.:** Abbildung
**abds.:** abends
**Abg.:** Abgeordneter
**ABGB.:** Allgemein. Bürgerl. Gesetzbuch
**Abk.:** Abkürzung
**Abschn.:** Abschnitt
**Abt.:** Abteilung
**a. c.:** anno currentis, laufenden Jahres
**a c.:** a conto, als Abschlagszahlung; auf Rechnung von . . .
**accel.:** accelerando, schneller werdend
**accresc.:** accrescendo, stärker werdend
**a. Chr. n.:** ante Christum natum, vor Christi Geburt
**a. D.:** außer Dienst; an der Donau
**A. D.:** Anno Domini, im Jahre des Herrn
**ADB.:** Allgemeine Deutsche Biographie
**ad lib.:** ad libitum, nach Belieben
**Adr.:** Adresse
**ad ref.:** ad referendum, zum Bericht

Textbeispiel 38.13: Abfolge von Wörterbuchartikeln aus dem Anhang II in Brenner 1951; dritte, glattalphabetische Zugriffsstruktur

Zugriffsstruktur des Wörterverzeichnisses (die Mächtigkeit wird größer), die Anordnungsform bleibt jedoch nestalphabetisch.

Auch der Anhang II weist eine glattalphabetische Zugriffsstruktur auf. Hinsichtlich einer möglichen Einordnung der Artikel aus dem Anhang II in das Wörterverzeichnis gilt das, was am Beispiel des Anhanges I gesagt wurde, mutatis mutandis. Die Trägermengen der drei registerexternen Zugriffsstrukturen sind paarweise disjunkt, d. h.: Lemmata des Anhanges I sind nicht solche des Anhanges II und umgekehrt und auch der Anhang I und das Wörterverzeichnis sowie der Anhang II und das Wörterverzeichnis haben kein gemeinsames Lemma.

Durch die korrekte Einsortierung aller Artikel aus dem Anhang I u. II in das Wörterverzeichnis, die als eine besondere Form der Textverarbeitung zu gelten hat (und dadurch notwendige kleine Änderungen im Vorspann), wird aus dem monoakzessiven Wörterbuch mit d r e i äußeren Zugriffsstrukturen ein monoakzessives Wörterbuch mit e i n e r äußeren Zugriffstruktur, in welchem die einzige, neue Zugriffs- mit der Makrostruktur zusammenfällt; die Trägermenge dieser Struktur enthält alle Elemente, die vorher auf die Trägermengen der drei äußeren registerexternen Zugriffsstrukturen verteilt waren.

*Bem.:* Natürlich kann man auch festlegen, daß nur die Leitelementträger, die zum Wörterverzeichnis gehören, als Elemente der Trägermenge der Makrostruktur aufgefaßt werden. Dann wäre die Makrostruktur aber nur eine ausgezeichnete Zugriffsstruktur unter anderen.

Wenn die initialalphabetische Makrostruktur von allgemeinen einsprachigen Wörterbüchern nicht nur als eine ausgezeichnete Zugriffsstruktur aufgefaßt werden soll, dann muß sie mit mindestens einer Qualität ausgestattet werden, die — relativ zum gleichen lexikographietheoretischen Rahmen — für Zugriffsstrukturen als Zugriffsstrukturen irrelevant ist. Diese Qualität kommt ins Blickfeld, wenn man die Trägermenge der Makrostruktur und ihre Elemente im Verhältnis zur Wörterbuchbasis und/oder im Verhältnis zum Wörterbuchgegenstandsbereich betrachtet; man ist dann mit den Fragen der äußeren Selektion (i. S. v. Wiegand 1984, 572 ff.; vgl. auch Wiegand 1988b, 603 ff.) sowie mit den Fragen der lexikographischen Abdeckung (i. S. v. Wiegand 1989) konfrontiert. Behandelt man diese beiden Fragen (was wegen der Beschränkung des Themas hier nicht geschieht), dann zeigt sich u. a. dies: die unterscheidende Qualität besteht darin, daß die Makrostruktur als die einzige Struktur eines Wörterbuches gelten muß, zu deren Trägermenge entweder bereits alle ausgewählten Einheiten zählen, die im Wörterbuch *systematisch* (d. h. hier: gemäß der/den Mikrostruktur[en]) bearbeitet sind, und somit solche Angaben, für die eine nichtlemmatische Adressierung nicht konstitutiv ist (wie z. B. die Belegstellenangaben), keine nichtlemmatische Adressen (i. S. v. Art. 38 a, 4.3.) haben — wie z. B. in Brenner 1951 — oder aber es gilt: sie können durch Textverarbeitung so umorganisiert werden, daß sie zur Trägermenge der Makrostruktur gehören, wobei (i. S. v. Art. 38 a) glossierte Angaben nicht als systematisch bearbeitete Einheiten gelten.

So werden z. B. im HWDG bestimmte ausgewählte Phraseme (die sog. Mehrwortlexeme) systematisch bearbeitet. Dies geschieht aber am Ende der Artikel nach dem Strukturanzeiger „+", so daß diese Phraseme keine Elemente der Trägermenge der Makrostruktur und die entsprechenden Phrasemangaben nichtlemmatische Adressen sind. Diese Phraseme können mittels einfacher textverarbeitender Operationen „in die Makrostruktur" verlegt werden, und zwar entweder so, daß sie als Sublemmata oder so, daß sie als Lemmata fungieren, und entsprechend sind sie auch bei der Berechnung der lexikographischen Abdeckung zu berücksichtigen.

Werden also Makro- von Zugriffsstrukturen in der angedeuteten Weise unterschieden, dann kann die im 1. Abschnitt gegebene Def. 1 wie folgt modifiziert werden:

Def. 1 a: Eine Makrostruktur eines lexikographischen Nachschlagewerkes ist eine Ordnungsstruktur, für deren Trägermenge gilt, daß sie (i) eine (nichtleere, endliche) Menge von Leitelementträgern ist und daß sie (ii) entweder bereits alle ausgewählten Einheiten als Elemente enthält, die in dem Nachschlagewerk systematisch bearbeitet sind, oder nach Ausführung solcher textverarbeitender Operationen enthalten kann, die die lexikographische Abdeckung nicht verändern.

4.2. Zur Anordnung von Zugriffsstrukturen, die Teilstrukturen von Makrostrukturen sind

Unterscheidet man Makrostrukturen von äußeren Zugriffsstrukturen so, wie in 4.1. dargelegt, dann gehört zu den Aspekten der Makrostruktur, die zu untersuchen sind, wie solche Zugriffsstrukturen, die Teilstrukturen von Makrostrukturen sind, als Ganze in einem monoakzessiven Wörterbuch mit mehreren äußeren Zugriffsstrukturen und in einem polyakzessiven Wörterbuch, das Teilstrukturen der Makrostruktur als Zugriffsstrukturen aufweist, im zweidimensionalen Raum angeordnet sind bzw. angeordnet sein können. Nachfolgend wird daher zunächst — im Anschluß an Wiegand 1989 — ein allgemeiner Erklärungsrahmen grob skizziert, relativ zu dem alle Anordnungsmöglichkeiten von Zugriffsstrukturen aus einem „Prinzip" heraus erklärt werden können (unter der Voraussetzung, daß das Wörterbuch ein gedrucktes Buch ist); daran anschließend werden einige Beispiele exemplarisch behandelt.

Zwischen einer sprachlichen Einheit, die in einem Sprachwörterbuch systematisch lexikographisch bearbeitet wird, und einem Lemma muß unbedingt unterschieden werden. Dabei gilt: Jedes Lemma (aber nicht jeder Leitelementträger) ist eine bearbeitete Einheit, aber nicht umgekehrt jede bearbeitete Einheit ein Lemma. Beispielsweise sind im HWDG die Phraseme im Postkommentar (i. S. v. Art. 39, 6.1.2.; vgl. Textbeispiel 39.17) lexikographisch bearbeitet, zählen aber nicht als Lemma. Man kann sich nun denken, daß sämtliche Einheiten eines allgemeinen einsprachigen Wörterbuches, die systematisch zu bearbeiten sind (und in der Praxis kommt dies auch tatsächlich vor), zunächst initialalphabetisch angeordnet werden (z. B. als Zettelkartei oder als Computerausdruck), so daß eine vorläufige Makrostruktur vorliegt, zu deren Trägermenge alle zu bearbeitenden Einheiten gehören und es nur lemmatische Adressen gibt; diese Struktur heiße $MA_{ba}$. Wurde die Alphabetisierung kettenübergreifend vorgenommen, dann steht z. B. das Phrasem *auf den letzten Drücker* in der *a/A*-Lemmareihe von $MA_{ba}$. Wird dieser Platz als ungünstig empfunden, dann gibt es eine ganze Reihe von sinnvollen Möglichkeiten, dies zu ändern. Innerhalb der neuhochdeutschen Lexikographie sind von diesen Möglichkeiten nur zwei realisiert: (i) Die Phraseme erscheinen als Sublemmata, so daß entweder eine nischen- oder nestalphabetische Anordnungsform vorliegt. Soll dieser Fall berücksichtigt werden, muß $MA_{ba}$ *umgegliedert* werden, wobei sich die Mächtigkeit der Trägermenge von $MA_{ba}$ nicht verändert. (ii) Die Phraseme erscheinen (wie im HWDG) als Angaben zum Lemma, und diese sind damit (i. S. v. Art. 38a, 4.3.1.) nichtlemmatische Adressen. Soll dieser Fall berücksichtigt werden, müssen die Phraseme aus der Trägermenge von $MA_{ba}$ herausgenommen werden, so daß sich die Mächtigkeit der Trägermenge verringert: MA$_{ba}$ wird *umgegliedert und reduziert*. (iii) Man kann aber auch alle Phraseme der Trägermenge von MA$_{ba}$ zu einer Teilmenge zusammenfassen, auf dieser eine sowie auf der komplementären Restmenge eine andere Ordnungsstruktur definieren, so daß man über zwei verschiedene Zugriffsstrukturen getrennt auf die Elemente der beiden Teilmengen der Trägermenge von MA$_{ba}$ systematisch zugreifen kann. In diesem Falle wird MA$_{ba}$ *untergliedert*, und es muß nun entschieden werden, wie die beiden geordneten Mengen innerhalb des Wörterbuches *räumlich zueinander geordnet werden*, wobei das Ergebnis auch als eine Art der Gruppierung aufgefaßt werden kann; vgl. Wiegand 1989). Nimmt man die geordnete Menge, deren Elemente alle Einheiten außer den Phrasemen sind (die „Restmenge"), als Bezugspunkt und faßt sie als die Zugriffsstruktur des Wörterverzeichnisses auf, dann gibt es zunächst folgende Anordnungsmöglichkeiten: (a) die geordnete Menge der Phraseme wird entweder vor das ganze Wörterverzeichnis, also in den Vorspann gestellt, oder sie wird hinter das ganze Wörterverzeichnis, also in den Nachspann gestellt.

Da nun aber das Wörterverzeichnis auf Buchseiten verteilt ist, und da man ein Wörterbuch bei der Benutzung, solange man sich im äußeren Suchpfad befindet vor allem „von vorne nach hinten" und damit auf der Wörterbuchseite vor allem, „von oben nach unten" benutzt, und dabei auch wenigstens eine ganze Seite im Blickfeld haben kann, ergeben sich weitere räumliche Anordnungsmöglichkeiten. Die Wörterbuchseite (oder ggf. nur der Satzspiegel einer solchen Seite) kann in verschiedener Weise aufgeteilt werden, und zwar vor allem wie folgt: (b) durch n (mit n $\geq$ 1) Trennungslinien (oder anderen Trennungssymbolen), die horizontal und damit parallel zur Zeile verlaufen. Ist n = 1, dann gibt es eine obere und eine untere Teilseite; ist n = 2, gibt es eine obere, mittlere und untere Teilseite; ist n > 2, wird man die Teilseiten von oben nach unten durchzählen. Nicht alle Seiten müssen derart in Teilseiten aufgeteilt sein. (c) durch m (mit m $\geq$ 1) Trennungslinien (oder anderen Trennungssymbolen), die vertikal und damit senkrecht zur Zeile verlaufen. Ist m = 1, dann gibt es eine linke und eine rechte Teilseite, und in jeder Teilseite kann es eine oder mehrere Spalten geben.

Man kann nun z. B. die Teilmenge von MA$_{ba}$, die geordnete Phrasemmenge, (in verschiedener Weise) auf den oberen oder auf den unteren Teilseiten des Wörterbuches unterbringen oder in den rechten Spalten der rechten Teilseiten etc. Daß im Falle von Phrasemen nur die Möglichkeiten (i) und (ii) realisiert sind, kann entweder historisch zufällig sein oder benutzerbezogene und/oder sprachtheoretische Gründe haben. Es ist aber ohne weiteres denkbar, sprachtheoretisch mit guten Gründen vertretbar und wahrscheinlich sogar benutzerfreundlich (vgl. Wiegand 1989b), wenn man die Phraseme in der unteren Teilseite anordnet und über ein Symbol im zugehörigen Artikel in der oberen Teilseite mit den entsprechenden Lemmata verknüpft.

Wird die Möglichkeit (a) realisiert, dann werden die Zugriffsstrukturen *nacheinander* geordnet. Wird die Möglichkeit (b) realisiert, werden die Zugriffsstrukturen *über-* bzw. *untereinander* geordnet. Bei der Realisierung der Möglichkeit (c) werden die Zugriffsstrukturen *nebeneinander* geordnet. Im Falle von (a) kann von *aufeinanderfolgenden,* im Falle von (b) von *horizontal parallellaufenden* und im Falle von (c) von *vertikal parallellaufenden Zugriffsstrukturen* gesprochen werden, wobei sich die Unterscheidungen (b) und (c) nur auf solche Zugriffsstrukturen beziehen, die Teilstrukturen von Makrostrukturen sind (vgl. Abb. 38.6).

Das (äußere) *Zugriffsprofil* von Brenner 1951 kann nun wie folgt charakterisiert werden: monoakzessives Wörterbuch mit drei aufeinanderfolgenden (äußeren), registerexternen Zugriffsstrukturen, wobei die Hauptzugriffsstruktur nest- und die voran- sowie die nachgestellte Zugriffsstruktur glattalphabetisch sind.

Im folgenden werden einige Beispiele betrachtet. Ein ähnlicher Fall wie Brenner 1951 ist Langenscheidts-DW 1968. Es handelt sich um ein monoakzessives Wörterbuch mit vier aufeinanderfolgenden Zugriffsstrukturen, und zwar folgen auf die nestalphabetisch geordnete Hauptzugriffsstruktur (die des eigentlichen Wörterverzeichnisses) drei nachgestellte glattalphabetische Zugriffsstrukturen im Nachspann, deren Trägermengen sich wie folgt zusammensetzen: (1) aus geographischen Namen, die wegen ihrer Schreibweise und Aussprache oder aus sonstigen Gründen bemerkenswert sind, (2) aus Abkürzungen und (3) aus fremdsprachlichen Zitaten (von **ad maiorem Dei gloriam** bis **vox populi, vox Dei**).

38. Die makrostrukturelle lexikographische Ordnung

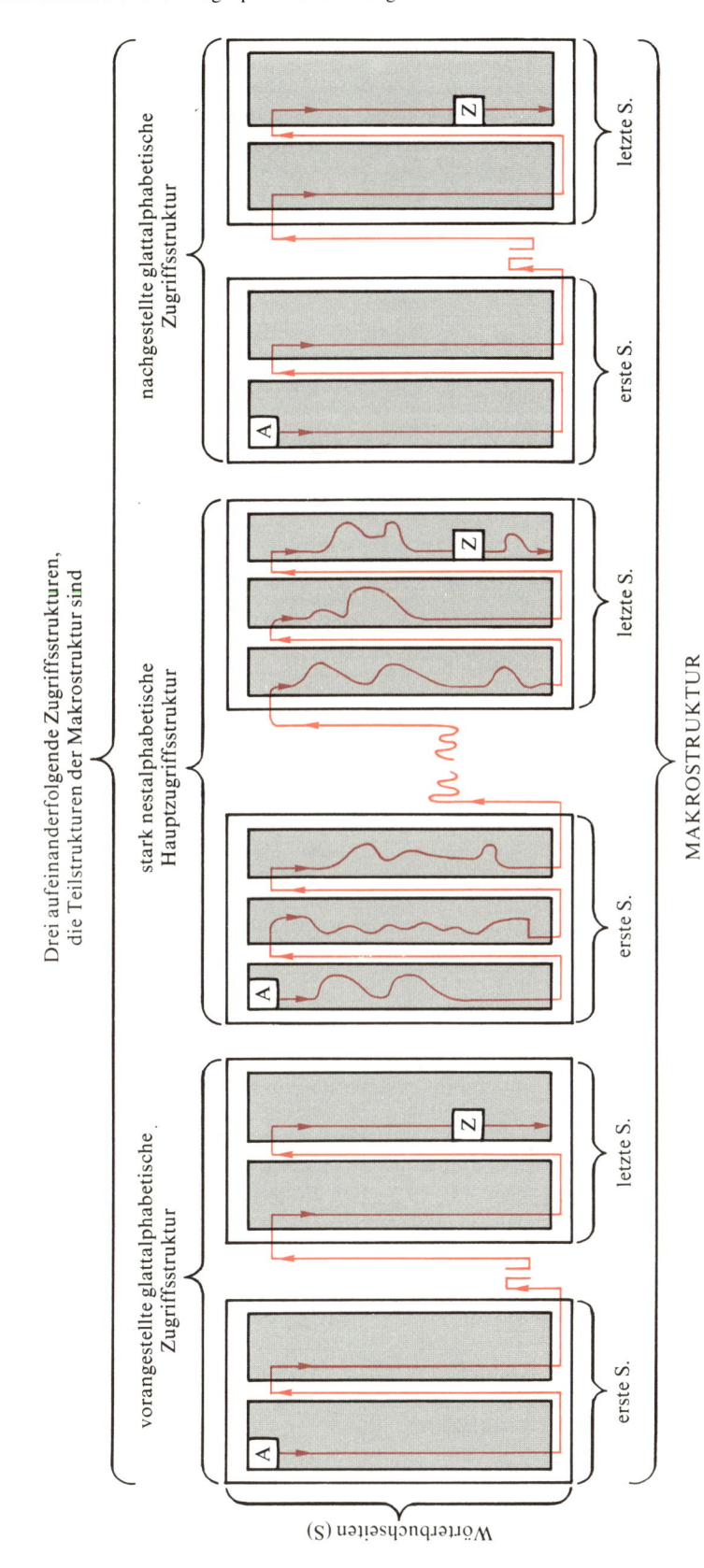

Abb. 38.8: Partielle Veranschaulichung zum Zugriffsprofil eines monoakzessiven Wörterbuches: Makrostruktur mit drei aufeinanderfolgenden, registerexternen Zugriffsstrukturen

Nicht alle aufeinanderfolgenden Zugriffsstrukturen in einem allgemeinen einsprachigen Wörterbuch müssen Teilstrukturen der Makrostruktur sein. Dies gilt z. B. für Knaurs-DW, das einen Vorspann von 94 Seiten hat. Lediglich der Teil „Länder, Städte und ihre Einwohner" (25 ff.) hat eine Zugriffsstruktur, die als Teilstruktur der Makrostruktur gelten kann; diese Zugriffsstruktur ist zunächst sachlich geordnet und in den Sachrubriken („selbständige Staaten", „Kontinente", ... etc.) dann glattalphabetisch. Auch die Wörterbuchgrammatik (30 ff.) hat eine initialalphabetische Zugriffsstruktur, deren erstes Stichwort **abhängige Rede** und deren letztes Stichwort **Zwielaut** heißt; dies ist jedoch keine Teilstruktur der Makrostruktur, so daß Knaurs-DW ein monoakzessives Wörterbuch mit drei aufeinanderfolgenden Zugriffsstrukturen ist, wobei für die beiden Teilstrukturen der Makrostruktur gilt: die Hauptzugriffsstruktur (die des Wörterverzeichnisses) ist schwach nischenalphabetisch und die vorangestellte ist sachlich-alphabetisch.

*Bem.:* Beispiele für aufeinanderfolgende Zugriffsstrukturen, unter denen sich registerinterne finden, werden in Art. 67 a behandelt (vgl. auch Wiegand 1989).

Die Abb. 38.8 ist eine generalisierende Veranschaulichung eines allgemeinen einsprachigen Wörterbuches, dessen Zugriffsprofil wie folgt charakterisiert werden kann: Monoakzessives Wörterbuch mit drei aufeinanderfolgenden äußeren registerexternen Zugriffsstrukturen, die Teilstrukturen der Makrostruktur sind. Für die Teilstrukturen gilt: sie sind alle relativ zum gleichen Zugriffsalphabet und mittels der exhaustiven mechanischen Alphabetisierungsmethode initialalphabetisch geordnet; die voran- und die nachgestellte Zugriffsstruktur weisen die glattalphabetische, die Hauptzugriffsstruktur die nestalphabetische Anordnungsform auf.

*Bem. zum Verständnis der Abb. 38.8:* Die Hauptzugriffsstruktur ist drei-, die beiden anderen Zugriffsstrukturen sind zweispaltig realisiert. Die roten Pfeile zeigen die Richtung des äußeren Suchpfades durch die vertikale bzw. die geschlängelten Lemmareihen an.

Ein Beispiel für horizontal parallellaufende Zugriffsstrukturen findet sich im Textbeispiel 38.14. Die Elemente der unteren Zugriffsstruktur sind lexikalische Einheiten, die zum Grundwortschatz gehören (im Beispiel das Lemma DOLOR). Beide Zugriffsstrukturen erlauben einen voneinander unabhängigen Zugriff auf die Elemente ihrer Trägermengen, sind aber dennoch über ein Verweislemma, das zur Trägermenge der oberen Zugriffsstruktur gehört, die sich u. a. dadurch als die Hauptzugriffsstruktur ausweist, miteinander verknüpft. Die Trennung von oberer und unterer Zugriffsstruktur ist — graphetisch gesehen — nicht durch einen Trennungsstrich realisiert, sondern durch unterschiedliche Drucktypen und verschiedene Textblockbildung.

**Documentalista,** *com.* Persona que se dedica a hacer cine documental en cualquiera de sus aspectos. ǁ Persona que tiene como oficio la preparación y elaboración de toda clase de datos bibliográficos, noticias, etc., sobre una determinada materia.
**Documentalmente,** *adv.* Con documentos.
**Documentarse,** *r.* Informarse muy bien de algún asunto y comprobar todos los informes recogidos.
**Documento,** *m.* Escrito u otra cosa con que se prueba o demuestra algo. ǁ V. doctor.
**Dodecaedro,** *m.* Sólido geométrico de 12 caras planas. ǁ **Dodecaedro regular:** el que sus 12 caras son 12 pentágonos regulares iguales.
**Dogal,** *m.* Soga para atar las caballerías por el cuello. ǁ Cuerda con que se ahorca a un reo.
**Dogaresa,** *f.* Mujer del Dux.

**Dólmen,** *m.* Monumento funerario antiguo en forma de mesa y formado por piedras muy grandes.
**Dolor.** (V. abajo.)
**Dolorido,** *adj.* Que siente dolor, que le duele algo. ǁ Triste, afligido.
**Dolorosamente,** *adv.* De modo doloroso.
**Doloroso,** *adj.* Triste, lamentable, que hace que uno se compadezca. ǁ Que causa dolor. ǁ V. dolor.
**Domar,** *tr.* Amansar a un animal, ponerlo manso.
**Domesticar,** *tr.* Amansar a los animales salvajes y hacer que se acostumbren a vivir en compañía del hombre.
**Doméstico,** *adj.* Lo que se refiere o pertenece a la casa. ǁ Animal que se cría en compañía del hombre y le ayuda en sus trabajos o le proporciona alimentos. ǁ V. casa.

DOLOR, m. *Sensación que molesta mucho cuando tenemos algo mal en el cuerpo:* **Dolor de cabeza.** ǁ *Tristeza, sentimiento, aflicción:* **El mal comportamiento de los hijos causa dolor a los padres.** ǁ *Pesar y arrepentimiento:* **Dolor de los pecados.**
  Viene del latín *dolere,* que significa 'doler'. ǁ *Deriv.:* Adolecer, condolencia, dolencia, dolido, doliente, dolor, dolorido, doloroso, duelo, indolencia, indolente. ǁ *Contr.:* Placer.

Textbeispiel 38.14: Unterer Teil einer Wörterbuchseite aus dem DEE; Beispiel für horizontal parallellaufende Zugriffsstrukturen

Auch Petrocchi 1894 und LDEL weisen horizontal parallellaufende Zugriffsstrukturen auf. Die Abb. 38.9 gibt eine generalisierende Veranschaulichung zum Zugriffsprofil eines monoakzessiven Wörterbuches mit zwei horizontal parallellaufenden Zugriffsstrukturen, wobei die obere nest- und die untere glattalphabetisch ist; die obere Zugriffsstruktur ist zwei-, die untere dreispaltig realisiert.

Vergleicht man die Abb. 38.8 und 38.9, erkennt man auch anschaulich, daß die verschiedenen Zugriffsstrukturen auch anders kombiniert werden können.

So kann es z. B. auch Wörterbücher geben, deren Zugriffsprofil u. a. folgendermaßen zu charakterisieren ist: monoakzessives Wörterbuch mit drei äußeren Zugriffsstrukturen, die Teilstrukturen der Makrostruktur sind, wovon zwei horizontal parallellaufend sind und eine diesen beiden nachgestellt ist.

38. Die makrostrukturelle lexikographische Ordnung    401

Zwei horizontal parallellaufende Zugriffsstrukturen,
die Teilstrukturen der Makrostruktur sind

Wörterbuchseiten (S)
- obere Teilseite
- untere Teilseite

- obere Zugriffsstruktur
- untere Zugriffsstruktur

erste S.    letzte S.

MAKROSTRUKTUR

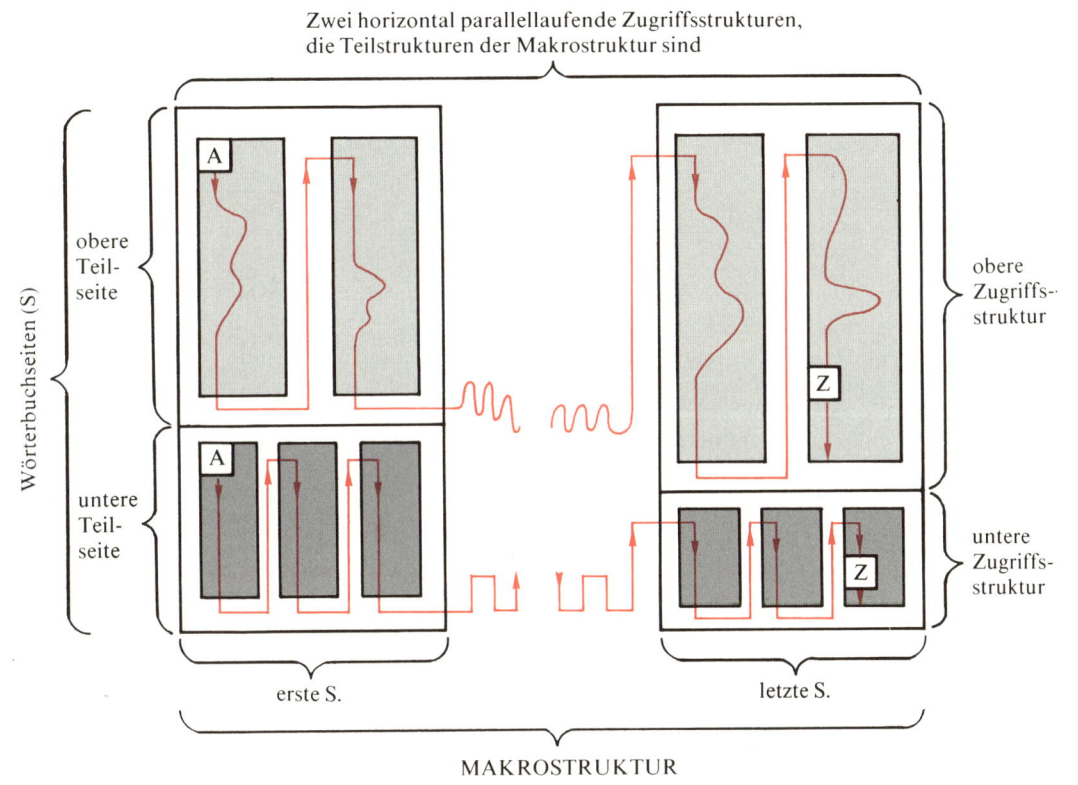

Abb. 38.9: Partielle Veranschaulichung zum Zugriffsprofil eines monoakzessiven Wörterbuches: Makrostruktur mit zwei horizontal parallellaufenden Zugriffsstrukturen

---

**attendance**    81    **attract**

**attendance** /əˈtendəns/, **attendances**. 1 The attendance at a meeting or gathering is the number of people who are present at it. EG *There have been heavy attendances at recent conferences... At Easter, attendances at churches rose.*    N COUNT/ UNCOUNT : IF + PREP THEN *at*

2 **Attendance** at an event or an institution is the act of being present at the event or of going regularly to the institution. EG *He decided to improve himself by attendance at evening classes.*    N UNCOUNT : IF + PREP THEN *at* ≠ absence

3 If you are **in attendance** in a place or with a person, you are present in that place or with that person; a formal expression. EG *Proposals were placed before the people in attendance.*    PHR USED AS AN A ≠ absent

4 **Attendance** on or of a person is the act of looking after them or serving them; a formal use. EG *There was no longer any reason to keep Gerald in attendance on him.* ● to **dance attendance on** someone: see **dance**.    N UNCOUNT : IF + PREP THEN *on/upon/of*

**attendant** /əˈtendənt/, **attendants**. 1 An **attendant** is someone whose job is to serve people in a shop, museum, etc. EG *She stopped the car at a petrol station and told the attendant to fill it up... ...a museum attendant.*    N COUNT ↑ assistant

2 **Attendant** is used 2.1 to refer to someone who is accompanying another person in order to help or protect that person. EG *The doctor marched along the ward with retinues of attendant students and nurses.* 2.2 to refer to something that results from the situation or thing already mentioned or is connected to it in some way; a fairly formal use. EG *They were fighting against nuclear energy and its attendant dangers.*    ADJ CLASSIF ATTRIB = accompanying    ADJ CLASSIF ATTRIB = associated

audience. ◊ **attentively**. EG *He was listening attentively to a senior colleague... I could see he was following the play attentively.* 2 is very helpful and polite to someone else, often because they like them very much. EG *He was unfailingly attentive... a habit of not being too attentive to women.* ◊ **attentively**. EG *They circled attentively with drinks and olives.*    ◊ ADV WITH VB = carefully    ADJ QUALIT ↑ caring = solicitous ≠ offhand    ◊ ADV WITH VB

**attenuate** /əˈtenjueɪt/, **attenuates, attenuating, attenuated**. To attenuate something means to reduce it or weaken it; a formal word. EG *The artillery could only attenuate somewhat the force of the attack.*    V+O ≠ strengthen

**attenuated** /əˈtenjueɪtɪd/. An **attenuated** object is unusually thin and long; a formal word. EG *They have thin, attenuated bodies.*    ADJ CLASSIF ≠ squat

**attest** /əˈtest/, **attests, attesting, attested**; a formal word. To **attest** something or to **attest to** something means 1 to show or prove that it is true. EG *The perfection of their design is attested by the fact that they survived for thousands of years... Historic documents and ancient tombstones all attest to this.* 2 to say that you believe it is definitely true, often formally in a law court. EG *I have never, as those of you who know me will attest, judged people by their appearance.*    V+O, OR V+A (to) ↑ certify = testify    V+A (to), OR V+ REPORT CL ↑ confirm

**attestation** /ˌætesˈteɪʃən/, **attestations**. An **attestation** is a statement which you make and declare to be true; a formal word. EG *We both signed the attestation.*    N COUNT

Textbeispiel 38.15: Oberer Teil einer Wörterbuchseite aus COBUILD 1987

Es gibt zahlreiche weitere Kombinationsmöglichkeiten, die alle inhaltlich sinnvoll gefüllt werden können. Werden bei diesen Kombinationsmöglichkeiten Registerzugriffsstrukturen berücksichtigt, erhält man Zugriffsprofile von polyakzessiven Wörterbüchern.

In der Abb. 38.10 wird die generalisierende Veranschaulichung für vertikal parallellaufende Zugriffsstrukturen dargeboten. (Ob diese Möglichkeit bei allgemeinen einsprachigen Wörterbüchern realisiert ist, muß hier offenbleiben.) Die links laufende Zugriffsstruktur ist glattalphabetisch (vertikale Lemmareihe), die rechts laufende ist nestalphabetisch (geschlängelte Lemmareihe).

Die Anordnungsformen für ganze Zugriffsstrukturen, die in der Abb. 38.10 am Beispiel von zwei parallellaufenden Zugriffsstrukturen veranschaulicht wurden, dürfen nicht mit solchen Anordnungsformen verwechselt werden, in denen Teilstrukturen von Mikrostrukturen systematisch in eigene Spalten ausgelagert sind. Ein solcher Fall findet sich im Textbeispiel 38.15.

Die ausgelagerten Teile in den beiden schmalen Spalten haben keinen eigenen Leitelementträger, so daß es keine eigenständige Zugriffsstruktur gibt, die einen unabhängigen Zugriff auf diese Teile erlaubt.

In der Abb. 38.11 wird eine generalisierende Veranschaulichung für ein polyakzessives Wörterbuch gegeben, das folgende Zugriffsstrukturen aufweist: vier äußere Zugriffsstrukturen; davon sind drei registerextern und Teilstrukturen der Makrostruktur, und eine ist eine Registerzugriffsstruktur. Die registerexternen Teilstrukturen der Makro-

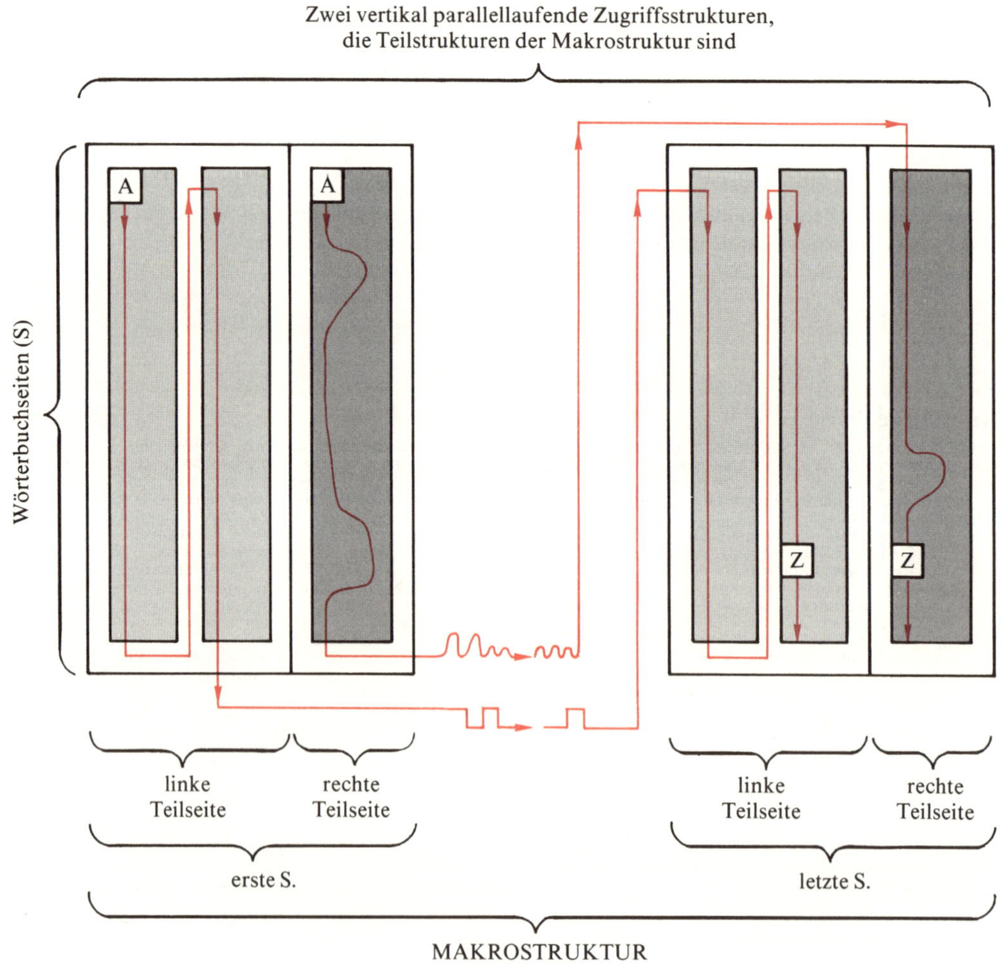

Abb. 38.10: Partielle Veranschaulichung zum Zugriffsprofil eines monoakzessiven Wörterbuches: Makrostruktur mit zwei vertikal parallellaufenden Zugriffsstrukturen

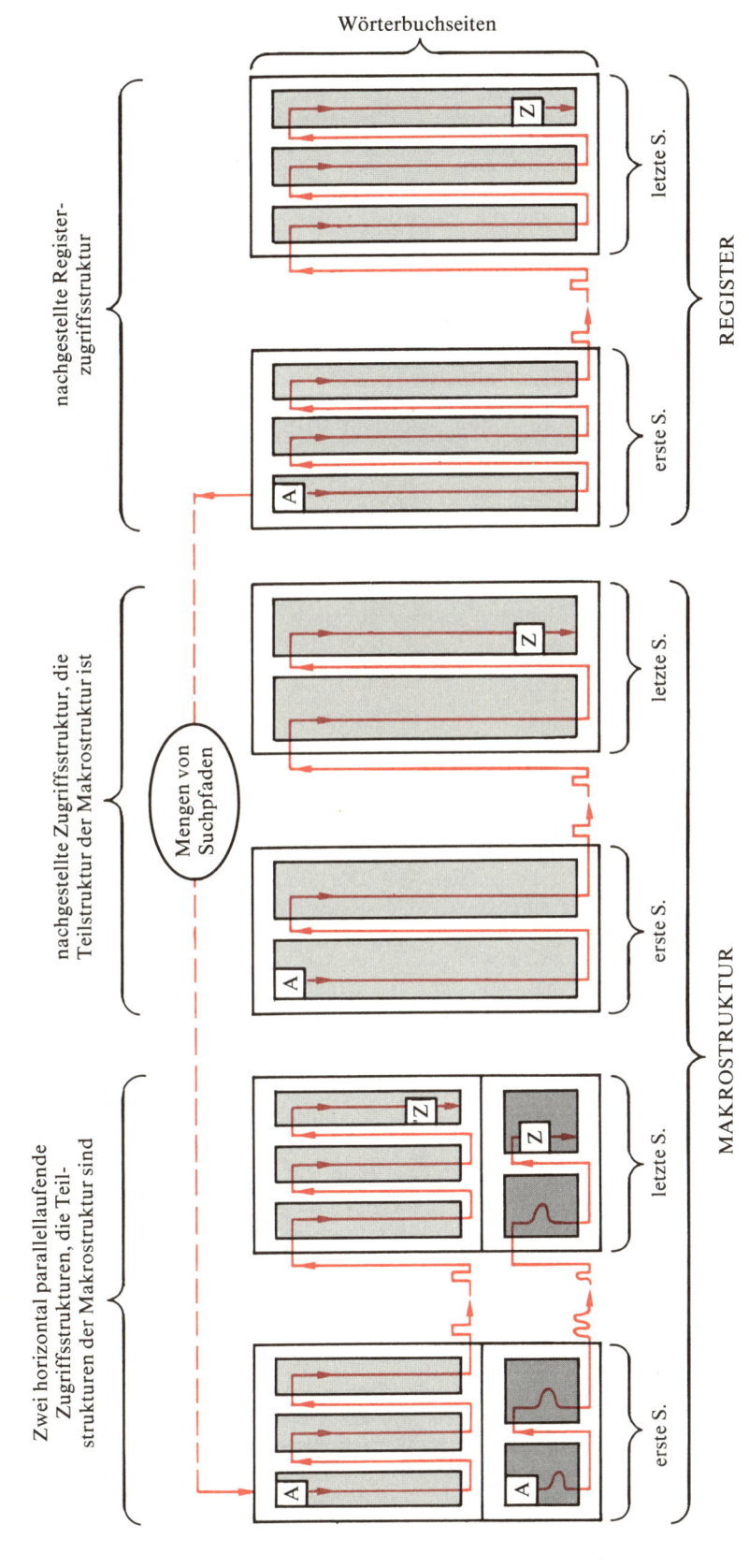

38. Die makrostrukturelle lexikographische Ordnung

Abb. 38.11: Partielle Veranschaulichung zum Zugriffsprofil eines polyakzessiven Wörterbuches

struktur sind wie folgt charakterisiert: es gibt zwei horizontal parallellaufende Zugriffsstrukturen, wobei die obere, in drei Spalten realisierte, als Hauptzugriffsstruktur zählt und glattalphabetisch ist und die untere, in zwei Spalten realisierte, nischenalphabetisch. Nachgestellt ist eine glattalphabetische, zweispaltig geführte Zugriffsstruktur, auf die das dreispaltige Register mit einem Zugang zu bestimmten Angaben im Hauptwörterverzeichnis folgt.

Das in der Abb. 38.11 dargebotene Zugriffsprofil kann zu allgemeinen einsprachigen Wörterbüchern gehören, die inhaltlich sehr unterschiedlich sind. Es gibt zahlreiche interessante Möglichkeiten, die dargebotene Struktur zu füllen. Im folgenden werden drei genannt:

(1) Zur Trägermenge der oberen Hauptzugriffsstruktur gehören als Elemente die Lemmata aller vorgesehenen Lemmazeichentypen außer den Phrasemen und den Vornamen. Die Phraseme sind die Elemente der unteren Zugriffsstruktur, und die beiden horizontal parallellaufenden selbständigen Zugriffsstrukturen sind über Verweislemmata miteinander verzahnt. Die Vornamen bilden die Elemente der nachgestellten Zugriffsstruktur. Das Register gibt einen Zugang zu den fachsprachlichen Bedeutungen der Lemmata der Hauptzugriffsstruktur, d. h. die Registerzugriffsstruktur ist eine initialalphabetische Ordnungsstruktur, deren Trägermenge eine echte Teilmenge der Trägermenge der Hauptzugriffsstruktur ist und als Elemente alle Lemmata umfaßt, zu denen es wenigstens eine Bedeutungsangabe gibt, mit der eine fachsprachliche Bedeutung angegeben wird.

Jedem Registereingang sind n (mit n ≥ 1) Registerinformationen zugeordnet. Diese bestehen aus der Fachgebietsangabe und einer oder mehreren Bedeutungsstellennummern, so daß ein Registereintrag z. B. lautet „**Komplex** Psych. 6" oder „**Wurzel** Math. 4", und somit das Register Auskunft gibt, wie in diesem Wörterbuch die berücksichtigten Fachsprachen mit der Standardsprache ineinandergeschichtet sind.

(2) Zur Trägermenge der oberen Hauptzugriffsstruktur gehören als Elemente die Lemmata aller vorgesehenen Lemmazeichentypen außer den Wortbildungsmitteln (also z. B. *a-, ab-, -abel, ..., zu-* bilden die Elemente der Trägermenge der unteren Zugriffsstruktur). Die Nischenlemmata (oder wenn notwendig Nestlemmata) bilden die Wortbildungen. Auch in diesem Fall können die obere und untere Zugriffsstruktur über Verweise miteinander verzahnt werden.

Die Abkürzungen sind die Elemente der Trägermenge der nachgestellten Zugriffsstruktur. Das Register gibt einen Zugang zu allen Lemmata der Hauptzugriffsstruktur unter denen als Angaben Phraseme im Postkommentar der Wörterbuchartikel geführt und erklärt werden. Auch in diesem Falle ist die Trägermenge der initialalphabetischen Registerzugriffsstruktur eine echte Teilmenge der Trägermenge der Hauptzugriffsstruktur, und die Registerinformationen, die den Registereingängen zugeordnet sind, können z. B. die Spaltenzahlen sein.

(3) Zur Trägermenge der oberen Hauptzugriffsstruktur gehören als Elemente die Lemmata aller vorgesehenen Lemmazeichentypen außer den lexikalischen Einheiten, die zur politischen Lexik gehören, und den Abkürzungen. Die Ausdrücke der politischen Lexik bilden die Elemente der Trägermenge der unteren Zugriffsstruktur. Eine Verzahnung der beiden horizontal parallellaufenden Zugriffsstrukturen kann vorgenommen werden. Die Abkürzungen bilden die Elemente der Trägermenge der nachgestellten Zugriffsstruktur. Das Register gibt einen Zugang zu allen Lemmata aus den Trägermengen der beiden horizontal parallellaufenden Zugriffsstrukturen, die nach 1945 entlehnt wurden. Die Trägermenge der initialalphabetischen Registerzugriffsstruktur ist demgemäß eine Vereinigungsmenge aus einer echten Teilmenge der oberen und einer echten Teilmenge aus der Trägermenge der unteren Zugriffsstruktur. Die Registereinträge bestehen aus dem Stichwort (als Registereingang), dem als Registerinformation eine Abkürzung für die Herkunftssprache sowie ggf. eine Bedeutungsstellennummer zugeordnet ist.

Die aufgezeigten Möglichkeiten (1) bis (3) können einen Eindruck davon vermitteln, wie stumpfsinnig z. B. solche Wörterbücher wie Duden-GW und BW angelegt sind.

Zu den Problemen, die mit den verschiedenen Anordnungsformen von Zugriffsstrukturen entstehen (können), gibt es bisher m. W. keine wissenschaftlichen Untersuchungen. Zu den Problemen, die für den Benutzer entstehen, finden sich Vorüberlegungen in Wiegand 1989b. Sie weisen darauf hin, daß horizontal parallellaufende Zugriffsstrukturen wahrscheinlich deutliche Vorteile gegenüber allen anderen Anordnungsformen haben.

Die in diesem Artikel grob skizzierte

Theorie der alphabetischen Makrostrukturen kann formal ausgearbeitet und so erweitert werden, daß sie nicht nur für allgemeine einsprachige Wörterbücher gilt, sondern für alle Wörterbuchtypen und für alle Schriftsysteme.

## 5. Literatur

### 5.1. Wörterbücher

*ALD* = Oxford Advanced Learner's Dictionary of Current English. Ed. A. S. Hornby with A. P. Cowie, A. C. Gimson. 27th Impression. Oxford 1987 [xLi, 1041 S.].

*Brenner 1951* = Deutsches Wörterbuch. Bearb. von E. Brenner. 2. Aufl. Wunsiedel 1951 [488 S.; 1. Aufl. 1949; 3. Aufl. 1970].

*BW* = Brockhaus-Wahrig: Deutsches Wörterbuch in sechs Bänden. Hrsg. von Gerhard Wahrig †, Hildegard Krämer, Harald Zimmermann. Wiesbaden. Stuttgart. 1. Bd. *A—BT*, 1980; 2. Bd. *BU—FZ*, 1981; 3. Bd. *G—JZ*, 1981; 4. Bd. *K—OZ*, 1982; 5. Bd. *P—STD*, 1983; 6. Bd. *STE—ZZ*, 1984. [zus. 5310 S.].

*Campe-WdS* = Joachim Heinrich Campe: Wörterbuch der Deutschen Sprache. I. *A—E*. Mit einer Einführung und Bibliographie von Helmut Henne. Hildesheim. New York 1969. (Documenta Linguistica. Reihe II. Wörterbücher des 17. und 18. Jahrhunderts) [Reprog. Nachdruck der Ausgabe Braunschweig 1807; XXVIII*, XXIII, 1024 S.].

*CDEL* = The New Collins Concise Dictionary of the English Language. Ed.: William T. McLeod, Patrick Hanks. London. Glasgow 1982 [XX, 1388 S.].

*COBUILD 1987* = Collins Cobuild English Language Dictionary. London. Glasgow 1987 [XXIV, 1703 S.].

*COD* = The Concise Oxford Dictionary of Current English. Based on The Oxford English Dictionary and its Supplements. First ed. by H. W. Fowler and F. G. Fowler. 7th Ed. by J. B. Sykes. Oxford 1983 [1264 S.].

*DEE* = Victor Garzia Hoz: Diccionario escolar etimológico. Décima edición. Madrid 1983 [747 S.].

*DFC 1967* = Dictionnaire du français contemporain. Paris 1967 [XXII, 1224 S.].

*DFV* = Maurice Davau. Marcel Cohen. Maurice Lallemand: Dictionnaire du français vivant. Nouvelle édition. Entièrement revue et augmentée. Paris 1981.

*DFW 1978* = Deutsches Fremdwörterbuch. Begonnen von Hans Schulz, fortgeführt von Otto Basler, weitergeführt im Institut für deutsche Sprache. 4. Bd. *S*. Bearb. von Alan Kirkness, Elisabeth Link, Isolde Nortmeyer, Gerhard Strauß unter Mitwirkung von Paul Grebe. Berlin. New York 1978 [VI, 708 S.].

*Duden-DUW* = Duden. Deutsches Universalwörterbuch. Hrsg. und bearb. vom Wissenschaftlichen Rat und den Mitarbeitern der Dudenredaktion unter Leitung von Günther Drosdowski. Mannheim. Wien. Zürich 1983 [1504 S.].

*Duden-GW* = Duden. Das große Wörterbuch der deutschen Sprache in sechs Bänden. Hrsg. und bearb. vom Wissenschaftlichen Rat und den Mitarbeitern der Dudenredaktion unter Leitung von Günther Drosdowski. Mannheim. Wien. Zürich. Bd. 1: *A—Ci* 1976; Bd. 2: *Cl—F* 1976; Bd. 3: *G—Kal* 1977; Bd. 4: *Kam—N* 1978; Bd. 5: *O—So* 1980; Bd. 6: *Sp—Z* 1981. [zus. 2992 S.; 2 Ausg. als Bd. 30, 1979; Bd. 31, 1980; Bd. 32, 1981 von Meyers Enzyklopädischem Lexikon. Mannheim. Wien. Zürich zus. 2992 S.].

*Duden-10* = Duden. Bedeutungswörterbuch. 2., völlig neu bearb. u. erw. Aufl. Hrsg. und bearb. von Wolfgang Müller unter Mitwirkung folgender Mitarbeiter der Dudenredaktion: Wolfgang Eckey, Jürgen Folz, Heribert Hartmann, Rudolf Köster, Dieter Many, Charlotte Schrupp, Marion Trunk-Nußbaumer. Mannheim. Wien. Zürich 1985 (Der Duden in 10 Bänden, Bd. 10) [787 S.].

*GR 1951 ff* = Dictionnaire alphabétique et analogique de la langue française. Par Paul Robert. 6 vol. Paris 1951 ff. [zus. XII, 5542 S.].

*Herders Sprachbuch 1973* = Herders Sprachbuch. Ein neuer Weg zu gutem Deutsch. Rechtschreibung. Trennung. Aussprache. Bedeutung. Herkunft von rund 60 000 Wörtern. 36 Rahmenartikel zu Sprachlehre, Sprachkunde, Sprachgebrauch neu bearb. von Kurt Abels. Freiburg i. Br. 1973 (Herderbücherei 470) [XXVIII, 803 S.].

*Hübner 1984* = Friedhelm Hübner: Das neue Wörterbuch der deutschen Gegenwartssprache. Unser Wortschatz von *A* bis *Z*. Niedernhausen/TS 1984. (Mehr Erfolg in Schule und Beruf) [475 S.].

*HWDG* = Handwörterbuch der deutschen Gegenwartssprache. In zwei Bänden. Von einem Autorenkollektiv unter der Leitung von Günter Kempcke [...]. Bd. 1: *A—K;* Bd. 2: *L—Z.* Berlin [DDR] 1984 [zus. XXXI, 1399 S.].

*Knaurs-GW* = Knaurs Großes Wörterbuch der deutschen Sprache. Der große Störig. Erarb. von Ursula Hermann unter Mitarbeit von Horst Leisering und Heinz Hellerer. München 1985 [1120 S.].

*Langenscheidts-DW 1968* = Langenscheidts Deutsches Wörterbuch. Rechtschreibung und Grammatik. Begründet von August Vogel. Neubearb. von Arthur Busse unter Mitarbeit von Richard Pekrun. 7. Aufl. Berlin. München. Zürich 1968 [334 S.].

*LDCE* = Longman Dictionary of Contemporary English. New Edition. Harlow 1987 [F 53 S., 1229 S., B 29 S.].

*LNUD* = Longman Universal Dictionary. Harlow 1982 [XXVI, 1158 S.].

*Mackensen 1977* = Lutz Mackensen: Deutsches Wörterbuch. Rechtschreibung. Grammatik. Stil. Worterklärung. Fremdwörterbuch. Geschichte des deutschen Wortschatzes. 9. völlig neubearb. u. stark erw. Aufl. München 1977.

*Muthmann 1988* = Gustav Muthmann: Rückläufiges deutsches Wörterbuch. Handbuch der Wortausgänge im Deutschen, mit Beachtung der Wort- und Lautstruktur. Tübingen 1988 (Reihe Germanistische Linguistik 78).

*Niel 1927* = Satztechnisches Taschen-Lexikon. Mit Berücksichtigung der Schriftgießerei: Mit vielen Illustrationen, Schemas und Mustern von Richard L. Niel. 2. Aufl. Wien 1927 [1042 S.].

*ÖW* = Österreichisches Wörterbuch. Hrsg. im Auftrag des Bundesministeriums für Unterricht und Kunst. 35., völlig neu bearb. u. erw. Aufl. Wien 1979 [432 S.].

*Pekrun 1933* = Das Deutsche Wort. Rechtschreibung und Erklärung des deutschen Wortschatzes sowie der Fremdwörter. Nach den amtlichen Regeln bearb. von Richard Pekrun. Leipzig 1933 [XVI, 1151 S.].

*Petrocchi 1894* = Policarpo Petrocchi: Novo dizionario universale della lingua italiana. Milano 1894 [1268, 1287 S.].

*PL 1966* = Petit Larousse illustré. Dictionnaire encyclopédique pour tous. Paris 1966 [1795 S.].

*PR 1967* = Dictionnaire alphabétique et analogique de la langue française. Par Paul Robert. Paris 1967 [XXXII, 1969 S.].

*QL 1948* = Dictionnaire Quillet de la langue française. Dictionnaire méthodique et pratique. Rédigé sous la direction de Raoul Mortier. 3 vol. Paris 1948 [zus. XVI, 2110 S.].

*RM 1982* = Le Robert méthodique. Dictionnaire méthodique du français actuel. Réd. dirigée par Josette Rey-Debove. Paris 1982 [XXII, 1617 S.].

*Sanders 1878* = Daniel Sanders: Handwörterbuch der deutschen Sprache. 2. unveränd. Aufl. Leipzig 1878 [IV, 1067 + III S.].

*Sanders-WDS* = Daniel Sanders: Wörterbuch der deutschen Sprache. Mit Belegen von Luther bis auf die Gegenwart. 1. Bd. *A—K*. 2., unv. Abdruck. Leipzig 1876. [VIII, 1065 S.; reprog. Nachdruck Hildesheim 1969. Mit einer Einführung und Bibliographie von Werner Betz].

*Sprachbrockhaus 1982* = Bildwörterbuch der deutschen Sprache. Wiesbaden 1982. [15. Bd. der 18., völlig neubearb. Aufl. des Großen Brockhaus; 836 S.].

*Wahrig-dtv* = dtv-Wörterbuch der deutschen Sprache. Hrsg. von Gerhard Wahrig in Zusammenarbeit mit zahlreichen Wissenschaftlern und anderen Fachleuten. 2. Aufl. 1979 [942 S.; identisch mit: Der kleine Wahrig. Wörterbuch der deutschen Sprache. Hrsg. von Gerhard Wahrig in Zusammenarbeit mit zahlreichen Wissenschaftlern und anderen Fachleuten München 1982; 942 S.].

*Wahrig-²DW* = Gerhard Wahrig: Deutsches Wörterbuch. Hrsg. in Zusammenarbeit mit zahlreichen Wissenschaftlern und anderen Fachleuten. Mit einem „Lexikon der deutschen Sprachlehre". Einmalige Sonderausgabe. Ungekürzt. Gütersloh 1968 [4185 Sp.].

*Wahrig-⁵DW* = Gerhard Wahrig: Deutsches Wörterbuch. Mit einem „Lexikon der deutschen Sprachlehre". Hrsg. in Zusammenarbeit mit zahlreichen Wissenschaftlern und anderen Fachleuten. Völlig überarb. Neuausgabe [von Ursula Hermann, Renate Wahrig-Burfeind, Klaus Rüme und Norbert Raum]. München 1986 [1493 S.].

*WDG* = Wörterbuch der deutschen Gegenwartssprache. Hrsg. von Ruth Klappenbach † und Wolfgang Steinitz †. Berlin. 1. Bd.: *A—deutsch* [. . .]. 1. Aufl. 1961, 10. bearb. Aufl. 1980; 2. Bd.: *Deutsch—Glauben* [. . .]. 1. Aufl. 1967, 7. Aufl. 1981; 3. Bd.: *glauben—Lyzeum* [. . .]. 1. Aufl. 1969, 5. Aufl. 1981; 4. Bd.: *M—Schinken* [. . .]. 1. Aufl. 1975, 4., durchges. Aufl. 1981; 5. Bd.: *Schinken—Vater-, vater-* [. . .]. 1. Aufl. 1976, 4. Aufl. 1980; 6. Bd.: *väterlich—Zytologie* [. . .]. 1. Aufl. 1977, 3. Aufl. 1982 [zus. 38, 4579 S.].

*Witte 1974* = Witte. Schülerbildungswerk. Deutsches Wörterbuch. Bearb. durch die Redaktion des Schülerlexikons. Leitung: Georg Specht. 7. Aufl. Freiburg i. B. 1974 [1072 S.; Anhang 69 S.].

*WW* = Wörter und Wendungen. Wörterbuch zum deutschen Sprachgebrauch. Hrsg. von Erhard Agricola unter Mitwirkung von Herbert Görner und Ruth Küfner. 9. unveränd. Aufl. Leipzig 1979 [818 S.].

## 5.2. Sonstige Literatur

*Althaus 1980* = Hans Peter Althaus: Graphetik. In: Lexikon der Germanistischen Linguistik. Hrsg. von Hans Peter Althaus, Helmut Henne, Herbert Ernst Wiegand. 2. vollständig neu bearb. u. erw. Aufl. Tübingen 1980, 138—142.

*Anderson/Goebel/Reichmann 1981* = Robert R. Anderson, Ulrich Goebel, Oskar Reichmann: Ein idealisiertes Graphemsystem des Frühneuhochdeutschen als Grundlage für die Lemmatisierung frühneuhochdeutscher Wörter. In: Studien zur neuhochdeutschen Lexikographie I. Hrsg. von Herbert Ernst Wiegand. Hildesheim. New York 1981 (Germanistische Linguistik 3—4/79), 53—122.

*Baldinger 1960* = Kurt Baldinger: Alphabetisches oder begrifflich gegliedertes Wörterbuch? In: Zeitschrift für romanische Philologie 76. 1960, 521—536 [Wieder abgedruckt in: Probleme des Wörterbuchs. Hrsg. von Ladislav Zgusta. Darmstadt 1985 (Wege der Forschung 612), 40—57].

*Bergenholtz/Mugdan 1986* = Henning Bergenholtz/Joachim Mugdan: Der neue „Super-Duden". Die authentische Darstellung des deutschen Wortschatzes? In: Studien zur neuhochdeutschen Lexikographie VI, 1. Teilbd. Hrsg. von Herbert Ernst Wiegand. Hildesheim. Zürich. New York 1986 (Germanistische Linguistik 84—86), 1—149.

*Bourbaki 1957* = Nicolas Bourbaki: Éléments de mathématique. I: Les structures fondamentales de l'analyse, livre I: Théorie des ensembles, chapitre 4: structures. Paris 1957.

*Bourbaki 1968* = Nicolas Bourbaki: Elements of

Mathematics [1]. Theory of Sets. [Translation of Bourbaki 1957]. Paris 1968.

*Coulmas 1983* = Florian Coulmas: Alternativen zum Alphabet. In: Schrift, Schreiben, Schriftlichkeit. Arbeiten zur Struktur, Funktion und Entwicklung schriftlicher Sprache. Hrsg. von Klaus B. Günther und Hartmut Günther. Tübingen 1983 (Reihe Germanistische Linguistik 49), 196—190.

*Daly 1967* = Lloyd W. Daly: Contributions to a History of Alphabetisation in Antiquity and the Middle Ages. Bruxelles 1967 (Collection LATOMUS, XC).

*DIN 5007* = Regeln für die alphabetische Ordnung (ABC-Regeln) v. Nov. 1962.

*Eisenberg 1983* = Peter Eisenberg: Orthographie und Schriftsystem. In: Schrift, Schreiben, Schriftlichkeit. Arbeiten zur Struktur, Funktion und Entwicklung schriftlicher Sprache. Hrsg. von Klaus B. Günther und Hartmut Günther. Tübingen 1983 (Reihe Germanistische Linguistik 49) 41—68.

*Friedrich 1966* = Johannes Friedrich: Geschichte der Schrift unter besonderer Berücksichtigung ihrer geistigen Entwicklung. Heidelberg 1966.

*Gallmann 1985* = Peter Gallmann: Graphische Elemente der geschriebenen Sprache. Grundlagen für eine Reform der Orthographie. Tübingen 1985 (Reihe Germanistische Linguistik 60).

*Günther 1988* = Hartmut Günther: Schriftliche Sprache: Strukturen geschriebener Wörter und ihre Verarbeitung beim Lesen. Tübingen 1988 (Konzepte der Sprach- und Literaturwissenschaft 40).

*Hausmann 1977* = Franz Josef Hausmann: Einführung in die Benutzung der neufranzösischen Wörterbücher. Tübingen 1977 (Romanistische Arbeitshefte 19).

*Hausmann 1985* = Franz Josef Hausmann: Lexikographie. In: Christoph Schwarze/Dieter Wunderlich (Hrsg.): Handbuch der Lexikologie. Königstein/Ts. 1985, 367—411.

*Heß/Brustkern/Lenders 1983* = Klaus Heß, Jan Brustkern, Winfried Lenders: Maschinenlesbare deutsche Wörterbücher. Dokumentation, Vergleich, Integration. Tübingen 1983 (Sprache und Information 6).

*Holly 1986* = Werner Holly: Wortbildung und Wörterbuch. In: Lexicographica 2. 1986, 185—210.

*Hundsnurscher 1988* = Franz Hundsnurscher: Stufen der Lexikographie des Mittelhochdeutschen. Zum Verhältnis Wortfamilienwörterbuch — alphabetisches Wörterbuch. In: Wolfgang Bachofer (Hg.): Mittelhochdeutsches Wörterbuch in der Diskussion. Symposion zur mittelhochdeutschen Lexikographie. Hamburg, Oktober 1985. Tübingen 1988 (Reihe Germanistische Linguistik 84), 81—93.

*Landau 1984* = Sidney I. Landau: Dictionaries. The Art and Craft of Lexicography. New York 1984.

*Ludwig 1983* = Otto Ludwig: Einige Vorschläge zur Begrifflichkeit und Terminologie von Untersuchungen im Bereich der Schriftlichkeit. In: Schrift, Schreiben, Schriftlichkeit. Arbeiten zur Struktur, Funktion und Entwicklung schriftlicher Sprache. Hrsg. von Klaus B. Günther und Hartmut Günther. Tübingen 1983 (Reihe Germanistische Linguistik 49), 1—16.

*Miethaner-Vent 1986* = Karin Miethaner-Vent: Das Alphabet in der mittelalterlichen Lexikographie. Verwendungsweisen, Formen und Entwicklung des alphabetischen Anordnungsprinzips. In: Lexique 4. 1986 [La lexicographie au Moyen Age. Coordonné par C. Buridant], 83—112.

*Möcker 1984/85* = Hermann Möcker: Wittgensteins Beitrag zu einer Hierarchie der Buchstaben. Das „Wörterbuch für Volksschulen" und die alphabetische Einreihung der deutschen Zusatzbuchstaben *ä, ö, ß, ü* In: Muttersprache 95. 1984/85, 181—192.

*Möcker 1985* = Hermann Möcker: Wittgensteins Beitrag zu einer Hierarchie der Buchstaben *ä, ö, ß, ü*. In: Österreich in Geschichte und Literatur XXIX. 1985, 205—279.

*Möcker 1987* = Hermann Möcker: Wittgenstein, Wüster und die Erstellung eines deutschen Norm-Alphabets. Das „Wörterbuch für Volksschulen" und die alphabetische Einreihung der deutschen Zusatzbuchstaben *ä, ö, ß, ü* (II. Teil). In: Muttersprache XCVII. 1987, 336—356.

*Mugdan 1984* = Joachim Mugdan: Grammatik im Wörterbuch: Wortbildung. In: Studien zur neuhochdeutschen Lexikographie IV. Hrsg. von Herbert Ernst Wiegand. Hildesheim. Zürich. New York 1984 (Germanistische Linguistik 1—2/83), 237—308.

*Pan Zaiping/Wiegand 1987* = Pan Zaiping/Herbert Ernst Wiegand: Konzeption für das Große Deutsch-Chinesische Wörterbuch (Zweiter Entwurf). In: Lexicographica 3. 1987, 228—241.

*Rettig 1985* = Wolfgang Rettig: Die zweisprachige Lexikographie Französisch—Deutsch, Deutsch—Französisch. Stand, Probleme, Aufgaben. In: Lexicographica 1. 1985, 83—124.

*Rey-Debove 1971* = Josette Rey-Debove: Étude linguistique et sémiotique des dictionnaires français contemporains. The Hague. Paris 1971 (Approaches to semiotics 13).

*Schaeder 1987* = Burkhard Schaeder: Germanistische Lexikographie. Tübingen 1987 (Lexicographica. Series Maior 21).

*Schmitt 1980* = Alfred Schmitt: Entstehung und Entwicklung von Schriften. Nach dem Tode des Verfassers zum Druck besorgt und mit einer Würdigung sowie einem Schriftenverzeichnis des Verfassers hrsg. von Claus Haebler. Köln. Wien 1980.

*Schulze/Willée 1983* = Wolfgang Schulze/Gerd Willée: Noch eine Variation über das Thema: „LEMMA". In: Sprache und Datenverarbeitung 7. 1983, 40—46.

*Schauer 1975* = Georg Kurt Schauer: Die Einteilung der Druckschriften: Klassifizierung und Zuordnung der Alphabete. Hrsg. und mit einer Auswahl von Schriftbeispielen versehen von Hermann Zapf. München 1975.

*Standop 1985* = Ewald Standop: Englische Wörterbücher unter der Lupe. Tübingen 1985 (Lexicographica 2).

*Štindlova 1977* = J. Štindlova: Some Problems of Alphabetical Arrangement. In: Lexicologie: een bundel opstellen voor F. de Tollenaere ter gelegenheid van zijn 65e verjaardag door vrienden en vakgenoten/onder redactie van P. G. J. van Sterkenburg met medewerking van W. Pijneburg, J. V. D. Voort, V. D. Kleij en H. T. Wong. Groningen 1977, 259—266.

*Tollenaere 1960* = Felicien de Tollenaere: Alfabetisch of ideologische lexikografie. Leiden 1960 (Bijdragen tot de Nederlandse taal- en letterkunde).

*Trüb 1986* = Rudolf Trüb: Schweizer Wörterbücher zwischen Alphabetik und Systematik. In: Textlinguistik contra Stilistik? — Wortschatz und Wörterbuch — Grammatische oder pragmatische Organisation von Rede? Hrsg. von Walter Weiss, Herbert Ernst Wiegand, Marga Reis. Tübingen 1986 (Akten des VII. Internationalen Germanisten-Kongresses Göttingen 1985: Kontroversen, alte und neue. Hrsg. von Albrecht Schöne, Bd. 3), 253—261.

*Weitershaus 1986* = Friedrich Wilhelm Weitershaus. Satz- und Korrekturanweisungen. Richtlinien für die Texterfassung. Mit ausführlicher Beispielsammlung. Hrsg. von der Dudenredaktion und der Dudensetzerei. 5., neubearb. Aufl. Mannheim. Wien. Zürich 1986.

*Wersig 1985* = Gernot Wersig: Thesaurus-Leitfaden. Eine Einführung in das Thesaurus-Prinzip in Theorie und Praxis. 2., erg. Aufl. Unter Mitarbeit von Petra Schuck-Wersig. München [u. a.] 1985 (DGD-Schriftenreihe 8).

*Wiegand 1977* = Herbert Ernst Wiegand: Einige grundlegende semantisch-pragmatische Aspekte von Wörterbucheinträgen. Ein Beitrag zur praktischen Lexikologie. In: Kolloquium über Lexikographie. Kopenhagen 1976. Beiträge von Helmut Henne, Helmut Schumacher, Angelika Ballweg-Schramm, Herbert Ernst Wiegand, Elisabeth Møller und Hans-Peder Kroman. Hrsg. von Karl Hyldgaard-Jensen. Kopenhagen 1977 (Kopenhagener Beiträge zur germanistischen Linguistik 12), 59—149 [Teilabdruck mit einem „Nachtrag 1981" In: Probleme des Wörterbuchs. Hrsg. von Ladislav Zgusta. Darmstadt 1985 (Wege der Forschung 612), 342—377].

*Wiegand 1983* = Herbert Ernst Wiegand: Was ist eigentlich ein Lemma? Ein Beitrag zur Theorie der lexikographischen Sprachbeschreibung. In: Studien zur neuhochdeutschen Lexikographie III. Hrsg. von Herbert Ernst Wiegand. Hildesheim. Zürich. New York 1983 (Germanistische Linguistik 1—4/82), 401—474.

*Wiegand 1983a* = Herbert Ernst Wiegand: Ansätze zu einer allgemeinen Theorie der Lexikographie. In: Die Lexikographie von heute und das Wörterbuch von morgen. Analysen — Probleme — Vorschläge. Hrsg. von Joachim Schildt und Dieter Viehweger. Berlin [DDR] 1983 (Linguistische Studien. Reihe A. Arbeitsberichte 109), 92—127.

*Wiegand 1983b* = Herbert Ernst Wiegand: Überlegungen zu einer Theorie der lexikographischen Sprachbeschreibung. In: Symposium zur Lexikographie. Symposium on Lexicography. Proceedings of the Symposium on Lexicography September 1—2, 1982 at the University of Copenhagen. Ed. by Karl Hyldgaard-Jensen, Arne Zettersten. Hildesheim. Zürich. New York 1983 (Germanistische Linguistik 5—6/82), 35—72.

*Wiegand 1984* = Herbert Ernst Wiegand: Prinzipien und Methoden historischer Lexikographie. In: Sprachgeschichte. Ein Handbuch zur Geschichte der deutschen Sprache und ihrer Erforschung. Hrsg. von Werner Besch, Oskar Reichmann, Stefan Sonderegger. 1. Halbbd. Berlin. New York 1984 (Handbücher zur Sprach- und Kommunikationswissenschaft 2.1), 557—620.

*Wiegand 1988* = Herbert Ernst Wiegand: Wörterbuchartikel als Text. In: Das Wörterbuch. Artikel und Verweisstrukturen. Jahrbuch 1987 des Instituts für deutsche Sprache. Hrsg. von Gisela Harras. Düsseldorf 1988 (Sprache der Gegenwart LXXIV), 30—120.

*Wiegand 1988a* = Herbert Ernst Wiegand: Was eigentlich ist Fachlexikographie? Mit Hinweisen zum Verhältnis von sprachlichem und enzyklopädischem Wissen. In: Deutscher Wortschatz. Lexikologische Studien. Ludwig Erich Schmitt zum 80. Geburtstag von seinen Marburger Schülern. Hrsg. von Horst Haider Munske, Peter von Polenz, Oskar Reichmann, Reiner Hildebrandt. Berlin. New York 1988, 729—790.

*Wiegand 1988b* = Herbert Ernst Wiegand: „Shanghai bei Nacht". Auszüge aus einem metalexikographischen Tagebuch zur Arbeit beim Großen Deutsch-Chinesischen Wörterbuch. In: Studien zur neuhochdeutschen Lexikographie VI, 2. Teilbd. Mit einem Namen- und Sachregister zu den Bänden I—VI sowie einer Bibliographie zur Wörterbuchforschung. Hrsg. von Herbert Ernst Wiegand. Hildesheim. Zürich. New York 1988 (Germanistische Linguistik 87—90), 522—626.

*Wiegand 1988c* = Herbert Ernst Wiegand: Vorüberlegungen zur Wörterbuchtypologie: Teil I. In: Symposium on Lexicography III. Proceedings of the Third International Symposium on Lexicography May 14—16, 1986 at the University of Copenhagen. Ed. by Karl Hyldgaard-Jensen and Arne Zettersten. Tübingen 1988 (Lexicographica. Series Maior 19), 3—105.

*Wiegand 1988d* = Herbert Ernst Wiegand: Bibliographie zur Wörterbuchforschung von 1945 bis auf die Gegenwart. 2200 Titel. Ausgewählt aus germanistischer Perspektive. In: Studien zur neuhochdeutschen Lexikographie VI, 2. Teilbd. Mit einem

Namen- und Sachregister zu den Bänden I—VI sowie einer Bibliographie zur Wörterbuchforschung. Hrsg. von Herbert Ernst Wiegand. Hildesheim. Zürich. New York 1988 (Germanistische Linguistik 87—90/1986), 627—821.

*Wiegand 1989* = Herbert Ernst Wiegand: Wörterbuchforschung. Kapitel III: Studien zur Theorie der Lexikographie. Typoskript. 1. Fassung. Heidelberg 1989.

*Wiegand 1989a* = Herbert Ernst Wiegand: Textverdichtung und Textauflockerung. Ein Beitrag zur Theorie lexikographischer Texte. Typoskript. 1. Fassung. Heidelberg 1989.

*Wiegand 1989b* = Herbert Ernst Wiegand: Strukturen von standardisierten Wörterbuchartikeln und Wörterbuchbenutzung. Typoskript. 1. Fassung. Heidelberg 1989.

*Wiegand 1989c* = Herbert Ernst Wiegand: Überlegungen zur Wörterbuchtypologie. II. Teil. Typoskript. 1. Fassung. Heidelberg 1989.

*Wiegand/Kučera 1981* = Herbert Ernst Wiegand, Antonin Kučera: Brockhaus-Wahrig: Deutsches Wörterbuch auf dem Prüfstand der praktischen Lexikologie. I. Teil: 1. Band *(A—BT)*, 2. Band *(BU—FZ)*. In: Kopenhagener Beiträge zur Germanistischen Linguistik 18. 1981, 94—217.

*Wolski 1986* = Werner Wolski: Partikellexikographie. Ein Beitrag zur praktischen Lexikologie. With an English Summary. Tübingen 1986 (Lexicographica. Series Maior 14).

*Wolski 1989* = Werner Wolski: Makrostrukturen in der pädagogischen Lexikographie. Typoskript. 1. Fassung. Heidelberg 1989.

*Wüster 1965* = Eugen Wüster: Die Einreihung der deutschen Umlautbuchstaben. Stand zur Zeit der Einigungsverhandlungen (Januar 1965). In: DIN-Mitteilungen XLIV. 1965, 389—400.

*Wüster 1976* = Eugen Wüster: Internationale Abc-Regeln. In: Nachrichten für Dokumentation XXVII. 1976, 214—227.

*Wüster 1979* = Eugen Wüster: Einführung in die allgemeine Terminologielehre und terminologische Lexikographie. Teil 1. Textteil. Teil 2: Bildteil. Hrsg. von L. Bauer. Wien. New York 1979 (Schriftenreihe der Technischen Universität Wien. Bd. 8/Teil 1 u. Teil 2).

*Zgusta 1988* = Ladislav Zgusta with the assistance of Donna M. T. Cr. Farina: Lexicography Today. An annotated bibliography of the theory of lexicography. Tübingen 1988 (Lexicographica. Series Maior 18).

*Herbert Ernst Wiegand, Heidelberg*
*(Bundesrepublik Deutschland)*


# 38a. Der Begriff der Mikrostruktur: Geschichte, Probleme, Perspektiven

1. Vorbemerkung zur Verwendung von *Struktur*
2. Zum Terminus *Mikrostruktur* in der neueren Wörterbuchforschung
2.1. Der Terminus *microstructure* bei Rey-Debove
2.2. Ausschnitte aus der Rezeption des Terminus *Mikrostruktur*
3. Standardisierte Wörterbuchartikel, ihre Teile und ihre Segmentation
3.1. Zur Standardisierung von Wörterbuchartikeln
3.2. Standardisierte Wörterbuchartikel und ihre Teile
3.3. Zur Segmentation von standardisierten Wörterbuchartikeln
4. Strukturen von standardisierten Wörterbuchartikeln: Perspektiven
4.1. Die Mikrostruktur als eine unter anderen Strukturen von Wörterbuchartikeln
4.2. Artikelinterne Ordnungsstrukturen
4.3. Die Adressierungs- und Angabestruktur
4.4. Auslagerung und skopusbezogene Relationen
4.5. Zur vollständigen Artikelstruktur
5. Mikrostrukturen von Wörterbuchartikeln und die Mikrostruktur eines polyinformativen Wörterbuches
6. Literatur (in Auswahl)


## 1. Vorbemerkung zur Verwendung von *Struktur*

Wissenschaften, Disziplinen, Fächer oder ähnliche Bereiche (vgl. Art. 29, 3.) verfügen über einen einheitlichen Fachbegriff, wenn ihre Vertreter einen bestimmten Terminus in den meisten Fällen im gleichen Sinne verwenden und wenn — falls notwendig — auf eine Definition verwiesen werden kann, relativ zu der der jeweilige Terminusgebrauch beurteilbar ist. Eine *Begriffs*analyse kann sich daher am fachspezifischen *Gebrauch des Terminus* orientieren. — *Mikrostruktur* ist ein lexikalisch hyponymer Ausdruck zu *Struktur*.

Ein kurzer Blick auf die Verwendung von *Struktur* scheint daher angebracht zu sein.

Das Wort *Struktur* (aus lat. *structura,* zu *structum,* Part. II von *struere* = aufbauen) ist seit dem 16. Jh. in der Bildungssprache und in wissenschaftlichen Fachsprachen kontinuierlich belegt (vgl. DFW 1978). Ursprünglich wurde es nur im Bereich des Bauwesens verwendet. Spätestens seit der zweiten Hälfte des 19. Jh. ist seine Verwendung nicht mehr auf irgendwelche fachlichen Bereiche spezifiziert; in der Gegenwart ist *Struktur* zum Modewort avanciert. Dies stellte Kroeber für engl. *structure* bereits in den 40er Jahren fest (vgl. Kroeber 1948). Im öffentlichen Sprachgebrauch gehört *Struktur* zu jenen Ausdrücken, die der Rede das Fluidum der Wissenschaftlichkeit verleihen. Dies ist insofern bemerkenswert, als in wissenschaftlichen Texten häufig genug der Gebrauch von *Struktur* keineswegs durch Definitionen hinreichend deutlich geregelt ist. Broekman (1971, 11) schreibt: „[...] die wenigsten strukturalistischen Denker haben sich explizit mit einer Definition dieses Begriffes [dem der Struktur, H. E. W.] befaßt" (vgl. auch Kambartel 1974, 1431 u. Albrecht 1988 passim).

Wird *Struktur* im öffentlichen Sprachgebrauch als Modewort verwendet, dann sind mögliche Synonyme, mit denen man gegebenenfalls auf den gleichen Gegenstand Bezug nehmen kann, wie z. B. *Aufbau, Bauplan, Beziehungsgefüge, Form, Gefüge, Gestalt, Gliederung, Organisation, Wesen* u. a., kaum gefragt, weil es bei Modewörtern nicht nur auf den Bezug ankommt.

Wissenschaften, die nicht auch Strukturen untersuchen, sind mir nicht bekannt. Viele (aber natürlich nicht alle) wissenschaftlichen Aussagen sind Strukturaussagen. Wird *Struktur* in der Bildungssprache und als pragmatisch eingespielter Fachausdruck im Sinne von (= i. S. v.) Wiegand 1979, 41 ff. in einer Wissenschaftssprache verwendet, dann ist diesen Verwendungen häufig gemeinsam, daß mit ihnen Phänomene der verschiedensten Art, die als komplex, schwer überschaubar oder gar unübersichtlich erlebt werden, dennoch als gegliedert/geordnet und zusammenhängend charakterisiert werden (vgl. auch Wunderlich 1971, 91). — In den verschiedenen Wissenschaften wird *Struktur* besonders dann verwendet, wenn es um Beziehungsgefüge geht, die durch Relatoren (n-stellige Prädikate mit n ≥ 2) beschreibbar sind, oder wenn irgendwelche Entitäten durch Regeln für die Zusammenfügung von unterschiedenen Teil-Entitäten („Bausteinen", „Teilen", „Elementen", „Segmenten" etc.) zu einem komplexeren „(Teil-)Ganzen" charakterisiert werden (vgl. auch Kambartel 1974, 1430 f.).

Abgesehen von solchen Gemeinsamkeiten verfügt man in den verschiedenen Wissenschaften z. T. über unterschiedliche Strukturbegriffe; insbesondere müssen dynamische von statischen unterschieden werden. Weitere Unterscheidungen sind möglich (vgl. Broekman 1971, 11 ff.). — Zur Darstellung von bestimmten Strukturen eignet sich besonders der neuere mathematische Strukturbegriff (vgl. Bourbaki 1957, IV oder 1968 u. Barbut 1966); auf ihn wird in der Darstellung z. T. Bezug genommen (vgl. unten 4. und Art. 39, 1.).

## 2. Zum Terminus *Mikrostruktur* in der neueren Wörterbuchforschung

In der neueren Wörterbuchforschung (und auch in diesem Handbuch) wird der Terminus *Mikrostruktur* — wie auch der Terminus *Makrostruktur* (vgl. Art. 38) — unterschiedlich verwendet; (weitere Lit. ist erschließbar über die Registereinträge bei Wiegand 1988e u. Zgusta 1988). Dies ist nicht erstaunlich; vielmehr gilt das für viele zentrale Termini auch in anderen Forschungsfeldern einschließlich der Mathematik. Ein geregelter Pluralismus in der Verwendung gleichlautender Termini innerhalb eines Forschungsfeldes ist für einen Erkenntnisfortschritt eher fruchtbar, weil dadurch verschiedene Aspekte des jeweiligen Bezugsgegenstandes zur Geltung kommen können und u. U. ein erkenntniskritisches Potential zur Verfügung steht. Erkenntnis- und fachinterne Verständigungsschwierigkeiten, die häufig genug nur latent bleiben, treten erst dann auf, wenn nicht mehr deutlich ist, relativ zu welcher Definition ein Terminus jeweils verwendet ist, oder, wenn einzelne Verwendungen zu Widersprüchen führen; in beiden Fällen ist nicht mehr hinreichend klar, worüber jeweils gesprochen/geschrieben wird. Auch der Gebrauch wissenschaftlicher Termini (und das wird oft genug vergessen) kann sich im Laufe der Wissenschaftsgeschichte verändern. Einige Ausschnitte aus der Geschichte des metalexikographischen Terminus *Mikrostruktur,* die nachfolgend in kritischer Absicht skizziert werden, sollen zeigen, daß und wie der Terminus *Mikrostruktur* (bzw. franz. *microstructure*) unterschiedlich verwendet wird. Dabei werden zugleich — in elementarer Weise — gewisse Sicht- und Herangehensweisen vorbereitet, die in 3. u. 4. ausgeführt werden (vgl. auch Art. 36 u. 39).

### 2.1. Der Terminus *microstructure* bei Rey-Debove

Die Geschichte des metalexikographischen Terminus *microstructure* (nachfolgend stets *Mikrostruktur*), der nicht mit dem entsprechenden lexikologischen verwechselt werden darf, beginnt Ende der 60er Jahre mit den Studien von J. Rey-Debove, die 1971 erscheinen (vgl. Rey-Debove 1971). Er ist einer der zentralen Termini des ersten in sich relativ abgerundeten, an einer strukturellen Zeichentheorie orientierten Konzeptes des allgemeinen einsprachigen Wörterbuches, erarbeitet am Beispiel zeitgenössischer französischer Wörterbücher; die empirische Basis für Rey-Deboves einflußreiche Theorie des allgemeinen einsprachigen Wörterbuches ist allerdings relativ schmal; sie besteht aus folgenden Wörterbüchern: QL 1948, GR 1951 ff., PL 1966, PR 1967 und DFC 1967. Der Terminus *Mikrostruktur* ist so eingeführt, daß er — ohne daß Verzerrungen entstehen — relativ unabhängig von den meisten anderen Termini, die die Verf. einführt, dargestellt und kritisch untersucht werden kann. Er ist in metalexikographischer Hinsicht u. a. durch die Auffassungen A. Reys vorbereitet (vgl. u. a. Rey 1965), in linguistischer Hinsicht durch Saussure und Hjelmslev.

2.1.1. Zitate aus dem kanonischen Text

Zuerst seien einige ausgewählte Zitate aus Rey-Debove 1971 gegeben, die sozusagen an der Wiege des Terminus *Mikrostruktur* stehen.

Zitat 1: „On appellera MICROSTRUCTURE l'ensemble des informations ordonnées de chaque article, réalisant un programme d'information constant pour tous les articles, et qui se lisent horizontalement à la suite de l'entrée (l'ordre des informations permet, au mieux, une consultation interne). On gardera le terme de microstructure pour un programme n'ayant qu'un type d'information." (21)

Zitat 2: „La microstructure d'un dictionnaire est l'ensemble des informations ordonnées qui suivent l'entrée; cet ensemble a une structure constante qui répond à un programme et à un code d'information applicable à n'importe quelle entrée." (151)

Zitat 3: „La microstructure se veut constante. Si le programme d'information contient les types A, B, C, D (par ex. catégorie, définition, synonyme et homonyme) ces quatre types apparaissent dans tout article.
*Degré zéro, absence et oubli.* — En fait, les choses sont un peu différentes, et de telles informations ne se retrouvent pas partout. Certaines concernent tous les mots (par ex. la catégorie) d'autres certains seulement (par ex. les homonymes). Il faut donc avant tout distinguer le degré zéro de l'information et l'absence d'information. *Chêne* a pour homonyme *chaîne*, par ex., et *sapin* n'a pas d'homonyme: c'est le degré zéro de l'homonymie, information qui appartient au code." (151 f.)

Zitat 4: „Les deux articulations jusqu'ici adoptées pour la présentation d'un article polysémique sont: la suite linéaire et la suite en arbre. La première solution a la forme 1, 2, 3, 4, la seconde a la forme I A 1, 2 . . . B 1, 2 . . . II A 1, 2 . . . B 1, 2 . . . La première est celle de *QL, PL, DFC;* la seconde de *GR* et *PR*. On peut schématiser la répartition des informations dans ces deux types d'articles; les numéros représentent le type de donnée, la définition est symbolisée par 5. La lecture linéaire est indiquée par les flèches.

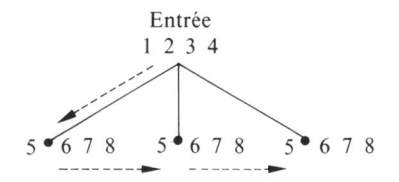

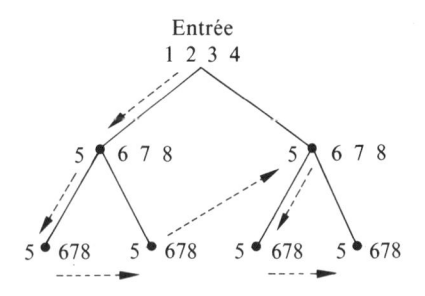

Entrée
1 2 3 4

5  6 7 8    5  6 7 8    5  6 7 8

Entrée
1 2 3 4

5  6 7 8    5  6 7 8

5  678    5  678    5  678    5  678

Les informations générales valables pour les mots polysémiques (1234 par ex.) précèdent pour la plupart les autres, ce qui est souhaitable pour la lecture de l'article. Cependant quelques-unes sont rejetées à la fin, probablement en considération de leur moindre importance. Les homonymes et les paronymes de *QL* apparaissent en fin d'article." (169)

Zitat 5: „En théorie le nombre des types d'information sur un mot sont infinis; le programme pourrait contenir par ex.: vitesse de diffusion du mot, emploi préférentiel de tel écrivain, solution fréquente de mots croisés, valeur polémique et publicitaire etc. Le degré zéro de l'information apparaîtrait d'autant plus souvent que le programme serait vaste, et les articles seraient en fait très dissemblables. De ce point de vue la tradition est bien établie, les programmes d'information ne s'en écartent guère, et l'on peut même s'étonner de l'absence d'innovation à une époque florissante pour les dictionnaires." (170)

Zitat 6: „[. . .] il existe un noyau d'informations sur le mot constituant la microstructure minimum du dictionnaire de langue, auxquelles viennent s'ajouter d'autres données, toujours moins essentielles." (170)

Zitat 7: „On a dit que la microstructure était constante, le programme une fois adopté, l'auteur n'est plus libre d'ajouter un type d'information dans un article (et non dans tous) ni d'en omettre un sans déstructurer l'article." (170)

### 2.1.2. Von der konkreten zur abstrakten Mikrostruktur

Aus den Zitaten 1—7 seien zunächst diejenigen Aspekte herausgegriffen, die am wenigsten komplex und — bis auf den Fachausdruck *information* (der hier aber nicht weiter problematisiert werden kann; vgl. Wiegand 1989) — relativ klar sind und zu der folgenden ersten Charakterisierung des Terminus *Mikrostruktur* zusammengefaßt, wobei die sog. Informationen ab jetzt als funktionale Textsegmente, und zwar als Angaben aufgefaßt werden, die aus einer Angabeform und wenigstens einem genuinen Zweck bestehen (vgl. 3.2.2.1., Def. 3).

Erste Charakterisierung von *Mikrostruktur* (i. S. v. Rey-Debove): Die Mikrostruktur ist die Gesamtheit der linear geordneten Angaben eines jeden Wörterbuchartikels, die artikelintern so auf ein Lemma folgen, mit dem ein vom Lexikographen als monosem interpretiertes Lemmazeichen erwähnt wird, daß die Angaben im Anschluß an das Lemma horizontal gelesen werden können.

*Bem.:* Nachfolgend werden (mit arab. Ziffern unten indizierbare) kleine Buchstaben des lat. Alphabets sowie Kombinationen solcher Kleinbuchstaben als Individuennamen verwendet; sie werden mittels eines Gleichheitszeichens „=" in runden Klammern unmittelbar nach dem Namensträger eingeführt; die Namensträger sind entweder artikelinterne Angaben oder solche lexikographische Teiltexte, die zur Klasse der standardisierten Wörterbuchartikel gehören. Ein Ausdruck „der; -en, -en ($= a_1$)" ist mithin zu lesen wie: „(die Angabe) 'der; -en, -en' hat den Individuennamen $a_1$." Großbuchstaben sind Prädikate; kommt es besonders darauf an, daß die Bezeichnungen für Angaben als Klassennamen zu interpretieren sind, werden sie durchgehend groß geschrieben (z. B. GRAMMATIKANGABE). Bei der zugehörigen Abkürzung (vgl. hierzu Abb. 38 a.17) sind jedoch — wegen der besseren Erkennbarkeit — Kleinbuchstaben zugelassen (z. B. GrA). Bei den nachfolgenden Erörterungen im Abschnitt 2.1. gilt das Wörterbuchverzeichnis des HWDG als Grundbereich G.

Die Mikrostruktur des folgenden Artikels aus dem HWDG

**Anatom,** der; -en, -en *Facharzt der Anatomie* ($= wa_1$)

kann nur explizit dargestellt werden, wenn vorgängig festgelegt ist, was als Angabe zu gelten hat. Angenommen das Textsegment „der; -en, -en" ($= a_1$) aus $wa_1$ gelte als gerade eine Angabe, und das Segment *Facharzt für Anatomie* ($= b_1$) gelte als gerade eine andere Angabe, dann können Gebilde, die *konkrete Mikrostrukturen* heißen sollen, hier die Mikrostruktur von $wa_1$ — wenn das Symbol „<" die Bedeutung von *geht voraus* hat — wie folgt dargestellt werden:

| der; -en, -en | < | *Facharzt für Anatomie* |

Abb. 38 a.1: Erste Darstellung zur konkreten Mikrostruktur von $wa_1$

*Bem.:* Die konkrete Mikrostruktur von $wa_1$ besteht aus zwei ganz bestimmten, diskreten Elementen (Bauteilen, Textsegmenten als Individuen in G) und einer Beziehung; sie ist im HWDG nur einmal existent. — Die rechteckigen Umkastelungen in den Abb. 38 a.1—38 a.5 sind Umrandungszeichen (i. S. v. Schnelle 1962, 55 ff.); „<" fungiert wie eine Sequenzkante und ist ein Anordnungszeichen. Das, was umrandet ist, gilt als explizit angeordnet. Das Umrandungs- und das Anordnungszeichen gehören hier zur metalexikographischen Beschreibungssprache.

Segmentiert man $wa_1$ anders, z. B. so, daß $a_1$ nicht als eine, sondern als zwei Angaben zählt, erhält man wieder andere konkrete Mikrostrukturen, z. B. die folgende:

| der | < | -en, -en | < | *Facharzt für Anatomie* |

Abb. 38 a.2: Zweite Darstellung zur konkreten Mikrostruktur von $wa_1$

Segmentiert man $wa_1$ erneut anders, z. B. so, daß $a_1$ nicht als eine, sondern als drei Angaben zählt, erhält man wieder andere konkrete Mikrostrukturen, z. B. die folgende:

| der | < | -en | < | -en | < | *Facharzt für Anatomie* |

Abb. 38 a.3: Dritte Darstellung zur konkreten Mikrostruktur von $wa_1$

Die in den Abb. 38 a.1 bis 38 a.3 dargestellten konkreten Mikrostrukturen sind drei unterschiedliche Strukturen von der gleichen Art, und zwar von der Art der linearen Mikrostrukturen, die artikelintern auf das Lemma folgen; sie gehören aber zu unterschiedlichen Isomorphie- bzw. Ordnungstypen (d. h.: sie sind nicht isomorph, weil die Anzahl der Angaben unterschiedlich ist).

Eine einheitliche und damit untereinander vergleichbare Darstellung von Mikrostrukturen im Rahmen einer metalexikographischen Textdeskription (die z. B. bei der Beurteilung von anspruchsvollen Probeartikeln notwendig ist, vgl. Wiegand 1988b) ebenso wie eine standardisierte Herstellung lexikographischer Teiltexte vom Typ des

## 38a. Der Begriff der Mikrostruktur: Geschichte, Probleme, Perspektiven

standardisierten Wörterbuchartikels im allgemeinen einsprachigen Wörterbuch (vgl. Wiegand 1988 u. 1989) ist offensichtlich nur dann möglich, wenn vorgängig geklärt ist, was jeweils als Angabe zu gelten hat; dies kann dadurch erreicht werden, daß man
(i) einheitliche Segmentationskonventionen festlegt und
(ii) angibt, aus welchen Angabeklassen diejenigen Angaben stammen müssen, die zu derjenigen (gegebenenfalls um das Lemma erweiterten) Menge von Angaben gehören, auf der die mikrostrukturprägenden Relationen (bei Rey-Debove nur eine, nämlich „<") definiert werden sollen (vgl. 3.3. u. 4.2.2.).

Betrachtet man nur bestimmte Wörterbuchartikel als je konkrete Gebilde, dann hat der HWDG-Artikel
**Anarch<u>i</u>st,** der; -en, -en *Vertreter, Anhänger des Anarchismus* ( = wa$_2$)
auch dann eine andere konkrete Mikrostruktur als wa$_1$, wenn man ihn nach den gleichen Segmentationskonventionen segmentiert. Segmentiert man nach denen, die zu der in der Abb. 38a.1 dargestellten Struktur geführt haben, dann ergibt sich die folgende Darstellung:

| der; -en, -en | < | *Vertreter, Anhänger des Anarchismus* |

Abb. 38a.4: Erste Darstellung zur konkreten Mikrostruktur von wa$_2$

Die in Abb. 38a.1 dargestellte konkrete Mikrostruktur von wa$_1$ unterscheidet sich von der in Abb. 38a.4 dargestellten von wa$_2$ deswegen, weil offensichtlich die Angabe *„Facharzt für Anatomie"* von der Angabe *„Vertreter, Anhänger des Anarchismus"* ( = b$_2$) verschieden ist. Die in Abb. 38a.1 und 38a.4 dargestellten konkreten Mikrostrukturen sind zwei unterschiedliche Strukturen von der gleichen Art, nämlich von der Art der linearen Mikrostrukturen, die artikelintern auf das Lemma folgen; im Unterschied zu denen in den Abb. 38a.1 bis 38a.3 dargestellten gehören sie aber zu ein und demselben Isomorphietyp (d. h.: sie sind isomorph). —

Die bisher charakterisierten Mikrostrukturen sind Strukturen, die nur durch eine Relation definiert sind; die Mikrostrukturen i. S. v. Rey-Debove sind stets derart einfach. Berücksichtigt man — im Unterschied zu Rey-Debove —, daß die konkrete Mikrostruktur i. S. v. Rey-Debove und das Lemma von wa$_1$ zu diesem Wörterbuchartikel gehören, unterstellt einen naiven Lemmabegriff, so daß der Unterstrich „_" unter dem o in **Anat<u>o</u>m** ( = l$_1$) als Teil des Lemmas gilt, und legt fest, daß ein Pfeil

„→" soviel bedeutet wie *ist (ein) Teil von* ( = Tv), so daß ein Gebilde ⟨x⟩ → ⟨y⟩ zu lesen ist wie *x innerhalb von □ ist ein Teil von y innerhalb von □*, dann kann man folgende Darstellung geben:

| **Anat<u>o</u>m,** der; -en, -en *Facharzt für Anatomie* |
|---|
| **Anat<u>o</u>m** < der; -en, -en < *Facharzt für Anatomie* |

konkrete Mikrostruktur von wa$_1$
i. S. v. Rey-Debove

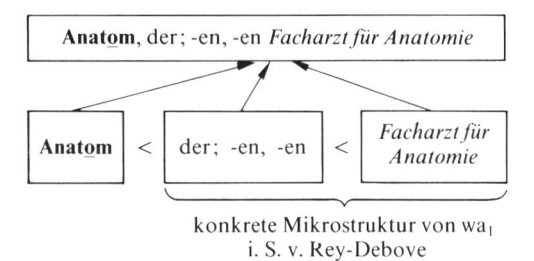

Abb. 38a.5: Vierte Darstellung zur konkreten Mikrostruktur von wa$_1$

*Bem.:* Wie die Abb. 38a.1 bis 38a.4, so ist auch die Abb. 38a.5 eine, die auf der ersten Metaebene einer Beschreibung von Wörterbuchartikeln zu denken ist. Dargestellt wird in der Abb. 38a.5 eine konkrete Mikrostruktur einer ganz bestimmten Art eines bestimmten Wörterbuchartikels wa$_1$ (vgl. 4.2.2.). An der Spitze der drei Pfeile steht der erwähnte Wörterbuchartikel, so daß hier das „Ganze" (das relativ zum Wörterverzeichnis des HWDG ein „Teilganzes" ist) innerhalb des Umrandungszeichens repräsentiert ist. Am jeweiligen Ende der drei Pfeile stehen die drei erwähnten Angaben, so daß hier die vorgängig unterschiedenen Teile von wa$_1$ ebenfalls innerhalb von Umrandungszeichen repräsentiert sind. Die Umrandungszeichen unterstützen die Wahrnehmung und stellen visuell sicher, daß unmißverständlich wahrnehmbar ist, was mit den Anordnungszeichen angeordnet wird; (sie schaffen eine „gute Gestalt"). — Die Strukturdarstellung in der Abb. 38a.5 ist (im Unterschied zu denen im Zitat 4) so angelegt, daß sie systematisch in eine abstraktere überführt werden kann, die auf die Darstellungsmittel der Graphentheorie (etwa i. S. v. Wagner 1970) zurückgreift, und so ausgeführt wird, daß sie den üblichen Konventionen entspricht und formalen Ansprüchen genügt. Die Pfeile werden dann als gerichtete Kanten der Abbildung eines Baumgraphen interpretiert, die Erwähnungen als Knotenetiketten und die „<" ebenfalls als gerichtete, und zwar als sog. Sequenzkanten, die häufig aufgrund weiterreichender Konventionen weggelassen werden.

In die Darstellung in Abb. 38a.5 ist die der konkreten Mikrostruktur von wa$_1$, die in Abb. 38a.1 gegeben wurde, integriert. Es wird eine komplexere Struktur abgebildet. Denn auf der Menge M$_1$ = {l$_1$, a$_1$, b$_1$} ist eine zweistellige präzedentive Relation R$'_p$ ⊆ M$_1$ × M$_1$ (also: R$'_p$ = {(l$_1$, a$_1$), (l$_1$, b$_1$), (a$_1$, b$_1$)}) definiert. Auf deren Elemente, also die geordneten Paare, trifft der Relationsterm *geht voraus* („<") zu; und auf der um den Wörterbuchartikel erweiterten Menge M$_2$ = {l$_1$, a$_1$,

$b_1$, $wa_1\}$ ist eine zweistellige partitive Relation $R'_{part} \subseteq M_2 \times M_2$ (also: $R'_{part} = \{(l_1, wa_1), (a_1, wa_1), (b_1, wa_1)\}$) definiert. Auf deren Paare trifft der Relationsterm *ist ein Teil von* („Tv") zu. Mithin kann man die in der Abb. 38a.5 dargestellte Struktur in der herkömmlichen mathematischen Schreibweise so bezeichnen: $\langle M_1; M_2; R'_p, R'_{part}\rangle$. Man erkennt bereits hier, daß konkrete, *lineare* Mikrostrukturen i. S. v. Rey-Debove gedacht werden können als Teilstrukturen, die in komplexere, und zwar in konkrete *hierarchische* Strukturen integriert sind (vgl. 4.).

Statt in Darstellungen von Strukturen den Wörterbuchartikel und seine Teile zu erwähnen, kann man die eingeführten Individuennamen verwenden (vgl. auch Art. 39, 2.), so daß sich folgende Strukturdarstellung ergibt:

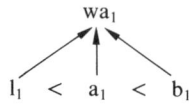

$$wa_1$$
$$l_1 < a_1 < b_1$$

Abb. 38a.6: Fünfte Darstellung zur konkreten Mikrostruktur von $wa_1$

Die Strukturdarstellungen in der Abb. 38a.5 und 38a.6 bilden die gleiche Struktur ab und sind isomorph. Eine entsprechende Strukturdarstellung von $wa_2$ hat die folgende Form:

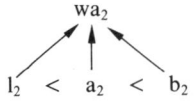

$$wa_2$$
$$l_2 < a_2 < b_2$$

Abb. 38a.7: Zweite Darstellung zur konkreten Mikrostruktur von $wa_2$

In den Abb. 38a.6 und 38a.7 werden verschiedene Strukturen der gleichen Art dargestellt; denn die konkreten Textsegmente gehören zur Struktur, entsprechend die Individuennamen zur Strukturdarstellung, und die Namen unterscheiden sich.

Man erkennt, daß den Strukturdarstellungen in den Abb. 38a.5 bis 38a.7 etwas gemeinsam ist, nämlich die Repräsentation dessen, was man ein Beziehungsgefüge nennen kann. Dies wird noch deutlicher, wenn man die erwähnten Angaben und den erwähnten Teiltext in Abb. 38a.5 bzw. die Individuennamen in Abb. 38a.6 und 38a.7 so durch Variablen ersetzt, daß „x" eine Variable für Individuennamen von Wörterbuchartikeln und $y_1$, $y_2$, $y_3$ Variablen für Individuennamen von artikelinternen Angaben sind, derart, daß die konstanten Variablenindizes anzeigen, zu welcher Klasse von Angaben die Namensträger gehören. Die Einsetzung der vier Variablen führt dann zu $B_1$ in Abb. 38a.8.

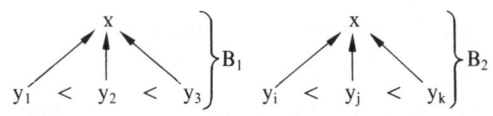

$$\begin{matrix} & x & \\ y_1 < & y_2 & < y_3 \end{matrix} \bigg\} B_1 \quad \begin{matrix} & x & \\ y_i < & y_j & < y_k \end{matrix} \bigg\} B_2$$

Abb. 38a.8: Beziehungsgefüge $B_1$, $B_2$, die den konkreten Mikrostrukturen von $wa_1$ und $wa_2$ gemeinsam sind

Das gleiche Beziehungsgefüge $B_1$, aber jeweils eine andere konkrete Mikrostruktur, findet sich in den folgenden drei HWDG-Artikeln:

**Aster,** die; -, -n *in Gärten wachsender Korbblütler mit einfarbigen blauen, violetten, roten od. weißen Blüten* ( = $wa_3$)

**Ästhet,** der; -en, -en *meist einseitig nur auf das Schöne, Künstlerische eingestellter Mensch* ( = $wa_4$)

**Fotothek,** die; -, -en *geordnete Sammlung von Fotos* ( = $wa_5$)

Es ist eine reine Fleißarbeit, alle Artikel mit $B_1$ im HWDG zusammenzustellen, so daß man über die Klasse aller Wörterbuchartikel mit $B_1$ verfügt. Jedes Element dieser Klasse weist dann eine andere konkrete Mikrostruktur der gleichen Art auf und gehört zu ein und demselben Isomorphietyp.

Geht man von $y_1$, $y_2$, $y_3$ zu $y_i$, $y_j$, $y_k$ über, derart, daß die Indices i, j, k als Variablen für die Elemente der Menge aller derjenigen konstanten Indices stehen, durch die die Angabenklassen festgelegt sind, und somit nicht mehr festgelegt ist, zu welcher Klasse die Angaben gehören müssen, dann sind alle Artikel aus dem HWDG hinsichtlich des Beziehungsgefüges $B_2$ gleich (vgl. Abb. 38a.8), die aus irgenddrei Angaben bestehen, die (i. S. v. „<") linear geordnet sind.

Verbleibt man auf der bisher gewählten Ebene der Analyse, nämlich der der Strukturierung je einzelner, konkreter Texte und damit bei einer Darstellungsweise, die zur Darstellung je einzelner Wörterbuchartikel — wie z. B. in den Abb. 38a.5 – 38a.7 — als je konkrete Ordnungsgebilde führt, dann käme man z. B. zu dem Ergebnis, daß ein allgemeines einsprachiges Wörterbuch — wie z. B. der BW oder das WDG — unüberschaubar viele konkrete Mikrostrukturen hat. Diese empirische Vielfalt wird erst übersichtlicher, wenn man von bestimmten Eigenschaften der Angaben absieht. Abstrahiert man z. B. von der Form und der Bedeutung der Angaben *Facharzt für Anatomie* und *Vertreter, Anhänger des Anarchismus* und berücksichtigt nur den allgemeinen genuinen Zweck (die Funktion, die Rolle), die $b_1$ und $b_2$ innerhalb von $wa_1$ und $wa_2$ haben, dann kann man feststellen: $b_1$ und $b_2$ haben den allgemeinen Zweck Z, der darin besteht, eine Bedeutung artikelinterner Lemmazeichen anzugeben, so daß $b_1$ mit $b_2$ hinsichtlich Z gleich ist. Hinsichtlich ihres spezifischen genuinen Zweckes sind $b_1$ und $b_2$ offensichtlich verschieden; denn der spezifische Zweck von $b_1$ ist es, die Bedeutung von *Anatom* anzugeben, während es der spezifische Zweck von $b_2$ ist, die Bedeutung von *Anarchist* anzugeben. — Auf diese Weise kann man nun alle Angaben des HWDG, die den genuinen Zweck Z haben, zu einer Klasse zusammenfassen, so daß neben $b_1$ und $b_2$ noch endlich viele untereinander verschiedene Angaben des HWDG zu dieser Angabeklasse gehören, die mithin eine (wegen des Bedeutungsbegriffes) sprachtheoretisch begründete Klasse von Angaben mit gleichem allgemeinen genuinen Zweck ist.

Sucht man nach einer Benennung für diese Klasse, also nach einem Klassennamen (einem einstelligen Prädikat), dann ist es günstig, das Klassifikationskriterium, also hier den Zweck Z, zu berücksichtigen. Ein geeigneter (weil: motivierter) Klassenname ist dann z. B. *Bedeutungsangabe*. Ist das Prädikat *Bedeutungsangabe* definiert, verfügt man über einen metalexikographischen Terminus (vgl. Art. 44). Dem Terminus *Bedeutungsangabe* über dem Bereich G ist umkehrbar eindeutig die Klasse BA aller derjenigen Angaben x aus G zugeordnet, auf die *Bedeutungsangabe* zutrifft, so daß man also schreiben kann: BA = $\{x \in G | x$ ist eine Bedeutungsangabe$\}$. Jetzt kann man z. B. (klassifizierend) feststellen:

(1) '*Facharzt für Anatomie*' ist eine Bedeutungsangabe.

Das oben skizzierte Vorgehen, von der Darstellung konkreter Texte zu einer abstrakteren Ebene der Darstellung überzugehen, ist eine informelle Anwendung der Äquivalenzklassenbildung mittels einer sog. abstrakten Gleichheitsrelation „x ist gleich mit y hinsichtlich z"; diese gehört zur Klasse der Äquivalenzrelationen. Das Verfahren kann mutatis mutandis auf alle anderen Angaben mit den Zwecken Z′, Z″, ... angewandt werden, sofern sie nur einen genuinen Zweck haben. Die Angaben $a_1$ und $a_2$ und z. B. auch die Angabe „die; -, -n" (Tv $wa_3$) gehören dann zur Klasse der Grammatikangaben bei Substantiven (= GrA.S), und man kann schreiben: GrA.S = $\{x \in G | x$ ist Grammatikangabe bei Substantiven$\}$.

Nun sind die wichtigsten Voraussetzungen skizziert, um begründet feststellen zu können: $wa_1$, $wa_2$, ..., $wa_5$ weisen — obwohl jeder dieser fünf Artikel eine andere konkrete Mikrostruktur hat — das gleiche Beziehungsgefüge auf; dazu kann man auch sagen: sie gehören zu ein und demselben Isomorphietyp einer Strukturart (d. h.: die Strukturen der Artikel $wa_1$, $wa_2$, ..., $wa_5$ sind isomorph).

*Bem.:* Die strukturelle Gleichheit besteht (i) hinsichtlich der Anzahl der Angaben (die Trägermengen, also der fünf verschiedenen Mengen, zu denen die Angaben artikelweise zusammengefaßt werden können, sind gleichmächtig, und die zugehörige Kardinalzahl ist 3), (ii) hinsichtlich ihrer linearen Reihenfolge i. S. v. „<" sowie (iii) ihrem allgemeinen genuinen Zweck und damit hinsichtlich ihrer Zugehörigkeit zu einer Klasse zweckgleicher Textsegmente.

Im folgenden wird — mit Rücksicht auf den Terminus *Mikrostruktur* i. S. v. Rey-Debove — nur ein Teil des Beziehungsgefüges $B_1$, und zwar der Teil $y_2 < y_3$ (vgl. Abb. 38 a.8) betrachtet, er heiße $B'_1$. $B'_1$ besteht nun zwischen Angaben, die Elemente von paarweise disjunkten, benannten Klassen sind, und da Klassennamen auf alle Elemente der je zugehörigen Klasse zutreffen, kann man — ohne $B'_1$ zu ändern — anstatt die Individuennamen die Klassennamen verwenden, so daß man die abstrakte Mikrostruktur zu $wa_1$, $wa_2$, ..., $wa_5$ so angeben kann: GrA.S < BA. Mit Ausdrücken dieser Art kann die abstrakte (lineare) Mikrostruktur gekennzeichnet werden; sie können nach Regeln in Strukturgraphen übersetzt werden.

*Bem.:* *Struktur* wird häufig i. S. v. *abstrakte Struktur* verwendet, was den Begriff der Struktur als Abstraktionsbegriff ausweisen soll; dieser Gebrauch muß streng von dem hier eingeführten Terminus *abstrakte Mikrostruktur* unterschieden werden.

Was oben für konkrete Mikrostrukturen festgestellt wurde, gilt mutatis mutandis für die abstrakten: abstrakte lineare können als Teilstrukturen von abstrakten hierarchischen Mikrostrukturen bestimmt werden (vgl. 4.).

### 2.1.3. Mikrostruktur und Informationsprogramm bei monosemen Lemmazeichen

Was bisher in elementarer Weise erläutert wurde, steht nicht etwa explizit bei Rey-Debove 1971, sondern ist u. a. als Vorbereitung zu lesen, um Rey-Deboves Redeweise vom lexikographischen Informationsprogramm (*programme lexicographique*, vgl. z. B. 167) theoretisch angemessen rekonstruieren zu können. Zu diesem Zwecke sei zunächst die erste Charakterisierung anhand der Zitate 1 bis 7 (und selbstverständlich mit Rücksicht auf weitere einschlägige Textstellen in Rey-Debove 1971, bes. 151—179) zu der folgenden erweitert:

Zweite Charakterisierung von *Mikrostruktur* (i. S. v. Rey-Debove): Die Mikrostruktur ist die — artikelintern auf das Lemma folgende — linear und stets gleich (= konstant) geordnete Gesamtheit derjenigen Angaben eines jeden Wörterbuchartikels zu einem monosemen Lemmazeichen, die das feste lexikographische Programm des zugehörigen Wörterbuches unter Berücksichtigung eines vorgegebenen Informationscodes so realisieren, daß die Angaben im Anschluß an das Lemma horizontal gelesen werden können.

*Bem.:* Unter dem „code d'information" (vgl. z. B. Zitat 2) versteht Rey-Debove die Kodierungsvorschriften für die je wörterbuchspezifische Präsentation der Angaben, ihrer Teile und anderer Segmente, beispielsweise die Abkürzungskonventionen, oder die für die typographischen und nichttypographischen Strukturanzeiger. Der Informationscode kann als ein Aspekt des Wörterbuchstils (i. S. v. Wiegand 1989a) aufgefaßt werden. —

Was Rey-Debove unter dem „programme d'information" (vgl. z. B. Zitat 3) genau versteht, wird nirgends hinreichend klar gesagt. (Z. B. ist nicht mit letzter Sicherheit entscheidbar, ob das Programm als geordnete Menge von Informationstypen oder nur als eine bestimmte Anzahl von Informationstypen zu verstehen ist.)

Es ergibt sich aber eine sinnvolle Interpretation (und diese wurde auch in Wiegand 1988, 52 ff. gewählt), wenn man das feste lexikographische Programm — zunächst nur bezogen auf monoseme Lemmazeichen — als eine linear geordnete Menge von Klassen (oder auch Typen) von Angaben versteht, so daß man z. B. ein Informationsprogramm als abstrakte, lineare Mikrostruktur auffassen und (nach dem Zitat 3) so angeben kann: A < B < C < D oder so: CATÉGORIE < DÉFINITION < SYNONYME < HOMONYME.

Faßt man *A, B, C* und *D* als Klassennamen auf und führt die Bezeichnungskonvention ein, daß z. B. alle Elemente von A mit unten indizierten *a* benannt werden und die Indices aus $\mathbb{N}$ sind, kann man z. B. schreiben A = $\{a_1, a_2, ..., a_i, ..., a_{n-1}, a_n\}$ (und entsprechend für B, C, D). Ein Lexikograph, der das Programm A < B < C < D beim Formulieren von Wörterbuchartikeln abarbeitet, kann — wenn es zu einem monosemen Lemmazeichen kein Wortsynonym gibt oder wenn er ein solches nicht kennt — keine konkrete Mikrostruktur $a_1 < b_1 < c_1 < d_1$ erzeugen, sondern offenbar nur eine ohne ein $c_1 \in C$, z. B. diese: $a_1 < b_1 < d_1$; fehlt z. B. ein Homonym, ergibt sich die konkrete Mikrostruktur $a_1 < b_1 < c_1$ ohne ein $d_1 \in D$, die offensichtlich mit der vorhergehenden nicht übereinstimmt.

Nun heißt es aber, daß nicht nur das Informationsprogramm — jetzt verstanden als geordnete Menge von Informationsklassen repräsentiert durch die abstrakte lineare Mikrostruktur — konstant ist (vgl. Zitat 1), sondern daß auch die in den einzelnen Artikeln vorliegenden konkreten linearen Mikrostrukturen in gleicher Weise konstant, d. h. hier wechselseitig miteinander isomorph bzw. isomorph mit der abstrakten linearen Mikrostruktur sind (vgl. z. B. Zitat 2). Vergleicht man die fünf Wörterbücher der empirischen Basis (vgl. 2.1.), ist angesichts der dort festzustellenden bunten Vielfalt eine solche Behauptung zunächst überraschend. Diese Redeweise wird aber dadurch erklärbar, daß Rey-Debove eine Nullstufe der Information und damit implizit eine Null-Information einführt, so daß es z. B. so etwas wie ein „Null-Synonym" als „Null-Angabe" gibt (vgl. z. B. Zitat 4). Wegen gewisser philosophischer Probleme sei dies wie folgt erläutert: Gegeben sei eine Menge M von Individuennamen, und M enthalte gerade so viele Namen, wie das Programm Informationsklassen hat. Die Namen seien mit Null indizierte Kleinbuchstaben, so daß zum Programm A < B < C < D die Menge M = $\{a_0, b_0, c_0, d_0\}$ gehört. Nun kann man das „Null-Synonym" an der entsprechenden Stelle der Darstellung einer konkreten Mikrostruktur mit $c_0$ bezeichnen, so daß $a_1 < b_1 < d_1$ übergeht in $a_1 < b_1 < c_0 < d_1$ und entsprechend $a_1 < b_1 < c_1$ in $a_1 < b_1 < c_1 < d_0$. Damit ist die „in gleicher Weise konstante Struktur" für alle Artikel (sieht man von unwillentlichen Programmabweichungen, also Fehlern, ab) und zugleich eine „vollständige Parallelität" zum Programm gewährleistet, was auch die folgende Veranschaulichung erkennen läßt:

| A < B < C < D | Informationsprogramm (= ABSTRAKTE LINEARE MIKROSTRUKTUR) |
|---|---|
| $a_1 < b_1 < c_0 < d_1$ <br> $a_1 < b_1 < c_1 < d_0$ | zugehörige konkrete lineare Mikrostrukturen von Wörterbuchartikeln |

Abb. 38a.9: Veranschaulichung zur „in gleicher Weise konstanten Struktur" i. S. v. Rey-Debove; vgl. Abb. 36.7

Um ein Beispiel zu geben, seien die Artikel $wa_1, wa_2, \ldots, wa_5$ um folgende fünf Artikel aus dem HWDG ergänzt:

**Ähre,** die; -, -n *Blütenstand bes. bestimmter Getreidearten und Gräser:* reife Ähren; Ähren lesen ($= wa_6$)

**abrupt** /Adj./ [ap/r] *unvermittelt:* ein abrupter Wechsel, abruptes Ende; im Gespräch a. abbrechen ($= wa_7$)

**Algorithmus,** der; -, Algorithmen Math. Kybern. *eindeutig bestimmtes Verfahren zur schematischen Lösung einer Klasse von Aufgaben* ($= wa_8$)

**Allergie,** die; -, -n [..iːən] Med. *Zustand des krankhaften Reagierens des Organismus auf bestimmte körperfremde Stoffe:* an einer A. leiden ($= wa_9$)

**Gemetzel,** das; -s, - /emot./ *massenweises Hinschlachten, Massenmord:* ein furchtbares, sinnloses, blutiges G. ($= wa_{10}$)

Aus der folgenden Tabelle (vgl. Abb. 38 a.10) kann nun die „konstante Struktur" abgelesen werden. „1" bedeutet soviel wie *die Angabe ist vorhanden,* und „0" bezeichnet die „Nullangabe". Bei den einzelnen Artikeln $wa_1$ bis $wa_{10}$ wurde in den Zeilen das Symbol „<" aus Gründen der Übersichtlichkeit nicht wiederholt.

| Ausschnitt aus dem „Programm" (der abstrakten linearen Mikrostruktur) des HWDG für monoseme Lemmazeichen | | | | | | |
|---|---|---|---|---|---|---|
| Programm<br>Lemma-<br>zeichen | WAA<DekA<AusA<PragA<BA<n BeiA<br>($n \geq 1$) | | | | | Arti-<br>kel |
| Anatom | 1 | 1 | 0 | 0 | 1 | 0 | $wa_1$ |
| Anarchist | 1 | 1 | 0 | 0 | 1 | 0 | $wa_2$ |
| Aster | 1 | 1 | 0 | 0 | 1 | 0 | $wa_3$ |
| Ästhet | 1 | 1 | 0 | 0 | 1 | 0 | $wa_4$ |
| Fotothek | 1 | 1 | 0 | 0 | 1 | 0 | $wa_5$ |
| Ähre | 1 | 1 | 0 | 0 | 1 | 1 | $wa_6$ |
| abrupt | 1 | 0 | 1 | 0 | 1 | 1 | $wa_7$ |
| Algorithmus | 1 | 1 | 0 | 1 | 1 | 0 | $wa_8$ |
| Allergie | 1 | 1 | 1 | 1 | 1 | 1 | $wa_9$ |
| Gemetzel | 1 | 1 | 0 | 1 | 1 | 1 | $wa_{10}$ |

Abb. 38 a.10: Tabelle zur Veranschaulichung der „konstanten Mikrostruktur"

Man erkennt in der Tabelle, daß nur die Wortartenangabe (WAA) und die Bedeutungsangabe (BA) immer auftreten. Das entspricht der Auffassung Rey-Deboves, daß ein Artikel von der Form ENTRÉE < CATÉGORIE < DÉFINITION der kleinste Artikel im „dictionnaire de langue" ist (vgl. Rey-Debove 1971, 154 f.), so daß man entsprechend sagen kann: die kleinste abstrakte lineare Mikrostruktur kann so charakterisiert werden: WORTARTENANGABE < BEDEUTUNGSANGABE. Rey-Debove (vgl. Zitat 6) spricht daher auch vom Informationskern eines Wörterbuchs, zu dem weniger wichtige Angaben hinzukommen (vgl. Art. 39). Das zentrale aus zwei Informationsklassen bestehende Teilprogramm (der Informationskern) muß immer realisiert werden; eine Nullstufe der sog. Information kann es bei der Wortartenangabe offensichtlich nur dann geben, wenn ein Lemmazeichen kein Wort ist.

Das Programm, die abstrakte lineare Mikrostruktur, ist weitgehend determiniert vom Wörterbuchtyp, damit von den Informationszielen jeweiliger Lexikographen und somit — was die Berücksichtigung der Informationsklassen betrifft — von den typkonstitutiven Prinzipien (i. S. v. Wiegand 1984, 566 ff.), die der Lexikograph befolgt, wenn er ein Wörterbuch eines bestimmten Typs erarbeitet. Jeweilige konkrete lineare Mikrostrukturen sind — was die Reihenfolge (i. S. v. „<") der Angaben betrifft — bei korrekter lexikographischer Arbeit — stets von der abstrakten linearen Mikrostruktur bestimmt. Ob dagegen eine Angabe tatsächlich formuliert werden kann, oder ob eine „Null-Angabe" gemacht werden muß (aber nicht formuliert werden kann!), ist abhängig von den Eigenschaften der jeweiligen Lemmazeichen (Rey-Debove spricht hier von der Abhängigkeit der Mikrostruktur von der Makrostruktur) und damit vom Wörterbuchgegenstand sowie von den Kenntnissen jeweiliger Lexikographen. Ob die Ursache für eine „Null-Angabe" eine nicht vorhandene Eigenschaft, eine Kenntnislücke beim Lexikographen, was den Wörterbuchgegenstandsbereich (z. B. ein bestimmtes Sprachstadium einer bestimmten Einzelsprache) betrifft, oder ein Ausführungsfehler beim Abarbeiten des Programmes ist, kann der Laienbenutzer meistens nicht erkennen.

Aus der Sicht des Lexikographen (und auch der seines Verlegers) ist die Auffassung, daß es ein festes Informationsprogramm gibt (das zwar bei jedem Lemmazeichen abgearbeitet werden muß, aber dennoch zu faktisch ganz unterschiedlichen Wörterbuchartikeln führt, von denen dann — wegen des Konstruktes der „Null-Angabe" — dennoch behauptet wird, sie seien in der gleichen Weise konstant wie das Programm und untereinander mikrostrukturell gleichartig), nicht nur deswegen ohne Zweifel praktisch, weil dadurch negative Existenzbehauptungen vermieden werden und entsprechend auch nicht zu verantworten sind, sondern auch aus verschiedenen anderen Gründen — auf die hier nicht eingegangen werden kann (vgl. Wiegand 1989). Die Erfahrung, daß es bei einem allgemeinen einsprachigen Wörterbuch so etwas wie ein festes Informationsprogramm gibt, das stets wenigstens einmal (und in bestimmten Teilen auch mehrmals) abgearbeitet und im Formulierungsprozeß lemmazeichenbedingt variiert wird, ist jedoch bei Rey-Debove theoretisch nicht mit ausreichender Klarheit rekonstruiert (vgl. 5.).

Auch ist dem Rey-Deboveschen Terminus *Mikrostruktur* eine unerfreuliche Zweideutigkeit inhärent. Sagt man z. B.

(2) *Die Mikrostruktur des Wörterbuches W ist reich,*

dann heißt das, daß die Anzahl der sog. Informationstypen des Informationsprogrammes von W relativ groß ist, und zwar relativ zu irgendeinem unterstellten Standard sinnvoll vergleichbarer Wörterbücher. Sagt man aber

(3) *Die Mikrostruktur des Artikels wa$_i$ des Wörterbuches W ist reich,*

dann kann das z. B. heißen: in der konkreten Mikrostruktur von wa$_i$ sind relativ zum Informationsprogramm von W viele sog. Informationen „realisiert" (und damit wenig Nullinformationen)! Sollen Aussagen wie (3) aber nicht wie gerade erläutert verstanden werden, sondern wegen n Nullinformationen in wa$_i$ (mit n ⩾ 1), entsprechend dem, was mit (2) gesagt wird, dann ergibt sich als eine Konsequenz, daß bei einer Strukturanalyse eines bestimmten Wörterbuchartikels wa$_i$ Tv W stets die Nullinformationen (und damit das „Verhältnis" zum zugehörigen Informationsprogramm) in die Analyse einbezogen werden muß/müssen.

### 2.1.4. Mikrostruktur und Informationsprogramm bei polysemen Lemmazeichen

Während bei Artikeln mit monosemen Lemmazeichen die zugehörige konkrete und abstrakte Mikrostruktur nach Rey-Debove als einfache lineare Struktur gelten kann, die nur durch die *Geht-voraus*-Beziehung bestimmt wird, und der Benutzer die Angaben auch horizontal („linear") lesen kann (vgl. z. B. Zitat 1), gibt Rey-Debove für Artikel mit polysemen Lemmazeichen eine andere Darstellung (vgl. z. B. Zitat 4). Zwar werden auch bei polysemen Lemmazeichen die auf das Lemma folgenden Angaben „linear" gelesen, was in den beiden „Strukturdarstellungen" innerhalb des Zitates 4 durch die gestrichelten Pfeile symbolisiert wird, aber die Struktur je einzelner „articles polysémiques" sowie auch die des zugehörigen Informationsprogramms ist in einem zu klärenden Sinne insofern komplexer als Teilstrukturen unterschieden und einander zugeordnet werden, so daß man von der zweiten Charakterisierung des Terminus *Mikrostruktur* i. S. v. Rey-Debove zur folgenden übergehen kann:

Dritte Charakterisierung des Terminus *Mikrostruktur* (i. S. v. Rey-Debove): Die Mikrostruktur ist die — artikelintern auf das Lemma folgende — konstant geordnete Gesamtheit derjenigen Angaben eines jeden Wörterbuchartikels (eines allgemeinen einsprachigen Wörterbuches), die das feste lexikographische Programm des zugehörigen Wörterbuches unter Berücksichtigung eines vorgegebenen Informationscodes so realisieren, daß gilt:

(i) Alle Angaben können im Anschluß an das Lemma horizontal gelesen werden.

(ii) Bei einem monosemen Lemmazeichen sind alle Angaben linear geordnet und realisieren ein lineares Programm.

(iii) Bei einem polysemen Lemmazeichen ist die Gesamtheit der Angaben so strukturiert, daß derjenigen linear geordnetenTeilgesamtheit von Angaben, die inhaltlich nicht von den artikelinternen sog. lexikographischen Definitionen determiniert sind (vgl. Rey-Debove 1971, 167) und ein erstes Teilprogramm realisieren, n (mit n ⩾ 2) andere linear geordnete Teilgesamtheiten von Angaben zugeordnet sind, die jede aus einer sog. lexikographischen Definition und von ihr inhaltlich determinierten Angaben bestehen, und die das gleiche Teilprogram n mal realisieren, so daß die Gesamtheit der Angaben aus mehreren, nach linguistischen Kriterien unterschiedenen Teilgesamtheiten besteht, die einander zugeordnet sind, und ein entsprechend geordnetes zweiteiliges Programm realisieren.

*Bem.:* In der dritten Charakterisierung von *Mikrostruktur* ist — relativ zur zweiten — das neu, was unter (iii) ausgeführt ist. Anhand der ersten „Strukturdarstellung" im Zitat 4 sei dies zunächst wie folgt erläutert.

Die Ziffern 1 bis 8 repräsentieren Angabetypen. Die Ziffern 1 bis 4, die am Wurzelknoten des Strukturbaumes stehen, repräsentieren solche Angabetypen, deren zugehörige Angaben inhaltlich nicht stets notwendigerweise von den artikelinternen sog. lexikographischen Definitionen determiniert sind, z. B. 1 = GENUSANGABE (GA), 2 = DEKLINATIONSANGABE (DekA), 3 = AUSSPRACHEANGABE (AusA) und 4 = ABKÜRZUNGSANGABE (AbkA). Die Etikette „1 2 3 4" am Wurzelknoten in Rey-Deboves Darstellung im Zitat 4 kann demnach z. B. wie GA < DekA < AusA < AbkA interpretiert werden. Diesem ersten, linear geordneten Teilprogramm (= tp$_1$) ist nun ein zweites, ebenfalls linear geordnetes Teilprogramm (= tp$_2$) mittels einer Linie (Kante) zugeordnet, das durch die Ziffernfolge „5 6 7 8" wiedergegeben wird; 5 reprä-

```
                            LEMMA
              GA < DekA < AusA < AbkA (= tp₁)                    ⎫
                                                                 ⎪  Mikro-
                                                                 ⎬  struk-
                                                                 ⎪  tur
BA<SynA<AntA<PhrasA (= tp₂)  BA<SynA<AntA<PhrasA (= tp₂)  BA<SynA<AntA<PhrasA (= tp₂) ⎭
```

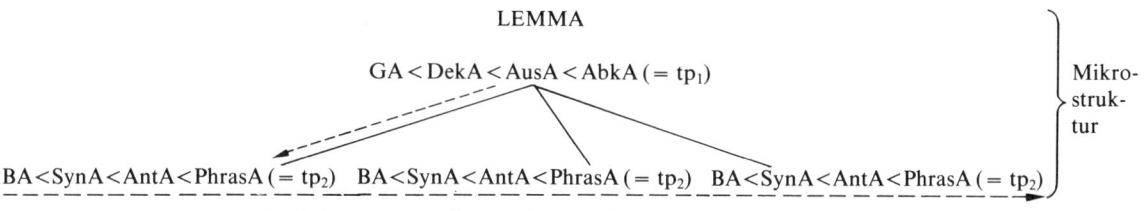

Abb. 38a.11: Veranschaulichung zur Mikrostruktur nach Rey-Debove bei polysemen Lemmazeichen; „– – –→" wie im Zitat 4

sentiert die sog. lexikographische Definition (BA) und 6, 7, 8 Angaben, die inhaltlich von der BA determiniert sind, z. B. 6 = SYNONYMENANGABE (SynA), 7 = ANTONYMENANGABE (AntA) und 8 = PHRASEMANGABE (PhrasA). Das zweite Teilprogramm kann mithin z. B. so wiedergegeben werden: BA < SynA < AntA < PhrasA, so daß sich nun, in Analogie zur Darstellung von Rey-Debove, die Veranschaulichung in Abb. 38a.11 ergibt.

Die „Strukturdarstellung" im Zitat 4 ebenso wie die in Abb. 38a.11 sind Beispiele für Schemata oder Veranschaulichungen, die ad hoc für begrenzte, z. B. didaktische Darstellungszwecke einen Sinn haben können. Sie können in bestimmten Kommunikationszusammenhängen durchaus nützlich sein (vgl. z. B. Wiegand 1988b); sie sind aber meistens nur teilinterpretiert, häufig mehrfach ambig und geben öfters Anlaß zu falschen Schlüssen. In den Darstellungen der Mikrostruktur im Zitat 4 ebenso wie in der in Abb. 38a.11 sind die Kanten nicht interpretiert und auch nicht in einer Weise interpretierbar, die für den Terminus *Mikrostruktur* erhellend wäre.

So ergibt es keinen Sinn, den Ausschnitt $tp_2$—$tp_1$ aus der Abb. 38a.11 (und das gilt unabhängig davon, wie die Ziffern 1—8 jeweils interpretiert werden) zu lesen als *Teilprogramm 2 ist dem Teilprogramm 1 untergeordnet* (und entsprechend *1 ist 2 übergeordnet*), obwohl die Darstellung eine solche Unterordnung suggeriert. Denn es kann weder linguistisch noch metalexikographisch angegeben werden, wie hier die Beziehung „x ist untergeordnet y" zu verstehen sein könnte. Denn z. B. ist weder eine Bedeutung dem Genus untergeordnet noch eine Bedeutungsangabe einer Genusangabe. Auch die Interpretation der Kanten im Sinne einer Abhängigkeitsbeziehung führt nur zu Scheinlösungen. Die einzig generalisierbare Interpretation ist eine, die inhaltlich relativ leer ist, nämlich die, die in (iii) der dritten Charakterisierung gegeben wurde: $tp_2$—$tp_1$ ist zu lesen wie *das Teilprogramm 2 ist dem Teilprogramm 1 zugeordnet (und umgekehrt)*.

Was in der Rey-Deboveschen Darstellung „durchschlägt", ist die zeichentheoretische Vorstellung, daß einem „signifiant" mehrere „signifiés" zugeordnet sind. Im Rahmen geeigneter sprachtheoretischer Annahmen ist eine solche Redeweise relativ gut verständlich, und auch eine Darstellung wie z. B.

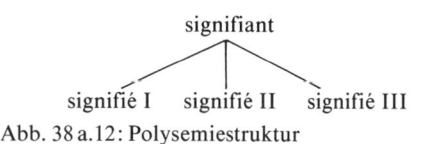

```
                signifiant
               /    |    \
       signifié I signifié II signifié III
```
Abb. 38a.12: Polysemiestruktur

ist dann, wenn „x —— y" zu lesen ist wie *x und y sind einander zugeordnet* eine sinnvoll (z. B. i. S. v. Saussure oder Hjelmslev) interpretierbare Darstellung. Bei Rey-Debove nun werden linguistisch motivierte Darstellungen wie die in Abb. 38a.12 mit metalexikographischen Strukturdarstellungen vermengt, die eine Struktur der Artikel darstellen sollen, in denen solche Strukturen, wie sie in Abb. 38a.12 abgebildet sind, bei je einzelnen Lemmazeichen lexikographisch beschrieben werden.

Eine der wahrscheinlichen Ursachen für diese Vermengung der Darstellungsebenen ist der für die lexikographische Praxis bedeutsame Sachverhalt, daß ein Wörterbuchartikel zu einem polysemen Lemmazeichen nicht systematisch formuliert werden kann, wenn nicht in einem der ersten Schritte die Anzahl der Teilbedeutungen der lexikalischen Bedeutung und damit die Polysemiestruktur (i. S. v. Abb. 38a.12) festgelegt wird (vgl. hierzu Wiegand 1986, 126 f.).

Faßt man — was auch bei Rey-Debove mehrmals erfolgt — das lexikographische Programm als ein Schema zur Formulierung von Artikeln auf, das der Lexikograph abarbeiten muß, dann ergibt sich für Lemmazeichen mit n sog. lexikographischen Definitionen, die durch diese als n-fach polysem interpretiert sind (mit $n \geq 2$): der Lexikograph muß bestimmte Teile des Programms n mal abarbeiten, und zwar muß er (neben dem Angabetyp der sog. lexikographischen Definition) alle Angabetypen n mal berücksichtigen, die durch den der sog. lexikographischen Definition inhaltlich bestimmt werden. Nimmt man (wie in Abb. 1 im Zitat 4) an, daß alle diese Angabetypen unmittelbar auf den Typ der sog. lexikographischen Definition folgen (was nicht notwendigerweise der Fall ist), dann muß der Lexikograph **einen** bestimmten Programmabschnitt des Programms n mal abarbeiten, d. h. das lexikographische Programm hat für monoseme Lemmazeichen keine und für polyseme Lemmazeichen mit n durch die sog. lexikographische Definition bestimmte Bedeutungen **eine** Programmschleife, die n mal abgearbeitet werden muß. Unterstellt man, daß das vollständige Programm ($tp_1 + tp_2$) sukzessiv von links nach rechts abgearbeitet wird (was nicht notwendigerweise der Fall ist, denn z. B. kann der Chefredakteur eines großen Wörterbuchs die Bearbeitung der phonetischen Angaben an einen einzigen Wissenschaftler delegieren) und symbolisiert die Richtung der Abarbeitung durch einen kommentierten Pfeil „—□→ ", dann findet sich eine adäquate Veranschaulichung (nicht „Strukturdarstellung") dessen, was in Abb. 1 im Zitat 4 unter Berücksichtigung des Benutzers abgebildet werden soll, jetzt aus der Herstellungsperspektive des Lexikographen in der Abb. 38a.13:

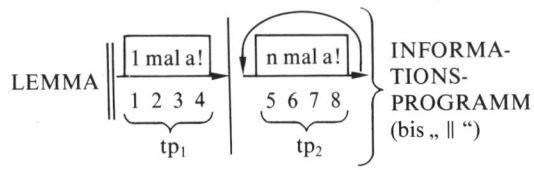

```
                ┌─────────┐ ┌─────────┐
                │ 1 mal a!│ │ n mal a!│  INFORMA-
   LEMMA  ‖     │         │ │         │  TIONS-
                │ 1 2 3 4 │ │ 5 6 7 8 │  PROGRAMM
                └─────────┘ └─────────┘  (bis „ ‖ ")
                   tp₁          tp₂
```

Abb. 38a.13: Veranschaulichung zum Informationsprogramm; a! ist eine Abkürzung für *abarbeiten!* mit der Handlungsbedeutung einer Aufforderung; die Pfeile geben die Richtung der Programmabarbeitung wieder; 5 repräsentiert die BA.

Ein Beispiel: Gegeben sei
(i) Das Informationsprogramm $I_1$: GA < DekA < AusA < AbkA < PragA < BA < KOMPOSITA-GRUPPENANGABE < PhrasA mit Schleife von BA bis PhrasA,
(ii) das dt. Substantiv *Burg,*
(iii) ein Konstruktlexikograph LEKO, der nach einem Instruktionsbuch arbeitet, das die lexikographischen Beschreibungsmethoden (darunter auch den „code d'information" i. S. v. Rey-Debove; vgl. Wiegand 1986 u. 1989) genau angibt.

LEKO kommt anhand seiner Materialien zu dem Ergebnis, daß *Burg* drei Bedeutungen hat, so daß eine Polysemiestruktur unterstellt wird, wie sie in Abb. 38a.12 abgebildet ist, und er die Schleife BA bis PhrasA in $I_1$ dreimal durchlaufen muß und folgender Wörterbuchartikel entsteht:

**Burg,** die: -, -en; [bʊrk] **1** *befestigter Wohn- und Verteidigungsbau mittelalterlicher Feudalherren;* Flieh ~ , Ritter ~ , Stamm ~ ; **2** *Wall aus Sand, vor allem um den Strandkorb;* Sand ~ ; **3** ⟨Jägerspr.⟩ *Bau der Biber;* Biber ~ ( = $wa_{11}$).

Man erkennt: Bei der Formulierung von $wa_{11}$ mußte LEKO beim Angabetyp AbkA sowie beim ersten und zweiten Durchlauf der Programmschleife bei den Angabetypen PragA und PhrasA jeweils eine „Null-Angabe" machen, beim dritten Durchlauf dagegen nur bei PhrasA.

*Bem.:* Rey-Debove hat keine Mittel bereitgestellt, wie man Mikrostrukturen explizit darstellen kann. Strukturdarstellungen wie die im Zitat 4 oder die in Abb. 38a.11 haben nur einen gewissen Veranschaulichungswert, sind aber weder generalisierbar noch genügen sie formalen Ansprüchen.

Eine systematische Darstellung, die erlaubt, das lexikographische Programm (die abstrakte Mikrostruktur) mit den konkreten Mikrostrukturen in einen einheitlichen Darstellungszusammenhang zu bringen, wäre z. B. eine Tabelle, die gerade soviel Spalten hat, wie das Programm sog. Informationstypen aufweist, und die für jedes Lemmazeichen die gleiche Anzahl von Zeilen hat wie der zugehörige Artikel sog. lexikographische Definitionen. Für das Beispiel $wa_{11}$ ergibt sich dann die Tabelle in Abb. 38a.14.

### 2.1.5. Zusammenstellung einiger Kritikpunkte zum Terminus *Mikrostruktur* bei Rey-Debove

Die bisherigen Erörterungen zum Terminus *Mikrostruktur* i. S. v. Rey-Debove sollten wohl verdeutlicht haben, daß dieser Terminus insofern fruchtbar ist, als er relativ weitreichende Perspektiven eröffnet, und zwar sowohl, wenn es darum geht, den Formulierungsprozeß von standardisierten Wörterbuchartikeln eines allgemeinen einsprachigen Wörterbuches theoretisch zu rekonstruieren, als auch dann, wenn bereits geschriebene Wörterbuchartikel (einschließlich Probeartikel, vgl. Wiegand 1988b) hinsichtlich ihrer Struktur beurteilt werden sollen. — Es sollte aber auch deutlich geworden sein, daß gewisse Differenzierungen und Präzisierungen erforderlich sind, und zwar in folgenden Hinsichten:
— Der „Zusammenhang" zwischen dem Informationsprogramm (der abstrakten linearen Mikrostruktur) und den konkreten Mi-

38 a. Der Begriff der Mikrostruktur: Geschichte, Probleme, Perspektiven

| GA | DekA | AusA | AbkA | PragA | BA | KompgA | PhrasA | INFORMA-TIONS-PROGRAMM |
|---|---|---|---|---|---|---|---|---|
| TEILPROGRAMM I ||||| TEILPROGRAMM II |||| |
| die | -, en | burk | 0 | 0 | *befestigter Wohn- und Verteidigungsbau mittelalterlicher Feudalherren* | Flieh ~<br>Ritter ~<br>Stamm ~ | 0 | KONKRETE MIKRO-STRUKTU-REN |
| | | | | 0 | *Wall aus Sand, vor allem um den Strandkorb* | Sand ~ | 0 | |
| | | | | Jägerspr. | *Bau der Biber* | Biber ~ | 0 | |

Abb. 38 a.14: Tabelle zum Informationsprogramm $I_1$ und der konkreten Mikrostruktur von $wa_{11}$; 0 = „Null-Angabe"; KompgA = Kompositagruppenangabe

krostrukturen der einzelnen Artikel muß deutlicher herausgearbeitet werden (vgl. 5.),
— Die unkontrollierte Vermengung der linguistischen mit der metalexikographischen Beschreibungsebene in den Strukturdarstellungen (und auch in der Terminologie) muß überwunden werden zugunsten einer metalexikographischen Terminologie, die systematisch an eine sprach- und kommunikationswissenschaftliche Terminologie anschließt und zugunsten von eingeführten und bewährten Strukturdarstellungsmitteln.

Zu diesen beiden kommen im Anschluß an Wiegand (1988, 56 ff.) weitere Kritikpunkte. Bedingt durch eine zu schmale empirische Basis und auch durch eine Reihe von zeichentheoretisch motivierten Termini wie vor allem dem der sog. Autonymie kommt es dazu, daß weder bei der abstrakten noch bei der konkreten Mikrostruktur alle Angabetypen allgemeiner einsprachiger Wörterbücher berücksichtigt werden, z. B. nicht die folgenden:
— Artikelinterne Angaben, die dem Lemma vorausgehen, wie sie sich z. B. im Campe-WdS finden; man vgl. $wa_{12}$.

☉ ✕ Auspfeifeln, v. trs. durch feines Pfeifen gleichsam d. h. auf eine feine Art ausspotten (persiffliren). „Berühmt oder berüchtigt durch die ihm beiwohnende leidige Gabe des Auspfeifelns." C. Das Auspfeifeln. Die Auspfeifelung (Persifflage).

Textbeispiel 38 a.1: $wa_{12}$ aus Campe-WdS

*Bem.:* Die Symbole „☉" und „✕" sind Angabesymbole für eine bestimmte Art von pragmatischen Angaben, die in der Wörterbucheinleitung (XXI) definiert sind (vgl. Art. 8, 3.). Ihre Position ist nicht von der Zeichengestalt des Lemmazeichens determiniert und damit auch nicht von der Lemmazeichengestaltangabe, was sie von den folgenden Angabesymbolen unterscheidet, die innerhalb der Lemmaposition positionsgebunden sind (eine „Umgebungsvariable" bei sich haben). Diese Angabesymbole können in unterschiedlicher Weise analysiert werden (vgl. Wiegand 1989).
— Angabesymbole in der Lemmaposition wie z. B. Silbentrennungspunkte (vgl. z. B. BW), Silbentrennungsstriche (vgl. z. B. Duden-DUW) und freistehende Wortakzentsymbole (vgl. BW)
— Angabesymbole in der Lemmaposition, die unter dem Lemma stehen, wie z. B. der Unterstrich und der Unterpunkt als Wortakzent- und Vokal/Diphthongquantitätsangabe (vgl. z. B. Duden-GW, $wa_1$ und $wa_2$)
— Angabesymbole, die als rechteckige Umkastelungen der Lemmata auftreten (vgl. RM)
— Die Lemmazeichengestaltangabe (i. S. v. Wiegand 1989) und damit meistens die Rechtschreibangabe, mit der die Erwähnung des Lemmazeichens erfolgt.

Nachdem nun die zentralen Eigenschaften des Rey-Deboveschen Terminus *Mikrostruktur* erläutert sind und einige Kritikpunkte zusammengestellt wurden, sei ein Ausschnitt aus der Rezeption des Terminus kurz skizziert.

### 2.2. Ausschnitte aus der Rezeption des Terminus *Mikrostruktur*

Hausmann (1977, 3 f.) stellt fest:
Zitat 8: Der klassische Typ des Wörterbuchs besteht aus zwei Dimensionen:
a) einer geordneten Folge von Wörtern; man spricht von „Wörterbucheinträgen" oder „Lemmata" (Singular „Lemma") (französisch: *entrée, adresse* oder *mot vedette*), zu denen das Wörterbuch etwas sagt. Diese, meist alphabetische, Folge nennen wir *Makrostruktur*

b) der zu jedem Lemma verzeichneten Information, dem sogenannten „Wörterbuchartikel". Wir nennen diese Dimension die *Mikrostruktur* des Wörterbuchs.

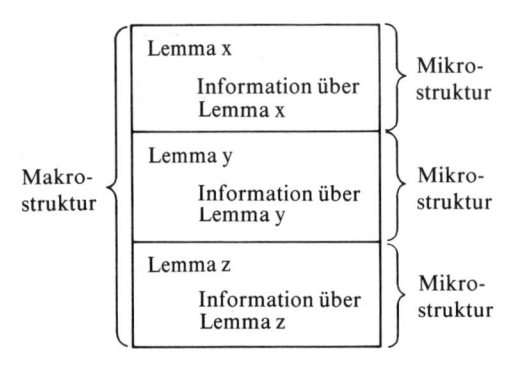

Makrostruktur
{
Lemma x
Information über Lemma x } Mikrostruktur
Lemma y
Information über Lemma y } Mikrostruktur
Lemma z
Information über Lemma z } Mikrostruktur
}

Hausmann versteht also unter *Mikrostruktur* etwas anderes als Rey-Debove. Das Lemma gehört zur Mikrostruktur sowie die gesamte sog. Information zu einem Lemma, also nicht nur der Teil, der auf das Lemma folgt. Der Wörterbuchartikel wird hier mit der sog. zweiten Dimension eines Wörterbuches identifiziert. Das muß man wohl so verstehen, daß es sich sozusagen um so etwas wie einen abstrakten Wörterbuchartikel handelt, und diesen kann man — wenn man (großzügig) von einer Reihe von Aspekten abstrahiert — so auffassen, als handele es sich um ein — um das Lemma ($=$ L) ergänztes — Informationsprogramm i. S. v. Rey-Debove. Wollte man den Wörterbuchartikel als je einzelnen Artikel eines Wörterbuches auffassen, dann könnte man wohl kaum von einer Dimension und der Mikrostruktur des Wörterbuchs sprechen (vgl. Zitat 8). Was hier undeutlich bleibt, ist u. a. der „Zusammenhang" zwischen der Dimension und den je einzelnen Artikeln und ihren Mikrostrukturen. — Wiegand/Kučera (1981, 116) geben folgende Charakterisierung:

Zitat 9: „Unter der Mikrostruktur eines Wörterbuches versteht man die Anzahl der Informationsklassen sowie die Menge der Ordnungsrelationen, in denen die Informationsklassen des Wörterbuchartikeltyps stehen, der allen Wörterbuchartikel(exemplaren) eines Wörterbuchs zugrunde liegt."

Mit dieser Charakterisierung sollte folgende Auffassung von Mikrostruktur wiedergegeben werden: Bei einem allgemeinen einsprachigen Wörterbuch wie dem BW gibt es nur einen Wörterbuchartikeltyp. Dieser ist zu verstehen als eine bestimmte Anzahl von Klassen von sog. Informationen verschiedener Art, die durch Ordnungsrelationen (z. B.: „geht-voraus") geordnet sind. Das Konzept des Wörterbuchartikeltyps soll etwa das leisten, was bei Rey-Debove das Programm leisten soll, nämlich daß durch konstante Abarbeitung eine standardisierte Struktur entsteht. Auch im Zitat 9 ist der „Zusammenhang" zwischen der abstrakten Struktur und den jeweils konkreten nicht explizit gemacht, und außerdem bleibt offen, ob das Lemma zur Mikrostruktur gerechnet werden soll oder nicht.

In Wiegand (1983, 432 u. 453; 1986a, 308 ff.; 1988, 52 ff.; 1988b, 541 ff.; 1988d; 1989 und 1989a) wurde der Terminus *Mikrostruktur* für die jeweiligen Untersuchungszwecke differenziert, und es wurde dabei auch versucht, ihn zu präzisieren. Um herauszufinden, welche differenziertere Fassung für eine Allgemeine Theorie der Lexikographie (i. S. v. Wiegand 1983a, 1983b) besser geeignet ist, wurde der Terminus in zwei unterschiedliche Richtungen entwickelt.

Um die erste Fassung (nachfolgend mit *Mikrostruktur$_1$* gekennzeichnet) zu erläutern (vgl. hierzu Wiegand 1983, 1986a, 1988d), kann an die Erörterungen zum Beziehungsgefüge $B_2$ in 2.1. (vgl. Abb. 38a.8) angeknüpft werden. Es wurde festgestellt: Vorausgesetzt, es gelten einheitliche Segmentationskonventionen, dann sind z. B. alle diejenigen Artikel des Grundbereiches G (in 2.1. das Wörterverzeichnis des HWDG) hinsichtlich des Beziehungsgefüges $B_2$ gleich, die aus irgenddrei Angaben bestehen, die linear geordnet sind. Als die Mikrostruktur$_1$ eines Wörterbuchartikels wurde dann (z. B. i. S. v. Carnap 1968, 137 ff.) die Äquivalenzklasse aller isomorphen Beziehungsgefüge aufgefaßt, so daß sich die folgende Charakterisierung ergibt: Die Mikrostruktur$_1$ eines Wörterbuchartikels wird verstanden als ein Beziehungsgefüge, d. h. als die geordnete Menge derjenigen Beziehungen, in denen die jeweils unterschiedenen artikelinternen Angaben eines Artikels zueinander stehen, sowie die Menge aller dazu isomorphen Beziehungsgefüge. So sind z. B. wa$_1$, wa$_2$, ..., wa$_5$ gleich hinsichtlich des Beziehungsgefüges $B_2$, gehören zur gleichen Äquivalenzklasse bezüglich Isomorphie und repräsentieren damit die gleiche Mikrostruktur$_1$. Die Redeweise, daß ein Artikel eine Mikrostruktur$_1$ repräsentiert, schließt an die Auffassung an, daß jedes Element einer Äquivalenzklasse als ihr Repräsentant gilt und fungieren kann. Während also nach 2.1. wa$_1$, wa$_2$, ..., wa$_5$ — weil die konkreten Textsegmente zur Struktur zählen — verschiedene konkrete Mikrostrukturen aufweisen und zwar verschiedene Mikrostrukturen eines speziellen Isomorphietyps der gleichen Strukturart, gilt jetzt, daß wa$_1$, wa$_2$, ..., wa$_5$ die gleiche Mikrostruktur$_1$ aufweisen.

Arbeitet man mit dem Terminus *Mikrostruktur$_1$*, dann ergibt sich (im Anschluß an Wiegand

1986a) das Folgende. Seien $y_i$, $y_j$ Variablen für beliebige Angaben von Wörterbuchartikeln, und bedeute $y_i + y_j$ so viel wie *$y_i$ steht unmittelbar vor $y_j$*. Ist vorgängig und nach einheitlichen Segmentationskonventionen festgelegt, was als Angabe gilt und welche Angabe Träger des Leitelementes ist, dann sind alle Wörterbuchartikel, soweit sie von links nach rechts geschrieben sind und aus irgendzwei — hinsichtlich ihrer Zugehörigkeit zu einer Klasse nicht festgelegten — Angaben $y_i$, $y_j$ bestehen, hinsichtlich des Beziehungsgefüges gleich, das mit $y_i + y_j$ bezeichnet wird; sie repräsentieren damit die gleiche Mikrostruktur$_1$, sie heiße MS$_1$. Aus dieser Auffassung folgt: die Artikel

ALLTAGSROCK, *m.* (= wa$_{13}$) und
ABERÄSCHE s. eberesche (= wa$_{14}$)

aus dem DWB I repräsentieren MS$_1$, wenn die Segmentationskonvention bestimmt, daß sowohl wa$_{13}$ als auch wa$_{14}$ aus zwei Angaben bestehen. Da aber die Angabe „*m.*" (Tv wa$_{13}$) und die Angabe „s. eberesche" (Tv wa$_{14}$) zu verschiedenen Angabeklassen gehören, nämlich die erste zur Klasse der Genusangaben (GA) und die zweite zur Klasse der lexikographischen Verweise (LV), die sich nach Blumenthal/Lemnitzer/Storrer 1988 als Angaben auffassen lassen, gehören (nach Wiegand 1986a) wa$_{13}$ und wa$_{14}$ zu verschiedenen Artikeltypen: wa$_{13}$ gehört zu einem Typ, der mit $L + GA$ , wa$_{14}$ zu einem Typ, der mit $L + LV$ gekennzeichnet werden kann. Die Typcharakteristik $L + GA$ besagt, daß jeder Wörterbuchartikel, der aus einem Lemma besteht, das unmittelbar vor einer Genusangabe steht, zum Typ $L + GA$ gehört und MS$_1$ repräsentiert. Mithin gehören auch die DWB-Artikel

ALARMZEICHEN, *n.* (= wa$_{15}$) und
ALAUNGRUBE, *f.* (= wa$_{16}$)

zum Artikeltyp $L + GA$. Der DWB-Artikel

ABFLICHHERD s. abflauherd (= wa$_{17}$)

gehört dagegen zum Typ $L + LV$, aber repräsentiert ebenfalls MS$_1$. Zu e i n e r Mikrostruktur$_1$ gehören (je nach Grundbereich) m e h r e r e Artikeltypen, und ihre Anzahl kann berechnet werden. Der Terminus *Artikeltyp* ist sinnvoll vergleichbar mit dem Terminus *abstrakte lineare Mikrostruktur* (oder *Informationsprogramm*) i. S. v. 2.1. Denn sieht man davon ab, daß zum Artikeltyp die Klasse L gehört, zur abstrakten Mikrostruktur i. S. v. Rey-Debove dagegen nicht und ersetzt „ + " durch „ < ", dann kann man z. B. feststellen: Die Artikel wa$_1$, wa$_2$, ..., wa$_5$ gehören zum gleichen Artikeltyp $L < GrA.S < BA$ und haben die gleiche abstrakte Mikrostruktur $GrA.S < BA$.

Nach Wiegand (1986a, 313) kennzeichnet $y_i + y_j$ die am wenigsten komplexe präzedentive Mikrostruktur; wenn $y_k$ eine weitere Variable für Textsegmente ist, dann kennzeichnet $y_i + y_j + y_k$ ein Beziehungsgefüge, das in einer Weise komplexer ist, die berechnet werden kann, und alle Wörterbuchartikel, die hinsichtlich dieses so gekennzeichneten Beziehungsgefüges gleich sind, repräsentieren die gleiche Mikrostruktur$_1$, sie heiße MS$_2$. Wenn $K_i$, $K_j$, $K_k$ Variablen für Klassen von Angaben sind, dann gehören zu MS$_2$ alle Artikeltypen der Form $K_i + K_j + K_k$, z. B. $L + GrA.S + BA$ oder $L + AusA + GrA.S$. Auf die skizzierte Weise kann man zu beliebig komplexen präzedentiven Mikrostrukturen übergehen (vgl. z. B. die Tabelle in Wiegand 1988d). Relativ zu einem bestimmten allgemeinen einsprachigen Wörterbuch ist dann eine bestimmte Mikrostruktur$_1$ zusammen mit einem der zugehörigen Artikeltypen dem sehr ähnlich, was Rey-Debove Informationsprogramm eines Wörterbuches nennt. Der Terminus *Mikrostruktur*$_1$ bezeichnet also gerade einen bestimmten Isomorphietyp von konkreten Strukturen von der Art der Mikrostrukturen (i. S. v. 2.1.) aber unter Einschluß des Lemmas.

Die Termini *Mikrostruktur*$_1$ und *Artikeltyp* eignen sich, um auf Strukturen bezogene Vergleiche von Wörterbuchartikeln durchzuführen.

Während der Terminus *Mikrostruktur*$_1$ so gefaßt wurde, daß je konkrete Textsegmente von Wörterbuchartikeln n i c h t zur Mikrostruktur$_1$ gehören, wurde in Wiegand (1988, 52 ff.; 1988b, 541 ff.; 1989 u. 1989a) versucht, den Terminus in andere Richtung zu entwickeln. Hierarchische Mikrostrukturen von Wörterbuchartikeln werden als k o n k r e t e Ordnungsgebilde aufgefaßt, d. h.: als Mengen von Angaben eines Wörterbuchartikels, die um diesen selbst erweitert sind und auf denen Ordnungsrelationen definiert sind; diese Ordnungsgebilde gelten als Repräsentanten von Strukturklassen.

Nach entsprechenden Vorbereitungen im Abschnitt 3, in dem es um die Teile geht, die Relata von Beziehungen (extensional: Elemente von Relationen) sein können, wird dieser Ansatz in 4. und 5. weiter verfolgt und in Art. 39 ausgebaut.

## 3. Standardisierte Wörterbuchartikel, ihre Teile und ihre Segmentation

Der Terminus *Mikrostruktur* ist konzipiert für standardisierte Wörterbuchartikel, wobei auch die Textverdichtung standardisiert ist (vgl. 4.4.). Insbesondere hat es nur dann einen Sinn von d e r Mikrostruktur eines Wörterbuches zu sprechen, wenn eine Standardisierung der verdichteten Artikeltexte vorliegt (vgl. Wiegand 1989).

### 3.1. Zur Standardisierung von Wörterbuchartikeln

Wer etwas standardisiert herstellen will, muß dafür sorgen, daß die Herstellungshandlungen vereinheitlicht werden. Eine Standardisierung von Wörterbuchartikeln kommt dadurch zustande, daß diejenigen, die die Artikel formulieren, sich an vorgegebene Instruktionen halten (vgl. Wiegand 1986 a u. 1988, 35 ff.). Werden die Instruktionen fehlerlos befolgt, dann hat eine Standardisierung eine Vereinheitlichung entsprechender Sprachbeschreibungen zur Folge. Damit werden — für das gleiche Wörterbuch (oder in großen Verlagshäusern z. T. für Familien von Wörterbüchern) — andere lexikographische Beschreibungsmöglichkeiten weitgehend ausgeschlossen, so daß die Anwendung anderer offener oder geschlossener lexikographischer Beschreibungsmethoden (i. S. v. Wiegand 1984, 568 ff. u. 1988 b, 585 ff.) unterbleibt.

Im 20. Jh. sind die europäischen polyinformativen Wörterbücher — und unter diesen besonders die allgemeinen einsprachigen und die großen zweisprachigen — zunehmend standardisiert worden. Es haben sich Standardisierungstraditionen herausgebildet; die gründlichste Darstellung hierzu anhand der Partikel ist Wolski 1986. Für die allgemeinen einsprachigen Wörterbücher der deutschen Gegenwartssprache sind diese vor allem durch das WDG bestimmt (vgl. Art. 206). Solche Standardisierungstraditionen zusammen mit der aus der Praxis erwachsenen Auffassung, ein polyinformatives Wörterbuch werde nur nach einem konstanten Informationsprogramm (i. S. v. Rey-Debove 1971) erarbeitet, haben positive aber — wie alle Traditionen — auch negative Aspekte. Als positiv kann gelten, daß den Formulierungsgewohnheiten solche der Benutzung korrespondieren (können). Zu den negativen Aspekten zählt, daß die Standardisierungstraditionen zu dem geführt haben, was in Wiegand (1977 [1984], 101) — ganz bewußt in bewertender Absicht — als „Schema-F-Kodifikation" bezeichnet wurde. Anders ausgedrückt heißt das: Es gibt privilegierte Formen von Mikrostrukturen, die — komme, was da wolle: eine Partikel, ein ideologischer Ismus, eine Konjunktion, ein Heckenausdruck, ein assertives Handlungsverb etc. — bei der Formulierung von Wörterbuchartikeln stets aufs Neue erzeugt werden. So entstehen Formulierungsgewohnheiten, die sich in den verschiedenen Artikelstrukturen und vor allem bei der/den Mikrostruktur(en) und ihren Teilstrukturen niederschlagen (vgl. Art. 39).

Der Grad der Komplexität von Mikrostrukturen ist z. T. relativ hoch; in einer Phase der gesellschaftlichen Entwicklung, in der sich große Teile der Bevölkerung mehr und mehr von den Printmedien abwenden, die Lesefertigkeiten und die Bereitschaft, Zeit und Energie zum Auffinden sog. Informationen aufzuwenden, sinken, ist die Gewohnheit, Gebrauchswörterbücher mit relativ komplexen Mikrostrukturen zu produzieren, ein Hindernis dafür, daß sie vom potentiellen Laienbenutzer benutzt werden. Zu diesem kommt ein weiterer Nachteil. Die lexikographischen Gewohnheiten verhindern, daß neue sprachwissenschaftliche Ergebnisse berücksichtigt werden. Deren Berücksichtigung muß keineswegs den Grad der Komplexität von Mikrostrukturen erhöhen! Vielmehr kann das Informationsangebot differenzierter werden, was etwas ganz anderes ist.

Die Standardisierung ist wohl etabliert, die Programme weichen (was die Berücksichtigung bestimmter sog. Informationsklassen betrifft) kaum voneinander ab, und an Innovationen fehlt es (vgl. Zitat 5). Das gilt auch für die Lexikographie des Deutschen. Die Analyse von standardisierten Wörterbuchartikeln ist daher kein Elfenbeinturm-Hobby von Wörterbuchforschern, sondern hat eine (nicht zu unterschätzende) kulturelle Relevanz. Auch im Falle des allgemeinen einsprachigen Wörterbuches muß genauer bedacht werden als bisher, auf der Basis welcher Hypothesen über den potentiellen Benutzer was wie zu standardisieren ist. Dazu sind — neben empirisch fundierten Kenntnissen über die Wörterbuchbenutzung — differenzierte(re) und präzise(re) Kenntnisse über die Strukturen von Wörterbuchartikeln erforderlich. —

Die Standardisierung von Wörterbuchartikeln kann verschiedene Aspekte betreffen. Die wichtigsten sind die folgenden:
— Die lexikographische Beschreibungssprache (i. S. v. Wiegand 1983, 415 ff.) — z. B. Abkürzungen, Angabesymbole und Strukturanzeiger — wird in ausgewählten Teilen nach Inhalt und/oder nach der Form festgelegt, wobei öfters unkontrolliert Theoriefragmente übernommen werden (vgl. Wolski 1986). Mit der Standardisierung der Beschreibungssprache ist meistens eine Textverdichtung verbunden (vgl. unten 4.4., Wiegand 1989 b u. Art. 90 a).
— Die Anzahl der Angaben ist relativ zu Typen von Lemmazeichen festgelegt (variierbares Informationsprogramm).
— Die Position der artikelinternen Textsegmente, insbesondere die bestimmter Angaben, ist — meistens relativ zu Typen von Lemmazeichen — festgelegt.
— Die Typographie ist strukturell und funktional vereinheitlicht, so daß die typographischen Strukturanzeiger (z. B. **halbfett,** *kursiv* etc.) bestimmten Klassen von Angaben zugeordnet sind.

Folgende — nicht exhaustive — Liste von Gründen für die Standardisierung von Wörterbuchartikeln kann (nach Wiegand 1988, 36 ff.) angegeben werden: Standardisierung

— ermöglicht eine effektive soziale Kontrolle im lexikographischen Team,
— schränkt den individuellen Formulierungsspielraum ein und schafft Voraussetzungen für einen möglichst einheitlichen Wörterbuchstil (i. S. v. Wiegand 1986a u. 1988d),
— ermöglicht eine Beeinflussung des Benutzers,
— ermöglicht, wenn sie mit Textverdichtung verbunden ist, eine Einsparung von Druckraum,
— kann zu Eigenschaften der Artikeltexte führen, die der Textverständlichkeit dienen, und zwar relativ zu einem vorausgesetzten Wissen bestimmter Benutzergruppen,
— schafft artikelinterne Voraussetzungen dafür, daß die gesuchten Angaben vom kundigen Benutzer (i. S. v. Wiegand 1985a, 44) auf einem möglichst direkten Suchpfad vom Lemma zum gesuchten Teil der lexikographischen Dateneinheit und damit bei möglichst geringer Benutzungsdauer gefunden werden können (vgl. Art. 36).

Wenn man die aufgeführten Gründe für die Standardisierung als Handlungsziele von Lexikographen formuliert, wird deutlich, daß nicht alle Ziele gleichzeitig erreichbar sind, so daß ein Wörterbuch ein Standardisierungskonzept relativ zu einer Menge von Hypothesen über die potentiellen Benutzer haben sollte. —

Mit zunehmender Standardisierung wachsen die — die Wörterbuchform betreffenden — Erklärungsverpflichtungen der Lexikographen gegenüber dem potentiellen Benutzer. Vor allem die Aspekte der Standardisierung, die die Mikrostruktur betreffen, müssen in einem besonderen Teil der Wörterbucheinleitung erklärt werden, anderenfalls wäre die Standardisierung überflüssig. Insbesondere kann die Mikrostruktur eines standardisierten Wörterbuches nicht als Verlängerung der äußeren Zugriffsstruktur und damit als innere Zugriffsstruktur (i. S. v. Wiegand 1989) fungieren, wenn sie nicht erläutert ist! Bestimmte Ergebnisse von Textverdichtungsoperationen wären gar ohne Erläuterung unverständlich (vgl. 4.4. unten). Dies bedeutet, daß eine nur zeichentheoretisch fundierte „Zwei-Dimensionen-Theorie" für standardisierte Wörterbücher zu kurz greift. Denn zu diesen Wörterbüchern gehört notwendigerweise ein Metatext als Teil der Hyperstruktur (i. S. v. Wiegand 1988 u. 1989), in dem die Standardisierung als zentraler Aspekt der Wörterbuchform erläutert ist, so daß jede Definition von Sprachwörterbüchern, welche dies nicht berücksichtigt, unvollständig ist. Übrigens gibt es faktisch auch keine allgemeinen einsprachigen Wörterbücher, zu denen nicht wenigstens ein entsprechender Metatext gehört.

### 3.2. Standardisierte Wörterbuchartikel und ihre Teile

#### 3.2.1. Teiltexte, Textsegmente, Textelemente und Textbausteine

Betrachtet man — wie es nachfolgend geschieht — nur eine bestimmte Klasse von Wörterbuchartikeln und diese als Texte, dann kann die in Wiegand (1983, 455) gegebene Definition spezifiziert und unter Berücksichtigung von Wiegand 1988 wie folgt präzisiert werden:

Definition 1: Ein standardisierter Wörterbuchartikel eines allgemeinen einsprachigen Wörterbuches ist als Teiltext des Wörterverzeichnisses eine geordnete Menge von funktionalen lexikographischen Textsegmenten, zu der obligatorisch eine Lemmazeichengestaltangabe (und damit mindestens ein Lemma) gehört sowie mindestens eine Angabe, die (i. S. v. 4.3.) nach links an die Lemmazeichengestaltangabe adressiert ist.

Die Def. 1 gilt nicht für Subartikel, die aus der makrostrukturellen Perspektive aus nur einem Sublemma und daher in mikrostruktureller Hinsicht nur aus der Lemmazeichengestaltangabe bestehen.

Werden Wörterbuchartikel als Texte aufgefaßt, heißen ihre Teile *(lexikographische) Textsegmente*. Man kann die *funktionalen* von den *nichtfunktionalen* unterscheiden.

Alle Teile von $wa_1$ und $wa_2$, die in den Abb. 38a.1 bis 38a.4 innerhalb der Umrandungszeichen stehen, sind funktionale Textsegmente. Die nachfolgend erwähnten Teile von Wörterbuchartikeln sind nichtfunktionale Textsegmente (= ts), für die es keine Termini gibt, z. B.:

-en *Facharzt* (= $ts_1$ Tv $wa_1$),
die; - (= $ts_5$ Tv $wa_5$),
*Gräser:* reife (= $ts_6$ Tv $wa_6$),
- / emot. / (= $ts_{10}$ Tv $wa_{10}$).

Daß nichtfunktionale Textsegmente bei der Analyse von Artikeln relevant werden können, wird in Wiegand 1988a, 768 ff. deutlich (vgl. auch Art. 44).

Im folgenden werden nur die funktionalen Textsegmente berücksichtigt; diese können wie folgt definiert werden:

Definition 2: Ein funktionales lexikographisches Textsegment ist ein Teil eines Wörterbuchartikels, bestehend aus einer Form und wenigstens einem genuinen Zweck, höchstens aber endlich vielen genuinen Zwecken, der (bzw. die) der Form in ihrer Ganzheit vom Lexikographen zugeordnet wurde(n).

*Bem. zu Def. 2:* Unter der *Form* eines Textsegmentes ist seine spezifische graphische Gestalt zu verstehen. — Anstatt vom genuinen Zweck kann man auch von der genuinen Funktion sprechen (wobei dann *Funktion* i. S. v. *Aufgabe, Rolle* und eben in dem vom *Zweck* verwendet wird).

Der genuine Zweck eines funktionalen Textsegmentes (vgl. auch 2.1.) besteht darin, daß es anhand bestimmter Eigenschaften dem potentiellen Benutzer dazu dient, diejenigen Benutzerziele erreichen zu können, um deren Erreichung willen der Lexikograph das funktionale Textsegment formuliert hat (zum Terminus *genuiner Zweck* vgl. auch Wiegand 1987, 199 f. und 1988 a, 744 f.). Beispielsweise ist eine Bedeutungsangabe zu einem Lemmazeichen(paradigma) dazu formuliert, daß ein Benutzer das Ziel einer Benutzungshandlung erreicht, die unter einer Suchfrage nach einer Bedeutung des Lemmazeichens ausgeführt wird. Besteht eine BA nur aus sprachlichen Ausdrücken (was nicht notwendigerweise der Fall ist, vgl. Art. 44), dann ist die Eigenschaft anhand derer das Benutzerziel erreicht werden kann, die Bedeutung der in der Bedeutungsangabe verwendeten sprachlichen Ausdrücke.

*Bem.:* Der genuine Zweck eines funktionalen Textsegmentes muß nicht mit dem Zweck identisch sein, der ihm vom jeweiligen Benutzer zugeordnet wird, wenn der Wörterbuchartikel, zu dem das Segment gehört, zum Text-in-Funktion (i. S. v. Schmidt 1976) wird, denn der Wörterbuchbenutzer kann z. B. aus einer Bedeutungsparaphrasenangabe auch syntaktische Informationen erschließen (vgl. auch Wiegand 1985 a, 87).

Der gleiche allgemeine genuine Zweck kann nach je wörterbuchspezifischen Konventionen unterschiedlichen graphischen Gestalten und damit verschiedenen Textsegmentformen zugeordnet sein (vgl. für die GrA.S Wiegand 1988, 61; Abb. 10).

Funktionale Textsegmente, die nicht weiter in kleinere funktionale Textsegmente segmentiert werden können, heißen *Textelemente*.

Folgende funktionale Textsegmente sind z. B. Textelemente (= te):

$te_1$ = „reife Ähren" (eine Kompetenzbeispielangabe [KBeiA] aus $wa_6$),
$te_2$ = „Adj." (eine Wortartenangabe [WAA] aus $wa_7$),
$te_3$ = „der" (eine Genusangabe [GA] aus $wa_8$),
$te_4$ = „-" (eine Singularbildungsangabe [SgbA] aus $wa_9$, realisiert durch ein freistehendes Platzhaltersymbol),
$te_5$ = *„massenweises Hinschlachten"* (eine Bedeutungsparaphrasenangabe [BPA] aus $wa_{10}$),
$te_6$ = „‗" (eine Wortakzentangabe [WAkA], zugleich eine Vokalquantitätsangabe für Länge [VQA.L] aus $wa_9$, realisiert durch ein positionsgebundenes Angabesymbol, den Unterstrich).

Der Form von Textelementen kann gerade ein genuiner Zweck zugeordnet sein. Dies ist z. B. der Fall bei $te_2$, $te_3$ und $te_4$. Solche Textelemente heißen *monofunktional*. Ist der Form von Textelementen mehr als ein genuiner Zweck zugeordnet, heißen sie *polyfunktional;* $te_6$ ist polyfunktional.

Lexikographische Beispiele (genauer: Beispielangaben) können sowohl als monofunktionale als auch als polyfunktionale Textelemente analysiert werden, weil dies davon abhängt, ob der jeweilige Lexikograph den lexikographischen Beispielen einen genuinen Zweck oder mehrere zugewiesen hat (vgl. Wiegand 1989). Ist dies nicht zu ermitteln, werden sie bei einer metalexikographischen Textdeskription einheitlich als polyfunktionale Textelemente analysiert, in Übereinstimmung damit, daß sie bei der Wörterbuchbenutzung verschiedene Zwecke erfüllen können.

Funktionale Textsegmente, die weiter in kleinere, und zwar nur in funktionale Textsegmente segmentiert werden können, heißen *Textbausteine*. Der Form eines Textbausteines ist — als einem Formganzen — immer ein generischer Zweck im Sinne der Def. 3 zugeordnet, der aus wenigstens zwei Teilzwecken besteht. Diese sind entweder einer Eigenschaft der Form oder einem Formteil zugeordnet, wobei der Fall nicht ausgeschlossen ist, daß mehr als ein Teilzweck einem Formteil zugeordnet ist. Betrachtet man einen Textbaustein als Ganzheit, ist er monofunktional, betrachtet man ihn hinsichtlich seiner Teile, ist er polyfunktional. Folgende funktionale Textsegmente sind Textbausteine (= tb):

$tb_1$ = „die; -, -n" (Grammatikangabe bei Substantiven [GrA.S] aus $wa_9$, relativ zu einer bestimmten Segmentionskonvention, bestehend aus fünf funktionalen Textsegmenten; vgl. Abb. 38 a.15)

$tb_2$ = *„massenweises Hinschlachten, Massenmord"* (Bedeutungsangabe [BA] aus $wa_{10}$, bestehend aus drei funktionalen Textsegmenten, einer BPA, einem TZ und einer SynA).

### 3.2.2. Einige Klassen von funktionalen Textsegmenten

Jedes monofunktionale Textelement gehört zu einer Klasse von Textelementen, deren Klassenkriterium ein genuiner Zweck ist; dessen Bezeichnung liefert den Klassennamen. Polyfunktionale Textelemente gehören zu verschiedenen solcher Klassen. Jeder Textbaustein gehört zu einer Klasse von

Textbausteinen, deren Klassenkriterium der übergeordnete Zweck ist; dessen Bezeichnung liefert ebenfalls den Klassennamen.

Sind die Klassennamen definiert, hat man metalexikographische Termini, und zwar klassifikatorische Prädikate, so daß festgelegt ist und angesichts jedes empirischen Befundes entscheidbar sein muß, welches Textsegment zu welcher Klasse von Segmenten gehört (bzw. nicht gehört), so daß z. B. gilt: $te_1 \in KBeiB$, $te_1 \notin WAA$, $te_2 \in WAA$, $te_3 \notin SgbA$ usw. Bei den einsprachigen Wörterbüchern des Deutschen und den zweisprachigen mit Deutsch lassen sich weit über 200 Klassen von funktionalen lexikographischen Textsegmenten unterscheiden.

*Bem.:* Die Terminologie für diese Textsegmente ist derzeit noch uneinheitlich. Ein kleiner Ausschnitt für eine deutsche Terminologie findet sich in Wiegand (1988b, 546 ff.). Termini für Textsegmente wie z. B. *Lemmazeichengestaltangabe, Rechtschreibangabe, Akzentsilbenangabe, Pluralbildungsangabe, Vokalquantitätsangabe, Sonantenquantitätsangabe, Äquivalentangabe, Äquivalentunterscheidungsangabe* sind offenbar eher sprachtheoretisch, Termini wie *Artikelkopf, Lemmaposition, Angabesymbol* und *Strukturanzeiger* eher metalexikographisch motiviert. Bei der empirischen Vielfalt ist die Entwicklung einer einheitlichen Terminologie, die auch ausdrucksseitig ansprechend ist, nicht in einem Anlauf zu erreichen. Ein möglichst exhaustiver Versuch findet sich in Wiegand 1989 (vgl. auch die Übersicht in Abb. 38 a.17 sowie Art. 39, 3.).

Es hat sich in der bisherigen Wörterbuchforschung ein praktisch eingespielter Konsens ergeben, bestimmte Textsegmente als „Bausteine" von allgemeinen einsprachigen Wörterbüchern gelten zu lassen (vgl. Art. 36). *Baustein* kann als ein pragmatisch eingespielter Fachausdruck der lexikographischen Werkstattsprache (i. S. v. Art. 34) gelten; ein Terminus ist es nicht.

Die beiden wichtigsten Klassen von funktionalen Textsegmenten sind die Klasse der *Angaben* und die der *Strukturanzeiger*. Sie unterscheiden sich dadurch, daß der genuine Zweck von Angaben von prinzipiell anderer Art ist als der von Strukturanzeigern.

### 3.2.2.1. Angaben

Angaben können wie folgt definiert werden:

Definition 3: Angaben sind funktionale lexikographische Textsegmente, die entweder zum Lemmazeichen oder zu artikelinternen Angaben oder zu Angaben in anderen Artikeln oder zu Textteilen in den Außentexten des Wörterbuches in einer Angabebeziehung stehen, und deren genuiner Zweck darin besteht, daß der potentielle Benutzer aus ihnen entweder lexikographische Informationen über den Wörterbuchgegenstand oder solche über diesen und die Wörterbuchform erschließen kann.

*Bem. zu Def. 3:* (i) Die Def. ist deswegen so allgemein gehalten, damit möglichst alle Angabeklassen zur Extension gehören. Mit Angaben wird immer ein Bezug hergestellt. Aber die Angabebeziehung hat sehr verschiedene Ausprägungen. Mit einer LZGA wird der Bezug auf völlig andere Weise hergestellt, als mit einer BA. Wieder ganz anders geschieht dies bei einer Satzmusterangabe im BW (vgl. dazu Wiegand 1989). (ii) Der Ausdruck *Angabe* wird hier für Textsegmente als Ergebnisse von lexikographischen Formulierungshandlungen verwendet, die — gemäß Def. 2 — aus einer Angabeform und mindestens einem, dieser Form zugeordneten genuinen Zweck bestehen. Dies festzustellen ist — wegen der Polysemie von *Angabe* (vgl. Wiegand 1988 a, 765 f.) — notwendig; denn man kann ja sagen, daß mit einer als Textsegment formulierten Bedeutungsangabe wie z. B. *geordnete Sammlung von Fotos* mindestens eine Angabe zum Lemmazeichen *Fototek* (vgl. $wa_5$) gemacht wird. — Dadurch, daß eine Angabe als funktionales Textsegment formuliert wird, wird wenigstens eine Angabe zu etwas gemacht, das im Sprachwörterbuch ein sprachliches Etwas ist, so daß eine sprachreflexive Angabebeziehung gegeben ist. (iii) Ein Lexikograph kann in einem Artikel eine Angabe zum Lemmazeichen machen, ohne daß er in diesem Artikel eine Angabe als Textsegment formuliert, und zwar dadurch, daß z. B. in der Wörterbucheinleitung feststellt, daß das Fehlen einer bestimmten Angabe (das Unterlassen ihrer Formulierung) einen bestimmten Schluß erlaubt. So verfährt z. B. Sanders mit der Diminutivangabe. Bei der Erklärung der präzedentiven Mikrostruktur des Formkommentars bei Substantiven stellt er fest: „[..] dann [folgen] die Verkleinerungsformen, deren Fortbleiben sie als ungewöhnlich bezeichnet" (Sanders-WDS, VII, 10.). Angaben dieser Art heißen Angaben durch Unterlassung ($A^-$; hier $DimA^-$; vgl. 5. und Art. 39). (iv) Von der Angabe- muß die Adressierungsbeziehung unterschieden werden. Da verschiedenen Angabeformen (also verschiedenen graphischen Gestalten) der gleiche genuine Zweck zugeordnet werden kann, können mit bestimmten Angaben, die hinsichtlich der Form verschiedene Textsegmente sind, die gleichen Angaben gemacht werden.

Angaben müssen von lexikographischen Informationen unterschieden werden; letztere werden vom Benutzer aus ersteren erschlossen und sind kognitive Entitäten. Aus gleichen Angaben können verschiedene Benutzer unterschiedliche lexikographische Informationen erschließen (vgl. Wiegand 1987, 207; 1987a, 312 f. und 1989). Angaben, die Textbausteine sind, können als Teile *Teilangaben* haben; $tb_1$ beispielsweise besteht u. a. aus drei Teilangaben, einer GA („die"), einer

Singularbildungsangabe („-") und einer Pluralbildungsangabe („-n"); tb₂ besteht u. a. aus zwei Teilangaben, einer Bedeutungsparaphrasenangabe und einer Synonymenangabe.

Angaben, die Textbausteine sind, können funktionale Teile haben, die keine Teilangaben sind (z. B. die nichttypographischen Strukturanzeiger; vgl. Abb. 38 a.15).

### 3.2.2.2. Strukturanzeiger

Während der Benutzer aus Angaben entweder nur etwas über den Wörterbuchgegenstand erfährt oder etwas über diesen und über die Wörterbuchform (vgl. Def. 3), kann er aus Strukturanzeigern nur etwas über die Wörterbuchform erschließen. Strukturanzeiger können wie folgt definiert werden:

Definition 4: Strukturanzeiger sind funktionale lexikographische Textsegmente, deren genuiner Zweck darin besteht, die Wahrnehmung des potentiellen Benutzers dadurch zu unterstützen, daß sie ihm solche Ausschnitte aus der vollständigen Artikelstruktur anzeigen, deren Kenntnis etwas dazu beitragen kann, daß er die Angaben besser identifizieren, unterscheiden und systematisch — und damit schneller — auffinden kann.

Die überwiegende Mehrzahl der Strukturanzeiger kann ihren genuinen Zweck nur vollständig erfüllen, wenn der Benutzer ihn kennt. Die Strukturanzeiger können sehr weitgehend subklassifiziert werden (vgl. Wiegand 1989 im Anschluß an Gallmann 1985 und Günther 1988). Die wichtigsten Subklassen sind die der *typographischen* und die der *nichttypographischen* Strukturanzeiger (wie sie vorläufig noch heißen). Die typographischen Strukturanzeiger entstehen durch Verwendung von bestimmten graphischen Mitteln, nämlich den integrativen linearen Suprasegmenten (i. S. v. Günther 1988, 64 ff.; vgl. auch Art. 38), so daß bestimmte Angaben oder Folgen von Angaben dadurch von ihrer textuellen Umgebung abgehoben werden, daß mit einer anderen Schriftart (z. B. *Kursive*), nur mit VERSALIEN oder mit anderen Schriftschnitten (z. B. **halbfett**) gearbeitet wird. Die typographischen Strukturanzeiger können als Eigenschaften oder Eigenschaftskomplexe der Form von Angaben aufgefaßt werden; ihre Wirkung beruht auf dem visuellen Kontrast zu anderen Angaben. Bei der Analyse von typographischen Strukturanzeigern zählt eine Klasse als die der unmarkierten.

Nichttypographische Strukturanzeiger sind z. B. die Zusammenordnungszeichen (i. S. v. Schnelle 1962, 55) „( )", „⟨ ⟩", „[ ]". Auch können die Satzzeichen (oder genauer Zeichen, die mit Satzzeichen wie „ , " und „ ; " homonym sind) als nichttypographische Strukturanzeiger, und zwar als Trennzeichen (TZ), verwendet werden. Eine relativ saubere und benutzerfreundliche Einführung der in diesem Wörterbuch verwendeten Strukturanzeiger findet sich im HWDG (XXVII). Faßt man die typographischen Strukturanzeiger als eine Eigenschaft der Angaben auf, dann sind alle Angaben *strukturanzeigend* (aber definitionsgemäß keine Strukturanzeiger!). Die nichttypographischen Strukturanzeiger können Teile der Form von Angaben und damit auch Teil von Angaben sein; so sind z. B. die beiden Trennzeichen „ , " und „ ; " Teile von tb₁ (vgl. Abb. 38 a.15). Auch das Trennzeichen „ , " in tb₂ ist Teil einer Angabe: es ist ein nichttypographischer Strukturanzeiger, weil es zwei Teilangaben trennt. Die sog. Interpunktionszeichen des jeweiligen Schriftsystems, die keine Angaben trennen, sind keine Strukturanzeiger. Strukturanzeiger operieren auf der Ebene der Wörterbuchform, Interpunktionszeichen auf der des Wörterbuchgegenstandes. Ihre Form kann gleich sein, ihr genuiner Zweck (ihre genuine Funktion) kann bei gleicher Form verschieden sein (vgl. auch 3.3.).

### 3.2.2.3. Möglichkeiten, den Terminus *Angabe* zu verallgemeinern

Der Terminus *Angabe* kann — wenn es für bestimmte Zwecke notwendig oder nützlich ist — in dem Sinne verallgemeinert werden, daß seine Extension erweitert wird. Dann stimmt sein Gebrauch nicht mehr mit dem pragmatisch eingespielten innerhalb der lexikographischen Werkstattsprache überein.

Nachfolgend werden die drei wichtigsten Verallgemeinerungsmöglichkeiten kurz genannt, die in einer lexikographischen Theoriesprache (i. S. v. Art. 34) auftreten können.

(i) Lexikographische Hinweise (i. S. v. Wiegand 1988b, 559 ff.) ebenso wie lexikographische Verweise können als Angaben verstanden werden (vgl. Blumenthal, Lemnitzer, Storrer 1988) und zu zwei besonderen Angabeklassen zusammengefaßt werden, der Klasse der Verweis- und der der Hinweisangaben (vgl. Wiegand 1989).

(ii) Auch ein gesamter Wörterbuchartikel eines allgemeinen einsprachigen Wörterbuches kann als eine Angabe aufgefaßt werden, nämlich als die größte Angabe, aus der alle anderen Angaben unter dem gleichen Lemma durch Segmentation (i. S. v. 3.3. unten) erhältlich sind; daß diese „größte Angabe" mit dem besonderen Terminus

*Wörterbuchartikel* bezeichnet wird, rechtfertigt sich systematisch dadurch, daß allein dieser Teil des Wörterverzeichnisses im texttheoretischen Sinne als (relativ selbständiger) Teiltext gelten kann (vgl. Wiegand 1988 u. Art. 90). Betrachtet man die standardisierten Wörterbuchartikel als die größten Angaben, vereinfacht sich besonders die formale Beschreibung von Mikrostrukturen, weil man dann z. B. die hierarchische Mikrostruktur reduziert definieren kann (wie in Wiegand 1988, 69 ff. u. 1989 sowie in 4.).

Des weiteren muß darauf hingewiesen werden, daß eine auf den Wörterbuchartikel (als die größte Angabe) beschränkte Analyse erleichtert wird, wenn man die partitive Relation *theorieintern* als reflexiv modelliert (eine Vorgehensweise die keineswegs so unproblematisch ist wie in vielen Durchschnittsbüchern zur Logik von Relationen stillschweigend unterstellt wird). Ist die partitive Relation als reflexiv konzipiert, hat das zur Folge, daß man von den nachfolgenden Sätzen (a)—(d), in denen der Relationsterm *ist eine Angabe als Teil von (der/des)* verwendet wird, nicht nur (a) und (b) sondern auch (c) und (d) (theorieintern) als korrekt gelten lassen muß:

(a) 'Facharzt der Anatomie' ist eine Angabe als Teil von $wa_1$.
(b) $wa_1$ ist eine Angabe als Teil des Wörterverzeichnisses des HWDG.
(c) 'Facharzt der Anatomie' ist eine Angabe als Teil der Angabe 'Facharzt der Anatomie'.
(d) $wa_1$ ist eine Angabe als Teil von $wa_1$.

Man sieht: hier hat man es mit dem altehrwürdigen Problem der (Selbst-)Reflexivität im metalexikographischen Gewande zu tun. Wer die mit (c) und (d) exemplarisch vermittelte Auffassung, daß etwas Teil von sich selbst ist, theorieintern nicht gelten lassen will, muß die partitive Relation als irreflexive konzipieren, womit er „die Logik" einer (z. B. der deutschen) Alltagssprache und im vorliegenden Falle die der zugehörigen lexikographischen Werkstattsprache rekonstruiert. Denn ein Ganzes ist hiernach stets ein Teil eines weiteren Ganzen, und man spricht mithin vom Ganzen nur als einem Ganzen relativ zu seinen Teilen, zu denen dieses Ganze selbst nicht gehört. Die Alltagssprache vermittelt damit sozusagen eine globale (jede gesetzte Grenze erneut übergreifende) Perspektive; sieht man über die gesetzte Grenze hinaus, ist jedes Ganze wiederum nur Teil, so daß das Ganze und die Teile nicht *wesentlich* unterschieden sind. Will man sich jedoch beschränken und keine globale Analyse machen (der Artikel ist Teil des Wörterverzeichnisses, dieses ist Teil des Wörterbuches, dieser Teil der Bibliothek, ..., ist Teil des Kosmos), sondern eine lokale, hier eine von standardisierten Wörterbuchartikeln, dann möchte man nur *ein bestimmtes* Ganzes und *seine Teile* berücksichtigen, und zwar dieses eine Ganze, das (im gleichen teiltheoretischen Rahmen) nicht wieder als Teil eines weiteren Ganzen bestimmt ist, sondern als gegeben vorausgesetzt wird. Lokal gesehen, sind daher das Ganze und seine Teile (der Artikel und seine Angaben) *wesentlich* unterschieden.

Bleibt man sich des wesentlichen Unterschiedes zwischen dem einen Ganzen und seinen Teilen bewußt, dann kann man auch im Rahmen einer lokalen Analyse die Teil-Ganzes-Relation formal als reflexive Relation konzipieren, was die Beschreibung erheblich vereinfacht. Das Ganze kann dann so behandelt werden, als sei es Teil von sich selbst.

(iii) Auch das Lemma im allgemeinen einsprachigen Wörterbuch, mit dem das Lemmazeichen, also die traditionell ausgezeichnete Form (die Zitierform) eines Formenparadigmas, zum Zwecke seiner und der lexikographischen Bearbeitung des Paradigmas erwähnt wird, kann — wenn es nicht um makrostrukturelle Aspekte geht — als Angabe aufgefaßt werden, nämlich als diejenige besondere implizite Angabe, die Träger des Leitelementes (i. S. v. Wiegand 1983, 431) ist (vgl. Art. 37). In den modernen europäischen allgemeinen einsprachigen Wörterbüchern ist dies meistens die Rechtschreibangabe als Lemmazeichengestaltangabe für die schriftliche Realisierung (LZGA.sR), oder es ist ein Teil der LZGA.sR; letzteres ist der Fall immer dann, wenn eine Silbentrennungsangabe (STrA) gegeben ist, also die Angabe zur Gestalt des Lemmazeichens, wenn es schriftlich realisiert ist und getrennt wird. Die STrA ist eine Teilangabe der LZGA.sR (vgl. hierzu Wiegand 1989).

### 3.2.2.4. Einige Angabeklassen

Es lassen sich verschiedene Angabeklassen unterscheiden, die für die metalexikographische Textdeskription besonders wichtig sind. Einige Unterscheidungen werden nachfolgend kurz eingeführt.

### 3.2.2.4.1. Sprachliche vs. nichtsprachliche Angaben

Sprachliche Angaben sind vor allem solche, die mit den Mitteln eines Schriftsystems geschrieben sind, das der Verschriftlichung wenigstens einer natürlichen Einzelsprache dient; z. B. sind die meisten Angaben in deutschen Wörterbüchern der Gegenwart nach dem deutschen Schriftsystem (i. S. v. Günther 1988) geschrieben zu dem u. a. das lateinische Alphabet gehört. Bei den sprachlichen Angaben lassen sich die natürlichsprachlichen von den sondersprachlichen unterscheiden; letztere sind mit den Mitteln eines Sonderschriftsystems geschrieben, z. B. Ausspracheangaben mit den Mitteln des API-Systems (vgl. Art. 41). Als nichtsprachliche Angaben können zumindest ein Teil der Illustrationen gelten (vgl. Art. 62). Auch ein Teil der Angabesymbole kann als nichtsprachliche Angabe aufgefaßt werden, z. B. die beiden pragmatischen Angaben „⊙",

„ᴤ" in wa$_{12}$. In dem folgenden Textbeispiel 38 a.2 werden z. B. Markierungsangaben mittels der im Wörterbuch beschriebenen Sprache eingeführt:

nen einsprachigen Wörterbuch beschrieben wird (vgl. Wiegand 1983, 415 ff., Wolski 1988 u. Art. 37; eine andere Theorie wird in Art. 33 vertreten).

**Für Wissensgebiete und Sondersprachen:**

| | | |
|---|---|---|
| ⌂ Baukunst | ⚒ Handel | ⚓ Schiffahrt, Seemanns- sprache, Segelsport |
| ⚒ Bergbau | ⚔ Heerwesen, Kriegskunst, Soldatensprache | ✯ Stern- und Himmelskunde |
| ▯ Buch, Buchherstellung | ☤ Heilkunde | Ⅎ Ausdrücke aus dem früheren studentischen Verbin- dungsleben |
| ⚗ Chemie | 🚗 Kraftwagen, Kraftverkehr | |
| 🚂 Eisenbahn | ⚒ Landwirtschaft, Ackerbau | |
| ⚡ Elektrizität | △ Mathematik | ⚙ Technik |
| ⊕ Erdkunde | ♪ Musik | 🐾 Tierkunde, Viehzucht |
| ☎ Fernsprecher, Telegraph | ⚘ Pflanzenkunde | ✍ Verkehrswesen |
| ✈ Flugwesen, Luftfahrt | ⚖ Rechtssprache | ⛨ Wappenkunde |
| ♣ Forstwesen, Holzwirt- schaft | 📻 Rundfunk | ⚔ Weidmannssprache |

Textbeispiel 38 a.2: Einführung von Angabesymbolen für Markierungsangaben (Sprachbrockhaus 1944)

Eine Klassifizierung der Angaben in sprachliche vs. nichtsprachliche ist abhängig davon, was als Sprache angesehen wird, und eine weitergehende Subklassifizierung gestaltet sich relativ komplex (vgl. Wiegand 1989).

### 3.2.2.4.2. Linguistische vs. enzyklopädische Angaben

Der genuine Zweck von l i n g u i s t i s c h e n Angaben besteht darin, daß der potentielle Benutzer aus ihnen Informationen über sprachliche Eigenschaften des Wörterbuchgegenstandes erschließen kann. Was als sprachliche Eigenschaft gilt, ist nicht vorgängig entschieden, sondern wird durch die Sprachtheorie, relativ zu der argumentiert wird, mitbestimmt. Linguistische Angaben sind z. B. folgende: GA, GradA, DekA, STrA, SgbA, PlbA, UmlA, RekA, RA, SA, SmA, VVA (vgl. Abb. 38 a.17).

Im Unterschied zu den linguistischen besteht der genuine Zweck von e n z y k l o p ä - d i s c h e n Angaben darin, daß der potentielle Benutzer aus ihnen Informationen über nichtsprachliche Gegenstände erschließen kann. Enzyklopädische Angaben sind im allgemeinen einsprachigen Wörterbuch selten. Sie dürfen nicht mit enzyklopädischen Elementen innerhalb von linguistischen Angaben verwechselt werden, die z. B. in der BA auftreten (vgl. Art. 44 u. Wiegand 1988 a, 763 ff.).

### 3.2.2.4.3. Implizite vs. explizite Angaben

Bei den linguistischen Angaben, die Textelemente sind, lassen sich die i m p l i z i t e n von den e x p l i z i t e n Angaben unterscheiden. Das Unterscheidungskriterium liefert eine Theorie zu unterschiedlichen Verwendungsweisen derjenigen Sprache, die im allgemei-

Da der Unterschied nicht immer einfach zu erkennen ist, wurde in Wiegand 1989 ein Verfahren entwickelt, das hilft, die Menge der elementaren Angaben eines Wörterbuchartikels den beiden Klassen zuzuordnen. Das Verfahren funktioniert — grob skizziert — wie folgt:
Ausgegangen wird von den folgenden Satzformen (SF):
*Der/Die/Das E von lz wird durch a angegeben.*
In SF sind:
— „E" eine Variable für Bezeichnungen von Eigenschaften von Lemmazeichen (z. B. *Genus*),
— „lz" eine Variable für Erwähnungen von Lemmazeichen,
— „a" eine Variable für Erwähnungen von Angaben.
Es gilt die Bedingung, daß das Lemmazeichen und die Angaben zum gleichen Artikel gehören müssen.
Am Beispiel von wa$_6$ ergeben sich dann z. B. durch Einsetzung folgende Sätze:
1. Das Genus von *Ähre* wird durch „die" angegeben.
2. Der Singular von *Ähre* wird durch „-" angegeben.
3. Die Bedeutung von *Ähre* wird durch *„Blütenstand bes. bestimmter Getreidearten und Gräser"* angegeben.
4. Der Gebrauch von *Ähre* wird durch *reife Ähren* angegeben.

Nach (2) und (4) sind die SgbA („-") und die KBeiA *(„reife Ähren")* implizite Angaben; nach (1) und (3) sind die GA („die") und die BA *(„Blütenstand ...")* explizite Angaben. Das Kriterium lautet: Tritt in den Einsetzungen für die Variable „a" in SF (i) wenigstens eine Verwendungsinstanz des Lemmazeichens auf, oder (ii) wenigstens eine der flexionsmorphologischen Formen des Lemmazeichens oder (iii) wenigstens ein freies oder ein gebundenes Platzhaltersymbol für das Lemmazeichen bzw. eine seiner Formen, heißt die eingesetzte Angabe i m p l i z i t. In allen anderen Fällen heißt sie e x p l i z i t.

Mit Textelementen, die implizite Angaben

und an die artikelinterne Lemmazeichengestaltangabe adressiert sind, kann eine Angabe z. B. dadurch gemacht werden, daß der Lexikograph beim Formulieren des Artikeltextes

— nur das Lemmazeichen erwähnt, so daß eine Lemmazeichengestaltangabe für die schriftliche Realisierung (LZGA.sR) und — falls das Lemmazeichen ein Wort ist — eine Wortformenangabe (WFA) und eine Rechtschreibangabe vorliegt (wenn er sich an die gültigen Rechtschreibvorschriften hält; z. B. RA in $wa_1-wa_{10}$)
— statt nur eine mit dem Lemmazeichen „gleichlautende" Flexionsform zu erwähnen, ein standardisiertes Mittel der Textverdichtung verwendet und z. B. die Wortformenangabe dadurch formuliert (und macht), daß er ein freies Platzhaltersymbol setzt (z. B. die PlbA in $wa_6$)
— statt nur eine mit dem Lemmazeichen im Stamm „gleichlautende" Flexionsform zu erwähnen, die Wortformenangaben dadurch formuliert (und macht), daß er ein an die Flexionsendung gebundenes Platzhaltersymbol setzt (z. B. die PlbA in $wa_6$)
— das Lemmazeichen als Teil eines solchen Kotextes erwähnt, in dem es nicht selbst Bezugsgegenstand einer kotextinternen sprachreflexiven Prädikation (i. S. v. Wiegand 1983) ist, so daß eine Kompetenzbeispielangabe vorliegt (z. B. die beiden in $wa_6$)
— statt das Lemmazeichen als Teil eines Kotextes zu erwähnen, dieses durch ein freies Platzhaltersymbol oder eine Abkürzung ersetzt, so daß eine verdichtete Kompetenzbeispielangabe vorliegt (z. B. $wa_7$, $wa_9$, $wa_{10}$).

Textelemente, die explizite Angaben und an die artikelinterne Lemmazeichengestaltangabe adressiert sind, sind bzw. enthalten keine Erwähnungen des artikelinternen Lemmazeichens oder einer der anderen Flexionsformen des Lemmazeichenparadigmas, und sie sind bzw. enthalten auch keine Platzhaltersymbole für das Lemmazeichen bzw. Abkürzungen des Lemmazeichens.

Aus den vorstehenden Ausführungen folgt, daß Angaben, die Textbausteine sind, aus impliziten und expliziten Teilangaben bestehen können (z. B. die DekA in $wa_9$ und $wa_{10}$).

Bestimmte Angaben sind immer explizit, z. B. die Markierungsangaben, die Aussprachеangaben oder solche, die an andere Angaben als die LZGA adressiert sind. Manche Angaben können entweder dadurch gemacht werden, daß eine implizite oder dadurch, daß eine explizite Angabe formuliert wird (z. B. VVA). Bestimmt wird dies durch die jeweilige lexikographische Beschreibungsmethode.

### 3.2.2.4.4. Standardisierte vs. nichtstandardisierte Angaben

Angaben können entweder standardisiert oder nichtstandardisiert sein. Auf die nichtstandardisierten wird nicht eingegangen (vgl. dazu Wiegand 1988). Bei einer Betrachtung der standardisierten ist zunächst darauf zu achten, daß Wörterbücher, Wörterbuchartikel und Angaben mehr oder weniger standardisiert sein können. Dies bedeutet, daß der bikomplexe Terminus *standardisierte Angabe* als Typusprädikat konstruiert werden muß, so daß man über ein einstelliges klassifikatorisches Prädikat verfügt, das Aussagen der Form *x ist standardisiert* (vs. *x ist nicht standardisiert*) erlaubt sowie über ein zweistelliges komparatives Prädikat, das Aussagen der Form *x ist stärker oder gleichstark standardisiert als/wie y* ermöglicht (vgl. Wiegand 1988, 40 u. 1988 c). Hat man die Standardisierungsmerkmale operationalisiert, kann man z. B. die Menge der Angaben (oder Angabetypen) eines Wörterbuches ordinal skalieren und in der erhaltenen Rangordnung nachträglich eine nominale Klassifikation vornehmen, so daß man z. B. die leicht, die mittelstark, die stark und die vollständig standardisierten Angaben voneinander unterscheiden kann. Die folgenden drei Grammatikangaben für Substantive „der; -en, -en (Tv $wa_1$)", „die; -, -n (Tv $wa_3$)" und „das; -s, - (Tv $wa_{10}$)" sind vollständig standardisiert, denn alle Standardisierungsmerkmale für Angaben, und zwar die folgenden, sind ausgeprägt:

(i) Die Position der Angaben als Teil der vollständigen Artikelstruktur (und damit als Teil der hierarchischen Mikrostruktur; vgl. 4.) ist eindeutig festgelegt.

(ii) Der Form der Angaben ist entweder ein und nur ein typographischer Strukturanzeiger zugeordnet, so daß sie stets in ein und derselben Druckschrift vorliegt, oder der Form der Angabe sind mehrere typographische Strukturanzeiger so zugeordnet, daß sie funktionale Teile von Angaben regelmäßig (stets gleichartig) unterscheiden.

(iii) Das angabeinterne Beziehungsgefüge ist gleich; dies gilt, wenn man ausschließlich die angabeinternen nichttypographischen Strukturanzeiger oder wenn man nur die angabeinternen Teilangaben betrachtet oder wenn man alle angabeinternen funktionalen Textsegmente berücksichtigt. Die Angaben gehören daher zu ein und demselben Isomorphietyp einer Strukturart (vgl. Abb. 38a.15).

| GA | < | SgbA | < | PlbA | |
|---|---|---|---|---|---|
| der | < | -en | < | -en | wa$_1$ |
| die | < | - | < | -n | wa$_3$ |
| das | < | -s | < | - | wa$_{10}$ |

| StA.TZ | < | StA.TZ | |
|---|---|---|---|
| ; | < | , | wa$_1$ |
| ; | < | , | wa$_3$ |
| ; | < | , | wa$_{10}$ |

| GA | < | StA.TZ | < | SgbA | < | StA.TZ | < | PlbA | |
|---|---|---|---|---|---|---|---|---|---|
| der | < | ; | < | -en | < | , | < | -en | wa$_1$ |
| die | < | ; | < | - | < | , | < | -n | wa$_3$ |
| das | < | ; | < | -s | < | , | < | - | wa$_{10}$ |

Abb. 38 a.15: Veranschaulichung zu einem Standardisierungsmerkmal der Grammatikangabe zu Substantiven; GA = Genusangabe; SgbA = Singularbildungsangabe; PlbA = Pluralbildungsangabe; StA.TZ = Strukturanzeiger realisiert durch ein Trennzeichen

(iv) Das Vokabular für die Angabeformulierung ist festgelegt.

Berücksichtigt man nur die angabeinternen Teilangaben und die Beziehung *geht voraus* („ < "), ergibt sich zur Veranschaulichung von (iii) die erste Tabelle in der Abb. 38 a.15; berücksichtigt man nur die angabeinternen nichttypographischen Strukturanzeiger und die gleiche Beziehung, erhält man die zweite Tabelle in Abb. 38 a.15. Die dritte Tabelle ist eine „Kombination" der beiden ersten, so daß in ihr alle funktionalen Textsegmente innerhalb der Grammatikangaben berücksichtigt sind.

### 3.2.3. Übersichten über lexikographische Textsegmente

Einige der bisher in 3.2. getroffenen Unterscheidungen werden nachfolgend in zwei Übersichten (die auch anders aufgeteilt und angeordnet werden könnten; vgl. Wiegand 1988 c, 2.3.2.) zusammengestellt. Die Unterscheidungsgesichtspunkte (wie z. B. Segmentierbarkeit) werden nicht eingetragen, da sie sich aus dem Text ergeben.

Die linguistischen Angaben, die sprachliche und standardisierte sind, können z. T. weiter subklassifiziert werden, z. B. Grammatikangabe zu Substantiven (GrA.S), zu Verben (GrA.V), zu Adjektiven (GrA.A) usw. oder Lemmazeichengestaltangabe für mündliche Realisierung (LZGA.mR), für schriftliche Realisierung (LZGA.sR) oder Genusangabe für ein stabiles Genus (GA.st) für ein instabiles Genus (GA.inst.) usw. (vgl. auch Art. 39, 3.).

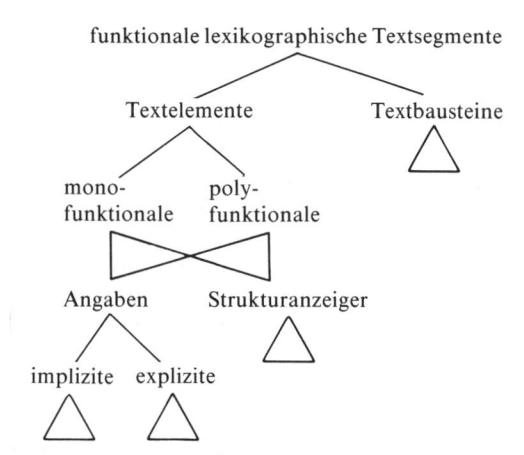

Abb. 38 a.16: Erste Übersicht zu einem Ausschnitt aus einer Typologie von funktionalen lexikographischen Textsegmenten

### 3.2.4. Angaben und Kommentare, kommentierende vs. nichtkommentierende Angaben

Auch die in der neueren deutschsprachigen metalexikographischen Literatur auftretende Unterscheidung von Angabe und Kommentar (vgl. z. B. Wiegand 1981, 146 ff.; 1982, 124 f.; 1985, 89 ff.; Wolski 1986, 56 ff.; Reichmann 1986, 150—156), die sich auch in der Einleitung des HWDG findet, wird noch relativ uneinheitlich gehandhabt. Die sorgfältigsten Überlegungen zu den mit dieser Unterscheidung auftretenden Problemen finden sich bei Reichmann (1986, 152 ff.).

Die dort gefundene Lösung ist für ein historisches Sprachstadienwörterbuch, das einen mittleren Standardisierungsgrad verwirklicht, angemessen, weil sie einen flexiblen Wechsel zwischen geschlossenen und offenen Beschreibungsmethoden (i. S. v. Wiegand 1984, 568 ff.) ermöglicht; sie ist nicht nur theoretisch gut begründet, sondern auch praktisch jederzeit zu verwirklichen. Reichmann unterscheidet 11 Typen von lexikographischen Kommentaren (z. B. den etymologischen, den semantischen und den syntaktischen Kommentar). Ein syntaktischer Kommentar s. v. *abnehmen* ist z. B. „Wie das Gegenwort *auflegen* fachsprachlich ohne Obj. gebraucht" (Reichmann 1986, 153). Die lexikographischen Kommentare i. S. v. Reichmann sind dem Standardisierungskonzept des Frnhd. Wb unterworfen, d. h.: sie erfolgen in bestimmten Artikelpositionen zu bestimmten Eigenschaften des artikelinternen Lemmazeichens oder zu den Angaben in der Position oder die Kommentare sind mehrfach adressiert. Wie die Inhalte der Kommentare im Detail auszusehen haben, ist darüber hinaus nicht vorgängig festgelegt, und insbesondere ist nicht bestimmt, wie diese Kommentare im einzelnen zu formulieren sind; dies heißt: sie sind

38a. Der Begriff der Mikrostruktur: Geschichte, Probleme, Perspektiven

```
                              lexikographische Textsegmente
                         /                                    \
                  funktionale                            nichtfunktionale
                 /          \                                  △
           (andere)        Angaben                    Strukturanzeiger
           /                  \                       /              \
   nichtsprachliche      sprachliche           typographische    nichttypographische
         △                   △                      △            /         \
                  /            \         \                 Gliederungs-      (andere)
           natürlich-        (andere)   sonder-              zeichen
           sprachliche                  sprachliche        /        \
              /        \              nichtstandardisierte           (andere)
      standardisierte       \              △            Zusammen-    Trenn-
          /        \                               ordnungs-   zeichen
   linguistische    enzyklopädische                  zeichen     △
         |                △                             △
```

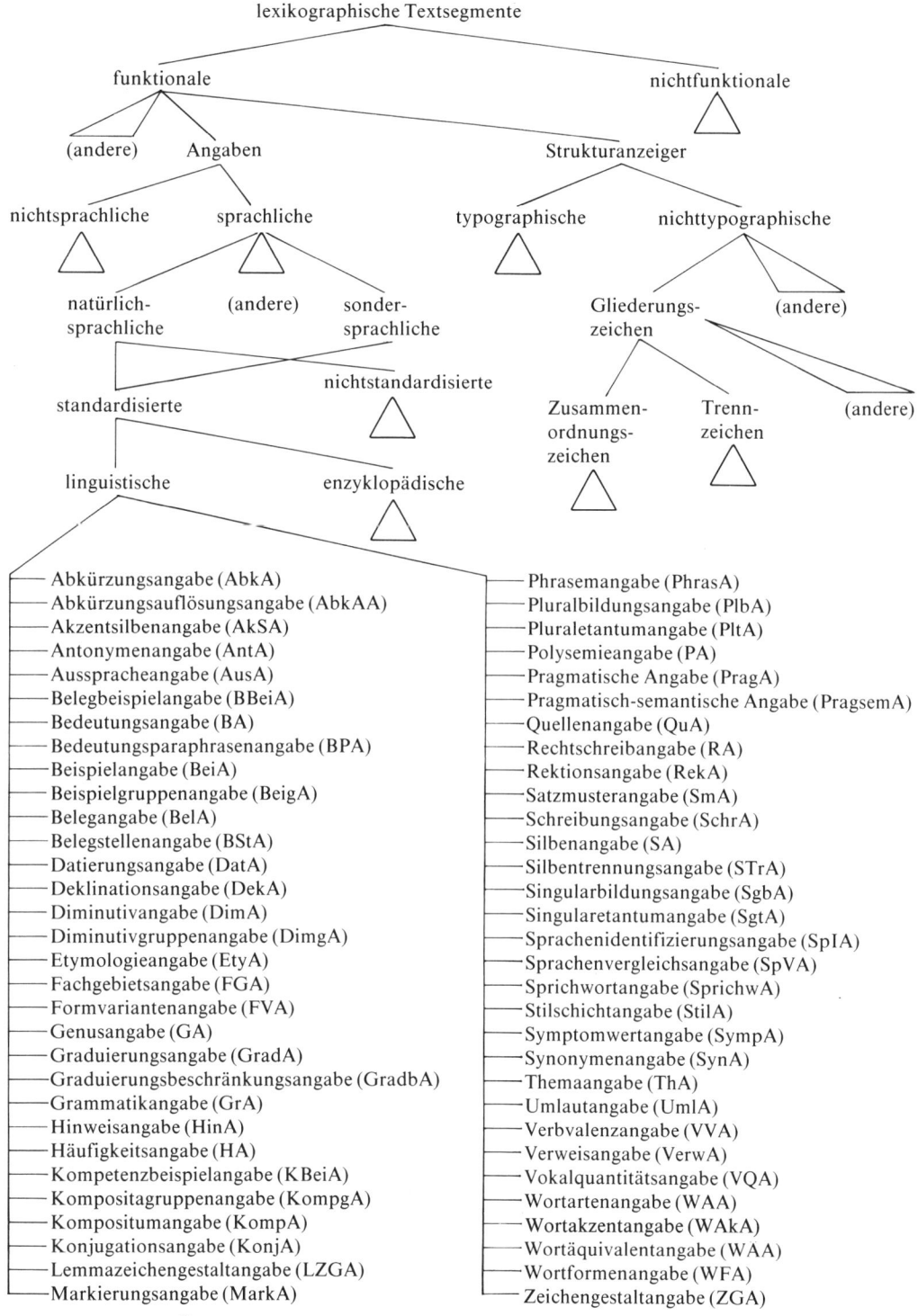

— Abkürzungsangabe (AbkA)                           — Phrasemangabe (PhrasA)
— Abkürzungsauflösungsangabe (AbkAA)                — Pluralbildungsangabe (PlbA)
— Akzentsilbenangabe (AkSA)                         — Pluraletantumangabe (PltA)
— Antonymenangabe (AntA)                            — Polysemieangabe (PA)
— Aussspracheangabe (AusA)                          — Pragmatische Angabe (PragA)
— Belegbeispielangabe (BBeiA)                       — Pragmatisch-semantische Angabe (PragsemA)
— Bedeutungsangabe (BA)                             — Quellenangabe (QuA)
— Bedeutungsparaphrasenangabe (BPA)                 — Rechtschreibangabe (RA)
— Beispielangabe (BeiA)                             — Rektionsangabe (RekA)
— Beispielgruppenangabe (BeigA)                     — Satzmusterangabe (SmA)
— Belegangabe (BelA)                                — Schreibungsangabe (SchrA)
— Belegstellenangabe (BStA)                         — Silbenangabe (SA)
— Datierungsangabe (DatA)                           — Silbentrennungsangabe (STrA)
— Deklinationsangabe (DekA)                         — Singularbildungsangabe (SgbA)
— Diminutivangabe (DimA)                            — Singularetantumangabe (SgtA)
— Diminutivgruppenangabe (DimgA)                    — Sprachenidentifizierungsangabe (SpIA)
— Etymologieangabe (EtyA)                           — Sprachenvergleichsangabe (SpVA)
— Fachgebietsangabe (FGA)                           — Sprichwortangabe (SprichwA)
— Formvariantenangabe (FVA)                         — Stilschichtangabe (StilA)
— Genusangabe (GA)                                  — Symptomwertangabe (SympA)
— Graduierungsangabe (GradA)                        — Synonymenangabe (SynA)
— Graduierungsbeschränkungsangabe (GradbA)          — Themaangabe (ThA)
— Grammatikangabe (GrA)                             — Umlautangabe (UmlA)
— Hinweisangabe (HinA)                              — Verbvalenzangabe (VVA)
— Häufigkeitsangabe (HA)                            — Verweisangabe (VerwA)
— Kompetenzbeispielangabe (KBeiA)                   — Vokalquantitätsangabe (VQA)
— Kompositagruppenangabe (KompgA)                   — Wortartenangabe (WAA)
— Kompositumangabe (KompA)                          — Wortakzentangabe (WAkA)
— Konjugationsangabe (KonjA)                        — Wortäquivalentangabe (WAA)
— Lemmazeichengestaltangabe (LZGA)                  — Wortformenangabe (WFA)
— Markierungsangabe (MarkA)                         — Zeichengestaltangabe (ZGA)

Abb. 38a.17: Zweite Übersicht zu einem Ausschnitt aus einer Typologie von funktionalen lexikographischen Textsegmenten (nach Wiegand 1989)

nach offenen lexikographischen Beschreibungsmethoden formuliert, so daß man sie unter diesem Blickwinkel (bei gleichzeitiger Generalisierung der in Wiegand 1981 eingeführten Terminologie) als **offene** lexikographische Kommentare bezeichnen könnte.

Im Zuge einer Vereinheitlichung der Terminologie nach dem Bildungsmuster X⌒ANGABE (oder ANGABE ZU(R) X, z. B. Angabe zum semantischen Übergang (A-semÜ) vgl. Wiegand 1989 u. 1989 a) und dem Benennungsmotiv, das der allgemeine genuine Zweck liefert (vgl. Abb. 38 a.17 u. Art. 39, 3.), heißen die geschlossenen pragmatischen Kommentare pragmatische Angaben. Daher nenne ich die lexikographischen Kommentare i. S. v. Reichmann **kommentierende Angaben** (k.A.). Sie finden sich auch in der Neuausgabe des Grimmschen Wörterbuches, z. B. die kommentierende Angabe zur Komposition (k.A-Komp.). Solche Angaben sind mittelstark standardisiert; das bedeutet, daß nur die Standardisierungsmerkmale (i) und (ii) ausgeprägt sind (vgl. 3.2.2.4.4.), so daß die Binnenstrukturen der kommentierenden Angaben nicht festgelegt sind. Typische kommentierende Angaben sind z. B. auch die Textsegmente, die Wolski (1986, 56 ff.) Problemkommentare nennt. Man kann nun die expliziten Angaben in die kommentierenden und die nichtkommentierenden differenzieren. Auch die kommentierenden Angaben können einfach und mehrfach adressiert sein.

### 3.2.5. Die beiden Grundkommentare

Durch die nun getroffene terminologische Regelung steht der gemeinsprachliche Ausdruck *Kommentar* für eine metalexikographische Terminologisierung wieder zur Verfügung (vgl. Art. 39). In einem allgemeinen einsprachigen Wörterbuch (für das ja stets das Prinzip des semantischen Kommentars i. S. v. Wiegand 1984 gilt) lassen sich zunächst einmal zwei Arten von lexikographischen Kommentaren unterscheiden: der **Formkommentar** (FK) und der **semantische Kommentar** (SK). Sieht man von Sonderformen ab, wie sie etwa Verweisartikel (vgl. wa$_{14}$) oder bestimmte Subartikel darstellen, die (i. S. v. Art. 39, 4.) rudimentäre Mikrostrukturen aufweisen, dann kommen diese beiden Kommentare — als Reflex der double articulation — in jedem Artikel eines allgemeinen einsprachigen Wörterbuches vor und heißen daher die Grundkommentare (zu weiteren Kommentartypen vgl. Art. 39).

*Bem.:* Die Aufteilung der Angaben, die Textelemente sind, auf diese beiden Kommentartypen, ist nicht vorgängig entschieden, sondern mitbestimmt von der jeweiligen Sprachtheorie (vgl. hierzu Art. 39). Entsprechendes gilt für einige Angaben, die Textbausteine sind (z. B. EtyA).

### 3.2.5.1. Der Formkommentar

Faßt man die typographischen Strukturanzeiger als Eigenschaften der Form von Angaben auf, dann gehören zum Formkommentar (FK) irgendeines standardisierten Wörterbuchartikels — neben allen formkommentarinternen nichttypographischen Strukturanzeigern — alle diejenigen Angaben, deren genuiner Zweck darin besteht, daß aus ihnen Informationen zur Form des Lemmazeichens in seiner schriftlichen und mündlichen Realisierung erschlossen werden können sowie Informationen zu seiner grammatikbedingten Formveränderung und -variation, wobei sich alle Angaben auf den gleichen synchronen Schnitt beziehen. Die Angaben im Formkommentar eines polysemen Lemmazeichens stehen nicht notwendigerweise nur im Geltungsfeld einer einzigen Bedeutungsangabe (vgl. 4.4.) Zu einem Formkommentar gehören beispielsweise Angaben mit artikelinterner Adresse, die zu folgenden Klassen gehören: AbkA, AkSA, AusA, DekA, DimA, FVA, GA, GrA, KonjA, LZGA, PlbA, PltA, RA, SchrA, SA, STrA, SgbA, UmlA, VQA, WAA, WAkA, WFA, ZGA (vgl. zu den Abkürzungen Abb. 38 a.17 und Art. 39, Abb. 39.3).

Beispiel: wa$_9$ (vgl. 2.1.3.).

Folgende Angaben gehören zum Formkommentar von wa$_9$:
Lemmazeichengestaltangabe (LZGA): „**Allergie**",
Lemmazeichengestaltangabe für die schriftliche Realisierung (LZGA.sR) zugleich Rechtschreibangabe (RA) und Wortformenangabe (WFA) für Nominativ (N) im Singular (Sg.: WFA.NSg.): „**Allergie**",
Wortakzentangabe (WAkA) zugleich Vokalquantitätsangabe für Länge (VQA.L), realisiert, durch ein positionsgebundenes Angabesymbol, den Unterstrich „_" (vgl. zu einer anderen möglichen Analyse Wiegand 1989)
Grammatikangabe für Substantive (Gra.S.): „die-, -, -n",
Genusangabe (GA): „die",
Deklinationsangabe (DekA): „-, -n",
Singularbildungsangabe (SgbA): „-",
Pluralbildungsangabe (PlbA): „-n",
Ausspracheangabe (AusA): „.. iːən".

Es ist zu beachten, daß die AusA an die PlbA adressiert ist (vgl. 4.3.).

Weiterhin gehören folgende nichttypographische Strukturanzeiger zum FK von wa$_9$:

Das (überflüssige) Komma (vgl. Art. 90a) direkt nach der LZGA, die beiden Teile der GrA.S, nämlich das Semikolon direkt nach der GA und das Komma direkt nach der PlbA sowie die eckigen Klammern um die AusA.

Der Formkommentar ist also folgender Eintrag aus wa₉: **Allergie,** die; -, -n [..i:ən].

### 3.2.5.2. Der semantische Kommentar und seine Subkommentare

Zum semantischen Kommentar (SK) irgendeines standardisierten Artikels (der nur einen SK hat, vgl. Art. 39) gehören neben allen nichttypographischen Strukturanzeigern, die im SK stehen, folgende Angaben: die Bedeutungsangabe(n), alle Angaben, die im Geltungsfeld der bzw. einer der artikelinternen Bedeutungsangaben stehen und nicht zum FK gehören, und in Artikeln zu polysemen Lemmazeichen zusätzlich alle Angaben zur Form und/oder zu ihrer grammatikbedingten Veränderung, die — weil sie nicht gelten, wenn jede der Bedeutungsangaben gilt — nicht in den Formkommentar ausgelagert werden können (vgl. 4.4.). Im semantischen Kommentar von Artikeln zu polysemen Lemmazeichen können also explizite Angaben zur Form des Lemmazeichens auftreten; dieses sind dann immer skopusbeschränkende Angaben (vgl. 4.4.).

*Bem.:* Es gibt verschiedene Formen des semantischen Kommentars. In diesem Art. wird als Beispiel nur der SK eines solchen Artikels behandelt, der eine *integrierte Mikrostruktur* aufweist (zu dieser und zu den anderen Formen vgl. Art. 39); wa₁₈ ist ein Beispiel.

Gehören zu irgendeinem Artikel wa_i n Bedeutungsangaben (mit n ≥ 2), dann hat wa_i immer dann, wenn er nach der Beschreibungsmethode der Integration (i. S. v. Wiegand 1989) formuliert wurde, n semantische Subkommentare (SSK).

Der Terminus *semantischer Subkommentar* besagt lediglich, daß ein SSK eine unmittelbare Textkonstituente des SK ist. Es gibt — was die genuinen Zwecke seiner Teilangaben angeht — unterschiedliche Arten von semantischen Subkommentaren, die man dann terminologisch unterscheiden muß, wenn man Arten von Mikrostrukturen unterscheiden will (vgl. Art. 39).

Der Formkommentar hat nie Subkommentare; hierin spiegelt sich u. a. die sog. Asymmetrie sprachlicher Zeichen. Zu einem semantischen Kommentar gehören beispielsweise Angaben, die zu folgenden Klassen gehören: AntA, BA, BPA, BeiA, BeigA, BelA, BStA, DatA, FGA, KBeiA, KompgA, KompA, MarkA, PA, PragA, SprichwA, SynA, WÄA (vgl. Abb. 38a.17 u. Art. 39, Abb. 39.3).

(1) Beispiel für ein monosemes Lemmazeichen: wa₉

Der Artikel wa₉ hat nur einen SK. Neben den nichttypographischen Strukturanzeigern gehören folgende terminale Angaben zum SK von wa₉:

Fachgebietsangabe (FGA): „Med.",
Bedeutungsparaphrasenangabe (BPA): „*Zustand des krankhaften Reagierens des Organismus auf bestimmte körperfremde Stoffe,*"
Kompetenzbeispielangabe (KBeiA): „an einer A. leiden".
Die pragmatisch-semantische Angabe (PragsemA) ist ein Textbaustein, der sich hier aus der FGA und der BPA sowie den Strukturanzeigern zusammensetzt (vgl. Art. 44).

Die vorstehenden Aufzählungen der Angaben im FK und SK zeigen ebenfalls deutlich, daß bestimmte Angaben als Teilangaben von anderen Angaben und Strukturanzeigern als deren funktionale Teile auftreten, so daß klar ist, daß auch der FK, der SK (die SSK) als komplexe Angaben zu gelten haben, die relativ zum ganzen Artikel Teilangaben sind. Daß diese komplexeren Angaben durch einen speziellen Terminus ausgezeichnet und Kommentare genannt werden, hat Gründe, deren Erläuterung den Argumentationsrahmen dieses Artikels überschreitet; (vgl. Wiegand 1989 u. Art. 39).

Man kann daher die Teil-Ganzes-Beziehungen (und die dazu inversen Ganzes-Teil-Beziehungen), in denen die Angaben zueinander und zum ganzen Teiltext, dem Wörterbuchartikel, stehen — exemplarisch an wa₉ und unter Verwendung der Klassennamen — wie folgt darstellen (vgl. Abb. 38a.18).

*Bem. zu Abb. 38a.18:* Es handelt sich um einen partitiven Strukturgraphen (vgl. 4.2.1.1.); dies bedeutet, daß die etikettierten Endknoten (die die Klassen von Textelementen repräsentieren) nicht linear (mittels der Präzedenzrelation) geordnet sind, so daß sie auch in anderer Reihenfolge stehen könnten. Der Strukturgraph bildet also auch nicht die lineare Reihenfolge der Angaben in wa₉ ab, denn es gilt z. B. GA < AusA; der Grund dafür ist nicht der, daß wa₉ wegen WAkA/VQA.L (bei der bisher vorgeschlagenen Analyse dieser Angabe) keine durchgängig lineare Struktur hat, sondern der, daß es nicht zu den definierten Eigenschaften partitiver Strukturgraphen gehört, lineare Strukturen abzubilden.

Ein partitiver Strukturgraph zu Wörterbuchartikeln (und zwar auch solche, in denen zusätzlich die Strukturanzeiger berücksichtigt werden) zeigt übersichtlich, was in erster Linie aus sprachtheoretischen Gründen und in zweiter Linie aus je wörterbuchbedingten

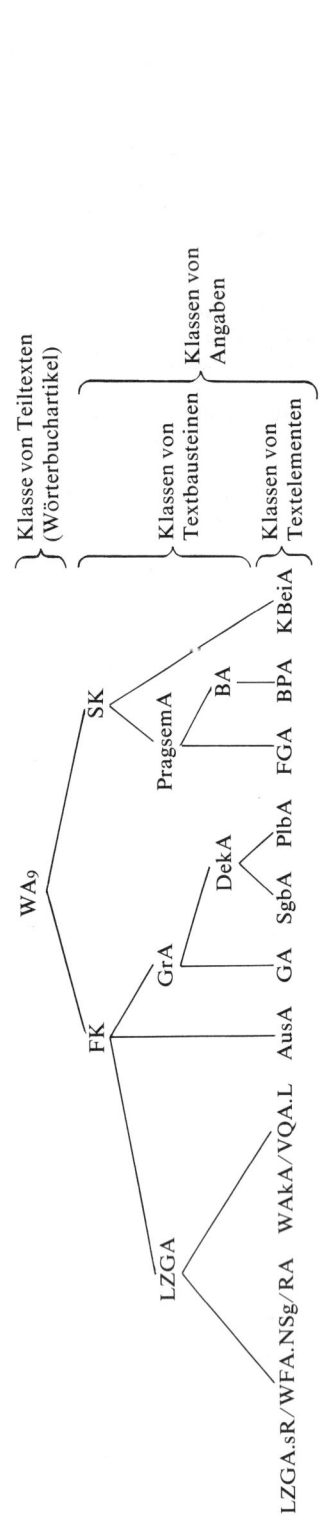

Abb. 38 a.18: Darstellung der Teil-Ganzes-/Ganzes-Teil-Beziehungen eines standardisierten Wörterbuchartikels, wenn nur die Angaben berücksichtigt werden; die Kanten sind von unten nach oben im Sinne einer Teil-Ganzes-Beziehung zu lesen.

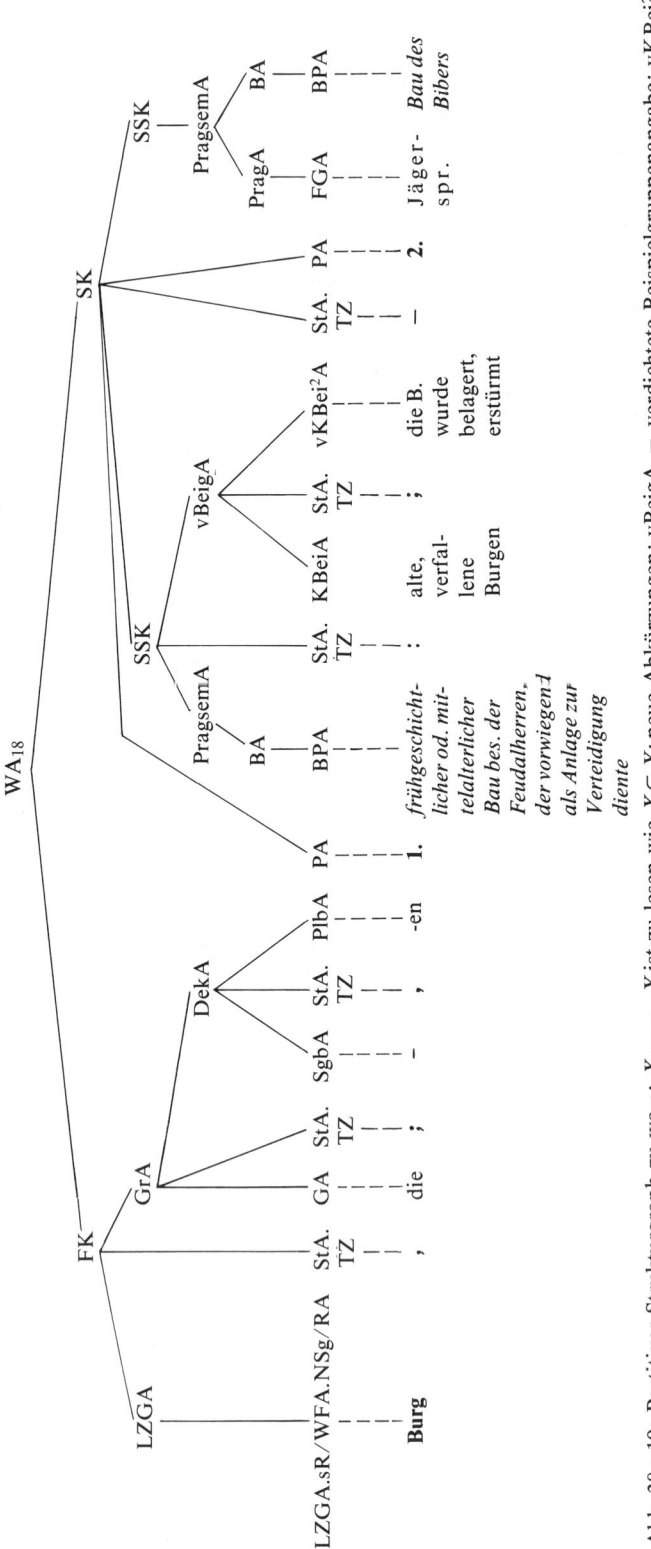

Abb. 38 a.19: Partitiver Strukturgraph zu wa₁₈; *X — — — Y* ist zu lesen wie *X* ∈ *Y*; neue Abkürzungen: vBeigA = verdichtete Beispielgruppenangabe; vKBei²A = verdichtete Kompetenzbeispielangabe mit 2 Beispielen

Gründen zusammengehört (vgl. Wiegand 1989).

So dominiert z. B. der Knoten LZGA die Knoten LZGA.sR/WFA.NSg/RA und WAkA/VQA.L, und das bedeutet, daß alle Angaben, aus denen der Benutzer etwas zur Zeichengestalt des Lemmazeichens bei schriftlicher und mündlicher Realisierung erschließen kann, als inhaltlich (und d. h. hier sprachtheoretisch) zusammengehörig dargestellt sind. In wa$_9$ ist das polyfunktionale Textelement WFA.NSg/RA zugleich die LZGA für die schriftliche Realisierung von *Allergie* (LZGA.sR). Das muß nicht so sein, da gilt: jede WFA.NSg ist eine LZGA.sR, aber nicht umgekehrt. Entsprechendes gilt für die WAkA/VQA.L, die — weil die AusA an die Pluralbildungsangabe adressiert ist und daher direkt vom FK-Knoten dominiert wird — in wa$_9$ zugleich die LZGA für die mündliche Realisierung von *Allergien* (LZGA.mR) darstellt.

Eine partitive Strukturierung und ihre Abbildung mittels Strukturgraphen führen allerdings nur dann zu fruchtbaren Einsichten über die Strukturen von Wörterbuchartikeln, wenn man über genügend und angemessene „höhere Kategorien" (wie z. B. FK, SK, SSK, LZGA u. a. — vgl. Art. 39 — verfügt), mittels derer das, was relativ zu einem möglichst einheitlichen sprachtheoretischen Hintergrund zusammengehört, auch als zusammengehörig erfaßt wird. Eine Strukturdarstellung, die alle unterschiedlichen Textelemente nur als unmittelbare Textkonstituenten des ganzen Artikels darstellt, wäre ganz unbefriedigend, weil sie zu wenig Einsichten in die Struktur vermittelt (vgl. Abb. 38 a.20).

(2) B e i s p i e l für ein polysemes Lemmazeichen

In wa$_9$ ist das Lemmazeichen *Allergie* als monosem interpretiert. Entsprechend hat der SK in Abb. 38a.18. keinen semantischen Subkommentar (SSK). Ein partitiver Strukturgraph zu einem HWDG-Artikel, dessen Lemmazeichen vom Lexikographen als polysem interpretiert ist und in dem zusätzlich die Strukturanzeiger berücksichtigt werden, sei daher am Beispiel wa$_{18}$ gegeben:

**Burg,** die; -, -en **1.** *frühgeschichtlicher od. mittelalterlicher Bau bes. der Feudalherren, der vorwiegend als Anlage zur Verteidigung diente:* alte, verfallene Burgen; die B. wurde belagert, erstürmt — **2.** Jägerspr. *Bau des Bibers*

Textbeispiel 38 a.3: wa$_{18}$ aus HWDG

*Bem. zur Abb. 38a.19:* Die Polysemieangaben (PA), realisiert durch die Bedeutungsstellennummern **1.** und **2.**, sind nur Teile des semantischen Kommentars, nicht aber solche der Subkommentare, und zwar u. a. deswegen, weil der Benutzer aus ihnen nichts über die Einzelbedeutung(en) des Lemmazeichens, sondern lediglich erfährt, daß und in welchem Umfang das Lemmazeichen polysem ist. —

Eine Beispielgruppenangabe (BeigA) besteht mindestens aus zwei Beispielangaben, und diese können sowohl Kompetenz- als auch Belegbeispielangaben sein. Ist unter den Beispielangaben wenigstens eine (in bestimmtem Sinne, vgl. Wiegand 1988b, 585 ff.) verdichtete Kompetenzbeispielangabe (vKBeiA), und zwar eine aus der n Beispiele (mit n ≥ 2) rekonstruiert werden können — wie die vKBei²A (Tv wa$_{12}$) „die B. wurde belagert, bestürmt" — dann liegt eine verdichtete Beispielgruppenangabe (vBeigA) vor. — Die Trennzeichen (TZ) sind — wie die Zusammenordnungszeichen (ZoZ), die in wa$_{18}$ nicht vorkommen — lexikographische Gliederungszeichen (GZ), die eine wichtige Unterklasse der Strukturanzeiger (StA) bilden (vgl. Abb. 38 a.17). Nicht alle auftretenden Interpunktionszeichen sind StA, z. B. nicht das Komma in der BPA.

### 3.3. Zur Segmentation von standardisierten Wörterbuchartikeln

In 3.2. wurden die Teile von Wörterbuchartikeln ausschnittsweise behandelt. Dabei wurde vorausgesetzt, daß es wenigstens eine Methode gibt, um die Teile zu ermitteln. Die Methode wird nachfolgend nur grob charakterisiert. (Näheres bei Wiegand 1989 und in didaktischen Zusammenhängen Wiegand 1988b).

Soll das Segmentieren von Wörterbuchartikeln als wissenschaftliches Handeln gelten, dann ist zu fordern, daß es methodisch erfolgt. Von einer Segmentationsmethode ist mindestens zu verlangen, daß sie von wenigstens zwei Forschern mit annähernd gleichem Vorwissen über den Gegenstandsbereich so angewendet werden kann, daß die beiden (unter gleichen Bedingungen) und bei korrekter Anwendung zu gleichen (oder wenigstens zu weitgehend gleichen) Segmentationsergebnissen gelangen. Zum Vorwissen gehört nicht nur ein Erfahrungswissen im Umgang mit Wörterbüchern, sondern auch ein theoretisches Wissen über diese, basierend auf wenigstens einem Theorieausschnitt. Wer nicht weiß, was z. B. ein funktionales Textsegment ist, der kann nicht ermitteln, welche und wie viele in einem Wörterbuchartikel vorliegen. Der Zweck einer Methode zur Segmentation von Wörterbuchartikeln ist u. a. darin zu sehen, intuitives Wissen über Teile von Artikeln und ihre Zusammenhänge in ein möglichst explizites und **schriftlich dargebotenes** (also exteriorisiertes) Wissen zu überführen. Eine Segmentationsmethode besteht daher (i) aus einer Menge von geordnet anzuwendenden Anweisungen, wie zu segmentieren ist, (ii) Konventionen und Dezisionsrichtlinien für die Behandlung von Problemfällen und (iii) zusätzlich mindestens aus einer Beschreibungssprache für die Segmentationsergebnisse. Eine Segmentationsmethode ist daher eine Analysemethode, deren erfolgreiche Anwendung einerseits nur relativ zu mindestens einer Teiltheorie auf dem Entwicklungsstand ES erfolgen kann; andererseits kann die Anwendung jedoch dazu beitragen, die Theorie in einen fortgeschritteneren Entwicklungsstand ES' zu überführen.

*Bem.:* Die Beschreibungssprache kann man entweder zweckspezifisch konstruieren, oder bereits eingeführte und bewährte können übernommen oder letztere können zweckspezifisch modifiziert werden. Eine präzise und nachvollziehbare Segmentation von Wörterbuchartikeln ist eine der elementaren Voraussetzungen für eine metalexikographische Textdeskription.

Die Methode zur Segmentation von standardisierten Wörterbuchartikeln besteht insgesamt aus mehreren Methodenvarianten. Die beiden Hauptvarianten sind:

(1) die Methode der funktionalen Segmentation (Mth$_1$)

(2) die Methode der funktional-positionalen Segmentation (Mth$_2$)

Die korrekte Anwendung von Mth$_1$ führt stets zu funktionalen Textsegmenten. Mth$_1$ hat Untervarianten. Diese ergeben sich durch zwei Festlegungen: (i) es ist anzugeben, ob die zu ermittelnden Textsegmente entweder zu den Angaben oder zu den nichttypographischen Strukturanzeigern oder zu beiden Textsegmentklassen gehören müssen; (ii) es ist anzugeben, ob die Segmentation stufenweise — beginnend beim ganzen Wörterbuchartikel und endend bei den terminalen Textsegmenten, den Textelementen — zu erfolgen hat oder nicht. Diejenige Variante von Mth$_1$, die zu einem Segmentationsergebnis führt, aus dem die höchste Anzahl an expliziten Informationen entnommen werden kann, ist die stufenweise Segmentation eines Wörterbuchartikels nach Angaben und Strukturanzeigern zusammen mit einer Darstellung aller Teil-Ganzes-Beziehungen in einer Beschreibungssprache, deren formale Eigenschaften bekannt sind. Diese Variante heißt *exhaustive funktionale Segmentation*.

*Bem.:* In Wiegand 1989 sind alle wichtigen Varianten erklärt und Anwendungen vorgeführt, wobei auch die Vor- und Nachteile unterschiedlicher Beschreibungssprachen (auch für Mth$_2$) erörtert werden.

Die korrekte Anwendung von Mth$_2$ führt stets zu funktionalen Textsegmenten sowie zu einer expliziten Kennzeichnung ihrer Position innerhalb der linearen Reihenfolge aller Textsegmente eines Wörterbuchartikels. Die Untervarianten von Mth$_2$ erhält man ebenfalls durch Festlegungen der Art (i) und (ii). Diejenige Variante von Mth$_2$, die der exhaustiven funktionalen Segmentation entspricht, heißt *exhaustive funktional-positionale Segmentation*. Das Segmentationsergebnis, das ihre korrekte Anwendung erbringt, hat — verglichen mit der exhaustiven Variante von Mth$_1$ — einen höheren Informationswert, da explizite Informationen über die Position jedes artikelinternen Textsegmentes innerhalb der linearen Reihenfolge erschlossen werden können. Die exhaustive Variante von Mth$_2$ ist verwandt mit einer Konstituentenstrukturanalyse.

Nachfolgend wird die Konstruktion einer einfachen Beschreibungssprache BL$_1$ — grob und informell — erläutert; sie kann für die Ergebnisdarstellung verwendet werden, die die Anwendung der einfachsten Variante von Mth$_2$ erbringt, nämlich die funktional-positionale Segmentation in alle Textelemente, die nicht zur Klasse der typographischen Strukturanzeiger gehören.

Wer BL$_1$ verwendet, darf Wörterbuchartikel oder Textsegmente schriftlich erwähnen. Als flächiges Suprasegment (i. S. v. Günther 1988, 64 ff.) für BL$_1$ steht die Zeile zur Verfügung. In BL$_1$ gibt es folgende drei Klassen von Segmentationsstrichen: die Klasse der Anfangsstriche („⌈"), die der Endstriche („⌉") und die der Trennstriche („|"). Folgende Verwendungsvorschriften gelten für die drei Klassen:

(i) Setze „⌈" unmittelbar vor das Lemma des erwähnten Artikels auf dessen Zeile!

(ii) Setze „⌉" unmittelbar nach dem letzten Zeichen des Artikels auf dessen Zeile!

(iii) Setze „|" in jeden artikelinternen Blanc auf der Ebene der Wörterbuchform!

Ein artikelinterner Blanc auf der Ebene der Wörterbuchform ist eine leere Zeilenstelle zwischen zwei funktionalen Textsegmenten eines Artikels.

Ein wohlgeformter Ausdruck von BL$_1$ ist dann jeder Ausdruck, für den gilt: Alle Striche stehen auf Zeilen, aber nicht notwendigerweise auf einer, und zwischen genau einem Anfangs- und genau einem Endstrich, steht mindestens ein Trennstrich, höchstens aber endlich viele, und zwischen je zwei Strichen steht stets genau ein erwähntes Textelement (te). Wenn te$_x$, te$_y$, te$_z$ Variablen für Textelemente sind, dann hat ein wohlgeformter Ausdruck von BL$_1$ z. B. folgende Gestalt:

„⌈te$_x$|te$_y$|te$_z$⌉"

38 a. Der Begriff der Mikrostruktur: Geschichte, Probleme, Perspektiven  439

Beispiel: In seine Textelemente zu segmentieren sei der HWDG-Artikel
**Brigg,** die; -, -s *Segelschiff mit zwei Masten* (= wa$_{19}$).
Das Segmentationsergebnis, dargestellt in BL$_1$, ist der folgende beschreibungssprachliche Ausdruck in BL$_1$:

(a) ⌈**Brigg,** |die|; |-|, |-s *Segelschiff mit zwei Masten*.⌉

Will man so segmentieren, daß nur die Textelemente von wa$_{19}$ erfaßt werden, die Angaben sind, muß man nur die Vorschrift (iii) ändern, und zwar zu

(iii′) Ersetze zunächst jeden artikelinternen nichttypographischen Strukturanzeiger durch „|"; setze dann „|" in alle diejenigen artikelinternen Blancs, welche auf der Ebene der Wörterbuchform zwischen Angaben auftreten, in denen noch kein Trennstrich steht.

Man erhält dann

(b) ⌈**Brigg** |die|-|-s| *Segelschiff mit zwei Masten*⌉

Von BL$_1$ kann man schrittweise zu reicheren Beschreibungssprachen übergehen. Man kann auch z. B. eine Sprache explizit einführen, welche über die Mittel verfügt, die in der Abb. 38 a.5. verwendet sind. Das mit (b) repräsentierte Segmentationsergebnis wäre dann wie folgt darzustellen (vgl. Abb. 38 a.20):

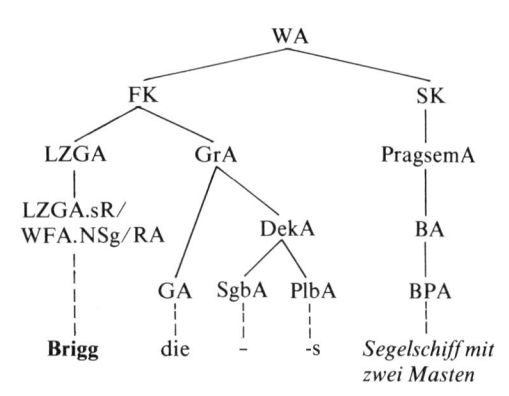

Abb. 38 a.21: Darstellung des Ergebnisses einer funktional-positionalen Segmentation: für Angaben mit Klassifizierung und Strukturierung am Beispiel von wa$_{19}$ mittels eines Baumgraphen; $x---y = x \in y$; (hierarchische Mikrostruktur von wa$_{19}$, vgl. 4.2.2.).

bei einer Anwendung der mathematischen Strukturtheorie verwendet werden, um Ordnungsstrukturen bzw. Relationssysteme zu definieren. Eine Anwendung der funktional-positionalen Segmentation (bei gleichzeitiger Strukturierung und Klassifizierung) auf wa$_{19}$,

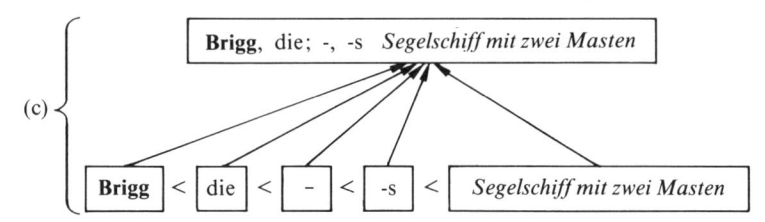

Abb. 38 a.20: Segmentationsergebnis zu wa$_{19}$

Die in (c) verwendete Beschreibungsspache macht durch den Pfeil „→" (dessen Verwendungsvorschriften eine zweidimensional verwendbare Sprache etabliert) und durch „<" diejenigen Beziehungen zwischen den Textelementen untereinander und diesen und dem Artikel als dem ganzen Teiltext explizit, die in (b) implizit sind. Die Abb. 38 a.20 ist zwar relativ explizit, aber deswegen nicht adäquat, weil sie nicht darstellt, daß z. B. „die", „-" und „-s" zur GrA.S gehören; es fehlt demnach der Darstellung derjenigen artikelinternen Angaben, die Teilganze sind, weil sie relativ zu den Textelementen ein Ganzes und relativ zum ganzen Artikel funktionale Teile sind.

Die beiden exhaustiven Varianten von Mth$_1$ und Mth$_2$ schreiben die stufenweise Segmentation von Wörterbuchartikeln vor. Man kann das stufenweise Segmentieren und Klassifizieren verbinden. Zur Darstellung der Ergebnisse eines derartigen komplexeren Vorgehens eignen sich die in der Graphentheorie bereitgestellten Mittel. Diese können

bei der ausschließlich die Angaben berücksichtigt werden, erbringt dann ein Ergebnis, das so dargestellt werden kann wie in der Abb. 38 a.21.

*Bem. zu Abb. 38a.21:* Die formalen Eigenschaften solcher Baumgraphen sind hinreichend bekannt (vgl. Wagner 1970; Wall 1973, Bd. 1, 227 ff.; auch Ballweg 1980). Allerdings muß die allgemeine vorgängige und schriftsystemspezifische Konvention erwähnt werden, daß (i) die Richtung der eingetragenen Kanten an Schriftsystemen orientiert ist, die — bezogen auf die Zeile — ein Schreiben von oben nach unten fordern, so daß diese Kanten als von oben nach unten gerichtet gelten, und daß (ii) die Richtung der nicht eingetragenen Sequenzkanten sich an Schriftsystemen orientieren, in denen man auf Zeilen von links nach rechts schreibt.

Aus einem Baumgraphen, wie in Abb. 38 a.21 lassen sich drei Arten von Informationen über die Struktur eines Wörterbuchartikels erschließen: (i) Informationen über die Zugehörigkeit einer Angabe zu einer

Klasse von Angaben von gleichem genuinen Zweck (ii) Informationen über die Teil-Ganzes-Beziehungen, in denen die Angaben zueinander und zum Wörterbuchartikel stehen und (iii) Informationen über die lineare links-rechts-Ordnung der Angaben. Ein Teil einer metalexikographischen Textdeskription besteht darin, Wörterbuchartikeln eine Struktur zuzuordnen, wie sie in Abb. 38 a.21 dargestellt ist. Sie muß zurückgreifen auf eine metalexikographische Theorie, in der die Klassen (und damit die im Graphen verwendeten Etiketten) begründet sind. Die Struktur muß nicht so dargestellt sein wie in der Abb. 38a.21. Man kann auch andere Sprachen verwenden (vgl. Wiegand 1989).

*Bem.:* Bei einer exhaustiven funktional-positionalen Segmentation können einige Problemfälle auftreten, die vor allem mit der hohen Textverdichtung in der Lemmaposition zusammenhängen, z. B. mit den positionsspezifischen Angabesymbolen, die durch Unterpunkte und Unterstriche realisiert werden (z. B. VQA.K und VQA.L). Die Problemfälle sind jedoch wahrscheinlich durch spezielle Segmentationskonventionen beherrschbar (Vorschläge in Wiegand 1989).

## 4. Strukturen von standardisierten Wörterbuchartikeln: Perspektiven

### 4.1. Die Mikrostruktur als eine unter anderen Strukturen von Wörterbuchartikeln

Für eine differenzierte und explizite metalexikographische Textdeskription reicht es nicht aus, wenn man nur über den Begriff der (bzw. einen Begriff von) Mikrostruktur verfügt. Es sind weitergehende Unterscheidungen erforderlich, die dazu führen, daß Mikrostrukturen von standardisierten Wörterbuchartikeln als Strukturen unter anderen zu gelten haben, wenn auch als solche, die insbesondere bei der Herstellung standardisierter Wörterbücher und dem Formulieren von Artikeln eine besondere Rolle spielen.

Nachfolgend werden daher Mikrostrukturen nicht mehr isoliert betrachtet, sondern „im Zusammenhang" mit anderen artikelinternen Strukturen wie der hierarchischen Artikelstruktur und zwei ihrer Teilstrukturen, der Angabestruktur und der Adressierungsstruktur. Eine Einschränkung muß allerdings insofern vorgenommen werden, als vornehmlich aus der Herstellungsperspektive argumentiert wird. Kohärenz-, Kohäsions- und Thema-Rhema-Strukturen werden nicht explizit berücksichtigt (vgl. dazu Wiegand 1988, 81 ff. u. Art. 90).

Obwohl nachfolgend der neuere mathematische Strukturbegriff zugrunde gelegt wird (vgl. auch Konerding 1988 und Konerding/Wiegand 1988), ist die Darstellung möglichst informell gehalten (zu einer strengeren Form vgl. Wiegand 1989). Während z. B. Carnap Strukturen noch als Äquivalenzklassen bezüglich Isomorphie definierte, ist man innerhalb der axiomatischen Mengenlehre zu einem anderen Verfahren übergegangen: Strukturen werden jetzt unter Bezug auf konkrete Mengen oder Mengensysteme definiert, und Mengensysteme werden analysiert in eine Familie spezieller Trägermengen sowie in eine *konkrete Struktur* über diesen Mengen. Die jeweilige konkrete Struktur wird durch eine (möglicherweise leere) Familie von Operationen sowie durch (eine möglicherweise leere) Familie von Relationen bestimmt. Besteht eine Struktur lediglich aus einer Familie von Relationen, heißt das zugehörige Mengensystem *Relational* (auch *Relationalsystem* oder *Relativ*). Die verschiedenen artikelinternen Strukturen bestehen nur aus Familien von Relationen, spezifiziert über einige weitere Mengen im Range von Hilfsbasismengen i. S. v. Bourbaki 1957; (vgl. Art. 39,1.).

Um den Anschluß an 2.2.1. explizit herzustellen, sei darauf hingewiesen, daß sowohl konkrete als auch abstrakte Mikrostrukturen als Strukturen im gerade erläuterten Sinne zu gelten haben: als Repräsentanten von Äquivalenzklassen also und nicht als diese Klassen selbst. Der Unterschied zwischen konkreten und abstrakten Mikrostrukturen besteht darin, daß bei ersteren die Elemente der Trägermenge Angaben eines ganz bestimmten Artikels sind, aus dessen Analyse seine konkrete Mikrostruktur resultiert (vgl. Art. 39, 2.1.). Die Elemente der Trägermenge von abstrakten Mikrostrukturen dagegen sind Mengen von Angaben (und zwar Klassen von Angaben gleichen Zwecks). — Weiterhin wurde in 2.1.1. dargelegt, daß man konkrete Mikrostrukturen paarweise danach vergleichen kann, (i) ob die Mächtigkeit ihrer Trägermenge gleich ist, und weiterhin danach, (ii) ob der durch die beiden Ordnungsrelationen festgelegte „Platz" einer Angabe innerhalb der einen Struktur genau dem derjenigen Angabe in der anderen konkreten Mikrostruktur entspricht, die den gleichen allgemeinen genuinen Zweck hat. Ist beides der Fall, dann sind die betreffenden Strukturen nicht nur isomorph (vgl. hierzu Art. 39, 2.2.), sondern es gilt: Jede Angabe, die jeweils einen bestimmten „Platz" innerhalb einer dieser Strukturen innehat, kann mit jeder Angabe, die den entsprechenden „Platz" in einer weiteren solchen Mikrostruktur besetzt, zu einer Menge, der Klasse der Angaben gleichen genuinen Zwecks, zusammengefaßt werden. — Relativ zu einer solchen Menge von konkreten Mikrostrukturen läßt sich nun auf der Menge derart bestimmter Angabeklassen eine abstrakte Mikrostruktur definieren, welche isomorph zu jeder betreffenden Mikrostruktur ist (vgl. Art. 39, 2.2.).

Nachfolgend werden vor allem abstrakte Strukturen betrachtet, und das, was anhand der Mikrostruktur soeben erläutert wurde, gilt für die Artikelstruktur mutatis mutandis. Die abstrakten Strukturen dienen hier weiterhin als die Repräsentanten anhand derer eine *Strukturart* (i. S. v. Bourbaki 1968) eine Strukturklasse definiert. Informell ausgedrückt, kann unter einer Strukturart eine — in der Sprache der Mengenlehre hingeschriebene — Anzahl von Bedingungen verstanden werden, die die ausgewählte Struktur (unter je relevant gesetzten Aspekten) charakterisieren. Zu der von der Strukturart definierten Strukturklasse gehören dann alle Strukturen, welche die entsprechend formulierten Bedingungen erfüllen (vgl. auch Art. 39, 1.).

### 4.2. Artikelinterne Ordnungsstrukturen

Im folgenden wird davon ausgegangen, daß zu einem standardisierten Wörterbuchartikel eines polyinformativen Wörterbuches eine Struktur angegeben werden kann, die insofern als *vollständig* zu gelten hat, als alle strukturprägenden Relationen berücksichtigt sind, die für eine Allgemeine Theorie der Lexikographie von Interesse sind.

Um die vollständige Artikelstruktur $ArS_0$ angeben zu können, seien zunächst folgende (nichtleere) Mengen dadurch eingeführt, daß ihre Namen (die Mengensymbole) aufgelistet und mit einer inhaltlichen Deutung versehen werden:
— WA, die Menge aller standardisierten Wörterbuchartikel (eines Wörterbuches),
— TS, die Menge von funktionalen Textsegmenten von standardisierten Wörterbuchartikeln (eines Wörterbuches),
— TSK, die Menge aller Mengen von funktionalen Textsegmenten gleichen genuinen Zwecks von standardisierten Wörterbuchartikeln (Menge aller Textsegmentklassen),
— A, die Menge aller Angaben von standardisierten Wörterbuchartikeln (eines Wörterbuches),
— AK, die Menge aller Mengen von Angaben gleichen genuinen Zwecks von standardisierten Wörterbuchartikeln eines Wörterbuches (Menge aller Angabeklassen),
— StAn, die Menge aller nichttypographischen Strukturanzeiger (von standardisierten Wörterbuchartikeln eines Wörterbuches),
— StAnK, die Menge aller Mengen von nichttypographischen Strukturanzeigern (Menge der Strukturanzeigerklassen);

*Bem.:* Zum Status dieser Mengen als Hilfsbasismengen (i. S. v. Bourbaki 1957) vgl. Art. 39, 1.

Es sei ausdrücklich darauf hingewiesen, daß *WA* und ähnliche Mengensymbole (vgl. die Abkürzungen in Abb. 38 a.17) — wie bisher — auch weiterhin verwendet werden, um eine generische Bezugnahme (i. S. v. Wiegand 1985, 21 ff.) zu ermöglichen; „der WA" ist dann zu lesen wie „der Wörterbuchartikel."

Die vollständige Artikelstruktur — hier als abstrakte Struktur — kann (zunächst vorläufig; vgl. 4.5.) — wie folgt angegeben werden:

$ArS_0 := \langle M_{TS}; TS, TSK, WA; (R_i)_{i \in I} \rangle$.

Zu TS und TSK ist vorausgehend zu bemerken, daß die folgenden Beziehungen gelten: $TS = A \cup StAn$; $TSK = AK \cup StAnK$. Für $ArS_0$, die vollständige Artikelstruktur, gilt insbesondere, daß die jeweilige Trägermenge (hier: $M_{TS}$) entweder eine Teilmenge von TS ist — dann ist $ArS_0$ eine konkrete Struktur — oder eine Teilmenge von TSK: dann ist $ArS_0$ (wie im vorliegenden Fall) eine abstrakte Struktur; $M_{TS}$ besteht demnach entweder nur aus Textsegmenten von Wörterbuchartikeln oder nur aus Textsegmentklassen. Darüber hinaus ist jeweils genau ein Element der Trägermenge über WA spezifiziert, also entweder ein Element aus WA (konkrete Struktur) oder WA selbst (abstrakte Struktur). Über den so bestimmten Trägermengen ist jeweils eine Familie von Relationen (hier: $(R_i)_{i \in I}$) definiert.

Zu $(R_i)_{i \in I}$ gehören neben anderen Relationen stets notwendigerweise gerade zwei Ordnungsrelationen, nämlich $R_{part}$, eine reflexive partielle, und $R_p$, eine irreflexive partielle Ordnungsrelation. Diese sind so definiert: $R_{part} \subseteq M_{TS} \times M_{TS}$; $R_p \subseteq M_{TS} \times M_{TS}$; $R_{part} \cap R_p = \emptyset$. Außerdem gilt, daß alle Elemente der jeweiligen Trägermenge $R_{part}$-Vorgänger des durch WA spezifizierten Elementes sind.

Es werden zunächst diejenigen Teilstrukturen von $ArS_0$ betrachtet, die Ordnungsstrukturen sind. Der Anschaulichkeit halber wird exemplarisch vorgegangen.

### 4.2.1. Die hierarchische Artikelstruktur und zwei ihrer Teilstrukturen

Gegeben sei der Artikel

**Rappe,** der; *schwarzes Pferd* ( = $wa_{20}$)

sowie das folgende (für die Zwecke der nachfolgenden Darstellung vereinfachte) Ergebnis einer Anwendung von $Mth_2$ auf $wa_{20}$, bei der alle funktionalen Textsegmente berücksichtigt wurden:

```
              WA
       ┌───────┼───────┐
      FK      TZ       SK
    ┌──┴──┐    │        │
  LZGA   TZ   GA
    │     │    │        │
  Rappe   ,   der    schwarzes Pferd
```

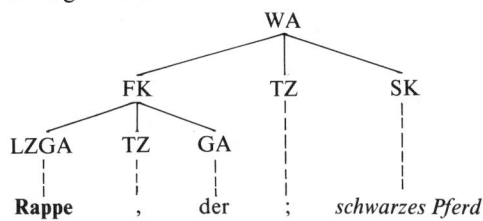

Abb. 38a.22: Darstellung des Ergebnisses einer Anwendung von $Mth_2$ auf $wa_{20}$; TZ = Trennzeichen als StA

*Bem. zur Abb. 38a.22:* In der Abb. ist die hierarchische Artikelstruktur $ArS_1$ nur teilweise abgebildet; die Abb. kann nur dann als vollständig gelten, wenn bestimmte, in 3.3. erwähnte generelle Konventionen für die Abbildung von Baumgraphen sowie die Transitivität von Ordnungsrelationen mitgedacht und wenn folgende Vereinfachungen rückgängig gemacht werden: (i) Anstelle des Kantenzuges LZGA ——— **Rappe** ist der Kantenzug LZGA ——— LZGA.sR/WFA.NSg/RA ——— **Rappe** zu setzen. (ii) Statt des Kantenzuges „FK ——— GA ——— der" muß der Kantenzug „FK ——— GrA ——— GA ——— der" gesetzt werden (vgl. z. B. Abb. 38a.18 u. 21); (iii) statt des Kantenzuges SK ——— *schwarzes Pferd* muß der Kantenzug SK ——— PragsemA ——— BA ——— BPA ——— *schwarzes Pferd* gesetzt werden.

Um die Betrachtung des „Zusammenhanges" der hierarchischen Artikelstruktur mit ihren Teilstrukturen auch anschaulich (d. h. hier: auf der Ebene der zweidimensionalen Strukturdarstellung) verfolgen zu können, sei von der in Abb. 38a.22 gegebenen zu der folgenden strukturerhaltenden Darstellung übergegangen:

```
                WA
              ↗ ↑ ↖
       TS₁—<—TS₂—<—TS₃
       ___
       TS₄—<—TS₅—<—TS₆
```

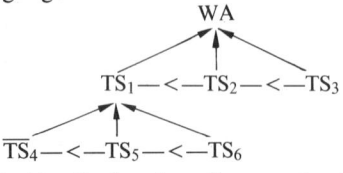

Abb. 38a.23: Strukturdarstellung anhand von $wa_{20}$; „⟶" bedeutet soviel wie *ist ein funktionales Textelement als Teil von (der/des)*, „—<—" bedeutet soviel wie *geht voraus*, $\overline{TS}$ = Menge derjenigen Textsegmente, die Träger des Leitelementes sind; die $TS_i$ bezeichnen spezielle Textsegmentklassen.

Es lassen sich folgende Mengen angeben:
$M_{TS} = \{WA, TS_1, TS_2, TS_3, TS_4, TS_5, TS_6\}$,
$M_{TSt} = \{TS_2, TS_3, TS_4, TS_5, TS_6\}$.

$M_{TSt}$ bezeichnet hierbei diejenige Teilmenge von $M_{TS}$, die aus terminalen Textsegmentklassen, also aus solchen Textsegmentklassen bestehen, die keinen $R_{part}$-Vorgänger in $M_{TS}$ besitzen: $M_{TSt} \subseteq M_{TS}$.

Auf $M_{TS}$ sei eine zweistellige Teil-Ganzes-Relation $R_{part}$ definiert, auf deren geordnete Paare der Relationsterm *ist ein funktionales Textsegment als Teil von (der/des)* zutrifft. $R_{part}$ ist reflexiv, antisymmetrisch (oder: identitiv) und transitiv, also eine reflexive partielle Ordnungsrelation. Weiterhin sei auf $M_{TS}$ eine zweistellige Relaton $R_p$ definiert, auf deren geordnete Paare der Relationsterm *geht voraus* zutrifft. Die Präzedenzrelation $R_p$ ist irreflexiv, damit asymmetrisch, sowie transitiv, also eine irreflexive partielle Ordnungsrelation. Es gelten $R_{part} \subseteq M_{TS} \times M_{TS}$; $R_p \subseteq M_{TS} \times M_{TS}$; $R_p \cap R_{part} = \emptyset$.

$ArS_1$, die hierarchische Artikelstruktur, kann demnach wie folgt angegeben werden:

$ArS_1 := \langle M_{TS}; TS, TSK, WA; R_{part}, R_p \rangle$.

*Bem.:* Ein Strukturgraph wie der in Abb. 38a.23 kann *hierarchischer Strukturgraph* genannt werden. Solche Strukturgraphen haben partitive („⟶") und präzedentive Kanten (oder: Sequenzkanten „—<—".) Von ihnen kann man nach Regeln zu Graphen wie in Abb. 38a.22 übergehen, in der die Isomorphie zwischen der konkreten Mikrostruktur von $wa_{20}$ und einer abstrakten Mikrostruktur mitberücksichtigt wird.

Hat man eine Struktur S über einer konkreten Trägermenge A ($\langle A; S \rangle$) und schränkt die Betrachtung so ein, daß man von S zu einer Teilmenge S' der strukturdefinierenden Elemente übergeht, so heißt die derart „reduzierte" Struktur S' über A ($\langle A; S' \rangle$Æ *Redukt von S über A*. Der Vergleich von $\langle A; S \rangle$ mit $\langle A; S'$Æ zeigt, daß Redukte stets über die gleiche Trägermenge verfügen wie die zugehörige Ausgangsstruktur (vgl. z. B. Potthoff 1981, 2).

$ArS_1$ ist Redukt von $ArS_0$: $ArS_0$ und $ArS_1$ verfügen über die gleiche Trägermenge $M_{TS}$ und aus $(R_i)_{i \in I}$ werden nur $R_{part}$ und $R_p$ berücksichtigt.

#### 4.2.1.1. Die partitive Artikelstruktur

Die partitive Artikelstruktur $ArS_2$ ist folgende Teilstruktur der hierarchischen Artikelstruktur

$ArS_2 := \langle M_{TS}; TS, TSK, WA; R_{part} \rangle$.

$ArS_2$ ist mithin ein Redukt von $ArS_1$.

Entsprechend erhält man den Strukturgraphen für die partitive Artikelstruktur durch Tilgung der präzedentiven Kanten im hierarchischen Strukturgraphen in der Abb. 38 a.23, so daß sich folgender partitiver Strukturgraph ergibt:

```
            WA
          ↗ ↑ ↖
       TS₁  TS₂  TS₃
       ↗ ↑ ↖
    TS̄₄  TS₅  TS₆
```

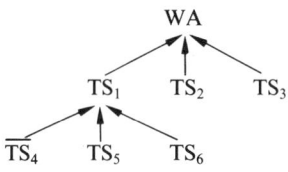

Abb. 38 a.24: Partitiver Strukturgraph

Ein partitiver Strukturgraph hat die gleichen formalen Eigenschaften wie ein Hasse-Diagramm.

### 4.2.1.2. Die präzedentive Artikelstruktur

Die präzedentive Artikelstruktur $ArS_3$ erhält man, wenn man auf $M_{TSt}$, der Menge aller terminalen Textsegmente, die gerade eine axiomatische Bedingung erfüllen müssen, um als terminal ausgezeichnet zu sein, die Präzedenzrelation $R_p^*$ definiert, also: $R_p^* \subseteq M_{TSt} \times M_{TSt}$. $ArS_3$ ist dann wie folgt bestimmt:

$ArS_3 := \langle M_{TSt}; TS, TSK, WA; R_p^* \rangle$.

Es gilt: $R_p^* = R_p \cap M_{TSt} \times M_{TSt}$; im Unterschied zu $R_p$ ist $R_p^*$ zusätzlich konnex, d. h.: $R_p^*$ ist eine irreflexive totale Ordnung (eine Kette).

*Bem.:* Die letzte Aussage kann so „paraphrasiert" werden: Schneidet man $R_p$, die Menge der geordneten Paare von Textsegmenten, auf die der Relationsterm *geht voraus* zutrifft, mit dem einfachen Kreuzprodukt von $M_{TSt}$, erhält man die Schnittmenge $R_p^*$ als die Menge der geordneten Paare von terminalen Textsegmenten, auf die ebenfalls der Relationsterm *geht voraus* zutrifft und in $M_{TSt}$ sind alle Elemente $R_p^*$-vergleichbar.

$ArS_3$ ist offensichtlich kein Redukt der hierarchischen Artikelstruktur $ArS_1$, da die Trägermengen von $ArS_1$ und $ArS_3$ (wegen $M_{TSt} \subset M_{TS}$) verschieden sind. Soll das Verhältnis von $ArS_1$ und $ArS_3$ bestimmt werden, wird der Terminus *Substruktur* benötigt, der wie folgt charakterisiert werden kann: Eine Struktur S' über einer Trägermenge A heißt eine *Substruktur* einer Struktur S über der Trägermenge B, wenn A eine Teilmenge von B ist ($A \subseteq B$) und die jeweiligen strukturdefinierenden Elemente aus S' als Einschränkungen von den strukturdefinierenden Elementen aus S auf A resultieren. Substrukturen besitzen stets die gleiche Anzahl strukturdefinierender Elemente wie die zugehörige Ausgangsstruktur (vgl. Potthoff 1981, 3). — Redukte und Substrukturen sind also zwei klar unterschiedene Arten von Teilstrukturen. $ArS_3$ ist mithin ein Redukt einer Substruktur von $ArS_1$.

Entsprechend erhält man den Strukturgraphen für die (anhand von $wa_{20}$ exemplarisch betrachtete) präzedentive Artikelstruktur dadurch, daß man von dem hierarchischen Strukturgraphen in Abb. 38 a.23 zu einem Graphen übergeht, dessen Knoten nur mit Namen für Mengen von terminalen Textsegmenten etikettiert sind, die durch präzedentive Kanten verbunden sind, so daß sich ergibt:

$\overline{TS_4} \mathrel{-<-} TS_5 \mathrel{-<-} TS_6 \mathrel{-<-} TS_2 \mathrel{-<-} TS_3$

Abb. 38 a.25: Präzedentiver Strukturgraph

*Bem.:* Natürlich kann man von einem präzedentiven Strukturgraphen durch Übersetzung übergehen zu LZGA < TZ < GA < TZ < SK, also einem Ausdruck, der eine abstrakte präzedentive Artikelstruktur kennzeichnet, die zu der konkreten von $wa_{20}$ isomorph ist.

### 4.2.2. Die hierarchische Mikrostruktur und zwei ihrer Teilstrukturen

Während die bisher behandelten Artikelstrukturen $ArS_1$, $ArS_2$ und $ArS_3$ abstrakte Strukturen sind, die als Trägermengen immer Mengen von solchen Mengen besitzen, zu denen — neben WA — Elemente gehören, die zu jeder Klasse von funktionalen Textsegmenten gehören dürfen (so daß als Elemente auch nichttypographische Strukturanzeiger zugelassen sind), sind in der Trägermenge einer abstrakten Mikrostruktur — neben WA — als Elemente nur Mengen von Angaben, und zwar Klassen von Angaben gleichen genuinen Zwecks zugelassen. Die Mikrostruktur eines standardisierten Wörterbuchartikels (irgendeines speziellen Lemmazeichentyps) ist daher diejenige Ordnungsstruktur, die festlegt, welche Angaben aus welchen Angabeklassen in welcher Reihenfolge der Artikel enthält. Die Mikrostruktur kann daher als besonders ausgezeichnete Teilstruktur der vollständigen Artikelstruktur $ArS_0$ gelten, da sie — neben der Makrostruktur — die „Informationsverteilung", d. h. die Verteilung der Angaben über den Wörterbuchgegenstandsbereich regelt (vgl. Art. 39). —

Gegeben sei das folgende Ergebnis einer Anwendung von $Mth_2$ auf $wa_{20}$, bei der alle Angaben berücksichtigt und die gleichen Vereinfachungen wie in Abb. 38 a.22 vorgenommen wurden:

```
            WA
          /    \
        FK      SK
       /  \      |
    LZGA   GA    |
      |    |     |
    Rappe  der  schwarzes Pferd
```

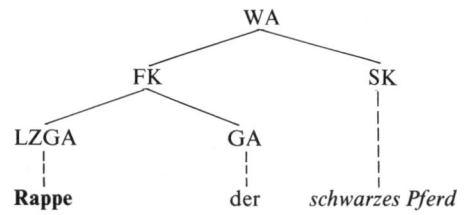

Abb. 38 a.26: Ergebnis einer Anwendung von $Mth_2$ auf $wa_{20}$

Entsprechend dem Vorgehen in 4.2.1. sei zu der folgenden Strukturdarstellung übergegangen:

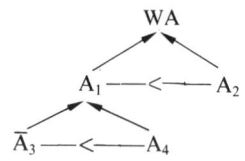

```
           WA
          /  \
        A₁ —<— A₂
         ↑
        Ā₃ —<— A₄
```

Abb. 38 a.27: Strukturdarstellung anhand von $wa_{20}$; „⟶" bedeutet soviel wie *ist eine Angabe als Teil von (der/des)* und „—<—" dasselbe wie in Abb. 38 a.23; A = Angabeklasse; $\overline{A}$ = Menge der Angaben, die Träger des Leitelementes sind.

Es lassen sich folgende Mengen angeben:
$M_A = \{WA, A_1, A_2, A_3, A_4\}$.
Es gelten: $M_A \subseteq M_{TS}$; $M_{At} = M_{TSt} \cap M_A$, da $A \subseteq TS$ bzw. $AK \subseteq TSK$ und für abstrakte Mikrostrukturen (vgl. unten) gefordert wird, daß $M_A$ eine Teilmenge von AK ist.

Auf $M_A$ sei $R'_{part}$, als Einschränkung von $R_{part}$ auf $M_A$ definiert, auf deren geordnete Paare der Relationsterm *ist eine Angabe als Teil von (der/des)* zutrifft; auf $M_A$ sei weiterhin $R'_p$, die Einschränkung von $R_p$ auf $M_A$ definiert. Es gelten demnach: $R'_{part} = R_{part} \cap M_A \times M_A$; $R'_p = R_p \cap M_A \times M_A$.

$MiS_1$, die hierarchische Mikrostruktur, kann demnach wie folgt angegeben werden:
$MiS_1 := \langle M_A; A, AK, WA; R'_{part}, R'_p \rangle$.

$MiS_1$ ist in den Abb. 38 a.26 u. 27 abgebildet. Alle Mikrostrukturen erfüllen die Bedingung, daß ihre jeweiligen Trägermengen (hier: $M_A$) entweder Teilmengen von A sind — dann handelt es sich um konkrete Strukturen — oder Teilmengen von AK: dann liegen — wie im vorliegenden Fall — abstrakte Mikrostrukturen vor. Wie im Falle von $ArS_o$, der vollständigen Artikelstruktur, dominiert das durch WA spezifizierte Element aus der Trägermenge alle übrigen Elemente derselben. $MiS_1$ ist eine Substruktur von $ArS_1$, der hierarchischen Artikelstruktur.

### 4.2.2.1. Die partitive Mikrostruktur

Die partitive Mikrostruktur $MiS_2$ ist folgendes Redukt von $MiS_1$, der hierarchischen Mikrostruktur:

$MiS_2 := \langle M_A; A, AK, WA; R'_{part} \rangle$.

Wie im Falle der partitiven Artikelstruktur erhält man den partitiven Strukturgraphen für die partitive Mikrostruktur z. B. durch Tilgung der präzedentiven Kanten im Strukturgraphen für die hierarchische Mikrostruktur (vgl. Abb. 38 a.27). Da $MiS_2$ Substruktur von $ArS_2$ ist, erhält man den partitiven Strukturgraphen zu $MiS_2$ auch dadurch, daß man im partitiven Strukturgraphen zu $ArS_2$ (vgl. Abb. 38 a.24) die mit Symbolen für Strukturanzeiger etikettierten Knoten (also $TS_5$ und $TS_2$) mit den zugehörigen partitiven Kanten tilgt, so daß man — bei gleichzeitiger Ersetzung der TS-Etiketten durch A-Etiketten — folgenden Graphen hat:

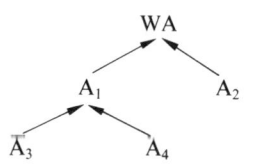

```
          WA
         /  \
        A₁   A₂
        ↑
       Ā₃   A₄
```

Abb. 38 a.28: Partitiver Strukturgraph

### 4.2.2.2. Die präzedentive Mikrostruktur

Die präzedentive Mikrostruktur $MiS_3$ erhält man, wenn man auf $M_{At}$, der Menge aller terminalen Angaben, die — wie $M_{TSt}$ — durch ein besonderes Axiom charakterisiert ist, die Präzedenzrelation $R_p^{*'}$ definiert, also: $R_p^{*'} \subseteq M_{At} \times M_{At}$. $MiS_3$ ist dann so bestimmt:

$MiS_3 := \langle M_{At}; A, AK, WA; R_p^{*'} \rangle$.

Es gelten: $R_p^{*'} = R_p^* \cap M_{At} \times M_{At}$; $R_p^{*'} = R'_p \cap M_{At} \times M_{At}$. Insbesondere stellt also $M_{At}$ diejenige Teilmenge von $M_A$ dar, deren Elemente im $MiS_1$ keinen $R_{part}$-Vorgänger besitzen. Die präzedentive Mikrostruktur $MiS_3$ ist ein Redukt einer Substruktur der hierarchischen Mikrostruktur $MiS_1$ und eine Substruktur der präzedentiven Artikelstruktur $ArS_3$. Entsprechend erhält man den Strukturgraphen für die (anhand von $wa_{20}$ exemplarisch betrachtete) präzedentive Mikrostruktur entweder dadurch, daß man von dem hierarchischen Strukturgraphen in Abb. 38 a.27 zu einem Graphen übergeht, dessen Knoten nur mit Namen für Mengen von terminalen Angaben etikettiert sind, die durch präzedentive Kanten verbunden sind, oder dadurch, daß man von dem präzedentiven Strukturgraphen in Abb. 38 a.25 die mit Symbolen für Strukturanzeiger etikettierten Knoten (also TS$_5$ und TS$_2$) mit den zugehörigen präzedentiven Kanten tilgt, so daß man — bei gleichzeitiger Ersetzung der TS- durch A-Etiketten — folgenden Graphen erhält:

$$\overline{A}_3 \longleftarrow A_4 \longleftarrow A_2$$

Abb. 38 a.29: Präzedentiver Strukturgraph

*Bem.:* Auch von dem Graphen in Abb. 38 a.29 kann man übergehen zu LZGA < GA < SK als einem Ausdruck, der eine abstrakte präzedentive Mikrostruktur kennzeichnet, die zu der konkreten von wa$_{20}$ isomorph ist.

Es lassen sich verschiedene Arten von hierarchischen Mikrostrukturen danach unterscheiden, wie die Verteilung der Angaben insgesamt organisiert ist. Diese Arten werden in Art. 39 behandelt.

### 4.3. Die Adressierungs- und die Angabestruktur

Die Adressierungsstruktur zusammen mit der hierarchischen Mikrostruktur ergibt die Angabestruktur eines standardisierten Wörterbuchartikels.

#### 4.3.1. Die Adressierungsstruktur

Bereits in 3.2.2.1. wurde erwähnt, daß Angaben entweder zum Lemmazeichen oder zu anderen Angaben oder zu Textteilen in den Außentexten in einer Angabebeziehung stehen. Dies ist jetzt für eine Ausprägung der Angabebeziehung, die *Adressierungsbeziehung* heißt, (vgl. Art. 36) auszuführen; dabei wird über Wiegand (1988, 64 ff. u. 1988 b, 540 ff.) hinausgegangen. Die Darstellung bleibt weitgehend informell und wenig detailliert; zu einer eingehenderen und strengeren Analyse vgl. Wiegand 1989. Lexikographische Hinweise und Verweise (Hinweis- und Verweisangaben) werden nicht mitbehandelt, so daß artikeltranszendierende Beziehungen unberücksichtigt bleiben.

Gegeben sei der Artikel

**Rappe**, der; -en, -en *schwarzes Pferd* ( = wa$_{21}$)

sowie das in Abb. 38 a.30 dargestellte Ergebnis einer Anwendung von Mth$_2$ auf wa$_{21}$, bei der nur die Angaben berücksichtigt wurden.

Die Trägermenge der abstrakten hierarchischen Mikrostruktur, die zu der konkreten von wa$_{21}$ isomorph ist — sie heiße M$_A$ (wa$_{21}$) — ist wie folgt definiert:

M$_A$ := {WA, FK, SK, LZGA, GrA, PragsemA, LZGA.sR, GA, DekA, BA, SgbA, PlbA, BPA}.

Auf M$_A$ (wa$_{21}$) sei eine irreflexive, asymmetrische Relation, die Adressierungsrelation R$_a$ definiert (R$_a$ ⊆ M$_A$ (wa$_{21}$) × M$_A$ (wa$_{21}$)), auf deren geordnete Paare der Relationsterm *ist artikelintern adressiert an* zutrifft.

*Bem.:* Wegen seines alltagssprachlichen Gebrauches ist das Wort *adressieren* ambig, da etwas an einen Adressaten oder an eine Adresse adressiert sein kann. Für den metalexikographischen Gebrauch von *adressieren* sei daher festgelegt, daß Angaben stets an Adressen adressiert sind, zu denen als Adressaten mindestens eine Eigenschaft des Wörterbuchgegenstandes gehört. Als artikelinterne Adressen kommen nur Angaben in Frage. Es ist zu beachten: der hier verwendete Terminus *Adresse* darf nicht mit dem in der Dokumentationswissenschaft verwechselt werden (vgl. Wiegand 1983, 431).

Die zentrale Adresse eines Wörterbuchartikels ist normalerweise die Lemmazeichengestaltangabe (LZGA = $\overline{A}$). Läßt man den Wörterbuchartikel als größte Angabe außer Betracht, dann hat sie unter den anderen Angaben nicht nur dadurch eine Sonderstellung, daß sie (oder gegebenenfalls einer ihrer Teile, die LZGA.sR) Träger des Leitelementes ist (und daher unter makrostrukturellen Aspekten als Lemma gilt), vielmehr gilt auch: Alle Angaben außer der Lemmazeichengestaltangabe sind adressiert ( = haben eine Adresse). Mit dem Hinschreiben einer Verwendungsinstanz eines Lemmazeichens (LZ) wird dieses nicht nur zum Zwecke seiner nachfolgenden lexikographischen Bearbeitung erwähnt, so daß es als Bezugsgegenstand für verdichtete sprachreflexive Prädikationen der Lexikographen (in Form von Angaben) zur Verfügung steht, sondern dadurch, daß LZ erwähnt wird, wird (i) seine Existenz behauptet und (ii) seine Gestalt für den Fall der schriftlichen Realisierung ange-

```
                    WA
                  /    \
                FK      SK
              /    \      \
          LZGA    GrA    PragsemA
            |    /   \       |
       LZGA.sR GA   DekA    BA
            |   |   /   \    |
         Rappe der SgbA PlbA BPA
                    |    |    |
                   -en  -en  schwarzes Pferd
```

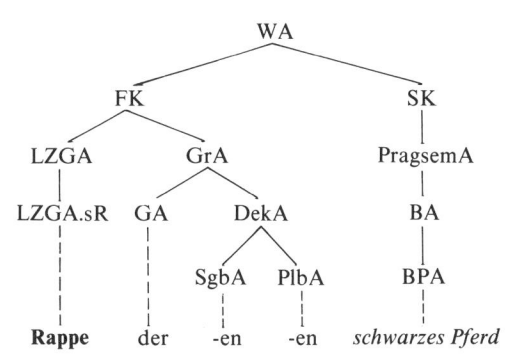

Abb. 38 a.30: Hierarchischer Strukturgraph zur Mikrostruktur von wa$_{21}$

geben, so daß eine LZGA.sR (und damit meistens auch eine Rechtschreibangabe) qua Erwähnung vorliegt. Dadurch daß mit der Erwähnung von LZ zugleich eine Lemmazeichengestaltangabe formuliert wird, wird die Voraussetzung dafür geschaffen, daß eine artikelinterne Adressierung möglich wird.

Die schriftliche Erwähnung von Zeichen in einem Text, um anschließend in diesem Text über sie zu schreiben, ist — semiotisch gesehen — etwas ganz anderes als das Schreiben über bereits vorher im gleichen Text schriftlich erwähnte Zeichen, obwohl mit beiden Verfahren etwas über die erwähnten Zeichen mitgeteilt wird (vgl. Wiegand 1989). In den Textteilen, mit denen über bereits erwähnte Zeichen geschrieben wird, können ebenfalls erwähnte Zeichen auftreten. Textteile, in denen etwas über bereits vorher erwähnte Zeichen mitgeteilt wird, haben eine Adresse im Text; dies gilt auch für ex- und implizite Angaben in einem Artikeltext; z. B. sind die SgbA „-en" und die PlbA „-en" in $wa_{21}$, also zwei implizite Wortformenangaben, als verdichtete Erwähnungen aufzufassen. Als ein möglicher Volltext zur PlbA kommt z. B. in Frage: *Zu 'Rappe' ist 'Rappen' die Form im Nominativ Plural.* Damit dürfte deutlich sein, daß auch alle impliziten Angaben, die auf die LZGA folgen, adressiert sind, und zwar nach links, während z. B. die Angabesymbole in $wa_{12}$ (Textbeispiel 38 a.1) rechtsadressiert sind. Über eine Adresse kann eine Angabe auf mehrere Adressaten bezogen sein. In $wa_{21}$ z. B. ist die BPA „*schwarzes Pferd*" über die LZGA.sR „**Rappe**" auf den NSg. *Rappe* und alle anderen sieben Wortformen desjenigen flexionsmorphologischen Paradigmas bezogen, das (für den Kenner der Grammatik des Deutschen und damit nicht für jeden kundigen Benutzer!) mit der LZGA.sR, der SgbA und der PlbA identifiziert ist. Ist das flexionsmorphologische Paradigma eines Substantivs voll ausgeprägt, dann ist also der Adressat zur LZGA als der Adresse für eine Bedeutungsangabe stets das gesamte Paradigma, zu der das LZ gehört (das Lemmazeichenparadigma).

Wenn alle Angaben außer $\overline{A}$ adressiert sind, dann ist der Vorbereich (oder: Definitionsbereich) D von $x R_a y$ (i. S. v. *x ist artikelintern adressiert an y*) wie folgt definiert: $D(R_a) := M_A - \{\overline{A}\}$. Der Nachbereich (oder: Wertebereich) W ist entsprechend so definiert: $W(R_a) := \{y \in M_A \mid \exists x \in M_A (x R_a y)\}$.

Wird $R_a$ auf $M_A$ definiert, führt das zu einer Zerlegung von $M_A$ in disjunkte Teilmengen, d. h.: $R_a$ induziert eine Partition (P) auf $M_A$. Man erhält $M_{Ad}$, die Menge der Adressen, die so definiert ist:

$M_{Ad} := \{x \in M_A \mid x \in W(R_a)\}$

sowie $M_{-Ad}$, die Menge der Angaben, die keine Adressen sind, und die entsprechend so definiert ist:

$M_{-Ad} := \{x \in M_A \mid x \notin W(R_a)\}$.

Für P ergibt sich demnach die Definition P: = $\{M_{Ad}, M_{-Ad}\}$ und es gelten:

$\emptyset \notin P; \cup P = M_A; M_{Ad} \cap M_{-Ad} = \emptyset$.

Eine Angabe heißt *lemmatisch adressiert,* wenn die Adresse eine Lemmazeichengestaltangabe ist. Handelt es sich um ein Sublemma, liegt *sublemmatische Adressierung* vor (vgl. Art. 36). In allen anderen Fällen heißt sie *nichtlemmatisch adressiert.*

Sind alle artikelinternen Angaben an die LZGA adressiert, so daß $R_a$ eine Funktion mit LZGA im Nachbereich ist, wird von *vollständiger lemmatischer Adressierung* gesprochen. In diesem Falle liegt innerhalb des Artikels kein Themawechsel vor (vgl. Art. 90).

Am Beispiel von $wa_{21}$ kann das wie folgt verdeutlicht werden. $M_{Ad}$ ist eine Einermenge mit dem Element $\overline{A}$ ($M_{Ad} = \{\overline{A}\}$); alle anderen Angaben vom $wa_{21}$ sind Elemente von $M_{-Ad}$. Dies bedeutet: $R_a$ ist im Beispiel nacheindeutig, also eine Funktion, was im folgenden Pfeildiagramm deutlich wird:

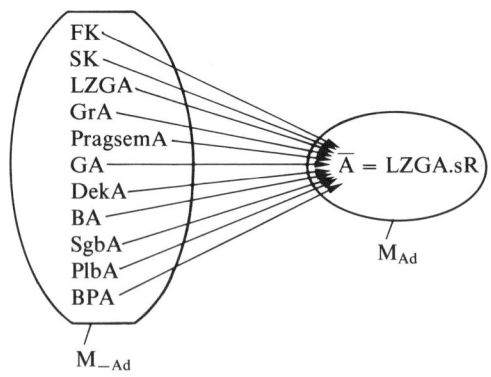

Abb. 38 a.31: Pfeildiagramm zur Adressierung in $wa_{21}$

Auch in $wa_1$ bis $wa_8$ und $wa_{10}$ ist die lemmatische Adressierung vollständig, nicht dagegen in $wa_9$. In diesem Artikel ist die Ausspracheangabe an die Pluralbildungsangabe adressiert. $M_{Ad}$ hat damit hier zwei Elemente (LZGA, PlbA), so daß $R_a$ hier keine Funktion ist.

Die Adressierungsstruktur AdS eines standardisierten Wörterbuchartikels kann nun wie folgt definiert werden: AdS: = $\langle M_A; R_a \rangle$. Die drei unterschiedlichen Adressierungsarten (lemmatisch (L), sublemmatisch (SL) und nicht-lemmatisch (NL)), können über folgende Definition berücksichtigt werden:

$R_a := \bigcup_{i \in I} R_{ai}$, wobei I so definiert ist:

I: = {L, SL, NL}.

### 4.3.2. Die Angabestruktur

Die Angabestruktur AnS erhält man, wenn man die hierarchische Mikrostruktur $MiS_1 = \langle M_A; A, AK, WA; R'_{part}, R'_p \rangle$ modifiziert, so daß man auf $M_A$ nicht nur $R'_{part}$ und $R'_p$, sondern auch $R_a$ erklärt. Die Angabestruktur ist demnach so definiert:

AnS: = $\langle M_A; A, AK, WA; R'_{part}, R'_p, R_a \rangle$.

*Bem.:* Der Terminus *Angabestruktur* ist hier also anders verwendet als in Wiegand 1988 u. 1988 b.

Wer die Angabestruktur eines Artikels kennt, weiß nicht nur, welche Angaben aus welchen Angabeklassen in welcher Reihenfolge vorliegen, sondern darüber hinaus, wie die Angaben adressiert sind; insbesondere kann er genau angeben, wieviele Themenwechsel vorliegen, so daß differenzierte Aussagen über den Komplexitätsgrad von standardisierten Wörterbuchartikeln möglich werden (vgl. Wiegand 1989b). Der Komplexitätsgrad, der nicht allein vom Themenwechsel determiniert wird, wächst mit steigender Anzahl der Themenwechsel.

Bei den nichtlemmatisch adressierten Angaben müssen zwei Klassen unterschieden werden, und zwar Angaben, die gemäß ihrem genuinen Zweck immer nichtlemmatisch adressiert sind, und unregelmäßig auftretende „ad-hoc-Angaben", die (nach Wiegand 1989a) *Glossate* heißen. Ein Beispiel für eine Angabe aus der ersteren Klasse bilden die Belegstellenangaben (BStA). In $wa_{22}$ aus dem Duden-GW ist die BStA „Werfel, Bernadette 444" an die Belegbeispielangabe (BBeiA) als den vorausgehenden Teil der Belegangabe (BelA) adressiert; man vergleiche:

**anspannen** [...] Bernadette spannt alle Kräfte an, um diesem Verhör gewachsen zu sein (Werfel, Bernadette 444) (= $wa_{22}$).

Beispiele für Glossate finden sich in den folgenden Artikeln (beide aus Duden-GW):

**ansprechen** [...] sie wird dauernd von Männern angesprochen *(zudringlich belästigt)* (= $wa_{23}$)

**anstechen** [...] ein angestochener *(durch den Stich eines Insekts madig gewordener)* Apfel (= $wa_{24}$).

In $wa_{23}$ und $wa_{24}$ handelt es sich um Glossate zu Kompetenzbeispielangaben (KBeiA); in $wa_{23}$ liegt ein Postglossat vor (KBeiA[G]), und in $wa_{24}$ handelt es sich um ein Interglossat (KBei[G]A). Die Angabenglossierung findet sich auch in BPA in BelA und bei anderen Angaben.

Die Glossierungstechniken sind bisher nicht gründlich untersucht worden. Zwar ist ein Paar aus einer Adresse und einem Glossat eine lexikographische Bearbeitungseinheit, es ist aber, theoretisch betrachtet, äußerst mißverständlich, Glossatadressen (wie in der amerikanischen Literatur) als *hidden sublemmata* („versteckte Sublemmata") zu bezeichnen: eine Glossatadresse trägt kein Leitelement oder ein Teil eines solchen (was eben für Lemmata bzw. Sublemmata gilt) und ist damit kein Element der Trägermenge der Makrostruktur (vgl. Wiegand 1989 u. Art. 38).

### 4.4. Auslagerung und skopusbezogene Relationen

Mit dem Terminus *Auslagerung* wird (i. S. v. Wiegand 1989 u. 1989 b) eine spezifische Operation der Textverdichtung bezeichnet. Die Erläuterung der Auslagerung — so wird sich zeigen — erbringt zugleich ein informelles Verständnis von skopusbezogenen Relationen wie sie zuerst (in didaktischen Zusammenhängen) in Wiegand 1988b, 567 ff. betrachtet wurden.

In Wörterbucheinleitungen (und zwar im Metatext; vgl. Art. 36) werden diese Relationen z. B. wie folgt erklärt:

Zitat 10: Die spitze Klammer ⟨ Æ steht immer direkt hinter dem Stichwort der Bedeutungsstellennummer, dem semantisch relevanten Kontext oder dem zu erläuternden Anwendungsbeispiel. Sie enthält Informationen zu Silbentrennung, Aussprache, Grammatik, Stilebene und Verbreitung eines Stichwortes. Steht sie direkt hinter dem Stichwort, so gilt ihr Inhalt für den gesamten Artikel, also für alle Bedeutungen. Steht die spitze Klammer hinter einer Bedeutungsstellennummer, so gilt ihr Inhalt nur für die darauffolgende Bedeutung und deren untergeordnete Stellen. Der Inhalt der direkt hinter dem Stichwort stehenden Klammer wird durch die

'**Frech·heit** ⟨f.; -, -en⟩ **1** ⟨unz.⟩ *das Frechsein, freches Benehmen;* er treibt es mit seiner ~ zu weit; die ~ auf die Spitze treiben **2** *freche Handlung od. Äußerung, Unverschämtheit, Dreistigkeit, Anmaßung;* diese ~ lasse ich mir nicht gefallen; das ist eine unerhörte, unglaubliche ~!

'**Frech·ling** ⟨m.; -s, -e⟩ *frecher, unverschämter Mensch;* so ein ~!

'**Frau·en·tausch** ⟨m.; -(e)s, -e; Pl. selten⟩ **1** *das Austauschen der Frauen zum sexuellen Verkehr* **2** ⟨Völkerk.⟩ *Sitte, die eigene Frau einem anderen Mann als Zeichen der Freundschaft anzubieten;* Sy Gastprostitution

Textbeispiele 38 a.4—6: $wa_{25}$, $wa_{26}$ und $wa_{27}$ aus BW

spitze Klammer in der Bedeutungsstelle entweder eingeschränkt oder erweitert (BW I, 10)

Beispiele für die Ausführungen in Zitat 10 finden sich in wa$_{25}$—wa$_{27}$.

Mit der im Zitat 10 gewählten Ausdrucksweise kann anhand von wa$_{25}$—wa$_{27}$ folgendes festgestellt werden: Der „Inhalt" der drei spitzen Klammern, also das, was mit den Angaben, die in diesen Klammern stehen, angegeben wird, „gilt" für den gesamten Artikel, und — so wird bezeichnenderweise erklärend hinzugefügt — „also für alle Bedeutungen". Hieraus geht bereits hervor, daß eine explizite Aussage über den artikelinternen Geltungsbereich der Angaben in den spitzen Klammern nur für Wörterbuchartikel erforderlich ist, die Lemmazeichen als polysem beschreiben. Für wa$_{26}$ ist eine solche Erläuterung überflüssig; daß der „Inhalt" der spitzen Klammer für den Rest von wa$_{26}$ „gilt", ist aufgrund üblicher Prinzipien der Textkonstitution, deren Kenntnis beim Benutzer vorausgesetzt werden kann, selbstverständlich: ein ausgesagter „Inhalt" „gilt" in einem Text so lange wie er nicht durch nachfolgende Aussagen des gleichen Textes oder Inferenzen aus solchen revidiert wird. Die spezifische Textorganisation von Wörterbuchartikeln, die Lemmazeichen als polysem beschreiben, macht es erforderlich, daß bestimmte „Inhalte" derjenigen Klammer, die direkt hinter dem Stichwort steht, „durch die spitze Klammer in der Bedeutungsstelle" eingeschränkt oder erweitert werden. Erläutert anhand von wa$_{25}$ bzw. wa$_{27}$ kann das, was im Zitat 10 gemeint ist, etwa wie folgt wiedergegeben werden: Die Geltung einer ganz bestimmten, nämlich derjenigen Angabe, die mit der PlbA „-en" gemacht wird, die — als Teilangabe des Formkommentars — in der ersten spitzen Klammer steht, wird eingeschränkt durch die Geltung derjenigen Angabe, die mit der SgtA „unz." in der zweiten Klammer von wa$_{25}$ gemacht wird, und zwar für einen bestimmten Textabschnitt, der durch die Bedeutungsstellennummer zusätzlich markiert ist: für den 1. SSK. In wa$_{27}$ wird (angeblich; vgl. unten) der Inhalt der ersten spitzen Klammer durch die Angabe in der zweiten (nämlich „Völkerk.") erweitert, so daß — wenn die mit den nachfolgenden Angaben im 2. SSK gemachten Angaben gelten — nicht nur diejenigen gelten, die durch Angaben in der ersten spitzen Klammer gemacht werden, sondern zusätzlich eine weitere, nämlich die, die mit „Völkerk." gemacht wird.

Im Zitat 10 wird also u. a. für den Benutzer beschrieben (oder: versucht zu beschreiben), wie in einem standardisierten und (auf bestimmte Weise) verdichteten Artikeltext zu einem als polysem interpretierten Lemmazeichen die Geltungsbeziehungen von gemachten Angaben auf stets gleiche Weise reguliert werden, so daß der Benutzer — von dem ja vorausgesetzt werden muß, daß er nicht alle gemachten Angaben schon kennt — in die Lage versetzt wird, die Geltungsbeziehungen nicht ausschließlich über die Inhalte und auf der Grundlage seiner Kenntnisse von sonst üblichen Vertextungsprinzipien zu rekonstruieren, sondern auch durch die Kenntnis der spezifischen Regulierung der Geltungsbeziehungen von Angaben in einem Artikel zu polysemen Lemmazeichen.

Um wenigstens informell deutlich zu verstehen, was eigentlich Geltungsbeziehungen von Angaben sind, muß das Folgende bedacht werden: Eine Angabe ist ein funktionales Textsegment mit einem ganz bestimmten genuinen Zweck (vgl. 3.2.2.1.). Die Redeweise, daß eine Angabe gilt, ist daher — wenn sie nicht erläutert wird — kryptisch. Nach 3.2.2.3. hat das Wort *Angabe* zwei Verwendungsweisen, so daß man z. B. sagen kann: *Mit dieser Bedeutungsangabe wird eine Angabe gemacht.* Daher wurde auch oben z. B. davon gesprochen, daß die mit einer Pluralbildungsangabe gemachte Angabe gilt. Aber auch dies ist noch eine verkürzte Redeweise, die nur dann verständlich ist, wenn das Folgende klar ist: Jede mit einer Angabe a$_j$ gemachte Angabe gilt (= ist gültig), wenn aus dem geordneten Paar, bestehend aus der Adresse ad$_i$ dieser Angabe a$_j$ und a$_j$ selbst, also aus (ad$_i$, a$_j$), eine propositionale Information zum Wörterbuchgegenstand erschließbar ist, die in wenigstens einem Aussagesatz mitgeteilt werden kann, der gilt (d. h.: in einem bestimmten Sinne wahr ist). In diesem Sinne gilt z. B. die Genusangabe „m." in wa$_{26}$; denn aus dem geordneten Paar, bestehend aus der LZGA **Frech·ling** als der Adresse der GA und der GA „m.", also aus (**Frech·ling**, m.), ist eine propositionale Information zum Lemmazeichen *Frechling* erschließbar, die z. B. in dem Aussagesatz *'Frechling' ist ein Maskulinum* mitgeteilt werden kann. Dieser Satz, der ein Satz aus einem möglichen Volltext (i. S. v. Wiegand 1988, 81 f.) zu wa$_{26}$ ist, gilt. — Die Redeweise, daß eine Angabe a$_j$ gilt, besagt demnach, daß es einen gültigen Satz gibt, dem die gleiche propositionale Information zu entnehmen ist wie dem geordneten Paar (ad$_i$, a$_j$). —

Die Geltung der verschiedenen Angaben eines Artikels ist nicht isoliert zu betrachten, denn die Geltung einer Angabe kann zu der einer anderen in einer Beziehung stehen; z. B. gilt die SgtA „unz." in wa$_{25}$ nur dann, wenn die BA im gleichen SSK, also „*das Frechsein, freches Benehmen*" gilt, d. h. anders ausgedrückt: *Frechheit* ist dann ein Singularetantum, wenn es in der Bedeutung verwendet wird, die mit dieser BA angegeben wird. Die Geltungsbeziehung, in der die Geltung der BA und die der SgtA stehen, ist also eine *genau dann, wenn*-Beziehung. Die Geltung der PlbA und die der SgtA in wa$_{25}$ stehen offenbar in einer *entweder-oder*-Beziehung.

Ist irgendeine Angabe a$_j$ eines Wörterbuchartikels nur gültig bzw. kann sie nur gültig sein, wenn eine andere Angabe a$_k$ des gleichen Artikels gültig ist, dann liegt a$_j$ im *Geltungsfeld* von a$_k$. Ob eine Angabe a$_j$ tatsächlich im Geltungsbereich einer Angabe a$_k$ liegt oder nicht, wird durch die Wörterbuchbasis (i. S. v. Wiegand 1983b, 43; vgl. auch Wiegand/Kučera 1981, 100 f. sowie Pan Zaiping/Wiegand 1987, 234 ff.) festgelegt; genauer: durch Beobachtungsaussagen über die sprachlichen Daten der Wörterbuchbasis sowie durch eine linguistische Theorie, im Lichte derer diese gedeutet werden.

Ist ein Geltungsfeld — wie es bei allen hochverdichteten und stark standardisierten, modernen allgemeinen einsprachigen Wörterbüchern der Fall ist — in Artikeln zu polysemen Lemmazeichen durch eine besondere lexikographische (u. U. wörterbuchspezifische) Regelung bestimmt (vgl. z. B. Zitat 10), dann heißt dieses Geltungsfeld einer Angabe a$_k$ der *Skopus* von a$_k$, und a$_k$ heißt eine *skopuseröffnende* Angabe. Im BW haben (nach dem Zitat 10, was die eigene Praxis nicht hinreichend beschreibt, vgl. unten) alle Angaben, die in der spitzen Klammer unmittelbar hinter der LZGA stehen, einen Skopus; diesen bilden alle SSK des gleichen Artikels. Weiterhin haben alle Angaben, die in spitzen Klammern stehen, welche hinter einer Bedeutungsstellennummer plaziert ist, einen Skopus: den Rest desjenigen SSK, in dem sie selbst stehen. Die skopuseröffnenden Angaben, die in den SSK-internen Klammern stehen (nach der in Art. 39 entworfenen Terminologie also im präzedentiven Vorderintegrat), können mit ihrem Skopus den einer oder mehrerer Angaben beschränken, die in der ersten spitzen Klammer stehen. In wa$_{25}$ beschränkt der Skopus der SgtA „unz." den der PlbA „-en", und zwar gehört der 1. SSK nicht zum Skopus der PlbA.

Die Regulierung der Geltungsbeziehungen in Artikeln zu polysemen Lemmazeichen wird durch die Textverdichtung, speziell durch die Operation der Auslagerung erforderlich, die nun erläutert sei.

Wie in Wiegand 1988, 81 ff. gezeigt wurde, kann jeder standardisierte Wörterbuchartikel als ein Kondensat aus einem der möglichen zugehörigen Volltexte aufgefaßt werden

(vgl. auch Art. 90a). Ein möglicher Volltext zu wa$_{26}$ wäre z. B.:

Das auf der ersten Silbe *Frech-* zu betonende und nach dieser zu trennende zweisilbige Substantiv *Frechling* ist ein Maskulinum; die Form des Genitiv Singular ist *Frechlings,* die des Nominativ Plural *Frechlinge.* Es bedeutet soviel wie *frecher, unverschämter Mensch,* und man kann z. B. äußern *so ein Frechling.*

Kennt man die Beschreibungsmethoden (den Code) des BW sowie die Mikrostruktur dieses Wörterbuchs, dann kann man den vorstehenden Volltext durch die Ausführung textverarbeitender Operationen, von denen ein großer Teil solche sind, die den Volltext verdichten, in wa$_{26}$ überführen. Die Operationen, die hier in Frage kommen, sind u. a. solche des Auslassens, des Abkürzens und des Selektierens. Alle textverdichtenden Operationen, die wenigstens einmal ausgeführt werden müssen, um von dem Volltext zu wa$_{26}$ zu gelangen, können zu einer Menge zusammengefaßt werden. Die n-malige Ausführung dieser Operationen (n ∈ ℕ), die notwendig ist, um das Kondensat zu erhalten, heiße *erste Stufe der Textverdichtung.* Bei Lemmazeichen, die als monosem interpretiert werden, ist die Kondensierung genau dann abgeschlossen, wenn diese erste Stufe durchlaufen ist, so daß der Artikel als Kondensat vorliegt. Bei Lemmazeichen, die als polysem interpretiert werden, ist dies nicht der Fall. Hier müssen zusätzlich die Operationen des Auslagerns berücksichtigt werden; die Ausführung von mindestens einer dieser Operationen heiße *zweite Stufe der Textverdichtung.*

Die Auslagerung kann auf unterschiedliche Weise erklärt werden; ein anschaulicher Weg ist der folgende, der zunächst anhand von wa$_{28}$ eingeschlagen sei.

**De·po′nie** ⟨f.; -, -n⟩ **1** *Platz zur Ablagerung von Müll;* größerer Abfall muß zur ~ gefahren werden; geordnete ~; wilde ~ **2** *das Ablagern von Müll;* die ~ von Abfällen ist an dieser Stelle verboten [zu *deponieren*]

Textbeispiel 38a.7: wa$_{28}$ aus BW

Aus wa$_{25}$, wa$_{27}$ und wa$_{28}$ ist ersichtlich, daß die BW-Lexikographen (wie die meisten ihrer Kollegen, die moderne polyinformative Wörterbücher erarbeitet haben) ihrer Arbeit einen polysemistischen Sprachzeichenbegriff zugrunde legen. Ein Lexikograph, der einen monosemistischen Sprachzeichenbegriff vertritt und nach dem gleichen Instruktionsbuch arbeitet, müßte statt wa$_{28}$ zwei Artikel, und zwar die folgenden schreiben:

**De·po′nie** ⟨f.; -, -n⟩ *Platz zur Ablagerung von Müll;*

größerer Abfall muß zur ~ gefahren werden; geordnete ~ ; wilde ~ [zu *deponieren*] ( = wa$_{28a}$)
**De·po'nie** ⟨f.; -, -n⟩ *das Ablagern von Müll;* die ~ von Abfällen ist an dieser Stelle verboten [zu *deponieren*] ( = wa$_{28b}$)
*Bem.:* Wollte er die Leitelementträger von wa$_{28a}$ und wa$_{28b}$ als Elemente der Trägermenge einer Makrostruktur unterscheiden (vgl. Art. 38), dann müßte er eine Indizierung vornehmen; z. B. könnte er die beiden Polysemieangaben aus wa$_{28}$ dann in Homonymenindices (i. S. v. Wiegand 1983, 451, Def. 8) überführen, wenn die linguistische Theorie, relativ zu der er arbeitet, einen Terminus *Homonymie* zur Verfügung stellt.

Vergleicht man wa$_{28a}$ mit wa$_{28b}$, dann erkennt man: ihr Formkommentar und die etymologische Angabe in „[ ]" sind identisch. Zu wa$_{28a}$ und wa$_{28b}$ kann man sich nun **einen** Volltext denken, aus dem **beide** durch Kondensierung entstanden sind (vgl. Wiegand 1989b). Die zweite Stufe der Textverdichtung wird dann durchlaufen, wenn man von wa$_{28a}$ und wa$_{28b}$ zu wa$_{28}$ und damit von zwei Teiltexten zu einem übergeht. Bei dieser Textverarbeitung sind die Operationen der Auslagerung zentral. Der Formkommentar wird nach links ausgelagert: alle identischen Formkommentare (im Beispiel zwei) bis auf genau einen werden getilgt; derjenige, der nicht getilgt wird, wird links an die Spitze des Resttextes gestellt. Was vorher bei den beiden Ausgangstexten überflüssig war, wird nun notwendig: das Geltungsfeld des gesamten Formkommentars (und nicht nur das der Angaben in den spitzen Klammern!) und damit die Geltungsbeziehungen im gesamten Artikel müssen ausdrücklich reguliert werden, so daß der links ausgelagerte Formkommentar sozusagen die Geltungsfelder aller getilgten Formkommentare übernimmt und einen Skopus erhält, nämlich den gesamten SK. — Die EtyA „zu *deponieren*" wird nach rechts ausgelagert; bis auf den Teil, der den Skopus betrifft, kann die Rechts- genau so wie die Linksauslagerung beschrieben werden.

Nachfolgend werden nur die Linksauslagerung und damit nur rechtsorientierte Skopi betrachtet, und zwar zunächst am Beispiel von wa$_{25}$. Genau so wie wa$_{28}$, so kann man auch wa$_{25}$ in zwei Artikel überführen, in denen zwei gleichlautende Wörter *Frechheit*$_1$ und *Frechheit*$_2$ als monosem interpretiert werden. Die beiden Artikel wa$_{25a}$ und wa$_{25b}$, die durch diese Textverarbeitung entstehen, haben dann folgende Formkommentare

FK$_{25a}$: ′**Frech·heit** ⟨f.; -, unz.⟩,
FK$_{25b}$: ′**Frech·heit** ⟨f.; -, -en⟩.

Will man nun von diesen beiden Artikeln zu einem mit ausgelagertem Formkommentar (und damit implizit zu einem polysemistischen Sprachzeichenbegriff) übergehen, hat man zwei Möglichkeiten. Der Vergleich der beiden GrA.S zeigt, daß sie sich nur in der jeweils letzten Angabe unterscheiden. Lagert man — und dies wäre die 1. Möglichkeit — nun FK$_{25b}$ nach links aus, dann muß man die Geltung der PlbA „-en" im nachfolgenden Artikeltext für das Geltungsfeld der BA „*das Frechsein . . .*" widerrufen, um einen offenen Widerspruch zu vermeiden (der relativ zu einer „vernünftigen" morphologischen Theorie des Deutschen besteht). Dies erreicht man dadurch, daß man in FK$_{25a}$ nur das tilgt, was mit FK$_{25b}$ gleich ist, also alles bis auf die SgtA „unz.", die somit an einer bestimmten Stelle des neuen Textes stehen bleibt. Führt man zusätzlich eine Einsetzungsoperation durch derart, daß die Polysemieangaben **1** und **2** das Geltungsfeld der beiden BA — soweit es nicht im ausgelagerten Formkommentar liegt — begrenzen, wodurch sie eine Ordnungsfunktion übernehmen, die durch den typographischen Strukturanzeiger „halbfett" als Eigenschaft ihrer Form unterstützt wird, dann ist das Ergebnis der Linksauslagerung gerade der BW-Artikel wa$_{25}$. In diesem sind dann die Geltungsbeziehungen in der bereits oben erläuterten Weise reguliert; da diese Regulierung in allen entsprechenden Fällen in allen Artikeln (des gleichen Wörterbuches) auf die gleiche Weise geschieht, sind die Geltungsbeziehungen **standardisiert reguliert**: bestimmte Angaben, die stets an einer bestimmten Stelle des Artikeltextes stehen, erhalten einen Skopus.

Die 2. Möglichkeit, von den Artikeln wa$_{25a}$ und wa$_{25b}$ zu einem Artikel mit linksausgelagertem Formkommentar überzugehen, wird dann realisiert, wenn man nicht FK$_{25b}$, sondern FK$_{25a}$ auslagert, und in FK$_{25b}$ alles tilgt bis auf die Pluralbildungsangabe „-en". Führt man die Linksauslagerung auf diese und die Einsetzungsoperation für die Polysemieangabe auf die skizzierte Weise aus, dann erhält man folgenden Artikel wa$'_{25}$:

′**Frech·heit** ⟨f.; -, unz.⟩ **1** *das Frechsein* [. . .] **2** ⟨-en⟩ *freche Handlung od. Äußerung* [. . .] ( = wa$'_{25}$)

Dafür, daß diese 2. Möglichkeit nicht gewählt wird, können zwei Gründe angegeben werden. (i) Wird auf der Basis eines polysemistischen Zeichenbegriffs argumentiert, dann sind die Fälle, daß das flexionsmorphologische Paradigma durch eine Bedeutung

(d. h. eine Teilbedeutung der lexikalischen Bedeutung als der Menge aller Teilbedeutungen, die einer Form zugeordnet sind) beschränkt wird, seltener, woraus folgt, daß die 2. Möglichkeit mehr Druckraum erfordert, so daß die 1. Möglichkeit, den Text zu verdichten, bevorzugt wird. (ii) Für die 1. Möglichkeit spricht eine (für das Deutsche relativ gut zu verteidigende) sprachtheoretische Begründung: die volle Ausprägung des Flexionsparadigmas gilt als der „Regelfall", und die semantisch bedingten Beschränkungen als die „Ausnahme" von diesem. Die erste Möglichkeit, den Text durch Linksauslagerung zu verdichten, führt zu einer Textorganisation, in der im FK zunächst das vollständige Paradigma (also der „Regelfall") und in den semantischen Subkommentaren die „Ausnahme(n)" angegeben wird/werden. Anders ausgedrückt heißt das: Im FK wird zunächst provisorisch behauptet, daß ein polysemes Lemmazeichen (im Beispiel *Frechheit*) ein vollständiges Flexionsparadigma besitzt, das für die gesamte lexikalische Bedeutung gilt. Im SK wird diese Behauptung dann dadurch revidiert, daß die „Ausnahme" konstatiert wird.

Auch die FGA „Völkerk." im 2. SSK von $wa_{27}$ kann als eine Angabe verstanden werden, die bei der Operation der Linksauslagerung als Rest eines ansonsten getilgten Formkommentars nicht ausgelagert wurde, da sie nur gilt, wenn die BPA „*Sitte, die eigene Frau [...]*" gilt. —

Eine Linksauslagerung, bei der alle Formkommentare bis auf den, der nach vorne gestellt wird, vollständig getilgt werden, heißt *restfrei*, eine, bei der dies nicht der Fall ist, heißt *restbildend;* bei $wa_{28}$ ist eine restfreie, bei $wa_{25}$ und $wa_{27}$ eine restbildende Auslagerung als ausgeführt zu unterstellen.

Um eine möglichst geringe Zahl von skopusbezogenen Relationen ansetzen zu müssen, soll nun noch gezeigt werden, daß die FGA „Völkerk." in $wa_{27}$ in dem vorliegenden texttheoretischen Rahmen nicht als Erweiterung des Inhalts der spitzen Klammmer hinter dem Stichwort aufgefaßt werden muß (vgl. Zitat 10), sondern ebenfalls als eine Beschränkung. Hierzu muß zunächst erklärt werden, wie es möglich ist, daß Benutzer systematisch aus einem Artikeltext Angaben (propositionale Gehalte) erschließen können, ohne daß der Artikel eine Angabe als funktionales Textsegment enthält, das der Lexikograph formuliert hat.

In einem Wörterbuchartikel können Angaben dadurch gemacht werden, daß in der Wörterbucheinleitung die systematische Unterlassung der Formulierung einer Angabe einer bestimmten Angabenklasse angekündigt wird (vgl. 3.2.2.2., *Bem. zu Def. 3*). Der kundige Benutzer (i. S. v. Wiegand 1987) wird dadurch in die Lage versetzt, aus dem Fehlen einer Angabe auf deren propositionalen Gehalt zu schließen. In der Einleitung zum BW (BW, Bd. 1, 12) wird ausdrücklich gesagt, daß standardsprachliche „Begriffe" nicht ausdrücklich mit einer Markierungsangabe versehen wurden, so daß aus deren Fehlen (z. B. von „standardspr.") an dem für Markierungsangaben vorgesehenen Platz (nämlich innerhalb der spitzen Klammer) z. B. erschließbar ist, daß ein standardsprachlicher Ausdruck vorliegt.

Der nach der Mikrostruktur des BW vorgesehene Ort für die Markierungsangabe „standardspr." wäre z. B. in $wa_{28}$ im FK, und zwar direkt nach der PlbA „-n" innerhalb von „⟨ ⟩", so daß sie als mitausgelagert zu denken ist und ihr Fehlen den Schluß erlaubt, daß *Deponie* in beiden Bedeutungen standardsprachlich verwendet wird. — Überführt man $wa_{27}$ in zwei Artikel, in denen *Frauentausch* jeweils als monosem interpretiert ist, und nimmt die Angabe „standardspr." (nur der Verdeutlichung halber) als explizite Angabe auf, dann haben die beiden Artikel $wa_{27a}$ und $wa_{27b}$ folgende Formkommentare:

$FK_{27a}$: ′**Frau·en·tausch** ⟨m., -(e)s, -e; Pl. selten; standardspr.⟩
$FK_{27b}$: ′**Frau·en·tausch** ⟨m.; -(e)s, -e; Pl. selten; Völkerk.⟩

Geht man nun von $wa_{27a}$ und $wa_{27b}$ durch die textverdichtende Operation der Linksauslagerung eines FK wieder zu $wa_{27}$ über und wählt (weil es sich um ein standardspr. Wörterbuch handelt) die 1. Möglichkeit, dann wird $FK_{27a}$ nach vorne gestellt und in $FK_{27b}$ alles getilgt bis auf die FGA „Völkerk.", die als eine Angabe stehen bleibt, die den Skopus der skopuseröffnenden Angabe „standardspr." beschränkt. Dies ist systematisch auch dann der Fall, wenn sie als explizite Angabe getilgt ist.

Damit ist deutlich, daß eine Skopuserweiterungsrelation nicht angesetzt werden muß, und man mit folgenden drei Relationen auskommt:

(i) Eine Relation $R_S$, auf deren Elemente der Relationsterm *ist der Skopus (S) von* zutrifft,

(ii) eine Relation $R_{Sp}$, auf deren Elemente

der Relationsterm *ist der provisorische (p) Skopus von* zutrifft sowie

(iii) eine Relation $R_{Sb}$, auf deren Elemente folgender Term zutrifft: *ist der Skopus von ..., beschränkt (b) unter Bezug auf ...*

$R_S$, $R_{Sp}$ und $R_{Sb}$ sind rechtseindeutig, mithin Funktionen und können (nach Konerding 1988) wie folgt definiert werden (x, y sind Variablen für Angaben):

$R_{Sp}$: $M_A \to \text{Pot}(M_A)$
    $x \mapsto R_{Sp}(x)$

Es gilt außerdem:

$\forall x, y \in M_A (y \in R_{Sp}(x) \to x \, R_p \, y)$,

d. h.: Skopi sind — entsprechend dem allgemeinen Prinzip schriftlicher Vertextung — immer „rechtsorientiert"; weiterhin gilt — bezogen auf die oben geschilderten Verhältnisse:

$\forall x \in M_{aFK} (R_{Sp}(x) = M_{SK})$,

d. h.: den Skopus der jeweiligen Angaben des ausgelagerten Formkommentars bilden die Angaben des semantischen Kommentars.

$R_{Sb}$: $\bigcup_{x \in D(R_{Sp})} (\{x\} \times R_{Sp}(x)) \to \text{Pot}(M_A)$
    $\langle x, y \rangle \mapsto R_{Sb}(x, y) \subseteq R_{Sp}(x)$

In dem oben diskutierten Fall ist $R_{Sb}(x, y)$ für $x \in M_{aFK}$ (unter Bezug auf abstrakte Mikrostrukturen) wie folgt bestimmt:

$\forall x \in M_{aFK} \, \forall i \in I \, \exists z \in AK$
$((\exists y \in M_{SSK_i} ((x \subseteq z \wedge y \subseteq z)$
$\to R_{Sb}(x, y) = (R_{Sp}(x) - R_S(y))$
$\wedge R_S(y) = M_{SSK_i})) \vee$
$(\neg \exists y \in M_{SSK_i} (x \subseteq z \wedge y \subseteq z)$
$\to \forall y \in M_{SSK_i} (R_{Sb}(x, y) = R_{Sp}(x))))$,

d. h.: zu jeder Angabe des ausgelagerten Formkommentars, zu der eine Angabe gleichen genuinen Zwecks innerhalb eines der semantischen Subkommentare existiert, beschränkt die letztgenannte Angabe den Skopus der erstgenannten um den jeweiligen semantischen Subkommentar.

$R_S$: $M_A \to \text{Pot}(M_A)$
    $x \mapsto \bigcap_{y \in R_{Sp}(x)} R_{Sb}(x, y)$

Am Beispiel von $wa_{25}$ sei die „Funktionsweise" der drei Funktionen wie folgt erläutert. Die Angabe x sei die PlbA „-en" und y sei die SgtA „unz.". Dann wird durch $R_{Sp}$ zunächst der provisorische Skopus von „-en" festgelegt: der SK von $wa_{25}$. Die Skopusbeschränkungsrelation $R_{Sb}$ beschränkt nun für ein Element, und zwar für die SgtA „unz.", die sich im Skopus von „-en" befindet, den Skopus von „-en". Die Skopusrelation $R_S$ liefert schließlich den Skopus der Angabe „-en", wobei die Beschränkung durch $R_{Sb}$ berücksichtigt wird, so daß sich der Skopus von „-en" dadurch ergibt, daß der provisorische Skopus von „-en" um den Skopus von „unz." vermindert wird.

Die voranstehende Beschreibung gilt mutatis mutandis für alle Artikel, die — wie $wa_{25}$ — so verstanden werden können, daß eine textverdichtende Operation der restbildenden Linksauslagerung ausgeführt wurde. Für solche Artikel, die — wie $wa_{28}$ — so verstanden werden können, daß eine restfreie Linksauslagerung ausgeführt wurde, stimmen der provisorische Skopus und der Skopus überein. Dies ist demnach stets dann der Fall, wenn für alle Angaben y aus dem provisorischen Skopus einer Angabe x der letztere nicht eingeschränkt wird ($\forall y \in R_{Sp}(x)$) ($R_{Sb}(x, y) = R_{Sp}(x)$).

### 4.5. Zur vollständigen Artikelstruktur

Die (relativ zu einer Allgemeinen Theorie der Lexikographie i. S. v. Wiegand 1983a) vollständige Artikelstruktur $ArS_0$, die unter 4.2. — zunächst vorläufig — durch das Tupel $\langle M_{TS}; TS, TSK, WA; (R_i)_{i \in I} \rangle$ angegeben wurde, kann nun weitergehend bestimmt werden, nachdem einige wesentliche Relationen der Familie $(R_i)_{i \in I}$ in ihrer spezifischen Rolle dargestellt worden sind, nämlich
— die partitive Relation (vgl. 4.2.),
— die präzedentive Relation (vgl. 4.2.),
— die Adressierungsrelation (vgl. 4.3.),
— die drei skopusbezogenen Relationen (vgl. 4.4.).

Es ergibt sich nunmehr folgende Definition der vollständigen Artikelstruktur

$ArS_0 := \langle M_{TS}; TS, TSK, WA; R_{part}, R_p, R_a, R_{Sp}, R_{Sb}, R_S, (R_i)_{i \in I'} \rangle$.

Die Familie $(R_i)_{i \in I'}$ ($I' \subseteq I$) sieht hierbei diejenigen verbleibenden Relationen vor, die in diesem Artikel nicht zu behandeln sind. Dies sind wenigstens die folgenden Relationen:

(i) Relationen der Kohärenz,
(ii) Relationen der Kohäsion,
(iii) artikelinterne Verweisrelationen,
(iv) artikelinterne Relationen, in denen Illustrationen und Angaben zueinander stehen.

Zu den Relationen (i) bis (iv) vgl. man: Art. 90 sowie Wiegand 1988, 1988b u. 1989.

*Bem.:* Wörterbuchartikel haben den Status von relativ selbständigen Teiltexten, die in Beziehungen zu anderen Wörterbuchartikeln des Wörterverzeichnisses sowie zu den Außentexten (i. S. v. Art. 36) eines Wörterbuches stehen. Eine abgerundete Theorie lexikographischer Texte muß daher auch noch die artikeltranszendierenden Relationen explizit berücksichtigen.

## 5. Mikrostrukturen von Wörterbuchartikeln und die Mikrostruktur eines polyinformativen Wörterbuches

Bisher wurden unter 4. bei den Strukturen von der Art der Mikrostrukturen unterschieden
— konkrete hierarchische Mikrostrukturen
— abstrakte hierarchische Mikrostrukturen
sowie jeweils als Teilstrukturen die partitiven und die präzedentiven Mikrostrukturen. Mehrere konkrete hierarchische Mikrostrukturen, die untereinander isomorph sind, können zu einer abstrakten hierarchischen Mikrostruktur isomorph sein. Bei diesen Mikrostrukturen handelt es sich stets um solche von *standardisierten Wörterbuchartikeln*.

Es ist jedoch aus mehreren Gründen wünschenswert, daß man auch über den Terminus *Mikrostruktur eines standardisierten Wörterbuches* verfügt, so daß man z. B. genau angeben kann, wie die Mikrostruktur eines bestimmten allgemeinen einsprachigen Wörterbuchs beschaffen ist, und darüber hinaus möglichst auch, wie die Mikrostruktur eines standardisierten Wörterbuches mit den Mikrostrukturen seiner Wörterbuchartikel zusammenhängt. Die explizite Kenntnis dieses „Zusammenhanges" ist z. B. eine der Voraussetzungen dafür, daß die Metatexte in einer einfachen Sprache systematisch verfaßt werden können.

Im folgenden wird daher ein Konzept grob skizziert, welches u. a. insofern differenzierter ist als das von Rey-Debove als es — um einer „Schema-F-Kodifikation" (i. S. v. Wiegand 1977 [1984]) theoretisch keinen Vorschub zu leisten — ausdrücklich berücksichtigt, daß die Menge der Lemmazeichen eines Lemmabestandes derart in m Teilmengen ($m \in \mathbb{N}$) zerlegt werden kann, daß — relativ zu einer sprachtheoretischen Basis sowie relativ zu den Informationszielen eines polyinformativen Wörterbuches — m Lemmazeichentypen ($(LZT_i)_{i \in m}$) unterschieden werden; die Unterscheidung der $LZT_i$ erfolgt anhand derjenigen ihrer Eigenschaften, die bei der lexikographischen Bearbeitung explizit berücksichtigt werden. Dabei wird davon ausgegangen, daß sich z. B. Artikel zu Lemmazeichen des Typs FUNKTIONSVERBGEFÜGE von Artikeln zu Lemmazeichen des Typs MODALPARTIKEL nicht nur inhaltlich sondern auch hinsichtlich ihrer Mikrostruktur unterscheiden, so daß damit eine Interdependenz von „Form und Gehalt" eines Wörterbuchartikels behauptet wird.

Die folgenden Überlegungen erfolgen anhand eines unterstellten allgemeinen einsprachigen Wörterbuches W*; man stelle sich W* so vor, daß es den modernen deutschen Wörterbüchern nicht unähnlich ist, jedoch hinsichtlich der Strukturen Modellcharakter besitzt.

Es wird zunächst (ganz bewußt anhand eines besonders einfachen Beispiels) dargelegt, wie konkrete Mikrostrukturen von Artikeln zu Lemmazeichen eines bestimmten Lemmazeichentyps mit der abstrakten hier-

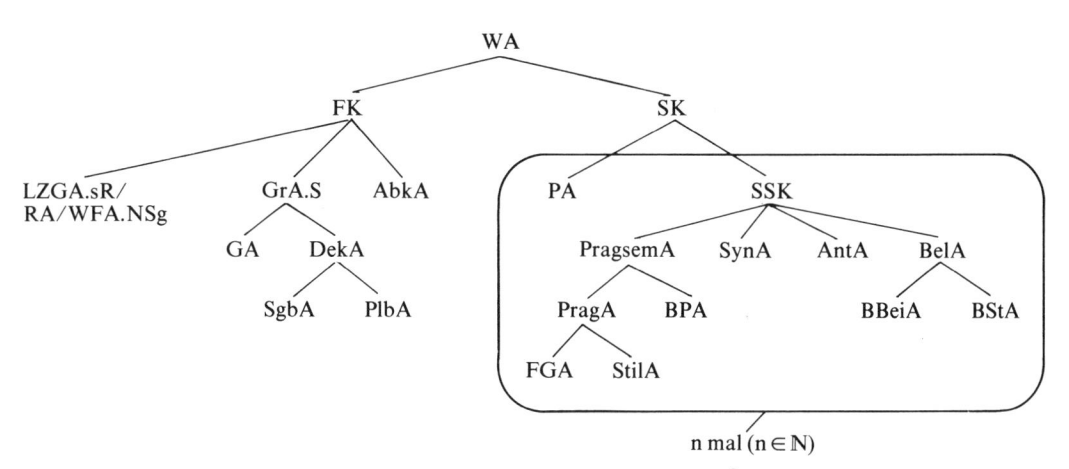

Abb. 38a.32: Darstellung zur abstrakten hierarchischen Mikrostruktur $MiS_h^a (LZT_1)$

archischen Mikrostruktur „zusammenhängen", die diesem Typ zugeordnet ist.

$LZT_1$ konstituiere sich mittels der Eigenschaften: 'Substantiv', 'konkret', 'Simplex'. Eine abstrakte (a) hierarchische (h) Mikrostruktur zu $LZT_1$ — sie heiße $MiS_h^a\,(LZT_1)$ — sei eine einfache integrierte Mikrostruktur (i. S. v. Art. 39, 4.1.1. u. 5.) und so definiert, daß sie mit dem Strukturgraphen in der Abb. 38 a.32 dargestellt werden kann.

Unter der Klasse der abstrakten hierarchischen Mikrostrukturen eines spezifischen Lemmazeichentyps eines bestimmten polyinformativen (hier allgemeinen einsprachigen) Wörterbuches ist daher eine solche Klasse von abstrakten Mikrostrukturen zu verstehen (die durch eine Strukturart definiert ist), deren Elemente sich nur durch die endliche Wiederholung festgelegter Teilstrukturen unterscheiden. $MiS_h^a\,(LZT_1)$ repräsentiert eine solche Klasse des Lemmazeichentyps $LZT_1$. Diese Charakterisierung gilt nur dann, wenn ein polysemistischer Sprachzeichenbegriff zugrunde gelegt wird.

Im folgenden seien drei Artikel aus dem unterstellten Wörterbuch angegeben, deren Lemmazeichen vom Typ $LZT_1$ sind und die demgemäß nach $MiS_h^a\,(LZT_1)$ gearbeitet sind.

**Buhne** die; -, -n *quer in ein Gewässer hineingebauter Damm, der dem Schutz des Ufers dient* ( = $wa_{29}$)

**Drüse** die; -, -n *Sekret bildendes und abgebendes Organ* ( = $wa_{30}$)

**Bummel** der; -s, - umg. *Spaziergang ohne festes Ziel, bes. innerhalb einer Stadt:* Wieder machten sie einen gemütlichen Bummel durch die Fußgängerzone (18, 201) ( = $wa_{31}$)

Die Abb. 38 a.33 zeigt nun das Folgende:

(i) Die konkreten Mikrostrukturen von $wa_{29}$ und $wa_{30}$ sind isomorph.

(ii) Beide unter (i) genannten Strukturen sind mit der abstrakten hierarchischen Mikrostruktur $MiS_h^{a'}$ isomorph, so daß die konkreten Mikrostrukturen von $wa_{29}$ und $wa_{30}$ sowie $MiS_h^{a'}$ zum gleichen Isomorphietyp derjenigen Strukturart gehören, durch die $MiS_h^a\,(LZT_1)$ definiert ist.

(iii) $MiS_h^{a'}$ ist eine Substruktur von $MiS_h^a\,(LZG_1)$.

(iv) Die konkrete Mikrostruktur von $wa_{31}$ und die abstrakte Mikrostruktur $MiS_h^{a''}$ sind isomorph.

(v) $MiS_h^{a''}$ ist eine Substruktur von $MiS_h^a\,(LZG_1)$.

(vi) Die konkrete Mikrostruktur von $wa_{31}$ und $MiS_h^{a''}$ gehören zum gleichen Isomorphietyp, dieser unterscheidet sich von dem unter (ii) genannten.

(vii) Innerhalb der präzedentiven Mikrostruktur von $wa_{29}$ und $wa_{30}$ sind bestimmte Plätze, die für Angaben aus den terminalen Angabeklassen von $MiS_h^a\,(LZT_1)$ vorgesehen sind, leer, und zwar die für solche aus AbkA, PA, FGA, StilA, SynA, AntA, BBeiA und BStA.

(viii) Innerhalb der präzedentiven Mikrostruktur von $wa_{31}$ gilt mutatis mutandis Entsprechendes wie unter (vii): leer sind die Plätze für Angaben aus AbkA, PA, FGA, SynA und AntA.

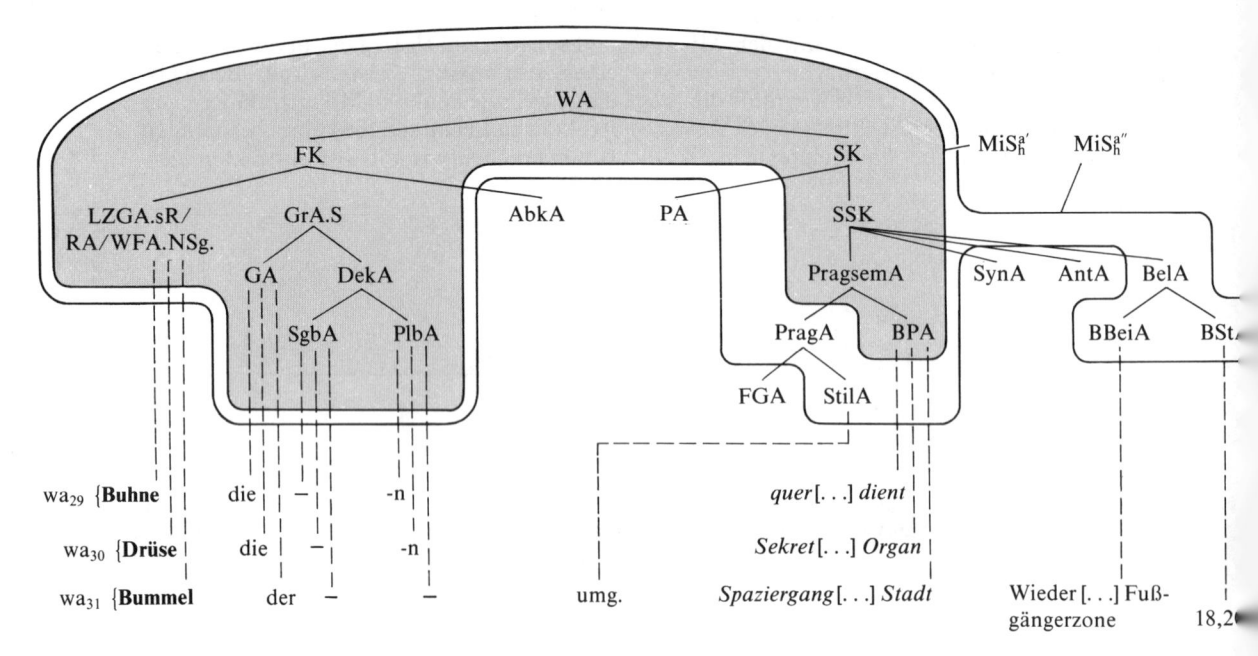

Abb. 38 a.33: Darstellung des Verhältnisses von konkreten und abstrakten Mikrostrukturen; x — — — X = x ∈ X

Eine verantwortungsvolle lexikographische Praxis wird nun die „Leerplätze" nicht unerklärt lassen — sondern (wie z. B. Sanders für die DimA, vgl. 3.2.2.1.) von dem textverdichtenden Verfahren der in der Wörterbucheinleitung angekündigten Unterlassung der Formulierung einer Angabe bzw. Nullangabe (z. B. durch „—") Gebrauch machen; z. B. könnte gesagt werden: das Fehlen einer AbkA nach der GrA.S heißt: eine allgemein gebräuchliche Abkürzung gibt es nicht. Solche negativen Existenzbehauptungen können auch auf die Wörterbuchbasis beschränkt werden (vgl. dazu Wiegand 1989).

Wenn für ein standardisiertes polyinformatives Wörterbuch eine Menge $(LZT_i)_{i \in I}$ von Lemmazeichentypen angesetzt wird und mehrere verschiedene abstrakte Mikrostrukturen, so daß zu jedem spezifischen Lemmazeichentyp $LZT_i$ gerade eine (repräsentativ definierte) abstrakte Mikrostruktur $MiS_h^a$ ($LZT_i$) gehört, dann kann als die Mikrostruktur dieses Wörterbuches (oder als eine der Mikrostrukturen), z. B. eine Struktur angesetzt werden, die in allen abstrakten Mikrostrukturen aller spezifischen Lemmazeichentypen wiederkehrt und somit eine Teilstruktur aller dieser Strukturen ist.

Zunächst sei die (für die Praxis und deren Analyse irrelevante) theoretische Möglichkeit ausgeschlossen, daß alle Mikrostrukturen $MiS_h^a$ ($LZG_i$) (i ∈ I) von W* so weitgehend verschieden sind, daß alle ihre Trägermengen gerade eine Schnittmenge haben, die als Elemente nur die beiden Angabeklassen LZGA und WA hat. Vielmehr sei davon ausgegangen, daß W* dem Typ des allgemeinen einsprachigen Wörterbuches u. a. auch dadurch entspricht, daß ein „typenspezifisches Datensortiment" (i. S. v. Wiegand 1985a, 38 ff.) vorgesehen ist. Dieses besteht aus einer Menge von Angabeklassen, die bei allen Lemmazeichentypen obligatorisch zu bearbeiten sind, so daß diese Menge eine Teilmenge jeder Trägermenge der Mikrostrukturen aus $(MiS_h^a(LZG_i))_{i \in I}$ ist. Die Menge der für alle Lemmazeichentypen obligatorisch (o) zu bearbeitenden Angabeklassen heiße $M_{oA}$; ($M_{oA} \subseteq M_A$).

Es ist zu beachten, daß man bei den obligatorisch zu bearbeitenden Angabeklassen unterscheiden muß zwischen denen, deren Bearbeitung stets zu einer formulierten Angabe im Artikel führt, und denen, bei denen dies nicht der Fall ist. Die erstgenannten Klassen sowie ihre Elemente heißen *absolut obligatorisch*, die letztgenannten *relativ obligatorisch*. Da jedes Lemmazeichen eine Form und eine Bedeutung aufweist und nach der Grammatik einer Sprache verwendet wird, sind z. B. neben der LZGA — die GrA, die BPA sowie die KBeiA immer dann, wenn sie Elemente von $M_{oA}$ sind, auch solche der Subklasse der absolut (ab) obligatorischen Angaben $M_{aboA}$; denn eine Grammatikangabe, eine Bedeutungsparaphrasenangabe und eine Kompetenzbeispielangabe können — aufgrund der „Natur" sprachlicher Zeichen — bei jedem Lemmazeichen gemacht werden, das zu einer „lebenden" Sprache, d. h.: zu einer Sprache gehört, die über wenigstens eine muttersprachliche Kompetenz noch erreichbar ist. Sind jedoch z. B. die Angabeklassen SynA und AntA Elemente von $M_{oA}$, dann gehören sie zur Subklasse der relativ (r) obligatorischen Angaben $M_{roA}$, denn (für die allermeisten Sprachen) dürfte gelten, daß es nicht zu jedem Lemmazeichen ein lexikalisches Synonym bzw. Antonym gibt. Für die erwähnten Angabeklassen gelten folgende Beziehungen:

$M_{aboA} \cap M_{roA} = \emptyset$; $M_{aboA} \cup M_{roA} = M_{oA}$.

Betrachtet man vergleichend die Trägermengen aller $MiS_h^a(LZG_i)$ (i ∈ I), dann gilt: die Kardinalzahl von $M_{oA}$ kann nicht größer sein als die der Trägermenge kleinster Kardinalität. Verwendet man die Prädikate *reich* und *arm* so, daß sie sich auf die Anzahl der Angabeklassen beziehen, die Elemente von Trägermengen sind, so folgt (weil die Mikrostruktur eines Wörterbuches, wenn sie als Teilstruktur aller $MiS_h^a(LZG_i)$ (i ∈ I) aufgefaßt wird, eine Struktur über $M_{oA}$ ist), daß die ärmste Mikrostruktur eines Lemmazeichentyps die Menge $M_{oA}$ als die Trägermenge der Mikrostruktur eines Wörterbuches entscheidend determiniert. Hat man z. B. den Fall, daß für den Lemmazeichentyp 'Abkürzung' (wie z. B. *ADAC, Nato*) nur die Angabeklassen: LZGA, GrA, AusA und BA (letztere als Abkürzungsauflösungsangabe AbkAA) vorgesehen sind und keine Belegangaben (weil diese hier als überflüssig gelten), die BelA als Klasse der Belegangaben jedoch zur Trägermenge aller anderen $MiS_h^a(LZG_i)$ (i ∈ I) gehört, dann ist die Angabeklasse BelA nicht Element von $M_{oA}$, was zur Folge hat, daß aus der Bestimmung der Mikrostruktur eines Wörterbuches nicht entnommen werden kann, daß bei allen Lemmazeichentypen außer bei den Abkürzungen Belegangaben obligatorisch sind! Dieses Beispiel zeigt bereits, daß — wenn man die Mikrostruktur eines

Wörterbuches als Struktur über $M_{oA}$ konzipiert — aus deren Bestimmung zwar genaue, aber relativ wenige Informationen über die Anzahl und die Verteilung der Angabeklassen innerhalb des Wörterbuches resultieren. Es empfiehlt sich daher, die Struktur über $M_{oA}$ nicht als d i e Mikrostruktur eines Wörterbuches, sondern als e i n e d e r Mikrostrukturen eines Wörterbuches einzuführen, und zwar als eine besondere: sie heiße *obligatorische Mikrostruktur eines Wörterbuches* ($oMI_{Wb}$). Unter der Klasse der obligatorischen Mikrostrukturen eines Wörterbuches ist diejenige (durch eine Strukturart definierte) Klasse zu verstehen, zu der die Substruktur gehört, die allen $MiS_h^a(LZG_i)$ ($i \in I$) gemeinsam ist, sowie solche Elemente, die sich von dieser nur durch die endliche Wiederholung festgelegter Teilstrukturen unterscheiden. $oMi_{Wb}$ repräsentiere diese Klasse als spezielles Element.

Angenommen, $M_{oA}$ sei im Falle von W* wie folgt definiert: $M_{oA}:= \{$WA, FK, SK, LZGA.sR/RA, GrA, PA, SSK, PragsemA, PragA, BPA, FGA, StilA, SynA, AntA$\}$ und auf $M_{oA}$ seien $R_{part}^{oA}$ als Einschränkung von $R_{part}$ und $R_p^{\cup A}$ als Einschränkung von $R_p$ definiert, dann kann der Zusammenhang von $MiS_h^a(LZT_1)$ (vgl. Abb. 38 a.32) und $oMI_{Wb}$ wie folgt in einem Strukturgraphen abgebildet werden (vgl. Abb. 38 a.34).

Eine Teilstruktur von $oMI_{Wb}$ ist eine *absolut obligatorische Mikrostruktur eines Wörterbuches* $aboMI_{Wb}$. Sie ist definiert auf $M_{aboA}$; sie ist diejenige Struktur, die nicht nur als Teilstruktur in allen $MiS_h^a(LZT_i)$ ($i \in I$) wiederkehrt, sondern auch zu einer Teilstruktur isomorph ist, die in jeder konkreten Mikrostruktur solcher Wörterbuchartikel des unterstellten Wörterbuches W* auftritt, die keine rudimentäre Mikrostruktur (i. S. v. Art. 39, 4.) aufweisen (vgl. Wiegand 1989).

Mikrostrukturen eines Wörterbuches, die wie die obligatorische und die absolut obligatorische Mikrostruktur als Teilstrukturen konzipiert sind, die in allen lemmazeichentypspezifischen Mikrostrukturen wiederkehren, vermitteln (wenn sie explizit erläutert werden) zu wenig Wissen über die Anzahl und die Verteilung der berücksichtigten Angabeklassen. Deswegen werden z. B. in den deutschen Wörterbüchern in den Wörterbucheinleitungen auch Erläuterungen gegeben, die (sehr unsystematisch) über das hinausgehen, was man aus der Erläuterung einer obligatorischen Mikrostruktur entnehmen kann. Es wird z. B. erklärt, wie die GrA relativ zu Klassen von Wortarten variiert, daß die Ausspracheangabe nur bei Stichwörtern mit der und der Eigenschaft erfolgt u. v. a. m.

Es ist daher erforderlich, mindestens eine weitere Mikrostruktur eines Wörterbuches anzusetzen: die *vollständige (v) obligatorische Mikrostruktur eines Wörterbuches* ($voMI_{Wb}$). Wie diese zu konzipieren ist, sei wiederum anhand von W* skizziert. Hierzu muß zunächst erläutert werden, wie die obligatorische Mikrostruktur systematisch auf zweifa-

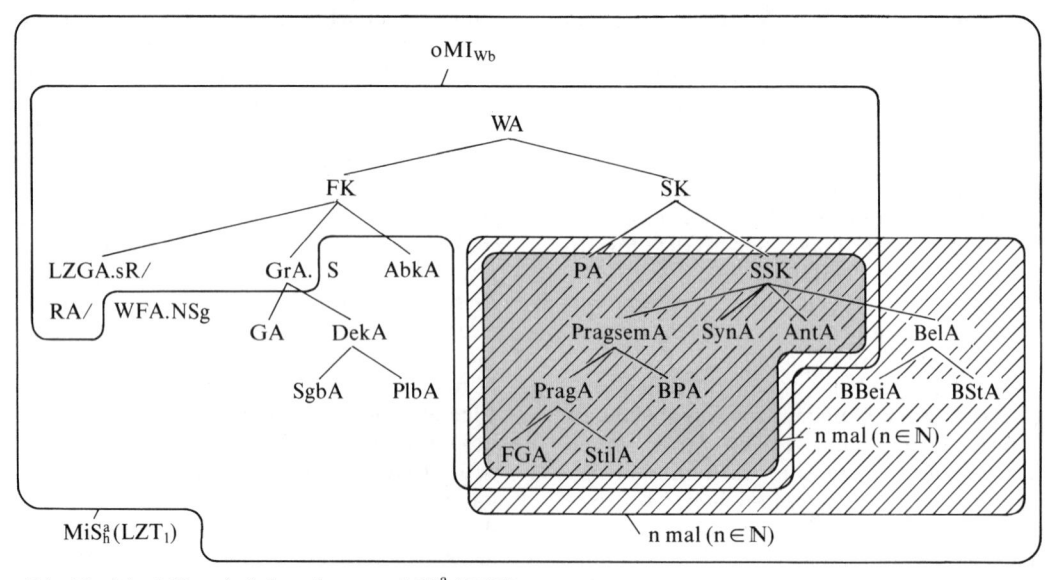

Abb. 38 a.34: $oMI_{Wb}$ als Substruktur von $MiS_h^a(LZT_1)$

che Weise lemmazeichentypspezifisch variiert werden kann.

Die erste Art der Variation ist dadurch gegeben, daß in W* für bestimmte Lemmazeichentypen eine Angabeklasse oder auch mehrere vorgesehen sind, die nur bei diesen Lemmazeichentypen obligatorisch zu bearbeiten sind. Beispiele wären: Die Angabeklasse AbkA ist nur für Lemmazeichentypen vorgesehen, die die Eigenschaft 'Substantiv' aufweisen. Satzmusterangaben sind nur für alle diejenigen Lemmazeichentypen vorgesehen, die die Eigenschaft 'Verb' haben usw. Es sei daher folgende Menge eingeführt: $M_{fA}$, die (nichtleere) Menge der für spezielle Lemmazeichentypen obligatorischen Angabeklassen (die — bezogen auf alle Lemmazeichentypen — fakultativ (f) sind).

Schließlich werden in W* bestimmte Angabeklassen lemmazeichentypspezifisch systematisch variiert (d. h. durch andere substituiert). Dies gilt z. B. für die Grammatikangabe. Wie aus der Abb. 38a.34 hervorgeht, gehört die GrA sowohl zur Trägermenge der obligatorischen Mikrostruktur eines Wörterbuches (oMI$_{Wb}$) als auch zu der von MiS$_h^a$ (LZT$_1$). Bei LZT$_1$ hat sie als unmittelbare Textkonstituenten die GA und die DekA, und letztere hat als unmittelbare Textkonstituenten die SgbA und PlbA, die damit mittelbare Konstituenten der GrA sind, so daß letztere die GA, DekA, SgbA und PlbA dominiert. Alle dominierten Angaben werden dann systematisch variiert (var) wenn es sich z. B. um einen Lemmazeichentyp mit der Eigenschaft 'Verb' handelt. Es sei daher eine weitere Menge eingeführt: $M_{varA}$, die Menge der lemmazeichentypspezifischen variierten Angabeklassen, die von Angabeklassen aus $M_{oA}$ oder von anderen als in $M_{varA}$ befindlichen Angabeklassen aus $M_{fA}$ „dominiert" werden; es gilt natürlich: $M_{varA} \subseteq M_{fA}$.

Was man nun noch benötigt, um mit der vollständigen Mikrostruktur eines Wörterbuches über alle MiS$_h^a$(LZT$_i$) (i $\in$ I) zu verfügen, ist offenbar eine Funktion — sie heiße $R_T$ — die lemmazeichentypspezifisch genau eine Variation unter Berücksichtigung beider Variationsarten verbindlich macht. $R_T$ sei wie folgt bestimmt:

$R_T$: $(LZT_i)_{i \in I} \to$ Pot $(M_{fA})$
$LZT_i \mapsto R_T(LZT_i)$

Die Funktion $R_T$ ordnet einem LZT$_i$ eine Teilmenge von $M_{fA}$ und damit zugleich eine solche von $M_{varA}$ zu.

Die vollständige obligatorische Mikrostruktur eines Wörterbuches (voMI$_{Wb}$) ist diejenige Struktur, welche Auskunft gibt
— über die in einem polyinformativen (hier allgemeinen einsprachigen) Wörterbuch zur Verwendung gelangenden Menge von Angabeklassen ($M_A^*$)
— über die in $M_A^*$ auftretenden für alle Lemmazeichentypen obligatorischen sowie für spezielle Lemmazeichentypen obligatorischen Mengen von Angabeklassen ($M_{oA}$ bzw. $M_{fA}$ ($M_A^* = M_{oA} \cup M_{fA}$)),
— über die berücksichtigten Lemmazeichentypen (LZT$_i$) (i $\in$ I) sowie
— über die abstrakten Mikrostrukturen MiS$_h^a$ (LZT$_i$) (i $\in$ I), die zu den Lemmazeichentypen aus (LZT$_i)_{i \in I}$ gehören.

Die abstrakten Mikrostrukturen MiS$_h^a$ (LZT$_i$) definieren sich — entsprechend den vorausgegangenen Ausführungen — mit Hilfe der Funktion $R_T$, die für einen Lemmazeichentyp die jeweiligen Angabeklassen aus $M_{fA}$ obligatorisch macht, wie folgt:

$$\text{MiS}_h^a(LZT_i) := \langle M_A^i; A, AK, WA, M_{oA}, R_T(LZT_i); R_{part}^i, R_p^i \rangle.$$

WA, die Menge aller Wörterbuchartikel des unterstellten Wörterbuches, ist hierbei gesondert aufgeführt, da sie — über W* hinaus — für alle Mikrostrukturen insofern verbindlich ist, als alle Mikrostrukturen per definitionem Strukturen von Wörterbuchartikeln sind. $M_A^i$, die Trägermenge von MiS$_h^a$(LZT$_i$), bestimmt sich hierbei wie folgt:

$M_A^i = M_{oA} \cup R_T(LZT_i)$.

Die vollständige obligatorische Mikrostruktur eines Wörterbuches kann dann wie folgt definiert werden:

$$\text{voMI}_{Wb} := \langle M_A^*, (LZT_i)_{i \in I}; A, AK, WA, LTyp; M_{oA}, M_{fA}, M_{varA}, (M_A^i)_{i \in I}, R_T, (R_{part}^i)_{i \in I}, (R_p^i)_{i \in I} \rangle.$$

A, AK, WA und LTyp — die Menge aller möglichen Lemmazeichentypen ((LZT$_i)_{i \in I} \subseteq$ LTyp) — bleiben für alle vollständig obligatorischen Mikrostrukturen von Wörterbüchern invariant (sie fungieren als Hilfsbasismengen i. S. v. Bourbaki 1957; vgl. Art. 39,1).

Die vollständige Mikrostruktur determiniert insofern exhaustiv das „Informationsprogramm" eines Wörterbuches, als sie vollständig festlegt, wie die einzelnen Wörterbuchartikel — was die Angaben und ihre Reihenfolge angeht — zu realisieren sind.

*Bem.:* Hierbei ist dies zu beachten: lemmazeichenbedingte Idiosynkrasien sind hiervon nicht betroffen; ob Glossate berücksichtigt werden oder nicht, ist eine Frage spezieller Festlegungen.

$M_A^*$ umfaßt alle für das Wörterbuch relevanten Angabeklassen und kann daher als der „ungeordnete Datenpool" für das betreffende Wörterbuch vorgestellt werden. Relativ zu $M_A^*$ werden die lemmazeichentypspezifischen Angabeklassen bestimmt (u. a. mit Hilfe der Funktion $R_T$ „herausgegriffen"), um die jeweiligen Trägermengen $M_A^i$ (i ∈ I) der lemmazeichentypspezifischen Mikrostrukturen und die über ihnen definierten Ordnungen zu spezifizieren. Die Ordnungsrelationen $R_{part}^i$ und $R_p^i$ werden — wie herkömmlich — unter Bezug auf $M_A^i$ (i ∈ I) vermittels von $M_{oA}$ und $R_T$ ($LZT_i$) definiert.

Mit dem — am Beispiel von W* erläuterten Instrumentarium — ist nun der „Zusammenhang" zwischen den Mikrostrukturen von Wörterbuchartikeln und der Mikrostruktur eines allgemeinen einsprachigen Wörterbuches (bzw. einer der Mikrostrukturen eines solchen Wörterbuches) explizit erklärt. Die vorgestellte Teiltheorie ermöglicht eine erschöpfende Darstellung der vollständigen obligatorischen Mikrostruktur eines jeden vorgelegten Wörterbuches, das zum Typ des allgemeinen einsprachigen Wörterbuches gehört.

Die eingeführte metalexikographische Terminologie — ein Ausschnitt aus einer Theoriesprache der Lexikographie (i. S. v. Art. 34) — kann ohne weiteres an die lexikographische Werkstattsprache angeschlossen werden, und zwar so, daß die dort verwendeten Fachausdrücke, wie z. B. „Grundschema für den Artikelaufbau" (Duden-GW, Bd. I, 3 u. Duden-DUW, 8), „System des Artikelaufbaus", „Bearbeitungsschema" (BW I, 9 f.), „Aufbau der Artikel" (WDG, Bd. I, 05), „Aufbau der Wörterbuchartikel" (HWDG, Bd. I, XIV) u. a. durch eine Relationierung mit den Termini der theoretischen Sprache dadurch an Klarheit gewinnen, daß sie — wenigstens innerhalb einer Wörterbucheinleitung — bezugssemantisch gleichartig verwendet werden. Bei einer solchermaßen stabilisierten Verwendungsweise bleibt der — für Wörterbucheinleitungen notwendige — semantische Anschluß an die im Wörterverzeichnis beschriebene Sprache gewährleistet und es wird darüber hinaus deutlich, was z. B. mit *Artikelaufbau* gemeint ist. Lexikographen sollten genau und explizit wissen, was z. B. das „Grundschema für den Artikelaufbau" ist (was nicht der Fall ist, wie in Wiegand 1989 gezeigt wird). Genaue und explizite Kenntnisse erhält man im Rahmen oder relativ zu einer (Teil-)Theorie. Bindet man die lexikographische Werkstattsprache an diese an, kann man einfache und richtige sowie benutzerfreundliche Einführungen in den Artikelaufbau schreiben. Solche gibt es bisher in den allgemeinen einsprachigen Wörterbüchern des gegenwärtigen Deutsch nicht (vgl. auch Art. 38).

## 6. Literatur (in Auswahl)

### 6.1. Wörterbücher

*BW* = Brockhaus-Wahrig: Deutsches Wörterbuch in sechs Bänden. Hrsg. von Gerhard Wahrig †, Hildegard Krämer, Harald Zimmermann. Wiesbaden. Stuttgart. 1. Bd. *A−BT*, 1980; 2. Bd. *BU−FZ*, 1981; 3. Bd. *G−JZ*, 1981; 4. Bd. *K−OZ*, 1982; 5. Bd. *P−STD*, 1983; 6. Bd. *STE−ZZ*, 1984 [zus. 5310 S.].

*Campe-WdS* = Joachim Heinrich Campe: Wörterbuch der Deutschen Sprache. I. *A−E*. Mit einer Einführung und Bibliographie von Helmut Henne. Hildesheim. New York 1969 (Documenta Linguistica. Reihe II. Wörterbücher des 17. und 18. Jahrhunderts) [Reprogr. Nachdruck der Ausgabe Braunschweig 1807; XXVIII*, XXIII, 1024 S.].

*DFC 1967* = Dictionnaire du français contemporain. Paris 1967 [XXII, 1224 S.].

*DFW 1978* = Deutsches Fremdwörterbuch. Begonnen von Hans Schulz, fortgeführt von Otto Basler, weitergeführt im Institut für deutsche Sprache. 4. Bd. *S*. Bearb. von Alan Kirkness, Elisabeth Link, Isolde Nortmeyer, Gerhard Strauß unter Mitwirkung von Paul Grebe. Berlin. New York 1978 [VI, 708 S.].

*Duden-DUW* = Duden. Deutsches Universalwörterbuch. Hrsg. und bearb. vom Wissenschaftlichen Rat und den Mitarbeitern der Dudenredaktion unter Leitung von Günther Drosdowski. Mannheim. Wien. Zürich. 1983 [1504 S.].

*Duden-GW* = Duden. Das große Wörterbuch der deutschen Sprache in sechs Bänden. Hrsg. und bearb. vom Wissenschaftlichen Rat und den Mitarbeitern der Dudenredaktion unter Leitung von Günther Drosdowski. Mannheim. Wien. Zürich. Bd. 1: *A−Ci* 1976; Bd. 2: *Cl−F* 1976; Bd. 3: *G−Kal* 1977; Bd. 4: *Kam−N* 1978; Bd. 5: *O−So* 1980; Bd. 6: *Sp−Z* 1981 [zus. 2992 S.; 2. Ausg. als Bd. 30, 1979; Bd. 31, 1980; Bd. 32, 1981 von Meyers Enzyklopädischem Lexikon. Mannheim. Wien. Zürich, zus. 2992 S.].

*GR 1951 ff.* = Dictionnaire alphabétique et analogique de la langue française. Par Paul Robert. 6 vol. Paris 1951 ff. [zus. XII, 5542 S.].

*HWDG* = Handwörterbuch der deutschen Gegenwartssprache. In zwei Bänden. Von einem Autorenkollektiv unter der Leitung von Günter Kempcke [...]. Bd. 1: *A−K;* Bd. 2: *L−Z.* Berlin [DDR] 1984 [zus. XXXI, 1399 S.].

*Knaurs-GW* = Knaurs Großes Wörterbuch der

deutschen Sprache. Der große Störig. Erarbeitet von Ursula Hermann unter Mitarbeit von Horst Leisering und Heinz Hellerer. München 1985 [1120 S.].

*PL 1966* = Petit Larousse illustré. Dictionnaire encyclopédique pour tous. Paris 1966 [1795 S.].

*PR 1967* = Dictionnaire alphabétique et analogique de la langue française. Par Paul Robert. Paris 1967 [XXXII, 1969 S.].

*QL 1948* = Dictionnaire Quillet de la langue française. Dictionnaire méthodique et pratique. Rédigé sous la direction de Raoul Mortier. 3 vol. Paris 1948 [zus. XVI, 2110 S.].

*RM 1982* = Le Robert méthodique. Dictionnaire méthodique du français actuel. Réd. dirigée par Josette Rey-Debove. Paris 1982 [XXII, 1617 S.].

*Sanders-WDS* = Daniel Sanders: Wörterbuch der deutschen Sprache. Mit Belegen von Luther bis auf die Gegenwart. 1. Bd. *A—K*. 2., unv. Abdruck. Leipzig 1876 [VIII, 1065 S.; reprogr. Nachdruck Hildesheim 1969. Mit einer Einführung und Bibliographie von Werner Betz].

*Sprach-Brockhaus 1944* = Sprach-Brockhaus. Deutsches Bildwörterbuch für jedermann. 4., verb. Auflage. Leipzig 1944 [VI, 762 S.].

*Wahrig-5DW* = Gerhard Wahrig: Deutsches Wörterbuch. Mit einem „Lexikon der deutschen Sprachlehre". Hrsg. in Zusammenarbeit mit zahlreichen Wissenschaftlern und anderen Fachleuten. Völlig überarb. Neuausgabe [von Ursula Hermann, Renate Wahrig-Burfeind, Klaus Rüme und Norbert Raum]. München 1986 [1493 S.].

*WDG* = Wörterbuch der deutschen Gegenwartssprache. Hrsg. von Ruth Klappenbach † und Wolfgang Steinitz †. Berlin. 1. Bd.: *A—deutsch* [...]. 1. Aufl. 1961, 10. bearb. Aufl. 1980, 2. Bd.: *Deutsch—Glauben* [...] 1. Aufl. 1967, 7. Aufl. 1981; 3. Bd.: *glauben—Lyzeum* [...]. 1. Aufl. 1969, 5. Aufl. 1981; 4. Bd.: *M—Schinken* [...]. 1. Aufl. 1975, 4., durchges. Aufl. 1981; 5. Bd.: *Schinken—Vater-, vater-* [...]. 1. Aufl. 1976, 4. Aufl. 1980; 6. Bd.: *väterlich—Zytologie* [...]. 1. Aufl. 1977, 3. Aufl. 1982 [zus. 38, 4579 S.].

6.2. Sonstige Literatur

*Albrecht 1988* = Jörn Albrecht: Europäischer Strukturalismus. Ein forschungsgeschichtlicher Überblick. Darmstadt 1988.

*Ballweg 1980* = Joachim Ballweg: Strukturelle Linguistik. In: Lexikon der Germanistischen Linguistik. Hrsg. von Hans Peter Althaus, Helmut Henne, Herbert Ernst Wiegand. 2. vollständig neu bearb. und erw. Aufl. Tübingen 1980, 109—120.

*Barbut 1966* = M. Barbut: Sur le sens du mot *structure* en mathématique. In: Les Temps Modernes 1966, 791—814.

*Blumenthal/Lemnitzer/Storrer 1988* = Andreas Blumenthal/Lothar Lemnitzer/Angelika Storrer: Was ist eigentlich ein Verweis? Konzeptionelle Datenmodellierung als Voraussetzung computergestützter Verweisbehandlung. In: Das Wörterbuch. Artikel und Verweisstrukturen. Jahrbuch 1987 des Instituts für deutsche Sprache. Hrsg. von Gisela Harras. Düsseldorf 1988 (Sprache der Gegenwart LXXIV), 351—372.

*Bourbaki 1957* = Nicolas Bourbaki: Éléments de mathématique. I: Les structures fondamentales de l'analyse, livre I: Théorie des ensembles, chapitre 4: structures. Paris 1957.

*Bourbaki 1968* = Nicolas Bourbaki: Elements of Mathematics [1]. Theory of Sets. [Translation of Bourbaki 1957]. Paris 1968.

*Broekman 1971* = Jan M. Broekman: Strukturalismus. Moskau. Prag. Paris. Freiburg. München 1971 (Kolleg Philosophie).

*Carnap 1968* = Rudolf Carnap: Einführung in die symbolische Logik mit besonderer Berücksichtigung ihrer Anwendung. 3. unveränd. Aufl. Wien. New York 1968.

*Dubois/Dubois 1971* = Jean Dubois et Claude Dubois: Introduction à la lexicographie. Le dictionnaire. Paris 1971 (Langue et langage).

*Gallmann 1985* = Peter Gallmann: Graphische Elemente der geschriebenen Sprache. Grundlagen für eine Reform der Orthographie. Tübingen 1985 (Reihe Germanistische Linguistik 60).

*Günther 1988* = Hartmut Günther: Schriftliche Sprache: Strukturen geschriebener Wörter und ihre Verarbeitung beim Lesen. Tübingen 1988 (Konzepte der Sprach- und Literaturwissenschaft 40).

*Hausmann 1977* = Franz Josef Hausmann: Einführung in die Benutzung der neufranzösischen Wörterbücher. Tübingen 1977 (Romanistische Arbeitshefte 19).

*Heß/Brustkern/Lenders 1983* = Klaus Heß/Jan Brustkern/Winfried Lenders: Maschinenlesbare deutsche Wörterbücher. Dokumentation, Vergleich, Integration. Tübingen 1983 (Sprache und Information 6).

*Kambartel 1974* = Friedrich Kambartel: Struktur. In: Handbuch der philosophischen Grundbegriffe. Hrsg. von Hermann Krings, Hans Michael Baumgartner und Christoph Wild. Studienausgabe Bd. 5. *Religion—Transzendental*. München 1974, 1430—1439.

*Konerding 1988* = Klaus-Peter Konerding: Arbeitspapier zur mathematischen Beschreibung von Strukturen von Wörterbuchartikeln. Typoskript. Heidelberg 1988.

*Konerding/Wiegand 1988* = Klaus-Peter Konerding/Herbert Ernst Wiegand: Diskussionen zur formalen Beschreibung von Strukturen standardisierter Wörterbuchartikel. SS 1988. Heidelberg 1988.

*Kroeber 1948* = Alfred L. Kroeber: Anthropology. 2. Aufl. New York 1948.

*Pan Zaiping/Wiegand 1987* = Pan Zaiping/Herbert Ernst Wiegand: Konzeption für das Große

Deutsch-Chinesische Wörterbuch (zweiter Entwurf). In: Lexicographica 3. 1987, 228—241.

*Potthoff 1981* = Klaus Potthoff: Einführung in die Modelltheorie und ihre Anwendungen. Darmstadt 1981 (Die Mathematik. Einführungen in Gegenstand und Ergebnisse ihrer Teilgebiete und Nachbarwissenschaften).

*Reichmann 1986* = Oskar Reichmann: Lexikographische Einleitung. In: Frühneuhochdeutsches Wörterbuch. Hrsg. von Robert R. Anderson, Ulrich Goebel, Oskar Reichmann. Bd. 1, Lieferung 1: Einleitung. Quellenverzeichnis. Literaturverzeichnis, *A—abfal* bearb. von Oskar Reichmann. Berlin. New York 1986, 10—164.

*Rey 1965* = Alain Rey: Les dictionnaires: forme et contenu. In: Cahiers de lexicologie 7. 1965, 66—102.

*Rey-Debove 1971* = Josette Rey-Debove: Étude linguistique et sémiotique des dictionnaires français contemporains. The Hague. Paris 1971 (Approaches to semiotics 13).

*Schaeder 1987* = Burkhard Schaeder: Germanistische Lexikographie. Tübingen 1987 (Lexicographica. Series Maior 21).

*Schmidt 1976* = Siegfried J. Schmidt: Texttheorie. Probleme einer Linguistik der sprachlichen Kommunikation. 2. verb. und erg. Aufl. Stuttgart 1976 (Uni-Taschenbücher 202).

*Schnelle 1962* = Helmut Schnelle: Zeichensysteme zur wissenschaftlichen Darstellung. Ein Beitrag zur Entfaltung der Ars characteristica im Sinne von Gottfried Wilhelm Leibniz. Stuttgart—Bad Cannstatt 1962.

*Wall 1973* = Robert Wall: Einführung in die Logik und Mathematik für Linguisten. Bd. 1: Logik und Mengenlehre. Bd. 2: Algebraische Grundlagen. Übers. von Wolfgang Klein, Angelika Kratzer und Armin von Stechow. Kronberg 1973 (Scriptor Taschenbücher S13/14, Linguistik und Kommunikationswissenschaft).

*Wagner 1970* = Klaus Wagner: Graphentheorie. Mannheim. Wien. Zürich 1970 (Bd. I. — Hochschultaschenbücher 248/248 a).

*Wiegand 1976* = Herbert Ernst Wiegand: Synonymie und ihre Bedeutung in der einsprachigen Lexikographie. In: Probleme der Lexikologie und Lexikographie. Jahrbuch des Instituts für Deutsche Sprache. Düsseldorf 1976 (Sprache der Gegenwart XXXIX), 118—180.

*Wiegand 1977* = Herbert Ernst Wiegand: Einige grundlegende semantisch-pragmatische Aspekte von Wörterbucheinträgen. Ein Beitrag zur praktischen Lexikologie. In: Kolloquium über Lexikographie. Kopenhagen 1976. Beiträge von Helmut Henne, Helmut Schumacher, Angelika Ballweg-Schramm, Herbert Ernst Wiegand, Elisabeth Møller und Hans-Peder Kromann. Hrsg. von Karl Hyldgaard-Jensen. Kopenhagen 1977 (Kopenhagener Beiträge zur germanistischen Linguistik 12), 59—149 [Teilabdruck mit einem „Nachtrag 1981" in: Probleme des Wörterbuchs. Hrsg. von Ladislav Zgusta. Darmstadt 1985 (Wege der Forschung 612), 342—377].

*Wiegand 1977 [1984]* = Herbert Ernst Wiegand: Nachdenken über Wörterbücher: Aktuelle Probleme. In: Günther Drosdowski, Helmut Henne, Herbert Ernst Wiegand: Nachdenken über Wörterbücher. Mannheim. Wien. Zürich 1977, 51—102 [Korrigierter Nachdruck 1984].

*Wiegand 1979* = Herbert Ernst Wiegand: Kommunikationskonflikte und Fachsprachengebrauch. In: Fachsprachen und Gemeinsprache. Jahrbuch des Instituts für deutsche Sprache. Hrsg. von Wolfgang Mentrup. Düsseldorf 1979 (Sprache der Gegenwart XLVI), 25—58.

*Wiegand 1979a* = Herbert Ernst Wiegand: Definition und Terminologienormung — Kritik und Vorschläge. In: Terminologie als angewandte Sprachwissenschaft. Gedenkschrift für Univ.-Prof. Dr. Eugen Wüster. Hrsg. von Helmut Felber, Friedrich Lang, Gernot Wersig. München [etc.] 1979, 101—148.

*Wiegand 1981* = Herbert Ernst Wiegand: Pragmatische Informationen in neuhochdeutschen Wörterbüchern. In: Studien zur neuhochdeutschen Lexikographie I. Hildesheim. New York 1981 (Germanistische Linguistik 3—4/79), 139—271.

*Wiegand 1982* = Herbert Ernst Wiegand: Zur Bedeutungserläuterung von Satzadverbien in einsprachigen Wörterbüchern. Ein Beitrag zur praktischen Lexikologie. In: Konzepte zur Lexikographie. Studien zur Bedeutungserklärung in einsprachigen Wörterbüchern. Hrsg. von Wolfgang Mentrup. Tübingen 1982 (Reihe Germanistische Linguistik 38), 103—132.

*Wiegand 1983* = Herbert Ernst Wiegand: Was ist eigentlich ein Lemma? Ein Beitrag zur Theorie der lexikographischen Sprachbeschreibung. In: Studien zur neuhochdeutschen Lexikographie III. Hrsg. von Herbert Ernst Wiegand. Hildesheim. Zürich. New York 1983 (Germanistische Linguistik 1—4/82), 401—474.

*Wiegand 1983a* = Herbert Ernst Wiegand: Ansätze zu einer allgemeinen Theorie der Lexikographie. In: Die Lexikographie von heute und das Wörterbuch von morgen. Analysen — Probleme — Vorschläge. Hrsg. von Joachim Schildt und Dieter Viehweger. Berlin [DDR] 1983 (Linguistische Studien. Reihe A. Arbeitsberichte 109), 92—127.

*Wiegand 1983b* = Herbert Ernst Wiegand: Überlegungen zu einer Theorie der lexikographischen Sprachbeschreibung. In: Symposium zur Lexikographie. Symposium on Lexicography. Proceedings of the Symposium on Lexicography September 1—2, 1982 at the University of Copenhagen. Ed. by Karl Hyldgaard-Jensen, Arne Zettersten. Hildesheim. Zürich. New York 1983 (Germanistische Linguistik 5—6/82), 35—72.

*Wiegand 1984* = Herbert Ernst Wiegand: Prinzipien und Methoden historischer Lexikographie. In: Sprachgeschichte. Ein Handbuch zur Geschichte der deutschen Sprache und ihrer Erforschung. Hrsg. von Werner Besch, Oskar Reichmann, Stefan Sonderegger. 1. Halbbd. Berlin. New York 1984 (Handbücher zur Sprach- und Kommunikationswissenschaft 2.1), 557—620.

*Wiegand 1984 a* = Herbert Ernst Wiegand: Aufgaben eines bedeutungsgeschichtlichen Wörterbuches heute. In: Mitteilungen der Technischen Universität Carola-Wilhelmina zu Braunschweig XIX. 1984, 41—48.

*Wiegand 1985* = Herbert Ernst Wiegand: Eine neue Auffassung der sog. lexikographischen Definition. In: Symposium on Lexicography II. Proceedings of the Second International Symposium on Lexicography May 16—17, 1984 at the University of Copenhagen. Ed. by Karl Hyldgaard-Jensen and Arne Zettersten. Tübingen 1985 (Lexicographica. Series Maior 5), 15—100.

*Wiegand 1985 a* = Herbert Ernst Wiegand: Fragen zur Grammatik in Wörterbuchbenutzungsprotokollen. Ein Beitrag zur empirischen Erforschung der Benutzung einsprachiger Wörterbücher. In: Lexikographie und Grammatik. Akten des Essener Kolloquiums zur Grammatik im Wörterbuch 28.—30. 6. 1984. Hrsg. von Henning Bergenholtz und Joachim Mugdan. Tübingen 1985 (Lexicographica. Series Maior 3), 20—98.

*Wiegand 1986* = Herbert Ernst Wiegand: Metalexicography. A Data Bank for Contemporary German. In: Interdisciplinary Science Reviews 11. 1986, 122—131 [Number 2 (600 Years University of Heidelberg 1386—1986)].

*Wiegand 1986 a* = Herbert Ernst Wiegand: Der frühe Wörterbuchstil Jacob Grimms. In: Deutsche Sprache 14. 1986, 302—322.

*Wiegand 1986 b* = Herbert Ernst Wiegand: Dialekt und Standardsprache im Dialektwörterbuch und standardsprachlichen Wörterbuch. In: Lexikographie der Dialekte. Beiträge zu Geschichte, Theorie und Praxis. Hrsg. von Hans Friebertshäuser unter Mitarbeit von Heinrich J. Dingeldein. Tübingen 1986 (Reihe Germanistische Linguistik 59), 185—210.

*Wiegand 1987* = Herbert Ernst Wiegand: Zur handlungstheoretischen Grundlegung der Wörterbuchbenutzungsforschung. In: Lexicographica 3. 1987, 178—227.

*Wiegand 1987 a* = Herbert Ernst Wiegand: Über den Nutzen von Wörterbüchern. In: Kopenhagener Beiträge zur Germanistischen Linguistik. Sonderbd. 3. Hrsg. von Mogens Dyhr und Jørgen Olsen. Festschrift für Karl Hyldgaard-Jensen zum 70. Geburtstag am 3. Februar 1987. Kopenhagen 1987, 307—318.

*Wiegand 1988* = Herbert Ernst Wiegand: Wörterbuchartikel als Text. In: Das Wörterbuch. Artikel und Verweisstrukturen. Jahrbuch 1987 des Instituts für deutsche Sprache. Hrsg. von Gisela Harras. Düsseldorf 1988 (Sprache der Gegenwart LXXIV), 30—120.

*Wiegand 1988 a* = Herbert Ernst Wiegand: Was eigentlich ist Fachlexikographie? Mit Hinweisen zum Verhältnis von sprachlichem und enzyklopädischem Wissen. In: Deutscher Wortschatz. Lexikologische Studien. Ludwig Erich Schmitt zum 80. Geburtstag von seinen Marburger Schülern. Hrsg. von Horst Haider Munske, Peter von Polenz, Oskar Reichmann, Reiner Hildebrandt. Berlin. New York 1988, 729—790.

*Wiegand 1988 b* = Herbert Ernst Wiegand: „Shanghai bei Nacht". Auszüge aus einem metalexikographischen Tagebuch zur Arbeit beim Großen Deutsch-Chinesischen Wörterbuch. In: Studien zur neuhochdeutschen Lexikographie VI, 2. Teilbd. Mit einem Namen- und Sachregister zu den Bänden I—VI sowie einer Bibliographie zur Wörterbuchforschung. Hrsg. von Herbert Ernst Wiegand. Hildesheim. Zürich. New York 1988 (Germanistische Linguistik 87—90), 522—626.

*Wiegand 1988 c* = Herbert Ernst Wiegand: Vorüberlegungen zur Wörterbuchtypologie: Teil I. In: Symposium on Lexicography III. Proceedings of the Third International Symposium on Lexicography May 14—16, 1986 at the University of Copenhagen. Ed. by Karl Hyldgaard-Jensen and Arne Zettersten. Tübingen 1988 (Lexicographica. Series Maior 19), 3—105.

*Wiegand 1988 d* = Herbert Ernst Wiegand: Dictionary Styles: A Comparison Between the Dictionary of Jacob Grimm and Wilhelm Grimm and the Revised Edition. In: The Grimm Brothers and the German Past. Ed. by. Elmer H. Antonsen with James W. Marchand and Ladislav Zgusta. Amsterdam. Philadelphia 1988 (Studies in the History of Language Sciences) [im Druck].

*Wiegand 1988 e* = Herbert Ernst Wiegand: Bibliographie zur Wörterbuchforschung von 1945 bis auf die Gegenwart. 2200 Titel ausgewählt aus germanistischer Perspektive. In: Studien zur neuhochdeutschen Lexikographie VI, 2. Teilbd. Mit einem Namen- und Sachregister zu den Bänden I—VI sowie einer Bibliographie zur Wörterbuchforschung. Hrsg. von Herbert Ernst Wiegand. Hildesheim. Zürich. New York 1988 (Germanistische Linguistik 87—90), 627—821.

*Wiegand 1989* = Herbert Ernst Wiegand: Wörterbuchforschung. Kapitel III. Studien zur Theorie der Lexikographie. Typoskript. 1. Fassung. Heidelberg 1989.

*Wiegand 1989 a* = Herbert Ernst Wiegand: Wörterbuchstile: das Wörterbuch von Jacob Grimm und Wilhelm Grimm und seine Neubearbeitung im Vergleich. In: Wörterbücher in der Diskussion. Vorträge aus dem Heidelberger Lexikographischen Kolloquium. Hrsg. von Herbert Ernst Wiegand. Tübingen 1989 (Lexicographica Series Maior 27), 227—278.

*Wiegand 1989 b* = Herbert Ernst Wiegand: Textverdichtung und Textauflockerung. Ein Beitrag zur Theorie lexikographischer Texte. Typoskript. 1. Fassung. Heidelberg 1989.

*Wiegand 1989 c* = Herbert Ernst Wiegand: Strukturen von standardisierten Wörterbuchartikeln und Wörterbuchbenutzung. Typoskript. 1. Fassung. Heidelberg 1989.

*Wiegand/Kučera 1981* = Herbert Ernst Wiegand, Antonín Kučera: Brockhaus-Wahrig: Deutsches Wörterbuch auf dem Prüfstand der praktischen Lexikologie. I. Teil: 1. Band *(A—BT)*, 2. Band *(BU—FZ)*. In: Kopenhagener Beiträge zur Germanistischen Linguistik 18. 1981, 94—217.

*Wolski 1986* = Werner Wolski: Partikellexikographie. Ein Beitrag zur praktischen Lexikologie. With an English Summary. Tübingen 1986 (Lexicographica. Series Maior 14).

*Wolski 1988* = Werner Wolski: Beschriebene und beschreibende Sprache im Wörterbuch. In: Das Wörterbuch. Artikel und Verweisstrukturen. Jahrbuch 1987 des Instituts für deutsche Sprache. Hrsg. von Gisela Harras. Düsseldorf 1988 (Sprache der Gegenwart LXXIV), 144—160.

*Wunderlich 1971* = Dieter Wunderlich: Terminologie des Strukturbegriffs. In: Literaturwissenschaft und Linguistik. Ergebnisse und Perspektiven. Hrsg. von Jens Ihwe. Bd. 1: Grundlagen und Voraussetzungen. Frankfurt 1971 (Ars poetica. Texte 8), 91—140.

*Zgusta 1988* = Ladislav Zgusta with the assistance of Donna M. T. Cr. Farina: Lexicography Today. An annotated bibliography of the theory of lexicography. Tübingen 1988 (Lexicographica. Series Maior 18).

*Herbert Ernst Wiegand, Heidelberg (Bundesrepublik Deutschland)*


# 39. Arten von Mikrostrukturen im allgemeinen einsprachigen Wörterbuch

1. Vorbemerkung zur Darstellungsweise
2. Die hierachische Mikrostruktur von standardisierten Wörterbuchartikeln
2.1. Die konkrete hierarchische Mikrostruktur
2.2. Die abstrakte hierarchische Mikrostruktur
3. Übersicht über eine Teilklasse von Angaben
4. Übersicht über die wichtigsten Mikrostrukturen und ihre Teilstrukturen
4.1. Übersicht über die wichtigsten Teilstrukturen von einfachen Mikrostrukturen
4.2. Übersicht über die wichtigsten erweiterten Mikrostrukturen
4.3. Übersicht über die wichtigsten Teilstrukturen von zusammengesetzten Mikrostrukturen
5. Einfache Mikrostrukturen
5.1. Partiell integrierte Mikrostrukturen
5.2. Integrierte Mikrostrukturen
5.3. Nichtintegrierte Mikrostrukturen
6. Erweiterte Mikrostrukturen
6.1. Extern erweiterte Mikrostrukturen
6.2. Intern erweiterte Mikrostrukturen
6.3. Gemischt erweiterte Mikrostrukturen
7. Bemerkungen zur Nützlichkeit von Strukturkenntnissen
8. Literatur (in Auswahl)

## 1. Vorbemerkung zur Darstellungsweise

Dieser Artikel schließt an den Art. 36 sowie insbesondere an den Art. 38 a an; die über letzteren hinausgehenden Ansätze zu einer Theorie lexikographischer Texte basieren auf Konerding 1988, Konerding/Wiegand 1988 sowie auf Wiegand 1989 und 1989 c. Dargestellt wird ein separierbarer Ausschnitt aus einer Theorie lexikographischer Texte, wie sie zum ersten Mal in Wiegand 1983 a und 1983 b gefordert wurde. Der Ausschnitt betrifft die Mikrostrukturen der Wörterbuchartikel von allgemeinen einsprachigen Wörterbüchern. Solche Strukturen sind relativ komplex. Daher eignen sich einerseits formale Sprachen zu ihrer Darstellung besonders gut; andererseits bleibt eine strenge und vollständig ausgeführte formale Darstellung hinsichtlich der zu vermittelnden Inhalte besonders dann leicht hermetisch, wenn es sich um neuere Forschungsergebnisse handelt, von denen nicht vorausgesetzt werden kann, daß sie im Forschungsfeld bereits bekannt sind. Aus diesem Grunde und mit Rücksicht auf den locus publicandi wird in der nachfolgenden Darstellung ein „Mittelweg" gewählt zwischen einer strengen formalen Darstellung und einer bloßen informellen Umschreibung: Einerseits wird auf ein mögliches, in der Sprache der Mengenlehre formuliertes und der Darstellung unterliegendes Modell rekurriert. Dadurch wird eine Skizzierung dieses Modells erreicht zusammen mit einer übersichtlichen Darstellung ausgewählter Strukturen, wobei auf gewisse — relativ rar gehaltene — formale Aspekte nicht verzichtet werden kann. Andererseits wird auf die vollständige Ausführung gewisser formaler Aspekte verzichtet, die zu einer strengen Formalisierung im Rahmen eines mengentheoretischen Modells gehören. Die gewählte Darstellungsweise formaler Sachverhalte, die für die vorliegenden Zwecke adäquat ist, begründet sich durch ihre größere Nähe zur Anschaulichkeit sowie ihre Erklärungskraft relativ zu den zu vermittelnden Inhalten.

Die nachfolgenden Erläuterungen innerhalb der Vorbemerkung haben den Zweck, möglichen Mißverständnissen und Fehleinschätzungen vorzubeugen, die sich aus der gewählten Darstellungsweise (dem „Mittelweg") ergeben könnten.

Das unterliegende formale Modell konstituiert sich auf der Grundlage der axiomatischen Mengenlehre, wobei insbesondere der Begriff der Strukturart (i. S. v. Bourbaki 1957; engl. Fassung 1968) wichtig wird, der wie folgt informell erläutert werden kann: Eine Strukturart ist eine — in der Sprache der Mengenlehre formulierte — Anzahl von Bedingungen (Axiomen), die für genau eine Struktur angegeben werden. Die formulierten Bedingungen charakterisieren diese ausgewählte Struktur unter bestimmten (für spezifische Ziele als relevant gesetzten) Hinsichten. Alle Strukturen, für welche die entsprechend formulierten Bedingungen ebenfalls gelten, bilden dann gerade diejenige Strukturklasse, die durch die Strukturart definiert ist. Die repräsentativ gewählte heißt bei Bourbaki die *generische Struktur*.

Wenn in diesem Artikel neue Strukturen eingeführt werden, dann handelt es sich stets um diejenigen, die in einem unterliegenden formalen Modell als generische Strukturen einer Strukturart zählen können. Für die vorliegenden Zwecke werden nahezu ausschließlich die abstrakten Strukturen von Artikeln jeweils repräsentativ für eine Strukturklasse definiert. Um die fachsprachlichen Formulierungen möglichst einfach zu halten, wird nachfolgend nur in begründeten Ausnahmefällen der Terminus *Strukturart* und/oder der Terminus *generische Struktur* verwendet. Explizite (dem unterliegenden Modell adäquate) Formulierungen wie z. B. „die generische Struktur der Strukturart der Mikrostrukturen ist wie folgt definiert" werden stets gleichartig überführt in die Formulierung „die Mikrostruktur ist wie folgt definiert" und was dann definiert wird, ist eine abstrakte Mikrostruktur.

Weiterhin ist es für das Verständnis, wie die gewählte Darstellungsweise mit einem möglichen, axiomatisch-mengentheoretischen Modell im Sinne Bourbakis zusammenhängt, nützlich, das Folgende zu beachten: charakteristisch für Mikrostrukturen ist u. a. dies: die jeweiligen Trägermengen sind immer entweder ausschließlich als Mengen von Angaben oder ausschließlich als Mengen von Angabeklassen (von Wörterbuchartikeln) zu definieren. Hierzu ist es notwendig, eine Menge als die Menge A aller Angaben von Artikeln eines Wörterbuchs auszuzeichnen, was möglichst auf der Basis geeigneter sprachtheoretischer Annahmen zu erfolgen hat (vgl. Wiegand 1989). Erst relativ zu einer solchen Menge kann man sinnvoll von Mikrostrukturen sprechen und diese definieren. Bourbaki nennt derartige Mengen, die zur Beschreibung aller Strukturen einer bestimmten Klasse benötigt werden — und demgemäß in allen invariant auftreten — *Hilfsbasismengen;* diese müssen von den *Hauptbasismengen* unterschieden werden, die die eigentlichen Trägermengen der Strukturen bilden.

Zur strukturellen Analyse von Wörterbuchartikeln werden vor allem Angabeklassen — als spezielle Abstraktionsklassen über A — benötigt (vgl. auch Art. 38 a, 3.2.2.); diese werden in einem zweiten Schritt — ebenfalls auf der Basis geeigneter sprachtheoretischer Annahmen — als Teilmengen von A definiert. Besonders wichtig wird die Menge aller als relevant gewerteten Angabeklassen — im folgenden mit *AK* bezeichnet; sie wird zur Definition der Trägermengen der bereits erwähnten abstrakten Mikrostrukturen benötigt.

Das entscheidende Axiom für Mikrostrukturen $\langle M_A; A, AK, WA; R_{part}, R_p \rangle$ lautet dann explizit:

$\forall x \in M_A (x \in A) \Leftrightarrow \forall x \in M_A (x \notin AK)$;

$R_{part}$ und $R_p$ definieren hierbei die spezifische Ordnungsstruktur (eine „Baumstruktur") auf $M_A$, wobei dann gilt:

$\forall x \in M_A \exists! y \in M_A ((y \in WA$
$\lor y \subseteq WA) \land x \ R_{part} \ y)$,

d. h.: das über WA spezifizierte Element aus $M_A$ dominiert alle übrigen Elemente; es handelt sich mithin um spezielle Artikelstrukturen (vgl. Art. 38 a).

Unter den so bestimmten Mikrostrukturen werden nun speziellere Strukturen (bzw. Strukturarten) definiert: einfache (vgl. 4.1.1. u. 5.), erweiterte (vgl. 4.2. u. 6.) und zusammengesetzte (vgl. 4.3.) sowie wichtige Teilstrukturen von diesen. Dies geschieht gerade vermittels der für die jeweiligen Strukturen invariant gehaltenen Hilfsbasismengen (hier also mit Hilfe der Angabeklassen). Die Charakterisierung spezieller Strukturklassen erfolgt durch eine zunehmend genauere Spezifikation der jeweiligen Ordnung über der zugehörigen Trägermenge, unter Bezug auf spezielle Elemente der letztgenannten. Dieser Bezug — und darin ist der Begriff der abstrakten Struktur begründet — kann nur unabhängig von den jeweiligen Idiosynkrasien einer speziellen Struktur geleistet werden. Er wird in dem vorliegenden theoretischen Rahmen ausschließlich über die Verwendung der Angabeklassen — also Elementen aus AK — hergestellt: die jeweiligen Elemente der Trägermenge werden gewissermaßen vermittels ihrer „Sortierung" in Angabeklassen erst für eine strukturbestimmende Anordnung relevant. Dieser Sachverhalt sollte die zentrale Stellung der Angabeklassen im Range von Hilfsbasismengen von Strukturen hinreichend verdeutlicht haben.

Im Sinne des genannten „Mittelweges" sind nicht alle Axiome, die für die jeweiligen Strukturen gelten, formal hingeschrieben, sondern die jeweils wichtigsten sind meistens nur umschrieben. Für die Interpretation der wenigen Symbolisierungen kann folgende Überführungskonvention berücksichtigt werden: Immer wenn im Text an einer bestimmten Stelle eine neue Struktur durch die Vorstellung eines sie charakterisierenden n-Tupels „definiert" wird, ist zu dem jeweiligen Auftreten von speziellen Angabeklassen innerhalb des Tupels (also von anderen Mengen, als die, welche mit $M_A$, $A$ oder $AK$ bzw. $R_{part}$ und $R_p$ bzw. deren Abwandlungen bezeichnet sind) ein zu jeder Angabeklasse gehörendes „Existenzaxiom" hinzuzufügen; tritt dieselbe Angabeklasse (realisiert durch eine Familie, z. B. SSK in $(SSK_i)_{i \in I}$) mehrfach auf, so handelt es sich um eine numerische Existenzquantifikation (bestimmt durch den Index der Familie); im erstgenannten Falle ist die Existenzquantifikation im Sinne von „Es gibt genau ein ..." gemeint, wie z. B. für die Angabeklasse WA:

$\exists\, x \in M_A((x \subseteq WA \lor x \in WA)$
$\land\, \forall y \in M_A((y \subseteq WA \lor y \in WA) \to x = y))$,

d. h.: $\exists !\, x \in MA(x \subseteq WA \lor x \in MA)$.

Im Falle einer Familie handelt es sich um eine I-fache Existenzquantifikation: „Es gibt genau I ..." (Für ein $i \in I$, $I \in \mathbb{N}$, gilt dann — bezogen auf die genannten Beispiele — jeweils: $x_i \subseteq SSK_i$ $\lor x_i \in SSK_i$). Darüber hinaus ist die praktische aber ungenaue Schreibweise, wie sie z. B. in „FK $\overline{R}_{part}$ WA" erscheint, wie folgt aufzulösen:

$\forall x, y \in M_A((x \in FK \lor x \subseteq FK)$
$\land\, (y \in WA \lor y \subseteq WA) \to x\, \overline{R}_{part}\, y)$,

was soviel bedeutet wie: „Der Formkommentar — als Angabeklasse oder als Angabe — ist immer unmittelbare Konstituente des Wörterbuchartikels — wobei letzterer als Angabe oder Angabeklasse gemeint ist".

Dieses Verfahren, übliche metalexikographische Formulierungsgewohnheiten und deren formale Skizzierungen (durch spezielle Übersetzungsmanieren) an ein formales Modell anzubinden, erfährt seine weitere Erklärung durch seine nachfolgende Verwendung.

## 2. Die hierarchische Mikrostruktur von standardisierten Wörterbuchartikeln

Die hierarchische Mikrostruktur von standardisierten Wörterbuchartikeln ist — als eine unter anderen artikelinternen Strukturen — eine Teilstruktur der vollständigen Artikelstruktur. Sie ist diejenige *Ordnungsstruktur*, die festlegt, welche Angaben (verstanden als funktionale Textsegmente) aus welchen Klassen von Angaben gleichen genuinen Zwecks (i. S. v. Art. 38 a, 3.) in welcher Reihenfolge ein standardisierter Wörterbuchartikel eines ein- oder mehrsprachigen polyinformativen Wörterbuches aufweist. Die Mikrostruktur regelt — determiniert von der Makrostruktur (vgl. Art. 36 u. 38) — die artikelinterne Verteilung der Angaben zum Wörterbuchgegenstand.

Wenn man nur von der hierarchischen Mikrostruktur eines standardisierten Wörterbuchartikels spricht, läßt diese Redeweise noch offen, ob die *konkrete* eines ganz bestimmten Wörterbuchartikels $wa_i$ gemeint ist oder die „zugehörige" (vgl. 2.2.) *abstrakte* hierarchische Mikrostruktur bzw. eine der letzteren (vgl. auch Art. 38 a, 5.).

### 2.1. Die konkrete hierarchische Mikrostruktur

Um die konkrete hierarchische Mikrostruktur zu erläutern, sei von folgendem standardisierten Wörterbuchartikel $wa_1$ ausgegangen, der ein bestimmtes Lemmazeichen als monosem interpretiert:

**Flöz,** das; -es, -e Bergm. *meist annähend horizontal gelagerte Schicht Braun- od. Steinkohle von unterschiedlicher Stärke und großer Ausdehnung in der Fläche*: ein abbauwürdiges, mächtiges F.

Textbeispiel 39.1: $wa_1$ aus dem HWDG

*Bem.:* $wa_1$ ist ein Individuenname für den HWDG-Artikel zum Lemmazeichen *Flöz;* auch nachfolgend werden (mit arab. Ziffern unten indizierbare) kleine Buchstaben des lat. Alphabets sowie Kombinationen solcher Kleinbuchstaben als Individuennamen verwendet.

Um die konkrete hierarchische Mikrostruktur von $wa_1$ angeben und darstellen zu können, muß man zunächst alle $wa_1$-internen Angaben bestimmen und zu einer Menge zusammenfassen können. Soll dies nicht ad hoc geschehen, muß auf Methoden zurückgegriffen werden sowie auf eine — im Rahmen einer Allgemeinen Theorie der Lexikographie (i. S. v. Wiegand 1983a u. 1983b) separierbare — Theorie für Wörterbuchtexte, relativ zu der die Kategorien (hier insonderheit die Termini für Angabeklassen) bestimmt sind (vgl. Wiegand 1989 u. Art. 38 a). Nachfolgend wird die Methode der funktional-positionalen Segmentation (= $Mth_2$; vgl.

39. Formen von Mikrostrukturen im allgemeinen einsprachigen Wörterbuch 465

**Flöz**, das; -es, -e B e r g m , *meist annähernd horizontal gelagerte Schicht Braun- od. Steinkohle von unterschiedlicher Stärke und großer Ausdehnung in der Fläche:* ein abbauwürdiges, mächtiges F.   (= wa₁)

**Flöz**, das; -es, -e   (= f)                    B e r g m . *meist annähernd horizontal gelagerte [. . .] mächtiges F.*   (= s)

Flöz  (= l)        das; -es, -e  (= gr)        B e r g m . *meist annähernd*          ein abbauwürdiges
                                                *horizontal gelagerte [. . .] in der*    F.   (= be)
            das  (= g)      -es, -e  (= d)      *Fläche*   (= ps)

                    -es  (= sg)   -e  (= pl)    B e r g m .  (= p)   *meist annähernd horizontal gelagerte [. . .] in der Fläche*   (= b)

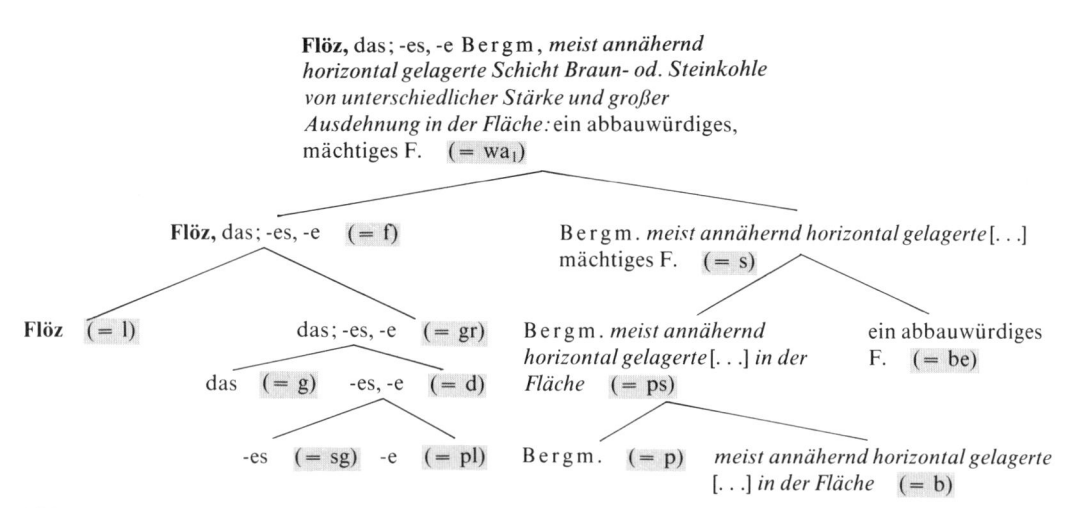

Abb. 39.1: Darstellung der konkreten hierarchischen Mikrostruktur von wa₁

Art. 38a, 3.3.) angewendet. Da es um Mikrostrukturen geht, werden bei ihrer Anwendung nur die Angaben und keine anderen funktionalen Textsegmente berücksichtigt. Eine Anwendung von Mth₂ kann — grob gesprochen — als eine Analyse der Textkonstituentenstruktur standardisierter Texte (hier Artikeltexte) verstanden werden, die Teil einer metalexikographischen Textdeskription ist.

Die Anwendung von Mth₂ auf wa₁ erbringt die folgende Darstellung der konkreten hierarchischen Mikrostruktur von wa₁ (vgl. Abb. 39.1); eine solche Darstellung setzt voraus (und dokumentiert zugleich), daß hierarchische Mikrostrukturen als Baumstrukturen gelten können (vgl. z. B. Wall 1973, Bd. 1, 227 ff.). Hinter den Textkonstituenten, den erwähnten Angaben, werden die Individuennamen in runden Klammern beigefügt. Der Wörterbuchartikel wa₁ ist hierbei als die größte Angabe (als „Textkonstitut") aufgefaßt, aus dem durch die Anwendung von Mth₂ alle anderen artikelinternen Angaben als Textkonstituenten erhältlich sind.

Die um wa₁ erweiterte Menge aller Angaben (A) von wa₁ — sie heiße $M_A(wa_1)$ — kann unter Verwendung der in der Abb. 39.1 eingeführten Individuennamen, wie folgt angegeben werden:

$M_A(wa_1) := \{wa_1, f, s, l, gr, ps, be, g, d, sg, pl, p, b\}$;

$MiS_h^k(wa_1)$, die konkrete (k) hierarchische (h) Mikrostruktur (MiS) von wa₁, erhält man wie folgt: Auf $M_A(wa_1)$ wird eine zweistellige Teil-Ganzes-Relation — sie heiße $R_{part}^1$ — definiert ($R_{part}^1 \subseteq M_A(wa_1) \times M_A(wa_1)$; für das einfache Kreuzprodukt einer Menge M mit sich selbst wird nachfolgend stets $M^2$ geschrieben). $R_{part}^1$ ist reflexiv, antisymmetrisch und transitiv, und auf die Elemente von $R_{part}^1$ (also die geordneten Paare, z. B.: (l, f), (sg, d), (p, ps)) trifft der Relationsterm (der Relator, das zweistellige Prädikat) *ist eine Angabe als Teil von (der/des)* zu. (Zur Reflexivität von Teil-Ganzes-Relationen vgl. Art. 38a). Weiterhin wird auf $M_A(wa_1)$ eine zweistellige Präzedenzrelation (Vorgänger-Nachfolger-Relation) — sie heiße $R_p^1$ — definiert ($R_p^1 \subseteq (M_A(wa_1))^2$); $R_p^1$ ist irreflexiv (damit asymmetrisch) und transitiv, und auf die geordneten Paare von $R_p^1$ (z. B. (f, s), (p, b)) trifft der Relationsterm *geht voraus* (symbolisiert durch <) zu. Die konkrete hierarchische Mikrostruktur von wa₁, $MiS_h^k(wa_1)$, ist dann definiert als eine Ordnungsstruktur, bestehend aus der Trägermenge $M_A(wa_1)$ und den beiden auf ihr definierten ordnungsstrukturprägenden Relationen $R_{part}^1$ und $R_p^1$, so daß die Definition von $MiS_h^k(wa_1)$ wie folgt lautet:

D e f. 1:   $MiS_h^k(wa_1) := \langle M_A(wa_1);$
     $A, AK, WA; R_{part}^1, R_p^1 \rangle$.

$R_{part}^1$ und $R_p^1$ sind disjunkte Mengen ($R_{part}^1 \cap R_p^1 = \emptyset$), und ihre Vereinigung, $R_{part}^1 \cup R_p^1$, ordnet $M_A(wa_1)$ exhaustiv. Für konkrete Mikrostrukturen gilt insbesondere, daß alle Elemente der betreffenden Trägermenge (hier $M_A(wa_1)$) Angaben sind, also Elemente aus A darstellen; das durch WA spezifizierte Element aus $M_A(wa_1)$, also $wa_1 \in WA$, dominiert die übrigen Elemente aus $M_A(wa_1)$.

Da es sich bei Abb. 39.1 um die eines Strukturgraphen handelt, können die Bedingungen, die zu Def. 1 anzugeben sind, fast alle unmittelbar der Abb. 39.1 entnommen werden; z. B.: f und s sind unmittelbare Textkonstituenten von wa₁; l und gr sind unmittelbare Textkonstituenten von f und mittelbare von $wa_1$ usw; oder ps geht be (bzgl. $R_p$) unmittelbar voraus, be geht keiner artikelinternen Angabe voraus etc.

Die konkrete hierarchische Mikrostruktur von $wa_1$ weist u. a. die beiden folgenden konkreten Teilstrukturen auf: die partitive und die präzedentive Mikrostruktur; $MiS^k_{part}(wa_1)$, die konkrete partitive (part) Mikrostruktur von $wa_1$, definiert sich wie folgt:

Def. 2: $MiS^k_{part}(wa_1) := \langle M_A(wa_1);$
A, AK, WA; $R^1_{part}\rangle$.

Ein Vergleich von Def. 1 und Def. 2 zeigt, daß die konkrete partitive ein Redukt der konkreten hierarchischen Mikrostruktur von $wa_1$ ist: die Trägermenge ist die gleiche und im Definiens von Def. 2 fehlt ein strukturdefinierendes Element ($R^1_p$).

Um die konkrete präzedentive Mikrostruktur von $wa_1$ angeben zu können, benötigt man die Menge der terminalen (t) Angaben von $wa_1$. Diese Menge — sie heiße $M_{At}(wa_1)$ — kann wie folgt angegeben werden:

$M_{At}(wa_1) := [l, g, sg, pl, p, b, be]$.

Die konkrete präzedentive Mikrostruktur von $wa_1$ ist nun dadurch erhältlich, daß man auf $M_{At}(wa_1)$ eine Präzedenzrelation $R^1_{pt}$ definiert — $R^1_{pt} \subseteq (M_{At}(wa_1))^2$ — auf deren geordnete Paare (z. B. (l, g), (pl, p)) der Relationsterm *geht voraus* zutrifft. Im Unterschied zu $R^1_p$ ist $R^1_{pt}$ zusätzlich konnex (d. h.: alle $A \in M_{At}(wa_1)$ sind $R^1_{pt}$-vergleichbar), so daß $MiS^k_p(wa_1)$, die konkrete präzedentive Mikrostruktur von $wa_1$, als Redukt einer Substruktur von $MiS^k_h(wa_1)$ eine totale irreflexive Ordnung (eine Kette) ist und — unter Verwendung der in Abb. 39.1 eingeführten Individuennamen — mit dem Ausdruck (1) bezeichnet werden kann:

(1)  $l < g < sg < pl < p < b < be$.

Die konkrete präzedentive Mikrostruktur von $wa_1$ ist wie folgt definiert:

Def. 3: $MiS^k_p(wa_1) := \langle M_{At}(wa_1);$
A, AK, WA; $R^1_{pt}\rangle$.

*Bem.:* Die zu *Teilstruktur* hyponymen Termini *Redukt* und *Substruktur* sind in Art. 38a eingeführt. — Für die nachfolgenden Darlegungen dieses Artikels sei festgelegt: auf alle Elemente aller Mengen, die mit einem Mengensymbol bezeichnet werden, das $R_p$ enthält (z. B. $R^{Ba}_p$), trifft der Relationsterm *geht voraus* zu; auf die Elemente aller Mengen, die mit einem Mengensymbol bezeichnet werden, das $R_{part}$ enthält (z. B. $R^{Ba}_{part}$), trifft der Relationsterm *ist eine Angabe als Teil von (der/des)* zu.

## 2.2. Die abstrakte hierarchische Mikrostruktur

Für eine systematische Darstellung von Mikrostrukturen von standardisierten Wörterbuchartikeln wird der Begriff der abstrakten hierarchischen Mikrostruktur benötigt. Eine abstrakte hierarchische Mikrostruktur besitzt als Trägermenge eine Menge von Mengen von Angaben (eine Menge von Angabeklassen). Im folgenden sei informell skizziert, wie man von der konkreten zur abstrakten hierarchischen Mikrostruktur übergehen kann. Hierzu ist es erforderlich, daß man über ein ausgearbeitetes System von Angabeklassen verfügt, so daß man jede Angabe ihrer Angabeklasse zuweisen kann. Nach dem hier zugrunde gelegten System (nach Wiegand 1989) lassen sich die durch Anwendung von $Mth_2$ auf $wa_1$ erhaltenen Angaben, die Element von $M_A(wa_1)$ sind, wie folgt Klassen von Angaben mit gleichem allgemeinen genuinen Zweck zuweisen: $wa_1 \in WA$, $f \in FK$, $s \in SK$, $l \in LZGA$, $gr \in GrA$, $ps \in PragsemA$, $be \in KBeiA$, $g \in GA$, $d \in DekA$, $sg \in SgbA$, $pl \in PlbA$, $p \in FGA$ und $b \in BPA$.

*Bem.:* Die vorstehend verwendeten Abkürzungen für die Klassennamen (die Symbole für Mengen von Angaben) sind in der Abb. 39.3 erklärt; $x \in Y = x$ *ist ein Element von Y* (vgl. auch Art. 38a, Abb. 17).

Man kann nun die Anwendung der funktional-positionalen Segmentation mit dem Klassifizieren verbinden und das Ergebnis wie folgt darstellen (vgl. Abb. 39.2):

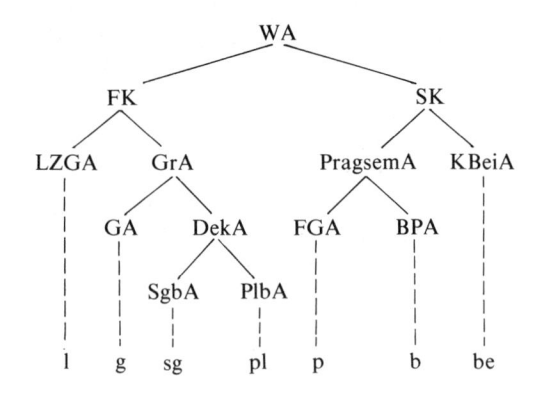

```
                    WA
                  /    \
               FK        SK
              / \       /  \
          LZGA  GrA  PragsemA  KBeiA
            |   / \      / \     |
            | GA  DekA FGA BPA   |
            |     / \    |   |   |
            |  SgbA PlbA |   |   |
            |   |    |   |   |   |
            l   g   sg  pl   p   b   be
```

Abb. 39.2: Darstellung der abstrakten Mikrostruktur „die zu der konkreten Mikrostruktur von $wa_1$ gehört"; $x - - - Y$ bedeutet soviel wie $x \in Y$

Vergleicht man die Abb. 39.1 mit 39.2, dann erkennt man, daß die konkrete hierarchische Mikrostruktur von $wa_1$ mit der in Abb. 39.2 dargestellten abstrakten isomorph ist. Auch die konkrete präzedentive Mikrostruktur von wa₁ und die „zugehörige" abstrakte sind isomorph, was man besonders klar erkennt, wenn man den Ausdruck (1) mit (2) vergleicht, der die abstrakte präzedentive Mikrostruktur bezeichnet:

(2) LZGA < GA < SgbA < PlbA
    < FGA < BPA < KBeiA.

Allgemein gilt, daß eine abstrakte Mikrostruktur isomorph ist zu einer Klasse von konkreten Mikrostrukturen: jedes Element der Trägermenge jeweils einer konkreten Mikrostruktur wird in ein Element der Trägermenge der abstrakten Mikrostruktur umkehrbar eindeutig abgebildet, und die Elemente der letzteren Trägermenge sind gerade diejenigen Äquivalenzklassen, in welche die Angaben aus den paarweise verschiedenen konkreten Mikrostrukturen fallen, die den gleichen genuinen Zweck haben. — Danach dürfte verständlich sein, was gemeint war, wenn oben davon die Rede war, daß eine abstrakte zu einer konkreten Mikrostruktur „gehört" (und umgekehrt).

*Bem.:* Geht man davon aus, daß in einem modernen polyinformativen Wörterbuch verschiedene Lemmazeichentypen unterschieden werden sollten, und weiterhin davon, daß jedem Lemmazeichentyp gerade eine abstrakte hierarchische Mikrostruktur zugeordnet ist, dann ist eine abstrakte hierarchische Mikrostruktur, die zu der konkreten eines bestimmten Wörterbuchartikels (oder auch zu mehreren) isomorph ist, stets dann eine Teilstruktur der abstrakten hierarchischen Mikrostruktur des Lemmazeichentyps, wenn in dem Artikel mindestens eine Angabe nicht auftritt (was unterschiedliche Gründe haben kann), die nach der Mikrostruktur des Lemmazeichentyps vorgesehen ist (vgl. Art. 38 a, 5.).

Nach diesen Überlegungen können hierarchische (h) Mikrostrukturen vermittels einer Strukturart (vgl. unter 1.) repräsentativ über die Charakterisierung einer nicht näher spezifizierten abstrakten (a) Mikrostruktur irgendeines Lemmazeichentyps wie folgt definiert werden:

Def. 4: $\text{MiS}_h^a := \langle M_A; A, AK, WA; R_{part}, R_p \rangle$.

In der Def. 4 ist die Trägermenge $M_A$ die Menge aller Angabeklassen von Wörterbuchartikeln irgendeines speziellen Lemmazeichentyps, A die Menge aller Angaben von standardisierten Artikeln irgendeines Wörterbuches und AK die Menge der zugehörigen Angabeklassen. Für alle Mikrostrukturen und ihre jeweiligen Teilstrukturen gilt insbesondere: die jeweilige Trägermenge ist entweder eine Teilmenge von A; dann handelt es sich um eine konkrete Mikrostruktur. Oder sie ist eine Teilmenge von AK; dann handelt es sich um eine abstrakte Mikrostruktur (vgl. auch unter 1.). Das über WA spezifizierte Element aus $M_A$ (hier WA selbst) dominiert die übrigen Elemente aus $M_A$. Hierbei ist zu beachten, daß die Wörterbuchartikel als größte Angaben gelten (vgl. Art. 38 a, 3.2.2.3.), so daß WA, die Menge aller Wörterbuchartikel (als Menge von Angaben irgendeines Wörterbuches), Element von $M_A$ ist (WA ∈ $M_A$). $R_{part}$ und $R_p$ sind auf $M_A$ erklärt ($R_{part} \subseteq M_A^2$; $R_p \subseteq M_A^2$) und — „analog" zu Def. 1 — gilt $R_{part} \cap R_p = \emptyset$ und weiterhin, daß die Vereinigung, $R_{part} \cup R_p$, die Trägermenge $M_A$ exhaustiv ordnet; $R_{part}$ und $R_p$ erfüllen die der Def. 1 entsprechenden Bedingungen: $R_{part}$ ist reflexiv, asymmetrisch und transitiv; $R_p$ ist irreflexiv und transitiv.

Die abstrakte partitive Mikrostruktur $\text{MiS}_{part}^a$ resultiert als Redukt von $\text{MiS}_h^a$ und definiert sich wie folgt:

Def. 5: $\text{MiS}_{part}^a := \langle M_A; A, AK, WA; R_{part} \rangle$.

Die abstrakte präzedentive Mikrostruktur $\text{MiS}_{pt}^a$ ist ein Redukt einer Substruktur der abstrakten hierarchischen Mikrostruktur und ist wie folgt definiert:

Def. 6: $\text{MiS}_{pt}^a := \langle M_{At}; A, AK, WA; R_{pt} \rangle$.

$M_{At}$ in Def. 6 ist die Menge aller terminalen Angabeklassen von Wörterbuchartikeln. Die auf $M_{At}$ erklärte Relation $R_{pt}$ ($R_{pt} \subseteq M_{At}^2$) erfüllt die Bedingungen einer totalen irreflexiven Ordnung.

Da die abstrakte hierarchische Mikrostruktur diejenige Teilstruktur der abstrakten vollständigen Artikelstruktur (i. S. v. Art. 38 a, 4.2.1.) ist, welche die Verteilung der Angaben regelt, kann man dann Mikrostrukturen sinnvoll klassifizieren, wenn es gelingt, sozusagen „invariante Verteilungsmuster" für Angaben gleichen Zwecks (i. S. v. Art. 38 a) und damit invariante Mikrostrukturausschnitte (Teilstrukturen von abstrakten Mikrostrukturen) systematisch zu unterscheiden. Eine der Voraussetzungen hierfür ist, daß man über eine Klassifikation von Angaben verfügt (vgl. Wiegand 1989 u. Art. 38 a).

## 3. Übersicht über eine Teilklasse von Angaben

Der Terminus *Angabe* ist in Art. 38 a definiert; dort findet sich auch ein Ausschnitt aus einer Typologie von funktionalen Textsegmenten, in denen die Angaben berücksichtigt sind (vgl. 38 a., Abb. 17). Für die angestrebte Unterscheidung und Klassifizierung von Mikrostrukturen benötigt man einen Ausschnitt aus derjenigen Teilklasse von linguistischen Angaben, die zugleich sprachliche und standardisierte Angaben sind.

Die nachfolgende Tabelle (vgl. Abb. 39.3) gibt einen Überblick über einen Ausschnitt von 90 Angabeklassen, der für die Zwecke dieses Artikels zusammengestellt wurde. In der linken Spalte stehen die alphabetisierten Abkürzungen, in der rechten Spalte die zugehörigen (in Wiegand 1989 definierten) Termini; die Tabelle ist somit als Abkürzungs-

| Abkürzungen | Angabeklassen |
|---|---|
| AbkA | Abkürzungsangabe |
| AbkAA | Abkürzungsauflösungsangabe |
| AkSA | Akzentsilbenangabe |
| AntA | Antonymenangabe |
| AntgA | Antonymengruppenangabe |
| A-semÜ | Angabe zum semantischen Übergang |
| AusA | Ausspracheangabe |
| AuslA | Auslassungsangabe |
| BA | Bedeutungsangabe |
| BBeiA | Belegbeispielangabe |
| BeiA | Beispielangabe |
| BeigA | Beispielgruppenangabe |
| BelA | Belegangabe |
| BIA | Bedeutungsidentifizierungsangabe |
| BNA | Bedeutungsnuancierungsangabe |
| BPA | Bedeutungsparaphrasenangabe |
| BSpA | Bedeutungsspezifizierungsangabe |
| BStA | Belegstellenangabe |
| DatA | Datierungsangabe |
| DekA | Deklinationsangabe |
| DimA | Diminutivangabe |
| DimgA | Diminutivgruppenangabe |
| EtyA | Etymologieangabe |
| FGA | Fachgebietsangabe |
| FK | Formkommentar |
| FVA | Formvariantenangabe |
| GA | Genusangabe |
| GK | Grundkommentar |
| GrA | Grammatikangabe |
| GradA | Graduierungsangabe |
| GradbA | Graduierungsbeschränkungsangabe |
| HA | Häufigkeitsangabe |
| hFK | hinterer Formkommentar |
| HinA | Hinweisangabe |
| hSK | hinterer semantischer Kommentar |
| KBeiA | Kompetenzbeispielangabe |
| KK | Kommentar zur Komposition |
| KLB | Kommentar zur lexikalischen Bedeutung |

| Abkürzungen | Angabeklassen |
|---|---|
| KLTB | Kommentar zur lexikalischen Teilbedeutung |
| KompA | Kompositumangabe |
| KompgA | Kompositagruppenangabe |
| KonjA | Konjugationsangabe |
| LZGA | Lemmazeichengestaltangabe |
| lZwK | linker Zwischenkommentar |
| MarkA | Markierungsangabe |
| mZwK | mittlerer Zwischenkommentar |
| PA | Polysemieangabe |
| PhrasA | Phrasemangabe |
| PhrasgA | Phrasemgruppenangabe |
| PlbA | Pluralbildungsangabe |
| PltA | Pluraletantumangabe |
| PostK | Postkommentar |
| PragA | pragmatische Angabe |
| PragsemA | pragmatisch-semantische Angabe |
| PräK | Präkommentar |
| QuA | Quellenangabe |
| RA | Rechtschreibangabe |
| RekA | Rektionsangabe |
| rZwK | rechter Zwischenkommentar |
| SA | Silbenangabe |
| SchrA | Schreibungsangabe |
| SchrVA | Schreibvariantenangabe |
| SgbA | Singularbildungsangabe |
| SgtA | Singularetantumangabe |
| SK | semantischer Kommentar |
| SKoK | semantischer Kotextkommentar |
| SmA | Satzmusterangabe |
| SpIA | Sprachenidentifizierungsangabe |
| SprichwA | Sprichwortangabe |
| SpVA | Sprachenvergleichsangabe |
| SSK | semantischer Subkommentar |
| StilA | Stilschichtenangabe |
| STrA | Silbentrennungsangabe |
| SubA | Subartikel |
| SympA | Symptomwertangabe |
| SynA | Synonymenangabe |
| SyngA | Synonymengruppenangabe |
| ThA | Themaangabe |
| UmlA | Umlautangabe |
| VerwA | Verweisangabe |
| vFK | vorderer Formkommentar |
| VQA | Vokalquantitätsangabe |
| vSK | vorderer semantischer Kommentar |
| VVA | Verbvalenzangabe |
| WA | Wörterbuchartikel als größte Angabe |
| WAA | Wortartangabe |
| WÄA | Wortäquivalentangabe |
| WFA | Wortformenangabe |
| ZGA | Zeichengestaltangabe |
| ZwK | Zwischenkommentar |

Abb. 39.3: Übersicht über einige linguistische Angaben, die zugleich sprachliche und standardisierte Angaben sind

verzeichnis benutzbar. Alle Abkürzungen können als Mengensymbole (Namen für Mengen) fungieren.
Folgende Notationskonventionen seien genannt: Eine Reihe der aufgeführten Angabeklassen haben Unterklassen; diese werden abgekürzt dadurch bezeichnet, daß hinter der Abkürzung für die Klasse nach einem Punkt ein Zusatz steht, z. B.:

| | | |
|---|---|---|
| LZGA.sR | = | Lemmazeichengestaltangabe für schriftliche (s) Realisierung (R) |
| LZGA.mR | = | Lemmazeichengestaltangabe für mündliche (m) Realisierung (R) |
| LZGA.KON$_1$ | = | Lemmazeichengestaltangabe für die erste Konstituente (Kon) eines Kompositums |
| GrA.S | = | Grammatische Angabe bei Substantiven (S) |
| GrA.V | = | Grammatische Angabe bei Verben (V) |
| PragA.D | = | Pragmatische Angabe zur Diachronie |

Werden mit einem Textelement oder mit einem terminalen Textsegment mehrere Angaben gemacht, so daß es sich um ein polyfunktionales, nicht weiter segmentierbares Textsegment handelt, kann dieses durch Reihung mehrerer Abkürzungen, die durch einen senkrechten Strich getrennt sind, bezeichnet werden, z. B.:

| | | |
|---|---|---|
| LGZA\|RA\|WFA | = | Lemmazeichengestaltangabe, zugleich Rechtschreibangabe, zugleich Wortformenangabe. |

Ist eine Angabe glossiert, wird dies z. B. wie folgt notiert:

| | | |
|---|---|---|
| [G]KBeiA | = | Kompetenzbeispielangabe mit Präglossat |
| BP[G]A | = | Bedeutungsparaphrasenangabe mit Interglossat |
| PhrasA[G] | = | Phrasemangabe mit Postglossat |

Wenn bei einer Analyse der Glossierungstechniken von Angaben feinere Unterscheidungen erforderlich werden, kann das „G" in den eckigen Klammern durch die Abkürzung für die Glossate substituiert werden; statt BPA[G] schreibt man dann z. B. BPA[BIA]; (Wiegand 1989).
Soll ausdrücklich gekennzeichnet werden, daß Angaben intern verdichtet (v) sind, geschieht dies so: z. B.: v.BeigA = verdichtete Beispielgruppenangabe; soll expressis verbis gekennzeichnet werden, daß es sich um kommentierende (k) Angaben (i. S. v. Art. 38 a, 3.2.4.) handelt, wird z. B. k.PragA geschrieben. Bei allen Angaben, die aus einer Gruppe von Ausdrücken bestehen, die zur gleichen linguistischen Klasse gehören, kann die Zahl der Ausdrücke durch eine hochgestellte Ziffer angezeigt werden, z. B. Bei$^4$gA = Beispielgruppenangabe mit vier Beispielen oder Ant$^2$gA = Antonymengruppenangabe mit zwei Antonymen. Als verkürzte Form für z. B. Ant$^2$gA kann Ant$^2$A geschrieben werden.

## 4. Übersicht über die wichtigsten Mikrostrukturen und ihre Teilstrukturen

In dieser Übersicht werden folgende Strukturen von der Art der Mikrostrukturen unterschieden und eingeführt
— einfache Mikrostrukturen (4.1.)
— erweiterte Mikrostrukturen (4.2.)
— zusammengesetzte Mikrostrukturen (4.3.)

Artikel in solchen Wörterbüchern, für deren Wörterverzeichnis das Prinzip des semantischen Kommentars (i. S. v. Wiegand 1984) gilt, die aber dennoch keinen semantischen Kommentar haben, z. B. die Verweisartikel im allgemeinen einsprachigen Wörterbuch, weisen konkrete *rudimentäre Mikrostrukturen* auf (vgl. z. B. HWDG s. v. *adelig, alles*). Rudimentäre Mikrostrukturen werden in diesem Artikel nicht eigens behandelt.

Für die nachfolgenden Darlegungen gilt, daß die über Def. 4 definierte Art der hierarchischen Mikrostrukturen ($\langle M_A; A, AK, WA; R_{part}; R_p \rangle$) als die Strukturart mit den am allgemeinsten gehaltenen Bedingungen (als eine „Mutterstrukturart" i. S. v. Bourbaki 1957) für die Beschreibung solcher Strukturen verstanden werden kann, die die Angabeverteilung regeln; sie legt die Klasse aller der Strukturen fest, die im folgenden einzeln näher zu untersuchen sind. Von dieser kann man durch die Hinzunahme weiterer strukturdefinierender Elemente über $M_A$ sowie die Angabe von weiteren (spezielleren) Bedingungen zu zunehmend spezielleren Strukturklassen übergehen; dies wird nachfolgend weitgehend informell, aber doch so geschehen, daß der Anschluß an eine strengere Darstellung geleistet werden kann (vgl. 1.).

*Bem.:* Im folgenden geht es um abstrakte Mikrostrukturen und ihre Teilstrukturen. Das Prädikat *abstrakt* wird daher stets weggelassen, wenn keine Mißverständnisse zu erwarten sind. Entsprechend wird statt z. B. $MiS_h^a$ geschrieben: $MiS_h$.

### 4.1. Übersicht über die wichtigsten Teilstrukturen von einfachen Mikrostrukturen

Um eine Übersicht über Teilstrukturen von einfachen Mikrostrukturen geben zu können, muß zunächst charakterisiert werden, was einfache Mikrostrukturen sein sollen.

#### 4.1.1. Die einfache Mikrostruktur

Alle standardisierten Wörterbuchartikel, die als unmittelbare Textkonstituenten nur die beiden Grundkommentare, also nur gerade einen Form- und gerade einen semantischen Kommentar haben, der unmittelbar auf den Formkommentar folgt, weisen *einfache hierarchische Mikrostrukturen* auf.

Die voranstehende Charakterisierung verdeutlicht bereits, daß einfache hierarchische Mikrostrukturen spezieller sind als hierarchische Mikrostrukturen, denn sie enthält bestimmte Bedingungen, die spezifischer sind, als die, die für $MiS_h$ gelten; z. B. wird festgelegt, daß Artikel mit einfachen Mikrostrukturen nur einen Form- und einen semantischen Kommentar haben, was nicht für alle Artikel mit hierarchischen Mikrostrukturen gilt.

$eMiS_h$, die einfache (e) hierarchische Mikrostruktur, ist wie folgt definiert:

Def. 7: $eMiS_h := \langle M_A; A, AK, WA, FK, SK; R_{part}, R_p \rangle$.

Hierbei ist:
— WA die Menge aller Wörterbuchartikel irgendeines Wörterbuches (als Angaben)
— FK die Menge aller Formkommentare dieser Artikel
— SK die Menge aller semantischen Kommentare dieser Artikel.

*Bem.:* Im folgenden werden *WA, FK, SK* und alle ähnlichen Mengensymbole (Namen von Mengen), die — wenn sie in Beschreibungen abstrakter Mikrostrukturen als solche verwendet werden — dort stets Mengen von Angaben eines spezifischen Zweckes (Angabeklassen) bezeichnen, auch so verwendet, daß mit ihnen (i. S. v. Wiegand 1985, 21 ff.) generisch referiert werden kann; „*der FK...*" z. B. ist dann zu lesen wie „d e r Formkommentar". Äquivokationen sind bei diesem Verfahren nicht zu befürchten, da der Kotext ohnehin jeweils erlaubt, die jeweilige Verwendungsweise zu erschließen.

Es gelten: $WA \in M_A$, $FK \in M_A$, $SK \in M_A$ sowie $FK \cap SK = FK \cap WA = SK \cap WA = \emptyset$.

Weiterhin geht in Wörterbuchartikeln, die einfache Mikrostrukturen aufweisen (wie z. B. $wa_1$), der Form- dem semantischen Kommentar nicht nur voraus, sondern er geht ihm *unmittelbar* voraus, was heißt (da nichttypographische Strukturanzeiger i. S. v. Art. 38 a, 3.2.2.2. bei der Betrachtung von Mikrostrukturen nicht zu berücksichtigen sind), daß der Form- dem semantischen Kommentar so vorausgeht, daß er nur durch einen Blanc auf der Ebene der Wörterbuchform von diesem getrennt ist. Diesen Sachverhalt kann man einfacher ausdrücken, wenn man über den Terminus des unmittelbaren $R_p$-Vorgängers ($\overline{R}_p$) verfügt, der wie folgt definiert werden kann:

$\overline{R}_p := \{\langle x, y \rangle \mid x\, R_p\, y \wedge \neg \exists z \in M_A\, (x\, R_p\, z \wedge z\, R_p\, y)\}$.

Danach kann man feststellen: $FK\, \overline{R}_p\, SK$.

Entsprechend definiert sich der Terminus des unmittelbaren $R_{part}$-Vorgängers ($\overline{R}_{part}$), mit dem man den Sachverhalt bezeichnen kann, daß jeder der beiden Grundkommentare unmittelbare Textkonstituente von WA ist, wie folgt:

$\overline{R}_{part} := \{\langle x, y \rangle \mid x\, R_{part}\, y \wedge \neg \exists z \in M_A\, (x\, R_{part}\, z \wedge z\, R_{part}\, y)\}$.

Es gelten: $FK\, \overline{R}_{part}\, WA$ sowie $SK\, \overline{R}_{part}\, WA$; speziell gilt, daß WA alle Elemente aus $M_A$ dominiert: $\forall x \in M_A (x\, R_{part}\, WA)$.

Im folgenden werden die wichtigsten Teilstrukturen von einfachen Mikrostrukturen vorgestellt.

### 4.1.2. Die Basisstruktur

Geht in einem Wörterbuchartikel der gesamte Formkommentar dem gesamten semantischen Kommentar unmittelbar voraus, dann weist dieser Artikel stets einen hierarchischen Mikrostrukturausschnitt auf, der *hierarchische Basisstruktur* heiße. Alle Wörterbuchartikel mit einfacher Mikrostruktur weisen genau eine Basisstruktur auf.

Das allgemeine Strukturbild einer Basisstruktur kann wie folgt angegeben werden (vgl. Abb. 39.4):

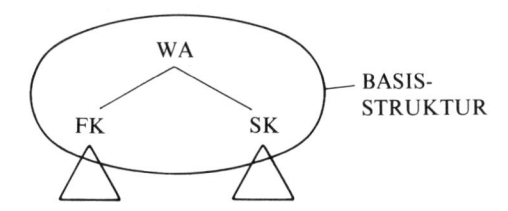

Abb. 39.4: Hierarchische Basisstruktur

*Bem.:* Allgemeine Strukturbilder, von denen auch nachfolgend Gebrauch gemacht wird, sind keine ad-hoc-Schemata zur zweidimensionalen Veranschaulichung von Artikeltextstrukturen, sondern partiell ausgeführte Textkonstituentenstrukturbäume, die mittels je speziell benannter Umrandungszeichen diejenigen Strukturausschnitte hervorheben und darstellen, auf die es im jeweiligen Argumentationszusammenhang gerade ankommt. Allgemeine Strukturbilder können mit vollständig ausgeführten Abbildungen von Graphen und Teilgraphen kombiniert werden. Letztere heißen in verkürzter Sprechweise Strukturgraphen.

Wie aus der Abb. 39.4 ersichtlich ist, erhält man die hierarchische Basisstruktur $BaS_h$, wenn man auf der um WA, dem Wörterbuchartikel, erweiterten Menge des

FK und des SK als der Menge der beiden Grundkommentare — sie heiße $M_{GK}$ — ($M_{GK} \subseteq M_A$) die Relationen $R_{part}^{Ba}$ und $R_p^{Ba}$ definiert ($R_{part}^{Ba} \subseteq M_{GK}^2$; $R_p^{Ba} \subseteq M_{GK}^2$). Die hierarchische Basisstruktur ist dann wie folgt definiert:

Def. 8: $BaS_h := \langle M_{GK}; A, AK, WA, FK, SK; R_{part}^{Ba}, R_p^{Ba} \rangle$.

Für WA, FK, SK gelten die gleichen Bedingungen wie in Def. 7; $R_{part}^{Ba}$ und $R_p^{Ba}$ ergeben sich als Einschränkungen von $R_{part}$ bzw. $R_p$ auf die Menge $M_{GK}$. $R_{part}$ und $R_p$ sowie die als Einschränkungen aus diesen sich ergebenden Relationen erfüllen hier und im folgenden die zu Def. 1 genannten Bedingungen.

$BaS_h$ ist eine Substruktur der einfachen Mikrostruktur. Ist die hierarchische Basisstruktur nicht überdacht (vgl. 4.3.2.), dann sind der Form- und der semantische Kommentar — wie auch die Abb. 39.4 verdeutlicht — stets unmittelbare Textkonstituenten des Wörterbuchartikels.

In Artikeltexten werden Lemmazeichen lexikographisch beschrieben. Diese bestehen aus einer Form und wenigstens einer der Form zugeordneten Bedeutung. Diese sprachzeichentheoretische Grundstruktur „spiegelt sich" in der „Zweiteiligkeit" der Basisstruktur (vgl. auch Art. 36).

*Bem.:* Wie am Beispiel der Strukturen von der Art der Mikrostrukturen (und im Art. 38a auch anhand der Strukturen von der Art der Artikelstrukturen) dargelegt, so kann man auch hier von der hierarchischen zur präzedentiven Basisstruktur übergehen; letztere kann mit FK < SK bezeichnet werden. Entsprechendes gilt für alle noch zu betrachtenden hierarchischen Mikrostrukturen und deren hierarchischen Teilstrukturen und wird daher nachfolgend nicht jedesmal eigens erwähnt, geschweige denn vorgeführt.

4.1.3. Die beiden Kernstrukturen

Jedem Wörterbuchartikel, der eine hierarchische Basisstruktur aufweist, kann eine linke und eine rechte hierarchische Kernstruktur als weitere Teilstrukturen der hierarchischen Mikrostruktur zugeschrieben werden.

Diese Feststellung gilt allerdings nur für solche Wörterbuchartikel von allgemeinen einsprachigen Wörterbüchern, die von links nach rechts geschrieben werden.

4.1.3.1. Die linke Kernstruktur

Die linke hierarchische Kernstruktur ist diejenige Teilstruktur der hierarchischen Mikrostruktur, die der Formkommentar eines Wörterbuchartikels aufweist, so daß man auch von der Kernstruktur des Formkommentars sprechen kann. Zum Formkommentar gehören als Teilangaben alle diejenigen Angaben, deren genuiner Zweck darin besteht, daß Benutzer aus ihnen Informationen zur Form des Lemmazeichens in seiner schriftlichen und mündlichen Realisierung erschließen können sowie darüber hinaus Informationen zu seiner grammatikbedingten Formveränderung und -variation, wobei sich alle Angaben auf den gleichen synchronen Schnitt beziehen; die Angaben im Formkommentar stehen nicht notwendigerweise nur im Geltungsfeld einer einzigen artikelinternen Bedeutungsangabe (vgl. Art. 38a, 4.4.).

*Bem.:* Es ist zu beachten, daß bei Wörterbuchartikeln zu polysemen Lemmazeichen der Formkommentar (i. S. v. Wiegand 1989 u. 1989b vgl. Art. 38a, 4.4.) als ausgelagert zu gelten hat, so daß auch die linke Kernstruktur als Teilstruktur der Mikrostruktur solcher Artikel als ausgelagerte Struktur zu gelten hat; da Artikel zu polysemen Lemmazeichen im allgemeinen einsprachigen Wörterbuch am häufigsten auftreten und Artikel zu monosemen Lemmazeichen als Spezialfall der ersteren behandelt werden können, wird die Auslagerung des Formkommentars als der „Normalfall" betrachtet; entsprechend wird bei der Darstellung der einfachen und erweiterten Mikrostrukturen nicht ausdrücklich vom ausgelagerten (a) Formkommentar (a.FK) gesprochen.

Die linke (l) hierarchische Kernstruktur $lKerS_h$ ist erhältlich, wenn man auf $M_{FK}$, der Menge aller Angaben des Formkommentars, die um FK, den Formkommentar erweitert ist ($M_{FK} \subseteq M_A$), die Relationen $R_{part}^{lKer}$ und $R_p^{lKer}$ definiert ($R_{part}^{lKer} \subseteq M_{FK}^2$; $R_p^{lKer} \subseteq M_{FK}^2$). Für die linke hierarchische Kernstruktur gilt dann die folgende Definition:

Def. 9: $lKerS_h := \langle M_{FK}; A, AK, FK; R_{part}^{lKer}, R_p^{lKer} \rangle$.

$lKer_h$ ist ein Redukt einer Substruktur der einfachen Mikrostruktur.

Als Beispiele mögen folgende HWDG-Artikel ($wa_2-wa_5$) dienen:

**Bor,** das; -s, /o. Pl./ *nichtmetallisches chemisches Element, das in der Natur nur chemisch gebunden vorkommt*

**Brunst,** die; -, Brünste *periodisch auftretender Zustand der Fähigkeit und Bereitschaft zur Begattung bei vielen Säugetieren; dazu* brünstig /Adj./ *in der Brunst befindlich*

**brüsk** /Adj./ *in unhöflicher, kränkender Weise schroff:* eine brüske Antwort geben; jmdn. b. zurückweisen; etw. b. ablehnen

**Brunft,** die; -, Brünfte *Brunst beim Schalenwild außer beim Schwarzwild*

Textbeispiele 39.2—5: $wa_2-wa_5$ aus dem HWDG

Im folgenden werden die linken hierarchischen Kernstrukturen von wa$_2$, wa$_3$ und wa$_4$ abgebildet; die Formkommentare von wa$_3$ und wa$_5$ weisen verschiedene konkrete Kernstrukturen auf, die beide mit einer abstrakten hierarchischen linken Kernstruktur isomorph sind. Bei wa$_2$ wird die Basisstruktur in der Strukturdarstellung berücksichtigt, so daß deutlich wird, daß sich die Trägermengen der hierarchischen Basisstruktur und linken hierarchischen Kernstruktur lKerS$_h$ eines Artikels schneiden.

Die Strukturdarstellungen zeigen, daß bestimmte Ausschnitte der abstrakten linken Kernstruktur gleich sind, andere nicht. Auf diese Weise lassen sich Invarianten angeben, nach denen man die linken Kernstrukturen klassifizieren und damit die Formkommentare mikrostrukturbezogen unterscheiden

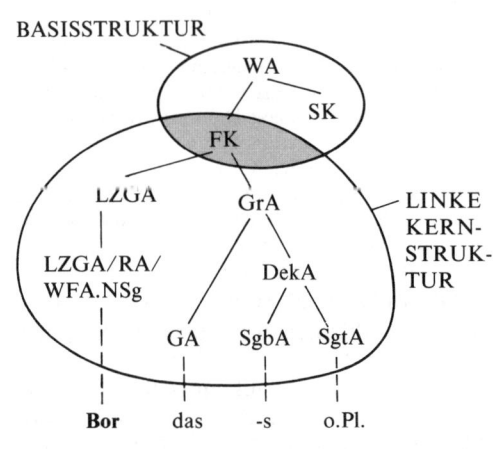

Abb. 39.5: Hierarchische Basis- und linke Kernstruktur als Teilstrukturen der hierarchischen Mikrostruktur von wa$_2$

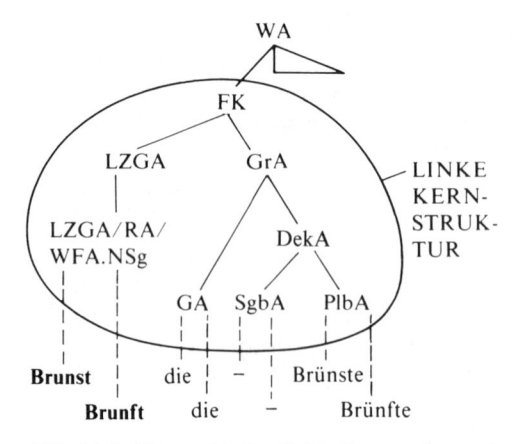

Abb. 39.6: Hierarchische linke Kernstruktur als Teilstruktur der hierarchischen Mikrostruktur von wa$_3$ und wa$_5$

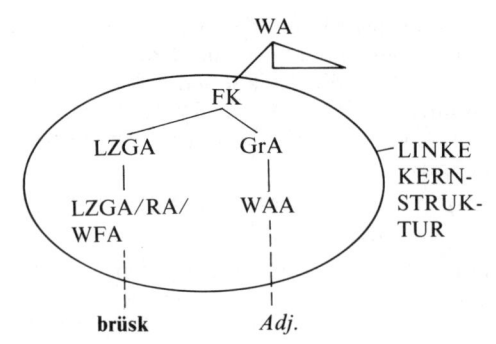

Abb. 39.7: Hierarchische linke Kernstruktur als Teilstruktur der hierarchischen Mikrostruktur von wa$_4$

kann (vgl. Wiegand 1989). Da jedoch in den allgemeinen einsprachigen Wörterbüchern das Schwergewicht auf der lexikographischen Beschreibung der Bedeutungen der Lemmazeichen liegt, werden nicht die linken Kernstrukturen, sondern die rechten als diejenigen gewählt, die die Unterscheidungskriterien liefern, um Arten von einfachen Mikrostrukturen (vgl. 5.) zu unterscheiden.

### 4.1.3.2. Die rechte Kernstruktur

Die rechte hierarchische Kernstruktur ist diejenige Teilstruktur der hierarchischen Mikrostruktur, die der semantische Kommentar eines Wörterbuchartikels aufweist, so daß man auch von der Kernstruktur des semantischen Kommentars sprechen kann. Zum semantischen Kommentar gehören als Teilangaben folgende Angaben: die Bedeutungsangabe(n), alle Angaben, die im Geltungsfeld der Bedeutungsangaben bzw. einer einzigen der artikelinternen BA stehen und nicht zum FK gehören (z. B. AntA, BeiA) und in Artikeln zu n-fach polysemen Lemmazeichen zusätzlich alle Angaben zur Form und/oder zu ihrer grammatikbedingten Veränderung, die gelten, wenn m Bedeutungsangaben gelten (wobei $m < n$; $m, n \in \mathbb{N}$; „$<$" hier *kleiner als*), so daß diese Angaben nicht in den Formkommentar ausgelagert werden können (vgl. Art. 38 a, 4.4.)

Die rechte (r) hierarchische Kernstruktur, rKerS$_h$, ist wie folgt definiert:

Def. 10: rKerS$_h$: $= \langle M_{SK}; A, AK, SK; R_{part}^{rKer}, R_p^{rKer} Æ$.

Hierbei ist $M_{SK}$ die um SK, den semantischen Kommentar, erweiterte Menge aller Angaben des semantischen Kommentars, und die beiden strukturprägenden Ordnungsrelationen sind auf $M_{SK}$ erklärt ($R_{part}^{rKer} \subseteq M_{SK}^2$; $R_{part}^{rKer} \subseteq M_{SK}^2$). Es gilt $M_{SK} \subseteq M_A$. Auch die rechte

39. Formen von Mikrostrukturen im allgemeinen einsprachigen Wörterbuch

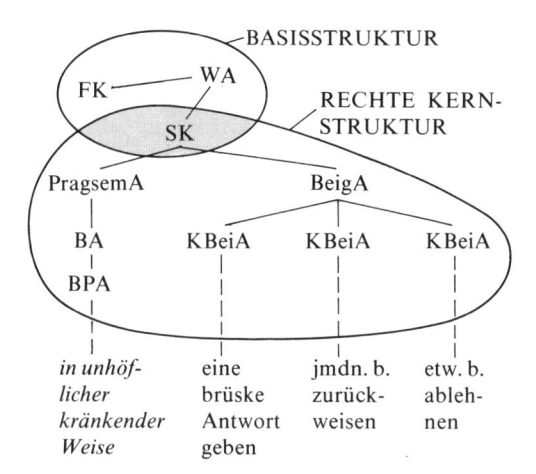

[Abb. 39.8: Diagramm mit BASISSTRUKTUR, RECHTE KERNSTRUKTUR, enthaltend FK, WA, SK, PragsemA, BeigA, BA, KBeiA, KBeiA, KBeiA, BPA, mit Beispielen: in unhöflicher kränkender Weise / eine brüske Antwort geben / jmdn. b. zurückweisen / etw. b. ablehnen]

Abb. 39.8: Hierarchische Basis- und rechte Kernstruktur als Teilstrukturen der hierarchischen Mikrostruktur von $wa_4$

Kernstruktur ist ein Redukt einer Substruktur der einfachen Mikrostruktur, und ihre Trägermenge schneidet sich mit derjenigen der Basisstruktur. In der obigen Abb. 39.8 wird die rechte Kernstruktur zusammen mit der Basisstruktur von $wa_4$ dargestellt.

Die in Abb. 39.8 dargestellte rechte Kernstruktur eines semantischen Kommentars ist ein Beispiel für einen Artikel zu einem Lemmazeichen, das vom Lexikographen als monosem interpretiert ist. Ein Beispiel für eine Kernstruktur eines semantischen Kommentars aus einem Artikel zu einem Lemmazeichen, das als polysem interpretiert ist, findet sich in der Abb. 39.9, in der eine abstrakte hierarchische einfache Mikrostruktur dargestellt ist, zusammen mit der zu ihr isomorphen konkreten Mikrostruktur von $wa_6$.

**Braut,** die; -, Bräute **1.** *Frau an ihrem Hochzeitstag* (1.1): die B. war ganz in Weiß gekleidet — **2.** veraltend *Verlobte*: er war bei den Eltern seiner B. eingeladen

Textbeispiel 39.6: $wa_6$ aus HWDG

Eine detaillierte Analyse von rechten Kernstrukturen führt zur Unterscheidung von solchen Strukturklassen innerhalb der Klasse der einfachen Mikrostrukturen, die für die Planung, Herstellung, Benutzung und Computerisierung von allgemeinen einsprachigen Wörterbüchern von Bedeutung sind (vgl. 7.), und zwar lassen sich unterscheiden: die partiell integrierten (vgl. 5.1.), die integrierten (vgl. 5.2.) und die nichtintegrierten (vgl. 5.3.), die jeweils erweiterbar sind (vgl. 6.).

Aus den bisherigen Überlegungen ergibt sich, daß das allgemeine Strukturbild für alle einfachen Mikrostrukturen wie folgt angegeben werden kann (vgl. Abb. 39.10).

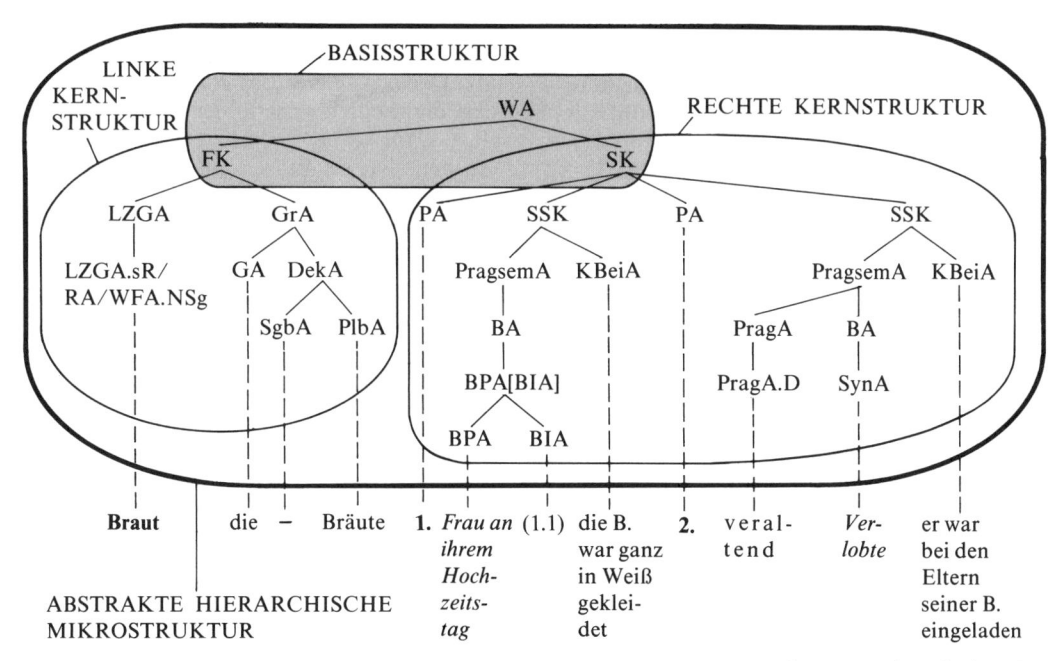

Abb. 39.9: Hierarchische Mikrostruktur zu $wa_6$; BPA[BIA] = Bedeutungsparaphrasenangabe mit einer Bedeutungsidentifizierungsangabe als Postglossat

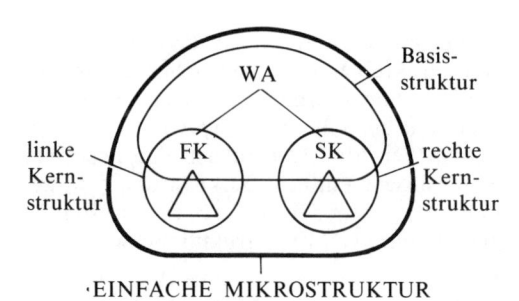

Abb. 39.10: Allgemeines Strukturbild für einfache Mikrostrukturen; vgl. Def. 7

## 4.2. Übersicht über die wichtigsten erweiterten Mikrostrukturen

Artikel mit einfachen entweder partiell integrierten oder integrierten oder nichtintegrierten Mikrostrukturen können an verschiedenen Stellen um zusätzliche Angaben erweitert sein. Erweiterte Mikrostrukturen liegen immer dann vor, wenn der Form- und der semantische Kommentar unmittelbare Textkonstituenten des Artikeltextes sind und neben diesen beiden Grundkommentaren mindestens eine weitere unmittelbare Textkonstituente gegeben ist.

Wörterbuchartikel mit einfachen Mikrostrukturen können *extern*, d. h.: außerhalb ihrer Basisstruktur erweitert sein. Es lassen sich zwei Arten der externen Erweiterung unterscheiden, die so kombiniert werden können, daß insgesamt drei Fälle auftreten können. Da die externe Erweiterung sowohl bei Artikeln mit integrierter als auch bei solchen mit partiell und nichtintegrierter Mikrostruktur auftreten können, gibt es neun Möglichkeiten. Zunächst kann ein Wörterbuchartikel mit einfacher Mikrostruktur um einen *Präkommentar* (PräK), einer unmittelbaren Text-

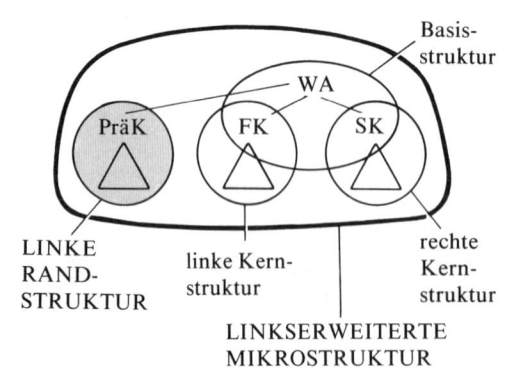

Abb. 39.11: Allgemeines Strukturbild für linkserweiterte Mikrostrukturen (1. Fall der externen Erweiterung)

konstituente des WA, die direkt vor dem Formkommentar steht, extern erweitert sein. Ein auf diese Weise erweiterter Artikel weist eine *linkserweiterte Mikrostruktur* auf, und die Teilstruktur dieser Mikrostruktur, die zum Präkommentar gehört, heißt *linke Randstruktur*. Das allgemeine Strukturbild einer linkserweiterten Mikrostruktur zeigt die Abb. 39.11 (vgl. 6.1.1.).

*Bem.:* In genauerer Redeweise sind linkserweiterte Mikrostrukturen solche von der Art der externen (e) links (l) erweiterten (e) einfachen (e) hierarchischen (h) Mikrostrukturen, so daß sich für diese folgende unhandliche Abkürzung ergäbe: eleeMiS$_h$; diese wird zu lMiS$_h$ verkürzt. In einigen weiteren Fällen wird mutatis mutandis verfahren.

Die linkserweiterte hierarchische Mikrostruktur definiert sich wie folgt:

Def. 11: lMiS$_h$: = ⟨M$_A$; A, AK, WA, PräK, FK, SK; R$_{part}$, R$_p$⟩.

Hierbei bezeichnet *PräK* den Präkommentar (PräK ∈ M$_A$). Es gelten insbesondere PräK $\overline{R_p}$ FK sowie PräK $\overline{R}_{part}$ WA. Vergleicht man die strukturdefinierenden Elemente in Def. 11 mit denen in Def. 7, sieht man leicht, daß eMiS$_h$ ein Redukt von lMiS$_h$ ist.

Die linke hierarchische Randstruktur lRaS$_h$ definiert sich als Teilstruktur von lMiS$_h$, und zwar als Redukt einer Substruktur der linkserweiterten Mikrostruktur wie folgt:

Def. 12: lRaS$_h$: = ⟨M$_{PräK}$; A, AK, PräK; R$_{part}^{lRa}$, R$_p^{lRa}$⟩.

Hierbei ist M$_{PräK}$ die um PräK erweiterte Menge der Angaben des Präkommentars, auf der die beiden Relationen definiert sind (R$_{part}^{lRa}$ ⊆ M$_{PräK}^2$; R$_p^{lRa}$ ⊆ M$_{PräK}^2$). R$_{part}^{lRa}$ und R$_p^{lRa}$ ergeben sich als Einschränkungen von R$_{part}$ bzw. R$_p$ auf M$_{PräK}$.

Ein Wörterbuchartikel mit einfacher Mikrostruktur kann weiterhin um einen *Postkommentar* (PostK), einer unmittelbaren Textkonstituente des WA, die direkt nach dem semantischen Kommentar steht, extern erweitert sein. Ein auf diese Weise erweiterter WA hat eine *rechtserweiterte Mikrostruktur*, und die Teilstruktur dieser Mikrostruktur, die zum Postkommentar gehört, heißt *rechte Randstruktur*. Das allgemeine Strukturbild einer rechtserweiterten Mikrostruktur zeigt die Abb. 39.12 (vgl. 6.1.2.).

Die Definition für die rechtserweiterte hierarchische Mikrostruktur lautet wie folgt:

Def. 13: rMiS$_h$: = ⟨M$_A$; A, AK, WA, PostK, FK, SK; R$_{part}$, R$_p$⟩.

Hierbei bezeichnet *PostK* den Postkom-

39. Formen von Mikrostrukturen im allgemeinen einsprachigen Wörterbuch

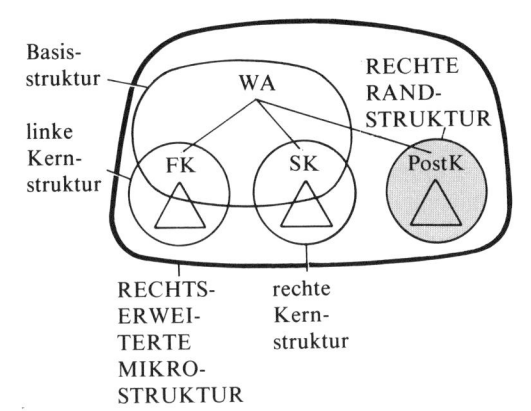

Abb. 39.12: Allgemeines Strukturbild für rechtserweiterte Mikrostrukturen (2. Fall der externen Erweiterung)

mentar (PostK ∈ $M_A$). Es gelten speziell PostK $\overline{R}_{part}$ WA sowie SK $\overline{R}_p$ PostK; $eMiS_h$ ist ein Redukt von $rMiS_h$.

Die Teilstruktur einer Mikrostruktur, die der Postkommentar aufweist, die rechte hierarchische Randstruktur $rRaS_h$, ist erhältlich, wenn man auf $M_{PostK}$, der um den PostK erweiterten Menge aller Angaben des Postkommentars, $R_{part}^{rRa}$ und $R_p^{rRa}$ definiert ($R_{part}^{rRa} \subseteq M_{PostK}^2$; $R_p^{rRa} \subseteq M_{PostK}^2$), so daß man die folgende Definition für die rechte Randstruktur erhält:

Def. 14: $rRaS_h := \langle M_{PostK}; A, AK, PostK; R_{part}^{rRa}, R_p^{rRa} \rangle$.

$R_{part}^{rRa}$ und $R_p^{rRa}$ ergeben sich wiederum als Einschränkungen; analog zur Beziehung von $lRaS_h$ zu $lMiS_h$ ist $rRaS_h$ ein Redukt einer Substruktur von $rMiS_h$.

Wörterbuchartikel mit beiden Externkommentaren, einem Prä- und einem Postkommentar, weisen eine *extern vollständig erweiterte Mikrostruktur* auf. Das allgemeine Strukturbild für diesen dritten Fall der externen Erweiterung ergibt sich durch (sinnvolle) Zusammenfügung der Strukturbilder in den Abb. 39.11 u. 39.12 (vgl. auch 6.1.3.).

Die extern vollständig erweiterte Mikrostruktur $lrMiS_h$ ist wie folgt definiert:

Def. 15: $lrMiS_h := \langle M_A; A, AK, WA, PräK, SK, FK, PostK; R_{part}, R_p \rangle$.

Es gelten die Bedingungen, die für $eMiS_h$, $lMiS_h$ und $rMiS_h$ angegeben wurden.

Neben der externen gibt es die *interne Erweiterung* von standardisierten Wörterbuchartikeln des allgemeinen einsprachigen Wörterbuches; jede der drei Arten der internen Erweiterung verändert die Basisstruktur. Es

lassen sich drei Arten der internen Erweiterung unterscheiden; diese können einzeln oder miteinander kombiniert auftreten, so daß insgesamt sieben Fälle der internen Erweiterung von Wörterbuchartikeln mit einfacher Mikrostruktur unterschieden werden können. Da die interne Erweiterung sowohl bei Wörterbuchartikeln mit integrierter als auch bei solchen mit partiell und nichtintegrierter Mikrostruktur auftreten kann, gibt es 21 Möglichkeiten. Der erste Fall der internen Erweiterung liegt vor, wenn ein Wörterbuchartikel mit einfacher Mikrostruktur um einen Internkommentar erweitert ist, der *mittlerer Zwischenkommentar* (mZwK) heißen soll; dieser ist eine unmittelbare Textkonstituente des Artikeltextes, die alleine zwischen den beiden Grundkommentaren steht und damit unmittelbar auf den Formkommentar folgt und dem semantischen Kommentar unmittelbar vorausgeht. Ein auf diese Weise erweiterter Artikel weist eine *Mikrostruktur mit binnenerweiterter Basisstruktur* auf, und die Teilstruktur dieser Mikrostruktur, die zum mittleren Zwischenkommentar gehört, heißt *mittlere Interstruktur*. Das allgemeine Strukturbild einer solchen binnenerweiterten Mikrostruktur zeigt die Abb. 39.13:

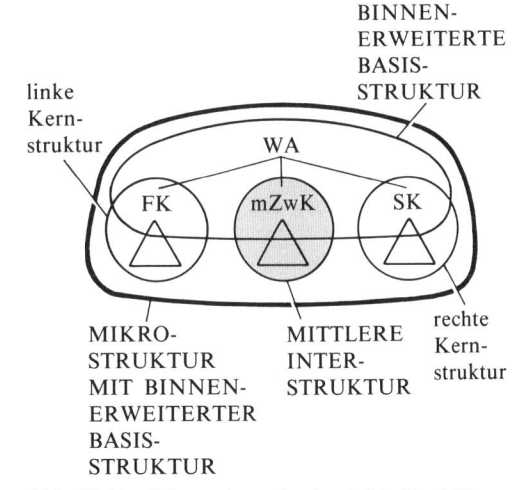

Abb. 39.13: Allgemeines Strukturbild für Mikrostrukturen mit binnenerweiterter Basisstruktur (1. Fall der internen Erweiterung)

Die hierarchische binnenerweiterte (b) Mikrostruktur $bMiS_h$ ist wie folgt definiert

Def. 16: $bMiS_h := \langle M_A; A, AK, WA, FK, mZwK, SK; R_{part}, R_p \rangle$.

Hierbei ist mZwK der Zwischenkommentar; es gelten speziell FK $\overline{R}_p$ mZwK und mZwK $\overline{R}_p$ SK sowie mZwK $\overline{R}_{part}$ WA.

Die hierarchische mittlere (m) Interstruktur $mIntS_h$ ist definiert:

Def. 17: $mIntS_h := \langle M_{mInt}; A, AK, mZwK; R_{part}^{mInt}, R_p^{mInt} \rangle$.

$M_{mInt}$ ist hierbei die um mZwK erweiterte Menge der Angaben des mittleren Zwischenkommentars, und die beiden Relationen sind auf dieser Menge erklärt ($R_{part}^{mInt} \subseteq M_{mInt}^2$; $R_p^{mInt} \subseteq M_{mInt}^2$). $R_{part}^{mInt}$ und $R_p^{mInt}$ ergeben sich als Einschränkungen.

Die hierarchische binnenerweiterte Basisstruktur $bBaS_h$ ist wie folgt definiert:

Def. 18: $bBaS_h := \langle M_{GK/mZwK}; A, AK, FK, mZwK, SK; R_{part}^{bBa}, R_p^{bBa} \rangle$.

Hierbei ist $M_{GK/mZwK}$ die Vereinigung von $M_{GK}$ (vgl. Def. 8) mit $M_{mZwK}$, der um WA erweiterten Menge des mittleren Zwischenkommentars, auf deren einfachem Kreuzprodukt die beiden Relationen $R_{part}^{bBa}$ und $R_p^{bBa}$ definiert sind. Es gelten: $R_{part}^{bBa} = R_{part} \cap M_{GK/mZwK}^2$ sowie $R_p^{bBa} = R_p \cap M_{GK/mZwK}^2$.

Während bei der ersten Art der internen Erweiterung von einfachen Mikrostrukturen die linke und die rechte Kernstruktur unversehrt bleiben (vgl. Abb. 39.13) — der mittlere Zwischenkommentar wird ja in diesem Falle zwischen die beiden Grundkommentare eingeschoben — ist dies bei den nun zu betrachtenden anderen drei Arten anders: entweder der Form- oder der semantische Kommentar oder beide Grundkommentare und damit die jeweils zugehörigen Kernstrukturen werden aufgespalten. Eine solche Aufspaltung ist zwar eine Erweiterung der Mikrostruktur und eine des Wörterbuchartikels, sie gilt aber nicht als eine Erweiterung eines Kommentars; vielmehr wird festgelegt, und zwar um diskontinuierliche Textkonstituenten zu vermeiden, daß durch eine einfache Aufspaltung aus einem Kommentar zwei werden.

Sowohl im Form- als auch im semantischen Kommentar kann im Prinzip eine Aufspaltung bei jedem kommentarinternen Blanc erfolgen; sie erfolgt aber in der Praxis stets bei einem Blanc auf der Ebene der Wörterbuchform, so daß es nicht vorkommt, daß funktionale in nichtfunktionale Textsegmente aufgespalten werden. In der Praxis der Artikelgestaltung gibt es auch bei der internen Erweiterung, die durch Aufspaltung erfolgt, Standardisierungstraditionen.

Bei der zweiten Art der internen Erweiterung wird der Formkommentar durch einen *linken Zwischenkommentar* (lZwK) aufgespalten, und es entstehen als neue unmittelbare Textkonstituenten des Artikels der *vordere Formkommentar* (vFK) mit der *vorderen linken Kernstruktur* (vlKerS) sowie der *hintere Formkommentar* (hFK) mit der *hinteren linken Kernstruktur* (hlKerS). Der Mikrostrukturausschnitt, den der linke Zwischenkommentar aufweist, heißt *linke Interstruktur* (lIntS).

Jeder Artikel, der eine aufgespaltene linke Kernstruktur hat, weist eine *linkserweiterte Basisstruktur* auf. Das allgemeine Strukturbild zu einer Mikrostruktur mit linkserweiterter Basisstruktur findet sich in der Abb. 39.14.

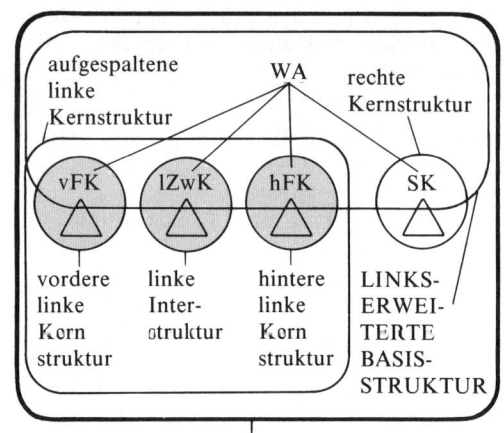

Abb. 39.14: Allgemeines Strukturbild zu einer Mikrostruktur mit linkserweiterter Basisstruktur (2. Fall der internen Erweiterung)

Die hierarchische Mikrostruktur mit linkserweiterter Basisstruktur $lBaMiS_h$ ist wie folgt definiert:

Def. 19: $lBaMiS_h := \langle M_A; A, AK, WA, vFK, lZwK, hFK, SK; R_{part}, R_p \rangle$.

Die strukturdefinierenden Elemente vFK, lZwK und hFK (die Elemente von $M_A$ sind) sind wie folgt bestimmt: vFK ist der vordere Formkommentar, lZwK ist der linke Zwischenkommentar und hFK ist der hintere Formkommentar. Weiterhin gelten: vFK $\overline{R_p}$ lZwK, lZwK $\overline{R_p}$ hFK sowie lZwK $\overline{R_{part}}$ WA. Berücksichtigt man den Sachverhalt, daß von $eMiS_h$, der einfachen Mikrostruktur, zu einer hierzu isomorphen Struktur $\overline{eMiS_h}$ übergegangen werden kann, wobei man sich FK aus $eMiS_h$ in $\overline{eMiS_h}$ in vFK und hFK derart „zerlegt" zu denken hat, daß bezüglich $\overline{eMiS_h}$ vFK $\overline{R_p}$ hFK gilt (dar-

39. Formen von Mikrostrukturen im allgemeinen einsprachigen Wörterbuch 477

über hinaus sind die beiden Strukturen identisch definiert), so folgt, daß eMiS$_h$ ein Redukt von lBaMiS$_h$ darstellt.

Die genannte Isomorphie sei wie folgt angedeutet: $\overline{R}_p$ induziert — vermöge der Isomorphie zwischen abstrakten und konkreten Mikrostrukturen — eine eineindeutige Zuordnung von Elementen aus vFK zu solchen aus hFK derart, daß die so definierten geordneten Paare isomorph zu den Elementen aus FK sind.

Die Definitionen der hierarchischen vorderen und hinteren linken Kern- sowie der linken Interstruktur lauten wie folgt:

Def. 20: vlKerS$_h$: $= \langle M_{vFK}; A, AK, vFK; R_{part}^{vlKer}, R_p^{vlKer} \rangle$.

Def. 21: hlKerS$_h$: $= \langle M_{hFK}; A, AK, hFK; R_{part}^{hlKer}, R_p^{hlKer} \rangle$.

Def. 22: lIntS$_h$: $= \langle M_{lZwK}; A, AK, lZwK; R_{part}^{lInt}, R_p^{lInt} \rangle$.

In Def. 20—22 sind die strukturprägenden Ordnungsrelationen jeweils Teilmengen des einfachen kartesischen Produkts der Trägermengen, die wie folgt bestimmt sind: M$_{vFK}$ ist die um vFK erweiterte Menge der Angaben des vorderen Formkommentars; M$_{hFK}$ die um hFK erweiterte Menge der Angaben des hinteren Formkommentars, und M$_{lZwK}$ ist die um lZwK erweiterte Menge der Angaben des linken Zwischenkommentars. Die jeweiligen partitiven bzw. präzedentiven Ordnungen ergeben sich als Einschränkungen von R$_{part}$ bzw. R$_p$ auf die entsprechenden Trägermengen.

Die linkserweiterte hierarchische Basisstruktur lBaS$_h$ ist wie folgt definiert:

Def. 23: lBaS$_h$: $= \langle M_{KlBa}; A, AK, WA, vFK, lZwK, hFK, SK; R_{part}^{lBa}, R_p^{lBa} \rangle$.

Hierbei ist M$_{KlBa}$ wie folgt definiert:

M$_{KlBa}$: $= \{WA, vFK, lZwK, hFK, SK\}$.

Die beiden strukturprägenden Relationen sind wiederum als Einschränkungen von R$_{part}$ und R$_p$ definiert (und somit Teilmengen von M$_{KlBa}^2$). Für WA, vFK etc. gelten die gleichen Bedingungen wie zu Def. 19. Die hierarchische Basisstruktur ist — vermöge der oben skizzierten Isomorphie — ein Redukt einer Substruktur von lBaS$_h$.

Die hierarchische aufgespaltene (a) linke Kernstruktur alKerS$_h$ ergibt sich wie folgt:

M$_{KalKer}$: $= \{M_{vFK}, M_{hFK}, M_{lZwK}\}$.

Die Definition der aufgespaltenen linken Kernstruktur lautet dann:

Def. 24: alKerS$_h$: $= \langle M_{KalKer}; A, AK, vFK, lZwK, hFK; R_{part}^{alKer}, R_p^{alKer} \rangle$.

Es gelten u. a.: vFK $\overline{R}_p$ lZwK; lZwK $\overline{R}_p$ hFK; d. h., daß der vordere Form- dem linken Zwischenkommentar und dieser wiederum dem hinteren Formkommentar unmittelbar vorausgeht.

Schließlich muß noch die dritte Art der internen Erweiterung von Wörterbuchartikeln mit einfachen Mikrostrukturen betrachtet werden. Bei dieser Art wird der semantische Kommentar durch einen *rechten Zwischenkommentar* (rZwK) aufgespalten, und es entstehen der *vordere semantische Kommentar* (vSK) mit der *vorderen rechten Kernstruktur* (vrKerS) sowie der *hintere semantische Kommentar* (hSK) mit der *hinteren rechten Kernstruktur* (hrKerS). Der Mikrostrukturausschnitt, den der rechte Zwischenkommentar aufweist, heißt *rechte Interstruktur* (rIntS). — Jeder Artikel, der eine aufgespaltene rechte Kernstruktur hat, weist eine *rechtserweiterte Basisstruktur* auf. Das allgemeine Strukturbild zu einer Mikrostruktur mit rechtserweiterter Basisstruktur findet sich in der Abb. 39.15.

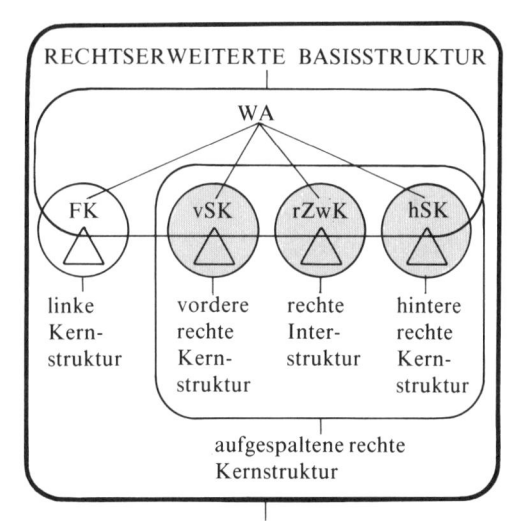

Abb. 39.15: Allgemeines Strukturbild zu einer Mikrostruktur mit rechtserweiterter Basisstruktur (3. Fall der internen Erweiterung)

Die hierarchische Mikrostruktur mit rechtserweiterter (r) Basisstruktur ist wie folgt definiert:

Def. 25: rBaMiS$_h$: $= \langle M_A; A, AK, WA, FK, vSK, rZwK, hSK; R_{part}, R_p \rangle$.

Die Elemente vSK, rZwk und hSK (die Elemente von M$_A$ sind) sind wie folgt bestimmt:

vSK ist der vordere semantische Kommentar, rZwK ist der rechte Zwischenkommentar und hSK ist der hintere semantische Kommentar. Es gelten speziell: vSK $\overline{R}_p$ rZwK und rZwK $\overline{R}_p$ hSK vSK $\cap$ rZwK = vSK $\cap$ hSK = rZwK $\cap$ hSK = $\emptyset$. Die Definitionen der hierarchischen vorderen und hinteren rechten Kern- sowie die der rechten Interstruktur lauten wie folgt:

Def. 26: $vrKerS_h := \langle M_{vSK}; A, AK, vSK; R_{part}^{vrKer}, R_p^{vrKer} \rangle$.

Def. 27: $hrKerS_h := \langle M_{hSK}; A, AK, hSK; R_{part}^{hrKer}, R_p^{hrKer} \rangle$.

Def. 28: $rIntS_h := \langle M_{rZwK}; A, AK, rZwK; R_{part}^{rInt}, R_p^{rInt} \rangle$.

In den Def. 26—28 sind die strukturprägenden Ordnungsrelationen jeweils Teilmengen des einfachen kartesischen Produktes der Trägermengen, die wie folgt bestimmt sind: $M_{vSK}$ ist die um vSK erweiterte Menge aller Angaben des vorderen semantischen Kommentars; $M_{hSK}$ ist die um hSK erweiterte Menge aller Angaben des hinteren Formkommentars, und $M_{rZwK}$ ist die um rZwK erweiterte Menge des rechten Zwischenkommentars.

Die hierarchische rechtserweiterte Basisstruktur $rBaS_h$ ist wie folgt gegeben:

Def. 29: $rBaS_h := \langle M_{KrBa}; A, AK, WA, FK, vSK, rZwK, hSK; R_{part}^{rBa}; R_p^{rBa} \rangle$.

Hierbei gilt für $M_{KrBa}$:

$M_{KrBa} := \{WA, FK, vSK, rZwK, hSK\}$.

Es gelten speziell: FK $\overline{R}_p$ vSK; vSK $\overline{R}_p$ rZwK; rZwK $\overline{R}_p$ hSK. Die rechtserweiterte Basisstruktur ist eine Substruktur der hierarchischen Mikrostruktur mit rechtserweiterter Basisstruktur.

Die hierarchische aufgespaltene rechte Kernstruktur $arKerS_h$ ergibt sich wie folgt: Es wird die Menge $M_{KarKer}$ definiert:

$M_{KarKer} := \{M_{vSK}, M_{hSK}, M_{rZwK}\}$.

Die Definition der aufgespaltenen rechten Kernstruktur lautet dann:

Def. 30: $arKerS_h := \langle M_{KarKer}; A, AK, vSK, rZwK, hSK; R_{part}^{arKer}; R_p^{arKer} \rangle$.

Es gelten speziell: vSK $\overline{R}_p$ rZwK; rZwK $\overline{R}_p$ hSK.

Aus den bisher behandelten drei Arten der internen Erweiterung ergeben sich durch Kombination vier kombinierte Arten der internen Erweiterung, so daß weiterhin folgende Mikrostrukturen mit erweiterter Basisstruktur unterschieden werden können:

— die Mikrostruktur mit links- und binnenerweiterter Basisstruktur
— die Mikrostruktur mit rechts- und binnenerweiterter Basisstruktur
— die Mikrostruktur mit links- und rechtserweiterter Basisstruktur
— die Mikrostruktur mit intern vollständig erweiterter Basisstruktur.

Da sich die Definitionen und Bedingungen dieser Arten von intern erweiterten einfachen Mikrostrukturen aus den bereits betrachteten erschließen lassen und da die Strukturbilder aus der Abb. 39.15 sich ergeben, wird nachfolgend nur die letztere behandelt.

Wörterbuchartikel mit einfacher Mikrostruktur, die um alle drei Internkommentare, den linken (l), mittleren (m) und rechten (r) Zwischenkommentar erweitert sind, weisen eine *intern vollständig erweiterte Mikrostruktur* auf. Diese definiert sich wie folgt:

Def. 31: $lmrBaMiS_h := \langle M_A; A, AK, vFK, lZwK, hFK, mZwK, vSK, rZwK, hSK; R_{part}, R_p \rangle$.

Die Bedingung, die Mikrostrukturen erfüllen müssen, wenn sie in die Strukturklasse fallen sollen, die durch die Strukturart der intern vollständig erweiterten Mikrostrukturen definiert ist, ergeben sich aus denen, die zu den Def. 16, 19 und 25 angegeben wurden. Das allgemeine Strukturbild für intern vollständig erweiterte Mikrostrukturen kann der Abb. 39.15a entnommen werden.

Wörterbuchartikel mit einfacher Mikrostruktur, die sowohl um alle drei Internkommentare als auch um die beiden Externkommentare, den Prä- und den Postkommentar, erweitert sind, weisen eine *vollständig (vol) erweiterte (er) Mikrostruktur* auf.

*Bem.*: Nach dem bisher gewählten Abkürzungsverfahren ergäbe sich für diese die unhandliche Abkürzung $lmrBalrMiS_h$; diese wird durch $volerMiS_h$ ersetzt.

Die vollständig erweiterte Mikrostruktur definiert sich wie folgt:

Def. 32: $volerMiS_h := \langle M_A; A, AK, PräK, vFK, lZwK, hFK, mZwK, vSK, rZwK, hSK, PostK; R_{part}, R_p \rangle$.

Um die Formulierung der relativ zahlreichen Bedingungen für die Strukturart der vollständig erweiterten Mikrostrukturen zu erleichtern, sei zunächst eine Menge K eingeführt. K ist die um die Menge der beiden Grundkommentare verminderte Menge der Menge aller Kommentare (K) und demgemäß wie folgt definiert:

K := {PräK, vFK, lZwK, hFK, mZwK, vSK, rZwK, hSK, PostK}.

Wie das allgemeine Strukturbild in Abb.

39.15a verdeutlicht, sind alle Kommentare eines Wörterbuchartikels unmittelbare Textkonstituenten des Wörterbuchartikels. Mittels des Terminus des unmittelbaren $R_{part}$-Vorgängers ($\overline{R}_{part}$) läßt sich dies so ausdrücken: $\forall x \in K(x\,\overline{R}_{part}\,WA)$. — Ferner zeigt das Strukturbild, daß alle Elemente aus K paarweise verschiedene Mengen sind, was für die konkreten Wörterbuchtexte bedeutet, daß alle unterschiedenen Kommentare diskrete Textkonstituenten sind. Es gilt demnach: $\forall x, y \in K(x \neq y \rightarrow x \cap y = \emptyset)$. Weiterhin läßt sich dem Strukturbild in Abb. 39.15a entnehmen, daß das Element PräK allen anderen Elementen vorausgeht und daß jedes Element aus K außer PräK ein anderes Element aus K als unmittelbaren Vorgänger hat. (Speziell gelten:

PräK $\overline{R}_p$ vFK, vFK $\overline{R}_p$ lZwK,
lZwK $\overline{R}_p$ hFK, hFK $\overline{R}_p$ mZwK,
mZwK $\overline{R}_p$ vSK, vSK $\overline{R}_p$ rZwK,
rZwK $\overline{R}_p$ hFK, hFK $\overline{R}_p$ PostK.)

Für $R_p$ und $R_{part}$ gelten die Bedingungen, die für die bezüglich der über $MiS_h$ definierten Strukturart der hierarchischen Mikrostrukturen gelten.

Vergleicht man Def. 4, 5, 7, 11, 13, 15, 16, 19, 25 und 31, erkennt man, daß die mit diesen Def. definierten Strukturen alle die gleiche Trägermenge $M_A$ besitzen; vergleicht man die genannten Def. mit der Def. 32, sieht man leicht, daß in allen Def. weniger strukturdefinierende Elemente aufgeführt sind als in Def. 32, so daß alle mit den genannten Def. definierten Strukturen Redukte von volerMiSh sind.

Die interne Erweiterung kann mit der externen kombiniert sein, so daß eine gemischte Erweiterung vorliegt. So kann z. B. ein Wörterbuchartikel $wa_i$, der eine hierarchische Mikrostruktur mit linkserweiterter Basisstruktur ($lBaMiS_h$; vgl. Def. 19) aufweist und mithin einen vorderen und hinteren Form-, einen linken Zwischen- und einen semantischen Kommentar hat, zusätzlich einen Prä- oder einen Post- oder beide Externkommentare haben. Hat $wa_i$ mit $lBaMiS_h$ zusätzlich einen Präkommentar, dann weist $wa_i$ eine gemischt erweiterte Mikrostruktur auf, und zwar eine linkserweiterte Mikrostruktur mit linkserweiterter Basisstruktur ($lBalMiS_h$); hat $wa_i$ mit $lBaMiS_h$ zusätzlich einen Postkommentar, dann weist $wa_i$ eine rechtserweiterte Mikrostruktur mit linkserweiterter Basisstruktur ($lBarMiS_h$) auf; hat $wa_i$ mit $lBaMiS_h$ zusätzlich beide Externkommentare, dann weist $wa_i$ eine extern vollständig erweiterte Mikrostruktur mit linkserweiterter Basisstruktur ($lBalrMiS_h$) auf. Zu jeder Art der internen Erweiterung von Wörterbuchartikeln gibt es

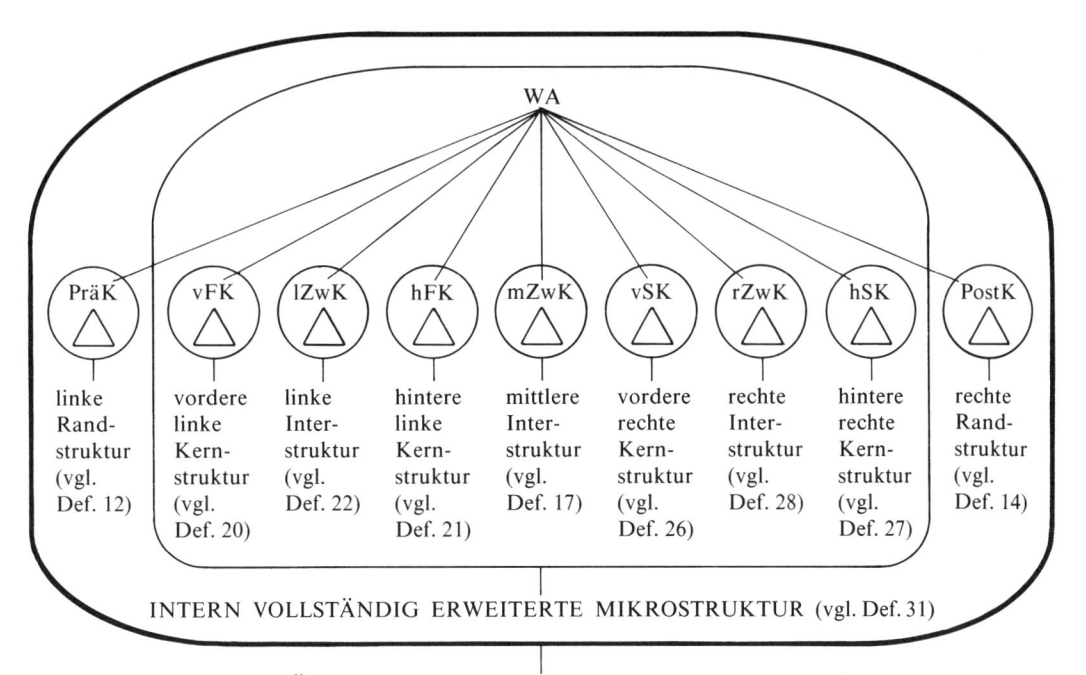

Abb. 39.15a: Allgemeines Strukturbild zu vollständig erweiterten Mikrostrukturen (alle Strukturen sind hierarchische Strukturen)

demnach 3 Arten der gemischten Erweiterung. Da lBaMiS$_h$, lBalMiS$_h$, lBarMiS$_h$ und lBalrMiS$_h$ jeweils integrierte, partiell integrierte oder nichtintegrierte Mikrostrukturen sein können (vgl. hierzu 5.1.—5.3.), ergeben sich 12 Möglichkeiten. Da es (mit den kombinierten) insgesamt 7 Arten der internen Erweiterung gibt, ergeben sich 84 Möglichkeiten; nimmt man die externe Erweiterung mit ihren 9 Fällen hinzu, ergeben sich insgesamt 93 Möglichkeiten, Wörterbuchartikel mit einfachen Mikrostrukturen zu erweitern. Mit dieser Systematik beherrscht man die empirische Vielfalt im Bereich der erweiterten standardisierten Artikel von allgemeinen einsprachigen Wörterbüchern weitgehend.

*Bem.:* Da sich die Definitionen von gemischt erweiterten Mikrostrukturen aus den bisher behandelten Arten von Mikrostrukturen erschließen lassen, werden sie nachfolgend nicht weiter behandelt.

### 4.3. Übersicht über die wichtigsten Teilstrukturen von zusammengesetzten Mikrostrukturen

Während bei Artikeln mit einfachen und erweiterten Mikrostrukturen die beiden Grundkommentare stets unmittelbare Textkonstituenten des WA sind, sind Wörterbuchartikel mit zusammengesetzten Mikrostrukturen zunächst dadurch ausgezeichnet, daß dies nicht der Fall ist. Weiterhin können in solchen Artikeln die Grundkommentare zusätzlich mehrmals auftreten. Die drei wichtigsten Teilstrukturen von zusammengesetzten Mikrostrukturen seien am Beispiel eines sog. Strichartikels (vgl. wa$_7$) aus dem Duden-GW (vgl. hierzu Wiegand 1983, 432 ff.) eingeführt.

**atmungs-, Atmungs-:** ~aktiv ⟨Adj.; nicht adv.⟩ (Werbespr.): *luftdurchlässig:* der Stoff ist a.; ~**apparat**, der (Med.): *Gerät zur Beatmung;* ~**freundlich** ⟨Adj.; nicht adv.⟩: vgl. ~aktiv; ~**geräusch**, das (Med.); ~**organ**, das ⟨meist Pl.⟩ (Med., Biol.): *Organ bei Mensch u. Tier, durch das die Atmung ermöglicht wird:* Erkrankung der -e.

Textbeispiel 39.7: wa$_7$ aus Duden-GW

In den Strichartikeln werden mehrere Komposita mit gleicher erster Konstituente zusammengefaßt: Statt fünf selbständige Artikel mit einfacher Mikrostruktur zu schreiben, wird ein Artikel mit zusammengesetzter Mikrostruktur formuliert und dadurch ein höherer Textverdichtungsgrad erreicht. Dies geschieht dadurch, daß die erste Konstituente (i. S. v. Art. 38 a, 4.4.) nach links ausgelagert und vorangestellt wird, so daß Subartikel entstehen, und zwar Komposita-Nester. Wollte man den Duden-GW von einem nest- in ein striktalphabetisches Wörterbuch überführen, ohne irgendwelche Ergänzungen vorzunehmen, erhielte man aus wa$_6$ fünf eigenständige Artikel, z. B. den folgenden:

**Atmungsapparat,** der (Med.): *Gerät zur Beatmung* (= wa$_{7a}$);

wa$_{7a}$ weist eine einfache Mikrostruktur auf. Durch die Technik der Auslagerung der ersten Konstituente werden die fünf Basisstrukturen überdacht; der sog. Strichartikel erhält auf diese Weise eine zusammengesetzte Mikrostruktur, die folgende Teilstrukturen aufweist: fünf *einfach überdachte Basisstrukturen*, eine *einfache Dachstruktur* sowie eine — durch Auslagerung aus den Formkommentaren entstandene — *basisexterne Kernstruktur;* dies kann in folgendem allgemeinen Strukturbild für wa$_7$ veranschaulicht werden (vgl. Abb. 39.16):

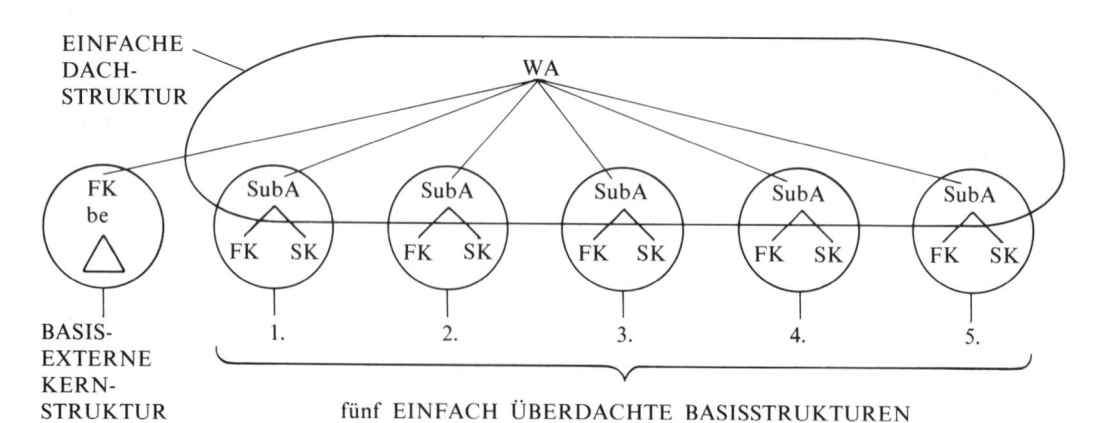

Abb. 39.16: Allgemeines Strukturbild zu den Teilstrukturen einer bestimmten zusammengesetzten Mikrostruktur anhand von wa$_7$; SubA = Subartikel

### 4.3.1. Die überdachende Mikrostruktur

Die anhand von wa$_7$ eingeführte zusammengesetzte Mikrostruktur, die *überdachende Mikrostruktur* heißen soll, ist nicht repräsentativ für alle Arten von zusammengesetzten Mikrostrukturen. Weitere Arten können in diesem Artikel nicht behandelt werden (vgl. Wiegand 1989). Die überdachende Mikrostruktur ist allerdings die wichtigste Art der zusammengesetzten Mikrostrukturen. Die hierarchische überdachende (ü) Mikrostruktur üMiS$_h$ ist wie folgt definiert:

Def. 33: üMiS$_h$: = $\langle M_A; A, AK, WA,$
$((SubA_j), (FK_j), (SK_j))_{j \in J}, beFK;$
$R_{part}, R_p \rangle$.

Die überdachende Mikrostruktur weist insbesondere eine Familie von paarweise disjunkten Subartikeln auf ((SubA$_j$)$_{j \in J}$); jeder der Subartikel hat jeweils einen Formkommentar aus der Familie (FK$_j$)$_{j \in J}$ sowie jeweils einen semantischen Kommentar aus (SK$_j$)$_{j \in J}$ als unmittelbare Textkonstituenten. Wie bei Artikeln mit einfachen Mikrostrukturen geht der jeweilige Formkommentar dem jeweiligen semantischen Kommentar unmittelbar voraus. Die Elemente aus (SubA$_j$)$_{j \in J}$, also die einzelnen Subartikel (als Angaben), sind ihrerseits unmittelbare Textkonstituenten von WA, dem Wörterbuchartikel (als Angabe). — Der basisexterne Formkommentar beFK ist — im Unterschied zu den Subartikeln — unmittelbare Textkonstituente des Artikels und geht allen Subartikeln voraus. Die Elemente aus (SubA$_j$)$_{j \in J}$ sind entsprechend der auf J definierten Ordnung präzedentiv geordnet.

### 4.3.2. Die einfach überdachte Basisstruktur

Ist ein Subartikel unmittelbare Textkonstituente von WA und hat der Subartikel einen Form- und einen semantischen Kommentar, dann definiert sich die hierarchische einfach überdachte Basisstruktur $_j$üBaS$_h$ des j-ten Artikels (j ∈ J) als Redukt einer Substruktur der überdachenden Mikrostruktur wie folgt:

Def. 34: $_j$üBaS$_h$: = $\langle_j M_{üBa}; A, AK, SubA_j,$
$FK_j, SK_j; R_{part}^{üBa}, R_p^{üBa}\rangle$.

$R_{part}^{üBa}$ bzw. $R_p^{üBa}$ ergeben sich beide aus Einschränkungen von $R_{part}$ und $R_p$ auf die Trägermenge von $_j$üBaS$_h$. $_jM_{üBa}$: = {SubA$_j$, FK$_j$, SK$_j$}, in der unter 1. erläuterten verkürzten Darstellungsweise. Mehrfach überdachte, hierarchische Basisstrukturen liegen dann vor, wenn die Subartikel nicht unmittelbare sondern mittelbare Textkonstituenten von WA sind.

Die zweite einfach überdachte Basisstruktur sowie die zweite linke und die zweite rechte Kernstruktur und damit die Mikrostruktur des zweiten Subartikels von wa$_7$ kann z. B. mit folgenden Strukturgraphen dargestellt werden (vgl. Abb. 39.17).

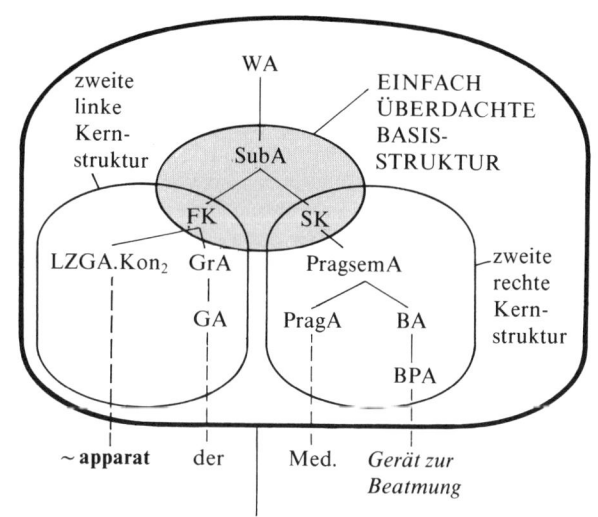

Abb. 39.17: Hierarchische Mikrostruktur des zweiten Subartikels von wa$_7$

### 4.3.3. Die Dachstruktur

Überdachende Mikrostrukturen haben als Redukt einer Substruktur stets eine hierarchische *Dachstruktur*. Das Auftreten solcher Dachstrukturen ist z. T. durch spezielle Organisationsformen der Makrostruktur bedingt (vgl. Art. 38).

Die hierarchische Dachstruktur DaS$_h$ ist wie folgt definiert:

Def. 35: DaS$_h$: = $\langle M_{Da}; A, AK,$
$(SubA_j)_{j \in J}, WA; R_{part}^{Da}, R_p^{Da}\rangle$.

Die Trägermenge von DaS$_h$ besteht aus der Menge aller Subartikel (als Angaben) erweitert um den gesamten Wörterbuchartikel: $M_{Da}$: = (SubA$_j$)$_{j \in J}$ ∪ {WA}. $R_{part}^{Da}$ bzw. $R_p^{Da}$ ergeben sich auch hier als Einschränkungen auf die Trägermenge von DaS$_h$. Wenn erforderlich, kann man Dachstrukturen danach subklassifizieren, ob die Subartikel unmittelbare Textkonstituenten von WA sind oder mittelbare; ist das erstere der Fall, liegen *einfache* Dachstrukturen vor.

### 4.3.4. Die basisexterne Kernstruktur

Die linke und rechte Kernstruktur als diejenigen Mikrostrukturausschnitte, die bezüglich des Form- und des semantischen Kommentars definiert sind, sind insofern keine basisexternen Kernstrukturen, als ihre Trägermengen sich mit der der Basisstruktur schneiden (vgl. Abb. 39.5. u. 39.8); da dies bei dem Mikrostrukturausschnitt, der zu dem aus dem Formkommentar nach links ausgelagerten Formkommentar gehört (in wa₇ das Textsegment „atmungs-, Atmungs-"), nicht der Fall ist, wird hier von *basisexterner Kernstruktur* gesprochen. Basisexterne Kernstrukturen dürfen nicht mit linken Randstrukturen (i. S. v. Def. 12) verwechselt werden, denn zu den Trägermengen der letzteren gehören niemals Lemmazeichengestaltangaben. Die hierarchische basisexterne (be) Kernstruktur beKerS$_h$ ist wie folgt definiert:

Def. 36: beKerS$_h$: = $\langle M_{beFK}; A, AK;$ beFK; $R_{part}^{beKer}, R_p^{beKer}\rangle$.

$M_{beFK}$ ist hierbei definiert als die Menge aller Angaben des basisexternen Formkommentars erweitert um letzteren selbst. Die beiden Relationen definieren sich analog zu den bisherigen Fällen.

## 5. Einfache Mikrostrukturen

Im folgenden werden auf der Basis der Analyse rechter Kernstrukturen als denjenigen Teilstrukturen von Mikrostrukturen, die die semantischen Kommentare von Wörterbuchartikeln aufweisen, folgende drei Arten von einfachen Mikrostrukturen unterschieden:
— die partiell integrierte Mikrostruktur
— die integrierte Mikrostruktur
— die nichtintegrierte Mikrostruktur.

### 5.1. Partiell integrierte Mikrostrukturen

Sowohl bei Artikeln, die partiell integrierte als auch bei solchen, die integrierte Mikrostrukturen aufweisen, sind die semantischen Subkommentare (SSK) als unmittelbare Textkonstituenten des SK inhaltlich stets vor allem Kommentare zu einer lexikalischen Teilbedeutung des Lemmazeichens und damit zu einer Teilbedeutung der lexikalischen Bedeutung. Unter diesen Aspekt heißen sie *Kommentare zur lexikalischen Teilbedeutung* (KLTB) und sind dadurch von den SSK in Artikeln mit nichtintegrierten Mikrostrukturen unterschieden.

Die Akürzung *KLTB* wird nachfolgend nur dann verwendet, wenn es auf eine Unterscheidung zu den Artikeln mit nichtintegrierten Mikrostrukturen ankommt. In den Abb. wird stets SSK verwendet.

Die Struktur, die ein KLTB als Teilstruktur der Mikrostruktur aufweist, heißt *Integrat* (vgl. 5.2.). Bei Wörterbuchartikeln mit *partiell integrierten* Mikrostrukturen gehören nicht alle formkommentarexternen Angaben, die im Geltungsfeld der Bedeutungsangabe stehen, zu demjenigen SSK, zu dem diese Bedeutungsangabe gehört, und wenn Beispielangaben auftreten, stehen diese stets hinter dieser Bedeutungsangabe innerhalb des gleichen SSK. Hierbei lassen sich drei Fälle unterscheiden: Entweder die Angaben stehen vor dem ersten präzedentiven Integrat oder nach dem letzten oder beides ist der Fall. Formkommentarexterne Angaben, die dem ersten Integrat vorausgehen, bilden einen links ausgelagerten semantischen Subkommentar; dieser ist eine unmittelbare Textkonstituente des SK, und die zugehörige Teilstruktur der Mikrostruktur heißt *Präintegrat*. Solche Angaben, die auf das letzte Integrat folgen, bilden einen rechts ausgelagerten semantischen Subkommentar. Dieser heißt *Annex*. Der Annex ist eine unmittelbare Textkonstituente des semantischen Kommentars, und die zugehörige Teilstruktur der Mikrostruktur heißt *Postintegrat*. In einem Annex können Angaben stehen, die zu unterschiedlichen Angabeklassen gehören, z. B. SynA, AntA, KompA. Gehören die terminalen Angaben nur zu einer Klasse, ist der Annex thematisch homogen (vgl. wa₁₂), im anderen Fall thematisch inhomogen. Bei thematischer Homogenität erhalten sie einen thematisch motivierten Klassennamen, z. B. *Kommentar zur Komposition* (KK; vgl. wa₈). Partiell integrierte Mikrostrukturen, die als Teilstrukturen kein Prä- sondern nur ein Postintegrat aufweisen, heißen *annexierte Mikrostrukturen*.

Die hierarchische partiell integrierte Mikrostruktur piMiS$_h$ ist wie folgt definiert:

Def. 37: piMiS$_h$: = $\langle M_A; A, AK, WA,$ FK, SK, laSSK, $(SSK_i)_{i\in I},$ $(BA_i)_{i\in I}, raSSK; R_{part}, R_p\rangle$.

Hierzu gilt insbesondere: alle semantischen Subkommentare sind unmittelbare Textkonstituenten des semantischen Kommentars; der links (l) ausgelagerte (a) semantische Subkommentar geht (bzgl. $R_p$) allen übrigen voraus; der Annex ist allen semantischen Subkommentaren nachgestellt. Weiterhin gilt, daß jeweils die i-te Bedeutungsangabe (d. h. hier ein Element von $(BA_i)_{i\in I}$ — I ist eine endliche Ordinalzahl: $I \in \mathbb{N}$), Konstituente (i. S. v. $R_{part}$) des i-ten semantischen Subkommentars (d. h. hier eines Elements von $(SSK_i)_{i \in I}$) ist. Die Elemente von $(SSK_i)_{i \in I}$ sind entsprechend der auf I definierten natürlichen Ordnung präzedentiv geordnet. Eine zusätzliche Bedingung verlangt, daß ein Artikel mit einer partiell integrierten Mikrostruktur mindestens einen der beiden ausgelagerten semantischen Subkommentare aufweisen muß.

Ein Beispiel für einen Artikel mit partiell integrierter Mikrostruktur ist wa$_8$.

**Generator,** der; -s, Generatoren ⟨*lat.*⟩ Techn.
**1.** *Maschine, die mechanische Energie in elektrische umwandelt, Stromerzeuger, Dynamo*
**2.** *Schachtofen zur Erzeugung von Heiz- und Treibgas*
*zu* 1 Atom-, Dampf-, Drehstrom-, Gas-, Turbo-, Wechselstromgenerator

Textbeispiel 39.8: wa$_8$ aus dem WDG mit partiell integrierter Mikrostruktur

Der partiell ausgeführte Strukturgraph in Abb. 39.18 zeigt die charakteristischen Teilstrukturen einer partiell integrierten Mikrostruktur anhand von wa$_8$.

### 5.2. Integrierte Mikrostrukturen

Eine einfache hierarchische Mikrostruktur eines Wörterbuches heißt *integriert* genau dann, wenn alle artikelinternen Angaben, die nicht zum Formkommentar gehören, im Geltungsfeld einer bestimmten Bedeutungsangabe stehen und zu demjenigen semantischen Subkommentar (SSK) gehören, zu dem auch diese Bedeutungsangabe gehört.

*Bem.:* Da Artikel zu monosemen als Spezialfälle von Artikeln zu polysemen Lemmazeichen aufgefaßt werden können, wird nachfolgend das allgemeine Strukturbild für integrierte Mikrostrukturen am Beispiel von Wörterbuchartikeln zu polysemen Lemmazeichen abgebildet; der Übersichtlichkeit halber wird ein Artikel gewählt, in dem ein Lemmazeichen mit nur zwei Bedeutungen beschrieben ist (vgl. Abb. 39.19).

Die hierarchische integrierte Mikrostruktur iMiS$_h$ ist wie folgt definiert:

Def. 38: iMiS$_h$: = ⟨$M_A$; A, AK, WA, FK, SK, laSSK, $(SSK_i)_{i \in I}$, $(BA_i)_{i \in I}$, raSSK; $R_{part}$, $R_p$⟩.

Die integrierte Mikrostruktur definiert sich wie die partiell integrierte Mikrostruktur (vgl. Def. 37), mit der einzigen Ausnahme, daß keine ausgelagerten semantischen Subkommentare auftreten dürfen.

Integrierte Mikrostrukturen weisen als Teilstrukturen ihrer rechten Kernstruktur

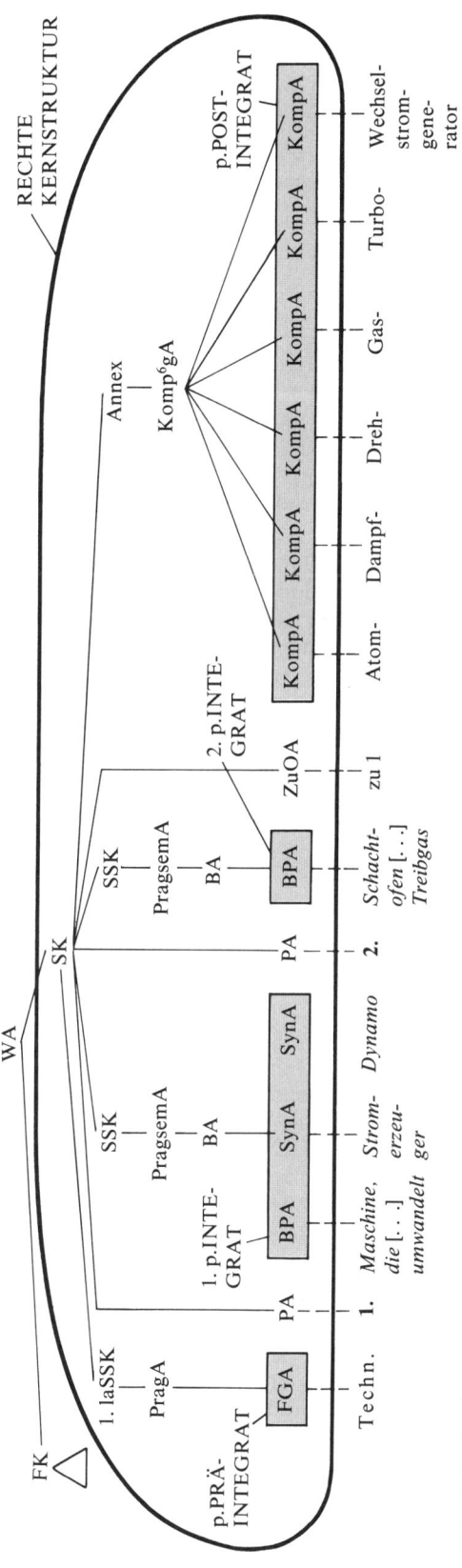

Abb. 39.18: Strukturgraph zur rechten Kernstruktur einer partiell integrierten hierarchischen Mikrostruktur am Beispiel von wa$_8$; laSSK = links ausgelagerter semantischer Subkommentar; ZuOA = Zuordnungsangabe; p = präzedentiv

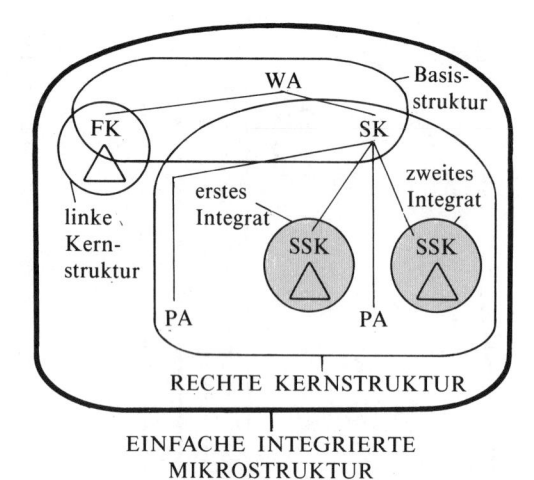

Abb. 39.19: Allgemeines Strukturbild für einfache integrierte Mikrostrukturen von Wörterbuchartikeln zu zweifach polysemen Lemmazeichen

mindestens ein *Integrat* auf (höchstens aber endlich viele). Ein hierarchisches Integrat ist eine Teilstruktur der hierarchischen rechten Kernstruktur, und zwar diejenige Teilstruktur, die zu einem semantischen Subkommentar gehört. Obligatorische Angabe in einem Integrat ist wenigstens eine Bedeutungsangabe.

Das hierarchische Integrat $Int_h$ ist wie folgt definiert:

Def. 39: $Int_h := \langle M_{SSK}; A, AK, SSK, BA; R_{part}^{Int}, R_p^{Int} \rangle$.

Hierbei stellt $M_{SSK}$ die Menge aller Angaben eines der semantischen Subkommentare eines Wörterbuchartikels dar, wobei diese Menge um den betreffenden semantischen Subkommentar selbst erweitert ist. Es gilt — wie zur Def. von $piMiS_h$ und $iMiS_h$ — daß die zugehörige Bedeutungsangabe (hier durch BA bestimmt) Konstituente des semantischen Subkommentars ist, d. h.: BA $R_{part}^{Int}$ SSK.

Für die weitere Analyse sind präzedentive Integrate von Interesse. Ein präzedentives Integrat ist folgendermaßen definiert:

Def. 40: $Int_p := \langle M_{SSK_t}; A, AK, SSK, BA; R_p^{Int} p \rangle$.

$M_{SSK_t}$ ist die Menge der teminalen Angaben eines semantischen Subkommentars, wobei in dieser Menge die terminalen Konstituenten der zu SSK obligatorisch zählenden Bedeutungsangabe (i. folg. durch $M_{BA_t}$ bezeichnet) enthalten sind. Für die letztgenannte Menge gilt, daß sie in $M_{SSK_t}$ „zusammenhängt", d. h. ihre Elemente innerhalb von $M_{SSK_t}$ bezüglich $R_p^{Int}$ einander **unmittelbar** folgen.

Faßt man die abstrakte präzedentive Mikrostruktur als ein Programm (im Sinne eines linearen Schemas) auf, das beim Formulieren von Artikeln von links nach rechts abgearbeitet werden muß, dann wäre das präzedentive Integrat gerade derjenige Programmteil, der n mal durchlaufen werden muß, wenn das Lemmazeichen als n-fach polysem interpretiert ist (vgl. Art. 38 a, 2.1.4.).

Betrachtet man präzedentive Integrate, ist es für die Analyse nützlich, wenn folgende drei Integratteile unterschieden werden: das *Vorderintegrat,* der *Integratkern* und das *Hinterintegrat.* Die Bedeutungsangabe — gegebenenfalls zusammen mit einem Prä- und/ oder einem Postglossat und/oder einem Interglossat — steht immer im Integratkern. Das Vorderintegrat (vInt) ist diejenige Teilkette, die unmittelbar nach der Polysemieangabe und unmittelbar vor dem Integratkern steht. Das Hinterintegrat (hInt) ist diejenige Teilkette des Integrates, die — wenn es sich nicht um das letzte artikelinterne Integrat handelt — unmittelbar nach der Bedeutungsangabe und unmittelbar vor der nächsten Polysemieangabe steht. Handelt es sich um das letzte artikelinterne Integrat, dann steht das Hinterintegrat unmittelbar vor der nächsten integratexternen Angabe oder vor der nächsten Lemmazeichengestaltangabe oder es bildet die letzte Teilkette eines Wörterverzeichnisses. Ein präzedentives Integrat heißt vollständig, wenn alle drei Integratteile mit wenigstens einer Angabe aufgefüllt sind. Die folgende Veranschaulichung gibt ein „abstraktes Beispiel" für ein vollständiges präzedentives Integrat:

vollständiges präzedentives Integrat

PA < PltA < FGA < BP[G]A < SynA < Bei⁷gA < PA

Vorderintegrat ($= vInt_p$) — Integratkern ($= KerInt_p$) — Hinterintegrat ($= hInt_p$)

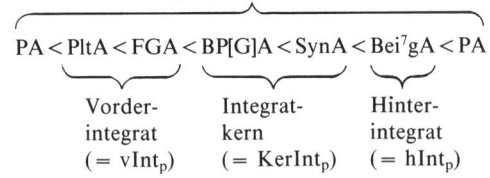

Abb. 39.20: Veranschaulichung zu einem vollständigen präzedentiven Integrat, das zwischen zwei PA steht. BP[G]A Bedeutungsparaphrasenangabe mit Interglossat

Die Definitionen der drei Teilketten des präzedentiven Integrats lauten wie folgt:

Def. 41: $KerInt_p := \langle M_{BA_t}; A, AK, SSK, BA; R_p^{KerInt} \rangle$.

$M_{BA_t}$ ist die Menge der terminalen Konstituenten der obligatorischen Bedeutungsangabe (BA) eines semantischen Subkommentars bei einem Wörterbuchartikel mit integrierter Mikrostruktur.

Def. 42: $vInt_p := \langle M_{vSSK_t}; A, AK, SSK, BA; R_p^{vInt} \rangle$.

$M_{vSSK_t}$ ist diejenige Menge von terminalen Angaben eines semantischen Subkommentars, die terminalen Angaben der obligatorischen Bedeutungsangabe (BA) innerhalb eines Integrates ($Int_p$) vorausgehen.

Def. 43: $hInt_p := \langle M_{hSSK_t}; A, AK, SSK, BA; R_p^{hInt} \rangle$.

$M_{hSSK_t}$ ist diejenige Menge von terminalen Angaben eines semantischen Subkommentars, die terminalen Angaben der obligatorischen Bedeutungsangabe innerhalb eines präzedentiven Integrates nachgestellt sind.

*Bem. zu Def. 41—43:* Eine adäquate formale Beschreibung der betreffenden Strukturen gestaltet sich relativ komplex, da — wie schon die zugehörigen Umschreibungen der jeweiligen Bedingungen zeigen — auf andere Strukturen, von denen die in den Def. 41—43 definierten Teilstrukturen sind, Bezug genommen werden muß.

Jeder Artikel mit einer partiell integrierten Mikrostruktur kann in einen Artikel mit einer integrierten Mikrostruktur umgeschrieben werden (und umgekehrt). Aus wa$_8$ erhält man nach einer solchen Textverarbeitung (die nach genau angebbaren Regeln erfolgt) folgenden Artikel mit integrierter Mikrostruktur (wa$_{8a}$):

**Generator,** der; -s, Generatoren ⟨lat.⟩ **1. Techn.** *Maschine, die mechanische Energie in elektrische umwandelt; Stromerzeuger; Dynamo;* Atom~, Dampf~, Drehstrom~, Gas~, Turbo~, Wechselstrom~ **2. Techn.** *Schachtofen zur Erzeugung von Heiz- und Treibgas.*

Die FGA „Techn." steht nun in wa$_{8a}$ im ersten und zweiten Vorderintegrat und die Kompositagruppenangabe (Komp$^6$gA) steht im ersten Hinterintegrat. Vergleicht man wa$_8$ mit wa$_{8a}$, erkennt man: wa$_8$ kann auch gedacht werden als aus wa$_{8a}$ entstanden, und zwar derart, daß (i) die FGA Techn. ausgelagert wird und als links ausgelagerter SSK vor die PA rückt und daß (ii) die KompgA ebenfalls ausgelagert und zum Annex wird. Die Linksauslagerung erweitert den Skopus der FGA: er erstreckt sich nach der Ausführung der textverdichtenden Operation über beide SSK. Die Rechtsauslagerung macht die Einführung einer Zuordnungsangabe (ZuOA) erforderlich (vgl. „zu 1" in wa$_8$). Die Linksauslagerung ist eine Operation der Textverdichtung: aus zwei funktionalen wird ein funktionales Textsegment, für das ein bestimmter Skopus festgelegt ist. Die Rechtsauslagerung ist eine Operation der „Textauflockerung" (vgl. Wiegand 1989b); sie dient der „Entlastung" der semantischen Subkommentare, d. h.: die Mächtigkeit der Trägermenge des ersten hierarchischen Integrates wird dadurch verringert, daß sieben ihrer Elemente, nämlich die Komp$^6$gA und sechs KompA herausgenommen und zur Trägermenge des hierarchischen Postintegrates zusammengefaßt werden. — Die Überführung von Wörterbuchartikeln mit Mikrostrukturen einer bestimmten Art in solche Artikel mit Mikrostrukturen einer anderen Art ist eine fruchtbare (hier nur angedeutete) Methode, um Wörterbuchartikel unter verschiedenen Fragestellungen zu vergleichen und das Schreiben von Wörterbuchartikeln zu lernen.

Im folgenden werden einige Artikel partiell analysiert, die eine integrierte Mikrostruktur aufweisen (auch wa$_1$—wa$_5$ sind Beispiele für Artikel mit Strukturen dieser Art).

**Apotheke,** die; -, -n **1.** *Einrichtung, in der Arzneimittel verkauft, auf Rezept abgegeben und z. T. hergestellt werden* — **2.** *kleiner Hängeschrank, Tasche, Behälter für Arzneimittel*

Textbeispiel 39.9: wa$_9$ aus dem HWDG mit integrierter Mikrostruktur (zwei Integratkerne als Integrate)

Ein partiell ausgeführter Strukturgraph zu wa$_9$ findet sich in der Abb. 39.21.

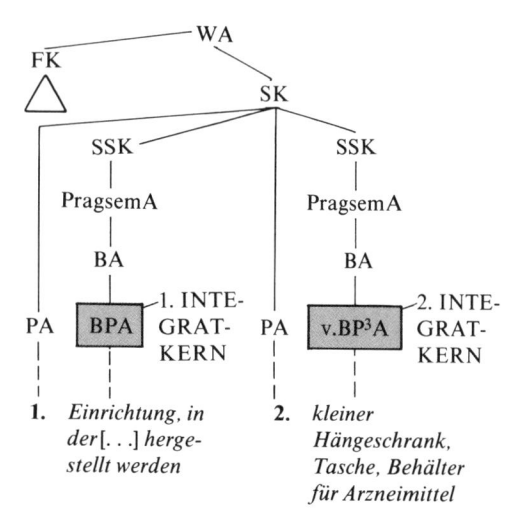

Abb. 39.21: Partiell ausgeführter Strukturgraph zur integrierten Mikrostruktur von wa$_9$

Der Artikel wa$_9$ ist ein Beispiel für den sozusagen „einfachsten" Fall einer integrierten Mikrostruktur zu einem n-fach polysemen Lemmazeichen (mit n = 2): beide Integrate, bestehend aus dem obligatorischen Integratkern, sind Einerketten.

Im folgenden Beispiel besteht das erste präzedentive Integrat aus dem Integratkern und dem Hinterintegrat, das zweite dagegen ist dreiteilig und damit vollständig.

**Genie,** das; -s, -s [ʒe..] **1.** *Mensch mit überragenden, schöpferischen Geistesgaben:* ein musikalisches, wissenschaftliches, verkanntes G. — **2.** /o. Pl./ *überragende, schöpferische Geistesgaben:* das G. eines Dichters, Erfinders; G. haben

Textbeispiel 39.10: $wa_{10}$ aus dem HWDG mit integrierter Mikrostruktur (zwei verschiedene Integrate)

Im folgenden sei nur die präzedentive rechte Kernstruktur von $wa_{10}$ betrachtet; sie kann wie folgt angegeben werden (vgl. Abb. 39.22).

präzedentive rechte Kernstruktur

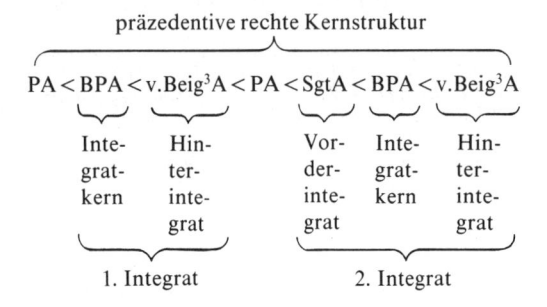

PA < BPA < v.Beig³A < PA < SgtA < BPA < v.Beig³A

Integratkern | Hinterintegrat | Vorderintegrat | Integratkern | Hinterintegrat

1. Integrat — 2. Integrat

Abb. 39.22: Veranschaulichung einer präzedentiven rechten Kernstruktur als Teilstruktur einer präzedentiven Mikrostruktur

Zu $wa_{11}$ wird in Abb. 39.23 ein partiell ausgeführter Strukturgraph gegeben, in dem alle für die integrierte Mikrostruktur charakteristischen Teilstrukturen gekennzeichnet sind.

**arretieren** /sw. Vb.; hat/ **1.** Techn. *einen beweglichen Teil durch eine Vorrichtung unbeweglich machen:* den Hebel einer Waage a. — **2.** veraltend *jmdn. festnehmen, inhaftieren:* den Dieb a.

Textbeispiel 39.11: $wa_{11}$ aus dem HWDG mit integrierter Mikrostruktur (zwei vollständige Integrate)

Bisher wurden Wörterbuchartikel partiell analysiert, deren semantische Kommentare nur semantische Subkommentare erster (Unterordnungs-)Stufe aufweisen, so daß eine Anwendung der funktional-positionalen Segmentation stets ein Ergebnis liefert, das einen SSK als unmittelbare Textkonstituente eines SK darstellt (vgl. z. B. Abb. 39.9). Nun gibt es allerdings Wörterbücher, die von der (m. E. irrigen) Hypothese ausgehen, es gäbe sog. Hauptbedeutungen und diesen untergeordnete Bedeutungen (vgl. z. B. BW I, 9 unter „Bedeutungsstellennummer"; vgl. hierzu Art. 44). Einer Haupt- werden $n(n \geq 1)$ Unterbedeutungen und diesen wiederum $m(m \geq 1)$ Unterunterbedeutungen untergeordnet, so daß auch semantische Subkommentare zweiter und dritter Stufe auftreten, die dann mittelbare Textkonstituenten des SK sind. Der jeweilige Grad der Unterordnung wird mittels der Dezimalgliederung an-

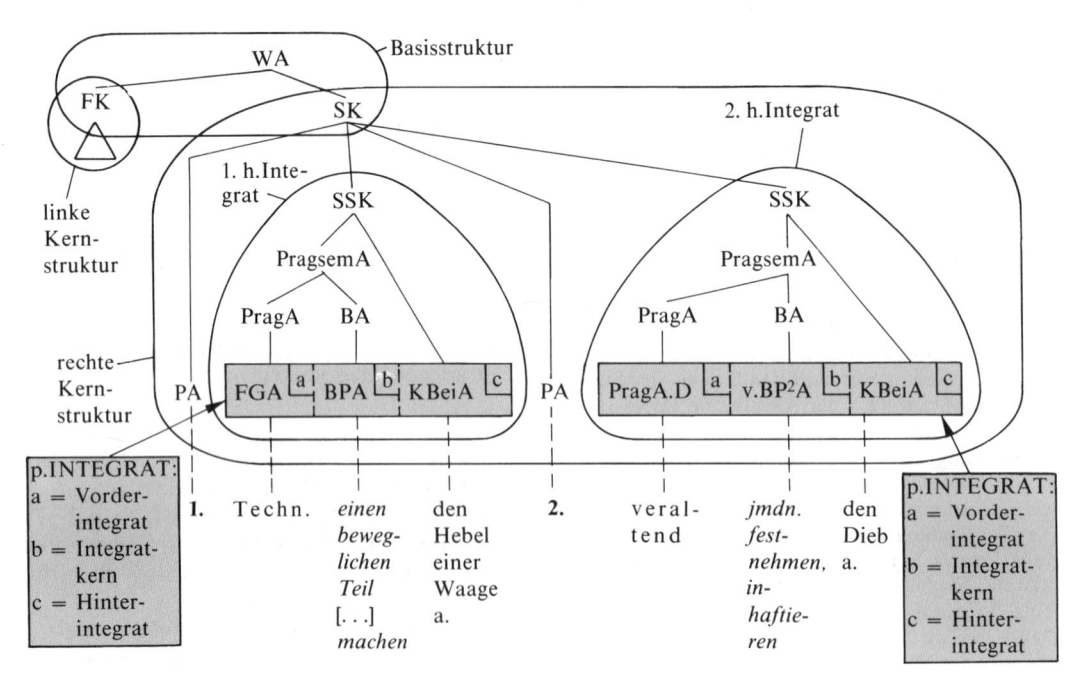

Abb. 39.23: Partiell ausgeführter Strukturgraph zur integrierten Mikrostruktur von $wa_{11}$; h = hierarchisch, p = präzedentiv

39. Formen von Mikrostrukturen im allgemeinen einsprachigen Wörterbuch    487

gegeben (1., 1.1., 1.1.1.). Da man aus einer Ziffer wie 2.1. oder 4.3.1. die (wahrscheinlich abwegige) Information entnehmen kann, daß es sich bei der im Anschluß an solche Ziffern erläuterten Bedeutung um eine Spezifizierung einer generischen Bedeutung handelt, gelten solche Ziffern als Bedeutungsspezifizierungsangaben (BSpA). Im folgenden Textbeispiel 12 finden sich semantische Subkommentare erster und zweiter Stufe.

Die Abb. 39.24 zeigt einen Teilgraphen der hierarchischen Mikrostruktur von wa$_{12}$, der den zweiten semantischen Subkommentar vollständig berücksichtigt.

Präzedentive Subintegrate haben die gleiche interne Struktur wie präzedentive Integrate: obligatorisch ist der Integratkern, fakultativ sind das Vorder- und Hinterintegrat.

Auch die Verwendung von Bedeutungsnuancierungsangaben (BNA) wie z. B. im Duden-GW (vgl. Art. 44) führt dazu, daß es semantische Subkommentare zweiter Stufe gibt und somit als zugehörige Mikrostrukturausschnitte Subintegrate. Allerdings entfällt bei der Verwendung von BNA die

'**An·la·ge** ⟨f.; -, -n⟩ **1** ⟨unz.⟩ *Tätigkeit des Anlegens, Gründung, Bereitstellung* **2** *Keim, Ansatz; eine krankhafte* ~ **2.1** ⟨Genetik⟩ *Fähigkeit von Lebewesen, durch Erbfaktoren bestimmte, noch nicht entwickelte Eigenschaften auszubilden* **2.2** ⟨Psych.⟩ *erblich bedingte Disposition, die die Entwicklungsmöglichkeiten des Menschen abgrenzt u. durch die Umwelt unterdrückt bzw. gefördert wird* **3** *Nutzbau, bebautes Gelände;* städtische, öffentliche ~n **3.1** *Gesamtheit eines Betriebes;* Fabrik~, Befestigungs~ **4** *Plan, Aufbau;* ~ *eines Dramas, Romans* **5** *Veranlagung, Begabung, angeborene Fähigkeit;* gute geistige ~n haben; er hat eine natürliche ~ zum Singen **5.1** ⟨Med.⟩ *angeborene Neigung (zu Krankheiten);* eine ~ zu nervösen Störungen haben **6** ⟨meist Pl.; Wirtsch.⟩ *Einsatz von Geld, Kapital, langfristig in der Wirtschaft investierte Vermögensteile;* Kapital~ ; Schmuck, Gold, Pfandbriefe als ~ des Kapitals **7** *Beilage, etwas Beigelegtes, Beigefügtes (im Brief);* die Rechnung legen wir Ihnen als ~ bei; in der ~ senden wir Ihnen ... **8** *Park, mit Blumen bepflanzte Grünfläche;* die ~ der Stadt

Textbeispiel 39.12: wa$_{12}$ aus dem BW mit semantischen Kommentaren, zu denen Subkommentare zweiter Stufe gehören

Unterscheidung von SSK.g und SSK.sp (vgl. Art. 44).

Die (Sub-)Integrate von integrierten Mikrostrukturen werden in den allgemeinen

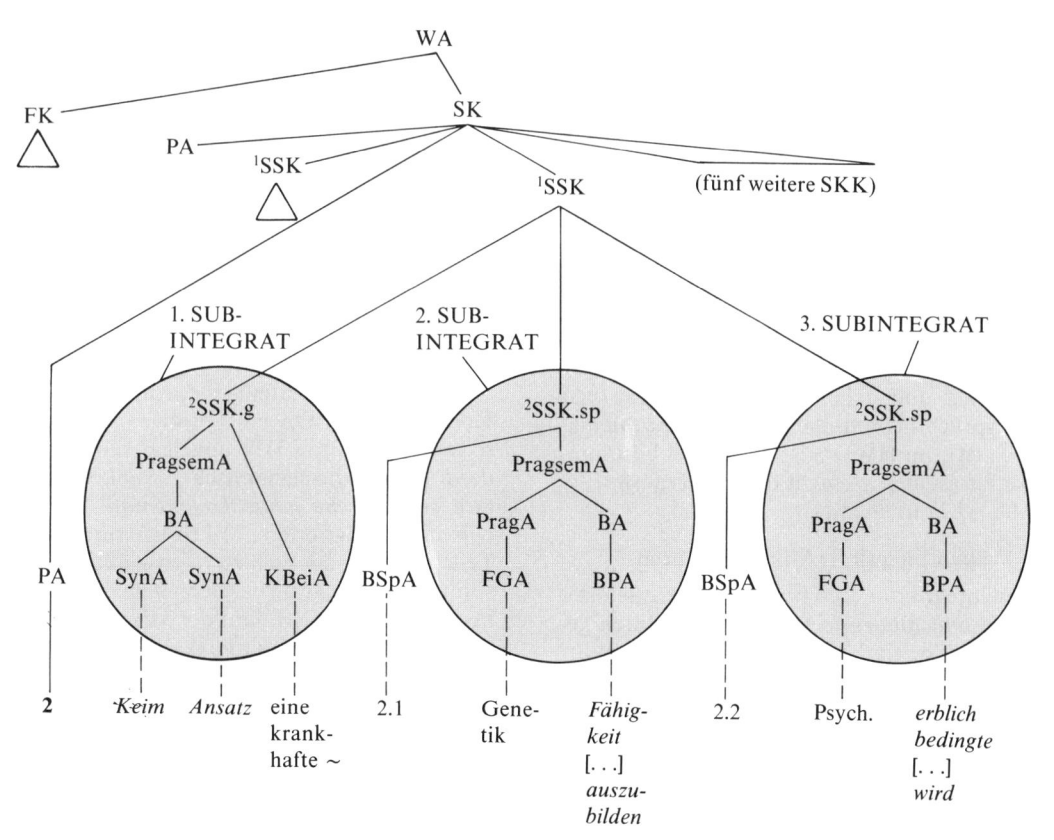

Abb. 39.24: Strukturgraph zu einem Ausschnitt aus der integrierten hierarchischen Mikrostruktur von wa$_{12}$; $^2$SSK.g = semantischer Subkommentar 2. Stufe zur generischen (g) Bedeutung, $^2$SSK.sp = semantischer Subkommentar 2. Stufe zur spezifischen (sp) Bedeutung

einsprachigen Wörterbüchern unterschiedlich mit Angaben aufgefüllt. Bei den deutschen Wörterbüchern gibt es bestimmte Standardisierungstraditionen, die mit dem hier vorgestellten Analyseinstrumentarium systematisch und in ihrem Wandel exhaustiv beschrieben werden können. Außer dem Wahrig-DW machen alle Wörterbücher des gegenwärtigen Deutsch von der Methode der Integration Gebrauch.

Im Vorderintegrat stehen (meistens, aber nicht immer) alle Angaben, die nur dann gelten, wenn das artikelinterne Lemmazeichen in derjenigen Bedeutung gebraucht wird, die im folgenden Integratkern des gleichen SSK beschrieben wird, insonderheit die verschiedenen Arten von pragmatischen Angaben sowie meistens, aber nicht immer (vgl. wa$_{15}$) diejenigen Angaben, die den Skopus von formkommentarinternen Angaben beschränken wie z. B. die SgtA „unz." im 1.SSK von wa$_{12}$, die den Skopus der PlbA „-n" beschränkt (vgl. Art. 38a, 4.4.). Während das Vorderintegrat bei den neueren deutschen Wörterbüchern insofern relativ einheitlich gestaltet ist, als die Angaben aus einer ganz bestimmten Menge von Angabeklassen stammen, zeigen sich bei der Gestaltung des Hinterintegrates deutliche Unterschiede. Im BW werden Komposita mit dem Lemmazeichen als letzte Konstituente im Hinterintegrat behandelt (vgl. z. B. Fabrik~ u. Befestigungs~ im 3.SSK von wa$_{12}$ sowie Pflanz~ u. Saat~ im 2.SSK von wa$_{16}$). Im Duden-GW ist das nicht der Fall. Im WDG sind diese Komposita annexiert (vgl. wa$_8$). Deutliche Unterschiede zeigen sich auch bei der Behandlung der Phraseme, z. B. sind sie im Duden-GW integriert und stehen im Hinterintegrat (was aus sprachtheoretischen Gründen problematisch ist); im HWDG ist das — bei bestimmten Phrasemen — nicht der Fall (vgl. wa$_{17}$ u. Abb. 39.27 u. 39.28).

5.3. Nichtintegrierte Mikrostrukturen

Den integrierten und partiell integrierten stehen die *nichtintegrierten* Mikrostrukturen gegenüber. Sie sind bei den einsprachigen Wörterbüchern der Sprachen Europas seltener anzutreffen. Bei den einsprachigen Wörterbüchern des gegenwärtigen Deutsch treten sie vor allem im Wahrig-DW auf und sind für dieses Wörterbuch in allen seinen Auflagen charakteristisch.

*Bem.:* Bei den nichtintegrierten Mikrostrukturen lassen sich eine Reihe von Unterarten unterscheiden, die hier nicht vorgestellt werden können

(vgl. Wiegand 1989, 1989b). Aus diesem Grunde wird auch auf eine Skizzierung der formalen Aspekte von nichtintegrierten Mikrostrukturen verzichtet.

Eine einfache hierarchische Mikrostruktur heißt *nichtintegriert* genau dann, wenn alle Bedeutungsangaben, die an die Lemmazeichengestaltangabe adressiert sind, im ersten semantischen Subkommentar stehen, der *Kommentar zur lexikalischen Bedeutung* (KLB) heißen soll, und wenn alle Beispiel- und Phrasemangaben (sowie alle an diese beiden Angaben adressierten Angaben) nach einem bestimmten System auf diejenigen semantischen Subkommentare verteilt sind, die dem ersten folgen. Das System, nach dem die Verteilung der Angaben geregelt ist, kann verschieden sein. Im Wahrig-DW handelt es sich um ein System von Kotextklassen: im zweiten semantischen Subkommentar stehen „Redewendungen" mit Substantiv, im dritten die mit Verben, im vierten die mit Adjektiven ... usw. gemäß dem angenommenen System von Wortarten (vgl. Wahrig-$^1$DW, 23, 3.3. u. Wahrig-$^5$DW, 12, 3.).

*Bem.: Redewendung* steht hier in Anführungszeichen, weil es sich oft um Beispielangaben handelt, aus denen Beispiele erschlossen werden können, die frei von jeglicher Art von Idiomatizität sind.

In Wörterbuchartikeln, die eine einfache nichtintegrierte Mikrostruktur aufweisen, ist daher die Verteilung der Angaben v o l l - s t ä n d i g  a n d e r s organisiert als in solchen, die eine integrierte oder partiell integrierte Mikrostruktur aufweisen.

Ist das System, nach dem die Beispiel- und Phrasemangaben auf die semantischen Subkommentare verteilt sind, ein System von Kotextklassen (was nicht notwendigerweise so wie im Wahrig-DW angelegt sein muß), dann heißen die semantischen Subkommentare *semantische Kotextkommentare.* — Da bei nichtintegrierten Mikrostrukturen die Teilstrukturen der rechten Kernstruktur nicht sinnvoll als Integrate bezeichnet werden können, heißt die Teilstruktur der Mikrostruktur, die der Kommentar zur lexikalischen Bedeutung aufweist, *linke Teilkernstruktur*; entsprechend heißen die Teilstrukturen der Mikrostruktur, welche die semantischen Kotextkommentare aufweisen, *rechte Teilkernstrukturen*; die letzteren können bei Bedarf in erste rechte, ... n-te (n ∈ ℕ) rechte Teilkernstruktur unterschieden werden.

Das allgemeine Strukturbild für eine nichtintegrierte Mikrostruktur mit n (n ∈ ℕ) rech-

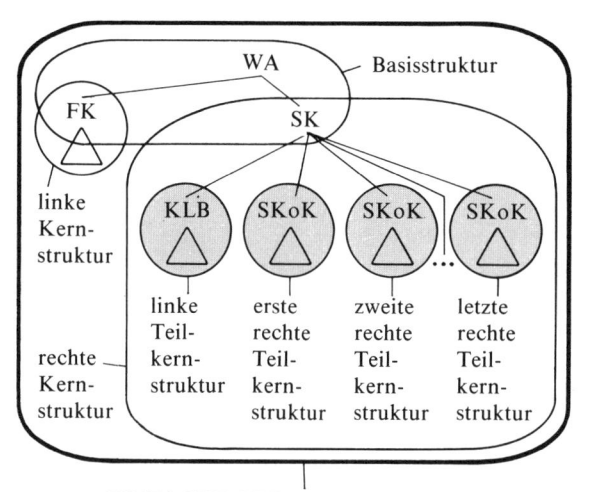

39. Formen von Mikrostrukturen im allgemeinen einsprachigen Wörterbuch

EINFACHE NICHTINTEGRIERTE MIKROSTRUKTUR

Abb. 39.25: Allgemeines Strukturbild für eine einfache, nichtintegrierte Mikrostruktur mit n rechten Teilkernstrukturen (n ∈ $\mathbb{N}$)

ten Teilkernstrukturen kann wie folgt angegeben werden (vgl. Abb. 39.25).

Der folgende Artikel aus dem Wahrig-$^5$DW weist eine einfache nichtintegrierte Mikrostruktur auf.

> ¹**Ab·bruch** ⟨m.; unz.⟩ **1** *Niederreißen, Schaden; Beendigung, Einstellung* **2** ~ *der* **Beziehungen**; ~ *eines* **Gebäudes**; ~ *eines* **Lagers** *Vorbereitung zum Verlegen eines Lagers, Einpacken der Sachen u. Geräte;* ~ *einer* **Reise 3** ~ **erleiden** ⟨fig.⟩ *Schaden erleiden; das* **tut** *der Liebe keinen* ~ *schadet ihr nicht* **4** *ein Haus* **auf** ~ *verkaufen ein Haus unter der Bedingung verkaufen, daß es niedergerissen wird*

Textbeispiel 39.13: wa$_{13}$ aus Wahrig-$^5$DW mit einfacher nichtintegrierter Mikrostruktur

wa$_{13}$ enthält drei semantische Kotextkommentare: einen, in dem die Kotextpartner Substantive sind (SKoK.S), einen, in dem sie Verben sind (SKoK.V), sowie einen, in dem sie Partikeln sind (SKoK.P). Die vier halbfett gedruckten arabischen Ziffern sind hier keine Polysemieangaben wie üblicherweise in Artikeln, die nach der Methode der Integration verfaßt sind, sondern Strukturanzeiger (die in vielen Artikeln fehlen und überdies uneinheitlich gesetzt sind, weil die Numerierung manchmal mit dem Kommentar zur lexikalischen Bedeutung beginnt und manchmal nicht, vgl. z. B. wa$_{13}$ mit dem Artikel zu *Dach*). Für den kundigen Benutzer etablieren diese Ziffern eine innere Schnellzugriffsstruktur (i. S. v. Wiegand 1989; vgl. auch Art. 36 u. 38).

Die Anwendung der Methode der funktional-positionalen Segmentation mit Klassifizierung auf wa$_{13}$ liefert als Ergebnis den Strukturbaum in den Abb. 39.26 a u. 39.26 b, in denen die hier fraglichen Teilstrukturen der nichtintegrierten Mikrostruktur durch benannte Umrandungszeichen hervorgehoben sind. —

Es ist das Folgende zu beachten: die Festlegung, daß in Artikeln, die eine nichtintegrierte Mikrostruktur aufweisen, alle an die LZGA adressierten Bedeutungsangaben im Kommentar zur lexikalischen Bedeutung stehen, besagt nicht, daß in diesem Kommentar — wie in wa$_{13}$ — ausschließlich Bedeutungsangaben stehen. Vielmehr können im KLB eine Reihe von anderen Angaben stehen. Im Wahrig-DW z. B. FGA, KompA, skopusbeschränkende GrA u. a.; wa$_{14}$ zeigt dies.

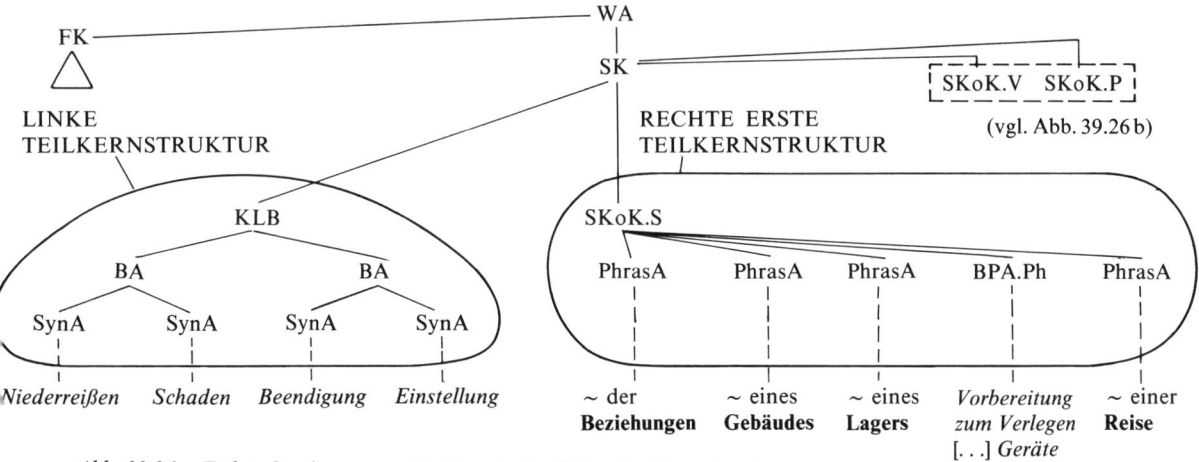

Abb. 39.26 a: Teilstrukturbaum zur nichtintegrierten Mikrostruktur anhand von wa$_{13}$

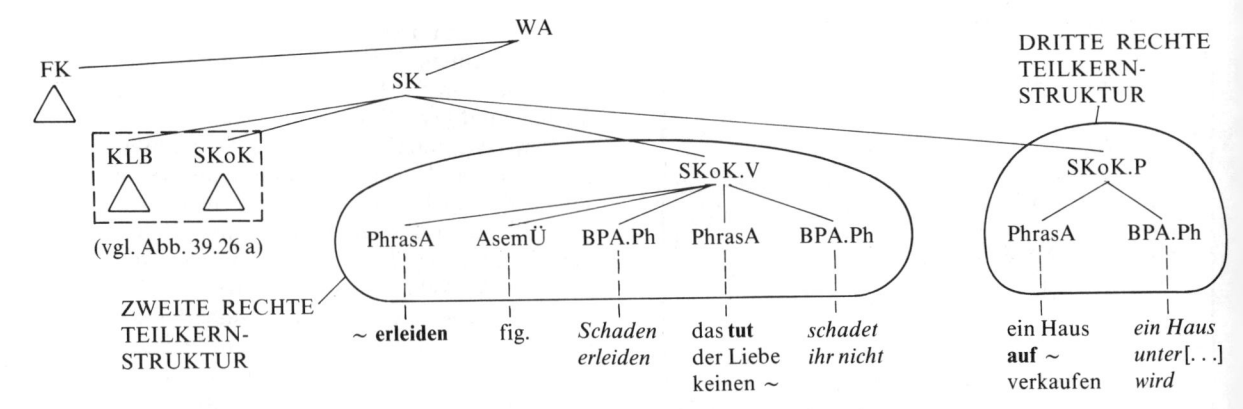

```
                              WA                                    DRITTE RECHTE
    FK ─────────────  ────────                                      TEILKERN-
              ────── SK ──                                          STRUKTUR
         △
     ┌─────────────┐
     │ KLB   SKoK  │                              SKoK.V              SKoK.P
     │  △     △   │                         ╱─────┼────╲           ╱────┼────╲
     └─────────────┘                   PhrasA AsemÜ BPA.Ph PhrasA BPA.Ph   PhrasA BPA.Ph
     (vgl. Abb. 39.26 a)                  │     │     │      │      │         │      │
        ZWEITE RECHTE                  ~ erleiden fig. Schaden das tut schadet  ein Haus ein Haus
        TEILKERN-                                      erleiden der Liebe ihr nicht auf ~  unter[...]
        STRUKTUR                                                keinen ~          verkaufen  wird
```

Abb. 39.26 b: Teilstrukturbaum zur nichtintegrierten Mikrostruktur anhand von wa₁₃

'An·schlag ⟨m. 1 u.⟩ *das Anschlagen* (einer Glocke); *Niederdrücken* (einer Taste); *Aufprall* (der Wellen), *Brandung; etwas, das angeschlagen worden ist, Plakat, Bekanntmachung* (an einer Mauer, am Schwarzen Brett); ⟨Tech.⟩ *vorspringender Teil, Hemmung an einer Maschine als Begrenzung; verstellbare Kante an Schneid- und Hobelmaschinen zur Einführung eines Werkstückes;* ⟨Arch.⟩ *Mauervorsprung zur Aufnahme von Fenster- od. Türblendrahmen; das Knüpfen der ersten Schlinge beim Häkeln u. Stricken; schußfertige Haltung des Gewehres; Berühren des Beckenrandes beim Wettschwimmen; Überschlag, ungefähre Vorberechnung der Kosten* (Kosten~); *Überfall, Angriff; Versteckspiel der Kinder, bei dem der Entdeckte an einer bestimmten Stelle mit Anschlagen der Hand ausgerufen wird;* einen ~ verüben, vorhaben auf; einen harten, weichen ~ haben (auf dem Klavier); das Gewehr im ~ haben; in ~ bringen *auf den Kostenanschlag setzen, in Rechnung stellen;* bis zum ~ gleiten, ausschlagen (Tech.); einem ~ zum Opfer fallen

Textbeispiel 39.14: wa₁₄ aus Wahrig-⁵DW mit nichtintegrierter Mikrostruktur

In wa₁₄ sind die Ziffern als Strukturanzeiger weggelassen. Der Kommentar zur lexikalischen Bedeutung hat 13 Bedeutungsangaben; die erste ist eine Synonymenangabe mit Postglossat: „*das Anschlagen* (einer Glocke)" die letzte lautet: „*Versteckspiel der Kinder, bei dem der Entdeckte an einer bestimmten Stelle mit Anschlagen der Hand ausgerufen wird*". „Tech." und „Arch." sind FGA und „Kosten~" ist eine Kompositumangabe. Dem KLB folgen drei semantische Kotextkommentare: SKoK.V, SKoK.A und SKoK.P.

*Bem.*: Es läßt sich empirisch zeigen, daß der Benutzer bei der „Verarbeitung" von Wörterbuchartikeln mit nichtintegrierten Mikrostrukturen gänzlich andere Wahrnehmungsgewohnheiten, Such- und Lesestrategien entwickeln muß als bei der von Artikeln mit integrierter oder partiell integrierter Mikrostruktur (vgl. Wiegand 1989 c).

## 6. Erweiterte Mikrostrukturen

Dieser Abschnitt schließt an 4.2. an und analysiert einige Wörterbuchartikel als Beispiele für die unterschiedenen Mikrostrukturen. Aus naheliegenden Gründen können nicht alle 93 der systematisch unterschiedenen Fälle berücksichtigt werden.

In den deutschen allgemeinen einsprachigen Wörterbüchern sind nicht alle Fälle empirisch belegt. Es ist jedoch zu erwarten, daß eine systematische Durchsicht insbesondere der Wörterbücher anderer größerer Sprachen in Europa dazu führt, daß die allermeisten Fälle durch Beispiele belegt werden können.

### 6.1. Extern erweiterte Mikrostrukturen

Alle drei Arten der externen Erweiterung einfacher Mikrostrukturen kommen in Wörterbüchern der Sprachen Europas vor.

### 6.1.1. Linkserweiterte Mikrostrukturen (vgl. Def. 11)

Alle Artikel im Campe-WdS, in denen „Kürzungszeichen" (XX) vor den Lemmata stehen, sind Artikel mit linkserweiterter Mikrostruktur. Die Präkommentare bei Campe bestehen öfters aus zwei Angabesymbolen, meistens jedoch nur aus einem (vgl. wa₁₂ u. wa₁₅ in Art. 38 a) so daß die Trägermenge der linken Randstruktur eine Einermenge und die Menge der strukturdefinierenden Elemente leer ist.

△ Die Abwehr, Mz. die —en. 1) Der Widerstand, den man einer Person oder Sache leistet, und durch den man sie von sich abhält; o. Mz. Wir vermögen ja nichts zur Abwehr. — Voß.
— gefaßt zu stürmender Abwehr. Derf.
2) Dasjenige, wodurch man etwas abwehrt. Vor der Schlacht neben dem Wege ist eine Abwehr gemacht worden.

Textbeispiel 39.15: wa₁₅ aus Campe-WdS; Artikel mit Präkommentar und linkserweiterter Mikrostruktur

Bei wa$_{15}$ handelt es sich um einen Artikel mit integrierter Mikrostruktur. Man beachte, daß die SgtA „o.Mz." innerhalb des 1. SSK im Hinterintegrat steht. In den modernen deutschen Wörterbüchern steht sie im Vorderintegrat (vgl. wa$_{12}$). Man kann dies als einen Wandel des Wörterbuchstils (i. S. v. Wiegand 1986 u. 1988 d) auffassen. In einem modernen Wörterbuch würde das rechtsadressierte Angabesymbol „ △ " (das alle Wörter kennzeichnet, die zur höheren, besonders zur dichterischen Schreibart gehören, vgl. Campe-WdS I, XXI), in das Präintegrat ausgelagert sein, so daß man keine linkserweiterte, sondern eine einfache, partiell integrierte Mikrostruktur hätte.

Man erkennt, daß die Mikrostruktur von wa$_{15}$ durch das in der Abb. 39.11 gegebene allgemeine Strukturbild erfaßt wird. Präkommentare können unterschiedlich mit Angaben gefüllt sein; auch sie können thematisch homogen oder inhomogen sein. In allgemeinen einsprachigen Wörterbüchern sind sie selten; auch im Adelung-DW finden sich einige Fälle (vgl. z. B. s. v. Abkranken u. Allermannsharnisch) und im Sanders-DW, in dem die „allgemein üblichen Fremdwörter [...] durch einen vorgesetzten Stern von dem echtdeutschen Sprachschatz geschieden sind" (VII). Eine linkserweiterte Mikrostruktur weist z. B. der Art. zu Kadett auf.

### 6.1.2. Rechtserweiterte Mikrostrukturen (vgl. Def. 13)

Wörterbuchartikel mit Postkommentaren begegnen dagegen häufiger. Textsortenhistorisch läßt sich zeigen, daß Postkommentare aus Fußnoten entstanden sind. Alle Artikel des BW, die eine etymologische Angabe haben, haben einen Postkommentar. Das gleiche gilt für den Knaurs-GW. Die entsprechenden BW-Artikel z. B. weisen dann entweder eine partiell integrierte oder eine integrierte Mikrostruktur auf, die rechtserweitert ist; in wa$_{16}$ ist das letztere der Fall. Der Postkommentar steht hier in den eckigen Klammern.

**Kamp** ⟨m.; -(e)s, ⸚e⟩ **1** ⟨landschaftl.⟩ 1.1 *eingezäuntes Stück Land, Viehweide* od. *Ackerland* 1.2 *Grasplatz am niederdeutschen Bauernhaus* 1.3 = *Flußinsel* **2** ⟨Forstw.⟩ *Pflanzgarten, Baumschule;* Pflanz~, Saat~ [< nddt., ndrl. *kamp* < lat. *campus* „Feld; eingehegtes Stück Feld"; verwandt mit *Camp, kampieren, Camping, Champion, Champignon, Kampagne, Kampf, Kämpe*]

Textbeispiel 39.16: wa$_{16}$ aus dem BW mit etymologischem Postkommentar (in eckigen Klammern) und rechtserweiterter Mikrostruktur

Beispiele für Artikel mit rechtserweiterter partiell integrierter Mikrostruktur sind z. B. der BW-Artikel zu *Kambrium*, in der die FGA „Geol." im Präintegrat steht, oder der zu *Kantonalbank*, in der die beiden Angaben „Wirtsch." und „in der Schweiz" im Präintegrat stehen. Ist der Postkommentar der Ort für die Ausführungen zur Etymologie des Lemmazeichens, dann ist er häufig weniger stark standardisiert als der Rest des Artikels.

Alle Wörterbuchartikel des Wahrig-DW, die eine Etymologie zum Lemmazeichen geben und keine zusammengesetzten Mikrostrukturen aufweisen, sind Beispiele für Artikel mit rechtserweiterter nichtintegrierter Mikrostruktur (vgl. z. B. s. v. *Kanne*). Im HWDG werden bestimmte Phraseme im Postkommentar lexikographisch bearbeitet. Dieser ist durch den Strukturanzeiger „+" vom letzten semantischen Kommentar eines vollständig entwickelten Artikels getrennt (vgl. wa$_{17}$).

**Drücker,** der; -s, - **1.** *(drehbarer) Knauf zum Öffnen einer Tür* — **2.** *Türschloß mit selbständig einschnappendem Riegel und der dazugehörige Drei-, Vierkantschlüssel*
+ umg. auf den letzten D. *im letzten Moment:* auf den letzten D. kommen, etw. auf den letzten D. tun; am D. sitzen (*entscheidenden Einfluß auf etw. haben*)

Textbeispiel 39.17: wa$_{17}$ aus dem HWDG mit phraseologischem Postkommentar

Einen partiell ausgeführten Strukturgraphen zu wa$_{17}$, der mit dem allgemeinen Strukturbild für rechtserweiterte Strukturen in der Abb. 39.12 kompatibel ist, zeigt Abb. 39.27.

Das Strukturbild in Abb. 39.27 zeigt, daß der Postkommentar unmittelbare Textkonstituente zum WA ist; er kann daher nicht mit einem Annex verwechselt werden, der als

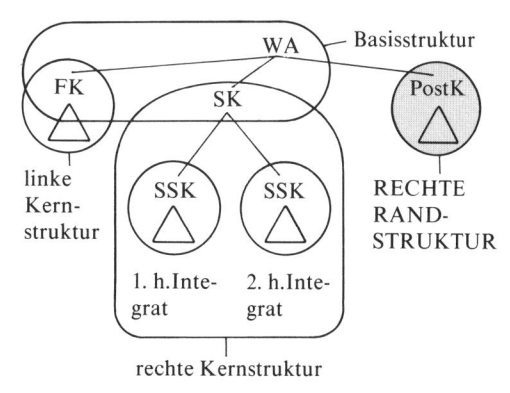

Abb. 39.27: Strukturbild zur rechtserweiterten integrierten Mikrostruktur von wa$_{17}$

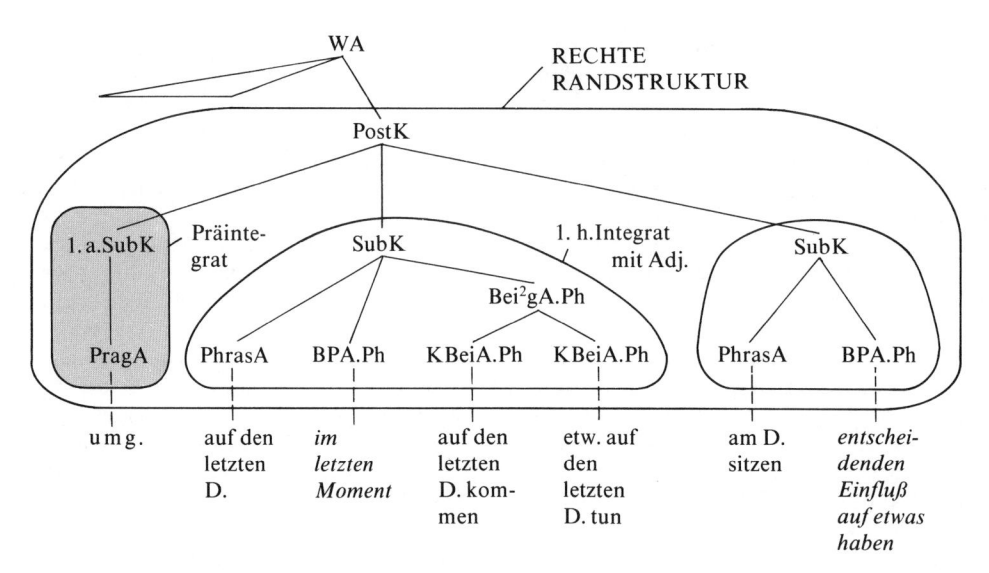

492                              IV. Theorie der einsprachigen Lexikographie I: Bauteile und Strukturen

```
                           WA         RECHTE
                                      RANDSTRUKTUR
                          PostK

     1.a.SubK   Präinte-      SubK           1.h.Integrat         SubK
                grat                         mit Adj.
                                     Bei²gA.Ph
     PragA      PhrasA  BPA.Ph  KBeiA.Ph  KBeiA.Ph    PhrasA  BPA.Ph
       |          |       |        |         |          |       |
      umg.     auf den   im     auf den   etw. auf    am D.  entschei-
               letzten  letzten letzten   den         sitzen denden
               D.       Moment  D. kom-   letzten            Einfluß
                                men       D. tun             auf etwas
                                                             haben
```

Abb. 39.28: Strukturgraph zur rechten Randstruktur als Teilstruktur der Mikrostruktur, die der phraseologische Postkommentar von wa$_{17}$ aufweist; SubK = Subkommentar

rechts ausgelagerter semantischer Subkommentar stets eine unmittelbare Textkonstituente des SK ist (vgl. Abb. 39.18). Die obige Abb. 39.28 zeigt die Mikrostruktur des Postkommentars von wa$_{17}$, also die rechte Randstruktur als deren Teilstruktur.

Zum Verständnis des Ergebnisses einer funktional-positionalen Segmentation, das die Abb. 39.28 zeigt, sei folgende Erläuterung gegeben:

Im HWDG werden diejenigen Phraseme, deren Bedeutung sich nicht nach dem Frege-Prinzip rekonstruieren läßt, als selbständige lexikalische Einheiten behandelt. Mit der Phrasemangabe wird das Phrasem, das lexikographisch bearbeitet wird, qua Erwähnung eingeführt, und die postkommentarinternen Angaben sind an die Phrasemangabe adressiert. Zwar ist der Skopus der pragmatischen Angabe im phraseologischen Postkommentar in der Wörterbucheinleitung des HWDG nicht erklärt, da aber die beiden Phraseme *auf den letzten Drücker* und *am Drücker sitzen* beide als umgangssprachlich gelten können, wird die Angabe „umg." als ausgelagerter Subkommentar analysiert, so daß beide Subkommentare des Postkommentars im Skopus dieser Angabe liegen.

Die rechte Randstruktur enthält als Teilstrukturen neben dem Präintegrat zwei Integrate mit nichtlemmatischer Adresse. Die Adressen, die beiden PhrasA, stehen im Vorderintegrat, die beiden BPA.Ph im Integrat-

kern und die Kompetenzbeispielangaben für die Phraseme im Hinterintegrat.

Im Adelung-DW findet man nichtstandardisierte Postkommentare, die kommentierende Angaben (i. S. v. Art. 38a, 3.2.4.), meistens solche zur Geschichte oder zur Etymologie des Lemmazeichens, enthalten (vgl. z. B. s. v. *Accord*). Sie werden dort als Anmerkungen bezeichnet. Entsprechendes gilt für Sanders-DW (vgl. z. B. s. v. *Kapaun*).

6.1.3. Extern vollständig erweiterte Mikrostrukturen (vgl. Def. 15)

Sind Mikrostrukturen extern vollständig erweitert, weisen sie eine linke und eine rechte Randstruktur auf. Beispiele finden sich im Sanders-DW (vgl. z. B. s. v. *Imme*) und Adelung-DW (z. B. s. v. *Das Abendbrot, Abhandeln* und *Ablieben*). Auch der folgende Artikel, wa$_{18}$, stammt aus diesem Wörterbuch.

† Ablugfen, verb. reg. act. in niedrigen Ausdrücken. 1) Ablauern. Einem etwas ablugfen, heimlich absehen. 2) Durch List und Ränke von einem erhalten. Einem Geld ablugfen.
  Anm. Wachter leitet das verwandte belugfen von Luchs, lynx, her, und schreibt es folglich mit einem ch. Das Bremisch=Niedersächs. Wörterbuch hält das Wort Luke, eine Öffnung, Fallthüre, für das Stammwort, und schreibt es ablukfen. Allein da eben daselbst hinzu gesetzt wird, daß es im Hannöverischen so viel bedeute, als verborgen auflauern, so kann man den Begriff des Lauerns füglicher als den Hauptbegriff ansehen, und das Wort für das Frequentat. des noch im Oberdeutschen gangbaren lugen, sehen, lauern, halten, woraus vermittelst der sehr gewöhnlichen frequent. Ableitungsfylbe — fen, lugfen gebildet worden. S. Lugen.

Textbeispiel 39.18: wa$_{18}$ aus Adelung-DW mit Prä- und Postkommentar und extern vollständig erweiterter Mikrostruktur

In wa$_{18}$ sind der Prä-, der Form- und der semantische Kommentar stark standardisiert, der Postkommentar ist dagegen leicht standardisiert (vgl. Art. 38 a). Leicht standardisierte Textsegmente werden bei einer Anwendung der funktional-positionalen Segmentation als terminale Segmente analysiert (vgl. Wiegand 1989). Das allgemeine Strukturbild für extern vollständig erweiterte integrierte Mikrostrukturen, die Artikel zu n-fach polysemen Lemmazeichen (mit n = 2) aufweisen, zeigt Abb. 39.29.

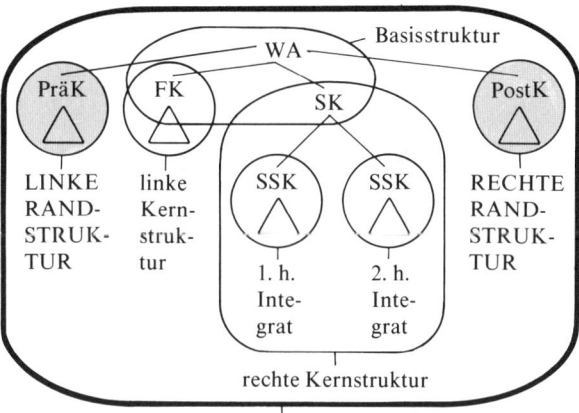

EXTERN VOLLSTÄNDIG ERWEITERTE
INTEGRIERTE MIKROSTRUKTUR

Abb. 39.29: Allgemeines Strukturbild für eine extern vollständig erweiterte integrierte Mikrostruktur

### 6.2. Intern erweiterte Mikrostrukturen

Alle Arten der internen Erweiterung kommen in den Wörterbüchern der Sprachen Europas vor.

#### 6.2.1. Mikrostrukturen mit binnenerweiterter Basisstruktur (vgl. Def. 16)

Wörterbuchartikel mit mittlerem Zwischenkommentar, die entsprechend eine Mikrostruktur mit binnenerweiterter Basisstruktur aufweisen, begegnen häufig. Beispiele für thematisch homogene mittlere Zwischenkommentare sind die etymologischen Angaben im Duden-GW. Ein Beispiel für einen Artikel mit einer binnenerweiterten partiell integrierten Mikrostruktur, also einer, die als Teilstruktur eine mittlere Interstruktur aufweist, ist wa$_{19}$, in dem die Angabe „hist." im Präintegrat steht.

**Kalif** [kaˈliːf], der; -en, -en [mhd. kalif < arab. ḫalīfa = Nachfolger, Stellvertreter] (hist.): **a)** ⟨o. Pl.⟩ *Titel mohammedanischer Herrscher als Nachfolger Mohammeds;* **b)** *Träger dieses Titels;*

Textbeispiel 39.19: wa$_{19}$ aus dem Duden-GW mit etymologischen Zwischenkommentar und intern erweiterter partiell integrierter Mikrostruktur

Ein Beispiel für einen Artikel mit einer intern erweiterten integrierten Mikrostruktur ist wa$_{20}$.

**Kartusche** [karˈtuʃə], die; -, -n [frz. cartouche < ital. cartoccio = Papprolle, zylindrischer Behälter, Tüte zur Aufnahme einer Pulverladung, zu: carta = Papier (↑Karte); vgl. Kartätsche]: **1.** *Metallhülse für Pulver, Hülse mit Pulver als Treibladung von Artilleriegeschossen:* ein Aschenbecher aus einer K. gemacht (Küpper, Simplicius 182). **2.** (Kunstwiss.) *(bes. in der Architektur, der Graphik, dem Kunstgewerbe der Renaissance u. des Barocks) aus einer schildartigen Fläche (zur Aufnahme von Inschriften, Wappen, Initialen o. ä.) u. einem ornamental geschmückten Rahmen bestehendes Ziermotiv.*

Textbeispiel 39.19: wa$_{19}$ aus dem Duden-GW mit etymologischem Zwischenkommentar und intern erweiterter partiell integrierter Mikrostruktur

Das allgemeine Strukturbild einer integrierten Mikrostruktur mit binnenerweiterter Basisstruktur eines Artikels zu einem n-fach polysemen Lemmazeichen (mit n = 2), ein Strukturbild also, das auch die Mikrostruktur von wa$_{20}$ erfaßt, findet sich in der Abb. 39.30.

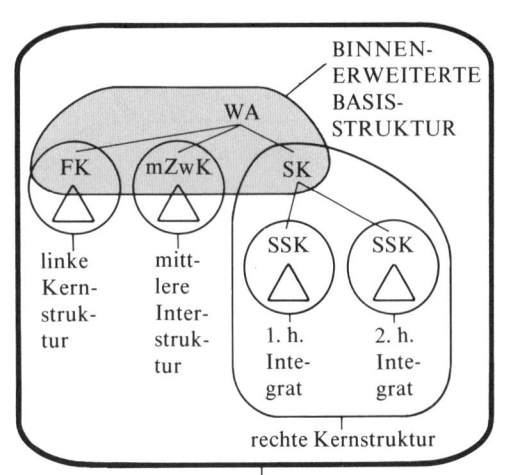

INTEGRIERTE MIKROSTRUKTUR
MIT BINNENERWEITERTER
BASISSTRUKTUR

Abb. 39.30: Allgemeines Strukturbild zu einer integrierten Mikrostruktur mit binnenerweiterter Basisstruktur

Auch im Duden-DUW finden sich Artikel mit etymologischen Zwischenkommentaren, z. B. s. v. *Kapelle*. Beispiele für thematisch nicht homogene Zwischenkommentare finden sich im Sanders-DW.

### 6.2.2. Mikrostrukturen mit aufgespaltener Kernstruktur (vgl. Def. 19 u. 25)

Sechs von den sieben intern erweiterten Mikrostrukturen sind solche mit aufgespaltener Kernstruktur. Alle Fälle begegnen in den allgemeinen einsprachigen Wörterbüchern der Sprachen in Europa. Nachfolgend werden nur Beispiele für Artikel mit entweder linkem oder rechtem Zwischenkommentar behandelt.

#### 6.2.2.1. Mikrostrukturen mit linkserweiterter Basisstruktur (Def. 19)

Ein Beispiel für einen Artikel, der eine integrierte Mikrostruktur mit linkserweiterter Basisstruktur aufweist, ist wa$_{21}$.

> **Bibel** [mhd. bibel, biblie, nach kirchenlat. biblia, urspr. Pl. zu grch. biblion ›Buch‹, nach dem syr. Hafen Byblos, von wo Papyrus bezogen wurde] *die, -/-n*, **1)** die Heilige Schrift, heiliges Buch der Christen: *Bibelspruch.* **2)** Sinnbild für ein heiliges oder bedeutsames Buch. **bibelfest,** die Texte der Bibel gut kennend. **Bibelgesellschaft** *die,* evang. Verein zur Herstellung und Verbreitung von Bibeln.

Textbeispiel 39.21: wa$_{21}$ aus dem Sprachbrockhaus 1982 mit linkem etymologischen Zwischenkommentar (in eckigen Klammern)

In wa$_{21}$ ist der Formkommentar „**Bibel** *die, -/-n*" durch die etymologischen Ausführungen in den eckigen Klammern, die den linken Zwischenkommentar bilden, so aufgespalten, daß im vorderen Formkommentar nur die LZGA „**Bibel**" und im hinteren Formkommentar nur die GrA.S *„die, -/-n"* steht. Ein Vergleich mit wa$_{20}$ zeigt deutlich den Unterschied von Mikrostrukturen mit binnenerweiterter und solchen mit aufgespaltener (linker) Kernstruktur (vgl. Abb. 39.30 mit 39.31).

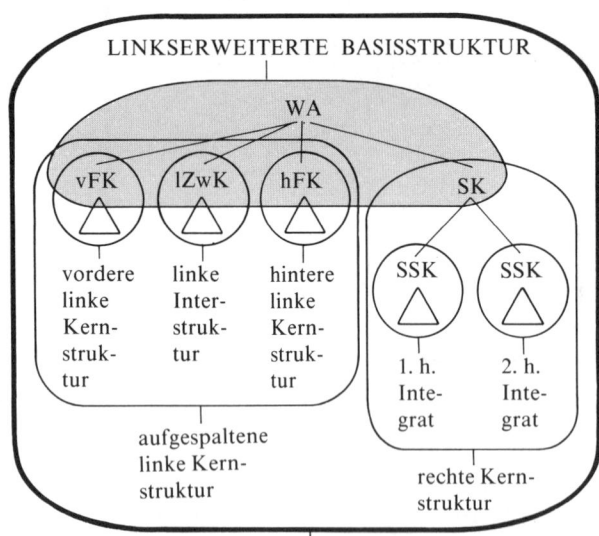

#### 6.2.2.2. Mikrostrukturen mit rechtserweiterter Basisstruktur (Def. 25)

Ein Beispiel für einen Artikel mit rechtem Zwischenkommentar ist wa$_{22}$.

> **Ge-bèt,** n., -(e)s; -e; -chen, lein; = : Die Handlung, der Inhalt, die Formel des Betens: Das G. des Herrn [Vaterunser]; Das G. der drei Männer im feurigen Ofen; Ein G. sprechen, thun, verrichten ꝛc.; Gott erhört ein G.; Die sagt G—e her, | die Zunge betet. Ramler F. 3, 34; Einen ins G. nehmen, ernstlich ins Verhör nehmen, ausforschen.
> 
> Anm. Ahd. bëta, mhd. bëte, f.; gebët, n., veralt.: B e t, n. u. m., s. Grimm und z. B.: Ich will euch ein Bett anlegen. Schaidenraißer 61, Etwas bitten; Sein demüthig Bette. Ib. ꝛc. — Veralt., mundartl. Mz.: G e b e t e r. Kant Sch. G. 6; Pestalozzi 4, 124; 129. — Auch: Sprech ein kurz Gebet e. Rückert Morg. 1, 107, welche Form als Wiederholungswort auch eine verächtliche Bezeichnung eines nicht enden wollenden Betens ist: Das ist ein Gebete und Geplapper ꝛc.
> 
> Zsstzg. unerschöpflich, z. B. nach der Zeit: Abend-, Früh-, Jahres-, Mittags-, Morgen-, Nacht-, Neujahrs-, Oster-, Pfingst-, Vesper-, Weihnachts-G. ꝛc., ferner nach dem Ort: Altar-, Chor-, Haus-, Schul-, Staffel-, Stufen-, Tisch-G. ꝛc., ferner nach dem Inhalt: Buß-, Dank-, Lob-, Preis-, Weih-G. ꝛc., ferner nach den Betenden: Kinder-, Laien-, Priester-G.; Katzen-G. geht nicht durch die Wolken. Weidner 75; Hunde-G. kommt nicht vor Gott ꝛc., ferner: S t ö ß = : kurz hervorgestoßenes Gebet, Stoßseufzer: Wet ein kurzes St. Gotter 1, 36; Ernsthafte St—chen s. L. 3, 239. — T ö d - t e n = : Gebet für das Seelenheil der Todten, Todtenmesse. Heine Rom. 161 ꝛc.

Textbeispiel 39.22: wa$_{22}$ aus Sanders DW mit rechtem Zwischenkommentar

In wa$_{22}$ bildet die Anmerkung den rechten Zwischenkommentar. Ohne diesen wäre wa$_{22}$ ein Wörterbuchartikel mit annexierter Mikrostruktur (= wa$_{22a}$). Der rechte Zwischenkommentar ist demnach zwischen den 1. SSK (der von „Die Handlung" bis zu „ausforschen" reicht) und den 2. SSK, einen thematisch homogenen Annex (ein Kommentar zur Komposition), eingeschoben. Dadurch wird der 1. SSK zum vorderen semantischen Kommentar, und der Kommentar zur Komposition wird zum hinteren semantischen Kommentar. Denkt man sich wa$_{22}$ aus wa$_{22a}$ durch „Einschub der Anm." entstanden, dann bewirkt die Aufspaltung der rechten Kernstruktur von wa$_{22a}$ auch, daß aus zwei

```
LINKSERWEITERTE BASISSTRUKTUR
                    WA
         ┌─────┬─────┬─────┬───────────┐
        vFK   lZwK  hFK   SK
                          ┌──┬──┐
                         SSK SSK
       vordere linke hintere
       linke  Inter- linke
       Kern-  struk- Kern-    1.h.  2.h.
       struk- tur    struk-  Inte-  Inte-
       tur           tur     grat   grat
       └──────┬──────┘       └──────┬──────┘
       aufgespaltene           rechte Kern-
       linke Kern-             struktur
       struktur

       INTEGRIERTE MIKROSTRUKTUR
       MIT LINKSERWEITERTER
       BASISSTRUKTUR
```

Abb. 39.31: Allgemeines Strukturbild zu einer integrierten Mikrostruktur mit linkserweiterter Basisstruktur

mittelbaren Textkonstituenten von wa$_{22a}$, dem 1. und dem 2. SSK, zwei unmittelbare Textkonstituenten von wa$_{22}$ werden, der vSK und der hSK. Eine solche Analyse ist u. a. deswegen angebracht, weil die Anm. keine zur Semantik von *Gebet* ist und daher nicht Teil des semantischen Kommentars ist (vgl. Wiegand 1989).

In den deutschen allgemeinen einsprachigen Wörterbüchern finden sich Artikel mit rechtem Zwischenkommentar vor allem im Sanders-DW; vgl. z. B. s. v. *Kanne* als Beispiel für ein polysemes Lemmazeichen.

### 6.3. Gemischterweiterte Mikrostrukturen

Auch von den Artikeln, die sowohl durch Extern- als auch durch Internkommentare erweitert sind, können nur einige Fälle ausgewählt werden.

#### 6.3.1. Extern vollständig erweiterte Mikrostruktur mit linkserweiterter Basisstruktur

Im Sanders-DW finden sich bei den Artikeln zu Lemmazeichen, die Fremdwörter sind, zahlreiche Artikel mit Prä-, Post- und linkem Zwischenkommentar. Ein Beispiel ist wa$_{23}$. Weitere Beispiele finden sich s. v. *Kabale, Kamin, Kapores* und *Kabache*.

* **Kartouche** (frz. Kartúsche, u. bei Manchen auch so geschrieben), f.; –n: 1) die in einer Papierrolle (vgl. Karte) enthaltne vollständige Ladung eines Gewehrs, Patrone. — 2) Patrontasche. Hackländer Solb. Kr. 79. — 3) (frz. m.) eine gw. mit Schnörkel- oder Blumenwerk verzierte Einfassung eines Sinnbilds, Namenzugs, Wappens ꝛc.

Anm. Zu 1 (s. Karte) vgl. Kartätsche und Karduse u. nach Schm.'s Vermuthung auch Kartaune, da die Ableitung von quartana auf der irrigen Annahme beruht, daß die Kartaune 25 Pfd. (¹/₄ v. 100) geschossen. — Vgl. auch mundartl., veralt.: (Einen bei der Kartaufe oder Kartufe nehmen (s. Belege bei Frisch, Grimm, Schm., Weinhold ꝛc.) = beim Kragen, Schopf, nach Adelung entstanden aus „Krause" (?).

Textbeispiel 39.23: wa$_{23}$ aus Sanders-DW mit Prä-, Post- und linkem Zwischenkommentar

Der Präkommentar besteht aus einem Angabesymbol, dem Stern. Der linke Zwischenkommentar ist das Textsegment „frz. Kartúsche, u. bei Manchen auch so geschrieben", der den Formkommentar in den vorderen **(Kartouche)** und den hinteren Formkommentar (f.; –n:) aufspaltet. Nach dem semantischen mit drei Subkommentaren folgt der Postkommentar (beginnend mit „Anm.").

Das allgemeine Strukturbild einer extern vollständig erweiterten integrierten Mikrostruktur mit linkserweiterter Basisstruktur am Beispiel eines dreifach polysemen Lemmazeichens hat folgende Gestalt (vgl. Abb. 39.32).

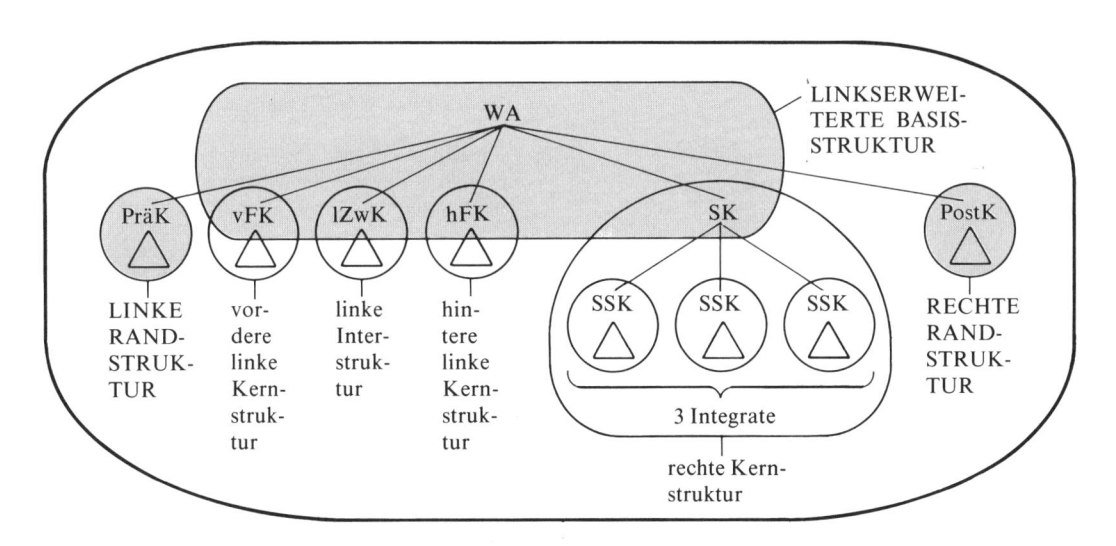

EXTERN VOLLSTÄNDIG ERWEITERTE INTEGRIERTE
MIKROSTRUKTUR MIT LINKSERWEITERTER BASISSTRUKTUR

Abb. 39.32: Erstes allgemeines Strukturbild für eine gemischterweiterte Mikrostruktur: extern vollständig erweiterte integrierte Mikrostruktur mit linkserweiterter Basisstruktur (am Beispiel eines dreifach polysemen Lemmazeichens)

### 6.3.2. Linkserweiterte Mikrostruktur mit linkserweiterter Basisstruktur

Zwei Beispiele für Artikel mit Prä- und linkem Zwischenkommentar sind die beiden folgenden aus Sanders-DW:

> \* Kādi (arab., türk.), m., -s; -s: Richter.

> \* Kādmium (gr.), n., -s; 0: ein zumeist in Zinkerzen vorkommendes, dem Zink ähnliches Metall.

Textbeispiele 39.24 und 39.25: $wa_{24}$, $wa_{25}$ aus Sanders-DW mit Prä- und linkem Zwischenkommentar

Die beiden linken Zwischenkommentare sind die Textsegmente „arab., türk." und „gr.". Diese werden deswegen als linke Zwischenkommentare analysiert, weil es sich nicht um Angaben zur Form oder grammatikbedingten Formveränderung oder -variation innerhalb eines synchronen Schnittes handelt, sondern um Angaben zur Herkunft des Lemmazeichens, also um rudimentäre etymologische Angaben; $wa_{24}$ und $wa_{25}$ werden daher in diesem Punkt analog zu $wa_{21}$ analysiert; auch hier wird der Formkommentar und damit die linke Kernstruktur durch einen etymologischen Zwischenkommentar aufgespalten.

Eine Anwendung der Methode der funktional-positionalen Segmentation auf $wa_{24}$ mit gleichzeitiger Klassifizierung liefert den Strukturgraphen in der Abb. 39.33, in dem die beiden Teilstrukturen, deren Auftreten zu der hier fraglichen, gemischterweiterten Mikrostruktur führt, mit benannten Umrandungszeichen hervorgehoben sind.

### 6.3.3. Linkserweiterte Mikrostruktur mit links- und rechtserweiterter Basisstruktur

Ein Beispiel für einen Wörterbuchartikel mit Prä- sowie linkem und rechtem Zwischenkommentar ist $wa_{26}$.

> \* Kamē(l) (gr.), n., -(e)s; -e; -chen; ?: 1) ein asiatisches Säugethier, das zu den ungehörnten Wiederkäuern gehört, langhalsig, mit ein oder zwei Höckern (s. Dromedar), als Haus- und Lastthier. 1. Mos. 12, 16 ꝛc.; Humboldt A. 1, 7; 88; Räusperte sich wie ein K. Hebel 3, 173 ꝛc. — Das Weibchen: Kamelin. Jer. 2, 24; K.-Stute. Rückert Mak. 2, 4; 145 ꝛc.; K.-Kuh. Morg. 1, 170 ꝛc., das Junge: Füllen. 1. Mos. 32, 15; K.-Kalb. Droy(en Ar. 1, 405 ꝛc. — Sprchw. nach der Bibel: Leichter daß K. [was Adelung u. A. fälschlich mit Bezug auf das doppeldeutige griech. Wort — „Kabel" fassen, vgl. Mich. Sachs Beitr. z. Sprach- und Alterthumsforsch. 2, 6] durch ein Nadelöhr gehe, als daß ꝛc.; Mücken seigen und K-e verschlucken (Günther 634 ꝛc.), im Kleinen penibel, das Große übersehn; Mücken zu K-en [Elephanten] (Sichtmer 245 ꝛc.); aus einer Laus ein K. (Luther SB. 60, 56) machen, übertreibend vergrößern. — 2) burschikos, philisterhafter Kerl: Still ihr K-e, nicht räsonniert! Benedix 1, 136; Sie scheinen mir weniger K. als Ihr würdiger Kollege. Hackländer Hbl. 1, 61; Fuchs, du bist ein K' Holtei Mensch. 2, 23 ꝛc. 3) Schiff., eine Maschine, schwer beladne, tiefgehnde Schiffe zu lichten und über Untiefen zu bringen.
> Anm. Das gr. Wort aus dem Oriental. entlehnt, s. hebr. gamal, str. kramelakah, mhd. kem(m)el, kembel, vgl.: (Camelus ein Camel oder Cammelthier. Ayff Th. 9; Die Camelen. Eppendorf 91 ꝛc. — Scherzh. Fortbildung: Hoch zu K. hat er ... bei den Drusen | und ihren Weibern still kamellsiert. Freiligrath Garb. 112.
> Zsstzg. z. B.: Last-: Falk Mensch 10. — Lauf-, Post-, Wind-: das einhöckrige Kamel, Camelus dromedarius. — Schaf-: das dem Kamel ähnliche, aber kleine und höckerlose südamerif. Lama, Auchenia.

Textbeispiel 39.26: $wa_{26}$ aus Sanders-DW mit einem Prä- sowie einem linken und rechten Zwischenkommentar

In $wa_{26}$ beginnt der rechte Zwischenkommentar mit „Anm." und der hintere semantische Kommentar, der ein Kommentar zur Komposition ist, mit „Zsstzg.". Die linke Kernstruktur hat drei Integrate.

Das allgemeine Strukturbild für die hier fragliche gemischterweiterte Mikrostruktur am Beispiel eines dreifach polysemen Lemmazeichens findet sich in Abb. 39.34.

### 6.3.4. Rechtserweiterte Mikrostruktur mit binnenerweiterter Basisstruktur

Ein Beispiel für einen Artikel mit mittlerem Zwischenkommentar und Postkommentar ist $wa_{27}$.

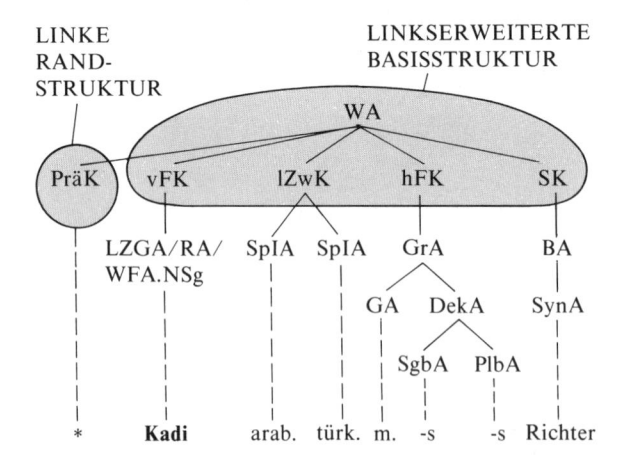

Abb. 39.33: Zweites allgemeines Strukturbild für eine gemischterweiterte Mikrostruktur (ergänzt um einen Strukturgraphen zur konkreten Mikrostruktur von $wa_{24}$ sowie der zugehörigen abstrakten): linkserweiterte integrierte Mikrostruktur mit linkserweiterter Basisstruktur

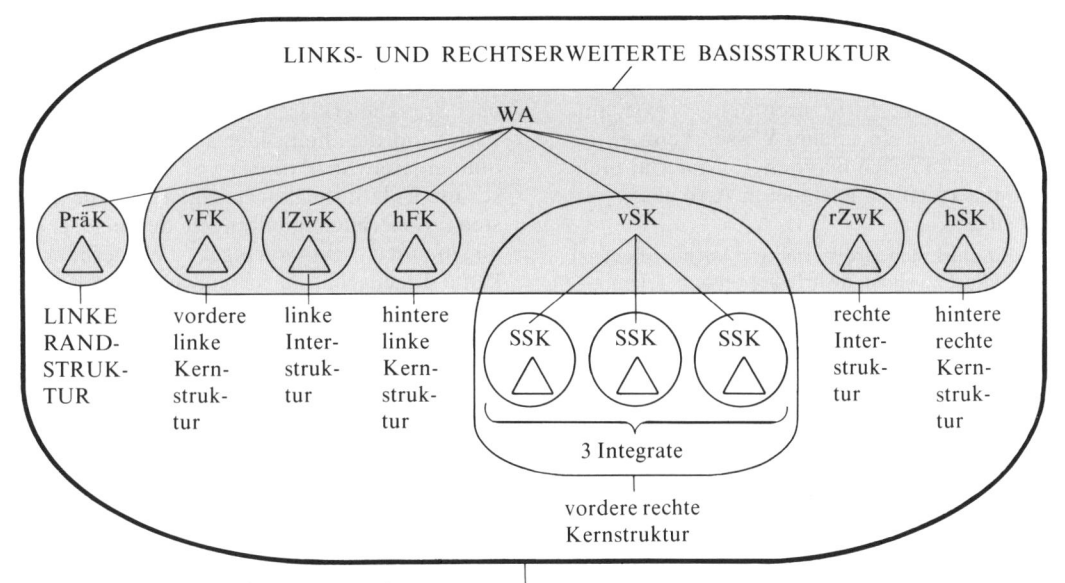

LINKS- UND RECHTSERWEITERTE BASISSTRUKTUR

LINKSERWEITERTE MIKROSTRUKTUR MIT LINKS UND RECHTSERWEITERTER BASISSTRUKTUR

Abb. 39.34: Drittes allgemeines Strukturbild für eine gemischterweiterte Mikrostruktur: linkserweiterte integrierte Mikrostruktur mit links- und rechtserweiterter Basisstruktur

Textbeispiel 29.27: wa$_{27}$ aus Sanders-DW mit mittlerem Zwischenkommentar und Postkommentar

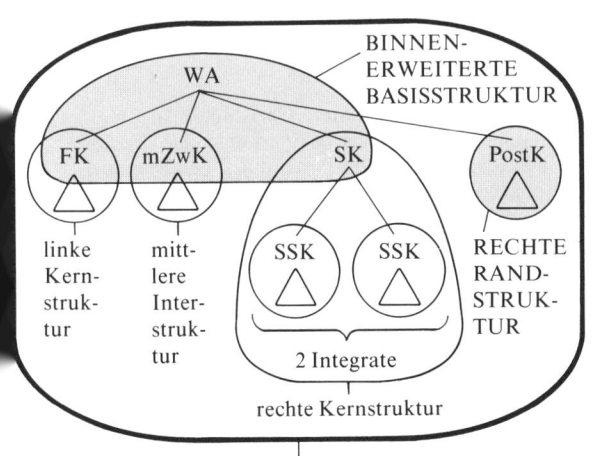

RECHTSERWEITERTE MIKROSTRUKTUR MIT BINNENERWEITERTER BASISSTRUKTUR

Abb. 39.35: Viertes allgemeines Strukturbild für eine gemischterweiterte Mikrostruktur: rechtserweiterte Mikrostruktur mit binnenerweiterter Basisstruktur

Der mittlere Zwischenkommentar, der direkt nach dem Form- und unmittelbar vor dem semantischen Kommentar steht, ist das Textsegment „eig. eine Zsstzg.: Katt-Rolle u. zwar"; der Postkommentar beginnt mit „Anm.".

Das allgemeine Strukturbild für eine rechtserweiterte Mikrostruktur mit binnenerweiterter Basisstruktur am Beispiel eines zweifach polysemen Lemmazeichens hat die nebenstehende Gestalt (vgl. Abb. 39.35).

## 7. Bemerkungen zur Nützlichkeit von Strukturkenntnissen

Kenntnisse von Textstrukturen, die die verschiedenen Teiltexte von polyinformativen Wörterbüchern aufweisen, sind für verschiedene Belange der Wörterbuchforschung und Lexikographie von Bedeutung.

Für die Wörterbuchforschung sind explizite Kenntnisse von Strukturen der verschiedenen Wörterbuchtexte dann unentbehrlich, wenn in diesem Forschungsfeld darauf Wert gelegt wird, eine allgemeine Theorie der Lexikographie zu erarbeiten, denn eine separierbare Teiltheorie dieser muß eine Theorie lexikographischer Texte sein (vgl. Wiegand 1983a, 1983b u. 1989). Dies ist deswegen gefordert, weil der Benutzer die gesuchte Information stets aus einem Text oder aus mehreren, die durch Verweise miteinander verbunden sind, erschließen muß. Derjenige, der solche Texte formuliert, muß daher explizit wissen, welche Strukturen seine Texte aufweisen. Ohne ein solches Wissen kann er das beste philologisch bearbeitete Material nicht optimal zu einem geeigneten Artikeltext verarbeiten.

Ein stark standardisierter und hochverdichteter Artikeltext zu einem mehrfach polysemen Lemmazeichen in einem Gebrauchswörterbuch, der z. B. eine der erweiterten integrierten Mikrostrukturen aufweist, in dem auf 20 Wörterbuchzeilen 8 Themenwechsel stattfinden, weil laufend zwischen lemmatischer und nichtlemmatischer Adressierung gewechselt wird, in dem weiterhin mehrere Glossate verschiedener Art eingestreut sind und der schließlich — neben artikelinternen Verweisangaben — noch skopusbeschränkende Angaben enthält, mit denen weiter hinten widerrufen wird, was vorher provisorisch behauptet wurde (und manches andere mehr), ist ein hochkomplexes und vom Laienbenutzer schwer zu durchdringendes Gebilde.

Die bisher noch in den Anfängen steckende Wörterbuchbenutzungsforschung (vgl. Ripfel/Wiegand 1988) kann daher — ausgestattet mit ausgeprägten Strukturkenntnissen — neue fruchtbare Fragestellungen bearbeiten, denn bestimmte Strukturen sind für bestimmte Zwecke besser geeignet als andere. So wird z. B. in Wiegand 1989c gezeigt, daß Artikel mit nichtintegrierten Mikrostrukturen für nichtmuttersprachliche Benutzer, die aufgrund einer Textrezeptionsstörung zum Wörterbuch greifen, wesentlich vorteilhafter sind als Artikel, die nach der Methode der Integration erarbeitet wurden. Damit wird z. B. ein entscheidender Erklärungsansatz dafür geliefert, daß sich die Wahrig-Wörterbücher nach wie vor bei den Benutzern, deren Muttersprache nicht Deutsch ist (z. B. deutschlernende Studenten) größerer Beliebtheit erfreuen als vergleichbare Wörterbücher, deren Artikel (partiell-)integrierte Mikrostrukturen aufweisen, obwohl sie — wie z. B. Duden-DUW — den Wahrig-Wörterbüchern in ihrer philologischen Qualität haushoch überlegen sind.

Explizite Strukturkenntnisse sind außerdem fruchtbar bei der Erarbeitung neuer Wörterbuchtypologien, bei der Computerisierung von Wörterbüchern, bei der Planung von neuen Wörterbüchern (z. B. dem Entwurf von Muster- und Probeartikeln, vgl. Wiegand 1988b) und bei der Um- und Überarbeitung von bereits erschienenen Wörterbüchern; auch beim Verfassen von Wörterbucheinleitungen sind sie wichtig. Denn man kann die relativ komplexen Textstrukturen polyinformativer Wörterbücher nur in einfacher Sprache erklären, wenn man sie theoretisch (und dies heißt hier auch im Vergleich mit anderen Strukturen) vollständig durchschaut. Es läßt sich leicht zeigen, daß die meisten Wörterbucheinleitungen der deutschen allgemeinen einsprachigen Wörterbücher kaum Eigenschaften haben, aus denen man schließen könnte, daß deren Verfasser in der Lage wären, diejenigen Artikelstrukturen, deren Erzeugung sie beherrschen, auch so zu beschreiben, daß verständlich wird, nach welchen Regeln sie erzeugt wurden.

Schließlich sind explizite Kenntnisse einer Praxis die Voraussetzung dafür, daß wesentliche (nicht unbedingt alle!) dieser Kenntnisse akademisch lehrbar sind. Kenntnisse von Strukturen lexikographischer Texte sind z. B. eine wesentliche Voraussetzung dafür, daß das Verfassen von Artikeltexten eine bewußte und selbstbewußte Formulierungstätigkeit ist und nicht nur ein blindes Befolgen lexikographischer Vertextungsregeln, die immer schon dadurch tradiert wurden, daß ihre lokale Beherrschung ausschließlich durch lexikographischen Drill in der Wörterbuchwerkstatt erlangt wurde. Das Lernen der Praxis durch deren angeleitete Einübung muß durch die Reflexion dieser ergänzt werden. Die Kenntnisse von Strukturen von der Art der Mikrostrukturen können hierbei besonders nützlich sein.

## 8. Literatur (in Auswahl)

### 8.1. Wörterbücher

*Adelung-DW* = Johann Christoph Adelung: Grammatisch-kritisches Wörterbuch der Hochdeutschen Mundart mit beständiger Vergleichung der übrigen Mundarten, besonders aber der oberdeutschen. 2., vermehrte und verb. Ausgabe. Bd. I: *A—E*. Mit einer Einführung und Bibliographie von Helmut Henne. Bd. II: *F—L*, Bd. III: *M—Scr*, Bd. IV: *Seb—Z*. Hildesheim. New York 1970 (Documenta Linguistica. Reihe II: Wörterbücher des 17. u. 18. Jahrhunderts) [Nachdruck der Ausgabe Leipzig 1973; zus. XXXII*, VIII S. u. 7680 Sp.].

*BW* = Brockhaus-Wahrig: Deutsches Wörterbuch in sechs Bänden. Hrsg. von Gerhard Wahrig †, Hildegard Krämer, Harald Zimmermann. Wiesbaden. Stuttgart. 1. Bd. *A—BT,* 1980; 2. Bd. *BU—FZ,* 1981; 3. Bd. *G—JZ,* 1981; 4. Bd. *K—OZ,* 1982; 5. Bd. *P—STD,* 1983; 6. Bd. *STE—ZZ,* 1984 [zus. 5310 S.].

*Campe-WdS* = Joachim Heinrich Campe: Wörterbuch der Deutschen Sprache. I. A—E. Mit einer

Einführung und Bibliographie von Helmut Henne. Hildesheim. New York 1969 (Documenta Linguistica. Reihe II: Wörterbücher des 17. u. 18. Jahrhunderts) [Reprog. Nachdruck der Ausgabe Braunschweig 1807; zus. XXVIII*, XXIII, 1024 S.].

*Duden-DUW* = Duden. Deutsches Universalwörterbuch. Hrsg. und bearb. vom Wissenschaftlichen Rat und den Mitarbeitern der Dudenredaktion unter Leitung von Günther Drosdowski. Mannheim. Wien. Zürich 1983 [1504 S.].

*Duden-GW* = Duden. Das große Wörterbuch der deutschen Sprache in sechs Bänden. Hrsg. und bearb. vom Wissenschaftlichen Rat und den Mitarbeitern der Dudenredaktion unter Leitung von Günther Drosdowski. Mannheim. Wien. Zürich. Bd. 1: *A—Ci* 1976; Bd. 2: *Cl—F* 1976; Bd. 3: *G—Kal* 1977; Bd. 4: *Kam—N* 1978; Bd. 5: *O—So* 1980; Bd. 6: *Sp—Z* 1981 [zus. 2992 S.; 2. Ausg. als Bd. 30, 1979; Bd. 31, 1980; Bd. 32, 1981 von Meyers Enzyklopädischem Lexikon. Mannheim. Wien. Zürich, zus. 2992 S.].

*HWDG* = Handwörterbuch der deutschen Gegenwartssprache. In zwei Bänden. Von einem Autorenkollektiv unter der Leitung von Günter Kempcke [...]. Bd. 1: *A—K;* Bd. 2: *L—Z*. Berlin [DDR] 1984 [zus. XXXI, 1399 S.].

*Knaurs-GW* = Knaurs Großes Wörterbuch der deutschen Sprache. Der große Störig. Erarbeitet von Ursula Hermann unter Mitarbeit von Horst Leisering und Heinz Hellerer. München 1985 [1120 S.].

*Sanders-WDS* = Daniel Sanders: Wörterbuch der deutschen Sprache. Mit Belegen von Luther bis auf die Gegenwart. 1. Bd. *A—K.* 2., unv. Abdruck. Leipzig 1876 [VIII, 1065 S.; reprog. Nachdruck Hildesheim 1969. Mit einer Einführung und Bibliographie von Werner Betz].

*Sprach-Brockhaus 1982* = Sprachbrockhaus. Bildwörterbuch der deutschen Sprache. Wiesbaden 1982 [15. Bd. der 18., völlig neubearb. Aufl. des Großen Brockhaus; 836 S.].

*Wahrig-¹DW* = Gerhard Wahrig: Das Große Deutsche Wörterbuch. Hrsg. in Zusammenarbeit mit zahlreichen Wissenschaftlern und Fachleuten. Mit einem „Lexikon der deutschen Sprachlehre". Gütersloh 1966 (Die große Bertelsmann Lexikon-Bibliothek) [4 S., 4184 Sp.].

*Wahrig-⁵DW* = Gerhard Wahrig: Deutsches Wörterbuch. Mit einem „Lexikon der deutschen Sprachlehre". Hrsg. in Zusammenarbeit mit zahlreichen Wissenschaftlern und anderen Fachleuten. Völlig überarb. Neuausgabe [von Ursula Hermann, Renate Wahrig-Burfeind, Klaus Rüme und Norbert Raum]. München 1986 [1493 S.].

*WDG* = Wörterbuch der deutschen Gegenwartssprache. Hrsg. von Ruth Klappenbach † und Wolfgang Steinitz †. Berlin. 1. Bd.: *A—deutsch* [...]. 1. Aufl. 1961, 10. bearb. Aufl. 1980; 2. Bd.: *Deutsch—Glauben* [...]. 1. Aufl. 1967, 7. Aufl. 1981; 3. Bd.: *glauben—Lyzeum* [...]. 1. Aufl. 1969, 5. Aufl. 1981; 4. Bd.: *M—Schinken* [...]. 1. Aufl. 1975, 4. durchges. Aufl. 1981; 5. Bd.: *Schinken—Vater-, vater-* [...]. 1. Aufl. 1976, 4. Aufl. 1980; 6. Bd.: *väterlich—Zytologie* [...]. 1. Aufl. 1977, 3. Aufl. 1982 [zus. 38, 4579 S.].

## 8.2. Sonstige Literatur

*Albrecht 1988* = Jörn Albrecht: Europäischer Strukturalismus. Ein forschungsgeschichtlicher Überblick. Darmstadt 1988.

*Bourbaki 1957* = Nicolas Bourbaki: Eléments de mathématique. I: Les structures fondamentales de l'analyse, livre I: Théorie des ensembles, chapitre 4: structures. Paris 1957 [engl. Fassung 1968].

*Konerding 1988* = Klaus-Peter Konerding: Arbeitspapier zur mathematischen Beschreibung von Strukturen von Wörterbuchartikeln. Typoskript. Heidelberg 1988.

*Konerding/Wiegand 1988* = Klaus-Peter Konerding/Herbert Ernst Wiegand: Diskussionen zur formalen Beschreibung von Strukturen standardisierter Wörterbuchartikel. SS 1988. Heidelberg 1988.

*Potthoff 1981* = Klaus Potthoff: Einführung in die Modelltheorie und ihre Anwendungen. Darmstadt 1981 (Die Mathematik. Einführungen in Gegenstand und Ergebnisse ihrer Teilgebiete und Nachbarwissenschaften).

*Ripfel/Wiegand 1988* = Martha Ripfel/Herbert Ernst Wiegand: Wörterbuchbenutzungsforschung. Ein kritischer Bericht. In: Studien zur neuhochdeutschen Lexikographie VI, 2. Teilbd. Mit einem Namen- und Sachregister zu den Bänden I—VI sowie einer Bibliographie zur Wörterbuchforschung. Hrsg. von Herbert Ernst Wiegand. Hildesheim. Zürich. New York 1988 (Germanistische Linguistik 87—90/1986), 491—520.

*Wagner 1970* = Klaus Wagner: Graphentheorie. Mannheim. Wien. Zürich 1970 (B. I.-Hochschultaschenbücher 248/248a).

*Wall 1973* = Robert Wall: Einführung in die Logik und Mathematik für Linguisten. Bd. 1: Logik und Mengenlehre. Bd. 2: Algebraische Grundlagen. Übersetzt von Wolfgang Klein und Angelika Kratzer und Armin von Stechow. Kronberg 1973 (Scriptor Taschenbücher S 13/14, Linguistik und Kommunikationswissenschaft).

*Wiegand 1977* = Herbert Ernst Wiegand: Einige grundlegende semantisch-pragmatische Aspekte von Wörterbucheintragungen. Ein Beitrag zur praktischen Lexikologie. In: Kolloquium über Lexikographie. Kopenhagen 1976. Beiträge von Helmut Henne, Helmut Schumacher, Angelika Ballweg-Schramm, Herbert Ernst Wiegand, Elisabeth Møller und Hans-Peder Kromann. Hrsg. von Karl Hyldgaard-Jensen. Kopenhagen 1977 (Kopenhagener Beiträge zur germanistischen Linguistik 12), 59—149 [Teilabdruck mit einem „Nachtrag 1981" in: Probleme des Wörterbuchs. Hrsg. von Ladislav Zgusta. Darmstadt 1985 (Wege der Forschung 612), 342—377].

*Wiegand 1977 [1984]* = Herbert Ernst Wiegand:

Nachdenken über Wörterbücher: Aktuelle Probleme. In: Günther Drosdowski, Helmut Henne, Herbert Ernst Wiegand: Nachdenken über Wörterbücher. Mannheim. Wien. Zürich 1977, 51—102 [Korrigierter Nachdruck 1984].

*Wiegand 1983* = Herbert Ernst Wiegand: Was ist eigentlich ein Lemma? Ein Beitrag zur Theorie der lexikographischen Sprachbeschreibung. In: Studien zur neuhochdeutschen Lexikographie III. Hrsg. von Herbert Ernst Wiegand. Hildesheim. Zürich. New York 1983 (Germanistische Linguistik 1—4/82), 401—474.

*Wiegand 1983a* = Herbert Ernst Wiegand: Ansätze zu einer allgemeinen Theorie der Lexikographie. In: Die Lexikographie von heute und das Wörterbuch von morgen. Analysen — Probleme — Vorschläge. Hrsg. von Joachim Schildt und Dieter Viehweger. Berlin [DDR] 1983 (Linguistische Studien Reihe A. Arbeitsberichte 109), 92—127.

*Wiegand 1983b* = Herbert Ernst Wiegand: Überlegungen zu einer Theorie der lexikographischen Sprachbeschreibung. In: Symposium zur Lexikographie. Symposium on Lexicography. September 1—2, 1982 at the University of Copenhagen. Ed. by Karl Hyldgaard-Jensen, Arne Zettersten. Hildesheim. Zürich. New York 1983 (Germanistische Linguistik 5—6/82), 35—72.

*Wiegand 1984* = Herbert Ernst Wiegand: Prinzipien und Methoden historischer Lexikographie. In: Sprachgeschichte. Ein Handbuch zur Geschichte der deutschen Sprache und ihrer Erforschung. Hrsg. von Werner Besch, Oskar Reichmann, Stefan Sonderegger. 1. Halbbd. Berlin. New York 1984 (Handbücher zur Sprach- und Kommunikationswissenschaft 2.1), 557—620.

*Wiegand 1984a* = Herbert Ernst Wiegand: On the Structure and Contents of a General Theory of Lexicography. In: LEXeter Proceedings. Papers from the International Conference on Lexicography at Exeter, 9—12 September 1983. Ed. by Reinhard R. K. Hartmann. Tübingen 1984 (Lexicographica. Series Maior 1), 13—30.

*Wiegand 1985* = Herbert Ernst Wiegand: Eine neue Auffassung der sog. lexikographischen Definition. In: Symposium on Lexicography II. Proceedings of the Second International Symposium on Lexicography May 16—17, 1984 at the University of Copenhagen. Ed. by Karl Hyldgaard-Jensen und Arne Zettersten. Tübingen 1985 (Lexicographica. Series Maior 5), 15—100.

*Wiegand 1985a* = Herbert Ernst Wiegand: Fragen zur Grammatik in Wörterbuchbenutzungsprotokollen. Ein Beitrag zur empirischen Erforschung der Benutzung einsprachiger Wörterbücher. In: Lexikographie und Grammatik. Akten des Essener Kolloquiums zur Grammatik im Wörterbuch 28.—30. 6. 1984. Hrsg. von Henning Bergenholtz und Joachim Mugdan. Tübingen 1985 (Lexicographica. Series Maior 3), 20—98.

*Wiegand 1986* = Herbert Ernst Wiegand: Metalexicography. A Data Bank for Contemporary German. In: Interdisciplinary Science Reviews 11. 1986, 122—131 [Number 2 (600 Years University of Heidelberg 1386—1986)].

*Wiegand 1986a* = Herbert Ernst Wiegand: Der frühe Wörterbuchstil Jacob Grimms. In: Deutsche Sprache 14. 1986, 302—322.

*Wiegand 1987* = Herbert Ernst Wiegand: Zur handlungstheoretischen Grundlegung der Wörterbuchbenutzungsforschung. In: Lexicographica 3. 1987, 178—227.

*Wiegand 1987a* = Herbert Ernst Wiegand: Über den Nutzen von Wörterbüchern. In: Kopenhagener Beiträge zur Germanistischen Linguistik. Sonderbd. 3. Hrsg. von Mogens Dyhr und Jørgen Olsen. Festschrift für Karl Hyldgaard-Jensen zum 70. Geburtstag am 3. Februar 1987. Kopenhagen 1987, 308—318.

*Wiegand 1988* = Herbert Ernst Wiegand: Wörterbuchartikel als Text. In: Das Wörterbuch. Artikel und Verweisstrukturen. Jahrbuch 1987 des Instituts für deutsche Sprache. Hrsg. von Gisela Harras. Düsseldorf 1988 (Sprache der Gegenwart LXXIV), 30—120.

*Wiegand 1988a* = Herbert Ernst Wiegand: Was eigentlich ist Fachlexikographie? Mit Hinweisen zum Verhältnis von sprachlichem und enzyklopädischem Wissen. In: Deutscher Wortschatz. Lexikographische Studien. Ludwig Erich Schmitt zum 80. Geburtstag von seinen Marburger Schülern. Hrsg. von Horst Haider Munske, Peter von Polenz, Oskar Reichmann, Reiner Hildebrandt. Berlin. New York 1988, 729—790.

*Wiegand 1988b* = Herbert Ernst Wiegand: „Shanghai bei Nacht". Auszüge aus einem metalexikographischen Tagebuch zur Arbeit beim Großen Deutsch-Chinesischen Wörterbuch. In: Studien zur neuhochdeutschen Lexikographie VI, 2. Teilbd. Mit einem Namen- und Sachregister zu den Bänden I—VI sowie einer Bibliographie zur Wörterbuchforschung. Hrsg. von Herbert Ernst Wiegand. Hildesheim. Zürich. New York 1988 (Germanistische Linguistik 87—90), 522—626.

*Wiegand 1988c* = Herbert Ernst Wiegand: Vorüberlegungen zur Wörterbuchtypologie: Teil I. In: Symposium on Lexicography III. Proceedings of the Third International Symposium on Lexicography May 14—16, 1986 at the University of Copenhagen. Ed. by Karl Hyldgaard-Jensen und Arne Zettersten. Tübingen 1988 (Lexicographica. Series Maior 19), 3—105.

*Wiegand 1988d* = Herbert Ernst Wiegand: Dictionary Styles: A Comparison Between the Dictionary of Jacob Grimm and Wilhelm Grimm and the Revised Edition. In: The Grimm Brothers and the German Past. Ed. by Elmer H. Antonsen with James W. Marchand and Ladislav Zgusta. Amsterdam. Philadelphia 1989 (Studies in the History of Language Sciences).

*Wiegand 1989* = Herbert Ernst Wiegand: Wörterbuchforschung. Kapitel III: Studien zur Theorie der Lexikographie. Typoskript. 1. Fassung. Heidelberg 1989.

*Wiegand 1989 a* = Herbert Ernst Wiegand: Wörterbuchstile: das Wörterbuch von Jacob Grimm und Wilhelm Grimm und seine Neubearbeitung im Vergleich. In: Wörterbücher in der Diskussion. Vorträge aus dem Heidelberger Lexikographischen Kolloquium. Hrsg. von Herbert Ernst Wiegand. Tübingen 1989 (Lexicographica. Series Maior 27), 227—278.

*Wiegand 1989 b* = Herbert Ernst Wiegand: Textverdichtung und Textauflockerung. Ein Beitrag zur Theorie lexikographischer Texte. Typoskript. 1. Fassung. Heidelberg 1989.

*Wiegand 1989 c* = Herbert Ernst Wiegand: Strukturen von standardisierten Wörterbuchartikeln und Wörterbuchbenutzung. Typoskript. 1. Fassung. Heidelberg 1989.

*Wiegand/Kučera 1981* = Herbert Ernst Wiegand/ Antonín Kučera: Brockhaus-Wahrig: Deutsches Wörterbuch auf dem Prüfstand der praktischen Lexikologie. I. Teil: 1. Band *(A—BT),* 2. Band *(BU—FZ)*. In: Kopenhagener Beiträge zur Germanistischen Linguistik 18. 1981, 94—217.

*Wolski 1986* = Werner Wolski: Partikellexikographie. Ein Beitrag zur praktischen Lexikologie. With an English Summary. Tübingen 1986 (Lexicographica. Series Maior 14).

*Herbert Ernst Wiegand, Heidelberg (Bundesrepublik Deutschland)*


# 40. L'orthographe dans le dictionnaire monolingue

1. Le discours sur l'orthographe
2. L'illusion et la réalité
3. Un exemple d'explicitation: le Webster
4. Premier niveau graphique: la présentation visuelle
5. Transcription et écriture
6. La lemmatisation
7. Les variantes graphiques
8. Bibliographie choisie

Les dictionnaires constituent à l'heure actuelle, dans les mains des locuteurs-scripteurs, les principaux porteurs de norme, les pédagogues de l'adulte. Conscients de leurs responsabilités, les lexicographes s'efforcent d'introduire auprès des informations proprement lexicales non seulement des renseignements sur l'histoire, la prononciation, les catégories grammaticales, la syntaxe, etc., mais sur les flexions nominales et verbales, les affixes et la formation des mots, la dérivation et la composition, etc. Or, pour certaines langues, toutes ces informations devraient pour ainsi dire être données deux fois, pour l'oral et pour l'écrit. Malgré un zèle souvent intempestif, on peut dire que la partie graphique est l'une des plus mal traitées, en dépit de son importance auprès des utilisateurs de tout type. Au-delà de la phonologie et de la grammaire, l'orthographe déborde même vers la sémantique, et l'on peut parfois se demander, comme le faisait Saussure pour les idéogrammes du chinois, s'il ne s'agit pas pour l'anglais ou pour le français de deux langues différentes. Tout se passe alors pour l'usager comme s'il avait à faire non à une des parties de la langue vivante, mais à un monde «en-soi», figé à jamais. Cependant, les choses évoluent, dans les faits comme dans les mentalités.

## 1. Le discours sur l'orthographe

Les ouvrages du XIXe, comme ceux qui les avaient précédés (R. Estienne 1549, Richelet 1680, Féraud 1787, etc.) multipliaient encore les déclarations préliminaires, et les proclamations de conformité avec l'orthographe officielle y côtoyaient l'annonce d'innovations dont le public était friand. Napoléon Landais, par ex. (= Land. 1834, T. II) intègre avec fierté dans le titre de son ouvrage ses propres procédures.

Il s'en explique longuement dans son «Compte-rendu aux Souscripteurs», en se vantant de présenter un dictionnaire «réformateur et toujours raisonné» (Land. 1834, T. II, p. 1012). Il donne quelques ex., comme les entrées **appendice** (fém. ou masc.?), «**assujétir** et non pas **assujettir**», «**chevaux-légers** et non point **chevau-légers**», «**faulx** et non pas **faux**», «**grace** et **grâce**», etc., mots pour lesquels il établit ses propres normes en justifiant ses choix. — A sa suite, même après la parution de la 6e éd. du *Dictionnaire de l'Académie* (= Ac. 1835), qui a fait date, Littré continue également, avec force et conviction, à intervenir, parfois avec succès, pour faire évoluer l'usage (cf. Catach 1971 et 1981).

Alors que les continuateurs de Duden en Allemagne, de Webster aux Etats-Unis, gèrent constamment le glorieux héritage qui leur a été laissé, et s'en expliquent abondamment, ce genre de discours a disparu en France, et a fait place à un grand silence. Si

# DICTIONNAIRE GÉNÉRAL

## ET GRAMMATICAL

### DES

# DICTIONNAIRES FRANÇAIS,

### Extrait et Complément de tous les Dictionnaires les plus célèbres,

**Contenant :**

1° Des notions élémentaires et générales de Grammaire française ;
2° La nomenclature exacte et complète de tous les Mots, sans exception, généralement et authentiquement usités (y compris la décomposition de tous les temps des verbes irréguliers) ;
3° L'Orthographe moderne, vieillie ou ancienne ;
4° Les Nombres singulier et pluriel des substantifs et des adjectifs, écrits en toutes lettres et rangés alphabétiquement, si l'un et l'autre ne suivent pas les mêmes règles orthographiques ;
5° La Prononciation figurée, c'est-à-dire en lettres de pure convention ; ou le son, s'il ne s'agit que des lettres de l'alphabet ;
6° L'Étymologie grecque ou latine dans sa plus simple décomposition, avec sa traduction littéralement française ;
7° Le Sens propre et figuré ;
8° La Définition, si c'est un terme de science, ou d'art, ou de métier ;
9° Les différentes Acceptions ; les Phrases dites Gallicismes ; toutes les Locutions nobles, proverbiales et familières ;
10° Les Règles et Solutions grammaticales concernant chaque mot ;
11° La manière qui peut seule être raisonnablement admise, d'écrire toutes les espèces d'abréviations ;
12° Généralement enfin tout ce qui peut et doit aider l'intelligence de la langue et en aplanir les difficultés.

### Par NAPOLÉON LANDAIS.

Extrait textuel 40.1 : page de garde (tiré de : Land. 1834, T. II)

l'on prend aujourd'hui n'importe quel dictionnaire d'orthographe (cf. art. 140), on peut relever un grand nombre de secteurs qui posent problème : accentuation, division des mots, majuscules, noms propres, finales, liaisons, accords irréguliers, homographes, etc. Or, nos ouvrages les plus consultés (*Petit Larousse Illustré* = PLI, *Petit Robert* = PR) n'accordent semble-t-il guère d'importance à ces aspects de leur travail, et ne jugent nullement utile d'expliciter leur méthodologie. Le PLI, par ex., qui a régné sans partage dans les ateliers d'imprimerie jusqu'à l'arrivée de son concurrent (PR 1967), alors que l'Académie (= Ac. 1932—1935, 8ᵉ éd.) n'était plus consultée depuis bien longtemps, a toujours tacitement laissé croire qu'il en était le représentant le plus qualifié, habitude qu'il avait prise dès le début du siècle et qui est naturellement contredite par les faits, l'orthographe ayant malgré tout évolué quelque peu depuis lors, comme d'ailleurs dans chaque édition du PLI.

2. L'illusion et la réalité

En comparant par ex. trois ouvrages importants comme le *Littré* (= Littré, 1846—1872, rééd. 1959), le *Grand Robert* (= G. Robert

| Littré 1959 | G. Robert 1969 | PLI 1969 (et Ac. 8ᵉ éd.) |
|---|---|---|
| abatage, vr abattage | abatage, vr abattage | abattage |
| abatis, vr abattis | abatis, vr abattis | abattis |
| déclencher, déclancher | déclencher, déclancher | déclencher |
| dénouement, dénoûment | dénouement, dénoûment | dénouement |
| nénufar, nénuphar | nénufar, nénuphar | nénuphar |
| phlegme, flegme | phlegme, flegme | flegme |
| sofa, sopha | sofa, sopha | sofa etc. |

Ill. 40.1 : comparaison graphique (entre : Littré 1959, G. Robert 1969, PLI 1969, Ac. 8ᵉ éd.)

1969) et le PLI (= PLI 1959—1970, diverses éd.), nous avons pu relever de fortes discordances graphiques (cf. Catach 1971 et 1981), non seulement dans les grands secteurs mouvants du lexique (archaïsmes, néologismes, mots familiers ou populaires, emprunts, mots composés) mais parfois pour les mots les plus usuels, cf. Ill. 40.1.

Comment s'expliquent ces discordances? En grande partie par un simple concours de circonstances: la rééd. du Littré par les éditions Gallimard-Hachette en 1959 (avec maintien involontaire et quasi-total de l'orthographe originale du XIXe s.!), a entraîné sur ses traces l'introduction dans le G. Robert, puis dans le PR, d'une multiplication des variantes, ces dictionnaires donnant bien souvent côte à côte les graphies du grand ancêtre et celles qu'ils pensaient être les plus actuelles. Malgré le trouble certain apporté aux usagers (ainsi on trouve dans le PR **oye, maye**, en renvoi à **oie, maie**, avec deux articles différents), ce hasard a eu le mérite d'ébranler quelque peu l'immobilisme général, et de redonner aux lexicographes, y compris le PLI, le courage d'introduire (toujours sans le dire) un bon nombre de variantes nouvelles, et même certaines normalisations en série (mots composés en particulier). Ainsi se trouve une nouvelle fois confirmée la place centrale occupée, parfois à leur corps défendant, par les lexicographes dans l'évolution et la réforme des langues. Ajoutons que personne, parmi les plus attachés à l'orthographe traditionnelle, ne s'en était aperçu...

## 3. Un exemple d'explicitation: le Webster

Absence d'éclaircissements sur les procédures, relative indifférence envers les problèmes graphiques et fixisme ne se retrouvent pas forcément en dehors de la France. On sait l'intérêt des dictionnaires allemands (Grimm 1854—1961, Duden 1962, Wahrig 1966, etc.) pour ce type de questions, et le rôle qu'ils ont pu jouer. En Angleterre, l'*Oxford English Dictionary* (= OED 1933) s'attache, quant à lui, le premier, à donner les principales formes graphiques des mots en huit étapes historiques, ex.:

**Honour, honor** (ɒ·nəɹ), *sb*. Forms : 3–4 onur, honur(e, 4 onour(e, 4–6 honoure, -owre, (5 onnere, 5–6 honnour(e, 6 honnor), 3– honour, 4– honor. [a. OF. *onor, -ur, honor, -ur* (11th c.), AF. (*h*)*onour*, mod.F. *honneur* (= It. *onore*, Sp., Pg. *honor*) :—L. *honōr-em* repute, esteem, official dignity, honorary gift, ornament, grace, beauty.

Extrait textuel 40.2: histoire des modifications graphiques du mot **honour, honor** (tiré de: OED 1933, p. 367)

Seul, en France, le *Trésor de la Langue française* (= TLF, commencé en 1960) s'est attaché comme l'OED à consacrer une place spécifique non négligeable à l'histoire des formes et à une étude graphique sérieuse des mots. En Italie, la période mussolinienne a connu une politique générale d'intégration des emprunts, largement enregistrée dans les dictionnaires (**football/il calcio; abat-jour/paralume; mayonnaise/maionese; sérieux/serio, serioso,** etc.). Aux USA enfin, le Webster (= Webster 1981, 1ᵉ éd. 1828) mérite une mention spéciale. De plus en plus utilisé non seulement en Amérique, mais en Angleterre et dans l'ensemble du monde anglophone, ses différentes éditions ont présenté le double mérite de considérer sérieusement leurs responsabilités graphiques et de s'en expliquer clairement dans leur Introduction.

Les auteurs présentent dans la Préface du Dictionnaire (Webster 1981) les points principaux des procédures adoptées: choix des lemmes (mots simples, **composés** avec ou sans **trait d'union**); traitement des **homographes** (numérotés par ordre chronologique, que ces homographes soient de même origine ou non); ordre des **variantes graphiques (ordre alphabétique**, précédées de *or* pour les variantes «égales», ou la plus usitée en tête; précédées de *also* s'il s'agit d'une variante secondaire, ex. «**asoka,** also **as-ak** or **as-ok**»); entrée à part pour les variantes qui s'écartent trop des premières dans l'ordre alphabétique (à plus de cinq pouces, ex. **loth/loath**); id. pour les formes fléchies et formes irrégulières des verbes (prétérit, participes, 3ᵉ personne du singulier); les **mots composés** même sans **trait d'union,** les verbes suivis de prépositions font l'objet d'un traitement à part, en entrées ou en sous-entrées; comme toutes les **entrées,** sauf les noms de marque et certaines abréviations, sont en bas-de-casse, on donne systématiquement les usages des **majuscules;** les **renvois** sont typographiquement distincts selon qu'ils proposent un traitement plus ample sous un autre lemme, un supplément d'information placé ailleurs, divers synonymes ou d'autres mots du même domaine (ainsi **house** renvoie à **bungalow, mansion,** etc.); pour les **mots polysémiques,** l'ordre est autant que possible chronologique; enfin et surtout, grande innovation du Webster, toutes les entrées sont présentées découpées par des points en **syllabes**, et les règles suivies sont longuement explicitées, avec toutes les exceptions.

Dans l'ensemble, les auteurs précisent qu'ils illustrent «l'usage actuel», et ne donnent pas de consignes pour l'usage «correct». Ils se classent donc parmi les ouvrages «descriptifs» et non parmi les ouvrages «normatifs». Chacun sait cependant le rôle important joué par N. Webster (et, dans sa lignée, ses continuateurs) pour fixer ce que l'on a coutume d'appeler «l'orthographe américaine», dont voici, entre autres, les principales divergences citées ici avec «l'orthographe américaine»:

| Anglais | Américain | Exemples |
|---------|-----------|----------|
| -xion | -ction | connection |
| -ae | -e | anemia |
| -oe | -e | fetus |
| -re | -er | center |
| -ise | -ize | realize |
| -oul | -ol | mold |
| -our | -or | color |
| -s | -c | defence |

Ill. 40.2: principales divergences entre l'orthographe anglaise et l'orthographe américaine (tiré de: Webster 1981, I, Explanatory Notes, p. 23 a)

L'un des points les plus importants développés (intitulé «Spelling», alors qu'à notre avis tout ce que nous avons mentionné jusqu'ici fait à plein titre partie de ce domaine) traite de la graphie dérivative de l'anglais (Webster 1981, T. 1, p. 21. a). On y retrouve la plupart des règles phoniques et graphiques de formation des dérivés, ce qui manque à peu près complètement dans les dictionnaires français correspondants. Par ex., pour la transformation de *y* final en *i* (**beauty/beautiful**) sont mentionnées les cas de **thirstyish** (devant *i*), **everybody's** (devant marque de possessif), **dryless, dryness** (monosyllabes devant suffixes), les oppositions sémantiques entre **drier** (comparatif de **dry** «sec») et **dryer** «séchoir», **busyness** et **business, gayly** et **gaily, stayed** et **staid** adjectif (polysèmes-hétérographes), etc.

### 4. Premier niveau graphique: la présentation visuelle

Nous avons déjà pu juger, à travers les ex. de N. Landais et Webster, de l'étendue et de la diversité des problèmes qui, de près ou de loin, touchent à la forme écrite de la langue et se posent à chaque instant au lexicographe.

Avant d'en traiter de façon plus spécifique, il nous faut parler de ce que l'on peut appeler le «premier niveau graphique» sans doute tout aussi important que «l'orthographe» proprement dite, et qui ne peut se satisfaire du «coup par coup»: il s'agit de la présentation de l'ouvrage. Le dictionnaire est une architecture visuelle dans laquelle tout, à la limite, est *métagraphie,* et donc *métalangue.* On a souvent mentionné la contradiction insoluble entre l'ordre alphabétique (ordre graphique par excellence) et l'ordre linguistique. Mais cette contradiction n'est que le symbole et la partie la plus apparente de contradictions visuelles bien plus profondes, entre le mot et le «non-mot», l'entrée et l'intérieur des articles, les capitales et les bas-de-casse, la graphie pleine du masculin et abrégée du féminin, les mots de langue et les mots du discours, etc. Un dictionnaire moderne inscrit toutes ces contradictions, ces hiérarchies, ces choix et ces silences dans un réseau extrêmement complexe d'oppositions de caractères, d'abréviations, de chiffres, de codes, de crochets, parenthèses, guillemets, de pictogrammes et d'idéogrammes fortement visuels (points, carrés, losanges, flèches) qui appartenaient jusqu'à l'avènement de l'informatique à la seule typographie, ou plus exactement à *«l'orthotypographie»* (N. Catach). Ce réseau permet à l'usager de circuler plus aisément à travers l'univers des mots; il lui permet, en le hiérarchisant, de s'initier à la réflexion sur la langue; il véhicule enfin une bonne partie de l'information, mais il faut certes prendre garde à un excès, qui transformerait celle-ci en «bruit».

Ainsi, les caractères typographiques spécifiques du lemme servent à la fois à mieux le retrouver et à lui octroyer, pour ainsi dire, sa «forme canonique» — ce qui fait que si, pour des raisons techniques, les accents ou les majuscules manquent, il est privé d'une partie de sa forme, et l'information doit en être donnée quelque part; de même, le trait d'union des composés devrait être répété, s'il y a lieu, en début de ligne; les modèles de conjugaison, les «mots de base», servant de renvoi aux séries grammaticales ou sémantiques, doivent être choisis avec soin; la présence d'un exemple au féminin ou au pluriel dans tous les cas litigieux devrait être systématiquement prévue, etc. En réalité, il serait vain de prétendre attribuer des oppositions visuelles à toutes les données de la langue. Cependant, la présentation en Préface d'un diagramme complet de macro- et microstructure d'un article du dictionnaire me semble aller de soi (cf. Webster 1981, Explanatory Chart).

L'exigence d'une algèbre visuelle complétant l'information alphabétique est légitime, et elle est économique. Comparable en richesse et en complexité à celles de certaines éditions critiques, elle peut et doit à présent faire appel à l'imagination créative de l'écran informatique.

### 5. Transcription et écriture

Un exemple particulièrement net d'interaction entre niveau visuel, graphique et métagraphique est celui des indications de prononciation (transcription, accent tonique, durée, etc.). Je n'insisterai pas ici sur la transcription proprement dite, qui n'est pas toujours ce qu'elle devrait être (cf. art. 41 et 141).

# 40. L'orthographe dans le dictionnaire monolingue

505

THE CENTER COLUMN on this page contains entries taken from the dictionary. One or more parts of each entry has an oval line linked to a box in the margin. The term in the box is our name for the circled convention. The number in the box refers to a section in the "Explanatory Notes" following.

| | | |
|---|---|---|
| *abbr* **3.3, 19.1** | | primary stress **2.2** |
| angle bracket **13.1** | | |
| author quoted **13.2.1, 13.2.2** | | |
| binomial **14.1, 14.2** | | pronunciation **2.** |
| boldface type **1.1, 22.1** | | regional label **8.3.4** |
| capitalization label **5.2** | | run-on entry (derivatives) **17.1.1** |
| centered period **1.6** | | run-on entry (phrasal) **17.2** |
| | | secondary stress **2.2** |
| cognate cross-reference **1.7.3, 16.3.1** | | secondary variant **1.7.2** |
| comb form **3.3, 21.1** | | *see -ize in Explan Notes* **23.1** |
| | | sense letter **12.2** |
| definition | | sense number **12.1** |
| | | small capitals **16.0, 16.2** |
| directional cross-reference **16.1, 16.1.2** | | |
| ditto marks **2.8.1** | | status label **8., 8.1.2** |
| double hyphens **2.7.2** | | subject guide phrase **10.1** |
| equal variant **1.7.1** | | subject label **9.1** |
| etymology **7.** | | suffixal cross-reference **4.4, 4.10, 16.5** |
| functional label **3.1** | | superscript **1.4, 1.5** |
| homographs **1.4** | | |
| hyphened compound **1.1, 2.7.2** | | swung dash (boldface) **3.2** |
| | | swung dash (lightface) **13.1** |
| inflectional cross-reference **4.6, 4.12, 16.4** | | |
| inflectional form **4.1** | | symbol **3.3, 20.1** |
| lightface type **1.1** | | symbolic colon **11.1** |
| lowercase **5.1** | | synonymous cross-reference **16.2** |
| main entry **1.1, 22.1** | | synonymy cross-reference **18.2** |
| | | synonymy paragraph **18.1** |
| *often attrib* **6.** | | |
| open compound **1.1, 2.7.2** | | |
| | | uppercase |
| | | usage note **15.1** |
| *pl but sing in constr* **4.3** | | verbal illustration **13.1** |
| *prefix* **3.3, 21.1** | | verb principal parts **4.7** |

Extrait textuel 40.3 : «Explanatory Chart» (tiré de: Webster 1981, I, Explanatory Notes, p. 13a)

Mais il y a plus grave: où s'arrête la transcription, où commence l'écriture? Telle est la question que l'on peut se poser à observer par ex. les lemmes du *Concise Oxford English Dictionary,* dont voici quelques ex. (COED 1976, p. 516, 2ᵉ colonne):
 **-hood, hoo͞'dıe, hoo͞'dlum, hoo͞'dman-blīnd, \*hoo͞-'doo͞, hoo͞'dwınk, hoo͞'ey, hoo͞f** *n.* (*pl.* ~ s, *or hooves pr.* -vz) . . .

L'entrée étant, comme le dit l'OED (OED 1933, p. XXIX) «under its modern current or most usual spelling» [sous sa graphie moderne courante ou la plus usuelle], choisie pour être «the Main Form of the word», on peut se demander si le lecteur ainsi malmené va s'y reconnaître.

Même erreur capitale dans plusieurs dictionnaires français, dont les Larousse, qui, sous prétexte d'«objectivité» graphique, introduisent dans les entrées, sans aucune distance ni avertissement, les signes diacritiques de différentes langues, ce qu'ils appellent leur «orthographe réelle»: «Pourquoi ne pas respecter ces graphies?» (*Grand Larousse Encyclopédique,* = Gd. L. E. 1969, Avant-Propos). Ce qui donne les «Main Forms» suivantes (en laissant de côté le problème des noms propres): **nô, nō** (japonais), **viêtnamien** (mais, indique modestement l'Avant-Propos, «nous n'avons pas noté les tons»); dans les éditions du PLI à partir de 1968, **mullā, rajā, shā, çivaïsme** (et **chīᶜite, chīᶜisme); maelström** (norvégien), **maërl** (celtique); **øre** (danois), **öre** (norvégien et suédois), etc. En dehors de ces divers alphabets ou translittérations scientifiques, on trouve, par pur «pédantisme orthoépique» (A. Martinet), dans les graphies des mots étrangers les notations les plus compliquées du fonds français, *ae, oe, w, kh, sh* (**casher, kascher, cawcher, cachère**), lettres «grecques» (**kephyr, hadīāth, talleth**), etc. Sont-elles vraiment orthoépiques? En est-on déjà à demander à chaque usager d'assimiler les quelques milliers de graphèmes des langues du monde, et, par ex. pour le phonème [ʃ], non seulement *ch, sh, sch,* mais *sc* italien, *sj* danois, *sk* suédois, *stj* hollandais, *sz* polonais, *š* tchèque, etc.? Même ignorance de ce qu'est une écriture nationale dans ses rapports avec la langue pour les notations de genre, de nombre, etc.: passe encore pour **lunches, matches, misses, boxes,** mais qui va jamais pouvoir utiliser **inselberge, pfennige** (notation ambiguë en français), **goyim** ou **tchervontsy?** (pour d'autres ex., cf. Catach 1971, 59—62, 121, 128—130, 148—152, etc.).

En réalité, il y a là une série de questions primordiales: tout d'abord, la fausse opposition entre attitude «normative» et «descriptive»: pourquoi, par ex., fixer des «normes» phoniques, et se défendre d'intervenir (tout aussi scientifiquement, bien entendu) sur les «normes» graphiques, ce qui non seulement est non conforme à la réalité (car en «respectant» par ex. certaines graphies étrangères, comme celles que je viens de citer, on ne manque certainement pas d'intervenir, à la fois sur l'écrit et sur l'oral de sa propre langue); c'est également impossible (car qu'est-ce que «l'orthographe réelle» du japonais, de l'hébreu ou du vietnamien?). Ensuite, il faudrait se souvenir de ce que disait Gattel: «Indiquer [pour une langue étrangère] de la manière la plus sensible et la plus sûre la prononciation de cette langue à l'aide des caractères dont se sert dans la sienne l'étranger qui l'étudie» (*Dictionnaire français-espagnol,* 1803, cité par Quemada 1968, p. 115). Certes, pour certains emprunts au moins, les difficultés (linguistiques et extra-linguistiques) ne sont pas niables, et les mentalités ont bien évolué depuis Gattel. Mentionnons seulement, sans nous y attarder, la réalité de ces problèmes, et peut-être une solution, déjà adoptée en partie par L. Warnant (*Dictionnaire de la prononciation française,* 3ᵉ édition, s. d.), et même par l'OED et les dictionnaires Larousse dans certains cas: noter côte à côte, pour les mots d'emprunt non assimilés, la prononciation (et la graphie) usuelles, puis celles d'origine, ce qui s'appliquerait également à leur morphologie. On obtiendrait ainsi une meilleure adaptation et utilisation de ces mots par des millions de locuteurs, et le multilinguisme actuel autorise et favorise une telle évolution.

Mais l'exemple du COED pose un autre type de problèmes: le mot-vedette n'est pas seulement une forme graphique, elle est, comme nous l'avons dit, métagraphique, et matricielle: c'est elle qui se fixera dans la mémoire, tout comme la forme phonique, et servira à la génération des textes écrits et des mots nouveaux, comme à celle des dérivés et des formes flexionnelles. L'entrée graphique constitue une unité visuelle inaliénable: aussi ne peut-on sans danger la mutiler, la couper, l'affubler de notations diverses, qui peuvent avoir, et ont d'ailleurs déjà, leur place dans la transcription phonétique toute proche.

Cette remarque peut s'appliquer, à un moindre degré, à la marque de la syllabe tonique ou au découpage en syllabes, ce dernier étant pratiqué par plusieurs dictionnaires allemands et anglais, et en premier lieu le Webster: L'OED, par ex., coupe le mot d'un point après la voyelle accentuée (**alfe·res, a·nredly**); le Webster coupe systématiquement les entrées en syllabes, séparées elles aussi par un point. Il s'agit bien entendu de coupures graphiques; les notations phonétiques, elles, ne sont pas coupées, mais reçoivent une virgule après la syllabe accentuée. Il suffirait de quelques pages en tête de l'ouvrage pour expliquer les règles principales d'accentuation ou de syllabation, ce qui soulagerait d'autant le dictionnaire.

## 6. La lemmatisation

Par manque de place, nous regrouperons ici un certain nombre de problèmes qui présentent, entre autres, un aspect graphique non négligeable, au premier comme au 2e niveau.

### 6.1. Les mots composés

Il y a d'abord les mots «cachés» ou «oubliés» (par faux renvois, place inadéquate, etc.); ensuite, les oppositions entre «mots graphiques» (groupes de lettres entre deux blancs) et «mots linguistiques» (composés avec ou sans trait d'union, locutions nominales et verbales, qui vont du «synthème» au syntagme). On peut noter à cet égard un progrès certain: sous la pression de la critique, **pomme de terre, hôtel de ville, point de vue** et quelques autres sont à l'ordre alphabétique du PR 1969 et du PLI depuis quelques années. Mais l'effort à faire reste grand.

Ces ruptures dans la macro- ou la microstructure (qui ne pourront être résolues que par une série de compromis entre l'ordre alphabétique et l'ordre linguistique, en particulier par le système des sous-entrées) entraînent non seulement de sérieuses lacunes dans l'information générale, mais aussi un mauvais traitement de ces «intouchables» ainsi relégués, par omission de leurs attributs essentiels, caractéristiques morphologiques, exemples, etc. Sur ce point, le regroupement par sous-entrées permet aussi d'avancer, les anomalies morphologiques devenant moins supportables: à l'initiative du Gd. L. E. 1969, la quasi-totalité des composés sur **électro-, radio-,** etc. sont aujourd'hui soudés, et certains composés sur verbes, lentement, s'acheminent vers un pluriel régulier (70 % présentaient, à cet égard, des anomalies morphologiques, cf. Catach 1981, pp. 113—118, 178—184).

### 6.2 Homonymes et polysèmes

Une autre douloureuse mise en demeure des lexicographes, qui remet en cause leur désir de ne pas tenir compte du signifiant graphique, est la présence incontournable dans le lexique de termes qui ont même forme phonique, mais diverses formes graphiques (hétérographes, qui entrent d'emblée à l'ordre alphabétique) ou l'inverse (homographes, dégroupés ou regroupés selon les cas et les dictionnaires). Sans reprendre, là encore, l'ensemble de la question (cf. art. 51, 69, 110, etc.), soulignons au passage l'utilisation des variantes graphiques pour créer des dégroupements jugés utiles (polysèmes hétérographes). Ce procédé (dangereux pour une écriture alphabétique, qui en principe ne note pas les sens) nous a donné les oppositions entre **cuissot** et **cuisseau, filtre** et **philtre, dessin** et **dessein, panser** et **penser, repère** et **repaire, différent** et **différend,** etc. Parmi les plus récents, notons la spécialisation des formes en *-tiel, -tielle, -tiation* des dérivés de **différence** pour le langage mathématique et technique, l'opposition du **pineau** (des Charentes) et du **pinot** (de Bourgogne), simples anciennes variantes graphiques, etc.

## 7. Les variantes graphiques

Mais la question de la variation graphique déborde de très loin le seul problème des polysèmes. Il touche, tout comme l'ordre alphabétique, à toutes les faces de l'objet dictionnaire, adressage, renvois, choix multiples ou rejets, indexation manuelle ou automatique, problèmes de correction et de norme, etc. Le «mot» est en réalité une nébuleuse, non seulement par ses allographes dialectaux, syntagmatiques et paradigmatiques, mais par ses variantes anciennes et nouvelles, sans compter les réalisations individuelles, en particulier celles des écrivains. Si l'on s'en tient au vocabulaire général, un mot sur six présente, semble-t-il, une ou plusieurs variantes plus ou moins «standardisées» dans nos langues dites normées. Leur mouvement, par suppressions, ajouts, modifications, etc., est important (de 1962 à 1969, plus de 16 % de modifications dans le PLI, cf. Catach 1971, 168—182), et non identique d'un dictionnaire à l'autre. C'est surtout ainsi qu'évolue l'usage. A cela, il faut ajouter les argots, les emprunts aux langues mortes ou étrangères, les mots composés, scientifiques ou techniques, etc., ce qui, selon nos sondages, concernerait dans l'ensemble déjà le quart d'un dictionnaire courant de bonne taille. L'entrée en masse des mots nouveaux, le brassage des vocabulaires, le désir de ne pas forcer l'usage, le déclin de l'imprimerie classique, font que le phénomène ne cesse de s'étendre, et l'ordinateur individuel, forcé d'admettre les variantes et de les traiter, n'arrangera rien. Comment faire face à tant de problèmes?

Nous allons sans doute, dans ce domaine comme dans beaucoup d'autres, vers des dictionnaires multimédia, de plus en plus variés, tirés des banques de données nationales et internationales. Inutile de dire combien nos attitudes timorées de porteurs de norme vont s'en trouver bousculées. Même en recul, l'écrit n'est pas près de disparaître, les dictionnaires traditionnels non plus. Mais une réflexion d'ensemble est plus que jamais nécessaire. En attendant, prenons l'exemple des plus grands, en particulier Littré. Parmi d'autres qualités, il avait celle de considérer l'orthographe comme la seconde (mais égale) forme de l'expression de la langue. Enregistreurs et descripteurs de l'usage, par là-même les lexicographes interviennent à chaque instant, et doivent le faire en connaissance de cause. Présentation visuelle optimale du dictionnaire, gestion des archaïsmes et des néologismes, commentaires et interventions raisonnés, dans le plus grand respect de leurs fonctions et de leur rôle national, mais aussi de l'évolution de la langue, telles sont, en ce domaine, les directions qui seront toujours valables et qu'ont suivies les plus grands lexicographes de nos pays.

## 8. Bibliographie choisie

### 8.1. Dictionnaires

*Ac. 1835* = Dictionnaire de l'Académie française. Paris 1835 [6ᵉ éd., 2 vol., 1952 p., 1ᵉ éd. 1694. Dernière éd. 1932—1935, 2 vol., 1365 p.].

*COED 1976* = Concise Oxford English Dictionary. Oxford 1976 [1556 p.].

*Duden 1962* = Duden: Aussprachewörterbuch. Wörterbuch der deutschen Standardaussprache. Der große Duden: Bd. 6. Mannheim. Wien. Zürich 1962 (Der große Duden in 10 Bänden) [2ᵉ éd. 1974].

*Gd. L. E. 1969* = Grand Larousse Encyclopédique. Paris 1969 [10 vol. et un Suppl.].

*G. Robert 1968* = Paul Robert: Dictionnaire alphabétique et analogique de la langue française. Paris 1968 [6 vol., Suppl. 1970. 2ᵉ éd. 1985].

*Grimm 1854—1961* = Jacob Grimm et Wilhelm Grimm: Deutsches Wörterbuch. Leipzig 1854—1961 [32 vol.].

*Land. 1834* = Napoléon Landais: Dictionnaire général et grammatical des Dictionnaires français, extrait et complément de tous les Dictionnaires les plus célèbres [. . .]. Paris 1834 [T. 2, 1204 p.].

*Littré 1959* = Emile Littré: Dictionnaire de la langue française. Paris 1959 [7 vol., 1ᵉ éd. 1863—1873].

*OED 1933* = Oxford English Dictionary. Oxford 1933 [14 vol., Suppl. 1976].

*PLI 1959—1969* = Petit Larousse Illustré. Paris éd. 1959—1969 [1800 p.].

*PR 1967* = Petit Robert. Dictionnaire alphabétique et analogique de la langue française. Paris 1967 [1970 p.].

*TLF 1986* = Trésor de la Langue française. Paris 1986 [dernier vol. paru, T. 13, 1988].

*Wahrig 1966* = Gerhard Wahrig: Das große deutsche Wörterbuch. Gütersloh 1966 (Die große Bertelsmann Lexikon-Bibliothek). [2ᵉ—4ᵉ éd. publ. avec le titre «Deutsches Wörterbuch»].

*Webster 1981* = Webster Third New International Dictionary of the English Language Unabridged. Chicago. London. Toronto. Geneva. Sydney. Tokyo. Manila [2 vol., 3135 p., 1ᵉ éd. 1828].

### 8.2. Travaux

*Catach 1971* = Nina Catach/Jeanne Golfand/Roger Denux. Orthographe et Lexicographie (Littré, Robert, Larousse), Variantes graphiques — Mots latins et grecs — Mots étrangers. Paris 1971 [T. 1, 333 p.].

*Catach 1981* = Nina Catach/Jeanne Golfand/Roger Denux: Orthographe et Lexicographie (Littré, Robert, Larousse), Les mots composés. Paris 1981 [T. 2, 349 p.].

*Deighton 1972* = Lee C. Deighton: A Comparative Study of Spelling in Four Major Collegiate Dictionaries. New York 1972.

*Emery 1973* = Donald W. Emery: Variant Spellings in Modern American Dictionaries. Urbana, Ill. 1973. [1ᵉ éd. 1958].

*Quemada 1968* = Bernard Quemada: Les Dictionnaires du français moderne. Paris 1968.

*Nina Catach, Paris (France)*


# 41. Die phonetischen Angaben im allgemeinen einsprachigen Wörterbuch

1. Theoretische Vorbemerkungen
2. Zur Geschichte der phonetischen Angaben
3. Allgemeine Bedeutung phonetischer Angaben
4. Die phonetischen Angaben im einzelnen
5. Literatur (in Auswahl)

## 1. Theoretische Vorbemerkungen

Die graphische *(code écrit)* und die lautliche *(code oral)* Darstellung der Wörter sind theoretisch einander gleichgestellt. Die lexikographische Praxis ist jedoch weit von diesem Anspruch entfernt. In den weitaus meisten Wörterbüchern (= Wbb.) ist die alphabetische Reihenfolge der *orthographischen* Form die Grundlage für die Anordnung der Lemmata. Nur ganz selten beruht die Anordnung auf der *lautlich transkribierten* Form (z. B. Michaelis/Passy 1897, Michaelis/Jones 1913, Juilland 1965). Es erscheint vorerst ausgeschlossen, daß eine lautliche Schreibweise als Grundlage der Anordnung z. B. in einem einsprachigen oder zweisprachigen Wörterbuch (= Wb.) dienen könnte (außer im Sonderfall einer schriftlosen Sprache). Selbst Aussprachewörterbücher (Mangold 1979) sind in der Regel orthographisch angeordnet; die Ausspracheangabe folgt als Zweiteintrag. Bei allen anderen Wörterbuchtypen ist die Ausspracheangabe nur ein subsidiärer Bestandteil; der eigentliche Zweck ist z. B. eine ausgangssprachliche Definition, eine fremdsprachliche Übersetzung, eine Etymologie usw. (vgl. Art. 36). Dabei ist zu entscheiden, für welche Arten von Zweitangaben zusätzliche phonetische Angaben nützlich oder sogar notwendig sind. Bei ein- und zweisprachigen Wbb. wird ihr Nutzen in zunehmendem Maße anerkannt. Trotz ihres subsidiären Charakters in der Praxis bleibt die theoretische Gleichstellung, wenn nicht Überordnung, der lautlichen Behandlung der Wörter gegenüber der graphischen (orthographischen) festzuhalten. Dies wird von einem so konservativen Wb. wie dem OED (Bd. I, 1933, XXXIV) zum Ausdruck gebracht:

"The pronunciation is the actual living form or forms of a word, that is, *the word itself,* of which the current spelling is only a symbolization."

## 2. Zur Geschichte der phonetischen Angaben

Wie schon bei der phonetischen Transkription als solcher (cf. Abercrombie 1981, Weinstock 1981), so war auch bei den phonetischen Angaben in einsprachigen Wbb. England von Anfang an führend. Zur historischen Entwicklung s. Sheldon 1946 und Lehnert 1956, cf. auch die entsprechenden Einträge in Bronstein u. a. 1977 (bes. Bailey, Dyche, Johnson, Sheridan, Walker, für die USA Webster). Sheldon unterscheidet drei Stadien der Entwicklung: (1) Markierung des Wortakzents durch einen graphischen Akzent (z. B. Thomas Dyche, Nathan Bailey), (2) kombinierte Markierung von Wortakzent und Vokalquantität (z. B. Bailey spätere Auflagen, John Ash, John Entick), (3) zusätzliche Markierung von Vokal- und Konsonantenqualitäten (vereinzelt schon bei Samuel Johnson, weiter James Buchanan, William Perry u. a., Aussprachewörterbuch von William Johnston, in der fortgeschrittensten Form bei Thomas Sheridan und John Walker). Im 18. Jh. wird von William Kenrick ein spezieller Typ von Lautschrift entwickelt, die sog. Ziffernlautschrift. Dabei entsprechen den Vokalqualitäten Ziffern oder Ziffernkombinationen. Dies wurde zuletzt in den Wbb. von Michael West verwendet, z. B. *occupy* (5k17—41) (West/Endicott 1935, 4. Aufl. 1961).

Auf dem europäischen Kontinent wurde die Wörterbuchtradition zunächst von den großen enzyklopädischen oder historisch-philologischen Unternehmungen des 17. bis 19. Jh. geprägt, die an Ausspracheangaben i. allg. wenig Interesse hatten und dies z. T. sogar explizit zum Ausdruck bringen. Das *Vocabolario* der Florentiner *Accademia della Crusca* (1612) bezeichnet lediglich den Wortakzent bei einigen Endungen, bes. bei *-ìa* (z. B. armerìa) und *-à* (z. B. città). Das *Dictionnaire* der *Académie française* (1694) macht einige wenige nicht-formalisierte Angaben, z. B. «**Août** (On prononce *Oû* plutôt que *Aou*)», «**Habillage** (Dans ce mot et dans les trois suivants, ILL se prononce IYE)» und bemerkt im übrigen in der *Préface* der 1. Aufl. (1694, 5):

«L'Académie seroit donc entrée dans un détail tres-long et tres-inutile, si elle avoit voulu s'engager en faveur des Estrangers à donner des regles de la Prononciation. Quiconque veut sçavoir la véritable Prononciation d'une Langue qui luy est estrangere, doit l'apprendre dans le commerce des naturels du pays.»

Diese wohlfeile Ausflucht wird noch heute mitunter verwendet, bes. in Fremdsprachenlehrbüchern. Zur weiteren Entwicklung in Frankreich s. Quemada (1967, 106 ff.). Im *Deutschen Wörterbuch* von Jacob und Wilhelm Grimm steht im Vorwort zu Bd. 1 (1854, LXIII):

„ADELUNG hat seiner zweiten ausgabe vor der ersten dadurch einen zweideutigen vorzug verliehen, dasz er ton und aussprache der einzelnen wörter häufig durch accente bezeichnet. diese bezeichnung stimmt aber nicht genau zu der im latein üblichen, und im grunde ist wenig daraus zu lernen."

Immerhin sind auch im Grimm gelegentlich Wortakzente angegeben: *„die uns fremdartige betonung* altár", barbár u. a. Unter **lebendig** findet sich eine lange Abhandlung über den Akzentumsprung in diesem Wort.

Im Grunde stellt die mehr oder weniger

konsequente Verwendung von Akzentzeichen in frühen Wbb. (außerhalb der bisher genannten Sprachen z. B. auch in dem Russischen Akademiewörterbuch: Slovar' Akademiji 1806—1822) keine eigentliche Neuerung dar, da sie sich bereits in mittelalterlichen Handschriften findet, auch schon kombiniert mit Quantitätsangaben, cf. Sievers 1909, Grubmüller 1984. Neu ist erst die im 17./18. Jh. allmählich aufkommende Lautschrift, die aber zunächst diese Bezeichnung kaum verdient, da sie in der Regel auf der Orthographie der jeweiligen Ausgangssprache beruht (cf. die obigen Beispiele aus dem französischen Akademiewörterbuch). Außerdem gingen sowohl bei den Betonungszeichen als auch bei dieser primitiven Art von Lautschrift die Anstöße weniger von den einsprachigen Wbb. als von mehr praxisorientierten Werken wie zweisprachigen Wbb. und Fremdwörterbüchern aus (zu letzteren cf. Mangold 1967, Pawlowski 1969 u. 1986). Noch heute finden sich in vielen einsprachigen Wbb. Ausspracheangaben ausschließlich oder überwiegend zu Fremdwörtern (fast die Regel in einsprachigen Wbb. der slawischen Sprachen, sofern sie überhaupt Ausspracheangaben enthalten, z. B. Ožegov 1978, tschechisches Akademiewörterbuch: Slovník 1960—1971, slowakisches Akademiewörterbuch: Peciar 1959—1968; häufig auch in skandinavischen Sprachen, z. B. Dänisch: Nudansk ordbog 1984, Schwedisch: Östergren 1919—1972).

Die enormen Schwierigkeiten, mit denen frühe Wörterbuchautoren im Hinblick auf die Phonetik zu kämpfen hatten, und die sich daraus ergebenden Unklarheiten und Inkonsequenzen (Quemada 1967, 103 spricht von «les longs errements») wurden erst mit der Schaffung des Transkriptionsalphabets der *Association Phonétique Internationale* (frz. API, engl. IPA; gegründet 1886) und den damit verbundenen Prinzipien in geordnete Bahnen gelenkt. Heute ist die Tendenz zu phonetischen Angaben in einsprachigen Wbb. deutlich zunehmend. So enthielt der *Grand Robert* in der 1. Aufl. 1953 ff. noch keine phonetischen Angaben, dagegen ist in der 2. Aufl. 1985 jeder Eintrag in vorbildlicher Weise nach API transkribiert. Während früher häufig die Nützlichkeit phonetischer Transkriptionen allenfalls für fremdsprachliche Benutzer konzediert wurde, finden sich heute zunehmend Feststellungen wie die folgende (Vorwort zur 2. Aufl. des *Grand Robert,* S. XXVII):

«Les utilisateurs du dictionnaire dont le français n'est pas la langue maternelle ont évidemment besoin de ces informations [Ausspracheangaben]. Quant aux lecteurs français et francophones, ils constateront sans doute que les mots qui posent un problème de prononciation sont plus nombreux qu'on ne pense.»

Dies gilt nicht nur für das Französische. Die Verwendung von API ist gegenüber anderen Transkriptionssystemen tendenziell immer mehr zunehmend. Das sechsbändige *Wörterbuch der deutschen Gegenwartssprache* (Klappenbach/Steinitz 1964—1977) verwendet eine „Umschrift, die soweit wie möglich mit der deutschen Orthographie auskommt" (S. 026), und zwar „[n]ach reiflicher Überlegung und wiederholter Beratung mit Fachkollegen" (ibd.). Nichtsdestoweniger verwendet das daraus hervorgegangene zweibändige *Handwörterbuch der deutschen Gegenwartssprache* (Kempcke 1984) durchgehend API. Die zweisprachigen Wbb. des Verlags Langenscheidt (Stammhaus Berlin-Schöneberg), welche bis zum 2. Weltkrieg das hauseigene Transkriptionssystem Toussaint-Langenscheidt verwendeten, werden seitdem sukzessive auf API umgestellt. In der Zukunft wird die Bedeutung von API sicher weiter zunehmen. Große Wörterbuchunternehmungen wie OED und Webster's Third, denen die Tradition des Hauses die Weiterverwendung ihres jeweiligen eigenen Transkriptionssystems vorzuschreiben scheint, wirken heute schon wie erratische Blöcke in der Transkriptionslandschaft. Nachtrag: OED 2. Aufl. 1989 hat Transkription nach API.

## 3. Allgemeine Bedeutung phonetischer Angaben

Die Nützlichkeit phonetischer Angaben in ein- und zweisprachigen Wbb. für fremdsprachliche Lernende, aber auch für Muttersprachler, wird heute kaum noch bestritten. Zweisprachige Wbb. haben wegen der Gegenüberstellung von L 1 und L 2 einen deutlichen kontrastiven Aspekt. Daher werden Ausspracheangaben häufig nur für diejenige Sprache gemacht, die für den vorgesehenen Markt des Wb. die Fremdsprache ist. Dies geschieht unabhängig von der Richtung des Wb., so daß die Angaben entweder im zielsprachlichen oder im ausgangssprachlichen Teil erfolgen, z. B. Steuerwald 1972 (Türkisch-Deutsch): Quantitäts- und Betonungsangaben bei den türkischen Einträgen, keine Angaben bei der deutschen Übersetzung;

umgekehrt Kann u. a. 1964 (Estnisch-Deutsch): keine Angaben bei den estnischen Einträgen, Betonungsangaben bei der deutschen Übersetzung. Bei einsprachigen Wbb. entfällt der kontrastive Aspekt.

Universal gesehen ergibt sich die Notwendigkeit phonetischer Angaben bei einsprachigen Wbb. vor allem in folgenden Fällen: (1) Mangelnde Übereinstimmung zwischen Phonemsystem und Orthographie, sei es wegen einer stark historischen Orthographie, sei es wegen einer defektiven oder inkonsequenten Orthographie. Beispiele: Dänisch, Englisch, Französisch. (2) Vielfältige Allophonie der phonetischen Realisierung, z. B. Russisch, Spanisch. Besonders schwierig sind die Verhältnisse bei Akkumulation von (1) und (2), z. B. Irisch, Portugiesisch. Die tatsächliche Behandlung der Phonetik in Wbb. entspricht keineswegs diesen Notwendigkeiten, vielmehr reflektiert sie lexikographische Traditionen (mit ihrerseits unterschiedlichen Ursachen) sowie ganz einfach das lexikographische Niveau des betreffenden Landes, ja ganzer geographisch und/oder kulturell zusammengehöriger Regionen. So haben die im jeweiligen Land hergestellten Wbb. der Sprachen der iberischen Halbinsel (einschl. Baskisch) traditionell keine oder nur sehr unvollkommene phonetische Angaben, obwohl bes. Katalanisch und Portugiesisch phonetisch als schwer einzustufen sind, cf. *Diccionario de la lengua española* der Königlich-Spanischen Akademie (1970): keine Angaben, Fabra (1983) für Katalanisch: keine Angaben, *Dicionário da lingua portuguesa* der Lissaboner Akademie (1976 ff.): nur rudimentäre Angaben. Als erstes einsprachiges Wb. mit vollständiger Transkription jedes Stichworts (in API) ist erst kürzlich das *Gran Diccionario de la lengua española* (1985) erschienen, das sich selbst aus diesem Grunde zu Recht als «obra pionera en la lexicografía española» (S. VIII) bezeichnet. Auch in den slawischen Ländern wird in Wbb. nur sehr wenig transkribiert, meist nur Fremdwörter (cf. oben). Selbst das maßgebliche Aussprachewörterbuch des Russischen (Avanesov 1983) transkribiert durchschnittlich nur etwa jedes zehnte Stichwort, und das nur teilweise (1—3 Laute pro Wort). Diese lexikographische Praxis wirkt sich auch auf die zahlreichen anderen Sprachen der Sowjetunion aus. Außerhalb der Sowjetunion beginnt man sich wenigstens bei den eigentlichen Aussprachewörterbüchern von dieser Tradition zu lösen, cf. Słownik 1977 für Polnisch (reines API) und Král' 1984 für Slowakisch, in denen jedes Stichwort vollständig transkribiert ist. Dagegen enthält das große polnische Akademiewörterbuch (Słownik języka polskiego 1958—1968) keinerlei phonetische Angaben.

Der beherrschende Eindruck bei der Behandlung der Phonetik in Wbb. ist der einer kaum übersehbaren Vielfalt. Zu den buchstäblich Hunderten von verschiedenen Transkriptionssystemen (cf. Ternes 1983), von denen viele speziell für bestimmte Wörterbuchunternehmungen (z. B. OED, Webster) geschaffen wurden, kommt noch die sehr unterschiedliche Gewichtung und Darstellungsweise innerhalb der einzelnen Wörterbuchartikel. Selbst die Erzeugnisse *eines* Verlagshauses können ganz unterschiedlichen Prinzipien folgen, z. B. Duden-Rechtschreibung (volkstümliche Lautschrift, nur bei einigen Wörtern) gegenüber *Großes Wörterbuch der deutschen Sprache* 1976—1981 (API, nach jedem Stichwort), OED und *Shorter Oxford* (wissenschaftliche Transkription) gegenüber *Concise Oxford* (volkstümliche Transkription). Selbst bei gleichem Transkriptionssystem und gleichem Grad an Wissenschaftlichkeit sind grundlegende Unterschiede möglich, z. B. Hornby 3. Aufl. 1974 (Transkription nach J. Windsor Lewis) gegenüber 3. Aufl., 11. überarbeiteter Druck 1980 (Transkription nach A. C. Gimson), eine aufsehenerregende Maßnahme, die vom Verlag in der Werbung groß herausgestellt wurde. Auch bei anderen Werken sind auflagenbedingte Unterschiede festzustellen, wenn auch selten so spektakulär wie bei Hornby.

Der heute zu fordernde Standard für die einsprachige Lexikographie (Transkription nach jedem Stichwort, Verwendung von API, Konsequenz und Zuverlässigkeit der Angaben) wird u. a. von folgenden Werken repräsentiert. Englisch: DCE, Hornby; Französisch: *Petit Robert, Grand Robert* 2. Aufl. (DFC und *Grand Larousse* 1971—1978 fallen etwas ab); Deutsch: *Großes Wörterbuch der deutschen Sprache* (Brockhaus Wahrig 1980—1984 enthält viele Fehler und fällt sehr stark ab); Italienisch: Zingarelli 1970. Das in diesen Werken erreichte Niveau, welches durchaus noch verbesserungsfähig ist (besonders im Hinblick auf die Aussprache flektierter Formen), läßt eben wegen seiner Klarheit und Konsequenz auf den ersten Blick kaum erkennen, welche Mühen hinter diesen Angaben stecken, wie viele Probleme gelöst werden mußten und wie lange der Weg bis zur

Erreichung dieses Niveaus war (cf. die oben zitierten «longs errements»). Die (scheinbar!) selbstverständliche Klarheit in den besseren Werken beruht vor allem auf folgenden Prinzipien: (1) konsequente Trennung von Buchstaben und Lauten, (2) konsequente eins-zu-eins Entsprechung Laut-Zeichen und Zeichen-Laut, (3) zugrundeliegendes phonemisches Prinzip (welches auch und gerade dann wirksam ist, wenn die Transkription phonetisch oder allophonisch ist). Zu Punkt (2): Die simple Verwendung des Zeichens [ə] für den unbetonten Zentralvokal hat in vielen Sprachen die Transkription ganz erheblich vereinfacht. Demgegenüber verwendet das OED für diesen Vokal nicht weniger als 12 verschiedene Zeichen (zusammengestellt in *Shorter Oxford* 1970, IX, wo dies sogar als "outstanding feature of the phonetic system" hervorgehoben wird).

## 4. Die phonetischen Angaben im einzelnen

### 4.1. Einführung

Jedes Wb. (mit wissenschaftlichem Anspruch) sollte in der Einleitung (Hinweise für die Benutzung o. ä.) insbesondere folgende Angaben machen: Beschreibung des verwendeten Transkriptionssystems, zugrundeliegendes Phonemsystem, zugrundeliegende Aussprachenorm, Art der Transkription (phonetisch oder phonemisch, eng oder weit). Dem wird in unterschiedlicher Weise und in unterschiedlicher Ausführlichkeit Rechnung getragen. Besonders umfangreich ist dieser Abschnitt in *Webster's Third* (von Edward Artin). Am ausführlichsten wird i. allg. das Transkriptionssystem beschrieben. Sehr selten ist auffälligerweise eine explizite Darstellung des Phonemsystems der behandelten Sprache (positive Ausnahme: Collins 1979, XX f., von A. C. Gimson). Besonders US-amerikanische Wbb. enthalten oft sehr lesenswerte einleitende Essays über Aussprache im allgemeinen und die englische Aussprache im besonderen, z. B. Random House 1966, XXIII—XXIV (von Arthur J. Bronstein), Webster's New World 1966, XV—XXI (von Harold Whitehall), Webster's Third, 33 a—46 a (von Edward Artin), in Großbritannien: Collins 1979, XIX—XXI (von A. C. Gimson).

### 4.2. Plazierung

Die lautliche Transkription folgt in den weitaus meisten Werken unmittelbar auf das Stichwort (Großes Wörterbuch, Petit Robert, Hornby, Webster's Third, Zingarelli 1970 u. v. a.), meist ihrerseits von (abgekürzten) grammatischen Angaben gefolgt (Wortart, Genus u. a.; vgl. Art. 36), z. B. **Douer** [dwe]. *v. tr.* (Petit Robert). Seltener ist die Reihenfolge umgekehrt: Stichwort, grammatische Angaben, Transkription, z. B. Wyld 1961, Dahlerup. Im *Trésor* sind die phonetischen Angaben an keiner festen Stelle untergebracht; häufig steht ein eigener Abschnitt zur Aussprache am Ende oder gegen Ende des jeweiligen Artikels.

### 4.3. Klammerkonvention

Die Vielfalt ist recht groß. Eckige Klammern [...], z. B. Großes Wörterbuch, Handwörterbuch, Petit Robert, DFC, Dahlerup. Schrägstriche /.../, z. B. Hornby, DCE, Chambers Universal 1980, Zingarelli 1970. Nach links ansteigende Schrägstriche (back slashes)\..\, nur Webster's Third. Runde Klammern (...), z. B. OED, Collins 1979, häufig bei volkstümlicher Transkription, z. B. Sanders 1876, Cassell's English Dictionary, Random House, American Heritage, Webster's New World, Littré. Geschweifte Klammern {...}, nur zweisprachiges Wb. Ristić/Kangrga 1963. Keine Klammern (meist durch eigene Schrifttype abgehoben), z. B. Ordbok.

### 4.4. Transkriptionssystem

Grundsätzlich sind wissenschaftliche und volkstümliche Transkriptionssysteme zu unterscheiden. Erstere zeichnen sich durch die strenge ein-eindeutige Zuordnung von Laut und Zeichen aus, letztere beachten diese Zuordnung nicht. Außerdem sind letztere auf den orthographischen Gepflogenheiten einer bestimmten Sprache aufgebaut. Daher werden sie auch engl. *respelling,* frz. *orthographe figurée* genannt. Man vergleiche dt. *Chef:* Großes Wörterbuch [ʃɛf] — Duden-Rechtschreibung [*schäf*], engl. *beauty:* DCE /ˈbjuːti/ — American Oxford (**byoo**-tee), frz. *figue:* Petit Robert [fig] — Littré (fi-gh'). Als wissenschaftliches Transkriptionssystem kommt für Wbb. praktisch nur API in Frage. Bei volkstümlichen Systemen ist die Vielfalt ungeheuer groß. Fast jedes Werk verwendet ein eigenes System. Dabei ist eine gewisse Abstufung nach dem Grad der Volkstümlichkeit erkennbar: American Oxford ist extrem volkstümlich, Random House ist durchschnittlich volkstümlich. Die Grenze zwischen wissenschaftlich und volkstümlich ist fließend. In der Nähe dieses Übergangs sind

OED (Tendenz eher wissenschaftlich) und Webster's Third (Tendenz eher volkstümlich) anzusiedeln. Wyld 1961 transkribiert jedes Stichwort doppelt: 1. volkstümlich, 2. wissenschaftlich, z. B. *affranchise* [1. afránchīz; 2. əfrænt∫aiz]. In Frankreich, in der BRD und in der DDR ist eine verstärkte Tendenz zur Verwendung wissenschaftlicher Transkriptionen festzustellen, in England ist das Verhältnis wissenschaftlich/volkstümlich ziemlich ausgeglichen, in den USA werden fast ausschließlich volkstümliche Systeme verwendet. Auffällig ist bei vielen US-amerikanischen Wbb., daß der Transkriptionsschlüssel auf jeder aufgeschlagenen Doppelseite wiederholt wird, z. B. Webster's Third, Random House, Funk/Wagnalls, Webster's New World. — Ein besonderer Nachteil mancher volkstümlichen Transkriptionssysteme ist bisher wenig beachtet worden. Der bewußte Verzicht auf Sonderzeichen führt, da die Buchstaben des Alphabets nun einmal nicht ausreichen, zu einem Ausweichen auf andere Lösungen wie Verwendung verschiedener Schrifttypen: aufrecht und kursiv (z. B. OED, Concise Oxford; häufig ist th = [θ], *th* = [ð], z. B. Webster's New World), normal und fett (z. B. American Oxford zur Kennzeichnung der betonten Silbe: *duplicity* (doo-**plis**-i-tee)), fette und normale Akzentzeichen zur Kennzeichnung von Haupt- und Nebenakzent (z. B. Random House *reciprocate* (ri sip·rə kāt')). Das letztere ist gleichzeitig ein Beispiel für die Verwendung der Lücke zur Kennzeichnung der Silbengrenze. Transkriptionsgepflogenheiten dieser Art sind handschriftlich nicht reproduzierbar, was diese Transkriptionen für den Fremdsprachenunterricht im Klassenraum (mit Tafel) und für persönliche Aufzeichnungen ungeeignet macht.

4.5. Phonetisch/phonemisch

Nur wissenschaftliche Transkriptionen sind eindeutig als phonetisch oder phonemisch klassifizierbar. Die verwendete Klammerkonvention bietet keinen eindeutigen Hinweis. So schreibt *Petit Robert* eckige Klammern, die Transkription ist aber phonemisch. Umgekehrt schreibt DCE Schrägstriche, die Transkription ist aber phonetisch. Korrekt sind z. B. Zingarelli (Schrägstriche und phonemisch), *Großes Wörterbuch* (eckige Klammern und phonetisch). Andere Klammern (z. B. runde) sind in dieser Hinsicht ohnehin nicht normiert. Ob eine Transkription phonetisch oder phonemisch sein soll (und im ersten Fall: wie weit oder wie eng), muß für jede Sprache gesondert untersucht werden. Die einzelnen Wbb. verhalten sich in diesem Punkt sehr unterschiedlich. Für Französisch und Italienisch genügt eine phonemische Transkription, da in beiden Sprachen die Allophonie gering ist. Für das Spanische ist dagegen eine phonetische Transkription vorzuziehen, da die ausgeprägte Allophonie die eigentliche Schwierigkeit darstellt. Im Deutschen und Englischen ist eine redundante Darstellung von Vokalquantität *und* Vokalqualität empfehlenswert (so in den meisten Wbb., z. B. Großes Wörterbuch).

4.6. Norm

Die Einstellungen zur Norm sind sehr unterschiedlich. Während Hausmann 1977, 18 die Angabe von Aussprachevarianten in dem französischen Aussprachewörterbuch von Martinet/Walter 1973 als „das große Verdienst" dieses Werkes hervorhebt, kritisiert Gimson 1973, 115 f. eben die große Zahl von Varianten in dem englischen Aussprachewörterbuch von Daniel Jones und bezeichnet deren Reduzierung als eine seiner Hauptaufgaben bei der Neubearbeitung. Dies hängt mit der unterschiedlichen Einstellung zur Sprache in beiden Ländern zusammen, die in Frankreich zumindest seit der Revolution geradezu autoritär war, in England dagegen konzessionsbereiter. Daher für das Englische der verhüllende Begriff RP = received pronunciation, gerade um die fast tabuisierten Begriffe 'Norm-' oder 'Standardaussprache' zu vermeiden. Vgl. die umfangreiche Diskussion in *Webster's Third*, S. 40a—41a u. d. T. "correctness in pronunciation", mit zahlreichen Zitaten, welche alle besagen, daß es einen Standard im Englischen nicht gibt. Daher ist die Norm im Englischen letztlich subjektiv (Daniel Jones beschreibt seine eigene Aussprache). Allgemein kann man feststellen, daß es die Autoren von ein- und zweisprachigen Wbb. nicht als ihre Aufgabe betrachten, eine *eigene* Aussprachenorm vorzustellen oder selbst normbildend zu wirken. Sie verfolgen den rein praktischen Zweck, eine Richtschnur für eine korrekte Aussprache zu liefern. *Petit Robert* bemerkt lakonisch «il est toujours utile de donner une norme» (S. XIII). Daher berufen sich die Autoren meist auf bereits existierende Aussprachewörterbücher mit entsprechender Reputation oder auf andere Autoritäten (z. B. in Frankreich Fouché 1959). Das einzige Wb., welches auf eine eigene umfangreiche Aussprache-Enquête verweisen kann, ist der *Trésor*. Meistens wird auf den geradezu mythologisierten (und nur im *Trésor* exakt definierten) 'gebildeten' Sprecher verwiesen (engl. educated, frz. cultivé). Insgesamt werden — abgesehen von *Webster's Third* — wenige Aussprachevarianten gegeben, sicherlich auch aus Platzgründen. In einigen englischen Wbb. neueren Datums erscheinen nebeneinandergestellt eine britische und eine amerikanische Aussprache, z. B. DCE *laugh* /lɑːf ‖ læf/. Das Fehlen einer allgemein akzeptierten Aussprachenorm für Dänisch und Schwedisch wird häufig dafür verantwortlich gemacht, daß in neueren Wbb. des jeweiligen Landes Ausspracheangaben höchstens für Fremdwörter gemacht werden (wiederholte mündliche Auskunft von Fachkollegen). Daher muß man immer noch auf Dahlerup bzw. *Ordbok* zurückgreifen, deren Angaben inzwischen stark veraltet sind. Dagegen stellt das Fehlen jeglicher Norm in den USA keinen Hinderungsgrund dar, Wbb. in aller Regel mit Transkriptionen zu versehen. Diese sind dann "so constructed that the user will automatically produce the variety or varieties of each sound appropriate to his own dialect (Random House, S. XXVI); sie stellen also eine Art Diasystem dar. — Nur angedeutet werden kann hier das Problem der Behandlung von Fremdwörtern und fremden Namen. Hier findet man die beiden Extreme (völlige Anpassung an die Ausgangssprache einerseits, originalgetreue Wiedergabe der fremden Aussprache andererseits) ebenso wie alle erdenklichen Zwischenstufen.

4.7. Umfang der Transkription

Als Norm sollte die vollständige Transkription jedes einzelnen Eintrags gelten. Dies ist bei den größeren deutschen, englischen und französischen Wbb. inzwischen fast zur Regel geworden. Gelegentlich wird diese Norm sogar überschritten, so im *Trésor* mit z. T. umfangreichen Abhandlungen zur Aussprache einzelner Wörter. Sehr viel häufiger wird der Normfall jedoch unterschritten, und zwar in unterschiedlicher Weise: (1) Die Transkription erscheint nur für das Leitwort, nicht für Ableitungen und Zusammensetzungen, z. B. Micro Robert transkribiert *citron*, aber nicht *citronnier*. Dies hat den Nachteil, daß gerade die schwierigeren Wörter nicht transkribiert werden. (2) Die Transkription erfolgt nur für solche Wörter, bei denen der Übergang von der Orthographie zur Aussprache Schwierigkeiten bereitet. (3) Jeder Eintrag wird nur teilweise transkribiert (z. B.

nur der betonte Vokal). Außerdem kommen natürlich Kombinationen von (1)/(3) und (2)/(3) vor. Teilweise Transkriptionen sind sehr häufig für das Italienische (offenes oder geschlossenes *e* und *o*) und das Russische (Palatalisierung oder Nichtpalatalisierung der Konsonanten). Als einen besonderen Typ von teilweiser Transkription kann man die Angabe suprasegmentaler Eigenschaften ansehen, z. B. Italienisch (Wortakzent), Russisch (Wortakzent), Norwegisch und Schwedisch (Wortintonation; besonders charakteristisch: Haugen 1984). Duden-Rechtschreibung verwendet ein kombiniertes Verfahren zur Angabe von Wortakzent und Vokalquantität, z. B. b<u>a</u>cken, Bes<u>u</u>ch. Gerade für diesen Bereich existieren in der grammatisch/lexikographischen Tradition einiger Sprachen standardisierte Sonderzeichen, die einen schwer definierbaren Zwischenstatus zwischen Orthographie und eigentlicher phonetischer Transkription einnehmen, z. B. Italienisch (Wortakzent; im Spanischen dagegen fester Bestandteil der Orthographie), Russisch, Bulgarisch (beide Wortakzent), Serbokroatisch (Wortintonation kombiniert mit Vokalquantität), Litauisch (Wortakzent kombiniert mit Wortintonation). — Gesondert zu erwähnen sind Akronyme, deren Aussprache in Wbb. häufig vernachlässigt wird. Dennoch ist auch hier grundsätzlich eine vollständige Transkription wünschenswert, vgl. die unterschiedlichen Konventionen von TÜV [tyf], EFTA [ˈɛfta] gegenüber USA [uʔɛsˈʔaː], IRA [iʔɛrˈʔaː].

4.8. Flektierte Formen

Im Idealfall sollte ein Wb. über alle flektierten Formen der einzelnen Einträge Auskunft geben, und zwar orthographisch und phonetisch. Im orthographischen Bereich wird dieser Anspruch mitunter erfüllt, z. B. in der Reihe der sog. Taschenwörterbücher des Hauses Langenscheidt. Dies geschieht durch eine numerierte Auflistung sämtlicher Flexionsparadigmen (einschl. der unregelmäßigen) und einen entsprechenden Verweis beim jeweiligen alphabetischen Eintrag. Für die Aussprache ist ein solches Vorgehen jedoch außerordentlich selten. Eines der ganz wenigen Beispiele ist Sachs-Villatte für Französisch (nach der Transkriptionsmethode Toussaint-Langenscheidt). In den letzten Jahrzehnten scheinen Bemühungen in dieser Richtung eher noch seltener geworden zu sein. Verhältnismäßig zahlreich sind transkribierte Paradigmen bei *Petit Robert* und

*Grand Robert* (2. Aufl.), jedoch ohne Ziffernverweise, so daß eine vollständige und eindeutige Zuordnung nicht möglich ist. Zingarelli gibt nach der Aussprache des Infinitivs der Verben auch diejenige der 1. Sg. Präs. an. *Großes Wörterbuch* gibt die Aussprache des Plurals der Substantive an, wenn Umlaut vorliegt, also z. B. bei *Fluß, Flüsse,* aber nicht bei *Bahn, Bahnen.* Häufiger als die Einarbeitung flektierter Formen in den alphabetischen Teil (mit Verweisen) ist ein anderes Vorgehen, bes. in englischen Wbb.: Getrennt vom Wörterverzeichnis erscheint ein eigener Abschnitt (unter der Überschrift „Inflexion" o. ä.), worin die Formenbildung in der Art eines grammatischen Abrisses mit Aussprachangaben kurz zusammengefaßt wird (z. B. Concise Oxford, Hornby). Gelegentlich gibt es auch alphabetische Listen aller für Flexion und Derivation verwendeten Präfixe und Suffixe einschließlich Aussprache, eventuell mit Hinweisen versehen, wie die Aussprachen von Stichwort plus Affix zusammenzusetzen sind (z. B. Hornby, Appendix 3). In *Webster's Third* stellen die Flexionssuffixe eigene alphabetische Einträge im Hauptteil dar (mit Aussprachangaben), z. B. *-ed,* ähnlich DCE, z. B. *-ity.*

4.9. Satzphonetik

Wbb. bringen mitunter explizit zum Ausdruck, daß die Aussprachangaben nur für Einzelwörter gelten und daß satzphonetisch bedingte Varianten „naturgemäß in einem Wörterbuch nicht angegeben werden [können]" (Muret-Sanders 1985, 26). Dennoch sollte man mit dem gleichen Recht, mit dem man in einem guten Wb. Auskunft z. B. über die Rektion eines Verbums verlangt, auch Angaben zur Satzphonetik erwarten dürfen. Einige Wbb. zeigen, daß dies durchaus möglich ist. Ein notorischer Fall ist z. B. die *liaison* im Französischen. Während die meisten Wbb. darüber schweigen, macht Littré bei den entsprechenden Einträgen sehr ausführliche und präzise Angaben. Zingarelli verzeichnet das *raddoppiamento sintattico* im Italienischen, mehrere englische Wbb. das sog. *linking r* (z. B. Hornby, DCE). Sehr selten sind Angaben zum Satzakzent. Hornby jedoch zeigt sehr weitgehende Möglichkeiten auch in diesem Bereich. Überhaupt ist Hornby führend bei Aussprachangaben für größere Wortgruppen und ganze Wendungen. In zahlreichen Anhängen werden höchst wertvolle phonetische Informationen geliefert, so z. B. die komplette Aussprache (einschl. Satzakzent) von chemischen Formeln. Diese positiven Beispiele zeigen, daß Wbb. gerade auf dem Gebiet der Satzphonetik noch sehr viel mehr leisten können.

5. Literatur (in Auswahl)

5.1. Wörterbücher

*American Heritage* = The American Heritage Dictionary of the English Language. Ed. by Peter Davies. New York 1970 [820 S.; Paperback Edition. Based on the hardcover edition, hrsg. von William Morris].

*American Oxford* = Oxford American Dictionary. Ed. by Eugene Ehrlich/Stuart Berg Flexner/Gorton Carruth/Joyce M. Hawkins. New York. Oxford 1980 [816 S.].

*Avanesov 1983* = Orfoėpičeskij slovar' russkogo jazyka. Proiznošenie, udarenie, grammatičeskie formy. Red. R. I. Avanesov. Moskva 1983 [704 S.].

*Brockhaus Wahrig* = Brockhaus Wahrig, Deutsches Wörterbuch in sechs Bänden. Hrsg. von Gerhard Wahrig/Hildegard Krämer/Harald Zimmermann. Wiesbaden. Stuttgart 1980—1984 [zs. 5310 S.].

*Cassell's English Dictionary* = Cassell's English Dictionary. Completely revised & enlarged by Arthur L. Hayward and John J. Sparkes. London 1962 [4. Aufl. 1968, 1348 S.].

*Chambers Universal* = Chambers Universal Learners' Dictionary. Ed. by Elizabeth M. Kirkpatrick. Edinburgh. Franfurt am Main. Berlin. München 1980 [906 S.].

*Collins 1979* = Collins Dictionary of the English Language. Ed. by Patrick Hanks. London. Glasgow 1979 [1690 S.].

*Concise Oxford* = The Concise Oxford Dictionary of Current English. Based on The Oxford English Dictionary and its Supplements. 6th ed. by J. B. Sykes. Oxford 1976 [1368 S.; 1st ed. 1911].

*Dahlerup 1919—1954* = Ordbog over det danske Sprog. Hrsg. von Verner Dahlerup. 27 Bde. København 1919—1954.

*DCE* = Dictionary of Contemporary English. Ein umfassendes einsprachiges Wörterbuch für Schule und Hochschule. Harlow 1978 [Langenscheidt-Longman; 1303 S.].

*DFC* = Dictionnaire du français contemporain. Par Jean Dubois [u. a.]. Paris 1966 [1225 S.].

*Diccionario de la lengua española* = Diccionario de la lengua española. Real Academia Española. Madrid 1970 [1424 S.].

*Dicionário da língua portuguesa* = Academia das Ciências de Lisboa: Dicionário da língua portuguesa. Vol. I. Lisboa 1976 [678 S.; *A — Azuverte*].

*Dictionnaire 1695* = Le grand dictionnaire de l'Académie Françoise. 2 vol. Paris 1695 [zus. 802 S.; 2. Aufl. Genf 1968].

*Duden-Rechtschreibung* = Duden. Rechtschreibung der deutschen Sprache und der Fremdwörter. Hrsg. von der Dudenredaktion im Einvernehmen mit dem Institut für deutsche Sprache. 18. Aufl. Mannheim. Wien. Zürich 1980 [792 S.].

*Fabra 1983* = Pompeu Fabra: Diccionari manual de la llengua catalana. Barcelona 1983 [1331 S.].

*Funk/Wagnalls* = Funk/Wagnalls Standard Dictionary of the English Language. International Edition. 2 Bde. New York 1964 [zs. 1505 S.].

*Gran Diccionario de la lengua española* = Gran Diccionario de la lengua española. Dir. Aquilino Sánchez Pérez. Madrid 1985 [1983 S.].

*Grand Larousse* = Grand Larousse de la langue française en six volumes. Paris 1971—1978 [zs. 5866 S.; ab Bd. 4: . . . en sept volumes.].

*Grand Robert* = Le Grand Robert de la langue française. Dictionnaire alphabétique et analogique de la langue française de Paul Robert. Deuxième édition entièrement revue et enrichie par Alain Rey. 9 Bde. Paris 1985 [zs. 9151 S.; 1. Aufl. 1953 ff.].

*Grimm/Grimm 1854* = Deutsches Wörterbuch. Bearbeitet von Jacob Grimm u. Wilhelm Grimm. Bd. 1. Leipzig 1854 [XCII, 1824 Sp.].

*Großes Wörterbuch* = Das Große Wörterbuch der deutschen Sprache in sechs Bänden. Hrsg. vom Wissenschaftlichen Rat und den Mitarbeitern der Dudenredaktion unter Leitung von Günther Drosdowski. Mannheim. Wien. Zürich 1976—1981 [zs. 2992 S.].

*Haugen 1984* = Einar Haugen. Norwegian-English Dictionary. 3. Aufl. Bergen. Oslo. Stavanger. Tromsø 1984 [506 S.].

*Hornby* = Oxford Advanced Learner's Dictionary of Current English. Ed. by A. S. Hornby. 3. Aufl. Oxford 1974 [1055 S.; 3. Aufl., 11. Druck 1980; 1. Aufl. 1948].

*Jones 1977* = Everyman's Pronouncing Dictionary. Originally compiled by Daniel Jones. Extensively revised and ed. by A. C. Gimson. 14th ed. London. New York 1977 [560 S.].

*Juilland 1965* = Alphonse Juilland: Dictionnaire inverse de la langue française. The Hague 1965 [504 S.].

*Kann u. a. 1964* = Eesti-Saksa Sõnaraamat. Estnisch-deutsches Wörterbuch. Hrsg. von K. Kann/ E. Kibbermann/F. Kibbermann/S. Kirotar. Tallinn 1964 [984 S.].

*Kempcke 1984* = Handwörterbuch der deutschen Gegenwartssprache. Hrsg. von einem Autorenkollektiv unter der Leitung von Günter Kempcke. 2 Bde. Berlin 1984 [1399 S.].

*Klappenbach/Steinitz* = Wörterbuch der deutschen Gegenwartssprache. Hrsg. von Ruth Klappenbach/Wolfgang Steinitz. 6 Bde. Berlin 1964—1977 [zs. 4579 S.].

*Král' 1984* = Pravidlá slovenskej výslovnosti. Hrsg. von Ábel Král'. Bratislava 1984 [626 S.].

*Littré* = Émile Littré: Dictionnaire de la langue française. Tome 1—7. Paris 1956—1958.

*Martinet/Walter 1973* = André Martinet/Henriette Walter: Dictionnaire de la prononciation française dans son usage réel. Paris 1973 [932 S.].

*Michaelis/Jones 1913* = Hermann Michaelis/Daniel Jones: A Phonetic Dictionary of the English Language. Hannover. Berlin 1913 [445 S.].

*Michaelis/Passy 1897* = Hermann Michaelis/Paul Passy: Dictionnaire phonétique de la langue française. Hannover. Berlin 1897 [2. Aufl. 1914, 325 S.].

*Micro Robert* = Micro Robert. Dictionnaire du français primordial. Paris 1971 [Edition revue et mise à jour 1981, 1211 S.].

*Muret-Sanders 1985* = Langenscheidts Großwörterbuch der englischen und deutschen Sprache. „Der Kleine Muret-Sanders". Englisch-Deutsch. Hrsg. von Helmut Willmann/Heinz Messinger und der Langenscheidt-Redaktion. Berlin u. a. 1985 [1200 S.].

*Nudansk ordbog* = Nudansk ordbog. 2 Bde. 2. Aufl. Copenhagen 1984 [zs. 1100 S.].

*OED* = The Oxford English Dictionary, 13 Bde. und Suppl. Oxford 1933 ff. [zs. 14123 S.; Repr. 1961].

*Ordbok* = Ordbok öfver svenska språket. Utgifven af Svenska Akademien. Zuletzt Bd. 29, 1985. Lund 1898 ff. [zs. 40 025 Sp.; später: . . . över . . . Utgiven av ]

*Östergren 1919—1972* = Nusvensk ordbok. Hrsg. von Olof Östergren. 10 Bde. Stockholm 1919—1972.

*Ožegov 1978* = Slovar' russkogo jazyka. Hrsg. von Sergej Ivanovič Ožegov. 12. Aufl. Moskva 1978 [847 S.; 1. Aufl. 1959].

*Peciar 1959—1968* = Slovník slovenského jazyka. Red. Štefan Peciar. 6 Bde. Bratislava 1959—1968 [slovakisches Akademiewörterbuch].

*Petit Robert* = Paul Robert: Dictionnaire alphabétique et analogique de la langue française. Paris 1973 [1971 S.].

*Random House* = The Random House Dictionary of the English Language. Ed. by Jess Stein. New York 1966 [1960 S.].

*Ristić/Kangrga* = Enciklopedijski nemačkosrpskohrvatski rečnik. Sa srpskohrvatskom fonetskom oznakom izgovora književnoga nemačkog jezika. Hrsg. von Svetomir Ristić/Jovan Kangrga. 2 Bde. Beograd. München 1963 [zs. 1586 S.].

*Sachs-Villatte* = Sachs-Villatte. Enzyklopädisches französisch-deutsches und deutsch-französisches Wörterbuch. 2 Bde. 37. Aufl. Berlin-Schöneberg 1959 [zs. 2075 S.].

*Sanders 1876* = Wörterbuch der deutschen Sprache. Mit Belegen von Luther bis auf die Gegenwart. Hrsg. von Daniel Sanders. 2 in 3 Bden. 2. unveränd. Abdruck. Leipzig 1876 [1. Aufl. 1860—1865, zs. 2893 S.].

*Shorter Oxford* = The Shorter Oxford English Dictionary on Historical Principles. Ed. by Charles Talbut Onions. 3. Aufl. Oxford 1970 [2515 S.].

*Slovar' Akademiji* = Slovar' Akademiji Rossijskoj po azbučnomu porjadku. 6 Bde. Sanktpeterburg 1806—1822 und Suppl. [Nachdr. Odense 1971].

*Slovník 1960—1971* = Slovník spisovného jazyka českého. 4 Bde. Praha 1960—1971 [zs. 4593 S.; tschechisches Akademiewörterbuch].

*Słownik 1977* = Słownik wymowy polskiej. Red. Mieczysław Karaś/Maria Madejowa. Warszawa. Kraków 1977 [564 S.].

*Słownik języka polskiego* = Słownik języka polskiego. Polska Akademia Nauk. 10 Bde. Warszawa 1958—1968, Suppl. 1969 [zs. 13 889 S. + 566 S.].

*Steuerwald 1972* = Türkisch-deutsches Wörterbuch. Türkçe-almanca sözlük. Hrsg. von Karl Steuerwald. Wiesbaden 1972 [1059 S.].

*Trésor* = Trésor de la langue française. Dictionnaire de la langue du XIX$^e$ et du XX$^e$ siècle. Publié sous la direction de Paul Imbs. Zuletzt Bd. 11, 1985, lot-natalité. Paris 1971 ff. [zs. 13 738 S.].

*Vocabolario 1612* = Vocabolario degli accademici della Crusca. Venice 1612 [getr. pag.].

*Webster's New World* = Webster's New World Dictionary of the American Language. College Edition. Cleveland. New York 1966 [1724 S.; dass. Second College Edition. Ed. by David B. Guralnik, New York. Cleveland 1970, 1692 S.].

*Webster's Third* = Webster's Third New International Dictionary of the English Language Unabridged. Ed.-in-chief Philip Babcock Gove and the Merriam-Webster Editorial Staff. 2 Bde. Springfield, Mass. 1966 [zs. 2662 S.].

*West/Endicott* = The New Method English Dictionary. Ed. by Michael Philip West/James Gareth Endicott. 4. Aufl. London 1961 [349 S.; 1. Aufl. 1935].

*Wörterbuch der deutschen Gegenwartssprache* = Klappenbach/Steinitz.

*Wyld 1961* = The Universal Dictionary of the English Language. Ed. by Henry Cecil Wyld. London 1961 [1447 S.; 1. Aufl. 1932].

*Zingarelli 1970* = Vocabolario della lingua italiana. Hrsg. von Nicola Zingarelli. 10. Aufl. Bologna 1970 [2064 S.].

### 5.2. Sonstige Literatur

*Abercrombie 1978* = David Abercrombie: The Indication of Pronunciation in Reference Books. In: In Honour of A. S. Hornby. Oxford 1978, 119—126.

*Abercrombie 1981* = David Abercrombie: Extending the Roman Alphabet: Some Orthographic Experiments of the Past Four Centuries. In: Towards a History of Phonetics. Ed. by R. E. Asher/E. J. A. Henderson. Edinburgh 1981, 207—224.

*Bronstein 1986* = Arthur J. Bronstein: The History of Pronunciation in English-Language Dictionaries. In: The History of Lexicography. Ed. by R. Hartmann. Amsterdam 1986, 23—34.

*Bronstein u. a. 1977* = Arthur J. Bronstein/Lawrence J. Raphael/Cj. Stevens: A Biographical Dictionary of the Phonetic Sciences. New York 1977.

*Congleton 1979* = J. E. Congleton: Pronunciation in Johnson's Dictionary. In: Papers in Lexicography in Honor of W. N. Cordell. Ed. by J. E. Congleton. Indiana State Univ. 1979, 59—81.

*Dumas 1986* = Denis Dumas: Le traitement de la prononciation dans les dictionnaires. In: La lexicographie québécoise. Bilan et perspectives. Ed. L. Boisvert et al. Québec 1986, 259—268.

*Fouché 1959* = Pierre Fouché: Traité de prononciation française. Paris 1959.

*Gimson 1973* = A. C. Gimson: Phonology and the Lexicographer. In: Lexicography in English. Ed. by Raven I. McDavid, Jr./Audrey R. Duckert. Annals of the New York Academy of Sciences 211. 1973, 115—121.

*Gimson 1976* = A. C. Gimson: Phonetics and the Compilation of Dictionaries. In: The Incorporated Linguist 15. 1976, 35—40.

*Gimson 1981* = A. C. Gimson: Pronunciation in EFL Dictionaries. In: Applied Linguistics 2. 1981, 250—62.

*Grubmüller 1984* = Klaus Grubmüller: Sprache und ihre Verschriftlichung in der Geschichte des Deutschen. In: Sprachgeschichte. Ein Handbuch zur Geschichte der deutschen Sprache und ihrer Erforschung. Hrsg. von Werner Besch/Oskar Reichmann/Stefan Sonderegger. 1. Halbband. Berlin. New York 1984, 205—214.

*Hausmann 1977* = Franz Josef Hausmann: Einführung in die Benutzung der neufranzösischen Wörterbücher. Tübingen 1977 (Romanistische Arbeitshefte 19).

*Ilson 1986* = Robert Ilson: British and American Lexicography. In: Lexicography. An emerging international profession. Ed. by Robert Ilson. Manchester 1986, 51—71.

*Knott 1935* = T. Knott: How the dictionary determines what pronunciation to use. In: Quarterly Journal of Speech 21. 1935, 1—10.

*Lehnert 1956* = Martin Lehnert: Das englische Wörterbuch in Vergangenheit und Gegenwart. In: Zeitschrift für Anglistik und Amerikanistik 4. 1956, 265—323.

*Malone 1966* = Kemp Malone: Pronunciation in Webster's Third. In: Studies in Language and Literature in Honour of Margaret Schlauch. Ed. by M. Brahmer et al. Warsaw 1966, 233—244.

*Mangold 1967* = Max Mangold: Ausspracheangaben in Fremdwörterbüchern (mit Bibliographie). In: Die wissenschaftliche Redaktion 4. 1967, 113—117.

*Mangold 1979* = Max Mangold: Aussprachewörterbücher. In: Sprache und Sprechen. Festschrift für Eberhard Zwirner zum 80. Geburtstag. Hrsg. von Kennosuke Ezawa/Karl H. Rensch. Tübingen 1979, 141—148.

*Pawlowski 1969* = Klaus Pawlowski: Die Ausspra-

*che* französischer Wörter in der deutschen Hochsprache. Diss. Saarbrücken. Salzgitter 1969.

*Pawlowski 1986* = Klaus Pawlowski: Die phonetischen Angaben in einsprachigen Wörterbüchern der deutschen Gegenwartssprache. In: Studien zur neuhochdeutschen Lexikographie VI, 1. Teilbd. Hrsg. von Herbert Ernst Wiegand. Hildesheim. Zürich. New York 1986 (Germanistische Linguistik 84—86, 1986), 279—326.

*Quemada 1967* = Bernard Quemada: Les dictionnaires du français moderne 1539—1863. Etude sur leur histoire, leurs types et leurs méthodes. Paris. Bruxelles. Montréal 1967.

*Read 1982* = Allan W. Read: Theoretical Basis for Determining Pronunciations in Dictionaries. In: Dictionaries 4. 1982, 87—96.

*Sheldon 1946* = Esther K. Sheldon: Pronouncing Systems in Eighteenth-Century Dictionaries. In: Language 22. 1946, 27—41.

*Sievers 1909* = Paul Sievers: Die Akzente in althochdeutschen und altsächsischen Handschriften. Berlin 1909.

*Sledd 1973* = James H. Sledd: Dictionary treatment of pronunciation, "regional". In: Lexicography in English. Ed. by Raven I. McDavid, Jr./ Audrey R. Duckert. Annals of the New York Academy of Sciences 211. 1973, 134—138.

*Ternes 1983* = Martin Heepe: Lautzeichen und ihre Verwendung in verschiedenen Sprachgebieten. Nachdruck der Ausgabe Berlin 1928 mit einem einleitenden Kapitel hrsg. von Elmar Ternes. Hamburg 1983.

*Weinstock 1981* = Horst Weinstock: Frühneuenglische Wege der Lautbeschreibung. In: Anglisten-Tag 1980 Gießen. Tagungsbeiträge und Berichte. Hrsg. von Herbert Grabes. Großen-Linden 1981, 265—273.

*Wells 1985* = J. C. Wells: English Pronunciation and its Dictionary Representation. In: Dictionaries, Lexicography and Language Learning. Ed. Robert Ilson. Oxford [usw.] 1985, 45—51.

*Elmar Ternes, Hamburg*
*(Bundesrepublik Deutschland)*


# 42. Information on Inflectional Morphology in the General Monolingual Dictionary

1. User Needs
2. Principles
3. Types of Information
4. General Information
5. Information in Individual Articles
6. Entries for Oblique Forms
7. Gaps and Variants in the Paradigm
8. Selected Bibliography

## 1. User Needs

Dictionaries are typically described as reference works that provide information about the w o r d s of a language. But apart from the fact that many dictionaries also list parts of words (like *un-*) or groups of words (like *lily of the valley*), the user of an English dictionary would look in vain for a word like *described*. This is because general monolingual dictionaries normally do not contain separate entries for each of the grammatical words, or word-forms, that make up one lexeme (e.g. *describe, describes, described, describing;* on the distinction between word-form and lexeme, cf. Matthews 1974, Ch. 2; Bergenholtz/Mugdan 1979, 116—118). Instead, only one grammatical word, the canonical form or citation form (e.g. *describe*), is entered. (This is something of an oversimplification; cf. Wiegand 1983, 443 f. and Art. 37 on the status of the lemma.) Information on inflection relates this canonical form to the other grammatical words that belong to the lexeme (the oblique forms), and vice versa, and can thus help the user to cope with the following problems:

(1) Lemmatization. The user needs to know the canonical form that corresponds to a particular grammatical word. This need arises, for instance, if he reads or hears a word-form (say, French *meuvent* '[they] move') and wants to look up its meaning, etymology, syntactic properties etc. (which he would find under *mouvoir* '[to] move').

(2) Inflection. The user knows the canonical form of a lexeme (e.g. German *Korb* 'basket') but is not sure about one of the other word-forms (e.g. the dative plural *Körben*). This may happen if he consults a dictionary for a synonym, antonym or translation equivalent of a familiar lexeme and then wishes to employ the word found (*Korb* in our example) in a context that calls for a non-canonical, or oblique, form (e.g. after the preposition *mit* 'with', which governs the dative).

Both of these problems face the users of various types of dictionaries; in particular, the approaches to inflectional morphology discussed here are not specific to the general monolingual dictionary. I have therefore also included bilingual dictionaries in my analysis of current practice, while issues relevant to bilingual lexicography alone remain outside the scope of this article. (A major question is whether information on inflection should be provided for the source language or the target language; cf. Mugdan 1983, 189 f.; Kromann/Riiber/Rosbach 1984, 213—215).

## 2. Principles

The amount of information on inflectional morphology a dictionary provides reflects certain assumptions about (a) how much grammatical competence the user is likely to have and (b) how the tasks of a dictionary differ from those of a grammar. Lexicographers rarely take an explicit stand on these questions, but in practice the following approaches can be distinguished:

(1) Information on inflection does not belong in the dictionary; if a user needs it he should turn to a grammar. Such a policy was not unusual in older dictionaries. Nowadays, only a few of the smallest and cheapest ones disregard inflection entirely or provide no more than sporadic and indirect information through part-of-speech labels or examples of usage.

(2) The user can be expected to be familiar with the regular patterns of inflection (or else he can find them in a grammar); the dictionary's role is to inform him about exceptions. With many variations in detail, this is the line followed by the majority of contemporary dictionaries.

(3) It should be possible to consult the dictionary without any specific grammatical knowledge and without having to turn to other reference works; therefore, a full account of inflection covering regular as well as irregular formations ought to be given. This idea of an integration of grammar and dictionary has already been applied in a number of dictionaries (especially for foreign learners), but remains to be explored further (cf. Art. 64).

Lexicographers do not necessarily apply one of these principles throughout. Above all, the problem of lemmatization is usually given much less attention than that of inflection (cf. 1.). Moreover, the different parts of speech are not always treated in the same way, and sometimes further distinctions are introduced. For example, the Grand Larousse and several other French dictionaries include regular verbs in a table of conjugations (approach (3) above) but do not describe the regular declension of nouns and adjectives (approach (2)). The connection from *meuvent* to the canonical form *mouvoir* has to be made by trial and error (approach (1)), while there is an entry for the past participle *mû* with a cross-reference to *mouvoir*. The reasons for this lack of uniformity are not obvious; there are some indications that lexicographers tend to regard information on inflection as a matter of course that need not be given a great deal of consideration.

## 3. Types of Information

Information on inflectional morphology can be grouped into the following types that will be discussed in more detail in sections 4 to 6 (cf. also Zgusta 1971, 119—126; 250):

(1) General information may be included in the front or back matter of the dictionary.

(1 a) The introduction sometimes provides rules for inflection in conjunction with an explanation of editorial policy regarding grammatical information. Rules for lemmatization are still an exceptional feature, but the need for them is beginning to be recognized (cf. Goldin 1980; Mugdan 1983, 182—184; Särkkä 1984 and Art. 64).

(1 b) Model paradigms in the introduction or an appendix are used primarily for cross-references from the body of the dictionary (cf. (2 c)); tables of irregular forms are a common variant.

(1 c) Some dictionaries (particularly bilingual ones) contain a grammatical sketch (cf. Art. 64), in which inflection usually plays a major role.

(2) Information on inflection within an individual article may consist in

(2 a) a list of some or all the word-forms of the lexeme in question (e. g. *took, taken* under English **take**), or

(2 b) an indication of its class membership (e.g. "sw. V." for "schwaches Verb", 'weak verb', under German **jucken** 'itch'), or

(2 c) a cross-reference to a model paradigm or a list of irregular forms (e. g. a code for the conjugation pattern *manger* 'eat' under French **endommager** 'damage').

It is quite common for lexicographers to use different subtypes for different classes of lexemes, e.g. (2 c) for verbs and (2 a) for nouns. The absence of any explicit information can be regarded as a special instance of (2 b) if it implies that the lexeme is inflected regularly.

(3) Separate entries may be provided for certain oblique word-forms.

## 4. General Information

### 4.1. Introduction to the Dictionary

Many dictionaries do not give explicit information on the oblique forms of a lexeme unless they are irregular. Some take this principle for granted and make no mention of it in the introduction (e.g. the Learner's Dictionary of Current English (= ALD) in its first edition, which indicates the plural of *prospectus* and *tomato*, but not of *augury*). Others give no more than a vague hint; thus, the Shorter Oxford English Dictionary (= SOED) lists inflectional forms only "if these have some special importance" (p. vii) but does not tell the user what makes *prospectuses* more special than *tomatoes*. The most user-friendly approach is to state the rules for inflection that apply unless otherwise indicated — as in the Collins Dictionary of the English Language (= CED), where one reads:

"Regular inflections are not shown. They are formed as follows:
3.1.1. *nouns*. Regular plurals are formed by the addition of *-s* (e. g. *pencils, monkeys*) or, in the case of nouns ending in *-s, -x, -z, -ch,* or *-sh,* by the addition of *-es* (e.g. *losses*)." (p. xi)

The rule systems dictionaries operate with differ from each other in various respects:

(a) There is no general agreement as to where the borderline between rule and exception should be drawn. For example, CED lists *auguries* under the "irregular and unfamiliar inflections" that are explicitly indicated (p. xi), whereas the Longman Dictionary of Contemporary English (= LDOCE, p. xxiii) and the Concise Oxford Dictionary (= COD, p. xv) count the fully predictable alternation *y/i* among the regular cases.

(b) There may be more than one candidate for the "regular" pattern of inflection. In German, for instance, nouns fall into several declension classes; among the few dictionaries that leave one of the plural affixes for masculine and neuter nouns unmarked, Stor norsk-tysk ordbog chooses *-e* and Langenscheidts Handwörterbuch Deutsch-Hebräisch zero (cf. Mugdan 1983, 192 f.).

(c) The distribution of a particular inflectional marker (e.g. an affix) may be described in different ways. For example, LDOCE (p. xxiii) and COD (p. xiv f.) assume that the English plural suffix *-es* occurs after sibilant sounds, while the rule in CED quoted above refers to neighbouring letters.

The rules for inflection one finds in dictionaries are not always satisfactory. In my opinion, the situation can be improved if considerations like the following are taken into account more consistently:

(1) The usefulness of a rule can be measured by the number of lexemes whose inflection it accounts for; statistical investigations can thus help the lexicographer to find a suitable cut-off point between regular and irregular patterns.

(2) The rules should be carefully checked against linguistic data in order to find out how well they fit. Often, the number of exceptions can be reduced by modifying the rule. For instance, forms like *eunuchs* show that "*-es* occurs after sibilants" is a better rule for English noun plurals than "*-es* occurs after *-s, -x, -z, -ch, -sh*".

(3) If correctly applied, the rules should lead to one and only one solution. This implies that variants should be dealt with in the body of the dictionary (cf. 7).

(4) All the data to which the rules refer should be available to the user. Therefore, an English dictionary should not give rules like "*-es* occurs after sibilants" unless it covers pronunciation. (In this connection, a part-of-speech label or the like is of paramount importance; cf. 5.2.)

(5) Although there are no clear boundaries between morphology and phonology (and morphophonemics), some such distinction ought to be recognized. In particular, phonemically or graphemically conditioned alternations (like *y/i* in English, *ß/ss* in German or *c/ç* in French) should be separated from inflection proper (cf. 5.2.).

### 4.2. Model Paradigms

Traditional grammar describes inflection by means of paradigms: For each inflection class, one lexeme is chosen as a model; the so-called "1st conjugation" in French, for instance, might be represented by the verb *arriver* ('arrive'). Its word-forms are arranged in a table in which each position is defined by a particular combination of morphosyntactic properties, or grammemes (cf. Matthews 1974, 136; Mel'čuk 1982, 30 f.), from the relevant grammatical categories (such as number and case for nouns, tense/mood and person/number for verbs). The word-forms of other lexemes of the same class must be constructed by analogy with this specimen. If, for example, we want to find the 1st person plural present indicative of *parler* ('talk') and know that it follows the pattern of *arriver,* we must look up the corresponding form of the model verb (viz. *arrivons*) and solve the equation *arriver : arrivons = parler : X.*

In dictionaries, this method is sometimes slightly modified or combined with others. The appendix to the Petit Robert, for instance, contains model paradigms for regular verbs only, whereas the conjugation of irregular ones is shown in the body of the dictionary — a sensible decision, as the irregularities do not constitute "patterns" in the true sense. The opposite is less reasonable but more popular: Numerous dictionaries list irregular verbs separately although the same information could be given in the individual entries at no extra cost. Another modification, which is used mostly in these verb lists, is to include only the "principal parts" (cf. 5.1.) in the paradigms; the user may or may not be told how to derive the other word-forms.

A major drawback of model paradigms is that the user must deduce the rules of inflection himself. Therefore, care should be taken to prevent misunderstandings. For instance, different typefaces or similar devices can be used to distinguish stems from affixes and to indicate stem alternations. In addition, the characteristic features of each paradigm can be pointed out in a note. Thus, the Grand Larousse (p. cxxi) and the Dictionnaire Hachette (p. 1976) draw attention to the alternation c/ç in the model verb *placer*. Another improvement would be to supplement the paradigms with explicit rules so that they can be used on their own as well as for cross-references from individual entries. For this purpose, they must also be organized more systematically than they usually are at present, e.g. according to the following principles:

(1) Two paradigms are distinct if and only if at least one combination of morphosyntactic properties, or grammemes, has a different marker (affix, stem alternation etc.) in each of them. It follows, for example, that French *geler* and *acheter* conform to the same paradigm; the difference in the stem-final consonant is no reason to set up two patterns (which various dictionaries do).

(2) Paradigms are best arranged and numbered according to a scheme that reflects similarities and differences between them. A suitable method is to group paradigms together if the inflectional differences between them are (a) phonemically or graphemically conditioned, or if they (b) correlate with syntactic/semantic properties like gender or animateness (cf. the definition of "macroclass" in Carstairs 1986, 4). One could also use a cross-classification based on the different types of markers, e. g. with numbers for affix patterns and letters for stem alternations. (Some declension tables for German do this at least in part; cf. Mugdan 1983, 198—200). Furthermore, productive and unproductive patterns could be kept apart.

(3) Phrases do not belong in the inflectional paradigm. So-called "analytical tenses" (e.g. the "future" *[she] will come*) should be covered in a section on auxiliaries (together with *[she] must come* etc.); likewise, prepositional phrases (e.g. *to the author*) have nothing to do with declension.

### 4.3. Grammatical Sketch

The description of inflection in a self-contained grammatical sketch tends to be more comprehensive and coherent than in the introduction or a summary table. The presentation normally follows established traditions that the reader is likely to be familiar with. In most cases, it is acceptable though not entirely satisfactory (cf. the comments in 4.1. and 4.2.); occasionally, however, categories that may have been appropriate for Latin are still misapplied to other languages (e.g. in Pons Globalwörterbuch Englisch-Deutsch). As a rule, the grammatical sketch and the dictionary itself remain unconnected; an integrated approach would be more economical and more user-friendly (cf. Art. 64).

## 5. Information in Individual Articles

### 5.1. List of Word-Forms

For the user, it is most convenient if he can find the word-forms of a lexeme in the dictionary entry itself without having to decipher codes or follow cross-references. A full list would, however, take up far too much space unless the lexemes have very few inflectional forms (as in English). But even then, complete paradigms are rarely given (Webster's Third New International Dictionary (= W3) is exceptional in this regard). A more efficient solution exploits the fact that some forms can be predicted from others by rules. In Russian, for instance, the instrumental plural of a noun can be obtained from the dative plural by adding *-i* (cf. *slovarjám* 'to dictionaries', *slovarjámi* 'with dictionaries'). Therefore, a dictionary need not list all the word-forms of a lexeme but only a fairly small subset from which the remaining forms can be inferred (cf. the notion of "principal parts" in traditional grammar).

This has obvious implications for the choice of the canonical form. According to Zgusta, "the guiding principle [...] is that it should be as good a starting point for the construction of the other forms of the paradigm as possible" (1971, 120). In actual fact, various reasons may necessitate deviations from this principle. It conflicts with other preferences, e.g. for the form used in metalinguistic communication (hence 'citation form'), for a form that is morphologically and/or semantically unmarked or for the stem. There is, moreover, a strong tendency to use analogous canonical forms for different languages (e.g. the "infinitive" for verbs). And above all, the canonical form should be readily derivable from the other word-forms so that the user can find the entry he is looking for.

The subset of word-forms which the dictionary provides for lexemes of a given word class may be either fixed or variable. The first approach is characteristic of many German dictionaries: They list the genitive singular and the nominative plural of all nouns (in addition to the canonical form, the nominative singular) even where this information is redundant. The typical treatment of verbs in English dictionaries illustrates the second approach: No additional word-forms are given if the verb is regular. Otherwise, only those forms are shown that deviate from the rules in the introduction; the past participle is not shown if it coincides with the past tense. Some dictionaries also list certain regular forms that "might cause confusion" (e.g. *prospectuses* in CED, cf. p. xi) although no ambiguities would result if this information was not given.

The morphosyntactic properties of the forms may be indicated in different ways. For English verbs, ALD always uses a label (e.g. "pret." for *drove* and "p. p." for *driven* under **drive**), while CED gives the forms in a fixed sequence and therefore shows all forms preceding the irregular one even if they are regular themselves (cf. *draws, drawing, drew, drawn* under **draw**). By combining both techniques, LDOCE saves valuable space: The past tense and the past participle are identified by position, other forms are labelled (cf. *died*, pres. p. *dying* under **die**). — Dictionaries also economize by abbreviating word-forms: The use of a hyphen or a swung dash as a place-holder symbol (cf. Wiegand 1983, 434) is common. No problems arise if it stands for the entire canonical form (e.g. if the plural of *prospectus* is given as *-es*). Otherwise, various devices can be used to avoid misunderstandings. CED always gives whole syllables; Duden Deutsches Universal-Wörterbuch (= DUW) distinguishes two place-holder symbols: *-ta* in the entry **Komma** stands for *Kommata*, whereas ... *ta* in the entry **Abstraktum** is an abbreviation for *Abstrakta* (cf. Mugdan 1983, 196). A truly unambiguous technique is the one used in various Russian dictionaries (e.g. Kratkij tolkovyj slovar'): A vertical line marks off that part of the canonical form which is replaced by the hyphen, cf.

SOCIALÍZM, -a [read: *socialízma*]
RESPÚBLIK|A, -i [read: *respúbliki*]

In this example, the abbreviated genitive singular is clearly not part of the lemma, whereas the abbreviated feminine form in the following entries from the Petit Robert is:
CONDITIONNEL, ELLE [. . .] *adj.*
CONDUCTEUR, TRICE [. . .] *n.*
In the case of the adjective, we are dealing with a multiple lemma in the sense of Wiegand (1983, 443) since the two lemma signs it represents are word-forms of one lexeme. The relationship between *conducteur* and *conductrice*, on the other hand, is derivational (cf. Mugdan 1984, 297 f. on similar noun pairs in German dictionaries). This important difference should not be obscured; entries like
CONDITIONNEL, -le [. . .] *adj.*
would therefore be more appropriate.

The effectiveness of the method described in this section depends in a large measure on the implicative rules the lexicographer assumes. For most languages, a few simple rules will suffice to allow information in the body of the dictionary to be reduced to a minimum; they should, of course, be explained in the introduction (cf. 4.1.) or a grammatical sketch (cf. 4.3.).

5.2. Indication of Class Membership

The lexemes of a language can be assigned to different lexeme classes on the basis of the morphosyntactic categories that are obligatorily specified in their word-forms. In English, for instance, certain lexemes are specified for number, others for tense. The resulting classes are more or less identical with the traditional parts of speech except that they are defined on a purely morphological basis and not by a mixture of morphological and syntactic criteria (cf. Bergenholtz/Mugdan 1979, 137—141). With this qualification, the part-of-speech label in a dictionary entry can be regarded as "an instruction about the kinds of inflections that are appropriate to the lexical item" (Jackson 1985, 55). Such a label often designates not only the lexeme class but subcategories like "intransitive verb" or "masculine noun", which may correlate with inflection classes. (While lexeme classes are defined by grammatical meanings, inflection classes are defined by the corresponding expressions, or markers; cf. 4.2.) In German, for instance, masculine and neuter nouns usually take *-s* or *-es* in the genitive singular, whereas feminine nouns take no suffix.

The major inflectional classes of a language may be known by conventional names like "1st conjugation" or "weak declension", but a comparison of different grammars is likely to reveal a lack of agreement on the numbering scheme or the delimitation of "strong" and "weak" etc. It is therefore not advisable to use such categorizations in a dictionary — fortunately, it is also highly unusual. One Latin-German school dictionary, Der kleine Stowasser, employs this method (without any explanation): "1." in a verb entry apparently means "1st conjugation". A slightly different case is DUW, which divides German verbs into "weak", "strong" and "irregular" ones. Since the principal parts of "strong" and "irregular" verbs are listed in a table, the corresponding labels can be viewed as (somewhat awkward) cross-references; the label for "weak" (i.e. regular) verbs is redundant.

Yet another indication of class membership occurs in the following entry from COD, where (**-tt-**) signifies that the verb is one of those that double the final consonant before vowel-initial suffixes:

**put**[1] (pŏŏt) *v.* (**-tt-**; **put**)

This is a highly convenient technique, which is compatible with lists of word-forms as well as with codes for model paradigms. The morphophonemic (or morphographemic) patterns could also be indicated by numbers (cf. Pankrac 1984), but easily remembered abbreviations are more user-friendly.

### 5.3. Cross-Reference to Model Paradigm

For the lexicographer, cross-references are a favourite means of saving space — for the user, they are a nuisance since he would rather get the information immediately. Nonetheless, numerous dictionaries employ (usually arbitrary) codes which refer to model paradigms in the front or back matter (cf. 4.2.). It is doubtful whether this inconvenient method really requires far less space than others (even if the regular cases are left unmarked, as in the Dictionnaire du français contemporain (= DFC)). The lexicographer should therefore not opt for it without carefully weighing the alternatives.

Cross-references to other entries are still less satisfactory. The Petit Robert, for instance, informs the user that *produire* is inflected like *conduire*; there, he will find a list of word-forms (*je conduis, nous conduisons; je conduisais* etc.). In DUW, an analogous procedure does not even save space: All nominalized adjectives are marked "⟨Dekl. ↑ Abgeordnete⟩"; the entry **Abgeordnete** to which the user is referred contains some but not all of the oblique word-forms. A special part-of-speech label and a model paradigm would have been far more economical (cf. Mugdan 1983, 206 f.).

### 6. Entries for Oblique Forms

When the user consults a dictionary for the purpose of text comprehension, he must solve the problem of lemmatization before he can retrieve any information. This may be quite difficult (especially in the case of a foreign language) if the word-form he encounters differs substantially from the canonical form he must look up; a cross-reference would be a great help. In English and American lexicography, the practice of providing separate entries for "difficult" forms has become almost universal (cf. Cowie 1983, 101); a few dictionaries merely refer the user to the main entry (e.g. "See *forgive*" under **forgave** in COD), but the majority also indicate the grammatical meaning of the oblique form (e.g. "past of *forgive*" under **forgave** in W3). On the whole, German, French and Russian dictionaries contain rather less information of this kind or even none at all (e.g. DFC), although the inflectional systems of these languages are more complex than that of English (cf. Mugdan 1983, 184—186 on German).

The criteria which an oblique form must meet in order to qualify for inclusion are often not stated in the introduction to the dictionary. Typically, some notion of irregularity is (or seems to be) involved, but the rules it presupposes are not given. Forms that are sufficiently "irregular" to be mentioned in the main entry are not necessarily included, and inconsistencies are not unusual. CED, for example, has entries for *dried* and *tried*, but not for *spied* and *dries*. An entirely different principle is followed in W3, where oblique forms are entered whenever they fall "alphabetically more than five inches away from the main entry" (p. 17a f.). As a result, numerous regular forms (e.g. *forms*) are included, which does seem rather wasteful. In my view, a dictionary serves the user's interests best if it gives explicit rules for lemmatization and provides separate entries for those oblique forms to which the rules do not apply; the Learner's Russian-English Dictionary comes close to this ideal.

### 7. Gaps and Variants in the Paradigm

It is widely believed that the lexicographer should indicate "the irregular absence of forms" (Zgusta 1971, 122). Thus, LDOCE tells us that *dead* is not gradable; DUW maintains that German *Linguistik* 'linguistics' has no plural. But as soon as one checks such statements against corpus data, one discovers scores of supposedly non-existing forms. A comparison of several dictionaries is also instructive. The paradigm of the French verb *clore* 'close', for instance, has different lacunae in the tables of DFC, Dictionnaire Hachette and Petit Robert. As for *dead,* SOED says: "The compar. *deader* and superl. *deadest* are in use where the sense permits". In fact, most of the "missing" forms are merely rare for semantic reasons, and this is something the user need not be told (cf. Mugdan 1983, 207—209; 216 f.). Distinctions such as that between count and mass nouns (cf. ALD and LDOCE) are more informative and account for a wider range of phenomena (use of articles etc.). — In many cases, there are variant forms for a particular slot in the paradigm. For example, COD gives the plural of *dwarf* as *dwarfs* "or" *dwarves,* but the forms are "not necessarily arranged in order of decreasing frequency of occurrence" (p. xiv). This practice (which is quite typical) is unsatisfactory inasmuch as it does not help the user to decide on the appropriate form. W3 distinguishes "equal" and "secondary" variants (p. 17a), but such terms remain vague if they are not based on statistical data. The lack of a firm empirical foundation is the cause of numerous inaccuracies and contradictions; thus, Pons Globalwörterbuch Englisch-Deutsch lists only *dwarves,* whereas LDOCE ignores this form (cf. also Mugdan 1983, 202 f.; 214—216; 221—225). The inevitable conclusion is that reliable information on inflectional morphology can only be given on the basis of a sufficiently large corpus (cf. Art. 169).

## 8. Selected Bibliography

### 8.1. Dictionaries

*ALD* = A. S. Hornby/E. V. Gatenby/H. Wakefield: A Learner's Dictionary of Current English. London 1948 [xxvii, 1527 pp.].

*CED* = Collins Dictionary of the English Language. Patrick Hanks, Editor/Thomas Hill Long, Managing Editor/Laurence Urdang, Editorial Director. London. Glasgow 1979 [xxxv, 1690 pp.].

*COD* = The Concise Oxford Dictionary of Current English. First edited by H. W. Fowler and F. G. Fowler. 6th ed. edited by J. B. Sykes. Oxford 1976 [xxiii, 1368 pp.].

*DFC* = Jean Dubois/René Lagane/Georges Niobey/Didier Casalis/Jacqueline Casalis/Henri Meschonnic: Larousse Dictionnaire du français contemporain. Paris 1966 [XXIV, 1224 pp.].

*Dictionnaire Hachette* = Dictionnaire Hachette de la langue française. [Paris] 1980 [1813 pp.].

*DUW* = Duden. Deutsches Universalwörterbuch. Hrsg. u. bearb. vom Wissenschaftlichen Rat und den Mitarbeitern der Dudenredaktion unter Leitung von Günther Drosdowski. Mannheim. Wien. Zürich 1983 [1504 pp.].

*Grand Larousse* = Grand Larousse de la langue française. Sous la direction de Louis Gilbert/René Lagane/Georges Niobey. 7 vols. Paris 1971—1978 [CXXVIII, 6730 pp.].

*Der kleine Stowasser* = Der kleine Stowasser. Lateinisch-deutsches Schulwörterbuch. Bearb. von Michael Petschenig. München 1971 [541 pp.].

*Kratkij tolkovyj slovar'* = Kratkij tolkovyj slovar' russkogo jazyka (dlja inostrancev). Pod red. V. V. Rozanovoj. Moskva 1978 [228 pp.].

*Langenscheidts Handwörterbuch Deutsch-Hebräisch* = Jaacov Lavy unter Mitarb. von Chanan Prinz: Langenscheidts Handwörterbuch Deutsch-Hebräisch. Berlin. München. Wien. Zürich 1980 [XXIII, 823 pp.].

*LDOCE* = Longman Dictionary of Contemporary English. Paul Procter, Editor-in-Chief/Robert F. Ilson, Managing Editor/John Ayto, Senior Editor. Harlow 1978 [xxxix, 1303 pp.].

*The Learner's Russian-English Dictionary* = Boris Aronovič Lapidus/Svetlana Vasil'evna Ševcova: The Learner's Russian-English Dictionary. Moscow 1980 [552 pp.].

*Petit Robert* = Paul Robert: Dictionnaire alphabétique & analogique de la langue française. Rédaction dirigée par A. Rey et J. Rey-Debove. Paris 1977 [XXXI, 2173 pp.; half-title: Le Petit Robert].

*Pons-Globalwörterbuch Englisch-Deutsch* = Roland Breitsprecher/Veronika Calderwood-Schnorr/Peter Terrell/Wendy V. A. Morris: Pons-Globalwörterbuch Englisch-Deutsch. Stuttgart 1983 [XVIII, 1390 pp.; = Collins English-German Dictionary. London. Glasgow 1983].

*SOED* = The Shorter Oxford English Dictionary on Historical Principles. Prepared by William Little/H. W. Fowler/J. Coulson. Revised and edited by C. T. Onions. 3rd ed. London 1944 [xxii, 2515 pp.].

*Stor norsk-tysk ordbog* = Tom Hustad: Stor norsk-tysk ordbog / Grosses norwegisch-deutsches Wörterbuch. Oslo. Bergen. Tromsø 1979 [XX, 864 pp.].

*W3* = Webster's Third New International Dictionary of the English Language. Philip Babcock Gove, Editor in Chief. 2 vols. Springfield, Mass. 1971 [72, 2662 pp.].

### 8.2. Other Publications

*Bergenholtz/Mugdan 1979* = Henning Bergenholtz/Joachim Mugdan: Einführung in die Morphologie. Stuttgart. Berlin. Köln. Mainz 1979 (Urban-Taschenbücher 296).

*Carstairs 1986* = Andrew Carstairs: Macroclasses and paradigm economy in German nouns. In: Zeitschrift für Phonetik, Sprachwissenschaft und Kommunikationsforschung 39. 1986, 3—11.

*Cowie 1983* = A[nthony] P. Cowie: On specifying grammar. In: Lexicography. Principles and Practice. Ed. by R[einhard] R. K. Hartmann. London. New York. Paris. San Diego. San Francisco. São Paulo. Sydney. Tokyo. Toronto 1983, 99—107.

*Goldin 1980* = Z. D. Goldin: A key to the dictionary forms of Russian words. In: The Learner's Russian-English Dictionary, 501—550.

*Jackson 1985* = Howard Jackson: Grammar in the dictionary. In: Dictionaries, Lexicography and Language Learning. Ed. by Robert Ilson. Oxford. New York. Toronto. Sydney. Frankfurt 1985 (ELT Documents 120), 53—59.

*Kromann/Riiber/Rosbach 1984* = Hans-Peder Kromann/Theis Riiber/Poul Rosbach: Überlegungen zu Grundfragen der zweisprachigen Lexikographie. In: Studien zur neuhochdeutschen Lexikographie V. Hrsg. von Herbert Ernst Wiegand. Hildesheim. Zürich. New York 1984 (Germanistische Linguistik 3—6/84), 159—238.

*Matthews 1974* = P[eter] H. Matthews: Morphology. An Introduction to the Theory of Word-Structure. Cambridge. London. New York. Melbourne 1974.

*Mel'čuk 1982* = I[gor] A. Mel'čuk: Towards a Language of Linguistics. A system of formal notions for theoretical morphology. Revised and edited by Ph. Luelsdorff. München 1982 (Internationale Bibliothek für Allgemeine Linguistik 44).

*Mugdan 1983* = Joachim Mugdan: Grammatik im Wörterbuch. Flexion. In: Studien zur neuhochdeutschen Lexikographie III. Hrsg. von Herbert Ernst Wiegand. Hildesheim. Zürich. New York 1983 (Germanistische Linguistik 1—4/82), 179—237.

*Mugdan 1984* = Joachim Mugdan: Grammatik im Wörterbuch. Wortbildung. In: Studien zur neuhochdeutschen Lexikographie IV. Hrsg. von Herbert Ernst Wiegand. Hildesheim. Zürich. New York 1984 (Germanistische Linguistik 1—3/83), 237—308.

*Pankrac 1984* = Ju. G. Pankrac: Morfonologičeskie charakteristiki slova i ich predstavlenie v grammatike i slovare. In: Slovo v grammatike i slovare. Moskva 1984, 79—84.

*Särkkä 1984* = Heikki Särkkä: Improving the usability of the Finnish comprehension dictionary. In: LEXeter '83 Proceedings. Papers from the International Conference on Lexicography at Exeter, 9—12 September 1983. Ed. by R[einhard] R. K. Hartmann. Tübingen 1984 (Lexicographica. Series Maior 1), 268—273.

*Wiegand 1983* = Herbert Ernst Wiegand: Was ist eigentlich ein Lemma? Ein Beitrag zur Theorie der lexikographischen Sprachbeschreibung. In: Studien zur neuhochdeutschen Lexikographie III. Hrsg. von Herbert Ernst Wiegand. Hildesheim. Zürich. New York 1983 (Germanistische Linguistik 1—4/82), 401—474.

*Zgusta 1971* = Ladislav Zgusta: Manual of Lexicography. Prague. The Hague. Paris 1971 (Janua Linguarum. Series Maior 39).

*Joachim Mugdan, Münster*
*(Federal Republic of Germany)*


# 43. Etymological Information in the General Monolingual Dictionary

1. Historical Survey
2. Purposes for Giving Etymological Information
3. Scope of Etymological Information
4. Presentation of Etymological Information
5. Selected Bibliography

## 1. Historical Survey

1.1. The early years of European dictionary making saw a gradual shift from the glossarial tradition of giving Latin and Greek equivalents, as in the *Vocabolario* (1612), to the indication of origin as a formal part of the entry. An intermediate step was taken by Richelet, who gave either classical analogies or discursive statements of origin, sometimes including both in the same entry:

"ALLUSION Du Latin *allusio* [...]. ALMANAC [Ephemeris, Kalendarium] Il vient selon quelques-uns de l'Hebreu, ou de l'Arabe, & selon d'autres, du Grec" (Richelet 1719).

Prior to this, Furetière had made a special feature of etymology, to which he gave a generous amount of space:

"ALLUSION Ce mot est composé du Latin *ludere,* parce que l'*allusion* est en effet un jeu des mots" (Furetière 1690).

He provided a lengthy treatment of possible origins of *almanac* and a 20-line discussion at *fief.* This liberality was part of his challenge to the French Academy, which, when its own dictionary was finally published, declined any treatment of word origins:

"Mais comme l'analogie & l'etimologie ne sont que des rapports qu'on a observez, & quelquefois mesme imaginez entre les mots d'une langue desja faite & ceux d'une autre, ils peuvent bien fournir matiere à quelques observations curieuses, & plus souvent encore à des disputes inutiles; mais ils ne déterminent pas toujours la véritable signification d'un mot, parce qu'elle ne despend que de l'usage" (*Nouveau dictionnaire* 1718).

These are sentiments that some descriptivists would now share, as would critics of the *Diccionario Castellano* (1726—39), which gave many discursive etymologies, not all of them accurate. In Germany Adelung (1774) gave some discursive etymologies as part of his stated purpose of purifying the language and showing which words should and should not be used (Collison 1982, 105; cf. Pfeifer 1984).

1.2. In England, where there had also been a glossarial tradition, some 17th century dictionaries included brief etymologies, but the first to "treat etymology with consistent purpose and seriousness" (Landau 1984, 99), and to trace words beyond an immediate source or single etymon, was Bailey's (1721). Johnson (1755) followed suit in order "to help right understanding"; his aims were, at least when he began, similar to those of Adelung. He used many of Bailey's etymologies but was not above introducing errors of his own. Webster, in the United States, first (1806) ignored etymologies but then (1828) included them in his major dictionary. Many of his statements of origin were inaccurate or even "fantastic speculations" (Landau 1984, 61), but — such was his influence — he established etymology as an essential part of the main entry in an American general dictionary.

1.3. Between Johnson and Webster, in 1786, Sir William Jones, by announcing his belief that Sanskrit shared a common origin with Greek and Latin, initiated the discipline of Indo-European comparative philology, which led, through the work of Bopp, Rask, and others to the great historical dictionaries of Grimm (1832—1960), Littré (1863—78), and the *Oxford English Dictionary* (= *OED*) (1884—1933), and the new *Trésor de la langue française* (= *TLF*) (1971—). These dictionaries, by their very nature, give a full account of a word's semantic and morphological development, tracing it back to its earliest origin. Their detailed and generally authoritative etymologies, supported by those in specialized etymological dictionaries (cf. Art. 144), have given subsequent makers of general dictionaries a rich seam of material from which they may mine as much or as little information as they require — from a concise citing of earliest form and etymon, as in the *Concise Oxford Dictionary* (= *COD*), to the very full statement, giving ultimate origin and cognates, of Wyld (1932) (v. 3.1.). In recent times, the emphasis on descriptive linguistics has resulted in a downgrading of the importance of the history of words, while the wider availability of etymological dictionaries has made a full statement of etymology in the general dictionary seem less important. In addition, the spread of dictionaries for special purposes, such as dictionaries for foreign learners, has resulted in many publications in which no etymologies are given. Strictures of space are felt these days by all dictionary editors and publishers, and the etymology is often seen as the most disposable part of an entry. A special solution to the problem of space was found by the *American Heritage Dictionary* (= *AHD*) in its first edition (1969), which included a 46-page appendix of Indo-European roots, to which cross references were made in the etymologies in the dictionary proper.

1.4. In Europe the tendency is to give very brief statements of etymology. Even Spain's revived *Diccionario histórico* (1972—) does little more than indicate a word's immediate source, while the large *Duden* normally gives either the immediate source or, in the case of native words, the earliest form in German. In France, *Robert* offers an adequate compromise by giving, for example, for the etymologically complex word *fief* a clear statement of immediate source and internal relationship:

"XIII s.; d'abord *feu, fieu*, d'un mot francique (*fëu*, "bétail") transcrit en bas lat. *feudum, feodum*. V. *Féodal*)" (Robert 1966).

Interestingly, the same information, though with more abbreviation, is given in *Petit Robert*. *Quillet* (1946), on the other hand, says simply: "(bas lat. *feodum* or *feudum*)," and the *Petit Larousse illustré* offers only "empr. en francique."

## 2. Purposes for Giving Etymological Information

It used to be thought that dictionary etymologies were essential because one could not possibly use a word properly without knowing its origin. Although this position is no longer tenable, less extreme forms of it are still cited with some justification:

"Etymology has been made a strong feature of this dictionary because it is believed that insights into the current usage of a word can be gained from a full knowledge of the word's history and that a better understanding of language generally can be achieved from knowing how words are related to other words in English and to words in other Indo-European languages" (*Webster's New World* 1970).

On the other hand, the functional value of etymologies in most day-to-day use of the dictionary is very small — except, of course, for students and linguistic scholars:

"Probably not once in a thousand consultations of a dictionary is finding out the etymology part of the purpose" (Hulbert 1955).

However, many of the users of the dictionary will be students, and it is important that they are provided with the raw material for an understanding of the development and inter-relationships of words. There can thus be distinguished three purposes for including etymologies in a general dictionary: (1) to provide raw material for the scholar and the student of the history of the English language; (2) to increase understanding of, and stimulate interest in, both language in general and a given language in particular; (3) since a dictionary is a record of the culture of those who speak a given language, to provide clues to the history of that culture and its relationships to others (cf. Drysdale 1979, 47, discussed in Landau 1984, 103).

## 3. Scope of Etymological Information

It is important to distinguish just what is meant by, and what is expected of, a dictionary etymology. Strictly speaking, the mere citing of a source word or source language is not sufficient, for the business of an etymology is to trace the development of a word, through its major changes of form and meaning, from its identity in modern English to its origin — recorded or hypothetical, depending on the policy of a given dictionary (cf. 3.1.). Etymology is thus distinct from derivation, which is the process by which a word is formed from an existing one by affixation or similar means. Modern dictionaries, in fact, tend not to give etymologies for derived forms or self-evident compounds; if there is an etymology, it usually exists merely as a cross-reference to the headword.

3.1. In fact, an etymological entry may consist of anything from a one-word statement of immediate source to a complex essay tracing the history of a word from its earliest form in the language, through intermediate steps and significant cognates, to its ultimate origin. Some dictionaries, such as *Webster's Third* and *Random House,* cite only recorded forms and do not trace words back to such hypothesized forms as proto-Germanic and Indo-European; others give very few cognates and intermediate historical steps, although they do indicate relationships to other English words — sometimes confusingly if the intermediate stages are not apparent. A recent and informative alternative to citing early forms, used by *CED* and some other desk dictionaries, is to indicate the period (OE, ME) or century of a word's first use in English. Another approach to the matter of selection is to classify the types of information that may be included in etymologies and then to decide which of these types, and to what extent, are to be included. One such classification is (cf. Drysdale 1979): (1) source language or language family; (2) first English form and/or immediate source; (3) date or period of entry into English; (4) changes of form and meaning in English; (5) intermediate stages, pre-English; (6) ultimate known source; (7) semantic development, pre-English; (8) ultimate underlying form, known or hypothetical; (9) cognates in related languages; (10) other English words from the same base (German tradition: cf. Seebold 1982).

3.2. The above classification can apply also to the etymology of non-Indo-European borrowings into English. There is even less certainty about how much etymological information to give for these entries — partly, perhaps, because most English lexicographers are better trained in Indo-European than, for example, in Semitic, Amerindian, or Dravidian linguistics. In many cases a simple etymon is given when there is, in fact, a much more interesting story to tell.

3.3. Severe criticisms of the scope and precision of dictionary etymologies were made by Heller, citing five specific shortcomings: (1) the failure to bring the etymology consistently back to the form which actually underlies the word rather than to some canonical reference form; (2) the failure to etymologize all the morphemes of every word; (3) the failure to etymologize all words; (4) the failure to mark relevant prosodic features; (5) the failure to tap the resources of modern etymological reconstruction for significant analysis in depth. Under this fifth heading Heller called for:

"(a) the reconstruction of the protosememe (the primal meaning from which later meanings evolved) and its line of development leading to the meaning of the word being etymologized; and (b) the working out of the historical interrelationships between that word and each of the other words derived from the same source" (Heller 1965).

He went on to say that doubtless only the larger unabridged dictionaries could find room for such detailed analysis. In fact, such American college dictionaries as *Webster's Ninth* and *Random House* have for the majority of entries just as much etymological detail as their unabridged counterparts. It is likely, therefore, that only an extensive etymological dictionary could meet Heller's requirements. His comments, however, do serve to underline the etymological importance of semantic development as distinct from the mechanics of formal change.

3.4. Dictionaries differ in their treatment of disputed or uncertain etymologies. Bailey, in the Preface to his second edition, wrote:

"[...] when I could not find any Original, I have in their stead writ [Incert. Etym.] i. e. the Etymology is uncertain" (Bailey 1731).

He also used the qualification "probably" and he sometimes gave alternative etymologies. He also, through either uncertainty or oversight, omitted many etymologies. All these stratagems have been used by lexicographers ever since, together with the use of a question mark before or after an etymon that is open to doubt. For a more rigorous approach, Malkiel has suggested six different ways of presenting solutions to etymological problems, by which the etymologist:

(1) lists the source word "(unless he flatly states that the etymology is unknown)"; (2) supplies the etymon, with a glimpse of the surrounding scene or a succinct glotto-historical comment; (3) champions the most likely solution but recognizes others and attempts to rank them; (4) "views one solution as entirely, or almost entirely, satisfactory, and the rest [...] as wholly misleading, frequently engaging in the explicit refutation of the heresies"; (5) "identifies overtly just one solution" but supplies "assorted literature"; (6) "provides particulars on the discussion" (Malkiel 1976).

These proposals were made with reference to etymological dictionaries but they seem equally applicable to general works.

## 4. Presentation of Etymological Information

4.1. Furetière (1690) placed most of his etymological explanations at the end of his entries. Richelet (1719), on the other hand, placed them at the beginning, following grammatical indications (not given consistently) and any analogies from other languages (placed in square brackets) (v. 1.1.). Modern French dictionaries, such as those of Robert and Larousse, tend to follow Richelet, placing the etymology in round brackets immediately after the phonetic transcription and grammatical labels. (*Duden,* in Germany, does the same, using square brackets rather than round ones.) *Littré* and *TLF,* however, which give much more space to etymological information, place it at the end of the entry. In Britain, Bailey placed his etymologies in square brackets immediately after the entry word. Johnson followed this practice, though he interposed a part-of-speech label after the headword, and this became the standard pattern in English dictionaries during the eighteenth and nineteenth centuries, remaining so in Wyld (1932) and for dictionaries in which senses are given in their historical sequence, such as the *OED* and, in America, *Webster's Third*. In recent times, however, dictionaries using a sequence based on frequency or some other logical order — including the *COD, CED, Longman* (1984), and most of the U.S. college dictionaries — have placed their etymologies near the end of their entries, typically after the definitions and before any run-on entries or usage notes. This position reflects the modern emphasis on descriptive, or synchronic, linguistics and, perhaps, the priorities of most dictionary users (cf. 2.1.).

4.2. The first etymological explanations were discursive (cf. 1.1.). Bailey (1721) and Johnson (1755) used abbreviations for the names of languages but did not abbreviate relational words such as *from* or *of*. Once, however, comparative philology had produced a far greater amount of etymological information, dictionaries gradually evolved a series of more-or-less standard abbreviations and signs for the concise presentation of complex chains of etyma and inter-relationships. As a result, their etymologies became more and more difficult for the layman to decipher. Recently, however, the pendulum has begun to swing. The *AHD* does not abbreviate language names or relational terms, nor does CED.

## 5. Selected Bibliography

### 5.1. Dictionaries

*Adelung 1774* = Johann Christoph Adelung: Versuch eines vollständigen grammatisch-kritischen Wörterbuches der hochdeutschen Mundart [...] Leipzig 1774—1786 [7592 columns; vol. 1 *A—Eyweiß* 1774, vol. 2 *F—Kuxkränzler* 1775, vol. 3 *L—Schautag* 1777, vol. 4 *Schebeke—votieren* 1780, vol. 5 *W—Zwölfter* 1786].

*AHD 1969* = The American Heritage Dictionary of the English Language. Ed. by William Morris. New York 1969 [1550 pages].

*Bailey 1721* = Nathaniel Bailey: An Universal Etymological English Dictionary. London 1721 [n. p.].

*Bailey 1731* = Nathaniel Bailey: An Universal Etymological English Dictionary. 5th ed. London 1731.

*CED* = Collins English Dictionary. Ed. by Patrick Hanks. London. Glasgow 1979 [1690 pages].

*COD* = Concise Oxford Dictionary. Ed. by John Bradbury Sykes. 7th ed. Oxford 1982 [1255 pages].

*Diccionario Castellano (1726—39)* = Diccionario de la lengua Castellana [...] compuesto por la Real Academia Española. Madrid 1726—39.

*Diccionario histórico 1972* = Diccionario histórico de la lengua española. Real Academia Española. Madrid 1972— [682 pages; till now vol. 1 *A—alà* 1972, vol. 2 *álaba—albricia* 1974, vol. 3 *albricia—alexifármaco* 1976, vol. 4 *alexifármaco—alitierno* 1977, vol. 5 *álito—aloja* 1979, vol. 6 *aloja—alzo* 1981].

*Duden 1981* = Das große Wörterbuch der deutschen Sprache. Ed. by Günther Drosdowski. Mannheim 1981 [2990 pages; vol. 1: *A—civet*, vol. 2 *Claim—F-Zug*, vol. 3 *G—Kalzium*, vol. 4 *Kam—Nystagmus*, vol. 5 *O—sozusagen*, vol. 6 *Spachtel—Zytofoxizität*].

*Furetière 1690* = Antoine Furetière: Dictionnaire universel des arts et sciences. La Haye. Rotterdam 1690.

*Grimm/Grimm 1832—1960* = Jacob Grimm/Wilhelm Grimm: Deutsches Wörterbuch. Leipzig 1832—1960 [71491 columns; vol. 1 *A—Biermolke* 1854, vol. 2 *Biermörder—dwatsch*, vol. 3 *E—Forsche* 1862, vol. 4 *Forschel—Gefolgsmann* 1878, vol. 5 *Gefoppe—Getriebs* 1897, vol. 6 *Getreide—gewöhnlich* 1911, vol. 7 *gewöhnlich—Gleve* 1949, vol. 8 *Glibber—Gräzist* 1958, vol. 9 *Greander—Gymnastik* 1935, vol. 10 *H—Juzen* 1877, vol. 11 *K—Kyrie eleison* 1873, vol. 12 *L—mythisch* 1885, vol. 13 *N—quurren* 1889, vol. 14 *R—Schiefe* 1893, vol. 15 *schiefeln—Seele* 1899, vol. 16 *Seelebensprechen* 1905, vol. 17 *Sprecher—Stehuhr* 1960, vol. 18 *Stehung—stitzig* 1941, vol. 19 *Stob—strollen* 1957, vol. 20 *Strom—Szische* 1942, vol. 21 *T—treftig* 1935, vol. 22 *Treib—tz* 1952, vol. 23 *U—umzwingen* 1936, vol. 24 *un—Uzvogel* 1936, vol. 25 *V—verzwunzen* 1956, *vol. 26 Vesche—vulkanisch* 1951, vol. 27 *W—Wegzwiesel* 1922, vol. 28 *Weh—Wendunmut* 1955, vol. 29 *wenig—Wiking* 1960, vol. 30 *Wilb—Ysop* 1960, vol. 31 *Z—Zmasche* 1956, vol. 32 *Zobel—Zypressenzweig* 1954].

*Johnson 1755* = Samuel Johnson: A Dictionary of the English Language. London 1755.

*Littré 1863—78* = Maximilien Paul Émile Littré: Dictionnaire de la langue française. Paris 1863—78 [4708 pages; vol. 1: *A—hystriciens* 1866, vol. 2 *I—ymage du monde* 1869].

*Longman 1984* = Longman Dictionary of the English Language. Harlow 1984 [1876 pages].

*Nouveau dictionnaire 1718* = Nouveau dictionnaire de l'Académie françoise. Paris 1718 [Revision and rearrangement of 1st ed. 1694].

*OED* = Oxford English Dictionary. Ed. by James Augustus Henry Murray *et al.* Oxford 1933 [Reissue of A New English Dictionary on Historical Principles 1884—1928]. [14 123 pages; vol. 1 *A—Byzen*, vol. 2 *C—Czech*, vol. 3 *D—Ezod*, vol. 4 *F—Gyzzarn*, vol. 5 *H—Kyx*, vol. 6 *L—Myzostoma*, vol. 7 *N—Poyder*, vol. 8 *Pogné—Ryze*, vol. 9 *S—Soldo*, vol. 10 *Sole—Szimikite*, vol. 11 *V—Zyxt*].

*Petit Larousse illustré* = Le petit Larousse illustré. Paris 1975 [1793 pages].

*Petit Robert* = Le Petit Robert: Dictionnaire alphabétique et analogique de la langue française. Par Paul Robert, rédaction dirigée par Alain Rey et Josette Rey-Debove. Paris 1975, 1981 [2172 pages].

*Quillet 1946* = Dictionnaire Quillet de la langue française. Paris 1946 [2132 pages; vol. 1 *A—dytique*, vol. 2 *E—ozonométrie*, vol. 3 *P—zythum*].

*Random House* = The Random House Dictionary of the English Language. Ed.-in-Chief Jess Stein. New York 1966; College Edition. Ed.-in-Chief Laurence Urdang. New York 1968 [1664 pages].

*Richelet 1719* = César Pierre Richelet: Le nouveau dictionnaire françois [...] Lyon 1719 [1st pub. Geneva 1679—80]. [1040 pages; vol. 1: *A—Luzerne*, vol. 2 *M—zone*].

*Robert 1966* = Le Robert: Dictionnaire alphabétique et analogique de la langue française [...]. Par Paul Robert. Paris 1966 [5548 pages; vol. 1 *A—czar*, vol. 2 *D—ficus*, vol. 3 *fidéicommis—juxtaposition*, vol. 4 *K—parpaing*, vol. 5 *parque—patience*, vol. 6 *revaloir—zymotique*].

*TLF* = Trésor de la langue française: Dictionnaire de la langue du XIXe et du XXe siècle (1789—1960). Paris 1971 [15076 pages; vol. 1 *A—affiner* 1971, vol. 2 *affinerie—anfractuosité* 1973, vol. 3 *ange—badin* 1974, vol. 4 *badinage—cage* 1975, vol. 6 *désobstruer—épicurisme* 1979, vol. 8 *épicycle—fuyard* 1980, vol. 9 *G—incarner* 1981, vol. 10 *incartade—losangique* 1983, vol. 11 *lot—natalité* 1985, vol. 12 *natation—pénétrer* 1986].

*Vocabolario 1612* = Vocabolario degli accademici della Crusca. Venice 1612 [960 pages].

*Webster 1806* = Noah Webster: A Compendious Dictionary of the English Language [...]. Hartford. New Haven 1806.

*Webster 1828* = Noah Webster: An American Dictionary of the English Language [...]. New York 1828 [956 pages].

*Webster's New World 1970* = Webster's New World Dictionary: 2nd College Edition. Ed.-in-Chief David Bernard Guralnik. Cleveland 1970 [1692 pages].

*Webster's Ninth* = Webster's Ninth New Collegiate Dictionary. Springfield 1983 [1561 pages].

*Webster's Third* = Webster's Third New International Dictionary. Ed.-in-Chief Philip Babcock Gove. Springfield 1961 [2662 pages; vol. 1 *A—kyurin*, vol. 2 *L—zyzzogeton*].

*Wyld 1932* = Henry Cecil Wyld: The Universal Dictionary of the English Language. London 1932 [1447 pages].

### 5.2. Other Publications

*Barnhart 1978* = Clarence Lewis Barnhart: American Lexicography, 1945—1973. In: American Speech 53. 1978, 83—140.

*Collison 1982* = Robert Lewis Collison: A History of Foreign-Language Dictionaries. London 1982.

*Drysdale 1979* = Patrick Dockar Drysdale: Dictionary Etymologies. What? Why? And for Whom? In: Papers of the Dictionary Society of North America 1979. Ed. by Gillian Michell. London. Ontario n. d., 39—50.

*Heller 1965* = Louis G. Heller: Lexicographic Etymology. Practice versus Theory. In: American Speech 40. 1965, 113—119.

*Hulbert 1955* = James Root Hulbert: Dictionaries. British and American. London 1955.

*Landau 1984* = Sidney I. Landau: Dictionaries. The Art and Craft of Lexicography. New York 1984.

*Malkiel 1976* = Yakov Malkiel: Etymological Dictionaries. A Tentative Typology. Chicago 1976.

*Pfeifer 1984* = Wolfgang Pfeifer: Adelungs Stellung zur Etymologie in seinem Wörterbuch. In: Sprache und Kulturentwicklung im Blickfeld der deutschen Spätaufklärung. Der Beitrag Johann Christoph Adelungs. Hrsg. von Werner Bahner. Berlin 1984 (Abhandlung der sächsischen Akademie der Wissenschaften zu Leipzig. Philolog.-hist. Klasse. Bd. 70, H. 4), 233—238.

*Seebold 1982* = Elmar Seebold: Die Erläuterung der Etymologie in den Wörterbüchern der deutschen Gegenwartssprache. In: Studien zur neuhochdeutschen Lexikographie II. Ed. by Herbert Ernst Wiegand. Hildesheim. New York 1982 (Germanistische Linguistik 3—6/80), 189—223.

*Patrick Dockar Drysdale, Abingdon (Great Britain)*

# 44. Die lexikographische Definition im allgemeinen einsprachigen Wörterbuch

1. Zur Charakterisierung des Gegenstandsbereiches
2. Zur Problematik pragmatisch eingespielter Fachausdrücke wie *Definition* und *Explikation*
3. Bedeutungsparaphrasenangaben in der Sicht der strukturellen Merkmalsemantik (Komponentenanalyse)
4. Bedeutungsparaphrasenangaben als Teile von quasi-natürlichen, potentiellen Antworten auf antizipierte Fragetypen in handlungssemantischer Deutung
5. Einige Arten von Bedeutungsparaphrasenangaben
6. Perspektiven
7. Literatur (in Auswahl)

## 1. Zur Charakterisierung des Gegenstandsbereiches

Der Artikeltitel thematisiert einen empirischen Gegenstandsbereich, den bestimmte Textsegmente in Wörterbuchartikeln von allgemeinen einsprachigen Wörterbüchern bilden. Da dieser Artikel infolge der Handbuchkonzeption einen bestimmten Stellenwert relativ zu den Kap. IV und V hat, werden nicht alle Eigenschaften von sog. lexikographischen Definitionen, die von theoretischem Interesse sind, thematisch. Vielmehr wird eine lange Reihe von Einschränkungen erforderlich, die sich nicht allein aus der Formulierung des Titels ergeben, so daß zunächst explizite Abgrenzungshinweise notwendig werden (vgl. 1.1.), auf die dann eine stark eingeschränkte Bestimmung des wissenschaftlichen Gegenstandes folgt, so wie er hier betrachtet werden soll (vgl. 1.2.). Eine weniger eingeschränkte Darstellung, die alle Angaben zur Bedeutung berücksichtigt, findet man in Wiegand 1989.

## 1.1. Konzeptionsbedingte thematische Einschränkungen

(1) *Einschränkungen bezüglich des Wörterbuchtyps*

Als allgemeine einsprachige Wörterbücher gelten hier nur die sog. Definitionswörterbücher (i. S. v. Art. 92). Ihr Gegenstandsbereich ist ein Sprachstadium einer historischen Einzelsprache, (etwa i. S. v. Objartel 1980; vgl. Art. 154—156). Der tatsächlich lexikographisch bearbeitete Wörterbuchgegenstand (i. S. v. Art. 29) ist bei einzelnen Wörterbüchern, die zu den Definitionswörterbüchern zählen, im Detail recht verschieden (vgl. Art. 206); z. B. gehört die Silbentrennung nicht zum Wörterbuchgegenstand von Pekrun 1933, von Mackensen 1977 und auch nicht zu dem des ÖW, des Sprachbrockhaus 1982, des WDG und des Duden-GW, wohl aber zu dem des BW, des DUW 1983, des Knaurs-GW, des Wahrig-dtv und des Wahrig-⁵DW. Zum Wörterbuchgegenstand von allgemeinen einsprachigen Wörterbüchern gehört jedoch stets die lexikalische Bedeutung der Lemmazeichen (i. S. v. Art. 38 a u. 39), so daß in allen Wörterbuchartikeln, die keine rudimentären Mikrostrukturen (i. S. v. Art. 39) aufweisen, wie z. B. reine Verweisartikel, wenigstens eine sog. *lexikographische Definition* obligatorisch ist. Da die historischen allgemeinen einsprachigen Wörterbücher (i. S. v. Reichmann 1984, 460 f.) — also solche wie z. B. Lexer 1872—1878 — in den Art. 154 bis 156 behandelt werden, wird auf die speziellen Probleme nicht eingegangen, die sich daraus ergeben, daß die im Wörterbuch beschriebene Sprache nicht die Muttersprache des Lexikographen ist und daß die lexikographische Beschreibungssprache, in der die sog. lexikographischen Definitionen formuliert sind (die keine Metasprache ist, vgl. Wiegand 1983, 415 ff.) zu einem jüngeren Sprachstadium gehört als die Lemmazeichen (vgl. hierzu Tollenaere 1979; Reichmann 1983 u. 1986, 83 ff.; Wiegand 1984, 600 ff. u. 1986 a, 204 ff.).

Nicht nur für die allgemeinen einsprachigen Wörterbücher gilt das Prinzip des semantischen Kommentars (i. S. v. Wiegand 1984; ein anderer Prinzipienbegriff liegt in Art. 31 vor), sondern für alle Wörterbücher, die keine Formwörterbücher (i. S. v. Wiegand 1986 u. 1989) sind. Da somit z. B. in Autorenwörterbüchern (vgl. Art. 164; Wiegand 1984, 600—606), in Fachwörterbüchern (vgl. Art. 159 u. 160 u. Wiegand 1988 a, 763—776) und auch in anderen Varietätenwörterbüchern (i. S. v. Wiegand 1986 a) sowie in den Lernwörterbüchern (vgl. Art. 150—151) sog. lexikographische Definitionen auftreten (können), werden diese zwar nicht eingehend betrachtet, müssen aber bei der Abgrenzung der Definition als Textsegment von Artikeln eines allgemeinen einsprachigen Wörterbuches berücksichtigt werden.

(2) *Einschränkung bezüglich der Anordnung*

Werden Lemmazeichen vom Lexikographen als polysem interpretiert, so daß es mehr als eine Definition gibt, müssen diese artikelintern angeordnet werden; die damit verbundenen Anordnungs- und Hierarchisierungsprobleme werden in Art. 87 behandelt (vgl. auch Kipfer 1984).

(3) *Einschränkung bezüglich der Synonyme und Antonyme*

Innerhalb des semantischen Kommentars (i. S. v. Art. 38 a u. 39) treten Synonyme zum Lemmazeichen als ein Teil der sog. lexikographischen Definition auf (vgl. Abb. 44.1 u. 44.3) und auch außerhalb dieser; dieses gilt auch für Antonyme (vgl. Art. 49) und z. T. für Hyponyme (vgl. Wellmann 1987). Die wesentlichen Aspekte der lexikalischen und lexikographischen Synonymie werden in Art. 48 im Anschluß an Wiegand (1976, 1982, 1983 u. 1985) behandelt.

(4) *Einschränkung bezüglich des Definitionsvokabulars*

Sog. lexikographische Definitionen können unter Rückgriff auf eine ausgezeichnete Menge von lexikalischen Einheiten formuliert sein. Diese Menge firmiert unter diversen Fachausdrücken, z. B. *Definitionswortschatz, controlled defining vocabulary, Explikationsvokabular* (vgl. Neubauer 1980,2; MacFarquhar/Richards 1983). Die Motive für dieses Verfahren sind von recht unterschiedlicher Art. Soweit sie pädagogischer Natur sind, werden sie hier nicht behandelt (vgl. Art. 85; Neubauer 1980, 1984, 1987; Herbst 1986).

(5) *Partielle Einschränkungen bezüglich solcher Aspekte, die spezifisch für einen Lemmazeichentyp sind*

Geht man davon aus, daß nicht alle lexikalisierten sprachlichen Ausdrücke — hinsichtlich des nichtenzyklopädischen Bedeutungswissens (i. S. v. Wiegand 1988a, 774) — gleichartige semantische Eigenschaften haben (und bei der Erarbeitung der Konzeption dieses Handbuches wurde diese Voraussetzung gemacht), dann ist zu erwarten, daß semantische Beschreibungen z. B. von Phraseologismen (vgl. Art. 46; Burger 1983, 1988; Kühn 1989; Wiegand 1989 b), von Modalpartikeln (vgl. Art. 72; Helbig 1988; Wolski 1986, 1989), von sprachhandlungsbezeichnenden Ausdrücken (vgl. Art. 73; Holly 1983), von Gesprächswörtern (vgl. Art. 74; Burkhardt 1982), von Routineformeln (vgl. Art. 75; Kühn 1984 u. 1986), von Ausdrücken aus der politischen Lexik (vgl. Art. 76; Richter 1985; Strauß 1982 u. 1988; Wiegand 1984, 582—889), von fachsprachlichen Ausdrücken (vgl. Art. 77; Wiegand 1977, 95—110 u. 1977 a; Nikula 1986), von Gefühlswörtern (vgl. Art. 78; Jäger/Plum 1988), von sog. Heckenausdrücken (vgl. Art. 79; Kolde 1986), von Konjunktionen (vgl. Art. 80; Lang 1982), von Funktionsverbgefügen (vgl. Art. 81; von Polenz 1987), von Satzadverbien (vgl. Wiegand 1982 und dazu Henne 1982), von Adjektiven (vgl. Gove 1968), von Befindlichkeitsadjektiven (vgl. Harras 1982), von Namen (vgl. Mufwene 1988), von Substantiven (vgl. Wiegand 1985, 1989), von Bezeichnungen für natürliche Arten (vgl. Wierzbicka 1988 u. Wiegand 1985, 79 ff.) und von weiteren Arten sprachlicher Ausdrücke auf unterschiedliche semantiktheoretische Kategorien zurückgreifen müssen und sich daher grundsätzlich unterscheiden. In einer theoretisch reflektierten Praxis wirken sich solche Unterschiede auch auf die sog. lexikographische Definition aus; sie können hier nur gelegentlich berücksichtigt werden. Eine Typologie von sog. lexikographischen Definitionen relativ zu semantisch bestimmten Typen von Lemmazeichen ist derzeit noch nicht möglich. Sie stellt eine der wichtigsten Desiderata der Wörterbuchforschung dar; sie bildet eine der Voraussetzungen dafür, daß „Fortschritte in der Ausarbeitung einer Definitionslehre, die konsequent auf lexikographische Probleme und Möglichkeiten bezogen ist" (Schmidt 1986, 41), erzielt werden können. Eine weitere wichtige Voraussetzung für eine solche „Lehre" ist allerdings, daß Lexikographen wie H. Schmidt lernen, daß die Abfassung von Bedeutungsangaben nur sehr vermittelt etwas mit wissenschaftlichem Definieren zu tun hat.

*Bem.:* Die vorstehende Auswahl von „Arten von Ausdrücken" ist — ohne Anspruch auf Vollständigkeit — an der derzeitigen Forschungslage orientiert; es handelt sich also nicht etwa um einen Ausschnitt aus einer Typologie von Lemmazeichentypen für allgemeine einsprachige Wörterbücher relativ zu einem einheitlichen sprachtheoretischen und metalexikographischen Rahmen.

(6) *Einschränkungen bezüglich der Verfahren der Bedeutungsdifferenzierung* und damit der Polysemierung und Homonymierung (vgl. Art. 86 u. 69; Moon 1987; Robins 1987)

(7) *Einschränkungen bezüglich der Beziehungen der sog. lexikographischen Definition und den „Frames"* (vgl. Art. 84 u. Wegner 1985)

(8) *Einschränkungen bezüglich der Betrachtung des Verhältnisses von lexikographischen Illustrationen und Definitionen* (vgl. Art. 62)

## 1.2. Eingeschränkte Gegenstandsbestimmung

Im folgenden wird zunächst eine Gegenstandsbestimmung vorgenommen, und zwar eine, die durch die unter 1.1. genannten Aspekte (1) bis (8) relativ stark eingeschränkt und an die Zwecke dieses Artikels angepaßt ist. Bestimmt werden soll das, was in der Artikelüberschrift „only because it is by now traditional" (Zgusta 1971, 252, Anm. 86) mit einem sog. Internationalismus, nämlich mit dem Fachausdruck *lexikographische Definition* benannt wird (vgl. z. B. Viehweger et al. 1977, 267 ff.; Lessenich-Drucklieb 1978, 20; Viehweger 1982 a, 147; Schmidt 1986, 41 ff.; Kempcke 1987).

Dieser Ausdruck ist — ebenso wie die beiden synonymen Ausdrücke *Wörterbuchdefinition* (vgl. z. B. Wahrig 1973, 154; Herberg 1974, 30; Lessenich-Drucklieb 1978, 21) und *Lexikondefinition* (vgl. z. B. Hölker 1981) — wegen des Bestandteils *-d/Definition* problematisch (vgl. schon Henne 1972, 114 u. unten 1.2.4.), und dies gilt in entsprechender Weise für die Äquivalente in den Sprachen der westlichen Hemisphäre wie z. B. *lexicographic definition* (vgl. z. B. Weinreich 1967; Zgusta 1971, 252—258; Dagenais 1984), *dictionary definition* (vgl. Nogle 1974, 28 ff.; Knudsen/Sommerfeldt 1958; z. B. Ayto 1983; Béjoint 1983, 74; Ilson 1987), *définition lexicographique* (vgl. Marcus 1970; Rey-Debove 1971, 180 ff. u. 1985; Rey 1978), *definición lexicográfica* (vgl. z. B. Bosque 1982; Werner 1982), *definizione lessicografica* (vgl. z. B. Marello 1980, 95 ff.) usw.

### 1.2.1. Zur Notwendigkeit einer Gegenstandsbestimmung

Mit pragmatisch eingespielten Fachausdrücken (i. S. v. Wiegand 1979) wie *lexikographische Definition,* die von Fachtermini (die theoriespezifisch definiert sind) unterschieden werden müssen, läßt sich stets nur eine erste Vorverständigung darüber erzielen, wovon ungefähr die Rede ist; darin besteht die (durchaus nützliche) Funktion von solchen abgegriffenen terminologischen Münzen wie z. B. *Langue, Sprechakt* und auch *lexikographische Definition.* Bleibt man — themagemäß — bei den allgemeinen einsprachigen Wörterbüchern, dann kann zunächst leicht gezeigt werden, daß es sich zwar immer um bestimmte Textsegmente von verdichteten und standardisierten Wörterbuchartikeln (bzw. um Klassen von solchen) handelt, auf die mit einem der genannten Fachausdrücke Bezug genommen wird (und soweit reicht etwa die Vorverständigung), daß aber die Textsegmente (in einem bestimmten Sinne) nicht gleichartig sind, so daß — ohne weiterreichende Festlegungen — keineswegs hinreichend deutlich ist, was g e n a u unter einer lexikographischen Definition verstanden wird.

Der Unterschied in den Auffassungen kann hier nur anhand von zwei Zitaten dokumentiert werden.

Zitat 1: „On appellera DÉFINITION: (1) L'action de définir ou opération définitionnelle. (2) L'énoncé qui est censé expliciter le contenu du mot et qui représente le second membre d'une prédication définitionnelle totale dont le sujet est l'entrée. Cette prédication porte aussi le nom de définition, mais nous ne retiendrons pas ce sens. La définition est un énoncé dont les éléments sont les DÉFINISSANTS et qui parlent de l'entrée ou DÉFINI; elle se présente, dans les dictionnaires modernes, séparée de l'entrée (ne serait-ce que par l'information de catégorie grammaticale) et sans copule qui la relie à l'entrée." (Rey-Debove 1971, 180)

Zitat 2: „A 'substitutable' dictionary definition traditionally tries to give at least four types of information about its definiendum:

(Syn ⟨ 1) its syntactic categorisation: is it noun, verb, etc?
2) its syntactic sub-categorisation: if verb, transitive, intransitive, etc.

(Sem ⟨ 1) its semantic categorisation: January is a *month;* to be gorgeous is to be *beautiful*
2) its semantic sub-categorisation: January is the *first* month; to be gorgeous is to be *strikingly* beautiful

Sometimes this information is compressed into a single word or phrase that is itself a dictionary entry, as here in *Webster's Ninth New Collegiate Dictionary* (W9):
²**grip** *n* ... 6: STAGEHAND (Syn, Sem) (W9)
or here, as in the hypothetical:
**gorgeous** *adj*: STRIKING
These definitions are, of course, classical definitions by synonym." (Ilson 1987, 61).

Offenbar verstehen Rey-Debove und Ilson unter einer Definition etwas Verschiedenes. Anhand von $wa_1$ sei dies nachfolgend verdeutlicht.

'**Ab·tra·gung** ⟨f.; -, -en⟩ **1** *Einebnung;* eine ~ des Geländes **2** *Abbruch, Niederreißung;* die ~ eines Hauses **3** ⟨Geol.⟩ *Abtransport der durch Verwitterung entstandenen Gesteinstrümmer mittels Wasser* **4** *Abzahlung;* die ~ einer Schuld

Textbeispiel 44.1: $wa_1$ aus BW

In $wa_1$ ist das Lemmazeichen *Abtragung* als vierfach polysem interpretiert. Sowohl nach Rey-Debove als auch nach Ilson finden sich in $wa_1$ vier Definitionen; allerdings handelt es sich um ganz unterschiedliche Artikelausschnitte, die als die Definitionen gelten.

Nach Rey-Debove sind folgende Textsegmente (ts) Definitionen:

$ts_1$: *Einebnung*
$ts_2$: *Abbruch, Niederreißung*
$ts_3$: *Abtransport der durch Verwitterung entstandenen Gesteinstrümmer mittels Wasser*
$ts_4$: *Abzahlung*

Nach Rey-Debove (1971, 203 f.) sind $ts_1$ und $ts_2$ Definitionen durch synonyme Wörter (vgl. 1.1. (3) u. Art. 48); $ts_2$ ist eine sog. „définition multiple" (Rey-Debove 1971, 207—209), und $ts_3$ ist eine sog. périphrase (i. S. v. Du Marsais, vgl. Rey-Debove 1971, 192).

*Bem.:* Die Unterscheidung von „Periphrase" und „Paraphrase" ist nach den neueren Forschungen zur Paraphrase obsolet; vgl. z. B. Viehweger et al. 1977, 257 ff.; Lang 1977; Wunderlich 1980, 72—105).

Nach Ilson muß man vor alle Textsegmente ($ts_1$ bis $ts_4$), die bei Rey-Debove als Definition gelten, das Segment „'**Ab·tra·gung** [...] f. [...]" stellen, um den Artikelausschnitt zu erhalten, der bei Ilson als dictionary definition gilt; $ts_5$ ist dann z. B. eine Definition:

$ts_5$: '**Ab·tra·gung** [...] f. [...] *Abzahlung.*

Diejenigen Textsegmente, die bei Rey-Debove als e i n e définition multiple aufgefaßt werden, gelten bei anderen Autoren als m e h r e r e Definitionen. — Bei Weinreich (1967) bezieht sich der Ausdruck *lexicographic definition* nur auf Autosemantica, auf nennlexikalische Ausdrücke also, die ein Denotat haben, was sich aus der „canonical form of lexicographic definition" (1967, 31) ergibt. Viele „Bedeutungserklärungen mit Hilfe eines Kommentars" (die 4. Definitionsart, die im HWDG Verwendung findet, vgl. HWDG, Bd. 1. XII), z. B. die im Artikel zum Lemmazeichen *aber* (vgl. Textbeispiel 80.1), gehören nach Weinreich also nicht zu den Definitionen. Diese Auffassung, daß nur bei den nennlexikalischen Einheiten oder Autosemantica (z. B. Substantive, Adjektive, Verben) von einer Definition gesprochen werden könne, läßt sich bei vielen anderen Autoren nachweisen (vgl. ausführlich dazu Wolski 1986).

Die vorstehenden Ausführungen dürften verdeutlicht haben, daß nun zunächst genauer festgelegt werden muß, was nachfolgend unter *lexikographischer Definition* oder unter einem entsprechenden Synonym verstanden werden soll.

### 1.2.2. Erster Einblick in den Phänomenbereich

Nachfolgend werden einige Wörterbuchartikel partiell analysiert, und zwar im Lichte der in den Art. 38 a und 39 dargebotenen Teiltheorie einer Theorie lexikographischer Texte (vgl. Wiegand 1989), so daß ein erster — theorievermittelter — Einblick in den Bereich der empirischen Phänomene gegeben wird, relativ zu dem dann eine eingeschränkte Gegenstandsbestimmung erfolgen kann.

Der BW-Artikel $wa_1$ weist eine einfache integrierte Mikrostruktur (i. S. v. Art. 39, 4.1.1. u. 5.2.) auf. Ein partiell ausgeführter Strukturgraph findet sich in der Abb. 44.1.

In der Abb. 44.1 wird das Ergebnis einer Anwendung der Methode der funktional-positionalen Segmentation (vgl. Art. 38 a, 3.) auf wa₁ partiell (soweit es hier von Interesse ist) dargestellt. Bei einfachen (und auch bei erweiterten, nicht aber bei zusammengesetzten) integrierten Mikrostrukturen ergibt sich, wenn die BA lemmatisch adressiert ist, bei der Darstellung stets ein Kantenzug WA—SK—SSK—PragsemA—BA; da eine lemmatisch adressierte BA stets im Integratkern (i. S. v. Art. 39, 5.1.) steht, ist ihr Platz in Wörterbuchartikeln, die die genannten Strukturen aufweisen, stets klar festgelegt. Entsprechendes läßt sich auch für die zusammengesetzten und nichtintegrierten Mikrostrukturen zeigen (vgl. Wiegand 1989). Die erfolgreiche Anwendung der funktional-positionalen Segmentation ist nur dann gewährleistet, wenn man über ein ausgearbeitetes System von Angabeklassen verfügt (vgl. Art. 38 a, 3.2.2.1.). Ist dies der Fall, ist jedes funktionale Textsegment, das zur Klasse der Bedeutungsangaben gehört, einwandfrei identifizierbar.

Die Textsegmente, die zur Klasse der Bedeutungsangaben gehören, können entweder Textelemente oder Textbausteine (i. S. v. Art. 38 a, 3.2.1.) sein. In wa₁ sind die erste, dritte und vierte Bedeutungsangabe (BA) Textelemente, da sie nicht weiter in funktionale Textsegmente segmentierbar sind. Die erste und vierte BA ist eine Synonymenangabe (SynA; vgl. Art. 48), die dritte BA eine Bedeutungsparaphrasenangabe (BPA). Die zweite Bedeutungsangabe ist ein Textbaustein, da sie in weitere Angaben segmentierbar ist, nämlich in zwei Synonymenangaben.

Wie bereits wa₁ und die Abb. 44.1 zeigen, können Bedeutungsangaben — also diejenigen Textsegmente, die z. B. Rey-Debove lexikographische Definition nennt und die man nach Ilson als einen Teil des Definiens einer solchen Definition auffassen muß — unterschiedlich aufgebaut sein (oder genauer gesagt: aus einer Angabe oder mehreren Teilgaben bestehen; zur Reflexivität von Teil-Ganzes-Relationen vgl. Art. 38 a, 3.2.2.1.). Da die Möglichkeiten des „Aufbaus" einer Bedeutungsangabe, die ein Textbaustein ist, relativ groß sind, werden zunächst einige weitere Fälle betrachtet.

**Aspękt,** der; -(e)s, -e **1.** *Art und Weise, in der man etw. ansieht, erfaßt, beurteilt, Gesichtspunkt*: etw. unter verschiedenen Aspekten betrachten; dadurch bekam die Sache einen neuen, politischen A. — **2.** Sprachwiss. *Kategorie des Verbs, die die Handlung hinsichtlich ihrer in sich geschlossenen Ganzheit betrachtet*: der perfektive, imperfektive A. in den slawischen Sprachen

Textbeispiel 44.2: wa₂ aus HWDG

Die partielle Darstellung der hierarchischen Mikrostruktur von wa₂ hat folgende Form (vgl. Abb. 44.2).

In wa₂ besteht die erste Bedeutungsangabe aus einer verdichteten Bedeutungsparaphrasenangabe und einer Synonymenangabe (zur Textverdichtung vgl. Art. 90 a u. unten 5.3.). Die angewandte Verdichtungsmethode ist hier natürlich, d. h., über ein entsprechendes Verfahren verfügt auch der kompetente Sprecher, wenn er Äußerungen produziert (vgl. Wiegand 1989 c). Aus der v.BP³A sind folgende lexikalische Paraphrasen zum Lemmazeichen *Aspekt* (vom Benutzer ebenso wie vom Textanalysator) rekonstruierbar:

(1) *Art und Weise, in der man etwas ansieht*
(2) *Art und Weise, in der man etwas erfaßt*
(3) *Art und Weise, in der man etwas beurteilt*

**artig** /*Adj.*/ **1.** /*von Kindern*/ *sich so benehmen, wie es die Erwachsenen nach bestimmten normativen Leitbildern erwarten, brav, folgsam*: ein artiges Kind; sei a.!; wenn du nicht a. bist, dann ... — **2.** veraltend *höflich*: jmdn. a. begrüßen; mit einer artigen Verbeugung

Textbeispiel 44.3: wa₃ aus HWDG

Auch wa₃ weist eine einfache integrierte Mikrostruktur auf; eine partielle Strukturdarstellung findet sich in der Abb. 44.3.

Unmittelbar vor, innerhalb oder unmittelbar nach den Angaben, die nach der Mikrostruktur eines polyinformativen Wörterbuches (i. S. v. Art. 38 a, 5.) vorgesehen sind, finden sich öfters verschiedene Arten von unregelmäßig auftretenden Zusatzangaben. Diese können im Prinzip bei allen Angabetypen auftreten (vgl. die Beispiele in Art. 38 a, 4.3.2.). Solche Zusatzangaben heißen, wenn sie nichtlemmatisch adressiert sind, Glossate (nach Wiegand 1989). Bezogen auf ihre Stellung relativ zur glossierten Angabe lassen sich die Prä-, Inter- und Postglossate unterscheiden. Von den Glossaten müssen bestimmte kommentierende Zusatzangaben unterschieden werden, die Angaben voran- oder nachgestellt sind (vgl. auch die Angabe in Schrägstrichen im 5. SSK von wa₁₃). Wie die Glossate sind sie eine spezielle Art von Angaben, die theoriespezifisch als unselbständige Angaben gelten und deren inhaltliche Interpretation — je nach der Wahl des sprachtheoretischen Bezugsrahmens, relativ zu dem sie gedeutet werden — unterschiedlich ausfallen kann. Relativ zu dem in Wiegand 1985 u. 1989 gewählten Rahmen leistet die vorangestellte kommentierende Angabe

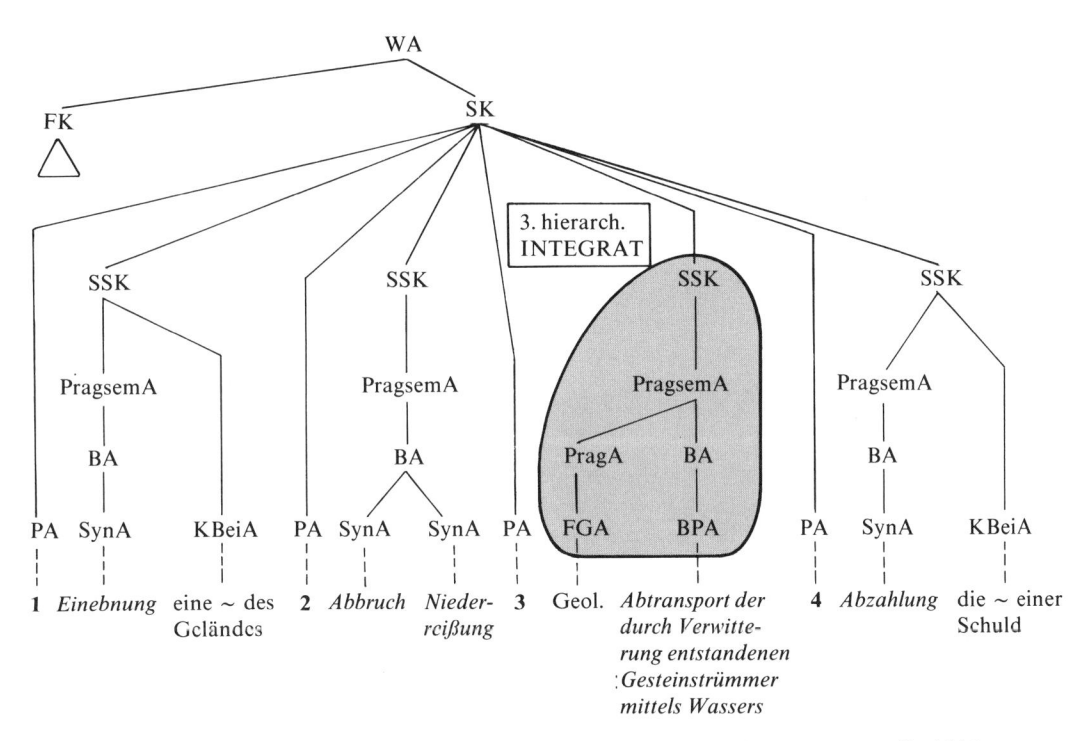

44. Die lexikographische Definition im allgemeinen einsprachigen Wörterbuch 535

Abb. 44.1: Partiell ausgeführter Strukturgraph zur integrierten Mikrostruktur von wa$_1$; alle Abkürzungen sind Klassennamen; WA = Wörterbuchartikel, FK = Formkommentar; SK = semantischer Kommentar; SSK = semantischer Subkommentar; PragsemA = pragmatisch-semantische Angabe; BA = Bedeutungsangabe; SynA = Synonymenangabe; KBeiA = Kompetenzbeispielangabe; FGA = Fachgebietsangabe (vgl. auch Abb. 39.3)

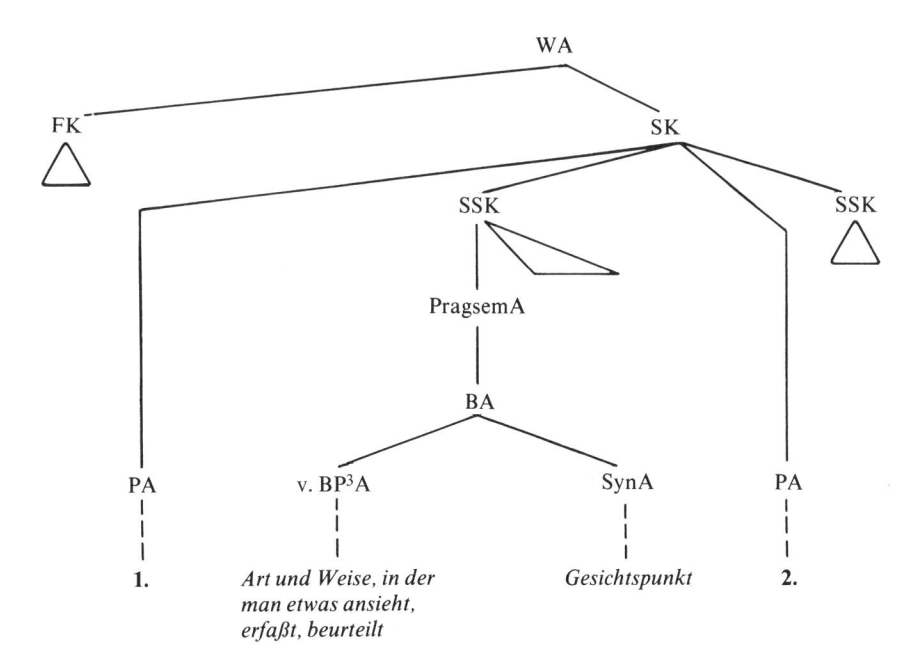

Abb. 44.2: Partiell ausgeführter Strukturgraph zur integrierten Mikrostruktur von wa$_2$; v. BP$^3$A = verdichtete Bedeutungsparaphrasenangabe, aus der drei lexikalische Paraphrasen zu einer der Teilbedeutungen der lexikalischen Bedeutung rekonstruiert werden können

536                    IV. Theorie der einsprachigen Lexikographie I: Bauteile und Strukturen

```
                              WA
                    ╱                  ╲
                  FK                    SK
                  △          ╱          |          ╲
                           SSK                      SSK
                            △                        △
                         PragsemA
                            |
                           BA
              ╱         ╱      ╲      ╲
            PA    [k.AB]BPA   SynA   SynA    PA
            |         |         |      |      |
            |         |         |      |      |
            1.  /von Kindern/ sich so  brav  folgsam  2.
                benehmend, wie es die
                Erwachsenen nach bestimmten
                normativen Leitbildern erwarten
```

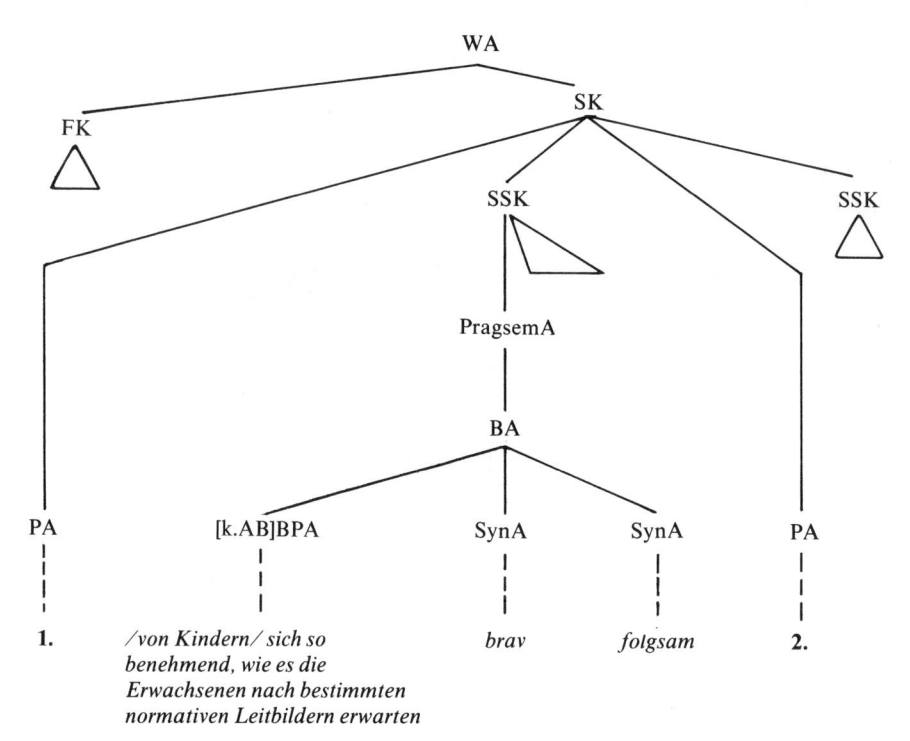

Abb. 44.3: Partiell ausgeführter Strukturgraph zur integrierten Mikrostruktur von wa$_3$; [k.AB]BPA = Bedeutungsparaphrasenangabe mit vorangestellter kommentierender Angabe zum Bezugsbereich

*von Kindern* in wa$_3$ (vgl. [k.AB]BPA) eine Spezifizierung des Bezugsbereiches, auf den das Lemmazeichen *artig* bezogen ist, wenn es in usuellen Texten (vgl. 4.1.) verwendet wird: *artig* wird — mit der in der BPA beschriebenen Bedeutung — von Kindern gesagt. Es handelt sich in wa$_3$ um eine ausgelagerte Form der „subject orientation within the definition" (i. S. v. Gove 1985). Nach dem HWDG (XIII) liegt ein „Kommentar zum Gebrauchsumfang" vor.

'Brü·he ⟨f.; -, -n⟩ **1** *durch Kochen von Nahrungsmitteln (bes. von Fleisch u. Knochen) gewonnene Flüssigkeit;* Fleisch ~ , Knochen ~ ; eine heiße, klare, kräftige, würzige ~ trinken; ~ mit Ei veredeln; ~ von Geflügel, Gemüse, Knochen, Rindfleisch kochen **1.0.1** die ~ kostet mehr als der Braten ⟨fig.⟩ *das Drum u. Dran ist kostspieliger als die Sache selbst* **1.0.2** → a. *körnen(1.1)* **2** ⟨umg.; abwertend⟩ *schmutzige, trübe Flüssigkeit;* diese dünne ~ soll Kaffee sein?; nachdem sie die Kinder gewaschen hatte, war das Badewasser eine dunkle ~ **3** ⟨fig.; umg.⟩ *unangenehme, nutzlose Sache* **3.1** ~ machen *Umstände, überflüssige Worte machen;* keine große, nicht viel ~ machen; du machst viel zu viel ~ mit ihm; er hat eine lange ~ um die Angelegenheit gemacht **3.2** in der ~ sitzen, stecken *in der Klemme, in Verlegenheit, Bedrängnis sein* **4** ⟨umg.⟩ *Schweiß;* bei der Arbeit lief ihm die ~ nur so den Buckel runter [< mhd. *brüeje;* zu *brühen*]

Textbeispiel 44.4: wa$_4$ aus BW

Die Unterscheidung der unterschiedlichen Typen von Zusatzangaben ist nicht immer einfach. In der ersten Bedeutungsparaphrasenangabe von wa$_4$ wird in den runden Klammern keine Zusatzangabe gemacht. Es handelt sich vielmehr um eine verdichtete BPA, aus der zwei lexikalische Paraphrasen zum Lemmazeichen *Brühe* erschlossen werden können (vgl. 5.3).

Bisher wurden nur Bedeutungsangaben betrachtet, die (i. S. v. Art. 38 a, 4.3.1) lemmatisch adressiert, also Bedeutungsangaben zum Lemmazeichen sind und sich damit (falls keine Beschränkungen angegeben sind) auf alle Formen des flexionsmorphologischen Paradigmas, zu dem das Lemmazeichen gehört, beziehen. Es gibt jedoch auch — neben den Glossaten — verschiedene Arten von nichtlemmatisch adressierten Bedeutungsangaben, die in den einzelnen Wörterbüchern regelmäßig auftreten; diese sind z. B. artikelintern an andere Angaben adressiert. In wa$_4$ finden sich gleich mehrere Fälle. Unter 1.0.1 steht der Satz: „*das Drum u. Dran ist kostspieliger als die Sache selbst*". Dieser Satz ist eine Bedeutungsangabe. Seine Adresse ist die Angabe „die ~ kostet mehr als der Braten", aus welcher der Benutzer durch Einsetzen des Lemmazeichens *Brühe*

den Adressaten der Bedeutungsangabe rekonstruieren muß, nämlich den Satz „*die Brühe kostet mehr als der Braten*", der, wenn er (angeblich) „figürlich" verwendet wird (vgl. <fig.> u. hierzu Woetzel 1988 sowie Art. 71) diejenige Bedeutung hat, die mit der Bedeutungsangabe angegeben wird. —
Auch das Textsegment „*Umstände, überflüssige Worte machen*" unter 3.1 in wa₄ ist eine Bedeutungsangabe, und zwar handelt es sich um eine verdichtete Bedeutungsparaphrasenangabe (v.BP²A), aus welcher der Benutzer, wenn er die Textverdichtung rückgängig macht, zwei lexikalische Paraphrasen erschließen kann, nämlich *Umstände machen* und *überflüssige Worte* machen. Die v. BP²A ist nichtlemmatisch adressiert, und zwar an die unmittelbar vorangehende Kompetenzbeispielangabe „~ machen", aus welcher der Benutzer den Adressaten der v. BP²A durch Ersetzen der Tilde durch *Brühe* rekonstruieren kann, so daß er das Phrasem *Brühe machen* erhält (was allerdings lexikographisch anders bearbeitet werden müßte; vgl. hierzu Wiegand 1989 b). — Schließlich findet sich in wa₄ unter 3.2 folgende Bedeutungsangabe „*in der Klemme, in Verlegenheit, Bedrängnis sein*". Es handelt sich um eine verdichtete Bedeutungsparaphrasenangabe (v. BP³A), aus welcher der Benutzer drei lexikalische Paraphrasen rekonstruieren kann. Die v. BP³A ist an die unmittelbar vorausgehende (nicht-natürlich) verdichtete Beispielgruppenangabe (v. Bei²A) adressiert. Aus der Adresse „in der ~ sitzen, stecken" kann der Benutzer durch Ersetzung des Platzhaltersymbols und Aufhebung der angabeinternen Textverdichtung die beiden Adressaten für die drei lexikalischen Paraphrasen rekonstruieren, nämlich *in der Brühe sitzen* und *in der Brühe stecken*, bei denen es sich ebenfalls um Phraseme handelt.

Im BW sind Bedeutungsangaben, die an Beispielangaben bzw. an Phrasemangaben (vgl. Wiegand 1989 b) adressiert sind, aus denen Beispiele für den sog. figürlichen Gebrauch des Lemmazeichens rekonstruiert werden können, keine Ad-hoc-Glossate, sondern Angaben, die zur Mikrostruktur des Wörterbuches gezählt werden müssen, auch wenn darüber im Wörterbuchvorspann nichts gesagt wird.

Die gerade betrachteten Fälle müssen von solchen unterschieden werden, in denen die Bedeutungsangaben bestimmte Teile von Beispielangaben paraphrasieren (vgl. wa₂₃ und wa₂₄ in Art. 38 a, 4.3.2.).

Im DUW 1983 werden metaphorische Verwendungsweisen des Lemmazeichens in Beispielangaben berücksichtigt, die durch ein „Ü" angekündigt werden. Die metaphorische Bedeutung wird dann regelmäßig in einer eingeschobenen oder nachgestellten nichtlemmatisch adressierten Bedeutungsangabe, die meistens eine BPA, seltener eine SynA ist (z. B. im Artikel zu *Futter*) angegeben; in wa₅ handelt es sich bei „*durchschnittliche Qualität*" um eine eingeschobene BPA, die nichtlemmatisch an „H", die Abkürzung für das Lemmazeichen *Hausmannskost*, adressiert ist.

**Haus|manns|kost,** die: *einfaches, kräftiges Essen:* trotz seiner Vorliebe für Delikatessen läßt er nichts auf H. kommen; Ü H. *(durchschnittliche Qualität)* ist nicht gefragt bei einem Länderspiel;

Textbeispiel 44.5: wa₅ aus DUW 1983

In manchen Wörterbüchern (z. B dem WDG) werden bestimmte Lemmazeichen — z. B. solche, deren Bezugsbereich stark eingeschränkt ist — nur als Teil von Beispielangaben mit einer BPA erläutert, so daß es Wörterbuchartikel gibt, in denen es keine lemmatisch adressierten Bedeutungsparaphrasenangaben gibt. Man vgl. z. B. s. v. *abferkeln* im WDG und Textbeispiel 44.12.

In den deutschen Wörterbüchern werden die Phraseme sowohl inhaltlich als auch ordnungsstrukturell sehr unterschiedlich behandelt (vgl. z. B. Burger 1983, 1988; Art. 46; Wiegand 1989 b). Im HDWG wird ein Teil der Phraseme, nämlich vor allem die sog. phraseologischen Ganzheiten, im Postkommentar behandelt (vgl. wa₆ sowie Art. 39, 6.1.2.).

**Balken,** der; -s, - **1.** *langes Stück Schnittholz mit viereckigem Querschnitt in den Abmessungen von 8 mal 20 bis 20 mal 26 Zentimeter, das bes. im Bauwesen verwendet wird:* ein tragender, schwerer, morscher B.; (neue) B. einziehen — **2.** Sport *Schwebebalken*
+ umg. lügen, daß sich die B. biegen *(maßlos lügen)*

Textbeispiel 44.6: wa₆ aus HDWG

Im HWDG wird mit einem unsauberen Stichwortbegriff hantiert, woran sich implizit zeigt, daß die mit den Phrasemen verbundenen Probleme der äußeren und inneren Anordnung noch nicht ausreichend gestellt sind. Einerseits heißt es, daß unter einem Stichwort dasjenige Wort verstanden wird, „das am Beginn des Wörterbuchartikels steht" (HWDG, IX); andererseits aber wird erklärt, daß die Phraseologismen „am Ende des Stichwortes hinter dem graphischen Zeichen + abgehandelt" werden (HDWG, XI). Wie in Wiegand 1989 b gezeigt wird, läßt sich eine ordnungstheoretisch einheitliche und zugleich benutzerfreundliche Lösung der mit den Phrasemen verbundenen lexikographischen Anordnungsprobleme finden, in der eine postkommentarinterne Phrasemangabe wie „lügen, daß sich die B. biegen" auch als Sublemma zum Lemma Balken aufgefaßt werden kann.

Nach dieser Auffassung, die auch z. B. für denjenigen Teil der Phraseme geltend gemacht werden kann, der im Duden-GW und DUW 1983 mit einem Sternchen ausgezeichnet ist und dort als Beispielangabe (!) gilt, müßte z. B. die BPA maßlos lügen in wa$_6$ als lemmatisch, und zwar als sublematisch adressiert gelten. Da in den genannten Wörterbüchern die Phrasemangaben nicht als Sublemmata aufgefaßt werden, gelten die Bedeutungsangaben zu den Phrasemangaben der genannten Art hier als nichtlemmatisch adressiert.

*Bem.:* Damit ist nicht gesagt, daß alle Bedeutungsangaben zu Phrasemen in allgemeinen einsprachigen Wörterbüchern sub- bzw. nichtlemmatisch adressiert sind; z. B. gilt das nicht für Phraseme mit sog. unikalen Komponenten (wie z. B. *gang und gäbe, klipp und klar, Fersengeld geben*) im DUW 1983 (vgl. Wiegand 1989 b). Diese Angaben werden in Art. 46 behandelt.

### 1.2.3. Lemmatisch adressierte Bedeutungsparaphrasenangaben als Gegenstand

Nach dem in 1.2.2. vermittelten kurzen Einblick in den Phänomenbereich kann nun die — gemäß der Aspekte (1) bis (8) unter 1.1. eingeschränkte — Gegenstandsbestimmung wie folgt vorgenommen werden, wodurch zugleich eine weitere Einschränkung erfolgt.

Gegenstand dieses Artikels sind die lemmatisch adressierten Bedeutungsparaphrasenangaben, deren Adressat kein Phrasem ist und aus denen ein Benutzer-in-actu (wenn bestimmte Bedingungen erfüllt sind) wenigstens eine, höchstens aber endlich viele lexikalische Paraphrasen rekonstruieren kann; diese beziehen sich, wenn das Lemmazeichen als der Adressat der Bedeutungsparaphrasenangaben als polysem interpretiert ist, auf eine Teilbedeutung der lexikalischen Bedeutung des Lemmazeichens; ist das Lemmazeichen als ein monosemes interpretiert, beziehen sich die lexikalischen Paraphrasen auf die lexikalische Bedeutung. Unter bestimmten Bedingungen kann der Benutzer-in-actu aus der lexikalischen Paraphrase auf eine (bzw. die) Bedeutung des Lemmazeichens schließen.

Nach der in Art. 38 a, 3.2.2. vorgenommenen Einteilung der lexikographischen Textsegmente gehört die Bedeutungsparaphrasenangabe zu den expliziten, den natürlichsprachlichen, den standardisierten und zu den linguistischen Angaben. Wie alle Angaben, so besteht auch eine Bedeutungsparaphrasenangabe aus einer Angabeform und wenigstens einem genuinen Zweck (zum Terminus *genuiner Zweck* vgl. Wiegand 1987 a, 199 f. u. 1988 a, 744 f.). Letzterer besteht darin, daß ein Benutzer das Ziel einer Benutzungshandlung erreicht, die unter einer Suchfrage nach der oder einer der Bedeutung(en) des Lemmazeichens ausgeführt wird. Die Eigenschaft der Bedeutungsparaphrasenangabe, anhand derer der Benutzer sein Benutzerziel erreichen kann, ist die Bedeutung der lexikalischen Paraphrasen, die er rekonstruiert.

Wenn — unter Berücksichtigung der hinsichtlich bestimmter Phraseme vorgenommenen Einschränkung — lemmatisch adressierte Bedeutungsparaphrasenangaben den Gegenstand abgeben, der vor allem betrachtet werden soll, heißt dies, daß die Lemmazeichengestaltangaben (LZGA) als die Adressen zu berücksichtigen sind, so daß also — genauer gesagt — Paare von Textsegmenten (BPA, LZGA), auf die der zweistellige Relationsterm *ist lemmatisch adressiert an* zutrifft, als der wissenschaftliche Gegenstand angesehen werden müssen (vgl. Art. 38 a, 4.3.1.). Anders ausgedrückt handelt es sich demnach um bestimmte lexikographische Bearbeitungseinheiten (i. S. v. Art. 36, 1.; vgl. Wiegand 1989), die betrachtet werden sollen, und zwar z. B. um Wörterbucheinträge (i. S. v. Wiegand 1983, 403 f.) der Form:

(i) LZGA [...] BPA
(ii) LZGA [...] v. BP$^2$A
(iii) LZGA [...] v. BP$^3$A, ..., usw.

sowie um Einträge dieser Form, die um unselbständige Zusatzangaben erweitert sind. Beispiele sind:

*zu (i):* '**Ab·tra·gung** [...] *Abtransport der durch Verwitterung entstandenen Gesteinstrümmer mittels Wasser* (vgl. wa$_1$)

'**Balken** [...] *langes Stück Schnittholz mit viereckigem Querschnitt in den Abmessungen von 8 mal 20 bis 20 mal 26 Zentimeter, das bes. im Bauwesen verwendet wird* (vgl. wa$_6$)

*zu (ii):* **intrigant** [...] *dazu neigend, Intrigen zu spinnen, Ränke zu schmieden* (aus HWDG)

*zu (iii):* **ältlich** [...] *nicht (mehr) jugendlich, ein wenig alt wirkend* (aus HWDG)

**Aspekt** [...] *Art und Weise in der man etw. ansieht, erfaßt, beurteilt* [...] (vgl. wa$_2$)

*Bem.:* Gelegentlich ist es notwendig, um die Eigenarten der lemmatisch adressierten BPA deutlich hervortreten zu lassen, auch die nichtlemmatisch adressierten als Vergleichsobjekte zu berücksichtigen (vgl. z. B. die Ausführungen zu Textbeispiel 44.12 unter 5.).

## 2. Zur Problematik pragmatisch eingespielter Fachausdrücke wie *Definition* und *Explikation*

Wissenschaftssprachen und insbesondere die der sog. Geistes- und Sozialwissenschaften sind im hohen Maße historisch. Die meisten Termini haben eine lange Geschichte, und wenn sie sich als fruchtbar erwiesen haben, hat man sie meistens mehrmals definiert (um-, redefiniert etc.), relativ zu diesem theoretischen Rahmen auf diese, relativ zu jenem Rahmen auf jene Weise. Im Gebrauch entfernen sie sich (oft genug zunächst nicht bemerkt) von ihrem ursprünglichen genuinen Zweck, nämlich relativ zu einer bestimmten Definition einen bestimmten Bezugsgegenstand zu benennen, der durch die Definition erst als so und so bestimmter gelten kann. Manche Termini werden mit der Zeit vage; ihr Gebrauch ist dann nur noch pragmatisch eingespielt, und hinter dem so selbstverständlich gewordenen Gebrauch verbirgt sich oft genug ein fragwürdiger Konsens darüber, wovon eigentlich die Rede ist. Der Gebrauch von *Definition* und *Explikation* in der wissenschaftlichen Lexikographie und Wörterbuchforschung ist von dieser Art.

Wenn es sich auch eingebürgert hat, bestimmte unterschiedliche Klassen von Textsegmenten meistens als Definitionen und öfter auch als Explikationen zu bezeichnen, muß dennoch gefragt werden, ob dieser Sprachgebrauch angemessen ist, wobei eine solche Frage keineswegs als eine bloß terminologische zu verstehen ist (vgl. Wiegand 1985, 52).

### 2.1. Bedeutungsparaphrasenangaben als Definitionen?

Definitionen sind Texte oder Textausschnitte; dies gilt auch für die zahlreichen Charakterisierungen und Definitionen der Definition oder von *Definition*, wie sie sich schon vor, aber besonders seit Aristoteles in den Schriften von Philosophen, Wissenschaftstheoretikern, Logikern, Juristen, Linguisten u. a. sowie in speziellen „Definitionslehren" finden (vgl. die Übersicht bei Nobis/Gabriel 1972); es gilt weiterhin für die Definitionen von Ausdrücken, die zu *Definition* hyponym sind, wie z. B.:

*Real-, Nominal-, Sach-, Gebrauchs-, Kontext-, Begriffs-, Wesens-, Kausal-, Feststellungs-, Festsetzungs-, Hinweis-, Arbeits-, Zuordnungs-, Unterscheidungs-, Alltags-, Verschärfungs-, Zirkel-, Äquivalenz- und Explizitdefinition;* neben solchen Komposita gibt es zu *Definition* hyponyme Mehrworttermini wie z. B. *semantische, syntaktische, analytische, synthetische, eigentliche, redundante, bedingte, mehrfach bedingte, partielle, totale, operationale, implizite, explizite, stipulative, einführende, wissenschaftliche, theoretische, klassische, diskursive, induktive, rekursive, probabilistische, genetische, ostensive, lexikalische, regelgebende, korrektive, regulierende, arithmetische, numerische, deskriptive, konstruktive, korrelative, negative, nichtprädikative* und *substantielle Definition* sowie *Definition durch Abstraktion, durch Induktion, durch Axiome* und *durch Postulate.* Zu diesen und weiteren Termini sowie anderen Definitionsarten vgl. man z. B. Abelson 1967; Bierwisch/Kiefer 1969; Borsodi 1967; Dölling 1975; Dubislav 1931 [1981]; Eley 1974; Essler 1970; Gabriel 1972, 1980; Hölker 1981; Hinst 1974; Kamlah/Lorenzen 1967; Klaus 1975; Kleinknecht 1979; Kondakow 1978; Kutschera 1967; Menne 1973, 1987; Naess 1975; Nobis/Gabriel 1972; Pawlowski 1980; Robinson 1977; Savigny 1970; Segeth 1971; Stegmüller 1971; Tamás 1964; Viehweger et al. 1977; Weinberger/Weinberger 1979; Wiegand 1979 a.

Weil auch Definitionslehren Texte sind, die unter bestimmten historischen und theoretischen Voraussetzungen, unter bestimmten Interessen mit bestimmten Intentionen geäußert werden (vgl. Gabriel 1972, passim), ergibt sich, daß sich weder in der Philosophie und in der Wissenschaftstheorie noch in den Einzelwissenschaften der wissenschaftliche Gebrauch von *Definition* oder der einer der zu *Definition* hyponymen Ausdrücke nach je gerade einer Definition dieser Ausdrücke richtet, so daß ein einheitlicher Begriff von Definition nicht vorliegt. Schon 1931 stellt Dubislav fest:

Zitat 3: „Darüber, was eine 'Definition' sei, herrscht nicht nur unter Logikern Streit, sondern auch die Mathematiker, Physiker und Juristen, um von anderen zu schweigen, sind sich darüber nicht einig" (Dubislav 1931, § 1,1).

1979 beginnt Kleinknecht seine „Grundlagen der modernen Definitionstheorie" mit dem Satz:

Zitat 4: „Kaum ein wissenschaftlicher Terminus hat so viele Bedeutungen wie der Ausdruck 'Definition'" (Kleinknecht 1979, 1).

Aus der durch die Zitate 3 und 4 grob charakterisierten Sachlage (vgl. auch Robinson 1972, 1 f.) folgt, daß man der gestellten Frage nach der Angemessenheit des Fachausdruckes *lexikographische Definition* nur mit Aussicht auf Erfolg nachgehen kann, wenn man angibt, relativ zu welcher Auffassung von Definitionen man argumentiert.

Die historische Wörterbuchforschung (i. S. v. Art. 29) kann bisher m. W. keine definitive Auskunft darüber geben, wer zuerst mit welchen Gründen den Ausdruck *(lexikographische) Definition* oder ein entsprechendes Äquivalent einer anderen Sprache verwendet hat und welche Gründe es dafür gab. Die gestellte Frage kann daher die Geschichte des Sprachgebrauchs nicht berücksichtigen. Bekannt ist lediglich das Faktum, daß Lexikographen und Wörterbuchforscher bestimmte Textsegmente von Wörterbuchartikeln (in der deutschsprachigen Lexikographie spätestens seit Adelung) mit *(lexikographischer) Definition* bezeichnen und daß diese Textsegmente häufig auch diejenigen sind, die hier *Bedeutungsparaphrasenangaben* (BPA) heißen. So uneinig sich die Forscher in vielen Fragen auch sind, Einigkeit herrscht aber (wenigstens bei den neueren Definitionstheoretikern) darüber, daß Ausdrücke wie z. B. *Art und Weise, in der man etwas ansieht, erfaßt, beurteilt* (vgl. wa₂) keine Definitionen sind; bestenfalls handelt es sich bei einem solchen Ausdruck um ein Definiens, um den definierenden Ausdruck also, der nur einen Teil einer Definition ausmacht. So ist bekanntlich eine explizite Definition ein Text, in dem auf das Definiendum der Definitor (oder: die Definitionskopula) und auf diesen das Definiens folgt (vgl. z. B. Wiegand 1981, 157 ff.).

Relativ zu den neueren wissenschaftlichen Definitionstheorien ist daher ein Sprachgebrauch, in dem die Bedeutungsangaben der verschiedensten Art (BA, SynA, BPA) und deren verschiedene Kombinationsmöglichkeiten (z. B. BPA unmittelbar vor SynA; vgl. z. B. Abb. 44.3) mit *Definition* bezeichnet werden (wie z. B. bei Rey-Debove 1971) zumindest als ungewöhnlich, wenn nicht sogar als unzweckmäßig zu charakterisieren, wenn nicht gute Gründe beigebracht werden, die dafür sprechen, daß in der wissenschaftlichen Lexikographie (i. S. v. Art. 29) sowie in der Wörterbuchforschung dasjenige mit *Definition* bezeichnet wird, was in allen anderen Wissenschaften Definiens heißt (vgl. unten).

Im folgenden sei kurz der Sprachgebrauch einiger neuerer Lexikographen des Deutschen betrachtet (vgl. dazu ausführlich Wiegand 1989).

Müller (1984) — in wohltuendem Unterschied z. B. zu Schmidt 1986 — vermeidet den Ausdruck *Definition* sorgfältig; statt dessen verwendet er durchgehend (wie andere Autoren auch) *Bedeutungserklärung*. Dieser Ausdruck kann dann als zweckmäßig und angemessen gelten, wenn das Erklären der Bedeutung nicht als ein Erklären im wissenschaftlichen Sinne (etwa i. S. v. Stegmüller 1983) verstanden wird, so daß der Begriff der Bedeutungserklärung in die Nähe eines nicht-pragmatischen, wissenschaftlichen Erklärungsbegriffs rückt (vgl. Wiegand 1977, 91). Das Erklären einer Bedeutung ist auch kein Angeben von Gründen, kein allgemeines „Erklären-warum", sondern ein spezielles Erklären-was oder -wie, ein Klären, Klarlegen wie etwas geht, funktioniert, gebraucht wird (vgl. Stegmüller 1983, 176 ff.; Tugendhat 1976, 187). Auch in der Alltagskommunikation spricht man von dem Erklären von Wörtern, von Worterklärungen etc., und solche z. T. recht unterschiedlich gearteten Erklärungen oder Erläuterungen dienen der Verständlichmachung. Der Ausdruck *Bedeutungserklärung* ist allerdings kein gut brauchbares Synonym für *Bedeutungsparaphrasenangabe,* ein Terminus, der aus speziellen Theoriezusammenhängen stammt (vgl. Wiegand 1989), sondern allenfalls einer für *Bedeutungsangabe,* und zwar deswegen, weil auch Synonyme als Bedeutungserklärungen bezeichnet werden, Synonymangaben aber gerade keine Bedeutungsparaphrasenangaben sind.

Für Müller (1984, 363) sind Bedeutungserklärungen das wichtigste Gebiet der Lexikographie, und er stellt richtig fest, daß Lexikographen „keine präzise Konzeption für Bedeutungserklärungen" (1984, 360) haben (vgl. auch Schmidt 1986, 41 u. Wegner 1985, 23 ff.). Es kann ergänzt werden, daß auch die Wörterbuchforschung — trotz erheblicher Anstrengungen in der jüngsten Zeit — hier noch nicht weit genug fortgeschritten ist (vgl. Wiegand 1989). Bei den Lexikographen zeigt sich dies u. a. auch darin, daß ihre Verwendung des Ausdruckes *Definition* recht unterschiedlich und schillernd ist. Im Vorwort zum WDG (08) heißt es:

Zitat 5: „Um das Stichwort semantisch zu erklären, stehen verschiedene Möglichkeiten zur Verfügung:
1. die umschreibende Deutung oder Erklärung (Definition)
2. das sinnverwandte Wort oder Synonym [...]. Die Definition in diesem Wörterbuch kann jedoch nur in Ausnahmefällen mit der fachwissenschaftlichen Definition identisch sein und darf nicht den Charakter einer lexikonartigen, mit Spezialwissen beladenen Beschreibung haben."

Im WDG werden demnach zwei Klassen von Bedeutungsangaben eingeführt. Man sieht, daß *Definition* nur in runden Klammern den beiden Synonymen *umschreibende Deutung* und *Erklärung* beigegeben ist und daher auch als überflüssig gelten kann; zumindest implizit wird gesagt, daß Definitionen in diesem Wörterbuch (meistens) etwas anderes sind als fachwissenschaftliche Definitionen. Auf jeden Fall heißen auch im WDG (und auch im HWDG) die BPA Definitionen.

Im Duden-GW heißt es in der Einleitung (Bd. 1, 17):

Zitat 6: „Die Bedeutungsangaben in diesem Wörterbuch sind das Ergebnis sprachwissenschaftlicher Analysen (onomasiologischer und semasiologischer Art). Im Gegensatz zu den Angaben in Lexika und Enzyklopädien, die dem Benutzer Sachdefinitionen (Realdefinitionen) und sachliche Belehrung bieten, handelt es sich bei den Bedeutungsangaben um Bestimmungen von Wortinhalten (Nominaldefinitionen), um Beschreibungen von Bedeutungsstrukturen [...]. Die Bedeutungen werden außer mit erklärenden Umschreibungen (Definitionen) auch mit Synonymen angegeben."

Im Zitat 6 kommt — verglichen mit Zitat 5 — inhaltlich nichts Neues dazu, was wesentlich wäre. Lediglich die Termini *Real-* und *Nominaldefinition* werden genannt, was nicht nur überflüssig, sondern problematisch ist, denn gerade diese beiden Termini sind durch ihre verschiedenen Interpretationen von Philosophen im Lauf der Geschichte stark in Mißkredit geraten (vgl. auch Rey-Debove 1971, 180) und außerdem nicht auf die Definientia bezogen worden. Sieht man von letzterem ab, dann sind bei vielen Autoren Nominaldefinitionen gerade nicht deskriptiv und damit „Beschreibungen von Bedeutungsstrukturen", sondern Definitionen, die deswegen weder wahr noch falsch, sondern z. B. zweckmäßig oder unzweckmäßig, fruchtbar oder nicht fruchtbar sein können, weil durch sie ein neuer Ausdruck eingeführt und festgesetzt wird, was er fortan bedeuten s o l l, was offenbar nicht die Aufgabe von BPA in einem allgemeinen einsprachigen Wörterbuch ist. So gibt z. B. Stegmüller (1971, 335) eine weitverbreitete Ansicht wieder (vgl. z. B. auch Kutschera 1967, 356 ff.; Savigny 1970; Kutschera/Breitkopf 1971, 143 u. Wunderlich 1980, 93 ff.), wenn er schreibt:

Zitat 7: „Bei den N o m i n a l d e f i n i t i o n e n handelt es sich um sprachliche Konventionen: es wird für einen bereits bekannten längeren sprachlichen Ausdruck ein neuer, kürzerer Ausdruck eingeführt. Der neueingeführte Ausdruck heißt Definiendum, der bereits vorhandene Ausdruck Definiens. Durch die Definition wird festgelegt, daß das Definiendum synonym (bedeutungsgleich) sein soll mit dem Definiens."

Im Unterschied zum Duden-GW schreibt Wahrig (1973, 156):

Zitat 8: „Im einsprachigen Wörterbuch haben wir es also mit Realdefinitionen zu tun, deren Extension, also deren Geltungsbereich, empirisch festgestellt und demnach als Konvention im Bereich der natürlichen Sprachen aufgefaßt wird."

Da nun aus den Definitionslehren auch viele Zitate angeführt werden können, die die Auffassung im Zitat 6 stützen und die im Zitat 8 verwerfen (vgl. Wiegand 1989) dürfte dieser kurze Einblick als Begründung für die Feststellung genügen, daß es wenig erhellend ist, wenn Lexikographen und Wörterbuchforscher — ohne sich näher zu erklären — auf den Sprachgebrauch von wissenschaftlichen Definitionslehren zurückgreifen und Bedeutungsparaphrasenangaben Definitionen nennen.

Im Laufe der Wissenschaftsgeschichte ist das — meistens mit erkenntnistheoretischen und metaphysischen Fragen verquickte — Definitionsproblem unterschiedlich angegangen worden. Nach Nobis/Gabriel (1972, 39; vgl. auch Gabriel 1972 ff.) lassen sich drei Angangsweisen unterscheiden; das Definitionsproblem wird behandelt (i) als Problem des sprachlichen Aufbaus einer Einzelwissenschaft (z. B. bei Frege), (ii) als Problem des sprachlichen Aufbaus von Wissenschaft überhaupt (z. B. bei Kant und Mill) und (iii) als ein allgemeineres Problem, das über den wissenschaftssprachlichen Rahmen insofern hinausreicht, als es um die Angabe von sprachlichen Bedeutungen überhaupt geht (z. B. bei Wittgenstein und innerhalb der ordinary language philosophy), so daß auch die sog. Alltagsdefinitionen (folk definitions) Berücksichtigung finden. Nur der dritte Angang kann für die nichtfachsprachliche Lexikographie von weiterreichendem Interesse sein und zusätzlich das, was aus der Linguistik und Kommunikationstheorie über kommunikative und extrakommunikative Paraphrasen bekannt ist. Aber selbst bei einer Orientierung an diesen Bereichen wird es schwer sein, Bedeutungsparaphrasenangaben mit guten Gründen Definitionen zu nennen.

Allenfalls kann man Einträge der Form **Remission** [...] *Rücksendung von Remittenden* (aus Duden-GW), also bestimmte lexikographische Bearbeitungseinheiten (vgl. auch die unter *zu i* bis *zu iii* oben), als partielle und bedingte Feststellungsdefinitionen auffassen, die gemäß gängigen lexikographischen Formulierungsgepflogenheiten im Zuge der Textverdichtung aus solchen Feststellungsdefinitionen der expliziten Form „DEFINIENDUM vor DEFINITOR vor DEFINIENS" dadurch entstanden sind, daß der Definitorausdruck (z. B. *ist, bedeutet, ist bedeutungsgleich mit*) eingespart wurde (vgl. dazu Wiegand 1981, 157 ff.; 1985, 52 ff. u. 1989 sowie unten).

Nur wenn durch empirische Analysen von alltäglicher Sprachkommunikation gezeigt werden kann, daß Sprecher z. B. Worterklärungen in Dialogen, die selbst das zu erklärende Wort nicht enthalten, usuell mit *Definition* bezeichnen (z. B. die Antwort *ein Schiff, das zum Hotel umgebaut ist* auf die Frage *Was ist ein Botel?* vgl. Wiegand 1977 [1984], 65 oder die Antwort (3) auf die Frage (2) im Beispiel 1 unten), so daß es einen gemeinsprachlichen Gebrauch gibt, der sich vom wissenschaftlichen durchgängig unterscheidet, wäre es mit guten Gründen gerechtfertigt, im Anschluß an einen solchen gemeinsprachlichen Gebrauch Bedeutungsparaphrasenangaben mit *Definition* zu bezeichnen. Solange eine solche Untersuchung nicht vorliegt, muß es als unzweckmäßig und nicht gerechtfertigt gelten, Bedeutungsparaphrasenangaben im allgemeinen einsprachigen Wörterbuch mit *Definition* zu bezeichnen, als falsch, sie als wissenschaftliche Definition irgendeiner traditionellen Art aufzufassen — was nicht heißt, daß sie nicht nach wissenschaftlichen Kriterien erarbeitet werden können — und häufig als irreführend, Teile solcher Angaben mit der Terminologie aus der aristotelischen Definitionslehre zu bezeichnen (vgl. unten 2.3.). Diese Auffassung besagt natürlich nicht, daß in der alltäglichen Rede nicht definitionsähnliche Verfahren zur Anwendung gelangen, und sie ist auch kein Plädoyer gegen Termini wie z. B. *Alltagsdefinition* oder *folk definition*. Aber auch bei diesen Termini muß sorgfältig festgelegt werden, welche Diskursteile dazugehören, weil sich die Teile häufig genug als Frage-Antwort-Sequenzen auf verschiedene Gesprächsschritte verschiedener Gesprächspartner verteilen.

## 2.2. Bedeutungsparaphrasenangaben als Explikate von Explikationen?

Manche Autoren sprechen mit Bezug auf einsprachige Wörterbücher von Explikationen.

Henne (1972, 115 ff.) spricht von semantischer Explikation, Reichmann (1975) von Signifikatexplikation, Neubauer (1980, 93 ff.) u. a. von Wörterbuchexplikationen und Klare (1988, 22) von Wortexplikationen. Sieht man genauer hin, beziehen sich die genannten Autoren mit den Termini auf etwas partiell anderes. Viehweger (1982 a, 150) spricht sowohl von lexikographischen Definitionen als auch von Bedeutungsexplikationen. Letzteren Ausdruck verwendet auch Richter (1985, 97 ff.), und sie spricht von der „Explikation eines Definiendums in einem Wörterbuch"(!)

Nachdem Henne (1972, 114 f.) den Terminus *lexikographische Definition* zurückgewiesen hat, führt er aus:

Zitat 9: „[...] denn hier [bei der lexikographischen Definition H. E. W.] handelt es sich um eine empirische Analyse des Signems, die richtig oder falsch ist, der also ein Wahrheitswert zugeordnet werden kann [...]. Hierfür existiert nun auch innerhalb der Wissenschaftstheorie eine Operation, die als Explikation bekannt ist und die schon Kant ausdrücklich von der Definition getrennt wissen wollte[11]. Die Explikation dient zur Präzisierung und empirischen Analyse eines schon üblichen wissenschaftlichen Terminus, also des Explikandum; diese Präzisierung aufgrund einer empirischen Analyse erfolgt durch das rechts vom explikatorischen Gleichheitszeichen stehende Explikat, so daß eine exaktere Kenntnis des Explikandum nach der Explikation existiert[12].

Will man also die Technik des explizierenden Lexikographen hinsichtlich eines Teiles seiner semantischen Deskription mit den oben skizzierten allgemeinen wissenschaftlichen Techniken vergleichen, so sollte man die von ihm vorgenommene „lexikographische Definition" nunmehr als semantische Explikation bezeichnen, wobei das Lemma das Explikandum ist, dem mittels des explikatorischen Gleichheitszeichens ($=_{ex}$) mit dem Explikat die Inhaltsseite zugeordnet wird."

Henne (1972, 114) hat als erster in der deutschsprachigen Literatur darauf aufmerksam gemacht, daß der Ausdruck *lexikographische Definition* nicht angemessen ist. Seinem Vorschlag, von Explikation zu sprechen, dem die genannten Autoren gefolgt sind, kann ich jedoch nicht beipflichten. Es entsteht der Eindruck (wie auch bei Leinfellner 1967, 90, auf den sich Henne in der Anm. 11 bezieht), als habe die Explikation im Sinne Kants etwas mit der Präzisierung wissenschaftlicher Termini zu tun. Das ist aber nicht der Fall. Kant unterscheidet vier Arten von „Definitionen": Explikation, Exposition, Deklaration und die Definition im engeren Sinne (vgl. Kant 1975, 623 ff. = KrVB, 756 ff.; vgl. Nobis/Gabriel 35 f.). Diese Unterscheidungen werden bestimmt von den Begriffsarten, die Kant unterscheidet. Empirische Begriffe werden expliziert. Kant (KrVB, 756) schreibt:

Zitat 10: „I. Von den Definitionen. Definieren soll, wie es der Ausdruck selbst gibt, eigentlich nur so viel bedeuten, als, den ausführlichen Begriff eines Dinges innerhalb seiner Grenzen ursprünglich darstellen. [...] Nach einer solchen Forderung kann ein empirischer Begriff gar nicht definiert, sondern nur expliziert werden. Denn, da wir an ihm nur einige Merkmale von einer gewissen Art Gegenstände der Sinne haben, so ist es niemals sicher, ob man unter dem Worte, der [Akad. Ausg.: „das"] denselben Gegenstand bezeichnet, nicht einmal mehr, das anderemal weniger Merkmale desselben denke. So kann der eine im Begriffe von Golde, sich, außer dem Gewichte, der Farbe, der Zähigkeit, noch die Eigenschaft, daß es nicht rostet, denken, der andere davon vielleicht nichts wissen. Man bedient sich gewisser Merkmale nur so lange, als sie zum Unterscheiden hinreichend sein [Akad. Ausg.: „sind"]; neue Bemerkungen dagegen nehmen welche weg und setzen einige hinzu, der Begriff steht also niemals zwischen sicheren Grenzen."

Wer einen empirischen Begriff im Sinne Kants expliziert, unterscheidet ihn lediglich durch Angabe von einigen Merkmalen von anderen Begriffen (vgl. Zitat 10 u. Gabriel 1972 a); dabei macht er diesen Begriff nicht präziser, er präzisiert ihn nicht; vielmehr macht er nur den bereits gegebenen Unterschied zu anderen Begriffen deutlich. Mit einer Kantschen Begriffsexplikation erreicht man auch nicht, daß jemand, der einen Begriff noch nicht kennt, ihn nach der Explikation präziser kennt als andere, sondern man erreicht, daß er ihn kennenlernt. Weiterhin muß beachtet werden, daß bei Kant Begriffe und nicht Wortbedeutungen expliziert werden; im letzteren Falle würde Kant z. B. von Wortbestimmungen sprechen. —

In der neueren Wissenschaftstheorie — und auch bei Leinfellner (1967, 86—88) sowie Wohlgenannt (1969, 23—25) — auf die sich Henne (1972, 115, Anm. 12) beruft, wird der Begriff der Explikation fast durchgehend im Sinne Carnaps (vgl. Carnap 1962) verwendet (vgl. z. B. Gabriel 1972 a, 1980; Essler 1970, 56 ff.; Pawłowski 1980, 157 ff.; Hanna 1968). Mit einer Explikation im Carnapschen Sinne, die bestimmten Kriterien genügen muß, wird — grob gesprochen — ein nicht ausreichend präziser wissenschaftlicher Terminus oder ein Ausdruck der Alltagssprache für die spezifischen Zwecke einer bestimmten Theorie präzisiert, so daß das Explikandum nur noch im Sinne des Explikats verwendet wird. Wohlgenannt (1969, 25) spricht daher sogar vom Präzisandum und Präzisat. Da Explikationen der Präzisierung von sprachlichen Ausdrücken für bestimmte Zwecke der Wissenschaft dienen, lassen sich Bedeutungsparaphrasenangaben nicht als Explikate und Lemmata nicht als Explikanda auffassen, so daß auch die Formulierung von Bedeutungsangaben in allgemeinen einsprachigen Wörterbüchern nicht als ein Explizieren der bzw. einer Bedeutung von Lemmazeichen aufgefaßt werden sollte. Dies auch dann nicht, wenn Lexikographen z. B. in ihren Bedeutungsparaphrasenangaben auf fachsprachliche Ausdrücke zurückgreifen und z. B. zum Lemmazeichen *Fisch* die Bedeutungsparaphrasenangabe formulieren: *für sein Leben im Wasser mit Kiemen, Flossen und meist einer Schwimmblase ausgestattetes, w e c h s e l w a r m e s  W i r b e l t i e r* [Sperrung von H. E. W.], *dessen langgestreckter, meist seitlich abgeflachter Körper mit Schuppen bedeckt ist* (HWDG, Bd. 1). Eine solche BPA ist natürlich kein Explikat, sondern eher ein „Mixat" aus gemein- und fachsprachlichen Teilen (vgl. Wiegand 1977, 115—120; 1988 a, 771 ff.; 1989).

## 3. Bedeutungsparaphrasenangaben in der Sicht der strukturellen Merkmalsemantik (Komponentenanalyse)

### 3.1. Zum wechselseitigen Verhältnis von einsprachiger Lexikographie und Merkmalsemantik

Die Lexikologie (in welcher Ausprägung auch immer) und die wissenschaftliche Lexikographie (i. S. v. Art. 29) stehen in einem Verhältnis des wechselseitigen Gebens und Nehmens. Insbesondere für zahlreiche merkmalsemantisch orientierte Arbeiten gilt, daß sie bei der Gewinnung ihrer Merkmale geeignete Wörterbücher zu Rate gezogen haben. Man vgl. z. B. Schlaefer 1987; weitere Beispiele finden sich bei Schmidt (1986, 79). Ersterer weist, unter Hinweis auf die unterschiedliche Qualität der Bedeutungsparaphrasenangaben, darauf hin, daß bei der sprachwissenschaftlichen Verwertung dieser Angaben Vorsicht geboten ist. Dies gilt insbesondere, wenn man aus ihnen sog. Merkmale gewinnen will. Während also einerseits Wörterbücher als Quelle für linguistische/philologische Arbeiten dienen, stellen umgekehrt Linguisten — insbesondere Forscher, die merkmalsemantisch arbeiten — bestimmte Anforderungen an die Definitionen der einsprachigen Wörterbücher. Beispielsweise in Viehweger et al. (1977, 270 ff.) wird ausführlich den Fragen nachgegangen, inwieweit die lexikographische Definition den Anforderungen einer möglichst exakten Semanalyse entgegenkommt und in welchem Maße sie für die Komponentenanalyse nutzbar gemacht werden kann. Weiterhin haben zahlreiche Forscher unter Rückgriff auf verschiedene Ausprägungen der Merkmalsemantik etwas dazu beigetragen, damit Bedeutungsparaphrasenangaben im Lichte merkmalsemantischer Konzepte untersucht wurden und so eine theoriespezifische Deutung erhielten (vgl. z. B. Nida 1985 [1958]; Imbs 1960; Herberg 1974; Pottier 1978 [1965]; Rey 1978 [1965]; Henne 1972; Viehweger et al. 1977, 270 ff.; Ayto 1983; Wierzbicka 1985; Agricola et al. 1987).

Im folgenden können nicht die — im Detail recht unterschiedlichen — Ansätze einzelner Autoren betrachtet werden, vielmehr werden einige (nicht alle!) grundlegende Probleme betrachtet, die auftreten, wenn man Bedeutungsparaphrasenangaben im Lichte merkmalsemantischer Konzepte analysiert, so daß eine geraffte, kritische Darstellung entsteht.

### 3.2. Zu einigen Grundgedanken der Merkmalsemantik

Zunächst seien einige ausgewählte Grundannahmen der Merkmalsemantik in Erinnerung gerufen (vgl. z. B. Schifko 1977, 138 ff.; Lyons 1977, Vol. 1, 317 ff.; Wiegand 1970; Wiegand/Wolski 1980; Lutzeier 1985, 91 ff.; Lüdi 1985). Alle merkmalsemantischen Konzeptionen mit weiterreichenden linguistischen Zielen, mithin solche, die sich nicht damit begnügen, ihren einzelsprachlich gebundenen Merkmalen lediglich einen gewissen Systematisierungseffekt bei der semantischen Beschreibung beizumessen oder solche, die über den Status ihrer Merkmale überhaupt keine ausreichende Rechenschaft ablegen (wie z. B. Schlaefer 1987), gehen davon aus, daß die lexikalische Semantik unter Rückgriff auf Entitäten begründet werden muß, die nicht einzelsprachlich sind. Spätestens seit den Arbeiten von Hjelmslev gelten zwei miteinander zusammenhängende Grundannahmen, die Wiegand/Wolski (1980, 189) Analysierbarkeits- und Reduktionspostulat nennen: Die Bedeutung von minimalsignifikativen Sprachzeichen ist restfrei zerlegbar, und bei dieser Zerlegung wird von Zeichenbedeutungen zu Entitäten übergegangen, die Nicht-Zeichen sind; diese Entitäten ohne Zeichencharakter haben viele Namen, z. B. semantische Merkmale, Komponenten oder Primitiva, wobei hier von deren zahlreichen Differenzierungen abgesehen werden kann (vgl. dazu z. B. Sprengel 1980, 150). Von welcher Existenzweise diese Entitäten sind, ist strittig. Es gibt philosophische, biologische, neurophysiologische, psychologische, logische, kybernetische u. a. (nur m. E. keine überzeugenden) Interpretationen. (Zur Kritik vgl. man z. B. Sprengel 1980; Woetzel 1984). Eine allgemeine Redeweise besagt, es handele sich bei den Merkmalen um „theoretische" oder „metasprachliche" Konstrukte" (vgl. auch Lüdi 1985, 84). Dies ist aber so lange spekulativ oder eine bloße Behauptung, solange die semantische Metatheorie, zu der diese Konstrukte gehören sollen, nicht existiert, sondern stets nur postuliert wird. Hat man eine möglichst kleine Menge von elementaren Merkmalen eruiert — so der Grundgedanke aller Merkmalkonzepte mit weiterreichenden theoretischen (bisher aber nirgends eingelösten) Ansprüchen —, dann kann man kombinatorisch z. B. mit Hilfe von Relationen (Regeln etc.) alle Bedeutungen von lexikalisierten Einheiten als Merkmalstrukturen angeben, so daß lexikalische Bedeutungen in einem bestimmten Sinne als wohlbestimmt oder sogar als berechenbar angesehen werden. Bedeutungsbeschreibungen werden z. B. in Form von Baumgraphen, Matrizen, Tabellen (vgl. z. B. die Zusammenstellung bei Schlaefer 1987, 178 ff.) oder mittels merkwürdiger unnatürlicher Pseudonotationen vorgenommen (vgl. Lewis 1974 über Katz; vgl. Wiegand/Wolski 206).

Semantische Merkmale müssen (trotz immer neuer Klärungsversuche, vgl. z. B. Lüdi 1985) als bisher weitgehend ungeklärte und überdies für bestimmte Zwecke (z. B. für die der einsprachigen Lexikographie) überflüssige Entitäten angesehen werden. Dies gilt für alle Arten von Merkmalen (auch solche, die bei Lüdi 1985 nicht berücksichtigt sind). Insbesondere ist ganz sicher die Gleichsetzung von distinktiven Merkmalen, sprachlich relevanten Merkmalen und Gebrauchsbedingungen unhaltbar, was Konsequenzen für die Formulierung von Bedeutungsparaphrasenangaben hat. Außerdem ist es relativ unplausibel, zunächst von z. B. einem sprachlichen Ausdruck *weiblich* zu einem Merkmal [weiblich] überzugehen (und damit eine neue Klasse von Entitäten einzuführen) und dann zu erklären, [weiblich] sei eine metasprachliche Gebrauchsbedingung (z. B. eine i. S. v. Leisi 1967) für z. B. *Frau, Tante* oder *Stute,* denn die Gebrauchsbedingung kann auch mit *weiblich* formuliert werden. Die sog. sinnrelationale Methode à la Lyons und damit das Verfahren der Bedeutungspostulate ist deswegen vorzuziehen, weil es mit weniger ungeklärten Grundannahmen auskommt. Es ist daher wenig überzeugend, wenn Lüdi (1985, 86) schreibt:

Zitat 11: „Wenn eine lexikalische Implikationsrelation *Frau* → *weiblich* [d. h. ein Bedeutungspostulat. H. E. W.] besteht, dann muß sie auch mit Hilfe von Merkmalen erklärt werden können, etwa derart, daß *Frau* als Gebrauchsbedingung das Merkmal [weiblich] hat, d. h. daß ich einen Referenten nur dann mit *Frau* bezeichne, wenn ich es für wahr halte, daß er die Eigenschaft 'weiblich' besitzt".

Daß man Relationen wie *Frau*→ *weiblich*, *Schimmel* → *weiß* usw. über Merkmale „erklären" kann, ist seit langem bekannt (vgl. dazu z. B. Wiegand 1974). Es ist inzwischen allerdings auch bekannt, daß es ohne Merkmale wenigstens ebensogut geht. Man muß also nur formulieren: Wenn der Prädikator *Frau* in usuellen Texten auf einen Bezugsgegenstand zutrifft, dann auch der Prädikator *weiblich* (vgl. unten) d. h.: der realistische Salto zu der (übrigens das Lügen ausschließenden) Formulierung, daß man einen Referenten nur dann mit *Frau* bezeichnet, wenn man für wahr hält, daß er die **Eigenschaft** 'weiblich' (eine weitere neue Entität!) besitzt, ist überflüssig. Denn der „Referent" hat diese Eigenschaft dann, wenn *weiblich* auf ihn zutrifft. Wie ist das Verhältnis von [weiblich] und 'weiblich'? Darüber wird nichts gesagt. Wenn Lüdi (1985, 86) schließlich feststellt, daß die Merkmaldarstellung und die durch Bedeutungspostulate letztlich auf demselben, sprachlich relevanten Wissen der Sprecher von der Welt beruhen, ist das sicher richtig; beim Einbringen dieses Wissens in die Theorie sollte jedoch derjenige Weg gewählt werden, dessen Wahl dazu führt, daß weniger problematische Entitäten benötigt werden.

Trotz des problematischen und ungeklärten Status semantischer Merkmale hat die Merkmalsemantik — besonders die europäischer Provenienz — beachtliche Beschreibungserfolge aufzuweisen. Dies erklärt sich durch den Sachverhalt, daß der ungeklärte theoretische Status der Merkmale bei der Beschreibung von Sprachausschnitten eine relativ geringe Rolle spielt: Die semantischen Merkmale, und zwar auch solche, die nicht einzelsprachlich gebunden sind (bzw. sein sollen), haben sozusagen das Pech, daß sie — falls man mit ihnen lexikalsemantische Beschreibungen machen will — verbal benannt werden müssen. Der einfachste Weg ist dann der, daß man hierzu auf eine Einzelsprache zurückgreift. Man behauptet dann z. B., [weiblich] ist ein semantisches Merkmal (z. B. eines vom Typ der semantischen Kennzeichner) und muß von *weiblich*, dem Sprachzeichen, unterschieden werden. Dabei bildet offenbar die eckige Klammer (oder auch eine runde, oder auch Großschreibung WEIBLICH) einen Operator (mit geheimnisvoller Kraft), dessen Anwendung aus einem sprachlichen Zeichen eine Entität ohne Zeichencharakter (ein Nicht-Zeichen) macht, von der dann sogar in einigen Ausprägungen der Merkmalsemantik behauptet wird, sie gehöre zu einer semantischen Metasprache! (vgl. Wiegand/Wolski 201, 204). Hat man dann z. B. Beschreibungen von der folgenden Art:

(a) *Mann:* {[Mensch], [männlich], [erwachsen]}
(b) *Frau:* {[Mensch], [weiblich], [erwachsen]},

dann „funktioniert" diese Beschreibung deswegen, weil ein Leser (der Deutsch kann) die Klammern ignoriert, die angeblichen Nichtzeichen als Zeichen auffaßt, sich um den metasprachlichen Status nicht kümmert und im Akt des Lesens die Beschreibung (b) deswegen versteht, weil er z. B. den Satz des Deutschen rekonstruiert:

(1) *Eine Frau ist ein erwachsener weiblicher Mensch.*

(1) ist — weil eine Syntax verwendet wird — selbstverständlich expliziter als (b) und im Unterschied zu (b) natürlich. — (1) kann als Definition (und damit als spezielle Art der Paraphrase) aufgefaßt werden; ob als Real- oder Nominaldefinition, ist ohne Kontext nicht entscheidbar.

Für semantische Merkmale gibt es keine objektiv funktionierenden Entdeckungs- oder Ermittlungsprozeduren (wie z. B. Wotjak 1971 behauptet), sondern nur Verfahren, welche die Intuition (allerdings die über sprachliche Ausdrücke) kontrollierbar und gegebenenfalls nachvollziehbar machen (vgl. Sprengel 1980, 158). Ein solches Verfahren ist auch die sog. Definitionsanalyse (vgl. z. B. Schlaefer 1987, 144 f.) oder das „klassische Definitionsverfahren" (vgl. Viehweger et al. 1977, 392 ff.). Wie funktioniert dieses Verfahren?

Agricola et al. (1987, 24 f.) schreiben:

Zitat 12: „Als Beispiel der Anwendung der Definition auf ein Verb soll die Lexemvariante des polysemen Lexems *laden* dienen, die in die semantische Gruppe „etwas zum Zwecke des Transports unterbringen" gehört [...]. Die Definition dieser Bedeutung (vorausgesetzt ist deren annähernde Kenntnis durch Befragen der eigenen Kompetenz oder eines Informanten bzw. durch Konsultation eines Bedeutungswörterbuches) wird nach folgendem Muster formuliert:

Def. 1./1: Laden ist Unterbringen von materiellen Objekten zwecks Transports auf oder in Transportmitteln durch Personen oder Hebemaschinen.

Die Definition nach genus proximum und differentia specifica (des weiteren kurz 'Definition' genannt) liefert folgende semantische Merkmale [...] <unterbringen>, <materielles objekt>, <zwecks transports>, <auf, in transportmittel>, <person/hebemaschine>."

Ist eine Definition ein Agens? Wie macht das die Definition, daß sie semantische Merkmale liefert? Die Redeweise, daß (i. S. v. Lang 1977) heuristisch eingesetzte Definitionen Merkmale liefern, ist jargonhaft und verstellt die Einsicht in das, was bei einer solchen Analyse tatsächlich geschieht. Insbesondere wird auch die Frage nach den empirischen Grundlagen der Semantik umgangen. Definitionen liefern keine Merkmale, weder einzelsprachlich gebundene noch über- oder außereinzelsprachliche. Vielmehr wird (vom jeweiligen Linguisten) einfach behauptet, daß bestimmte einzelsprachliche Ausdrücke (oder: sprachliche Zeichen) im Definiens von Definitionen (im Beispiel von Def. 1./1) semantische Merkmale des Definiendum-Ausdruckes *laden* sind und das, obwohl ganz offensichtlich ist, daß es Ausdrücke der gleichen Einzelsprache sind, zu der auch *laden* gehört. Semantische Merkmale werden von Linguisten (z. T. auch in Zusammenarbeit mit Psychologen u. a.) qua Setzung fabriziert, und zwar unter jeweiligen Theorie- und Beschreibungsinteressen und relativ zu den Sprach(en)- und Weltkenntnissen, die er/sie gerade verfügbar machen kann/können. Daß bestimmte Definitionen dazu beitragen können, in heuristischer oder explikativer Absicht oder interpretationsunterstützend (vgl. Lang 1977) Bedeutungswissen systematisierend zu exteriorisieren, kann kaum mit guten Gründen bestritten werden. Was ein Analysator (der immer auch Interpret ist) aus den Definientia jedoch kompetenzgestützt erschließen kann, sind bestimmte sprachliche Ausdrücke, semantische und syntaktische Beziehungen, die — im Falle der Nennlexik — insgesamt (wenn das Definiens brauchbar ist) etwas Bestimmtes leisten: sie identifizieren und unterscheiden denjenigen Bezugsgegenstand (z. B. einen Vorgang), auf den man Bezug nehmen kann, wenn *laden* usuell verwendet wird (vgl. unten 4.2.). Es ist daher ein relativ schwerwiegender Irrtum, wenn oft behauptet wurde, daß die Paraphrasierbarkeit eine empirische Rechtfertigung für die Komponentenanalyse sei. So schreibt z. B. Schifko (1977, 164):

Zitat 13: „Die grundsätzliche empirische Rechtfertigung der Komponentenanalyse leitet sich aus der Paraphrasierbarkeit der großen Mehrheit aller Sememe einer Sprache ab und diejenigen Einheiten, die nicht mehr, oder nur zirkulär, paraphrasierbar sind (z. B. die allgemeinsten Kategorien, mit denen lexikographische Definitionen operieren) stellen eben die Primitiva (oder eine Teilmenge der Primitiva) der semantischen Metasprache dar."

Die Paraphrasierbarkeit der Bedeutung von sprachlichen Ausdrücken ist (entgegen Zitat 13) eine empirische Rechtfertigung lediglich dafür, daß die Sprecher einer Sprache L, ohne zu einer anderen Sprache (z. B. einer sog. Metasprache) übergehen zu müssen, Bedeutungen von Ausdrücken aus L mittels ihrer Sprache L bestimmen und unterscheiden, abgrenzen und festlegen, nach ihnen fragen und sie hinterfragen können, worin sich zeigt, daß sie metakommunizieren können, ohne eine Metasprache zu verwenden. Nichtparaphrasierbare Ausdrücke (sog. Primitiva) gibt es in Einzelsprachen nicht. Alle Ausdrücke (also auch solche für natürliche Arten) sind paraphrasierbar, und zwar mittels Ausdrücken der gleichen Sprache, weil jede natürliche Sprache hierzu ausreichende selbstreflektive Eigenschaften hat. Sog. Primitiva sind Festsetzungen von z. B. Linguisten unter bestimmten Interessen mit bestimmten Zielen, und wenn sich die Ziele ändern, ändern sich die Primitiva (z. B. die von Wierzbicka 1985). — Eine Anzahl von sog. Primitiva darf nicht mit einem sog. Definitionswortschatz in der pädagogischen Lexikographie verwechselt werden.

### 3.3. Bedeutungsparaphrasenangaben und die sog. klassische Definition

Hölker (1981, 18) stellt mit Hinweis auf wichtige Vertreter der strukturalistischen Semantik fest, daß das Verfahren des Definierens nach genus proximum und differentia specifica — wenn man von vielen Differenzen abstrahiert — der Merkmalsemantik als Vorbild gedient hat. Im Lichte merkmaltheoretischer Ansätze werden bis in die jüngste Gegenwart — wie bereits das Zitat 12 zeigt — Bedeutungsparaphrasenangaben, insonderheit die zu nennlexikalischen Lemmazeichen, als Definientia von sog. klassischen Definitionen aufgefaßt (vgl. z. B. Viehweger et al. 1977, 291 ff.; Lessenich-Drucklieb 1978). — Im folgenden soll geprüft werden, ob eine solche Auffassung angemessen und für die metalexikographische Theoriebildung und die Lexikographie als wissenschaftliche Praxis zweckmäßig und fruchtbar ist.

Bei Aristoteles ist die Definitionslehre ein Teil der Lehre vom Beweis und gehört zu den zur Gewißheit führenden Wissenschaften (vgl. Scholz 1961). Die daran anschließende aristotelische Definitionslehre, die im wesentlichen eine Lehre für das wissenschaftliche Definieren von Begriffen ist, gibt für explizite Definitionen (solche von der Form DEFINIENDUM vor DEFINITOR vor DEFINIENS) ein Definitionsschema an, nach welchem ein einstelliger Begriff ($B_1$) zu definieren ist, durch die Angabe seines nächsthöheren Gattungsbegriffes ($B_2$; genus proximum) und eines spezifischen Merkmals (D; differentia specifica), das $B_1$, den zu definierenden Begriff, vor anderen Unterbegriffen von $B_2$ auszeichnet. Für diese Art des Definierens gibt es die — auch in der metalexikographischen Literatur häufig bemühte Formel (vgl. z. B. Henne 1972, 116 u. Kühn 1987, 269): Definitio fi[a]t per genus proximum et differentiam specificam, die aus der mittelalterlichen Schullogik stammt (vgl. z. B. Nobis/Gabriel 1972, 32). Symbolisch läßt sich das Schema so darstellen: $B_1(x) \equiv B_2(x) \wedge D(x)$ (vgl. z. B. Kutschera/Breitkopf 1971, 140) oder in einer anderen Notation: $x \in B_1 \Leftrightarrow x \in B_2 \wedge x \in D$ (vgl. z. B. Kamlah/Lorenzen 1967, 79).

Im folgenden werden einige Sachverhalte zusammengestellt, die bei der Interpretation von Bedeutungsparaphrasenangaben im Lichte der klassischen Definition bisher kaum berücksichtigt wurden. Die klassische Definitionsauffassung stammt aus einem historischen Kontext, in dem Begriffe als einer Sprache vorgängig und von ihr unabhängig gedacht wurden. Der genuine Zweck dieser Definitionsart war nicht, die Bedeutungen von sprachlichen Ausdrücken zu bestimmen; sie ist letztlich nur verständlich im Zusammenhang bestimmter „ordo"-Lehren. So schreiben z. B. Weinberger/Weinberger (1979, 181):

Zitat 14: „Die traditionelle Charakteristik der klassischen Definition geht von der bereits überwundenen Vorstellung aus, daß es eine geordnete Gesamthierarchie der Begriffe gibt, in der der einzelne Begriff bei der klassischen Definition dadurch bestimmt wird, daß seine Stelle in dem Gesamtgefüge — nämlich seine Einordnung in eine Gattung und sein artbestimmendes Merkmal — angegeben werden."

Soll eine klassische Definition im Sinne der traditionellen Logik als korrekt gelten, dann muß sie einer Reihe von Bedingungen genügen. Die wichtigsten kann man mit Kutschera (1967, 356 ff.) oder mit Kutschera/Breitkopf (1971, 140) wie folgt charakterisieren: Definitionen nach genus proximum und differentia specifica müssen (i) das Wesen des zu definierenden Begriffes erfassen, (ii) dürfen nicht zirkulär und (iii) nicht negativ sein, und (iv) die definierenden Begriffe ($B_2$ und D) müssen hinreichend klar und scharf bestimmt sein.

Faßt man — probeweise — die sog. denotative Bedeutung eines lexikalisierten Ausdrucks als Begriff auf, dann ergeben sich folgende Sachverhalte:

(i′) Mit der BPA zu einem Lemmazeichen erfaßt der Lexikograph das Wesen des Begriffs, z. B. das Wesen der Begriffe von *Faschismus,* von *Diktatur,* von *Radikalenerlaß,* von *Liebe,* von *Dichter,* von *Lexikographie* (vgl. Art. 29), von *Tod.* Ist das die Aufgabe des Lexikographen?

(ii′) Zirkularität kann in einem bestimmten Sinne vermieden werden, nämlich die mit dem Zirkelindex 1 oder 2. In einem grundsätzlichen Sinne ist sie jedoch in der einsprachigen Lexikographie unvermeidbar, da die semantische Geschlossenheit nicht aufgebrochen werden kann.

(iii′) Diese Bedingung ist erfüllbar.

(iv′) Da es sich bei natürlichen Sprachen nicht um vollständig interpretierte Sprachen handelt (vgl. z. B. Schnelle 1973), ist diese Bedingung nicht erfüllbar.

Weiterhin ist natürlichen Sprachen keine Gesamthierarchie von Begriffen inhärent. Allenfalls läßt sich ein Modell vertreten, das alle lexikalisierten Ausdrücke (auf verschiedenen Ebenen) als vernetzt darstellt. Hierbei können dann Netzteile ausgemacht werden, die hierarchisch strukturiert sind. Aber selbst relativ zu solchen lexikalischen Teilhierarchien kann die Bedingung (iv) meistens nicht erfüllt werden. Hinzu kommt das Problem, daß es zu vielen Begriffen mehrere Oberbegriffe gibt, die an lexikalisierte oder an nichtlexikalisierte Ausdrücke gebunden sind, so daß — wegen des Fehlens der Gesamthierarchie — nicht „objektiv" entscheidbar ist, welcher dieser Oberbegriffe als der nächsthöhere zu gelten hat (vgl. unten). Die Wahl kann dann nur unter zusätzlichen Bedingungen erfolgen, d. h. z. B. relativ zu den eigenen Interessen, relativ zu den Beschreibungszwecken, relativ zu Kotextklassen etc. — Weiterhin ist öfters nicht entscheidbar, welcher der definierenden Begriffe als genus proximum und welcher als differentia specifica gelten soll (vgl. z. B. Weinberger/Weinberger 1979, 181). Bereits die oben angegebene Notation macht durch „∧" deutlich, daß — logisch gesehen — B$_2$ und D gleichwertig sind. Nun hat allerdings noch kein Merkmaltheoretiker vorgeschlagen, z. B. die BPA *weißes Pferd* zum Lemmazeichen *Schimmel* (vgl. z. B. Wahrig-$^5$DW) etwa so zu formulieren, daß der logisch durchaus korrekte Eintrag vorliegt:

**Schimmel** [...] *etwas Weißes und ein Pferd*

Dies zeigt indirekt, daß man sich tatsächlich nicht nur an der klassischen Definition orientiert, sondern an alltäglichen Worterklärungsverfahren, weil — wie Kamlah/Lorenzen (1967, 79) treffend feststellen — in unserer Lebenswelt Schimmel zunächst einmal Pferde sind und erst dann etwas Weißes. Wer also noch 1987 Behauptungen wie

Zitat 15: „Die Definition nach genus proximum und differentia specifica ist nicht nur die typischste, sondern in mehrfacher Hinsicht auch geeignetste Definitionsform für Verben, Adjektive, Substantive" (Agricola et al. 1987, 23)

aufstellt, muß sich fragen lassen, ob er über die zahlreichen grundsätzlichen und praktischen Schwierigkeiten genügend nachgedacht hat, mit denen derjenige Lexikograph konfrontiert wird, der sie ernst nimmt (vgl. auch Landau 1984, 120 ff.). Agricola et al. 1987 berufen sich auf Viehweger et al. 1977. In dieser Arbeit und auch bei Lessenich-Drucklieb 1978 zeigen sich einige der oben erwähnten Probleme. Die Autoren erläutern das klassische Definitionsverfahren u. a. anhand des folgenden Wörterbuchartikels aus dem WDG:

**Amsel,** die; -, -n *schwarzgefiederter größerer Singvogel mit gelbem Schnabel, dessen flötender Ruf oft in der Dämmerung ertönt*
dazu Schwarzamsel

Textbeispiel 44.7: wa$_7$ aus WDG

Zur BPA aus wa$_7$ wird folgende Darstellung gegeben:

Zitat 16:

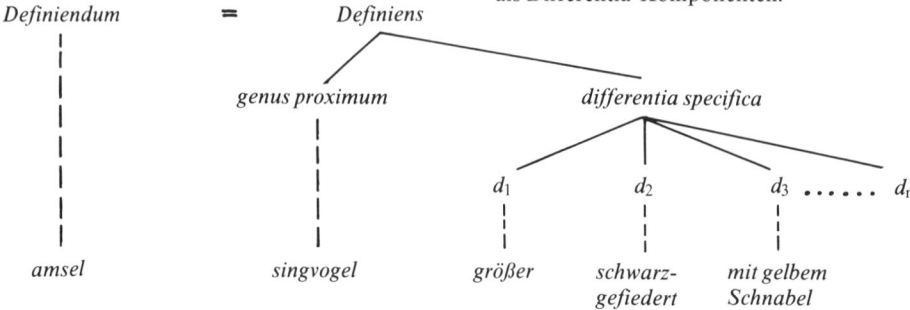

(86) *Die Amsel ist ein schwarzgefiederter größerer Singvogel mit gelbem Schnabel [, dessen flötender Ruf oft in der Dämmerung ertönt].*

Beim klassischen Definitionsverfahren wird das zu definierende Wort als Artgegenstand aufgefaßt. Zu dieser Charakterisierung ist es erforderlich,

1. die nächsthöhere Gattung (genus proximum) zum Definiendum zu suchen
2. das invariante Merkmal bzw. die invarianten Merkmale (differentia specifica) anzugeben, durch die sich die betreffende Art von anderen Arten der Gattung unterscheidet [...].

Grundlage der (klassischen) Definition ist also die Aufstellung (vom Definiendum aus gesehen) des Art-Gattung-Verhältnisses, d. h., es wird das genus proximum des Definiendums eruiert, und nun werden die auf Grund des Verhältnisses der Überordnung/Unterordnung semantisch zunächst auseinandergerückten Begriffe durch die Spezifikationen der differentia Schritt für Schritt angenähert, gleichsam „synonymer" gemacht. Durch das Sem <größerer> wird die Klasse der Singvögel zwar beschränkt, umfaßt aber noch weit mehr Arten als die Klasse der Amseln. Durch das Hinzutreten der weiteren Komponente <schwarzgefiedert> wird der Kreis der Singvögel erheblich eingeengt, so daß auf dieser Stufe nicht mehr sehr viele Arten neben der Spezies Amsel stehen. Die letzte Komponente <mit gelbem schnabel> engt die Klasse der Singvögel auf die Klasse der Amseln ein.

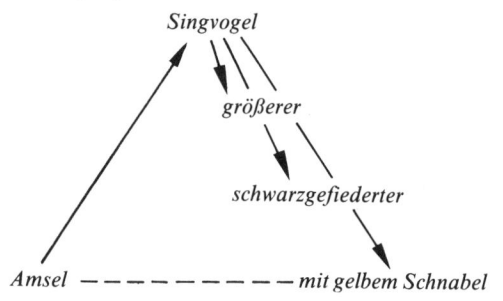

Erst mit dem letzten artbildenden Element (Sem) ist die völlige Äquivalenz bzw. Identität von Definiendum und Definiens erreicht, das Ziel jeder echten Definition [...]. Damit erweisen sich im vorliegenden Beispiel <singvogel> als Genus-Komponente, die Komponenten <größerer>, <schwarzgefiedert>, <mit gelbem schnabel> als Differentia-Komponenten."

So plausibel die Darstellung auch erscheinen mag, sie ist problematisch und in verschiedenen Hinsichten nicht korrekt. Zunächst liegt ein Anwendungsfehler vor. Bei klassischen Definitionen, was in vielen Einführungen in die Logik nachlesbar ist (vgl. z. B. Stegmüller 1971, 335; Klaus 1975, 249 oder Kutschera 1967, 358), sind nur einstellige Begriffe (sog. Eigenschaftsbegriffe) zugelassen, deren Extensionen Klassen (in traditioneller Terminologie) sind. Mit der klassischen Definition wird dann der Durchschnitt zweier Klassen gebildet („∧" entspricht „∩"). Wegen des relationalen Adjektives *größer* ist jedoch die differentia specifica kein einstelliger Begriff, so daß die BPA aus wa$_7$ im Lichte des klassischen Definitionsverfahrens überhaupt nicht interpretierbar ist! Die zweite Abbildung im Zitat 16 ist, zusammen mit der dazugehörigen Beschreibung, zumindest äußerst mißverständlich, weil der Eindruck erweckt wird, als sei die Einhaltung einer bestimmten Reihenfolge bei der Einschränkung der Klasse der Singvögel notwendig, so daß eine Art festgefügte Teilbegriffspyramide mit mehreren festen Stufen entsteht. Man kann aber selbstverständlich z. B. zunächst die Klasse der Singvögel mit der Klasse derjenigen Gegenstände, die einen gelben Schnabel haben, schneiden und erhält dann als Durchschnitt die Klasse der Singvögel, die einen gelben Schnabel haben u. a. m. (vgl. Abb. 44.4).

Außerdem ist natürlich — im Sinne der

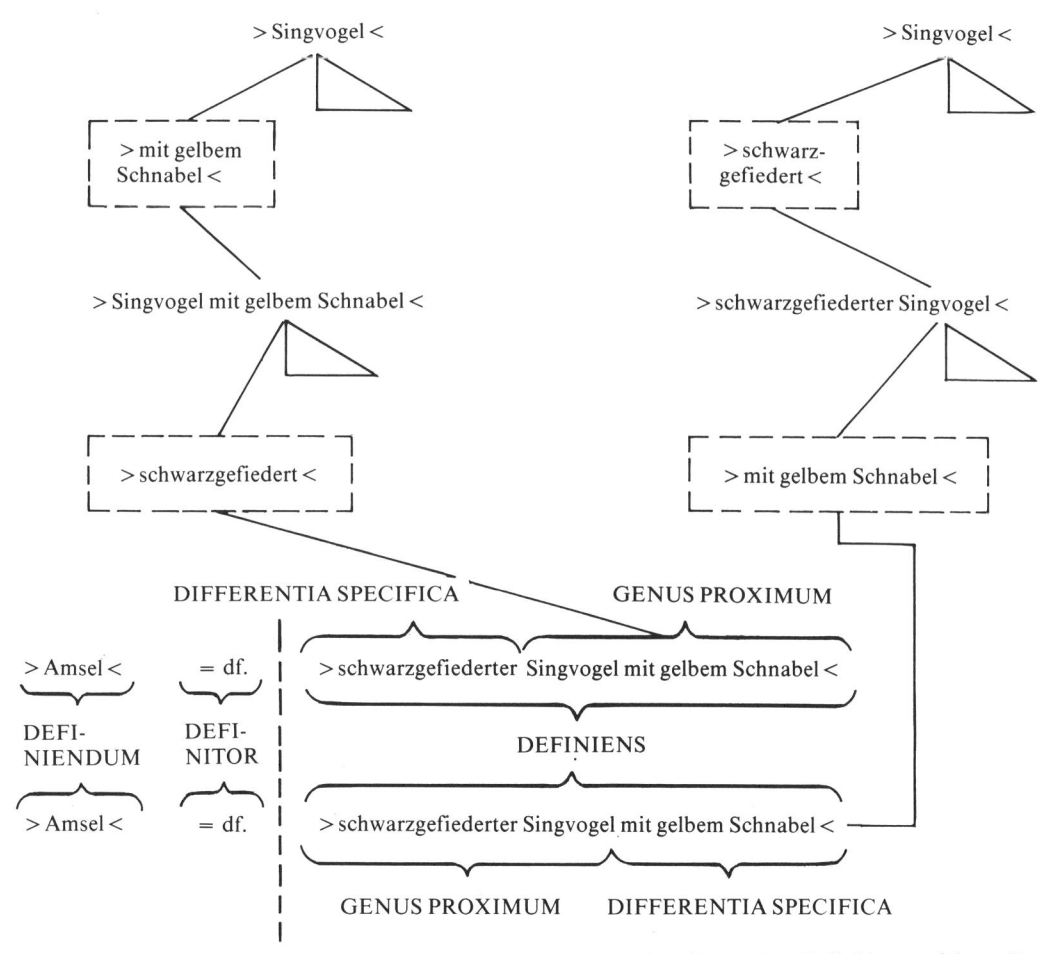

Abb. 44.4: Veranschaulichung zur Interpretation einer BPA nach dem klassischen Definitionsverfahren. Das diakritische Zeichen „> x <" zeigt an, daß — wenn „x" durch einen sprachlichen Ausdruck *A* ersetzt wird — der Begriff zu *A* gemeint sein soll. Die Kanten „—" symbolisieren die Unterbegriffsbeziehung und die zu dieser inverse Oberbegriffsbeziehung. Die Kanten sind kommentiert: in den Umrandungszeichen „⌐ ¬
              ⌐ ¬" stehen die Begriffe, die jeweils als differentia specifica auftreten.

klassischen Definitionslehre — der Begriff von *Singvogel* nicht das genus proximum zu dem Begriff von *Amsel*. Läßt man *größerer* in der BPA von wa₇ weg, so daß die klassische Definitionslehre wenigstens zu Demonstrationszwecken anwendbar ist, dann ergibt sich, daß der Begriff zu *Amsel* (im vorliegenden Rahmen) folgende zwei genera proxima hat: den Begriff zu *Singvogel mit gelbem Schnabel* (dem im Deutschen m. W. kein lexikalisierter Ausdruck entspricht) und den Begriff zu *schwarzgefiederter Singvogel* (zu dem im Deutschen ebenfalls kein lexikalisierter Ausdruck vorliegt). Im gegebenen Rahmen ist also der Begriff zu *Singvogel* nicht das genus proximum, sondern derjenige nächsthöhere Oberbegriff zu dem Begriff zu *Amsel,* zu dem es im Deutschen einen (in einem bestimmten Sinne) lexikalisierten Ausdruck gibt, so daß man die in Abb. 44.4 dargestellte Veranschaulichung geben kann.

Man sieht also, daß eine Anweisung, man solle d a s genus proximum suchen (vgl. Zitat 16, 1.), zumindest mißverständlich ist. Die Anweisung könnte allenfalls lauten: Suche alle diejenigen genera proxima für den zu definierenden Begriff, der in einer Sprache L mit dem lexikalisierten Ausdruck *A* bezeichnet ist, die in der Sprache L ebenfalls mit lexikalisierten Ausdrücken bezeichnet sind.

*Bem.:* (i) Viel brauchbarer wäre eine entsprechende Anweisung im Rahmen der sinnrelationalen Semantik: Suche alle Hyperonyme (oder Superonyme) 1. Grades (vgl. hierzu ausführlich Wiegand 1989). (ii) Im übrigen ist das *Amsel*-Beispiel — ironischerweise — ein glänzendes Beispiel, um zu demonstrieren, was passieren könnte, wenn Linguisten — die nicht gleichzeitig Vogelkenner sind (wie z. B. neuerdings auch von Stechow 1988, 12) — sich die Merkmale von sog. lexikographischen Definitionen liefern lassen, denn die „Definition" stimmt nur für das Amsel-Männchen; weibliche Amseln sind dunkelbraun und haben keinen gelben Schnabel. — Unter Viehweger et al. war wenigstens ein Vogelkenner: vgl. (1977, 293, Anm. 69).

Lexikographen sollten unter keinen Umständen nach e i n e m genus proximum suchen. Dies führt notwendigerweise zur punktuellen Sprachlenkung, zur Ideologiebildung, zur Vermittlung von Halbbildung durch Übergang von alltagssprachlichen zu fachsprachlichen sog. Begriffen (vgl. z. B. Wiegand 1976, 141 u. 1977, 111 ff.).

Insgesamt muß man sagen, daß die Merkmalsemantik zwar dazu beigetragen hat, daß in der Sprachwissenschaft über die sog. lexikographischen Definitionen nachgedacht wurde, die Interpretation der Bedeutungsparaphrasenangaben als tendenzielle Merkmalanalysen, Komponentenanalysen oder als Definientia von klassischen Definitionen ist wenig überzeugend und für die lexikographische Praxis unfruchtbar. Letzteres wird auch von Schmidt (1986, 78 ff.) aus der Sicht des Praktikers angedeutet, und auch Rey-Debove (1971, 213 ff.) hat in Auseinandersetzung mit Pottier bereits dargelegt und weitere Argumente dafür beigebracht, daß Komponentenanalysen für lexikographische Definitionen wenig nützlich sind.

3.4. Das Redundanzverdikt und die Unterscheidung von nichtredundanten („denotativ-semantischen") und redundanten („enzyklopädischen") Merkmalen

Vertreter der Merkmalsemantik haben nicht nur Bedeutungsparaphrasenangaben im Lichte ihrer Konzepte interpretiert, sondern auch verschiedene Anforderungen an diese gestellt. Einige davon sind gerechtfertigt. So moniert z. B. Viehweger (1982 a, 149) den ungerechtfertigten, ständigen Wechsel der semantischen Dimension (z. B. 'Form', 'Farbe'), relativ zu der die Bezeichnungen für Amsel, Drossel, Fink und Star (und die weitere Vogelschar) im WDG unterschieden werden. Um diese Kritik zu formulieren, benötigt man allerdings keinen merkmalsemantischen Ansatz. Eine entsprechende (und weiterreichende) Kritik — ohne Rekurrenz auf Merkmale — findet sich bereits in Wiegand (1977, 175 ff.) am Beispiel von Fischbezeichnungen aus dem Wahrig-²DW (vgl. auch Wiegand 1984 d, 78). Die am weitesten reichende Forderung ist die, daß sog. lexikographische Definitionen nicht redundant sein sollen. Das „Redundanzverdikt" (vgl. Wiegand 1988 a, 770) findet sich bei zahlreichen Autoren, z. B. bei Viehweger et al. (1977) und bei Viehweger (1982, 149 f.), wo es heißt:

Zitat 17: „Eine Wörterbuchdefinition ist häufig deshalb eine inadäquate Bedeutungsbeschreibung eines Wortschatzelementes, weil sie nicht aus den semantischen Merkmalen der denotativen Bedeutung aufgebaut ist, sondern auch aus nicht im Bereich der denotativen Bedeutung liegenden Elementen, durch die lexikographische Definitionen zu redundanten Definitionen werden."

Mit Bezug auf den im Zitat 16 (vgl. 86) in eckigen Klammern stehenden Teil der BPA aus wa₇, „*dessen flötender Ruf oft in der Dämmerung ertönt*", heißt es bei Viehweger (1982 a, 149):

Zitat 18: „Dieses für die Definition von *Amsel*

gewählte Merkmal ist redundant, denn es gehört nicht zu den relevanten semantischen Merkmalen, durch die sich die betreffende Art (genus proximum) von anderen Arten der gleichen Gattung unterscheidet."

Nach Viehweger et al. (1977, 283 f.) sind eigentliche (oder echte) Definitionen solche, die nur aus semantischen Merkmalen der sog. denotativen Bedeutung bestehen, während redundante Definitionen auch nichtdenotative Abbildkomponenten enthalten. Mit dieser Unterscheidung ist daher auch das Verhältnis von sprachlichem (bes. semantischem) und enzyklopädischen Wissen angesprochen, dessen Erforschung für ein zureichendes Verständnis von Bedeutungsparaphrasenangaben sehr wichtig ist. Dieses Verhältnis kann hier nicht grundsätzlich diskutiert werden (vgl. dazu z. B.: Biere 1989, 116—122; Brause 1988; Dieckmann 1988; Eco 1984, 1985; Frawley 1980, 1981; Habel 1985; Haiman 1980; Horstkotte 1982; Lutzeier 1985, 78—87; Seppänen 1987; Viehweger 1987; Werner 1984; Wiegand 1988 a, 772—776, 1989). Was aber festgestellt werden kann, ist dies: Wer bemängelt, daß innerhalb von Bedeutungsparaphrasenangaben häufig im genannten Sinne „redundante Merkmale" und damit enzyklopädische Merkmale auftreten, muß ein Verfahren angeben können, wie diese von den „nichtredundanten" strikt getrennt werden können. Ein solches Verfahren gibt es bisher nicht, und es hat auch ganz den Anschein, daß es nicht gefunden werden kann: zur Begründung kann angeführt werden, daß für die allermeisten natürlichsprachlichen Ausdrücke keine im strikten Sinne analytischen Definitionen — also solche, die auf einen starken Analytizitätsbegriff in der Tradition von Hume, Leibniz und Kant rekurrieren — gegeben werden können (vgl. Quine 1972; Hölker 1981; Wiegand 1985, 55 ff. u. 1989; vgl. auch Zitat 10). Denn analytische Definitionen dieser Art sind bekanntlich solche vollständigen Feststellungsdefinitionen, die in ihrem Definiens alle und nur die notwendigen und hinreichenden „Entitäten" angeben, um eine andere „Entität" im Definiendum exhaustiv zu bestimmen, so daß eine Äquivalenz behauptet ist, die stets gilt. Wird die zu definierende Entität z. B. im Sinne der Merkmalsemantik als Semem aufgefaßt, dann muß das Definiens alle und nur die semantischen Merkmale enthalten, die notwendig und hinreichend sind, um das Semem des Ausdruckes im Definiens restfrei und vollständig zu „dekomponieren".

Solche „Zerlegungen" (die es ohnehin gar nicht gibt, denn der Ausdruck *Zerlegung* ist nur eine irreführende realistisch/physikalistische Metapher) sind bisher nicht bekannt geworden. Denn alle vorgelegten Merkmalanalysen kann man auch anders machen. Dies bedeutet nun, daß die Redeweise, Sememe seien geordnete Mengen von Merkmalen — gelinde ausgedrückt — ein Euphemismus ist, denn bekanntlich muß — wenigstens wenn man den Ausdruck *Menge* wissenschaftlich verwendet — klar sein, welche Elemente zur Menge gehören und welche nicht. — Dies zeigt sich bei der Formulierung von BPA darin, daß relativ häufig nicht sicher und vor allen Dingen auch nicht mittels wiederholt anwendbarer Methoden entscheidbar ist, ob ein bestimmter Ausdruck in die BPA gehört oder nicht oder eher ein anderer, so daß dies durch Abschreiben, durch Diskussion oder einfach vom Endredakteur entschieden wird (vgl. Wiegand 1985, 80 f.). Merkmaltheoretische Konzeptionen sind wenig geeignet, um für solche Fälle Lösungen anzubieten, die sowohl theoretisch vertretbar als auch praktisch handhabbar sind. In Wiegand (1985, 79 ff.) wurde — im Anschluß an Hölker (1981) — in dem Abschnitt „Welche Prädikatoren gehören in die lexikalischen Paraphrasen von Lemmazeichen, die substantivische Prädikatoren sind?" versucht, einen Weg zu zeigen, der aus dem Dilemma herausführt (vgl. auch Wiegand 1984 a, 24 ff.). Entgegen der Auffassung, Redundanz (in dem bei Viehweger — nicht streng informationstheoretischen — Sinne) sei für die BPA in jedem Falle schädlich, muß darauf hingewiesen werden, daß sie für bestimmte Lexikbereiche u. U. sogar wünschenswert ist, z. B. bei Lemmazeichen, deren Bedeutung stark kulturspezifisch ist, oder für ideologieträchtige Wörter (vgl. auch Werner 1984, 397 ff. sowie die Artikel in Brisante Wörter 1989). Außerdem zeigen empirische Untersuchungen zur Wörterbuchbenutzung insbesondere von Benutzern, deren Muttersprache nicht diejenige Sprache ist, die den Wörterbuchgegenstandsbereich des benutzten Wörterbuches bildet, daß es häufig gerade die enzyklopädischen (i. S. v. redundanten) Elemente innerhalb von Bedeutungsparaphrasenangaben sind (die selbst natürlich keine Angaben, sondern nur Teile von solchen sind, vgl. Wiegand 1988 a, 763 ff. u. 1989), die der Rekonstruktion der fraglichen Lemmazeichenbedeutung förderlich sind. Dies bedeutet, daß eine Entscheidung darüber, ob

— bei bestimmten Lemmazeichentypen — eher mehr oder weniger enzyklopädische (i. S. v. redundante) Elemente in die Bedeutungsparaphrasenangaben aufgenommen werden, nur relativ zu Hypothesen über den potentiellen Benutzer begründet und gerechtfertigt werden können, so daß je wörterbuchtyp- oder sogar wörterbuchspezifische Gegebenheiten zu berücksichtigen sind.

Nach diesen Überlegungen dürfte deutlich sein, daß ein striktes Redundanzverdikt für Bedeutungsparaphrasenangaben nicht angemessen ist. Auch sollte man von Lexikographen nicht verlangen, nichtredundante Bedeutungsparaphrasenangaben zu formulieren, damit diese dann von Merkmaltheoretikern in sog. Definitionsanalysen für Merkmalbeschreibungen verwendet werden können. Aus dem Gesagten ergibt sich auch, daß es zumindest zweideutig und in bestimmten Kontexten sicher irreführend ist, wenn Bedeutungsparaphrasenangaben mit *analytische Definition* (oder: *analytic definition*) bezeichnet werden (vgl. z. B. Gove 1985; Robinson 1984, 173; Ayto 1983, 89 f.) oder wenn in Wörterbucheinleitungen davon die Rede ist, daß die Definitionen analytisch abgefaßt sind (vgl. BW I, 14). Eine Gleichsetzung von analytischen mit logischen und klassischen Definitionen (z. B. bei Robinson 1984, 173) ist für eine wissenschaftliche Lexikographie unbrauchbar.

## 4. Bedeutungsparaphrasenangaben als Teile von quasi-natürlichen, potentiellen Antworten auf antizipierte Fragetypen in handlungssemantischer Deutung

Nachfolgend wird eine Konzeption der semantischen Beschreibung im allgemeinen einsprachigen Wörterbuch ausschnittsweise skizziert (vgl. die Einschränkungen unter 1.1.), die schrittweise in mehreren Arbeiten entwickelt wurde (vgl. Wiegand 1976, 1977, 1977 a, 1977 [1984], 1981, bes. 157 ff.; 1982, 1983, 1984, bes. 577 ff.; 1984 a, bes. 17 ff.; 1984 d, 1985; 1986 b, 90 ff.; 1988 a, bes. 763 ff. und vor allem 1989), und zwar in Anlehnung an und in Auseinandersetzung mit anderen Arbeiten, die jeweils in den entsprechenden Stellen genannt sind; vgl. aus den spezifisch metalexikographischen Arbeiten u. a. Eco 1985; Gove 1985; Harras 1977, 1986; Henne 1972; Hjorth 1956; Hölker 1981; Ilson 1987; Jäger/Plum 1988; Kühn 1984, 1987; Landau 1984; Neubauer 1980; Püschel 1980, 1981, 1984; Reichmann 1975; Rey-Debove 1971; Scholfield 1979; Strauß/Zifonun 1985; Viehweger 1982 a, 1987; Viehweger et al. 1977; Weinreich 1967; Wellmann 1987; Werner 1982, 1984; Wolski 1986.

Zunächst seien die allgemeinen Charakteristika der Konzeption skizziert. Sie macht mit der Benutzervoraussetzung (i. S. v. Wiegand 1984, 561 u. 1989 a) ernst, die u. a. besagt, daß Wörterbücher als Gebrauchsgegenstände vor allem deswegen gemacht werden, damit sie in Situationen der Textrezeption und der Textproduktion vor allem (aber nicht nur) benutzt werden, wenn sprachbedingte aktuelle Kommunikationsstörungen (Textproduktions- und Textrezeptionsstörungen) oder Unsicherheiten auftreten. Im vorliegenden Zusammenhang sind vor allen Dingen die lexikalsemantisch bedingten Verständnisstörungen von Interesse, die sich nach verschiedenen Aspekten einteilen lassen, so daß man verschiedene Wörterbuchbenutzungssituationen unterscheiden kann (vgl. z. B. Wiegand 1977, 64 ff.); 1977 [1984], 70 ff.; 1985 b; 1987 a, 195 ff. u. 1989 a). Das Schreiben von Wörterbuchartikeln eines allgemeinen einsprachigen Wörterbuches wird dann zu einem Formulieren einer Anzahl von potentiellen Antworten in verdichteter und standardisierter Form auf antizipierte Typen von Suchfragen, die in Typen von Benutzungssituationen integriert sind. Wenn ein Lexikograph eine Bedeutungsparaphrasenangabe erarbeitet und formuliert, dann befindet er sich daher nicht in einer der beiden grundsätzlich verschiedenen Problemsituationen des wissenschaftlichen Definierens; das bedeutet, daß er weder nur (i) die festgestellte Bedeutung eines Lemmazeichens $A$ aus einer Sprache L mittels einer Feststellungsdefinition in L angibt, noch (ii) durch Festsetzung der Bedeutung in einer Festsetzungsdefinition ein neues Zeichen $Z$ in eine gegebene Sprache L einführt (vgl. Weinberger/Weinberger 1979, 174; Pawłowski 1980, 18). Zwar hat ein Lexikograph auch die Aufgabe (i); er muß aber — und das ist gerade keine Nebensache — berücksichtigen, daß seine Feststellung in L über $A$, die er z. B. in die Form LEMMAZEICHENGESTALTANGABE [...] BEDEUTUNGSPARAPHRASENANGABE als Teil eines Artikeltextes bringt, wenn auch nicht ausschließlich, so doch vornehmlich für solche Sprecher von L (oder gegebenenfalls auch für Sprecher einer anderen Sprache $L_1$) konzipiert ist, die $A$ nicht oder nicht vollständig kennen und welche daher die oder eine der Bedeutungen von $A$ dadurch kennenlernen wollen, daß sie aus der Bedeutungsparaphrasenangabe und gegebenenfalls aus anderen Teilen des Artikeltextes (u. a. besonders den Beispielangaben, den Synonymen- und Antonymenangaben) die gesuchte Bedeutung erschließen. Aus dem Definieren von *A* im Sinne von (i) wird somit die Gestaltung eines verdichteten und standardisierten Textes zu *A*, aus dem ein Benutzer-in-actu die Bedeutung von *A* erschließen kann und in dem die BPA — je nach Lemmazeichentyp und der Mikrostruktur des Wörterbuches (i. S. v. Art. 38 a, 5.) unterschiedlich — eine bestimmte Funktion hat und somit von vornherein nicht als die einzige und vom Rest des Artikels isolierte potentielle Antwort auf Fragen nach der Bedeutung zu konzipieren ist, so daß der „Definition" nicht mehr unbedingt eine „Schlüsselrolle" zufällt, wie das z. B. Schmidt (1986, 42) vertritt.

Wenn der Lexikograph relativ zu antizipierten Fragetypen arbeiten soll, ist es nützlich, hypothetische Entwürfe von Typologien von Wörterbuchbenutzungssituationen empirisch zu überprüfen. Zu der Konzeption gehören daher auch Überlegungen darüber, was geschieht, wenn Texte mit Bedeutungsparaphrasenangaben während der Wörterbuchbenutzung zu Texten-in-Funktion werden, d. h.: es wird gefragt, wie und relativ zu welchem Vorwissen aus Artikeltexten, zu denen eine BPA gehört, die fragliche Bedeutung erschlossen wird (vgl. Wiegand 1989 a; Art. 84). Die Ergebnisse solcher Forschungen sprechen z. T. für eine partiell andere Deutung und Gestaltung von BPA als bisher üblich (vgl. Wiegand 1989 u. 1989 a u. unten 6.).

Als Vergleichsobjekte werden natürliche Verfahren in Alltagsdialogen über sprachliche Bedeutungen (Alltagsdefinitionen; folk definitions; vgl. Casagrande/Hale 1967; Manes 1980) herangezogen sowie Definitionsauffassungen, die in der Tradition der ordinary language philosophy stehen; die BPA wird relativ zu einer handlungssemantischen Konzeption gedeutet; und es wird — wie in Alltagsdialogen über sprachliche Bedeutungen — von einer Sprachauffassung ausgegangen, die zwischen Sprache und nichtsprachlicher Welt, zwischen Sprach- und Welterfahrung keine strikte Trennungslinie zieht; Bedeutungsparaphrasenangaben erscheinen dann insofern als nur quasi-natürliche Textsegmente, weil sie nach lexikographischen Notwendigkeiten und sprachwissenschaftlichen Einsichten eine gewisse Systematisierung erfahren (bzw. erfahren sollten).

## 4.1. Alltagsdialoge über nennlexikalische Ausdrücke als natürliche Bezugspunkte für die einsprachige Lexikographie

Nogle (1974, 28) schreibt in seinem Kapitel über folk definitions:

Zitat 19: „The spontaneous definitions of words that people give seem not to have been studied very seriously".

Seit 1974 (und z. T. bereits vorher, vgl. z. B. Casagrande/Hale 1967) sind zwar in der ethnographischen Semantik und in der gesprächsanalytischen Forschung gelegentlich alltägliche Definitionsverfahren untersucht worden (vgl. z. B. Quasthoff/Hartmann 1982; Manes 1980), größer angelegte Untersuchungen liegen jedoch (m. W.) nicht vor, so daß der Wissensfundus noch relativ eingeschränkt ist. Nach Hanks 1987 (120 f.) hat man sich bei der Erarbeitung von COBUILD 1987 an 'folk definitions' orientiert. Ein auffälliges Faktum ist, daß in Alltagsdialogen, wenn Bedeutungen fraglich werden, entweder Aspekte der Handlungsbedeutung von Äußerungen oder aber die Bedeutung solcher Ausdrücke (Wörter und Phraseme), die zur Nennlexik gehören, betroffen sind. Alltagsdialoge z. B. über Modalpartikeln oder Konjunktionen sind mir bisher nicht begegnet.

Im folgenden wird ein einfaches Beispiel gegeben und nur soweit interpretiert, daß die Eigenschaften herausgestellt werden, die verdeutlichen, warum Alltagsdialoge über nennlexikalische Ausdrücke — und hier speziell solche über deren Bedeutung — als natürliche Bezugspunkte für die einsprachige Lexikographie von Interesse sind. Dabei wird bes. an Wiegand 1976, 121 ff.; 1977, 86 ff.; 1977 [1984], 65 ff.; 1985, 32 ff.; 1988 a, 772 ff. sowie 1989 angeschlossen.

Beispiel 1
M: (1) *„Schade, daß du zu meinem Geburtstag nicht da warst; ich hab nämlich einen tollen Kajak bekommen*
B: (2) *„Was ist denn ein Kajak?"*
M: (3) *„Ein kleines Paddelboot. Oben hat es ein enges Loch für nur einen Sitz; das Wasser kann dann nicht so schnell rein."*

Es handelt sich um die Verschriftlichung eines Ausschnittes aus einem Gespräch zwischen zwei zwölfjährigen Freunden (vgl. Wiegand 1976, 121; 1979 b, 215 ff.).

Mit (1) will M einen neuen Bezugsgegenstand (der natürlich nicht der konkret reale Gegenstand selbst ist) ins Gesprächsuniversum einführen, nämlich seinen Kajak. Wie die Frage (2) zeigt, ist jedoch die Referenz nicht erfolgreich, und zwar wahrscheinlich deswegen, weil B — um es zunächst generell zu sagen — die Bedeutung des substantivischen Prädikators *Kajak* nicht kennt, so daß der Referenzausdruck *einen tollen Kajak*, den M in (1) verwendet, für B nichts deutlich charakterisiert und B den Bezugsgegenstand nicht identifizieren kann. Ob B nicht weiß, was ein Kajak ist, ist zwar nach (2) sehr wahrscheinlich, aber nicht notwendigerweise der Fall, denn er könnte Gegenstände, die im Beispiel 1 Kajaks heißen, kennen, und zwar unter einer anderen lexikalisierten Benennung, die mit *Kajak* bezugssemantisch synonym ist, und es könnte sein, daß B nur nicht weiß, daß die beiden Ausdrücke synonym sind. Daher kann lediglich festgestellt werden, daß eine individuelle Wortlücke vorliegt, der eine Sachkenntnislücke entsprechen kann. Dabei ist zu beachten, daß B zum Äußerungszeitpunkt von (2) bereits folgendes wissen kann: daß Kajaks etwas sein müssen, was ein Zwölfjähriger zum Geburtstag bekommen kann (also Gegenstände) und daß M solche Gegenstände als toll bewertet, d. h., B verfügt über ein Wissen, das man z. B. (mit Habel 1985) als episodisches Wissen über Kajaks auffassen kann (vgl. aber Scherner 1989). Wie (2) außerdem zeigt, hat B offenbar aus (1) entnehmen können, daß *Kajak* zu denjenigen Ausdrücken gehört, die usuell dazu verwendet werden, um die sprachliche Teilhandlung des Referierens und/oder Prädizierens zu vollziehen, so daß man nun feststellen kann: wie (2) zeigt, verfügt B über das nichtenzyklopädische Bedeutungswissen zu *Kajak*, aber nicht über das gegenstandskonstitutive Bedeutungswissen zu *Kajak,* das ein ausgezeichneter Teil des enzyklopädischen Wissens über Kajaks ist (vgl. Wiegand 1988 a, 774). B weiß damit nicht, was das Wort *Kajak* zu wissen gibt; er weiß nur, d a ß man mit ihm Bezug nehmen kann (daß es also z. B. nicht wie *und* oder *schon* verwendet wird), aber er weiß nicht, w o r a u f er mit *Kajak* in weitgehend gleicher Weise wie M Bezug nehmen kann.

B entdeckt durch die Äußerung von (1), daß er eine individuelle Wortlücke hat, und durch die Äußerung von (2) wird diese für beide Gesprächspartner als lexikalsemantisch bedingte Verständnisstörung (eine der Formen aktueller/akuter Kommunikationskonflikte bei Gleichsprachigen) erkennbar. Wichtig ist nun, daß (2) eine Frage des Typs ist WAS IST/SIND (EIN) X? Das bedeutet u. a. dies: Obwohl B offensichtlich (1) deswegen propositional nicht vollständig verstanden hat, weil er das Wort *Kajak* (und daher auch die Verwendungsinstanz von *Kajak* in (1)) nicht kennt, fragt er nicht direkt sprachbezüglich nach diesem Wort, nach der Wortbedeutung oder dem vorliegenden Wortgebrauch, sondern — auf der Basis seines nicht-enzyklopädischen Bedeutungswissens (!) — nach dem Bezugsgegenstand, der aus der extrakommunikativen Perspektive irgendeiner theoretischen Betrachtung trivialerweise „kognitiv" oder „begrifflich" vermittelt ist (was allerdings die Gesprächspartner nicht interessiert). B bleibt mit (2) beim Thema, nämlich bei den Kajaks und damit intrakommunikativ gesehen — „bei den Sachen", fragt sach- und nicht sprachbezüglich. Es spielt dabei keine Rolle, ob B selbst seine Äußerung (2) als eine Frage nach der sprachlichen Bedeutung von *Kajak* oder als eine nach dem Bezugsgegenstand von *einem tollen Kajak* auffaßt. Denn wenn es M gelingt, seine sachbezügliche Antwort so zu formulieren, daß B daraus lernen kann, was ein Kajak ist, dann hat B das gegenstandskonstitutive Bedeutungswissen erworben und damit die Bezugsregel (die Referenz- und Prädikationsregeln) für *Kajak,* denn das gegenstandskonstitutive Bedeutungswissen ist als ein Handlungswissen zu qualifizieren, d. h. hier als ein solches Wissen für das sprachliche Handeln, welches ein „Regelfolgenkönnen" ermöglicht und damit zugleich das bezugssemantisch korrekte Verwenden sprachlicher Ausdrücke. Die Antwortäußerung (3) ermöglicht eine Rekonstruktion der Bezugsregeln. M gibt mit (3) eine unvollständige Ad-hoc-Beschreibung, die eine derjenigen Formen aufweist, die für solche isolierten alltäglichen Sachbeschreibungen charakteristisch ist (vgl. Wiegand 1989). Anhand seines eigenen Kajaks gibt er eine Charakterisierung, die auf viele (vielleicht auf die meisten, auf jeden Fall nicht auf alle, wie Wiegand 1976, 122 fälschlich noch glaubte) zutrifft. M beschreibt anhand seines Kajaks einen typischen Kajak (oder einen prototypischen — wie derzeit noch viele glauben sagen zu müssen), und zwar bestimmt M diesen für B dadurch näher, daß er eines der lexikalisierten usuellen Hyperonyme zu *Kajak* anführt, nämlich *Paddelboot,* so daß B ein bestimmtes Kategoriewissen als Teil des gegenstandskonstitutiven Bedeutungswissens erschließen kann. (Ein Kajak ist ein Paddelboot; *Kajak* ist lexikalisch hyponym zu *Paddelboot* relativ zu usuellen Texten.) Dieses Wissen wird zugleich spezifiziert durch den Prädikator *klein* sowie durch die Charakterisierung „*oben* hat es ..." in (3).

Mit (3) äußert sich M über Kajaks, spricht damit über etwas Nichtsprachliches, und B erfährt etwas über Kajaks. Aber dadurch, daß M dies in bestimmter Weise tut, nämlich charakterisierend (also so, daß ein Kajak von ähnlichen Gegenständen als etwas Bestimmtes unterschieden werden kann), erfährt B auch etwas über die Bedeutung von *Kajak*.

Bem.: M wendet hier natürlich nicht das klassische Definitionsverfahren nach genus proximum und differentia specifica an. Denn der zwölfjährige M kennt dieses Verfahren gar nicht, und außerdem gilt alles, was anhand des Zitates 16 ausgeführt wurde, auch für Beispiel 1. Vielmehr sieht man hier, daß allenfalls argumentiert werden kann, daß das klassische Definitionsverfahren einen Versuch darstellt, alltägliche Verfahren (wie sie z. B. bei Casagrande/Hale 1967 untersucht werden) für bestimmte Zwecke zu systematisieren, wobei aber die vorausgesetzten Zusatzannahmen (ordo universalis, prinzipielle Unterscheidung von genus- und differentia-Begriffen u. v. a. m.) sämtlich inakzeptabel sind.

Im folgenden sei angenommen, B hätte statt (2) eine der folgenden Frageäußerungen gemacht:
(2 a) „*Was meinst du mit 'Kajak'?*"
(2 b) „*Was heißt denn Kajak?*"
(2 c) „*Was bedeutet das Wort 'Kajak'?*"
Mit jeder dieser Äußerungen hätte B dann auf verschiedene Weise nach der Bedeutung von *Kajak* gefragt. Auf jede der drei Fragen hätte M wieder mit einer ausschnittshaften Beschreibung der Sache antworten können, die (3) ähnlich ist, weil er auch damit etwas über die Bedeutung von *Kajak* gesagt und die Frage beantwortet hätte, z. B. so: „*Mit dem Wort 'Kajak' meint man Paddelboote, die . . .*". Bei allen Antworten dieser Art, die als Erläuterung des bezugssemantisch korrekten, usuellen Gebrauchs von *Kajak* gelten können, hätte M aber zugleich Charakteristisches über Kajaks gesagt. Es ist weiterhin zu beachten, daß (3) eine analytische Komponente hat. Denn in dem Kontext, in dem das Beispiel 1 zu denken ist, gilt (x) Kajak → (x) Paddelboot. Dies bedeutet: M macht — extrakommunikativ betrachtet — auf der Basis und relativ zu der Sprach- und Weltkenntnis derjenigen Sprecher, die das Wort *Kajak* kennen, eine Äußerung, die schwach analytisch ist. Bezogen auf den Fragenden B ist (3) als synthetisch, als kenntniserweiternd aufzufassen, denn wenn B (3) verstanden hat, ist seine Sprach- und Welterfahrung erweitert. Mit (3) wird B in bereits bekannte, aber für ihn neue, sprachlich vermittelte Erfahrungszusammenhänge eingespielt.

In Alltagsdialogen über die Bedeutung von sprachlichen Ausdrücken trennen die Gesprächspartner nicht strikt zwischen Sprache und nichtsprachlicher Welt, obwohl sie natürlich diese beiden Bereiche deutlich unterscheiden können. Sie sprechen reflexiv in einer Sprache und versuchen, nicht zu einer Metasprache überzugehen, und zwar auch gerade dann nicht, wenn sie sprachbezügliche Äußerungen wie (2 a), (2 b) oder (2 c) machen. Um über etwas Sprachliches verbal kommunizieren und damit metakommunizieren zu können, benötigt man keine eigene Metasprache, vielmehr verwendet man die gleiche Sprache anders (vgl. Wiegand 1977 [1984] u. 1979 b). Die Reflexivität ist die eine wichtige Voraussetzung dafür, daß lexikalische Einheiten einer Sprache verbal in dieser Sprache paraphrasierbar sind; die andere wichtige Voraussetzung ist die, daß die lexikalischen Einheiten in lexikalsemantischen Beziehungen stehen (was relativ zu verschiedenen Semantiktheorien unterschiedlich „modelliert" werden kann), die nicht zureichend ohne Rekurrenz auf Erfahrung erklärt werden können.

Anhand von Beispiel 1 (aber basierend auf der Analyse weiterer authentischer Beispiele, vgl. Wiegand 1989) sei nun folgende induktive Verallgemeinerung gegeben, die für alle nennlexikalischen Ausdrücke einer Sprache gelten soll.

(1) Unterhalten sich zwei Personen $P_1$ (im Beispiel 1 = M), $P_2$ (im Beispiel 1 = B) in ihrer Muttersprache L, und

(a) äußert $P_1$ einen, für einen substantivischen Prädikator SP usuellen Text T, der eine Verwendungsinstanz SP' von SP enthält, mit der SP nicht erwähnt ist, und

(b) kennt $P_2$ die Bedeutung von SP nicht, so daß er T propositional nicht vollständig versteht, und

(c) fragt daraufhin $P_2$ sachbezüglich den $P_1$ mit einer Frage vom Typ WAS IST/SIND (EIN/D + Sg, Pl) X? nach dem Bezugsgegenstand G, auf den $P_1$ in T entweder mit einem charakterisierenden Nominator, der SP' enthält, referiert hat, oder von dem $P_1$ mit SP' etwas prädikativ prädiziert hat, und

(d) gibt $P_1$ daraufhin eine sachlich korrekte, nicht notwendig vollständige, aber charakterisierende sprachliche Beschreibung Bs von G, dann

(e) erläutert $P_1$ dadurch, daß er Bs äußert, auch die bzw. eine Bedeutung von SP für usuelle Texte von SP, und

(f) damit hat $P_2$ — wenn er Bs verstanden hat — nicht nur etwas über G, sondern auch die bzw. eine Bedeutung von SP für usuelle Texte von SP gelernt, und dies heißt — relativ zu einer bestimmten Bedeutungsauffassung (vgl. Wiegand 1988 a, 772 ff. u. 1989) —, daß $P_2$ das enzyklopädische gegenstandskonstitutive Bedeutungswissen als ein Handlungswissen und damit die Bezugsregeln für SP für usuelle Texte von SP erworben hat.

Umgekehrt gilt:

(2) Unterhalten sich zwei Personen $P_1$, $P_2$ in ihrer Muttersprache L, und

(a) äußert $P_1$ einen für einen substantivischen Prädikator SP usuellen Text, der eine Verwendungsinstanz SP' von SP enthält, mit der SP nicht erwähnt ist, und

(b) kennt $P_2$ die Bedeutung von SP nicht, so daß er T propositional nicht vollständig versteht, und

(c) fragt daraufhin $P_2$ sprachbezüglich den $P_1$ mit einer Frage von Typ WAS BEDEUTET/BEZEICHNET/BENENNT ... X? nach der Bedeutung von SP in T, und

(d) gibt $P_1$ daraufhin eine nicht notwendig vollständige, aber semantisch korrekte Erläuterung E der Bedeutung von SP' in T, dann

(e) gibt $P_1$ dadurch, daß er E äußert, auch eine charakterisierende Beschreibung des Bezugsgegenstandes G, auf den $P_1$ in T entweder mit einem charakterisierenden Nominator, der SP' enthält, referiert hat, oder von dem $P_1$ mit SP' etwas prädikativ prädiziert hat, und

(f) damit hat $P_2$ nicht nur die bzw. eine Bedeutung von SP in usuellen Texten für SP gelernt, sondern auch, welche weiteren Prädikatoren auf G zutreffen und damit welche charakteristische Eigenschaften von G sind.

Bei dem Beispiel 1 handelt es sich um eine Wiedergabe eines usuellen Benennungskontextes für einen nennlexikalischen Ausdruck (vgl. Wiegand 1981, 160 ff.; 1985, 75; 1989). Kontexte dieser Art sind — grob gesprochen — dialogische Kontexte, in denen jemandem, der die (oder eine) Bedeutung eines lexikalisierten Ausdruckes nicht kennt und danach fragt, von einem anderen, der sie kennt, diese erläutert wird, wobei sowohl das Fragen als auch das Antworten — wie dargelegt — auf zweierlei Weise geschehen kann: entweder sach- oder sprachbezüglich. Antwortäußerungen in usuellen Benennungskontexten sind wahrhaftig, wenn der Antwortende beabsichtigt, daß seine Antwort mit dem üblichen Sprachgebrauch, mit den usuellen Texten für den fraglichen Ausdruck übereinstimmen; sie sind korrekt, wenn dies innerhalb eines gewissen Spielraumes, der durch die Schlechtbestimmtheit (i. S. v. Wolski 1980) stets gegeben ist, der Fall ist. Der Antwortende ist auf der ersten Ebene kommunikativ erfolgreich (i. S. v. Wiegand 1979 b), wenn der Fragende aus seiner Antwortäußerung die Bedeutung des fraglichen Ausdrucks erschließen kann. Kann er das, dann hat er — relativ zu einem handlungssemantischen Konzept gesagt — ein spezielles Handlungswissen, nämlich das gegenstandskonstitutive Bedeutungswissen erworben und die Bezugsregel für den fraglichen Ausdruck gelernt; das bedeutet, daß die Antwortäußerungen in usuellen Benennungskontexten als natürliche Regelformulierungen aufgefaßt werden können; formuliert werden die Bezugsregeln für usuelle Texte. Die alltagssprachlichen Regelformulierungen können stets in eine wissenschaftliche „Normalform" überführt werden, die einer der möglichen Satzformen für den hypothetischen Imperativ im Sinne Kants entspricht (vgl. Wiegand 1986 b, 85 f.; 1989).

Die Termini *usueller Text* und *usueller Benennungskontext* sind nicht nur methodologisch zu verstehen, wie z. B. der Terminus *Standardverwendung* (vgl. Wiegand 1985, 74 f.). Mit ihrer Hilfe kann, und zwar ohne daß problematische Annahmen wie die der starren Referenz (wie etwa bei Putnam 1975 a) gemacht werden müssen, einerseits rekonstruiert werden, wie die fraglose Sicherheit, die Verbindlichkeit des alltäglichen Sprechens zustande kommt und andererseits, wie sich semantischer Wandel vollzieht. Alle jene, die nennlexikalische Ausdrücke, wie z. B. *Kajak* und *braun*, in usuellen Texten in Übereinstimmung mit korrekten Antwortäußerungen in usuellen Benennungskontexten verwenden, sind untereinander über Kajaks und darüber, welche Farbe braun ist, weitgehend vorverständigt, so daß sie — aus Erfahrung — ausreichende Gewißheit darüber haben, daß etwas unter einer bestimmten Benennung das und das, mithin etwas Bestimmtes, und nicht dies oder jenes als etwas unter einer anderen Benennung Bestimmtes ist. Ein solches Vorverständigtsein erstreckt sich nicht notwendigerweise über die gesamte Sprachgemeinschaft. Bei Ausdrücken wie z. B. *Literatur* oder *Gerechtigkeit*, bei der ideologiegebundenen Lexik überhaupt, ist das Ausmaß des Vorverständigtseins geringer, weil mehrere, grundverschiedene usuelle Benennungskontexte auftreten; in diesem Falle ist die Bedeutung verbindlich relativ zu dem usuellen Benennungskontext, welchen die Sprecher für sich gelten lassen (vgl. Wiegand 1981, 164 f. u. 1989). Eine nichtusuelle Verwendung von nennlexikalischen Ausdrücken liegt dann vor, wenn diese Ausdrücke nicht in Übereinstimmung mit usuellen Benennungskontexten verwendet werden. Die nichtusuelle Verwendung kann nur auf dem Hintergrund der usuellen Verwendung verstanden und erklärt werden.

Neben die usuellen Benennungs- treten

die usuellen Bewertungskontexte, in denen die üblichen Bewertungen, Einstellungen etc. vermittelt werden, die z. B. mit genuin evaluativen Prädikatoren wie *Nigger, Hure, Köter* zum Ausdruck gebracht werden. Usuelle Benennungs- und usuelle Bewertungskontexte können integriert sein, so daß jemand die Bezugs- zusammen mit weiteren Gebrauchsregeln lernt (vgl. Wiegand 1989).

Bem.: Da in der einsprachigen Lexikographie die mit den Lemmazeichen verbundene Bewertung meistens mit den Markierungsangaben und nicht mit den Bedeutungsparaphrasenangaben angegeben werden, wird auf die usuelle Bewertungskontexte hier nicht eingegangen. — Damit soll keine strikte Grenzlinie zwischen Bezugsregeln einerseits und weiteren Gebrauchsregeln andererseits behauptet werden, sondern nur, daß man diese unterscheiden kann (zur Problematik vgl. Jäger/Plum 1988 u. dazu und zu der dort angeführten Literatur Wiegand 1989).

Wenn man Alltagsdialoge über nennlexikalische Ausdrücke als natürliche Bezugspunkte für die einsprachige Lexikographie tatsächlich ernst nimmt, was empirische Untersuchungen solcher Dialoge erforderlich macht, ergeben sich — neben spezielleren Einsichten, die hier nicht zu behandeln sind (vgl. Wiegand 1989 u. 1989 a) — folgende allgemeine Aspekte:

— Ein sog. Lexikonmodell des Wissens (vgl. Horstkotte 1982, 11 ff.) ist für die Lexikographie ungeeignet. Es kommt nur ein Enzyklopädiemodell in Frage.
— Korrekte Bedeutungsparaphrasenangaben sind für denjenigen, der das Lemmazeichen kennt, schwach analytisch, für den, der die Bedeutung durch sie kennenlernt, kenntniserweiternd und in diesem Sinne synthetisch (damit aber nicht festsetzend, wie Schmidt 1986, 44 fälschlich behauptet).
— Bedeutungsparaphrasenangaben enthalten nicht die notwendigen und hinreichenden Bedingungen für Verwendung des Lemmazeichens in allen denkbaren Benutzungsfällen und für alle Kotextklassen.
— Bedeutungsparaphrasenangaben sollten weitgehend natürlich sein und die Syntax und die Ausdrücke verwenden, die zu derjenigen Sprache gehören, die den Wörterbuchgegenstandsbereich bildet. Die Natürlichkeit sollte nur durch die wörterbuchspezifischen, durch die lemmazeichenspezifischen Systematisierungsnotwendigkeiten beschränkt werden (und alle nicht-natürlichen BPA-immanenten Verfahren (spezielle Verdichtungen, Klammerungen etc., vgl. 5.3) sollten wenigstens erklärt werden (vgl. Wiegand 1989 c).

### 4.2. Zu einer handlungssemantischen Deutung von Bedeutungsparaphrasenangaben zu nennlexikalischen Lemmazeichen

Wie $wa_1$ — $wa_7$ (vgl. Textbeispiel 44.1—44.7) zeigen, wird in standardisierten und verdichteten Wörterbuchartikeln nicht angegeben, in welcher semantisch interpretierbaren Beziehung das Lemmazeichen und die Bedeutungsparaphrasenangabe[n] stehen; klar ist nur, daß bestimmte BPA an die Lemmazeichengestaltangabe adressiert sind und gegebenenfalls bestimmte andere nicht (vgl. 1.2.2.).

Das Fehlen eines semantisch interpretierbaren relationalen Ausdruckes unterscheidet diese Artikel von solchen, die sich in der älteren Lexikographie des Deutschen finden (vgl. z. B. Gottsched 1748), auch in der nichtwissenschaftlichen Lexikographie (i. S. v. Art. 29) des 19. Jahrhunderts (vgl. z. B. Wallis 1813) und in der der Gegenwartssprache (vgl. Müller-Thurau 1983). In solchen Artikeln spiegelt sich die Alltagspraxis der Erläuterung von Bedeutung unmittelbar (vgl. Wiegand 1985, 26—36 u. 1989).

Das Faktum, daß der relationale Ausdruck fehlt, hat inzwischen bereits eine ganze Reihe von Forschern zu Deutungen veranlaßt (vgl. z. B. Hiorth 1957, 1959; Rey-Debove 1971; Püschel 1980, 1981; Werner 1984, 389 ff.; Wiegand 1976, 127 ff.; 1981, 157 ff.; 1985, 38 ff., 1989; Wolski 1986).

In COBUILD 1987 wurde ein teilweise neuartiges Verfahren der lexikographischen Bedeutungsbeschreibung eingeführt; die relationalen Ausdrücke fehlen hier nicht mehr, so daß nun ein großes Interesse an Untersuchungen besteht, die diese z. T. neue (bei Hanks 1987 glänzend erläuterte und begründete) Praxis auch in dieser Hinsicht mit der herkömmlichen vergleicht. Erste Ansätze hierzu finden sich bei Fillmore 1989 und Zgusta 1988 a.

Aus extrakommunikativer Perspektive können Bearbeitungseinheiten der Form LZGA [...] BPA, mithin z. B. Einträge wie

**schwanger** [...] *ein Kind im Mutterleib tragend* ($e_1$: aus Duden-GW)

**schwer** [...] *von großem Gewicht* ($e_2$: aus Duden-GW)

**Kaserne** [...] *Gebäude zur ständigen Unterbringung von Truppen* ($e_3$: aus WDG)

in syntaktisch vollständige Sätze überführt werden, die linguistische Lesartenvarianten (LV) zu den Einträgen dieser Form darstellen; die Lesartenvarianten sind „im Prinzip" wahrheitsfähige Gebilde, d. h.: es ist sinnvoll, danach zu fragen, ob sie wahr oder falsch sind; allerdings kann dies nicht immer relativ zu einem Wahrheitsbegriff, der für formale Sprachen konzipiert ist, entschieden werden, weil Sprachen, die in allgemein einsprachigen Wörterbüchern bearbeitet werden, keine vollständig interpretierten Sprachen sind. Die verwendete Wahrheitstheorie muß daher eine Rückbindung an die Spracherfahrung kompetenter Sprecher vorsehen. So stellt z. B. Stegmüller (1971, 338) fest, daß die Beurteilung nach wahr oder falsch bei Ausdrücken der Umgangssprache (d. h. hier von natürlichen Sprachen) „an eine Grenze" stößt (vgl. hierzu Wiegand 1989).

Die Lesartenvarianten lassen sich zu zwei Klassen ordnen; diese heißen Lesarten (LA). Letztere entsprechen den beiden Möglichkeiten, in Alltagsdialogen über die Bedeutung nennlexikalischer Ausdrücke zu sprechen (vgl. 4.1.). Zu $LA_1$ zählen im Deutschen alle LV, die generische Sätze mit einer finiten Form von *sein* sind und das nichterwähnte Lemmazeichen im generischen Nominator enthalten, so daß mit solchen Sätzen, wenn sie verwendet werden, generisch referiert werden kann (vgl. hierzu Wiegand 1985, 18 ff.); $e_3$ wird z. B. in folgende LV überführt:

LV zu $e_3$: *Eine Kaserne ist ein Gebäude zur ständigen Unterbringung von Truppen*

Als Elemente von $LA_1$ kommen fast ausschließlich solche generischen Sätze in Frage, die im generischen Nominator Lemmazeichen enthalten, die substantivische Prädikatoren sind, denn nach der Grammatik des gegenwärtigen Standarddeutsch sind $e_1$ und $e_2$ nicht in Sätze überführbar, die zu $LA_1$ gehören.

*Bem.:* Mit diesem Sachverhalt verbinden sich weitreichende philosophische Fragen, die hier nicht behandelt werden können. Interessante Folgerungen für die theoretischen Betrachtungen von lexikographischen Definitionen hat Rey-Debove 1971 gezogen (vgl. Wiegand 1989).

Zur zweiten Lesart $LA_2$ gehören alle Lesartenvarianten, in denen das erwähnte Lemmazeichen innerhalb der Nominalphrase steht und mit der Bedeutungsparaphrasenangabe durch einen (semantisch interpretierbaren) Ausdruck relationiert ist, der sich auf die Lemmazeichenbedeutung bezieht, so daß mit allen sprachreflexiven Sätzen, wenn sie verwendet werden, das Lemmazeichen qua Erwähnung ins Redeuniversum eingeführt und etwas von ihm prädiziert werden kann (zur sprachreflexiven Prädikation vgl. Wiegand 1983 a, 422 f.); $e_1$, $e_2$ und $e_3$ können dann z. B. in folgende LV überführt werden, die zu $LA_2$ gehören:

$LV_1$ zu $e_1$: 'schwanger' bedeutet „ein Kind im Mutterleib tragend".

$LV_2$ zu $e_1$: 'schwanger' bedeutet soviel wie 'ein Kind im Mutterleib tragend'.

$LV_3$ zu $e_1$: *Die Bedeutung von 'schwanger' kann umschrieben werden mit 'ein Kind im Mutterleib tragend'.*

$LV_4$ zu $e_2$: 'schwer' ist bedeutungsgleich mit 'von großem Gewicht'.

$LV_5$ zu $e_2$: 'schwer' hat die Bedeutung „von großem Gewicht".

$LV_6$ zu $e_2$: 'schwer' heißt soviel wie 'von großem Gewicht'.

$LV_7$ zu $e_3$: *'Kaserne' bezeichnet ein Gebäude zur ständigen Unterbringung von Truppen.*

$LV_8$ zu $e_3$: *'Kaserne' wird verwendet, um auf ein Gebäude zur ständigen Unterbringung von Truppen Bezug zu nehmen.*

$LV_9$ zu $e_3$: *Unter einer Kaserne versteht man ein Gebäude zur ständigen Unterbringung von Truppen.*

Beim Übergang von Bearbeitungseinheiten der Form LZGA [...] BPA zu Lesartenvarianten, die Elemente von $LA_2$ sind, können weit über hundert zweistellige Relationsterme verwendet werden (weitere bei Wiegand 1985, 44), die aus der deutschen Standardsprache und aus der deutschen sprachwissenschaftlichen bzw. sprachphilosophischen Fachsprache stammen, wobei diese Bereiche sich — historisch betrachtet — wechselseitig durchdringen, so daß auch die sprachreflexive Lexik der gegenwärtigen Standardsprache von älteren Sprachtheorien beeinflußt ist. Mit der Wahl eines dieser Relationsterme ist daher die Deutung von Einträgen der Form LZGA [...] BPA und damit auch die der BPA bereits z. T. determiniert.

Im folgenden wird eine handlungssemantische Deutung am Beispiel von $e_3$ entwickelt. Für eine solche Deutung der fraglichen Bearbeitungseinheiten sprechen verschiedene Argumente, von denen hier zwei genannt seien: (i) in ihrem Gefolge tauchen am wenigsten der traditionellen Semantikprobleme auf, die (auch wenn sie heute kognitiv verharmlost werden) stets zunächst philosophische Probleme sind, und die sich in der linguistischen ebenso wie in der lexikographischen Beschreibung der Bedeutung von sprachlichen Ausdrücken in ganz konkreten Beschreibungsproblemen wiederfinden. So tritt zum Beispiel der Problemkomplex der Analytizität beim Formulieren der BPA in der brennend konkreten Frage auf: welche Ausdrücke aus einer Menge von möglichen Ausdrücken gehören in eine bestimmte BPA (vgl. Wiegand 1985, 79 ff.)?

(ii) Eine handlungssemantische Deutung erlaubt wahrscheinlich fruchtbarere konkrete Anschlußüberlegungen für die Lexikographie als wissenschaftliche Praxis als andere Deutungen, und sie kann für alle — nicht nur die nennlexikalischen Ausdrücke — gegeben werden (vgl. Wiegand 1989).

Die Bedeutung sprachlicher Ausdrücke wird nachfolgend als ein spezifisches Handlungswissen, ein Wissen für das sprachliche Handeln aufgefaßt (vgl. dazu Wiegand 1988 a, 772 ff. u. 1989). Bei lexikalisierten Ausdrücken wie z. B. *Kaserne* ist es notwendig, daß dieses Wissen auch mit Hinsicht auf die Funktion dieser Ausdrücke in Satzäußerungen beschrieben wird. Im Falle von lexikalisierten Prädikatoren (Adjektiven, Substantiven, Verben) besteht das Handlungswissen für das sprachliche Handeln

(i) in dem nichtenzyklopädischen Bedeutungswissen (daß ein Prädikator usuell dazu verwendet wird, um die sprachliche Teilhandlung des Prädizierens zu vollziehen),

(ii) in dem enzyklopädischen, gegenstandskonstitutiven Bedeutungswissen (daß ein Prädikator usuell dazu verwendet wird, auf etwas durch ihn und die usuelle Verwendung anderer Prädikatoren — also durch eine Sprache und ihren Gebrauch — Bestimmtes Bezug zu nehmen),

(iii) gegebenenfalls in einem weiteren Bedeutungswissen (z. B. daß ein Prädikator dazu verwendet wird, um den Bezugsgegenstand zu bewerten, eine Einstellung auszudrücken etc. Vgl. Wiegand 1989 u. Art. 48).

Für die Sprecher einer Sprache ist das Wissen unter (i) gleich. Für das Wissen unter (ii) und (iii) gilt das nicht. Aus dem Gesagten folgt, daß in Bedeutungsbeschreibungen — und nicht nur in lexikographischen — das Handlungswissen vermittelt werden muß, so daß aus ihnen dieses Wissen und damit die Regeln erschlossen werden können.

Um eine handlungssemantische Interpretation von Bearbeitungseinheiten der Form LZGA [...] BPA vorzuführen (vgl. auch die Beispiele in Wiegand 1984 a, 22 ff.; 1984 b, 21 ff.; 1985, 61 ff. u. 1989 sowie in Wolski 1986, 20 ff.) sei von folgender Satzform ausgegangen:

(a) *Das Lemmazeichen 'Z' wird verwendet, um H zu tun.*

Sei *Z* in (a) eine Variable für substantivische Prädikatoren und *H-tun* eine für sprachhandlungsbezeichnende Ausdrücke. Setzt man für *Z* Kaserne und für *H-tun* ein Handlungsprädikat ein, und zwar den Terminus *auf etwas Bezug nehmen*, der für zwei Sprachhandlungen, die des Referierens und die des Prädizierens steht, dann erhält man

(b) *Das Lemmazeichen 'Kaserne' wird verwendet, um auf etwas Bezug zu nehmen.*

*Etwas* in (b) wird nun aufgefaßt als natürlich-sprachliche Variable für alle lexikalischen Paraphrasen, die aus einer an das Lemmazeichen adressierten Bedeutungsparaphrasenangabe erschließbar sind. Im Falle von v. $BP^3A$ aus $wa_2$ (vgl. Abb. 44.2) wären es drei, in dem von $e_3$ ist es nur eine, so daß eine Einsetzung (mit einer Hinzufügung des Artikels *ein*) in (b) ergibt

(c) *'Kaserne' wird verwendet, um auf ein Gebäude zur ständigen Unterbringung von Truppen Bezug zu nehmen.*

Man kann nun (c) zunächst so betrachten, daß dieser Satz vermittels der eingesetzten BPA zumindest ein negatives kriteriales Wissen vermittelt, das eine notwendige Bedingung darstellt für das korrekte Bezugnehmen mit dem Lemmazeichen *Kaserne* (K), so daß mit (c) demnach ein Handlungswissen mitgeteilt wird, das man z. B. wie folgt angeben kann, wobei die BPA als komplexes Prädikat aufgefaßt ist und die Regel zunächst mit Hinsicht auf eine Person formuliert wird, die *Kaserne* noch nicht kennt: $\neg BPAx \rightarrow \neg Kx$, was man etwa so lesen kann: Wenn auf x *Gebäude zur ständigen Unterbringung von Truppen* nicht zutrifft, dann auch nicht *Kaserne*. Nach der Kontravalenz der Implikation gilt dann entsprechend: $Kx \rightarrow BPAx$. Man kann die BPA auch segmentieren (was keine Zerlegung in Merkmale darstellt, weil die Segmente keine Nicht-Zeichen sind). Dann erhält man z. B.: *Gebäude (G)//zur ständigen Unterbringung von Truppen* (S), so daß man die Regel angeben kann: $\neg (Gx \wedge Sx) \rightarrow \neg Kx$, die entsprechend zu lesen ist. Es handelt sich hierbei um empirische Hypothesen über Bedeutungsbeziehungen.

Die bisher gegebenen Regelformulierungen (zu diesem Terminus vgl. Wiegand 1985, 83 ff.) sind noch unzureichend, was man anhand eines einfachen Beispiels zeigen kann.

Beispiel 2
$P_1$: (1) *Wie war denn eure Unterkunft in Libyen?*
$P_2$: (2) *Ein riesiger Kasten von einem Hotel.*
$P_1$: (3) *Daß ihr in einem großen Hotel wart, weiß ich doch; das war ja auf eurer Postkarte zu sehen. Ich wollte eigentlich etwas Genaueres wissen.*
$P_2$: (4) *Das Hotel ist eine Kaserne; jedes Mal Paßkontrolle am Eingang, grau das ganze*

*Ding, riesiger Speisesaal mit Essenmarken, Wecken durch schreckliche Leute, Glocke auf den Gängen usw.*

In (4) ist *Kaserne* korrekt und sinnvoll verwendet. Nichts spricht dagegen, daß man — in bestimmten Kontexten — mit *Kaserne* auf ein Hotel Bezug nehmen kann. Allerdings entspricht diese Verwendung nicht den mit $e_3$ in lexikographisch verkürzter Weise und mit (c) ausführlich, aber noch unvollständig formulierten Bezugsregeln. Der Grund dafür ist, daß (4) kein usueller, sondern ein nichtusueller Text für *Kaserne* ist, d. h.: ein Text, in welchem *Kaserne* nicht in bezugssemantischer Übereinstimmung mit korrekten Antwortäußerungen in usuellen Benennungskontexten für *Kaserne* verwendet ist. Denn auf Fragen wie z. B. *Was ist eine Kaserne?* kann niemand, der das Deutsche beherrscht und der wahrhaftig antworten will, feststellen: *Eine Kaserne ist ein Hotel,* und ebensowenig kann auf die Frage: *Was bedeutet Kaserne?* korrekt geantwortet werden: *'Kaserne' bedeutet soviel wie 'Hotel'.* Auch in (4) bedeutet *Kaserne* gerade nicht soviel wie *Hotel*. Vielmehr wird (4) nur richtig verstanden vor dem Hintergrund dessen, was *Kaserne* in usuellen Texten bedeutet, so daß jemand, der (4) vollständig verstehen will, über das gegenstandskonstitutive Bedeutungswissen zu *Kaserne* verfügen muß.

Bedeutungsparaphrasenangaben werden also nur für usuelle Texte der Lemmazeichen formuliert. Sie können daher als potentielle Antworten in usuellen Benennungskontexten konzipiert werden, in denen ein gegenstandskonstitutives Bedeutungswissen mitgeteilt wird; sie sind allerdings — verglichen mit anderen Antworten in Alltagsdialogen — nicht privilegiert, sondern u. U. systematisiert und aus diesem Grunde quasi-natürlich; (c) kann nun wie folgt ergänzt werden:

(d) *'Kaserne' wird in usuellen Texten für 'Kaserne' verwendet, um...*

Diese umständliche (wenn auch genauere) Ausdrucksweise sei verkürzt zu:

(e) *'Kaserne' wird usuell verwendet, um auf ein Gebäude zur ständigen Unterbringung von Truppen Bezug zu nehmen.*

Die lexikographische Bearbeitungseinheit $e_3$ ist daher als eine — gemäß lexikographischen Formulierungsgepflogenheiten verkürzte — Feststellung über das gegenstandskonstitutive Bedeutungswissen deutbar, das ein Wissen darüber ist, was wie benannt und damit etwas Bestimmtes unter einer lexikalisierten Benennung ist, was — anders ausgedrückt — heißt, daß mit $e_3$ die Bezugsregeln für den usuellen Gebrauch des Lemmazeichens *Kaserne* formuliert werden.

Wer eine Bedeutungsparaphrasenangabe zu nennlexikalischen Ausdrücken formulieren will, muß sich daher überlegen, wie er das gegenstandskonstitutive Bedeutungswissen zu solchen Ausdrücken mit Hilfe der Syntax und anderen Ausdrücken der gleichen Sprache beschreiben kann. Dabei spielt die Abgrenzung zu Ausdrücken, die aufgrund der Sprach- und Welterfahrung des vorausgesetzten Benutzers semantisch ähnlich sind, eine wichtige, aber nicht eine ausschließliche Rolle, denn nur manche Ausschnitte der Lexik einer Einzelsprache sind so geartet, daß z. B. die usuellen Bezugsregeln dadurch angegeben werden können, daß man ein Hyperonym ersten Grades und ein charakterisierendes Prädikat oder mehrere angibt, die auf den Bezugsgegenstand zutreffen. Insbesondere stellen BPA — wenn sie generell und damit ohne Hinsicht auf je einzelne Benutzungssituationen betrachtet werden — nur eine notwendige Bedingung dar für den Gebrauch des zugehörigen Lemmazeichens in usuellen Texten.

Empirische Untersuchungen zur Wörterbuchbenutzung (vgl. Wiegand 1985, 41 ff. u. 1989 a) zeigen, daß die Benutzer-in-actu sich in bestimmten Hinsichten wie die Fragenden in Alltagsdialogen über sprachliche Bedeutung verhalten. Sie formulieren ihre Suchfragen sowohl sach- als auch sprachbezüglich, fragen also z. B. *Was ist ein Bihengst?* und *Was bedeutet Bola?*

Aus korrekten Bedeutungsparaphrasenangaben, wenn sie — in konkreten Benutzungssituationen — gelesen und verstanden werden, können allerdings in der Regel von einem kompetenten Benutzer-in-actu, wenn er ein Wörterbuch zu seiner Muttersprache benutzt, dennoch hinreichende Antworten auf Fragen vom Typ WAS IST EIN X? als auch auf solche vom Typ WAS BEDEUTET 'X'? erschlossen werden.

Dies ist meistens dann der Fall, wenn das restliche enzyklopädische Wissen, nämlich das alltägliche enzyklopädische Sachwissen (i. S. v. Wiegand 1988 a, 772 ff.), über welches der Benutzer-in-actu verfügt (und das von seinem fachenzyklopädischen Sachwissen unterschieden werden muß), umfangreich genug ist, so daß es durch das aus der BPA erschlossene Wissen so ergänzt werden kann, daß die Benutzungshandlung erfolgreich ist und auch eine hinreichende Antwort auf die Suchfrage entsteht.

Hieraus folgt, daß es sich bei dem aus der BPA erschließbaren, gegenstandskonstitutiven Bedeutungswissen in einem solchen Fall um eine notwendige und hinreichende Bedingung für die Erschließung einer Antwort auf Benutzerfragen des genannten Typs handelt. Die erfolgreiche Erschließung von Antworten auf Suchfragen der genannten Art aus einer BPA — oder genauer — aus einer lexikographischen Dateneinheit LZGA [...] BPA (vgl. Wiegand 1989 a) ist von dem enzyklopädischen Sachwissen des jeweiligen Benutzers abhängig, das individuell mehr oder weniger verschieden ist, so daß es — was durch empirische Untersuchungen gestützt wird — einerseits keineswegs sicher ist, daß das aus einem Eintrag der Form LZGA [...] BPA erschließbare Wissen für den jeweiligen Benutzer hinreichend ist, um die jeweils vorliegende Wissenslücke so zu schließen, daß die Benutzungshandlung erfolgreich ist. Andererseits kann es jedoch als ziemlich sicher gelten, daß — vor dem mitzudenkenden Hintergrund einer über den Gebrauch des Lemmazeichens in usuellen Texten vorverständigten Sprachgemeinschaft — aus einer korrekten BPA zu einem nennlexikalischen Lemmazeichen (z. B. *K*), die der kompetente Benutzer richtig versteht, dasjenige Handlungswissen erschlossen werden kann, daß in der Regel notwendig und hinreichend ist, um mit diesem Lemmazeichen *K* usuell korrekt Bezug nehmen zu können, so daß sich in der korrekten Bezugnahme zeigt, daß der Bezugsgegenstand als einer unter der Benennung *K* bestimmter erkannt ist und der Benutzer in weitgehend ähnlicher Weise wie die anderen Sprecher der gleichen Sprachgemeinschaft über das gegenstandskonstitutive Bedeutungswissen verfügt. Er kann mit *K* (z. B. mit *Kaserne*) in usuellen Texten für *K* korrekt — mithin in bezugssemantischer Übereinstimmung mit korrekten Antwortäußerungen in usuellen Benennungskontexten für *K* — Bezug nehmen und weiß daher wie alle anderen, die ebenso sprachlich handeln, was eine Kaserne ist.

Es zeigt sich also, daß korrekte Bedeutungsparaphrasenangaben insofern ausgezeichnet sind, als aus ihnen im Regelfall die notwendige und hinreichende Bedingung erschlossen werden kann, damit eine Antwort auf Fragen des genannten Typs gefunden werden kann; unter besonderen Umständen jedoch — etwa im Falle eines unzureichenden Vorwissens über den Gebrauch der Ausdrücke in der BPA oder im Falle eines Lemmazeichens mit kulturspezifischen Bedeutungsnuancen etc. — stellt die BPA für einen Benutzer keine hinreichende Bedingung dar, so daß das aus der BPA nicht erschließbare Wissen — je nach dem Wissensstand des Benutzers-in-actu in unterschiedlichem Maße — aus weiteren Angaben des gleichen Wörterbuchartikels (bzw. bei Verweisangaben auch aus anderen) qua Lektüre erarbeitet werden muß.

In diesem Sinne kann man also für ein gegebenes nennlexikalisches Lemmazeichen keine Bedeutungsparaphrasenangabe machen, in der für alle denkbaren Benutzungsfälle die notwendige und hinreichende Bedingung für die korrekte Verwendung des Lemmazeichens vermittelt wird, was eben auch heißt, daß eine Äquivalenzdefinition im allgemeinen einsprachigen Wörterbuch nicht möglich ist. Bei einer BPA bzw. bei einer lexikographischen Dateneinheit LZGA [...] BPA handelt es sich vielmehr um eine empirische Hypothese über den usuellen Gebrauch, wie er bei ausreichend kompetenten Sprechern derjenigen Sprache festgestellt werden kann, die den Wörterbuchgegenstandsbereich bildet, wobei hier daran zu erinnern ist, daß von einem kompetenten Sprecher nicht verlangt wird, daß er alle Wörter kennt, die in Texten seiner Sprache verwendet werden.

*Bem.*: Das Zutreffen von *Ax* ist eine *hinreichende Bedingung* für das Zutreffen von *Bx* genau dann, wenn beim Zutreffen von *A* auch *B* zutrifft, d. h.: $\forall x\,(Ax \rightarrow Bx)$ bzw. extensional (mengentheoretisch) geschrieben: $\forall x(x \in A \rightarrow x \in B)$ bzw. $A \subseteq B$. Das Zutreffen von *Cx* ist eine *notwendige Bedingung* für das von *Bx* genau dann, wenn beim Nichtzutreffen von *C* auch *B* nicht zutrifft, d. h.: $\forall x\,(\neg Cx \rightarrow \neg Bx)$ bzw. (nach der Kontravalenz der Implikation): $\forall x\,(Bx \rightarrow Cx)$; mengentheoretisch: $\forall x(x \in B \rightarrow x \in C)$ bzw. $B \subseteq C$.

Um die Analogie zwischen Wörterbuchbenutzung mit semantisch bedingten Suchfragen und Alltagsdialogen über sprachliche Bedeutungen etwas genauer darzustellen, wird nachfolgend eine Verallgemeinerung vorgenommen, die mit der unter 4.1. gegebenen verglichen werden kann. Sie bezieht sich auf die Benutzung eines allgemeinen einsprachigen Wörterbuches bei der Textlektüre, und der Benutzungsgrund ist eine individuelle Wort- oder Wortbedeutungslücke (i. S. v. Wiegand 1987 a, 195 ff. u. 1989 a).

(1) Liest eine Person $P_2$ einen in ihrer Muttersprache L verfaßten Text T, und

(a) enthält T einen, für einen substantivischen Prädikator SP usuellen Textabschnitt TA, der eine Verwendungsinstanz SP′ von SP enthält, mit der SP nicht erwähnt ist, und

(b) kennt P₂ die Bedeutung von SP nicht, so daß er TA propositional nicht vollständig versteht, und

(c) konsultiert daraufhin P₂ ein einsprachiges Wörterbuch zu L, indem er sachbezüglich mit einer Suchfrage vom Typ WAS IST/SIND (EIN/D+Sg, Pl) X? nach dem Bezugsgegenstand G fragt, auf den der Schreiber von T entweder mit einem charakterisierenden Nominator, der SP′ enthält, referiert hat, oder von dem der Schreiber von T mit SP′ etwas prädikativ prädiziert hat, und

(d) findet P₂ daraufhin in einem standardisierten Wörterbuchartikel zu SP eine korrekte Bedeutungsparaphrasenangabe BPA zu SP, die ihm eine Semantisierung von SP′ erlaubt, die zu propositionalem Verstehen von TA führt, dann

(e) lernt P₂, indem er die BPA liest und propositional versteht — unabhängig davon, ob er diese subjektiv als eine Erläuterung der fraglichen Bedeutung von SP oder als eine unvollständige Beschreibung des Bezugsgegenstandes G auffaßt — die Bezugsregeln für SP für usuelle Texte von SP und damit zugleich etwas über den Bezugsgegenstand G, nämlich gerade das, was die BPA über G zu wissen gibt, so daß er über das gegenstandskonstitutive Bedeutungswissen verfügt.

In dieser Verallgemeinerung kommt der Lexikograph nicht vor, sondern nur die Bedeutungsparaphrasenangabe als ein Teil des lexikographischen Teiltextes, der Wörterbuchartikel heißt. Der Lexikograph hat keinen Einfluß darauf, wie und mit welchen Wissensvoraussetzungen ein Benutzer-in-actu die BPA liest; das z. B. unterscheidet ihn von M (= P₁) im Beispiel 1, der das Verständnis von B (= P₂) im Nachkontext von (3) kontrollieren kann. Wenn B im Beispiel 1 (3) nicht versteht, kann er Rückfragen an M stellen. Auch ein Wörterbuchbenutzer, dem es — z. B. aus den oben genannten Gründen — nicht oder nicht vollständig gelingt, aus einer BPA die gesuchte Bedeutung des Lemmazeichens zu erschließen, stellt — das zeigen empirische Untersuchungen — weitere Fragen, und zwar insbesondere an die Beispielangaben; daraus folgt, daß der Lexikograph eine Vorstellung davon haben muß, worauf sich diese Fragen richten und aus welchen Gründen sie entstehen. Das gilt insbesondere dann, wenn in dem Wörterbuchvorspann behauptet wird, das Wörterbuch sei auch für Ausländer konzipiert. Insgesamt gilt, daß eine isolierte Konzipierung von BPA eher fragwürdig ist (vgl. hierzu ausführlich Wiegand 1989 a).

## 5. Einige Arten von Bedeutungsparaphrasenangaben

Bei der nachfolgend gegebenen Auswahl handelt es sich lediglich um eine kleine Zahl von möglichen Arten von BPA, die unterschieden werden können. Auf die Auswahl hat sich vor allem auch die unter 1. begründete, starke Einschränkung in der Gegenstandsbestimmung ausgewirkt. — Weitere Einteilungen von Bedeutungsangaben und z. T. auch andere Arten von Bedeutungsparaphrasenangaben finden sich u. a. bei: Gove 1968; Rey-Debove 1971, 180 ff.; Henne 1972, 118—121; Reichmann 1975; Schmidt 1986, 44—92; Landau 1984; Wiegand 1984, 600 ff.; Spillner 1984; Werner 1984; Wolski 1986; Geeraerts 1987; Hanks 1987; Ilson 1987; Wellmann 1987; Wiegand 1989.

### 5.1. Bedeutungsparaphrasenangaben, aus denen enzyklopädisches Sachwissen erschließbar ist

Mit Bedeutungsparaphrasenangaben zu nennlexikalischen Lemmazeichen — so wurde unter 4. dargelegt — wird das bzw. ein gegenstandskonstitutive(s) Bedeutungswissen mitgeteilt. Dieses ist nicht bei allen Sprechern vollständig gleich, so daß auch die Grenze zwischen den beiden Arten des alltäglichen enzyklopädischen Wissens (i. S. v. Wiegand 1988 a, 772 ff.), dem gegenstandskonstitutiven Bedeutungswissen und dem enzyklopädischen Sachwissen, nicht bei allen Sprechern gleich verläuft. Da die Heuristik nicht ausreichend entwickelt ist und kein empirisches, in der lexikographischen Arbeit handhabbares Verfahren zur Verfügung steht, um jenseits der Sprachintuition das z. B. durchschnittliche Wissen zu ermitteln, kann nicht erwartet werden, daß sich die Grenzziehung verschiedener Lexikographen hinsichtlich dieser beiden Arten des enzyklopädischen Wissens gleichen, so daß eben verschiedene BPA zu gleichen nennlexikalischen Lemmazeichen sich dadurch unterscheiden, daß sie entweder mehr oder weniger enzyklopädisches Wissen vermitteln.

Werner (1984, 394 ff.) unterscheidet drei Typen von Wörterbuchartikeln: solche, die nur eine Bedeutungserklärung, solche, die nur eine Begriffserklärung aufweisen und schließlich solche, in denen beide Erklärungsarten gezielt kombiniert werden. Eine derartige Einteilung ist nur so lange plausibel, wie sie anhand einer kleinen Anzahl von geschickt gewählten Beispielen eingeführt wird. Legt man aber einer Menge von gut instruierten Testpersonen eine größere Anzahl von verschiedenen Bearbeitungseinheiten der Form LZGA [...] BPA vor (vgl. Wiegand 1989), zeigt sich, daß für eine relativ hohe Zahl von BPA nicht entschieden werden kann, ob es sich um Bedeutungs- oder um Begriffserklärungen handelt (vgl. Wiegand 1985, 79 ff. u. 1989). Die Bedeutungen von sprachlichen Ausdrücken sind nicht wohlbestimmt, und dies heißt auch, daß kompetente Sprecher bei zahlreichen Prädikatoren keine einheitliche und verläßliche Intuition darüber haben, ob ein Prädikator innerhalb einer BPA noch Teil einer Erklärung der sprachlichen Bedeutung oder schon Teil einer Erklärung des außersprachlichen Begriffes ist. Eine empirische Absicherung der Auffassung, es gäbe eine strikte Trennung von Bedeutungs- und Begriffserklärungen (i. S. v. Werner 1984), ist daher wohl kaum möglich. Vielmehr muß hier mit einem Überschneidungsbereich gerechnet werden; erst jenseits dieses Bereiches ergeben sich klare Ergebnisse darüber, ob aus einer BPA und aus welchen ihrer Teile enzyklopädisches Sachwissen rekonstruiert werden kann. Dies ist z. B. der Fall bei der BPA in wa$_6$ (vgl. 1.2.3.) oder bei der in wa$_8$.

**Bola** [´bo:la], die; -, -s [span. bola = Kugel, Ball < lat. bulla = Blase]: *eine Art Fanggerät südamerikanischer Jäger und Gauchos, bestehend aus zwei oder mehreren an Wurfleinen befestigten Steinkugeln, die so geschleudert werden, daß sie sich um die Beine des Viehs oder des Wilds wickeln.*

Textbeispiel 44.8: wa$_8$ aus Duden-GW

Die Frage, ob Bedeutungsparaphrasenangaben wie in wa$_8$, aus denen enzyklopädisches Sachwissen erschließbar ist, lexikographisch sinnvoll sind oder nicht, kann nicht rein linguistisch relativ zu einer Bedeutungstheorie entschieden werden, sondern nur unter Hinzunahme metalexikographischer Aspekte (vgl. auch 3.4.).

So kann man z. B. festlegen, daß zu allen Lemmazeichen, von denen angenommen wird, daß sie in usuellen Texten auf Gegenstände bezogen sind, die dem vorausgesetzten Benutzer derart fremd sind, daß er mehr enzyklopädisches Wissen benötigt, um sie identifizieren zu können, solche Bedeutungsparaphrasenangaben formuliert werden, die enzyklopädisches Sachwissen vermitteln. Die Vermittlung dieses Wissen kann auch durch Angaben versucht werden, die zu einem besonderen Angabetyp gerechnet werden, oder es kann vorgesehen werden, daß dieses Wissen mit bestimmten Beispielangaben vermittelt wird. Auf jeden Fall sind eine ganze Reihe von praxisrelevanten metalexikographischen Konzepten denkbar, wie man einem unkontrollierten und überflüssigen Hineinnehmen von solchen Textelementen in die BPA, aus denen enzyklopädisches Sachwissen erschließbar ist, begegnen und eine kontrollierte und gezielte Anreicherung von BPA mit Prädikaten, die enzyklopädisches Sachwissen vermitteln, fördern kann. Solche Konzepte müssen vor allen Dingen auch vorsehen, daß Bedeutungsparaphrasenangaben zu nichtfachsprachlichen Lemmazeichen keine Textelemente enthalten, die fachenzyklopädisches Sachwissen vermitteln (vgl. z. B. s. v. *Zwiebel* im WDG oder s. v. *Fett* im HWDG u. dazu Wiegand 1988 a, 768 ff.). Natürlich gehören auch z. B. lat. botanische Namen nicht in eine BA (vgl. Wiegand/ Kučera 1981, 170 f.).

### 5.2. „Einsetzbare" versus „nichteinsetzbare" Bedeutungsparaphrasenangaben

In den Wörterbucheinleitungen wird häufig davon gesprochen, daß nicht nur die (Wort-)Synonyme, die entweder als Teil der BA (vgl. z. B. wa$_1$ in Abb. 44.1.) oder außerhalb dieser (vgl. z. B. wa$_9$ u. wa$_{10}$) angegeben werden, in die Beispiele für das in diesen verwendete Lemmazeichen „einsetzbar" sind (vgl. z. B. DUW 1983, 17 u. Duden-GW, Bd. 1 1976, 17), sondern, daß auch angestrebt wurde, daß die BPA „einsetzbar" sind, bzw. daß sie als „einsetzbare" Angaben aufgefaßt werden. Im HWDG heißt es:

Zitat 20: „In der Regel sind Definitionen in Wörterbüchern als in den Kontext einsetzbare Bedeutungsbeschreibungen angelegt und sind daher Kommentaren vorzuziehen. Wenn sich aber eine allzu umfassende, ins Enzyklopädische gehende, extensive Definition ergeben hätte, wurden statt der Definition auch Kommentare gewählt, die den Charakter eines Bedeutungshinweises haben (z. B. **Jagdwurst**/*Wurstsorte*/). Diese und ähnliche Erklärungshinweise sind in Schrägstriche eingeschlossen. Kommentare haben aber auch die Funktion, pragmatische Komponenten oder den Gebrauchsumfang zu charakterisieren (/*vom Menschen*/, /*vorw. im bürgerl. Sprachgebrauch*/). Kommentare werden auch bei Interjektionen und Onomatopoetika (lautmalen Wörtern) angewandt (z. B. **bums**/*lautnachahmend für das bei einem Fall, Stoß entstehende dumpf dröhnende Geräusch*/).

Bei Synsemantika (bei Wörtern ohne selbständige begriffliche Bedeutung) werden in der Regel Funktionsdefinitionen in Kommentarform gegeben, die durch Synonyme oder Bedeutungsumschreibungen ergänzt werden können (vgl. **und**)".

Im BW (15) heißt es:

Zitat 21: „Nach dem Prinzip der Einsetzbarkeit sind die Definitionen so formuliert, daß sie in einem normalen Satz sinnvoll verwendet werden können. Substantive werden durch einen substantivischen, Verben durch einen verbalen und Adjektive durch einen adjektivischen Ausdruck erklärt."

Die germanistische historische Wörterbuchforschung hat bisher nicht herausgearbeitet, seit wann in der einsprachigen Lexikographie die sog. Einsetzbarkeit (oder auch Austauschbarkeit oder Ersetzbarkeit) eine Rolle spielt. Was Hanks (1987, 119) für die englische Lexikographie feststellt, hat sicherlich auch in der deutschen eine wichtige Rolle gespielt

Zitat 22: „The style of dictionary entries began to be formalised early in the 18th century. 17th-century dictionaries had consisted of a mixture of one-for-one equivalents and informal, discursive descriptions and explanations. The great developments in philosophy and logic in the late 17th and early 18th centuries made such informality unfashionable. Formalism became the spirit of the age. Thus Leibniz, who has been described as 'the first philosopher of our era to notice that mathematical proof is a matter of form, not content' (Hacking 1975: 162), formulated the notion that two expressions are synonymous if the one can be substituted for the other 'salva veritate' — provided that the truth remains unaltered. This notion had an effect on lexicography. Lexicographers came to take it as a duty to formulate 'definitions' that could be substituted in any context for the word being defined. As far as I can find out, there was no explicit dicussion of the pros and cons of the awkwardnesses in the phrasing of the definitions that resulted and, more seriously, there was no discussion of whether the formulae so concocted faithfully reflected the facts of natural language or whether they introduced distortions."

*Bem.:* Was die „awkwardnes [. . .] in the phrasing of the definitions" betrifft, kann z. B. auf Müller 1984 und für die Partikeln auf Wolski 1986 u. 1989 hingewiesen werden. — Und zur Frage, ob die „formulae so concocted faithfully reflected the facts of natural language or whether they introduced distortions" gibt es in den wörterbuchkritischen Partien zahlreicher neuerer Arbeiten der germanistischen Wörterbuchforschung relativ viele Stellungsnahmen; man vgl. z. B. Wiegand 1977, 111 ff.; Wiegand/Kučera 1981, 1982; Bergenholtz/Mugdan 1986, bes. 83 ff.; für die Phraseologie: Burger 1983, 1988; Kühn 1984, 1986 u. 1989.

Es kann weiterhin begründet vermutet werden, daß die strukturalistischen Methoden der Sprachwissenschaft, wozu ja auch eine Reihe verschiedener Substitutionsverfahren zählen, z. B. als Bezugspunkte zu gelten haben, wenn Lexikographen von der „Einsetzbarkeit" sprechen.

Die mit der Frage der „Einsetzbarkeit" verbundenen Probleme wurden m. W. in der einschlägigen Literatur nicht eingehender untersucht. Eine gewisse Ausnahme bildet Rey-Debove (1971, bes. 202—213; vgl. auch Landau 1984). Während z. B. Weinreich (1967, 30) ohne nähere Begründung nur pauschal feststellt, von der Lexikographie natürlicher Sprachen könne nicht verlangt werden, daß ein Definiens für das Definiendum im „normal discourse" substituiert werden kann — was m. E. zutrifft —, bemüht sich Rey-Debove gerade zu zeigen, daß BPA (Periphrasen by Rey-Debove), die in der „métalangue de contenu" formuliert sind, und das sind fast ausschließlich solche zu nennlexikalischen Ausdrücken, stets — wenn keine Definitionsfehler vorliegen — die gleiche syntaktische Funktion aufweisen wie das durch sie „definierte" Lemmazeichen, was in den allermeisten Fällen zutrifft; aber dies kann nur als eine Voraussetzung dafür gelten, daß die Periphrase für das Lemmazeichen so „einsetzbar" ist, daß im alltäglichen Sprachverkehr sinnvoll verwendbare und zugleich sprachübliche Sätze entstehen, die weitgehend synonym sind.

Nachfolgend wird die „Einsetzbarkeit" von BPA für das Lemmazeichen betrachtet, wenn letzteres in usuellen Texten, die ja auch in den Beispielangaben wiedergegeben werden, verwendet ist. Diese „Einsetzbarkeit" darf nicht mit der Substituierbarkeit salva veritate in Testsätzen (wie z. B. EIN X IST EIN Y, 'X' UND 'Y' HABEN DEN GLEICHEN BEZUG usw.) verwechselt werden, die bei der Erarbeitung von BPA eine Rolle spielen kann (vgl. Wiegand 1981 u. 1983). — Es ist wichtig zu berücksichtigen, daß die Frage der „Einsetzbarkeit" bei zweisprachigen grundsätzlich und auch im Detail vollständig anders zu behandeln ist als bei allgemeinen einsprachigen Wörterbüchern.

Worauf die Lexikographen der einsprachigen Lexikographie mit *„Einsetzbarkeit"* bzw. *„einsetzbar"* genau Bezug nehmen, wurde m. W. nirgends hinreichend klar gesagt, und zwar deswegen nicht, weil nicht dargelegt wird, welche Bedingungen erfüllt sein müssen, damit ein Satz der Form: DIE BPA X IST FÜR DAS LEMMAZEICHEN Y IM KOTEXT Z EINSETZBAR als gültig gelten soll. Daß diese Frage wichtig ist und behandelt werden muß, zeigt sich, wenn man (wie schon Wiegand/Kučera 1981, 171) z. B. fragt, was mit dem ersten Satz im Zitat 21 wohl gemeint sein kann. Versteht man diesen Satz so, daß die Definition für das Lemmazeichen, welches in einem Satz verwendet ist, eingesetzt werden kann, und daß dieser Satz nach der Substitution noch sinnvoll im alltäglichen Sprachverkehr als sprachüblicher verwendbar sein soll, dann trifft der erste Satz aus Zitat 21 auf Tausende von Fällen im BW nicht zu (und auch in anderen deutschen Wörterbüchern gibt es sehr viele solcher Fälle).

44. Die lexikographische Definition im allgemeinen einsprachigen Wörterbuch 565

Einige Beispiele seien nachfolgend betrachtet, so daß ein kleiner Einblick in den Phänomenbereich unter der Perspektive der „Einsetzbarkeit" entsteht.

'**Back·schie·ber** ⟨m.; -s, -⟩ *in Bäckereien verwendetes Holzbrett mit langem Griff zum Hinein- u. Herausschieben des Brotes in den u. aus dem Backofen;* Sy *Backschaufel, Backschießer*

Textbeispiel 44.9: wa$_9$ aus BW

Gebildet sei der „normale Satz"
(1) *Gib mir den Backschieber herüber.*

Eine Einsetzung der BPA aus wa$_9$, für das in (1) verwendete Lemmazeichen *Backschieber* erbringt zunächst keinen grammatisch korrekten Satz, da *Backschieber* ein Maskulinum und *Holzbrett* ein Femininum ist. Eine Einsetzung mit der Bedingung, daß genusbezogene Änderungen erlaubt sind, erbringt folgenden Satz:

(1a) *Gib mir das in Bäckereien verwendete Holzbrett mit langem Griff zum Hinein- u. Herausschieben des Brotes in den und aus dem Backofen herüber.*

(1a) ist grammatisch korrekt. Nur im vorliegenden Zusammenhang ist (1a) „sinnvoll verwendet", da anhand der gerade oben hingeschriebenen Verwendungsinstanz dargelegt werden kann, daß andere Verwendungen des Satzes im alltäglichen Sprachverkehr nicht gebräuchlich und wohl kaum als „normal" gelten können.

**Bad·min·ton** ⟨[ˈbædmintən] n.; -s; unz.; Sp.⟩ *wettkampfmäßig gespieltes, dem Tennis ähnliches Rückschlagspiel für zwei od. vier Spieler, bei dem mit einem Schläger ein Federball über ein gespanntes Netz hin- u. zurückgeschlagen wird;* Sy *Federball* ⟨Dt. Dem. Rep.⟩ [nach *Badminton,* dem Besitztum des Herzogs von Beaufort in England, wo 1872 das aus Indien stammende Spiel vorgeführt wurde]

Textbeispiel 44.10: wa$_{10}$ aus BW

Will man die BPA aus wa$_{10}$ in den Satz (2) *Heute abend gehen wir Badminton spielen* für das Lemmazeichen einsetzen, so daß ein grammatisch korrekter Satz entsteht, muß ebenfalls eine Modifikation erlaubt sein, nämlich die Ergänzung von *ein*, so daß sich ergibt:

(2a) *Heute abend gehen wir ein wettkampfmäßig [...] spielen.*

Was für (1a) gesagt wurde, gilt für (2a) mutatis mutandis. — Anders ist die Sachlage bei den nun folgenden Beispielen.

'**back·stei·nern** ⟨Adj. 24⟩ *aus Backsteinen (bestehend)*

Textbeispiel 44.11: wa$_{11}$ aus BW

Setzt man in
(3) *Er betrachtet das backsteinerne Gebäude*
eine der beiden aus der v.BP$^2$A in wa$_{11}$ erschließbaren lexikalischen Paraphrasen, nämlich *aus Backsteinen bestehend* für *backsteinerne* in (3) ein, erhält man

(3a) *Er betrachtet das aus Backsteinen bestehende Gebäude*

als einen sprachüblichen Satz, der auch im alltäglichen Sprachverkehr verwendet werden kann und mit (3) bezugssemantisch synonym ist. Die zweite, aus der v.BP$^2$A erschließbare lexikalische Paraphrase *aus Backsteinen* ist in (3) nicht so einsetzbar, daß ein Satz des Deutschen entsteht, denn es ergibt sich

*(3b) *Er betrachtet das aus Backsteinen Gebäude.*

Will man die zweite Paraprase verwenden, kann man also nicht einfach substituieren, sondern muß einen anderen Satz bilden, nämlich:

(3c) *Er betrachtet das Gebäude aus Backsteinen,*

der zu (3a) bezugssemantisch synonym ist und ebenfalls im alltäglichen Sprachverkehr Verwendung finden kann.

Im folgenden sei anhand von wa$_{12}$ und wa$_{13}$ überprüft, ob die BPA in die zugehörigen artikelinternen Kompetenzbeispielangaben (KBeiA), die im Sinne des HWDG als „Kontext" aufzufassen sind, derart für das abgekürzte Lemmazeichen einsetzbar sind, daß entweder grammatisch korrekte Sätze entstehen, die in alltäglicher Rede verwendet werden können oder aber Teile von solchen, wobei in beiden Fällen die notwendigen morphosyntaktischen Änderungen zugelassen sind.

In wa$_{12}$ ist *abservieren* als zweifach polysem interpretiert. Sowohl die BPA im ersten als auch die im zweiten semantischen Subkommentar (SSK) ist in die jeweils SSK-interne KBeiA so einsetzbar, daß die beiden Bedingungen erfüllt sind, denn man erhält die beiden folgenden Sätze:

(4) *Der Ober wird sofort das gebrauchte Geschirr vom Tisch abräumen.*
(5) *Ich lasse mich nicht einfach kaltstellen.*

In wa$_{13}$ ist das Verb *absetzen* als 10fach polysem interpretiert (im Duden-GW als 16fach). Im ersten SSK ist ein Beschreibungsverfahren angewandt, das in den Hinweisen für den Benutzer (HWDG, Bd. 1., XIV) wie folgt erklärt wird:

Zitat 23: „Ist die Bedeutung eines Lexems an eine bestimmte syntaktische Konstruktion gebunden, so steht die Definition hinter der syntaktischen Konstruktion, und es folgen Kontextbeispiele."

**ab/Ab/ -servieren** /Vb./ **1.** *gebrauchtes Geschirr vom Tisch abräumen*: der Ober wird sofort a. — **2. salopp** *jmdn. kaltstellen*: ich lasse mich nicht einfach a.; **-setzen** /Vb.; hat/ **1.** den Hut a. (*vom Kopf herunternehmen*); die Brille a. (*von der Nase herunternehmen*); — **2.** *etw. (Schweres), was man mit den Händen trägt, auf den Boden, an eine bestimmte Stelle setzen, stellen*: das Tablett, den Koffer, das Gepäck a. — **3.** *etw. von der Stelle, an der man damit eine Tätigkeit ausführt, wegnehmen und so die Tätigkeit unterbrechen, beenden*: das Glas (vom Mund) a.; den Geigenbogen a.; er trank, ohne abzusetzen; er sprach, las, ohne abzusetzen (*ohne Unterbrechung*) — **4.** *jmdn., den man in einem Fahrzeug mitgenommen hat, an der von ihm gewünschten Stelle aussteigen lassen*: könnten Sie uns bitte am Bahnhof a.? — **5.** /*von Feststoffen in Flüssigkeiten, Gasen*/ Schlamm, Staub setzt sich ab (*sinkt zu Boden und verbleibt dort*) — **6.** *jmdn., bes. ein Mitglied einer bürgerl. Vertretungskörperschaft, bei Nichteignung od. wegen von ihm begangener Pflichtverletzungen, Straftaten (administrativ) seines Amtes, seiner Funktion entheben*: der Minister sollte (auf Drängen der Opposition) abgesetzt werden — **7.1.** *etw. a. bestimmen, daß etw. Anberaumtes, Angekündigtes nicht stattfindet, nicht realisiert wird*: einen Punkt von der Tagesordnung a.; ein Theaterstück (vom Spielplan) a.; ein Fußballspiel a. **7.2.** der Arzt setzte die Tabletten ab (*verordnete, daß sie nicht weiter genommen werden*) — **8.** *einen steuerfreien Betrag von der zu versteuernden Summe abziehen*: die Kosten für etw. (von der Lohnsteuer) a. — **9.** *etw., bes. eine größere Menge von Waren verkaufen*: alle Exemplare konnten abgesetzt werden — **10.** sich (in ein anderes Land) a. *in ein anderes Land fliehen (um einer Strafverfolgung zu entgehen)*: der Verbrecher setzte sich (nach Österreich, über die Grenze) ab — **11.** *etw. so machen, daß es sich von etw. abhebt*: Farben voneinander a.; eine Zeile a.;

Textbeispiel 44.12: wa$_{12}$ und wa$_{13}$ aus HWDG.

Dieses Verfahren — in wa$_{13}$ angewandt im 1., 5., 7. und 10. SSK — führt dazu, daß die BPA nichtlemmatisch adressiert ist und als kotextspezifische Bedeutungsparaphrasenangabe (k.BPA) zu einer KBeiA erscheint, so daß das hierarchische Integrat (also diejenige Teilstruktur der integrierten hierarchischen Mikrostruktur, die zu einem SSK gehört, vgl. Art. 39, 5.) von solchen Integraten unterschieden ist, in denen die BPA im Integratkern steht und lemmatisch adressiert ist (wie z. B. beim 2., 3., 4., 6., 8. und 9. SSK in wa$_{13}$). Der partielle Strukturgraph zur einfachen integrierten Mikrostruktur von wa$_{13}$ zeigt die Unterschiede am Beispiel des 1. und 2. SSK (vgl. Abb. 44.5).

Sind semantische Subkommentare wie der erste in wa$_{13}$ nach dem im Zitat 23 angegebenen strukturiert, dann führt das — wenn gleichzeitig postuliert wird, daß die Bedeutungsbeschreibungen „einsetzbar" sind (vgl. Zitat 20) — in zahlreichen Fällen zu folgendem Problem: Es ist klar, daß jemand, der seine Brille absetzt, diese von seiner Nase herunternimmt; daher ist die zweite BPA im 1. SSK in dieser Hinsicht korrekt. Setzt man nun aber die BPA in die zweite KBeiA im 1. SSK ein, erhält man folgenden Ausdruck:

(6) *Die Brille von der Nase herunternehmen*

Man sieht: (6) klingt wie eine zwar verständliche, aber dennoch schlechte, weil nicht sprachübliche Übersetzung aus einer anderen Sprache: *den Hut abnehmen/absetzen* sind eben idiomatische Kollokationen eines bestimmten Typs und hier führt eine Einsetzung der BPA meistens zu Ausdrücken, die nicht sprachüblich sind, was aber z. B. ein Benutzer, dessen Muttersprache nicht Deutsch ist, nicht unbedingt erkennen kann. Was hier an einem Beispiel gezeigt wurde, kann an Hunderten von entsprechenden Fällen aus dem HWDG gezeigt werden. Selbst in wa$_{13}$ finden sich noch mehrere, z. B. im 5. SSK, der die in Abb. 44.6 wiedergegebene Teilstruktur der hierarchischen Mikrostruktur von wa$_{13}$ aufweist.

Nach der BPA im 5. SSK steht ein nicht einsetzbarer Kommentar zum Gebrauchsumfang (vgl. Zitat 20) des Verbs *sich absetzen,* so wie es in den beiden erschließbaren Beispielen *Schlamm setzt sich ab, Staub setzt sich ab* verwendet ist und mit der ko.BPA — nämlich *sinkt zu Boden und verbleibt dort* — paraphrasiert wird. Während es als fast korrekt gelten kann, daß wenn sich Staub absetzt, dieser zu Boden sinkt und dort verbleibt, erhält man durch Einsetzung den folgenden Satz:

(7) *Staub sinkt zu Boden und verbleibt dort,*

für den etwa das gleiche gilt, wie für den Ausdruck (6).

Die vorangehende Argumentation deckt zunächst nur einen systematischen Defekt auf: Von bestimmten BPA nämlich muß gefordert werden, daß sie in die Beispielangaben g e r a d e n i c h t eingesetzt werden dürfen (vgl. Wiegand 1989 u. 1989b). In ihrem Gefolge stellt sich nun aber die wesentlich weiterreichende Frage ein, die sozusagen den Nerv eines angeblichen „Prinzips der Einsetzbarkeit" (vgl. Zitat 21) trifft, nämlich: Wer eigentlich setzt BPA in Kontexte, z. B. in die KBeiA oder in die Belegbeispielangaben ein? Benutzer-in-actu, die z. B. mit einer Suchfrage nach einer Bedeutung ein Wörterbuch usuell als Nachschlagewerk benutzen (i. S. v. Wiegand 1987a u. 1989a) führen solche Operationen nicht aus, denn die Seman-

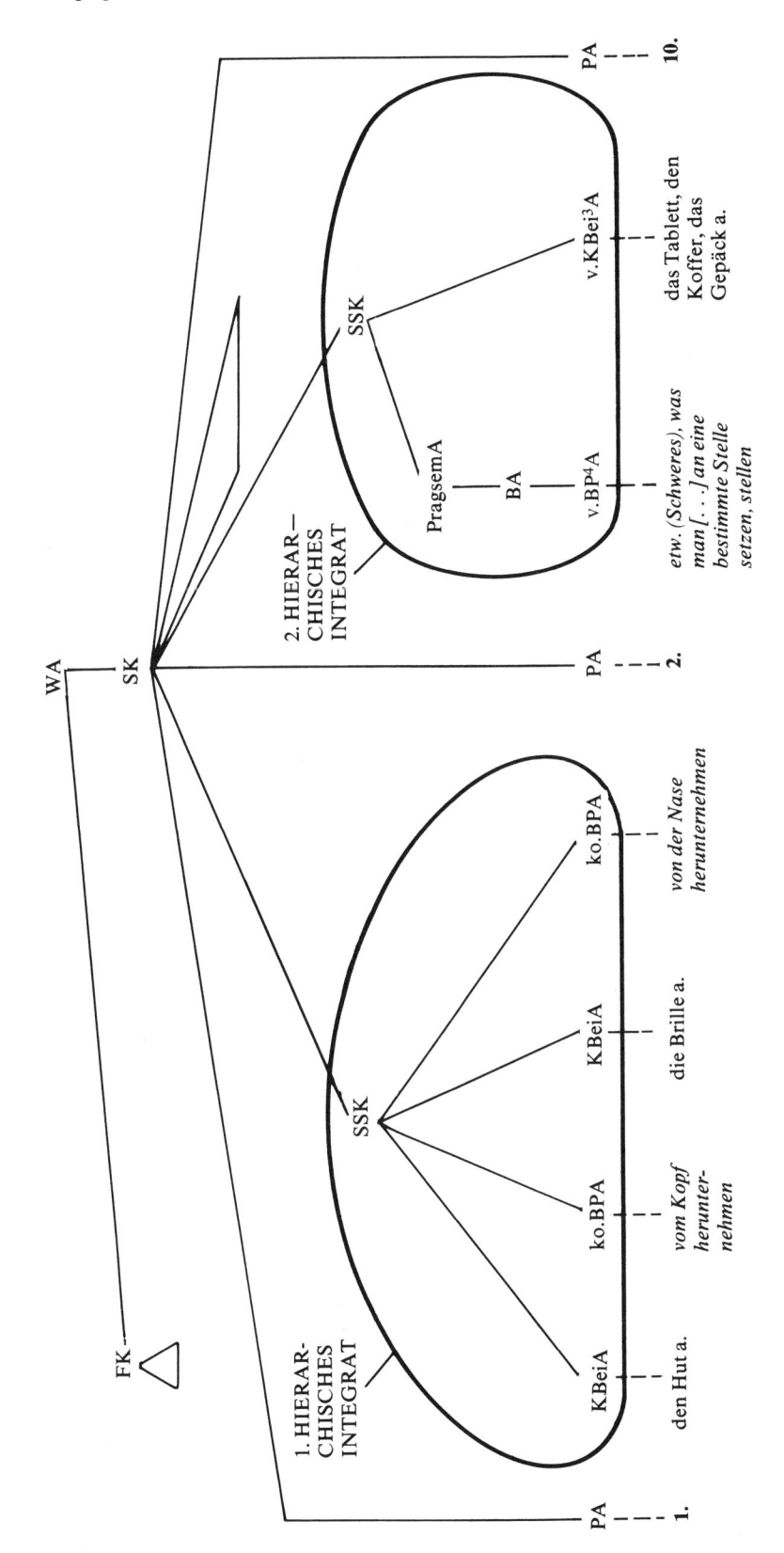

## 44. Die lexikographische Definition im allgemeinen einsprachigen Wörterbuch 567

Abb. 44.5: Partiell ausgeführter Strukturgraph zur integrierten, hierarchischen Mikrostruktur von wa₁₃; Abk. v.KBei³A = verdichtete Kompetenzbeispielangabe, aus der drei Beispiele erschließbar sind; ko.BPA = kotextspezifische Bedeutungsparaphasenangabe

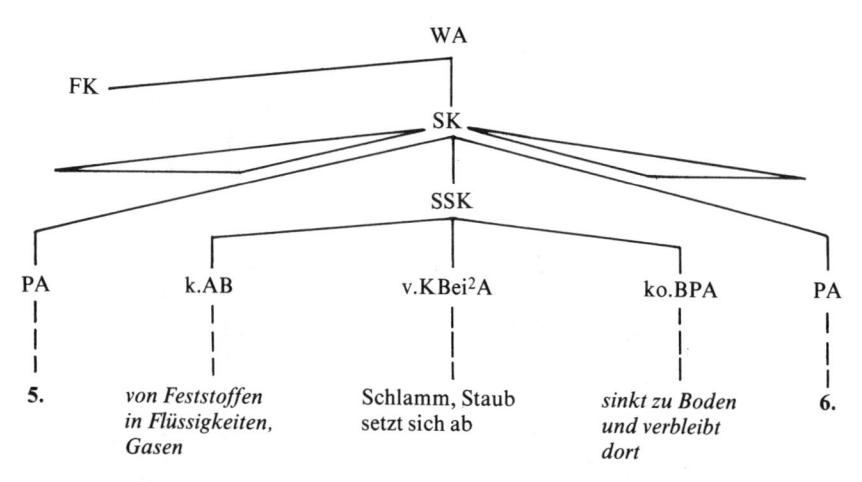

```
                              WA
        FK ─────────────┐
                        SK ◄────────┐
                        │           │
                       SSK          │
    ┌──────┬────────────┼────────────┬──────┐
    PA    k.AB       v.KBei²A      ko.BPA   PA
    │      │            │            │       │
    │      │            │            │       │
    5.   von Feststoffen  Schlamm, Staub  sinkt zu Boden   6.
         in Flüssigkeiten, setzt sich ab  und verbleibt
         Gasen                            dort
```

Abb. 44.6: Partiell ausgeführter Strukturgraph zur integrierten hierarchischen Mikrostruktur von $wa_{13}$; Abb.: k.AB = kommentierende Angabe zum Bezugsbereich; v.KBei$^1$A = verdichtete Kompetenzbeispielangabe, aus der zwei lexikalische Paraphrasen erschließbar sind; ko.BPA = kotextspezifische Bedeutungsparaphrasenangabe.

tisierung von Ausdrücken, deren Bedeutung ihnen nicht bekannt ist, erfolgt nicht durch solche Einsetzungsoperationen. Wenn die „Einsetzbarkeit" aber bei usuellen Benutzungshandlungen keine Rolle spielt, dann bleiben nur folgende Möglichkeiten:

(i) Einsetzungsoperationen werden — wie sich oben zeigt — im Zusammenhang mit solchen nichtusuellen Benutzungshandlungen (i. S. v. Wiegand 1987e u. 1989a) ausgeführt, in denen man etwas über das benutzte Wörterbuch erfahren will, also z. B. in metalexikographischen Benutzungssituationen.

(ii) Einsetzungsoperationen werden bei der Abfassung von Wörterbuchartikeln, insbesondere bei der Erarbeitung von BPA ausgeführt und sind als Teil der lexikographischen Arbeitstechnologie sinnvoll. Die „Einsetzbarkeit" bezieht sich dann vor allem auf die Erhaltung des Bezugs in usuellen Testsätzen und die Bedingungen für diese Art von „Einsetzbarkeit" sind mit der Definition des Terminus *lexikographische Synonymie* bereits angegeben (vgl. hierzu Wiegand 1981, 158 ff.; 1983, 222 ff. u. 1989 sowie Art. 48, 2 (2)).

Da die „Einsetzbarkeit" direkt für den Benutzer einsprachiger Wörterbücher keine Rolle spielt, ist es besser, wenn in Wörterbucheinleitungen die „Einsetzbarkeit" nicht angesprochen wird. Lexikographen, die dennoch der Auffassung sind, dies sei notwendig, stehen vor der Aufgabe, sehr weitreichende Differenzierungen und Fallgruppen einführen zu müssen, denn es gibt erheblich mehr Fälle als der vorstehende sehr schmale Einblick in den Phänomenbereich vermuten läßt. Es reicht aus, wenn, wie z. B. im DUW 1983 (17), davon gesprochen wird, daß die Bedeutungsangaben so sind, daß der Benutzer sie in eine Beziehung zu den Beispielen bringen kann.

Als vorläufiges Resümee ergibt sich: In den allgemeinen einsprachigen Wörterbüchern gibt es zu allen Arten von nennlexikalischen Lemmazeichen Bedeutungsparaphrasenangaben, die in die zugehörigen Beispielangaben oder in andere Kotexte, die das Lemmazeichen enthalten, so für das Lemmazeichen „einsetzbar" sind, daß — falls morphosyntaktische Anpassungen zugelassen sind — durch diese Ersetzung Sätze oder andere Ausdrücke entstehen, die grammatisch korrekt, im alltäglichen Sprachverkehr als sprachübliche verwendbar sind und zu den Sätzen oder den anderen Ausdrücken, aus denen sie durch Substitution entstanden sind, bezugssemantisch synonym und damit bedeutungsähnlich sind. Neben diesen in diesem Sinne „einsetzbaren" BPA gibt es zu allen Arten von nennlexikalischen Lemmazeichen solche, die im gleichen Sinne nicht „einsetzbar" sind. Ob sich die „einsetzbaren" von den „nichteinsetzbaren" BPA insofern qualitativ unterscheiden, daß die Mitglieder der einen Klasse durchgängig (oder statistisch signifikant) sich von denen der anderen Klasse dadurch unterscheiden, daß aus ihnen die Bedeutung des Lemmazeichens z. B. vom Benutzer präziser zu rekonstruieren ist, ist bisher nicht untersucht worden. M. E. spricht nichts für eine solche Hypothese. Sowohl für die im erläuterten Sinne „einsetzbaren" als auch für die „nichtseinsetzbaren" gilt, daß sie in der Relation der lexikographischen Synonymie zu dem Lemmazeichen stehen sollten, das ihr Adressat ist, so daß sie in usuellen Testsätzen, wenn solche bei der Erarbeitung von BPA herangezogen werden, salva veritate substituierbar sind (vgl. auch Wolski 1986, 20 ff.).

Bisher wurden nur BPA zu nennlexikalischen Lemmazeichen berücksichtigt. An einem Beispiel sei nun auf die „Synsemantika" (vgl. Zitat 20) eingegangen.

**nur** [mhd. (md.) nūr, älter: newǣre, ahd. niwāri = (wenn ...) nicht wäre]: **I.** ⟨Adv.⟩ **1. a)** drückt aus, daß sich etw. ausschließlich auf das Genannte beschränkt; *nichts weiter als; lediglich:* das war n. ein Versehen; ich bin nicht krank, n. müde; ich wollte n. sagen, daß ...; **b)** drückt aus, daß etw. auf ein bestimmtes Maß beschränkt ist; *nicht mehr als:* ich habe n. [noch] 10 DM; es gibt n. zwei Möglichkeiten; sie ist n. mäßig begabt. **2.** drückt eine Ausschließlichkeit aus; *nichts anderes als; niemand, nicht anders als:* da kann man n. staunen; man konnte n. Gutes über ihn berichten; n. der Fachmann kann das beurteilen; n. [dann], wenn ...; ⟨in mehrteiligen Konj.:⟩ nicht n. ..., [sondern] auch; es regnete n. so (ugs.; *es regnete sehr stark*); ich habe das n. so *(aus keinem besonderen Grund)* gesagt. **3.** ⟨in konjunktionaler Verwendung⟩ schränkt die Aussage des vorangegangenen Hauptsatzes ein: sie ist ganz hübsch, n. müßte sie etw. schlanker sein; ich würde dich gerne besuchen, nur weiß ich nicht, wann ich kommen kann. **II.** ⟨Partikel; meist unbetont⟩ **1.** gibt einer Frage, Aussage, Aufforderung od. einem Wunsch eine bestimmte Nachdrücklichkeit: was hat sie sich dabei n. gedacht?; wenn es dem Jungen n. schmeckt; ich tue das n. ungern; ⟨an der Spitze von [verkürzten] Aufforderungssätzen:⟩ n. Mut!; n. keine Umstände; n. [immer] mit der Ruhe!; n. her damit! **2.** drückt in Aussage- u. Aufforderungssätzen eine Beruhigung, auch eine Ermunterung aus: laß ihn n. machen!; geh n. zu ihm, er wird dir schon nichts tun; nimm dir n., was du brauchst!; iß n.! **3.** drückt in Fragesätzen innere Anteilnahme, Beunruhigung, Verwunderung o. ä. aus: was hat er n.?; was kann sie n. wollen? **4.** drückt in Ausrufe- u. Wunschsätzen eine Verstärkung aus: wenn er n. käme!; wenn du n. nicht soviel trinken würdest! **5.** drückt eine Steigerung, die Häufigkeit od. Intensität eines Vorganges o. ä. aus: ich helfe ihm, sooft ich n. kann; sie schlug die Tür zu, daß es n. so knallte. **6.** drückt in Verbindung mit „noch" bei einem Komparativ eine Steigerung aus: er wurde n. noch frecher; du machst ihn n. noch wütender. **7.** drückt in Verbindung mit „zu" bei Adverbien eine Steigerung aus: ich weiß es n. zu gut; sie wußte n. zu genau, was er wollte.

Textbeispiel 44.13: wa$_{14}$ aus DUW 1983

Nach der Wörterbucheinleitung des DUW 1983 (17) sind alle Bedeutungsangaben kursiv gedruckt und werden mit arabischen Zahlen und bei eng zusammenhängenden Bedeutungen mit Kleinbuchstaben gegliedert. Bei den allermeisten Artikeln zu den Synsemantika wird aber anders verfahren, als es in der Einleitung beschrieben ist, so auch in wa$_{14}$; z. B. findet sich in dem Artikelteil nach II. nichts, was kursiv gedruckt ist, demnach keine Bedeutungsangaben; dennoch finden sich die arabischen Ziffern **1., 2., ... 7.**, die (angeblich?) Bedeutungsangaben gliedern! Auf alle recte gesetzten Angaben, die keine Beispielangaben sind, also solche wie z. B. unter **1b)**, „drückt aus, daß etw. auf ein bestimmtes Maß beschränkt ist" oder unter **II.4** „drückt in Ausrufe- u. Wunschsätzen eine Verstärkung aus" wird in der Wörterbucheinleitung mit keinem Wort eingegangen. Es handelt sich um eine spezielle Art von Bedeutungsparaphrasenangaben, die bei Wolski (1986, 28 ff.) Erläuterungsparaphrasen heißen, und die in Reduktions- und Expansionsformen auftreten. Für diese Art der kommentierenden Angaben (i. S. v. Art. 38a, 3.2.4.) gilt, daß sie weder in usuelle noch in nichtusuelle Texte für das Lemmazeichen und damit auch nicht in Beispielangaben „einsetzbar" sind, und es gilt weiterhin — und das unterscheidet sie grundsätzlich von allen BPA zu nennlexikalischen Lemmazeichen —, daß sie auch nicht in Testsätzen salva veritate substituierbar sind.

Was die „Einsetzbarkeit" der nichtkommentierenden BPA zu Synsemantika betrifft, ergeben sich die gleichen Probleme wie bei den BPA zu nennlexikalischen Lemmazeichen dargelegt. In wa$_{14}$ heißt die im 1. SSK stehende BPA *nichts weiter als*. Während das Wortsynonym *lediglich* in alle drei im Hinterintegrat stehenden KBeiA über das abgekürzte Lemmazeichen derart „einsetzbar" ist, daß grammatisch korrekte und synonyme Ausdrücke entstehen, die als sprachübliche im alltäglichen Sprachverkehr verwendbar sind, erbringt die Einsetzung der BPA folgende sprachliche Gebilde:

(8a) *das war nichts weiter als ein Versehen*
*(8b) *ich bin nicht krank, nichts weiter als müde*
*(8c) *ich wollte nichts weiter als sagen, daß ...*

(8b) wird grammatisch, wenn man *sondern* vor *nichts* eingefügt und (8c), wenn man *als* unmittelbar vor *daß* setzt. Selbst wenn argumentiert wird, die zweite KBeiA sei falsch positioniert und gehöre unter **3.**, kann doch an weiteren Beispielen leicht gezeigt werden, daß viele Einsetzungsoperationen mit notwendigen morphosyntaktischen oder syntaktischen Veränderungen einhergehen, so daß eben die „Einsetzbarkeit" auch hier beschränkt ist. Auch bei den nichtkommentierenden Bedeutungsparaphrasenangaben zu den Synsemantika gibt es daher „einsetzbare" und „nicht einsetzbare". Daß dies bei den Synsemantika weniger auffällig ist, ist nur die Folge davon, daß die Zahl der nichtkommentierenden BPA (wie auch wa$_{14}$ zeigt) geringer ist.

### 5.3. Verdichtete versus nicht verdichtete Bedeutungsparaphrasenangaben

In jüngster Zeit ist die übliche lexikographische Textgestaltung öfter in Frage gestellt worden. Hiervon ist auch der „Definitionsstil" in den allgemeinen einsprachigen Wörterbüchern betroffen, der auch von Lexikographen, die Lern(er)wörterbücher machen, stark kritisiert wird (vgl. z. B. Hanks 1987, 116). So ist etwa der (allerdings nur z. T.) neuartige „Definitionsstil", der in COBUILD 1987 gepflegt wird (vgl. Textbeispiel 38.14), z. T. aus der Kritik an bestimmten Aspekten herkömmlicher Verfahren erwachsen, und zwar besonders aus solchen, die — neben der Standardisierung — mit der Textverdichtung zusammenhängen.

*Bem.:* Die Paraphrasierungsmethoden von COBUILD 1987 gehören nicht zum Gegenstandsbereich dieses Artikels, da es gerade eine der Eigenschaften dieser Methoden ist, daß es keine lemmatisch adressierten Bedeutungsparaphrasenangaben mehr gibt. Denn das Lemmazeichen wird in vollständigen Sätzen verwendet, aus denen sein Gebrauch erschlossen werden kann (z. B. „An **attendant** is someone whose job is to serve people in a shop, museum, etc." vgl. Textbeispiel 38.14). Man sieht: diese Art von Angaben zu substantivischen Prädikatoren entsprechen vollständig den Lesarten von LA$_1$ unter 4.2. Die Paraphrasierungstechnik von COBUILD 1987 ist eine Praxis, die den in Wiegand (1985, 26 ff.) geäußerten Auffassungen in zahlreichen Aspekten entspricht. Ein Teil der Paraphrasierungsmethoden, die in COBUILD 1987 Anwendung gefunden haben, werden bereits im 18. und 19. Jh. in deutschen Wörterbüchern angewandt (z. B. bei Eberhard, Gottsched, Wallis u. a.; Beispiele in Wiegand 1985, 28 ff. und 1989).

Die nachfolgenden Ausführungen basieren auf einem ausgearbeiteten Konzept der Textverdichtung, in dessen Rahmen dargelegt werden kann, wie aus einem Volltext über mehrere Stufen der Textverdichtung schrittweise ein Wörterbuchartikel als Kondensat entsteht (vgl. Wiegand 1988, 1989, 1989 c; Art. 38 a, 4.4. u. 90 a).

Jede BPA zu einem nennlexikalischen Lemmazeichen kann als das Ergebnis einer textverdichtenden Operation verstanden werden; z. B. können e$_1$ bis e$_3$ (vgl. 4.2.) so verstanden werden, als seien sie aus einer der angegebenen Lesartenvarianten durch Operationen des Auslassens entstanden bei gleichzeitiger Anwendung des wörterbuchspezifischen Codes für die typographischen Strukturanzeiger. Liest man den Rechtspfeil „→" wie *wird verarbeitet zu,* dann ergibt sich z. B.

*'Kaserne' bezeichnet ein Gebäude zur ständigen Unterbringung von Truppen* → **Kaserne** *Gebäude zur ständigen Unterbringung von Truppen.*

Wird eine BPA nicht weiteren textverarbeitenden Operationen unterworfen, gilt sie als nicht verdichtete BPA. Beispiele sind die dritte BPA in wa$_1$, die zweite BPA in wa$_2$, die erste in wa$_6$ und die erste in wa$_{12}$. Wird sie durch Anwendung bestimmter textverarbeitender Operationen in bestimmter Weise weiter verändert, entsteht eine verdichtete BPA.

Im folgenden werden einige Typen von verdichteten Bedeutungsparaphrasenangaben exemplarisch betrachtet, so daß wenigstens ein schmaler Ausschnitt aus dem Phänomenbereich Berücksichtigung findet. Dabei wird auch auf einige Probleme hingewiesen, die sich für Benutzer ergeben können.

(a) **Ladung** [...] *Gesamtheit der in einem Transportmittel untergebrachten, unterzubringenden Güter, Fracht* (HWDG)

Die BPA in (a) kann in einem korrekten deutschen Text, und d. h. hier auch in einem, der nach den üblichen (natürlichen) Vertextungsprinzipien abgefaßt ist, nicht auftreten, da in diesem Falle zwischen *untergebrachten* und *unterzubringenden* z. B. *oder* oder *bzw.* stehen muß. Die BPA in (a) kann somit aufgefaßt werden, als sei sie aus der zugehörigen nicht verdichteten BPA durch eine Auslassungsoperation (bzw. durch eine Ersetzungsoperation: Komma wird für *oder* gesetzt) entstanden. Es ist aber zu fragen, ob hier (wenn unbedingt verdichtet werden soll) statt einer Auslassungs- nicht eine Abkürzungsoperation (*oder* → *od.*) angemessener wäre, weil sie zu einer natürlichen Textverdichtung führt. Während man davon ausgehen kann, daß in einem allgemeinen einsprachigen Wörterbuch durchaus bestimmte, übliche Ellipsen keine Verständnisschwierigkeiten bereiten, ist das bei solchen, die außerhalb von Wörterbüchern kaum oder gar nicht auftreten, nicht sicher. Eine Auslassung wie die in (a) heißt (mit Wiegand 1989 c) nicht-natürliche Ellipse und eine BPA wie in (a) entsprechend verdichtete Bedeutungsparaphrasenangabe mit einer nicht-natürlichen Ellipse. Diese BPA (vgl. auch die Beispiele in wa$_4$) gehören meistens zu denen, aus welchen der Benutzer-in-actu zwei (oder mehrere) lexikalische

Paraphrasen zum Lemmazeichen rekonstruieren kann (bzw. muß; Notation: v.BP²A). Man vergleiche

(1) *Die Ladung steht schon fertig auf dem Hof*
(2) *Die Ladung in diesem Anhänger besteht aus Kisten mit Obst*

Ein Benutzer, der *Ladung* in (1) nicht kennt, muß aus der v.BP²A in (a) die Paraphrase

(a₁) *Gesamtheit der in einem Transportmittel unterzubringenden Güter*

erschließen. Einer, der *Ladung* in (2) nicht kennt, muß folgende Paraphrase rekonstruieren:

(a₂) *Gesamtheit der in einem Transportmittel untergebrachten Güter*.

Oder es gilt: der hier unterstellte Benutzer muß das Komma durch *oder* ersetzen, was aber beim zweiten Komma in der v.BP²A in (a) nicht der Fall zu sein scheint. Denn wahrscheinlich muß *Fracht* als Wortsynonym zu *Ladung* aufgefaßt werden, denn nach den Hinweisen für den Benutzer (HWDG, Bd. 1. XIII.) kann ein Synonym „die Definition begleiten oder ergänzen", also in semasiologischer Position (i. S. v. Wiegand 1983, vgl. Art. 48) stehen und ist dann dieser nachgestellt. Es ist selbst für deutsche Benutzer nicht ohne weiteres entscheidbar, ob in (a) eine oder zwei Bearbeitungseinheiten vorliegen und für ausländische Benutzer — das läßt sich empirisch nachweisen — enthält (a) Verständnisklippen, da sie meistens nicht entscheiden können, welche der beiden folgenden Strukturen im SSK vorliegen (vgl. Abb. 44.7).

Das analysierte Beispiel (a) stellt nicht etwa einen Einzelfall dar, sondern es zeigt einen systematischen Defekt, der zu verhindern ist, wenn man wenigstens die nachgestellten Synonyme durch Semikolon abtrennt, oder wenn man metalexikographische Argumente berücksichtigt, wonach es (auch aus anderen Gründen) angemessener ist, Wortsynonyme (und auch z. B. Antonyme) in onomasiologischer Position außerhalb der BA zu bearbeiten (vgl. Wiegand 1983 und 1989).

(b) **liebens** [...] **würdig** [...] *im Umgang mit Menschen entgegenkommend, gefällig, liebenswert, höflich* (HWDG)

Auch hier ist nicht eindeutig entscheidbar, welche der folgenden präzedentiven Mikrostrukturen vorliegen („>" = *geht voraus*):

BPA > SynA > SynA > SynA,
v.BP²A > SynA > SynA,
v.BP³A > SynA,
v.BP⁴A

Neben den Bedeutungsparaphrasenangaben mit einer gibt es solche mit n (n > 1) nicht-natürlichen Ellipsen, z. B.:

(c) **Lage** [...] **3.** *die zu einer Zeit allgemein od. in einem bestimmten Rahmen wirksamen, etw., jmdn. bestimmenden Verhältnisse, Zustände, Umstände, Bedingungen* (HWDG)

(d) **Lizenz** [...] *rechtskräftige Erlaubnis, Genehmigung, die einem Betrieb, Unternehmen zur gewerblichen Nutzung, zur Ausübung, zum Vertrieb von etw. gegen Entgelt erteilt wird* (HWDG)

Weiterhin gibt es verdichtete BPA, in welchen natürliche und nicht-natürliche Ellipsen kombiniert werden z. B.:

(e) **lagern** [...] **1.1.** *sich an einem Ort im Freien niederlegen, -setzen und rasten* (HWDG)

Die natürliche Form wäre *... niederlegen oder -setzen ...* Es ist nicht immer klar ent-

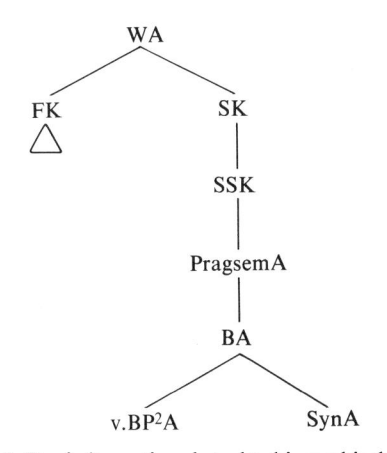

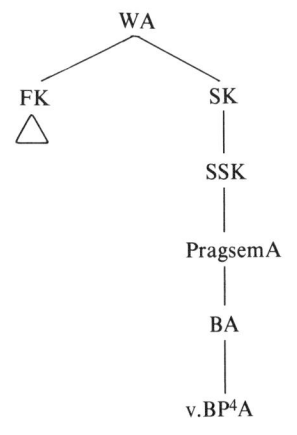

Abb. 44.7: Zwei alternative abstrakte hierarchische Mikrostrukturausschnitte zu (a).

scheidbar, ob in BPA natürliche Ellipsen oder nicht-natürliche vorliegen:

(f) **Last** [...] **1.1.** *etw. von größerem Gewicht, das getragen, transportiert, bewegt wird*

Die BPA in (f) kann z. B. so aufgefaßt werden, als handele es sich um eine natürliche, variierende Aufzählung mittels der eine Nuancierung erreicht werden soll. Daß nicht in allen Fällen klare Entscheidungen möglich sind, geht darauf zurück, daß eine Textgrammatik textsortenspezifische Regeln enthält, die für einige Textsorten gelten, für andere nicht: Für ein Telegramm gelten z. T. andere Regeln als für Geschäftsbriefe. Die in einem Telegramm nützlichen Telegrammellipsen sind jedoch für Wörterbuchartikel nicht angemessen. Es sollte vermieden werden, daß sich der Wörterbuchstil (i. S. v. Wiegand 1989 e, 242) insbesondere bei den BPA immer mehr dem Telegrammstil nähert; bei den Kompetenzbeispielangaben ist dies u. U. anders zu beurteilen (vgl. Wiegand 1989c).

Wieder ein anderer Fall von Nicht-Natürlichkeit innerhalb einer verdichteten BPA liegt in wa$_{15}$ vor.

**Make-up,** *das; -s, /o. Pl./* [me:k|ap] **1.** *von Frauen vorgenommene Verschönerung ihres Gesichts mit Hilfe von 2:* sie war sehr bedacht auf ein gutes M. — **2.** *kosmetisches Mittel, bes. Creme, zum Tönen, Glätten der Gesichtshaut:* flüssiges, festes M. auftragen, auf der Haut verteilen

Textbeispiel 44.14: wa$_{15}$ aus HWDG

In wa$_{15}$ steht statt des natürlichen Ausdruckes ... *mit Hilfe von kosmetischen Mitteln* der nicht-natürliche ... *mit Hilfe von 2*. Das in wa$_{15}$ angewandte Vertextungsverfahren ist derart ungewöhnlich, daß es m. W. in textlinguistischen Untersuchungen bisher nicht analysiert wurde. Für die Ordinalzahl 2 in der ersten BPA von wa$_{15}$ muß etwas eingesetzt werden, das in der zweiten BPA unter 2., also weiter hinten steht (vgl. Wiegand 1989c).

In Artikeltexten und gerade auch innerhalb von Bedeutungsparaphrasenangaben werden häufig runde und eckige Klammern verwendet (vgl. auch Hanks 1987, 116). Die Funktionen dieser Klammern sind sehr unterschiedlich, und meistens liegt Polyfunktionalität vor. Eine einwandfreie Erklärung im Metatext der Wörterbucheinleitung gibt es meistens nicht.

Eine metalexikographische Deutung der Klammerung ist z. T. relativ schwierig. So wurde z. B. in Abb. 44.5 die Klammerung in der BPA im 2. SSK von wa$_3$ so interpretiert, daß sich v.BP$^4$A ergibt, also eine verdichtete Bedeutungsparaphrasenangabe vorliegt, aus der vier verschiedene lexikalische Paraphrasen erschließbar sind. Eine solche Deutung z. B. setzt voraus, daß etwa folgende Form einer nicht verdichteten BPA anzusetzen wäre:

*etwas, was meistens schwer ist und was man mit den Händen trägt, auf den Boden an eine bestimmte Stelle setzen oder stellen.*

Durch Auslassung und Klammerung wird aus dem ersten Teil *etwas (Schweres), was man* ... ; oder aber „(Schweres)" wird als Ergebnis einer Einbettungsoperation aufgefaßt; dann läge eine Erweiterung einer nicht verdichteten BPA vor, die so anzusetzen wäre: *etwas, was man mit den Händen* ...

Auch die Klammerung wird in BPA in nicht-natürlicher Weise angewandt:

(g) **laminieren** [...] **2.** (Werkstoffe, z. B. Karton) mit einer [Deck]schicht (z. B. Glanzfolie) überziehen (Duden-GW)
(h) **lagern** [...] **3.** [...] **b)** zur Aufbewahrung od. zur späteren Verwendung [an einem geeigneten Ort] [liegen, stehen] lassen (Duden-GW)

Es lassen sich also BPA mit natürlicher von solchen mit nicht-natürlicher Klammerung unterscheiden. Letztere bilden — wie die BPA mit nicht-natürlichen Ellipsen — eine Unterklasse der Klasse der BPA mit nicht-natürlicher Textverdichtung, die noch weitere Unterklassen hat. — Alle verdichteten BPA sind nicht „einsetzbar", sondern in manchen Fällen die aus ihnen erschließbaren lexikalischen Paraphrasen zum Lemmazeichen.

## 6. Perspektiven

In diesem Abschnitt wird lediglich pauschal auf einige neuere Entwicklungen innerhalb der lexikalischen Semantik hingewiesen, die in Zukunft näher (und etwas genauer als bisher) daraufhin überprüft werden können (od. sollten), ob ihre Berücksichtigung nützlich ist (i) bei der theoretischen Deutung der empirisch gegebenen lexikographischen Beschreibungen der lexikalischen Bedeutung im allgemeinen einsprachigen Wörterbuch oder (ii) bei der zukünftigen praktischen Durchführung der lexikographischen Bedeutungsbeschreibungen oder für deren theoriegeleitete Steuerung.

Putnam hat in mehreren Arbeiten (vgl. u. a. Putnam 1975, 1975a, 1979) eine Auffassung ausgearbeitet, die zur Zeit vor allem unter der Bezeichnung *Stereotypensemantik* firmiert. Die Auffassungen über diese „Theorie" sind relativ kontrovers. Es gibt positive Rezeptionen, die m. E. nicht ausreichend berücksichtigt haben, daß alle entscheidenden Punkte dieser „Theorie" (starre Referenz, Stereotyp, Verhältnis von In- und Extension, sog. sprachliche Arbeitsteilung) bereits so weitreichend kritisiert bzw. modifiziert worden sind (vgl. u. a. Bosch 1985, Kleiber 1985, Mudersbach/Thiele 1983; Eickmeyer 1983; Rey 1983; Welsh 1983; Zemach 1976), daß ziemlich weitgehende Reparaturen notwendig sind.

Geeraerts (1985, 1987) und Teichroew (1986) haben versucht, die Stereotypensemantik für die systematische Wörterbuchforschung fruchtbar zu machen. Während bei der Interpretation der lexikographischen Beschreibungen im Lichte dieses Konzeptes anregende Aspekte zu verzeichnen sind, ist die Stereotypensemantik für die konkrete Durchführung von lexikographischen Beschreibungen von keinem weiterreichenden Interesse, da Putman nur an wenigen sprachlichen Beispielen Stereotype als Merkmalbündel repräsentiert und nicht angibt, wie man die Merkmale ermittelt.

Neben der Stereotypensemantik wird seit rund einem Jahrzehnt eine psychologische Theorie in der lexikalischen Semantik stark diskutiert, die sog. Prototypentheorie; man vgl. hierzu u. a.: Rosch 1973, 1975 u. 1977; Coleman/Kay 1981; Oshershon/Smith 1981; Cuychens 1983; Eckes/Six 1984; Geeraerts 1983; Lipka 1987, 1988; Meinhard 1984; Schwarze 1988; Viehweger 1987; Wolski 1988. Auch hier wird in der Adaption für die Zwecke einer linguistischen lexikalischen Semantik m. E. z. T. zu wenig berücksichtigt, daß diese Theorie insbesondere hinsichtlich ihrer empirischen Grundlagen, der Durchführung der „Tests" etc. innerhalb der Psychologie stark kritisiert wurde. Auch wenn es sich bei der Prototypentheorie natürlich nicht um eine Bedeutungstheorie handelt, sondern um eine Theorie über das mentale Verfahren, wie Gegenstände unter Begriffe subsumiert werden, zeigt die einschlägige Literatur deutlich, daß die Prototypentheorie, die — historisch betrachtet — insgesamt als eine Infragestellung der klassischen Kategorienbildung in der Tradition des Aristoteles verstanden werden muß, ein großes Anregungspotential für die lexikalische Semantik enthält, das sich auch auf die Anforderungen erstreckt, die sinnvollerweise an lexikographische Bedeutungsbeschreibungen gestellt werden können. Konzepte für die konkrete Durchführung von lexikographischen Beschreibungen der lexikalischen Bedeutungen, die dem prototypischen Ansatz unmittelbar verpflichtet und praxisrelevant sind, sind m. W. bisher nicht entwickelt worden.

Schließlich werden seit rund einem Jahrzehnt verschiedene theoretische Ansätze diskutiert, die man — obwohl sie teils erhebliche Unterschiede aufweisen — wahrscheinlich am besten unter der Bezeichnung Frame-Theorie subsumiert (vgl. z. B. Fillmore 1976, 1985; Engelkamp 1985; Rashin 1985, 1985a; Saluvier 1985; Wegener 1985; Art. 84 mit weit. Lit.). M. E. sind diese Ansätze für die einsprachige Lexikographie und systematische Wörterbuchforschung von unmittelbarem Interesse (vgl. hierzu Art. 84). Sie können mit dem unter 4. skizzierten, handlungssemantischen Ansatz (ohne daß eklektizistische Kontaminationen erforderlich sind) kompatibel gemacht werden. Unterstellt man, daß framebezogene Beschreibungen für bestimmte Lexikbereiche erfahrungsnähere Bedeutungsbeschreibungen erlauben, dann ist eine Konzeption denkbar, welche die unterschiedlich zu bearbeitenden Lemmazeichentypen eines allgemeinen einsprachigen Wörterbuches relativ zu Frametypen konzipiert und zu jedem Lemmazeichentyp eine abstrakte Mikrostruktur bereitstellt; z. B. entspricht dann dem Frametyp PERSON (vgl. Art. 84, Abb. 48.3) ein Lemmazeichentyp. Die Teilstruktur einer solchen Mikrostruktur, die der semantische Kommentar entsprechender Wörterbuchartikel aufweist, muß dann in ihrer Trägermenge framebasierte, auf die Framedimensionen bezogene Angabeklassen aufweisen, auf denen solche Ordnungen definiert sind, die es gestatten, standardisierte (aber dennoch weitgehend lesbare) Wörterbuchartikel zu formulieren, deren semantische Kommentare von vornherein so konzipiert sind, daß die Bedeutung des Lemmazeichens vom Benutzer-in-actu aus dem gesamten Text des semantischen Kommentars erarbeitet werden kann, so daß die sog. lexikographische Definition — wenn sie überhaupt noch als Angabeklasse auftritt — wenigstens nicht mehr als der zentrale Träger der Bedeutungsvermittlung angesehen wird und ihre „Schlüsselrolle" an die Ganzheit eines framebasierten Wörterbuchtextes abtritt.

## 7. Literatur (in Auswahl)
### 7.1. Wörterbücher

*Brisante Wörter 1989* = Gerhard Strauß/Ulrike Haß/Gisela Harras: Brisante Wörter von *Agitation* bis *Zeitgeist*. Ein Lexikon zum öffentlichen Sprachgebrauch. Berlin. New York 1989 (Schriften des Instituts für deutsche Sprache 2) [778 S.].

*BW* = Brockhaus-Wahrig: Deutsches Wörterbuch in sechs Bänden. Hrsg. von Gerhard Wahrig†, Hildegard Krämer, Harald Zimmermann. Wiesbaden. Stuttgart. 1. Bd. *A—BT,* 1980; 2. Bd. *BU—FZ,* 1981; 3. Bd. *G—JZ,* 1981; 4. Bd. *K—OZ,* 1982; 5. Bd. *P—STD,* 1983; 6. Bd. *STE—ZZ,* 1984 [zus. 5310 S.].

COBUILD 1987 = Collins COBUILD English Language Dictionary. London and Glasgow 1987 [XXIV, 1703 S.]

*Dill 1987* = Christa Dill: Wörterbuch zu Goethes West-Östlichem Divan. Tübingen 1987 [LIV, 488 S.].

*Duden-GW* = Duden. Das große Wörterbuch der deutschen Sprache in sechs Bänden. Hrsg. und bearb. vom Wissenschaftlichen Rat und den Mitarbeitern der Dudenredaktion unter Leitung von Günther Drosdowski. Mannheim. Wien. Zürich. Bd. 1: *A—Ci* 1976; Bd. 2: *Cl—F* 1976; Bd. 3: *G—Kal* 1977; Bd. 4: *Kam—N* 1978; Bd. 5: *O—So* 1980; Bd. 6: *Sp—Z* 1981 [zus. 2992 S.; 2. Ausg. als Bd. 30, 1979; Bd. 31, 1980; Bd. 32, 1981 von Meyers Enzyklopädischem Lexikon. Mannheim. Wien. Zürich, zus. 2992 S.].

*Duden-2* = Duden. Stilwörterbuch der deutschen Sprache. Die Verwendung der Wörter im Satz. 7., völlig neu bearb. u. erw. Aufl. von Günther Drosdowski unter Mitwirkung folgender Mitarbeiter der Dudenredaktion: Wolfgang Eckey, Dieter Mang, Charlotte Schrupp, Marion Trunk-Nußbaumer. Duden Bd. 2. Mannheim. Wien. Zürich 1988 (Der Duden in 10 Bänden) [864 S.].

Duden-10 = Duden. Bedeutungswörterbuch. 2., völlig neu bearb. u. erw. Aufl. Hrsg. und bearb. von Wolfgang Müller unter Mitwirkung folgender Mitarbeiter der Dudenredaktion: Wolfgang Eckey, Jürgen Folz, Heribert Hartmann, Rudolf Köster, Dieter Mang, Charlotte Schrupp, Marion Trunk-Nußbaumer. Duden Bd. 10. Mannheim. Wien. Zürich 1985 (Der Duden in 10 Bänden) [797 S.].

*DUW 1983* = Duden. Deutsches Universalwörterbuch. Hrsg. und bearb. vom Wissenschaftlichen Rat und den Mitarbeitern der Dudenredaktion unter Leitung von Günther Drosdowski. Mannheim. Wien. Zürich 1983 [1504 S.].

*Eick 1989* = Jürgen Eick: Von Ahnungslosigkeit bis Zuversicht. Wörterbuch eines Journalisten. München 1989 [207 S.].

*EPW 1980 ff.* = Enzyklopädie Philosophie und Wissenschaftstheorie. Unter ständiger Mitwirkung von [...] in Verbindung mit Gereon Wolters hrsg. von Jürgen Mittelstraß. Bd. 1: A—G. 1980; Bd. 2: H—O, 1984. Mannheim. Wien. Zürich 1980 ff.

*Gottsched 1758* = Johann Christoph Gottsched: Beobachtungen über den Gebrauch und Misbrauch vieler deutscher Wörter und Redensarten. Straßburg. Leipzig 1758 [Wiederabgedruckt in: Johannus Hubertus Slangen, Johann Christoph Gottsched: Beobachtungen über den Gebrauch und Misbrauch vieler deutscher Wörter und Redensarten. Academisch Proefschrift. Heerlen 1955, 35—252].

*Herders Sprachbuch 1973* = Herders Sprachbuch. Ein neuer Weg zu gutem Deutsch. Rechtschreibung. Trennung. Aussprache. Bedeutung. Herkunft von rund 60 000 Wörtern. 36 Rahmenartikel zu Sprachlehre, Sprachkunde, Sprachgebrauch neu bearb. von Kurt Abels. Freiburg i. Br. 1973 (Herderbücherei 470) [XXVIII, 803 S.].

*HWDG* = Handwörterbuch der deutschen Gegenwartssprache. In zwei Bänden. Von einem Autorenkollektiv unter der Leitung von Günter Kempcke [...]. Bd. 1: *A—K;* Bd. 2: *L—Z*. Berlin [DDR] 1984 [zus. XXXI, 1399 S.].

*Knaurs-GW* = Knaurs Großes Wörterbuch der deutschen Sprache. Der große Störig. Erarb. von Ursula Hermann unter Mitarbeit von Horst Leisering und Heinz Hellerer. München 1985 [1120 S.].

*Kondakow 1978* = N. I. Kondakow: Wörterbuch der Logik. Hrsg. der deutschen Ausgabe: Erhard Albrecht. Günther Asser. Leipzig 1978 [554 S.].

*Lexer 1872—1878* = Matthias Lexer: Mittelhochdeutsches Handwörterbuch. Zugleich als Supplement und alphabetischer Index zum Mittelhochdeutschen Wörterbuche von Benecke-Müller-Zarncke. 1. Bd. *A—M* (1869—1872); 2. Bd. *N—U* (1873—1876); 3. Bd. *VF—Z,* Nachträge. Leipzig 1872, 1876, 1878 [1. Bd.: XXXII S., 2262 Sp.; 2. Bd.: 7 S., 2050 Sp., 3. Bd.: 1226 Sp., Nachträge: 406 Sp.].

*Mackensen 1977* = Lutz Mackensen: Deutsches Wörterbuch. Rechtschreibung. Grammatik. Stil. Worterklärung. Fremdwörterbuch. Geschichte des deutschen Wortschatzes. 9. völlig neubearb. und stark erw. Aufl. München 1977 [XLIV, 1212 S. u. 1213—1220: Geschichte des deutschen Wortschatzes].

*Müller-Thurau 1983* = Claus Peter Müller-Thurau: Laßt uns mal 'ne Schnecke angraben. Sprache und Sprüche der Jugendszene. 3. Aufl. Düsseldorf. Wien 1983 [Wörterbuch 98—172].

*ÖW* = Österreichisches Wörterbuch. Hrsg. im Auftrag des Bundesministeriums für Unterricht und Kunst. 35., völlig neu bearb. u. erw. Aufl. Wien 1979 [432 S.].

*Pekrun 1933* = Das Deutsche Wort. Rechtschreibung und Erklärung des deutschen Wortschatzes sowie der Fremdwörter. Nach den amtlichen Regeln bearb. von Richard Pekrun. Leipzig 1933 [XVI, 1151 S.].

*Sprachbrockhaus 1982* = Bildwörterbuch der deutschen Sprache. Wiesbaden 1982 [15. Bd. der 18., völlig neubearb. Aufl. des Großen Brockhaus [836 S.].

*Wahrig-dtv* = dtv-Wörterbuch der deutschen Sprache. Hrsg. von Gerhard Wahrig in Zusammenarbeit mit zahlreichen Wissenschaftlern und anderen Fachleuten. 2. Aufl. München 1979 [942 S.; identisch mit: Der kleine Wahrig. Wörterbuch der deutschen Sprache. Hrsg. von Gerhard Wahrig in Zusammenarbeit mit zahlreichen Wissenschaftlern und anderen Fachleuten. München 1982, 942 S.].

*Wahrig-²DW* = Gerhard Wahrig: Deutsches Wörterbuch. Hrsg. in Zusammenarbeit mit zahlreichen Wissenschaftlern und anderen Fachleuten. Mit einem „Lexikon der deutschen Sprachlehre". Einmalige Sonderausgabe. Ungekürzt. Gütersloh 1968 [4185 Sp.].

*Wahrig-⁵DW* = Gerhard Wahrig: Deutsches Wörterbuch. Mit einem „Lexikon der deutschen Sprachlehre". Hrsg. in Zusammenarbeit mit zahlreichen Wissenschaftlern und anderen Fachleuten. Völlig überarb. Neuausgabe [von Ursula Hermann, Renate Wahrig-Burfeind, Klaus Rümme und Norbert Raum]. München 1986 [1493 S.].

*Wallis 1813* = Daniel Ludwig Wallis: Gebräuchlichste Ausdrücke und Redensarten der Studenten. In: Der Göttinger Student. Oder Bemerkungen, Rathschläge und Belehrungen über Göttingen und das Studenten-Leben auf der Georgia Augusta. Göttingen, 140—181 [Wiederabgedruckt in: Wörterbücher des 19. Jahrhunderts zur deutschen Studentensprache I. Hrsg. von Helmut Henne und Georg Objartel. Berlin. New York 1984 (Bibliothek zur historischen deutschen Studenten- und Schülersprache Bd. 3), 47—98].

*WDG* = Wörterbuch der deutschen Gegenwartssprache. Hrsg. von Ruth Klappenbach† und Wolfgang Steinitz†. Berlin. 1. Bd. *A—deutsch* [...]. 1. Aufl. 1961, 10. bearb. Aufl. 1980; 2. Bd.: *Deutsch—Glauben* [...] 1. Aufl. 1967, 7. Aufl. 1981; 3. Bd.: *glauben—Lyzeum* [...]. 1. Aufl. 1969, 5. Aufl. 1981; 4. Bd.: *M—Schinken* [...]. 1. Aufl. 1975, 4., durchges. Aufl. 1981; 5. Bd.: *Schinken—Vater-, vater—* [...]. 1. Aufl. 1976, 4. Aufl. 1980; 6. Bd.: *väterlich—Zytologie* [...]. 1. Aufl. 1977, 3. Aufl. 1982 [zus. 38, 4579 S.].

### 7.2. Sonstige Literatur

*Abelson 1967* = Raziel Abelson: Definition. In: The Encyclopedia of Philosophy. Vol. II. Ed. by P. Edwards. New York. London 1967, 314—324.

*Agricola et al. 1987* = Erhard Agricola/Ursula Brauße/Ilse Karl/Klaus-Dieter Ludwig: Studien zu einem Komplexwörterbuch der lexikalischen Mikro-, Medio- und Makrostrukturen („Komplexikon"). 2 Bde. Berlin [DDR] 1987 (Linguistische Studien. Reihe A. Arbeitsberichte 169/I u. 169/II).

*Apresjan 1971* = JU. D. Apresjan: Ideen und Methoden der modernen strukturellen Linguistik. Kurzer Abriß. Hrsg. und ins Deutsche übertragen von Brigitte Halthof und Elisabeth Mai. Redaktion: Fritz Jüttner. Berlin [DDR; Lizenzausgabe München] 1971.

*Armstrong et al. 1983* = Sharon L. Armstrong/Lila R. Gleitman/Henry Gleitman: What some concepts might not be. In: Cognition 13. 1983, 263—308.

*Ayto 1983* = John R. Ayto: Semantic analysis and dictionary definitions. In: Lexicography: Principles and Practice. Ed. by R. R. K. Hartmann. London [usw.] 1983, 89—98.

*Ayto 1984* = John R. Ayto: The vocabulary of definition. In: Götz, Dieter und Thomas Herbst (Hrsg.): Theoretische und praktische Probleme der Lexikographie. 1. Augsburger Kolloquium. München 1984, 50—62.

*Baker/Hacker 1984* = G. P. Baker/P. M. S. Hacker: Language, sense and nonsense. A critical investigation into modern theories of language. Oxford 1984.

*Ballweg-Schramm 1985* = Angelika Ballweg-Schramm: Zur semantischen Beschreibung von Verben im Hinblick auf lexikographische Erfordernisse. Essen, trinken und so weiter. In: Probleme des Wörterbuchs. Hrsg. von Ladislav Zgusta. Darmstadt 1985 (Wege der Forschung 612), 320—342 [Zuerst in: Kolloquium über Lexikographie. Kopenhagen 1976. Beiträge von Helmut Henne, Helmut Schumacher, Angelika Ballweg-Schramm, Herbert Ernst Wiegand, Elisabeth Møller und Hans-Peder Kromann. Hrsg. von Karl Hyldgaard-Jensen. Kopenhagen 1977 (Kopenhagener Beiträge zur germanistischen Linguistik 12), 37—58].

*Bartsch/Vennemann 1982* = Renate Bartsch/Theo Vennemann: Grundzüge der Sprachtheorie. Eine linguistische Einführung. Tübingen 1982.

*Béjoint 1983* = Henri Béjoint: Field Dictionaries. In: Lexicography: Principles and Practice. Ed. by R. R. K. Hartmann. London [usw.] 1983 (Applied Language Studies), 67—76.

*Bergenholtz/Mugdan 1986* = Henning Bergenholtz/Joachim Mugdan: Der neue „Super-Duden". Die authentische Darstellung des deutschen Wortschatzes. In: Studien zur neuhochdeutschen Lexikographie VI, 1. Teilbd. Hrsg. von Herbert Ernst Wiegand. Hildesheim. Zürich. New York 1986 (Germanistische Linguistik 84—86), 1—149.

*Biere 1989* = Bernd Ulrich Biere: Verständlich-Machen. Hermeneutische Tradition — Historische Praxis — Sprachtheoretische Begründung. Tübingen 1989 (Reihe Germanistische Linguistik 82).

*Bierwisch/Kiefer 1969* = Manfred Bierwisch/Ferenc Kiefer: Remarks on definition in natural language. In: Studies in Syntax and Semantics. Ed. by Ferenc Kiefer, Dordrecht 1969 (Foundation of Language. Supplement Series 10), 55—79.

*Blutner 1985* = Reinhard Blutner: Prototyp-Theorien und strukturelle Prinzipien der mentalen Kategorisierung. In: Generische Sätze, Prototypen und Defaults. Berlin [DDR] 1985 (Linguistische Studien. Reihe A. Arbeitsberichte 125), 86—135.

*Bolinger 1965* = Dwight Bolinger: The atomization of meaning. In: Language 41. 1965, 555—573.

*Bolinger 1985* = Dwight Bolinger: Defining the indefinable. In: Dictionaries, Lexicography and Language Learning. Ed. by Robert Ilson. Oxford [usw.] 1985 (ELT Documents 120), 69—73.

*Borsodi 1967* = Ralph Borsodi: The definition of definition. A new linguistic approach to the interpretation of knowledge. Boston 1967.

*Bosch 1985* = Peter Bosch: Kontexte, Stereotype und Dynamik der Bedeutungskonstitution. In: Dynamik in der Bedeutungskonstitution. Hrsg. von Burghard Rieger. Hamburg 1985 (Papiere zur Textlinguistik 46), 143—162.

*Bosque 1982* = Ignacio Bosque: Sobre la teoría de la definición lexicográfica. In: Verba 9. 1982, 105—123.

*Brauße 1988* = Ursula Brauße: Ist die lexikalische Semantik eine Theorie der Autosemantika? Wortartenspezifische Probleme einer Theorie der Wortbedeutung. In: Zeitschrift für Germanistik 9. 1988, 595—602.

*Burger 1983* = Harald Burger: Phraseologie in den Wörterbüchern des heutigen Deutsch. In: Studien zur neuhochdeutschen Lexikographie III. Hrsg. von Herbert Ernst Wiegand. Hildesheim. Zürich. New York 1983 (Germanistische Linguistik 1—4/82), 13—66.

*Burger 1988* = Harald Burger: Die Semantik des Phraseologismus: Ihre Darstellung im Wörterbuch. In: Beiträge zur Phraseologie des Ungarischen und des Deutschen. Hrsg. von Regina Hessky. Budapest 1988 (Budapester Beiträge zur Germanistik 16), 69—97.

*Burkhardt 1982* = Armin Burkhardt: Gesprächswörter. Ihre lexikologische Bestimmung und lexikographische Beschreibung. In: Konzepte zur Lexikographie. Studien zur Bedeutungserklärung in einsprachigen Wörterbüchern. Hrsg. von Wolfgang Mentrup. Tübingen 1982 (Reihe Germanistische Linguistik 38), 138—171.

*Calzolari 1977* = Nicoletta Calzolari: An empirical approach to circularity in dictionary definitions. In: Cahiers de Lexicologie 31. 1977, 118—128.

*Calzolari 1982* = Nicoletta Calzolari: Towards the organization of lexical definitions on a data base structure. In: Coling '82. Proceedings of the Ninth International Conference on Computational Linguistics, Prague, July 5—10, 1982. Ed. by Ján Horecký. Amsterdam. New York. Oxford 1982 (North-Holland Linguistic Series 47), 61—64.

*Casagrande/Hale 1967* = J. B. Casagrande/K. Hale: Semantic relationships in Papago folk-definitions. In: Studies in Southwestern Ethnolinguistics. Ed. by Dell H. Hymes. The Hague 1967 (Studies in general anthropology 3), 165—183.

*Coleman/Kay 1981* = Linda Coleman/Paul Kay: Prototype Semantics. In: Language 57. 1981, 26—44.

*Cruse 1986* = David Alan Cruse: Lexical Semantics. Cambridge 1986.

*Cuyckens 1983* = Hubert Cuyckens: Prototypes in lexical semantics: an evaluation. In: Sprache und Text. Akten des 18. linguistischen Kolloquiums, Linz 1983. Bd. 1. Hrsg. von Herwig Krenn/Jürgen Niemeyer/Ulrich Eberhard. Tübingen 1984 (Linguistische Arbeiten 145), 174—282.

*Dagenais 1984* = Louise Dagenais: Two principles in definitions of an Explanatory-Combinatorial Dictionary. In: LEXeter '83 Proceedings. Papers from the International Conference on Lexicography at Exeter, 9—12 September 1983 ed. by R. R. K. Hartmann. Tübingen 1984 (Lexicographica. Series Maior 1), 58—66.

*Dieckmann 1988* = Walther Dieckmann: Man kann und sollte Bedeutungserläuterungen und Sachbeschreibung im Wörterbuch trennen. Ein unpraktisches Plädoyer für Sprachwörterbücher. In: Deutscher Wortschatz. Lexikologische Studien. Ludwig Erich Schmitt zum 80. Geburtstag von seinen Marburger Schülern. Hrsg. von Horst Haider Munske, Peter von Polenz, Oskar Reichmann, Reiner Hildebrandt. Berlin. New York 1988, 792—812.

*Dölling 1975* = Johannes Dölling: Die Bedeutung von Definitionen in der Philosophie. In: Deutsche Zeitschrift für Philosophie 23. 1975, 1562—1570.

*Dubislav 1931* = Walter Dubislav: Die Definition. 3. völlig umgearb. u. erw. Aufl. Leipzig 1931 (Beihefte der 'Erkenntnis' 1). [Nachdruck 1981. Mit einer Einführung von Wilhelm K. Essler].

*Eckes/Six 1984* = Thomas Eckes/Bernd Six: Prototypenforschung: Ein integrativer Ansatz zur Analyse der alltagssprachlichen Kategorisierung von Objekten, Personen und Situationen. In: Zeitschrift für Sozialpsychologie 15. 1984, 2—17.

*Eco 1984* = Umberto Eco: Metaphor, Dictionary, and Encyclopedia. In: New Literary History 15. 1984, 255—271.

*Eco 1985* = Umberto Eco: Wörterbuch versus Enzyklopädie. In: Umberto Eco: Semiotik und Philosophie der Sprache. Übers. von Christiane Trabant-Rommel und Jürgen Trabant. München 1985 (Supplemente, Bd. 4), 77—132.

*Eikmeyer 1983* = Hans-Jürgen Eikmeyer: Wortsemantik und Stereotype. In: Aspekte der Wort- und Textbedeutung. Hrsg. von János S. Petöfi. Hamburg 1983 (Papiere zur Textlinguistik 42), 35—46.

*Eley 1974* = Lothar Eley: Definition, Begriffsbildung. In: Wissenschaftstheorie 2. Struktur und Methoden der Wissenschaften. Hrsg. von Heinrich Rombach. Mit Beiträgen von [. . .]. Freiburg. Basel. Wien 1974 (Studienführer zur Einführung in das kritische Studium der Erziehungs- und Sozialwissenschaften. Schriften des Wielmann-Instituts München—Wien), 62—74.

*Enders 1975* = Heinz W. Enders: Sprachlogische Traktate des Mittelalters und der Semantikbegriff. Ein historisch-systematischer Beitrag zur Frage der semantischen Grundlegung formaler Systeme.

München. Paderborn. Wien 1975 (Münchner Universitätsschriften. NF 20).

*Engelkamp 1985* = Johannes Engelkamp: Die Repräsentation der Wortbedeutung. In: Christoph Schwarze/Dieter Wunderlich (Hrsg.): Handbuch der Lexikologie. Königstein/Ts. 1985, 271—313.

*Eschbach 1984* = Achim Eschbach: Karl Bühlers synchytische Begriffe und Ludwig Wittgensteins Familienähnlichkeiten. In: Bühler-Studien. Hrsg. von Achim Eschbach. Bd. 2. Frankfurt/M. 1984 (Suhrkamp Taschenbuch Wissenschaft 482), 175—206.

*Essler 1970* = Wilhelm K. Essler: Wissenschaftstheorie I: Definition und Reduktion. Freiburg. München 1970 (Kolleg Philosophie).

*Fillmore 1976* = Charles J. Fillmore: Frame Semantics and the Nature of Language. In: Annuals of the New York Academy of Science. New York. 280. 1976, 20—31.

*Fillmore 1985* = Charles J. Fillmore: Frames and the Semantics of Understanding. In: Quaderni di semantica II. 2. 1985, 222—254.

*Fillmore 1989* = Charles j. Fillmore: Two Dictionaries. In: International Journal of Lexicography 2. 1989, 57—83.

*Fradin 1979* = Bernard Fradin: Autour de la définition: de la lexicographie à la sémantique. In: Langue française 43. 1979, 60—83.

*Frawley 1980* = William Frawley: Remarks on the Dictionary/Encyclopedia Debate: In Defense of the Dictionary. In: Research on Lexicography. Ed. by Roger J. Steiner. Newark 1980 (Studies in Lexicography as a Science and as an Art. 4. No. 1), 17—38.

*Frawley 1980/81* = William Frawley: Lexicography and the Philosophy of Science. In: Dictionaries 2—3. 1980/81, 18—28.

*Frawley 1981* = William Frawley: In defense of the dictionary: a response to Haiman. In: Lingua 55. 1981, 18—27.

*Frawley 1982* = William Frawley: Aspects of metaphorical definition in the sciences. In: Dictionaries 4. 1982, 118—150.

*Gabriel 1972* = Gottfried Gabriel: Definitionen und Interessen. Über die praktischen Grundlagen der Definitionslehre. Stuttgart-Bad Cannstadt 1972 (problemata 13).

*Gabriel 1972 a* = Gottfried Gabriel: Explikation. In: Historisches Wörterbuch der Philosophie. Unter Mitwirkung von mehr als 700 Fachgelehrten in Verbindung mit [...] hrsg. von Joachim Ritter. Völlig neubearb. Ausgabe des 'Wörterbuchs der philosophischen Begriffe' von Rudolf Eisler. Bd. 2: D—F. Darmstadt 1972, 876.

*Gabriel 1980* = Gottfried Gabriel: Definition. In: EPW 1980 ff., Bd. 1, 439—442.

*Gabriel 1980 a* = Gottfried Gabriel: Explikation. In: EPW 1980 ff., Bd. 1, 625.

*Geeraerts 1982* = Dirk Geeraerts: Stereotypes en prototypes. In: Forum der Letteren 23. 1982, 248—258.

*Geeraerts 1983* = Dirk Geeraerts: Type' en prototype. In: Tijdschrift voor tekst- en taalwetenschap 4. 1983, 69—86.

*Geeraerts 1985* = Dirk Geeraerts: Les données stéréotypiques, prototypiques et encyclopédiques dans le dictionnaire. In: Cahiers de Lexicologie XLVI. 1985, 27—43.

*Geeraerts 1987* = Dirk Geeraerts: Types of semantic information in dictionaries. In: A Spectrum of Lexicography. Papers from AILA Brussels 1984. Ed. by Robert Ilson. Amsterdam/Philadelphia 1987, 1—10.

*Good 1987* = Colin H. Good: Lexicography and linguistic theory with special reference to German. In: Studia Neophilologica 59. 1987, 65—79.

*Gove 1965* = Philip B. Gove: The Nonlexical and the encyclopedic. In: Names 13. 1965, 103—115.

*Gove 1967* = Philip B. Gove: Repetition in difining. In: The role of the dictionary. Ed. by Philip B. Gove. Indianapolis. New York. Kansas City 1967, 9—13.

*Gove 1968* = Philip B. Gove: On defining adjectives. Part I [und] Part II. In: American Speech 43. 1968, 5—32 u. 243—267.

*Gove 1985* = Philip B. Gove: Subject orientation within the definition. In: Probleme des Wörterbuchs. Hrsg. von Ladislav Zgusta. Darmstadt 1985 (Wege der Forschung 612), 58—70 [Zuerst in: Monograph Series on Languages and Linguistics 14. 1961, „Report of the Twelfth Annual Round Table Meeting on Linguistics and Language Studies. Ed. by Michael Zarechnak. Washington, D. C., 95—107].

*Gruber 1985* = J. S. Gruber: Lexical, conceptual und encyclopedic meaning. In: Quaderni di semantica H. 2, 1985, 254—267.

*Guralnik 1963* = David B. Guralnik: Connotation in dictionary definition. In: Harbrace Guide to Dictionaries. By Kenneth G. Wilson, R. H. Hendrickson, Peter Alan Taylor. New York and Burlingame 1963.

*Habel 1985* = Christopher Habel: Das Lexikon in der Forschung der Künstlichen Intelligenz. In: Christoph Schwarze/Dieter Wunderlich (Hrsg.): Handbuch der Lexikologie. Königstein/Ts. 1985, 441—474.

*Haiman 1980* = John Haiman: Dictionaries and encyclopedias. In: Lingua 50. 1980, 329—357.

*Hanks 1979* = Patrick Hanks: To what extent does a dictionary define? In: Dictionaries and their Users. Papers from the 1978 B. A. A. L. Seminar on Lexicography. Ed. by R. R. K. Hartmann. Exeter 1979 (Exeter Linguistic Studies 4), 32—38.

*Hanks 1987* = Patrick Hanks: Definitions and Explanations. In: Looking Up. An account of the COBUILD Project in lexical computing and the development of the Collins COBUILD English

Language Dictionary. Ed. by J. M. Sinclair. London. Glasgow 1987, 116—136.

*Hanna 1968* = Joseph F. Hanna: An Explication of *explication*. In: Philosophy of Science 35. 1968, 28—44.

*Harras 1977* = Gisela Harras: Überlegungen zu Artikeln in einsprachigen Wörterbüchern. Grundsätzliches und ein Beispiel: Ein Wörterbuchartikel für das Lemma *gut*. In: Germanistische Linguistik 5—6/1977, 153—188.

*Harras 1982* = Gisela Harras: Zur Lexikographie von Befindlichkeitsadjektiven. Möglichkeiten und Grenzen ihrer Bedeutungserläuterungen. In: Wolfgang Mentrup (Hrsg.): Konzepte zur Lexikographie. Studien zur Bedeutungserklärung in einsprachigen Wörterbüchern. Tübingen 1982 (Reihe Germanistische Linguistik 38), 92—102.

*Harras 1986* = Gisela Harras: Bedeutungsangaben im Wörterbuch. Scholastische übungen für linguisten oder verwendungsregeln für benutzer? In: Textlinguistik contra Stilistik? — Wortschatz und Wörterbuch — Grammatische oder pragmatische Organisation von Rede? Hrsg. von Walter Weiss, Herbert Ernst Wiegand, Marga Reis. Tübingen 1986 (Akten des VII. Internationalen Germanisten-Kongresses Göttingen 1985: Kontroversen, alte und neue. Hrsg. von Albrecht Schöne. Bd. 3), 134—143.

*Helbig 1988* = Gerhard Helbig: Einleitung. In: Ders.: Lexikon deutscher Partikeln. Leipzig 1988, 11—76.

*Henne 1972* = Helmut Henne: Semantik und Lexikographie. Untersuchungen zur lexikalischen Kodifikation der deutschen Sprache. Berlin. New York 1972 (Studia Linguistica Germanica 7).

*Henne 1982* = Helmut Henne: Gibt es hyponyme Satzadverbien des „Gewißheitsgrades"? Zu H. E. Wiegands „Beitrag zur praktischen Lexikologie". In: Wolfgang Mentrup (Hg.): Konzepte zur Lexikographie. Studien zur Bedeutungserklärung in einsprachigen Wörterbüchern. Tübingen 1982 (Reihe Germanistische Linguistik 38), 133—137.

*Henne 1987* = Helmut Henne: Hermann Pauls Theorie und Praxis der Bedeutungserklärung. Ein Werkstattbericht. In: Theorie und Praxis des lexikographischen Prozesses bei historischen Wörterbüchern. Akten der Internationalen Fachkonferenz Heidelberg, 3. 6.—5. 6. 1986. Im Auftrag des Forschungsschwerpunktes Lexikographie an der Neuphilologischen Fakultät der Universität Heidelberg hrsg. von Herbert Ernst Wiegand. Tübingen 1987 (Lexicographica. Series Maior 23), 191—200; (Diskussion), 200—203.

*Herberg 1974* = Dieter Herberg: Semantische Merkmalanalyse und Lexikographie. Berlin [DDR] 1974 (Linguistische Studien. Reihe A. Arbeitsberichte 13).

*Herberg 1982* = Dieter Herberg: Neuere Erkenntnisse zu den Strukturprinzipien von Wortbedeutungen und ihrer Widerspiegelung in Wörterbüchern. In: Wortschatzforschung heute. Aktuelle Probleme der Lexikologie und Lexikographie. Hrsg. von Erhard Agricola, Joachim Schildt, Dieter Viehweger. Leipzig 1982 (Linguistische Studien), 149—165.

*Herbst 1986* = Thomas Herbst: Defining with a controlled defining vocabulary in Foreign Learners' Dictionaries. In: Lexicographia 2. 1986, 101—119.

*Hermanns 1986* = Fritz Hermanns: Appellfunktion und Wörterbuch. Ein lexikographischer Versuch. In: Studien zur neuhochdeutschen Lexikographie VI, 1. Teilbd. Hrsg. von Herbert Ernst Wiegand. Hildeheim. Zürich. New York 1986 (Germanistische Linguistik 84—86/1986), 151—182.

*Hinst 1974* = Peter Hinst: Logische Propädeutik. Eine Einführung in die deduktive Methode und logische Sprachenanalyse [recte: Sprachanalyse] München 1974 (Kritische Information 29).

*Hiorth 1954/55* = Finngeir Hiorth: Arrangement of meanings in lexicography. Purpose, disposition and general remarks. In: Lingua 4. 1954/55, 413—424.

*Hiorth 1956* = Finngeir Hiorth: On the Subject Matter of Lexicography. In: Studia Linguistica 10. 1956, 57—65.

*Hiorth 1957* = Finngeir Hiorth: On the Foundation of Lexicography. In: Studia Linguistica 11. 1957, 8—27.

*Hiorth 1959* = Finngeir Hiorth: Origin and Control of Meaning Hypotheses. In: Lingua 8. 1959, 294—305.

*Hölker 1977* = Klaus Hölker: Über einen Typ von Lexikoneinträgen für gemeinsprachliche Lexika. In: János S. Petöfi/Jürgen Bredemeier (Hg.): Das Lexikon in der Grammatik. 1. Halbbd. Hamburg 1977 (Papiere zur Textlinguistik 13, 1), 91—105.

*Hölker 1981* = Klaus Hölker: Lexikondefinitionen und analytische Definitionen. In: Wolfgang Heydrich (Hrsg.): Lexikoneinträge. Grundelemente der semantischen Struktur von Texten V. Hamburg 1981 (Papiere zur Textlinguistik 31), 16—73.

*Holly 1984* = Werner Holly: Sprachhandlungen im Wörterbuch. Zur lexikographischen Beschreibung sprachhandlungsbezeichnender Ausdrücke. In: Studien zur neuhochdeutschen Lexikographie IV. Hrsg. von Herbert Ernst Wiegand. Hildesheim. Zürich. New York 1984 (Germanistische Linguistik 1—3/83), 73—111.

*Horstkotte 1982* = Gudrun Horstkotte: Sprachliches Wissen: Lexikon oder Enzyklopädie? Bern. Stuttgart. Wien 1982 (Studien zur Sprachpsychologie 9).

*Ilson 1987* = Robert B. Ilson: Towards a taxonomy of dictionary definition. In: A Spectrum of Lexicography. Papers from AILA Brussels 1984. Ed. by Robert Ilson. Amsterdam/Philadelphia 1987, 61—73.

*Imbs 1960* = Paul Imbs: Au seuil de la lexicographie. In: Cahiers de Lexicologie 2. 1960, 3—17.

*Jäger/Plum 1988* = Ludwig Jäger/Sabine Plum: Historisches Wörterbuch des deutschen Gefühlswortschatzes. Theoretische und methodische Probleme. In: Ludwig Jäger (Hg.): Zur historischen Semantik des deutschen Gefühlswortschatzes. Aspekte, Probleme und Beispiele seiner lexikographischen Erfassung. Aachen 1988, 5—55.

*Joos 1973* = Martin Joos: Definition Theory. In: Lexicography in English. Ed. by Raven I. McDavid Jr. and Audrey R. Duckert. New York 1973 (Annals of the New York Academy of Sciences. Vol. 211), 221—243.

*Iordan 1957* = Jorgu Iordan: Principes de définition dans les dictionnaires unilingues. In: Mélanges linguistiques. Publiés à l'occasion du VIII<sup>e</sup> congrès international des Linguistes à Oslo, du 5 au 9 août 1957, Bucarest 1957, 223—294.

*Iris/Litowitz/Evens 1988* = Madelyn Anne Iris/Bonnie E. Litowitz/Martha W. Evens: Moving Towards Literacy by Making Definitions. In: International Journal of Lexicography 1. 1988, 238—252.

*Kamlah/Lorenzen 1967* = Wilhelm Kamlah/Paul Lorenzen: Logische Propädeutik oder Vorschule des vernünftigen Redens. Mannheim. Wien. Zürich 1967 (B. I.-Hochschultaschenbücher 227).

*Kant 1975* = Immanuel Kant: Kritik der reinen Vernunft. 2. Tl. Darmstadt 1975 [4. erneut überprüfter reprografischer Nachdruck der Ausgabe Darmstadt 1956] (Immanuel Kant. Werke in zehn Bänden. Bd. 4).

*Kempcke 1987* = Günter Kempcke: Zu Problemen lexikographischer Definitionen von Lexemen des Fachwortschatzes und Allgemeinwortschatzes. In: Lexikologie und Lexikographie. Vorträge der IV. sprachwissenschaftlichen Konferenz DDR—Finnland. Humboldt-Universität zu Berlin, 3.—5. September 1986. Hrsg. von Klaus Welke und Renate Neurath. Berlin [DDR] 1987 (Linguistische Studien. Reihe A. Arbeitsberichte 160), 76—80.

*Kipfer 1984* = Barbara Ann Kipfer: Methods of ordering senses within entries. In: LEXeter '83 Proceedings. Papers from the International Conference on Lexicography at Exeter, 9—12 September 1983 ed. by R. R. K. Hartmann. Tübingen 1984 (Lexicographica. Series Maior 1), 101—108.

*Klare 1988* = Johannes Klare: Zur Problematik der Wortexplikationen im einsprachigen französischen Wörterbuch. In: Wiss. Zeitsch. der Ernst-Moritz-Arndt-Univ. Greifswald. Ges.wiss. Reihe 37. 1988, H. 2, 22 ff.

*Klaus 1975* = Georg Klaus: Definition. In: Philosophisches Wörterbuch. 11., gegenüber der 10., neubearb., unveränd. Aufl. Bd. 1: *A* bis *Kybernetik*. Hrsg. von Georg Klaus und Manfred Buhr. Leipzig 1975.

*Kleiber 1985* = Georges Kleiber: Sur le sens du sens: Contre la représentation sémantique des noms chez Putnam. In: Modèles linguistiques. Tome VII, Fasc. 2. Lille 1985, 73—104.

*Kleinknecht 1979* = Reinhard Kleinknecht: Grundlagen der modernen Definitionstheorie. Königstein/Ts. 1979 (Monographien, Wissenschaftstheorie und Grundlagenforschung 14).

*Knudsen/Sommerfelt 1958* = Trygve Knudsen/Alf Sommerfelt: Principles of Unilingual Dictionary Definitions. In: Proceedings of the Eighth International Congress of Linguistics. Oslo 1958, 92—98 [Discussion 99—115].

*Kolde 1986* = Gottfried Kolde: Zur Lexikographie sogenannter Heckenausdrücke. In: Textlinguistik contra Stilistik? — Wortschatz und Wörterbuch — Grammatische oder pragmatische Organisation von Rede? Hrsg. von Walter Weiss, Herbert Ernst Wiegand, Marga Reis. Tübingen 1986 (Akten des VII. Internationalen Germanisten-Kongresses. Göttingen 1985: Kontroversen, alte und neue. Hrsg. von Albrecht Schöne. Bd. 3), 170—176.

*Kuhn 1980* = Sherman M. Kuhn: The art of writing a definition that does not define. In: Theory and Method in Lexicography: Western and Non-Western Perspectives. Ed. by Ladislav Zgusta. Columbia/South Carolina 1980, 115—121.

*Kühn 1984* = Peter Kühn: Pragmatische und lexikographische Beschreibung phraseologischer Einheiten: Phraseologismen und Routineformeln. In: Studien zur neuhochdeutschen Lexikographie IV. Hrsg. von Herbert Ernst Wiegand. Hildesheim. Zürich. New York 1984 (Germanistische Linguistik 1—3/83), 175—235.

*Kühn 1986* = Peter Kühn: Zur Bedeutungsbeschreibung von Routineformeln in Wörterbüchern. In: Textlinguistik contra Stilistik? Wortschatz und Wörterbuch — Grammatische oder pragmatische Organisation von Rede? Hrsg. von Walter Weiss, Herbert Ernst Wiegand, Marga Reis. Tübingen 1986 (Akten des VII. Internationalen Germanisten-Kongresses Göttingen 1985: Kontroversen, alte und neue. Hrsg. von Albrecht Schöne. Bd. 3), 223—227.

*Kühn 1987* = Peter Kühn: Bedeutungserklärungen im Wörterbuch: Angaben zum Verwendungsdurchschnitt oder zur Verwendungsvielfalt? In: Zeitschrift für Phonetik, Sprachwissenschaft und Kommunikationsforschung 40. 1987, 267—278.

*Kühn 1989* = Peter Kühn: Phraseologie und Lexikographie: Zur semantischen Kommentierung phraseologischer Einheiten im Wörterbuch. In: Wörterbücher in der Diskussion. Vorträge aus dem Heidelberger Lexikographischen Kolloquium. Hrsg. von Herbert Ernst Wiegand. Tübingen 1989 (Lexicographica. Series Maior 27), 133—154.

*Kutschera 1967* = Franz von Kutschera: Elementare Logik. Wien. New York 1967.

*Kutschera/Breitkopf 1971* = Franz von Kutschera/Alfred Breitkopf: Einführung in die moderne Logik. 2. Aufl. Freiburg. München 1971.

*Landau 1984* = Sidney I. Landau: Dictionaries. The Art and Craft of Lexicography. New York 1984.

*Lang 1977* = Ewald Lang: Paraphrasenprobleme I: Über verschiedene Funktionen von Paraphrasen beim Ausführen semantischer Analysen. In: Beiträge zur semantischen Analyse. Berlin [DDR] 1977 (Linguistische Studien. Reihe A. Arbeitsberichte 42), 97—156.

*Lang 1982* = Ewald Lang: Die Konjunktionen im einsprachigen Wörterbuch. In: Wortschatzforschung heute. Aktuelle Probleme der Lexikologie und Lexikographie. Hrsg. von Erhard Agricola, Joachim Schildt, Dieter Viehweger. Leipzig 1982 (Linguistische Studien), 72—106.

*Leinfellner 1967* = Werner Leinfellner: Einführung in die Erkenntnis- und Wissenschaftstheorie. 2. erw. Aufl. Mannheim. Wien. Zürich 1967 (B. I.-Hochschultaschenbücher 41).

*Leisi 1967* = Ernst Leisi: Der Wortinhalt. Seine Struktur im Deutschen und Englischen. 3., durchges. und erw. Aufl. Heidelberg 1967.

*Lessenich-Drucklieb 1978* = Cornelia Lessenich-Drucklieb: Form und Funktion von Definitionen im Wörterbuch. In: Muttersprache 88. 1978, 19—42.

*Lewis 1974* = David Lewis: Prinzipien der Semantik. In: Studien zur Semantik. Hrsg. von Siegfried Kanngießer/Gerd Lindgrün. Kronberg/Ts. 1974 (Forschungen Linguistik und Kommunikationswissenschaft 5), 136—197 [zuerst als „General Semantics". In: Synthese 22. 1970, 18—67].

*Lipka 1987* = Leonhard Lipka: Prototype Semantics or Feature Semantics: An Alternative? In: Perspectives on Language in Performance. Studies in Linguistics, Literary Criticism, and Language Teaching and Learning. To Honour Werner Hüllen on the Occasion of His Sixtieth Birthday. Ed. by Wolfgang Lörscher and Rainer Schulze. Tübingen 1987, 282—298.

*Lipka 1988* = Leonhard Lipka: A Rose is a Rose is a Rose: On Simple and Dual Categorization in Natural Languages. In: Understanding the Lexicon. Meaning, Sense and World Knowledge in Lexical Semantics. Ed. by Werner Hüllen/Rainer Schulze. Tübingen 1988 (Linguistische Arbeiten 355—366).

*Lüdi 1985* = Georges Lüdi: Zur Zerlegbarkeit von Wortbedeutungen. In: Christoph Schwarze/Dieter Wunderlich (Hrsg.): Handbuch der Lexikologie. Königstein 1985, 64—102.

*Lutzeier 1985* = Peter Rolf Lutzeier: Linguistische Semantik. Stuttgart 1985 (Sammlung Metzler 219).

*Lyons 1977* = John Lyons: Semantics Vol. 1 u. Vol. 2. Cambridge [usw.] 1977.

*MacFarquhar/Richards 1983* = Peter D. MacFarquhar/Jack C. Richards: On Dictionaries and Definitions. In: RELC Journal: A Journal of Language Teaching and Research in Southeast Asia 14. 1983, 111—124.

*Manes 1980* = Joan Manes: Ways of Defining: Folk Definitions and the Study of Semantics. In: Forum Linguisticum 5. 1980, 122—139.

*Marcus 1970* = Solomon Marcus: Définitions logiques et définitions lexicographiques. In: La lexicographie, dir. par Josette Rey-Debove. Paris 1970 (Langages 19 [Themenheft], 87—91.

*Marello 1980* = Carla Marello: Lessico ed educazione popolare. Dizionari metodici italiani dell' '800. Introduzione di Giovanni Nencioni". Roma 1980.

*Markowitz/Franz 1988* = Judith Markowitz/Susan K. Franz: The development of defining style. In: International Journal of Lexicography 1. 1988, 252—267.

*Meinhard 1984* = Hans-Joachim Meinhard: Invariante, variante und prototypische Merkmale der Wortbedeutung. In: Zeitschrift für Germanistik 5. 1984, 60—69.

*Menne 1973* = Albert Menne: Definition. In: Handbuch philosophischer Grundbegriffe. Hrsg. von Herman Krings, Hans Michael Baumgartner und Christoph Wild. Studienausgabe Bd. 1. München 1973, 268—274.

*Menne 1987* = Albert Menne: Definition. In. Sociolinguistics. [...]. An International Handbook of the Science of Language and Society. [...] Ed. by Ulrich Ammon, Norbert Dittmar, Klaus J. Mattheier. 1. Halbbd. Berlin. New York 1987 (Handbücher zur Sprach- und Kommunikationswissenschaft 3.1) 25—29.

*Moon 1987* = Rosamund Moon: The Analysis of Meaning. In: Looking Up. An account of the COBUILD Project in lexical computing and the development of the Collins COBUILD English Language Dictionary. Ed. by J. M. Sinclair. London. Glasgow 1987, 86—103.

*Mudersbach/Thiele 1983* = Klaus Mudersbach/Susanne Thiele: Kritische Betrachtungen zu H. Putnams „Die Bedeutung von *Bedeutung*". Typoskript. Heidelberg 1983.

*Mufwene 1988* = Salikoko S. Mufwene: Dictionaries and Proper Names. In: International Journal of Lexicography 1. 1988, 268—283.

*Mühlner 1986* = Werner Mühlner: Zur Rolle syntaktisch-semantischer Faktoren bei der Darstellung unterschiedlicher Bedeutungsvarianten polysemer Wörter. In: Beiträge zur Lexikographie slawischer Sprachen. Hrsg. von Erika Günther. Berlin [DDR] 1986 (Linguistische Studien. Reihe A. Arbeitsberichte 147), 108—114.

*Müller 1984* = Wolfgang Müller: Zur Praxis der Bedeutungserklärung (BE) in einsprachigen deutschen Wörterbüchern und die semantische Umkehrprobe. In: Studien zur neuhochdeutschen Lexikographie V. Hrsg. von Herbert Ernst Wiegand. Hildesheim. Zürich. New York 1984 (Germanistische Linguistik 3—6/84), 359—461.

*Naess 1975* = Arne Naess: Kommunikation und Argumentation. Eine Einführung in die angewandte Semantik. Aus dem Norwegischen übersetzt von Armin von Stechow. Kronberg/Ts. 1975 (Scriptor Taschenbücher S. 59. Linguistik und Kommunikationswissenschaft).

*Neubauer 1980* = Fritz Neubauer: Die Struktur der Explikationen in deutschen einsprachigen Wörterbüchern. Eine vergleichende lexiko-semantische Analyse. Hamburg 1980 (Papiere zur Textlinguistik 27).

*Neubauer 1984* = Fritz Neubauer: The language of explanation in monolingual dictionaries. In: LEXeter '83 Proceedings. Papers from the International Conference on Lexicography at Exeter, 9—12 September 1983. Ed. by R. R. K. Hartmann. Tübingen 1984 (Lexicographica. Series Maior 1), 117—123.

*Neubauer 1987* = Fritz Neubauer: How to Define a Defining Vocabulary. In: A Spectrum of Lexicography. Papers from AILA Brussels 1984. Ed. by Robert Ilson. Amsterdam/Philadelphia 1987, 49—59.

*Nida 1985* = Eugene A. Nida: Analysis of meaning and dictionary making. In: Probleme des Wörterbuchs. Hrsg. von Ladislav Zgusta. Darmstadt 1985 (Wege der Forschung 612), 21—39 [Zuerst in: International Journal of American Linguistics 24. 1958, 279—292].

*Nikula 1986* = Henrik Nikula: Zur Beziehung zwischen fachsprachlicher und gemeinsprachlicher Bedeutung im Wörterbuch. In: Fachsprachen und Übersetzungstheorie VI. 1986, 203—220.

*Nikula 1988* = Henrik Nikula: Lexikon und Wörterbuch. In: Erikoiskielet ja käännösteoria. VAKKI-seminaari VIII. Vöyri 13.—14. 2. 1988, 227—239.

*Niebaum 1986* = Hermann Niebaum: Lemma und Interpretament. Zur Problematik der Artikelgestaltung in Dialektwörterbüchern. In: Hans Friebertshäuser (Hg.) unter Mitarbeit von Heinrich J. Dingeldein: Lexikographie der Dialekte. Beiträge zu Geschichte, Theorie und Praxis. Tübingen 1986 (Reihe Germanistische Linguistik 59), 125—143.

*Nobis/Gabriel 1972* = H. M. Nobis/Gottfried Gabriel: Definition. In: Historisches Wörterbuch der Philosophie. Unter Mitwirkung von mehr als 700 Fachgelehrten in Verbindung mit [...] hrsg. von Joachim Ritter. Völlig neubearb. Ausgabe des 'Wörterbuchs der philosophischen Begriffe' von Rudolf Eisler. Bd. 2: D—F. Darmstadt 1972, 31—42.

*Nogle 1974* = Lawrence Elwayne Nogle: Method and theory in the semantics and cognition of kinship terminology. The Hague. Paris 1974 (Janua linguarum. Series minor 205).

*Objartel 1980* = Georg Objartel: Sprachstadium. In: Lexikon der Germanistischen Linguistik. Hrsg. von Hans Peter Althaus, Helmut Henne, Herbert Ernst Wiegand. 2. vollständig neu bearb. u. erw. Aufl. Tübingen 1980, 557—563.

*Ortega y Gasset 1956* = José Ortega y Gasset: Die Buchmaschine. Zu einem enzyklopädischen Wörterbuch. In: Merkur 10. 1956, 883—842.

*Osherson/Smith 1981* = Daniel W. Osherson/Edward E. Smith: On the adequacy of prototype theory as a theory of concepts. In: Cognition 9. 1981, 35—58.

*Pawłowski 1980* = Tadeusz Pawłowski: Begriffsbildung und Definition: Aus dem Polnischen übersetzt von Georg Grzyb. Berlin. New York 1980 (Sammlung Göschen 2213).

*Petöfi 1981* = János S. Petöfi: Einige allgemeine Aspekte der Analyse und Beschreibung wissenschaftssprachlicher Texte. In: Wissenschaftssprache. Beiträge zur Methodologie, theoretischen Fundierung und Deskription. Hrsg. von Theo Bungarten. München 1981, 140—168.

*Piotrowski 1988* = Tadeusz Piotrowski: Defining natural-kind words. In: Mary Snell-Hornby (ed.): ZüriLEX '86 Proceedings. Papers read at the EURALEX International Congress, University of Zürich, 9—14 September 1986. Tübingen 1988, 55—62.

*Polenz 1987* = Peter von Polenz: Funktionsverben, Funktionsverbgefüge und Verwandtes. Vorschläge zur satzsemantischen Lexikographie. In: Zeitschrift für germanistische Linguistik 15. 1987, 169—189.

*Pottier 1978* = Bernard Pottier: Die semantische Definition in den Wörterbüchern. In: Strukturelle Bedeutungslehre. Hrsg. von Horst Geckeler. Darmstadt 1978 (Wege der Forschung CCCCXXVI), 402—411 [aus dem Franz. von Gisela Köhler; zuerst als „La définition sémantique dans les dictionnaires" in: Travaux de linguistique et de littérature 3. 1965, 33—39].

*Püschel 1980* = Ulrich Püschel: Zur Relation zwischen Lemma und Interpretament. In: Perspektive: textintern. Akten des 14. Linguistischen Kolloquiums Bochum 1979. Bd. 1. Hrsg. von Edda Weigand/Gerhard Tschauder. Tübingen 1980 (Linguistische Arbeiten 88), 73—82.

*Püschel 1981* = Ulrich Püschel: Bedeutungserklärungen als Regel- und Sachbeschreibungen. In: Studien zur neuhochdeutschen Lexikographie I. Hrsg. von Herbert Ernst Wiegand. Hildesheim. New York 1981 (Germanistische Linguistik 3—4/79), 123—138.

*Püschel 1984* = Ulrich Püschel: Im Wörterbuch ist alles pragmatisch. In: Studien zur neuhochdeutschen Lexikographie IV. Hrsg. von Herbert Ernst Wiegand. Hildesheim. Zürich. New York 1984 (Germanistische Linguistik 1—3/83), 361—380.

*Putnam 1975* = Hilary Putnam: How not to talk about meaning. In: Ders.: Mind, Language and Reality. Philosophical Papers. Vol. 2. Cambridge [usw.] 1975, 117—131.

*Putnam 1975 a* = Hilary Putnam: The meaning of 'meaning'. In: Ders.: Mind, Language and Reality. Philosophical Papers. Vol. 2. Cambridge [usw.] 1975, 215—271.

*Putnam 1979* = Hilary Putnam: Die Bedeutung von 'Bedeutung'. Hrsg. und übers. von Wolfgang Spohn. Frankfurt 1979 [dt. Übers. von Putnam 1979 a].

*Quasthoff/Hartmann 1982* = Uta Quasthoff/ Dietrich Hartmann: Bedeutungserklärungen als empirischer Zugang zu Wortbedeutungen. Zur Entscheidbarkeit zwischen holistischen und komponentiellen Bedeutungskonzeptionen. In: Deutsche Sprache 1982, 97—118.

*Quine 1972* = Willard Van Orman Quine: Zwei Dogmen des Empirismus. In: Zur Philosophie der idealen Sprache. Texte von Quine, Tarski, Martin, Hempel und Carnap. Hrsg. und übersetzt von Johannes Sinnreich. München 1972 (dtv-Wissenschaftliche Reihe 4113) [Übers. von: Two Dogmas of Empirism, in: From a Logical Point of View. 2nd. rev. ed. Cambridge/Mass. 1961].

*Quine 1973* = Willard Van Orman Quine: Vagaries in Definition. In: Lexicography in English. Ed. by Raven I. McDavid Jr. and Audrey R. Duckert. New York 1973 (Annals of the New York Academy of Sciences. Vol. 211), 247—250.

*Raskin 1985* = V. Raskin: Script-based semantics: a brief outline. In: Quaderni di semantica. H. 2. 1985, 306—313.

*Raskin 1985a* = V. Raskin: Once again on scripts. In: Quaderni di semantica. H. 1. 1985, 101—106.

*Reichmann 1975* = Oskar Reichmann: Zur konventionellen heteronymischen und partiell heteronymischen Signifikatexplikation, dargestellt am Beispiel der Lexikographie über das Frühneuhochdeutsche. In: Neuere Forschungen in Linguistik und Philologie. Aus dem Kreise seiner Schüler Ludwig Erich Schmitt zum 65. Geburtstag gewidmet. Wiesbaden 1975 (Zeitschrift für Dialektologie und Linguistik. Beih. NF. 13), 198—215.

*Reichmann 1983* = Oskar Reichmann: Möglichkeiten der Erschließung historischer Wortbedeutungen. In: In diutscher diute. Festschrift für Anthoný van der Lee zum sechzigsten Geburtstag. Hrsg. von M. A. van den Broek und G. J. Jaspers. Amsterdam 1983 (Amsterdamer Beiträge zur älteren Germanistik 20), 111—140.

*Reichmann 1984* = Oskar Reichmann: Historische Lexikographie. In: Sprachgeschichte. Ein Handbuch zur Geschichte der deutschen Sprache und ihrer Erforschung. Hrsg. von Werner Besch, Oskar Reichmann, Stefan Sonderegger. 1. Halbbd. Berlin. New York 1984 (Handbücher zur Sprach- und Kommunikationswissenschaft 2.1), 460—492.

*Reichmann 1986* = Oskar Reichmann: Lexikographische Einleitung. In: Frühneuhochdeutsches Wörterbuch. Hrsg. von Robert R. Anderson, Ulrich Goebel, Oskar Reichmann. Bd. 1, Lieferung 1: Einleitung. Quellenverzeichnis. Literaturverzeichnis, *a — abfal* bearb. von Oskar Reichmann. Berlin. New York 1986, 10—164.

*Reule 1984* = Gerhard Reule: Bedeutungen als Muster. In: Sprache und Text. Akten des 18. Linguistischen Kolloquiums Linz 1983. Bd. 1. Hrsg. von Herwig Krenn, Jürgen Niemeyer, Ulrich Eberhard. Tübingen 1984 (Linguistische Arbeiten 145), 183—192.

*Rey 1978* = Alain Rey: Zur Definition in der Lexikographie. In: Strukturelle Bedeutungslehre. Hrsg. von Horst Geckeler. Darmstadt 1978 (Wege der Forschung CCCCXXVI), 412—431 [Aus dem Franz. von Gisela Köhler; mit einem Nachtrag 1975; zuerst als „A propos de la définition lexicographique." In: Cahiers de lexicologie 6. 1965, 67—80].

*Rey 1983* = Georges Rey: Concepts and stereotypes. In: Cognition 15. 1983, 237—262.

*Rey-Debove 1971* = Josette Rey-Debove: Étude linguistique et sémiotique des dictionnaires français contemporains. The Hague. Paris 1971 (Approaches to semiotics 13).

*Rey-Debove 1985* = Josette Rey-Debove: Die lexikographische Definition: Untersuchungen zu der semischen Gleichung. In: Probleme des Wörterbuchs. Hrsg. von Ladislav Zgusta. Darmstadt 1985 (Wege der Forschung 612), 71—98 [Mit Nachwort 1981; zuerst in: Cahiers de lexicologie 8. 1966, 71—94; aus dem Französischen übers. von Ladislav Zgusta].

*Richter 1985* = Margot Richter: Bedeutungsexplikationen im einsprachigen synchronischen Bedeutungswörterbuch im Bereich des ideologierelevanten Wortschatzes. In: Beiträge zu theoretischen und praktischen Problemen in der Lexikographie der deutschen Gegenwartssprache. Berlin [DDR] 1985 (Linguistische Studien. Reihe A. Arbeitsberichte 122), 97—134.

*Robins 1987* = R. H. Robins: Polysemy and the Lexicographer. In: Studies in Lexicography. Ed. by Robert Burchfield. Oxford [usw.] 1987, 52—75.

*Robinson 1984* = Jennifer Robinson: Glossary of English Lexicographical Terms, *A—Z*. In: Workbook on Lexicography. A Course for Dictionary Users with a Glossary of English Lexicographical Terms by Barbara Ann Kipfer with Contributions by [. . .] Exeter 1984 (Exeter Linguistic Studies 8).

*Robinson 1972* = Richard Robinson: Definition [5. Aufl.] London 1972.

*Rosch 1973* = Eleanor Rosch: On the internal structure of perceptual and semantic categories. In: Timothy E. Moore (ed.): Cognitive development and the acquisition of language. New York [etc.] 1973, 111—144.

*Rosch 1975* = Eleanor Rosch: Cognitive representation of semantic categories. In: Journal of Experimental Psychology 104. 1975, 192—233.

*Rosch 1977* = Eleanor Rosch: Human categorization. In: Studies in Cross-cultural Psychology. Vol. 1. Ed. by Neil Warren. London [etc.] 1977, 1—49.

*Saluveer 1985* = Madis Saluveer/Haldur Õim: Frames in linguistic descriptions. In: Quaderni di semantica H. 2. 1985, 295—305.

*Savigny 1970* = Eike von Savigny: Grundkurs im wissenschaftlichen Definieren. Übungen zum Selbststudium. München 1970 (dtv. WR 4062).

*Schelbert 1988* = Tarcisius Schelbert: Dictionaries — too many words? In: Mary Snell-Hornby (ed.): ZüriLEX '86 Proceedings. Papers read at the EURALEX International Congress, University of Zürich, 9—14 September 1986. Tübingen 1988, 63—70.

*Scherner 1989* = Maximilian Scherner: Zur kognitionswissenschaftlichen Modellierung des Textverstehens. Anmerkungen, Fragen und Perspektiven aus sprachwissenschaftlicher Sicht. In: Zeitschrift für germanistische Linguistik 17. 1989, 94 ff.

*Schifko 1977* = Peter Schifko: Aspekte einer strukturalen Lexikologie. Zur Bezeichnung räumlicher Beziehung im modernen Französisch. Bern 1977 (Bibliotheca Romanica. Series prima. Manualia et commentationes XIII).

*Schlaefer 1987* = Michael Schlaefer: Studien zur Ermittlung und Beschreibung des lexikalischen Paradigmas 'lachen' im Deutschen. Heidelberg 1987 (Germanistische Bibliothek. N. F., 3. Reihe: Untersuchungen).

*Schmidt 1986* = Hartmut Schmidt: Wörterbuchprobleme. Untersuchungen zu konzeptionellen Fragen der historischen Lexikographie. Tübingen 1986 (Reihe Germanistische Linguistik 65).

*Schnelle 1973* = Helmut Schnelle: Sprachphilosophie und Linguistik. Prinzipien der Sprachanalyse a priori und a posteriori. Reinbek bei Hamburg 1973 (rororo Studium 30).

*Scholfield 1979* = Philip J. Scholfield: On a nonstandard dictionary definition schema. In: Dictionaries and their Users. Papers from the 1978 B. A. A. L. Seminar on Lexicography. Ed. by R. R. K. Hartmann. Exeter 1979 (Exeter Linguistic Studies 4), 54—62.

*Scholz 1961* = Heinrich Scholz: Die Axiomatik der Alten. In: Heinrich Scholz: Mathesis Universalis. Basel 1961, 27—44 [zuerst in: Blätter für deutsche Philosophie 4. 1930/31, 259—278].

*Schwarze 1982* = Christoph Schwarze: Stereotyp und lexikalische Bedeutung. In: Studium Linguistik 13. 1982, 1—16.

*Schwarze 1988* = Christoph Schwarze: Textverstehen und lexikalisches Wissen. In: Fortschritte in der Semantik. Ergebnisse aus dem Sonderforschungsbereich 99 „Grammatik und sprachliche Prozesse" der Universität Konstanz. Hrsg. von Armin von Stechow und Marie-Theres Schepping. Weinheim 1988 (Acta Humaniora. Sonderforschungsbereiche), 139—157.

*Segeth 1971* = Wolfgang Segeth: Elementare Logik. 6. überarb. und erw. Aufl. Berlin [DDR] 1971.

*Seppänen 1987* = Lauri Seppänen: Realismus, Konzeptualismus und das Wörterbuch. In: Lexikologie und Lexikographie. Vorträge der IV. sprachwissenschaftlichen Konferenz DDR—Finnland. Humboldt-Universität zu Berlin, 3.—5. September 1986. Hrsg. von Klaus Welke und Renate Neurath. Berlin [DDR] 1987 (Linguistische Studien. Reihe A. Arbeitsberichte 160), 1—14.

*Spillner 1984* = Bernd Spillner: Typen der semantischen Beschreibung im Wörterbuch. In: Deutscher Dokumentartag 1984. Darmstadt, vom 9. bis 12. 10. 1984. Perspektiven der Fachinformation Programme—Praxis—Prognosen. Bearb. von Hilde Strohl-Goebel. München. New York. London. Paris 1985, 262—272.

*Stechow 1988* = Armin von Stechow: Fortschritte in der Semantik. In: Fortschritte in der Semantik. Ergebnisse aus dem Sonderforschungsbereich 99 „Grammatik und sprachliche Prozesse" der Universität Konstanz. Hrsg. von Armin von Stechow und Marie-Theres Schepping. Weinheim 1988 (Acta Humanoria. Sonderforschungsbereiche), 3—26.

*Sprengel 1980* = Konrad Sprengel: Über semantische Merkmale. In: Perspektiven der lexikalischen Semantik. Beiträge zum Wuppertaler Sematikkolloquium vom 2.—3. Dez. 1977. Hrsg. von Dieter Kastovsky, Bonn 1980 (Gesamthochschule Wuppertal. Schriftenreihe Linguistik 2), 145—177.

*Stegmüller 1971* = Wolfgang Stegmüller: Wissenschaftstheorie. In: Philosophie. Hrsg. von Alwin Diemer und Ivo Frenzel. Frankfurt 1971 (Das Fischer Lexikon), 334—360.

*Stegmüller 1983* = Wolfgang Stegmüller: Probleme und Resultate der Wissenschaftstheorie und Analytischen Philosophie. Bd. 1. Erklärung. Begründung. Kausalität. 2. verb. u. erw. Aufl. Berlin. Heidelberg. New York 1983.

*Strauß 1982* = Gerhard Strauß: Aspekte des Sprachausschnitts 'Politik' im einsprachigen Wörterbuch. Politisch-ideologische Ismen — lexikographisch betrachtet. In: Wolfgang Mentrup (Hrsg.): Konzepte zur Lexikographie. Studien zur Bedeutungserklärung in einsprachigen Wörterbüchern. Tübingen 1982 (Reihe Germanistische Linguistik 38), 34—64.

*Strauß 1988* = Gerhard Strauß: Neue Wege in der Lexikographie des politisch-ideologischen Wortschatzes. In: Symposium on Lexicography III. Proceedings on the Third International Symposium on Lexicography May 14—16, 1986 at the University of Copenhagen. Ed. by Karl Hyldgaard-Jensen and Arne Zettersten. Tübingen 1988 (Lexicographica. Series Maior 19), 183—213.

*Strauß/Zifonun 1985* = Gerhard Strauß/Gisela Zifonun: Die Semantik schwerer Wörter im Deutschen. Tl. 1: Lexikologie schwerer Wörter; Tl. 2: Typologie und Lexikographie schwerer Wörter. Tübingen 1985 (Forschungsberichte des Instituts für deutsche Sprache 58.1/2).

*Tamás 1964* = György Tamás: Die wissenschaftliche Definition. Budapest 1964 (Studia philosophica Academiae Scientiarum Hungaricae 5).

*Teichroew 1986* = Francine J. Melka Teichroew: Sens et stéréotype: Le cas de la définition lexicographique. In: ITL. Review of applied linguistics 1986, Nr. 71, 65—85.

*Tollenaere 1973* = Felicien de Tollenaere: Lexicographie et linguistique: La signification du mot. In: Meta 18. 1973, 139—144.

*Tollenaere 1979* = Felicien de Tollenaere: Probleme der Lexikographie. Bestimmungsmöglichkeiten historischer Wortbedeutungen. In: Studia Germanica Gandensia 20. 1979, 119—135.

*Tugendhat 1976* = Ernst Tugendhat: Vorlesungen zur Einführung in die sprachanalytische Philosophie. Frankfurt 1976 (Suhrkamp Taschenbuch Wissenschaft 45).

*Tugendhat/Wolf 1986* = Ernst Tugendhat/ Ursula Wolf: Logisch-semantische Propädeutik. Durchges. Ausg. 1986 (Universal-Bibliothek 8206[3]).

*Umbach 1976* = Horst Umbach: Konkurrenz von lexikalischer und pragmatischer Bedeutung in individualsprachlichen Wörterbüchern. In: Deutsche Sprache 4. 1976, 41—50.

*Urdang 1979* = Laurence Urdang: Meaning: Denotative, Connotative, Allusive. In: Dictionaries and their Users. Papers from the 1978 B. A. A. L. Seminar on Lexicography. Ed. by R. R. K. Hartmann. Exeter 1979 (Exeter Linguistic Studies 4), 47—52.

*Viehweger 1982* = Dieter Viehweger: Die Darstellung semantischer Vereinbarkeitsbeziehungen zwischen lexikalischen Elementen im einsprachigen Wörterbuch des Deutschen. In: Wortschatzforschung heute. Aktuelle Probleme der Lexikologie und Lexikographie. Hrsg. von Erhard Agricola, Joachim Schildt, Dieter Viehweger. Leipzig 1982 (Linguistische Studien), 23—41.

*Viehweger 1982 a* = Dieter Viehweger: Semantiktheorie und praktische Lexikographie. In: Zeitschrift für Germanistik 2. 1982, 143—155.

*Viehweger 1987* = Dieter Viehweger: Semantik und praktische Lexikographie. Ein Plädoyer für die Revision semantiktheoretischer Grundlagen der einsprachigen Lexikographie. In: Lexikologie und Lexikographie. Vorträge der IV. Sprachwissenschaftlichen Konferenz DDR—Finnland. Humboldt-Universität zu Berlin, 3.—5. September 1986. Hrsg. von Klaus Welke und Renate Neurath. Berlin [DDR] 1987 (Linguistische Studien. Reihe A. Arbeitsberichte 160), 29—45.

*Viehweger 1988* = Dieter Viehweger: Die Makrostruktur des Lexikons. Theoretische Explikation und Darstellung im allgemeinen einsprachigen Wörterbuch des Deutschen. In: Symposium on Lexicography IV. Proceedings of the Fourth International Symposium on Lexicography April 20—22, 1988 at the University of Copenhagen. Ed. by Karl Hyldgaard-Jensen and Arne Zettersten. Tübingen 1988.

*Viehweger et al. 1977* = Probleme der semantischen Analyse. Von einem Autorenkollektiv unter der Leitung von Dieter Viehweger. Berlin [DDR] 1977 (studia grammatica 15).

*Wahrig 1973* = Gerhard Wahrig: Anleitung zur grammatisch-semantischen Beschreibung lexikalischer Einheiten. Versuch eines Modells. Tübingen 1973 (Linguistische Arbeiten 8).

*Wahrig 1983* = Gerhard Wahrig: Neue Wege in der Wörterbucharbeit. Gleichzeitig ein Beitrag zu einer strukturalistischen Bedeutungslehre. In: Gerhard Wahrig: Gesammelte Schriften. Hrsg. und zusammengestellt von Eva Wahrig. Redaktion: Renate Wahrig. Mit einem Geleitwort von Hans Eggers. Tübingen 1983, 1—80 [Zuerst Hamburg 1967, 2. Aufl. 1968].

*Wegner 1985* = Immo Wegner: Frame-Theorie in der Lexikographie. Untersuchungen zur theoretischen Fundierung und computergestützten Anwendung kontextueller Rahmenstrukturen für die lexikographische Repräsentation von Substantiven. Tübingen 1985 (Lexicographica. Series Maior 10).

*Weinberger/Weinberger 1979* = Christiane Weinberger/Ota Weinberger: Logik, Semantik, Hermeneutik. München 1979 (Beck'sche Elementarbücher).

*Weinreich 1964* = Uriel Weinreich: Webster's Third: A critique of its semantics. In: International Journal of American Linguistics 30. 1964, 405—409.

*Weinreich 1967* = Uriel Weinreich: Lexicographic definition in descriptive semantics. In: Problems in Lexicography. Ed. by Fred W. Householder and Sol Saporta. Bloomington 1967 [1. Aufl. 1962] (Indiana University. Research Center in Anthropology, Folklore, and Linguistics. Publication 21, Sec. Ed. with Additions and Corrections), 25—44 [Franz. Fassung in: La lexicographie, dir. par Josette Rey-Debove. Paris 1970 (Langages 19 [Themenheft]), 69—86].

*Wellmann 1987* = Hans Wellmann: Eine Brücke vom semasiologischen zum onomasiologischen Wörterbuch? In: Sprache, Sprachen, Sprechen. Festschrift für Hermann M. Ölberg zum 65. Geburtstag am 14. Oktober 1987. Hrsg. von Manfred Kienpointer und Hans Schmeja. Innsbruck 1987 (= Innsbrucker Beiträge zur Kulturwissenschaft. Germanistische Reihe 34), 195—218.

*Welsh 1983* = Cynthia Welsh: Putnams' stereotypes and compositionality. In: Papers from the Regional Meeting of the Chicago Linguistic Society 19. Chicago 1983, 396—407.

*Weniger 1980* = Dorothea Weniger: Die empirische Relevanz von semantischen Merkmalen und Selektionsbeschränkungen. In: Perspektiven der lexikalischen Semantik. Beiträge zum Wuppertaler Semantikkolloquium vom 2.—3. Dezember 1977. Hrsg. von Dieter Kastovsky. Bonn 1980 (Gesamthochschule Wuppertal. Schriftenreihe Linguistik 2), 178—190.

*Werner 1982* = Reinhold Werner: La definición lexicográfica. In: G. Haensch/L. Wolf/S. Ettinger/R. Werner: La lexicografía. De la lingüística teórica a la lexicografía práctica. Madrid 1982 (Biblioteca Románica Hispánica. III. Manuales 56), 259—328.

*Werner 1984* = Reinhold Werner: Semasiologische und enzyklopädische Definition im Wörterbuch. In: Dieter Götz und Thomas Herbst (Hrsg.): Theoretische und praktische Probleme der Lexikographie. 1. Augsburger Kolloquium. München 1984, 382—407.

*Wiegand 1970* = Herbert Ernst Wiegand: Onomasiologie und Semasiologie. In: Germanistische Linguistik 3. 1970, 243—384 [2. Aufl. 1978].

*Wiegand 1974* = Herbert Ernst Wiegand: Einige Grundbegriffe der lexikalischen Semantik. — Lexikalische Semantik I. — Lexikalische Semantik II. In: Lehrgang Sprache. Tübingen 1974, 654—728.

*Wiegand 1976* = Herbert Ernst Wiegand: Synonymie und ihre Bedeutung in der einsprachigen Lexikographie. In: Probleme der Lexikologie und Lexikographie. Jahrbuch des Instituts für Deutsche Sprache. Düsseldorf 1976 (Sprache der Gegenwart XXXIX), 118—180.

*Wiegand 1977* = Herbert Ernst Wiegand: Einige grundlegende semantisch-pragmatische Aspekte von Wörterbucheinträgen. Ein Beitrag zur praktischen Lexikologie. In: Kolloquium über Lexikographie. Kopenhagen 1976. Beiträge von Helmut Henne, Helmut Schumacher, Angelika Ballweg-Schramm, Herbert Ernst Wiegand, Elisabeth Møller und Hans-Peder Kromann. Hrsg. von Karl Hyldgaard-Jensen. Kopenhagen 1977 (Kopenhagener Beiträge zur germanistischen Linguistik 12), 59—149 [Teilabdruck mit einem „Nachtrag 1981" in: Probleme des Wörterbuchs. Hrsg. von Ladislav Zgusta. Darmstadt 1985 (Wege der Forschung 612), 342—377].

*Wiegand 1977 a* = Herbert Ernst Wiegand: Fachsprachen im einsprachigen Wörterbuch. Kritik, Provokationen und praktisch-pragmatische Vorschläge. In: Kongreßberichte der 7. Jahrestagung der Gesellschaft für Angewandte Linguistik GAL e. V. Trier 1976. Bd. III: Linguistik; Beschreibung der Gegenwartssprache. Hrsg. von Helmut Schumacher und Burkhard Leuschner. Stuttgart 1977, 39—65.

*Wiegand 1977 [1984]* = Herbert Ernst Wiegand: Nachdenken über Wörterbücher: Aktuelle Probleme. In: Günther Drosdowski, Helmut Henne, Herbert Ernst Wiegand: Nachdenken über Wörterbücher. Mannheim. Wien. Zürich 1977, 51—102 [Korrigierter Nachdruck 1984].

*Wiegand 1979* = Herbert Ernst Wiegand: Kommunikationskonflikte und Fachsprachengebrauch. In: Fachsprachen und Gemeinsprache. Jahrbuch des Instituts für deutsche Sprache. Hrsg. von Wolfgang Mentrup. Düsseldorf 1979 (Sprache der Gegenwart XLVI), 25—58.

*Wiegand 1979 a* = Herbert Ernst Wiegand: Definition und Terminologienormung — Kritik und Vorschläge. In: Terminologie als angewandte Sprachwissenschaft. Gedenkschrift für Univ.-Prof. Dr. Eugen Wüster. Hrsg. von Helmut Felber, Friedrich Lang, Gernot Wersig. München [etc.] 1979, 101—148.

*Wiegand 1979 b* = Herbert Ernst Wiegand: Bemerkungen zur Bestimmung metakommunikativer Sprechakte. In: Sprache und Pragmatik. Lunder Symposium 1978. Hrsg. von Inger Rosengren. Lund 1979 (Lunder germanistische Forschungen 48), 214—244.

*Wiegand 1981* = Herbert Ernst Wiegand: Pragmatische Informationen in neuhochdeutschen Wörterbüchern. In: Studien zur neuhochdeutschen Lexikographie I. Hrsg. von Herbert Ernst Wiegand. Hildesheim. New York 1981 (Germanistische Linguistik 3—4/79), 139—271.

*Wiegand 1982* = Herbert Ernst Wiegand: Zur Bedeutungserläuterung von Satzadverbien in einsprachigen Wörterbüchern. Ein Beitrag zur praktischen Lexikologie. In: Wolfgang Mentrup (Hg.): Konzepte zur Lexikographie. Studien zur Bedeutungserklärung in einsprachigen Wörterbüchern. Tübingen 1982 (Reihe Germanistische Linguistik 38), 103—132.

*Wiegand 1983* = Herbert Ernst Wiegand: Synonyme in den großen alphabetischen Wörterbüchern der deutschen Gegenwartssprache. In: Festschrift für Laurits Saltveit zum 70. Geburtstag am 31. Dezember 1983. Hrsg. von John Ole Askedal, Christen Christensen, Ådne Findreng, Oddleif Leirbukt. Oslo. Bergen. Tromsö 1983, 215—231.

*Wiegand 1983 a* = Herbert Ernst Wiegand: Was ist eigentlich ein Lemma? Ein Beitrag zur Theorie der lexikographischen Sprachbeschreibung. In: Studien zur neuhochdeutschen Lexikographie III. Hrsg. von Herbert Ernst Wiegand. Hildesheim. Zürich. New York 1983 (Germanistische Linguistik 1—4/82), 401—474.

*Wiegand 1983 b* = Herbert Ernst Wiegand: Resümee der Tagung. In: Wortschatz und Verständigungsprobleme. Was sind „schwere Wörter" im Deutschen? Jahrbuch 1982 des Instituts für deutsche Sprache. Hrsg. von Helmut Henne und Wolfgang Mentrup. Düsseldorf 1983 (Sprache der Gegenwart LVII), 260—279.

*Wiegand 1984* = Herbert Ernst Wiegand: Prinzipien und Methoden historischer Lexikographie. In: Sprachgeschichte. Ein Handbuch zur Geschichte der deutschen Sprache und ihrer Erforschung. Hrsg. von Werner Besch, Oskar Reichmann, Stefan Sonderegger. 1. Halbbd. Berlin. New York 1984 (Handbücher zur Sprach- und Kommunikationswissenschaft 2.1), 557—620.

*Wiegand 1984 a* = Herbert Ernst Wiegand: On the structure and contents of a general theory of lexicography. In: LEXeter '83 Proceedings. Papers from the International Conference on Lexicography at Exeter, 9—12 September 1983 ed. by R. R. K. Hartmann. Tübingen 1984 (Lexicographica. Series Maior 1), 13—30.

*Wiegand 1984 b* = Herbert Ernst Wiegand: Germanistische Wörterbuchforschung nach 1945. Eine einführende Übersicht für Deutschlehrer. In: Der Deutschunterricht 36. 1984, H. 5, 10—26.

*Wiegand 1984 c* = Herbert Ernst Wiegand: Aufgaben eines bedeutungsgeschichtlichen Wörterbuches heute. In: Mitteilungen der Technischen Universität Carola Wilhelmina zu Braunschweig XIX. 1984, 41—48.

*Wiegand 1984 d* = Herbert Ernst Wiegand: Noch immer in der Diskussion: das einsprachige Bedeutungswörterbuch. In: Zeitschrift für Germanistik 5. 1984, 77—80.

*Wiegand 1985* = Herbert Ernst Wiegand: Eine neue Auffassung der sog. lexikographischen Definition. In: Symposium on Lexicography II. Proceedings of the Second International Symposium on Lexicography May 16—17, 1984 at the University of Copenhagen. Ed. by Karl Hyldgaard-Jensen and Arne Zettersten. Tübingen 1985 (Lexicographica. Series Maior 5), 15—100.

*Wiegand 1985 a* = Herbert Ernst Wiegand: Zum Verhältnis von germanistischer Lexikologie und Lexikographie. In: Germanistik — Forschungsstand und Perspektiven. Vorträge des Deutschen Germanistentages 1984 hrsg. von Georg Stötzel. 1. Teil: Germanistische Sprachwissenschaft. Didaktik der Deutschen Sprache und Literatur. Berlin. New York 1985, 69—73.

*Wiegand 1985 b* = Herbert Ernst Wiegand: Fragen zur Grammatik in Wörterbuchbenutzungsprotokollen. Ein Beitrag zur empirischen Erforschung der Benutzung einsprachiger Wörterbücher. In: Lexikographie und Grammatik. Akten des Essener Kolloquiums zur Grammatik im Wörterbuch 28.—30. 6. 1984. Hrsg. von Henning Bergenholtz und Joachim Mugdan. Tübingen 1985 (Lexicographica. Series Maior 3), 20—98.

*Wiegand 1986* = Herbert Ernst Wiegand: Bedeutungswörterbücher oder sogenannte Indices in der Autorenlexikographie? Die Eröffnung einer Kontroverse. In: Textlinguistik contra Stilistik? — Wortschatz und Wörterbuch — Grammatische oder pragmatische Organisation von Rede? Hrsg. von Walter Weiss, Herbert Ernst Wiegand, Marga Reis. Tübingen 1986 (Akten des VII. Internationalen Germanisten-Kongresses. Göttingen 1985: Kontroversen, alte und neue. Hrsg. von Albrecht Schöne. Bd. 3), 163—169.

*Wiegand 1986 a* = Herbert Ernst Wiegand: Dialekt und Standardsprache im Dialektwörterbuch und standardsprachlichen Wörterbuch. In: Hans Friebertshäuser (Hg.) unter Mitarbeit von Heinrich J. Dingeldein: Lexikographie der Dialekte. Beiträge zu Geschichte, Theorie und Praxis. Tübingen 1986 (Reihe Germanistische Linguistik 59), 185—210.

*Wiegand 1986 b* = Herbert Ernst Wiegand: Von der Normativität deskriptiver Wörterbücher. Zugleich ein Versuch zur Unterscheidung von Normen und Regeln. In: Sprachnormen in der Diskussion. Beiträge vorgelegt von Sprachfreunden. Berlin. New York 1986, 72—101.

*Wiegand 1986 c* = Herbert Ernst Wiegand: Metalexicography. A Data Bank for Contemporary German. In: Interdisciplinary Science Reviews 11. 1986, 122—131 [Number 2 (600 Years University of Heidelberg 1386—1986)].

*Wiegand 1986 d* = Herbert Ernst Wiegand: Der frühe Wörterbuchstil Jacob Grimms. In: Deutsche Sprache 14. 1986, 302—322.

*Wiegand 1987* = Herbert Ernst Wiegand: Über den Nutzen von Wörterbüchern. In: Festschrift für Karl Hyldgaard-Jensen. Zum 70. Geburtstag am 3. Februar 1987. Hrsg. von Mogens Dyhr und Jørgen Olsen. Kopenhagen 1987 (Kopenhagener Beiträge zur Germanistischen Linguistik. Sonderbd. 3), 307—318.

*Wiegand 1987 a* = Herbert Ernst Wiegand: Zur handlungstheoretischen Grundlegung der Wörterbuchbenutzungsforschung. In: Lexicographica 3. 1987, 178—227.

*Wiegand 1988* = Herbert Ernst Wiegand: Wörterbuchartikel als Text. In: Das Wörterbuch. Artikel und Verweisstrukturen. Jahrbuch 1987 des Instituts für deutsche Sprache. Hrsg. von Gisela Harras. Düsseldorf 1988 (Sprache der Gegenwart LXXIV), 30—120.

*Wiegand 1988 a* = Herbert Ernst Wiegand: Was eigentlich ist Fachlexikographie? Mit Hinweisen zum Verhältnis von sprachlichem und enzyklopädischen Wissen. In: Deutscher Wortschatz. Lexikologische Studien. Ludwig Erich Schmitt zum 80. Geburtstag von seinen Marburger Schülern. Hrsg. von Horst Haider Munske, Peter von Polenz, Oskar Reichmann, Reiner Hildebrandt. Berlin. New York 1988, 729—790.

*Wiegand 1988 b* = Herbert Ernst Wiegand: „Shanghai bei Nacht". Auszüge aus einem metalexikographischen Tagebuch zur Arbeit beim Großen Deutsch-Chinesischen Wörterbuch. In: Studien zur neuhochdeutschen Lexikographie VI, 2. Teilbd. Mit einem Namen- und Sachregister zu den Bänden I—VI sowie einer Bibliographie zur Wörterbuchforschung. Hrsg. von Herbert Ernst Wiegand. Hildesheim. Zürich. New York 1988 (Germanistische Linguistik 87—90), 522—626.

*Wiegand 1988 c* = Herbert Ernst Wiegand: Vorüberlegungen zur Wörterbuchtypologie: Teil I. In: Symposium on Lexicography II. Proceedings of the Third International Symposium on Lexicography May 14—16, 1986 at the University of Copenhagen. Ed. by Karl Hyldgaard-Jensen and Arne Zettersten. Tübingen 1988 (Lexicographica. Series Maior 19), 3—105.

*Wiegand 1988 d* = Herbert Ernst Wiegand: Bibliographie zur Wörterbuchforschung von 1945 bis auf die Gegenwart. 2200 Titel. Ausgewählt aus germanistischer Perspektive. In: Studien zur neuhochdeutschen Lexikographie VI, 2. Teilbd. Mit einem Namen- und Sachregister zu den Bänden I—VI sowie einer Bibliographie zur Wörterbuchforschung. Hrsg. von Herbert Ernst Wiegand. Hildesheim. Zürich. New York 1988 (Germanistische Linguistik 87—90), 627—821.

*Wiegand 1989* = Herbert Ernst Wiegand: Wörterbuchforschung. Kapitel III: Studien zur Theorie der Lexikographie. Typoskript. 1. Fassung. Heidelberg 1989.

*Wiegand 1989 a* = Herbert Ernst Wiegand: Wörterbuchforschung. Kapitel II. Studien zur Benutzungsforschung. Typoskript. 1. Fassung. Heidelberg 1989.

*Wiegand 1989 b* = Herbert Ernst Wiegand: Die äußere und innere Anordnung der Phraseme im allgemeinen einsprachigen Wörterbuch. Typoskript. Heidelberg 1989 [erscheint 1990 in Lexicographica].

*Wiegand 1989 c* = Herbert Ernst Wiegand: Textverdichtung und Textauflockerung. Ein Beitrag zur Theorie lexikographischer Texte. Typoskript. 1. Fassung. Heidelberg 1989.

*Wiegand 1989 d* = Herbert Ernst Wiegand: Strukturen von standardisierten Wörterbuchartikeln und Wörterbuchbenutzung. Typoskript 1. Fassung. Heidelberg 1989.

*Wiegand 1989 e* = Herbert Ernst Wiegand: Wörterbuchstile: Das Wörterbuch von Jacob Grimm und Wilhelm Grimm und seine Neubearbeitung im Vergleich. In: Wörterbücher in der Diskussion. Vorträge aus dem Heidelberger Lexikographischen Kolloquium. Hrsg. von Herbert Ernst Wiegand. Tübingen 1989 (Lexicographica. Series Maior 27), 227—278.

*Wiegand/Kučera 1981* = Herbert Ernst Wiegand/Antonín Kučera: Brockhaus-Wahrig: Deutsches Wörterbuch auf dem Prüfstand der praktischen Lexikologie. I. Teil: 1. Band *(A—BT)*, 2. Band *(BU—FZ)*. In: Kopenhagener Beiträge zur Germanistischen Linguistik 18. 1981, 94—206.

*Wiegand/Kučera 1982* = Herbert Ernst Wiegand/Antonín Kučera: Brockhaus-Wahrig: Deutsches Wörterbuch auf dem Prüfstand der praktischen Lexikologie. II. Teil 1. Band *(A—BT);* 2. Band *(BU—FZ);* 3. Band *(G—JZ).* In: Studien zur neuhochdeutschen Lexikographie II. Hrsg. von Herbert Ernst Wiegand. Hildesheim. New York 1982 (Germanistische Linguistik 3—6/80), 285—373.

*Wiegand/Wolski 1975* = Herbert Ernst Wiegand/Werner Wolski: Arbeitsbibliographie zur Semantik in der Sprachphilosophie, Logik, Linguistik und Psycholinguistik (1963—1973/74). In: Germanistische Linguistik 1—6. 1975, 93—938.

*Wiegand/Wolski 1980* = Herbert Ernst Wiegand/Werner Wolski: Lexikalische Semantik. In: Lexikon der Germanistischen Linguistik. Hrsg. von Hans Peter Althaus, Helmut Henne, Herbert Ernst Wiegand. 2. vollständig neu bearb. und erw. Aufl. Tübingen 1980, 199—211.

*Wierzbicka 1985* = Anna Wierzbicka: Lexicography and Conceptual Analysis. Ann Arbor 1985.

*Wierzbicka 1988* = Anna Wierzbicka: The Semantics and Lexicography of „Natural Kinds". In: Symposium on Lexicography III. Proceedings of the Third International Symposium on Lexicography May 14—16, 1986 at the University of Copenhagen. Ed. by Karl Hyldgaard-Jensen and Arne Zettersten. Tübingen 1988 (Lexicographica. Series Maior 19), 155—182.

*Wohlgenannt 1969* = Rudolf Wohlgenannt: Was ist Wissenschaft? Braunschweig 1969 (Wissenschaftstheorie, Wissenschaft und Philosophie 2).

*Woetzel 1984* = Harold Woetzel: Historisch-systematische Untersuchungen zum Komponentialismus in der linguistischen Semantik. Eine Kritik des Elementarismus. Hildesheim. Zürich. New York 1984 (Germanistische Linguistik 1—2/84).

*Woetzel 1988* = Harold Woetzel: Uneigentliche Bedeutung und Wörterbuch oder: Die Markierung ü/<fig.> als Stein des Anstoßes für die Lexikographie. In: Studien zur neuhochdeutschen Lexikographie VI, 2. Teilbd. Hrsg. von Herbert Ernst Wiegand. Hildesheim. Zürich. New York 1988 (Germanistische Linguistik 87—90), 391—461.

*Wolski 1980* = Werner Wolski: Schlechtbestimmtheit und Vagheit. Tendenzen und Perspektiven. Methodologische Untersuchungen zur Semantik. Tübingen 1980 (Reihe Germanistische Linguistik 28).

*Wolski 1986* = Werner Wolski: Partikellexikographie. Ein Beitrag zur praktischen Lexikologie. With an English Summary. Tübingen 1986 (Lexicographica. Series Maior 14).

*Wolski 1988* = Werner Wolski: Zu Problemen und Perspektiven des Prototypen- und Stereotypenansatzes in der lexikalischen Semantik. In: Understanding the Lexicon. Meaning, Sense and World Knowledge in Lexical Semantics. Ed. by Werner Hüllen and Rainer Schulze. Tübingen 1988 (Linguistische Arbeiten 210), 415—425.

*Wolski 1989* = Werner Wolski: Partikeln im Wörterbuch: Verständlichkeit von Artikeltexten und Verständigung über Partikelbedeutungen. In: Wörterbücher in der Diskussion. Vorträge aus dem Heidelberger Lexikographischen Kolloquium. Hrsg. von Herbert Ernst Wiegand. Tübingen 1989 (Lexicographica. Series Maior 27), 279—293.

*Wotjak 1971* = Gerd Wotjak: Untersuchungen zur Struktur der Bedeutung. Ein Beitrag zu Gegenstand und Methode der modernen Bedeutungsforschung unter besonderer Berücksichtigung der semantischen Konstituentenanalyse. Berlin. [DDR; Lizenzausgabe München] 1971.

*Wotjak 1988* = Gerd Wotjak: Wie könnte ein optimaler Wörterbuchartikel aussehen? In: Wiss. Zeitschr. der Ernst-Moritz-Arndt-Univ. Greifswald. Ges.wiss. Reihe 37. 1988, H. 2, 18—22.

*Wunderlich 1980* = Dieter Wunderlich: Arbeitsbuch Semantik. Königstein 1980 (Athenäum Taschenbücher. Linguistik 2120).

*Zemach 1976* = Eddy M. Zemach: Putnam's theory on the reference of substance terms. In: Journal of Philosophy LXXIII. 1976, 116—122.

*Zgusta 1971* = Ladislav Zgusta: Manual of Lexicography. The Hague. Paris 1971 (janua linguarum. series maior 39).

*Zgusta 1988* = Ladislav Zgusta with the assistance of Donna M. T. Cr. Farina: Lexicography

Today. An annotated bibliography of the theory of lexicography. Tübingen 1988 (Lexicographica. Series Maior 18).

Zgusta 1988 a = Ladislav Zgusta: Pragmatics, lexicography and dictionaries of English. In: World Englishes 7. 1988, 245—253.

*Herbert Ernst Wiegand, Heidelberg (Bundesrepublik Deutschland)*

# 45. Information on Syntactic Constructions in the General Monolingual Dictionary

1. Syntax in Monolingual English Dictionaries for Native Speakers
2. Syntax in English Pedagogical (EFL) Dictionaries
3. Syntax in Monolingual French Dictionaries
4. Selected Bibliography

## 1. Syntax in Monolingual English Dictionaries for Native Speakers

In monolingual English dictionaries of "desk" size produced in Britain for the general user, syntax has only recently come to be regarded as worthy of the full and systematic treatment long accorded to meaning and etymology. This discrepancy is partly due to the persistence of a strongly historical orientation in lexicographical theory and practice until the latter part of this century. The few general surveys of English lexicography make no reference to syntax (Chapman 1948, Hulbert 1968; but cf. Landau 1984, 88 ff.), and there is still a dearth of descriptive or critical writing on syntax in native speaker dictionaries (though cf. Cowie 1983, 99 ff.; Ilson 1985, 164 ff.). Such relative neglect is also explained by the late emergence in Britain of grammars with a synchronic focus and an empirical stance. A major shift of attitude could only come about with the publication of the Grammar of Contemporary English (Quirk et al. 1972), and even dictionaries published in the 1980s display a variety of approaches. Thus, while the Concise Oxford Dictionary (Sykes 1982) and the Longman New Universal Dictionary (Procter 1982) treat as adjectival the premodifying use of such nouns as *brick* and *stone*, only the Collins English Dictionary (Hanks 1979) adopts a categorization based on syntactic distribution and uses the label *modifier*, thus: "**brick** ... *(as modifier): a brick house* ... **stone** ... *(modifier)* relating to or made of stone: *a stone house.*"—American monolingual lexicography benefited from an earlier change in intellectual climate. The compilation of Webster's Third New International Dictionary (Gove 1961) spanned a period of intense activity in American linguistics and represented a major step forward in applying those insights to dictionary-making (Stein 1979, 1). However, its editors were only partly successful in adapting their methods of syntactic analysis to the new developments. Referring specifically to the classification in Gove (1961) of nouns frequently used as premodifiers (attributives), Dawkins (1964, 33 ff.) questions the use of the *adj* label after such entry-words as **fire, giant, satin** and **sea** (cf. Gove, 1964, 163 ff.).—An area in which monolingual dictionaries, American as well as British, have been much slower to progress is in the treatment of verb complementation, insofar as this is reflected in labelling. The continuing widespread practice is to label as *v. t.* (or *v. tr.)* verbs able to occur (1) with a single direct object, (2) with an indirect object in addition, and (3) with a direct object and an object complement. Such marking obscures important differences in complementation, differences to which only foreign learners' dictionaries (cf. 2) do full justice. It is true, however, that the now common practice of grouping all the intransitive uses of a verb under one label and all the transitive uses under another, or alternatively of labelling individual senses, is an improvement on the earlier tendency to introduce conflated labels (thus *v. t. & i.)* at the head of an entry where both functions were represented. — In contrast to their generally poor representation of the abstract elements which can occur after the verb, various monolingual "desk" dictionaries of English use effective methods of indicating the particular preposition, or non-finite construction, which can function as complement of a verb or adjective. The following excerpts illustrate contrasting approaches:

**tä'ntamount** *pred. a.* equivalent *to* (*his message was tantamount to a flat refusal*). [f. obs. v. f. It. *tanto montare* amount to so much]

Dictionary excerpt 45.1: dictionary article (in: Sykes 1982, 1093)

**tan·ta·mount** ('tæntə,maunt) *adj. (postpositive;* foll. by *to)* as good (as); equivalent in effect (to): *his statement was tantamount to an admission of guilt*. [C17: basically from Anglo-French *tant amunter* to amount to as much, from *tant* so much + *amunter* to AMOUNT]

Dictionary excerpt 45.2: dictionary article (in: Hanks 1979, 1485)

The first entry makes prominent the choice of post-adjectival preposition by means of italic print within the definition, but leaves its obligatory nature in some doubt. The entry in Hanks 1979 signals obligatory use of the preposition by means of the special convention "foll. by *to*". In entries where the preposition is optional, the appropriate convention is "often foll. by *to*". Both devices are also used in Hanks 1979 to indicate the prepositional complements of verbs. Greater accuracy and consistency are thus achieved, though at some cost in user-friendliness.

## 2. Syntax in English Pedagogical (EFL) Dictionaries

Running parallel to the development of Bloomfieldian structuralism in the 1930s was the work of two remarkable teacher-lexicographers, H. E. Palmer and A. S. Hornby. Drawing on the scholarly-traditional grammars then available (e.g. Sweet 1891/1898, Kruisinga 1931/1932), and on their own research, Palmer and Hornby produced dictionaries for foreign learners that for breadth and soundness of syntactic coverage were far in advance of other monolingual English dictionaries of their time (cf. art. 151). Palmer's categorization (1927) of the so-called anomalous finites (i.e. primary and modal verbs) was based on syntactic criteria that are now generally recognized, and is still reflected in the Oxford Advanced Learner's Dictionary (= Hornby 1974). More influential, however, was to be Palmer's classification of nouns as "countable" [c] and "uncountable" [u] (1938). The categories, and those labels, appear in the Longman Dictionary of Contemporary English (= Procter 1978) and the Chambers Universal Learners' Dictionary (= Kirkpatrick 1980), as they had much earlier in the Idiomatic and Syntactic English Dictionary (Hornby/Gatenby/Wakefield 1942). — However, Palmer and Hornby are chiefly remembered by lexicographers for their schemes of "Verb Patterns" which were intended to account for the major types of verb complementation in English by means of a single reference system (Cowie 1978, 128). Palmer was the first to publish a systematization of "construction patterns" (1934), and in a developed form this scheme was incorporated in A Grammar of English Words (Palmer 1938) which was an alphabetical treatment in considerable depth of 1000 "core" items. — However, Palmer's system was not adopted for Hornby/Gatenby/Wakefield (1942) later published in Britain as The Advanced Learner's Dictionary of Current English (= Hornby/Gatenby/Wakefield 1948). The framework of 25 Verb Patterns employed by Hornby differed from Palmer's scheme in two key respects (Hornby 1938, 36; 1939, 147 ff.). First, it grouped together the "transitive" patterns (VPs 1—19) followed by the "intransitive" (VPs 20—25). Palmer had used a more random ordering. Second, while Hornby's labelling in his explanatory tables in Hornby/Gatenby/Wakefield (1942) often combines sentence-function and constituent-class labels (as in "Vb. × Object × Past Participle"), he insisted that, as far as possible, differences between the patterns should rest on differences of syntactic function (1939a, 259 ff.). As regards the presentation of VPs in dictionary entries, both Palmer and Hornby achieved great economy by inserting the relevant pattern number, or numbers, in the sense-divisions of the verbs, while also providing a full tabular treatment in the Introduction to which those codes could refer (Cowie 1983, 106; 1984, 155). Hornby's 1938 VP scheme survived until the third edition of the Advanced Learner's Dictionary (Hornby 1974) when the ordering of patterns was changed, though without explicit labelling, to reflect the now familiar division into the major verb classes "intransitive", "monotransitive", "ditransitive" and "complex-transitive" (Quirk et al. 1972, 38). — The 1970s saw the publication of two direct competitors to Hornby 1974 (Procter 1978 and Kirkpatrick 1980). For Procter 1978, an elaborate scheme of syntactic categories and codes was devised which owed much to Quirk et al. 1972. As well as treating verb complementation in detail, Procter 1978 represents in coded form both a syntactic sub-classification of nouns and adjectives and the types of finite and non-finite construction which can occur as the complements of those sub-classes. For example, C 3 stands for a countable noun with an infinitive as complement, as in *an attempt to climb the mountain,* while F 6 indicates an adjective in predicate position followed by a *wh-*clause, as in *not sure where to go.* Despite the economy of treatment made possible by such codes, by no means all the relevant patterns are recorded. As regards adjective complementation, for instance, pattern labels are given in only a small percentage of adjective entries in Procter 1978 (though the level is higher in Procter 1978 than in Hornby 1974). Moreover, of the various types of complement, only prepositions are treated at all adequately in the two dictionaries (Herbst 1984, 5). — Coded information poses problems of interpretation and use for the foreign learner. Alphanumeric codes in Procter 1978 and Hornby 1974 are often opaque — though consider L (= linking verb), T (= transitive verb) in the former and C and U in both. With this potential difficulty in mind, Kirkpatrick 1980 employs a minimum of (largely familiar) labels and regularly illustrates such patterning as the predicative and attributive functions of adjectives, thus: "**captious** ... *The old lady has become unbearably captious; He has a captious nature*".

## 3. Syntax in Monolingual French Dictionaries

Modern French lexicography has followed a distinct path both in the treatment of syntactic constructions and in the view it has taken of the role of syntax in the structure of dictionary entries (Dubois 1981, 236 ff.; Lamy 1985, 25 ff.). A characteristic feature has been the direct involvement of linguists in the design and compilation of monolingual dictionaries of various types. As a result, the relevance of grammatical models to the dictionary treatment of syntax has been widely discussed (J. Dubois/C. Dubois 1971, 93 ff.; Dubois 1983, 85 ff.; Rey 1977, 124 ff.), while various analytic schemes with a practical application to lexicography have appeared (Dubois 1962, 48). Yet the introduction of references to syntactic patterns into monolingual dictionaries—whether intended for scholarly or general use—has been a gradual process. It is only occasionally and without any attempt at systematic presentation that the Grand Larousse de la langue française (Guilbert 1971/1978) and the Petit Robert (Robert 1967) give the syntactic construction of the verb first and its definition second (Dubois 1981, 240). The point may be illustrated from the entry for **PRÉSENTER** in the Petit Robert (Robert 1967, 2nd ed. 1977). Here, the first and second numbered senses are introduced by a "syntagme" (Rey 1977, 124):

"◆1° *Présenter une personne à une autre:* l'amener en sa présence pour la faire connaître ... ◆2° *Présenter qqn pour un emploi:* le proposer."

However, none of the other seven sense-divisions is treated in the same way. These contain a definition followed by examples. One notes, nonetheless, that the examples are often specially constructed to show the occurrence of a direct object and, where appropriate, of a particular preposition:

"◆3° ... Mettre (qqch.) à la portée, sous les yeux de qqn. ... *Présenter un billet au contrôleur.*"

Occasionally, the Petit Robert makes verbal contructions specially prominent by means of capitals, and less specific by the inclusion of sub-categorization labels, as in this example:

"**PARLER** ... **II.** *V. tr. indir.* ◆1° ... PARLER DE QQCH ... ◆2° ... PARLER DE QQN."

However, this convention is not used in all entries which seem to need it, and may even be employed inconsistently within the same entry. — For pedagogical as well as linguistic reasons, syntax plays a major part in the Dictionnaire du français contemporain (= Dubois 1966), a dictionary intended for advanced learners of French as a mother tongue. Here, syntactic constructions do not simply introduce the sense-divisions of verb and adjective entries: they serve to justify those divisions in the first place (Dubois 1981, 244; Rey 1977, 119 f.). Presentation of patterns in Dubois 1966 has two key aspects. First, there are no syntactic codes: complementation is (generally) presented as a syntagm with a preposition and/or dependent clause as required and one or both of the generic indicators *quelqu'un, quelque chose.* Thus:

"**apte** ... *Apte à quelque chose, à faire quelque chose*".

In some entries, properties of the prepositional object appear as a bracketed part of the definition, as in

"*consister en* (et un nom sans art. déf.)"

This convention is hard to interpret, and has been replaced in the second edition (1980). A second feature is especially striking.

It is the contrastive tabular treatment of pairs of function words such as prepositions and conjunctions and is one manifestation of the attempt by French pedagogical lexicographers to "break out of the traditional form of the dictionary as an alphabetical list" (Lamy 1985, 26).

## 4. Selected Bibliography
### 4.1. Dictionaries

*Dubois 1966* = Dictionnaire du français contemporain. Par Jean Dubois [et al.]. 2nd ed. Paris 1980 [pp. xxxii, 1263; 1st ed. 1966, xxii, 1224].

*Gove 1961* = Webster's Third New International Dictionary of the English Language. Ed. by Philip Babcock Gove. 3rd ed. Springfield 1961 [pp. lxiv, 2662; 1st ed. 1909].

*Guilbert 1971/1978* = Grand Larousse de la langue française. Par Louis Guilbert [et al.]. 7 vol. Paris 1971—1978 [pp. 5866].

*Hanks 1979* = Collins Dictionary of the English Language. Ed. by Patrick Hanks [et al.]. London. Glasgow 1979 [pp. 1690].

*Hornby 1974* = Oxford Advanced Learner's Dictionary of Current English. Ed. by A. S. Hornby [et al.]. 3rd ed. London 1974 [pp. xli, 1037].

*Hornby/Gatenby/Wakefield 1942* = Idiomatic and Syntactic English Dictionary. Ed. by A. S. Hornby/E. V. Gatenby/H. Wakefield. Tokyo 1942 [pp. xxvii, 1527].

*Hornby/Gatenby/Wakefield 1948* = The Advanced Learner's Dictionary of Current English. Ed. by A. S. Hornby/E. V. Gatenby/H. Wakefield. 2nd ed. London 1963 [pp. xxxii, 1200; 1st ed. 1948, pp. xxvii, 1527].

*Kirkpatrick 1980* = Chambers Universal Learner's Dictionary. Ed. by Elizabeth M. Kirkpatrick. Edinburgh 1980 [pp. xx, 907].

*Procter 1978* = Longman Dictionary of Contemporary English. Ed. by Paul Procter [et al.]. Harlow. London 1978 [pp. xxxix, 1303].

*Procter 1982* = Longman New Universal Dictionary. Ed. by Paul Procter [et al.]. London 1982 [pp. xxvi, 1651].

*Robert 1967* = Le Petit Robert. Par Paul Robert [et al.]. 2nd ed. Paris 1977 [pp. xxxii, 1970; 1st ed. 1967].

*Sykes 1982* = The Concise Oxford Dictionary of Current English. Ed. by John Bradbury Sykes. 7th ed. Oxford 1982 [pp. xxvii, 1264; 1st ed. 1911].

### 4.2. Other Publications

*Adrados 1977* = Francisco R. Adrados: Syntaxe et dictionnaire. In: Proceedings of the Twelfth International Congress of Linguistics Vienna, 28. 8.—2. 9. 1977. Ed. by Wolfgang U. Dressler/Wolfgang Meid/Oskar E. Pfeiffer/Thomas Herok. Innsbruck 1978 (Innsbrucker Beiträge zur Sprachwissenschaft), 337—341.

*Bahr 1985* = Joachim Bahr: Grammatik im Deutschen Wörterbuch von Jacob und Wilhelm Grimm. In: Bergenholtz/Mugdan 1985, 99—117.

*Bergenholtz 1983* = Henning Bergenholtz: Grammatik im Wörterbuch: Syntax. In: Studien zur neuhochdeutschen Lexikographie V. Hrsg. von Herbert Ernst Wiegand. Hildesheim. Zürich. New York 1984 (Germanistische Linguistik 3—6/84), 1—46.

*Bergenholtz/Mugdan 1985* = Lexikographie und Grammatik. Akten des Essener Kolloquiums zur Grammatik im Wörterbuch 28.—30. 6. 1984. Hrsg. von Henning Bergenholtz/Joachim Mugdan. Tübingen 1985 (Lexicographica. Series Maior 3).

*Chapman 1948* = Robert W. Chapman: Lexicography. Oxford 1948.

*Cowie 1978* = Anthony Paul Cowie: The place of illustrative material and collocations in the design of a learner's dictionary. In: In Honour of A. S. Hornby. Ed. by Peter Strevens. Oxford 1978, 127—139.

*Cowie 1983* = Anthony Paul Cowie: On specifying grammatical form and function. In: Lexicography: Principles and Practice. Ed. by R. R. K. Hartmann. London. New York 1983, 99—107.

*Cowie 1984* = Anthony Paul Cowie: EFL dictionaries: past achievements and present needs. In: LEXeter '83 Proceedings. Papers from the International Conference on Lexicography at Exeter, 9—12 September 1983. Ed. by R. R. K. Hartmann. Tübingen 1984 (Lexicographica. Series Maior 1), 155—164.

*Cowie 1987* = Anthony Paul Cowie: Syntax, the dictionary and the learner's communicative needs. In: The Dictionary and the Language Learner. Papers from the EURALEX Seminar at the University of Leeds, 1—3 April 1985. Ed. by Anthony Cowie. Tübingen 1987 (Lexicographica. Series Maior 17), 183—192.

*Dawkins 1964* = John Dawkins: Noun Attributive in Webster's Third NID. In: American Speech 39. 1964, 33—41.

*Dubois 1962* = Jean Dubois: Recherches lexicographiques: esquisse d'un dictionnaire structural. In: Études de Linguistique Appliquée 1. 1962, 43—48.

*Dubois 1981* = Jean Dubois: Models of the dictionary: evolution in dictionary design. In: Applied Linguistics 2. 1981, 236—249.

*Dubois 1983* = Jean Dubois: Dictionnaire et syntaxe. In: Lexique 2. 1983, 85—88.

*Dubois/Dubois 1971* = Jean Dubois/Claude Dubois: Introduction à la lexicographie: le dictionnaire. Paris 1971.

*Dückert 1985* = Edelgard Dückert: Die Darstellung der Valenz in einsprachigen synchronischen Bedeutungswörterbüchern. In: Beiträge zu theoretischen und praktischen Problemen in der Lexikographie der deutschen Gegenwartssprache. Hrsg. von Günter Kempcke. Berlin [DDR] 1985 (Linguistische Studien Reihe A. 122), 194—226.

*Glättli 1976* = Hugo Glättli: Remarques sur «attendre que». In: Mélanges Carl Theodor Gossen. Bern. Liège 1976, 275—282.

*Gove 1964* = Philip Babcock Gove: 'Noun often attributive' and 'adjective'. In: American Speech 39. 1964, 163—175.

*Heath 1982* = David Heath: The treatment of grammar and syntax in monolingual English Dictionaries for Advanced Learners. In: Linguistik und Didaktik 49/50. 1982, 95—107.

*Heath 1985* = David Heath: Grammatische Angaben in Lernwörterbüchern des Englischen. In: Bergenholtz/Mugdan 1985, 332—345.

*Herbst 1984* = Thomas Herbst: Adjective complementation: a valency approach to making EFL dictionaries. In: Applied Linguistics 5. 1984, 1—11.

*Hornby 1938* = A. S. Hornby: Report on the year's work: dictionary problems. In: IRET Bulletin 148. 1938, 20—28; 36.

*Hornby 1939* = A. S. Hornby: Editorial: objects and objections. In: IRET Bulletin 155. 1939, 147—155.

*Hornby 1939a* = A. S. Hornby: Editorial: problems of terminology and classification. In: IRET Bulletin 139. 1939, 259—264.

*Hulbert 1968* = James Root Hulbert: Dictionaries: British and American. 2nd ed. London 1968 [1st ed. 1955].

*Ickler 1985* = Theodor Ickler: Valenz und Bedeutung. Beobachtungen zur Lexikographie des Deutschen als Fremdsprache. In: Bergenholtz/Mugdan 1985, 358—377.

*Ilson 1985* = Robert F. Ilson: The linguistic significance of some lexicographic conventions. In: Applied Linguistics 6. 1985, 162—172.

*Korhonen 1985* = Jarmo Korhonen: Zur Verbsyntax und -semantik im Deutschen Wörterbuch von Jacob und Wilhelm Grimm. In: Die Brüder Grimm. Erbe und Rezeption. Stockholmer Symposium 1984. Hrsg. von Astrid Stedje. Stockholm 1985, 97—104.

*Korhonen 1986* = Jarmo Korhonen: Semantisch-syntaktische Grundlagen für adäquate Verbbeschreibungen in einem historischen Wörterbuch des Deutschen. In: Kontroversen, alte und neue. Akten des VIII. Internationalen Germanisten-Kongresses Göttingen 1985. Bd. 3. Tübingen 1986, 200—217.

*Kromann 1985* = Hans-Peder Kromann: Zur Selektion und Darbietung syntaktischer Informationen in einsprachigen Wörterbüchern des Deutschen aus der Sicht ausländischer Benutzer. In: Bergenholtz/Mugdan 1985, 346—357.

*Kruisinga 1931/1932* = E. Kruisinga: A Handbook of Present-Day English. Groningen 1931—1932.

*Lamy 1985* = Marie Noëlle Lamy: Innovative practices in French monolingual dictionaries as compared with their English counterparts. In: Dictionaries, Lexicography and Language Learning. Ed. by Robert Ilson. Oxford 1985, 25—34.

*Landau 1984* = Sidney I. Landau: Dictionaries: the Art and Craft of Lexicography. New York 1984.

*Lemmens/Wekker 1986* = Marcel Lemmens/Herman Wekker: Grammar in English Learners' Dictionaries. Tübingen 1986 (Lexicographica. Series Maior 16).

*Okamura 1979* = Saburo Okamura: *Wissen* und *Kennen* in deutschen Wörterbüchern aus der Sicht eines ausländischen Deutschlehrers. In: Zielsprache Deutsch 10. 1979, 13—23.

*Palmer 1927* = Harold E. Palmer: The Theory of the 27 Anomalous Finites. Tokyo 1927.

*Palmer 1934* = Harold E. Palmer: Specimens of English Construction Patterns. Tokyo 1934.

*Palmer 1938* = Harold E. Palmer: A Grammar of English Words. London 1938.

*Picabia 1981* = Lélia Picabia/Anne Zribi-Hertz: Découvrir la grammaire française. Paris 1981.

*Porto Dapena 1988* = José-Álvaro Porto Dapena: Notas lexicográficas: la información sintáctica en los diccionarios comunes. In: Lingüística española actual 10. 1988, 133—151.

*Quirk 1972* = Randolph Quirk et al.: A Grammar of Contemporary English. London 1972.

*Rey 1977* = Alain Rey: Le lexique: images et modèles. Du dictionnaire à la lexicologie. Paris 1977.

*Schütz 1978* = Armin Schütz: Zur Leistung französischer Definitionswörterbücher: Berücksichtigung des Gebrauchs der Präposition «sur». In: Studia Neolatina. Festschrift für Peter M. Schon. Aachen 1978, 202—218.

*Stein 1979* = Gabriele Stein: The best of British and American lexicography. In: Dictionaries 1. 1979, 1—23.

*Sweet 1891/1898* = Henry Sweet: A New English Grammar. 2 vols. Oxford 1891, 1898.

*Wiegand 1985* = Herbert Ernst Wiegand: Fragen zur Grammatik in Wörterbuchbenutzungsprotokollen. Ein Beitrag zur empirischen Erforschung der Benutzung einsprachiger Wörterbücher. In: Bergenholtz/Mugdan 1985, 20—98.

*Wimmer 1983* = Christine Wimmer: Les verbes introducteurs de *si* interrogatif indirect et la description lexicographique. In: Travaux de linguistique et de littérature 21. 1983, 171—214.

*Anthony Paul Cowie, Leeds (Great Britain)*

# 46. Phraseologismen im allgemeinen einsprachigen Wörterbuch

1. Fragestellung und Materialbasis
2. Definitionen — Klassifikationen — Terminologie
3. Phraseologie unter dem Aspekt des Wörterbuchbenutzers
4. Anordnung des Phraseologismus — unter welchem Lemma?
5. Kennzeichnung und Einordnung im Artikel
6. Nennform
7. Bedeutungserläuterung
8. Externe Valenz
9. Morphosyntaktische Restriktionen
10. Variation und Modifikation
11. Literatur (in Auswahl)

## 1. Fragestellung und Materialbasis

Dargestellt wird, wie die Phraseologie in der Praxis des einsprachigen Wörterbuchs zur Geltung kommt, mit welchen lexikographischen Verfahren sie dargestellt wird und schließlich welche Probleme sich dabei ergeben. Daraus sind Folgerungen zu ziehen für die künftige Wörterbuchpraxis.

Gegenstand der Überlegungen sind einerseits die großen allgemeinen einsprachigen Wörterbücher des Deutschen, Englischen, Französischen, andererseits eine Reihe von kleineren Wörterbüchern dieser Sprachen.

Die Darstellung erfolgt problemorientiert, nicht entlang den verschiedenen Wörterbüchern. Ein differenzierter Vergleich der Wörterbücher ist hier nicht möglich, wohl aber der Hinweis auf allgemeine Probleme und auf Stärken und Schwächen im einzelnen.

Global gesprochen ist die Phraseologie in den großen deutschen Wörterbüchern systematischer berücksichtigt als in den entsprechenden französischen, und dort immer noch genauer als in den englischen. Das Bild bei den Einbändern ist sehr unterschiedlich. Auffallend ist aber, daß die kleinen Wörterbücher die Phraseologie teilweise besser berücksichtigen als die großen. Insgesamt kann noch keines der existierenden Wörterbücher im Hinblick auf die Phraseologie als voll befriedigend gelten. Immerhin stellt Pilz (1987) für das Deutsche fest, daß die einsprachigen Wörterbücher der Phraseologie deutlich gerechter werden als die phraseologischen Spezialwörterbücher (vgl. Art. 96).

## 2. Definitionen — Klassifikationen — Terminologie

Durchaus nicht alle Wörterbücher enthalten in den Benutzungshinweisen explizite Überlegungen zur Phraseologie. Das OED bespricht im Vorwort zwar die Univerbierung von Komposita, geht aber auf „phrases" nur in einem einzigen Satz ein. SOED macht einen Unterschied zwischen „phrases", „combinations" und „verbal phrases" (alle ohne Definition) und erwähnt ihre Einordnung im Artikel. Auch Webster hat sozusagen nichts zur Phraseologie: Nur unter „run-on entries" werden Phraseologismen als Beispiele aufgeführt, Termini und Definitionen fehlen aber gänzlich. Einige der kleinen englischen Wörterbücher enthalten mehr Informationen, z. B. LL, Collins, OALD. Der Basis-Terminus ist hier durchwegs „idiom". Eine besondere Rolle spielen in den englischen Wörterbüchern die „phrasal verbs" (z. B. *turn on, take for*), da sie einen fürs Englische spezifischen Strukturtyp der Phraseologie darstellen. Der Trésor behandelt Phraseologie nur implizit unter „polysémie". Der Grand Larousse erwähnt Phraseologismen („locutions") im Abschnitt über den Aufbau der Artikel, und zwar unter rein grammatischen Gesichtspunkten.

Der Grand Robert ist ergiebiger. Er behandelt phraseologische Phänomene („groupes figés") zwar unter „exemples", gibt aber immerhin Hinweise auf wichtige Eigenschaften des Phraseologismus: Es handle sich um eine „suite de mots intangible" und um eine „unité de traduction". Der Petit Robert folgt im wesentlichen der Darstellung im Grand Robert. Larousse bespricht „locution" und „syntagmes figés" (die Termini und ihre etwaige Differenz sind nicht definiert) unter dem Aspekt ihrer Einordnung im Wörterbuch.

Duden GW hat zwar in der Einleitung einen mit „Phraseologie" überschriebenen Abschnitt; gemeint ist aber der kontextuelle Aspekt der Lemmata im allgemeinen. Effektiv erscheinen Phraseologismen unter dem Titel „idiomatische Ausdrücke", die aber nicht definiert werden. Duden DUW entspricht dem Duden GW. Das WDG behandelt im Vorwort explizit „feste Verbindungen", allerdings nur kurz und ohne Definition. Demgegenüber bietet das HWDG, das explizit an die linguistische Forschung anknüpft, klare und moderne Überlegungen zur Phraseologie (allerdings bei einer sehr engen Eingrenzung des Bereichs).

Keines der untersuchten Wörterbücher bemüht sich um eine detaillierte und begründete Subklassifikation der Phraseologie. Die üblichste Praxis ist, daß die Unterklassen unkommentiert im Abkürzungsverzeichnis auftauchen. Bei „Sprichwort" wäre das noch einigermaßen gerechtfertigt, da über die Abgrenzung der Sprichwörter relativ wenig Zweifel bestehen (vgl. Art. 97). Wenn aber auch „locution" (Trésor) oder „Redensart" (Duden GW) unerklärt dort auftreten, dann ist das nicht vertretbar.

Jedes Wörterbuch sollte also in der Einführung einen Abschnitt zur Phraseologie enthalten, mit Definition des Gegenstandsbereiches und einer mindestens rudimentären Subklassifikation sowie entsprechenden terminologischen Vereinbarungen, mit Hinweisen zu den lexikographisch relevanten Besonderheiten der Phraseologismen und den daraus sich ergebenden Konsequenzen für die Behandlung der verschiedenen Typen von Phraseologismen im Wörterbuch.

## 3. Phraseologie unter dem Aspekt des Wörterbuchbenutzers

Die Behandlung phraseologischer Wortverbindungen stellt jeweils andere Anforderungen an ein Wörterbuch für Produktion bzw. Rezeption einerseits, für muttersprachliche bzw. fremdsprachige Benutzer andererseits. Die großen einsprachigen Wörterbücher gelten in dieser Hinsicht als „Mischwörterbücher", und so müßte auch die Behandlung der Phraseologie unter beiden Perspektiven erfolgen (vgl. Kjær 1987, 165 f.). Wichtige linguistische Aspekte des Phraseologismus sind lexikographisch irrelevant, wenn das Wörterbuch nur für die Rezeption dienen soll, z. B. der ganze Bereich der morphosyntaktischen Restriktionen (s. u. 9.). Hingegen ergeben sich, wenn das Wörterbuch auch Fremdsprachigen zur Produktion dienen soll, verschärfte Anforderungen gerade an die Darstellung der Phraseologie. Die in Kjær (1987, 167 ff.) und Burger (1987, 73 ff.) gegebenen Beispiele demonstrieren dies nachdrücklich.

Einige der Einbänder sind in erster Linie für fremdsprachige Benutzer konzipiert (so OALD oder LL), und es ist auffällig, um wieviel sorgfältiger diese Wörterbücher in mancher Hinsicht mit der Phraseologie umgehen als andere.

## 4. Anordnung des Phraseologismus — unter welchem Lemma?

Häufig werden formale Kriterien für die Zuordnung verwendet, z. B. in Duden GW:

„Idiomatische Ausdrücke werden, um Platz zu sparen, gewöhnlich nur unter dem ersten auftretenden Substantiv aufgeführt, wenn keines vorhanden ist, unter dem ersten sinntragenden Wort, „frieren wie ein Schneider" nur unter „Schneider", „durch dick und dünn" nur unter „dick", „die Engel im Himmel singen hören" nur unter „Engel"." (S. 19)

Für den fremdsprachigen Benutzer heißt das, daß er den Phraseologismus, den er z. B. in einem Text antrifft, zunächst einmal in eine wörterbuchtypische „Nennform" (s. u. 6.) bringen muß (mit dem infiniten Verb am Ende etc.), damit er unter **Engel** und nicht etwa unter **Himmel** nachschaut. Daß er über syntaktische Kenntnisse (Wortarten) verfügt, wird als ganz selbstverständlich vorausgesetzt. Im Grand Robert werden die Phraseologismen zwar im allgemeinen nur unter einem Stichwort behandelt, aber unter den anderen Komponenten werden Verweise gegeben.

Neben dem formalen Anordnungsprinzip (nach der Wortart) werden auch semantische Prinzipien verwendet. LL ordnet den Phraseologismus ein unter dem Wort „that has the most IDIOMATIC meaning. Thus *a bone of contention* is under *bone* because bone is used in a more IDIOMATIC way than contention." Das scheint mir bei den vollidiomatischen Phraseologismen (s. u. 7.) ein nicht praktikables Kriterium, eher schon wäre es bei einigen Untergruppen der teilidiomatischen anwendbar. Doch setzt das Kriterium eindeutig muttersprachliche Benutzer voraus (was den Zielen gerade des LL offensichtlich zuwiderläuft). Wenn — so LL im weiteren — alle Wörter idiomatisch seien, dann sei der Phraseologismus „under the most unusual word" zu finden. „Thus *a pig in a poke* is under *poke*." (XXVII) Auch dieses Kriterium setzt muttersprachliche oder bereits kompetente Fremdsprachige voraus. Doch ist es wohl das sinnvollste Verfahren im Falle von Phraseologismen mit u n i k a l e n Elementen *(Fersengeld, Hasenpanier, Bockshorn, klipp)*. Sehr benutzerfreundlich ist das Verfahren des WDG, wo — wenigstens dem Vorwort gemäß, wenn auch nicht in allen Fällen durchgeführt — die Verbindung unter allen „wesentlichen Wörtern" erscheint.

Als Kompromiß zwischen optimaler Benutzerfreundlichkeit und ökonomischer Darstellung bietet sich somit am ehesten an: Vollidiomatische (s. u. 7.) Phraseologismen werden nur unter einer Komponente lemmatisiert. Bei den anderen Komponenten ist der Phraseologismus am Ende der Artikel mit Verweis aufgeführt.

Die Auswahl der relevanten Komponente sollte nicht nach semantischen Prinzipien erfolgen (mit Ausnahme vielleicht der unikalen Komponenten), da dieses Prinzip am meisten Vorwissen voraussetzt.

Bei teilidiomatischen Phraseologismen, die sich an einen Bedeutungspunkt eines oder mehrerer Lemmata anschließen lassen (s. u. 5.), sollte der Phraseologismus bei dem (bzw. allen) Bedeutungspunkt(en) behandelt werden. Bei den Komponenten, an die kein semantischer Anschluß sich anbietet, sollte am Ende des Artikels ein Verweis gegeben werden. Nicht-idiomatische Phraseologismen müssen unter allen lexematischen Komponenten erläutert werden, und zwar unter den entsprechenden Bedeutungspunkten.

## 5. Kennzeichnung und Einordnung im Artikel

Die Praxis der Wörterbücher ist hier sehr unterschiedlich. Hinsichtlich der Kennzeichnung ist diejenige Lösung die einfachste, die den Phraseologismus als solchen graphisch markiert (durch Symbole wie * [Duden GW] oder durch einen eigenen Schrifttyp wie in OALD). Markierung durch metasprachliche Formulierungen wie „locution" (so Grand Robert) oder „nur in der Wendung" (WDG) ist gleichfalls sinnvoll. Doch läge es hier nahe, in der Formulierung bereits phraseologische Subklassen zu differenzieren, wie es jetzt schon bei „locution" vs. „proverbe" in den französischen Wörterbüchern üblich ist. Das würde eine — noch in keinem Wörterbuch realisierte — Subklassifikation der Phraseologismen voraussetzen, die jeweils im Vorwort zu erläutern wäre. (Verwirrend ist es, wenn — wie im WDG — eine ganze Serie leicht differierender Formulierungen benutzt wird, ohne daß deren Bedeutung im Vorwort gegeneinander abgegrenzt wäre; vgl. Burger 1983, 29).

Ganz ungeeignet ist das Verfahren, die Phraseologismen ohne metasprachliche Markierung im Beispielteil aufzuführen (so vielfach im WDG), da die Festigkeit der Verbindung nicht erkennbar wird und die Probleme der „Nennform" (s. u. 6.) auf diese Weise nicht lösbar sind.

Wenn der Phraseologismus einem Bedeutungspunkt — mit oder ohne Markierung — einer oder mehrerer Komponenten zugeordnet wird, so setzt man damit die semantische Teilbarkeit des Phraseologismus voraus — was nur für einen Teil der Phraseologismen gerechtfertigt ist (s. u. 7.). Als Gefahr ergibt sich zudem (vgl. Burger 1983, 25 f.) die historisch-etymologische Remotivierung eines an sich unmotivierten oder nur teilmotivierten Phraseologismus. (So wird *in Hülle und Fülle* in Duden GW bei *Hülle* unter dem Bedeutungspunkt 'Kleidungsstück' eingeordnet, weil (1) *Hülle* das erste Substantiv ist und (2) *Hülle* ursprünglich 'Kleidung' bedeutete.) Die unverfänglichste Einordnungstechnik ist die Abtrennung der Phraseologismen vom übrigen Artikel. So verfahren LL und Collins. Der Nachteil ist ebenso offensichtlich: Bei deutlich motivierten oder teilmotivierten Phraseologismen ergibt sich eine künstlich anmutende Abtrennung von den Bedeutungspunkten, denen der Phraseologismus zwanglos zuzuordnen wäre. Bei LL findet sich z. B. unter *heart* der Phraseologismus *have the heart (to do)*, paraphrasiert mit 'have the courage or firmness (to do)', aber nicht unter dem Bedeutungspunkt 'courage, strength of mind', sondern als eigener unabhängiger Punkt. Offensichtlich gibt es für dies Problem keine Patentlösung. Eine schematische Abtrennung aller Phraseologismen vom Rest des Artikels ist ebenso abzulehnen wie ein willkürliches Einordnen unter einem Bedeutungspunkt à tout prix.

## 6. Nennform

Als „Nennform" gilt die Formulierung, unter der der Phraseologismus im Artikel erscheint. Generell ist von der Nennform zu fordern, daß sie eine Markierung (z. B. * = 'Phraseologismus' wie in Duden GW) aufweist.

Ferner sind Konventionen für die Formulierung zu vereinbaren und in den Benutzungshinweisen zu erläutern. Diese Konventionen müssen sorgfältig reflektiert werden, da sie von den üblichen Regelungen für nichtphraseologische Lemmata z. T. abweichen. Verben werden im Wörterbuch konventionell im Infinitiv aufgeführt, Substantive im Nominativ Singular etc. (Die morphologisch defekten Paradigmata sind gering an Zahl und können jeweils als solche kommentiert werden.) Von einem Verb, das kommentarlos im Infinitiv aufgeführt ist, erwartet man vollständige morphosyntaktische Verfügbarkeit. Bei den Phraseologismen ist eine solche Verfügbarkeit aufgrund der phraseologischen „Festigkeit" in vielen Fällen nicht gegeben. Die sich daraus ergebenden lexikographischen Folgerungen sind unter (9.) besprochen.

Ein weiteres Problem, das sich bei der Formulierung der Nennform zeigt, ist das der „externen Valenz" des Phraseologismus (vgl. 8.).

Schließlich spielt auch die Frage nach der „Ausdehnung" des Phraseologismus eine Rolle. Ist *vom Fleck weg* ein selbständiger Phraseologismus, oder gehört der verbale Rahmen *jmdn. (vom Fleck weg) heiraten* mit zum Phraseologismus? Probleme dieser Art stellen sich dort, wo ein semantisch umgedeuteter Ausdruck obligatorisch mit einer oder mehreren Komponenten verknüpft ist, die aber in freier Bedeutung auftreten. Das ist sehr häufig der Fall bei adverbialen Phraseologismen im Verhältnis zu den mit ihnen verknüpfbaren Verben. Kempcke (1987, 158 ff.) diskutiert die lexikographischen Aspekte des Problems anhand von Beispielen aus dem HWDG.

Beispiele für verunglückte Nennformen sind in den meisten Wörterbüchern Legion. Relativ sorgfältig gehen jedoch solche Wörterbücher damit um, die den Phraseologismus als solchen markieren und die ihm einen separaten Ort im Artikel zuweisen.

## 7. Bedeutungserläuterung

Die semantischen und lexikographischen Probleme der Bedeutungserläuterung von Phraseologismen sind in den Wörterbüchern allgemein so wenig reflektiert, daß ich auf eine Darstellung und Kritik der Praxis hier verzichte. Was die Wörterbuchpraxis betrifft, so erfordern Phraseologismen mindestens partiell eine andere Art von Bedeutungserläuterung als Wörter. Am ehesten wie Wörter zu beschreiben sind die vollidiomatischen Phraseologismen (s. u.). Je stärker aber die Komponenten eine Motivierung der Gesamtbedeutung leisten, um so mehr sind die semantischen Bezüge der Komponenten zu den entsprechenden Lemmata zu berücksichtigen.

Damit ist aber in theoretischer Hinsicht noch nicht gesagt, daß Phraseologismen eine prinzipiell andere Art von Bedeutung hätten als Wörter. In neueren Arbeiten wird verschiedentlich postuliert, daß Phraseologismen grundsätzlich nicht mit Wörtern gleichzustellen seien, und dies weniger aus semantischen als pragmatischen Gründen (vgl. Koller 1977, Gréciano 1983, Kühn 1984). Das ist sicher zutreffend für die Routineformeln (vgl. Art. 75). Ob es aber auch für Phraseologismen anderer Art gilt, ist nicht so klar. Zweifellos ist es für die Lexikographie ein wichtiger Hinweis, daß Phraseologismen häufig Einstellungen zu erkennen geben (Kühn, nach Püschel), daß die herkömmlich sogenannten konnotativen Aspekte die denotativen dominieren, doch daraus eine völlig neue Behandlung der Phraseologismen ableiten zu wollen, halte ich vorerst für wenig praktikabel. Im übrigen ist die Semantik von Phraseologismen nicht mehr durchwegs terra incognita. Typen von „Idiomatizität" (i. e. das Maß an semantischer Umdeutung gegenüber der litteralen Basis) sind verschiedentlich herausgearbeitet worden (Burger 1973, 10 ff. u. 25 ff.; Burger et al. 1982, 23 ff.; Fleischer 1982, 35 ff., und 1983). Ich nenne einige lexikographisch relevante Typen:

(1) Als „vollidiomatisch" gelten solche Verbindungen, bei denen die Gesamtbedeutung in keiner Weise aus der Amalgamierung der Bedeutung der Komponenten resultiert und bei denen die Komponenten auch nicht partiell an der Konstitution der Gesamtbedeutung beteiligt sind *(jmdn. übers Ohr hauen).*

Für Phraseologismen dieses Typs ist es klar, daß sie nicht unter einem Bedeutungspunkt irgendeiner der Komponenten abzuhandeln sind. Eine etymologisierende Zuordnung würde das synchrone Bild verfälschen. Die Bedeutungserklärung unterscheidet sich nicht prinzipiell von derjenigen von Lexemen (so auch Fleischer 1983, 188). Das gilt auch für Phraseologismen mit unikalen Komponenten *(Hasenpanier, Fersengeld).*

(2) Als „teilidiomatisch" gelten alle übrigen Phraseologismen, soweit sie überhaupt eine deutliche semantische Transformation der litteralen Basis aufweisen. Hier liegt überall die Gefahr nahe, Remotivierungen statt Bedeutungserläuterungen anzubieten. Remotivierungen können für das Verständnis durchaus hilfreich sein, aber sie sollten als solche kenntlich gemacht und von der Bedeutungserklärung klar getrennt werden. Ich gebe eine Auswahl von teilidiomatischen Ty-

pen, die jeweils unterschiedliche lexikographische Behandlung erfordern:

(2.1) Bei Verbindungen mit metaphorisierter Bedeutung läßt sich der Übertragungsvorgang häufig Komponente für Komponente vornehmen, z. B. bei *aus einer Mücke einen Elefanten machen:* Die Mücke und der Elefant gelten in unserer Kultur allgemein als Symbole von winzig Kleinem und besonders Großem. Insofern wäre es sinnvoll, die Bedeutungserklärung auf eine Remotivierung abzustützen ('aus Kleinem Großes machen', so auch Fleischer 1983, 189) und die phraseologische Bedeutung (die in Duden GW mit 'etw. maßlos übertreiben' angegeben wird) daraus verständlich zu machen.

(2.2) „Kinegramme" wie *die Achseln zukken* (Burger 1976) weisen die Besonderheit auf, daß die litterale und die übertragene („symbolische") Bedeutung gleichzeitig gemeint sein können (und dies außerhalb sprachspielerischer Verwendung). Hier läßt sich der Phraseologismus zwanglos an die komponentiellen Bedeutungen anschließen, mit obligatorischem Verweis auf die potentielle Doppelbedeutung.

(2.3) In Verbindungen wie *freudiges Ereignis* und *öffentliches Haus* hat in bezug auf die ganze Verbindung eine Bedeutungsspezialisierung stattgefunden (vgl. Fleischer 1983, 197 f.).

Entsprechend sollten solche Ausdrücke unter beiden Komponenten mit Erläuterungen auftreten, und zwar unter dem jeweils passenden Bedeutungspunkt.

(2.4) Bei Verbindungen vom Typ *kalter Krieg* und *blinder Passagier* ist primär die adjektivische Komponente in ihrer Bedeutung spezialisiert gegenüber der freien Verwendung (vgl. Burger et al., 1982, 31 ff.).

Solche Verbindungen sollten bei dem semantisch nicht (oder nur wenig) transformierten Wort selbstverständlich im Anschluß an den passenden Bedeutungspunkt aufgeführt werden, unter der spezialisierten Komponente am Ende des Artikels.

(3) Die „bevorzugten Analysen" und sonstige schwach (oder gar nicht) idiomatische Phraseologismen (vgl. Burger et al. 1982, 31 ff.) sind zweifellos unter allen lexematischen Komponenten zu erläutern, und zwar unter den entsprechenden Bedeutungspunkten.

Bei *sich die Zähne putzen* wäre metasprachlich anzugeben, daß die Verbindung von *Zähne* und *putzen* zwar nicht die einzig mögliche, aber die für den alltäglichen Vorgang üblichste Formulierung darstellt.

## 8. Externe Valenz

Im Phraseologismus *jmdm. den Kopf waschen* (ugs. 'jmdn. scharf zurechtweisen') [Duden GW] gilt „jmdm." als externe Valenz, insofern das Dativobjekt zwar obligatorisch, aber in den Grenzen des semantischen Bereichs 'menschlich' frei ausfüllbar ist (vgl. Fleischer 1982, 164).

Phraseologismen bieten hinsichtlich der externen Valenz prinzipiell die gleichen Probleme, wie sie aus der Diskussion um die Valenz von nichtphraseologischen Lexemen bekannt sind. Insbesondere stellt sich die Frage nach der semantischen Spezifizierung der syntaktischen Valenz. Kjær (1987, 169 f.) diskutiert anhand von Artikelbeispielen aus phraseologischen Wörterbüchern, ob eine Formulierung wie *\*mit etw. reinen Tisch machen* (ugs.; 'klare Verhältnisse schaffen') [so Duden GW] eine für die Textproduktion ausreichende Bestimmung der externen Valenz enthalte.

## 9. Morphosyntaktische Restriktionen

Mit diesem Terminus möchte ich diejenigen Aspekte der Fixiertheit des Phraseologismus zusammenfassen, die in der Generativen Grammatik als „transformationelle Defekte" bezeichnet wurden, und die von mir so genannten „funktionalen Defekte" (Burger 1973, 75 ff.). (In anderen Arbeiten werden diese Probleme nicht klar von denen der Varianten getrennt, z. B. Kjær 1987, 171 ff.).

Am deutlichsten wird die morphosyntaktische Restringiertheit, wenn bereits die Nennform nicht gemäß den üblichen Konventionen formuliert werden kann (also im Infinitiv o. ä.):
*ich fresse einen Besen/will einen Besen fressen, wenn* [Duden GW]

Andererseits garantiert eine Nennform im Infinitiv (z. B. *wetten (daß)* [Duden GW]) noch keineswegs — wie es sonst den Wörterbuch-Konventionen entspräche — freie morphosyntaktische Verfügbarkeit. Als lexikalische Konvention könnte man sich folgendes vorstellen:

Völlige Fixiertheit des Phraseologismus wird durch Kommentar indiziert. Bei partieller Fixiertheit gelten für die Komponente, die die syntaktische Funktion des Phraseologismus determiniert, die üblichen lexikographischen Konventionen. Externe Valenzen werden ebenfalls auf die übliche Weise („jmd.", „etw.") formuliert.

*jmdn. übers Ohr hauen* wäre also zu lesen als
*jmdn.* — externe Valenz im Akkusativ (semantische Klasse: 'menschlich')
*übers Ohr* — nicht veränderbar (nicht *aufs Ohr hauen,* nicht *über die Ohren* etc.)
*hauen* — morphosyntaktisch frei verfügbar

In anderen Fällen genügt eine solche Konvention für die Interpretation der Nennform nicht, dies insbesondere bei funktionalen Defekten. Kjær (1987, 174) gibt einen Muster-Artikel für *kurz angebunden,* das nicht in allen Funktionen im Satz in gleicher Weise verwendbar ist und außerdem noch Restriktionen der Steigerungsfähigkeit aufweist. Diese Restriktionen können nur durch Kommentar beschrieben werden.

## 10. Variation und Modifikation

Von „Varianten" in einem strikten Sinne sollte man m. E. nur sprechen, wenn es sich um Substituierbarkeit von strukturellen Elementen des Phraseologismus handelt (Singular/Plural; mit/ohne Artikel etc.). Ob solche Variabilität vorliegt, ist im Einzelfall oft nicht leicht zu entscheiden, und hier ergeben sich z. T. heikle Fragen für den Lexikographen. Wenn aber eine klare Entscheidung möglich ist, ist die lexikographische Behandlung der Varianten unproblematisch. Eine Konvention, wie sie in Duden GW gehandhabt wird (Reihung der Varianten, getrennt durch Schrägstrich) ist wohl unmißverständlich:

alle/ beide Hände voll zu tun haben
die/ seine Hand auf etw. legen
überall seine Hand/ seine Hände im Spiel haben

Fälle wie *jmdn. auf den Arm nehmen / jmdn. auf die Schippe nehmen* (bei Fleischer 1982, 210 als zweiter Typ von Varianten aufgeführt), also mit Austausch eines (in freier Verwendung semantisch nicht verwandten) Lexems, sollten nicht als Varianten ein und derselben Nennform erscheinen, sondern die eine Nennform sollte im onomasiologischen Teil der anderen als Synonym genannt werden.

Gar nicht in einen Lexikonartikel gehören m. E. Angaben zu dem, was wir (Burger et al., 1982, 68 ff.) „Modifikationen" genannt haben (bei Fleischer a. a. O. als dritter Typ von Varianten angesprochen, z. B. die Erweiterung von *Spiel mit dem Feuer* zu *Spiel mit dem politischen Feuer*). Was hier möglich, was unmöglich ist, ist nur sehr beschränkt prognostizierbar und deshalb kein Gegenstand der Lexikographie.

## 11. Literatur (in Auswahl)

### 11.1. Wörterbücher

*COD* = Concise Oxford Dictionary of Current English. Oxford 1982 [1255 S.].
*Collins* = Collins Dictionary of the English Language. London. Glasgow 1979 [1690 S.].
*Duden DUW* = Duden Deutsches Universalwörterbuch. Mannheim 1983 [1504 S.].
*Duden GW* = Duden Großes Wörterbuch der deutschen Sprache. 6 Bde. Mannheim 1976—81 [zs. 2990 S.].
*Grand Larousse* = Grand Larousse de la langue française en sept vol. Paris 1971—1978 [zs. 5866 S.].
*Grand Robert* = Le Grand Robert de la langue française. 9 Bde. Paris 1985 [zs. 9151 S.].
*HWDG* = Handwörterbuch der deutschen Gegenwartssprache in zwei Bänden. Berlin 1984 [zs. 1399 S.].
*Larousse* = Lexis. Larousse de la langue française. Paris 1975.
*LL* = Dictionary of Contemporary English. (= Langenscheidt-Longman) Harlow. London 1981 [1876 S.].
*OALD* = Oxford Advanced Learner's Dictionary of Current English. 3rd ed. Oxford 1974 [1055 S.; 1. Aufl. 1948].
*OED* = The Oxford English Dictionary. 12 Bde. Oxford 1933 [zs. 14123 S.].
*Petit Robert* = Le Petit Robert: Dictionnaire alphabétique et analogique de la langue française. Paris 1979 [2172 S.].
*SOED* = Shorter Oxford English Dictionary. Ed. by Charles Talbut Onions. 2 Bde. Oxford 1973 [zs. 2515 S.].
*Trésor* = Trésor de la langue française. Bisher 13 Bde. Paris 1971 ff. [zs. 11018 S.; 13. Bd. 1988].
*WDG* = Wörterbuch der deutschen Gegenwartssprache. 6 Bde. Berlin 1964—77 [zs. 4579 S.].
*Webster* = Webster's Third New International Dictionary of the English Language. Springfield (Mass.) 1981 [2662 S.].

### 11.2. Sonstige Literatur

*Blumrich 1985* = Christa Blumrich: Lexikographische Darstellung idiomatischer Adjektiv-Substantiv-Wendungen. In: Beiträge zu theoretischen und praktischen Problemen in der Lexikographie der deutschen Gegenwartssprache. Hrsg. von W. Bahner [et al.]. Berlin [DDR] 1985 (Linguistische Studien. Reihe A. Arbeitsberichte 122), 316—337.
*Boguslawski 1979* = Andrzej Boguslawski: Zum Problem der Phraseologie in zweisprachigen Wörterbüchern. In: Kwartalnik Neofilologiczny 26. 1979, 29—36.
*Burger 1973* = Harald Burger (unter Mitarbeit von Harald Jaksche): Idiomatik des Deutschen. Tübingen 1973 (Germanistische Arbeitshefte 16).

*Burger 1976* = Harald Burger: „Die Achseln zukken" — zur sprachlichen Kodierung nichtsprachlicher Kommunikation. In: Wirkendes Wort 26. 1976, 311—334.

*Burger et al. 1982* = Harald Burger/Annelies Buhofer/Ambros Sialm: Handbuch der Phraseologie. Berlin 1982.

*Burger 1983* = Harald Burger: Phraseologie in den Wörterbüchern des heutigen Deutsch. In: Studien zur neuhochdeutschen Lexikographie III. Hrsg. von Herbert Ernst Wiegand. Hildesheim. Zürich. New York 1983 (Germanistische Linguistik 1—4/82), 13—66.

*Burger 1987* = Harald Burger: Normative Aspekte der Phraseologie. In: Korhonen (Hrsg.) 1987, 65—89.

*Fleischer 1982* = Wolfgang Fleischer: Phraseologie der deutschen Gegenwartssprache. Leipzig 1982.

*Fleischer 1983* = Wolfgang Fleischer: Zur Bedeutungsbeschreibung von Phraseologismen. In: Die Lexikographie von heute und das Wörterbuch von morgen. Analysen. Probleme. Vorschläge. Hrsg. von Joachim Schildt u. Dieter Viehweger (Linguistische Studien, Reihe A, Arbeitsberichte 109) Berlin [DDR] 1983, 187—206.

*Gréciano 1983* = Gertrud Gréciano: Signification et dénotation en allemand — La sémantique des expressions idiomatiques. Paris 1983.

*Kempcke 1987* = Günter Kempcke: Theoretische und praktische Probleme der Phraseologiedarstellung in einem synchronischen einsprachigen Bedeutungswörterbuch. In: Korhonen (Hrsg.) 1987, 155—164.

*Kjær 1987* = Anne Lise Kjær: Zur Darbietung von Phraseologismen in einsprachigen Wörterbüchern des Deutschen aus der Sicht ausländischer Textproduzenten. In: Korhonen (Hrsg.) 1987, 165—181.

*Koller 1977* = Werner Koller: Redensarten. Linguistische Aspekte, Vorkommensanalysen, Sprachspiel. Tübingen 1977 (Reihe Germanistische Linguistik 5).

*Korhonen 1987* = Jarmo Korhonen: Überlegungen zum Forschungsprojekt „Kontrastive Verbidiomatik Deutsch—Finnisch". In: Korhonen (Hrsg.) 1987, 1—22.

*Korhonen (Hrsg.) 1987* = Beiträge zur allgemeinen und germanistischen Phraseologieforschung. Hrsg. von Jarmo Korhonen. Internationales Symposium in Oulu 13.—15. 6. 1986. Oulu 1987 (Univ. Oulu. Veröffentlichungen des Germanistischen Instituts 7).

*Kühn 1984* = Peter Kühn: Pragmatische und lexikographische Beschreibung phraseologischer Einheiten: Phraseologismen und Routineformeln. In: Studien zur neuhochdeutschen Lexikographie IV. Hrsg. von Herbert Ernst Wiegand. Hildesheim. Zürich. New York 1984 (Germanistische Linguistik 1—3/83), 175—235.

*Kühn 1986* = Peter Kühn: Zur Bedeutungsbeschreibung von Routineformeln in Wörterbüchern. In: Textlinguistik kontra Stilistik, Wortschatz und Wörterbuch. Grammatische und pragmatische Organisation von Rede? Hrsg. von Walter Weiss/Herbert Ernst Wiegand/Marga Reis. Tübingen 1986 (Akten des 7. Internationalen Linguistenkongresses Göttingen 1985: Kontroversen, alte und neue. Hrsg. von Albrecht Schöne, Bd. 3), 223—227.

*Mel'čuk/Reuther 1984* = Igor A. Mel'čuk/Tilmann Reuther: Bemerkungen zur lexikographischen Beschreibung von Phraseologismen und zum Problem unikaler Lexeme (an Beispielen aus dem Deutschen). In: Wiener Linguistische Gazette 33—34. 1984, 19—34.

*Pilz 1987* = Klaus-Dieter Pilz: Allgemeine und phraseologische Wörterbücher — Brauchen wir überhaupt phraseologische Wörterbücher? In: Korhonen (Hrsg.) 1987, 129—153.

*Wissemann 1961* = Heinz Wissemann: Das Wortgruppenlexem und seine lexikographische Erfassung. In: Indogermanische Forschungen 66. 1961, 225—258.

*Harald Burger, Zürich (Schweiz)*

# 47. L'exemple lexicographique dans le dictionnaire monolingue

1. Statut de l'exemple lexicographique
2. Fonctions linguistiques de l'exemple
3. Fonctions philologiques de l'exemple. L'exemple comme témoin. Les corpus d'exemples. La fonction épilinguistique
4. Au delà de la langue: de l'encyclopédisme à l'idéologie et à la qualité littéraire
5. Bibliographie choisie

Pourquoi des exemples dans un dictionnaire monolingue? On connaît la fortune de cette phrase de Voltaire (Lettre à Duclos, 11. 8. 1760): «Un dictionnaire sans citations est un squelette» (Mormile 1982). Les exemples correspondent de fait à des fonctions variées: *linguistiques, philologiques,* voire *encyclopédiques* et *idéologiques*. Mais avant d'en préciser le rôle, il convient d'en déterminer le *statut sémiotique*.

L'exposé s'appuiera sur la lexicographie française. Mais il ne s'agit d'aucune façon d'apporter une contribution à l'histoire de ce domaine, mais uniquement d'y puiser de quoi illustrer un propos qui se veut de lexicographie générale.

## 1. Statut de l'exemple lexicographique

L'article de dictionnaire peut comporter aussi bien des exemples construits par le lexicographe («exemples forgés», «fabriqués») que des exemples cités (ou «citations»), empruntés à des sources diverses, littéraires ou non. La seule obligation, impérative, est que l'exemple présente une occurrence du mot-entrée. Souvent, celle-ci est typographiquement signalée, p. ex. par l'italique ou le gras, voire par un signe abréviatif. On peut lire ainsi sous **lion** dans le DG: «*Le rugissement du —. Etre fort, courageux, hardi comme un —. S'adjuger la part du —*». L'exemple est constitué tantôt d'une ou de plusieurs phrases complètes; tantôt il se réduit à un syntagme comme dans l'article *lion* qu'on vient de mentionner. La citation se présente plus souvent que l'exemple construit sous la forme d'une phrase complète. Mais il n'y a là aucune obligation. La différence entre exemple cité et exemple construit est ailleurs: elle est dans le statut sémiotique de l'un et de l'autre.

### 1.1. Statut de l'exemple construit

Quand le lexicographe écrit: *J'ai déménagé il y a deux mois,* il ne veut évidemment pas signifier qu'il a effectivement déménagé. Le statut d'un tel exemple est celui de *phrase* et non pas d'*énoncé*. La différence entre *phrase* et *énoncé* se conçoit aisément. Si Pierre dit, en février 1985: «J'ai déménagé il y a deux mois», *je* renvoie à Pierre et le déménagement se situe en décembre 1984. Si Marie dit la même chose en mars, *je* désigne Marie et l'événement a lieu en janvier. Pourtant il y a quelque chose de commun à ces deux énoncés: c'est le fait que, au moment où le locuteur parle, deux mois le séparent d'un événement qui a consisté à déplacer ses meubles d'un lieu d'habitation à un autre. Ce contenu commun n'est rien d'autre que le sens, c'est-à-dire l'ensemble des conditions qui doivent être satisfaites pour que ce qui est dit soit vrai.

L'exemple construit, dépouillant l'énoncé de tout renvoi à une situation réelle, conduit à un artefact qui n'est que le lieu du *sens*. Alors que l'énoncé peut suggérer toutes sortes de ré-interprétations (ainsi Pierre veut peut-être faire entendre qu'ayant déménagé il y a seulement deux mois, il lui est impossible en ce moment de recevoir chez lui), la phrase ne fournit jamais que le sens littéral; les «indexicaux» (les «embrayeurs») — et même les noms propres — y renvoient anonymement à n'importe qui et à n'importe quel moment. Dépouillé de toute velléité interprétative, muni d'indexicaux fictifs, l'exemple construit laisse ainsi au lecteur le soin d'imaginer une situation aussi banale que possible. Lieu de simples conditions de vérité, la phrase n'est en tant que telle ni vraie ni fausse.

Dans le discours lexicographique, elle a statut d'*autonyme*. Elle ne renvoie pas au monde: sa fonction est seulement d'illustrer le mot-entrée. Cela ne signifie pas que les vocables qu'elle comporte aient eux aussi statut d'autonymes. Dans notre exemple, *déménager* renvoie, non pas au verbe *déménager* (comme dans «*Déménager* est souvent en emploi absolu»), mais à des conditions qui, dans le monde, autorisent à dire qu'on a déménagé. Le statut autonymique de l'ensemble ne doit pas faire conclure au statut autonymique des parties (Rey-Debove 1971, 260). C'est la phrase entière qui est «opaque», et cette opacité lui vient d'une simulation du contexte situationnel, réduisant le contenu aux seuls critères de vérité.

Le statut de phrase favorise aussi les procédures que J. Rey-Debove (1971, 303—306) appelle *«neutralisation»*. En partant d'un énoncé comme celui-ci: *Brénugat passa deux longues journées à déménager ses meubles* (Duhamel, cité par le TLF, s. v. *déménager*), on peut former, par élimination du nom propre et des circonstants, *Il déménagea ses meubles,* puis, par de nouvelles réductions: *Il déménage ses meubles, déménager ses meubles, déménager qqc.* Souvent l'exemple construit prend son départ à des énoncés authentiques et s'obtient par des simplifications successives qui en font un type abstrait, libéré de toute incidence situationelle.

### 1.2. Statut de l'exemple cité

Tout autre est le statut de l'exemple cité. Certes, par sa fonction illustrative, il a lui aussi, dans l'article lexicographique, le statut d'un autonyme. Mais le texte dont il est extrait est un texte spontanément créé par un locuteur. Dans ce texte, il a donc valeur d'*énoncé* et non pas de phrase. Assertif, l'énoncé est donné pour vrai. Naturellement, cette vérité peut être relative à une fiction littéraire. Mais à l'intérieur de l'univers fictif que l'auteur imagine, l'extrait considéré fonctionne comme un énoncé effectif, dont la vérité est assumée.

Du fait même, les phénomènes de ré-interprétation contextuelle ne sont pas éliminés. La signification s'éclaire par l'intégralité du texte, voire par l'œuvre entière de l'auteur ou le courant d'idées auquel il appartient. Sous *déracinement*, l'exemple de Barrès que cite le TLF ne s'interprète qu'à la lumière de toute une conception de l'environnement social et de l'enracinement nécessaire dans un terroir. Bref, les exemples cités sont historiquement et idéologiquement marqués: impossible de les disjoindre de la culture qui les a fait naître. On comprend que certains lexicographes puissent préférer le dépouillement des phrases à la complexité des énoncés (Dict. de l'Ac., DFC, Davau/Cohen/Lallemand). Mais d'autres se méfient d'illustrations *ad hoc* que le lexicographe, consciemment ou non, risque de gauchir dans le sens de la thèse à prouver (ici la justesse de la définition). L'exemple cité échappe à de tels soupçons.

Distincts quant à leur statut, l'exemple construit et l'exemple cité tendent aussi à ne pas remplir exactement les mêmes fonctions: l'un, par son dépouillement même se prête mieux, en général, aux exigences linguistiques. L'autre, comme énoncé effectif, a plutôt valeur philologique de témoignage.

## 2. Fonctions linguistiques de l'exemple

Parmi les fonctions linguistiques, on distinguera les fonctions syntagmatique, paradigmatique, rhétorique et pragmatique de l'exemple.

### 2.1. Fonction syntagmatique

Les exemples illustrent en principe les constructions syntaxiques les plus communes et les collocations les plus usuelles. A cet égard, le lexicographe vise à la banalité.

Ainsi, pour un substantif, il s'efforcera d'exemplifier les constructions *subst. + prép. + x* (cf. TLF, s. v. *larme: larmes de colère, de frayeur, d'indignation, de rage; larmes de bonheur, de joie, de plaisir, de tristesse; larmes de douleur, d'épuisement, de fatigue; larmes de tendresse, de reconnaissance; larmes de désespoir, de honte, d'orgueil, de pudeur, de sympathie; larmes de convention*), les constructions *x + prép. + subst.* (cf. TLF s. v. *langue: bords, base, faces, pointe, sommet de la langue; cancer, inflammation, tumeur, ulcération de la langue; claquement de langue*), les constructions *subst. + adj.* les plus fréquentes (cf. TLF, s. v. *lit: lit dur, moëlleux, mou, souple; grand lit, lit étroit, immense; bon, mauvais lit; lit confortable, défoncé, douillet; lit (bien) chaud, frais, glacé, humide, moite, parfumé, tiède*). Un sort sera fait aux verbes auxquels le substantif traité fournit un des compléments (cf. TLF, s. v. *langue: avoir la langue pâteuse, rouge, sèche, la langue pendante; passer sa langue sur les/ses lèvres; humecter, mouiller ses lèvres de (avec) sa langue; s. v. lit: se mettre, s'enfoncer, se glisser, se pelotonner dans le lit, au fond, au creux, au milieu du lit; s'allonger, se jeter, se reposer, s'endormir sur le lit; mettre, poser qqc. sur le lit*). Les syntagmes peuvent être classés grammaticalement, ou bien en catégories sémantiques très générales. Ainsi, sous **livre,** le TLF distingue: a) «la fabrication et la présentation du livre» *(composer, imprimer un livre; livre en feuilles, sous presse, en réimpression; brocher, relier un livre; caractères, format, maquette, mise en pages d'un livre; frontispice, titre, gravures, illustrations d'un livre; marges, pages (de garde) d'un livre; dos, plat, tranche d'un livre; livre doré sur tranche; couverture, jaquette d'un livre; coquilles, fautes d'un livre; livre défectueux; livre de luxe; beau livre; livre in-folio, in-octavo, in quarto);* b) «la vente et l'achat du livre» *(diffuser, éditer, faire paraître, publier un livre; catalogue, collection de livres; livre ancien, neuf, d'occasion, rare; livre de collection; livre dépareillé, épuisé; amateur de livres; livre en souscription, à succès; caisse, rayonnage de livres; emprunter un livre).*

### 2.2. Fonction paradigmatique

2.2.1. Par leur richesse collocative, les exemples font équilibre à l'abstraction de la définition qui vise le «contenu minimum» (Imbs 1971, XXXIX); ils valent par l'abondance du champ associatif qu'ils véhiculent.

Ainsi ce bel exemple de **larme** enregistré par le TLF: «*Sa fureur tombant soudain, comme une corde trop tendue qui casse, elle se sentit prête à pleurer. Elle fit des efforts terribles, se raidit, avala ses sanglots comme les enfants; mais les pleurs montaient, luisaient au bord des paupières, et bientôt deux grosses larmes, se détachant des yeux, roulèrent lentement sur ses joues* (Maupassant, *Contes et nouv.,* t. 2, Boule de suif, 1880, p 152)».

En particulier, le lexicographe enregistre volontiers des exemples riches de synonymes ou d'antonymes. La confrontation de deux vocables peut éclairer l'un et l'autre: *Pour la reproduction des espèces, la nature a donné aux femelles la fécondité, aux mâles la fécondance* (Frédéric Cuvier, cité par Littré). Le choix de l'exemple lexicographique se fonde souvent sur une des propriétés les plus caractéristiques du langage naturel: la redondance. Pour bien se faire comprendre, le locuteur peut dire une même chose sous plusieurs formes. De tels usages sont le pain blanc du lexicographe! A la limite, le sens du vocable illustré se «devine» par le seul contexte.

Ainsi dans ces exemples d'**incoordination** et d'**incrédule** (TLF): *Le symptôme principal est une* incoordination *des mouvements. L'animal titube au cours de ses déplacements* (Garcin, *Guide vétér.,* 1944, p. 129); *La nouvelle n'avait trouvé que des incrédules. Personne ne croyait à une révolution.* (France, *Ile ping.,* 1908, p. 237). L'apposition explicative représente un cas particulier de redondance: *Il ne tombe pas dans* le coloriage, *dans l'emploi de trop de couleurs crues...* (Lhote, *Peint. d'abord,* 1942, p. 70, in TLF); *Enfin les misères de la guerre produisirent une vie en commun,* un collectivisme *de la tranchée.* (Barrès, *Les diverses familles spirituelles de la France,* 1917, p. 212, in TLF).

2.2.2. De tels cas confèrent à l'exemple une fonction définitoire. Celle-ci se rapproche parfois de la simple monstration.

Qu'est-ce qu'un larcin? Le mieux est de citer un exemple qui décrit une situation caractérisée par ce terme: *Il était extraordinairement chapardeur. Il ramenait chaque jour de son bureau toutes sortes de menus objets, des crayons, des cahiers, des enveloppes, des pots de colle, des timbres. Ces* larcins *n'avaint d'ailleurs à ses yeux pas une ombre d'importance et ne l'empêchaient pas de faire à ses enfants de somptueux discours sur le scrupule et la probité.* (Duhamel, *Notaire Havre,* 1933, p. 87, in TLF). De même pour l'inconséquence: *Aussi son attitude était-elle pleine* d'inconséquences: *un jour elle était la mère et un jour la camarade. Un jour elle tonnait: «Penses-tu que je ne devine pas le genre de tes conversations avec tous ces petits voyous de l'école?» Un autre jour, ces mêmes choses, ils en plaisantaient à demi-mot.* (Montherlant, *Bestiaires,* 1926, p. 504, in TLF). Ce type d'exemple est particulièrement fréquent pour illustrer les réalités linguistiques. Pour dire ce qu'est un calembour, le mieux est de le montrer un. De même pour le lapsus: *«Nous sommes foudroyés», dit-il. Il voulait dire «fourvoyés», mais c'était là un lapsus léger et que rendaient excusable, d'ailleurs, ces circonstances exceptionnelles* (Courteline, *Train 8h 47,* 1888, 3, p. 126, in TLF).

Naturellement, le procédé de «monstration» est loin de s'appliquer toujours. Mais l'exemple comporte souvent des formes définitoires substitutives. On sait que, pour construire sa définition, le lexicographe choisit, parmi un ensemble souvent très étendu de prédications universelles *(le lion est un animal, le lion est un mammifère, le lion est carnassier, le lion vit en Afrique...),* celles qui lui paraissent pertinentes, c'est-à-dire propres à opposer significativement le vocable considéré à tous les autres vocables dont la langue dispose. Or il existe toujours plusieurs choix possibles. Je peux définir *midi* comme le milieu du jour ou comme la douzième heure après minuit: les deux prédications sont universellement vraies. L'hésitation du lexicographe peut ainsi le conduire à rejeter l'une d'elles dans un exemple. C'est ce que fait le P. Lar. (Rey-Debove 1971, 287). Ailleurs, un trait dont on peut penser qu'il est définitoire apparaît tardivement dans quelque exemple: l'Ac. définit le râteau comme un «instrument d'agriculture avec lequel on ramasse le foin». Le trait «/avec dents/» est signalé seulement dans cet exemple: *Un râteau a des dents de bois* (Wagner 1967, 140). Dans telle ou telle citation, la prédication universelle peut certes se colorer de valeur subjective: *L'amour est une envie cachée et délicate de posséder ce que l'on aime* (La Rochef.). *L'amour est une passion inquiète et tumultueuse; L'amour est enfant du loisir* (Corn., in Trév. 1752, cité par Quemada 1967, 519). Elle peut même avoisiner le paradoxe: *La Morale est la faiblesse de la cervelle* (Rimbaud cité par Rob., Rey-Debove 1971, 288). Il n'en demeure pas moins que très fréquemment l'exemple fonctionne comme une définition déguisée.

Certains dictionnaires se dispensent de définir les dérivés ou bien les lexies et se contentent alors d'exemples pseudo-définitoires. C'est le cas du DFC: *Les* baleiniers *sont des navires spécialement équipés pour la pêche à la baleine et pour sa transformation en produits demi-finis* (s. v. baleine); *Le* manche à balai *est le bâton au bout duquel s'emmanche la brosse* (s. v. balai; cité par Rey-Debove 1971, 288). A la limite, quel que soit le vocable traité, un dictionnaire peut se borner à citer des phrases, en fournissant chaque fois un équivalent ou une tournure paraphrastique (c'est le cas de Davau/Cohen/Lallemand).

2.3. Fonctions rhétorique et pragmatique

2.3.1. Certains usages, notamment figurés, se prêtent mal à la définition. Ainsi *incurabilité* peut s'appliquer à une abstraction, présentée comme une sorte d'affection ou de maladie. Un exemple suffira pour montrer cette possibilité: *Sans la bataille de Ratisbonne, c'en était fait de la liberté de l'Allemagne. J'espère que vous aurez peu vu de preuve aussi frappante de* l'incurabilité *des préjugés* (J. de Maistre, *Corresp.,* t. 3, 1808, p. 281, in TLF). C'est l'avantage des dictionnaires riches de citations que d'illustrer, vocable par vocable, les tendances de la dérive analogique et métonymique. Le flou des contenus linguistiques rend les mots aptes à toutes sortes de glissements: c'est aux exemples de faire voir certaines au moins des virtualités que ces «objets déformables» peuvent réaliser.

2.3.2. Au reste, l'exemple peut illustrer aussi les conditions pragmatiques dans lesquelles telle locution ou telle expression est usitée.

Ainsi pour *joindre les talons,* défini par «Approcher les pieds l'un de l'autre de manière que les talons se touchent, la pointe des pieds tournée en dehors» (TLF, s. v. *joindre*). L'appartenance de cette pratique à l'urbanité militaire ressort de l'exemple cité: *Des soldats s'arrêtent brusquement, joignent les talons et saluent un officier qui passe* (Larbaud, *Barnabooth,* 1913, p. 332).

## 3. Fonctions philologiques de l'exemple. L'exemple comme témoin. Les corpus d'exemples. La fonction épilinguistique

### 3.1. L'exemple comme témoin

Là où l'exemple construit peut toujours être suspecté, l'exemple cité a l'avantage de correspondre à un usage effectif. Il met à l'abri de toute fantaisie ou de toute subjectivité de la part du lexicographe. A vrai dire, la différence n'est pas tranchée entre citation et exemple construit. On a vu que les seconds viennent souvent de la réduction des premiers. Et bien des exemples «fabriqués» se ressentent de réminiscences, conscientes ou non (cf. Quemada 1967, 505—506).

La fonction essentielle de la citation est d'«autoriser» telle ou telle signification en l'attestant par un texte. Ce terme d'*autoriser* figure déjà chez les premiers auteurs du Trévoux (cf. Quemada 1967, 540). Il est vrai que la langue littéraire, qui sert généralement de source, a l'inconvénient de présenter toutes sortes d'écarts créatifs qui peuvent aller à l'encontre de l'usage banalisé. Le lexicographe éliminera les usages trop fantaisistes et particulièrement tout ce qui relève du jeu de langage. Mais il a la charge de fournir une attestation chaque fois qu'un doute peut naître sur la grammaticalité d'un usage. C'était déjà le projet de Richelet: «Je marque les diferens endroits d'où je prens ces mots, et ces expressions à moins que les termes et les manieres de parler que j'emploie ne soient si fort en usage qu'on n'en doute point.» (*Avert.*, éd. de 1680, Quemada 1967, 550).

Est-il possible de construire pronominalement le verbe *cahoter?* Un exemple de Zola (TLF, *cahoter*) donne à le penser: (...) *en écrivant cette lettre, je vois, de ma fenêtre, les fiacres se cahoter dans les ruisseaux, éclaboussant chacun* (...) (*Corresp.*, 1902, p. 149). L'adjectif *incrédule* peut-il être suivi de *à* + *subst.?* Peut-on dire une *larme de boue, une larme d'encre, une larme d'huile tiède?* Une larme peut-elle être triangulaire? La tendresse saurait-elle être incontinente? Une couleur inconstante? Que l'on consulte le TLF, et l'on trouvera des attestations dûment référencées sous **incrédule, larme, incontinent** et **inconstant**. *Larcin* peut désigner non seulement le vol lui-même, mais aussi ce qui a été volé. A preuve ce passage de R. Rolland (*J.-Chr.,* Antoinette, 1908, p. 837, in TLF): *elle cueillait des fleurs, bien que ce fût défendu: vite elle arrachait une rose qu'elle convoitait depuis le matin, et elle se sauvait avec (...)  puis, elle cachait son larcin, elle l'enfonçait dans son cou, contre sa gorge, entre ses deux petits seins.*

L'extrême banalité n'a pas à être attestée. Inutile de recourir à la caution de Chateaubriand ou de Victor Hugo pour enregistrer *Qu'il fait beau ce soir!* Beaucoup estiment qu'il y a même quelque chose d'inconvenant à apposer la signature d'un grand écrivain sous de tels énoncés: «Le caractère sacré qu'on attache à la production littéraire empêche qu'on cite Rousseau, par ex., pour dire ‹Joyeux Noël!›» (Rey-Debove 1971, 259).

Quand un exemple s'impose comme preuve, certains dictionnaires se contentent d'en citer un, mais sans en fournir la référence précise. Ainsi le GLLF. On peut certes faire confiance à ses auteurs, comme ils le réclament dans la préface, alléguant le gain de place. Mais on sait aussi que des lexicographes sans scrupule ont pu «fabriquer» du Bossuet (ainsi Jules Vallès pour La Châtre, voir Quemada 1967, 506). Chez La Curne de Sainte Palaye, certaines citations se révèlent étrangement fautives (voir l'intervention de G. Colon, Lexicol. et Lexicogr. 1960, 143). Il s'y ajoute que le consultant peut souhaiter disposer d'un contexte plus étendu pour comprendre mieux, par delà le sens littéral, les intentions de l'auteur cité.

A la limite, il peut même se satisfaire (notamment pour une langue morte ou un état de langue dépassé) de listes d'exemples que le lexicographe se garde d'interpréter: «Chaque acception du mot sera toujours prouvée par une ou deux autorités. A l'égard des mots dont la signification est totalement inconnue ou sur lesquels on n'a que des conjectures, l'auteur rapportera en entier tous les passages où il les aura remarqués; à l'aide de ces citations, le lecteur pourra peut-être en déterrer lui-même la véritable signification.» (La Curne de Sainte Palaye, *Sur le projet d'un glossaire françois,* cité par Quemada 1967, 540). Dans le dictionnaire d'ancien français de Tobler/Lommatzsch, l'abondance des exemples supplée ainsi la relative pauvreté du commentaire lexicographique. Et l'on sait que Littré, dans ses «historiques», s'est contenté d'accumuler, dans l'ordre chronologique, les exemples antérieurs à 1600.

Un dictionnaire comme le TLF pousse jusqu'à ses dernières conséquences le souci philologique. On y pose en effet ce principe que «les énoncés servant d'exemples» ne sont *jamais* «l'œuvre des rédacteurs, mais d'auteurs usant de la langue sans préoccupation linguistique directe et donc non suspects de gauchir les matériaux de la preuve dans le sens de la thèse à prouver» (Imbs 1971, XVI). Même les syntagmes, cités sans référence, proviennent toujours de la réduction d'énoncés effectifs. Des documents informatisés y conduisent de manière systématique. Les mêmes préoccupations guident la rédaction en cours du *Dictionnaire du français québécois*, à l'Univ. Laval (cf. art. 158 a).

3.2. Les corpus d'exemples

La garantie d'authenticité que confèrent les exemples cités conduit, depuis Littré, à se donner le corpus le plus étendu possible. Et dès lors les occurrences dont on dispose apparaissent, non plus comme des preuves, mais comme la source même de la description: elles fondent le travail lexicographique. A la limite, rien n'entre dans la description qui ne soit attesté dans le corpus et, inversement, le corpus est décrit exhaustivement. Dans la pratique, une telle conception impose cependant une double limitation:

— même homogène, le corpus contient des données marginales (régionalismes, fantaisies d'auteur, calques inhabituels...) ou suspectes d'écarts stylistiques trop marqués (surtout dans la langue poétique);

— même gigantesque, le corpus peut ne pas attester des tours qui appartiennent à la compétence des locuteurs; ainsi le corpus, essentiellement littéraire, du TLF laisse inattestés des usages bien répandus, mais familiers, de la langue orale. Par exemple, il ne contient pas d'attestation du mot *nullard*.

Il n'en demeure pas moins que les banques de données informatisées, en voie de constitution sur certaines langues de culture (et notamment sur le français), conduisent à une lexicographie dont les assises sont incomparablement plus fiables.

3.3. La fonction épilinguistique

Certains exemples valent aussi par la fonction épilinguistique qui s'y manifeste. Celle-ci présente plusieurs aspects.

— Le locuteur peut s'appliquer à définir lui-même un terme ou à en préciser les conditions d'emploi. Apparaissent alors des prédicats métalinguistiques comme *nommer, appeler, désigner*: *Je menais une vie de lion, c'est ainsi qu'en ce temps-là, on appelait les élégants du boulevard; aujourd'hui on les nomme: gandins* (Avenel, *Calicots*, 1866, p. 87, in TLF s. v. *lion*); *Il y a, en effet, beaucoup plus de protéines et de sels minéraux dans le lait des premiers jours, appelé* lait colostral, *et beaucoup moins de lipides et de lactose, que dans le lait du 50ème jour, appelé* lait parfait (*Livre d'or pour une future maman*, Paris, Ed. du Livre d'or, 1978, p. 25, in TLF s. v. *lait*). De même on relève des tournures comme *sous le nom de* ou *exprimé par le mot de*: *Sous le nom d'incontinence, se placent la luxure et la gourmandise, qui asservissent la raison aux appétits de la chair* (Ozanam, *Philos. Dante*, 1838, p. 107 in TLF s. v. *incontinence*); *Il demandait la réunion forcée de tous les biens entre les mains de l'Etat et se servait pour exprimer cette vieille idée du mot nouveau de collectivisme* (J. Forni, *Les Célébrités de la Commune*, 1871, p. 29, in TLF s. v. *collectivisme*). Parfois il suffit, pour marquer la préoccupation épilinguistique, d'un *ou* alternatif: *les amateurs d'incunables ou livres imprimés avant 1500* (*Civilis. écr.*, 1939, p. 14—6, in TLF s. v. *incunable*).

— Le locuteur peut hésiter aussi entre deux vocables et justifier son choix: *Une pelisse, ou plus exactement un long pardessus de drap noir à col de loutre, car il ne semblait pas que tout le dedans en fût doublé de fourrure* (J. Romains, PRob. s. v. *pelisse*, Rey-Debove 1971, 297—298).

— Le locuteur enfin peut préciser les connotations que le terme véhicule, p. ex. sa couleur régionale: *Beaucoup de fedons (c'est l'expression locale qui désigne les jeunes baudets) périssent dans les premiers mois de leur existence* (*Bulletin de la Soc. d'agric. etc. de Poitiers*, déc. 1874, p. 214, Littré s. v. *fedon*).

4. Au delà de la langue: de l'encyclopédisme à l'idéologie et à la qualité littéraire

4.1. Encyclopédisme

Mais le rôle de l'exemple lexicographique ne s'arrête pas aux fonctions linguistiques et philologiques. C'est par les exemples, écrit P. Imbs (1971, XL), qu'«un dictionnaire de langue se prolonge tant soit peu en dictionnaire de choses». C'est là que vient se loger une information, sans doute linguistiquement superflue, mais qui, par delà le mot, décrit avec plus ou moins de précision les choses nommées.

Qu'on regarde p. ex., sous les noms d'animaux, le nombre d'extraits pris à Buffon (ainsi pour *lion*, dans Besch., Littré, DG, Rob.). Sans doute suffit-il de définir *langue-de-chat* par «gâteau sec et allongé». Mais rien n'empêche, dans un exemple, d'en détailler les ingrédients: *Les langues-de-chat sont faites de farine, sucre en poudre, crème fraîche et blancs d'oeufs en neige (Ac. gastr.* 1962, TLF s. v. *langue-de-chat*). Si la laque se définit comme un «produit capillaire en bombe que l'on vaporise sur les cheveux pour les maintenir en forme» (TLF), pourquoi ne pas en spécifier les propriétés souhaitables? *Une bonne laque doit fixer mais sans «bétonner» ni poisser. Elle doit s'éliminer facilement, être sans danger... (Que choisir?* 1975, n° 74, p. 17, in TLF, s. v. *laque).* «C'est par des informations de cette nature, contenues dans les exemples, que le lexicographe rappelle sans cesse cette vérité (...) que la langue est faite pour franchir la clôture (...) de son intériorité, pour rejoindre le réel de l'expérience.» (Imbs 1971, XL).

On sait qu'aux XVIIIème et XIXème s., au delà de sa fonction lexicographique, on exigeait du dictionnaire «qu'il instruise en amusant, que sa lecture retienne et séduise au même titre que celle de tout autre ouvrage» (Quemada 1967, 526). L'engouement pour les citations «curieuses» se retrouve chez Littré: «Il arrive que les passages cités... contiennent quelque détail curieux, quelque renseignement historique. Bien que j'aie tourné mon attention sur ce motif de choisir les exemples, cependant le genre d'utilité qui en résulte ne m'a frappé qu'assez tardivement. Ainsi maints passages utiles m'ont échappé sans doute.» (1863, 137).

Au reste, l'ouverture sur le monde n'est pas forcément tributaire de l'énoncé générique. La description précise d'un individu, au sens logique du terme, peut livrer des traits généralisables: *La longue jument baie appuie sur le mors, fauche la route de ses quatre fers avec un puissant battement des hanches, et le grincement du cuir accompagne délicieusement l'odeur fauve du poil, de la belle robe luisante tachée de sueur* (Bernanos, *M. Ouine*, 1943, p. 1360, cité sous *jument* dans le TLF). De façon plus générale, on ne conçoit pas que les exemples, du moins par les présuppositions qu'ils véhiculent, soient en constante contradiction avec la vision du monde que le lexicographe peut supposer chez son public. De fait celui-ci donne, par les choix qu'il opère, une image souvent complexe des conceptions, des croyances, en un mot de l'idéologie que les textes reflètent.

### 4.2. Idéologie

Certains dictionnaires se présentent comme engagés, et l'auteur peut le manifester clairement dans le choix des exemples. Ainsi Pougens se proposait de rédiger son ouvrage dans un esprit de patriotisme et de morale civique: «en mettant dans le choix de mes citations tout l'art et le soin dont il pouvait être susceptible, afin de faire en même temps de mon Dictionnaire un cours abrégé de philosophie, de morale et surtout de morale publique, je veux que l'on y trouve disséminés les principes d'un ardent patriotisme et de saint amour d'humanité» (cité par Quemada 1967, 531). Mais même dans ceux qui se veulent neutres, les exemples, en tant que discours sur le monde, restituent forcément «les centres d'intérêt et les jugements communs de la société dont la langue est décrite» (Rey-Debove 1971, 272).

Qu'on observe les thèmes du DFC: les exemples se rapportent à la vie quotidienne, la scolarité, le logement, la voiture, mais aussi à la politique, aux mouvements sociaux, aux élections. Certes on y voit «des fidèles à genoux dans l'église» (s. v. *genou*), des «volontaires» faire «la collecte de vêtements usagés pour les malheureux» (s. v. *collecte*) et «gagner» ainsi «le ciel par une vie exemplaire» (s. v. *gagner*). Mais la plupart des phrases renvoient à une idéologie bien différente: les patrons y rognent sur les appointements d'un employé (s. v. *rogner*); on y paie assidûment sa «cotisation syndicale» (s. v. *cotisation*) dont le «secrétaire de section» fait la collecte (s. v. *collecte*) auprès des «travailleurs» (s. v. *immigré*). La bourgeoisie est nettement distinguée «de la classe ouvrière et de la classe paysanne». *La haute bourgeoisie détient les moyens de production et comprend les industriels, les financiers et les grands propriétaires fonciers. La moyenne bourgeoisie est formée de cadres supérieurs de l'industrie et du commerce et de ceux qui exercent des professions libérales (médecins, notaires, etc.). La petite bourgeoisie comprend tous ceux qui, par leur salaire, ont un mode de vie et de pensée qui les rapproche de la moyenne bourgeoisie.* (s. v. *bourgeoisie).* Partout se perçoivent les préoccupations sociopolitiques ou idéologiques. L. Collignon et M. Glatigny (1978, 150) épinglent l'exemple suivant: *L'anticléricalisme s'était développé en France au XIXème siècle avec l'aide que l'Eglise avait alors apportée aux pouvoirs absolus* (s. v. *clergé, anticléricalisme):* «L'emploi des temps verbaux, le choix du verbe *développer,* la relation étroite et exclusive entre l'attitude de l'Eglise et l'anticléricalisme sont révélateurs d'un jugement implicite».

Dans un dictionnaire fondé sur des citations, l'idéologie sera moins unitaire, puisqu'elle est d'abord celle des auteurs cités. Reste qu'elle peut être fortement marquée. Retenons telle citation de Bossuet enregistrée par Littré (s. v. *fécondité): Ce n'était pas le désir de satisfaire les sens, mais l'amour de la fécondité qui présidait à ces chastes mariages (Var. Déf. 1er disc. § 66).* Vaste programme! Au demeurant le lexicographe se trouve impliqué par les choix qu'il opère. L'article *femme* du TLF n'est pas étranger à des préoccupations féministes. Selon les dictionnaires, les acceptions péjoratives de *juif* et *juiverie* présentent des exemples d'inspiration diverse. Les plus discrets, par exemple le TLF, n'enregistrent pas, sous *juiverie,* le sens de «marché usuraire» (Littré). La sélection du corpus n'est évidemment pas sans conséquences idéologiques. Quand on n'y retient presque rien de Camus et de Sartre et que l'on y accueille l'œuvre intégrale de Péguy, de Claudel et de Bernanos, le contenu des articles s'en ressent.

### 4.3. Qualité littéraire

Enfin, une des exigences fréquemment formulées est celle de la qualité littéraire. «De beaux vers de Corneille ou de Racine, écrit Littré, des morceaux du grand style de Bossuet, d'élégantes phrases de Massillon plaisent à rencontrer; ce sont sans doute des lambeaux, mais pour me servir de l'expression d'Horace, si justement applicable ici, ce sont des lambeaux de pourpre» (1863, 138). De même le TLF privilégie la langue littéraire «belle par ses rythmes, la fonctionnalité ou au contraire la gratuité de ses images, les dépassements de l'usage banal de la tribu maniant le langage seulement comme une monnaie.» (Imbs 1971, XL). D'une certaine façon, le dictionnaire se rapproche par ses exemples d'une anthologie littéraire.

On voit en tout cas la multiplicité des fonctions assignées à l'exemple lexicographique. La tentation est grande de conclure avec les Académiciens (*Préface* 1878) que «les exemples sont la vraie richesse et la partie la plus utile du dictionnaire».

## 5. Bibliographie choisie

### 5.1. Dictionnaires

*Ac.* = Dictionnaire de l'Académie française. 8ème éd. Paris 1932—1935 [622 p. + 743 p.].

*Besch.* = Louis Nicolas Bescherelle: Dictionnaire national ou Dictionnaire universel de la langue française. Paris 1852 [VII, 664 + pp. 665 à 1319, XIV + 848 + 849, VII p. 1ère éd.: 1845].

*Davau/Cohen/Lallemand* = Maurice Davau/Marcel Cohen/Maurice Lallemand: Dictionnaire du français vivant. Paris. Bruxelles. Montréal 1972 [XVIII, 1342 p.].

*DFC* = Dictionnaire du français contemporain. Paris 1967 [XXII, 1 226 p.].

*DG* = Adolphe Hatzfeld/Arsène Darmesteter: Dictionnaire général de la langue française du commencement du XVIIIème siècle jusqu'à nos jours... 9ème éd. Paris 1932 [XXVIII, 1136 p. + pp. 1137—2272].

*GLLF* = Grand Larousse de la langue française. Paris 1971—1978 [7 vol.].

*Littré* = Emile Littré: Dictionnaire de la langue française. Réimp. Paris 1971 [7 vol. 1ère éd. Paris 1863—1872, en 5 vol.].

*P. Lar.* = Nouveau Petit Larousse. Paris 1968 [XII, 1798 p. 1ère éd. 1905].

*Rob.* = Paul Robert: Dictionnaire alphabétique et analogique de la langue française. Paris 1958—1964 [6 vol.].

*TLF* = Trésor de la langue française. Paris 1971 → [13 vol. parus].

*Tobler/Lommatzsch* = Adolf Tobler/Erhard Lommatzsch: Altfranzösisches Wörterbuch. 1925—1976 [10 vol.].

### 5.2. Travaux

*Barnhart 1976* = Clarence L. Barnhart: Methods and Standards for Collecting Citations for English Dictionaries. In: Proceedings of the 4th International Congress of Applied Linguistics. Vol. 3. Stuttgart 1976, 275—287.

*Cohen 1958* = Marcel Cohen: Compléments de verbe et dictionnaires. In: Omagiu lui Jorgu Iordan. Bucarest 1958, 173—181.

*Colin 1979* = Jean Paul Colin/André Pétroff: Les lambeaux de pourpre au coin du feu ou: Du rôle de la citation dans les dictionnaires dits de langue. In: Néologie et lexicologie. Hommage à Louis Guilbert. Paris 1979, 73—91.

*Collignon/Glatigny 1978* = Lucien Collignon/Michel Glatigny: Les dictionnaires. Initiation à la lexicographie. Paris 1978.

*Drysdale 1987* = Patrick Drysdale: The role of examples in a learner's dictionary. In: The Dictionary and the Language Learner. Ed. par. A. P. Cowie. Tübingen 1987, 213—223.

*Dubois/Dubois 1971* = Jean Dubois/Claude Dubois: Introduction à la lexicographie: le dictionnaire. Paris 1971.

*Gilbert 1966* = Pierre Gilbert: Les citations d'auteur dans le Dictionnaire alphabétique et analogique de la langue française de Paul Robert. In: Cahiers de lexicologie 9. 1966, 113—121.

*Goosse 1983* = André Goosse: Le choix des mots et des exemples dans le dictionnaire de Littré. In: Colloque Littré 1981. Actes. Paris 1983, 357—366.

*Hausmann 1977* = Franz Josef Hausmann: Einführung in die Benutzung der neufranzösischen Wörterbücher. Tübingen 1977 (Romanistische Arbeitshefte 19).

*Imbs 1971* = Paul Imbs: Préface [au TLF]. TLF. T. 1. Paris 1971, IX-XLVII.

*Kolb 1972* = Gwin Kolb/Ruth A. Kolb: The Selection and Use of the Illustrated Quotations in Dr. Johnson's Dictionary. In: New Aspects of Lexicography. Ed. by H. D. Weinbrot. Carbondale 1972, 61—72.

*Lexicol. et Lexicogr. 1960* = Lexicologie et lexicographie françaises et romanes. Orientations et exigences actuelles. Colloque Strasbourg 1957. Paris 1960.

*Littré 1863* = Emile Littré: Préface au premier tome. In: Littré. Réimp. Paris 1971, 115—170.

*Lovatt 1984* = Edwin A. Lovatt: Illustrative Examples in a Bilingual Colloquial Dictionary. In: LEXeter '83 Proceedings. Ed. by R. R. K. Hartmann. Tübingen 1984, 260—320.

*Merkin 1986* = Reuven Merkin: Four remarks on the prehistory of historical lexicography. In: The History of Lexicography. Ed. par R. R. K. Hartmann. Amsterdam 1986, 167—173.

*Mormile 1982* = Mario Mormile: Voltaire linguiste et la question des auteurs classiques. Rome 1982.

*Quemada 1967* = Bernard Quemada: Les dictionnaires du français moderne. 1539—1863. Etude sur leur histoire, leurs types et leurs méthodes. Paris 1967.

*Read 1986* = Allan Walker Read: The History of Lexicography. In: Lexicography. An Emerging International Profession. Ed. par R. Ilson. Manchester 1986, 28—50.

*Rey-Debove 1970* = Josette Rey-Debove: Nature et fonction de l'exemple dans le dictionnaire de langue. In: Actele celui de -alXII- lea congres international de lingvistica si filologie romanica. Vol. 1. Bucarest 1970, 1049—1056.

*Rey-Debove 1971* = Josette Rey-Debove: Etude linguistique et sémiotique des dictionnaires français contemporains. La Haye. Paris 1971 (Approaches to semiotics 13).

*Sermain 1986* = Jean Paul Sermain: Le travail de la citation dans le *Supplément* manuscrit du *Dictionnaire critique* de Féraud. In: Autour de Féraud. La lexicographie en France de 1762 à 1835. Paris 1986, 253—261.

*Wagner 1967* = Robert-Léon Wagner: Les vocabulaires français. T. 1. Définitions. Les dictionnaires. Paris 1967.

*Zöfgen 1986* = Ekkehard Zöfgen: Kollokation — Kontextualisierung — (Beleg-)Satz. Anmerkungen zur Theorie und Praxis des lexikographischen Beispiels. In: Französische Sprachlehre und *bon usage*. Festschrift für Hans-Wilhelm Klein zum 75. Geburtstag. München 1986, 219—238.

*Robert Martin, Paris-Sorbonne (France)*

# 47 a. Zu einer Theorie des lexikographischen Beispiels

1. Die beiden Komponenten einer Theorie des lexikographischen Beispiels
2. Verschiedene Arten von lexikographischen Beispielen
3. Die deskriptive Theoriekomponente: der systematische Zusammenhang zwischen Bedeutungserläuterung und lexikographischem Beispiel
4. Die normative Theoriekomponente: zur Auswahl von Gütekriterien für lexikographische Beispiele
5. Literatur (in Auswahl)

## 1. Die beiden Komponenten einer Theorie des lexikographischen Beispiels

In dem 1977 erschienenen und mittlerweile zum Standardwerk der (Meta)Lexikographie avancierten Bändchen „Nachdenken über Wörterbücher" fordert H. E. Wiegand:

„Die Lexikographie benötigt eine Theorie des lexikographischen Beispiels. Diese muß zeigen, wie die bedeutungserläuternde [...] Funktion lexikalischer Paraphrasen systematisch durch Beispieltypen unterstützt werden kann." (Wiegand 1977, 102)

Eine solche Theorie ist, wie lexikographische Theorie insgesamt, als Theorie über eine Praxis zu verstehen (vgl. Art. 29) und enthält zwei Komponenten: die eine Komponente, die auch von Wiegand erwähnt wird, ist deskriptiv und besteht in der Darstellung und Erklärung des systematischen Zusammenhangs zwischen lexikographischen Beispielen und anderen Textbausteinen eines Wörterbuchartikels, allen voran dem Textbaustein, in dem etwas zur Bedeutung eines entsprechenden Lemmazeichens gesagt ist (vgl. Art. 44, 84 und 87). Die zweite Komponente einer Theorie des lexikographischen Beispiels ist normativ: mit ihr soll — auch im Sinn einer praktischen Theorie — bestimmt werden, was ein gutes lexikographisches Beispiel ist. Die normative Komponente der Theorie wird also in einer Liste von Wünschbarkeiten bestehen; und da diese nicht alle miteinander verträglich sein müssen, sich sogar kontradiktorisch zueinander verhalten können, wird man das sonst in der Wissenschaft übliche Theoriekriterium der Widerspruchsfreiheit nicht ohne weiteres auf eine Theorie des lexikographischen Beispiels anwenden können (vgl. Hermanns 1988, 162). Man kann nicht mehr tun, als die Liste der Wünschbarkeiten kommentieren, indem man

Eigenschaften angibt, die gute Beispiele haben sollen, und begründet, warum gerade diese Eigenschaften — gegenüber anderen möglichen — Priorität genießen. Die normative Komponente einer Theorie des lexikographischen Beispiels besteht wesentlich in einem Szenario für mögliche Entscheidungsprozesse bei der Auswahl von Gütekriterien für ein lexikographisches Beispiel. Daß die Darstellung solcher Szenarien von praktischen Zweckbestimmungen wie Adressatenbezug und Typenzugehörigkeit von Wörterbüchern abhängig ist, dürfte sich von selbst verstehen. Die nachfolgenden Ausführungen beziehen sich nur auf Bedeutungswörterbücher (vgl. Art. 92: „Definitionswörterbücher"), die nicht ausdrücklich als Lernerwörterbücher konzipiert sind.

## 2. Verschiedene Arten von lexikographischen Beispielen

Zu den lexikographischen Beispielen gehören die folgenden Arten von Angaben:

(1) Angaben, mit denen etwas zur Syntax eines Lemmazeichens gesagt wird, z. B. zu *ängstigen:* sich vor jmdm., etw., um jmdn. ä. (HWDG).

(2) Angaben, mit denen etwas über typische Verknüpfungen des Lemmazeichens mit anderen Lexemen gesagt wird, z. B. zu *Vogel:* Der Vogel fliegt, flattert, hüpft, singt, zwitschert, wird flügge, nistet, brütet, mausert sich (DUW). Zu dieser Art von Angaben gehören sowohl Zweierkombinationen wie die hier angeführten Kollokationen als auch komplexere Verknüpfungen wie idiomatische Wendungen bzw. Phraseologismen.

(3) Verwendungsbeispiele in Form ganzer Sätze, die (a) entweder Sätze darstellen, die vom Lexikographen zu Beispielzwecken gemacht worden sind, wie z. B. zu *schütter:* auf diesem kargen Boden wachsen nur schüttere Kiefernbestände (HWDG); (b) oder Sätze sind, die aus authentischen Texten stammen, d. h. Zitate. Diese werden üblicherweise auch B e l e g e genannt.

Der Status der unter (1) bis (3) aufgeführten Angaben ist unterschiedlich: Mit den syntaktischen Angaben wird auf sprachliche Strukturmuster verwiesen, sie repräsentieren langue-Einheiten. Mit den Angaben zu typischen Verknüpfungen des Lemmazeichens wird gleichfalls auf langue-bezogene Regelhaftigkeiten verwiesen (vgl. Hausmann 1985, 118). Die Belege sind eindeutig der parole zuzuordnen. Strittig bleibt die Frage, welche Zuordnung die vom Lexikographen erfundenen Beispielsätze haben sollen. Diese Frage kann m. E. auch nicht ein für allemal geklärt werden, da solche Sätze hinsichtlich ihres Status in zweierlei Weisen interpretiert werden können. Sie können einmal als individuelle Äußerungen eines Lexikographen aufgefaßt und damit der parole zugeschlagen werden; zum andern können sie unter dem Gesichtspunkt ihrer Funktionstüchtigkeit als Namen für einen in der betreffenden Sprache typischen und frequenten Satz mit dem entsprechenden Lemmazeichen verstanden und der Sprachnorm zugeordnet werden. Sätze, die vom Lexikographen zu Beispielsätzen gemacht sind, unterscheiden sich allerdings in einer Hinsicht von Zitaten aus authentischen Texten: mit ihrer Äußerung ist kein Geltungsanspruch verbunden; sie sind nicht verifizierbar und werden als metakommunikative Information interpretiert (vgl. auch Nikula 1986, 189; Hermanns 1988, 168). Demgegenüber sind Zitate immer Äußerungen, mit denen in ihrem Originalkontext ein Geltungsanspruch erhoben wird; sie sind prinzipiell verifizierbar.

Da syntaktische Angaben und Phraseologismen in diesem Handbuch gesondert behandelt werden (vgl. Art. 45 und 46), beschränke ich mich in meinen weiteren Überlegungen auf Exemplare der Angaben von Kollokationen sowie Satzbeispielen.

## 3. Die deskriptive Theoriekomponente: der systematische Zusammenhang zwischen Bedeutungserläuterung und lexikographischem Beispiel

Seit den siebziger Jahren hat sich bei Lexikographen und Linguisten, die über Lexikographie nachdenken, die Einsicht durchgesetzt, daß Bedeutungserklärungen in Wörterbüchern nicht den Status von Definitionen haben können, daß sie somit als offen und prinzipiell nicht abschließbar anzusehen sind (vgl. Art. 44). Diese Einsicht hat auch zur Folge, daß man die Aufgabe, einem Benutzer die Bedeutung eines Wortes zu erklären, nicht allein der Bedeutungserläuterung zuschreibt, sondern letztlich dem gesamten Artikel, der durch das entsprechende Stichwort eingeleitet wird. Innerhalb des Wörterbuchartikels soll den Beispielen eine besondere erklärende Rolle zukommen, die die Wörterbuchmacher folgendermaßen sehen. Die folgenden Zitate aus zwei Wörterbuchvorworten sind exemplarisch gemeint:

(1) „Die Beispiele [...] sollen das Zusammenspiel der Wörter verdeutlichen. An ihnen kann der Benutzer ablesen, wie sich der Aufbau der Satzglieder und Sätze vollzieht. Die Beispiele sind grob nach dem eigentlichen und übertragenen Gebrauch gegliedert, und zwar stehen die Beispiele für die konkrete Bedeutung immer vor den Beispielen mit metaphorischer (bildlicher, übertragener) Bedeutung." (DUW)

(2) „Die Kontextbeispiele dienen dazu, die Bedeutung bzw. Bedeutungen des Stichworts in typischen Textbeispielen darzustellen. Da die kontextuelle Verwendung des Stichworts meist weitaus größer ist, als dies im Rahmen eines Wörterbuchs darstellbar ist, mußte eine knappe, das Stichwort repräsentierende, Auswahl getroffen werden, die in einer normierten Form typische Kontextverwendungen darstellt." (HWDG)

An diesen Erläuterungen bleibt vieles rätselhaft, z. B.: Wie kann man Bedeutungen „darstellen"? Wie kann ein Ausdruck ein Beispiel für seine — konkrete oder übertragene — Bedeutung sein? und anderes mehr. Aber, wie man gleich sehen wird, auch die theoretischen Bestimmungen von Beispielen sind alles andere als auf Anhieb klar und einleuchtend. Drei zentrale Ansichten seien angeführt:

(1) Die Beispiele sollen die Definition des Stichworts rechtfertigen oder begründen: „Les exemples justifient la définition de l'entrée" (Dubois 1971, 53; vgl. auch Art. 47).
(2) Die Beispiele sollen selbst als Teil des semantischen Kommentars aufgefaßt werden; dabei soll es sich um Beispiele in Form von generischen Sätzen handeln, mit denen die lexikalische Paraphrase ergänzt wird (vgl. Viehweger 1982).
(3) Mit den Beispielen wird Sprache nicht beschrieben, sondern vorgeführt (vgl. Henne 1977).

Die dringlichsten Fragen, die durch die angeführten Funktionsbestimmungen aufgeworfen werden, sind die folgenden drei:
— Wie können Beispiele Bedeutungserklärungen rechtfertigen oder begründen?
— Wie kann ein sprachlicher Ausdruck ein Beispiel für eine bestimmte (konkrete) Bedeutung sein?
— Was ist der Unterschied von Sprachbeschreibung und Sprachvorführung?

Bleiben wir bei der ersten Frage und machen folgendes Experiment: Wir schlagen im Wörterbuch unter *frustrieren* nach und finden die Bedeutungserläuterung ‚jemand an der Erreichung eines angestrebten Zieles hindern' und dann die Beispiele: *von dieser Atmosphäre war er frustriert; das Verhalten seines Freundes hat ihn frustriert.* Begründen oder rechtfertigen nun die Beispiele in irgendeiner nachvollziehbaren Weise die Bedeutungserläuterung? Ganz offensichtlich: nein! Die lexikographischen Beispiele sind Anwendungsfälle des betreffenden Stichworts, und ihr Verständnis setzt voraus, daß man die Bedeutung des Wortes kennt. Mit ihnen kann man nicht begründen oder rechtfertigen, daß die Bedeutungserklärung zutreffend ist. Mit ihnen kann man lediglich zeigen, wie (d. h. in welchen Kontexten) das Stichwort verwendet wird. Man könnte sich jetzt auf den Standpunkt zurückziehen, daß die Beispiele eben nur mit typischen Verwendungskontexten korreliert werden könnten, daß aber ihre Beziehung zur Bedeutungserklärung notwendig unbestimmbar bleiben müsse. Dieser Standpunkt widerspricht nun allerdings unserer ganz selbstverständlichen Erfahrung mit Sprache, nach der wir die Bedeutungen von Wörtern gelernt haben, indem wir die Wörter verwendet haben und nicht dadurch, daß uns jemand eine ausdrückliche Bedeutungserklärung gegeben hat, von wenigen Ausnahmefällen einmal abgesehen. Es bleibt uns also nichts anderes übrig, als uns näher mit der Beziehung zwischen Bedeutungserklärung und Wortverwendung auseinanderzusetzen. Eine solche Auseinandersetzung ist auch für jeden Lexikographen unabdingbar, wenn dieser nicht nur einen Wörterbuchartikel nach einem unreflektiert übernommenen traditionellen Schema schreiben, sondern seinen Artikel auch als kohärenten Text verfassen will, der einem Wörterbuchbenutzer als solcher verständlich werden soll. Es versteht sich von selbst, daß der Zusammenhang zwischen Bedeutung — Bedeutungserklärung — Wortverwendung nur vor dem Hintergrund einer Bedeutungstheorie näher erklärt werden kann, genau wie es sich von selbst versteht, daß das Schreiben eines kohärenten Wörterbuchtextes ebenfalls nur auf dem Hintergrund einer Bedeutungstheorie möglich ist. Nachfolgend wird versucht, den genannten Zusammenhang auf dem Hintergrund der sog. Gebrauchstheorie der Bedeutung zu klären. Wegen der hier gebotenen Platzbeschränkung kann auf die Theorie nur thesenhaft eingegangen werden.

Gemäß der Gebrauchstheorie der Bedeutung wird die Bedeutung eines Ausdrucks verstanden als sein Gebrauch in der Sprache, und der Gebrauch wird näher charakterisiert als Gebrauch, der an bestimmten Standards orientiert ist. Diese Standards, die als Maßstab für die Korrektheit oder Inkorrektheit eines Gebrauchs funktionieren, sind als Regeln aufzufassen, die unser Sprachhandeln leiten. Regeln werden verschiedentlich ausdrücklich formuliert, so z. B. zur Anleitung und expliziten Steuerung von Handlungen, beim Rechtfertigen und Erklären von Handlungen post actu sowie zur Definition bestimmter Handlungen. Die ausdrückliche Formulierung einer Regel ist meist an Situationen gebunden, in denen ein Problem gelöst werden soll. Entsprechend werden auch die Formulierungen danach beurteilt, ob sie geeignet sind, das Problem zu lösen. In Situationen, in denen Regelformulierungen eine Rolle spielen, stellt sich die Frage nach ihrer Angemessenheit und Nützlichkeit, aber nicht nach ihrer Wahrheit.

Lexikographen, oder vielleicht besser: Linguisten, die über Lexikographen und das, was sie tun sollten, nachdenken, postulieren nun seit einiger Zeit, daß Bedeutungserklärungen in Form von lexikalischen Paraphrasen Regelformulierungen für den Gebrauch des Wortes darstellen, das durch das Lemma repräsentiert ist (vgl. auch Art. 44). Dieses Postulat ist sicher präzisionsbedürftig. Einmal in einer ganz grundsätzlichen Hinsicht: Unser Bild von Sprache und Sprachregeln ist lange Zeit durch eine fatale Analogie verfälscht worden, und zwar durch die Analogie von Sprache und ihren Regeln mit bestimmten Spielen und ihren Regeln wie Schach oder Mühle bzw. bestimmten mathematischen Additionsregeln. Spielregeln sind explizite, meist auch kodifizierte Regeln, die als solche den Spielern bekannt sind, wenn sie das betreffende Spiel spielen. Sprachregeln sind weder explizite kodifizierte Regeln noch sind sie als solche den Sprechern bekannt. Andererseits unterscheiden wir uns, was unseren Gebrauch von sprachlichen Ausdrücken angeht, ganz offensichtlich von z. B. Vögeln, die sich unter bestimmten wiederkehrenden Bedingungen regelmäßig verhalten, indem sie dann ganz bestimmte Laute ausstoßen. Unser Gebrauch von sprachlichen Ausdrücken ist an bestimmte Standards gebunden, die wir lernen, indem wir die Ausdrücke verwenden. Solche Standards werden immer dann zur Sprache gebracht, wenn etwas im weitesten Sinn strittig ist, wenn der Gebrauch eines Ausdrucks eben nicht als selbstverständlich erscheint. So weit unterscheidet sich diese Situation kaum von Situationen, in denen Spielregeln zur Sprache gebracht werden. Der wesentliche Unterschied zwischen Formulierungen von Spielregeln und Formulierungen von Standards für den Gebrauch sprachlicher Ausdrücke besteht jedoch darin, daß im letzten Fall eben nicht auf eine Kodifizierung und damit auch auf einen Maßstab von Vollständigkeit und Abgeschlossenheit von Regeln und deren Formulierung zurückgegriffen werden kann, und dies nicht aus Gründen menschlicher Unvollkommenheit, sondern weil wir gar nichts anderes haben können als die Ad-hoc-Standards, die in Problem- oder Präzedenzsituationen zur Sprache gebracht werden (vgl. Baker 1987). Unter diesen einschränkenden Voraussetzungen sehe ich keinen Hinderungsgrund, Standards für den korrekten Gebrauch sprachlicher Ausdrücke als Regeln und ihre Formulierungen als Regelformulierungen aufzufassen.

Nun zur zweiten problematischen Beziehung; der zwischen Regel und Anwendung der Regel. Wenn man, wie die eingangs zitierten französischen Lexikographen, sagt, daß die Beispiele, d. h. Anwendungsfälle eines Wortes dessen Definition, was hier einmal kühn als Regelformulierung gelten soll, begründet oder rechtfertigt, dann wird mit dieser Redeweise vorausgesetzt, daß man von zwei voneinander unabhängigen Sachverhalten ausgeht, die durch etwas Drittes, eine Interpretation, in einen Zusammenhang gebracht werden. Eine solche Voraussetzung wirft aber ein falsches Licht auf den Zusammenhang zwischen Regeln und ihren Anwendungen. Es gibt nicht einmal die Regel und zum andern ihre Anwendung. Eine Regel verstehen, ist wissen, wie sie angewendet wird, ist wissen, welche Handlungen als korrekte Anwendungen und welche als inkorrekte zählen. Zu sagen, man könne eine Regel verstehen, ohne zu wissen, wie sie anzuwenden ist, ist absurd. Von jemandem, der eine Regel in Form eines auswendig gelernten Satzes dahersagt, ohne zu wissen, wie die Regel angewendet wird, würden wir nicht sagen, er habe die Regel verstanden. Die Beziehung zwischen Regel und Anwendung ist keine, die man empirisch begründen oder rechtfertigen könnte, sie ist begrifflicher oder wittgensteinsch: grammatischer Natur, vergleichbar mit der internen Beziehung zwischen einem Wunsch und seiner Erfüllung: der Wunsch, daß p, ist der Wunsch, der durch p erfüllt wird.

Regel und ihre Anwendung sind zwei Seiten einer Medaille. Entsprechend tut man auch nichts grundsätzlich Verschiedenes, wenn man die Bedeutung eines Wortes einmal durch Regelformulierungen und zum andern durch Vorführen von Anwendungsfällen erklärt.

Aus den Überlegungen zum Status von Regelformulierungen sowie zur Beziehung von Regel und Anwendung ergibt sich die gerechtfertigte lexikographische Forderung nach Bedeutungserklärungen durch Regelformulierungen u n d durch Vorführen von Anwendungsfällen. Und es ergibt sich daraus auch die Forderung, Kriterien zu entwickeln, um beide Bestandteile in ihrer Eigenschaft als Erklärung sinnvoll miteinander zu verknüpfen.

In der Erfüllung dieser Forderung liegt für den Lexikographen die Chance, der notwendigen Unvollkommenheit seiner Bedeutungserläuterungen dadurch zu begegnen, daß er mit den Beispielen etwas zeigt, was er in der Regelformulierung nicht ausdrücken kann (vgl. Hermanns 1988; Weinrich 1976, 362), denn daß man in seinen Bemühungen um korrekte Regelformulierungen oftmals an die sprichwörtlichen Wittgensteinschen Grenzen der Sprache stößt, wird jeder Wörterbuchmacher bestätigen können.

## 4. Die normative Theoriekomponente: zur Auswahl von Gütekriterien für lexikographische Beispiele

Die notwendige Unvollkommenheit von Bedeutungserläuterungen liefert — zusammen mit semantischen Überlegungen — eine erste Gruppe von Begründungen für die Auswahl von Gütekriterien für lexikographische Beispiele. Die semantischen Überlegungen, die für unseren Zusammenhang wichtig werden, sind die folgenden: die Mehrzahl der Wörter, die in einsprachigen Wörterbüchern als Lemmata erfaßt werden, sind allgemeinsprachlich, d. h. keine Ausdrücke fachsprachlicher Terminologien und damit auch nicht definitionsfähig, was heißen soll, daß sie nicht durch eine Menge von zusammengenommen notwendigen und hinreichenden Bedingungen oder Merkmalen definitorisch bestimmt werden können. Diese negative Kennzeichnung, die heute zum Allgemeingut semantischen Wissens zählt, paßt im übrigen zur Charakterisierung dessen, was durch die Regelformulierung ausgesagt wird, nämlich mehr oder weniger festgelegte Standards der Verwendung. Gleichzeitig paßt die Kennzeichnung auch zu Ergebnissen und Auffassungen der kognitiven Psychologie: Zuordnungen von Gegenstandsexemplaren zu Typen, Kategorisierungen, werden nicht mit Hilfe von ja/nein-Entscheidungen — nach dem Motto: entweder gehört ein Exemplar x zum Typ X oder nicht — durchgeführt, sondern graduell. Um ein bekanntes Beispiel zu nehmen: ein Vogel, so sagt man, ist ein zweibeiniges Wirbeltier mit einem Schnabel, zwei Flügeln, hat Federn und kann fliegen. In diesem Sinn sind Amseln und Rotkehlchen ideal- oder prototypische Vögel, während Hühner und Gänse schon weniger vogelhaft sind und Pinguine oder gar Strauße eher zu den atypischen Vögeln zählen. Aus solchen Befunden der kognitiven Psychologie, die Gedanken der älteren Gestaltpsychologie wieder aufgegriffen hat, hat man in der Semantik die Lehre gezogen, daß Bedeutungsangaben — ganz gleich in welcher Form — als Angaben zu prototypischen Gebräuchen sprachlicher Ausdrücke zu verstehen sind, mit denen proto- oder stereotypische Merkmale formuliert sind, die normale Vertreter einer Gegenstands- oder Sachverhaltsklasse charakterisieren (vgl. Lutzeier 1985). Damit soll nicht gesagt sein, daß Merkmalsangaben, wie sie traditionellerweise gemacht worden sind und in Wörterbucheinträge eingegangen sind, ein untaugliches Mittel der Bedeutungsbeschreibung darstellten, man muß sich nur über deren Stellenwert im klaren sein. Und es soll auch nicht behauptet werden, daß der Stellenwert des (bloß) Prototypischen für alle Einheiten des Lexikons gleichermaßen verbindlich sein muß. Es soll hier lediglich betont werden, daß die Möglichkeit eines prototypischen Stellenwerts von Bedeutungsangaben bei der Abwägung von Gütekriterien für lexikographische Beispiele in Betracht gezogen werden muß. Unter diesen Voraussetzungen können wir ein erstes Kriterium zur Auswahl von lexikographischen Beispielen so formulieren:

(1) Ein gutes lexikographisches Beispiel zeigt — über die Angaben in der Bedeutungserläuterung hinaus — prototypische Eigenschaften des Gegenstands/Sachverhalts, der mit dem jeweiligen Stichwort bezeichnet wird.

Dieses Kriterium ist in den eingangs zitierten Zweierkombinationen im Wörterbucheintrag zu *Vogel* erfüllt: mit den Prädikationen *singt, zwitschert, hüpft, wird flügge, nistet, mausert sich* usw. werden prototypische Eigenschaften von Vögeln ausgedrückt.

Gleichzeitig haben diese zweigliedrigen Ausdrücke die Funktion von Kollokationen: sie stellen typische und frequente Kombinationen sprachlicher Ausdrücke dar. Eine solche Doppelfunktion lexikographischer Beispiele ist sicher wünschenswert, so daß wir im Anschluß an (1) formulieren können:

(2) Gute lexikographische Beispiele, mit denen prototypische Eigenschaften gezeigt werden, stellen Kollokationen dar.

Im Idealfall könnte die Erfüllung dieses Kriteriums dazu führen, daß durch einen Beispielkontext die Bedeutung eines Stichworts so eingegrenzt würde, daß man sie aus diesem Kontext allein erschließen könnte (vgl. Gove 1985, 67; Weinrich 1976, 363; Anderson/Goebel/Reichmann 1981, 30; Hermanns 1988, 178). Letztlich würde dann durch eine solche Kontextauswahl die explizite Bedeutungserläuterung überflüssig und durch eine „implizite Definition" (Weinrich 1976, 363) ersetzt werden. Ob dies auch für einen Wörterbuchartikel als ganzen wünschenswert wäre, mag dahingestellt sein. Die genannten miteinander zusammenhängenden Beispielkriterien (1) und (2) unterliegen allerdings keiner quantitativen Beschränkung, sie beziehen sich nicht ausschließlich auf Kollokationen, sondern schließen Beispielsätze des Lexikographen und Textzitate, Belege, mit ein, so daß formuliert werden kann:

(3) Gute lexikographische Beispiele, mit denen prototypische Eigenschaften gezeigt werden, stellen Beispielsätze oder Zitate dar.

Es bestätigt sich, was wir eingangs über normative Theorien gesagt haben: sie sind nicht widerspruchsfrei; (2) und (3) illustrieren dies, und es gibt keinen plausiblen Grund, diesen Widerspruch zu beseitigen, ohne daß man bei willkürlichen Setzungen Zuflucht suchen müßte wie z. B.: „Lexikographische Beispiele müssen kurz sein". Ein Blick in französische Wörterbücher belehrt uns eines besseren; z. B. findet sich im DFC unter dem Wörterbucheintrag *chèque* der folgende Beispielsatz: *Préférez-vous être payé par chèque ou en espèce?* Ein Wörterbuchbenutzer, der des Französischen einigermaßen mächtig ist, erfährt hier mindestens dreierlei: (1) daß man in der französischen Kulturgemeinschaft mit Schecks bezahlt, also eine prototypische Eigenschaft von Schecks; (2) die Kollokation *payer par chèque;* (3) eine Kollokation, mit der eine Alternative zu (2) ausgedrückt wird: *payer en espèce.* Diese Information gibt zugleich Aufschluß über eine lexikalische Relation: *(payer par) chèque* steht in einer Opposition zu *(payer en) espèce.* Es ist sicher wünschenswert, daß lexikographische Beispiele auch Auskunft über einen Ausschnitt lexikalischer Relationen des Stichworts geben. Wir formulieren:

(4) Gute lexikographische Beispiele enthalten Ausdrücke, die sinnverwandte oder Gegensatzwörter des Stichworts darstellen.

Zum Beispiel: In einem Wörterbucheintrag für den Ausdruck *maniert* hat die Bedeutungserläuterung die folgende Form: ‚mit *maniert* charakterisiert man Verhaltensweisen und Angewohnheiten, künstlerische Darstellungsweisen und Produkte unter dem Gesichtspunkt ihrer Wirkung auf den Betrachter als gekünstelt und übertrieben'. In einer Theaterkritik steht der Satz: *Statt originell zu sein, ist sie prätentiös, forciert, manieriert und nicht selten komisch* — m. E. ein idealer Kandidat für ein lexikographisches Beispiel zum Stichwort *maniert.* Verschiedentlich sind auch hierarchische Relationen, lexikalische Über- bzw. Unterordnungen als Informationsbestandteile von lexikographischen Beispielen gefordert worden (vgl. Anderson/Goebel/Reichmann 1981, 30–31). Eine solche Forderung ist nicht ganz unproblematisch, da lexikalische Unter- bzw. Überordnungen in Korreferentialisierungen häufig über Satzgrenzen hinausgehen, so daß man größere Textabschnitte kürzen müßte, um sie auf das Format eines einzelnen Beispiels zu bringen.

Die bislang in Form von Maximen angeführten Gütekriterien für Beispiele sind am Gesichtspunkt der Prototypikalität von Bedeutungsbeschreibungen orientiert und bilden den Kern der normativen Komponente einer Theorie des lexikographischen Beispiels. Daneben gibt es — außer allgemeinen Ansprüchen wie die, daß Beispiele interessant, amüsant, geistreich oder witzig sein sollen (vgl. Hermanns 1988, 179) — noch drei Forderungen, die hier etwas ausführlicher erörtert werden sollen.

Die erste der drei Forderungen wird vor allem in der französischen Lexikographie hervorgehoben und bezieht sich in erster Linie auf Belege, die soziales Kolorit zeigen und typische Lebensformen einer Sprachgemeinschaft vorführen sollen. Etwas präziser formuliert, könnte man fordern, daß lexikographische Beispiele einen charakteristischen Aspekt des Umgangs mit oder der Einstellung zu dem Gegenstand/Sachverhalt, der mit dem Stichwort bezeichnet wird, zeigen sollen. Die Maxime heißt entsprechend:

(5) Gute lexikographische Beispiele zeigen einen charakteristischen Aspekt des Umgangs mit dem bzw. der Einstellung zum Gegenstand/Sachverhalt, der mit dem Stichwort bezeichnet wird.

Zum Beispiel: Ein Wörterbucheintrag zum Stichwort *Moderne* enthält die Bedeutungsangabe: ‚Gesamtheit des künstlerischen Schaffens und seiner Kunststile im ausgehenden 19. und der ersten Hälfte des 20. Jhds., geprägt durch bewußte Abkehr von künstlerischen Traditionen'. Als Beispiele, die etwas Charakteristisches zum Umgang mit der und zur Einstellung zur Moderne sagen, eignen sich die beiden folgenden besonders gut: (a) *In Deutschland wurde das Projekt Moderne von Hitler abrupt gestoppt.* (b) *In der Diskussion mußte sich der Architekt den mit Beifall bedachten Satz entgegenhalten lassen: „Wir haben die Moderne satt."*

Der Gesichtspunkt des Umgangs und der Bewertung läßt sich auch auf sprachliche Ausdrücke selbst beziehen. Einmal kann man fordern, daß lexikographische Beispiele Redeweisen (über Kollokationen und Phraseologismen hinaus) dokumentieren sollen, die typisch sind für eine Textsorte, in der das Stichwort charakteristischerweise verwendet wird, zum andern, daß lexikographische Beispiele metakommunikativ sein sollen, indem sie Einschätzungen zum Gebrauchswert eines Stichworts dokumentieren, z. B. als Schlag-, Modewort oder Euphemismus. Die Maximen lauten:

(6) Gute lexikographische Beispiele dokumentieren Redeweisen, die für eine Textsorte typisch sind, in der das Stichwort charakteristischerweise verwendet wird.

(7) Gute lexikographische Beispiele sind metakommunikativ und dokumentieren Einschätzungen zum Gebrauchswert eines Stichworts.

So ist beispielsweise der folgende Satz typisch für die Textsorte Feuilleton, in der der Ausdruck *Moderne* charakteristischerweise verwendet wird: *Es ist nicht nur das Stilverlangen der Moderne zerbrochen, jener ästhetisierende Reinigungsfanatismus, dem nicht nur das aus der Antike überkommene Ornament, sondern die Tradition selber Verbrechen war.* Und im folgenden Textabschnitt wird aus der Sicht eines Theaterkritikers etwas zur Aussagekraft bestimmter Wörter gesagt: *Man gerät an die Grenzen der Sprache, wo der Jargon des Theaters entsteht. Begriffe wie „Präsenz",* „Prägnanz", „Transparenz", „Unmittelbarkeit" — *was umschreiben sie, Notwörter, wirklich?* Ich würde diese beiden Sätze auch als Dokument einer metakommunikativen Einschätzung zum Gebrauchswert unter den entsprechenden Stichwörtern zitieren.

Abschließend soll noch ein Gesichtspunkt zum Tragen kommen, der in der klassischen Rhetorik unter dem Stichwort „exemplum in contrario" behandelt wird. Auf lexikographische Beispiele übertragen, heißt dies, daß auch ungewöhnliche, abweichende und kreative Wortverwendungen dokumentiert werden sollen. Hierfür bietet sich natürlich die schöne Literatur als reichhaltiges Reservoir an. Die Maxime lautet:

(8) Gute Beispiele sind „exempla in contrario".

Mit den acht angeführten Maximen ist die normative Komponente einer Theorie des lexikographischen Beispiels hinreichend bestimmt. Wie die einzelnen Maximen untereinander gewichtet werden sollen, ist eine empirische Frage und richtet sich überdies nach praktischen Gesichtspunkten.

## 5. Literatur (in Auswahl)

### 5.1. Wörterbücher

*DFC* = Dictionnaire du Français Contemporain. Paris 1971 [1225 S.].

*DUW* = Duden. Deutsches Universalwörterbuch. Hrsg. von Günther Drosdowski. Mannheim. Wien. Zürich 1983 [1504 S.].

*HWDG* = Handwörterbuch der deutschen Gegenwartssprache. Von einem Autorenkollektiv unter der Leitung von Günter Kempcke. Bd. 1: A–K; Bd. 2: L–Z. Berlin [DDR] 1984 [zus. XXXI, 1399 S.].

### 5.2. Sonstige Literatur

*Anderson/Goebel/Reichmann 1981* = Robert R. Anderson/Ulrich Goebel/Oskar Reichmann: Probeartikel zum Frühneuhochdeutschen Handwörterbuch. In: Studien zur neuhochdeutschen Lexikographie. Bd. I. Hrsg. von Herbert Ernst Wiegand. Hildesheim. New York 1981 (Germanistische Linguistik 3–4/79), 11–52.

*Baker 1987* = Gordon Baker: Moderne Sprachtheorien aus philosophischer Sicht. In: Sprachtheorie — der Sprachbegriff in Wissenschaft und Alltag. Jahrbuch 1986 des Instituts für deutsche Sprache. Hrsg. von Rainer Wimmer. Düsseldorf 1987 (Sprache der Gegenwart 71), 77–98.

*Dubois 1971* = Jean Dubois/Claude Dubois: Introduction à la lexicographie. Paris 1971.

*Gorbačevič 1982* = K. S. Gorbačevič: Wörterbuch und Zitat. In: Aspekte der sowjetrussischen Lexikographie. Hrsg. von Werner Wolski. Tübingen 1982 (Reihe Germanistische Linguistik 43), 148—165.

*Gove 1985* = Philip B. Gove: Subject-orientation within the definition. In: Probleme des Wörterbuchs. Hrsg. von Ladislav Zgusta. Darmstadt 1985 (Wege der Forschung 612), 58—70.

*Harras 1987* = Gisela Harras: Zum Geltungsbereich lexikalischer Regeln. Vortrag auf dem XIV. Internationalen Linguistenkongreß. Berlin [DDR] 1987. Erscheint in: Akten des XIV. Internationalen Linguistenkongresses. Hrsg. von Werner Bahner/ Joachim Schildt/Dieter Viehweger. Berlin [DDR] 1989.

*Hausmann 1985* = Franz Josef Hausmann: Kollokationen im deutschen Wörterbuch. Ein Beitrag zur Theorie des lexikographischen Beispiels. In: Lexikographie und Grammatik. Akten des Essener Kolloquiums zur Grammatik im Wörterbuch 28.—30. 6. 1984. Hrsg. von Henning Bergenholtz/ Joachim Mugdan. Tübingen 1985 (Lexicographica. Series Maior 3), 118—129.

*Henne 1977* = Helmut Henne: Nachdenken über Wörterbücher: Historische Erfahrungen. In: Günther Drosdowski/Helmut Henne/Herbert E. Wiegand: Nachdenken über Wörterbücher. Mannheim 1977, 7—49.

*Hermanns 1988* = Fritz Hermanns: Das lexikographische Beispiel. Ein Beitrag zu seiner Theorie. In: Das Wörterbuch — Artikel und Verweisstrukturen. Jahrbuch 1987 des Instituts für deutsche Sprache. Hrsg. von Gisela Harras. Düsseldorf 1988 (Sprache der Gegenwart LXXIV), 161—195.

*Lutzeier 1985* = Peter Rolf Lutzeier: Linguistische Semantik. Stuttgart 1985.

*Nikula 1986* = Henrik Nikula: Wörterbuch und Kontext. Ein Beitrag zur Theorie des lexikographischen Beispiels. In: Akten des VII. Internationalen Germanisten-Kongresses Göttingen 1985. Band 3: Textlinguistik contra Stilistik? — Wortschatz und Wörterbuch — Grammatische oder pragmatische Organisation der Rede? Hrsg. von Walter Weiss/ Herbert E. Wiegand/Marga Reis. Tübingen 1986, 187—192.

*Rey 1977* = Alain Rey: Le lexique. Images et modèles. Du dictionnaire à la lexicologie. Paris 1977.

*Schaeder 1981* = Burkhard Schaeder: Lexikographie als Praxis und Theorie. Tübingen 1981 (Reihe Germanistische Linguistik 34).

*Viehweger 1982* = Dieter Viehweger: Semantiktheorie und praktische Lexikographie. In: Zeitschrift für Germanistik 3. 1982, 143—155.

*Weinrich 1976* = Harald Weinrich: Die Wahrheit der Wörterbücher. In: Probleme der Lexikologie und Lexikographie. Jahrbuch 1975 des Instituts für deutsche Sprache. Düsseldorf 1976 (Sprache der Gegenwart XXXIX), 347—371.

*Wiegand 1977* = Herbert E. Wiegand: Nachdenken über Wörterbücher: Aktuelle Probleme. In: Günther Drosdowski/Helmut Henne/Herbert E. Wiegand: Nachdenken über Wörterbücher. Mannheim 1977, 51—102.

*Gisela Harras, Mannheim*
*(Bundesrepublik Deutschland)*


# 48. Die Synonymie im allgemeinen einsprachigen Wörterbuch

1. Grundprobleme und Kriterien zur Bestimmung von Synonymie
2. Lexikalische und lexikographische Synonymie
3. Synonymenangaben im allgemeinen einsprachigen Wörterbuch
4. Problembereiche
5. Literatur (in Auswahl)

## 1. Grundprobleme und Kriterien zur Bestimmung von Synonymie

Der Ausdruck *Synonymie* ist (ebenso wie *Synonym/synonym, Synonymität*) ein theoriebestimmter Ausdruck; er kann nur unter Bezugnahme auf eine Theorie oder zumindest Teiltheorie der Bedeutung sprachlicher Ausdrücke (i. e. semantische Theorie) als Terminus gelten. Und in einer solchen semantischen Theorie hatte er schon immer einen festen Platz. K. Baldinger stellt zurecht fest:

„Le problème de la synonymie est une des pièces de résistance de la sémantique." (Baldinger 1968, 41).

In einer semantischen Theorie werden die alltäglichen Erfahrungen, welche Sprecher im Umgang mit ihrer Sprache haben und auch artikulieren, in systematischer Weise als *Homonymie, Hyponymie, Antonymie* etc. — und eben auch mittels des Terminus *Synonymie* rekonstruiert. Aufgrund unterschiedlicher theoretischer und praktischer Zielsetzungen fallen die Systematisierungen, Charakterisierungen und (soweit tatsächlich als solche ansprechbar) auch die Definitionen unterschiedlich aus.

Im Falle des als *Synonymie* erfaßten Sprachsachverhalts bestehen die Erfahrungen von Sprechern darin, daß zahlreiche Ausdrücke, in jeweils einer der ihnen zugeordneten Bedeutungen, inhaltlich ähnlich oder gleich gebraucht werden, so:

*Sonnabend/Samstag, heillos/unglaublich/maßlos, fast/beinahe, Meinungsverschiedenheit/Meinungsunterschied, Frauenarzt/Gynäkologe, Lebensmittel/Nahrungsmittel, Ranzen/Schultasche, Lift/Fahrstuhl/Aufzug, Frikadelle/Bulette, Fasching/Fastnacht/Karneval,* u. a. m.

Zum Zwecke der theoretischen Bestimmung von Synonymie spielen etliche weitere Termini eine Rolle, deren unterschiedliche Verwendung und Inanspruchnahme zu einer Vielzahl von Synonymiebegriffen geführt hat:

Hierzu zählen mindestens: *Analytizität, Identität, Gleichheit, Ähnlichkeit, Äquivalenz(relation), Toleranzrelation, Austauschbarkeit in extensionalen Kontexten, Symbol-, Signal- und Symptomfunktion, Ununterscheidbarkeit relativ zum Analyseansatz;* vgl. auch Wiegand (1976, 125).

Da *Synonymie* ein Terminus ist, können Synonymitätsbehauptungen der Art *X ist synonym mit Y* „nur angemessen diskutiert werden relativ zu einem bestimmten theoretischen Synonymiebegriff" (Wiegand 1976, 125); Synonyme und deren Synonymie/Synonymität sind „als sprachliche Phänomene nicht einfach gegeben" (Wiegand 1976, 126).

Deshalb ist die Absicht, eine Wesensbestimmung leisten zu wollen und die damit verbundene, aber wiederholt formulierte, Klage über einen noch (immer) nicht ausreichend gefaßten Synonymitätsbegriff (so z. B. Radtke 1967, 327; Bondzio 1982, 133) müßig.

Die im Rahmen einer semantischen Theorie zu bewältigende Aufgabe besteht vielmehr darin, Synonymie für jeweilige theoretische und praktische Zwecke hinreichend zu bestimmen. Für Zwecke des Aufbaus einer Dokumentationssprache können z. B. im Rahmen einer „Synonymkontrolle" Zuordnungen getroffen werden, die für eine linguistische Semantik oder für die Lexikographie (vgl. unter 2.) in vielem anders erfolgen müssen.

In Wersig (1985) z. B. werden zum Zwecke der Erstellung eines Thesaurus mehrere inhaltliche Beziehungen zwischen sprachlichen Ausdrücken unterschieden: „vollständige Identität" bei Schreibweisenvarianten *(Yemen/Jemen),* Kurzform und Langform *(Bus/Omnibus),* „denotative Identität" mit konnotativen Unterschieden *(Datenverarbeitungsanlage/Computer),* „äquivalente Verwendung" mit Bedeutungsunterschieden *(Krebs/Karzinom, Inhaltsanalyse/Bedeutungsanalyse).* — Darüber hinaus kann „in konkreten Dokumentationssprachen auf Äquivalenz entschieden" werden, d. h. können Ausdrücke als Synonyme behandelt werden, „ohne solche zu sein". Dazu zählt die „Gleichsetzung von Ober- und Unterbegriffen" *(Nachschlagewerk, Lexikon),* u. a. m.; vgl. Wersig (1985), 49 ff.

In Wiegand (1976) wird ausführlich auf die unterschiedlichen Lesarten des Relationsausdrucks *ist synonym mit* eingegangen:

(a) Die Lesart „ist logisch äquivalent mit" im Sinne einer extensionalen Logik scheidet aus den dort (Wiegand 1976, 132) genannten Gründen für linguistische und lexikographische Zwecke aus.

(b) Für die Lesart „ist bedeutungsgleich mit" bedarf es eines Kriteriums für die Gleichheit von Wortbedeutungen.

Ein starkes Kriterium ist hier die Austauschbarkeit in allen extensionalen Kotexten einer Sprache, wobei die Ersetzung der Ausdrücke zu bedeutungsgleichen Kotexten ohne Wahrheitswertänderung erfolgen soll. Damit wird die Entscheidung über die Gleichheit von Wortbedeutungen auf die Beurteilung von Sätzen verschoben, d. h. es bedarf eines Gleichheitskriteriums für Sätze; vgl.:

(1a) *Hans ist beinahe achtzehn Jahre alt*
(1b) *Hans ist fast achtzehn Jahre alt* und ein Beispiel aus Wiegand (1976):
(2a) *Hans ist ein Polizeispitzel*
(2b) *Hans ist ein Polizeiinformant.*

Wenn z. B. nach Lyons (1971) die Implikation (im Falle der Synonymie die „bilaterale Implikation" oder Äquivalenz) zum Kriterium gemacht wird, dann wird die Beurteilung von Bedeutungsgleichheit abhängig von der Beurteilung der Implikationsbeziehungen von Sätzen. Solche Beurteilungen bzw. Zuordnungen können in einer heterogenen Sprach- und Erfahrungsgemeinschaft oftmals nur kontrovers erfolgen, wie z. B. für die unterschiedlichen Ausdrücke aus (2a) und (2b).

Aus mehreren neueren Untersuchungen zur Synonymie, Wiegand (1976), Bickmann (1978), Wiegand (1983), Ruzsiczky (1983), Lutzeier (1985) und (1985a), lassen sich heute einige Ausgangspunkte zur Bestimmung der Synonymie für die lexikalische Semantik und für die Lexikographie so fassen:

(i) Analysestrategien zur Rekonstruktion von Bedeutungsbeziehungen (hier: der Synonymie) funktionieren nicht automatisch, d. h. nicht unabhängig vom jeweiligen Analysesubjekt.

Eine in striktem Sinne formale Entscheidung über Bedeutungsgleichheit und Bedeutungsähnlichkeit sprachlicher Ausdrücke kann es nicht geben. Entsprechende ziel- und zweckorientierte Rekonstruktionen werden in Abhängigkeit vom Sprachwissen und sonstigen Wissen (Weltwissen) und damit auch der Weltauffassung der Analysesubjekte gemacht; vgl. dazu auch Wiegand (1985, 71).

(ii) Die Auffassung von der Synonymität als Bedeutungsgleichheit erscheint zumindest für lexikographische Zwecke als problematisch (vgl. Wiegand 1976, 145), wird aber auch für linguistische Zwecke gewöhnlich nicht mehr vertreten; vgl. Gauger (1972, 19) Ruzsicky (1983, 243), Lutzeier (1985, 70), Silin (1987, 95).

In Wiegand (1976, 154) wird zu der dort vertretenen beschränkten Bedeutungsgleichheit ausgeführt: „Die Beschränkung der Gleichheit führt zur Auffassung der Ähnlichkeit und diese — da ein Begriff von Ähnlichkeit nur definiert werden kann, wenn im Definiens der Begriff der Gleichheit erneut auftaucht — zur erneuten Behauptung der Gleichheit, und zwar der von Bezugsregeln hinsichtlich usueller Kotexte und relativ zum Referenzbereich „Realität, in der wir leben"; vgl. unter 2.2.

Daß die Frage nach der Synonymität nicht in einem „absoluten Sinne" gestellt werden kann, z. B. „haben die beiden Wörter die gleiche Bedeutung?", darauf weist u. a. Lutzeier (1985, 70) hin; es gibt einen „Zwang zur Relativierung":

(iii) Es muß für entsprechende monosemierte Sprachzeichen-Kandidaten ein Geltungsbereich bzw. Bezugsbereich angegeben werden, auf den Urteile der Art „X ist bedeutungsgleich mit Y", „X ist bedeutungsähnlich mit Y" gezogen und damit auch relativiert sind.

Dieser Geltungsbereich kann als „Realität, in der wir leben" (Wiegand 1983, 223), in einem anderen theoretischen Rahmen als „mögliche Welt", aber auch im Sinne schemaorientierter Ansätze als „Scene" bzw. „Frame" z. B. nach Fillmore (1977) spezifiziert werden. In Lutzeier (1985a, 114) ist es die „Vorgabe eines mehr oder weniger allgemeinen semantischen Hintergrunds".

(iv) Zwischen der lexikalischen Synonymie auf der Ebene des Sprachsystems (Synonymie von Sprachzeichen) und Synonymie auf der Verwendungsebene (Austauschbarkeit in einem ganz spezifischen Ko- und Kontext) muß unterschieden werden.

Nachfolgend geht es ausschließlich um Synonymie von monosemierten Languezeichen, die als Lemmazeichen in Wörterbüchern beschrieben werden. Ob die „katamerische Synonymie" aus Bickmann (1978), die Austauschbarkeit zweier Ausdrücke ausschließlich in einem spezifischen Ko- und Kontext, für die Lexikographie nutzbar gemacht werden kann, erscheint fraglich; vgl. dazu auch Wiegand (1983, 223).

(v) Aus der Diskussion unterschiedlicher Synonymitätskonzepte folgt (vgl. Wiegand 1975), daß der Synonymitätsbegriff ko- und kontextspezifisch angesetzt werden muß; damit ist die Synonymiebeziehung mehr als zweistellig zu formulieren; vgl. unter 2.2.

## 2. Lexikalische und lexikographische Synonymie

Als entscheidendes Kriterium für die Bestimmung der Synonymiebeziehung zwischen Ausdrücken gilt meist die Gleichheit hinsichtlich der Darstellungsfunktion (darstellungsfunktionale, symbolfunktionale Gleichheit) bzw. Gleichheit der Bezugsregeln, oder auch „denotative Similarität bzw. Identität" (Viehweger et al 1977, 272); deshalb wird zunächst hiervon ausgegangen.

Neben der damit verbundenen Beschränkung auf eine gewisse Klasse von Ausdrücken (vgl. dazu unter 3.2.2.) verbleiben mehrere weitere Probleme. Diese sind mit dem Nachweis stilistischer, landschaftlicher, sonder- sowie fachsprachlicher Differenzen zwischen Ausdrücken verbunden; vgl. dazu den Exkurs unter 2.2. Darauf, daß eine Substitution für sog. „stilistische Synonyme" nicht möglich sei, wird in Eckert (1968, 130) eingegangen. In Mattausch (1967, 434) wird den dort so bezeichneten „emotionalen Synonymen" (wie *Mann* versus *Kerl*) „Gleichheit im begrifflichen Kern" abgesprochen. Kandidaten für Synonymie müßten auf der gleichen „Abstraktionsebene" stehen; die Aufgabe bestehe darin, die „Nuancen zu analysieren" (Mattausch 1967, 431). Auch in Eckert (1968) wird die Synonymie zweier Ausdrücke davon abhängig gemacht, wieweit diese sich mit denselben anderen Ausdrücken verknüpfen lassen. Ähnlich wird in Hausmann (1986) vorgeschlagen, im Sinne einer syntagmatischen Semantik die „Synonymenscheidung" auf der Basis syntagmatischer Komponenten vorzunehmen. Zu einem solchen Verfahren vgl. auch Kido (1979).

Darstellungsfunktionale Synonymie wird im Rahmen entsprechender Charakterisierungen für Einheiten von Wortrang (und mit gleicher Wortart) — mehr oder weniger — sprachsystemintern formuliert.

Ausschließlich sprachsystemintern sind Bestimmungen unter 2.1.; sprachsystemintern, aber mit Rückbezug auf Benutzungssituationen und damit rückgebunden an die Sprachverwendungspraxis, ist der Synonymiebegriff aus Wiegand (1976) und (1983); vgl. unter 2.2.

2.1. Sem- und merkmalsorientierte Konzepte der strukturellen Sprachwissenschaft schließen u. a. an L. Hjelmslev an (vgl. Wiegand/Wolski 1980), und was die Auffassung von der Sprache („Sprache als System von Zeichen") angeht, stehen sie in der Tradition der Saussure-Exegese.

K. Heger z. B. charakterisiert die Synonymie folgendermaßen:

„Synonymie liegt vor, wenn zwei oder mehr Signeme ein und dasselbe Noem (bzw. ein und dieselbe konjunktive Noemkombination) bezeichnen und unter einander symbolfunktional in freier Distribution und somit symptom- und/oder signalfunktional in Opposition stehen." (Heger 1969, 197).

Ganz ähnlich wird in Wiegand (1970) und danach in Henne (1972) im Rahmen eines merkmalsemantischen Konzepts argumentiert, in dem von onomasiologischen und semasiologischen Operationen zur Rekonstruktion von Wortbedeutungen ausgegangen wird:

„Synonymie liegt [...] vor, wenn aufgrund einer onomasiologischen Operation und aufgrund einer daran anschließenden komplementär-semasiologischen Operation nachgewiesen werden kann, daß die NSKn [= Noem-Sem-Kollektionen] zweier lexikalischer Signeme identische darstellungsfunktionale Merkmale haben, und wenn zudem komplementär-semasiologisch nachgewiesen wird, daß diese identischen NSKn jeweils differierende Stileme haben, so daß diese lexikalischen Signeme darstellungsfunktional in freier Distribution und symptom- und signalfunktional in Opposition stehen." (Henne 1972, 163).

In Henne (1972) werden wohl erstmals im Rahmen eines strukturell orientierten Konzepts lexikologische und lexikographische Fragen integriert.

Hier werden drei Typen von Synonymie festgestellt; die „partielle Synonymie" wird als *Homoionymie* bezeichnet (Henne 1972, 165). Ausschlaggebend für die Bestimmungen sind die jeweiligen Verhältnisse von Noemen und Semen bzw. auch Stilemen; vgl. auch die Diskussion unterschiedlicher Synonymie-Typen in Wiegand (1970, 334 ff.)

Mit der Merkmal- und Sem-Redeweise sind gravierende sprachtheoretische und philosophische Probleme verbunden, die in der heute weiter entwickelten lexikalischen Semantik als erkannt vorausgesetzt werden können; vgl. Wiegand/Wolski (1980); Wolski (1980), Lutzeier (1985, 91 ff.); vgl. vor allem Woetzel (1984) und Wiegand (1985).

2.2. In einem anderen sprachtheoretischen Rahmen, von dem hier ausgegangen werden soll, kann es nicht um die Frage gehen, wie im Lichte einer strukturellen Sprachtheorie *Synonymie* theoriebezogen zu bestimmen ist.

Es geht also nicht um Fragen der Art: Welche Seme „haben" sprachliche Zeichen? Worauf „bezieht" sich ein sprachliches Zeichen? Welche Seme oder Noeme sind wie in „Kollektionen" zusammenzufügen? Liegt „Semstrukturidentität" (vgl. den Ausdruck aus Viehweger et al 1977, 333) vor, oder nicht? Sollen die Bedeutungsunterschiede zwischen Synonymen-Kandidaten als Merkmale erfaßt und den symbolfunktionalen Merkmalen zugeschlagen werden, oder nicht? (vgl. dazu den Exkurs unter 2.2.).

Es gilt, davon auszugehen, was Sprecher tun, wenn sie von ihrem sprachlichen Wissen (Regelwissen) und sonstigem Weltwissen Gebrauch machen.

Sprachliche Ausdrücke beziehen sich auf nichts und niemanden, auch nicht Zeichen als Langue-Elemente. Nur Sprecher können sich mit Hilfe sprachlicher Ausdrücke auf etwas in der Welt beziehen, sofern diese Ausdrücke nach Bezugsregeln verwendet werden; und sie können etwas von etwas prädizieren, d. h. die sprachliche Teilhandlung vom Typ des Prädizierens vollziehen, auch sprachliche Teilhandlungen des Wertens.

Im Rahmen eines handlungstheoretischen Zugriffs, der in Wiegand (1986) für die Lexikographie ausgeführt ist, werden sprachliche Bedeutungen als Regeln für den Gebrauch, als semantische Gebrauchsregeln, rekonstruiert. Vgl. zu einem vergleichbaren Zugriff auch Strauß/Zifonun (1985, 153 ff.) und Art. 44.

Die Handlungs-Redeweise, auf die hier Bezug genommen wird, unterscheidet sich nicht nur von der Zeichen-, Sem- und Merkmal-Redeweise; sie unterscheidet sich auch gänzlich von einem gewissen unseligen Handlungs- und Kommunikationsjargon der Art: „Sprechen ist Handeln", „Sprache ist Handeln", „Sprache ist Kommunikation".

Die Gebrauchsregeln sind Regeln für das sprachliche Handeln, und in Bedeutungsbeschreibungen werden diese Handlungsregeln angegeben; vgl. Püschel (1981), Wiegand (1985, 61) und (1986). Hierzu gehören auch diejenigen Handlungsregeln, die in Wörterbüchern mittels Markierungsangaben gemacht werden; vgl. dazu unter 3.2. Im einzelnen gelten folgende Bezugspunkte:

(a) Die Regeln für den Gebrauch werden für sog. „usuelle Texte" (Wiegand 1985, 68) formuliert.

Als solche gelten mündliche und schriftliche Äußerungen, in denen ein Ausdruck so referierend und prädizierend verwendet wird, daß eine Übereinstimmung mit korrekten Antwortäußerungen in usuellen Benennungskontexten (vgl. unter b) gegeben ist.

Ein usueller Text für den Ausdruck *Festival* ist z. B.:

Wir waren gestern auf einem Festival; dort

wurden die neuesten Schlager vorgestellt. Diese festliche Veranstaltung fand in dem großen Konzertsaal statt und [...]

Ein nicht-usueller Text für *Festival* ist z. B.:

Die Nachbarn streiten sich schon wieder. Ein solches Festival erleben wir hier fast jeden Tag.

In den Bedeutungswörterbüchern können lemmazeichenadressierte Bedeutungsangaben nur relativ zu usuellen Texten gemacht werden. (Für Bedeutungsangaben innerhalb von Kompetenzbeispielangaben können darüber hinausgehende Bezüge hergestellt werden).

(b) *Usuelle Benennungskontexte* (Wiegand 1985, 69) sind solche dialogischen Kontexte, in denen auf sprachbezogene Fragen der Art „Was bedeutet/heißt/nennt man eigentlich *Festival?*" in Antworten etwas über die Bedeutung, damit aber auch über den entsprechenden Gegenstand in Erfahrung gebracht wird.

Umgekehrt wird in Antworten auf sachbezogene Fragen der Art „Was ist eigentlich ein Festival?" etwas über den Gegenstand, aber auch etwas über die Bedeutung des Ausdrucks in Erfahrung gebracht. Zwischen sprachlichem Wissen und sonstigem Weltwissen kann nicht strikt getrennt werden. Zu einem ähnlichen Zugriff und zu den sog. „Gebrauchsfixierungskontexten" vgl. Strauß/Zifonun (1985, 161 ff.).

Es wird hier folglich für die Theoriebildung auf die Sprach- und Sachbezüglichkeits-Ambiguität (Wiegand 1985, 24) von Dialogen im Alltag Bezug genommen.

Für diejenigen Ausdrücke, für die sich Bezugsregeln formulieren lassen, ist die Synonymiebeziehung als vierstellig angegeben: usuelle Texte, Bezugsbereich, Ähnlichkeit der Gebrauchsregeln, Gleichheit der Bezugsregeln (= als Teil der Gebrauchsregeln):

(1) Lexikalische Synonymie:

„Zwei lexikalisierte, monoseme Sprachzeichen A, B einer Sprache L — falls sie objektsprachlich referierend und prädizierend (= bezugnehmend, = exophorisch) gebraucht werden können — sind lexikalisch synonym genau dann, wenn hinsichtlich usueller Texte $T_i$ für A und B und relativ zu einem vorausgesetzten Bezugsbereich W (z. B. „Realität, in der wir leben") die Gebrauchsregeln für A und B derart ähnlich sind, daß die Referenz- und Prädikationsregeln (= Bezugsregeln) gleich sind, und damit A für B und B für A in allen $T_i$, die extensional sind, substituiert werden können, ohne daß der Bezug sich ändert." (Wiegand 1983, 222 f.)

Bickmann (1978, 2) bezeichnet diese Charakterisierung in der Fassung aus Wiegand (1976) als „eine der explizitesten Definitionen der Synonymie für die Lexikographie". In Wiegands Bestimmung der lexikalischen Synonymie wird die aus der Semsemantik gewonnene Charakterisierung (unter Beibehaltung des zeichentheoretischen Aspekts) in einen textuellen und handlungsbezogenen Rahmen gestellt. Und erstmals wird dort in einer Charakterisierung zur Synonymie die Bereichsbeschränkung explizit gemacht (wenngleich damit nicht überwunden), nämlich diejenige auf Ausdrücke, für die Bezugsregeln angegeben werden können!

Die Synonymie wird als Toleranzrelation mit den Eigenschaften der Reflexivität, Symmetrie und Nichttransitivität aufgefaßt, nicht als Äquivalenzrelation (vgl. Wiegand 1983, 223)

Exkurs: Bezugsregeln und andere Gebrauchsregeln: Die Bedeutungsunterschiede zwischen Synonymen werden im Rahmen der Merkmalsemantik theoretisch meist mit Hilfe des Ausdrucks *Konnotation (konnotative Merkmale, Stileme, Symptomwert,* u. a. m.) zu erfassen versucht. So unterscheiden sich nach Viehweger et al (1977) *stinktier* und *stunk* „nicht in ihren Semstrukturen, sondern nur in ihrer konnotativen Potenz" (Viehweger et al 1977, 333). Dafür wird auch der Ausdruck *Similarität* verwendet:

„Minimale Unterschiede in den direkten semischen Informationen zweier Sememe könnte man im Vergleich zur Identität als S i m i l a r i t ä t bezeichnen." (Viehweger et al 1977, 333).

Nachfolgend sei angedeutet, wie im Rahmen der vorgeschlagenen Gebrauchstheorie der Bedeutung (in Anschluß an die gegebene Charakterisierung der lexikalischen Synonymie) auch die Bedeutungsdifferenzen zwischen synonymen Ausdrücken theoretisch erfaßt werden können.

Nach der Gebrauchstheorie der Bedeutung werden bereits die Bezugsregeln nicht als Kombination(en) von Merkmalen bzw. Semen verstanden: „Die Ausdrücke A und B haben die Merkmale a...n gemeinsam" (Formulierung im Sinne der Merkmal-Redeweise) wird abgelöst durch „Die Ausdrücke A und B werden verwendet, um H zu tun". *H zu tun* soll heißen: die sprachlichen Teilhandlungen des Referierens und Prädizierens auszuführen, i. e. auf etwas Bezug nehmen, auf etwas referieren, von etwas etwas anderes prädizieren; vgl. Wiegand (1985). Dazu sind für jeden Ausdruck die Bedingungen anzugeben, die erfüllt sein müssen, wenn und damit regelgerecht mit A und B referiert und prädiziert wird. Wer diese Bedingungen kennt, d. h. wer die Bezugsregeln beherrscht, der hat ein Wissen darüber, daß etwas das und jenes (etwas so und so Bestimmtes!) ist, und nicht etwas anderes Bestimmtes; vgl. dazu Wiegand (1988a, 773).

In Wiegand (1983, 166) wird dieses Wissen als das „Wissen I" bezeichnet, in Wiegand (1988a, 773) als „gegenstandskonstitutives Bedeutungswissen".

Eine andere Art von Wissen, nämlich eines um deren kommunikativ angemessene Verwendung, ist für konkurrierende „Doppelbenennungen" (Strauß/Zifonun 1985, 103) synonymischer Reihen in Anspruch zu nehmen.

Dieses Wissen wird in Wiegand (1981, 165) als über das Wissen I hinausgehendes „Wissen II" bezeichnet. Es besteht darin, daß die Sprecher wissen, daß die usuellen Texte für entsprechende Ausdrücke situationsspezifisch sind: „Sie kennen die pragmatischen Regeln für die kommunikativ angemessene Verwendung" solcher Ausdrücke:

„Das über das Wissen I hinausgehende Wissen ist mithin auch ein Wissen darüber, daß gleiches X in der kommunikativen Situation $S_1$ unter den Bedingungen $x_1, x_2, x_3, \ldots$ anders genannt wird bzw. genannt werden kann als in der kommunikativen Situation $S_2$ unter den Bedingungen $y_1, y_2, y_3, \ldots$" (Wiegand 1981, 165 f.).

Hier seien folgende Typen von Ausdrücken unterschieden, die im Verhältnis der lexikalischen Synonymie stehen, die sich aber in den Gebrauchsregeln unterscheiden:

Typ 1: *Hund/Köter; Kerl/Mann*
Typ 2: *Polizeispitzel/Polizeiinformant; Verteidigungsminister/Kriegsminister; Ausbeuter/Privateigentümer (von Produktionsmitteln)*
Typ 3: *Tierarzt/Veterinär; Ascorbinsäure/Vitamin C*
Typ 4: *Gampiroß/Schaukelpferd.*

Indem mit Ausdrücken aus Typ 1 bis Typ 4 auf etwas Bezug genommen wird, wird im Vollzug entsprechender Äußerungen gewertet, werden Zugehörigkeiten zu Meinungsgruppenbildungen u. a. m. zum Ausdruck gebracht.

Deshalb kann als Satzschema zum Einbezug von Divergenzen in den Gebrauchsregeln angesetzt werden: *Sprecher tun $H_1$* (referieren, prädizieren), **indem** *sie $H_2$ tun* (bewerten, etc.). Für die Typen 1—4 (ähnlich ließen sich andere Typen einbeziehen) sei dies folgendermaßen entfaltet:

Typ 1: Indem Sprecher auf ein X mit dem Ausdruck A (hier: *Köter*) Bezug nehmen, worauf auch B (hier: *Hund*) zutrifft, bewerten sie (hier: negativ).

Mit dem Vollzug der Referenz und Prädikation wird der Bezugsgegenstand X von allen Sprechern einer heterogenen Sprachgemeinschaft bewertet (in diesem Falle: negativ bewertet, abgewertet): Die Sprecher einer heterogenen Sprachgemeinschaft sind einheitlich und verbindlich darüber vorverständigt, daß mit *Köter* gleiches X, auf das auch mit *Hund* bezug genommen werden kann, abwertend verwendet wird.

Typ 2: Indem Sprecher auf ein X mit dem Ausdruck A (z. B. *Polizeispitzel*) Bezug nehmen, worauf andere Sprecher mit einem Ausdruck B (z. B. *Polizeiinformant*) Bezug nehmen, zeigen sie die relativ zu ihrer Meinungsgruppenzugehörigkeit für sie als gültig akzeptierte Art der Vorverständigung über den Bezugsgegenstand X an.

Die Sprecher einer heterogenen Sprachgemeinschaft sind unterschiedlich über den Bezugsgegenstand vorinformiert. Es gibt (versus Typ 1) nur eine geteilte Verbindlichkeit der Gebrauchsregeln, nämlich eine relativ zu meinungsgruppenspezifischen Zuordnungen. Dennoch kann auch hier nicht die Rede davon sein, die Bedeutungen entsprechender Ausdrücke seien vage. Sie sind vielmehr stabil relativ zu Antwortäußerungen in usuellen Benennungskontexten, die die Sprecher als für sie gültig akzeptieren. Vgl. zu diesem Typ Wiegand (1981, 164) und Strauß/Zifonun (1985, 223).

Typ 3: Indem Sprecher auf ein X mit einem fachsprachlichen Ausdruck A bezug nehmen, worauf andere Sprecher mit einem nicht-fachsprachlichen Ausdruck B bezug nehmen, geben sie Aufschluß über den Umfang ihres (sprachlichen und sonstigen) Wissens. Indem sie sich als fachkompetent zu erkennen geben, können sie gegenüber einem Unkundigen ihre Kenntnis(se) hervorkehren, dadurch wiederum ihrem Image dienen, u. a. m.

Zum Verhältnis von fachsprachlichen und gemeinsprachlichen Ausdrücken vgl. Mentrup (1988). Dort findet sich (Mentrup 1988, 589) folgendes Beispiel für wissensabhängige Antwortäußerungen: „A: Nehmen Sie Ascorbinsäure? B: Nein; A: Nehmen Sie Vitamin C? B: Ja."

Typ 4: Indem Sprecher in einem Raum $R_1$ mit einem Ausdruck aus dem Raum $R_2$ auf ein X Bezug nehmen, ist der Schluß auf ihre Herkunft aus dem Raum $R_2$ möglich bzw. geben sie ihre Herkunft aus Raum $R_2$ zu erkennen.

In Eichhoff (1988) werden Synonyme wie *Gampiroß* und *Schaukelpferd* oder auch *abnippeln* und „(nordd., bes. berlin. salopp) *sterben*" aus dem Handwörterbuch der deutschen Gegenwartssprache (HWDG) als *Raumsynonyme* bezeichnet (vgl. Eichhoff 1988, 515). Vgl. auch Hildebrandt (1983, 1333 ff.) zur „Raumsynonymik (Heteronymik)";

vgl. auch Reichmann (1983, 1308 f.) zur geographischen „Überlagerung zweier Heteronyme bzw. Synonyme" als infra- und interlinguale Kontakterscheinung.

Damit ist angedeutet, wie im Rahmen der Gebrauchstheorie der Bedeutung neben der jeweiligen Gleichheit von Bezugsregeln (worauf sich die Charakterisierung der lexikalischen Synonymie stützt) die Differenzen in den Gebrauchsregeln typspezifisch, einheitlich, sprachwirklichkeitsnah und ohne Rekurs auf „Einstellungsseme", „wertende Seme" u. a. m. (vgl. dazu auch Strauß/Zifonun 1985, 212) formuliert werden können.

In den Wörterbüchern entspricht der Berücksichtigung von Gebrauchsregeln, die über die Bezugsregeln hinausgehen, die Einführung einer Vielzahl von pragmatischen Angaben; vgl. dazu Wiegand (1981) sowie unter 3. — Ende des Exkurses.

In Wörterbüchern stehen Lemmazeichen und zugeordnete lexikalische Paraphrase (i. e. traditionell: „lexikographische Definition") in einer Beziehung zueinander, die mit der Synonymie viele Gemeinsamkeiten hat.

Darauf wird bereits in Zgusta (1971) hingewiesen: „After all, there is a broader area of overlapping between the lexicographic definition and the indication of the synonyms than one would think." (Zgusta 1971, 261). Vgl. auch Bondzio (1982, 136) dazu.

Mit Blick auf die lexikographischen Arbeitsprozesse wird in Wiegand (1976) und (1983) die sog. *lexikographische Synonymie* von der lexikalischen Synonymie unterschieden:

(2) Lexikographische Synonymie:

„Ein zu einem Lemma 'A' gehörendes Sprachzeichen A einer Sprache L, das objektsprachlich bezugnehmend gebraucht werden kann, und eine lexikalische Paraphrase P zu 'A' (wobei P ein Syntagma oder ein Satz aus L, also nicht metasprachlich ist) sind lexikographisch synonym genau dann, wenn P ein Bezugsobjekt oder eine Klasse von Bezugsobjekten derart beschreibt, daß aus P die Bezugsregeln für A hinsichtlich usueller Texte für A und relativ zu einem vorausgesetzten Bezugsbereich W (z. B. „Realität, in der wir leben") erschlossen werden können und damit A in allen usuellen Textsätzen, die extensional sind, P enthalten und A monosemieren, durch P salva veritate ersetzt werden kann (wobei morphologische Variation zugelassen ist, so daß grammatische Sätze entstehen)." (Wiegand 1983, 223).

In dem Wörterbuchausschnitt (= WA)

/WA₁/ **Ga·ma|sche** [...] *Beinbekleidung vom Fuß bis zum Knie aus Stoff od. Leder* [...] (Wahrig)

steht die lexikalische Paraphrase „*Beinbekleidung*..." zu dem Lemmazeichen *Gamasche* in der Beziehung der lexikographischen Synonymie.

In WA₁ wird behauptet, daß der Benutzer (in usuellen Texten und relativ zu einem Bezugsbereich) auf diejenigen X mit *Gamasche* regelgerecht Bezug nehmen kann, welche die in der lexikalischen Paraphrase genannten Eigenschaften haben. Als Instruktion des Wörterbuchmachers kann dies so (nicht-reduktiv) formuliert werden: „Wenn etwas als Beinbekleidung gelten kann und ..., dann kann darauf auch mit dem Ausdruck *Gamasche* Bezug genommen werden." Es werden also die Eigenschaften genannt, die dem Benutzer die Identifikation entsprechender Bezugsobjekte ermöglichen. D. h.: Der Benutzer lernt aus der Paraphrase die Bezugsregeln. Paraphrasen können mit Wiegand (vgl. unter 3.1.) als „verkürzte" Regelformulierungen aufgefaßt werden.

Die Beziehung von Lemmazeichen und Paraphrase wird hiermit nicht als Definitionsbeziehung aufgefaßt (wie sie für fachliche Sprachwörterbücher aber durchaus angesetzt werden kann).

Und die Paraphrase wird nicht als Kombination von Merkmalen begriffen, also nicht im Sinne der Merkmalredeweise so gefaßt: (Das Zeichen) *Gamasche* hat die (denotativen, darstellungsfunktionalen, symbolfunktionalen) Merkmale 'Beinbekleidung', 'vom Fuß bis zum Knie', etc.

Zwar ist eine Austauschbarkeit zwischen dem Lemmazeichen und dem Syntagma/Satz nicht möglich; es entstehen durch Ersetzung keine bedeutungsgleichen Kotexte. Wohl aber ist eine Austauschbarkeit salva veritate in Testsätzen (vgl. Wiegand 1976, 157) im Rahmen lexikographischer Arbeitsprozesse wie z. B. der „Umkehrprobe" nach Müller (1984) gegeben, so daß äquivalente Sätze entstehen.

So beispielsweise im Testsatz „X ist ein Y" mit „Y" für das Lemmazeichen und die Paraphrase: „X ist eine Gamasche", „X ist eine Beinbekleidung vom ... aus ...".

## 3. Synonymenangaben im allgemeinen einsprachigen Wörterbuch

3.1. Zum Status von Synonymenangaben: In diesen Wörterbüchern ist mindestens eine Angabe zur Lemmazeichenbedeutung ein obligatorischer Textbaustein. Der Ausdruck *Bedeutungsangabe* wird hier generisch für Bedeutungsparaphrasenangabe, Synonymangabe etc. verwendet (vgl. Art. 38a). Weitere benötigte Termini seien anhand von WA₂ erläutert:

/WA₂/ **Fe·sti·val** [...] *große festl. Veranstaltung, Festspiel* [...] (Wahrig)

Die lexikalische Paraphrase „große..." ist der beschreibende, „deskriptive Teil" der so bezeichneten *lexikographischen Regelformulierung;* das Lemmazeichen ist der „nichtbeschreibende Teil". Im Vergleich zu Antwortäußerungen in Alltagsdialogen über Bedeutungen ist die lexikogr. Regelformulierung „verkürzt" (Wiegand 1985, 66). Die *lexikographische Bedeutungserläuterung* ist die „geordnete Menge aller lexikalischer Paraphrasen zu einem Lemmazeichen" (Wiegand 1986, 60). Der Terminus *semantischer Kommentar* (Wiegand 1985, 81) umfaßt mehrere Daten, in denen etwas über die Bedeutung mitgeteilt wird (mittels Kommentarsprache, Angabesymbole); hierzu zählen: lexikogr. Regelformulierung, ihre Kommentierung durch Angabesymbole, eine Artikelposition, in der auf Synonyme und Antonyme hingewiesen wird, u. a. m. — Der *semasiologische Teil* des semantischen Kommentars ist die Bedeutungserläuterung. Die Synonymenangabe ist der *onomasiologische Teil* des semantischen Kommentars.

Es kann somit der Status der Wortsynonymenangabe in bezug auf andere Textsegmente so bestimmt werden:

(a) Wortsynonyme gehören zum onomasiologischen Teil des semantischen Kommentars.

Sie gehören nicht zur lexikalischen Paraphrase und somit auch nicht zur lexikographischen Bedeutungserläuterung als Teil davon. (Die Bedeutungsparaphrasenangabe besteht in syntaktischer Hinsicht aus einem Syntagma, Satz oder Textsegment mit mehreren Sätzen. Paraphrasen haben somit einen deskriptiven Teil, der aus mehr als einem Prädikator besteht; vgl. WA₃ versus WA₄):

/WA₃/ **Kon·se·ku·tiv·satz** [...] *Nebensatz, der die Folge (Wirkung) des im übergeordneten Satz genannten Sachverhalts angibt* [...] (Duden-U)

/WA₄/ **Kon·san·gui·ni·tät** [...] *Blutsverwandtschaft* [...] (Wahrig)

In WA₃ besteht die Bedeutungsangabe in der Bedeutungsparaphrasenangabe, in WA₄ in der Wortsynonymenangabe. Die lexikalische Synonymiebeziehung könnte durch *heißt/bedeutet/ist synonym mit* u. a. m. wiedergegeben werden. Das Wortsynonym ist nicht deskriptiv wie die Paraphrase. Mit *Blutsverwandtschaft* wird nicht dasjenige „beschrieben", auf das man in usuellen Texten mit *Konsanguinität* Bezug nehmen kann.

(b) Wortsynonyme sind nicht deskriptiv wie die lexikalische Paraphrase; sie können bestenfalls als Ersatz für eine Paraphrase gelten.

Filipec (1968) hat darauf hingewiesen, daß als „Ersatz" ganz unterschiedliche Ausdrücke eintreten können: „In jedem Falle sollte man aber die Substitution von dem bloßen *Ersatz* unterscheiden, der auch Wörter verschiedener Bedeutung, verschiedenen Umfangs zuläßt [...] (Filipec 1968, 191).

(c) Mit Wortsynonymen wird keine Regel formuliert: mit ihnen wird vielmehr lediglich eine andere lexikalisierte Benennung (Wiegand 1985, 34) für das Lemmazeichen angegeben.

In WA₄ ist *Blutsverwandtschaft* die andere lexikalische Benennung, die mit dem Lemmazeichen (hinsichtlich der Darstellungsfunktion resp. der Gleichheit der Bezugsregeln für usuelle Texte) synonym ist. Der Benutzer, der die Bezugsregeln für *B.* kennt, kann auf *K.* schließen. Als Argument für die Trennung von lexikalischer Paraphrase und Wortsynonymangabe sei angeführt:

(d) Der Spracherwerbsprozeß, der zur Semantisierung des Lemmazeichens führt, ist bei der Bedeutungsparaphrasenangabe und Synonymenangabe unterschiedlich (vgl. Wiegand 1988, 575).

3.2. Formen von Wörterbucheinträgen mit Synonymenangabe(n): In den Wörterbüchern kann die (Wort)Synonymenangabe (SYN) in verschiedener Weise mit anderen funktionalen Textsegmenten (vgl. Art. 38a), die als Bedeutungsangabe dienen, kombiniert sein: mit einer Bedeutungsparaphrasenangabe (PARA) und gegebenenfalls weiteren SYN (angezeigt durch Auslassungspunkte):

(i) Synonymenangabe allein als Bedeutungsangabe in semasiologischer Position; Wörterbucheinträge der Form: LEMMA [...] SYN:

/WA₅/ **Ame·lio·ra·tion** [...] *Verbesserung* [...] (Brockhaus-Wahrig)

/WA₆/ **Kos·me·tik** [...] *Schönheitspflege* [...] (Wahrig)

In Zgusta (1971) wird hierzu festgestellt: „Opinions vary with regard to this method" (Zgusta 1971, 261). Des weiteren wird dort die bekannte Abhängigkeit von der Größe eines Wörterbuchs konstatiert: „The smaller the dictionary the more frequent the mere indication of synonyms" (Zgusta 1971, 261).

(ii) Synonymenangabe(n) kumulativer Art (als *kumulative Synonymenexplikation* bezeichnet) allein in semasiologischer Position als Bedeutungsangabe; Wörterbucheinträge der Form: LEMMA [...] SYN, SYN, SYN...:

/WA₇/ **Kon·seil** [...] *Rat, Ratsversammlung, Körperschaft* [...] (Wahrig)

Zur kumulativen Synonymenexplikation sei auf Wiegand (1985, 76) hingewiesen. Unter den gemeinsprachlichen deutschen Wörterbüchern findet sie sich besonders häufig in den Wahrig-Wörterbüchern. In zweisprachigen Wörterbüchern entspricht dem die *Äquivalenzkumulation* als lexikogr. Datenangebot auf der Seite der Zielsprache (vgl. Wiegand 1988, 578). Auf die Synonymenwörterbücher wird hier nicht eingegangen; vgl. dazu Art. 102 u. 103 und auch Kühn (1985, 41) zu den „kumulativen Synonymiken", deren Praxis sich mit derjenigen für gemeinsprachliche Wörterbücher trifft; vgl. zu Synonymenwörterbüchern auch Püschel (1986).

In der Literatur ist vor allem die wechselseitige Kommentierung mit Hilfe mehrerer SYN kritisiert worden, in Müller (1984, 399) als „Zirkelsynonymität" bezeichnet; vgl. dazu auch Wiegand (1982, 123) mit Blick auf die Kommentierung von Satzadverbien. Ein anderes Problem ist die Kommentierung mit Hilfe ausdrucksseitig teilgleicher Einheiten wie z. B. *dringlich* durch *dringend*, die „Scheinsynonyme" nach Müller (1984, 398).

Gleichwohl kann auch die kumulative Synonymenexplikation gewissen Nachschlagebedürfnissen von Benutzern durchaus entsprechen; vgl. dazu Ruzsiczky (1983, 247) und vor allem Reichmann (1986): Im frühneuhochdeutschen Wörterbuch äußert sich „in der bewußt gehandhabten Reihung von (partiellen) Synonymen", daß das Wörterbuch auch „Zwecken der Translation" dienen soll (Reichmann 1986, 97); es sind hier kumulative „onomasiologische Feldangaben als Annex zur semasiologischen Erläuterung der Einzelbedeutung" (Reichmann 1986, 126).

In der lexikographischen Praxis findet sich Typ (ii), wobei mehrere SYN als Ersatz eintreten für eine PARA, vor allem dann, wenn ausschließlich sprachbezogene Lemmazeichen zur Kommentierung anstehen:

Das gilt sowohl für Satzadverbien (vgl. dazu die Beobachtungen aus Wiegand (1982, 123), als auch für andere Adverbien, Konjunktionen, Gesprächswörter, Partikeln. Die Synonymenangaben sind hier Ausdruck von Hilflosigkeit, und basieren auf Vorurteilen, die Bedeutung solcher Einheiten betreffend (wenn eine solche überhaupt angenommen wird); schließlich wird diesen Einheiten auch in linguistischen Arbeiten meist eine „lexikalische Bedeutung" abgesprochen (weil Bezugsregeln nicht formuliert werden können). In der Wörterbucheinleitung zum Duden-U wird z. B. erläutert: daß immer dann auf Synonyme zurückgegriffen werde, wenn „keine (greifbaren) inhaltlichen, sondern nur stilistische Unterschiede [. . .] bestehen" (Duden-U, 17).

(iii) Synonymenangabe und nachgestellte Bedeutungsparaphrasenangabe; Wörterbucheinträge der Form: LEMMA [. . .] SYN; PARA:

/WA$_9$/ **Kon·ta·mi|na·ti·on** [. . .] *Wortkreuzung, Verschmelzung zweier bedeutungsverwandter Wörter od. Wortteile zu* [. . .] (Wahrig)

(iv) Synonymenangabe kumulativer Art, mit nachgestellter Bedeutungsparaphrasenangabe; Wörterbucheinträge der Form: LEMMA [. . .] SYN, SYN . . . PARA:

/WA$_{10}$/ **Di·ora·ma** [. . .] *Durchscheinbild; Schaubild, plast. Darstellung mit gemaltem Hintergrund* [. . .] (Wahrig)

(v) Bedeutungsparaphrasenangabe(n) und nachgestellte Synonymenangabe; Wörterbucheinträge der Form: LEMMA [. . .] PARA; SYN:

/WA$_{10}$/ **Fe|sti|val** [. . .] *Kulturelle Großveranstaltung, Festspiele* (Duden-U)

In Zgusta (1971) wird dies zutreffend als die in größeren gemeinsprachlichen Wörterbüchern gängige Kombination bezeichnet: „First, the synonym or near-synonym can be indicated as an addition to the definition. This is the usual practice of some big dictionaries" (Zgusta 1971, 260). Die Synonymenangabe hält Zgusta zu Recht für nützlich: „the attention of the users of the dictionary will be drawn to their only existence" (Zgusta 1971, 261). Die lexikogr. Paraphrase (hier: „lexicographic definition") sollte in diesem Falle aber auch ohne das Wortsynonym ausreichend sein (vgl. Zgusta 1971, 260).

In Landau (1984) wird zu den SYN festgestellt: „When they are not included, they are a wellcome superfluity. Some usage notes, such as that for *uninterested* and *desinterested,* may masquerade as synonym discriminations, and it is these the user is most likely to seek and find." (Landau 1984, 110).

(vi) Bedeutungsparaphrasenangabe(n) und nachgestellte Synonymenangaben in kumulativer Form; Wörterbucheinträge der Form: LEMMA [. . .] PARA; SYN; SYN . . . :

/WA$_{11}$/ **'Sub·stan|tiv** [. . .] *Wort, das einen Gegenstand od. Begriff bezeichnet, Hauptwort, Dingwort* [. . .] (Wahrig)

/WA$_{12}$/ **'auf·tref·fen** [. . .] *auf etwas ~ auf eine Oberfläche treffen, aufprallen, aufstoßen, aufschlagen* [. . .] (Brockhaus-Wahrig)

Aus WA$_{12}$ geht nicht klar hervor, ob *aufprallen* (und nachfolgende Ausdrücke) als SYN aufzufassen sind, oder als nachgestellte Teile der PARA; wie in:

/WA$_{13}$/ **'ar·chi·me·disch** [. . .] **1** *von Archimedes entdeckt, erfunden* [. . .] (Brockhaus-Wahrig)

Ein ungeübter und unkundiger Wörterbuchbenutzer könnte *erfunden* als SYN interpretieren. Auch von hierher sei die Wichtigkeit eines expliziten Synonymieverweises z. B. der Form „Sy" oder „=" unterstrichen, worauf z. B. in Wiegand (1983, 227 f.) hingewiesen wird: mit einem expliziten Synonymieverweis könnte die Zugehörigkeit von SYN zum onomasiologischen Teil des semantischen Kommentars verdeutlicht werden:

(vii) Synonymenangabe mit explizitem Synonymieverweis; vor oder nach der Bedeutungsparaphrasenangabe; Fälle (i) bis (vi) mit explizitem Synonymieverweis; nachfolgend belegt — vgl. WA₁₄ — ist lediglich Fall (v):

/WA₁₄/ **an|bie·ten** [...] **2** [...] (jmdm.) etwas ~ *etwas gegen Bezahlung zur Verfügung stellen:* Sy *offerieren*[...] (Brockhaus-Wahrig)

In den Wörterbüchern wird von dieser Praxis gelegentlich, und auch nicht konsequent, Gebrauch gemacht.

Im Vorgriff auf Beispiele aus der Nicht-Nennlexik (vgl. unter 3.2.2.) sei auf eine weitere Kombination hingewiesen:

(viii) Wortsynonym zu dem im lexikographischen Beispiel (BSP) erwähnten Lemmazeichen; Wörterbucheinträge der Form: LEMMA[...] B(SYN)SP.

/WA₁₆/ **noch** [...] n. *(sogar)* in der größten Hitze trägt er seinen Pullover; [...] (Duden-GWB)

In älteren Wörterbüchern, die einen geringeren Grad an Standardisierung der Artikel (vgl. Art. 38a) aufweisen als die hier in den WA berücksichtigten, werden Synonymenangaben meist sprachlich durch Ausdrücke wie *für, wie, kann ... eingesetzt werden*, eingeführt. In solchen Wörterbüchern kann die Synonymenangabe sogar in die Bedeutungsparaphrasenangabe eingebunden sein; vgl. ebenfalls aus dem Bereich der Nicht-Nennlexik:

/WA₁₇/ **doch** [...] 3. Eine Compensation dessen, was in dem Vordersatze war gesagt worden, da sie [i. e. die Partikel — WW] denn gleichfalls für *aber,* und auch zu Anfange eines Nachsatzes stehet [...] (Adelung)

Weitere Textsegmente, insbesondere pragmatische Angaben (Fachgebietsangaben, stilistische Angaben, Regionalitätsangaben, u. a. m.) sind mit den anderen Textsegmenten vielfältig kombiniert.

Auf pragmatische Angaben wird ausführlich in Wiegand (1981) eingegangen; zu Art und Umfang pragmatischer Angaben in den Wörterbüchern und zu damit verbundenen theoretischen und praktischen Problemen sei deshalb auf diese Arbeit verwiesen. Zu „Symptomwertangaben" in der lexikographischen Praxis für das frühneuhochdeutsche Wörterbuch vgl. die dortige Einleitung (Reichmann 1986).

Hier geht es lediglich um das Verhältnis pragmatischer Angaben zu (Wort)Synonymenangaben. In den Wörterbüchern werden in dem zu berücksichtigenden Fall — wie in anderen Fällen, in denen Synonymenangaben nicht gemacht werden können — als pragmatische Angaben wörterbuchintern unterschiedliche Markierungsprädikate angesetzt. Wenn eine Synonymenangabe an ein Lemmazeichen adressiert ist, dienen pragmatische Angaben dazu, die Differenz darstellungsfunktional synonymer Lemmazeichen zu markieren. Die Synonymenangabe ist dann unmarkiert, das Lemmazeichen markiert. Die pragmatische Angabe ist an dasjenige Lemmazeichen adressiert, das jeweils den markierten Fall darstellt.

Für die unter 2.2. (1) im Exkurs angeführten Fälle finden sich die entsprechenden Ausdrücke zu Typ 1, Typ 3 und Typ 4 in den Wörterbüchern als Lemmazeichen; nur für die unter Typ 2 angeführten Ausdrücke sind in den bekannten einsprachigen gemeinsprachlichen Wörterbüchern Lemmalücken zu verzeichnen, oder für die fraglichen Ausdrücke werden keine Wortsynonyme angegeben; vgl. z. B.:

Typ 1: /WA/**Kö|ter** [...] (abwertend) *Hund* (Duden-U)
/WA/ **Kö·ter** <m.3; abschätzig> *Hund* [...] (Wahrig)

Typ 2: /WA/**Aus|beu|ter** [...] b) (marx.) *Privateigentümer von Produktionsmitteln*[...] (Duden-U)
/WA/ **unter/Unter** | [...] **-nehmer,** der, -s, -/ *vorw. im bürgerl. Sprachgebrauch/ Kapitalist, der ein Unternehmen besitzt (und selbst leitet)*[...] (HWDG)

Typ 3: /WA/**Ve|te|ri|när** [...] (Fachspr.): *Tierarzt* (Duden-U)

Typ 4: /WA/**Gam|pi|roß**[...] (schweiz.): *Schaukelpferd*(Duden-U)

3.2.1. Lexikalische Synonymie und lexikographische Synonymie sind unter 2.2. ausschließlich für den Bereich der Nennlexik formuliert. Gravierende Probleme stellen sich für die Wortschatzbereiche der Adverbien, Präpositionen, Konjunktionen, Gesprächswörter (vgl. Art. 74 u. 80) und Partikeln (im engeren Sinne: Modalpartikeln; vgl. Art. 72). Bereits in Zgusta (1971) wird darauf hingewiesen:

„The necessary thing is, however, not to neglect those words which have other than designative functions; sometimes they are neglected and the lexicographer feels some desinclination to treat them in the same way as the 'full' words, mainly if they have some formal properties which seem to give them a 'lower' status than that of the other words." (Zgusta 1971, 241).

Aus wörterbuchvergleichender Perspektive (vgl. Wolski 1986) bedarf es lemmazeichentypspezifischer Festlegungen dafür, welche Textsegmente als lexikalische Paraphrase (Bedeutungsparaphrasenangabe) gelten sollen. Auch entstehen im Vergleich zur Nennlexik Probleme mit Bedeutungsangaben der Art *in Wirklichkeit, ohne weiteres,* die die Form des Syntagmas haben, hier aber nicht als lexikalische Paraphrasen gelten können; vgl.:

/WA$_{18}$/ **erst** ⟨verstärkend⟩ *gar, nun gar, noch in steigendem Maße*[...] (Wahrig-dtv.)

/WA$_{19}$/ **einmal** [...] ⟨verstärkend⟩ *eben, gerade, doch*[...] (Wahrig-dtv.)

/WA$_{20}$/ **einmal** [...] wirkt verstärkend in Aussagen, Fragen u. Aufforderungen [...] (Duden-U)

/WA$_{21}$/ **eigentlich** [...] *tatsächlich, wirklich, in Wirklichkeit*[...] (Wahrig-dtv.)

Als lexikalische Paraphrasen, die in Wolski (1986) als *Erläuterungsparaphrasen* bezeichnet und von den *Beispielparaphrasen* abgehoben werden, sollen „verstärkend" (die reduzierte Form) z. B. aus WA$_{19}$ und die im Vergleich dazu expandierte Form aus WA$_{20}$ gelten (vgl. auch Art. 90 a).

*Erläuterungsparaphrasen* sind nicht-substituierbare lexikalische Paraphrasen als Teile der Bedeutungserläuterung (vgl. dazu Wolski 1986, 28 ff.). Solche Paraphrasen, die der Kommentierung von Partikelbedeutungen dienen, lassen sich nicht durch Reduktion der expandierten Formen (wie für PARA aus der Nennlexik möglich) in eine substituierbare Paraphrase überführen. Entsprechende Formulierungsresultate weisen das für ihre Kommentierung (in sämtlichen Sprachwörterbüchern) konstitutive Kommentierungsvokabular auf: *verstärkend, abschwächend, Zweifel* etc.; vgl. Art. 72.

Der Spezifik von Bedeutungsangaben der Art *in Wirklichkeit, noch in gesteigertem Maße* (z. B. aus WA$_{21}$ und WA$_{18}$) wird dadurch Rechnung getragen, daß sie von der lexikalischen Paraphrase und vom Wortsynonym abgehoben und als *Quasisynonyme* (QSYN) nach Wolski (1986, 31 f.) bezeichnet werden; vgl. zu dem Ausdruck auch Wiegand (1982, 120).

Quasisynonyme sind substituierbare Ausdrücke der Kommentarsprache mit der syntaktischen Form des Syntagmas. Sie sind wie das Wortsynonym, aber anders als die Beispielparaphrase, für das zur Kommentierung anstehende Lemmazeichen substituierbar, und zwar nur für dieses.

Von den Beispielparaphrasen (vgl. Wolski 1986, 30 f.) kann hier abgesehen werden. Mit ihnen werden lexikographische Beispiele, nicht aber Lemmazeichenbedeutungen kommentiert, und zwar in Form einer einzelsprachlichen Übersetzung des jeweiligen Beispiels: „nun ging es ~ [~ = *erst*] richtig los *das Vorangegangene war nichts im Vergleich zu dem, was nun folgte*" (Brockhaus-Wahrig zu dem Lemmazeichen *erst*).

Als *blockverfügbare Quasisynonyme* sollen solche Ausdrücke bezeichnet werden, die als Einheit semantisiert werden, z. B. *nicht mehr als* aus WA$_{22}$; als *nicht blockverfügbare* gelten *nicht (wie erwartet) früher als* aus WA$_{23}$:

/WA$_{22}$/ **1 nur** [...] *nicht mehr als, bloß* [...] (Brockhaus-Wahrig)

/WA$_{23}$/ **erst** [...] **2** *nicht (wie erwartet) früher als* ... [...] (Brockhaus-Wahrig)

Es werden folglich für den Wortschatzbereich der ausschließlich sprachbezogenen Ausdrücke (mindestens) folgende Bedeutungsangaben unterschieden: PARA (Bedeutungsparaphrasenangabe als Erläuterungsparaphrase), Wortsynonym (SYN) und Quasisynonym (QSYN).

Für die Wörterbuchausschnitte WA$_{18}$ und WA$_{19}$ z. B. läßt sich die Form der Einträge für Bedeutungsangaben somit folgendermaßen angeben: WA$_{18}$: PARA, SYN, QSYN, QSYN; WA$_{19}$: PARA, SYN, SYN, SYN.

Ihrer Position in Wörterbuchartikeln nach kommen Quasisynonyme vor:

(a) in semasiologischer Position:

Hier fungieren sie (relativ zu den in anderen Wörterbuchartikeln verwirklichten Gestaltungsmöglichkeiten) als Ersatz einer Erläuterungsparaphrase: QSYN, SYN in WA$_{22}$, QSYN in WA$_{24}$:

/WA$_{22}$/ **nur** [...] *nicht mehr als, bloß* [...] (Brockhaus-Wahrig)

/WA$_{24}$/ **einfach** [...] *ohne weiteres* [...] (Brockhaus-Wahrig)

(b) in onomasiologischer Position; einer Erläuterungsparaphrase nachgestellt: PARA, QSYN in WA$_{25}$, sowie PARA, QSYN, QSYN in WA$_{26}$:

/WA$_{25}$/ **erst** *gibt an, daß etw. nicht, wie erwartet, über einer im Satz genannten Größe liegt/ nicht mehr als*[...] (WDG)

/WA$_{26}$/ **nur** [...] drückt eine Ausschließlichkeit aus; *nicht anders als; nichts anderes als; niemand anderes als*[...] (Duden-GWB)

Wie aus den WA ersichtlich, wirft die Angabe einer ganzen Kollektion von Quasisynonymen die Frage der zutreffenden Sustituierbarkeit auf; nicht jedes QSYN ist für das in lexikographischen Beispielen erwähnte Lemmazeichen gleich gut ersetzbar. Diese Probleme sind aber auch für kumulative Synonymenangaben aus anderen (vgl. unter 3.2.1.) Wortschatzbereichen zu konstatieren.

(c) Quasisynonyme zu lexikographischen Beispielen:

/WA$_{27}$/ **erst** [...] *wäre ich e. (nur schon) fort!* [...] (WDG)

Ebenso wie das Vorhandensein der so bezeichneten *Beispielparaphrase* scheinen Quasisynonyme und Wortsynonyme in lexikographischen Beispielen eine Spezifik des Wortschatzbereiches der ausschließlich sprachbezogenen Ausdrücke zu sein: Sie ergänzen die in der gesamten Geschichte der Sprachlexikographie ungenügenden Paraphrasen dann, wenn dieses Ungenügen erkannt und beispielbezogen korrigiert werden soll.

## 4. Problembereiche

4.1. In den Bestimmungen der Synonymie spiegelt sich der Umstand wider, daß die Theorien und Theoriefragmente in der lexikalischen Semantik fast ausschließlich anhand bestimmter Beispielgruppen aus dem Bereich der Nennlexik entwickelt wurden (vgl. dazu Wiegand/Wolski 1980).

Bei Berücksichtigung ausschließlich sprachbezogener Ausdrücke (Konjunktionen, Artikel, Präpositionen, Partikeln etc.) wird deutlich, daß Charakterisierungen der Synonymie aus metalexikographischer Perspektive lemmazeichentypspezifisch erfolgen müssen. Ohne die Rolle dieser Ausdrücke überbetonen zu wollen, kann hier lediglich am Beispiel der Partikeln im engeren Sinne (hier: Modalpartikeln) auf folgende Spezifika hingewiesen werden:

(a) Die Beziehung der lexikographischen Synonymie ist ausschließlich für solche Ausdrücke bestimmt worden, für die sich Bezugsregeln formulieren lassen. Abgesehen davon kann sie für diese sprachbezogenen Lemmazeichen kein Gewicht haben, weil die Paraphrasen hier nur nicht-substituierbare Paraphrasen sein können.

(b) Die Bestimmung der lexikalischen Synonymie kann für diese Ausdrücke nur in starker Abhängigkeit von einer Theorie entwickelt werden.

Ein theoriebestimmter Ausdruck ist *Synonymie* (vgl. unter 1.) stets; die besondere Theorieabhängigkeit der fraglichen Ausdrücke zeigt sich darin, daß sich weder deren Bedeutungen noch deren Bedeutungsbeziehungen auch der Intuition erschließen: Der Rekonstruktion von Bedeutungen geht die sprachwissenschaftliche Analyse notwendig voraus.

Und in einem Analyserahmen muß vorab geklärt sein, ob diesen sprachlichen Einheiten eine lexikalische Bedeutung zugeschrieben werden soll, oder ob lediglich Einzelbeispielinterpretation eines jeweiligen kommunikativen Zusammenhangs erfolgen kann. In Wolski (1986) wird letzterer Zugriff verworfen.

In Übereinstimmung mit dem in Wolski (1986, 351 ff.) gewählten theoretischen Rahmen kann die Beziehung der lexikalischen Synonymie für die fraglichen Ausdrücke folgendermaßen angegeben werden; Bezug genommen wird dabei auf theoretische (vorab theoretisch ausgemachte) Relata A, LB, V:

Zwei oder mehr Ausdrücke des Lemmazeichentyps Partikel sind dann synonym, wenn relativ zu dem Analyseansatz (A) nachgewiesen wird, daß ihnen eine unterschiedliche lexikalische Bedeutung (LB) zugeordnet werden kann, sie aber in manchen Verwendungstypen (V) voneinander ununterscheidbar gebraucht und somit füreinander ersetzt werden können.

In diesem Sinne stehen z. B. *aber* und *vielleicht* als Modalpartikeln in dem Verwendungstyp „Ausrufesätze, die die Form von Aussagesätzen haben" in der Beziehung der lexikalischen Synonymie, obwohl ihnen durchaus eine unterschiedliche lexikalische Bedeutung zugeordnet werden kann (vgl. Wolski 1986, 409 ff.); vgl.: *Die ist aber dick!* und *Die ist vielleicht dick!*. In einem anderen Verwendungstyp („Aufforderungssätze, eingeleitet mit *nun*") kann *vielleicht* nicht für *aber* eintreten; vgl.: *Nun schlaf aber ein! Nun hör aber auf!*

4.2. Für die lexikographische Praxis ist die Umsetzung linguistischer und metalexikographischer Analyseergebnisse unter dem Aspekt des Arrangements von Textsegmenten im Artikeltext von zunehmendem Interesse.

Hingewiesen sei auf die sehr instruktive Wörterbucheinleitung zum frühneuhochdeutschen Wörterbuch (Reichmann 1986) und auf das „metalexikographische Tagebuch" zur Arbeit am Großen Deutsch-Chinesischen Wörterbuch (Wiegand 1988).

Für Neuauflagen vorhandener Wörterbücher oder für die Konzeptionsphase geplanter sind wörterbuchintern und unter Berücksichtigung (vorweggenommener) Benutzerinteressen mehrere Fragen zu lösen. Dies sind mindestens Fragen nach der Position für die Synonymenangabe, für den expliziten Synonymieverweis, für artikeltranszendente Verweisungen zwischen Synonymen (vgl. Wiegand 1983, 228). Wortsynonyme sollten dem onomasiologischen Teil des semantischen Kommentars zugeordnet werden, in dem Sinne, wie in Wiegand (1983) für die onomasiologische Methode der „Ergänzung der lexikographischen Bedeutungserläuterung durch Wortsynonyme" (Wiegand 1983, 228) plädiert wird (vgl. auch Reichmann 1986, 93 ff.).

Hierfür wird ein semantisches Angabesymbol mit Verweisfunktion (z. B. „Sy" oder „=") eingeführt. Damit wird die Synonymiebeziehung im Wörterbuchartikel explizit integriert und nicht sozusagen „versteckt" (vgl. Wiegand 1988, 576) gehalten.

Neben den bereits unter 3.2. genannten Argumenten spricht für eine solche Praxis auch die zu fordernde Gleichbehandlung von Synonymenangabe und Antonymenangabe.

Der Abschied von der reinen Synonymenexplikation (Bedeutungsangabe ohne Bedeutungsparaphrasenangabe) wird von unterschiedlicher Seite und aus unterschiedlichen Gründen gefordert (vgl. dazu Wiegand 1983, 227). Gerade weil die Synonymenangabe schon immer in Wörterbüchern eine so zentrale Rolle gespielt hat und weiter spielen wird, muß genau bedacht werden, wie sie im Verhältnis zu anderen funktionalen Textsegmenten im Wörterbuchartikel integriert ist.

## 5. Literatur (in Auswahl)

### 5.1. Wörterbücher

*Adelung* = Johann Christoph Adelung: Grammatisch-kritisches Wörterbuch der Hochdeutschen Mundart, mit beständiger Vergleichung der übrigen Mundarten, besonders aber der Oberdeutschen. Zweyte vermehrte und verbesserte Ausgabe. Leipzig 1793—1801. Hildesheim. New York 1970 (Documenta Linguistica) [1796, 1762, 2140, 1992 Sp.].

*Brockhaus-Wahrig* = Deutsches Wörterbuch (in sechs Bänden). Hrsg. von Gerhard Wahrig, Hildegard Krämer und Harald Zimmermann. Wiesbaden. Stuttgart. Bd. 1, A—BT: 1980 bis Bd. 6, STE—ZZ: 1984 [805, 901, 837, 941, 906, 920 S.].

*Duden-GWB* = Duden. Das große Wörterbuch der deutschen Sprache in sechs Bänden. Hrsg. und bearb. vom Wissenschaftlichen Rat und den Mitarbeitern der Dudenredaktion unter Leitung von Günther Drosdowski. Mannheim. Wien. Zürich. Bd. 1: A—Ci: 1976 bis Bd. 6, Sp—Z: 1981 [zus. 2992 S.].

*Duden-U* = Duden — Deutsches Universalwörterbuch. Hrsg. und bearb. vom Wissenschaftlichen Rat und den Mitarbeitern der Dudenredaktion unter Leitung von Günther Drosdowski. Mannheim. Wien. Zürich 1983 [1504 S.].

*HWDG* = Handwörterbuch der deutschen Gegenwartssprache. In zwei Bänden. Bd. 1: A—K; Bd. 2: L—Z. Von einem Autorenkollektiv unter der Leitung von Günter Kempcke. Berlin (DDR) 1984 [zus. 1399 S.].

*Wahrig* = Gerhard Wahrig: Deutsches Wörterbuch. Mit einem „Lexikon der deutschen Sprachlehre". Hrsg. in Zusammenarbeit mit zahlreichen Wissenschaftlern und anderen Fachleuten. Völlig überarb. Neuaufl. Gütersloh. Berlin 1977 [4322 Sp.].

*Wahrig-dtv.* = dtv-Wörterbuch der deutschen Sprache. Hrsg. von Gerhard Wahrig in Zusammenarbeit mit zahlreichen Wissenschaftlern und anderen Fachleuten. 3. Aufl. München 1980 [492 S.].

*WDG* = Wörterbuch der deutschen Gegenwartssprache. Hrsg. von Ruth Klappenbach und Wolfgang Steinitz. Berlin (DDR) Bd. 1: 1. Aufl. 1961, 10. bearb. Aufl. 1980, bis Bd. 6: 1. Aufl. 1977, 3. Aufl. 1982 [4579 S.].

### 5.2. Sonstige Literatur

*Baldinger 1968* = Kurt Baldinger: La synonymie — Problèmes sémantiques et stylistiques. In: Probleme der Semantik. Hrsg. von Th. W. Elwert, Wiesbaden 1968, 41—61.

*Bickmann 1978* = Hans-Jürgen Bickmann: Synonymie und Sprachverwendung. Verfahren zur Ermittlung von Synonymenklassen als kontextbeschränkten Äquivalenzklassen. Tübingen 1978 (Reihe Germanistische Linguistik 11).

*Bondzio 1982* = Wilhelm Bondzio: Valenz in der Lexikographie. In: Wortschatzforschung heute. Aktuelle Probleme der Lexikologie und Lexikographie. Hrsg. von Erhard Agricola, Joachim Schildt und Dieter Viehweger. Leipzig 1982, 127—148.

*Eckert 1968* = Rainer Eckert: Zur Darstellung der Synonymie mit Hilfe der Distributionsmethode und einige Schlußfolgerungen daraus für den russischen Sprachunterricht. In: Wissenschaftliche Zeitschrift der Karl-Marx-Universität Leipzig 17. 1968, 129—132.

*Eichhoff 1988* = Jürgen Eichhoff: Die Wertung landschaftlicher Bezeichnungsvarianten in der deutschen Standardsprache. In: Deutscher Wortschatz. Lexikologische Studien. Ludwig Erich Schmitt zum 80. Geburtstag von seinen Marburger Schülern. Hrsg. von Horst Haider Munske, Peter v. Polenz, Oskar Reichmann und Reiner Hildebrandt. Berlin. New York 1988, 511—524.

*Filipec 1968* = Josef Filipec: Zur Theorie der lexikalischen Synonymie in synchronischer Sicht. In: Wissenschaftliche Zeitschrift der Karl-Marx-Universität Leipzig 17. 1968, 189—198.

*Fillmore 1977* = Charles J. Fillmore: Scenes- and Frames-Semantics. In: Linguistic Structures Processing. Ed. by Antonio Zampolli. New York. Oxford 1977, 55—81.

*Gauger 1972* = Hans-Martin Gauger: Zum Problem der Synonymie. Tübingen 1972 (Tübinger Beiträge zur Linguistik 9).

*Hausmann 1986* = Franz Josef Hausmann: Für und Wider einer distinktiven Synonymik des Deutschen. In: Kontroversen, alte und neue. Bd. 3: Wortschatz- und Wörterbuch. Akten des VII. Internationalen Germanisten-Kongresses. Göttingen 1985. Tübingen 1986, 237—241.

*Heger 1969* = Klaus Heger: Die Semantik und die Dichotomie von Langue und Parole. Neue Beiträge zur theoretischen Standortbestimmung von Semasiologie und Onomasiologie. In: Zeitschrift für romanische Philologie 85. 1969, 144—215.

*Henne 1972* = Helmut Henne: Semantik und Lexikographie. Untersuchungen zur lexikalischen Kodifikation der deutschen Sprache. Berlin. New York 1972 (Studia Linguistica Germanica 7).

*Hildebrandt 1983* = Reiner Hildebrandt: Art. 82. Typologie der arealen lexikalischen Gliederung deutscher Dialekte aufgrund des Deutschen Wortatlasses. In: Dialektologie. Ein Handbuch zur deutschen und allgemeinen Dialektforschung. Hrsg. von Werner Besch, Ulrich Knoop, Wolfgang Putschke und Herbert Ernst Wiegand. Berlin. New York 1983 (Handbücher zur Sprach- und Kommunikationswissenschaft 1.2), 1331—1367.

*Kido 1979* = Fuyuki Kido: Versuch einer Bedeutungsanalyse bei Synonymen auf der Grundlage der Kollokation. Die Verben *bekommen, erhalten, empfangen* und *kriegen*. In: Münstersches Logbuch zur Linguistik 4. 1979, 65—92.

*Kühn 1985* = Peter Kühn: „Wegweiser zum treffenden Ausdruck" oder: Gibt es sinnvollere Zielsetzungen für Synonymenwörterbücher? In: Wirkendes Wort 35. 1985, 39—52.

*Landau 1984* = Sidney I. Landau: Dictionaries. The Art and Craft of Lexicography. New York 1984.

*Lutzeier 1985* = Peter Rolf Lutzeier: Linguistische Semantik. Stuttgart 1985.

*Lutzeier 1985a* = Peter Rolf Lutzeier: Die semantische Struktur des Lexikons. In: Handbuch der Lexikologie. Hrsg. von Christoph Schwarze und Dieter Wunderlich. Königstein/Ts. 1985, 103—133.

*Lyons 1971* = John Lyons: Einführung in die moderne Linguistik. Aus dem Engl. München 1971.

*Mattausch 1967* = Josef Mattausch: Synonymenfelder im alphabetischen Wörterbuch. Zugleich ein Beitrag zur Synonymie in Goethes Werther. In: Beiträge zur Geschichte der deutschen Sprache und Literatur 88. 1967, 425—456.

*Mentrup 1988* = Wolfgang Mentrup: Zur Pragmatik einer Lexikographie. 2 Bde. Tübingen 1988 (Forschungsberichte des Instituts für deutsche Sprache, Mannheim 66.1 und 66.2).

*Müller 1965* = Wolfgang Müller: Probleme und Aufgaben deutscher Synonymik. In: Die wissenschaftliche Redaktion. Aufsätze, Vorträge, Berichte. No. 1. Mannheim 1965, 80—101.

*Müller 1984* = Wolfgang Müller: Zur Praxis der Bedeutungserklärung (BE) in (einsprachigen) deutschen Wörterbüchern und die semantische Umkehrprobe. In: Studien zur neuhochdeutschen Lexikographie V. Hrsg. von Herbert Ernst Wiegand. Hildesheim. Zürich. New York 1984 (Germanistische Linguistik 3—4/84), 359—461.

*Püschel 1981* = Ulrich Püschel: Bedeutungserklärungen als Regel- und Sachbeschreibungen. In: Studien zur neuhochdeutschen Lexikographie I. Hrsg. von Herbert Ernst Wiegand. Hildesheim. New York 1981 (Germanistische Linguistik 3—6/79), 123—138.

*Püschel 1986* = Ulrich Püschel: Vom Nutzen synonymisch und sachlich gegliederter Wörterbücher des Deutschen. Überlegungen zu ausgewählten historischen Beispielen. In: Lexicographica 2. 1986, 223—243.

*Radtke 1967* = Dieter Radtke: Zu einigen Fragen der grammatischen Synonymie und zu ihrem Wert für die Erlernung einer Fremdsprache (dargestellt am Beispiel des Russischen). In: Wissenschaftliche Zeitschrift der Ernst-Moritz-Arndt-Universität Greifswald 16. 1967 (Gesellschafts- und sprachwissenschaftliche Reihe 3), 327—380.

*Reichmann 1983* = Oskar Reichmann: Art. 80. Untersuchungen zur lexikalischen Semantik deutscher Dialekte. Überblick über die Sachbereiche und den Stand ihrer arealen Erfassung. In: Dialektologie. Ein Handbuch zur deutschen und allgemeinen Dialektforschung. Hrsg. von Werner Besch, Ulrich Knoop, Wolfgang Putschke und Herbert Ernst Wiegand. Berlin. New York 1983 (Handbücher zur Sprach- und Kommunikationswissenschaft 1.2), 1295—1325.

*Reichmann 1986* = Oskar Reichmann: Lexikographische Einleitung in: Frühneuhochdeutsches Wörterbuch. Hrsg. von Robert R. Anderson, Ulrich Goebel, Oskar Reichmann. Bd. 1, Lieferung 1: Einleitung: Quellenverzeichnis, Literaturverzeichnis, a-abfall. Bearb. von Oskar Reichmann. Berlin. New York 1986, 10—285.

*Ruzsiczky 1983* = Éva Ruzsiczky: Einige neuere Synonymiedefinitionen aus der Sicht des Wörterbuchverfassers. In: Die Lexikographie von heute und das Wörterbuch von morgen. Analyse — Problem — Vorschläge. Hrsg. von J. Schildt und D. Viehweger Berlin (DDR) 1983 (Linguistische Studien Reihe A: Arbeitsberichte 109), 241—251.

*Silin 1987* = V. L. Silin: K probleme sinonimii. [Zum Problem der Synonymie]. In: Voprosy jazykoznanija 1987. No. 4, 95—101.

*Strauß/Zifonun 1985* = Gerhard Strauß und Gisela Zifonun: Die Semantik schwerer Wörter im Deutschen. Teil 1: Lexikologie schwerer Wörter, Teil 2: Typologie und Lexikographie schwerer Wörter. Tübingen 1985 (Forschungsberichte des Instituts für deutsche Sprache, Mannheim 58.1 und 58.2).

*Viehweger et al 1977* = Probleme der semantischen Analyse. Von einem Autorenkollektiv unter der Leitung von Dieter Viehweger. Berlin 1977 (studia grammatica XV).

*Wersig 1985* = Gernot Wersig: Thesaurus-Leitfaden. Eine Einführung in das Thesaurus-Prinzip in Theorie und Praxis. 2. erg. Aufl., unter Mitarbeit von Petra Schuck-Wersig. München. New York. London. Paris 1985 (DGD-Schriftenreihe Bd. 8).

*Wiegand 1970* = Herbert Ernst Wiegand: Synchronische Onomasiologie und Semasiologie. Kombinierte Methoden zur Strukturierung der Lexik. Hildesheim 1970 (Germanistische Linguistik 3/70), 243—384.

*Wiegand 1976* = Herbert Ernst Wiegand: Synonymie und ihre Bedeutung in der einsprachigen Lexikographie. In: Probleme der Lexikologie und Lexikographie. Jahrbuch 1975 des Instituts für deutsche Sprache. Düsseldorf 1976, 118—180.

*Wiegand 1981* = Herbert Ernst Wiegand: Pragmatische Informationen in neuhochdeutschen Wörterbüchern. Ein Beitrag zur praktischen Lexikologie. In: Studien zur neuhochdeutschen Lexikographie I. Hrsg. von Herber Ernst Wiegand. Hildesheim. New York 1981 (Germanistische Linguistik 3—4/79), 137—271.

*Wiegand 1982* = Herbert Ernst Wiegand: Zur Bedeutungserläuterung von Satzadverbien in einsprachigen Wörterbüchern. Ein Beitrag zur praktischen Lexikologie. In: Konzepte zur Lexikographie. Hrsg. von Wolfgang Mentrup. Tübingen 1982 (Reihe Germanistische Linguistik 38), 103—132.

*Wiegand 1983* = Herbert Ernst Wiegand: Synonyme in den großen alphabetischen Wörterbüchern der deutschen Gegenwartssprache. In: Festschrift für Lauritz Saltveit zum 70. Geburtstag. Hrsg. von Ole Askedal, Christen Christensen, Ådne Findreng, Oddleif Leirbukt. Oslo. Bergen. Tromsö 1983, 215—231.

*Wiegand 1985* = Herbert Ernst Wiegand: Eine neue Auffassung der sog. lexikographischen Definition. In: Symposium on Lexicography II. Ed. by Karl Hyldgaard-Jensen and Arne Zettersten. Tübingen 1985 (Lexicographica Series Maior 5), 15—100.

*Wiegand 1987* = Herbert Ernst Wiegand: Zur handlungstheoretischen Grundlegung der Wörterbuchbenutzungsforschung. In: Lexicographica 3. 1987, 178—227.

*Wiegand 1988* = Herbert Ernst Wiegand: „Shanghai bei Nacht". Auszüge aus einem metalexikographischen Tagebuch zur Arbeit beim Großen Deutsch-Chinesischen Wörterbuch. In: Studien zur neuhochdeutschen Lexikographie VI. 2. Teilband. Hrsg. von Herbert Ernst Wiegand. Hildesheim. Zürich. New York 1988 (Germanistische Linguistik 87—90), 521—626.

*Wiegand 1988a* = Herbert Ernst Wiegand: Was eigentlich ist Fachlexikographie? Mit Hinweisen zum Verhältnis von sprachlichem und enzyklopädischem Wissen. In: Deutscher Wortschatz. Lexikologische Studien. Ludwig Erich Schmitt zum 80. Geburtstag von seinen Marburger Schülern. Hrsg. von Horst Haider Munske, Peter von Polenz, Oskar Reichmann, Reiner Hildebrandt. Berlin. New York 1988, 729—790.

*Wiegand/Wolski 1980* = Herbert Ernst Wiegand/ Werner Wolski: Lexikalische Semantik. In: Lexikon der Germanistischen Linguistik. Hrsg. von Hans Peter Althaus, Helmut Henne und Herbert Ernst Wiegand. 2. vollst. neu bearb. u. erw. Aufl. Tübingen 1980, 199—209.

*Woetzel 1984* = Harold Woetzel: Historisch-systematische Untersuchungen zum Komponentialismus in der linguistischen Semantik. Eine Kritik des Elementarismus. Hildesheim. Zürich. New York 1984 (Germanistische Linguistik 1—2/84).

*Wolski 1980* = Werner Wolski: Schlechtbestimmtheit und Vagheit — Tendenzen und Perspektiven. Methodologische Untersuchungen zur Semantik. Tübingen 1980 (Reihe Germanistische Linguistik 28).

*Wolski 1986* = Werner Wolski: Partikellexikographie. Ein Beitrag zur praktischen Lexikologie. With an English Summary. Tübingen 1986 (Lexicographica Series Maior 14).

*Zgusta 1971* = Ladislav Zgusta, in cooperation with [. . .]: Manual of Lexicography. The Hague. Paris 1971.

*Werner Wolski, Heidelberg*
*(Bundesrepublik Deutschland)*


# 49. Die Antonyme im allgemeinen einsprachigen Wörterbuch

1. Typisierte antonymische Relationen als Voraussetzung und Mittel für die lexikographische Strukturierung des Wortschatzes
2. Antonyme als Teil der Bedeutungserklärung in Wörterbüchern
3. Schlußfolgerungen
4. Literatur (in Auswahl)

## 1. Typisierte antonymische Relationen als Voraussetzung und Mittel für die lexikographische Strukturierung des Wortschatzes

Es gibt zahlreiche Arten antonymischer Relationen: kontradiktorische *(Liebe/Haß)*, konträre und/ oder konverse *(groß/klein, geben/nehmen, verkaufen/kaufen)* und komplementäre *(Mann/ Frau, Nonne/Mönch)*. Diese Kategorisierungen sind oft problematisch. — Die komplementär-konträren lassen sich in genusbedingte *(Mädchen/ Junge, Knecht/Magd)*, sozialgestufte *(Herr/ Knecht)*, altersbedingte *(Mann/Kind, Jüngling/ Greis)*, wertungsbedingte *(Mann/Schwächling)* und situationsbedingte *(Mann/Pferd)* untergliedern. — Es gibt auch Richtungs- und Artenantonymien in Konkurrenz (Richtung: *gehen/kommen*, Arten: *gehen/fahren, reiten, laufen, kriechen, springen, hüpfen).* Nicht alle Arten von Antonymen werden in gleicher Weise in der Lexikographie berücksichtigt. — Es gibt außerdem noch historische bzw. veraltete und landschaftliche Gegensätze *(Abendland/Morgenland, Frühling/Spätling).* Die meisten Antonymenpaare sind innersprachlich motiviert. Sie treten in allen Wortarten auf *(Ebbe/Flut, gesund/krank, loben/tadeln, oben/unten, mit/ohne, niemand/alle).* Es gibt auch willkürliche, aus dem Welterleben heraus geschaffene Antonymenpaare *(Treibhausgemüse/Freilandgemüse, Arbeitsmaschine/Kraftmaschine, Nennwert/Kurswert, rot/schwarz* [ideologisch], *rot/grün* [Verkehr]*).* Die Willkürlichkeit solcher Antonymien zeigt sich besonders bei den Zusammensetzungen, deren antonymische Konstituenten als selbständige Lexeme in der Regel keine Antonyme sind *(Soloklasse/Beiwagenklasse, Freiballon/Fesselballon).* — Antonymische Korrelationen finden sich auch bei den Wortbildungsmitteln *(ver-/ent-, ein-/aus-, Haupt-/Neben-, -haltig/-frei, -freundlich/-feindlich).* — Die Antonymenpaare lassen sich nicht nur nach den genannten inhaltlichen Kriterien, sondern zusätzlich auch in bezug auf ihre Struktur klassifizieren. Die Antonymenpaare können in lexikalische *(öffnen/schließen)* und morpholexikalische *(auf-machen/zu-machen)* unterteilt werden. Bei den morpholexikalischen liegen die antonymischen Elemente in den Wortbildungselementen: im Präfix (paarig: *auf-rüsten/ab-rüsten* oder mit einer Nullstelle: *rüsten/ab-rüsten, chiffrieren/de-chiffrieren),* im Suffix/Suffixoid *(stimm-los/stimm-haft, frankophil/franko-phob, kalorien-reich/kalorien-arm),* in Präfix-Suffix-Korrelation *(be-haart/haar-los).* Zwischen den lexikalischen und den morpholexikalischen Antonymenpaaren stehen die Kompositumantonyme (wobei Kompositum im weitesten Sinne gemeint ist: *Einzelwertung/Mannschaftswertung, kurzsichtig/weitsichtig),* bei denen sich die antonymischen Elemente entweder in der ersten Konstituente *(Kopfarbeiter/Handarbeiter)* oder in der zweiten *(Steuersenkung/Steuererhöhung)* befinden. Zusammensetzungen, die sowohl in der ersten als auch in der zweiten Konstituente *(hin-auf/her-ab; abstoßen/anziehen; verneinen/bejahen)* antonymische Elemente enthalten, sind selten.

Ein Semem hat in den meisten Fällen nur ein Gegenwort *(stark/schwach);* das ist vor allem bei den morpholexikalischen *(einschalten/ausschalten)* der Fall. Es gibt aber zuweilen auch mehr als ein Antonym: sowohl bei lexikalischen Antonymenpaaren *(kalt/warm, heiß)* als auch bei morpholexikalischen *mobilisieren/demobilisieren, entmobilisieren* (gemischt: *aktiv/passiv, inaktiv).* Manche Antonymenpaare (mit einem Zeitfaktor) bestehen aus einem primären Antonym und aus einem sekundären Antonym, das etwas wieder rückgängig macht, einen älteren Zustand wieder herstellt (primär: *ver-schlüsseln*/sekundär: *entschlüsseln; immatrikulieren/exmatrikulieren, Einzug/Auszug).* Es ist zu unterscheiden zwischen Gegenwort (Antonym) und Gegenfeldwort. Das Gegenwort zu *solvent* ist *insolvent;* das ist die formale Entsprechung. Gegenfeldwörter zu *solvent* sind *illiquid, zahlungsunfähig.* Diese sind wiederum jeweils Gegenwörter zu *liquid* bzw. *zahlungsfähig.* Zu den Gegenfeldwörtern können auch Wörter einer anderen Stilschicht *(pleite)* gehören. Ein morpholexikalisches Antonym ist durch ein formales Element gekennzeichnet. Doch das allein reicht nicht aus. Auch der Inhalt muß adäquat sein. Wenn das nicht gegeben ist, weil z. B. zusätzliche Konnotationen enthalten sind, handelt es sich nicht um Antonyme im eigentlichen Sinne. Ein korrektes Antonymenpaar ist *bar/unbar* (bezahlen); als nicht korrektes Antonymenpaar dagegen wäre anzusehen *christlich/unchristlich* (Handlungsweise), weil *unchristlich* eine Emotion oder Wertung mit enthält, die in *christlich* üblicherweise nicht gegeben ist. Die sachliche, emotionslose Negation dazu wäre *nicht christlich.* — Ein Lexem kann — unterteilt in Sememe — mehrere Gegenwörter haben *(alt/jung, alt/neu, alt/frisch).* Besondere Formen der Antonymie sind antonymische Triaden, z. B. *gestern — heute — morgen* und die egressiv/durativen Kombinationen, z. B. *zumachen/auflassen, aufmachen/zulassen,* so daß zu *zumachen* bzw. *aufmachen* sowohl ein egressives als auch ein duratives Antonym gehören können. Zur Theorie der Antonymie vgl. Bierwisch/Lang 1987; Böhnke 1972; Geckeler 1979, 1980; Gsell 1979; Nellessen 1982; Wiegand 1973 sowie die Titel 4080—4100 u. 7500—7506 in Wiegand/Wolski 1975.

## 2. Antonyme als Teil der Bedeutungserklärung in Wörterbüchern

### 2.1. Ältere deutsche Wörterbücher

Schon in den älteren Wörterbüchern dient der Gegensatz der inhaltlichen Erläuterung des Lemmas, ohne daß in den Vorworten explizit darauf hingewiesen wird. Der Gegensatz ist einerseits als Erläuterung in die Paraphrase eingebaut; er findet sich andererseits explizit als Gegenwort [meist bei der entsprechenden Bedeutung]. Im Wenig (1838) lautet die erste Bedeutungserklärung beim Stichwort **oben**: *eig. mehr von der Oberfläche oder dem Mittelpunkte der Erde entfernt, im Gegensatze des unten.* Parallel dazu das Stichwort **unten**. Solche Parallelität ist in den älteren Wörterbüchern aber nicht immer die Regel. Oft findet sich der Gegensatz nur bei einem der beiden Antonyme. — Im Unterschied zu den neueren Wörterbüchern spiegeln die Gegensätze nicht nur lexikalische antonymische Relationen wider; sie haben zum Teil philosophischen, soziologischen oder rein gegenständlichen Bezug. Sanders (1876) nennt sowohl bei **Sitzblatt** (worauf man sitzt) als auch bei **Rückenblatt** (Lehne) als Gegensatz die *Beine;* bei **Körper** unter 1) *Geist,* unter 2) *Kopf, Extremitäten,* unter 7) in der Bedeutung *Wesen, Inhalt* den Gegensatz *Einkleidung* (= Form). In den Wörterbüchern von Heyse und Sanders sind die Gegensätze in ganz besonderer Weise berücksichtigt. Heyse (1833) nennt beim Stichwort **mager** (= wenig Fleisch habend) Wörter aus dem Gegenfeld: *fleischig, beleibt (ein magerer Mensch, magere Hände);* bei **mager** (= wenig oder gar kein Fett habend) findet sich das Antonym *fett (mageres Fleisch).* Bei *mager* in der erweiterten Bedeutung *(wenige das Wachsthum, die Fruchtbarkeit befördernde Theile enthaltend: magerer Boden, eine magere Weide etc.)* gibt es aber keine Antonymangabe. Im Sanders (1869) steht das Antonym *fett* undifferenziert vor allen fünf Bedeutungspunkten. — Beim Stichwort **alt** findet sich im Wenig (1838) hinter der Bedeutungserklärung der Zusatz: **Alt hat einen dreifachen Gegensatz: jung, neu, frisch.** *Alte (bejahrte, betagte, nicht junge) Leute;* **alte** *(abgetragene, nicht neue) Kleider;* **alte** *(nicht frische) Häringe, Butter u. dergl.* Bei **mager** findet sich im Wenig jedoch kein Antonym.

Die Auswahl der Antonyme erfolgt bei den einzelnen Lexikographen unterschiedlich und individuell. Sexuell-komplementäre Antonyme werden in älteren und neueren Wörterbüchern kaum bis gar nicht berücksichtigt. Im Wenig wird beim Stichwort **Mann** unter Punkt 2 erklärt: *eine Person männlichen Geschlechts, im Gegensatz des Wortes Frau.* Bei *Frau* fehlt der Hinweis auf das Antonym *Mann.* Genauso ist es bei den Antonymenpaaren *Männchen/Weibchen, Vater/Mutter.* Bei anderen sexuell-komplementären Antonymien wie *Knabe/Mädchen, Bruder/ Schwester, Hengst/Stute, Hahn/Henne* stehen im Wenig überhaupt keine Gegensätze. Heyse 1833 verzeichnet *Hahn/Henne* als Antonymenpaar, und Adelung nennt bei *Stute* den Gegensatz *Hengst. Nonne/Mönch* sind jedoch bei ihm nur im übertragenen Gebrauch (im Handwerk) Antonyme. Wie neben den innersprachlich strukturierten Wortschatzrelationen auch außersprachliche, von den gesellschaftlichen Verhältnissen usw. motivierte Gegensätze einbezogen werden, wird im folgenden deutlich: Im Wenig findet sich beim Stichwort **Jünger** die Bedeutungserklärung: *in der Bibel, ein Schüler, im Gegensatze des Meisters.* Im Sanders (1869) erhält das Stichwort **Mann** zwar nicht das Antonym *Frau.* Dafür heißt es unter 2) *[...] im Ggstz einerseits zum weibl. Geschlecht, andrerseits zum Kind.* Als Gegensätze werden *Jüngling, Greis* genannt. Unter 3) heißt es: *prägn. in Bezug auf das, was den Werth eines wahren M-s macht, auf „Mannhaftigk.", Tüchtigk., Muth [...]; ferner im Ggstz zu Schwächling; Feiger; Bube; altes Weib etc.* Unter 7b) findet sich die Bedeutungserklärung: *Reiter, im Ggstz zum Pferd, nam. bei der Kavallerie.* — Auch morpholexikalische Antonyme *(anziehen/ausziehen)* werden des öfteren berücksichtigt, doch fehlt ein durchstrukturiertes System. Die Einbeziehung erfolgt nur recht begrenzt. Dafür finden sich zahlreiche syntagmatische, kollokationsgebundene Antonyme: (Sanders 1876) *platte [Ggsz.: gewölbte] Stirnen, Nasen, Füße; platte (Ggsz.: gebirgige) Gegend, Landschaft; platt auf der Erde [...] liegen, [...] im Ggstz. des Stehens.* Heyse nennt bei **grob** als Gegensätze *klein, fein, dünn* und ordnet dann jeweils zum *groben Sand, Mehl, Zucker* den Gegensatz *fein;* zu den *groben Gliedern, Händen* die Gegensätze *zierlich, zart, fein;* zu *groben Sitten, Worten* die Gegensätze *fein, höflich;* bei **ganz** finden sich einerseits die Gegensätze *halb, theilweise,* andererseits *schadhaft, zerrissen, zerbrochen, entzwei (das Glas ist noch ganz; ein ganzer Rock);* bei **süß** nennt Heyse die Gegensätze *bitter, herbe, sauer, salzig* und differenziert bei syntagmatischen Verbindungen: *süße Milch entg. der sauern; süßes Wasser [...] entg. dem salzigen, Meerwasser [...].* Das Bewußtsein für die Wichtigkeit der Antonyme zeigt sich zum Teil sehr ausgeprägt. Gegenwörter, aber oft auch Reihen von Gegenfeldwörtern werden genannt; syntagmatische Besonderheiten werden berücksichtigt *(voller/leerer Beutel, volle/hohle Wangen, ein voller/flacher Busen; schwarzes/weißes Brot, weißer/roter Wein).* Solche Differenzierungen sind in der gegenwärtigen Lexikographie höchstens noch in Spuren sichtbar. Sie können aber mit Hilfe eines Dezimalsystems sehr übersichtlich erfaßt werden. Im Brockhaus-Wahrig: Deutsches Wörterbuch in sechs Bänden (= BrWa) ist in einem gewissen, aber sehr eingeschränkten Maße schon ein Anfang gemacht worden. — Ältere Wörterbücher bieten im Unterschied zu neueren oft auch noch in anderer Weise sehr differenzierte Informationen. Heyse nennt beim Lemma **herunter** drei Gegensätze *(herauf, hinunter, hinauf),* die in ihrem Gebrauch präzise erläutert werden. Unter dem Lemma **noch** finden sich die Gegensatzpaare *noch nicht/schon* (er ist noch nicht da) sowie *noch/ nicht mehr* (er lebt noch). Gegensätze mit unterschiedlichen Lexemen *(irdisch/ewig, himmlisch, geistig)* werden eher berücksichtigt als konkurrierende Affixbildungen *(irdisch/überirdisch)*. Heyse nennt bei *überirdisch* in der konkreten Bedeutung als Antonym *unterirdisch*, bei der übertragenen Bedeutung findet sich kein Antonym *irdisch*, sondern nur die Synonyme *geistig, himmlisch*. Die gesellschaftlichen Realitäten spiegeln sich auch in den Gegensätzen wider: Sanders (1869) nennt *Untermast/Baummast, Kleinvieh/Hornvieh, Bittfuhre/Frohnfuhre*.

## 2.2. Neuere Wörterbücher

Die gesellschaftlichen, nicht allein auf lexikalische Wortstrukturen abzielenden Gegensatzangaben spiegeln sich verschiedentlich noch in späteren (kleineren) Wörterbüchern (Hoffmann-Block, Pekrun, Herder) wider. In den drei großen sechsbändigen Wörterbüchern (Wörterbuch der deutschen Gegenwartssprache = WDG; Duden — Das große Wörterbuch der deutschen Sprache = GWB und BrWa) werden diese jedoch nicht mit einbezogen. In diesen Standardwerken, von denen das WDG die Pionierarbeit leistete, werden die Antonyme ausdrücklich in den Vorworten als möglicher Bestandteil der Bedeutungserklärung genannt. Das ist neu, doch wird der Terminus *Antonym* in seiner Komplexität nicht erkannt. Daher fehlt eine theoretische Erörterung. Das führt zu Entscheidungsunsicherheiten und Abweichungen. Das wird im BrWa-Vorwort deutlich, wo *Ast* und *Zweig* als Antonyme bezeichnet werden. Obgleich diese drei Wörterbücher hinsichtlich der Antonyme gleiche Absichten haben, sieht die Praxis oft unterschiedlich aus. Es gibt neben Übereinstimmungen bei den Antonymenpaaren *(Tag/Nacht, Morgen/ Abend, Lob/Tadel, Hoch/Tief, Hausse/ Baisse, Glück/Pech)* auch Unterschiede: *Leben/Tod* gibt es nur im WDG; *Einzel/Doppel* nur im BrWa. *Norden/Süden, Osten/Westen* sind nur im WDG und im GWB; *Ankunft/ Abfahrt, Freund/Feind, Freude/Leid* nur im WDG und im BrWa; *Ebbe/Flut, Angebot/ Nachfrage* nur im GWB und im BrWa verzeichnet. Es gibt auch defekte Angaben: Im BrWa wird bei *Frieden* als Antonym *Krieg* angegeben, doch fehlt bei *Krieg* das Antonym *Frieden*. Für das völlige Fehlen von Antonymenpaaren wie *Stärke/Schwäche,* *Fluch/Segen, Start/Landung, Riese/Zwerg,* die in Agricola (1977) — und manche von ihnen sogar in einbändigen Wörterbüchern — genannt werden, gibt es keine sachliche Erklärung.

Im folgenden ein Überblick über die Antonymenangaben in den sechsbändigen Wörterbüchern:
(Erklärung der Zeichen:
+ = das genannte Antonym ist angegeben;
− = das genannte Antonym ist nicht angegeben;
o = das Semem bzw. Lexem ist im Wörterbuch nicht kodifiziert.
Beispiel: *fett/mager* +/−: bei *fett* ist als Antonym *mager* genannt, bei *mager* fehlt das Antonym *fett*).

Die folgende Zusammenstellung ist nach lexikalischen bzw. morpholexikalischen Gesichtspunkten sowie nach Wortarten gegliedert. Die Liste bezieht sich nur rein formal auf die Angaben in den Wörterbüchern; sie sagt nichts aus über eventuell unangemessene Angaben, inkorrekte oder ungenügend differenzierte Gliederung innerhalb des Wörterbuchartikels.

1 a) Lexikalische Antonyme

|  | WDG | GWB | BrWa |
|---|---|---|---|
| alt/jung | +/+ | +/+ | +/+ |
| alt/frisch | +/− | +/+ | +/− |
| fett/mager | +/− | +/+ | −/+ |
| krank/gesund | +/+ | +/+ | +/+ |
| laut/leise | +/+ | +/+ | −/+ |
| lebendig/tot | +/+ | +/− | −/− |
| nahe/fern | +/+ | −/− | +/+ |
| rot/grün (Ampel) | −/− | −/− | −/− |
| schön/häßlich | −/− | −/− | −/− |
| schwarz/weiß | +/+ | +/+ | +/+ |
| majorenn/minorenn | +/+ | +/+ | +/+ |
| männlich/weiblich | +/+ | +/+ | −/− |
| minimal/maximal | +/+ | −/− | +/+ |
| waagerecht/senkrecht | −/− | −/− | +/+ |
| Amateur/Profi | +/+ | +/+ | +/+ |
| Angebot/Nachfrage | −/− | +/+ | +/+ |
| Falke/Taube | o/o | +/+ | +/+ |
| Aktiv/Passiv | +/− | −/− | +/+ |
| Minimum/Maximum | +/+ | +/+ | +/+ |
| Ankunft/Abflug | −/− | −/− | −/− |
| Ankunft/Abfahrt | +/+ | −/− | +/+ |
| Anziehung/Abstoßung | +/+ | −/− | −/− |
| aufhören/anfangen | −/− | +/+ | +/+ |
| erlauben/verbieten | −/− | +/+ | +/− |
| hassen/lieben | −/− | −/− | −/− |
| lachen/weinen | −/− | +/+ | +/+ |
| starten/landen | −/− | −/− | −/+ |
| einst/jetzt | −/− | +/+ | −/− |
| gestern/morgen | −/− | −/− | −/− |
| ja/nein | +/+ | +/+ | +/+ |
| aufwärts/abwärts | +/+ | +/+ | −/− |
| höchstens/mindestens | +/+ | −/− | −/+ |
| für/gegen | +/− | +/− | −/− |
| mit/ohne | +/+ | +/+ | +/+ |
| innerhalb/außerhalb | +/+ | +/+ | +/+ |

| | | | |
|---|---|---|---|
| jeder/keiner | —/— | —/— | +/+ |

**b) Komplementäre Antonyme**

| | | | |
|---|---|---|---|
| Bruder/Schwester | —/— | —/— | —/— |
| Hahn/Henne | —/— | —/— | —/— |
| Junge/Mädchen | —/— | +/+ | —/+ |
| Knecht/Magd | —/— | +/+ | —/— |
| Mann/Frau | —/— | +/+ | —/— |
| Neffe/Nichte | —/— | +/+ | —/— |
| Greis/Greisin | —/— | —/— | —/— |
| Enkel/Enkelin | —/— | —/— | —/— |
| geben/nehmen | —/— | —/— | —/— |
| vermieten/mieten | —/— | —/— | —/— |

**2) Morpholexikalische Antonyme**
**a) Null/Präfix**

| | | | |
|---|---|---|---|
| symmetrisch/*a*symmetrisch | +/+ | +/+ | —/— |
| zentral/*de*zentral | —/o | +/+ | +/+ |
| harmonisch/*dis*harmonisch | +/— | +/+ | +/+ |
| legal/*il*legal | +/+ | +/+ | +/+ |
| potent/*im*potent | —/— | —/— | +/+ |
| tolerant/*in*tolerant | +/+ | +/+ | +/+ |
| relevant/*ir*relevant | +/+ | +/+ | —/— |
| gesund/*un*gesund (Kost) | +/+ | —/— | —/— |
| arbeitsfähig/arbeits*un*fähig | —/— | +/+ | +/+ |
| zahlungsfähig/zahlungs*un*fähig | —/— | —/— | —/— |
| Vorschlag/*Gegen*vorschlag | —/— | —/— | —/— |
| Arbeitsfähigkeit/Arbeits*un*fähigkeit | —/— | +/+ | —/— |
| laden/*ab*laden | —/— | —/— | —/— |
| binden/*auf*binden | —/— | +/+ | —/— |
| atmen/*aus*atmen | —/— | —/— | —/— |
| mobilisieren/*de*mobilisieren | —/— | +/+ | +/+ |
| mobilisieren/*ent*mobilisieren | —/o | +/+ | —/+ |

**b) Antonymische erste Konstituenten**

| | | | |
|---|---|---|---|
| außerparteilich/innerparteilich | o/— | +/+ | +/+ |
| heterogen/homogen | —/— | +/+ | +/+ |
| monogam/polygam | +/+ | +/+ | +/+ |
| kurzhaarig/langhaarig | —/— | +/+ | —/— |
| kurzlebig/langlebig | —/— | +/+ | —/— |
| kurzsichtig/weitsichtig | —/— | +/+ | +/+ |
| kurzweilig/langweilig | —/— | +/+ | +/+ |
| Einzahl/Mehrzahl | +/+ | —/— | +/+ |
| Hinterachse/Vorderachse | +/+ | +/+ | +/+ |
| Innenstürmer/Außenstürmer | o/— | +/+ | —/— |
| Einzelbauer/Genossenschaftsbauer | +/+ | +/+ | —/— |
| Einzelhandel/Großhandel | —/— | +/+ | +/+ |
| Einzelreise/Gruppenreise | o/o | +/+ | +/+ |
| Einzelverpflichtung/Kollektivverpflichtung | —/o | +/+ | —/o |
| Einzelwertung/Mannschaftswertung | o/— | —/— | +/+ |
| Einzelzimmer/Doppelzimmer | —/— | +/+ | —/— |
| Freiballon/Fesselballon | +/+ | +/+ | —/— |
| Gastspiel/Heimspiel | o/— | +/+ | +/+ |
| Nutzgarten/Ziergarten | +/+ | +/+ | +/+ |
| Tonfilm/Stummfilm | —/— | —/— | +/+ |

*trennbare Verben*

| | | | |
|---|---|---|---|
| *an*machen/*ab*machen | —/— | —/— | —/— |
| *an*montieren/*ab*montieren | +/+ | +/+ | —/— |
| *an*machen/*aus*machen | +/+ | +/+ | +/+ |
| *auf*laden/*ab*laden | +/+ | +/+ | —/— |
| *auf*gehen/*unter*gehen | —/— | +/+ | —/— |
| *auf*machen/*zu*machen | +/+ | +/+ | —/— |
| *ein*atmen/*aus*atmen | +/+ | +/+ | —/— |
| *vor*gehen/*nach*gehen (Uhr) | +/+ | +/+ | —/— |
| *unter*belichten/*über*belichten | +/+ | —/— | —/— |
| *unter*schätzen/*über*schätzen | +/+ | +/+ | +/+ |
| *zu*nehmen/*ab*nehmen | +/+ | +/+ | —/— |

*trennbar/untrennbar*

| | | | |
|---|---|---|---|
| *auf*laden (sich)/*ent*laden (sich) | —/+ | +/+ | —/— |

*untrennbar*

| | | | |
|---|---|---|---|
| *be*laden/*ent*laden | —/+ | +/+ | +/+ |
| *ver*loben/*ent*loben | +/+ | +/+ | —/+ |
| *ver*riegeln/*ent*riegeln | —/— | +/+ | +/+ |

**c) Antonymische Basis**

| | | | |
|---|---|---|---|
| belohnen/bestrafen | —/— | —/— | +/+ |
| erleichtern/erschweren | —/— | —/— | —/— |
| erniedrigen/erhöhen (Musik) | —/— | —/— | +/+ |
| verkleinern/vergrößern | +/+ | +/+ | —/— |

**d) Antonymische zweite Konstituenten**

| | | | |
|---|---|---|---|
| alkohol*arm*/-*reich* | o/o | —/— | +/+ |
| alkohol*frei*/-*haltig* | —/— | —/— | —/— |
| franko*phil*/-*phob* | o/o | +/+ | +/+ |
| heim*stark*/-*schwach* | o/o | +/+ | +/+ |
| stimm*haft*/-*los* | +/+ | +/+ | +/+ |
| familien*freundlich*/-*feindlich* | o/o | o/— | +/+ |
| Arbeits*ende*/-*beginn* | o/— | +/+ | o/o |
| Bedeutungs*erweiterung*/-*vereng[er]ung* | +/+ | +/+ | —/— |
| Ehe*frau*/-*mann* | —/— | —/— | —/— |
| Zeit*lupe*/-*raffer* | —/— | +/+ | —/— |
| davor/dahinter | +/+ | —/— | +/+ |
| en gros/en detail | +/+ | +/+ | +/+ |

Die Übersicht zeigt, daß nicht alle Arten von Antonymien in den genannten Wörterbüchern Aufnahme gefunden haben. Es bestehen in der Dokumentation auffällige Unterschiede. Übereinstimmung besteht aber darin, daß sexuell-komplementäre Antonymien nicht oder nur singulär berücksichtigt werden. Movierte Formen *(Freund/Freundin)* und komplementäre Aktiv-Passiv-Antonyme *(Verführer* oder *Verführender/Verführter)* sowie konverse Antonyme scheinen nicht erwogen worden zu sein. Bei den Verben werden die morpholexikalischen eher berücksichtigt als die lexikalischen *(hassen/lieben, schaden/nützen).*

### 2.3. Streiflicht auf die französische und englische Lexikographie

In der französischen Lexikographie finden die Antonyme auf verschiedene Weise Berücksichtigung (dazu: Geckeler 1980, 64). Sie werden in den einzelnen Wörterbüchern auf unterschiedliche Weise eingearbeitet: sie stehen am Ende eines Artikels — entweder durch unterschiedliche Interpunktion oder durch Numerierung gegliedert —, oder sie stehen direkt bei der jeweiligen Bedeutungserklärung oder werden in Beispielsätzen vorgeführt. Im Robert 1981 stehen die Antonyme (das sind hier sowohl Gegenwörter als auch Gegenfeldwörter) nicht bei der jeweiligen Bedeutungserklärung, sondern am Ende des Artikels. Bei **gagner** finden sich die antonymischen Opponenten *perdre; échouer, reculer; abandonner, éloigner, quitter;* beim Antonym **perdre** stehen u. a. *gagner; acquérir, avoir, conquérir, posséder, conserver;* bei **dos** gibt es die Antonyme *ventre; face;* **aimer**: dazu *détester, haïr;* **haïr**: dazu *aimer, adorer, chérir;* **entendre**; **amuser**: dazu *ennuyer;* **ennuyer**: dazu *amuser, désennuyer, distraire;* **couvrir**: dazu *découvrir, dégager, dégarnir, dévoiler;* **découvrir**: dazu *couvrir; cacher, dissimuler.* Es werden sowohl lexikalische *(amuser/ennuyer, fermer/ouvrir)* als auch morpholexikalische Antonyme berücksichtigt *(boucher/déboucher).* Geckeler (1980, 64) konstatiert für das Französische, „daß die fundamentale Wichtigkeit der Antonymie für die Wörterbucharbeit nur zum Teil erkannt wurde". — Das gilt auch für das Englische. Eine bewußt theoriebezogene und differenzierte Einbeziehung der Antonyme findet sich auch hier nicht. Im Random House beispielsweise stehen Antonyme (und Gegenfeldwörter) ebenfalls am Ende des Artikels. Sie sind mit Zahlen versehen, die auf die entsprechende Bedeutungserklärung, zu der die Antonyme gehören, hinführen (**great** Ant. 1. *small.* 4—6. *insignificant;* **small** Ant. 1. *large.* 3. *larger, more;* **flexible** Ant. 1. *stiff.* 2. *rigid;* **inflexible** Ant. 2. *amenable;* **noble** Ant. 3. *lowborn, base;* **real** Ant. 1. *false;* **life** Ant. 2. *death.* 13. *inertia;* **woman** Ant. 1. *man.).*

### 3. Schlußfolgerungen

Die neueren Wörterbücher sind in der Erfassung der Antonyme zwar systematischer und umfassender als die älteren, aber keineswegs systematisch durchstrukturiert. Was die syntagmatischen antonymischen Feingliederungen betrifft, so bieten die älteren Wörterbücher oft mehr als die neueren. Die drei großen sechsbändigen Wörterbücher erwähnen die Antonyme zwar als Teil ihres lexikographischen Konzepts, doch zeigen sie trotzdem überall Lücken, undifferenzierte Bedeutungsgliederung, Inkonsequenzen und Fehlentscheidungen, weil der theoretische Vorlauf und die Aufstellung einer Typologie der Antonyme fehlen. Die Folge sind unzutreffende Antonymenangaben *(kurzweilig/langweilig, minimal/maximal, altmodisch/neumodisch, einreden/ausreden, Hinfahrt/Herfahrt; einsperren/aussperren; hellblau/dunkelblau);* nicht abgestimmte Angaben *(zahlungsfähig* ohne Antonym, dagegen *liquid* und *solvent* mit Antonymen); Ungenauigkeiten (unter **Ausfahrt** [mit dem Gegensatz *Einfahrt*] findet sich neben dem korrekten Beispiel *Ausfahrt aus dem Bahnhof* das nicht mehr stimmige Beispiel *Ausfahrt zum Heringsfang;* unter **herausbekommen** sind als Kollokatoren *Korken, Nagel* (absichtlich) und *Fleck* (unabsichtlich) genannt, obgleich das [fehlende] Antonym *hineinbekommen* nur zu *Korken* und *Nagel* paßt). Auf Kompatibilität und semantische Kongruenz ist bei der Angabe von Antonymen zu achten, wobei Einschränkungen auf Grund syntagmatischer Erweiterungen jedoch kein Hinderungsgrund sind *(das Fenster öffnen/schließen;* erweitert: *das Fenster weit öffnen/\*weit schließen, das Fenster fest schließen/\*fest öffnen).* — Bei Affixen und Affixoiden *(pro-/anti-, -freundlich/-feindlich)* werden nur selten Antonyme angegeben. — Auf der Basis der eingangs vorgestellten Überlegungen und der dort genannten Typen sollten Antonyme zukünftig systematisch erfaßt werden. Daß dies bisher nur mit einer gewissen Beiläufigkeit getan worden ist, verwundert deshalb, weil die Antonymien die Struktur des Wortschatzes weithin bestimmen.

## 4. Literatur (in Auswahl)

### 4.1. Wörterbücher

*Adelung 1801* = Johann Christoph Adelung: Grammatisch-kritisches Wörterbuch der Hochdeutschen Mundart 4 Bde. Leipzig 1793—1801 [zus. 7746 Sp.]

*Agricola 1977* = Christiane und Erhard Agricola: Wörter und Gegenwörter. Leipzig 1977 [280 S.].

*BrWa 1980* = Brockhaus-Wahrig, Deutsches Wörterbuch in sechs Bänden. Stuttgart 1980—1984 [zus. 5310 S.].

*Campe 1807* = Joachim Heinrich Campe: Wörterbuch der deutschen Sprache 6 Bde. Braunschweig 1807—1811 [zus. 4964 S.].

*GWB 1976* = Duden. Das große Wörterbuch der deutschen Sprache 6 Bde. Mannheim. Wien. Zürich 1976—1981 [zus. 2992 S.].

*Herder 1967* = Herders Sprachbuch. Ein neuer Weg zu gutem Deutsch. 5. Aufl. Freiburg. Basel. Wien 1967 [823 S.; 1. Aufl. 1960].

*Heyne 1905* = Moriz Heyne: Deutsches Wörterbuch. 2. Aufl. 3 Bde. Leipzig 1905—1906 [zus. 3984 S.; 1. Aufl. 1890—1895].

*Heyse 1833* = Johann Christian August Heyse: Handwörterbuch der deutschen Sprache. 3 Bde. Magdeburg 1833—1849 [zus. 4215 S.; Nachdruck Hildesheim 1968].

*Hoffmann-Block 1944* = Peter Friedrich Ludwig Hoffmann: Wörterbuch der deutschen Sprache in ihrer heutigen Ausbildung. Mit besonderer Berücksichtigung der Schwierigkeiten in der Bedeutung, Beugung, Fügung und Schreibart der Wörter und mit vielen erläuternden Beispielen aus dem praktischen Leben. Bearb. von Martin Block. 13. Aufl. Leipzig 1944 [703 S.].

*Mackensen 1967* = Lutz Mackensen: Deutsches Wörterbuch. 5. Aufl. München 1967 [1048 S.].

*Müller 1973* = Wolfgang Müller: Leicht verwechselbare Wörter. Mannheim. Wien. Zürich 1973 (Duden-Taschenbücher Bd. 17) [334 S.].

*Pekrun 1967* = Richard Pekrun: Das deutsche Wort. 10. Aufl. München 1967 [823 S.; 1. Aufl. 1933].

*Random House 1966* = The Random House Dictionary of the English Language. New York 1966 [2059 S.].

*Robert 1981* = Le Petit Robert: Dictionnaire alphabétique et analogique de la langue française. Paris 1981 [2171 S.].

*Sanders 1869* = Daniel Sanders: Handwörterbuch der deutschen Sprache. Leipzig 1869 [1067 S.].

*Sanders 1876* = Daniel Sanders: Wörterbuch der deutschen Sprache. 3 Bde. Leipzig 1876 [zus. 1828 S.; Nachdruck Hildesheim 1969; 1. Aufl. 1859 bis 1865].

*Sanders-Wülfing 1912* = Daniel Sanders/Ernst Wülfing: Handwörterbuch der deutschen Sprache. 8. Aufl. Leipzig. Wien 1912 [887 S.; 1. Aufl. 1869].

*Sprach-Brockhaus 1965* = Der Sprach-Brockhaus. Deutsches Bildwörterbuch für jedermann. 7. Aufl. Wiesbaden 1965 [800 S.; 1. Aufl. 1951].

*WDG 1961* = Wörterbuch der deutschen Gegenwartssprache. Berlin [DDR] 1961 bis 1977 [zus. 4579 S.].

*Wahrig 1968* = Gerhard Wahrig: Deutsches Wörterbuch. Gütersloh 1968 [4185 Sp.].

*Wenig 1838* = Christian Wenig: Gedrängtes Handwörterbuch der deutschen Sprache. Erfurt 1838 [798 S.; 1. Aufl. 1821].

### 4.2. Sonstige Literatur

*Bierwisch/Lang 1987* = Grammatische und konzeptuelle Aspekte von Dimensionsadjektiven. Hrsg. von Manfred Bierwisch und Ewald Lang. Berlin [DDR] 1987 (studia grammatica XXVI + XXVII).

*Böhnke 1972* = Reinhild Böhnke: Versuch einer Begriffsbestimmung der Antonymie. Diss. Leipzig 1972.

*Chu 1984* = Run Chu: Die Semanalyse substantivischer Synonyme im Deutschen — dargestellt an den Bezeichnungen für Gebäude und Räume. Shanghai 1984.

*Fuchs 1978* = Ottmar Fuchs: Sprechen in Gegensätzen. Meinung und Gegenmeinung in kirchlicher Rede. München 1978.

*Geckeler 1979* = Horst Geckeler: Antonymie und Wortart. In: Integrale Linguistik. Festschrift für Helmut Gipper. Amsterdam 1979, 455—482.

*Geckeler 1980* = Horst Geckeler: Die Antonymie im Lexikon. In: Perspektiven der lexikalischen Semantik. Hrsg. von Dieter Kastovsky. Bonn 1980, 42—69.

*Gsell 1979* = Otto Gsell: Gegensatzrelationen im Wortschatz romanischer Sprachen. Tübingen 1979.

*Henzen 1969* = Walter Henzen: Die Bezeichnungen von Richtung und Gegenrichtung im Deutschen. Tübingen 1969.

*Müller 1963* = Wolfgang Müller: Über den Gegensatz in der deutschen Sprache. In: Zeitschrift für deutsche Wortforschung 19. 1963, 39—53.

*Müller 1985* = Wolfgang Müller: Deutsch für Vor- und Nachdenker. Kontraste. In: texten + schreiben 5. 1985, 21 f.

*Nellessen 1982* = Horst Nellessen: Die Antonymie im Bereich des neufranzösischen Verbs. Tübingen 1982 [Mit ausführlichem weiterführendem Literaturverzeichnis].

*Warczyk 1985* = Richard Warczyk: Antonymie, négation ou opposition? In: Orbis. Bulletin international de Documentation linguistique 31. 1982 (1985), 30—58.

*Wiegand 1973* = Herbert Ernst Wiegand: Lexikalische Strukturen I. In: Funk-Kolleg Sprache. Eine Einführung in die moderne Linguistik. Bd. 2. Frankfurt 1973, 40—69.

*Wiegand/Wolski 1978* = Arbeitsbibliographie zur Semantik in der Sprachphilosophie, Logik, Linguistik und Psycholinguistik (1963–1973/74), zusammengestellt von Herbert Ernst Wiegand und Werner Wolski. Hildesheim. New York 1978 (Germanistische Linguistik 1–6/75), 93–838 [über 8000 Titel, Sach- u. Namenregister].

*Wolfgang Müller, Mannheim
(Bundesrepublik Deutschland)*

# 50. Le traitement analogique dans le dictionnaire monolingue

1. La relation analogique en sémantique
2. Fonction onomasiologique de l'analogie
3. L'analogie dans la microstructure d'un dictionnaire de langue
4. Bibliographie choisie

## 1. La relation analogique en sémantique

La relation analogique ou analogie, telle qu'elle se présente dans les dictionnaires analogiques, est une notion assez confuse qui n'a rien à voir avec l'analogie au sens linguistique. Le *Dictionnaire analogique de la langue française* (Boissière 1862), le premier du genre, semble dater l'apparition du mot, et l'expression *dictionnaire analogique* est définie par Imbs 1971 comme «dictionnaire qui groupe les mots selon leurs rapports de sens», c'est-à-dire de façon non alphabétique, et en organisant le lexique d'après le sens des mots. L'analogie est donc une relation de ressemblance, et le mot est employé dans son sens vulgaire; ce serait la relation qui unit deux (ou plusieurs) mots ayant une communauté de sens telle que l'un fait penser ou peut faire penser à l'autre. — Dans le lexique d'une langue où la plupart des mots sont apparentés entre eux par le sens, la relation analogique est considérée comme directe et centripète pour un mot-centre (et non comme le circuit libre d'un mot à un autre), et la communauté de sens envisagée n'est pas quelconque: *main* est dans une relation analogique avec *pianoter* et avec *gifle*; mais *pianoter* et *gifle* ne sont pas dans une relation analogique.

### 1.1. Relations dans un axe paradigmatique

L'analogie concerne d'abord les relations sémantiques privilégiées étudiées par le linguiste et le logicien: même sens (synonymes), sens voisins (quasi-synonymes), sens opposés (antonymes ou contraires), sens englobant (hyperonyme ou archilexème) et englobé (hyponyme) d'une implication. Les hyponymes d'un même mot, ou cohyponymes (*bras* et *jambe* par rapport à *membre*) n'ont pas de relation sémantique directe entre eux. — Toutes ces relations de sens se manifestent à l'intérieur d'une même catégorie grammaticale, dans l'axe paradigmatique. Les quasi-synonymes représentent souvent la relation hyponymie ↔ hyperonymie qui est la plus étroite: *calomnie* et *mensonge* (type de mensonge), *proférer* et *prononcer* (prononcer d'une certaine manière). L'antonymie peut être considérée comme une analogie, puisque les contraires sont sur le même axe sémantique (*avant* et *après; chaud* et *froid*); mais c'est encore plus évident lorsque l'antonyme est morphologique (*patient* et *impatient*) ou syntaxique (*pratique* et *pas pratique* dont le second, beaucoup plus courant que *incommode,* est le véritable antonyme de *pratique*).

### 1.2. Relations paradigmatiques éloignées: le thème du discours

Les relations analogiques autres que celles décrites en 1.1. sont très nombreuses, si nombreuses qu'elles n'ont jamais été répertoriées dans le détail, sauf la relation du tout à la partie, qui est plutôt notionnelle (*maison* et *porte, livre* et *préface; conduire* et *débrayer*) et les corrélatifs dits parfois «opposés» (*oncle* et *nièce, exploiteur* et *exploité*). Certaines sont indifférentes à la catégorie grammaticale et on les retrouve dans le «champ sémantique», construction lexicale métalinguistique autour d'un mot, d'où sont généralement exclus les antonymes (la notion de champ sémantique n'est pas mieux définie que celle d'analogie). Ces relations sont notamment prises en charge par la morphologie lexicale *(fleur, fleuriste, refleurir; sage, sagesse, sagement)* c'est-à-dire les familles de mots (cf. Art. 114), et la description en est souvent faite à l'occasion d'une étude des affixes. Or le *-esse* de *sagesse* est sémantiquement représenté dans *force,* le *-ment* de *sagement* dans *vite,* etc. Il semble que la morphologie d'une langue présente un modèle déjà très riche des types répertoriables d'analogies, jusqu'aux quasi-synonymes *(gras, grassouillet);* pour les synonymes même, on dispose des recomposés savants ou confixés *(tout-puissant, omnipotent; cosmonaute, astronaute).*

Les relations analogiques sont repérables dans le contexte. Un discours cohérent qui a un thème général offre des mots qui sont en relation analogique: c'est l'«isotopie sémantique» (Greimas 1966); là peuvent se trouver réunis *tomber* et *chute, obéissance* et *chef, rapidement* et *urgence, âne* et *braire, oiseau* et *nid,* etc. Toutes les relations décrites en 1.1. s'y rencontrent: on observe souvent, dans le même texte, une proche opposition de contraires, une énumération de synonymes, etc. — Le thème du discours est le nom du champ sémantique et le mot-centre de l'analogie.

### 1.3. Relations syntagmatiques: les collocations

Enfin, si l'on considère les collocations en discours, de la collocation fréquente *(un juge intègre),* aux locutions *(il tombe des cordes),* aux sous-entrées en voie de lexicalisation *(mineur de fond),* et aux composés reconnus comme tels *(chou-fleur, essuie-main),* on voit que l'analogie se manifeste dans l'axe syntagmatique entre une unité simple et une unité complexe. *Juge* évoque *juge intègre, essuyer* évoque *essuie-mains.* Certaines unités complexes comme *bonnet d'âne* forment même un assemblage inattendu, maintenu seulement par la contiguïté (pas de relations entre le champ sémantique de *bonnet* et celui de *âne*). Entre les mots simples il existe une relation analogique indirecte d'évocation *(juge* et *intègre, bonnet* et *âne).* — La relation d'analogie entre le mot complexe et le mot simple qu'il contient est renforcée par le fait qu'assez souvent, les collocations représentent des hyponymes *(haricot vert,* hyponyme de *haricot, mineur de fond* hyponyme de *mineur)* ou même des synonymes *(fromage râpé* et *du râpé, bleu marine* et *marine* adj.). — Les relations paradigmatiques peuvent devenir syntagmatiques dès que l'on considère des unités de plusieurs mots en relation avec le mot-centre qu'elles contiennent.

### 2. Fonction onomasiologique de l'analogie

### 2.1. Un dictionnaire de langue franco-français

La notion d'analogie qu'on a essayé d'expliciter du point de vue lexicologique est née d'une activité lexicographique destinée à répondre à un besoin pratique: le besoin onomasiologique le plus large. P. Boissière, «ancien professeur», utilise la relation analogique comme outil permettant de trouver un mot inconnu (cf. Art. 106). Cette démarche s'appuie sur trois idées intéressantes pour l'époque: le dictionnaire monolingue doit être traité comme un bilingue (version et thème), puisqu'aussi bien chacun de nous ne connaît qu'une faible partie du lexique de sa langue; un dictionnaire qui va des idées aux mots ne peut exprimer ces idées que par des mots (l'idée n'est que son expression verbale), et dans l'expression d'une idée, il y a toujours quelque «mot saillant» (Boissière), un mot connu qui se trouve avec le mot inconnu dans une relation analogique.

### 2.2. L'analogie par double macrostructure

Le dictionnaire de Boissière présente une double macrostructure alphabétique du type A ($a_1$, $b_1$, $c_1$, etc.), B ($a_2$, $b_2$, $c_2$, etc.), reprise par un index général qui court sur toutes les pages. Toutes les relations analogiques ici évoquées (cf. 1.) y figurent, sauf les contraires, et en plus, on trouve des noms propres dans les deux macrostructures (par exemple le mot-centre **Chine**). Les mots-centres appartiennent à toutes les catégories grammaticales signifiantes, par exemple, à la suite: **supposer, sur, sûr** et **sureau.** — Les différences avec Roget 1852 sont considérables, en dépit de la visée onomasiologique commune: Roget propose une classification notionnelle (titres nominaux) imitée de l'histoire naturelle; les mots anglais sont regroupés en six classes, chacune en sections, et chaque section en chapitres (heads), au nombre total de 987, avec séparation des catégories grammaticales; le tout suivi d'un immense index alphabétique donnant les analogies et le lieu de leur apparition dans l'ouvrage. L'accès au mot inconnu reste bien l'idée (comme pour les entrées d'une encyclopédie), non le langage, et l'ouvrage ne prétend pas être un dictionnaire général: il n'y a aucune description des mots. Au contraire, Boissière considérait que son ouvrage était un dictionnaire général de la langue mieux conçu que les dictionnaires ordinaires, puisqu'il était utilisable dans deux directions, la relation de sens étant constamment explicitée par les définitions et les étymologies; cette intention est corroborée par le «Résumé de grammaire» qui termine le livre. Néanmoins l'information sémasiologique est sacrifiée au profit de l'information onomasiologique: définitions insuffisantes, éparpillement du sens redistribué (polysémies transformées en homonymies; locutions, dérivés et composés coupés de leurs bases) qui ne ressemble guère à la synthèse morphosémantique du dictionnaire de langue dont l'unité est le signe, non le sens.

## 3. L'analogie dans la microstructure des dictionnaires de langue

### 3.1. L'information analogique implicite: définitions et exemples

Les relations analogiques étant sémantiques et lexicales, il va de soi qu'un dictionnaire de langue quelconque, même le plus sommaire, en présente implicitement et obligatoirement un certain nombre pour chaque mot-entrée. — La définition indique très souvent l'hyperonyme ou incluant qui sert de classificateur (par exemple, **Toison,** Pelage laineux des moutons) et d'autres relations analogiques fondamentales: *toison* et *laineux, toison* et *mouton;* faute d'hyperonyme, elles donnent souvent l'antonyme (**Lenteur,** Manque de rapidité), ou un synonyme définitoire (**Godasse,** Fam. Chaussure). Certaines définitions, par l'accumulation des traits pertinents, restituent une grande partie du champ sémantique: **Serre** [...] Construction vitrée où l'on met les plantes à l'abri pendant l'hiver, où l'on cultive les végétaux exotiques ou délicats (Rey-Debove, 1982). Les dictionnaires dont les définitions sont encyclopédiques plus que linguistiques montrent une grande part des analogies, ainsi dans la définition 3 de **alcohol,** Webster 1961, qui est un cas extrême:

> al·co·hol \'alkə,hȯl, 'aŭk- *sometimes* -,häl\ *n* -s [NL & ML; NL. liquid produced by distillation, fr. ML, finely pulverized antimony used by women to darken the eyelids, fr. OSp, fr. Ar *al-kuhul, al-kuhl* the powdered antimony] **1** *obs* **:** a fine powder of varying ingredients; *often* **:** KOHL **2** *obs* **:** the essence or spirit obtained by distillation **3 :** a colorless volatile flammable liquid C₂H₅OH formed by vinous fermentation and contained in wine, beer, whiskey, and the other fermented and distilled liquors of which it is the intoxicating principle, that is manufactured principally by fermentation of carbohydrate materials (as blackstrap molasses, various grains, esp. corn, and potatoes) and by hydration of ethylene, being obtained usu. by fractional distillation in a concentration of about 95 percent with about 5 percent water, and that in addition to its use in beverages and in medicines is used chiefly as a solvent (as for fats, oils, and resins), as an antifreeze, as a fuel (as for internal-combustion engines and rockets for heating on a small scale), and as a raw material for many organic chemicals (as acetaldehyde, butadiene, ethers, and esters) — called also *ethanol, ethyl alcohol, grain alcohol;* see INDUSTRIAL ALCOHOL **4 :** any of a class of compounds analogous to ethyl alcohol in constitution and regarded as hydroxyl derivatives of hydrocarbons, being classed according to the number of hydroxyl groups (as monohydric, dihydric, trihydric, polyhydric) or according to structure — see GLYCOL 2, PRIMARY ALCOHOL, SECONDARY ALCOHOL, TERTIARY ALCOHOL; compare PHENOL

Extrait textuel 50.1: Webster 1961, 50

Dans certains dictionnaires, l'énoncé de la définition est même interrompu par des renvois à d'autres mots (cf. 3.2.).

L'exemple, à tous les niveaux de codification, montre les analogies syntagmatiques et le contexte susceptible de contenir de nombreux termes apparentés (c'est justement le «bon» exemple, quant au contenu). L'exemple codé, en forme de sous-entrée donne toujours l'analogie syntagmatique. — L'exemple signé (citation) plus long et moins fonctionnel, fait apparaître les relations paradigmatiques éloignées décrites en 1.2. (par exemple, une citation de *La Peste,* de Camus, pour **Epidémie** dans Robert-Rey 1985). En outre, une citation peut toujours être tirée d'un texte encyclopédique qui traite en détail de la notion considérée. C'est dans l'exemple que se manifeste souvent la relation analogique qui unit le mot-entrée à ses hyponymes (exemples de choses: une citation concernant **Oiseau** peut dénommer plusieurs espèces d'oiseaux). — Toutes ces informations implicites apparaissent dans les dictionnaires généraux, en quelque langue que ce soit; néanmoins elles sont parfois peu nombreuses, et en tous cas aléatoires.

### 3.2. L'information explicite par renvois

#### 3.2.1. L'information partielle et l'analogie stricto sensu

Un dictionnaire de langue à programme de microstructure assez riche, ou qui se veut pédagogique, donne très souvent des synonymes, des antonymes, des dérivés, des composés du mot-entrée sous forme de renvois, dans la microstructure. C'est la façon explicite et didactique de rompre l'isolement lexical d'un article de dictionnaire. Ces compléments d'information sont fonctionnels: synonymes, quasi-synonymes et contraires précisent et limitent l'emploi du mot-entrée par rapport à sa définition (sémantique du mot): dérivés et composés le situent dans une famille de mots (morphosémantique). Ils sont aussi onomasiologiques, la consultation du mot-entrée n'étant que le détour nécessaire pour les trouver. Mais les dictionnaires de langue se limitent généralement à ces cas-là, beaucoup, même, ne disent rien des antonymes (par exemple Webster 1961, Wahrig 1966). — Le vrai problème qui reste posé est celui-ci: si les auteurs de dictionnaires de langue considèrent que les synonymes et les antonymes, les dérivés et les composés ont place dans leur ouvrage, pourquoi ne vont-ils pas plus loin dans les relations analogiques? Car ils empiètent sur le domaine des dictionnaires spécialisés (dictionnaire de synonymes, de contraires) sans recouvrir le domaine du dictionnaire analogique. D'autre part, pourquoi le dictionnaire analogique spécialisé inclut-il les synonymes (le rejet des contraires est lié au champ sémantique), alors que le dictionnaire de synonymes existe déjà pour lui-même? Les ouvrages actuellement en vente sur le marché français ont des programmes extrêmement confus et empiètent les uns sur les autres. La situation éditoriale oblige à envisager une relation analogique stricto sensu. — Les relations analogiques subsumant d'autres relations beaucoup mieux répertoriées, qui sont présentes dans la plupart des dictionnaires de langue actuels, on est autorisé à qualifier d'analogiques au sens strict (en terminologie) les relations qui ne sont ni synonymiques ni antonymiques. Si l'on considère que les hyperonymes sont implicites dans la définition, il reste effectivement les hyponymes (à part quelques cas de quasi-synonymie), les mots désignant les parties d'un tout, les corrélatifs, et toutes les autres relations, qu'elles obéissent ou non au répertoire manifesté par la morphologie de chaque langue.

### 3.2.2. L'information analogique pour toutes les relations

Le passage de la totalité des types de relations analogiques dans la microstructure d'un dictionnaire de langue est réalisé dans le *Dictionnaire alphabétique et analogique de la langue française* (Robert 1964) commencé en 1952, et Robert-Rey 1985, désignés ci-dessous par GR et NGR (Grand Robert, Nouveau Grand Robert). Le projet de Paul Robert visait à faire la synthèse modernisée de ses deux dictionnaires préférés, le Littré et le Boissière. Le titre de l'ouvrage signifie que les besoins onomasiologiques sont satisfaits dans un cadre alphabétique. La conciliation de l'ordre formel et de l'ordre sémantique est évidemment ce que le lecteur souhaite. L'information analogique est tout entière dans la microstructure, chaque mot-entrée est en soi une «idée» permettant de trouver d'autres mots qui ne sont que mentionnés. Il n'y a pas d'organisation notionnelle générale, ni de mots-centres, tous les mots de la nomenclature ont cette fonction théorique: le nombre de renvois analogiques dépend du statut du mot-entrée. Le GR ne présente donc pas de champs sémantiques regroupés; il semble que ce ne soit pas un défaut, la fonction onomasiologique débouche sur le mot recherché de façon ponctuelle, et le champ sémantique total est donc inutile. — L'avantage du GR sur le Boissière, c'est évidemment le respect de l'ordre alphabétique dans une seule macrostructure, et le traitement beaucoup plus complet de chaque mot. Par contre, la relation entre les mots n'est pas explicitée sur place; si le lecteur a un besoin onomasiologique qui n'est pas dû à l'oubli temporaire d'un mot qu'il connaît, il va devoir rechercher tous les mots cités à leur ordre alphabétique. En fait, les seules analogies qui se trouvent traitées à l'article sont de type syntagmatique. — Très tôt, les rédacteurs du dictionnaire comprirent qu'il fallait organiser les renvois analogiques, et ne pas présenter en bloc des groupes de mots, comme dans les dictionnaires analogiques d'aujourd'hui; il fallait utiliser un procédé moins artificiel, à la fois plus explicite et plus proche de la langue.

### 3.2.3. L'exemple utilisé comme définition inversée

L'idée fondamentale a été l'exploitation de l'exemple (et non plus d'un seul mot) pour exprimer l'«idée» qui mène au mot inconnu, l'exemple montrant la relation analogique. Et il semble que ce procédé ne se retrouve dans aucun dictionnaire de langue.

L'exemple de dictionnaire, dans son principe, est n'importe quelle phrase ou séquence possible (bien formée, ayant un sens) qui contient le mot-entrée. Ceci posé, on peut exploiter la zone infinie des séquences possibles qui excède la simple notion d'exemplification (le «bon exemple» qui montre ce que le lexicographe a dit de l'entrée). L'exemple, c'est n'importe quel contexte pour un mot qu'il contient. — L'exemple est aussi une séquence qui présente tous les degrés de codification, de la locution à la séquence tout à fait singulière et peu prévisible d'un écrivain. Les séquences codées, qui constituent des entrées dans la microstructure (souvent nommées *sous-entrées*) peuvent avoir des synonymes, par exemple, *fou* pour *malade mental, vieillir* pour *avancer en âge,* ou *rapidement* pour *à toute allure.* Mais des séquences libres peuvent également avoir des synonymes, par exemple *femelle du porc* a pour synonyme *truie, indigne de pardon* a pour synonymes *impardonnable, irrémissible,* et *faire paraître un ouvrage,* les verbes *éditer, imprimer, publier.* Autrement dit, l'analogie est prise en charge par la synonymie avec une séquence de plusieurs mots que l'on produit à volonté avec le statut d'«exemple». Or, on peut toujours trouver l'exemple qui est synonyme d'un mot : c'est la définition de ce mot. Donc, tout exemple en forme de définition permet d'introduire un mot-entrée synonyme. La relation analogique entre l'entrée E et le renvoi analogique A est un exemple (séquence contenant E) synonyme de A. Ainsi l'exemple devient une définition inversée et l'information onomasiologique est totale. Pour l'entrée **marcher** le NGR donne ainsi l'exemple «*Personne qui marche en dormant* ⇒ Somnambule». — L'exemple n'est qu'un embryon de définition (hyperonyme) chaque fois que la définition synonyme serait trop longue: «*Inoculer une maladie* ⇒ Vacciner» à **maladie**. — Une définition n'est presque jamais une séquence codée, puisqu'elle est analytique, et que le choix des termes est parfaitement libre; toute périphrase acceptable convient, même si son occurrence en discours est peu probable. Or le «bon exemple» doit au contraire être très probable. Aussi, un des défauts de cette méthode est-il de produire de mauvais exemples, des énoncés qui ne se disent pas (conformes au système mais non à l'usage), et qui servent seulement à amener un mot analogique. Le premier tome du GR n'a pas toujours évité cet écueil, et Rey (1977, 42) a lui-même critiqué des exemples comme «*Amas de vapeur* V. Nuage» dans l'article **amas** de Robert 1964 (rédigé en 1952). Cet abus de la méthode, qui est une confusion entre une séquence qui se dit et une séquence produite à des fins métalinguistiques onomasiologiques, a été corrigé dans le NGR. L'exemple ne doit jamais être «bizarre», sinon il perd son statut.

### 3.2.4. La liberté totale et la poussée encyclopédique

Il y a une exploitation tellement souple et variée de l'exemple dans GR et NGR, qu'il n'est pas possible ici d'en répertorier tous les types. On signalera l'exemple par substitution, pour amener un synonyme (à **montrer**, «*Je me montrai devant le ministre* ⇒ Présenter»), l'exemple distributif amenant des hyponymes (à **péché**, «*Péché capital* ⇒ Avarice, colère, envie, gourmandise, luxure, orgueil, paresse»). L'exemple amenant des noms de parties (à **pont**, «*Parties d'un pont* ⇒ Abloc, butée, culée [...]»); d'autres plus libres, à **métier** «*Apprendre un métier* ⇒ Apprenti»; à **mot**, «*Surtout pas un mot!* ⇒ Motus»; à **mur**, «*Crever le mur du son* (⇒ Bang)»; certains même, métalinguistiques, à **coquillage** «*Noms de coquillages* ⇒ Bigorneau, buccin, clam [...]». L'astérisque a également valeur de renvoi analogique, ainsi à **main**, «*Main qui tourne la manivelle\**».

Le domaine des hyponymes et des noms de parties présente une difficulté majeure dans le dictionnaire de langue, car pour certains mots-entrées le nombre de mots analogiques à citer est énorme, même si l'on prend soin de les répartir selon des chaînes (à **végétal**, on ne dira pas tout sur *arbre* où seront donnés les mots convenables, et à **arbre** on signalera les fruits, qui seront décrits et énumérés à l'article **fruit** etc.). La répartition des relations analogiques stricto sensu entre les articles du dictionnaire dépend des chaînons effectivement dénommés pour une langue donnée et pour l'ensemble des connaissances; ceci non seulement du point de vue terminologique (taxinomies), mais surtout du point de vue de l'usage courant des mots, de la désignation vulgaire. Pour **arbre** ou pour **maladie**, on ne voit pas quels hyponymes courants déchargeraient chacun de ces articles de la liste complète des noms d'arbres ou de maladies dont le lecteur a besoin (noms traités dans l'ouvrage puisque ce dictionnaire est clos). De longues listes sont donc présentées en colonnes. **Arbre** et **maladie** deviennent des mots-centres, et la microstructure en est profondément affectée. Ce phénomène ne

---

**CHÈVRE** [ʃɛvʀ] n. f. — 1675; *chièvre*, 1119; du lat. *capra*.

★ **I.** ♦ **1.** Mammifère ruminant ongulé (*Bovidés-caprinés*); spécialt, individu de l'espèce domestique, issue de la *chèvre de Perse* (*capra hircus*). ⇒ Bique. *La chèvre, dotée de cornes arquées, à pelage fourni, est apte à grimper et à sauter. De la chèvre.* ⇒ Caprin. — Spécialt. La femelle de cette espèce (opposé à *bouc*); la femelle adulte (opposé à *chevreau*). ⇒ fam. Bique, biquette. *Chèvre d'Europe, au profil droit, aux oreilles dressées. L'œgagre\*, chèvre sauvage d'Europe.* ⇒ Bouquetin. *Chèvre naine à poils ras* (en Afrique, noire). ⇒ Cabri (2.). *Chèvre du Levant.* ⇒ Menon. *Chèvre nubienne aux oreilles pendantes et à poil court. Chèvre cachemire, chèvre d'Angora\*, à toison longue, fine, épaisse et soyeuse.* — *La chèvre est cavicorne\** (a des cornes creuses). *Chèvre sans cornes. Barbe, barbiche de chèvre. Mamelles, pis de la chèvre. Cri de la chèvre* (⇒ Béguéter, bêler, chevroter). *Chèvre qui se dresse* (⇒ Cabrer), *qui saute* (⇒ Cabriole), *qui broute. La réputation de la chèvre a donné lieu à diverses dénominations* (⇒ Capricant, caprice, capricieux). — *Mâle de la chèvre.* ⇒ Bouc. *Chèvre qui met bas.* ⇒ Biqueter, chevroter. *Petits de la chèvre.* ⇒ Biquet, cabri, chevreau, chevrillon. *Petite chèvre.* ⇒ Chevrette. *Lait de chèvre. Fromage de chèvre.* — *Cuir de chèvre tanné.* ⇒ Maroquin. *Peau de chèvre qu'on mettait sur les chevaux de selle.* ⇒ Chabraque. *Tissu en poil de chèvre.* ⇒ Cachemire, cilice, mohair. *Fil de suture fait d'intestins de chèvre* (et non plus de boyaux de chat). ⇒ Catgut. — *Divinités à tête, à pieds de chèvre.* ⇒ Ægipan, bouquin, capricorne, caripède, chèvre-pied, satyre.

Dès que les chèvres ont brouté,
Certain esprit de liberté
Leur fait chercher fortune (...)
Un roc, quelque mont pendant en précipices,
C'est où ces dames vont promener leurs caprices (...)
                               LA FONTAINE, Fables, XII, 4.

La chèvre a quelque chose de tremblant et de sauvage dans la voix, comme les rochers et les ruines où elle aime à se suspendre (...)
                    CHATEAUBRIAND, le Génie du christianisme, t. I, v, 5.

La chèvre aux fauves yeux qui rôde au flanc des monts (...)
                    HUGO, la Légende des siècles, LVII, « Petit Paul ».

(...) qu'elle était jolie la petite chèvre de M. Seguin! Qu'elle était jolie avec ses yeux doux, sa barbiche de sous-officier, ses sabots noirs et luisants, ses cornes zébrées et ses longs poils blancs qui lui faisaient une houppelande! (...) et puis docile, caressante, se laissant traire sans bouger, sans mettre son pied dans l'écuelle.
        Alphonse DAUDET, Lettres de mon moulin,
                              « La chèvre de M. Seguin », p. 32.

Extrait textuel 50.2: début de l'article **chèvre** (tiré de Robert-Rey; soulignements rajoutés a posteriori).

touche que les noms (les autres catégories grammaticales appellent surtout des synonymes), et ceci montre que le dictionnaire de langue bascule dans l'encyclopédie lorsqu'il décrit les relations analogiques stricto sensu. Néanmoins la contrainte du signe empêche l'assimilation d'un article comme **maladie** à celui d'une encyclopédie; la description du NGR est scientifiquement plus naïve (et plus arbitraire), mais elle est entièrement soumise au langage (à une langue) dont elle ne peut s'écarter. Le formalisme l'emporte sur l'universalisme, comme la «phrase» du linguiste sur la «proposition» du philosophe. Le NGR ne pourrait donner matière à traduction.

L'extrait textuel 50.2 présente le début d'un article court du NGR, pour montrer le traitement analogique; les mots qui sont dans une relation analogique avec *chèvre* sont soulignés dans le texte. Leur inventaire varie avec une conception plus ou moins large de l'analogie.

## 4. Bibliographie choisie

### 4.1. Dictionnaires

*Boissière 1862* = Prudence Boissière: Dictionnaire analogique de la langue française. Répertoire complet des mots par les idées et des idées par les mots. Paris 1862 [1439, 32 p.].

*Imbs 1971* = Paul Imbs (dirigé par): Trésor de la langue française. Paris 1971 → 1985. [A — Natalité].

*Rey-Debove 1982* = Josette Rey-Debove: Le Robert Méthodique. Paris 1982 [XXIII, 1617 p.].

*Robert 1964* = Paul Robert: Dictionnaire alphabétique et analogique de la langue française. Paris 1964 (publié par fascicules dès 1953). Abrév. GR (Grand Robert).

*Robert-Rey 1985* = Alain Rey: Le Grand Robert de la langue française. Paris 1985. Abrév. NGR (Nouveau Grand Robert).

*Roget 1852* = Peter Mark Roget: Thesaurus of English words and phrases. Harlow 1852. Nombreuses rééditions.

*Wahrig 1966* = Gerhard Wahrig: Deutsches Wörterbuch. Munich 1966 [4185 col.].

*Webster 1961* = Philip Babcock Gove (dirigé par): Webster's Third New International Dictionary of the English Language, unabridged. Springfield, Mass. 1961 [2662 p.].

### 4.2. Travaux

*Greimas 1966* = Algirdas Julien Greimas: Sémantique structurale. Paris 1966.

*Rey 1977* = Alain Rey: Le lexique, images et modèles. Du dictionnaire à la lexicologie. Paris 1977.

*Rey-Debove 1971* = Josette Rey-Debove: Etude linguistique et sémiotique des dictionnaires français contemporains. The Hague. Paris 1971.

*Josette Rey-Debove, Paris (France)*


# 51. Les homonymes et les paronymes dans le dictionnaire monolingue

1. Histoire et actualité
2. Bibliographie choisie

## 1. Histoire et actualité

### 1.1. Définitions

L'*homophonie* (ou *homonymie*) est l'identité phonique entre deux ou plusieurs signes graphiques appelés *homophones,* par ex. en français *sceau, seau, sot, saut* correspondant à la séquence phonique /so/. On appelle *paronymes* des mots de sens différent, mais de forme relativement voisine, par ex. *collusion* et *collision, allocution* et *allocation* (cf. Dubois et al. 1973 s. v.). Homophones et paronymes étant susceptibles d'êtres confondus (et appelés de ce fait en anglais *confusibles*), la lexicographie monolingue générale juge parfois utile de prendre en compte l'attraction associative qu'ils exercent l'un sur l'autre.

### 1.2. Les méthodes

La description de l'homophonie/paronymie dans la lexicographie générale est sporadique en France et rare ailleurs, contrairement aux nombreux dictionnaires spécialisés (art. 110) qui, sur le plan historique, précèdent l'intégration de la composante homophonique dans le dictionnaire général.

Les dictionnaires procèdent selon deux méthodes. La première est la mise en annexe d'un dictionnaire spécialisé sous forme de *back matter* (cf. art. 67). On trouve ainsi des listes étendues dans Boiste 1829, Verger 1832, Landais 1853 et, de nos jours, dans Bordas 1972 (où il y a aussi une liste d'homographes, c'est-à-dire de mots à graphie identique mais à phonie différente). Chose curieuse, les dictionnaires anglo-saxons n'ont pas, dans leurs annexes traditionnellement d'une grande variété d'information, ajouté de listes d'homophones, alors que les dictionnaires spécialisés (cf. art. 110) ou les listes dans les dictionnaires spécialisés (Fallows 1886) ne manquaient nullement. On pratique parfois une variante de la mise en annexe sous forme de listes insérées à l'article **homonymie** et **paronymie** (cf. Quillet 1935, dictionnaire encyclopédique original sur bien des points).

La seconde méthode est le renvoi, à la fin de l'article, aux homophones (appelés plus souvent homonymes) et aux paronymes. Le renvoi homophonique se trouve dans Quillet 1946, PR 1967, GR 1985 (qui complète les homonymes de la première édition) et, dans le domaine anglais, chez Avis 1983 (par ex. s. v. **bear**), ainsi que chez Longman 1984 qui emploie un signal de mise en garde, par ex. s. v. ²**flare** »(...) △ flair«. Dans le domaine ibéroroman voir par ex. Anaya 1979 s. v. **alagar** ou Ferreira 1975 s. v. **lasso**. Le renvoi paronymique est exploité par Quillet 1946.

L'information portant sur l'homophonie et la paronymie peut être considérée comme sous-développée dans la lexicographie et peu traitée dans la métalexicographie (à l'exception de Rey-Debove 1971, 163). Pourtant toutes les raisons qui parlent en faveur de dictionnaires spécialisés (art. 110) sont également valables pour la lexicographie générale. Sauf dans le cas de langues peu affectées par le problème, celle-ci n'a pas d'excuses, d'autant que les renvois nécessaires prennent peu de place. De même la lexicographie bilingue, dans sa fonction de réception, se devrait de renvoyer au moins aux homophones. Du reste, on peut penser que l'importance croissante de l'oral dans nos sociétés médiatisées imposera à la longue cette composante dans les articles de dictionnaires.

## 2. Bibliographie choisie

### 2.1. Dictionnaires

*Anaya 1979* = Diccionario Anaya de la lengua. Madrid 1979 [730 p.].

*Avis 1983* = W. S. Avis/P. D. Drysdale/R. J. Gregg/V. E. Neufeldt/M. H. Scargill: Gage Canadian Dictionary. Toronto 1983 [XXX, 1313 p.].

*Boiste 1829* = Pierre-Claude-Victoire Boiste: Dictionnaire universel de la langue française. (...) Pan-Lexique. 7. éd. Complément. Paris 1829 [Dictionnaire des homonymes, 106—108; Dictionnaire des paronymes, 108—111].

*Bordas 1972* = Maurice Davau/Marcel Cohen/Maurice Lallemand: Dictionnaire du français vivant. Paris 1972 [Homonymes, 1289—1296; Paronymes, 1297—8; Mots homographes non homophones, 1299].

*Fallows 1886* = A Complete Dictionary of Synonyms and Antonyms (...) with an appendix. Chicago. New York 1886 [List of Homonyms, 369—391; Homophonous Words, 392—404].

*Ferreira 1975* = Aurélio Buarque de Holanda Ferreira: Novo dicionário da língua portuguesa. Rio de Janeiro 1975. [1499 p.].

*GR 1985* = Le Grand Robert de la langue française. 2e éd. par A. Rey. 9 vol. Paris 1985 [9440 p.].

*Landais 1853* = Napoléon Landais: Dictionnaire général et grammatical des dictionnaires français. Complément par D. Chésurolles/L. Barré. Paris 1853 [Dictionnaire des homonymes; Dictionnaires des paronymes].

*Longman 1984* = Longman Dictionary of the English Language. London 1984 [28, 1876 p.; autre titre: Longman Webster English College Dictionary].

*PR 1967* = Petit Robert 1. Dictionnaire alphabétique et analogique de la langue française. 2e éd. Paris 1977 [1e ed. 1967].

*Quillet 1935* = Dictionnaire encyclopédique Quillet. 6 vol. Paris 1934, 1935 [Tableau des principaux homonymes, 2263—4; Principaux paronymes, 3430—1].

*Quillet 1946* = Dictionnaire Quillet de la langue française. 3 vol. Paris 1946 [4 vol. 1975].

*Quillet 1975* = Dictionnaire encyclopédique Quillet. Ed. 1975. 10 vol. Paris 1970 [7728 p.; 3324—6: Tableau des principaux homonymes].

*Verger 1832* = Victor Verger: Dictionnaire abrégé de l'Académie française. Complément. Paris 1832 [Dictionnaire des homonymes, 106—109; Dictionnaire des paronymes, 109—117].

### 2.2. Travaux

*Dubois et al. 1973* = Jean Dubois et al.: Dictionaire de linguistique. Paris 1973.

*Rey-Debove 1971* = Josette Rey-Debove: Etude linguistique et sémiotique des dictionnaires français contemporains. La Haye 1971 (Approaches to semiotics 13).

*Franz Josef Hausmann, Erlangen*
*(République Fédérale d'Allemagne)*

## 52. Die Wortbildungszusammenhänge im allgemeinen einsprachigen Wörterbuch

1. Wortbildungslehre und Lexikologie
2. Wort, Lexem und Lexembildung
3. Wortmodell: sprachmögliche, textbelegte und sprachübliche Wörter
4. Lexemmodell
5. Lexikographische Orientierungen im Wortmodell
6. Lexikographische Orientierungen im Lexemmodell
7. Literatur (in Auswahl)

### 1. Wortbildungslehre und Lexikologie

Bei Informationen über „Wortbildungszusammenhänge" in Wörterbüchern ist zu unterscheiden zwischen (a) Informationen über die in Wortbildungssyntagmen verwendbaren Wortbildungselemente — dies sind Informationen zur „Wortbildungslehre", und (b) Informationen über die Motivationsstruktur der sprachüblichen komplexen Wörter — dies sind Informationen zur „Lexikologie". Diese Informationen werden bisher häufig miteinander vermischt. Zum Beispiel werden im Artikel *-logie* des *Trésor de la langue française* zu wenig voneinander unterschieden: (a) Informationen über das Wortbildungselement *-logie*, zum Beispiel die syntaktischen und semantischen Regeln seiner Kombinatorik; (b) Informationen über den lexikalischen Bestand und die Motivationsstruktur der Wörter mit *-logie,* seien sie wortgebildet oder entlehnt (Rettig 1987a). Wenn bisher zwischen diesen Informationen oft nicht genauer unterschieden wird, so geschieht das offenbar in der Annahme, daß frühere Wortbildungsbestandteile von inzwischen sprachüblich gewordenen Lexemen in einem späteren Sprachstand prinzipiell zur syntaktischen Kombination von „neuen Wörtern" verwendet werden können. Nach einer solchen Annahme wäre ein Wörterbuchartikel zur Lexikologie vorhandener Lexeme immer zugleich ein Wörterbuchartikel zur „Wortbildung". Diese Annahme ist unzulässig. Lexeme wie *Bahnhof, Bürgersteig, Mikrofon, Lautsprecher, Augenblick, Fahrstuhl, sich entscheiden, kostbar* sind nur besonders deutliche Beispiele dafür, daß nach der Motivationsstruktur komplexer Lexeme nicht ohne weiteres neue Wörter gebildet werden können. Komplexe Lexeme sind, sobald sie in einer bestimmten Bedeutung in Gebrauch sind, semantisch spezifiziert und haben keine fortdauernde Mehrgliedrigkeit im Sinn der Wortbildungslehre. Dies unterscheidet sie von Wortbildungssyntagmen, die nur im Kontext eine bestimmte Bedeutung haben, wie Bergenholtz/Mugdan 1982, 31 mit Beispielen wie *bereitern* und *Korker* deutlich machen.

### 2. Wort, Lexem und Lexembildung

#### 2.1. Wort und Lexem

Der Begriff der „Wortbildungszusammenhänge" ist systematisch dem Begriff der „Wortbildung" und dem Begriff des „Wortes" zuzuordnen. Daß der Begriff des „Wortes" für die Bestimmung der lexikalischen Grundeinheit brauchbar ist, wird jedoch vielfach angezweifelt. Deshalb soll eine Reflexion über „Wortbildungszusammenhänge" im Wörterbuch nicht ohne eine Problematisierung des Wortmodells und nicht ohne Spiegelung an einer anderen Definition der lexikalischen Grundeinheit erfolgen; konkurrierend zum Begriff des „Wortes" wird hier der Begriff des „Lexems" als lexikalischer Grundeinheit einbezogen.

#### 2.2. Definition des Lexems

Welche Definition dem Lexem gegeben wird, ist von einem theoretischen Ansatz zum anderen sehr verschieden. Eine große Gruppe von Definitionen hebt auf das semantische Kriterium ab; danach ist ein Lexem ein Abschnitt der Sprechkette, dessen Bedeutung so weit erstarrt ist, daß sie sich nicht aus der Kombination der Bedeutung von Teilen dieses Abschnitts ergibt. Hier wird im folgenden die Definition in einem „sprecherbezogenen" Ansatz zugrunde gelegt, sie geht über das semantische Kriterium hinaus. Nicht nur, was als semantisch fest angesehen werden kann, sondern alle Abschnitte der Sprechkette, die einem Sprecher oder Hörer vertraut sind, die ihm für den Sprachäußerungs- oder Verstehensvorgang als ganzes, als sprachliches Stereotyp, zur Verfügung stehen, ihm „blockverfügbar" sind, sind Grundeinheiten des Lexikons und werden hier als „Lexeme" bezeichnet (Rettig 1981, 135—151). Der Unterschied zwischen Wort und Lexem läßt sich an folgenden zwei Beispielen deutlich machen: I. Nach dem Wortmodell sind *Regenschnee* und *Schneeregen* jeweils eine einzige Einheit;

nach dem Lexemmodell in der eben erwähnten Definition dagegen dürfte bei vielen Sprechern des heutigen Deutsch *Schneeregen* eine einzige Einheit und *Regenschnee* ein Syntagma aus zwei Einheiten sein. II. Nach dem Wortmodell besteht der Ausdruck *schwarze Liste* 'Zusammenstellung verdächtiger oder mißliebiger Personen' aus zwei Einheiten; er ist aber vielen Sprechern blockverfügbar (außerdem semantisch fest) und wird deshalb nach dem Lexemmodell als eine einzige Einheit bewertet. Lexeme können sein: (a) Bestandteile eines Wortes (Präfixe, Suffixe, erste und zweite Elemente), (b) einzelne Wörter und (c) Sequenzen von Wörtern.

2.3. Einfache und komplexe Lexeme

Lexeme, in denen aufgrund phonetisch-semantischer Ähnlichkeit mit anderen Lexemen unterschiedliche Bestandteile identifiziert werden können, sind „komplexe" Lexeme (Rettig 1981, 128—129). *Fahrstuhl* 'Lift' und *Feuerstuhl* 'Motorrad' sind komplexe Lexeme, *Lift* ist ein einfaches Lexem des Deutschen.

2.4. Lexem und Syntagma

Wenn das Lexem als Grundeinheit der Sprechkette definiert wird, sind „Syntagmen" alle Verkettungen von Lexemen. Bei Verkettungen von Lexemen zu einem einzigen Wort kann man von einem „Wortbildungssyntagma" sprechen *(Regenschnee)*, im Gegensatz zu den „normalen" Syntagmen *(ein schwarzes Auto)*.

2.5. Lexembildung

Die historischen Vorgänge bei der Entstehung von Lexemen sind in einer „Lexembildungslehre" zu untersuchen. In dieser noch zu konstituierenden Disziplin sind die Vorgänge zu untersuchen, die zur Bildung von Lexemen unterhalb der Wortdimension, Lexemen der Wortdimension und Lexemen oberhalb der Wortdimension führen, also Vorgänge, die (a) zur Entstehung von Präfixen oder ersten Elementen (Beispiel *mini-/Mini-*) und zur Entstehung von Suffixen oder zweiten Elementen (Beispiel *-mäßig*) führen, (b) zur Lexematisierung der einwortigen Wortbildungssyntagmen führen (Beispiel *Schneeregen,* in Zukunft vielleicht *Regenschnee*), aber auch der Resultate anderer Wortbildungsvorgänge, (c) zur Lexematisierung mehrwortiger Syntagmen führen (Beispiel *schwarze Liste,* in Zukunft vielleicht *weiße Liste*), und schließlich (d) zur Lexematisierung von Entlehnungen führen.

3. Wortmodell: sprachmögliche, textbelegte und sprachübliche Wörter

Im Wortmodell sind zu unterscheiden: (a) sprachmögliche Wörter, (b) textbelegte Wörter und (c) sprachübliche Wörter. — Sprachmögliche Wörter sind alle Wörter, die von den Sprechern gebraucht werden könnten. Ihre Menge ist wegen der durch Wortbildung und Entlehnung gegebenen Möglichkeiten nicht zu überschauen; die Ansetzung einer Kategorie „sprachmöglich" ist jedoch deshalb sinnvoll, weil manche Lexikographen in die Nomenklatur Wörter aufnehmen, die weder sprachüblich noch textbelegt sind. Zur Diskussion über diesen Punkt in der Geschichte der deutschen Lexikographie s. Holly 1986, 198 + n9 und Mellor 1979, 79. — Textbelegte Wörter sind die im mündlichen oder schriftlichen Diskurs, in Texten, belegten Wörter. Die Belegtheit eines Wortes in der Nomenklatur eines Wörterbuchs oder in einer Terminologieliste, auch seine sonstige Thematisierung in einem metasprachlichen Diskurs wird nicht als Textbelegtheit im Sinn dieser Typologie bewertet. Textbelegte Wörter sind Lexeme oder Kombinationen von Lexemen. — Die Verfügbarkeit für eine größere Zahl von Sprechern oder mehrfache Belegtheit in Texten der Vergangenheit sind die Kriterien für „sprachübliche" Wörter. Sprachübliche Wörter sind Lexeme.

4. Lexemmodell

4.1. Einheiten unterhalb und oberhalb der Wortdimension

Nach dem Lexemmodell sind Einheiten unterhalb der Wortdimension, wie Präfixe *(anti-, gegen-)*, Suffixe *(-bar, -mäßig)*, erste Elemente *(logo-, thermo-)*, zweite Elemente *(-logie, -thermie)* und Einheiten oberhalb der Wortdimension *(schwarze Liste, weiße Weste)* in der Lexikographie ebenso zu berücksichtigen wie Lexeme der Wortdimension.

4.2. Die Überwindung der Segmentalität: phonetisch-semantische Felder

Die Beachtung des Lexemmodells in der neueren Lexikographie hat vermehrt dazu geführt, daß der Bestand an komplexen Lexemen nach Kriterien der Wortbildung segmentiert wird: *Anthropo-logie, Geo-logie, Gynäko-logie,...* werden auf ihre Bestandteile reduziert. Wenn aber für Wortbildungen in der Sprache, in der sie gebildet wurden, oder in der Sprache, in die sie entlehnt wurden, die im Augenblick ihrer Kombination bestehende Mehrgliedrigkeit nicht andauert, so sind sie auch nicht nach dem Prinzip der Segmentalität zu beschreiben. Für sie bietet das Modell der „phonetisch-semantischen Felder", wie es für deutsche und italienische Lexeme mit *-logie/-logia* skizziert worden ist (Rettig 1987b, 162—168), eine angemessene Beschreibungsgrundlage. Mit den „synchronischen Wortfamilien", die „durchsichtige, partiell durchsichtige und undurchsichtige Ableitungen" umfassen sollen, überschreitet bereits Hausmann 1974, 120 die Grenze der an Segmentalität orientierten Analysen, und dies mit ausdrücklicher Berufung auf den Feldbegriff. Wenn für komplexe Lexeme keine segmentale, sondern eine motivationelle Analyse adäquat ist, so ergibt sich daraus, daß die Eintragung eines Wortbildungselements wie *-logie* ins Wörterbuch weder zur Darstellung von Strukturzusammenhängen im lexikalischen Bestand geeignet ist noch die Eintragung der einzelnen Lexeme *Anthropologie, Geologie, Gynäkologie,...* ersparen kann, damit also nicht die oft diskutierte „Entlastung" des Wörterbuchs bringt (vgl. zum Beispiel Bergenholtz/Mugdan 1982, 31—32). — Die Eintragung von Wortbildungselementen kann allerdings für das Verstehen von Wortbildungssyntagmen hilfreich sein.

## 5. Lexikographische Orientierungen im Wortmodell

### 5.1. Kriterien der Selektion

In den meisten Wörterbüchern wird über die Kriterien der Wortschatzselektion wenig mitgeteilt. Ausnahmen stellen die ausführlichen Erläuterungen von J. Grimm *(Deutsches Wörterbuch)* und Murray *(A New English Dictionary)* dar; an ihren Positionen lassen sich besonders deutlich ganz unterschiedliche Konzeptionen aufzeigen. — Bei der Registrierung von Zusammensetzungen nennt Grimm Selektionskriterien: „Das allein richtige verfahren für das wörterbuch wird sein, dasz es allen gangbaren und geläufigen, an sich auch günstigen und treffenden bildungen ... einlasz gewähre ..." (GG-DW I 1854, Spalte XLIII). Mit der Entscheidung für die sprachüblichen Wörter (Kriterium: „gangbar und geläufig") wird eine weitergehende Anforderung verknüpft: was ins Wörterbuch aufgenommen wird, sollte „günstig und treffend" sein und zudem — wie es zu den Ableitungen heißt — „gültigkeit" und „schicklichkeit" beweisen: „die blosze möglichkeit des worts ist noch kein beweis seiner gültigkeit und schicklichkeit." (Spalten XLI—XLII). Mit diesem über die Anforderung der Sprachüblichkeit hinausführenden funktionellen und ästhetischen Maßstab darf man für die im Wörterbuch akzeptierten Wörter eine besondere Qualität voraussetzen, die ihrer seriellen Einordnung in Wortbildungszusammenhänge entgegensteht. Ein Wort als ästhetisches Objekt kann nicht auf Segmentalität reduziert werden. — Die Behandlung von Wortbildungen in GG-DW wird bei Andersson 1985 und Mellor 1979 ausführlicher dargestellt. Sie erscheint Holly 1986, 197—200 als „Tiefpunkt" in der Tradition einer ehemals „wortbildungsbewußten Lexikographie" seit Schottel und Harsdörffer. Holly 1986, 197—198 und 202 bespricht die Darstellung von lexikalischen Zusammenhängen in der frühen deutschen Lexikographie mit der Orientierung am „Stammwortprinzip", bis hin zu der von Paul geforderten Orientierung am „etymologischen Zusammenhang". — Murray dagegen nennt für das „New English Dictionary" als Hauptkriterium das semantische. Für die Selektion von Zusammensetzungen zieht er eine Grenzlinie zwischen: „... simple combinations of obvious meaning (such as *air-breathing*...)" /einfachen Kombinationen, deren Bedeutung sich klar ergibt, (wie *air-breathing*)/ und speziellen Kombinationen wie *air-line* (M—NED I, I, p. VI). Die Zahl der Kombinationen, deren Bedeutung sich klar ergibt, ist nach Murray praktisch unbegrenzt (p. VII). Zur Selektion der Präfixbildungen nennt Murray das semantische Kriterium an erster Stelle, aber es ist nun nicht mehr das einzige; die Selektion erfolgt „... by virtue of their meaning, their long history, or frequent modern use ..." /aufgrund ihrer (Sprach-)Bedeutung, ihrer langen Geschichte oder ihres häufigen Gebrauchs in neuer Zeit/ (p. IX). Dem semantischen Kriterium werden die historische „Tiefe" der Belegtheit und die Sprachüblichkeit in neuerer Zeit an die Seite gestellt. In M-NED dominiert das semantische Selektionskriterium, wenn es auch nicht das einzige ist; so wird mit der im Einzelfall nicht leicht zu treffenden Entscheidung, daß eine

Wortbildung mit „obvious meaning" vorliegt, die Nomenklatur stark entlastet und die serielle Einordnung in Wortbildungszusammenhänge ermöglicht. — Bei Grimm und Murray läßt sich so eine ganze Palette von Kriterien nachweisen, deren wichtigste die Sprachüblichkeit und die semantische Besonderheit sind. Diese sind bis in die Gegenwart für viele Diskussionen um die Konzeption von Wörterbüchern bestimmend. Mugdan 1984, 243—246 weist sie in programmatischen Äußerungen zu Wörterbüchern der deutschen Gegenwartssprache nach.

5.2. Alphabetnahe Eintragung von „Wortbildungen" in Makrostruktur und Mikrostruktur

Murray trägt „Wortbildungen" ausschließlich alphabetnah, allerdings an drei verschiedenen systematischen Orten ein: (a) einzeln als Stichwörter in der Nomenklatur, zum Beispiel *air-balloon, air-bladder, air-box,* (b) einzeln in einer Liste spezieller Kombinationen in einem Wörterbuchartikel, zum Beispiel *air-ball, air-bed, air-bloomery* im Artikel *air,* Abschnitt B II, (c) exemplarisch für eine offene Klasse von Wortbildungen in einem Wörterbuchartikel, zum Beispiel *air-breathing, air-spun, air-proof* im Artikel *air,* Abschnitt B I. Wortlisten des Typs (b) sind eher Informationen zur Lexikologie, ohne daß es sich jedoch um eine lexikologische Information im Sinne der motivationellen Zuordnung handelte, Angaben des Typs (c) sind eher Informationen zur Wortbildungslehre. — Alphabetnahe Eintragungen mit Verweissystem hat R-RM (zum Beispiel vor *pétrin* einen Verweis von *pétrifiant* zu *1. pétr(o)-*). — Sekundär können Wortbildungszusammenhänge deutlich werden, wenn Bestandteile des Lemmas in der Bedeutungsdefinition verwendet werden, wie bei *Gegenstandslosigkeit* 'gegenstandslose Beschaffenheit', *abolition* 'action d'abolir'. Daß der Leser auf diese Weise im Wörterbuch hin- und hergeschickt wird, bevor er die Bedeutung eines Ausdrucks erfährt, beklagt Arbatskij 1982, 185—187. Die Definition eines komplexen Lexems mit Hilfe seiner Bestandteile ist aber vor allem deshalb ein sehr heikles Verfahren, weil in sprachüblichen Lexemen grundsätzlich sowohl die Polysemie der Bestandteile als auch die Polysemie des Kompositionsmusters aufgehoben ist. Wenn in der lexikographischen Definition etymologisierende oder motivationelle Formulierungen möglichst gemieden werden und zum Beispiel in KS-

WDG *romanhaft* (Bedeutung 1) ohne Verwendung der Basis *Roman* mit 'erfunden, abenteuerlich, unrealistisch' definiert wird, so geschieht dies im Interesse semantischer Präzision (dagegen Motsch 1982, 69; Holly 1986, 205).

5.3. Nischen- und Nestbildung

Bei der alphabetischen Einzeleintragung von Wörtern lassen sich in Anlehnung an eine Klassifikation von Wiegand die folgenden drei Haupttypen unterscheiden: glattalphabetische, nischenalphabetische und nestalphabetische Eintragung (vgl. Rettig 1985, 109n14; vgl. Art. 38). Beim glattalphabetischen Typ werden alle Wörter gleichberechtigt hintereinander als Lemmata eingetragen. Beim nischenalphabetischen Typ werden Wörter mit ähnlichem erstem Bestandteil drucktechnisch zusammengestellt, oft mit Repräsentation des ersten Bestandteils durch Bindestrich oder Tilde; die alphabetische Reihenfolge wird dabei gewahrt. Beim nestalphabetischen Typ werden Wörter mit ähnlichem erstem Bestandteil unter Durchbrechung der alphabetischen Ordnung zusammengestellt. Nischen- und nestalphabetische Anordnung der Lemmata können Wortbildungszusammenhänge deutlich machen. — Ein Beispiel für eine einfache Nischenstruktur bietet W-DW bis zur Bearbeitung von 1975: Auf *Kraft* folgt eine Nische von *Kraft* ▼ *akt* bis *-droschke,* danach eine Nische von *Kräfte* ▼ *parallelogramm* bis *-verfall* usw.; in der Nischenstruktur sind nähere semantische Zuordnungen nicht möglich. — Eine semantisch differenzierende nestalphabetische Anordnung hat KS-WDG. Auf *Kraft* folgen als Nestlemmata *Kraft 1-, kraft 1-* mit Einträgen von *-akt* bis *-wort* und *Kraft 2-* mit Einträgen von *-antrieb* bis *-werker.* Aber diese nestalphabetische Anordnung ist semantisch unterdifferenziert, solange Lexeme wie *Kraftfahrer, Kraftfeld* und *Kraftstoff* in dasselbe Nest eingetragen sind. Die Kennzeichnung von Wortbildungszusammenhängen erfolgt bei KS-WDG sogar dann, wenn ein zusammengesetztes Wort gar nicht in eine Reihe mit anderen Zusammensetzungen gestellt wird; so findet man ein Lemma der Form *abscheu-: -erregend,* bei dem die orthographische Einheit des Lemmas der Verdeutlichung der Kompositionsstruktur geopfert wird, ohne daß weitere Komposita mit dem ersten Bestandteil *abscheu-* folgten. Mit diesem Nestlemma ohne Nest soll zusätzlich auch „auf die Zugehörigkeit zur ganzen

Wortfamilie (*Abscheu*) hingewiesen werden" (Vorwort, S. 018). — Die Bildung von Nestern und das „Durchbrechen der alphabetischen Ordnung" in verschiedenen Wörterbüchern des Deutschen bespricht Mugdan 1984, 278—283. — Eine Nischenbildung eindeutig nach etymologischen Kriterien nimmt D-DUW vor. So wird *Chirurg* in der mit *Chiromant* 'Wahrsager, der die Zukunft aus den Handlinien deutet' beginnenden Nische eingetragen, ebenso *Cholesterinspiegel* bei *Cholera, insolvent* 'zahlungsunfähig' bei *insolubel* 'nicht lösbar, unauflösbar', usw. Daß es sich um etymologische Kriterien der entfernteren Herkunft im Sinn der „etimologia remota" handelt, zeigt die gemeinsame Eintragung von *Pipeline* (< engl.) und *Pipette* (< franz.) in der Nische *1 Pipe/2 Pipe* (vgl. auch D-GWDS I, p. 3). Für den Typus „Wörterbuch der Gegenwartssprache" ist die Nischen- oder Nestbildung nach etymologischen Kriterien weniger plausibel. Man würde für diesen Typus eher eine Darstellung von Lexikonrelationen nach einem semantischen Kriterium erwarten. — Nischen- und Nestbildung werden bei Z-VLI kombiniert. Eine Nische wird dann gebildet, wenn entweder eine semantische oder eine etymologische Zuordnung möglich ist (p. IVa), zusätzlich werden Ableitungen in Nester eingetragen, zum Beispiel *donnacchera* bis *donnucola* bei *donna* vor *donnaccia*.

### 5.4. Alphabetferne Regruppierungen

Bei der Nestbildung im Wörterbuch wird die alphabetische Reihenfolge durchbrochen, aber üblicherweise werden in ein Nest nur alphabetnahe Wörter aufgenommen. Damit entfällt ein Verweisungssystem, wobei allerdings dem Leser oft zugemutet wird, daß er in der näheren alphabetischen Umgebung etwas hin- und hersucht. Über dieses Prinzip geht D-DFC mit seinen „regroupements" weit hinaus: unter *faire* wird nicht nur *faisable* als Unterlemma mit vollständiger Mikrostruktur behandelt, sondern auch *infaisable* und *refaire* sind vollgültige Unterlemmata. Die Regruppierungen erfolgen ausdrücklich nicht nach etymologischen Kriterien: „Ces regroupements ... n'admettent que les termes dérivés qui demeurent liés par des rapports morphologiques, syntaxiques et sémantiques." /Diese Regruppierungen ... beziehen nur die abgeleiteten Ausdrücke ein, die noch morphologische, syntaktische und semantische Beziehungen aufweisen./ (D-DFC VI). Das Auffinden der Wörter wird durch einen Verweiseintrag am alphabetischen Ort gesichert. Daß bei diesen Regruppierungen jedoch ein sehr enges semantisches Kriterium angewendet wird und keine motivationellen Zuordnungen vorgenommen werden, zeigt die Entscheidung der Autoren, Wörter wie *connaître, méconnaître* und *reconnaître* ohne jeden gegenseitigen Verweis einzutragen. — Neben der alphabetfernen Regruppierung, wie sie in D-DFC praktiziert wird, gibt es die Möglichkeit der alphabetfernen Verweisung, wie sie in KS-WDG anzutreffen ist (Verweisung bei *Kraft* auf *Ausstrahlungs-, Beschleunigungs-, Denk-,* ...). Bei R-GR wird, wie bei R-RM, unter *animer* auf *inanimé* und *ranimer* verwiesen.

## 6. Lexikographische Orientierungen im Lexemmodell

### 6.1. Lexeme unterhalb der Wortdimension

Präfixe oder erste Bestandteile, aber auch zweite Bestandteile und Suffixe werden in neueren Wörterbüchern vermehrt in der Nomenklatur eingetragen. Wie uneinheitlich die lexikographische Behandlung dieser Bestandteile in verschiedenen Wörterbüchern des Deutschen ist, hat Müller 1982, 177—179 dargestellt. Oft ist die Behandlung auch innerhalb desselben Wörterbuchs uneinheitlich. In R-PR zum Beispiel werden diese Elemente nur zum Teil direkt definiert („*pré-*. Elément ... marquant l'antériorité"), zum Teil wird eine semantische Information indirekt über die Definition des Etymons gegeben („*polari-*. Elément, du gr. *polein* 'tourner'"), bei anderen Elementen (wie *-thérapie*) werden weder Stichform noch Etymon definiert. Auch darüber, mit welchen sprachlichen Zeichen die Lexeme unterhalb der Wortdimension kombiniert werden können oder welches jeweils die resultierende Wortart ist, sind die Angaben vielfach unvollständig. F-GDG behandelt Elemente wie *-logia* mit einem Artikel am alphabetischen Ort in der Nomenklatur und schaltet zusätzlich eine Tafel *-logia, -logo* mit einer ausführlichen lexikologischen Betrachtung ein.

### 6.2. Motivationelle Lemmatisierung

Bei der Darstellung von Lexemen unterhalb der Wortdimension müssen bestimmte Segmentierungen vorgenommen werden: *Einakter* wird segmentiert als *Ein-akt-er, abscheuerregend* als *abscheu-erregend*, usw.; dabei muß die Kombination „aufgehen", nur relativ klar abgrenzbare Segmente werden auseinandergetrennt. Eine über diese Art der Segmentierung hinausgehende Eintragungsweise findet man in R-RM; Kriterium soll die „compétence morphologique" der Sprecher sein (Rey-Debove 1982, 50). Mit einem Lemma wie *(s)tru(ct)-* wird die segmentierende Methode erweitert. Unter diesem Lemma findet man (a) eine Reihe alphabetnaher Unterlemmata zur Sequenz *struct- (structural, structuralisme, structuraliste, structure, structurer)*, dann aber (b) zusätzlich eine Verweisliste auf alphabetferne Lexeme mit dieser Sequenz *(constructeur, destructeur, restructurer)* und auf Lexeme mit den durch Klammerung angedeuteten Teilsequenzen *(construire, détruire, instruire, obstruer, ...)*. Semantisch sind diese Regruppierungen nach einer „analyse distributionnelle 'aplatie'" (R-RM XVI) teilweise problematisch: nach welcher synchronischen Analyse können *construire* und *instruire* oder *horloge* und *philologie* (s.v. *log-*) einander zugeordnet werden? — Das Verfahren in R-RM kann jedoch als erster Schritt in Richtung auf eine vom Wortbildungsmodell abgelöste, dann allerdings semantisch stärker zu präzisierende motivationelle Lemmatisierung angesehen werden.

6.3. Lexeme oberhalb der Wortdimension

Eine ganz besonders große Schwankungsbreite besteht in den Wörterbüchern bei der Eintragung von Lexemen oberhalb der Wortdimension. In größerer Menge hat W-TNID mehrwortige Ausdrücke in der Nomenklatur. In den meisten Wörterbüchern jedoch sind mehrwortige Lemmata die Ausnahme. Das hängt sicher auch damit zusammen, daß unklar ist, welchen mehrwortigen Ausdrücken Lexemstatus zuerkannt werden soll. So halten etwa die Herausgeber von G-GLLF die Neuerung, daß einige mehrwortige Lexeme wie *chemin de fer* und *pomme de terre* in der Nomenklatur erscheinen, zu Recht für ganz willkürlich (p. III). In den französischen Wörterbüchern „Petit Robert" und „Robert méthodique" werden mehrwortige Ausdrücke in drei verschiedenen Abstufungen notiert: (a) als eigenes „Stichwort" in der Nomenklatur — Beispiel: *pomme de terre;* (b) als eine Art Unterstichwort (drucktechnisch: Kapitälchen) — Beispiele: *petits pois* (nur R-PR), *pois chiche* und *pois de senteur* beim Stichwort *pois;* (c) als idiomatische Verbindung oder als Kollokation (drucktechnisch: Kursivierung) — Beispiel: *petit pois* (nur R-RM) beim Stichwort *pois*. Daß den Ausdrücken, die nach (a) und (b) eingetragen sind, Lexemstatus zuerkannt wird, ist relativ deutlich. So stört es nicht, wenn *pomme de terre* in R-PR außer als Stichwort des Typs (a) auch als Kapitälchen-Eintrag des Typs (b) im Artikel *1. pomme* erscheint. Problematisch sind jedoch die Eintragungen des Typs (c): Mit Kursivierung werden oft unterschiedslos idiomatische Wendungen, semantisch weniger feste Kollokationen und freie Verwendungsbeispiele eingetragen. Ein fremdsprachiger Benutzer von R-RM erfährt aus dem Wörterbuchtext „*Pois verts, pois à écosser,* (plus cour.) *petits pois.*"nicht, ob die Sequenz *petits pois* eine idiomatische Wendung, eine häufige Kollokation oder nur ein Verwendungsbeispiel ist und was sie bedeutet. Der genaueren Beschreibung mehrwortiger Lexeme in den Wörterbüchern wird noch einige Aufmerksamkeit zu widmen sein; auf der Basis umfassenderer lexikographischer Darstellungen wird es dann besser möglich sein, auch diese Lexeme in eine Analyse von „Lexembildungszusammenhängen" unter motivationellen Gesichtspunkten einzubeziehen.

7. Literatur (in Auswahl)

7.1. Wörterbücher

*D-DFC* = Jean Dubois (ed.): Dictionnaire du français contemporain illustré. Paris 1980 [XXXII, 1263 S.].

*D-DUW* = Duden. Deutsches Universalwörterbuch. Ed. Günther Drosdowski. Mannheim. Wien. Zürich 1983 [1504 S.].

*D-GWDS* = Duden. Das große Wörterbuch der deutschen Sprache. 6 vol. Ed. Günther Drosdowski. Mannheim. Wien. Zürich 1976—1981 [2992 S.].

*F-GDG* = Lucio Felici (ed.): Il grande dizionario Garzanti della lingua italiana. Milano 1987 [XV, 2270 S.].

*G-GLLF* = Louis Guilbert et al. (ed.): Grand Larousse de la langue française. 7 vol. Paris 1971—1978 [CXXVIII, 6730 S.].

*GG-DW* = Jacob Grimm/Wilhelm Grimm: Deutsches Wörterbuch. 16 vol. in 32. Leipzig 1854—1960 [XCII, 67744 Sp.].

*KS-WDG* = Ruth Klappenbach/Wolfgang Steinitz (ed.): Wörterbuch der deutschen Gegenwartssprache. 6 vol. Berlin 1964—1977 [037, 4579 S.].

*M-NED* = James A. H. Murray et al.: A New English Dictionary. 10 vol. in 20. Oxford 1888—1928 [XXVI, *A—B*: 1240, *C*: 1308, ..., *X—Z*: 105 S.; Neuauflage als: The Oxford English Dictionary. 12 vol. Oxford 1933; Supplement. 4 vol. Oxford 1972—1986].

*R-GR* = Paul Robert: Dictionnaire alphabétique et analogique de la langue française (Le Grand Robert de la langue française). 9 vol., Paris, 2. éd. 1985 [I: LVIII, 1001, ..., IX: 882, CXVII S.].

*R-PR* = Paul Robert: Dictionnaire alphabétique et analogique de la langue française (Le Petit Robert 1). Nouv. éd. Paris 1987 [XXXI, 2173 S.].

*R-RM* = Josette Rey-Debove (ed.): Le Robert méthodique. Dictionnaire méthodique du français actuel. Paris 1982 [XXIII, 1617 S.].

*W-DW* = Gerhard Wahrig, Deutsches Wörterbuch. Neuauflage 1975. Gütersloh, usw. 1975 [4323 Sp.]/Neuausgabe 1980. s. l. 1985 [4358 Sp.]/Neuausgabe 1986. München 1986 [1493 S.].

*W-TNID* = Webster's Third New International Dictionary of the English Language. London. Springfield (Mass.) 1961 [56 a, 2662 S.].

*Z-VLI* = Nicola Zingarelli: Vocabolario della lingua italiana. 11. ed. Bologna 1983 [XVI, 2256 S.].

7.2. Sonstige Literatur

*Andersson 1985* = Sven-Gunnar Andersson: Zur Beachtung der Nominalkomposita in Grimms Wörterbuch. In: Die Brüder Grimm. Erbe und Rezeption. Ed. Astrid Stedje. Stockholm 1985, 92—96.

*Arbatskij 1982* = D. I. Arbatskij: Verweisbestimmungen im philologischen Wörterbuch (1977). In: Aspekte der sowjetrussischen Lexikographie. Ed. Werner Wolski. Tübingen 1982, 183—191.

*Bergenholtz/Mugdan 1982* = Henning Bergenholtz/Joachim Mugdan: Grammatik im Wörterbuch: Probleme und Aufgaben. In: Studien zur neuhochdeutschen Lexikographie II. Hrsg. von Herbert Ernst Wiegand. Hildesheim. New York 1982 (Germanistische Linguistik 3—6/80), 17—36.

*Bergenholtz/Mugdan 1984* = Henning Bergenholtz/Joachim Mugdan: Grammatik im Wörterbuch: von *ja* bis *Jux*. In: Studien zur neuhochdeutschen Lexikographie V. Hrsg. von Herbert Ernst Wiegand. Hildesheim. Zürich. New York 1984 (Germanistische Linguistik 3—6/84), 47—102.

*Bergenholtz/Mugdan 1986* = Henning Bergenholtz/Joachim Mugdan: Der neue „Super-Duden" — die authentische Darstellung des deutschen Wortschatzes? In: Studien zur neuhochdeutschen Lexikographie VI/1. Hrsg. von Herbert Ernst Wiegand. Hildesheim. Zürich. New York 1986 (Germanistische Linguistik 84—86/1986), 1—149.

*Bornäs 1986* = Göran Bornäs: Ordre alphabétique et classement méthodique du lexique. Étude de quelques dictionnaires d'apprentissage français. Lund 1986.

*Ettinger 1984* = Stefan Ettinger: Die Modifikation in der Lexikographie. In: Theoretische und praktische Probleme der Lexikographie. Ed. Dieter Goetz/Thomas Herbst. München 1984, 63—106.

*Faust 1981* = Manfred Faust: Schottelius' Concept of Word Formation. In: Logos semantikos. Studia linguistica in honorem Eugenio Coseriu 1921—1981. Bd. 1. Ed. Jürgen Trabant. Berlin. New York. Madrid 1981, 359—370.

*Hausmann 1974* = Franz Josef Hausmann: Was ist und was soll ein Lernwörterbuch? In: Zeitschrift für französische Sprache und Literatur 84. 1974, 97—129.

*Holly 1986* = Werner Holly: Wortbildung und Wörterbuch. In: Lexicographica 2. 1986, 195—213.

*Mellor 1979* = Chauncey J. Mellor: Jacob Grimm's Inclusion of Loanwords and Compounds in the *Deutsches Wörterbuch*. In: Dictionaries 1. 1979, 69—86.

*Motsch 1982* = Wolfgang Motsch: Wortbildungen im einsprachigen Wörterbuch. In: Wortschatzforschung heute. Ed. Erhard Agricola et al. Leipzig 1982, 62—71.

*Müller 1982* = Wolfgang Müller: Wortbildung und Lexikographie. In: Studien zur neuhochdeutschen Lexikographie II. Hrsg. von Herbert Ernst Wiegand. Hildesheim. New York. 1982 (Germanistische Linguistik 3—6/80), 153—188.

*Mugdan 1984* = Joachim Mugdan: Grammatik im Wörterbuch: Wortbildung. In: Studien zur neuhochdeutschen Lexikographie IV. Hrsg. von Herbert Ernst Wiegand. Hildesheim. Zürich. New York 1984 (Germanistische Linguistik 1—3/83), 237—308.

*Rettig 1981* = Wolfgang Rettig: Sprachliche Motivation. Zeichenrelationen von Lautform und Bedeutung am Beispiel französischer Lexikoneinheiten. Frankfurt am Main. Bern 1981.

*Rettig 1985* = Wolfgang Rettig: Die zweisprachige Lexikographie Französisch-Deutsch, Deutsch-Französisch. Stand, Probleme, Aufgaben. In: Lexicographica 1. 1985, 83—124.

*Rettig 1987a* = Wolfgang Rettig: Wortbildung im Wörterbuch: die Wortbildungslehre zwischen Entlehnungslehre und Lexikologie. In: Grammatik und Wortbildung romanischer Sprachen. Ed. Wolf Dietrich et al. Tübingen 1987, 203—209.

*Rettig 1987b* = Wolfgang Rettig: Verstehen und Motivieren: semantische Fluchtpunkte deutscher und italienischer Lexeme mit *-log-*. In: Gabriele Hoppe et al.: Deutsche Lehnwortbildung. Tübingen 1987, 157—170.

*Rey-Debove 1981* = Josette Rey-Debove: Ordre et désordre dans le lexique. In: Logos semantikos. Studia linguistica in honorem Eugenio Coseriu 1921—1981. Bd. 3. Ed. Wolf Dietrich/Horst Geckeler. Berlin. New York. Madrid 1981, 447—466.

*Rey-Debove 1982* = Josette Rey-Debove: Un dictionnaire morphologique? In: Le français aujourd'hui 58. 1982, 49—57.

*Stein 1976* = Gabriele Stein: On Some Deficiencies in English Dictionaries. In: Contemporary English: Occasional Papers 1. Ed. Christoph Gutknecht. Frankfurt a. M. Bern 1976, 1—27.

*Stein 1979* = Gabriele Stein: The Best of British

and American Lexicography. In: Dictionaries 1. 1979, 1—23.

*Stein 1984* = Gabriele Stein: Word-Formation in Dr. Johnson's Dictionary of the English Language. In: Dictionaries 6. 1984, 66—112.

*Stein 1985* = Gabriele Stein: Word-Formation in Modern English Dictionaries. In: Dictionaries, Lexicography and Language Learning. Ed. Robert Ilson. Oxford, etc. 1985, 35—44.

*Wiegand 1983* = Herbert Ernst Wiegand: Was ist eigentlich ein Lemma? Ein Beitrag zur Theorie der lexikographischen Sprachbeschreibung. In: Studien zur neuhochdeutschen Lexikographie III. Hrsg. von Herbert Ernst Wiegand. Hildesheim. Zürich. New York 1983 (Germanistische Linguistik 1—4/82), 401—474.

*Wolf 1984* = Lothar Wolf: Zum Wortverständnis in der französischen Lexikographie. Das Problem motivierbarer Komposita. In: Theoretische und praktische Probleme der Lexikographie. Ed. Dieter Goetz/Thomas Herbst. München 1984, 408—429.

*Zwanenburg 1983* = Wiecher Zwanenburg: „Dégroupement" et „regroupement" dans le *DFC* et le *LEXIS*. In: Lexique 2. 1983, 25—41.

*Wolfgang Rettig, Düsseldorf*
*(Bundesrepublik Deutschland)*

# 53. Die Markierung im allgemeinen einsprachigen Wörterbuch: eine Übersicht

1. Was ist Markierung?
2. Techniken der Markierung
3. Wie valide ist Markierung?
4. Ein Makromodell der Markierung
5. Die Mikrosysteme der Markierung
6. Die Markierung in der Metalexikographie
7. Literatur (in Auswahl)

## 1. Was ist Markierung?

Wie alle Phänomene lassen sich auch die sprachlichen Phänomene einteilen in Zonen einerseits der Normalität, des unauffälligen Durchschnitts und andererseits der auffälligen Abweichung von der Normalität. Das Kriterium der Auffälligkeit ist dabei so zu verstehen, daß es sich auf die spontanen und intuitiven Reaktionen eines Durchschnittssprechers, auf seine *conscience linguistique*, bezieht. Es ist eine unmittelbare Auffälligkeit gemeint, nicht eine, die erst nach eingehender linguistischer Analyse zutage tritt. Solche Auffälligkeit ergibt sich durch ein gegenüber der Normalität zusätzliches Merkmal, das der sprachlichen Einheit wie ein Etikett anhaftet. Wir sagen, die sprachliche Einheit ist markiert. Dem Durchschnittsphänomen fehlt dieses Merkmal, es ist unmarkiert.

Für die Textproduktion ergeben sich aus der Markiertheit Verwendungsrestriktionen, Wortverwendungsgrenzen, um die der Muttersprachler intuitiv weiß, die der Fremdsprachler jedoch, ganz so wie die phonetischen, morphologischen, semantischen, syntagmatischen und paradigmatischen Regeln, eigens lernen muß.

Im Wörterbuch wird die Markiertheit der Wörter mit Hilfe von Markierungsetiketten („Markierungsprädikaten" bei Wolski 1986, 42), meist in Form von Abkürzungen, angegeben. Diese Etiketten heißen im Englischen *labels,* im Französischen *marques.* Im Deutschen wird neuerdings der Terminus *Marker* benutzt (z. B. Ludwig 1986), den wir übernehmen. Typische Marker sind „ugs." (umgangssprachlich), „infml." (informal) oder „fam." (familier). Der gesamte Problembereich heißt Markierung (*E.* labelling, *F.* marquage). Gelegentlich treten abweichende Termini auf, z. B. Indizierung (Albrecht 1986).

## 2. Techniken der Markierung

Die Markierungstechniken variieren stark (vgl. Textbeispiele 53.1 bis 53.3). Neben der typographisch herausgehobenen Abkürzung mit festgelegter Artikelposition (53.1) steht der Verzicht auf Abkürzungen (53.2) oder der Verzicht auf jegliche formale Standardisierung (53.3).

**cunt** /kʌnt/ *n taboo* **1** VAGINA **2** *sl, esp. BrE* a very unpleasant or stupid person

Textbeispiel 53.1: Artikel *cunt* (aus: LDOCE, 252)

**cunt** (kʌnt) *n. Taboo.* **1.** the female genitals. **2.** *Offensive slang.* a woman considered sexually. **3.** *Offensive slang.* a mean or obnoxious person. [C13: of Germanic origin; related to Old Norse *kunta,* Middle Low German *kunte*]

Textbeispiel 53.2: Artikel *cunt* (aus: CED, 380)

**cunt** /kʌnt/, **cunts**. 1 A **cunt** is a very rude and offensive word that refers to a woman's vagina. N COUNT
2 If someone calls another person a **cunt**, they are being very offensive and showing how much they hate or despise that person. N COUNT : ALSO VOC

Textbeispiel 53.3: Artikel *cunt* (aus: COBUILD, 345)

## 3. Wie valide ist Markierung?

Aus dem Inventar der Marker eines Wörterbuchs läßt sich das angewandte Markierungsschema ableiten. Dieses Schema ist oft nicht Gegenstand der Wörterbuchbenutzungsanweisung (rühmliche Ausnahmen: LDOCE, F 45—47, CULD XI—XIII), oder es widerspricht dieser Darstellung. Das Markierungsschema hat Strukturcharakter, d. h., die Bedeutung eines Markers ist der Stellenwert im Markierungssystem. Die Vergleichbarkeit der Markierung verschiedener Wörterbücher ist deshalb oft erschwert, zum einen durch unterschiedliche Marker (*colloquial* vs. *informal*), mehr noch aber durch unterschiedliche Markierungssysteme (z. B. ein dreistufiges System vs. ein vierstufiges System), schließlich durch unterschiedliche Markierungsnormen (z. B. häufiger vs. seltener Einsatz von *formal*).

Aus den oft festgestellten Markierungsdivergenzen der Wörterbücher als Folge (notwendig) intuitiver lexikographischer Praxis (vgl. auch Art. 76a) statt — vorerst unmöglicher — theoretisch abgesicherter empirischer Grundlagen, darf man keine falschen Schlüsse ziehen. Selbst wenn, wie festgestellt, die Markierung zwischen zwei Wörterbüchern in 40 % der Fälle variiert, so ist das kein Argument für Verzicht auf Markierung. Es zeigt lediglich, daß den Markern kein absoluter, wohl aber ein relativer Wert zuzumessen ist.

So stehen innerhalb des gleichlautenden Systemausschnittes „unmarkiert — familier — populaire" dem Marker *familier* in PR fast zu 50 % andere Marker im DFC gegenüber, der von den 59 gezählten Abweichungsfällen 37mal auf der Skala um eine Stufe ansteigt (also nicht markiert) und 22mal absteigt (also mit *populaire* markiert). Dies wird man so bewerten, daß in allen Fällen von Übereinstimmung (mehr als 50 %) die Markierung unverzichtbar ist, daß bei Divergenzen zwischen *fam.* und *pop.* beide Wörterbücher im wesentlichen Ergebnis, nämlich der Markiertheit dieser Einheit, ebenfalls übereinstimmen (was die Übereinstimmungsquote erheblich steigert) und daß bei Divergenzen zwischen *fam.* und unmarkiert (ganz selten auch zwischen *pop.* und unmarkiert) das markierende Wörterbuch dennoch gut daran getan hat, zu markieren. Denn niemand wird leugnen, daß der Einheit irgendeine Art von Auffälligkeit anhaftet, man kann lediglich darüber streiten, ob diese Auffälligkeit ausreicht, um die Grenze zur Markierung zu überschreiten (Problem der Markierungsnorm).

Ein Markierungssystem verwandelt nämlich ein skalares Kontinuum in eine klar abgegrenzte Stufenleiter. Marker stehen für Markierungsräume. Innerhalb jedes durch einen Marker belegten Markierungsraumes gibt es Zentrum und Peripherie, so daß die Einstufungsdivergenzen an der Peripherie zweier angrenzender Markierungsräume mehr als verständlich sind, vgl. Abb. 53.1.

Die Zahl der Stufen innerhalb eines Markierungsraums ist arbiträr. Sobald man aber mehrere Stufen ansetzt, wird die Divergenz zwischen zwei Markern verständlich als Divergenz in der Bewertung angrenzender Peripherien. So ist z. B. die Divergenz zwischen $NF_2$ und $FN_2$ nicht größer als die zwischen $FN_2$ und $FN_1$. Dennoch läuft sie im Wörterbuch auf zwei unterschiedliche Marker hinaus und erweist sich in diesem Fall als doppelt bedeutsam, weil sie im Falle von $NF_2$ den Verzicht auf jegliche Markierung bewirkt, was schwerwiegender ist als eine Divergenz zwischen *fam.* und *pop.*

## 4. Ein Makromodell der Markierung

Bisher haben wir undifferenziert von Markierungssystemen gesprochen. In Wahrheit besteht das jedem Wörterbuch zugrundelie-

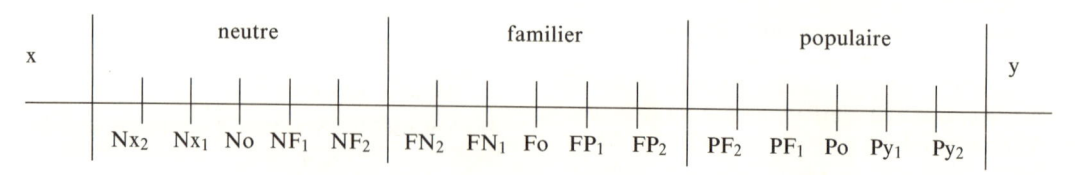

| x | neutre | familier | populaire | y |
|---|---|---|---|---|
| | $Nx_2$  $Nx_1$  No  $NF_1$  $NF_2$ | $FN_2$  $FN_1$  Fo  $FP_1$  $FP_2$ | $PF_2$  $PF_1$  Po  $Py_1$  $Py_2$ | |

Abb. 53.1: Ausschnitt aus einem französischen Markierungssystem (x, neutre, fam., pop., y = skalar angeordnete Markierungsräume; No, Fo, Po = Zentren der Markierungsräume; $FN_1$, $FN_2$ = an den Markierungsraum *neutre* angrenzende Peripherie des Markierungsraumes *fam.*; $FP_1$, $FP_2$ = an den Markierungsraum *pop.* angrenzende Peripherie des Markierungsraums *fam.*)

## 53. Die Markierung im allgemeinen einsprachigen Wörterbuch

| | Kriterium | unmarkiertes Zentrum | markierte Peripherie | Art der Markierung | Art. HB | ausgewählte Marker |
|---|---|---|---|---|---|---|
| 1 | Zeitlichkeit (Temporalität) | gegenwärtig | alt-neu | diachronisch | 54 | vx. néol. |
| 2 | Räumlichkeit (Arealität) | gesamtsprachlig | regional/dialektal | diatopisch | 55 | dial AmE |
| 3 | Nationalität | nationalsprachlich | entlehnt/fremd | diaintegrativ | 56 | anglicisme |
| 4 | Medialität | neutral | gesprochen-geschrieben | diamedial | 57 | langue écrite umgangssprachlich |
| 5 | sozio-kulturelle Gruppe | neutral | Oberschicht-Unterschicht Kinder/Schüler Gruppe | diastratisch | 57 | fam. pop. |
| 6 | Formalität | neutral | formell-informell | diaphasisch | 57 | fml infml |
| 7 | Textsorte | neutral | bibl./poet./lit./ zeitungsspr./administrativ | diatextuell | 57 | administratif bibl poet |
| 8 | Technizität | gemeinsprachl. | fachsprachlich | diatechnisch | 58 | botanique viticulture |
| 9 | Frequenz | häufig | selten | diafrequent | 59 | rare |
| 10 | Attitüde | neutral | konnotiert | diaevaluativ | 60 | derog euph |
| 11 | Normativität | korrekt | unkorrekt | dianormativ | 61 | incorrect emploi critiqué |

Abb. 53.2.: Makromodell der Markierung im Wörterbuch

gende Markierungssystem als Makrosystem aus einer Anzahl von Mikrosystemen. LDOCE F 45—F 46 führt z. B. 7 Mikrosysteme vor betreffend „region", „language of origin", „special fields or subjects", „situations", „time", „attitude" und „other limitations". Zahl und Substanz der Mikrosysteme sind wiederum arbiträr und damit der Kritik unterworfen. So zählt z. B. LDOCE *poet* (= used mainly in poetry) zum Mikrosystem der *field labels,* dem ansonsten auch *tech* (technical term — used by specialists in various fields) angehört. Aus der unterschiedlichen Abgrenzung der Mikrosysteme innerhalb des Makrosystems ergeben sich weitere Vergleichbarkeitserschwernisse zwischen einzelnen Wörterbüchern.

Ebenso wie die Mikrosysteme ist das Makrosystem einzelsprachenabhängig, weil einzelsprachlichen Normen unterworfen. Ob z. B. Wörter nach der soziokulturellen Schichtung auffällig sind, hängt von den gesellschaftlichen Verhältnissen in der Sprachgemeinschaft ab.

In Abb. 53.2 wird ein Makromodell mit 11 Mikrosystemen vorgestellt. Dabei wird jeweils die Markierung als periphere Abweichung von einem normalen Zentrum verstanden. Es werden eingetragen: das Markierungskriterium, die Benennung des unmarkierten Zentrums, die Benennung der markierten Peripherie, die Art der Markierung sowie geläufige Marker. Die Formulierung der Markierungsart ist bewußt terminologisierend gehalten (in Weiterführung von Hausmann 1977, Kap. 8). Die Vorsilbe *dia-* steht in allen Fällen für Verschiedenheit. Sie ist aus dem von Uriel Weinreich geprägten Terminus des Diasystems übernommen. Die auf die Vorsilbe *dia-* folgenden Adjektive stehen für den Bereich, auf den sich die Markierung bezieht. Einige dieser Termini, wie z. B. *diatopisch, diachronisch, diastratisch* und *diaphasisch* werden in der Linguistik verwendet (vgl. Albrecht 1986), die anderen wurden für die metalexikographische Verwendung eigens geprägt (vgl. Abb. 53.2).

## 5. Die Mikrosysteme der Markierung

Bei den Mikrosystemen lassen sich verschiedene Typen unterscheiden: auf der einen Seite antonymische Systeme (alt — neu, gesprochen — geschrieben usw.), in denen der unmarkierte Raum zwischen den markierten Räumen liegt, auf der anderen Seite privative Systeme, in denen an den unmarkierten Raum nur ein, freilich evtl. sehr differenzierter, markierter Raum angrenzt, z. B. in der diatechnischen Markierung.

Die Abgrenzung der Systeme zueinander wirft zahlreiche Probleme auf. Oft wird die diatextuelle Markierung teilweise in die diastratische *(poetisch)* einbezogen, zum anderen Teil in die diatechnische *(administrativ)* oder in die diaevaluative *(administrativ).* Diastratische, diamediale und diaphasische Markierung verhalten sich oft komplementär (englisch *diaphasisch,* französisch *diastratisch,* deutsch *diamedial).* Diaevaluative Markierungen des Typs *grossier, vulgaire* überschneiden sich mit diastratischen *(argot)* oder diaphasischen (*slang,* entsprechend LDOCE). In LDOCE, F46 bilden *old fashioned* und *rare* ein System. Solche Schwächen sind in der Praxis nahezu unvermeidbar. Es wäre falsch, dem Lexikographen den Mut zum Markieren zu nehmen. Im Gegenteil, es gilt die Forderung, die Wolfgang Steinitz an das WDG stellte: „Bewerten Sie reichlich!" (Klappenbach 1986, 41).

## 6. Die Markierung in der Metalexikographie

Markierungsprobleme haben die Metalexikographie von Anfang an beschäftigt. Schon bei Beni 1612 spielt die diachronische Markierung eine wichtige Rolle. Alembert 1754, 961 nennt 6 Mikrosysteme der Markierung. Zur Praxis der Markierung in alten Wörterbüchern liegen Untersuchungen vor für das Französische (Popelar 1976, Wooldridge 1977, Gemmingen, 1982a, Schmitt 1986, Larthomas 1987a), Englische (Osselton 1958, Wells 1973), Spanische (Gemmingen 1982), Italienische (Tancke 1984, Radtke 1986) und Deutsche (Schroeter 1970, 58—94). Dem beklagten Fehlen von Übersichten zur Markierung in den Wörterbüchern entspricht eine oft stiefmütterliche Behandlung dieses Komplexes in den Einführungen in die Lexikographie. Ausnahmen bilden Zgusta 1971, Hausmann 1977, Kipfer 1984, Landau 1984 und Svensén 1987.

Hingegen liegen zahlreiche Einzelarbeiten zu den verschiedenen Markierungssystemen vor, betreffend sowohl deren Aktualität wie deren Geschichte. Über die Archaismen schreiben zum Französischen: Fournier 1986, Klinkenberg 1970, Marzys 1978, Seguin 1986 und Stefenelli 1987, zum Englischen: Osselton 1979, zum Spanischen Corrales 1984 (vgl. Art. 54). Weniger behandelt werden die Neologismen (vgl. Burchfield 1983 und Herberg 1988).

Die diatopische Markierung untersuchen für das Deutsche Besch 1986, Clerck 1977, Fenske 1973, Niebaum 1984, Kühn/Püschel 1983, Püschel 1982 und Wiegand 1986, für das Französische Rey

1986, Rézeau 1981 und 1986, Roques 1982, für das Englische Aitken 1987, Read 1962, Wakelin 1987 und für das Spanische Salvador 1985 (vgl. Art. 55).

Die stark miteinander verwobenen Probleme der diastratischen, diaphasischen und diaevaluativen (diakonnotativen) Markierung (vgl. Art. 57, 60) wurden für das Deutsche im Anschluß an die Praxis des WDG (vgl. Klappenbach 1960 und 1986) vor allem in der DDR diskutiert (vgl. Ludwig 1982—1986, Michel 1987, Scharnhorst 1962, 1968, Schippan 1987, 1987a, Schumann 1985—1987, Spyrka 1987). In der Bundesrepublik kamen Beiträge von Braun 1981, Wiegand 1981 (dazu Püschel 1984), Käge 1982 und Hermanns 1986 hinzu (vgl. auch Clerck 1977 und Dressler/Wodak 1983).

Dieselbe Problematik behandelt für das Französische z. B. Candel 1985, Cohen 1970, Gilbert 1969, Hausmann 1977a, Imbs 1969, Nicolas 1981, Palazzolo 1987 und Söll 1985.

In den USA spielte das Problem eine bedeutende Rolle, als 1961 W3 in falsch verstandenem Deskriptivismus auf viele Markierungen glaubte verzichten zu können *(underlabelling)*, vgl. Gove 1966 und Gold 1985 (siehe ferner Ornstein 1976 und Allsopp 1982).

Die diatechnische Markierung (vgl. Art. 58 und 76a) ist vor allem für das Französische untersucht (Bouverot 1986, Callebaut 1983, Candel 1979, Niederehe 1982), vgl. für das Englische Raphael 1978.

Wenig Aufmerksamkeit fanden die diatextuelle Markierung (Rück 1980, Larthomas 1987) sowie die diafrequente Markierung (Ménard 1978, Saint-Gérand 1986) (vgl. Art. 59).

Zum Problem der Konnotationen vgl. Dinguirard 1977, Kerbrat-Orecchioni 1977, Rössler 1979 und für das Problem des Tabuwortschatzes: Burchfield 1973, Steiner 1980, Boulanger 1986 und Radtke 1986. Untersuchungen, die sich über mehrere Markierungssysteme erstrecken, legen vor: Béjoint 1981, Reichmann 1986, für das Französische: Schmitt 1986 und Girardin 1987, für das Englische: Arnold 1979, Hartmann 1981 und 1983, Moulin 1981, Preston 1978 und 1982, Sansome 1986, für das Russische: Šmeleva 1982. (Für die dianormative Markierung vgl. Art. 56 und 61.)

Gelegentlich werden die semantischen Glossen des Typs „übertragen" oder „figurative" (vgl. Art. 36) zur Markierung gerechnet (vgl. Woetzel 1988, Osselton 1988). Diese Praxis widerspricht der oben entwickelten Definition der Markierung. Die semantischen Glossen gehören in die Problematik der Bedeutungsdifferenzierung (vgl. Art. 86) und der Definitionsanordnung (vgl. Art. 87).

## 7. Literatur (in Auswahl)

### 7.1. Wörterbücher

*CED* = Collins Dictionary of the English Language. Second Edition. London. Glasgow 1986 [1771 S.].

*COBUILD* = Collins COBUILD English Language Dictionary. London. Glasgow 1987 [1703 S.].

*CULD* = Chambers Universal Learners' Dictionary. Edinburgh 1980 [907 S.].

*DFC* = Dictionnaire du français contemporain. Paris 1966 [1224 S.].

*LDOCE* = Longman Dictionary of Contemporary English. Second Edition. London 1987 [53, 1229, 29 S.].

*PR* = Paul Robert: Dictionnaire alphabétique et analogique de la langue française. Petit Robert. Paris 1977 [2172 S.].

*WDG* = Wörterbuch der deutschen Gegenwartssprache. Hrsg. v. Ruth Klappenbach/Wolfgang Steinitz. 6 Bde. Berlin (DDR) 1964—1977 [4579 S.].

*W3* = Webster's Third New International Dictionary. 2 Bde. Springfield, Mass. 1961 [2662 S.].

### 7.2. Sonstige Literatur

*Aitken 1987* = A. J. Aitken: The Extinction of Scotland in Popular Dictionaries of English. In: Dictionaries of English. Ed. R. W. Bailey. Ann Arbor 1987, 99—120.

*Albrecht 1986* = Jörn Albrecht: Substandard und Subnorm. In: Sprachlicher Substandard. Hrsg. G. Holtus/E. Radtke. Tübingen 1986, 65—88.

*Alembert 1754* = Jean Le Rond d'Alembert: Dictionnaire. In: Encyclopédie. Hrsg. D. Diderot/J. L. R. d'Alembert. Bd. 4. Paris 1754, 958—969.

*Allsopp 1982* = Richard Allsopp: The Need for Sociolinguistic Determinants for Status-Labelling in a Regional Lexicography. In: Papers of the Dictionary Society of North America 1977. Hrsg. D. Hobar. Terre Haute, Ind. 1982, 64—77.

*Arnold 1979* = Donna Ialongo Arnold: An Evaluation of College-Level Dictionaries for Use in Freshman Composition. Ph. D. Diss. Ann Arbor 1979.

*Béjoint 1981* = Henri Béjoint: Variétés de langue et marques d'usage dans les dictionnaires. In: Grazer Linguistische Studien 15. 1981, 7—16.

*Beni 1612* = Paolo Beni: L'Anti-Crusca. 2 Bde. Florenz 1982, 1983.

*Besch 1986* = Werner Besch: Zur Kennzeichnung sprachlandschaftlicher Wortvarianten im Duden-Wörterbuch und im Brockhaus-Wahrig. In: Wortes anst. verbi gratia donum natilicium Gilbert A. R. de Smet. H. L. Cox, V. F. Vanacker, E. Verhofstadt (eds.). Leuven 1986, 47—64.

*Boulanger 1986* = Jean-Claude Boulanger: Aspects de l'interdiction dans la lexicographie française contemporaine. Tübingen 1986.

*Bouverot 1986* = Danielle Bouverot: Termes techniques et indicateurs de domaines dans le *Suplément* du *Dictionnaire Critique* de Féraud. In: Autour de Féraud. Paris 1986, 157—161.

*Braun 1981* = Peter Braun: Zur Praxis der Stilkennzeichnungen in deutsch-deutschen Wörterbüchern. In: Muttersprache 91. 1981, 169—177.

*Burchfield 1973* = R. W. Burchfield: Four-Letter Words and the O. E. D. In: Lexicography and Dialect Geography. Festgabe für Hans Kurath. Wiesbaden 1973, 84—89.

*Burchfield 1980* = R. W. Burchfield: Aspects of short-term historical lexicography. In: Proceedings of the Second International Round Table Conference on Historical Lexicography. Hrsg. W. Pijnenburg/F. de Tollenaere. Dordrecht 1980, 271—286.

*Callebaut 1983* = Bruno Callebaut: Les vocabulaires techniques et scientifiques et les dictionnaires. Le cas d'une nomenclature des sciences naturelles. In: Cahiers de lexicologie 43. 1983, 33—52.

*Candel 1979* = Danielle Candel: La présentation par domaines des emplois scientifiques et techniques dans quelques dictionnaires de langue. In: Langue française 43. 1979, 100—115.

*Candel 1985* = Danielle Candel: Niveau de langue, argot et convention. In: Romanistik integrativ. Hrsg. W. Bandhauer/R. Tanzmeister. Wien 1985, 97—107.

*Cassidy 1972* = Frederick G. Cassidy: Toward more objective labeling in dictionaries. In: Studies in Honor of Albert A. Marckwardt. Hrsg. J. E. Atlatis. Washington D. C. 1972, 49—56.

*Cassidy 1977* = Frederick G. Cassidy: Computer-Aided Usage 'Labeling' in a Dictionary. In: Computers and the Humanities 11. 1977, 89—99.

*Clerck 1977* = Rita De Clerck: Die diatopischen und diastratischen Markierungen in sechs modernen Wörterbüchern. Proefschrift Duitse Taal-Kunde Rijks-Universiteit Gent 1977, 1978.

*Cohen 1970* = Marcel Cohen: *C'est rigolo* n'est pas 'populaire'. In: Le Français Moderne 38. 1970, 1—9. Nachgedr. in: Die französische Sprache von heute. Hrsg. F. J. Hausmann. Darmstadt 1983, 306—314.

*Corrales 1984* = Cristóbal Corrales Zumbado: Tipología de los arcaísmos léxicos. In: II Simposio Internacional de Lengua Española. Hrsg. M. Alvar. Madrid 1984, 131—143.

*Dinguirard 1977* = J.-C. Dinguirard: Encore les connotations. In: Grammatica 5. 1977, 19—29.

*Dressler/Wodak 1983* = Wolfgang Dressler/Ruth Wodak: Soziolinguistische Überlegungen zum „Österreichischen Wörterbuch". In: Parallela. Akten des 2. österreichisch-italienischen Linguistentreffens. Hrsg. M. Dardano u. a. Tübingen 1983, 247—260.

*Fenske 1973* = Hannelore Fenske: Schweizerische und österreichische Besonderheiten in deutschen Wörterbüchern. Tübingen 1973.

*Fournier 1986* = Nathalie Fournier: L'archaïsme dans le *Suplément au Dictionaire Critique* de l'Abbé Féraud. In: Autour de Féraud. Paris 1986, 133—140.

*Gemmingen 1982* = Barbara von Gemmingen-Obstfelder: Limpia, fija y da esplendor: Zur Frage des guten Sprachgebrauchs im „Diccionario de Autoridades". In: Romania historica et Romania hodierna. Hrsg. P. Wunderli/W. Müller. Frankfurt a. M. 1982, 61—76.

*Gemmingen 1982a* = Barbara von Gemmingen-Obstfelder: La réception du bon usage dans la lexicographie du 17e siècle. In: La lexicographie française du XVIe au XVIIIe siècle. Hrsg. M. Höfler. Wolfenbüttel 1982, 121—136.

*Gilbert 1969* = Pierre Gilbert: Différenciations lexicales. In: Le français dans le monde 69. 1969, 41—47.

*Girardin 1987* = Chantal Girardin: Système de marques et connotations sociales dans quelques dictionnaires culturels français. In: Lexicographica 3. 1987, 76—102.

*Gold 1985* = David L. Gold: The Debate over *Webster's Third* Twenty-five Years Later. Winnowing the Chaff from the Grain. In: Dictionaries. Journal of the Dictionary Society of North America 7. 1985, 225—236.

*Gove 1966* = Philip B. Gove: Usage in the Dictionary. In: College English 27. 1966, 285—292.

*Hartmann 1981* = Reinhard R. K. Hartmann: Style Values: Linguistic Approaches and Lexicographical Practice. In: Applied Linguistics 2. 1981, 263—273.

*Hartmann 1983* = R. R. K. Hartmann: On specifying context. How to label contexts and varieties of usage. In: R. R. K. Hartmann (ed.), Lexicography. London 1983, 109—119.

*Hausmann 1977* = Franz Josef Hausmann: Einführung in die Benutzung der neufranzösischen Wörterbücher. Tübingen 1977.

*Hausmann 1977a* = Franz Josef Hausmann: Soziolekte und Register in ihrem Verhältnis zur Sprech- und Schreibnorm im Französischen. In: Kongreßbericht der 7. Jahrestagung der Gesellschaft für Angewandte Linguistik Bd. 1. Stuttgart 1977, 89—95.

*Hausmann 1985* = Franz Josef Hausmann: Lexikographie. In: Handbuch der Lexikologie. Hrsg. Chr. Schwarze/D. Wunderlich. Königstein 1985, 367—411.

*Herberg 1988* = Dieter Herberg: Stand und Aufgaben der Neologismenlexikographie des Deutschen. In: Das Wörterbuch: Artikel und Verweisstrukturen. Jahrbuch 1987 des Instituts für deutsche Sprache. Hrsg. von Gisela Harras. Düsseldorf 1988 (Sprache der Gegenwart LXXIV), 265—283.

*Hermanns 1986* = Fritz Hermanns: Appellfunktion und Wörterbuch. Ein lexikographischer Versuch. In: Studien zur neuhochdeutschen Lexikographie VI, 2. Teilbd. Hrsg. von Herbert Ernst Wiegand. Hildesheim. Zürich. New York 1986 (Germanistische Linguistik 84—86/86), 151—182.

*Höfler 1979* = Manfred Höfler: Die Wortfamilie von *jazz* im Französischen oder Wie zuverlässig sind die historischen Informationen der französischen Lexikographie. In: Zeitschrift für romanische Philologie 95. 1979, 343—357.

*Imbs 1969* = Paul Imbs: Les niveaux de langue

dans le dictionnaire. In: Le français dans le monde 69. 1969, 51—60.

*Käge 1982* = Otmar Käge: Noch „ugs." oder doch schon „derb"? Bemerkungen und Vorschläge zur Praxis der stilistischen Markierung in deutschen einsprachigen Wörterbüchern. In: Studien zur neuhochdeutschen Lexikographie II. Hrsg. von Herbert Ernst Wiegand. Hildesheim. New York 1982 (Germanistische Linguistik 3—6/80), 109—120.

*Kerbrat-Orecchioni 1977* = Catherine Kerbrat-Orecchioni: La connotation. Lyon 1977.

*Kerling 1979* = Johan Kerling: Chaucer in Early English Dictionaries. The Old-Word Tradition in English Lexicography down to 1721 and Speght's Chaucer Glossaries. Leiden 1979.

*Kipfer 1984* = Barbara Ann Kipfer: Workbook on Lexicography. Exeter 1984.

*Klappenbach 1960* = Ruth Klappenbach: Gliederung des deutschen Wortschatzes der Gegenwart. In: Der Deutschunterricht 12. 1960, 29—45. Auch in: Studien zur modernen deutschen Lexikographie. Hrsg. W. Abraham. Amsterdam 1980, 149—175.

*Klappenbach 1986* = Helene Malige-Klappenbach: Das „Wörterbuch der deutschen Gegenwartssprache". Bericht, Dokumentation und Diskussion. Tübingen 1986 (Lexicographica. Series Maior 12).

*Klinkenberg 1970* = Jean Marie Klinkenberg: L'Archaïsme et ses fonctions stylistiques. In: Le Français Moderne 38. 1970, 10—34.

*Kühn/Püschel 1983* = Peter Kühn/Ulrich Püschel: Die Rolle des mundartlichen Wortschatzes in den standardsprachlichen Wörterbüchern des 17. bis 20. Jahrhunderts. In: Dialektologie. Ein Handbuch zur deutschen und allgemeinen Dialektforschung. Hrsg. von Werner Besch, Ulrich Knoop, Wolfgang Putschke, Herbert Ernst Wiegand. Zweiter Halbband. Berlin. New York 1983 (Handbücher zur Sprach- und Kommunikationswissenschaft 1.2), 1367—1398.

*Landau 1984* = Sydney I. Landau: Dictionaries. New York 1984.

*Larthomas 1987* = Pierre Larthomas: Sur une définition de la langue poétique. In: Cahiers de lexicologie 50. 1987, 125—136.

*Larthomas 1987a* = Pierre Larthomas: L'analyse des niveaux de langue dans le *Suplément*. In: Etudes critiques sur Féraud lexicographe. Bd. 1. Paris 1987, 201—217.

*Ludwig 1982* = Klaus-Dieter Ludwig: Zu normativen, konnotativen und stilistischen Angaben in Wörterbucheintragungen. In: Wortschatzforschung heute. Hrsg. E. Agricola u. a. Leipzig 1982, 166—184.

*Ludwig 1983* = Klaus-Dieter Ludwig: Zum Status des Nicht-Denotativen und seiner Darstellung in einsprachigen Wörterbüchern der deutschen Gegenwartssprache. In: Die Lexikographie von heute und das Wörterbuch von morgen. Hrsg. v. J. Schildt u. a. Berlin (Ost) 1983, 37—45.

*Ludwig 1986* = Klaus-Dieter Ludwig: Nichtdenotative Informationen lexikalischer Einheiten als Wörterbucheinträge. In: Zeitschrift für Phonetik, Sprachwissenschaft und Kommunikationsforschung 39. 1986, 182—194.

*Marckwardt 1973* = Albert H. Marckwardt: Questions of Usage in Dictionaries. In: Lexicography in English. Hrsg. R. I. McDavid Jr./A. R. Duckert. New York 1973, 172—178.

*Marzys 1978* = Zygmunt Marzys: L'archaïsme, Vaugelas, Littré et le „Petit Robert". In: Le Français moderne 46. 1978, 199—209.

*McDavid 1979* = Virginia McDavid: Dictionary Labels for Usage Levels and Dialects. In: Papers on Lexicography in Honour of Warren N. Cordell. Hrsg. J. E. Congleton. Terre Haute, Ind. 1979, 29—36.

*Ménard 1978* = Nathan Ménard: Richesse lexicale et mots rares. In: Le Français Moderne 46. 1978, 33—43.

*Michel 1987* = Georg Michel: Lexikographie und stilistische Konfiguration. In: Lexikologie und Lexikographie. Hrsg. K. Welke/R. Neurath. Berlin (Ost) 1987, 53—57.

*Moulin 1981* = André Moulin: The Treatment of 'Dialect' and 'Register' in Dictionaries for Advanced Learners of English. In: Grazer Linguistische Studien 15. 1981, 166—183.

*Nicolas 1981* = Anne Nicolas: KEKSEKÇA? Réflexions sur la notion de 'langue populaire' au XIXe s. In: Les Cahiers de Fontenay. Ecrit/oral. 1981, 65—89.

*Niebaum 1984* = Hermann Niebaum: Die lexikographische Behandlung des landschaftsgebundenen Wortschatzes in den Wörterbüchern der deutschen Gegenwartssprache. In: Studien zur neuhochdeutschen Lexikographie. Hrsg. von Herbert Ernst Wiegand. Hildesheim. Zürich. New York 1984 (Germanistische Linguistik 1—3/83), 309—360.

*Niederehe 1982* = Hans-Josef Niederehe: Les vocabulaires techniques dans la lexicographie française du XVIe siècle. In: La lexicographie française du XVIe au XVIIIe siècle. Hrsg. M. Höfler. Wolfenbüttel 1982, 65—80.

*Ornstein 1976* = Jacob Ornstein: The Need for a Sociolinguistic Marking System: and a Proposal. In: The Second Lacus-Forum 1975. Hrsg. P. A. Reich. Columbia 1976, 514—527.

*Osselton 1958* = Noel E. Osselton: Branded Words in English Dictionaries before Johnson. Groningen 1958.

*Osselton 1979* = Noel E. Osselton: Some problems of obsolescence in bilingual dictionaries. In: Dictionaries and their Users. Hrsg. R. R. K. Hartmann. Exeter 1979, 120—126.

*Osselton 1988* = Noel E. Osselton: The Dictionary Label 'Figurative': Modern Praxis and the Origin of a Tradition. In: Symposium on Lexicography III. Ed. by Karl Hyldgaard-Jensen/Arne Zettersten. Tübingen 1988 (Lexicographica. Series Maior 19), 239—249.

*Palazzolo 1987* = Brigitte Palazzolo-Nöding: Drei Substandardregister im Französischen: familier, populaire, vulgaire. Ergebnisse einer Wörterbuchuntersuchung und einer Umfrage in Draguignan. Frankfurt a. M. 1987.

*Popelar 1976* = Inge Popelar: Das Akademiewörterbuch von 1694 — das Wörterbuch des Honnête Homme? Tübingen 1976.

*Preston 1978* = Dennis R. Preston: Distinctive Feature Labeling in Dictionaries. Trier 1978 (Linguistic Agency University of Trier, L. A. U. T., Series B, 44).

*Preston 1982* = Dennis R. Preston: Distinctive Feature Labeling in Dictionaries. In: Papers of the Dictionary Society of North America 1977. Hrsg. D. Hobar. Terre Haute, Ind. 1982, 78—93.

*Püschel 1982* = Ulrich Püschel: Die Berücksichtigung mundartlicher Lexik in Joh. Christ. Adelungs „Wörterbuch der hochdeutschen Mundart". In: Zeitschrift für Dialektologie und Linguistik 49. 1982, 28—51.

*Püschel 1984* = Ulrich Püschel: Im Wörterbuch ist alles pragmatisch. In: Studien zur neuhochdeutschen Lexikographie IV. Hrsg. von Herbert Ernst Wiegand. Hildesheim. Zürich. New York 1984 (Germanistische Linguistik 1—3/83), 361—380.

*Pyles 1969* = Thomas Pyles: Dictionaries and Usage. In: Linguistics Today. Hrsg. A. A. Hill. New York 1969, 127—136.

*Radtke 1986* = Edgar Radtke: Substandard als ästhetische Wertung in der Sprachgeschichte. In: Sprachlicher Substandard. Hrsg. G. Holtus/E. Radtke. Tübingen 1986, 105—123.

*Radtke 1986a* = Edgar Radtke: Konstanz und Wandel in der Beurteilung von Sexualia in der Geschichte der Lexikographie. In: Osnabrücker Beiträge zur Sprachtheorie 35. 1986, 107—117.

*Raphael 1979* = S. J. Raphael: The treatment of the terminology of natural history in the Oxford English Dictionaries. In: Dictionaries and their Users. Hrsg. R. R. K. Hartmann. Exeter 1979, 39—46.

*Read 1962* = Allen Walker Read: The Labeling of National and Regional Variation in Popular Dictionaries. In: Problems in Lexicography. Hrsg. F. W. Householder/S. Saporta. Bloomington 1962, 217—227.

*Reichmann 1986* = Oskar Reichmann: Lexikographische Einleitung: In: Robert R. Anderson, Ulrich Goebel, Oskar Reichmann: Frühneuhochdeutsches Wörterbuch. Bd. 1 Lief. 1. Berlin 1986, 10—164.

*Rey 1986* = Alain Rey: La variation linguistique dans l'espace et les dictionnaires. In: La lexicographie québécoise. Hrsg. L. Boisvert u. a. Québec 1986, 23—40.

*Rézeau 1981* = Pierre Rézeau: La place des français régionaux dans les dictionnaires de langue. In: Littératures et langues dialectales françaises. Hrsg. D. Kremer/H.-J. Niederehe. Hamburg 1981, 117—133.

*Rézeau 1986* = Pierre Rézeau: Les régionalismes et les dictionnaires du français. In: La lexicographie québécoise. Hrsg. L. Boisvert u. a. Québec 1986, 41—53.

*Rössler 1979* = Gerda Rössler: Konnotationen. Untersuchungen zum Problem der Mit- und Nebenbedeutung. Wiesbaden 1979.

*Roques 1982* = Gilles Roques: Les régionalismes dans Nicot 1606. In: La lexicographie française du XVIe au XVIIIe siècle. Hrsg. M. Höfler. Wolfenbüttel 1982, 81—102.

*Rück 1980* = Heribert Rück: Was heißt eigentlich „literarisches" Französisch? In: Linguistik und Didaktik 43/44. 1980, 319—326.

*Saint-Gérand 1986* = Jean-Philippe Saint-Gérand: P. C. V. Boiste: tératolexicographe. L'exemple du *Dictionnaire universel*. In: Autour de Féraud. Paris 1986, 119—127.

*Salvador 1985* = Aurora Salvador Rosa: Las localizaciones geográficas en el Diccionario de Autoridades. In: Lingüística Española Actual 7. 1985, 103—139.

*Sansome 1986* = R. Sansome: Connotation and lexical field analysis. In: Cahiers de lexicologie 49. 1986, 13—33.

*Scharnhorst 1962* = Jürgen Scharnhorst: Stilfärbung und Bedeutung. Die Darstellung der Stilfärbung „abwertend" (pejorativ) im Wörterbuch. In: Forschungen und Fortschritte 36. 1962, 208—212.

*Scharnhorst 1968* = Jürgen Scharnhorst: Stilistische Fragen der Lexikographie. In: Wissenschaftliche Zeitschrift der Karl-Marx-Universität Leipzig. Gesellschafts- und Sprachwissenschaftliche Reihe 17. 1968, 235—239.

*Schippan 1987* = Thea Schippan: Zum Charakter „stilistischer" Markierungen im Wörterbuch. In: Lexikologie und Lexikographie. Hrsg. K. Welke/R. Neurath. Berlin (Ost) 1987, 58—65.

*Schippan 1987a* = Thea Schippan: Konnotationen — ein noch immer aktuelles lexikologisches Problem. In: Zeitschrift für Germanistik 8. 1987, 354—360.

*Schmitt 1986* = Christian Schmitt: Der französische Substandard. In: Sprachlicher Substandard. Hrsg. G. Holtus/E. Radtke. Tübingen 1986, 125—185.

*Schroeter 1970* = Walther Schroeter: Steinbach als Lexikograph. Hamburg 1970.

*Schumann 1985* = Hanna Brigitte Schumann: Gehoben — bildungssprachlich — prestigious — veraltend. Markierungsversuche. In: Beiträge zu theoretischen und praktischen Problemen in der Lexikographie der deutschen Gegenwartssprache. Berlin 1985 (Linguistische Studien. Reihe A. Arbeitsberichte 122), 135—193.

*Schumann 1986* = Hanna Brigitte Schumann: Wie im „Handwörterbuch der deutschen Gegenwartssprache" Konnotationen dargestellt werden. In: Deutsch als Fremdsprache 23. 1986, 53—57.

*Schumann 1987* = Hanna Brigitte Schumann: Kann die lexikographische Beschreibung vermeintlich stilistischer Konnotationen unter Beibehaltung des Schichtenmodells verbessert werden? In: Zeitschrift für Phonetik, Sprachwissenschaft und Kommunikationsforschung 40. 1987, 404—416.

*Seguin 1986* = Jean-Pierre Seguin: Archaïsme et connotation dans le *Suplément du Dictionnaire critique* de Féraud. In: Autour de Féraud. Paris 1986, 141—145.

*Šmeleva 1982* = I. N. Šmeleva: Einige Fragen der Stilistik in einem allgemeinen Wörterbuch der Hochsprache. In: Aspekte der sowjetrussischen Lexikographie. Hrsg. Werner Wolski. Tübingen 1982, 201—220.

*Söll 1985* = Ludwig Söll: Gesprochenes und geschriebenes Französisch. 3. Aufl. Berlin 1985.

*Spyrka 1987* = Ines Spyrka: Die stilistischen Markierungen 'ironisch' und 'scherzhaft' im 'Handwörterbuch der deutschen Gegenwartssprache'. In: Sprachpflege 36. 1987, 5—8.

*Stefenelli 1987* = Arnulf Stefenelli. Lexikalische Archaismen in den Fabeln von La Fontaine. Passau 1987.

*Steiner 1980* = Roger J. Steiner: Putting obscene words into the dictionary. In: Maledicta 4. 1980, 23—37.

*Svensén 1987* = Bo Svensén: Handbok i Lexikografi. Stockholm 1987.

*Tancke 1984* = Gunnar Tancke: Die italienischen Wörterbücher von den Anfängen bis zum Erscheinen des „Vocabolario degli Accademici della Crusca" (1612). Tübingen 1984.

*Wakelin 1987* = Martyn F. Wakelin: The Treatment of Dialect in English Dictionaries. In: Studies in Lexicography. Hrsg. R. Burchfield. Oxford 1987, 156—177.

*Wells 1973* = Ronald A. Wells: Dictionaries and the Authoritarian Tradition. A Study in English Usage and Lexicography. The Hague 1973.

*Werner 1981* = Reinhold Werner: Umgangssprache im zweisprachigen Wörterbuch: lexikographische Probleme, aufgezeigt an zwei spanisch-deutschen Wörterbüchern. In: Zielsprache Spanisch 1981, 69—75.

*Wiegand 1981* = Herbert Ernst Wiegand: Pragmatische Informationen in neuhochdeutschen Wörterbüchern. In: Studien zur neuhochdeutschen Lexikographie I. Hrsg. von Herbert Ernst Wiegand. Hildesheim. New York 1981 (Germanistische Linguistik 3—4/79), 139—271.

*Wiegand 1986* = Herbert Ernst Wiegand: Dialekt und Standardsprache im Dialektwörterbuch und im standardsprachlichen Wörterbuch. In: Lexikographie der Dialekte. Hrsg. Hans Friebertshäuser. Tübingen 1986 (Reihe Germanistische Linguistik 59), 185—210.

*Woetzel 1988* = Harold Woetzel: Uneigentliche Bedeutung und Wörterbuch oder Die Markierung Ü/⟨FIG.⟩ als Stein des Anstoßes für Lexikographen. In: Studien zur neuhochdeutschen Lexikographie VI. 2. Teilbd. Hrsg. von Herbert Ernst Wiegand. Hildesheim. Zürich. New York 1988 (Germanistische Linguistik 87—90), 391—462.

*Wolski 1986* = Werner Wolski: Partikellexikographie. Ein Beitrag zur praktischen Lexikologie. With an English Summary. Tübingen (Lexicographica. Series Maior 14) 1986.

*Wooldridge 1977* = Terence Russon Wooldridge: Les débuts de la lexicographie française. Toronto 1977.

*Zgusta 1971* = Ladislav Zgusta: Manual of Lexicography. The Hague 1971.

*Franz Josef Hausmann, Erlangen*
*(Bundesrepublik Deutschland)*

# 54. Diachronische Markierungen im allgemeinen einsprachigen Wörterbuch

1. Markierungen der Paläologismen
2. Markierungen der Neologismen
3. Bezug und Position der Markierungen
4. Interessierte Benutzergruppen und Empfehlungen für die Markierungspraxis
5. Literatur (in Auswahl)

## 1. Markierungen der Paläologismen

Anlaß zu diachronischen Kennzeichnungen geben im wesentlichen die Paläologismen und die Neologismen, d. h. die als veraltet oder als neu angesehenen Lexeme, Verwendungen, Formen usw. Als Grundmarkierungen für die Paläologismen finden sich in den allgemeinen einsprachigen Wörterbüchern der wichtigsten europäischen Sprachen *obsolete (obs.)*, *ustareloe (ustar.)*, *veraltet (veralt.)* und *vieux (vx.)*:

> ²moot \'\ *vb* -ED/-ING/-S [ME *moten*, fr. OE *mōtlan*, fr. *mōt*, n.] *vi*, *obs* : to argue a case at law (as a hypothetical case) as a student in a law school ⟨~ed seven years in the Inns of Court —John Earle⟩ ~ *vt* **1** *archaic* : to discuss from a legal standpoint : ARGUE ⟨to ~ cases on the ... ruin of the constitution —Edmund Burke⟩ **2 a** : to bring up for discussion : ²BROACH 6, SUGGEST ⟨condemned such a step when it was first ~ed a year before —Ethel Drus⟩ ⟨plans have been ~ed for altering the general system of criminal procedure —Ernest Barker⟩ **b** : DISCUSS, DEBATE ⟨the question, so often ~ed and never solved, of church unity —*Commonweal*⟩ ⟨the diction of poetry is now, as it has always been, a vigorously ~ed point —J.L.Lowes⟩ **3** : to deprive of practical significance : make academic ⟨the case was ~ed by unwillingness of the complainant to prosecute⟩

Textbeispiel 54.1: Wörterbuchartikel (aus: Webster's Third New International Dictionary 1976, II, 1468)

> ВО́ЛЬНОСТЬ, -и, ж. **1.** Свобода, независимость (устар.). *Борьба за в.* **2.** Непринуждённость, преимущ. излишняя. *В. в обращении.* **3.** Отступление от правил, от нормы в чём-н. *Поэтические вольности.* **4.** Преимущество, льгота (стар.). *Казацкие вольности.*

Textbeispiel 54.2: Wörterbuchartikel (aus: Ožegov: Slovar' russkogo jazyka 1983, 86)

> **blessieren** [blɛˈsiːrən] ⟨sw. V.; hat⟩ [frz. *blesser* < galloroman. \*blētiare, zu fränk. \*blēta = blauer Fleck durch Quetschung] (veraltet): *verwunden, verletzen:* jmdn. leicht b.; ⟨meist in 2. Part.:⟩ die blessierte Schulter; dieser Herr ... gab den älteren blessierten Herrn den Befehl, ... Ruhe zu bewahren (Grass, Blechtrommel 272); Ü der Vizekanzler ist schwer blessiert *(angeschlagen)* – Ausgang noch ungewiß (Dönhoff, Ära 22); ⟨subst. 2. Part.:⟩ der einzige Blessierte war der Pastor; er hatte sich beim Fall die Kinnlade ausgerenkt (Kant, Impressum 182); **Blessur** [blɛˈsuːɐ̯], die; -, -en [frz. *blessure*] (veraltet): *Verwundung, Verletzung:* schwere, leichte -en; eine B. erleiden; so blieb sie körperlich fit, kompensierte durch ungeheure Willensanstrengung ihre B. (Zwerenz, Quadriga 65).

Textbeispiel 54.3: Wörterbuchartikel (aus: DUDEN. Das große Wörterbuch der deutschen Sprache 1980, I, 404)

> **BINOCLE** [binɔkl] n. m. — 1677; d'un lat. sc. *binoculus* (1645), de *bini* (→ Binaire), et *oculus* « œil ».
>
> ♦ **1.** Vx. Télescope double.
>
> ♦ **2.** (1827). Anciennt. Lunette\* sans branches se fixant sur le nez. ⇒ Besicles, face-à-main, lorgnon, pince-nez. *Rajuster son binocle.* Il portait un binocle sur un long nez membraneux.
> G. DUHAMEL, Chronique des Pasquier, III, IV.
>
> ♦ **3.** N. m. plur. Fam. Lunettes. *Où sont passés mes binocles? Mets un peu tes binocles :* regarde.
>
> DÉR. Binoclard.

Textbeispiel 54.4: Wörterbuchartikel (aus: Le Grand Robert 1985, I, 995)

Die kurzen Bestimmungen, die von den Lexikographen — wenn überhaupt — in den Einführungen oder Abkürzungsverzeichnissen gegeben werden, enthalten nur wenig übereinstimmende Aussagen über: Die Zugehörigkeit zum Wortschatz der Gegenwartssprache („nicht mehr", „einer vergangenen (Sprach)epoche" angehörend); den heutigen (lebendigen, normalen) Gebrauch („nicht mehr", „ausgeschieden oder ausscheidend aus", „kein Beleg", „äußerst selten", auf bestimmte stilistische Funktionen eingeschränkt); das Vorkommen („in der heute noch gelesenen Literatur"); die Verstehbarkeit bzw. Bekanntheit („in der heute noch gelesenen Literatur weithin noch", „nicht oder kaum", „in der heutigen Literatursprache", „in den Werken der klassischen Literatur"); die Auffassung als „Archaismus"; die Lebendigkeit in der Gegenwartssprache („nicht mehr"). — Die Erklärungen machen nicht deutlich, daß die gekennzeichnete Kategorie keine objektiv feststellbare Größe darstellt, sondern aus dem Normempfinden der Sprachbenutzer hervorgeht und daß sich diese Norm auf die Alltagskommunikation zwischen den Zeitgenossen bezieht. Es fehlt gleichfalls die Präzisierung, daß mit „Wortschatz der Gegenwartssprache" nur die noch aktiv verwendeten und nicht auch jene Wörter gemeint sind, die dem Sprachteilhaber allein bei der Rezeption zeitlich zurückliegender Texte begegnen und die er genauso in seiner Kompetenz haben muß.

Das veraltete Wortgut wird jedoch nicht immer als eine Einheit betrachtet. So bekommen im einbändigen Slovar' russkogo jazyka (= Ožegov) die Paläologismen aus weit zurückliegender Zeit („terminy russkoj stariny"), die jedoch noch „in unentbehrlichen Fällen" in der heutigen Literatursprache gebräuchlich sind, die besondere Markierung *starinnoe (star.)* (s. 54.2). Webster's Third New International Dictionary (= WIII) legt die abstufende Unterteilung durch eine Jahreszahl fest: Während *obsolete* meint, daß es für das Wort nach 1755 keine Belege gibt und wahrscheinlich auch keine geben wird, werden jene Wörter und Verwendungen nach 1755, die heute nur noch sporadisch oder in besonderen Kontexten „überlebt" haben, mit *archaic* gekennzeichnet (s. 54.1). — Im Grand Robert (= GR) findet sich sogar eine dreifache Differenzierung. Neben *vieux* (heute nicht oder kaum verständlich und nur noch zu stilistischen Zwecken, und zwar als „Archaismen", verwendet) begegnet dem Benutzer *vieilli* für „Wörter, Bedeutungen oder Ausdrücke", die heute noch verstanden, aber in der (gesprochenen) Umgangssprache nicht mehr ohne weiteres verwendet werden, und *archaïsme* für „Formen und Bedeutungen", die aus dem normalen Gebrauch gekommen sind, aber insofern zur heutigen Sprache gehören, als man sie noch in einer besonderen (regionalen, literarischen) Verwendung antrifft. In beiden Fällen wird die heutige Verwendung eingeschränkt, und zwar mit *vieilli* auf die Existenzform der Standard- oder Schriftsprache und mit *archaïsme* auf besondere Kommunikationsbereiche oder Textarten, was jedoch wenig systematisch und für den Benutzer des Wörterbuchs nicht auf Anhieb erkennbar ist.

Mit der Markierung *veraltend* werden im Großen Wörterbuch der deutschen Sprache (= DUDEN-GWB), im Wörterbuch der deutschen Gegenwartssprache (= WDG) und im Handwörterbuch der deutschen Gegenwartssprache (= HDG) jene Teile des Wortschatzes herausgehoben, die sich angeblich in einem Veraltungsprozeß befinden. Problematisch daran ist, daß das Veralten auf das Normempfinden derjenigen Sprachbenutzer beschränkt wird, welche nicht zu der nicht näher bestimmten „älteren Generation" gehören und daß die Lexikographen mit einem solchen Urteil ungewollt in die Sprachentwicklung eingreifen können. Das letzte gilt auch für Ožegov und das Supplement to the Oxford English Dictionary, wo diese Übergangslexeme von *ustareloe* bzw. *archaic (arch.:* „archaic or obsolescent") mit abgedeckt werden. — Daneben begegnen Kennzeichnungen für Paläologismen von mehr oder weniger fest umrissenen Zeiten. So geben DUDEN-GWB und WDG mit *nationalsozialistisch (ns.)* bzw. *nazistisch (naz.)* Hinweise auf den heute nicht mehr direkt relevanten Sprachgebrauch des Nationalsozialismus (z. B. **Braunhemd, Gestapo**). Im Grand Larousse (= GL) bekommen bestimmte, in der heutigen Alltagskommunikation kaum verwendete, doch für gebildete Franzosen noch lebendige Lexeme der französischen Klassik, d. h. vor allem der Literatur des 17. und 18. Jh.s, ebenfalls eine besondere Markierung: *Classique (class.),* wobei *vieux* und *classique* mitunter in ein und demselben Artikel auftreten. In lexis wird der Darstellung des klassischen Gebrauchs sogar am Artikelende eine besonders abgesetzte „Rubrik" eingeräumt:

**LICENCIER** [lisɑ̃sje] v. tr. (lat. médiév. *licentiare;* 1360). **1.** *Vx.* Renvoyer chez soi : *Licencier les élèves d'une école.* — **2.** Priver de son emploi, congédier : *Premièrement, qu'un gréviste sur deux soit licencié et de préférence éloigné du lieu de son travail* (Adamov). ◆ **licenciement** n. m. (1569). *Personne ici n'avait qualité pour pratiquer un licenciement* (Aragon). *Le licenciement d'un employé* (syn. RENVOI). *Protester contre les licenciements.* ● CLASS. **licencier** v. tr. Rejeter : *Mais en vain son dépit pour ses fautes commises Lui fait licencier mes soins et mon appui* (Molière). ◆ **se licencier** v. pr. **1.** Prendre congé : *Le Pape lui demanda s'il n'avait rien à lui dire devant que de se licencier* (Retz). — **2.** *Se licencier à,* se permettre de, et, *absol.,* prendre des libertés : *Ce vermillon nouveau qui colore ta joue M'invite expressément à me licencier* (Corneille).

Textbeispiel 54.5: Wörterbuchartikel (aus: lexis, 995)

Weitere „zeitliche" Zuordnungen sind *ursprünglich (urspr.;* Brockhaus-Wahrig) und *selten* (DUDEN-GWB, Brockhaus-Wahrig). Die erste kennzeichnet Bedeutungen als „weiter zurückliegend", aus denen sich die folgenden entwickelt haben, und ist damit eher eine Angabe zur Etymologie (z. B. **Palaver 1**). Die zweite, die einen „nur ganz vereinzelten" bzw. heute „unüblichen" Gebrauch angibt, ist insofern nicht akzeptabel, als sich die Paläologismen nicht durch ein Kriterium 'geringe Frequenz' von anderen Kategorien unterscheiden. Denn es gibt viele Lexeme, die nur selten gebraucht, aber deshalb noch nicht als veraltet angesehen werden.

Einige Kennzeichnungen beziehen sich ausdrücklich nicht auf die Lexeme (oder ihre Bedeutungen), sondern auf ihre Denotate, d. h. auf heute nicht mehr existierende bzw. „nicht mehr übliche oder aktuelle" Sachen und Sachverhalte: *früher* (DUDEN-GWB, Brockhaus-Wahrig), *historisch (hist.;* DUDEN-GWB, WDG) und *anciennement (anciennt;* GR, Petit Robert (= PR)) (s. 54.4). Hierher ist wohl auch die nicht näher bestimmte Markierung *autrefois (autref.;* GL, lexis) zu stellen. In den Fällen von *historisch,* in denen es sich nicht um Fachbereichszuordnungen handelt wie bei *historique* in GR und PR, werden die Denotate „einer vergangenen Geschichtsepoche" bzw. „der historischen Vergangenheit" zugerechnet. Es ist aber an der Kennzeichnungspraxis nicht zu erkennen, wo diese beginnen. Außerdem bleibt unklar, warum das DUDEN-GWB in einzelnen Fällen *hist.* und nicht *früher* verwendet (und umgekehrt), was die Frage noch dringlicher macht, ob man Informationen über die Zeit der Denotate statt mit Hilfe von Markierungen nicht besser durch Angaben innerhalb der Bedeutungserläuterungen vermitteln sollte, wie es ohnehin vielfach geschieht, z. B. mit *im Mittelalter, in höfischer Zeit, im antiken Rom, des 17. u. 18. Jh.s, sous l'Ancien Régime, au Moyen Âge, dans l'Antiquité, anc. mesure, v drevnej Rusi, v russkom gosudarstve XVI—XVII vv., do revoljucii, v starinu* usw. (s. Schmidt, G. D. 1982a, 202ff.). Das WIII und der vierbändige *Slovar' russkogo jazyka* halten es für notwendig klarzustellen, daß sich ihre Markierungen (*obs.* und *archaic* bzw. *ustar.*) auf die Wörter und nicht auf die Denotate beziehen.

## 2. Markierungen der Neologismen

Anders als bei den Paläologismen, deren Einbeziehung in den zu erläuternden Wortbestand vor allem mit der Förderung der Rezeption älterer Texte begründet werden muß, und deren Kennzeichnung unter dem Gesichtspunkt erforderlich wird, daß das Wörterbuch auch der Erweiterung der aktiven Kompetenz zu dienen hat und vor dem Gebrauch der nicht mehr der Verwendungsnorm entsprechenden Lexeme warnen sollte, gibt es gegen die Aufnahme der Neologismen — wenn man sie nicht als unerwünschte Modeerscheinungen ablehnt — keine Bedenken, und es besteht keine Notwendigkeit für die Markierung von Lexemen, die zwar (noch) als vom überlieferten Wortgut abgehoben erlebt, aber von den Sprachteilhabern schon akzeptiert und aktiv verwendet werden. Hinzu kommt, daß die spezifische Qualität der Paläologismen in der Regel mit der Zeit zunimmt, während sie bei den Neologismen naturgemäß sehr bald ganz verlorengeht. — Trotzdem geben einige Wörterbücher Hinweise auf die relative Neuheit von Lexemen. So versieht der Slovar' sovremennogo russkogo literaturnogo jazyka die nachrevolutionären Neuerscheinungen, „deren Herkunft und Bedeutung unmittelbar mit der sowjetischen Gegenwart in Verbindung stehen" (z. B. **kolchoz, stachanovec, komsomol**), mit der „stilistischen Markierung" *novoe (nov.)*. Das WDG berücksichtigt ebenfalls die besondere sprachhistorische Situation und hebt die deutschen Nachkriegsneologismen mit Hilfe von *Neuwort, Neuprägung (Neupräg.)* und *Neubedeutung (Neubedeut.)* heraus, die u. a. durch die Zusätze *DDR* oder *BRD* noch auf die beiden Kommunikationsgemeinschaften eingeschränkt werden können:

**beauflagen** */Vb./* Neupräg. DDR Wirtsch. *einem Betrieb eine Pflichtleistung auferlegen*: jmdn. b.; der Betrieb war mit einer bestimmten Produktionsmenge beauflagt worden; die Finanzierung der beauflagten Reparaturen; die beauflagte Warenproduktion; *dazu* **Beauflagung**, die, -, -en

Textbeispiel 54.6: Wörterbuchartikel (aus: WDG I, 442)

Im GR wird die Markierung *néologisme (néol.)*, die sich noch in seiner 1. Auflage und im PR findet, ausdrücklich abgelehnt (S. XXXI). Sie erübrigt sich in den Werken, in denen das Jahr des Erstbelegs (z. B. 1970) oder die Zeit des Aufkommens (z. B. *milieu du XX$^e$ s.* = Zeit nach dem 2. Weltkrieg) angegeben sind, wie z. B. in GR, GL und lexis. Die Kennzeichnungen *aujourd'hui (auj.;* GL, lexis) und *moderne (mod.;* GR, PR) dienen lediglich dem gegenüberstellenden Vergleich mit schon älteren, veralteten oder „klassischen" Verwendungen (Bedeutungen).

## 3. Bezug und Position der Markierungen

Die vorgestellten Markierungen beziehen sich auf das ganze Lexem, Schreib- oder Aussprachevarianten, grammatische Formen, Ableitungen vom Lemma, syntagmatische und phraseologische Einheiten, Synonyme, also auf alle Angaben zum Lemma, die veraltet (oder neu) sein können. Ihre Position ist jedoch nicht gleich. Sie begegnen einem in den meisten Wörterbüchern (allein oder zusammen mit anderen Markierungen) *vor*, aber vereinzelt auch *nach* den zu markierenden Angaben (s. 54.2). Am häufigsten finden sie sich nach der Bedeutungsstellenziffer, womit zum Ausdruck gebracht wird, daß der Lemma-Signifikant mit dieser Bedeutung als nicht der heutigen Verwendungsnorm entsprechend oder als neu angesehen wird. Das Oxford English Dictionary hat zusätzlich zum nachgestellten *Obs.* noch ein Kreuz vor dem Lemma oder der Zahl der Einzelbedeutung. Das HDG gibt *veralt.* lediglich für überholte grammatische Formen (z. B. **dünken** (dünkt/veralt. deucht), ...), da es bei seiner Stichwortauswahl nur den „Wortschatz der letzten dreißig Jahre" zugrunde legt, womit „die Aufnahme veralteter Lexeme ausgeschlossen" ist — mit Ausnahme allerdings der veralteten Nachkriegsneologismen wie **Neubauer, Arbeiter-und-Bauern-Fakultät** u. ä.

## 4. Interessierte Benutzergruppen und Empfehlungen für die Markierungspraxis

Sprachteilhaber, die viel lesen und schreiben, bedürfen eigentlich keiner diachronischen Markierungen, auch nicht der Paläologismen, denn sie wissen in etwa, welche Wörter aus dem normalen Gebrauch gekommen sind und nur noch bedingt verwendet werden sollten. Die Benutzergruppen, für die solche Kennzeichnungen von Nutzen oder sogar notwendig sind, bestehen aus Leuten, die nicht sehr intensiv am Sprachleben der Gemeinschaft teilnehmen oder teilnehmen konnten, z. B. Jugendliche, Angehörige spracharmer Berufe, Ausländer usw. Nicht zuletzt ihretwegen sollten die Lexikographen den Versuch unternehmen, die Markierungspraxis zu vereinfachen und damit durchsichtiger und verständlicher zu machen. Dazu lassen sich folgende Empfehlungen geben:

(1) Die diachronischen Markierungen sollten sich allein auf sprachliche Phänomene beziehen und nicht auf die Denotate, deren zeitliche Merk-

male in den sachbeschreibenden Bedeutungserläuterungen erwähnt werden können. (2) Neologismen bleiben besser unmarkiert, wenn es keinen Grund gibt, mit ihnen auf Besonderheiten der Sprachentwicklung hinzuweisen. (3) Die Markierungen sollten in den Einführungen für den Benutzer ausreichend und linguistisch begründet definiert werden. (4) Die Markierungen der Paläologismen sollten möglichst auf eine einzige reduziert und weitere Differenzierungen durch Kombinationen mit anderen (z. B. diatopischen, diastratischen) Markierungen oder durch Zusatzinformationen in den Erläuterungen vorgenommen werden. Will man auf sprach- oder kulturgeschichtliche Besonderheiten der betreffenden Kommunikationsgemeinschaft aufmerksam machen, ist gegen die Verwendung weiterer, ein Veraltetsein implizierender Markierungen nichts einzuwenden. (5) Auf die Markierung von Lexemen, die sich angeblich in einem Veraltungsprozeß befinden, ist zu verzichten, um nicht über den Wörterbuchbenutzer die Sprachentwicklung zu beeinflussen.

## 5. Literatur (in Auswahl)

### 5.1. Wörterbücher

*BW* = Brockhaus-Wahrig. Deutsches Wörterbuch in sechs Bänden. Hrsg. von Gerhard Wahrig, Hildegard Krämer, Harald Zimmermann. Wiesbaden. Stuttgart 1980—84 [zus. 5310 S.].

*DUDEN-GWB* = Duden. Das große Wörterbuch der deutschen Sprache in sechs Bänden. Hrsg. und bearb. vom Wissenschaftlichen Rat und den Mitarbeitern der Dudenredaktion unter der Leitung von Günther Drosdowski. Mannheim. Wien. Zürich 1976—81 [zus. 2992 S.].

*GL* = Grand Larousse de la langue française en sept volumes. Hrsg. Louis Guilbert u. a. Paris 1971—81.

*GR* = Le Grand Robert de la langue française. Dictionnaire alphabétique et analogique de la langue française de Paul Robert. 2. Aufl., vollständig durchges. und ergänzt von Alain Rey. 9 Bände. Paris 1985 [1. Aufl. 1951—66(—70)].

*HDG* = Handwörterbuch der deutschen Gegenwartssprache. In zwei Bänden. Von einem Autorenkollektiv unter der Leitung von Günter Kempcke. Akademie der Wissenschaften der DDR, Zentralinstitut für Sprachwissenschaft. Berlin 1984 [zus. XXXI, 1399 S.].

*lexis* = lexis. dictionnaire de la langue française. Dir. de Jean Dubois. Paris 1975 [LXXIX, 1950 S.].

*OED* = The Oxford English Dictionary. 12 Bände. Oxford 1933.

*Ožegov* = Sergej Ivanovič Ožegov: Slovar' russkogo jazyka. Okolo 57000 slov. 14. Aufl., bearb. von N. Ju. Švedova. Moskau 1983 [816 S.; 1. Aufl. 1949].

*PR* = Le Petit Robert. Dictionnaire alphabétique et analogique de la langue française par Paul Robert. Neuaufl. unter der Leitung von Alan Rey und Josette Rey-Debove. Paris 1979 [XXXI, 2173 S.; 1. Aufl. 1967].

*Slov.* = Slovar' russkogo jazyka v četyrech tomach. Hrsg. A. P. Evgen'eva. Akademie der Wissenschaften der UdSSR, Institut für russische Sprache. 2., verbess. und ergänzte Aufl. Moskau 1981—84 [1. Aufl. 1957—61].

*Slovar'* = Slovar' sovremennogo russkogo literaturnogo jazyka. 17 Bände. Akademie der Wissenschaften der UdSSR, Institut für russische Sprache, Moskau. Leningrad 1950—65.

*Suppl.* = A Supplement to the Oxford English Dictionary. 3 Bände. Hrsg. Robert W. Burchfield. Oxford 1972—82.

*WIII* = Webster's Third New International Dictionary of the English Language. 3 Bände. 17. Aufl. Leit. Hrsg. Philip B. Gove. Chicago. London. Toronto. Geneva. Sidney. Tokyo. Manila 1976 [1. Aufl. 1909].

*WDG* = Wörterbuch der deutschen Gegenwartssprache. 6 Bände. Hrsg. von Ruth Klappenbach und Wolfgang Steinitz. Akademie der Wissenschaften der DDR, Zentralinstitut für Sprachwissenschaft. 10., bearb. Aufl. 1980ff. [zus.: 38, 4579 S.; 1. Aufl. 1961—77].

### 5.2. Sonstige Literatur

*Osman 1971* = Nabil Osman: Wortuntergang. In: Kleines Lexikon untergegangener Wörter. Wortuntergang seit dem Ende des 18. Jahrhunderts. Von Nabil Osman. München 1971, 245—256.

*Osselton 1979* = N. E. Osselton: Some Problems of Obsolescence in Bilingual Dictionaries. In: Dictionaries and their Users. Papers from the 1978 B.A.A.L. Seminar on Lexicography. Hrsg. Reinhard R. K. Hartmann. Exeter 1979, 120—126 (Exeter linguistic studies, 4).

*Rey 1976* = Alain Rey: Néologisme: un pseudoconcept? In: Cahiers de lexicologie 28. 1976, 3—17.

*Rößler 1971* = Rudolf Rößler: Neologismen, Archaismen und Wortmeteore als Zeugen unserer sozialistischen Entwicklung. In: Sprachpflege 20. 1971, 76—81.

*Schmidt, G. D. 1982a* = Günter Dietrich Schmidt: Paläologismen. Zur Behandlung veralteten Wortguts in der Lexikographie. In: Deutsche Sprache 10. 1982, 193—212.

*Schmidt, G. D. 1982b* = Günter Dietrich Schmidt: DDR-spezifische Paläologismen. Veraltetes Wortgut in der deutschen Sprache der DDR. In: Muttersprache 92. 1982, 129—145.

*Schmidt, V. 1979* = Veronika Schmidt: Probleme der Archaisierung deutscher Wörter, dargestellt am Beispiel von Personenbezeichnungen. In: Beiträge zur Phraseologie und Lexikologie der deutschen Gegenwartssprache. Berlin 1979, 130—136 (Linguistische Studien A, 56).

*Günter Dietrich Schmidt, Mannheim (Bundesrepublik Deutschland)*

## 55. Diatopische Markierungen im allgemeinen einsprachigen Wörterbuch

1. Vorbemerkungen
2. Die ausgewählten Wörterbücher
3. Zu den verwendeten diatopischen Markierungen
4. Zur Markierungspraxis der Wörterbücher
5. Die Markierungen im Spiegel der dialektologischen Forschung
6. Überlegungen zu einer konsistenteren Markierungspraxis
7. Literatur (in Auswahl)

### 1. Vorbemerkungen

Im allg. sind Schrift- bzw. Standardsprachen das Ergebnis umfassender sprachgeschichtlicher Ausgleichsvorgänge (vgl. Art. 8). Was die Komplexität, Durchsetzungskraft und Dauer dieser Prozesse angeht, lassen sich bezüglich der Einzelsprachen allerdings Unterschiede feststellen. Dies gilt in jedem Falle für die drei Sprachen, die in diesem Artikel berücksichtigt werden sollen. Während in England und Frankreich die Entwicklung schon früh auf jeweils ein politisch, ökonomisch und kulturell dominierendes Zentrum (London bzw. Paris) hin, d. h. monozentrisch, ausgerichtet ist (vgl. Jacobsson 1962; Schmitt 1986, 131 ff.), bleiben die deutschen Sprachverhältnisse wegen der „Konkurrenz mehrerer Zentren gleichzeitig und im Ablauf der Zeit" (Besch 1985, 1781) sehr viel länger plurizentrisch geprägt. Schon von daher ist es dann nicht weiter verwunderlich, daß das (Standard-)Deutsche noch heute in sehr viel stärkerem Maße binnengegliedert ist als etwa das Englische und Französische.

Allerdings sind nicht alle heute in den Standardsprachen (reine Dialektismen bleiben hier generell außer Betracht) begegnenden diatopisch markierten Wörter gleich gewichtig. So gibt es zum einen regionalspezifische Wörter, etwa aus den Bereichen der Tier- und Pflanzennamen, Produktnamen und vor allem der Gastronomie, die z. B. im Zuge des Tourismus Eingang in den allg. Wortschatz finden, dabei aber immer auf eine kleinräumige Region bezogen bleiben (z. B. *calisson,* eine provenç. Confiseriespezialität). — Auf einer anderen Ebene steht dann etwa großräumigere standardsprachliche Variation innerhalb der (zugleich namengebenden) Binnen- bzw. Ausgangsgebiete der Sprachen (d. h. Deutschland, England i. e. S. und Frankreich; Beispiel: nordd. *Harke* — südd., mitteld. *Rechen).—* Da alle drei Sprachen überstaatliche Geltung besitzen, ist auf einer weiteren Ebene von Varianten auszugehen, die vor allem in der Peripherie der Sprachgebiete gelten und die teils in bewußtem, häufig politisch-historisch motiviertem Gegensatz zu denen der Kerngebiete stehen, teils aber auch auf den Kontakt mit in diesen Randgebieten ebenfalls geltenden anderen Standardsprachen zurückzuführen sind (vgl. aus der frz. Schweiz: *peindre le diable sur la muraille* nach dem dt. *den Teufel an die Wand malen* anstelle des binnenfrz. *pousser le tableau au noir).* — Und schließlich wären einer vierten Ebene solche geographischen Varianten zuzuordnen, die als Belege für eine (zumindest ansatzweise) Entwicklung von Teilstandardsprachen (Viereck 1986, 221 spricht z. B. von *national standards* im Gegensatz zum supranationalen *standard English*) gelten können (z. B. brit. Engl. *luggage* — am. Engl. *baggage* 'Gepäck'). — Diese 'Ebenen' sind selbstverständlich nicht streng zu scheiden; es ist mit — qua Einzelsprache möglicherweise auch unterschiedlichen — Zwischenstufen zu rechnen. Entsprechend vage muß, jedenfalls im Rahmen einer übereinzelsprachlichen Darstellung, die Terminologie bleiben: in Weiterentwicklung der Begrifflichkeit von Bähr (1974, 37 f.) könnte man etwa von geographischen Varianten ersten ('Teilstandardsprache') bis vierten (kleinregionale Variante) Grades sprechen.

Schon die wenigen angeführten Beispiele dürften die Bedeutung der diatopischen Markierung in den standardsprachlichen Wbb. für eine ungestörte Kommunikation illustriert haben. Einschlägige Verständnisschwierigkeiten oder zumindest Einschätzungsunsicherheiten ergeben sich hier nicht nur für den Ausländer, sondern nicht selten auch für den Muttersprachler.

Die folgende Darstellung muß sehr summarisch bleiben. Im Rahmen dieses Handbuchartikels war eine umfassende und methodisch befriedigende vergleichende Auswertung der standardsprachlichen Wbb. der drei zu untersuchenden Sprachen nicht zu leisten. Die Darstellung basiert daher so weit wie möglich auf der Forschungsliteratur, die die hier interessierenden Fragen allerdings häufig nur eher am Rande behandelt. Während für das Dt. eingehendere Bestandsaufnahmen und Vergleiche auf der Basis der Wortschatzstrecke *A—D* zur Verfügung stehen (Niebaum 1984), liegen für das Engl. und Frz. im allg. nur eher zufällige Auswahllisten diatopisch markierter Wörter vor (z. B. Bailey 1970; Haensch 1974; Hausmann 1977, 115 ff.; R. McDavid 1967), die allerdings z. T. auch im Rahmen größerer varietätenbezogener Untersuchungen stehen (Bähr 1974; Viereck 1975; Müller 1975).

## 2. Die ausgewählten Wörterbücher

Gegenstand der Betrachtung waren die umfassenden mehrbändigen (oder qua Umfang diesen vergleichbaren), die gegenwärtigen (Gesamt-)Standardsprachen kodifizierenden Wbb. 'Teilstandard'wbb. bzw. Wbb. standardsprachl. 'Besonderheiten', etwa des *français de Belgique*, des *français du Canada*, des *American English*, der *Canadianisms*, des österreichischen Deutsch usw. bleiben ausgeklammert.

Einbezogen wurden (a) *Wörterbuch der deutschen Gegenwartssprache* (WDG), *Duden. Das große Wörterbuch der deutschen Sprache* (Duden-GWB), *Brockhaus Wahrig. Deutsches Wörterbuch* (BW); (b) *Oxford English Dictionary* (OED), *The Shorter Oxford English Dictionary* (ShOED), *Chambers 20th Century Dictionary* (Chamb), *Webster's Third New International Dictionary of the English Language* (Webster-3), *The Random House Dictionary of the English Language* (RHD), *The American Heritage Dictionary of the English Language* (AHD); (c) *Paul Robert. Dictionnaire alphabétique et analogique de la langue française* (GR [Grand Robert]), *Grand Larousse de la langue française* (GLLF), *Trésor de la langue française* (TLF).

## 3. Zu den verwendeten diatopischen Markierungen

Dem Aspekt der diatopischen Markierung lassen die behandelten Wbb. durchweg nicht die nötige Sorgfalt angedeihen. So werden etwa die verwendeten Arealbezeichnungen in den Benutzerhinweisen im allg. überhaupt nicht erläutert, was aber um so wichtiger gewesen wäre, als hinsichtlich der Markierungsprädikate häufig unterschiedliche Beschreibungsmodelle miteinander vermischt werden. So bleibt z. B. bei den dt. Wbb. aufgrund fehlender Hinweise unklar, ob die Markierung *mitteldeutsch* in die dialektologische Reihe *niederd.—mitteld.—oberd.* gehört oder aber in die geographische *nordd.—mitteld.—südd.*, ganz abgesehen von dem hinzukommenden Problem der jeweiligen räumlichen Abgrenzung dieser Termini. — In ähnlicher Weise arbeiten auch „die französische Lexikologie und Lexikographie [...] bisher mit undefinierten Begriffen und ohne einheitliches System" (Söll 1974, 160). — Eine positive Ausnahme bildet in dieser Hinsicht Webster-3 (17 a), zumindest was die inneramerik. diatopischen Markierungen betrifft:

„the seven labels *North, NewEng, Midland, South, West, Southwest,* and *Northwest* [...] correspond loosely to the areas in Hans Kurath's Word Geography of the Eastern United States (1949)".

Genauere Begrenzungen finden sich unter den jeweiligen (dabei geradezu enzyklopädischen Charakter gewinnenden) Lemmata.

Neben dialektologischen und geographischen Benennungen begegnen in den Wbb. auch solche (historisch-)politischer Art. Eine Gesamtliste der verwendeten Markierungen, die man sich im übrigen mühsam aus den Abkürzungsverzeichnissen bzw. (bei nicht abgekürzten Prädikaten) aus den Wörterbuchartikeln selbst zusammenstellen muß, kann aus Raumgründen an dieser Stelle nicht gegeben werden (zu den dt. Wbb. vgl. Niebaum 1984, 320f.); hier müssen einige, die verschiedenen Markierungstypen kennzeichnende Beispiele genügen.

| geogr. Varianten | Beispiele |
|---|---|
| I  1. Grades | Brit., U.S., Australia; (au) Canada |
| II  2. Grades | österr., schweiz., DDR; (Anglo-)Irisch, Welsh; Belgique, Suisse |
| III  3. Grades | nordd., schweiz. umg.; Scot., U.S., Midland, South |
| IV  4. Grades | alemann., ostniederd., westf.; schweiz. mal.; n. E., U.S. dial.; gascon, provenç. |

Abb. 55.1: Typen diatopischer Markierung

Das (oben unter 1. erläuterte) Modell geographischer Variation, auf das die Markierungen hier bezogen sind, ist möglicherweise nicht überall gleichermaßen schlüssig. Bezüglich des Frz. z. B. scheint man sich bisher auf die Dichotomie *mots régionaux — mots d'origine régionale* (Baldinger 1961) zu beschränken. Es kommt hinzu, daß die Wbb. ihre Markierungen selbst gar nicht oder nur unzureichend strukturiert haben. Vor allem im Dt. spielt weiterhin die von den Wbb. ebenfalls unzureichend eingeführte Sprachschichtenproblematik eine Rolle. Während in den engl. und frz. Wbb. die diatopische Markierung offenbar im allg. auf ein Zwei-Schichten-Modell *(Standard—Mundart)* abhebt, wird im Dt. (vgl. zum Frz. aber auch Schmitt 1986, 158ff.) auch explizit eine dazwischenliegende dritte Schicht, die 'Umgangssprache', einbezogen, wobei die Abgrenzung zwischen den Schichten allerdings prinzipiell schwierig ist und regional zudem noch unterschiedlich sein kann. Die Wbb. versuchen, diesen Schwierigkeiten mit Zusatzmarkierungen wie *umg.* bzw. *mal.* beizukommen. Da die Umgangssprache im Süden mundartnäher ist als etwa im Norden, dürften jedoch Prädikatenkombinationen wie *österr.umg.* und *nordd.umg.* kaum derselben Ebene bzw. Schicht angehören; für letztere wäre dann evtl. zwischen III und IV der Abb. 55.1 eine weitere Ebene einzufügen. — Eine besondere Gruppe bilden die 'unspezifischen' Markierungen *landschaftl., regional, mundartl.; regional, dial., local; région., dialect.* (insofern sie für sich allein stehen; solche des Typs *landsch., bes.südd.* oder *dial.Engl.* sind hier jetzt nicht gemeint). Abweichend vom sonstigen Usus werden die 'unspezifischen' Prädikate in den Benutzerhinweisen näher erläutert (wenn auch nicht immer befriedigend, vgl. Niebaum 1984, 321 ff.). So heißt es etwa: „Läßt sich das Sprachgebiet nicht genau abgrenzen, so steht der Hinweis 'landsch.'" (Duden-GWB I, 16). Während in den dt. Wbb. z. B. *landsch.* dem Prädikat *mundartl.* verbreitungsmäßig übergeordnet ist, sind die Entsprechungen *regional* und *dial.* in den Wbb. des Engl. (und Frz.) in ihrer Bedeutung nicht differenziert:

„Often an expression may be common to several areas, and yet not be used in American speech in general. Such expressions are labelled *Regional*" (AHD, XLVII). „The regional label *dial* for 'dialect' when unqualified indicates a regional pattern too complex for summary labelling usually because it includes several regional varieties of American English or of American and British English" (Webster-3, 17 a).

Das untergeordnete Prädikat ist hier offenbar *local*. Bei den frz. Wbb. verwendet GLLF in diesem Zusammenhang *dialect.*, GR und TLF *région*. — Es dürfte deutlich sein, daß diese Art der Markierung als Notlösung zu charakterisieren ist; mit den lakonischen Worten von R. McDavid:

„About all the label *dial.* indicates is that the word is probably not in general use, probably not slang, probably not technical language or argot — and that the editors don't want to spend the time and money to find out what it is" (1967, 13).

Hier bleibt weiter anzumerken, daß vor allem im amerik. Gebrauch *dialect* zweidimensional (regional und sozial) stratifiziert sein kann (vgl. Duckert 1973; Viereck 1975, 82 ff.; Viereck 1986, 222), was zumindest auf seiten des Wb.benutzers zu Fehldeutungen solcher Markierungen führen kann, von der (impliziten) Markierungsunsicherheit der Lexikographen (vgl. V. McDavid 1973, 191) einmal ganz abgesehen.

Die Zweideutigkeit der Markierung *mitteld.* wurde bereits angesprochen. Ähnlich mißverständlich sind z. B. auch *Irish* oder *provenç.*, die beide in den Benutzerhinweisen nicht erläutert sind. Zieht man die entspr. Wörterbuchartikel zu Rate, so finden sich s. v. *Irish* zumindest zwei (sprachbezogene) Definitionen: z. B. im OED unter A.3: „language of the Celtic inhabitants of Ireland", unter B.2c: „English as spoken by natives of Ireland". Chamb und Webster-3 kennen noch eine dritte, als 'veraltet' gekennzeichnete Bedeutung: „Scottish Gaelic". — S. v. *provenç.* kennen die frz. Wbb. (bezüglich der heutigen Sprachverhältnisse) ebenfalls zwei Bedeutungen. Im weiteren Sinne bedeutet es (in den Worten des GLLF): «l'ensemble constitué par les parlers locaux de langue d'oc» (hierfür verwendet man heute auch den Terminus *occitan*), im engeren Sinne bezeichnet es nur einen Teil davon: «l'ensemble constitué par les idiomes locaux parlés sur le territoire comprenant l'ancienne Provence». Beim TLF wird man die Markierung *provenç.* implizit der engeren Bedeutung zurechnen dürfen, da im Abkürzungsverzeichnis neben *prov.* auch die anderen okzitanischen Dialekte erfaßt sind (*cat., dauph., gascon., langued.* etc.).; GR und GLLF bleiben hier undeutlich.

Abschließend sei ein weiteres Problem skizziert, das die Wbb. des Engl. betrifft. Bei geographischen Markierungen wie *North, Midland, South* o. ä. wird, ohne daß dies expliziert würde, offenbar von der jeweiligen eigenen (brit. oder amerik.) Basis aus verfahren. Im OED z. B. bezieht sich *Midland*, folgt man dem Wörterbuchartikel, auf den

„dialect of the area extending from Wharfedale in Yorkshire to Stratford-on-Avon, and from Chester to the Lincolnshire coast".

Eine entsprechende Bedeutung kennt z. B. (unter 2.) auch das RHD; die Markierung *Midland* dürfte dort aber (gemäß Bedeutungsstelle 3.) folgenden Inhalt haben:

„the dialect of English spoken in the southern parts of Illinois, Indiana, Ohio, Pennsylvania, and New Jersey, and in West Virginia, Kentucky, and eastern Tennessee, and throughout the southern Appalachians."

In dieser Hinsicht besteht Bedarf an einer eindeutigeren Markierungspraxis.

## 4. Zur Markierungspraxis der Wörterbücher

In nicht geringem Maße ist die Markierungspraxis der Wbb. von der Gesamtkonzeption der Herausgeber und Autoren abhängig. Damit eng verbunden ist dann auch die Frage der Auswahlprinzipien der jeweiligen Wortschätze, und dies ist wiederum von Belang für den gebuchten Anteil markierten, d. h. in seinem Gebrauch eingeschränkten Wortguts. Bedauerlicherweise bleiben die Vorworte der Wbb. hierzu im allg. recht vage. Am umfassendsten äußern sich noch die dt. Wbb.: landschaftl. Varianten werden dort aufgenommen, „insofern sie auf die Allgemeinheit hinüberwirken" (Duden-GWB I, 1) bzw. „einem großen Benutzerkreis innerhalb der deutschen Sprachgemeinschaft mit Wahrscheinlichkeit im täglichen Leben begegnen können" (BW I, 13; ähnlich TLF I, XXVI); überdies dann, „wenn sie durch literarische Werke allgemein bekannt geworden sind" (WDG I, 04; so auch OED I, XXVIII).

Für die dt. Wbb. läßt sich auch das jeweilige Verhältnis der diatopisch markierten Wb.einträge zum Gesamtwortschatz (auf der Basis der Wortschatzstrecke *A—D*) angeben: im WDG sind 3,025 % der Einträge diatopisch markiert, im Duden-GWB 3,511 % und im BW 2,31 % (vgl. Niebaum 1984, 325). Bezüglich der engl. und frz. Wbb. fehlen entsprechende Zahlen. Um aber zumindest einen Eindruck davon vermitteln zu können, in welchem Umfang dort diatopisch markiert wird, habe ich aus der Forschungsliteratur (vgl. 1.) ungezielt Listen mit solchen Wörtern und Wortbedeutungen zusammengestellt, bei denen diatopische Markierung zu erwarten war. In den Wbb. des Engl. sind durchschnittlich ein Drittel der diatopisch markierbaren Einträge dieser Liste (Gesamtzahl 95) in der Tat mit einschlägigen Prädikaten versehen; es ergeben sich bei den einzelnen Wbb. aber deutliche Unterschiede:

|  | diatopisch markiert | unmarkiert | nicht belegt |
|---|---|---|---|
| OED | 45,3 % | 24,2 % | 30,5 % |
| ShOED | 23,2 % | 20,0 % | 56,8 % |
| Chamb | 24,2 % | 28,4 % | 47,4 % |
| Webster-3 | 73,7 % | 24,2 % | 2,1 % |
| RHD | 32,7 % | 29,5 % | 37,9 % |
| AHD | 17,9 % | 31,6 % | 50,5 % |

Abb. 55.2: Markierungsanteile in den Wbb. des Englischen (Basis: Testliste)

Die deutlichen Unterschiede werden, wenigstens teilweise, auf die manchmal beträchtlichen Umfangdifferenzen zurückzuführen sein: ein kleineres Wb. muß sich hinsichtlich eines mehr peripheren Wortschatzbereichs natürlich Beschränkungen auferlegen. Bei den drei amerik. Wbb. spielt aber offenbar noch ein anderer Aspekt eine Rolle. Da der überproportional hohe Anteil diatopischer Markierungen für Webster-3 auch durch einen entsprechenden Vergleich von anderen „thirty words that might be expected to carry regional labels" bestätigt wird (Bailey 1970, 28 f.), sind die Differenzen wohl eher im Rahmen unterschiedlicher Wb.ziele zu betrachten.

Websters „basic aim is nothing less than the coverage of the current vocabulary of standard written and spoken English" (4 a). Gegenüber diesem eher deskriptiven Standpunkt mit der Einbeziehung auch der Sprechsprache vertritt das AHD mit seiner Ausrichtung auf den Wortschatz des „educated adult" eine extrem präskriptive Auffassung: „in these permissive times" reiche es nicht, die Sprache gewissenhaft aufzuzeichnen, hinzukommen müsse vielmehr „the essential dimension of guidance [...] toward grace and precision which intelligent people seek in a dictionary" (AHD, VI). Dazwischen steht das RHD, das geleitet ist „by the premise that a dictionary editor must not only record: he must also teach" (RHD, Vf.).

Bezüglich der frz. Wbb. ist auf die „französische Tradition" zu verweisen, nach der der Lexikograph „zu sehr als Bewahrer auftritt und damit letztendlich puristischen Traditionen verpflichtet bleibt" (Schmitt 1986, 185). Insofern ist generell mit einem geringeren Anteil regional eingeschränkten Wortguts zu rechnen. Dort, wo diatopische Markierungen begegnen, ist auffällig, daß man diese häufig eher indirekt vornimmt, etwa im Rahmen der etymologischen Hinweise oder der lexikographischen Definition. Echte Lemmamarkierungen sind in der Minderzahl. In der folgenden Übersicht, die auf einer Testliste von 56 (bzw. im noch nicht vollständigen TLF 46) diatop. markierbaren Einträgen basiert, sind 'direkte' und 'indirekte' Markierungen zusammengenommen:

|  | diatopisch markiert | nicht markiert | nicht belegt |
|---|---|---|---|
| GLLF | 75,0 % | 13,5 % | 11,5 % |
| GR | 44,2 % | 23,1 % | 32,7 % |
| TLF | 78,3 % | 8,7 % | 13,0 % |

Abb. 55.3: Markierungsanteile in den Wbb. des Französischen (Basis: Testliste)

Auch hier wird man die deutlichen Differenzen in den Zusammenhang unterschiedlicher Auswahlprinzipien der Wortschätze stellen dürfen: während der GR sich eher dem klassisch-literarischen Frz. verpflichtet weiß, beruhen GLLF (III: «tous les mots qui peuvent être rencontrés dans la presse contemporaine») und TLF auf gegenwartssprachl. Corpora, was natürlich einen erhöhten Anteil an gesprochensprachl. Elementen einerseits und an Regionalspezifika andererseits zur Folge hat.

Im Zusammenhang der Markierungspraxis wäre auch ein Vergleich identischer, teilidentischer und abweichender Markierung von Wörterbucheinträgen, jeweils im Rahmen der Einzelsprachen, angebracht. Aus Raumgründen, aber auch infolge von Forschungslücken (bisher wurde diesen Fragen in größerem Umfang nur für das Dt. nachgegangen; s. Niebaum 1984, 334 ff.), muß dies hier unterbleiben. Ganz allg. wird man auf der Basis der dt. Wbb. sagen können (und die wenigen Beispiele aus den obengenannten Testlisten zum Engl. und Frz. widersprechen dem zumindest nicht), daß sich hinter vielen Abweichungen eher nachgeordnete Unterschiede verbergen; diese betreffen etwa vorhandene oder fehlende Zusatzcharakterisierungen (z. B. *umg.*), eingegrenztere (etwa *berlin.* gegenüber *nordd.*) oder umfassendere Markierung (*südd.österr.* gegenüber *südd.*). Stärkere Divergenzen sind selten.

## 5. Die Markierungen im Spiegel der dialektologischen Forschung

Im Rahmen dieses Beitrags ist eine systematische Überprüfung der Frage, ob die diatopischen Markierungen in den untersuchten Wbb. jeweils zutreffend sind, nicht zu leisten, nicht zuletzt auch aufgrund beträchtlicher Forschungslücken (so liegen z. B. maßgebliche Dialektwörterbücher noch nicht vollständig vor, und die Sprachatlanten decken naturgemäß nur einen Teil des Wortschatzes ab). Vor diesem Hintergrund sind dann auch unrichtige diatopische Zuordnungen in den Wbb. zu bewerten; im allg. scheinen die diatopischen Markierungen jedoch dem Stand der Dialektgeographie zu entsprechen (vgl. R. McDavid 1967, 14 ff.; Niebaum 1984, 343 ff.). Man muß sich weiterhin vor Augen halten, daß ein „general purpose dictionary" selbstverständlich kein Dialektwb. ist. R. McDavid äußert für einschlägige Lücken in den Wbb. denn auch Verständnis:

„Every word, every label included means the exclusion of something else; every hour spent on investigating the regional status of words, meanings or pronunciations was taken from some other task",

wenn auf der anderen Seite auch festzustellen bleibt,

„that better use — especially more accurate reading — could have been made of available sources" (1967, 16 f.).

## 6. Überlegungen zu einer konsistenteren Markierungspraxis

„Die Markierungssysteme der Wörterbücher stehen in der Regel auf schwachen theoretischen Füßen, sind aber dennoch unverzichtbar"; diese Feststellung Hausmanns (1985, 377) macht das Dilemma deutlich. In gewissem Maße scheinen Verbesserungen aber möglich.

Vorstehend wurde bereits auf die Bedeutung einer sorgfältigeren Kenntnisnahme der dialektologischen Forschung hingewiesen. Dies sollte allerdings nicht dazu führen, daß die Markierungsprinzipien für den Wörterbuchbenutzer, der ja im allg. nicht sprachwissenschaftlich, geschweige denn dialektologisch, vorgebildet ist, noch undurchsichtiger werden. Besch hat angesichts der Tatsache, daß in den Wbb. des Dt. die „Tauglichkeit der Arealbezeichnungen [...] entschieden zu wünschen übrig läßt", für ein strikt geographisches Markierungssystem plädiert (1986, 59 ff.), das einerseits den Vorteil der ‚Normalverständlichkeit' hat, zum anderen jedoch auch aus dialektologischer Sicht zu begründen ist, da hiermit dem oft falschen Eindruck vorgebeugt werden kann, daß sich die Verbreitung eines Wortes mit der üblicherweise lautbezogenen Dialekteinteilung deckt (Niebaum 1984, 319). Bedeutsam ist weiterhin, daß „Wörterbuchverfasser wie auch -benutzer die traditionellen Dialektbezeichnungen [...] ohne Schwierigkeiten in das geographische Modell" überführen können (Besch 1986, 62). Die Wbb. des Engl. und Frz. folgen im allg. einem solchen geographischen Beschreibungsmodell. Wichtig ist jedoch, daß in den Benutzerhinweisen das verwendete Modell (evtl. mit einer Karte) expliziert wird; in dieser Hinsicht sind alle behandelten Wbb. verbesserungsfähig. Und schließlich sollten die Markierungsprädikate dann auch konsequent verwendet werden; daß dies häufig nicht der Fall ist, hat ein Vergleich von fünf amerik. College-Wbb. ergeben: hinsichtlich der „usage labels" mußte McMillan feststellen, „that the lexicographers do not always take their own labels seriously" (1949, 216). Hierauf müßte sich ein Wörterbuchbenutzer aber verlassen können.

## 7. Literatur (in Auswahl)

### 7.1. Wörterbücher

*AHD* = The American Heritage Dictionary of the English Language. Ed. by William Morris. Boston. New York. Atlanta. Geneva. Dallas. Palo Alto 1969 [L, 1550 S.; Wb. 1491 S., 2spaltig].

*BW* = Brockhaus Wahrig. Deutsches Wörterbuch in sechs Bänden. Hrsg. von Gerhard Wahrig †/Hildegard Krämer/Harald Zimmermann. Wiesbaden. Stuttgart 1980—1984 [zus. 5310 S., 2spaltig].

*Chamb* = Chambers 20th Century Dictionary. Ed. by Elizabeth M. Kirkpatrick. New Edition 1983 [XVI, 1583 S.; Wb. 1525 S., 2spaltig].

*Duden-GWB* = Das große Wörterbuch der deutschen Sprache in sechs Bänden. Hrsg. und bearb. vom Wissenschaftlichen Rat und den Mitarbeitern der Dudenredaktion unter Leitung von Günther Drosdowski. Mannheim. Wien. Zürich 1976—1981 [zus. 2992 S., 2spaltig].

*GLLF* = Grand Larousse de la langue française en six [ab Bd. IV: sept] volumes. Sous la direction de Louis Guilbert/René Lagane/Georges Niobey. Paris 1971—1978 [zus. CXXVIII, 6730 S.; Wb. 6632 S., 3spaltig].

*GR* = Paul Robert: Dictionnaire alphabétique et analogique de la langue française. Les mots et les associations d'idées. 6 vol. + supplément. Paris 1978 [zus. XII, 6062 S., 2spaltig; 1. Aufl. 1953—1970, 12. Aufl. in 9 Bdn. 1986].

*OED* = The Oxford English Dictionary. Being a corrected re-issue with an introduction, supplement, and bibliography of a New English Dictionary on historical principles. Ed. by James A. H. Murray/Henry Bradley/W. A. Craigie/C. T. Onions. 13 vol. Oxford 1933 [zs. XLIV, 16363 S., 3spaltig; 1. Aufl. Oxford 1888—1928]. — A Supplement to the Oxford English Dictionary. Ed. by Robert W. Burchfield. 4 vol. Oxford 1972 [XXIII, 5646 S., 3spaltig].

*RHD* = The Random House Dictionary of the English Language. Ed. by Jess Stein/Laurence Urdang. New York 1967 [XXXII, 2059 S.; Wb. 1664 S., 3spaltig].

*ShOED* = The Shorter Oxford English Dictionary on historical principles. Ed. by Charles Talbut Onions. Oxford 1970 [XXII, 2515 S., 3spaltig; 1. Aufl. 1933].

*TLF* = Trésor de la langue française. Dictionnaire de la langue du XIX$^e$ et du XX$^e$ siècle (1789—1960), publié sous la direction de Paul Imbs. Paris 1971— [bisher 12 Bde. bis *pénétrer;* zus. CXXXI, 14964 S., 2spaltig].

*WDG* = Wörterbuch der deutschen Gegenwartssprache. Hrsg. von Ruth Klappenbach/Wolfgang Steinitz. 6 Bde. Berlin 1964—1977 [zus. 036, 4579 S., Wb. 4551 S., 2spaltig].

*Webster-3* = Webster's Third New International Dictionary of the English Language unabridged. Ed. by Philip Babcock Gove. London. Springfield, Mass. 1981 [102$^a$, 2663 S., 3spaltig; 1. Aufl. 1961].

### 7.2. Sonstige Literatur

*Bähr 1974* = Dieter Bähr: Standard English und seine geographischen Varianten. München 1974.

*Bailey 1970* = Richard W. Bailey: [Rez.] The American Heritage Dictionary of the English Language. In: Language Sciences. April 1970, 23—29.

*Baldinger 1961* = Kurt Baldinger: L'importance du vocabulaire dialectal dans un thesaurus de la langue française. In: Lexicologie et lexicographie françaises et romanes. Orientations et exigences actuelles. Strasbourg 12—16 Novembre 1957. Paris 1961 (Colloques Internationaux du Centre National de la Recherche Scientifique. Sciences Humaines), 149—176.

*Besch 1985* = Werner Besch: Die Entstehung und Ausformung der neuhochdeutschen Schriftsprache/Standardsprache. In: Sprachgeschichte. Ein Handbuch zur Geschichte der deutschen Sprache und ihrer Erforschung. Hrsg. von Werner Besch/Oskar Reichmann/Stefan Sonderegger. Zweiter Halbbd. Berlin. New York 1985, 1781—1810.

*Besch 1986* = Werner Besch: Zur Kennzeichnung sprachlandschaftlicher Wortvarianten im Duden-Wörterbuch und im Brockhaus Wahrig. In: Wortes anst, verbi gratia. Donum natalicium Gilbert A. R. De Smet. Hrsg. von H. L. Cox/V. F. Vanacker/E. Verhofstadt. Leuven. Amersfoort 1986, 47—64.

*Clerck 1977/78* = Rita de Clerck: Die diatopischen und diastratischen Markierungen in 6 modernen Wörterbüchern. Proefschrift Duitse Taalkunde Rijks-Universiteit Gent 1977/78.

*Duckert 1973* = Audrey R. Duckert: Regional and Social Dialects. In: Lexicography in English. Ed. by Raven I. McDavid Jr./Audrey R. Duckert. In: Annals of the New York Academy of Sciences 211. 1973, 51—54.

*Fenske 1973* = Hannelore Fenske: Schweizerische und österreichische Besonderheiten in deutschen Wörterbüchern. Mannheim. Tübingen 1973 (Forschungsberichte des Instituts für deutsche Sprache 10).

*Gilbert 1969* = Pierre Gilbert: Différenciations lexicales. In: Le Français dans le Monde 69. 1969, 41—47.

*Haensch 1974* = Günther Haensch: [Rez.] Grand Larousse de la langue française. Tomes 1—3 (A—Inc). In: Romanistisches Jahrbuch 25. 1974, 225—232.

*Hausmann 1977* = Franz Josef Hausmann: Einführung in die Benutzung der neufranzösischen

Wörterbücher. Tübingen 1977 (Romanistische Arbeitshefte 19).

*Hausmann 1985* = Franz Josef Hausmann: Lexikographie. In: Handbuch der Lexikologie. Hrsg. von Christoph Schwarze/Dieter Wunderlich. Königstein/Ts. 1985, 367—411.

*Jacobsson 1962* = Ulf Jacobsson: Phonological Dialect Constituents in the Vocabulary of Standard English. Lund. Copenhagen 1962 (Lund Studies in English 31).

*Marckwardt 1973* = Albert H. Marckwardt: Lexicographical Method and the Usage Survey. In: Lexicography and Dialect Geography. Festgabe for Hans Kurath. Hrsg. von Harald Scholler/John Reidy. Wiesbaden 1973 (Zeitschrift für Dialektologie und Linguistik, Beihefte N. F. 9), 134—146.

*R. McDavid 1967* = Raven I. McDavid Jr.: Dialect Labels in the Merriam *Third*. In: Publications of the American Dialect Society 47. 1967, 1—23.

*V. McDavid 1973* = Virginia G. McDavid: Variations in Dictionary Labeling Practices. In: Lexicography in English. Hrsg. von Raven I. McDavid Jr./Audrey R. Duckert. In: Annals of the New York Academy of Sciences 211. 1973, 187—207.

*McMillan 1949* = James B. McMillan: Five College Dictionaries. In: College English 10. 1949, 214—221.

*Müller 1975* = Bodo Müller: Das Französische der Gegenwart. Varietäten. Strukturen. Tendenzen. Heidelberg 1975.

*Niebaum 1984* = Hermann Niebaum: Die lexikographische Behandlung des landschaftsgebundenen Wortschatzes in den Wörterbüchern der deutschen Gegenwartssprache. In: Studien zur neuhochdeutschen Lexikographie IV. Hrsg. von Herbert Ernst Wiegand. Hildesheim. Zürich. New York 1984 (Germanistische Linguistik 1—3/83), 309—360.

*Read 1967* = Allen Walker Read: The Labeling of National and Regional Variation in Popular Dictionaries. In: Problems in Lexicography. Ed. by Fred W. Householder/Sol Saporta. 2., überarbeitete Auflage. Bloomington 1967 [1. Aufl. 1962; Indiana University. Research Center in Anthropology, Folklore and Linguistics. Publication 21], 217—227.

*Schmitt 1986* = Christian Schmitt: Der französische Substandard. In: Sprachlicher Substandard. Hrsg. von Günter Holtus/Edgar Radtke. Tübingen 1986 (Konzepte der Sprach- und Literaturwissenschaft 36), 125—185.

*Schubert 1969* = Arne Schubert: Zur Behandlung des Schweizerischen in der deutschen Lexikographie der 60er Jahre. In: Sprachspiegel 25. H. 2. 1969, 164—172.

*Söll 1974* = Ludwig Söll: Gesprochenes und geschriebenes Französisch. Berlin 1974 (Grundlagen der Romanistik 6).

*Viereck 1975* = Wolfgang Viereck: Regionale und soziale Erscheinungsformen des britischen und amerikanischen Englisch. Tübingen 1975 (Anglistische Arbeitshefte 4).

*Viereck 1986* = Wolfgang Viereck: Zur Erforschung des *Substandard English*. In: Sprachlicher Substandard. Hrsg. von Günter Holtus/Edgar Radtke. Tübingen 1986 (Konzepte der Sprach- und Literaturwissenschaft 36), 219—229.

*Wiegand 1981* = Herbert Ernst Wiegand: Pragmatische Informationen in neuhochdeutschen Wörterbüchern. Ein Beitrag zur praktischen Lexikologie. In: Studien zur neuhochdeutschen Lexikographie I. Hrsg. von Herbert Ernst Wiegand. Hildesheim. New York 1981 (Germanistische Linguistik 3—4/79), 139—271.

*Wiegand/Kučera 1982* = Herbert Ernst Wiegand/Antonín Kučera: Brockhaus-Wahrig: Deutsches Wörterbuch auf dem Prüfstand der praktischen Lexikologie. II. Teil: 1. Bd. (A—Bt); 2. Bd. (Bu—Fz); 3. Bd. (G—Jz). In: Studien zur neuhochdeutschen Lexikographie II. Hrsg. von Herbert Ernst Wiegand. Hildesheim. New York 1982 (Germanistische Linguistik 3—6/80), 285—373.

*Hermann Niebaum, Groningen (Niederlande)*

## 56. Die Markierung von Entlehnungen im allgemeinen einsprachigen Wörterbuch

1. Argumente für die Markierung von Entlehnungen
2. Inventar der Sprachen
3. Direkte Entlehnungen
4. Nicht-direkte Entlehnungen
5. „Inneres" Lehngut
6. Vorschläge zur Terminologie
7. Erstbelege
8. Zusammenfassung
9. Literatur (in Auswahl)

### 1. Argumente für die Markierung von Entlehnungen

Jedes Wörterbuch bemüht sich darum, möglichst viele Wörter mit möglichst zahlreichen Angaben zur Rechtschreibung, Aussprache, Bedeutung, Grammatik, Herkunft usw. aufzunehmen. Obwohl die Herkunft der Wörter eigentlich in einem etymologischen Wörterbuch behandelt werden sollte, ist es lexikologische und lexikographische Praxis, auch in einsprachigen Wörterbüchern neben der Etymologie die Sprache anzugeben, aus der ein nicht-heimisches Wort entlehnt worden ist, und in Einzelfällen Angaben zum Entlehnungsweg zu machen. Der Wörterbuchbenutzer erwartet diese Informationen und geht davon aus, daß alle nicht besonders gekennzeichneten Wörter „Erbwörter" sind, d. h. nicht aus einer fremden Sprache entlehnt wurden. — Für dieses Verfahren gibt es außer der Tradition und dem „Informations- und Erkenntnisinteresse" des Benutzers auch andere, meist sehr praktische Argumente: Nicht-heimische Wörter verhalten sich innerhalb des Gesamtsystems '(Deutscher) Wortschatz' häufig anders als heimische, im Deutschen vor allem bezüglich Schreibung, Aussprache und Grammatik, hier besonders Genus und Flexion. Solche vom „normalen" System (des Deutschen) abweichenden Formen werden im einsprachigen Wörterbuch im allgemeinen in jedem Einzelfall in einer möglichst kurzen Form angegeben, doch lassen sich Informationen dieser Art auch zusammenfassen, wie *Wahrig 1986* dies z. B. für die Deklination der Substantive getan hat. Damit werden präskriptive Probleme gelöst, jedoch nicht deskriptive: *Test* erscheint z. B. bei *Wahrig 1986* in der Deklinationsklasse 1 (= 'der Tag'); damit entfallen aber die im Deutschen durchaus vorkommenden englischen Pluralformen wie *die Tests;* nur *die Teste* gehört in die Deklinationsklasse 1.

## 2. Inventar der Sprachen

Wenn die bisherige lexikographische Praxis beibehalten wird, nicht-heimische Wörter zu kennzeichnen, ergibt sich als erstes Problem, daß es kein von allen Sprachwissenschaftlern akzeptiertes und gleichzeitig damit ein allen Nicht-Sprachwissenschaftlern bekanntes Inventar früher und heute gesprochener Sprachen gibt.

Nach dem Abkürzungsverzeichnis des *Brockhaus/Wahrig 1980—1984* gibt es folgende mit A beginnende Herkunftssprachen: aengl., afgh., afrik., afrz., ägypt., akd., aind., akkad., alb., alem., amerik., amhar., anord., apers., aram., austroas., während *Duden 1983* zusätzlich afläm., afries., air., aisl., aital., alat., alit., andalus., anglofrz., angloind., annamit., apreuß., aprovenz., arab., armen., aruss., asächs., aschwed., aslaw., assyr., awest. und aztek. anführt, also erheblich mehr Sprachen.

Nach dem Abkürzungsverzeichnis des *Brockhaus/Wahrig 1980—1984* gibt es 89 Sprachen, nach *Duden 1983* 228. Man hat aus dieser Unsicherheit bezüglich der tatsächlich existierenden Sprachen zwei Konsequenzen für das allgemeine einsprachige Wörterbuch gezogen: den Katalog der früher und heute existierenden Sprachen auf die wichtigsten zu reduzieren oder auf die Angabe der Herkunftssprache ganz zu verzichten, wie dies die Praxis des *Handwörterbuchs 1984* ist; im Kapitel „Aussprache" gibt es allerdings ein Unterkapitel „Zur Aussprache von Fremdwörtern".

## 3. Direkte Entlehnungen

Direkte Entlehnungen werden in einsprachigen allgemeinen Wörterbüchern verschieden markiert, sind aber immer als solche erkennbar:

„Hobby ... ⟨engl.⟩" [*WDG 1961—1977*], „jumbo 'mot amér'". [*Grand Larousse, 1971—1978, Gilbert 1980, Grand Robert 1985* u. a.], „festival ... ME, fr. MF, fr. L *festivus* festive ...", „voodoo ... LaF *voudou*, of African origin ..." [*Webster's Ninth 1983*], „rucksack ... G ..." [*Macquarie Dictionary 1987*], „kindergarten ... from German ..." [*Collins 1986*] oder ähnlich.

Bei Übernahme des Etymons und Angleichung an die entlehnende Sprache verwendet das *Supplement OED 1972—1986* die Markierung ad. = adaptation of, z. B.

„existentialism ... ad. G. *existentialismus*", „glint ... ad. Sw. *klint* cliff, Norw. *klint* ...".

## 4. Nicht-direkte Entlehnungen

Die Angabe der Sprache, aus der entlehnt worden ist, bringt weitere Probleme mit sich: Es gibt eine ganze Reihe von Wörtern, die nicht direkt aus einer Sprache in eine andere, sondern auf komplizierten Wanderungswegen entlehnt worden sind. Ein Beispiel ist *Ketchup*, das ohne Zweifel aus dem Englischen ins Deutsche gekommen, selbst aber kein englisches Wort ist.

*Wahrig 1986:* „< engl. < hindustan.", *Duden 1983:* „engl. ketchup < malai. kĕchap = gewürzte Fischsoße", *Brockhaus/Wahrig 1980—1984:* „engl. < mal. kechap 'gewürzte Fischsauce'", *Grand Larousse 1971—1978:* „mot angl. ... empr. de l'hindoustani *kitjap*", *Collins 1986:* „Chinese (Amoy) *kōetsiap*", *Concise Oxford 1982:* „f. Chin. dial. *kōechiap*".

Die große Zahl möglicher Sprachen, aus denen entlehnt werden kann, ließe sich durch Angaben wie „mot d'une langue de l'Inde"

(*Dictionnaire du français vivant 1972* s. v. cari, curry) reduzieren. Dieses Beispiel zeigt deutlich, daß zwischen der Angabe der Etymologie und der Kurzangabe zum Verlauf des Entlehnungsweges differenziert werden muß. Dem Lexikographen bleibt im Grunde nichts anderes übrig, als auf die Angaben in einem etymologischen Wörterbuch zu verweisen, wie man das bei einsprachigen französischen Wörterbüchern, z. B. *Grand Robert 1985* (verweist auf *FEW 1948—1983*), *Trésor 1971—1986* u. a. findet. — Entlehnt werden können aber nicht nur Wörter, sondern auch lexikalische Einheiten, die aus mehr als einem Wort bestehen, z. B. *Honni soit qui mal y pense.*

## 5. „Inneres" Lehngut

In diesem Zusammenhang ist ein weiteres Problem zu erwähnen, das den (die) Verfasser eines allgemeinen einsprachigen Wörterbuchs vor die größte aller Schwierigkeiten stellt: mehrgliedrige lexikalische Einheiten, insbesondere Phraseologismen, die „lehnübersetzt" worden sind, also das, was auch als „inneres" Lehngut bezeichnet worden ist; vgl. Betz (1936, 1944, 1949, 1959). Wiederum verfahren die (deutschen) Wörterbücher unterschiedlich: Die Duden-Wörterbücher führen z. B. an, daß *jmdm. den Hof machen* „nach frz. *faire la cour à quelqu'un*" entstanden ist, während *Brockhaus/Wahrig 1980—1984* auf eine solche Angabe verzichtet. Die Angabe von Lehnübersetzungen etc. ist in einsprachigen deutschen, englischen und französischen Wörterbüchern nach häufig nicht erkennbaren und meist nicht durchgängigen Prinzipien geregelt. *Duden 1983* führt z. B. an, daß *der letzte Mohikaner,* seltener *der Letzte der Mohikaner,* „nach" Coopers Romantitel *The Last of the Mohicans* entstanden ist, daß *verlorene/vergebliche Liebesmüh(e)* aber die „Lehnübersetzung" von *Love's Labour's Lost* ist etc.; bei *dritte Welt* jedoch fehlt ein Hinweis auf das englische *(third world)* und das ursprüngliche französische Vorbild *(tiers monde).* Im *Duden 1976—1981* werden *Eierkopf, Einkaufszentrum* und andere als LÜ (Lehnübersetzungen) bezeichnet, andere Lehnübersetzungen wie *Elektronengehirn, Entwicklungsland* etc. aber nicht. Anders verfährt *Brockhaus/Wahrig 1980—1984: Eierkopf* ist „eindeutschend für *Egg-head*"; bei *Einkaufszentrum* fehlt ein Hinweis auf ein englisches Vorbild. Französische Wörterbücher sprechen von „trad.[uction]" *(Grand Robert 1985)* oder „d'apr. ..." (*Petit Robert 1986*), englische von „trans.[lation] of ..." (*Webster's Third 1961*), „after G. ..." (*OED 1989*), „tr.[anslation] G. ..." (*Supplement OED 1972—1976*) etc. Gold (1984, 215) weist auf eine ganze Reihe fehlender Angaben zum Entlehnungsweg in *Webster's Ninth* hin, z. B. *That goes without saying* (nach französisch *ça va sans dire*), *marriage of convenience* (nach französisch *mariage de convenance*), *water parting* (nach deutsch *Wasserscheide*), *art song* (nach deutsch *Kunstlied*) etc., und kommt zu dem Schluß:

„The time has come for a large English etymological dictionary ... Because English has been influenced by so many other languages and because the native-origin vocabulary is historically so complex too, this would have to be a joint project of people with expertise in many different fields" (218).

Das Argument für die nicht vollständige Markierung von Lehnübersetzungen etc. in Wörterbüchern wird sein, nur absolut sichere Entlehnungen, die außerdem fest in die aufnehmende Sprache integriert worden sind, zu kennzeichnen. Hier fehlt es noch sehr weitgehend an Einzeluntersuchungen. — Die größten Probleme liegen also innerhalb des „inneren" Lehngutes, d. h. solcher Entlehnungen, die mit deutschem Wortmaterial wiedergegeben werden.

## 6. Vorschläge zur Terminologie

Auch von den Wörterbüchern wird immer noch ein Teil der Betzschen Terminologie benutzt; diese ist aber für die Lexikographie nicht brauchbar, weil sie nur die Klassifikation einiger Fälle erlaubt und Mischformen und Sonderfälle nicht erfaßt. Daher werden die folgenden Markierungen vorgeschlagen:

### 6.1. Die Markierungen aus und nach

Das in Arbeit befindliche *Wörterbuch im gegenwärtigen Deutsch verwendeter Anglizismen* [AWb] (vgl. Carstensen 1981) verzichtet völlig auf die von Betz entwickelten und von anderen korrigierten und/oder weiterentwickelten Kategorien (vgl. Tesch 1978) und unterscheidet nur noch äußeres und inneres Lehngut, das mit den Markierungen „aus engl. ..." bzw. „nach engl. ..." bezeichnet wird. Die Kategorien „aus engl. x, wobei x ein englisches Sprachzeichen ist", „nach engl. x, ... Mit deutschem Sprachmaterial einem englischen Vorbild nachgebildet" und „o. engl. Vorb." für „Deutsche Sprachentwicklung, die ohne englisches Vorbild erfolgt ist", wurden beim zweiten Kolloquium (17.—19. 2. 1983 in Paderborn) zum AWb entwickelt; vgl. hierzu Kirkness/Wiegand (1983, 327).

Deutsch *Film, Sport, Export, Ballade* ... sind aus englisch *film, sport, export, ballad* ... entstanden, *Der letzte Mohikaner, Verlorene Liebesmüh(e), Viel Lärm um nichts* ... nach englisch *The Last of the Mohicans, Love's Labour's Lost, Much Ado About Nothing* ...

### 6.2. Die Wahrscheinlichkeitsmarkierungen wahrsch. und evtl.

Für das „innere" Lehngut, also die nach englischem Vorbild entstandenen deutschen Ausdrücke, die oft als Phraseologismen vorkommen und bei denen häufig die Ursprungssprache schwer zu ermitteln ist, werden außerdem die Wahrscheinlichkeitsmarkierungen wahrsch. und evtl. benutzt.

*Das Licht am Ende des Tunnels sehen* ist „wahrsch. nach engl. *to see the light at the end of the tunnel*" entstanden, *die chinesische Karte spielen* „evtl. nach *to play the Chinese card*".

Sonderfälle werden entsprechend markiert; dabei handelt es sich im wesentlichen um die in der Literatur so genannten „Scheinentlehnungen" und andere morphologische, lexikalische und semantische Eigenwege des Deutschen bei der Übernahme englischen Wortmaterials.

Ähnliche Markierungen gibt es bei anderen Lexikographen:
*Petersen 1984* unterscheidet „Fra tysk" für direkte Entlehnungen, z. B. *verfremdung*, und „Efter tysk" beim inneren Lehngut, z. B. *krybespor* nach *Kriechspur*. Bei unsicherem Entlehnungsweg heißt es „Jf. [= vgl.] tysk", z. B. „Jf. tysk *Fremdarbeiter*" bei dänisch *fremmedarbejder*.

Die Wahrscheinlichkeitsmarkierungen *vel* und *måske* entsprechen *wahrsch.* und *evtl.*

### 6.3. Die Markierung zu

Zusammenfassend läßt sich feststellen, daß die Markierung von Entlehnungen nach Kriterien erfolgen muß, die trotz ausführlicher Erläuterung im theoretischen Teil des Wörterbuchs möglichst einfach und „sprechend" im Text sind. Aus und nach scheinen diesen Ansprüchen am ehesten zu genügen, da sie die wesentlichsten Teile des „äußeren" und „inneren" Lehngutes abdecken. — Nicht erfaßt werden auf diesem Wege die „Scheinentlehnungen", für deren Kennzeichnung Alan Kirkness zu vorgeschlagen hat, z. B. *Twen*: „zu engl. *twenty*", was in diesem Falle sicher zutrifft, bei *Dressman* jedoch anders formuliert werden müßte. In solchen und weiteren Sonderfällen müßte der Entlehnungsweg detaillierter beschrieben werden.

### 6.4. Die Markierung über

Zu erwägen ist schließlich die Markierung über für solche Fälle, in denen ein Lexem aus einer Sprache entlehnt worden ist, die es ihrerseits entlehnte, doch decken die Markierungen *aus, nach* (und *zu*) den weitaus größten Teil von Entlehnungen ab.

### 7. Erstbelege

Eine Anregung sei hier noch vorgetragen: *Webster's Ninth 1983*, ein einsprachiges englisches Wörterbuch mittleren Umfangs, in dieser Hinsicht etwa *Wahrig 1986, Duden 1983* und *Handwörterbuch 1984* vergleichbar, verzeichnet das erste nachweisbare Vorkommen eines Wortes, z. B. „kindergarten ... G, fr. *kinder* children + *garten* garden (1852)". Die Angabe des ersten Vorkommens eines Wortes in der Ausgangssprache und des ersten Auftretens in der entlehnenden Sprache würde wichtige Hinweise auf den Entlehnungsprozeß geben, doch müßte ein solches Verfahren wohl auf Spezialwörterbücher beschränkt werden und hätte den Nachteil, daß sich der Lexikograph auf andere Wörterbücher verlassen muß.

### 8. Zusammenfassung

Die gegenwärtige Praxis einsprachiger allgemeiner Wörterbücher, Entlehnungen zu markieren, ist vor allem beim „inneren Lehngut" unbefriedigend und könnte nur zufriedenstellend geregelt werden, wenn ausreichend Platz im Wörterbuch zur Verfügung steht und wenn einige immer noch offene theoretische Fragen geklärt sind. — Das Fehlen von Wortmonographien, besonders zu den zentralen Leit- und Schlüsselwörtern unserer Zeit, sowie von Einzeluntersuchungen zu Entlehnungsvorgängen ist besonders zu beklagen. — Auch für die Transferenzlinguistik bleibt noch viel Arbeit zu tun, bis die heute häufig anzutreffenden Vermutungen bezüglich des Entlehnungsprozesses durch zuverlässige, überprüfte Angaben in kondensierter Form als zusätzliche, jedoch in gar keinem Falle überflüssige Information an den Wörterbuch-Benutzer weitergereicht werden können.

## 9. Literatur (in Auswahl)

### 9.1. Wörterbücher

*Brockhaus/Wahrig 1980—1984* = Deutsches Wörterbuch. Hrsg. von Gerhard Wahrig/Hildegard Krämer/Harald Zimmermann. 6 Bde. Wiesbaden. Stuttgart 1980—1984 [zs. 5310 S.].

*Collins 1986* = Collins Dictionary of the English Language. Ed. by Patrick Hanks. Second ed. London. Glasgow 1986 [1771 S., 1. Aufl. 1979].

*Concise Oxford 1982* = The Concise Oxford Dictionary of Current English. Ed. by J. B. Sykes, 7th ed. Oxford 1982 [1368 S.; 1. Aufl. 1911].

*Dictionnaire du français vivant 1972* = Dictionnaire du français vivant. Par Maurice Davau/Marcel Cohen/Maurice Lallemand. Paris 1972 [1339 S.].

*Duden 1976—1981* = Das große Wörterbuch der deutschen Sprache. Hrsg. u. bearb. vom Wissenschaftlichen Rat und den Mitarbeitern der Dudenredaktion unter Leitung von Günther Drosdowski. 6 Bde. Mannheim. Wien. Zürich 1981 [zs. 2990 S.].

*Duden 1983* = Deutsches Universalwörterbuch. Hrsg. u. bearb. vom Wissenschaftlichen Rat und den Mitarbeitern der Dudenredaktion unter Leitung von Günther Drosdowski. Mannheim. Wien. Zürich 1983 [1504 S.].

*FEW 1948—1983* = Französisches Etymologisches Wörterbuch. Hrsg. von Walther von Wartburg. 25 Bde. Basel 1948—1983 [zs. 14046 S.].

*Gilbert 1980* = Dictionnaire des mots contemporains. Par Pierre Gilbert. Paris 1980 [739 S.].

*Grand Larousse 1971—1978* = Grand Larousse de la langue française. 7 tomes. Paris 1971—1978 [zs. 5866 S.].

*Grand Robert 1985* = Le Grand Robert de la langue française. Par Paul Robert. 2ème éd. 9 tomes. Paris 1985 [zs. 9151 S.].

*Handwörterbuch 1984* = Handwörterbuch der deutschen Gegenwartssprache. Hrsg. von einem Autorenkollektiv unter der Leitung von Günter Kempcke. 2 Bde. Berlin 1984 [zs. 1399 S.].

*Macquarie Dictionary 1987* = The Macquarie Dictionary. Second revision. St. Leonards 1987 [2009 S.].

*OED 1989* = The Oxford English Dictionary. 20 vols. Oxford 1989 [zs. 21 475 S., 1st ed. 1933].

*Petersen 1984* = Pia Riber Petersen: Nye ord i dansk 1955—1975. Kopenhagen 1984 [678 S.].

*Petit Robert 1976* = Le Petit Robert. Par Paul Robert. Paris 1976 [2172 S.].

*Supplement OED 1972—1986* = A Supplement to the Oxford English Dictionary. Ed. by Robert W. Burchfield. 4 vols. Oxford 1972—1986 [zs. 5646 S.].

*Trésor 1971—1988* = Trésor de la langue française. Par Paul Imbs. 13 tomes. Paris 1971—1988 [zs. 15072 S.].

*Wahrig 1986* = Deutsches Wörterbuch. Hrsg. von Gerhard Wahrig in Zusammenarbeit mit zahlreichen Wissenschaftlern und anderen Fachleuten. Gütersloh 1986 [1493 S.].

*WDG 1961—1977* = Wörterbuch der deutschen Gegenwartssprache. Hrsg. von Ruth Klappenbach/Wolfgang Steinitz. 6 Bde. Berlin 1961—1977 [zs. 4579 S.].

*Webster's Third 1961* = Webster's Third New International Dictionary of the English Language. Ed. by Philip Babcock Gove. Springfield 1961 [2662 S.].

*Webster's Ninth 1983* = Webster's Ninth New Collegiate Dictionary. Ed. by Frederic C. Mish. Springfield 1983 [1563 S.].

### 9.2. Sonstige Literatur

*Betz 1936* = Werner Betz: Der Einfluß des Lateinischen auf den althochdeutschen Sprachschatz I: Der Abrogans. Heidelberg 1936.

*Betz 1944* = Werner Betz: Die Lehnbildung und der abendländische Sprachenausgleich. In: Beiträge zur Geschichte der deutschen Sprache und Literatur 67. 1944, 275—302.

*Betz 1949* = Werner Betz: Deutsch und Lateinisch: Die Lehnbildungen der althochdeutschen Benediktinerregel. Bonn 1949.

*Betz 1959* = Werner Betz: Lehnwörter und Lehnprägungen im Vor- und Frühdeutschen. In: Deutsche Wortgeschichte. Hrsg. von Friedrich Maurer/Friedrich Stroh. 2. Aufl. Berlin 1959.

*Carstensen 1981* = Broder Carstensen: Englisches im Deutschen: Bericht über Planung und Vorarbeiten zu einem Anglizismen-Wörterbuch als Schwerpunkt eines Forschungsprojekts. In: Anglistentag 1980 Gießen: Tagungsbeiträge und Berichte im Auftrag des Vorstandes hrsg. von Herbert Grabes. Großen-Linden 1981.

*Gold 1984* = David L. Gold: Rez. Frederic C. Mish, Webster's Ninth New Collegiate Dictionary (1983). In: Dictionaries: Journal of the Dictionary Society of North America 6. 1984, 200—235.

*Kirkness/Wiegand 1983* = Alan Kirkness/Herbert Ernst Wiegand: Wörterbuch der Anglizismen im heutigen Deutsch. In: Zeitschrift für germanistische Linguistik 11. 1983, 321—328.

*Tesch 1978* = Gerd Tesch: Linguale Interferenz: Theoretische, terminologische und methodische Grundfragen zu ihrer Erforschung. Tübingen 1978 (Tübinger Beiträge zur Linguistik 105).

*Broder Carstensen, Paderborn*
*(Bundesrepublik Deutschland)*

# 57. Les marques stylistiques/diastratiques dans le dictionnaire monolingue

1. Repérages
2. Discours
3. Pratiques
4. Perspectives
5. Bibliographie choisie

## 1. Repérages

Les lexicographes représentent ce que certains sociolinguistes contemporains nomment «compétence de communication» au moyen de marques dites «d'usage» qu'ils distribuent empiriquement sur le lexique, et dont les tables d'abréviations des dictionnaires fournissent des listes représentatives mais généralement non exhaustives. Ces inventaires, hétérogènes dans leur genèse comme dans leur composition, sont inégalement théorisés et aucun dictionnaire français ne distribue explicitement ses marques selon le plan de la présente *Encyclopédie*, construction extralexicographique dont le découpage en huit pôles thématiques reprend celui de Hausmann (1977, chap. 8).

Pour l'appréhension des marques stylistiques/diastratiques (= s/d) (que les dictionnaires français ne nomment jamais «diastratiques»: c'est un germanisme), cette typologie de référence est à la fois clarification et obstacle. Elle suggère à l'intuition une délimitation du domaine en permettant d'identifier des marques associées, toutes ou partie, dans nombre d'écrits lexicographiques ou didactiques: *argot, écrit, familier, littéraire, parlé, populaire, relâché, soutenu, surveillé, vulgaire* (Hausmann 1977, § 8.4.). Mais simultanément elle contraint à admettre comme valide un regroupement dont la pertinence même est problématique, dans sa cohérence interne comme dans ses limites, et ce sous l'angle aussi bien d'une théorisation extralexicographique des usages langagiers que de leur traitement par les dictionnaires: s'y entremêlent en effet des visées sociolinguistiques (pointer des usages socialement marqués), stylistiques (repérer l'inscription lexicale des conditions d'énonciation) et de savoir-vivre (énoncer des jugements de bienséance) — pluralité thématique que le titre préétabli «marques s/d» suggère partiellement. La présente contribution s'efforce de concilier des exigences difficilement compatibles: ne pas déstructurer le plan imposé aux chapitres 53 à 61 de l'*Encyclopédie,* tout en préservant à l'égard des regroupements de marques qu'il implique un libre arbitre critique. En pratique, on y parvient en s'en tenant à une approche strictement immanente, dépourvue d'*a priori* taxinomiques, qui consiste à délimiter dans le corpus, supposé exemplaire, des dictionnaires français actuels (généraux et de synonymes) — pour autant que ceux-ci le rendent possible — les ensembles de marques présentant la meilleure intersection, en compréhension et en extension, avec celui énuméré ci-dessus, qui sert de point de repère. Bref, on prend les marques *s/d* pour ce qu'elles sont: un ensemble flou jouissant d'un large consensus, dont le métalexicographe peut s'attacher à décrire l'utilisation sans en assumer ni se sentir tenu d'en améliorer la définition.

L'analyse porte d'une part sur les discours sur les marques *s/d,* d'autre part sur les pratiques effectives de marquage. Nécessairement partielle et allusive — tant faute de place qu'en raison du petit nombre des études en grandeur réelle sur le sujet — elle vise, dans l'attente d'une publication plus étoffée qui fournirait toutes les réponses souhaitables, à baliser le champ des recherches pertinentes.

## 2. Discours

### 2.1. Discours métalexicographiques

Les discours métalexicographiques envisagés ici sont les textes, figurant dans les dictionnaires extérieurement au texte lexicographique proprement dit, qui exposent les principes et les conventions adoptés par les lexicographes: préfaces (et textes assimilés) et tables d'abréviations.

#### 2.1.1. Préfaces

Si la pratique du marquage est ancienne, le souci de l'évoquer dans les préfaces semble être plus impératif pour les lexicographes des années 1960/70 (qui reflètent en cela une tendance générale de la didactique contemporaine, cf. P. Corbin 1980) que pour leurs prédécesseurs. Significative est à cet égard la comparaison de l'«Introduction» du R de 1953—64, exempte de toute indication concernant le marquage, avec les préfaces des dictionnaires ultérieurs du même éditeur, qui, à partir du PR de 1967, contiennent toutes des développements sur ce sujet. De même, chez Larousse, dans l'histoire du PL(I), c'est l'édition de 1968 qui traite le plus en détail du marquage, et dans celle des grands Larousse encyclopédiques, c'est le GLE de 1960—64 qui est le plus en pointe (il est trop tôt pour savoir si le retrait relatif des préfaces du PLI de 1981 et du GDEL de 1982—85 par rapport à ces prédécesseurs amorce un reflux significatif).

Cette évolution bien réelle n'empêche pas qu'une importante minorité de dictionnaires actuellement commercialisés sur le marché français n'explicitent aucunement leur pratique du marquage, soit qu'ils n'aient pas de préface (LP), soit que celle-ci n'en dise rien: utilitaires de petite taille (PPL), conçus il y a longtemps et régulièrement réédités sans retouches profondes (LPT), ouvrages destinés aux enfants (DHJ) ou aux débutants (DFLF), plusieurs de ces critères typologiques pouvant se cumuler sur un même dictionnaire (NLE).

Parmi les dictionnaires qui évoquent le marquage, il s'en trouve une majorité pour le faire de façon allusive. La mention de termes génériques d'extension incertaine (le plus souvent *niveaux de langue,* quelquefois aussi *marques stylistiques* (DFC, NDFCI), *registres de langue* (NDFCI), *marques d'usage* (DHLF)), celle de quelques marques (pas nécessairement s/d) non caractérisées et une distinction insuffisamment tranchée entre ce qui relève de la sélection de la nomenclature et ce qui touche au marquage proprement dit des entrées sélectionnées constituent, dans des panachages aux proportions variables, les ingrédients de la «théorie» du marquage propre aux dictionnaires (presque tous postérieurs à 1970) de ce groupe par ailleurs peu typé: ouvrages de référence (GDEL) ou de commodité (DFM), généraux (PLI) ou spécialisés (GDS), fondamentaux (DVE) et scolaires (PD).

Restent quelques dictionnaires dont les préfaces se caractérisent, dans des proportions et avec une réussite différentes, par une typologie des classes de marques et/ou une caractérisation de certaines marques et/ou une prise de recul quant à la pratique du marquage:

— Chez Larousse, le GLE (dont la carrière est achevée), le GLLF et, à son niveau, le LB/DFLE1 (sur la parenté de ces deux dictionnaires, cf. P. Corbin 1985, 65—67) définissent chacun quelques marques, sans recul particulier ni typologie synthétique.

— Le Logos répartit ses «marques d'usage» entre «domaine d'emploi» et «niveau stylistique», définissant sous cette dernière rubrique (qui recoupe sans s'y identifier le champ des marques s/d) une dizaine de marques *(familier, populaire, trivial/vulgaire, argot,* mais aussi *abusivement, vieux, vieilli).* Il se signale en outre par l'indication — que l'on souhaiterait plus répandue — de l'extension de chaque emploi d'une marque dans les microstructures («Chaque indication *(familier, populaire, rare...)* porte seulement sur le sens, l'emploi ou la locution qu'elle précède immédiatement.» («Utilisation de l'ouvrage», deuxième p. non numérotée).

— Dans le TLF, c'est sous la rubrique «L'analyse sémantique» de la «Préface», dans l'exposition du traitement de la polysémie, que P. Imbs traite de l'«adjuvant stylistique» (pp. XXXIII—XXXIV), inséré dans un ensemble d'«adjuvants démarcatifs de sens» où figurent aussi le «domaine» (i. e. les marques *diatechniques),* l'«adjuvant rhétorique», la «distribution» et les «conditions sémantiques» (traits). Ces «connotations» stylistiques sont partagées en «niveaux de langue», qui concernent «les situations réciproques [respectives?] de l'auteur et du destinataire», et «registres de langue», qui marquent «l'intensité expressive ou affective». Plusieurs marques, pas toutes s/d, sont évoquées, sans être ni définies ni rattachées à l'un de ces deux principes de classement. Les «indications stéréotypées» fournies par le marquage des mots «‹bas› ou ‹sales›» sont supposées être nuancées par des «Remarques».

— Chez Robert, le PR de 1967, par la plume d'A. Rey, ouvre la voie en distribuant les «marques d'usage» en cinq classes référées aux variables «temps», «espace», «société», «fréquence» et «style», en définissant quelques marques, s/d (regroupées sous la variable «société») *(fam., pop.)* ) ou autres *(rare, didact., sc.),* et en émettant des réserves sur la validité du marquage effectué («cette notation généralisée des valeurs d'emploi est délicate et sujette à contestations» (p. XXI) ). A l'exception du MR de 1971, qui s'écarte de ce schéma par un inventaire simplifié et plus implicite des classes de marques, le nombre très restreint des marques qu'il définit (aucune n'étant s/d) et l'absence de réserves de principe, la formule est reprise dans les dictionnaires Robert ultérieurs (deuxième édition du PR (1977), RM de 1982 et GR de 1985) avec quelques fluctuations concernant la variable «style» (qui devient «conditions d'emploi selon les situations» dans la deuxième édition du PR, «domaine d'activité» dans le RM, «usages et discours spécialisés» dans le GR) et un certain crescendo dans l'appréciation relativisante du marquage («Ces marques [...] esquissent — très grossièrement — une configuration des usages de la langue» (GR, «Préface de la deuxième édition», p. XL) ) qui fait écho aux réflexions critiques et prospectives de Rey (1983, 563—565) et (1983a, 23).

— C'est sans doute l'«Avant-propos» du NDS qui offre l'exposé le plus accompli sur le marquage: domaine clairement délimité («deux synonymes sont en variation sociolinguistique lorsque le choix de l'un d'entre eux ne dépend exactement ni d'une variation de sens ni d'une variation de contexte linguistique» (p. 9)), subjectivité assumée («Nous avons bien conscience du caractère arbitraire de nos décisions en la matière; au moins les disons-nous clairement. [...] Dire qu'un mot est ‹familier› ou ‹vulgaire›, c'est porter un jugement très relatif: car tout dépend de la conception que l'on se fait et de l'usage que l'on a, ou que l'on n'a pas, de la familiarité et de la vulgarité.» (p. 10)), choix raisonné d'un «point de référence» défini, le «français écrit contemporain courant», à partir duquel est construite une échelle de marques ordonnées absolues ou relatives («TRÈS FAMILIER, FAMILIER, COURANT, SOUTENU, TRÈS SOUTENU — éventuellement doublées de jugements PLUS/MOINS (~ familier que, etc.)» (p. 12)). Terrain *a priori* privilégié pour la réflexion sur les variations *s/d,* la synonymie, dans la pratique, n'inspire pourtant que médiocrement les auteurs de dictionnaires de synonymes, de la grisaille desquels le NDS se détache avec netteté.

### 2.1.2. Tables d'abréviations

Parmi les dictionnaires qui comportent une table d'abréviations (quelques-uns, comme le DVE, en sont dépourvus), seuls quatre dictionnaires Robert (PR, MR, RM, GR) utilisent celle-ci pour définir les marques (par exemple, dans le PR: «*fam ... familier* (usage parlé et même écrit de la langue quotidienne: conversation, etc.; mais ne s'emploierait pas dans les circonstances solennelles)»), tout le reste de la production française s'en tenant à une simple explicitation des abréviations (*fam.* = familier, etc.), sans aucun complément d'information. Les tables d'abréviations des Robert sont donc les seules à partir desquelles on peut essayer de dresser un inventaire des marques *s/d* répertoriées, non à partir d'*a priori* du sens commun, mais sur la base de critères de délimitation comme ceux évoqués *supra* au § 1 (visées sociolinguistiques, stylistiques et de savoir-vivre). Dans le PR, par exemple, on peut ainsi sélectionner en première analyse, sans préjuger de reclassements ultérieurs, les marques *?admin., arg., enfant., fam., littér., poét., pop., scol., vulg.* Dans les dictionnaires aux tables d'abréviations inexplicites ou inexistantes, on ne peut construire ce type d'inventaires que sur la base des définitions fournies par les préfaces: à de très rares exceptions près (le Logos, par exemple, cf. *supra* § 2.1.1.), ils seront beaucoup plus lacunaires.

### 2.1.3. Bilan

L'examen conjugué des préfaces et des tables d'abréviations amène à dresser un bilan d'ensemble très réservé. Dans leur grande majorité, les dictionnaires actuels explicitent insuffisamment leur pratique du marquage, l'évocation occasionnelle de tel fragment du dispositif adopté pouvant souvent apparaître plus comme un argument de vente que comme un mode d'emploi.

La contribution des dictionnaires à la typologie des marques — explicitation d'autant plus nécessaire de la pratique lexicographique que l'enracinement de celles-ci dans une longue tradition est un facteur d'opacité — est globalement médiocre, les meilleurs (cf. § 2.1.1.) restant en deçà du classement de Hausmann 1977, certes discutable, mais systématique (toutes les marques y sont référées à un type).

La définition des marques n'est, dans l'ensemble, pas plus explicite que leur classement. La plupart des dictionnaires, en ne constituant pas leurs marques en un authentique métalangage (défini de façon biunivoque), laissent leurs usagers interpréter celles-ci par référence aux données du sens commun, qui, dans le cas des marques *s/d,* sont particulièrement lourdes de connotations. Quand des marques sont définies, leur examen montre d'une part que les écarts de définition entre dictionnaires peuvent engager, pour certaines, des affectations à des classes différentes (ainsi, la marque *littéraire,* clairement *s/d* chez Robert, reçoit une caractérisation plus teintée de diachronie dans la préface de certains Larousse (LC)); d'autre part que l'effort définitoire des dictionnaires les plus explicites ne garantit pas la cohérence de leur dispositif de marquage: D. & P. Corbin (1980, 242—248) ont montré que les marques référées à la variable *société* dans le PR et le MR ne sont pas définies avec une rigueur suffisante pour constituer un métalangage opératoire (cf. aussi P. Corbin 1984, 113—114).

De ces constatations, le métalexicographe tirera la conclusion méthodologique suivante: la pratique du marquage doit être analysée pour chaque dictionnaire en particulier, en fonction de la «logique» qui lui est propre. Il n'y a pas de conclusions valables à tirer de la simple confrontation mécanique des occurrences de marques sur un même échantillon lexical dans plusieurs dictionnaires.

## 2.2. Discours lexicographiques

Dans leur partie proprement lexicographique, les dictionnaires renseignent, aux entrées appropriées, sur l'emploi métalinguistique de mots qu'ils utilisent eux-mêmes comme marques, et les usagers peuvent envisager d'y chercher des indications absentes des préfaces et des tables d'abréviations.

Du point de vue du métalexicographe, cependant, les informations puisées dans le discours lexicographique des dictionnaires n'ont pas le même statut que celles que fournit leur discours métalexicographique: dans le discours lexicographique, ce n'est pas comme éléments du métalangage des lexicographes mais en tant que fragments de la langue-objet décrite que les mots sont définis, même si, dans celle-ci, ils jouent un rôle métalinguistique — on rencontre ici une application particulière de la distinction entre *métalangue* et *métamétalangue* (cf. Rey-Debove (1971, 51sq; 1978, 42 et *passim*) ). L'étude du traitement lexicographique des mots servant de marques, en tant qu'ils constituent un champ notionnel défini et un peu particulier (puisque métalinguistique), peut contribuer à la connaissance de dictionnaires particuliers, au même titre que l'analyse du sort fait à d'autres vocabulaires spécialisés. Mais l'appréciation des «théories» des lexicographes sur le marquage n'a à prendre en compte que les définitions en métamétalangue présentes dans les discours métalexicographiques. Le traitement lexicographique des marques *s/d* dans les dictionnaires français actuels ne fera donc ici l'objet d'aucun commentaire.

## 3. Pratiques

D'un dictionnaire à l'autre, tout peut varier: projet lexicographique, choix des nomenclatures, sélection des informations jugées pertinentes (parmi lesquelles figurent celles qui concernent le marquage), capacité de gérer la cohérence du travail lexicographique. Ces variations structurelles fondamentales interfèrent de diverses manières pour engendrer la pluralité des pratiques de marquage, tant dans le choix des marques effectivement utilisées que dans la distribution de celles-ci sur le lexique.

### 3.1. Inventaire

#### 3.1.1. Nombre

La quasi-totalité des dictionnaires généraux et de synonymes utilisent, sous une forme ou une autre, des marques *s/d*. Même des dictionnaires du premier âge (COPAIN: «C'est un autre mot, qu'on dit entre nous, pour *ami, camarade.*» (MD) ). Même des dictionnaires sans tables d'abréviations (PPL). Les rares exceptions (MPDH) paraissent présenter d'autres lacunes qui convergent pour les confiner dans les marges de la lexicographie authentique.

La taille des dictionnaires influe sur le nombre des marques utilisées, mais pas mécaniquement, le projet lexicographique pouvant infléchir cette tendance: ainsi, le DFC utilise une gamme de marques *s/d* nettement plus étendue que le NLE, dont l'ordre de grandeur et le public potentiel sont comparables mais qui est de facture plus ancienne, et même que le PLI, dont la nomenclature est plus importante mais la visée différente. Une finalité didactique spécifique explique de même l'écart très remarquable entre la nomenclature réduite du LB/DFLE1 et l'ampleur de son dispositif de marques *s/d*.

#### 3.1.2. Formes

La plupart des dictionnaires recourent à des abréviations codées (*fam.,* etc.). Certains s'y tiennent, et leur pratique ne s'écarte guère de ce qu'annoncent leurs tables d'abréviations (le DHLF, mécanique sans fioritures). Quelques-uns préfèrent les marques non abrégées (dictionnaires de J. Girodet: Logos, TDM). Un nombre non négligeable mélangent abréviations et formes non abrégées, celles-ci prenant parfois une certaine extension discursive (FÉMINILITÉ: «Ce mot est propre à l'écriture artiste de la fin du XIXe s.» (GLLF) ): c'est dans ces dictionnaires, aux marques en général nombreuses, que l'écart entre le marquage effectif et ce qu'en laissent entrevoir les tables d'abréviations est le plus important. Le DFC est représentatif de cette classe d'ouvrages: *fam., littér., pop.,* etc., mais aussi *langue écrite, langue soignée, style soutenu,* etc.; ici encore, la pratique lexicographique est sous-tendue par la visée pédagogique (cf. *supra* § 3.1.1.).

La redondance n'est pas absente de tels dispositifs. Dans le DFV, par exemple, la marque *familier* se réalise sous au moins 4 variantes: *fam.* (très répandu), *familier* (FISTON, sous FILS), *familièrement* (CRÈVE-LA-FAIM, sous FAIM), *dans le langage familier* (FAIGNANT, sous FAINÉANT). Cette redondance fait d'ailleurs parfois l'objet de révisions de nature à améliorer l'homogénéité discursive: le NDFCI et le DFLE2 condensent les dispositifs de marquage respectifs du DFC et du LB/DFLE1.

Si, le plus souvent, l'emploi des marques

est absolu, il arrive que certaines soient assorties de degrés de comparaison qui les relativisent: en vedette ici le NDS, qui accorde sa pratique à sa théorie (cf. *supra* § 2.1.1.) en combinant à diverses marques (*fam., soutenu,* etc.) les nuances *assez, moins, plus, le moins, le plus, très.*

### 3.2. Distribution

#### 3.2.1. Quantité

Certains dictionnaires distribuent leurs marques avec une relative parcimonie. Les causes en sont diverses, parfois opposées. La taille des dictionnaires, bien sûr, joue une nouvelle fois un rôle, mais c'est un indicateur grossier et opaque qui ne permet qu'une appréciation approximative des extrêmes (PPL, lettre F: 16 marques *s/d* sur 642 entrées, soit 2,5%: c'est peu). Pour rendre compte des faits, il faut le plus souvent invoquer des causes plus précises. Ainsi, l'utilisation nettement plus restreinte des marques *s/d* dans le DUI (ou son avatar le DALF) que dans son concurrent le PLI s'explique pour une bonne part par des choix de nomenclature différents: volontiers puriste et tourné vers les vocabulaires techniques, le DUI/DALF retient comme entrées beaucoup moins de mots susceptibles de recevoir des marques *s/d,* ce qui réduit d'autant son usage de celles-ci. A l'inverse, c'est par la tolérance particulière des lexicographes que s'explique la faible utilisation des marques *s/d* dans le DVA, car sa nomenclature se signale, parmi les dictionnaires pour l'école élémentaire, comme notablement accueillante. Dans le domaine *a priori* privilégié de la synonymie, l'usage très réduit du marquage dans plusieurs dictionnaires spécialisés est paradoxal et paraît relever d'une conception rudimentairement utilitaire de ces ouvrages (ce qui n'exclut pas le rôle de facteurs autres déjà évoqués).

L'utilisation abondante des marques n'obéit pas non plus à une cause unique. Facteurs favorisants: la taille des dictionnaires, certaines finalisations (marquage plus copieux dans le GLLF, dictionnaire de langue, que dans le GDEL, encyclopédique; dans le DFC, pédagogique, que dans le PLI, général), l'intérêt porté à la question et son explicitation (les dictionnaires dont les préfaces traitent le plus précisément du marquage (cf. *supra* § 2.1.1.) comptent parmi les marqueurs les plus généreux, cumulant souvent plusieurs marques, *s/d* ou autres, sur un même emploi: PR, GR, Logos, GLLF, TLF, NDS).

#### 3.2.2. Nature

Le choix des emplois marqués et celui des marques qui leur sont affectées sont sujets à d'amples variations dans l'ensemble des dictionnaires actuels, dont seules des monographies minutieuses pourraient rendre partiellement raison. Ces différences renvoient à la subjectivité d'appréciation des lexicographes, corrélat nécessaire de l'absence quasi générale de définition des marques ou de la non-compatibilité des définitions proposées (cf. *supra* § 2.1.3.). Cependant, *subjectif* ne signifie pas *aléatoire:* il existe d'indéniables recoupements entre dictionnaires dans l'usage de telle marque ou classe de marques, qui signalent une sensibilité en partie commune. Le sens commun et la tradition métalexicographique suggèrent quelques pistes: pour l'emploi, par exemple, des marques diversement dévalorisantes (*fam., pop., vulg.,* etc.), on pense *a priori* à certaines dispositions énonciatives (injures), à certains domaines d'expérience (sexualité). Pour rentables qu'elles puissent se révéler, ces suggestions n'épuiseraient pas la question. Peut-être atteindrait-on un degré de généralité plus élevé en étudiant de façon systématique les corrélations entre certaines marques *s/d* (dévalorisantes, notamment) et les emplois figurés effectifs (pas seulement ceux qui sont marqués *fig.*), qui, sans être jamais biunivoques, semblent trop régulièrement orientées pour être fortuites: ainsi, dans le DHLF ou le MR (lettre F), si tous les emplois figurés ne sont pas marqués, en revanche la grande majorité des marques *fam.* s'appliquent à des emplois ramenables à des figures. La plausibilité d'une certaine extension de telles corrélations paraît pouvoir s'appuyer sur l'existence d'une tradition antifigures (cf. Branca 1985).

#### 3.2.3. Cohérence

L'étude extensive de D. & P. Corbin 1980 sur le PR et le MR a montré que «la distribution des marques sur le lexique présente de multiples incohérences, qu'il s'agisse de la réduction du *Petit Robert* au *Micro,* [...] des renvois à l'intérieur du *Micro Robert,* [...] du marquage dans le *Micro Robert* des mots reliés par des relations dérivationnelles régulières» (p. 281). — Des enquêtes semblables devraient être menées sur d'autres dictionnaires riches en renvois marqués. Quelques sondages dans le RM (dérivé du MR) et dans le GLLF indiquent qu'elles seraient fructueuses. — Pour les dictionnaires pauvres en renvois marqués, un moyen d'évaluer la cohérence du marquage serait l'examen des locutions marquées répertoriées sous plus d'une entrée.

Dans certains dictionnaires bilingues, la cohérence du marquage pourrait s'apprécier pour chaque langue par la confrontation des marques affectant les entrées de la partie *thème* avec celles distribuées sur les mêmes mots utilisés comme traductions dans la partie *version*.

## 4. Perspectives

Dans l'examen de ce qui pourrait être amendé dans les dispositifs lexicographiques de marquage, la frontière du réalisable passe entre, d'une part, l'explicitation et la cohérence, d'autre part, l'adéquation descriptive. Cette délimitation est aussi celle de l'efficience des marques *s/d*.

### 4.1. Explicitation, cohérence

L'explicitation des pratiques de marquage pourrait être améliorée partout en proportion des carences actuelles (cf. *supra* § 2.): les préfaces détailleraient les dispositifs adoptés, les tables d'abréviations s'ouvriraient aux marques non abrégées et proposeraient des définitions, à l'instar des Robert.

Les redondances et les incohérences dans la distribution des marques à l'intérieur de dictionnaires particuliers (cf. *supra* § 3.), produit des insuffisances du programme de marquage et de la division du travail lexicographique, pourraient toutes disparaître par le recours à un contrôle systématique par ordinateur.

Il n'y a pas d'obstacles intrinsèques à ces améliorations: il suffira que les lexicographes (et leurs éditeurs) veuillent les réaliser.

### 4.2. Adéquation

Que le modèle lexicographique des variétés de français devienne explicite et cohérent ne suffirait pas à le rendre nécessairement adéquat à ce dont il est supposé rendre compte. Les dispositifs de marquage *s/d* des dictionnaires sont tous des variantes, diversement affinées, d'une unique taxinomie préscientifique, métalangage baroque qu'une longue tradition sédimenta et que les meilleurs échouent à doter d'une cohérence *a posteriori*. Les inconséquences dans la distribution des marques soulignent leur caractère non opératoire: si les grilles de marques *s/d* étaient des outils de classement scientifiques, indépendants de la subjectivité des lexicographes, elles n'auraient pas lieu de varier d'un dictionnaire à l'autre, ni de générer dans un même dictionnaire des marquages non cohérents.

Mais il y a plus: imaginer qu'un quelconque système de marques *s/d* puisse atteindre à la scientificité, c'est présupposer qu'un marquage, nécessairement statique, des mots soit adéquat à représenter les variations à l'œuvre dans les interactions langagières. Or ces prémisses paraissent récusables à la lumière de certaines propositions sociolinguistiques contemporaines: par exemple, le modèle «économiste» de Bourdieu (1977; 1982) — supérieur en cohérence explicative au modèle lexicographique —, qui représente les variations *s/d* non comme le produit de couplages signes/marques figés, mais par la dynamique d'un *marché* qui fait varier la valeur *s/d* des signes en fonction des écarts dans la détention des différentes formes de *capital* (notamment linguistique) qui séparent les interlocuteurs. Un tel modèle, où la valeur *s/d* des signes devient, d'absolue, relative, invalide tout système rigide de marquage.

### 4.3. Efficience

Il reste que — ils le disent — les marques *s/d*, telles quelles, rendent des services aux didacticiens, qui y recourent pour fournir aux apprenants de langues premières, secondes ou nièmes une évaluation approximative des contraintes sociolinguistiques qu'il convient de respecter. Cette visée utilitaire s'accommoderait vraisemblablement sans conséquences rédhibitoires d'un code de marques *s/d* simplifié constitué de termes faiblement connotés (*non conventionnel*, par exemple, cf. DFNC).

## 5. Bibliographie choisie (1986)

### 5.1. Dictionnaires

*DALF* = Dictionnaire actuel de la langue française. Paris 1985 [XVIII, 1276 p.].

*DFC* = Jean Dubois e. a.: Dictionnaire du français contemporain. Ed. pour l'enseignement du français. Paris 1971 [XXII, 1224 p.; 1. éd. 1966].

*DFLE1* = Jean Dubois/Françoise Dubois-Charlier: Dictionnaire du français langue étrangère Niveau 1. Paris 1978 [XV, 910 p.].

*DFLE2* = Jean Dubois/Françoise Dubois-Charlier: Dictionnaire du français langue étrangère Niveau 2. Paris 1979 [XVI, 1088 p.].

*DFLF* = Georges Gougenheim: Dictionnaire fondamental de la langue française. Nouv. éd. Paris 1978 [283 p.; 1. éd. 1958].

*DFM* = Maurice Remy: Dictionnaire du français moderne. Paris 1969 [832 p.].

*DFNC* = Jacques Cellard/Alain Rey: Dictionnaire du français non conventionnel. Paris 1980 [XVII, 894 p.].

*DFV* = Maurice Davau/Marcel Cohen/Maurice Lallemand: Dictionnaire du français vivant. Nouv. éd. Paris 1980 [XIII, 1345 p.; 1. éd. 1971].

*DHJ* = Paul Bonnevie/Philippe Amiel: Dictionnaire Hachette juniors. Paris 1980 [1088 p.].

*DHLF* = Dictionnaire Hachette de la langue française. Paris 1980 [1813 p.].

*DUI* = Dictionnaire usuel illustré. Paris 1983 [LXXII, 1944 p.; 1. éd. 1956].

*DVA* = Robert R. Préfontaine: Dictionnaire [...] du vocabulaire actif [...]. Boucherville (Québec) 1974 [395 p.].

*DVE* = Georges Matoré e. a.: Dictionnaire du vocabulaire essentiel. Paris 1980 (1963) [359 p.].

*GDEL* = Grand dictionnaire encyclopédique Larousse. Paris 1982–1985 [10 vol.; XLVII, 11038 p.].

*GDS* = Pierre-Antoine Macé/Madeleine Guinard: Le grand dictionnaire des synonymes. Paris 1984 [444 p.].

*GLE* = Grand Larousse encyclopédique. Paris 1979 (1960–1964) [10 vol.; 1. Supplément 1 vol. 1968; 2. Supplément 1 vol. 1975; sans pagination].

*GLLF* = Louis Guilbert/René Lagane/Georges Niobey: Grand Larousse de la langue française. Paris 1971–1978 [7 vol.; CXXVIII, 6730 p.].

*GR* = Paul Robert: Le grand Robert de la langue française [...]. 2. éd. revue par Alain Rey, Paris 1985 [9 vol.; LVIII, 9150, CXVII p.; 1. éd.: cf. *R*].

*LB* = Jean Dubois/Françoise Dubois-Charlier: Larousse de base [...]. Paris 1977 [VIII, 1023 p.].

*LC* = Larousse classique. Paris 1980 (1957) [1288 p.; 1. éd. 1910].

*Logos* = Jean Girodet: Logos Dictionnaire de la langue française. Paris 1985 [2 vol.; 3113, 64 p.; 1. éd. 1976, 3 vol.].

*LP* = Larousse de poche. Paris 1979 [543, LV p.; 1. éd. 1954].

*LPT* = Larousse pour tous. Paris 1981 (1957) [824 p.].

*MD* = Claude Kannas: Mini débutants [...]. Paris 1985 [512 p.].

*MPDH* = Germaine Finifter: Mon premier dictionnaire Hachette [...]. Paris 1985 (1980–1981) [238 p.].

*MR* = Alain Rey e. a.: Micro Robert [...]. Nouv. éd. Paris 1980 [XIX, 1211 p.; 1. éd. 1971].

*NDFCI* = Jean Dubois: (Nouveau) Dictionnaire du français contemporain illustré. Paris 1980 [XXXII, 1263 p.].

*NDS* = Emile Genouvrier/Claude Désirat/Tristan Hordé: Nouveau dictionnaire des synonymes. Paris 1977 [510 p.].

*NLE* = Nouveau Larousse élémentaire. Paris 1978 (1967) [990 p.; 1. éd. 1956].

*PD* = Pluridictionnaire Larousse [...]. Paris 1983 (1977) [XXIII, 1471 p.].

*PL(I)* = Petit Larousse (illustré). Paris 1968 et 1981 [éd. de 1968: 1799 p.; éd. de 1981: XXVII, 1799 p.; 1. éd. 1906].

*PPL* = Le plus petit Larousse. Paris 1984 (1980) [590 p.; 1. éd. 1946].

*PR* = Paul Robert: Le petit Robert [...]. Paris 1967 et 1977 [1. éd. 1967 (direction: Alain Rey): XXXII, 1971 p.; 2. éd. 1977 (direction: Alain Rey/Josette Rey-Debove): XXXI, 2173 p.].

*R* = Paul Robert: Dictionnaire alphabétique et analogique de la langue française. Paris 1978 (1953–1964) [6 vol.; XII, 5548, 28 p.; Supplément 1 vol. 1970: XXI, 514 p.].

*RM* = Josette Rey-Debove: Le Robert méthodique [...] Paris 1982 [XXIII, 1617 p.].

*TDM* = Jean Girodet: Le tour du mot. Paris 1985 [858 p.].

*TLF* = Trésor de la langue française [...]. Paris depuis 1971 [12 vol. parus; direction: Paul Imbs (vol. 1 à 7), Bernard Quemada (depuis le vol. 8); vol. 1 (A–Aff) 1971: CXXXI, 878 p.; dernier vol. paru: vol. 12 (Nat–Pen) 1986: XX, 1338 p.].

### 5.2. Travaux

*Bourdieu 1977* = Pierre Bourdieu: L'économie des échanges linguistiques. In: Langue française 34. 1977, 17–34.

*Bourdieu 1982* = Pierre Bourdieu: Ce que parler veut dire. L'économie des échanges linguistiques. Paris 1982.

*Branca 1985* = Sonia Branca-Rosoff: Matériaux pour une histoire de la norme écrite en français: les grammairiens contre les écrivains dans la querelle sur le sens des mots à l'époque romantique. In: Recherches sur le français parlé 6/1984. 1985, 23–44.

*Corbin D. & P. 1980* = Danielle/Pierre Corbin: Le monde étrange des dictionnaires (1): Les «marques d'usage» dans le *Micro Robert*. In: Bulletin du Centre d'Analyse du Discours 4. 1980, 237–324.

*Corbin P. 1980* = Pierre Corbin: «Niveaux de langue»: pèlerinage chez un archétype. In: Bulletin du Centre d'Analyse du Discours 4. 1980, 325–353.

*Corbin P. 1984* = Pierre Corbin: Lexicographe-conseil. In: Lez Valenciennes 9. 1984, 113–121.

*Corbin P. 1985* = Pierre Corbin: Le monde étrange des dictionnaires (6): Le commerce des mots. In: Lexique 3. 1985, 65–124.

*Hausmann 1977* = Franz Josef Hausmann: Einführung in die Benutzung der neufranzösischen Wörterbücher. Tübingen 1977.

*Rey 1983* = Alain Rey: Norme et dictionnaires (domaine du français). In: La norme linguistique [édité par Edith Bédard/Jacques Maurais]. Québec. Paris 1983, 541—569.

*Rey 1983a* = Alain Rey: La lexicographie française: rétrospective et perspectives. In: Lexique 2. 1983, 11—24.

*Rey-Debove 1971* = Josette Rey-Debove: Etude linguistique et sémiotique des dictionnaires français contemporains. The Hague. Paris 1971.

*Rey-Debove 1978* = Josette Rey-Debove: Le métalangage. Etude linguistique du discours sur le langage. Paris 1978.

*Pierre Corbin, Valenciennes (France)*


## 58. Diatechnische Markierungen im allgemeinen einsprachigen Wörterbuch

1. Die 'Allgemeinheit' im allgemeinen Wörterbuch
2. Bezugspunkt: Alltagswissen und Fachwörter
3. Lexikographische Praxis
4. 'Fachlichkeit' bei der diatechnischen Markierung
5. Fachgebiete im allgemeinen Wörterbuch
6. 'Fachlichkeit' als soziokulturelle Qualität
7. Fächerorganisation im allgemeinen Wörterbuch
8. Sprachpragmatische Zuordnung 'Fach — Fachsprache'
9. Leistung einer systematischen und Chancen einer funktionalen diatechnischen Markierung
10. Literatur (in Auswahl)

### 1. Die 'Allgemeinheit' des allgemeinen Wörterbuchs

Allgemeine Wörterbücher einer Sprache sind gar nicht 'allgemein'. Sie sind es nicht in bezug auf die außersprachlichen Objekte, Sachverhalte und Handlungszusammenhänge, die sie beachten und aufnehmen, und sie sind es nicht in bezug auf die Sprache, genauer: die Wörter, die sie versammeln, ordnen und erklären. Möglicherweise sind sie 'allgemein' in bezug auf die Benutzer, deren Kreis mit diesem Wörterbuch-Typ besonders weit gesteckt sein will und recht unspezifisch auf die breiten Bildungsschichten zielt. Allgemeine Wörterbücher diskutieren ihren Leitbegriff der 'Allgemeinheit' nicht, vielmehr — so verstehen sie sich offensichtlich — repräsentieren sie ihn. Die Vorwörter stellen allerdings, wenn sie ausführlich und verantwortungsvoll vorgehen, ausdrücklich und manchmal sogar mit gewissen kommerziell-werbenden Untertönen fest, daß das vorliegende Wörterbuch „die Allgemeinheit" gesprengt habe, indem nicht-allgemeine Wörter aufgenommen, nicht-allgemeine Lebensbereiche berücksichtigt worden seien.

Einer derartigen Aussage liegt allerdings ein Sprachmodell zugrunde, das binär einen gemeinsamen Wortschatz auf der einen Seite, und einen vielfältig-speziellen Wortschatz auf der anderen annimmt. Die funktionale, kommunikative, pragmatische Linguistik legt aber ein Sprachmodell nahe, das eine komplex strukturierte Architektur der Sprache annimmt, geordnet nach den Dimensionen 'Raum', 'Gesellschaft', 'Zeit' und 'Sprechsituation' (Leiv Flydal, Eugenio Coseriu), zudem noch 'Funktion' und 'Medium' (Hugo Steger), in die ein Wort und sein Gebrauch eingefangen sind. Als besonders attraktiv und somit als ein wirksames Aushängeschild von Modernität und zeitgemäßer Aktualität des Wörterbuchs gelten die Dimensionen der gesellschaftlich gegliederten Varietät der Sprache (Soziolekte) und des an die Sprechsituation gebundenen Sprachgebrauchs (Register) sowie des zweckgebundenen Einsatzes von Sprache (Funktiolekt). In deren Schnittpunkt liegt die fachbezogene, die fachsprachliche Kommunikation.

### 2. Bezugspunkt: Alltagswissen und Fachwörter

Auch den Lexikographen wird zunehmend die alltägliche Erfahrung deutlich, daß sich in der modernen Welt das Alltagswissen inzwischen zu einer Gemeinschaft breit gestreuter Spezialkenntnisse verändert hat. Fächer und Berufe, spezialisiertes Wissen und fachliches Können, Expertentum in Wissenschaft, Technik, Verwaltung, Handwerk bestimmen das gesellschaftliche Leben und die öffentliche und private Kommunikation. Das allgemeine Wörterbuch muß entsprechend auf diese Entwicklungen reagieren: Immer stärker werden Bereiche und Wörter berücksichtigt, für die es sich „eigentlich", als „allgemein", gar nicht oder nicht mehr zuständig zu fühlen hat. Entsprechend „verallgemeinernd" sind dann die Rechtfertigungen dafür gehalten, daß sich im allgemeinen Wörterbuch Fachwörter, Termini, also gerade nichtallgemeine Sprachmittel, finden: Die aufgenommenen Fachwörter seien, gemessen an den «domaines du savoir» von «M. Tout-le-Monde», in den «emploi normal pour une personne cultivée» (*Grand Robert* 1985, XLI), «pour un public cultivé» (Imbs 1971) übergewandert und gehören zu den «termes qui ont chance de se rencontrer et d'être de quelque besoin à un homme cultivé» (Littré 1982, 8), eben weil, allgemein gesehen, sie "the major fields of activity" (Longman 1984, IX) eines interessierten Laien, eines Durchschnitts-„Fachmanns" abdecken; denn "science is now part of everybody's education" (Longman 1976, VII); «l'extraordinaire expansion des sciences [...], l'abondance de techniques nouvelles et leur introduction dans les habitudes quotidiennes [...] a produit une fabuleuse prolifération de vocables» (Académie 1986, III). Viele «termes de métiers» und «termes scientifiques», «[qui] se rencontrent fréquemment dans la conversation et dans les livres», beweisen es: «La science [...] influe de toutes parts sur la société» (Littré 1982, 7).

Im Schnittpunkt von Sprache, Sachwelt und gesellschaftlichen Organisationsformen relativiert sich der Begriff der 'Allgemeinheit', und mit ihm dann zwangsläufig sein sprachliches Korrelat, die Gemeinsprache. Konsequenterweise muß man sich die Frage stellen, ob es überhaupt sinnvoll ist, den binär, also in Opposition zu 'Nicht-Allgemein' (wie 'Fach-', 'Sonder-', 'Sub-', 'poetisch', 'wissenschaftlich-technisch' etc.) verstandenen Begriff 'Gemeinsprache' in alter Weise beizubehalten, und nicht vielmehr angemessener prinzipiell nur von Fach-, Sach- und Handlungsbereichen und ihren Versprachlichungen auszugehen, die sich im täglichen Umgang wie im wissenschaftlichen Austausch mehr oder weniger umfassend überschneiden (cf. Hoffmann 1985, 127; Kalverkämper 1978, 430 f., 443 f.; 1980).

## 3. Lexikographische Praxis

Die bisherige lexikographische Praxis aber geht grundsätzlich — andersherum — davon aus, daß das allgemeine Wörterbuch eine wie auch immer ermittelte Durchschnittsgröße 'allgemeiner Wortschatz' bietet (bei einem relativ beschränkten Umfang von ca. 25 000 bis 30 000 Einträgen [wie z. B. *Dictionnaire du Français Contemporain* oder *Micro-Robert*]) und — bei umfangreicheren Einträgen (z. B. 54 000 im *Petit Robert,* 70 000 in *Lexis*) — dasjenige Wortgut, das die — wie auch immer festgelegten — Grenzen des Allgemeinbekannten überschreitet, als 'besonders' kennzeichnet. Diese ausgesonderte („exklusive") Seite des binären Modells teilt sich für den Lexikographen ihrerseits in zwei Zonen: Zum einen einer eng dem allgemeinen Wortschatz benachbarten und zu diesem hin durchlässigen Zone: dem allgemein-wissenschaftlichen Wortschatz, der jene Fachwörter enthält, die mit vergleichbaren Bedeutungen in mehreren oder vielen Fachsprachen vertreten sind; und der zudem die gängig-bekannten, im Alltagsleben oft verwendeten Fachwörter enthält, die der interessierte Laie, der einer Bildungssprache mächtig ist, gebraucht (dieses Merkmal ist allerdings ein nur relatives und somit recht ungenaues, wie selbst die Aussage von Josette Rey-Debove, Mitarbeiterin im Redaktionsstab des *Petit Robert,* belegt, sie kenne von dessen 54 000 Einträgen etwa ein Viertel nicht [Hausmann 1977, 130]; die Lexikographen arbeiten also mit einer intuitiven Einschätzung von fachbezogener Allgemeinbildung und Gebrauchswert eines Fachworts im täglichen Leben). Und zum anderen eine Außenzone mit den Fachwortschätzen, die den jeweiligen einzelnen Fachsprachen eigen sind und nur Fachleuten des Faches semantisch, systematisch und pragmatisch bekannt sind.

## 4. 'Fachlichkeit' bei der diatechnischen Markierung

Das allgemeine Wörterbuch widmet sich, wenn es die Bereiche außerhalb der 'Allgemeinheit' beachtet, nach seinem Selbstverständnis dann dem allgemein-wissenschaftlichen Wortschatz. Eine hierbei grob gegenüber 'allgemein' orientierende Markierung 'fach(sprach)lich' gibt es hierfür in praktisch keinem allgemeinen Wörterbuch. Klappenbach/Steinitz (1964, 16) und in ihrer Nachfolge Kempcke (1984, XXIV [Zitat]) setzen einen solchen Index nur vereinzelt ein „bei Verwendung in mehreren Fachgebieten"; auch Duden (1976, 20) führt ihn in seiner Abkürzungsliste; *Petit Robert* markiert gelegentlich mit 'scientifique' («terme didactique du langage scientifique et appartenant au domaine de plusieurs *sciences*» [XXX]) bzw. '*di-*

*dactique'* («mot ou emploi qui n'existe que dans la langue savante (livres d'étude, etc.) et non dans la langue parlée ordinaire» [XXVII]) einerseits, und mit *'technique'* andererseits («mot appartenant au langage technique, et peu ou mal connu de l'ensemble du public» [XXX]).

Terminologisch und in der lexikographischen Praxis hat sich noch nicht entschieden, ob sich der Konkurrenzausdruck 'diatechnisch' (Hausmann 1977, 130—133) durchsetzt; er ist chancenreich wegen seiner vielsprachigen Ähnlichkeit als Internationalismus und wegen seiner systematisch stützenden Einbindung in die Dimensionen der Sprache (topisch, chronisch, stratisch, phasisch; funktional, medial, frequentiell, normbezogen). Es ist somit klar, daß 'diatechnisch' nicht auf allein ein Fach(gebiet) 'Technik'/'Technologie' verengt verstanden werden darf; ebenso finden sich auch 'wissenschaftlich' oder 'beruflich'/'berufsbezogen' als Synonyme für 'fachlich'.

## 5. Fachgebiete im allgemeinen Wörterbuch

Unterhalb der umfassenden Abstraktionsstufe 'fach(sprach)lich' markieren die allgemeinen Wörterbücher die Wörter aus den allgemein-wissenschaftlichen und übergreifend fach- und berufsbezogenen Verwendungsbereichen als zu ihren entsprechenden Fächern gehörig. Der *Petit Robert* vermerkt unter der Markierung *'techn.[ique]'* (XXX): «quand il s'agit d'une technique particulière et très importante, *techn.* est remplacé par le nom de cette technique *(aviat.[ion], auto.[mobile], électr.[icité], phot.[ographie])*».

Einen Überblick über die berücksichtigten Fachgebiete im Wörterbuch bieten die Abkürzungsverzeichnisse, in die sie als (aufgelöste) Abkürzungen integriert sind. Nur einige wenige allgemeine Wörterbücher stellen im Vorwort eigens die Fachgebiete vor, denen das berücksichtigte fachsprachliche Wortmaterial entstammt: so Duden (1976, 16f.), Brockhaus/Wahrig (1980, 13), Longman (1976, XI), cf. auch Rey (1978). Beim Stichwort selbst findet sich dann nur die Abkürzungsangabe, der sich dann der Erklärungs- oder Definitionstext zum Stichwort anschließt.

Prototypisch seien hier die Fach- und Sachgebiete vorgestellt, wie sie der *Petit Robert* auflistet (vgl. Abb. 58.1).

Die grobe Vorsortierung nach Wissenschaften *(didactique, scientifique)* und Sachbereichen/Fachgebieten/Berufen *(technique)* ist in anderen einsprachigen allgemeinen Wörterbüchern nicht üblich. Sie vermittelt als solche aber bereits einen auch generell geltenden Eindruck: daß nämlich erstens die Zuordnungen meist willkürlich getroffen sind; daß zweitens die Begriffe unterschiedliche Konkretheitsgrade haben und somit kaum miteinander vergleichbar sind; und daß drittens die Trennungen oftmals unscharf wirken. Mit Blick auf die Auflistungen anderer allgemeiner Wörterbücher zeigt sich zudem, daß die Reihe offenbar wesentlich kürzer ausfallen kann; daß sie auch andere Fächer-Bezeichnungen enthalten kann; und daß sie durchaus auch noch verlängert werden kann.

## 6. 'Fachlichkeit' als soziokulturelle Qualität

Daß Objekte, Sachbereiche und Handlungszusammenhänge als 'fachlich' qualifiziert werden, gründet bislang auf intuitiven Konventionen und Einschätzungen. Als charakteristische begriffliche Leitmerkmale gelten dabei 'Fähigkeit', 'Kenntnis', 'Fertigkeiten', '(Erfahrungs- und Lern-)Wissen'. Daraus lassen sich allerdings noch keine Anzahlen festlegen: Die Angaben schwanken je nach Zählweise zwischen ungefähr 300 Fächern, über ca. 2500 Fächer bis hin zu fast 7000 Fächer (cf. Dahlberg 1974, Fluck 1985, Hoffmann 1985). Die Unterschiede ergeben sich schon aus dem undefinierten Verhältnis zwischen 'Beruf' (einem lebenspraktischen Konventionsraum) und 'Fach' (einer abstrakten Größe, die auch mehrere Berufe umfassen kann).

Entsprechend umgreifen die diatechnischen Markierungen im allgemeinen Wörterbuch die Extrempunkte der arbeitsteiligen Spezialisierung: einerseits die stark praxisbestimmten (praktischen, handwerklichen, manuellen, körperlichen) Arbeiten (Praxis, Handwerk); und andererseits die theoriegeleiteten (theoretischen, wissenschaftlichen, geistigen, Kopf-) Tätigkeiten (Theorie, Wissenschaft[en]).

Hier haben die allgemeinen Wörterbücher ihre erklärte Meinung dazu, welchen Gebieten im Alltag gesteigertes Interesse — aus welchen Gründen auch immer — entgegengebracht wird. Als repräsentative Spezialgebiete mit allgemeiner Kenntnisverbreitung

keine Zuordnung (neutral)
   Zuordnung als *didactique/scientifique*
      Zuordnung als *technique*

administration (langue écrite de l')
   agriculture
alchimistes (terme du langage des)
   anatomie
   anthropologie
   antiquité
   apiculture
   arboriculture
   archéologie
   architecture
   arithmétique
      artillerie
arts (mot spécial des)
   astrologie
   astronomie
      automobile
      aviation

   bactériologie
      balistique
      bijouterie
   biologie
      blason
   botanique
      boucherie

   caractérologie
cartes (terme spécial des)
liturgie catholique (terme spécial de la)
      charcuterie
      charpenterie
      chasse
      chemins de fer
   chimie
      chirurgie
      chorégraphie
      cinéma
      commerce
      comptabilité
      couture
      cuisine

   danse
   démographie
droit (langue du)

      eaux et forêts
   économie politique
      électricité
   embryologie
      équitation
   ethnographie

      fauconnerie
féodalité (terme spécial de la)
      finances
      fortifications

   géodésie
   géographie
   géologie
   géométrie
   grammaire

keine Zuordnung (neutral)
   Zuordnung als *didactique/scientifique*
      Zuordnung als *technique*

      h.- hippologie (*ou*)
   histoire
      horticulture

      imprimerie

jeu (terme spécial du)
      jardinage

   linguistique
   études littéraires
   liturgie
   logique

      maçonnerie
   m.- marine (*ou*)
   mathématiques
   mécanique
   médecine
      menuiserie
      métallurgie
      métrologie
      militaire
   minéralogie
      mode
      musique
   mythologie

   numismatique

   o.- optique (*ou*)
   paléontologie
   pathologie
      pâtisserie
      pêche
   p.- peinture (*ou*)
   ph.- pharmacie (*ou*)
   philosophie
   phonétique
      photographie
   ph.- physique (*ou*)
   physiologie
p.- politique (*ou*)
   procédure
   psychanalyse
   psychiatrie
   psychologie

   religion

   sciences
sports (terme du langage des)
      sténographie
      sylviculture

      tauromachie
technique
   théologie
      tissage
      travaux publics
turf (terme spécial du)
      typographie

      art vétérinaire
      vénerie
   zoologie

Abb. 58.1: Fach- und Sachbereiche im Abkürzungsverzeichnis des *Petit Robert* (1973)

```
┌─────────────┐   ┌────────┐           ┌──────────┐   ┌──────────┐   ┌───────────┐
│Wissenschaft │───│Technik │───────────│Wirtschaft│───│Konsumption│──│Verwaltung │
└─────────────┘   └────────┘           └──────────┘   └──────────┘   └───────────┘
Naturwissenschaft(en) angewandte        Produktion    Verkauf         amtlicher Verkehr
Theorie               Wissenschaft(en)  Industrie     Verteilung      öffentliche
Forschung                               Berufswelt                       Institutionen
Experimentierung                        Betrieb                       Öffentlichkeit
                                        Werkstatt
```

```
┌─────────────┐
│Wissenschaft │
└──────┬──────┘
       │    ┌──────────────────────────────┐       ─ ─ ─ ┐
       └────│         Handwerk             │─ ─ ─ ─ ─ ─ ─│
            └──────────────────────────────┘       ─ ─ ─ ┘
```

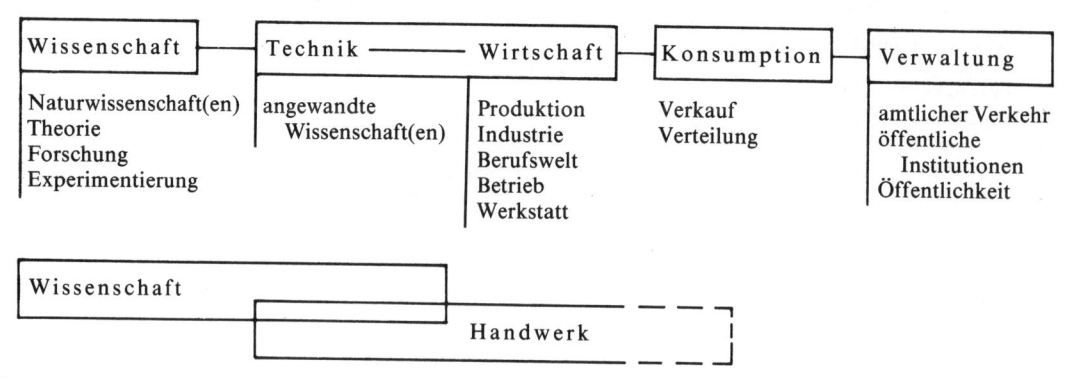

Abb. 58.2: Horizontale fachliche Organisation

gelten für das allgemeine Wörterbuch insbesondere 'Technik' und 'Sport' (Klappenbach/Steinitz 1964, 16), zudem auch 'Wirtschaft' (Kempcke 1984, VIII); die englischen sehen hier globaler "from sport to science" (Longman 1984, IX) bzw. "the dramatically changing worlds of science, medecine and technology, the world of politics, both national and international, the world of industrial relations, even the world of military conflict" (Chambers 1983, VII); die französischen erwähnen als «tous les domaines qui occupent une place essentielle dans la civilisation contemporaine» (Lexis 1975, VI) «le domaine des sciences ou des techniques» (Imbs 1971), was Lexis (1975, VI) aufschlüsselt in «économie politique, informatique, écologie, électronique, industrie du pétrole, sciences humaines, biologie et médecine». Es zählen nicht hierzu Fächer und Fachgebiete wie z. B. *Geologie, Philatelie, Imkerei* (Klappenbach/Steinitz 1964, 16); *héraldique, vénerie, bourrellerie* (Lexis 1975, VI).

Mit 'Wissenschaft' (damit ist praktisch immer synonym 'Naturwissenschaft[en]' gemeint) und 'Technik'/'Technologie' treffen die allgemeinen Wörterbücher ihre Entscheidung für zwei komplexe Fachgebiete, die auch von der Fachsprachen-Forschung als hierarchisch höchst anzusetzende Sachbereiche, Handlungszusammenhänge und Organisationsformen eingeschätzt werden, nicht zuletzt deshalb, weil sie einem in der Gesellschaft verbreiteten intuitiven Verständnis von 'fachlich' entsprechen oder nahekommen. Zu diesen beiden gehören wohl auch noch 'Wirtschaft', 'Konsumption' und 'Verkauf'. Abb. 58.2 stellt sie — mit Bezeichnungsvarianten — zusammen und korreliert sie mit den bereits erwähnten Handlungsräumen 'Wissenschaft' und 'Handwerk' als den grob klassifizierenden Ordnungsmerkmalen.

## 7. Fächerorganisation im allgemeinen Wörterbuch

Aufschluß darüber, welche Fächer und Berufe die allgemeinen Wörterbücher vor dem Hintergrund ihrer Vorwort-Erklärungen und der generellen Fachgebiete nun tatsächlich als prinzipielle wählen, läßt sich über Vergleich erlangen: Abb. 58.3 listet alle identischen diatechnischen Markierungen — aber mindestens fünf — aus den jeweils sechs befragten deutschen, englischen und französischen (*Grand* und *Petit Robert*, Imbs, *Lexis*, Académie, *Bordas*) sowie den drei italienischen auf. Die zweiundzwanzig Übereinstimmungen aus der Wörterbuch-Praxis legen es nahe zu vermuten, daß es in den Gesellschaften und — aus der Sicht des allgemeinen Wörterbuchs — in den breiten Bildungsschichten ein durchschnittlich gefestigtes und konkretisiertes Fächer-Bewußtsein gibt. Und dies gilt insbesondere für die zehn in allen vier Sprachen voll identischen (Majuskeln in Abb. 58.3) *Architektur, Botanik, Chemie, Geologie, Mathematik, Medizin, Mineralogie, Religion/Theologie/Kirche, Technik/Technologie, Zoologie.* Sie bilden den universalen Fächerkanon diatechnischer Markierung der europäischen allgemeinen Wörterbücher. (Es ist allerdings auffällig, daß sich dieses Ergebnis nicht mit jenen Fächern deckt, die in den Vorwörtern als gemeinhin intensiver bekannte denn durchschnittlich interessierende angeführt werden: s. 6.)

Während bei den höherabstrakten Wissenschaften noch eine breite Gemeinschaftlichkeit besteht, unterscheiden sich die allgemeinen Wörterbücher in der diatechnischen Markierung der konkreten Berufe, Handwerke und Handlungen mit Spezialwissen (*Billard, Glücksspiel, Golf* etc.) oft recht beträchtlich.

|                    | Deutsch | Englisch | Französisch | Italienisch |
|--------------------|---------|----------|-------------|-------------|
| ARCHITEKTUR        | ×       | ×        | ×           | ×           |
| Anatomie           | .       | ×        | ×           | ×           |
| Astronomie         | ×       | ×        | ×           | .           |
| BOTANIK            | ×       | ×        | ×           | ×           |
| Biologie           | ×       | ×        | ×           | .           |
| CHEMIE             | ×       | ×        | ×           | ×           |
| GEOLOGIE           | ×       | ×        | ×           | ×           |
| Geographie         | ×       | .        | ×           | ×           |
| Grammatik          | ×       | .        | ×           | ×           |
| MATHEMATIK         | ×       | ×        | ×           | ×           |
| MEDIZIN            | ×       | ×        | ×           | ×           |
| Militär            | ×       | ×        | ×           | .           |
| MINERALOGIE        | ×       | ×        | ×           | ×           |
| Musik              | ×       | ×        | ×           | .           |
| Philosophie        | ×       | ×        | ×           | .           |
| Physik             | ×       | .        | ×           | ×           |
| Physiologie        | ×       | ×        | ×           | .           |
| Psychologie        | ×       | ×        | ×           | .           |
| RELIGION           | ×       | .        | ×           | .           |
| THEOLOGIE          | .       | ×        | ×           | .           |
| KIRCHE/KIRCHLICH   | .       | ×        | ×           | ×           |
| Sprachwissenschaft | ×       | ×        | ×           | .           |
| TECHNIK/TECHNOLOGIE| ×       | ×        | ×           | ×           |
| ZOOLOGIE           | ×       | ×        | ×           | ×           |

Abb. 58.3: Übereinstimmungen der diatechnischen Markierungen in den Einzelsprachen und in deren Vergleich

## 8. Sprachpragmatische Zuordnung 'Fach — Fachsprache'

Die bislang noch ungeklärte Schwierigkeit besteht hierbei für ein allgemeines Wörterbuch darin, nicht den außersprachlichen Weltausschnitt (wie eine Enzyklopädie) als fachlich, sondern die Dimensionen der sprachlichen Architektur in den beruflich-fachlichen Kommunikationssituationen als fach*sprach*lich zu erkennen und bestimmen zu müssen.

Die eine praktizierte Lösung ist linguistisch nicht akzeptabel (cf. Kalverkämper 1983b), eine Eins-zu-eins-Gleichordnung zwischen Fach oder Beruf mit seiner Fach- oder Berufssprache zu suggerieren: also mit *Alpinismus, dancing, bourse, ferrovia* etc. zu markieren, aber für die sprachlichen Einheiten zu meinen 'Sprache (oder *Wortschatz*) des/der ...'. Solche Fälle sind sehr häufig; einige Beispiele:

*Ballspiele, Billard, Golf, Minigolf, Relativitätstheorie, Tischtennis* u. a. (Brockhaus/Wahrig); *clothing, food and drink, glass and ceramics, hunting and fishing, insurance, tabacco* u. a. (Longman 1984); *automobile, broderie, cirque, costume, cuisine, eaux et forêts, forage, yachting* u. a. *(Lexis); abbigliamento* ('Kleidung'), *acconciatura* ('Kopfputz'), *banca e borsa, posta e telegrafo* u. a. (Zingarelli).

Die andere praktizierte Lösung ist, weil diese wissenschaftlichen Probleme vertuschend, nicht elegant: Markierungsdubletten im selben Wörterbuch sollen Trennschärfe vorgeben, wo Unsicherheit in der Zuordnung von Fach zu (seiner — ?) Fachsprache besteht, zum Beispiel (Duden):

*Bergmannsprache* und *Bergbau*
*Druckersprache*  und *Druckwesen*
*Rechtssprache*   und *Arbeitsrecht*
*Seemannssprache* und *Seewesen*.

Die konkreten Fächer und Berufe bereiten gegenüber den höherabstrakten Wissenschaften, deren jeweilige — ihnen eigene — Fachsprache leichter und evidenter festzulegen und zu bestimmen ist, große Schwierigkeiten gerade wegen ihrer oft engen Nachbarschaften und Überschneidungen. Die gesellschaftlichen Organisationsformen erlernten könnerischen Handelns sind hier besonders dicht vernetzt: und zwar als systematischer Verbund.

## 9. Leistung einer systematischen und Chancen einer funktionalen diatechnischen Markierung

Das allgemeine Wörterbuch muß sich hier bei seiner diatechnischen Markierung entscheiden in der horizontalen Ebene (gleichrangige Fachumfänge und Berufsbereiche, zum Beispiel

*'Wissenschaften — Handwerke — (?)', 'Chemie — Physik — Theologie — Linguistik — . . .', 'Buchdruck — Textilherstellung — Augenoptik — . . .')*

wie in der vertikalen Ordnung (Hierarchiehöhen, zum Beispiel

*'Arts — jeux — tauromachie', 'catholique — ecclésiastique — liturgie chrétienne — religion — théologie'; 'gynécologie — médecine — obstétrique — pédiatrie'; 'Elektrizitätslehre — Elektrochemie — Elektronik — Elektrotechnik'; 'chemistry — biological chemistry — organic chemistry — pharmaceutical chemistry — physiological chemistry').*

Klappenbach/Steinitz (1964, 16, D 2.) diskutieren als einzige das Problem, insbesondere statt der Oberbegriffe — z. B. *Handwerk* oder *Sport* — präzise die einzelnen Berufe und fachlichen Aktivitäten zu wählen; Duden (1976, 16 f.) hilft sich bei *Handwerk* oder *Sport* mit spezifizierenden Beispielen und „usw."; Brockhaus/Wahrig (1980, 13) entsprechend bei *Spiel; Petit Robert* bei *sports* oder *technique*.

Inkonsequenzen der Zuweisung verbleiben dennoch, eben weil es die allgemeinen Wörterbücher versäumen, ihre diatechnische Markierung methodisch — fächersystematisch und linguistisch — im vorherein zu bedenken: so, als Beispiele für eine gängige Praxis:

*Ballspiele — Flugsport — Hockey — Hohe Schule — Leichtathletik — Minigolf — Motorsport — Pferdesport — Radsport — SPORT — Tanzsport — Tennis — Tischtennis — Wassersport — Wintersport* (Brockhaus/Wahrig);

*BEAUX ARTS — peinture — poétique — sculpture — théâtre — versification (Grand Robert,* Imbs, Lexis*);*

*Algèbre — arithmétique — géométrie — MATHEMATIQUES* (Académie, *Bordas, Grand Robert,* Imbs, *Petit Robert);*

*CHASSE — fauconnerie — vénerie (Grand Robert,* Imbs, *Lexis, Petit Robert).*

Hier ist allerdings den allgemeinen Wörterbüchern nicht mehr abzuverlangen, als die Forschung bislang vorgelegt hat: Weder die Fachsprachen-Forschung (zur Kritik s. Kalverkämper 1978, 1979, 1980), noch die dokumentationsintensiven und datenverarbeitenden Anliegen in Wissenschaft (Wissensdarstellung), Wirtschaft (Wissensverwendung und Wissensvermittlung) und Verwaltung (Wissensorganisation) (cf. Dahlberg 1974) haben eine systematische Fächer-Klassifikation allgemeingültig erarbeitet und eingerichtet. Da Fächer nicht 'von Natur her', als absolute Größen vorgegeben sind, sondern auf Konventionen und sozial anerkannten Handlungsräumen beruhen, deren Taxonomiken sich nach den Bedürfnissen der gesellschaftlichen Lebenswelt richten und historisch den Möglichkeiten, Erfordernissen und Entwicklungen fortschrittlichen Handelns und Kommunizierens angepaßt werden, ist es auch nicht sinnvoll, starre Systeme zu erstellen. Eine funktionale Sicht, die 'Fächer' pragmatisch versteht, ist hier angemessener (Möhn/Pelka 1984, 34—39 stellen mit *'Urproduktion — Fertigung — Dienstleistung'* eine Möglichkeit vor und bieten mit der Trennung in 'sachliche Bereiche' und 'fachlich Handelnde' eine engere Differenzierung für die „Binnenschichtungen" von Fächern).

Nach einem mit solchen funktionalen Kriterien erstellten Rahmen sollten die allgemeinen Wörterbücher ihre diatechnischen Markierungen auswählen, und nicht anhand von intuitiv und unsystematisch („sammelsuriumartig") zusammengestellten und in alphabetischer Abfolge aufgelisteten Fächer- und Berufe-Bezeichnungen. Die Schwierigkeit und Willkürlichkeit, diesen eine (ihre — ?) Fachsprache zuzuweisen, würden sich verbessern oder beheben lassen, wenn als diatechnische Markierung statt einzelner Fächer- und Berufe-Angaben vielmehr die fachlichen Sprachverwendungssituationen dem jeweiligen Stichwort beigefügt würden. Dies setzt aber noch intensive Forschung zu Fachsprachen-in-Funktion (cf. Kalverkämper 1980, 1983 b) voraus — ein Weg, den die textuelle Fachsprachen-Linguistik zur Pragmatik hin vorgegeben hat (cf. Hoffmann 1985, Kap. 2.6.; Kalverkämper 1979, 1983 a; Möhn/Pelka 1984, Kap. 3. u. 4.).

## 10. Literatur (in Auswahl)

### 10.1. Wörterbücher

*Académie 1986* = Dictionnaire de l'Académie française. I (fasc. 1) ff. 9ième éd. Paris 1986 ff.

*Bordas 1972* = Maurice Davau/Marcel Cohen/Maurice Lallemand: Dictionnaire du français vivant. (Dictionnaire Bordas). Stuttgart 1972 [1338 S.].

*Brockhaus/Wahrig 1980* = Brockhaus/Wahrig:

Deutsches Wörterbuch in sechs Bänden. Hrsg. von Gerhard Wahrig/Hildegard Krämer/Harald Zimmermann. I—VI. Wiesbaden. Stuttgart 1980—1984 [zus. 5310 S.].

*Chambers 1983* = Chambers 20th Century Dictionary. Ed. by Elizabeth M. Kirkpatrick. New ed. Edinburgh 1983 [XVI, 1583 S.].

*Devoto/Oli 1971* = Giacomo Devoto/Gian Carlo Oli: Dizionario della lingua italiana. Firenze 1971 [2712 S.].

*Duden 1976* = Duden: Das große Wörterbuch der deutschen Sprache in sechs Bänden. Hrsg. [...] von Günther Drosdowski. I—VI. Mannheim. Wien. Zürich 1976—1981 [zus. 2992 S.].

*Felice/Duro 1975* = Emidio de Felice/Aldo Duro: Dizionario della lingua e della civiltà italiana contemporanea. Firenze 1975 [2221 S.].

*Grand Robert 1985* = Le Grand Robert de la langue française. Dictionnaire alphabétique et analogique de la langue française. 2ième éd. entièrement revue et enrichie par Alain Rey. I—IX. Paris 1985 [zus. 9151 S.; 1. Aufl. 1965].

*Imbs 1971* = Trésor de la langue française. Dictionnaire de la langue du XIXe et du XXe siècle (1789—1960). Publié sous la direction de Paul Imbs. I—XII ff. Paris 1971—1986 ff [zus. 13738 S.].

*Kempcke 1984* = Günter Kempcke: Handwörterbuch der deutschen Gegenwartssprache. In zwei Bänden. I—II. Berlin 1984 (Akademie der Wissenschaften der DDR). [zus. 1399 S.].

*Klappenbach/Steinitz 1964* = Ruth Klappenbach/Wolfgang Steinitz: Wörterbuch der deutschen Gegenwartssprache. I—VI. Berlin 1964—1977 (Deutsche Akademie der Wissenschaften zu Berlin. Institut für deutsche Sprache und Literatur). [zus. 4519 S.].

*Larousse 1971* = Grand Larousse de la langue française en six (I—III)/en sept (IV—VII) volumes. I—VII. Paris 1971—1978 [zus. 6730 S.].

*Lexis 1975* = Lexis. Dictionnaire de la langue française. Paris 1975 [LXXI, 1950 S.].

*Littré 1982* = Paul-Emile Littré: Dictionnaire de la langue française. I—II. [zus. 4708 S.]. Ed. nouvelle Chicago 1982 (+ Supplément 1983).

*Longman 1976* = Longman Modern English Dictionary. Ed. Owen Watson. Rev. 2nd ed. Paris 1976 [1303 S.].

*Longman 1984* = Longman Dictionary of the English Language. Essex 1984 [1286 S.].

*Mackensen 1986* = Lutz Mackensen: Deutsches Wörterbuch. [...]. 12., völlig neu bearb. und stark erw. Aufl. unter Mitarb. von Gesine Schwarz-Mackensen. München 1986 [1038 S.].

*OED 1933* = The Oxford English Dictionary, [...]. I—XII. Oxford 1933 (+ Suppl. I—IV, Oxford 1972—1986). [zus. 16363 S.; 7055 S.].

*Petit Robert 1973* = Dictionnaire alphabétique & analogique de la langue française, par Paul Robert, rédaction Alain Rey. 14e éd. Paris 1973 [XXXII, 1971 S.].

*Shorter OED 1967* = The Shorter Oxford English Dictionary on Historical Principles. Prepared by William Little, H. W. Fowler, Jessie Coulson. Revised and ed. by C. T. Onions. 3rd. ed. rev. with addenda. Oxford 1967 [2682 S.].

*Wahrig 1986* = Gerhard Wahrig: Deutsches Wörterbuch. Mit einem „Lexikon der deutschen Sprachlehre". Völlig überarb. Aufl. o. O. 1986 [1493 S.].

*Webster 1981* = Webster's Third New International Dictionary of the English Language Unabridged. With seven Languages Dictionary. I—III. o. O. 1981.

*Zingarelli 1983* = Il nuovo Zingarelli. Vocabolario della lingua italiana, di Nicola Zingarelli. 11a ed. Bologna 1983 [2256 S.].

10.2. Sonstige Literatur

*Dahlberg 1974* = Ingetraut Dahlberg: Grundlagen universaler Wissensordnung. Probleme und Möglichkeiten eines universalen Klassifikationssystems des Wissens. Pullach. München 1974 (DGD-Schriftenreihe. 3).

*Fluck 1985* = Hans-Rüdiger Fluck: Fachsprachen. Einführung und Bibliographie. 3., aktual. und erw. Aufl. Tübingen 1985 (Uni-Taschenbücher 483).

*Hausmann 1977* = Franz Josef Hausmann: Einführung in die Benutzung der neufranzösischen Wörterbücher. Tübingen 1977 (Romanistische Arbeitshefte 19).

*Hoffmann 1985* = Lothar Hoffmann: Kommunikationsmittel Fachsprache. Eine Einführung. 2., völlig neu bearb. Aufl. Tübingen 1985 (Forum für Fachsprachen-Forschung 1).

*Kalverkämper 1978* = Hartwig Kalverkämper: Die Problematik von Fachsprache und Gemeinsprache. In: Sprachwissenschaft 3. 1978, 406—444.

*Kalverkämper 1979* = Hartwig Kalverkämper: Der Begriff der Fachlichkeit in der Fachsprachen-Linguistik — Tradition, Kritik und Methoden-Ausblick. In: Fachsprache. Sonderheft 1: „Zweites Europäisches Fachsprachen-Symposium, Bielefeld 1979". Wien 1979, 53—71.

*Kalverkämper 1980* = Hartwig Kalverkämper: Die Axiomatik der Fachsprachen-Forschung. In: Fachsprache 2. 1980, 2—20.

*Kalverkämper 1983a* = Hartwig Kalverkämper: Gattungen, Textsorten, Fachsprachen. Textpragmatische Überlegungen zur Klassifikation. In: Textproduktion und Textrezeption. Hrsg. von Ernest W. B. Hess-Lüttich. Tübingen 1983 (forum Angewandte Linguistik 3), 91—103.

*Kalverkämper 1983b* = Hartwig Kalverkämper: Textuelle Fachsprachen-Linguistik als Aufgabe. In: Fachsprache und Fachliteratur. Hrsg. von Helmut Kreuzer und Brigitte Schlieben-Lange. Göttingen 1983 (Zeitschrift für Literaturwissenschaft und Linguistik 13, H. 51/52), 124—166.

*Möhn/Pelka 1984* = Dieter Möhn/Roland Pelka:

Fachsprachen. Eine Einführung. Tübingen 1984 (Germanistische Arbeitshefte 30).

*Rey 1978* = Alain Rey: Antoine Furetière imagier de la culture classique. In: Antoine Furetière: Dictionaire universel, [...]. I—III. La Haye. Rotterdam 1690. (Faksimilierter u. bearb. Nachdruck, bearb. v. Alain Rey. Paris 1978), Band I, 5—95.

*Wiegand 1977* = Herbert Ernst Wiegand: Fachsprachen im einsprachigen Wörterbuch. Kritik, Provokationen und praktisch-pragmatische Vorschläge. In: Kongreßberichte der 7. Jahrestagung der Gesellschaft für Angewandte Linguistik (Trier). Stuttgart 1977, 19—65.

*Wiegand 1988* = Herbert Ernst Wiegand: Was eigentlich ist Fachlexikographie? Mit Hinweisen zum Verhältnis von sprachlichem und enzyklopädischem Wissen. In: Deutscher Wortschatz. Lexikologische Studien. Ludwig Erich Schmitt zum 80. Geburtstag von seinen Marburger Schülern. Hrsg. von Horst Haider Munske/Peter von Polenz/Oskar Reichmann/Reiner Hildebrandt. Berlin. New York 1988, 729—790.

*Hartwig Kalverkämper, Hagen (Bundesrepublik Deutschland)*

# 59. Diafrequente Markierungen im allgemeinen einsprachigen Wörterbuch

1. Vorbemerkung
2. Die Markierungspraxis der gegenwärtigen Lexikographie
3. Status und Funktion diafrequenter Markierungen
4. Vorschläge für die lexikographische Praxis
5. Literatur (in Auswahl)

## 1. Vorbemerkung

Obwohl Markierungen der in diesem Artikel behandelten Art eine lange Tradition haben, in einsprachigen und zweisprachigen Wörterbüchern der verschiedenen Sprachen bzw. Sprachenpaare anzutreffen sind und einem Bedürfnis der Wörterbuchbenutzer entgegenkommen, haben sie in der wissenschaftlichen Literatur zur Lexikographie bisher nur geringe Beachtung gefunden. Was in den Wörterbüchern üblicherweise als „Häufigkeitsangabe" bzw. „Angabe zur Häufigkeit", in der Literatur über Wörterbücher „Frequenzangabe" bzw. „Angabe zur Frequenz" und neuerdings auch „Diafrequenzangabe", „Angabe zur Diafrequenz" oder „diafrequente Markierung" genannt wird, erfährt eine kritische Betrachtung über die lexikographische Praxis der gegenwärtigen französischsprachigen Lexikographie durch Hausmann (1977, 133—139) und über diejenige der gegenwärtigen deutschsprachigen Lexikographie durch Schaeder (1983).

Während Hausmann vor allem anmerkt, daß verschiedene Wörterbücher nicht klar zwischen diafrequenten und diastratischen Markierungen unterscheiden, in ihrer Markierungspraxis das eine Mal sehr zurückhaltend, das andere Mal dagegen überaus großzügig verfahren, kritisiert Schaeder insbesondere die ungeordnete und unbegründete Skalierungsvielfalt der verwendeten Markierungsprädikate.

## 2. Die Markierungspraxis der gegenwärtigen Lexikographie

### 2.1. Die Markierungspraxis in den Wörterbuchartikeln

In allgemeinen einsprachigen Wörterbüchern etwa des Deutschen, des Englischen, des Französischen, des Spanischen, des Italienischen und des Russischen, aber auch in zweisprachigen Wörterbüchern, finden sich u. a. Markierungen wie die folgenden:

Wörterbücher des Deutschen: ‹seltener›, ‹selten›, ‹häufiger›, ‹häufig›, ‹oft›, ‹meist›, ‹auch› etc.;

Wörterbücher des Englischen: ‹most(ly)›, ‹frequent(ly)›, ‹occasional(ly)›, ‹usual(ly)›, ‹also› etc.;

Wörterbücher des Französischen: ‹rare›, ‹inusité›, ‹peu usité›, ‹plus usuel›, ‹en usage›, ‹habituellement›, ‹aussi›, etc.

Wörterbücher des Spanischen: ‹usual›, ‹raro›, ‹frecuente›, ‹inusitado/inusida›, ‹poco usado/poco usada› etc.;

Wörterbücher des Italienischen: ‹raro›, ‹raramente›, ‹frequentemente›, ‹non comune›, ‹generalmente›, ‹usuale›, etc.;

Wörterbücher des Russischen: ‹redko›, ‹často›, ‹inogda› etc.

Solche Markierungen begegnen dem Wörterbuchbenutzer in drei Formen:

(a) als Prädikate der oben in einer Auswahl vorgestellten Art;

(b) als (Kommentar-)Symbole (z. B. steht ein Asteriskus ‹*›, für ‹selten›, ‹rare›, ‹raro› etc.; ein Schrägstrich ‹/› oder runde Klammer ‹(...)› für ‹gleich häufig›;
(c) als offene Kommentare (z. B. ‹x wird selten/seltener/häufig/häufiger etc. gebraucht›).

Solche Angaben, die neben anderen von Wiegand (1981, 142) als „auffällig" charakterisiert werden, kennzeichnen:
(a) einzelne Lemmata;
(b) Angaben zur Betonung und Orthographie;
(c) Angaben zur Grammatik des Substantivs (z. B. Singular-/Pluralfähigkeit, Artikelfähigkeit, schwankende Flexion), des Verbs (z. B. regelmäßige/unregelmäßige Konjugation, Konjunktivbildung, Valenzmöglichkeiten), des Adjektivs (z. B. Komperationsfähigkeit, syntaktische Funktionen) sowie zur Grammatik von Lexemen anderer Wortartenzugehörigkeit;
(d) Angaben sonstiger Art (z. B. diatopische, diastratische etc.);
(e) Bedeutungserläuterungen;
(f) Kollokationen und Phraseologismen;
(g) Beispiele und Belege.

Zusammenfassend betrachtet, handelt es sich um
(1) Markierungen, die konkurrierende Angaben zu einem Lemma zueinander in Vergleich setzen (z. B. die orthographische/Betonungs-/Bedeutungsvariante x ist häufiger/seltener als Variante y bzw. ebenso häufig wie Variante y);
(2) Markierungen, die zwei oder mehr Lemmata zueinander in Vergleich setzen (z. B. Lemmata x ist häufiger/seltener als Lemma y bzw. ebenso häufig wie Lemma y).

Es sei nicht versäumt, darauf hinzuweisen, daß es auch Wörterbücher gibt, die aus noch zu klärenden Gründen gänzlich auf solche Markierungen verzichten (wie z. B. SRJ).

## 2.2. Die Erklärungen zu der Markierungspraxis in den Benutzungshinweisen der Wörterbücher

In der Regel werden Frequenzmarkierungen entweder in den Abkürzungsverzeichnissen oder (so es sich um Kommentarsymbole handelt) in den Verzeichnissen der verwendeten Symbole aufgeführt und dekodiert. Allerdings finden sich dort meist nicht alle in den Wörterbuchartikeln vorkommenden Markierungen.

Dasselbe gilt für die Erklärungen zu der Markierungspraxis in den jeweiligen Benutzungshinweisen. Im WDG (Bd. 1/1980, 016f), das zu den Wörterbüchern zählt, die sich zu diesem Punkt vergleichsweise ausführlich äußern, steht zu lesen:

Den Bewertungen [d. h. den diastratischen, dianormativen etc. Markierungen] und Kennzeichnungen [d. h. den diatropischen, diatechnischen etc. Markierungen] nahe stehen zwei Hinweise auf die Häufigkeit, die der Erklärung bedürfen: Der Hinweis ‹selten› (z. B. **aalig, Akklamation**) wird auf wenige, unbedingt nötige Fälle beschränkt, da die Behauptung eines seltenen Gebrauchs stark relativ ist und vom Beruf des jeweiligen Sprechers und von zahlreichen anderen Bedingungen abhängt. Der Hinweis ‹oft› (oder ‹häufig›, ‹meist›), der vielfach bei partizipalen Formen oder bestimmten syntaktischen Wendungen gebraucht wird, kann bei Wörtern beggnen, die an sich selten vorkommen (z. B. **abschrägen** ‹oft im Part. Prät.›), **absprechen** 3 ‹meist im Part. Präs.› absprechend abfällig). Er ist dann relativ aufzufassen, nämlich im Verhältnis zu den seltener begegnenden finiten Formen."

Und im TSRJ (Bd. 1, Vorwort, Ziffer 12) wird, um ein weiteres Beispiel anzuführen, (ins Deutsche übertragen) erläuternd erklärt:

„Mit der Bewertung ‹redko› [= ‹selten›] sind Wörter ausgestattet, die selten verwendet werden; deshalb eben selten, weil die Hochsprache sie meidet."

## 3. Status und Funktion diafrequenter Markierungen

### 3.1. Abgrenzungsprobleme

Daß die Lexemvariante x häufiger gebraucht wird als die Lexemvariante y, die orthographische Variante x eines bestimmten Lexems häufiger als die orthographische Variante y desselben Lexems, die Flexionsvariante x häufiger als die Flexionsvariante y etc. ist eine Eigenschaft, die ihren Grund durch eine unterschiedliche Verteilung haben kann:
(a) in diatopischer Hinsicht, d. h. die Variante x hat eine andere regionale Verteilung als die Variante y und ist daher insgesamt oder in bestimmten Gegenden nicht, eher oder weniger gebräuchlich;
(b) in diaintegrativer Hinsicht, d. h. die Variante x stellt im Vergleich zur Variante y ein seltener/häufiger gebrauchtes Fremdwort dar;
(c) in diatechnischer Hinsicht, d. h. die Variante x ist im Vergleich zur Variante y fachsprachlich und damit insgesamt seltener gebraucht;
(d) in diastratischer Hinsicht, d. h. die Variante x gehört im Vergleich zur Variante y zu einer anderen Stilschicht, welcher Umstand

bewirkt, daß sie seltener bzw. häufiger gebraucht wird;

(e) in diakonnotativer Hinsicht, d. h. die Variante x ist im Vergleich zur Variante y konnotiert bzw. anders konnotiert als Variante y, was ihren selteneren bzw. häufigeren Gebrauch zur Folge hat;

(f) in diachronischer Hinsicht, d. h. die Variante x ist im Vergleich zur Variante y veraltet (Diachronie in rückwärtiger Sicht) bzw. ein Neologismus (Diachronie nach vorwärts) und darum von selteneren Vorkommen.

Daß hin und wieder zu den diachronischen Markierungen fälschlicherweise auch Angaben wie ‹historisch›, ‹früher›, ‹im Mittelalter› etc. gerechnet werden, sei nur am Rande erwähnt. Derlei Angaben sind nicht sprachbezüglich, sondern sachbezüglich, sie charakterisieren nicht die entsprechenden Lexeme, sondern die mit den Lexemen jeweils bezeichneten Gegenstände und Sachverhalte, gehören damit auch nicht einmal zu den diasystematischen Markierungen.

In den Fällen (a) bis (c) ergibt sich eine unterschiedliche Häufigkeit des Gebrauchs verschiedener miteinander konkurrierender Varianten dadurch, daß eine Variante einem jeweils wohldefinierten Ausschnitt des Systems der Gesamtlexik einer Einzelsprache zugehört. Einzelne Wörterbücher (wie z. B. das WDG) sprechen in diesen Fällen von „Kennzeichnungen". Die Fälle (d) und (e) stellen dagegen keine wohldefinierten Ausschnitte des Systems der Gesamtlexik einer Einzelsprache dar, sondern beziehen sich auf den Gebrauch, der von den im System nicht als diastratisch oder diakonnotativ feststellbaren Varianten gemacht wird. Wörterbücher (wie z. B. wiederum das WDG) charakterisieren diese beiden Arten von Markierungen bisweilen als „Bewertungen". Solche Bewertungen können sowohl Lexemen der Gemeinsprache als auch Lexemen nicht gemeinsprachlicher Varietäten zugesprochen werden.

Wieder anders verhält es sich im Fall (f), den diachronischen Markierungen, die wiederum gemeinhin zu den Kennzeichnungen zählen (vgl. hierzu Herberg 1988). Sie gelten den zeitlichen Randzonen einer in den Wörterbüchern der jeweiligen Gegenwartssprache(n) kodifizierten synchronischen Lexik und betreffen einerseits, nämlich im Hinblick auf die sog. Neologismen, das System und andererseits, nämlich im Hinblick auf die sog. Archaismen den Gebrauch.

3.2. Status diafrequenter Markierungen

Ob ein Lexem häufig oder selten vorkommt, ist eine Eigenschaft, die sich nicht im System der Lexik, sondern allein im Gebrauch feststellen läßt. Die Häufigkeit des Gebrauchs spielt bereits bei der Auswahl der Lemmata eine Rolle, die in ein Wörterbuch der Gegenwartssprache aufgenommen werden sollen. In der Regel wird Lexemen, die nicht mehr oder nur noch höchst selten vorkommen, der Eingang in ein solches Wörterbuch verwehrt. Der Ausschluß von der Aufnahme in ein allgemeines einsprachiges Wörterbuch der Gegenwartssprache kann Regionalismen, Fremdwörter und fachsprachliche Ausdrücke ebenso treffen wie Lexeme, die diastratisch, diakonnotativ oder diachronisch markiert sind. Dasselbe gilt für Angaben zur Orthographie, Betonung, Flexion, Bedeutung etc. des einzelnen Lexems.

Auf der anderen Seite signalisiert das Erscheinen eines (durch ein entsprechendes Lemma repräsentierten) Lexems wie auch von Angaben zur Orthographie, Betonung, Flexion, Bedeutung etc. zum einzelnen Lexem, insofern sie unmarkiert sind, eine zumindest mittlere Häufigkeit des Gebrauchs in der Gemeinsprache.

Daß Lexeme, die diatopisch, diaintegrativ, diatechnisch, diastratisch, diakonnotativ oder diachronisch markiert sind, seltener vorkommen als solche ohne derartige Markierung, ergibt sich aus der damit verbundenen Einschränkung des Gebrauchs. Daß einzelne gemeinsprachliche Lexeme überdurchschnittlich häufig vorkommen, wird in keinem allgemeinen einsprachigen Wörterbuch der Gegenwartssprache gesondert gekennzeichnet. Allerdings sind solche Lexeme, die sich statistisch aus repräsentativen Textkorpora ermitteln lassen, Kandidaten für Wörterbücher, die sog. Grundwortschätze präsentieren (vgl. Art. 148).

Aus dem oben Ausgeführten folgt, daß diafrequente Markierungen grundsätzlich nur dann sinnvoll sind, wenn sie zur Kennzeichnung konkurrierender, aber in diatopischer, diaintegrativer, diatechnischer, diastratischer, diakonnotativer oder diachronischer Hinsicht ansonsten zunächst einmal gleichberechtigter Varianten dienen.

3.3. Funktion diafrequenter Markierungen

Wenn sich in Wörterbüchern Markierungen wie ‹selten›, ‹seltener›, ‹häufig›, ‹häufiger› etc. finden, dann nehmen sie sich auf den ersten Blick wie deskriptive, statistisch gewonnene Aussagen zur Häufigkeit des Vorkommens von konkurrierenden lexikalischen, orthographischen, grammatischen etc. Varianten aus: Variante x kommt in Vergleich zu Variante y selten/seltener bzw. häufig/häufiger vor. Stehen sie unmarkiert nebeneinander, so heißt dies: Variante x und Variante y sind im Hinblick auf die Häufigkeit ihres Vorkommens nicht unterschieden.

Doch entgegen dem bloß deskriptiven Anschein, daß es sich bei diafrequenten Markierungen allein um die Charakterisierung der Häufigkeit des Vorkommens konkurrierender Varianten handele, leiten solche Angaben — wie andere diasystematische Angaben auch — in bestimmter Weise die Rezeption und Produktion von Texten an. In diesem Sinne sind auch die Angaben zur Frequenz „pragmatische Angaben" in der von Wiegand (1981) dargestellten und begründeten Weise.

Bei der Rezeption von Texten, in denen vorzugsweise Varianten gebraucht werden, die in Wörterbüchern als ‹selten› markiert sind, wird der so informierte Wörterbuchbenutzer Rückschlüsse auf den Text und/ oder den Verfasser des Textes ziehen, die je nach seiner Einstellung unterschiedlich ausfallen mögen, in jedem Fall aber eine Wertung beinhalten. Bei der Produktion von Texten wird derjenige, der im Wörterbuch Auskunft sucht, diafrequente Markierungen als Empfehlung werten, die seine Wahl beeinflussen. Was ist häufiger bzw. seltener:

*Fernsprecher* oder *Telefon* ?
*Ballerine* oder *Ballerina* ?
*Telefon* oder *Telephon* ?
*Babies* oder *Babys* ?
*der Vogelbauer* oder **das** *Vogelbauer* ?
*des Baus* oder *des Baues* ?
*die Baue* oder *die Bauten* ?
*er/sie/es backt* oder *bäckt* ?
*begänne* oder *begönne* ?
*roter* oder *röter* ?
*trotz* **dem** oder *trotz des* ?

Üblicherweise wird ein Benutzer dasjenige Wort oder diejenige Form wählen, die als ‹häufig› oder ‹häufiger› markiert ist. Er kann sich aber auch durchaus für das Wort oder diejenige Form entscheiden, die als ‹selten› oder ‹seltener› gekennzeichnet ist, wenn er sich (aus bestimmten Prestigegründen) einer vom allgemeinen Usus abweichenden Ausdrucksweise bedienen möchte.

Wenn ein Wörterbuch, wie aus erklärlichen Gründen z. B. SRJ, normativ angelegt ist, wird es auf jegliche diafrequente Markierung verzichten und konkurrierende Varianten, so sie überhaupt aufgeführt werden, bewertend kennzeichnen. Ožegov (Vorwort, Ziffer 30) erklärt (ins Deutsche übertragen):

„In zweifelhaften Fällen wird in der Regel nur eine der möglichen Wortformen aufgeführt. Nur in einzelnen Fällen, wenn in der Literatursprache Formvarianten weit verbreitet sind, werden diese Formvarianten als gleichberechtigt (in diesem Fall steht an der ersten Stelle die vorzuziehende) oder als zulässig (dabei steht die zulässige Form in Klammern) angeführt."

## 4. Vorschläge für die lexikographische Praxis

### 4.1. Gewinnung diafrequenter Markierungen

Ob eine Variante gegenüber einer anderen selten oder seltener bzw. häufig oder häufiger vorkommt, läßt sich im Grunde nur durch entsprechende statistische Erhebungen ermitteln. In ihrer Frequenzuntersuchung zu morphologischen und syntaktischen Varianten des Russischen stellten Graudina et al. (1976, 125) z. B. fest, daß in den von ihnen analysierten schriftlichen Texten *gramm* in 79,7 % der Belege mit Endung und in 20,3 % ohne Endung vorkommt. Wie sich auch in anderen Fällen nachweisen läßt, hat Ožegov die von Graudina et al. (1976) ermittelten Häufigkeitsverteilungen den in seinem Wörterbuch vorgenommenen Markierungen zugrunde gelegt. Solange keine repräsentativen Textkorpora vorliegen, auf deren Basis statistisch begründete Auskünfte über Häufigkeitsverteilungen zu gewinnen sind, bleibt es dabei, daß Lexikographen sich auf ihre Intuition stützen, die im Einzelfall eine wenig verläßliche Instanz darstellt.

### 4.2. Vergabe diafrequenter Markierungen

Grundsätzlich sollte gelten, daß diafrequente Markierungen allein dann in Frage kommen, wenn es zu einzelnen Lexemen oder zur Orthographie, Betonung, Flexion etc. einzelner Lexeme konkurrierende Varianten gibt.

Sind solche Varianten vorhanden, sind für die lexikographische Praxis die folgenden Entscheidungen zu treffen:

(a) Zuerst ist zu entscheiden, ob eine der vorhandenen Varianten nicht erkennbar diatopischer, diatechnischer, diastratischer oder diakonnotativer Art und entsprechend zu markieren ist.

(b) Lassen sich vorhandene Varianten diasystematisch nicht in der aufgeführten Weise zuordnen, so ist im Einzelfall des weiteren zu prüfen, ob eine der für die lexikographische Erfassung vorgesehenen Varianten zeitlich bedingt außer Gebrauch oder auch in Gebrauch gekommen und daher entsprechend diachronisch zu markieren ist.

(c) Für die nunmehr verbleibenden, d. h. nicht auf andere Weise diasystematisch markierbaren Varianten ist festzustellen, ob sie jeweils als gleichrangig anzusehen sind oder ob eine sich durch eine geringere bzw. höhere Häufigkeit des Vorkommens auszeichnet. Dies ist im Grunde schlüssig nur durch die statistische Auswertung repräsentativer Textkorpora nachweisbar. Solange die Intuition die entscheidende Instanz ist, empfiehlt es sich im Zweifelsfall, vorhandene Varianten als gleichrangig aufzuführen:

*das/der Vogelbauer*
*die Baue/die Bauten*
*des Betrieb(e)s* bzw.
*das* auch: *der Vogelbauer*
*die Baue* auch: *die Bauten* usw.

(wobei dt. ‹auch›, engl. ‹also›, franz. ‹aussi› etc. bereits als eine Gewichtung zugunsten der zuerst aufgeführten Variante gemeint sein und auch verstanden werden kann).

(d) Soll eine der nachweislich vorhandenen und diasystematisch auf keine andere Weise zuzuordnenden Varianten als diafrequent nicht neutral markiert werden, so sollte es genügen (und es gibt Wörterbücher die so verfahren), allein die Variante von geringerer Frequenz zu markieren, z. B. durch dt. ‹selten›, engl. ‹rare(ly)›, franz. ‹rare›, span. ‹raro›, ital. ‹raro›, russ. ‹redko› etc. bzw. durch eine entsprechende Abkürzung oder durch ein (Kommentar)Symbol. Vermieden werden sollte in jedem Fall eine Graduierung, die mehr als zwei Abstufungen (z. B. ‹selten›, ‹seltener›) vorsieht.

(e) Einen Sonderfall stellt es dar, wenn ein Lexem bevorzugt in einer bestimmten Flexionsform verwendet wird, z. B. ein Verb bevorzugt im Partizip Perfekt. Auch hier ließe sich in der dargestellten Weise verfahren, wenn man die nachweislich bevorzugte Flexionsform als Lemma ansetzt und von den anderen Formen erklärt, daß sie selten bzw. seltener gebraucht werden. Von dem in der Grundform präsentierten Lemma wäre dann auf das in der entsprechenden flektierten Form dargebotene Lemma zu verweisen. Die in Wörterbüchern auch angebotene Alternative: Zu dem in der Grundform präsentierten Lemma wird angegeben, daß es häufiger oder häufig in der Flexionsform n gebraucht wird.

(f) In jedem Fall sollte eine vielfach anzutreffende, statistisch nicht zu begründende und dem Benutzer nicht dienliche Markierungsvielfalt vermieden werden. Außer einer Markierung für die Gleichrangigkeit vorhandener Varianten benötigt man im Grunde entweder nur zwei Abstufungen in Richtung abnehmender Frequenz oder zwei Abstufungen in Richtung abnehmender und zwei weitere in Richtung zunehmender Frequenz:
‹selten›-‹seltener›0‹häufiger›-‹häufig›.

(g) In den Hinweisen zur Benutzung sollten die diafrequenten Markierungen im Zusammenhang mit den anderen diasystematischen Markierungen aufgeführt, erklärt und ihre Vergabe begründet werden.

## 5. Literatur (in Auswahl)

### 5.1. Wörterbücher

*Devoto/Oli* = Giacomo Devoto/Gian Carlo Oli: Dizionario della lingua italiana. 14. ed. Firenze 1982 [2712 S.].

*GDLI* = Grande dizionario della lingua italiana, Redazione, direttore: Giorgio Bárberi Squarotti. Vol 1—13. Torino 1961—1986 [in progress].

*GWB* = Duden. Das große Wörterbuch der deutschen Sprache. 6 Bde. Hrsg. vom Wissenschaftlichen Rat und den Mitarbeitern der Dudenredaktion und Leitung von Günter Drosdowski. Mannheim 1976—1981 [zus. 2992 S.].

*LDOCE* = Longman Dictionary of Contemporary English. Editor-in-Chief Paul Procter. 3. ed. London 1981 [XXXIX, 1303 S.].

*Moliner* = Maria Moliner: Diccionario de uso del español. 2 vol. Madrid 1966/67 [XLIX; 1446 S., 1585 S.].

*OALD* = Oxford Advanced Learner's Dictionary of Current English by A. S. Hornby, A. P. Cowie, A. C. Gimson. 20th impression. Oxford 1984 [1055 S.].

*Ožegov* = S. I. Ožegov: Slovar' russkogo jazyka. 13. Aufl. Moskau 1981 [846 S.].

*Petit Robert* = Paul Robert: Dictionnaire alphabétique et analogique de la langue française. Paris 1967 [XXXII, 1971 S.].

*SRJ* = Slovar' russkogo jazyka. 4 Bde. Hrsg. vom Institut für russische Sprache der Akademie der Wissenschaften der UdSSR. Moskva 1957—61 [zus. 2971 S.; 2. Aufl. Moskau 1981—1984].

*TSRJ* = Tolkovyj Slovar' russkogo jazyka. 4 Bde. Unter der Redaktion von D. N. Usakov. Moskva 1935—1940 [LXXVI, zus. 5536 S.].

*WDG* = Wörterbuch der deutschen Gegenwartssprache. Hrsg. von Ruth Klappenbach und Wolfgang Steinitz. 6 Bde. Berlin [DDR] 1961—1977 (zus. 4579 S.].

### 5.2. Sonstige Literatur

*Graudina et al. 1976* = L K. Graudina/V. R. Ickovič/L. P. Katlinskaja: Grammatičeskaja pravil'nost' russkoj reči. Moskau 1976.

*Hausmann 1977* = Franz Josef Hausmann: Einführung in die Benutzung der neufranzösischen Wörterbücher. Tübingen 1977 (Romanistische Arbeitshefte 19).

*Herberg 1988* = Dieter Herberg: Zur Praxis diachronischer Markierungen in allgemeinen einsprachigen Wörterbüchern. In: Symposium on Lexicography III. Proceedings of the Third International Symposium on Lexicography May 14—16, 1986 at the University of Copenhagen. Ed. by Karl Hyldgaard-Jensen und Arne Zettersten. Tübingen 1988 (Lexicographica, Series Maior 19), 445—468.

*Ludwig 1986* = Klaus-Dieter Ludwig: Nicht-denotative Informationen lexikalischer Einheiten. In: Zeitschrift für Phonetik, Sprachwissenschaft und Kommunikationsforschung 2. 1986, 182—194.

*Rossipal 1973* = Hans Rossipal: Konnotationsbereiche, Stiloppositionen und die sogenannten 'Sprachen' in der Sprache. Hildesheim 1973 (Germanistische Linguistik 4/73).

*Schaeder 1983* = Burkhard Schaeder: Häufigkeiten und Häufigkeitsangaben in neuhochdeutschen Wörterbüchern. Zur Rolle von Frequenzuntersuchungen in der Lexikographie. In: Studien zur neuhochdeutschen Lexikographie III. Hrsg. von Herbert Ernst Wiegand. Hildesheim. New York 1983 (Germanistische Linguistik 1—4/83), 239—274.

*Schaeder 1987* = Burkhard Schaeder: Germanistische Lexikographie. Tübingen 1987 (Lexicographica, Series Maior 21).

*Wiegand 1981* = Herbert Ernst Wiegand: Pragmatische Informationen in neuhochdeutschen Wörterbüchern. In: Studien zur neuhochdeutschen Lexikographie I. Hrsg. von Herbert Ernst Wiegand. Hildesheim. New York 1981 (Germanistische Linguistik 3—4/79), 139—271.

*Burkhard Schaeder, Siegen*
*(Bundesrepublik Deutschland)*

# 60. Evaluative Markierungen im allgemeinen einsprachigen Wörterbuch

1. Evaluative Markierungen als stilistische Markierungen
2. Evaluative Markierungen in allgemeinen einsprachigen Wörterbüchern des Deutschen, Französischen und Englischen
3. Probleme mit den evaluativen Markierungen
4. Evaluative Markierungen und Wörterbuchbenutzung
5. Literatur (in Auswahl)

## 1. Evaluative Markierungen als stilistische Markierungen

Mit evaluativen Markierungen zeigen die Lexikographen an, daß für ein Wort Besonderheiten des Gebrauchs gelten, die in der sog. Bedeutungserklärung noch nicht erfaßt sind (Wiegand 1981, 173; Schippan 1983, 266, 271 f.). Sie dienen also der weiteren Spezifizierung der Gebrauchsregel eines Wortes. Während in den sog. Bedeutungserklärungen beschrieben wird, wie man mit einem Wort prädizieren bzw. referieren kann, geben die evaluativen Markierungen Hinweise darauf, was man mit einem Wort bei normaler Verwendung unter normalen Umständen außerdem noch machen kann. Denn wenn wir Wörter äußern, dann prädizieren und referieren wir nicht nur einfach, sondern wir machen zugleich noch anderes (Püschel 1984, 370 f.; vgl. Art. 44). Dementsprechend kann es bei der Beschreibung einer Gebrauchsregel nicht allein darum gehen, wie man mit einem Wort regelgerecht prädiziert und referiert, sondern es geht auch darum, was es bedeutet, wenn man gerade dieses Wort und nicht ein anderes gebraucht — z. B. *verrecken* oder *abberufen werden* und nicht *sterben;* oder *Drahtesel* und nicht *Fahrrad*. Die Wortwahl ist stilistisch, sie ist relevant für die Formulierung und damit für die stilistische Bedeutung (Sandig 1978; Püschel 1985). Ludwig (1986, 184) spricht von der kommunikativen Prädisposition der Wörter.

Aus der Verwendung evaluativer Markierungen spricht das Gespür der Lexikographen für den „stilistischen Wert" der Wörter und der Wille, diesen immer dann zu kodifizieren, wenn er einem Wort konventionell zukommt. Allerdings haben die Lexikographen keine einheitliche theoretische Perspektive, wie sich an der Palette konkurrierender Bezeichnungen für das, was mit den evaluativen Markierungen erfaßt werden soll, zeigt. Diese betreffen die Stilfärbung (WDG Bd. 1, 013—014) oder colour (Zgusta 1971, 40), den Klang (Hausmann 1977, 128), den Gefühlswert (Scharnhorst 1968, 235) oder den Gebrauchswert der Wörter. Im Duden-GWDS (Bd. 1, 25) wird von Gebrauchsangaben gesprochen. Häufig ist auch von Hinweisen auf den Gebrauch und Konnotationen die Rede. Die benutzten Termini spiegeln zum Teil die Bedeutungstheorien wider, auf die sich die Lexikographen explizit oder implizit, manchmal auch ganz unreflektiert stützen. So spielt bei *Konnotation, Gebrauchswert* und *Gebrauchsangabe* die Auffassung eine Rolle, daß die Wortbedeutung in einen begrifflichen und einen nichtbegrifflichen Bedeutungsanteil aufzuspalten ist. Mit *Konnotation* wird dann der Gegensatz zur begrifflichen Bedeutung/Denotation hervorgehoben, während mit *Gebrauchswert* bzw. *Gebrauchsangabe* der Verwendungsaspekt thematisiert wird. Die übrigen Termini heben hervor, daß die evaluativen Markierungen in das Feld des Stilistischen gehören; sie betreffen stilistische Nuancen des Wortgebrauchs. Die Verwendung von *Färbung, colour* und *Klang* bei der Terminologiebildung unterstreicht diesen Aspekt; in gewisser Weise auch *Gefühl* in *Gefühlswert.* Der Terminus *Gefühlswert* korrespondiert zugleich einem Stilbegriff, bei dem das Stilistische im Expressiven/Emotiven aufgeht.

Evaluative und diastratische Markierungen (vgl. Art. 57) stehen als Angaben zum Stil in einem engen Zusammenhang. Dies zeigt sich z. B. daran, daß es im Einzelfall keineswegs unumstritten ist, ob eine Markierung in den einen oder anderen Bereich gehört (vgl. unten 3.3.). Beide Typen von Markierungen lassen sich aber auch klar voneinander unterscheiden. Dafür sprechen zum einen die zahlreichen Fälle, in denen bei einem Wort sowohl eine diastratische als auch evaluative Markierung steht. Zum andern sagen die evaluativen Markierungen direkt etwas über den Stilwert der Wörter aus, während dieser sich bei diastratischen Markierungen erst aus dem konkreten Gebrauch ergibt (Hausmann 1977, 128; Püschel 1984, 377).

## 2. Evaluative Markierungen in allgemeinen einsprachigen Wörterbüchern des Deutschen, Französischen und Englischen

### 2.1. Wörterbücher des Deutschen

Schon bei Adelung (1793) finden sich in den Bedeutungserklärungen Hinweise, die als evaluative Markierungen zu werten sind:

**Arschpauker** ‚im niedrigen Spotte, ein Schullehrer, der zu unumschränkt über den Hintern seiner Kinder herrschet'
**Bedanken** ‚im Scherze auch zuweilen so viel als sich weigern, nicht wollen'

Und Campe (1807, XXI) erklärt zu der Markierung )(:

„Niedrige, aber deswegen noch nicht verwerfliche Wörter, weil sie in der geringen (scherzenden, spottenden, launigen) Schreibart, und in der Umgangssprache brauchbar sind; z. B. Schnickschnack, von Lessing; beschlabbern von Göthe gebraucht."

Wenn überhaupt wurden in Wörterbüchern des Deutschen evaluative Markierungen nur unsystematisch und sporadisch angebracht, bis mit dem WDG ein Wörterbuch erschien, in dem der gesamte Wortschatz stilistisch beschrieben werden sollte. Dazu gehören auch die evaluativen Markierungen, deren Verwendung durch das Tolkovyi slovar' russkogo jazyka 1935—1940 (vgl. Steinitz 1952, 500 f.; vgl. auch Šmeleva 1975/1982) angeregt wurde. Das Vorbild des WDG hat dann auf andere Wörterbücher abgefärbt wie Duden-GWDS, DUW, Wahrig 1968 oder BW, aber auch auf Neubearbeitungen schon existierender Wörterbücher. So heißt es z. B. bei Mackensen 1977:

„Neu ist auch der Versuch, bei möglichst vielen Wörtern, abgesehen von Fachwörtern u. ä., durch Symbole die Art ihrer Verwendung anzudeuten: ob sie ernst, spaßhaft oder ironisch gebraucht werden [...]."

In ihrer Markierungspraxis folgen die neueren Wörterbücher zumindest in den Grundzügen dem WDG. Man benutzt ein relativ kleines Inventar von Markierungen, die in den Benutzungshinweisen mehr oder weniger vollständig eingeführt und zum Teil erläutert bzw. mit Beispielen illustriert werden. Mitzudenken ist immer eine „Nullmarkierung" bei den Wörtern, deren Gebrauch als neutral betrachtet wird. (Weitere Details im Abschnitt 3.1.).

### 2.2. Wörterbücher des Französischen

In den Wörterbucheinleitungen bzw. Benutzungshinweisen der allgemeinen einsprachigen Wörterbücher des Französischen werden evaluative Markierungen nicht thematisiert. Dennoch werden evaluative Markierungen verwendet, die sich zum Teil über die Abkürzungsverzeichnisse erschließen lassen.

Am reichhaltigsten ist hier der Trésor mit ‚burlesque', ‚exagération', ‚familier', ‚ironique', ‚péjoratif', ‚trivial' und ‚vulgaire'. Weitere Markierungen in anderen Wörterbüchern sind ‚affecté',

‚emphatique', ‚grossier', ‚injure', ‚mépris', ‚noble', ‚plaisant', ‚recherché', ‚solennel'.

Eine kanonische Form für die evaluativen Markierungen gibt es in französischen Wörterbüchern aber nicht, wie die folgenden Beispiele zeigen:

‚injure', ‚familier et péjoratif', ‚mot de la langue grossière', ‚langue recherchée', ‚terme administratif ou noble, souvent avec une nuance ironique', ‚mais c'est une appellation ou solennelle ou familière'.

Teilweise werden die Markierungen in Kurzform zu den Bedeutungserklärungen hinzugesetzt, teilweise werden aber auch explizitere Formulierungen verwendet. Wenn man dabei Ausdrücke wie *langue* oder *langage* verwendet, so könnte das ein Indiz dafür sein, daß man dabei eher an die Zuweisung der Wörter an eine Stilschicht als an Nuancen des Gebrauchs denkt. In den Wörterbüchern wird in unterschiedlichem Umfang von evaluativen Markierungen Gebrauch gemacht: im Littré, GL und NPL eher zurückhaltend, im Trésor, GR, PR und DFV in vermehrtem Umfang, im DFC offenbar am extensivsten.

2.3. Wörterbücher des Englischen

Recht ähnlich den französischen Wörterbüchern sind auch die Verhältnisse in den Wörterbüchern des Englischen. Es werden zwar evaluative Markierungen verwendet, in den Wörterbucheinleitungen und Benutzungshinweisen werden sie aber nicht thematisiert, wenn auch mit Ausnahmen. So heißt es im CDEL (XII):

"In addition to the above usage labels, additional information is often given after the definition, indicating whether the term or sense is generally regarded as vulgar, substandard, or derogatory, or used for ironic, familiar, or exaggerated effect, etc."

Von besonderem Interesse sind die evaluativen Markierungen im OED, die häufig in Form kleinerer oder größerer Kommentare gegeben werden:

**crazy** 4 'often used by way of exaggeration in sense'
**lad** 2 'in wider sense applied familiarly or endearingly (sometimes ironically) to a male person of any age'
**lass** c 'applied playfully as a form of address to a mare or a bitch'
**mad** 'The word has always had some tinge of contempt or disgust, and would now be quite inappropriate in medical use, or in referring sympathetically to an insane person as the subject of an affliction'
**wicked** 'now often jocular'

Bemerkenswert ist das Bemühen, möglichst die Bandbreite und den Nuancenreichtum eines Wortgebrauchs zu erfassen. Im OED, aber auch im SOED finden sich im größeren Umfang evaluative Markierungen. Starke Zurückhaltung zeichnet dagegen die bekannten amerikanischen Wörterbücher wie Webster und Random House aus. Nicht umsonst beklagt Quirk (1974, 146) die mangelhafte Kennzeichnung von „social and stylistic restraints".

3. Probleme mit den evaluativen Markierungen

3.1. Das Problem mit dem Beschreibungsvokabular

Die Frage, mit welchen evaluativen Markierungen die Lexikographen arbeiten sollen, ist für Wörterbücher, die solche Markierungen enthalten, praktisch entschieden; grundsätzlicher wurde diese Frage bislang aber nicht erörtert. Scharnhorst (1962, 209) vertritt die Ansicht, daß die Zahl der „Stilfärbungen" sehr groß sei und sich nicht absehen lasse. In scharfem Kontrast dazu steht die Praxis vieler Wörterbücher, mit einem relativ kleinen Inventar evaluativer Markierungen zu arbeiten. Man kann dies als den Versuch werten, sich auf einen Kernbestand möglichst plausibler und häufig vorkommender Markierungen zu konzentrieren. Dagegen spricht aber, daß sich die Wörterbücher selbst bei einem so kleinen Inventar von Markierungen über die Zahl und die Zugehörigkeit einzelner Markierungen zum Inventar uneins sind. Die folgende Übersicht, in der die in den jeweiligen Benutzungshinweisen aufgezählten Markierungen berücksichtigt sind, kann das verdeutlichen (s. Abb. 60.1 S. 696).

Neben den quantitativen Differenzen unterscheiden sich die Inventare dadurch, daß in einem oder einigen Wörterbüchern Markierungen verwendet werden, die sich in anderen nicht finden wie z. B. ‚derb' und ‚vertraulich' nur im WDG oder ‚nachdrücklich' nur im Duden-GWDS. Nicht in jedem Fall handelt es sich dabei um einfache Auslassungen oder Zusätze, sondern es können damit auch inhaltliche Verschiebungen bei anderen Markierungen einhergehen. So findet sich in allen vier Wörterbüchern die Markierung ‚spöttisch' und mit Ausnahme des WDG ‚ironisch'. Es liegt nahe, daß ‚spöttisch' im WDG einen anderen Stellenwert hat als in den Wörterbüchern, die auch ‚ironisch' aufweisen.

Ein weiteres Beispiel ist die Markierung

| WDG | Duden-GWDS/DUW | HWDG | BW |
|---|---|---|---|
| scherzhaft | scherzhaft | scherzhaft | scherzhaft |
| verhüllend/euphemistisch | verhüllend | verhüllend | verhüllend |
| gespreizt | gespreizt | gespreizt | |
| spöttisch | spöttisch | spöttisch | |
| Schimpfwort | Schimpfwort | Schimpfwort | |
| abwertend/pejorativ | abwertend | | abwertend |
| | ironisch | ironisch | ironisch |
| übertrieben | | übertrieben | |
| papierdeutsch | | papierdeutsch | |
| vertraulich | | | |
| altertümelnd | | | |
| derb | | | |
| | nachdrücklich | | |
| | | emotional | |
| | | emotional negativ | |
| | | emotional positiv | |

Abb. 60.1: Übersicht zu evaluativen Markierungen in einigen deutschen Wörterbüchern

‚abwertend', die im HWDG im Gegensatz zu den anderen Wörterbüchern fehlt. Sie wurde ersetzt durch eine Reihe von Markierungen, zu denen auch ‚emotional negativ' und ‚emotional positiv' gehören. Eine negative Markierung wurde also um ihr positives Pendant ergänzt. Auf diese Weise läßt sich das Inventar der evaluativen Markierungen leicht auffüllen; man braucht nur die Gegenwörter zu suchen: ‚distanziert' zu ‚vertraulich', ‚untertrieben' zu ‚übertrieben', ‚ernsthaft' zu ‚scherzhaft', ‚neutönerisch' zu ‚altertümelnd', ‚zart' zu ‚derb', ‚sachlich' zu ‚emotional'. Man könnte die Liste zudem um weitere Prädikatsausdrücke bereichern wie ‚verstärkend', ‚abschwächend', ‚verharmlosend', ‚versachlichend', ‚mobilisierend'. Dies könnte ein Schritt hin zu einer detaillierteren und differenzierteren Beschreibung von Nuancen des Wortgebrauchs sein. Grundsätzlich würden sich die Lexikographen damit aber nicht von dem selbstauferlegten Zwang befreien, sich mit einem vorgegebenen und geschlossenen Beschreibungsvokabular behelfen zu müssen, das im Einzelfall nicht hinreicht. Statt dessen bietet es sich an, mit einem offenen Beschreibungsvokabular zu arbeiten, wie das bei den Bedeutungserklärungen ganz selbstverständlich ist. In diese Richtung geht offenbar das OED, aber auch z. B. das Duden-GWDS, in dem zwar auch eine Liste evaluativer Markierungen vorgegeben ist, die aber nicht als geschlossen betrachtet wird.

3.2. Das Problem mit der Markierungspraxis
Wie schon ein flüchtiger Vergleich zwischen Wörterbüchern einer Sprache zeigt, bestehen in der Zuordnung von evaluativen Markierungen zu einzelnen Wörtern erhebliche Schwankungen (Hausmann 1977, 129). Erklärungen dafür sind:

(a) Die Nuancen im Wortgebrauch verändern sich sehr schnell (Scharnhorst 1962, 212; Zgusta 1971, 41). Unterschiede in den Markierungen können auch zwischen zeitlich nahen Wörterbüchern Wandel in den Gebrauchsregeln widerspiegeln.

(b) Der Gebrauch der Wörter ist bei den Sprachteilhabern sehr uneinheitlich (Zgusta 1971, 41). Das kann zum einen darauf beruhen, daß die Unterschiede im Gebrauch gruppenspezifisch sind (Klappenbach 1964/1980, 93 f.). Zum anderen aber auch darauf, daß die Gebrauchsregeln vage sind:

„Die Leute sind sich meist über den referentiellen 'Bedeutungskern' von Wörtern einig, nicht aber und vor allem nicht immer über Komponenten assoziativer oder emotiver Natur." (Sornig 1981, 13)

Die Unterschiede in den Markierungen spiegeln dann die Bandbreite im Gebrauch wider, die die Lexikographen nicht gleichmäßig erfassen.

(c) Unterschiede der Markierung ergeben sich aber auch zwangsläufig aus Unterschieden bei den verwendeten evaluativen Markierungen. Wenn z. B. im WDG ‚ironisch' nicht vorgesehen ist, dann haben die in anderen Wörterbüchern mit ‚ironisch' gekennzeichneten Wörter im WDG keine oder eine andere Markierung. Unterschiede in der Markierungspraxis liegen auch dann vor, wenn zwar der gleiche Prädikatsausdruck verwendet wird, sein Gebrauch aber unterschiedlich festgelegt ist. Z. B. wird ‚papierdeutsch' im HWDG anders gebraucht als im WDG (Kempcke 1980, 353 f.; HWDG Bd. 1, XXIII).

### 3.3. Das Problem mit den Markierungsausdrücken

Für die Lexikographen scheinen die Prädikatsausdrücke, mit denen sie die evaluativen Markierungen machen, unproblematisch zu sein. Offenbar glauben sie (wenn auch mit Abstufungen), die evaluativen Markierungen seien für die Benutzer fraglos verständlich. Mit den evaluativen Markierungen (so wie sie z. B. im WDG verwendet werden) wird zuerst einmal etwas über die „Gattungszugehörigkeit" der Wörter ausgesagt: daß ein Wort zu den Schimpfwörtern oder den verhüllenden oder den derben Wörtern gehört. Für den Benutzer ist aber vor allen Dingen wichtig, etwas über den Gebrauch der Wörter aus den Markierungen zu entnehmen. Das kann er aber vielfach nicht so einfach, weil durch die gewählten Prädikatsausdrücke der Gebrauchsaspekt verdeckt wird. Es kommt hinzu, daß manche der evaluativen Markierungen überhaupt nichts Spezifisches über den Wortgebrauch aussagen, also gar nicht zu diesem Typ von Markierungen gehören (vgl. Ludwig 1986, 192). Dies gilt beispielsweise für ‚gespreizt', ‚papierdeutsch' und ‚derb'. Mit diesen Prädikatsausdrücken werden Wörtern Eigenschaften zugeschrieben, die sich als Einstellungen von Gruppen von Sprachteilhabern zu diesen Wörtern erklären lassen. So sind papierdeutsche Wörter solche Wörter, die Sprachwissenschaftler für „stilistisch trockenes, unlebendiges, steifes Deutsch" halten (vgl. WDG unter **papierdeutsch**). Über Nuancen des Gebrauchs der Wörter kann der Benutzer solchen Markierungen nichts entnehmen. Allenfalls kann er sie als generelle Mahnung zur Vorsicht betrachten (vgl. WDG Bd. 1, 013: „Die Kennzeichnung [‚papierdeutsch'] soll als Warnung dienen."). Anders verhält es sich mit ‚Schimpfwort', ‚verhüllend', ‚abwertend' und ‚übertrieben'. Diese Markierungen lassen sich auf Handlungsprädikate zurückführen und sind so bis zu einem gewissen Grad sprechend: Mit einem Schimpfwort kann man jemanden beschimpfen oder beleidigen; mit einem verhüllenden Wort kann man etwas beschönigen; mit einem abwertenden Wort kann man jemanden oder etwas herabsetzen; mit einem übertriebenen Wort kann man etwas als größer, wichtiger, schlimmer darstellen, als es in Wirklichkeit ist. ‚scherzhaft', ‚spöttisch' und ‚vertraulich' sind wiederum Eigenschaftsprädikate, in denen aber auch Hinweise auf den Gebrauch von Wörtern stecken. Mit solchen Wörtern kann man nämlich Einstellungen ausdrücken: mit spöttischen oder scherzhaften Wörtern zu jemandem oder etwas, mit vertraulichen Wörtern zur Beziehung, die man zu jemandem hat (vgl. kritisch zu ‚scherzhaft' Wiegand 1981, 180—183).

## 4. Evaluative Markierungen und Wörterbuchbenutzung

Allgemeine einsprachige Wörterbücher haben thesaurierenden Charakter. Sie orientieren sich nicht an ausgewählten Benutzerbedürfnissen, sondern dokumentieren ein breites Spektrum von Aspekten des Wortgebrauchs. Dazu tragen auch die evaluativen Markierungen bei, mit denen stilistische Gebrauchsmöglichkeiten von Wörtern beschrieben werden. Auf diese Weise werden die Worterklärungen reichhaltiger und angemessener. Der nachschlagende Laienbenutzer — sei er Mutter- oder Fremdsprachler — findet differenziertere und detailliertere Auskunft über den Wortgebrauch. Aber auch der wissenschaftliche Benutzer wie der Literaturwissenschaftler oder historische Lexikologe kann Nutzen daraus ziehen. Nicht umsonst beklagt Klappenbach (1964/1980, 93), daß Campe in seinem Wörterbuch nicht konsequenter mit den evaluativen Markierungen umgegangen ist. Allerdings: Soll der Benutzer wirklichen Informationsgewinn von den evaluativen Markierungen haben, dann muß sich die Beschreibungspraxis noch erheblich ändern:

(a) Mit einem geschlossenen Inventar von Prädikatsausdrücken lassen sich die vielfältigen Nuancen im Wortgebrauch nicht erfassen. Allenfalls ein Teil des Wortschatzes kann so beschrieben werden. Gefordert ist deshalb ein offenes Beschreibungsvokabular, das auch Ad-hoc-Beschreibungen zuläßt.

(b) Die Nuancen im Wortgebrauch müssen umfassend und detailliert beschrieben werden, am besten in Form „offener Kommentare" (Wiegand 1981). Das Anbringen einer einzigen Markierung ist oft unzureichend, wenn nicht irreführend. Wenn Klappenbach (1960/1980, 159 f.; 1964/1980, 92) als Prinzip des WDG anführt, daß bei mehreren möglichen „Stilfärbungen" ganz auf Markierung verzichtet werde, dann ist das ein Schritt zurück.

(c) Der Hang zur ökonomischen Beschreibungsform darf nicht zu meist nichtssagenden Einwort-Kommentaren führen. Eine umfassende und detaillierte Beschreibung von Nuancen des Wortgebrauchs verlangt auch expliziter formulierte Kommentare.

(d) In der Beschreibung soll für den Nachschlagenden deutlich zum Ausdruck kommen, was man mit einem Wort auf stilistische Weise machen kann. Das verlangt eine Beschreibungssprache, in der Handlungsprädikate dominieren.

(e) Auch Wörterbücher mit relativ zahlreichen evaluativen Markierungen machen noch keinen ausreichenden Gebrauch von diesem Beschreibungsmittel. Eine erheblich größere Zahl von Wörtern als normalerweise in Wörterbüchern berücksichtigt haben kodifikationswürdige Nuancen des Gebrauchs; so z. B. die Phraseologismen (vgl. Kühn 1984 u. Art. 46).

## 5. Literatur (in Auswahl)

### 5.1. Wörterbücher

*Adelung 1793* = Johann Christoph Adelung: Grammatisch-kritisches Wörterbuch der Hochdeutschen Mundart. 2. Ausgabe. Bd. 1. Leipzig 1793 [1992 Sp.; 1. Aufl. Leipzig 1774].

*BW* = Brockhaus-Wahrig. Deutsches Wörterbuch. Bd. 1. Wiesbaden. Stuttgart 1980 [832 S.].

*Campe 1807* = J. H. Campe: Wörterbuch der deutschen Sprache. Theil 1. Braunschweig 1807 [216 S.].

*CDEL* = Collins Concise Dictionary of the English Language. London. Glasgow 1978 [1368 S.].

*DFC* = Dictionnaire du Français Contemporain. Paris 1966 [1225 S.].

*DFV* = Dictionnaire du Français Vivant. Paris. Bruxelles. Montréal 1972 [1344 S.].

*Duden-GWDS* = Duden. Das große Wörterbuch der deutschen Sprache. Bd. 1. Mannheim. Wien. Zürich 1976 [464 S.].

*DUW* = Duden. Deutsches Universalwörterbuch. Mannheim. Wien. Zürich 1983 [1504 S.].

*GL* = Grand Larousse de la Langue Française. Tome 1. Paris 1971 [981 S.].

*GR* = Le Grand Robert. Dictionnaire Alphabétique et Analogique de la Langue Française. 2ème édition. Tome 1. Paris 1985 [1001 S.].

*HWDG* = Handwörterbuch der deutschen Gegenwartssprache. Bd. 1. Berlin 1984 [1399 S.].

*Littré* = Emile Littré: Dictionnaire de la Langue Française. Tome 1. Paris 1873 [944 S.].

*Mackensen 1977* = Lutz Mackensen: Deutsches Wörterbuch. 9. völlig neu bearb. und stark erw. Aufl. München 1977 [1038 S.].

*NPL* = Nouveau Petit Larousse. Paris 1970 [1793 S.].

*OED* = The Oxford English Dictionary. Vol. 1. Oxford 1933 [1240 S.].

*PR* = Le Petit Robert. Dictionnaire Alphabétique et Analogique de la Langue Française. Paris 1978 [2172 S.].

*Random House* = The Random House Dictionary. The Unabridged Edition. New York 1967 [1664 S.].

*SOED* = The Shorter Oxford English Dictionary. Third ed. Oxford 1970 [2515 S.; 1. Aufl. 1933].

*Trésor* = Trésor de la Langue Française. Tome 1. Paris 1971 [875 S.].

*Wahrig 1968* = Gerhard Wahrig: Deutsches Wörterbuch. Berlin. Gütersloh 1968 [4320 S.].

*WDG* = Wörterbuch der deutschen Gegenwartssprache. Hrsg. von Ruth Klappenbach/Wolfgang Steinitz. Bd. 1. Berlin 1964 [800 S.].

*Webster* = Webster's Third New International Dictionary of the English Language. Unabridged Edition. 2 Bde. Springfield, Mass. 1967 [zs. 2662 S.].

### 5.2. Sonstige Literatur

*Béjoint 1981* = Henri Béjoint: Variétés de langue et marques d'usage dans les dictionnaires. In: Grazer Linguistische Studien 15. 1981, 7—16.

*Hausmann 1977* = Franz Josef Hausmann: Einführung in die Benutzung der neufranzösischen Wörterbücher. Tübingen 1977 (Romanistische Arbeitshefte 19).

*Kempcke 1980* = Günter Kempcke: Handwörterbuch der deutschen Gegenwartssprache. Ein Arbeitsbericht. In: Zeitschrift für Germanistik 1. 1980, 347—356.

*Klappenbach 1960/1980* = Ruth Klappenbach: Gliederung des deutschen Wortschatzes der Gegenwart. In: Studien zur modernen deutschen Lexikographie. Hrsg. von Werner Abraham unter Mitwirkung von Jan F. Brand. Amsterdam 1980, 149—175.

*Klappenbach 1964/1980* = Ruth Klappenbach: Das Wörterbuch der deutschen Gegenwartssprache. In: Studien zur modernen deutschen Lexikographie. Hrsg. von Werner Abraham unter Mitwirkung von Jan F. Brand. Amsterdam 1980, 89—107.

*Kühn 1984* = Peter Kühn: Pragmatische und lexikographische Beschreibung phraseologischer Einheiten: Phraseologismen und Routineformeln. In: Studien zur neuhochdeutschen Lexikographie IV. Hrsg. von Herbert Ernst Wiegand. Hildesheim. Zürich. New York 1984 (Germanistische Linguistik 1—3/1983), 175—235.

*Ludwig 1983* = Klaus-Dieter Ludwig: Zum Status des Nicht-Denotativen und seiner Darstellung in einsprachigen Wörterbüchern der deutschen Gegenwartssprache. In: Die Lexikographie von heute und das Wörterbuch von morgen. Analysen — Probleme — Vorschläge. Hrsg. von Joachim Schild/Dieter Viehweger. Berlin [DDR] 1983 (Linguistische Studien, Reihe A. Arbeitsberichte 109), 37—45.

*Ludwig 1986* = Klaus-Dieter Ludwig: Nichtdenotative Informationen lexikalischer Einheiten als Wörterbucheinträge. In: Zeitschrift für Phonetik, Sprachwissenschaft und Kommunikationsforschung 39. 1986, 182—194.

*Michel 1987* = Georg Michel: Lexikographie und stilistische Konfiguration. In: Lexikologie und Lexikographie. Vorträge der IV. sprachwissenschaftlichen Konferenz DDR—Finnland. Humboldt-Universität zu Berlin, 3—5. September 1986. Hrsg. von Klaus Welke/Renate Neurath. Berlin [DDR] 1987 (Linguistische Studien. Reihe A. Arbeitsberichte 160), 53—57.

*Püschel 1984* = Ulrich Püschel: Im Wörterbuch ist alles pragmatisch. In: Studien zur neuhochdeutschen Lexikographie IV. Hrsg. von Herbert Ernst Wiegand. Hildesheim. Zürich. New York 1984 (Germanistische Linguistik 1—3/1983), 361—380.

*Püschel 1985* = Ulrich Püschel: Das Stilmuster „Abweichen". Sprachpragmatische Überlegungen zur Abweichungsstilistik. In: Sprache und Literatur in Wissenschaft und Unterricht H. 55. 1985, 9—24.

*Quirk 1974* = Randolph Quirk: The Linguist and the English Language. New York 1974.

*Sandig 1978* = Barbara Sandig: Stilistik. Sprachpragmatische Grundlagen der Stilbeschreibung. Berlin 1978.

*Scharnhorst 1962* = Jürgen Scharnhorst: Stilfärbung und Bedeutung. Die Darstellung der Stilfärbung „abwertend" (pejorativ) im Wörterbuch. In: Forschungen und Fortschritte 36. 1962, 208—212.

*Scharnhorst 1968* = Jürgen Scharnhorst: Stilistische Fragen der Lexikographie. In: Wissenschaftliche Zeitschrift der Karl-Marx-Universität Leipzig. Gesellschafts- und Sprachwissenschaftliche Reihe 17. 1968, 235—239.

*Schippan 1987* = Thea Schippan: Zum Charakter „stilistischer" Markierungen im Wörterbuch. In: Lexikologie und Lexikographie. Vorträge der IV. sprachwissenschaftlichen Konferenz DDR—Finnland. Humboldt-Universität zu Berlin, 3—5. September 1986. Hrsg. von Klaus Welke/Renate Neurath. Berlin [DDR] 1987 (Linguistische Studien. Reihe A. Arbeitsberichte 160), 58—65.

*Šmeleva 1975/1982* = I. N. Šmeleva: Einige Fragen der Stilistik in einem allgemeinen Wörterbuch der Hochsprache. In: Aspekte der sowjetrussischen Lexikographie. Übersetzungen, Abstracts, bibliographische Angaben. Hrsg. von Werner Wolski. Tübingen 1982, 201—220 (Reihe Germanistische Linguistik 43).

*Sornig 1981* = Karl Sornig: Soziosemantik auf der Wortebene. Stilistische Index-Leistung lexikalischer Elemente an Beispielen aus der Umgangssprache von Graz. 1973—1978. Tübingen 1981 (Linguistische Arbeiten 102).

*Spyrka 1987* = Ines Spyrka: Die stilistischen Markierungen ‚ironisch' und ‚scherzhaft' im ‚Handwörterbuch der deutschen Gegenwartssprache'. In: Sprachpflege 36. 1987, 5—8.

*Steinitz 1952* = Wolfgang Steinitz: Die Erforschung der deutschen Sprache der Gegenwart. In: Wissenschaftliche Annalen 1. 1952, 492—505.

*Wiegand 1981* = Herbert Ernst Wiegand: Pragmatische Informationen in neuhochdeutschen Wörterbüchern. Ein Beitrag zur praktischen Lexikologie. In: Studien zur neuhochdeutschen Lexikographie I. Hrsg. von Herbert Ernst Wiegand. Hildesheim. New York 1981 (Germanistische Linguistik 3—4/1979), 139—271.

*Zgusta 1971* = Ladislav Zgusta [et al.]: Manual of Lexicography. The Hague. Paris 1971 (Janua Linguarum. Series Maior 39).

*Zgusta 1984* = Ladislav Zgusta: Translational Equivalence in the Bilingual Dictionary. In: LEXeter '83 Proceedings. Papers from the International Conference on Lexicography at Exeter. 9.9.—12.9.1983. Ed. by Reinhard R. K. Hartmann. Tübingen 1984 (Lexicographica. Series Maior 1), 147—154.

*Ulrich Püschel, Trier*
*(Bundesrepublik Deutschland)*

# 61. Les commentaires normatifs dans le dictionnaire monolingue

1. Marques et définition du commentaire normatif
2. Les domaines du commentaire normatif
3. Bibliographie choisie

## 1. Marques et définition du commentaire normatif

Appartenant à la catégorie du discours pédagogique (Dubois 1971, 49), le dictionnaire monolingue a nécessairement un caractère normatif (Hausmann 1977, 139; Collignon/ Glatigny 1978, 52). Dans un pays où règne la croyance qu'un «mot qui n'est pas dans le dictionnaire n'est pas français», la normativité s'exprime «plutôt par la sélection, par l'exclusion que par un discours d'interdiction» (Rey 1983, 543). Il importe donc de distinguer l'inévitable normativité et le commentaire normatif facultatif.

Les préfaces des dictionnaires le permettraient-elles? Quand il s'agit d'une langue aussi régie par la norme que le français, on s'attendrait à trouver dans le discours métalinguistique des dictionnaires des précisions sur la manière dont le lexicographe comprend et présente la norme, comme il énumère les qualifications de registre de langue (cf. Art. 57). Il n'en est pas ainsi. De notre point de vue, on peut distinguer trois groupes:

a) les dictionnaires peu explicites sur la norme et dont les articles ne comprennent aucune rubrique destinée à recevoir les jugements du lexicographe *(Ac., Le, DFC, PR)*. Dans ce cas, «les principales difficultés grammaticales sont présentées et, nous l'espérons, élucidées par l'exemple» *(PR, XIII)*.

b) ceux qui, comme le *GR2*, le *TFL*, présentent des «Remarques», mais ne donnent aucune précision sur le statut et le contenu de celles-ci.

c) les quelques dictionnaires qui fournissent quelques indications sur le contenu de leurs «Remarques». Mais, seuls, sont explicites les ouvrages qui affichent des visées pédagogiques précises, par ex. le *Log* ou le *RM*, qui détaille le schéma de ses *remarques* où sont signalées «toutes les difficultés et les exceptions que l'usager peut rencontrer» (XII).

Devant une telle diversité et une si fréquente imprécision, on ne peut que délimiter les contours d'une ébauche de définition: tout énoncé prédicatif qui formule explicitement des indications plus ou moins impératives concernant la forme ou l'emploi d'une entrée ou sous-entrée. Aussi est-il plus sûr de passer en revue les termes caractéristiques de ces commentaires.

Premier type: les expressions empruntées au vocabulaire de la morale: *faute, fautif, (Li, GDU, GR2), mauvais (Li), pas bon* (id.), *interdit (Li)* et même *pécher (Li, éclore, ensuivre)!* Ce type de qualificatif est plus fréquent au XIXe siècle qu'au XXe.

Deuxième type: les termes qui dénotent la déviance par rapport à une règle: *abusivement* et *abusif*, dans à peu près tous les dictionnaires de $Ac^6$ au *GR2*. *Incorrect, incorrectement, incorrection* sont fréquents *(Li, GDU, GR1, GR2, TLF, Log)*. *Impropre* est moins employé; on le trouve notamment dans le *Li* et le *GDU*. Une série de fautes précises sont signalées en plusieurs occasions: *pléonasme (Li, GR1, GR2, TLF), barbarisme (GDU, GR2), mot mal formé (GR2, événementiel), par corruption (GR1)*.

Troisième type: les mots qui expriment un jugement de non-concordance: *aberrant (GR2), anomalie (Li, GDU), ne convient pas (GDU), anormal (GR2)*. *Normal*, plus fréquent dans les dictionnaires du XXe siècle que dans ceux du XIXe, n'est pas toujours l'antonyme de *normatif* (Rey 1972, 4—8). Il arrive que, consciemment ou non, le lexicographe joue sur les deux sens: «les emplois métaphoriques semblent plus normaux avec le participe adjectivé qu'avec l'actif» *(GR2, s'essouffler)*; sous l'apparence d'une constatation, un jugement est formulé sur le bon emploi du verbe.

Mais le plus souvent le dictionnaire ne cultive pas la litote. Les termes exprimant l'obligation fourmillent (quatrième type). Le verbe *falloir* est très fréquent dans les dictionnaires du XIXe siècle, moins dans ceux du XXe. Le *GR1* et le *Log* en présentent encore bien des exemples. *Devoir* est aussi utilisé. Mais l'expression la plus fréquente de l'obligation comprend le verbe *dire* ou *employer* sous différentes formes; *on dit, on emploie, x s'emploie* suggèrent les conseils, comme *on dira. On ne dit pas, ne se dit pas*, utilisés pour interdire, sont de curieuses tournures qui feraient prendre l'idéal pour la réalité, au moment précis où l'on veut corriger cette réalité! La normativité peut apparaître plus nettement: *ne pas dire (Log, emmener)*.

Il importe de ne pas limiter la notion de

commentaire normatif aux expressions négatives. D'ailleurs bien des jugements positifs (cinquième type) expriment le refus implicite ou explicite d'une interdiction virtuelle ou formulée: *est très bon (Li), reçoit fort bien la marque de la comparaison (Li, évident), on dira parfaitement (GR2, excellent), on dit également bien, s'emploie indifféremment (GR1, GR2, GLLF).* Sans aller jusqu'à l'acceptation totale, plusieurs remarques affirment l'existence d'une possibilité: *on peut employer l'indicatif (GLLF, étonner); ... est possible (GR2, épars).* Le plus souvent, le lexicographe reconnaît la valeur de l'usage *(GR1, GR2, GLLF: éviter qqch. à qq.).*

Enfin il faudrait tenir compte de toute une série de commentaires qui expriment un jugement sur une forme de langue (sixième type). L'orthographe est, plusieurs fois, l'objet d'un jugement catégorique: «la véritable orthographe serait» ... *(Li, égayer).* A propos de *événement,* le *GR2* parle d'une graphie «non seulement licite mais souhaitable». L'affirmation peut porter sur un emploi: *expédient pourrait très bien être utilisé comme aux siècles passés (Li).* On devrait évoquer les commentaires explicatifs qui permettent d'éliminer une condamnation *(s'esclaffer, TLF).* Mais nous arrivons ici aux frontières du commentaire normatif.

La distinction avec les marques diastratiques est assez facile dans la majorité des cas. Certaines *(langue pop./Vulg.)* relèvent à la fois du registre de langue et du commentaire normatif quand une condamnation est explicite: *faute, erreur,* etc. On rencontre aussi le cas inverse: «sans être incorrects les emplois transitifs (...) appartiennent à une langue moins soignée que *faire entrer*» *(Log, entrer).* Mais il y a quelques cas ambigus: *courant* est-il marque diastratique («en langue courante ou familière», *GLE, être)* ou indication de fréquence («l'accord au singulier est courant dans la langue familière» *(GLLF, être)*?

Avec les indications de fréquence, les frontières sont parfois peu nettes: *ordinairement, généralement, communément, le plus souvent* ont fréquemment une valeur normative, malgré l'atténuation rhétorique: là où Littré dit: «il faut *de*», l'*Ac*[6] écrit: «s'emploie ordinairement avec la préposition *de*» *(échapper).* Inversement, des affirmations contenant *rare/rarement* sont souvent des marques de condamnation *(GDU, exclamer).*

Enfin le commentaire normatif risque de se confondre avec des remarques sur l'âge des mots: *a repris faveur, a triomphé (Li)* entrent dans les appréciations positives (cf. 1.4.). En revanche *archaïsme aujourd'hui inusité* est éloquent; mais *archaïsme* peut être accompagné de «rien qui soit contraire à la grammaire» *(Li, évertuer).*

## 2. Les domaines du commentaire normatif

Souvent il porte sur la forme du mot, quand un de ses aspects apparaît au lexicographe comme une occasion de faute. Ainsi l'orthographe est l'objet de remarques dans presque tous les dictionnaires, sauf l'*Ac.* et le *Le.* Mais c'est surtout dans les dictionnaires contemporains, et non seulement dans le pédagogique *RM,* qu'on en trouve: le *GLLF* présente plus de 40 «Remarques» fournissant des variantes orthographiques pour la seule lettre *E-.* En revanche dans les ouvrages du XIXe siècle, la prononciation et le genre des mots sont plus souvent commentés. Au XXe d'autres remarques concernent les formes conseillées ou interdites de féminin *(écrivain),* de pluriel *(étal),* de verbe *(échoir).*

Le commentaire traite souvent aussi de la construction du mot. C'est notamment le cas des morphèmes grammaticaux. Ainsi la préposition *en* est l'objet de commentaires sur les trois points qui provoquent ou ont provoqué des hésitations:

a) *en* + nom de ville: *Ac*[1]; *en* + nom géographique: les dictionnaires contemporains. On sait la complexité du français en ce domaine.

b) *en* + *le, la: Ac*[1]; les «difficultés pour les articles»: *Li;* plusieurs ouvrages contemporains font de même; mais le *GR2,* le *Le,* le *DFC* intègrent le contenu de la remarque dans la définition initiale. Il n'y a plus guère d'emplois aberrants: le lexicographe peut ne pas insister.

c) *en* + nom de matière; seuls les dictionnaires à perspective historique *(Li, GR1, GR2)* reprennent, pour la critiquer, la condamnation des structures du type *une statue en marbre.* Les autres n'en soufflent mot: l'usage s'est établi; il n'y a plus de «faute».

La nature de l'antécédent de *en,* pronom, (animé *vs* inanimé) confronte les lexicographes à une de ces normes prescriptives (Helgorsky 1982, 8) peu respectées dans l'usage courant. Rien dans l'*Ac*[1] ni *Ac*[6]: au XVIIe siècle, *en* peut représenter une personne. Littré, après avoir repris l'expression «nom général de choses», indique la possibilité d'un antécédent animé et ne consacre aucune «Remarque» à la question. Les Dictionnaires encyclopédiques font de même. Mais bien des dictionnaires de langue contemporains se font l'écho de la norme *(GR1).* Le *GR2,* le *PR,* le *RM* déclarent *en* «représentatif d'une chose, d'un énoncé et quelquefois d'une personne». Les ouvrages plus libéraux soulignent que la «limitation» voulue par les grammairiens «ne s'est pas imposée à l'usage», quoique l'emploi de *en* soit «peu fréquent pour représenter des personnes» *(GLLF).*

Si l'embarras des lexicographes est visible en ce domaine, la majorité se reconstitue autour de trois types de commentaires normatifs: la place du pronom; l'invariabilité du participe avec *avoir* dont le complément est un *en* antéposé; enfin les règles de répartition entre *son* et *en* pour exprimer la possession par rapport à un inanimé *(le ton en est menaçant).* Alors fleurissent les *on doit, est obligatoire, on peut* du *GR2* ou les formules plus atténuées du *GLLF (on conseille de préférer)* ou *TLF (généralement préféré),* selon l'orientation du lexicographe.

La construction des lexèmes est encore plus souvent l'occasion de commentaires. Leur expression ne recourt pas toujours à un vocabulaire explicitement normatif. C'est notamment le cas pour l'emploi de l'auxiliaire souhaitable quand *être* et *avoir* sont possibles: *«échapper* se conjugue avec les auxiliaires *avoir* ou *être* selon qu'on veut exprimer l'action ou son résultat (...)» *(Li, GR2, GLLF).* Cf. *embellir (Li, GDU, GR1, GR2,* etc.). Quand il s'agit de constructions prépositionnelles, les formulations normatives réapparaissent sous plusieurs formes: allusion au normal: ... «se construit généralement aujourd'hui avec *de.* S'*efforcer à,* moins usité, soulignerait selon certains (...)» *(efforcer, GR1);* exigence explicite: «Lorsque *demander* et son complément ont deux sujets distincts, la construction avec *de* ... s'impose» *(GR2).* Dans un certain nombre de cas, fréquemment soulevés par les puristes et les «dictionnaires de difficultés» (cf. art. 125), la manière de présenter une construction est révélatrice des conceptions du lexicographe tout autant que de l'évolution des pratiques langagières.

Ainsi le type de complément d'objet de *emmener* n'est l'occasion d'aucun commentaire ni d'aucune restriction dans *Ac*[1], dans les autres éditions du Dictionnaire de l'Académie, dans *Li, GDU, DG.* Il n'en est pas de même au XXe siècle avec la multiplication des écrits et le développement de la normativité scolaire: les censeurs ont dû relever des «fautes» dans l'emploi de ce verbe. Alors, les commentaires des lexicographes se distribuent entre les différentes nuances d'un spectre qui va de la normativité absolue à l'acceptation de l'usage courant: «Ne pas dire *emmener* en parlant d'un objet que l'on porte» *(Log).* «Ne s'emploie pas avec un complément désignant des objets sans mouvement» *(RM).* La condamnation peut s'affaiblir: «On veillera à ne pas confondre les emplois de ce verbe et ceux d'*emporter*» (GLLF). Elle se transforme en une simple remarque sur le registre de langage: «Cependant *(emmener)* s'emploie pour *emporter* dans le style familier et la langue parlée» *(GR2).* Elle n'est plus assumée dans le *DFC:* «Emploi déconseillé par quelques lexicographes». Enfin elle fait figure d'accusation non fondée: «déconseillé par quelques puristes» *(Le).* Le *TLF,* à propos de la même question, s'abstient de toute remarque normative.

Le cas de *espèce,* dans les tours du type *un(e) espèce de bandit,* amène à caractériser nettement trois attitudes: d'abord la condamnation: «très incorrect», «faute courante» *(RM),* «emploi fautif» *(GR2).* Vient ensuite le recours à une marque diastratique (registre de langue), utilisée une fois de plus pour atténuer une exclusive: «la langue familière accorde souvent/parfois (...)» *(GLLF, Le, DFC).* Enfin le lexicographe peut se contenter d'une simple constatation statistique: (...) *espèce* est parfois employé au masculin: Un espèce de murmure (Bernanos).» *(GLLF).* Le *TLF* explique pourquoi la «valeur adjectivale» de l'expression «se traduit quelquefois dans la langue parlée et plus rarement dans la langue écrite par l'accord (...)».

Le commentaire normatif porte souvent aussi sur des nuances de sens. La construction n'est pas son seul objet. On peut distinguer plusieurs formes. Il arrive que le lexicographe rappelle les exigences *du* sens considéré comme «propre». Par exemple, le *GDU* considère comme «impropre» l'expression «étoffe à deux envers», c'est-à-dire «proprement sans envers». Peu de dictionnaires reprennent la condamnation, mais la méthode est assez fréquemment utilisée: *Li* affirme que «*entreposer* n'a aucun autre sens que déposer dans un entrepôt». Cf. *échafauder:* «il ne se dit que» *(Ac*[6]*).* «Stricto sensu» *(édition, GR2);* «emploi anormal» *(enfanter, GLLF, GR2),* quand le sujet est un homme, etc.

De là viennent divers jugements sur l'extension du sens. Parfois elle est acceptée: *emprise:* «Ce sens figuré (...) est admis par l'Académie (8e éd.) et consacré par l'usage malgré la condamnation des puristes» *(GR1).* Ailleurs elle est l'objet d'une mise en garde nuancée: à propos de *exergue,* au sens de «inscription qui présente», le *GR2* remarque: «Ce sens est critiqué; on préfère parfois *épigraphe*». Assez souvent la dérivation est condamnée: «se dit encore abusivement de ces météores appelés étoiles tombantes» *(Ac*[6]*, étoile).* Cf. «Cette extension de sens de *effectuer* (= être accompli) a été jugée abusive par certains (...). L'emploi de verbes comme *faire* et *exécuter* est dans presque tous les cas préférable.» *(GR1).* Dans les deux derniers cas, comme dans bien d'autres, les dictionnaires parus ultérieurement n'ont pas repris la limitation: l'usage avait imposé l'extension.

Enfin le commentaire peut porter sur la nuance qui sépare deux paronymes, deux homonymes, deux mots de forme très voisine.

Ainsi le *RM* et le *GR1* s'acharnent à distinguer deux sens de *errant*: «qui voyage sans cesse» *(chevalier errant)* vs «qui marche sans but». Les autres dictionnaires, y compris le *GR2*, s'abstiennent de tout commentaire sur ce point. En effet, en ce dernier domaine, il arrive assez souvent que la nuance n'est remarquée que par un seul lexicographe. Il en est ainsi de *écrire* vs *dire* dans le *GR2:* quand le complément désigne «un contenu et non une expression formelle (...), on préfère utiliser le verbe dire». De même, dans le *GR2* encore, *étui* «n'est pas d'usage normal» quand existent des noms d'étuis spécifiques *(écrin, gaine)*. On peut alors se demander si la nuance existe bien. Mais on rencontre aussi des cas où tous insistent sur une opposition, source de confusion: *anoblir* vs *ennoblir (Ac$^6$, Li, GDU, GR2, RM, Log.)*, *ennuyant* vs *ennuyeux (Ac$^6$, Li, GR1, GR2, GLLF)*, etc.

Les commentaires normatifs ont donc des contenus et des formes très divers, si l'on néglige les dictionnaires exclusivement consacrés aux difficultés (Hausmann 1977, 140 et art. 125). Mais ils sont très révélateurs: même quand ils sont positifs, ils sont directement liés à la notion de *faute*. Leur apparition et leur forme dépendent donc de plusieurs paramètres dont la considération peut fournir bien des enseignements: quelle conception se fait de l'erreur et du bon usage tel lexicographe à telle époque? Les comparaisons esquissées plus haut montrent non seulement une évolution du XIXe siècle au XXe, mais aussi des différences sensibles entre les divers dictionnaires parus depuis 1950.

## 3. Bibliographie choisie

### 3.1. Dictionnaires

*Ac1* = Dictionnaire de l'Académie française. Première édition. Paris 1694.
*Ac6* = Id. 6e éd. Paris 1835 [2 T., 911 & 961 p.].
*DFC* = J. Dubois/R. Lagane/G. Niobey/D. Casalis/H. Meschonnic: Dictionnaire du français contemporain. Paris 1966 [XXII, 1224 p.].
*GDU* = Pierre Larousse: Grand Dictionnaire Universel du XIXe siècle. Paris 1866—1876.
*GLE* = Grand Dictionnaire Encyclopédique Larousse. Paris 1982—1985 [10 T., 11 039 p.].
*GLLF* = Grand Larousse de la Langue française. Paris 1971—1978 [7 T., CXXVIII, 6730 p.].
*GR1* = Paul Robert: Dictionnaire alphabétique et analogique de la Langue française. Paris 1953—1970 [6 T. + un supplément].
*GR2* = Le Grand Robert de la Langue française. 2e édition entièrement revue et enrichie par A. Rey. Paris 1985 [9 T., LVIII, 9150 p., CXVII].
*Le* = Lexis. Paris 1975 [LXXIX, 1950 p.].
*Li* = Emile Littré: Dictionnaire de la Langue française. Paris 1863—1872 [4 T., 2628 p.].
*Log* = Jean Girodet: Logos. Dictionnaire de la Langue française. Paris 1985. [2 vol., 3113 p.].
*PR* = Le Petit Robert (...). Direction A. Rey, 1e éd. Paris 1967 [XXXII, 1971 p.].
*RM* = Le Robert Méthodique (...). Direction J. Rey-Debove. Paris 1982 [XX, 1617 p.].
*TLF* = Trésor de la Langue française. Dictionnaire de la Langue du XIXe et du XXe s., sous la direction de P. Imbs, puis de B. Quemada. Paris [13 T. actuellement parus].

### 3.2. Travaux (par M. G. et F. J. H.)

*Collignon/Glatigny 1978* = Lucien Collignon/Michel Glatigny: Les Dictionnaires. Initiation à la lexicographie. Paris 1978.

*Creswell 1975* = Thomas J. Creswell: Usage in Dictionaries and Dictionaries of Usage. Alabama UP 1975 (Publications of the American Dialect Society 63/64).

*Dubois 1971* = Jean et Claude Dubois: Introduction à la lexicographie: le Dictionnaire. Paris 1971.

*Hausmann 1977* = Franz Josef Hausmann: Einführung in die Benutzung der neufranzösischen Wörterbücher. Tübingen 1977 (Romanistische Arbeitshefte 19).

*Helgorsky 1982* = Françoise Helgorsky: La notion de norme en linguistique. In: Le Français moderne 50. 1982, 1—14.

*Hill 1970* = Archibald A. Hill: Laymen, lexicographers, and linguists. In: Language 46. 1970, 245—258.

*Langenbacher 1980* = Jutta Langenbacher: Normative Lexikologie. Die «Communiqués de mise en garde» der Académie française (1964—1978) und ihre Rezeption in den französischen Wörterbüchern der Gegenwart. In: Zur Geschichte des gesprochenen Französisch und zur Sprachlenkung im Gegenwartsfranzösischen. Ed. par H. Stimm. Wiesbaden 1980, 79—95.

*Maier 1984* = Elisabeth Maier: Studien zur Sprachnormtheorie und zur Konzeption der Sprachnorm in französischen Wörterbüchern. Frankfurt a. M. 1984.

*Marckwardt 1973* = Albert H. Marckwardt: Lexicographical method and the usage survey. In: Lexicography and Dialect Geography. Festgabe for Hans Kurath. Ed. par H. Scholler et J. Reidy. Wiesbaden 1973, 134—146.

*Marckwardt 1973 a* = Albert H. Marckwardt: Questions of usage in dictionaries. In: Lexicography in English. Ed. par R. J. McDavid et A. R. Duckert. New York 1973, 172—178.

*Muller 1983* = Charles Muller: Le Dictionnaire de Littré et la norme. In: Actes du Colloque Littré 1981. Paris 1983, 407—415.

*Rey 1972* = Alain Rey: Usages, jugements et prescriptions linguistiques. In: Langue française 16. 1972, 4—28.

*Rey 1983* = Alain Rey: Norme et dictionnaires. In: La Norme linguistique. Ed. E. Bédard/J. Maurais. Québec. Paris 1983, 541—569.

*Wells 1973* = R. A. Wells: Dictionaries and the Authoritarian Tradition. A Study in English Usage and Lexicography. Den Haag 1973.

*Whitcut 1985* = Janet Whitcut: Usage notes in dictionaries: the needs of the learner and the native speaker. In: Dictionaries, Lexicography, and Language Learning. Ed. par R. Ilson. Oxford 1985, 75—80.

*Michel Glatigny, Lille (France)*


# 62. Die Bebilderung und sonstige Formen der Veranschaulichung im allgemeinen einsprachigen Wörterbuch

1. Eingrenzung des Themas
2. Praxis der Bebilderung in allgemeinen einsprachigen Wörterbüchern der Gegenwart
3. Die Verbindung des Bildes mit dem Text
4. Semiotische und kognitive Aspekte der Illustration
5. Typen von Illustrationen
6. Die Leistung des Bildes im Vergleich zur Sprache
7. Weitere Typen illustrierter Wörterbücher
8. Geschichte der Illustration im Wörterbuch
9. Die Bebilderung in der Wörterbuchforschung
10. Literatur (in Auswahl)

## 1. Eingrenzung des Themas

Der Begriff der Bebilderung umfaßt die ikonischen Zeichen im Sinne von Peirce (1867; Hartshorne/Weiss 1967, 2.247 und 2.299), angefangen mit Abbildungen, die einen hohen Grad an Ähnlichkeit mit dem Original aufweisen wie Photographien und Zeichnungen, bis hin zu Diagrammen, Schemata, Musiknoten, chemischen (nicht jedoch mathematischen) Formeln, die weitergehend abstrahieren (vgl. 5). Sonstige Formen der Veranschaulichung, zu denen tabellarische Aufstellungen, Matrizen und Baumgraphen zählen, spielen gegenüber der Bebilderung eine geringere Rolle (dazu Ilson 1987). Typographische Aspekte, wie die Hervorhebung des Lemmas, die Gliederung des Artikels, die Verwendung unterschiedlicher Schrifttypen bleiben außer Betracht: dazu Peytard (1975), Martins-Baltar (1977), Mochet (1977), Moirand (1979), allerdings ohne Bezug auf Wörterbücher. — Allgemeine einsprachige Wörterbücher sind sowohl reine Sprachwörterbücher als auch enzyklopädische Wörterbücher (vgl. Art. 92 und 93), so daß Enzyklopädien unberücksichtigt bleiben müssen. Ihr Einfluß auf die Illustrierung von Wörterbüchern war vor allem in der Frühzeit nicht unbeträchtlich (Hupka 1989). — Da mit Ausnahme der Bildwörterbücher (vgl. Art. 108) weitere Typen von Wörterbüchern in anderen Artikeln hinsichtlich ihrer Ikonographie nicht systematisch charakterisiert werden, sind die wichtigsten von ihnen in Punkt 7 vorzustellen. Dies ist auch deshalb erforderlich, weil die Grenze zwischen umfangreicheren Lernwörterbüchern und allgemeinen Wörterbüchern verschwimmt.

## 2. Praxis der Bebilderung in allgemeinen einsprachigen Wörterbüchern der Gegenwart

### 2.1. Unterschiedliche Tendenzen in verschiedenen Ländern

Während in den deutschsprachigen Ländern die Illustrierung von allgemeinen Wörterbüchern die Ausnahme darstellt — es gibt im 20. Jh. wohl nur fünf entsprechende Werke, jedoch mit mehreren Auflagen —, sind Frankreich und Spanien Zentren des illustrierten Wörterbuchs: Werner (1983) verzeichnet ohne Anspruch auf Vollständigkeit etwa 50 spanische, Hupka (1989) ungefähr 40 französische bebilderte Wörterbücher für das 20. Jh. Doch auch in Großbritannien und den USA sowie in Italien erscheinen zahlreiche illustrierte Wörterbücher: Für den englischsprachigen Raum sind in Hupka (1989) 25 einschlägige Werke aufgeführt — Exhaustivität wurde nicht angestrebt —, von denen allein zwölf zwischen 1976 und 1984 publiziert wurden; für Italien sind mindestens 32 illustrierte Wörterbücher in diesem Jh. anzusetzen. — Der Grund für die geringe Berücksichtigung der Bebilderung in der deutschsprachigen Lexikographie, die 1935 das Duden Bildwörterbuch der deutschen Sprache geschaffen hat, liegt wohl zum Teil in der geschichtlichen Entwicklung (vgl. 8), zum Teil in der Stellung des Wörterbuchs im Bewußtsein der Öffentlichkeit (Hausmann 1985), zum Teil ist er wohl noch nicht erforscht.

2.2. Plazierung und Format der Illustrationen

Plazierung und Format der Illustrationen sind in gewisser Weise interdependent, da Abbildungen, die über das Format großer Briefmarken oder einer Streichholzschachtel hinausgehen, in der Regel nicht mehr bei dem Lemma, das sie erläutern sollen, untergebracht werden können.

(1) Ein Großteil der heutigen Wörterbücher plaziert die Illustrationen in die unmittelbare Umgebung des betreffenden Lemmas, so daß bei der Lektüre des Artikels die Informationsaufnahme durch das ikonische Medium ergänzt werden kann. Beispiel: Petit Larousse von 1905 bis heute.

(2) Platzsparender ist die Unterbringung der Abbildungen außerhalb des Satzspiegels am Seitenrand; doch ist hierbei die Beziehung zu Lemma und Text des Artikels meist weniger eng, da die Illustrationen nur in Ausnahmefällen direkt neben dem Stichwort zu stehen kommen. Dieses Anordnungsprinzip wird selten realisiert. Beispiel: The American Heritage Dictionary of the English Language, 1969 bis 1979 (= AHD).

(3) Die Zusammenfassung der eine (Doppel-)Seite betreffenden Illustrationen zu Bildgruppen, die am oberen oder unteren Ende der Seite plaziert werden, trennt ebenfalls Bild und Lemma, erlaubt andererseits größere Formate für komplexere Darstellungen. Das in derartigen Abbildungen (z. B. Weiche mit 16 Teilen) enthaltene zusätzliche, rein ostensiv definierte Vokabular erscheint in der Regel nicht oder nur zum Teil auch an alphabetischer Stelle. Es wird von diesen Lemmata aus in keinem Werk systematisch auf die Abbildungen verwiesen. Beispiele: Der Sprachbrockhaus 1935 bis zur 9. Aufl. von 1984, N. Zingarelli 1983.

(4) Für Wörterbücher, die ausschließlich größere, ein Viertel bis drei Viertel einer Seite einnehmende Illustrationen vorsehen, stellt sich die Frage nach einem Verweissystem zwischen Lemma und Bild mit besonderer Dringlichkeit. Die Edizione minore des Zingarelli (1973) ist wohl das einzige Wörterbuch, das von jeder Bedeutung eines Lemmas einen Bezug auf die zugehörige Illustration herstellt, wobei gegebenenfalls von einer Bedeutung auf mehrere Abbildungen verwiesen wird: so von *ghiaccio* auf *alpinista, bar, borsa, fisica, sport*. Nur dadurch kann die erklärende Funktion des Bildes voll genutzt werden.

(5) Seit etwa 1978 lanciert in Großbritannien der Verlag Longman eine Illustrationsweise, bei der großformatige Bilder den größeren Teil einer Textseite oder eigene Seiten beanspruchen. Hierbei werden beispielsweise 16 Blumen oder 30 Verben der Bewegung auf einer Seite zusammengestellt, es wird ein Blick in einen Supermarkt geworfen, der Aufbau eines Motors oder Energiesparhauses gezeigt. Abgesehen davon, daß eine systematische Verbindung zwischen Lemma und (Teil der) Bebilderung nicht erfolgt, stellen die etwa 14 szenischen Darstellungen des Typs Supermarkt eine völlig beliebige Auswahl dar — so im Longman Active Study Dictionary of English von 1983. Ferner steht der Informationsgehalt mancher Abbildungen in keinem vernünftigen Verhältnis zum verbrauchten Platz. Gesonderte Bildseiten erfordern, wenn überhaupt vom Lemma auf die Illustration verwiesen wird, ein zweimaliges Nachschlagen, sind also für den Benutzer unpraktisch. In früheren Jahrhunderten machte der Kupferstich aus Kostengründen gesonderte Bildseiten erforderlich (vgl. 8), es ist denkbar, daß zur Zeit der Computersatz aus den gleichen Gründen zu eben diesem Ergebnis führt. Außerhalb des englischsprachigen Raumes ist dieses Anordnungsprinzip nur selten anzutreffen.

(6) In der Praxis werden in einem Wörterbuch die Illustrationen nur selten nach einer der fünf Möglichkeiten angeordnet — so enthält etwa der Petit Larousse zusätzliche Farbtafeln. Vor allem mehrbändige, in der Regel enzyklopädische Wörterbücher machen einen variableren Gebrauch von den verschiedenen Illustrationsweisen. Beispiel: Grand dictionnaire encyclopédique Larousse, 10 Bde., 1982—85.

### 2.3. Systematik und Dichte der Bebilderung

Bei einem Vergleich von fünf einbändigen französischen Wörterbüchern, die zwischen 1971 und 1981 erschienen waren, ergab sich, daß beim Buchstaben A insgesamt 292 Lemmata illustriert waren. Die einzelnen Wörterbücher wiesen jeweils weniger als die Hälfte, nämlich einmal 140, zweimal 129, aber auch nur 87 und 86 Abbildungen auf, obgleich fast alle Lemmata in den einzelnen Wörterbüchern vorhanden waren. Die Möglichkeiten der Illustrierung werden also keineswegs auch nur annähernd ausgeschöpft. — Der Vergleich einzelner Gegenstandsbereiche hat ergeben, daß z. B. im Petit Larousse zwischen 1971 und 1981 sieben Abbildungen von Pflanzen weggelassen wurden, jedoch ebensoviele neue hinzukamen. Ein diesen Austausch steuerndes Prinzip konnte nicht entdeckt werden, so daß nicht nur von einer großen Varianz der Illustrierung, sondern auch von einer gewissen Beliebigkeit gesprochen werden muß (Hupka 1984). In bezug auf neuere englische Wörterbücher kritisiert Standop (1981, 245 = 1985, 27) „die bisher generell nach Gefühl und Willkür praktizierte Bildauswahl".

Bei dem jetzigen, aleatorischen Stand der Illustrierung schwankt die Dichte der Bebilderung sehr stark: Nach Werner (1983, 171) variiert in sechs spanischen Wörterbüchern das Verhältnis der Abbildungen zu den Einzelbedeutungen — zahlreiche Lemmata werden in mehrere Einzelbedeutungen aufgeschlüsselt — zwischen 1:23,9 und 1:142. Eine exakte Berechnung wird dadurch erschwert, daß kaum zwei Wörterbücher genau nach der gleichen Zahl von Einzelbedeutungen differenzieren und komplexe Abbildungen oder Bildtafeln, die mehrere Bezeichnungen veranschaulichen, dabei außer Betracht bleiben. — Der Platzbedarf der Abbildungen spielt für die Herausgeber eine wichtige Rolle — er ist auch ein Indikator für die Dichte der Illustrierung. Landau (1984, 344) bemerkt, daß die knapp 10% des Raumes, die im Longman New Universal Dictionary (1982) von Illustrationen beansprucht werden, eine relativ hohe Zahl sind.

### 2.4. Zeichnung vs. Photographie

Unabhängig von den vorausgehenden Gesichtspunkten ist die Frage, welches Darstellungsmittel einzelne Wörterbücher favorisieren.

(1) Während im Petit Larousse zwischen 1971 und 1981 die Photographien um mehr als die Hälfte abgenommen haben und nur noch ein knappes Viertel der Illustrationen ausmachen (Hupka 1984, 189), werden sie von anderen Wörterbüchern wie dem Dictionnaire encyclopédique Larousse (1979) deutlich bevorzugt (3 500 Photos, 450 Zeichnungen). Der Nouveau Dictionnaire du français contemporain (NDFC) (1980) ist z. B. beim Buchstaben M mit 64 Zeichnungen und nur vier Photos ausgestattet, der Dictionnaire usuel illustré Flammarion (1981) jedoch vorwiegend mit Photographien. Gegenüber diesen divergierenden Tendenzen in Frankreich weist die Entwicklung in anderen Ländern in eine bestimmte Richtung.

(2) Von den etwa seit 1970 erschienenen italienischen Wörterbüchern sind alle einbändigen Werke bis auf drei ausschließlich mit Zeichnungen versehen. Die zwei- und mehrbändigen, in der Regel enzyklopädischen Werke verwenden etwa in gleichem Umfang beide Darstellungsmittel. Beispiele: Devoto/Oli (1971), Dizionario enciclopedico de Agostini, 2 Bde. (1981).

(3) Die englischen Wörterbücher desselben Zeitraumes werden fast alle ausschließlich durch Zeichnungen illustriert. Ausnahmen: das konzeptuell ältere Oxford Advanced Learner's Dictionary of Current English (ALD) (erstmals unter diesem Titel 1948; 3. Aufl. 1947; 7. Aufl. 1983) und The American Heritage Dictionary of the English Language, das 1969 auf dem amerikanischen Markt erstmals Halbtonphotographien mit Erfolg präsentierte (Landau 1984, 113).

(4) Für das Spanische dieses Zeitraums nennt Werner (1983, 173) 13 Werke, die ausschließlich Zeichnungen, sechs, die vorwiegend Zeichnungen, und vier, die hauptsächlich Photos verwenden.

(5) Von den wenigen deutschsprachigen Wörterbüchern bietet nur der Neue Brockhaus. Lexikon und Wörterbuch in 5 Bänden (1984; 7. Aufl. 1985) eine reichhaltige Ikonographie mit beiden Darstellungsmitteln. Küpper (1982—84) sei wegen seiner Beschränkung auf die Umgangssprache nur am Rande kommentiert: große, auch ganzseitige Farbphotographien, die etwa ein Drittel des Werkes beanspruchen; eine völlig aus dem Rahmen fallende Art der Illustrierung (dazu Hupka 1989, 5.5.3).

(6) Insgesamt gesehen tendieren die Herausgeber dazu, einbändige Werke nur durch Zeichnungen, mehrbändige darüber hinaus

auch durch Photos auszustatten. Es ist denkbar, daß Kostengründe bei dieser Entscheidung eine Rolle spielen. Klischees von Photographien, gesonderte Bildseiten einmal ausgenommen, haben in der Regel erst in der zweiten Hälfte dieses Jhs. Eingang in die Textseiten des einbändigen Wörterbuchs gefunden: im Petit Larousse erst von 1959 an (im enzyklopädischen Teil seit 1935), in Italien seit 1964 im Modernissimo dizionario illustrato. Zur Beurteilung der informatorischen Leistung der beiden Darstellungsmittel vgl. 4.

2.5. Schwarzweiße vs. mehrfarbige Darstellung

Sowohl Zeichnungen als auch Photos sind schwarzweiß oder auch mehrfarbig reproduzierbar; ferner können Photos farbig getönt und Zeichnungen nur zweifarbig gehalten werden, was beides nur selten geschieht. Abgesehen von gesonderten Farbtafeln stellen mehrfarbige Illustrationen in einbändigen Wörterbüchern die Ausnahme dar, was mit den Mehrkosten für die Farbreproduktion erklärlich ist. Während aus Italien und Deutschland kein entsprechendes Werk zu vermelden ist und aus Großbritannien nur The New Oxford Illustrated Dictionary (1978) als De-Luxe-Ausgabe des nur mit schwarzweißen Strichzeichnungen ausgestatteten Oxford Illustrated Dictionary (2. Aufl. 1975) aufgeführt werden kann, kommen in Frankreich zahlreiche mehrfarbig illustrierte einbändige Wörterbücher auf den Markt. Beispiele: Dictionnaire usuel Quillet Flammarion (1963), das erste einbändige französische Wörterbuch mit mehrfarbigen Illustrationen im Text; Petit Larousse en couleurs (1968 u. ö.); Dictionnaire Hachette (1980). In Spanien wiederum stellen derartige Werke die Ausnahme dar. Mehrbändige Werke aus den fünf verglichenen Sprachräumen sind auch in dieser Hinsicht freier und setzen im allgemeinen schwarzweiße wie auch mehrfarbige Illustrationen ein. Es wird in Punkt 4 geprüft, ob der höhere technische Aufwand für die farbige Bebilderung eine Erhöhung des Informationsgehaltes mit sich bringt und das Verständnis erleichtert.

3. Die Verbindung des Bildes mit dem Text

Da Illustrationen in Wörterbüchern dazu dienen, zusammen mit der Definition und dem restlichen Wörterbuchartikel ein dem Benutzer unbekanntes Lemma zu erläutern, ist ihre Verbindung mit dem lexikographischen Text zu erörtern. Dieser Text fehlt in Bildwörterbüchern (vgl. Art. 108) und bei den rein ostensiv definierten Teilen komplexer Illustrationen (vgl. Abb. 62.6). Der Text kann sich Null annähern, wenn z. B. im Duden Bedeutungswörterbuch (1970) zu *Specht* nur steht: „ein Vogel (siehe Bild)". Bereits hier wie bei den in der Regel ausführlicheren Wörterbuchartikeln stehen Lemma, Artikel, Bild, Legende (= Unterschrift des Bildes) in bestimmten Relationen zueinander (vgl. Abb. 62.1).

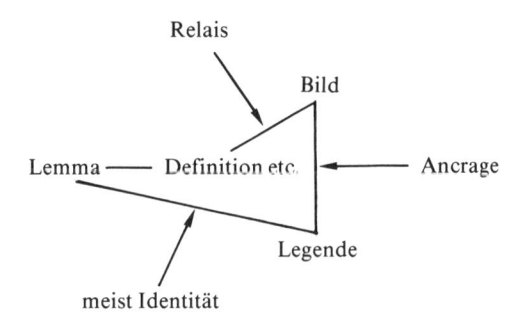

Abb. 62.1: Die Relationen der Bestandteile eines Wörterbuchartikels

(1) Nach Barthes (1964, 44) kann die Beziehung zwischen dem Bild und seiner Legende als „Ancrage" bezeichnet werden, da die Legende die Interpretation des Bildes steuert und somit eine Kontrollfunktion über die Interpretation des Bildes ausübt. Diese 'Verankerung' des Bildes in der Sprache ist erforderlich, da Bilder als semantisch offen bzw. als polysem gelten (vgl. 6.2.).

(2) Die Relation zwischen der Illustration und der Definition sowie dem weiteren Text des Wörterbuchartikels ist anderer Art, da das Bild die Definition hinsichtlich derjenigen Aspekte ergänzt, die nicht oder nur schlecht verbalisiert werden können. Zum Ausdruck dieses komplementären Verhältnisses wird aus Barthes (1964, 45) der Begriff „Relais" übernommen.

(3) Lemma und Legende sind meist identisch, jedoch kann oft nur eine bestimmte Art abgebildet werden: Zum Lemma *Larve* wird im Petit Larousse (1971) die Larve des Maikäfers gezeigt und entsprechend bezeichnet. Kollektiva wie *Zitrusfrüchte* sind nur durch Aufzählung und Darstellung ihrer Elemente zu veranschaulichen, Abstrakta wie *Archäo-*

*logie* nur durch ein konkretes Beispiel. In diesen und weiteren Fällen (z. B. bei Adjektiven) unterscheiden sich Lemma und Legende (Hupka 1984, 178 f.).

Der Artikel eines illustrierten Wörterbuchs kann auf mindestens zwei verschiedene Weisen gelesen werden: Der Benutzer kann von dem ihn interessierenden Lemma aus zur Definition und dem restlichen Artikel übergehen und aus dem Bild Ergänzungen und Präzisierungen entnehmen. Oder er blickt, was wahrscheinlicher ist, vom Lemma sofort auf das Bild und verifiziert seine dadurch vermittelte Vorstellung an der Legende, so daß er sich bei Bedarf anschließend der Definition, den Beispielen etc. zuwenden kann. Insofern wird durch das Bild die Informationsaufnahme beschleunigt und abgesichert.

## 4. Semiotische und kognitive Aspekte der Illustration

Die in 2.4. und 2.5. vorgestellten alternativen Darstellungsmittel Zeichnung vs. Photographie, schwarzweiß oder mehrfarbig, sind in semiotischer und kognitiver Hinsicht zu vergleichen, um ihre spezifische Funktion und Leistung im Wörterbuch sichtbar werden zu lassen.

(1) Eine Photographie gilt nach Barthes (1961, 128) als „message sans code", da zwischen Realität und Bild nicht wie bei der Zeichnung die Person des Künstlers tritt, sondern nur eine mechanische Übersetzung der dreidimensionalen Welt in die zwei Dimensionen des Bildes erfolgt. Daher stellt eine Photographie ein „analogon parfait" (Barthes 1961, 128) der Realität dar, an dessen Wahrheitsgehalt und dokumentarischem Wert nicht gezweifelt werden kann. Doch auch Photographien denotieren nicht ausschließlich, denn auch der Photograph steht in einer kulturellen Tradition, was sich etwa im Aufbau des Bildes, der Belichtung, dem Blickwinkel, der Art der Reproduktion niederschlägt, so daß sich hieraus Konnotationen entwickeln.

(2) Dagegen ist jede Zeichnung über das rein denotative Moment der Wiedergabe eines Realitätsausschnitts hinaus durch den Stil des Künstlers wie auch durch die in einer Kultur üblichen Darstellungsverfahren geprägt. Die Konnotationen entstehen also aus den transpositorischen Kodes selbst, denn der Zeichner analysiert den darzustellenden Realitätsausschnitt und bildet nur die ihm relevant erscheinenden Aspekte entsprechend den genannten Kodes in dem Bild ab. Durch ihre bewußtere Gestaltung lassen Zeichnungen um so deutlicher die differenzierenden Charakteristika des Gegenstandes hervortreten. Dadurch, daß jede Linie motiviert ist, erfolgt eine größere Verdichtung der Aussage, wohingegen Photographien oft zufälliger wirken und viel irrelevante Information enthalten.

(3) In einem Wörterbuch besteht die Aufgabe für den Illustrator darin, z. B. einen typischen Käfer, Koffer, Krug, aber nicht eine bestimmte Art darzustellen, was ein Photo nicht leisten kann, da es immer nur einen spezifischen Gegenstand wiedergibt. Die Zeichnung bietet ferner den wahrnehmungspsychologisch wichtigen Vorteil, daß sie Gegenstände durch Umrißlinien umgrenzt, denn nach Arnheim (1974, 206) werden die meisten Gegenstände nur dadurch identifiziert, daß man ihre Gestalt, d. h. ihre äußeren Abgrenzungen erkennt. Dagegen werden die Umrisse von Objekten auf einem Photo nur durch die sich vom Hintergrund abhebende Tönung oder Farbe sichtbar. Ferner können in Zeichnungen die Binnenstrukturen von Gegenständen, der Aufbau und das Funktionieren von Geräten vereinfacht und schematisch dargestellt werden und weitergehende Abstraktionen bis hin zu Schemata vorgenommen werden.

(4) Die Arbeiten zur kognitiven Verarbeitung von Zeichnungen und Photos deuten übereinstimmend darauf hin, daß einfache Strichzeichnungen schneller erkannt, besser verstanden und leichter gemerkt werden als Schwarzweißphotographien (Dwyer 1976, Zimmer 1983). Zeichnungen erweisen sich somit als geeigneter, in einem Wörterbuch eine bestimmte Information zu übermitteln.

(5) Da die Welt als mehrfarbig wahrgenommen wird, scheint die Verwendung farbiger Abbildungen eine selbstverständliche Notwendigkeit zu sein, so daß nur die Kostenfrage ein Hindernis sein könnte. Doch die Zahl der Gegenstandsbereiche, zu deren wesentlichen Charakteristika eine oder mehrere bestimmte Farben gehören, ist nicht gerade umfangreich: Neben den Farbbezeichnungen selbst sind verschiedene Minerale und Metalle anzuführen. Bei zahlreichen Tieren, Pflanzen und Früchten erleichtert die Farbe dem Benutzer die Identifizierung und somit die Orientierung in der Welt. Ferner können unterschiedliche Farben zur Verdeut-

lichung von Schemata oder komplexen Illustrationen beitragen, indem sie wichtige Zusammenhänge hervorheben.

(6) Daher stellt sich die Frage, ob der höhere Aufwand für mehrfarbige Illustrationen eine Optimierung der Informationsaufnahme bewirkt. Berücksichtigt man die Bedeutung der Umrißlinien für die Wahrnehmung, stellt die Mehrfarbigkeit einer Abbildung meist eine Information geringerer Relevanz dar. Zahlreiche Tests zum Verstehen, Memorieren und Wiedererkennen von Bildern sowie für ihre affektive Bewertung haben für Farbphotographien trotz ihres zweifellos höheren Realitätsgrades keine besseren Ergebnisse erbracht als für schwarzweiße (Espe 1984). Gleiches gilt im Prinzip (genauer Hupka 1989, 8.4.2) für zwei- und mehrfarbige Zeichnungen (Fleming/Sheikhian 1972), so daß diese Untersuchungen keine starke Stütze für den Einsatz von mehrfarbigen Illustrationen in Wörterbüchern liefern. Allerdings wird hierbei nicht in Betracht gezogen, daß ein

**magnòlia** s. f. **1.** Albero delle Magnoliacee (*Magnolia grandiflora*), com. coltivato nei nostri giardini; ha foglie color ruggine al rovescio e verde scuro e lucide sulla pagina superiore, fiori color bianco-crema, profumatissimi. **2.** Il fiore della pianta. [dal nome del botanico francese del '600 F. *Magnol*].

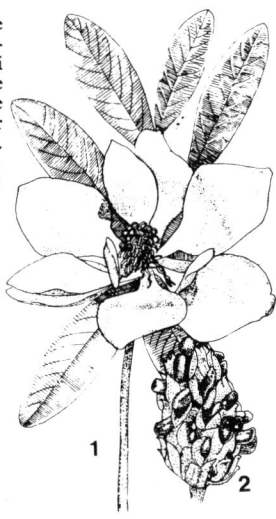

MAGNOLIA
1) fiore; 2) frutto

Abb. 62.2: Magnolia (aus: Devoto/Oli 1971)

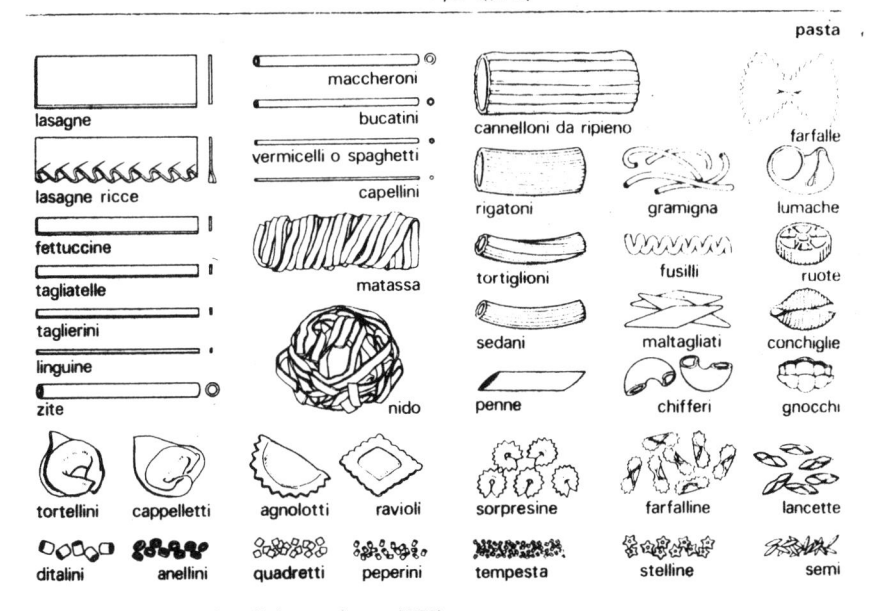

Abb. 62.3: Pasta (aus: Zingarelli, Edizione minore 1973)

Abb. 62.4: Galop (aus: Nouveau dictionnaire du français contemporain 1980)

mehrfarbig ausgestattetes Buch für den Käufer zumindest auf den ersten Blick attraktiv erscheint.

## 5. Typen von Illustrationen

Im folgenden werden die Vorschläge zur Klassifikation der Illustrationen in der chronologischen Reihenfolge ihrer erstmaligen Präsentation vorgestellt, wobei die wörterbuchbezogenen Arbeiten (5.1.—5.3.) vor den übrigen (5.4.) Vorrang haben sollen.

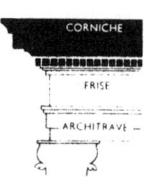

Abb. 62.5: Corniche (aus: Nouveau dictionnaire du français contemporain 1980)

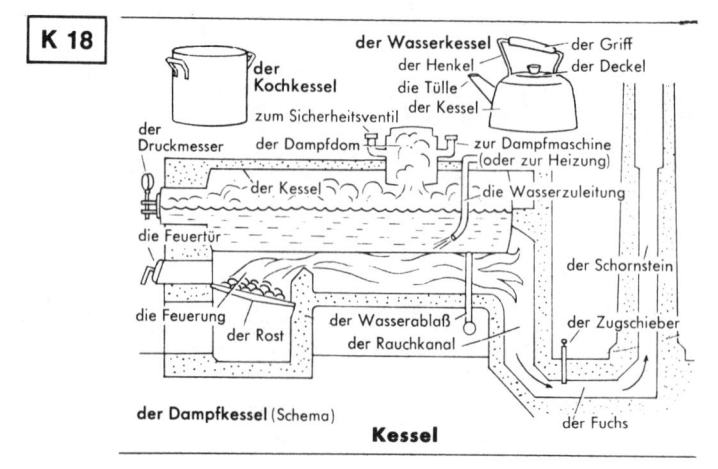

Abb. 62.6: Der Dampfkessel (aus: Der Sprachbrockhaus 1984)

## 5.1. Hupka (1984) und (1989)

Da jede Klassifikation von Erscheinungen im Hinblick auf ein bestimmtes Erkenntnisinteresse erstellt wird, ist eine Typologie der Illustrationen in Wörterbüchern in erster Linie von ihrer primären Funktion herzuleiten, die darin besteht, das Informationsangebot des Textes des Wörterbuchartikels zu ergänzen. Illustrationen, als ikonische Zeichen verstanden, stehen in Relation sowohl mit den Dingen der Realität als auch mit den sprachlichen Zeichen, hier den Lemmata: Die Typologie hat diesen beiden Aspekten Rechnung zu tragen und ist unabhängig von dem gewählten Darstellungsmittel (2.4., 2.5.). Nach Hupka (1984, 181—187 und 1989, 8.3) können folgende Arten von Illustrationen unterschieden werden: (1) *Unikale Illustrationen*: Der mit dem Lemma bezeichnete Gegenstand bzw. Vorgang wird bildlich veranschaulicht. Beispiel ist Abb. 62.2. Bei Verben, die eine Handlung eines oder mehrerer Aktanten im Raum bezeichnen, sind folglich komplexere Darstellungen erforderlich. (2) *Aufzählende Illustrationen* enthalten Abbildungen verschiedener Typen des mit dem Lemma bezeichneten Objekts. Sie sind erforderlich, wenn das Erscheinungsbild des Gegenstandes z. B. wegen der technischen Entwicklung variiert, oder wenn es den typischen Vertreter nicht gibt, z. B. für *Hund*. Bei Klassenbezeichnungen werden die verschiedenen Elemente optisch präsentiert; vgl. Abb. 62.3. (3) *Sequentielle Illustrationen* zeigen den Gegenstand in verschiedenen Phasen, so daß dadurch der Anschein einer Bewegung gegeben wird; vgl. Abb. 62.4. (4) *Strukturelle Illustrationen* sind angebracht, wenn die Abbildung des interessierenden Objekts nur in Zusammenhang mit angrenzenden Teilen sinnvoll erscheint, da das Objekt wesentlicher Teil eines größeren Ganzen ist und besser oder ausschließlich aus seiner Beziehung zu dieser größeren Struktur verständlich ist; vgl. Abb. 62.5. (5) *Funktionale Illustrationen* zeigen den inneren Aufbau oder die Prinzipien des Funktionierens vor allem von technischen Geräten (Kamera, Kühlschrank), zu deren Verständnis die Kenntnis ihres äußeren Aussehens nicht genügt; vgl. Abb. 62.6. (6) *Nomenklatorische Illustrationen* sind komplexere Darstellungen, die unter anderem auch das Stichwort erläutern, das jedoch nur der Anlaß ist, Nomenklaturen und damit vor allem Fachwortschatz bestimmter Bereiche im Bild vorzuführen; vgl. Abb. 62.7. (7) *Szenische Illustrationen* geben einen Ausschnitt des Alltagslebens graphisch wieder (Bauernhof, Hafen, Strand), um das dabei in den Blick kommende Vokabular, das nur in geringem Umfang terminologischer Art ist, zu erfassen. Das Lemma liefert auch hier nur das Stichwort zur Illustration. Ferner kann eine szenische Darstellung den Zweck verfolgen, eine bestimmte Gruppe von Wörtern — beliebt

**ten·nis** /'tenɪs/ n [U] game for two or four players who hit a ball backwards and forwards across a net. `∼-court *n* marked area on which ∼ is played. ¹∼-'elbow *n* inflammation of the elbow caused by playing ∼.

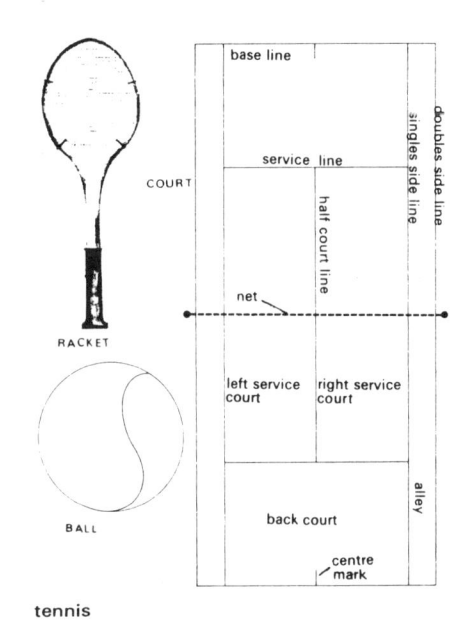

Abb. 62.7: Tennis (aus: Oxford Advanced Learner's Dictionary of Current English 1974³)

sind die Präpositionen, vgl. Abb. 62.8 —, also die einzelnen Elemente eines Wortfeldes vergleichend zu veranschaulichen. (8) *Funktionsschemata* zeigen nicht den Aufbau und die Zusammensetzung eines Objekts — das ist Aufgabe der funktionalen Illustrationen (5) —, sondern verdeutlichen funktionale Zusammenhänge wie den Prozeß der Papierherstellung. Sie weisen demnach einen höheren Abstraktionsgrad auf, so daß das ikonische Element ganz fehlen kann. So können auch Flußdiagramme, chemische Formeln und Musiknoten hinzugerechnet werden; vgl.

**prepositions**

**STUDY NOTES prepositions**

In the picture you can see:

1 – a woman going **into** the supermarket to do her shopping, and a man coming **out of** the supermarket. He is carrying two bags of shopping.
2 – a girl walking **across** the road. She is going **to** the supermarket too.
3 – some people getting **off** the bus. A young man is waiting to get **on** the bus.
4 – someone looking **out of** the bus window.
5 – some children running **along** the street.
6 – a woman with a pram walking **past** the supermarket.
7 – a man and woman walking **towards** the bus.
8 – another man walking **away from** the bus.
9 – a woman walking **through** the door of the cafe. Her child is pointing **to/towards/in the direction of** the bus.
10 – a man walking **round** the corner from the car park.
11 – a woman going **up** the steps **into** the library. A man is coming **down** the steps **from** the library with some books.

Abb. 62.8: Prepositions (aus: Longman Active Study Dictionary of English 1983)

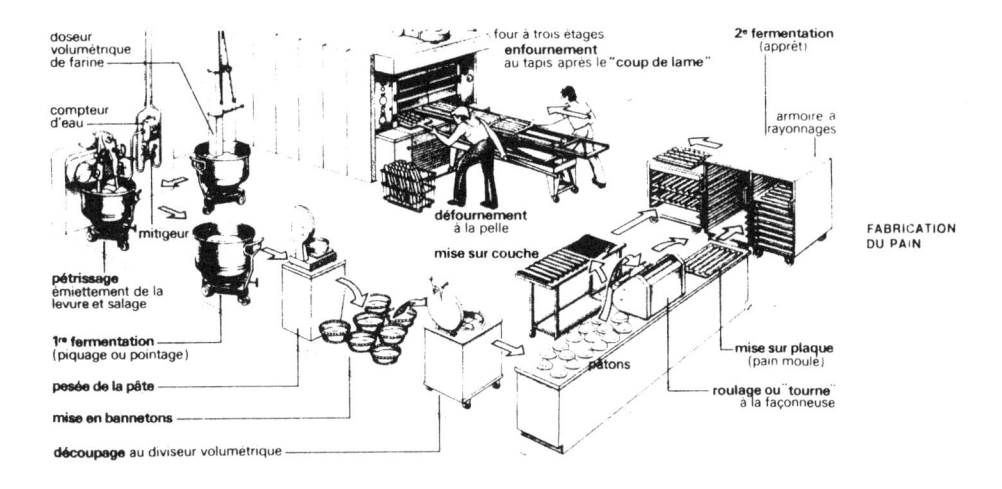

Abb. 62.9: Fabrication du pain (aus: Petit Larousse illustré 1985)

Abb. 62.9. (9) *Enzyklopädische Illustrationen* werden immer in einem der acht genannten Bildtypen realisiert, müssen jedoch als eigene Klasse aufgeführt werden, da sie den mit dem Lemma bezeichneten Realitätsausschnitt nicht wie die Typen 1—8 direkt abbilden können. Sie veranschaulichen nämlich in der Regel Abstrakta, genauer gesagt, in Form eines 'Beispiels für X' einen oft willkürlich gewählten, aber konkreten, sichtbaren Teilaspekt. So stellt der Dictionnaire Hachette (1980) zu *archéologie* eine Infrarotaufnahme, die die Spuren einer römischen Villa zeigt — eine unikale Illustration; vgl. Abb. 62.10. — Zusammenfassend ist festzustellen, daß der erste der neun Bildtypen als einfache Illustration bezeichnet werden kann, demgegenüber die Nummern 2—8 in unterschiedlicher Weise komplex sind; gegenüber den Typen 1—8 kann die enzyklopädische Illustration das Lemma nur indirekt veranschaulichen.

5.2. Werner (1982)

Eine „Klassifikation nach funktionalen Kri-

Abb. 62.10: Archéologie (aus: Dictionnaire Hachette 1980)

terien" wird von Werner (1982) vorgeschlagen. Mögliche „Funktionen der Abbildungen" (Zitat, Anm. 1) sind:

„(a) Ostensive Erklärung zur Vermeidung zirkulärer Bedeutungsexplikationen. (b) Visuelle Identifikation von Begriffen als Ersatz für die Beschreibung analytisch nicht darstellbarer Bedeutungen. (c) Informationsredundanz zur Informationsbeschleunigung und -absicherung. (d) Vermittlung notwendiger enzyklopädischer Information. (e) Veranschaulichung paradigmatischer und assoziativer Beziehungen zwischen lexikalischen Einheiten. (f) Allgemeine lernpsychologische Effekte" (Werner 1982, 65).

Werners funktionale Klassifikation ist keine Typologie der Illustrationen, sondern eine Auffächerung ihrer wohl wichtigsten Funktionen, wobei jede Illustration im Prinzip mehrere der genannten Funktionen erfüllt. Problematisch erscheint die Unterscheidung von (a) und (b) sowie der Inhalt von (d); eine Auseinandersetzung mit der Typologie Werners erfolgt in Hupka (1989, 8.3).

### 5.3. Ilson (1987)

Zur Erstellung seiner Typologie geht Ilson in einem 1985 gehaltenen Vortrag (Ilson 1987) zum Teil von den Wortarten aus und ordnet ihnen bestimmte Illustrationstypen zu, wobei er versucht, die von Fillmore (1978) identifizierten Arten lexikalischer Strukturen in den Abbildungen wiederzufinden. Ilson (1987, 193—201) unterscheidet:

(1) „The Single Noun" ( = unikale und aufzählende Illustration). (2) „Several Nouns" (a) „Taxonomy" ( = aufzählende Illustration), (b) „Partonomy" ( = nomenklatorische Illustration), (c) „Paradigm", (d) „Cycle", (e) „Chain" ((c)-(e) werden nach Ilson nicht durch Illustrationen, sondern nur durch Tabellen realisiert, doch manche Funktionsschemata entsprechen den beiden letzteren), (f) „Network" (der Begriff Funktionsschema ist weiter), (g) „Frame" ( = zum Teil die szenische Illustration). (3) „Other Parts of Speech" (a) „Adjectives" (die Abbildung ist eine strukturelle Illustration), (b) „Prepositions" (Ilsons Beispiel ist eine strukturelle Illustration), (c) „Verbs" (die Abbildung zeigt eine aufzählende Illustration).

Der Überblick zeigt, daß Ilson in nicht ganz systematischer Weise von den Wortarten ausgeht, denn es fehlt etwa der Typ 'Single Preposition' oder 'Single Verb'. Die Orientierung an den Wortarten und an der Typologie Fillmores kann nicht zu einer Klassifikation der Illustrationen führen, da der ikonographische Aspekt nicht die erforderliche Beachtung findet. — Vom nächsten Punkt an kommen recht unterschiedliche Aspekte ins Spiel.

(4) „Sense Development and Polysemy" (für englisch *arm* und spanisch *ala* werden aufzählende Illustrationen gezeigt, für das englische Modalverb *may* wird auf eine szenische Abbildung verwiesen). (5) „Metaphor" (nur sprachliches Beispiel). (6) „Comparison" (Baumgraph zu englisch *must* und tabellarische Gegenüberstellung von französisch *entre* und *parmi*). (7) „Componential Analysis, Selectional Restrictions, Collocations" (Matrizen). (8) „Bilingual Applications" (Matrize und Baumgraph). (9) „Pedagogical Applications" (unikale Illustration zu französisch *conduire*). — Die Beispiele zeigen, daß Ilson von Punkt 4 an vor allem die verschiedenen Möglichkeiten des Einsatzes von Illustrationen und anderer visueller Verfahren der Veranschaulichung und Gliederung vorgestellt hat.

### 5.4. Vorschläge ohne Bezug auf die Lexikographie

Unabhängig von lexikographischen Fragestellungen wurden verschiedentlich Typologien von Illustrationen vorgeschlagen, von denen die zwölfstufige Skala von Moles (1972) und (1981) am meisten elaboriert erscheint. Moles ordnet die verschiedenen Medien und Darstellungsmittel zur Nach- oder Abbildung eines Objekts (Modell, Photographie, Zeichnung, Schema etc.) nach dem Grad ihrer Ähnlichkeit mit dem Original (d. h. nach Stufen der Ikonizität) bzw. nach dem umgekehrten Grad ihrer Abstraktion. Krampen (1973) verbindet den Begriff der Ikonizität mit dem des Modells, wodurch eine Präzisierung von Ikonizität erfolgt und einige Typen von Moles bestätigt werden. — Jeweils ohne Bezug auf ihre Vorgänger erstellen Twyman (1979), Duchastel/Waller (1979) und Doblin (1980) unabhängig voneinander weitere Typologien von Illustrationen, die sich jedoch in wesentlichen Punkten voneinander und von Moles unterscheiden.

## 6. Die Leistung des Bildes im Vergleich zur Sprache

### 6.1. Sprache und Bild als semiotische Systeme

Sprache ( = Langue) wird im allgemeinen als System von zumeist arbiträren Zeichen verstanden, mit Hilfe derer der Sprecher in der Kommunikationssituation unter anderem auf Gegenstände und Sachverhalte in der ihn umgebenden Welt verweist. Diese referentielle Funktion leistet die Sprache auf ökonomische Weise, da sie primär von Gattungsnamen Gebrauch macht, die sich jeweils auf eine ganze Klasse von Referenten beziehen. Um ein Individuum aus einer

Klasse zu bezeichnen, werden Determinanten, Zahlwörter, Adjektive dem Nomen hinzugefügt, die ihrerseits ebenfalls als Klassenbezeichnungen angesehen werden können, so daß erst im Zusammenspiel von vollständiger Äußerung, Situation und Kontext eine Identifizierung ermöglicht wird. Durch die rekurrente Verwendung und immer wieder neue Kombination der genannten Klassennamen sind die Sprecher der „unendlichen Aufgabe" enthoben, für jede neue Situation oder Sache „ein neues treffendes Wort zu finden" (Boehm 1978, 450). Sprache gilt ferner als ein digitales System, das auf eine finite Menge diskreter, miteinander in Opposition stehender Einheiten zurückgeführt werden kann. Dies gilt für die phonetische Seite der Sprache und wird verschiedentlich (v. a. in der strukturellen Semantik) auf die Inhaltsseite übertragen — ob mit Erfolg, mag dahingestellt bleiben. Die endliche Menge elementarer Basiseinheiten stellt einen weiteren Aspekt der Ökonomie des Sprachsystems dar, wie auch das von Martinet (1960, 1.8) als „double articulation" bezeichnete Gliederungsprinzip. Diese Charakteristika von Sprache bewirken ferner eine größere „distance" (Metz 1961, 68) zwischen Ausdrucks- und Inhaltsseite, verstärken ihren abstrakten Charakter und tragen gleichzeitig zu einer größeren Stabilität des Sprachsystems bei. — Trotz dieser unbestreitbaren Vorzüge findet die Sprache die Grenze ihrer Leistungsfähigkeit bei der Beschreibung der äußeren Form, räumlicher Konfigurationen, kurzum des Aussehens von Gegenständen. Dies rührt weniger von der obligatorischen Verwendung von Gattungsnamen und Klassenbezeichnungen her, als von einem Fehlen von Bezeichnungen für bestimmte Formen und ihre Strukturierung. Da das entsprechende Vokabular nicht zur Verfügung steht, läßt sich z. B. ein Gesicht mit Worten nicht so beschreiben, daß der Hörer oder Leser für sich daraus eine exakte Vorstellung entwickeln kann. Dies ist nach Buyssens (1967, 55) der wesentliche Grund für den Einsatz von Phantombildern oder, wenn vorhanden, von Photos bei polizeilichen Fahndungen.

Dagegen liefert ein Bild eine gewissermaßen unmittelbare Information über die Realität, die durch die in einer Kultur geläufigen Abbildungsverfahren wie die Zentralperspektive kodiert sind. Da das visuelle Medium „Strukturäquivalente" (Arnheim 1974[2], 219) für die räumlichen Eigenschaften der Gegenstände bietet, wird die zu übermittelnde Information nicht wie bei der Sprache in einem Symbolsystem kodiert, sondern analog wiedergegeben. Bilder sind daher wohl nicht in etwaige ikonische Elementarzeichen zerlegbar (Nöth 1985, 412—415). Auf Grund ihrer analogen Kodierung haben Bilder im Vergleich zur Sprache einen bedeutend geringeren Abstand zwischen Ausdrucks- und Inhaltsseite: Beide Seiten sind weitgehend isomorph. Schneidet man von einem Bild mit drei Hunden einen weg, entfernt man ein Element der Ausdrucks- und der Inhaltsseite, und es bleibt ein Bild mit zwei Hunden (Metz 1961, 68). Der Abstraktionsgrad der Kodierung ist also bedeutend geringer als bei der Sprache, Bilder wirken daher unmittelbarer und sind leichter zu verstehen, wenn auch das Rezipieren von Bildern gelernt werden muß. Bedingt durch die analoge Kodierung kann das Bild auf visuellem Wege Informationen liefern, die sprachlich nicht oder nicht ebenso präzise gegeben werden könnten. In gewisser Weise stellen die Sprache und die ikonischen Zeichen zwei komplementäre und sich ergänzende Systeme der Informationsvermittlung dar.

## 6.2. Charakteristika des Bildes

Ein Bild von etwas ist immer weniger als der dargestellte Gegenstand selbst (Kowalski 1975, 25), stellt also eine Abstraktion dar, was aber nicht mit Unvollständigkeit gleichzusetzen ist (Arnheim 1974[2], 136). In selektiver Weise werden die als wesentlich erachteten visuellen Eigenschaften von Gegenständen wiedergegeben, das heißt Form, Farbe, Oberflächenbeschaffenheit, Konstellation der Teile zueinander, Position im Raum, insgesamt also die Struktur von Dingen. Handlungen und Vorgänge werden dagegen besser sprachlich wiedergegeben, wie bereits Lessing (1766) erkannt hat. Ferner kann ein Bild im Prinzip nur einen bestimmten Gegenstand, nur ein Individuum darstellen, während sprachlich durch Gattungsnamen auf eine Klasse von Objekten referiert wird. Rey-Debove (1971, 36), die darin eine Beschränkung für die Verwendbarkeit von Bildern in Wörterbüchern sieht, berücksichtigt jedoch nicht das dem Menschen eigene Abstraktionsvermögen, welches es ermöglicht, von einem Exemplar aus zu verallgemeinern. Während „beim Bild vom Besonderen auf das Allgemeine geschlossen werden muß" (Wedewer 1985, 59), muß bei der Sprache der umgekehrte Weg eingeschlagen werden (Arnheim 1974, 257; Faust 1979, 268). Hier zeigt sich eine gewisse Komplementarität der beiden Medien Sprache und Bild.

Bilder gelten ferner als interpretatorisch offen, als polysem, ja als potentiell unendlich deutbar (Wittgenstein 1967, 23; Burger 1984, 300; Nöth 1985, 415). Barthes (1964, 44) spricht gar von „terreur des signes incertains", die durch Hinzufügung eines „message linguistique" gebannt werden kann. Gombrich (1974, 244—247) betont darüber hinaus, daß auch kulturspezifische Kenntnisse der Betrachter zur Disambiguierung von Bildern beitragen. Doch auch eine isolierte sprachliche Äußerung kann polysem sein oder zum Ausdruck verschiedener Sprechakte verwendet werden. Es ist unklar, ob Bilder, um unzweideutig zu sein, bedeutend mehr an Kontext brauchen als sprachliche Aussagen. Anders als bei der Dekodierung von Sprache hat der Betrachter eines Bildes die Freiheit, nur die ihm relevant erscheinenden Informationen zu entnehmen.

Ein wesentlicher Unterschied zur Sprache wird darin gesehen, daß mit einem Bild keine Aussage oder Behauptung im logischen oder sprachlichen Sinn gemacht werden kann. Sprache ist nach Jakobson (1973, 101) das einzige System „capable de construire des propositions" (ebenso Gombrich 1974, 243, 1975, 122). Folglich ist auf Bilder die Frage nach dem Wahrheitswert nicht anwendbar (Worth 1975, 99). Dagegen spricht Muckenhaupt (1986, 34) bestimmten Bildverwendungen einen Wahrheitswert zu — er trennt zwischen Bild und seiner Verwendung (dazu Hupka 1989, 8.5.2, Anm. 147). Nach Worth (1975) können Bilder demnach nicht negieren, erlauben es nicht, Fragen oder Bedingungen zu formulieren oder verschiedene Tempora auszudrücken. Schließlich ist die Sprache das einzige semiotische System, das in der Lage ist, sich selbst oder andere semiotische Systeme zu kommentieren (Rey-Debove 1971, 36; Worth 1975, 103).

Sprache und Bild sind entgegen weit verbreiteter Ansicht (Bildbeschreibung) nicht restlos ineinander übersetzbar. Bilder stellen die Welt nicht dar, wie sie ist, sondern wie der Mensch sie wahrnimmt und strukturiert (Worth 1975, 105). Der gleiche Referent wird also auf unterschiedliche Weise geistig verarbeitet, d. h. sprachlich oder ikonisch kodiert (Kolers/Brison 1984, 110). Demnach sind Bild und Sprache „verschiedenartige, aber gleichrangige Repräsentationsleistungen des menschlichen Geistes" (Otto 1978, 12; ebenso Boehm 1978), die sich offensichtlich in verschiedener Hinsicht ergänzen, so daß ihre Verbindung zu einer Optimierung der Informationsaufnahme führen müßte.

### 6.3. Kognitionspsychologische Aspekte der Verbindung von Wort und Bild

In einer bis 1975 vornehmlich in den USA betriebenen Richtung der Kognitionspsychologie wurde in zahlreichen Tests die Aufnahme, Memorierung und Wiederabrufbarkeit verbaler und ikonischer Informationen und die Verbindung beider Medien vergleichend untersucht. Dabei hat sich die Verbindung des verbalen und des ikonischen Kanals als die effektivste erwiesen, wobei ein gewisses Maß an Redundanz zwischen beiden Medien zur Informationsabsicherung nützlich ist (Levie/Lentz 1982). Ferner wurde beobachtet, daß

„Bezeichnungen für Objekte besser auf der Grundlage von Bildern als von Wörtern behalten werden und [...] konkrete Substantive besser als abstrakte behalten werden" (Engelkamp 1981, 291).

Zur Erklärung dieser Beobachtungen wurden verschiedene Modelle der Informationsverarbeitung entwickelt, von denen nur die duale Kode-Theorie von Paivio (1971) angeführt werden soll: Paivio postuliert zwei Gedächtnissysteme, ein imaginales und ein verbales, wobei Konkreta zunächst im verbalen System enkodiert und gespeichert werden, aber auch Vorstellungsbilder („Imagene') entwickeln, so daß beim Abruf beide Gedächtnissysteme zur Verfügung stehen. Abstrakta dagegen können nur verbal gespeichert werden, so daß bei Bedarf „potentiell weniger Attribute des enkodierten Ereignisses zugänglich gemacht werden" können (Wippich 1981, 298). Zu alternativen Modellen vgl. Zeitschrift für Semiotik (3. 1981, H. 4) und Hupka (1989, 8.5.3).

Folglich müßte etwa in einem Lernwörterbuch ein Wort besser gemerkt werden, wenn es von einer Abbildung des damit bezeichneten Gegenstandes begleitet wird. Paivio (1971, 344—347) fand diese Annahme in einem Test, allerdings in der Muttersprache der Versuchspersonen, voll bestätigt. Im Fremdsprachenunterricht wird praktisch davon ausgegangen, daß die Verbindung von Wort und Objekt bzw. von Wort und Bild die Behaltensfähigkeit fördert. Jedoch sind nach Scherfer (1985, 429) die „Annahmen über die Funktion von Bildern [...] empirisch kaum abgesichert". Issing (1983, 15) kommt zwar zu einer positiven Bewertung der Rolle von Bildern, doch ist die von ihm durchgesehene „relevante psychologische und didaktische Literatur" (14) nicht in allen Fällen auch wirklich einschlägig.

62. Die Bebilderung im allgemeinen einsprachigen Wörterbuch    717

Abb. 62.11: Tafel zur Veranschaulichung von Verben und Präpositionen (aus: Pinloche 1922)

## 7. Weitere Typen illustrierter Wörterbücher

Neben dem allgemeinen einsprachigen Wörterbuch werden auch andere Typen von Wörterbüchern illustriert, von denen die wichtigsten vorgestellt werden (illustrierte Schimpfwörterbücher (Art. 121), korrektive Wörterbücher oder ein bebildertes etymologisches Schulwörterbuch bleiben also außer Betracht). (1) *Zweisprachige Wörterbücher* werden nur selten illustriert, da sie primär eine Äquivalenz zwischen Zeichensystemen zweier Sprachen herstellen wollen. Die Illustrationspraxis der Mehrzahl der Werke ist allein schon deshalb ungenügend, weil nur eine verschwindend geringe Zahl von Lemmata bebildert wird. So brauchen nur Gaffiot (1934) und die Reihe der Brockhaus-Bildwörterbücher (z. B. Pfohl 1955) angeführt zu werden. Ersterer stellt die (oft wenig aussagekräftigen) Bilder zum Lemma, letztere übertragen die in 2.2. (3) beschriebene Praxis auf die zweisprachigen Ausgaben. (2) *Bildwörterbücher*, vgl. Art. 108 und Hupka (1989, 5.2). (3) *Didaktische Bildwörterbücher* seien (im Unterschied zu Artikel 108) als eigener Typus aus den Bildwörterbüchern ausgegliedert, da bei ihnen nicht die Abbildung der Dinge der Welt das Strukturprinzip ihres Aufbaus ist, sondern die Sprache im allgemeinen die Gliederung des Werkes bestimmt. Ferner haben die Illustrationen nicht die Funktion, die Realität möglichst umfassend wiederzugeben, sondern die sprachlichen Phänomene zu vergegenständlichen; vgl. Abb. 62.11 aus Pinloche (1922). Sekundär ist der Aspekt des Umfangs, des Adressatenbezugs auf Kinder einer bestimmten Altersstufe und der Verwendung als muttersprachliches oder fremdsprachliches Wörterbuch. Beispiel: Durand/ Greco (1969). Nicht nur systematisch gliedernde, sondern auch alphabetisch geordnete Werke gehören zum Typ des didaktischen Bildwörterbuchs. Beispiel: Dictionnaire actif Nathan (1976). Auch hier wird im Prinzip jedes Lemma illustriert. (4) Die Grenze zwischen dem alphabetisch geordneten, didaktischen Bildwörterbuch und dem ebenso gliedernden, *illustrierten Lernwörterbuch* wird überschritten, wenn das Lemma durch eine Definition erläutert wird. Damit geht zumeist Hand in Hand, daß nur mehr ein Teil der Lemmata illustriert wird. Die in Frankreich in großer Zahl erscheinenden Lernwörterbücher können nach den Gesichtspunkten Adressatenbezug (Altersstufe, Schultyp),

**lâcher** [lɑʃe] v. t.
(sujet qqn) **lâcher (qqn, qqch)** *Mais lâche-*

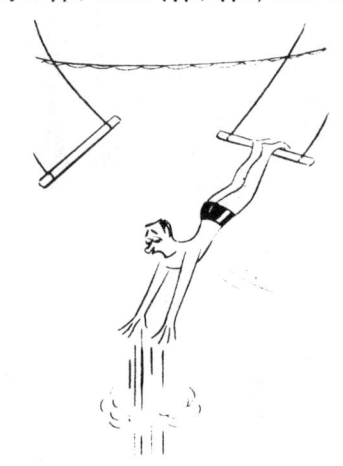

*moi! Je suis assez grand pour traverser la route tout seul!* • *Lâche cette balle et donne-la à ta sœur.* • *Oh! attention de ne pas lâcher la pile d'assiettes!*

**G.** Conj. 1.
**S.** Les contr. sont TENIR, RETENIR après avoir SAISI, PRIS. Les syn. sont LAISSER ÉCHAPPER, LAISSER TOMBER (phrase 3).

Abb. 62.12: Lâcher (aus: Dictionnaire du français langue étrangère 1978)

Verwendung für die Muttersprache oder Fremdsprache, Art und Umfang der Illustrierung wie auch der Mikrostruktur und nach der Zahl der Lemmata näher charakterisiert werden. Beispiele: Gougenheim (1958), Matoré (1963) und mit besonders reicher Mikrostruktur sowie einer besonders originellen Illustration der Dictionnaire du français langue étrangère (1978 f.); vgl. Abb. 62.12. Werke mit einer größeren Zahl von Lemmata (z. B. Dictionnaire Hachette juniors, 1980, 17 000 Einträge) unterscheiden sich nur noch graduell von selektiven Wörterbüchern (z. B. Nouveau dictionnaire du français contemporain 1980, Oxford Advanced Learner's Dictionary of Current English 1948). (5) *Fachwörterbücher* erscheinen in ungeheuer großer Zahl, sind oft illustriert und variieren in ihrer Konzeption zwischen Glossar, Sprachwörterbuch und Enzyklopädie. Ihre Illustrationspraxis entspricht meist der der allgemeinen einsprachigen Wörterbücher. (6) *Dialektwörterbücher* sind mehrheitlich nicht illustriert, obwohl man von ihrer Intention her (Bewahrung der Bezeichnungen für bestimmte Gerätschaften und Dinge der bäuerlichen Welt) und von der Methode „Wörter und Sachen" her eine Bebilderung erwarten könnte. Doch

*Prêtre* : Corbeau, calotin, rase, radis noir, radicon, ratiche, fusain, cureton, sac à charbon, ratichon :

Abb. 62.13: Prêtre (aus: Giraud 1981)

werden sowohl alphabetisch als auch nach Sachgruppen ordnende Dialektwörterbücher, kleine Glossare als auch mehrbändige philologische Werke illustriert. Beispiele: Edmont (1897), Glossaire des patois de la Suisse romande (1924 ff.), Remacle (1937), Berthold (1943). Die Illustrationsweise weist keine Besonderheiten auf. (7) *Argotwörterbücher* enthalten zum Teil witzige Illustrationen, wenn aufgrund des weithin metaphorischen oder metonymischen Charakters des Wortschatzes in demselben Bild die ursprüngliche und die übertragene Bedeutung dargestellt wird, also etwa 'Rabe' und 'Priester' in Abb. 62.13 (aus Giraud 1981). Ein Teil der Abbildungen in Küppers (1982—84) Wörterbuch der Umgangssprache folgt demselben Darstellungsprinzip, da die Umgangssprache weithin metaphorisch ist (Wetzel/ Wiese 1982, 12). (8) Auch *Idiomatikwörterbücher* (z. B. Klein 1980) veranschaulichen gleichzeitig die konkrete und idiomatische Bedeutung oder nur erstere; vgl. *y laisser des plumes* ‚Haare lassen müssen', wozu man sich eine wortwörtliche Bebilderung sofort vorstellen kann, die auch die übertragene Bedeutung aufscheinen läßt. (9) Zusammenfassend ist festzustellen, daß didaktische Bildwörterbücher und Lernwörterbücher die meisten Anstrengungen unternehmen, über die Abbildung konkreter Gegenstände hinauszugehen, und Abstrakta (z. B. *effort*), Präpositionen (z. B. *entre* in lokaler und temporaler Bedeutung), Verben (z. B. *peler*) und Adjektive (z. B. *dur*) illustrieren.

## 8. Geschichte der Illustration im Wörterbuch

Im Vergleich mit der Entwicklung der Lexikographie und der Buchillustration erfolgt die Bebilderung von Wörterbüchern erst relativ spät und setzt sich im allgemeinen erst von der zweiten Hälfte des 19. Jhs. an durch. Abgesehen von einem nur in einer einzigen Handschrift (Ende 15. Jh.) überlieferten, nach Sachgruppen geordneten, lateinisch-englischen Wörterbuch mit etwa 70 einfachen Zeichnungen (Wright 1857) ist Blount (1656) das erste illustrierte Wörterbuch, das jedoch nur zwei recht einfache Holzschnitte zur Veranschaulichung heraldischer Begriffe enthielt (Abb. 62.14). Der Orbis pictus von Comenius (1658) ist in erster Linie ein in 151 Sachgruppen gegliedertes Lehrbuch des Lateinischen für Kinder, nähert sich jedoch den (zweisprachigen) didaktischen Bildwörterbüchern mit systematischer Gliederung an (vgl. 7. (3)), da der die komplexen Holzschnitte begleitende Text in kurze Zeilen von ein bis drei Wörtern gegliedert ist (Rosenfeld (1964) mit einem Nachdruck der Ausgabe von 1658). Die Wirkung und Verbreitung des Or-

Abb. 62.14: Canton (aus: Blount 1656)

bis pictus war groß: Es erschienen zahlreiche Auflagen (2. Aufl. 1659; 3. Aufl. 1662 usw.) und Adaptionen in weiteren Sprachen (1666 eine viersprachige Ausgabe mit Latein — Deutsch — Italienisch — Französisch), wobei das Werk dem sich wandelnden Zeitgeschmack und den jeweiligen Informationsbedürfnissen angepaßt wurde. Zu den möglichen Gründen für das Fehlen weiterer illustrierter Wörterbücher im 17. Jh. vgl. Hupka (1989, 6.2.1).

Mit Beginn des 18. Jhs. ändert sich das Bild: In England erscheinen in wenigen Jahrzehnten fünf illustrierte Wörterbücher: Glossographia anglicana nova (1707), Bailey (1727), Bailey (1730), Martin (1749), Scott/Bailey (1755). Während 1707 ausschließlich, 1727 vornehmlich heraldische Termini durch Holzschnitte veranschaulicht wurden (Abb. 62.15), verteilen sich 1730 die Illustrationen gleichmäßiger über die verschiedenen Wissensgebiete. Ein Teil der Holzschnitte wurde unverändert aus der Enzyklopädie von Harris (1704) und aus einer Fachenzyklopädie (The Gentleman's Dictionary 1705) übernommen. Die Serie der illustrierten Wörterbücher wird 1755 durch Johnsons Wörterbuch unterbrochen. Da im 18. Jh. aus Frankreich, Italien, Spanien kein einziges und aus Deutschland nur ein illustriertes Wörterbuch zu verzeichnen ist (Nürnberger Wörterbuch 1713, Abb. 8 in Collison 1982), erscheint die Vorreiterrolle Englands als erklärungsbedürftig. Es können die Freiheit der englischen Lexikographen von einer Akademie, ihre folglich ermöglichte pädagogische Intention und der Einfluß von Lockes Essay (1690, 1710[6]) in Betracht gezogen werden.

Trotz der Illustrierung inzwischen zahlreicher Enzyklopädien, darunter so berühmter Werke wie der französischen Encyclopédie von Diderot/d'Alembert (1751—1780, 12 Tafelbände) oder der Encyclopaedia Britannica (1768—71, 160 Kupferstichtafeln), erscheinen die ersten modernen Wörterbücher mit Illustrationen erst von 1850 an und zwar wiederum in England (und anschließend in den USA): Ogilvie (1850), (Abb. 62.16), dicht gefolgt von Webster (1859), Worcester (1860) usw. Obwohl das erste entsprechende französische Werk (La Châtre 1852—56) verschiedene Bearbeitungen und Auflagen erlebte, geriet es so vollständig in Vergessenheit, daß auch in den Geschichten der Lexikographie Larousse (1878) als erstes illustriertes Wörterbuch galt. Die Konkurrenz mit vier anderen Verlagen zwang Larousse zu einer laufenden Überarbeitung, aus der 1905 der erste Petit Larousse hervorging. Das erste spanische illustrierte Wörterbuch erschien, angeregt vom englischen Vorbild, 1857 (Campuzano), blieb jedoch ohne Nachwirkung. Erst ein 1891 in Paris publiziertes Werk von González de la Rosa führt durch drei Auflagen und weitere Nachdrucke zu den zahlreichen bebilderten Wörterbüchern des 20. Jhs. Der französische Einfluß wirkt auch auf die italienische Lexikographie, denn das erste italienische illu-

Abb. 62.16: Amplexicaul (leaf) (aus: Ogilvie 1850)

Abb. 62.15: Hurdles (aus: Bailey 1727, 1731[3])

**PAPYRUS**, s. m. (pron. *papiruss*). Genre de plantes de la famille des cypéracées, renfermant plusieurs espèces, dont la plus célèbre est le papyrus usuel, originaire d'Égypte, et qui donnait le papyrus, ou papier des anciens. Cette plante croît au milieu des eaux dormantes que le Nil laisse après son inondation ou dans les marais d'Égypte. Le papyrus élève au-dessus des eaux ses hampes simples, très droites, feuillées seulement à leur base, et recouvertes d'une double pellicule. On enlevait cette pellicule; on l'étendait ensuite sur une toile dans toute sa longueur, et on collait dessus, en travers, d'autres pellicules de la même espèce. Ces membranes ainsi disposées étaient propres à recevoir l'encre. L'invention du *papyrus* paraît se rapporter au temps d'Alexandre. Il existe un *papyrus* de Sicile, qui ne fut découvert qu'au XVIe siècle, et qu'il ne faut pas confondre avec le *papyrus* de l'Inde. Le *papyrus* de Madagascar paraît être le même que ce dernier. Les Égyptiens employaient le papyrus à divers usages, autres que celui du papier. Ils se servaient de ses racines comme bois à brûler, en fabriquaient différents vases; de la tige du papyrus, entrelacée en façon de tissu, ils construisaient des barques; et de l'écorce intérieure ou *liber*, ils faisaient des voiles, des habillements, des couvertures de lits et des cordes. Ces barques ressemblaient à de grands paniers, dont le tissu était très serré. Il est probable que pour empêcher l'eau de pénétrer, on les enduisait extérieurement d'une couche de résine ou de bitume, ce qui les rendait propres à naviguer sur le fleuve et sur ses eaux débordées. C'est dans un panier ainsi construit que fut exposé, sur le Nil, Moïse enfant. | On distinguait le *papyrus hiératique* ou *sacré*, ainsi appelé parce qu'on le réservait pour les livres qui traitaient du culte; le *livien*, qui avait un tiers de mètre de largeur, et auquel Livie, femme d'Auguste, avait donné son nom; l'*emporétique*, ou celui du commerce ordinaire, qui n'avait que 16 centimètres de large; le *fanniaque*, qui était plus solide, plus blanc que les autres, et avait 27 centimètres; l'*amphitriotique* et le *saïtique*.

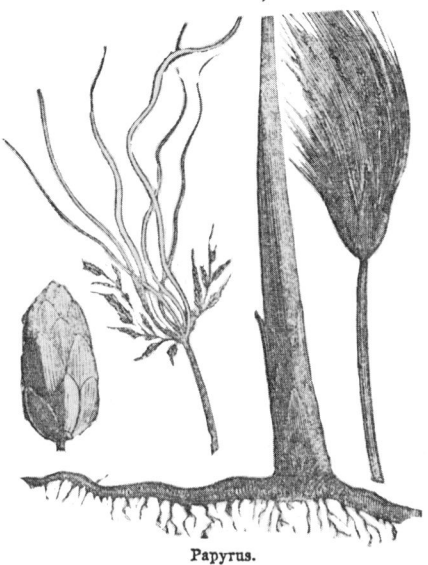

Papyrus.

Abb. 62.17: Papyrus (aus: La Châtre 1852—56)

strierte Wörterbuch von Melzi (1891), dessen 36. Auflage von 1973 mindestens bis 1981 nachgedruckt wurde, orientiert sich an Larousse (1878). Melzi hatte zudem 1880 ein einsprachiges, nicht illustriertes, italienisches Wörterbuch in Paris publiziert. Nach zwei Wörterbüchern von Premoli (1909, 1912) und (1915), die ohne bis in die Gegenwart reichende Auflagen blieben, stellt Zingarelli (1917—21, zuletzt 11. Aufl. 1983) das vierte italienische illustrierte Wörterbuch dar. In Deutschland muß man bis 1931 auf den ersten Volksbrockhaus warten, dem 1935 der bis heute (9. Aufl. 1984) immer wieder neu bearbeitete Sprach-Brockhaus folgte.

Neben der Entwicklung der allgemeinen einsprachigen Wörterbücher mit Illustrationen sind die in der Folge von Comenius (1658) entstandenen Werke in der Konzeption des Orbis pictus zu berücksichtigen, zu

ARDILLA, s. f. Zool. Animal cuadrúpedo de un pie de largo, de color negro mas ó menos oscuro y á veces rojizo, con el vientre blanco y la cola larga y muy poblada de pelo. Es sumamente vivo é inquieto, y casi nunca está parado; trepa con facilidad por los árboles, saltando con ligereza de uno á otro, y se alimenta de semillas y frutas, las cuales se lleva con la mano á la boca.

Abb. 62.18: Ardilla (aus: Campuzano 1857)

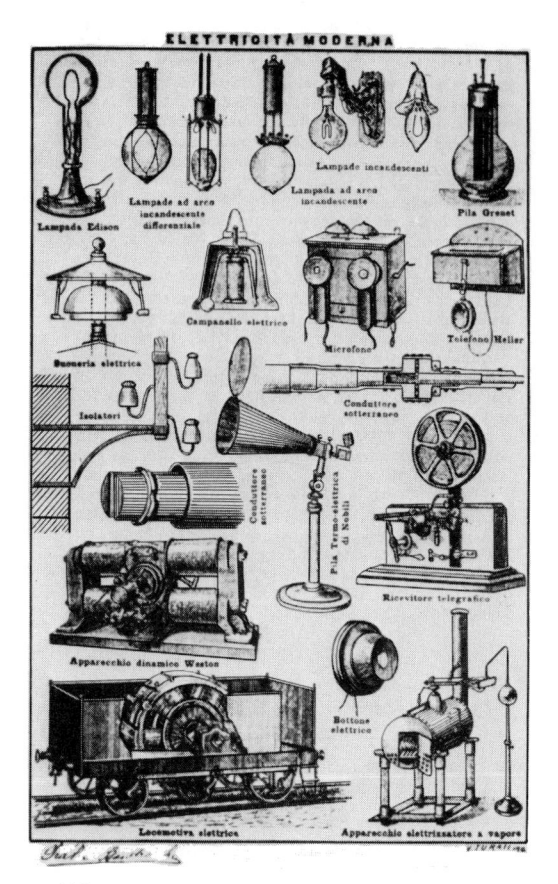

Abb. 62.19: Elettricità moderna (aus: Melzi 1891)

Abb. 62.20: Mangrovebaum (aus: Volksbrockhaus 1931)

denen sonstige Lernwörterbücher und didaktische Bildwörterbücher hinzukommen. Dieses Gebiet ist trotz Kelly (1969) noch nicht systematisch erforscht, so daß als Beispiel nur auf ein Vocabulaire des enfants (1839) hingewiesen werden soll. Im Italien des 19. Jhs. entstanden im Zusammenhang mit den Bestrebungen um eine einheitliche Nationalsprache zum Teil illustrierte Vocabolari domestici (Marello 1980). Schließlich wird in einige bebilderte Enzyklopädien ein Wörterbuch eingearbeitet — die Encyclopaedia Perthensis (1796—1806) enthält Johnsons Wörterbuch von 1755 —, so daß daraus die Vorstufe eines illustrierten enzyklopädischen Wörterbuchs entsteht.

## 9. Die Bebilderung in der Wörterbuchforschung

Die Illustrierung von Wörterbüchern ist in der metalexikographischen Literatur nur selten thematisiert worden.

Abgesehen von Starnes/Noyes (1946), die auch die Illustrationspraxis der von ihnen besprochenen Werke in jeweils einigen Zeilen beschreiben, stammen die längsten grundsätzlichen Äußerungen von Rey-Debove (1970, 32—34; 1971, 34—36), Al-Kasimi (1977, 96—102) und Remizova (1982). Auf ein 1983 gehaltenes Referat (Hupka 1984) folgten zwei Aufsätze von Werner (1982 [1983]) und (1983) mit Beispielen vor allem aus der spanischen Lexikographie. Landau (1984, 111—115, 258—261) äußert sich zu Geschichte und Praxis der Illustrierung englischer Wörterbücher, Bornäs (1986, 137—142) zur Bebilderung neuer französischer Werke.

In Hupka (1989) wird die Geschichte und heutige Praxis der Illustrierung von Wörterbüchern aus dem englischen, französischen, italienischen, spanischen und deutschen Sprachraum dargestellt, und es werden die künstlerischen, technischen, linguistischen, informationstheoretischen, kognitionspsychologischen und semiotischen Aspekte der Verbindung von Sprache und Bild im Wörterbuch untersucht. In den fünf genannten Sprachräumen bleibt die Geschichte des illustrierten Wörterbuchs vom Anfang des 20. Jhs. an bis zur Gegenwart noch en détail zu erforschen. Für andere Sprachen scheinen noch keinerlei systematische Studien vorzuliegen; so wurde Remizova (1982) und die weitere dort verzeichnete Literatur auch für diese Synthese nicht herangezogen.

## 10. Literatur (in Auswahl)

### 10.1. Wörterbücher

#### 10.1.1. Deutsche Wörterbücher

*Berthold 1943* = Luise Berthold: Hessen-Nassauisches Volkswörterbuch. Bd. 2. Marburg (Lahn) 1943 [Bd. 3, 1967].

*Comenius 1658* = Johann Amos Comenius: Orbis sensualium pictus. Noribergae 1658 [309 S.; 2. Aufl. 1659; 3. Aufl. 1662 u. ö., Neudruck von 1658 Osnabrück 1964].

*Duden. Bildwörterbuch 1935* = Duden. Bildwörterbuch der deutschen Sprache. Leipzig 1935 [384 Bildtafeln].

*Duden. Bedeutungswörterbuch 1970* = Der große Duden 10. Bedeutungswörterbuch. Mannheim 1970.

*Küpper 1982—84* = Heinz Küpper: Illustriertes Lexikon der deutschen Umgangssprache. 8 Bde. Stuttgart 1982—84.

*Der neue Brockhaus 1984—85* = Der neue Brockhaus. Lexikon und Wörterbuch in 5 Bänden und einem Atlas. 7. Aufl. Wiesbaden 1984—85.

*[Nürnberger Wörterbuch] 1713* = Teutsch-lateinisches Wörterbüchlein, mit 6000 dazu dienlichen Bildern gezieret. Norimbergae 1713 [1733].

*Pfohl 1955* = Ernst Pfohl (Hg.): Brockhaus — Bildwörterbuch. Französisch — Deutsch, Deutsch — Französisch. 30. Aufl. Wiesbaden 1955 [= 1. illustrierte Ausgabe; 720 + 610 S.].

*Pinloche 1922* = Auguste Pinloche: Etymologisches Wörterbuch der deutschen Sprache. Dictionnaire étymologique illustré de la langue allemande. Paris 1922 [1161 S.].

*Der Sprach-Brockhaus 1935* = Der Sprach-Brockhaus. Deutsches Bildwörterbuch für jedermann. Leipzig 1935 [762 S.].

*Der Sprachbrockhaus 1984* = Der Sprachbrockhaus. Deutsches Bildwörterbuch von A—Z. [7. völlig neu bearbeitete u. erweiterte Aufl.] Wiesbaden 1984.

*Der Volks-Brockhaus 1931* = Der Volks-Brockhaus. Deutsches Sach- und Sprachwörterbuch für Schule und Haus. Leipzig 1931 [793 S.].

### 10.1.2. Englische Wörterbücher

*AHD* = The American Heritage Dictionary of the English Language. Boston 1969 [1550 S.].

*Bailey 1727* = N. Bailey: The Universal Etymological English Dictionary. Volume II. London 1727.

*Bailey 1730* = Nathan Bailey: Dictionarium Britannicum: Or a more Compleat Universal Etymological English Dictionary than any Extant. London 1730, $1736^2$ [Neudruck 1969].

*Blount 1656* = Thomas Blount: Glossographia. London 1656 [5. Aufl. 1681; Neudruck Menston 1969: 360 S.].

*Enc. Brit.* = Encyclopaedia Britannica. 3 Bde. Edinburgh 1768—71 u. ö. [2670 S.]

*Enc. Perth.* = Encyclopaedia Perthensis; or Universal Dictionary of Knowledge. 23 Bde. Perth 1796—1806.

*Gentlem.* = The Gentleman's Dictionary. London 1705.

*Glossogr.* = Glossographia anglicana nova. London 1707 [576 S.].

*Harris (1704)* = John Harris: Lexicon Technicum. 2 Bde. London I: 1704, $1708^2$, II: 1710.

*Johnson 1755* = Samuel Johnson: A Dictionary of the English Language. 2 Bde. London 1755 [Neudruck Hildesheim 1968].

*LASDE* = Longman Active Study Dictionary of English. Harlow 1983 [710 S.].

*LNUD* = Longman New Universal Dictionary. Burnt Mill, Harlow 1982 [1158 S.].

*Martin 1749* = Benjamin Martin: Lingua Britannica Reformata: Or, A New Universal English Dictionary. London 1749, $1754^2$.

*NOID* = The New Oxford Illustrated Dictionary. 2 Bde. Oxford 1978 [1920 S.].

*Ogilvie 1850* = John Ogilvie: Imperial Dictionary. 2 Bde. Glasgow 1850.

*OxALD* = Oxford Advanced Learner's Dictionary of Current English. A. S. Hornby (ed.). Oxford 1948.

*OxID* = Oxford Illustrated Dictionary. Oxford 1962, $1975^2$.

*Scott/Bailey 1755* = J. N. Scott/N. Bailey: A New Universal Etymological English Dictionary. London 1755, $1764^2$, $1772^3$.

*Webster 1859* = Noah Webster: An American Dictionary of the English Language. New York 1859.

*Worcester 1860* = J. E. Worcester: A Dictionary of the English Language. London. Boston 1860, 1861.

*Wright 1857* = T. Wright: A Volume of Vocabularies. London 1857.

### 10.1.3. Französische Wörterbücher

*DAN* = Dictionnaire actif Nathan. 1000 mots illustrés en couleurs. Niveau 1. Paris 1976, 1981 [287 S.].

*DEL* = Dictionnaire encyclopédique Larousse. Paris 1979.

*DFLE* = Dictionnaire du français langue étrangère. 2 Bde. Niveau 1. Niveau 2. Paris 1978 bzw. 1979 [811 + 1088 S.; mit deutschem Vorwort von F. J. Hausmann, Frankfurt 1983].

*DHJ* = Dictionnaire Hachette juniors. Paris 1980 [1088 S.].

*DHL* = Dictionnaire Hachette. Langue. Encyclopédie. Noms propres. Paris 1980.

*Dict. Flamm.* = Dictionnaire usuel illustré Flammarion. Paris 1981 [Copyright 1980].

*Dict. Quillet* = Dictionnaire usuel Quillet Flammarion par le texte et par l'image. Paris 1963 [1664 S.].

*Diderot/d'Alembert 1751—80* = Denis Diderot/Jean d'Alembert: Encyclopédie. Insgesamt 35 Bde. Paris 1751—1780.

*Edmont 1897* = E. Edmont: Lexique Saint-Polois. Saint-Pol-Mâcon 1897 [634 S.; Neudruck Genève 1980].

*Gaffiot 1934* = Félix Gaffiot: Dictionnaire illustré latin-français. Paris 1934.

*Giraud 1981* = Robert Giraud: Dictionnaire illustré d'argot moderne. Bordeaux 1981 [312 S.].

*GDEL* = Grand dictionnaire encyclopédique Larousse. 10 Bde. Paris 1982—1985.

*Gougenheim 1958* = G. Gougenheim: Dictionnaire fondamental de la langue française. Paris 1958, 1961² [nouv. éd. revue et augmentée] u. ö.

*GPSR* = Glossaire des patois de la Suisse romande. Neuchâtel 1924 ff.

*Klein 1980* = Hans-Wilhelm Klein: 1000 französische Redensarten. 3. Aufl. Berlin 1980 [= 1. illustrierte Aufl., 220 S.].

*La Châtre 1852—56* = Maurice de La Châtre: Le dictionnaire universel. Panthéon littéraire et encyclopédie illustrée. 4 Bde. Paris 1852—56.

*Larousse 1878* = Pierre Larousse: Dictionnaire complet de la langue française. Paris 1878.

*Matoré 1963* = Georges Matoré: Dictionnaire du vocabulaire essentiel. Les 5000 mots fondamentaux. Paris 1963 [359 S.].

*NDFC* = Nouveau dictionnaire du français contemporain (illustré). Paris 1980.

*PL* = Petit Larousse en couleurs. Paris 1968.

*PLi* = Petit Larousse illustré. Paris 1906 [1905].

*Remacle 1937* = Louis Remacle: Le parler de la Gleize. Bruxelles 1937 [355 S.].

*Voc.* = Vocabulaire des enfants, dictionnaire pittoresque, illustré par un grand nombre de petits dessins. Paris 1839 [580 S.].

### 10.1.4. Italienische Wörterbücher

*DEA* = Dizionario enciclopedico de Agostini. 2 Bde., vol. I. Lingua, vol. II: Arti, scienze, storia, geografia. Novara 1981.

Devoto/Oli 1971 = G. Devoto/G. C. Oli: Dizionario della lingua italiana. Firenze 1971 [2712 S.].

*Durand/Greco 1969* = R.-H. Durand/S. Greco: Vocabulaire italien par l'image. Paris 1969 [128 S.].

*MDI* = Modernissimo dizionario illustrato. 1. Lingua, 2. Arti, scienze, storia, geografia. 2 Bde. Novara 1964.

*Melzi 1880* = G. B. Melzi: Nuovo vocabolario universale della lingua italiana, storico, geografico, scientifico. Paris 1880 [964 S.].

*Melzi 1891* = B. Melzi: Il vocabolario per tutti (illustrato). Milano. Roma 1891 [752 S.].

*Premoli 1909, 1912* = P. Premoli: Vocabolario nomenclatore illustrato. Il tesoro della lingua italiana. 2 Bde. Milano. Roma, Bd. 1: 1909, Bd. 2: 1912 [1032 S. + 1628 S. + 70 S.].

*Premoli 1915* = P. Premoli: Il nomenclatore italiano. 2 Bde. Milano 1915 [2311 S.].

*Zingarelli 1917—21* = N. Zingarelli: Vocabolario della lingua italiana. Milano 1917—21, Greco Milanese 1922².

*Zingarelli 1973* = N. Zingarelli: Vocabolario della lingua italiana. Edizione minore. Bologna 1973 [1236 S.].

*Zingarelli 1983* = N. Zingarelli: Il nuovo Zingarelli. Vocabolario della lingua italiana. Bologna 1983.

### 10.1.5. Spanische Wörterbücher

*Campuzano 1857* = R. Campuzano: Novísimo diccionario de la lengua castellana. 2 Bde. Madrid 1857 [820 + 788 S.].

*González de la Rosa 1891* = M. González de la Rosa: Campano ilustrado. Paris 1891 [1082 S.; 2. Aufl. 1906; 3. Aufl. 1923].

### 10.2. Sonstige Literatur

*Al-Kasimi 1977* = A. M. Al-Kasimi: Linguistics and Bilingual Dictionaries. Leiden 1977.

*Arnheim 1974* = R. Arnheim: Anschauliches Denken. Köln 2. Aufl. 1974 [amerik. 1969].

*Arnheim 1974a* = R. Arnheim: Virtues and Vices of the Visual Media. In: D. R. Olson (ed.): Media and Symbols. Chicago 1974, 180—210.

*Barthes 1961* = R. Barthes: Le message photographique. In: Communications 1. 1961, 127—138.

*Barthes 1964* = R. Barthes: Rhétorique de l'image. In: Communications 4. 1964, 40—51.

*Boehm 1978* = G. Boehm: Zu einer Hermeneutik des Bildes. In: H.-G. Gadamer/G. Boehm (Hg.): Seminar: Die Hermeneutik und die Wissenschaften. Frankfurt 1978, 444—471.

*Bornäs 1986* = G. Bornäs: Ordre alphabétique et classement méthodique du lexique. Etude de quelques dictionnaires d'apprentissage français. Lund 1986 (S. 137—142 zur Illustration).

*Burger 1984* = H. Burger: Sprache der Massenmedien. Berlin 1984 [Kap. 10. Text und Bild].

*Buyssens 1967* = E. Buyssens: La communication et l'articulation linguistique. Paris 1967.

*Collison 1982* = R. L. Collison: A History of Foreign-Language Dictionaries. London 1982.

*Doblin 1980* = J. Doblin: A Structure for Nontextual Communications. In: P. A. Kolers et al. (eds.): Processing of Visible Language 2. New York 1980, 89—111.

*Duchastel/Waller 1979* = P. Duchastel/R. Waller: Pictorial Illustration in Instructional Texts. In: Educational Technology vol. 19. no. 11. 1979, 20—25.

*Dwyer 1976* = F. M. Dwyer: The Effect of IQ Level on the Instructional Effectiveness of Black-and-White and Color Illustrations. In: Audio Visual Communication Review 24. 1976, 49—62.

*Engelkamp 1981* = J. Engelkamp: Experimentelle Psychosemiotik: Wahrnehmung — Vorstellung — Begriff. In: Zeitschrift für Semiotik 3. 1981, 289—293.

*Espe 1984* = H. Espe: Fotografie und Realität — Empirische Untersuchung über die Eindruckswirkung von schwarz-weißen und farbigen Fotografien. In: K. Öhler (Hg.): Zeichen und Realität. 3 Bde. Tübingen 1984, Bd. 2, 743—751.

*Faust 1979* = M. Faust: Sprachliches Zeichen und bildliche Darstellung. In: H. Brunner et al. (Hg.): Wort und Bild. München 1979, 263—276.

*Fillmore 1978* = C. J. Fillmore: On the Organization of Semantic Information in the Lexicon. In: D. Farkas et al. (eds.): Papers from the Parasession on the Lexicon. Chicago Linguistic Society 1978, 148—173.

*Fleming/Sheikhian 1972* = M. L. Fleming/M. Sheikhian: Influence of Pictorial Attributes on Recognition Memory. In: Audio Visual Communication Review 20. 1972, 423—443.

*Gombrich 1974* = E. H. Gombrich: The Visual Image. In: Scientific American 227. 1972, no. 3, 82—96 und in: D. R. Olson (ed.): Media and Symbols. Chicago 1974.

*Gombrich 1975* = E. H. Gombrich: Mirror and Map. Theories of Pictorial Representation (Review Lecture). In: Philosophical Transactions of the Royal Society of London, B: Biological Sciences, Bd. 270, Nr. 903. 1975, 119—149.

*Hartshorne/Weiss 1967* = C. Hartshorne/P. Weiss (eds.): siehe C. S. Peirce.

*Hausmann 1985* = F. J. Hausmann: Trois paysages dictionnairiques: La Grande-Bretagne, la France et l'Allemagne. In: Lexicographica 1. 1985, 24—50.

*Hupka 1984* = W. Hupka: Wort und Bild. Die Illustration in einsprachigen französischen Wörterbüchern. In: D. Götz/T. Herbst (Hg.): Theoretische und praktische Probleme der Lexikographie. München 1984, 166—207.

*Hupka 1989* = W. Hupka: Wort und Bild. Die Illustrationen in Wörterbüchern und Enzyklopädien. Tübingen 1989 (Lexicographica Series Maior 22).

*Ilson 1987* = R. Ilson: Illustrations in Dictionaries. In: A. Cowie (ed.): The Dictionary and the Language Learner. Tübingen 1987, 193—212.

*Issing 1983* = L. J. Issing: Bilder als didaktische Medien. In: L. J. Issing/J. Hannemann (Hg.): Lernen mit Bildern. Grünwald 1983, 9—39.

*Jakobson 1973* = R. Jakobson: Essais de linguistique générale. 2. Rapports internes et externes du langage. Paris 1973.

*Kelly 1969* = L. G. Kelly: 25 Centuries of Language Teaching. Rowley, Mass. 1969.

*Kolers/Brison 1984* = P. A. Kolers/S. J. Brison: Commentary: On Pictures, Words, and their Mental Representation. In: Journal of Verbal Learning and Verbal Behavior 23. 1984, 105—113.

*Kowalski 1975* = K. Kowalski: Die Wirkung visueller Zeichen. Analysen und Unterrichtsbeispiele für die Sekundarstufe I. Stuttgart 1975.

*Krampen 1973* = M. Krampen: Iconic Signs, Supersigns and Models. In: Versus 4. 1973, 101—108.

*Landau 1984* = Sidney I. Landau: Dictionaries: The Art and Craft of Lexicography. New York 1984.

*Lessing 1766* = G. E. Lessing: Laokoon: oder über die Grenzen der Mahlerey und Poesie. Berlin 1766 (= Werke, Bd. 6, Darmstadt 1974).

*Levie/Lentz 1982* = W. H. Levie/R. Lentz: Research (Can Illustrations Aid Learning of Text Material?). In: Educational Communication and Technology 30. 1982, 195—232.

*Locke 1690* = J. Locke: An Essay Concerning Human Understanding. London 1690 bis 1710[6], Oxford 1975 (ed. P. H. Nidditch).

*Marello 1980* = Carla Marello: Lessico ed educazione popolare. Dizionari metodici italiani dell' '800. Roma 1980.

*Martinet 1960* = A. Martinet: Eléments de linguistique générale. Paris 1960.

*Martins-Baltar 1977* = M. Martins-Baltar: De l'objet-texte au texte-objet. In: Etudes de linguistique appliquée 28. 1977, 8—23.

*Metz 1961* = C. Metz: Essais sur la signification au cinéma. Paris 1961.

*Mochet 1977* = M.-A. Mochet: L'articulation texte-graphique. In: Etudes de linguistique appliquée 28. 1977, 24—35.

*Moirand 1979* = S. Moirand: Situations d'écrit. Paris 1979.

*Moles 1972* = Abraham A. Moles: Vers une théorie écologique de l'image? In: A.-M. Thibault-Laulan (éd.): Image et communication. Paris 1972, 49—73.

*Moles 1981* = Abraham A. Moles: L'image, communication fonctionnelle. Paris 1981.

*Muckenhaupt 1986* = M. Muckenhaupt: Text und Bild. Grundfragen der Beschreibung von Text-Bild-Kommunikationen aus sprachwissenschaftlicher Sicht. Tübingen 1986.

*Nöth 1985* = W. Nöth: Handbuch der Semiotik. Stuttgart 1985.

*Otto 1978* = G. Otto: Text und Bild. In: Bild und Text. Text und Bild. Kunst und Unterricht. Praxis Deutsch, Sonderheft 1978, 4—16.

*Paivio 1971* = A. Paivio: Imagery and Verbal Processes. New York 1971.

*Peirce 1867* = C. S. Peirce: Collected Papers. Ed. C. Hartshorne/P. Weiss. Bd. 2. Cambridge, Mass. 1932 [2. Aufl. 1960; 3. Aufl. 1965].

*Peytard 1975* = Jean Peytard: Lecture(s) d'une „aire scripturale": la page de journal. In: Langue Française 28. 1975, 39—59.

*Remizova 1982* = S. Ju. Remizova: Akcentirovanie detalej risunka kak prijom semantizacii leksiki v slovarjach. In: Slovari i lingvostranovedenie. Sbornik statej, neg pegakuyeu, E. M. Bepezarnka. Moskau 1982, 16—21.

*Rey-Debove 1970* = J. Rey-Debove: Le domaine du dictionnaire. In: Langages 19. 1970, 3—34.

*Rey-Debove 1971* = J. Rey-Debove: Etude linguistique et sémiotique des dictionnaires français contemporains. The Hague 1971.

*Rosenfeld 1964* = H. Rosenfeld: Nachwort zum

Nachdruck von J. A. Comenius: Orbis sensualium pictus. Osnabrück 1964 [unpaginiert, 20 S.].

*Scherfer 1985* = P. Scherfer: Lexikalisches Lernen im Fremdsprachenunterricht. In: C. Schwarze/D. Wunderlich (Hg.): Handbuch der Lexikologie. Königstein/Ts. 1985, 412—440.

*Standop 1981* = E. Standop: Neue englische Wörterbücher. In: Die neueren Sprachen 80. 1981, 240—259.

*Standop 1985* = E. Standop: Englische Wörterbücher unter der Lupe. Tübingen 1985 (Lexicographica Series Maior 2).

*Starnes/Noyes 1946* = De Witt T. Starnes/G. E. Noyes: The English Dictionary from Cawdrey to Johnson. 1604—1755. Chapel Hill 1946.

*Twyman 1979* = M. Twyman: A Schema for the Study of Graphic Language. In: P. A. Kolers et al. (eds.): Processing of Visible Language. Vol. 1. New York 1979, 117—150.

*Wedewer 1985* = R. Wedewer: Zur Sprachlichkeit von Bildern. Ein Beitrag zur Analogie von Sprache und Kunst. Köln 1985.

*Werner 1982* = Reinhold Werner: Das Bild im Wörterbuch. Funktionen der Illustration in spanischen Wörterbüchern. In: Linguistik und Didaktik 49/50. 1982 [1983], 62—94.

*Werner 1983* = Reinhold Werner: Einige Gedanken zur Illustration spanischer Bedeutungswörterbücher. In: Hispanorama 35. 1983, 162—180.

*Wetzel/Wiese* = C. Wetzel/G. Wiese: Zur Illustrierung von Sprachlexika. In: H. Küpper: Illustriertes Lexikon der deutschen Umgangssprache. Bd. 1. Stuttgart 1982, 12—23.

*Wippich 1981* = W. Wippich: Die duale Kode-Theorie und die Konzeption der Analysestufen. In: Zeitschrift für Semiotik 3. 1981, 295—310.

*Wittgenstein 1967* = L. Wittgenstein: Philosophische Untersuchungen. Oxford 1958. Frankfurt 1967.

*Worth 1975* = S. Worth: Pictures Can't Say Ain't. In: Versus 12. 1975, 85—108.

*Zimmer 1983* = H. D. Zimmer: Sprache und Bildwahrnehmung. Frankfurt 1983.

*Werner Hupka, Augsburg*
*(Bundesrepublik Deutschland)*

## 63. Les renvois bibliographiques dans le dictionnaire monolingue

1. Introduction
2. Les différents types de renvois bibliographiques: terminologie
3. Caractères généraux du renvoi bibliographique: diversité, irrégularités
4. Les éléments du renvoi bibliographique
5. Renvois et annexes bibliographiques
6. Bibliographie choisie

### 1. Introduction

Des différents éléments de l'article de dictionnaire, le renvoi bibliographique, qu'il ait pour fonction de permettre la localisation d'un extrait d'auteur cité ou celle d'un complément d'information, est très certainement celui dont le traitement est le moins conséquent, le moins systématisé.

Dès 1754, dans l'article de l'Encyclopédie qu'il consacre au dictionnaire, D'Alembert 1754, IV, 965a rappelle qu'il «faut marquer avec soin les auteurs qui ont employé chaque mot» et déplore que «c'est ce qu'on exécute pour l'ordinaire avec beaucoup de négligence» (id., ibid.). On constate aujourd'hui que la remarque n'a malheureusement rien perdu de son actualité: l'importance de la précision du renvoi bibliographique ne semble pas encore avoir été appréhendée à sa juste valeur. L'Encyclopédiste pourtant avait été clair:

«Il ne faut pas croire — avait-il expliqué alors qu'il traitait des dictionnaires de langues mortes — qu'un mot latin ou grec, pour avoir été employé par un bon auteur, soit toûjours dans le cas de pouvoir l'être. Térence qui passe pour un auteur de la bonne latinité, ayant écrit des comédies, a dû, ou du moins a pû souvent employer des mots qui n'étoient d'usage que dans la conversation, & qu'on ne devroit pas employer dans le discours oratoire; c'est ce à quoi un auteur de dictionnaire doit faire observer [...]. Ainsi quand on cite Térence, par exemple, ou Plaute, il faut [...] avoir soin d'y joindre la piece & la scene, afin qu'en recourant à l'endroit même, on puisse juger si on doit se servir du mot en question» (id., ibid.).

Le texte qui vient d'être cité date de 1754: qu'en ont retenu les lexicographes contemporains? Comment le renvoi bibliographique est-il traité dans les dictionnaires modernes? Nous ébauchons ici une réponse en rendant compte de ce que nous avons pu observer dans quelques dictionnaires monolingues européens.

### 2. Les différents types de renvois bibliographiques: terminologie

Limité par l'espace qui lui est imparti, le lexicographe n'a pas toujours la possibilité de présenter à son consultant toutes les informations dont il peut disposer sur telle ou telle

## 63. Les renvois bibliographiques dans le dictionnaire monolingue

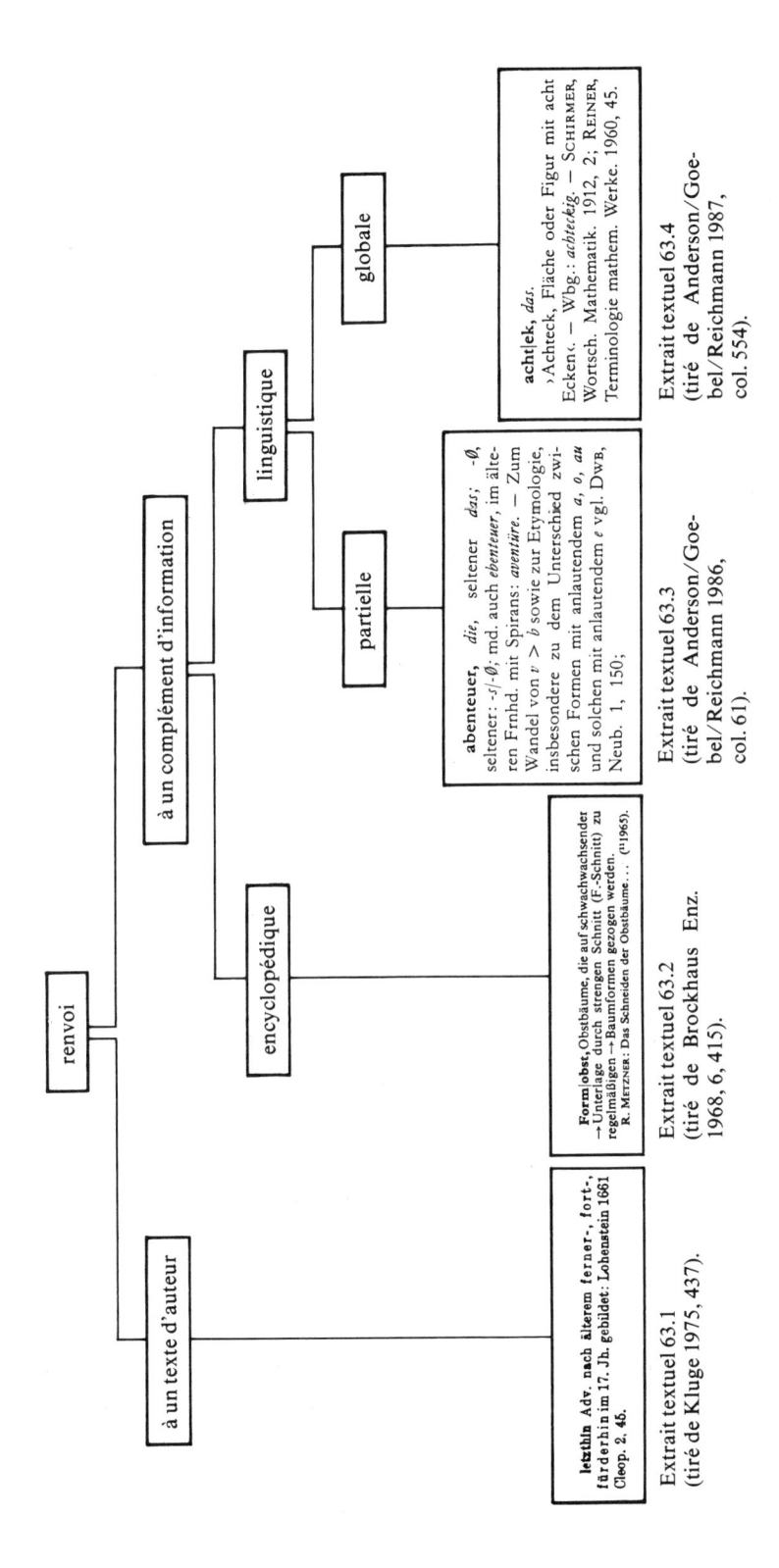

**letztlin** Adv. nach älterem ferner-, fort-, für der hin im 17. Jh. gebildet: Lohenstein 1661 Cleop. 2. 45.

Extrait textuel 63.1
(tiré de Kluge 1975, 437).

**Formobst**, Obstbäume, die auf schwachwachsender →Unterlage durch strengen Schnitt (F.-Schnitt) zu regelmäßigen →Baumformen gezogen werden. R. METZNER: Das Schneiden der Obstbäume.... ([11]1965).

Extrait textuel 63.2
(tiré de Brockhaus Enz. 1968, 6, 415).

**abenteuer**, *die*, seltener *das*; -s/-∅, seltener: -s/-∅; md. auch *ebenteuer*, im älteren Frnhd. mit Spirans: *aventüre*. — Zum Wandel von $v > b$ sowie zur Etymologie, insbesondere zu dem Unterschied zwischen Formen mit anlautendem *a, o, au* und solchen mit anlautendem *e* vgl. DWB, Neub. 1, 150;

Extrait textuel 63.3
(tiré de Anderson/Goebel/Reichmann 1986, col. 61).

**achtlek**, *das*.
›Achteck, Fläche oder Figur mit acht Ecken‹. — Wbg.: *achteckig*. — SCHIRMER, Wortsch. Mathematik. 1912, 2; REINER, Terminologie mathem. Werke. 1960, 45.

Extrait textuel 63.4
(tiré de Anderson/Goebel/Reichmann 1987, col. 554).

Ill. 63.1 : Typologie des renvois externes

entrée. Très souvent les limites du support imprimé le contraignent à recourir au procédé du renvoi, c'est-à-dire à inviter son consultant à se reporter soit à un autre endroit du dictionnaire — et on parle alors de renvois internes (ce sont les «cross-references» de la terminologie anglaise. Cf. art. 88), soit à un texte extérieur au dictionnaire: on parlera, dans ce dernier cas, de renvois externes.

### 2.1. Le renvoi externe

Le renvoi externe peut indiquer deux sortes de textes: (1) les textes d'auteurs dans lesquels apparaît le mot traité dans le dictionnaire: le lexicographe fait alors l'économie d'une citation. Ce procédé, rarement employé dans les dictionnaires de définitions généraux, apparaît dans certains ouvrages spécialisés dont la finalité ne justifie pas la reproduction d'un passage d'auteur. On peut par exemple l'observer dans le dictionnaire étymologique de Kluge 1975 s. v. «Glimmstengel»: «[...] G. Keller, der im Grünen Heinrich 2 (1854) 30 das Wort scherzhaft verwendet, kürzt es in den Leuten v. Seldw. 2, 80 zu Stengel». (2) les textes (articles, monographies, autres dictionnaires, etc.) apportant des compléments d'information sur l'entrée traitée. On distingue alors deux types d'informations: (a) les informations encyclopédiques, c'est-à-dire portant sur la chose nommée et (b) les informations linguistiques portant sur l'unité lexicale proprement dite. Ces informations linguistiques peuvent être partielles, c'est-à-dire ne porter que sur une ou plusieurs particularités de l'entrée (morphologie, étymologie, etc.), ou globales, c'est-à-dire se référer à l'ensemble des caractéristiques linguistiques de l'entrée (cf. Anderson/Goebel/Reichmann 1986, 157—158). L'ill. 63.1 montre les différents types de renvois externes.

### 2.2. La référence bibliographique

On appelle référence bibliographique l'ensemble des données bibliographiques faisant suite à une citation, données dont la fonction est de permettre au consultant l'identification et la localisation du texte cité.

Les problèmes posés par la référence et le renvoi externe étant identiques, nous emploierons ici le terme générique de «renvoi bibliographique» pour désigner indifféremment et le renvoi externe et la référence.

### 3. Caractères généraux du renvoi bibliographique: diversité, irrégularités

La forme du renvoi bibliographique, quelles que soient les traditions lexicographiques observées, est caractérisée par sa diversité et son irrégularité. On constate que la précision du renvoi bibliographique peut varier (1) d'un type de dictionnaire à l'autre. Ainsi les références offertes dans les dictionnaires étymologiques sont généralement plus précises que celles présentées dans les dictionnaires monolingues généraux: le degré de spécialisation du dictionnaire tend à déterminer la précision du renvoi; celle-ci est d'autant plus grande que l'information est spécialisée. La précision du renvoi peut varier (2) d'un dictionnaire à l'autre à l'intérieur d'un même type. Ici elle est essentiellement déterminée par l'espace disponible: plus le dictionnaire est étendu, plus il est apte à présenter des références précises. Prenons l'exemple de l'allemand **Abblitzen** dont le sens propre est illustré dans les dictionnaires de Sanders 1876, Paul 1897 et Trübner 1939 par un même extrait du Novellenkranz de Tieck («Das Pulver war nur von der Pfanne abgeblitzt») et où l'on constate que la précision du renvoi est dépendante de la place dont dispose le lexicographe:

Paul 1897 (1 vol.) : Tieck
Sanders 1876 (3 vol.) : Tieck, Nkr. 4, 113.
Trübner 1939 (8 vol.) : Ludw. Tieck, Novellenkranz 4 (1834) 113.

On remarque finalement que (3) la précision du renvoi bibliographique peut aussi varier à l'intérieur d'un seul et même dictionnaire. L'irrégularité des formes du renvoi s'observe principalement dans des ouvrages de grande envergure compilés par plusieurs lexicographes et tout se passe alors comme si la forme du renvoi bibliographique était laissée à l'appréciation des différents rédacteurs, comme s'il n'existait aucun cahier de charges prescriptif. Citons à titre d'exemples quelques formes de restitution du titre «Le Petit Chose» relevées dans le Grand Robert (GR 1970): «Pet. Ch.» (s. v. Aviser, cit. 5), «Pet. Chos.» (s. v. Aussi, cit. 25), «Pet. Chose» (s. v. Aussitôt, cit. 4), «Petit Ch.» (s. v. Avec, cit. 31).

## 4. Les éléments du renvoi bibliographique

Le renvoi bibliographique est une structure informative composée de deux groupes de données fondamentales : (1) celles permettant l'identification du texte cité et (2) celles contribuant à la localisation de l'extrait. Le renvoi bibliographique ne peut effectivement remplir sa fonction que si ces deux types d'informations sont donnés.

Après une citation la seule indication d'un auteur ou d'un titre ne constitue donc pas un renvoi bibliographique. Ce type d'indication isolée (par ex. : «Cette belle éplorée (Hugo)» [in: Petit Robert 1982, s. v. éploré, ée] ou, plus saugrenu, «Eh non! Molière» [in: Richelet 1680, s. v. eh]) ne remplit qu'une fonction «testimoniale» : il s'agit pour le lexicographe non pas de renvoyer le consultant à un texte donné mais d'attester tel ou tel emploi, telle ou telle signification (cf. art. 47).

Les éléments théoriquement possibles du renvoi bibliographique sont: (1) le nom de l'auteur et, le cas échéant, du traducteur, (2) le titre du texte et son sous-titre éventuel, (3) le lieu d'édition, (4) le nom de l'éditeur, (5) l'indication de la collection, (6) la date de parution du texte cité et (7) l'indication des subdivisions de l'ouvrage: tome, cahier, fascicule, page, colonne, acte, scène, etc. On distinguera ici les éléments de type 1 à 6, qui permettent l'identification du texte et qu'on appellera «éléments identificateurs», de ceux du type 7 qui contribuent à la localisation de l'extrait textuel et qu'on appellera «éléments localisateurs».

Le renvoi bibliographique est une structure binaire (identificateurs + localisateurs) qui représente un système clos à l'intérieur de l'article de dictionnaire. La structure de l'article et celle du renvoi sont d'ailleurs des structures affines dans la mesure où ces deux unités lexicographiques sont caractérisées par la présence d'une entrée (le mot-vedette pour l'article, l'élément identificateur pour le renvoi) et d'une information sur cette entrée (l'élément localisateur du renvoi).

### 4.1. L'élément identificateur

L'indication de l'auteur et/ou du titre de l'ouvrage cité est le premier élément à être restitué dans le renvoi bibliographique; elle en est l'entrée, le composant obligatoire sans lequel l'interprétation des autres éléments du renvoi ne pourrait être assurée. Contrairement à l'introducteur de l'article de dictionnaire, au mot-vedette, qui est toujours présenté sous une forme canonique, l'introducteur du renvoi bibliographique, l'élément identificateur, peut prendre les formes les plus diverses (initiales, abréviations, titre complet, etc.) et le nombre de ses composants n'est pas fixé: il peut être simple (auteur), double (auteur, titre), triple (auteur, titre, édition), etc.

### 4.2. L'élément localisateur

L'élément localisateur est le deuxième composant du renvoi bibliographique. Il fait suite

| *éléments du renvoi bibliographique* | | | | |
|---|---|---|---|---|
| *identificateur* | | *localisateur* | | *exemple tiré de:* |
| *donnée* | *exemple* | *exemple* | *donnée* | |
| auteur | Schiller | Spazierg. | titre abrégé | Heyne 1905, I, col. 45, s. v.: abstürzen |
| auteur + titre | Daud., Pet. Chose, | XIII | chapitre | GR 1970, I, 334, s. v.: aussitôt, cit. 4. |
| auteur + titre | Tucholsky, Werke | II, 380 | volume + page | GWDS 1976, I, 242, s. v.: Ausdeutung |
| titre | Natur | 11 | cahier | GWDS 1976, I, 327, s. v.: Begründungsweise |

Ill. 63.2: Exemples d'identificateurs et de localisateurs

à l'identificateur dont il permet l'exploitation. Le localisateur restitue les subdivisions du texte référencé ; son degré de précision est fonction du nombre de ses composants, c'est-à-dire du nombre des subdivisions indiquées. La fonctionnalité du renvoi bibliographique dépend donc directement de la précision des éléments de localisation. Les irrégularités observées dans la présentation de l'élément identificateur se retrouvent au niveau des éléments de localisation du renvoi. L'illustration 63.2 montre que la nature des éléments localisateurs (titre, volume, chapitre, etc.) varie en fonction de celle des éléments identificateurs (auteur, auteur + titre, titre). L'illustration 63.3 montre, quant à elle, les différents degrés de précision des éléments identificateurs et localisateurs des renvois bibliographiques d'un même dictionnaire :

tater que certains dictionnaires, par alleurs excellents, se refusent encore à proposer systématiquement dans le renvoi bibliographique la date de parution des textes qu'ils citent. GR 1985, 9, 829 renvoie par exemple le lecteur de la citation 0.1. de l'article **voyager** à : «J. F. REGNARD, Voyage en [sic pour : de] Laponie, p. 77». Comment notre consultant pourrait-il juger de l'actualité de la citation s'il n'était pas familier des auteurs «mineurs» du 17ème siècle ? (L'annexe bibliographique renvoie certes à l'éd. de 1963, mais ne mentionne pas l'originale ; seules, les dates de naissance et de mort de Regnard permettent une première orientation).

L'indication, dans le renvoi bibliographique, de la date de parution des ouvrages cités épargnerait à l'utilisateur la consultation, toujours rebutante, de l'annexe bibliographi-

| *identificateurs* | *localisateurs* | *exemple*<br>*extrait de:* |
|---|---|---|
| PASC., Pens., | t.II, Sect. VI, 418 | GR 1970, I, 356,<br>s.v. avantageux, cit. 2 |
| PASC., Pensées, | t.III, VIII, 556 | GR 1970, I, 353<br>s.v. avancer, cit. 67 |
| PASC., Pens., | t.II, p. 151. | GR 1970, I, 395,<br>s.v. balancer, cit. 15 |
| PASC., Pensées, (éd. Brunsch.) | Sect. IX, 620.) | GR 1970, I, 270,<br>s.v. assemblage, cit. 1 |
| PASCAL, Pens., | VI, 413. | GR 1970, I, 346,<br>s.v. autre, cit. 86 |

Ill. 63.3 : Différentes formes de renvois bibliographiques observées dans GR 1970

Dans sa forme le renvoi bibliographique de la lexicographie traditionnelle est donc hétérogène ; en cela il se démarque, à son désavantage, du renvoi bibliographique régulièrement employé dans les textes scientifiques, lequel se présente sous la forme : auteur(s) + date (= identificateurs) + localisateurs. Ce dernier type de renvoi présente deux caractéristiques intéressantes : (1) son impression ne nécessite que peu d'espace ; (2) la datation en est un composant obligatoire. Systématiquement appliqué en lexicographie, ce type de référence serait avantageux et pour le lexicographe, qui y gagnerait un espace non négligeable, et pour le consultant, qui, lui, serait instantanément renseigné sur le degré d'actualité du texte cité.

Il est curieux — et regrettable — de cons-

que, mais elle pourrait surtout lui épargner certaines interprétations malencontreuses.

## 5. Renvois et annexes bibliographiques

Dans l'article de dictionnaire le renvoi bibliographique idéal, c'est-à-dire présentant l'ensemble des données nécessaires à l'identification et à la localisation du texte auquel il est fait référence, est extrêmement rare. Pour économiser l'espace qui lui est imparti le lexicographe élimine régulièrement certaines de ces données ; en contrepartie l'adjonction d'une annexe bibliographique peut lui permettre de compenser les lacunes des références incomplètes présentes dans le corps du dictionnaire. L'efficacité de l'annexe bibliographique dépend de son exhaustivité : si elle est incomplète, le renvoi bibliographique n'est plus fonctionnel. Or les annexes bibliographiques peuvent être lacunaires; elles le sont bien involontairement dans la majorité des cas, mais elles peuvent aussi l'être sciemment (!); comme c'est le cas, par exemple, chez Dauzat/Dubois/Mitterand 1971 qui n'hésitent pas à annoncer qu'ils n'ont «pas donné d'indications [bibliographiques] sur les écrivains et les ouvrages connus» (Dauzat/Dubois/Mitterand 1971, XLII)! On ne saurait raisonnablement recommander de tels critères d'enregistrement: leur arbitrarité entrave considérablement tout travail philologique de fond. Curieusement, Wartburg 1928 travaillait, lui aussi, sur la base de principes semblables: il nommait les auteurs «importants» et passait sous silence ceux «de second rang». En sage qu'il était, le maître, conscient des faiblesses de la méthode qu'il retenait, s'était intérieurement préparé à la critique:

«Schwierig ist auch die frage, wieweit die etymologische literatur herausgezogen und zitiert werden müsse. [... es hätte ...] in meinem rahmen zu weit geführt, jede stelle zu zitieren, wo das wort irgendwie diskutiert wird. Ich habe daher die literatur voll, d. h. mit namen der autoren zitiert, wenn die betreffende stelle zur aufklärung der etymologie wesentlich beigetragen hat. Den autor glaube ich hier [...] nicht verschweigen zu dürfen. Ist die stelle von sekundärer bedeutung, so führe ich sie an, aber ohne den autor zu nennen. [...] In dieser abstufung kommt alles auf mein persönliches urteil an; ich bin daher auf recht viel widerspruch gefaßt» (Wartburg 1928, XIII s.).

## 6. Bibliographie choisie

### 6.1. Dictionnaires

*Anderson/Goebel/Reichmann 1986* = Robert R. Anderson/Ulrich Goebel/Oskar Reichmann (éds): Frühneuhochdeutsches Wörterbuch. Berlin, New York 1986 — [Vol. 1, fasc. 1: a—abfal. 285 p., 96 col. Vol. 1, fasc. 2: abfal—action. Col 97—608].

*Brockhaus Enz. 1968* = Brockhaus Enzyklopädie in zwanzig Bänden. Siebzehnte völlig neubearb. Aufl. des Großen Brockhaus. Wiesbaden 1968 [20 vol.].

*Dauzat/Dubois/Mitterand 1971* = Albert Dauzat/Jean Dubois/Henri Mitterand: Nouveau dictionnaire étymologique et historique. Paris 1971 [XLIX, 782 p.].

*GR 1970* = Paul Robert: Dictionnaire alphabétique et analogique de la langue française (= Grand Robert). Paris 1970 [7 vol.].

*GR 1985* = Paul Robert/Alain Rey: Le grand Robert de la langue française. Dictionnaire alphabétique et analogique de la langue française. 2ème éd. ent. rev. et enr. Paris 1985 [9 vol.].

*GWDS 1976* = Duden. Das Große Wörterbuch der deutschen Sprache in sechs Bänden [...] unter Leitung von Günther Drosdowski. Mannheim. Wien. Zürich 1976—1981 [6 vol.].

*Heyne 1905* = Moritz Heyne: Deutsches Wörterbuch. Zweite Aufl. Leipzig 1905 [3 vol., réimpr.: Hildesheim. New York 1970].

*Kluge 1975* = Friedrich Kluge: Etymologisches Wörterbuch der deutschen Sprache. 21. unver. Aufl. Berlin. New York 1975 [XVI, 915 p., 1ère éd.: 1883].

*Paul 1897* = Hermann Paul: Deutsches Wörterbuch. 6. Aufl. bearb. v. Werner Betz. Tübingen 1968 [X, 841 p.; 1ère éd.: 1897].

*Petit Robert 1982* = Paul Robert: Le Petit Robert 1. Dictionnaire alphabétique et analogique de la langue française. Rédaction dir. par A. Rey et J. Rey-Debove. Nouv. éd. rev. corr. et mise à jour pour 1982. Paris 1982 [XXXI, 2171 p.].

*Richelet 1680* = César-Pierre Richelet: Dictionnaire françois. 2 vol. Genève 1680, 1679. [88, 480, 560 p.].

*Sanders 1876* = Daniel Sanders: Wörterbuch der deutschen Sprache. Mit Belegen von Luther bis auf die Gegenwart [...]. Leipzig 1876 [Vol. 1: A—K. VIII, 1065 p. Vol. 2: L—R. 825 p. Vol. 3: S—Z. 1828 p. Réimpr.: Hildesheim 1969].

*Trübner 1939* = Alfred Götze (éd.): Trübners deutsches Wörterbuch. Im Auftrag der Arbeitsgemeinschaft für deutsche Wortforschung. Erster Band. A—B. Berlin 1939 [XI, 482 p.].

*Wartburg 1928* = Walther von Wartburg: Französisches Etymologisches Wörterbuch. Eine Darstellung des galloromanischen Sprachschatzes. 1. Bd. A—B. Bonn 1928 [XXXI, 683 p.].

### 6.2. Travaux

*D'Alembert 1754* = Jean Le Rond d'Alembert: article «dictionnaire». In: Encyclopédie ou dictionnaire raisonné des sciences, des arts et des métiers [...] Vol. IV. Paris 1754, 958 b—969 b.

*Laurent Bray, Erlangen*
*(République Fédérale d'Allemagne)*

# 64. Grundzüge der Konzeption einer Wörterbuchgrammatik

1. Zum Verhältnis von Grammatik und Wörterbuch
2. Aufgaben einer Wörterbuchgrammatik
3. Inhaltliche Schwerpunkte
4. Gestaltung
5. Wörterbuchgrammatik und Wörterbuchtyp
6. Literatur (in Auswahl)

## 1. Zum Verhältnis von Grammatik und Wörterbuch

Die Aufgabenverteilung zwischen Grammatik und Wörterbuch wird häufig ähnlich beschrieben wie von Henry Sweet:

„Grammar — like other sciences — deals only with what can be brought under **general laws** and stated in the form of general rules, and ignores **isolated** phenomena. Thus grammar is not concerned with the meanings of such primary words as *man, tree, good, grow,* and relegates them to the collection of isolated facts, called the **dictionary** or **lexicon** [...]." (1892, 7)

Es ist aber auch die Auffassung vertreten worden, der Unterschied zwischen Wörterbuch und Grammatik liege weniger im Inhalt als im Aufbau. Ihre prägnanteste Formulierung hat sie in Hugo Schuchardts bekanntem Diktum erhalten:

„Das Wörterbuch stellt keinen anderen Stoff dar als die Grammatik; es liefert die alphabetische Inhaltsangabe zu ihr." (1917, 9)

Umgekehrt ließe sich die Grammatik betrachten als: „nothing more than a set of generalizations over a good dictionary" (Mel'čuk 1981, 57). Beides mag ein wenig übertrieben sein, unterstreicht aber mit der gebotenen Deutlichkeit, wie schwierig es ist, zwischen Allgemeinem und Besonderem, zwischen Regel und Einzelfakt zu trennen. Das zeigt sich u. a. auch in den Auseinandersetzungen in der Generativen Grammatik und ihren Ablegern über die Grenze zwischen Syntax und Lexikon. Was praktisch verwendbare Nachschlagewerke betrifft, so sind Überlappungen zwischen Grammatik und Wörterbuch kaum vermeidbar und gelten allgemein als durchaus sinnvoll (s. Sweet 1964 [1899], 125; 139; Jespersen 1924, 31—35; Kruisinga 1931; Carstensen 1969). So findet man einerseits in Gebrauchsgrammatiken viele Informationen über einzelne Wörter (namentlich „Ausnahmen" und „Funktionswörter"); andererseits bieten manche Wörterbücher nicht nur eine Fülle morphologischer und syntaktischer Angaben zu den Lemmata, sondern auch übergreifende Darstellungen grammatischer Phänomene. Derartige Grammatiken oder Grammatikfragmente, die einen Bestandteil eines Wörterbuchs bilden, sind Thema dieses Artikels.

Der Übergang zu Grammatiken, die ein Wörterbuch enthalten, ist allerdings fließend (vgl. Titel wie „Dictionnaire Lingala-Français suivi d'une grammaire lingala", Dzokanga 1979, „Das Yasin-Burushaski (Werchikwar). Grammatik, Texte, Wörterbuch", Berger 1974, und „Introductory Catalan Grammar. With [...] a Catalan-English and English-Catalan vocabulary", Gili 1967; die Umfänge der Grammatik und des Wörterbuchs für die Herübersetzung verhalten sich hier etwa wie 1:2, 1:1 bzw. 2:1).

## 2. Aufgaben einer Wörterbuchgrammatik

Im Rahmen eines Wörterbuchs dient eine Grammatik zunächst dazu, den Gebrauchswert des Nachschlagewerks durch zusätzliche Informationen zu erhöhen:

(1) Sie kann sprachliche Elemente, die bei alphabetischer Anordnung auseinandergerissen werden, in Zusammenhang bringen — typische Beispiele sind eine Liste von Zahlwörtern oder ein Überblick über Wortbildungsmittel.

(2) Sie kann Auskünfte geben, die sich nicht auf eine einzelne lexikalische Einheit beziehen, z. B. zu Aussprache, Interpunktion, Flexion, Tempusgebrauch, Kongruenz u.v.m.

Im Idealfall bekommt der Benutzer alle gewünschten sprachlichen Informationen aus einer Hand und muß nicht in verschiedenen Werken blättern (vgl. zu diesem Ziel z. B. Malkiel 1971, 371). — Solange die Grammatik (oder das Grammatikfragment) im Wörterbuch lediglich als nützliche Beigabe gesehen wird, braucht sie sich konzeptionell nicht von einer separaten kurzgefaßten Grammatik zum Nachschlagen (oder einem Ausschnitt daraus) zu unterscheiden. Sie kann jedoch weitere Funktionen übernehmen, die speziell auf das jeweilige Wörterbuch bezogen sind:

(3) Sie kann zur Platzersparnis beitragen, indem sie es erlaubt, in den einzelnen Artikeln entweder (3.1.) Verweise anzubringen oder (3.2.) auf bestimmte grammatische Angaben ganz zu verzichten. So enthalten manche Wörterbücher Muster (meist Flexionsparadigmen, z. T. auch Satzbaupläne), auf die

beim Lemma mit Hilfe eines Codes hingewiesen wird. Andere geben einige Regeln für die Aussprache oder die Flexion an und notieren bei den Lemmata nur die Abweichungen hiervon (vgl. Art. 42, 4.—5.).

(4) Sie kann den Benutzer in das Grammatikmodell einführen, auf dem die Angaben bei den Lemmata beruhen. Ein bescheidener Ansatz hierzu sind Erläuterungen von Termini, die sich in der Schulgrammatik noch nicht allgemein durchgesetzt haben (z. B. Wortartbezeichnungen wie engl. *determiner*).

(5) Sie kann es dem Benutzer erleichtern, von seiner Suchfrage zu dem Lemma zu finden, bei dem er die gewünschte Antwort erhalten müßte. Das leisten Hinweise, wie man von einer flektierten Wortform (z. B. *Häusern*) zu der im Wörterbuch eingetragenen Grundform (hier *Haus*) gelangt, oder wie man zu einer gesprochenen Form die geschriebene Entsprechung ermittelt.

Diese Aufgaben sind teilweise voneinander unabhängig und müssen daher nicht von einer einzigen Komponente des Wörterbuchs wahrgenommen werden. So können Flexionstabellen und Satzbaupläne (s. (3)) oder Hinweise zur Lemmatisierung (s. (5)) eigene Komponenten des Wörterbuchs bilden; teilweise gibt es daneben noch eine Wörterbuchgrammatik. Zum Beispiel enthält Gerhard Wahrigs Deutsches Wörterbuch (= Wahrig-DW) sowohl ein „Lexikon der deutschen Sprachlehre", das ich als besondere Art von Wörterbuchgrammatik einstufe, als auch Tabellen zur Deklination und Konjugation. (Wiegand 1985a, 77 bezeichnet dagegen diese Tabellen und nicht das „Lexikon" als „rudimentäre Wörterbuchgrammatik".) In manchen Fällen werden die Auskünfte zu verschiedenen Teilgebieten der Grammatik (s. (2)) auf mehrerere Komponenten verteilt; charakteristisch ist z. B. die Aussonderung der Hinweise zur Aussprache. Die möglichen Funktionen einer Wörterbuchgrammatik berühren sich überdies zum Teil mit denen anderer Komponenten, nämlich des Vorworts (vgl. Art. 65), der Benutzerhinweise (vgl. Art. 66) und der diversen Anhänge usw. (vgl. Art. 67). So würden Äußerungen zum zugrunde gelegten Grammatikmodell (s. (4)) auch ins Vorwort passen. Listen von Zahlen oder Affixen (s. (1)) haben in manchen Wörterbüchern den gleichen Status wie Verzeichnisse von Namen oder Abkürzungen, onomasiologisch angelegte Übersichten (z. B. zu Verwandtschaftsbezeichnungen) und Tabellen enzyklopädischen Inhalts (Maße und Gewichte usw.; vgl. z. B. Chambers Universal Learners' Dictionary (= CULD)). Auch Überblicke zu bestimmten grammatischen Fragen (s. (2)) werden manchmal genauso behandelt (z. B. im Larousse Dictionnaire du français contemporain (= DFC), wo zu den Themen der ins Wörterverzeichnis eingefügten Tabellen u. a. der republikanische Kalender, die Zeichensetzung, das Zahlensystem, die Wortarten und die Verwendung von *an* vs. *année* gehören). In die Benutzerhinweise wird zuweilen die gesamte Wörterbuchgrammatik integriert, d. h. Informationen über das Wörterbuch werden mit solchen über die Sprache verknüpft (z. B. in Tolkovyi slovar' russkogo jazyka (= Ušakov), Sp. XXX—LXXVI); dabei steht offenbar die Entlastung der Einträge (s. (3)) im Vordergrund. Gelegentlich erscheint die Grammatik im Rahmen von generellen Erörterungen über Sprache, Linguistik und/oder Lexikographie im Vorspann zum Wörterbuch (so in Webster's New World Dictionary (= WNW), xv—xxxiv). Im folgenden gehe ich davon aus, daß alle erwähnten Funktionen in der Wörterbuchgrammatik vereint werden, komme aber in 4.4. auf das Verhältnis zu anderen Bauteilen des Wörterbuchs zurück.

## 3. Inhaltliche Schwerpunkte

Der Inhalt der Wörterbuchgrammatik muß sich nach dem Vorwissen und den Bedürfnissen der Benutzer richten (s. 5.). Dennoch sollen hier zunächst generell — ausgehend von der bisherigen Praxis — die Themen betrachtet werden, die in ein- oder zweisprachigen Wörterbüchern hauptsächlich in Frage kommen.

### 3.1. Phonetik und Phonologie

Rechnet man die Beziehungen zwischen Laut und Schrift der Graphemik zu (s. 3.2.), so beschränkt sich die Darstellung der gesprochenen Sprache in Wörterbuchgrammatiken meist auf die Erklärung des Transkriptionssystems für die Ausspracheangaben (sofern solche gemacht werden; vgl. Art. 41). Das typische Verfahren, für die Symbole der Umschrift Beispielswörter anzugeben (wie in Duden Deutsches Universalwörterbuch (= DUW)), befriedigt allerdings nicht, weil der Benutzer diese Wörter möglicherweise nicht kennt oder anders ausspricht als erwartet. Das gilt insbesondere dann, wenn fremdsprachige Beispiele zur „Erklärung" dienen (z. B. das italienische *mezzo* für [dz] im Wörterbuch

Albanisch-Deutsch, S. 13). Die Beispiele sollten deshalb durch Beschreibungen der Laute ergänzt werden, wobei dem Benutzer freilich mit vagen Bezeichnungen wie „scharf" oder „hart" nicht gedient ist — von derart unsinnigen Charakterisierungen wie „genäseltes n" für den velaren Nasal in *Ring* ganz zu schweigen (s. Lutz Mackensens Deutsches Wörterbuch (= Mackensen), S. VII). Begriffe der artikulatorischen Phonetik (Artikulationsstelle, Artikulationsart, Stimmhaftigkeit, Vokalviereck usw.) erlauben eine wesentlich klarere und systematischere Darstellung, können aber nicht als bekannt vorausgesetzt werden. Eine knappe, leicht verständliche Einführung in die Phonetik ist daher wünschenswert (vgl. WNW, S. xv—xvi). Dabei sollte auch erwähnt werden, daß manche Lautunterschiede distinktiv (phonemisch) sind, andere nicht. Inwieweit nichtdistinktive (allophonische) Varianten näher beschrieben (oder gar mit besonderen Symbolen transkribiert) werden sollen, richtet sich nach der Zielgruppe: Für fremdsprachige Benutzer können entsprechende Hinweise unter kontrastiven Gesichtspunkten relevant sein. (Wenn beispielsweise Sprecher romanischer Sprachen im Deutschen anlautende [p, t, k] nicht aspirieren, erhöht das die Gefahr der Verwechslung mit [b, d, g].) Regionale Variation muß insbesondere dann berücksichtigt werden, wenn es keine allgemein anerkannte Norm gibt (so im amerikanischen Englisch, vgl. z. B. Webster's Ninth New Collegiate Dictionary (= W9), S. 32—36). Falls zur Umschrift nicht das Internationale Phonetische Alphabet (IPA) benutzt wird, ist eine Gegenüberstellung des Transkriptionssystems im Wörterbuch mit dem IPA für manchen Benutzer aufschlußreich (vgl. WNW, S. xviii—xix). Auch wenn das IPA verwendet wird, ist ein Vergleich mit dem Vorgehen gängiger Aussprachewörterbücher angebracht, weil es im Detail einige Abweichungen gibt (vgl. Longman Dictionary of Contemporary English (= LDOCE), S. xvii). — Neben der Erläuterung des Transkriptionssystems sollte ein Abschnitt zur Phonetik/Phonologie auch den Wortakzent darstellen und hierfür nach Möglichkeit generelle Regeln angeben, so daß bei den Lemmata nur etwaige Abweichungen notiert werden müssen. Geringerer Bedarf dürfte für eine Übersicht über zulässige Phonemverbindungen und Silbenstrukturen bestehen; damit zusammenhängende Phänomene wie Vokalharmonie, Assimilation usw. sollten jedoch im Rahmen der Morphophonemik (s. 3.3.) angesprochen werden. Als weiterführende Themen, die weniger direkt auf das jeweilige Wörterbuch bezogen sind, kommen die Satzintonation und die verschiedenen Sprechstile (Lento- und Allegroformen usw.) in Frage, doch reichen hier die bislang erhobenen empirischen Daten für verläßliche Auskünfte noch weniger aus als bei den Angaben zu isolierten Wörtern.

3.2. Graphemik

In Anlehnung an Jan Baudouin de Courtenay (vgl. Mugdan 1984a, 80—82) kann man bei der Darstellung der geschriebenen Variante einer Sprache drei Aspekte unterscheiden (Schriftsysteme ohne Bezug zur Lautung — wie das chinesische — bleiben hier außer acht):

(1) Alphabet: eine Übersicht über das Alphabet (das Inventar der Schriftzeichen) ist vor allem für fremdsprachige Benutzer hilfreich. Zwar kennen sie in aller Regel die Zeichen selbst, sind aber möglicherweise nicht mit der konventionellen Reihenfolge vertraut, die beim alphabetischen Sortieren gilt. (Beispielsweise wird *ö* im Deutschen, Finnischen und Ungarischen jeweils unterschiedlich eingeordnet.) Nützlich ist ferner die Gegenüberstellung verschiedener Schriftstile (z. B. recte, kursiv, Handschrift). Schließlich sind die Buchstabennamen von Interesse, wie auch die beim Buchstabieren verwendeten Kennwörter (z. B. „*n* wie Nordpol"; vgl. Pons-Globalwörterbuch Englisch-Deutsch, S. 1390). Fraglich ist, welchen Nutzen Tabellen fremder Alphabete haben (z. B. Arabisch, Hebräisch, Griechisch, Russisch, deutsche Fraktur in WNW, hinterer Vorsatz); interessant wären allerdings Auskünfte zu den in etymologischen Angaben verwendeten Transliterationen.

(2) Graphie: Unabhängig von der Schreibung bestimmter Einzelwörter kann man Lese- und Schreibregeln aufstellen (Graphem-Phonem- bzw. Phonem-Graphem-Korrespondenzregeln). Leseregeln erlauben es, aus der Schreibung auf die Lautung zu schließen, und machen dadurch Ausspracheangaben bei den Lemmata ganz oder teilweise entbehrlich. Bei manchen Graphiesystemen entspricht jedem Graphem genau ein Phonem, so daß es genügt, die Alphabettabelle um eine Spalte „Aussprache" zu erweitern (vgl. Wörterbuch Albanisch-Deutsch, S. 12 f.). Häufig hängt jedoch die Entsprechung vom Kontext ab (z. B. ist im

Französischen *c* vor *a, o, u* als [k] zu lesen, vor *e, i, y* als [s], in der Verbindung *ch* als [ʃ] usw.), oder es gibt Mehrdeutigkeiten (vgl. deutsch *naß* mit kurzem, *maß* mit langem [a]). Bei solchen komplexeren Beziehungen ist es mit einer bloßen Auflistung der Entsprechungen (wie in LDOCE, S. 1295) nicht getan — es nützt dem Leser wenig, wenn er erfährt, daß im Englischen *e* meist als [e] oder (!) [i:] gesprochen wird. Dagegen bringt Das Große Deutsch-Russische Wörterbuch bei den Leseregeln für das Deutsche (S. 17—20) nicht nur eine Tabelle von Entsprechungen, die auch Graphemverbindungen wie *aa* und *ah* berücksichtigt, sondern erläutert u. a. generell, wie Kürze bzw. Länge von Vokalen angezeigt werden kann (Doppelschreibung des folgenden Konsonanten usw.). — Schreibregeln findet man bislang noch nicht oft (s. aber LDOCE, S. 1293 f. und W 9, S. 36—39 für das Englische sowie Lexis, S. LX—LXI für das Französische). Sie können es dem Benutzer erleichtern, ein Wort nachzuschlagen, das er nur gehört hat. Eine einfache Liste möglicher Entsprechungen (wie in W 9) ist hier ebenfalls unbefriedigend; auch die Trennung zwischen häufigeren und selteneren Schreibungen (wie in LDOCE und Lexis) ist nur eine kleine Verbesserung. Es sollte zumindest angegeben werden, inwieweit eine Entsprechung auf bestimmte Kontexte beschränkt ist. (In Lexis geschieht das teilweise; z. B. heißt es, daß [z] nur intervokalisch als *s* geschrieben wird, wie in *rose*.) Außerdem sollten Einzelfälle (wie engl. [s] — *sw* in *sword*) nicht mit mehrfach belegten Entsprechungen (wie engl. [f] — *ph* in *physics* usw.) gleichgestellt werden.

(3) Orthographie: Bei der Schreibung ganzer Wörter können unterschiedliche Prinzipien zum Tragen kommen, z. B. das phonetische („schreib wie du sprichst"), das morphologische (demzufolge wir im Deutschen z. B. *Hund* und *Hunt* trotz identischer Aussprache unterscheiden, um innerhalb des Flexionsparadigmas Einheitlichkeit zu bewahren — vgl. *Hunde* vs. *Hunte*), das etymologische (dem wir die Schreibung *ph* in Wörtern griechischen Ursprungs verdanken). Im Rahmen der Schreibregeln sollten hierzu einige allgemeine Bemerkungen gemacht werden. Auch auf Schwankungen und ggf. regionale Unterschiede sollte hingewiesen werden (s. z. B. Webster's Third New International Dictionary (= W 3), S. 25 a—26 a). Unter die Rubrik „Orthographie" gehören ferner Regeln für die Silbentrennung, die Groß- und Kleinschreibung, die Interpunktion u. ä., die man auch des öfteren in Wörterbüchern findet.

### 3.3. Morphophonemik

Im Rahmen von Flexion und Wortbildung treten vielfach Alternationen zwischen Phonemen oder Graphemen auf. So wechseln im Deutschen *a* und *ä* sowie *e* und Null in *Garten/Gärtn-er*; während diese Alternation eine Entsprechung in der gesprochenen Sprache hat, beschränkt sich der Wechsel von [t] und [d] in *Hund/Hund-e* auf die Lautung, der von *ß* und *ss* in *Biß/Biss-e* auf die Schreibung. Soweit solche Alternationen größere Verbreitung haben, sollten sie in der Wörterbuchgrammatik zusammenhängend dargestellt werden. Unter dem Gesichtspunkt der Textrezeption stellt sich die Frage, welche Alternationen der Benutzer berücksichtigen muß, wenn er zu einem Wort, das er in einem Text vorgefunden hat, das zugehörige Lemma sucht (s. auch 3.5., 3.6.). Beispielsweise muß er *Tücher* auf *Tuch* (ohne Umlaut) zurückführen. Schon eine bloße Aufzählung der häufigsten Alternationen — im Deutschen u. a. Umlaut, Auslautverhärtung, Einschub und Wegfall von unbetontem *e* — wäre hier eine Hilfe (vgl. Ušakov, Sp. XXXIV—XXXVI), doch wäre es sinnvoll, ihr Auftreten genauer zu bestimmen. — Unter dem Gesichtspunkt der Textproduktion ist es unerläßlich, auf die Frage einzugehen, in welchen Morphemen und unter welchen Bedingungen die Alternation auftritt. Ist sie vorhersagbar, so kann im Wörterbuch eine entsprechende Angabe entfallen (z. B. beim Wechsel von *c* und *ç* im Französischen, wie in *je place/nous plaçons*). Anderenfalls genügt ein abgekürzter Hinweis, z. B. in der Form **(ó:o)** für die polnische Alternation *ó/o* [u/o] in *chód/chodu* 'der Gang/des Gangs' im Unterschied zum nicht alternierenden *chór/chóru* 'der Chor/des Chors' (vgl. Handwörterbuch Polnisch-Deutsch; s. auch Art. 42, 5.2.).

### 3.4. Wortarten

In den meisten Wörterbüchern werden bei den Lemmata Wortartangaben gemacht, ohne daß die Einteilung erläutert würde. Man kann sich aber nicht auf die „zehn Wortarten, mit denen die traditionelle Grammatik rechnet" berufen (so das Handwörterbuch der deutschen Gegenwartssprache (= HDG), S. XVI), weil die Tradition alles andere als einheitlich ist. In der Wörterbuchgrammatik sollten zunächst die zur Bestimmung der Wortarten gewählten Kriterien erörtert werden (vgl. Bergenholtz/Mugdan 1979, Kap. 11). Für lexikographische Zwecke eignen sich insbesondere das morphologische (welche grammatischen Kategorien, z. B. Kasus oder Tempus, werden bei der Flexion signalisiert?) und das syntaktische (wie kann das Wort im Satz verwendet werden?). Dabei ist zu berücksichtigen, daß die Einteilung je nach dem verwendeten Kriterium anders ausfällt (z. B. werden *schön* und *Beamter* gleich flektiert, haben aber verschiedene syntaktische Eigenschaften). Man könnte daher zwischen morphologisch definierten „Lexemklassen" und syntaktisch bestimmten „Wortarten" unterscheiden. Will man jedoch an einem einheitlichen Wortartensystem festhalten, bietet es sich an, zunächst das morphologische Kriterium heranzuziehen und dann die unflektierten Lexeme syntaktisch weiter zu klassifizieren. Eine Vermischung mit primär semantisch bestimmten Kategorien — traditionellen wie „Zahlwort" oder modernen wie „Gesprächspartikel" — ist dagegen nicht ratsam; ihr Platz ist neben, nicht im Wortartensystem. Auf der Grundlage der gewählten Kriterien kann dann erläutert werden, welche Wortartangaben in dem vorliegenden Wörterbuch gemacht werden und wie sie zu verstehen sind, d. h. was der Benutzer aus einer Angabe wie *adj* schließen kann (vgl. Bergenholtz 1984, 62—65 und Bergenholtz/Mugdan 1984, 59 mit Vorschlägen für ein deutsches Wortartensystem).

### 3.5. Flexion

Bei der Darstellung der Flexion im Rahmen eines Wörterbuchs spielt der Umstand eine zentrale Rolle, daß meist nur eine der Wortformen eines Lexems als Lemma zu finden ist, die kanonische Form oder Zitierform (im Deutschen i. a. der Nominativ Singular von Substantiven, der Infinitiv von Verben, die prädikative Form von Adjektiven). Es sollte also erläutert werden, wie sich die übrigen Formen hieraus herleiten lassen und wie man umgekehrt zu einer nicht-kanonischen Form die kanonische ermittelt. Um dem Benutzer zu helfen, die verschiedenen Formen angemessen zu verwenden und richtig zu verstehen, sollte die Wörterbuchgrammatik ferner auf deren Funktion und Verwendung eingehen.

(1) Fragen nach nicht-kanonischen Wortformen ergeben sich vorwiegend bei der Textproduktion, z. B. „Wie lautet der Genitiv Singular von *Küpe*?" oder „Ist *Staates* oder *Staats* die üblichere Genitivform von *Staat*?" (zur Typologie der einschlägigen Wörterbuchbenutzungssituationen s. Wiegand 1985a, 48—58). Zu ihrer Beantwortung kann die Wörterbuchgrammatik dadurch beitragen, daß sie beschreibt, wie die gesuchten Formen im Regelfall gebildet werden; beim Lemma sind dann nur etwaige Ausnahmen zu markieren. Falls es mehrere große Flexionsklassen gibt, kann es nützlich sein, für jede ein Paradigma anzugeben; es sollten dann aber auch Regeln für die Zuordnung von Lexemen zu Flexionsklassen genannt werden (vgl. die Vorschläge in Art. 42, 4. und 5.). Das ist wiederum nicht nur unter dem Gesichtspunkt der Platzersparnis wünschenswert, sondern auch deshalb, weil für den Benutzer Regelwissen nützlicher ist als Listenwissen. So suggeriert der Usus, bei deutschen Substantiven generell eine Flexionsangabe zu machen, die Deklination sei gänzlich regellos (was auch oft genug fälschlich behauptet wird; s. Mugdan 1977, 113—116). Böte das Wörterbuch dem Benutzer statt isolierter Einzelfakten (in Form von Einträgen wie etwa „**Küpe** -f, -n") jedoch einige wenige Verallgemeinerungen (z. B. „Feminina sind im Genitiv Singular endungslos"), so brauchte er schon nicht bei jeder vergleichbaren Frage erneut nachzuschlagen. Allerdings sind bei Formvarianten (z. B. -*s*/-*es* im Genitiv Singular) Verallgemeinerungen problematisch: wenn die Präferenzen bei jedem Lexem anders ausfallen, ist mit der Berechnung eines Durchschnitts nichts gewonnen (s. dazu Mugdan 1985, 193 f.).

(2) Obwohl der Benutzer in aller Regel nur über die Zitierform eines Lexems auf die Informationen in einem Wörterbuchartikel zugreifen kann, findet er nur selten Hinweise zu deren Ermittlung. Annahmen wie diese (zu einem neuen russisch-deutschen Wörterbuch) sind offenbar allgemein üblich:

„Von einem Benutzer mit Schulkenntnissen im Russischen kann u. E. erwartet werden, daß er eine im Text vorkommende Wortform als solche erkennt, d. h. sie einem Paradigma zuzuordnen weiß und die Nennform, unter der er nachzuschlagen hat, bestimmen kann." (Duda u. a. 1986, 49).

Bei The Learner's Russian-English Dictionary hat man die Probleme des Benutzers offenbar als gravierender eingestuft, denn es enthält eine 40seitige Tabelle, die vom „letzten Element des Worts im Text" zum „letzten Element des Worts im Wörterbuch" führt (Goldin 1980). Stößt man z. B. auf eine Form, die auf -*y* ausgeht und nicht lemmatisiert ist, so gibt es folgende Möglichkeiten:

(a) Substantiv:
(a1) Nominativ/Akkusativ Plural, Zitierform: endungslos *(gody/god)*
(a2) Genitiv Singular; Nom./Akk. Plural, Zitierform: *-a (pticy/ptica)*
(a3) Nominativ Plural, Zitierform: *-in (bolgary/ bolgarin)*
(b) Adjektiv: Kurzform Plural
(b1) Zitierform: *-oj (molody/molodoj)*
(b2) Zitierform: *-yj (novy/novyj)*

Spezifischere Wortausgänge wie *-ny* und *-ty* werden getrennt aufgeführt, und zwar rückläufig alphabetisch sortiert. Die Ausgänge der Zitierformen sind ebenso geordnet; hier wäre die Orientierung an der Wahrscheinlichkeit der verschiedenen Möglichkeiten nützlicher, zumal offene und geschlossene Klassen nicht getrennt werden. Dies geschieht ansatzweise in einer Tabelle zur Substantivdeklination in einer Wörterbuchgrammatik des Polnischen (Tokarski 1980, XLIII f.), deren Funktion freilich weder erläutert wird noch aus dem seltsamen Titel „Motivierung der Endungen" erkennbar ist. Nachahmenswert sind hier die Hinweise auf semantische oder phonologische Beschränkungen. (So kann eine Form auf *-a* nur bei Bezeichnungen von Lebewesen Akkusativ Singular sein; beim Suffix *-u* kommt Lokativ Singular nur in Frage, wenn davor bestimmte Konsonanten stehen.) Weitere Anregungen bieten die wenigen Beiträge in der Fachliteratur (z. B. Mugdan 1983, 182—184; Särkkä 1984); eine umfassendere Analyse der möglichen Vorgehensweisen und ihrer Brauchbarkeit steht noch aus.

(3) Die grammatischen Bedeutungen oder Grammeme (z. B. Genitiv, Präteritum, 3. Person), die bei der Flexion durch bestimmte Marker (z. B. Affixe oder Stammveränderungen wie Ablaut) signalisiert werden, lassen sich grammatischen Kategorien (wie z. B. Kasus, Tempus, Person) zuordnen, wobei Grammeme, die zur selben Kategorie gehören, sich gegenseitig ausschließen (z. B. Präsens und Präteritum), während Grammeme verschiedener Kategorien kombinierbar sein können (z. B. Präsens und 3. Person; zur Terminologie vgl. Mugdan 1986, 37). In der Wörterbuchgrammatik sollten nun nicht nur die Marker beschrieben werden (s. (1) und (2)), sondern auch die Flexionskategorien und die zugehörigen Grammeme. Dabei sind u. a. folgende Punkte zu bedenken:

(a) Traditionelle Etiketten wie „Dativ" oder „Präsens" (oder gar „Gegenwart") geben kaum Aufschluß über die Verwendung der entsprechenden Formen und täuschen über Unterschiede zwischen den Sprachen hinweg. So haben das deutsche und das englische „Präsens" trotz des gleichen Namens keineswegs dieselben Funktionen. Zusätzliche Erklärungen sind daher angebracht.

(b) Der Versuch, für jedes Grammem eine „Gesamtbedeutung" anzugeben, ist nicht unproblematisch. So wird man kaum alle Verwendungen des deutschen Dativs auf eine einzige Bedeutung zurückführen können. Andererseits ist auch eine bloße Aufzählung von Verwendungsweisen oder Bedeutungsnuancen („ethischer Dativ", „Pertinenzdativ" etc.) unbefriedigend. Hier gilt es, einen sinnvollen Kompromiß zu finden (vgl. auch Comrie 1985, 18—35 zum Tempus und den Ansatz von Leech 1971).

(c) Grammatische Bedeutungen können auch mit lexikalischen Mitteln ausgedrückt werden (z. B. Kausativ in *füttern* vs. *essen*), durch Derivation (z. B. Kausativ in *tränken* vs. *trinken*) oder auf syntaktischem Weg, d. h. mit mehreren Wörtern (z. B. Passiv in *wurde gesehen* vs. *sah*). Die Grenze zur Flexion ist zwar nicht immer einfach zu ziehen (vgl. z. B. Bybee 1985, 11—24), darf aber nicht ignoriert werden. Vor allem ist davor zu warnen, die Flexionskategorien des Lateinischen blind zu übernehmen. Beispielsweise ist es gänzlich verfehlt, beim Englischen mit den Kasus Nominativ, Genitiv, Dativ, Akkusativ oder den Tempora Plusquamperfekt, Futur usw. zu operieren, wie das in der „Englischen Kurzgrammatik" in Pons-Globalwörterbuch Englisch-Deutsch geschieht (s. dazu auch schon Wallis 1765, xxv f.; 76; 102). Ähnlich gilt für das deutsche Verbalsystem, daß Perfekt, Passiv und Konstruktionen mit Modalverben (einschließlich des Futurs mit *werden*) unter „Syntax der Verbalphrase" und nicht unter „Konjugation" gehören.

### 3.6. Wortbildung

Der verbreitete Terminus „Wortbildungsregel" erweckt den Anschein, als ließen sich Komposition und Derivation in generelle Regeln fassen, die in der Wörterbuchgrammatik darzulegen wären. Um komplexe Wörter bilden und verstehen zu können, braucht der Benutzer aber Auskünfte, die auf bestimmte Wortbildungselemente (z. B. *un-, Friedens-, -isch, -jährig*) Bezug nehmen und daher in entsprechenden Einträgen besser aufgehoben sind (vgl. Art. 81). Das heißt nun nicht, daß es zu diesem Thema in der Wörterbuchgrammatik nichts zu sagen gäbe.

(1) Gerade in einem Wörterbuch ist es wichtig klarzustellen, daß der Wortschatz einer Sprache erweiterbar ist und daher nie vollständig verzeichnet werden kann. Allerdings ist die Rolle der Wortbildung von Sprache zu Sprache unterschiedlich: deutsche Komposita entsprechen z. B. im Französischen häufig einer Phrase (vgl. *Luftverkehr* vs. *trafic aérien*). Vor allem in Werken, die sich nicht (nur) an Muttersprachler richten, wären hierzu einige Bemerkungen am Platz.

(2) Die theoretischen Annahmen, auf denen die lexikographische Praxis beruht, bedürfen der Erläuterung. Schon die Abgrenzung der Wortbildung kann schwierig sein; so wird in englischen Wörterbüchern z. B. *air* in *air traffic* teils als Kompositionsteil betrachtet (Pons-Globalwörterbuch Englisch-Deutsch), teils als attributives Substantiv (W 9). Für eine Unterscheidung zwischen Komposition und Derivation müßten möglichst klare Kriterien genannt werden (wobei durch die Einführung einer Zwitterkategorie „Affixoid" nicht viel gewonnen wäre). Ebenso sind Begriffe wie „Lexikalisierung" und „Produktivität" zu klären, die bei der Auswahl der lemmatisierten Wortbildungen eine maßgebliche Rolle spielen.

(3) In einem allgemeinen Überblick sollten die verschiedenen Typen produktiver Wortbildungsprozesse (im Deutschen also Komposition, Derivation durch Präfigierung und Suffigierung sowie diverse Arten von Kurzwortbildung) exemplarisch vorgestellt werden. Zum Zweck der Illustration hätte auch eine ansonsten bedenkliche semantische Untergliederung eine gewisse Berechtigung (vgl. z. B. die Liste von Präfixen und Suffixen in DFC, XIX—XXII). In diesem Zusammenhang sollte erörtert werden, wie sich Beschränkungen für mögliche Wortbildungen beschreiben lassen. (Es ist z. B. umstritten, ob eine Einteilung von Derivationsaffixen in deverbale, denominale usw. brauchbar ist.) Ferner ist darauf einzugehen, in welchem Verhältnis die grammatischen Eigenschaften komplexer Wörter zu denen ihrer Teile stehen. So werden z. B. im Deutschen Genus und Flexionklasse i. a. durch das letzte Element bestimmt, während das Genus des französischen *chou-fleur* 'Blumenkohl' mit dem des ersten Bestandteils *chou* 'Kohl' übereinstimmt. Schließlich sollte auf morphophonemische und morphologische Besonderheiten bei der Wortbildung hingewiesen werden, auch wenn deren Auftreten in den Einträgen für die einzelnen Wortbildungsmittel gesondert vermerkt werden muß. Für das Deutsche sind hier vor allem Umlaut und „Kappen" (s. (4)) sowie die Fuge (z. B. *-s-* in *Funktionswort*) zu nennen.

(4) Ähnlich wie bei der Flexion wäre auch für abgeleitete Wörter mit produktiven Affixen eine Anleitung zum Auffinden des Lemmas wünschenswert. Findet der Benutzer z. B. einen Diminutiv auf *-chen,* der nicht als eigenes Lemma verzeichnet ist, so muß er bedenken, daß das Suffix Umlaut erzwingt und daß davor ein etwaiges *-e* oder *-en* entfällt („gekappt" wird). Er muß also prüfen, ob der Umlaut auch im Grundwort vorliegt (vgl. *Schlückchen/Schluck, Stückchen/Stück*) und ob dessen Stamm auf *-e* oder *-en* ausgeht (vgl. *Bärtchen/Bart, Kärtchen/Karte, Gärtchen/Garten*). Entsprechende Hinweise könnten im Eintrag *-chen* gegeben werden, es wäre aber auch möglich, in die Lemmatisierungshilfen für Flexionsformen (s. 3.5., (2)) einige Derivationsaffixe einzubeziehen.

### 3.7. Syntax

Es ist nicht ungewöhnlich, daß die Syntax in der Wörterbuchgrammatik ganz ausgespart oder nur bei der Erörterung der einzelnen Wortarten (nach denen die Autoren gerne gliedern) kurz gestreift wird. Ansonsten lassen sich zwei Ansätze unterscheiden:

(a) Tabellen syntaktischer Muster gibt es in den wenigen Wörterbüchern, die für entsprechende Angaben beim Lemma ein System von Codes einsetzen (vgl. A Learner's Dictionary of Current English (= ALD[1]), S. xi—xxiv; LDOCE, S. xxviii—xxxvii; dtv-Wörterbuch der deutschen Sprache (= Wahrig-dtv), S. 18 f.; 30—33). Es werden jedoch nur die verwendeten Codierungen erklärt (wie „503" in Wahrig-dtv für „Verb mit obligatorischem Akkusativ- und fakultativem Dativobjekt", Bsp. *er beweist (dem Vater) das Gegenteil*).

(b) Überblicke über die Typen einfacher und komplexer Sätze, die Satzglieder und ihre Stellung sowie ggf. Rektion und Kongruenz findet man vor allem in Darstellungen, die nach grammatischen Termini geordnet sind (s. Ludewig 1986 in Wahrig-DW; Lexis), gelegentlich auch in herkömmlich gegliederten Kurzgrammatiken (z. B. Achmerov 1958, 788—802 für das Baschkirische).

Beide Verfahren informieren den Benutzer nur partiell. Beim zweiten wird kein ausdrücklicher Bezug zu syntaktischen Informationen in den Wörterbuchartikeln hergestellt; beim ersten muß sich der Benutzer Auskunft über generelle Regeln (z. B. zur Reihenfolge der Satzglieder) — und weitgehend auch über die zur Einteilung der Satzmuster usw. verwendeten Begriffe (z. B. „Adverbialbestimmung") — anderweitig verschaffen. Auch inhaltlich ist an der bisherigen Praxis manches zu verbessern.

(1) Wenn das Wörterbuch Angaben zur Syntax nicht nur implizit macht (durch Beispiele), sondern explizit (durch Codes wie „301", grammatische Termini wie „intr.", Wortformen wie „jmdm." o. ä.), sollte man vom Syntaxteil der Wörterbuchgrammatik primär eine klare und gründliche Darlegung des verwendeten Begriffsapparats erwarten. Das ist zum einen deshalb nötig, weil es selbst bei gängigen Termini wie „transitiv" unter Grammatikern kein einheitliches Vorverständnis gibt (vgl. Bergenholtz/Mugdan 1985, 17—20). Zum anderen bietet die traditionelle Grammatik, die der Benutzer aus der Schule kennen könnte, gerade auf dem Gebiet der Syntax keine zufriedenstellende Basis. Vor allem mangelt es (auch in Wörterbuchgrammatiken) an einer deutlichen Trennung von (syntaktisch definierten) Wortarten, Phrasen- und Satztypen sowie Satzgliedfunktionen. So wird z. B. im Oxford Advanced Learner's Dictionary of Current English (= ALD³) das Beispiel *He dreamed a very odd dream* als „Subject + vt" und „noun/pronoun" beschrieben (S. xxi). Satzgliedfunktionen („Subjekt") und Wortarten („transitives Verb", „Substantiv", „Pronomen") werden hier gemischt, und zudem handelt es sich bei *a very odd dream* nicht um ein Substantiv, sondern um eine Nominalphrase, die außer dem Substantiv auch Artikel, Adverb und Adjektiv enthält. Diese Phrase tritt hier in Objektfunktion auf, kann aber in anderen Sätzen andere Funktionen haben. Umgekehrt muß in der Rolle des Objekts nicht unbedingt eine Nominalphrase vorkommen; insbesondere kann auch ein (Glied)satz diese Funktion haben (z. B. in *He dreamed that he was Napoleon*). In den unter (a) genannten Wörterbüchern wird das nur zum Teil berücksichtigt. In Wahrig-dtv gibt es z. B. ein Muster „S + Vb + AkkO + AkkO" (Bsp. *der Lehrer lehrt ihn die finnische Sprache,* S. 31), unter das offenbar auch einige Fälle gerechnet werden, wo das zweite Objekt ein Satz ist (etwa *wer die Initiative zu ergreifen hat* oder *die Zusammenhänge zu verstehen;* vgl. Wörterbuch zur Valenz und Distribution deutscher Verben (= Helbig/Schenkel), s. v. lehren). Daneben wird ein weiteres Muster angesetzt, „S + Vb + AkkO + Infinitiv" *(wir lehren ihn schreiben),* obwohl der Infinitiv genauso als Objekt dient. (Die Kennzeichnung „Akkusativobjekt" ist insofern problematisch, als nicht das Objekt das Merkmal Akkusativ trägt, sondern die als Objekt fungierende Nominalphrase.) Abgesehen von solchen Ungereimtheiten arbeitet Wahrig-dtv bei den Mustern für Verben nur mit Satzgliedern: Subjekt, Genitiv-, Dativ-, Akkusativ- und Präpositionalobjekt, Prädikatsnomen (ein unglücklicher Terminus, weil als Prädikativ — oder engl. „Complement" — nicht nur Nomina auftreten) sowie Adverbialbestimmung (mit semantischer Untergliederung: Ort, Zeit usw.). Dagegen verwendet Helbig/Schenkel nur Phrasen- und Satztypen. Im zweiten Band des Oxford Dictionary of Current Idiomatic English (= ODCIE-2) werden z. T. beide Vorgehensweisen verknüpft: es gibt Angaben wie „O (NP)" und „Comp (NP)" (Nominalphrase als Objekt, Nominalphrase als Complement). Welche dieser Möglichkeiten am ehesten sowohl den sprachlichen Fakten als auch dem Benutzer gerecht wird, bedarf noch weiterer Diskussion (vgl. auch Mugdan 1985, 215—217; Lemmens/Wekker 1986).

(2) Die Erläuterung syntaktischer Begriffe sollte mit der Darstellung syntaktischer Strukturen der beschriebenen Sprache Hand in Hand gehen. Hier stellen sich Fragen wie:

(a) Wie sind die verschiedenen Typen von Phrasen aufgebaut? Welche Bestandteile sind notwendig, welche können erweiternd hinzutreten? Inwieweit können Phrasen innerhalb einer Phrase als Attribute vorkommen (vgl. *die Lehre vom Satzbau* mit Präpositionalphrase innerhalb der Nominalphrase)?

(b) Welche Satzgliedfunktionen sind zu unterscheiden? Welche Satzglieder können als „Mitspieler" oder „Ergänzungen" des Verbs betrachtet werden und sind daher (im Unterschied zu „freien Angaben") bei den syntaktischen Angaben im Wörterbuch zu berücksichtigen? Welche Satzmuster (und Klassen von Verben) ergeben sich aus den möglichen Kombinationen von „Mitspielern", wie läßt sich also die grobe Unterscheidung „transitiv"/„intransitiv" verfeinern?

(c) Welche Satzgliedfunktionen können von welchen Phrasentypen wahrgenommen werden? Welche Gliedsätze kommen in welchen Funktionen vor?

(d) In welcher Reihenfolge treten die Bestandteile einer Phrase auf? Welche Regeln gelten für die Stellung der Satzglieder? Durch welche anderen Mittel werden syntaktische

Beziehungen signalisiert (z. B. Kasus, Kongruenz, Rektion)?

(3) Wie auch bei der Flexion ist zu bedenken, daß eine Grammatik für die Textrezeption den Weg vom Ausdruck zum Inhalt zeigen sollte, während für die Textproduktion der Inhalt als Ausgangspunkt dienen müßte (was durchaus nicht nach Art der Generativen Semantik oder der Kasustheorie ausfallen braucht; Anregungen für ein Beschreibungsraster bietet der Fragebogen von Comrie/Smith 1977). Kaum eine Grammatik entscheidet sich klar für eine der Perspektiven. Immerhin ist der Syntaxteil in The Learner's Russian-English Dictionary ausdrücklich rezeptiv konzipiert (Zolotova 1980, 467); eine eher auf die Textproduktion ausgerichtete Grammatik findet man im Dictionnaire Hachette (Cellard 1980).

3.8. Semantik

Als zentrale Aufgabe eines Wörterbuchs wird landläufig die Erklärung oder (beim zwei- oder mehrsprachigen Wörterbuch) die Übersetzung von Wörtern angesehen (vgl. den Artikel zu **Wörterbuch** in Wahrig-DW). Gemeint ist damit die Erklärung von Bedeutungen (oft irreführend als „lexikographische Definition" bezeichnet, s. Wiegand 1985b u. Art. 44) bzw. die Angabe von fremdsprachigen Wörtern mit äquivalenter Bedeutung. Bedeutungsbeziehungen stehen auch bei einigen Typen von Spezialwörterbüchern (onomasiologischen, Synonym- und Antonymwörterbüchern; vgl. die Art. 101—104) im Mittelpunkt. Es wäre daher naheliegend, wenn die Bearbeiter des Wörterbuchs ihre Auffassung von (Wort)semantik wenigstens in groben Zügen skizzieren würden. Das geschieht allerdings kaum, und eine kritische Betrachtung der Praxis zeigt, daß Lexikographen ausgerechnet bei dem Gebiet, dem sie selbst in der Regel die höchste Priorität geben, vielfach von unklaren oder fragwürdigen theoretischen Voraussetzungen ausgehen (s. Bergenholtz/Mugdan 1986, 75—77; 84—108). Der Versuch, diese Prämissen und die daraus abgeleiteten Vorgehensweisen dem Benutzer darzulegen, könnte ein Anlaß sein, sie zu überprüfen und zu verbessern. Unter anderem gilt es,

— die gängige Trennung zwischen „Sprachinformation", die ins Wörterbuch gehören soll, und „Sachinformation", die angeblich Enzyklopädien vorbehalten ist (vgl. DUW, S. 17), zu revidieren;
— den Unterschied zwischen Bedeutung und Bezeichnung (Referenz) klarzustellen, der insbesondere für die „Definition" von Namen wichtig ist (vgl. Mugdan 1984b, 271—273 zu Beispielen wie *Friedensfahrt, Bundesrat*);
— die „konnotative" Bedeutung, die üblicherweise in Stil- und Gebrauchsangaben eingeht (vgl. Art. 57, 60), von der „denotativen" abzugrenzen, die Gegenstand der Bedeutungserklärung ist und auf die sich die „Äquivalenz" von Übersetzungen in erster Linie bezieht (vgl. Art. 285);
— zu erörtern, wie die semantischen Merkmale bestimmt werden können, die für die Bedeutungserklärung relevant oder geeignet sind, wobei auch geklärt werden sollte, ob die im Wörterbuch genannten Merkmale als notwendig oder als typisch zu verstehen sind (vgl. u. a. Wiegand 1985b; Müller 1984; Bergenholtz/Mugdan 1986, bes. 93—97);
— Kriterien für semantische Beziehungen wie „ist Übersetzungsäquivalent von", „ist Synonym zu", „ist Antonym zu", „gehört zum selben Wortfeld wie" usw. aufzustellen;
— Prinzipien für die Gliederung und Anordnung von Bedeutungserklärungen oder Äquivalentangaben (und gegebenenfalls für eine damit verbundene Abgrenzung zwischen Polysemie und Homonymie) zu formulieren (vgl. Art. 87).

Zur Semantik lassen sich auch einige Angaben rechnen, die in Wörterbüchern allgemein als grammatische firmieren, nämlich Kennzeichnungen wie „unzählbar" oder „not used in *-ing* form". Das „Fehlen" solcher Formen ist ja auf semantische Merkmale des Substantivs bzw. Verbs zurückzuführen, die normalerweise mit der Bedeutung 'Plural' bzw. 'Progressiv' unvereinbar sind. Ähnliche Subkategorisierungsmerkmale sind „belebt"/„unbelebt" oder „abstrakt"/„konkret" in manchen Valenzwörterbüchern (s. Helbig/Schenkel). Sofern es für nötig erachtet wird, derlei Merkmale explizit anzugeben, sollte die Wörterbuchgrammatik näher erläutern, was der Benutzer aus ihnen für Flexion und Syntax folgern kann. So ist ein Hinweis „unzählbar" (oder besser „Stoffbezeichnung", engl. „mass noun") bei einem Substantiv wie *Honig* nicht etwa so zu verstehen, daß es keinen Plural hat (wie Wahrig-DW behauptet), sondern daß eine Verwendung im Plural oder in Verbindung mit unbestimmtem Artikel das Merkmal 'Sorte' impliziert (vgl. *große Auswahl an Honigen* oder *ein dunkler Honig*).

## 3.9. Pragmatik

Wer mit einer fremden Sprache zu tun hat oder die eigene in ungewohnten Situationen benutzen muß, mag bei Problemen wie den folgenden in einem Wörterbuch Hilfe suchen:

— Wie muß ich den Premierminister von Südafrika anreden, wenn ich ihm einen englischen Brief mit dem Appell zur Freilassung politischer Gefangener schreibe?
— Gilt in allen deutschsprachigen Staaten für Adressen auf Briefen die Reihenfolge Name — Straße — Stadt?
— Signalisiert mein polnischer Briefpartner durch die Schlußformel *serdecznie pozdrawiam* (wörtlich 'ich grüße herzlich') das gleiche wie ein deutscher Schreiber durch *mit herzlichen Grüßen*?
— Mit welcher Floskel trägt man in einem französischen Geschäft seinen Wunsch vor?

Fragen dieser Art, die hier (ganz pragmatisch) unter die Rubrik „Pragmatik" gestellt seien, werden in einigen Wörterbüchern durch Tabellen von Anredeformen (z. B. W9, S. 1556—1561), Hinweise zum Briefschreiben (z. B. Ludewig 1986, s. v.) oder Zusammenstellungen von Redewendungen für Touristen (z. B. Langenscheidts Universal-Wörterbuch Slowenisch, S. 389—393) wenigstens zum Teil beantwortet. Es wäre durchaus erwägenswert, diesen Bereich auszubauen und eine nach Typen von Sprachhandlungen wie *sich entschuldigen, eine Einladung annehmen* usw. geordnete Auswahl sprachlicher Mittel anzubieten (vgl. Ek 1977).

## 3.10. Sprachliche Varietäten

Die Zuordnung sprachlicher Elemente zu Verwendungssituationen oder Sprechergruppen, die in zahlreichen Wörterbüchern mit Etiketten wie „salopp", „mundartlich", „Schülersprache" u. dergl. vorgenommen wird (vgl. Art. 54—61), setzt ein Modell sprachlicher Variation voraus, das in der Wörterbuchgrammatik vorgestellt werden sollte. Mit einer dürftig oder gar nicht kommentierten Liste der Markierungen ist dem Benutzer nicht gedient, denn es ist keineswegs offenkundig, wie sie zu interpretieren sind.

(1) Sprachliche Variation, die durch die Verwendungssituation bestimmt wird, fällt in Wörterbüchern allgemein unter die Rubrik „Stil". Meist werden dabei ganz heterogene Phänomene zusammengewürfelt (vgl. auch Wiegand 1981). Einen Ansatz zur Entwirrung leistet z. B. das Wörterbuch der deutschen Gegenwartssprache (= WDG) mit der Unterscheidung zwischen „Stilschichten" und „Stilfärbungen" (s. S. 012—014). Letztere entpuppen sich aber doch als das gewohnte Sammelsurium: „papierdeutsch" bezieht sich auf eine Textsorte, „abwertend" auf eine Sprecherhaltung, „verhüllend" auf eine Konnotation; „derb" könnte ebensogut die Bezeichnung einer „Stilschicht" sein (vgl. DUW, S. 16), der Status von „scherzhaft" ist völlig unklar. Die Hierarchie der „Stilschichten" („gehoben"/„dichterisch", „normalsprachlich"/„umgangssprachlich", „salopp-umgangssprachlich", „vulgär") mag zunächst einleuchtend aussehen. Die Gebrauchsbedingungen werden aber mit „bei feierlichen Gelegenheiten", „eine gewisse Nachlässigkeit" usw. viel zu vage beschrieben. Das gilt für andere Werke nicht minder; sogar in Lernerwörterbüchern gibt es tautologische Erklärungen, z. B. für *formal:*

"This means that the word (or particular meaning) labelled in this way is usually used in formal situations or contexts" (CULD, S. xii).

Warum werden die gemeinten Situationen nicht exemplarisch benannt (z. B. Antrag an eine Behörde, Einkauf im Lebensmittelladen, Stammtischgespräch unter Arbeitskollegen)? Hier könnte man von mittlerweile klassischen Ansätzen der Soziolinguistik noch allerlei lernen. Im übrigen läßt sich nicht nur über die Zahl der Stilschichten und die Grenzen zwischen ihnen diskutieren (vgl. Käge 1982). Schon die Annahme einer stilistischen Hierarchie ist keine Selbstverständlichkeit. So arbeitet Ušakov mit einer größeren Zahl von „Stilen" und „Verwendungssphären", bei denen zwar die Zugehörigkeit zur „Literatursprache" (der Schreib- und Sprechweise der „Gebildeten") vermerkt, aber keine Rangskala aufgestellt wird (Sp. XXV—XXVII, deutsch in Wiegand 1981, 237—240). Eine unmißverständliche Distanzierung von Wertungen ist freilich noch immer ungewöhnlich (s. WNW, S. xiv). Zu wünschen wäre, daß Lexikographen von sprachpflegerischen Ambitionen (nach Art von DUW, S. 5; 15 f.) endlich Abschied nehmen und ihre Aufgabe darin sehen, den Benutzer darüber zu informieren, welcher Sprachgebrauch für welche Situation angemessen ist. Die Beschreibungsmodelle sind daher vorrangig danach zu beurteilen, ob sie der Benutzer nachvollziehen und die darauf beruhenden Angaben wirklich nutzen kann.

(2) Den unterschiedlichen Sprachge-

brauch verschiedener Sprecher kann man auf Faktoren wie Region, Alter und soziale Gruppe zurückführen, denen im Wörterbuch Etiketten wie „American", „veraltend" oder „argot scolaire" entsprechen. Hiervon sind — was selten klar genug geschieht — solche Angaben zu trennen, die das Bezeichnete einordnen, z. B. „DDR" (bei *Volkskammer*, nicht aber bei *Broiler*), „historical" (bei *chariot*) oder „pédagogie". Ähnlich wie bei den Stilangaben sollte die Wörterbuchgrammatik das zugrunde gelegte Varietätenmodell vorstellen. Lexikographen vergeben jedoch so heikle Etiketten wie „Jugendsprache" oder „Studentensprache", ohne derlei Konzepte sprachsoziologisch zu untermauern. Es ist nicht einmal allgemein üblich, die Bezeichnungen für Dialektgebiete zu definieren, sei es auch nur grob (wie „ostmdt., d. h. Raum Lausitz, Sachsen, Thüringen" in HDG, S. XXIII; vgl. Art. 55); die naheliegende Idee, sie auf einer geographischen Karte zu markieren (wie im Tysk-dansk ordbog), ist seltsamerweise ein Geheimtip geblieben. Statt dessen gibt z. B. Der Sprach-Brockhaus in der Übersicht „Mundarten" zunächst eine Gliederung mit dialektologischen Termini wie „Ostfälisch", „Schwäbisch" usw., die der Benutzer nicht alle kennen dürfte, stellt aber lexikalische Unterschiede nach Himmelsrichtungen zusammen („Norddeutsch", „Südwestdeutsch") — genauso ohne Definition. Der Zweck der Übersicht, die außerdem je zwei Beispiele für „Unterschiede im Vokalismus und Konsonantismus" enthält, ist zudem nicht recht erkennbar. In früheren Auflagen war sie noch als Hilfe beim Auffinden von Dialektwörtern konzipiert, was dem Benutzer wesentlich mehr nützte: Es wird viel zu wenig bedacht, daß ihm nicht nur die (geschriebene) „Standardsprache" begegnet, sondern auch in unterschiedlichem Grad regional geprägte Varietäten. Meist werden aber dialektale Unterschiede in Wörterbuchgrammatiken nur erwähnt, wenn keine Varietät als „Standard" gilt, z. B. bei der Aussprache des amerikanischen Englisch (s. WNW S. xvii), oder wenn der „Standard" andere Schriftdialekte noch nicht verdrängt hat, z. B. im Albanischen (s. Wörterbuch Albanisch-Deutsch, S. 17—20 zum Gegischen). Auch Wörterbücher für Sprachen mit einem „Standard" (Deutsch, Italienisch, britisches Englisch u. v. a.) sollten jedoch die phonologischen und morphologisch-syntaktischen Charakteristika von regionalen Varietäten beschreiben, die im Alltag (auch unter „Gebildeten") weithin verwendet, wenn nicht sogar dem „Standard" vorgezogen werden (sog. „regionale Umgangssprachen"). Allerdings sind die empirischen Grundlagen hierfür noch sehr bruchstückhaft.

3.11. Sprachgeschichte

Ausführungen zu Laut- und Bedeutungswandel, Wortschatzentwicklung, Sprachverwandtschaft und früheren Sprachstadien sind in einer Reihe von Wörterbüchern der Gegenwartssprache anzutreffen (z. B. Herders Sprachbuch (= Herder), S. 163 f.; 216 f.; 271 f.; 618—621; 697 f.; Sprach-Brockhaus, S. 178, 924 f.; WNW, S. xxvii—xxxii; W9, S. 24—28). Meist scheint es das Ziel zu sein, ein recht allgemeines Hintergrundwissen zu vermitteln, ohne daß ein konkreter, auf das Wörterbuch bezogener Zweck ersichtlich wäre; vielleicht wirkt hier lediglich die auf die „Ursprünge" gerichtete Perspektive der historisch-vergleichenden Sprachwissenschaft nach. Bei WNW kann man dagegen den Eindruck gewinnen, die detaillierten Informationen zum Alt- und Mittelenglischen seien als Hilfe bei der Lektüre alter Texte gedacht — ein völlig unrealistisches Unterfangen. Was ein sprachhistorisches Kapitel in der Wörterbuchgrammatik leisten kann, ist vielmehr:

(a) den Benutzer auf die Wandelbarkeit von Sprache hinzuweisen und der immer noch verbreiteten Auffassung von Veränderung als „Verfall" oder — komplementär dazu — von der ursprünglichen als der „eigentlichen" Bedeutung entgegenzutreten (und damit auch verfehlten Erwartungen an ein Wörterbuch),

(b) Ursachen für synchrone Unterschiede zwischen Dialekten oder auch zu nahe verwandten Sprachen aufzuzeigen (z. B. germanische und hochdeutsche Lautverschiebung, Great Vowel Shift),

(c) Inhalt und Aufbau der etymologischen Angaben (sofern sie vorgesehen sind) verständlicher zu machen.

4. Gestaltung

4.1. Umfang

In den bislang erwähnten Wörterbüchern schwankt die Länge der mit „Kurzgrammatik", „grammatischer Abriß" usw. überschriebenen Komponenten zwischen 13 Seiten (Pons-Globalwörterbuch Englisch-Deutsch) und 94 Seiten (Wahrig-DW). Bevorzugt wird allerdings in den meisten der untersuchten

Werke ein Umfang von 50—70 Seiten. (Eine Abhängigkeit vom Gesamtumfang des Wörterbuchs ist kaum auszumachen.) Wenn die Wörterbuchgrammatik auch unabhängig vom Wörterbuch ein brauchbares Hilfsmittel bei sprachlichen Problemen sein soll, kann sie wohl kaum wesentlich kürzer ausfallen, zumal wenn man bedenkt, daß manche separaten Grammatiken noch bei mehr als der doppelten Seitenzahl als „kurz" oder „klein" betitelt werden. Andererseits sollte sie möglichst knapp sein und nicht mit Details überfrachtet werden, damit sich der Benutzer in ihr rasch zurechtfindet; auch verlegerische Interessen sprechen dafür, einen Umfang von etwa 100 Seiten nicht zu überschreiten.

4.2. Plazierung und Darstellungsform

Die meisten Wörterbuchgrammatiken sind zusammenhängende, thematisch (meist nach Wortarten) gegliederte Darstellungen, die entweder vor dem Wörterverzeichnis stehen (z. B. Mackensen; Großwörterbuch Polnisch-Deutsch) oder danach (z. B. Dictionnaire Hachette; Pons-Globalwörterbuch Englisch-Deutsch). Daneben gibt es den Typus des grammatischen Lexikons, in dem die Auskünfte alphabetisch nach grammatischen Termini geordnet sind (s. Wahrig-DW; Lexis). Weil dadurch Zusammenhänge zerrissen werden und weil für den Benutzer nicht immer offensichtlich ist, unter welchem Stichwort er nachschlagen soll, erfordert dieses Vorgehen zahlreiche Querverweise — die wiederum bei der Informationssuche lästig sind. Zudem erscheint es unökonomisch, grammatische Termini zweimal zu erläutern anstatt das „grammatische Lexikon" ins allgemeine Wörterverzeichnis zu integrieren. Einen Schritt in diese Richtung tun einige Wörterbücher, in denen die Grammatik in Überblicksartikel zu einzelnen Themen aufgeteilt ist, die in der Nähe des zugehörigen Lemmas stehen (s. Sprach-Brockhaus; DFC). Das ist zwar wesentlich sinnvoller, als solche Übersichten willkürlich ins Wörterverzeichnis einzustreuen (s. Herder), hat aber auch den Nachteil, daß der Benutzer u. U. mehrfach blättern muß. Mir scheint es daher am günstigsten, an einer thematischen Gliederung festzuhalten; die Vorzüge der anderen Verfahren erreicht man auch dadurch, daß man der Grammatik einen umfassenden terminologischen Index beigibt sowie von den relevanten Lemmata auf das zugehörige Grammatikkapitel verweist. Um den raschen Zugriff auf die gewünschte Information zu erleichtern, sollte die Grammatik ferner klar gegliedert sein (vorzugsweise dezimal mit max. 3 Stellen). Übersichtliche Tabellen sind einer epischen Darstellung vorzuziehen, und im fortlaufenden Text sollten wichtige Termini, Regeln u. ä. durch geeignete typographische Mittel hervorgehoben werden.

4.3. Grammatikmodell und Terminologie

Wörterbuchgrammatiken bewegen sich zumeist im Rahmen eines traditionellen Begriffsapparats, dessen Grundstock auf griechische und römische Grammatiker zurückgeht. Da diese Tradition den mutter- und fremdsprachlichen Unterricht trotz aller Reformbestrebungen bis heute nachhaltig prägt, mag eine solche Praxis naheliegend erscheinen. Es ist aber einzuwenden, daß traditionelle Beschreibungen typischerweise Kategorien des Griechischen und Lateinischen in unangemessener Weise auf moderne Sprachen übertragen (Bsp. Tempussystem) und mit vagen Begriffen arbeiten (Bsp. Wortarten), also elementaren wissenschaftlichen Ansprüchen nicht genügen. Im übrigen kann man „die traditionelle Grammatik" nicht einmal als bekannt voraussetzen, weil sie in sich nicht einheitlich ist und weil der Wörterbuchbenutzer den Grammatikunterricht höchstwahrscheinlich nur widerwillig erduldet und möglichst rasch aus seinem Gedächtnis gestrichen hat. Es gibt daher keinen überzeugenden Grund dafür, Erkenntnisse der neueren Linguistik aus der Wörterbuchgrammatik auszuklammern. Allerdings wäre es nicht sinnvoll, der jeweils neuesten linguistischen Mode nachzulaufen oder gar ein ganz eigenes System von Begriffen und Termini anzubieten (wie Cellard 1980). Vielmehr kommt es in erster Linie darauf an, präzise Definitionen und klare Kriterien zu entwickeln; dann läßt sich auch mit manchen traditionellen Begriffen etwas anfangen. Dabei sollten vor allem die Bemühungen der strukturalistischen Linguistik um intersubjektiv nachvollziehbare Verfahren berücksichtigt werden. Dagegen sind Modelle wie die Generative Grammatik nicht für praxisbezogene Beschreibungen von Einzelsprachen entwickelt worden und eignen sich auch kaum für ein breites Publikum; einige Analysen sind es jedoch wert, übernommen zu werden. Während in der Sache moderne Ansätze aufgegriffen werden sollten, ist bei der Verwendung linguistischer Fachtermini Zurückhaltung angezeigt. Alltagssprachliche Formulierungen sind, soweit möglich, vorzuziehen; das darf aber nicht zu einer Versimpelung führen. (Diese Gefahr besteht besonders bei einem begrenzten Vokabular wie in LDOCE, wo z. B. der Terminus *Attribut* zugunsten von „a descriptive word or phrase" vermieden wird und *subject* erklärt ist als „the noun, pronoun, etc., which is most closely related to the verb in forming a sentence".) Bei den Bezeichnungen für Wortarten und Satzgliedfunktionen sowie grammatische Bedeutungen und Kategorien kann man sich weitgehend an der Tradition orientieren, wenn auch im Detail einige Modifikationen vonnöten sind. Wo sowohl (neo)klassische Termini (z. B. *Adjektiv*) als auch „einheimische" Wortbildungen (z. B. *Eigenschaftswort*) in Gebrauch sind, tut man dem Benutzer mit letzteren keinen Gefallen. Trotz ihrer vermeintlichen Durchsichtigkeit sind sie keineswegs ohne Erläuterung verständlich. Einige Benennungen sind nicht gerade aufschlußreich, z. B. *Beiwort* (das in Herder synonym zu Adjektiv ist, in Mackensen aber Oberbegriff für Adjektive, Adverbien und Numeralia); die meisten — wie *Gegenwart, Tätigkeitswort* — implizieren unbrauchbare und irreführende semantische „Definitionen". Zudem behindert terminologische Eigenbrötelei die internationale Kommunikation.

### 4.4. Beziehungen zu anderen Komponenten

Wörterbuchgrammatiken werden fast immer eigens für das betreffende Nachschlagewerk verfaßt; nur selten wird eine andernorts publizierte Darstellung übernommen (z. B. im Großwörterbuch Deutsch-Polnisch mit einer Übersetzung aus dem Leipziger Rechtschreibduden). Um so erstaunlicher ist es, daß meist kein Bezug zum Wörterbuch hergestellt wird, sieht man von den Fällen ab, wo Codes für Flexions- oder Satzmuster aufgelöst werden. Dazu paßt, daß viele Grammatiken nicht von den Verfassern des Wörterbuchs stammen (s. u. a. Wahrig-DW; Dictionnaire Hachette) und daß manche später separat erscheinen oder gar in andere Sprachen übersetzt werden (z. B. ein Standardwerk für das Ossetische, Abaev 1964). Selbst wenn die Grammatik von den Wörterbuchautoren geschrieben wird, ist es nicht selbstverständlich, daß sie auf die Angaben bei den Lemmata abgestimmt ist (und umgekehrt) — es sei denn, sie ist in die Hinweise zur Benutzung integriert. Letzteres erschwert aber eine rasche Orientierung über die im Wörterbuch befolgten Konventionen. Ich würde daher eine Arbeitsteilung nach folgendem Muster vorziehen:

— Die Grammatik vermittelt in erster Linie Informationen zur Sprache. Sie ist auf die Angaben bei den Lemmata ausgerichtet und nimmt daher auf deren Inhalt Bezug. Sie erläutert dabei die benutzten Fachtermini und die zum Verständnis wichtigen theoretischen Grundlagen der gewählten Darstellung, aber nicht die Form der Angaben.

— Den Aufbau des Wörterbuchs (Makro- und Mikrostruktur) beschreiben die Benutzerhinweise. Als knappe Gebrauchsanleitung dienen Musterartikel, in denen die diversen Textbestandteile markiert und kommentiert sind (vgl. Wahrig-DW, Vorsatz; W3, S. 8 f); von dort wird auf detailliertere Ausführungen verwiesen, die im wesentlichen die lexikographischen Instruktionen wiedergeben.

— Aussagen zu Anspruch und Entstehung des Wörterbuchs stehen im Vorwort. In einem primär für Laien gedachten Teil geht es darauf ein, was man von einem/ diesem Wörterbuch erwarten darf. Ein zweiter Teil, der sich eher an Fachleute richtet, beschreibt den lexikographischen und linguistischen Standort der Bearbeiter und begründet ihre Entscheidungen in Kernfragen wie der Datenbasis und der Selektion (vgl. Art. 68, 168 u. 169).

Zwischen diesen Komponenten sollte es Querverweise geben. Um die Informationen in der Grammatik besser zu erschließen, kann auch im Verzeichnis der Abkürzungen und Symbole sowie ggf. bei einzelnen Lemmata auf passende Paragraphen verwiesen werden (vgl. Ušakov, Sp. I—II; XIX—XX).

## 5. Wörterbuchgrammatik und Wörterbuchtyp

### 5.1. Allgemeine einsprachige Wörterbücher

Es gilt weiterhin als selbstverständlich, daß ein Wörterbuch für Muttersprachler vorrangig Bedeutungen erklären soll. Ob kompetente Sprecher tatsächlich im semantischen Bereich die meisten sprachlichen Probleme haben, sei dahingestellt. Jedenfalls stoßen sie auch immer wieder auf grammatische Zweifelsfälle, besonders beim Verfassen oder Korrigieren von Texten. Das wird zwar in Wörterbüchern insofern berücksichtigt, als bei den Lemmata Auskünfte zu Aussprache, Flexion und Syntax generell üblich sind; eine Grammatik wird aber oft für entbehrlich gehalten. Größere Verbreitung haben lediglich Flexionstabellen (vorzugsweise für unregel-

mäßige Verben). Für eine einigermaßen abgerundete Kurzgrammatik sprechen jedoch mehrere Gründe:
— Die Angaben bei den Lemmata können wesentlich ökonomischer ausfallen, wenn die Regelfälle unmarkiert bleiben. Die Auskünfte sind aber nur dann eindeutig, wenn die angenommenen Regeln explizit genannt werden.
— Manche Fragen sind nicht durch Angaben bei einzelnen Lemmata zu klären, sondern erfordern eine zusammenhängende Darstellung.
— Die im Wörterbuch verwendete grammatische Terminologie und das gewählte Beschreibungsmodell bedürfen der Erläuterung.

Eine Wörterbuchgrammatik könnte überdies dem Benutzer Strukturen und Funktionen seiner Muttersprache bewußt machen und ihm Einsichten über Sprache im allgemeinen vermitteln. Hier bietet sich die Chance, über das traditionelle Schulwissen hinauszugehen und gängige Fehleinschätzungen zu korrigieren.

5.2. Einsprachige Lernerwörterbücher

Wer beim Umgang mit einer Fremdsprache ein einsprachiges Wörterbuch zu Hilfe nimmt, muß bereits über grammatische Grundkenntnisse verfügen. Das mag einer der Gründe sein, warum klassische Lernerwörterbücher wie ALD[3] und LDOCE zwar viele grammatische Angaben (besonders zur Syntax einschließlich Kollokationen) bieten und sie in den Benutzerhinweisen ausführlich erklären, aber auf eine Nachschlagegrammatik verzichten. Ich halte es dagegen für wünschenswert, gerade „Lernern" (zu denen ich nicht nur Schüler oder Studenten rechne, sondern alle, deren Kompetenz nicht der eines Muttersprachlers gleichkommt) ein Werk anzubieten, das die meisten Zweifelsfragen bei der Textproduktion und -rezeption beantworten kann, unabhängig davon, ob sie sich an einzelnen Lemmata festmachen lassen (vgl. die Untersuchung von Wiegand 1985a, 77; 83). Eine Grammatik in der Fremdsprache dürfte allerdings manche Benutzer überfordern, wenn sie nicht sehr klar und einfach formuliert ist. Vielleicht könnte man für die größten Zielgruppen zusätzlich grammatische Beihefte in der jeweiligen Muttersprache (evtl. kombiniert mit einer Benutzungsanleitung) produzieren. Bei der Auswahl und Gewichtung der Themen sollten nach Möglichkeit Bereiche Vorrang haben, die Lernern der betreffenden Sprache besondere Schwierigkeiten bereiten. Vermutlich wird man Morphologie und Syntax breiten Raum geben müssen, doch sollte insbesondere die Pragmatik nicht vernachlässigt werden.

5.3. Zweisprachige Wörterbücher

Bei einem zweisprachigen Wörterbuch stellt sich die Frage, für welche Sprache und in welcher Sprache eine Grammatik abgefaßt werden sollte. Es ist naheliegend, daß wie bei den Informationen in den Artikeln die Muttersprache des Benutzers zur Beschreibung der ihm fremden Sprache dienen sollte (vgl. Kromann/Riiber/Rosbach 1984, 224 u. passim sowie Art. 285). Ist die Fremdsprache Zielsprache, so sollte die Grammatik auf die Textproduktion abheben; ist sie Ausgangssprache, so sollte die Textrezeption im Vordergrund stehen. (Ein Sprecher des Deutschen kann aber z. B. ein polnisch-deutsches Wörterbuch durchaus als Hilfe beim Formulieren polnischer Texte ohne deutsche Vorlage verwenden, wenn es grammatische Angaben zu den Lemmata enthält. Diese Möglichkeit fehlt in der Typologie von Duda u. a. 1986, 5 f.) Diese Prinzipien werden jedoch nicht immer befolgt. Vor allem bei Wörterbüchern, die paarweise (für beide Übersetzungsrichtungen) angeboten werden, hat es sich eingebürgert, ohne Rücksicht auf die Zielgruppe eine Grammatik für die Ausgangssprache beizufügen. Das geht so weit, daß man eine tschechische Kurzgrammatik für Deutsche im zweibändigen Tschechisch-Deutschen Wörterbuch findet, das Flexionsangaben nur bei den deutschen Äquivalenten macht und Hinweise zur Bedeutungsdiskriminierung auf tschechisch gibt, also insofern tschechische Benutzer voraussetzt; ohne morphologische Angaben bei den Lemmata ist die Grammatik übrigens von sehr begrenztem Wert. Etwas anders zu beurteilen ist ein baschkirisch-russisches Wörterbuch, das sich vor allem an Sprecher des Baschkirischen wendet, aber im Interesse anderer Benutzer eine Grammatik dieser Sprache auf russisch enthält (s. Baškirsko-russkij slovar'). Hier spielt eine Rolle, daß es an Beschreibungen des Russischen nicht mangelt, während das Baschkirische in geringerem Maße dokumentiert ist. Ideal wäre es natürlich, wenn ein Wörterbuch, das von Sprechern beider Sprachen benutzt werden soll, für jede Sprache eine Grammatik in der jeweils anderen enthielte (für die Ausgangssprache zur Rezeption, für die Zielsprache zur Produktion).

Schließlich kann es angebracht sein, dem Benutzer neben einer Grammatik der Fremdsprache auch eine der Muttersprache anzubieten, z. B. wenn man nicht voraussetzen kann, daß er an muttersprachlichem Grammatikunterricht teilgenommen hat. Das trifft u. a. in afrikanischen Staaten zu, wo die Sprache der ehemaligen Kolonialherren im Schulsystem noch dominiert oder bis vor kurzem dominierte. — Aus der Festlegung der Benutzergruppe ergeben sich auch Folgerungen für den Inhalt der Grammatik: im allgemeinen wird man die Prioritäten nach kontrastiven Gesichtspunkten setzen. Bei der Darstellung sollte man die gängigsten Lehrwerke berücksichtigen und ggf. auf wichtige Abweichungen in der Terminologie oder der Analyse aufmerksam machen.

5.4. Spezialwörterbücher

Die in diesem Handbuch vorgestellten Typen von Spezialwörterbüchern (s. Art. 94—166) lassen sich mit Blick auf die Wörterbuchgrammatik grob in vier Gruppen einteilen:

(1) Eine Grammatik erübrigt sich, wenn der Benutzer kaum einschlägige Fragen an dieses Wörterbuch richten wird. Das dürfte z. B. für Zitatenwörterbücher, Reimwörterbücher, Schimpfwörterbücher, Häufigkeitswörterbücher u. v. a. gelten.

(2) Eine Kurzgrammatik, die inhaltlich der in einem allgemeinen Wörterbuch ähnelt, ist in Reisewörterbüchern üblich und kommt auch bei Wörterbüchern für den Sprachunterricht sowie bei Gebrauchswörterbüchern für Dialekte oder Sprachstadien in Frage.

(3) Einzelne Themen aus dem in diesem Artikel erörterten Katalog (s. 3.) sind für eine Reihe von Spezialwörterbüchern unmittelbar relevant. Man braucht also z. B. allgemeine Überblicke

— zur Phonetik und Phonologie im Aussprachewörterbuch,
— zur Graphemik im Orthographiewörterbuch,
— zur Morphophonemik und Flexion im Flexionswörterbuch,
— zur Wortbildung im Wörterbuch der Wortbildungsmittel,
— zur Syntax im Konstruktions- oder Kollokationswörterbuch,
— zur Sprachgeschichte im etymologischen Wörterbuch.

(4) In einigen Fällen weist das dargestellte Sprachmaterial grammatische Besonderheiten auf, die in einem Vorspann erörtert werden sollten. Zu denken ist beispielsweise an Probleme bei der Schreibung, Aussprache und Flexion von Fremdwörtern, an spezifische syntaktische Strukturen in Sprichwörtern oder an die Morphologie von Namen. Besonders wichtig wären Hinweise zur Wortbildung in bestimmten Fachsprachen. So gibt es z. B. separate Einführungen in die medizinische und die chemische Terminologie, aber nur wenige Fachwörterbücher, die vergleichbare Informationen bieten.

## 6. Literatur (in Auswahl)

### 6.1. Wörterbücher

*ALD*[1] = A. S. Hornby/E. V. Gatenby/H. Wakefield: A Learner's Dictionary of Current English. London 1948 [xxvii, 1527 S.].

*ALD*[3] = A. S. Hornby/A. P. Cowie/J. Windsor Lewis: Oxford Advanced Learner's Dictionary of Current English. 3rd edition. Oxford 1974 [xxvii, 1055 S.].

*Baškirsko-russkij slovar'* = Baškirsko-russkij slovar'/Bašqortsa-russa hüźlek. Moskva 1958 [804 S.].

*CULD* = Chambers Universal Learners' Dictionary. Ed. by E. M. Kirkpatrick. Edinburgh. Frankfurt. Berlin. München 1980 [xx, 907 S.].

*DFC* = Jean Dubois/René Lagane/Georges Niobey/Didier Casalis/Jacqueline Casalis/Henri Meschonnic: Dictionnaire du français contemporain. Paris 1966 [XXIV, 1224 S.].

*Dictionnaire Hachette* = Dictionnaire Hachette de la langue française [Paris] 1980 [1813 S.].

*DUW* = Duden. Deutsches Universalwörterbuch. Hrsg. u. bearb. vom Wissenschaftlichen Rat und den Mitarbeitern der Dudenredaktion unter Leitung von Günther Drosdowski. Mannheim. Wien. Zürich 1983 [1504 S.].

*Das Große Deutsch-Russische Wörterbuch* = Bol'šoj nemecko-russkij slovar'/Das Große Deutsch-Russische Wörterbuch. Autoren: E. I. Leping/N. P. Strachova/N. I. Filičeva/M. Ja. Cvilling/R. A. Čerfas. Hrsg. von O. I. Moskal'skaja. 2 Bde. Moskva 1969 [760; 680 S.].

*Großwörterbuch Deutsch-Polnisch* = Jan Piprek/Juliusz Ippoldt: Wielki słownik niemiecko-polski/Großwörterbuch Deutsch-Polnisch. 2 Bde. Wydanie 5. Warszawa 1982 [XVI, 1032; XVI, 1084 S.].

*Großwörterbuch Polnisch-Deutsch* = Jan Piprek/Juliusz Ippoldt/[Bd. 2:] Tadeusz Kachlak/Alina Wójcik/Aniela Wójtowicz: Wielki słownik polsko-niemiecki/Großwörterbuch Polnisch-Deutsch. 2 Bde. Wydanie 3. Warszawa 1980 [XLVII, 983; XVIII, 1138 S.].

*Handwörterbuch Polnisch-Deutsch* = Jan Chodera/Stefan Kubica/Andrzej Bzdęga: Handwörterbuch Polnisch-Deutsch/Podręczny słownik polsko-niemiecki. 2., verb. Aufl. Berlin. München. Wien. Zürich. Warszawa 1977 [XVI, 1018 S.].

*HDG* = Handwörterbuch der deutschen Gegenwartssprache. Von einem Autorenkollektiv unter der Leitung von Günter Kempcke. 2 Bde. Berlin [DDR] 1984 [zs. XXXI, 1399 S.].

*Helbig/Schenkel* = Gerhard Helbig/Wolfgang Schenkel: Wörterbuch zur Valenz und Distribution deutscher Verben. 4. Aufl. Leipzig 1978 [458 S.; 1. Aufl. 1969].

*Herder* = Herders Sprachbuch. Ein neuer Weg zu gutem Deutsch. Rechtschreibung — Trennung — Aussprache — Bedeutung — Herkunft von rund 60 000 Wörtern. 36 Rahmenartikel zu Sprachlehre — Sprachkunde — Sprachgebrauch, neu bearb. von Kurt Abels. 1. [Taschenbuch-]Aufl. Freiburg. Basel. Wien 1973 (Herderbücherei 470) [XXVIII, 804 S.; zuerst 1960].

*Langenscheidts Universal-Wörterbuch Slowenisch* = J. Kotnik: Langenscheidts Universal-Wörterbuch Slowenisch. Slowenisch-Deutsch. Deutsch-Slowenisch/Langenscheidtov univerzalni slovar slovenski. Slovensko-nemški. Nemško-slovenski. 6. Aufl. Berlin. München. Zürich 1973 [399 S.].

*LDOCE* = Longman Dictionary of Contemporary English. Paul Procter, Editor-in-Chief/Robert F. Ilson, Managing Editor/John Ayto, Senior Editor. Harlow 1978 [xxxix, 1303 S.].

*The Learner's Russian-English Dictionary* = Boris Aronovič Lapidus/Svetlana Vasil'evna Ševcova: The Learner's Russian-English Dictionary for Foreign Students of Russian/Russko-anglijskij učebnyj slovar' dlja inostrancev, izučajuščich russkij jazyk. 3rd stereotype edition. Moskva 1980 [552 S.].

*Lexis* = Lexis. Dictionnaire de la langue française. Paris 1975 [LXXIX, 1950 S.].

*Mackensen* = Lutz Mackensen: Deutsches Wörterbuch. Rechtschreibung. Grammatik. Stil. Worterklärungen. Abkürzungen. Aussprache. Fremdwörterlexikon. Geschichte des deutschen Wortschatzes. 12., völlig neu bearb. u. stark erw. Aufl. unter Mitarbeit von Gesine Schwarz-Mackensen. München 1986 [XLIV, 1219 S.; zuerst 1952].

*ODCIE-2* = A. P. Cowie/R. Mackin/I. R. McCaig: Oxford Dictionary of Current Idiomatic English. Volume 2: Phrase, Clause & Sentence Idioms. London 1983 [xiii, 685 S.].

*Pons-Globalwörterbuch Englisch-Deutsch* = Roland Breitsprecher/Veronika Calderwood-Schnorr/Peter Terrell/Wendy V. A. Morris: Pons-Globalwörterbuch Englisch-Deutsch/Collins English-German Dictionary. Stuttgart. London. Glasgow 1983 [XVIII, 1390 S.].

*Der Sprach-Brockhaus* = Der Sprach-Brockhaus. Deutsches Bildwörterbuch von A—Z. 9., neu bearb. u. erw. Aufl. Wiesbaden 1984 [972 S.; zuerst 1935].

*Tschechisch-deutsches Wörterbuch* = Česko-německý slovník/Tschechisch-deutsches Wörterbuch. Unter Leitung u. Red. von Hugo Siebenschein. 2 Bde. Praha 1968 [zus. IL, 1523 S.].

*Tysk-dansk ordbog* = Egon Bork/Ernst Kaper: Tysk-dansk ordbog. 11. udgave ved Egon Bork. København 1981 [570 S.].

*Ušakov* = Tolkovyj slovar' russkogo jazyka. Red.: D. N. Ušakov. 4 Bde. Moskva 1935—1940 [LXXVI, 1568; 1040; 1424; 1504 Sp.].

*Wahrig-dtv* = dtv-Wörterbuch der deutschen Sprache. Hrsg. von Gerhard Wahrig in Zusammenarbeit mit zahlreichen Wissenschaftlern und anderen Fachleuten. München 1978 (dtv 3136) [943 S.].

*Wahrig-DW* = Gerhard Wahrig: Deutsches Wörterbuch. Hrsg. in Zusammenarbeit mit zahlreichen Wissenschaftlern und anderen Fachleuten. Völlig überarb. Neuausgabe. München 1986 [1493 S.; zuerst 1966].

*WDG* = Wörterbuch der deutschen Gegenwartssprache. Hrsg. von Ruth Klappenbach/Wolfgang Steinitz. 6 Bde. Berlin [DDR] 1964—1977 [zs. 036, 4579 S.; Lieferungen ab 1961; div. verb. Nachdrucke einzelner Bände].

*WNW* = Webster's New World Dictionary of the American Language. College Edition. Cleveland. New York 1962 [xxxvi, 1724 S.].

*W3* = Webster's Third New International Dictionary of the English Language. Philip Babcock Gove, Editor in Chief. 2 Bde. Springfield, Mass. 1971 [zs. 72 a, 2662 S.].

*W9* = Webster's Ninth New Collegiate Dictionary. Springfield, Mass. 1985 [1563 S.].

*Wörterbuch Albanisch-Deutsch* = Oda Buchholz/Wilfried Fiedler/Gerda Uhlisch: Wörterbuch Albanisch-Deutsch. Leipzig 1977 [739 S.].

6.2. Sonstige Literatur

*Abaev 1964* = V. I. Abaev: A Grammatical Sketch of Ossetic [Hrsg. Herbert H. Paper, Übs. Steven P. Hill]. Bloomington, Ind. The Hague 1964. [zuerst russ. 1952/1959].

*Achmerov 1958* = K. Z. Achmerov: Kratkij očerk grammatiki baškirskogo jazyka. In: Baškirskorusskij slovar', 743—804.

*Bergenholtz 1984* = Henning Bergenholtz: Grammatik im Wörterbuch: Wortarten. In: Studien zur neuhochdeutschen Lexikographie IV. Hrsg. von Herbert Ernst Wiegand. Hildesheim. Zürich. New York 1984 (Germanistische Linguistik 1—3/83), 19—72.

*Bergenholtz/Mugdan 1979* = Henning Bergenholtz/Joachim Mugdan: Einführung in die Morphologie. Stuttgart. Berlin. Köln. Mainz 1979 (Urban-Taschenbücher 296).

*Bergenholtz/Mugdan 1984* = Henning Bergenholtz/Joachim Mugdan: Grammatik im Wörterbuch: von *ja* bis *Jux*. In: Studien zur neuhochdeutschen Lexikographie V. Hrsg. von Herbert Ernst Wiegand. Hildesheim. Zürich. New York 1984 (Germanistische Linguistik 3—6/84), 47—102.

*Bergenholtz/Mugdan 1985* = Henning Bergenholtz/Joachim Mugdan: Linguistic Terms in German and English Dictionaries. In: Lexicographica 1. 1985, 3—23.

*Bergenholtz/Mugdan 1986* = Henning Bergenholtz/Joachim Mugdan: Der neue „Super-Duden": Die authentische Darstellung des deutschen Wortschatzes? In: Studien zur neuhochdeutschen Lexikographie VI, 1. Teilband. Hrsg. von Herbert Ernst Wiegand. Hildesheim. Zürich. New York 1986 (Germanistische Linguistik 84—86 1986), 1—149.

*Berger 1974* = Hermann Berger: Das Yasin-Burushaski (Werchikwar). Grammatik, Texte, Wörterbuch. Wiesbaden 1974 (Neuindische Studien 3).

*Bybee 1985* = Joan L. Bybee: Morphology. A Study of the Relation between Meaning and Form. Amsterdam. Philadelphia 1985 (Typological Studies in Language 9).

*Carstensen 1969* = Broder Carstensen: Grammatik und Wörterbuch: Kriterien zur Abgrenzung syntaktischer und semantischer Informationen. In: Neusprachliche Mitteilungen 22. 1969, 8—17.

*Cellard 1980* = Jacques Cellard: Des mots du dictionnaire aux mots de la parole. In: Dictionnaire Hachette, 1717—1771.

*Comrie 1985* = Bernard Comrie: Tense. Cambridge. London. New York. New Rochelle. Melbourne. Sidney 1985.

*Comrie/Smith 1977* = Bernard Comrie/Norval Smith: Lingua Descriptive Studies: Questionnaire. In: Lingua 42. 1977, 1—72.

*Duda u. a. 1986* = Walter Duda/Maria Frenzel/Egon Wöller/Tatjana Zimmermann: Zu einer Theorie der zweisprachigen Lexikographie. Überlegungen zu einem neuen russisch-deutschen Wörterbuch. Berlin [DDR] 1986 (Linguistische Studien. Reihe A. Arbeitsberichte 142).

*Dzokanga 1979* = Adolphe Dzokanga: Dictionnaire Lingala-Français suivi d'une grammaire lingala. Leipzig 1979.

*Ek 1977* = J[an] A[te] van Ek: The Threshold Level for Modern Language Learning in Schools. [London] 1977.

*Gili 1967* = Joan Gili: Introductory Catalan Grammar. 3rd edition. Oxford 1967 [¹1943].

*Goldin 1980* = Z. D. Goldin: A key to the dictionary forms of Russian words. In: The Learner's Russian-English Dictionary, 501—550.

*Jespersen 1924* = Otto Jespersen: The Philosophy of Grammar. London 1924.

*Käge 1982* = Otmar Käge: Noch „ugs." oder schon „derb"? Bemerkungen und Vorschläge zur Praxis der stilistischen Markierungen in deutschen einsprachigen Wörterbüchern. In: Studien zur neuhochdeutschen Lexikographie II. Hrsg. von Herbert Ernst Wiegand. Hildesheim. New York 1982 (Germanistische Linguistik 3—6/80), 109—120.

*Kromann/Riiber/Rosbach 1984* = Hans-Peder Kromann/Theis Riiber/Poul Rosbach: Überlegungen zu Grundfragen der zweisprachigen Lexikographie. In: Studien zur neuhochdeutschen Lexikographie V. Hrsg. von Herbert Ernst Wiegand. Hildesheim. Zürich. New York 1984 (Germanistische Linguistik 3—6/84), 159—238.

*Kruisinga 1931* = E. Kruisinga: Grammar and Dictionary. In: English Studies 13. 1931, 7—14.

*Leech 1971* = Geoffrey N. Leech: Meaning and the English Verb. London 1971.

*Lemmens/Wekker 1986* = Marcel Lemmens/Herman Wekker: Grammar in English Learners' Dictionaries. Tübingen 1986 (Lexicographica. Series Maior 16).

*Ludewig 1986* = Walter Ludewig: Lexikon der deutschen Sprachlehre [erw. vom Hrsg., neu bearb. von Barbara Kaltz]. In: Wahrig-DW, 27—120.

*Malkiel 1971* = Yakov Malkiel: Lexicography. In: The Learning of Language. Ed. by Caroll E. Reed. New York 1971, 363—387.

*Mel'čuk 1981* = Igor A. Mel'čuk: Meaning-Text Models: A Recent Trend in Soviet Linguistics. In: Annual Review of Anthropology 10. 1981, 27—62.

*Mugdan 1977* = Joachim Mugdan: Flexionsmorphologie und Psycholinguistik. Untersuchungen zu sprachlichen Regeln und ihrer Beherrschung durch Aphatiker, Kinder und Ausländer, am Beispiel der deutschen Substantivdeklination. Tübingen 1977 (Tübinger Beiträge zur Linguistik 82).

*Mugdan 1983* = Joachim Mugdan: Grammatik im Wörterbuch: Flexion. In: Studien zur neuhochdeutschen Lexikographie III. Hrsg. von Herbert Ernst Wiegand. Hildesheim. Zürich. New York 1983 (Germanistische Linguistik 1—4/82), 179—237.

*Mugdan 1984a* = Joachim Mugdan: Jan Baudouin de Courtenay (1845—1929): Leben und Werk. München 1984.

*Mugdan 1984b* = Joachim Mugdan: Grammatik im Wörterbuch: Wortbildung. In: Studien zur neuhochdeutschen Lexikographie IV. Hrsg. von Herbert Ernst Wiegand. Hildesheim. Zürich. New York 1984 (Germanistische Linguistik 1—3/83) 237—803.

*Mugdan 1985* = Joachim Mugdan: Pläne für ein grammatisches Wörterbuch. Ein Werkstattbericht. In: Lexikographie und Grammatik, Akten des Essener Kolloquiums zur Grammatik im Wörterbuch 28.—30. 6. 1984. Hrsg. von Henning Bergenholtz/Joachim Mugdan. Tübingen 1985 (Lexicographica. Series Maior 3), 187—224.

*Mugdan 1986* = Joachim Mugdan: Was ist eigentlich ein Morphem? In: Zeitschrift für Phonetik, Sprachwissenschaft und Kommunikationsforschung 39. 1986, 29—43.

*Müller 1984* = Wolfgang Müller: Zur Praxis der Bedeutungserklärung (BE) in (einsprachigen) deutschen Wörterbüchern und die semantische Umkehrprobe. In: Studien zur neuhochdeutschen Lexikographie V. Hrsg. von Herbert Ernst Wiegand. Hildesheim. Zürich. New York 1984 (Germanistische Linguistik 3—6/84), 359—461.

*Särkkä 1984* = Heikki Särkkä: Improving the usability of the Finnish comprehension dictionary. In:

LEXeter '83 Proceedings. Papers from the International Conference on Lexicography at Exeter, 9—12 September 1983. Ed. by R[einhard] R. K. Hartmann. Tübingen 1984 (Lexicographica. Series Maior 1), 268—273.

*Schuchardt 1917* = Hugo Schuchardt: Ferdinand de Saussure, Cours de linguistique générale [Rez.]. In: Literaturblatt für germanische und romanische Philologie 38. 1917, Sp. 1—9.

*Sweet 1892* = Henry Sweet: A New English Grammar Logical and Historical. Part I: Introduction, Phonology, and Accidence. Oxford 1892.

*Sweet 1964 [1899]* = Henry Sweet: The Practical Study of Languages. A Guide for Teachers and Learners. London 1964 (Language and Language Learning 1) [zuerst 1899].

*Tokarski 1980* = Jan Tokarski: Elementy gramatyki polskiej. Grundlagen der polnischen Grammatik. In: Großwörterbuch Polnisch-Deutsch, XIX-XLVII.

*Wallis 1765* = John Wallis: Grammatica lingvae anglicanae. Cvi praefigitvr, de loqvela; sive de sonorvm omnivm loqvelarivm formatione: tractatvs grammatico-physicvs. Editio sexta. London 1765. Faksimile in: John Wallis: Grammar of the English Language with an introductory grammatico-physical treatise on speech (or on the formation of all speech sounds) [Hrsg. u. Übs. J. A. Kemp]. London 1972, 74—377 [1. Aufl. 1653].

*Wiegand 1981* = Herbert Ernst Wiegand: Pragmatische Informationen in neuhochdeutschen Wörterbüchern. Ein Beitrag zur praktischen Lexikologie. In: Studien zur neuhochdeutschen Lexikographie I. Hrsg. von Herbert Ernst Wiegand. Hildesheim. New York 1981 (Germanistische Linguistik 3—4/79), 139—271.

*Wiegand 1985a* = Herbert Ernst Wiegand: Fragen zur Grammatik in Wörterbuchbenutzungsprotokollen. Ein Beitrag zur empirischen Erforschung der Benutzung einsprachiger Wörterbücher. In: Lexikographie und Grammatik. Akten des Essener Kolloquiums zur Grammatik im Wörterbuch 28.—30. 6. 1984. Hrsg. von Henning Bergenholtz/ Joachim Mugdan. Tübingen 1985 (Lexicographica. Series Maior 3), 20—98.

*Wiegand 1985b* = Herbert Ernst Wiegand: Eine neue Auffassung der sog. lexikographischen Definition. In: Symposium on Lexicography II. Proceedings of the Second International Symposium on Lexicography May 16—17, 1984 at the University of Copenhagen. Ed. by Karl Hyldgaard-Jensen/Arne Zettersten. Tübingen 1985 (Lexicographica. Series Maior 5), 15—100.

*Zolotova 1980* = G. A. Zolotova: An Essay on Russian Syntax. In: The Learner's Russian-English Dictionary, 467—488.

*Joachim Mugdan, Münster
(Bundesrepublik Deutschland)*

## 65. Wörterbuchvorwörter

1. Wörterbuchvorwörter als heterogene Wörterbuchbauteile
2. Zur Vorwort-Praxis in allgemeinen einsprachigen Wörterbüchern des Deutschen
3. Probleme des Wörterbuchvorworts
4. Wege zu funktionsgerechteren Wörterbuchvorwörtern
5. Literatur (in Auswahl)

### 1. Wörterbuchvorwörter als heterogene Wörterbuchbauteile

1.1. Neben dem Wörterverzeichnis mit den Wortartikeln (oder Wörterbuchartikeln) als der primären lexikographischen Textsorte enthalten Wörterbücher regelmäßig in ihrem Vorspann und zum Teil auch als Nachspann Bauteile, die zu anderen Textsorten gehören (vgl. Art. 36). Für alle Typen von Wörterbüchern obligatorisch ist davon der Bauteil Wörterbuchvorwort (auch Wörterbucheinleitung). Häufig ist das Vorwort durch gesonderte Paginierung mit meist römischen Ziffern, seltener durch andere zusätzliche Markierungen wie z. B. farbigen Außensteg (HDG) vom Wörterverzeichnis abgehoben. Wörterbuchvorwörter in dem hier zugrunde gelegten weiten Sinn können aus mehreren Teilen bestehen, was zu ihrem in der Regel recht heterogenen Erscheinungsbild beiträgt. Insgesamt kommt den Vorwörtern die Aufgabe zu, dem Benutzer die Gestaltung des gegebenen Wörterbuches zu erschließen und zu erläutern und ihn zu einem zweckgerechten Umgang mit dem Wörterbuch anzuleiten. Relativ zu verschiedenen Wörterbuchtypen und entsprechend verschiedenen Benutzungsarten und -situationen bei ein und demselben Wörterbuchtyp ergeben sich differenzierte Anforderungen und Erwartungen an die Gestaltung der Wörterbuchvorwörter (vgl. 3.).

1.2. Die am häufigsten und jeweils unter verschiedenen konkurrierenden Bezeichnungen sowie in unterschiedlicher Auswahl und Kombination in Wörterbuchvorwörtern vorkommenden Bestandteile sind:

(a) das Vorwort im engeren Sinn (auch Vorbemerkung, Geleitwort, engl. General Introduction, Preface, Foreword, russ. Predislovie, Ot redakcii o. ä.), in dem Verlag, Redaktion, Herausgeber oder Autor(en) die Zielsetzung des betreffenden Wörterbuches knapp umreißen; in späteren Auflagen werden öfter Vorwörter zur ersten und/oder zu anderen früheren Auflagen ganz oder teilweise wiederabgedruckt (z. B. Paul, COD, Ožegov),

(b) Benutzungshinweise (auch Vorrede, Vorwort, Anlage und Artikelaufbau, engl. Guide to the Dictionary, Using the dictionary, russ. Vvedenie, Kak pol'zovat'sja slovarem o. ä.), die in der Regel den zentralen und umfangreichsten Teil des Wörterbuchvorworts ausmachen (vgl. Art. 66, 292);

(c) Verzeichnisse der im Wörterbuch verwendeten Abkürzungen, Zeichen und Symbole;

(d) Quellenverzeichnis, Literaturhinweise (vgl. Art. 63);

(e) Sprachinformationen besonders zur Formenbildung und Syntax, oft als Tabellen (vgl. Art. 64);

(f) Inhaltsverzeichnisse zum Wörterbuch oder zum Wörterbuchvorwort, seltener Register zum Vorwort (WDG, Brockhaus-Wahrig, Ušakov);

(g) Druckfehler- und andere Berichtigungen sowie Nachträge (vgl. Art. 67);

(h) Verzeichnis der Mitarbeiter (engl. Editorial Staff, Contributors), auch der Informanten (HDG, OED-S);

(i) besonders in englischen und amerikanischen Wörterbüchern ist häufig ein besonderer Abschnitt mit Danksagungen (engl. Acknowledgments) enthalten (OALD, COD).

Die Teile (c), (d), (e), (f), (g) sind mitunter auch im Wörterbuchnachspann zu finden. Manche Wörterbücher enthalten darüber hinaus im Vorspann in sich geschlossene Teile bzw. Abhandlungen ohne direkte Bezugnahme auf das gegebene Wörterbuch (1. Aufl. Adelung, Wahrig, Webster). Diese wie auch enzyklopädische Informationen verschiedener Art (vgl. Art. 67), die oft in Form von Listen und Übersichten im Wörterbuchnachspann zu finden sind (Webster, OALD), zählen nicht zum eigentlichen Wörterbuchvorwort entsprechend seiner in 1.1. fixierten Funktion.

## 2. Zur Vorwort-Praxis in allgemeinen einsprachigen Wörterbüchern des Deutschen

Wörterbuchvorwörter geben nicht nur Auskunft über Inhalt und Gestalt des jeweils gegebenen Wörterbuches, sondern sind zugleich ein Reflex des Lexikographieverständnisses und des metalexikographischen Problembewußtseins ihrer Verfasser. Seit den großen, mehrbändigen Wörterbüchern des 18. und 19. Jh. sind explizite Darlegungen zu diesen Aspekten in den Vorwörtern deutlich zurückgegangen. Während in den „Vorreden" z. B. zu Adelung, zu Campe und besonders zu Grimm der Begründung der jeweiligen Praxis und der weitläufigen Problemerörterung in Auseinandersetzung mit Vorläufern und Zeitgenossen — oft in Form veritabler Abhandlungen — breiter Raum gegeben wird, beschränken sich die Vorwörter der meisten neueren Wörterbücher auf mehr oder weniger ausführliche technische Erläuterungen des Wörterbuch- und Artikelaufbaus im Sinne von Benutzungshinweisen (vgl. Art. 66). Das umfangreichste und gründlichste Vorwort eines allgemeinen deutschsprachigen Wörterbuches des 20. Jh. findet sich im Wörterbuch der deutschen Gegenwartssprache (WDG); es behandelt die wesentlichen Aspekte der Makro-, Medio- und Mikrostruktur des Wörterbuches.

Die Vorwörter der nachfolgenden größeren Wörterbücher sind in ähnlicher Weise gegliedert (Duden-GWB, Duden-DUW, Wahrig, Brockhaus-Wahrig, HDG), während kleinere einbändige Wörterbücher meist mit kurzen Vorbemerkungen auskommen. — In ihrer herkömmlichen Art sind die Vorwörter sowohl für den im Wörterbuch nach sprachlicher Auskunft suchenden Benutzer als auch für den sprachwissenschaftlich motivierten Benutzer nicht voll befriedigend. Einerseits sind sie mit einem Umfang von 20 und mehr Seiten als Benutzungshinweise einfach zu lang und uneffektiv; diese Einsicht mag dazu geführt haben, daß manchen Vorwörtern ihr Hauptinhalt nochmals in Form kurzgefaßter und — nach einem in englischsprachigen Wörterbüchern häufig geübten Brauch (z. B. OALD, LDOCE) — graphisch aufbereiteter Hinweise zur Benutzung auf dem Vorsatz (Wahrig) oder im Vorspann (Brockhaus-Wahrig ab Bd. 2) beigefügt wird, um so der Forderung nach rascher, übersichtlicher Information besser zu entsprechen. Andererseits bleiben die Vorwörter dem linguistisch,

## VORWORT

### Gliederung

| | |
|---|---|
| Allgemeine Vorbemerkungen | 03 |
| I. Der Aufbau der Artikel | 05 |
| II. Die Bedeutungen | 07 |
| III. Die Bewertungen und Kennzeichnungen | 011 |
|    A. Die Stilschichten und Stilfärbungen | 012 |
|    B. Die Kennzeichnung der zeitlichen Zuordnung | 014 |
|    C. Die Kennzeichnung der räumlichen Zuordnung | 015 |
|    D. Die Kennzeichnung der Fach- und Sondergebiete | 016 |
| IV. Auswahl und Ansatz der Stichwörter | 018 |
| V. Die grammatischen Angaben | 021 |
| VI. Die Zitate | 023 |
| VII. Die Aussprache | 025 |
| VIII. Die Herkunft | 027 |
| Typographisches | 031 |
| Abkürzungsverzeichnis | 033 |
| Register zum Vorwort | 037 |

Textbeispiel 65.1: Vorwortgliederung (aus: WDG 1964, 03)

besonders metalexikographisch interessierten Leser zu viele Auskünfte über die Konzeption des gegebenen Wörterbuches und die Grundlagen seiner Ausarbeitung schuldig. Allgemeine Behauptungen ohne Erläuterung und Nachweis wie z. B. die folgenden werden dem fachinternen Informationsbedürfnis nicht gerecht:

„Stärker, als es bisher in der Lexikographie üblich war, arbeitet es [das Wörterbuch] mit sprachwissenschaftlichen Methoden die Bedeutungen heraus" (Duden-GWB, 1);

„Zum ersten Mal hat hier ein Computer von Anfang an [...] beim Erstellen eines deutschen Wörterbuches mitgewirkt" (Brockhaus-Wahrig, Bd. 1, 5).

Bei Projekten der kommerziellen Verlagslexikographie beeinträchtigen häufig wörterbuchfremde Gesichtspunkte (Konkurrenz, Selbstreklame) die sachliche und umfassende Offenlegung der jeweiligen Praxis der lexikographischen Spracherforschung und -beschreibung (vgl. Art. 11).

### 3. Probleme des Wörterbuchvorworts

Die Befunde, die in 2. anhand der Vorwörter zu allgemeinen deutschsprachigen Wörterbüchern gewonnen worden sind, lassen — ungeachtet der hier nicht zu behandelnden Spezialprobleme bei den einzelnen Wörterbuchtypen — als generelles Problem von Wörterbuchvorwörtern ihre häufig zu wenig ihrer Funktion entsprechende Gestaltung erkennen. Die Verfasser der Vorwörter wenden sich im Bewußtsein der unterschiedlichen Wörterbuchbenutzungsarten an einen heterogenen Adressatenkreis und versuchen, in zumeist ein und demselben Text sowohl fachexterne als auch fachinterne Informationsbedürfnisse zu befriedigen. Das dabei entstehende Dilemma haben Wiegand/Kučera am Beispiel der Beschreibung der Mikrostruktur im Vorwort zum Brockhaus-Wahrig gezeigt:

„[...] die Erklärung des Artikelaufbaus zur raschen, störungsfreien und optimalen Benutzung eines Wörterbuchs durch den Laien verlangt andere Darstellungsmittel verbaler und sonstiger Art und ist auch textsortenmäßig grundsätzlich verschieden von der Erklärung des Artikelaufbaus für die wissenschaftliche Benutzung. [...] Die Hinwendung zu den beiden Adressatenkreisen bewirkt eine intentionale Doppelstruktur, die sich in einer heterogenen illokutiven Textstruktur zeigt." (Wiegand/Kučera 1981, 117).

Der Ausweg kann in der von Wiegand (1981, 201) gegebenen, von Herberg (1985) aufgegriffenen und weitergeführten Anregung bestehen, in Wörterbuchvorwörtern die Hinweise für den Laien konsequent von den Informationen für den Wissenschaftler zu trennen, beide Teile adressatenspezifisch zu gestalten und damit den legitimen Anforderungen beider Kreise optimal zu entsprechen (vgl. 4.).

## 4. Wege zu funktionsgerechteren Wörterbuchvorwörtern

In die Diskussion um die benutzergerechte Gestaltung von Wörterbüchern sind bisher die Vorwörter — von Ausnahmen wie Herberg (1985 u. 1986) abgesehen — nicht systematisch einbezogen worden. Da aber ihr Inhalt und ihre Form ebenfalls Einfluß auf den Erfolg der Wörterbuchbenutzung haben können, sollten Wörterbuchvorwörter so zweckentsprechend und benutzeradäquat wie möglich gestaltet sein. Im Sinne der in 3. angedeuteten Problemlösung hätten insbesondere größere Wörterbücher für ihre Vorwörter die folgenden zwei Teile vorzusehen:

(1) Benutzungshinweise, die dem nachschlagenden Benutzer die effektive, erfolgreiche Informationserschließung erleichtern, indem sie ihm in allgemeinverständlicher Form die makrostrukturelle Ordnung, alle in der Mikrostruktur vorkommenden lexikographischen Datentypen (in bezug auf allgemeine einsprachige Wörterbücher vor allem Angaben zum Lemmaansatz, zur Orthographie, zur Orthophonie, zur Flexion, zur Bedeutungserklärung und -gliederung, zu pragmatischen Kommentaren und Markierungen, zu syntaktischen Konstruktionen, zu Verwendungsbeispielen, zur Darstellung von Phraseologismen und von Wortbildungsaspekten) sowie die verwendeten Zeichen, Symbole und Abkürzungen erläutern. Entsprechend seiner Funktion ist dieser Teil als Sachinstruktions- oder Anleitungstext aufzufassen und gemäß den Merkmalen dieser Textsorte zu gestalten. Die didaktische und ggf. graphische Aufbereitung der Benutzungshinweise, bei der von antizipierten Suchfragen in als typisch angenommenen Benutzungssituationen ausgegangen und möglichst knapp und anschaulich der Weg zu den Antworten des Wörterverzeichnisses gewiesen werden sollte, ist vor allem für die Lernlexikographie unerläßlich (vgl. z. B. OALD, LDOCE);

(2) den Teil Einführung oder Grundlagen (vgl. Herberg 1985, 142 ff.), der vorwiegend der fachinternen Verständigung zu dienen hat. Es handelt sich im Unterschied zu (1) um einen sachdeskriptiven Text, mit dem Lexikographen als Verfasser eines wissenschaftlichen Werkes ihrer Informations- und Dokumentationspflicht gegenüber Fachleuten nachkommen sollten, wie das in anderen Bereichen wissenschaftlicher Publikationstätigkeit üblich ist. In diesem Teil ist Rechenschaft zu geben über die das Wörterbuch betreffenden Voraussetzungen, Methoden und Problemlösungen; damit kann dieser Teil dazu beitragen, den Wert des gegebenen Wörterbuches als wissenschaftliches Arbeitsmittel zu erhöhen (vgl. Art. 17—23). Bezogen auf allgemeine Wörterbücher sollten zumindest Auskünfte zu folgenden Komplexen enthalten sein: konzeptionelle Überlegungen; Zielgruppe; Traditionsbezüge; Kriterien der Stichwortauswahl; Wörterbuchbasis; lexikographisches Datensortiment; zugrunde gelegter Bedeutungsbegriff; Bedeutungsermittlungsmethoden; spezielle Lösungen für die Beschreibung einzelner Wortschatzbereiche; zugrunde gelegtes Grammatikmodell; Funktion und Auswahl lexikographischer Beispiele; Markierungssystem; Art und Umfang des Einsatzes technischer Hilfsmittel; Praxis der Informantenarbeit; Organisation der lexikographischen Tätigkeiten; im Falle von veränderten Neuauflagen Motive, Prinzipien und Ausmaß der Neubearbeitung. Dieser Teil des Wörterbuchvorworts ist in seinem konkreten Inhalt stark abhängig vom Wörterbuchtyp. — Die herkömmlichen Vorwörter allgemeiner einsprachiger Wörterbücher enthalten zu manchen der genannten Komplexe zwar mehr oder weniger ausführliche, verstreute Äußerungen, jedoch gibt es ganz selten (z. B. OED-S) eine zusammenhängende, ausgewogene Darstellung in einem von (1) gesonderten Teil im Sinne der hier angeregten Einführung, und seine vom Wörterbuch gesonderte Veröffentlichung (z. B. Sanders 1854 zu Sanders) mindert seinen Informationswert. Beispiele für die angestrebte Vorwortgestaltung lassen sich hingegen bei anderen Wörterbuchtypen bereits häufiger finden. Zur Veranschaulichung soll ein Autorenwörterbuch (vgl. Art. 164) dienen: Der Vorspann zum Goethe-Wb enthält — neben einigen hier belanglosen kleineren Teilen — ein zweigeteiltes Vorwort, das aus den Teilen „Einführung" (Sp. 1—14) und „Technische Hinweise" sowie „Siglen- und Abkürzungsverzeichnis" (Sp. 17—28) besteht. Die hier vor allem interessierende „Einführung" informiert in konzentrierter Weise über die wesentlichen Gesichtspunkte, die für die wissenschaftliche Nutzung dieses Wörterbuches von Belang sind, was ihre Binnengliederung bezeugt: Entstehung; Vorgänger; Die Arbeit (Exzerption; Modell-Artikel; Sonderwörterbücher; Artikelgestaltung); Zielsetzung, Gebrauch, Nutzen (Sprache; Sprachgeschichtliche Stufe; Welt; Angemessenheit der Spra-

che); Anlage; Kritik und Fortentwicklung. Eine solche funktionsgerechte Art der Vorwortgestaltung sollte auch beim Typ des allgemeinen einsprachigen Wörterbuches angestrebt und durchgesetzt werden.

## 5. Literatur (in Auswahl)

### 5.1. Wörterbücher

*Adelung* = Johann Christoph Adelung: Grammatisch-kritisches Wörterbuch der Hochdeutschen Mundart, mit beständiger Vergleichung der übrigen Mundarten, besonders aber der Oberdeutschen. Zweyte vermehrte und verbesserte Ausgabe. Leipzig 1793—1801 [T. 1: *A—E*, VIII, 1992 Sp., 1793; T. 2: *F-L*, 2140 Sp., 1796; T. 3: *M—Scr.*, 1762 Sp., 1798; T. 4: *Seb—Z*, 1796 Sp., 1801; 1. Aufl. 1774—1786 in 5 Teilen].

*Brockhaus-Wahrig* = Brockhaus-Wahrig: Deutsches Wörterbuch in sechs Bänden. Hrsg. von Gerhard Wahrig (†), Hildegard Krämer, Harald Zimmermann. Wiesbaden. Stuttgart 1980—1984 [Bd. 1: *A—BT*, 805 S., 1980; Bd. 2: *BU—FZ*, 901 S., 1980; Bd. 3: *G—JZ*, 837 S., 1981; Bd. 4: *K—OZ*, 941 S., 1982; Bd. 5: *P—STD*, 906 S., 1983; Bd. 6: *STE—ZZ*, 920 S., 1984].

*Campe* = Joachim Heinrich Campe: Wörterbuch der Deutschen Sprache. Braunschweig 1807—1811 [T. 1: *A—E*, XXIV, 1023 S., 1807; T. 2: *F—K*, IV, 1116 S., 1808; T. 3: *L—R*, 908 S., 1809; T. 4: *S, T*, 940 S., 1810; T. 5: *U—Z*, 977 S., 1811].

*COD* = The Concise Oxford Dictionary of Current English. Ed. by H. W. Fowler and F. G. Fowler. Fourth Edition. Revised by E. McIntosh. London 1956 [XVI, 1536 S.; 1. Aufl. 1911; 7. Aufl. 1982].

*Duden-DUW* = Duden. Deutsches Universalwörterbuch. Hrsg. und bearb. vom Wissenschaftlichen Rat und den Mitarbeitern der Dudenredaktion unter Leitung von Günther Drosdowski. Mannheim. Wien. Zürich 1983 [1504 S.].

*Duden-GWB* = Duden. Das große Wörterbuch der deutschen Sprache in sechs Bänden. Hrsg. und bearb. vom Wissenschaftlichen Rat und den Mitarbeitern der Dudenredaktion unter Leitung von Günther Drosdowski. Mannheim. Wien. Zürich 1976—1981 [2992 S.; Bd. 1: *A—Ci*, 1976; Bd. 2: *Cl—F*, 1976; Bd. 3: *G—Kal*, 1977; Bd. 4: *Kam—N*, 1978; Bd. 5: *O—So*, 1980; Bd. 6: *Sp—Z*, 1981].

*Goethe-Wb* = Goethe Wörterbuch. Hrsg. von der Akademie der Wissenschaften der DDR, der Akademie der Wissenschaften in Göttingen und der Heidelberger Akademie der Wissenschaften. Stuttgart. Berlin. Köln. Mainz 1978 ff. [bisher Bd. 1: *A—azurn*, VIII, 1308 Sp., 1978; 9 Liefergn. von Bd. 2: *B—deshalb*, 1152 Sp., 1979—1986].

*Grimm* = Deutsches Wörterbuch von Jacob Grimm und Wilhelm Grimm. Leipzig 1854—1971 [16 Bde. (in 32), XCII, 67 744 Sp., 1854—1960; Quellenverzeichnis, X, 1094 Sp. bzw. S., 1971].

*HDG* = Handwörterbuch der deutschen Gegenwartssprache. In zwei Bänden. Von einem Autorenkollektiv unter der Leitung von Günter Kempcke. Berlin 1984 [XXXI, 1399 S.].

*LDOCE* = Longman Dictionary of Contemporary English. Editor-in-Chief Paul Procter. London Harlow 1981 [XXXIX, 1303 S.; 1. Aufl. 1978].

*OALD* = Oxford Advanced Learner's Dictionary of Current English. A. S. Hornby with A. P. Cowie, A. C. Gimson. 20th Impression (of 3rd Edition 1974). Oxford 1984 [xli, 1037 S.; 1. Aufl. 1948].

*OED-S* = A Supplement to the Oxford English Dictionary. Edited by R. W. Burchfield. Oxford 1972—1986 [Bd. 1: *A—G*, XXIII, 1331 S., 1972; Bd. 2: *H—N*, XVII, 1282 S., 1976; Bd. 3: *O—Scz*, XVI, 1579 S., 1982; Bd. 4: *Se—Z*, 1400 S., 1986].

*Ožegov* = Sergej Ivanovič Ožegov: Slovar' russkogo jazyka. Izdanie 16-e, ispravlennoe. Pod redakciej [...] N. Ju. Švedovoj. Moskva 1984 [796 S.; 1. Aufl. 1949].

*Paul* = Hermann Paul: Deutsches Wörterbuch. Bearb. von Werner Betz. 6. Aufl. Tübingen 1968 [X, 841 S.; 1. Aufl. Halle (Saale) 1897].

*Sanders* = Daniel Sanders: Wörterbuch der Deutschen Sprache. Leipzig 1860—1865 [Bd. 1: *A—K*, VIII, 1065 S., Bd. 2/1: *L—R*, Bd. 2/2: *S—Z*, 1828 S.].

*SRJa* = Slovar' russkogo jazyka v četyrech tomach. Akademija nauk SSR. Institut russkogo jazyka. Izdanie vtoroe, ispravlennoe i dopolnennoe. Moskva 1981—1984 [Bd. 1: *A—I*, 696 S., 1981; Bd. 2: *K—O*, 736 S., 1983; Bd. 3: *P, R*, 750 S., 1983; Bd. 4: *S—Ja*, 792 S., 1984; 1. Aufl. 1957—1961].

*SSRLJa* = Slovar' sovremennogo russkogo literaturnogo jazyka. Akademija nauk SSSR. Institut russkogo jazyka. Moskva. Leningrad 1950—1965 [17 Bde.].

*Ušakov* = Tolkovyj slovar' russkogo jazyka pod redakciej D. N. Ušakova. Moskva 1935—1940 [Bd. 1: *a—kjuriny*, LXXV, 1566 Sp., 1935; Bd. 2: *l—ojalovet'*, 1040 Sp., 1938; Bd. 3: *p—rjaška*, 1424 Sp., 1939; Bd. 4: *s—jaščurnyj*, 1502 Sp., 1940].

*Wahrig* = Gerhard Wahrig: Deutsches Wörterbuch. Hrsg. in Zusammenarbeit mit zahlreichen Wissenschaftlern und anderen Fachleuten [...] Einmalige Sonderausgabe. Ungekürzt. Gütersloh 1968 [4185 Sp.; 1. Aufl. 1966 u. d. T. Das Große Deutsche Wörterbuch; Neuausgabe 1980].

*WDG* = Wörterbuch der deutschen Gegenwartssprache. Hrsg. von Ruth Klappenbach und Wolfgang Steinitz. Berlin 1964—1977 [036, 4579 S.; Bd. 1: *A—deutsch*, 1964; Bd. 2 *Deutsch—Glauben*, 1967; Bd. 3: *glauben—Lyzeum*, 1969; Bd. 4: *M—Schinken*, 1974; Bd. 5: *Schinken—Vater-*, 1976; Bd. 6: *väterlich-Zytologie*, 1977].

*Webster* = Webster's New World Dictionary of the American Language. College Edition. 11. Aufl. Cleveland. New York 1966 [XXXVI, 1724 S.; 1. Aufl. 1953].

### 5.2. Sonstige Literatur

*Hausmann 1987* = Franz Josef Hausmann: Sprachwissenschaft im Wörterbuchvorwort. Das französisch-lateinische Wörterbuch des Pierre Danet (1673—1691). In: Hans-Josef Niederehe/Brigitte Schlieben-Lange (Hrsg.): Die Frühgeschichte der romanischen Philologie von Dante bis Diez. Beiträge zum deutschen Romanistentag in Siegen, 30. 9.—3. 10. 1985. Tübingen 1987, 123—133.

*Herberg 1985* = Dieter Herberg: Zur Funktion und Gestaltung von Wörterbucheinleitungen. In: Symposium on Lexicography II. Proceedings of the Second International Symposium on Lexicography May 16—17, 1984 at the University of Copenhagen. Ed. by K. Hyldgaard-Jensen and A. Zettersten. Tübingen 1985, 133—154 (Lexicographica Series Maior 5).

*Herberg 1986* = Dieter Herberg: Zur Einleitung des Handwörterbuchs der deutschen Gegenwartssprache (HDG). In: Zeitschrift für Phonetik, Sprachwissenschaft und Kommunikationsforschung 39. 1986, 195—205.

*Sanders 1854* = Daniel Sanders: Programm eines neuen Wörterbuchs der deutschen Sprache. Leipzig 1854.

*Wiegand 1981* = Herbert Ernst Wiegand: Pragmatische Informationen in neuhochdeutschen Wörterbüchern. Ein Beitrag zur praktischen Lexikologie. In: Studien zur neuhochdeutschen Lexikographie I. Hrsg. von Herbert Ernst Wiegand. Hildesheim. New York 1981 (Germanistische Linguistik 3—4/79), 139—271.

*Wiegand/Kučera 1981* = Herbert Ernst Wiegand/ Antonín Kučera: Brockhaus-Wahrig: Deutsches Wörterbuch auf dem Prüfstand der praktischen Lexikologie. I. Teil: 1. Band (A—BT); 2. Band (BU—FZ). In: Kopenhagener Beiträge zur germanistischen Linguistik 18. 1981, 94—217.

*Dieter Herberg, Berlin
(Deutsche Demokratische Republik)*


# 66. User's Guides in Dictionaries

1. Introduction
2. Historical Examples: Johnson and Roget
3. User's Guides in Modern British Dictionaries
4. Conclusion
5. Selected Bibliography

## 1. Introduction

The general assumption is that no-one bothers to read the front matter of dictionaries. Perhaps assumption is not the correct word, for this belief seems to be founded on both official and unofficial research. The many European dictionary publishers consulted seem totally convinced that very few of their potential customers have any views whatsoever on what is useful or otherwise in the prefatory material to dictionaries.

In some ways this is surprising; in some ways not. For the most part we have become used to books which are instantly understandable. We probably acknowledge that a list of contents at the front and a comprehensive index at the back make for ease of reference, but we expect the main part of the text to be self-contained, requiring little in the way of explanation except perhaps the odd foot-note.

The idea that any book should be essentially understandable as a unit in its own right is very attractive to many of us. In this age of pulp fiction we have grown unused to the long preambles in the works of more historic novelists such as Walter Scott.

This desire for a book that is at once self-contained and self-explanatory is at variance with the modern experience in other fields. No-one really expects to be able to master a complicated piece of electric or electronic equipment without reading the instructions provided in the package. But mechanical devices are high-tech and books are old hat. Familiarity breeds contempt.

In Britain at least there is a further complication. It is widely believed that one dictionary is much like another. So it is that people refer to "the dictionary" in much the same way as they refer to the Bible. That one dictionary should differ from another so radically as to require explanatory introductory material is a novel idea beyond comprehension. After all, dictionaries conform to alphabetical order and most of us master the alphabet at an early stage.

At least as far as native speakers' dictionaries are concerned a remarkable number of teachers as well as pupils remain in ignorance about the variety of ways in which dictionaries present their information. Thus it rarely occurs to them to read what publishers or authors of dictionaries write by way of explanation. In any case school teachers, at least in

Britain, continue to be slightly nervous of dictionaries.

This is in fact very sad, for the average dictionary is one of the best resource books for English language teaching. Dictionaries contain a wealth of largely untapped educational material for the teacher interested in innovation and creativity.

If all publishers and lexicographers acknowledge the fact that their gems of wisdom placed at the beginning of reference books will be for the most part ignored, why do they bother to go on providing prefaces and introductory material? Why not grasp the nettle of realism and plunge straight into *a* for *aardvark* or whatever *a* stands for in the relevant dictionary?

Perhaps we are all either cowards or optimists; cowards because we are afraid to do what none of our competitors dares do — admit that no-one reads the preamble; optimists because we feel that someone somewhere may read the preamble and appreciate the finer points of lexicography.

Makers of dictionaries are quite right to feel uneasy about their readers blundering blindly and untutored into the middle of their reference books. Apart from other considerations, dictionaries can scarcely ever be totally self-explanatory because of reasons of space. At least a few space-saving conventions are the general rule. Even if it is only a question of understanding the system of abbreviations or getting to grips with the symbols of the pronunciation system, the prefatory material of dictionaries is well worth consideration (s. art. 65).

## 2. Historical Examples: Johnson and Roget

There is a wide variation in the quality and quantity of front matter in dictionaries. Neither of these is necessarily in ratio to the level of difficulty in the relevant dictionary or indeed, for that matter, in ratio to the quality of the dictionary.

The present writer has a favourite dictionary preface and one that is not particularly helpful to its user. The preface to Dr. Johnson's *Dictionary of the English Language* (1755) has long been one of his favourite pieces of English prose.

Unlike most lexicographers who must make do with what space is assigned them by the dual might of the marketing and production departments, Johnson had plenty of space in which to indulge himself. He was therefore able to reflect on the fate and non-status of lexicographers as well as give some indication of the philosophy behind his work: "Every other author may aspire to praise; the lexicographer can only hope to escape reproach." That paranoia will strike a chord in other wordsmiths' hearts.

The front matter to Johnson's dictionary should be compulsory reading for all would-be lexicographers if only to comfort them when they are feeling inadequate. There they will find many problems discussed which remain problems today.

How to define simple words such as function or structure words (*on, of, for* etc.; s. art. 72, 74, 80) without using either these words themselves or more difficult words is an ongoing headache for dictionary writers, especially those faced with a dictionary of English as a foreign language. It is reassuring, if not helpful, to find Johnson reflecting:

"To explain requires the use of terms less abstruse than that which is to be explained and such terms cannot always be found."

In a delightfully discursive and arrogant way Johnson muses on the problems of obsolete language, slang, or what he calls fugitive cant, and even specialist English, not to mention words whose meanings defeat him: "Some words there are which I cannot explain because I do not understand them." Interesting as all this is to lexicographers they are hardly likely to follow in these particular footsteps of Dr. Johnson.

The average modern purchaser of a dictionary is unlikely to be interested in the personal agony sustained by the lexicographer in the course of compilation. Few jobs are without their problems and in the end the only thing that matters is the product itself, not how it came to be made. After all, manufacturers of consumer durables do not subject us to a catalogue of design and problems in their lists of instructions and user manuals.

Perhaps it is sad that there is no longer any general market for dictionary philosophising, but ornamentation costs money. If the present writer had to choose one reference book where at least some knowledge of the philosophy behind the work aids one's ability to use the book effectively, it would not really be a dictionary at all. It would be Roget's *Thesaurus* (1852), the perfect complement to a dictionary.

There is an unfortunate school of thought which regards the *Thesaurus* as something rather difficult to use, even as something rather elitist which is comprehensible only to a chosen few. In fact the book is a classic example of a reference work with an indispensable introduction.

It was Roget's hope "that everyone should acquire the power and the habit of expressing his thoughts with perspicacity and correctness" and, to this end, he took upon himself the awesome task of imposing order on something fairly amorphous — the English language. His own account of why he set about the task and how he accomplished it remains unsurpassed despite his rather formal, now rather archaic use of English, e.g. "a desideratum hitherto unsupplied in any language".

If you can once hurdle the unfamiliarity of the language, Roget's introduction serves as an Open Sesame to the text of the book and, taken the table of classes — or tabular synopsis of categories as he calls them —, makes the *Thesaurus* the communicator's vademecum.

For a start he skilfully explains the need to forget about our carefully nurtured dictionary obsession with alphabetical order. This is all very well if we know the word which is causing us problems and simply require its meaning. It is quite another matter if we have an idea which we wish to express but somehow lack felicity of expression.

In this case we must seek a compendium of ideas arranged not in alphabetical order but according to themes. As Roget says,

"for this purpose, the words and phrases of the language are [here] classed, not according to their sound or their orthography, but strictly according to their signification."

## 3. User's Guides in Modern British Dictionaries

But let us address our attention to more modern works of reference, to the writings of less obvious giants — at least in terms of age. What gems of wisdom does modern prefatory material impart?

In international terms the best known dictionary for English as a foreign language has got to be the *Oxford Advanced Learner's Dictionary of Current English* (ALD). In its, to date, most recent form, the twenty-fourth impression 1986, the dictionary manifests a very valuable form of modern format matter — a visual key to entries.

Perhaps it is a feature of our less leisurely age, but there is a growing tendency to require information to be more immediate, less discursive, more visual (s. art. 62). The relentless visual quality of television may have something to do with it but we are being conditioned to dispense with all but the fewest words in favour of pictures, charts, tables etc.

Certain it is that tabular information, if less satisfying linguistically and philosophically, takes significantly less time to absorb than elegant, discursive prose. So it is that highlighted features of simple entries are a rapid passport to the efficient use of a dictionary.

Conventions which might otherwise cause problems can be explained in the minimum of space. More importantly the organization of entries, which varies so much from dictionary to dictionary, can be deduced at a glance — where derivatives are treated, where idioms are entered, and so on (s. dictionary excerpt 66.1, 40.3, and 92.2).

The visual guide style of prefatory material is expanded even further in the latest edition of the *Longman Dictionary of Contemporary English* (LDOCE 1987). It not only has an explanatory chart giving general information on how the dictionary information is arranged, but a sub-division entitled "A Quick Guide to Using the Dictionary", dealing with such subtleties as "finding words or phrases that are not main entries". For example, how would you find *grasp the nettle* if you were in a raging hurry.

Curiously enough in the *Collins Cobuild English Language Dictionary* (COBUILD 1987) the introductory information is markedly less obviously tabular. Indeed it differs in this respect from the *Collins English Dictionary* (CED) first published in 1979. Could they be setting a trend towards the more verbal, less totally visual approach?

But in whatever way prefatory dictionary material is presented, how valuable is it and what areas does it deal with? Of course this varies from dictionary to dictionary, company to company, but some overall similarity prevails.

### 3.1. Grammatical Information

Perhaps one of the most important features of the prefatory material to learners' dictionaries is that dealing with grammatical information. It takes such an amount of space at individual entries to make the user fully cognizant with verb patterns, collocations etc. that some form of shorthand is inevitable as a

# GUIDA GRAFICA ALLA CONSULTAZIONE

vocabolo o lemma o esponente

**Pàce** /'patʃe/ [lat. *păce(m)*, da una radice indeur. che significa 'pattuire, fissare'. V. *pala (1)*] s. f. **1** Assenza di lotte e conflitti armati tra popoli e nazioni, periodo di buon accordo internazionale: *una — duratura; la — è in pericolo; anelare, desiderare, volere la —* | *Non volere né — né tregua*, volere la guerra ad ogni costo | est. Conclusione di un guerra: *gli sconfitti chiesero la —; ai vinti fu imposta una — gravosa* | *Firmare la —*, l'atto che sancisce la fine delle ostilità | *Trattato di —*, accordo internazionale con cui due o più Stati convengono di porre termine allo stato di guerra esistente tra di loro. CONTR. Guerra. **2** Buona concordia, serena tranquillità di rapporti: *in famiglia manca la —; vivere, essere, stare, lavorare in — con tutti ...*

voce o articolo

sigla introduttiva dei contrari

segno convenzionale di voce arcaica o desueta

† **Paceficàre** /patʃefi'kare/ • *V. pacificare.*

rinvio

**Pandètte** /pan'dɛtte, pan'dette/ [vc. dotta, lat. tardo *Pandĕctae*, nom. pl., dal gr. *pandéktai*, propriamente 'che comprendono tutto', comp. di *pan-* 'pan-' e *déchesthai* 'ricevere, accogliere', di origine indeur.] s. f. pl. **1** Ampie trattazioni di diritto romano pubblicate da antichi giureconsulti: *le — di Ulpiano, di Modestino*. **2** Altro nome del Digesto ...

segno convenzionale di unico significato

trascrizione fonematica

**Pàndit** /'pandit/ [vc. indostana *păndit*, dal sanscrito *panditáh*, di etim. incerta] s. m. inv. ● In India, titolo attribuito ai dotti, spec. agli studiosi di lingua e letteratura sanscrita.

segno convenzionale di lemma con illustrazione

⊛ **Pàne** (1) /'pane/ [lat. *pāne(m)*, dalla stessa radice di *pāscere* 'pascere'] s. m. **1** Alimento che si ottiene cuocendo al forno un impasto di farina, solitamente di frumento e acqua, condito con sale e fatto lievitare: *impastare, lievitare, infornare, cuocere, sfornare il —* | *— caldo*, sfornato da poco | *— fresco*, di giornata | *— rafferno*, non fresco ma neppur stantio | *— stantio*, duro e ammuffito | *— bianco*, di farina di frumento | *— di segale, avena, orzo*, di farina di tali cereali con aggiunta di farina di frumento | *— misto, di mistura*, di una miscela di farine | *— inferigno*, di farina di cruschello | *— nero, integrale*, con farina non abburattata, contenente cioè anche la crusca | *— militare*, con farina poco abburattata | *— di semola*, di fior di farina | *— di glutine, di farina senz'amido*, per diabetici | *— giallo, o di meliga*, con farina di granturco e segale | *— biscottato*, croccante anche nell'interno per lunga e lenta cottura | *— azzimo*, senza lievito né sale | *— condito*, all'olio, al burro, al latte | *Pan grattato*, V. anche *pangrattato* | *Pan unto*, V. anche *panunto* | *Mangiar —*, fig. vivere, campare | *Stare, mettere qc. a — e acqua*, punire qc. con tale limitazione del vitto | *Mancare il —*, essere all'estremo limite della miseria | *Per un tozzo di —*, fig., per pochissimo, a bassissimo prezzo | *— duro*, fig., miseria | *Vivere di — duro*, fig., in miseria | *Far cascare il pan di mano*, fig., demoralizzare e scoraggiare al massimo | *Buono come il —*, fig., si dice di persona d'ottimo carattere | *Tirar su qc. a briciole di —*, allevarlo con infinita cura | fig. *Lungo quanto un giorno senza —*, lunghissimo | *fig. Essere — e cacio*, essere legati da intima ............

fraseologia esplicativa

sfumatura di significato

rinvio interno

locuzione idiomatica

(*Orchis morio*) | *Pan di serpe*, gigaro italico | *Pan porcino*, V. anche *panporcino*. || **panàccio**, pegg. | **panèllo**, dim. | **panétto**, dim. (V.) † **panino**, dim. (V.) | † **panóne**, accr. | † **panucciuòlo**, dim.

alterati

omografi

**Pàne** (2) /'pane/ [lat. *pānu(m)* 'filo (del tessitore)', nom. *pănus*, dal gr. dorico *\*pânos*, attico *pênos*, di etim. incerta] s. m. **1** (mecc.) Spira del maschio della vite, corrispondente al verme della femmina. SIN. Filetto.

significato o accezione

**Panegìrico** /pane'dʒiriko/ [vc. dotta, lat. *panegyricu(m)*, nom. *panegyricus*, dal gr. *panēgyrikós (lógos)* 'discorso per un'assemblea', agg. di *panégyris* 'adunanza di tutto il popolo, assemblea solenne', comp. di *pan-* 'pan-' e *ágyris* 'adunanza', da *ageírein* 'raccogliere', di etim. incerta] **A** s. m. (pl. *-ci*) **1** Opera in prosa o in poesia di tono oratorio e con fini celebrativi: *i panegirici di Claudiano, del Marino, di Bossuet*. **2** Scritto o discorso in lode di qc., spec. della Madonna o di un Santo, o sui misteri cristiani, con intenti glorificatori. **3** fig. Eccessiva esaltazione: *ha intessuto un — attorno alla sua opera*. **B** agg. • raro fig. Eccessivamente lodatorio. **panegiricamente**, avv. raro Con toni e modi da panegirico. **Panegirìsta** /panedʒi'rista/ [vc. dotta, lat. tardo *panegyrista(m)*, nom. *panegyrista*, dal gr. *panēgyristḗs*, che significava però 'che prende parte all'adunanza solenne', da *panégyris* 'adunanza di tutto il popolo'. V. *panegirico*] s. m. e f. (pl. m. *-i*) **1** Chi scrive o dice panegirici: *i panegiristi del Seicento*. **2** fig. Chi loda esageratamente.

lettera alfabetica indicante diverse qualifiche grammaticali

raggruppamento

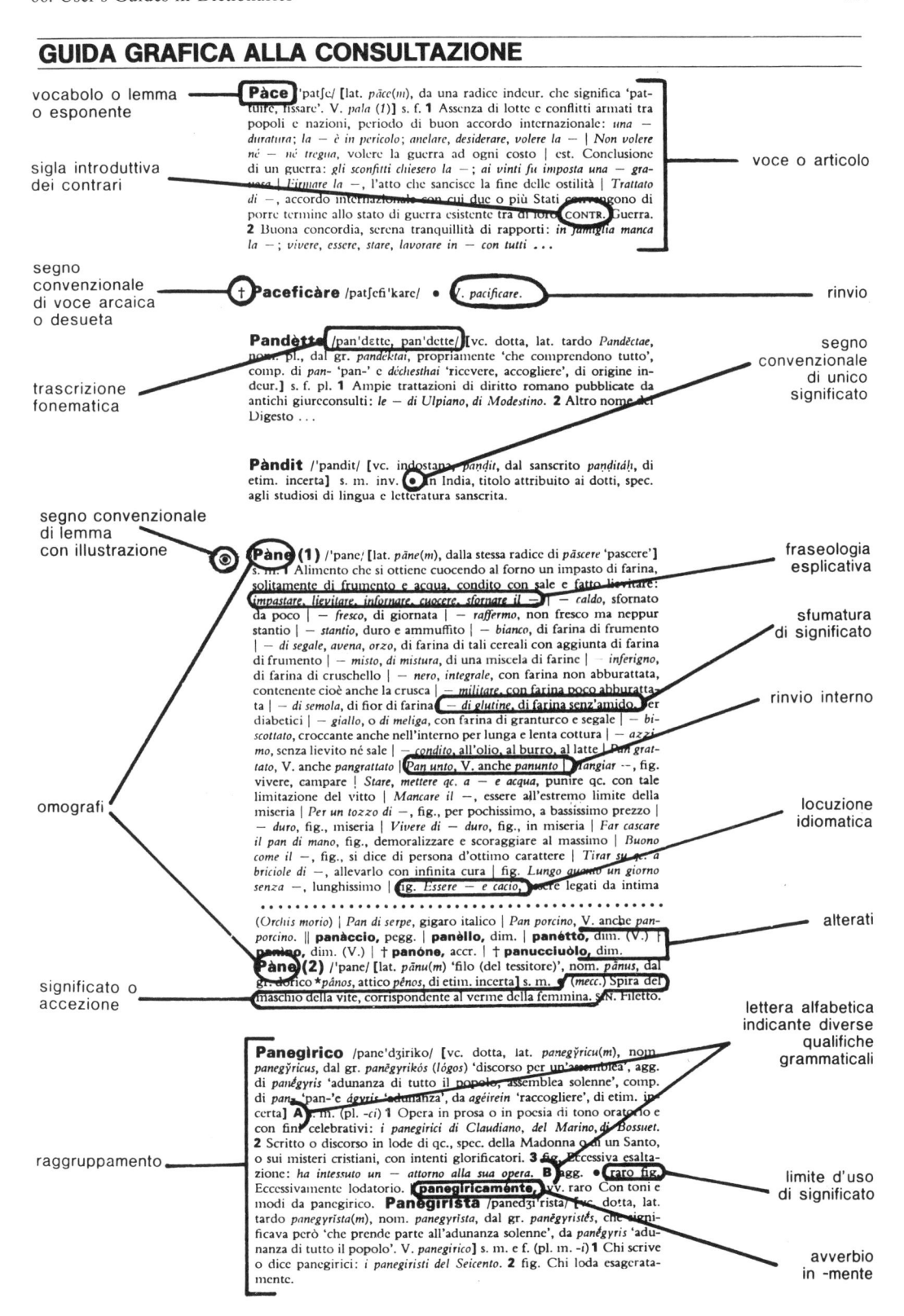

limite d'uso di significato

avverbio in *-mente*

Dictionary excerpt 66.1: Guida grafica alla consultazione (first part) (from Zingarelli 1983)

matter of expediency. Besides, continual repetition of what becomes the obvious is a waste of space in books where space is always at a premium.

It is, of course, manifestly obvious that those who are not *au fait* with the conventions of EFL grammar are going to have to acquaint themselves with the significance of such basic abbreviations as C = (noun) countable and U = (noun) uncountable. The initiated may regard it as a waste of space, but several learners' dictionaries take the trouble to explain this and other concepts in reasonable detail.

*Chambers Universal Learners' Dictionary* (ChULD), published in 1980, for example, devotes several pages of its prefatory material to the question of grammatical labels, describing in detail the editors' policy of labelling nouns, adjectives and verbs. This is particularly important in the case of phrasal verbs which the dictionary treats in an innovative way. If you depart in any way from set convention or tradition you automatically take on the burden of explaining the new conventions.

ALD is even more discursive on the subject of verb coding and verb patterns. As it rightly points out, "For anyone who is learning to speak or write correct English, the most important word in a sentence is the verb". One cannot get very far without the "doing word", the business end of the sentence.

Symbols are particularly important in the treatment of verbs and their patterns; much vital information can be crammed into a symbol with a significant saving in space. However, Oxford have rightly deduced that one cannot throw people in at the deep end of symbols and leave them to flounder. Consequently they have assigned a considerable amount of space in their introductory material to explaining such seeming mysteries as VP2B, VP4D, VP6E etc.

The latest edition of LDOCE, whose prefatory material represents in general a model of optimum use of space, deals both effectively and economically with its grammatical labels. It seems to me that one of the most important improvements in the new edition *vis à vis* the last, is the reduction of reliance on symbols in the grammatical information provided.

For example, **deep,** *adv.* is now accompanied by the relatively self-explanatory [+ adv./prep.] instead of the more abstruse form in the previous edition [WA5] 1 [H]. Simplifying the coding of the grammatical information at the point of entry, as well as making the entries more immediately user-friendly, relieves pressure on the introductory material; the more transparent the material at the entries, the less the need for comprehensive explanation at the beginning of the reference book.

Longman has clearly appreciated this and at their prefatory section headed "special sentence patterns only used with verbs" they have been able to use the concomitant increase in space to allow themselves the luxury of including both correct and incorrect examples.

Thus at the sub-division dealing with [+ obj. (i) + obj. (d)] we not only learn that this describes "a verb that takes two objects, an indirect and a direct" and that "verbs with this pattern can usually also be used in the pattern verb + direct object + to + indirect object". We also learn that, although we can say with correctness "I handed her the plate", and "I handed the plate to her" it is incorrect to say, "I handed her" without further information included in the sentence.

It is probably safe to assume that the question of prefatory material to dictionaries is always in a state of flux. If ancillary information in dictionaries, outside the main text, is to be taken seriously, surely it must be legislated for and planned for; not just used to fill up enough pages to make up a publisher's/printer's even working.

Some planning is of course mandatory. If you have used out-of-the-ordinary codification or nomenclature then, as has already been discussed, the prefaces must provide an explanation of these. But this still leaves a great deal of leeway.

Forward planning is as important in the foundation of a book as it is in the formation of a cash-flow forecast. Balancing what is best dealt with at individual entries and what is best dealt with in more general terms in the introductory material demands a good deal of editorial skill, especially if you have to contend with potential users who may be used to ignoring prefatory material.

COBUILD goes for a more self-contained text than most learners' dictionaries. Although there is a "Guide to the Use of the Dictionary" — short in extent compared with that of the sizeable text — the bulk of the grammatical information is explained in the dictionary itself.

Such grammatical conventions as *n count,*

*attrib., adj. qualit., phrasal verb* etc. are explained not in a preface but at the point where these words occur naturally in the alphabetical order of the dictionary — **adj. qualit.** coming between **adjournment** and **adjudge** and so on. The only difference is that they are highlighted for ease of reference by being placed in boxes.

This approach does not really save space since the grammatical information and coding have to be fitted in somewhere; neither does it save the effort of turning to another part of the book to interpret something which one does not understand — although in all honesty the feverish practice of leaping back either to a preface or to another section of the main text decreases with practice and familiarity.

Perhaps, however, the user feels happier with a book that is a more integrated whole. Certainly the determined non-users of prefaces, already described, should be more at ease. But will they simply regard the "extra column" plus reference to highlighted entries in the main text in the same light as prefatory material and feel that consulting either is an extra burden?

In these days of international communication it might not be a bad thing to get a global picture of what the average dictionary user seeks in the way of help and where he/she expects to find it. The opinion polls which have become such a fact of life in other areas, such as general elections, might play a useful part. There again, perhaps not — particularly if individual users are as idiosyncratic as individual dictionaries.

3.2. Other Types of Information

As long as individual dictionaries from individual houses have individual styles there will be the need for some explanation about the arrangement of entries in a dictionary. Obviously with practice and even with trial and error technique the user can find anything in time, but some degree of economy of effort is required.

Most monolingual English dictionaries, at least, indicate in the preface whether they have adopted the "nesting" system of a dictionary like *Chambers Twentieth Century Dictionary* (ChTCD), latest edition 1983, i. e. a system where words with a close etymological relationship are treated together in the same article rather than being given separate entries.

The separate entry system does not, of course, need such detailed explanation but it is still helpful to the user to know where phrasal verbs will be treated, where idioms, inevitably involving several words, are most likely to appear and so on.

The prefatory material to dictionaries is also useful for indicating to the user whether or not the dictionary is opting for historical order of definition. This is helpful not only in terms of understanding the philosophy of the dictionary concerned but as an aid to speed of reference.

Thus we find the preface of ChTCD indicating that it has selected historical order as opposed to putting the most modern meaning first on the grounds that

"historical order is perhaps more logical since it shows at a glance the historical development of the word", each entry providing a potted history of the word".

The preface to *Longman Dictionary of the English Language* (LDEL 1984) seems to follow a similar, if less dogmatic, policy:

"The meanings that would be understood anywhere in the English-speaking world are shown first, in their historical order; the older senses before the newer."

In CED however, the preface states that "where a headword has more than one sense, the first sense given is the most common in current usage" except in cases where there is an obvious "core meaning" which sheds light on all other meanings. This naturally is placed first.

All this makes good practical sense and an obvious source of material for utilitarian prefaces. Equally useful are general comments about field and register labels. It is notoriously difficult even for an individual user to explain his/her differentiation between colloquial or informal English and slang, not to mention identifying the point at which slang slides into taboo and offensive English. So much of this is instinctive and intuitive (s. art. 53—61).

It is even more difficult for dictionaries to give exact demarcation lines but it does help if dictionaries define, with their own terms, the labels they have used and give examples in the preface. Otherwise it is all too easy for the user to become confused. What is obsolete? what is archaic? what is literary?

At its best the information given in the prefatory material to a dictionary enhances its value to the user. For example, those with an enthusiastic but uninformed interest in word origins will benefit greatly from the section on etymology in the introduction to the *Concise Oxford Dictionary* (COD, seventh edition, 1982). An explanation of the conventions used and their implications may be unnecessary to the sophisticated user but all dictionary publishers are aiming their wares more widely than that. The non-specialist user will certainly benefit.

Occasionally the introduction to a dictionary provides us with more general information than that required simply to use the book effectively (s. art. 67). CED comes top of this particular league with an informative article on the "Pronunciation of British English" and a series of articles on the development of "English as a World Language". If the latter is also an excellent sales device, emphasizing the appeal of the dictionary world-wide, well dictionaries are written to be sold.

One more specialist dictionary also supplies the dictionary user with a greater insight into language than the text of a standard dictionary provides — *The Concise Scots Dictionary,* published by Aberdeen University Press in 1985 (CSD). The introduction to this presents us with a masterly but concise history of the Scots language indicating the major milestones which have occurred throughout the centuries. Indeed it whets one's appetite not only for the book itself but for the study of the Scots language.

*Chambers Etymological Dictionary,* now available only in its new guise as *Chambers Everyday Dictionary* (ChEvD), used to carry a similar, if much more truncated "History of the English Language", which was of value to the general user seeking some knowledge of the various borrowings from other languages that help to form the English language. It added nothing to the reader's ability to use the dictionary but it stimulated an interest in language which must be good news for dictionary publishers.

## 4. Conclusion

It would seem that there is as yet no established pattern for prefaces to dictionaries. They are in a state of flux and perhaps this is a healthy sign; thoughtful innovations can only be a good thing. A bit of experiment may result in both publisher and reader finding out what the dictionary user finds helpful enough to want to read.

At least dictionary introductions have never been in the state of chaos that the end matter of dictionaries has. Many of these, over the years, have become rag-bags conveying the distinct impression that the publishers have been left with space to use up and not enough time to use it fruitfully.

Some of the end matter provided by dictionaries is of course necessary, for example the list of words used in the defining vocabulary in LDOCE. There again, it could be argued that such a section is so central to the text that it should precede it, not follow it.

If the average dictionary user is reluctant to tackle prefaces, how much less likely is he/she to study material at the end of a dictionary. Of course we have been trained by convention to consult the end matter of other books; the indispensable index is usually sited there, for example. But somehow this attitude has never been inspired in dictionary users; a quick scan of the tabular material on the end pages is probably all that we can safely assume.

On present information the message to dictionary publishers would seem to be fairly clear: if the information is essential, do not put it at the back of the book. If at all possible put it in the text. But at the very least make sure anything that cannot be dispensed with screams at the user from the front matter. Otherwise it may go unnoticed.

Publishers should give their prefaces the deepest of consideration; dictionary users should make full use of these.

Let us hope that few lexicographers may join Johnson in using the preface as a distinctly uncommercial apologia: "I have protracted my work till most of those whom I wished to please have sunk into the grave." Ghosts do not use many dictionaries or read many prefaces.

## 5. Selected Bibliography

### 5.1. Dictionaries

*ALD* = Oxford Advanced Learner's Dictionary of Current English. 3. ed. 24. impression. Oxford 1986 [XLI, 1037 p.].

*CED* = Collins Dictionary of the English Language. London. Glasgow 1979 [XXXV, 1690 p.].

*ChTCD* = Chambers 20th Century Dictionary. Edinburgh 1983 [XVI, 1583 p.].

*ChULD* = Chambers Universal Learners' Dictionary. Edinburgh 1980 [XX, 907 p.].

*COBUILD* = Collins COBUILD English Language Dictionary. London. Glasgow 1987 [XXIV, 1703 p.].

*COD* = Concise Oxford Dictionary of Current English. 7. ed. Oxford 1982 [XXVII, 1264 p.].

*CSD* = Mairi Robinson: The Concise Scots Dictionary. Aberdeen 1985 [815 p.].

*Johnson* = Samuel Johnson: Dictionary of the English Language. London 1755.

*LDEL* = Longman Dictionary of the English Language. London 1984 [XXVIII, 1876 p.].

*LDOCE* = Longman Dictionary of Contemporary English. New Ed. London 1987 [53, 1229, 29 p.].

*Roget* = Peter Mark Roget: Thesaurus of English Words and Phrases. London 1852.

*Zingarelli 1983* = Il nuovo Zingarelli. Vocabolario della lingua italiana di Nicola Zingarelli. 11. ed., 1983 [XVI, 2256 p.].

5.2. Other Publications

*Landau 1984* = Sidney I. Landau: Dictionaries. The Art and Craft of Lexicography. New York 1984.

*Betty Kirkpatrick, Edinburgh (Great Britain)*


# 67. Linguistic and Encyclopedic Information Not Included in the Dictionary Articles

1. Definition
2. Problems of Outside Matter
3. Trends in the History of Outside Matter
4. Contemporary Examples
5. Treatment of Outside Matter in Metalexicography
6. Selected Bibliography

## 1. Definition

The dictionary seen as a book — i. e. that which the user has in his hands — rather than as a lexicographical text (cf. Wiegand 1984, 15) can be divided into 3 parts: front matter (including front end paper) — main body — back matter (including back end paper). Occasionally 'middle matter' is inserted in the main body. The term 'outside matter' will be used to designate all information outside of the main body.

### 1.1. Front and Back Matter

Front and back matter of a dictionary can be separated into two different categories: such containing information which is essential to the effective use of the dictionary or which can be considered as an integral part of the main body, and such which complements the information given in the main part of the dictionary or which provides additional linguistic and/or encyclopedic information; this information need not have a direct relationship to the main body.

To the first group belong the foreword (cf. art. 65), and the guide to the use of the dictionary (cf. art. 66) to which is added the phonetic alphabet and a list of abbreviations used in the dictionary. Accordingly, almost every dictionary contains these elements, and mostly places them in front matter.

Lists of additions and corrections, supplements with new words, bibliographical references and lists designed as keys to the ordering system used in the dictionary's main body (e. g. radical lists preceding Chinese dictionaries) also belong to this group but need not be present in every dictionary. Because they are so closely bound to the main body of the dictionary, they will not be treated here.

To the second group belong a grammar (cf. art. 64), place names with their adjectives (common in dictionaries of the Romance languages), articles on the language treated in the dictionary (especially in American dictionaries), lists of abbreviations, of foreign words and phrases, of synonyms, of words present in the larger edition but deleted in the smaller one (as in Fabra 1983, 1323—1331), style guides, traffic signs, calendars, weights and measures, world currencies, signs and symbols, memory aids (Longman 1981, 796 f.), and even tips on how to start a club and run its meetings (Funk/Wagnall 1973). This information can also be of a purely commercial nature consisting in advertising for other books sold by the publisher and even be referred to as a 'bibliographic supplement' (cf. PL 1970 — changed in later editions).

### 1.2. Middle Matter

Middle matter is information inserted in the dictionary's main body, without having a direct relation to it: e. g. colour plates inserted to liven up the dictionary (Kapelusz 1980) and information placed at the end of one part of the main body such as the *pages roses* in the Petit Larousse (= PL), separating the language part of the dictionary from the encyclopedic.

### 1.3. Lexicographic Convention for Outside Matter

The position and content of outside matter is not as strongly conventionalized as elements of the main body. Attributing material to front matter as opposed to back matter can be seen as an indication of its importance relative to effective use of the dictionary: whereas the guide to the use of the dictionary is always in front matter, back and middle matter, although it can be very useful, tends to be a kind of "afterthought" appended to the main body. Not all general monolingual dictionaries contain lists of foreign alphabets and if they do, their position in front matter, main body, or back matter is not dictated by convention but rather by commercial or user-oriented considerations (cf. 2). DALF 1985 places lists of foreign alphabets in its front matter, Quillet/Flammarion 1982 situates them in the main body under **alphabet,** and Hachette 1980 places them in back matter; but all of these dictionaries contain headwords in their main body about which certain information is given in a more or less normed fashion. While a dictionary without headwords is not a dictionary, one without outside matter does not lose its status as a dictionary. Outside matter is thus heterogenic in nature, varying widely in importance and in kind from linguistic to encyclopedic. This exempts it from strong conventionalization.

### 1.4. Ways of Setting Off Outside Matter

Outside matter is only rarely set off from the main body so that front matter may be discovered by the user 'accidentally', while back matter, because of its position in the book, can easily pass unnoticed. The presence of outside matter can be indicated in the dictionary's table of contents, but a more effective way of setting off especially back matter consists in using a thumbed index (Random House) or a contrasting colour to mark at least the edges of the supplement's pages. This has been done in PL and DFV 1980 for French and in Zingarelli 1983 for Italian.

### 2. Problems of Outside Matter

Some kinds of linguistic elements do not lend themselves to the system of ordering used in the main body of the dictionary. This applies to alphabets differing from that used in the main body (cf. 4.3.); it is also true of signs and symbols such as '&' or '☉'. Since they are often looked for in a dictionary, yet cannot be effectively incorporated into the main body, the only alternative is to list them by subject area in appendices.

Lists illustrating the relationships between words which are lost in the alphabetical ordering of the main body are especially useful to the learner and to the writer of texts (e. g. colour names, table of family relationships, collective nouns such as *a herd of cattle,* or more encyclopedic groupings such as Nobel prize winners, clothing sizes, lists of heads of state, holidays and monetary units). But the words in these tables must be equally present in the alphabetical ordering of the main body, since a division of the dictionary into several complementary alphabets makes the dictionary difficult to use. A separate list of abbreviations may be of use to the learner, but there is no reason why *ounce* should be in the main body while its abbreviation *oz.* is only to be found in the appendix (cf. Haensch 1982, 460).

Placing a table in the main alphabet of the dictionary poses the problem of the headword under which it should be listed. For a table of foreign currencies two possibilities are **money** and **currency.** The user of Reader's Digest 1984 will only find it under **currency** but must look under **money** in Webster's Third (= WIII). To solve this problem, one can place an index of tables in front matter with page and article references; another solution may be to cross-reference in the main body — this, however, could become cumbersome when several key words apply to the table (for *alphabet,* e. g. alphabet, letter, printing, writing). A final solution may be that of placing the table in an appendix to which one should refer in the main body article and in the table of contents.

The presence of some outside matter can be attributed to commercial factors. In order to avoid blank pages in the last signature of the book which is not completely taken up by the dictionary a publisher may designate these pages as space for notes, use the pages for advertising or place appendices there. It has even occurred that a list of frequent words was appended to a bilingual dictionary so that the finished product would take up the full number of pages announced in advance advertising.

Outside matter consisting of material already published separately by the publisher

— e. g. the outdated and unsatisfactory bilingual dictionaries (first published in the mid- to late fifties) appended to Random House 1981 can serve to enhance the dictionary's value in the reviewer's and potential buyer's eyes and thus serve to increase sales. This also ups the price of the dictionary warranting easier regain of money spent on the project. The placing of encyclopedic material in outside matter also permits easier, cheaper updating, which, unfortunately is not always done. According to Random House 1981, 1949, for example, Saigon is the capital of South Vietnam and Zimbabwe and Bangla Desh do not exist, nor (cf. p. 1940) does the 26th Ammendment to the American Constitution (which lowered the voting age to 18 in 1971). It took up to 1987 (21 years after publication of the first edition) for such information to be updated and partially incorporated into the main body.

Summing up, there are two ways in which outside matter in dictionaries could be improved: there should be a stronger correlation between main body and outside matter than has been maintained in the dictionaries, and outside matter should be regularly updated.

## 3. Trends in the History of Outside Matter

Some outside matter typical of bi- and multilingual dictionaries of the 16th, 17th, and 18th centuries include the author's dedication to his patron, a 'privilège' and a panegyric on the author. Much more common than in today's dictionaries is a grammar. Lists of plants, stones and hunting and nautical terms bear witness to the importance of herbals, lapidaria and technical and scientific vocabulary.

It has been said that the need for encyclopedicity (and thus for encyclopedic outside matter) in dictionaries arose from a lack of general reference books in the early days of dictionary writing (Roe 1977). Outside matter from bilingual dictionaries then made its way into monolingual ones which had to fulfil the role of general information books until the advent of the first encyclopedias in the 18th century. This eventually lead to a split between the function of the dictionary and the encyclopedia. But as encyclopedias grew in size and price and a broader educated public with a need for reasonably priced reference works characterized the market, the trend towards encyclopedicity made a strong comeback especially towards the end of the 19th century and has played an important role in commercial competition up to this day. But the recent trend towards one volume encyclopedias has lead Roe 1977 to suppose that future large dictionaries may reduce their encyclopedic elements.

## 4. Contemporary Examples

### 4.1. American Lexicography

American dictionaries contain much more outside matter than the dictionaries of any of the countries/languages discussed here. As a matter of fact, the American public — as opposed to the British — generally expects to find appendices in its dictionaries (Greenbaum/Meyer/Taylor 1984, 47). Outside matter has been widely discussed in the United States especially in connection with the Webster-Worcester dictionary war (Roe 1977, 18 f.; Leavitt 1947, 56 ff.) and the controversy over WIII (Sledd/Ebbitt 1962; Gove 1967) and its competition in the unabridged (e. g. Random House) and desk-size ranges.

The trend to outside matter begins with American lexicography itself: Noah Webster's first dictionary (1806) contained a number of appendices such as weights and measures and Joseph Worcester's dictionary of 1846 included pronouncing vocabularies of names. This was truly populist lexicography aimed at informing the common reader who often only had two books at his disposal: a Bible and a dictionary. In the Webster-Worcester dictionary war, the rivals vied for the market by trying to outstrip one another in quality, attractive outside matter and other innovations. When it became known, for example, that the new edition of Worcester was to be illustrated, Merriam Webster quickly added illustrations to the 1859 printing of its 1847 edition, but, time being too short to incorporate them into the main body, they appeared as a 'pictorial supplement'; this supplement became so popular that, although later editions did incorporate the illustrations into the main body, the supplement continued to be appended. Commercialism was thus firmly established in American lexicography from the start. One may attribute this to the particular situation of the American frontier and the lack of an Academy such as those of Europe.

The American dictionary was to continue

in its role as one-volume reference library in the dictionaries of men like Isaac Funk to be broken by the Century Dictionary (cf. Sledd 1972, 122 ff.), but the biggest break with this tradition was to come in 1961, when the publication of WIII caused an uproar (cf. Sledd/ Ebbit 1962) over its lack of preceptiveness, reduction in encyclopedicity and ommission of the gazeteer of names and the biographical supplement which had been present in WII and dropped to avoid swelling the dictionary to an unmanageable and costly size. Later dictionaries such as Random House learned from WIII's error's and even became the first dictionary to make it on bestsellers lists (cf. Reed 1966, 61). Among other marketing tactics, outside matter was reintroduced to the extent of making up some 20 % of the entire dictionary. But this outside matter tends to have little relation to the actual dictionary (cf. 2 and Sledd 1972, 192). It is interesting to note that since the sale of Merriam Webster to Britannica, even WIII has been published with a seven language dictionary appended to it.

Kinds of outside matter generally present in contemporary American dictionaries continue to be encyclopedic rather than linguistic: one thus finds a portrait of Noah Webster, articles on language by well-known linguists, lists of staff who contributed to the dictionary, directories of colleges and universities, dates in history, lists of heads of state, the Declaration of Independence, the Constitution of the United States, an atlas and a gazeteer. Linguistic outside matter often present includes a style manual, forms of address and lists of clichés to avoid. Sometimes synonym and bilingual dictionaries are also appended. Commercial competition served to improve dictionaries in the 19th century but has ceased to do so in the 20th. Outside matter is now often used as window dressing: it is often out of date and thus increases the price of the dictionary — sometimes by even more than the price of the dictionary on its own — without being fully reliable.

### 4.2. French Lexicography

A strong tradition of outside matter is not present in French lexicography. It is at the end of the 18th century (RP 1789, PG 1797) and especially during the 19th century (Boiste 1829, Larousse 1856) that commercially successful mid-sized dictionaries introduce appendices particularly of a geographical nature. Quemada 1967, 318 f., note 75 attributes this trend to a possible English influence. Pierre Larousse's *pages roses* (a list of foreign expressions, later enlarged to include also French proverbs) introduced in the forerunner to PL (= Larousse 1856) are, to French dictionary users, probably the most well-known outside matter to a dictionary.

Outside matter in contemporary dictionaries shows a stronger interest in linguistic than in encyclopedic information. We thus find lists of homonyms, paronyms and regionalisms (DFV 1980), information on word formation with lists of word building elements (GLLF 1971), word lists in order of frequency, conjugation tables, difficult grammar rules (e. g. 'règles d'accord du participe passé' in Logos 1981), names of places with their inhabitants, and in dictionaries of a limited range such as children's dictionaries, indices referring to articles in which words used in the microstructure do not appear as headwords (Larousse base 1977). Kinds of encyclopedic information which are strongly represented include atlases, traffic signs, lists of members of the Institut de France and of Nobel Prize winners.

### 4.3. Russian Lexicography

Information (especially encyclopedic) outside of the main body of dictionaries of the Russian language tends to be very limited; because of centralized dictionary production, the factor of commercial competition is not relevant and there is little variation in this respect from dictionary to dictionary.

Besides a foreword, a guide to the use of the dictionary and lists of abbreviations used in the dictionary, it is not uncommon to find the Russian alphabet in front matter (Evgen'eva 1981—84; Ožegov 1982). This is probably aimed at foreign learners of the language including non-Slavic speaking peoples of the Soviet Union who use a Cyrillic alphabet adapted to their language (e. g. Azerbaijani). Foreign words and phrases using the Latin alphabet (e. g. *eo ipso, bon vivant*) and which are therefore not fully integrated into the Russian language must be listed outside of the cyrillic main body. This is the case in Ušakov 1935—40 and in dictionaries of foreign words and phrases such as Babkin/ Šendecov 1966.

Grammatical supplements are rare in Russian monolingual dictionaries and inflectional guides too, although necessary especially to the learner, are often missing. To compensate for an incomplete cross-referencing system in the main body, Evgen'eva includes, in its front matter, an index of flectional forms which makes it possible to find the article for *žeč'* ('to burn') when confronted with *žgu* (first person singular). Abbreviations are generally not included in the main body of monolingual dictionaries nor are there appended lists including for example, *i. t. d.* ( = 'etc.') except in one learners' dictionary. It would seem then, that the Russian user is expected to be familiar with specialized dictionaries and to complement his general monolingual dictionary with specialized dictionaries of abbreviations, synonyms and others.

## 5. Treatment of Outside Matter in Metalexicography

Outside matter has generally received little attention in descriptions of monolingual lexicography of the English, French, German and Italian languages as well as in general handbooks on lexicography. An exception to this is the situation in American meta-lexicography (cf. 4.1.): Landau 1984, 115—119, for example, deals with front and back matter as "key elements of dictionaries", but works discussing the components of French, German, and Italian dictionaries make no mention of outside matter. Geeraerts/Janssens 1982, 57 enumerate the kind of appendices present in Dutch dictionaries but do not comment further on their usefulness or function. Only a limited number of periodical articles deal specially with outside matter in monolingual dictionaries (e. g. Roe 1977). Remarks on outside matter are more likely to be found in literature treating bilingual dictionaries (for Spanish, Haensch 1982, 459—461, Werner 1979, 79—81), or such that is of a practical (e. g. Kister 1977) or pedagogic nature, such as workbooks on dictionary use (Kipfer 1984, 46—52). Some workbooks designed as aids to the use of a specific learner's dictionary make no reference to back matter, although the dictionaries they accompany contain useful appendices (e. g. Kirkpatrick 1981).

This state of affairs in meta-lexicography can certainly be attributed to the fact that American dictionaries contain a great deal of outside matter; and bilingual dictionaries must keep in mind that the learner of a foreign language does not have easy access to encyclopedic, culture specific information of the foreign language and must therefore supply such information. As a result, authors on bilingual lexicography are sensitive to the problems outside matter can pose. In 'scholarly' dictionaries (e. g. OED) which are often the subject of meta-lexicographic treatises, outside matter is generally limited to credits to article authors and/or bibliographic references. But outside matter abounds in socalled 'practical' or 'popular' dictionaries aimed at a broader public and generally looked down on by scholars (Landau 1984, 119). The framework of lexicographic description and the heterogenic nature of outside matter are two other factors which may explain this lacuna in meta-lexicography. Theoretical treatises on European lexicography have extensively discussed the problems of dictionaries against the framework of a headword-article dichotomy (e. g. Hausmann 1977: *Makrostruktur* — *Mikrostruktur*; cf. art. 36) while the more concrete level of the physical presentation of the book itself is of greater interest to library science and the publishing industry.

## 6. Selected Bibliography

### 6.1. Dictionaries

*Babkin/Šendecov 1966* = Aleksandr Michajlovič Babkin/Valentin Vasil'evič Šendecov: Slovar' inojazyčnych vyraženij i slov upotrebljajuščichsja v russkom jazyke bez perevoda. 2 vols. Moscow/Leningrad 1966 [vol. 1, 712 p.; vol. 2, 636 p.].

*Boiste 1829* = Pierre-Claude-Victoire Boiste: Dictionnaire universel de la langue française, Manuel encyclopédique, ... suivi de dictionnaires, 1° des synonymes, 2° des difficultés de la langue, ..., 3° des rimes, 4° des homonymes, 5° des paronymes; des traités, 1° de versification, 2° des tropes, 3° de ponctuation, 4° des conjugaisons, 5° de prononciation; de vocabulaires, 1° de mythologie ..., 2° des personnages remarquables, 3° de géographie ...; d'un abrégé de grammaire ...; d'une nomenclature complète d'histoire naturelle, ... Pan-lexique. 7ème éd. rev., corr. et augm. Paris 1829 [xix, 724 + 210 p.].

*DALF 1985* = Dictionnaire actuel de la langue française. Paris 1985 [xviii, 1276 p.].

*DFV 1980* = Maurice Davau/Marcel Cohen/Maurice Lallemand: Dictionnaire du français vivant. Nouvelle éd. entièrement revue et augmentée. Paris 1980 [xiii, 1344 p.; 1st ed. 1971].

*Evgen'eva 1981* = Anastasija Petrovna Evgen'eva (ed. in chief): Slovar' russkogo jazyka v četyrëch tomach. 2nd ed. Moscow 1981—84 [vol. 1, 1981, 696 p.; vol. 2, 1983, 736 p.; vol. 3, 1984, 750 p.; vol. 4, 1984, 792 p.; 1st ed. 1957—61].

*Fabra 1983* = Pompeu Fabra: Diccionari manual de la llengua catalana. 1st ed. Barcelona 1983 [xxiii, 1331 p.].

*Funk & Wagnall 1973* = Funk & Wagnall's Standard International Dictionary, bicentennial edition. Chicago 1973 [xx, 1929 p.].

*GLLF 1971* = Grand Larousse de la langue française en sept volumes. Vol. 1: A—CIPPE. Paris 1980 [xcvi, 736 p.; 1st ed. 1971].

*Hachette 1980* = Dictionnaire Hachette de la langue française (sous la dir. de Françoise Guerard). Paris 1980 [1813 p.].

*Kapelusz 1980* = Diccionario Kapelusz de la lengua española. Buenos Aires 1980 [1517 p.].

*Larousse 1856* = Pierre Larousse: Nouveau dictionnaire de la langue française. Paris 1856 [714 p.].

*Larousse base 1977* = Larousse de base. Dictionnaire d'apprentissage du français. Dir. de Jean Dubois. Paris 1977 [viii, 1023 p.].

*Logos 1981* = Logos. Grand dictionnaire de la langue française par Jean Girodet. Vol. 3. Paris 1981 [938, 68 p.; 1st ed. 1976].

*Longman 1981* = Longman New Generation Dictionary. 1st ed. Burnt Mill 1981 [15 a, 798 p.].

*OED* = James Murray et al: The Oxford English Dictionary. Oxford 1884—1933. 12 vols. and suppl. Robert Burchfield: Supplement. 3 vols. Oxford 1972—1982 [14123 p.; XXIII, 5646 p.].

*Ožegov 1982* = Sergej Ivanovič Ožegov: Slovar' russkogo jazyka. 14th stereotype ed., ed. by N. Ju. Švedova. Moscow 1982 [816 p.].

*PG 1797* = Petit Gattel. C. M. Gattel: Nouveau dictionnaire portatif de la langue française. 2 vols. Lyon 1797.

*PL 1970* = Nouveau Petit Larousse 1970. Paris 1970 [1800 p.].

*Quillet/Flammarion 1982* = Dictionnaire usuel illustré. Paris 1982 [1944 p. 1st ed 1980].

*Random House* = Jess Stein/Laurence Urdang (eds.): The Random House Dictionary of the English Language, unabridged ed. 7th printing of 1st ed. New York 1981 [xxxii, 2059 p.; 1st ed. 1966; 2nd enl., rev., and updated ed. 1987].

*Reader's Digest 1984* = Reader's Digest Great Illustrated Dictionary in two volumes. London. New York. Sydney. Cape Town. Montreal 1984 [vol. 1: A—K, 936 p.; vol. 2: L—Z, 977 p.].

*RP 1789* = Dictionnaire portatif de la langue françoise, extrait du grand dictionnaire de Pierre Richelet; [...] Nouvelle éd. entièrement refondue & considérablement augmentée; A laquelle on a joint un Vocabulaire Géographique contenant l'orthographe des noms des Royaumes, Provinces, Villes, &c. par M. de Wailly. 2 vols. Lyon 1789 [vol. 1, j—xlv, 2—642 cols.; vol. 2, 2—840 cols.].

*Ušakov 1935—40* = Dimitrij Nikolaevič Ušakov (ed.): Tol'kovyj slovar' russkogo jazyka. 4 vols. Moscow 1935—40 [vol. 1: A—Kjuriny, 1935, lxxv, 1562 cols.; vol. 2: L—Ojalovet', 1938, 1040 cols.; vol. 3: P—Rjaška, 1939, 1424 cols.; vol. 4: S—Jaščurny, 1940, 1500 cols.].

*WIII* = Webster's Third New International Dictionary of the English Language. Ed. in chief: Philip Babcock Gove. 2 vols. Springfield, Mass. 1966 [vol. 1: A—K, 32a, 1258 p.; vol. 2: L—Z, 1404 p.; 1st ed 1961].

*Webster 1806* = Noah Webster: A Compendious Dictionary of the English Language. New Haven. Hartford 1806 [xxiii, (1), 408 p.].

*Webster/Britannica* = Webster's Third New International Dictionary of the English Language unabridged with seven language dictionary. 3 vols. Chicago. Auckland. Geneva. London. Manila. Paris. Rome. Seoul. Sydney. Tokyo. Toronto 1981 [vol. 1: A—G, 102 a, 1016 p.; vol. 2: H—R, 976 p.; vol. 3: S—Z, seven language dictionary, 1143 p.].

*Worcester 1846* = Joseph Emerson Worcester: An elementary dictionary for common schools; with pronouncing vocabularies of classical, scripture and modern geographical names. Boston 1846 [324 p.].

*Zingarelli 1983* = Nicola Zingarelli: Il nuovo Zingarelli. Vocabulario della lingua italiana. 11th ed., ed. by Miro Degliotti and Luigi Rosiello. Bologna 1983 [xvi, 2256 p.].

### 6.2. Other Literature

*Geeraerts/Janssens 1982* = D. Geeraerts/G. Janssens: Wegwijs in woordenboeken. Een kritisch overzicht van de lexicografie van het Nederlands. Assen 1982.

*Gove 1967* = Philip Babcock Gove (ed.): The Role of the Dictionary. Indianapolis. New York. Kansas City 1967.

*Greenbaum/Meyer/Taylor 1984* = Sidney Greenbaum/Charles F. Meyer/John Taylor: The Image of the Dictionary for American College Students. In: Dictionaries 6. 1984, 31—52.

*Haensch 1982* = Günther Haensch: Aspectos prácticos de la elaboración de diccionarios. In: Günther Haensch et. al.: La lexicografía. De la lingüística teórica a la lexicografía práctica. Madrid 1982, 395—534.

*Hausmann 1977* = Franz Josef Hausmann: Einführung in die Benutzung der neufranzösischen Wörterbücher. Tübingen 1977 (Romanistische Arbeitshefte 19).

*Kipfer 1984* = Barbara Ann Kipfer: Workbook on Lexicography. Exeter 1984 (Exeter Linguistic Studies. 8).

*Kirkpatrick 1981* = E. M. Kirkpatrick: Chambers Universal Learner's Workbook. Edinburgh 1981.

*Kister 1977* = Kenneth Kister: Dictionary Buying Guide. New York. London 1977.

*Landau 1984* = Sidney I. Landau: Dictionaries. The art and craft of lexicography. New York 1984.

*Leavitt 1947* = Robert Keith Leavitt: Noah's Ark, New England Yankees and the Endless Quest. A short history of the original Webster dictionaries. Springfield 1947.

*Quemada 1967* = Bernard Quemada: Les dictionnaires du français moderne 1539—1863. Paris 1967.

*Reed 1966* = John Allen Reed (pseudonym): A new big dictionary; its virtues and faults. In: Gove 1967, 61—63.

*Roe 1977* = Keith Roe: A survey of the encyclopedic tradition in English dictionaries. In: Donald Hobar (ed.): Papers of the Dictionary Society of North America. Terre Haute 1977, 16—23.

*Sledd 1972* = James Sledd: Dollars and Dictionaries. In: Howard D. Weinbrot (ed.): New Aspects of Lexicography. Carbondale. Edwardsville. London. Amsterdam 1972, 119—137.

*Sledd/Ebbitt 1962* = James Sledd/Wilma Ebbit (eds.): Dictionaries and THAT Dictionary. Glenview, Ill. 1962.

*Werner 1979* = Reinhold Werner: Formaler Vergleich einiger spanisch-deutscher und deutsch-spanischer Wörterbücher. In: Lebende Sprachen 24. 1979, 75—81.

*Wiegand 1984* = Herbert Ernst Wiegand: On the structure and contents of a general theory of lexicography. In: Reinhard Hartmann (ed.): LEXeter '83 Proceedings. Papers from the International Conference on Lexicography at Exeter, 9—12 September 1983. Tübingen 1984 (Lexicographica Series Maior 1), 13—30.

*Margaret Cop, Erlangen*
*(Federal Republic of Germany)*


# 67 a. Wörterbuchregister

1. Vorbemerkung
2. Zur Form und Funktion von Wörterbuchregistern
3. Ausgewählte Wörterbuchregister in Geschichte und Gegenwart
4. Ausblick
5. Literatur (in Auswahl)

## 1. Vorbemerkung

Spezialuntersuchungen zu Wörterbuchregistern liegen m. W. nicht vor. Die nachfolgenden Ausführungen stützen sich primär auf die lexikographische Praxis der neueren europäischen Kultursprachen; Beispiele werden vor allem der einsprachigen Lexikographie des Deutschen entnommen. Nach allgemeinen Angaben zur Form und Funktion von Wörterbuchregistern (2.) werden ausgewählte Register verschiedener Art in Geschichte und Gegenwart einzeln näher charakterisiert (3.) Ein Ausblick weist auf künftige Entwicklungsmöglichkeiten hin (4.).

## 2. Zur Form und Funktion von Wörterbuchregistern

2.1. Wörterbuchregister verzeichnen in der Regel die bzw. einige Einheiten der Makrostruktur eines Wörterbuchs bzw. die Lemmata, ordnen sie jedoch meist anders an als im Hauptteil des Wörterbuchs (vgl. auch Art. 38). So finden sich z. B. in onomasiologischen oder (wortbildungsbezogen-)nestalphabetischen Wörterbüchern strikt alphabetische Register, in alphabetisch-semasiologischen Wörterbüchern u. a. sachlich, chronologisch oder rückläufig angeordnete (Lemma-)Register. Im Register können sämtliche oder ausgewählte Haupt- und/oder Sublemmata verzeichnet werden. Nachzuweisen sind gelegentlich Register, die Einheiten der Mikrostruktur bzw. der Beschreibungssprache verzeichnen, bes. die Bedeutungsinterpretamente. Register bestehen zunächst aus Wort-, speziell Lemmalisten, enthalten aber häufig je nach Zielsetzung verschiedenartige Zusatzinformationen. Zwei- und mehrsprachige Wörterbücher enthalten ggf. Register in zwei oder mehreren Sprachen, z. B. Farrell 1953, Bildwörterbuch 1979.

Register erscheinen selten im Vorspann, z. B. das chronologische und das nach Fachgebieten geordnete Register der Germanismen in Pfeffer 1987, in aller Regel jedoch und bei Lieferungswerken nur im Nachspann des Wörterbuchs. Sie können u. U. ein so starkes Eigengewicht erhalten, daß sie ein gleichberechtigtes Wörterbuchteil bzw. Teilwörterbuch neben dem „Haupt"teil (dem zentralen Wörterverzeichnis, vgl. Art. 36 u. 38) bilden. Dies gilt bes. von onomasiologischen (Begriffs-)Wörterbüchern, die häufig in zwei Teile zerfallen, ein systematisches bzw. thematisches und ein alphabetisches (vgl. Art. 101). Ähnliches trifft auf Bildwörterbücher zu (vgl. Art. 108). Wörterbuchregister können sogar — ggf. überarbeitet, erweitert oder revidiert — als selbständige Wörterbücher erscheinen: Bachofer u. a. 1984 ist

z. B. im Grunde ein rückläufiges Register zum Mhd. Hand- und Taschenwörterbuch Lexers (vgl. Art. 112); das CED 1970 und das DCVF 1981 sind z. B. zunächst als Register zur 3. Aufl. des SOED 1964 (mit zusätzlichen Zweitquellen) und zum GLF 1971/78 entstanden (vgl. Art. 146). Register von Sublemmata können auch in der Form von Verweislemmata in die erste alphabetische Ordnung eines Wörterbuchs integriert werden, z. B. Müller 1986.

2.2. Zu den wichtigsten Funktionen von Registern, die sich natürlich im einzelnen nach der Funktion des jeweiligen Wörterbuchs richten, gehören praktische und/oder didaktische und/oder dokumentarische. Praktischen Zwecken dienen insbes. die strikt alphabetischen Register in onomasiologischen Wörterbüchern, ohne die diese letztlich wohl nicht benutzbar sind. Primär didaktisch orientiert sind z. B. das Register des auf ca. 2000 Grundwortschatzeinheiten begrenzten semantischen Beschreibungsvokabulars in LDOCE 1978, die Häufigkeitsregister in Erk 1972/82 und die verschiedenen Register in Verben in Feldern 1986 (vgl. 3.2.1.). Der Dokumentation dienen z. B. die chronologischen, etymologischen oder sachlichen Register in historischen Wörterbüchern wie Pfeffer 1987 und DFWB 1984/88 (vgl. 3.2.2.).

Generell können Register wegen ihrer relativ zum Wörterbuchteil geänderten Datenpräsentation dem Benutzer eines alphabetisch-semasiologischen Wörterbuchs einen mehrfachen Zugang zu — prinzipiell allen — mikrostrukturellen Daten bieten, die sonst wohl weitgehend versteckt oder unerschlossen bleiben (müssen), weil der Benutzer meist nur über das Alphabet Zugriff auf sie hat. Die polyakzessiven Wörterbücher (i. S. v. Art. 36 u. 38) überwinden somit die „lexikographische Datentarnung" (Wiegand 1983, 464, 442; vgl. auch Knowles 1987, 25—27) und eröffnen der Wortschatzforschung neue Möglichkeiten, wovon z. B. Finkenstaedt/ Wolff 1973 und Wermser 1976, denen das CED zugrunde liegt, ein beredtes Zeugnis ablegen. Zugleich können (vor allem computergestützte) Register dem Lexikographen ein Kontrollinstrument bzw. eine Checkliste bieten, anhand derer er z. B. überprüfen kann, ob alle vorgesehenen Artikelpositionen (Etymologie, Stilschicht, Belege, Beispiele usw.), die prinzipiell zu Sortiermerkmalen bzw. -schlüsseln für entsprechende Register werden können, gefüllt sind, ob Gleiches immer gleich beschrieben ist u. ä. m. Diese Möglichkeit wurde bisher kaum genutzt, weil beinahe alle Register erst nach Fertigstellung (und oft auch Veröffentlichung) des jeweiligen Wörterbuchs erstellt wurden. Eine Ausnahme bildet LDOCE 1978, denn während der Bearbeitung wurden alle in den Bedeutungserläuterungen und Beispielen verwendeten Wörter computergestützt mit der Grundliste von ca. 2000 Einheiten verglichen.

## 3. Ausgewählte Wörterbuchregister in Geschichte und Gegenwart

3.1. Aus der Geschichte der Wörterbuchregister unterschiedlichen Typs, die sich spätestens seit dem 16. Jh. nachweisen lassen, seien nachfolgend einige Register exemplarisch kurz charakterisiert.

Dem umfangreichen alphabetischen Wörterbuchteil des Thesaurus 1576 ist im Anhang ein sachlich gegliedertes Register beigegeben mit insgesamt 28 Wortverzeichnissen, die auf alle Artikel mit Angaben zu Antonymen und Archaismen, zu Körper- und Gebäudeteilen, zu Edelsteinen, Pflanzen, Schiffen, Bergen, Farben u. ä. m. verweisen. — In Stieler 1691 werden den vorwiegend alphabetisch geordneten Stammwörtern bzw. Wurzelformen als Hauptlemmata abgeleitete und zusammengesetzte Formen als Sublemmata zugeordnet; letztere sind über das umfangreiche, aber keineswegs vollständige alphabetische Register auffindbar. — Wächtler 1703 enthält ein vollständiges Register der in der Mikrostruktur, vor allem zur Bedeutungserläuterung der lemmatisierten Fremdwörter vorkommenden indigendeutschen Ausdrücke, das dem Benutzer ermöglichen soll, vom (bekannten) indigendeutschen Wort ausgehend den (unbekannten oder vorübergehend vergessenen) treffenden fremdsprachigen (Fach-)Ausdruck aufzufinden. — Dagegen enthält Campe 1801 (2. Aufl., 1813) in ganz anderer, nämlich puristischer Absicht ein alphabetisches Register der in der Mikrostruktur als Ersatz für die lemmatisierten Fremdwörter vorgeschlagenen indigendeutschen Ausdrücke bzw. Verdeutschungen, das mehr als 11 000 Einträge aufweist. — Die nach phonologischen Gesichtspunkten angeordneten hauptlemmatisierten Wurzeln bzw. morphologischen Grundformen und die ihnen zugeordneten sublemmatisierten morphologisch-etymologischen Wortgruppen in Graff 1834/46 sind praktisch nur über das von H. F. Massmann bearbeitete alphabetische Gesamtregister erschließbar. — Beinahe alle Ausgaben von Kluge 1883 (1. Aufl.) bis 1975 (21. Aufl.) enthalten im Nachspann ein je nach Ausgabe unterschiedlich großes Sachverzeichnis, das ausgewählte Lemmata nach verschiedenen Gesichtspunkten zusammengruppiert und diese Wortgruppen alphabetisch auflistet. Es enthält u. a. Einträge zu einzelnen Wortschöpfern und Herkunftssprachen, zu Sach- und Fachbereichen, und zu Wortkategorien heterogenster Art wie Schallnachahmungen, Schimpf- und Spottnamen, Ersatzwörter, Lehnübersetzungen u. ä. m. Nur der 5. (1894) und 6. (1899) Auflage beigegeben sind zwei umfangreiche, von F. Mentz bearbeitete Register: Das erste ordnet die Lemmata chronologisch nach Sprachstadien — Vorgermanisch, Urdeutsch, Altdeutsch (Ahd., Mhd.) und Neuhochdeutsch — an und trennt außerdem zwischen indigenen/einheimischen und entlehnten Wörtern, wobei die nhd. Entlehnungen wiederum getrennt nach Jahrhundert und Herkunftssprache angeführt werden. Das zweite Register gliedert die in den Wörterbuchartikeln besprochenen fremdsprachigen Formen, darunter auch die Etyma deutscher Fremdwörter, nach den Einzelsprachen Griechisch, Latein, Italienisch, Französisch und Englisch.

In der Geschichte der (deutschsprachigen) Wörterbuchregister haben sich kaum Registertraditionen herausgebildet, ausgenommen nur die alphabetischen Register zu den Synonymenwörterbüchern, und zwar den alphabetischen in der Tradition Eberhards, vor allem aber den begrifflich systematisierten in der Tradition Rogets, z. B. Wehrle-Eggers 1961 und Dornseiff 1970, in denen jeder Registereintrag mit einem numerisch-alphabetischen Verweis versehen ist, der den Benutzer auf den entsprechenden Begriffsartikel und die dazugehörigen Unterbegriffe verweist (vgl. Art. 101; Kühn 1979).

3.2. Die Gegenwart beginnt mit dem Einsatz des Computers, der dem Lexikographen nicht zuletzt hinsichtlich der Erstellung von Registern verschiedenster Art neue Möglichkeiten eröffnet (vgl. Art. 173). Die folgenden deutschsprachigen Beispiele primär didaktisch (3.2.1.) und dokumentarisch (3.2.2.) orientierter Datenpräsentation in Registerform mögen dies veranschaulichen.

3.2.1. Für Deutschlehrer, die ausländischen Studierenden den Wortgebrauch in deutschen wissenschaftlichen (Fach-)Veröffentlichungen vermitteln, stellt Erk 1972/82 in drei Bänden, die den Verben, den Substantiven sowie den Adjektiven, Adverbien und anderen Wortarten gewidmet sind, alle Wörter zusammen, die in einem Corpus von 102 Texten aus 34 verschiedenen Fächern mit einem Gesamtumfang von 250 000 Wörtern eine Mindestfrequenz von 10 aufweisen. Dem alphabetisch geordneten Wörterbuchteil, in dem verschiedene Verwendungsweisen oder Einzelbedeutungen der Lemmata differenziert werden, ist im Registerteil jeweils eine Rangliste der Stichwörter und ggf. auch eine Rangliste der Verwendungsweisen in absteigender Häufigkeit beigegeben, in denen sowohl Distribution, d. h. Anzahl der Fächer, in denen das Stichwort (in einer Verwendungsweise) vorkommt, als auch Frequenz, d. h. Gesamtvorkommen im Corpus, aller Verben bzw. ausgewählter Substantive, Adjektive usw. angegeben werden. —

Das semantisch-syntaktische Valenzwörterbuch Verben in Feldern 1986 soll ebenfalls im Bereich Deutsch als Fremdsprache eingesetzt werden. Es ist onomasiologisch angelegt, und teilt ausgewählte, in Einzelartikeln oder im Feldvorspann unterschiedlich ausführlich beschriebene Verben in semantisch bestimmte Gruppen bzw. Felder ein, die wiederum in 7 Makrofeldern zusammengruppiert sind. Der Anhang enthält vier Register, von denen drei didaktischen Zwecken vor allem bei der Textproduktion, z. B. der Zusammenstellung geeigneter Unterrichtsmaterialien, dienen. Im Verbfeld-Register werden sämtliche Verben — getrennt nach Feld und Makrofeld — alphabetisch inventarisiert: Im Vorspann erwähnte Verben werden mit „V" gekennzeichnet; bei den in Artikeln beschriebenen werden zusätzlich Satzbauplan und Passivfähigkeit angegeben. Das Satzbauplan-Register ordnet die in Artikeln beschriebenen Verben unter Angabe der Ergänzungsklassen verschiedenen Satzmustern zu und fügt jeweils Feldnummer und Passivinformation hinzu. Im Passiv-Register werden passivfähige Verben aus den Wörterbuchartikeln nach der Konstruktion mit *werden, sein* und/oder *bekommen* klassifiziert. Ein bes. für die Textrezeption wichtiges alphabetisches Register aller Verben mit Feld- und Seitennummer erschließt das gesamte Verbmaterial.

3.2.2. Die sechsbändige Bibliothek zur Studentensprache 1984 umfaßt alle historischen Wörterbücher, Monographien und Aufsätze zur deutschen Studenten- und Schülersprache vom 18. bis zum frühen 20. Jh. Ein alphabetisches Wortregister von ca. 16 500 Stichwörtern, das hinter jedem Stichwort Erscheinungsjahr und ggf. Seite der einzelnen Quelle(n) angibt, erschließt das gesamte Wortmaterial der Wörterbücher, darunter sämtliche Lemmata sowie Einheiten der Beschreibungssprache in studentenspr. Auswahl, und der Forschungsliteratur. Graphische Varianten und Druckfehler werden miterfaßt, um den historischen Dokumentationswert zu erhöhen. In einem Zusatzregister werden 18 zentrale studentenspr. Substantive zusammen mit allen Komposita und Syntagmen verzeichnet, in denen sie als Grundwort bzw. Element auftreten. Das im 1. Band abgedruckte Register schließt gewissermaßen die Bibliothek zu einem einzigen alphabetischen historischen Wörterbuch zusammen.

Dem wortbildungsbezogen-nestalphabetischen DFWB sind im Schlußband 1984/88 fünf Register beigegeben, die alle Hauptlemmata, alle sublemmatisierten gebundenen Wortbildungseinheiten und alle sublemmatisierten Einwortlexeme außer den Komposita, insgesamt mehr als 9000 Einheiten erfassen. Einem alphabetischen Register, in dem Sublemmata mit einem Verweis auf das Hauptlemma versehen sind, folgen ein rückläufiges, ein chronologisches, ein nach Herkunftssprache und ein nach Wortklasse geordnetes Register, die jeweils die Angaben zur Datierung, Herkunft und Wortklasse mitenthalten. Diese Angaben tragen ggf. der Homonymie und Polysemie der Lemmata Rechnung und sind inhalts- bzw. bedeutungsbezogen. Die Register eignen sich als Forschungsinstrument für Untersuchungen zum deutschen Fremdwortschatz, zumal weitere Sortierungen und Datenkombinationen möglich sind: Zusammensortierte Daten aus dem rückläufigen, chronologischen und etymologischen Register geben z. B. Aufschluß über Entlehnungs- und Lehnwortbildungsschübe bei reihenhaften Suffigierungen. Zusammengenommen bilden sie ein systematisches historisches Fremdwörterbuch, das dem gleichen Ziel einer entwicklungsgeschichtlichen Beschreibung und Dokumentation dieses Teilwortschatzes dient wie das sechsbändige Hauptwörterbuch selbst.

## 4. Ausblick

Die o. a. Beispiele stellen einige bereits realisierte Register(-typen) dar, und deuten zugleich ein unerschöpftes Potential an. Viele weitere Typen sind möglich: So erörtert z. B. Reichmann 1986, 158—163 mögliche Registertypen für ein historisch-dokumentarisches (Sprachstadien-)Wörterbuch, die teilweise auch der Erschließung eines historischen Wortschatzarchivs dienen könnten (vgl. Bahr 1987); Knowles 1987, 25—27 zeigt einige der vielfältigen (Register-)Möglichkeiten einer lexikographischen Datenbank auf. Was einst in mühsamer Handarbeit erarbeitet werden mußte, läßt sich zunehmend maschinell bewerkstelligen, zumal Wörterbücher immer häufiger in/mit dem Computer erstellt bzw. in relationale Datenbanken überführt werden. Mit entsprechender Programmierung ist es z. B. bei semasiologischen Wörterbüchern möglich, nicht nur über die Makrostruktur, sondern auch über prinzipiell alle Positionen der Mikrostruktur auf die lexikographischen Daten — in beliebiger Kombination — zuzugreifen, und ggf. unterschiedlich sortierte Register zu erstellen und auszudrucken. Solche Wörterbuchregister können u. a. dem Bearbeiter als Arbeits- und dem Benutzer als Forschungsinstrument dienen. Sie verbessern auf jeden Fall die Datenzugriffsmöglichkeiten und dadurch den Informationswert des Wörterbuchs quantitativ und vor allem qualitativ.

## 5. Literatur (in Auswahl)

### 5.1. Wörterbücher

*Bachofer u. a. 1984* = Wolfgang Bachofer/Walther v. Hahn/Dieter Möhn: Rückläufiges Wörterbuch der Mittelhochdeutschen Sprache. Auf der Grundlage von Matthias Lexers Mittelhochdeutschem Handwörterbuch und Taschenwörterbuch. Stuttgart 1984 [xi, 585 S.].

*Bibliothek zur Studentensprache 1984* = Helmut Henne/Georg Objartel (Hrsg.): Bibliothek zur historischen deutschen Studenten- und Schülersprache. 6 Bde. Berlin. New York 1984 [XLIV, 3136 S.].

*Bildwörterbuch 1979* = Oxford-Duden Bildwörterbuch. Deutsch und Englisch. Mannheim. Wien. Zürich 1979 [677, 87, 96 S.].

*Campe 1801* = Joachim Heinrich Campe: Wörterbuch zur Erklärung und Verdeutschung der unserer Sprache aufgedrungenen fremden Ausdrücke. Braunschweig 1801 [2. Aufl. 1813. XIV, 673 S.].

*CED 1970* = Thomas Finkenstaedt/Ernst Leisi/Dieter Wolff: A Chronological English Dictionary. Heidelberg 1970 [xvi, 1395 S.].

*DCVF 1981* = Wilhelm Kesselring: Dictionnaire chronologique du vocabulaire français. Le XVI$^e$ siècle. Heidelberg 1981 [XVIII, 758 S.].

*DFWB 1984/88* = Deutsches Fremdwörterbuch. Begonnen von Hans Schulz, fortgeführt von Otto

Basler, weitergeführt im Institut für deutsche Sprache. 7 Bde. (Straßburg) Berlin. New York 1913—88. Bd. 7.: Quellenverzeichnis, Systematische Wortregister, Nachwort. Hrsg. von Alan Kirkness. Berlin. New York 1984—88 [840 S.].

*Dornseiff 1970* = Franz Dornseiff: Der deutsche Wortschatz nach Sachgruppen. 7. Aufl. Berlin 1970 [922 S.; 1. Aufl. 1933].

*Erk 1972/82* = Heinrich Erk: Zur Lexik wissenschaftlicher Fachtexte. 3 Bde. München 1972, 1975, 1982 [Verben, 1972, 254 S.; Substantive, 1975, 373 S.; Adjektive, Adverbien und andere Wortarten, 1982, 699 S.].

*Farrell 1953* = R. B. Farrell: A Dictionary of German Synonyms. Cambridge 1953 [viii, 429 S.; 3. Aufl. 1977].

*GLF 1971/78* = Grand Larousse de la langue française. 7 Bde. Paris 1971—78 [CXXVIII, 6730 S.].

*Graff 1834/46* = E. G. Graff: Althochdeutscher Sprachschatz oder Wörterbuch der althochdeutschen Sprache. 7 Bde. Berlin 1834—46. Bd. 7: Vollständiger alphabetischer Index. Ausgearbeitet von H. F. Massmann. Berlin 1846. [VII, 293 S.; Nachdruck, Hildesheim 1963].

*Kluge 1883* = Friedrich Kluge: Etymologisches Wörterbuch der deutschen Sprache. Straßburg 1883 [21. Aufl. Bearbeitet von Walter Mitzka. Berlin. New York 1975. XVI, 915 S.].

*LDOCE 1978* = Longman Dictionary of Contemporary English. Harlow. London 1978. [xxxix, 1303 S.].

*Müller 1986* = Wolfgang Müller: Sinn- und sachverwandte Wörter. Wörterbuch der treffenden Ausdrücke. 2. Aufl. Mannheim. Wien. Zürich 1986 [801 S.].

*Pfeffer 1987* = J. Alan Pfeffer: Deutsches Sprachgut im Wortschatz der Amerikaner und Engländer. Vergleichendes Lexikon mit analytischer Einführung und historischem Überblick. Tübingen 1987 [XVIII, 347 S.].

*SOED 1964* = The Shorter Oxford English Dictionary on Historical Principles. 3. rev. Ausg. Oxford 1964 [xxv, 2672 S.; 1. Ausg. 1933].

*Stieler 1691* = Kaspar Stieler: Der Teutschen Sprache Stammbaum und Fortwachs oder Teutscher Sprachschatz. Nürnberg 1691 [2672 S.].

*Thesaurus 1576* = Thesaurus linguae latinae [...] 3 Bde. Basel 1576, 1578. [A—D, 1578, 1096 S.; E—O, 1576, 1107 S.; P—Z, 1576, 1167 S.; Vorwort Basel 1561].

*Verben in Feldern 1986* = Helmut Schumacher (Hrsg.): Verben in Feldern, Valenzwörterbuch zur Syntax und Semantik deutscher Verben. Berlin. New York 1986 [833 S.].

*Wächtler 1703* = Johann Christian Wächtler: Commodes Manual, Oder Hand-Buch. Leipzig 1703 [361 S.].

*Wehrle-Eggers 1961* = Hugo Wehrle/Hans Eggers: Deutscher Wortschatz. Ein Wegweiser zum treffenden Ausdruck. 12. Aufl. Stuttgart 1961 [xxxi, 821 S.; 1. Aufl. 1954].

5.2. Sonstige Literatur

*Bahr 1987* = Joachim Bahr: Entwurf eines historischen Wortschatzarchivs. In: Zeitschrift für Germanistische Linguistik 15. 1987, 141—168.

*Finkenstaedt/Wolff 1973* = Thomas Finkenstaedt/ Dieter Wolff: Ordered Profusion. Studies in Dictionaries and the English Lexicon. Heidelberg 1973.

*Knowles 1987* = Francis Knowles: Möglichkeiten des Computereinsatzes in der Sprachlexikographie. In: Theorie und Praxis des lexikographischen Prozesses bei historischen Wörterbüchern. Akten der Internationalen Fachkonferenz. Heidelberg, 3. 6.—5. 6. 1986. Im Auftrag des Forschungsschwerpunktes Lexikographie an der Neuphilologischen Fakultät der Universität Heidelberg hrsg. von Herbert Ernst Wiegand. Tübingen 1987 (Lexicographica. Series Maior 23), 11—33.

*Kühn 1979* = Peter Kühn: Daniel Sanders' Beitrag zur lexikographischen Synonymik des Deutschen. In: Muttersprache 89. 1979, 187—200.

*Reichmann 1986* = Oskar Reichmann: Lexikographische Einleitung. In: Frühneuhochdeutsches Wörterbuch. Hrsg. von Robert R. Anderson/Ulrich Goebel/Oskar Reichmann. Band 1. Lieferung 1. Einleitung. Quellenverzeichnis. Literaturverzeichnis. *a—abfal* bearb. von Oskar Reichmann. Berlin. New York 1986, 10—164.

*Wermser 1976* = Richard Wermser: Statistische Studien zur Entwicklung des englischen Wortschatzes. München 1976.

*Wiegand 1983* = Herbert Ernst Wiegand: Was ist eigentlich ein Lemma? Ein Beitrag zur Theorie der lexikographischen Sprachbeschreibung. In: Studien zur neuhochdeutschen Lexikographie III. Hrsg. von Herbert Ernst Wiegand. Hildesheim. Zürich. New York 1983 (Germanistische Linguistik 1—4/82), 401—474.

*Alan Kirkness, Auckland (Neuseeland)*

# V. Theorie der einsprachigen Lexikographie II: Ausgewählte Beschreibungsprobleme im allgemeinen einsprachigen Wörterbuch
# Theory of Monolingual Lexicography II: Selected Problems of Description in the General Monolingual Dictionary
# Théorie de la lexicographie monolingue II: Problèmes choisis de la description dans le dictionnaire monolingue

## 68. Probleme der Selektion im allgemeinen einsprachigen Wörterbuch

1. Einleitung
2. Selektion der Lemmata
3. Selektion der Informationen zu den Lemmata
4. Literatur (in Auswahl)

### 1. Einleitung

Es ist (noch) gängige Praxis, daß die Werbung für allgemeine einsprachige Wörterbücher ihre Unentbehrlichkeit und ihren großen Nutzen für alle möglichen Fragen eines jeden Benutzers beteuert. Demgegenüber fordert die von Wiegand (u. a. 1977, 1985, 1987) initiierte Hinwendung zu einer Wörterbuchbenutzungsforschung die handlungsorientierte Trennung zwischen unterschiedlichen Benutzertypen (Laien, Wissenschaftlern, Lexikographen, Metalexikographen) und Benutzungssituationen (vgl. auch die Art. 12 bis 24). Es leuchtet dabei folgende Grundthese ein: Je spezieller ein Wörterbuch ist, um so eher kann es besondere Benutzer und Benutzungssituationen berücksichtigen. Je allgemeiner das Wörterbuch wird, um so eher steigt zwar das Informationsangebot, aber auch die Gefahr einer Auswahl, die keine oder keine genaue Antwort auf die konkrete Benutzerfrage ermöglicht. Die oben referierte Verlagswerbung für einsprachige Wörterbücher, die mindestens den Kernwortschatz von rund 25 000 Wörtern enthalten (vgl. Hausmann 1977, 5), setzt voraus, daß die propagierte Multifunktionalität durch ein einziges Wörterbuch gewährleistet werden kann: Es ist gemacht und geeignet für Muttersprachler wie für Nicht-Muttersprachler; es will Hilfe bei Unsicherheiten in der Textrezeption wie auch in der Textproduktion bieten. Wenn man die bisherigen empirischen Untersuchungen zur Wörterbuchbenutzung durchsieht, fällt jedoch auf, daß sie vor allem solche Benutzer herangezogen haben, die eine fremde Sprache verwenden wollen. Die wenigen Befragungen von Muttersprachlern deuten eher darauf hin, daß diese vielleicht Wörterbücher kaufen, aber kaum als Nachschlagewerke benutzen. Die erforderliche Berücksichtigung der möglichen Benutzer bei der äußeren und inneren Selektion (i. S. v. Art. 36), also der der Lemmata und der Einzelinformationen zu den Lemmata ist nicht gewährleistet und bleibt mit Blick auf dieses Paradox manchmal etwas spekulativ. Ich berücksichtige im folgenden nur die usuelle Benutzung eines Wörterbuches als Nachschlagewerk, um „bestimmte Informationen über Sprache oder die nichtsprachliche Welt zu gewinnen" (vgl. Wiegand 1987, 200).

### 2. Selektion der Lemmata

In einem Punkt sind die meisten Wörterbuchbenutzer und -rezensenten mit der Werbung für neue Wörterbücher einer Meinung: Auf die möglichst vollständige Lemmatisierung der Wörter einer Sprache kommt es an. Das Vertrauen auf die Werbewirksamkeit großer Zahlen mag einen Verlag veranlaßt haben, auf dem Schutzumschlag seines Wörterbuches (mit 180 000 Lemmata) zu verkünden, es enthalte „über 500 000 Stichwörter und Definitionen"; ein anderer Verlag bietet noch höhere Zahlen: 770 000 Stichwörter und Definitionen, 220 000 Hauptstichwörter, 550 000 Definitionen, 300 000 Angaben zur Grammatik und 130 000 Angaben zum Stil. Diese verschleiernde Vermischung von Angaben zur Zahl der Lemmata und der Informationen zu den einzelnen Lemmata fordert die Wörterbuchbenutzer geradezu auf, sich in Briefen an Wörterbuchverlage über „fehlende" Wörter zu beschweren (vgl. Drosdowski 1977, 105—107; Voigt 1981, 26): Falls das betreffende Wort nicht lemmatisiert ist, entsteht Zweifel, ob es sich um ein zulässiges Wort dieser Sprache handelt. Aber ist das Fehlen von Wörtern, die „in aller Munde" sind, in jedem Fall ein Nachteil? Man fragt sich, wie groß der Benutzerkreis eines einsprachigen allgemeinen Wörterbuches sein mag, der vergeblich bei den etwa 500 Wörtern nachschlagen würde, die Bues (1979, 383—387) in dem Wörterbuch der deutschen Gegenwartssprache (= WDG) vermißt: so z. B.

*Riesenschinken, Schinkenknochen, Büroschlaf, Schlafgewohnheit, Exportschlager, Schlagerstar, Industriespion, Spionageauftrag, Themenbereich, Themenvorschlag, Überlebenschance, Überlebensfähigkeit, Urlaubsangebot, Urlaubsfreude, Urlaubsgeld.*

Für welche Benutzer ist die Lemmatisierung all jener von Bues vermißten Komposita wichtig? Für Muttersprachler oder Nicht-Muttersprachler? Es spricht einiges für die These, daß bei der Textrezeption der Kernwortschatz nicht sonderlich problematisch ist; anders ist dies z. B. bei fachsprachlichen, dialektalen und selten gebrauchten Wörtern. Bei der Textproduktion dagegen bereitet der Kernwortschatz nicht nur dem Fremdsprachenlerner, sondern auch dem Muttersprachler manche Probleme. In einem Rezeptionswörterbuch, einem Nachschlagewerk für Probleme bei der Textrezeption, wird ein großer Lemmabestand wichtig sein; in einem Produktionswörterbuch, einem Nachschlagewerk für Probleme bei der Textproduktion, werden insbesondere ausführliche Informationen zu den gewählten Lemmata benötigt, während der Lemmabestand geringer ausfallen darf. Während man selten Hinweise auf die Datenselektion erhält, geben Wörterbuchvorwörter meist Informationen zu der Auswahl von Lemmata, wobei einer oder mehrere der folgenden Aspekte bevorzugt herausgestellt werden: (1) Inwiefern kann ein Wörterbuch alle Wörter einer Sprache lemmatisieren? (2) Werden neben der Grundform auch einzelne Flexionsformen eines Lexems angeführt? (3) In welchem Umfang werden Derivata und Komposita lemmatisiert? (4) Werden auch Wortbildungselemente als Lemmata aufgenommen? (5) Sind mehrteilige Lemmata (wie *color television)* vorgesehen? (6) In welchem Umfang werden Ausdrücke aus Dialekten, Sonder- und Fachsprachen berücksichtigt? (7) Können und werden Neologismen lemmatisiert? (8) Wird ein Sprachgebiet der betreffenden Sprache bevorzugt berücksichtigt? (9) Sind nicht mehr gebräuchliche („veraltete") Wörter im Wörterbuch zu finden? (10) Werden Abkürzungen lemmatisiert? (11) Enthält das Wörterbuch auch Namen als Lemmata?

## 2.1. Der allgemeinsprachliche Wortschatz

Es ist zwar nicht jedem Benutzer bekannt, aber in der lexikographischen Diskussion eine Selbstverständlichkeit (vgl. z. B. Schmidt 1982; 1985, 84—99), daß eine vollständige Lemmatisierung aller Wörter, Wortteile und festgefügten Wortgruppen aus theoretischen und praktischen Gründen unmöglich ist, wenn damit gemeint ist, daß jedes mögliche Textwort, jedes Wortbildungselement und jeder idiomatische Ausdruck im Wörterbuch zu finden sein soll. Wenn nun in den Wörterbucheinleitungen eine Lemmatisierung aller Wörter versprochen wird, die dem Benutzer mit hoher Wahrscheinlichkeit immer wieder begegnen, so scheint dies wenigstens bei größeren einsprachigen Wörterbüchern mit mehr als 60 000 Lemmata der tatsächlichen Praxis zu entsprechen. Dies gilt zumindest, wenn man eine kleine Stichprobe verallgemeinern kann, die anhand eines Textausschnittes aus dem meistverkauften deutschen Buch dieses Jahrzehnts durchgeführt wurde.

Günter Wallraffs „Ganz Unten" enthält auf den S. 14—15 insgesamt 383 Textwörter, die 256 verschiedene Wortformen bzw. 216 Lexeme repräsentieren. Von den Wortformen finden sich in sechs Wörterbüchern zwischen 199 und 225 als Lemmata, d. h. zwischen 77 % und 87 %; auf Lexeme bezogen sind zwischen 190 und 207 lemmatisiert, d. h. zwischen 88 % und 94 %. Nicht oder nur z. T. lemmatisiert sind einige Komposita und Derivata, u. a. *Lämpchen, Iraner, Abendgarderobe, Sicherheitsbeamter,* Namen, u. a. *Bonn, Kaukasus,* und viele flektierte Textwörter, u. a. *dunklen, erkannte, verstand.* Auch ist der Gebrauch des Wortes *Wende* für die politische Wende in der Bundesrepublik Anfang der achtziger Jahre nur in einem der untersuchten Wörterbücher angeführt. Ob aber die Aufnahme von solchen Neologismen bei der

Beurteilung eines Wörterbuches entscheidend sein soll, darf bezweifelt werden. *Wende* ist in der Tat heute noch gebräuchlich, aber andere damalige „Modewörter" wie *Waldspaziergang* und *Instandbesetzer* hört man kaum noch.

Bevor ein Lemma ins Wörterbuch aufgenommen wird, sollte es nicht nur in verschiedenen Texten, sondern auch während eines nicht zu kurzen Zeitraums benutzt worden sein.

Bei vergleichender Untersuchung eines Zeitungstextes mit den Wörterbüchern anstelle des Wallraff-Textes wäre die Zahl von Lemmalücken zweifellos erheblich größer geworden. Statt Simplexlücken (wie für *müllen* 'Müll abladen'), Derivatlücken (wie für *Lämpchen*) oder Kompositionslücken (wie für *Sicherheitsbeamter*) zu beklagen, ist vorgeschlagen worden (z. B. von Eggers 1974), neben einer möglichst vollständigen Lemmatisierung von Simplizien und Wortbildungselementen nur noch solche *Derivata und Komposita* ins Lexikon aufzunehmen, die nicht durchsichtig (motiviert bzw. lexikalisiert) sind. Alle durchsichtigen Wörter könnten dann bei der Lemmaselektion außer acht gelassen werden. Hierdurch könne man eine erhebliche Entlastung erreichen, die das Wörterbuch im Extremfall auf 10 000 Lemmata reduzieren könne (Swanson 1975, 63). Eine solche Lemmabeschränkung wäre dann durchführbar, wenn eine operationale und leicht verständliche Bestimmung des Terminus *durchsichtig* vorläge. Es stellt sich aber die Frage, ob eine Wortbildung für alle Wörterbuchbenutzer im gleichen Maße und in der gleichen Weise durchsichtig ist.

*Playboy* durch *the boy plays* oder *callgirl* durch *someone calls the girl* zu erklären, ist wahrscheinlich nur Linguisten eingefallen. Es scheint so zu sein, daß erst ein Minimum an Ko- und Kontextwissen Bildungen wie *Nahbereich, Nahgrenze, Nahpunkt, Nahpunkteinstellung* (alle aus einem Fotoprospekt), *Putzfrau* (bekanntlich ist nicht jede Frau, die putzt, eine Putzfrau), *Ärztevertreter* (Vertreter der Ärzte oder Vertreter zu Verkaufsbesuch bei Ärzten?) verständlich macht.

Bei einem großen Teil von neugeschaffenen Wortbildungen besteht die Tendenz, sie nur oder vor allem als Einheiten für eine der möglichen Bedeutungen zu gebrauchen (Motsch 1977, 183). Durchsichtige Bildungen sind somit nur für den durchsichtig, der den Inhalt bereits kennt.

Bei der Textproduktion läuft insbesondere der Ausländer Gefahr, Wörter zu bilden, die vom System her zwar möglich, aber im Sprachgebrauch unüblich sind. Für diesen Benutzer wäre es hilfreich, wenn er im Wörterbuch sehen kann, daß es das Wort „gibt". Die zusätzliche Aufnahme von Wortbildungselementen (vgl. Mugdan 1984; Bergenholtz/Mugdan 1986, 36—43) könnte zwar in der Textrezeption bei Unsicherheiten mit nicht-lemmatisierten Wortbildungen eine gewisse Hilfe sein; sie kann aber — aus den oben erwähnten Gründen — den Lemmabestand kaum entlasten.

Die bisherige Praxis scheint allgemein so zu sein wie z. B. in Wahrig: Deutsches Wörterbuch (= Wahrig; dort: Vorwort) oder Webster's Third New International Dictionary (= W 3; dort: Preface) beschrieben: Ausgangspunkt bildet die Selektion in einem vorangegangenen Werk, das unter Vergleich mit anderen Wörterbüchern und Zusatzlisten ergänzt bzw. unter Weglassung von als veraltet oder unwichtig angesehenen Einträgen gekürzt wird. Bei Wörterbüchern, die als Datenbasis nur andere Wörterbücher, Informantenbefragungen oder eine Belegkartei haben, bleibt diese Vorgehensweise die einzig mögliche; sie kann aus metalexikographischer Sicht um so positiver beurteilt werden, je klarer die Selektionsschritte offengelegt werden. Für den Benutzer wird es allerdings unwichtig sein, ob das gefundene Lemma aus einem anderen Wörterbuch oder aus einer Liste übernommen wurde. Demgegenüber scheint mir das Korpuswörterbuch — wie der Trésor de la Langue Française (= TLF) — mit seiner Datenbasis entscheidende Vorteile zu bieten, weil damit eine genauere Berücksichtigung des üblichen Sprachgebrauchs möglich wird. Bei einem Korpuswörterbuch bildet die Häufigkeit das Entscheidungskriterium: Lexeme, die durch eine vorher festgelegte Mindestzahl von Belegen in einer Mindestzahl von Texten repräsentiert werden, finden Aufnahme in die Lemmaliste. Diese wiederum kann und sollte durch bestimmte unregelmäßig flektierte Wortformen, Wortbildungselemente und eventuell „fehlende" Wörter aus geschlossenen Wortfeldern (z. B. Wochentagen, Farben, Zahlen) ergänzt werden.

Bei der Selektion von Lemmata aus *Fach-, Gruppen- und Sondersprachen* kann das Korpuswörterbuch genauso vorgehen: die Auswahl der Texte steuert auch hier die Lemmaselektion. Dagegen bleiben in anderen Wörterbüchern die Kriterien der Selektion unklar (vgl. z. B. Petermann 1982). Mit einem Kriterium wie etwa „Bereiche, die im Zentrum des allgemeinen Interesses" stehen, können keine klaren Entscheidungen getroffen werden.

Traditionellerweise werden einige Teilbereiche quantitativ relativ breit erfaßt, z. B. Termini der linguistischen Fachsprache (vgl. Bergenholtz/Mugdan 1985 b). Andere Bereiche stehen weniger im Zentrum. Beispielsweise führen größere deutsche Wörterbücher nur wenige der Ausdrücke auf, die in Bornemann verzeichnet sind.

Von den 100 ersten Eintragungen in diesem Wörterbuch mit dem Anfangsbuchstaben L sind lediglich zwischen 4 und 13 in fünf großen Wörterbüchern jeweils lemmatisiert, z. B. *Ladenschwengel* 'Penis' und *Laufgeschäft* 'Straßenprostitution', aber nicht *Lampe* 'Vagina', *eine Lampe setzen* 'ein Bordell aufmachen', *Lampendocht* 'Penis'.

Mit diesen Beispielen soll nicht angedeutet werden, daß hier schwerwiegende Lemmalücken vorliegen, sondern daß eine klare Festlegung der Selektionsprinzipien für alle Sprachbereiche außerhalb des allgemeinen Wortschatzes dringend erforderlich ist.

## 2.2. Ergänzung durch besondere Lemmagruppen

Die Lemmatisierung von *flektierten Wortformen* kann vor allem für denjenigen Wörterbuchbenutzer hilfreich sein, der einen Text in einer Sprache liest, die er nicht voll beherrscht. Eine derartige Lemmatisierung wird bereits vorgenommen, wenn auch nicht immer konsequent (vgl. Mugdan 1983). Das Prinzip müßte sein, daß die Flexionsformen, die nicht den in der Wörterbuchgrammatik (vgl. Art. 64) vorgestellten Grundregeln entsprechen, als eigene Einträge mit Verweis auf die „Grundform", aber auch mit einer grammatischen Erläuterung und einem Beispiel oder Beleg erscheinen.

Für das Deutsche müßten demnach, z. B. bei *befehlen*, die grammatischen Wörter für die 2. und 3. Person Singular Präsens *(befiehlt)*, Singular Präteritum *(befahl)*, Partizip Perfekt *(befohlen)* und Konjunktiv II *(befähle* und *beföhle)* neben dem Lemma *befehlen* als Einträge vorgesehen werden. In anderen Fällen kann eine besondere Bedeutung, ein besonderer grammatischer Gebrauch oder die große Häufigkeit einer Wortform zur eigenen Aufnahme führen, z. B. bei einer Lemmatisierung von Partizipien wie *gestört* und *gestürzt*, die z. T. auch oder nur mit der Wortartangabe Adjektiv versehen werden.

Nicht besonders benutzerfreundlich ist es, wenn einige Wörterbücher *Abkürzungen* grundsätzlich nicht lemmatisieren, so das Wörterbuch der deutschen Gegenwartssprache (= WDG) und das Handwörterbuch der deutschen Gegenwartssprache (= HDG), in denen z. B. *Abs., DDR* und *DRK* ausdrücklich nur unter ihrer „Vollform" angeführt werden. Bei der Textrezeption gibt es bei solchen Ausdrücken oft erhebliche Verständnisschwierigkeiten. Wer versteht z. B. *La, l. a. LA, LAG, L. A. M., lb, lb., lbs.*, die alle im Brockhaus-Wahrig: Deutsches Wörterbuch (= Brockhaus-Wahrig) zu finden sind? Die substantivischen Abkürzungen könnten außerdem in ihrer Genuszuordnung auch jenem Benutzer Probleme bereiten, der die „Vollform" nicht kennt. Bei der nötigen Lemmatisierung der Kurzwörter kann das Korpuswörterbuch ein Häufigkeitskriterium festlegen; zusätzlich könnten, wie auch bei anderen Wörterbüchern wünschenswert, alle Einträge aus einem oder mehreren kleineren Abkürzungswörterbüchern übernommen werden.

Eine rigorose Grenzziehung zwischen Enzyklopädie und Wörterbuch kann zur Folge haben, daß *Namen* grundsätzlich von der Aufnahme ins Wörterbuch ausgeschlossen werden.

Befremdend wirkt diese Praxis dann, wenn z. B. *Jesus* zwar zu finden ist, aber nicht als Name, nur als Interjektion mit der Bedeutung 'Ausruf des Erschreckens'. Unbeantwortet bleiben mögliche Benutzerfragen, die aufgrund einer Genusunsicherheit bei Ländern wie *(dem) Iran* und *(dem) Irak* oder Flüssen wie *(dem) Mississippi* oder *(der) Wolga* entstehen.

Für Wörterbücher, die mit dem überzeugenden Hinweis auf die Bedürfnisse der Benutzer Namen berücksichtigen, stellt sich zum einen die Frage, welche Klassen von Namen auszuwählen sind, und zum anderen, wie die jeweilige Auswahl innerhalb einer Klasse vorzunehmen ist. Es scheint dabei fraglich zu sein, ob die Aufnahme von Vornamen, wie sie z. B. in Brockhaus-Wahrig erfolgt, für irgendeinen Benutzer von Interesse sein kann, vor allem, wenn die Namen nur durch 'weiblicher Vorname' o. ä. erklärt werden. Besonders wichtig ist die Aufnahme von geographischen Namen; diese kann z. B. bei den UNO-Mitgliedsländern und ihren Haupt- und Regierungsstädten vollständig sein. Für weitere Namen können und sollten klare Prinzipien offengelegt werden, wie z. B. alle Republiken der UdSSR, alle Staaten der USA, alle Städte ab einer bestimmten Einwohnerzahl. Für das Sprachgebiet des betreffenden Wörterbuches wäre es vielleicht angebracht, solche Zahlen niedriger anzusetzen als für andere Teile der Welt. Nur das Fehlen von klaren Instruktionen für die Mitarbeiter kann eine Erklärung dafür sein, daß die Praxis manchmal sehr unsystematisch erscheint.

So finden sich z. B. im Duden: Deutsches Universalwörterbuch (= Duden-DUW) u. a. die Lemmata **Kasan** und **Wolgograd,** nicht aber die Namen der weit größeren Städte *Taschkent* und *Baku* lemmatisiert (vgl. Bergenholtz/Mugdan 1986, 34—36).

## 3. Selektion der Informationen zu den Lemmata

Insgesamt bleibt festzustellen, daß es prinzipiell leicht möglich wäre, klare und eindeutige Prinzipien für die Lemmaselektion auszuarbeiten, wenngleich die Durchführung mit erheblichem Aufwand verknüpft ist. Im Vergleich dazu werden die Prinzipien der Selektion von Einzelinformationen in weit höherem Maße von dem gewählten theoretischen Ansatz abhängig und auch mit einem breiteren Spielraum für die jeweiligen Entscheidungen innerhalb des vorgegebenen Rahmens verbunden sein. Die erste und wichtigste Entscheidung betrifft die Wahl der Gebiete, über die das Wörterbuch Auskunft geben will.

Unter Verweis auf die Art. 40—62 möchte ich mich mit allgemeinen Bemerkungen begnügen und nur exemplarisch anhand einer knappen Diskussion die Selektion der Kollokationsangaben behandeln.

### 3.1. Textrezeption und -produktion

Ein allgemeines Wörterbuch bringt üblicherweise Informationen zur Orthographie, Aussprache, Bedeutung, Grammatik, Stil, Verbreitung, Kollokation und Etymologie, die durch Beispiele oder Belege und gelegentlich auch durch Bilder oder Abbildungen ergänzt werden.

Bei der Textrezeption stellen sich für Muttersprachler wie Fremdsprachler zunächst Fragen zur *Bedeutung,* und im Zusammenhang damit auch zur Zuordnung zu Stilebene und Fachgebiet. Man muß voraussetzen, daß ein allgemeines einsprachiges Wörterbuch nur von Muttersprachlern sowie von relativ fortgeschrittenen Lernern verwendet werden kann. Wer eine Fremdsprache unvollkommen beherrscht, schlägt in einem zweisprachigen Wörterbuch oder in der Wortliste seines Lehrbuches nach. Dabei ist es wenig wahrscheinlich, daß nach der allgemeinen Bedeutung der geläufigsten Wörter wie *Tisch, Haus, hören, groß* und *blau* gesucht wird; es sei denn, es geht um eine feste Wendung wie *am runden Tisch* im Sinne von 'Verhandlungstisch'. Es wäre somit möglich, auf Bedeutungsangaben bei solchen Lemmata zu verzichten, die größtenteils auch als Explikationsvokabular bei anderen Lemmata auftreten. Viel wichtiger sind genaue und ausführliche Informationen über die weniger geläufigen Ausdrücke.

Bei der Textproduktion spielen Unsicherheiten in der *Orthographie* und der Silbentrennung sowohl für Mutter- als auch für Fremdsprachler eine nicht geringe Rolle. Angaben zu etwaigen orthographischen Varianten und zu jeder Silbentrennung sind daher nötige, aber auch meist vorzufindende Informationen. Dagegen kann angenommen werden, daß Muttersprachler nur bei wenigen Wörtern *Ausspracheschwierigkeiten* bekommen, während der Ausländer je nach Ausgangssprache außerdem besondere Interferenzschwierigkeiten hat. Eine Beschränkung der Information über Aussprache auf Wörter oder Wortteile, die „von den allgemeinen Ausspracheregeln abweichen" (WDG I, 026), ist daher eine naheliegende Möglichkeit. Beim Vergleich von Wörterbüchern, die dieses Prinzip vertreten, kann jedoch beobachtet werden, daß es große Unterschiede in der Wahl der „schwierigen Fälle" gibt. Eine Darstellung der Ausspracheregeln in der Wörterbucheinleitung ist deshalb bei diesem Vorgehen geboten. Eine größere Zahl von Lemmata werden mit Ausspracheangaben versehen, wenn das Prinzip gewählt wird, diese Angaben für alle Simplizia, aber nur für unregelmäßig gebildete Derivata und Komposita vorzusehen. Die einfachste Vorgehensweise sieht prinzipiell bei jedem Lemma Informationen zur Aussprache vor. Auch für den Benutzer ist diese Möglichkeit die einfachste; er kann immer davon ausgehen, eine Angabe zur Aussprache zu finden.

Bei Fragen zur Wortfindung oder Wortdifferenzierung können drei Typen unterschieden werden (vgl. Bergenholtz/Mugdan 1986, 115): (a) Welcher Bedeutungsunterschied besteht zwischen zwei Wörtern A und B? (b) Kann das Wort A mit Bezug auf einen bestimmten Sachverhalt verwendet werden? (c) Wird in Verbindung mit dem Wort A das Wort B oder vielleicht C benutzt? In den Fällen (a) und (b) sind Informationen zum Sachgebiet sowie – wie für (c) – sehr breite Informationen zu den üblichen Kollokationen erforderlich (vgl. 3.2. und Art. 83).

*Grammatische Informationen* werden sicherlich nur in solchen Fällen bei der Textrezeption benötigt, in denen sie zur Auflösung einer Mehrdeutigkeit beitragen können, oder wenn ein flektiertes Wort lemmatisiert ist. Bei der Textproduktion sind Angaben zur Grammatik dagegen in vielen Fällen ebenso wichtig wie solche zur Kollokation und wichtiger als solche zur Bedeutung. Unentbehrlich ist zunächst die Genuszuordnung bei Sprachen mit Genera. Diese Information findet sich auch in nahezu allen einsprachigen Wörterbüchern solcher Sprachen. Es ist dagegen umstritten, ob eine Wortartzuordnung für den Benutzer hilfreich ist. Viele Wörterbücher verzichten folgerichtig auch ganz oder teilweise auf explizite Wortartangaben. Für den Fall, daß die Wortartzuordnung sich auf eine in der Einleitung dargestellte Wörterbuchgrammatik bezieht (vgl. Art. 64), können die Wortarten eine erste Artikelgliederung leisten, die grobe morphologische und syntaktische Regularitäten festhält (vgl. Bergenholtz 1984a). Es kann auf Angaben zur Flexion (vgl. Mugdan 1983 und Art. 37) verzichtet werden, wenn es sich um eine regelmäßige und in der Wörterbucheinleitung (Wörterbuchgrammatik) dargestellte Flexion handelt.

Z. B. ist eine Angabe bei deutschen femininen Substantiven für den Genitiv Singular überflüssig, da dieser immer formgleich mit dem Nominativ Singular ist. Für alle weniger regelmäßigen Flexionen und für die wichtigsten Bereiche der Syntax (vgl. Bergenholtz 1984b; Kromann 1985; Wiegand 1985) wären dagegen explizite Informationen in einem weit höheren Maß erforderlich, als es bisher in den meisten Wörterbüchern üblich ist.

### 3.2. Kollokationen

Die Wahl der Informationen zur Kollokation spielt in der jetzigen lexikographischen Diskussion eine wichtige Rolle. Eine korpusorientierte Vorgehensweise, die das Kriterium der Häufigkeit als objektives und eindeutig verwendbares Prinzip ansetzt, wird u. a. von Bergenholtz/Mugdan (1984) und Mugdan (1985) vertreten. Es kann dabei vorausgesetzt werden, daß die lexikographische Erfassung aller möglichen Kollokationen das Leistungsvermögen eines jeden Wörterbuches überschreiten würde.

In einem relativ kleinen Korpus von 2,5 Mio. Textwörtern finden sich beispielsweise 371 verschiedene Kollokationen mit dem attributiven Adjektiv *jung*, u. a. mit *Abgeordneten, Abrissen, Adept, Agrochemiker, Akademikerschaft, Aktien* (vgl. Bergenholtz 1985). In sechs Wörterbüchern, Duden: Das große Wörterbuch der deutschen Sprache in sechs Bänden (= Duden-GWB), Duden-DUW, Brockhaus-Wahrig, Wahrig, WDG und HDG, finden sich insgesamt 67 verschiedene Kollokationen mit dem attributiven Adjektiv *jung*, aber davon keine einzige in allen fünf Wörterbüchern, z. B.

|  | GWB | DUW | B-W | WDG | HDG |
|---|---|---|---|---|---|
| *Abgeordnete* | × |  |  |  |  |
| *Aktie* |  |  | × |  |  |
| *Aktien* |  |  | × |  |  |
| *Autor* |  |  |  | × |  |
| *Baum* |  |  |  |  | × |
| *Bäumchen* | × | × |  |  |  |
| *Beine* |  |  |  | × | × |

Nicht nur in diesen Fällen scheint die Wahl der Kollokationen kaum systematisch, sondern eher zufällig erfolgt zu sein. Die in Bergenholtz (1985) vorgeschlagene Selektion beruht dagegen auf einem klaren Prinzip: Es werden die Wortverbindungen aufgeführt, die eine bestimmte Häufigkeit haben, und zwar in der Reihenfolge der Häufigkeit. Einem solchen Vorgehen halten andere Metalexikographen (z. B. Viehweger 1982, Hausmann 1985, Zöfgen 1986) entgegen, durch dieses Korpusprinzip werde die Grenze zwischen charakteristischen, spezifischen Zweierkombinationen auf der einen Seite und zufälligen, banalen auf der anderen verwischt.

*Ein Buch kaufen* sei banal und ohne Nachschlagewert im Vergleich zu *ein Buch aufschlagen, einen Vogel sehen* unspezifisch im Gegensatz zu *einen Vogel beobachten.*

Diese Diskussion kann hier nicht fortgeführt werden. Ich möchte nur ein Argument gegen die These der charakteristischen Bindungen anbringen: Wenn nur annähernd klare und intersubjektive Prinzipien aufstellbar wären, müßte es eigentlich verwundern, daß die bisherige lexikographische Praxis so uneinheitlich geblieben ist. Vielmehr scheint es so zu sein, daß die häufigen Kollokationen normalerweise auch die nicht-banalen darstellen. Bei der Selektion — nicht nur von Kollokationen — ist meines Erachtens das Vorgehen zu wählen, das für den Lexikographen zu einer möglichst konsequenten Erfassung führen kann, und das gleichzeitig für den Benutzer eine schnelle und eindeutige Interpretation der Wörterbucheinträge ermöglicht. Beides ist am ehesten gewährleistet, wenn operationable Instruktionen vorliegen, die auch dem Benutzer in der Wörterbucheinleitung mitgeteilt werden.

## 4. Literatur (in Auswahl)
### 4.1. Wörterbücher

*AHD* = The American Heritage Dictionary of the English Language. Ed. by William Morris. Boston. Atlanta. Dallas. Geneva Il. Hopewell NJ. Palo Alto 1976 [1568 S.].

*Bornemann* = Ernest Bornemann: Sex im Volksmund. Der obszöne Wortschatz der Deutschen. Wörterbuch von A—Z. Reinbek bei Hamburg 1979 [218 S.].

*Brockhaus-Wahrig* = Brockhaus Wahrig. Deutsches Wörterbuch in sechs Bänden. Hrsg. von Gerhard Wahrig/Hildegard Krämer/Harald Zimmermann. 6 Bde. Wiesbaden. Stuttgart 1980—1984 [zus. 5310 S.].

*Duden-DUW* = Duden. Deutsches Universalwörterbuch. Hrsg. und bearb. vom Wissenschaftlichen Rat und den Mitarbeitern der Dudenredaktion unter Leitung von Günther Drosdowski. Mannheim. Wien. Zürich 1983 [1504 S.].

*Duden-GWB* = Duden. Das große Wörterbuch der deutschen Sprache in sechs Bänden. Hrsg. und bearb. vom Wissenschaftlichen Rat und den Mitarbeitern der Dudenredaktion unter Leitung von Günther Drosdowski. Mannheim. Wien. Zürich 1976—1981 [zus. 2992 S.].

*HDG* = Handwörterbuch der deutschen Gegenwartssprache. In zwei Bänden. Von einem Autorenkollektiv unter Leitung von Günter Kempcke. Berlin [DDR] 1984 [zus. 1399 S.].

*TLF* = Trésor de la Langue Française. Publié sous la direction de Paul Imbs. Bisher 11 Bde. [*A—natalité*] Paris 1971—1985 [zus. 13 738 S.].

*Wahrig* = Deutsches Wörterbuch. Mit einem „Lexikon der deutschen Sprachlehre". Hrsg. von Gerhard Wahrig in Zusammenarbeit m. zahlreichen Wissenschaftlern und anderen Fachleuten. Völlig überarb. Neuaufl., o. O. 1980 [4358 Sp.].

*WDG* = Wörterbuch der deutschen Gegenwartssprache. Hrsg. von Ruth Klappenbach/Wolfgang Steinitz. 6 Bde. Berlin [DDR] 1964—1977 [zs. 036, 4579 S.; Lieferungen ab 1961; div. verb. Nachdrucke einzelner Bände].

*W3* = Webster's Third New International Dictionary of the English Language. Unabridged. Editor-in-Chief Philip Babcock Gove. 2 Bde. Springfield/Mass. 1971 [zus. 2622 S.].

### 4.2. Sonstige Literatur

*Bergenholtz 1984a* = Henning Bergenholtz: Grammatik im Wörterbuch: Wortarten. In: Studien zur neuhochdeutschen Lexikographie IV. Hrsg. von Herbert Ernst Wiegand. Hildesheim. Zürich. New York 1984 (Germanistische Linguistik 1—3/83), 19—72.

*Bergenholtz 1984b* = Henning Bergenholtz: Grammatik im Wörterbuch: Syntax. In: Studien zur neuhochdeutschen Lexikographie V. Hrsg. von Herbert Ernst Wiegand. Hildesheim. Zürich. New York 1984 (Germanistische Linguistik 3—6/84), 1—46.

*Bergenholtz 1985* = Henning Bergenholtz: Vom wissenschaftlichen Wörterbuch zum Lernerwörterbuch. In: Bergenholtz/Mugdan 1985 a, 225—256.

*Bergenholtz/Mugdan 1984* = Henning Bergenholtz/Joachim Mugdan: Grammatik im Wörterbuch: von *ja* bis *Jux*. In: Studien zur neuhochdeutschen Lexikographie V. Hrsg. von Herbert Ernst Wiegand. Hildesheim. Zürich. New York 1984 (Germanistische Linguistik 3—6/84), 47—102.

*Bergenholtz/Mugdan 1985a* = Lexikographie und Grammatik. Akten des Essener Kolloquiums zur Grammatik im Wörterbuch 28.—30. 6. 1984. Hrsg. von Henning Bergenholtz/Joachim Mugdan. Tübingen 1985 (Lexicographica. Series Maior. Band 3).

*Bergenholtz /Mugdan 1985b* = Henning Bergenholtz/Joachim Mugdan: Linguistic Terms in German and English Dictionaries. In: Lexicographica 1. 1985, 3—23.

*Bergenholtz/Mugdan 1986* = Henning Bergenholtz/Joachim Mugdan: Der neue „Super-Duden" — die authentische Darstellung des deutschen Wortschatzes? In: Studien zur neuhochdeutschen Lexikographie VI. 1. Teilbd. Hrsg. von Herbert Ernst Wiegand, Hildesheim. Zürich. New York 1986 (Germanistische Linguistik 84—86/1986), 1—149.

*Bues 1978—1981* = Manfred Bues: [Rez. WDG]. In: Muttersprache 88. 1978, 137—141; 89. 1979, 381—388; 91. 1981, 218—228.

*Drosdowski 1977* = Günther Drosdowski: Nachdenken über Wörterbücher: Theorie und Praxis. In: Günther Drosdowski/Helmut Henne/Herbert Ernst Wiegand: Nachdenken über Wörterbücher. Mannheim. Wien. Zürich 1977 [korrigierte Ausgabe 1984], 103—143.

*Eggers 1974* = Hans Eggers: Kompositionsattribute. Gedanken zur Wortbildung im heutigen Deutsch. In: Germanistische Streifzüge. Festschrift für Gustav Korlén. Hrsg. von Gert Mellbourn/Helmut Müssener/Hans Rossipal/Birgit Stolt. Stockholm 1974, 51—61.

*Hausmann 1977* = Franz Josef Hausmann: Einführung in die Benutzung der neufranzösischen Wörterbücher. Tübingen 1977 (Romanistische Arbeitshefte 19).

*Hausmann 1985* = Franz Josef Hausmann: Kollokationen im deutschen Wörterbuch. Ein Beitrag zur Theorie des lexikographischen Beispiels. In: Bergenholtz/Mugdan 1985 a, 118—129.

*Kromann 1985* = Hans-Peder Kromann: Zur Selektion und Darbietung syntaktischer Informationen in einsprachigen Wörterbüchern des Deutschen aus der Sicht ausländischer Benutzer. In: Bergenholtz/Mugdan 1985 a, 346—357.

*Motsch 1977* = Wolfgang Motsch: Ein Plädoyer für die Beschreibung von Wortbildungen auf der Grundlage des Lexikons. In: Perspektiven der Wortbildungsforschung. Beiträge zum Wuppertaler Wortbildungskolloquium vom 9.—10. Juli 1976. Anläßlich des 70. Geburtstages von Hans Marchand am 1. Oktober 1977. Hrsg. von Herbert Brekle/Dieter Kastovsky. Bonn 1977 (Schriftreihe Linguistik, Bd. 1), 180—202.

*Mugdan 1983* = Joachim Mugdan: Grammatik im Wörterbuch: Flexion. In: Studien zur neuhochdeutschen Lexikographie III. Hrsg. von Herbert Ernst Wiegand. Hildesheim. Zürich. New York 1983 (Germanistische Linguistik 1—4/82), 179—237.

*Mugdan 1984* = Joachim Mugdan: Grammatik im Wörterbuch: Wortbildung. In: Studien zur neuhochdeutschen Lexikographie IV. Hrsg. von Herbert Ernst Wiegand. Hildesheim. Zürich. New York 1984 (Germanistische Linguistik 1—3/83), 237—308.

*Mugdan 1985* = Joachim Mugdan: Pläne für ein grammatisches Wörterbuch. Ein Werkstattbericht. In: Bergenholtz/Mugdan 1985 a, 187—224.

*Petermann 1982* = Heinrich Petermann: Probleme der Auswahl und Darstellung von Fachlexik im allgemeinsprachlichen Wörterbuch. In: Wortschatzforschung heute. Aktuelle Probleme der Lexikologie und Lexikographie. Hrsg. von Erhard Agricola/Joachim Schildt/Dieter Viehweger. Leipzig 1982, 203—220.

*Schmidt 1982* = Hartmut Schmidt: Stichwortkapazität und lexikalisches Netz einiger allgemeinsprachlicher deutscher Wörterbücher — Ein historischer Vergleich. In: Wortschatzforschung heute. Aktuelle Probleme der Lexikologie und Lexikographie. Hrsg. von Erhard Agricola/Joachim Schildt/Dieter Viehweger. Leipzig 1982, 185—202.

*Schmidt 1985* = Hartmut Schmidt: Untersuchungen zu konzeptionellen Problemen der historischen Lexikographie. (Bedeutungen, Definitionen, Stichwortlisten, Aussagebereich). Berlin 1985 (Linguistische Studien. Reihe A. Arbeitsberichte 134).

*Swanson 1975* = Donald Carl Swanson: Recommendations on the selection of entries for a bilingual dictionary. In: Problems in Lexicography. Ed. by Fred W. Householder/Sol Saporta. Bloomington 1975 [zuerst erschienen 1962], 63—77.

*Viehweger 1982* = Dieter Viehweger: Semantiktheorie und praktische Lexikographie. In: Zeitschrift für germanistik 1/82. 1982, 143—155.

*Voigt 1981* = Walter Voigt: Wörterbuch, Wörterbuchmacher, Wörterbuchprobleme. Ein Werkstattgespräch. In: Wort und Sprache. Beiträge zu Problemen der Lexikographie und Sprachpraxis, veröffentlicht zum 125jährigen Bestehen des Langenscheidt-Verlags. Berlin. München. Wien. Zürich 1981, 24—33.

*Wallraff 1985* = Günter Wallraff: Ganz unten. Köln 1985.

*Wiegand 1977* = Nachdenken über Wörterbücher: Aktuelle Probleme. In: Günther Drosdowski/Helmut Henne/Herbert Ernst Wiegand: Nachdenken über Wörterbücher. Mannheim. Wien. Zürich 1977, 51—102.

*Wiegand 1985* = Herbert Ernst Wiegand: Fragen zur Grammatik in Wörterbuchbenutzungsprotokollen. Ein Beitrag zur empirischen Erforschung der Benutzung einsprachiger Wörterbücher. In: Bergenholtz/Mugdan 1985 a, 20—98.

*Wiegand 1987* = Herbert Ernst Wiegand: Zur handlungstheoretischen Grundlegung der Wörterbuchbenutzungsforschung. In: Lexicographica 3. 1987, 178—227.

*Zöfgen 1986* = Ekkehard Zöfgen: Kollokation — Kontextualisierung — (Beleg-)Satz. Anmerkungen zu Theorie und Praxis des lexikographischen Beispiels. In: Französische Sprachlehre und *bon usage*. Festschrift für Hans-Wilhelm Klein zum 75. Geburtstag. Hrsg. von Alberto Barrera-Vidal/Hartmut Kleineidam/Manfred Raupach. München 1986, 219—238.

*Henning Bergenholtz, Århus (Dänemark)*

# 69. Homonymie und Polysemie im allgemeinen einsprachigen Wörterbuch

1. Die Mehrdeutigkeit der Zeichen — ein Lemmatisierungsproblem
2. Zur Abgrenzungsproblematik
3. Lexikographische Praxis als Reflex unklarer semantischer Theorien
4. Die Relevanzfrage
5. Literatur (in Auswahl)

## 1. Die Mehrdeutigkeit der Zeichen — ein Lemmatisierungsproblem

Homonymie und Polysemie machen ein Charakteristikum natürlicher Sprachen namhaft: die Asymmetrie sprachlicher Zeichen, die sich vornehmlich in der Mehrdeutigkeit bzw. Plurivalenz vieler Signifikanten (Lautformen) manifestiert. Nach der gängigen Definition liegen bei Homonymie zwei oder mehrere Zeichen mit gleicher Lautform vor, während Polysemie das Auftreten eines Zeichens mit mehreren untereinander verwandten Sememen (= Lesarten/Inhaltseinheiten) meint.

Diese letzte Bestimmung enthält als stillschweigende — manchmal schwer zu erfüllende — Voraussetzung die Identifikation und Paraphrasierung funktioneller Inhaltseinheiten im Gegensatz zur Beschreibung von Verwendungsweisen desselben Semems (= Kontextvarianz). Sie verweist darüber hinaus auf einen Typ von sprachlicher Mehrdeutigkeit, den man im Unterschied zur Vagheit als Ambiguität bezeichnet, wobei nur deren spezifisch lexikalische Ausprägungen terminologisch als *Polysemie* und *Homonymie* gefaßt werden (vgl. Fries 1980; Pinkal 1985). Mit letzteren unlösbar verbunden sind divergierende zeichentheoretische Modellvorstellungen (vgl. Bergmann 1977, 38 ff.). —

Ein monosemer Zeichenbegriff liegt den Interpretationen zugrunde, die das Phänomen der Mehrdeutigkeit in der frühesten Phase der Lexikographie erfuhr. Bis etwa 1670, teilweise sogar bis weit in das 18. Jh., widmen die französischen Wörterbücher jeder „Form-Semem-Verbindung" ein eigenes Stichwort.

Die praktischen Bedenken, die diesem Verfahren entgegenstehen, betreffen die bei konsequent monosemer Orientierung drastisch ansteigende Zahl von Stichwörtern, wodurch das Problem der Plurivalenz in die nunmehr an Homonymen reiche Makrostruktur verlagert ist.

Der Lesbarkeit und Übersichtlichkeit dürfte dies nicht gerade förderlich sein. Die theoretischen Einwände gründen sich auf die Tatsache, daß Pluralität der Inhalte bei identischer Lautform als Grundbedingung sprachlicher Ökonomie zu gelten hat und ein wesentliches Kennzeichen von 'Bedeutung' ist. Folgerichtig beginnt sich zu Beginn des 18. Jhs. das Prinzip der hierarchischen Gruppierung von Inhaltseinheiten unter einem Stichwort durchzusetzen (vgl. Quemada 1967, 272 ff.; 465 ff.; Landau 1984, 44; 48), das die Grundlage der traditionellen Konzeption des Wörterbuchartikels bildet und das der Plurivalenz durch weitgehende Gleichsetzung von Signifikant und Stichwort/Lemma Rechnung zu tragen sucht. Im allgemeinen neigen auch die modernen Wörterbücher zu dieser, selten radikal durchgeführten polysemen „Lösung". — Dies bedeutet nun, daß sich die in Linguistik, Logik und Philosophie äußerst kontrovers diskutierte Unterscheidung zwischen Polysemie und Homonymie über den Begriff der Worteinheit und seiner zeichentheoretischen Implikationen mit der praktischen lexikographischen Frage berührt, wann die Plurivalenz eines Signifikanten durch Konjunktion der Sememe [„S"] unter einem Lemma [L] (= Polysemie [L: „$S_1$"/„$S_2$"/...]) und wann sie durch Disjunktion in getrennten Artikeln mit identischen Lemmata und ggf. verschiedenen Indexziffern (= Homonymie [$L_1$: „$S_1$"// $L_2$: „$S_2$"//...]) darzustellen ist.

Insofern gibt die dem Lexikographen obliegende Entscheidung über die Art der Lemmatisierung einer mehrdeutigen Lautform, wie etwa dt. *Hahn*, engl. *bank*, frz. *grue*, ital. *marrone*, span. *china*, offenbar Antwort auf die von Godel (1948) im Anschluß an Saussure gestellte heikle Frage: Homonymie oder Identität des sprachlichen Zeichens?

## 2. Zur Abgrenzungsproblematik

Über die Schwierigkeit einer klaren Grenzziehung zwischen Homonymie und Polysemie herrscht weitgehend Einvernehmen. Zu berücksichtigen sind nämlich nicht nur die phonologischen, morphologischen und syntaktischen Eigenschaften der „Wörter", sondern insbesondere auch semantische Kriterien, mit denen erstere in Wechselwirkung stehen. Für die Wörterbuchschreibung unproblematisch, da grundsätzlich als Mehrfacheintrag behandelt, sind Wörter mit unterschiedlicher phonischer oder graphischer Realisierung, wie wir sie in den Konstellationen Heterophonie/Homographie (dt. *Tenor:* [te'noːr]//['teːnɔr]; engl. *lead:* [liːd] (*v*)//[led] (*n*); frz. *fier:* [fje] (*v*)//[fjɛr] (*adj*)) und Heterographie/Homophonie (dt. *Lerche// Lärche,* engl. *sew// sow;* frz. *compter// conter*) vorfinden. Vor allem das Französische hat mit einer etymologisierenden Graphie auf die von der Sprachentwicklung her stärker begünstigte Herausbildung von Homophonen reagiert. Da die Schrift aber nicht planmäßig homophonendifferenzierend aufgebaut ist, muß im Falle von Homophonie/Homographie (vgl. Beispiele unter 1.) auf andere Unterscheidungsmerkmale zurückgegriffen werden.

Aus der umfangreichen Literatur seien folgende resümierende Darstellungen genannt: Ullmann 1962, 159 ff.; Geckeler 1971, 124 ff.; Zgusta 1971, 74 ff.; Schogt 1976, 54 ff.; Bergmann 1977, 34 ff.; Zöfgen 1977, 245 ff.; Lyons 1977, 550 ff.; Fries 1980, 65 ff.; Lutzeier 1981, 220 ff.

[A] Etymologische Wurzel: Wissenschaftsgeschichtlich ist die Unterscheidung von der historischen Linguistik vorgegeben. Da sich eindeutige Resultate mit den Mitteln der diachronen Betrachtung erzielen ließen, stellt sie für viele die einzig objektive Methode zur Feststellung von Homonymie dar. Bei dt. *Mark,* engl. *ear,* frz. *canon,* ital. *canto,* span. *llama* wäre dann problemlos auf etymologisch begründete Homonymie, bei dt. *Nagel,* engl. *spirit,* frz. *grève,* ital. *(il/la) capitale,* span. *letra* hingegen auf historisch begründete Polysemie zu schließen.

Gegen eine konsequent diachrone Orientierung der primär synchron ausgerichteten monolingualen Wörterbücher sind Vorbehalte formuliert worden. Sie reichen von der berechtigten Frage, wie denn im Fall von nicht oder unzureichend rekonstruierbarer Etymologie zu verfahren sei, über den Nachweis der relativen Beliebigkeit dieses Kriteriums (zu engl. *port*₁ „Hafen"// *port*₂ „Portwein" vgl. Lyons 1977, 551) bis hin zu dem Vorwurf, etymologisch fundierte Entscheidungen liefen häufig der Intuition zuwider (so etwa bei polysemer Interpretation von frz. *grève* oder dt. *Messe*).

[B] Semantische Nähe/Disparität: Dementsprechend wurde versucht, das Verhältnis Homonymie — Polysemie unter Berufung auf das „synchrone" Sprachbewußtsein neu zu verteilen und eine diachrone Einheit dann homonym aufzulösen, wenn zwischen den Sememen keinerlei klare semantische Verbindung mehr zu erkennen ist. Derartige Beziehungen können vom kompetenten Sprecher allerdings auf recht unterschiedliche Weise hergestellt und bei entsprechendem Nachdenken selbst zwischen entfernten „Inhalten" mühelos gefunden werden (z. B. [„weiß"] als gemeinsames Element von *Schimmel:* „Pferd"// „Pilz"). Keine nennenswerten Fortschritte brachten die Versuche, den bedeutungsmäßigen Zusammenhang bei Polysemie als Semübereinstimmung (Merkmalintersektion) zu definieren. Denn die Entscheidung für ein Merkmal, das als oberste Spitze einer Semstruktur ein semasiologisches Paradigma konstituieren soll, hat bis zur definitiven Untersuchung der gesamten Lexik als vorläufige zu gelten.

Umgekehrt stellen sich bei hinreichend allgemeiner Wahl der Beschreibungssprache triviale Merkmalintersektionen der Form [− belebt] oder [+ Artefakt] ein, die ebensoviel Spielraum für subjektive Differenzierungen lassen wie das so geschmähte Sprachbewußtsein. Sichtbarer Ausdruck der daraus resultierenden Unsicherheiten ist die uneinheitliche Behandlung der klassematischen Unterschiede in den italienischen und französischen Wörterbüchern (vgl. Zöfgen 1976, 450 ff.; Messelaar 1985b, 154).

Von einem ähnlichen Einwand wird auch das mit dem vorigen eng verwandte Kriterium der Zugehörigkeit von Homonymen zu verschiedenen Wortfeldern getroffen. Wegen des Fehlens eines allgemein akzeptierten Kategoriensystems verschiebt sich das Problem auf die Ebene des Verfahrens, mit dem das feldkonstituierende Sem ermittelt wird. Eine Antwort darauf glaubte der Distributionalismus geben zu können, indem er die Verteilung der Wörter im Satz zur Bedeutungsunterscheidung nutzt. Auf diese Analysen stützen sich die Wörterbücher, die unter der Verantwortung von J. Dubois entstanden sind (DFC, NDFC, Lexis, u. a. [= DFC-Serie]; Abkürzungen vgl. den Abschnitt „Literatur") und deren Kennzeichen eine starke Tendenz zur Homonymisierung ist.

Gleichwohl steckt auch dieses Verfahren voller Tücken, und zwar insofern, als (a) bei zahlreichen ambigen Zeichen die syntaktischen Unterschiede gar nicht offen zutage liegen und als (b) eine verschiedene Distribution nicht zwangsläufig einer Bedeutungsdifferenz entspricht (vgl. Heringer 1981, 119).

Beachtung verdient der Vorschlag Godels (1948), Homonymie an der Zugehörigkeit zu verschiedenen Ableitungsverbänden festzumachen, zumal sich dieses Kriterium in einigen französischen Wörterbüchern (RM, DFC-Serie; Abkürzungen vgl. unten 5.) einen festen Platz erobert hat (vgl. etwa **collège**: 1. „höhere Schule" → **collégien**// 2. „Kollegium" → **collégial**, . . .). Eine auf den ersten Blick attraktive Lösung, die dennoch weniger objektive Unterscheidungen liefert als gemeinhin angenommen. Die Zuordnung zu einer Wortfamilie setzt nämlich die Bedeutungsanalyse voraus, so daß wir es nach Heringer (1981, 119) nicht mit einer Erklärung von Mehrdeutigkeit, sondern mit einer „petitio principii" zu tun haben.

Die dem Kriterium der derivationellen Abhängigkeit stark verpflichteten Homonymisierungsentscheidungen im RM und im DFC illustrieren dies exemplarisch. Werden nämlich **cher, juste** und **poli** noch einheitlich degruppiert, so zeigen sich bereits bei **enfant** und **expédition** auf der einen (nur im RM homonymisiert) sowie bei **fil** und **frais** (im DFC jeweils 4 Stichwörter) auf der anderen Seite markante, in der jeweiligen Bedeutungskonzeption angelegte Unterschiede. Abweichende Lemmatisierungen wie bei **croiser** (im RM 4, im DFC 2 Lemmata) unterstreichen die relativ begrenzte Zuverlässigkeit dieses Kriteriums.

[C] Morphosyntax/Grammatik: Eine nicht nur zeichentheoretisch einwandfreie, sondern auch das subjektive Ermessen des Lexikographen ausschaltende Lösung der Homonymenfrage verspricht die Beschränkung auf rein äußere Unterscheidungsmerkmale. Eine

Trennung homophoner Homographe hätte dann nur dort zu erfolgen, wo Unterschiede in Flexion, Genus oder syntaktischer Kategorie bestehen. Zu den entschiedensten Verfechtern einer solchen Auffassung, mit der die Unterscheidung faktisch aus der Semantik ausgegrenzt wird, gehört Lyons (1977, 554 ff.). In der Konsequenz läuft sie auf eine Maximierung polysemer Repräsentationen im Wörterbuch hinaus mit der Folge, daß semantisch verbundene Zeichen (z. B. span. *cantar:* Verb [*v*] und Nomen [*n*]) zu „Homonymen" und semantisch bzw. etymologisch disparate Zeichen (z. B. span. *real*₁ „wirklich" // *real*₂ „königlich") zu Polysemen erklärt werden müssen.

Nach Ansicht ihrer Befürworter (Bergmann 1973, 28; Werner 1982, 312 ff.) sei eine auf die Lautform fixierte Orientierung für die vom Signifikanten ausgehenden semasiologischen Wörterbücher zu unterstützen. Als unzulässige Vermischung von grammatischer und semantischer Ebene sind demgegenüber Positionen zu werten, die den Rückgriff auf morphosyntaktische Unterschiede als objektives Kriterium für semantisch motivierte Homonymisierungen ausgeben (vgl. etwa Schildt 1969). Denn zum einen ist bei Zeichen, die verschiedenen Wortparadigmen angehören (dt. *Bank, Bänke* vs. *Bank, Banken*; engl. *lie, lay, lain* vs. *lie, lied, lied*), eine für das Polysemie-Homonymie-Problem wichtige Voraussetzung nicht erfüllt, nämlich die völlige Identität der Form. Man kann hier also bestenfalls von *partieller* oder *grammatischer Homonymie* sprechen. Zum anderen ist in den zitierten Beispielen die Korrespondenz zwischen flexivischer und inhaltlicher Differenz rein zufällig (vgl. Bergmann 1977, 58 f.; Lutzeier 1981, 224). Zu ergänzen wäre, daß man nicht in allen Sprachen gleichermaßen auf Genus- und Flexionsunterschiede rekurrieren kann. Nicht ohne Grund kommt diesem Kriterium eigentlich nur in den deutschen Wörterbüchern systematischer Stellenwert für die Begründung von (lexikalischer) H o m o n y m i e zu.

## 3. Lexikographische Praxis als Reflex unklarer semantischer Theorien

Während die innerhalb der Linguistik geführte Diskussion von einer unübersehbaren Abstinenz gegenüber lexikographischen Fragestellungen gekennzeichnet ist, wird dieses Problem in den meisten Wörterbüchern entweder gar nicht oder in unbefriedigend allgemeiner Weise angesprochen. Demzufolge ist häufig nicht abzuschätzen, welche Überlegungen einer bestimmten Lemmatisierung zugrunde liegen. Von wichtigen, namentlich im französischen Sprachraum angesiedelten Ausnahmen abgesehen, scheinen die Lexikographen ihr Handeln mehrheitlich an drei Leitlinien auszurichten (vgl. auch Klappenbach 1971): (a) In der Homonymenfrage können semantische Aspekte nicht gänzlich vernachlässigt werden. Da mit diachroner Verschiedenheit in aller Regel semantische Disparität einhergeht, kann man die Etymologie als kleinsten gemeinsamen Nenner semantisch begründeter Entscheidungen bezeichnen. (b) Mit dem durchschnittlichen Sprachbewußtsein verträgliche Homonymenansätze sind nur im Zusammenspiel mehrerer, in jedem einzelnen Fall neu zu gewichtender Gesichtspunkte zu erreichen. (c) Was die Zahl getrennter Repräsentationen bei Mehrdeutigkeit angeht, so ist der Lexikograph „well advised to steer a reasonable middle course" (Zgusta 1971, 78).

Ganz in diesem Sinn offenbart die mikrostrukturelle Organisation der meisten Wörterbücher einen relativ weiten Polysemiebegriff, der selbst dort zum Tragen kommt, wo man sich — wie im Trésor de la langue française (= TLF; tome I, 1971, XXXV) — zu einer strikten Definition von P o l y s e m i e im Sinne von klar eruierbarer Merkmalintersektion bekennt (vgl. Mok 1978, 110). Soweit Homonymisierungstendenzen innerhalb eines Artikels bewußt gemacht werden sollen, geschieht dies vermöge einer zweigliedrigen Strukturierung mit römischen Ziffern für H o m o n y m i e und arabischen Ziffern für P o l y s e m i e.

Von dem Fehlen kontrollierbarer Kriterien und einheitlicher theoretischer Vorgaben legt die heterogene Lemmatisierungspraxis beredtes Zeugnis ab. Sprachspezifisch stellt sie sich folgendermaßen dar: [Spanisch] Nach jahrzehntelanger Abhängigkeit vom Diccionario de la Real Academia hat sich das von etymologischer Orientierung und wenig kohärenter Interpretation der sog. „g r a m matischen Homonymie" geprägte Bild der Makrostrukturen spanischer Wörterbücher in zwei Richtungen verändert. Als exponiertes Beispiel für synchron-semantisch motivierte Degruppierungen ist der Básico Sopena zu nennen (jeweils drei Artikel für **grave** und für **regular**, *adj.*). Diametral entgegengesetzt verläuft die Entwicklung bei zwei Vertretern einer neuen Generation von (L2-)Wörterbüchern: Planeta und Gran Diccionario de la lengua española (= GDLE). Getrennt wird nur noch bei Heterographie, womit wir den bislang extremsten Fall von Polysemierung vor uns haben (vgl. unter **caro, a; llama, radio, real**). — [Englisch] Ein ähnlicher Befund zeichnet sich bei den englischen Wörterbüchern insoweit ab, als sie die Tradition des OED kaum leugnen können. Was allerdings Homonymisierungen aufgrund der Zugehörigkeit zu verschiedenen Wortklassen angeht, so folgen nur wenige (z. B. Webster) seinem Beispiel. Die Mehrheit koppelt Entscheidungen für „grammatische Polysemie" entweder an das Vorliegen gleicher etymologischer Wurzel (z. B. Chambers) oder richtet sich nach dem Grad der (morpho-)semantischen Übereinstimmung (z. B. Oxford Advanced Learners' Dictionary of Current English (ALD)).

Dementsprechend setzen der ALD und der Chambers Universal Learners' Dictionary (CULD) für **kiss** (*v; n*) ein Lemma, für **safe** (*adj; n*) zwei Lemmata an. Keineswegs selten sind daneben Fälle wie **touch** (*v; n*), das im CULD unter einem Eintrag, im ALD aber in getrennten Artikeln erscheint.

Bei identischer Wortklasse scheint dagegen das Kriterium der „different history" nach dem Vorbild des OED unumstößliche Gültigkeit zu haben. Gleichwohl gewinnt das Sprachbewußtsein auf Umwegen einige Bedeutung. Semantische Disparität führt nämlich auch dort zu Mehrfacheintrag, wo (a) der (historische) Zusammenhang nicht ausgeschlossen oder gar explizit angenommen wird (u. a. bei **bit, jam**) oder wo (b) das etymologische Argument angesichts von „uncertain origin" auf recht schwachen Füßen steht (vgl. unter **bull**).

Von vergleichbaren Schwankungen in der Lemmatisierung bleiben dann auch Fälle wie **boxer** (1. „Faustkämpfer"; 2. „Hund") nicht verschont. Von der diachronen Sicht am weitesten entfernt hat sich der CULD mit der Homonymisierung von **chest** („Brustkasten"//„Kiste") und **chord** („Saite"//„Sehne"). —

[Deutsch] Anders liegen die Verhältnisse in der deutschen Lexikographie, die drei verschiedene Wege beschreitet. Während das Wahrig-DW unbeirrt am diachronen Standpunkt festhält, steht der Brockhaus-Wahrig gewissermaßen auf den Schultern des Wahrig-dtv, indem er wie dieser Flexionsunterschiede als zusätzliches Kriterium für Homonymie ausdrücklich anerkennt und nunmehr auch bei **hängen** (*intr.// tr.*) trennt. Mit dieser etymologisch-grammatischen Orientierung liegt er ganz auf der Linie des Duden-GWB. Läßt man den ohnehin selteneren Fall einer polysemen, im allgemeinen volksetymologisch begründeten Interpretation von herkunftsverschiedenen Wörtern beiseite (vgl. *Kohl*), so ergibt sich für beide folgendes Wichtigkeitsprofil bei der Anwendung des in Abschn. 2 erläuterten Kriterienrasters: A ⇐ [= „wichtiger als"] C und C ⇐ B.

Im einzelnen heißt dies: (a) Unterschiedliche Etymologie weist in der Regel auf Homonymie hin (vgl. *Ball*). (b) Bei gleicher historischer Wurzel kommt der grammatischen Verschiedenheit größeres Gewicht zu als der semantischen Disparität, so daß zwar *Bank₁ // Bank₂* und *(der) Schild₁ // (das) Schild₂*, aber *Schloß*. Damit unvereinbar ist aber nicht nur die fehlende Degruppierung bei *Fall, — // Fall, Fälle,* sondern auch die nicht erläuterte artikelinterne Homonymisierung von ¹*Messe* („Gottesdienst") und ²*Messe* („Warenausstellung").

Einen bescheidenen, dennoch bemerkenswerten Vorstoß, den Auseinanderfall semantischer Verbindungen in der Makrostruktur zum Ausdruck zu bringen, unternimmt das Wörterbuch der deutschen Gegenwartssprache (WDG). Denn nunmehr gilt: B ⇐ C ⇐ A.

Grammatische Unterschiede sind zwar weiterhin ein Kriterium für Homonymie; synchron gesehen werden sie aber lediglich als virtuelles Indiz für semantisch verdunkelten Zusammenhang gewertet (vgl. die Homonymenansätze bei den Stichwörtern **Bahn, Ente, Grund, Zug**).

[Ital./Französisch] Eine gewisse Zurückhaltung bei synchron begründeter Homonymie haben sich auch die italienischen Wörterbücher auferlegt, die mit ihren Interpretationen theoretisch einer Mehrheit der französischen Lexikographen nahestehen (vgl. Messelaar 1985b, 157 f.). Als radikaler Schritt, die Plurivalenz der Zeichen (generell) homonym aufzulösen, mußten demgegenüber die Degruppierungen der Wörterbücher aus der DFC-Serie empfunden werden. Bereits auf dem Felde der „grammatischen Homonymie/Polysemie", wo die Worteinheit als semantisch relevantes Kriterium mit wechselnder Priorität in die Entscheidungen eingeht, werden Unterschiede sichtbar, wenngleich sie hier eher gradueller denn prinzipieller Natur sind.

Einheitlich re- bzw. degruppiert werden *la trompette, le trompette* und *le pendule// la pendule*. Durchgängig in zwei Artikeln erscheint auch *ensemble (adv; n)*. Mit disparaten Homonymisierungen/Polysemierungen präsentieren sich dagegen *ami, bas, original* (jeweils *adj* und *n*). — Für die DFC-Serie haben Dubois/Dubois (1971, 67) dazu klare Stellung bezogen. Für sie liegen bei Wechsel der syntaktischen Kategorie und identischem Semkern verschiedene „valeurs d'emploi" desselben Semems vor. Partielle Polysemierung bei den zuletzt genannten Beispielen leuchtet sofort ein. Dennoch lassen Polysemierungen, wie die von *large, le large* („hohes Meer"), große Zweifel an der Verläßlichkeit dieses Prinzips aufkommen.

Weit deutlicher treten die Konsequenzen der veränderten zeichentheoretischen Konzeption bei rein lexikalischer Plurivalenz hervor.

Exemplarisch veranschaulicht sei dies beim Signifikanten *côte* an den Lemmataansätzen [= X] für die Lesarten [= La] 1. „Steigung, Hang"; 2. „Küste"; 3. [anat.] „Rippe", [...]; 4. [Pullover] „Rippenmuster"; [von Früchten etc.] „Rippe":

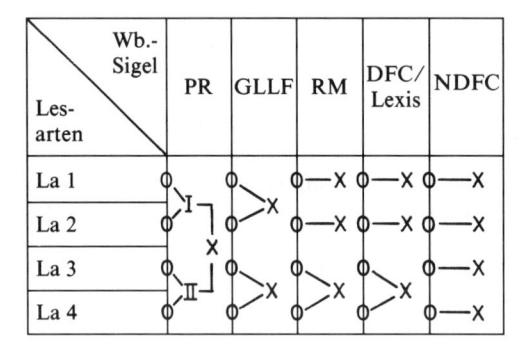

| Les-arten \ Wb.-Sigel | PR | GLLF | RM | DFC/Lexis | NDFC |
|---|---|---|---|---|---|
| La 1 | ⟨ | ⟩—X | ⟨—X | ⟨—X | ⟨—X |
| La 2 | ⟨ | ⟩X | ⟨—X | ⟨—X | ⟨—X |
| La 3 | ⟨ | ⟩X | ⟨—X | ⟨—X | ⟨—X |
| La 4 | ⟨ | ⟩X | ⟨—X | ⟨—X | ⟨—X |

Abb. 69.1: Semantisch motivierte Homonymisierungstendenz in frz. Wörterbüchern

Mit dieser Interpretationsvielfalt deckt die französische Wörterbuchlandschaft nahezu das gesamte Spektrum semantisch fundierter Entscheidungen in der Homonymenfrage ab. Der Bogen spannt sich von vornehmlich an diachronen Bezugspunkten orientierten Lemmatisierungen (z. B. Le Petit Robert (PR)) über maßvolle, am Sprachbewußtsein festmachende Homonymisierungen (z. B. Grand Larousse de la langue française en sept volumes (GLLF)) bis hin zum Bemühen eines Le Robert méthodique (RM) bzw. der DFC-Serie, die Degruppierungen als Gesetzmäßigkeit aus linguistischen Kriterien zu deduzieren (vgl. dazu die kritische Analyse von Bornäs 1986, 78 ff. [RM]; 17 ff. [DFC-Serie]).

Für ein Wörterbuch aus dem Hause Robert ungewöhnlich ist dabei das Erscheinungsbild des RM, dessen morphosemantisch motivierte Homonymenansätze zahlenmäßig fast an die nach distributionell-derivationellen Gesichtspunkten vorgenommenen Trennungen des Dictionnaire du français contemporain (DFC) heranreichen. Insofern dürfte auch die vom DFC in der Homonymenfrage gesetzte Zäsur (vgl. **balle:** 7 Einträge; **crochet:** 5 Einträge) an Schärfe verloren haben.

Die Schwankungen in der Repräsentation von Mehrdeutigkeit sind wiederholt kritisch unter die Lupe genommen worden.

Für das Deutsche sei verwiesen auf Bergmann 1973; Gervasi 1981. Zum Französischen vgl. Hausmann 1974, 103 ff.; Zöfgen 1976, 439 ff.; Rey 1977, 135 ff.; Mok 1978; Zwanenburg 1983; Messelaar 1985 a. Italienische Wörterbücher untersucht Messelaar 1985 b.

Nicht nur die Anhänger eines strikt grammatischen Homonymiebegriffs halten es danach für erwiesen, daß sich der Lexikograph immer dann auf unsicherem Boden bewegt, wenn er das synchrone Sprachbewußtsein zu explizieren versucht. Aber selbst einem so linguistischen Wörterbuch wie dem DFC, dessen distributioneller Ansatz allein schon wegen der zu bewältigenden Datenmenge den Argwohn seiner Kritiker erregte, blieb der Vorwurf der Willkür und der unkontrollierten Mitwirkung der Intuition an den Entscheidungen nicht erspart (vgl. Rey-Debove 1971, 128 ff.; Zwanenburg 1983, 28 ff.; Bornäs 1986, 31 ff.).

Daß diese Kritik nicht ganz ungerechtfertigt ist, belegt ein Blick in den NDFC, dessen Makrostruktur gegenüber der ersten Auflage (DFC) einer gründlichen Revision unterzogen wurde, und zwar sowohl in Richtung weiterer Homonymisierung (vgl. Abb. 69.1) als auch in Richtung (Re-)Polysemierung (vgl. **grue:** jetzt 2 statt 3 Artikel; **crochet:** jetzt 2 statt 5 Artikel).

Auf Ablehnung stieß daneben die mit der Konzeption des Wortes als „unité de discours" vom DFC propagierte inhaltlich bestimmte Zeichendefinition, die nicht mehr den Signifikanten, sondern den „noyau sémique" zur fundamentalen lexikographischen Einheit erhebt (Dubois/Dubois 1971, 67).

Bei der Realisierung dieses Vorhabens ist der DFC auf halbem Wege stehengeblieben. Er sah sich aus diesem Grunde nicht nur mit dem Argument konfrontiert, daß ein „excès d'homonymie" der Struktur und Aufgabe eines Bedeutungswörterbuches widerspreche, sondern auch dem Vorwurf inkonsequenter Degruppierungen ausgesetzt.

An Vorschlägen für eine stringentere, auf die Leistungen der Merkmalsemantik vertrauende Behandlung der Homonymenfrage fehlt es nicht. Solche Versuche, die Tauglichkeit des Semprinzips zu dokumentieren (z. B. Gervasi 1981, 257 ff.), oder aber den Wortfeldgedanken durch umfassende Distributionsanalysen empirisch abzusichern (François 1980, 15 ff.), können nicht darüber hinwegtäuschen, daß die Semantik der Lexikographie bislang nicht das theoretisch-methodische Rüstzeug bereitgestellt hat, um homonyme Repräsentationen von Mehrdeutigkeit widerspruchsfrei zu begründen.

## 4. Die Relevanzfrage

Angesichts des Fehlens allgemeingültiger Kriterien war bereits Ullmann (1962, 178) zu der Überzeugung gelangt:

„The decision [i. e. polysemy or homonymy] is bound to be subjective and to some extent arbitrary."

Einige Lexikographen haben eine solche Subjektivität offen zugestanden; andere haben sie um die Feststellung ergänzt, daß die Lexikographie „noch lange mit mutmaßlichen Kriterien [werde] operieren müssen" (Kempcke 1983, 161). Nicht zuletzt deshalb ist empfohlen worden, die Unterscheidung aufzugeben und semantisch motivierte Homonymisierungen aus den Wörterbüchern zu verbannen.

Gemäß der in Abschn. 2 (unter [C]) skizzierten Position hätten dann die semasiologischen Wörterbücher der polysemen Repräsentation von Mehrdeutigkeit prinzipiell den Vorzug zu geben und eine Trennung signifikantgleicher Zeichen immer als grammatische Homonymie auszuweisen. Dies umso mehr, als es für die praktischen Bedürfnisse des Benutzers gleichgültig sei, ob die Pluralenz eines Zeichens polysem oder homonym expliziert werde. Zweifellos ist der Erklärungswert dieser Differenzierung, die auf der Ebene des Funktionierens von Sprache an Relevanz verliert, in der Vergangenheit überschätzt worden. Damit ist zugleich klargestellt, daß Polysemie und Homonymie keine absoluten, sondern relative Begriffe sind, bei denen sich die Modifikationen aus dem jeweils zugrunde gelegten Sprachzeichenbegriff ableiten.

Hieraus kann begründet gefolgert werden: Ob im Wörterbuch zur Darstellung von Mehrdeutigkeit ein Lemma oder mehrere Lemmata angesetzt werden, hängt vorrangig davon ab, welche deskriptiven Absichten der Lexikograph verfolgt. Ersichtlich stellt ein Wörterbuch mit etymologischer Zielsetzung andere Anforderungen als eines mit dezidiert didaktischer. Von solchen grundsätzlichen Erwägungen unberührt bleiben Überlegungen, die die Relevanzfrage aus einem ganz anderen Blickwinkel beleuchten: (a) Mit Ausnahme der etymologischen Wörterbücher gibt es keine zwingende Notwendigkeit für getrennte Repräsentation von homophonen Homographen. Richtig ist auch, daß es z. Z. kein Verfahren gibt, das die geforderte Kontrollierbarkeit bei semantisch motivierter Homonymisierung aufweist. Fraglich bleibt dennoch, ob dieses Problem lexikographisch ausschließlich unter (zeichen-)theoretischen Gesichtspunkten entschieden werden darf und ob es nicht auch unter dem Aspekt der übersichtlichen Artikelgestaltung sowie der ansprechenden Präsentation der Informationen gesehen werden muß. Denn selbst wenn Homonymenansätze auf einer theoretischen Basis erfolgen, deren Problematik dem Benutzer verborgen bleibt, wiegen die Vorteile einen solchen Nachteil auf (vgl. Messelaar 1985a, 55). Abgesehen von der partiellen Verdeutlichung bestimmter lexikalisch relevanter Strukturprinzipien, wie etwa Wortfamilienbildung, kommt die Entlastung der Mikrostruktur durch Verlagerung separierter Sememe in die Makrostruktur (vgl. zu diesen Termini Art. 38) fast immer der Lesbarkeit und Zugänglichkeit des lexikographischen Textes zugute. (b) Entgegen der unbewiesenen These, daß der Benutzer die unübersichtlichen Aneinanderreihungen von Bedeutungen unter einem Lemma grundsätzlich vorziehe (Zwanenburg 1983, 40), spricht vieles dafür, daß namentlich der L2-Lerner aus den homonymisierenden Auflösungen von Bedeutungsklumpen, wie sie der DFC als erster vorgeführt hat und wie sie einen vorläufigen Höhepunkt im DFLE erreicht haben, großen pädagogischen Nutzen ziehen kann (vgl. Zöfgen 1987, 32 ff.). (c) Zu der berechtigten Forderung nach Offenlegung und nach konsequenter Anwendung der jeweiligen Prinzipien muß sich die Einsicht gesellen, daß sich in der Homonymenfrage auch künftig Unklarheiten und widersprüchliche Resultate nicht ganz vermeiden lassen. Deshalb braucht die Lexikographie noch keinen Schuldkomplex gegenüber der Linguistik zu entwickeln, zumal dieses Problem auch eine — meistens unterschlagene — ‚didaktische' Dimension hat. Ihr sollte sich die Metalexikographie verstärkt zuwenden. Dabei wird sich herausstellen, daß man in der Perspektive einer zweckgerichteten und adressatengerechten Organisation der Makrostruktur der „Unentscheidbarkeit der Ambiguität" (Heringer 1981) — und damit der Möglichkeit, signifikantgleiche Zeichen nach unterschiedlichen Kriterien zu degruppieren — durchaus positive Aspekte abgewinnen kann.

## 5. Literatur (in Auswahl)

### 5.1. Wörterbücher

*ALD* = Oxford Advanced Learner's Dictionary of Current English. Albert Sidney Hornby with Anthony P. Cowie, A. C. Gimson. 3. Aufl. 1974 [18. [veränd.] Druck 1985; XLI, 1041 S.; ¹1948].

*Básico Sopena* = Diccionario ilustrado básico Sopena idiomático y sintáctico. Redacción Lázaro Sánchez Ladero. Barcelona 1973 [783 S.].

*Brockhaus-Wahrig* = Brockhaus-Wahrig. Deutsches Wörterbuch in sechs Bänden. Hrsg. von Gerhard Wahrig/Hildegard Krämer/Harald Zimmermann. Wiesbaden. Stuttgart 1980—1984 [805 S. + 901 S. + 837 S. + 941 S. + 906 S. + 920 S.].

*Chambers* = Chambers Twentieth Century Dictionary. New Edition 1983. Ed. by Elizabeth M. Kirkpatrick. Edinburgh 1983 [XVI, 1583 S.].

*CULD* = Chambers Universal Learners' Dictionary. Ed. by Elizabeth M. Kirkpatrick. Edinburgh 1980 [XX, 907 S.].

*DFC* = Dictionnaire du français contemporain. Par Jean Dubois [u. a.] Paris 1966 [XXII, 1224 S.; letzter Nachdr. 1977].

*DFLE* = Dictionnaire du français langue étrangère. Par Jean Dubois [u. a.]. Niveau 1. Paris 1978 [XV, 910 S.]. Niveau 2. Paris 1979 [XVI, 1088 S.].

*Diccionario de la Real Academia* = Real Academia Española: Diccionario manual e ilustrado de la lengua española. Madrid 1981 [XI, 1572 S.].

*Duden-GWB* = Duden. Das große Wörterbuch der deutschen Sprache in sechs Bänden. Hrsg. und bearb. [...] unter Leitung von Günther Drosdowski. Mannheim. Wien. Zürich 1976—1981 [zus. 2992 S.].

*GDLE* = Gran Diccionario de la lengua española. Red. Aquilino Sánchez Pérez. Madrid 1985 [XV, 1983 S.].

*GLLF* = Grand Larousse de la langue française en sept volumes. [Ed. par] Louis Guilbert/René Lagane/Georges Niobey. Paris 1971—1978 [zus. CXXVII, 6730 S.].

*Lexis* = Lexis. Dictionnaire de la langue française. Par Jean Dubois [u. a.]. Paris 1975 [LXXI, 1950 S.].

*NDFC* = [Nouveau] Dictionnaire du français contemporain illustré. Par Jean Dubois [u. a.]. Paris 1980 [XXXII, 1263 S.].

*OED* = The Oxford English Dictionary. Ed. by James Augustus Henry Murray [u. a.]. 13 vols., London 1933 [zus. 163 635 S.; repr. 1961].

*Planeta* = Diccionario Planeta de la lengua española usual. Red. F. Marsá. Barcelona 2. Aufl. 1985 [1351 S.; 1. Aufl. 1982].

*PR* = Le Petit Robert. Dictionnaire alphabétique et analogique de la langue française. Réd. [...] Alain Rey et Josette Rey-Debove. Nouv. éd. Paris 1977 [XXXI, 2172 S., 1. Aufl. 1967].

*RM* = Le Robert méthodique. Dictionnaire méthodique du français actuel. Réd. [...] Josette Rey-Debove. Paris 1982 [XXII, 1617 S.].

*TLF* = Trésor de la langue française. Dictionnaire de la langue du XIXe et du XXe siècle (1789—1960). Paris 1971 ff. [zuletzt Bd. 12 *natation — pénétrer*, Paris 1986; zus. 15 075 S.].

*Wahrig-dtv* = dtv-Wörterbuch der deutschen Sprache. Hrsg. von Gerhard Wahrig [...] 5. Aufl. München 1982 [943 S.; 1. Aufl. 1978].

*Wahrig-DW* = Gerhard Wahrig: Deutsches Wörterbuch [...]. Völlig überarb. Neuausgabe [Bearb. von Ursula Hermann]. [München] 1980 [4358 Sp.; 1. Aufl. 1968, 4185 Spalten].

*WDG* = Wörterbuch der deutschen Gegenwartssprache. Hrsg. von Ruth Klappenbach/Wolfgang Steinitz. 6 Bde. Berlin [DDR] 1961—1977 [zus. 4579 S.].

*Webster* = Webster's New Collegiate Dictionary. Based on Webster's Third New International Dictionary. Springfield/Mass. 1973 [31, 1536 S.].

### 5.2. Sonstige Literatur

*Bergmann 1973* = Rolf Bergmann: Zur Abgrenzung von Homonymie und Polysemie im Neuhochdeutschen. In: Archiv für das Studium der neueren Sprachen u. Literaturen 210. 1973, 22—40.

*Bergmann 1977* = Rolf Bergmann: Homonymie und Polysemie in Semantik und Lexikographie. In: Sprachwissenschaft 2. 1977, 27—60.

*Bonnard 1973* = Henri Bonnard: Homonymie. In: Grand Larousse de la langue française, tome III. Paris 1973, 2445—2447.

*Bornäs 1986* = Göran Bornäs: Ordre alphabétique et classement méthodique du lexique. Etude de quelques dictionnaires d'apprentissage français. Lund 1986 (Etudes Romanes de Lund, 40).

*Dubois/Dubois 1971* = Jean Dubois/Claude Dubois: Homonymie et polysémie. In: Jean Dubois/Claude Dubois, Introduction à la lexicographie. Le dictionnaire. Paris 1971, 66—83.

*François 1980* = Jacques François: Le lexique verbal français et les dégroupements homonymiques. In: Zeitschrift für französische Sprache und Literatur 90. 1980, 1—24.

*Fries 1980* = Norbert Fries: Ambiguität und Vagheit. Einführung und kommentierte Bibliographie. Tübingen 1980 (Linguistische Arbeiten 84).

*Geckeler 1971* = Horst Geckeler: Strukturelle Semantik und Wortfeldtheorie. München 1971.

*Gervasi 1981* = Teresa Gervasi: Omonimia e polisemia in tedesco come oggetto e come strumento di indagine lessicografica. In: Studi tedeschi XXIV. 1981, 231—260.

*Godel 1948* = Robert Godel: Homonymie et identité. In: Cahiers Ferdinand de Saussure 7. 1948. [deutsch in: Strukturelle Bedeutungslehre. Hrsg. von Horst Geckeler. Darmstadt 1978 (Wege der Forschung 426), 325—337], 5—15.

*Hausmann 1974* = Franz Josef Hausmann: Was ist und was soll ein Lernwörterbuch? Dictionnaire du français contemporain verglichen mit dem Petit Robert. In: Zeitschrift für französische Sprache und Literatur 84. 1974, 97—129.

*Heger 1963* = Klaus Heger: Homographie, Homonymie und Polysemie. In: Zeitschrift für Romanische Philologie 79. 1963, 471—491.

*Heringer 1981* = Hans Jürgen Heringer: Die Unentscheidbarkeit der Ambiguität. In: Logos semantikos: studia linguistica in honorem Eugenio Coseriu 1921—1981. Hrsg. von Wolf Dietrich/Horst Geckeler. Vol. 3 Semantik. Berlin. New York. Madrid 1981, 93—127.

*Kempcke 1983* = Günter Kempcke: Aktuelle theoretische Probleme der lexikographischen Praxis. In: Die Lexikographie von heute und das Wörterbuch von morgen. Analysen — Probleme — Vorschläge. Hrsg. von Joachim Schildt/Dieter Viehweger. Berlin [DDR] 1983 (Ling. Studien, Reihe A, Arbeitsberichte 109), 157—168.

*Klappenbach 1971* = Ruth Klappenbach: Homonymie oder polysemes Wort? In: Deutsch als Fremdsprache 8. 1971, 99—104.

*Landau 1984* = Sidney I. Landau: Dictionaries. The Art and Craft of Lexicography. New York 1984.

*Lutzeier 1981* = Peter Rolf Lutzeier: Wort und Feld. Wortsemantische Fragestellungen mit besonderer Berücksichtigung des Wortfeldbegriffes. Tübingen 1981 (Linguistische Arbeiten 103).

*Lyons 1977* = John Lyons: Semantics. Vol. 2. Cambridge [usw.] 1977.

*Messelaar 1985 a* = Petrus Adrianus Messelaar: Polysémie et homonymie chez les lexicographes. Plaidoyer pour plus de systématisation. In: Cahiers de Lexicologie 46. 1985, 45—56.

*Messelaar 1985 b* = Petrus Adrianus Messelaar: Polysémie et homonymie dans des dictionnaires monolingues de deux pays romans. In: Quaderni di semantica 6. 1985, 145—158.

*Mok 1978* = Quirinus Ignatius Maria Mok: Polysemie en homonymie in recente Franse woordenboeken. In: Forum der Letteren 19. 1978, 105—117.

*Møller 1983* = Elisabeth Møller: Homonymie bzw. Polysemie. Kriterien für die Ansetzung des Lemmas im Dänisch-Deutschen Wörterbuch (DTO). In: Symposium zur Lexikographie. Symposium on Lexicography. Proceedings of the Symposium on Lexicography September 1—2, 1982 at the University of Copenhagen. Ed. by Karl Hyldgaard-Jensen/Arne Zettersten. Hildesheim. New York 1983 (Germanistische Linguistik 5—6/82), 169—188.

*Pinkal 1985* = Manfred Pinkal: Logik und Lexikon — die Semantik des Unbestimmten. Berlin. New York 1985 (Grundlagen der Kommunikation).

*Quemada 1967* = Bernard Quemada: Les dictionnaires du français moderne. 1539—1863. Etude sur leur histoire, leurs types et leurs méthodes. Paris 1967.

*Rey 1977* = Alain Rey: Le lexique: Images et modèles. Du dictionnaire à la lexicologie. Paris 1977.

*Rey-Debove 1971* = Josette Rey-Debove: Etude linguistique et sémiotique des dictionnaires français contemporains. The Hague. Paris 1971 (Approaches to Semiotics 13).

*Schildt 1969* = Joachim Schildt: Gedanken zum Problem Homonymie — Polysemie in synchronischer Sicht. In: Zeitschrift für Phonetik, Sprachwissenschaft und Kommunikationsforschung 22. 1969, 352—359.

*Schogt 1976* = Henry G. Schogt: Sémantique synchronique: synonymie, homonymie, polysémie. Toronto. Buffalo 1976.

*Stock 1984* = Penelope F. Stock: Polysemy. In: LEXeter '83 Proceedings. Papers from the International Conference on Lexicography at Exeter, 9—12 September 1983. Ed. by Reinhard R. K. Hartmann. Tübingen 1984 (Lexicographica. Series Maior 1), 131—140.

*Ullmann 1962* = Stephen Ullmann: Semantics. An Introduction to the Science of Meaning. Oxford 1962.

*Weber 1974* = Heinz Josef Weber: Mehrdeutige Wortformen im heutigen Deutsch. Studien ihrer grammatischen Beschreibung und ihrer lexikographischen Erfassung. Tübingen 1974 (Linguistische Arbeiten 24).

*Werner 1982* = Reinhold Werner: Homonimia y polisemia en el diccionario. In: Günther Haensch [u. a.], La lexicografía. De la lingüística teórica a la lexicografía práctica. Madrid 1982 (Biblioteca Romànica Hispánica. Manuales 56), 297—328.

*Wichter 1986* = Sigurd Wichter: Signifikantgleiche Zeichen. Zu den Problemkreisen Polysemie versus Homonymie und Vagheit. Tübingen 1988 (Tübinger Beiträge zur Linguistik 160).

*Zgusta 1971* = Ladislav Zgusta: Homonymy. In: Ladislav Zgusta [u. a.]: Manual of Lexicography. The Hague. Paris 1971 (janua linguarum. series maior 39), 74—89.

*Zöfgen 1976* = Ekkehard Zöfgen: Polysemie oder Homonymie? Zur Relevanz und Problematik ihrer Unterscheidung in Lexikographie und Textlinguistik. In: Lebendige Romania. Festschrift für Hans-Wilhelm Klein [. . .]. Hrsg. von Alberto Barrera-Vidal/Ernstpeter Ruhe/Peter Schunck: Göppingen 1976 (Göppinger Akademische Beiträge), 425—464.

*Zöfgen 1977* = Ekkehard Zöfgen: Strukturelle Sprachwissenschaft und Semantik. Sprach- und wissenschaftstheoretische Probleme strukturalistisch geprägter Bedeutungsforschung (dargestellt am Beispiel des Französischen). Frankfurt. Bern. Las Vegas 1977 (SRL 5).

*Zöfgen 1987* = Ekkehard Zöfgen: Lernerwörterbücher auf dem Prüfstand oder: Was ist ein Lernwörterbuch? In: Wörterbücher und ihre Didaktik. [Themenheft der] Bielefelder Beiträge zur Sprachlehrforschung 14. H. 1 und 2 1985. Hrsg. von Ekkehard Zöfgen. Bad Honnef 1987, 10—89.

*Zwanenburg 1983* = Wiecher Zwanenburg: ‹Dégroupement› et ‹regroupement› dans le DFC et le LEXIS. In: Lexique 2. 1983, 25—41.

*Ekkehard Zöfgen, Bielefeld*
*(Bundesrepublik Deutschland)*

## 70. Angabe traditioneller Wortarten oder Beschreibung nach funktionalen Wortklassen im allgemeinen einsprachigen Wörterbuch?

1. Wortartenangaben im einsprachigen Wörterbuch
2. Reformierung traditioneller Wortartensysteme
3. Klassifizierung von Wörtern nach der semantischen Form
4. Wortarten und funktionale Wortklassen als komplementäre Beschreibungssysteme
5. Vorschläge für die Beschreibung nach funktionalen Wortklassen im Wörterbuch
6. Ausblick
7. Literatur (in Auswahl)

### 1. Wortartenangaben im einsprachigen Wörterbuch

Wie nahezu alle Typen von Wörterbüchern enthalten auch die einsprachigen Bedeutungswörterbücher des Deutschen (vgl. 7.1.) in der Mehrzahl ihrer Wörterbuchartikel neben semantischen und pragmatischen auch grammatische Angaben zur Wortart, zur Flexionsmorphologie oder zur syntaktischen Verwendung. Je nach dem Grad der Artikelstandardisierung ist für die Präsentation der Wortartenbestimmung ein exponierter, dem Lemma meist unmittelbar nachgestellter Textbaustein reserviert: Außer bei Substantivlemmata erfolgt die Wortartenzuweisung direkt durch ein abgekürztes grammatisches Prädikat der lexikographischen Beschreibungssprache, das in den Benutzerhinweisen erklärt ist. So werden z. B. Lemmata, die zur Wortart der Adjektive gehören, durch die Abkürzung *Adj./adj.* charakterisiert, usw. Im Falle von Substantiven geschieht die Wortartenkennzeichnung implizit durch eine Genusmarkierung, und zwar entweder durch die Abkürzungen *m., f., n.* oder durch Angabe des bestimmten Artikels *der, die, das.* Die Wörterbücher folgen hier also dem gleichen lexikographischen Prinzip, wenden dabei aber unterschiedliche Beschreibungsmethoden an. Über den Sinn solcher Wortartenzuweisungen, die vom Benutzer erwartet und vom Lexikographen meist routinemäßig gemacht werden, läßt sich nicht streiten. Immerhin werden dadurch Hinweise zur Flexion und zum syntaktischen Gebrauch des Lemmas gegeben (vgl. Bergenholtz 1984, 25). Ein wesentliches Problem bei traditionellen Wortartenzuweisungen besteht offenbar darin, daß sie zur Beschreibung der Bedeutung eines Lemmas nur wenig oder gar Irreführendes beitragen können.

Dazu seien als einfaches, für zahllose andere Fälle stehendes Beispiel die Einträge zu dem Lemma **Jungfrau** im Brockhaus-Wahrig angeführt:

'**Jung·frau** ⟨f.; -, -en⟩ **1** *unberührtes Mädchen, Frau, die noch keinen Geschlechtsverkehr gehabt hat;* sie ist noch ~ **1.1** ich bin dazu gekommen wie die ~ zum Kind ⟨fig.; umg.⟩ *ich habe es zufällig, ohne mein Zutun erhalten* **2** die (H e i l i g e) ~ ⟨kath. Rel.⟩ *Maria, Mutter Jesu* **3** *Sinnbild der Reinheit* **4** ⟨Astr.⟩ *Sternbild des Nordhimmels* **5** ⟨Astrol.⟩ *sechstes Zeichen im Tierkreis für die Zeit vom 24. 8. bis 23. 9.* **6** ⟨Kart.⟩ *der Spieler, der beim Ramschen keinen Stich nehmen mußte* **7** → *eisern(1.0.5)*

Textbeispiel 70.1: Wörterbuchartikel (aus: Brockhaus-Wahrig 1981, Band 3)

Von Interesse ist hier der Eintrag hinter „4", und zwar „⟨Astr.⟩ Sternbild des Nordhimmels", sowie die Angaben in den spitzen Klammern. Nach den Benutzungshinweisen im Brockhaus-Wahrig (Bd. 1, 10) gilt der Inhalt der spitzen Klammer direkt hinter **Jungfrau** für alle Bedeutungsstellen. Während aber unter den Bedeutungsstellennummern „1" bis „3" *Jungfrau* als Gattungsbezeichnung/nomen appellativum beschrieben ist, wird unter „4" der Gebrauch als nomen proprium behandelt, und zwar als astronomischer Eigenname für ein „Sternbild des Nordhimmels". Für diesen Eigennamen soll nun auch die dritte Prädikation in der ersten spitzen Klammer (also „-en") gelten: der Name *Jungfrau* bildet demnach wie das Appellativ den Plural *Jungfrauen!* Eigennamen werden jedoch im allgemeinen im Singular gebraucht, und nimmt man die Eigennamenforschung ernst (Wimmer 1973; v. Polenz 1985, 122 f.; Strauß 1983, 344, 370), dann muß in der lexikographischen Praxis — soll der Benutzer nicht irregeführt werden — das nomen proprium grundsätzlich anders beschrieben werden als das nomen appellativum. Dies gilt nicht nur für die morphologischen Angaben, sondern vor allem für die Bedeutungserläuterungen, die bei Eigennamen einen ganz anderen Status und eine andere Funktion haben als bei Gattungsbezeichnungen (vgl. Wiegand 1977, 121 f.).

Die zitierte Bedeutungserläuterung zu **Jungfrau** ist ein Paradebeispiel für die falsche Gleichsetzung der Beschreibung von Eigenname und Appellativ. Die Kennzeichnung von **Jungfrau** durch die Wortart Substantiv führt hier offenbar deshalb zu einem semantischen Fehler, weil die Wortartenzuweisung zugleich als Vorgabe für die Art der Bedeutungsbeschreibung aufgefaßt wird. Dieses Verfahren kann wie folgt rekonstruiert werden: Eigennamen werden aufgrund ihres morphosyntaktischen Verhaltens den Substantiven zugeordnet. Substantive insgesamt werden ontologisierend-semantisch aufgefaßt als 'Dingwörter' oder allgemein so, wie sich Appellative verhalten. Deshalb wird irrtümlicherweise die Bedeutungsbeschreibung von Eigennamen so angelegt wie die von Appellativsubstantiven. Traditionelle Wortarteneinteilungen arbeiten meist mit einer Mischung von morphologischen, syntaktischen und semantisch-ontologischen Kriterien. Wo diese Kriterien in Widerspruch zueinander stehen, wie bei den substantivischen Subklassen der Appellativa und der Eigennamen, müssen bei einer Orientierung der Bedeutungsbeschreibung an Wortarten notwendigerweise Beschreibungskonflikte oder sogar Fehler auf der semantischen Ebene auftreten. Dabei wird dann eben nicht berücksichtigt, daß Wörter, die einer Wortart angehören, unterschiedliche Verwendungsweisen in unterschiedlicher semantischer Funktion haben können.

## 2. Reformierung traditioneller Wortartensysteme

Die Wortartenangaben in den Bedeutungswörterbüchern sind vor allem deshalb in der beschriebenen Weise inkonsequent und mangelhaft, weil die traditionellen Grammatiken die Wortartenproblematik bisher noch keiner befriedigenden Lösung zugeführt und mit der Unterscheidung von 5 bis 12 Wortarten nur Wortartensysteme zur Verfügung gestellt haben, deren Wert für die lexikographische Umsetzung umstritten ist (vgl. Bergenholtz 1984, 61). In den deutschen Grammatiken werden die Wortarten im allgemeinen nach morphologischen, syntaktisch-distributionellen und semantisch-ontologischen Kriterien definiert (vgl. 7.2.).

Inakzeptabel sind dabei folgende Fakten: (a) Die verwendeten Kriterien werden meist unbegründet miteinander vermischt; (b) Rang und Reihenfolge der verschiedenen Kriterien werden nicht im voraus geklärt und (c) die aufgrund solcher Definitionen gewonnenen Wortarten sind nicht völlig disjunkt (Engel 1987, 6).

Allerdings sind die drei genannten wesentlichen Verfahren der Wortartenbestimmung je für sich genommen wohl ebenfalls unzulänglich. Sie reichen jeweils nicht weit genug, um alle gewünschten oder zweckmäßigen Wortarten zu differenzieren. Daher wurde immer wieder zu dem Ausweg einer unkontrollierten Kriterienmischung gegriffen. Von den Einzelkriterien verdient im vorliegenden Zusammenhang das semantisch-ontologische besondere Aufmerksamkeit. Semantisch-ontologische Kriterien werden vor allem zur Differenzierung der drei Hauptwortarten Nomen, Verb und Adjektiv herangezogen: Sie beruhen auf einer angenommenen ontologischen Gemeinsamkeit der jeweils bezeichneten Gegenstände (Denotate).

In der einfachsten Version bezeichnen Verben dann ein Geschehen oder Sein, Nomina Wesen, Dinge oder Begriffe, Adjektive Eigenschaften. Dabei widerlegen bereits Erklärungsausdrücke wie *Geschehen, Begriffe* oder *Eigenschaften* die vorgeschlagenen Unterscheidungen: Mit dem Nomen *Geschehen* kann wohl nur ein Geschehen, also nach dieser Definition ein Verb-Denotat bezeichnet werden, mit dem Beschreibungsnomen *Eigenschaft* ebenso wie mit *Armut, Schönheit* wohl nur eine Eigenschaft, also nach dieser Definition ein Adjektiv-Denotat. Wo dieses einfache ontologische Verfahren einerseits schon nicht zu wortartendisjunkten Klassen führt, ist es andererseits innerhalb der Wortarten selbst zu grobkörnig: Denn z. B. mit Substantiven werden nicht nur Dinge oder Begriffe charakterisiert, sondern auch Handlungen, Dispositionen oder Einstellungen (vgl. 4.1.). Für die verschiedenen Bedeutungsklassen der Substantive gibt es — ebenso wie für die der Verben und Adjektive — offenbar keine zusammenfassende Bezeichnung (vgl. v. Polenz 1985, 159).

Aber auch Versuche, abseits einer solchen wenig fundierten, in immer weitere Differenzierung führenden Aufzählung, auf dem Wege der Abstraktion zu einem allgemeinen „semantischen Typus" (Leisi 1967, 10) oder einer „kategorialen Bedeutung" (Stepanowa/Helbig 1978, 47) zu gelangen (etwa für Nomina 'Ding', 'Dingheit', 'Substantialität' oder 'Gegenständlichkeit', für Adjektive 'Merkmal', 'Eigenschaft' oder 'Qualität', für Verben 'Tätigkeit' oder 'Prozessualität'), müssen scheitern:

Diese Kategorisierungen sind so generell angesetzt, daß sie bei der konkreten Anwendung als Entscheidungsverfahren für Wortarten zirkulär werden müssen. Denn jedes vorwissenschaftlich-naiv jeweils als Verb, Adjektiv oder Nomen eingeschätze Wort wird sich unter dem Aspekt der „generellen Merkmale" (Leisi, ebd.) bzw. der Merkmale der „kategorialen Bedeutung" dem zu erwartenden Bereich der Tätigkeiten oder Prozesse, der Merkmale und Qualitäten oder dem Bereich der Substantialität zuordnen lassen. *Semantischer Typus* bzw. *kategoriale Bedeutung* erweisen sich lediglich als nur scheinbare semantische Ersatzbezeichnungen für die traditionellen Namen der Wortarten.

Das ontologisch-semantische Kriterium scheidet damit sowohl als Basis einer grammatischen Wortartendifferenzierung wie als Basis einer funktionalen Wortklassifizierung aus. Letzteres deshalb, weil es zum einen eine unreflektierte und unangemessene Dichotomie von Sprache und vorfindlicher Welt voraussetzt, zum anderen eine wortatomistische, vom sprachlichen Handeln in kommunikativen Einheiten abgelöste Sehweise begünstigt. Wünschenswerte Voraussetzung von Wortartenzuweisungen für lexikographische Zwecke, insbesondere für die Beschreibung des kategoriell bedingten syntaktischen Verhaltens von Lemmata, ist eine explizite Grammatiktheorie, aus der eine Wörterbuchgrammatik abgeleitet werden kann, die zwar einerseits ein in sich geschlossenes Ganzes (z. B. im Wörterbuchvorwort) bildet, andererseits durch geeignete Verweise mit den Textbausteinen von Wörterbuchartikeln verzahnt sein muß. Mit einer solchen Wörterbuchgrammatik sollten spezielle Wortartensysteme für jeweils bestimmte Gruppen von Wörterbuchtypen entwickelt werden können, z. B. für einsprachige Bedeutungswörterbücher. Zwei Vorschläge sind hier erwähnenswert: Bergenholtz (1984, 63 ff.) entwirft in Anlehnung an die Wortarteneinteilung der Schulgrammatik und angepaßt an die Zwecke des einsprachigen Wörterbuchs ein Wortartensystem mit 10 Wortarten, das aus zwei Teilsystemen besteht. In dem einen Teilsystem werden Substantiv, Adjektiv und Verb morphologisch definiert, in dem anderen Adverb, Pronomen, Artikel, Präposition, Konjunktion und Partikel syntaktisch. Der andere Vorschlag für ein widerspruchsfreies Wortartensystem, der von Engel (1987, 6 ff.) stammt, hat den Vorteil, daß er mit der „geregelten Umgebung" (Engel 1987, 9) der Wörter nur ein einziges Klassifikationskriterium einsetzt.

Dabei wird unter Umgebung alles verstanden, was mit dem Wort nach geltenden, kontrollierbaren Regeln kombiniert ist (Engel 1987, 10). Es werden folgende Sorten von Wortumgebungen unterschieden: die Wortformebene, die Phrasenebene, die Satzebene und die Textebene. Die Wortklassifizierung beruht hier auf vier hintereinander angeordneten Filtern. Für die Effizienz dieses Verfahrens ist wichtig, daß die Reihenfolge — engste, engere, mittlere, weitere Umgebung — strikt eingehalten wird. Engels Vorschlag zielt darauf ab, die Zahl der Wortarten klein zu halten und an der traditionellen Wortartengliederung wenig zu ändern. Dabei dürfen semantische Kriterien, z. B. die Wortbedeutungen, im Rahmen dieser Wortklassifizierung jedoch keine Rolle spielen (Engel 1987, 29).

Beide methodisch reflektierten Entwürfe stellen durch Beschränkung auf ausdrucksbezogene Kriterien und durch Eliminierung des unhaltbaren semantisch-ontologischen Kriteriums eine neutrale Basis dar, auf die in jeweils getrennten Klassifizierungsschritten satzsemantisch oder in anderer Weise funktional motivierte, im Wörterbuch notwendige Wortklassifizierungen bezogen werden können.

## 3. Klassifizierung von Wörtern nach der semantischen Form

Erst die semantisch neutrale Bestimmung der grammatischen Wortarten ebnet den Weg für eine funktionale Klassifizierung des Wortschatzes. Ihr Ziel ist zunächst die Einteilung des Wortschatzes in handlungssemantisch und/oder pragmatisch begründete Wortklassen, sodann die Klassifizierung von Lemma-Ausdrücken in Wörterbüchern im Rahmen einer Theorie der lexikographischen Nomination (vgl. dazu ausführlich Strauß 1983, 308—325). Ein wesentlicher, hier im Vordergrund stehender Aspekt einer funktionalen Wortklassifizierung ist die Klassifizierung nach der semantischen Form (zu anderen Aspekten einer funktionalen Klassifizierung vgl. 4.2.):

Unter der „semantischen Form" (Tugendhat 1979, 42) von (Klassen von) Sprachzeichen ist das unabhängig von Einzelbedeutungen Gemeinsame an der Bedeutung von Wörtern zu verstehen, und zwar unter dem Aspekt ihres Beitrages zu kommunikativen Einheiten. Mit dem Begriff der semantischen Form werden Wörter also zu „semantischen Klassen" geordnet, „die durch die Art bestimmt sind, wie die Bedeutung ihrer Elemente zur Bedeutung einer größeren Einheit, letztlich der des Satzes, beiträgt, bzw. dadurch, mit welchen Elementen anderer semantischer Klassen sie sich verbinden lassen" (Tugendhat 1979, 42).

Geht man von der am sprachlichen Handeln orientierten kommunikativen Einheit (vgl. Zifonun 1986 und 1987) aus, so können die Beiträge semantischer Formen als Beiträge zumindest zur Proposition und zum illokutiven Potential kommunikativer Einheiten betrachtet werden. Die Bestimmung der semantischen Form eines Sprachzeichens setzt die Reflexion auf seine Verwendung in konkreten Äußerungen und Äußerungssequenzen bzw. genereller in Satz, Text und Interaktionszusammenhängen voraus. Als theoretische Grundlage für eine Systematik funktionaler Wortklassen empfiehlt sich daher eine gebrauchstheoretische Bedeutungs- und Sprachauffassung, in der syntaktische, textuelle, situative und sprechhandlungsbezogen-interaktive Aspekte der Verwendung mit berücksichtigt sind. Aufgrund solcher systematisch erfaßter Regelhaftigkeiten der Verwendung können dann Mengen von Sprachzeichen z. B. nach ihrer semantischen Form geordnet werden. Dabei kann e i n e semantische Form durch die Teilklassen e i n e r grammatischen Wortart konstituiert werden, z. B. die semantische Form 'Nominator' oder 'Eigenname' durch eine Teilklasse der Nomina, oder wortartenübergreifend durch Teilklassen v e r s c h i e d e n e r grammatischer Wortarten, z. B. die semantische Form 'Prädikator' (bzw. deren Subformen 'Handlungs-, Zustands-, Vorgangs- und Eigenschaftsprädikatoren') durch Teilklassen der Nomina, Verben und Adjektive (vgl. 4.1.). Die semantischen Formen stehen somit quer oder zumindest teilweise kreuzklassifikatorisch zu den grammatischen Wortarten. — Sollen nun im einsprachigen Wörterbuch Angaben zu funktionalen Wortklassen sinnvoll eingesetzt werden, so ist damit gleichzeitig folgende Aufgabenbestimmung für die Bedeutungserläuterungen vorausgesetzt: Sie müssen dann dem Benutzer die Bedeutungen von Wörtern als ihre Verwendungen in der Sprachgemeinschaft, der er angehört, vermitteln, und zwar in der Weise, daß der Benutzer eingeübt wird in eben die Verwendungsregeln von Wörtern.

Dazu muß der Benutzer durch geeignete Formulierungen dieser Regeln, etwa in Form lexikographischer Regelformulierungen (vgl. Wiegand 1981, 161) oder verkürzter Markierungsprädikate und Kommentarsymbole, etwas darüber erfahren, wie er bestimmte Wörter in kommunikativen Einheiten, also zum Vollzug sprachlicher Handlungen, regelgerecht verwenden kann.

In diesem Zusammenhang wurde gezeigt (vgl. Strauß 1983, 314 f.; Wiegand 1981), daß die bisherige lexikographische Praxis, die nach dem Muster der Merkmalsemantik meist mit Bedeutungsbeschreibungen durch einfache und unkommentierte lexikalische Paraphrasen oder gar durch Wortsynonyme arbeitet, dem Desiderat einer Vermittlung von Verwendungsregeln nicht gerecht wird. Denn eine lexikalische Paraphrase erlaubt es allenfalls, das vom Lemma-Ausdruck B e z e i c h n e t e zu identifizieren; sie erlaubt es jedoch nicht, die über die Bezeichnungsfunktion hinausgehenden G e b r a u c h s r e g e l n zu erschließen. So hat die Praxis der paraphrasierenden Bedeutungserklärung meist nur den deskriptiven Sprachgebrauch kodifiziert, d. h. die denotativen oder darstellungsfunktionalen Bedeutungskomponenten von Sprachzeichen berücksichtigt. Dabei wurde bei einer Vielzahl von Sprachzeichen bisher vernachlässigt, daß sie neben oder vielmehr im Zusammenhang mit ihrer Funktion des deskriptiven Charakterisierens auch die Funktion haben können, Wertungen und Einstufungen sozialer Gruppen oder Einstellungen von einzelnen Sprechern zum Ausdruck zu bringen.

Bei anderen Sprachzeichen, die grammatischen Wortarten wie Konjunktionen, Partikeln usw. angehören, führte das Verfahren der deskriptiven Paraphrasierung zu völlig unangemessenen Ergebnissen, weil diese nicht oder nicht direkt zur propositionalen Bedeutung von kommunikativen Einheiten beitragen. Es wurde somit nicht beachtet, daß Ausdrücke in ihrer Verwendung unterschiedlichen Regeln folgen, die in der Bedeutungserklärung als unterschiedliche Typen von Regelformulierungen expliziert werden müssen (vgl. auch Art. 72, 74 und 80).

Die Lemma-Ausdrücke der deutschen Gegenwartssprache sind daher nach Maßgabe der unterschiedlichen Typen von Regelformulierungen, nach denen sie im Wörterbuch beschrieben werden, in unterschiedliche Lemmatypen einzuteilen. Genau dazu können die funktionalen Wortklassen mit ihren Differenzierungen nach der semantischen Form einen Beitrag leisten: Da sie abgestellt sind auf den regelhaften Beitrag von Ausdrücken zu kommunikativen Einheiten im sprachlichen Handeln, erfüllen sie die Bedingung der Lemma-Klassifizierung nach Typen von Verwendungsregeln. Sie sind mit unterschiedlichen Typen von Regelformulierungen korreliert. — Die Nutzbarmachung funktionaler Wortklassenunterscheidungen für Bedeutungsbeschreibungen im Wörterbuch geschieht im Rahmen einer Theorie der lexikographischen Nomination: Sie legt zunächst fest, welche funktionalen Unterscheidungen für die Lexikographie herangezogen werden sollen unter der Maßgabe, wie lexikalisierte Sprachzeichen mit unterschiedlicher semantischer Form jeweils unterschiedlich im Wörterbuch zu beschreiben sind (vgl. unten 4.). In einem zweiten Schritt legt sie fest, nach welchen Markierungs- oder Kommentierungsverfahren Lemma-Ausdrücke auf ihre Zugehörigkeit zu funktionalen Wortklassen hin lexikographisch auszuzeichnen sind (vgl. unten 5.).

## 4. Wortarten und funktionale Wortklassen als komplementäre Beschreibungssysteme

### 4.1. Prädikatorenklassen als funktionale Wortklassen

Der Versuch, Wörter im Rahmen einer lexikographischen Nominationstheorie komplementär zur Einteilung in die traditionellen Wortarten nach semantischen Formen zu klassifizieren, wird sich für die einsprachige Lexikographie nur dann als Fortschritt erweisen, wenn er sich für den gesamten Wortschatz einer Einzelsprache als tragfähig erweist. Zu diesem Zweck müßten mindestens für die drei funktional-semantischen Wortklassen des Gesamtwortschatzes, die Prädikatoren, Nominatoren und Junktoren, lexikographische Orientierungsrahmen erstellt werden, die die kreuzklassifikatorischen Beziehungen zwischen semantischen Formen und grammatischen Wortarten systematisch aufzeigen. Ein erster Vorschlag wird hier nur für die wohl auch in lexikographischer Hinsicht wichtigste Klasse der Prädikatoren gemacht. Für die Klassen der Nominatoren und Junktoren sei auf Strauß (1983, 365 ff.) und von Polenz (1985, 122 f., 219, 254) verwiesen.

In der folgenden Abbildung symbolisieren die schrägen gestrichelten Linien die unterschiedliche Verteilung der verschiedenen semantischen Formen bzw. ihrer Subformen (auf der oberen Ebene) jeweils auf eine oder mehrere grammatische Wortarten (der unteren Ebene):

Prädikatoren ( = P)

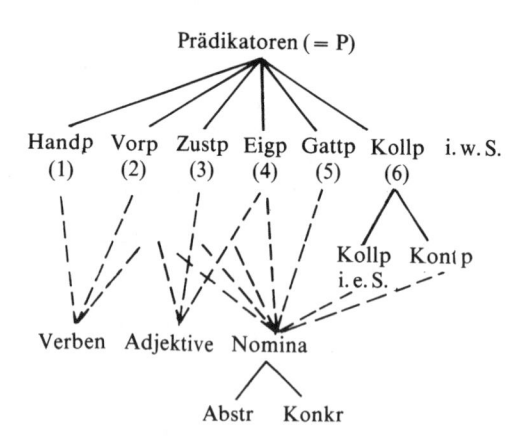

Handp Vorp Zustp Eigp Gattp Kollp i.w.S.
 (1)   (2)  (3)   (4)  (5)   (6)

Kollp Kontp
i.e.S.

Verben Adjektive Nomina

Abstr Konkr

Abb. 70.1: Funktionale Wortklassen der Prädikatoren und grammatische Wortarten

Nach der funktionalen oder „satzsemantischen Klassifizierung der Wortarten" (v. Polenz 1985, 123) gehören Substantive (außer den Eigennamen) zusammen mit Verben und Adjektiven zu den Prädikatoren.

In der Abbildung werden sechs Prädikatorenklassen unterschieden: (1) Handlungsprädikatoren, mit denen eine Handlung/ein Geschehen charakterisiert wird, die/das aus der Absicht eines Handelnden entspringt bzw. sich an einem Gegenstand („Lebewesen, Sache, Abstraktbegriff", v. Polenz 1985, 161) durch dessen aktive Einwirkung vollzieht. Sie werden vor allem durch Verben realisiert: *sehen, arbeiten,* aber auch in subst. Form: *Reise, Stellungnahme.* Eine Subklasse bilden hier die Tätigkeitsprädikatoren in verbaler Form: *anbeten, (die Gebote) halten,* oder in adjektivischer Form: *beschäftigt sein.* (2) Vorgangsprädikatoren, mit denen ein Geschehen charakterisiert wird, das nicht aus der „Absicht eines Handelnden entspringt, sondern sich an einem Gegenstand ... ohne dessen Einwirkung vollzieht" (v. Polenz 1985, 161). Sie werden wie (1) überwiegend durch Verben realisiert: *einschlafen, tropfen,* aber auch in subst. Form: *Traum, Krise.* (3) Zustandsprädikatoren, mit denen man grundsätzlich veränderliche physische oder psychische Zustände von Gegenständen charakterisiert. Sie werden realisiert durch adjektivische *(offen, naß),* verbale *(leben, wachen)* oder subst. Ausdrücke *(Schlaf, Trauer).* (4) Eigenschaftsprädikatoren, mit denen Zustände von Gegenständen charakterisiert werden, die grundsätzlich unveränderlich sind, also zu ihren konstanten Merkmalen gehören (v. Polenz 1985, 163). Sie werden großenteils durch Adjektive ausgedrückt: *richtig, trocken,* aber auch durch Abstraktsubstantive: *Geduld, Geschmack.* Eine Subklasse bilden hier die Dispositionsprädikatoren: *eßbar, löslich.* (5) Gattungsprädikatoren/Appellative, mit denen die Zugehörigkeit eines Objekts zu einer Gattung/Klasse angezeigt wird. Sie werden ausschließlich durch prädizierende Substantive ausgedrückt. Wie in Heidolph u. a. (1984, 570) wird hier zwischen absoluten Gattungsprädikatoren *(Baum, Löwe, Junge, Lehrer)* und relativen *(Vater, Onkel, Tochter)* unterschieden. (6) Kollektivprädikatoren im weiteren Sinne (i. w. S.)/Nicht-Gattungsprädikatoren, mit denen Gegenstände als Ganzheiten/Mengen charakterisiert werden. Bei den Kollektivprädikatoren i. w. S. wird zwischen Kollektivprädikatoren im engeren Sinne (i. e. S.) und Kontinuativprädikatoren differenziert (vgl. Heidolph u. a. 1984, 577; ähnlich auch Enzyklopädie 1980, 88). Kollektivprädikatoren i. e. S. werden von Ganzheiten prädiziert, die in sich in Einzelgegenstände differenziert gedacht sind; sie fassen also eine Menge zu einer Einheit im Singular zusammen: *Volk, Arbeiterschaft, Gebirge, Obst, Laub, Werkzeug.* Dagegen werden Kontinuativa als Stoff- oder Massewörter „ungegliederten Ganzheiten" (Heidolph u. a. 1984, 577) zugeschrieben, die nur metrisch quantifizierbar sind *(fünf Liter Wasser).* Sie werden als Bezeichnungen für unbestimmte Mengen verwendet, deren Elemente nicht als zählbar, sondern untrennbar zusammenhängend angesehen werden und deshalb in der Regel nur im Singular gebraucht werden: *Wein, Sand, Gold, Wasser, Gras, Milch, Nebel.*

Die Wortart Substantiv zeigt also, was die Prädikatorenklassen angeht, die stärkste Diversifikation: Substantive vertreten — wohl ausschließlich — die beiden Klassen der Gattungs- und Kollektivprädikatoren. Sie haben aber auch, vor allem über das System der Wortbildung, teil an den anderen Prädikatorenklassen: Deverbative substantivische Handlungs- und Vorgangsprädikatoren (nomina actionis wie *Bewegung, Behandlung)* sind ebenso vertreten wie deverbative und deadjektivische Zustandsprädikatoren *(Aufregung, Beteiligtheit)* und deadjektivische Eigenschaftsprädikatoren *(Schönheit, Schwäche).*

Dabei sind die (oft durch Wortbildung entstandenen) Abstraktsubstantive überwiegend den Prädikatorenklassen (1) bis (4) zuzuordnen, es sind aber auch Übergänge zu den Gattungsprädikatoren beobachtbar *(Demokratie* in *die westlichen Demokratien).*

Als Abstrakta lassen sich auch viele Kollektivprädikatoren i. e. S. begreifen *(Volksgemeinschaft, Christenheit).* Die Konkretsubstantive stellen das Hauptkontingent der Gattungs- und Kollektivprädikatoren (vor allem i. e. S.). Bei einer Teilklasse der Gattungs- oder Individuativprädikatoren, nämlich den deverbativen (nomina agentis) und deadjektivischen Personenbezeichnungen *(Läufer, Schläfer, Rohling, Schwächling),* wird implizit ein(e) Handlung/Vorgang/Zustand/Eigenschaft mit zugeschrieben.

4.2. Pragmatische Klassen als funktionale Wortklassen

Quer zu den bisher durchgeführten Differenzierungen nach der semantischen Form, die sich im wesentlichen auf den Beitrag von (Elementen von) Wortklassen zu vollständigen Propositionen und sprachlichen Handlungen beziehen, also auf der deskriptiven und illokutiven Ebene ansetzen, liegen weitere funktionale Unterscheidungen gemäß anderen Dimensionen, von denen hier zwei angeführt werden sollen: (1) Wertung (gemäß sozialen Normen) und (2) Bekundung von individuellen Einstellungen.

Zu (1): Evaluativ/normenorientiert (d. h. mit sozialer Wertungsfunktion) können sowohl Prädikatoren als auch vor allem wissenschaftshistorische Eigennamen (wie *Faschismus*) oder auch bestimmte grammatische Junktoren verwendet werden, z. B. die Modalverben *(sollen, müssen, dürfen)* und modale Partikeln (vgl. v. Polenz 1985, 219, 254). Zu (2): Individuelle Einstellungen zu oder Einschätzungen von Sachverhalten und Personen werden sowohl über den Beitrag von Prädikatoren *(hoffen, bedauern, Softy)* als auch vor allem über den von Modalwörtern wie *leider, bedauerlicherweise, vermutlich* zum Ausdruck gebracht (vgl. Wiegand 1982, 109). —

Auch gemäß diesen Dimensionen können funktionale Wortklassen eingerichtet werden, die für die lexikographische Beschreibung von Bedeutung sind. Für die Markierung von Lemma-Ausdrücken gemäß den Dimensionen Wertung und Einstellungsbekundung sind bereits Vorschläge für die Wörterbuchpraxis gemacht worden (vgl. Wiegand 1981; Hermanns 1982; Strauß 1984):

So können vor allem bestimmte Prädikatorenklassen (z. B. Appellative) im Wörterbuch zusätzlich durch pragmatische Markierungen wie *(be)wertend, Schimpfwort, Fahnenwort* (vgl. unten 5.) ausgezeichnet werden. Auch für den Bereich der kommunikativen Junktoren (z. B. Partikeln, Satzadverbien) hat die Lexikographie begonnen, die funktionale Dimension der Wertung in die Beschreibung einzubeziehen (vgl. Wiegand 1982; Wolski 1986).

## 5. Vorschläge für die Beschreibung nach funktionalen Wortklassen im Wörterbuch

Abschließend werden auf dem Hintergrund der in Abschnitt 3. angedeuteten Nominationstheorie Vorschläge für eine angemessenere Beschreibung im einsprachigen Wörterbuch formuliert. Sie sind dadurch ausgezeichnet, daß bei der Bedeutungserläuterung von Lemmata prinzipiell zusätzlich zu den traditionellen Wortartenzuweisungen komplementäre Angaben zu funktionalen oder semantisch-pragmatischen Wortklassen gemacht werden. Wie in Abschnitt 4. gezeigt, können alle Lemmata, die in den Wörterbüchern bisher nur durch Wortartenangaben wie *Subst., Adj.* und *Verb* gekennzeichnet wurden, nun funktional-semantisch genauer bestimmt werden, womit zugleich auch ein wichtiger Beitrag zur Erläuterung ihrer Verwendungsregeln geleistet wird:

Denn die Zugehörigkeit eines Lemma-Ausdrucks zu v e r s c h i e d e n e n funktionalen Wortklassen (z. B. *Jungfrau* zur Klasse der Eigennamen und der Appellative oder *Kunst* zu den Tätigkeits- und Eigenschaftsprädikatoren) determinieren unterschiedliche Formen der Bedeutungsbeschreibung. Andererseits determiniert die Zugehörigkeit von Lemmata unterschiedlicher Wortart zu e i n u n d d e r s e l b e n funktionalen Wortklasse (z. B. des

Subst. *Armut* und des Adj. *schön* zu den Eigenschaftsprädikatoren) ähnliche oder gleiche Formen der Bedeutungsbeschreibung, wobei hier die Unterschiede in der grammatischen Wortart zu berücksichtigen sind.

Diese präzisierenden semantisch-pragmatischen Bestimmungen können entweder nach dem Kriterium der semantischen Form durch Zuordnung zu Prädikatorenklassen (vgl. 4.1.) erfolgen oder nach anderen funktionalen Kriterien (im Sinne von 4.2.) durch Zuordnung zu pragmatischen Funktionsklassen. Voraussetzung ist dabei, daß die Bezeichnungen für beide Sorten von funktionalen Wortklassen als lexikographische Kommentarausdrücke oder Markierungsprädikate in die Beschreibungssprache des Wörterbuchs eingehen. — Hier werden drei Typen von — auf funktionalen Wortklassen basierenden — Markierungsprädikaten vorgeschlagen: (1) Markierungsprädikate zu Prädikatorenklassen; (2) Markierungsprädikate zu pragmatischen Funktionsklassen. Bei den Typen (1) und (2) handelt es sich um einfache, bei der Beschreibung bestimmter Lemmatypen jeweils isoliert anwendbare Prädikate. Außerdem: (3) komplexe Markierungsprädikate, mit denen gleichzeitig Zugehörigkeit zu Prädikatorenklassen und pragmatischen Funktionsklassen ausgedrückt wird.

Zu (1): Markierungsprädikate zu Prädikatorenklassen: Hier stehen dem Lexikographen zur Beschreibung von Lemmata, die zu den deskriptiven Prädikatoren gehören, die in 4.1. herausgearbeiteten Prädikatorenklassen zur Verfügung. Bei ihrer Anwendung als Markierungsprädikate können folgende Verfahrensweisen erprobt werden: (a) Explizite Kennzeichnung der Lemmata durch Markierungsprädikate relativ zu funktionalen Wortklassen (als Subklassen der semantischen Form) a u ß e r h a l b der Bedeutungserläuterung: Hier werden die unterschiedlichen Verwendungsweisen von Lemmata durch die als metasprachliche Prädikationen über die Lemmata verwendeten Bezeichnungen für die funktionalen Wortklassen selbst (z. B. *Eigenschaftsprädikator*) markiert, und zwar explizit vor der Bedeutungserläuterung. Solche Markierungen können dann die Mikrostruktur der Artikel entscheidend bestimmen, wenn sie zugleich als (semantische) Vorgaben bei der Ansetzung der (Anzahl der) Bedeutungsstellen aufgefaßt werden. Bei Lemmata, die mehrere Markierungsprädikate erhalten, wird der Übergang von einer Prädikatorenklasse zur anderen somit zum maßgeblichen Gliederungsprinzip der Artikel. Denn funktionale Wortklassen spielen bei der Erklärung der Polysemie von Wörtern eine wichtige Rolle, da die Bedeutungen polysemer Prädikatoren sich häufig nach funktionalen Wortklassen unterscheiden lassen (v. Polenz 1985, 166).

Dazu ein Beispiel zu dem Lemma **Kunst** [...] ⟨*Tätigkeitsprädikator*⟩ 1. [Bedeutungserläuterung] ⟨*Eigenschaftsprädikator*⟩ 2. [Bedeutungserläuterung]... usw.

(b) Implizite Kennzeichnung der Lemmata durch satzsemantische Oberbegriffe relativ zu funktionalen Wortklassen (als Subklassen der semantischen Form) i n n e r h a l b der Bedeutungserläuterung: Hier können die unterschiedlichen Verwendungsweisen von Lemmata durch objektsprachlich verwendete satzsemantische Oberbegriffe beschrieben werden, und zwar als Prädikationen über das von den Lemmata Bezeichnete: Dabei dienen als Oberbegriffe Prädikate wie HANDLUNG, EIGENSCHAFT, GATTUNG usw., durch die das jeweils mit dem Lemma Charakterisierte in allgemeinster Form angegeben wird.

Dazu das entsprechend umformulierte Beispiel zu dem Lemma **Kunst** [...] 1. TÄTIGKEIT, bei der [...] 2. EIGENSCHAFT von Personen [...] 3. EIGENSCHAFT von Gegenständen [...] 4. MENGE von Gegenständen [...] (nach v. Polenz 1985, 167).

Der Lemma-Ausdruck **Kunst** kann auf diese Weise in übersichtlicher Form implizit als Handlungs- und Eigenschaftsprädikator sowie als Kontinuativ beschrieben werden. Die Prädikate EIGENSCHAFT, TÄTIGKEIT usw. sind als Oberbegriffe (bzw. eine Art genera proxima) jeweils selbst integrierender Bestandteil der verschiedenen Bedeutungserläuterungen.

(c) Implizite Kennzeichnung der Lemmata durch satzsemantische Oberbegriffe relativ zu funktionalen Wortklassen i n n e r h a l b der Bedeutungserläuterung, wobei — im Unterschied zu (b) — zusätzlich die entsprechende sprachliche Teilhandlung explizit angegeben wird, die mit der Verwendung des entsprechenden Ausdrucks bezüglich des vom Oberbegriff Bezeichneten (also des Bezugsobjekts) vollzogen wird:

Z. B. *eine Tätigkeit usw. kennzeichnend, charakterisierend usw.*, oder: *Mit dem Lemma X kennzeichnet, charakterisiert man eine Tätigkeit usw.*

Möglichkeit (c) ist wohl nur in Wörterbüchern mit einem geringen Grad der Artikelstandardisierung und mit narrativen/diskursiven Darstellungsformen realisierbar.

Zu (2): Markierungsprädikate zu pragmatischen Funktionsklassen. Hier steht dem Lexikographen bei der Beschreibung von Lemmata, die zu den deskriptiven und gleichzeitig evaluativen Prädikatoren gehören, ein Repertoire an pragmatischen Funktionsklassen als Markierungsprädikate zur Verfügung (vgl. 4.2.):

⟨Evaluativ⟩ bzw. ⟨(be-, ab-)wertend⟩, ⟨Schlagwort⟩, ⟨Schimpfwort⟩, ⟨Meinungswort⟩, ⟨Fahnenwort⟩, ⟨Einstellungsausdruck⟩ usw.

Diese Funktionsklassenangaben sind also abgeleitet von der Wertungsfunktion von Wörtern oder von ihrer Funktion, Einstellungen auszudrücken, sowie von ihrer Appell- und Symptomfunktion. Deshalb ist Typ (2) bei der lexikographischen Anwendung meist ergänzungsbedürftig, d. h., er muß durch Angaben zu (Wertungen, Einstellungen, Meinungen usw. von) Sprecher-, Interessen- oder Meinungsgruppen vervollständigt werden. Denn für die hier einschlägigen Lemmata gilt, daß sie — was ihre Wertungs- und meist auch ihre Darstellungsfunktion angeht — von Sprechern bzw. Gruppen einer Sprachgemeinschaft nicht einheitlich gebraucht werden.

Zu (3): Markierungsprädikate zu Prädikatorenklassen und zugleich zu pragmatischen Funktionsklassen. Hier stehen dem Lexikographen bei der Beschreibung vor allem von Prädikatorenlemmata, deren Verwendungsweisen nach der semantischen Form und gleichzeitig nach pragmatischen Dimensionen erläutert werden müssen, komplexe Markierungsprädikate mit der folgenden allgemeinen Form zur Verfügung: ⟨Prädikatorenklasse (wie in (1 a) z. B. *Eigenschafts-, Gattungsprädikator*) + pragmatische Funktionsklassen (wie in (2) z. B. *evaluativ/bewertend, Schlagwort, Schimpfwort*)⟩.

Dazu ein Beispiel zu dem Lemma **Pazifist** [...] ⟨*bewertende Gattungs-/Personen-/Gruppenbezeichnung*⟩ [...].

Somit wird **Pazifist** als genuin bewertender Prädikator beschrieben: Wer ihn referierend oder prädizierend verwendet, drückt zugleich eine bestimmte Einstellung zu dem Bezugsobjekt aus. Diese kann je nach Anschauung oder Situation negativ oder positiv bewertend sein. Das Beispiel zeigt, daß die jeweiligen Teilangaben in komplexen Markierungsprädikaten nicht jeweils für sich allein oder additiv nebeneinander, sondern in einem wechselseitigen Bedingungsverhältnis stehen: Der prädizierende Gebrauch im Sinne der benannten Prädikatorenklasse ist in bestimmter Weise gesteuert von vorherrschenden Wertungen und Einstellungen im Sinne der benannten pragmatischen Dimension.

## 6. Ausblick

Für eine erfolgreiche Beschreibung nach funktionalen Wortklassen im Bedeutungswörterbuch sind vor allem zwei Aspekte wesentlich:

(a) Auf der Basis funktionaler Wortklassifizierungen ist eine einheitliche und konsequente lexikographische Markierungspraxis anzustreben. Zu diesem Zweck sollten die von funktionalen Wortklassen abgeleiteten Markierungsprädikate als Elemente der Beschreibungssprache im Wörterbuchvorwort im Zusammenhang mit einer Einführung in grundlegende grammatische und besonders satzsemantische Kategorien erklärt werden. Die in einer solchen konsistenten Wörterbuchgrammatik vermittelten wortklassentypischen Informationen, mit denen ganze Lemmabereiche voranalysiert werden, müssen durch entsprechende Markierungsprädikate in bestimmten Textbausteinen der Einzelartikel wieder aufgegriffen und dort jeweils einzelwortbezogen konkretisiert werden.

(b) Mit funktionalen Wortklassifizierungen sollte es dem einsprachigen Bedeutungswörterbuch gelingen, die Verwendungsregeln von Wörtern der eigenen Sprache angemessener und (für den Benutzer) einleuchtender zu beschreiben, die semantische Struktur des Wortschatzes transparenter und Wörterbuchbenutzung insgesamt interessanter zu machen.

## 7. Literatur (in Auswahl)

### 7.1. Wörterbücher

*Brockhaus-Wahrig* = Brockhaus-Wahrig: Deutsches Wörterbuch in sechs Bänden. Hrsg. von Gerhard Wahrig/Hildegard Krämer/Harald Zimmermann. Wiesbaden. Stuttgart. 1. Bd.: A—BT 1980; 2. Bd.: BU—FZ 1981; 3. Bd.: G—IZ 1981; 4. Bd.: K—OZ 1982; 5. Bd.: P—STD 1983; 6. Bd.: STE—ZZ 1984 [805 S. + 901 S. + 837 S. + 941 S. + 906 S. + 920 S.].

*Duden-GWb* = Duden. Das große Wörterbuch der deutschen Sprache in sechs Bänden. Hrsg. vom Wissenschaftlichen Rat der Dudenredaktion unter Leitung von Günther Drosdowski. Mannheim. Wien. Zürich. 1. Bd.: A—Ci 1976; 2. Bd.: Cl—F 1976; 3. Bd.: G—Kal 1977; 4. Bd.: Kam—N 1978; 5. Bd.: O—So 1980; 6. Bd.: Sp—Z 1981 [2992 S.].

*Klappenbach/Steinitz* = Wörterbuch der deutschen Gegenwartssprache. Hrsg. von Ruth Klappenbach und Wolfgang Steinitz. Berlin. 1. Bd.: A—deutsch. 7. Aufl. 1974; 2. Bd.: Deutsch—glauben. 4. Aufl. 1974; 3. Bd.: glauben—Lyzeum 1970; 4. Bd.: M—Schinken 1974; 5. Bd.: Schinken—Vater 1976; 6. Bd.: väterlich—Zytologie 1977 [4579 S.].

*Wahrig-DW* = Gerhard Wahrig: Das große deutsche Wörterbuch. Hrsg. in Zusammenarbeit mit zahlreichen Wissenschaftlern und anderen Fachleuten. Mit einem „Lexikon der deutschen Sprachlehre". Gütersloh 1966 [4185 Spalten].

## 7.2. Sonstige Literatur

*Bergenholtz 1984* = Henning Bergenholtz: Grammatik im Wörterbuch: Wortarten. In: Studien zur neuhochdeutschen Lexikographie IV. Hrsg. von Herbert Ernst Wiegand. Hildesheim. Zürich. New York 1984, 19—72.

*Drosdowski u. a. 1984* = Günther Drosdowski u. a.: Grammatik der deutschen Gegenwartssprache. 4. Aufl. Mannheim. Wien. Zürich 1984 [1. Aufl. 1959].

*Eisenberg 1986* = Peter Eisenberg: Grundriß der deutschen Grammatik. Stuttgart 1986.

*Engel 1987* = Ulrich Engel: Wortklassen (Manuskript). Mannheim 1987 [erscheint].

*Enzyklopädie 1980* = Enzyklopädie Philosophie und Wissenschaftstheorie. Bd. 1: A—G. Hrsg. von Jürgen Mittelstraß. Mannheim. Wien. Zürich 1980.

*Erben 1980* = Johannes Erben: Deutsche Grammatik. Ein Abriß. 12. Aufl. München 1980 [1. Aufl. 1958].

*Heidolph u. a. 1984* = Karl-Erich Heidolph u. a.: Grundzüge einer deutschen Grammatik. 2. Aufl. Leipzig 1984 [1. Aufl. 1980].

*Helbig/Buscha 1980* = Gerhard Helbig/Joachim Buscha: Deutsche Grammatik. Ein Handbuch für den Ausländerunterricht. 4. Aufl. Leipzig 1980 [1. Aufl. 1971].

*Hermanns 1982* = Fritz Hermanns: Brisante Wörter. Zur lexikographischen Behandlung parteisprachlicher Wörter und Wendungen in Wörterbüchern der deutschen Gegenwartssprache. In: Studien zur neuhochdeutschen Lexikographie II. Hrsg. von Herbert Ernst Wiegand. Hildesheim. New York 1982, 87—108.

*Jung/Starke 1980* = Walter Jung: Grammatik der deutschen Sprache. Neuausgabe bearb. von Günter Starke. 6. Aufl. Leipzig 1980 [1. Aufl. 1953].

*Leisi 1967* = Ernst Leisi: Der Wortinhalt. Seine Struktur im Deutschen und Englischen. 3. Aufl. Heidelberg 1967.

*Lyons 1980* = John Lyons: Semantik I. München 1980.

*v. Polenz 1985* = Peter von Polenz: Deutsche Satzsemantik. Grundbegriffe des Zwischen-den-Zeilen-Lesens. Berlin. New York 1985.

*Schulz/Griesbach 1978* = Dora Schulz/Heinz Griesbach: Grammatik der deutschen Sprache. 11. Aufl. München 1978 [1. Aufl. 1960].

*Stepanowa/Helbig 1978* = M. D. Stepanowa/Gerhard Helbig: Wortarten und das Problem der Valenz in der deutschen Gegenwartssprache. Leipzig 1978.

*Strauß 1983* = Gerhard Strauß: Begründung einer Theorie der lexikographischen Nomination: Regeln zur semantisch-pragmatischen Beschreibung funktionaler Wortklassen im einsprachigen Wörterbuch. In: Studien zur neuhochdeutschen Lexikographie III. Hrsg. von Herbert Ernst Wiegand. Hildesheim. Zürich. New York 1983, 307—381.

*Strauß 1984* = Gerhard Strauß: Politische Sprachkultivierung im Wörterbuch. In: Aspekte der Sprachkultur. Mitteilungen 10 des Instituts für deutsche Sprache. Mannheim 1984, 91—121.

*Tugendhat 1979* = Ernst Tugendhat: Vorlesungen zur Einführung in die sprachanalytische Philosophie. 2. Aufl. Frankfurt 1979.

*Wiegand 1977* = Herbert Ernst Wiegand: Einige grundlegende semantisch-pragmatische Aspekte von Wörterbucheinträgen. Ein Beitrag zur praktischen Lexikologie. In: Kopenhagener Beiträge zur germanistischen Linguistik 12. 1977, 59—149.

*Wiegand 1981* = Herbert Ernst Wiegand: Pragmatische Informationen in neuhochdeutschen Wörterbüchern. In: Studien zur neuhochdeutschen Lexikographie I. Hrsg. von Herbert Ernst Wiegand. Hildesheim. New York 1981 (Germanistische Linguistik 3—4/79), 139—271.

*Wiegand 1982* = Herbert Ernst Wiegand: Zur Bedeutungserläuterung von Satzadverbien in einsprachigen Wörterbüchern. Ein Beitrag zur praktischen Lexikologie. In: Konzepte zur Lexikographie. Studien zur Bedeutungserklärung in einsprachigen Wörterbüchern. Hrsg. von Wolfgang Mentrup. Tübingen 1982 (Reihe Germanistische Linguistik 38), 103—132.

*Wimmer 1973* = Rainer Wimmer: Der Eigenname im Deutschen. Ein Beitrag zu seiner linguistischen Beschreibung. Tübingen 1973.

*Wolski 1986* = Werner Wolski: Partikellexikographie. Ein Beitrag zur praktischen Lexikologie. With an English Summary. Tübingen 1986 (Lexicographica. Series Maior 14).

*Wolski 1986a* = Werner Wolski: Traditionelle Wortartenkennzeichnung oder Funktionsangaben für Partikeln? Eine unausgesprochene Kontroverse in deutschen Wörterbüchern. In: Kontroversen, alte und neue. Akten des VII. Internationalen Germanisten-Kongresses. Göttingen 1985. Bd. 3. Tübingen 1986, 148—152.

*Zifonun 1986* = Vor-Sätze zu einer neuen deutschen Grammatik. Hrsg. von Gisela Zifonun. Tübingen 1986.

*Zifonun 1987* = Gisela Zifonun: Kommunikative Einheiten in der Grammatik (Typoskript). Mannheim [erscheint].

*Gerhard Strauß, Mannheim (Bundesrepublik Deutschland)*

# 71. Die Beschreibung von Metaphern im allgemeinen einsprachigen Wörterbuch

1. Probleme der Darstellung der Metaphorik im Wörterbuch
2. Historischer Überblick über die Darstellung der Metaphorik in den großen Wörterbüchern der deutschen Sprache
3. Literatur (in Auswahl)

## 1. Probleme der Darstellung der Metaphorik im Wörterbuch

Die Metaphorik ist das allgegenwärtige Prinzip der Sprache. Der Lexikograph, der ein Wörterbuch auf der Grundlage von Quellen erarbeitet, sieht sich einer ungeheuren Fülle sprachlicher Bilder gegenüber, da fast alle Autosemantika metaphorisch verwendet werden können. Er muß als erstes eine Entscheidung treffen, welche metaphorischen Verwendungsweisen er in sein Wörterbuch aufnehmen will, da eine vollständige Erfassung den Umfang eines allgemeinen Wörterbuchs sprengen würde. (Diese Aufgabe kann nur ein Thesaurus, ein individualsprachliches Wörterbuch oder ein Spezialwörterbuch der Metaphorik bewältigen.)

Der Lexikograph scheidet zunächst einmal alle jene Metaphern aus, die sich erst durch die Überschreitung der Satzgrenze oder durch den Bezug seines Textes auf eine im Thema nicht angesprochene Situation manifestieren, also die sog. Großformen der Metapher (Text- und Situationsmetaphern), deren Lexikalisierung blockiert ist. Von den Metaphern im engeren Sinne läßt er die nicht konventionalisierten Metaphern (Typ: *die Demut der Trauerweiden; das Alter schneite seine Haare weiß*) weitgehend unberücksichtigt, führt allenfalls eine oder zwei in den Beispielen vor, um die Möglichkeit metaphorischer Verwendung des Stichworts anzudeuten, während er die konventionalisierten (tradierten, ritualisierten) Metaphern (Typ: *am Abend des Lebens; die Flammen seiner Liebe schlugen hoch*) im allgemeinen registriert.

Der Lexikograph hat es bei seiner Arbeit aber nicht nur mit Metaphern zu tun, sondern auch mit metaphorischen Prozessen. Die Metapher ist ja ein Kontextphänomen, das darauf beruht, daß die Kompatibilität von Lexemen in der syntaktischen Verknüpfung verletzt wird (Abraham 1975) oder — wie es Harald Weinrich (1968, 100) formuliert hat — ein Wort in einem konterdeterminierenden Kontext steht. Nun setzt aber bei häufiger Wiederholung oft eine Kompatibilisierung auf einer anderen Ebene (durch Neutralisation von Merkmalen — über periphere Merkmale) ein. Die Kompatibilisierung gerät in den Sog der Erwartung, beginnt sich zu stabilisieren und wird schließlich unter Verblassen der Metaphorizität lexikalisiert: Eine neue Bedeutungsrelation, eine lexisch-semantische Variante hat sich herausgebildet. Die Bedeutung eines Wortes — das kann man an diesem Prozeß immer wieder verfolgen — ist keineswegs stabil, sie wird nicht als etwas fest Umrissenes gelernt, sondern im Spracherwerb nach und nach induktiv erschlossen und in weitgehender Übereinstimmung mit der Sprachgemeinschaft strukturiert. Dadurch bietet sich die Metaphorik unter synchronischem Aspekt auch als Polysemie, unter diachronischem Aspekt als Bedeutungswandel, speziell als Bedeutungserweiterung, dar. Sie hält Einzug in die Bedeutungsexplikationen und bestimmt, wie die folgenden Beispiele zeigen, in ganz entscheidendem Maße den Artikelaufbau (Drosdowski 1979, 83—91; 1977, 139—142):

**ackern** /Vb./ *(das Feld) pflügen*: das Feld muß geackert werden; mit dem Ackern fertig sein; wie wenn ein Bauer in Frack und Zylinder ... ackerte TUCHOLSKY *Gripsholm* 16; /übertr./ salopp *angestrengt (geistig) arbeiten, sich abmühen*: ich habe den ganzen Tag (schwer) geackert

Textbeispiel 71.1: *Wörterbuch der deutschen Gegenwartssprache* (= WDG) Bd. 1, 92

**ackern** ['akɐn] ⟨sw. V.; hat⟩ [a: mhd. ackern]: **a)** (selten) *den Acker mit dem Pflug bearbeiten*: er hilft den Bauern a.; Ü kannst du ebensogut ein neues Feld der Liebe a. gehn (Fries, Weg 226); **b)** (ugs.) *schwer arbeiten, sich plagen*: für das Häuschen hast du dein ganzes Leben lang geackert; man muß ganz schön a., um über die Runden zu kommen (Hörzu 27, 1973, 20);

Textbeispiel 71.2: *Das Große Wörterbuch der deutschen Sprache* (= Duden-GWB) Bd. 1, 82 f.

**kapern** /Vb./ ⟨niederl.⟩ *ein (feindliches) Handelsschiff erbeuten*: die Piraten kaperten das Handelsschiff auf offener See; /übertr./ umg. sich /Dat./ einen Mann k.; *dazu* **Kaperei**, die; -, -en /Pl. ungebräuchl./

Textbeispiel 71.3: WDG Bd. 3, 2036

kapern ['ka:pɐn] ⟨sw. V.; hat⟩:
1. (hist.) *ein Handels/schiff als Kaper nehmen, im Seekrieg erbeuten:* Es konnte kein französisches Schiff seinen Kurs auf Hamburg richten, auf Bordeaux oder auf Ragusa, das die Engländer nicht kaperten (Jacob, Kaffee 165).
2. (ugs.) *jmdn. [wider seinen Willen] für etw. gewinnen; sich jmds., einer Sache bemächtigen:* mit diesen Vorschlägen versuchten sie die Sozialisten für das Bündnis zu k.; aus der Nähe besehen waren sie ( = die Geheimdienste) nur dazu da, sich gegenseitig zu k., zu hintergehen und zu zerstören (Habe, Namen 238); sie hat sich einen Millionär gekapert *(hat es verstanden, einen Millionär als Mann zu bekommen).*

Textbeispiel 71.4: Duden-GWB Bd. 4, 1421

**flau** */Adj./*
1. umg. *(leicht) übel, unwohl*: mir ist ganz f. zumute, im Magen; mir wird vor Hunger, plötzlich ganz f.; Zeitschriften, bei deren Durchmusterung ihm flau wurde I. SEIDEL *Lennacker* 716; ich wurde das f. Gefühl nicht los; *schwach*: ich fühle mich (noch) sehr f.; als er seinen Koffer ... zum Bahnhof transportierte, war ihm flau in den Knien KÄSTNER *Emil* 41
2. */übertr./ mittelmäßig*: d. Stimmung, Echo der Presse, Rede war f.; es wurde f. und ziellos argumentiert; f. *(matte)* Farben; das Negativ ist f. *(unterbelichtet, zeigt wenig Kontraste)*; etw. schmeckt f. *(schal, ungewürzt)*; umg. in meinem Portemonnaie sieht es f. aus *(es ist wenig Geld darin)*¹; eine f. *(schwache)* Brise; wir mußten gegen einen flauen Nordwester ankreuzen WEITENDORF *Logbuch* 112; der Wind ist, wird f.; K a u f m. *wenig gefragt, nicht gefragt*: Kaffee, Eisen f.; Baumwolle ist flau, in Kaffee nur nach Mittelsorte Frage E. T. A. HOFFM. 6,18; die Börse, eröffnete f.; d. Markt, Gewerbe, Handel ist f.; die Geschäfte gehen f.; Nach dieser starken Verkaufswelle war das eigentliche Weihnachtsgeschäft eher mäßig, stellenweise sogar flau *Tageszeitung* 1963

Textbeispiel 71.5: WDG Bd. 2, 1304

**flau** [flau̯] ⟨Adj.; -er, -[e]ste⟩ [aus dem Niederd. < mniederd. flau = matt, schwach, krank < mniederl. flau; H. u.]:
**a)** *(in bezug auf gehegte Erwartungen od. innewohnende Möglichkeiten zu) schwach, kraftlos, matt:* eine -e Brise; -e (veraltend; *matte, verschwimmende*) Farben; die Suppe ist, schmeckt f. (landsch.; *fad, geschmacklos*); das Negativ ist f. (Fot.; *unterbelichtet, kontrastarm*); **b)** *leicht übel:* ich fühle mich f.; mir ist f. vor Hunger; **c)** (Kaufmannsspr.) *(in bezug auf Geschäftliches) nicht den Erwartungen entsprechend; wenig gefragt, schlecht:* das Geschäft, die Börse ist f.; Kaffee [steht] f.; in meinem Geldbeutel sieht es f. aus (ugs.; *es ist nicht viel Geld darin*);

Textbeispiel 71.6: Duden-GWB Bd. 2, 857

Bei der Darstellung der Metaphorik im Wörterbuch ist es nicht notwendig, mit rhetorisch-stilistischen oder linguistischen Klassifikationen der Metapher zu arbeiten und bestimmte Metapherntypen zu unterscheiden. Der Lexikograph muß nur zwischen Metaphern, seien sie nun nicht konventionalisiert oder aber konventionalisiert, einerseits und metaphorischen Prozessen andererseits unterscheiden. Die Metaphern bereiten in der Wörterbucharbeit — wenn der Umfang des Wörterbuchs genügend Raum für die Darstellung des metaphorischen Gebrauchs bietet — im allgemeinen keine Schwierigkeiten. Sie können als Textstücke sinnvollerweise nur bei den Beispielen und Zitaten aufgeführt und gegebenenfalls aufgelöst werden: *am Abend* (Ende) *des Lebens; die Flammen seiner Liebe schlugen hoch* (er liebte leidenschaftlich). Probleme bescheren dagegen dem Lexikographen die metaphorischen Prozesse, die Fälle also, in denen ein Wort nicht seiner Gebrauchsnorm entsprechend, nicht in seiner „eigentlichen" Bedeutung (vgl. Woetzel 1988) verwendet wird und eine Kompatibilisierung einsetzt, die zu einer neuen lexisch-semantischen Variante führt.

Der Lexikograph muß sich zunächst darüber im klaren werden, wo und mit Hilfe welcher Kriterien die Grenze zwischen Metaphorischem und Nichtmetaphorischem zu ziehen ist. Diese Grenzziehung ist überaus schwierig, weil sie davon abhängt, was als eigentliche Bedeutung anzusehen ist, welche semantischen Merkmale den am Zustandekommen einer Metapher beteiligten Wörtern zuzuerkennen sind.

Gibt der Lexikograph z. B. für *eindämmen* als Bedeutungsexplikation „(Wasser) durch das Errichten von Dämmen daran hindern, überzutreten, Land zu überschwemmen", dann wird er Verwendungsweisen wie *das Feuer, den Brand, eine Epidemie, die Kriminalität, die Inflation eindämmen* als metaphorischen Gebrauch bestimmen; setzt er dagegen als eigentliche Bedeutung — allgemeiner — „am Steigen, an der Ausdehnung, an der Ausbreitung hindern" an, dann wird er nicht nur *den Fluß, die Flut, das Hochwasser eindämmen*, sondern auch alle anderen Verwendungsweisen als nicht metaphorisch behandeln. Geht er z. B. davon aus, daß *fressen* in seiner eigentlichen Bedeutung ein Subjekt voraussetzt, das ein Lebewesen mit Zähnen/Kauwerkzeugen ist, und ein Objekt verlangt, dem das Merkmal 'eßbar (und der Ernährung, dem Aufbau des Organismus dienend)' zuzusprechen ist, dann müßte er nicht nur Verwendungsweisen wie *der Motor frißt viel Benzin* oder *der Rost frißt das Eisen an den Schiffswänden*, sondern auch *die weißen Blutkörperchen fressen die Bakterien* als metaphorisch ansehen.

Der Lexikograph muß dann entscheiden, ob er verschiedene Grade der Metaphorizität unterscheiden und mit „bildlich/figurativ" und „übertragen" kennzeichnen will, z. B. (Belege aus der Sprachkartei der Dudenredaktion):

**eindämmen:** „(Wasser) durch das Errichten von Dämmen daran hindern, überzutreten, Land zu überschwemmen": *einen [Wild]bach, Fluß eindämmen; die Flut, das Hochwasser eindämmen;* bildl.: *die Flut der Gewalttätigkeiten eindämmen; den Fluß der Rede, jmds. Redefluß eindämmen; die Regierung versuchte, den Zustrom der Fremden einzudämmen;* übertr.: *das Feuer, den Brand, den Brandherd eindämmen; einen Krisenherd eindämmen; eine Epidemie, eine Seuche, Krankheiten eindämmen; die Kriminalität eindämmen; die Regierung bemüht sich, die Inflation, die Arbeitslosigkeit einzudämmen; jmds. Schwatzhaftigkeit eindämmen; die Frau dämmt ihr Schluchzen etwas ein.*

Die Unterscheidung verschiedener Grade der Metaphorizität ist aber in zahlreichen Fällen nur schwer oder gar nicht zu leisten, wie z. B. die Verwendungsweisen von *blicken* zeigen:

*die verdorrten Blumen blickten traurig; die Bevölkerung blickte sorgenvoll in die Zukunft, zufrieden auf das Geleistete; die Menschen blickten gespannt nach Berlin; die Sonne blickt durch die Wolken; die Burg, die Ortschaft blickte aus dem Nebel; Zorn, Verachtung blickte aus ihren Augen; die Zimmer blicken auf den Hof.*

Schließlich muß der Lexikograph entscheiden, ob er — in einem synchronischen Wörterbuch — bei den Bedeutungsexplikationen zwischen eigentlichen und übertragenen (bildlichen, figurativen) Bedeutungen unterscheiden will oder ob er dem Wörterbuchbenutzer die metaphorische Motivation überlassen soll, z. B.:

**eindämmen:** 1. „(Wasser) durch das Errichten von Dämmen daran hindern, überzutreten, Land zu überschwemmen": *einen [Wild]bach, Fluß eindämmen; die Flut, das Hochwasser eindämmen;* bildl.: *die Flut der Gewalttätigkeiten eindämmen; den Fluß der Rede, jmds. Redefluß eindämmen; die Regierung versuchte, den Zustrom der Fremden einzudämmen.*
2. übertr. „an der Ausdehnung, Ausbreitung hindern; einer Sache Einhalt gebieten, unter Kontrolle bringen; auf-, niederhalten, begrenzen": *den Brand, den Brandherd eindämmen; einen Krisenherd eindämmen; eine Epidemie, eine Seuche, Krankheiten eindämmen; die Kriminalität eindämmen; die Regierung bemüht sich, die Inflation, die Arbeitslosigkeit einzudämmen; jmds. Schwatzhaftigkeit eindämmen; die Frau dämmte ihr Schluchzen etwas ein.*

Obwohl eine Unterscheidung zwischen eigentlichen und übertragenen Bedeutungen — sollte sie zeichentheoretisch möglich sein — letztlich nur unter diachronischem Aspekt zu vertreten ist, wird sie in fast allen synchronischen Wörterbüchern (eine Ausnahme stellt der Duden-GWB dar) praktiziert. Es hat sich die Konvention herausgebildet, mit Hilfe von 'eigentlich' ('wörtlich') und 'übertragen' ('bildlich, figurativ') das Geflecht der Gebrauchsweisen zu entwirren und Ordnung in das diffuse Nebeneinander der Bedeutungen zu bringen — wobei 'eigentlich' und 'übertragen' nicht nur als Gliederungsmarken der lexikographischen Beschreibung, sondern als Abbildung inhärenter Merkmale der Bedeutungsstruktur der Wörter angesehen werden!

Da es in der Lexikographie nicht üblich ist, bestimmte Metapherntypen zu unterscheiden — auch die Metonymien vom Typ *das ganze Dorf* (alle Bewohner des Dorfes) *amüsierte sich* werden heute in der Regel nur unmarkiert paraphrasiert —, kommt eine ganze Reihe von Problemen bei der Beschreibung von Metaphern im Wörterbuch überhaupt nicht in den Blick. Das gilt vor allem für die sogenannten Identifikationsmetaphern vom Typ *er ist eine Ratte* oder *du bist ein Blindgänger,* bei denen sich Metaphorik, Semantik und Pragmatik (mit Markierungen wie 'übertr.', 'ugs.', 'abwertend' oder 'Schimpfwort') verfilzen und zu deren Verständnis es eigentlich notwendig wäre, im Wörterbuch „metaphorische Präzedenzen" (Keller-Bauer 1983) anzugeben und auf Metaphernfelder oder metaphorische Strukturierungen des Wortschatzes hinzuweisen. Auch diese Aufgabe kann allerdings ein Spezialwörterbuch des metaphorischen Gebrauchs eher erfüllen als ein allgemeines Wörterbuch.

## 2. Historischer Überblick über die Darstellung der Metaphorik in den großen Wörterbüchern der deutschen Sprache

Die Abbildung der Metaphorizität der Sprache im Wörterbuch ist — wie wir gesehen haben — ein problemreiches Unternehmen, das die meisten Lexikographen so zu bestehen versuchen, daß sie mehr oder minder unsystematisch Bedeutungen und/oder Beispiele mit 'figurativ', 'bildlich', 'übertragen' o. ä. markieren — ohne sich theoretisch mit der Metapher auseinandergesetzt zu haben und ohne angemessen zu erklären, was der Wörterbuchbenutzer unter den Markierungen 'figurativ' usw. zu verstehen hat.

Nur ganz vereinzelt, sieht man die Beispiele in älteren Wörterbüchern des Deutschen durch, stößt man auf Metaphern, die aber nicht als Bild oder Übertragung gekennzeichnet werden (vgl. Drosdowski 1979, 83—86).

So findet sich z. B. bei Henisch (*Teütsche Sprach vnd Weißheit*, Augsburg 1616) sub voce (= s. v.) **brennen** „für liebe brennen" erklärt als „flagrare amore" oder bei Stieler (*Der Teutschen Sprache Stammbaum und Fortwachs*, Nürnberg 1691) unter dem Stichwort **Biß** die Metapher „Biß des Gewissens".

Gegenüber Maaler (*Die Teütsch Spraach*, Zürich 1561) und Henisch, die zwischen eigentlichen und übertragenen Bedeutungen nicht unterscheiden, finden sich aber bei Stieler im Anschluß an die antike Lehre von den Tropen Ansätze, Bedeutungen zu differenzieren.

So vermerkt er bei **faul** „putris", daß es per metaphoram „piger" bedeute oder daß **beißen** „mordere" per metaphoram im Sinne von „jurgare, acrem esse" gebraucht werde. Bei dem Lemma **Fuß** fügt er hinzu „sed per metaphoram multis aliis rebus tribuitur, ut [...] die Füße an Stülen/Bänken/Tischen/Betten [...], Fuß des Berges/radix montis. Fuß einer Seule/spirula, basis."

Auch das *Vollständige Deutsche Wörter-Buch* (Breslau 1734) von Steinbach öffnet sich in den Beispielen nur sehr zögernd der Metapher. Dichterische Bilder, wie z. B. s. v. **Bieß**: „Die Kette, so mich drückt, durchdringt kein Bieß der Zeit (Hoffmannsw.)", werden nicht als Metapher ausgewiesen.

Dagegen hält es Steinbach — wie er in seinem Vorbericht formuliert — für „unumgänglich nötig, [...] eines jeglichen Worts eigentlichen und uneigentlichen Verstand" zu kennen, kennzeichnet allerdings die uneigentlichen Bedeutungen nur sehr unsystematisch mit 'metaphorice pro' oder einfach 'pro', z. B. bei **beißen** „mordere" die Bedeutungen 2 und 3 als „metaphorice pro: scharf seyn" und als „metaphorice pro: schelten, keifen".

Völlig uneinheitlich ist auch die Darstellung der Metapher und des übertragenen Gebrauchs in Johann Leonhard Frischs *Teutsch-Lateinischem Wörterbuch* (Berlin 1741). Während er z. B. beim Stichwort **beißen** mit 'für' arbeitet — „beißen, für quälen, plagen nagen, mordere, rodere (nach der Sünde beisset das Gewissen)" —, unterscheidet er bei **brennen** zwischen 'eigentlich' („das Feuer brennet, ignis ardet"), 'uneigentlich' oder 'Metonymice' (z. B. „der Berg brannte mit Feuer, Mons igne flagrabat") und 'Metaphorice' von lebhaften und scheinbaren Gemütsbewegungen (z. B. „brennen vor Liebe, ardere amore").

In anderen Fällen fügt er dem 'für' noch 'figürlich' hinzu (z. B. „Stich für Wunde, figürlich, ein Stich ins Herz, vulnus cordis") oder setzt nur 'figürlich' (z. B. „grün, figürlich, in flore [...] die grüne Jugend, viridis juventa [...]"). In den meisten Fällen aber bleibt der metaphorische Gebrauch unmarkiert.

Einen großen Schritt vorwärts in der Darstellung der Metaphorizität stellt Adelungs *Grammatisch-kritisches Wörterbuch der Hochdeutschen Mundart* (2. Aufl. Leipzig 1793—1801; hier zitiert nach der Ausgabe von 1807) dar. Adelung räumt der Metaphorik in seinen Beispielen großen Raum ein, registriert nicht nur tradierte (poetische) Metaphern, sondern auch okkasionellen bildlichen Gebrauch, den er konsequent mit 'figürlich' kennzeichnet und semantisch interpretiert.

So heißt es z. B. unter dem Stichwort **begraben**: „Figürlich wird es zuweilen auch für verbergen gebraucht." Es folgen ein Beispiel und ein Zitat: „Mochte es doch in der tiefsten Vergessenheit begraben liegen" und „Einsam begrub ich mich wie ein Eremit in meine Wälder (Dusch)". Oder s. v. **bellen**: „Figürlich bedeutet dieses Wort zuweilen auch mit einem lauten Geschreye zanken", Zitat: „Er hört den Zank nicht vor Gerichten bellen (Hagedorn)."

Gelegentlich gibt Adelung auch noch genauere Hinweise, z. B. unter dem Stichwort **Flamme:**

„Figürlich: [...] Eine heftige Leidenschaft, besonders der Liebe, welche in allen Sprachen durch das Bild des Feuers oder einer Flamme ausgedrucket wird."

Diese rein synchronische Darstellung der Metapher bei den Beispielen ergänzt Adelung durch eine diachronisch-synchronische bei den Bedeutungsexplikationen. Bei der Analyse polysemantischer Wörter und der Erstellung seiner Bedeutungsleitern (Henne 1972, 89—94) stößt Adelung auf eigentliche, das sind für ihn ursprüngliche, den ersten anschaulichen Begriff enthaltende, sinnliche Bedeutungen, und uneigentliche, das sind für ihn aus ursprünglichen Bedeutungen abgeleitete oder übertragene, unsinnliche oder weniger sinnliche Bedeutungen, die er als 'eigentlich' und 'figürlich' klassifiziert (vgl. dazu auch Wolski 1986, 224 ff.). Mit Hilfe dieser beiden Kategorien führt er in seinem Wörterbuch die Gliederung der Bedeutungsexplikation durch; ich veranschauliche das an einem Beispiel:

*Anfeuern*, verb. reg. act. 1) eigentlich, anfangen zu feuern, anzünden und erhitzen. So wird dieses Verbum z. B. in den Schmelzhütten gebraucht, und bedeutet alsdann so viel, als dem Ofen die erforderliche Hitze geben [...] 3) Figürlich, in einem hohen Grade zu etwas reitzen, erregen, besonders von den Leidenschaften. Eines Muth, eines Gemüth anfeuern. Der Anblick einer ruhmvollen Freystätte feuert die Gemüther an. Ich kann bloß durch Bewegungsgründe deinen Eifer anfeuern, wenn er erkaltet, Dusch. Sie suchte seine Liebe zu allen Kühnheiten anzufeuern, ebend.

Die großartige Leistung Adelungs wird nur dadurch etwas geschmälert, daß er auch die bei der Bedeutungsanalyse weitgehend unter diachronischem Aspekt gewonnene Kategorie mit 'figürlich' kennzeichnet (statt mit 'übertragen' oder 'uneigentlich') und daß die mit 'figürlich' markierten Bedeutungen des öfteren nicht als „unsinnlich" oder „weniger sinnlich" anzusprechen sind, z. B. die Bedeutungen „zerbeißen" oder „essen" unter dem Stichwort **beißen**.

Auf Campes Darstellung der Metaphorizität in seinem *Wörterbuch der Deutschen Sprache* (Braunschweig 1807—1811) brauchen wir hier nicht näher einzugehen, da Campe auch in dieser Hinsicht im Kielwasser Adelungs segelt. Zwei Dinge sollten aber Erwähnung finden: Zum einen greift Campe offenkundig die Kritik Johann August Eberhards (Philosophisches Magazin 1, 1789, 50) an Adelungs Kennzeichnung uneigentlicher Bedeutungen mit 'figürlich' auf und ersetzt diesen Terminus durch 'uneigentlich'. Er tut dies nun allerdings generell, so daß jetzt auch die Metaphern bei den Beispielen mit 'uneigentlich' markiert werden (z. B. s. v. **einfädeln** „uneig. eine Sache einfädeln = fein anlegen, mit List veranstalten") — worin ihm Heyse in seinem *Handwörterbuch der deutschen Sprache* (Magdeburg 1833) gefolgt ist. Zum anderen geht Campe im Vorwort zu seinem *Wörterbuch* (1, 1807, X) näher auf die Metapher ein und regt hier ein Spezialwörterbuch des metaphorischen Gebrauchs an:

So wie wir nun rastlos bemüht gewesen sind, unseren Wortreichthum anzuhäufen, so haben wir uns auch nicht minder beeifert, die sehr große Menge von Bedeutungen der Wörter und deren Verschattungen, sammt den daraus gebildeten Redensarten aufzusuchen ... Besonders war dieses der Fall mit jenen höhern uneigentlichen Bedeutungen, worin die Dichter, vornehmlich die der erhabeneren Gattungen, die Wörter gebraucht haben und auf neue Weisen zu gebrauchen noch immer, zur Freude aller Sprachfreunde von Geschmack, rühmlichst fortfahren. Es ließe sich ein eigens, sehr nützliches Wörterbuch für Dichter und ihre Leser darüber schreiben; und ich wünschte, daß unser Voß, der unter allen jetzt lebenden Deutschen Dichtern den bestimmtesten Beruf dazu hätte, uns mit einem solchen Wörterbuche beschenken möchte.

Keine Neuerungen in der Darstellung der Metaphorik bringen die Wörterbücher bis zum Ende des 19. Jhs., Johann Christian August Heyses *Handwörterbuch der deutschen Sprache* (Magdeburg 1833—1849), Daniel Sanders' *Wörterbuch der Deutschen Sprache* (Leipzig 1860—1865) und Moritz Heynes *Deutsches Wörterbuch* (Leipzig 1890—1895). Sie bleiben, vor allem was die Systematik anlangt, weit hinter Adelung zurück. Das gilt auch für das *Deutsche Wörterbuch* (Leipzig 1854—1960) von Jacob und Wilhelm Grimm. Nur vereinzelt und uneinheitlich kennzeichnen Jacob und Wilhelm Grimm den metaphorischen Gebrauch in den Beispielen mit 'figürlich' oder 'bildlich':

z. B. (Jacob) s. v. **abjagen**: „figürlich, den wangen schnelle röthe abjagen" oder (Wilhelm) s. v. **dornig**: „bildlich, ein dornig leben [...]"

Sie wählen aber auch andere Beschreibungsformen:

z. B. (Jacob) s. v. **ackern**: „ackern wird auch auf andere schwere arbeit zumal des schreibens (wie exarare) angewandt [...] da schrieb und ackerte ich denn mit dem breiten federspaten meine freude an dich ohne weiteres zu ende. J. Paul komet 3, 229."

Die Darstellung der lexikalisierten metaphorischen Verwendungsweisen, der Bedeutungsübertragungen erfolgt in dem Beschreibungsmechanismus für die Bedeutungsentwicklung, der von J. Grimms Axiom ausgeht: „Hinter allen abgezogenen bedeutungen des worts liegt eine sinnliche und anschauliche auf dem grund, die bei seiner findung die erste und ursprüngliche war" (*Deutsches Wörterbuch* 1, XLV).

Die Einteilung und Anordnung der Bedeutungen nach 'sinnlich, konkret' (und damit nach 'geschichtlich früher, älter') und 'unsinnlich, abstrakt' (und damit nach 'geschichtlich später, jünger') wird überlagert von der Gliederung der Bedeutungen nach 'eigentlich, wörtlich' und 'uneigentlich, übertragen, bildlich' oder durch diese ersetzt; häufig werden auch nicht lexikalisierte metaphorische Verwendungsweisen als 'abstrakt, unsinnlich, übertragen' o. ä. ausgewiesen;

vgl. z. B. **begraben**: „[...] 3. abstractionen: was aber in diesen worten tiefer begraben. Wimpina bei Luther 5, 17ᵇ", s. v. **begreifen**: „[...] 3. ausdehnungen des sinnlichen begreifens auf fälle, wo hand und fusz fehlen, lassen sich auf personificationen zurückführen [...]", s. v. **Durst**: „[...] 4. uneigentlich im guten und bösen sinn [...] gott hört nichts lieber denn geschrei und durst nach seiner barmherzigkeit Henisch 779", s. v. **ehern**: „[...] 2. bildlich im vergleich [...] und deine stirn ist eherne Es. 48, 4" oder s. v. **eisern**: „[...] 2. noch häufiger sind andere bildliche anwendungen, wo eisern für hart, unerbittlich, fest steht: nimmer ja war auch mir das herz im busen ein eisernes Od. 5, 191."

Die Darstellung von Metaphern und von

lexikalisierten metaphorischen Verwendungsweisen und damit auch der Artikelaufbau im *Deutschen Wörterbuch* folgt auch bei den späteren Bearbeitern keinem einheitlichen Konzept und ist mit großen Mängeln behaftet. Nur wenige, nach 1945 verfaßte Artikel zeigen einen guten Beschreibungsstand;

vgl. z. B. (Johannes Erben) **tünchen:** „A. als bau- bzw. maltechnischer ausdruck [...] B. metaphorisch in verschiedener (an A 1—3 anschließender) anwendung. 1) im vergleich: [...] Angela [...] muszte bis zu tode erschrocken sein; denn sie stand weiss, wie eine getünchte wand, da und wankte Stifter s. w. (1901), 1, 91 [...] 2) bildlich: [...] dasz nicht mit blut die vatererd' er tünchete W. v. Humboldt ges. w. 3 (1843) 89 [...] 3) übertragen, an tünchen A 3 anschlieszend: [...] die kerkerluft tüncht keine wangen roth A. Grün ges. w. 2 (1877) 260 [...]"

Auch für die Neubearbeitung der ersten Bände des *Deutschen Wörterbuchs* liegt kein theoretischer Ansatz vor, gibt es in den Arbeitsstellen Berlin und Göttingen keine adäquaten Richtlinien. Sowohl (poetische) Metaphern als auch lexikalisierte metaphorische Verwendungsweisen werden als Übertragung gekennzeichnet und auch bei der Gliederung der Bedeutung wird mit 'bildlich' und 'übertragen' gearbeitet (vgl. etwa die Artikel **abschießen, ackern, desertieren, dürsten**).

Von den drei großen Bedeutungswörterbüchern des 20. Jhs. gehen das WDG und das Duden-GWB neue Wege in der Darstellung der Metaphorik, während das sechsbändige *Deutsche Wörterbuch* (Brockhaus-Wahrig) wie die meisten einbändigen Gebrauchswörterbücher verfährt. Diese Wörterbücher — etwa *Herders Sprachbuch,* der *Sprach-Brockhaus,* das *Ullstein-Lexikon der deutschen Sprache, Knaurs Großes Wörterbuch der deutschen Sprache* (eine Ausnahme bildet Makkensens *Deutsches Wörterbuch,* das die Metaphorik überhaupt nicht berücksichtigt) — übernehmen die Kennzeichnungen 'bildlich, figurativ, übertragen' o. ä. aus älteren Wörterbüchern, aus denen sie kompiliert sind. Da sie tradierte (poetische) Metaphern und okkasionellen metaphorischen Gebrauch im allgemeinen nicht erfassen, beschränken sie sich darauf, 'bildlich, figurativ, übertragen' als Gliederungsmarken für die Bedeutungsexplikationen zu verwenden. Die Behandlung der Metaphorik ist in starkem Maße historisch orientiert und unsystematisch — das gilt nicht nur für das einbändige, sondern auch für das sechsbändige Wörterbuch von Wahrig.

So werden in diesem Wörterbuch z. B. Bedeutungen wie „betrunken" s. v. **blau** oder „trocken, steif, langweilig, linkisch, unbeholfen" s. v. **hölzern** oder Idiomatisierungen wie *einen Knall haben* als ‚figurativ' gekennzeichnet. Dagegen bleiben Bedeutungen wie „mit großer Heftigkeit plötzlich auftreten (der alte Streit flammte wieder auf; mit aufflammendem Zorn)" s. v. **aufflammen** oder „heftige Erregung, starker Antrieb (die Flammen der Begeisterung, des Zorns schlugen hoch)" s. v. **Flamme** unmarkiert!

Das WDG, das im Vorwort die Grundsätze für die Darstellung des metaphorischen Sprachgebrauchs erläutert, verfährt folgendermaßen:

1. Der Hinweis /bildl./ deutet auf die bildliche Verwendung des zuvor konkret gebrauchten Stichwortes hin [...] Er bildet oft den Übergang zum übertragenen Gebrauch [...], die Grenzen zwischen beiden sind fließend.

2. Der Hinweis /übertr./ erscheint

a) innerhalb eines Gliederungspunktes, wenn der Zusammenhang zwischen konkreter und übertragener Verwendung deutlich ist [...]

b) Er steht zu Beginn eines neuen Gliederungspunktes, wenn der Zusammenhang zwar noch gefühlt wird, aber doch bereits gelockert ist [...] Zu Beginn des neuen Punktes steht er auch dann, wenn die Fülle des Materials der konkreten oder der übertragenen Bedeutung zu umfangreich ist, so daß bei gemeinsamer Darstellung in einem Punkt die Übersichtlichkeit leiden würde [...]

d) der Hinweis /übertr./ fällt vor einem neuen Gliederungspunkt ganz weg, wenn der Zusammenhang nur sehr lose ist [...]

3. Feste Verbindungen sind, soweit möglich, den einzelnen Bedeutungen des Stichwortes zugewiesen und stehen organisch an der Stelle, zu der sie inhaltlich gehören [...] Soweit es sich um feste Verbindungen handelt, deren Bedeutungen aus einem Bild oder einer Übertragung zu verstehen sind, folgen sie mit dem Hinweis /bildl./ oder /übertr./ und mit genauer Erklärung unmittelbar auf ihre zugrunde liegende konkrete Verwendungsweise [...]

Dieses differenzierte Beschreibungsverfahren, mit dem das WDG dem Prozeß von okkasionellem metaphorischem Gebrauch bis zur Polysemie zu folgen versucht, stützt sich weitgehend auf das Sprachgefühl des Lexikographen und führt — zumal bei mehreren Verfassern — zu zahlreichen Inkonsequenzen.

Es ist für den Benutzer des Wörterbuchs nicht nachzuvollziehen, worin z. B. der Unterschied in der Metaphorizität liegt zwischen „den Betrunkenen abschleppen" (s. v. **abschleppen**) oder „ein Tier, eine Pflanze einbürgern" (s. v. **einbürgern**), die als bildliche Verwendung registriert werden, und „den unerwünschten Mann abschießen" (s. v. **abschießen**) oder „sich einen Mann kapern" (s. v.

kapern), die als übertragene Verwendungen aufgeführt sind. Oder warum **abknöpfen** „jmdm. etwas wegnehmen", **anfeuern** „jmdn. anspornen", **anfechten** „jmdn. beunruhigen" usw. als übertragen markiert werden, dagegen **abhalftern** „jmdn. (Lästiges) abschieben", **einfädeln** „etwas listig in die Wege leiten", **einspannen** „jmdn. zu einer dringenden Tätigkeit hinzuziehen" usw. nicht als Übertragungen ausgewiesen werden.

Auch dieses Beschreibungsverfahren ist immer noch historisch orientiert. Die Darstellung der Bedeutungsstruktur der Wörter wird dadurch verzerrt, daß der Blick der Lexikographen nicht auf den Text, sondern auf das Wort gerichtet ist, daß von der Motiviertheit des Wortes, von der Wortbildungsbedeutung ausgegangen wird.

**Hölzern** im Sinne von „steif, ungelenk" wird als übertragener Gebrauch von **hölzern** „aus Holz" gekennzeichnet, obwohl es in dieser Bedeutung auf den attributiven Gebrauch eingeschränkt ist und relativ selten vorkommt (selten *hölzernes Regal*, meist *Regal aus Holz* usw.). Die Verwendung von **hölzern** im Sinne von „steif, ungelenk" ist dagegen nicht begrenzt und liegt durchaus in der Texterwartung. **Auftrieb** im Sinne von „Aufschwung" wird als Übertragung von **Auftrieb** „Druck nach oben" gekennzeichnet, obwohl die physikalische Bedeutung vielen Sprechern gar nicht bekannt ist.

Im Gegensatz dazu wählt das Duden-GWB einen textlinguistischen Ansatz und bemüht sich um eine saubere synchronische Darstellung der Metaphorik. Als metaphorisch sind im Duden-GWB demnach nur Texte (Beispiele, Zitate), aber nicht auch Bedeutungen gekennzeichnet; die Metapher wird konsequent als ein Phänomen der Parole dargestellt. Ursprünglich metaphorische, aber lexikalisierte Verwendungsweisen, die zu Polysemie geführt haben, werden dagegen als Bedeutungen expliziert. Alle festen Wendungen und Redensarten, die sich auf metaphorischen Gebrauch zurückführen lassen, werden als Idiomatisierungen angesehen und als Wortgruppenlexeme (wie Stichwörter im Satz halbfett gekennzeichnet) ohne Markierung angesetzt (z. B. s. v. **Blatt**: kein Blatt vor den Mund nehmen „offen seine Meinung sagen"); vgl. dazu auch Art. 46 und 75.

Die Frage, die sich bei diesem Verfahren stellt, ist, wie viele Okkurrenzen, wie viele Kontexte nötig sind, um einen Gebrauch als lexikalisiert anzusehen und in die Beschreibung der Bedeutungsstruktur aufzunehmen. Da die Lexikalisierung nicht zugleich in einer Sprachgemeinschaft erfolgt, sondern zeitlich und räumlich verschieden von einer Menge individueller Sprecher vorgenommen wird, hat dieses Verfahren gegenüber dem metaphorischen Prozeß oft etwas Gewaltsames. So gibt es sicherlich Sprecher, die z. B. einen Text, in dem *anheizen* nicht auf den Ofen bezogen wird (etwa *die Stimmung* oder *eine Debatte anheizen*) oder *kapern* nicht auf Schiffe bezogen wird (etwa *sich einen Mann* oder *einen Millionär kapern*), für eine Metapher halten.

Das Große Wörterbuch der deutschen Sprache setzt dagegen **anheizen** und **kapern** als polysemantische Worte an. Es kennzeichnet mit „Ü" (für Übertragung = Metapher, sprachliches Bild) nur bewußte Metaphorisierungen, die Verwendungsweisen also, bei denen die semantisch-syntaktischen Beziehungen überdehnt oder gesprengt werden, um stilistische, vor allem poetische Wirkungen zu erzielen (z. B. **blicken**: Ü mit Resignation auf das vergangene Jahr blicken; die Sonne blickt aus den Wolken).

## 3. Literatur (in Auswahl)

### 3.1. Wörterbücher

*Adelung 1793* = Johann Christoph Adelung: Grammatisch-kritisches Wörterbuch der Hochdeutschen Mundart mit beständiger Vergleichung der übrigen Mundarten, besonders aber der Oberdeutschen. Zweite vermehrte und verbesserte Ausgabe. 4 Bde. Leipzig 1793—1801 [zus. 7592 Sp.: Neudruck mit einer Einführung und Bibliographie von Helmut Henne. Hildesheim. New York 1970].

*Brockhaus-Wahrig* = Brockhaus-Wahrig. Deutsches Wörterbuch. Hrsg. von Gerhard Wahrig/Hildegard Krämer/Harald Zimmermann. 6 Bde. Wiesbaden. Stuttgart 1980—1984 [805 S. + 901 S. + 837 S. + 941 S. + 906 S. + 920 S.].

*Campe 1807* = Joachim Heinrich Campe: Wörterbuch der Deutschen Sprache. 5 Bde. Braunschweig 1807—1811 [zus. 4634 S.; Neudruck mit einer Einführung und Bibliographie von Helmut Henne. Hildesheim. New York 1969—1970].

*Duden-GWB* = Duden — Das große Wörterbuch der deutschen Sprache. Hrsg. und bearb. vom Wissenschaftlichen Rat und den Mitarbeitern der Dudenredaktion unter Leitung von Günther Drosdowski. 6 Bde. Mannheim. Wien. Zürich 1976—1981 [zus. 2992 S.].

*Frisch 1741* = Johann Leonhard Frisch: Teutsch-Lateinisches Wörter-Buch. 2 Bde. in 1 Bd. Berlin 1741 [zus. XVIII, 640 S.; Neudruck mit einer Einführung und Bibliographie von Gerhardt Powitz. Hildesheim. New York 1977].

*Grimm* = Jacob Grimm/Wilhelm Grimm: Deutsches Wörterbuch. 16 Bde. recte 32. Leipzig 1854—1960. Neubearbeitung. Hrsg. von der Deutschen Akademie der Wissenschaften zu Berlin in

Zusammenarbeit mit der Akademie der Wissenschaften zu Göttingen. Bd. 1, Lfg. 1 ff. Leipzig 1965 ff.; Bd. 6, Lfg. 1 ff. Leipzig 1870 ff. [zus. 66 993 Sp.].

*Henisch 1616* = Georg Henisch: Teütsche Sprach vnd Weißheit. Thesaurus linguae et sapientiae Germanicae. Augsburg 1616 [1875 Sp.; Neudruck Hildesheim. New York 1973].

*Herder 1960* = Herders Sprachbuch. Freiburg i. Br. 1960 [832 S.; 10. Aufl. Freiburg i. Br. 1975].

*Heyne 1905* = Moritz Heyne: Deutsches Wörterbuch. 3 Bde. 2. Aufl. Leipzig 1905—1906 [zus. 3984 Sp.; 1. Aufl. Leipzig 1890—1895].

*Heyse 1833* = Johann Christian Heyse: Handwörterbuch der deutschen Sprache mit Hinsicht auf Rechtschreibung, Abstammung und Bildung, Biegung und Fügung der Wörter, sowie auf deren Sinnverwandtschaft. Nach den Grundsätzen seiner Sprachlehre angelegt; ausgeführt von Karl Wilhelm Ludwig Heyse. 3 Bde. Magdeburg 1833—1849 [zus. 3158 S.; Neudruck Hildesheim. New York 1968].

*Knaur 1985* = Knaurs Großes Wörterbuch der deutschen Sprache. Erarbeitet von Ursula Hermann unter Mitarbeit von Horst Leisering/Heinz Hellerer. München 1985 [1120 S.].

*Maaler 1561* = Josua Maaler: Die Teütsch spraach. Dictionarium Germanicolatinum novum. Zürich 1561 [XXV, 536 S.; Neudruck mit einer Einführung von Gilbert de Smet. Hildesheim. New York 1971].

*Mackensen 1952* = Lutz Mackensen: Deutsches Wörterbuch. Laupheim 1952 [1038 S.; 12. Aufl. München 1986].

*Sanders 1876* = Daniel Sanders: Wörterbuch der Deutschen Sprache. Mit Belegen von Luther bis auf die Gegenwart. 3 Bde. 2., unveränd. Abdruck Leipzig 1876 [zus. 2893 S.; 1. Lfg. Leipzig 1859; 1. Abdruck Leipzig 1860—1865. Neudruck mit einer Einführung und Bibliographie von Werner Betz. Hildesheim 1969].

*Sprach-Brockhaus 1935* = Der Sprach-Brockhaus. Deutsches Bildwörterbuch. Leipzig 1935 [971 S.; 9. Aufl. Wiesbaden 1984].

*Steinbach 1734* = Christoph Ernst Steinbach: Vollständiges Deutsches Wörter-Buch. 2 Bde. Breslau 1734 [zus. 3120 S.; Neudruck mit einer Einführung von Walther Schröter. Hildesheim. New York 1973].

*Stieler 1691* = Kaspar Stieler: Der Teutschen Sprache Stammbaum und Fortwachs oder Teutscher Sprachschatz. 3 Bde. Nürnberg 1691 [zs. 5107 S.; Neudruck mit einer Einführung und Bibliographie von Gerhard Ising. Hildesheim 1968].

*Ullstein 1969* = Ullstein Lexikon der deutschen Sprache. Hrsg. und bearb. von Dr. Rudolf Köster unter Mitarbeit von Harald Hahmann/Heribert Hartmann und Franz Mehling. Frankfurt. Berlin 1969 [1024 S.].

*Wahrig 1968* = Gerhard Wahrig: Deutsches Wörterbuch. Gütersloh 1968 [1493 S.; völlig überarbeitete Neuausgabe. München 1986].

*WDG* = Wörterbuch der deutschen Gegenwartssprache. Hrsg. von Ruth Klappenbach/Wolfgang Steinitz. 6 Bde. Berlin 1961—1977 [zus. 4519 S.].

### 3.2. Sonstige Literatur

*Abraham 1975* = Werner Abraham: Zur Linguistik der Metapher. In: Poetics 4. 1975, 133—172.

*Berg 1978* = Wolfgang Berg: Uneigentliches Sprechen: Zur Pragmatik und Semantik von Metapher, Metonymie, Ironie, Litotes und rhetorischer Frage. Tübingen 1978.

*Bierwisch 1979* = Manfred Bierwisch: Wörtliche Bedeutung — eine pragmatische Gretchenfrage. In: Sprechakttheorie und Semantik. Hrsg. von Günther Grewendorf. Frankfurt 1979, 119—148.

*Coseriu 1970* = Eugenio Coseriu: Sprache — Strukturen und Funktionen. Tübingen 1970.

*Drosdowski 1977* = Günther Drosdowski: Nachdenken über Wörterbücher: Theorie und Praxis. In: Günther Drosdowski/Helmut Henne/Herbert Ernst Wiegand: Nachdenken über Wörterbücher. Mannheim. Wien. Zürich 1977, 103—143.

*Drosdowski 1979* = Günther Drosdowski: Die Metapher im Wörterbuch. In: Praxis der Lexikographie. Berichte aus der Werkstatt. Hrsg. von Helmut Henne. Tübingen 1979 (Reihe Germanistische Linguistik 22), 83—91.

*Haverkamp 1983* = Theorie der Metapher. Hrsg. von Anselm Haverkamp. Darmstadt 1983 (Wege der Forschung 389).

*Henne 1972* = Helmut Henne: Semantik und Lexikographie. Untersuchungen zur lexikalischen Kodifikation der deutschen Sprache. Berlin. New York 1972 (Studia Linguistica Germanica 7).

*Hörmann 1978* = Hans Hörmann: Meinen und Verstehen. Frankfurt 1978.

*Ingendahl 1971* = Werner Ingendahl: Der metaphorische Prozeß. Düsseldorf 1971.

*Keller 1975* = Rudi Keller: Zur Theorie metaphorischen Sprachgebrauchs. In: Zeitschrift für germanistische Linguistik 3. 1975, 49—62.

*Keller-Bauer 1983* = Friedrich Keller-Bauer: Metaphorische Präzedenzen. In: Sprache und Literatur in Wissenschaft und Unterricht 51. 1983, 46—60.

*Köller 1975* = Wilhelm Köller: Semiotik und Metapher. Stuttgart 1975 (Studien zur Allgemeinen und Vergleichenden Literaturwissenschaft 10).

*Kubczak 1978* = Hartmut Kubczak: Die Metapher. Heidelberg 1978.

*Kurz 1982* = Gerhard Kurz: Metapher, Allegorie, Symbol. Göttingen 1982.

*Lüdi 1973* = Georges Lüdi: Die Metapher als Funktion der Aktualisierung. Bern 1973 (Romanica Helvetica 85).

*Ullmann 1972* = Stephen Ullmann: Grundzüge der Semantik. 2. Aufl. Berlin 1972.

*Umbach 1983* = Horst Umbach: Fachsprachenmetaphorik im individualsprachlichen Wörterbuch. In: Studien zur neuhochdeutschen Lexikographie III. Hrsg. von Herbert Ernst Wiegand. Hildesheim. Zürich. New York 1983 (Germanistische Linguistik 1—4/82), 383—401.

*Weinrich 1967* = Harald Weinrich: Semantik der Metapher. In: Folia Linguistica 1. 1967, 3—17.

*Weinrich 1968* = Harald Weinrich: Die Metapher (Bochumer Diskussion). In: Poetica 2. 1968, 100—131.

*Wiegand 1981* = Herbert Ernst Wiegand: Pragmatische Informationen in neuhochdeutschen Wörterbüchern. Ein Beitrag zur praktischen Lexikologie. In: Studien zur neuhochdeutschen Lexikographie. Hrsg. von Herbert Ernst Wiegand. Hildesheim. New York 1981 (Germanistische Linguistik 3—4/79), 139—271.

*Woetzel 1988* = Harold Woetzel: Uneigentliche Bedeutung und Wörterbuch oder Die Markierung Ü/⟨fig.⟩ als Stein des Anstoßes für die Lexikographie. In: Studien zur neuhochdeutschen Lexikographie VI, 2. Teilbd. Hrsg. von Herbert Ernst Wiegand. Hildesheim. Zürich. New York 1988 (Germanistische Linguistik 87—90), 391—461.

*Wolski 1986* = Werner Wolski: Partikellexikographie. Ein Beitrag zur praktischen Lexikologie. With an English Summary. Tübingen 1986 (Lexicographica. Series Maior 14).

*Zgusta 1971* = Ladislav Zgusta: Manual of Lexicography. The Hague. Paris 1971.

*Günther Drosdowski, Mannheim (Bundesrepublik Deutschland)*


# 72. Die Beschreibung von Modalpartikeln im allgemeinen einsprachigen Wörterbuch

1. Ergebnisse der metalexikographischen Analyse
2. Ein Ansatz zur linguistischen Analyse von Modalpartikeln
3. Vorschläge für die lexikographische Praxis
4. Literatur (in Auswahl)

## 1. Ergebnisse der metalexikographischen Analyse

Modalpartikeln (MP; in anderer Terminologie: *Abtönungspartikeln*) lassen sich — vor allem nach inhaltlichen Kriterien — als Funktionstyp aus der traditionellen Sammelwortart 'Partikel(n)' ausgliedern. Die meisten der in der linguistischen Literatur als Kandidaten genannten Ausdrücke gehören mehreren Funktionstypen (darunter traditionelle Wortarten) an. So ist der Ausdruck *schon* in *Geh schon und frag nicht so viel; das ist schon ein Elend* MP, in *Er hat schon gegessen, ist schon beim Arzt* Zeitadverb, in *Schon der Gedanke daran ist mir schrecklich* Gradpartikel. Der Ausdruck *aber* ist in *Hat der aber einen Bart* MP, in *Es ist kalt, aber er friert nicht* Konjunktion.

Welche Ausdrücke dem Funktionstyp MP zuzurechnen sind, ist in der linguistischen Literatur strittig. Zu den Kandidaten (vgl. unten die Kerngruppe K₁) gehören *aber, auch, bloß, denn, doch, eben, eigentlich, einfach, erst, etwa, gerade, halt, ja, mal/einmal, noch, nun, nur, schon, vielleicht, wohl.*

Kontrovers diskutiert wird u. a. auch die funktionstypinterne Differenzierung der MP. Meist wird eine einheitliche Bedeutung nicht angenommen, sondern mehrere Funktionen, die nach Betontheit/Unbetontheit entsprechender MP und nach dem Vorkommen in unterschiedlichen Satzarten als sog. „Varianten" (z. B. *schon₁, schon₂* ...) angesetzt werden. Zu einer alternativen Auffassung vgl. unter 2.

In den Wörterbüchern werden MP-Bedeutungen artikelintern unterschiedlich zugeordnet, aber relativ einheitlich kommentiert, worüber eine vergleichende Analyse einer repräsentativen Anzahl von Wörterbüchern Aufschluß gibt. Die in vorliegendem Beitrag vorgestellten metalexikographischen Analyseergebnisse basieren auf der Untersuchung der wichtigsten einsprachigen deutschen Wörterbücher seit Maaler (1561).

Auf die Anführung von Nachweisen entsprechender Wörterbücher und die Präsentation von Ausschnitten aus Artikeltexten muß hier weitestgehend verzichtet werden. Dazu kann auf Wolski (1986) verwiesen werden, wo vor allem folgende Wörterbücher die Auswertungsbasis bilden: die Wörterbücher von Maaler, Henisch, Stieler, Steiner, Frisch, Adelung, Campe, Heyse, Heinsius; das Deutsche Wörterbuch von J. und W. Grimm, die Wörterbücher von Sanders, Heyne, Paul, Trübners Deutsches Wb. Aus der neueren Phase der germanistischen Sprachlexikographie (vgl. zur Phaseneinteilung Wolski 1986, 77 ff.) wurden berücksichtigt: das WDG (Wörterbuch der Deutschen Gegenwartssprache), Wahrig (in mehreren Auflagen),

Mackensen, dtv-Wahrig, Brockhaus-Wahrig, Duden-GWB (Großes Wörterbuch in sechs Bänden), Sprachbrockhaus, Wörter und Wendungen, Duden-Universalwörterbuch, Handwörterbuch der deutschen Gegenwartssprache.

Zur Illustration der artikelinternen Zuordnung oben angeführter *schon*-Beispielsätze seien die entsprechenden Ausschnitte aus dem Artikel des WDG angeführt (Das WDG hat, was die Partikeln angeht, für andere Wörterbücher die Rolle eines Leitwörterbuchs gespielt — wie Adelung in älteren Phasen der Sprachlexikographie):

schon /Adv./ I. bereits 1. /zeitl./ [...] d) /*unterstreicht, daß ein Vorgang, Zustand vor dem Zeitpunkt der Rede abgeschlossen war*/ er hat s. gegessen, ist s. beim Arzt gewesen; ... 2. /*drückt aus, daß nichts mehr hinzuzukommen braucht, damit etw. eintritt, stattfindet; häufig am Satzanfang*/ s. der Gedanke daran ist mir schrecklich [...] II. /*partikelhaft, ohne eigentliche Bedeutung; intensiviert und belebt den Satz; unbetont*/ 1. [...] 2. umg. /*in Imperativsätzen; drückt Ungeduld aus*/ doch, endlich: geh s. und frag nicht so viel [...] (WDG).

Die MP-Bedeutung erhält im WDG (wie das Satzadverb und die Gradpartikel) die Wortartenangabe „Adv.", wobei den MP-Bedeutungen — in der hierarchischen Mikrostruktur nach II. (zum Terminus vgl. Wolski 1986, 10 sowie Art. 38 a u. 39) — der Kommentar zugeordnet ist *„partikelhaft; ohne eigentliche Bedeutung; intensiviert und belebt den Satz; unbetont"*. Die Wörterbücher enthalten eine Partikeltheorie nur implizit. Welche Prinzipien der Kommentierung von Partikeln gelten und welche Methoden dazu angewandt werden, wird nicht oder nur unzulänglich (z. B. in der Wörterbucheinleitung) dargelegt; Prinzipien und Methoden sind deshalb zu rekonstruieren.

Die Analyse zahlreicher Wörterbücher erbringt im Ergebnis, daß das *Grundprinzip der Lexikographie,* das der „lexikographischen Textkonstituierung" (vgl. Wiegand 1984, 565), in Sprachwörterbüchern in besonderer Weise befolgt wird: Autosemantika werden auf der Basis traditioneller, z. B. in Grammatiken dargelegter, theoretischer Vorgaben anders kommentiert als die hier zu berücksichtigenden Synsemantika. Innerhalb der Synsemantika wiederum wird aber differenziert nach Partikeln im engeren Sinne, d. h.: nach den — in Orientierung an neueren Theorien — voneinander zu unterscheidenden Funktionstypen MP, Gradpartikel, Gesprächswörter (vgl. Art. 68), abtönungsfähige Partikeln einerseits und genuinen Adverbien, Präpositionen und Konjunktionen (i. e. Partikeln im weiteren Sinne) andererseits (vgl. dazu Wolski 1986, 15 ff.).

Als metalexikographisch zu bewältigende Aufgabe stellt sich diejenige (a) der Auswahl entsprechender Lemmazeichen (i. e. im Wb. bearbeitete Sprachzeichen; vgl. zur Terminologie Wiegand 1983, 429) und (b) die Auffindung derjenigen Textsegmente von Artikeltexten, in denen gerade die Bedeutungen von Partikeln im engeren Sinne, darunter die MP-Bedeutungen, kommentiert werden. — Als Entscheidungsinstanz kann dazu nicht ausschließlich der eine oder andere der selbst unvollständig ausgearbeiteten linguistischen Analyseansätze infrage kommen. Um die Spezifik gerade der lexikographischen Mittel der Kommentierung erfassen zu können, ist es notwendig, die Textsegmente, aufgefaßt als die Resultate der Befolgung von Prinzipien und der Anwendung von Methoden der Kommentierung, vollständig zu analysieren und damit die Wörterbuchartikel älterer und neuerer Wörberbücher vergleichbar zu machen. — Als *Textsegment* wird jedes unter metalexikographischen Analysebedingungen isolierbare Segment eines lexikographischen Textes bezeichnet (vgl. Art. 38 a, 3.3.) Einige Textsegmente sind für den untersuchten Lemmazeichentyp PARTIKEL (i. e. Partikeln im engeren Sinne) konstitutiv. *Textbausteine* sind „funktionale Textsegmente, die in lexikographischen Texten rekurrent verwendet werden und aus einer geordneten Menge von lexikographischen Textelementen bestehen" (Wiegand 1983 a, 52 u. Art. 38 a, 321).

Ein obligatorischer Textbaustein ist z. B. das Lemma; andere Textbausteine sind Synonyme, Wortartenangaben, Paraphrasen. Sämtliche für den Lemmazeichentyp relevanten Textbausteine und andere Textsegmente sind, auch in ihrem Verhältnis zueinander, in Wolski (1986, 16 ff.) erfaßt.

Die kleinsten Textsegmente werden als *Textelemente* bezeichnet. Rekurrente Textelemente der lexikographischen Kommentarsprache, der nach Wiegand (1983, 416) „zweiten Verwendungsweise einer Sprache L im Wörterbuch", sind all jene Formulierungsversatzstücke, die der Abfassung von Textbausteinen (vor allem der Paraphrasen) und anderen Textsegmenten dienen. Auf sämtliche Textelemente und anderen Textsegmente, mit denen Gebrauchsregeln des Lemmazeichentyps formuliert werden, wird mit dem Ausdruck *Kommentierungsvokabular* Bezug genommen. — Zu den für den Lemmazeichentyp konstitutiven Bereichen des Kommentierungsvokabulars zählen u. a. Textelemente wie *Zweifel, Ungeduld, Verstärkung, Einschränkung* (jeweils in der Menge der

Wörterbücher mit zahlreichen Formulierungsvarianten), die als *Prädikatoren* bezeichnet werden. Meist werden diese Prädikatoren mit Relationsprädikaten verwendet wie *drückt ... aus, bezeichnet;* vgl. (a) PARTIKEL X ... ⟨verstärkend⟩ (in Wb. A) und (b) PARTIKEL X ... *drückt eine Verstärkung aus* (in Wb. B). — Textsegmente stehen u. a. aus wörterbuchvergleichender Perspektive zu anderen Textsegmenten im Verhältnis der *Textverdichtung:* (a) ist die Reduktionsform von (b), (b) umgekehrt die Expansionsform von (a) (zur Textverdichtung vgl. Art. 38a, 4.4 u. Art. 90a). Die metalexikographische Analyse muß dazu (um die Vergleichbarkeit sicherzustellen bzw. die aufgrund von Rezeptionsgeschichten zustande kommende Formulierungsbreite durchsichtig zu machen) den Besonderheiten der Paraphrasen dieses Lemmazeichentyps Rechnung tragen, die sie im Unterschied zu Lemmazeichen anderen Typs aufweisen. (a) und (b) werden gleichermaßen (und unabhängig von der in einem Wb., z. B. in der Wörterbucheinleitung, dargelegten Funktionszuschreibung) als *lexikalische Paraphrasen* bezeichnet.

In Wolski (1986) wird unterschieden zwischen Paraphrasen, in denen die Bedeutung der Lemmazeichen kommentiert wird/werden soll *(Erläuterungsparaphrasen)* und Paraphrasen zu Beispielen *(Beispielparaphrasen);* vgl. zu letzteren das kursiv gesetzte Textsegment aus dem Duden-GWB: **ja** [...] *das kann ja heiter werden* (ugs. iron.; *man wird mit mancherlei Schwierigkeiten o. ä. rechnen müssen.* [...]

Lexikalische Paraphrasen zu diesen Lemmazeichen enthalten kein sachbezügliches Kommentierungsvokabular, da nicht die Formulierung von Bezugsregeln ansteht, wie z. B. **Kapelle** ... *kleines Gotteshaus* oder *bezeichnet ein kleines Gotteshaus.* Relationsprädikate wie *bezeichnet* werden, wenn sie auf Partikeln bezogen sind, als *referenzunterstellende* bezeichnet, *drückt ... aus* (das für *Kapelle* ausgeschlossen ist) als *Relationsprädikat* zur *Einstellungsbekundung.*

In Wolski (1986) werden sämtliche Relationsprädikate nach Typen unterschieden und analysiert. Außerdem sind die möglichen Formulierungsrahmen für die Prädikatoren unterschiedlichen Typs (auch im Zusammenspiel mit den Relationsprädikaten Gegenstand der Analyse, so z. B. *verstärkend, verstärkt X, (drückt eine) Verstärkung aus, (dient dazu), X zu verstärken,* u. a. m.

Konstanten der Kommentierung von Partikeln im engeren Sinne sind in Textelementen und Textsegmenten unterschiedlicher Art faßbar; hierzu zählen:

(i) spezifische Prädikatoren wie *Partikel; partikelhaft, als Partikel, Füllwort, füllend, Flickwort, Abtönungspartikel, Modalpartikel, Gesprächspartikel.*

Diese Prädikatoren können artikelintern in der hierarchischen Mikrostruktur einer traditionellen Wortartenangabe untergeordnet sein (/Adv./ I. ... a) ... b) /partikelhaft.../), mit einer traditionellen Wortartenangabe kombiniert sein (/Adv.; partikelhaft/), oder anderen Wortartenangaben (als gleichberechtigt) parallelisiert sein (I. ⟨Adv.⟩ ... II. ⟨Partikel⟩ wie im Duden-Universalwörterbuch; vgl. dazu im einzelnen Wolski (1986, 67 f.)).

(ii) Prädikatoren, die auf (gefühlsmäßige) Einstellungen von Sprechern mit Blick auf die Aktualisierungsmodalitäten der Lemmazeichen zielen, wie z. B. *Ungeduld, Zweifel, Anteilnahme des Sprechers:* PARTIKEL X *drückt Ungeduld aus, drückt die innere Anteilnahme des Sprechers aus,* u. a. m.

Prädikatoren dieses Typs sind so häufig (vgl. Wolski 1986, 213 ff., wo mehr als einhundert von ihnen angeführt werden), daß aus Text-Rezeptionsperspektive der Eindruck entstehen kann, die MP (vor allem) seien dem Gefühlswortschatz zuzurechnen.

(iii) Prädikatoren, die auf die Rolle dieser Lemmazeichen in ihrem syntagmatischen Umfeld zielen, wie *Verstärkung, Einschränkung,* z. B. PARTIKEL X *bezeichnet die Verstärkung, ... drückt eine Einschränkung aus.*

(iv) Als *sprachreflexive Kommentare* (mit jeweils eigener Rezeptionsgeschichte) lassen sich mehrere Textsegmente vor allem in älteren Phasen der germanistischen Sprachlexikographie rekonstruieren; hierzu zählen: die *partikelbezogene Grundcharakterisierung* (z. B. *dient ... der Ründe und Vollständigkeit der Rede* — wie in dem Adelung-Wb.), das *Überflüssigkeitsverdikt* (z. B.: PARTIKEL X *... ist überflüssig), semantiktheoretische Kommentare* (PARTIKEL X ... *ohne eigentliche Bedeutung; ... ohne Bedeutung, ... mit verblaßter Bedeutung ... mit der Funktion ... etc.), Kommentare zu Beschreibungsproblemen* (PARTIKEL X ... *mit einem Nebenbegriffe, welcher sich besser empfinden als beschreiben lässet* — nach dem Adelung-Wb., und dann von Nachfolge-Wörterbüchern unterschiedlich rezipiert).

Zur Einordnung, Auswahl und Rezeptionsgeschichte dieser unter metalexikographischen Analysegesichtspunkten rekonstruierten Textsegmente und sämtlicher ihrer Formulierungsvarianten vgl. Wolski (1986, 48 ff.).

Ausgehend vom Standpunkt der (Text-)Rezeption werden (i)—(iv) als *Indikatoren* für potentielle — weil diese erst im Lichte einer geeigneten Theorie als ausgemacht gelten können — partikelbezogene Textsegmente der Artikeltexte bestimmt; sie werden dadurch abgehoben von anderen Textsegmenten entsprechender Artikel. — Mit dem Indikatorenkonzept werden die untereinander in Verbindung stehenden Prädikatoren (Wb. A verwendet *partikelhaft* z. B. für diejenigen Beispiele, für die Wb. B z. B. *verstärkend* wählt, Wb. C z. B. *Füllwort*) in der Rolle als konstantes Kommentierungsvokabular erfaßt.

Im einzelnen zeigt sich, daß viele Prädikatoren jeweiliger Gruppen, die in Wolski (1986) weiter unterteilt werden, lediglich Formulierungsvarianten voneinander sind: (i) bis (iii) bleiben bis heute konstant, (iv) geht in neueren Wörterbüchern implizit oder explizit in (i)—(iii) über. Auch neueren Wörterbüchern gelingt die Durchbrechung der mit den Indikatoren erfaßten Kommentierungsgewohnheiten in keinem bekannten Fall.

Wegen (a) der unzulänglichen (impliziten) Theoriebildung, (b) Abschreibegewohnheiten, (c) berechtigtem Mißtrauen der Wörterbuchmacher in neuere linguistische Theorien bzw. (d) Bestätigung der gängigen Kommentierungspraxis durch diese, (e) Wandel der Kommentierungspraxis in längerfristig angelegten mehrbändigen Wörterbüchern etc. gewährleisten nicht einmal die primären Indikatoren (*primär*, da bei der Textlektüre sich am meisten heraushebend) wie *partikelhaft*, *Partikel* u. a. m., daß auch tatsächlich MP-Bedeutungen und nur diese kommentiert werden, und nur in entsprechenden Segmenten von Artikeltexten, d. h. nicht auch versteckt in anderen Segmenten.

Das Indikatorenkonzept wird metalexikographisch zur Unterscheidung mehrerer Kern- und Randgruppen von Partikeln eingesetzt. Der Indikatoren-Kumulation nach läßt sich eine Abstufung der Art feststellen, daß auf zahlreiche Lemmazeichen sämtliche oder nahezu sämtliche der Indikatoren bezogen sind; entsprechende Lemmazeichen gehören zur Kerngruppe. Da die Indikatoren unterschiedlich zuverlässig bezogen sind, bedarf es eines Korrektivs, um gravierende, aus der lexikographischen Praxis resultierende Fehleinschätzungen zu vermeiden.

Deshalb wird regulierend auf einige im Forschungsprozeß eingespielte linguistische Differenzierungen bezug genommen; diese werden zu den lexikographischen Differenzierungen in Beziehung gesetzt; das Indikatorenkonzept gelangt also nicht blind zur Anwendung. Ausgangspunkt sind mehrere Partikelregister einschlägiger linguistischer Arbeiten (vgl. im einzelnen Wolski 1986, 107 ff.).

Zur Kerngruppe $K_1$ gehören die oben angeführten Lemmazeichen von *aber* bis *wohl*, die in linguistischen Arbeiten als *Modalpartikeln* bezeichnet werden (und die auch anderen Funktionstypen zuzurechnen sind). Zur Kerngruppe $K_2$ zählen die Lemmazeichen *allerdings, also, freilich, ganz, gar, gleich, immer, jetzt, nein, nicht, so, überhaupt*, die in der linguistischen Literatur (einem ihrer Funktionstypen nach) als „abtönungsfähige" Partikeln (Weydt 1969, 68) oder auch als „Partikeln mit abtönungsfähigen Funktionen" (Weydt/Hentschel 1983, 18) bezeichnet werden. Zu den Randgruppen $R_1$ bis $R_4$ vgl. Wolski (1986, 124 ff.).

Neben der strategischen Funktion, die sie im Rahmen des praktisch-lexikologischen Verfahrens zur Rekonstruktion von Kern- und Randgruppen der Partikeln spielen, kann die Rolle der Indikatoren auch so bestimmt werden: Sie sind die sprachliche Fassung konstanter Urteile über den Status der Lemmazeichen dieses Typs, in denen die zugrunde liegenden sprachwissenschaftlichen Annahmen in jeweiligen lexikographischen Texten verkürzt hervortreten.

Entsprechende Urteile über den Status der Partikeln lassen sich zu einem Argumentationsrahmen verdichten, aus dem in einem einzelnen Wb. lediglich eine Auswahl getroffen ist. Die Indikatorentypen sind als (i) bis (iv) in eckige Klammern gesetzt; sprachtheoretische Ergänzungen sind — in möglicher Formulierung — in runden Klammern hinzugefügt:

PARTIKEL X in Bedeutung A ist (relativ zum propositionalen Gehalt) „überflüssig" [iv: Überflüssigkeitsverdikt], trägt aber (unter stilistischem Aspekt positiv) zur „Vollständigkeit und Rundе der Rede" [iv: partikelbezogene Grundcharakterisierung] als „(bloße) Verstärkung" [iii] (des propositionalen Gehalts) bei bzw. „dient der Einschränkung" [iii] (des propositionalen Gehalts), wobei man/der Sprecher „seine emotionale Anteilnahme" [ii] in Form von „Ungeduld", „Zweifel" o. ä. [iii] kundgibt. X ist somit (unter stilistischem Aspekt nur) „(aus)füllend" [i] bzw. (in Richtung auf den Wortartencharakter formuliert) ein „Füllwort" bzw. „Flickwort" [i] bzw. (in Anlehnung an traditionelle Wortartenkategorien formuliert) (generisch oder als Wortart gemeint) „eine Partikel" [i] bzw. (unter Berücksichtigung, daß unter „Partikel" eher auch andere Funktionswörter häufiger gefaßt sind und eine Nähe zum Adverb besteht) „partikelhaft" [i]. X ist (relativ zu einer „Grundbedeutung" bzw. „eigentlichen Bedeutung") „verblaßt" [iv. semantiktheoretischer Kommentar], d. h. weist (relativ zu Ausdrücken mit „eigentlicher Bedeutung", für die Bezugsregeln, i. e. Referenz- und Prädikationsregeln, zu formulieren sind, nur) eine „uneigentliche Bedeutung" auf bzw. ist „ohne eigentliche Bedeutung" [iv: semantiktheoretischer Kommentar] bzw. hat (da nach dieser Orientierung der Ausdruck „Bedeutung" besser vermieden werden sollte, nur) „eine Funktion" [iv: semantiktheoretischer Kommentar], weshalb (was die Möglichkeiten einer angemessenen Kommentierung angeht), die Bedeutung sich „besser empfinden als in Worte fassen" läßt [iv: Kommentar zu Beschreibungsproblemen].

Im einzelnen kann über die Kommentierungspraxis erst eine detaillierte vergleichende Analyse der lexikographischen Ergebnisdarstellungen zu diesen Lemmazeichen Aufschluß geben (vgl. Wolski 1986, 261 ff. u. Wolski 1986 a). Eine Schlüsselrolle kommt dabei dem Verhältnis der lexikalischen Paraphrasen und zugeordneten lexikographischen Beispielen zu; hiervon hängt im wesentlichen der oft sehr hohe Komplexitätsgrad der jeweiligen Artikelstruktur ab. Ist die Anlehnung an die Beispiele sehr eng (gegebenenfalls Einzelbeispielinterpretation), dann entstehen zahlreiche Gliederungs- und Untergliederungspunkte. Jedes neu hinzukommende Beispiel macht es im Grunde erforderlich, eine neue Paraphrase zu formulieren und damit einen neuen Gliederungspunkt anzusetzen. Sind hingegen die Paraphrasen wenig spezifisch gefaßt, z. B. „drückt eine Verstärkung aus", „bezeichnet die Einschränkung", dann erlaubt dies, daß sehr heterogene Beispiele vereint werden können, wodurch wie im ersteren Falle Probleme der Zuordnung von Beispielen zu Paraphrasen resultieren.

In Wolski (1986, 261 ff.) werden die jeweils artikelintern getroffenen Zuordnungen von Paraphrasen, Synonymen u. a. m. in der Menge der Wörterbücher zu der Menge der berücksichtigten Beispieltypen in Beziehung gesetzt. Erst so lassen sich über die Konstatierung des Ist-Zustandes hinaus weiterführende Warum-Fragen beantworten; diese betreffen die Auswahl und Anordnung der Textsegmente ebenso wie das verwendete Kommentierungsvokabular. Die Analyse dient unter diesem Aspekt der Teilrekonstruktion des jeweiligen Ergebnisweges.

Die rekonstruierten Zuordnungsprobleme beruhen im Kern darauf, daß gerade das nicht oder nur unzulänglich kommentiert wird, was zu kommentieren ist, nämlich die Bedeutung des jeweiligen Lemmazeichens. Dies verhindern bereits solche Prädikatoren wie *Verstärkung, Einschränkung, Zweifel*. Die Paraphrasen betreffen oft nicht einmal das zur Kommentierung anstehende Lemmazeichen, d. h.: dieses könnte in lexikographischen Beispielen ohne Not weggelassen werden, ohne daß sich die Paraphrase dadurch ändern müßte. Meist werden die einem mitgedachten Kontext und die einem mitgedachten tatsächlichen Sprecher für diesen Kontext zugeschriebenen Gefühlsregungen auf das in Beispielen erwähnte Lemmazeichen als dessen Bedeutung (bzw. als dessen Funktion) projiziert.

## 2. Ein Ansatz zur linguistischen Analyse von Modalpartikeln

Linguistische Analyseergebnisse haben oft in lexikographischen Texten ihren Niederschlag gefunden, und zwar sowohl für allgemeine Charakterisierungen zu MP-Bedeutungen (*Anteilnahme des Sprechers, Einstellung des Sprechers* etc.), als auch für das in Paraphrasen zu ganz bestimmten Bedeutungen verwendete Vokabular (*Verstärkung, Einschränkung, Zweifel, Ungeduld, Erstaunen* etc.). Von den mit Blick auf die lexikographische Praxis festzustellenden Defiziten ist die linguistische Theoriebildung in dem Maße ihrer Übereinstimmung mit den lexikographischen Ergebnisdarstellungen mitbetroffen. — Ausgangspunkt für eine neue lexikographische Praxis muß eine linguistische Theorie sein, in deren Rahmen die lexikalische Bedeutung von MP beschrieben werden kann. Im einzelnen stellen sich dazu folgende Aufgaben: (a) Gewinnung eines theoretischen Bezugsmodells, durch das unterschiedliche Analysehinsichten (die in der bisherigen modernen Partikelforschung verfolgt wurden) aufeinander bezogen und eingeordnet werden können; (b) Bestimmung des theoretischen Status der MP (und anderer Partikelspezies im engeren Sinne); (c) Beschreibung der Bedeutung einzelner MP.

Nach (a) wird als Bezugsmodell die Charakterisierung eines Sprechakts nach M. Bierwisch (Bierwisch 1980) gewählt. Danach ist zu unterscheiden: die Bedeutungsbeschreibung auf der semantischen Ebene (Satzbedeutung), die Äußerungsbedeutung und schließlich der kommunikative Sinn, der einer Einheit (hier: MP) in einem größeren Interaktionszusammenhang zugeschrieben werden kann (vgl. dazu Wolski 1986, 360 ff.).

Nach (a) wird somit eine einseitige Bereichszuweisung nicht angenommen, wonach MP z. B. als „Wörter des Gesprächs" aufgefaßt werden und damit auch nur „dialogisch" (vgl. Burkhardt 1982, 151) zu behandeln seien. — Nach (b) werden hier die MP nicht bestimmt z. B. als „illokutive Partikeln" (Helbig/Kötz 1981, 23 ff.), als „Präsuppositionspartikeln" (Burkhardt 1984, 651), „Performantien", die „einen Sprechakt vollziehen" (Kemme 1979, 25), nicht als „Ausdrucksweisen der emotiven Modalität" (Bublitz 1978, 31), u. a. m.

Die MP werden — unter modifizierter Bezugnahme auf Doherty 1985 — hier als einstellungsregulierende nicht-propositionale lexikalische Einheiten aufgefaßt. Entgegen einer Aufsplitterung nach zahlreichen Einzelbedeutungen (bzw. Einzelfunktionen, wenn man keine lexikalische Bedeutung annimmt), wird eine bedeutungsminimalistische Position vertreten wie in Arbeiten H. Weydts und am deutlichsten in Hentschel (1986) und vor allem Doherty (1985). Auf der Basis von (b) kann sodann nach (c) die Beschreibung einzelner MP geleistet werden; in Wolski (1986) werden die MP *aber, vielleicht, auch, eben, halt, schon* exemplarisch analysiert. — Auf der Ebene der semantischen Beschreibung von Sätzen sind unterschiedliche sprachliche Ausdrucksmittel für Einstellungen *(attitudinale Ausdrucksmittel)* auf den Einstellungsrahmen (bei Bierwisch „ATT" für *attitude*) bezogen, in dem die Proposition figuriert (vgl. dazu auch Lang 1983, 312). Jeder Satz enthält mindestens in Gestalt des syntaktischen Satzmodus (deklarativer, imperativer, interrogativer) ein Ausdrucksmittel für Einstellungen; die Satzintonation ist wie der Kontrastakzent ein phonologisches Ausdrucksmittel; zu den lexikalischen Ausdrucksmitteln für Einstellungen zählen u. a. die Satzadverbien (in Doherty 1985 auch die dort so bezeichneten *Einstellungspartikeln,* i. e. die MP). Für den Erstreckungsbereich des Ausdrucks *Einstellung* sei hier folgende Differenzierung vorgeschlagen: zu unterscheiden sind erstens grundlegende, z. B. epistemische Einstellungen, wie sie z. B. durch die Satzadverbien ausgedrückt werden, wobei Einstellungen selbst nicht Gegenstand der linguistischen Analyse sind (wenn Linguistik nicht mit Psychologie verwechselt wird). Zu unterscheiden sind hiervon — zweitens — Ausdrucksmittel, die für erstere eine Einstellungskonstellation herstellen, indem durch sie z. B. die Sprecherrollen in bestimmter Weise verteilt werden. Zu diesen Ausdrucksmitteln zählen die MP. — Nach (b) läßt sich der Status der MP nun folgendermaßen bestimmen: MP drücken keine Einstellungen aus (hypostasierende Redeweise) und mit den MP werden keine Einstellungen ausgedrückt (nicht-hypostasierende Redeweise): Die MP rangieren über Einstellungen, die mit anderen attitudinalen Ausdrucksmitteln ausgedrückt werden. Mit ihnen (den MP) wird das Verhältnis von Einstellungen in ihrem Skopus zu vorausgesetzten und implizierten Einstellungen, einschließlich der Festlegung der Einstellungsträger (der Sprecher, ein anderer als der Sprecher, ein anonymer Einstellungsträger), reguliert. MP werden deshalb als *einstellungsregulierende* (in Spezifikation von *attitudinale*) nicht-propositionale *Ausdrucksmittel* bezeichnet. Die *Einstellungskonstellation,* die mit jeder MP in spezifischer Weise gestiftet wird und sich im Zusammenspiel mit den anderen attitudinalen Ausdrucksmitteln als konstant erweist, kann der jeweiligen MP als deren *lexikalische Bedeutung* zugeordnet werden. Es läßt sich somit denjenigen Ausdrücken eine konstante lexikalische Bedeutung (aufgefaßt als Regel für ihren Gebrauch; vgl. Art. 44) zuordnen, die meist als „ohne Bedeutung", „ohne eigentliche Bedeutung", als „unbestimmt" und „vage" qualifiziert worden sind. — Zu klären sind nach (c), wie in Doherty 1985 für die Ausdrücke *doch, ja* und *wohl* dargelegt, die Restriktionen der Partikeln untereinander und die Restriktionen, die sie gegenüber anderen Ausdrucksmitteln aufweisen. — Nach (c) ist in Doherty (1985, 67) die Bedeutung von *doch* angegeben als „Gegenüberstellung zweier alternativer Einstellungssachverhalte, von denen dem Sprecher gerade jene Einstellung zu *p* [= Proposition] zugeordnet ist, die durch das ... Ausdrucksmittel im Skopus von 'doch' bestimmt wird" (das Satzadverb *wahrscheinlich* im Skopus von *doch* z. B. in *Konrad ist doch wahrscheinlich verreist*). — Das Zustandekommen der kontrastierten Partikel (*doch*) wird aus der Integration der Bedeutungen von *doch* und Kontrastakzent erklärt. Es sind somit nicht zwei unterschiedliche Bedeutungen von *doch* anzunehmen. Im Ergebnis des Zusammenspiels der Bedeutung einer MP mit den relevanten attitudinalen Ausdrucksmitteln anderer Art wird diese in bestimmter Weise spezifiziert. In Wolski (1986) wird für die funktionstypinterne Differenzierung einer MP der Ausdruck *Verwendungstyp(en)* gewählt. — Durch den Analyseansatz wird sichergestellt, daß die Bedeutung der MP beschrieben wird; dazu spielt das aus lexikographischen und vielen linguistischen Texten vertraute Kommentierungsvokabular der Prädikatorengruppen *Verstärkung, Einschränkung, Anteilnahme, Ungeduld* etc. (vgl.

oben i—iv) keine Rolle mehr als Beschreibungsvokabular.

## 3. Vorschläge für die lexikographische Praxis

Da die gewählte Theorie einen hohen Abstraktionsgrad aufweist (vgl. die Darlegungen in Wolski 1986, 376 ff.), entsteht für die Umsetzung in die lexikographische Praxis das Problem, wie das hochspezialisierte vorgeschlagene Beschreibungsvokabular überhaupt in eine sprachliche Formulierung für lexikographische Texte überführt werden kann. Die Frage, ob für ein Bedeutungswörterbuch nicht doch ein Schritt auf das alltägliche Bewußtsein zu gemacht werden muß, in Richtung auf eine Intuition, nach der auf Fragen wie „Was bedeutet *aber* in *Hat dér aber einen Bart?*" die bekannten Antworten (auch in der Theorie) zu erhalten sind, stellt sich nun nicht mehr: „*aber* drückt das Erstaunen, das Staunen, die Überraschung aus, drückt eine Verstärkung aus, verstärkt das Staunen". Sprecher können, was die MP (und mindestens sämtliche ausschließlich sprachbezogene Ausdrücke wie die Funktionswörter) angeht, keine sprach-sachgerechte Intuititon haben, da begründeten Aussagen hierzu die theoretische Analyse notwendig vorausgeht. Und soweit linguistische und lexikographische Ergebnisdarstellungen nicht wesentlich über die Intuition durchschnittlicher Sprecher hinausgehen, d. h.: sich mit diesen teilweise in harmonischer Übereinstimmung befinden, ist dies gerade Anlaß dazu, einen anderen Weg der Kommentierung zu wählen. — In einer *praktisch-lexikologischen Analyse* sind Lehren aus der bisherigen lexikographischen Praxis für die lexikographische Praxis zu ziehen. Und es sind die Ergebnisse einer linguistischen Theorie so in einen lexikographischen Text einzubringen, daß diesem Text die verwendete linguistische Fachsprache nur noch als Moment seiner Entstehungsgeschichte anhaftet, d. h. Ausdrücke wie *impliziert, Proposition* etc. sollen nicht als Theoriefragmente enthalten sein.

Vorschläge zur Gestaltung lexikographischer Texte werden in Wolski (1986) für die Lemmazeichen *aber, doch, ja* und *schon* gemacht. Diese Vorschläge umfassen stets den gesamten Artikel, d. h. auch die jeweils zu berücksichtigenden anderen Funktionstypen wie Konjunktion, Adverb und Gradpartikel. Für jedes Lemmazeichen werden drei Artikel verfaßt, die im Verhältnis der Textverdichtung zueinander stehen: für ein (mögliches) Partikelwörterbuch, für ein Wörterbuch des Typs GROSSES GEMEINSPRACHLICHES WÖRTERBUCH und EINBÄNDIGES GEMEINSPRACHLICHES WÖRTERBUCH. Ergebnis der Vorbereitungsphase zur Formulierung der Wörterbuchartikel sind die Analyseskizzen. Hier werden die verfügbaren Ergebnisse aus Linguistik und Lexikographie miteinander verbunden. Die Analyseskizzen bestehen aus den Angaben zur Bedeutung und der Auflistung sämtlicher der für berücksichtigenswert erachteten Verwendungstypen zu jedem der Funktionstypen. Die Musterartikel erhalten eine einheitliche Artikelstruktur; festgelegt wird: (a) die hierarchische und lineare Mikrostruktur, (b) die Auswahl der Textsegmente, (c) das Kommentierungsvokabular einschließlich der verwendeten Relationsprädikate, (d) die Menge der Kommentarsymbole, Strukturanzeiger, Interpunktionszeichen, u. a. m. — Zu (a): Die hierarchische Mikrostruktur ist über Knotenabhängigkeiten definiert, die lineare Mikrostruktur wird durch die Angabe der obligatorischen und fakultativen Textsegmente festgelegt. — Zu (b): Als Wortartenangabe kommen vier Kommentare zu Funktionstypen in der hierarchischen Mikrostruktur gleichrangig vor; sie sind recte gesetzt und in das Gliederungssignal „⟨ ⟩" eingeschlossen: ⟨Konj.⟩, ⟨Adv.⟩, ⟨Zeitadv.⟩, ⟨Partikel⟩.

Der Ausdruck *Partikel* wird nur in den Vorschlägen zu einem möglichen Partikelwörterbuch aufgelöst nach „Modalpartikel", „Satzäquivalent", „Gradpartikel"; für die anderen Vorschläge wird durch eine Ziffer nach „Partikel" auf den Artikel **Partikel** in entsprechendem Wb. verwiesen; vgl. dazu Wolski (1986, 472 f.).

Als Betonungsangabe (Kommentar zu den Satzakzentverhältnissen) werden vier Textsegmente angesetzt, deren Gebrauch genau geregelt ist; vgl. Wolski (1986, 473 ff.). — Neben solchen aus der bisherigen lexikographischen Praxis bekannten Textsegmenten werden einige Textsegmente, den Bedingungen dieser Lemmazeichen entsprechend, neu eingeführt, z. B. „Kommentare zur Mehrfachinterpretation (S-ABH)". Da das in lexikographischen Beispielen erwähnte Lemmazeichen (wie z. B. für *schon*) einmal als Zeitadverb, einmal als Partikel aufgefaßt werden kann, wird als Textsegment ein artikelinterner Verweis auf situationsabhängige Mehrfachinterpretation angesetzt. Das Textsegment wird in das Gliederungssignal „*…*"

eingeschlossen, kursiv gesetzt und eingeleitet durch „S-abh. auch": z. B. *schon* in *Es schneit schon* kann als Zeitadverb, aber auch als unbetonte MP aufgefaßt werden. — Weitere neu eingeführte Kommentare sind solche zur „Partikelkombination (P-KOMBI)". Es handelt sich um ein ausgezeichnetes lexikographisches Beispiel, mit dem verkürzt die Regel der Kombination einer MP mit anderen unbetonten MP illustriert wird (eingeschlossen in das fett gedruckte Gliederungssignal „+...+"), z. B.: „+Hans hát aber (auch) (vielleicht) einen Bart!+". — Das Textsegment „lexikographisches Beispiel (BSP)" umfaßt jeweils einfache, prototypische konstruierte Beispiele.

Ein *prototypisches Beispiel* ist das Ergebnis einer kompetenzgestützten und zweckspezifischen Konstruktion aus mehreren Basis-Beispielen, den Beispielvorlagen. Diese werden Textkorpora, linguistischen und lexikographischen Texten entnommen. Die Beispielherstellungshandlung wird mit dem Ziel ausgeführt, gerade solche Eigenschaften hervortreten zu lassen, auf die es nach der zugrunde gelegten Theorie ankommt. Durch runde Klammern werden für die so konstruierten Beispiele mögliche Formulierungszusätze angezeigt.

Die Beispiele dienen der Demonstration der Paraphrasen und anderer Kommentare. So kann z. B. *Mach doch (bitte) (mal) die Tür zu!* generiert werden zu: *Mach d. die Tür zu!, Mach d. bitte die Tür zu!, Mach d. mal die Tür zu!, Mach d. bitte mal die Tür zu!* — Im Rahmen der textuellen Eigenschaften, die die Musterartikel erhalten, werden die „lexikalischen Paraphrasen (PARA)" für sämtliche Funktionstypen einheitlich folgendermaßen als Textsegmente organisiert (es handelt sich ausschließlich um die Erläuterungsparaphrasen): Eine lexikalische PARA wird vorangestellt; sie enthält generische Angaben zur Bedeutung und dominiert sämtliche anderen PARA einzeln, die nach weiteren Knoten (1 ... a) stehen. Nach jedem Unterknoten stehen lexikalische PARA für die relevanten Verwendungstypen, die insbesondere nach Satzarten differenziert sind; in ihnen wird die Formulierung der generischen PARA jeweils fortgeführt.

Dies sei im Vergleich von Ausschnitten aus dem Duden-Universalwörterbuch und dem Musterartikel für ein mögliches Partikelwörterbuch verdeutlicht; vgl. dazu ausführlich Wolski (1986, 480 ff.):

**aber** [...] I. ... II. ⟨Partikel; unbetont⟩ 1. *drückt eine Verstärkung aus:* [...] 2. *nur emphatisch zur gefühlsmäßigen Anteilnahme des Sprechers und zum Ausdruck von Empfindungen:* [...] (Duden-Universalwörterbuch).

**aber** I. ... II. ⟨Modalpartikel⟩ u n b e t o n t / *Mit a. bestätigt der Sprecher eine positive Einstellung zum Gegenstand der Rede und stellt mit a. eine Beziehung zur eigenen vorausgesetzten Erwartung her, die auf einen Gesichtspunkt gerichtet ist;* [...] **1** *Mit a. wird eine vorhandene Besonderheit der vom Sprecher erwarteten gegenübergestellt* [...] *a. steht zusätzlich zur hervorhebenden Betonung in Ausrufesätzen* [...] **a** *die die Form von Aussagesätzen haben* [...] **b** *die die Form von Entscheidungsfragen haben* [...] (aus dem Musterartikel zu einem möglichen Partikelwörterbuch).

Die Musterartikel erhalten damit eine Struktur, die sich von derjenigen bisheriger Wörterbücher unterscheidet. — Zu (c): Festgelegt wird die Formulierung für die Satzarten (*Aussagesatz, Fragesatz* u. a. m.) und das übrige Kommentierungsvokabular. Dazu wird die im Rahmen der linguistischen Analyse verwendete Terminologie in gemeinsprachliche Ausdrücke überführt, so *Proposition* zu *Gegenstand der Rede, assertiert* zu *bestätigt*. — Die kontrollierte Verwendung von *Relationsprädikaten* setzt ihre Analyse voraus. Ausgeschlossen werden referenzunterstellende Relationsprädikate wie *bezeichnet Y, bezieht sich auf Y.* Begründet wird in Wolski (1986, 487 ff.) auch der Ausschluß des Relationsprädiakts *drückt Y aus.* Zur Kommentierung von Partikelbedeutungen wird die Formulierung gewählt: *Mit PARTIKEL A xt der Sprecher,* z. B. *Mit a.[ber] bestätigt der Sprecher, ...* Für die Konjunktion wird gewählt: *Mit KONJ A wird angegeben, daß;* für sämtliche Funktionstypen wird darüberhinaus *steht [in]* verwendet. — Zu (d): Da ausschließlich Vorschläge für standardisierte Wörterbuchartikel gemacht werden, ist darauf Wert gelegt, daß die Auswahl und Zuordnung von Kommentarsymbolen, Strukturanzeigern u. a. m. genau geregelt ist; vgl. Wolski (1986, 484 ff.).

Die Frage nach dem Benutzer stellt sich für die Lemmazeichen des Typs PARTIKEL in gleicher Weise wie für sämtliche anderen Ausdrücke, für die keine Bezugsregeln zu formulieren sind, für die nicht das Wissen fachexterner Kompetenzen (wie auch immer) in Anspruch genommen werden kann, und wo ausschließlich Sprachwissenschaftler(innen) die Fachleute sind. Offenbar ist gerade die zentrale Benutzungsart eines Wb., nämlich die „direkt utilitaristische, punktuelle Wörterbuchkonsultation unter einer bestimmten Suchfrage" (Wiegand 1985, 42) ausgerechnet für sprachbezogene Ausdrücke relativ eingeschränkt. Als Typen von Wörterbuchbenutzungssituationen dürften vor allem diejenigen „außerhalb aktueller Kommunikationskonflikte" infrage kommen, also „sprachdidaktische und sprachwissenschaftliche" (Wiegand 1985, 47 u. Art. 13). Mögliche Suchfragen, auf die in den Musterartikeln eine Antwort gegeben wird, aber nicht in den vorhandenen Wörterbüchern, sind: Welche Bedeutung kann Partikel X zugeordnet werden? In welchen Satzarten kann Partikel X überhaupt vorkommen und welche Voraussetzungen gelten dafür? Wie ist das Verhältnis der Partikelbedeutung zu anderen dem Lemmazeichen zugeordneten Bedeutungen? Mit welchen Ausdrücken ist eine Partikel in welchen Verwendungstypen immer synonym? Welche Ausdrücke können zu einer Partikel hinzutreten, oder müssen es sogar? In welchen Fällen kann eine Partikel situationsabhängig z. B. Adverb oder auch Modalpartikel sein? Gibt es Festlegungen zur Reihenfolge der Modalpartikeln untereinander?

## 4. Literatur (in Auswahl)

### 4.1. Wörterbücher

*Adelung-Wb.* = Johann Christoph Adelung: Grammatisch-kritisches Wörterbuch der Hochdeutschen Mundart, mit beständiger Vergleichung der übrigen Mundarten, besonders aber der Oberdeutschen. Zweyte vermehrte und verbesserte Ausgabe. Leipzig 1793—1801. Hildesheim. New York 1970 (Documenta Linguistica) [zus. 7592 Sp.; 1. Aufl. Leipzig 1774, 1775, 1777, 1780, 1786].

*Duden-GWB* = Duden. Das große Wörterbuch der deutschen Sprache in sechs Bänden. Hrsg. und bearb. vom Wissenschaftlichen Rat und den Mitarbeitern der Dudenredaktion unter Leitung von Günther Drosdowski. Mannheim. Wien. Zürich. Bd. 1: *A—C* 1976; Bd. 2: *Cl—F* 1976: Bd. 3: *G—Kal* 1977; Bd. 4: *Kam—N* 1978; Bd. 5: *O—So* 1980; Bd. 6: *Sp—Z* 1981 [zus. 2992 S.].

*Duden-Universalwörterbuch* = Duden. Deutsches Universalwörterbuch. A—Z. Hrsg. u. bearb. vom Wissenschaftlichen Rat und den Mitarbeitern der Dudenredaktion unter Leitung von Günther Drosdowski. Mannheim. Wien. Zürich 1983 [1504 S.].

*Maaler 1561* = Josua Maaler (Maler/Mahler/Pictorius): Die Teutsch Spraach. Dictionarium Germanico-latinum Novum. Nachdruck der Ausgabe Zürich 1561. Mit einer Einführung von Gilbert de Smet. Hildesheim. New York 1971 (Documenta Linguistica) [XXV, 536 S.].

*WDG* = Wörterbuch der deutschen Gegenwartssprache. Hrsg. von Ruth Klappenbach und Wolfgang Steinitz. Berlin/DDR. 1. Bd.: *A—deutsch* [...]. 1. Aufl. 1961, 10. bearb. Aufl. 1980; 2. Bd.: *Deutsch-Glauben* [...]. 1. Aufl. 1967, 6. durchges. Aufl. 1978; 3. Bd.: *glauben—Lyzeum* [...]. 1. Aufl. 1969, 5. Aufl. 1981; 4. Bd.: *M—Schinken* [...]. 1. Aufl. 1974, 4. durchges. Aufl. 1981; 5. Bd.: *Schinken—Vater-, vater-* [...]. 1. Aufl. 1976, 4. Aufl. 1980; 6. Bd.: *väterlich—Zytologie* [...]. 1. Aufl. 1977, 3. Aufl. 1982 [zus. 4519 S.].

### 4.2. Sonstige Literatur

*Bierwisch 1980* = Manfred Bierwisch: Semantic Structure and Illocutionary Force. In: Speech Act Theory and Pragmatics. Edited by John R. Searle, Ference Kiefer and Manfred Bierwisch. Dordrecht. Boston. London 1980 (Synthese Language Library), 1—35.

*Bublitz 1978* = Wolfgang Bublitz: Ausdrucksmittel der Sprechereinstellung im Deutschen und Englischen. Untersuchungen zur Syntax, Semantik und Pragmatik der deutschen Modalpartikeln und Vergewisserungsfragen und ihrer englischen Entsprechungen. Tübingen 1978 (Linguistische Arbeiten 57).

*Burkhardt 1982* = Armin Burkhardt: Gesprächswörter. Ihre lexikologische Bestimmung und lexikographische Beschreibung. In: Konzepte zur Lexikographie. Studien zur Bedeutungserklärung im einsprachigen Wörterbuch. Hrsg. von Wolfgang Mentrup. Tübingen 1982 (Reihe Germanistische Linguistik 38), 138—171.

*Burkhardt 1984* = Armin Burkhardt: Die Funktion von Abtönungspartikeln in den Eröffnungsphasen fiktionaler und natürlicher Dialoge. In: Gespräche zwischen Alltag und Literatur. Beiträge zur germanistischen Gesprächsforschung. Hrsg. von Dieter Cherubim, Helmut Henne und Helmut Rehbock. Tübingen 1984, 64—93.

*Doherty 1985* = Monika Doherty: Epistemische Bedeutung. Berlin/DDR 1985 (studia grammatica XXIII).

*Helbig/Kötz 1981* = Gerhard Helbig/Werner Kötz: Die Partikeln. Leipzig 1981.

*Hentschel 1986* = Elke Hentschel: Funktion und Geschichte deutscher Partikeln. *Ja, doch, halt* und *eben*. Tübingen 1986 (Reihe Germanistische Linguistik 63).

*Kemme 1979* = Hans-Martin Kemme: *Ja, denn, doch* usw. Die Modalpartikeln im Deutschen. Erklärungen und Übungen für den Unterricht an Ausländern. München 1979.

*Lang 1983* = Ewald Lang: Einstellungsausdrücke und ausgedrückte Einstellungen. In: Untersuchungen zur Semantik. Hrsg. von Rudolf Růžička und Wolfgang Motsch. Berlin 1983 (studia grammatica XXII), 305—341.

*Weydt 1969* = Harald Weydt: Abtönungspartikeln. Berlin 1969.

*Weydt/Hentschel 1983* = Harald Weydt/Elke Hentschel: Kleines Abtönungswörterbuch. In: Partikeln und Interaktion. Hrsg. von Harald Weydt. Tübingen 1983 (Reihe Germanistische Linguistik 44), 3—24.

*Wiegand 1983* = Herbert Ernst Wiegand: Was ist eigentlich ein Lemma? Ein Beitrag zur Theorie der lexikographischen Sprachbeschreibung. In: Studien zur neuhochdeutschen Lexikographie III. Hrsg. von Herbert Ernst Wiegand. Hildesheim. Zürich. New York 1983 (Germanistische Linguistik 1—4/82), 401—474.

*Wiegand 1983a* = Herbert Ernst Wiegand: Überlegungen zu einer Theorie der lexikographischen Sprachbeschreibung. In: Symposium zur Lexikographie [...]. Ed. by Karl Hyldgaard Jensen und Arne Zettersten. Hildesheim. Zürich. New York 1983 (Germanistische Linguistik 5—6/82), 35—72.

*Wiegand 1984* = Herbert Ernst Wiegand: Prinzipien und Methoden historischer Lexikographie. In: Sprachgeschichte. Ein Handbuch zur Geschichte der deutschen Sprache und ihrer Erforschung. Hrsg. von Werner Besch, Oskar Reichmann, Stefan Sonderegger. Erster Halbband. Berlin. New York 1984 (Handbücher zur Sprach- und Kommunikationswissenschaft 2.1.), 557—620.

*Wiegand 1985* = Herbert Ernst Wiegand: Fragen zur Grammatik in Wörterbuchbenutzungsprotokollen. Ein Beitrag zur empirischen Erforschung der Benutzung einsprachiger Wörterbücher. In: Lexikographie und Grammatik. Akten des Essener Kolloquiums zur Grammatik im Wörterbuch, 28.—30. 6. 1984. Hrsg. von Henning Bergenholtz und Joachim Mugdan. Tübingen 1985 (Lexicographica Series Maior 3), 20—98.

*Wolski 1986* = Werner Wolski: Partikellexikographie. Ein Beitrag zur praktischen Lexikologie. With an English Summary. Tübingen 1986 (Lexicographica Series Maior 14).

*Wolski 1986a* = Werner Wolski: Partikeln im Wörterbuch. Eine Fallstudie am Beispiel von *doch*. In: Lexicographica 2. 1986, 244—270.

*Werner Wolski, Heidelberg*
*(Bundesrepublik Deutschland)*


# 73. Die Beschreibung sprachhandlungsbezeichnender Ausdrücke im allgemeinen einsprachigen Wörterbuch

1. Der Wortschatzbereich 'sprachhandlungsbezeichnende Ausdrücke' (sbA): Umfang und Gliederung
2. Die bisherige Praxis der Beschreibung
3. Vorschläge
4. Literatur (in Auswahl)

## 1. Der Wortschatzbereich 'sprachhandlungsbezeichnende Ausdrücke' (sbA): Umfang und Gliederung

Mit der sprachphilosophisch orientierten Sprechakttheorie von Austin 1962 und Searle 1969 wurden auch wieder Verben ins Blickfeld gerückt, die traditionell 'Verba dicendi' und 'sentiendi' bzw. 'Verba orandi' und 'postulandi' usw. heißen. Mit diesen Verben kann man 'illokutionäre Akte' wie AUFFORDERN oder VERSPRECHEN bezeichnen (z. B. *auffordern, versprechen)*, etwa zum Zweck der Redeerwähnung: *Der Kanzler versprach, daß die Steuern gesenkt würden* (dazu Gülich 1978 und Lehmann 1976), oder in anderen metakommunikativen Äußerungen. Z. T. kann man mit solchen Verben auch Illokutionen vollziehen, z. B. in sog. 'explizit performativen Formeln' *(hiermit verspreche ich, daß . . .).* Entsprechend unterscheidet man 'deskriptiven'/'referierenden' von 'performativem' Gebrauch. Während die traditionelle Behandlung etwa der 'Verba sentiendi et dicendi' von ihren syntaktischen Eigenschaften ausging, sind es nun vor allem handlungstheoretische und semantische Aspekte, die es nahelegen, für die lexikographische Behandlung einen spezifischen Bereich 'sprachhandlungsbezeichnende Ausdrücke' vorzusehen. Dieser Bereich geht aber über die oben erwähnten traditionellen Verbgruppen und auch über die sog. deskriptiven Illokutionsverben hinaus. Das entscheidende Charakteristikum dieses Wortschatzbereichs ist, daß man mit seinen Ausdrücken auf sprachliche Handlungsmuster referieren kann bzw. daß man mit ihnen explizieren kann, welches Sprachhandlungsmuster vorliegt. Zwar gibt es noch Schwierigkeiten bei der genauen Abgrenzung und umfassenden Klassifikation, dennoch erlauben die bisherigen Arbeiten aus Sprechakttheorie, Handlungstheorie und Gesprächsforschung folgenden Überblick:

(a) Zunächst sind sbA nicht auf Verben beschränkt. Es sind auch Nominalisierungen *(Aufforderung),* nicht-deverbale Nomina *(Ehrenwort)* und Ausdrücke mit nominalen Teilen *(ein Gelübde ablegen)* einzubeziehen, außerdem feststehende Wendungen wie *zur*

*Schnecke machen*; (vgl. Hindelang 1983, 21; Holly 1984, 90 und Art. 46).

(b) Im Zentrum der sbA stehen Bezeichnungen von elementaren Illokutionen, wie sie von Searle und anderen häufig charakterisiert und in Typologien geordnet wurden (vgl. vor allem Searle 1976). Sprachliches Handeln ist aber als ein Komplex aufzufassen: Es sind verschiedene Teilhandlungen zu unterscheiden, und es besteht die Möglichkeit, nach mehreren Mustern zugleich zu handeln (Heringer 1974). Sprachliche Handlungen sind meist in Sequenzen eingebettet, und es lassen sich verschiedene Aufgabenfelder unterscheiden. Entsprechend gibt es Ausdrücke, die sich auf diese verschiedenen Aspekte von Sprachhandlungen beziehen.

(c) Das sind zunächst Ausdrücke wie *beabsichtigen, eine Entscheidung treffen, vermuten, sich ärgern, bedauern* u. ä., die in erster Linie noch nicht kommunikative Handlungen bezeichnen, sondern „innere" Handlungen, sog. Denk- oder Gefühlsakte (Ballmer/Brennenstuhl 1981, 54; Heringer 1974, 75 ff.), die Einstellungen und Gefühle zum Ergebnis haben.

Manche Ausdrücke können sowohl eine Einstellung bezeichnen als auch den Akt, der sie hervorbringt: *annehmen, unterstellen, bezweifeln, befürchten, begrüßen, verurteilen* in bestimmten Verwendungen. Häufig beschreibt man mit ihnen auch kommunikative Handlungen, die im Ausdrücken der entsprechenden Einstellungen bestehen (Ballmer/Brennenstuhl 1981, 54).

Gefühle liegen wohl im Grenzbereich zwischen Vorgängen, denen man ausgeliefert ist ('traurig werden') und Handlungen, die kontrollierbar und zu verantworten sind ('trauern').

(d) Zu den sbA gehören auch Ausdrücke für die anderen Teilakte einer kommunikativen Sprachhandlung (nach Austin 1962 bzw. Searle 1969):
den lokutionären Äußerungsakt *(sagen, schreiben, verkünden)*, der sich weiter in den phonetischen *(flüstern, murmeln, schreien* usw.) und den phatischen *(einen Satz machen, Stichworte machen)* untergliedern läßt; außerdem den rhetischen/propositionalen Akt *(aussagen, einen Sachverhalt ausdrücken)*, der wiederum aus Referenzakt *(Bezug nehmen auf)* und Prädikationsakt *(aussagen über, charakterisieren)* besteht.

(e) Inwiefern perlokutive Ausdrücke *(veranlassen, überzeugen)* zu den sbA zu zählen sind, bedarf einer gesonderten Begründung. Mit ihnen bezeichnet man nicht eigentlich Handlungen, sondern das Erreichen des Ziels einer sprachlichen Handlung, das aber nicht unabhängig vom Adressaten möglich, also prinzipiell nicht kontrollierbar ist wie eine Handlung (vgl. Holly 1979). Da Perlokutionen aber Handlungen voraussetzen und dabei einen wichtigen Aspekt formulieren, sollten sie im Zusammenhang mit sbA beschrieben werden.

(f) Bei den illokutiven Akten kann man sich nicht (wie z. B. Searle 1976 u. a.) auf elementare Akte beschränken. Da bei Handlungsbeschreibungen mehrere Muster instrumental/funktional verknüpft sein können ('Werben' durch 'Auffordern' und 'Anreizen'; vgl. Goldman 1970), müssen auch solche sbA aufgenommen werden, mit denen man Funktionen von elementaren Illokutionen beschreibt. Wenn die Bezeichnungen für die Funktionen mehrere elementare Muster umfassen (wie *werben*), handelt es sich um sbA für komplexe Illokutionen bis hin zu Textsorten wie 'Diskussion'.

(g) In sprachlichen Handlungen verwendet man nicht nur elementare und komplexe illokutive Muster, die bestimmte Funktionen haben und damit Textsorten konstituieren; zur Schaffung und Aufrechterhaltung der kommunikativen Situation gibt es davor und daneben weitere Aufgabenfelder sprachlichen Handelns und damit weitere sbA: (1) rituelle (Kontakt und Beziehung); (2) organisatorische (z. B. Sprecherwechselregelung, Themensteuerung, Gliederung, Sequenzierung, Verständnissicherung; vgl. Schank/Schwitalla 1980); entsprechend z. B. *sich entschuldigen, das Wort erteilen* usw.

(h) Auch wenn einige, sehr elementare Illokutionen universal sein mögen — die genaue Struktur von Sprachhandlungsmustern und damit die Bedeutung der sbA sind kultur- und institutionen-spezifisch und in besonderem Maße historischem Wandel unterworfen (z. B. Cherubim 1984). Zu berücksichtigen sind also historische und institutionelle Ausprägungen und Modifikationen von Mustern und die entsprechenden sbA (z. B. *Geschäftsordnungsantrag, ein Plädoyer halten* usw.).

Die Übersicht in Abb. 73.1 zeigt noch einmal, daß der Bereich der elementaren Illokutionen nur einen Teil der Sprachhandlungsmuster ausmacht. Für die sbA ist hier jeweils exemplarisch ein Ausdruck angeführt, mit dem man die unterschiedlichen Aspekte einer Sprachhandlung bezeichnen könnte, und zwar solche, die ein Bankräuber vollzieht, wenn er beim Betreten einer Bank „Hände hoch!" ruft:

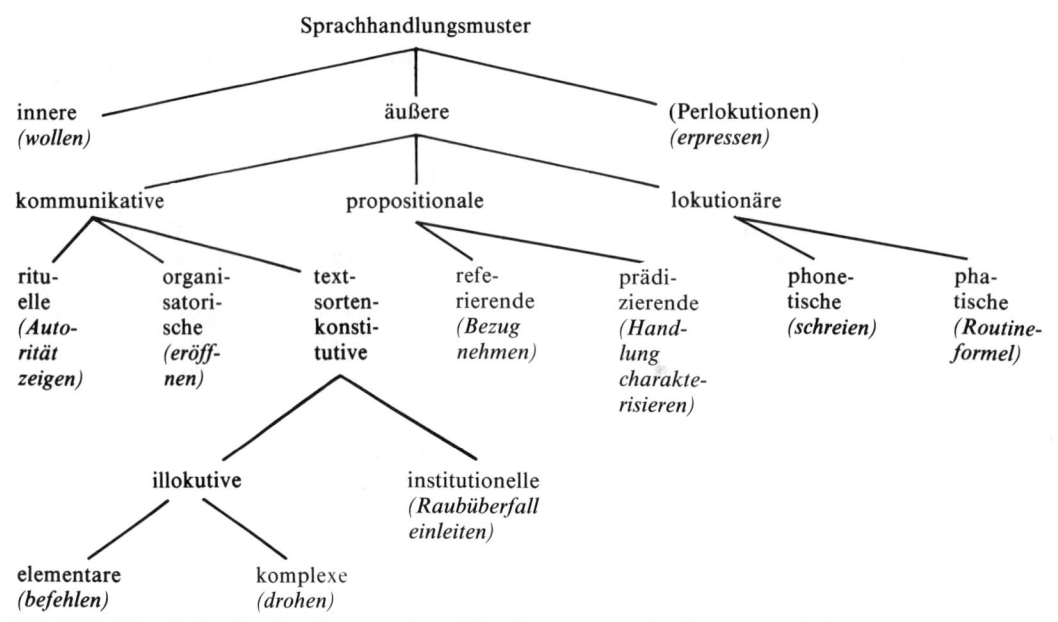

```
                        Sprachhandlungsmuster
                       /        |          \
              innere         äußere      (Perlokutionen)
             (wollen)                      (erpressen)
                          /     |      \
                 kommunikative  propositionale  lokutionäre
                  /    |    \      /     \        /      \
              ritu-  organi-  text-  refe-  prädi-   phone-   pha-
              elle   satori-  sorten- rierende zierende tische  tische
              (Auto- sche    konsti-  (Bezug  (Hand-   (schreien) (Routine-
              rität  (eröff- tutive   nehmen)  lung              formel)
              zeigen) nen)                    charakte-
                                              risieren)
                          /       \
                      illokutive   institutionelle
                                   (Raubüberfall
                       /     \     einleiten)
                  elementare  komplexe
                  (befehlen)  (drohen)
```

Abb. 73.1: Typologie der Aspekte von Sprachhandlungsmustern (mit exemplarischen sbA für „Hände hoch!")

Eine solche deduktiv, anhand von theoretischen Überlegungen, gewonnene Typologie trifft den Wortschatzbereich der sbA nicht ganz. Für einige Aspekte weist die Gemeinsprache eine Fülle von Ausdrücken auf, da die entsprechenden Handlungsmuster vielfältig und auch im Alltag relevant sind. Andere Aspekte (propositionale, lokutionäre) sind sehr elementar und eher von sprachphilosophischem oder linguistischem Interesse; die Zuordnung der selteneren Ausdrücke der Gemeinsprache wirkt bei diesen Mustern weniger überzeugend. Es gilt insgesamt, daß die Bedeutung der sbA in der Gemeinsprache erwartungsgemäß vage und vielfältig ist. Bedeutungsbeschreibungen in Wörterbüchern werden deshalb anders aussehen müssen als die Strukturbeschreibungen von terminologisch abzugrenzenden Sprachhandlungsmustern in wissenschaftlichen Untersuchungen. Dabei zeigt sich auch, daß die Analyse und Klassifikation von Sprachhandlungsmustern zwar nicht unabhängig von sbA möglich ist, aber dennoch von der Analyse und Klassifikation der sbA unterschieden werden muß (vgl. dazu Meibauer 1982, Holly 1984, Ballmer/Brennenstuhl 1984, Strecker 1984; auch schon Hindelang 1978).

Werden diese Unterschiede berücksichtigt, kann die Klassifikation von Sprachhandlungsmustern auch für die Bedeutungsbeschreibung von sbA fruchtbar gemacht werden; hierfür sind allerdings weniger solche grobe Typologien, wie die aus Searle 1976, geeignet (dazu Ballmer 1979, Holly 1984), sondern differenziertere Aufgliederungen von Teilbereichen wie z. B. Hindelang 1978 a, Jessen 1979, Van der Elst 1982 (für den Bereich der Aufforderungen; für andere Bereiche vgl. die Bibliographien von Meyers/Hopkins 1977 und Verschueren 1978 ff.). Die einzige umfangreichere und induktiv gewonnene Gesamtklassifikation ist bisher die Arbeit von Ballmer/Brennenstuhl 1981 für das Englische (dazu Randall 1982, Meibauer 1982, Holly 1984, Ballmer/Brennenstuhl 1984, Strecker 1984, Dietrich 1984).

Es gilt weiterhin, daß sbA sich z. T. mit Ausdrücken für nicht-sprachliche Handlungen überschneiden. Bestimmte Muster können also sprachlich oder nicht-sprachlich realisiert werden (z. B. 'Autorität zeigen', 'Raubüberfall einleiten'). Außerdem können nominale sbA nicht nur für Handlungen, sondern z. B. auch für deren konkrete Resultate *(Antrag)* verwendet werden. Zur Ausgrenzung der sbA sind aber scheinbar operationalisierende Tests wie in Ballmer/Brennenstuhl 1981, 16 f. nicht geeignet (dazu Randall 1982, 286; Meibauer 1982 und Holly 1984, 91).

## 2. Die bisherige Praxis der Beschreibung

Zusammenfassend kann man sagen, daß die bisherige Beschreibungspraxis nicht dem

Wissensstand in der noch jungen linguistischen Pragmatik entsprechen kann. Dies schlägt sich nieder in Interpretamenten, die für diesen Wortschatzbereich nicht spezifisch genug sind. Typisch sind die folgenden (z. T. verständlichen) Mängel, die sich in den verschiedenen deutschen, englischen und französischen Wörterbüchern allerdings nicht gleichermaßen finden (vgl. dazu allg. Hausmann 1985):

(a) Bei polysemen Ausdrücken sind die Varianten mit sprachhandlungsbezeichnender Funktion nicht deutlich genug abgehoben. Statt dessen gibt es für die verschiedensten Funktionen dieselben Schema-F-Kodifikationen (vgl. dazu Wiegand 1977, 99 ff. und Mentrup 1982).

So lautet z. B. im WDW die Bedeutungserklärung für *begründen:* „Gründe anführen für, durch Gründe erklären; den Grund legen für, untermauern, als Grundlage sichern; gründen, stiften". Im DUW (Duden. Deutsches Universalwörterbuch) wird zwar differenziert in „1. den Grund zu etw. legen, eine Grundlage für etw. schaffen" und „2. Gründe, etw. als Grund für etw. angeben", der Status der 2. Bedeutung als sbA ist jedoch nicht ausreichend expliziert. Daneben gibt es Ausdrücke, die in einer Bedeutung sowohl sprachlich als auch nicht-sprachlich realisierbare Handlungsmuster bezeichnen, was ebenfalls verdeutlicht werden kann, z. B. *beweisen* (engl. *to prove*); im nachfolgenden Definitionsteil des SOED für *to prove* sind die beiden Realisierungsmöglichkeiten (und damit der partielle sbA-Charakter) immerhin angedeutet: „to demonstrate the truth of by evidence or argument". Die Besonderheiten der sbA können so nicht hinreichend berücksichtigt werden.

(b) Verschiedene Varianten von Sprachhandlungsmustern, die mit einem sbA bezeichnet werden, sind nicht vollständig aufgeführt.

So fehlt beispielsweise in den neueren großen einsprachigen Wörterbüchern des Deutschen (WDW, WDG, DGW, BW) für *Diskussion* die monologische Variante in der Wissenschaft: 'Sprachhandlungsabfolge, mit der ein Sprecher/Schreiber argumentativ strittige Thesen erläutert, kritisiert oder rechtfertigt'; diese Variante muß aber ebenso von der Gesprächssorte 'Diskussion' unterschieden werden wie die Variante für Diskussionen in der (Medien-)Öffentlichkeit, die ja komplexe Vorgänge darstellen und keine face-to-face-Interaktionen. In manchen Fällen kann aber erst eine sehr genaue Analyse der entsprechenden Handlungsmuster Bedeutungsunterschiede von Varianten sichtbar machen; so ist etwa ein 'Antrag' — je nach institutionellem Kontext — entweder ein Untermuster einer 'Bitte' oder eines 'Auftrags' oder eines 'Vorschlags' oder eines 'Angebots'. Die Variante 'Auftrag' wird in den bisher genannten deutschen Wörterbüchern übersehen (vgl. Holly 1984).

(c) Es kommt vor, daß die Beschreibung verbaler sbA andere Sprachhandlungsmuster anführt als die Beschreibung der zugehörigen nominalen sbA, obwohl dies nicht durch unterschiedliche Gebrauchsweisen der Ausdrücke gerechtfertigt ist.

So unterscheidet z. B. das DGW für *beantragen* drei institutionelle Varianten, während für *Antrag* nur zwei solche Varianten vorgesehen sind: *beantragen:* „a) auf schriftlichem Wege um etw., jmdn. ersuchen ... b) nachdrücklich fordern: einen Antrag auf etw. stellen... c) vorschlagen [, daß man etw. beschließt]". *Antrag:* „1. a) Gesuch, Forderung ... 2. zur Abstimmung eingereichter Entwurf; Vorschlag".

(d) Bei den nominalen sbA ist nicht immer vermerkt, ob neben der Verwendung als Handlungsprädikat auch der Gebrauch in anderen Prädikatsklassen möglich ist, etwa als Resultatssubstantiv mit Konkretisierung (*Werbung* in den Bedeutungen 'Anzeige'/'Prospekt'/'Spot') oder darüber hinaus für größere Institutionen ('Werbeabteilung', 'Werbewirtschaft').

Typisch vage in dieser Hinsicht sind Gliederung und Bedeutungserklärungen im DUW für *Werbung* mit Verweis auf Bedeutungsvarianten von *werben:* „1.... a) das Werben (1); Gesamtheit werbender Maßnahmen; Reklame, Propaganda.... b) Werbeabteilung... 2. das Werben (2)... 3. (geh.) das Werben (3) um jmdn.; Bemühen, jmds. Gunst, bes. die Liebe einer Frau zu gewinnen".

In anderen Fällen gibt es auch Ausdrucksvariation (*Schrift* nicht für Handlungen, *Schreiben* für Handlungen und Resultate).

(e) Die Bedeutungserläuterungen der sbA sind meist unzureichend. Gewöhnlich sind es ziemlich vage Synonymenerklärungen aus dem engeren lexikalischen Feld, so daß der unvermeidbare lexikographische Zirkel einen zu kleinen Radius aufweist.

So bleibt man beispielsweise im WDW zur Erklärung von *Antrag* (in einer Bedeutung) im Zirkel von *Gesuch, Eingabe, Bittschrift, Bittgesuch, Bittschreiben*. Auch in den anderen heute gängigen einsprachigen deutschen Wörterbüchern findet man häufig Interpretamente dieses Typs, z. B. für *Versprechen:* „feste Zusicherung, Zusage, Gelöbnis" (WDG), „feste Zusage, Zusicherung, Gelöbnis" (BW). Das DGW verweist beim Substantiv *Versprechen* auf die Verbbedeutung mit einer stärker definitionsartigen Erläuterung: „Erklärung, durch die etw. versprochen ... wird"; beim Verb findet man (ähnlich wie bei den Verberläuterungen im BW und WDG) noch einen Hinweis auf den propositionalen Gehalt: „verbindlich erklären, zusichern, daß man etw. Bestimmtes tun werde" bzw. „daß man jmdm. etw. Bestimmtes geben, zuteil werden lassen werde". Von ähnlicher Art ist auch die Erklärung im amerikanischen WN für das Nomen *promise* in der entsprechenden Bedeutung: „an oral or written agreement to do or not to do something; a vow" oder im französischen DAF (und im DLF) für das Verb *promettre:* „S'engager verbalement ou par écrit à quelque chose"; im GL ist die Erklärung ein wenig ausführlicher: „S'engager verbalement à accomplir quelque chose, donner l'assurance verbale à quelqu'un d'exécuter l'engagement pris envers lui".

Dieser Typ von Bedeutungserläuterungen (zur Kritik vgl. auch Wiegand 1982, 123 und 1983; Neubauer 1980; Püschel 1981) sagt also noch zu wenig über den Gebrauch der zu erklärenden Ausdrücke. Die Bedeutung soll sich über — häufig fragwürdige — Teilsynonyme erschließen. So wird ein Wörterbuchbenutzer, der das gesamte semantische Feld nicht kennt, mit diesem Erklärungstyp im Stich gelassen (vgl. dazu auch Art. 48). Vor allem aber gehen semantische Unterschiede, die gerade bei sbA eine wichtige Rolle spielen, verloren. Es fehlt also die Einbettung des Lemmazeichens in das lexikalische Feld (in einem onomasiologischen Teil des Interpretaments).

Ausnahmen sind hier beispielsweise das WT, das etwa bei *promise* auf *agreement, cause, consideration, contract* und *pact* verweist und die Bedeutung mit *engage, pledge, plight, convenant, contract* kontrastiert, oder der GR, der bei *promettre* die Unterschiede zu *s'engager* und *donner (sa) parole* erläutert.

Hier lassen sich semantische Relationen aufzeigen, die auch etwas über den Zusammenhang der entsprechenden Handlungsmuster aussagen. Von wichtiger Bedeutung sind dabei vor allem Hyponymie, also Untermuster, und 'vorher'/'nachher'-Relationen, die die Abfolge von Handlungen und dazugehörigen Vorgängen und Zuständen betreffen (vgl. dazu die Arbeiten von Ballmer/Brennenstuhl 1978 und 1980).

Es gibt auch vorbildliche Bedeutungsdefinitionen nach dem Muster von genus proximum und differentia specifica, von denen Sprachhandlungsforscher profitieren können, z. B. im OED für das Nomen *promise:* „A declaration or assurance made to another person with respect to the future, stating that one will do, or refrain from, some specified act, or that one will give or bestow some specified thing. (Usually in good sense, implying something to the advantage or pleasure of the person concerned.)." Im WN von 1949 lautet die Bedeutungserläuterung noch ähnlich, im WT ist diese Definition leider eingekürzt, dafür ist als spezifische Variante auf einen weiteren Aspekt verwiesen: „a declaration that gives the person to whom it is made a right to expect or to claim the performance or forbearance of a specified act". Im Grimmschen DWB finden sich — gemäß seiner Entstehungsgeschichte — einerseits die lakonischen lateinischen Entsprechungen Jacob Grimms (z. B. für *Antrag* „propositio, rogatio"), zum andern Artikel wie der für *versprechen,* der auf ca. 19 Seiten nicht nur ausführliche historische Belege ausbreitet, sondern auch nuancierte Bedeutungserläuterungen gibt. Das TDW ist ebenfalls historisch orientiert, enthält in ausführlichen Artikeln differenzierte Kontrastierungen zu sinnverwandten Ausdrücken, aber keine griffigen Bedeutungserklärungen.

(f) In den Syntagmen, die den eigentlichen Bedeutungserklärungen folgen, sind zahlreiche Informationen über den Gebrauch der sbA enthalten. Allerdings sind Belege, Beispiele, feste Syntagmen verschiedenster Art bunt gemischt. Würden sie nur unter handlungstheoretischen Gesichtspunkten geordnet, ließen sich die Informationen besser verwerten. Neben grammatischen Gesichtspunkten (wie möglichen festen Verbindungen und syntaktischer Valenz, die aber auch schon semantische Zusammenhänge betreffen), werden auch unmittelbar Handlungszusammenhänge thematisiert: Untermuster, Handlungsabfolgen, Wirkungen, Perlokutionen.

(g) Systematische Hinweise darauf, ob die sbA auch performativ verwendet werden können, fehlen. Bestenfalls finden sich in den Syntagmen, die angeführt werden, solche Beispiele.

(h) Es fehlt nicht nur die Kennzeichnung eines sbA, sondern auch die Spezifizierung, welcher oder welche Aspekte jeweils bezeichnet werden, gemäß der Typologie in Abb. 73.1. Dies könnte aber nicht nur einen ersten Teil einer semantischen Beschreibung solcher Ausdrücke ausmachen, sondern würde es auch erleichtern, bestimmte Beschreibungen zu standardisieren.

Statt dessen ist bisher eine außerordentliche Heterogenität der Beschreibung von sbA zu verzeichnen. In der Regel werden überkommene Bedeutungsbeschreibungen mehr oder weniger modifiziert wiederholt. Da die Quellen qualitativ unterschiedlich sind, sind auch die Informationen und ihre Gliederung sehr verschieden.

Einschränkend muß erstens darauf hingewiesen werden, daß einzelne Wörterbücher in vielen Fällen bereits hervorragende Bedeutungserläuterungen geben; so enthält z. B. die Definition des OED für *promise* (in einem Sinn) bereits das meiste von Searle's Analyse. Zweitens zeichnen sich einzelne Wörterbücher bereits durch einen Ansatz zu einem onomasiologischen Teil aus.

## 3. Vorschläge

### 3.1. Allgemeines

Man muß davon ausgehen, daß der Gebrauch gerade der sbA nicht sehr genau geregelt ist. Meist existiert zwar eine (prototypische) Grundbedeutung, die einem (idealtypischen) Kernmuster, z. B. einer 'Bitte', eines 'Antrags' usw. entspricht. Daneben gibt es aber abweichende Gebräuche und Varianten, die durchaus regelhaft sind. Wörterbücher dürfen nun nicht normierende Festlegungen vornehmen, sondern müssen kodifizieren, wie die Ausdrücke gebraucht werden. Sie können also keine terminologisierenden Eingriffe gemäß einer Sprachhandlungsklassifikation vornehmen; sie brauchen aber auch nicht in der alltagsüblichen Vagheit stecken zu bleiben. Statt dessen muß möglichst viel an differenzierendem Wissen in die Beschreibung der variierenden Gebräuche einfließen. Dabei müssen sich Wörterbücher an Benutzerinteressen orientieren (vgl. Wiegand 1977); das bedeutet für die Beschreibung der sbA im einsprachigen Wörterbuch, daß es nicht genügt zu erklären, was eine 'Bitte' ungefähr ist — das weiß man schon —, sondern wie sie sich von anderen verwandten Mustern unterscheidet, also von 'Forderung', 'Gesuch', 'Vorschlag' usw. Angestrebt wird folglich keine Normierung, aber eine präzise, differenzierende, kontrastierende Beschreibung der Gebrauchsweisen durch Aufzeigen der jeweils relevanten Aspekte. Diese lassen sich aus der empirischen Arbeit an Texten, aber auch aus sprachhandlungstheoretischen Überlegungen gewinnen.

### 3.2. Zuordnung und Abgrenzung

Zunächst sollten sbA als solche gekennzeichnet werden. So lassen sich nicht nur Bedeutungsvarianten eines Lemmas von solchen ohne sprachhandlungsbezeichnende Funktion unterscheiden. Es wird auch verdeutlicht, warum nun im semantischen Kommentar Sprachhandlungsaspekte eine Rolle spielen. Andererseits sollten bei einem polysemen Lemma, das vor allem als sbA gilt, andere Gebrauchsweisen klar abgegrenzt werden. Dies gilt besonders für Nominalisierungen, die sehr oft auch als Konkreta zur Bezeichnung von Handlungsresultaten verwendet werden *(Der Kommentar ist 10 Zeilen lang.)* Weiterhin kann angegeben werden, welchen Aspekt einer Sprachhandlung der Ausdruck bezeichnet, entsprechend der Typologie in Abb. 73.1. Allerdings sollten dafür durchweg allgemeinverständliche Ausdrücke gewählt werden. Schließlich sollte für die kommunikativen Muster markiert sein, ob performativer Gebrauch möglich ist.

Noch wichtiger erscheint die Abgrenzung von Varianten, die verschiedenen Sprachhandlungsmustern zugehören, also z. B. verschiedene Arten von rituellen Schritten, die alle mit dem Ausdruck *Entschuldigung* bezeichnet werden können, aber unterschiedliche Strukturen haben: (1) 'die negative Bewertung der Tat teilen, aber die Verantwortung leugnen oder einschränken'; (2) 'die Verantwortung übernehmen, aber die negative Bewertung bestreiten'; (3) 'die Veantwortung übernehmen und die negative Bewertung zugeben'. Solche Untermuster sind im Bewußtsein der Sprachteilhaber oft nicht präsent, obwohl sie relevante Aspekte betreffen und häufig zum Gegenstand von Konflikten werden. Hier können Wörterbücher sprachreflexive und damit auch sprachkritische Hilfestellung leisten.

Die semantischen Kommentare zu den einzelnen Varianten sollten in einen semasiologischen und einen onomasiologischen Teil gegliedert sein.

### 3.3. Der semasiologische Teil

Im semasiologischen Teil, also der Bedeutungserläuterung, sollten keine Wortsynonyme stehen (vgl. dazu Wiegand 1984 und 1985); statt dessen müssen Definitionserklärungen herangezogen werden, als lexikalische Paraphrasen, oder aber als ausführlichere Gebrauchsregelformulierung. Für die sbA kann man sich hierbei orientieren an den Regeln, wie sie etwa Searle 1969 für das Sprachhandlungsmuster 'Versprechen' formuliert hat. Nach Verschueren 1980 kann im Zentrum der Bedeutungsbeschreibung von Sprechaktverben der intendierte perlokutive Effekt stehen, den man dem entsprechenden Muster zuordnen kann. Beide Hinweise gelten aber nur für den Bereich der kommunikativen Muster und Perlokutionen. Zur Charakterisierung der 'inneren' Muster müssen die Einstellungen beschrieben werden, mit denen sie korrespondieren (dazu v. Polenz 1985, 212—222; Rosengren 1984). Die anderen Muster (propositionale, lokutionäre) sind ohnehin weniger deutlich zu differenzieren.

Die wichtigsten Bedeutungsaspekte ergeben sich aus der Gegenüberstellung mit anderen Mustern des näheren semantischen Feldes. Deshalb ist für die Definitionserklärung, außer der Zuordnung zu einem bestimmten aspektthematisierenden Typ und gegebenenfalls zu einem groben Typ einer Sprechaktklassifikation, ausschlaggebend, welche Merkmale das Muster im Kontrast zu anderen Mustern charakterisieren. Dazu gehören außer den Handlungszielen auch Handlungsbereiche, typische Realisierungsformen und spezielle Bedingungen.

Für eine Variante von *Antrag* könnte eine solche Definitionserklärung z. B. lauten: 'sprachliche kommunikative/institutionelle Handlung des Aufforderns, mit der man ein nach Geschäftsordnung/Verfahrensordnung tagendes Gremium (bes. Parlament)/Gericht dazu veranlassen will, einen bestimmten Beschluß zu fassen'. Als Zusammenfassung könnte die lexikalische Paraphrase 'institutionell geregelter Vorschlag' dienen.

Für die Definitionen sind also Rückgriffe auf Klassifizierungen notwendig; allerdings gibt es keine zusammenhängende Gesamtklassifikation aller Muster (dazu Holly 1984). Dafür sind die Teilregeln für die einzelnen Muster zu zahlreich, so daß sich zu viele Kategoriensysteme überlagern. Außer der groben Typologie, die seit Searle 1976 variiert wird, sind auch Gesichtspunkte von Interesse, wie sie von Ballmer/Brennenstuhl 1978, 1980 und 1981 eingebracht worden sind. Als erste Annäherung ist auch der Vorschlag von v. Polenz 1985, 206 ff. sehr nützlich; er geht von der Prädikationsstruktur der Muster aus, die sich unmittelbar an die Valenz der Ausdrücke anknüpfen läßt. Für die genauere Eingrenzung spezifischer Handlungsmuster und ihre sbA ist aber die Einordnung in ein Relationsnetz verwandter Ausdrücke erforderlich, wo verschiedenste Beziehungen der Relationsglieder zueinander möglich sind. Die Definitionserklärung kann davon schon einen ersten Eindruck geben. Das Bild wird aber erst vervollständigt durch die Angaben im onomasiologischen Teil.

### 3.4. Der onomasiologische Teil

In den onomasiologischen Teil gehören zunächst Wortsynonyme, gegebenenfalls mit zusätzlichen pragmatischen Markierungen, also z. B. für 'Behördenanträge': = *Gesuch* (veraltend).

Eine zentrale Rolle spielen andere „verwandte" Ausdrücke, die kontrastiv, zusammen mit ihren wichtigsten Unterscheidungsmerkmalen angeführt werden sollten. In einem nächsten Abschnitt sollten typische Untermuster stehen, besonders institutionelle Ausprägungen und solche, die z. B. durch Wortbildungen lexikalisiert sind. Danach ist die 'vorher'/'nachher'-Relation zu berücksichtigen, also typische Handlungsabfolgen. Schließlich kann man auch weitere Aspekte für die Darstellung des Musters aufnehmen, also z. B. Perlokution/Zielerreichung; Vorgangsperspektive/Passivformulierungen.

Als Beispiel sind hier derartige Angaben für den onomasiologischen Teil zur Variante 'Gremienanträge' von *Antrag* aufgeführt: Kontr.: *Vorschlag/Empfehlung* (beide alltäglich, übergehbar). Untermuster: *parlamentarische (sachliche vs. formelle = Geschäftsordnungs-; selbständige vs. Änderungs-; Gesetzes- vs. Entschließungs-); juristische (Klag-; prozessuale)*. Handlungsabfolge: *einen Antrag stellen/einbringen* (parlament., schriftl.)/*einreichen/vorlegen* (schriftl.) — *beraten/diskutieren/debattieren* — *unterstützen/befürworten* — *über einen Antrag entscheiden/abstimmen/dafür, dagegen stimmen* — *einen Antrag beschließen/annehmen/ablehnen/einem Antrag stattgeben*. Zielerreichung: *einen Antrag durchsetzen/durchbringen*. Vorgangsperspektive: *ein Antrag geht durch/fällt durch*.

## 4. Literatur (in Auswahl)

### 4.1. Wörterbücher

*BW* = Brockhaus-Wahrig. Deutsches Wörterbuch in sechs Bänden. Hrsg. v. Gerhard Wahrig, Hildegard Krämer, Harald Zimmermann. Wiesbaden 1980—1984 [805 S., 901 S., 837 S., 941 S., 906 S., 920 S.].

*DAF* = Dictionnaire de l'Académie française. 8e édition. Tome second H—Z. Paris 1935 [743 S., 1. Aufl. 1694].

*DGW* = Duden. Das große Wörterbuch der deutschen Sprache in sechs Bänden. Hrsg. u. bearb. v. Wissenschaftl. Rat und den Mitarb. der Dudenredaktion unter Leitung v. Günther Drosdowski. Mannheim. Wien. Zürich 1976—1981 [zus. 2992 S.].

*DLF* = Dictionnaire de la langue française. Par Emile Littré. Tome 3e I—P. Paris 1877 [1396 S.].

*DUW* = Duden. Deutsches Universalwörterbuch. Hrsg. u. bearb. v. Wissenschaftl. Rat und den Mitarb. der Dudenredaktion unter Leitung v. Günther Drosdowski. Mannheim. Wien. Zürich 1983 [1504 S.].

*DWB* = Deutsches Wörterbuch von Jacob und Wilhelm Grimm. XVI Bde u. ein Quellenverzeichnis. 1. Bd. *A—Biermolke* Leipzig 1854 [1824 Sp.]. 12. Bd. I. Abt. *V—Verzwunzen*. Bearb. v. E. Wülcker, R. Meiszner, M. Leopold, C. Wesle und der Arbeitsstelle des Deutschen Wörterbuches zu Berlin. Leipzig 1956 [2722 Sp.].

*GL* = Grand Larousse de la langue française en sept volumes. Paris 1976 [CXXVIII, 6730 S.].

*GR* = Le Grand Robert de la langue française. Dictionnaire alphabétique et analogique de la langue française de Paul Robert. Tome VII P—Raisi. 2ᵉ éd. Paris 1986 [1025 S., 1. Aufl. 1969].

*OED* = A New English Dictionary on Historical Principles. Ed. by James A. H. Murray. Vol. VII. O, P. Oxford 1909 [1676 S.].

*SOED* = The Shorter Oxford English Dictionary on Historical Principles. Prepared by William Little, H. W. Fowler, Jessie Coulson, rev. and ed. by C. T. Onions. 3. Aufl. Oxford 1973 [XXV, 2672 S., 1. Aufl. 1933].

*TDW* = Trübners Deutsches Wörterbuch. Begr. v. Alfred Götze. In Zusammenarb. mit E. Brodführer, M. Gottschald, A. Schirmer, hrsg. v. Walther Mitzka. 7. Bd. T—V. Berlin 1956 [774 S.].

*WDG* = Wörterbuch der deutschen Gegenwartssprache. Hrsg. v. Ruth Klappenbach u. Wolfgang Steinitz. 6 Bde. Berlin 1961—1977 [zus. 4579 S.].

*WDW* = Gerhard Wahrig. Deutsches Wörterbuch, mit einem „Lexikon der deutschen Sprachlehre". Hrsg. in Zusammenarb. mit zahlreichen Wissenschaftlern und anderen Fachleuten. Völlig überarb. Neuaufl. Gütersloh 1977 [4323 Sp., 1. Aufl. 1968].

*WN* = Webster's New Twentieth Century Dictionary of the English Language. 2nd ed. Cleveland 1977 [2129 S., 1. Aufl. 1949].

*WT* = Webster's Third New International Dictionary of the English Language. Ed. by Philip Babcook Gove. Vol. II. Springfield, Mass. 1967 [2662 S.].

4.2. Sonstige Literatur

*Austin 1962* = John Austin: How to Do Things with Words. Cambridge, Mass. 1962.

*Ballmer 1979* = Thomas T. Ballmer: Probleme der Klassifikation von Sprechakten. In: Günther Grewendorf (Hrsg.): Sprechakttheorie und Semantik. Frankfurt 1979 (Suhrkamp Taschenbücher Wissenschaft 276).

*Ballmer/Brennenstuhl 1978* = Thomas T. Ballmer/Waltraud Brennenstuhl: Zum Verbwortschatz der deutschen Sprache. In: Linguistische Berichte H. 55. 1978, 18—37.

*Ballmer/Brennenstuhl 1980* = Thomas T. Ballmer/Waltraud Brennenstuhl: Zur Semantik handlungsbezeichnender Verben. In: Joachim Ballweg, Hans Glinz (Hrsg.): Grammatik und Logik. Düsseldorf 1980, 134—153.

*Ballmer/Brennenstuhl 1981* = Thomas T. Ballmer/Waltraud Brennenstuhl: Speech Act Classification. A Study in the Lexical Analysis of English Speech Activity Verbs. Berlin. Heidelberg. New York 1981 (Springer Series in Language and Communication 8).

*Ballmer/Brennenstuhl 1984* = Thomas T. Ballmer/Waltraud Brennenstuhl: Empirisch fundierte Sprechakttheorie vs. sprachphilosophische Spekulationen. In: Zeitschrift für Sprachwissenschaft 3. 1984, 243—260.

*Cherubim 1984* = Dieter Cherubim: Sprachgeschichte im Zeichen der linguistischen Pragmatik. In: Werner Besch/Oskar Reichmann/Stefan Sonderegger (Hrsg.): Sprachgeschichte. Ein Handbuch zur Geschichte der deutschen Sprache und ihrer Erforschung. Erster Halbband 1984, 802—815.

*Dietrich 1984* = Rolf-Albert Dietrich: Sprache und Wirklichkeit. Anmerkungen zur Sprechaktklassifikation von Ballmer und Brennenstuhl. In: Zeitschrift für Sprachwissenschaft 3. 1984, 265—282.

*Goldman 1970* = Alvin I. Goldman: A theory of human action. Englewood Cliffs, N. J. 1970.

*Gülich 1978* = Elisabeth Gülich: Redewiedergabe im Französischen. Beschreibungsmöglichkeiten im Rahmen einer Sprechakttheorie. In: R. Meyer-Hermann (Hrsg.): Sprechen — Handeln — Interaktion. Tübingen 1978, 49—101.

*Harras 1983* = Gisela Harras: Handlungssprache und Sprechhandlung. Eine Einführung in die handlungstheoretischen Grundlagen. Berlin. New York 1983 (Sammlung Göschen 2222).

*Hausmann 1985* = Franz Josef Hausmann: Trois paysages dictionnairiques: la Grande-Bretagne, la France et l'Allemagne. Comparaison et connexions. In: Lexicographica 1. 1985, 24—50.

*Heringer 1974* = Hans Jürgen Heringer: Praktische Semantik. Stuttgart 1974.

*Hindelang 1978* = Götz Hindelang: Skizze einer Sprachhandlungs-Taxonomie. In: Münstersches Logbuch zur Linguistik, H. 2. 1978, 50—67.

*Hindelang 1978a* = Götz Hindelang: Auffordern. Die Untertypen des Auffordens und ihre sprachlichen Realisierungsformen. Göppingen 1978 (Göppinger Arbeiten zur Germanistik 247).

*Hindelang 1983* = Götz Hindelang: Einführung in die Sprechakttheorie. Tübingen 1983 (Germanistische Arbeitshefte 27).

*Holly 1979* = Werner Holly: Zum Begriff der Perlokution. Diskussion, Vorschläge und ein Textbeispiel. In: Deutsche Sprache 7. 1979, 1—27.

*Holly 1984* = Werner Holly: Sprachhandlungen im Wörterbuch. Zur lexikographischen Beschreibung sprachhandlungsbezeichnender Ausdrücke. In: Herbert Ernst Wiegand (Hrsg.): Studien zur neuhochdeutschen Lexikographie IV. Hildesheim. Zürich. New York 1984 (Germanistische Linguistik 1—3/1983), 73—111.

*Jessen 1979* = Heino Jessen: Pragmatische Aspekte lexikalischer Semantik. Verben des Auffordens im Französischen. Tübingen 1979 (Ergebnisse und Methoden moderner Sprachwissenschaft 4).

*Lehmann 1976* = Dorothea Lehmann: Untersuchungen zur Bezeichnung der Sprechaktreferenz im Englischen. Bern. Frankfurt. München 1976.

*Meibauer 1982* = Jörg Meibauer: Akte oder Verben oder beides? In: Zeitschrift für Sprachwissenschaft 1. 1982, 137—148.

*Mentrup 1982* = Wolfgang Mentrup (Hrsg.): Konzepte zur Lexikographie. Studien zur Bedeutungserklärung in einsprachigen Wörterbüchern. Tübingen 1982 (Reihe Germanistische Linguistik 38).

*Meyers/Hopkins 1977* = R. B. Meyers/K. Hopkins: A speech-act bibliography. In: Centrum 5. 1977, 73—108.

*Neubauer 1980* = Fritz Neubauer: Die Struktur der Explikationen in deutschen einsprachigen Wörterbüchern. Eine vergleichende lexiko-semantische Analyse. Hamburg 1980.

*v. Polenz 1985* = Peter v. Polenz: Deutsche Satzsemantik. Grundbegriffe des Zwischen-den-Zeilen-Lesens. Berlin 1985 (Sammlung Göschen 2226).

*Püschel 1981* = Ulrich Püschel: Bedeutungserklärungen als Regel- und Sachbeschreibungen. In: Herbert Ernst Wiegand (Hrsg.): Studien zur neuhochdeutschen Lexikographie I. Hildesheim. New York 1981 (Germanistische Linguistik 3—4/79), 123—138.

*Randall 1982* = Robert A. Randall: (Rezension von Ballmer/Brennenstuhl 1981). In: Language in Society 11. 1982, 285—291.

*Rosengren 1984* = Inger Rosengren: Die Einstellungsbekundung im Sprachsystem und in der Grammatik. In: Gerhard Stickel (Hrsg.): Pragmatik in der Grammatik. Jahrbuch 1983 des Instituts für deutsche Sprache. Düsseldorf 1984, 152—174.

*Schank/Schwitalla 1980* = Gerd Schank/Johannes Schwitalla: Gesprochene Sprache und Gesprächsanalyse. In: Hans Peter Althaus/Helmut Henne/Herbert Ernst Wiegand (Hrsg.): Lexikon der germanistischen Linguistik. 2. Aufl. Tübingen 1980, 313—322.

*Searle 1969* = John R. Searle: Speech Acts. An Essay in the Philosophy of Language. Cambridge 1969.

*Searle 1976* = John R. Searle: A classification of illocutionary acts. In: Language in Society 5. 1976, 1—25.

*Strecker 1984* = Bruno Strecker: In Sachen Meibauer contra Ballmer/Brennenstuhl. In: Zeitschrift für Sprachwissenschaft 3. 1984, 261—264.

*Van der Elst 1982* = Gaston Van der Elst: Verbsemantik. Zur Theorie und Praxis einer Analyse aufgrund von semantischen und syntaktischen Gebrauchsregeln, dargestellt am Beispiel der Aufforderungsverben des Deutschen. Wiesbaden 1982.

*Verschueren 1978 ff.* = Jef Verschueren: Pragmatics. An annotated bibliography. Amsterdam 1978 und in: Journal of Pragmatics 2—7. 1978—1983.

*Wiegand 1977* = Herbert Ernst Wiegand: Nachdenken über Wörterbücher: Aktuelle Probleme. In: Günther Drosdowski/Helmut Henne/Herbert Ernst Wiegand: Nachdenken über Wörterbücher. Mannheim. Wien. Zürich 1977, 51—102.

*Wiegand 1982* = Herbert Ernst Wiegand: Zur Bedeutungserläuterung von Satzadverbien in einsprachigen Wörterbüchern. Ein Beitrag zur praktischen Lexikologie. In: Mentrup 1982, 103—132.

*Wiegand 1983* = Herbert Ernst Wiegand: Synonyme in den großen alphabetischen Wörterbüchern der deutschen Gegenwartssprache. In: John Ole Askedal/Christen Christensen/Ådne Findreng/Oddleif Leirbukt (Hrsg.): Festschrift für Laurits Saltveit zum 70. Geburtstag am 31. Dezember 1983. Oslo. Bergen. Tromsö 1983, 215—231.

*Wiegand 1985* = Herbert Ernst Wiegand: Eine neue Auffassung der sog. lexikographischen Definition. In: Symposium on Lexicography II. Proceedings of the Second International Symposium on Lexicography May 16—17, 1984 at the University of Copenhagen. Ed. by Karl Hyldgaard-Jensen/Arne Zettersten. Tübingen 1985, 15—100.

*Wiegand 1987* = Herbert Ernst Wiegand: Zur handlungstheoretischen Grundlegung der Wörterbuchbenutzungsforschung. In: Lexicographica 3. 1987, 178—227.

*Werner Holly, Trier*
*(Bundesrepublik Deutschland)*


# 74. Die Beschreibung von Gesprächswörtern im allgemeinen einsprachigen Wörterbuch

1. Gesprächswörter und ihre lexikologische Bestimmung
2. Die Behandlung von Gesprächswörtern in den älteren einsprachigen Wörterbüchern
3. Die gegenwärtige gesprächswortlexikographische Praxis
4. Desiderate für eine künftige Gesprächswortlexikographie
5. Literatur (in Auswahl)

## 1. Gesprächswörter und ihre lexikologische Bestimmung

Der Terminus *Gesprächswort* kann noch nicht einschränkungslos zum Kanon linguistischer Wortartenbezeichnungen und -unterscheidungen gezählt werden. H. Brinkmann, der diesen Begriff zuerst benutzt, versteht unter *Gesprächswort* „Konjunktionen", die „Haltungen und Reaktionen der Partner zum Ausdruck bringen" und satzwertig sind (Brinkmann 1962, 767). Gemeint sind vor allem Interjektionen sowie gesprächsrelevante Partikeln und Partikelkomposita wie *na, na ja, ach so* oder *hm.* Als Terminus wurde der Begriff *Gesprächswort* zuerst von Henne (1978) in die lexikologisch-lexikographische Diskussion eingeführt und als Wortartenbezeichnung vorgeschlagen. Nach Henne soll die Wortart *Gesprächswort* die „Funktionsklassen": *Gliederungspartikel, Rückmeldungspartikel* und *Interjektion* umfassen, die alle drei „satzzusammenhang-unabhängig" und „satzwertig" bzw. „satzassoziiert" seien (vgl. Henne 1978, 42 und 46). Von Burkhardt (1982) wurde Hennes Wortklasse um die Elemente *Abtönungs-* und *Sprechhandlungspartikel* erweitert, für die die typischen Gesprächsworteigenschaften ebenfalls gelten, nämlich

(1) sie haben ihre spezifischen Funktionen vor allem in der gesprochenen Sprache entwickelt und sind dort wesentlich häufiger als in der geschriebenen;

(2) sie gehören in die Gruppe der illokutionsindizierenden, -modifizierenden oder gesprächsstrukturierenden Lexeme;

(3) sie sind polyfunktional und können daher nur als pragmatische Regeln mit Hilfe der Angabe von Funktionstypen bzw. Parameterwerten beschrieben werden;

(4) es gibt zwischen den einzelnen Partikelklassen semantische Überschneidungen;

(5) ihre genaue Bedeutung kann jeweils nur im aktuellen Ko- und Kontext bestimmt werden, weil sie Pro-Formen („Pro-Propositionen") sind, d. h. Mittel der Deixis bzw. der Referenz.

Die ausführlich von Wolski (1986) behandelten Modalpartikeln (vgl. Art. 66) bleiben im folgenden unberücksichtigt. Interjektionen lassen sich nach Burkhardt (1982, 155 f.) in die „schallnachahmenden" *(peng, bums, zack)* und die „emotiven" *(aua, uh, oweh)* unterscheiden. Als Verweisformen sind besonders die ersteren — über das bloß Symptomatische hinaus — durchaus als darstellungsfunktionale Sprachmittel aufzufassen. Emotive Interjektionen drücken das aus, was Weydt (1977, 218) und andere den Abtönungspartikeln zugeschrieben haben: die „Stellung des Sprechers zum Gesagten" bzw. Geschehenen oder Sich-Ereignenden. In Kühn (1979, 289 f.) werden verschiedene typologische Einteilungen der Interjektionen vorgestellt und diskutiert.

Die Teilfunktionen der Gliederungs- und Rückmeldungspartikeln lassen sich als eine Skala darstellen, auf der der aktuelle Wert jeweils von Sprecher und Hörer eingestellt werden kann. Rückmeldungspartikeln sind zumindest:

(1) a) Träger einer Kontaktfunktion,
b) eine Bestätigung der bisherigen turn-Verteilung,
c) darüber hinaus ein Signal der — bisherigen und zukünftigen — Aufmerksamkeit des Hörers,

(2) möglicherweise überdies eine Bekundung von Verstehen oder Nicht-Verstehen sowie

(3) eventuell außerdem Ausdruck bzw. Vollzug von inhaltlicher Zustimmung oder Ablehnung. (Vgl. Henne 1979, 126 ff.; Burkhardt 1982, 147 f.)

Auf der dritten Stufe findet ein Übergang in die Sprechhandlungsfunktion statt. Solche typologischen Abgrenzungsprobleme und Polysemien können aber schwerlich als Argument gegen das Ansetzen einer Wortart *Gesprächswort* oder gegen die Unterscheidung der Subtypen angeführt werden, weil sie auch für andere Wortarten gelten.

Gliederungspartikeln haben zumindest

(1) eine Kontaktfunktion,

(2) leiten einen eigenen Gesprächsschritt ein, aus oder gliedern ihn intern,

(3) referieren anaphorisch oder kataphorisch auf vorher Gesagtes, Getanes und/oder auf Folgehandlungen oder -gesprächsakte und

(4) beanspruchen die Aufmerksamkeit des Hörers, d. h. fungieren gleichsam als Bitten um (weitere) Aufmerksamkeit. (Vgl. Burkhardt 1982, 148 f.)

Sie können darüber hinaus Zustimmung zum vorherigen Partner-turn oder zur eigenen Folgeäußerung ausdrücken oder auch weitere gesprächssteuernde und -strukturierende Funktionen wie Gesprächschrittübernahme, -übergabe oder -beanspruchung übernehmen, d. h. den Sprecherwechsel regeln (vgl. dazu z. B. Henne 1978, 145 f.; Henne/Rehbock 1982, 81, 183). Da einige Gliederungspartikeln a u c h Sprechereinstellungen mitsignalisieren, z. B. *ach, na(ja)* oder *tja* („abtönende Gliederungspartikeln", vgl. Burkhardt 1982, 150 ff.), läßt sich ein Übergang sowohl zu den Sprechhandlungspartikeln als auch zu den Interjektionen feststellen.

Sprechhandlungspartikeln schließlich sind entweder „illokutionsvollziehend" — wie *ja* und *nein* in zustimmender bzw. ablehnender Verwendung — oder „illokutionstransformierend" — wie *ja* [ja:], *ruhig* oder *gefälligst,* die Aufforderungsillokutionen in Befehle oder Drohungen spezifizieren.

## 2. Die Behandlung von Gesprächswörtern in den älteren einsprachigen Wörterbüchern

Die Gesprächswörter sind — mit partieller Ausnahme der Interjektionen im engeren Sinne — in allen Phasen der germanistischen Lexikographie recht stiefmütterlich behandelt worden. Sie werden nur zum Teil verzeichnet, ihre unterschiedlichen Gesprächsfunktionen bzw. Teilbedeutungen übersehen oder nur unzureichend differenziert, Wortartenzuschreibungen werden oft widersprüchlich oder willkürlich vorgenommen. Bestenfalls werden sie als Interjektionen oder Adverbien, Ausrufe, Empfindungs- bzw. Schallwörter kurz abgehandelt und durch Auflistung typischer Sprecherempfindungen nur oberflächlich paraphrasiert. Die Geschichte der Gesprächswortlexikographie ist daher als eine Geschichte der Auslassungen und Unzulänglichkeiten zu charakterisieren. Das gilt für alle vier der von Henne (1977, 14 f.) unterschiedenen historischen Abschnitte der germanistischen Sprachlexikographie.

Aus der Epoche der germanicolateinischen Lexikographie des 15. und 16. Jh. sind vor allem die Wörterbücher von Maaler (1561) und Stieler (1691) zu nennen. Maaler verzeichnet — unter dem Titel eines *Adverbs* — verschiedene Sprechhandlungspartikeln und darüber hinaus eine überraschend große Anzahl von Interjektionen, wobei die schallnachahmenden generell unberücksichtigt bleiben. Demgegenüber sind etliche emotive Interjektionen lemmatisiert und werden entweder durch die explizite Wortartenzuschreibung „interiectio" oder durch die Synonyme „stimm" oder „geschrey" gekennzeichnet. Die generell kurzen Artikel zu diesen Lexemen enthalten in der Mehrzahl eine Wortartenangabe der eben beschriebenen Form, eines oder mehrere lat. Synonyme, eine Beschreibung der typischen Sprechergefühle sowie in den meisten Fällen Beispielsätze und ihre lat. Entsprechung.

**Auwee/** *Ein wort eines betrůbten unnd erschrocknen weybs.* Au, Interiectio consternatae mulieris.

Reihenfolge und Vollständigkeit der Angaben können von Artikel zu Artikel differieren. In der Regel werden emotive Interjektionen und konventionalisierte Rufformen (etwa von Fuhrleuten) als „geschrey" eingestuft, während alle übrigen Interjektionen als „stimm" oder „wort" firmieren oder ohne deutsche Wortartenangabe bleiben. Da Grußformeln und (elliptische) Kurzkommandos durch satzwertige Partikelwörter illokutionäre Wirkungen bzw. Ziele haben, können sie nicht ohne weiteres als *Interjektionen* angesehen werden. *Ja* und *nein* werden daher bei Maaler als „Adverbien" behandelt. In einigen Fällen deuten sich auch gesprächsakteinleitende Gliederungsvarianten von *ja* an. Daß affirmatives *ja* noch eigens durch *fürwar, warlich, gern* oder *gwüßlich* erweitert werden muß, legt die Annahme einer Abschwächung seiner affirmativen Kraft zur Gliederungs- und Rückmeldungspartikel bereits für das 16. Jh. nahe. Es scheint, daß die Empfindungs-Paraphrasetechnik in der deutschen Gesprächswortlexikographie bei Maaler ihren Ursprung nimmt.

Im Abschnitt „Das Triebwort" des Grammatikteils seines „Der Teutschen Sprache Stammbaum und Fortwachs/ oder Teutscher Sprachschatz" führt Stieler neben dem lat. *Interjectio* auch die Termini *Bewegungs-* und *Zwischenwort* ein.

„**Das Triebwort**", so schreibt er, „ist gleichfalls [wie das „Fůgwort", die Konjunktion — A. B.] unwandelbar/und wird also genant/weil es die **Gemütstriebe** und Herzensregungen gleichsam lebhaftig ausdrůcket [...]." (Ebd., Bd. 3, 194).

Die „Triebwörter" werden in Stielers Grammatik mit Hilfe Sprecherempfindungen ausdrückender Adjektive und Partizipien subspezifiziert in „**Ekellautende / Verwunderungsvolle / Anwůnschende / Beklagende / Wegtreibende / Fluchende / Jauchzende / Drohende / Lachende / Bittende / Rufende** und **Einhaltende**". Im Wörterbuchteil hingegen werden nur die entsprechenden lat. Termini, bestehend aus *interjectio* plus Sprecherempfindungen bzw. -intentionen ausdrükkende Adjektive, Gerundien und Partizipien, verwendet. Schon die Stielersche Typologie zeigt, daß als Interjektionen auch einige Sprechhandlungspartikeln aufgefaßt werden. Stielers Bedeutungserklärungen enthalten keine muttersprachlichen Paraphrasen mehr, sondern nur die lat. Angabe des Interjektionstyps sowie die Auflistung lat. Heteronyme. Außerdem werden phraseologische Wendungen oder Beispielsätze und Varianten sowie wiederum deren lat. Übersetzungen aufgeführt; etymologische Hinweise finden sich seltener. Anordnung und Beschreibungssprache sind zwar standardisiert, Abweichungen bleiben aber zugelassen.

*Ja* und *Nein* werden als Adverbien der Affirma-

74. Die Beschreibung von Gesprächswörtern

tion bzw. Negation abgehandelt. Für das abtönende *ja* wird ein eigenes Sublemma angesetzt, unter dem ein satzeinleitendes *ja* aufgeführt wird: „**Ja**/du bist ein feiner Kerl/eheu, qvåm pravus es!". An einigen Stellen deuten sich Gliederungs- und Rückmeldungsfunktionen durchaus an (vgl. **Gelt?** unter **Gilt/ Gelten** sowie die Artikel **Hůmm** und **He**).

Die einsprachig-deutschen Wörterbücher von Adelung und Campe enthalten durchweg „nichtstandardisierte" Artikel und liefern fortlaufende, bedeutungs- und gebrauchsbeschreibende, „narrative" (Wolski 1986, 13) Texte mit numerischer Untergliederung. Beide Wörterbücher verzeichnen eine Vielzahl von Gesprächswörtern, die in unterschiedlicher Art und Ausführlichkeit beschrieben werden. Auch im Hinblick auf die Gesprächswörter gilt, daß Campe zwar die Zahl der betreffenden Lemmata um etwa die Hälfte erhöht, die Länge der Artikel jedoch reduziert hat. Adelung verwendet nebeneinander die Bezeichnungen *Interjektion, Empfindungs-* oder *Zwischenwort, Partikel* (nur bei mehreren Teilbedeutungen), *unabänderliches Wort* **(paff)**, *Laut* bzw. *Ausdruck* plus Gefühlsangabe **(juch** bzw. **au).**

Sprechhandlungspartikeln werden oft durch ein Kompositum bestehend aus *-wort* plus Zweckangabe beschrieben („Abschiedswort": **ade**, „Aufmunterungswort": **hop**), während **ja** und **nein** als „Nebenwörter" (Campe: „Umstandswörter"), d. h. Adverbien geführt werden.

Campe führt für Interjektionen aller Art generell die Bezeichnung *Empfindungslaut* ein und verwendet auffälligerweise immer dort andere Wortartenkennzeichnungen („Wort", „Laut", „Ausruf", „Ausdruck" oder „Schallwort" für schallnachahmende Interjektionen), wo bereits Adelung den Terminus *Empfindungswort* gesetzt hatte. Rückmeldungs- und Gliederungsfunktionen werden z. T. verzeichnet:

Neben *Was gilts?* wird unter dem Lemma **gelten** auch *gelt* aufgeführt, das von Adelung und Campe gleichermaßen den „gemeinen Sprecharten" bzw. dem „gemeinen Leben" zugerechnet wird.

Zur bereits bei Maaler und Stieler ausgebildeten Empfindungs-Paraphrasetechnik kommt bei Adelung und Campe das (freilich nicht immer sehr restriktiv gehandhabte) „Überflüssigkeitsverdikt" hinzu (Ausdruck aus Wolski 1986, 53 ff.), das offenbar aus der Annahme resultiert, Gesprächswörter hätten (wenn sich kein durch sie ausgedrücktes Gefühl ermitteln läßt) keine Bedeutung.

So schreibt etwa Campe zur 8. Teilbedeutung von *ei* (als gesprächsakteinleitende Gliederungspartikel): „*Zuweilen wird es der Lebhaftigkeit wegen hinzugesetzt, ohne eine bestimmte Bedeutung zu haben. Ei nun, es mag sein [...].*" Während Campe ein mit *ja, nein* oder *freilich* verbundenes und daher „überflüssiges" *ach* dann noch akzeptiert, „*wenn eine besondere Lebhaftigkeit dadurch ausgedruckt werden soll*", nennt Adelung den „Antheil des Herzens" als Gradmesser für die Überflüssigkeit von „Empfindungswörtern" und weist in einer Anmerkung darauf hin, daß *ach* „der Schall, den der von einer beängstigten Brust ausgestoßene Athem verursacht", und daher „die natürliche Sprache des Herzens" sei.

Erstaunlich, daß es dennoch — Adelung und Campe zufolge — zum Ausdruck fast aller denkbaren Gefühle verwendet werden kann. *Ja* und *hm/hum*, Gliederungs- bzw. Rückmeldungspartikeln par excellence, werden im wesentlichen nur in ihren Sprechhandlungsfunktionen als Antwortreaktionen behandelt.

Über ein Jahrhundert germanistischer Arbeit am „Deutschen Wörterbuch", das die dritte der von Henne unterschiedenen Epochen der germanistischen Lexikographie geprägt hat, werden die deutschen Gesprächswörter von **ACH** bis **ZACK** von allen Bearbeitern einheitlich als *Interjektionen* bestimmt. Lediglich bei **JA, NEIN, NUN** und **SO** finden sich einige Abweichungen: Während M. Heyne **JA** als „part. affirmantis" bestimmt, klassifiziert M. von Lexer **NEIN** als „adv. u. interj. der verneinung", gesprächsschrittgliederndes **NUN** bleibt unter die Adverbien subsumiert, und das polyseme **SO** wird als einziges Gesprächswort als „partikel" beschrieben. Auch die Gesprächswortartikel im Grimmschen Wörterbuch sind vorwiegend narrativ, d. h. nur teilstandardisiert. Die nach der Wortartenzuweisung folgenden Synonym- oder Heteronymangaben bzw. Kurzparaphrasen können nur selten durch etymologische Hinweise ergänzt werden, dasselbe gilt für Kollokationsangaben oder Informationen über Folgekasus. Da nur literarische Belege verwendet werden, treten sprechsprachliche oder dialogische Verwendungen nicht in den Blick oder jedenfalls nur dort, wo diese selbst wieder in der Literatur erscheinen. Aus eben diesem Grunde werden Rückmeldungsfunktionen weder unter **HM** noch unter **HEM** oder **HUM** verzeichnet.

Man findet jedoch immerhin unter **HM** zwei pragmatische Kommentare, denn das *hm* „*eines sich räuspernden*" erscheint, wie es heißt, zu „*beginn einer längeren mündlichen erzählung*" und ließe sich von daher als Einleitungssignal auffassen. Und das hm „*eines überlegenden, bedenklichen, zweifelnden*" kann „*auch auf eine frage, um einer bestimmten antwort auszuweichen*", ausgesprochen werden.

Wie hier erscheinen die Kommentare nicht selten in genitivischen Formulierungen. Im Grimmschen Wörterbuch findet sich auch der erste **GELT**-Artikel der germanistischen Lexikographie. Zwar kommt R. Hildebrands Artikel in der Länge (6 Sp.) bei weitem nicht an die des wahrscheinlich von M. Heyne stammenden **SO**-Artikels (45 Sp.) heran, doch deutet sich ein Erkennen der bestätigungsheischenden Gliederungsfunktion an. Die Interjektions-Artikel im „Deutschen Wörterbuch" sind in der Regel kurz und enthalten etymologische Angaben, Gefühlsparaphrasen und Belege.

Das gilt für J. Grimms **AH-, AHA-, AUBEIA-, AUBI-, AUTSCH-** und **AUWE, AUWEH**-Artikel ebenso wie für den **BU**-Artikel seines Bruders Wilhelm, M. von Lexers Ausführungen zu **NA** und **PAF, PAFF,** V. Dollmayrs Artikel zum Lemma **UH** oder denjenigen M. Heynes zum Lemma **ZACK**.

Auch Daniel Sanders verzeichnet im „Wörterbuch der deutschen Sprache" als „interj." eine Vielzahl von Gesprächswörtern. Eine **Interjektion** ist dabei für Sanders

„*ein Ausruf der Empfindung als Redetheil, einen Satz unentwickelt in sich schließend und ohne Einfluß auf die Fügung 'Empfindelaut' sc.*";

die Paraphrasen sind entsprechend. Die lemmatisierten Gesprächspartikeln werden als „Ruf" bzw. „Ausruf" von Sprecherempfindungen beschrieben, wobei meist das Bestreben des Autors deutlich wird, Teilbedeutungen genetisch aufeinander zu beziehen. Sanders macht auch (z. B. bei **Ach** und **Hum**) Beziehungen bzw. Übergänge zwischen interjektionalen Verwendungen und Sprechhandlungsfunktionen (wie Zustimmung und Ablehnung usw.) transparent, verzeichnet nicht wenige Kurz-Kommandos von Fuhrleuten und anderen Berufszweigen. Oft wird am Anfang eines Gesprächswort-Artikels eine Zusammenfassung der Bedeutung des betreffenden Lexems geliefert, die dann im folgenden in Teilbedeutungen zerlegt wird, wobei Sanders in extremer Weise dazu neigt, für unterschiedliche Gefühle neue Sememe anzusetzen.

Bemerkenswert ist, daß die erste Teilbedeutung von **Hum** zwar, wie in der Lexikographie bis heute üblich, als „*Ton des Räusperns*" beschrieben wird, dann jedoch der seine pragmatische Leistung zumindest andeutenden Zusatz erfährt: „*z. B. als stimmreinigende Vorbereitung zum Reden; als Zeichen, um Jemandes Aufmerksamkeit zu erregen, sich ihm bemerklich zu machen, ihn zu rufen [. . .].*"

Ungewöhnlich viele Interjektionen sind im „Deutschen Wörterbuch" von Hermann Paul verzeichnet; allerdings werden die meisten kurz, einige sogar recht dürftig abgehandelt, z. B.:

**eh 1.** Interjektion, von Goe. nicht selten gebraucht (Laune d. Verl. 447). **2.** = ehe.

Zwar werden diese Partikeln fast immer als *Interjektionen* bestimmt, aber gelegentlich finden sich auch die Abweichungen „Kommandowort" (eine der Teilbedeutungen von **los**), „Schallwort" (**bum, bums** dagegen firmiert als „U. Interj.") oder „schallnachahmendes Wort" (**bim**). Die Artikel sind narrativ bis teilstandardisiert. Das historische Wörterbuch Pauls verzichtet nicht selten auf eine nähere etymologische Bestimmung der Interjektionen (das beweist nicht zuletzt die etwas hilflose Beschreibung von **au** als „alter Naturlaut").

Obwohl sehr viele Interjektionen verzeichnet sind, muß das Fehlen der Lemmata **ah, aha, he** oder **ho** und insbesondere des archaischen *ei, eia* überraschen, das man gerade in einem historischen Wörterbuch erwartet hätte. Illokutionsvollziehendes *bitte* ist ebensowenig verzeichnet wie die illokutionstransformierenden *gefälligst* und *ruhig*.

Während Paul auf die Beschreibung von Abtönungsfunktionen eine gewisse Mühe verwendet, fehlen die Lemmata **hem, hm, hum** ganz, und unter **gut** oder **nicht** sind keinerlei dialogische Funktionen aufgeführt. **ja, na** und **nun** in der gesprochenen Sprache werden vor allem als kurzes Nachdenken signalisierende Pausenfüller gesehen. Während eine Menge schallnachahmender Interjektionen und Kommandowörter verzeichnet sind, besteht bei der Beschreibung von Rückmeldungs- und Gliederungsfunktionen bzw. -partikeln durchweg ein großer Nachholbedarf. Pauls im Vorwort erhobener Anspruch, wonach „auch die sonst sehr vernachlässigten Partikeln" in seinem Wörterbuch „eingehende Berücksichtigung gefunden" hätten, wird nur sehr unvollkommen eingelöst; vgl. dazu auch Wolski (1986, 97). Der Bearbeiter W. Betz fügt den Paulschen Gesprächswortartikeln so gut wie nichts hinzu.

„Trübners Deutsches Wörterbuch", das extrem wenig Gesprächswörter verzeichnet, markiert gleichsam das Ende der „narrativen" Lexikographie. Es enthält kleine, Wortgeschichte, Bedeutungen und syntaktische Verwendungstypen kommentierende Abhandlungen zu den einzelnen Lemmata; die Belege sind jeweils in den Artikeltext integriert, Literaturhinweise bzw. Quellen als

Fußnoten an dessen Ende gesetzt. Die enthaltenen Gesprächswörter werden zumeist als „Interj." mit Gefühls- oder Geräuschbezeichnung, manchmal jedoch als „Ausruf" bzw. „Empfindungswort" beschrieben.

Während **ja** und **nein** jeweils als „Adverb" bestimmt werden, findet sich unter **na** und **so** lediglich die grammatisch begründete Angabe „Partikel".

Auffällig ist, daß die Interjektionen nicht selten als in anderen Sprachen annähernd gleiche, weil entweder schallnachahmende oder „unwillkürlich ausgestoßene" „Naturlaute" beschrieben werden (so z. B. **ach** und **pfui**). Neben vielen echten Interjektionen sind auch **hem, hm, hum** nicht lemmatisiert. Dafür sind die Artikel zu den Rückmeldungs-, Gliederungs- und Sprechhandlungspartikeln durchaus von Interesse, weil sie auch einige pragmatische Angaben enthalten (s. z. B. *gelt* unter **gelten** oder *nicht wahr* unter **nicht**).

Im **ja**-Artikel klingen die verschiedenen Stufen der *ja*-Gliederungsskala an, wenn es dort u. a. heißt, ein „fragendes, durch Nebensätze und entgegenstehende Behauptungen eingeschränktes Ja" verliere „mehr oder weniger seinen Wert als Bestätigung oder Zustimmung" und sinke „zu einem satzeröffnenden Wort sehr unbestimmter Bedeutung" herab.

## 3. Die gegenwärtige gesprächswort-lexikographische Praxis

Die lexikographische Praxis unserer Gegenwart ist vor allem durch das Streben nach Quantität der Lemmata und Kürze der Artikel bestimmt, die man durch den extensiven Gebrauch von Abkürzungen, diakritischen Zeichen, elliptischen Sätzen usw. zu erzielen sucht. Der Wunsch nach klaren, numerischen Artikelgliederungen ist unverkennbar. Aber sicher ist auch, daß die standardisierte Artikelform und die wortkargen Formulierungen Vereinfachungen provozieren, was sich im Bereich der Gesprächswortlexikographie dann in der Dominanz von Empfindungsparaphrasen niederschlägt.

Auch im „Wörterbuch der deutschen Gegenwartssprache" (WDG), als dem Vorbild aller gegenwärtigen Wörterbücher des Deutschen, sind verhältnismäßig viele Gesprächswörter und -funktionen verzeichnet. Den Interjektionen wird generell eine rein symptomatisch-emotionale Funktion zugewiesen, wo sie nicht deutlich schallnachahmend sind. Während die Modalpartikeln ab dem Lemma **denn** als „partikelhaft, ohne eigentliche Bedeutung" bestimmt werden (vgl. Wolski 1986, 156), erfahren die übrigen Gesprächswörter keine echte Wortartenzuweisung, sondern werden entweder als „lautnachahmend" oder als „Ausdruck einer Empfindung" **(ach)**, „Ausruf" **(au, hui, husch, oh, oha, oho** u. v. a. m.) mit näherer Bestimmung durch empfindungsbezeichnende Substantive beschrieben oder bleiben ohne nähere Angabe. Im Gegensatz zu fast allen anderen Interjektionen, die ohne Angabe der Wortart bleiben, wird **zack** seltsamerweise als „Adverb" geführt. Die generelle Unsicherheit in der Wortartenzuweisung wird durch uneinheitliche und unsystematische Beschreibungsformen zu überwinden gesucht. Die der zumeist substantivisch oder verbal bzw. partizipial formulierten Empfindungs- oder Geräuschparaphrase in der Regel vorausgehende Angabe einer Stilschicht bei Gesprächswörtern ist besonders kurios. Die meisten dieser Wörter gelten den DDR-Lexikographen als umgangssprachlich, *zack* dagegen als „salopp". Nach der Paraphrase folgen Beispiele und/ oder Belege.

Es werden in einigen Fällen (**ja, nein, ach, hm, hopp** u. v. a.) mehrere Teilbedeutungen unterschieden, denen manchmal die Angabe einer übergeordneten Bedeutung vorangestellt wird (so bei **ach** oder **au**). Dem „Ausdruck einer Empfindung" **ach** werden 6 Teilbedeutungen zugeordnet, von denen allein 5 in der Angabe konkurrierender Sprechergefühle — von „Schmerz" über „Sehnsucht" und „Bedauern" bis hin zu „Staunen" und „Betroffenheit". Während die rückmeldende Funktion ganz verschwiegen wird, findet sich unter f) eine Erläuterung des gliedernden *ach* „eines plötzlichen Einfalls", „eines plötzlichen Verstehens (als Antwort auf eine Erklärung)" sowie „eines plötzlichen Entschlusses".

Zwar werden hier im lexikographischen Kommentar pragmatisch-dialogische Momente ausdrücklich erwähnt bzw. über die Beispiele deutlich, doch wird die eigentliche Leistung der Partikeln im Gefühlsausdruck gesehen. Der Standard für die standardisierten Gesprächswortartikel besteht in der genitivisch-elliptisch formulierten Angabe psychischer Sprecherzustände. Es ist deswegen nur konsequent, wenn das zusammenfassend-verkürzende „Handwörterbuch der deutschen Gegenwartssprache" (HWDG) die im WDG aufgeführten emotionalen Teilbedeutungen zum abstrakten Gefühlsausdruck erklärt, der jeweils kontextuell typische Monosemierungen erfahre. Beide Wörterbücher verfahren in fast allen Belangen ziemlich ähnlich. Insgesamt wird das Bestreben deutlich, die Anzahl der schallnachahmenden Interjektionen im Wörterbuch möglichst gering zu halten.

Von allen Wörterbüchern der Geschichte germanistischer Lexikographie sind die Interjektionen im „großen Wörterbuch der deutschen Sprache" (GWB) mit Abstand am vollständigsten verzeichnet. Gesprächswörter aller Art werden fast immer als „⟨Interj.⟩" bestimmt, seltener auch als „⟨Adv.⟩", wie etwa **ahoi, los, gefälligst, so (I.), ja** oder **nein**. In einigen Fällen fehlt die Angabe der Wortart, so z. B. bei **knack** und **schwipp**. Die Wortartenangabe folgt nach der phonetischen Beschreibung, danach werden kurze Hinweise zur Lautgeschichte, seltener auch solche zur Herkunft und sozio- oder dialektalen Verwendung gegeben. Zwar werden im GWB Bedeutungsangaben generell kursiv gesetzt (vgl. auch Vorwort, 17), in den Gesprächswortartikeln sind jedoch kursiv gesetzte Angaben — außerhalb der in Klammern eingeschlossenen Beispielparaphrasen — außerordentlich selten. In manchen Artikeln werden lexikographische Paraphrasen optisch nicht vom übrigen Text abgehoben, was auf eine gewisse Unsicherheit in der Paraphrasetechnik und auf Probleme der Unterscheidung von semantischen und pragmatischen Angaben schließen läßt. Die „emotiven" Interjektionen werden überwiegend in der Form „Ausruf" plus Gefühlsangabe beschrieben, umittelbare Empfindungsausdrücke wie *au, aua* oder *huhu* („Ausdruck einer plötzlichen Kälteempfindung") werden als „Ausdruck" bezeichnet oder, wie **ach**, mit der verbalen Formel „drückt aus:" plus Gefühlsangaben, nach denen der Artikel untergliedert wird. Fuhrmannskommandos und konventionalisierte Rufformen des Aufmerksamkeiterregens werden überwiegend als „Zurufe" erläutert, **hört, hört!** (Sublemma zu **hören**) als „⟨Zwischenruf in der Versammlung, mit dem man sein Mißfallen bekundet⟩". Schallnachahmende Interjektionen werden generell als „lautm. für" mit Geräusch- und Geräuschquellenangabe beschrieben. Die Gefühls- und Geräuschangaben erscheinen in der Regel in der Gestalt von Genitivattributen, es finden sich aber auch Formulierungen wie „Ausruf zum" oder „Ausruf bei". Obwohl das GWB in einer Zeit entstanden ist, in der man sich in der Germanistischen Linguistik verstärkt der Untersuchung gesprochener Sprache zuwandte und dabei auch die Rolle und Bedeutung der Partikeln neu zu überdenken begann, sind die GWB-Artikel zu **hm** und **gelt** ziemlich schwach: So bleiben bei **hm** Rückmeldungs- und Gliederungsfunktion als Hauptverwendungsweisen dieser Partikel unberücksichtigt, dafür werden 5 andere Teilbedeutungen unterschieden. Im **ja**-Artikel wird unter 7. — zum ersten Mal in der Geschichte der germanistischen Lexikographie — der bewußte Versuch unternommen, Rückmeldungsfunktionen zu beschreiben:

7. ⟨alleinstehend⟩ (ugs.) **a)** bestätigt [statt Namensnennung] am Telefon Gesprächsbereitschaft u. Verständnis: *ja? (wer ist dort?; was wünschen Sie?); hallo?); ja (habe verstanden, nur weiter!);* **b)** drückt einen Zweifel, eine Frage aus, wenn man etwas nicht verstanden hat od. nicht glauben will: *ja? (wie bitte?; was sagten Sie?; tatsächlich?);* [...].

Die Einschränkung der rückmeldenden Funktion aufs Telefonieren bleibt freilich unverständlich.

Die meisten Gesprächswortartikel werden im „Deutschen Universalwörterbuch" (mit leichten Kürzungen, die meist nur die Beispiele betreffen) übernommen. Einige, die Beschreibung von Rückmeldungs- und Gliederungspartikeln bzw. -funktionen betreffende Änderungen sind jedoch bedeutsam: (1) für solche Wörter bzw. Funktionen wird nunmehr der relativ weit gefaßte Begriff „Partikel" verwendet, deshalb müssen (2) einige Artikel geändert und neu gegliedert werden.

Die an sich gutgemeinte Neufassung des Partikelbegriffs als *„die Bedeutung einer Aussage modifizierendes [unbetontes] Wort ohne syntaktische Funktion [u. ohne eigene Bedeutung]"* kann jedoch nicht weiterführen, weil sie a) nicht konsequent durchgehalten wird und b) sachlich unangemessen ist.

Der Gesprächswortlemmabestand im „Brockhaus-Wahrig" (BW) weicht weder in Anzahl noch in Auswahl nennenswert von der in den Duden-Wörterbüchern ab und orientiert sich an den vorliegenden lexikographischen Arbeiten von G. Wahrig einerseits und dem Konkurrenzunternehmen andererseits. Während die Duden-Wörterbücher eher zur einstelligen Gliederung, d. h. zur Angabe separater Teilbedeutungen neigen, versuchen die Autoren des BW, Teilbedeutungen unter übergeordnete semantische und syntaktische Funktionen zusammenzufassen, wodurch — im Falle von **ja** — das Gesprächsbereitschaftssignal beim Telefonieren und kurioserweise sogar die „Zweifel" ausdrückende Rückfrage unter **1,** „(Partikel der Affirmation) Ggs *nein*" zu stehen kommen. Zwar ist der Versuch einer besseren Verdeutlichung der Beziehungen zwischen den einzelnen Teilbedeutungen durch stärkere numerische Untergliederung zu begrüßen, doch wurden dabei nicht immer die richtigen Grenzlinien gezogen. Es fällt auf, daß im BW nicht eindeutig geklärt ist, was als (kursiv zu setzende) Bedeutungsangabe anzusehen ist.

Die Interjektionen werden als „⟨Int.⟩" mit Erläuterung durch „Ausruf" plus Gefühlsangabe oder durch eine Geräuschbeschreibung behandelt, die entweder substantivisch als *„zur Bez. des Geräusches X"* oder partizipial als *„das Geräusch X bezeichnend"* formuliert sein kann und manchmal den Zusatz „lautmalend" enthält.

Insgesamt läßt sich sagen, daß der BW, auch was die Gesprächswortlemmata anbetrifft, eine verkürzende, seltener: anders akzentuierende, Popularfassung des GWB ist.

## 4. Desiderate für eine künftige Gesprächswortlexikographie

Gesprächswörter aller Art sind zwar nur Randerscheinungen, aber sie gehören zum Inventar der Sprache und sollten daher in gemäßer Form im Wörterbuch verzeichnet sein, zumal sie mit geringem Aufwand präziser beschrieben werden könnten, als die bisherige Praxis dies bezeugt. Damit würde — wenigstens in diesem einen Punkt — der Stand der lexikographischen Praxis an der gegenwärtigen linguistisch-pragmatischen Forschung angepaßt und zugleich Fremdsprachenlernern eine wichtige Hilfe zum Lernen und Verstehen der speziellen Mittel gesprochener Sprache an die Hand gegeben. Künftige Gesprächswortartikel sollten daher den folgenden Bedingungen genügen:

(1) Statt vager Zuordnung zur Klasse der Konjunktionen, Adverbien und Interjektionen oder diffuser Verwendung des Partikelbegriffs könnte der Terminus *Gesprächswort* als allgemeine Wortartenzuweisung (zumindest mit den Unterklassen: Interjektion, Rückmeldungs-, Gliederungs- und Sprechhandlungspartikel) eingebürgert werden.

(2) Statt der Hypostasierung von typischen Kontexten zu Bedeutungen oder bloßer Empfindungs-Paraphrasetechnik könnten die konversationellen Leistungen der Gesprächswörter deutlicher, einheitlicher und weniger ad hoc beschrieben werden, und zwar auf der Basis dialogischer Beispiele.

(3) Statt einer Beschränkung auf literarische bzw. Kompetenzbelege wären für Gesprächswortartikel Belege aus Textkorpora gesprochener Sprache vorzuziehen.

(4) Statt des gängigen Überflüssigkeitsverdikts oder der Flucht in die Auflistung typischer Sprecherempfindungen wären standardisierte Beschreibungsverfahren für die unterschiedlichen Funktionsklassen vonnöten, z. B. auf der Basis eines skalenartigen Artikelaufbaus bei den Rückmeldungs- und Gliederungspartikeln und der Angabe allgemeiner Sprechereinstellungen, -erwartungen und -wertungen (bei den Interjektionen) statt der üblichen Auflistung einer Vielzahl sich z. T widersprechender Sprecherempfindungen.

(5) Teilbedeutungen sollten — gemäß „Occam's Razor" — reduziert und systematischer aufeinander bezogen werden.

(6) Wortfeldbeziehungen sollten einbezogen und in den Artikeln deutlich gemacht werden.

(7) Syntaktische Hinweise könnten auf der Basis der Termini *satzassoziiert, satzintegriert, satzwertig* oder *gesprächsakteinleitend, -ausleitend* und *-intern-gliedernd* (vgl. Henne 1978, 46) formuliert werden.

(8) Sprecher- und hörerseitige Verwendungen sollten deutlich differenziert werden.

(9) Über standardisierte und dadurch eher stereotype Artikel hinaus böten sich „narrative" und dadurch flexiblere Darstellungsformen an (vgl. aber Punkt 4.).

(10) Eine über die bloße lautschriftliche Angabe hinausgehende phonetische Beschreibung — wie sie die angelsächsische Lexikographie vorexerziert — mit einer Aufzählung möglicher Aussprachevarianten wäre in vielen Fällen wünschenswert.

Die den Gesprächswort-Artikeln in den einsprachigen Wörterbüchern des Deutschen eigene unverkennbare Erb-Ärmlichkeit zu beseitigen, ist eine der lösbaren Aufgaben der Lexikographie der Zukunft.

## 5. Literatur (in Auswahl)

### 5.1. Wörterbücher

*Adelung* = Johann Christoph Adelung: Grammatisch-kritisches Wörterbuch der hochdeutschen Mundart mit beständiger Vergleichung der übrigen Mundarten, besonders aber der Oberdeutschen. Leipzig 1793 ff. [zweyte verm. und verb. Ausg.].

*BW* = Brockhaus-Wahrig. Deutsches Wörterbuch (in sechs Bänden). Wiesbaden. Stuttgart 1980—1984 [zus. 5310 S.].

*Campe* = Joachim Heinrich Campe: Wörterbuch der deutschen Sprache. Braunschweig 1807 ff.

*Grimm* = Jacob und Wilhelm Grimm: Deutsches Wörterbuch. Leipzig 1854 ff.

*GWB* = Duden. Das große Wörterbuch der deutschen Sprache in sechs Bänden. Mannheim. Wien. Zürich 1976—1981 [zus. 2432 S.].

*HWDG* = Handwörterbuch der deutschen Gegenwartssprache. In zwei Bänden. Berlin (DDR) 1984 [zus. 1399 S.].

*Maaler 1561* = Josua Maaler: Die Teütsch Spraach. Dictionarium Germanicolatinum novum. [Nachdruck der Ausgabe Zürich 1561. Mit einer

Einführung von G. de Smet. Hildesheim. New York 1971, 536 S.].

*Paul 1897* = Hermann Paul: Deutsches Wörterbuch. Halle a. d. Saale 1897 sowie die Bearbeitung von W. Betz. Tübingen 1981 [841 S.; 8., unveränderte Aufl.].

*Sanders* = Daniel Sanders: Wörterbuch der deutschen Sprache. Mit Belegen von Luther bis auf die Gegenwart. 3 Bde. Leipzig 1860 ff. [zus. VIII, 3409 S.; Nachdruck mit einer Einführung von W. Betz. Hildesheim 1968].

*Stieler 1691* = Kaspar Stieler: Der Teutschen Sprache Stammbaum und Fortwachs / oder Teutscher Sprachschatz. [Nachdruck der Ausgabe Nürnberg 1691. Mit einer Einführung und Bibliographie von G. Ising. Hildesheim 1968, 2672 Sp.].

*Trübner* = Trübners Deutsches Wörterbuch. 8 Bde. Berlin 1939 ff.

*Universalwörterbuch* = Duden. Deutsches Universalwörterbuch. Mannheim. Wien. Zürich 1983 [1504 S.].

*WDG* = Wörterbuch der deutschen Gegenwartssprache. 6 Bde. Berlin (DDR) 1961 ff. [zus. 4579 S.].

5.2. Sonstige Literatur

*Brinkmann 1962* = Hennig Brinkmann: Die deutsche Sprache. Gestalt und Leistung. Düsseldorf 1962.

*Burkhardt 1982* = Armin Burkhardt: Gesprächswörter. Ihre lexikologische Bestimmung und lexikographische Beschreibung. In: W. Mentrup (Hrsg.): Konzepte zur Lexikographie. Studien zur Bedeutungserklärung in einsprachigen Wörterbüchern. Tübingen 1982 (RGL 38), 138—171.

*Burkhardt 1982a* = Armin Burkhardt: Die kommunikativen Funktionen von *ja* und ihre lexikographische Beschreibung in Wörterbüchern. In: Muttersprache 92. 1982, 337—361.

*Ehlich 1986* = Konrad Ehlich: Interjektionen. Tübingen 1986.

*Henne 1977* = Helmut Henne: Nachdenken über Wörterbücher: Historische Erfahrungen. In: G. Drosdowski/H. Henne/H. E. Wiegand: Nachdenken über Wörterbücher. Mannheim. Wien. Zürich 1977, 7—49.

*Henne 1978* = Helmut Henne: Gesprächswörter. Für eine Erweiterung der Wortarten. In: H. Henne/W. Mentrup/D. Möhn/H. Weinrich (Hrsg.): Interdisziplinäres deutsches Wörterbuch in der Diskussion. Düsseldorf 1978, 42—47.

*Henne 1979* = Helmut Henne: Die Rolle des Hörers im Gespräch. In: I. Rosengren (Hrsg.): Sprache und Pragmatik. Lunder Symposium 1978. Lund 1979, 122—134.

*Henne/Rehbock 1982* = Helmut Henne/Helmut Rehbock: Einführung in die Gesprächsanalyse. Berlin. New York 1982, 2., verb. u. erw. Aufl. (Sammlung Göschen 2212).

*Kühn 1979* = Peter Kühn: AHA! Pragmatik einer Interjektion. In: Deutsche Sprache 7. 1979, 289—297.

*Weydt 1977* = Harald Weydt: Ungelöst und strittig. In: H. Weydt (Hrsg.): Aspekte der Modalpartikeln: Studien zur deutschen Abtönung. Tübingen 1977 (Konzepte der Sprach- und Literaturwissenschaft 23), 217—225.

*Wolski 1986* = Werner Wolski: Partikellexikographie. Ein Beitrag zur praktischen Lexikologie (with an English Summary). Tübingen 1986.

*Armin Burkhardt, Braunschweig (Bundesrepublik Deutschland)*

# 75. Die Beschreibung von Routineformeln im allgemeinen einsprachigen Wörterbuch

1. Routineformeln im Vergleich zu anderen phraseologischen Einheiten
2. Wo findet man Routineformeln im Wörterbuch?
3. Wie werden Routineformeln im Wörterbuch beschrieben?
4. Ausblick: Lexikographische Prinzipien für die Notation und Deskription von Routineformeln
5. Literatur (in Auswahl)

## 1. Routineformeln im Vergleich zu anderen phraseologischen Einheiten

*Guten Tag, Entschuldigung, Was gibts Neues, Wer war noch zugestiegen* werden in der Phraseologie als „pragmatische Idiome" (Burger 1973), „kommunikative Formeln" (Fleischer 1982) oder als „Routineformeln" (Coulmas 1981) bezeichnet. Sie wurden in der phraseologischen Forschung lange Zeit recht stiefmütterlich behandelt: Dies lag daran, daß man sich bei der Beschreibung phraseologischer Einheiten vor allem mit definitorischen, klassifikatorischen und morphologisch-syntaktischen Problemen auseinandersetzte und Routineformeln daher „eher in einer Teiltheorie der Pragmatik als im Rahmen einer semantisch orientierten Idiomatik" behandelt werden sollten (Burger 1973, 600). Routineformeln sind im Vergleich zu anderen phraseologischen Einheiten (vgl. Art. 46) einerseits sehr formelhaft oder stereotyp, und andererseits ist ihr Gebrauch an spezifische Situationen und situationelle Bedingungen gebunden:

F. Coulmas (1981, 67 f.) definiert Routineformeln dann auch als „in ihrem Vorkommenskontext relativ stark eingeschränkte verbale Stereotype"; sie bilden das „strategische Repertoire verbaler Mittel zur Bewältigung wiederkehrender Kommunikationssituationen."

Dies bedeutet: Routineformeln können nicht allein aufgrund formaler Kriterien beschrieben und bestimmt werden; vielmehr müssen sie erfaßt werden „im Zusammenhang einer Theorie des menschlichen Verhaltens, die verbales wie averbales Verhalten umfassen" muß (Burger 1973, 59). Aus diesem Grunde lassen sich Routineformeln recht gut von anderen phraseologischen Einheiten abgrenzen (vgl. Gülich 1978, 3; Coulmas 1981, 53—69; Fleischer 1982, 35—115; Burger/Buhofer/Sialm 1982, 20—60): Redewendungen *(jemanden übers Ohr hauen)* sind feste Wortverbindungen mit abgeleiteter Bedeutung, die als unselbständige Elemente in andere Äußerungen eingebettet sind; es sind vorgeformte Syntagmen. Sprichwörter *(Die Katze läßt das Mausen nicht)* sind satzwertig mit einer abgeleiteten Bedeutung, die eine kollektiv autorisierte Moral oder Bewertung einschließt. Gemeinplätze *(Was sein muß, muß sein!* vgl. Gülich 1978) sind ebenfalls satzwertig; es sind vorgeformte Sätze mit meist tautologischer oder trivialer Bedeutung. Ihr Gebrauch ist relativ situationsindifferent und dient vor allem zur Sicherung der Kontaktherstellung und -aufrechterhaltung. Routineformeln können entweder als vorgeformte Syntagmen (z. B. *ehrlich gesagt, [...];* vgl. Viehweger 1983) oder als vorgeformte (Kurz-)Sätze (z. B. *Guten Appetit!* vgl. Kühn 1984, 187 ff.) vorliegen; im Unterschied zu den übrigen Phraseologismen werden sie jedoch situationstypisch verwendet, um bestimmte Routine-Handlungen auszuführen.

Da Routineformeln zum einen in typischen, immer wiederkehrenden Situationen gebraucht werden, liegt es auf der Hand, diese besondere Art von Phraseologismen hinsichtlich ihres situations- und institutionsspezifischen Gebrauchs zu klassifizieren: z. B.: auf dem Bahnsteig *(Einsteigen und Türen schließen)*, am Fahrkartenschalter *(Einmal Pluwig und zurück)* oder im Sprechzimmer *(die nächste bitte)*.

Da Routineformeln zum anderen vor allem als textgliedernde oder kommunikationssteuernde Signale verwendet werden (vgl. Fleischer 1982, 131), differenziert man sie häufig nach kommunikativen Funktionen (Coulmas 1981, 117—120):

Gesprächssteuerungsformeln (z. B. *Da fällt mir gerade folgendes ein*), Höflichkeitsformeln (z. B. *Entschuldigung*), metakommunikative Formeln *(Um auf deine Frage zurückzukommen)*, psychoostensive Formeln (z. B. *Ich bedauere Ihnen mitteilen zu müssen*) und Verzögerungsformeln (z. B. *Da muß ich erst mal überlegen*) (vgl. auch Pilz 1981, 73 ff.; Fleischer 1982, 135).

Die Klassifikationen werden dabei um so differenzierter, je enger die einzelnen Funktionen gefaßt bzw. formuliert werden (vgl. Heinemann 1984).

## 2. Wo findet man Routineformeln im Wörterbuch?

In allgemeinen einsprachigen Wörterbüchern werden Routineformeln entweder lemmatisiert oder sie sind als Stellenbelege aufgeführt. Dabei läßt sich zunächst einmal feststellen, daß nur die wenigsten Routineformeln lemmatisiert werden; zudem handelt es sich ausschließlich um satzwertige Höflichkeitsformeln wie Grußformeln (z. B. *Guten Tag!*), Abschiedsformeln *(Auf Wiedersehen!)*, Festtagsgrußformeln *(Frohes Fest!)*, Gruß- und Wunschformeln aus Beruf *(Glück auf!)* und Freizeit *(Petri Heil!)* oder um Tischformeln *(Guten Appetit!)*. Allerdings zeigt sich bei einer genaueren Analyse, daß Routineformeln weder zwischen verschiedenen Wörterbüchern noch innerhalb eines Wörterbuches nach einheitlichen Notationsprinzipien aufgeführt werden: Im Duden-Wörterbuch (1976—1981) ist die Gruß- und Wunschformel **Petri Heil!** striktalphabetisch lemmatisiert; andere Gruß- oder Wunschformeln wie **Weidmannsheil!, Gut Holz!, Glück auf!, Guten Tag!, Guten Appetit** oder **Auf Wiedersehen!** sind unter dem jeweiligen Substantiv nestalphabetisch lemmatisiert (vgl. Art. 38), *Frohes Fest! Herzlichen Glückwunsch!* oder *Zum Wohl(e)!* dagegen unter dem entsprechenden Substantiv als Stellenbelege aufgeführt. Im Wörterbuch der deutschen Gegenwartssprache (WdG 1974—1977) wiederum werden die meisten Routineformeln als Stellenbelege genannt — allerdings in der Regel immer in Verbindung mit einer Bedeutungserklärung. Alle aus dem Duden-Wörterbuch genannten Formeln finden sich als Stellenbelege auch im WdG, mit Ausnahme des nestalphabetisierten **Weidmannsheil!** (vgl. auch Wahrig 1977).

*Schi Heil!* fehlt im Duden-Wörterbuch, wird im WdG und Wahrig (1977) als Beleg unter **Heil** aufgeführt und als 'Grußformel der Schiläufer' erklärt; das striktalphabetisch lemmatisierte **Petri Heil!** aus dem Duden-Wörterbuch findet sich dagegen nicht im Wahrig und wird im WdG wiederum als Stellenbeleg unter **Heil** aufgeführt.

Noch uneinheitlicher und undurchschaubarer ist die Notation von (vor allem nicht satzwertigen) Routineformeln als Stellenbelege:

So findet man im Duden-Wörterbuch unter **Wortmeldung** die institutionstypischen Formeln *seine Wortmeldung zurückziehen* und *Gibt es noch Wortmeldungen?*, unter **Aufmerksamkeit** jedoch beispielsweise nicht *Ich danke Ihnen für Ihre Aufmerksamkeit*, die Formel *Ich eröffne die Aussprache* findet man weder unter **eröffnen** noch unter **Aussprache**.

Dabei sind weiterhin die unterschiedlichen Nennformen der aufgelisteten Routineformeln zu kritisieren (vgl. auch Burger 1983, 59 ff.):

So wird im Duden-Wörterbuch unter **Wortmeldung** eine Routineformel in infinitivischer Form notiert, *seine Wortmeldung zurückziehen*, eine andere wird dagegen deskriptiv angeführt: *der Diskussionsleiter bat um eine Wortmeldung*; im WdG wird dagegen notiert: *jmd. zieht seine Wortmeldung zurück* und *ich bitte um Wortmeldungen*.

Auf diese Art und Weise wird einerseits die grammatische, syntaktische und/oder semantische Stereotypie von Routineformeln verdeckt, andererseits werden Möglichkeiten zur situationstypischen Kennzeichnung vertan. In diesem Sinne bessere Nennformen wären: *als Diskussionsteilnehmer seine Wortmeldung zurückziehen* und *als Diskussionsleiter um Wortmeldungen bitten*.

Die uneinheitliche Notationspraxis zeigt, daß in der bisherigen Wörterbuchschreibung (1) den zahlreichen Routineformeln keine besondere Aufmerksamkeit geschenkt wurde, (2) die sprachlichen Besonderheiten von Routineformeln keine Beachtung gefunden haben. Die Prinzipien ihrer Aufnahme und Notation sind schwer bestimmbar — auf keinen Fall jedoch auf die Spezifik solcher Formeln bezogen. Einerseits scheint diese Lücke in der Wörterbuchschreibung überraschend, gehören doch Routineformeln als sprachliche Versatzstücke sicherlich zu denjenigen Ausdrücken, die in den gleichen Kommunikationssituationen immer wieder auftreten. Auf der anderen Seite gehört das Sichten und Registrieren von Routineformeln wohl deshalb zu den vernachlässigten Gebieten lexikographischer Theorie und Praxis, weil die Erforschung von Routineformeln erst am Anfang steht und obendrein allem Formelhaften in der Sprache lange Zeit etwas „Anrüchiges" anhaftete. Die undifferenzierte Aufnahme und Notation von Routineformeln liegt nicht zuletzt auch daran, daß die lexikographische Bearbeitung der Phraseologismen im allgemeinen als mangelhaft bewertet werden muß und bei weitem nicht dem Forschungsstand der Phraseologie entspricht (vgl. Burger 1983 und Art. 46).

## 3. Wie werden Routineformeln im Wörterbuch beschrieben?

Möchte man sich in einsprachigen Wörterbüchern über die Bedeutung von Routineformeln informieren, so erleidet man kläglich Schiffbruch:

So findet man im Duden-Wörterbuch unter **ehrlich** zwar *wenn ich ehrlich bin, ich muß ehrlich sagen* oder *ehrlich gesagt*, Bedeutungsangaben für diese Routineformeln werden jedoch nicht gegeben; im WdG findet man unter **wissen** *weißt du schon das Neu(e)ste?* — ebenfalls ohne jeglichen Bedeutungshinweis.

Es ist aus lexikographischer wie phraseologischer Sicht recht naiv, wenn Wörterbuchschreiber zur Bedeutungserläuterung von Lemmata Routineformeln als Stellenbelege anführen, wenn der situationsabhängige, stereotypische Gebrauch solcher Formeln nichts mit der angesetzten Lemma-Bedeutung zu tun hat.

So steht die Routineformel *Weißt du schon das Neu(e)ste?* gerade nicht in Beziehung mit der Bedeutung von **wissen** 'durch eigene Erfahrung od. Mitteilung von außen Kenntnis von etw., jmdm. haben, so daß man zuverlässige Aussagen machen, die betreffende Sache wiedergeben kann' (Duden-Wörterbuch Bd. 6, 1981, 2892).

Die Zuordnung der Routineformel unter diese Bedeutung von **wissen** (vgl. auch Brockhaus-Wahrig Bd. 6, 1984, 760; HdG Bd. 2, 1984, 1346; WdG Bd. 6, 1977, 4371; Wahrig 1977, 4165) ist eine lexikographische Verleitfährte, denn sie suggeriert eine echte Frage danach, ob mein Kommunikationspartner schon Kenntnis vom Neuesten habe; in diesem Sinne findet sich für diese Routineformel bei Agricola (1976, 772) sogar eine Bedeutungserklärung: 'unterrichtet sein über'. Mit *Weißt du schon das Neu(e)ste?* fragt der Sprecher jedoch nicht nach dem Kenntnisstand seines Gegenüber, sondern leitet einen Redebeitrag ein und versichert sich gleichzeitig der Kooperation und Aufmerksamkeit seines Gesprächspartners, indem er etwas Unerwartetes andeutet. Neben solchen lexikographischen Verleitfährten findet man bei der Beschreibung von Routineformeln geradezu krasse Fehldeutungen:

so steht unter dem Lemma **zusteigen** im WdG (Bd. 6, 1977, 4526) u. a. der Beleg *ist noch jmd. zugestiegen?* mit der Erklärung 'Frage des Schaffners an die Fahrgäste', oder unter dem Lemma **einfallen** in der Bedeutung 'in den Sinn kommen' im Wahrig (1977, 1034) der Beleg *da fällt mir gerade folgendes ein.*

Mit solchen Bedeutungsangaben ist natürlich keinesfalls der besondere Gebrauch dieser Routineformeln abgedeckt: *Ist noch jemand zugestiegen?* ist keine Informationsfrage des Fahrkartenkontrolleurs, sondern eine höfliche Aufforderung an die Fahrgäste, ihre Fahrausweise vorzuzeigen. Wenn man in einem Gespräch äußert *Da fällt mir gerade folgendes ein,* so will man seinen Gesprächspartnern nicht die Tatsache des plötzlichen Erleuchtet-Seins mitteilen: Mit dieser Routineformel greift man vielmehr steuernd in die Gesprächsführung ein; während ein anderer noch spricht, möchte man die Aufmerksamkeit der anderen Gesprächspartner auf sich und/oder seinen Redebeitrag lenken und das Rederecht beanspruchen.

Schließlich werden auch die Wörterbucherklärungen der satzwertigen Routineformeln des Typs *Guten Appetit!* der situationstypischen Verwendung dieser Art von Phraseologismen nicht gerecht:

So wird *Guten Appetit!* in fast allen Wörterbüchern als 'Wunschformel vor dem Essen' beschrieben. Damit wird unterstellt, daß es sich bei *Guten Appetit!* um eine sprachliche Formel handelt, mit der man seinem Gesprächspartner etwas wünscht im Sinne von 'ich wünsche dir, daß dir das Essen schmeckt'. Eine solche Wunschformel kann zwar auch routiniert verwendet werden, die ritualisierte Bedeutung von *Guten Appetit!* wird jedoch noch nicht deutlich.

Die Verwendung von *Guten Appetit!* muß vielmehr als Höflichkeitsbeweis angesehen werden, dessen Erbringung vor allem eine allgemeine Anerkennung der rituellen Ordnung bedeutet. *Guten Appetit!* ist demnach eine Routineformel, die gegenüber jemandem vor oder zu Beginn des Essens, besonders des Mittag- und Abendessens, geäußert wird und mit der man gegenüber dem Angesprochenen bei Tisch seine Höflichkeit ausdrücken will. Man zeigt ihm, daß man sich respektvoll an die Tischgepflogenheiten hält.

## 4. Ausblick: Lexikographische Prinzipien für die Notation und Deskription von Routineformeln

Aufnahme, Notation und Deskription von Routineformeln gehören zu den bislang sträflich vernachlässigten Gebieten lexikographischer Theorie und Praxis: H. Burger (1983) hat gezeigt, daß es in der neuhochdeutschen Lexikographie noch keine lexikographischen Standards für die Aufnahme und Plazierung phraseologischer Einheiten im Wörterbuch gibt. Neuere Untersuchungen zeigen weiterhin (vgl. Viehweger 1983, Kühn 1984, 1986), daß auch keine brauchbaren lexikographischen Beschreibungsmuster für Phraseologismen existieren. Routineformeln als ein besonderer Typus phraseologischer Einheiten werden in keinem Wörterbuchvorwort angesprochen; ihre Notation und Deskription im Wörterbuch selbst erfolgt unsystematisch und sporadisch. Dies gilt uneingeschränkt für alle ein- und mehrbändigen Wörterbücher des Deutschen. Aufgrund dieser Kritik ergeben sich bei der Behandlung von Routineformeln im Wörterbuch folgende Anforderungen:

(1) Die lexikographische Aufnahme, Notation und Beschreibung muß dem Standard der phraseologischen Forschung entsprechen.

(2) Wörterbuchschreiber sollten dem phraseologischen Typ Routineformel mehr Aufmerksamkeit schenken. Als sprachliche Versatzstücke tauchen sie immer wieder in der schriftlichen und mündlichen Kommunikation auf. Aus diesem Grunde müßten zumindest die auf Dokumentation angelegten Wörterbücher Routineformeln entweder lemmatisieren oder als Belege anführen und entsprechend markieren und beschreiben.

(3) Die einzelnen phraseologischen Einheiten müssen lemmatypisch beschrieben werden. In der Beschreibung von Routineformeln muß deutlich werden, daß man mit ihnen vollständige Routine-Handlungen in situationstypischem Kontext vollzieht. Die Angabe von Situationsmerkmalen (z. B. 'beim Essen') reicht nicht aus (vgl. Kühn 1984, 194—196).

(4) Falls Routineformeln in ein Wörterbuch aufgenommen werden, so stellt sich das grundsätzliche Problem, ob sie durchgängig lemmatisiert oder als Belegstellen aufgelistet werden sollen. Eine striktalphabetische Lemmatisierung der Routineformeln (vgl. Viehweger 1983) scheint nicht unproblematisch, da es sich häufig um syntagmatische Wortverbindungen oder nicht-satzwertige Einheiten handelt (z. B. *offen gesagt,* [...]). Eine nestalphabetische Lemmatisierung wirft das Problem auf, daß die Bedeutung der Routineformel in der Regel nichts mit der Bedeutung des Nestlemmas zu tun hat; zudem muß bei mehrgliedrigen Routineformeln ein Nestlemma festgelegt werden. Eine nestalphabetische Zuordnung wäre rein ausdrucksseitig motiviert. Werden Routineformeln als Stellenbelege angeführt, ergeben sich ähnliche Schwierigkeiten; obendrein ergibt sich das Problem der lexikographischen Verleitfährten (vgl. 3.).

(5) Da sich die Bedeutung von Routineformeln nicht aus der Summe der Einzelkomponenten ablesen läßt, wäre eine onomasiologisch orientierte Anordnung — auch in semasiologisch aufgebauten Wörterbüchern — empfehlenswert. Die bisherigen Funktionsklassifikationen bieten hierzu einen guten Anhaltspunkt (vgl. z. B. Heinemann 1984, Coulmas 1985, 61 f.). Dabei wäre grundsätzlich zu überlegen, ob man diese Art von Phraseologismen nicht in einem eigenen, onomasiologisch aufgebauten Wörterbuchtyp, einem (Routine-)Formelwörterbuch, verzeichnen und erklären sollte (vgl. auch Art. 96).

## 5. Literatur (in Auswahl)

### 5.1. Wörterbücher

*Agricola 1976* = Erhard Agricola unter Mitwirkung von Herbert Görner/Ruth Küfner: Lexikon der Wörter und Wendungen. Ein Wörterbuch der Formulierungskunst. Lizenzausgabe München 1976 ( = Heyne-Buch 4487) [818 S.].

*Brockhaus-Wahrig 1980—1984* = Brockhaus-Wahrig: Deutsches Wörterbuch. Hrsg. von Gerhard Wahrig/Hildegard Krämer/Harald Zimmermann. Wiesbaden. Stuttgart [zus. 5310 S.; Bd. 1: *A—BT,* 1980; Bd. 2: *BU—FZ,* 1981; Bd. 3: *G—JZ,* 1981; Bd. 4: *K—OZ,* 1982; Bd. 5: *P—STD,* 1983; Bd. 6: *STE—ZZ,* 1984].

*Duden-Wörterbuch 1976—1981* = Duden. Das große Wörterbuch der deutschen Sprache: Hrsg. und bearb. vom Wissenschaftlichen Rat und den Mitarbeitern der Dudenredaktion unter Leitung von Günther Drosdowski. Mannheim. Wien. Zürich [zus. 2992 S.; Bd. 1: *A—Ci,* 1976; Bd. 2: *Cl—F,* 1976; Bd. 3: *G—Kal,* 1977; Bd. 4: *Kam—N,* 1978; Bd. 5 *O—So,* 1980; Bd. 6: *Sp—Z,* 1981].

*HdG 1984* = Handwörterbuch der deutschen Gegenwartssprache. Von einem Autorenkollektiv unter der Leitung von Günter Kempcke. Berlin [zus. 1399 S.; Bd. 1: *A—K,* 1984; Bd. 2: *L—Z,* 1984].

*Wahrig 1977* = Deutsches Wörterbuch. Mit einem „Lexikon der deutschen Sprachlehre". Hrsg. von Gerhard Wahrig in Zusammenarbeit mit zahlreichen Wissenschaftlern und anderen Fachleuten. Sonderausgabe. Ungekürzt. Völlig überarb. Neuaufl. Gütersloh. Berlin 1977 [4323 Sp.].

*WdG 1974—1977* = Wörterbuch der deutschen Gegenwartssprache. Hrsg. von Ruth Klappenbach/Wolfgang Steinitz. Berlin [zus. 4579 S.; Bd. 1: *A—deutsch,* 7. bearb. Aufl. 1974; Bd. 2: *Deutsch—Glauben,* 4. durchges. Aufl. 1977; Bd. 3: *glauben—Lyzeum,* 2. durchges. Aufl. 1973; Bd. 4: *M—Schinken,* 1975; Bd. 5: *Schinken—Vater,* 1977; Bd. 6: *väterlich—Zytologie,* 1977].

### 5.2. Sonstige Literatur

*Burger 1973* = Harald Burger unter Mitarbeit von Harald Jakske: Idiomatik des Deutschen. Tübingen 1973 ( Germanistische Arbeitshefte 16).

*Burger 1983* = Harald Burger: Phraseologie in den Wörterbüchern des heutigen Deutsch. In: Studien zur neuhochdeutschen Lexikographie III. Hrsg. von Herbert Ernst Wiegand. Hildesheim. Zürich. New York 1983 (Germanistische Linguistik 1—4/82), 13—66.

*Burger/Buhofer/Sialm 1982* = Harald Burger/Annelies Buhofer/Ambros Sialm: Handbuch der Phraseologie. Berlin. New York 1982.

*Coulmas 1981* = Florian Coulmas: Routine im Gespräch. Zur pragmatischen Fundierung der Idiomatik. Wiesbaden 1981 (Linguistische Forschungen 29).

*Coulmas 1985* = Florian Coulmas: Diskursive Routine im Fremdsprachenerwerb. In: Sprache und Literatur 16. 56/1985, 47—66.

*Fleischer 1982* = Wolfgang Fleischer: Phraseologie der deutschen Gegenwartssprache. Leipzig 1982.

*Gülich 1978* = Elisabeth Gülich: „Was sein muß, muß sein". Überlegungen zum Gemeinplatz und seiner Verwendung. In: Bielefelder Papiere zur Linguistik und Literaturwissenschaft 7. Bielefeld 1978.

*Hausmann 1985* = Franz Josef Hausmann: Phraseologische Wörterbücher des Deutschen. In: Sprache und Literatur in Wissenschaft und Unterricht 56. 1985, 105—109.

*Heinemann 1984* = Wolfgang Heinemann: Stereotype Textkonstitutive, Textkommentare, pragmatische Formeln. In: Linguistische Arbeitsberichte 43. 1984, 35—48.

*Klappenbach 1980* = Ruth Klappenbach: Probleme der Phraseologie. In: Studien zur modernen deutschen Lexikographie. Ruth Klappenbach (1911—1977). Auswahl aus den lexikographischen Arbeiten, erweitert um drei Beiträge von Helene Malige-Klappenbach. Hrsg. von Werner Abraham unter Mitwirkung von Jan F. Brand. Amsterdam 1980 (Linguistik aktuell 1), 196—221 [Wiss. Zeitschrift der Karl-Marx-Universität Leipzig, GSR 17. 1968, 221—227].

*Korhonen 1987* = Beiträge zur allgemeinen und germanistischen Phraseologieforschung. Internationales Symposium in Oulu, 13.—15. 6. 1986. Hrsg. von Jarmo Korhonen. Oulu 1987 (Universität Oulu. Veröffentlichungen des Germanistischen Instituts 7).

*Kühn 1984* = Peter Kühn: Pragmatische und lexikographische Beschreibung phraseologischer Einheiten: Phraseologismen und Routineformeln. In: Studien zur neuhochdeutschen Lexikographie IV. Hrsg. von Herbert Ernst Wiegand. Hildesheim. Zürich. New York 1984 (Germanistische Linguistik 1—3/83), 175—235.

*Kühn 1986* = Peter Kühn: Zur Bedeutungsbeschreibung von Routineformeln in Wörterbüchern. In: Textlinguistik contra Stilistik? Wortschatz und Wörterbuch. Grammatische oder pragmatische Organisation von Rede? Hrsg. von Walter Weiss/Herbert Ernst Wiegand/Marga Reis. Tübingen 1986 (Akten des VII. Internationalen Germanisten-Kongresses Göttingen 1985, Bd. 3), 223—227.

*Pilz 1981* = Klaus Dieter Pilz: Phraseologie. Redensartenforschung. Stuttgart 1981 (Sammlung Metzler 198).

*Troebes 1984* = Otto Troebes [unter Mitarb. von Tamara Brandl, Brigitte Gericke, Erika Kirsch, Christel Pohl, Marianne Seidler, Zsuzsa Windisch, Lidia Wolf]: Zur lexikographischen Darstellung kommunikativer Wendungen unter besonderer Berücksichtigung des Fragens. Halle [Univ. Forschungskollektiv Kommunikativfunktionale Sprachbetrachtung und Fremdsprachenunterricht] 1984 (Arbeitsberichte und wissenschaftliche Studie 101).

*Viehweger 1983* = Dieter Viehweger: Äußerungskommentierende Gesprächsformeln und deren Kodifizierung im Wörterbuch. In: Die Lexikographie von heute und das Wörterbuch von morgen. Analysen, Probleme, Vorschläge. Hrsg. von Joachim Schildt/Dieter Viehweger. Berlin 1983 (Linguistische Studien, Reihe A. Arbeitsberichte 109), 60—75.

*Peter Kühn, Trier*
*(Bundesrepublik Deutschland)*

# 76. Die Beschreibung der politischen Lexik im allgemeinen einsprachigen Wörterbuch

1. Problemformulierung und Diskussionsstand
2. Lexikographisch relevante semantisch-pragmatische Besonderheiten der politischen Lexik
3. Bisherige lexikographische Praxis
4. Veränderungsvorschläge und Probleme
5. Literatur (in Auswahl)

## 1. Problemformulierung und Diskussionsstand

Die Aufnahme eines Artikels zur lexikographischen Behandlung der politischen Lexik ist nicht selbstverständlich. Sie ruht auf der Voraussetzung, daß die politische Lexik spezifische Probleme stellt, die mit den üblichen Beschreibungsmethoden nicht ohne weiteres lösbar sind. Diese Auffassung wiederum legt nahe, daß die Ausdrücke politischer Sprache jenseits ihres je aktuellen Gebrauchs semantische oder pragmatische Eigenschaften besitzen, die von denen anderer Wortschatzbereiche abweichen. Über den letztgenannten Sachverhalt besteht in der lexikologischen Forschung (vgl. 2.) weithin Konsens, ebenso wie in der Einschätzung, daß die bisherige lexikographische Praxis (vgl. 3.) den besonderen Gebrauchsbedingungen politischer Ausdrücke nicht gerecht wird.

Eine intensivere Beschäftigung mit der politischen Sprache hat in der Lexikologie ältere Ursprünge und ist nicht zufällig besonders mit dem deutschen Sprachraum verknüpft. Die wiederholten, wenn nicht gesellschaftlichen, so doch staatlich-politischen Traditionsbrüche seit Beginn des 20. Jh. bewirkten in Deutschland eine ausgeprägte Diskontinuität auch der politischen Sprache. Insbesondere wurden die faschistische Sprache und ihre wirklichen oder vermeintlichen Nachwirkungen nach dem Zweiten Weltkrieg zum Problem. Außerdem führte die Entstehung zweier Staaten mit unterschiedlichen gesellschaftlichen Systemen auf dem Gebiet des ehemaligen deutschen Reiches zu einer nicht zu übersehenden Ausbildung unterschiedlicher politischer Wortschatzsysteme in einer Sprache. — Der Einfluß dieser lexikologisch-semantischen Forschung auf die Lexikographie ist eine Erscheinung der 70er und besonders der 80er Jahre. In der DDR war sie vor allem mit der Arbeit am Wörterbuch der deutschen Gegenwartssprache (= WDG) verknüpft, das vor dem Hintergrund des politischen Abgrenzungswillens der DDR gegenüber der BRD und des (innenpolitischen) Konzepts der Erziehung zur sozialistischen Persönlichkeit ab Bd. 4 in den Dienst der marxistisch-leninistischen Ideologie gestellt wurde und sprachlenkende Funktionen erhielt. Die Diskussion in der BRD bekam anfangs Impulse aus der Notwendigkeit, auf eben dieses Wörterbuch reagieren zu müssen. In den letzten Jahren sind die Probleme der lexikographischen Beschreibung der politischen Lexik, verbunden mit dem Konzept einer auch sprachkritisch orientierten Lexikographie, vornehmlich im Rahmen der Planung und Ausarbeitung eines Handbuches der schweren Wörter behandelt worden (vgl. auch Art. 124). — Wenn die Darstellung in diesem Artikel sich auf den deutschen Sprachraum konzentriert, so zum einen wegen des Forschungsstandes, zum anderen, weil die allgemeinen Probleme der lexikographischen Beschreibung der politischen Lexik sich am zugespitzten Sonderfall des Deutschen exemplarisch aufzeigen lassen.

## 2. Lexikographisch relevante semantisch-pragmatische Besonderheiten der politischen Lexik

2.1. Die politische Sprache ist kein in sich homogenes Gebilde, sondern besteht, lexikologisch betrachtet, aus funktional und formal unterscheidbaren Teilwortschätzen, die nur zum Teil im allgemeinen einsprachigen Wörterbuch darstellbar sind. Folgt man der Grobgliederung des Gesamtbereichs politischer Kommunikation in (a) die Binnenkommunikation (als der Kommunikation innerhalb und zwischen den politischen Institutionen) und (b) die Außenkommunikation (enthaltend die öffentliche Kommunikation und die Kommunikation zwischen den einzelnen Institutionen und den Bürgern), so sind es im wesentlichen die lexikalischen Ausdrucksmittel der politischen Außenkommunikation, die Bestandteil der Gemeinsprache sind bzw. über die Bildungssprache in die Gemeinsprache hineinreichen, während die spezifische Lexik der politischen Binnenkommunikation mit eingeschränkt fachsprachlicher Geltung den Speziallexika zugewiesen werden kann. — Auf der sprachlichen Ebene bietet sich als erste Unterscheidung die zwischen (a) der Ideologie- oder Meinungssprache und (b) der Funktionssprache an. Für das allgemeine einsprachige Wörterbuch sind zum einen das in der öffentlich-politischen Kommunikation realisierte ideologiesprachliche Vokabular bedeutsam, zum anderen die Teile der Funktionssprache, die in der direkten Kommunikation zwischen Institution und Bürger oder auch massenmedial vermittelt institutionsexterne Verbreitung gewinnen. — Hinsichtlich dieser Teilbereiche sind in der neueren Diskussion, die behauptete Notwendigkeit einer besonderen Behandlung begründend, verstärkt Versuche unternommen worden, spezifische Eigenschaften politischer Ausdrücke nicht als Phänomen ihres je aktuellen Gebrauchs, sondern sprachsystembezogen zu bestimmen. Dabei wurden allerdings der Begriff des Sprachsystems soziolinguistisch zum Diasystem und der Zeichenbegriff strukturalistischer Tradition, zumindest in der BRD, gebrauchstheoretisch umgedeutet. Auf dieser Grundlage sind, vor allem in einigen Veröffentlichungen von Strauß/Zifonun (1984, 1985) bzw. Strauß (1986), zwei die politische Lexik charakterisierende Dispositionseigenschaften sprachlicher Ausdrücke betont worden: ihre Subsystembezogenheit und ihre Meinungsgruppenbezogenheit.

2.2. Der Terminus *Subsystembezogenheit* (vgl. Strauß/Zifonun 1985, S. 52 ff.) erfaßt den Fall, daß ein sprachlicher Ausdruck in verschiedenen sprachlichen Subsystemen (Varietäten) mit verschiedenen Gebrauchsweisen vorkommt, insbesondere den Sonderfall, daß ein sprachlicher Ausdruck unterschiedliche Bedeutungen in der Gemeinsprache und in mindestens einem anderen sprachlichen Subsystem hat und letztere über ihre Verwendung in der politischen Außenkommunikation allgemeine Verbreitung findet. Subsystembezogenheit ist nicht der politischen Lexik eigentümlich, sondern Konsequenz des im 20. Jh. allgemein zunehmenden Einflusses der Fach- und Wissenschaftssprachen auf die Gemeinsprache (Habermas 1977), ist aber in der Ideologiesprache und der öffentlichkeitsnahen politischen Funktionssprache besonders folgenreich.

2.3. Der Terminus *Meinungsgruppenbezogenheit* (vgl. Strauß/Zifonun 1985, 94 ff.) bezeichnet den Sachverhalt, daß die Bedeutung sprachlicher Ausdrücke auch innerhalb eines sprachlichen Subsystems, u. a. innerhalb der Gemeinsprache, ja oft innerhalb eines Kommunikationsbereichs und eines Texttyps, relativ zu bestimmten Sprechergruppen variieren kann.

Gemeint ist also das Phänomen, das unter wechselnden Bezeichnungen schon immer die größte Aufmerksamkeit gefunden hat: die *Ideologiegebundenheit* der politischen Lexik (Schmidt

1969, Strauß 1986, 67 ff.), die *ideologische Polysemie* (Dieckmann 1975, 70 ff.), die *parteisprachliche Varianz* (Hermanns 1982, 87 ff.), die *semantische Instabilität* (Strauß/Zifonun 1985, 220 ff.).

Die Faktoren, die die semantische Instabilität bedingen, sind (a) die Interpretationsabhängigkeit politischer Sachverhalte, die meist nicht sprach- und bewußtseinsunabhängig vorgegeben sind, sondern erst sprachlich konstituiert werden (vgl. den Begriff des *anschauungsgebundenen Sachverhalts* bei Richter 1985, 106 ff.); (b) die faktisch differierenden Interpretationen und Bewertungen unterschiedlicher Meinungsgruppen auf der Grundlage unterschiedlicher Ideologien; (c) der interessengebundene Versuch, die jeweils eigene Interpretation auch auf der sprachlichen Ebene möglichst umfassend in der öffentlichen Sprache zur Geltung zu bringen. Der letzte Faktor kennzeichnet die entscheidende Besonderheit dieses Sonderfalls von Varianz innerhalb einer Sprache: Meinungsgruppenbezogene Ausdrücke bzw. Bedeutungen sind im interessengebundenen Streit um Worte polemisch aufeinander bezogen. Über ihre Koexistenz hinaus stehen sie im Verhältnis der Konkurrenz; sie werden zu *brisanten Wörtern* (Hermanns 1982), *kontroversen Zeichen* (Wichter 1985, V ff.) der strategisch-erfolgsorientierten Auseinandersetzung. Obwohl verwandte Formen des Umgangs mit der Sprache auch in anderen Kommunikationsbereichen, z. B. in der gerichtlichen Auseinandersetzung (Wichter 1985) oder im alltagsweltlichen Ehestreit beobachtet werden können, ist die Meinungsgruppenvarianz das hervorstechendste Kennzeichen der politischen Meinungs- oder Ideologiesprache.

2.4. Unter Berücksichtigung der Subsystembezogenheit, der Meinungsgruppenbezogenheit und anderer relevanter Faktoren (Relativität und Vagheit, Ausprägungen von Polysemie, extensionale Unschärfe, Systembindung des Denotats) ist die Lexikologie des politischen Wortschatzes neuerdings vor allem von Strauß zusammenfassend dargestellt worden.

Die Untersuchungen kulminierten in einer Typologie schwerer Wörter (Strauß/Zifonun 1985, 254 ff., Strauß 1986, 258 ff.), in die auch die für das allgemeine einsprachige Wörterbuch relevante politische Lexik eingeordnet worden ist. Eingegangen in diese Typologie sind zusätzlich einige, die politische Lexik speziell betreffende Teiltypologien: eine Gliederung des Kommunikationsbereichs der Politik (Strauß 1986, 166 ff.), eine Typologie von politischen Sprachspielen und kommunikativen Verfahren (Strauß 1986, 2 ff.), eine Typologie von Textsorten (47 ff.) und eine Typologie von Formen der Ideologiegebundenheit (67 ff.). Die parallele lexikologische Forschung zur politischen Sprache in der DDR (z. B. Fleischer 1981, Schmidt 1978) wurde von Richter (1985) für die Probleme der lexikographischen Beschreibung ausgewertet.

## 3. Bisherige lexikographische Praxis

Die kritischen Beiträge zur Behandlung der politischen Lexik in vorhandenen allgemeinen einsprachigen (bzw. bedeutungsgeschichtlichen) Wörterbüchern (Braun 1981; Hermanns 1982; Kühn 1983, 161 ff.; Richter 1985; Strauß 1982; Wiegand 1984a, 46 f.; 1984b, 582 ff.) kommen übereinstimmend zu dem Ergebnis, daß die Praxis, gemessen an den aus 2. ableitbaren Forderungen, ungenügend ist. — Hinsichtlich der Lemmatisierung von Ausdrücken bestehen z. T. erhebliche Lücken; außerdem liegt der faktischen Auswahl kein erkennbares, systematisch angewendetes Prinzip zugrunde; sie steckt vielmehr voller Ungereimtheiten.

Die vermutbaren Gründe für die Defizite sind vielfältig. Zu ihnen gehören die traditionelle Auslagerung der Fremdwörter in die Fremdwörterbücher, eine Praxis, die als Folge der Anlehnung der Wörterbuchverfasser an ihre jeweiligen Vorgänger bis heute nachwirkt, und die traditionell a-politische oder politikverächtliche Haltung des deutschen Bildungsbürgers, die sich schon bei der Quellenauswahl zuungunsten der politischen Lexik auswirkt.

Hinsichtlich der Auswahl der Daten in den einzelnen Artikelpositionen sind ebenfalls erhebliche Mängel erkennbar: (a) Ausdrücke, die nicht nur, aber auch in der politischen Sprache Geltung haben, werden gelegentlich aufgenommen, gerade ihre politische Bedeutung bleibt jedoch unerläutert (Wortbedeutungslücken). (b) Die meinungsgruppenbezogene und/oder subsystembezogene Variation wird zugunsten der Angabe einer Bedeutung vernachlässigt. Zu ihr gelangt der Wörterbuchschreiber entweder dadurch, daß er einen gemeinsamen Bedeutungsinhalt oberhalb der Variationen zu formulieren sucht (überparteiliche, aber inhaltsleere Formaldefinition), oder dadurch, daß er sich unreflektiert oder bewußt sprachlenkend für eine der konkurrierenden Bedeutungen entscheidet (ideologische Definition). An diesem Punkt wird der Vorzug des WDG deutlich. Obwohl (oder gerade weil) das Konzept dieses Wörterbuchs die parteiliche Auszeichnung einer bestimmten Bedeutungsvariante vorsieht, wird diese, abgegrenzt gegen ausdrücklich mitgenannte fremdideologische Gebrauchsweisen, in ihrer Partikularität erkennbar, während in westdeutschen Wörterbüchern eine ideologisch neutrale Gebrauchsbedeutung vorgetäuscht wird. (c) Ungenügend sind ferner die pragmatischen Informationen zum Geltungsbereich, relativ zu Kommunikationsbereichen, Subsystemen, Meinungsgruppen, Textsorten und Funktionsklassen.

Auch hier sind die Defizite z. T. in problematischen Einstellungen der Verfasser begründet; z. T. spielen sprach- und beschreibungstheoretische Probleme eine Rolle: die unzulängliche Berücksichtigung der Meinungsgruppenvarianz in der linguistischen Varietätenforschung und das Fehlen eines Begriffsrepertoires zur lexikographischen Kennzeichnung von Kommunikationsbereichen, Meinungsgruppen und Textsorten.

Die bisherigen Wörterbuchanalysen haben somit kaum Ansatzpunkte ergeben, die für eine veränderte lexikographische Praxis positiv fruchtbar gemacht werden können; die untersuchten Wörterbücher haben eher als Negativbeispiele den Blick dafür geschärft, daß eine grundlegende Neukonzipierung der Beschreibung der politischen Lexik erforderlich ist, für die das WDG und Das große Wörterbuch der deutschen Sprache (Duden—GWB) den relativ fortgeschrittensten Stand darstellen.

Dieser Befund, gewonnen allein aus der Analyse allgemeiner bzw. bedeutungsgeschichtlicher Wörterbücher des Deutschen, täuscht jedoch etwas, da es in der Geschichte der Lexikographie, unter den zeitgenössischen nicht-deutschen Wörterbüchern und den Speziallexika durchaus Beispiele gibt, die den neu erhobenen Forderungen an die lexikographische Beschreibung der politischen Lexik wenigstens partiell genügen. Zu nennen sind die Fremdwörterbücher des 19. und 20. Jh., die die im allgemeinen Wörterbuch vermißte politische Lexik in substantiellen Teilen enthalten; auch die Real- und Konversationslexika, die in der 1. Hälfte des 19. Jh. vor ihrer positivistischen Verengung in dezidiert sprachreflexiver Haltung den jeweils zeitgenössischen Streit um die Worte dokumentieren und, in der Regel verbunden mit einer bürgerlich-liberalen Wertung, den Meinungsgruppenbezug kenntlich machen. Beachtung verdienen auch einige unterschiedlich konzipierte politische Spezialwörterbücher wie das Staats-Lexicon (1845—48), das Historische Schlagwörterbuch (Ladendorf 1906), die Geschichtlichen Grundbegriffe (1972 ff.) und Sperber/Trittschuh (1964), deren Beschreibungsprinzipien auch für das allgemeine Wörterbuch in mancher Hinsicht (Dokumentation verschiedener Gebrauchsweisen, pragmatisch-funktionale Informationen, Auswahl der Belegbeispiele) hilfreich sein können.

## 4. Veränderungsvorschläge und Probleme

4.1. Da die lexikologische Behandlung der politischen Lexik in den letzten Jahren eng auf die Probleme der Lexikographie bezogen war, ja von ihr die wesentlichen Impulse bekam, enthalten nicht nur die lexikographischen, sondern auch die lexikologischen Arbeiten meist mehr oder weniger konkrete Vorschläge zur Veränderung der bisherigen Wörterbuchpraxis (vgl. u. a. Hermanns 1982, 99 ff.; Richter 1985; Strauß 1982; 1984, 112 ff.; 1986, 276 ff.; Strauß/Zifonun 1985, 492 ff.). Sie betreffen vor allem die in 4.2.—4.7. kommentierten Aspekte bzw. Teilbereiche der lexikographischen Arbeit.

4.2. Sprachkritische Funktion: Eine zusätzliche sprachkritische Funktion des Wörterbuchs wird in der gegenwärtigen bundesrepublikanischen Lexikographie allgemein diskutiert, bekommt ihre Hauptimpulse jedoch deutlich von der politischen Sprache her (Kühn 1983, Lenschen 1985, Strauß 1984). Sie hat erhebliche Konsequenzen für die Anlage und Ausarbeitung der Lexikonartikel; insbesondere sind die Vorschläge zur stärkeren Berücksichtigung pragmatischer, wortgeschichtlicher und sachlicher Informationen eng mit der angestrebten sprachkritischen Aufgabe verbunden. Sprachkritische Maximen und Vorschläge zu ihrer Verwirklichung im Wörterbuch im einzelnen enthält Strauß (1984). Obwohl das der lexikographischen Diskussion zugrunde liegende Konzept „linguistisch begründeter Sprachkritik" eine Bewertung durch den Linguisten bzw. Lexikographen nicht vorsieht, erhöht die sprachkritische Intention die Gefahr parteilicher Bewertung, weil sie dem Lexikographen ein hohes Maß an Selbstverleugnung abverlangt. — Zum analogen, aber andersartigen, weil bewußt parteilichen Konzept der DDR-Lexikographie vgl. Richter 1985, 102 ff., 109 ff.; praktiziert im WDG und im Handwörterbuch der deutschen Gegenwartssprache (HWDG).

4.3. Wertneutralität der Beschreibung: Wertneutralität der lexikographischen Beschreibung ist für die Lexikographie der DDR kein sinnvolles Ziel, da sie im Rahmen der marxistisch-leninistischen Theorie weder wünschenswert noch — jenseits subjektiv möglicherweise ehrlichen Bemühens — möglich ist. Gefordert ist die *standpunktgebundene Definition* (Richter 1985, 109). Die Auffassungen in der BRD sind uneinheitlich; vorherrschend ist die Meinung, daß das Deskriptionsprinzip auch im Bereich der politischen Lexik verwirklicht werden kann. Die an der bisherigen Wörterbuchpraxis in dieser Hinsicht festgestellten Mängel sind im Lichte dieser Auffassung nicht prinzipiell bedingt, sondern Resultat vermeidbarer individueller Fehlleistungen. Als Aufgabe ergibt sich die objektive semantische Beschreibung durch Dokumentation aller (relevanten) Gebrauchsweisen und die nicht-wertende Kennzeichnung ihrer pragmatischen Gebrauchsbedingungen. Diese Aufgabe ist im Prinzip lösbar; denn zweifellos kann der Lexikograph, die Perspektive der jeweiligen Sprechergruppe einnehmend, ohne Bewertung beschreiben, von wem wann wo ein Ausdruck wie verwendet wird. Ideologische Neutralität bleibt dennoch ein immer wieder neu zu lösendes Problem, da der ideologische Standort des Lexikographen in allen Schritten seiner Tätigkeit verdeckt Einfluß gewinnen kann: bei der Auswahl der Quellen, der Wahl der Lemmata, der Identifizierung und Ordnung der relevanten Gebrauchsweisen, den Bedeutungserläuterungen und pragmatischen Angaben und bei der Wahl der Belegbeispiele. Im Blick auf die neuere lexikographische Diskussion sind es besonders zwei Tendenzen, die das Problem eher noch verschärfen: die verstärkte Rolle, die der Sachinformation im Sprachwörterbuch zugeschrieben wird (vgl. 4.5.), und die aus der Rezipientenforschung abgeleitete sprachkritische Funktion von Wörterbüchern (vgl. 4.2.).

4.4. Semantische und pragmatische Angaben: Für eine angemessene semantische und pragmatische Beschreibung stellt die neuere lexikologische Forschung (vgl. 2.), vor allem dank ihrer klassifikatorischen Anstrengungen, eine gute Grundlage dar. Aus den Vorarbeiten ist ein differenzierteres und flexibel handhabbares Repertoire lexikographischer Kennzeichnungen für Kommunikationsbereiche, sprachliche Subsysteme, Textsorten, Funktionsklassen, Meinungsgruppen und die verschiedenen Ausprägungen von Ideologiegebundenheit ableitbar (vgl. auch Art. 53). Mit Hilfe dieser Kennzeichnungen ist es möglich, trotz der semantischen Instabilität und Variabilität an einem Konzept (relativierter) Stabilität, d. h. an einer Mehrzahl ihrerseits stabiler Gebrauchsvarianten festzuhalten. Was unberücksichtigt bleibt und aus lexikographisch-praktischen Gründen unberücksichtigt bleiben muß, ist die Tatsache, daß die Interessenbindung, die die Meinungsgruppenvarianz bedingt, auf der Ebene des konkret-aktuellen Gebrauchs erneut destabilisierende Auswirkungen hat, bzw. daß die allgemeine Schlechtbestimmtheit und Vagheit natürlich-sprachlicher Ausdrücke im politisch-strategischen Gebrauch genutzt wird, um im Vermeiden kontextueller Determination die Bedeutung im unklaren zu lassen.

Unklar bzw. umstritten sind bisher Kriterien für die Entscheidung, welche und wie viele Meinungsgruppen und ihnen zugeordnete Gebrauchsvarianten lexikographisch zu unterscheiden sind. Die westliche Forschung operiert vorzugsweise mit einer flexibel verwendbaren offenen Liste, die nach Bedarf mehr oder weniger differenziert werden kann. Die Lexikologie und Lexikographie der DDR hingegen verfügt auf der Grundlage des letztlich klassentheoretisch begründeten Ideologiebegriffs über ein relativ sicheres Entscheidungskriterium (vgl. z. B. die Kritik von Richter 1985, 109 an Strauß 1982, 35).

4.5. Sachliche (enzyklopädische) Angaben: Die verstärkte Rolle, die der Sachinformation auch im Sprachwörterbuch zugesprochen wird, wirkt sich auf die einzelnen Artikel und die Ordnung des gesamten Wörterbuchs in verschiedener Hinsicht aus. Sie hat (a) Konsequenzen für die Form der semantischen Erläuterung, wenn diese z. T. oder vollständig als Sachbeschreibung konzipiert wird; sie motiviert (b) die Aufnahme einer zusätzlichen Artikelposition „Enzyklopädische Information" neben der Bedeutungserläuterung; sie verstärkt (c) die Tendenz zu „onomasiologisch" orientierten Komponenten innerhalb des alphabetisch geordneten Wörterbuchs (Artikelposition „Onomasiologisches Teilfeld"; sachgebietsbezogene Überblicksartikel; Angabe der meinungsgruppenbezogenen Wortalternativen zur Bezeichnung der gleichen Sache) oder zur sachlichen Gliederung des gesamten Wörterbuchs. Alle Spielarten von Sachinformationen bringen den Lexikographen in die Schwierigkeit, daß im politischen Bereich nicht nur die Wörter, sondern auch die Interpretation und Bewertung der Sachen umstritten sind. Systematischer verfolgt, setzt der onomasiologische Ansatz eine Gliederung des Sachbereichs Politik voraus.

Ungleich anderen Sachbereichen, für die im großen und ganzen ein fachwissenschaftlicher (z. B. zoologischer) Konsens über die Gliederung des Sachbereichs besteht, gerät der Lexikograph im

Falle der Politik nicht nur in Abhängigkeit von den Fachwissenschaftlern, sondern steht der ideologisch-neutral kaum lösbaren Aufgabe gegenüber, sich zwischen konkurrierenden Gliederungen und Deutungen entscheiden zu müssen.

Daß die Verstärkung der Sachinformation zugleich auch die Gefahr der Ideologisierung der Beschreibung erhöht, ist m. E. in der bundesrepublikanischen Literatur zu wenig beachtet worden.

4.6. Wortgeschichtliche Angaben: Die Vorschläge zur lexikographischen Beschreibung der politischen Lexik betonen ferner die Bedeutung sprachgeschichtlicher Information auch für das synchrone Wörterbuch, bzw. halten solche speziell für die politische Lexik für unabdingbar (vgl. u. a. Hermanns 1982, 93 ff.; v. Polenz 1973; Strauß 1984, 111 f.). — Vor jeder Frage nach den Kriterien, mit denen über die quantitative Gewichtung sprachgeschichtlicher Angaben und die Auswahl aus den wortgeschichtlichen Daten entschieden werden kann, ist es ratsam, zwei nicht immer getrennte Argumentationsstränge auseinanderzuhalten. Der eine liegt z. B. bei Hermanns (1982, 93 ff.) vor, der die mangelnde Berücksichtigung nazistischer Wörter in gegenwärtigen deutschen Wörterbüchern kritisiert und sich mit dem Begriff der „gegenwärtigen Vergangenheit" gegen eine falsche Auffassung des Begriffs der Synchronie wendet. Ausdrücke bzw. Gebrauchsweisen von Ausdrücken, deren Berücksichtigung auf diese Weise begründet wird, sind, insofern für sie ja Gegenwärtigkeit behauptet wird, in den gegenwartsbezogenen semantischen und pragmatischen Erläuterungen, nicht in der Artikelposition „Wortgeschichtliche Angaben" zu behandeln. Echte wortgeschichtliche Angaben andererseits, d. h. historische Informationen zu den gegenwärtigen Gebrauchsweisen, sollten umgekehrt strikt von den synchronischen Beschreibungen, auf die sie sich beziehen, abgesetzt werden, damit das Wörterbuch nicht die ohnehin verbreitete irrige Meinung unterstützt, man könne aus der Geschichte lernen, was die Wörter „eigentlich" oder „wirklich" bedeuten. Die Wortgeschichte klärt nicht, was ein Wort heute bedeutet, sondern hilft zu verstehen, daß und warum die politische Lexik Gegenstand der politischen Auseinandersetzung ist und in hohem Maße semantisch und pragmatisch variabel verwendet wird. Wortgeschichtliche Angaben gewinnen ihren Sinn also aus der sprachkritischen Funktion des Wörterbuchs (vgl. dazu auch Art. 54).

4.7. Realisierbarkeit (Umfangsprobleme): Ausgehend von der aus der Wörterbuchkritik gewonnenen Auffassung, daß für den Lemmazeichentyp „politisch-sozialer Ausdruck" ein neues lexikographisches Beschreibungsverfahren mit einer besonderen Artikelstruktur zu erarbeiten sei (z. B. Wiegand 1984a, 47), sind in der Literatur z. T. Vorschläge gemacht worden, die den Rahmen eines allgemeinen einsprachigen Wörterbuchs — wenn nicht die Möglichkeiten eines Lexikons überhaupt — möglicherweise überfordern.

Will man die politische Lexik quantitativ angemessen repräsentieren, die meinungsgruppen- und subsystemspezifischen Gebrauchsweisen vieler Ausdrücke und ihre Rolle im politischen Wortstreit dokumentieren, will man darüber hinaus wortgeschichtliches Wissen und Informationen über die Sachen vermitteln und verfolgt man mit all dem sprachkritische Ziele in allgemeinverständlicher Darstellung, so gewinnen die einzelnen Artikel und das Wörterbuch insgesamt einen — nicht beliebig reduzierbaren — Umfang, der nur bei einer hohen Bandzahl realisierbar erscheint.

Das Problem ist bekannt, die Lösungsvorschläge gehen in unterschiedliche Richtungen: (a) Beschränkung auf lexikographische „Warnzeichen", die auf die Tatsache des unterschiedlichen und umstrittenen Gebrauchs der Ausdrücke hinweisen, ohne die Varianten semantisch und pragmatisch zu dokumentieren. Diese Lösung ist unbefriedigend, aber aus praktischen Gründen zumindest für einbändige Wörterbücher in Betracht zu ziehen. Sie bliebe gegenüber bisheriger Praxis ein Fortschritt, weil sie auf die Probleme aufmerksam macht und nicht zu Unrecht semantische Stabilität und Einheitlichkeit der Gebrauchsbedingungen vortäuscht. (b) Entlastung der Artikel durch Verweise auf andere Wörterbücher und Konversationslexika. Dies ist für den wissenschaftlichen Gebrauch ein mögliches Verfahren, erweist sich jedoch, aus der Perspektive des allgemeinen Benutzers betrachtet, als Scheinlösung, weil er über die anderen Lexika normalerweise nicht verfügt. (c) Verzicht auf die Darstellung im allgemeinen einsprachigen Wörterbuch zugunsten von Spezialwörterbüchern, eventuell verbunden mit einer reduzierten Behandlung im allgemeinen Wörterbuch im Sinne von (a). Diese Lösung würde Raum für eine anspruchsvolle und befriedigende Bearbeitung schaffen und könnte sich darauf berufen, daß die politische Lexik ohnehin besonderer Darstellungsformen bedarf. (d) Verzicht auf die Darstellung in Lexika überhaupt zugunsten von sachlich-systematisch geordneten Kurzmonographien. (e) Entschiedene Reduktion des Anspruchs und der im Wörterbuch zu berücksichtigenden Informationen. In dieser Hinsicht wäre die Rolle sprachgeschichtlicher und sachlicher Angaben noch einmal zu überdenken. Eine Anlehnung an das WDG und das Duden-GWB erscheint möglich und realistisch.

## 5. Literatur (in Auswahl)

### 5.1. Wörterbücher

*Duden-GWB* = Duden. Das große Wörterbuch der deutschen Sprache. Hrsg. und bearb. vom Wissenschaftlichen Rat und den Mitarbeitern der Dudenredaktion unter Leitung von Günther Drosdowski. 6 Bde. Mannheim. Wien. Zürich 1976—1981 [zus. 2992 S.].

*Duden-UWB* = Duden. Deutsches Universalwörterbuch. Hrsg. und bearb. vom Wissenschaftlichen Rat und den Mitarbeitern der Dudenredaktion unter Leitung von Günther Drosdowski. Mannheim. Wien. Zürich 1983 [1504 S.].

*Grundbegriffe* = Geschichtliche Grundbegriffe. Historisches Lexikon zur politisch-sozialen Sprache in Deutschland. Hrsg. von Otto Brunner/Werner Conze/Reinhart Koselleck. Stuttgart 1972 ff. [bisher 5 Bde.; 948, 1082, 1128, 927, 1032 S.].

*HWDG* = Handwörterbuch der deutschen Gegenwartssprache. Von einem Autorenkollektiv unter Leitung von Günter Kempcke. 2 Bde. Berlin 1984 [zus. 1399 S.].

*Ladendorf 1906* = Otto Ladendorf: Historisches Schlagwörterbuch. Straßburg. Berlin 1906 [XX, 365 S.; Neudruck mit einer Einleitung von Hans-Gerd Schumann. Hildesheim 1968].

*Norton 1890* = Charles Ledyard Norton: Political Americanisms. New York 1890 [135 S.].

*Safire 1968* = William Safire: The New Language of Politics. A Dictionary of Catchwords, Slogans and Political Usage. New York 1968 [528 S.].

*Safire 1978* = William Safire: Safire's Political Dictionary. An Enlarged Up to Date Edition of the New Language of Politics. New York 1978 [30, 846 S.].

*Sperber/Trittschuh 1964* = Hans Sperber/Travis Trittschuh: Dictionary of American Political Terms. New York. Toronto. London 1964 [X, 516 S., 1. Aufl. 1962].

*Staats-Lexicon* = Staats-Lexicon oder Encyclopädie der sämmtlichen Staatswissenschaften für alle Stände. Hrsg. von Carl von Rotteck/Carl Welcker. 12 Bde. 2. Aufl. Altona 1845—48 [1. Aufl. 1834—1847].

*WDG* = Wörterbuch der deutschen Gegenwartssprache. Hrsg. von Ruth Klappenbach/Wolfgang Steinitz. 6 Bde. Berlin 1961—1977 [zus. 4579 S.].

### 5.2. Sonstige Literatur

*Braun 1981* = Peter Braun: Vergleichende Untersuchungen an deutsch-deutschen Wörterbüchern. In: Muttersprache 91. 1981, 157—168.

*Cepeda 1982* = Alvaro Cepeda Neri: Diccionarios de política. In: Plural 130. Juli 1982, 74—77.

*Dieckmann 1975* = Walther Dieckmann: Sprache in der Politik. Semantik und Pragmatik der politischen Sprache. 2. Aufl. Heidelberg 1975.

*Fleischer 1981* = Wolfgang Fleischer: Ideologie und Sprache. In: Deutsche Zeitschrift für Philosophie 29. 1981, 1329—1339.

*Habermas 1977* = Jürgen Habermas: Umgangssprache, Wissenschaftssprache, Bildungssprache. In: Jahrbuch der Max-Planck-Gesellschaft. Göttingen 1977, 36—51.

*Hermanns 1982* = Fritz Hermanns: Brisante Wörter. Zur lexikographischen Behandlung parteisprachlicher Wörter und Wendungen in Wörterbüchern der deutschen Gegenwartssprache. In: Studien zur neuhochdeutschen Lexikographie II. Hrsg. v. Herbert Ernst Wiegand. Hildesheim. New York 1982 (Germanistische Linguistik 3—6/80), 87—108.

*Kühn 1983* = Peter Kühn: Sprachkritik und Wörterbuchbenutzung. In: Studien zur neuhochdeutschen Lexikographie III. Hrsg. von Herbert Ernst Wiegand. Hildesheim. New York 1983 (Germanistische Linguistik 1—4/82), 157—177.

*Lenschen 1985* = Walter Lenschen: Enzyklopädische Lexika als Hilfsmittel zum kritischen Lesen. In: Lexicographica. Internationales Jahrbuch für Lexikographie 1. 1985, 225—238.

*v. Polenz 1973* = Peter v. Polenz: [Rez.] Geschichtliche Grundbegriffe. Historisches Lexikon zur politisch-sozialen Sprache in Deutschland. Hrsg. von Otto Brunner/Werner Conze/Reinhart Koselleck. Bd. 1. In: Zeitschrift für germanistische Linguistik 1. 1973, 235—241.

*Richter 1985* = Margot Richter: Bedeutungsexplikationen im einsprachigen synchronischen Bedeutungswörterbuch im Bereich des ideologierelevanten Wortschatzes. In: Beiträge zu theoretischen und praktischen Problemen in der Lexikographie der deutschen Gegenwartssprache. Hrsg. von Werner Bahner [u. a.]. Berlin 1985 (Linguistische Studien. Reihe A. Arbeitsberichte 122), 97—134.

*Schmidt 1978* = Veronika Schmidt: Gesellschaftlich determinierte Bedeutungsveränderungen im deutschen Wortschatz seit dem 19. Jahrhundert. Berlin 1978 (Linguistische Studien. Reihe A. Arbeitsberichte 48).

*Schmidt 1969* = Wilhelm Schmidt: Zur Ideologiegebundenheit der politischen Lexik. In: Zeitschrift für Phonetik, Sprachwissenschaft und Kommunikationsforschung 22. 1969, 255—271.

*Strauß 1982* = Gerhard Strauß: Aspekte des Sprachausschnitts 'Politik' im einsprachigen Wörterbuch. Politisch-ideologische Ismen — lexikographisch betrachtet. In: Konzepte zur Lexikographie. Studien zur Bedeutungserklärung in einsprachigen Wörterbüchern. Hrsg. von Wolfgang Mentrup. Tübingen 1982 (Reihe Germanistische Linguistik 38), 34—64.

*Strauß 1984* = Gerhard Strauß: Politische Sprachkultivierung im Wörterbuch. In: Aspekte der Sprachkultur. Hrsg. vom Institut für deutsche Sprache. Mannheim 1984 (Mitteilungen 10), 91—121.

*Strauß 1986* = Gerhard Strauß: Der politische Wortschatz. Zur Kommunikations- und Textsortenspezifik. Tübingen 1986 (Forschungsberichte des Instituts für deutsche Sprache 60).

*Strauß/Zifonun 1984* = Gerhard Strauß/Gisela Zifonun: Versuch über 'schwere Wörter'. Zur Frage ihrer systembezogenen Bestimmbarkeit. In: Studien zur neuhochdeutschen Lexikographie IV. Hrsg. von Herbert Ernst Wiegand. Hildesheim. New York 1984 (Germanistische Linguistik 1—3/83), 381—452.

*Strauß/Zifonun 1985* = Gerhard Strauß/Gisela Zifonun: Die Semantik schwerer Wörter im Deutschen. Teil 1: Lexikologie schwerer Wörter. Teil 2: Typologie und Lexikographie schwerer Wörter. Tübingen 1985 (Forschungsberichte des Instituts für deutsche Sprache 58. 1 u. 2).

*Wichter 1985* = Sigurd Wichter: Sprache als Instrument und als Reflexionsobjekt. In: Zeitschrift für germanistische Linguistik 13. 1985, 1—17.

*Wiegand 1984a* = Herbert Ernst Wiegand: Aufgaben eines bedeutungsgeschichtlichen Wörterbuchs heute. In: Mitteilungen der Technischen Universität Carolo-Wilhelmina zu Braunschweig 19. H. 1 1984, 41—48.

*Wiegand 1984b* = Herbert Ernst Wiegand: Prinzipien und Methoden historischer Lexikographie. In: Sprachgeschichte. Ein Handbuch zur Geschichte der deutschen Sprache und ihrer Erforschung. Hrsg. von Werner Besch/Oskar Reichmann/Stefan Sonderegger. 1. Halbband. Berlin. New York 1984, 557—620.

*Walther Dieckmann, Berlin (West)*

# 77. Probleme der Beschreibung fachsprachlicher Lexik im allgemeinen einsprachigen Wörterbuch

1. Fachsprachliche Lexik und gemeinsprachliche Lexik in allgemeinen einsprachigen Wörterbüchern
2. Schichtungen innerhalb der fachsprachlichen Lexik
3. Der Anteil der Wortarten am Fachwortschatz und die Spezifik der Wortebene
4. Die stilistische Markierung fachsprachlicher Lexik im allgemeinen einsprachigen Wörterbuch
5. Die Definition fachsprachlicher Lexik im allgemeinen einsprachigen Wörterbuch
6. Literatur (in Auswahl)

## 1. Fachsprachliche Lexik und gemeinsprachliche Lexik in allgemeinen einsprachigen Wörterbüchern

Der Unterscheidung zwischen Fachsprachen und Gemeinsprache, zwischen fachsprachlicher Lexik und gemeinsprachlicher Lexik, entspricht in der Lexikographie nicht, wie man erwarten könnte, eine klare Zweiteilung in Fachwörterbücher und gemeinsprachliche Wörterbücher, obwohl eine solche klare Teilung des Wortschatzes in der Lexikographie durchaus vorstellbar wäre. Man denke etwa an die Idee, den gemeinsprachlichen Wortschatz als zentralen Wortbestand in einem Sprachwörterbuch darzustellen und diesem die Wörterbücher der verschiedenen Fachdisziplinen zuzuordnen, da Fachwörter am adäquatesten im terminologischen System ihres Fachgebietes dargestellt werden (vgl. das Projekt eines großen interdisziplinären Wörterbuchs der deutschen Sprache, Mentrup 1976). Fachwortschätze sind nicht gemeinsprachlich, sie bilden spezielle Systeme neben dem System des gemeinsprachlichen Wortschatzes; gemeinsprachlicher Wortschatz ist dagegen universell, d. h. in den verschiedensten Lebensbereichen anwendbar. In der einsprachigen synchronischen, aber auch diachronischen Lexikographie ist dieser strenge Gegensatz bei der Selektion des darzustellenden Wortschatzes und in der lexikographischen Deskription faktisch aufgehoben zugunsten einer anderen Zweiteilung, nämlich der in Fachwörterbuch und allgemeines Wörterbuch oder Gesamtwörterbuch, da Sprachwörterbücher bei der Festlegung ihres Wortschatzausschnitts vom Gesamtwortschatz und seiner Repräsentation in der alltagssprachlichen Kommunikation ausgehen müssen und sich hierbei einer wechselseitigen Durchdringung fachsprachlichen und gemeinsprachlichen Wortschatzes gegenübersehen. Es zeigt sich, daß von den Fachwortschätzen in der Alltagssprache, d. h. über die Kommunikation in den Fachbereichen hinaus, bedingt durch die Technisierung und die 'Verwissenschaftlichung' alltäglicher Lebensbereiche, in der Kommunikation des Alltags fachsprachliches Wortgut angesiedelt wird; über die Tagespresse und populärwissenschaftliche Literatur gelangen Fachwörter in die Allgemeinsprache. Dabei gehen die Fachwortschätze nicht in ihrer Gänze, sondern nur selektiv in die Allgemeinsprache über. Der Anteil des zu berücksichtigenden Fachwortschatzes wird in den Konzeptionen der Sprachwörterbücher zum einen durch das innersprachliche Verhältnis von Zentrum und Peripherie, zum anderen durch einen pragmatischen Gesichtspunkt, durch den Umfang des jeweiligen Wörterbuchs, bestimmt. Wörterbücher mit einer Auswahl von etwa 10 000 Stichwörtern erfassen in erster Linie den Grundwortschatz, wie immer man ihn auch methodisch erarbeitet, und keinen Fachwortschatz. Bei 25 000 Einheiten sind für die Allgemeinsprache jedoch bereits besonders wichtige Teile des fachsprachlichen Wortschatzes einbezogen (Schmidt 1985). Gesamtwörterbücher wie das Wörterbuch der deutschen Gegenwartssprache (WDG) und das Große Wörterbuch der deutschen Sprache (GWB) mit 100 000 und mehr Stichwörtern erfassen bereits einen erheblichen Teil des Wortschatzes, der in der Überlappungszone zwischen Allgemeinsprache und Fachsprache liegt. Aus der Sicht der Allgemeinsprache gehört dieser Fachwortschatzanteil zum peripheren Teil der Allgemeinsprache, aus der Sicht der Fachwortschätze jedoch durchaus nicht zwangsläufig zum peripheren Teil der fachspezifischen Lexik, denn Fachwörter im allgemeinen Wörterbuch können das Zentrum eines Fachwortschatzsystems bilden. Gemessen am Gesamtumfang der fachspezifischen Lexik einzelner Fachdisziplinen gelangt jedoch ein verhältnismäßig geringer Teil von Fachwörtern in die Gesamtwörterbücher, wenn man bedenkt, daß z. B. die Fachlexik der Chemie sich auf annähernd zwei Millionen Fachwörter und Fachausdrücke beläuft und auch der Fachwortschatz der Medizin zahlenmäßig entsprechend hoch eingeschätzt wird. Da die meisten Gesamtwörterbücher auf dem Korpusprinzip beruhen und das Korpus in der Regel auf der Erfassung von Belletristik- u. Pressewortschatz beruht, bildet die einfache Integration von Fachwörterbüchern in allgemeine Wörterbücher einen Sonderfall; die Fachwortschätze werden aber durch die Exzerption von Erzeugnissen der Tagespresse und der populärwissenschaftlichen Literatur auch nicht gleichmäßig erfaßt. In der Alltagskommunikation dominieren mitunter bestimmte Fachbereiche wie z. B. Medizin, Sport, Raumfahrt, Datenverarbeitung etc., und Lexeme wie *AIDS, Coach, Perigäum* und *Software* zeugen im Alltag von ihrer Dominanz. Auch die Schulen vermitteln Fachwortschatz. Aus theoretischer Sicht schließen sich Fachsprachen und Gemeinsprache aus, da sie gesonderte Systeme darstellen, aber für den Lexikographen sind Allgemeinsprache und Fachsprachen faktisch untrennbar miteinander verbunden.

## 2. Schichtungen innerhalb der fachsprachlichen Lexik

Fachsprachen sind nicht homogen. Häufig werden völlig undifferenziert Termini mit Fachwörtern gleichgesetzt und Fachwortschatz mit Terminologie, obwohl Fachwortschätze in sich nach dem Prinzip von Zentrum und Peripherie gegliedert sind. Es gibt viele Versuche der Einteilung des Fachwortschatzes, aber im Grunde ist jede Einteilung in bestimmte Schichten oder Gruppen problematisch. W. Schmidt bietet folgendes Schema:

```
                    Fachwortschatz
        ┌─────────────────┼─────────────────┐
    Termini          Halbtermini        Fachjargonismen
    ┌────────┬────────────┐
standard-      nichtstan-
isierte        dardisierte
```

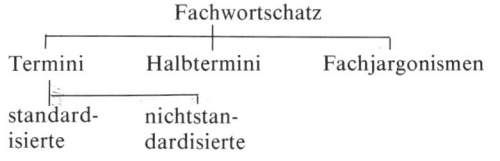

Abb. 77.1: Fachsprachliches Schichtungsmodell (W. Schmidt 1969)

Nach seiner Einteilung bilden die Termini das eigentliche Zentrum der Fachwortschätze. Termini im wissenschaftlichen Sinne des Wortes bezeichnen definierte Begriffe im System eines Fachwortschatzes, sie sind kontextunabhängig und stilistisch neutral, im weiteren auch Fachausdrücke, sofern sie in einem Fachgebiet eindeutig bestimmbare, meist konkrete Dinge bezeichnen (Filipec 1969). Letztere sind sehr schwer gegen Lexeme der Gemeinsprache abzugrenzen, und ihre Besonderheit liegt vor allem in ihrer Affinität zum Fachgebiet. Unter Halbtermini werden nichtdefinierte berufsspezifische Lexeme verstanden, die auch in der Alltagskommunikation ihren Stellenwert haben (z. B. *Bandsäge, Staubsauger*). Vergleicht man die gegenwartssprachlichen einsprachigen großen Gesamtwörterbücher (WDG, GWB), so ist zumindest diese Tendenz in der Wortschatzselektion festzustellen: Konkreta bezeichnende Fachwörter und die Halbtermini werden gegenüber den eigentlichen wissenschaftlichen Fachtermini auf der einen und den Jargonismen auf der anderen Seite bevorzugt. Dies mag darin begründet sein, daß wissenschaftliche Begriffssysteme nicht in der Alltagskommunikation präsent sind und spezifische Termini nur für Fachleute des Sachgebiets voll verständlich sind und damit nicht im Zentrum der nichtfachlichen Alltagskommunikation stehen, wohl aber die Sprache der angewandten Wissenschaft und Technik in den Alltag einfließt. Jargonismen werden wegen ihrer gruppenspezifischen Einengung und nichtstandardsprachlichen Charakteristik zur Peripherie gerechnet. Je umfassender aber die Stichwortauswahl eines Wörterbuchs ist, desto stärker ist auch die Berücksichtigung fachspezifischer Termini. Das 220 000 Stichwörter umfassende Wörterbuch von Wahrig des Brockhaus-Verlags (BW) berücksichtigt beispielsweise 214 Fachgebiete und 18 Sondersprachen und betont ausdrücklich, daß es der „Aufnahme von Fachwortgut breiten Raum gewährt".

## 3. Der Anteil der Wortarten am Fachwortschatz und die Spezifik der Wortebene

Fachsprachen gehören zu den natürlichen Sprachen, aber sie bilden keine selbständigen Sprachen, sondern vielmehr Teilsysteme der Sprache. Fachsprachliche Texte bauen sich zum großen Teil aus lexikalischen Mitteln auf, die auch Mittel der Gemeinsprache sind, und Fachsprachliches läßt sich vorwiegend auf Fachlexik reduzieren. An dieser Fachlexik sind besonders die Substantive beteiligt, denn in den einzelnen Fachdisziplinen wird mit der wissenschaftlichen Erfassung und Erkenntnis der Welt zunächst Neues benannt, und die Benennung außersprachlicher Gegenstände, Erscheinungen und Prozesse läuft über die Begriffsbildung ab, und diese wird wiederum vorwiegend durch Nomina ermöglicht, doch bleibt die Fachlexik nicht auf Substantive beschränkt, wenn diese auch den Hauptanteil der Fachwörter ausmachen. Auch Adjektive und Verben (seltener Adverbien) sind am Fachwortschatz beteiligt (z. B. *dominant, eingeschlechtig, einkeimblättrig, einlesen* [Datenverarb.]). In den allgemeinen einsprachigen Wörterbüchern machen Substantivkomposita die Hauptmasse der Fachwörter aus, die Umdeutung bereits vorhandener gemeinsprachlicher Lexeme (vgl. 5.2., *Menge* Math.) steht an zweiter Stelle. Fachwortschatz besteht in erster Linie aus Einwortlexemen und bildet insofern für den Lexikographen, der seinen Wortschatz alphabetisch anordnet, kein Problem; Schwierigkeiten bereiten dagegen die mehrgliedrigen (in der Regel zweigliedrigen) Fachausdrücke. Da die mehrgliedrigen Fachausdrücke aus der Sicht der Phraseologieforschung nicht zu den Phraseologismen gerechnet werden dürfen und somit keine gesonderte Darstellung wie diese erfahren, werden sie im Rahmen der Kontextsphäre abgehandelt, wobei jeweils entschieden wird, unter welchem Glied des Ausdrucks. In der Praxis verfahren das GWB und das Handwörterbuch der deutschen Gegenwartssprache (HDG) so, daß sie den Fachausdruck nur an einer Stelle definieren, aber von einem Stichwort auf das andere verweisen [vgl. HDG: Phys. *der ↗ absolute Nullpunkt*; GWB: *absoluter Nullpunkt* ( ↗ *absolut* 8b)]. Das Spezifische, wodurch sich Fachwörter von gemeinsprachlichen Wörtern unterscheiden, ist nicht auf der Graphemebene (mit Ausnahme spezifischer Schreibweisen in der Chemie und Biologie) angesiedelt, nicht auf der Phonemebene, zu einem geringen Teil auf der morphologisch-syntaktischen Ebene (vgl. den fachsprachlichen Plural bestimmter Substantive: *die Sande, Drücke, Spielzeuge, Verkehre*), aber vor allem auf der semantischen Ebene, indem sie Diener zweier Herren sind und sowohl dem System der allgemeinsprachlichen Lexik als auch dem System der wissenschaftlichen Begriffe angehören. Ihre überwiegende Verwendung in Fachtexten ist schließlich neben der semantischen Spezifik das wichtigste Unterscheidungskriterium.

## 4. Die stilistische Markierung fachsprachlicher Lexik im allgemeinen einsprachigen Wörterbuch

### 4.1. Anwendung fachsprachlicher Kennzeichnungen

Zur Unterscheidung fachsprachlicher und nichtfachsprachlicher Lexik werden in den gegenwartssprachlichen Wörterbüchern Fachgebietskennzeichnungen angewandt. Daß mit dieser Kennzeichnung auch eine Entscheidung über die Zuordnung zur Allgemeinsprache oder Fachsprache getroffen werden muß, hat in der Wörterbuchpraxis offensichtlich zur Verunsicherung geführt. Das WDG, das HDG, GWB und das Duden-Universalwörterbuch (DUW) betonen in ihren Vorworten ausdrücklich, daß sie Fach- und Sonderwortschatz abgrenzen und die Bereiche, in denen die Wörter verwendet werden, genau kennzeichnen. Daß sie von diesem Prinzip aber in der Praxis abweichen, begründen sie u. a. damit, daß auf eine Kennzeichnung verzichtet werden kann, wenn aus der Definition das Fachgebiet deutlich hervorgeht. Da aber auch nichtterminologische Wörter ungekennzeichnet bleiben, fallen faktisch Termini und Nichttermini zusammen.

Von 63 Komposita mit dem Determinativum *Röntgen-* sind im BW zwei Drittel fachlich gekennzeichnet, DUW und HDG sind vergleichsweise zurückhaltender: DUW enthält 30, davon 4 gekennzeichnet, HDG 11 (gekennzeichnet: 4), WDG 30, davon 8 gekennzeichnet, GWB 39, davon 7 gekennzeichnet. Ungebrochen ist das Verhältnis zur fachsprachlichen Kennzeichnung dagegen im BW, in dem von 63 Komposita mit dem Determinativum *Röntgen-* 19 ungekennzeichnet bleiben, also insgesamt 42 gekennzeichnet sind, darunter Komposita wie *Röntgenaufnahme, Röntgenbehandlung, Röntgenbestrahlung, Röntgenbild, Röntgeneinrichtung, Röntgengerät, Röntgenreihenuntersuchung, Röntgenschirm, Röntgenuntersuchung* u. a. Es fehlt also offensichtlich an klaren Zuordnungskriterien.

Nicht alles, was zum Wortschatz des Fachgebiets gehört, ist auch zwangsläufig terminologisch oder zumindest fachspezifisch, daher sollten, wie dies bereits im DUW und HDG praktiziert wird, nur die Stichwörter eine Fachgebietszuweisung erhalten, die ausschließlich in fachspezifischen Texten verwendet werden, terminologischen Charakter haben und folglich vor allem für Fachleute des Sachgebiets voll verständlich und handhabbar sind. Abweichungen finden sich nach dieser und nach jener Richtung. So sind beispielsweise im HDG *Titelaufnahme, Wärmepol, Profilstahl, Baukastensystem* nicht gekennzeichnet, wohl aber *Sitz* (= Halterung), *Windrad* u. a.

Für den Lexikographen ist das Zuordnungsindiz vor allem aus dem Textvorkommen und der Vorkommenshäufigkeit ablesbar, aber diese Entscheidungsgrundlage bietet keine absolute Gewähr für eine durchgehend einheitliche Fachzuweisung, sonst wären z. B. im WDG *Nierenschrumpfung* (Med.) und *Leberschrumpfung* (—) nicht unterschiedlich behandelt; hier zeigt sich, daß die mangelnde Durchsetzung des Systemaspekts in den Wörterbüchern faktisch zu weiteren Verunsicherungen des Benutzers führen kann.

### 4.2. Fachsprachliche Kennzeichnungen zur Unterscheidung von Trivialbezeichnungen und fachsprachlichen Lexemen

Der Übergang von Fachlexik in die Allgemeinsprache ist am deutlichsten dort ablesbar, wo Trivialbezeichnungen und fachsprachliche Lexeme in der Alltagslexik eine Zeitlang nebeneinander gültig sind, weil neue fachsprachliche Lexeme bis dahin übliche und auch von Laien benutzte Bezeichnungen verdrängen. In der Regel führt dies zu der Konsequenz, daß Trivialbezeichnungen keine fachsprachliche Zuweisung erhalten, vgl. WDG: *Poliomyelitis* (Med.) und *Kinderlähmung* (—), *Durchfall* (—) und *Diarrhoe* (Med.), dagegen *Gelbsucht* (Med.) und *Hepatitis* (Med.), HDG: *Schraubendreher* (fachspr.) und *Schraubenzieher* (—).

### 4.3. Überschneidung von Fachgebieten

Die Multivalenz vieler Fachwörter erweist sich für die Lexikographie als eine zusätzliche Schwierigkeit bei der Fachgebietszuweisung. Mitunter ist sogar die Fachgebietsdistribution unklar. In der Praxis versucht man diese Schwierigkeit dadurch zu umgehen, daß anstelle genauer Fachgebietszuweisungen die Markierung 'fachsprachlich' verwendet wird. Wie weit diese mit der Angabe zweier oder dreier Fachgebietszuweisungen kollidiert, läßt sich häufig nur ungenau bestimmen, man vergleiche *Schiebebühne* (HDG: fachspr., GWB: Eisenb., Theater). Die Praxis ist recht unterschiedlich: BW zieht die Angabe mehrerer Zuweisungen vor, wo GWB, DUW und HDG sich auf eine Zuweisung beschränken oder jede Zuweisung vermeiden. Ebenso verwirrend ist das Nebeneinander von Ober- und Untergruppen und inhaltlich benachbarten, z. B. im BW *Spiel/ Glücksspiele, Physik/Atomphysik, Münzkunde/Münzwesen, Pädagogik/Schulwesen, Handwerk/Handarbeit.* Häufig wird der Oberbegriff verwendet, wo eine detaillierte Kennzeichnung treffender wäre, etwa *Leichtathletik* statt *Sport, Fußball* statt *Ballspiele* etc.

## 5. Die Definition fachsprachlicher Lexik im allgemeinen einsprachigen Wörterbuch

### 5.1. Fachsprachliche Definition und allgemeinsprachliche Definition

Durch die Einbeziehung fachsprachlichen Wortgutes in den Wortschatz der Allgemeinsprache kommt es für die allgemeinsprachliche Lexikographie zu einer Vermischung zweier Systeme, die u. a. in der Definition offen zutage tritt. Lexeme, die fachspezifisch integriert und im Begriffssystem ihres Fachgebiets einen festen Platz haben, die eigens für die Kommunikation innerhalb eines Fachgebietes definiert sind und die Relationen zu diesem System herstellen, werden aus ihrem System herausgelöst und in das System des Allgemeinwortschatzes integriert, dessen Lexemen eine gewisse inhaltliche Vagheit eigen ist und deren Definitionen die allgemeinen Vorstellungsinhalte erfassen. Wörterbücher des Allgemeinwortschatzes sind in erster Linie Sprachwörterbücher, ihre Definitionen beschreiben sprachliches Wissen, sie ermitteln es. Fachwörterbücher beschreiben fachlich-sprachliches Wissen, ihre Definitionen sind festgelegt. Der Lexikograph muß aber, will er Fachwörter als Teil des Allgemeinwortschatzes auch dem Laien verständlich machen, diese auf das Niveau des Alltagswissens projizieren und mit den sprachlichen Mitteln des Allgemeinwortschatzes definieren. Er kann dies aber nur, wenn er zugunsten der Verständlichkeit Kompromisse eingeht und allgemeine Vorstellungsinhalte des zu beschreibenden Gegenstandes für den Benutzer neu aufbaut. Dies ist um so unproblematischer, je mehr das Fachwort in der nichtfachgebundenen Kommunikation Verwendung findet. Viele Fachwörter, bes. die Halbtermini, sind nicht wohldefiniert und werden daher meistens wie die Realien des allgemeinsprachlichen Wortschatzes durch den Rückgriff auf fachenzyklopädisches Sach- und auch Bedeutungswissen (Wiegand 1988, 50) so definiert, daß sie dem Benutzer eine Sememidentifikation ermöglichen, wenn die Definitionsmerkmale nicht über seinen Kenntnishorizont hinausgehen. Überwiegt fachenzyklopädisches Bedeutungswissen das alltägliche Bedeutungswissen, ist der Benutzer überfordert. So wird das Fachwort **Prämisse** (Logik) im BW definiert als „Aussage, aus der in einem logischen Schluß auf die Conclusio geschlossen wird" (Conclusio wird dagegen als Begriff der Rhetorik, als „Schlußteil einer Rede" interpretiert); diese Definition ist noch weitgehend identisch mit der Fachdefinition im Wörterbuch der Philosophie: „in der traditionellen Logik eine als wahr vorausgesetzte Aussage, aus der eine Conclusio gewonnen wird". Ähnlich verfuhr man im HDG mit der Definition des allgemeinsprachlichen Lexems **Fett**. Da es offenbar schwierig war, die allgemeinen Vorstellungsinhalte zu beschreiben, griff man auf fachenzyklopädisches Bedeutungswissen zurück: „bes. aus den Estern des Glyzerins und bestimmter Fettsäuren bestehender fester, halbfester od. flüssiger Stoff, der aus tierischen, pflanzlichen Zellen oder synthetisch hergestellt wird und für die menschliche Ernährung sowie für technische Zwecke eine wichtige Rolle spielt". Definitionen wie diese sind nicht geeignet, dem Benutzer eine Sememidentifikation zu ermöglichen, da sie mit Implikationen operieren, die wiederum fachenzyklopädisches Sach- und Bedeutungswissen voraussetzen. Für Realien der Allgemeinsprache wie für Halbtermini sollte daher gelten, daß der Lexikograph versuchen muß, ihre allgemeinen Vorstellungsinhalte zu beschreiben.

### 5.2. Fachsprachliches Bedeutungswissen und Benutzerverständnis

Anders ist mit der Definition von Fachtermini zu verfahren. Da sie als definierte Lexeme in der Fachkommunikation Verwendung finden, sind sie für den Nichtfachmann nicht transparent. Definiert der Lexikograph eines allgemeinsprachlichen Wörterbuchs einen Terminus, so hat er, wenn er Verständlichkeit erreichen will, zu prüfen, wie er die fachsprachliche Definition abwandeln und gleichzeitig den (wissenschaftlichen) Ansprüchen des Fachmannes genügen kann. Da das fachenzyklopädische Bedeutungswissen in ein terminologisches System integriert ist, beginnt die erste Schwierigkeit bereits mit der Wahl des genus proximum, das in der Fachsprache den hierarchischen Aufbau des Begriffssystems signalisiert, der für die Allgemeinsprache irrelevant ist, da ja nur Teile des Begriffssystems als Termini oder Halbtermini in die Allgemeinsprache eingehen, so daß nach einem der Allgemeinsprache eigenen Klassifizierungslexem gesucht werden muß. Im Lexikon der Technik wird beispielsweise die Pleuelstange als „Maschinenelement zur Kraftleitung bei einem Schubkurbelbetrieb...", im BW ebenso als „Maschinenelement zum Umwandeln von kreisförmigen... Bewegungen...", im DUW dagen als „... Verbindungsglied zwischen Kolben und Kurbelwelle" dargestellt. Letzteres zeigt, wie weit die Anpassung an das Vorstellungsvermögen des Nichtfachmannes möglich ist, ohne die fachsprachlichen Bezüge völlig aufzugeben. In der Auswahl der differentia specifica unterscheiden sich die Sprachwörterbücher in dem Maße, wie sie fachenzyklopädisches Bedeutungs- und Sachwissen einbringen und beides mehr oder weniger miteinander verbinden, und sie sind um so besser, je mehr Fachwissen sie in verständliche Allgemeinsprache umsetzen, d. h. spezifisches fachenzyklopädisches Bedeutungs- und Sachwissen zurückdrängen. Man darf daraus jedoch nicht ableiten, daß fachenzyklopädisches Bedeutungs- und Sachwissen in lexikographischen Definitionen generell vermeidbar wären. Die Definitionen von Realien des Allgemeinwortschatzes und die Wörterbuchdefinitionen von Fachwörtern basieren in der Regel auf Informationsdaten enzyklopädischer Nachschlagewerke, und dies führt wiederum dazu, daß Sach- und Bedeutungswissen, die ohnehin nur schwer voneinander zu trennen sind, in die Bedeutungsparaphrase einfließen.

„Wird in einem allgemeinsprachlichen Wörterbuch die Bedeutung eines Lemmazeichens aus einer Fachsprache erläutert, dann geschieht das fast immer so, daß auf das gegenstandskonstitutive fachenzyklopädische Bedeutungswissen oder einen Ausschnitt aus diesem zurückgegriffen und in der Bedeutungsangabe vermittelt wird" (Wiegand 1988, 50).

Wenn BW z. B. das Lexem **Polyamid** definiert als „durch Kondensation von organischen Säuren mit Aminen hergestellter thermoplastischer Kunststoff, aus dem hauptsächlich Kunstfasern... hergestellt werden" (*Amin* wiederum als „basisch reagierendes Derivat des Ammoniaks, bei dem ein oder mehrere Wasserstoffatome durch Alkyle oder Aryle ersetzt sind"), so ist der Benutzer terminologisch und auch sachlich überfordert. Diese Definition arbeitet mit zu vielen Implikationen, die wiederum neue Verstehensschwierigkeiten aufbauen *(Alkyl, Aryl, Derivat, basisch)*. Die Schwierigkeit und die Grenzen der Umsetzung — das Fachwort als ein Lexem der Allgemeinsprache für den Benutzer verständlich zu definieren, aber gleichzeitig seinen Fachwortcharakter zu erhalten — zeigen sich beim Weglassen. DUW definiert Polyamid so: „hochmolekularer Kunststoff, der bes. für die Herstellung von Kunstfasern verwendet wird". Das für den Nichtfachmann nichttransparente Definitionselement *hochmolekular* ist wiederum Teil des dargestellten Wortschatzausschnitts, so daß in der Art eines controlled defining vocabulary kein undefinierter Rest übrigbleibt. Das HDG verkürzt das Fachwissen auf die Definition „(Thermo)plast von großer Elastizität und Festigkeit" und verlegt die für die Sememidentifikation nützlichen Merkmale der differentia specifica in das didaktische Kontextbeispiel: „Nylon und Dederon sind Kunstfasern aus P". Polyamid ist damit kein fachlich definierter Begriff mehr, aber die Paraphrase enthält die wesentlichen Merkmale, und diese Definitionselemente passen sich in das Inventar der Allgemeinsprache ein. Der Benutzer dieses Wörterbuches wird nun in die Lage versetzt, außerhalb des Fachgebietes mit diesem Lexem zu kommunizieren, und während *Polyamid* auf der einen Seite ein fachliches Begriffssystem mit konstituiert, dient es — nicht mehr streng fachwissenschaftlich definiert — als Mittel der Alltagskommunikation, und seine Bedeutung ist jetzt prototypisch organisiert (Wiegand 1988, 49). Als Idealfall der Umsetzung dürfen Definitionen angesehen werden, die das fachenzyklopädische Bedeutungswissen im Wortlaut übernehmen, ohne mit dem Benutzerverständnis zu kollidieren, so z. B. die Definition des mathematischen Mengenbegriffs. Man vergleiche den Eintrag für **Menge** im Lexikon Mathematik: „jede Zusammenfassung von bestimmten wohlunterschiedenen Objekten unserer Anschauung oder unseres Denkens... zu einem Ganzen" mit DUW: „Zusammenfassung von bestimmten, unterschiedenen Objekten unserer Anschauung zu einem Ganzen" und HDG: „Zusammenfassung bestimmter, wohlunterschiedener Objekte unserer Anschauung od. unseres Denkens zu einem Ganzen". Hier wird deutlich, daß fachwissenschaftliche Konkreta sich im allgemeinsprachlichen Wörterbuch eher nach dem Muster einer Realdefinition darstellen lassen als fachwissenschaftliche Abstrakta. Letztere werden tendenziell in der Art einer Begriffsdefinition erklärt, weniger in der Art einer Bedeutungsdefinition, die allgemein den Begriff nur in seinen wichtigsten Bestimmungen widerspiegelt (Schmidt 1985). Als Beispiel dafür könnte das Lexem **Psychoanalyse** dienen, das im HDG definiert wird als „von S. Freud ausgearbeitete tiefenpsychologische Konzeption der allgemeinen Psychologie und der Psychologie der Persönlichkeit, die er später spekulativ zu einer Kulturtheorie, Weltanschauung erweiterte". Hier vermischen sich fachenzyklopädisches Bedeutungs- und Sachwissen; es demonstriert anschaulich, wie schwierig es ist, terminologische Abstrakta für die Vorstellungswelt des Durchschnittssprechers verständlich aufzubereiten, daß aber dem Lexikographen die Suche nach einer allgemeinverständlichen Bedeutungsbeschreibung nicht erlassen werden kann.

### 5.3. Definitionssprache als Teil der Objektsprache

Die Forderung nach dem sich selbst definierenden Wörterbuch, in dem Definitionssprache als Teil der Objektsprache repräsentant ist, gilt nach wie vor als unabdingbar, doch führt sie die Lexikographen einsprachiger erklärender Wörterbücher bei der Definition von Fachwörtern mehr als sonst in Sachzwänge. Selbst bei stärkster Reduzierung fachsprachlicher Lexik in der Bedeutungsexplikation lassen sich Termini oder Halbtermini nicht gänzlich vermeiden. Ihre Implikation verpflichtet aber dazu, sie ihrerseits als Lemmata zu berücksichtigen und sie so zu erklären, daß die Definition dem Benutzer u. U. über mehrere Stufen transparent wird. Dies wiederum führt zu einer Aufschwellung des Stichwortkataloges. Je fachsprachlicher die Definition, je unmittelbarer die Übernahme fachlichen Sach- und Bedeutungswissens in die Definitionen allgemeinsprachlicher Wörterbücher, desto größer der Anteil von Fachlexemen, die normalerweise nicht Eingang in das Stichwortinventar gefunden hätten. Daraus ergibt sich zwangsläufig eine Beschränkung auf Unumgängliches und die Kontrolle des Definitionsvokabulars. Man darf davon ausgehen, daß dies heute schon weitgehend beherzigt, aber niemals vollständig erfüllt wird, auch dann nicht, wenn — wie im „Longman" angewandt — ein controlled defining vocabulary zugrunde gelegt wird (vgl. Art. 76).

### 6. Literatur (in Auswahl)

#### 6.1. Wörterbücher

*BW 1980* = Brockhaus Wahrig. Deutsches Wörterbuch in sechs Bänden. Hrsg. von Gerhard Wahrig/Hildegard Krämer/Harald Zimmermann. Wiesbaden. Stuttgart 1980—1984 [zus. 5310 S.].

*DUW* = Duden. Deutsches Universalwörterbuch. Herausgegeben und bearbeitet vom Wissenschaftlichen Rat und den Mitarbeitern der Dudenredaktion unter der Leitung von Günther Drosdowski. Mannheim. Wien. Zürich 1983 [1504 S.].

*Gellert u. a. 1977* = Walter Gellert u. a.: Lexikon Mathematik. Leipzig 1977 [880 S.].

*GWB 1976* = Duden. Das große Wörterbuch der deutschen Sprache in 6 Bänden. Herausgegeben und bearbeitet vom Wissenschaftlichen Rat und den Mitarbeitern der Dudenredaktion unter Leitung von Günther Drosdowski. Mannheim. Wien. Zürich 1976—1981 [zus. 2992 S.].

*HDG 1984* = Handwörterbuch der deutschen Gegenwartssprache. In zwei Bänden. Von einem Autorenkollektiv unter der Leitung von Günter Kempcke. Berlin [DDR] 1984 [zus. 1399 S.].

*Klaus/Buhr 1970* = Georg Klaus/Manfred Buhr: Philosophisches Wörterbuch. 2 Bde. Leipzig 1970 [zus. 1394 S.].

*Longman 1987* = Longman Dictionary of Contemporary English. New Edition. Essex 1987 [1229 S.].

*Rohr/Wiele 1982* = Bernd Rohr/Herbert Wiele: Lexikon der Technik. Leipzig 1982 [640 S.].

*WDG* = Ruth Klappenbach/Wolfgang Steinitz: Wörterbuch der deutschen Gegenwartssprache. 6 Bände. Berlin 1964—1977 [4514 S.].

*Zetkin/Schaldach 1956* = Maxim Zetkin/Herbert Schaldach: Wörterbuch der Medizin. Berlin 1956 [1597 S.].

#### 6.2. Sonstige Literatur

*Buchmann 1960* = Oskar Buchmann: Das Verhältnis von Mensch und Technik in sprachwissenschaftlicher Sicht. In: Muttersprache 10. 1960, 289—299.

*Drozd 1966* = Lubomir Drozd: Die Fachsprache als Gegenstand des Fremdsprachenunterrichts. In: Deutsch als Fremdsprache 2/1966, 23—31.

*Filipec 1969* = Jozef Filipec: Zur Spezifik des spezialsprachlichen Wortschatzes gegenüber dem allgemeinen Wortschatz. In: Deutsch als Fremdsprache 6. 1969, 407—414.

*Hoffmann 1976* = Lothar Hoffmann: Kommunikationsmittel Fachsprache. Berlin 1976.

*Mackensen 1959* = Lutz Mackensen: Muttersprachliche Leistungen der Technik. In: Sprache — Schlüssel zur Welt. Festschrift für Leo Weisgerber. Düsseldorf 1959.

*Mentrup 1976* = Wolfgang Mentrup: Projekt eines großen interdisziplinären Wörterbuchs der deutschen Sprache. In: Deutsche Sprache 4. 1976, 93—96.

*Schmidt 1985* = Hartmut Schmidt: Untersuchungen zu konzeptionellen Problemen der historischen Lexikographie. Linguistische Studien H. 134. Berlin 1985.

*Schmidt 1969* = Wilhelm Schmidt: Charakter und gesellschaftliche Bedeutung der Fachsprachen. In: Sprachpflege 1/1969, 10—21.

*Wiegand* = Herbert Ernst Wiegand: Was eigentlich ist Fachlexikographie? Mit Hinweisen zum Verhältnis von sprachlichem und enzyklopädischem Wissen. In: Deutscher Wortschatz. Lexikologische Studien. Ludwig Erich Schmitt zum 80. Geburtstag von seinen Marburger Schülern. Hrsg. von Horst Haider Munske, Peter von Polenz, Oskar Reichmann, Reiner Hildebrandt. Berlin. New York 1988, 729—790.

*Günter Kempcke, Berlin
(Deutsche Demokratische Republik)*

# 78. Probleme der Beschreibung von Gefühlswörtern im allgemeinen einsprachigen Wörterbuch

1. Problemstellung
2. Die Forderung nach einer „kommunikativ-pragmatischen" Begründung des Wortschatzes
3. Pragmatische Markierungen und analytisches Definitionsmodell
4. Gefühlswörter — schwere Wörter oder brisante Lexeme?
5. Konsequenzen für ein historisches Wörterbuch des deutschen Gefühlswortschatzes
6. Literatur (in Auswahl)

## 1. Problemstellung

Die folgenden Ausführungen beschränken sich auf die Darstellung der Probleme, die mit der Form der lexikographischen Bedeutungsbeschreibung (vgl. hierzu Henne 1972; Wahrig 1973; Bahr 1975; Püschel 1979; Herberg 1982; Viehweger 1983; Müller 1984; Wiegand 1984) insbesondere im Hinblick auf die spezifische „Brisanz" (vgl. Hermanns 1980) und „Schwere" (vgl. Mentrup 1983; Henne/Mentrup 1983; Strauß/Zifonun 1985) von Gefühlswörtern verknüpft sind. Wenn es — wie Wiegand mit einem Blick auf die Geschichte der deutschen Lexikographie feststellt — trotz der Wandlungen, die die allgemeinen Zwecke einsprachiger Wörterbücher erfahren haben (vgl. hierzu auch Drosdowski 1968; Henne 1977), „ein historisch konstanter Zweck einsprachiger Wörterbücher war und ist, dem Wörterbuchbenutzer Bedeutungen zu erläutern" (Wiegand 1977, 62), so läßt sich daraus der zentrale Stellenwert ableiten, den innerhalb der theoretischen und praktischen Lexikographie die Frage nach der Art der Bedeutungsbeschreibung einnimmt, die hier bezogen auf die Probleme eines spezifischen Teilwortschatzes (vgl. Mentrup 1985) diskutiert wird.

Im folgenden sollen zunächst die allgemeinen Fragestellungen erörtert werden, innerhalb derer auch die Probleme der lexikographischen Bedeutungsbeschreibung von Gefühlswörtern zu situieren sind. Darüber hinaus soll aufgezeigt werden, welche Konsequenzen sich daraus für die Bedeutungsbeschreibung von Gefühlswörtern (zur Behandlung von Gefühlswörtern in der Psychologie und in der sprachanalytischen Philosophie vgl. etwa Debus 1977, 1988; Davitz 1970; Kahle 1981) ergeben. Im Anschluß daran wird im Rückgriff auf Ansätze der sprachanalytischen Philosophie ausgeführt, aufgrund welcher Charakteristika Gefühlswörter sich als „schwere" oder als „brisante" Lexeme auffassen lassen und welche Konsequenzen die in der sprachanalytischen Philosophie vertretene Auffassung von der kommunikativen Funktion von Gefühlswörtern insbesondere für ein historisches Wörterbuch des deutschen Gefühlswortschatzes (vgl. Jäger 1988 a) hat.

## 2. Die Forderung nach einer „kommunikativ-pragmatischen" Begründung des Wortschatzes

Helmut Henne hat im Anschluß an eine Betrachtung der Geschichte deutscher Wörterbücher darauf hingewiesen, daß Wörter in ihrer lemmatisierten Existenzform gegenüber der Vorgängigkeit von Texten und — wie wir ergänzen müssen — von Sprachspielen als lediglich „abstraktive Größen" (Henne 1977, 46) angesehen werden müssen; er hat hieraus die Forderung nach einer „kommunikativ-pragmatischen Version der Begründung des Wortschatzes" (Henne 1977, 47; ebenso Mattausch 1982; Püschel 1983) abgeleitet.

In der Tat muß davon ausgegangen werden,

daß, wie Hegel formuliert hat, das Zeichen „an ihm selbst keine Bedeutung hat" (vgl. Hegel 1932, 210), sondern daß ihm erst im Kontext von, ihrerseits sozial determinierten, Sprachspielen (vgl. Wittgenstein 1984 b) durch die Deutung von kommunizierenden Subjekten Bedeutung zukommt, ja, daß Bedeutung überhaupt nichts ist, was singulären Zeichen eignet (vgl. Trier 1973; Saussure 1968), sondern daß sie aufgefaßt werden muß als die relative Deutungsallgemeinheit und die relative Deutungskonstanz, mit der Sprachteilhaber Zeichen verwenden (vgl. Jäger 1983).

Wenn der Wortschatz einer Sprache, wie diese überhaupt, viel weniger, als es den Anschein hat, eine homogene Struktur (vgl. dazu Herzog/Labov/Weinreich 1968) darstellt, sondern vielmehr verstanden werden muß als ein heterogenes Ensemble von Subsystemen, die ihrerseits eingebettet sind in eine Pluralität von Sprachspielen und Praxiszusammenhängen, so besteht eine wesentliche Aufgabe der lexikographischen Beschreibung von Lemmata darin, diese kommunikativ-pragmatische Verankerung des Wortschatzes sichtbar zu machen.

Eben dies ist durch den Begriff der „inneren (funktionalen) Mehrsprachigkeit" im Umfeld von Vorüberlegungen zu einem „Handbuch schwerer Wörter" auch in der neueren lexikographischen Diskussion erneut betont worden (vgl. Bausinger 1983; Strauß/Zifonun 1985, Bd. 1, 17 ff.).

Es muß — und darin ist ein zentrales, bisher nicht befriedigend gelöstes Problem der lexikographischen Beschreibung zu sehen — im Wörterbuch folgendem Umstand Rechnung getragen werden: Die Bedeutung von Sprachzeichen hat ihren Konstitutionsgrund in den subjektiv parasemischen Deutungsstrukturen (zu kognitionspsychologischen Auffassungen vgl. etwa Wegener 1984) von Sprachteilhabern (vgl. Jäger 1983); diese Deutungsstrukturen sind ihrerseits rückgebunden an Sprachlern- und Sprachverwendungssituationen in Sprachspielen und Lebensformen.

## 3. Pragmatische Markierungen und analytisches Definitionsmodell

In der bisherigen Beschreibungspraxis einsprachiger Wörterbücher sind pragmatische Regeln, die über die kommunikativ angemessene Verwendung von Lexemen Aufschluß geben, in der Form „pragmatischer Markierungen", die Stilschicht und sozio- oder dialektale Gebundenheit eines Lemmas kennzeichnen, einbezogen worden (vgl. Wiegand 1979). Nun wächst aber innerhalb der neueren Arbeiten zur theoretischen Lexikographie das Bewußtsein dafür, daß das Spektrum der bisher angenommenen Varietäten und der auf sie verweisenden pragmatischen Markierungen zumindest für weite Teile des Wortschatzes nicht ausreicht, um die relevanten Verwendungsbedingungen dieser Wörter zu erfassen.

Für Wörter wie *Demokratie* und *Freiheit* kann innerhalb einer Sprachgemeinschaft kein einheitliches, sondern allenfalls ein partei- oder gruppenspezifisch stabiles Verständnis angenommen werden. Insbesondere solchen Wörtern, um die in einer Sprachgemeinschaft semantische Kämpfe (vgl. Koselleck 1979) stattfinden, wird die lexikographische Praxis der Bedeutungserläuterung nicht gerecht. Dies deshalb, weil die „Brisanz" der ja nicht nur koexistierenden, sondern regelrecht konkurrierenden Bedeutungen dieser Wörter nicht kenntlich gemacht wird. Hermanns (1980) hat dies anhand einiger Stichproben aus Wörterbüchern der Gegenwartssprache gezeigt.

Das am Beispiel der von Hermanns diskutierten „brisanten" Wörter besonders spürbar werdende Defizit der lexikographischen Beschreibungspraxis hat mit dem Vorherrschen einer bestimmten Form der lexikographischen Bedeutungsbeschreibung zu tun: der sogenannten lexikographischen Definition (vgl. Lessenich-Drucklieb 1978; Hölker 1981; Ludwig 1983; Wiegand 1984; vgl. auch Art. 44). Wie Gisela Harras (1985) jüngst in einem Vortrag zum Problem von „Bedeutungsangaben im Wörterbuch" gezeigt hat, bestand in der Lexikographie bis Ende der siebziger Jahre über die Konzeption von Bedeutungsangaben hinsichtlich dreier semantiktheoretischer Voraussetzungen Einigkeit:

> „(1) die Bedeutung eines Ausdrucks ist in einzelne Merkmale zerlegbar; (2) die Bedeutung eines Ausdrucks ist restlos in Merkmale zerlegbar, so daß es eine notwendige und hinreichende Anzahl gibt, die die Extension des entsprechenden Ausdrucks festlegt; (3) die Prädikatoren, die die einzelnen Merkmale repräsentieren, sind als Eigenschaften aufzufassen, die den einzelnen Mitgliedern der entsprechenden Extension notwendig zukommen" (Harras 1985, 3).

Auf der Grundlage dieser Annahmen hatten Bedeutungsbeschreibungen notwendigerweise die Form analytischer Definitionen (vgl. Hölker 1981) gemäß dem klassischen Schema Definiendum, Definitor, Definiens, wobei das Definiens die Angabe des Genus proximum und der Differentia specifica enthielt: um eines der beliebten lexikographischen Beispiele zu nennen: *Rappe/ 'schwarzes Pferd'*.

Die Funktion solcher Definitionen bestand dabei — so Lessenich-Drucklieb — neben der scharfen Begriffsbegrenzung vor allem darin, „eine Beschreibung des Definiendums" in einer solchen Form zu liefern, „daß dem Wörterbuchbenutzer die Anwendungsregeln des Definiendums geliefert werden und er in der Lage ist, anhand der gegebenen Definition das Definiendum selbst zu gebrauchen" (Lessenich-Drucklieb 1978, 37 f.).

Nun beschränken sich aber die in diesem Definitionsmodell angegebenen Verwendungsregeln für sprachliche Zeichen auf — wie Wiegand es formuliert hat — deren referentiell-prädikative Verwendung in „usuellen Texten" (vgl. Wiegand 1979, 160). Wertende Bedeutungselemente oder situationelle und kontextuelle Restriktionen der Wortverwendung müssen daher zusätzlich in pragmatischen Markierungen angegeben werden, was aber nur dann möglich ist, wenn eine entsprechende Varietätendimension auszumachen ist. Dies ist genau für jenen Typ nach Strauß/Zifonun als schwer zu bezeichnender Wörter problematisch, bei denen „keine Eineindeutigkeit der Beziehung zwischen Gruppe und Subsprache (im Sinne von Fachsprache/Wissenschaftssprache)" oder — so kann hier ergänzt werden — im Sinne von parteigebundenem Sprachgebrauch auszumachen ist (Strauß/Zifonun, Bd. 2, 292).

Eine solche Trennung in Bedeutungsbeschreibung einerseits und pragmatische Markierung andererseits ist bei diesen Teilwortschätzen kaum sinnvoll durchführbar und möglicherweise mitverantwortlich für das, was Hermanns als die „Strategie des gemeinsamen Nenners" (Hermanns 1980, 100) bezeichnet hat.

Von einer grundlegenderen sprachtheoretischen Perspektive hat sich in der jüngeren lexikographischen Debatte etwa bei Wolski (1980), Woetzel (1984) und Harras (1985) immer mehr eine Konzeption der Bedeutungsangabe im Wörterbuch durchgesetzt, die — so Harras — „die Möglichkeit eines grundsätzlich analytischen Zugangs zu Wortbedeutungen ausschließt" (Harras 1985, 5). Insbesondere Woetzel (1984) hat gezeigt, daß selbst bei so scheinbar „harten" „one-criterion-words" wie *Junggeselle* noch nicht einmal — wie Wolski meinte — entlegene Kontexte gesucht werden müssen, um ihre Analytizität zu bestreiten. Er führt in diesem Zusammenhang im Anschluß an Bosch (1979, 172) die fruchtbare Unterscheidung in „ostensive Prädikate" und „Systemprädikate" (1984, 221) ein.

Ostensive Prädikate werden durch Beispiele und Gegenbeispiele, also auf induktiver Basis gelernt; weil die Lernkontexte im Hinblick auf die unendliche Anzahl möglicher Applikationskontexte für ein Prädikat sehr begrenzt sind, bleiben — so Woetzel — „unsere ostensiven Prädikate immer und notwendig in vielerlei Richtungen in ihrer Anwendbarkeit unbestimmt" (1984, 221). Systemprädikate hingegen werden definitorisch eingeführt; sie stehen „in festen intensionalen Beziehungen zu anderen Systemprädikaten" (ebd.). Da nun im Definiens der quasi-analytischen Definition von *Junggeselle* etwa das Prädikat *erwachsen* verwendet wird, das insofern ostensiv ist, als unklar ist, ob es z. B. auf Sechzehn- bis Achtzehnjährige applikabel ist, kann von der Analytizität einer entsprechenden Definition nicht die Rede sein.

Auf jeden Fall läßt sich — und dies hat die jüngere Diskussion zur Form von Bedeutungsangaben auch recht einhellig und deutlich herausgestellt, der Wortschatz einer Sprache zu großen Teilen nicht nach dem Muster der analytischen Definition beschreiben. Wiegand hat darauf hingewiesen, daß dies nicht „für Wörter wie Freiheit, Gerechtigkeit, Faschismus, Kapitalismus, Bürger, Revolution, Radikalenerlaß etc." möglich ist (1977, 84), und natürlich insbesondere auch nicht für Wörter aus dem Gefühlswortschatz, wie *Liebe, Haß, Zärtlichkeit* etc.

Vor dem Hintergrund der Unterscheidung von Systemprädikaten (1) und ostensiven Prädikaten (2) läßt sich die Frage aufwerfen, ob entlang des kontinuierlichen Übergangs von Prädikationstyp (1) zu Prädikationstyp (2) entsprechend kontinuierlich variierte Typen von Bedeutungsbeschreibungen konzipiert werden müssen, die von der analytischen Definition für Systemprädikate bis zur narrativen textdokumentativen Erläuterung für ostensive Prädikate reichen. Legt man eine solche Skala zugrunde, so wäre für den Gefühlswortschatz ohne Zweifel ein Bedeutungserläuterungstyp erforderlich, wie er ostensiven Prädikaten adäquat ist.

## 4. Gefühlswörter — schwere Wörter oder brisante Lexeme?

Damit ist zunächst das Problemfeld innerhalb der neueren lexikographischen Theoriediskussion bezeichnet, in dem auch die spezifischen Probleme einer lexikographischen Beschreibung des Gefühlswortschatzes (vgl. Bergenholtz 1978, 1980; Harras 1982) zu situieren sind. Im folgenden soll nun im Rückgriff auf emotionstheoretische Ansätze der sprachanalytischen Philosophie (vgl. Kahle 1981) verdeutlicht werden, worin möglicherweise die besondere „Brisanz" oder „Schwere" des Gefühlswortschatzes besteht.

Wittgenstein hat sowohl in den „Bemerkungen über die Philosophie der Psychologie" (Wittgenstein 1984 a) als auch in den „Philosophischen Untersuchungen" (Wittgenstein 1984 b) deutlich gemacht, daß die Empfindung als ein „innerer Vorgang" „äußerer Kriterien" (Wittgenstein 1984 b, 580) bedarf, also konstitutiv an ihren „Ausdruck" als an ein „menschliches Benehmen" geknüpft ist:

„Wenn ich das normale Sprachspiel mit dem Ausdruck der Empfindung abgeschafft denke, brauche ich nun ein Kriterium der Identität für sie" (Wittgenstein 1984 b, 288).

Ein solches Kriterium läßt sich nun aber im Rahmen einer solipsistischen Theorie der Empfindung, in der nach Wittgenstein „die Grammatik des Ausdrucks der Empfindung nach dem Muster von 'Gegenstand und Bezeichnung' konstruiert" (Wittgenstein 1984 b, 293) ist, nicht gewinnen, denn in ihr fiele die Empfindung als „Gegenstand", deren kontingente Bezeichnung der Empfindungsausdruck darstellte, „als irrelevant aus der Betrachtung heraus" (Wittgenstein 1984 b, 293).

Die kommunikative Funktion von Gefühlswörtern kann also nicht darin bestehen, sprachunabhängig gegebene private Gefühle lediglich zu benennen.

Dennoch hält sich diese Auffassung vom Zusammenhang zwischen Gefühl und Gefühlsausdruck, die aus der Tradition der empiristischen Psychologie des 19. Jahrhunderts kommt, bis heute in weiten Teilen der psychologischen Gefühlsforschung: Es handelt sich nach dieser Auffassung bei Gefühlen um „Bewußtseinszustände" (Debus 1977), von denen jeder nur aus dem eigenen Erleben weiß, da sie — wie Traxel formuliert — „unmittelbar nur im Erleben gegeben sind" (1972, 237). Gefühle werden also als private Erlebnisse aufgefaßt, für die eine „weitgehende Sprachunabhängigkeit" angenommen werden kann (Debus 1977). Hieraus folgt, daß Gefühlswörter gleichsam nur als kontingente Namen für innere Emotionszustände fungieren.

Alston hat diese Position als die Überzeugung charakterisiert, „daß es das Bewußtsein einer der Introspektion, aber auch nur ihr, vollkommen zugänglichen, mit Gewißheit gefühlten Qualität, vergleichbar den Wahrnehmungsqualitäten (Röte, Geruch brennenden Holzes), ist, wodurch etwas zur Emotion und zu der besonderen Emotion, die es ist, wird" (Alston 1981, 13).

„Der einzige Weg" — so fährt Alston fort — „zu wissen, was Furcht, Ärger, Freude oder Reue sind, besteht in der tatsächlichen Erfahrung der Gefühle Furcht, Ärger usw.". Die Emotionen sind „also kontingent mit den anderen Faktoren [...] und mit ihren Ausdrucksformen, seien sie nun willkürlich oder unwillkürlich, verbunden" (Alston 1981, 13).

Demgegenüber haben sich im Anschluß an die Spätphilosophie Wittgensteins und die dort vertretene Auffassung vom Zusammenhang zwischen Gefühlen und Gefühlsausdrücken verschiedene Ansätze einer Emotionstheorie durchgesetzt, die die sprachspielbezogene Eingebundenheit der Verwendung von Gefühlsworten gemäß der Wittgensteinschen Maxime berücksichtigen:

„Sieh auf das Sprachspiel als auf das *Primäre!* Und auf die Gefühle etc. als auf eine Betrachtungsweise, eine Deutung des Sprachspiels!" (Wittgenstein 1984 b, 477).

So gelangt etwa Bedford zu der These:

„Emotionsbegriffe sind m. E. nicht nur psychologische Begriffe: sie setzen Begriffe sozialer Beziehungen und Institutionen voraus und Begriffe, die zu moralischen, ästhetischen und rechtlichen Bewertungssystemen gehören." (Bedford 1981, 55).

Dieser Ansatz hat nun für unsere spezifische Fragestellung eine wichtige Konsequenz: denn wenn sich die spezifische „Schwere" von Gefühlsworten daraus ergibt, daß „bei der kommunikativen Bezugnahme auf die soziale Welt gewisse nur innerhalb von Gruppen gültige normative Kontexte, Wertstandards usw. implizit (oder auch explizit) mitreflektiert und mitausgedrückt werden" (Strauß/Zifonun 1985, Bd. 2, 293), so ergibt sich hieraus die Konsequenz, diese Implikationen des Gebrauchs von Gefühlswörtern in der lexikographischen Bedeutungsbeschreibung zu explizieren und so den Wörterbuchbenutzer in den Stand zu setzen, über sein implizites Regelwissen explizit zu verfügen (vgl. dazu Hare 1974, Vendler 1974). Daß hierzu der an Systemprädikaten orientierte Typus der analytischen Bedeutungsdefinition nicht geeignet ist, liegt auf der Hand. Bedeutungsbeschreibungen im Sinne der Explikation impliziten Wissens (vgl. Hare 1974, Vendler 1974) lassen sich also insbesondere bei den „brisanten", „ostensiven" Prädikaten des Gefühlswortschatzes in der Form einer narrativen Vergegenwärtigung der je spezifischen Verwendungsbedingungen verstehen.

## 5. Konsequenzen für ein historisches Wörterbuch des deutschen Gefühlswortschatzes

Es liegt nun auf der Hand, daß die vor allem in der sprachanalytischen Philosophie diskutierte Frage, ob es sich bei Gefühlen um sprachunabhängige und damit unter Umständen um überkulturelle Entitäten oder um sprachvermittelte und damit um kultur- und epochenspezifische Gebilde handelt, auch über die Konsequenzen, die dies möglicherweise für die Form der lexikographischen Bedeutungsbeschreibung hat, hinaus für den Zweck und damit auch die Konzeption eines historischen Wörterbuches des deutschen Gefühlswortschatzes von weitreichender Bedeutung ist.

Denn wären Gefühle bzw. Emotionen im Sinne der traditionellen Theorie — etwa über den Nachweis einer „überkulturellen Existenz emotionaler Ausdrucksformen" (vgl. Ekmann 1981, 178) — als einzelkulturneutrale und geschichtsunabhängige Phänomene nur kontingent mit sprachlichen Ausdrucksmitteln verknüpft, so vermöchte ein historisches Wörterbuch solcher sprachlichen Mittel nur — onomasiologisch — die Bezeichnungsgeschichte prinzipiell sprachunabhängiger Gefühle nachzuzeichnen.

Betrachtet man jedoch — wie dies im Diskussionszusammenhang der sprachanalytischen Philosophie geschieht — Gefühle bzw. Emotionen als „Ergebnisse sozialer Beziehungen" (vgl. Kemper 1981, 138) oder, wie dies etwa Solomon tut, als kultur- und epochenspezifische „Mythologien", „in denen wir handeln und durch die wir die Welt sehen" (vgl. Solomon 1981, 244), so wären Gefühlswörter nicht nur letztlich zufällige Bezeichnungen von Gefühlen, sondern sie stellten — vermittels der Sprachspiele, in deren Kontext sie gebraucht werden — jeweils konstitutive Momente in der Entstehungs- und Wandlungsgeschichte von Gefühlen dar. In diesem Falle könnte man von der Rekonstruktion der Bedeutungsgeschichten von Gefühlswörtern einen nicht ungewichtigen geistes- und sozialgeschichtlichen Beitrag zur Aufhellung jenes Prozesses erwarten, den Koselleck den „Umwandlungsprozeß zur Moderne" (1972, XIX) genannt hat. Damit würde ein solches historisches Wörterbuch in idealer Weise auch jene sprachkritische Funktion erfüllen, die bereits J. Grimm, im Anschluß an die These seines Lehrers Savigny, daß die Geschichte der „einzige Weg zur wahren Erkenntnis unseres eigenen Zustandes" (Savigny 1850, 367) sei, darin sah, uns die, für das bessere Verständnis unserer selbst, unserer Gegenwart und unserer Vergangenheit notwendigen „verlorne(n) oder verlegte(n) schlüssel [...] in die hände zu liefern" (Grimm 1890, 551).

## 6. Literatur (in Auswahl)

*Alston 1981* = William P. Alston: Emotion und Gefühl. In: Kahle 1981, 9—33.

*Bahr 1975* = Joachim Bahr: Ein Modell zur Beschreibung von Wortbedeutungen. In: Deutsche Sprache 3. 1975, 243—254.

*Bausinger 1983* = Hermann Bausinger: 'Mehrsprachigkeit' in Alltagssituationen. In: Wortschatz und Verständigungsprobleme. Was sind „schwere Wörter" im Deutschen? In: Jahrbuch des Instituts für deutsche Sprache 1982. Hrsg. von Helmut Henne/Wolfgang Mentrup. Düsseldorf 1983, 17—33.

*Bedford 1981* = Errol Bedford: Emotionen. In: Kahle 1981, 34—57.

*Bergenholtz 1978* = Henning Bergenholtz: Zu der Sprache der Psychologie und ihrer lexikographischen Erfassung. In: Interdisziplinäres deutsches Wörterbuch in der Diskussion. Hrsg. von Helmut Henne/Wolfgang Mentrup/Dieter Möhn/Harald Weinrich. Düsseldorf 1978, 102—115.

*Bergenholtz 1980* = Henning Bergenholtz: Angst. Eine lexikographische Untersuchung des Wortfeldes mit Vorschlägen für ein großes interdisziplinäres Wörterbuch der deutschen Sprache. Stuttgart 1980.

*Bosch 1979* = Peter Bosch: Synonymie im Kontext. Nachwort. In: Willard van Orman Quine: Von einem logischen Standpunkt. Frankfurt a. M. Berlin. Wien 1979, 161—172.

*Davitz 1970* = Joel R. Davitz: A Dictionary and Grammar of Emotion. In: Personality and Psychopathology. Ed. by Magda B. Arnold. New York. London 1970.

*Debus 1977* = Günter Debus: Gefühle. In: Handbuch psychologischer Grundbegriffe. Hrsg. von Theo Herrmann [u. a.]. München 1977, 156—168.

*Debus 1988* = Günter Debus: Psychologie der Gefühlswörter. In: Jäger 1988 a, 95—138.

*Drosdowski 1968* = Günther Drosdowski: Das deutsche Wörterbuch im Wandel der Jahrhunderte. In: Geschichte und Leistung des Dudens. Hrsg. vom Bibliographischen Institut. Mannheim. Zürich 1968, 44—53.

*Ekmann 1981* = Paul Ekmann: Universale emotionale Gesichtsausdrücke. In: Kahle 1981, 177—186.

*Grimm 1890* = Jacob Grimm: Kleine Schriften, Bd. 8. Hrsg. von Eduard Ippel. Berlin 1890.

*Hare 1974* = Richard M. Hare: Philosophische Entdeckungen. In: Linguistik und Philosophie. Hrsg. von Günther Grewendorf/Georg Meggle. Frankfurt a. M. 1974, 131—153.

*Harras 1982* = Gisela Harras: Zur Lexikographie von Befindlichkeitsadjektiven. Möglichkeiten und Grenzen ihrer Bedeutungserläuterungen. In: Konzepte zur Lexikographie. Hrsg. von Wolfgang Mentrup. Tübingen 1982, 92—102.

*Harras 1985* = Gisela Harras: Bedeutungsangaben im Wörterbuch. Mimeo 1985.

*Hegel 1932* = Georg Wilhelm Friedrich Hegel: Jenenser Realphilosophie I. Hrsg. von Johannes Hofmeister. Leipzig 1932.

*Henne 1972* = Helmut Henne: Semantik und Lexikographie. Untersuchungen zur lexikalischen Kodifikation der deutschen Sprache. Berlin. New York 1972 (Studia Linguistica Germanica 7).

*Henne 1977* = Helmut Henne: Nachdenken über Wörterbücher: Historische Erfahrungen. In: Günther Drosdowski/Helmut Henne/Herbert Ernst Wiegand: Nachdenken über Wörterbücher. Mannheim 1977, 7—50.

*Henne/Mentrup 1983* = Wortschatz und Verständigungsprobleme. Was sind „schwere Wörter" im Deutschen? Jahrbuch des Instituts für deutsche Sprache 1982. Hrsg. von Helmut Henne/Wolfgang Mentrup. Düsseldorf 1983.

*Herberg 1982* = Dieter Herberg: Neuere Erkenntnisse zu den Strukturprinzipien von Wortbedeutungen und ihre Widerspiegelung in Wörterbüchern. In: Wortschatzforschung heute. Aktuelle Probleme der Lexikologie und Lexikographie. Hrsg. von Erhard Agricola/Joachim Schildt/Dieter Viehweger. Leipzig 1982, 149—165.

*Hermanns 1980* = Fritz Hermanns: Brisante Wörter. Zur lexikographischen Behandlung parteisprachlicher Wörter und Wendungen in Wörterbüchern der deutschen Gegenwartssprache. In: Germanistische Linguistik 3—6. Hildesheim. Zürich. New York 1980, 87—106.

*Herzog/Labov/Weinreich 1968* = Marvin I. Herzog/William Labov/Uriel Weinreich: Empirical foundations for a theory of language change. In: Directions for historical linguistics. Ed. by Winfried P. Lehmann/Yakov Malkiel. Austin. London 1968, 97—188.

*Hölker 1981* = Klaus Hölker: Lexikondefinitionen und analytische Definitionen. In: Lexikoneinträge. Grundelemente der semantischen Struktur von Texten V. Hrsg. von Wolfgang Heydrich. Hamburg 1981, 16—73.

*Jäger 1983* = Ludwig Jäger: Notizen zu einer Theorie des Zeichenwandels. In: Sprache und Literatur in Wissenschaft und Unterricht 52, 14. Jg. 1983, 59—68.

*Jäger 1988a* = Zur historischen Semantik des deutschen Gefühlswortschatzes. Aspekte, Probleme und Beispiele seiner lexikographischen Erfassung. Hrsg. von Ludwig Jäger. Aachen 1988.

*Jäger 1988b* = Ludwig Jäger: Ist Liebe nur ein Wort? Anmerkungen zur Bedeutungsgeschichte eines Gefühlswortes. In: Liebe, Eros, Leidenschaft. Meisterwerke der Weltliteratur II. Ringvorlesung der Philosophischen Fakultät der RWTH Aachen im SS 87. Hrsg. von Helmut Siepmann/Frank-Rutger Hausmann. Bonn 1988, 114—131.

*Jäger/Plum 1988* = Ludwig Jäger/Sabine Plum: Historisches Wörterbuch des deutschen Gefühlswortschatzes. Theoretische und methodische Aspekte. In: Jäger 1988a, 5—55.

*Kahle 1981* = Logik des Herzens. Die soziale Dimension der Gefühle. Hrsg. von Gerd Kahle. Frankfurt 1981.

*Kemper 1981* = Theodor D. Kemper: Auf dem Wege zu einer Theorie der Emotionen. Einige Probleme und Lösungsmöglichkeiten. In: Kahle 1981, 134—154.

*Koselleck 1972* = Reinhart Koselleck: Einleitung. In: Geschichtliche Grundbegriffe. Bd. 1. Hrsg. von Otto Brunner/Werner Conze/Reinhart Koselleck. Stuttgart 1972, XIII—XXVII.

*Koselleck 1979* = Reinhart Koselleck: Begriffsgeschichte und Sozialgeschichte. In: Historische Semantik und Begriffsgeschichte. Hrsg. von Reinhart Koselleck. Stuttgart 1979, 19—36.

*Lessenich-Drucklieb 1978* = Cornelia Lessenich-Drucklieb: Form und Funktion von Definitionen im Wörterbuch. In: Muttersprache 88. 1978, 19—42.

*Ludwig 1983* = Klaus-Dieter Ludwig: Zum Status des Nicht-Denotativen und seiner Darstellung in einsprachigen Wörterbüchern der deutschen Gegenwartssprache. In: Die Lexikographie von heute und das Wörterbuch von morgen. Hrsg. von Joachim Schildt/Dieter Viehweger. Berlin [DDR] 1983, 37—45.

*Mattausch 1982* = Josef Mattausch: Kommunikativ-pragmatische Sprachbetrachtung und Lexikographie. In: Zeitschrift für Germanistik 3. 1982, 303—313.

*Mentrup 1983* = Wolfgang Mentrup: Lexikographische Konzepte zur Beschreibung 'schwerer Wörter'. Probleme und Vorschläge. In: Henne/Mentrup 1983, 160—194.

*Mentrup 1985* = Wolfgang Mentrup: Zur Klassifizierung eines Teilwortschatzes. In: Zeitschrift für germanistische Linguistik 13. 1985, 43—64.

*Müller 1984* = Wolfgang Müller: Zur Praxis der Bedeutungserklärung (BE) in einsprachigen deutschen Wörterbüchern und die semantische Umkehrprobe. In: Studien zur neuhochdeutschen Lexikographie V. Hrsg. von Herbert Ernst Wiegand. Hildesheim. Zürich. New York 1984 (Germanistische Linguistik 3—6, 1984), 359—461.

*Püschel 1979* = Ulrich Püschel: Bedeutungserklärungen als Regel- und Sachbeschreibungen. In: Studien zur neuhochdeutschen Lexikographie I. Hrsg. von Herbert Ernst Wiegand. Hildesheim. New York 1981 (Germanistische Linguistik 3—4, 1979) 123—138.

*Püschel 1983* = Ulrich Püschel: Im Wörterbuch ist alles pragmatisch. In: Studien zur neuhochdeutschen Lexikographie IV. Hrsg. von Herbert Ernst

Wiegand. Hildesheim. Zürich. New York 1984 (Germanistische Linguistik 1—3, 1983), 361—380.

*Saussure 1968* = Ferdinand de Saussure: Cours de linguistique générale. Edition critique par Rudolf Engler. Wiesbaden 1968.

*Savigny 1850* = Carl-Friedrich von Savigny: Vermischte Schriften I. 1850. Zit. nach: Historisches Wörterbuch der Philosophie. Hrsg. von Joachim Ritter. Bd. 3. Darmstadt 1974.

*Solomon 1981* = Robert C. Solomon: Emotion und Anthropologie: Die Logik emotionaler Weltbilder. In: Kahle 1981, 233—253.

*Strauß/Zifonun 1985* = Gerhard Strauß/Gisela Zifonun: Die Semantik schwerer Wörter im Deutschen. 2 Bde. Tübingen 1985.

*Traxel 1972* = Werner Traxel: Gefühl und Gefühlsausdruck. In: Lehrbuch der experimentellen Psychologie. 3. Aufl. Hrsg. von Richard Meili/Hubert Rohracher. Bern 1972, 235—280.

*Trier 1973* = Jost Trier: Aufsätze und Vorträge zur Wortfeldtheorie. Hrsg. von Anthony van der Lee/Oskar Reichmann. The Hague. Paris 1973.

*Vendler 1974* = Zeno Vendler: Die Linguistik und das a priori. In: Linguistik und Philosophie. Hrsg. von Günther Grewendorf/Georg Meggle. Frankfurt a. M. 1974, 239—268.

*Viehweger 1983* = Dieter Viehweger: Wege zu einem neuen Typ von Bedeutungswörterbüchern. In: Zeitschrift für Germanistik 4. 1983, 261—270.

*Wahrig 1973* = Gerhard Wahrig: Anleitung zur grammatisch-semantischen Beschreibung lexikalischer Einheiten. In: Gesammelte Schriften. Hrsg. von Eva Wahrig. Tübingen 1983, 190—349.

*Wegner 1984* = Immo Wegner: Die Frame-Theorie, eine neue Theorie konzeptueller Makrostrukturen für die Lexikographie. In: Der Deutschunterricht 36. 1984, H. 5, 45—59.

*Wiegand 1977* = Herbert Ernst Wiegand: Einige grundlegende semantisch-pragmatische Aspekte von Wörterbucheinträgen. Ein Beitrag zur praktischen Lexikologie. In: Kolloquium über Lexikographie. Hrsg. von Karl Hyldgaard-Jensen. Kopenhagen 1976, 59—149.

*Wiegand 1979* = Herbert Ernst Wiegand: Pragmatische Informationen in neuhochdeutschen Wörterbüchern. Ein Beitrag zur Praktischen Lexikologie. In: Studien zur neuhochdeutschen Lexikographie I. Hrsg. von Herbert Ernst Wiegand. Hildesheim. New York 1981 (Germanistische Linguistik 3—4, 1979), 139—271.

*Wiegand 1985* = Herbert Ernst Wiegand: Eine neue Auffassung der sog. lexikographischen Definition. In: Symposium on Lexicography II. Proceedings of the Second International Symposium on Lexicography at the University of Copenhagen, 16—17 May 1984. Ed. by Arne Zettersten/Karl Hyldgaard-Jensen. Tübingen 1985 (Lexicographica. Series Maior 5), 15—100.

*Wittgenstein 1984a* = Ludwig Wittgenstein: Bemerkungen über die Philosophie der Psychologie. In: Ludwig Wittgenstein: Werkausgabe in 8 Bänden, Bd. 7. Frankfurt a. M. 1984.

*Wittgenstein 1984b* = Ludwig Wittgenstein: Philosophische Untersuchungen. In: Ludwig Wittgenstein: Werkausgabe in 8 Bänden, Bd. 1. Frankfurt a. M. 1984, 225—580.

*Woetzel 1984* = Harold Woetzel: Historisch-systematische Untersuchungen zum Komponentialismus in der linguistischen Semantik. Eine Kritik des Elementarismus. Hildesheim. New York 1984 (Germanistische Linguistik 1—2, 1984).

*Wolski 1980* = Werner Wolski: Schlechtbestimmtheit und Vagheit — Tendenzen und Perspektiven. Methodologische Untersuchungen zur Semantik. Tübingen 1980.

*Ludwig Jäger/Sabine Plum, Aachen (Bundesrepublik Deutschland)*

# 79. Probleme der Beschreibung von sog. Heckenausdrücken im allgemeinen einsprachigen Wörterbuch

1. Zur Geschichte des Terminus *linguistic hedge* und zum Forschungsstand
2. Klassifizierung der Heckenausdrücke
3. Die Kategorisierungsmodifikatoren als Gegenstand der Lexikologie und Lexikographie
4. Schlußfolgerungen
5. Literatur (in Auswahl)

## 1. Zur Geschichte des Terminus *linguistic hedge* und zum Forschungsstand

Als Lakoff (1972) diesen Terminus prägte, um jene Wörter zu bezeichnen, „whose job is to make things fuzzier or less fuzzy" (Lakoff 1972, 195), bezog er sich offensichtlich auf die Redensart *to hedge one's bets* [Wetten so abschließen, daß man sie gewinnen muß]: Indem man nur behauptet *A penguin is a sort of a bird,* verringert man das Risiko, daß der Partner diese Kategorisierung bestreitet (Munson 1976, 298; Hübler 1983, 85). Lakoffs Aufzählung „einiger Heckenausdrücke und verwandter Erscheinungen" (1972, 196 = 1973, 155 f.) enthält nun aber auch Ausdrücke wie *very, rather, typical, par excellence,* die gerade nicht als „hedges" („expressions-échappatoires", „atténuateurs" oder „Abschwächungssignale") fungieren, weswegen Pinkal (1985, 32) u. a. „präzisierende" und „depräzisierende Hecken" unterscheidet, während Kotschi (1986, 12) nur bei letzteren von „hedges" spricht. Da also noch keine Übereinkunft über die Extension des Begriffs der „linguistic hedges" besteht, muß in (2) zunächst die Klasse von Ausdrücken definiert werden, deren Behandlung in deutschen, englischen und französischen Wörterbüchern in diesem Artikel dargestellt werden soll.

Vor allem in zwei Teildisziplinen der Linguistik spielen die Heckenausdrücke eine zentrale Rolle: in der Semantik und in der Gesprächsanalyse. Erstere betrachtet bestimmte „hedges" als „eine art semantische filter", die „aus der menge der bedeutungskomponenten des betroffenen prädikats jeweils nur komponenten eines bestimmten typs durchlassen" (Klockow 1980, 223). Anders, mit Lakoff/Johnson (1980, 123) formuliert: Mit „hedges" werden „Objekte" relativ zu einem (vorausgesetzten) „Prototyp" situiert. In der Explikation der diesen konstituierenden Merkmale sieht Lakoff (1973) den lexikographischen Aspekt der „hedge"-Forschung: Damit ein fremdsprachiger (fremdkultureller) Wörterbuchbenutzer etwa die Bedeutung von *John is a regular bachelor* oder *Mit seinen dreißig Jahren ist er noch ein richtiges Kind* interpretieren kann, muß die Definition von *bachelor* oder *Kind* im Wörterbuch mehr enthalten als nur die definitorischen Angaben ‚an unmarried man' bzw. ‚Mensch von der Geburt bis zur Geschlechtsreife' (so in Klappenbach 1978, 2083).

„Hedges reveal that there is a structure to meaning criteria; and such structure is rarely revealed in dictionary definitions." (Lakoff 1973, 159).

Dieser Aspekt der „hedges" wird im folgenden aber nicht weiter verfolgt, so wichtig er auch z. B. für Art. 44 ist. In der Gesprächsanalyse spielt einerseits die Abschwächung z. B. direktiver Sprechakte mittels bestimmter „hedges" (vgl. die „hedged performatives") unter dem allgemeinen Begriff der Höflichkeit eine wesentliche Rolle, andererseits gilt die metakommunikative und metasprachliche Kommentierung (Bewertung) als Indiz bestimmter interaktiver Strategien (Kotschi 1986). Für Hübler (1983) ist die „detensification of predicates" ein wichtiges Mittel des Understatements, und Aijmer (1984) stellte eine ganze Anzahl verschiedener möglicher Bedeutungen von *sort of* im informellen Gespräch fest, etwa:

„The speaker can also use *sort of* to indicate that he wants a conversation in which personal experiences, feelings and attitudes are more important than facts and exact descriptions." (Aijmer 1984, 123).

Trotz dieser Bedeutung der „hedges" für Semantik und Diskursanalyse ist weder dieser Terminus noch eine seiner Übersetzungen in deutschen linguistischen Wörterbüchern verzeichnet, und wenn Tomaszczyk (1985, 86) meint, zumindest die „hedges" aus Lakoffs Liste seien als lexikalisierte Ausdrücke in den Wörterbüchern ziemlich angemessen behandelt, so stimmt das allenfalls für die englischen und französischen, gewiß aber nicht für die deutschen. Zum lexikographischen Thema „hedges and dictionaries" ist dem Verf. ein einziger Beitrag bekannt: Tomaszczyk (1985), und auch der nur als Abstract.

## 2. Klassifizierung der Heckenausdrücke

Die folgende Klassifizierung hat keinen anderen Zweck, als die Klasse jener Ausdrücke einigermaßen plausibel zu begrenzen, die unter lexikographischem Aspekt unter 3. besprochen werden sollen. Die von Pinkal (1985, 48) geforderte systematische Analyse der verschiedenen Heckentypen kann in diesem Rahmen nicht geleistet werden.

Zwei Heckentypen werden gar nicht behandelt: erstens diejenigen, mit denen relative Prädikate modifiziert werden, z. B. *sehr, etwas* (Bolingers (1972) „degree-words", Hübler (1983, 70) spricht von „internal grading"), zweitens diejenigen, mit denen man absolute Quantifizierungen als präzis oder nur annähernd gültig bezeichnet, z. B. *genau, ungefähr.*

Aus Lakoffs Liste verbleiben die im engeren Sinne metasprachlichen „Kategorisierungsmodifikatoren" (= KM) randbereichsunscharfer Ausdrücke (Pinkal 1985, 48; Hüblers (1983, 70) „external grading"), unter denen zunächst „Zentralitätsindikatoren" (= ZI) und „Peripheritätsindikatoren" (= PI) zu unterscheiden sind. Erstere, auch „Schärfeindikatoren" (Müller 1980) genannt, dienen dazu, einen „Gegenstand" im weiteren Sinne als zum Zentrum jener Gegenstandskategorie gehörig zu kennzeichnen, die üblicherweise mit dem derart modifizierten Lexem bezeichnet wird: *ein typischer X, ein X par excellence*. Letztere, wie *eine Art (von) X*, entsprechend auch „Unschärfeindikatoren" genannt, dienen hingegen dazu, einen „Gegenstand" als ein peripheres Element, als ein „schlechtes Beispiel" jener Kategorie zu kennzeichnen, die mit dem betreffenden Lexem bezeichnet wird — sei es, daß dem Sprecher zur Zeit ein besserer Ausdruck fehlt, sei es, daß er aus interaktionellen Gründen vage bleiben will. Unter einem ganz anderen Gesichtspunkt definiert Pinkal (1985, 44) die „quantifizierenden" Hecken: Sie thematisieren generell die Heterogenität natürlicher Kategorien.

Der mit einem PI ausgedrückte Applikationsvorbehalt kann bis zur Zurückweisung der Applikationsmöglichkeit gehen: Mit Anführungszeichen oder *sogenannt* als „soziolinguistischen Hecken" (Tomaszczyk 1985) haben z. B. westliche Medien die Angemessenheit der Bezeichnung *DDR* für den Staat bestritten, der sich selbst so nennt. Müller (1980, 294) klassifiziert *pseudo-* als Unschärfeindikator, Lakoff (1982, 45) spricht von *fake* als „linguistic hedge". Für ZI und PI braucht offenbar nicht unterschieden zu werden zwischen definitorischen und stereotypen Merkmalen, letztere verstanden im Sinne von „incidental-though-characteristic" (Lakoff 1973, 158).

Das ist anders im Falle dreier weiterer Arten von KM: „Metapherindikatoren" (= MI) sind Ausdrücke, mit denen man signalisieren kann, daß der gemeinte Gegenstand zwar mit der vom modifizierten Ausdruck bezeichneten Kategorie bestimmte stereotype Merkmale gemeinsam hat, aber wesentliche definitorische gerade nicht:
*Otto ist ein richtiger Junggeselle, Esther Williams is a regular fish, notre directrice est un vrai dragon.*
Daß ein Mädchen nur im metaphorischen Sinn ein Fisch, eine Direktorin ein Drachen sein kann, ist Teil unseres Weltwissens. Otto könnte hingegen auch im Sinne der Steuererklärung unverheiratet sein: wenn beide Lesarten möglich sind, wird die MI-Lesart durch Schwachton, die ZI-Lesart durch Starkton angezeigt. Mit anderen KM wird umgekehrt die literale Bedeutung des modifizierten Ausdrucks selegiert: *genau genommen, strictly speaking, à la lettre* (vgl. dazu auch Wolski 1980, 164 ff.; 193 ff.).

Durch den Gebrauch solcher „Literalitätsindikatoren" (= LI) bringt man zum Ausdruck, daß die Zuordnung eines Gegenstandes zu einer Kategorie nicht selbstverständlich ist — in diesem Falle, weil ihm sekundäre (stereotype) Merkmale fehlen. Diese Implikation ist noch deutlicher bei der letzten hier zu unterscheidenden Art von KM, den „Terminologisierungsindikatoren" (= TI) wie *technically speaking, per definitionem*: Der gemeinte Gegenstand gehört nur kraft Definition zur Kategorie, der er zugeordnet wird, aber diese Definition berücksichtigt wesentliche stereotype Merkmale nicht.

Die Probleme der Abgrenzung dieser drei Hauptkategorien (Gradausdrücke, Quantifizierungs- und Kategorisierungsmodifikatoren) und der Unterklassen der zuletzt genannten voneinander brauchen hier nicht diskutiert zu werden.

## 3. Die Kategorisierungsmodifikatoren als Gegenstand der Lexikologie und Lexikographie

Vorbemerkung zur Auswahl der konsultierten Wörterbücher: Für Deutsch, Französisch und Englisch wurden die gegenwärtig maßgeblichen größeren Wörterbücher berücksichtigt. Bei den kleineren, vor allem den einbändigen, war die Wahl der französisch- und englischsprachigen stärker vom Zufall bestimmt. Da die „hedges" auch unter sprach- bzw. wörterbuchgeschichtlichem Aspekt eine genauere Analyse verdienen, wurden auch einige ältere Wörterbücher herangezogen, ohne daß deren Analyse hier ernsthaft unternommen werden konnte. Die Berücksichtigung einiger Grammatiken und spezieller „Ratgeber für sprachliche Zweifelsfragen" rechtfertigt sich damit, daß diese Informationen enthalten, die man auch in allgemeinen Wörterbüchern erwartet. In 5.1. sind nur die Wörterbücher genannt, aus denen zitiert wird.

### 3.1. Zur Abgrenzung der lexikalischen Kategorisierungsmodifikatoren

Keineswegs alle metasprachlichen Mittel, die der Modifizierung (Kommentierung) der mit der Wahl eines bestimmten objektsprachlichen Lexems vorgenommenen Kategorisierung dienen, sind im Lexikon zu erfassen. Das ist selbstverständlich im Falle von non- und paraverbalen Signalen wie Augenzwinkern, Zögerphänomenen und gefüllten Pausen *(hm)* oder den Anführungszeichen, die nach Klockow (1980) in modalisierender Verwendung einen Applikationsvorbehalt signalisieren. Ob aber im Wörterbuch angegeben werden sollte, daß sich z. B. *richtig* als MI oft nur im Akzentmuster vom ZI unterscheidet, wäre zu fragen. Die syntaktischen KM wird man sicherlich nicht im Lexikon suchen, etwa die Wiederholung des Lexems als ZI, wie in *vous êtes Allemand Allemand?* (vgl. Schwarze 1985, 98), wohl aber die „locution populaire" *Je suis un Arabe pour de bon, un vrai de vrai* (Petit Robert 1973, 1928).

Ob die produktiven, Peripherität indizierenden Wortbildungsmittel wie *-artig (tumorartige Gebilde), -haft (artikelhafte Determinatoren)* oder *-ig (etwas Kuchiges* läßt Theodor Fontane eine seiner Figuren bestellen) und die ZI wie *Erz- (Erzfaschist)* ins Wörterbuch oder in eine Darstellung der Wortbildung gehören, ist offen. Da es sich dabei um relativ überschaubare Inventare handelt, ist ihre doppelte Erfassung gewiß sinnvoll.

Die größten Probleme stellen sich angesichts jener Heckenausdrücke, die als Wortgruppenlexeme so weit lexikalisiert sind, daß ihre Funktion von KM der lexikalischen Bedeutung ihrer Teile nicht eindeutig entnommen werden kann:

*genau genommen, wenn ich es einmal so sagen darf, wenn man so will, sagen wir, wie er im Buche steht* (vgl. Art. 46 und 75). Daß der Fremdsprachige oft ähnliche Ausdrücke aus seiner Sprache kennt *(so to speak, in a way, strictly speaking; pour ainsi dire, de quelque manière, si vous voulez)*, ist für das einsprachige Wörterbuch irrelevant. Aber unter welchem Stichwort soll man etwa *wenn man so will* suchen? Im Duden Universal (1983) findet sich s. v. **wollen** das Beispiel *das ist, wenn man so will, ein einmaliger Vorgang* mit der Paraphrase ‚man könnte es so einschätzen'; im Wahrig (1980) fehlt dieser PI.

Schließlich ist zu beachten, daß auch die lexikalischen KM relativ geschlossene Paradigmen bilden und sie darum nicht selten auch in Grammatiken systematisch beschrieben werden (z. B. in Quirk et al. 1972; 1985), allerdings in keiner deutschen.

### 3.2. Lemmatisierungsprobleme

Nur wenige, vor allem bildungssprachliche KM wie *par excellence, per definitionem, cum grano salis, mutatis mutandis)* haben keine signifikantgleichen (homonymen) Ausdrücke mit einer anderen Bedeutung neben sich, was die alte Frage „Polysemie oder Homonymie?" — ein Lemma oder mehrere? aufwirft (vgl. Art. 69). In den untersuchten Wörterbüchern wird die KM-Lesart niemals in einem eigenen Lemma eingeführt. Weist der Signifikant außer der KM-Bedeutung mehr als eine weitere auf, stellt sich die Frage nach der angemessenen Anordnung der verschiedenen Bedeutungen (vgl. Art. 87). Im Falle des vieldeutigen *Art* ist die KM-Lesart zweifellos der 'species'-Lesart anzuschließen, da beide Kategorisierungen ausdrücken. Klappenbach (1978) etwa ordnet den PI der 'species'-Lesart unter, während Wahrig (1980) und Brockhaus-Wahrig (1980 ff.) beide einander nebenordnen, ersterer noch voneinander getrennt durch die Lesarten ‚Brauch, Gewohnheit' und ‚Benehmen', sicherlich keine gute Lösung.

### 3.3. Probleme der Bedeutungsbeschreibung

Die allgemeinen Probleme der angemessenen, vollständigen und doch lesbaren Beschreibung der Bedeutungen im allgemeinen Wörterbuch sind bekannt (vgl. Art. 44), werden aber an den KM wegen ihres metasprachlichen Charakters besonders sichtbar. Für den interlingualen Vergleich eignen sich die Bedeutungsangaben zu *eine Art (von), (a) kind/sort of (a)* und *une espèce/sorte de* recht gut: Alle konsultierten deutschen Wörterbücher, von Adelung (1793 ff.) bis zum Handwörterbuch (1984), begnügen sich mit der Paraphrase ‚etwas Ähnliches wie'. Die englischen Wörterbücher sind viel informativer:

„**sort of:** not fully deserving the name" (Concise 1964, 1223), „**kind of:** implying looseness, vagueness, exaggeration etc. in the term used" (Concise 1964, 666), „an individual that is, or may be, included in the class in question though not possessing its full characteristics" (Oxford 1970, V, 699).

Einen etwas anderen Stil weisen die französischen Wörterbücher auf:

**une sorte de** se dit d'une personne, d'une chose qu'on ne peut pas qualifier exactement, et qu'on rapproche d'une autre" (Petit Robert 1973, 1671), oder: „[...] catégorie de personnes ou de choses que l'on a du mal à définir ou à classer." (Trésor 1971 ff.; 8; 136).

In keinem Wörterbuch, gleich welcher Sprache, findet sich ein Hinweis auf die interaktionellen Funktionen dieses PI.

Während es bei *eine Art (von)* um die Angemessenheit der Definition eines PI geht, wird in anderen Fällen eine KM-Lesart überhaupt nicht explizit benannt:

Daß von den drei englischen Wörtern *real, regular* und *veritable* der Lakoff-Liste, die alle drei als ZI fungieren können, zumindest *regular* auch als MI dazu dienen kann, „to assert the connotations [...] while presupposing the negation of the literal meaning" (Lakoff 1973, 154), wurde schon in (1) erwähnt.

Es finden sich auch in den größeren englischen Wörterbüchern Belege, in denen *regular* oder *veritable* als MI fungieren müssen: *I tell you that Charly is a veritable eel* (Oxford 1970, 12, 131), *You are becoming a regular creeping Jesus* (Oxford Suppl. 1982, 3, 1164), aber in keinem der konsultierten englischen Wörterbücher wird die metaphorische Verwendungsmöglichkeit genannt;

in Oxford 1970, 12, 131 heißt es z. B. undifferenziert: „[...] denoting possession of all the distinctive qualities of the person or thing specified."

In diesem Fall sind die französischen Wörterbücher genauer:

**véritable** [...] Pour introduire et renforcer une désignation, un terme métaphorique ou figuré, qui n'est justement pas 'véritable', mais dont on veut souligner l'exactitude." (Petit Robert 1973, 1889, ähnlich im Grand Larousse 1971 ff., 7, 6428).

Im Deutschen fungiert *richtig* offenbar relativ oft als MI, was sich auch in den Wörterbuchbeispielen spiegelt:

*ich bin doch ein richtiger Esel* (Klappenbach 1978, 3045), „*sie ist eine richtige Hexe* (fig.) so bösartig wie eine Hexe" (Wahrig 1980, 2941); sogar im Grimm (1893; 14, 897) findet sich ein treffend kommentierter Beleg: „*es ist richtiger mai* [...] gerade wie mai, wenn im winter ein schöner, warmer tag vorkommt [...] es entspricht der vorstellung, die wir mit dem namen mai verbinden".

Aber nur Wahrig (1980) nennt bei **richtig** die Möglichkeit metaphorischen Gebrauchs, und die Unbetontheit dieses Wortes als MI, wenn seine Interpretation als ZI semantisch möglich wäre, wird nirgends erwähnt. Wichtig wären diese Angaben im Wörterbuch u. a. deswegen, weil *wahr* (und *wirklich?*) gegenwärtig als MI offenbar weniger üblich sind.

Diese beiden etwas ausführlicher dargestellten Beispiele erlauben zwar noch keine verallgemeinernden Hypothesen. In beiden Fällen sind aber die Bedeutungsangaben der deutschen Wörterbücher, unabhängig von deren Umfang, weniger ergiebig und impliziter als in englischen bzw. französischen Wörterbüchern gleichen Umfangs. Mit der stereotypen Paraphrase von *eine Art (von)* durch 'ähnlich wie' sind die deutschen Lexikographen dem „essentialistischen", klassisch-objektivistischen Modell der Kategorisierung (Lakoff 1982, 4) und damit einer durchaus unzulänglichen Semantiktheorie verpflichtet; nicht so die englischen und französischen Lexikographen. Bei *richtig* wird außerdem — anders als bei *véritable* — die Möglichkeit metaphorischer Verwendung nicht expliziert. Der Benutzer der deutschen Wörterbücher muß also die entsprechenden Regeln aus den Beispielen ableiten, was bei deren Zufälligkeit und geringer Anzahl gar nicht gelingen kann. Für andere PI wie *grob (gesagt)* oder *genau genommen* werden gar keine PI-Belege gebucht.

### 3.4. Die morphosyntaktischen Gebrauchsbedingungen

Die KM modifizieren meist Nominalgruppen, und zwar entweder als gar nicht (oder nur schwach integrierte) prä- bzw. postpositive 'Appositionen':

*Dies ist, genau genommen, kein Fisch; ein Renaissancefürst par excellence; die Kunststadt schlechthin; ein Arzt, wie er im Buche steht,* oder als reguläre adjektivische Attribute *(ein richtiger Esel).*

Morphosyntaktische Probleme gibt es aber z. B. bei *eine Art (von), (a) kind/sort of (a), une espèce/sorte de,* weil diese „nominalen" PI dazu tendieren, auch morphosyntaktisch nicht als Kern, sondern als Modifikator zu fungieren, was sie ja semantisch sowieso tun.

Sätzen wie *Those kind of questions are very difficult* widmen die englischen Wörterbücher (z. B. Oxford 1970, V, 699 oder Longman 1984, 606) ausführliche Kommentare; zu Ausdrücken wie *un espèce de chapeau* und *Il y a là une sorte de glissement sémantique qu'on peut estimer dangereux* äußern sich die französischen Wörterbücher und Grevisse (1980) ausführlich.

Wenn man den deutschen Wörterbüchern und Referenzgrammatiken glauben wollte, dürfte es im Deutschen keinerlei entsprechende Probleme geben. Aber schon unter den Wörterbuchbeispielen findet sich ohne jeden Kommentar etwa *Der Wirt erschien mit einer Art italienischem Salat* (Großer Duden 1976 ff., 192); authentische Belege gesprochener Sprache aus dem Freiburger Korpus wie *der [...] hat so Art Vormann gespielt* (FKO, XES 10) oder *die Absicht [...] einen Art Modellfall zu unterstützen* (FKO, YAD 171) kann man natürlich, genauso wie *[...] gelangen wir vielleicht zu einem Art zu einer Art von paradiesischem Zustand* (FKO, XDP 17), als allenfalls produktionspsychologisch interessante Performanzfehler abtun und folglich aus Wörterbuch und Grammatik verbannen. Nur im Duden Zweifelsfälle (1985, 407) wird beiläufig und implizit die Numeruskongruenz des finiten Verbs mit *Art* oder dem modifizierten Substantiv erwähnt, und der typographische Unterschied zwischen *Welche ART Übungen WURDE absolviert?* und *Welche Art ÜBUNGEN WURDEN absolviert?* soll vielleicht einen Unterschied der Betonung andeuten; im ersten Beispiel läge dann die 'species'-Lesart vor, im zweiten der PI. Aber das kann der Leser nur vermuten, während es in Oxford (1970, V, 699) heißt:

„The feeling that *kind of* was equivalent to an adj. qualifying the following sb. led to the use of [...]

*those* with a plural verb. . . when the sb. was plural".

Der Grand Robert (1985; 2, 628) meint:

„L'expression *espèce de* a pris une valeur d'adjectif à un tel point que le langage populaire fait accorder par erreur l'article avec le nom introduit."

Solche Erklärungen sucht man auch in den größten deutschen Wörterbüchern vergebens, und wo einmal eine Erklärung gewagt wird, etwa im Duden Zweifelsfälle (1985, 75) anläßlich des ausdrücklich als korrekt beurteilten *Der Topf war mit einer Art blauen Glasur überzogen,* wird recht unklar argumentiert: Hier „wird das beigefügte Adjektiv [. . .] so sehr auf den unbestimmten Artikel bezogen, daß es schwach gebeugt wird." (vgl. Art. 42 und 45).

### 3.5. Weitere lexikographische Aspekte

Auf zwei weitere Problemkreise sei nur kurz hingewiesen: Erstens sind die Angaben der Verwendungsbedingungen (Stilebenen- und Registerzuordnungen) in den französischen und englischen Wörterbüchern differenzierter als in den deutschen, die sich meist mit den Angaben „umgangssprachlich" und „bildungssprachlich" begnügen. Zweitens wäre zu untersuchen, ob die Tatsache, daß ältere deutsche und französische Wörterbücher (Stieler 1691, Adelung 1793 ff. bzw. Richelet 1680) weder die PI-Lesart von *eine Art (von)* bzw. *une espèce/sorte de* noch die MI-Verwendung von *richtig* bzw. *vrai/véritable* buchen, im Sinne der von Pusch (1981, 42 f.) für den GA *ganz* vorgeschlagenen sprachgeschichtlichen These zu interpretieren ist, oder aber mit historischen Veränderungen der lexikographischen Praxis erklärt werden muß. Johnson (1755) hat übrigens schon für *sort of* die Bedeutung 'a degree of any quality'.

## 4. Schlußfolgerungen

Daß die deutsche Lexikographie im internationalen Vergleich nicht eben gut abschneidet, ist nichts Neues (vgl. Hausmann 1983). Im Fall jener Ausdrücke, mit denen Kategorisierungen kommentiert bzw. modifiziert werden, hat der Betrachter fast den Eindruck, die deutschen Lexikographen versuchten, Sprachlenkung zu betreiben, indem sie diese Ausdrücke in die „umgangs-" oder die „bildungssprachliche Ecke" verdrängen oder sich auf deren objektsprachliche Homonyme beschränken, ganz im Sinne von Fichtes Forderung:

„Weißt du etwas gründliches, und willst du es uns sagen, so rede bestimmt, und ziehe statt deines 'gewissermaßen' eine scharfe grenze." (Zit. nach Grimm 1911; 6, 6342).

Die PI als modisch-bequeme Ausflucht vor den Mühen eines genauen und damit sich auch exponierenden Sprechens: auf diese Meinung stieß nicht nur Stickel, als er kürzlich Zeitungsleser über die Mängel des heutigen Deutsch befragte; auch Munson (1976, 298 f.) meint:

„To hedge is to refuse to make a clear commitment, to hide behind ambiguous words or vague terms."

Der Preis, den der so Agierende nach Munson zahlt, ist hoch: Er gebe damit zu verstehen, daß es ihm letztlich gar nicht darauf ankomme, was er behaupte, da es sowieso nur Plattheiten sein könnten und nichts, was es lohne, gesagt zu werden.

Solche sprachkritischen Verdikte sollten den Lexikographen nicht daran hindern, den sogenannten Heckenausdrücken die gleiche Sorgfalt angedeihen zu lassen wie allen anderen Lexemen. Vor allem die Bedeutungen und die morphosyntaktischen Eigenschaften deutscher PI könnten in den Wörterbüchern expliziter und differenzierter beschrieben und nicht nur — wenn überhaupt — in Beispielen vorgeführt werden. Wie das ohne zusätzlichen terminologischen Aufwand möglich wäre, kann man aus den vergleichbaren englischen und französischen Wörterbüchern lernen. Denn die im vorliegenden Text verwendeten Termini für verschiedene Klassen von Heckenausdrücken haben natürlich ebenso wenig in den allgemeinen Wörterbüchern selbst zu suchen wie die entsprechenden Kategorien, die z. B. Burkhardt (1982) für Gesprächswörter (vgl. auch Art. 74) geprägt hat.

## 5. Literatur (in Auswahl)

### 5.1. Wörterbücher

*Adelung 1793 ff.* = Johann Christoph Adelung: Grammatisch-kritisches Wörterbuch der Hochdeutschen Mundart [. . .]. 2. Aufl. Leipzig 1793—1801 [4 Bde., zs. XL S., 7690 Sp.; 1. Aufl. 1774—86].

*Brockhaus-Wahrig 1980 ff.* = Brockhaus-Wahrig Deutsches Wörterbuch in 6 Bänden. Hrsg. von Gerhard Wahrig †/Hildegard Krämer/Harald Zimmermann. Wiesbaden. Stuttgart 1980—1984 [805 S. + 901 S. + 837 S. +941 S. + 906 S. + 920 S.].

*Concise 1964* = The Concise Oxford Dictionary of Current English. 5. Aufl. Oxford 1964 [XVI, 1558 S.; 1. Aufl. 1911].

*Dialect 1898 ff.* = The English Dialect Dictionary. Ed. by Joseph Wright. 6 Bde. Oxford 1898—1905.

*Duden Universal 1983* = Duden. Deutsches Universalwörterbuch. Mannheim. Wien. Zürich 1983 [1504 S.].

*Duden Zweifelsfälle 1985* = Duden. Richtiges und gutes Deutsch [...] 3. Aufl. Mannheim. Wien. Zürich 1985 [803 S.; 1. Aufl. 1965].

*Grand Larousse 1971 ff.* = Grand Larousse de la Langue française. 7 Bde. Paris 1971–1978 [zs. 5866 S.].

*Grand Robert 1985* = Le Grand Robert de la Langue française. [...] de Paul Robert. Deuxième édition entièrement revue et enrichie par Alain Rey. 9 Bde. Paris 1985 [zs. 9151 S.; 1. Aufl. 1965].

*Grimm 1854 ff.* = Jacob Grimm/Wilhelm Grimm: Deutsches Wörterbuch. 33 Bde. Leipzig 1854–1960 [zs. 66 993 Sp.].

*Großer Duden 1976 ff.* = Duden. Das Große Wörterbuch der deutschen Sprache. 6 Bde. Mannheim. Wien. Zürich 1976–1981 [zs. 2992 S.].

*Handwörterbuch 1984* = Handwörterbuch der deutschen Gegenwartssprache. [...] 2 Bde. Berlin 1984 [zs. 1399 S.].

*Johnson 1755* = Samuel Johnson: A Dictionary of the English Language. 2 Bde. London 1755.

*Klappenbach 1978* = Wörterbuch der deutschen Gegenwartssprache. Hrsg. von Ruth Klappenbach/Wolfgang Steinitz. 6 Bde. 9. (6., 4., 3., 4., 2.) Aufl. Berlin 1978 [zs. 4519 S.].

*Longman 1984* = Longman Dictionary of Contemporary English. Burnt Mill. Harlow, Essex. 1984 [XXXIX, 1303 S.].

*Oxford 1970* = The Oxford English Dictionary. [...] 12 Bde. Oxford 1970 [zs. 16 363 S.; 1. Aufl. 1933].

*Oxford Suppl. 1972 ff.* = A Supplement to the Oxford English Dictionary. Oxford 1972 ff. [zs. XXIII, 5646 S.; III O-Scz 1982].

*Petit Robert 1973* = Paul Robert: Dictionnaire alphabétique et analogique de la langue française. Rédaction: Alain Rey. Paris 1973 [XXXII, 1971 S.].

*Richelet 1680* = César Pierre Richelet: Dictionnaire françois. 2 Bde. Genève 1680 [89, 480, 560 S.; Neudr. Genève 1970].

*Stieler 1691* = Kaspar Stieler: Der Teutschen Sprache Stammbaum und Fortwachs. [...] 3 Bde. Nürnberg 1691 [zs. 5107 S.].

*Trésor 1971 ff.* = Trésor de la langue française. [...] Bisher 11 Bde. Paris 1971 ff. [zs. 13 788 S.].

*Wahrig 1980* = Gerhard Wahrig: Deutsches Wörterbuch. Völlig neubearb. Neuaufl. o. O. 1980 [4358 Sp.; 1. Aufl. Gütersloh 1966].

5.2. Sonstige Literatur

*Aijmer 1984* = Karin Aijmer: 'Sort of' and 'kind of' in English conversation. In: Studia linguistica 38. 1984, 118–128.

*Bolinger 1972* = Dwight Bolinger: Degree-word. The Hague 1972.

*Burkhardt 1982* = Armin Burkhardt: Gesprächswörter. Ihre lexikologische Bestimmung und lexikographische Beschreibung. In: Konzepte der Lexikographie. Studien zur Bedeutungserklärung in einsprachigen Wörterbüchern. Hrsg. von Wolfgang Mentrup. Tübingen 1982 (Reihe Germanistische Linguistik 38), 138–171.

*Grevisse 1980* = Maurice Grevisse: Le Bon Usage. Grammaire française avec des remarques sur la langue française d'aujourd'hui. 1$^e$ éd. revue. Paris 1980.

*Hausmann 1983* = Franz Josef Hausmann: Was taugen die Wörterbücher des heutigen Deutsch? In: Wortschatz und Verständigungsprobleme. Hrsg. von Helmut Henne/Wolfgang Mentrup. Düsseldorf 1983, 195–219.

*Hübler 1983* = Alex Hübler: Understatements and Hedges in English. Amsterdam. Philadelphia 1983.

*Kay 1984* = Paul Kay: The *kind of/sort of* construction. In: Proceedings of the Tenth Annual Meeting of the Berkeley Linguistics Society, Febr. 17–20, 1984. Ed. by Claudia Brugman [et al.]. Berkeley 1984, 157–171.

*Klockow 1980* = Reinhard Klockow: Linguistik der Gänsefüßchen. Untersuchungen zum Gebrauch der Anführungszeichen im gegenwärtigen Deutsch. Frankfurt/M. 1980.

*Kolde 1986* = Gottfried Kolde: Zur Lexikographie sogenannter Heckenausdrücke. In: Kontroversen, alte und neue. Akten des VII. Internationalen Germanistenkongresses Göttingen 1985. Tübingen 1986. Bd. 3, 170–176.

*Kotschi 1986* = Thomas Kotschi: Activités d'évaluation comme stratégies interactives. Typoskript 1986, 19 S.

*Lakoff 1972* = George Lakoff: Hedges. A Study in Meaning Criteria and the Logic of Fuzzy Concepts. In: Papers from the 8th Regional Meeting of the Chicago Linguistic Society. Chicago 1972, 183–228.

*Lakoff 1973* = George Lakoff: Lexicography and Generative Grammar I: Hedges and meaning criteria. In: Lexicography in English. Ed. by Raven Ioor McDavid Jr./Audrey R. Duckert. 1973. Zit. nach dem Abdruck in: Probleme des Wörterbuchs. Hrsg. von Ladislav Zgusta. Darmstadt 1985, 150–161.

*Lakoff 1982* = George Lakoff: Categories and Cognitive Models. Trier 1982 (L. A. U. T. [Linguistic Agency University of Trier], A. 96).

*Lakoff/Johnson 1980* = George Lakoff/Mark Johnson: Metaphors We Live By. Chicago. London 1980.

*Müller 1980* = Klaus Müller: Interaktionssemantik. In: Deutsche Sprache 8. 1980, 289–305.

*Munson 1976* = Ronald Munson: The way of words. An informal logic. Boston 1976.

*Pinkal 1985* = Manfred Pinkal: Kontextabhängigkeit, Vagheit, Mehrdeutigkeit. In: Handbuch der

Lexikologie. Hrsg. von Christoph Schwarze/Dieter Wunderlich. Königstein/Ts. 1985, 27—63.

*Pusch 1981* = Luise F. Pusch: Ganz. In: Partikeln und Deutschunterricht. Hrsg. von Harald Weydt. Heidelberg 1981, 31—44.

*Quirk et al. 1972* = Randolph Quirk/Sidney Greenbaum/Geoffrey Leech/Jan Svartvik: A grammar of contemporary English. London 1972.

*Quirk et al. 1985* = Randolph Quirk/Sidney Greenbaum/Geoffrey Leech/Jan Svartvik: A Comprehensive Grammar of the English Language. London. New York 1985.

*Schwarze 1985* = Christoph Schwarze: Lexique et compréhension textuelle. [Typoskript] Konstanz 1985.

*Tomaszczyk 1985* = Jerzy Tomaszczyk: Hedges and Dictionaries. In: International Conference on Meaning and Lexicography. Abstracts. Łódź 19—21 June, 1985. Prepared for publication by Jerzy Tomaszczyk/Barbara Lewandowska-Tomaszczyk. Łódź 1985, 85—86.

*Wolski 1980* = Werner Wolski: Schlechtbestimmtheit und Vagheit — Tendenzen und Perspektiven. Methodologische Untersuchungen zur Semantik. Tübingen 1980 (Reihe Germanistische Linguistik 28).

*Gottfried Kolde, Genève (Schweiz)*


# 80. Probleme der Beschreibung von Konjunktionen im allgemeinen einsprachigen Wörterbuch

1. Problemlage
2. Systemaspekte der Konjunktionen
3. Umsetzungsstufen
4. Darstellungsbeispiel
5. Offene Fragen und Ausblick
6. Literatur (in Auswahl)

## 1. Problemlage

1.1. Die Konjunktionen gehören neben den Artikeln, Modalwörtern, Partikeln, Satzadverbien u. a. zu den traditionell als *Synsemantica* bezeichneten *Funktionswörtern*, deren lexikographische Behandlung — als historische und logische Folge aus den Entwicklungsgängen von Grammatikschreibung und theoretischer Linguistik (vgl. Lang 1982, 73 ff.) — quer durch alle Wörterbuchtypen bis heute eine paradoxe Situation offenbart: Um dem gerecht zu werden, was in den Funktionswörtern an lexikalischem Wissen encodiert und mit grammatischer Strukturbildung korreliert ist, sieht sich der Lexikograph vor die Wahl gestellt, entweder mehr an Zusammenhängen erfassen zu müssen, als er mit herkömmlichen Mitteln darstellen kann, oder aber mit neuen Mitteln mehr an Systematik darstellen zu müssen, als er angesichts der disparaten Kenntnisquellen erfassen kann. Erst in jüngster Zeit hat sich im Dreieck zwischen der lexikographischen Abschreibkette, der ebenso pauschalen wie marginalen Darstellung der Funktionswörtergruppen in den Standardgrammatiken und ihrer detaillierten Analyse in heterogenen theoretisch orientierten Einzelstudien ein begehbares Terrain lexikographisch praktikabler Ansätze und Vorschläge gebildet (als Auswahl: Bastert 1985; Lang 1982; Pasch 1982, 1986; Schaeder 1985; Schmidt 1985; Wolski 1984, 1986, 1986a; — vgl. auch Art. 72, 74 und 79). Die wichtigste Einsicht ist dabei, daß die der Funktionswörterlexikographie innewohnenden Diskrepanzen formuliert, als Indizien für die Spezifik der jeweiligen Wortschatzgruppe erkannt und somit schrittweise überwindbar gemacht werden.

1.2. Bezogen auf die nötige Ausgewogenheit von Inventarisierungs- und Systematisierungsaspekt, wie sie für jede Wortschatzdarstellung anzustreben ist (Lang 1983, 80 ff.), zeigen sich bei den Konjunktionen erhebliche Diskrepanzen zwischen den unstrittigen Inventarmerkmalen und den sehr strittigen Möglichkeiten ihrer lexikographischen Behandlung unter Systemaspekten aufgrund ihrer kategorialen Merkmale. Die Konjunktionen bilden eine auf ca. 60 Einheiten begrenzbare, gegen Sprachveränderung, regionale Variation und Interferenz ziemlich resistente Gruppe; sie belegen überwiegend die oberen Ränge der Frequenzstatistik, werden teilweise recht früh erworben und repräsentieren so einen stabilen Teilbereich im Grundwortschatz jeder Sprache.

Der lückenlosen Lemmatisierung der

Konjunktionen als Wortschatzeinheiten (Inventarisierungsaspekt) steht in den Wörterbüchern jedoch die höchst lückenhafte Darstellung ihrer kategorialen Eigenschaften als Wortschatzgruppe (Systemaspekt) gegenüber. Ihr konstitutiver Anteil am System grammatischer (syntaktischer, semantischer und lexikalischer) Strukturbildung ist bislang lexikographisch unterrepräsentiert geblieben, (1) weil die Konjunktionen als Unflektierte wenig hergeben für eine bei der Wortschatzeinheit zu vermerkende morphosyntaktische Charakteristik, (2) weil sie als Synsemantica einer Bedeutungsbeschreibung scheinbar schwer zugänglich sind, (3) weil ihre Interaktion mit der Syntax nur lückenhaft bekannt und zudem kaum in die traditionelle Domäne lexikographischer Angaben fällt. Daher das in 1.1. benannte Dilemma und daher die Unzulänglichkeiten der Konjunktionsartikel in einsprachigen Wörterbüchern:
— Redundanz im Material
— Heterogenität der Einteilungskriterien
— Vagheit und Fehlbezug der Kommentare
— Inkonsistenzen im Artikelaufbau
— mangelnde Abgestimmtheit der Konjunktionsartikel untereinander (Details dazu Lang 1982, 90 ff.; Wolski 1986a, 196 ff.).

Zugleich zeigt sich darin der jeweils erreichte Integrationsgrad von Lexikographie und Grammatikforschung. Er ist z. B. in den relativ kurzen Artikeln im Deutschen Wörterbuch (DW) von H. Paul, der Lexikograph und Grammatiker war, deutlich höher als in den ausladenden Konjunktionseinträgen im Deutschen Wörterbuch (DWB) von Grimm oder im Oxford English Dictionary (OED), und informativer als in vielen jüngeren Wörterbüchern.

1.3. Als weitere Facetten der einsprachigen Lexikographie kommen erschwerend hinzu, (4) daß es wegen der in 1.1. erwähnten Geläufigkeit der (meisten) Konjunktionen zumindest im Hinblick auf den muttersprachlichen Nutzer schwierig ist, typische Nachschlagebedürfnisse (etwa im Sinne der von Wiegand 1977, 1977a, 1985 spezifizierten Benutzungssituationen) und somit Kenntnislücken ausfindig zu machen, um damit die Konjunktionslexikographie zu konturieren, und (5) daß es wegen der übereinzelsprachlich weithin parallelen Funktionsweise der Konjunktionen bisher kaum Anlaß gab, etwa im Hinblick auf fremdsprachige Benutzer, die spezifisch einzelsprachlichen Merkmale dieser Wortschatzgruppe besonders herauszustellen (vgl. jedoch das Spezialwörterbuch Buscha (1988)). Durchaus vorhandene Differenzen (vgl. *but* vs. *aber/sondern/außer/nur* oder *da* vs. *parce que/puisque* etc.) sind bisher auch für die zweisprachige Lexikographie zu subtil.

1.4. Angesichts dieser Sachlage schlägt Lang (1982, 85 f.) vor, das Charakteristikum der Konjunktionen als Wortschatzgruppe, ihre operative Rolle für die sprachliche Komplexbildung, und deren auf die einzelne Konjunktion im Systemverbund entfallende Spezifizierung zum Gegenstand lexikographischer Darstellung zu machen. Damit werden die Konjunktionen (wie auch andere Funktionswortgruppen) im Wörterbuch zum exemplarischen Integrationsbereich von Lexikographie und Grammatik, von Inventarisierungs- und Systemaspekt. Was die Konjunktionen nach linguistischer Einsicht s i n d, gilt es passend in lexikographische Repräsentationen umzusetzen, etwa nach den folgenden Leitsätzen:

(i) Es geht sowohl darum, mehr Grammatik in die Einträge e i n zubauen, als auch darum, die Artikel bzw. die ganze Wörterbuchanlage nach grammatischen Einsichten u m zubauen.

(ii) Die Systematik der Konjunktionen sollte im Wörterbuch weniger durch die Kommentarsprache benannt als durch die Struktur der Artikel gezeigt werden.

(iii) Die in den Konjunktionen verankerten Bedingungen grammatischer Strukturbildung und kontextueller Interpretation (vgl. unter 2.) sind im Wörterbuch anteilig umzusetzen in kategorisierende Angaben und kompositorisch vermittelte Information (vgl. unter 3. und 4.).

## 2. Systemaspekte der Konjunktionen

2.1. Als Basis für die lexikographische Darstellung der Konjunktionen könnten die in 2.2.—2.6. angeführten Fakten und Kriterien dienen. Bezüglich Auswahl, Terminologie und Detaillierung ein modellneutraler Kompromiß, leiten sie sich her aus folgenden allgemeinen Annahmen über das Verhältnis von Lexik und Grammatik:

(a) Die durch die Grammatik G der Sprache L determinierte Ausdrucksbildung manifestiert sich in zwei relativ autonomen, aber interagierenden Domänen: W o r t s t r u k t u r und S a t z s t r u k t u r. Die erste ist repräsentiert durch das (aktuelle/potentielle) Inventar lexikalischer Einheiten (den Wortschatz) von L, die zweite durch die von G determinierten komplexen Ausdrücke der Kategorie SATZ in L.

(b) Die syntaktische und semantische Struktur eines Satzes S ergibt sich aus der Komposition seiner kategorisierten lexikalischen Bestandteile.

(c) Wortinterne Struktur und Satzbildung interagieren in der Weise, daß (i) die Struktur von S wesentlich bestimmt ist durch die Projektion lexikalischer Information (d. h. der in den Wörtern enthaltenen Fügungspotenzen) in die Domäne SATZ, (ii) die semantische Interpretation einer lexikalischen Einheit wesentlich bestimmt ist durch ihren aktuellen Kontext in S.

Aus (a)—(c) ergeben sich die kategorialen Merkmale der Konjunktionen als Wortschatzgruppe und ihrer (am Deutschen illustrierten) Einteilung in Subgruppen.

2.2. In der Domäne der über den Simplex-Satz hinausgehenden Komplexbildung läßt sich zunächst die lexikalische Gruppe der KONNEKTOREN ausgliedern: unflektierte Wörter ohne Kasusforderung, die einen Satz $S_1$ und eine (satzwertige) Struktur $S_2$ zu einem komplexen Satz $S'$ verknüpfen. Differenziert nach der Stellung des Konnektors in $S'$ (fix vor oder beweglich in $S_2$) und den Belegungsbedingungen für die Konjunkte $S_1$, $S_2$ (syntaktisches Format, Reduzierbarkeit, Substituierbarkeit, Umstellbarkeit, Art der Selektionsbeziehung zwischen $S_1$ und $S_2$), teilen sich die KONNEKTOREN in ADVERBIEN *(also, andernfalls, mehr noch)*, konjunktional gebrauchte PARTIKELN *(bloß, nur)*, KOMPARATIVPARTIKELN *(als, denn, so-wie)*, KOMPLEMENTIERER *(daß, ob)*, KONJUNKTIONALADVERBIEN *(dagegen, jedoch, statt dessen)* und die eigentlichen KONJUNKTIONEN, auf die wir nun eingehen.

2.3. Danach, ob die durch die Konjunktion K induzierte Komplexbildung in $S'$ syntaktisch dem Prinzip der Koordination oder dem der Einbettung folgt, teilen sich die KONJUNKTIONEN in nebenordnende *(und, denn, weder — noch)* und unterordnende *(weil, obwohl, während)*. Aus der Differenz dieser zwei Komplexbildungsprinzipien leiten sich nach 2.1. (b), (c) die Merkmale der beiden Subgruppen her. Einbettung ($S' = [S_1[K[S_2]]]$) impliziert: (i) $S_2$ ist abhängig, K deshalb weder weglaßbar noch iterierbar; (ii) $S_2$ ist auf eine komplette Belegung im Format Satz fixiert; (iii) die Bedeutung von $S_2$ wird als Relat direkt in die Bedeutung von $S'$ integriert usw. — alles Facetten einer inhärent asymmetrischen Strukturbildung. Koordination ($S' = [(Y)[X_1KX_2(K'X_n)](Z)]$) indes impliziert: (i') die gleichformatigen Konjunkte $X_1...X_n$ hängen nicht voneinander ab, sind daher umstellbar, vermehrbar und nicht auf Belegungen mit X = Satz eingeschränkt; (ii') K ist weglaßbar, iterierbar, variierbar; (iii') die Konjunktbedeutungen werden in die Bedeutung von $S'$ indirekt, d. h. als Exemplifizierungsinstanzen eines übergeordneten Gesichtspunkts (vgl. „Common Integrator" Lang 1984, 69 ff.), integriert usw. — typische Kennzeichen einer auf Parallelität der Konjunkte beruhenden genuin symmetrischen Strukturbildung.

2.4. Entsprechend ihrer Verknüpferfunktion in der syntaktischen Komplexbildung haben die Konjunktionen eine *operative* Bedeutung: sie repräsentieren lexikalisch codierte Programme zur Ausführung kognitiver Operationen über den durch die Konjunktbedeutungen identifizierten Entitäten. Wie Programme sich zusammensetzen aus Befehlen und Bedingungen, sind auch die Bedeutungen der Konjunktionen dekomponierbar in Elementaroperationen (Vergleichen, Wählen, Bündeln im Sinne der Kenntnisverarbeitung) und ihre durch die Kompatibilität der Konjunktbedeutungen bestimmten Ausführungsbedingungen. Innerhalb der Gruppe KONJUNKTIONEN sind die Bedeutungen der unterordnenden in der Regel kompakter und spezifischer, worauf ihre ungleich größere Anzahl (ca. 50) und Differenzierung in Untergruppen (ca. 10) sowie ihre Bindung an die stärker beschränkte Einbettungsstruktur hinweisen. Bei genau gegenteiligen Symptomen sind die Bedeutungen der nebenordnenden Konjunktionen eher elementar und unspezifisch, entsprechend weiter ihr Interpretationsspielraum und stärker die von den Konjunkten ausgehende Kontextdetermination. Wir beschränken uns fortan auf die lexikographisch schwierigere, aber deshalb besonders illustrative Subgruppe der nebenordnenden Konjunktionen.

2.5. Die ca. 10 Einheiten ordnen sich gemäß ihrer Spezifität: *und* ist die Konjunktion an sich, die anderen unterliegen mehr syntaktischen Beschränkungen und sind semantisch komplexer. Befunde:

— *und* kann am ehesten fehlen (Asyndese)
— *und* kann häufig statt anderer Konjunktionen stehen, aber nicht vice versa
— *und* hat beliebig viele, beliebig komplexe und syntaktisch mobile Konjunkte
— *und* hat die elementarste Bedeutung insofern, als die kognitive Operation des „Zusammenfassens" das zwischen Konjunktbedeutungen und „Common Integrator" latent bestehende Verhältnis prozessual fixiert.

Die Konjunktionen *oder, aber, denn, weder — noch* sind semantisch nur unterschiedliche Spezialisierungen des Programms, das *und* in allgemeinster Form repräsentiert (vgl. Lang 1988).

2.6. Außerdem gelten diverse Beschränkungen für Teilgruppen wie etwa:
— *und, oder, sowohl — als auch, weder — noch* erlauben beliebig viele, die anderen *(aber, denn...)* nur zwei Konjunkte
— *denn* verlangt S₂ als kompletten Satz
— die mehrgliedrigen *(weder — noch* etc.) interferieren mit der Verbstellung usw.

## 3. Umsetzungsstufen

3.1. Die in 2.2.—2.6. sortiert aufgeführten linguistischen Aussagen sind nun gemäß den in 1.4. genannten Leitsätzen in lexikographische Repräsentation zu überführen, und zwar auf dreierlei Ebenen.

Der in 2.2. bis 2.4. mit den Konzepten *Projektion der wortinternen Fügungspotenzen, Prinzipien der Komplexbildung, operative Bedeutung* u. a. skizzierte Hintergrund könnte — terminologisch adaptiert — durchaus in der Einführung bzw. im Grammatik-Vorspann eines Wörterbuchs dargestellt werden, als Teil eines Essays über Grammatik und Lexik. Hier wäre auch die Klassifikation der KONNEKTOREN zu erläutern und ihre Etikettierung im Wörterbuch zu verabreden.

Die Beschreibung der operativen Bedeutungen der Konjunktionen müßte, sofern man sie verbal ausführen will, in den Artikeln erfolgen, mit Hilfe einer standardisierten Meta-Sprache und/oder kontrolliert gehandhabten synonymischen Umschreibungen, die das Sprachgefühl des Nutzers in Anspruch nehmen, nicht aber auf reflektierte Sprachkenntnis bauen.

Die Systematik innerhalb der Konjunktionen — nebenordnende vs. unterordnende, weiter bzw. enger Interpretationsspielraum und die in 2.5. genannte Spezifitätsordnung — sollte sich quasi ikonisch in der Struktur der Wörterbuchartikel niederschlagen, und zwar so, daß der Aufbau des einzelnen Artikels vom Standardgebrauch der betreffenden Konjunktion zu den Spezialfällen führt, und daß z. B die Artikel für *und* und *oder* die Referenzbasis für die Artikel der übrigen bilden. Die Orientierung ergibt sich aus 2.3.: — die Konjunktionsartikel sind die lexikographische Ausfüllung der durch symmetrische vs. asymmetrische Strukturbildung gesetzten Rahmen.

3.2. Die Artikelschreibung sollte auf einem zweiteiligen Dispositionsplan beruhen. Teil (A): Zusammenstellung der Fakten, Teil (B): Festlegung ihrer Darstellungsform. Beide sind noch Vorstufen mit Ausbaumöglichkeiten, wie der folgende Modellfall für *und* illustriert.

Dispositionsplan /**und**/ Teil (A): Kategorienmerkmale: nebenord. Konj; verknüpft zwei oder mehr gleichartige Teilstrukturen (Konjunkte) zu einer koordinierten Gesamtstruktur gleichen Typs.
Bedeutung: *und* signalisiert, daß die in den Konjunkten benannten Sachverhalte, Dinge oder Eigenschaften im gegebenen Bezugskontext als zugleich bestehend aufzufassen sind (versuchsweise Umschreibung der operativen Bedeutung).
Semantische Standardbedingungen: Normale *und*-Verknüpfung verlangt Konjunkte, die
(1) sich nicht ausschließen (sonst ergeben sich Kontradiktionen; vgl. B II.1).
(2) sich nicht einschließen (sonst sind Zusätze nötig, vgl. B I.2),
(3) voneinander unabhängig, kontrastfähig (vgl. B I.3) und distinkt belegt sind (außer Iteration vgl. B II.2,3).
Interpretationstypen (*und*-Verknüpfungen):
(4) Konjunkte parallel strukturiert, vertauschbar und distinkt, verstehbar als Instanzen eines „Common Integrator" (UNGERICHTETE NORMALINTERPRETATION);
(5) Konjunkte sind identisch oder konträr (PHRASEOLOGISCHE SONDERINTERPRETATION);
(6) Konjunkte nicht parallel strukturiert, nicht vertauschbar, ein Konjunkt ist uminterpretierbar zum Äquivalent einer asymmetrischen Konstruktion (GERICHTETE UMINTERPRETATION);
(7) Vertauschung der Konjunkte wirkt ungewöhnlich bzw. Reihenfolge ist mit unausgedrücktem „Nebensinn" versehen (PRAG-

MATISCHE ZUSATZINTERPRETATION).

Im Übergang zu Teil (B) ergibt sich so das Schema zur Anlage des Artikels zu dem Lemmazeichen *und*, das als Muster für die anderen Konjunktionsartikel dient. Hauptabschnitte:
I. Normalinterpretation (nach (1)—(4))
II. Sonderinterpretation ((1) und (5)),
III. Uminterpretation ((1)—(3) und (6)).
[Der Typ „Zusatzinterpretation" wird nur in Beispielen vermerkt.] Die Ausfüllung des so gewonnenen Schemas entwirft dann der DISPOSITIONSPLAN /*und*/ Teil (B):
I. Normalinterpretation [Beispiele für]:
(1) — Konjunktreduktion in Sätzen — Konjunktreduktion in Komposita etc. — Kongruenzbedingungen — Austauschbarkeit von *und* durch *aber* — Austauschbarkeit von *und* durch *oder*;
(2) — Zusatz bei inkludierenden Konjunkten (*Äpfel u. anderes Obst*);
(3) — stilistisch markiert durch Syntax: (a) Rechtsversetzung eines Konjunkts (b) Inversion im zweiten (Kaufmannsstil) (c) ohne erstes Konjunkt (Liedanfänge);
II. Phraseologische Sonderinterpretation:
(1) — antonymische Konjunkte mit All-Interpretation (*Tag u. Nacht, Jung u. Alt*)
(2) — iterierte Konjunkte mit All-Interpretation (*mehr u. mehr, lang u. länger*)
(3) — identische Pro-Form-Konjunkte bei indirekter Rede (*so u. so = wie* [rel.]);
(4) — Evtl. Auswahl von (reimenden) Zwillingsformeln und andere feste Wendungen;
III. Uminterpretation von Konjunkten:
(1) — zweites Konjunkt als Äquivalent einer Nebensatzkonstruktion
(2) — erstes Konjunkt als Äquivalent eines Konditionalsatzes (Auswahl)
(3) — Zitatfragmente *der u. das Rauchen aufgeben? = der gibt das Rauchen nie auf*
IV. Anhang, Restbestände:
(1) — Addition, Zahlwörter, Distribution
(2) — elliptische Ausdrücke *na u.? u. ob!*
(3) — *und, und, und* für *und so weiter*.

## 4. Darstellungsbeispiel

Der hier vorgelegte Dispositionsplan wurde im Handwörterbuch der deutschen Gegenwartssprache (HWG) in Konjunktionsartikel überführt. Das folgende Zitat (man vgl. dazu besonders die Artikel zu den Lemmazeichen *aber* und *oder* (HWG, 4; 837)) dient nicht nur als konkreter Ergebnisbeleg, sondern auch als Quelle für einige weiterführende Fragen (vgl. unter 5.), die an einigen Differenzen zwischen Dispositionsplan und Artikel bzw. den entsprechend eingegangenen Kompromissen anknüpfen.

**und** /Konj.; *nebenordnend; stellt eine Verbindung zweier od. mehrerer, meist direkt aufeinanderfolgender Glieder her; vgl.* I.3; *gibt an, daß das durch die Glieder Benannte zugleich in bezug auf den jeweiligen Kontext gilt*/ **I.1.** /*verbindet syntaktisch gleichartige, aber in ihrer Bedeutung verschiedene, jedoch einander ausschließende Wörter, Wortgruppen od. Sätze; ausgenommen sind in der Regel Artikel, Konjunktionen, Interjektionen, Indefinitpronomen*/ **1.1.** du u. ich; Bruder und Schwester; Männer, Frauen u. Kinder; anspruchslose u. frostbeständige Zierpflanzen; sie sangen u. lachten; die Sonne schien, u. die Vögel zwitscherten **1.2.** /*mit exemplifizierenden od. präzisierenden Zusätzen, wenn die Glieder in einem Verhältnis von Ober- und Unterbegriff stehen*/: Äpfel, Birnen u. anderes, solches, ähnliches Obst; er liebt seine Kinder u. besonders, vor allem seine Tochter **1.3.** /*ist austauschbar durch* aber, *wenn die verbundenen Glieder mindestens zwei gegensätzliche Bestandteile enthalten*/: ihr vergnügt euch, u. ich muß arbeiten; alle verlassen das Zimmer, u. ich soll bleiben; er weiß die Wahrheit u. sagt sie nicht **1.4.** /*ist austauschbar mit* oder, *wenn die verbundenen Glieder in bezug auf ein genanntes Auswahlkriterium gleichermaßen repräsentant sind*/: er läuft schneller als Fritz u. Rudi; er darf kommen u. gehen, wie er will — **2.** /*verbindet gleichlautende od. mit Komparativ wiederholte Glieder zu einem Ausdruck, der bedeutungsgleich ist mit einem entsprechenden Ausdruck, in dem das erste Glied durch* alle, immer, nichts als *usw. bestimmt ist*/: wir sahen nur Wasser u. Wasser (*nichts als Wasser*); im ganzen Aufsatz Fehler, Fehler u. (nochmals) Fehler (*lauter Fehler*); er lief schnell u. schneller (*immer schneller*); das Flugzeug stieg höher u. höher (*immer höher*); er las u. las (*las immerzu*); er will u. will u. will es nicht begreifen (*er begreift es immer noch nicht*); /*bei eingebetteten Satzgliedern in der indirekten Rede gleichbedeutend mit den entsprechenden relativischen Ausdrücken*/: er sagte, es sei so u. so gewesen (*sagte, wie es gewesen sei*); er erzählte, es sei der u. der gewesen (*wer es gewesen sei*) — **3.** /*syntaktische Sonderfälle*/ **3.1.** /*schließt ein nachgestelltes Satzglied an, wodurch dieses hervorgehoben wird*/: ihre Augen gefallen mir sehr u. ihr charmantes Lächeln; ich möchte dich wieder gesund sehen u. glücklich **3.2.** /*einleitend in Gedichten, Liedern, Buchtiteln; ohne vorauf gehendes Satzglied*/: Und der Haifisch, der hat Zähne; Und sagte kein einziges Wort — **II.** /*in Verbindungen, die als gleichbedeutend mit einem Satzgefüge, nicht nebengeordnet wie unter* I, *interpretiert werden können*/ **1.** /*wenn das zweite Glied der Verbindung durch eine Nebensatzkonstruktion ersetzbar ist*/ **1.1.** /*mit konzessivem Charakter*/: man muß es versuchen, u. wäre es noch so schwierig; er will es durchsetzen, u. wenn alle dagegen sind; ich gehe jetzt, u. wenn es noch so regnet **1.2.** /*mit konsekutivem Charakter*/: es regnete stark, u. die Wege wurden unpassierbar **1.3.** /*mit dem Charakter eines Objektsatzes*/ **1.3.1.** /*statt eines Infinitivs mit* zu/: tu mir den Gefallen u. schreibe mir bald; sei bitte so gut u. reiche mir das Buch herüber **1.3.2.** /*statt* daß/: es fehlte nicht viel, u. das Kind wäre aus dem Fenster gefallen — **2.** /*das erste Glied der Verbindung ist ersetzbar durch einen Konditionalsatz*/ **2.1.** /*wenn das erste Glied ein Imperativsatz, das zweite ein Aussagesatz ist*/: komm her, u. ich verzeih dir; iß deinen Pudding, u. du

darfst spielen gehen **2.2.** /wenn das erste Glied ein nominales Satzfragment, das zweite ein Aussagesatz ist/: noch ein Bier u. ich gehe; ein Wolkenbruch u. die Ernte ist hin — **3.** /wenn das erste Glied ein Nomen, das zweite ein Verb im Infinitiv, Adjektiv, Adverb ist, ist der gesamte Ausdruck gleichbedeutend einem negierten Aussagesatz mit dem ersten Glied als Subjekt und zweiten Glied als Prädikat/: du u. stören (du störst keinesfalls)!; der u. das Rauchen aufgeben (der gibt niemals das Rauchen auf)! — **III.** /verbindet Kard.zahlen/ **1.** umg. plus (1.1): drei u. drei ist sechs — **2.** /gibt die Distribution an/: sie gingen zwei u. zwei (je zwei Personen nebeneinander)
+ umg. na u. (was ist dabei)? /drückt eine herausfordernde Haltung des Sprechers aus/

Textbeispiel 80.1: Wörterbuchartikel (aus: HWG, 1199 f.)

## 5. Offene Fragen und Ausblick

Der zitierte Artikel dokumentiert ein Zwischenergebnis im Hinblick auf die in 1.4. formulierten Ziele. Die Absicht, die Systemaspekte der Konjunktionen primär durch den Artikelaufbau zu vermitteln, hat sich erkennbar niedergeschlagen. Zugleich aber zeigen einige gegenüber dem Dispositionsplan gemachten Änderungen (Abschnittsgliederung) und Aussparungen, daß die Integration von Grammatik und Wörterbuch nicht nur durch Unkenntnis und mangelnde Erfahrung in der Umsetzung linguistischer Einsichten gebremst wird, sondern auch durch tradierte Vorbehalte.

So fällt auf, daß Zwillingsformeln *(Tod u. Teufel, Hinz u. Kunz)* hier nicht erwähnt werden (aber natürlich unter den Lemmata ihrer Bestandteile), obwohl die *und*-Verknüpfung die Basis ihrer Phraseologisierung ist. Phraseologismen (vgl. Art. 75) erfreuen sich bevorzugter lexikographischer Aufmerksamkeit, aber es besteht eine offenkundige Scheu, im Wörterbuch die ihnen zugrundeliegenden grammatischen Regularitäten erkennbar zu machen. Analoges gilt für den Verzicht auf einen Hinweis auf die Zahlwortbildung als lexikalisierte Addition, was doch eine wichtige Facette von *und* und ein bemerkenswertes Wortbildungsmuster darstellt.

Ebenso zögernd verhalten sich die Lexikographen gegenüber der Angabe von syntaktischen Beschränkungen, die nach dem Projektionsprinzip ihre Quelle in lexikalischen Einheiten haben — etwa die bei den einzelnen Konjunktionen unterschiedlichen Bedingungen für Konjunktreduktion. Daß diese aber unter Umständen als Wörterbuchinformation unerläßlich sind, zeigt das folgende Beispiel:

Im Deutschen ist der Unterschied von (a) Korrektur- und (b) Kontrastverknüpfung bei *Er ist nicht dumm,* (a) *sondern*/(b) *aber (er ist) faul* lexikalisch durch *sondern* vs. *aber* indiziert, so daß die Reduktion des zweiten Konjunkts fakultativ ist. Nicht so z. B. im Englischen, wo die Konjunktion *but* mit obligatorischer Konjunktreduktion *sondern*, und mit obligatorischer Nicht-Reduktion *aber* entspricht: *he isn't stupid,* (a) *but lazy*/(b) *but he is lazy*.

Ein einsprachiges englisches Wörterbuch müßte daher, um bei *but*-Verknüpfungen Korrektur und Kontrast zu erklären, auf die Konjunktreduktion Bezug nehmen, so wie alle mehrsprachigen, wenn sie *but,* frz. *mais,* ndl. *maar* etc. mit *sondern/aber,* russ. *a/no,* span. *sino/pero* etc. zu korrelieren haben. Die Alternative, Korrektur und Kontrast entweder lexikalisch oder syntaktisch zu differenzieren, hat offenbar den Rang eines typologischen Parameters und liefert damit ein starkes Argument für die Angabe syntaktischer Beschränkungen im Wörterbuch.

Schließlich sind im Ausblick zwei Desiderate namhaft zu machen. Gemäß dem hier vertretenen Ansatz sind die Konjunktionsartikel untereinander nach Familienähnlichkeit verbunden. Das ist ein erster Schritt weg von der Praxis „Lemma für Lemma nach Liste" und hin zu einer vom Ansatz her mehrdimensional konzipierten Wortschatzdarstellung. Weitere Fortschritte in dieser Richtung haben zur Voraussetzung, (1) daß sich die Lexikographen das in 2.1. (c) genannte Projektionsprinzip zu eigen machen, d. h. lernen, den Wortschatz einer Sprache L als das lexikalische Register der Grammatik von L zu betrachten, und (2) daß sich im Verlauf dieses Prozesses zunehmend die Einsicht durchsetzt, daß die interne Struktur der Wörter und die Makrostruktur des Wortschatzes als Rückprojektionen aus der Domäne SATZ in die Domäne WORT zu analysieren und darzustellen sind.

## 6. Literatur (in Auswahl)

### 6.1. Wörterbücher

*Buscha 1988* = Joachim Buscha: Lexikon deutscher Konjunktionen. Leipzig 1988.

*DW* = Hermann Paul: Deutsches Wörterbuch. 1. Aufl. Halle/Saale 1897 [X, 841 S., 5. Aufl. Tübingen 1966].

*DWB* = Jacob Grimm und Wilhelm Grimm: Deutsches Wörterbuch. 16 Bde. Leipzig 1854—1961.

HWG = Handwörterbuch der deutschen Gegenwartssprache. In 2 Bänden. Bd. 1: A-K; Bd. 2: L—Z. Von einem Autorenkollektiv unter der Leitung von Günter Kempcke. 1. Aufl. Berlin 1984 [XXXI, 1399 S.].

OED = The Oxford English Dictionary. Ed. by James A. H. Murray, Henry Bradley et al. 12 vols. London 1933 [Reprint 1961].

### 6.2. Sonstige Literatur

*Bastert 1985* = Ulrike Bastert: Modalpartikel und Lexikographie. Eine exemplarische Studie zur Darstellbarkeit von DOCH im einsprachigen Wörterbuch. Tübingen 1985 (Reihe Germanistische Linguistik 58).

*Lang 1982* = Ewald Lang: Die Konjunktionen im einsprachigen Wörterbuch. In: Wortschatzforschung heute. Aktuelle Probleme der Lexikologie und Lexikographie. Hrsg. von E. Agricola/J. Schildt/D. Viehweger. Leipzig 1982, 72—106.

*Lang 1983* = Ewald Lang: Lexikon als Modellkomponente und Wörterbuch als lexikographisches Produkt: ein Vergleich als Orientierungshilfe. In: J. Schildt/D. Viehweger (Hrsg.): Die Lexikographie von heute und das Wörterbuch von morgen. Analysen — Probleme — Vorschläge. Berlin 1983 (Linguistische Studien. Reihe A. Arbeitsberichte 109), 76—91.

*Lang 1984* = Ewald Lang: The Semantics of Coordination. Amsterdam. Philadelphia 1984 [320 S.].

*Lang 1988* = Ewald Lang: Syntax und Semantik der Adversativkonnektive. Einstieg und Überblick. Unpubl. Ms. 54 S.

*Pasch 1982* = Renate Pasch: Untersuchungen zu den Gebrauchsbedingungen der deutschen Kausalkonjunktionen *da, denn* und *weil*. In: Untersuchungen zu Funktionswörtern (Adverbien, Konjunktionen, Partikeln). Berlin 1983 (Linguistische Studien. Reihe A. Arbeitsberichte 104), 41—243.

*Pasch 1986* = Renate Pasch: Negationshaltige Konnektive. Eine Studie zu den Bedeutungen von *ohne daß, statt daß,* „Negation ... *sondern*" und *weder ... noch*. In: Untersuchungen zu Funktionswörtern II (Adverbien, Konjunktionen). Berlin 1986 (Linguistische Studien. Reihe A. Arbeitsberichte 143), 63—171.

*Schaeder 1985* = Burkard Schaeder: Die Beschreibung der Präpositionen im einsprachigen deutschen Wörterbuch. In: Lexikographie und Grammatik. Akten des Essener Kolloquiums zur Grammatik im Wörterbuch 28.—30. 6. 1984. Tübingen 1985 (Lexicographica Series Maior 3), 278—307.

*Schmidt 1985* = Renate Schmidt: Zur Darstellung der „Partikeln" in Wörterbüchern der deutschen Sprache seit Joh. C. Adelung. In: Beiträge zu theoretischen und praktischen Problemen der Lexikographie der deutschen Gegenwartssprache. Berlin 1985 (Linguistische Studien. Reihe A. Arbeitsberichte 122), 227—265.

*Wiegand 1977* = Herbert Ernst Wiegand: Einige grundlegende semantisch-pragmatische Aspekte von Wörterbucheinträgen. In: K. Hyldgaard-Jensen (Hrsg.): Kolloquium über Lexikographie — Kopenhagen 1976. Kopenhagen 1977 (Kopenhagener Beiträge zur Germanistischen Linguistik 12), 59—149.

*Wiegand 1977 a* = Herbert Ernst Wiegand: Nachdenken über Wörterbücher. In: Günther Drosdowski/Helmut Henne/Herbert E. Wiegand: Nachdenken über Wörterbücher. Mannheim. Wien. Zürich 1977, 51—102.

*Wiegand 1985* = Herbert Ernst Wiegand: Fragen zur Grammatik in Wörterbuchbenutzungsprotokollen. Ein Beitrag zur empirischen Erforschung der Benutzung einsprachiger Wörterbücher. In: Lexikographie und Grammatik. Akten des Essener Kolloquiums zur Grammatik im Wörterbuch, 28.—30. 6. 84. Tübingen 1985. Hrsg. von H. Bergenholtz u. J. Mugdan (Lexicographica Series Maior 3), 20—98.

*Wolski 1984* = Werner Wolski: Die Modalpartikel *schon* in Wörterbüchern und linguistischen Untersuchungen. Ein Beitrag zur praktischen Lexikologie. In: H. E. Wiegand (Hrsg.): Studien zur neuhochdeutschen Lexikographie IV. Hildesheim. Zürich. New York 1984 (Germanistische Linguistik 3—6/84), 453—486.

*Wolski 1986* = Werner Wolski: Partikeln im Wörterbuch. Eine Fallstudie am Beispiel von *doch*. In: Lexicographica 2. 1986, 244—270.

*Wolski 1986 a* = Werner Wolski: Partikellexikographie. Ein Beitrag zur praktischen Lexikologie. With an English Summary. Tübingen 1986 (Lexicographica Series Maior 14).

*Ewald Lang, Wuppertal*
*(Bundesrepublik Deutschland)*

# 81. Die Beschreibung von Affixen und Affixoiden im allgemeinen einsprachigen Wörterbuch

1. Klärung der Termini
2. Affixe in deutschen Wörterbüchern
3. Affixoide in deutschen Wörterbüchern
4. Wortbildungsbausteine (Konfixe) als erste oder zweite Konstituenten
5. Zweite Konstituenten von Zusammenbildungen
6. Streiflicht auf französische und englische Wörterbuchpraxis
7. Schlußfolgerungen und Zukunftsaufgaben
8. Literatur (in Auswahl)

## 1. Klärung der Termini

Die terminologischen Angaben bei den in den Wörterbüchern kodifizierten Wortbildungselementen (= WE) sind sehr unterschiedlich. Ein und dasselbe WE kann in einem Wörterbuch als Nachsilbe oder Suffix, in einem anderen als Suffixoid und wieder in einem anderen lediglich mit dem Hinweis „in Zus." gekennzeichnet sein. In den folgenden Darlegungen werden die WE eingeteilt in Affixe einerseits und Affixoide andererseits. WE, die weder der einen noch der anderen Gruppe zugeordnet werden können, werden als Wortbildungsbausteine (Konfixe) bezeichnet.

Unter dem Terminus *Affix* werden im folgenden Nominal- *(Ge-birge, un-appetitlich)* und Verbalpräfixe *(be-grünen)* sowie Nominal- *(Problem-chen)* und Verbalsuffixe *(brutal-isieren)* subsumiert. Bei den Suffixen werden der Thematik entsprechend nur die Ableitungssuffixe einbezogen; Flexionssuffixe, die in manchen älteren Wörterbüchern zusammen mit den Ableitungssuffixen behandelt werden, bleiben unberücksichtigt.

Als Präfixe werden hier nicht nur die — in bezug auf die Verben — untrennbaren Vorsilben, sondern auch die trennbaren bezeichnet, die in der Fachliteratur auch Verbzusatz, Präverb, gelegentlich auch (anders als in diesem Beitrag) Präfixoid genannt werden.

Mit dem Terminus Affixoid (Präfixoid/ Suffixoid) wird im folgenden eine bestimmte Art von WE bezeichnet, die sich aus relationalen, syntagmisierten oder übertragen gebrauchten, aber (noch) nicht lexikalisierten Substantiven *(eine Welle von . . . : Protestwelle; -papst: Werbepapst;* elliptisch: *Vollwert[ernährungs]papst;* dazu movierte Formen: *Datenschutz-, Filmpäpstin)* oder Adjektiven *(müde einer Sache: ehemüde; arm an: geräuscharm; gerecht: einer [bestimmten] Person/Sache gerecht werdend: statusgerecht)* herleiten, von denen sie semantisch noch stark geprägt sind. Mit der Einführung des Affixoids als WE in die Lexikographie bekommt der Lexikograph auch die Möglichkeit, den Wortschatz semantisch weiter zu präzisieren, wobei der Terminus *Affixoid* als ein methodologisches Hilfsmittel dient.

Die affixoiden Bildungen stehen — unter dem Aspekt der Wortbildung betrachtet — zwischen den Affixbildungen und den Komposita. Mit den Affixen haben die Affixoide gemein, daß sie ganze Reihen neuer Wörter in Analogie bilden können; mit den Komposita haben die affixoiden Bildungen gemein, daß die Affixoide noch immer den Status eines Kompositionsgliedes haben, was sich u. a. darin zeigt, daß Suffixoide keinen Umlaut (anders als manche Suffixe: *Arzt/Ärztin*) bewirken können und daß sie im Unterschied zu den „reinen" — den semantikarmen morphogrammatischen — Suffixen (den Funktionssuffixen, z. B. *-ung*) bei der Silbentrennung als selbständiger Teil erhalten bleiben (Bildung mit Suffix: *nei/disch, Verlo/bung, konjunktu/rell;* mit Suffixoid: *konjunktur/ anfällig*). Da die Affixoide als Kompositionsglieder anzusehen sind, unterscheide ich zwischen affixoiden Komposita (*Risikopatient, Keimfreiheit*) und — parallel dazu — Komposita mit „echtem" erstem (*Risiko*prämie) bzw. „echtem" zweitem Kompositionsglied (*Presse*freiheit).

Das Hauptkriterium für ein Affixoid ist die Analogiebildung, die Bildung nach Vorbildern. In der Analogie liegt die Affinität zum Affix. Diese Analogiereihen sind von nicht affixoiden Reihen (z. B. *-skandal: Atommüll-, Nudel-, Parteispenden-, Weinskandal; -decke: Plüsch-, Reise-, Seiden-, Wolldecke*) zu unterscheiden. Der Unterschied zwischen solchen Reihen und der Reihenbildung in Analogie wird deutlich in parallelen Reihen wie: *Sau-:* (als nicht affixoides bzw. als echtes erstes Kompositionsglied) *Saubohne, -bruch, -fang, -feder, -grube, -hatz, -hetze, -jagd, -kasten, -koben, -magen;* (als Präfixoid emotional verstärkend) *Sauarbeit, -bande, -fraß, -kälte, -kerl, -klaue, -kram, -laden, -wetter, -wirtschaft, -wut;* *-freiheit:* (als nicht affixoides bzw. als echtes zweites Kompositionsglied) *Gedankenfreiheit;* (als Suffixoid) *Störfreiheit*. Da die Unterscheidung von Komposita mit nichtaffixoiden und mit affixoiden Kompositionsgliedern für die Kodifizierung der affixoiden Wortbildungsmittel in Wörterbüchern und somit auch für den folgenden Überblick von besonderer Bedeutung ist, soll an Hand von Beispielen der Unterschied weiter verdeutlicht werden.

Die Komposita *Traumarbeit, Bombenauto, Scheißhaus, Fernsehmüdigkeit* z. B. können — je nach situativem Kontext — Komposita mit echtem erstem bzw. echtem zweitem Kompositionsglied sein: *Tra̲umarbeit* = (in der Psychoanalyse) Arbeit, die mit/durch den Traum geleistet wird als Umsetzung der Gedanken in Bilder; *Bombenauto* = Auto, in dem eine Bombe liegt; *Sche̲ißhaus* = derb für: Toilette; *Fernsehmüdigkeit* = Müdigkeit, die durch langes Fernsehen hervorgerufen worden ist. Die gleichen Kompositionsglieder können aber auch affixoide Kompositionsglieder sein (mit zweifacher Betonung bei präfixoider Bildung): *Tra̲um‐ a̲rbeit* = sehr schöne Arbeit (als Job), wie man sie sich erträumt; *Bo̲mbenau̲to* = tolles Auto; *Sche̲ißha̲us* = (emotional) Haus, über das man sich aus irgendeinem Grund ärgert: wegen diesem Scheißhaus mußte ich auf viele schöne Reisen verzichten; (mit suffixoidem Kompositionsglied): *Fernsehmüdigkeit* = Überdruß am Fernsehen. Bei *Ehe-, Fernseh-, Gemüse-, Gurtmuffel* handelt es sich um suffixoide Komposita, während in *Morgenmuffel* -muffel echtes Kompositionsglied ist.

Solche Unterscheidungen werden in Wörterbüchern mit „Nestern" (vgl. Art. 37) oft in der Weise vorgenommen, daß Komposita mit echtem erstem Kompositionsglied und präfixoide Komposita getrennt in je einem „Nest" zusammengestellt werden.

Im Wörterbuch der deutschen Gegenwartssprache ( = WdG) findet sich unter **Sau**[1]- z. B. *Saubohne, -feder, -hatz, -jagd* und unte **Sau**[2]-, *sau*[2] (dem Präfixoid) *Sauarbeit, -bande, -blöd, -dämlich, -dumm, -fraß* usw. Doch diese Trennungen sind nicht systematisch durchgeführt. Im WdG stehen beispielsweise in dem „Nest" *Schlüssel- Schlüsselbart, Schlüsselbrett, Schlüsselbund, Schlüsselhaken* in einer Reihe mit *Schlüsselbetrieb, Schlüsselfigur, Schlüsselfunktion, Schlüsselproblem*. In dem Nest **Star**[3]- wird nicht getrennt zwischen *Staralluren, Starparade* einerseits und den präfixoiden Bildungen *Staranwalt, Stardirigent, Starjournalist, Starmannequin* andererseits.

Was für die ersten Kompositionsglieder gilt, gilt auch für die zweiten. Während das Kompositum *Morgenmuffel* ( = jmd., der am Morgen ein Muffel, mürrisch ist) im Alphabet unter „M" eingeordnet werden muß, handelt es sich bei *Ehe-, Fernseh-, Gemüse-, Fußball-, Gurtmuffel* um suffixoide Komposita, die — solange sie noch nicht lexikalisiert sind — nur als Beispiele unter einem Lemma **-muffel** ( = jmd., der dem im Basiswort Genannten desinteressiert gegenübersteht) eine semantische Erklärung finden können. Deswegen ist die Lemmatisierung der Suffixoide besonders wichtig; denn suffixoide Bildungen können nicht — anders als die präfixoiden — über das Alphabet gefunden werden. Auch der Lemmatisierung der Sekundärsuffixoide *(-freiheit, -freudigkeit, -gerechtheit, -trächtigkeit* u. a.) — der Ableitungen von Adjektivsuffixoiden *(keimfrei/Keimfreiheit, kulturfreudig/Kulturfreudigkeit, portogerecht/Portogerechtheit, gewinnträchtig/Gewinnträchtigkeit)* — kommt besondere Bedeutung zu, da sie bei den entsprechenden Simplizia meist keine adäquate semantische Erklärung finden. In den Sekundärsuffixoiden wird die Affinität der Suffixoide zu den Suffixen deutlich, von denen ebenfalls substantivische Ableitungen möglich sind *(machbar/Machbarkeit, biegsam/Biegsamkeit)*.

Manche Kompositionsglieder können sogar in drei verschiedenen Bildungsarten auftreten, zum Beispiel *-müde*. In *wandermüde* ( = müde vom Wandern) ist *-müde* als echtes Kompositionsglied verbunden mit einem anderen echten; in *hundemüde ( = sehr müde)* ist *-müde* als echtes Kompositionsglied verbunden mit einem Präfixoid; in *pillenmüde* ( = müde, überdrüssig der Pilleneinnahme) ist *-müde* als suffixoides Kompositionsglied verbunden mit einem echten Kompositionsglied. Selbst ein und dasselbe Lexem kann sowohl präfixoides (*blu̲tarm* = sehr arm) als auch suffixoides Kompositum (*blu̲ta̲rm* = arm an roten Blutkörperchen, anämisch) sein.

Die meisten Lexikographen haben bei der Kodifizierung des Wortschatzes auch den WE ihre Aufmerksamkeit geschenkt, doch findet sich darüber in den Vorworten in der Regel nichts, nur wenig und nur sehr Allgemeines.

## 2. Affixe in deutschen Wörterbüchern

### 2.1. Präfixe

#### 2.1.1. Untrennbare Präfixe

##### 2.1.1.1. Indigene Präfixe

Die untrennbaren Präfixe *(be-, ent-, er-, ver-, zer-)* erscheinen in den meisten älteren Wörterbüchern als Stichwort. Sanders (1876) bildet auf Grund seiner Wörterbuchkonzeption eine Ausnahme. Er läßt die Wortbildungsmittel als solche bewußt beiseite. In seinem Vorwort (VII) heißt es:

„Bloße Worttheile, die einzelnen Laute und Buchstaben in ihrem Verhalten zu einander, die Ableitungssilben u.s.w. sind, als nicht ins Wörterbuch gehörig, fortgeblieben [...] das hier Ausgeschlossene für ein besonderes Werk aufsparend [...]".

Anders Heyse (1833). Er stellt z. B. das Lemma *zer-* wie folgt dar:

„[...] tonlose untrennbare Vorsilbe vieler Zeitwörter u. davon abgeleiteter Haupt- und Beiwörter, bezeichnet in Ableitungen von Zeitwörtern: Sonderung, Trennung, Auseinanderfallen od. Auseinanderlegen, Auflösung eines Dinges in seine Theile, sinnv. entzwei, aus einander, versch. von ent-, welches die Trennung eines Dinges von einem andern bezeichnet (vgl. entgehen, entreißen, entsetzen mit zergehen, zerreißen, zersetzen), und ver- (s. d.); daher auch Zerstörung od. Vernichtung durch die Thätigkeit od. den Vorgang, welchen das einfache Zw. ausdrückt. Das zu Grunde liegende einfache Zw. hat entweder 1) schon an sich den Begriff einer Trennung, welcher dann durch die Vorsilbe nur verstärkt wird, z. B. zerbrechen, zermalmen, zerreißen [...] oder 2) die Vorsilbe fügt erst den Begriff der Trennung hinzu, z. B. zerbeißen, zerfallen, zerfließen [...]. In Bildungen dieser letzteren Art drückt zer- oft auch nur die Verderbung, Beschädigung od. Entkräftung des Gegenstandes durch ein Übermaß der Thätigkeit aus [...]. Dergleichen Zeitwörter lassen sich fortwährend neu bilden, z. B. sich zerdenken, zerschreiben, zerlesen, zerspielen u. dergl. m., haben aber meist etwas Unedles u. sind daher nur für die gemeine, vertrauliche Umgangssprache geeignet."

Besondere Beachtung verdient der Hinweis auf die Produktivität des Präfixes.

Von dieser ausführlichen Kodifikation der untrennbaren Präfixe ist in den modernen deutschen Wörterbüchern nichts mehr zu finden. Wenn untrennbare Präfixe überhaupt aufgeführt werden, dann sind die Angaben in der Regel knapp. Im WdG und im großen Wörterbuch der deutschen Sprache (= GWB) bleiben die untrennbaren Präfixe unberücksichtigt; im Brockhaus-Wahrig (= BrWa) werden sie zwar aufgeführt, aber der jeweilige Eintrag ist kurz:

„zer..., Zer... ⟨Vors.; bei Verben untrennbar⟩ *bezeichnet eine Auflösung, Trennung, Zerstörung⟩ auseinander..., entzwei...; zerfließen, zerreißen, zertrennen, zerteilen; Zerfall, Zerlegung*" (dann folgt die Etymologie).

Im Duden 10, Bedeutungswörterbuch (= Du 10), in dessen Konzeption die produktiven Wortbildungsmittel einen zentralen Platz einnehmen, werden die untrennbaren Präfixe wie alle anderen WE wieder ausführlicher dargestellt und an Hand von Ad-hoc-Bildungen demonstriert, z. B.

„Ge-[e], auch: -ge-e (Typ: Nachgelaufe), das; -s: *drückt das sich wiederholende [lästige o. ä.] Tun oder Geschehen aus*/verbales Basiswort; ausgenommen sind solche Verben, die keine verbalen Formen mit ge- bilden können: Verben mit untrennbarer Vorsilbe (also nicht: Geentwerte, dafür: Entwerterei), Verben mit einer trennbaren Vorsilbe vor einem fremdsprachlichen Verb (also nicht:

| verbale Präfixe | | | | | | | | | |
|---|---|---|---|---|---|---|---|---|---|
| | WdG | GWB | BrWa | U | Un | Hd | Wa | K | Ma | Du10 |
| *be-* | — | — | — | + | — | — | — | — | — | + |
| *ent-* | — | — | + | + | — | — | + | — | — | + |
| *er-* | — | — | + | + | — | — | + | — | — | + |
| *ver-* | — | — | + | + | — | — | + | — | — | + |
| *zer-* | — | — | + | + | — | — | + | + | — | + |

| nicht verbale | | | | | | | | | |
|---|---|---|---|---|---|---|---|---|---|
| | WdG | GWB | BrWa | U | Un | Hd | Wa | K | Ma | Du10 |
| *erz-* | + | + | + | + | — | + | + | — | + |
| *Ge-*[e] | — | — | + | — | — | + | — | — | + |
| *un-* | + | + | + | + | — | — | + | + | — | + |
| *ur-* | + | — | + | + | + | + | + | + | — | + |

Abb. 81.1: Übersicht über die Aufnahme untrennbarer Präfixe in ausgewählten deutschen Wörterbüchern

Nachgepoliere, dafür: Nachpoliererei) und Verben, die aus zusammengesetzten Substantiven abgeleitet sind (also nicht: Geschulmeistere, dafür: Schulmeisterei/[...]: [...] Gesülze, Gezappel[e]; [...] das Großgetue [...], Zugeknalle [...]."

Über die Aufnahme bzw. Nichtaufnahme der Präfixe in den neueren deutschen Wörterbüchern folgt eine Übersicht, die gleichzeitig auch Inkonsequenzen bzw. Mängel hinsichtlich der Aufnahme in ein und demselben Wörterbuch zeigt (— bedeutet: nicht kodifiziert; + bedeutet: kodifiziert; wobei die Art der Kodifizierung qualitativ sehr unterschiedlich ist). Bei der obigen und allen anderen Überblickslisten in diesem Beitrag handelt es sich lediglich um eine Auswahl aus den jeweils kodifizierten WE. Es werden außer den bereits genannten Wörterbüchern

### 2.1.1.2. Fremdsprachige Präfixe

Fremdsprachige Präfixe finden in den älteren einsprachigen deutschen Bedeutungswörterbüchern in der Regel keine Erwähnung. Hier bildet Sanders (1876) wiederum eine Ausnahme, diesmal im positiven Sinn. Er nennt beispielsweise *des-, dis-, hyper-, re-:*

„Des (frz.): Vors., unserm „ent" entsprechend in vielen hier meist übergangenen Fremdwörtern, z. B. Desarmieren [...]." Oder: „Anti, gr. Vors. (vgl. ant, ent) mit der Bed. gegen, wider in unerschöpfl. Zsstzg.: [...] A. = aristokrat(isch) [...]; A. = freischärlerisch [...]; A. = geistlich [...]." Oder: „Ex (lat.): als Bstw. in Zsstzg. = gewesen, weiland, z. B. Ex-Bräutigam [...]."

In den neueren deutschen Wörterbüchern sieht die Kodifizierung bzw. Nichtkodifizierung wie folgt aus (vgl. Abb. 81.2).

|  | WdG | GWB | BrWa | U | Un | Hd | Wa | K | Ma | Du10 |
|---|---|---|---|---|---|---|---|---|---|---|
| *a-* | + | — | + | — | — | — | + | + | — | + |
| *anti-* | + | + | + | + | + | — | + | + | — | + |
| *de-* | + | — | + | — | — | — | — | — | — | + |
| *des-* | + | — | + | — | — | — | + | + | — | + |
| *dis-* | + | — | + | — | — | — | + | + | — | + |
| *Ex-* | + | + | + | + | + | — | + | + | — | + |
| *hyper-* | + | + | + | — | — | — | — | + | — | + |
| *hypo-* | — | + | + | — | — | — | — | + | — | + |
| *in-* | + | + | + | — | — | — | + | + | — | + |
| *inter-* | + | + | + | — | + | — | + | + | — | + |
| *intra-* | + | + | + | — | — | — | — | + | — | + |
| *neo-* | + | + | + | — | — | — | + | + | — | + |
| *post-* | + | — | + | — | — | — | + | + | — | + |
| *prä-* | — | + | + | — | — | — | + | + | — | + |
| *pro-* | — | + | + | — | — | — | — | + | — | + |
| *re-* | — | + | + | — | — | — | — | + | — | + |

Abb. 81.2: Übersicht über die Aufnahme untrennbarer, fremdsprachiger Präfixe in ausgewählten deutschen Wörterbüchern

noch folgende herangezogen: Ullstein Lexikon der deutschen Sprache (= U); Duden. Deutsches Universalwörterbuch (= Un); Handwörterbuch der deutschen Gegenwartssprache (= Hd); Wahrig. Deutsches Wörterbuch (= Wa); Knaurs großes Wörterbuch der deutschen Sprache (= K); Mackensen. Deutsches Wörterbuch (= Ma) (vgl. Abb. 81.1).

Auch diese Aufstellung zeigt, wie unausgeglichen und unterschiedlich die Lexikographen die WE berücksichtigen. Hinsichtlich der Terminologie bestehen ebenfalls Unterschiede sowohl zwischen den einzelnen Wörterbüchern als auch innerhalb ein und desselben Wörterbuchs. Es finden sich für ein und dasselbe WE — beispielsweise — Angaben wie: Präfix, Vorsilbe, Bestimmungswort, in Zusammensetzungen.

2.1.2. [auch]trennbare Präfixe (z. B. über-: übersetzen/übersetzen)

Die [auch]trennbaren Präfixe werden in den älteren Wörterbüchern nicht als Lemmata herausgehoben; sie werden aber bei dem entsprechenden Wort (z. B. beim Adverb) — oft als besonderer Punkt — berücksichtigt. Bei Heyse findet sich unter **an** als Punkt 2) „Als Nw. (= Adverb; W.M.) a) in Zusammensetzungen, meist mit Zw., welche trennbar sind, bezeichnet an 1) eine Verbindung mit der Seiten- oder Oberfläche eines andern Körpers, z. B. andrücken, anlegen [...]; 2) eine Richtung wohin, z. B. ansehen, anreden [...]; 3) eine Bewegung in die Höhe, ein Zunehmen, eine Fülle, z. B. anlaufen, anfüllen [...]; 4) das Beginnen einer Handlung oder eines Zustandes, z. B. anbeißen, anbrennen [...]; 5) stellt es das Zw., mit dem es verbunden ist, als ein Mittel dar, um etwas zu erfahren, z. B. einer Person od. Sache etwas ansehen, anhören [...]; 6) zeigt es einen geringen Grad einer Handlung oder Beschaffenheit an, z. B. anfeuchten, anfrischen [...]".

In den neueren deutschen Wörterbüchern werden Präfixe, die — in verbalen Verbindungen — [auch]trennbar sein können, meist stärker einbezogen. Diese Präfixe können auch Verbindungen mit Adjektiven und Substantiven eingehen.

Terminologisch gibt es auch hier keine Einheitlichkeit: Es finden sich Vorsilbe, Präfix, Partikel, in Zusammensetzungen. Im Du 10 wird innerhalb eines Wortbildungsartikels zwischen Präfix und Präfixoid unterschie-

den, sofern unterschiedliche Gebrauchsweisen vorliegen, z. B.:

über- (Präfix): trennbar in über̲fluten (der Fluß ist übergeflutet), über̲polieren (ich poliere nur kurz über), untrennbar in überflu̲ten (die See überflutet das Land), überli̲sten (er überlistet ihn) und über- (Präfixoid) in übera̲ktiv, übernervös, überbeschäftigt; Über- (Präfix) in Über̲strumpf und Über- (Präfixoid) in Übereifer, Übergewicht.

Die bei den Stichwörtern genannten Beispiele für die Wortbildungen sind in den meisten Wörterbüchern — mit Ausnahme des Duden 10, in dem die Produktivität weitgehend an Hand von Ad-hoc-Bildungen gezeigt werden soll — auch als gesondertes Lemma aufgeführt. Die Darstellung der WE ist sehr uneinheitlich. In K werden beispielsweise bei „unter..., Unter...⟨in Zus.⟩." nur Adjektive und Substantive, aber keine Verben genannt; bei **über**... stehen im Gegensatz dazu nur Zusammensetzungen mit Verben (keine Adjektive bzw. Substantive) (vgl. Abb. 81.3).

2.2. Suffixe

2.2.1. Indigene Suffixe

Suffixe werden lexikographisch oftmals weniger intensiv erfaßt als Präfixe. Das ist eine Beobachtung, die auch bei Untersuchungen zur französischen und englischen Lexikographie gemacht worden ist. Die Vernachlässigung dieser WE kann mit darauf zurückzu-

|  | WdG | GWB | BrWa | U | Un | Hd | Wa | K | Ma | Du10 |
|---|---|---|---|---|---|---|---|---|---|---|
| *ab-* | + | − | + | + | − | + | + | − | − | + |
| *aus-* | + | − | + | + | − | + | + | − | − | + |
| *durch-* | + | − | + | + | − | + | − | − | − | + |
| *ein-* | + | − | + | + | − | + | + | − | − | + |
| *heran-* | + | − | + | + | − | + | − | + | − | + |
| *nach-* | + | − | + | + | − | + | + | + | − | + |
| *über-* | + | − | + | + | − | + | − | + | − | + |
| *weg-* | + | − | + | + | − | + | + | + | − | + |
| *zu-* | + | − | + | + | − | + | + | + | − | + |

Abb. 81.3: Übersicht über die Aufnahme der [auch]trennbaren Präfixe in ausgewählten deutschen Wörterbüchern

führen sein, daß dem ersten Teil eines Wortes auf Grund des alphabetischen Prinzips üblicherweise mehr Aufmerksamkeit geschenkt wird.

In den älteren Wörterbüchern finden sich

aber Suffixe auch schon verschiedentlich abgehandelt, z. B. im Heyse und im Wenig (1838). Heyse notiert bei **ig**:

„Ends. 1) einiger männl. Hauptwörter [...], z. B. König, Pfennig [...]; 2) als Ableitungss. zur Bildung vieler Beiwörter [...] bezeichnet mithin das Haben, den Besitz, das Vorhandensein desselben als einer anhaftenden Eigenschaft (z. B. mächtig, gütig [...])".

Der Lexikograph Wenig notiert bei dem movierenden Suffix *-in* folgendes:

„Inn, M. -en, eine Ableitungssylbe, welche den Namen von Personen und Thieren männlichen Geschlechtes angehängt wird, um dadurch das weibliche eben dieser Art zu bezeichnen [...], und zwar 1) den Hauptwörtern, welche sich auf einen Consonanten endigen, ohne alle Veränderung, z. B. der Kaiser, die Kaiserinn[...]; 2) den Wörtern, welche am Ende ein e haben, mit Hinwegwerfung des e, z. B. der Gatte, die Gattinn[...]. Aus Eigenschaftswörtern, welche durch Anhängung eines e u. durch Vorsetzung eines Geschlechtswortes zu Hauptwörtern gemacht worden sind, werden mit inn keine Wörter gebildet. Man sagt also nicht: Bekanntinn[...]."

In den neueren Wörterbüchern bleiben diese WE sehr oft unberücksichtigt. Die Auswahl scheint unsystematisch (vgl. Abb. 81.4). Indigene verbale Suffixe wie z. B. *-eln, -ern, -igen* sind lediglich in einigen älteren Wörterbüchern verzeichnet, z. B. im Wenig:

„Eln, eine Endsylbe vieler abgeleiteten Zw., welche eine Verkleinerung oder Verminderung, eine Nachahmung, oder eine wiederholte Handlung ausdrücken, z. B. kränkeln, klingeln [...]."

### 2.2.2. Fremdsprachige Suffixe

Die wenigen fremdsprachigen verbalen Suffixe werden selten berücksichtigt, aber manchmal kann man doch — sowohl in älteren als auch in neueren Wörterbüchern — auf sie stoßen, z. B. bei Heyse. Dort findet sich:

„iren, fremdartige Endung zur Bildung von Zeitwörtern [...], welche immer den Haupton auf sich zieht, wodurch sie sich hinlänglich als undeutsch verräth [...], z. B. studiren [...]."

Im BrWa gibt es den Eintrag:

| | adjektivisch | | | | | | | | | |
|---|---|---|---|---|---|---|---|---|---|---|
| | WdG | GWB | BrWa | U | Un | Hd | Wa | K | Ma | Du10 |
| *-bar* | — | — | + | — | — | — | + | + | — | + |
| *-haltig* | + | + | + | — | — | + | + | + | — | + |
| *-ig* | — | — | + | — | — | — | — | — | — | + |
| *-lich* | — | — | — | + | — | — | — | — | — | + |
| *-sam* | — | — | + | — | — | — | + | + | — | + |
| | substantivisch | | | | | | | | | |
| | WdG | GWB | BrWa | U | Un | Hd | Wa | K | Ma | Du10 |
| *-chen* | — | — | + | — | — | — | — | — | — | + |
| *-i* | — | — | — | — | — | — | — | — | — | + |
| *-in* | — | — | — | — | — | — | — | — | — | + |
| *-lein* | — | — | + | — | — | — | + | — | — | + |
| *-tum* | — | — | + | — | — | — | + | + | — | + |
| *-ung* | — | — | — | — | — | — | — | — | — | + |
| | adverbial u. a. | | | | | | | | | |
| | WdG | GWB | BrWa | U | Un | Hd | Wa | K | Ma | Du10 |
| *-lei* | — | + | + | + | + | — | + | + | — | — |
| *-weise* | + | + | + | — | — | + | + | + | — | + |

Abb. 81.4: Übersicht über die Aufnahme von indigenen Suffixen in ausgewählten deutschen Wörterbüchern

"... ieren ⟨Nachs.; zur Bildung von Verben⟩; servieren, rasieren [...].
Im Du 10 lautet der Eintrag:
„-ieren ⟨verbales Suffix⟩: *zu dem im adjektivischen oder substantivischen — meist fremdsprachlichen — Basiswort Genannten machen, in einen entsprechenden Zustand versetzen:* attraktivieren *(attraktiv machen),* effektivieren *(effektiv machen)* [...], tabuieren *(zu einem Tabu machen)*[...]."

Fremdsprachige adjektivische und substantivische Suffixe finden sich ebenfalls nur selten behandelt. Im Wenig heißt es beim Lemma **Ist**:
„eine undeutsche Endsylbe an Hauptwörtern, um männliche Personen von einer gewissen Beschaffenheit zu bezeichnen, z. B. der Copist, Bassist etc."

Im folgenden einen Überblick über einige fremdsprachige Suffixe in den neueren Wörterbüchern (vgl. Abb. 81.5).

### 3.1. Präfixoide

Das Phänomen der präfixoiden Wortbildungen ist keineswegs neu. Bildungen z. B. mit *blitz-, blut-, Grund-, Haupt-, Heiden-, hoch-, hunde-, Mords-, Riesen-, stock-* hat es schon in früherer Zeit gegeben. In den älteren Wörterbüchern werden sie zwar nicht gesondert lemmatisiert, sie werden aber bei dem entsprechenden Adjektiv oder Substantiv mit behandelt. Heyse schreibt bei dem Stichwort **hoch-**:

„hoch steht als Nw. (= Adverb; W. M.) zur Verstärkung od. zur Bezeichnung eines hohen Grades der Eigenschaft vor Beiw., welche dann als zges. betrachtet werden, als: hochansehnlich, hochachtbar, hochbeglückt [...]."

Sanders (1876) erwähnt beim Stichwort **Heide**:

|  | adjektivisch | | | | | | | | | |
|---|---|---|---|---|---|---|---|---|---|---|
|  | WdG | GWB | BrWa | U | Un | Hd | Wa | K | Ma | Du10 |
| -abel | — | — | + | — | — | — | — | — | — | + |
| -al | — | — | + | — | — | — | — | — | — | + |
| -esk | — | — | — | — | — | — | — | — | — | + |
|  | substantivisch | | | | | | | | | |
|  | WdG | GWB | BrWa | U | Un | Hd | Wa | K | Ma | Du10 |
| -ade | — | — | + | — | — | — | — | — | — | + |
| -and | — | — | + | — | — | — | — | — | — | + |
| -eur | — | — | — | — | — | — | — | — | — | + |
| -euse | — | — | — | — | — | — | — | + | — | + |
| -ist | — | — | + | — | — | — | — | — | — | + |
| -itis | — | — | + | — | — | — | — | + | — | + |

Abb. 81.5: Übersicht über die Aufnahme von fremdsprachigen Suffixen in ausgewählten deutschen Wörterbüchern

## 3. Affixoide in deutschen Wörterbüchern

Die Termini Präfixoid und Suffixoid für die eingangs beschriebene Art von WE sind relativ jung; sie finden sich daher in den Wörterbüchern kaum verwendet. Erst im GWB werden diese Termini auf die entsprechenden WE angewendet, aber keineswegs durchgehend und auch nicht einheitlich. Im Du 10 werden die Termini bewußt systemhaft und klassifizierend eingesetzt.

„Als Bestimmungsw. in Zsstzg. auch zur Bezeichnung von etwas sehr Großem, z. B.: Heiden≠Geld, ≠Lärm; [...] Heidenprofit [...]."

In der deutschen Gegenwartssprache spielen Präfixoide wie Suffixoide eine ganz besondere Rolle. Immer mehr Adjektive und Substantive werden zusätzlich affixoid gebraucht, wobei festzustellen ist, daß es gerade bei den Affixoiden Unterschiede in bezug auf die Häufigkeit und den Gebrauch in der BRD und in der DDR gibt (z. B. sind die Präfixoide *Eck-, Horror-, Killer-, Monster-*

und die Suffixoide *-geil, -papst, -killer, -muffel* in der DDR so gut wie nicht gebräuchlich).

Ad-hoc-Bildungen können den Keim eines Affixoids in sich tragen. Wenn sie — z. B. *Kloaken*journalismus, *Konfektions*urlaub — bei anderen Sprachteilhabern Gefallen finden, kann es zu analogen Bildungen kommen. Auf diese Weise entstehen neue Affixoide.

Im folgenden ein Überblick (Abb. 81.6):

[...]; [...] ball-f., hof-f. [...]; Der bau-f.-e Boden längst zu andern Kulturen benutzt [...]; Nun da wir jagd-f. [pass., soweit, daß man auf uns Jagd macht] sind [...]."

Unter dem Lemma **Werk** schreibt Heyse unter Punkt 5):

„als Sammel= od. Stoffnamen in Zsetz. eine unbestimmte Menge od. Masse von Dingen od. Stoffen einer Art, z. B. Fleisch=, Flecht=, Holz=, Laub= [...], Rauchwerk [...]."

|  | WdG | GWB | BrWa | U | Un | Hd | Wa | K | Ma | Du10 |
|---|---|---|---|---|---|---|---|---|---|---|
| *blitz-* | — | + | — | + | — | — | — | + | — | + |
| *blut-* | + | — | — | + | — | — | — | — | — | + |
| *Bomben-* | + | + | + | + | — | — | + | + | — | + |
| *Eck-* | — | — | — | — | — | — | — | — | — | + |
| *Grund-* | + | — | — | + | — | — | — | + | — | + |
| *Haupt-* | — | — | + | + | — | — | + | + | — | + |
| *Heiden-* | + | + | + | + | — | + | + | + | — | + |
| *Hobby-* | — | — | — | — | — | — | — | — | — | + |
| *hoch-* | — | — | + | + | — | — | + | + | — | + |
| *hunde-* | + | + | — | + | — | — | — | + | — | + |
| *Mords-* | + | + | + | + | — | + | + | + | — | + |
| *Problem-* | — | — | — | — | — | — | — | — | — | + |
| *Riesen-* | + | + | + | + | — | — | + | + | — | + |
| *Scheiß-* | + | + | + | + | — | — | — | — | — | + |
| *Schlüssel-* | — | — | — | — | — | — | — | — | — | + |
| *stink-* | + | + | + | + | — | — | — | — | — | + |
| *stock-* | + | + | + | + | — | — | + | + | — | + |
| *Traum-* | — | + | + | — | — | — | — | — | — | + |

Abb. 81.6: Übersicht über die Aufnahme von Präfixoiden in ausgewählten deutschen Wörterbüchern

### 3.2. Suffixoide

Auch suffixoide Wortbildungen sind nicht neu. Bildungen z. B. mit *-fähig, -frei, -widrig, -werk, -zeug* lassen sich schon in den älteren Wörterbüchern nachweisen, zwar nicht als herausgehobene Lemmata, aber eingebaut in die entsprechenden Adjektiv- oder Substantivartikel. Sanders (1876) schreibt beim Lemma **fähig** unter 1 d):

„auch durch Zsstzg., die theils aktiven, theils passiven Infinitiven entsprechen. So z. B.: Anregungs-f.

In der deutschen Gegenwartssprache gibt es zahlreiche Suffixoide. Im folgenden (Abb. 81.7) ein Überblick über einige der in den Wörterbüchern kodifizierten, wobei auch hier noch einmal erwähnt werden muß, daß die Terminologie bei allen WE uneinheitlich ist und daß diese in den meisten Fällen nur unsystematisch erfaßt sind. Das liegt u. a. an dem nicht vorhandenen theoretischen Vorlauf.

In diesem Zusammenhang muß erwähnt

81. Die Beschreibung von Affixen und Affixoiden

| | adjektivisch | | | | | | | | | |
|---|---|---|---|---|---|---|---|---|---|---|
| | WdG | GWB | BrWa | U | Un | Hd | Wa | K | Ma | Du10 |
| *-arm* | − | − | + | − | − | − | − | − | − | + |
| *-fähig* | − | + | − | − | + | − | − | − | − | + |
| *-feindlich* | − | + | − | − | − | − | − | + | − | + |
| *-fertig* | − | − | − | − | − | − | − | − | − | + |
| *-frei* | − | − | − | − | − | − | − | − | − | + |
| *-freudig* | − | − | − | − | − | − | − | − | − | + |
| *-freundlich* | − | + | − | − | − | − | − | + | − | + |
| *-frisch* | − | − | − | − | − | − | − | − | − | + |
| *-geil* | − | − | − | − | − | − | − | − | − | − |
| *-gerecht* | − | + | − | − | − | − | − | − | − | + |
| *-müde* | − | + | − | − | − | − | − | − | − | + |
| *-widrig* | − | + | + | − | − | − | − | − | − | + |
| | substantivisch | | | | | | | | | |
| | WdG | GWB | BrWa | U | Un | Hd | Wa | K | Ma | Du10 |
| *-aufkommen* | − | − | − | − | − | − | − | − | − | + |
| *-freiheit* | − | − | − | − | − | − | − | − | − | − |
| *-freudigkeit* | − | − | − | − | − | − | − | − | − | − |
| *-fritze* | − | − | − | + | − | − | − | − | − | + |
| *-gerechtheit* | − | − | − | − | − | − | − | − | − | − |
| *-muffel* | − | + | − | − | − | − | + | + | − | + |
| *-papst* | − | + | − | − | − | − | − | − | − | + |
| *-werk* | + | − | + | − | − | − | − | − | − | + |
| *-zeug* | − | − | − | − | − | − | − | − | − | + |

Abb. 81.7: Übersicht über die Aufnahme von Suffixoiden in ausgewählten deutschen Wörterbüchern

werden, daß im WdG die Lemmatisierung der Suffixoide zwar fehlt (Artikel wie *-werk* sind eine Ausnahme), daß sie aber oft indirekt im Anschluß an das betreffende Adjektiv bzw. Substantiv in einer Aneinanderreihung von Bildungen sichtbar werden, z. B. beim Stichwort **arm** im Anhang unter:

„zu 1c alkohol-, baum-, einfluß-, energie-, erfindungs-, fett-, fisch-, fleisch- [...], zuckerarm."

Wie unsicher die Lexikographen besonders den Suffixoiden gegenüber sind, wird aus der Tabelle deutlich. Im BrWa (auch noch in anderen Wörterbüchern) finden sich Hinweise auf suffixoiden Gebrauch gelegentlich im Artikel des zugrundeliegenden Wortes; bei **müde** z. B. findet sich unter Punkt 3.2.:

„⟨in Zus.⟩ ... müde (der genannten Sache überdrüssig); kriegsmüde, prozeßmüde [...]."

4. Wortbildungsbausteine (Konfixe) als erste oder zweite Konstituenten

Neben den Affixen und Affixoiden gibt es noch eine Reihe anderer (fremdsprachiger) WE, die Bausteine neuer Wörter sind: die

Konfixe. Ein Konfix ist wie ein Affix ein Wortbildungsbaustein, der n u r in Kombination (als Kombinem) vorkommt. Ein Konfix kann mit einem Lexem kombiniert werden und dabei sowohl die erste Stelle (z. B. *Therm*ochemie) als auch die zweite (z. B. Metallo*thermie*) einnehmen; ein Konfix kann mit einem anderen Konfix (z. B. *Therm*ochromie, iso*therm*) ein Lexem bilden; ein Konfix kann auch mit einem Affix (z. B. *Therm*ik, *therm*al, Hyper*thermie*,Hypo*thermie*) kombiniert werden und in dem auf diese Weise gebildeten Lexem die Basis bilden. Während man diesen Wortbildungsbausteinen in den älteren Wörterbüchern noch keine Aufmerksamkeit schenkte, werden sie in neueren verschiedentlich berücksichtigt, was dazu beitragen soll, entsprechend gebildete Wörter (sowohl entlehnte als auch in der betreffenden Sprache eigenständig/neu produzierte) dem Wörterbuchbenutzer inhaltlich durchsichtig zu machen. Auch hier zeigt sich bei der Durchsicht der Wörterbücher, daß den „Endsilben" weniger Aufmerksamkeit zuteil geworden ist (vgl. Abb. 81.8).

## 5. Zweite Konstituenten von Zusammenbildungen

In manchen Wörterbüchern werden auch einige häufiger vorkommende zweite Konstituenten lemmatisiert, z. B. *-bändig* (Wa), *-fädig*

| | 1. Konstituente | | | | | | | | | |
|---|---|---|---|---|---|---|---|---|---|---|
| | WdG | GWB | BrWa | U | Un | Hd | Wa | K | Ma | Du10 |
| *elektro-* | + | − | + | − | − | − | + | − | − | + |
| *hämo-* | − | + | + | − | − | − | + | − | − | + |
| *hetero-* | + | + | + | − | − | − | + | + | − | + |
| *homo-* | + | + | + | − | − | − | − | + | − | + |
| *iso-* | − | + | + | + | − | − | − | − | − | − |
| *makro-* | + | + | + | − | − | − | − | + | − | + |
| *mikro-* | + | + | + | − | − | − | + | + | − | + |
| *pan-* | + | + | + | + | + | − | − | + | − | + |
| *para-* | − | + | + | − | − | − | + | − | − | + |
| *theo-* | − | + | + | − | − | − | − | − | − | − |
| *thermo-* | − | + | + | − | − | − | − | + | − | − |
| | 2. Konstituente | | | | | | | | | |
| | WdG | GWB | BrWa | U | Un | Hd | Wa | K | Ma | Du10 |
| *-kratie* | − | − | + | − | − | − | − | + | − | + |
| *-logie* | − | − | + | + | − | − | + | + | − | − |
| *-phil* | − | − | + | − | − | − | + | + | − | + |
| *-philie* | − | − | + | − | − | − | + | + | − | − |
| *-phob* | − | − | + | − | − | − | − | + | − | + |
| *-phon* | − | + | + | − | − | − | + | − | − | − |
| *-stat* | − | − | + | − | − | − | − | − | − | − |
| *-therm* | − | − | + | − | − | − | − | − | − | − |
| *-thermie* | − | − | − | − | − | − | − | − | − | − |

Abb. 81.8: Übersicht über die Aufnahme von Konfixen in ausgewählten deutschen Wörterbüchern

(BrWa), -gliedrig (K), -porig (K). Diese Lemmata sind lexikographisch nicht gerechtfertigt, weil solche Bildungen unter dem Suffix -ig mit erfaßt werden können (*vierbändig* [= vier Bände umfassend], *dreifädig* [= aus drei Fäden bestehend], *feingliederig* [= feine Glieder habend], *dreigliederig* [= aus drei Gliedern bestehend], *großporig* [= große Poren habend]).

## 6. Streiflicht auf französische und englische Wörterbuchpraxis

In einsprachigen englischen und französischen Wörterbüchern werden WE in unterschiedlicher Auswahl und Anzahl berücksichtigt. Die terminologischen Zuordnungen sind auch uneinheitlich, auch im Vergleich zu deutschen Entsprechungen (*nach-* *[nachklassisch]* ist im Du 10 Präfix; *post-* *[postclassical]* ist im Concise Teil einer Zusammensetzung). Die WE werden inhaltlich in ihrer Bildungsfähigkeit und in ihrer Wortartenspezifik ausführlich erläutert. Es besteht eine oft recht breite Erfassung der Morpheme, wie sie auch im BrWa festzustellen ist.

Als Präfixe werden z. B. lemmatisiert engl. *ad-, anti-, ex-, in-, inter-, over-, sub-, super-, un-, under-, y-;* frz. *dis-, é-, électro-, ex-, hydro-, hyper-, in-, inter-, iso-, para-, poly-, pré-;* als Suffixe z. B. engl. *-able, -ad, -acal, -age, -ane, -ess, -graph, -grapher, -graphy, -ia, -ie, -ing, -ion, -ior, -ish, -ism, -ist, -ium, -ive, -ize, -like, -phobe, -y;* frz. *-able, -ette, -euse, -eux*. Es finden sich auch Wortbildungsbausteine für Zusammensetzungen (comb. form of ...) wie engl. *endo-, equi-, heli-, helio-, infra-, intra-, panto-, phono-, photo-, poly-, porno-, stereo-, xeno-, xero-; -conscious, -free;* frz. *anthropo-, -anthe*.

## 7. Schlußfolgerungen und Zukunftsaufgaben

Mit Hilfe von WE (Affixen/Affixoiden/ fremdsprachigen Wortbausteinen) werden ständig neue Wörter produziert: Ein Teil dieser Wörter wird durch häufigeren Gebrauch lexikalisiert, andere bleiben situationsgebundene Ad-hoc-Bildungen, sind lexikalische „Eintagsfliegen", die nicht als Stichwort in ein Wörterbuch gelangen. Will man aber auch diese Ad-hoc-Bildungen dem Leser/ Hörer semantisch erschließbar machen, muß man ihm die produktiven WE lexikographisch vorführen. Das bedeutet für die Zukunft einen stärkeren, konsequenten und methodologisch-systematisierten Ausbau der bisherigen Ansätze und intensive Bemühungen um die Kodifizierung der Wortbildung sowohl als Resultat wie auch als Prozeß (Sprachproduktion). Die älteren Wörterbücher könnten als Vorbild hinsichtlich der formalen und inhaltlichen Beschreibung der Wortbildungsvorgänge dienen, denn nur knappe Angaben wie z. B.: „be-: untrennbare Vorsilbe von Verben" (U) oder: „-chen ⟨in Zus.; Verkleinerungssilbe zur Bildung sächl. Subst.; n.; -s, -⟩; Herzchen, Häuschen, Bettchen, Kleidchen" (BrWa) sind unzureichend. Ein Ausbau der WE, besonders hinsichtlich der in der deutschen Gegenwartssprache überaus produktiven Affixoide, könnte außerdem das Wörterbuch insofern entlasten, als unter dem lemmatisierten WE nicht nur Ad-hoc-Bildungen, sondern in gewissem Ausmaß auch bereits lexikalisierte bzw. halblexikalisierte Bildungen (d. h. weniger zentrale Lexeme), nicht aber idiomatisierte (nicht: *rührselig, leutselig, mühselig, trübselig* bei *-selig*) Aufnahme finden könnten. Das setzte allerdings eine entsprechende Konzeptionskenntnis beim Benutzer voraus. Im Du 10 ist ein erster Schritt in diese Richtung getan worden, vor allem auch im Hinblick auf die modernen Affixoide. Durch die Lemmatisierung der Affixoide wird dem Wörterbuchbenutzer die semantische Sonderstellung dieser WE bewußtgemacht. Mit einer ausführlichen Kodifizierung der WE ganz allgemein wird auch ein Gegengewicht gegen das Veralten eines Wörterbuchs geschaffen, weil dadurch das Wörterbuch offen und auskunftsfähig bleibt für kommende Neuwörter und Ad-hoc-Bildungen.

Einsparungen (bei der Aufnahme der Lemmata) sind auch bei regulären Wortbildungen (Lexemen) möglich, indem bei ihnen statt einer Bedeutungserklärung nur ein Verweis auf das WE (mit Wortbildungsregel; vgl. Motsch 1982) gegeben würde.

Wortbildungsartikel sollten nicht nur semantisch ausreichend erklärt und bei verschiedenen Gebrauchsweisen entsprechend differenziert werden, sie sollten auch erkennen lassen, mit welchen Basiswörtern (in bezug auf die Wortart, in inhaltlicher und/oder grammatischer Hinsicht und in bezug auf fremdsprachige oder indigene Basis) sie kombiniert werden können, welche eventuellen Veränderungen bei der Bildung eines Wortes zusätzlich entstehen können (z. B. Fugenzeichen: *lügenhaft-er-weise, gespräch-s-weise,* Umlaut: *Mütter-chen,* Verlust des auslautenden *-e*: *Be-amt-in,* Verlust des auslautenden *-e* und Umlaut: *Französ-in*) und welche Restriktionen bestehen (z. B. bei *Ge-[e]*: das Ge-

*frage/das Mitgeklatsche* und daneben *die Fragerei/die Mitklatscherei,* aber nur: *die Vergleicherei, die Nachpoliererei* [nicht: *das Nachgepoliere*]).

Die Wortbildungsartikel könnten außerdem Hinweise auf Synonyme und Antonyme enthalten, so z. B. in Du 10: *Hobby-;* sinnverwandt: *Amateur-, Laien-; Nullachtfünfzehn-;* sinnverwandt: *Allerwelts-, Durchschnitts-, Feld-Wald-und-Wiesen-; -frei;* Gegensätze: *-pflichtig (beitragsfrei/-pflichtig); -haltig (bleifrei/-haltig).*

Kodifizierte WE aus fremden Sprachen haben in den Wörterbüchern oft eine doppelte Funktion: Sie beziehen sich einerseits auf entlehnte Lexeme (z. B. *Philosophie,* dazu: *philo-, -sophie; Demokrat,* dazu: *Demo-, -krat*) und sollen diese semantisch durchsichtig machen, und sie beziehen sich andererseits auf produktive genuine muttersprachliche Wortbildungen, auf Neologismen/Ad-hoc-Bildungen, (z. B. *Kleptokrat* Marcos, dazu: *-krat; Pseudoaktivität,* dazu: *Pseudo-*). Aber Rettig (1987, 205 ff.) weist darauf hin, daß in den Wörterbüchern „die Phänomene der Entlehnung und der Wortbildung nicht deutlich voneinander getrennt werden", und er plädiert dafür, daß Wortbildungsartikel „deutlich charakterisiert werden im Hinblick darauf, ob sie Informationen über die Entlehnungen, die Wortbildungen oder den lexikalischen Bestand des Berichtszeitraums enthalten".

Im übrigen ist es eine Frage der Konzeption, ob ein Wörterbuch nur unter dem Gesichtspunkt der Produktivität oder auch zusätzlich unter historisch-lexikologischen und somit etymologischen Gesichtspunkten WE kodifiziert. Das betrifft auch die indigenen WE.

Was den Wörterbüchern bisher fehlt, ist ein methodologisch-theoretisches Rüstzeug, an dessen Erarbeitung sich Lexikologen und Metalexikographen beteiligen müssen.

## 8. Literatur (in Auswahl)

### 8.1. Wörterbücher

*Adelung 1801* = Johann Christoph Adelung: Grammatisch-kritisches Wörterbuch der Hochdeutschen Mundart. 2. Aufl. Leipzig 1793—1801 [7746 Sp.; 1. Aufl. 1774—1786].

*BrWa 1980* = Brockhaus-Wahrig. Deutsches Wörterbuch in sechs Bänden. Wiesbaden 1980—1984 [5310 S.].

*Campe 1807* = Joachim Heinrich Campe: Wörterbuch der deutschen Sprache. Braunschweig 1807—1811 [4964 S.].

*Concise 1967* = The Concise Oxford Dictionary. Oxford $^5$1967 [1558 S.; 1. Aufl. 1911].

*Duden 10* = Duden. Das Bedeutungswörterbuch. Wortbildung und Wortschatz. Duden Band 10. Mannheim. Wien. Zürich $^2$1985 [797 S.].

*GWB 1976* = Duden. Das große Wörterbuch der deutschen Sprache. Mannheim. Wien. Zürich 1976—1981 [2992 S.; Meyers Enzyklopädisches Lexikon Bd. 30, 31, 32].

*Handwörterbuch 1984* = Handwörterbuch der deutschen Gegenwartssprache. In zwei Bänden. Berlin [DDR] 1984 [1399 S.].

*Heyne 1905* = Moriz Heyne: Deutsches Wörterbuch. 2. Aufl. Leipzig 1905—1906 [3984 S.; 1. Aufl. 1890—1895].

*Heyse 1833* = Johann Christian August Heyse: Handwörterbuch der deutschen Sprache. Magdeburg 1833—1849 [4215 S.; Nachdruck Hildesheim 1968].

*Knaur 1985* = Knaurs großes Wörterbuch der deutschen Sprache. München 1985 [1120 S.].

*Larousse 1913* = Petit Larousse illustré. Paris 1913 [1664 S.].

*Mackensen 1986* = Lutz Mackensen: Deutsches Wörterbuch. München $^{12}$1986 [1219 S.].

*Random House 1966* = The Random House Dictionary of the English Language. New York 1966 [2059 S.].

*Robert 1981* = Le Petit Robert: Dictionnaire alphabétique et analogique de la langue française. Paris 1981 [2171 S.].

*Sanders 1869* = Daniel Sanders: Handwörterbuch der deutschen Sprache. Leipzig 1869 [1067 S.].

*Sanders 1876* = Daniel Sanders: Wörterbuch der deutschen Sprache. Leipzig 1876 [1828 S.; Nachdruck Hildesheim 1969; 1. Aufl. 1859 bis 1865].

*Ullstein 1969* = Ullstein Lexikon der deutschen Sprache. Frankfurt 1969 [1024 S.].

*Universalwörterbuch 1983* = Duden Deutsches Universalwörterbuch. Mannheim. Wien. Zürich 1983 [1504 S.].

*WdG 1961* = Wörterbuch der deutschen Gegenwartssprache. Berlin (DDR) 1961 bis 1977 [4579 S.].

*Wahrig 1986* = Gerhard Wahrig: Deutsches Wörterbuch. München 1986 [1495 S.].

*Wenig 1838* = Christian Wenig: Gedrängtes Handwörterbuch der deutschen Sprache. Erfurt 1838 [798 S.; 1. Aufl. 1821].

### 8.2. Sonstige Literatur

*Bergenholtz/Mugdan 1986* = Henning Bergenholtz/Joachim Mugdan: Der neue „Super-Duden". Die authentische Darstellung des deutschen Wortschatzes? In: Studien zur neuhochdeutschen

Lexikographie VI. 1. Hrsg. von Herbert Ernst Wiegand. Hildesheim. Zürich. New York 1986 (Germanistische Linguistik 84—86/86), 1—149, bes. 36 ff.

*de Ruiter 1986* = Vera de Ruiter: Sind -wesen, -geschehen, -bereich und -betrieb Kompositionsglieder oder Suffixoide? Die Behandlung dieser Wortbildungsmittel in Wörterbüchern. In: Sprachpflege 35. 1986, 141—143.

*Ettinger 1984* = Stefan Ettinger: Die Modifikation in der Lexikographie. In: Theoretische und praktische Probleme der Lexikographie. 1. Augsburger Kolloquium. Hrsg. von Dieter Goetz/Thomas Herbst. München 1984, 63—106.

*Holly 1986* = Werner Holly: Wortbildung und Wörterbuch. In: Lexicographica 2. 1986, 195—213.

*Hoppe 1987* = Gabriele Hoppe: Überblick über einige neuere Wörterbücher der entlehnten Lexeme, entlehnten gebundenen WB-Einheiten und Segmente (von entlehnten Lexemen). In: Gabriele Hoppe/Alan Kirkness/Elisabeth Link/Isolde Nortmeyer/Wolfgang Rettig/Günter Dietrich Schmidt: Deutsche Lehnwortbildung: Beiträge zur Erforschung der Wortbildung mit entlehnten WB-Einheiten im Deutschen. Tübingen 1987 (Forschungsberichte des Instituts für deutsche Sprache. Mannheim 64), 103—155.

*Hoppe 1987a* = Gabriele Hoppe: Probleme der Analyse und Darstellung von entlehnten WB-Morphemen und entlehnten/lehngebildeten lexikalischen Einheiten. In: Gabriele Hoppe/Alan Kirkness/Elisabeth Link/Isolde Nortmeyer/Wolfgang Rettig/Günter Dietrich Schmidt: Deutsche Lehnwortbildung: Beiträge zur Erforschung der Wortbildung mit entlehnten WB-Einheiten im Deutschen. Tübingen 1987 (Forschungsberichte des Instituts für deutsche Sprache. Mannheim 64), 171—224.

*Hoppe 1987b* = Gabriele Hoppe/Alan Kirkness/Elisabeth Link/Isolde Nortmeyer/Günter Dietrich Schmidt: Ausblick. Konzeption eines „Lexikons der deutschen Lehnwortbildung". In: Gabriele Hoppe/Alan Kirkness/Elisabeth Link/Isolde Nortmeyer/Wolfgang Rettig/Günter Dietrich Schmidt: Deutsche Lehnwortbildung: Beiträge zur Erforschung der Wortbildung mit entlehnten WB-Einheiten im Deutschen. Tübingen 1987 (Forschungsberichte des Instituts für deutsche Sprache. Mannheim 64), 441—449.

*Kempcke 1982* = Günter Kempcke: Lexikologie, lexikographische Theorie und lexikographische Praxis. In: Wortschatzforschung heute. Aktuelle Probleme der Lexikologie und Lexikographie. Hrsg. von Erhard Agricola/Joachim Schildt/Dieter Viehweger. Leipzig 1982, 42—61.

*Knobloch 1984* = Clemens Knobloch: Duden kontra Wahrig. Zwei einbändige Wörterbücher der deutschen Gegenwartssprache im Vergleich. In: Der Deutschunterricht 36. 5. 1984, 101—107.

*Link 1985* = Elisabeth Link: Wortbildung im Fachwörterbuch. In: Deutscher Dokumentartag 1984 Darmstadt, vom 9. bis 12. 10. 1984. Perspektiven der Fachinformation. Programme — Praxis — Prognosen. Bearb. von Hilde Strohl-Goebel. München. New York. London. Paris 1985, 288—307.

*Link 1987* = Elisabeth Link: Was ist Metalexikographie? (Lehn-)Wortbildung im Wörterbuch. In: Gabriele Hoppe/Alan Kirkness/Elisabeth Link/Isolde Nortmeyer/Wolfgang Rettig/Günter Dietrich Schmidt: Deutsche Lehnwortbildung: Beiträge zur Erforschung der Wortbildung mit entlehnten WB-Einheiten im Deutschen. Tübingen 1987 (Forschungsberichte des Instituts für deutsche Sprache. Mannheim 64), 225—329.

*Motsch 1982* = Wolfgang Motsch: Wortbildung im einsprachigen Wörterbuch. In: Wortschatzforschung heute. Aktuelle Probleme der Lexikologie und Lexikographie. Hrsg. Erhard Agricola/Joachim Schildt/Dieter Viehweger. Leipzig 1982, 62—71.

*Mugdan 1984* = Joachim Mugdan: Grammatik im Wörterbuch: Wortbildung. In: Studien zur neuhochdeutschen Lexikographie IV. Hrsg. von Herbert Ernst Wiegand. Hildesheim. Zurich. New York 1984 (Germanistische Linguistik 1—3/83), 237—308.

*Müller 1961* = Wolfgang Müller/Editha Müller: Wortbildung — Ausdruck der Zeit. In: Muttersprache 71. 1961, 65—78.

*Müller 1982* = Wolfgang Müller: Wortbildung und Lexikographie. In: Studien zur neuhochdeutschen Lexikographie II. Hrsg. von Herbert Ernst Wiegand. Hildesheim. Zürich. New York 1982 (Germanistische Linguistik 3—6/80), 152—188.

*Müller 1988* = Wolfgang Müller: Wortbildungselemente und Phraseologismen im Wörterbuch. Podiumsdiskussionsbeitrag auf der Jahrestagung des Instituts für deutsche Sprache 1988 „Wortbildung und Phraseologie".

*Rettig 1987* = Wolfgang Rettig: Wortbildung im Wörterbuch: die Wortbildungslehre zwischen Entlehnungslehre und Lexikologie. In: Wolf Dietrich/Hans-Martin Gauger/Horst Geckeler (Hrsg.): Grammatik und Wortbildung romanischer Sprachen. Beiträge zum Deutschen Romanistentag in Siegen, 30. 9.—3. 10. 1985. Tübingen 1987, 203—209.

*Schmidt 1987* = Günter Dietrich Schmidt: Das Kombinem. Vorschläge zur Erweiterung des Begriffsfeldes und der Terminologie für den Bereich der Lehnwortbildung. In: Gabriele Hoppe/Alan Kirkness/Elisabeth Link/Isolde Nortmeyer/Wolfgang Rettig/Günter Dietrich Schmidt: Deutsche Lehnwortbildung: Beiträge zur Erforschung der Wortbildung mit entlehnten WB-Einheiten im Deutschen. Tübingen 1987 (Forschungsberichte des Instituts für deutsche Sprache. Mannheim 64), 37—52.

*Schmidt 1987* = Günter Dietrich Schmidt: Das Affixoid. Zur Notwendigkeit und Brauchbarkeit eines beliebten Zwischenbegriffs der Wortbildung. In: Gabriele Hoppe/Alan Kirkness/Elisabeth

Link/Isolde Nortmeyer/Wolfgang Rettig/Günter Dietrich Schmidt: Deutsche Lehnwortbildung: Beiträge zur Erforschung der Wortbildung mit entlehnten WB-Einheiten im Deutschen. Tübingen 1987 (Forschungsberichte des Instituts für deutsche Sprache. Mannheim 64), 53—101.

*Schmidt 1982* = Hartmut Schmidt: Stichwortkapazität und lexikalisches Netz einiger allgemeinsprachlicher deutscher Wörterbücher — Ein historischer Vergleich. In: Wortschatzforschung heute: Aktuelle Probleme der Lexikologie und Lexikographie. Hrsg. Erhard Agricola/Joachim Schildt/Dieter Viehweger. Leipzig 1982, 185—202.

*Stein 1985* = Gabriele Stein: Word-Formation in Modern English Dictionaries. In: Dictionaries, Lexicography and Language Learning. Ed. by R. Ilson. Oxford 1985, 35—44.

*Tellenbach 1985* = Elke Tellenbach: Wortbildungsmittel im Wörterbuch. Zum Status der Affixoide. In: Beiträge zu theoretischen und praktischen Problemen in der Lexikographie der deutschen Gegenwartssprache. Hrsg. von Werner Bahner et al. Berlin [DDR] 1985 (Linguistische Studien. Reihe A. Arbeitsberichte 122), 266—315.

*Wolfgang Müller, Mannheim (Bundesrepublik Deutschland)*


## 82. Funktionsverbgefüge im allgemeinen einsprachigen Wörterbuch

1. Nominalisierungsverbgefüge (NVG) und Funktionsverbgefüge (FVG)
2. Syntaktische Eigenschaften von FVG
3. Semantische Eigenschaften von FVG
4. Lexikalische Struktureigenschaften von FVG
5. Die Darstellung von FV und FVG in Wörterbüchern des heutigen Deutsch
6. Vorschläge für bessere Wörterbuchartikel
7. Literatur (in Auswahl)

### 1. Nominalisierungsverbgefüge (NVG) und Funktionsverbgefüge (FVG)

In den 60er Jahren machten Sprachgermanisten (Daniels, v. Polenz, Schmidt, Heringer u. a.) auf die im Deutschen zunehmenden Verb + Substantiv-Verbindungen aufmerksam und ersetzten deren pauschale, ästhetische oder sprachkritische Abqualifizierung durch neue semantisch-stilistische Unterscheidungen. Bis dahin hatte man unter variierenden Bezeichnungen wie *Nominalstil, Substantivierungstendenzen, Streckformen des Verbs, Verbaufspaltungen, nominale Umschreibungen, feste Verbindungen* vor allem Fälle summiert, wo statt eines Vollverbs (z. B. *besuchen*) eine Verbindung aus einem 'inhaltsleeren' Verb (z. B. *machen*) mit einem durch Nominalisierung des Vollverbs entstandenen Substantiv (z. B. *Besuch*) verwendet wird:

*einen Besuch machen/abstatten, (eine) Antwort geben/erteilen, einer Prüfung unterziehen, Verzicht leisten,* usw., auch in präpositionaler Fügung: *in Wegfall kommen, zur Verfügung stehen, zur Kenntnis geben,* usw., auch von Adjektiven: z. B. *in Verlegenheit bringen.*

Bei diesem sehr heterogenen Gesamtbereich der NVG (v. Polenz 1987) handelt es sich um Verb + Substantiv-Verbindungen, in denen ein Verb- oder Adjektivlexem durch Nominalisierung als substantivischer Prädikatsausdruck verwendet wird, und zwar mit Hilfe eines Nominalisierungsverbs (NV). Die substantivische Form eignet sich stilistisch zur Typisierung und Terminologisierung von Prädikatsbegriffen in bestimmten Institutionen und Kommunikationstypen. Der Gebrauchsunterschied zwischen einfachem verbalem Prädikatsausdruck und NVG besteht in der Regel in soziopragmatischen Wirkungen: Die meisten NVG sind typisch für akademische, amtssprachliche, technische oder formal-öffentliche Textsorten. Meist sind bestimmte NV (z B. *abstatten, erteilen, leisten*) an bestimmte Nominalisierungen gebunden, sind also lexikographisch im Rahmen der Phraseologie/Idiomatik als feste Verbindungen zu behandeln (vgl. auch Art. 46 und 75).

Als semantisch spezielle Sondertypen sind jedoch davon die FVG zu unterscheiden, in denen die NV eine systematisch beschreibbare Eigenbedeutung haben; z. B. bei *zur Anwendung bringen* die Bedeutung KAUSATIV, bei *zur Anwendung kommen* die INCHOATIVE Aktionsart, bei *Anwendung finden* die PASSIV-Bedeutung. Für NV mit einer solchen prädikativen Zusatzfunktion ist seit v. Polenz (1963) der Terminus Funktionsverben (FV), für die damit gebildeten NVG seit Heringer (1968) der Terminus *Funktionsverbfügung*, seit Engelen (1968) *Funktionsverbgefüge* (FVG) üblich geworden. In der Reihe der Untersuchungen von v. Polenz (1963), Heringer (1968) und Engelen (1968) über Herrlitz (1973) bis zu Persson (1975) ist dem Kriterium des semantischen Eigenbeitrags des FV und der systematischen Reihenbildung der FVG die Priorität gegeben worden. Dadurch wurde es möglich, FVG von sonstigen NVG zu unterscheiden und FV in Grammatiken systematisch zu behandeln, und zwar mit einem den Modalverben, Modifikationsverben und Passiv-Hilfsverben vergleichbaren Status (z. B. Helbig/ Buscha 1972, 74 ff.; Grundzüge 1981, 431 ff.; DudenGr 1984, 113; Eisenberg 1986, 292 ff.). Es ist viel Verwirrung entstanden dadurch, daß die Bezeichnungen FV und FVG von vielen Autoren auf sonstige NV bzw. NVG übertragen worden sind.

Ebenfalls in den 60er Jahren hat man englische NVG untersucht (*to have a look, to give a smile, to be in a hurry, to make a move* usw.), z. T. mit irrtümlicher Verwendung des Terminus FV/FVG (Nickel 1968). Erst Mary W. Fischer (1978) hat das dem Deutschen weitgehend parallele englische System der echten FVG herausgearbeitet: *to be in progress, to come into bloom, to bring to a halt, to get in touch, to fall into conversation, to put into movement* usw. (Fischer 1978, 144 ff., 155 ff.). Auch das Niederländische hat echte FVG in großer Zahl (*in aanraking komen/zijn/blijven/brengen, in beweging setten, onder controle staan* usw.) (Hinderdael 1980/81, Klimaszewska 1983). Wahrscheinlich haben sich FVG in allen germanischen Sprachen im Zusammenhang mit der Tendenz zur Nominalisierung und zum analytischen Sprachtyp parallel entwickelt.

## 2. Syntaktische Eigenschaften von FVG

FVG sind komplexe Prädikatsausdrücke, vergleichbar den Hilfs-, Modal- und Modifikationsverbgefügen. Sie bestehen aus: (a) einem FV: *bringen, kommen, sein* usw., (b) einem FVG-Substantiv, das ein Nomen abstractum ist (NA), meist Verbalabstraktum (*Bewegung*), seltener Adjektivabstraktum (*Verlegenheit*) (vgl. aber 3.5.), (c) einem Fügemittel zum NA, meist einer Präposition (*in, zu, unter, außer*), z. B. *zur Kenntnis bringen*, seltener einer nicht passivfähigen Akkusativfügung (*Kenntnis geben, Anwendung finden*). Weiteres bei v. Polenz (1987); vgl. auch Art. 70.

## 3. Semantische Eigenschaften von FVG

Ein FV leistet einen systematisch zu beschreibenden Beitrag zur prädikativen Gesamtbedeutung aller FVG, in denen es vorkommt, vergleichbar dem semantischen Beitrag von Hilfs-, Modal- und Modifikationsverben zur Bedeutung infinitivischer oder partizipialer Verbgefüge. Das FV ist dem Vollverb, von dem es sprachgeschichtlich herstammt, semantisch entfremdet; es hat dessen Synonymiebeziehungen verloren:

In *Der Maler des Bildes kommt / begibt sich / fährt* usw. *zur Versteigerung* steht das FORTBEWEGUNGS-Vollverb *kommen* in freier syntaktischer Fügung mit der ZIEL-Ergänzung *Versteigerung*, mit der eine konkrete Veranstaltung gemeint ist; dagegen in *Das Bild kommt/gelangt zur Versteigerung* steht das INCHOATIV-FV *kommen* mit *Versteigerung* als NA im FVG.

### 3.1. KAUSATIV-FVG

Die semantische Komponente KAUSATIV ist Teil einer prädikativen Einbettungsstruktur (v. Polenz 1985, 231 ff.): In die 2. Argumentstelle einer KAUSATIV-Oberprädikation BEWIRK (x, P) ist über eine Aktionsart A eine Prädikation P(y...) eingebettet:
BEWIRK (x, A (P(y...))).

Das Oberprädikat BEWIRK wird im FVG durch die FV *bringen, setzen, versetzen, stellen, nehmen, geben, ziehen* ausgedrückt, das eingebettete P durch das NA. Die Aktionsart A ist normalerweise INCHOATIV ('es kommt dazu, daß [...]'). Beispielsweise bei einem P 'sich bewegen' gibt es die KAUSATIV-FVG-Struktur: 'x BEWIRKT, daß es dazu kommt, daß y sich bewegt'; als FVG ausgedrückt: *x bringt/setzt/versetzt y in Bewegung*.

Jedem KAUSATIV-FVG des Normaltyps entspricht ein INCHOATIV-FVG (mit z. B. *kommen*, vgl. 3.2.). Neben KAUSATIV-INCHOATIV-FVG gibt es einen Sondertyp mit Aktionsart DURATIV: *in Bewegung/Betrieb/Ordnung halten* ('x bewirkt, daß y in Bewegung usw. bleibt'), also KAUSATIV-DURATIV-FVG.

Das BEWIRKENDE AGENS x ist 'Mensch', seltener 'Tier' oder 'verursachende Naturkraft'. Wie bei allen HANDLUNGS-Verben sind auch hier in der bildungssprachlichen Stilfigur des hypostasierenden Subjektschubs (v. Polenz 1985, 186 ff.) Abstraktbegriffe als URSACHE statt AGENS für x möglich: *Der Krieg brachte alles in Unordnung, sein Ehrgeiz brachte ihn um den Verstand*.

P ist HANDLUNG, TÄTIGKEIT, VORGANG, EREIGNIS oder ZUSTAND mit einer 1. Referenzstelle y, die in der Regel nicht mit x referenzidentisch ist. Dieser Regel widersprechen pseudo-kausative FVG des amtlich-förmlichen Stils: *zum Ausdruck / in Anrechnung / zur Darstellung bringen* usw.

### 3.2. INCHOATIV-FVG

Durch die FV *kommen, geraten, gelangen, gehen, treten* wird der BEGINN oder das ZUSTANDEKOMMEN einer HANDLUNG, einer TÄTIGKEIT, eines VORGANGS, EREIGNISSES oder ZUSTANDS bezeichnet: *y kommt in Bewegung* 'Es kommt dazu, daß y sich bewegt'.

Eine besondere Klasse bilden AGENS-INCHOATIV-FVG, d. h. solche, bei denen statt BEGINN eines ZUSTANDS oder VORGANGS der als HANDLUNG vollzogene BEGINN einer HANDLUNG, einer EINSTELLUNG, eines ZUSTANDS des AGENS bezeichnet wird: *zur Kenntnis / in Gebrauch/Verwahrung/Besitz nehmen* usw., *in Beziehung/Kontakt/Wettbewerb treten* usw., *in Betracht/Erwägung/Zweifel ziehen* usw., eine Kombination aus KAUSATIV- und INCHOATIV-FVG.

### 3.3. DURATIV-FVG

Mit den FV *sein, sich befinden, bleiben, stehen, haben, liegen* wird die DAUER einer HANDLUNG, einer TÄTIGKEIT, eines VORGANGS oder eines ZUSTANDS bezeichnet:

*in Bewegung sein / sich befinden / bleiben, unter Aufsicht stehen, zur Verfügung haben, in Streit liegen* usw.

### 3.4. PASSIV-FVG

Bei einem Teil der kausativen, inchoativen und durativen FVG ist passivische Bedeutung impliziert (*x bringt y zur Entscheidung* 'x bewirkt, daß es dazu kommt, daß über y entschieden wird', entsprechend: *zur Anwendung kommen, im Druck sein* usw.). Bei einem speziellen Typ von FVG ist weder Kausativität noch eine Aktionsart im Spiel, sondern nur Passivität, so daß diese FV den gleichen semantischen Status haben wie die PASSIV-Hilfsverben *werden* und *bekommen*, nur daß sie sich syntaktisch mit einem NA statt dem Partizip II eines Verbs verbinden:

*Anerkennung/Berücksichtigung/Verwendung* usw. *finden, eine Vereinfachung/Veränderung/Erweiterung* usw. *erfahren*, häufig im Amtsstil.

### 3.5. Die Bedeutung des FVG-Substantivs (NA)

Das NA ist satzsemantisch ein Prädikatsausdruck, d. h. Bezeichnung eines Prädikats, und zwar einer HANDLUNG, TÄTIGKEIT, eines VORGANGS, EREIGNISSES oder ZUSTANDS (v. Polenz 1985, 109 ff.), das den valenzbestimmenden prädikativen Kern des FVG darstellt. Mit dem NA in FVG und NVG wird also nicht auf etwas referiert; es ist syntaktisch also weder eine Ergänzung (Objekt) noch eine Angabe (Adverbiale); daher die starke Reduzierung des Artikelgebrauchs und die Regel, daß das NA nicht pronominalisierbar und nicht erfragbar ist.

Sonderfälle sind FVG, in denen das Substantiv kein Nomen abstractum (NA) im synchronischen Wortbildungssinne ist *(Bewegung, Betrieb, Abhängigkeit)*, sondern ein synchron-wortbildungsmäßig isoliertes primäres Substantiv: *zur Vernunft / in Gefahr bringen, in einen Rausch versetzen, in Kraft setzen, in Verzug geraten* usw. Solche Substantive sind aber ebenfalls NA und bezeichnen in FVG als Prädikatsausdrücke durchaus in der eingebetteten Prädikation einen VORGANG, ZUSTAND usw., sind also referenzlos. Das gleiche gilt für idiomatische Verbindungen wie *auf die Palme bringen*, wo durch metaphorische Übertragung die Nominalgruppe *auf die Palme* im Sinne von ‚in Wut' als NA interpretierbar ist.

## 4. Lexikalische Struktureigenschaften von FVG

Im Unterschied zu NVG, die nicht FVG sind, gibt es Reihenbildung von FVG mit dem gleichen NA, aber verschiedenen FV:

Fünfergruppen: *in Bewegung bringen* vs. *kommen* vs. *sein* vs. *bleiben* vs. *halten* (mit den Variationen *bringen/setzen, kommen/geraten, sein / sich befinden*); Vierergruppen: *in Umlauf bringen* vs. *kommen* vs. *sein* vs. *bleiben* (mit den Variationen *bringen/setzen/geben, kommen/gelangen, sein / sich befinden*); Dreiergruppen: *in Sicht kommen* vs. *sein* vs. *bleiben*; Zweiergruppen: *zur Sprache bringen* vs. *kommen*.

Bei den FV selbst ist die Reihenbildung noch größer: *bringen, kommen, sein, bleiben* sind relativ frei verwendbar, ähnlich wie Modifikationsverben. An geringere Anzahlen von NA gebunden sind *setzen, versetzen, geraten, gelangen, nehmen, geben, stehen, stellen, ziehen*.

Den Übergang zu idiomatischen Verbindungen bilden NVG mit vereinzelten Verben, die sonst im System der FVG nicht systematisch vorkommen (*an Bedeutung gewinnen, ins Leben rufen, in Brand stecken, Stellung beziehen, Anstalten treffen* usw.), und Verbindungen von echten FV mit NA, die in keiner Wortbildungsbeziehung zu einem Verb stehen (*zur Strecke / auf die Palme bringen*).

## 5. Die Darstellung von FV und FVG in Wörterbüchern des heutigen Deutsch

Während die neueren Grammatiken die Kategorien FV und FVG meist schon systematisch berücksichtigt haben (z. T. allerdings mit Vermischung von FVG und sonstigen NVG), lassen die neueren großen Wörterbücher, das Wörterbuch der deutschen Gegenwartssprache (WDG), Duden: Das große Wörterbuch der deutschen Sprache (DGW) und der Brockhaus-Wahrig (BW) in dieser Hinsicht sehr zu wünschen übrig; in dieser Hinsicht ist, trotz seines frühen Erscheinens, das WDG relativ sorgfältig, da es als Akademiewörterbuch sprachwissenschaftlich systematischer konzipiert ist.

Die Verbklasse FV ist nur vereinzelt angegeben: in BW bei *bringen*, in DGW bei *ziehen*, jedoch ohne Angabe der besonderen semantischen Funktion. Oft wird auf sie nur undeutlich hingewiesen mit „in verblaßter Bedeutung". Vielfach werden unter der Bezeichnung „Streckform" FVG, NVG und idiomatische Verbindungen miteinander vermischt, ohne Unterscheidung zwischen konkreten ZIEL-Ergänzungen („irgendwohin", „nach einem Ort") und NA, die abstrakte Prädikate bezeichnen. Die Prädikatsklasse der NA wird meist nicht angegeben, oft zu pauschal mit „Zustand", „Lage", obwohl in den Beispielen auch NA mit HANDLUNG, TÄTIGKEIT, VORGANG, EREIGNIS vorkommen. Stilistische Bewertungen wie „Papierdeutsch", „förmlich", „gehoben", „gespreizt" werden zu unsystematisch oder zu pauschal angegeben, ohne Unterscheidung nach Subklassen von FVG und NVG und ohne Textsorten-Angaben. Die Ersetzbarkeit des FVG durch das einfache zugrundeliegende Verb wird zu pauschal und bei echten FVG manchmal zu Unrecht behauptet. Die Unterscheidung von Valenztypen und semantischen Rollen ist meist mangelhaft. Im WDG ist sie systematischer als im DGW und BW durch normalsprachliche Paraphrasen mit „jemand", „jemandem", „etwas" usw. berücksichtigt.

Die semantische Funktion KAUSATIV ist nur gelegentlich durch Paraphrasen mit „bewirken", „sorgen für", „lassen" angegeben, manchmal undeutlich in passivischen Paraphrasen ohne Nennung des AGENS („[...] wird bewirkt"). Die Aktionsart INCHOATIV wird durch Paraphrasen mit „beginnen", „Beginn", ungenauer durch „Passiv-Umschreibung", die Aktionsart DURATIV gelegentlich durch „Zustand", „bleiben" angedeutet. Sehr zu vermissen sind Hinweise auf die Reihenbildung mit mehreren FV. Übertragene idiomatisierte Verwendungen sind manchmal in diachronischer Sicht bei der angenommenen ursprünglichen Bedeutung eingetragen, anstatt synchronisch bei der tatsächlichen Bedeutung.

In den Wörterbuchartikeln für Abstraktsubstantive (NA) sind die FVG nicht im Zusammenhang behandelt, sondern — je nach Beleg-Anfall — auf verschiedene Bedeutungsvarianten des zugrundeliegenden Prädikatsbegriffs verteilt. Dies hat zur Folge, daß nicht alle mit einem NA möglichen FVG genannt sind und nicht deutlich wird, ob die Verteilung auf Bedeutungsvarianten regelhaft ist oder auf dem Zufall der Belegung beruht. Die durch FV bezeichneten semantischen Komponenten (z. B. KAUSATIV) werden nicht systematisch erklärt. Die Prädikatsklassen werden oft nicht angegeben oder miteinander vermischt. Weiteres bei v. Polenz (1987).

## 6. Vorschläge für bessere Wörterbuchartikel

### 6.1. Verb-Lemmata

Ähnlich wie bei Wörterbuchartikeln für Modalverben und Modifikationsverben sollten Artikel für polyseme Verben wie *bringen, setzen* usw. (vgl. 3.1.—3.4.) danach gegliedert sein, ob das betreffende Verb als Vollverb, als Relationsverb (vgl. v. Polenz 1985, 244, 266 ff.), als FV oder als NV verwendet ist. So wird eine konsequent synchron-semantische Ordnung gewährleistet:

Beispielsweise der Artikel **bringen** (vgl. ausführlich in v. Polenz 1987) wäre zu gliedern in:

— *bringen* als EFFIZIERENDES Vollverb (mit den Bedeutungsvarianten PRÄSENTATION, LEISTUNG)
— *bringen* als ZIEL-gerichtetes Vollverb (mit den Bedeutungsvarianten BEGLEITUNG, TRANSPORT)
— *bringen* als KONSEKUTIVES Relationsverb ('zur Folge haben')
— *bringen* als KAUSATIVES Funktionsverb
— *bringen* als (pseudokausatives) Nominalisierungsverb.

In der Feinstruktur der Artikel sollten Valenz, semantische Rollen und semantische Prädikatsklassen jeweils systematisch angegeben werden. Dazu genügen — neben Variablenbuchstaben (x, y, z) für Valenzangaben (z. B. 'x bewirkt, daß y sich bewegt') — normalsprachlich verständliche Hilfsmittel wie die in zweisprachigen Wörterbüchern üblichen Pronominalisierungen („jemand", „jemandem", „etwas") und satzsemantische Typenangaben wie AGENS, OBJEKT, ZIEL, ZUSTAND usw. Dabei sollten vollständige Paraphrasen verwendet werden (z. B. nicht im unpersönlichen Passiv). Wo immer möglich, sollten Synonymie- und Paraphrasenbeziehungen sowie Komplementärbeziehungen zu anderen FV angegeben werden. Für die allgemeinen syntaktischen und semantischen Merkmale von FVG (vgl. oben 2. und 3.) kann auf die Einleitung des Wörterbuches oder auf eine Grammatik verwiesen werden. Der das FV betreffende Artikelabschnitt kann methodisch in folgender Weise gegliedert werden (z. B. für **bringen**):

— Semantische Typenangabe: KAUSATION, d. h. BEWIRKEN einer HANDLUNG (P) / eines VORGANGS/ZUSTANDS (P) durch einen AGENS (x) gegenüber einem CONTRA-AGENS (y), wobei P(y) meist mit der Aktionsart INCHOATIV ('es kommt dazu, daß...') verbunden ist. Bei Subjektschub-Variante: URSACHE SEIN statt BEWIRKEN, SACHVERHALT (x) statt AGENS (x).
— Syntaktische Valenzstruktur: 'x (Nom.) *bringt* y (Akk.) *zu/in/auf* P (Abstraktsubstantiv)', z. B. *Er bringt sie zum Lachen / in Verlegenheit*. Bei Negation ('nicht mehr P'): *außer/aus*, z. B. *außer Fassung / aus der Ruhe bringen*.
— Semantische Struktur als verallgemeinernde Paraphrase: 'jemand (x) bewirkt, [daß es dazu kommt,] daß jemand/etwas (y) P tut / daß an y P geschieht/eintritt'; Subjektschub-Variante: 'etwas ist die Ursache dafür, daß...' (z. B. *Das bringt sie zum Lachen / es zum Kochen*).
— Sinnverwandte für *bringen* in FVG: *setzen, versetzen, geben, nehmen, ziehen*, jedoch meist mit festen Bindungen an bestimmte Substantive und Bedeutungsnuancen, wobei *bringen* die allgemeinere Verwendung und Bedeutung hat.
— Paraphrasen für FVG: Satzgefüge mit *bewirken/verursachen/zustandebringen/veranlassen/sorgen für / machen* und *daß*-Nebensatz mit dem der P-Nominalisierung zugrundeliegenden Verb oder Adjektiv, oder mit *lassen* und Infinitiv.
— Komplementäre FVG: Jedem *bringen*-FVG entspricht ein INCHOATIVES FVG mit *kommen/gelangen/geraten/treten* usw. und ein DURATIVES FVG mit *sein/bleiben / sich befinden* usw.
— Am Ende jedes Unterabschnitts sind Beispiele für FVG zu nennen, deren (mehr oder weniger idiomatisierte) Substantive in keiner synchronen Wortbildungsbeziehung zu einem zugrundeliegenden Verb oder Adjektiv stehen, aber als Abstraktwörter den gleichen Beitrag zur semantischen Struktur des FVG leisten wie in regelhaften FVG (z. B. *zur Vernunft / auf Trab / auf Touren / in Harnisch bringen*), oft mit Synonymiebeziehung zu echten FVG (z. B. *auf die Palme / in Wut bringen*).

Der FV-Abschnitt für ein Verb wie *bringen* kann darüber hinaus semantisch unterteilt werden in Unterabschnitte wie (a) BEWIRKEN eines HANDELNS, (b) BEWIRKEN eines psychischen ZUSTANDS, (c) BEWIRKEN eines sozialen ZUSTANDS, (d) BEWIRKEN eines die physische Existenz betreffenden ZUSTANDS, (e) BEWIRKEN eines objektiven VORGANGS/ZUSTANDS, (f) BEWIRKEN einer logischen RELATION (s. v. Polenz 1987).

Stilistische Markierungen wie 'amtlich', 'förmlich', 'geschäftlich', 'pedantisch' sind nicht pauschal für den ganzen FV-Abschnitt anzugeben, sondern jeweils für spezielle Bedeutungstypen; sie sind offenbar nicht für die echten FVG angemessen, sondern für die Sonderfälle von Referenzidentität von x und y (z. B. *zur Sprache bringen)* und für sonstige Nominalisierungsverbgefüge, die nicht FVG sind (vgl. oben 1.).

### 6.2. Substantiv-Lemmata

Wörterbuch-Artikel für Substantive mit abstrakter Grundbedeutung, die sich aus der Nominalisierung eines Verbs oder Adjektivs erklären läßt, werden so aufgebaut, daß die primäre Bedeutung als Prädikator für eine HANDLUNG, einen VORGANG, ZUSTAND usw. am Anfang steht, bevor die verschiedenen Arten und Stufen von Konkretisierung verzeichnet werden (z. B. *Bewegung* als HANDLUNG/VORGANG zuerst, *Bewegung* als Bezeichnung einer Gruppe und deren Ideologie in späteren Unterabschnitten). Bei der prädikativen Grundbedeutung ist darauf zu achten, daß neben der Verwendung als Kern einer Nominalgruppe auch die Verwendung im syntaktischen Prädikatsbereich einschließlich der dazu verwendbaren Nominalisierungsverben systematisch verzeichnet wird:

z. B. *eine Bewegung machen/ausführen/vollführen/ durchführen; die Bewegung geschieht/erfolgt/vollzieht sich / verläuft / läuft ab [...]; eine Bewegung auslösen / hervorrufen / zustandebringen, jmdm./sich Bewegung machen,* usw.

Im Anschluß daran sind die FVG mit dem betreffenden Substantiv systematisch und vollständig zu verzeichnen:

z. B. für *Bewegung*: KAUSATIV ('bewirken, daß jemand/etwas sich bewegt'): *jemanden/etwas in Bewegung bringen/setzen/versetzen,* idiomatisiert: *jemandem Bewegung machen* ('antreiben'), *alle Hebel / Himmel und Hölle in Bewegung setzen* ('alle Hilfsmittel einsetzen durch Bewirken von Aktivität anderer'); KAUSATIV-DURATIV ('bewirken, daß [...] in Bewegung bleibt'): *jemanden/etwas in Bewegung halten;* pseudokausativ-INCHOATIV ('bewirken, daß man beginnt, sich zu bewegen'): *Die Kolonne setzte sich in Bewegung,* idiomatisiert: *sich Bewegung machen/verschaffen* ('zu gesundheitlichen Zwecken herumlaufen'); INCHOATIV ('es kommt dazu, daß jemand/etwas sich bewegt'): *Die Kolonne kam in Bewegung, Der Hang geriet in Bewegung (geraten* bedeutet 'unbeabsichtigt', 'mit schädlichen Folgen'); DURATIV ('andauernd'): *in Bewegung sein / sich befinden/ bleiben.* PASSIV-Funktionsverbgefüge ('bewegt werden'): *etwas erfährt eine Bewegung* (wiss., techn.).

Dabei ist darauf zu achten, daß die FVG jeweils speziellen Teilbedeutungen des Substantivs zugeordnet werden, damit deutlich wird, bei welchen Teilbedeutungen es keine NVG und FVG gibt; bei *Bewegung* gibt es beispielsweise bei der Teilbedeutung 'psychischer Vorgang von Menschen' (im Sinne von 'Bewegtsein', 'Emotion', 'Anteilnahme') weder NVG noch FVG. Die gleiche spezielle Zuordnung ist für stilistische Merkmale nötig.

## 7. Literatur (in Auswahl)

### 7.1. Wörterbücher

*BW* = Brockhaus/Wahrig. Deutsches Wörterbuch. 6 Bde. Wiesbaden 1980 ff. [5310 S.].

*DGW* = DUDEN. Das große Wörterbuch der deutschen Sprache. 6 Bde. Mannheim 1976 ff. [2992 S.].

*WDG* = Wörterbuch der deutschen Gegenwartssprache. Hrsg. von Ruth Klappenbach/Wolfgang Steinitz. 6 Bde. Berlin [DDR] 1961 ff. [Zus. 4579 S.].

### 7.2. Sonstige Literatur

*Daniels 1963* = Karlheinz Daniels: Substantivierungstendenzen in der deutschen Gegenwartssprache. Düsseldorf 1963.

*DudenGr* = DUDEN. Grammatik der deutschen Gegenwartssprache. 4. Aufl. Mannheim 1984.

*Eisenberg 1986* = Peter Eisenberg: Grundriß der deutschen Grammatik. Stuttgart 1986.

*Engelen 1968* = Bernhard Engelen: Zum System der Funktionsverbgefüge. In: Wirkendes Wort 18. 1968, 289—303.

*Fischer 1978* = Mary W. Fischer: Deutsche und englische Funktionsverbgefüge: ein Vergleich. Washington, D. C. 1978, Georgetown University (Diss.).

*Grundzüge* = Grundzüge einer deutschen Grammatik. Von einem Autorenkollektiv unter Leitung von Karl Erich Heidolph/Walter Flämig/Wolfgang Motsch. Berlin [DDR] 1981.

*Helbig/Buscha 1972* = Gerhard Helbig/Joachim Buscha: Deutsche Grammatik. Ein Handbuch für den Ausländerunterricht. Leipzig 1972.

*Helbig 1979* = Gerhard Helbig: Probleme der Beschreibung von Funktionsverbgefügen im Deutschen. In: Deutsch als Fremdsprache 16. 1979, 273—285.

*Heringer 1968* = Hans Jürgen Heringer: Die Opposition von „kommen" und „bringen" als Funktionsverben. Untersuchungen zur grammatischen Wertigkeit und Aktionsart. Düsseldorf 1968.

*Herrlitz 1973* = Wolfgang Herrlitz: Funktionsverbgefüge vom Typ „in Erfahrung bringen". Ein Beitrag zur generativ-transformationellen Grammatik des Deutschen. Tübingen 1973.

*Hinderdael 1980/81* = Michael Hinderdael: Präpositionale Funktionsverbgefüge im Deutschen und Niederländischen. In: Studia Germanica Gandensia 21. 1980/81, 331—356.

*Klimaszewska 1983* = Zofia Klimaszewska: Zu den Funktionsverbgefügen im Deutschen und Niederländischen. In: Kwartalnik Neofilologiczny 30. 1983, 55—66.

*Nickel 1968* = Gerhard Nickel: Complex verbal structures in English. In: International Review of Applied Linguistics in Language Teaching 6. 1968, 1—21.

*Persson 1975* = Ingemar Persson: Das System der kausativen Funktionsverbgefüge. Eine semantisch-syntaktische Analyse einiger verwandter Konstruktionen. Kristianstad 1975.

*v. Polenz 1963* = Peter v. Polenz: Funktionsverben im heutigen Deutsch. Sprache in der rationalisierten Welt. Düsseldorf 1963 (Wirkendes Wort, Beiheft 5).

*v. Polenz 1985* = Peter v. Polenz: Deutsche Satzsemantik. Grundbegriffe des Zwischen-den-Zeilen-Lesens. Berlin 1985 (Sammlung Göschen 2226).

*v. Polenz 1987* = Peter v. Polenz: Funktionsverben, Funktionsverbgefüge und Verwandtes. In: Zeitschrift für germanistische Linguistik 15. 1987, 169—189.

*Schmidt 1968* = Veronika Schmidt: Die Streckformen des deutschen Verbums. Substantivisch-verbale Wortverbindungen in publizistischen Texten der Jahre 1948 bis 1967. Halle/Saale 1968.

*Peter von Polenz, Trier (Bundesrepublik Deutschland)*

## 83. Probleme der Beschreibung semantischer Vereinbarkeitsrelationen im allgemeinen einsprachigen Wörterbuch

1. Die Behandlung semantischer Vereinbarkeitsrelationen in der Lexikologie und Lexikographie
2. Theoretische Aspekte semantischer Vereinbarkeitsrelationen
3. Die Darstellung semantischer Vereinbarkeitsrelationen in allgemeinen einsprachigen Wörterbüchern des Deutschen
4. Wege zu einer alternativen Darstellung semantischer Vereinbarkeitsrelationen im allgemeinen einsprachigen Wörterbuch
5. Literatur (in Auswahl)

### 1. Die Behandlung semantischer Vereinbarkeitsrelationen in der Lexikologie und Lexikographie

Seit Saussures Unterscheidung zwischen den 'rapports associatifs' und den 'rapports syntagmatiques' gehört zu den am häufigsten reproduzierten Gemeinplätzen der Lexikologie die Auffassung: Im Wortschatz einer Sprache existieren zwei fundamentale Feldprinzipien, die sich in Wortschatzelementen manifestieren und diese durch ein mehrdimensionales Gefüge syntagmatischer und paradigmatischer Relationen miteinander verbinden. Was unter diesen beiden Strukturprinzipien zu verstehen ist, welche Relationen für jede dieser Ebenen charakteristisch sind und auf welche Weise beide miteinander verbunden werden, ist lange Zeit unklar geblieben, da die theoretische Auseinandersetzung mit diesen Fragen in der Linguistik erst relativ spät einsetzte. Das gilt insbesondere für die syntagmatischen semantischen Relationen (semantische Vereinbarkeitsrelationen) zwischen Wortschatzelementen, die im Unterschied zu den paradigmatischen semantischen Relationen (Äquivalenz-, Synonymie-, Hyperonymie-, Hyponymie- und Kontrastrelationen) erst in jüngster Zeit in den Mittelpunkt des linguistischen Interesses rückten.

Dies ist insofern verwunderlich, als mit der Syntagmentheorie Ballys (Struktur der Syntagmen, Relationen zwischen den Gliedern eines Syntagmas), den valenzgrammatischen Modellvorschlägen (obligatorische und fakultative Valenz, Fügungspotenz) sowie den im Kontext der Lexikologie entstandenen Arbeiten Porzigs (1934) und Leisis (1967) Forschungsansätze entwickelt wurden, die der lexikologischen Analyse wie auch der lexikographischen Beschreibung der syntagmatischen semantischen Relationen durchaus neue Forschungsperspektiven eröffneten und auf die Einseitigkeit einer rein paradigmatischen Analyse des Wortschatzes nachdrücklich hinwiesen.

Das theoretische Defizit, das die lexikologische Forschung auf diesem Gebiet bisher aufwies und auch gegenwärtig noch aufweist, mag eine der Ursachen dafür sein, daß semantische Vereinbarkeitsrelationen zwischen Wortschatzelementen in allgemeinen einsprachigen Wörterbüchern des Deutschen wie auch zahlreicher anderer Sprachen bisher keine befriedigende Darstellung erfahren haben, obgleich die Lexikographie seit ihren Anfängen Vereinbarkeitsrelationen zum genuinen Erklärungsbereich dieses Wörterbuchtyps zählte.

### 2. Theoretische Aspekte semantischer Vereinbarkeitsrelationen

Es ist eine triviale Feststellung, daß es für ein Wortschatzelement eine Menge anderer gibt, mit denen es in einem Syntagma gemeinsam vorkommen kann, sowie eine Menge von Wortschatzelementen, für die dies nicht zutrifft. Sprecher einer Sprache haben somit spezifische Kenntnisse darüber, welche Wortschatzelemente in einer syntaktischen Struktur regelgerecht miteinander verbindbar sind, welche hingegen nicht.

So kann z. B. *Blume* mit *blühen, welken, wachsen* u. a. verbunden werden, nicht aber mit *feilen, sägen; mähen* kann mit Substantiven verbunden werden, die in der Subjektposition durch Wortschatzelemente repräsentiert sein müssen, die menschliche Lebewesen bezeichnen oder bestimmte Maschinen, mit deren Hilfe diese Tätigkeit ausgeführt wird, in Objektposition hingegen durch Substantive, die bestimmte Pflanzen (Gras, Getreide usw.) bezeichnen.

Welche Wortschatzelemente miteinander kombinierbar sind, hängt einerseits von den Kenntnissen ab, die Sprecher über Sachverhalte haben, z. B. Kenntnisse darüber, welche Pflanzen blühen, welche gemäht werden können usw., andererseits aber von den Regeln der syntaktischen Verbindbarkeit und der semantischen Vereinbarkeit von Wortschatzelementen in einer konkreten Sprache. Werden bei der sprachlichen Komplexbildung, wie sie der Kombinatorik von Wortschatzelementen zugrunde liegt, Regularitäten dieser Art verletzt, dann führt dies zu Kontradiktionen *(die Milchkanne blüht)* oder aber zu Tautologien *(das Brot mit den Zähnen abbeißen, jemanden mit den Augen zuzwinkern),* da in der Bedeutung von *beißen* und *zwinkern* das Instrument bereits „mitgesetzt" ist (vgl. Porzig 1934, 70). Das hier thesenartig charakterisierte Phänomen, daß sich die Kombination von Wortschatzelementen in syntaktischen Strukturen nach bestimmten Regeln vollzieht, daß Wortschatzelemente ein unterschiedliches Verknüpfungspotential besitzen, ist in der Lexikologie und Lexikographie sowie Grammatiktheorie (bei Firth (1958) sowie den auf den englischen Kontextualismus zurückgehenden Ansätzen) durch zahlreiche Konzepte zu beschreiben und erklären versucht worden:

Kollokation / Kollokabilität / Kollokationspotential, wesenhafte Bedeutungsbeziehungen bzw. syntaktische Felder (Porzig 1934), lexikalische Solidaritäten (Coseriu 1967), Kompatibilität lexikalischer Einheiten (Püschel 1975), syntaktische, semantische und lexikalische Vereinbarkeit (Apresjan 1974), semische und sememische Vereinbarkeit (Viehweger 1977), semantische Kongruenz, semantische bzw. phraseologische Valenz (Klappenbach), semantische Kongruenz, Verknüpfungspotenz, Kontextsensitivität, Sinnkopplung (Grebe 1967), Selektionsbeschränkung u. a.

Trotz der unterschiedlichen Begrifflichkeit, mit der die genannten Konzepte gebraucht werden, sowie trotz der unterschiedlichen Phänomene, die in den einzelnen Modellvorschlägen auf diese abgebildet werden, scheinen sie sich in folgenden zentralen Punkten zu decken:

(a) Kombinationen von Wortschatzelementen sind regel- bzw. normgerechte Verknüpfungen, die von festen Verbindungen (phraseologischen Einheiten) abzugrenzen sind;

(b) obwohl die Kombination von Wortschatzelementen in syntaktischen Strukturen erfolgt und durch zahlreiche Faktoren determiniert wird, sind Vereinbarkeitsrelationen zwischen Wortschatzelementen primär semantischer Natur, d. h., Vereinbarkeitsrelationen werden vor allem durch die Bedeutung der Wortschatzelemente bestimmt, die in einer syntaktisch-semantischen Struktur verbunden werden;

(c) es wird davon ausgegangen, daß semantische Vereinbarkeitsrelationen nur zwischen den sogenannten Inhaltswörtern (Autosemantika), nicht aber zwischen Inhaltswörtern und Funktionswörtern bzw. zwischen Funktionswörtern bestehen;

(d) alle bisherigen Modellvorschläge zur Beschreibung semantischer Vereinbarkeitsrelationen respektieren die Satzgrenze und sind in der Regel auf zweigliedrige syntaktisch-semantische Strukturen bezogen (Hausmann 1985).

Fernvereinbarkeiten zwischen Wortschatzelementen, wie sie in textlinguistischen Forschungsansätzen untersucht werden, erfassen die oben angeführten Konzepte somit nicht.

## 3. Die Darstellung semantischer Vereinbarkeitsrelationen in allgemeinen einsprachigen Wörterbüchern des Deutschen

Die lexikographische Beschäftigung mit Fragen der Kombinierbarkeit von Wortschatzelementen reicht bis zu den Anfängen der einsprachigen Lexikographie des Deutschen zurück. Wenngleich die ersten Wörterbücher dieses Typs wie z. B. Adelung und Campe und die erst in jüngster Zeit vollendeten wie z. B. das Wörterbuch der deutschen Gegenwartssprache (WDG) und Duden. Das große Wörterbuch der deutschen Sprache (Duden-GWB) in bezug auf die Kombinierbarkeit dem Benutzer ein ganz unterschiedliches Informationsangebot unterbreiten, da in ihnen der Reichtum syntagmatischer semantischer Relationen nur ausschnittweise und keineswegs einheitlich erfaßt wird, so weisen die Gesamtwörterbücher auch zahlreiche Gemeinsamkeiten auf:

(i) Alle Gesamtwörterbücher des Deutschen konzentrieren sich vorrangig auf die Erklärung der paradigmatischen semantischen Relationen zwischen Wortschatzelementen, die in Wörterbuchdefinitionen bzw. Bedeutungserklärungen explizit angegeben werden oder aber aus diesen für den Benutzer weitgehend erschließbar sind (vgl. Art. 44).

Angaben zur Kombinierbarkeit von Wortschatzelementen sind demgegenüber unterrepräsentiert und beschränken sich in der Mehrzahl der Fälle auf die Aufzählung mehr oder minder aussagekräftiger Beispiele oder Beispielgruppen bzw. authentischer Belege; durch sie sollen charakteristische Verwendungsweisen des jeweiligen Wortschatzelements deutlich gemacht werden. Daraus kann geschlossen werden, daß die Lexikographie bisher mit einem Bedeutungskonzept operierte, das von den syntagmatischen semantischen Relationen weitgehend abstrahierte bzw. diese ausschließlich in den Bereich der parole, der Sprachverwendung, verwies.

(ii) Aus der Analyse allgemeiner einsprachiger Wörterbücher wird nicht nur deutlich, daß der Lexikographie bisher ein theoretisch tragfähiges Konzept für eine angemessene Beschreibung und Erklärung semantischer Vereinbarkeitsrelationen zwischen Wortschatzelementen fehlte; sie zeigt auch in evidenter Weise, daß für zahlreiche Detailprobleme der Kombinierbarkeit von Wortschatzelementen in Wörterbüchern keine befriedigenden Lösungen gefunden werden konnten. Exemplarisch sei hier nur auf den ungeklärten theoretischen Status der Wortschatzelemente verwiesen, die in einem Syntagma gemeinsam vorkommen (vgl. Hausmann 1985).

(iii) Die unzureichende theoretische Durchdringung der syntagmatischen semantischen Relationen hatte z. T. schwerwiegende Konsequenzen für die lexikographische Kodifizierung dieser Phänomene in Gesamtwörterbüchern des Deutschen wie auch anderer Sprachen. Dies zeigt sich zum einen darin, daß sich die lexikographische Kodifizierung semantischer Vereinbarkeitsrelationen vielfach in der Aufzählung beziehungslos aneinandergereihter Beispiele erschöpft, von denen aus in der Regel kein systematischer Zusammenhang zur Bedeutungserklärung des jeweiligen Wörterbucheintrages hergestellt wird. Die im Wörterbucheintrag von **Blume** angeführten Beispiele sind charakteristisch für die bisherige lexikographische Praxis.

Neben Wörterbucheinträgen mit einem reichen Angebot an illustrierenden Beispielen gibt es zahlreiche Einträge, in denen keine Beispiele angeführt werden. Daraus kann sicherlich nicht gefolgert werden, daß diese keine Vereinbarkeitspartner haben. Schließlich gibt es Wörterbucheinträge, in denen das lexikographische Beispiel in keiner Weise zu einer Aufhellung der Vereinbarkeitspartner beiträgt (vgl. **Badeanstalt**, *die Tür zur Badeanstalt ist geöffnet*).

(iv) In der lexikographischen Kodifizierung der semantischen Vereinbarkeitsrelationen zwischen Wortschatzelementen wird kein durchgängiges Prinzip erkennbar, in welchem Wörterbucheintrag die Wortschatzelemente angeführt werden, mit denen das betreffende Wort in einem Syntagma vorkommen kann, d. h., erscheint *Kaffee rösten* als ein illustrierendes Beispiel im Wörterbucheintrag von **Kaffee** oder von **rösten** oder gar in beiden Wörterbucheinträgen. Abgesehen vom *Duden-Universal-Wörterbuch* kann aus der bisherigen lexikographischen Praxis geschlossen werden, daß Doppeleinträge offenbar weitgehend vermieden werden. Die Frage, bei welchem Wortschatzelement welche Vereinbarkeitspartner einzutragen sind, ist jedoch ebensowenig eine Ermessensfrage des Lexikographen wie die Frage, ob exhaustive Doppeleinträge Wörterbücher dieses Typs überfrachten und daher in ein Kollokationswörterbuch gehören. Welche semantischen Vereinbarkeitspartner zu einem Wortschatzelement angeführt werden, ist in erster Linie ein theoretisches Problem. Dessen Lösung hängt davon ab, welche Vereinbarkeitspartner von Wortschatzelementen als charakteristische, typische Partnerelemente angesehen werden und daraufhin auch lexikographisch zu kodifizieren sind. Es steht außer Frage, daß in einem allgemeinen einsprachigen Wörterbuch nur die charakteristischen Kombinationen, d. h. die Kollokationen zu kodifizieren sind, nicht aber banale Verbindungen, wie sie in *Kaffee kaufen, das Lineal nehmen* u. a. vorliegen (vgl. Hausmann 1985, Pottier 1964). Das Problem, die Vereinbarkeitspartner jeweils nur bei einem Wortschatzelement einzutragen oder aber als Doppeleinträge zu kodifizieren, wird demgegenüber ganz entscheidend durch die Zielstellung des Wörterbuchs determiniert und

---

**Blume**, die; -, -n
1. /*Verkl.*: Blümchen, Blüm(e)lein/ *niedrig gewachsene, krautige Pflanze, die Blüten hervorbringt*: ein Garten voller Blumen; Blumen vorm Fenster, auf dem Balkon, Tisch; duftende, zarte, frische, verwelkte, künstliche, gesteckte Blumen; unsere heimischen Blumen; lang-, kurzstielige, seltene, schnell welkende Blumen; Du bist wie eine Blume HEINE 1,117; die Blumen blühen, gedeihen, duften, vertrocknen, verwelken, gehen ein; diese B. treibt das ganze Jahr hindurch Blüten; Im Schatten sah ich / Ein Blümchen stehn GOETHE *Gefunden*; Blumen anpflanzen, umtopfen, pflücken, dicht. brechen, salopp abrupfen¹, abschneiden, kaufen, jmdm. schenken, schicken, überreichen, zuwerfen; Ihr Blümlein alle, die ... sie mir gab SCHUBERT *Schöne Müllerin*; Kinder streuten dem jungen Paar Blumen auf den Weg; Blumen in Töpfen ziehen, trocknen; Blumen in der Hand haben, halten, tragen; die Blumen gießen, besorgen, düngen, zusammen-, aufbinden, in eine Vase ordnen; den Blumen Wasser geben; sich /*Dat.*/ eine B. anstecken, ins Knopfloch stecken; Blumen im Haar tragen; d. Farbe, Duft, Schönheit dieser B.; e. Bild, Grab mit Blumen schmücken, bekränzen; an den Blumen riechen; die B. läßt ihr Köpfchen hängen;

Textbeispiel 83.1: Wörterbuchartikel (aus: WDG 1965, 636)

hängt somit ganz wesentlich davon ab, ob ein Wörterbuch dieses Typs in erster Linie der Textproduktion oder aber der Textrezeption dienen soll. Wörterbücher, die beide Zielstellungen zu erfüllen versuchen, kodifizieren diese grundsätzlich als Doppeleinträge.

In der Darstellung semantischer Vereinbarkeitsrelationen in allgemeinen einsprachigen Wörterbüchern ist auf zwei weitere Unzulänglichkeiten hinzuweisen:

(v) Allgemeine einsprachige Wörterbücher stellen das lexikographische Beispiel, das die Verwendung von Wortschatzelementen illustrieren soll, in keinen systematischen Zusammenhang zur Bedeutungserklärung und treffen vielfach keine direkte Zuordnung von lexikographischem Beispiel und Sememvariante.

So wird *Blume* durch *niedrig gewachsene, krautartige Pflanze, die Blüten hervorbringt* definiert; in den lexikographischen Beispielen erscheinen jedoch auch *künstliche, gestickte Blume* (vgl. Textbeispiel 83.1).

(vi) Aus den lexikographischen Beispielen wird in der Regel nicht der unterschiedliche Kollokationsbereich bzw. Kollokationsradius ersichtlich, den Wortschatzelemente haben, wenngleich von der Lexikographie durchaus erkannt wurde, dieses Phänomen bereits im äußeren Erscheinungsbild eines Wörterbucheintrages deutlich zu machen. So strebt das WDG (Vorwort 07) an, breite Anwendungsmöglichkeiten eines Stichwortes reich zu illustrieren, beschränkte hingegen durch wenige illustrierende Beispiele zu repräsentieren, hält dieses Prinzip jedoch nicht konsequent ein.

## 4. Wege zu einer alternativen Darstellung semantischer Vereinbarkeitsrelationen im allgemeinen einsprachigen Wörterbuch

Das Defizit, das allgemeine einsprachige Wörterbücher in der Kodifizierung semantischer Vereinbarkeitsrelationen gegenwärtig noch aufweisen, kann nicht dadurch beseitigt werden, indem Wörterbucheinträge zukünftig durch lexikographische Beispiele einfach weiter angereichert werden. Eine angemessene Darstellung semantischer Vereinbarkeitsrelationen in diesem Typ von Wörterbuch setzt vielmehr die Klärung zentraler theoretischer Probleme voraus. Der Rahmen, in dem dies möglich ist, kann hier nur thesenartig skizziert werden. Semantische Vereinbarkeitsrelationen stellen einen Typ makrostruktureller Relationen im Lexikon dar. Diese sind in spezifischer Weise mit den paradigmatischen Relationen sowie den Relationen zwischen den lexikalisch-semantischen Feldern verbunden. Und sie reflektieren sich in der Mikrostruktur eines Lexikoneintrages, d. h., in der semantischen Repräsentation eines Lexikoneintrages sind Informationen darüber enthalten, mit welchen Lexikoneinträgen welcher lexikalisch-semantischen Felder ein bestimmter Lexikoneintrag durch ein mehrdimensionales Netz semantischer Relationen verbunden ist. Dieses Relationsgefüge, durch das Lexikoneinträge miteinander verbunden sind, wird durch unterschiedliche Informationen determiniert, die die semantische Repräsentation eines Lexikoneintrages enthält:

z. B. durch den Typ des semantischen Prädikats, durch die thematischen Rollen, die die Argumente relativ zum Prädikat einnehmen, durch die referenzsemantische Charakterisierung der Elemente, die die Positionen der Argumente belegen, u. a. (vgl. Viehweger 1987, 1988, Petöfi 1983).

Semantiktheoretische wie auch psychologische Untersuchungen der letzten Jahre haben gezeigt, daß Lexikonzeichen zwar auf vielfältige Weise miteinander verbunden sind, daß jedoch nicht davon ausgegangen werden kann, daß alle diese Relationen im Lexikon gespeichert sind. Es scheint daher die Annahme gerechtfertigt, daß Lexikonzeichen jeweils charakteristische Partnerelemente haben. Dies schließt jedoch keineswegs aus, daß diese einen weitaus größeren Vereinbarkeitsbereich besitzen, der für die sprachliche Komplexbildung genutzt werden kann. Diese lexikontheoretische Grundannahme weist der lexikographischen Darstellung semantischer Vereinbarkeitsrelationen neue Wege. Sie sind exemplarisch in Viehweger (1982) anhand des Wörterbucheintrages zu **Blume** zu zeigen versucht worden.

Der dort unterbreitete Vorschlag geht davon aus, daß semantische Vereinbarkeitsrelationen zwischen Wortschatzelementen durch deren semantische Repräsentation determiniert werden, die jeweils Informationen über charakteristische Vereinbarkeitsbereiche (Kollokationen) sowie mögliche Vereinbarkeitsbereiche enthalten. Diese Informationen schließen zugleich die Kombination mit Wortschatzelementen anderer Bereiche aus.

Einsprachige Wörterbücher können somit Vereinbarkeitsrelationen zwischen Wortschatzelementen nicht länger als zufälliges Accessoire eines Wörterbucheintrages betrachten. Sie müssen diese relativ zur Bedeutungserklärung beschreiben und erklären, damit der Wörterbuchbenutzer die Zusammenhänge zwischen der semantischen Repräsentation von Wortschatzelementen und den daraus resultierenden Kombinationsmöglichkeiten rekonstruieren kann. Allgemeine einsprachige Wörterbücher haben — wie bereits gesagt — nur die charakteristischen, vielfach als *Kollokationen* bezeichneten Vereinbarkeitsrelationen zu kodifizieren. Informationen über semantische Vereinbarkeitsbeziehungen repräsentieren einen Datentyp, der zu den vorrangigen Benutzerbedürfnissen gehört, die Wörterbücher dieses Typs zu erfüllen haben. Deshalb sind Kollokationen so zu kodifizieren, daß dem Benutzer dadurch die Bildung weiterer Syntagmen möglich wird. Kollokationen sind spezifische sprachliche Komplexbildungen innerhalb der Satzgrenze, die durch die semantische Repräsentation der Wortschatzelemente ebenso determiniert werden wie durch deren syntaktische Eigenschaften. Daraus folgt, daß in Wörterbucheinträgen syntaktische und semantische Informationen systematischer aufeinander zu beziehen sind, um dem Benutzer vor Augen zu führen, daß Kollokationen stets auch die regelgerechte syntaktische Verbindung der Wortschatzelemente voraussetzen. Dies erfordert aber eine weitaus stärkere Repräsentation syntaktischer Informationen in Wörterbucheinträgen, als dies bisher der Fall war. Schließlich ist zu fordern, daß Kollokationen immer dem jeweiligen Semem zugeordnet werden.

## 5. Literatur (in Auswahl)

### 5.1. Wörterbücher

*Adelung 1774* = Johann Christoph Adelung: Versuch eines vollständigen grammatisch-kritischen Wörterbuches der hochdeutschen Mundart. 4 Bde. Leipzig 1774—1786 [zus. 7592 Sp.].

*Campe 1807* = Joachim Heinrich Campe: Wörterbuch der deutschen Sprache. 4 Bde. und Suppl. Braunschweig 1807—1811 [zus. 4634 S.; Neudruck mit einer Einführung und Bibliographie von Helmut Henne. Hildesheim. New York 1969—1970].

*Duden GWB* = Das große Wörterbuch der deutschen Sprache in sechs Bänden. Hrsg. und bearb. vom Wissenschaftlichen Rat und den Mitarbeitern der Dudenredaktion unter Leitung von Günther Drosdowski. Mannheim. Wien. Zürich 1976—1981 [zus. 2992 S.].

*Duden-UWB* = Duden. Deutsches Universalwörterbuch. Hrsg. und bearb. vom Wissenschaftlichen Rat und den Mitarbeitern der Dudenredaktion unter Leitung von Günther Drosdowski. Mannheim. Wien. Zürich 1983 [1504 S.].

*WDG* = Wörterbuch der deutschen Gegenwartssprache. Hrsg. von Ruth Klappenbach/Wolfgang Steinitz. 6 Bde. Berlin 1964—1977 [zus. 4579 S.].

### 5.2. Sonstige Literatur

*Agricola 1969* = Erhard Agricola: Semantische Relationen im Text und im System. Halle (Saale) 1969.

*Agricola 1988* = Erhard Agricola: Ermittlung und Darstellung der lexikalischen Makrostruktur. In: Studien zu einem Komplexwörterbuch der lexikalischen Mikro-, Medio- und Makrostrukturen (Komplexikon) Linguistische Studien. Reihe A. Arbeitsberichte 169. Berlin [Ost] 1988, 323—435.

*Aisenstadt 1979* = Esther Aisenstadt: Collocability Restrictions in Dictionaries. In: Dictionaries and their Users. Papers from the 1978 B. A. A. L. Seminar on Lexicography. Ed. by Reinhard R. K. Hartmann. Exeter 1979 (Exeter Linguistic Studies 4), 71—74.

*Apresjan 1974* = Jurij Apresjan: Leksičeskaja semantika. Moskva 1974.

*Bally 1950* = Charles Bally: Linguistique générale et linguistique française. Troisième édition. Berne 1950.

*Benson 1985* = Morton Benson: Collocations and Idioms. In: Dictionaries, Lexicography and Language Learning. Ed. by Robert Ilson. Oxford [etc.] 1985 (ELT Documents 120), 61—68.

*Coseriu 1967* = Eugenio Coseriu: Lexikalische Solidaritäten. In: Poetica 1. 1967, 293—303.

*Firth 1958* = John Rupert Firth: A synopsis of linguistic theory 1930—1955. In: Studies in Linguistic Analysis. Oxford 1958, 1—32.

*Grebe 1967* = Paul Grebe: Der semantisch-syntaktische Hof unserer Wörter. In: Satz und Wort im heutigen Deutsch. Probleme und Ergebnisse neuerer Forschung. Jahrbuch 1965/66 des Instituts für deutsche Sprache. Düsseldorf 1967, 109—114.

*Hausmann 1985* = Franz Josef Hausmann: Kollokationen im deutschen Wörterbuch. Ein Beitrag zur Theorie des lexikographischen Beispiels. In: Lexikographie und Grammatik. Akten des Essener Kolloquiums zur Grammatik im Wörterbuch vom 28.—30. 6. 1984. Hrsg. von Henning Bergenholtz/Joachim Mugdan. Tübingen 1985 (Lexicographica. Series Maior 3), 118—129.

*Klappenbach 1965* = Ruth Klappenbach: Zur Bedeutungsanalyse des Wortes. In: Forschungen und Fortschritte 39. 1965, 54—57.

*Leisi 1967* = Ernst Leisi: Der Wortinhalt. Seine Struktur im Deutschen und Englischen. 3., durchgesehene und erweiterte Aufl. Heidelberg 1967.

*Müller 1982* = Oskar Müller: Bedeutungs- und

Kompatibilitätsmarkierungen in einem deutsch-russischen Wörterbuch. In: Beiträge zum synchronen Sprachvergleich (am Material der slawischen Sprachen, des Deutschen und des Ungarischen). Hrsg. von Karl Gutschmidt/Roland Lötzsch. Berlin [DDR] 1982 (Linguistische Studien. Reihe A. Arbeitsberichte 94/I), 120—130.

*Petöfi 1983* = János S. Petöfi: Some aspects of the structure of a lexicon entry. In: Spiritus 1983, 15—53.

*Porzig 1934* = Walter Porzig: Wesenhafte Bedeutungsbeziehungen. In: Beiträge zur Geschichte der deutschen Sprache und Literatur 58. 1934, 70—97.

*Pottier 1964* = Bernhard Pottier: Vers une sémantique moderne. In: Tralili II/1. 1964, 107—136.

*Püschel 1975* = Ulrich Püschel: Semantisch-syntaktische Relationen. Untersuchungen zur Kompatibilität lexikalischer Einheiten im Deutschen. Tübingen 1975.

*Saussure 1967* = Ferdinand de Saussure: Cours de linguistique générale. Ed. critique par Rudolf Engler. Wiesbaden 1967.

*Viehweger 1977* = Dieter Viehweger [et al.]: Probleme der semantischen Analyse. Berlin 1977 (Studia grammatica XV).

*Viehweger 1982* = Dieter Viehweger: Die Darstellung semantischer Vereinbarkeitsbeziehungen zwischen lexikalischen Elementen im einsprachigen Wörterbuch des Deutschen. In: Wortschatzforschung heute. Aktuelle Probleme der Lexikologie und Lexikographie. Hrsg. von Erhard Agricola/Joachim Schildt/Dieter Viehweger. Leipzig 1982, 23—41.

*Viehweger 1987* = Dieter Viehweger: Kollokationen. In: Bedeutungen und Ideen in Sprachen und Texten. Hrsg. von Werner Neumann/Bärbel Techtmeier. Berlin 1987, 227—237.

*Viehweger 1988* = Dieter Viehweger: Kollokationen im Lexikon und deren Darstellung im Wörterbuch. In: Symposium on Lexicography III. Proceedings of the Third International Symposium on Lexicography at the University of Copenhagen. Ed. by Karl Hyldgaard-Jensen/Arne Zettersten. Tübingen 1988 (Lexicographica. Series Maior 19), 107—135.

*Dieter Viehweger, Berlin*
*(Deutsche Demokratische Republik)*


# 84. Lexikographische Definition und Frame-Theorie im allgemeinen einsprachigen Wörterbuch

1. Frame-Theorie
2. Lexikographische Definition und andere lexikographische Verfahren der Bedeutungsrepräsentation und deren Schwächen
3. Die Lösung der Frame-Theorie in der Lexikographie
4. Literatur (in Auswahl)

## 1. Frame-Theorie

Die Frame-Theorie wurde in der Artificial Intelligence, einer recht jungen Informatik-Disziplin, entwickelt, deren Gegenstand die rekonstruktive Erklärung kognitiver Prozesse durch Computersimulation ist (vgl. Boden 1977, Hofstadter 1979, Nilsson 1980, Wegner 1979 b).

Die entworfenen sprachverstehenden Programmsysteme produzieren sprachliche Ausdrücke bzw. Ausdrucke und beantworten z. B. Fragen über Textinhalte, fassen Texte zusammen oder bestimmen das Thema von Texten. Neuere Systeme, wie das HAM-RPM oder das HAM-ANS, können Dialoge über bestimmte Situationen mit bestimmten Handlungszielen führen (v. Hahn et al. 1980, Wahlster 1982).

Diese Leistungen sind effizient, d. h. idealiter in „real time", nur dann zu erbringen, wenn die Systeme über konzeptuelle Makrostrukturen verfügen, die das jeweils Relevante als Hintergrund für das Verstehen, für die Produktion kontextadäquater Reaktionen sowie für mögliche Fortsetzungen der Interaktion gebündelt repräsentieren.

Es ist naheliegend zu fragen, ob nicht ein natürliches sprachverarbeitendes System mit hinreichend großem Speicher für das semantische Wissen ebenfalls die Fähigkeit haben muß, den für die Verarbeitung z. B. zu durchsuchenden Speicherbereich zu reduzieren, wenn die Verarbeitung möglichst schnell erfolgen soll? Diese Überlegung führte zu einer Aufnahme der frametheoretischen Vorschläge Minskys, Winograds, Schank und Abelsons und anderer AI-Forscher in Textlinguistik und lexikalischer Semantik (vgl. v. Dijk 1977, Wegner 1979 b).

Besonders das daran geknüpfte Programm Fillmores einer kognitiv adäquaten, holistischen Sprachtheorie präsiert die zentralen theoretischen Annahmen. Es fordert die situationsbezogene Repräsentation semantischen Wissens, wobei die Art der Bündelung durch kognitive Mechanismen begründet wird. Die so entstehenden Einheiten, die Scenes, werden konzeptuell durch sprachliche Frames repräsentiert: Scenes

„[...] include not only visual scenes but familiar kinds of interpersonal transactions, standard scenarios, familiar layouts, institutional structures, enactive experiences, body image; and, in general, any kind of coherent segment, large or small, of human beliefs, actions experiences, or imaginings." (Fillmore 1977, 63).

Frames dagegen bezeichnen

„[...] any system of linguistic choices (the easiest cases being collections of words, but also including choices of grammatical rules or grammatical categories — that can get associated with prototypical instances of scenes." (Fillmore 1977, 63).

Scenes und Frames können einander wechselseitig aktivieren. Außerdem können sich Frames ebenso wie Scenes über gemeinsame Komponenten aktivieren.

Die erfahrungsnähere Repräsentation semantischen Wissens durch Frames führt zu Strukturen, die weniger transsituationell und somit natürlicher sind als ausschließlich auf der Basis der Bedeutungsähnlichkeit konstruierte paradigmatische Wortfelder.

```
script:     restaurant
roles:      customer, waitress, chef, cashier
reason:     to get food so as to go up in pleasure
            and down in hunger
scene 1:    entering
            PTRANS self into restaurant
            ATTEND eyes to where empty
            tables are
            MBUILD where to sit
            PTRANS self to table
            MOVE sit down
scene 2:    ordering
            ATRANS receive menu
            MTRANS read menu
            MBUILD decide what self wants
            MTRANS order to waitress
scene 3:    eating
            ATRANS receive food
            INGEST food
scene 4:    exiting
            MTRANS ask for check
            ATRANS receive check
            ATRANS tip to waitress
            PTRANS self to cashier
            ATRANS money to cashier
            PTRANS self out of restaurant
```

Abb. 84.1: Beispiel eines Frame-Typs

Zwei Beispiele sollen veranschaulichen, was unter einem Frame zu verstehen ist. Das erste, das Restaurant-script, stammt von Schank/Abelson (1977, 421) (vgl. Abb. 84.1).

Wie Minskys Frames sind Scripts, ein Frametyp, Repräsentationen alltäglicher Situationen, die hier durch eine Sequenz von Ereignissen, den zugehörigen Beteiligten und Gründen erfolgt.

Wie oben bereits dargestellt, bilden Frames den Hintergrund für das Verstehen. Ist ein Frame ausgewählt worden, reduziert er beim Empfänger den Bereich des Erwartbaren, indem — wie in dem Beispiel — Bezeichnungen für die Beteiligten aktiviert werden und indem aufeinanderfolgende, erwartbare Handlungen zusammengestellt werden.

Ebenso wie durch Lexeme wie *Restaurantbesuch* der Frame aktiviert werden kann, kann dieser auch durch das Auftreten bestimmter Lexeme aus diesem Frame wie *Kellner, Speisekarte* u. ä. aktiviert werden. Dieser enthält dann wiederum bestimmte Framekomponenten als Erwartbarkeiten, deren Auftreten zur Weiterverwendung des Frames, deren Nichtauftreten zur Selektion eines anderen Frames führt. Da das in Frames repräsentierte Wissen intersubjektiv ist, können Frames den Informationsaustausch effizient gestalten. Der Sprecher braucht nämlich beim Hörer lediglich den relevanten Wissensbereich zu aktivieren und kann sich sodann auf mitteilenswerte — nicht zum im Frame repräsentierten stereotypischen Wissen gehörende — Abweichungen beschränken (vgl. Brown/Yule 1983, 236).

Weil Frames konventionelles Wissen der Sprachteilnehmer enthalten, können ihre Inhalte für situationsbezogene Bedeutungsrepräsentationen verwandt werden; denn die höheren Ebenen eines Frames repräsentieren Begriffsstrukturen, die aus dem „common episodic knowledge" der Sprachgemeinschaft resultieren.

Dies zeigt das folgende Beispiel aus der Wortsemantik von Thomas Ballmer (1977), vgl. Wegner (1979b) (vgl. Abb. 84.2).

Die Grenze zwischen Sprach- und Weltwissen, die, wie die analytisch/synthetisch-Diskussion gezeigt hat, ohnehin nicht eindeutig festgelegt werden kann (Wegner 1979a, 15 ff.), wird hier aufgehoben. Sprachwissen und Situationswissen sind nach Fillmore aber nicht voneinander unabhängig, sondern stehen in wechselseitiger Abhängigkeit. Deshalb ist die Aufhebung der Grenzziehung nicht nur erforderlich, sondern dann kein

## 84. Lexikographische Definition und Frame-Theorie

A. structural frame
A.1. form-frame — Abbildungen einer Taschenuhr, Analogarmbanduhr, eines Weckers, einer Digitalarmbanduhr
A.2. related objects frame
A.2.1. internal characterization — case (of a certain form), watch-glass, dial, hands (small and large), clock work, gears, balance wheel, watch spring; watch chain (these parts have to be in a specific relation)
A.2.2. external characterization

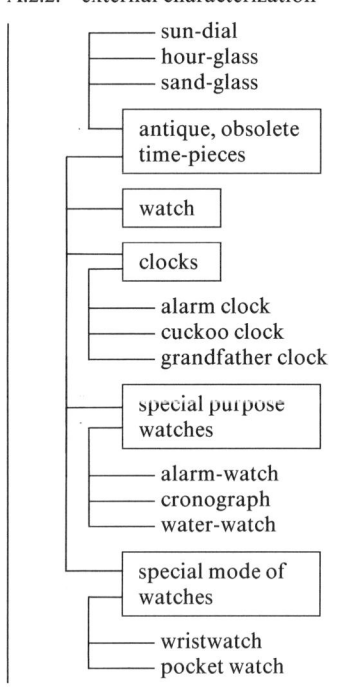

- antique, obsolete time-pieces
  - sun-dial
  - hour-glass
  - sand-glass
- watch
- clocks
  - alarm clock
  - cuckoo clock
  - grandfather clock
- special purpose watches
  - alarm-watch
  - cronograph
  - water-watch
- special mode of watches
  - wristwatch
  - pocket watch

A.3. sound frame — tick, tick-tock
A.4. color frame — golden, silver
A.5. material frame — metal, glass
B. functional frames
B.1. use frame — buy, get as present, wind up, look at it, read time, synchronize it, repair it, give as a present, lose it
B.2. purpose frame — measure time, count time units, get people on time

Abb. 84.2: Frame zur Repräsentation des Lexems *watch* (in der Bedeutung 'Uhr')

Problem, wenn die Menge des in eine Repräsentation eingehenden, allgemeinen Weltwissens begrenzt ist, wie dies bei Frames der Fall ist.

## 2. Lexikographische Definition und andere lexikographische Verfahren der Bedeutungsrepräsentation und deren Schwächen

Die Bedeutungsrepräsentation umfaßt, generell betrachtet, folgenden Problemkomplex: Welche Ausdrücke in welcher Kombination können zur Repräsentation der Lemmata verwandt werden? Explizit ist die Bedeutungsrepräsentation also ein Formatproblem. Es schließt die Endlichkeit der Repräsentation ein, ein materiales Problem der zu verwendenden Einheiten, ein heuristisches Problem der Findung dieser Einheiten und schließlich ein Mengenproblem hunderttausender zu repräsentierender Lemmata.

Zur Lösung der Repräsentationsprobleme wird in der Lexikographie eine Vielzahl von Verfahren eingesetzt (bzw. sollten metalexikographischen Untersuchungen zufolge eingesetzt werden), deren Inadäquatheit kurz zusammengefaßt dargestellt wird:

Zwar stellt die Wortfeldtheorie heuristische Hilfen bereit, da sie zumindest einen

Abbruch der Analyse bei hinreichender Differenzierung nahelegt; jedoch sieht sie keinen systematischen Bezug auf Kontiguitäten vor. Zudem sind Wortfelder Konstrukte der Metaebene mit problematischer psychischer Realität, weil sprachliche Einheiten nicht handlungsbezogen, sondern lediglich als System möglicher, punktueller Auswahlmechanismen zusammengestellt werden. Da die sog. Komponentialanalyse letztlich der Explizierung der durch ein Wortfeld nahegelegten Unterscheidungen dient, gelten die Argumente gegen jene auch für diese. Als problematisch erweist sich ebenfalls das Ansetzen lexikalischer Hierarchien, weil auch deren psychische Realität durch psycholinguistische Forschungsresultate fraglich erscheint. Die Verwendung von Corpora erfüllt neben anderen auch primär heuristische Zwecke. Bei diesem Vorgehen sind aber derart viele Fragen (wie z. B. die Repräsentativität von Corpora sowie die Methodologie der Auswertung) ungeklärt, daß auf diese Weise keine systematische Konstruktion von Bedeutungsrepräsentationen möglich ist. Ein weiteres Verfahren ist schließlich die lexikographische Definition (vgl. auch Art. 44). Sie weist jedoch die Schwächen der traditionellen Definitionslehre auf: sie ist weder präzise genug, noch weit genug, um alle korrekten Definitionen zu erfassen, und sie ist auch nicht eng genug, um alle inkorrekten Definitionen auszuschließen (vgl. Kutschera 1977, 212). Außerdem gilt die Annahme, daß genus und differentia generell vorgegeben seien, lediglich für fachsprachliche Begriffshierarchien, während sie in der natürlichen Sprache diskursrelativ sind (Wunderlich 1974, 279). Schließlich dient sie einer anderen pragmatischen Funktion als dem Lehren von Bedeutungen, nämlich primär der Festlegung der Referenz für Argumentationen. Die lexikographische Definition stellt also lediglich ex-post anwendbare, partiell gültige Evaluationshilfen für vorgeschlagene Bedeutungserklärungen dar. In der Lexikographie wurde dieser Sachverhalt zunächst dadurch anerkannt, daß man von einer Kunst des Definierens bzw. Definierers sprach. Der Metalexikograph Wiegand lehnt den Terminus *lexikographische Definition* ebenfalls inzwischen ab, weil neben Unklarheiten in der Verwendung, welche Komponenten der Bedeutungsgleichung der Terminus nämlich bezeichnet, auch die für Bedeutungsrepräsentationen inadäquate, nichtpragmatische Perspektive problematisch ist (Wiegand 1984, 17 ff.).

## 3. Die Lösung der Frame-Theorie in der Lexikographie

Die Grundüberlegungen zu einer lexikographischen Frame-Theorie lauten wie folgt: Da die oben dargestellten lexikographischen Verfahren entweder auf theoretisch problematischen Grundannahmen beruhen bzw. aus empirischen Gründen abzulehnen oder methodologisch unterbestimmt sind, hat die Bedeutungsrepräsentation auf der neuen theoretischen Grundlage der Frame-Theorie zu erfolgen. Frames lösen die oben dargestellten Problemkomplexe der Bedeutungsrepräsentation folgendermaßen: Indem ein bestimmtes Format für die Repräsentation vorgegeben wird, wird das Formatproblem gelöst. Die inhaltliche Gliederung der Frames durch Framedimensionen steuert heuristisch den materialen Aspekt der Repräsentation. Zudem wird durch den Einsatz des Computers mit einem eigenen interaktiven Computerprogramm zur Frameextraktion sowohl die Heuristik zusätzlich unterstützt als auch das Mengenproblem gelöst (vgl. auch Art. 173). Es erscheint nicht ausgeschlossen, daß die herkömmliche Überbetonung der Ökonomie von Repräsentationen zu Lasten der situativen, ökologischen Aspekte darauf zurückzuführen ist, daß natürlichere, reichere Strukturen mit bisherigen Mitteln, also ohne Computereinsatz, arbeitstechnisch praktisch unmöglich zu bewältigen waren. Da Bedeutungen theoretische Entitäten sind, ist die Mechanisierung ihrer Konstruktion aus prinzipiellen, wissenschaftstheoretischen Gründen nicht möglich (Wegner 1979a). Verwendet man jedoch nach meinen Vorschlägen die Beschreibungsdimensionen der Frames als Relevanzdimensionen, die eine Zuordnung der Elemente zu einem Frame ermöglichen, und die der Sprachproduktion und dem Verstehen zugrunde liegen, so erreicht man neben einer maximalen, natürlichen Steuerung der Heuristik der Repräsentation eine nicht mehr ex-post, sondern produktiv vorgehende Konstruktionsweise von Bedeutungsrepräsentationen. Die Frames stellen kognitive Strukturen des semantischen, mentalen Lexikons dar. Sie enthalten die Komponenten, die in natürliche lexikographische Paraphrasen einzugehen haben, d. h., sie sind der Konstruktion von lexikalischen Paraphrasen forschungslogisch vorgeordnet. Daß sie die adäquaten Strukturen für die Lexikographie sind, belegen Aussagen von Linguisten, die implizit die Notwendigkeit von Frames für die Lexikographie betonen; Ballmer (1977) forderte bereits explizit ein Frame-Lexikon.

So schreibt z. B. auch Wiegand (1977, 63):

„Wir können eine Steckdose deutlich von einem Stecker unterscheiden, den Zweck einer Steckdose jedoch schwerlich ohne Hinweis auf den Stecker erklären. Beide gehören im Gebrauch zusammen. Wir wissen das. Denn wir haben einschlägige Erfahrungen gemacht. Daher sind für uns auch die Wörter 'Steckdose' und 'Stecker' zwar deutlich zu unterscheiden, aber sie gehören zusammen, sind semantisch miteinander verwandt."

Ähnlich stellt auch G. Augst (1984, XXI) fest:

„Das Wort 'Löffel' ist nicht verbunden mit anderen Schöpfgeräten, z. B. 'Kelle', 'Schaufel' noch bilden die verschiedenen Bedeutungen ein Bedeutungsfeld, z. B. 'Eßgerät', 'Ohr' (des Hasen), am ehesten scheint es verknüpft mit 'Messer', 'Gabel', die im gleichen synpraktischen Umfeld eine Rolle spielen."

Nach Makkai sind diese ökologischen Strukturen zentral für die Lexikographie, da sie die lexikalischen Strukturen sowie die für Bedeutungserklärungen zu berücksichtigenden Zusammenhänge begründen (Makkai 1980, 126).

Um jedoch konzeptuelle Makrostrukturen zu repräsentieren, ist ein Repräsentationsformat, eine Parametrisierung, erforderlich, die über punktuelle Zusammenhänge hinausgeht, was durch Frames geleistet wird. Für deren Adäquatheit gilt folgendes Kriterium:

„The parametrization (the conceptual grid, body of notions) can be judged to be better or worse depending on whether it represents the similarities, relatedness, adjacencies of the world more or less faithfully" (Ballmer/Brennenstuhl 1981, 11).

Diese Zusammenhänge sind für lexikographische Bedeutungsrepräsentationen zu berücksichtigen, sofern die folgende Forderung in Wiegand (1984, 17) gilt:

„When lexicographers explain the meaning of a lemma-sign in a monolingual dictionary to a potential user of the dictionary, they must in principle proceed exactly the same way as speakers of the language do in everyday dialogues about the meanings of parts of utterances that have been questioned [...]"

Dies beinhaltet auch, daß an natürliche, den Sprachteilnehmern bekannte Zusammenhänge angeknüpft wird, damit die Erklärungen verwendbar sind (vgl. Ayto 1983). Es wird hier also die Trennung Sprache/Welt eindeutig aufgehoben. Man kann jedoch nicht wie Wiegand (1984, 18) behaupten, es würde über Dinge gesprochen, wenn eine Erklärung gegeben wird. Da nämlich in Erklä-

FRAMETYP: PERSON
LEXEM: Putzfrau
SYNONYME
  Scheuerfrau
  Aufwartefrau
PERSONENBEZEICHNUNG
  Hausfrau
GRUPPENBEZEICHNUNG
GEGENSTANDSBEZEICHNUNG
  Lappen
  Tuch
  Staub
  Schwamm
TIERBEZEICHNUNG
PFLANZENBEZEICHNUNG
SETTING
  Wohnung
  Haus
  Wohnzimmer
  Wohnraum
  Wohnstätte
  Toilette
  Diele
  Dusche
ORGANISATIONSBEZEICHNUNG
BEREICHSBEZEICHNUNG
EPISODEN/AKTIONSBEZEICHNUNG
  Säuberung
DISPOSITIONSBEZEICHNUNG

Abb. 84.3: Frame zur Repräsentation von „Putzfrau"

FRAMETYP: PERSON
LEXEM: Notar
SYNONYME
PERSONENBEZEICHNUNG
  Klient
  Gehilfe
  Sekretärin
GRUPPENBEZEICHNUNG
  Anwaltskammer
GEGENSTANDSBEZEICHNUNG
  Urkunde
  Gesetzblatt
  Gesetz
TIERBEZEICHNUNG
PFLANZENBEZEICHNUNG
SETTING
  Kanzlei
ORGANISATIONSBEZEICHNUNG
BEREICHSBEZEICHNUNG
  Recht
EPISODEN/AKTIONSBEZEICHNUNG
  Beratung
  Bestätigung
  Handel
DISPOSITIONSBEZEICHNUNG
  Unabhängigkeit

Abb. 84.4: Frame zur Repräsentation von „Notar"

rungen über generelle Eigenschaften der Gegenstände gesprochen wird, liegt eine andere Diskursebene vor. Die Anwendung von Frames in der lexikographischen Praxis erforderte zunächst eine Unifizierung und Ergänzung der heterogenen Frametypen aus Artificial Intelligence, Cognitive Science, Psycholinguistik und lexikalischer Semantik, so daß das eigene Computerprogramm zur versuchsweisen Repräsentation einer Stichprobe von rund 6000 Lexemen aus Dornseiffs Wortschatz mit folgenden Frametypen arbeitete (Wegner 1985, 62 ff.): PERSON, GRUPPE, GEGENSTAND, EPISODE/AKTION, SETTING, ZUSTAND. Zwei Repräsentationsbeispiele aus den über 700 konstruierten Frames, die aus Dornseiffs „Der deutsche Wortschatz nach Sachgruppen" den Frames zugeordnet wurden, die zur Repräsentation der 476 Lexeme kreiert worden waren, die ein Stichproben-Programm ausgewählt hat, finden sich in Abb. 84.3 f.

Die Frame-Theorie als holistische Theorie kontextueller Strukturen postulierte qualitativ und quantitativ neue Repräsentationen semantischen Wissens.

Der Einsatz der Frames durch das Framesystematisierungsprogramm gab Aufschluß über die Leistungsfähigkeit der eigenen Frametypen und Computerprogramme sowie deren mögliche Weiterentwicklung.

Zwar sind die in Wegner 1985 empirisch konstruierten Frames wegen des geringen Umfangs der zugrunde gelegten Substantivmenge in vielen Fällen weniger vollständig als von Frametheoretikern vorgelegte Einzelbeispiele; die eigenen Frametypen sind jedoch genereller, und ihr Einsatz durch das Programmsystem ermöglicht die über Einzelbeispiele hinausgehende Systematisierung umfangreicher Datenmengen für die lexikalische Semantik.

Vor dem Hintergrund der eigenen Arbeit läßt sich die weitere Forschungsstrategie für die lexikalische Frame-Theorie wie folgt skizzieren: Auf formaler Ebene wäre eine Weiterentwicklung der Frametypen und eine Vergrößerung ihrer Dimensionen zu nennen. Die Programme könnten umgestaltet werden, so daß nicht nur die Lexeme einer fest vorgegebenen Datenmenge, sondern — sollte die Repräsentation dies erfordern — auch neu aufzunehmende zu einer flexibleren Zuordnung führen könnten.

Außerdem könnte nach einer Rekonstruktion der Leistungen der eigenen Programme in dbase, einer höheren Sprache für relationale Datenbanksysteme, die auf dem IBM Personal Computer einsetzbar ist, die Repräsentation von einem Lexikographenteam vorgenommen werden, sobald die Operationalisierung der Framedimensionen vorgenommen wurde.

Auf material-empirischer Ebene ist dann die Framesystematisierung eines umfangreicheren Wortschatzbereiches durchzuführen, die neben Substantiven Lexeme anderer Wortarten umfassen sollte. Anwendbar sind die Resultate einer Framesystematisierung des Gesamtwortschatzes als Repräsentationen für ein explizites, onomasiologisches Wörterbuch (vgl. dazu Art. 101), dessen Frames die deklarative epistemische Basis für geeignete Erklärungsprozeduren bilden, deren Resultate in ein semasiologisches Wörterbuch eingehen. Die Repräsentation des deutschen Wortschatzes in Frames ist durch den Einsatz des Computers als heuristisches Werkzeug der Lexikographie mit Framesystematisierungsprogrammen der entwickelten Art einer Realisierung nähergebracht worden.

## 4. Literatur (in Auswahl)

### 4.1. Wörterbücher

*Dornseiff 1970* = Franz Dornseiff: Der deutsche Wortschatz nach Sachgruppen. 7. Aufl. Berlin 1970 [1. Aufl. 1933].

### 4.2. Sonstige Literatur

*Augst 1984* = Kinderwort. Hrsg. von Gerhard Augst. Frankfurt a. M. New York 1984.

*Ayto 1983* = John R. Ayto: On specifying meaning. In: Lexicography: Principles and Practice. Ed. by Reinhard R. K. Hartmann. London. New York 1983, 83—99.

*Ballmer 1977* = Thomas T. Ballmer: The Instrumental Character of Natural Language. Habil.-Schrift Bochum 1977.

*Ballmer/Brennenstuhl 1981* = Thomas T. Ballmer/Waltraud Brennenstuhl: Speech Act Classification. Berlin. New York 1981.

*Bobrow/Winograd 1977* = Daniel G. Bobrow/Terry Winograd: An Overview of KRL, a Knowledge Representation Language. In: Cognitive Science 1. 1977, 3—46.

*Boden 1977* = Margaret A. Boden: Artificial Intelligence and Natural Man. Hassocks 1977.

*Brown/Yule 1983* = Gillian Brown/George Yule: Discourse Analysis. Cambridge 1983.

*van Dijk 1977* = Teun A. van Dijk: Text and Context. London. New York 1977.

*Fillmore 1977* = Charles J. Fillmore: Scenes-and-Frames Semantics. In: Linguistic Structures Processing. Hrsg. von Antonio Zampolli. Amsterdam. New York 1977, 55—83.

*v. Hahn et al. 1980* = W. v. Hahn/W. Hoeppner/A. Jameson/W. Wahlster: The Anatomy of the Natural Dialogue System HAM-RPM. In: Natural Language Based Computer Systems. Ed. by Leonhard Bolc. München 1980, 119—253.

*Henne/Drosdowski/Wiegand* = Helmut Henne/Günther Drosdowski/Herbert Ernst Wiegand: Nachdenken über Wörterbücher. Mannheim 1977.

*Hofstadter 1979* = Douglas R. Hofstadter: Gödel, Escher, Bach: an Eternal Golden Braid. Hassocks 1979.

*Kutschera 1967* = Franz von Kutschera: Elementare Logik. Wien. New York 1967.

*Makkai 1980* = Adam Makkai: Theoretical and Practical Aspects of an Associative Lexicon for 20th. Century English. In: Theory and Method in Lexicography. Ed. by Ladislav Zgusta. Columbia 1980, 125—146.

*Minsky 1977* = Marvin Minsky: Frame-System Theory. In: Thinking. Ed. by Philip Nickolas Johnson-Laird/P. C. Wason. Cambridge 1977, 355—377.

*Nilsson 1980* = Nils J. Nilsson: Principles of Artificial Intelligence. Palo Alto 1980.

*Schank/Abelson 1977* = Roger C. Schank/Richard P. Abelson: Scripts, Plans and Knowledge. In: Thinking. Ed. by Philip Nickolas Johnson-Laird/P. C. Wason. Cambridge 1977, 421—443.

*Wahlster 1982* = Wolfgang Wahlster: Natürlichsprachliche Systeme. Eine Einführung in die sprachorientierte KI-Forschung. In: Künstliche Intelligenz. Hrsg. von Wolfgang Bibel/Jörg Siekmann. Heidelberg 1982, 203—283.

*Wegner 1979 a* = Immo Wegner: Lexikalische Semantik und Frame-Theorie; eine Untersuchung von Substantiven, die menschliche Körperteile bezeichnen, für ein Wörterbuch des Neuhochdeutschen. M. A.-Arbeit Bochum 1979.

*Wegner 1979 b* = Immo Wegner: Frame-Theorie und Lexikalische Semantik. In: Deutsche Sprache 4. 1979, 298—314.

*Wegner 1985* = Immo Wegner: Frame-Theorie in der Lexikographie. Untersuchung zur theoretischen Fundierung und computergestützten Anwendung kontextueller Rahmenstrukturen für die lexikographische Repräsentation von Substantiven. Tübingen 1985 (Lexicographica. Series Maior 10).

*Wiegand 1977* = Herbert Ernst Wiegand: Nachdenken über Wörterbücher: Aktuelle Probleme. In: Helmut Henne/Günther Drosdowski/Herbert Ernst Wiegand: Nachdenken über Wörterbücher. Mannheim 1977, 51—102.

*Wiegand 1984* = Herbert Ernst Wiegand: On the Structure and Contents of a General Theory of Lexicography. In: LEXeter '83 Proceedings. Ed. by Reinhard R. K. Hartmann. Tübingen 1984, 13—30.

*Wunderlich 1974* = Dieter Wunderlich: Grundlagen der Linguistik. Reinbek 1974.

*Zgusta 1980* = Theory and Method in Lexicography: Western and Non-Western Perspectives. Ed. by Ladislav Zgusta. Columbia 1980.

*Immo Wegner, Mainz*
*(Bundesrepublik Deutschland)*


# 85. Vocabulary Control in the Definitions and Examples of Monolingual Dictionaries

1. Circularity
2. Definition of Words Used
3. Methods of Vocabulary Control
4. Vocabulary Control in Comparison
5. Defining Vocabulary Construction
6. Vocabulary in Example Sentences
7. Concluding Remarks
8. Selected Bibliography

In contrast to theoretical linguistics that for decades concentrated almost exclusively on syntactic phenomena, in the theory of lexicography as well as in its application to the actual process of dictionary making the word has always been at the centre of attention, especially in monolingual dictionaries. Nevertheless, as in other disciplines, the gap between theory and practice has in some areas remained more noticeable than in others.

## 1. Circularity

It has, for example, long been recognized (cf. Zgusta et al. 1971, 261 f.) that "one of the greatest dangers [...] is the *circularity* of two entries", i.e. if in a dictionary article the definition of $A$ contains the word $B$ (or words $B$, $C$, $D$), while the definition of $B$ contains the word $A$ etc. In such cases we speak of low-level circularity. Examples of circular definitions can be found in nearly every monolingual dictionary.

It stands to reason that circularity in a dictionary cannot be totally avoided as long as all the words of a language are included in the dictionary, but lexicographers could at least try to avoid obviously circular definitions by monitoring the words used in the definitions even in those dictionaries where a defining vocabulary is not used. It is certainly a problem for the native speaker and the foreign learner of a language alike if the user is sent from *A* to *B* only to find *A* again in *B* if he dutifully tries to check up on the information received (cf. the discussion in Neubauer 1980, 2—10 with numerous examples).

## 2. Definition of Words Used

Another long established ground-rule for dictionary making has been that words used in the definitions should be listed as entries in the dictionary. Spot checks in almost every dictionary have shown that this rule has been honoured more in the breach than the observance so that words are defined with words that cannot be found in the dictionary if the user happens not to know them. Furthermore, this rule should apply not only to the word form in question but also to particular senses of a word used in the definitions, because it is also frequently the case that although the word form is provided in the dictionary, the particular word sense used in a definition is not listed in the dictionary.

While it seems to have been an insurmountable task for dictionary makers in the past to control the vocabulary to such an extent that the appropriate listing of words and word senses could be insured, the use of data bases and computers in dictionary compilation as well as in the actual typesetting process should allow at least an exact monitoring of the word forms used as headwords and in the definitions, provided such a supervising step is included in the programming somewhere and the programme can handle different morphological versions of the word form. In order to monitor the word senses occurring in the definitions and in the entries it would be necessary to mark the word forms for senses, at least for the computation process because sense marking in the dictionary definitions may interfere with legibility.

## 3. Methods of Vocabulary Control

In the preceding sections I have mentioned so far two reasons why the words occurring within the dictionary definitions should to some extent be monitored. In practice, in monolingual dictionaries the following general strategies with respect to vocabulary control can be observed:

a) no control whatsoever over what words are used in the dictionary definitions; b) it is attempted to use 'simple language' in the definitions, but without explicit restrictions; c) the words in the definitions are mainly selected from a specified list of words contained in a defining vocabulary, in addition some words not contained in the defining vocabulary are used for cross-references and terminology; this type of dictionary definition has been called *mixed definition* (cf. Neubauer 1980, 10); d) all words occurring in the definitions form part of an explicitly compiled defining vocabulary that is listed in the dictionary; e) all words occurring in the explanations form part of an explicitly compiled defining vocabulary with the senses actually used marked, and only the senses listed are used in the definitions.

While individual dictionaries may not always be totally categorizable into these five groups, the main tendency can usually be attributed with a fair amount of certainty.

### 3.1. Defining Vocabularies

*Defining vocabulary* refers to the method of constructing dictionary definitions not from all the words of the given language but from a relatively restricted set of words that are selected for that purpose. This approach became particularly important with the divergence of general monolingual dictionaries into monolingual dictionaries for native speakers and monolingual dictionaries for foreign learners of the particular language, i.e. learners' dictionaries (cf. Article 23).

Opinions have been divided in the past about the use of defining vocabularies. The main motivation for the application of defining vocabularies is to avoid "using words for the explanations of a headword which are more difficult than the word to be explained" (Neubauer 1984, 117), which may frustrate learners of a foreign language in their attempt to use a monolingual dictionary and make them turn to a bilingual dictionary instead, thereby counteracting their teachers pedagogical advice to use the monolingual dictionary. The arguments against were based, on the one hand, on the fear that definitions could no longer be phrased accurately if a restricted vocabulary were to be used. Kirkpatrick (1985, 10), for example, expresses her doubts in this direction:

"The worst feature of the defining vocabulary system is the constraints it places on the definer. A restricted vocabulary system definitely runs the risk of producing definitions phrased in a language which sounds most unnatural [...] The other problem is that it is virtually impossible to define some words, especially technical words, in terms of a limited vocabulary list."

As to the problem of explaining technical words, Graham's (1965) *Science Dictionary in Basic English* together with Flood and West's (1962) *Elementary Scientific and Technical Dictionary* shows that an accurate definition of scientific terms for a layman dictionary user is also possible even when defining vocabularies are used (cf. the discussion in Neubauer 1980, 185—189).

A comprehensive overview of this aspect and the problems connected with using defining vocabularies in general is provided by Herbst (1986, esp. 111) who argues:

"Thus the use of a controlled defining vocabulary need not result in definitions that suffer from a lack of accuracy as long as words from outside the defining vocabulary can be used whenever it seems necessary in respect to precision."

A further argument against defining vocabularies is

"that it takes more space to define something in simple terms than it does to define something in more difficult and succinct terms" (Kirkpatrick 1985, 10).

Although it may be true in some individual cases of definitions that a syntactically more complex construction has been used, Michiels and Noel (1984) could not find major differences after their computer-assisted analysis of two dictionaries. Herbst (1986) comes to similar conclusions after a comparison of dictionaries with and without defining vocabularies.

## 4. Vocabulary Control in Comparison

As a further illustration of how using defining vocabularies affects the definitions and of the categories outlined in section 3. I would like to provide excerpts from various dictionaries that share the feature of being one-volume English monolingual dictionaries.

I have chosen the entries for **umbilical cord** not only because it reminds me of the recent birth of my daughter but also because with respect to difficulty it is a likely candidate for a concept a learner of English as a foreign language may need help with, particularly since from the word form in English the connection between *umbilical cord* and *navel* is not as apparent as, for example, in German between *Nabelschnur* and *Nabel*. In addition, alphabetically it occurs towards the end of the dictionary when experimenting has usually come to an end.

### 4.1. Definition with no Vocabulary Control (cf. 3 a)

ŭmbĭ'lĭcal (*or* -ĭ'kəl) *a.* **1.** Of, situated near, affecting, the umbilicus; ~ **cord,** ropelike structure attaching foetus to placenta, (fig.) essential connecting-line in various technologies. **2.** Centrally placed. [obs. F, or f. UMBILICUS + -AL]

Dictionary excerpt 85.1: Dictionary article (from: Sykes 1976, 1620)

This article is a clear example of disregard for vocabulary difficulty in the interest of providing accurate technical information in the corresponding terminology. For a language learner, however, who is apparently not supposed to use this dictionary, it would not be of much help if he is sent from *umbilical* to *umbilicus,* and then to *foetus* and *placenta*, which he is as unlikely to know as *umbilical cord*.

In addition, if our dictionary user happens to follow up the cross-reference from *umbilicus* to *navel,* he ends up with "depression in front of belly left by detachment of umbilical cord" (Sykes 1976, 727) where he set out from (cf. my remarks on low-level circularity above). This is also a typical example of how the need for further checking in other dictionary articles would very soon lead to a combinatorial explosion of words that have to be looked up.

It seems to be justified here to ask what difference vocabulary-wise there is between an encyclopedia article and a dictionary article (cf. Art. 30). Also, it is questionable whether a dictionary user will consult a general monolingual dictionary for that kind of scientific information and terminology.

### 4.2. Definition in 'Simple Language' (cf. 3 b)

umbilical [ʌmˈbilikəl]: ʹumbilical cord *nc* the cord that attaches an unborn baby to its mother.

Dictionary excerpt 85.2: Dictionary article (from: Kirkpatrick 1980, 821)

While the back cover of the International Students' Edition of Kirkpatrick (1980) claims that the dictionary contains "clear and accurate definitions in simple language —

but no awkward definitions resulting from an unnaturally restricted vocabulary", it is difficult to a marked difference between such a definition and one phrased on the basis of a defining vocabulary, especially since nearly all of the words used here *(cord, born, baby, mother)* with the exception of *attach* (for which, easily, *fasten* could be used) are contained in the defining vocabulary of the *Longman Dictionary of Contemporary English* (LDOCE). As to accuracy, the baby stays attached to its mother for some time even after birth, but this is a question of the information contained in the definition, not of the vocabulary.

### 4.3. Definitions in the Form of 'Mixed Definitions'

**um·bil·i·cal cord** /ˌʌmˌbɪlɪkəl ˈkɔːd‖-ˈkɔrd/ *n* the tube of flesh which joins the young to the organ which feeds it inside the mother, before birth

Dictionary excerpt 85.3: Dictionary article (from: LDOCE, 1195)

In this definition it can clearly be observed how the definer tries to explain *placenta* within the limits of the defining vocabulary *(the organ which feeds it),* while in this instance no cross-reference is made to *navel*. In the other direction, though, the cross-reference is established:

**na·vel** /ˈneɪvəl/ *n* [C] a small mark or sunken place in the middle of the stomach, left when the connection to the mother (the UMBILICAL CORD) was cut at birth —see picture at HUMAN²

Dictionary excerpt 85.4: Dictionary article (from: LDOCE, 727).

Thus the advantage of using 'mixed definitions' with the possibility of using cross-references and of scientific or technical terms is shown. These are printed in small capitals in LDOCE.

### 4.4. Defining Vocabulary Only (cf. 3 d)

navel /ˈneɪvəl/ *n* the little hollow in the middle of the front of the body.

Dictionary excerpt 85.5: Dictionary article (from: West 1965, 247, see West/Endicott 1976)

Cross-referencing or using technical terms is not possible here, since the definitions are phrased on the basis of words from the defining vocabulary only.

### 4.5. Defining Vocabulary and Word Senses (cf. 3 e)

No text example can be provided here since, to my knowledge, a defining vocabulary with specific word senses where only the senses specified are used in the definitions has not been compiled yet. Procter (1978, ix) does say in the introduction to LDOCE that only "the most 'central' meanings" of the 2000 words and "only easily understood derivatives" were used. Also, senior editor Ayto (1984, 53) maintains that "limitations were placed on the permissible meanings of many of these words" and "the word *degree* is in the list, for example, but it was only used with the meaning 'subdivision of an angle', not in the sense of a university degree". In contrast, in the "document, from which the lexicographers worked when writing LDOCE" (personal communication from the publishers) the senses specified include "university, of quality; temperature; geom." which is clearly reflected in text example 85.6:

**doc·tor¹** /ˈdɒktəʳ‖ˈdɑk-/ *n* **1** [C;A] a person holding one of the highest degrees given by a university (such as a PHD, DSC, D LITT, etc.) **2** [C;A;N] a person whose profession is to attend to sick people (or animals): *an animal doctor|You should see a doctor.|Doctor Smith will see you now.|Good morning, doctor* **3** [C9] *infml* a person who repairs the stated things; REPAIR MAN: *a radio/bicycle doctor* **4** [A;N] *AmE* DENTIST **5 under the doctor (for)** *BrE infml* being treated by a doctor (for)

Dictionary excerpt 85.6: Dictionary article (from: LDOCE, 322)

Here *degree* is obviously used in the university sense in the first sense listed and it is treated as part of the defining vocabulary.

The word "young *adj*" is not restricted in its senses in the working instructions.

It is doubtful to me whether the definer stays within the same 'central meaning' if one uses the adjective *young* as in *young vegetables* and also, as in text example 85.3, in the context "the tube of flesh which joins the young [. . .]".

As to the number of senses, let us look at LDOCE's dictionary article for *tube* where we can see six senses:

**tube** /tjuːb‖tuːb/ *n* **1** [C] a hollow round pipe of metal, glass, rubber, etc., used esp. for carrying or holding liquids **2** [C] a small soft metal container, closed at one end and fitted with a cap at the other for holding TOOTHPASTE, paint, etc., which are pushed out of the tube by tightly pressing the end opposite to the cap **3** [C] any hollow pipe or organ in the body: *the* BRONCHIAL *tubes* **4** [*the*+R;C; *by*+U] *BrE (sometimes cap.)* UNDERGROUND³: *a tube train|to travel by tube* **5** [C] VALVE (2) **6** [C] CATHODE RAY TUBE

Dictionary excerpt 85.7: Dictionary article (from: LDOCE, 1187)

The only sense excluded in the working instructions for LDOCE's definers refers to sense 4 ("NOT Underground") while, presumably, all the other five senses were used in the definitions, or at least the first three 'central' ones.

This detailed account of the handling of senses in the practice of writing definitions on the basis of a defining vocabulary is in no way supposed to detract from LDOCE's achievement of having compiled a monolingual learners' dictionary of that size.

It is only meant to show that sense differences as part of vocabulary control are not really recognized as a potential problem by dictionary makers, although especially if the different senses constitute concrete and abstract meanings of the same word form, this is sometimes very difficult to understand for the dictionary user.

These remarks are also trying to illustrate that the number of words listed in a defining vocabulary must not be mistaken for the number of meanings actually used in the compiling process which is much, much higher (cf. also Neubauer 1980, 13).

## 5. Defining Vocabulary Construction

One of the principles upon which the selection of words for defining vocabularies has been based is the familiarity a learner of the language would have with a particular word. West (1960, 39) describes his selection criteria for his "Minimum Adequate Vocabulary" that later served — with modifications — as Defining Vocabulary for West's *New Method English Dictionary:*

"The vocabulary should be usable by a boy or girl in a moderately civilized environment — not a big city nor a mere country village. The principle of Negative Selection was employed: a word or item should not be included unless it was such as to be useful to boys *and* girls, in town *and* country." (West 1960, 39).

Familiarity often corresponds with a certain degree of frequency with which a particular word occurs in the language; it is thus not surprising that frequency counts have also played an important role in the compilation of defining vocabularies; in particular West (1953) is still quoted today as a major source for recent vocabularies, although the data about the distribution of senses contained in this volume has not been explicitly acknowledged in the defining vocabularies (cf. the preceding section).

While familiarity and frequency may provide some initial suggestions for the selection of a word, later work on the compilation of defining vocabularies has shown that lexicographic usefulness (cf. Ayto 1984, 53) plays an at least equally important role in such a process. In analogy with the discussions about semantic primitives in linguistic theory, it has to be stressed that the defining vocabulary is not something existing in the language waiting to be discovered by some empirical research. Rather it is a corpus of words that have shown their usefulness for defining other words in a dictionary.

In some cases the lexicographic usefulness may even turn into a lexicographic necessity if there is a word like, say, *atom* that does not have a high frequency in ordinary language and frequency counts but may still have to be used in dictionary definitions by the definer. On the other hand, defining vocabularies should not contain words that can relatively easily be defined by other words within the vocabulary. It seems to be redundant, for example, to have *born* and *birth* (cf. text example 85.3) in the defining vocabulary, when *birth* can be defined by "when the baby is born" (cf. also Neubauer 1984 on this matter).

With this description of the compilation and proposal for the modification of English defining vocabularies in mind it should be possible to start work on the compilation of such vocabularies in other languages as well, because, to my knowledge, apart from the dictionaries in English and French (cf. Gougenheim 1958) and a Russian learners' dictionary for the non-Russian republics (Birjukov et al. 1981) in no other languages dictionaries have been compiled that use the method of defining vocabularies or basic vocabularies.

## 6. Vocabulary in Example Sentences

What can be said about the advantages of vocabulary control in the definitions in a monolingual dictionary should also apply to the example sentences to some extent, although their main function is sometimes more related to showing the syntactic behaviour of words than to the demonstration of meaning (cf. Art. 47). On the other hand, it has even been suggested that the example sentences should take over to some extent the function of the definitions as is attempted in Dubois/Dubois-Charlier 1978. In either case, it is nevertheless important that the learner who consults the example sentences should be in a position to understand the words used in them, which cannot be the case if they contain a totally uncontrolled vocabulary.

A further complication arises from the demand that example sentences even in learners' dictionaries should not be constructed by the lexicographer in order to show some particular usage but based on genuine language samples selected from a corpus of the language as Bergenholtz (1985, 241) proposes:

"[Es] muß die Forderung aufgestellt werden, daß die Beispiele und die darin enthaltenen Kollokationen ausgehend von echten Belegen zu bilden sind."

In contrast, Zöfgen (1986, 232), who appreciates the role example sentences can play to allow the language learner to understand the dictionary article as a whole, warns

"Die Beispielsätze dürfen keine unüberwindbaren Verstehensbarrieren aufbauen. Deshalb muß der im Beispielsatz verwendete Wortschatz [...] die sprachlichen Fähigkeiten des L2-Benutzers realistisch einschätzen [...]"

which in practice would mean that the vocabulary (and syntax) of the example sentences would have to be as controlled as the vocabulary of the definitions. In reality a strict demarcation between these relatively close approaches may not be possible in every case, perhaps a balanced handling of the example sentences along the lines of Sinclair (1987, xv) would constitute a sensible compromise:

"Some of the examples are slightly adapted from the citation in our text files. In all cases we have attempted to preserve the common pattern of use, and have only changed or omitted words that seemed to us not to be affecting the use."

## 7. Concluding Remarks

The preceding description of diverging positions on the control of vocabulary in example sentences shows that, although they are apart in theory, "derived from", "realistic estimation of the L2 user" and „slightly adapted" seem to signal a relatively close working attitude in practice.

Similarly, if one compares the text examples 85.2, 3, 4 and 5, the difference with respect to vocabulary between 'simple language', 'controlled vocabulary', 'controlled vocabulary with cross-references' and 'defining vocabulary' does not seem to result in dramatically different results. In the interest of the dictionary user and language learner it is less relevant to ponder over theoretical positions than to combine forces in further research on dictionary use, i.e. the effect vocabulary difficulties have on the successful interaction with a dictionary and on further improvement of monolingual dictionaries. Dictionary makers need to be equipped with an increased sensitivity for vocabulary use and dictionary users' difficulties in using the dictionaries. They require feedback from the user to allow easier access by the compilation of dictionaries with vocabulary sensibly controlled in one way or another along the lines outlined here especially for languages in which genuine learners' dictionaries do not yet exist.

## 8. Selected Bibliography

### 8.1. Dictionaries

*Birjukov 1981* = Viktor G. Birjukov et al.: Tolkovyj slovar' russkogo jazyka: Posobie dlja učaščichsja nacional'nych škol. Leningrad 1981 [vi, 383 p.]

*Dubois/Dubois-Charlier 1978* = Jean Dubois and Françoise Dubois-Charlier (dir.): Dictionnaire du français langue étrangère: Niveau 1. Paris 1978 [xv, 910 p].

*Flood/West 1962* = Walter E. Flood and Michael West: An Elementary Scientific and Technical Dictionary. London 1962. 3rd edition [vii, 409 p.] First published as An Explaining and Pronouncing Dictionary of Scientific and Technical Words. London 1952.

*Gougenheim 1958* = Georges Gougenheim: Dictionnaire fondamental de la langue française. Paris 1958 [xv, 283 p.].

*Graham 1965* = Elsie C. Graham: The Science Dictionary in Basic English. London 1965 [xvi, 568 p.].

*Kirkpatrick 1980* = Elizabeth M. Kirkpatrick (ed.): Chambers Universal Learners' Dictionary: International Students' Edition. Edinburgh 1980 [xx, 907 p].

*LDOCE* = Procter 1978.

*Procter 1978* = Paul Procter (ed.): Longman Dictionary of Contemporary English. London 1978. [In Germany published as Dictionary of Contemporary English: Ein umfassendes einsprachiges Wörterbuch für Schule und Hochschule. München 1978. xxxix, 1303 p.].

*Sinclair 1987* = John Sinclair (ed.): Collins COBUILD English Language Dictionary. London 1987 [xxiv, 1703 p.].

*Sykes 1976* = John B. Sykes: The Concise Oxford Dictionary of Current English. Sixth edition. Oxford 1976. First edition 1911 [xxiii, 1368 p.].

*West 1953* = Michael West: A General Service List of English Words with Semantic Frequencies and a Supplementary Word-List for the Writing of

Popular Science and Technology. London 1953 [xiii, 588 p.].

*West/Endicott 1976* = Michael West and James G. Endicott: The New Method English Dictionary. Fifth Edition. London 1976. [First edition 1935. Very similar in content to Michael West: An International Reader's Dictionary. London 1965. Second edition 1977].

8.2. Other Publications

*Ayto 1984* = John Ayto: The Vocabulary of Definition. In: Dieter Götz and Thomas Herbst (Hrsg.): Theoretische und praktische Probleme der Lexikographie: 1. Augsburger Kolloquium. München 1984, 50—62.

*Bergenholtz 1985* = Henning Bergenholtz: Vom wissenschaftlichen Wörterbuch zum Lernerwörterbuch. In: Henning Bergenholtz and Joachim Mugdan (Hrsg.): Lexikographie und Grammatik: Akten des Essener Kolloquiums zur Grammatik im Wörterbuch, 28.—30. 6. 1984. Tübingen 1985, 225—256.

*Herbst 1986* = Thomas Herbst: Defining with a Controlled Defining Vocabulary in Foreign Learners' Dictionaries. In: Lexicographica 2. 1986, 101—119.

*Kirkpatrick 1985* = Betty Kirkpatrick: A Lexicographical Dilemma: Monolingual Dictionaries for the Native Speaker and for the Learner. In: Robert Ilson (ed.): Dictionaries, Lexicography and Language Learning. Oxford 1985 (ELT Documents 120), 7—13.

*Michiels/Noël 1984* = Archibal Michiels and Jacques Noël: The Pro's and Con's of a Controlled Defining Vocabulary in a Learner's Dictionary. In: Reinhard R. K. Hartmann (ed.): LEXeter '83 Proceedings: Papers from the International Conference on Lexicography at Exeter, 9—12 September 1983. Tübingen 1984, 385—394.

*Neubauer 1980* = Fritz Neubauer: Die Struktur der Explikationen in deutschen einsprachigen Wörterbüchern: Eine vergleichende lexikosemantische Analyse. Hamburg 1980 (Papiere zur Textlinguistik 27).

*Neubauer 1984* = Fritz Neubauer: The Language of Explanation in Monolingual Dictionaries. In: Reinhard R. K. Hartmann (ed.): LEXeter '83 Proceedings: Papers from the International Conference on Lexicography at Exeter, 9—12 September 1983. Tübingen 1984, 117—123.

*West 1960* = Michael West: Teaching English in Difficult Circumstances. London 1960.

*Zgusta 1971* = Ladislav Zgusta et al.: Manual of Lexicography. The Hague 1971.

*Zöfgen 1986* = Ekkehard Zöfgen: Kollokation — Kontextualisierung — (Beleg-)Satz: Anmerkungen zur Theorie und Praxis des lexikographischen Beispiels. In: A. Barrera-Vidal et al. (Hrsg.): Französische Sprachlehre und *bon usage*: Festschrift für Hans-Wilhelm Klein zum 75. Geburtstag. München 1986, 219—238.

*Fritz Neubauer, Bielefeld*
*(Federal Republic of Germany)*


# 86. Différenciation des significations dans le dictionnaire monolingue: problèmes et méthodes

1. Position de principe ou fondement théorique
2. Par quelle acception commencer?
3. Description de l'analyse sémantique
4. Remarque finale
5. Bibliographie choisie

## 1. Position de principe ou fondement théorique

La différenciation des significations dans le dictionnaire monolingue écarte une conception descriptive et fonctionnelle du lexique, selon laquelle «chaque forme se trouve multipliée en autant de mots différents qu'elle comporte d'acceptions, et par voie de conséquence, en autant de rubriques» (Quemada 1967, 466—467); c'est encore la voie que suivaient les grands dictionnaristes de la fin du dix-septième siècle, qui faisaient du *mot-signe* l'unité lexicographique de base; les nuances attachées à *sens, acceptions, valeurs* n'ont guère été maîtrisées par les lexicographes antérieurs à Littré. Il est piquant de constater que la mise en œuvre aujourd'hui de grands dictionnaires informatisés consultables par les moyens de la télématique s'appuie à nouveau sur cette conception du *mot-signe* et lui redonne la vitalité perdue, puisqu'elle fait de chaque item une entrée.

La différenciation des significations dans le dictionnaire monolingue de décodage postule à l'opposé une conception génétique et explicative, qui «dégage le mot comme une forme à laquelle doivent être attachées les diverses acceptions qui lui sont reconnues dans un ensemble d'usages linguistiques plus ou moins diversifiés et plus ou moins étendus dans le temps» (Quemada 1967, 466). Une seule rubrique est ainsi dévolue à l'ensemble et elle pose les problèmes de l'organisation des sens puisqu'elle remplace de simples énumérations par une hiérarchie sémantique construite, laquelle pose les problèmes suivants, en allant du plus abstrait vers le plus concret: par quelle acception commencer et dans quel ordre présenter les différentes acceptions distinguées? comment les distinguer?

## 2. Par quelle acception commencer?

On énumère ci-après plusieurs solutions envisagées et appliquées par plusieurs dictionnaires de langue.

### 2.1. Le sens primordial

On peut rechercher le «sens primordial», ainsi que l'appelaient les grammairiens logiciens du 18e siècle ou la «signification primitive» comme l'appelle Beauzée dans l'article *sens* de l'Encyclopédie de Diderot. «Chaque mot a d'abord une signification primitive et fondamentale, qui lui vient de la décision constante de l'usage, et qui doit être le principal objet à déterminer dans un dictionnaire» (*Encyclopédie,* t. 15, s. v. *sens* p. 16). Ainsi, à travers la multitude des acceptions reçues par l'usage, il reviendrait au lexicographe de dégager ce qui est invariant.

Si la signification primitive est toujours l'objet immédiat des diverses acceptions, elle est, selon Beauzée, le fondement des sens du *sens propre* et des *sens figurés.* «Un *Mot,* écrit-il, est pris dans le sens propre, lorsqu'il est employé pour exciter dans l'esprit l'idée totale que l'usage primitif a eu l'intention de lui faire signifier: et il est pris dans un sens figuré, lorsqu'il présente à l'esprit une autre idée totale à laquelle il n'a rapport que par l'analogie de celle qui est l'objet du sens propre. Ainsi, le sens propre est antérieur au sens figuré, il en est le fondement; c'est donc lui qui caractérise la vraie nature des *Mots»* (*Encyclopédie,* t. 10, s. v. *mot* p. 752). Ainsi, l'analogie n'est pas seulement la force unificatrice gouvernant les transformations morphologiques des mots appartenant à un même paradigme, elle traduit aussi l'ordre qui règne dans la pensée et que doit manifester sous une même entrée de dictionnaire un ensemble de sens ou d'acceptions.

### 2.2. L'ordre systématique ou la recherche d'une taxinomie

La taxinomie couronne le travail du lexicographe quand il a réussi à dégager le sens primordial; c'est ce que pensaient les auteurs du *Dictionnaire général de la langue française* (= DG) quand ils exposaient la méthode suivie par eux; certes, ils ne parlent pas de sens primordial, mais de «notion commune» qui domine et rattache les unes aux autres les diverses acceptions d'un mot. «C'est cette idée générale, toujours présente, qu'il faut mettre en lumière, pour donner véritablement l'histoire du mot», pour l'étendre «à une série de sens analogues au sens primitif» (*Préface,* p. III). Ainsi, pour ces auteurs la rationalité et la logique sont inhérentes à la langue même et sont observables comme dans les filiations naturelles qu'offrent les espèces vivantes. «Lorsqu'un mot a plusieurs sens, remarquent-ils, il constitue véritablement un *genre,* dont les acceptions principales forment pour ainsi dire les *espèces,* et les acceptions secondaires les *variétés.* Enumérer les divers sens l'un après l'autre, même dans l'ordre historique et logique, (...) c'est (...) méconnaître la loi fondamentale qui régit toute classification» (*Préface,* p. XVII). Mais le souci étymologique prémunit heureusement ces auteurs de la tentation d'une reconstruction des sens selon les règles d'une logique formelle: «Il faut donc commencer, disent-ils, par le sens étymologique et le déterminer avec précision, en interrogeant, en interprétant les textes, pour retrouver l'enchaînement d'idées que l'esprit a suivi du sens primitif au sens actuel» (*Préface,* p. XVIII).

### 2.3. L'ordre historico-logique

2.3.1. Les auteurs du DG avaient sans doute voulu combiner les méthodes préconisées par Beauzée dans l'*Encyclopédie* pour la clarification des sens et celles expliquées par Littré dans la *Préface* à son dictionnaire et dans sa causerie intitulée: *Comment j'ai fait mon dictionnaire,* véritable synthèse doctrinale énonçant des principes cohérents, «en parfaite harmonie avec le mouvement scientifique de son temps, et par là nouveaux par rapport à la tradition lexicographique» (Imbs 1983, 404). Mais la synthèse n'offre pas toujours la cohérence attendue et ne permet pas de considérer Littré, comme on le fait parfois, comme partisan délibéré du sens étymologique. Voici deux passages témoignant de l'incertitude en la matière de la pensée de Littré: «La filiation des sens est une opération difficile, mais nécessaire pour la connaissance du mot, pour l'enchaînement de son histoire, surtout pour la logique générale, qui, ennemie des incohérences, est déconcertée par les brusques sauts des acceptions et par leurs caprices inexpliqués» (Préface au 1er tome de l'éd. 1959, p. 131) et ailleurs: «Dans l'étymologie j'invoque l'historique; je l'invoque aussi plus d'une fois pour la classification des sens» (*Complément de la Préface,* ibid. p. 171).

Une position nuancée est également présentée par le *Petit Robert* (= PR) qui «présente des plans historiques. Cependant lorsque les principaux emplois sont à peu près aussi anciens les uns que les autres, la logique reprend ses droits» (*Préface,* p. XIII).

2.3.2. Deux dictionnaires *Larousse* présentent une recherche intéressante dans l'organisation des sens par la solution de l'*ordre historico-structural,* que l'on peut constater dans les articles du *Dictionnaire du français contemporain* (DFC 1967) et dans *Lexis* (1975). Chaque article devant présenter une unité sémantique cohérente «on a regroupé autour d'un terme vedette placé en entrée les dérivés et les composés qui, par leur sens, se rattachent étroitement à lui» (*Lexis* 1975, Préface, p. VIII). Les auteurs entendent bien ne pas recréer les traditionnelles «familles» de mots autour d'une racine étymologique commune, mais ils ont été conduits «à considérer comme homonymes des termes qui, jusqu'ici, du fait de leur étymologie, étaient considérés comme une seule et même unité (...)» (*Ibid.,* p. IX). A n'en pas douter la méthode suivie vise à concilier, suivant un arrangement à valeur didactique indéniable, logique et histoire; elle trouvera son achèvement dans le *Robert méthodique* (RM 1982).

### 2.4. L'organisation des sens fondée sur des critères de fréquence

S'il est vrai que Littré est celui des lexicographes du français moderne qui a réservé la plus grande part à l'histoire, il faut cependant noter que le passé et les archaïsmes démontrent dans les articles la continuité d'une tradition qui éclaire les anomalies du français actuel ou renforce l'autorité de l'usage moderne. Littré pouvait dire, comme le fait la préface de la première édition du *Dictionnaire de l'Académie* que «l'usage contemporain est le premier et le principal objet d'un dictionnaire» (Préface au 1er tome de l'éd. 1959, p. 118).

C'est ce principe que pose le *Grand Larousse de la langue française* (= GLLF), même si, pour certains articles, l'organisation des sens y déroge:

«La description part, en général, de l'usage actuel, selon la tradition des Dictionnaires Larousse, selon le point de vue du premier *Dictionnaire de l'Académie,* condamné par Littré, qui ne voyait dans cet usage qu'un fait accidentel dans le déroulement historique de la carrière du mot. Il arrive que la succession des emplois soit classée selon l'évolution historique de la signification du terme» (GLLF 1, 1971, III).

Le *TLF* adoptait, au moins à ses débuts, une pratique semblable, même si l'ordre historique s'est généralement imposé dans les volumes suivants.

Nous pouvions écrire ceci en 1972: «L'organisation des sens dans une perspective synchronique devrait pouvoir refléter la fréquence relative des usages; en fait, elle n'échappe pas, pour des commodités de consultation, aux règles d'une logique de nature taxinomique, fondée sur des analogies simples: le sens propre précède le sens figuré ou les acceptions qui sont une extension de ce sens; à l'intérieur des divisions du sens, l'acception concrète précède l'acception abstraite, et ce qui est général et attesté par l'usage fréquent vient avant ce qui est particulier dans un ou plusieurs domaines techniques ou ce qui relève d'une création de discours, c'est-à-dire d'un usage d'auteur ou d'un fait stylistique» (Gorcy 1972, 93).

En fait, la méthode de présentation qui se fonde sur des critères de fréquence et vise à mettre en lumière l'usage général s'adapte aux cas particuliers. Comme le dit la préface de *Lexis* (p. XI) «L'ordre choisi dans l'énumération des sens est celui qui a paru le plus approprié à chaque cas». Cette position pourrait être reprise par la plupart des dictionnaires de langue française des deux dernières décennies. Cet empirisme prudent se fonde notamment sur le foisonnement des problèmes qui surgit dans le traitement d'articles de dictionnaires d'énoncés et privilégie, autant qu'il est possible, l'aspect historique sur les critères de fréquence, lesquels objectivent souvent les données que fournit déjà au lexicographe sa compétence lexicale de contemporain, pour lui permettre d'aller dans une deuxième démarche, vers le plus conjectural, au mieux vers l'historique. On est loin du souhait exprimé par R. L. Wagner: «C'est plutôt en fonction des sèmes ou de la fréquence des emplois qu'il convient de classer les sens, l'échelle pouvant être ascendante (de rare fréquence à grande fréquence) ou descendante» (Wagner 1975, 87).

### 2.5. De la théorie à la pratique

A travers les déclarations de principe indiquées supra, il semble que la plupart des lexicographes se soient résolus à systématiser l'empirique et, traitant le lexique comme une collection d'unités, aient d'abord voulu répondre à l'attente du public visé et à ses habitudes acquises par un commerce familier avec d'autres dictionnaires. C'est ce qu'ont voulu dépasser les auteurs du *Dictionnaire explicatif et combinatoire du français* (DECFC 1984), qui adoptent une attitude radicalement opposée. Chaque entrée de dictionnaire se présente avec «trois données fondamentales: des données sémantiques, des données syntaxiques et des données de combinatoire lexicale» et ils précisent: «Au lieu de concevoir un dictionnaire en fonction de la clientèle des usagers possibles, les auteurs ont volontairement choisi de donner priorité à la théorie linguistique et, en particulier, lexicographique» (Préface d'André Clas p. XIV). Le sous-titre du dictionnaire est explicite: «recherches lexico-sémantiques». De fait, les informations parfaitement structurées permettent de disposer de cadres d'analyse opérationnels pour un dictionnaire monolingue informatisé à préparer par des linguistes. Essayons plus modestement, plus traditionnellement aussi, de décrire l'analyse sémantique et ses problèmes dans un dictionnaire monolingue à l'aide d'exemples empruntés au *TLF*, et en nous inspirant largement du cahier des normes rédactionnelles.

### 3. Description de l'analyse sémantique

### 3.1. Un exemple

Considérons du point de vue de l'organisation des sens les articles *panachage, panache* et *panachure,* qui sont parus dans le tome 12 du *TLF*. On commencera par l'examen de *panache,* puisque *panachage* et *panachure* en sont dérivés.

**PANACHE** subst. masc.
A. Grande plume ou bouquet de plumes, souvent de couleurs diverses, liées à la base et s'épanouissant librement, utilisé(e) comme ornement.
   1. Dans les coiffures des femmes en tenue d'apparat.
   2. Dans les coiffures masculines à certaines époques, *en partic.* dans la tenue milit. au XVIe s. comme ornement du casque.
   — *En partic.* Signe distinctif porté par un chef militaire. [P. allus. aux paroles attribuées à Henri IV avant la bataille d'Ivry: *Ralliez-vous à mon panache blanc; vous le trouverez toujours au chemin de l'honneur et de la victoire!]*
   · *P. méton.* L'uniforme militaire (de parade); *en partic.,* l'uniforme de l'officier supérieur.
   3. [Sur la tête d'animaux harnachés; au sommet d'objets utilisés au cours de cérémonies ou réservés à l'usage de hauts personnages]
B. *P. anal.* (avec la forme, la légèreté, l'éclat d'un panache) Ce qui surmonte ou couronne quelque chose, flotte ou ondoie. SYNT.
— *P. anal., région.* (Canada) Bois d'orignal, de cerf ou de chevreuil.
— *Locutions*
   · *En panache* Souvent en parlant de la queue d'un animal
   · *Faire panache* Vieilli, HIPP. [En parlant du cavalier] Tomber en passant par-dessus la tête du cheval; [En parlant du cheval] Faire une chute sur l'encolure après l'obstacle.
   *P. anal.* [En parlant d'un cycliste] Passer par-dessus le guidon de sa bicyclette. Syn. *faire un soleil* [En parlant d'une voiture] Se retourner complètement.
— *Spécialement*
   · *ARCHIT.*
   · *HORTIC.*
   · *SERR. Targette, loqueteau, poignée à panache.*
   · *TECHNOL.*
   · *ZOOL., vieilli. Panache de mer.*
C. *Au fig.* [P. réf. à la mode d'orner de plumes les casques des guerriers depuis l'Antiquité] (v. *supra* A, 2).
   1 — Ce qui dénote l'élégance virile et la fière allure du guerrier, la vaillance chevaleresque, la bravoure spectaculaire ou héroïque.
   · *Le goût, l'amour du panache.*
   · *Avoir du panache.*
   2 — Ce qui a de l'allure, de l'élégance, du brio ou de l'éclat.
   — Avec une nuance *péj.* Synon. *gloriole, grandiloquence.*
   — *Arg. et pop. Avoir son panache* «Etre gris» (France 1907).
   «S'empourprer le visage comme un plumet d'uniforme» (Larchey 1878). Synon. *avoir son plumet.*

**PANACHAGE,** subst. masc.
Action de panacher, de mélanger; résultat de cette action.
*Panachage de couleurs.*
— DR. CONSTIT: Dans un scrutin de liste, possibilité offerte à l'électeur de modifier sa liste en rayant le nom d'un ou de plusieurs candidats et de le ou les remplacer par celui ou ceux de candidats pris sur des listes concurrentes.
   · *P. anal.* Sur une liste électorale ou au sein d'un groupement, mélange de représentants de tendances, de partis divers, de races etc.

**PANACHURE,** subst. fém.
Bandes, taches de couleurs diverses, qui se mêlent

à la couleur principale. *Belles panachures; panachures des fleurs, des feuilles, des fruits.*
· *Panachure* (d'un canari)
· *Panachure* (des mammifères). Formation de zones blanches sur le fond coloré de la peau ou du pelage de certains animaux.
— BOT. «Phénomène par lequel des feuilles ou des fleurs sont de plusieurs couleurs» *(Lar. encyclop.);* en partic. maladie végétale caractérisée par l'apparition de taches blanchâtres sur les feuilles et due à un virus ou à une anomalie génétique (d'apr. *Lar. agric.* 1981); taches blanches ainsi produites. *Plante verte atteinte de panachure blanche.*

On a reproduit ci-dessus pour les trois articles l'intégralité des rubriques d'analyse sémantique, hormis les exemples (énoncés enchaînés aux définitions ou énoncés détachés). Chaque sens ou acception obéit à la hiérarchie suivante des informations: A, 1, a, α, -, · : on ne recourt à I, II qui classent A, B etc. que si l'importance de l'article le justifie, notamment dans le cas de changement de construction ou de nature grammaticale.

Après chaque division l'ordre est le suivant: Indicateur sémantique, Domaine, Indicateur stylistique, [condition d'emploi], Définition, *Synon.* et *anton.*, Syntagmes-types, Exemples (enchaînés ou détachés), SYNTAGMES, Locutions, Remarques.

Ainsi, sous *panache* supra B: «*-P. anal., région.* (Canada)» ou sous C, 2: «*-Arg.* et *pop. Avoir son panache* Etre gris».

### 3.2. Les données métalinguistiques

Elles sont justifiées par le souci d'une présentation didactique de l'information en fonction des résultats fournis pour l'essentiel par l'analyse distributionnelle du contenu et des emplois du mot étudié. Il n'entre plus ici de savoir si la préoccupation dans l'analyse est plus historique que systématique ou viceversa. Il s'agit seulement de décrire les outils ou adjuvants didactiques utilisés et qui peuvent se ramener à deux catégories principales: les adjuvants différenciateurs et les adjuvants spécificateurs.

### 3.2.1. Les adjuvants différenciateurs ou le traitement de la polysémie d'acceptions

#### 3.2.1.1. Les adjuvants contextuels (ou collocations)

Ils sont la recherche propre de l'analyse distributionnelle qui met en évidence le caractère habituel, répétitif, socialisé de l'usage, surtout quand il s'agit de collocations ou d'environnement contextuel immédiat. A l'intérieur de l'article elles apparaissent sous forme de syntagmes soit après la définition (syntagmes-types illustrant des constructions très fréquentes et usuelles), soit dans la rubrique *Syntagmes*, soit dans les rubriques *Locutions*: ainsi, *panachage de couleurs,* immédiatement après la définition de *panachage* ou, sous la rubrique *Spécialement de panache, Targette, loqueteau, poignée à panache, panache de mer.*

Sur ce point, et pour certains mots fréquents, les relevés fournis par les classements automatiques ne manquent pas d'intérêt. L'expérience menée par le *TLF* sur les collocations appelées «groupes binaires», a été pleinement convaincante, puisque, au moyen de certaines règles de formation et répondant à certains critères de sélection, était mise en évidence l'association de deux mots dits «sémantiques» séparés ou non par des mots dits «fonctionnels». Rien n'est plus délicat dans un dictionnaire monolingue que de décrire de manière convenable la phraséologie, car il faut donner la part belle aux collocations légitimes (faits de langue) plutôt que stylistiques (faits de parole), et rendre compte du même coup du phénomène de la lexicalisation (syntagme libre devenant progressivement figé), en précisant quand sont apparus par exemple *économiste distingué, guerre froide* ou *guerre des nerfs.*

«Il reste qu'au-delà de ces buts strictement linguistiques apparaît nécessairement une visée de nature logico-linguistique (...): un essai pour pénétrer, grâce à la documentation automatique, la *combinatoire* sémantique du français et, accessoirement l'approche des arcanes de la création poétique» (Gorcy et al. 1979, 17). Un dictionnaire de langue qui veut être, à partir de la description des collocations fournies par les énoncés, un dictionnaire de production de phrases recevables, se doit de faire l'inventaire de ces adjuvants contextuels différenciateurs. La préface du *TLF* est particulièrement explicite sur leur nature:

«L'adjuvant différenciateur est alors ou bien de nature *catégorielle* (un mot peut changer de sens en changeant de *classe*, c'est-à-dire de partie du discours: *passager* adjectif n'a pas le même sens que *passager* substantif); ou bien de nature syntaxique (*beauté* change de sens suivant qu'il ne s'emploie qu'au singulier, ou qu'il peut s'employer à la fois au singulier et au pluriel; *ciseau,* suivant qu'il ne s'emploie qu'au pluriel ou s'emploie à la fois au singulier et au pluriel; *âgé* n'a pas le même sens s'il est suivi de la préposition *de* ou employé en construction absolue); ou bien sémantique (*aimer* n'a pas le même sens suivant que son objet est une personne ou une chose; ou suivant que la personne est un membre de la famille de l'agent ou une personne étrangère à cette famille; le sens change encore si le sujet est végétal: *telle plante aime le soleil*; l'absence d'objet dans *elle aime* «elle est amoureuse» est une façon de lever l'ambiguïté); ou bien stylistique (dans le style soutenu *accommodement* peut signifier «accord à l'amiable»; dans l'argot du milieu *galette* signifie «argent qu'une fille doit à son souteneur»); ou bien rhétorique (le contexte indique qu'un mot est employé par figure, avec une valeur métonymique (*toit* ouvrant *d'une voiture*) ou métaphorique (*la fièvre* électorale) ou elliptique *(une voiture automobile);* ou enfin thématique-situationnelle (le mot *silence* n'a pas le même sens suivant qu'il est employé dans la langue commune ou que l'on parle de mystique ou de musique» (Imbs 1971, XXXII).

3.2.1.2. Domaines techniques

La mention du domaine technique est l'adjuvant différenciateur le moins immédiatement contextuel; elle est une étiquette de classement commode qui suppose que les corps de métier, les institutions, les branches cataloguées du savoir etc. ont été préalablement répertoriés dans une liste établie d'un point de vue documentaire, et dont le seul mérite est d'offrir au lecteur du dictionnaire un tableau de références cohérentes et d'une technicité admissible dans un dictionnaire de langue.

Or, il n'est pas toujours simple de distinguer ce qui est domaine institutionnel et ce qui n'est que classement documentaire, de faire le départ entre le mot employé en discours et son statut de terme dans le domaine auquel il appartient, de distinguer convenablement domaine d'expérience et langue du spécialiste. Nous avons maintenant posé comme règle dans les normes rédactionnelles du *TLF*, que nous ne mentionnerions pas d'indicateur de domaine sans définition technique (elle-même empruntée à un dictionnaire technique faisant autorité ou établie explicitement d'après lui) ou sans accompagnement de syntagmes justifiant une explication; ainsi, dans la structure de *panache*, on notera un sens SERR. suivi de *targette, loqueteau, poignée à panache* et l'emploi *Faire panache Vieilli,* HIPP. [En parlant du cavalier]. Dans le même article un indicateur comme TECHNOL. permet de classer de manière commode un certain nombre d'emplois spéciaux relevant de techniques diversifiées.

Un effort particulier a été fait dans le traitement des sens de mots appartenant aux domaines des sciences naturelles, lesquelles comme la botanique, la zoologie présentent des taxinomies. L'usage de doubles définitions apparaît ainsi dans quelques articles du *TLF:* par exemple l'article **ours** s'ouvre par une définition de caractère général:

«Mammifère au corps volumineux et massif, à fourrure épaisse, plutôt omnivore que strict carnivore, qui observe une période de léthargie hivernale».

Mais elle est suivie, après quelques énoncés, par une définition de caractère scientifique ainsi formulée:

«*ZOOL.* Carnivore de moyenne et grande taille (de la famille des Ursidés), plantigrade, au museau allongé, à petites oreilles et à queue rudimentaire dont les membres portent à leurs extrémités pentadactyles des griffes non rétractiles».

La mention du domaine technique transforme *ours* en terme et autorise ensuite le traitement d'*ours brun,* d'*ours blanc,* d'*ours polaire,* d'*ours des cocotiers,* d'*ours malais, à poche,* d'*ours du Thibet,* d'*ours gris;* d'*ours noir* (voir t. 12 du *TLF*).

En revanche, la pratique de la double définition n'a pas été jugée utile par le rédacteur pour **loup** ainsi défini:

«Mammifère carnassier (de la famille des Canidés) dont l'espèce commune se caractérise par un pelage jaunâtre, mêlé de noir, un museau effilé, des oreilles droites, des yeux jaunes, une queue touffue» (voir t. 11 du *TLF*).

Le *loup* du zoologiste et celui de l'usage coïncident, ce qui n'est pas le cas d'*ours.* En fait, se trouve ici réintégrée à l'intérieur de l'article la distinction que nous faisions au début: le terme est traité comme s'il était un mot-signe et il remplit l'office d'une entrée. C'est pourquoi l'on peut dans la structure de l'article *Panachure* donné sous 3.1.1. présenter sous l'indication du domaine *BOT.* des sens qui pourraient justifier d'entrées séparées.

3.2.1.3. Les adjuvants rhétoriques

Ils consistent «dans l'inclusion d'une figure de rhétorique (principalement *métonymie, métaphore* et *ellipse*) à la délimitation des sens à l'intérieur du champ sémique d'un mot» (Imbs 1971, XXXIII). L'article **panache** offre plusieurs exemples de l'emploi de ces adjuvants: sous A, 2 et toute la division C. Leur rôle est décisif pour différencier les acceptions (annoncées généralement dans le *TLF* par A, B, ...); les normes rédactionnelles actuelles du *TLF* précisent que «deux sémèmes constituent des acceptions d'un même signe (...) s'il est possible de les relier par l'un des indicateurs sémantiques suivants: *en partic., p. ext., p. méton., p. anal., au fig.*».

3.2.1.3.1. *En partic*[ulier] apporte une restriction soulignant qu'entre deux sémèmes n'existe qu'une différence de sèmes spécifiques, l'un en comptant plus que d'autres. Ainsi, si *panache* désigne une grande plume, utilisée comme ornement (A), notamment comme ornement du casque dans la tenue militaire au XVIe siècle (A, 2), *en partic.* ajoute un sème spécifique /signe distinctif du chef/.

La visée restrictive notée par cet adjuvant conduit souvent à une acception technique introduite par la mention d'un domaine d'emploi. Ainsi le sens en botanique de *panachure* n'est qu'une restriction du sens général et aurait pu être introduit par *en partic.*

3.2.1.3.2. Deux sémèmes ne sont liés par *par ext.* que si l'un se différencie de l'autre par l'absence d'un ou de plusieurs sèmes spécifiques.

Dans les articles de *panache* et dérivés, cet indicateur ne figure dans aucun des articles; il aurait pu figurer sous l'acception C de *panache*: entre C₁: «Ce qui dénote l'élégance virile et la fière allure du guerrier, la vaillance chevaleresque, la bravoure spectaculaire et héroïque» et C₂: «Ce qui a de l'allure, de l'élégance, du brio ou de l'éclat» disparaît le sème /militaire/: il y a eu en effet appauvrissement de la compréhension prédicative de *panache* quand elle s'applique à un nombre d'individus ou d'objets plus nombreux, ce qui est précisément le propre de la visée extensive.

3.2.1.3.3. Une relation métonymique notée *P. méton.* existe entre deux sémèmes ou acceptions quand l'un des sèmes spécifiques d'un sémème coïncide avec l'autre sémème, la relation explicitant le lien entre le tout et la partie, le contenant et le contenu, etc. Si en effet *panache* peut avoir pour sémème «Signe distinctif porté par un chef militaire» (A, 2), le sémème est un sème spécifique de l'acception: «L'uniforme militaire (de parade); *en partic.* l'uniforme de l'officier supérieur». Un rapport de contiguïté s'établit entre les deux acceptions liées l'une à l'autre par une relation de la partie au tout. On notera que dans l'adjectif et dans le verbe la métonymie touche rarement le contenu lui-même, mais plutôt les conditions d'emploi sur lesquelles on reviendra sous 3.2.1.5.2. C'est la raison pour laquelle dans les articles du *TLF* cette relation métonymique est parfois notée entre crochets: ainsi sous l'article **narratif** (voir tome 11) on lit une première définition formulée comme suit, à propos d'un texte «Qui présente une narration détaillée, qui relève du récit» suivie de [*P. méton.*] «Propre à la narration, qui convient au récit», définition qui illustre des emplois comme *étude* ou *histoire narrative*, c'est-à-dire «caractère narratif donné par l'auteur à l'étude ou à l'histoire objets du propos».

La même observation est à faire pour les substantifs dérivés d'adjectifs, car la métonymie est déjà dans l'adjectif dont dérive le substantif. Ainsi la *gaieté du rire* correspond aux emplois métonymiques de l'adjectif *gai: un rire gai* est un emploi métonymique pour une *personne qui a un rire gai* ou *le rire d'une personne gaie*. Ce cas de métonymie qui conduit de la propriété ou qualité à l'objet ou à la personne qui la possède est fréquent et justifie la distinction d'une acception.

Il est un cas enfin où la métonymie n'est plus dans le langage, mais réside dans l'objet lui-même; dans ce cas la mention de l'adjuvant *p. méton.* pourrait être omise. Ainsi pour **gorgone** (voir *TLF*, t. 9) signifiant à la fois «personnage fabuleux» et «représentation de ce personnage». Mais le discours lexicographique ressortit à l'énonciation didactique et ne fait pas fi des redondances pourvu que la clarté soit sauve.

3.2.1.3.4. L'adjuvant *Par anal.* indique une liaison analogique, c'est-à-dire une liaison fondée sur la ressemblance dans la différence (ce qui est le propre de la similitude) entre deux sémèmes relevant du concret et ayant en commun au moins un sème spécifique. Ainsi toute l'acception B de *panache* est fondée sur un lien d'analogie «avec la forme, la légèreté, l'éclat d'un panache» (acception A), lesquels désignent de manière explicite les sèmes communs aux deux acceptions. Le lien analogique est le plus souvent formulé sans justification: en confrontant les définitions le lecteur dégage aisément la communauté de sèmes. Il verra par exemple sous *panachage* que le sens noté avec l'étiquette *DR. CONSTIT.* et le suivant introduit par *Par anal.* ont en commun les sèmes *liste/diversité/personnes/élection*. Quand le cavalier et le cycliste *font panache*, ils ont en commun de passer par dessus leur monture.

De la sorte, le lien analogique repose sur «le jeu langagier du *comme si* qui se trouve ainsi mis en relief, une ressemblance partielle étant assimilée à une identité totale» (Imbs 1971, XXXIII).

3.2.1.3.5. L'indicateur *Au fig.*, à l'inverse du mécanisme précédent, note que le second sémème est passé à l'abstrait; cette transposition de plan n'est d'ailleurs perceptible qu'à la réflexion. Ainsi toute l'acception C de *panache* transpose au plan abstrait le plan concret dans lequel se situe «la mode d'orner de plumes les casques des guerriers depuis l'Antiquité».

Les emplois métaphoriques en discours notés *Par métaph.*, mais non fixés par l'usage, n'ont de place dans le dictionnaire que s'ils notent une hardiesse d'auteur pouvant être en voie de lexicalisation. De tels emplois seraient nombreux dans le *TLF* compte tenu de la richesse littéraire extraordinaire de son corpus, et qu'il faut éliminer faute de place. Quand il y a hésitation on trouvera l'indicateur *Par métaph. et au fig.*, comme on peut le voir dans l'article *panacher* sous A, 3 dans lequel l'exemple cité de *Cyrano de Bergerac* de Rostand présente un personnage «Panaché d'indépendance et de franchise». Que l'on commute *vêtu* avec *panaché* et l'on aurait, à coup sûr, une transposition figurée bien connue et faisant songer à Hugo. Avec *panaché* la hardiesse métaphorique est indéniable.

### 3.2.1.4. Les adjuvants stylistiques

Ils sont distincts des adjuvants précédents dans la mesure où is ne procèdent pas des figures de pensées mais visent à caractériser l'emploi d'un mot d'après son intensité expressive ou affective *(niveaux* ou *registres de langue)* reconnue dans la communauté linguistique.

Ces connotations distinguent certains mots de leurs synonymes sémantiques; ainsi, sous **panache** C, 2, on notera: «Avec une nuance *péj*. Synon. *gloriole, grandiloquence»*. La plupart du temps, elles interviennent dans les distinctions de sens qui s'opèrent au niveau d'une locution ou dans l'aire de signification d'un mot polysémique. Ainsi, sous **panache** C, 2, on introduira la locution verbale *Avoir son panache* au sens de «être gris» par les étiquettes *Arg.* et *pop*. Les indicateurs stylistiques se ramènent en fait à 3 catégories:

#### 3.2.1.4.1. Indicateurs péjoratifs ou mélioratifs

Ils regroupent, dans les normes rédactionnelles du *TLF* ce que Catherine Kerbrat-Orecchioni (1977, 107—111) appelle les connotations affectives et les connotations axiologiques, c'est-à-dire qu'ils donnent des informations à la fois sur la disposition favorable ou défavorable du locuteur ou du scripteur à l'égard du mot étudié et des informations sur la bonne ou mauvaise qualité de l'objet désigné. Les principaux indicateurs péjoratifs ou mélioratifs sont les suivants:

— *Péj.*[oratif]: En principe, il s'agit d'un indicateur connotatif; mais *panachard,* traité comme dérivé sous *panache,* avec l'indicateur *péj.* désigne «(celui, celle) qui aime le panache, la gloire militaire; (celui, celle) qui fait preuve d'un patriotisme exalté, de chauvinisme». Le mot est dépréciatif et désigne une réalité jugée mauvaise en tant que telle par la communauté linguistique.

— *P. euphém.*[isme]: L'indicateur masque des termes vulgaires ou pénibles à évoquer.

— *P. plaisant.*[erie]: Cet adjuvant note un emploi humoristique ou une recherche délibérée créant une rupture nette d'isotopie axiologique: ainsi sous *panache* A, 2 est noté un exemple de Musset référant par plaisanterie aux paroles attribuées à Henri IV avant la bataille d'Ivry (Ralliez-vous à mon panache blanc!) et s'appliquant à la mise d'une demoiselle: «Je reconnais Mimi à sa robe, et Rougette à son panache blanc».

— Les autres indicateurs *P. hyperb.*[ole], *p. antiphrase* sont suffisamment explicites pour que les emplois qu'ils introduisent soient mentionnés sans définition.

#### 3.2.1.4.2. Indicateurs de niveaux de langage

L'appréciation du niveau de langue se fait à partir de l'usage actuel et s'assortit, si besoin est, d'informations concernant les variations historiques.

— *Fam.*[ilier] note un usage actuel admis dans une conversation détendue; *Vulg.*[aire] ou *Trivial* sont réservés aux mots ou expressions scatologiques ou pornographiques; *pop.*[ulaire] se situe entre ces deux niveaux. Pour ne prendre qu'un exemple, *merde,* substantif féminin est noté *trivial* dans le *TLF,* mais l'emploi interjectif est marqué *Vulg.* Le dérivé *merdaille,* subst. fém. désignant «une troupe de jeunes enfants» est introduit par *Pop*.

L'indicateur *Hypocoristique* signifie que le mot ou le sens traduit une intention caressante, affectueuse, comme il sied souvent dans le langage des enfants ou le langage amoureux: sous l'article **ours** du *TLF* (t. 12) est enregistré en dérivé *nounours,* substantif masculin qu'introduit cet indicateur; sous **mignon** (t. 11 du *TLF*), l'emploi substantif est relevé «comme appellatif d'affection ou dans des emplois à valeur hypocoristique».

Les autres indicateurs de niveaux de langue indiquent à quelle langue privilégiée dans le corpus ou les dictionnaires spécialisés appartiennent le mot et le sens: *Arg.*[ot], *Littér.*[aire], *Poét.*[ique], *Région.*[al].

Ainsi sous *panache* B est indiqué *Par analog.* le sens en usage au Canada de «bois d'orignal, de cerf ou de chevreuil». L'indicateur *région*. introduit un fait typique d'une région et considéré par les locuteurs de l'aire géographique mentionnée comme appartenant au français usuel.

On peut rattacher à ces indicateurs les mentions *P. allu.*[sion] et *P. réf.*[érence] qui renvoient respectivement à des textes ou à des faits historiques ou légendaires; l'article **panache** en offre deux bons exemples: sous A, 2 *P. allus.* aux paroles attribuées à Henri IV avant la bataille d'Ivry et sous C. *P. réf.* à la mode d'orner de plumes les casques des guerriers depuis l'Antiquité: ces indicateurs renvoient à des paroles ou à des faits entrant dans la mémoire sociale banalisée de la communauté linguistique.

#### 3.2.1.4.3. Indicateurs relatifs à l'usage

Ils notent l'opposition entre ce qui est *rare* et *usuel,* entre ce qui est *cour.*[ant] et *spéc.*[ialement], c'est-à-dire dans ce dernier cas, entre ce qui relève de la langue commune et ce qui appartient aux langues techniques. *Faire panache* est noté sous *panache* B, comme une locution hippique *vieillie,* ainsi que *panache de mer,* en zoologie, pour signifier que l'emploi n'appartient plus à la langue d'aujourd'hui. On aurait réputé ces locutions ou syntagmes comme *vieux* si les emplois avaient été notés vieux et vieillis dans les dictionnaires du 19e siècle. Sous **munition** (tome 11 du *TLF*) on oppose le sens *vieilli* «Approvisionnement en vivres et en armes d'une place forte, d'une armée» au sens *usuel* «Explosifs et projectiles, en particulier ceux qui sont nécessaires au chargement des armes à feu». Parfois l'un des deux indicateurs est seulement explicite: ainsi sous **muséum** (tome 11 du *TLF*) on oppose un sens A, *Vieilli* «Musée» à un sens B «Musée d'histoire naturelle et établissement scientifique qui dispense un enseignement public de sciences naturelles». L'inverse est fait sous **magasin**: on donne d'abord sous A le sens «Lieu aménagé pour le dépôt de provisions ou de marchandises» et on introduit B par *Cour.* «Établissement commercial où sont exposées des marchandises pour la vente en gros et au détail».

Enfin quand un usage est apparu au vingtième siècle, on peut le faire précéder de *Mod.*[erne]; mais cet indicateur est d'un usage très faible dans le *TLF*, car il peut être avantageusement remplacé par l'indicateur de domaine d'emploi: ainsi *lem*, substantif masculin «Véhicule spatial destiné à l'alunissage ou à l'exploration lunaire» est-il introduit par *ASTRONAUT*[ique] au lieu de *Mod.*

3.2.1.4.4. Combinaison d'indicateurs stylistiques
Quand plusieurs indicateurs stylistiques sont nécessaires pour introduire un mot ou un sens, l'indicateur mélioratif ou péjoratif précède dans les articles du *TLF* l'indicateur de niveau de langue, lequel précède l'indicateur relatif à l'usage. Ainsi *marsouin* appliqué à l'homme est noté dans le *TLF* (t. 11) comme *vieilli* et classe deux emplois l'un marqué *péj.* «Homme laid ou sans éducation», l'autre marqué par *Arg. des marins* «Soldat de l'infanterie de marine». L'article de l'adjectif *mièvre (ibid.)* s'ouvre par un premier sens «*Vieilli, fam.* [En parlant d'un enfant] Qui est vif, espiègle; qui a de la vitalité, une gaieté malicieuse».

3.2.1.5. Les adjuvants distributionnels
Ils encadrent le mot dans son environnement ou l'affectent dans sa forme la plus immédiate. Ils jalonnent l'analyse distributionnelle proprement dite, laquelle précise les relations syntagmatiques d'un mot avec ceux qui le déterminent ou qu'il détermine.

3.2.1.5.1. Sous leur forme la plus générale, ces adjuvants apparaissent derrière l'entrée même de l'article, par l'indication de la partie du discours, et, dans le cas du verbe, des constructions: on écrira par exemple dans le *TLF* «*monomane*, adj. et subst.» et sans préciser le genre; on notera «*monologuer*, verbe» étant posée comme convention que la seule mention de *verbe* implique que l'article présentera à la fois un emploi transitif et un emploi intransitif. En revanche on notera «*motiver*, verbe trans.», car on ne décrira que des emplois à la construction transitive. Si quelques exemples attestent un changement rare de la partie du discours ou une construction insolite, on le fera apparaître sous la forme d'une mention en alinéa à l'intérieur de l'article: par exemple sous l'article «*moulé, ée*, part. passé, adj. et subst. fém.» on relève un «*emploi subst. masc. rare. Le moulé.* L'écriture moulée».

A ces changements de construction mentionnés sous forme de titres ou de sous-titres dans l'économie générale de l'article il faut joindre les rubriques présentant les syntagmes usuels, soit immédiatement après les définitions (syntagmes-types), soit en rubriques spéciales, soit en alinéas distincts avec définitions et exemples: l'article *panache* (voir 3.1.1.) offre un bon exemple de cette pratique tant pour les syntagmes-types que pour le traitement de syntagmes ou de locutions en alinéas distincts.

3.2.1.5.2. Les conditions sémantiques sont les adjuvants démarcatifs de sens qu'il faut expliciter. Dans la métalangue des articles du *TLF* elles apparaissent ou entre crochets, ou entre parenthèses, et parfois, pour le traitement des verbes, sous formes d'indices. On appelle ainsi *conditions d'emploi* dans les normes du *TLF* les contraintes sélectionnelles qui pèsent sur le contexte immédiat du mot à définir (contexte actanciel ou dépendanciel). Elles regroupent les oppositions de la «sous-catégorisation sélectionnelle» de la grammaire générative: animé/inanimé; humain/non humain; concret/abstrait; continu/non continu, et les contraintes sélectionnelles spécifiques: par exemple sous **panache** A, 1: [Dans les coiffures des femmes en tenue d'apparat]. Très souvent dans les articles, les contraintes sélectionnelles des compléments sont précisées au moyen de *qqn, qqc, une personne, une chose*, considérés comme «symboles postiches» et ne requérant pas l'usage de parenthèses. Il arrive cependant que la métalangue soit, pour des raisons de symétrie, volontairement redondante. Ainsi sous **marier** (TLF, t. 11) sous II, A, on note les sens suivants:

«Accorder, associer, mêler intimement, harmonieusement (des entités concrètes ou abstraites).
1 [L'obj. désigne des entités de même nature]
2 [L'obj. désigne des entités complémentaires ou opposées] *Marier qqc et/à/avec qqc.*
— Emploi pronom. réciproque.
— Emploi pronom. réfléchi
· *Qqc se marie à qqc.*
· *Qqc se marie avec qqc.*»

3.2.1.5.3. Les contraintes sélectionnelles combinent parfois les symboles postiches avec l'usage d'indices, lorsqu'il s'agit de présenter différentes constructions qu'il est possible de relier à des cas profonds invariants. Une remarque ou une indication entre parenthèses peut préciser, s'il y a lieu, la nature des cas profonds, notamment quand les conditions d'emplois notées entre crochets ne sont pas suffisamment explicites. Ainsi dans le *TLF*, t. 11, on présente ainsi sous I A, une acception de *marquer*.

«1. Rendre reconnaissable $qqc^2/qqn^2$ (parmi un ou plusieurs autres analogues, au moyen d'un signe, d'une marque matérielle, dans le but de l'identifier, le retrouver, le classer).

a) *Qqn$^1$ marque qqc$^2$/qqn$^2$ à, avec, de, par qqc$^3$ (signe/instrument)*(...)
— *Qqn$^1$ marque sur qqc$^2$/qqn$^2$ qqc$^3$ (signe)*».

3.2.1.5.4. Les contraintes sélectionnelles soulignent parfois la cohérence structurale du traitement des acceptions de mots appartenant au même ensemble morphosémantique. Les conditions d'emploi notent par exemple pour un verbe la correspondance des acceptions avec les substantifs de la même famille: l'article **panache** du *TLF* distingue des acceptions correspondant à *panache, panachure, panachage* (v. supra).

On le voit, grâce aux conditions d'emploi, ainsi notées pour un mot ou un sens, le rédacteur de l'article «rédige la carte d'identité d'un mot ou d'un sens: une carte d'identité est un syntagme composite, comme l'est l'article du dictionnaire» (Imbs 1971, XXXIV).

3.2.2. Les adjuvants spécificateurs ou l'analyse componentielle

Grâce notamment à l'utilisation des adjuvants rhétoriques (v. 3.2.1.3.) l'analyse componentielle est menée de pair avec l'analyse distributionnelle, mais d'un point de vue synchronique à l'intérieur d'un état de langue donné. Elle consiste à inventorier les sèmes ou unités minimales contenus dans le signifié et à les confronter de sens à sens, de sémèmes en sémèmes. Deux principes peuvent être posés: (1) la permanence d'au moins un sème à travers les divers sens ou acceptions du mot est la condition nécessaire pour garantir l'unité de son champ de signification. Les changements de sens à l'intérieur d'un champ de signification sont notés par l'analyse sémique quand il y a additions ou suppressions de sèmes (polysémie d'acceptions), ou les deux à la fois (polysémie de sens); (2) si la permanence d'au moins un sème n'est pas garantie, il y a homonymie interne, ce qui impose des dégroupements d'entrées indiciées pour le même signifiant. L'addition de sèmes va équivaloir le plus souvent à un contenu sémique plus concret, la soustraction de sèmes aboutit au contraire à un contenu abstrait. Les adjuvants différenciateurs balisent cette économie de l'analyse sémantique, tandis que les adjuvants spécificateurs l'explicitent au niveau de la définition: le choix de l'hyperonyme correspond à ce que la logique ancienne appelait le *genre prochain,* en dessous duquel sont classés les hyponymes qui soulignent les différences spécifiques. La théorie même de la définition se trouve ici posée; nous voulions seulement montrer l'articulation entre l'analyse distributionnelle et ses adjuvants différenciateurs et l'analyse componentielle en œuvre notamment dans la définition et ses adjuvants spécificateurs.

3.3. Un cas particulier: la polysémie verbale ou le traitement de la polysémie de sens

Nous suivons de près ici les normes rédactionnelles du *TLF* et nous bornerons notre propos à la description des sources de la polysémie verbale, à l'ordination des critères organisant la description sémantique et à quelques discussions sur ces problèmes.

3.3.1. Sources de la polysémie verbale

3.3.1.1. On appellera polysémie interne la relation logico-sémantique des sémèmes verbaux. Les relations sont comparables à celles du substantif; on ne reviendra pas sur la polysémie d'acceptions soulignées par les indicateurs métalinguistiques ou adjuvants rhétoriques examinés sous 3.2.1.3. La polysémie de sens n'autorise pas l'utilisation d'indicateurs métalinguistiques car elle suppose soustraction et addition de sèmes spécifiques et elle permet de déceler entre les sens au moins un sème commun. Pour cette raison, deux entrées ont été consacrées dans le *TLF* (t. 6) au verbe *couler.*

«**couler**$^1$ I, A [Le sujet ou l'agent désigne un liquide] Se déplacer (en pente) d'un mouvement continu et naturel». Les sèmes se dégagent aisément: liquide/mouvement/pesanteur.

«**Couler**$^2$A [Le sujet désigne une embarcation qui ne se maintient plus à la surface de l'eau] S'engloutir, aller au fond de». Les sèmes notés ci-dessus se retrouvent; en revanche ce n'est plus le liquide qui se déplace, mais un corps qui se meut verticalement dans un liquide.

3.3.1.2. La polysémie externe résulte de relations logico-sémantiques qui affectent les *actants* et non plus les sémèmes verbaux. Les relations polysémiques peuvent se comparer à celles de l'adjectif. On peut distinguer:
— des métonymies ou des analogies sur le sujet, l'objet, etc.: Ainsi sous *couler*$^1$ (*TLF,* t. 6) on note le sens «Verser dans un moule une matière en fusion. *Couler du bronze*» puis «*P. anal. Couler du béton. Couler une pierre*»
— des extensions ou des restrictions sur le sujet, l'objet etc. Sous *couler*$^2$ *(ibid).* on relève la locution «*Couler à pic* Tomber au fond de l'eau». On ajoute «[En parlant d'une pers.] se noyer, se ruiner (en affaires), mourir».

3.3.1.3. La polysémie verbale est liée également aux opérations de sélection, c'est-à-dire au choix, sur l'ensemble des «cas profonds» liés aux verbes, des fonctions grammaticales, et notamment celles de sujet. C'est le critère qui justifie l'organisation de l'article *couler*[2] *(ibid.).*

A l'emploi intransitif correspondant au sémème «S'engloutir, aller au fond de. *Le navire coule*» s'oppose l'emploi transitif factitif: «[Le compl. d'obj. direct désigne une embarcation...] Envoyer au fond de l'eau. *Couler bas*. Provoquer un naufrage».

3.3.1.4. La polysémie verbale est liée à la construction. Ainsi toute l'organisation des sens de *munir (TLF,* t. 11) est fondée sur l'opposition *Munir qqc ou qqn/Munir qqn ou qqc de qqc.*

### 3.3.2. Ordination des critères

En principe, la hiérarchie des critères est la suivante: 1 — polysémie de sens; 2 — construction du verbe; 3 — sélection; 4 — polysémie d'acceptions; 5 — polysémies externes.

Voici le plan de l'article *flamber (TLF* t. 8) que nous ne choisissons pas au hasard, puisque le plan de cet article a donné lieu à discussion, comme nous le verrons sous 3.3.3.1.; il applique les règles rappelées supra pour le traitement de la polysémie verbale et l'ordination des critères.

**FLAMBER,** verbe
I — *Emploi intrans.*
  A — *Qqc flambe*
    1) Brûler, se consumer avec des flammes, en produisant de la lumière.
    — *En partic. L'alcool flambe.*
    2) *P. ext.*
      a) Produire une lumière éclatante, jeter une vive lumière, briller.
      b) Etre brûlant.
    — *P. anal.* [Le suj. désigne une partie du corps] Etre le siège d'une sensation de brûlure.
    3) *Au fig.* [Le sujet désigne un affect] Se manifester avec éclat.
  B — *Qqc./qqn flambe de*
    1) *Qqc flambe de*
      a) [Le sujet désigne un obj., le compl. prép. une lumière ou une couleur] Synon. *chatoyer, miroiter.*
      b) [Le sujet désigne les yeux, le visage, le compl. prép. désigne un affect].
    2) *Qqn flambe de* Etre vivement animé de.
  C — *Arg. des joueurs.*
II — *Emploi trans. Qqn flambe qqc.*
  A — Passer à la flamme.
  B — *Flamber un mets*
  C — *Au fig., fam.* Flamber un bien matériel.

Comme on peut le constater, les constructions du verbe, les contraintes de sélection et la polysémie d'acceptions expliquent le classement proposé.

### 3.3.3. Discussion à l'aide de deux solutions proposées

3.3.3.1. Le plan de l'article **flamber** a été l'occasion d'«un exercice dictionnairique» soumis par trois linguistes (Chr. Buzon, auteur de l'article du *TLF,* J. L. Descamps, B. Lamizet) «tant aux spécialistes du génie lexicographique qu'aux amateurs de jeux langagiers» (Buzon et al. 1980 et 1981).

Trois plans sont proposés: la première proposition reprend l'article *flamber* du *TLF* et «tente d'intégrer les constructions syntaxiques et les relations casuelles du verbe *flamber* à l'article de dictionnaire en leur subordonnant les définitions lexicographiques». (1981, 61); deux obstacles essentiels sont à lever: «a) l'obligation de constituer les deux grandes parties du plan de l'article selon l'opposition *transitif/intransitif;* b) l'idée, sous-jacente à tous les plans d'article du *TLF,* que les différents sens ou acceptions d'un mot peuvent se déduire logiquement d'un sens premier ou original en passant par des figures bien précises dont l'intitulé constitue les points de passage quasi obligés d'un paragraphe d'article à un autre (*par analogie, par extension, au figuré, par métaphore, en particulier* etc.)» (*Ibid.,* 61—62).

La deuxième proposition, dite «casuelle», aboutit à caractériser quatre classes de mots qui environnent communément *flamber* et à manifester le sens de ces classes: «Objet (pour «feu» et ses équivalents), Source (pour «bois» et ses équivalents), Locatif (pour «cheminée» et ses équivalents) et Agent (pour «homme qui a allumé le feu» ou ses équivalents). La troisième proposition se fonde sur l'analyse des contextes longs, «les interprétations auxquelles correspondent les sèmes proposés sont fondées sur l'analyse du discours et non sur l'analyse de telle ou telle unité lexicale» (*Ibid.* p. 71).

Tout en recommandant l'intégration des constructions syntaxiques et des relations casuelles à l'article de dictionnaire, les auteurs en soulignent les insuffisances et ils en viennent à proposer «puisqu'échouent en partie les programmes lexicographiques prioritairement *syntaxique* ou *sémantique*», «un programme prioritairement *pragmatique*» (*Ibid.,* 88) explicité dans la conclusion: «Nous pouvons proposer une situation des structures profondes dans le champ du sémantique, l'organisation sémantique des énoncés venant, selon nous, rendre compte des structures qui fondent les réseaux de combinaisons et d'oppositions lexicales. C'est (...) l'énonciation qui est chargée du rôle de relais d'un niveau de structure à l'autre» (*Ibid.,* 99).

3.3.3.2. Bernard Pottier avait montré la voie en 1978 dans un article remarqué (Pottier 1978). Il observait que les auteurs de dictionnaires de langue avaient été sensibles tantôt aux constructions syntaxiques (la transitivité, la valeur, les actants etc.) tantôt aux relations sémantiques (dans des perspectives diachroniques ou synchroniques). A partir des articles consacrés au verbe *changer* dans le *TLF*, le *Robert* et le *DFC*, il note que la description lexicographique est d'abord syntaxique. «Il est naturel que les critères formels et combinatoires, observables, soient pris en considération, écrit-il. Ainsi, pour un verbe, parle-t-on de transitif ou intransitif, et ajoute-t-on une distinction, assez curieuse, entre transitif direct (objet sans préposition) et transitif indirect (objet avec préposition). Ce groupement, lié à des phénomènes de surface, est la source de nombreuses difficultés» (*Ibid.*, 339).

Sa réflexion a porté sur plusieurs centaines d'occurrences de *changer* qu'il a ramenées à deux types: type I: «depuis hier, ma fille *a changé*» (une de ses caractéristiques s'est modifiée); type II: «depuis hier, le rideau *a changé* (il a été remplacé par un autre). «Un même énoncé peut appartenir aux deux types, fait négligé par les auteurs de dictionnaires, qui ne renvoient pas à deux modèles distincts: *Le gouvernement a encore changé*. Type I (...): il avait décidé de faire les élections le 14, et il revient au 7 (= il a changé d'avis). Type II (...): sa composition s'est modifiée, et des ministres ont été remplacés par d'autres» (*Ibid.*, 343).

A partir de cette polysémie de base, il constate que trois opérations sont effectuées sur ces modèles: une opération de réduction sémantique, d'abord, qui explique que lorsqu'on dit *Pierre a changé* il s'agit d'une «ellipse de langue», laquelle est «indépendante de la situation de discours, donc mémorisée en tant que telle» (*ibid.*, 345); puis une opération de mise au causatif qui «consiste à citer un actant comme élément directement responsable du changement» (*ibid.*), par exemple dans la proposition: Jean a changé Pierre de lycée; une opération enfin de mise au factitif qui «introduit un nouvel actant qui va être la source non-immédiate du changement» (*ibid.*, 346): par exemple, dans la phrase: *Jean fait changer le robinet au/par le plombier*.

Ainsi la valeur factitive de *changer* est-elle mise en évidence ainsi que le sémantisme des actants (que Bernard Pottier appelle *module casuel*).

## 4. Remarque finale

La différenciation des significations dans un dictionnaire monolingue doit reposer sur une bonne théorie lexicographique, garantissant cohérence et rigueur des analyses. Mais elle trouve nécessairement ses limites, quand elle se préoccupe de ce qu'attend le lecteur, consultant pressé ou amateur éclairé ou linguiste et, parfois aussi, étranger désireux de perfectionner sa compétence à l'aide du dictionnaire ou de produire des textes recevables à partir d'une compétence nécessairement insuffisante. Le lecteur manie le dictionnaire comme un outil d'interprétation et y cherche des modèles de construction du sens. Le dictionnaire doit donc remplir d'abord une fonction didactique. Son ordre alphabétique aboutit certes à un émiettement de la description lexicographique; mais il peut difficilement, sauf à ne viser qu'un public de linguistes et à s'engager dans un discours scientifique, ne pas faire mentir le principe célèbre: il n'y a de science que du général. Dans les techniques dictionnairiques il n'y a de science que du particulier.

## 5. Bibliographie choisie

### 5.1. Dictionnaires

*DECFC* = Dictionnaire explicatif et combinatoire du français contemporain: recherches lexico-sémantiques I. Montréal 1984 [XVI—172 p.].

*DFC* = Dictionnaire du français contemporain, par J. Dubois, R. Lagane, G. Niobey, D. Casalis. Paris 1967 [XXII—1226 p.].

*DG* = Adolphe Hatzfeld/Arsène Darmesteter: Dictionnaire général de la langue française du XVIIe siècle jusqu'à nos jours. 2 vol. Paris 1932 [réimpr. intégrale: 1964 (1ère éd. 1889—1901), 2772 p.].

*Encyclopédie* = Encyclopédie ou Dictionnaire raisonné des sciences, des arts et des métiers. Tome 10, 1765, réimprimé en 1966; tome 15, 1765, réimprimé en 1967.

*GLLF* = Grand Larousse de la langue française. 7 vol. Paris 1971—1978 [136, 6730 p.].

*GR 1985* = Paul Robert: Dictionnaire alphabétique et analogique de la langue française. 2e éd. entièrement revue et enrichie par Alain Rey. 9 vol. Paris 1985 [9440 p.].

*Lexis* = Lexis. Paris 1975 [71, 1950 p.].

*Littré* = Emile Littré: Dictionnaire de la langue française. 5 vol. Paris 1873—1883. Edition réimprimée en 7 volumes. Paris 1959—1961 [13 966 p.].

*PR* = Paul Robert: Dictionnaire alphabétique et analogique de la langue française. [Le Petit Robert]. Paris 1967 [Nouv. éd. entièrement remise à jour et enrichie, 1977. XXXI, 2174 p.].

*RM* = Le Robert méthodique. Dictionnaire méthodique du français actuel. Paris 1982 [XXIV—1617 p.].

*TLF* = Trésor de la langue française. Dictionnaire de la langue du 19ème et du 20ème siècle. Paris 1971—1985 [11 vol. parus: A → Natalité (tomes 1 à 7, sous la direction de P. Imbs; t. 8 à 13, t. 14 sous presse, sous la direction de B. Quemada)].

### 5.2. Travaux

*Buzon et al. 1980* = Ch. Buzon/J. L. Descamps/B. Lamizet: Un exercice dictionnairique. (1) Les données du problème. (2) Solutions et discussions. In: Cahiers de lexicologie 36. 1980, 111—118; 38. 1981, 60—100.

*Collignon/Glatigny 1978* = Lucien Collignon/Michel Glatigny: Les dictionnaires. Initiation à la lexicographie. Paris 1978.

*Dubois 1971* = Jean et Claude Dubois: Introduction à la lexicographie: le dictionnaire. Paris 1971.

*Gorcy 1972* = Gérard Gorcy: Le dictionnaire TLF 2. La rubrique d'analyse synchronique des mots sémantiques. In: Le Français Moderne 40. 1972. Supplément n° 1, 87—96.

*Gorcy et al. 1970* = Gérard Gorcy/Robert Martin/Jacques Maucourt/Roland Vienney: Le traitement des groupes binaires. In: Cahiers de lexicologie 17. 1970, 15—46.

*Hausmann 1977* = Franz Josef Hausmann: Einführung in die Benutzung der neufranzösischen Wörterbücher. Tübingen 1977.

*Imbs 1971* = Paul Imbs: Préface. In: TLF 1. 1971, XI—XLVII.

*Imbs 1983* = Paul Imbs: Littré et l'analyse sémantique du vocabulaire. In: Actes du Colloque Emile Littré. Paris, 7—9 octobre 1981. Paris 1983, 391—406.

*Kerbrat-Orecchioni 1977* = Catherine Kerbrat-Orecchioni: La Connotation. Lyon 1977.

*Lexique 1983* = Le dictionnaire. In: Lexique 2. 1983.

*Lexicologie 1961* = Lexicologie et lexicographie françaises et romanes. Orientations et exigences actuelles. Strasbourg 1957. Paris 1961.

*Mel'čuk 1988* = Igor Mel'čuk: Semantic Description of Lexical Units in an Explanatory Combinatorial Dictionary: Basic Principles and Heuristic Criteria. In: International Journal of Lexicography 1. 1988, 165—188.

*Moon 1987* = Rosamund Moon: The Analysis of Meaning. In: Looking Up. An account of the COBUILD Project in lexical computing. Ed. J. M. Sinclair. London. Glasgow 1987, 86—103.

*Nida 1981* = Eugene A. Nida: Meaning vs. Reference — The Touchstone of Lexicography. In: Language Sciences 53. 1981, 51—57.

*Pottier 1978* = Bernard Pottier: Organisation sémantique de l'article de dictionnaire. In: Bulletin de la Société de linguistique de Paris 73. 1978, 339—366.

*Quemada 1967* = Bernard Quemada: Les dictionnaires du français moderne. 1539—1863. Paris 1967.

*Rey 1977* = Alain Rey: Le lexique: images et modèles. Du dictionnaire à la lexicologie. Paris 1977.

*Rey-Debove 1971* = Josette Rey Debove: Etude linguistique et sémiotique des dictionnaires français contemporains. La Haye. Paris 1971.

*Wagner 1967* = Robert-Léon Wagner: Les vocabulaires français. Tome 1. Définitions. Les dictionnaires. Paris 1967.

*Wagner 1975* = Robert-Léon Wagner: Réflexions naïves à propos des dictionnaires. In: Cahiers de lexicologie 27. 1975, 81—106.

*Gérard Gorcy, Nancy (France)*

# 87. Probleme der Anordnung der Definitionen im allgemeinen einsprachigen Wörterbuch

1. Übersicht über die wichtigsten Fragen
2. Kriterien für die Reihenfolge
3. Hierarchische Anordnungsschemata
4. Typographische Fragen
5. Literatur (in Auswahl)

## 1. Übersicht über die wichtigsten Fragen

### 1.1. Aufgliederung der Fragen

Bezüglich der Anordnung der Definitionen — der Begriff steht im folgenden auch für andere, an die Stelle von Definitionen tretende, Explikationsformen (Bedeutungsangaben durch Synonyme, pragmatische oder grammatikalische Funktionsbeschreibungen etc.; vgl. Art. 44) — stellen sich dem Lexikographen besonders zwei Fragen, die nach der Reihenfolge der Definitionen und die nach der Hierarchisierung ihrer Anordnung. — Gemeinhin werden bis zu vier Prinzipien für die Festlegung der Reihenfolge (s. 2.) unterschieden (kurze Übersicht mit Beispielen aus dem Französischen bei Hausmann 1977, 41—43), wobei keines als alleiniges in einem Wörterbuch angewandt wird (Zgusta 1971, 275; Porto Dapena 1980, 276—277). Das historische (Casares 1969, 68; Hausmann 1977, 42) oder genetische (Malachovskij 1980) Prinzip beinhaltet etymologische und chronologische Kriterien. Den Ausschlag für die Abfolge der Definitionen geben die etymologische Ausgliederung oder das Alter der jeweiligen Einzelbedeutungen. Nach Porto Dapena (1980, 276) handelt es sich um zwei verschiedene Prinzipien. Das historische Prinzip richet sich gemäß diesem Autor nach einem chronologischen Kriterium (Alter der Einzelbedeutungen, bestimmt auf der Grundlage verfügbarer Texte), während das genetische Prinzip dem etymologischen Prozeß der semantischen Ausgliederung folgt. Ein gern als frequenzorientiertes (Hausmann 1977, 42) und in der spanischsprachigen Literatur auch als empirisches (Casares 1969, 68; Porto Dapena 1980, 276) bezeichnetes Prinzip richtet sich nach irgendwelchen Kriterien der synchronischen Wichtigkeit der verschiedenen Einzelbedeutungen. Nach diesem Prinzip haben z. B. Einzelbedeutungen mit höherer vor solchen mit niedrigerer Gebrauchsfrequenz zu stehen oder nicht markierte Einzelbedeutungen vor solchen, die etwa als regiolektal, gruppensprachlich, stilistisch etc. markiert gelten. Das logische (Hausmann 1977, 42; Porto Dapena 1980, 276) Prinzip wird mit Elementen der aristotelischen Logik in Zusammenhang gebracht (Dubois/Dubois 1971, 88) und baut auf Begriffen wie denen der Bedeutungsverengung, Bedeutungserweiterung, Bedeutungsübertragung oder der analogen Verwendung (Hausmann 1977, 42; vgl. Porto Dapena 1980, 276) auf, nach denen ein Zusammenhang zwischen verschiedenen Einzelbedeutungen hergestellt wird. Das distributionelle (Hausmann 1977, 43) oder grammatikalische (Zgusta 1971, 276) Prinzip schließlich besagt, daß die verschiedenen Einzelbedeutungen nach grammatikalischen Eigenschaften oder Kontextrestriktionen, mit denen ihr Auftreten Hand in Hand geht, geordnet werden. — Viele Wörterbücher, insbesondere solche mit umfangreicherer Information auf der mikrostrukturellen Ebene, begnügen sich nicht mit einer simplen linearen Aneinanderreihung der Definitionen, sondern führen diese hierarchisch nach Gruppen geordnet an (s. 3.). Die Gruppierung von Einzelbedeutungen ist mit allen Prinzipien der Reihenfolge kompatibel. Sie ist möglich nach Stufen der etymologischen Bedeutungsausgliederung genauso wie nach gemeinsamen Bündeln von Bedeutungselementen in der Synchronie oder der Zuordnung zu chronologischen Abschnitten je nach Alter, zu gemeinsamen Markierungsgruppen, zu gemeinsamen Kategorien gemäß Typen logischer Beziehung oder zu gemeinsamen distributionellen Kategorien.

Teilweise werden bei der Konzeption solcher hierarchischer Systeme nicht nur Stufen der Gruppierung oberhalb der Ebene dessen, was als Einzelbedeutung bezeichnet wird, angesetzt, sondern auch unterhalb dieser Ebene, auf der Ebene von Untereinzelbedeutungen (Moliner 1987, Bd. 1, XLII; SSKJ 1970 ff., Bd. 1, XVII; Webster's Third 1971, 19 a; Porto Dapena 1980, 278), Gebrauchsvarianten von Sememen (Anderson/Goebel/Reichmann 1985, 268), Nuancen (RBE 1977 ff., Bd. 1, 16 u. 30; SRJa 1981—1984, Bd. 1, 8; SSKJ 1970 ff., Bd. 1, XVII; SUM 1970—1980, Bd. 1, X; Zingarelli 1983, V) oder Verwendungsweisen (RBE 1977 ff., Bd. 1, 30). —

Die Anordnung der Definitionen sollte natürlich für den Wörterbuchbenutzer auch typographisch möglichst übersichtlich gestaltet werden (s. 4.). Viele Wörterbücher wären in dieser Hinsicht verbesserungswürdig. Die typographischen Mittel zur Realisierung der Anordnung von Definitionen lassen sich von ihrer formalen Charakteristik wie von ihren Funktionen her in verschiedene Gruppen klassifizieren.

1.2. Abhängigkeit des Anordnungskonzeptes von verschiedenen Faktoren

Welches Prinzip der Anordnung der Definitionen in einem Wörterbuch gewählt wird, sollte letztlich davon abhängig gemacht werden, welche Adressaten und Benutzungssituationen dieses anvisiert. Selbst wenn dies der Fall ist, so ist es jedoch unvermeidlich, daß die Wahl der Anordnung der Definitionen von einer ganzen Reihe von Faktoren mitbeeinflußt wird. Solche Faktoren können sein: die Strukturen der im Wörterbuch lexikographisch erfaßten Sprache, der Grad ihrer tatsächlichen oder noch möglichen diachronischen und synchronischen Erforschung, die sprachwissenschaftliche Theorie oder allgemein die Sprachauffassung, auf der das lexikographische Konzept fußt, die Makrostruktur des Wörterbuchs und die über die Anordnung der Definitionen hinausgehende Mikrostruktur der Artikel.

Für die lexikographische Behandlung einer Sprache mit sehr geringem durchschnittlichen Grad der Polysemie ihrer lexikalischen Einheiten kann die hierarchische Anordnung von Definitionen unter Umständen eine überflüssige Komplikation bedeuten. In Sprachen, die nur von Sprechergemeinschaften geringer gesellschaftlicher Komplexität und mit einem geringen enzyklopädischen Wissensstand gesprochen werden, spielt Polysemie nicht unbedingt dieselbe Rolle wie etwa in den großen internationalen Kultursprachen, in deren Semantik sich komplexe gesellschaftliche Strukturen, jahrhundertelange kulturelle Veränderungsprozesse und ein immenses Weltwissen widerspiegeln. Auch das distributionelle Prinzip der Anordnung der Definitionen ist für manche Sprachen besser und für manche weniger geeignet, je nachdem welche Rolle in ihnen distributionelle Restriktionen spielen. Die für indogermanische Sprachen oft geübte Praxis etwa, die Definitionen für Verben nach den verschiedenen Rektionsmustern (meist einfach nach transitiv und intransitiv) anzuordnen, ist nicht auf beliebige Sprachen übertragbar. — Was den Grad der Erforschung einer Sprache betrifft, so kann vor allem das historische Prinzip für die Reihenfolge von Definitionen nur bei Sprachen angewandt werden, für die die Sprachwissenschaft bereits das nötige sprachgeschichtliche und etymologische Wissen erarbeitet hat oder eigens für das betreffende Wörterbuch erarbeiten kann. In wenigen Sprachen aber können Etymologie und Chronologie lexikalischer Elemente so gut verfolgt werden wie gerade in einigen indogermanischen Sprachen. — Auch Einflüsse sprachwissenschaftlicher Strömungen und Schulen lassen sich oft in der Anordnung der Definitionen im Wörterbuchartikel erkennen. In einer Zeit, in der die historische Sprachwissenschaft dominierte, schien es manchen Lexikographen unerläßlich, dem Definitionsteil des Wörterbuchartikels etymologische Angaben vorauszustellen und ihn dann mit der dem Etymon am nächsten stehenden Einzelbedeutung zu beginnen. Dagegen begünstigen strukturalistische Richtungen der synchronischen Sprachwissenschaft oft das logische Prinzip der Reihenfolge der Definitionen, das sich manchmal durch Ergebnisse semantischer Komponentenanalysen stützen läßt (siehe z. B. TLF 1971 ff., Bd. 1, XXXV). — Die sprachwissenschaftliche Theorie beeinflußt oft auch Lemmatisierungsentscheidungen, etwa über die jeweilige Definition von Homonymie und Polysemie, die oft für die Ansetzung mehrerer Lemmata oder eines einzigen bei gleichen lexikalischen Signifikanten den Ausschlag gibt. Die Lösung dieses Problems der Makrostruktur kann aber auch von anderen Kriterien mitbestimmt sein, etwa von didaktischen. Jedenfalls läßt sich sagen, daß durch Degruppierung von mehreren Einzelbedeutungen in mehrere Artikel die Mikrostruktur entlastet wird, für die dann unter Umständen ein geringerer Hierarchisierungsgrad erforderlich wird als bei stärkerer Tendenz zur Einfachlemmatisierung. So kommt Dubois u. a. (1971), das eine starke Tendenz zur Mehrfachlemmatisierung aufweist, gut mit einer rein reihenden Anordnung der Definitionen aus (Hausmann 1977, 44). Häufiges Kriterium für Mehrfachlemmatisierung ist die Zugehörigkeit von Lemmazeichen zu verschiedenen Wortarten. Wird nun für mehrere Wortarten ein einziger Artikel angesetzt, so wird häufig die Zugehörigkeit zu verschiedenen Wortarten zu einem Kriterium der Anordnung von Einzelbedeutungen, bei mehr als zwei Einzelbedeutungen oft zu dem für die oberste Stufe der hierarchischen Aufgliederung entscheidenden Kriterium. — Selbstverständlich besteht auch eine gewisse Relation zwischen der Informationsintensität auf der mikrostrukturellen Ebene des Wörterbuchs und einer Tendenz zu mehr oder weniger komplexen Anordnungsmustern für die Einzelbedeutungen. Je höher die Zahl der unterschiedenen bzw. davon angegebenen Einzelbedeutungen pro Lemma und je höher die Zahl der unter einem Lemma gebotenen Kategorien von Angaben (Verwendungsbeispiele, Angaben zu Valenz, Kollokationen, Paradigmatik etc.), desto größer ist der Bedarf an expliziten Mitteln der Artikelgliederung, um dem Wörterbuchbenutzer die Übersicht zu erleichtern. So erstaunt es bei der mikrostrukturellen Armut der betreffenden Wörterbücher nicht, daß die meisten Wörterbücher des Spanischen (auch mehrbändige Werke wie DRAE 1984 oder Gran Sopena 1980) mit einer einfachen reihenden Anordnung der Definitionen auskommen. Auch typographische Mittel, die bei der Anordnung der Definitionen eingesetzt werden, können in einem gegenseitigen Abhängigkeitsverhältnis zu sonstigen mikrostrukturellen Elementen stehen (vgl. Art. 39). So würde es in Sterkenburg/Pijnenburg (1984) nicht reichen, die Definitionen durch irgendwelche keine Rangfolge anzeigenden Zeichen (Interpunktionszeichen, senkrechte Striche, geometrische Figuren) voneinander zu trennen, sondern die Dezimalstellen der Ziffernfolgen im Definitionsteil (0.), der als Übersicht den verschiedenen Typen syntagmatischer Information bietenden weiteren Artikelteilen vorausgeht, sind unbedingt erforderlich, weil über jeweils gleiche Dezimalstellen die einzelnen syntagmatischen Angaben den betreffenden Einzelbedeutungen zugeordnet werden (etwa syntagmatische Angabe 1.2 zu Einzelbedeutung 0.2, 1.3 zu 0.3, 2.1 zu 0.1, 5.4 zu 0.4). Dagegen kann Wahrig (1986), das ebenfalls die Syntagmatik (ab Ziffer 2) aus dem Definitionsteil (1) herausnimmt — die Abfolge der numerierten Abschnitte zur Syntagmatik folgt anderen Regeln als in Sterkenburg/Pijnenburg (1984) —, auf eine Durchzählung der Einzelbedeutungen verzichten und sich mit Strichpunkten als Gliederungszeichen begnügen, weil in den Teilen zur Syntagmatik keine Beziehung zum Definitionsteil hergestellt wird. — In der lexikographischen Praxis läßt sich eine Vielfalt von (sich aus der Überlagerung und Vermengung verschiedener Kriterien ergebenden) Formen der Anordnung von Definitionen beobachten (siehe z. B. für die Wörterbücher des Französischen Hausmann 1977, 41—44, für die des Spanischen Werner 1986), von der die Reduktion auf einige wenige Prinzipien nur ein sehr abstraktes Bild ergibt. Andererseits verbergen sich hinter der einfachen Übersicht auch theoretisch komplexere Sachverhalte (ausführliche Behandlung der Probleme der Reihenfolge bei: Werner 1982a, 314—328; Werner 1982b; zu Fragen der Hierarchisierung: Anderson/Goebel/Reichmann 1985).

melo'die ⟨de ~ (v.);-dieën⟩ **0.1** opeenvolging van muzikale tonen, in het bijz. in een afgeronde orde en logische ontwikkeling ⇒ *wijs, deun, tune* **0.2** allerlei andere opeenvolgende geluiden die een aangename indruk op het gehoor maken **0.3** de welluidende opeenvolging van woordklanken, in verband met de wisselende klemtoon en de afronding, het patroon van de zinnen ⇒ *ritme* **0.4** zangerige welluidendheid in de stem ◆ **1.2** *de ~ van het water op het molenrad* **1.3** *de ~ van een zin* **2.1** *een zangerige, zoete ~* **5.4** *een stem vol ~*.

Textbeispiel 87.1: Wörterbuchartikel (aus Sterkenburg/Pijnenburg 1984, 750)

## 2. Kriterien für die Reihenfolge

### 2.1. Etymologie und Chronologie

Das historische Prinzip wird gern als das objektivste und am konsequentesten zu befolgende angesehen, das besonders in Wörterbüchern mit überhaupt starker diachronischer Komponente seine Berechtigung habe. Als Nachteil (im Hinblick auf den Fremdsprachenlerner) wird herausgestellt, daß der Blick oft „nicht auf das Geläufige, Häufige und im Kern des Wortschatzes Stehende, sondern auf die Peripherie" (Hausmann 1977, 42) fällt, weil ältere Einzelbedeutungen im konkreten Fall veraltet oder wesentlich weniger gebräuchlich sein können als etymologisch jüngere. Meist wird hinsichtlich dieses Prinzips nicht deutlich genug zwischen dem Kriterium der Etymologie und dem der Chronologie unterschieden. — Bei der Reihung der Definitionen strikt „von der ältesten bis zur jüngsten Bedeutung fortzuschreiten" (Hausmann 1977, 42; vgl. Dubois/Dubois 1971, 88), ist gut bei zwei Einzelbedeutungen pro lexikalische Einheit möglich, wird jedoch bei mehr Einzelbedeutungen problematisch. Nicht einmal die diachronische Sprachwissenschaft wäre heute in der Lage zu ermitteln, in welcher chronologischen Reihenfolge sich etwa die von Buarque de Holanda (1975, 1116) unterschiedenen 68 Einzelbedeutungen von portugiesisch *pôr* herausgebildet haben. Ein Lemma mit so vielen Definitionen stellt zwar einen Extremfall dar, aber schon bei den vielen Lemmata mit 5 bis 10 Definitionen in umfangreicheren Wörterbüchern tritt prinzipiell dasselbe Problem auf. Selbst wenn man die Frage nach der Reihenfolge der Entstehung von Einzelbedeutungen auf die Frage nach der Chronologie der bekannten Erstbelege reduzierte (Porto Dapena 1980, 276), wäre die diachronische Sprachwissenschaft und noch mehr der Redakteur eines synchronischen Wörterbuchs für die meisten Sprachen überfordert. Wörterbücher mit chronologischen Angaben zu den verschiedenen Einzelbedeutungen, nicht nur zu den Erstbelegen für die lexikalische Einheit an sich, gibt es, z. B. OED (1961) und, davon abgeleitet, SOED (1980, XIII).

Diese beiden Wörterbücher beanspruchen im Titel, auf historischen Prinzipien zu basieren, in SOED (1980) wird sogar eine soweit möglich striktest chronologische Anordnung der Einzelbedeutungen behauptet (während das zur selben Serie gehörende COD 1983, xii, dem frequenzorientierten Prinzip den Vorrang gibt). Tatsächlich wird in OED (1961), wie Malachovskij (1980) kritisiert, weder das chronologische noch das etymologische Kriterium konsequent verfolgt, vielmehr wird das historische Prinzip ständig mit verschiedenen anderen Kriterien kombiniert und gilt durchgehend nur für die Wahl der zuerst angeführten Einzelbedeutung. Für ein primär diachronisch orientiertes Wörterbuch mag das chronologische Kriterium Sinn ergeben (Malachovskij 1980, 13—18, befürwortet selbst für ein historisch orientiertes Wörterbuch wie OED 1961 das etymologische Kriterium, weil es genetische Entwicklungslinien deutlicher werden lasse).

Für ein primär synchronisch orientiertes Wörterbuch kommt das chronologische Kriterium grundsätzlich nicht in Frage, da es im Gegensatz zum etymologischen keineswegs erwünschte „Aha"-Effekte (wie beim Beispiel französisch *fier* 'wild'/'stolz' in Hausmann 1977, 42) fördert, sondern bei mehr als zwei Einzelbedeutungen pro lexikalische Einheit häufig gerade die Sicht auf semantische Zusammenhänge (selbst diachronischer Art) verstellen würde. — Das etymologische Kriterium ist sicher das geeignetste nicht nur in einem historischen Wörterbuch, sondern auch in einem primär synchronischen, das dem Definitionsteil etymologische Angaben voraustellt und Verwendungsbelege aus verschiedenen Jahrhunderten zitiert (z. B. DLP 1976 ff). Auch im Hinblick auf sprachdidaktische Zielsetzungen von Wörterbüchern wird es nicht immer so negativ eingeschätzt wie bei Hausmann (1977, 42). Werner (1986) weist anhand spanischer Beispiele darauf hin, daß semantische Beziehungen von Einzelbedeutungen zu anderen, genetisch zugrunde liegenden Einzelbedeutungen für die praktische Sprachkompetenz relevant sein können, daß sie jedoch bei nach dem frequenzorientierten Prinzip geordneten Definitionen leicht für die Bedeutungsexplikation verlorengehen.

Man findet auch eine mehr oder weniger weitgehende explizite Berufung auf das etymologische Kriterium in verschiedenen didaktisch orientierten Wörterbüchern. Während es Anaya (1986) beschränkt (bei Verschiedenheit der Etyma, nötig wegen strikter Monolemmatisierung) als Hierarchisierungskriterium anwendet, findet man seine kompromißlose Befürwortung z. B. bei Moliner (1987, XXVIII u. XLI). Die Autorin dieses Wörterbuchs lehnt das frequenzorientierte Prinzip ab und vertritt die Ansicht, es sei falsch, anzunehmen, der Wörterbuchbenutzer suche in der Regel nach der gebräuchlichsten Einzelbedeutung. Vielmehr mache die Entdeckung des authentischen Genius eines Wortes, der je vergessener, desto interessanter sei, oft jedes weitere Suchen überflüssig und verhelfe zum Verständnis beliebiger weiterer Einzelbedeutungen (Moliner 1987, XXVIII). Wie etwa auch Petit Robert (1978) geht Moliner (1987) sogar so weit, heute wenig gebräuchlichen und sogar ungebräuchlichen Einzelbedeutungen die erste Stelle im Definitionsteil zuzuweisen.

## 2.2. Frequenz und Gebrauchsrestriktionen

Auch, wenn vom frequenzorientierten Prinzip die Rede ist, wird oft nicht deutlich, daß es um zwei verschiedene Kriterien geht (z. B. bei Dubois/Dubois 1971, 88). Im Hinblick auf die sprachwissenschaftliche Theorie und auch auf etwaige technische Möglichkeiten in der lexikographischen Praxis der Zukunft sollte jedoch zwischen einem Kriterium der Frequenz im engeren Sinne und einem des Geltungsbereichs innerhalb des Sprachsystems unterschieden werden. — Das Kriterium der Frequenz würde sich nur auf die Häufigkeit des Vorkommens von Einzelbedeutungen beziehen. Diese könnte man in Größen der quantitativen Sprachwissenschaft definieren (vgl. Art. 59 u. 143). Für die meisten Wörterbuchunternehmen ist es jedoch aus Kosten- und Zeitgründen überhaupt (noch) nicht möglich, auf empirische Methoden zurückzugreifen. Für so eklatante Fälle von Frequenzunterschieden wie bei den Einzelbedeutungen 'Schal' und 'Schärpe' von französisch *écharpe* (Hausmann 1977, 42) ist dies nicht nötig, weil zu ihrer Feststellung die durchschnittliche metasprachliche Kompetenz eines Muttersprachlers ausreicht.

Die gegensätzlichen Aussagen über die Häufigkeit bestimmter lexikalischer Elemente in verschiedenen Wörterbüchern einer Sprache zeigen allerdings, daß der Lexikograph in der Regel mit statistischen Methoden arbeiten müßte (Schaeder 1983). Die Berechnung der Frequenz von Einzelbedeutungen wäre jedoch mit größeren Problemen verbunden als die aus Frequenzwörterbüchern bekannte von Einheiten der Ausdrucksebene, da Einzelbedeutungen nicht so leicht abgrenzbar und in Texten identifiziert werden können wie Einheiten der Ausdrucksebene (einer Häufigkeitsangabe pro Einzelbedeutung sehr nahe kommen manchmal Bergenholtz/Mugdan 1984, 77—99 dadurch, daß sie Häufigkeitsangaben nach distributionellen Kategorien vornehmen und letztere oft genau einer Einzelbedeutung entsprechen). In Wörterbüchern, die das Kriterium der Frequenz überhaupt klar genug definieren, wird deshalb auch seine zu dem des Geltungsbereichs im Sprachsystem komplementäre Anwendung festgelegt und darauf hingewiesen, daß die beiden Kriterien nicht grundsätzlich zu denselben Ergebnissen führen müssen (z. B. Sterkenburg/Pijnenburg 1984, 26). Übrigens ist die konsequente Anwendung des Kriteriums der Frequenz auch allenfalls für die Festlegung der an erster Stelle zu behandelnden Einzelbedeutung von Interesse. Als Kriterium für die weitere Abfolge von Einzelbedeutungen könnte es dazu führen, daß semantisch eng verwandte Einzelbedeutungen durch jeweils weniger damit verwandte sinnlos voneinander getrennt, d. h. wichtige semantische Zusammenhänge verdeckt würden (Veranschaulichung in Werner 1982b, 154; vgl. Werner 1982a, 321).

Von einem Kriterium des Geltungsbereiches im Sprachsystem könnte man sprechen, wenn grundsätzlich nicht markierte allgemeinsprachliche Einzelbedeutungen vor durch irgendeine Markierung in ihren Verwendungsmöglichkeiten eingeschränkten angesetzt werden. Dabei kann noch eine Rangfolge für verschiedene Markierungstypen und auch verschiedene Markierungen eines Typs festgelegt werden.

Dies geschieht etwa in DRAE (1984, XIX; vgl. Seco 1978, 221—222), das folgende Reihenfolge der Einzelbedeutungen festlegt: allgemeinsprachliche, veraltete, solche familiärer Stilebene, übertragene, regiolektale (des peninsularen Spanischen) und für das amerikanische Spanische spezifische, fachsprachliche und sondersprachliche.

Solche Rangfolgenfestlegungen müssen natürlich immer irgendwie willkürlich bleiben. Was in DRAE (1984) überrascht, ist die Einordnung der übertragenen Einzelbedeutung mitten zwischen die verschiedenen Markierungstypen. Auf jeden Fall wird aber durch die Anwendung des Kriteriums eine gewisse Übersichtlichkeit hergestellt, abgesehen davon, daß das Kriterium vom Redakteur eines Wörterbuchs leicht zu handhaben ist.

In manchen Wörterbüchern wird allerdings eine extrem willkürliche Rangfolge festgelegt, etwa folgende in einem Wörterbuch des Spanischen: allgemeinsprachlich, Regionalismus (als solcher wird nicht eine für hispanoamerikanische Regionen spezifische Einzelbedeutung eingestuft), übertragen und familiär, Amerikanismus, fachsprachlich, „subacepción" [Untereinzelbedeutung], adverbieller Gebrauch (Teide 1977, unpaginierter Einleitungsteil). Neben der Trennung der zwei regiolektalen Markierungstypen fällt hier unter anderem die aber keine hierarchische Gliederung des Definitionsteils begründende Position Untereinzelbedeutung auf, die im übrigen in diesem Wörterbuch auch sehr subjektiv gehandhabt und im Gegensatz zu den Markierungen nicht formell gekennzeichnet wird, so daß gerade der Übersichtlichkeitseffekt wieder verlorengeht (Werner 1986).

Als Konsequenz von Rangfolgen unter Markierungstypen muß unter anderem hingenommen werden, daß die Position im Artikel nicht immer der Wichtigkeit des jeweiligen sprachlichen Geltungsbereiches oder der jeweiligen Einzelbedeutung innerhalb ihres Geltungsbereiches entspricht. Legt man z. B. fest, daß grundsätzlich regiolektale Markierungen den Vorrang vor fachsprachlichen haben, so muß etwa in einem Wörterbuch des Spanischen eine nur in einem Landesteil Chiles, und auch dort nur wenig, gebräuchliche Einzelbedeutung vor einer im gesamten spanischen Sprachraum gebräuchlichen fachsprachlichen angeführt werden. Solche Rangfolgen lassen übrigens auch immer noch offen, in welcher Reihenfolge mehrere nicht markierte Einzelbedeutungen anzuordnen sind. Dafür wird dann ein zusätzliches Kriterium nötig. Häufig findet man deshalb verschiedenartige Überlagerungen des Kriteriums des Geltungsbereiches im Sprachsystem mit dem logischen Prinzip (TSBM 1977—1984, Bd. 1, 12; RBE 1977 ff., Bd. 1, 30; Felice/Duro 1976, XI; Kapelusz 1980, 12—13).

### 2.3. Logische Beziehungen und semantische Affinität

Das logische Prinzip impliziert immer das Vorliegen einer sog. Grundbedeutung, zu der andere Einzelbedeutungen in metaphorischer oder metonymischer Beziehung stehen. Oft wird die Art der jeweiligen Beziehung (im engeren, weiteren, übertragenen Sinne etc.) zwischen zwei Einzelbedeutungen im Wörterbuchartikel angegeben (Felice/Duro 1976, XI; RBE 1977 ff., Bd. 1, 30; SUM 1970— 1980, Bd. 1, X; TSBM 1977—1984, Bd. 1, 12; vgl. Hausmann 1977, 42). Die angenommenen Bedeutungsbeziehungen müssen nicht unbedingt diachronischen Bedeutungsentwicklungen entsprechen, können es jedoch oft, so daß das logische Prinzip gern supplementär zum historischen herangezogen wird (DLP 1976 ff., Bd. 1, XII; Petit Robert 1978, XIII). Die expliziten Angaben zur Reihenfolge nach dem logischen Prinzip selbst beschränken sich meistens darauf, daß gesagt wird, daß die abgeleiteten Einzelbedeutungen nach der sog. Grundbedeutung (z. B. SSKJ 1970 ff., Bd. 1, XVII) oder nach der jeweiligen von mehreren sog. eigentlichen Bedeutungen (z. B. SUM 1970—1980, Bd. 1, X) behandelt werden. Das logische Prinzip sagt aber weder etwas darüber aus, in welcher Reihenfolge die abgeleiteten Einzelbedeutungen auf die Grundbedeutung folgen, noch, wie die Grundbedeutung zu bestimmen ist. Ersteres Problem wäre teilweise zu lösen, indem wenigstens eine Rangfolge von Bedeutungsbeziehungen aufgestellt würde. Wie soll jedoch die Frage nach der Grundbedeutung gelöst werden? Wie wird festgestellt, ob Einzelbedeutung B auf Einzelbedeutung A als „im weiteren Sinne" oder A auf B als „im engeren Sinne" zu folgen hat? Man kann dafür natürlich einfach ein anderes Prinzip heranziehen (Felice/Duro 1976, XI, z. B. das frequenzorientierte; SSKJ 1970 ff., Bd. 1, XVII, das frequenzorientierte, und, wo nicht möglich, das historische). Daß ein wie auch immer definiertes Kriterium der Dominanz einer Einzelbedeutung im Sprachbewußtsein theoretisch nicht objektivierbar, empirisch nicht praktikabel und arbeitstechnisch nicht realisierbar ist, läßt sich nachweisen (Werner 1982a, 317—320; Werner 1982b 152—153). Eine Berufung darauf kommt in der lexikographischen Praxis allerdings selten so explizit vor wie in RBE (1977 ff., Bd. 1, 29). Dieses Wörterbuch definiert als Grundbedeutung diejenige Einzelbedeutung, die einem Muttersprachler spontan als erste einfällt, wenn er nach der Bedeutung eines aus jeglichem Kontext isolierten Wortes befragt wird. — Auch die strukturelle Semantik bietet keinen Ausweg aus diesem Dilemma. Selbst wenn man davon ausginge, daß durch die Angabe von distinktiven Merkmalen im Sinne der strukturellen Semantik Bedeutungen hinreichend beschrieben sind und daß der Lexikograph grundsätzlich semantische Komponentenanalysen durchführen bzw. auf bereits anderweitig vorliegende Resultate von solchen zurückgreifen kann, so wären aus der Signifikatsanalyse oft auch nur plausible Teilreihenfolgen abzuleiten.

Nimmt man ein Signifikat etwa mit sieben sich aus einem Semasem und insgesamt neun Semen ergebenden Sememen nach dem Muster eines Beispiels bei Henne (1972, 148—149) an (es beruht auf der Analyse eines realen Wörterbuchartikels), so könnte man daraus zwei Rangfolgen ableiten. Muster 1: Zuerst Sememe mit einem Sem (Sememe 1 und 2), dann Sememe mit zwei Semen (Sememe 3, 4 und 5) und schließlich Sememe mit drei Semen (Sememe 6 und 7). Dabei würde allerdings auf den Grad der Affinität zwischen Semem 4 einerseits und den Sememen 6 sowie 7 andererseits wegen der Unterbrechung ihrer Abfolge durch Semem 5 nicht Rücksicht genommen. Vor allem aber würde noch ein Kriterium der Reihenfolge für Sememe mit jeweils gleicher Anzahl von Semen fehlen. Muster 2: Man könnte den Filiationen des Stemmas folgen. Dann müßte auf jeden Fall entweder Semem 5 auf eine aus den Sememen 4 (innerhalb der Gruppe an erster Stelle stehend) sowie 6 und 7

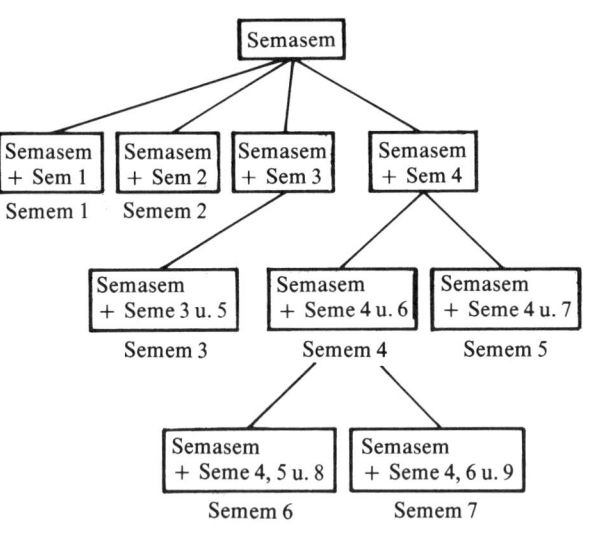

Abb. 87.1: Signifikatsstruktur von deutsch *Frucht*, abstrahiert nach Henne (1972, 148—149)

bestehende Gruppe folgen oder umgekehrt. Ungelöst bliebe die Frage nach der Teilreihenfolge der Sememe 1, 2 und 3 und der Gruppe der Sememe 4 bis 7, die nach der Teilreihenfolge von Semem 5 und der Gruppe der Sememe 4, 6 und 7 und die nach der Teilreihenfolge der Sememe 6 und 7. Muster 3: Man könnte das Kriterium der Filiation mit dem der Anzahl der Seme kombinieren. Selbst in diesem Falle würden noch die Reihenfolge der Sememe 1 und 2 sowie die der Sememe 6 und 7 unbestimmt bleiben.

### 2.4. Distributionelle Gruppierung

Das distributionelle Prinzip wird gewöhnlich als grammatikalisches gehandhabt. Die Einzelbedeutungen können z. B. entsprechend verschiedenen Flexionsmustern (Perfektbildung mit *sein* und mit *haben* bei deutschen Verben, Pluralunterschiede bei als Maßangaben verwendbaren deutschen Substantiven nach dem Muster *fünf Gläser/fünf Glas* etc.), Valenzmustern bei Verben, Rektionsmöglichkeiten bei Präpositionen, Behandlung als zählbar oder unzählbar bei Substantiven, Beschränkungen auf attributiven, prädikativen oder adverbiellen Gebrauch bei Adjektiven und sonstigen grammatikalischen Unterscheidungen angeordnet werden, zu denen semantische Unterschiede parallel verlaufen. Auch die Verschiedenheit der Wortart kommt in Frage, wo sie nicht schon als Kriterium für Verteilung auf mehrere Artikel zugrunde gelegt wird. Viele Wörterbücher ziehen nur sehr wenige der für die jeweilige Sprache möglichen grammatikalischen Unterscheidungen heran, wie z. B. viele Wörterbücher romanischer Sprachen die Unterscheidung von transitivem und intransitivem sowie oft unpersönlichem oder reflexivem Gebrauch von Verben. Die Aufteilung nach solchen (oft zu) einfachen Unterscheidungen wird häufig auch für so selbstverständlich gehalten, daß sie bei der Erörterung der Anordnungsprinzipien im Einleitungsteil des Wörterbuchs nicht genannt wird.

Meistens werden grammatikalische Unterscheidungen auch nur als Kriterium der Gruppierung, nicht der Reihenfolge, von Einzelbedeutungen herangezogen, und das Prinzip wird auch noch durch vielerlei Ausnahmeregeln kompliziert oder in seiner Stringenz abgeschwächt (Arimany 1980, 15—16; Garcia-Pelayo y Gross 1974, VI). Annähernd alle für eine Sprache in Frage kommenden wesentlichen Unterschiede der grammatikalischen Behandlung von Wörtern zu berücksichtigen (nach dem Muster etwa von Bergenholtz/Mugdan 1984, 60), ist in einem Spezialwörterbuch angebracht. In allgemeinen Wörterbüchern deckt oft eine Definition mehrere grammatikalische Verwendungsmuster ab, was natürlich nicht heißt, daß diese Muster nicht irgendwie angegeben werden sollten. Bei nur wenigen groben Unterscheidungstypen (teils auch bei feinster Unterscheidung) reicht das grammatikalische Kriterium für die Festlegung der Reihenfolge der Definitionen aber oft nicht aus. Es kommt dann für manche Wortarten selten bis nicht in Frage, und bei anderen Wortarten können immer noch mehrere Einzelbedeutungen auf eine gemeinsame grammatikalische Eigenschaft (etwa transitiv bei Verben) entfallen. Das grammatische Kriterium wird deshalb oft in Kombination mit anderen Anordnungsprinzipien praktiziert. Besonders häufig begründet die Unterscheidung zwischen transitivem und intransitivem Gebrauch von Verben das Kriterium für die Festlegung des obersten Ranges der hierarchischen Anordnung der Definitionen (beides unerläutert in GDLE 1985; nur letzteres, da ersteres für die Makrostruktur maßgebend, bei GWNT 1984, XVII—XVIII). —

Vereinzelt wird neben einem grammatikalischen auch noch ein semantisch zu verstehendes distributionelles Kriterium herangezogen. So können semantische Merkmale der für ein Verb in bestimmten Einzelbedeutungen möglichen Subjekte oder Objekte als Gruppierungsgrundlage verwendet werden (z. B. in Dubois u. a. 1971 u. TLF 1971 ff.; vgl. Hausmann 1977, 43). Dieses Kriterium kann sich jedoch sinnvollerweise nur auf ganz wenige markante und immer wiederkehrende Merkmale ('Mensch', 'Lebewesen' etc.) stützen und erreicht deshalb nie die gleiche Anwendungsbreite wie die anderen Kriterien.

## 3. Hierarchische Anordnungsschemata

### 3.1. Hierarchisierungsgrade und -formen

Der Übergang von der reihenden zur hierarchisch gliedernden Anordnung der Definitionen ist fließend. Hinter einer formal linearen Anordnung (nur Trennung der Definitionen in jeweils gleicher typographischer Form oder nur einfache Durchzählung) kann sich eine implizite Hierarchie verbergen. Diese kann etwa entstehen, wenn verschiedene etymologische oder logische Entwicklungsstränge nacheinander verfolgt oder wenn mehrere Einzelbedeutungen zuerst nach einem Kriterium in Gruppen zusammengefaßt und dann innerhalb einer Gruppe nach einem weiteren Kriterium gereiht werden. Solche formal nicht gekennzeichneten Hierarchien sind besonders oft zu beobachten, wo etwa zuerst nach einem grammatikalischen Kriterium gruppiert und dann nach einem anderen Prinzip (z. B. dem frequenzorientierten oder logischen) weitergeordnet wird. Zu einer minimalen formalen Explizierung kommt es dabei oft dadurch, daß eine gemeinsame Kennzeichnung (z. B. als transitiv oder intransitiv) einer ganzen Gruppe von Einzelbedeutungen oder der ersten der jeweiligen Gruppe (etwa zwischen Positionsziffer und Definition) vorausgeht. Wo hierarchische Gliederungsformen nicht nur von Fall zu Fall, sondern nach strengeren Prinzipien praktiziert werden, werden sie jedoch meist mit typographischen Mitteln (verschiedene Gliederungsebenen anzeigende Zahlenreihen, Dezimalsystem etc.) verdeutlicht. — Theoretisch kann die Anzahl der möglichen Ebenen hierarchischer Anordnungsschemata beliebig hoch angesetzt werden (z. B. maximal 2 Ebenen in Micro Robert 1985, 3 in Davau/Cohen/Lallemand 1980, 4 in Petit Robert 1978).

In manchen Wörterbüchern werden die Einzelbedeutungen unabhängig von einer formal gekennzeichneten nächsthöheren Rangebene auf einer niedrigeren Ebene durchgezählt, so in einem spanischen Wörterbuch, wo im Artikel zu *chino* 13 auf 3 mit römischen Ziffern numerierte Gruppen verteilte Positionen (die letzten 4 davon nicht für Einzelbedeutungen, sondern für feste syntagmatische Verbindungen) mit arabischen Ziffern durchgezählt werden, wobei die Positionen 1 bis 4 auf Gruppe I, 5 bis 7 auf II und 8 bis 13 auf III entfallen (Anaya 1986, 217).

Auf mehreren Ebenen gliederte Definitionsfolgen sind in manchen Wörterbüchern nur möglich, wo die Anordnung auf der Kombination verschiedener Kriterien beruht (z. B. Anaya 1986), in anderen können sich die Gliederungsebenen fallweise nach einem einzigen Kriterium oder nach verschiedenen ergeben (z. B. Felice/Duro 1976), selten kommt eine Mehrebenenanordnung ausschließlich nach einem Kriterium vor (Malachovskij 1980 findet ein ausschließlich nach dem etymologischen Kriterium ausgliederndes System für ein Wörterbuch mit historischer Ausrichtung vom Typ OED 1961 angemessen). Häufig fügt sich die Hierarchie der Anordnung der Definitionen in eine umfassendere Hierarchie der Artikelgliederung ein. So verwendet Wahrig dtv (1978) ein Ziffernsystem mit maximal 3 Rangebenen, das Vorkommen in bestimmten Kollokationen und in idiomatischen Wendungen nach derselben Art ausgliedert wie Einzelbedeutungen eines Wortes. TLF (1971 ff.) dagegen zählt unterhalb der Ebene der Einzelbedeutungen unabhängig von deren Zählung noch Belege durch.

### 3.2. Ausgliederungsrichtungen

Die verschiedenen Ebenen der hierarchischen Anordnung der Definitionen können aszendent, deszendent und nach fixen Zuordnungskriterien eingeführt werden. Um ein aszendentes Verfahren handelt es sich, wenn bei Bedarf der Anhebung der Zahl der Gliederungsebenen im Einzelfall zu einer immer gegebenen primären Ebene übergeordnete Ebenen eingeführt werden. Beispiel: Der primäre Rang wird durch arabische Ziffern gekennzeichnet. In komplexeren Fällen wird eine darüberliegende durch römische Ziffern gekennzeichnete Ebene dazugenommen. Ein deszendentes Verfahren ist gegeben, wenn bei Bedarf der Anhebung der Zahl der Gliederungsebenen im Einzelfall zusätzlich zu einer immer gegebenen primären Ebene untergeordnete Ebenen eingeführt werden. Beispiel: Die primäre Ebene wird durch arabische Ziffern gekennzeichnet. In komplexeren Fällen wird eine darunterliegende durch Kleinbuchstaben gekennzeichnete Ebene dazugenommen. Ein Verfahren mit fixen Zuordnungskriterien liegt vor, wenn die Einführung einer hierarchischen Ebene nicht vom Vorhandensein einer jeweils unmittelbar unter- oder übergeordneten Rangebene im Einzelfall abhängt, sondern von der Erfüllung von davon unabhängigen Kriterien. Dieses Verfahren wird etwa in GDLE (1985) angewandt, in dem der mit römischen Ziffern gekennzeichnete Rang immer an grammatikalische Kriterien und der mit arabischen Ziffern gekennzeichnete immer an sonstige Kriterien gebunden ist, so daß neben Anordnungen auf zwei Ebenen (höherer Rang römische Ziffern, niedrigerer Rang arabische Ziffern) Anordnungen nur auf der höheren (römische Ziffern) oder nur auf der niedrigeren (arabische Ziffern) Ebene möglich sind.

Oft ist die Zuweisung von Rangebenen nach fixen Kriterien auch wesentlich vager formuliert. Dies ist der Fall, wenn etwa „mit arabischen Zahlen und (bei enger zusammengehörenden Bedeutungen) mit Kleinbuchstaben" gegliedert wird wie in Duden Universalwb. (1983, 17). Ein Vergleich von nur mit arabischen Ziffern und nur mit Kleinbuchstaben gegliederten Artikeln in diesem Wörterbuch läßt keine klaren Maßstäbe der für die Rangebenenzuteilung ausschlaggebenden semantischen Affinität erkennen, was aber den Wörterbuchbenutzer nicht allzusehr zu bekümmern braucht, der auch ohne Wörterbucheinleitung leicht erkennt, daß bei Vorhandensein zweier Gliederungsebenen in einem Artikel die mit Ziffern gekennzeichnete die höhere ist. — Manche Wörterbücher kombinieren aszendente und deszendente Gliederungsverfahren mit Verfahren der Zuordnung nach fixen Kriterien. So unterscheidet ein Wörterbuch des Bulgarischen nach fixen Kriterien die Kategorien Bedeutung (gemeint ist die sememische Ebene), gekennzeichnet durch Ziffern und Buchstaben, Bedeutungsnuance oder -schattierung, gekennzeichnet durch zwei Schrägstriche, und Verwendungsweise, gekennzeichnet durch einen gefüllten Kreis (RBE 1977 ff., Bd. 1, 16). Die Bedeutungsnuance oder -schattierung wird als „леко изменено значение с някои допълнителни, частни подробности, които обаче не го променят по общество" [leicht abweichende Bedeutung mit irgendwelchen zusätzlichen speziellen Merkmalen, die aber nicht zu einer wesentlichen Bedeutungsverschiedenheit führen] (RBE 1977 ff., Bd. 1, 30) bestimmt. Verwendungsweisen — diese werden teils auch ohne Definition angegeben — weisen gegenüber Einzelbedeutungen und Bedeutungsnuancen keine zusätzlichen semantischen Merkmale auf. Was darunter zu verstehen ist, wird aus einem Beispiel klar. Für die Einzelbedeutung 'ab dem 1. Januar gerechneter Zeitraum, in dem die Erde einmal um die Sonne kreist' für das Wort година wird als Verwendungsweise die mit Ordinalzahl zur Angabe von Daten (im Deutschen mit Kardinalzahl) unterschieden (RBE 1977 ff., Bd. 1, 30). Die Zahl der Gliederungsebenen im genannten Wörterbuch kann jedoch noch dadurch erhöht werden, daß bei den Bedeutungen, auf einer primären Ebene durch arabische Ziffern gekennzeichnet, bei Bedarf noch aszendent (mit römischen Ziffern) und deszendent (mit Kleinbuchstaben) weitergegliedert wird (RBE 1977 ff., Bd. 1, 16).

Noch weiter treibt die Anordnungskomplexität DEX (1975, unpaginierter Einleitungsteil). Dieses unterscheidet nach fixen, aber nicht sehr stringent formulierten und in den Artikeln nicht einheitlich angewandten, Kriterien „Sensurile îndepărtate" [die weiter voneinander entfernten Bedeutungen] (gemeint sind nicht Fälle von Homographie, sondern ausschließlich von Polysemie), „cele înrudite explicit" [die explizit miteinander verwandten] und „cele dependente de un sens principal" [die von einer Hauptbedeutung abhängenden], außerdem noch eine Ebene für einer Hauptbedeutung zugeordnete phraseologische Einheiten sowie gleichzeitig für stilistische und grammatikalische Varianten im Rahmen einer Bedeutung des Einzelwortes (ohne eigene Definition). Den weiter voneinander entfernten und den explizit miteinander verwandten Bedeutungen sind für weiteren Gliederungsbedarf je zwei Ebenen reserviert (DEX 1975, unpaginierter Einleitungsteil), so daß in Extremfällen bis zu sechs Ebenen (von oben nach unten die Kennzeichnungen: Großbuchstaben, römische Ziffern; arabische Ziffern, Kleinbuchstaben; gefüllter Rhombus; leerer Rhombus) besetzt werden können, während aber auch Besetzung auf verschiedenen Ebenen bei Überspringung anderer Ebenen möglich ist.

### 3.3. Formulierung von Definitionen auf verschiedenen Ebenen

Weitere Verschiedenheiten im Hierarchisierungsmodus ergeben sich daraus, ob Definitionen nur auf verschiedenen Ebenen gruppiert sind oder ob auch einander unter- und übergeordnete Definitionen formuliert werden. Nur gruppiert wird etwa in Duden Universalwb. (1983), Webster's Third (1971) und GDLE (1985). Auf mehreren Ebenen gleichzeitig definiert wird z. B. in Wahrig dtv (1978), DEX (1975) und RBE (1977 ff.). Die Bedeutung von *Rolle* etwa wird in Duden Universalwb. (1983, 1043) nur auf der jeweils tiefstmöglichen Ebene definiert:

1. a) „etw. Walzenförmiges, zu einer Walze (länglich mit rundem Querschnitt) Zusammengerolltes od. -gewickeltes", b) „Kugel, Walze, Rad, [mit einer Rille versehene] Scheibe, worauf etw. rollt od. gleitet", 2. „Mangel", 3. a) „Übung (am Boden, Barren, Schwebebalken o. ä.), bei der der Körper vor- od. rückwärts um die eigene Querachse gedreht wird", b) „Figur im Kunstflug, bei der sich das Flugzeug um seine eigene Längsachse dreht" usw.

In Wahrig dtv (1978, 634—635) dagegen wird die Bedeutung des Wortes gleichzeitig auf zwei Ebenen definiert:

1 „massiver Körper mit rundem Querschnitt", 1.1 „drehbare Walze, Kugel, kleines Rad", 1.2 „drehbare Scheibe mit einer Rille am (senkrechten) Rand für das aufzuwickelnde od. entlanglaufende Seil, z. B. bei Flaschenzügen", 1.3 „Wäschemangel, Wäscherolle" usw.

Vorteil der auch hierarchisch formulierten Definition ist, daß auf einer unteren Ebene zufällig oder absichtlich nicht abgedeckte Einzelbedeutungen auf einer höheren miterfaßt sind. Ein Nachteil dieser Lösung kann sein, daß übergeordnete Definitionen wegen eines zu hohen Abstraktionsgrades oder wegen zu weniger zu formulierender Merkmale im Einzelfall für den Wörterbuchbenutzer nichtssagend oder unverständlich und damit wertlos ausfallen.

3.4. Vor- und Nachteile der Hierarchisierung

Ob die hierarchische Anordnung der Definitionen überhaupt vorteilhaft ist, scheint auf den ersten Blick leicht zu beantworten zu sein, und zwar positiv, vorausgesetzt natürlich, die durchschnittliche Anzahl von Definitionen pro lexikalische Einheit ist genügend hoch. Durch die explizite Hierarchisierung wird auf jeden Fall eine gewisse Übersichtlichkeit hergestellt, die eine schnellere Orientierung im Wörterbuchartikel ermöglicht und je nach Anordnungskriterien auch bestimmte Zusammenhänge zwischen verschiedenen Einzelbedeutungen hervorhebt. Für bestimmte Wörterbuchbenutzer und -benutzungssituationen ergeben sich noch zusätzliche Vorteile.

„Für den L2-Lerner ist die möglichst klare hierarchische Gliederung wichtig wegen der Progression im Wortschatzlernen. Die oberste Stufe der Hierarchie sollte vor den anderen gelernt werden, deshalb muß das Wichtige vom weniger Wichtigen klar unterschieden werden" (Hausmann 1977, 44).

Daß die oberste Stufe der Hierarchie für den Fremdsprachenlerner die wichtigste ist, gilt selbstverständlich nur, wenn die Hierarchisierung semantischen Kriterien folgt. Werden dagegen z. B. Gruppen nach dem Kriterium des Geltungsbereiches im Sprachsystem gebildet, im konkreten Fall etwa nicht markierte, umgangs-, fach- und sondersprachliche Einzelbedeutungen zu je einer Gruppe zusammengefaßt, dann ist nicht die oberste Stufe der Hierarchie am wichtigsten, sondern es kommt auf einen möglichst vorderen Platz in der Reihenfolge an. Die oberste Stufe der Hierarchie kann natürlich auch nur vernünftig gelernt werden, wenn auf ihr überhaupt Definitionen formuliert sind. Es versteht sich auch, daß in einem allgemeineren semasiologischen Wörterbuch für die Hierarchisierung der Anordnung nicht jedes Anordnungskriterium gleich geeignet ist. Für den fremdsprachlichen Benutzer kann übrigens neben einer Hierarchisierung nach semantischen auch eine nach bestimmten distributionellen Kriterien (ausgewählten grammatikalischen Unterscheidungen) besonders vorteilhaft sein. — Die Hierarchisierung nach einem semantischen Kriterium, deren Vorzüge besonders evident sind, ist aber auch mit Nachteilen verbunden, die je nach Sprache, anvisierten Wörterbuchbenutzern und -benutzungssituationen sowie sonstigen Strukturen des Wörterbuchs schwerer oder geringer wiegen können als die Vorteile. Solche Nachteile zeigen am Beispiel eines Artikels aus einem semasiologischen Sprachstadienwörterbuch Anderson/Goebel/Reichmann (1985) auf. Vieles von dem in diesem Beitrag Gesagten gilt auch für andere semasiologische Wörterbücher. Die Autoren des Beitrags gehen davon aus, daß für die Beschreibung des Signifikates polysemer lexikalischer Einheiten auf jeden Fall Sememe zu identifizieren sind. Unabhängig davon, welchen theoretischen Status man den Begriffskategorien der strukturellen Semantik zubilligt, einen ziemlich absoluten oder einen mehr pragmatischen (im Sinne etwa von Eco 1985, 77—132), und unabhängig von dem speziell gewählten Begriffsinstrumentarium muß der Lexikograph wohl immer von dieser Einheit ausgehen. Eruiert man die Sememe im Sinne der Komponentenanalyse nach dem Muster der strukturellen Semantik, so kann man durch Feststellung jeweils gleicher semantischer Merkmale für einzelne Sememe und auf verschiedenen hierarchischen Ebenen mögliche Gruppierungen von ihnen die Strukturen des gesamten Signifikats einer lexikalischen Einheit generisch ausgliedernd darstellen.

Für frühneuhochdeutsch *arbeit* z. B. ist nach Anderson/Goebel/Reichmann (1985, 264) eine nach fünf Ebenen ausgliedernde Beschreibung möglich, deren Hierarchisierung durch das Dezimalsystem veranschaulicht werden kann, wobei hierarchisch untergeordnete im Verhältnis zu unmittelbar übergeordneten Positionen jeweils eine differentia specifica gegenüber einem mehreren untergeordneten Positionen ein und derselben Ebene gemeinsamen genus beinhalten. Bei der Analyse der Bedeutung von *arbeit* könnte man nach Anderson/Goebel/Reichmann (1985, 264) auf der jeweils unterstmöglichen Ebene sich aus den Positionen „1. Widrigkeiten, Schwierigkeiten, Qual (allgemein)", „1.1. aktiv übernommen zur Erreichung eines Ziels", „1.1.1. körperlich" und „1.1.1.1. in Auseinandersetzungen mit Gegnern" ausgliedernde Positionen „1.1.1.1.1. von Einzelpersonen: Kampf, Streit" und „1.1.1.1.2. von Gruppen: Belagerung, Beschuß, Krieg" festlegen oder eine sich aus den Positionen „1. Widrigkeiten, Schwierigkeiten, Qual (allgemein)", „1.2. passiv erduldet", „1.2.1. von Menschen" ausgliedernde Position „1.2.1.2. im Krieg: Kriegsbeschwernisse" ansetzen. Hinter einem solchen (für das Wort *arbeit* z. B. insgesamt 22 Positionen auf 5 Ebenen unterscheidenden) Anordnungstyp verbirgt sich jedoch ein Problem. „Die Crux des generisch ausgegliederten Typs ist folgende: Er suggeriert, verstärkt durch die Übersichtlichkeit der graphischen Notation, eine Signifikatsstruktur", die „fixiert, was genus und was differentia ist", „den einzelnen Merkmalen einen fixen Strukturplatz zuweist", „mit der Zuweisung eines solchen Platzes den Grad der inhaltlichen Verwandtschaft der Grundpositionen der Differenzierungsstränge festlegt" und „mit all dem die gerade für den Kulturwortschatz charakteristische semantische Offenheit der einzelnen Sememe zueinander, die Vielfalt ihrer inhaltlichen Beziehung verschüttet" (Anderson/Goebel/Reichmann 1985, 265). So werden im Schema zu *arbeit* verschiedene Positionen mit einem Merkmal 'Kampf' durch andere Positionen ohne dieses Merkmal sehr weit voneinander getrennt, weil statt 'Kampf' anderen Merkmalen, wie 'aktiv übernommen' oder 'passiv erduldet', ein höherer Rang in der Hierarchie zugewiesen wird. Die Problematik der unvermeidlichen Willkürlichkeit solcher Entscheidungen bei der Festlegung eines hierarchischen Schemas verschärft sich nun jedoch noch dadurch, daß das Schema ja in der Regel nicht Frucht exhaustiver Komponentenanalysen sein kann und selbst dort, wo solche möglich sind, sich theoretische Probleme der Verbalisierung semantischer Merkmale und praktische Probleme der im Hinblick auf den Wörterbuchbenutzer optimalen Formulierung der Definitionen ergeben (eine Übersicht über die verschiedenen auf dem Weg von der Semanalyse zur lexikographischen Definition entstehenden Probleme findet sich bei Werner 1982a, 272—275; vgl. Anderson/Goebel/Reichmann 1985, 269).

Die Identifizierung von Sememen wird in der Praxis durchgehend für ein ganzes Wörterbuch allenfalls in Form verschiedenartiger im jeweiligen lexikographischen Konzept festgelegter Verifikationsverfahren (Beispiele bei Reichmann 1983 u. Anderson/Goebel/Reichmann 1985, 270—274) vorgenommen. Der prinzipiellen Vorläufigkeit der Ergebnisse solcher Verfahren und den vielfältigen Beziehungen der einzelnen Sememe eines Signifikates untereinander wird unter Umständen eine lineare Anordnung Hand in Hand mit diese Beziehungen verdeutlichenden Explikationselementen (die auch Bestandteil der Definitionen sein können) besser gerecht als extreme generische Ausgliederung. Eine lineare Anordnung, gekoppelt mit einer nicht zu starren Formulierung der Definitionen — etwa unbedingt immer nach dem klassischen formalen Definitionsschema (vgl. Art. 44) — erlaubt eine flexiblere Hervorhebung semantischer Merkmale und ermöglicht es,

„die Bezugsmöglichkeiten der einzelnen Sememe untereinander unter sehr viel mehr Aspekten offenzuhalten oder auch anzudeuten, als es bei der ja immer und notwendigerweise bis auf einen Aspekt (pro Hierarchieebene) reduktionistischen Ausgliederung generischer Merkmale möglich ist" (Anderson/Goebel/Reichmann 1985, 266).

## 4. Typographische Fragen

In welchem Grade und in welcher Weise die Anordnung der Definitionen in ihren Strukturen durch typographische Mittel transparent gemacht und in ihrer Funktion der Schaffung von Übersicht unterstützt wird, steht dem Lexikographen gewöhnlich nicht vollkommen frei. Die Entscheidung darüber kann z. B. von einem vorgegebenen Umfang des Zeicheninventars oder dem mehr oder weniger reichlich pro Artikel im Durchschnitt zur Verfügung stehenden Raum abhängen. — Prinzipiell kann bei der Festlegung der Anordnung der Definitionen aber immer eine grobe Klassifikation der typographischen Mittel nach formalen Merkmalen und nach möglichen Funktionen zugrunde gelegt werden. Nach formalen Gesichtspunkten könnte man etwa folgende Kategorien einsetzbarer typographischer Mittel unterscheiden:
(1) Diskrete Einzelzeichen: Diese können (1 a) aus dem üblichen orthographischen Zeichenrepertoire stammen. Dabei kann man einerseits Zeichen unterscheiden, die mit anderen zusammen Reihen bilden (Buchstaben und Ziffern), und andererseits solche, bei denen dies nicht der Fall ist (Interpunktionszeichen). Es kann sich aber auch (1 b) um speziell eingeführte Zeichen handeln (senkrechte Striche, Doppelstriche, geometrische Figuren wie Kreis, Rhombus etc.).
(2) An diskrete Zeichen gebundene Eigenschaften. In diesem Punkt wird vor allem von verschiedenen Drucktypen (halbfett, kursiv etc.) Gebrauch gemacht.
(3) Mittel der Raumeinteilung (Absatzbildung, neue Zeile, Einrückung).
An Funktionen dieser Zeichen kann man unterscheiden: (1) Trennung von Einzelbedeutungen oder Gruppen von Einzelbedeutungen voneinander, (2) Angabe der Position in einer Reihe, (3) Angabe der Gliederungsebene bei hierarchischer Anordnung und (4) Hervorhebung der Funktion eines anderen Zeichentyps.

Nicht jeder formale Zeichentyp kann jede Funktion übernehmen, und soweit einer es kann, kann seine Verwendung mehr oder weniger vorteilhaft sein. Interpunktionszeichen bringen den Vorteil mit sich, daß ein minimales (auf jeder Schreibmaschine und in jeder Druckerei realisierbares) Zeichenrepertoire ausreicht. Bei ihrer Verwendung besteht jedoch die Gefahr, daß ihre spezielle lexikographische Funktion mit ihrer üblichen orthographischen Funktion in der Definitionsformulierung konkurriert. Deshalb eignen sich Kommata eigentlich nie (theoretisch nur bei strengster Beschränkung der Einzelbedeutungsexplikation auf je ein Synonym). Strichpunkte, Punkte und Gedankenstriche können lexikographisch eingesetzt werden, wo sie aufgrund strengster Einhaltung klassischer Definitionsschemata in ihrer orthographischen Funktion nicht benötigt werden, nicht etwa, wenn auch aus mehreren Sätzen bestehende Sach- oder Funktionsbeschreibungen verwendet werden. An diskrete Einzelzeichen gebundene Eigenschaften wie etwa eine bestimmte Drucktype kommen naturgemäß nur für die Hervorhebung der Funktion der betreffenden diskreten Einzelzeichen in Frage. Diese unterstützende Funktion kann jedoch auch von den anderen formalen Zeichentypen übernommen werden (etwa neue Zeile zusätzlich zu eine bestimmte Stufe der Anordnungshierarchie markierenden Ziffern oder Setzung von Ziffern zwischen Klammern, in Kreisen etc.). Die Position in einer Reihe kann nur durch in Reihen vorkommende Zeichentypen ausgedrückt werden. Dabei kann die jeweils erste Position durch Fehlen des Reihungszeichens markiert werden (wie in DRAE 1984 oder Anaya 1986, in denen die Ziffer 1 für die entsprechende erste Position nicht gesetzt und erst ab der zweiten Position mit Ziffer 2 beginnend durchnumeriert wird). — Auf jeden Fall sollten die jeweiligen Zuordnungen zwischen formalen Zeichentypen und Zeichenfunktionen explizit festgelegt (für den Redakteur wie den Benutzer des Wörterbuchs) und konsequent eingehalten werden, auch wenn teilweise nach bestimmten dem Wörterbuchbenutzer anderweitig vertrauten Konventionen (etwa Kennzeichnung eines höheren hierarchischen Ranges durch römische Ziffern statt durch arabische) verfahren wird. Eine Anordnung der Definitionen ad hoc, nicht nach für das gesamte Wörterbuch geltenden Prinzipien, verfehlt dagegen ihre beabsichtigte Funktion zumindest teilweise. Der Rückgriff auf vertraute Konventionen ist jedoch, soweit Eindeutigkeit der Zeichen gewahrt bleibt, empfehlenswert, weil er dem Wörterbuchbenutzer die schnelle Orientierung erleichtert. So ist etwa die Markierung hierarchischer Ebenen mit römischen und arabischen Ziffern oder nach dem Dezimalsystem einer ausschließlich mit geometrischen Figuren operierenden (etwa gefüllter Kreis eine Stufe höher als nicht gefüllter Kreis) vorzuziehen.

## 5. Literatur (in Auswahl)

### 5.1. Wörterbücher

*Anaya 1986* = Diccionario Anaya de la lengua. 2., verb. u. erw. Aufl., 3. Neudr. Madrid 1986 [XXI, 730 S.; 1. Aufl. 1978; Erstdr. der 3. Aufl. 1980].

*Arimany 1980* = Miguel Arimany: Diccionari català general usual. Presentació per Antoni Comas. Barcelona 1980 [1418 S.].

*Buarque de Holanda 1975* = Aurélio Buarque de Holanda Ferreira: Novo dicionário da língua portuguesa. Rio de Janeiro 1975 [XIX, 1499 S.; 14. Druck o. J.].

*COD 1983* = The Concise Oxford Dictionary of Current English. 7. Aufl. durch John B. Sykes. Neudr. Oxford 1983 [xx, 1258 S.; 1. Aufl. durch H. W. Fowler/F. G. Fowler 1911; Erstdr. der 7. Aufl. 1982].

*Davau/Cohen/Lallemand 1980* = Maurice Davau/ Marcel Cohen/Maurice Lallemand: Dictionnaire du français vivant. Völlig überarb. und erw. Neuaufl., Neudr. 1980 [XIII, 1344 S.; Erstdr. der Aufl. 1971; Lizenzausgabe Stuttgart 1972].

*DEX 1975* = Academia Republicii Socialiste România, Institutul de lingvistică din București: Dicționarul explicativ al limbii române. Bukarest 1975 [1049 S.].

*DLP 1976 ff.* = Academia das Ciências de Lisboa: Dicionário da língua portuguesa. Lissabon 1976 ff. [CXV, 678 S.; bisher Bd. 1: *A—azuverte,* 1976].

*DRAE 1984* = Real Academia Española: Diccionario de la lengua española. 20. Aufl., 2 Bde. Madrid 1984 [XXV, 1416 S.; Bd. 1: *a—guzpatarra,* Bd. 2: *h—zuzón;* 1. Aufl. 1726—1739 u. d. T. Diccionario de la lengua castellana [. . .]; Faksimileausgabe der 1. Aufl. u. d. T. Diccionario de autoridades, Neudr. 1979; u. d. T. Diccionario de la lengua española seit der 15. Aufl. 1925].

*Dubois u. a. 1971* = Jean Dubois u. a.: Dictionnaire du français contemporain. Paris 1971 [XXII, 1224 S.; eine 1263 S. umfassende Ausgabe mit dem Untert. Manuel et travaux pratiques pour l'enseignement de la langue française enthält im Anhang Travaux pratiques, sous la direction de René Lagane].

*Duden Universalwb. 1983* = Duden. Deutsches Universalwörterbuch. Hrsg. und bearb. vom Wissenschaftlichen Rat und den Mitarbeitern der Dudenredaktion unter Leitung von Günther Drosdowski. Mannheim. Wien. Zürich 1983 [1504 S.].

*Felice/Duro 1976* = Emilio de Felice/Aldo Duro: Dizionario della lingua e della civiltà italiana contemporanea. Florenz 1976 [XXI, 2221 S.].

*García-Pelayo y Gross 1974* = Ramón García-Pelayo y Gross: Diccionario Larousse usual. Paris 1974 [VII, 836 S.].

*GDLE 1985* = Gran Diccionario de la lengua española. Madrid 1985 [XV, 1983 S.].

*Gran Sopena 1980* = Gran Sopena. Diccionario Ilustrado de la Lengua Española. Vorwort von

Alonso Zamora Vicente. 3 Bde. Barcelona 1980 [2938 S.; Bd. 1: *A—D*, Bd. 2: *E—O*, Bd. 3: *P—Z;* in Bd. 3 als Anhänge Compendio de gramática española, 57 S., und Lista de los verbos de uso corriente, con expresión del modelo a que en su conjugación se ajustan, unpaginiert].

*GWNT 1984* = Van Dale. Groot Woordenboek der nederlandse taal. 11. Aufl. durch G. Geerts unter Mitwirkung von C. Kruyskamp. 3 Bde. Utrecht. Antwerpen 1984 [3730 S.; Bd. 1: *A—I*, Bd. 2: *J—R*, Bd. 3: *S—Z;* 1. Aufl. 1864].

*Kapelusz 1980* = Diccionario Kapelusz de la lengua española. 2. Neudr. Buenos Aires 1980 [1517 S.; Erstdr. 1979].

*Micro Robert 1985* = Micro Robert. Dictionnaire du français primordial. Überarb. Neuaufl. Paris 1985 [XIX, 1207 S.; 1. Aufl. 1971; erschien auch als Taschenbuchausgabe in 2 Bdn.].

*Moliner 1987* = María Moliner: Diccionario de uso del español. 2 Bde., Neuaufl., Neudr. Madrid 1987 [LII, 1446, 1585 S.; Bd. 1: *A—G*, Bd. 2: *H—Z;* 1. Aufl. 1966; Erstdr. der neuesten Aufl. 1982].

*OED 1961* = The Oxford English Dictionary. Being a Corrected Re-Issue with an Introduction, Supplement and Bibliography of A New English Dictionary on Historical Principles Founded Mainly on the Materials Collected by The Philological Society. Hrsg. v. James A. H. Murray/Henry Bradly/W. A. Craigie/C. T. Onions. 12 Bde. Neudr. Oxford 1961 [xxx, 1240, 1308, 740, 488, 628, 532, 516, 758, 528, 820, 277, 1676, 936, 1211, 396, 404, 565, 493, 332, 334, 400, 105 S.; Bd. 1: *A—B*, Bd. 2: *C*, Bd. 3: *D—E*, Bd. 4: *F—G*, Bd. 5: *H—K*, Bd. 6: *L—M*, Bd. 7: *N—Poy*, Bd. 8: *Poy—Ry*, Bd. 9: *S—Soldo*, Bd. 10: *Solo—Sz*, Bd. 11: *T—U*, Bd. 12: *V—Z;* Erstdr. 1933; A Supplement to the Oxford English Dictionary. Hrsg. von R. W. Burchfield. 4 Bde., xxiii, 1331, xvii, 1282, xvi, 1579, xxiii, 1409, 45 S.; Bd. 1: *A—G*, 1972, Bd. 2: *H—N*, 1976, Bd. 3: *O—Scz*, 1982, Bd. 4: *Se—Z*, 1986; das Wörterbuch ist auch erschienen als The Compact Edition of the Oxford English Dictionary. Complete Text Reproduced Micrographically. 2 Bde. 1971, Neudr. 1972, xii, 4116 S., Bd. 1: *A—O*, Bd. 2: *P—Z*, Supplement and Bibliography].

*Petit Robert 1978* = Paul Robert: Dictionnaire alphabétique et analogique de la langue française. Redigiert unter der Leitung von Alain Rey/Josette Rey-Debove. Neuaufl. Paris 1978 [XXXI, 2171 S.; 1. Aufl. 1967].

*RBE 1977 ff.* = Bŭlgarska Akademija na Naukite, Institut za Bŭlgarski Ezik: Rečnik na bŭlgarskija ezik. Sofia 1977 ff. [910, 672, 770, 868 S.; bisher Bd. 1: *A—B*, 1977, Bd. 2: *V*, 1979, Bd. 3: *G—dejatel*, 1981, Bd. 4: *dejatelen—E*, 1984, Bd. 5: *ž—zjapnuvane*, 1987].

*SOED 1980* = The Shorter Oxford English Dictionary on Historical Principles. Prepared by William Little, H. W. Fowler and Jessie Coulson. Revised and edited by C. T. Onions. 3. Aufl., completely reset with etymologies revised by G. W. S. Friedrichsen and with revised addenda. Neudr. 1980. 2 Bde. Oxford 1980 [xxv, vii, 2672 S.; Bd. 1: *A—markworthy*, Bd. 2: *marl—Z;* 1. Aufl. 1933; Erstdr. der 3. Aufl. 1944].

*SRJa 1981—1984* = Akademija Nauk SSSR, Institut Russkogo Jazyka: Slovar' russkogo jazyka v četyrech tomach. 2., verb. und erw. Aufl., 4 Bde. Moskau 1981—1984 [696, 763, 749, 789 S.; Bd. 1: *A—J*, 1981, Bd. 2: *K—O*, 1983, Bd. 3: *P—R*, 1984, Bd. 4: *S—Ja*, 1984; 1. Aufl. 1957—1961].

*SSKJ 1970 ff.* = Slovar slovenskega knjižnega jezika. Hrsg. v. Slovenska Akademija Znanosti in Umetnosti, Institut za Slovenski Jezik. 4 Bde. Ljubljana 1970 ff. [LXII, 844, 1030, 1076, 1125 S.; bisher Bd. 1: *A—H*, 1970, Bd. 2: *I—Na*, 1975, Bd. 3: *Ne—Pren*, 1979, Bd. 4: *Preo—Š*, 1985].

*Sterkenburg/Pijnenburg 1984* = P. G. J. van Sterkenburg/W. J. J. Pijnenburg: Van Dale. Groot Woordenboek van hedendags Nederlands. Utrecht. Antwerpen 1984 [1569 S.].

*SUM 1970—1980* = Akademija Nauk Ukraïn'skoï RSR, Institut Movoznavstva im. O. O. Potebni: Slovnyk ukraïn'skoï movy. 11 Bde. Kiew 1970—1980 [XXVII, 799, 550, 744, 840, 840, 832, 723, 972, 916, 658, 699 S.; Bd. 1: *A—V*, 1970, Bd. 2: *G—Ž*, 1971, Bd. 3: *Z*, 1972, Bd. 4: *I—M*, 1973, Bd. 5: *N—O*, 1974, Bd. 6: *P—poïty*, 1975, Bd. 7: *poïchaty—pryrobljaty*, 1977, Bd. 8: *pryroda—rjachtlybyj*, 1977, Bd. 9: *S*, 1978, Bd. 10: *T—F*, 1978, Bd. 11: *X—'*, 1980].

*Teide 1977* = Enciclopedia Teide. Bd. 1: Lengua. Barcelona. México/Bogotá 1977 [1381 S.; Bd. 2: Arte/Geografía/Ciencia/Historia, 1082 S.].

*TLF 1971 ff.* = Centre National de la Recherche Scientifique, Centre de Recherche pour un Trésor de la Langue Française — Nancy: Trésor de la Langue Française. Dictionnaire de la langue du XIX$^e$ et du XX$^e$ siècle (1789—1960). Veröffentlicht unter der Leitung von Paul Imbs. Paris 1971 ff. [CXXXI, 877, XIX, 987, XXIV, 1207, XXIX, 1166, XXIX, 1425, XVI, 1308, XXIII, 1343, XIX, 1364, XVIII, 1338, XXI, 1381 S.; bisher Bd. 1: *A—affiner*, 1971, Bd. 2: *affinerie—anfractuosité*, 1973, Bd. 3: *ange—badin*, 1974, Bd. 4: *badinage—cage*, 1975, Bd. 5: *cageot—constat*, 1977, Bd. 6: *constatation—désobliger*, 1978, Bd. 7: *désobstruer—épicurisme*, 1979, Bd. 8: *épicycle—fuyard*, 1980, Bd. 9: *gabardine—incarner*, 1981, Bd. 10: *incartade—losangique*, 1983].

*TSBM 1977—1984* = Akadėmija Navuk BSSR, Instytut Movaznaŭstva imja Jakuba Kolasa: Tlumačatal'ny sloŭnik belaruskaj movy. 5 Bde. Minsk 1977—1984 [604, 765, 672, 767, 663, 608 S.; Bd. 1: *A—V*, 1977, Bd. 2: *G—K*, 1978, Bd. 3: *L—P*, 1979, Bd. 4: *P—R*, 1980, Bd. 5, Buch 1: *S—U*, 1983, Bd. 5, Buch 2: *U—Ja*, 1984].

*Wahrig 1986* = Gerhard Wahrig: Deutsches Wörterbuch. Mit einem „Lexikon der deutschen Sprachlehre". Hrsg. in Zusammenarbeit mit zahlreichen Wissenschaftlern u. anderen Fachleuten.

Völlig überarb. Neuausg. München 1986 [1493 S.; 1. Aufl. Gütersloh 1966].

*Wahrig dtv 1978* = dtv-Wörterbuch der deutschen Sprache. Hrsg. von Gerhard Wahrig in Zusammenarbeit mit zahlreichen Wissenschaftlern und anderen Fachleuten. München 1978 [942 S.; Lizenzausgabe: Der kleine Wahrig. Wörterbuch der deutschen Sprache. München 1982].

*Webster's Third 1971* = Webster's Third New International Dictionary of the English Language. Unabridged. Editor-in-Chief Philip Babcock Gove. Springfield, Massachusetts 1971 [72 a, 2662 S.; 1. Aufl. 1909].

*Zingarelli 1983* = Nicola Zingarelli: Il nuovo Zingarelli. Vocabulario della lingua italiana. 11. Aufl., besorgt von Miro Dogliotti und Luigi Rosiello. Bologna 1983 [XIII, 2256 S., 1. Aufl. 1922].

## 5.2. Sonstige Literatur

*Anderson/Goebel/Reichmann 1985* = Robert R. Anderson/Ulrich Goebel/Oskar Reichmann: Zum Aufbau von Wortartikeln im semasiologischen Sprachstadienwörterbuch am Beispiel von frnhd. *arbeit.* In: Symposium on Lexicography II. Proceedings of the Second International Symposium on Lexicography May 16—17, 1984 at the University of Copenhagen. Hrsg. von Karl Hyldgaard-Jensen/Arne Zettersten. Tübingen 1985 (Lexicographica, Series Maior 5), 259—285.

*Bergenholtz/Mugdan 1984* = Henning Bergenholtz/Joachim Mugdan: Grammatik im Wörterbuch. Von *ja* bis *Jux.* In: Studien zur neuhochdeutschen Lexikographie III. Hrsg. von Herbert Ernst Wiegand. Hildesheim. Zürich. New York 1984 (Germanistische Linguistik 3—6/84), 47—102.

*Casares 1969* = Julio Casares: Introducción a la lexicografía moderna. Madrid 1950 (Revista de Filología Española 52), Neudr. 1969.

*Dubois/Dubois 1971* = Jean Dubois/Claude Dubois: Introduction à la lexicographie: le dictionnaire. Paris 1971.

*Eco 1985* = Umberto Eco: Semiotik und Philosophie der Sprache. Übersetzt von Christine Trabant-Rommel und Jürgen Trabant. München 1985 (Supplemente 4).

*Haensch 1982* = Günther Haensch: Aspectos prácticos de la elaboración de diccionarios. In: Günther Haensch u. a.: La lexicografía. De la lingüística teórica a la lexicografía práctica. Madrid 1982 (Biblioteca Románica Hispánica III. Manuales, 56), 395—534.

*Hausmann 1977* = Franz Josef Hausmann: Einführung in die Benutzung der neufranzösischen Wörterbücher. Tübingen 1977 (Romanistische Arbeitshefte 19).

*Henne 1972* = Helmut Henne: Semantik und Lexikographie. Untersuchungen zur lexikalischen Kodifikation der deutschen Sprache. Berlin. New York 1972 (Studia Linguistica Germanica 7).

*Imbs 1960* = Paul Imbs: Au seuil de la lexicographie. In: Cahiers de lexicologie 2. 1960, 3—17.

*Malachovskij 1980* = L. V. Malachovskij: Genetičeskij porjadok značenij ili logiko-semantičeskaja klassifikacija? (K voprosu o principach raspoloženija značenij slova v istoričeskom slovare). In: Drevnerusskij jazyk. Leksikologija i leksikografija. Hrsg. von Akademija Nauk SSSR, Institut Russkogo Jazyka. Moskau 1980, 3—19.

*Porto Dapena 1980* = José Alvaro Porto Dapena: Elementos de lexicografía. El diccionario de construcción y régimen de R. J. Cuervo. Vorwort von Rafael Torres Quintero. Bogotá 1980 (Publicaciones del Instituto Caro y Cuervo 55).

*Reichmann 1983* = Oskar Reichmann: Möglichkeiten der Erschließung historischer Wortbedeutungen. In: In diutscher diute. Festschrift für Anthonÿ van der Lee zum sechzigsten Geburtstag. Hrsg. v. M. A. van den Broek/G. J. Jaspers. Amsterdam 1983 (Amsterdamer Beiträge zur älteren Germanistik 28), 111—140.

*Schaeder 1983* = Burkhard Schaeder: Häufigkeiten und Häufigkeitsangaben in neuhochdeutschen Wörterbüchern. Zur Rolle von Frequenzuntersuchungen in der Lexikographie. In: Studien zur neuhochdeutschen Lexikographie III. Hrsg. v. Herbert Ernst Wiegand. Hildesheim. Zürich. New York 1983 (Germanistische Linguistik 1—4/82), 239—274.

*Seco 1978* = Manuel Seco: Problemas formales de la definición lexicográfica. In: Estudios ofrecidos a Emilio Alarcos Llorach (con motivo de sus XXV años de docencia en la Universidad de Oviedo). Bd. 2. Oviedo 1978, 217—239, erneut veröffentlicht in Manuel Seco: Estudios de lexicografía. Madrid 1987, 15—34.

*Wagner 1967* = Robert-Léon Wagner: Les vocabulaires français. Bd. 1: Définitions — Les dictionnaires. Paris 1967.

*Werner 1982a* = Reinhold Werner: La definición lexicográfica. In: Günther Haensch u. a.: La lexicografía. De la lingüística teórica a la lexicografía práctica. Madrid 1982 (Biblioteca Románica Hispánica III. Manuales, 56), 259—328.

*Werner 1982b* = Reinhold Werner: Zur Reihenfolge der Definitionen bzw. Übersetzungsäquivalente im Wörterbuchartikel (mit besonderer Berücksichtigung spanischer Beispiele). In: Lebende Sprachen 27. 1982, 150—156.

*Werner 1986* = Reinhold Werner: Die Anordnung der Definitionen in allgemeinen einsprachigen Wörterbüchern des Spanischen. In: Hispanorama Nr. 44. 1986, 165—172.

*Zgusta 1971* = Ladislav Zgusta: Manual of Lexicography. Den Haag. Paris 1971 (Janua Linguarum, Series Maior 39).

*Reinhold Werner, Erlangen*
*(Bundesrepublik Deutschland)*

# 88. Les systèmes de renvois dans le dictionnaire monolingue

1. Caractères spécifiques
2. Les renvois à partir de la macrostructure
3. Les renvois à partir de la microstructure
4. Conclusion
5. Bibliographie choisie

## 1. Caractères spécifiques

On appelle *renvoi* l'action de renvoyer d'un point d'un texte à un autre endroit, par une marque qui invite le lecteur à se reporter ailleurs pour trouver une information. En soi, le renvoi peut reporter le lecteur n'importe où, dans l'ouvrage ou en dehors, de façon plus ou moins précise, et souvent pour une information de contenu (par exemple: «voyez chapitre III»; «voyez telle publication de tel auteur»; «voyez p. 125, illustration F et note 3», etc.). Dans ce sens général, *renvoi* est synonyme de *référence*.

En ce qui concerne le dictionnaire de langue, les renvois sont internes à l'ouvrage, et font que le lecteur se reporte ailleurs dans le texte (d'où l'anglais *cross-reference* pour ce type de renvoi au travers du texte). Le texte du dictionnaire de langue étant métalinguistique (informations sur des signes déterminés) et non encyclopédique (information sur des choses, personnes, etc.), les renvois se font à des signes en tant que signes (autonymes), et l'accès à ces signes est la macrostructure, c'est-à-dire l'ensemble des entrées donnant lieu à des articles. «A voir B» se lit: pour le signe A, voyez le signe B qui est une entrée. Tout renvoi est un renvoi à une entrée, qu'il concerne l'entrée elle-même, ou, indirectement, un élément de l'article qui la suit; car l'entrée est aussi le titre, le nom de l'article (cf. art. 33) comparable au titre du chapitre d'un livre quelconque. L'entrée à laquelle on renvoie s'appelle elle-même *renvoi;* si l'on fait un renvoi de **gaîté** à **gaieté**, **gaieté** est le renvoi.

Les renvois allant de l'unité signalée à l'unité traitée, et non évidemment l'inverse, ils sont le plus souvent à sens unique: A → B, l'article B contenant l'unité A et les informations nécessaires. Les renvois à double sens sont plus rares, et se font entre deux unités distinctes également traitées: A → B, et B → A; on les appelle parfois *références croisées*, ce qui évoque à contre-sens l'anglais *cross-reference*.

Aucun dictionnaire de langue ne peut se passer des systèmes de renvois, et ceci pour trois raisons essentielles: 1) l'ordre alphabétique (ou autrement conventionnel, selon les systèmes de langues) disperse arbitrairement des entrées apparentées par la forme et/ou le sens, et les renvois permettent les regroupements nécessaires 2) la nomenclature représente un choix métalinguistique des unités de langue (les lemmes) qui aurait pu être assez différent; et les lemmes représentent sans les montrer des unités réelles de discours dépendant de la morphosyntaxe 3) les unités de nomenclature donnent lieu à des articles contenant des unités de langue plus fines (sens, syntagmes, termes, locutions, etc.) qui pourraient faire l'objet d'une entrée: la macrostructure est une couverture lexématique grossière.

Il y aurait deux façons d'échapper aux renvois, qui sont également impraticables. Ou bien on serait obligé à la redondance totale, avec des items traités plusieurs fois en des lieux différents; au lieu de A → B et à l'article B, B + A, on aurait A + B, et B + A. Ou bien la recherche des unités deviendrait impossible; au lieu de A → B, et B + A, on aurait B + A seulement, et A serait introuvable à cet endroit.

D'un point de vue pratique, il faut insister sur la lourde charge que représente le système des renvois; car le lexicographe doit faire en sorte que tous les renvois soient honorés sans aucun oubli; de plus, lorsque le dictionnaire est publié par fascicules ou par tomes successifs au fur et à mesure de la rédaction du texte, le lexicographe ne peut revenir en arrière, et le système des renvois est gravement compromis: on peut engager l'avenir, mais non le passé. Aussi bien n'est-il jamais souhaitable d'adopter ce type de publication, même s'il fait gagner du temps.

### 1.1. Parties de l'ouvrage reliées par les renvois

On distingue les renvois qui se font à la nomenclature (macrostructure), et ceux qui se font à l'article (microstructure), les premiers étant de loin les plus importants pour la description du lexique. On a les quatre possibilités: 1) les renvois de macrostructure à macrostructure: «**gaîté** V. **gaieté**», dans le *Robert Méthodique* (RM) — 2) les renvois de macrostructure à microstructure: «**compte rendu** [kɔ̃tʀɑ̃dy] n. m. ⇒ **compte** (II)», dans le *Grand Robert de la langue française* (NGR)

— 3) les renvois de microstructure à macrostructure, assez rares: «1. **POMME**... ◆ 3° ... *Pomme de terre* ⇒ **Pomme de terre**» (NGR) — 4) les renvois de microstructure à microstructure: «**prendre** [...] ◆ 8° ... *Prendre à témoin\*, à partie\**»; «**témoin** [...] I Vx. Témoignage. — Loc. Mod. Prendre à témoin (invar.): invoquer le témoignage de.», dans le *Petit Robert* (PR).

Il faut aussi mentionner les renvois internes de microstructure, dans un même article: «**téléphoner**... ▶ *TÉLÉPHONÉ, ÉE* p.p. adj. Voir ci-dessus I.»; ou encore, «**après**... I... 1.... *Après vous, je vous prie*... (peut aussi s'employer au sens spatial 2.)» (NGR). Ce procédé est utile pour la polysémie des syntagmes.

Enfin, il existe des renvois à des parties de l'ouvrage qui ne sont pas le dictionnaire proprement dit, par exemple à une préface: «**m** n. m. V. Introduction», dans le *Dictionnaire du français contemporain* (DFC). Ou encore à des tableaux grammaticaux ou de conjugaisons: «**projeter**... v. tr. (4)» où le «(4)» renvoie au type de conjugaison 4 dans les tableaux terminaux de l'ouvrage (RM). Ces textes hors dictionnaire, qu'on appelle souvent des annexes, peuvent inversement faire des renvois au dictionnaire; ainsi l'index du *Trésor de la langue française* (TLF), qui fait la liste des items traités hors nomenclature en renvoyant à l'entrée convenable, ou les listes d'adjectifs de noms propres du PR signalant ceux qui ont été traités dans le dictionnaire: «**Dantoniste** *(Danton)*. Darwinien, ienne\*».

On n'oubliera pas que les gros dictionnaires s'augmentent souvent de suppléments qui ajoutent des informations à tous les niveaux d'analyse; si l'entrée n'est pas un article nouveau, les renvois sont obligatoires.

## 1.2. Forme et contenu des renvois

### 1.2.1. Les signes neutres du renvoi et leur interprétation

La marque formelle par laquelle le lexicographe invite le lecteur à se reporter ailleurs est en principe un signe conventionnel connu. Ce peut être un signe langagier, comme *Voyez, Voir, V., cf.* et leurs correspondants dans d'autres langues, ou un signe non langagier comme les flèches: →, ⇒, ou l'astérisque derrière le mot, plus rarement devant, comme dans le *Diccionario de uso del español* (DUE). L'astérisque permet de renvoyer du mot employé n'importe où dans l'article à l'entrée qui lui est consacrée. Certains dictionnaires ont des signes plus personnels, les deux points par exemple: «**soil family** *n:* FAMILY 4g» (Webster 1961). Les dictionnaires anciens utilisaient volontiers la «petite main», vignette d'une main à index pointé. Mais le renvoi semble avoir été plutôt méprisé avant le XIXe siècle, comme imposant au lecteur un effort supplémentaire souvent mal récompensé — situation due à l'absence de systématisation des ouvrages de référence.

Le renvoi ne prend sa signification que si, dans A → B, la relation entre A et B est explicitée en B. Si cette relation métalinguistique entre signes n'est pas donnée à B, elle est laissée à l'appréciation du lecteur, avec toutes les erreurs possibles. Certains lexicographes utilisent ce système tantôt par négligence, tantôt pour ne pas se prononcer sur la nature métalinguistique de la relation. On observe une telle pratique dans le *Nouveau Dictionnaire du français contemporain* (NDFC) qui ne commente ni dans sa préface, ni dans la liste des abréviations, l'utilisation de sa flèche. Or, la signification de cette flèche fait problème: l'étude de son emploi ne nous a rien révélé de décisif sur la nature de la relation entre A et B.

### 1.2.2. La caractérisation métalinguistique: le quasi-renvoi

Le dictionnaire de langue est en général un système clos où tous les mots dont on parle sont traités quelque part dans l'ouvrage; les étymons étrangers échappent à peu près seuls à ce système. Ainsi, lorsque deux items sont reliés par une abréviation métalinguistique qui caractérise leur relation, par exemple «A var. de B», on peut considérer qu'il s'agit d'un quasi-renvoi, puisque B est traité, et qu'on peut obtenir des informations sur B qui ne sont pas à la variante A. Cette pratique est l'inverse de celle du renvoi neutre; on a: A (telle relation B) → B, au lieu de: A → B, et B (telle relation A). De plus, cette caractérisation de la relation est généralement rappelée en B; on a ainsi des relations: A *syn.* B, B *syn.* A; A *dér.* B, B *dér.* de A, etc. Lorsqu'ils appartiennent à la macrostructure, les quasi-renvois sont de véritables renvois puisqu'aucune information n'est donnée sur A, sauf sa relation avec B: «**darkest** superlative of **dark**» (Webster 1961).

La contrainte du contexte peut donc remplacer la «marque qui invite le lecteur à se reporter ailleurs». Enfin, le niveau de compétence lexicale du lecteur décide non seulement de la nécessité qu'il se reporte à B lorsqu'on l'y invite, mais aussi qu'il se reporte spontanément à tout article traitant d'un mot employé par le lexicographe (par exemple, les mots difficiles des définitions).

## 2. Les renvois à partir de la macrostructure

Ces renvois postulent que l'unité cherchée par le lecteur pourrait être une unité de nomenclature. Ce sont des renvois macrostructure → macrostructure, ou des renvois macrostructure → microstructure.

### 2.1. Renvois de changement de place

Les renvois de place sont des renvois d'une unité qui a été déplacée dans l'ordre alphabétique (regroupement de mots), ou dont la place n'est pas évidente (syntagmes de deux ou plusieurs mots ne formant pas un mot graphique). Dans ce cas, pour A → B, B est le renvoi et A est le rappel (on rappelle à son ordre alphabétique l'unité déplacée). L'absence de rappel rend évidemment la consultation très difficile, et c'est un oubli ponctuel assez fréquent dont se plaignent les lecteurs.

#### 2.1.1. Entrées regroupées en familles

Les dictionnaires qui traitent certains mots ensemble pour des raisons étymologiques (origine) ou morphologiques (forme et sens) ont une double macrostructure, la nomenclature générale et celle des mots regroupés sous un autre mot. L'ordre alphabétique étant bouleversé, le lexicographe doit faire des rappels et des renvois pour relier les deux ordres de la double macrostructure. Il en est ainsi pour les dérivés et composés, dans le NDFC: «**infaisable** → FAIRE 1», et dans le DUE: «**picola; picoleta** V. bajo ‹2 PICO›». Si le déplacement est faible, on peut discuter de la nécessité du renvoi, eu égard à la vision globale de la page. Le RM fait le renvoi «**lacet** V. LACER», *lacet* ayant sa place entre **lacération** et **lâche**. Le RM a pris le parti de regrouper et de traiter les mots qui se trouvent dans l'ordre alphabétique (ou presque) et de renvoyer aux mots éloignés, ce qui respecte l'ordre alphabétique et l'ordre méthodique; par exemple «**fade** (article) ▼ **fadasse** (article) ▼ **fadeur** (article). ▽ V. aussi AFFADIR, AFFADISSEMENT». D'autre part, les renvois du RM sont à double sens, et les raisons des regroupements se trouvent explicitées: «**affadir** ... ▽ → A—1, FADE (article) ▼ **affadissement** ...».

Le premier dictionnaire de l'Académie française (Acad. 1694), qui regroupe les familles étymologiques, fait aussi de nombreux renvois: «**ingénieur** } *Voy* ENGIN,» «**laxatif** } *Voy* sous LASCHE». Mais le système n'est pas rigoureux; on ne trouve pas de rappel, à leur place, de CONTREVENIR, CONTREVENANT, CONTRAVENTION, qui sont traités à VENIR, etc. L'édition suivante a remis les mots dans l'ordre alphabétique pour satisfaire les lecteurs mécontents.

#### 2.1.2. Sous-entrées traitées dans un article

Certains syntagmes codés fréquents sont parfois signalés à la nomenclature. Les syntagmes formés de plusieurs mots traités dans l'ouvrage posent des problèmes de place différemment résolus; les Français préfèrent traiter le syntagme au mot le plus rare (= le moins polysémique), les anglophones choisissent souvent le premier mot non grammatical. Il s'agit toujours de renvois macrostructure → microstructure: toutes les unités composantes étant traitées, c'est dans les articles que l'on trouvera le syntagme cherché.

Le procédé du rappel de syntagme à la nomenclature n'est pas exploitable de façon systématique; aucun dictionnaire ne peut enfler sa nomenclature de toutes les sous-entrées définies à l'intérieur des articles; ou alors, il en fait des entrées véritables, comme le Webster 1961 (unités terminologiques), quitte à couper la relation sémantique avec les mots composants. Le plus souvent, dans les gros dictionnaires de langue, il y a très peu de rappels de syntagmes à la nomenclature et on utilise un autre procédé (cf. 3.2.).

La localisation est plus ou moins précise lorsqu'on renvoie: «**garde champêtre** V. GARDE 4» (RM); «**measure of curvature:** CURVATURE 2» (Webster 1961); «**terre à terre** [...] ⇒ terre I (cit 2 à 4 et supra)» (NGR); «**porte à porte** V. PORTE 1 (II, 1°)» (RM). Certains mots graphiques à trait d'union sont renvoyés comme des syntagmes: «**carte-réponse** [...] ⇒ **Carte I,** 4» (NGR); «**ci-dessous, ci-dessus** V. Ci 1», dans le *Dictionnaire Hachette de la langue français* (DHLF). Ce procédé se justifie pour l'économie de place, et parce que le trait d'union du mot graphique est à la fois arbitraire et mal connu en français.

### 2.2. Renvois des formes d'un même mot

#### 2.2.1. Les variantes libres

Les variantes donnent lieu à des renvois macrostructure → macrostructure dans le cas d'entrées multiples du type A → B, et B ou A: «**lys** V. Lis», et entrée double «**lis** ou **lys**» (RM). Elles donnent lieu aussi à des renvois macrostructure → microstructure du type A → B, et B... on dit (écrit) aussi A: «**bulldog** [...] ⇒ **bouledogue**»; et «**bouledogue**... ◆ 1°... — REM. On écrit parfois *bull-dog* (abrév. fam. *bull*)» (NGR). La seconde pratique suppose que la forme renvoyée est moins usuelle, et elle n'est pas vraiment traitée.

Certaines variantes libres peuvent être aussi syntagmatiques: forme complète synonyme d'une forme abrégée (à ne pas confondre avec 2.1.2.), comme «**bouton-pression** [...] ⇒ **pression**» (NGR), ou l'inverse, «**récré** V. RÉCRÉATION» (RM). On renvoie d'un sigle à la forme complète si elle est plus courante, et aussi des abréviations graphiques à la forme complète: «**S.V.P.** V. PLAIRE»; «**Mgr.** V. MONSEIGNEUR 1» (RM). Ces deux types de signes doivent obligatoirement figurer à la nomenclature, rien ne permettant de deviner la forme complète orale.

Les variantes libres sont les formes d'un seul et même signe qu'on peut employer au choix, et ce statut est fondé sur l'étymologie. Néanmoins certains dictionnaires font des renvois pour de fausses variantes: suffixes différents «**tavelage** [...] ⇒ **tavelure 2**» (NGR), radicaux terminaux différents, «**tachylalie** [...] ⇒ **tachiphémie**» (NGR), mots composants partiellement différents «**monte-pente** V. **remonte-pente**» (DHLF), «**daffodil lily** n.: ATAMASCO LILY» (Webster 1961), et enfin synonymes, «**turnpike geranium** n.: JERUSALEM OAK 1» (Webster 1961). Ce dernier abus transforme un dictionnaire de langue en encyclopédie (les plantes sont les mêmes, pas les mots); la synonymie ne saurait donner lieu à la présentation d'une double entrée.

Il arrive souvent, et surtout pour les variantes véritables, que, pour le renvoi A → B, B ne signale pas A, même en microstructure: «**gaïacol** → **gayacol**», et rien à **gayacol** sur *gaïacol* (DHLF). Parfois le renvoi tout entier A → B est oublié: **kapoc** ou **capoc** en double entrée, sans que **capoc** → **kapoc** figure à la nomenclature (DHLF).

Les dictionnaires qui traitent les morphèmes liés renvoient également à des variantes libres: «**-gire**, Voir -GYRE» (TLF), «**stal-** V. ⟨STOL-⟩» (DUE). Néanmoins, la distinction entre variante libre et variante obligatoire n'est pas claire en morphologie lexicale.

### 2.2.2. Les variantes conditionnées

Les unités qui ont un paradigme grammatical sont renvoyées à une unité type: «**la** → **le**» (et triple entrée **le, la, les**), «**duquel** → **lequel**», etc. Certains dictionnaires ont un traitement spécial des mots grammaticaux formant des ensembles fermés, et les présentent en tableaux, comme le NDFC; le renvoi est alors le nom métalinguistique de l'ensemble: «**vous** → PRONOM PERSONNEL». Il est admis que l'encyclopédie de la langue est de nature particulière, et normalement présente dans un dictionnaire de langue.

### 2.2.3. Les formes de discours

Les formes de discours des mots lexicaux, formes fléchies au féminin, au pluriel, formes conjuguées, formes des cas, etc. ne sont généralement pas rappelées à la nomenclature; on est censé connaître les règles de la grammaire. Mais si ces formes y échappent, ou sont peu prévisibles, ou ambiguës, les dictionnaires les mentionnent parfois avec des renvois ou des quasi-renvois: «**plut** [ply]. Formes verbales V. PLAIRE et PLEUVOIR» (RM); «**despuesto, a** *Participio de* ⟨*desponer*⟩» (DUE); «**quanta.** V. QUANTUM» (RM). Ne sont pas exclus les mots très connus de haute fréquence: «**yeux.** V. ŒIL» (RM).

D'autres font plus, et signalent à la nomenclature des formes de discours faciles, mais éloignées de leur entrée; cet éloignement a été fixé à «more than five inches» par Philip Gove, pour le Webster 1961: «**dags** pl of DAG, pres 3d sing of DAG» (Forgue 1987); on trouve aussi dans le DHLF «**épouse** V. **époux**» (12 mots séparant ces formes à la nomenclature), mais l'application du système n'est pas rigoureuse, à la différence du Webster 1961, où, au contraire, l'extrême rigueur choque le bon sens.

Les dictionnaires qui traitent des morphèmes liés à leur nomenclature renvoient aussi à des variantes conditionnées: «**syl-** ⇒ **syn-**» (NGR), la forme *syl-* correspondant à *syn-* suivi d'un *l* (*syllogisme*); «**-chrone** ⇒ **chrono-**» (NGR), selon la position terminale ou initiale.

### 2.3. Manques et redondances

Dans l'application du système A → B, où A est à la nomenclature, il peut arriver de nombreux accidents: A → B, et B est absent, donc ni A ni B ne sont traités; A → B, et B ne mentionne pas A, donc aucune information sur A et sur la nature de la relation (cf. 2.2.1.); A → B, et B mentionne A sans donner les informations spécifiques pour A, donc A n'est pas traité. Enfin le renvoi A → B peut être lui-même oublié, on a donc à B, B + A sans savoir où chercher A (cf. 2.2.1.). Et, à l'inverse, il arrive qu'un même mot soit traité deux fois à la nomenclature: **indubitable** est traité à sa place et sous **doute** dans DFC.

Parfois, deux variantes graphiques donnent matière à deux articles, par exemple **rosbif** et **roast-beef** (NGR). Si les deux articles sont semblables, c'est un doublon; mais sinon (cas pour le dernier exemple), des variantes sont transformées en synonymes, sans que l'on sache s'il s'agit d'un mot traité deux fois différemment ou de deux mots différents. Ces cas sont des accidents. Mais le lexicographe peut programmer une redondance partielle entre A signalé à sa place, et A sous B, comme dans le NGR: «**sur-le-champ** [syʀləʃɑ̃] loc. adv. ⇒ **champ**»; «**synthé** [sɛ̃te] n. m. ⇒ **synthétiseur**». Ce système où A est à moitié traité permet au lecteur de ne pas se reporter en B, lorsque B lui est connu et que la relation de renvoi est évidente (cas de **synthé**). Les besoins des lecteurs variant avec leur compétence, il n'est pas mauvais qu'il existe deux circuits d'information, un court et un long.

Néanmoins, pour l'ensemble des dictionnaires existants, on peut affirmer que le système des renvois de forme A → B à la nomenclature sacrifie plutôt l'unité A par rapport à B. Le traitement de A en B est toujours insuffisant; les manques les plus fréquents sont la prononciation, l'étymologie, la date d'apparition, et le domaine d'emploi de A par rapport à B.

## 3. Les renvois à partir de la microstructure

### 3.1. Mots apparentés par le sens et/ou la forme

Ce sont essentiellement des renvois ou quasi-renvois du type microstructure → microstructure, qui dépendent d'un programme d'information sur l'entrée conçu comme plus ou moins riche. L'essentiel de ces renvois représentent des relations analogiques c'est-à-dire des relations de sens: synonymes, contraires, hyponymes, hyperonymes, dérivés, composés, etc., chacun renvoyé du lieu convenable de la microstructure (voyez art. 50). Les hyperonymes, mais aussi les mots difficiles ou importants d'une définition sont souvent munis de l'astérisque: «**madriguera** [...] \*Guarida pequeña de animales salvajes» (DUE), renvoie à la microstructure de **guarida** (définition).

Il peut y avoir des renvois à la base de dérivation, aux bases de composition: «**offertoire** [...] ▽ → OFFRIR»; «**procès-verbal** [...] ▽ → PROCÈS 1, VERBE 2» (RM), aussi aux morphèmes liés: «**médiéval** [...] ▽ → MÉD(I)-, -ÉV-» (RM).

Les autres renvois ne concernent que la forme; forme orale pour les homonymes (surtout non homographes), forme orale et écrite pour les paronymes.

### 3.2. Renvois des sous-entrées aux sous-entrées

Toutes les unités de plus d'un mot graphique, syntagmes courants ou terminologiques, locutions, proverbes, sont des sous-entrées qui demandent un traitement spécial, au moins une définition ou une paraphrase. Il faut qu'elles soient traitées une seule fois dans l'ouvrage mais rappelées dans les articles où l'on pourrait les chercher (cf. 2.1.2.). Ceci pour des raisons pratiques de consultation, mais aussi pour expliciter le rattachement sémantique de chaque mot composant de l'unité complexe. Par exemple, l'expression figurée *perdre les pédales* est traitée à **pédale** dans RM, et rappelée à **perdre** sous la forme *perdre les pédales\**, avec un renvoi à **pédale**. Les deux emplois de *perdre* et de *pédale* sont entièrement décrits en microstructure pour cette expression, indépendamment de sa définition globale *(pédale* 1°, contexte de la bicyclette, avec aussi *s'emmêler les pédales;* et *perdre* I, 6° «ne plus pouvoir suivre, contrôler», avec *perdre le fil, perdre le nord, perdre la boussole)*. Il y a donc un jeu de renvois obligatoire du signalé au traité, pour les très nombreuses unités complexes de microstructure.

Il peut se produire, faute d'un contrôle suffisant, des circularités et des doublons (par exemple, *perdre\* les pédales* et *perdre les pédales\**, ou *perdre les pédales* défini dans les deux articles), ou encore, le partage de l'information entre deux articles. Parfois, l'astérisque est absent, et le lecteur doit penser à se reporter aux autres mots du syntagme. A l'article **faux** du RM on trouve le simple exemple *fausse note,* et c'est à **note** que *fausse note* est traité, au propre et au figuré. On peut considérer ou non que, dans ce cas, le bon sens peut suffire.

### 3.3. Renvois à des contextes dans d'autres articles

Les ouvrages qui illustrent l'entrée par des citations référencées ont la possibilité de renvoyer aux citations, si elles sont numérotées comme dans le NGR: «**languir** [...] *Enfant qui languit, se consume* (cit 14), *s'étiole* (cit 2)». Ce procédé économique permet de signaler qu'une occurrence de *languir* apparaît dans la citation 14 du verbe *consumer*, etc.

### 3.4. Renvois de mots justifiant le morphème lié

Les dictionnaires qui traitent les morphèmes liés à leur nomenclature n'ont pas une double macrostructure (qui n'est faite que de regroupements d'unités d'un même ensemble, les formes libres intégrantes de phrases), mais deux macrostructures différentes. L'ensemble des morphèmes liés est en effet d'une autre nature; c'est une sorte de code génétique du lexique, un ensemble prélexical. L'existence du morphème lié dépend des mots qui le contiennent et n'est justifiée que par la présence de ces mots ou le renvoi à ces mots, qui fonctionnent comme des exemples codés du morphème lié. Il faut un contexte au morphème lié, qui est le mot, alors que le contexte du morphème libre est la phrase (non pas le dérivé ou le composé de cette base, qui peut très bien s'en passer).

Selon les ouvrages ou les types de morphèmes (affixes vs radicaux), les renvois sont exhaustifs (tous les mots du dictionnaire contenant ce morphème) ou indicatifs (certains seulement): «**merg-** (mers-). Raíz del latín «mérgere», quizá de «mare»; v.: «mar; emerger, inmersión, inmerso, somorgujo, sormigrar, sumergir, mergánsar»» (DUE); «**-merg-**. Elément qui signifie «plonger» et qui prend aussi la forme *-mers-* ▽ V. ÉMERGER, ÉMERGENCE; IMMERGER, IMMERSION; SUBMERGER, SUBMERSIBLE, INSUBMERSIBLE, SUBMERSION.» (RM).

Aux mots renvoyés, on trouve généralement le renvoi inverse dans la microstructure, c'est une relation à double sens: «**immerger** [...] ▽ → IN-2, -MERG-» (RM). Les quelques dictionnaires qui ont cette macrostructure de morphèmes liés, ont obligatoirement une double macrostructure pour les mots ordinaires (cf. 2.1.1.), puisque leur projet est analytique pour l'ensemble du lexique.

Il est difficile d'apprécier la nature de ces renvois dans le cadre du dictionnaire traditionnel. L'entrée-morphème lié est une information de microstructure (analyse des mots) qu'on a fait figurer dans la macrostructure; on cherche rarement ces unités, on y est renvoyé d'ailleurs. Néanmoins, les mots renvoyés qui suivent cette entrée sont bien dans la microstructure de l'article, comme la mention des dérivés et composés d'une entrée qui est un mot. On peut donc considérer que le renvoi à double sens **-merg-**→ *immerger* et **immerger**→ *-merg-* est du type microstructure ↔ microstructure.

## 4. Conclusion

Le système des renvois et des quasi-renvois constitue une véritable organisation de description lexicale à partir d'une présentation alphabétique commode mais non informative (sauf par hasard, dans les dérivations suffixales). Ce système permet au lecteur de quitter une liste d'items pour pénétrer dans un réseau où toutes les entrées sont en relation (même si la densité des relations est variable dans les différentes zones du lexique). Le système des renvois est alors le métalangage des structures du lexique, qui n'est nulle part explicite dans le dictionnaire, ni d'ailleurs dans aucun manuel de lexicologie. La méthode des renvois, qui n'était pas toujours appliquée avec la rigueur souhaitable, peut aujourd'hui bénéficier de l'informatisation, si le projet du lexicographe est fixé dans l'extrême détail.

## 5. Bibliographie choisie

### 5.1. Dictionnaires

*Acad. 1694* = Dictionnaire de l'Académie française. 2 vol. Paris 1694.

*DFC* = Dictionnaire du français contemporain. Paris 1966 [1224 p.].

*DHLF* = Dictionnaire Hachette de la langue française. Paris 1980 [1813 p.].

*DUE* = María Moliner: Diccionario de uso del español. 2 vol. Madrid 1966 [3031 p.].

*NDFC* = Nouveau dictionnaire du français contemporain illustré. Paris 1980 [1263 p.].

*NGR* = Le Grand Robert de la langue française: Dictionnaire alphabétique et analogique de la langue française. 2e édition par A. Rey. 9 vol. Paris 1985 [9440 p.].

*PR* = Le Petit Robert 1. Paris 1977 [2172 p.].

*RM* = Josette Rey-Debove: Le Robert Méthodique. Dictionnaire méthodique du français actuel. Paris 1982 [XXIII, 1 617 p.].

*TLF* = Trésor de la langue française: Dictionnaire de la langue du XIXe et du XXe siècle (1789—1960). A—Natalité. 11 vol. Paris 1971—1985.

*Webster 1961* = Philip Gove: Webster's Third New International Dictionary. New York 1961 [2662 p.].

5.2. Travaux

*Forgue 1987* = Guy Jean Forgue: Les dictionnaires monolingues américains depuis un quart de siècle et le Webster's Third New International Dictionary: description critique. In: Lexicographica 3. 1987, 103—135.

*Josette Rey-Debove, Paris (France)*

## 89. Sélection et description des dérivés et composés dans le dictionnaire monolingue

1. Théorie lexicale et dictionnaires
2. Sélection
3. Traitement
4. Avenir
5. Bibliographie choisie

(Le symbole ° précède des mots bien formés absents des dictionnaires)

### 1. Théorie lexicale et dictionnaires

Envisagé sous l'angle de sa structuration, dans une approche synchronique prenant en compte données de forme et de sens, le lexique d'une langue comme le français se distribue en mots non complexes, qui ne comportent aucune trace de structure morphologique *(chat)*, et mots complexes. Parmi ces derniers, on distingue les mots construits, dont la forme et le sens portent la marque d'opérations morphologiques structurantes: conversion *(vol(er)→ vol)*, préfixation *(in-juste)*, suffixation *(mort-el)*, composition *(anthrop-o-logue, garde-malade)*; et les mots pseudo-construits, segmentables mais ne se laissant pas entièrement décomposer en morphèmes, par défaut soit d'affixe (dans *royaume,* on identifie *roi-,* mais *-aume,* sans réemploi, n'est pas un suffixe), soit de base (dans *carpette,* «petit tapis», *-ette* a bien valeur de suffixe diminutif, mais *carp-,* sans réemploi, ne peut être analysé comme une base qui signifierait «tapis»).

S'intéresser au sort fait aux mots complexes par les dictionnaires, c'est, idéalement, devoir confronter les pratiques des lexicographes à une théorie lexicale de référence.

Pour la théorie lexicale, le caractère construit ou non des mots est un critère crucial de traitement. Parce que les mots construits sont les seuls dont l'inventaire soit potentiellement non borné, elle doit prédire leur existence par des règles appropriées et, éventuellement, prévoir des dispositifs, partiellement imposés par des exigences non linguistiques, pour sélectionner les mots attestés parmi les mots possibles; au contraire, les mots non construits ne peuvent qu'être recensés. Parce que les mots construits, à la différence des mots non construits, ont des propriétés morphologiques, sémantiques et syntaxiques prédictibles, il faut des règles qui spécifient ces propriétés, quitte à ajuster secondairement celles qui n'apparaissent pas telles quelles dans le lexique attesté; au contraire, les propriétés des mots non construits ne peuvent qu'être enregistrées, certains dispositifs pouvant être adoptés pour signaler les régularités partielles qui caractérisent les mots pseudo-construits (ainsi, *amour* est bien relié sémantiquement à *aim(er)* mais ne peut cependant en être dérivé, la terminaison *-our* n'ayant pas le statut de suffixe). Dans la théorie lexicale, seul le lexique «possible» a un statut théorique: pour atteindre toute l'adéquation souhaitable, elle doit dépasser les évidences piégées du lexique attesté qui constitue son incontournable matériau de départ afin de construire déductivement les formes et les sens plausibles jamais rencontrés permettant d'aboutir aux meilleures généralisations; ce n'est que secondairement que sont spécifiées les particularités non prédictibles du lexique attesté.

La pratique lexicographique, par contre, n'est confrontée qu'au lexique attesté. Elle est déterminée par des objectifs commerciaux définis et module le traitement du lexique en fonction d'une représentation donnée de lectorats virtuels. En outre, les dictionnaires étant des ouvrages de consultation à vocation didactique, les lexicographes ne s'autorisent pas l'approche strictement linguistique des unités lexicales qui caractérise la théorie, mais se sentent tenus d'apprécier aussi leur charge sémiotique, leur ancrage social. A l'heure actuelle, cependant, pour le domaine français, cette souhaitable confrontation des pratiques et de la théorie lexicale reste largement programmatique, tant en raison du peu d'avancement de celle-ci, domaine de recherche peu fréquenté, que de l'ampleur de l'entreprise, qui suppose l'étude détaillée, dictionnaire par dictionnaire, de nombreuses formations dérivationnelles avant que ne puissent s'envisager des synthèses significatives. Le présent article ne saurait donc, au mieux, que proposer quelques repères pour ces recherches à faire, illustrés par des exemples français de portée limitée.

## 2. Sélection

### 2.1. La structure des mots: un critère de sélection?

Pour les lexicographes, contraints par la finitude de leurs ouvrages à faire des choix et soucieux de les adapter aux besoins supposés de leur public, la structure interne des mots n'est pas un critère privilégié de tri. Ce qu'exprime, dans les préfaces des dictionnaires, la mise en avant de la notion de lexicalisation (qui combine attestation et fréquence discursive) et de l'utilité dénominative des mots, critères qui transcendent la distinction entre mots construits et non construits. Aussi ne semble-t-il pas exister de dictionnaire dont la politique de sélection de la nomenclature suivrait une ligne de partage morpho-sémantique consistant à récuser l'enregistrement individuel de mots construits parfaitement réguliers pour ne retenir que les entrées non prédictibles (mots non construits, pseudo-construits, et mots construits présentant des propriétés idiosyncratiques) (cf. D. Corbin 1983, § 3.2.2.).

### 2.2. Sélection dépendant de la structure des mots

Que la structure des mots ne soit pas un critère global de la sélection des entrées ne signifie pas qu'elle n'intervienne jamais dans celle-ci. Certaines caractéristiques structurelles des mots peuvent en effet favoriser leur éviction.

### 2.2.1. Récursivité directe

Il en va ainsi de la réapplication immédiate d'un processus dérivationnel à un mot construit au moyen de ce même processus (cf. D. Corbin 1980, § 2.3.1.; 1987, 496—498; 499—501): la nomenclature des dictionnaires paraît exclure les mots doublement préfixés de structure $[Y_{af}[Y_{af}[X]_C]_C]_C$ ‹où C = catégorie lexicale majeure, et af = affixe› (cf. D. Corbin 1983, § 2.1.2.; 1987, 582, n. 18; et aussi, dans une perspective un peu autre, Mok 1983, 74—75), même si cette propriété de préfixes français n'échappe pas à certains lexicographes (par exemple, le *GLLF* la signale dans l'article hors-texte consacré à «L'affixe R-, RE- ou RÉ-» (p. 4818) en l'illustrant par *re-redire;* le *TLF* sous l'entrée HYPER- en l'illustrant par *hyper-hyperdense* (vol. 9, 1025); sur ce procédé, cf. *infra* § 3.1.2.3.).

### 2.2.2. Récursivité cyclique

La réapplication non immédiate d'un même processus dérivationnel dans un même mot construit (cf. D. Corbin 1980, § 2.3.2.; 1987, 498—501) est très mal représentée dans les dictionnaires: pour un *institutionnalisation* (réapplication cyclique de *-(a)tion*) attesté, combien de °*institutionnalisationnel* (= «relatif à l'institutionnalisation», réapplication cyclique de *-el*) bien formés et interprétables mais non répertoriés (cf. D. Corbin 1987, 499)?

### 2.2.3. Nombre d'opérations dérivationnelles

Les très fortes limitations de l'enregistrement lexicographique des faits de récursivité cyclique ne sont qu'une manifestation particulière d'une tendance plus générale à restreindre le répertoriement des mots dont la structure interne provient d'un nombre relativement élevé d'opérations dérivationnelles, sans toutefois que ce critère de sélection s'applique de façon mécanique ou absolue. L'exemple des adjectifs suffixés en *-(a+i)ble* à sens de possibilité passive et de leurs dérivés est ici significatif: dans tous les dictionnaires actuels, le nombre des verbes enregistrés susceptibles d'être suffixés par *-(a+i)ble* est nettement supérieur à celui des adjectifs de structure $[[X]_V(a+i)ble_{af}]_A$ *(vendable)* effectivement répertoriés, et ces derniers y sont à leur tour plus nombreux que leurs dérivés nominaux en *-ité (acceptabilité)*. Le nombre des attestations lexicographiques décroît donc nettement avec l'augmentation du nombre des affixes. Cependant, dans les dérivés comportant deux affixes, on observe que les adjectifs négatifs obtenus en préfixant *in-* à des adjectifs suffixés par *-(a+i)ble (inimitable)* sont attestés en nombre supérieur à celui des dérivés suffixés par *-ité*. La nature des affixations peut donc interférer avec leur nombre dans les décisions des lexicographes, sans pour autant invalider ce critère: si, en termes de compétence dérivationnelle, il n'y a pas de sens à désigner un mot comme étant le plus long d'une langue, il est raisonnable de considérer qu'*anticonstitutionnellement,* auquel une tradition peu théorisante assigne ce rôle en français, donne une bonne mesure des limites à la fois de la performance dérivationnelle des locuteurs et de ce que les dictionnaires peuvent enregistrer. L'exemplarité de ce mot signale d'ailleurs son exceptionnalité: °*antiinstitutionnellement,* formé et interprétable selon les mêmes règles, est absent des nomenclatures.

## 2.3. Sélection indépendante de la structure des mots

### 2.3.1. Variables

Le nombre des mots construits répertoriés par les dictionnaires varie évidemment avec la taille de ceux-ci. Mais le choix des mots construits retenus par un dictionnaire donné n'est pas déterminé mécaniquement par l'ordre de grandeur de l'ouvrage, ce qu'illustre par exemple la distribution *a priori* surprenante de *rasement* sur l'ensemble des dictionnaires Larousse actuels: présent dans les grands *GDEL, L3, GLLF, L,* mais aussi dans le petit *DFCol,* ce dérivé est absent de divers autres produits du même éditeur, de nomenclature comparable ou nettement supérieure à celle du *DFCol: NLE, LC, DU, PD, PLI, L1, D2, L2* (cf. aussi *infra* § 2.3.2.2. et 2.3.3.3.). Quelle que soit la taille de l'ouvrage, la liberté (relative) des lexicographes s'exerce dans le tri qu'ils doivent de toute façon opérer à l'intérieur de deux ensembles seulement partiellement superposables et trop grands pour être inventoriés par quelque dictionnaire que ce soit: l'ensemble des entités dénommables et l'ensemble des mots — et spécialement des mots construits — possibles. Les mots construits sélectionnés peuvent donc l'être en vertu soit de leur intérêt en tant que mots, soit de celui des entités qu'ils dénomment. Pour une large part, l'originalité d'une nomenclature tiendra à l'équilibre particulier qui aura été réalisé entre ces deux composantes et à l'intérieur de chacune d'elles, celui-ci étant lui-même fonction de variables comme le profil choisi pour le dictionnaire et la sensibilité et la compétence des rédacteurs.

### 2.3.2. Sélection de mots construits en fonction de leur intérêt linguistique

L'appréciation de l'intérêt linguistique des mots construits peut être indépendante de leur caractère construit ou n'être liée à lui qu'indirectement.

#### 2.3.2.1. Intérêt linguistique indépendant du caractère construit des mots

— Le critère le plus commun d'appréciation de l'intérêt linguistique des mots construits sans égard à leur caractère construit est la fréquence: «un dérivé est un mot à part entière et [...] c'est la fréquence seule qui doit décider de sa présence à la nomenclature» (Rey-Debove 1971, 90). Dans cette logique, la sélection d'un mot construit n'est pas essentiellement différente de celle d'un mot non construit: c'est «son usage dans des échanges nombreux» (*ibid.,* 65) qui est déterminant. Illustration en est donnée par le contraste entre *insupportable,* mot «codé» qui «fonctionne en synchronie dans des échanges complets [...] entre un nombre considérable d'individus», et *infermable,* dont le «volume d'échange» est insuffisant (*ibid.,* 120): les dictionnaires Robert entérinent ce partage, en retenant tous *insupportable* mais pas *infermable* dans leur nomenclature. Sans doute beaucoup d'attestations lexicographiques de dérivés sans attestation de leurs bases relèvent-elles de ce type de sélection: ainsi, face à *invincible* attesté dans la quasi-totalité des dictionnaires français actuels (y compris le *MD,* alors que, curieusement, le *DFC* est des très rares qui ne le recensent pas), *vincible* n'est-il répertorié nulle part (l'attestation la plus récente paraît dater du *LXXe* (1933), qui le répute déjà inusité).

Cette approche rencontre les problèmes ordinaires de la détermination des fréquences: validité des corpus, indétermination des basses fréquences, recours à la «fréquence intuitive» comme palliatif. Le paysage méthodologique varié des dictionnaires fondamentaux donne une idée de la gamme des attitudes des lexicographes en ce domaine: corpus oral complété par des enquêtes thématiques *(DFLF),* nomenclature du *DFLF* amendée «de façon [...] impressionniste» (*DFFA,* p. XI), tri intuitif dans la nomenclature du *PL (DVE).*

— La fréquence n'est cependant pas le seul facteur de sélection de mots construits. Le profil défini pour certains dictionnaires peut amener les lexicographes à retenir des mots construits présentant des caractéristiques linguistiques spécifiques, par exemple l'appartenance à des strates révolues de l'usage et l'utilité pour la compréhension du patrimoine littéraire. La nomenclature du *LC* se distingue nettement de celle du PLI, pourtant plus abondante, par des entrées de ce type: par exemple, AFFRONTEUR («imposteur», dérivé d'*affronter,* «tromper avec impudence»), qui, parmi les dictionnaires Larousse actuels, n'est recensé — fait significatif — que par les deux autres ouvrages, par ailleurs très différents, *GLLF* et *L,* qui font une place explicite à la langue «classique». De nombreux recoupements montreraient qu'il ne s'agit pas là d'un hasard.

### 2.3.2.2. Intérêt linguistique lié au caractère construit des mots

Dans certains cas précis, des mots construits ne doivent leur sélection qu'à leur statut d'exemples privilégiés pour l'illustration de projets lexicographiques définis. Ainsi arrive-t-il que des dictionnaires à double macrostructure qui regroupent et dégroupent entrées et sous-entrées sur la base d'analyses morpho-sémantiques répertorient des mots construits que leur basse fréquence condamnerait mais qui ont un intérêt démonstratif pour ces analyses. Par exemple, la présence *a priori* surprenante de *rasement* (cf. *supra* § 2.3.1.) dans le *DFC* et le *NDFCI* se comprend, dans la visée didactique des ouvrages, par le contraste que ce dérivé entretient, comme sous-entrée de 3. RASER («abattre») avec *rasage,* dérivé et sous-entrée de 1. RASER («couper»). De même, dans le *RM,* la présence (assumée dans la «Présentation» (p. IX)) de *doryanthe,* mot absent de tous les dictionnaires français de facture récente à l'exception du *GDEL,* ne s'explique-t-elle, dans la logique morpho-sémantique de l'ouvrage («chaque morphème [doit] figurer dans deux mots au moins avec un entourage différent» («Note sur les fondements théoriques et la méthode», p. XVI)), que par la possibilité qu'elle donne d'isoler comme élément le *dory-* de *doryphore.*

### 2.3.3. Sélection de mots construits indépendante de leur intérêt linguistique

L'intérêt linguistique des mots construits, sous les diverses formes évoquées au § 2.3.2., n'est pas le seul critère de leur enregistrement dans les dictionnaires.

### 2.3.3.1. Intérêt des entités désignées par les mots construits

Les mots traduisant l'ordre du monde dans l'ordre de la langue, la sélection des mots construits est nécessairement affectée par l'intérêt porté aux entités qu'ils désignent. Même si, en l'absence d'informations circonstanciées, il est en général délicat de discriminer dans la sélection de nombreux mots construits la part dévolue à l'intérêt de l'entité désignée et celle de l'importance (fréquence) accordée au mot qui la désigne, il est cependant possible de présenter des exemples non ambigus de résistance des lexicographes à l'enregistrement de faits de mode sociale exprimés de façon privilégiée par certains processus dérivationnels. Ainsi, quoique la France des années (post-)soixante-huitardes, friande d'institutions alternatives (actuelles ou projetées), ait affectionné (entre autres) pour les nommer des dérivés de structure $[anti[X]_N]_N$ que les dictionnaires de néologismes *(MDV, NMDV, DMN, DMC)* recensaient alors par dizaines *(anti-école, antifestival,* etc.), les grands dictionnaires des années quatre-vingt-cinq, *GDEL* et *GR,* ne retiennent comme entrées qu'un tout petit nombre de ces dérivés, dont le choix paraît cautionné par l'importance des développements encyclopédiques qu'il est possible de leur consacrer (voir, exemplairement, ANTIPSYCHIATRIE dans le *GDEL),* les «antiinstitutions» trop fugaces, confidentielles ou programmatiques étant délibérément sacrifiées.

### 2.3.3.2. Profil des dictionnaires

Déjà évoqué pour son interaction avec l'intérêt linguistique des mots construits (cf. § 2.3.2.1.), le profil défini pour chaque dictionnaire joue également dans le choix de ceux-ci un rôle indépendant de ce critère. Des comparaisons ponctuelles entre les Larousse aux nomenclatures les plus fournies montrent l'influence de ce facteur, tout en incitant à éviter, dans les limites actuelles de la documentation disponible, les conclusions trop tranchées.

Le *GDEL* présente une nomenclature supérieure à celle du *GLLF.* Pourtant, il n'est pas surprenant que celui-ci, dictionnaire de langue nourri de références littéraires, recense le plus grand nombre d'adjectifs de relation dérivés de noms d'écrivains de langue française: 32, 12 de plus que dans le *GDEL* — *baudelairien, fénelonien, giralducien, hugolesque, hugolien, lamartinien, mallarméen, maurrassien, rimbaldien, sadien, sartrien, verlainien* —, contre seulement 1 de moins — *lacanien* — (comparaison établie à partir d'un ensemble significatif de 78 noms d'auteurs).

A l'inverse, on s'attend également à ce que le *GDEL,* dictionnaire encyclopédique, se montre plus ouvert aux mots construits relevant de lexiques scientifiques ou techniques. De fait, il répertorie (par exemple) l'élément *acétyl-* et 23 mots construits qui le comportent *(acétylcholinestérase,* etc.), face au seul *acétylène* du *GLLF.* Et même, dans un domaine technologique plus commun, le *GDEL* ajoute à l'*accroche-plat* du *GLLF* un *accroche-casseroles,* un *accroche-couvercles,* un *accroche-poissons* et, plus discrètement, un *accroche-tasses* (sous l'entrée ACCROCHE-CASSEROLES). Il faut cependant se garder de généralisations hâtives: dans une série d'exemples à tous égards comparables, c'est le *GLLF* qui l'emporte d'un mot construit *(appui-coude)* sur le *GDEL,* avec lequel il a en commun *appui-bras, appui-livre(s), appui-main* et *appui-tête,* ainsi qu'*appui-nuque* (sous APPUI-TÊTE dans le *GLLF*). Seuls des relevés précis sur une grande échelle, accompagnés d'analyses fines, rendraient compte de l'exacte distribution des types de données envisagées ici et de son degré de conformité avec ce que laisse présager le profil des ouvrages.

### 2.3.3.3. Hasards et mystères

Parmi les facteurs jouant un rôle dans la sélection des mots construits, il convient enfin de ne pas sous-estimer les raisons purement matérielles, voire même l'absence apparente de raison. Inventaire ouvert (donc interdisant toute exhaustivité), prédictible par règles (donc non prioritaire), abondant dans les basses fréquences (donc précarisant les critères de choix), le lexique construit fournit aux lexicographes une masse de manœuvre face aux contingences éditoriales. Ainsi s'expliquent certaines curiosités affectant les nomenclatures de dictionnaires commercialisés (simultanément ou successivement) dans des versions présentant des différences d'importance variable mais n'altérant pas leur parenté foncière, et souvent contenues dans des limites typographiques contraignantes:

— Le *DM,* par exemple, adapte le *NLD* pour l'Afrique francophone en lui apportant des modifications qui doivent en principe respecter la maquette de chaque page (cf. P. Corbin 1985, § 2). L'introduction dans le *DM* d'une information d'intérêt africain se paye donc d'une réduction typographiquement équivalente du texte du *NLD,* et les mots construits sont l'une de ces monnaies d'échange: ainsi, l'entrée CALEBASSE du *DM* occupe-t-elle un espace typographique libéré en partie par la sous-entrée CALEPIED (sous CALER) du *NLD.*

— Soumises à des contraintes semblables, les rééditions annuelles du *PL* ne peuvent intégrer les «nouveautés» sur lesquelles repose leur publicité que grâce à des procédés similaires. Il n'est donc pas étonnant que l'histoire de ce dictionnaire révèle des allées et venues de dérivés qu'aucune raison linguistique ne saurait justifier: *secouement* figure dans le *PL* de 1906 à 1955, et depuis 1959, mais en est absent de 1955 à 1959; inversement, *balaiement* n'y figure que de 1948 à 1959 (cf. P. Corbin 1982, 135).

— L'étrange présence de *rasement* à la nomenclature du *DFCol* (évoquée au § 2.3.1.) tient, elle, à l'insuffisante diversification de deux versions du même ouvrage: dégroupement strictement alphabétique du *NDFCI,* la macrostructure du *DFCol* ne devrait plus comporter ce dérivé dont la présence dans celle de son ancêtre n'était due qu'à la logique des regroupements morpho-sémantiques qui la structurait (cf. *supra* § 2.3.2.2.).

— Il arrive enfin que l'absence de plausibilité d'autres explications amène à supposer dus à des causes matérielles certains écarts entre deux versions d'un même ouvrage, bien qu'ils ne puissent à coup sûr être assignés à aucune contrainte précise: il en est ainsi, dans l'édition augmentée du *PR* en 1977, de l'élimination de dérivés comme *accentuable* que l'édition première de 1967 n'affectait d'aucune marque marginalisante (cf. P. Corbin 1982, 150 et n. 97); il en va de même, alors que le *DHLF* n'est en principe que la composante «langue» du *DH* encyclopédique et que les maquettes des deux ouvrages sont totalement indépendantes, de la présence de *labiopalatal* dans le premier et de son absence dans le second, d'autant plus surprenantes que les deux ouvrages enregistrent *labiodental.*

## 3. Traitement

Le traitement lexicographique des mots construits, envisagé dans toutes ses caractéristiques, est d'une extrême diversité.

### 3.1. Lieux et modes de traitement

Les mots construits pris en compte par les dictionnaires peuvent figurer dans les nomenclatures ou être évoqués hors de celles-ci. Dans les deux cas, les modalités de leur traitement sont variables.

#### 3.1.1. Macrostructures

Entre l'indifférence à la structure des mots et l'indexation sur elle, les macrostructures se distribuent en un continuum. A un extrême, les macrostructures apparemment sans trace de dédoublements, dans lesquelles tous les mots, construits ou non, s'insèrent à leur place alphabétique *(PPL).* A l'autre extrême, les macrostructures dédoublées fortement désalphabétisées, qui dégroupent et regroupent le lexique en application d'analyses morpho-sémantiques, ordonnant en principe sous chaque entrée principale les mots construits qui s'y rattachent selon un modèle préétabli *(L).* Entre les deux, divers dédoublements de structure intermédiaires: restreint à certains faits de conversion (*PLI* depuis 1981: sous-entrée «◆ n.» sous l'entrée «CYCLISTE adj.»); étendu (non systématiquement) à quelques formations nettement circonscrites (*LC:* adjectifs en *-ant* (ÉTOUFFANT sous l'entrée ÉTOUFFER), adverbes en *-ment* (CLAIREMENT sous CLAIR)); ou pondéré par un compromis avec l'ordre alphabétique (*MR; RM,* qui se singularise par le statut d'entrées principales qu'il accorde à des morphèmes non autonomes (par exemple CITR-, qui coiffe CITRIQUE)).

[On trouvera dans Bornäs 1986 une étude détaillée des principaux «dictionnaires d'apprentissage du français» opérant un dédoublement morpho-sémantique de leur macrostructure.]

### 3.1.2. Supplétion

A l'impossibilité de recenser dans leurs nomenclatures l'ensemble des mots construits du français, les dictionnaires suppléent par des procédés nombreux, de nature et d'intérêt variables.

3.1.2.1. Diacritisation d'entrées: dans le *LP*, «l'astérisque (*) placé après une forme d'adjectif indique qu'en ajoutant le suffixe *-ment* à cette forme on obtient l'adverbe correspondant, avec le sens: *d'une manière,* etc.» («Abréviations», p. non numérotée).

3.1.2.2. Dissémination, dans les microstructures, sous diverses formes, de mots construits non retenus dans les nomenclatures:

— Double macrostructure sporadique et inavouée: la microstructure de certaines entrées du *PR* abrite, dans une typographie spécifique (capitales maigres), des dérivés sans entrée propre qu'elle répertorie comme «Dér.» (*tachymétrie* sous TACHYMÈTRE, depuis 1977), ou qu'elle fait précéder d'une indication catégorielle *(diaphysaire* («Adj.») sous DIAPHYSE, *ibid.),* éventuellement accompagnés d'éléments de microstructure propres: transcription phonétique *(diaphysaire),* voire définition *(labiacées* sous LABIÉ, ÉE, dès 1967).
— Utilisation de rubriques déterminées des microstructures pour récupérer des mots construits absents de la nomenclature: «Syn.» (*tachylalie* sous TACHYPHÉMIE) ou «Ant.» (*bradyphémie* sous TACHYPHÉMIE) dans le *PR* (1977), qui n'accompagne pas ces mots d'éléments de microstructure; «DÉR.» (*lingé, -ée* sous LINGE), «REM.» (*lipidémie* sous LIPIDE), «Prononc. et Orth.» (*lycion* sous LYCIET) dans le *TLF,* qui les assortit souvent d'authentiques microstructures et inventorie certains *(lipidémie* et *lycion,* mais pas *lingé)* dans un index en fin de volumes.
— Mention dans certaines rubriques morpho-étymologiques de dérivés non obsolètes sans entrée propre, donnés comme bases des entrées sous lesquelles ils sont mentionnés (dans le *PR* (1977), sous DÉVITAMINÉ, ÉE: «de *dévitaminer*[...]»; cf. D. Corbin 1987, 25; 632).
— Traitement courant, dans les microstructures, de certains types de conversions (entre adjectifs et noms, par exemple).

3.1.2.3. Utilisation de composantes morphologiques, intégrées à la nomenclature ou sorties de celle-ci, pour énumérer des mots construits dont certains n'ont pas d'entrée propre:

— Entrées consacrées à des morphèmes non autonomes: l'entrée ANTI- du *GLE* cite 136 mots porteurs de ce préfixe, en spécifiant que «la plupart des mots [...] ainsi formés ont un sens évident et ne sont pas indiqués à leur ordre alphabétique».
— Fragments de grammaire: l'article hors-texte que le *GLLF* consacre au préfixe re- mentionne *re-redire,* absent de sa nomenclature (cf. *supra* § 2.2.1.).
— Tableaux d'affixes: le tableau de suffixes du *NLE* illustre *-arque* par *triérarque,* absent de sa nomenclature.
— Traités de morphologie: la monographie «De la formation des unités lexicales» de L. Guilbert, qui ouvre le *GLLF,* illustre (p. XXI) l'élément *aqua-* par *aquatubulaire,* absent de sa nomenclature.

3.1.2.4. Utilisation, dans des hors-texte sans vocation morphologique, de mots construits sans entrée propre: *hippopotamidés* dans le tableau «Classification des mammifères» du *L* (1979, 1096); *quadriréacteur* dans les planches en couleurs que le *NLD* (pp. 510—511) consacre à «L'avion et l'aéroport» (procédé revendiqué dans la «Préface»: «On n'a pas hésité à faire figurer sur les images des termes [...] non retenus dans le dictionnaire, moyen commode d'enrichir [...] la nomenclature sans grossir l'ouvrage» (p. 5)).

### 3.2. Microstructures

### 3.2.1. Typologie

Tous les types de microstructure concevables peuvent affecter les mots construits. Plusieurs facteurs contribuent à cette diversification.

3.2.1.1. Facteurs

— Les normes générales adoptées pour les microstructures indépendamment de la structuration des mots. Il y a des dictionnaires sans dates, ni rubriques morpho-étymologiques, ni définitions: le *NLD,* par exemple, pratique régulièrement les deux premières exclusions et fréquemment la troisième, d'autres ouvrages présentent des configurations différentes.
— Le type de macrostructure adopté. Les macrostructures simples excluent en principe les microstructures vides de toute autre information que la catégorie, qu'autorisent les macrostructures doubles («Faut-il vraiment, après avoir défini *rectifier,* expliciter le sens de *rectifiable* [...]?» (*DFM*, «Avertissement», p. 2)), ce qu'illustrent les dictionnaires commercialisés dans les deux versions: dans le

*NDFCI,* beaucoup de mots construits traités en sous-entrées, comme MÉCANISATION (sous MÉCANIQUE), ne sont décrits que catégoriellement («n. f.»); dans le *DFCol,* qui réunifie la structure de la nomenclature du *NDFCI,* ils reçoivent de ce fait une définition («Action de mécaniser»). Les macrostructures doubles permettent notamment d'économiser en général les informations morpho-étymologiques pour les sous-entrées, la disposition de la nomenclature leur tenant lieu de substitut («En principe, seul le «chef de groupe» comporte une notice étymologique» (*Logos,* «Utilisation de l'ouvrage», première p., non numérotée)).
— Les dispositions particulières adoptées pour les microstructures des mots construits (indépendamment de celles induites par le type de macrostructure). Ainsi, le *PLI,* dictionnaire pour l'essentiel monomacrostructurel (à l'exception de certaines conversions, cf. *supra* § 3.1.1.), semble-t-il privilégier les bases morphologiques par rapport aux mots construits dans la distribution de ses parenthèses morpho-étymologiques (GLISSER: «mot francique»; GLISSADE, GLISSAGE, GLISSANCE, GLISSANT, GLISSE, GLISSEMENT, GLISSEUR, GLISSIÈRE, GLISSOIRE: rien (édition de 1987)). Ce traitement se singularise par exemple par rapport à celui du *PR,* lui aussi monomacrostructurel, qui dote l'ensemble de ses entrées d'informations morpho-étymologiques.
— Les caractéristiques des mots construits considérés. Par exemple, les attestations de deux mots construits selon la même règle peuvent manifester des extensions de sens différentes, que les microstructures doivent prendre en compte: au sens prédictible «Action de V» qui caractérise les dérivés nominaux en *-ment* sur bases verbales *(jugement), gouvernement* ajoute le sens «Ensemble d'agents qui V», glissement sémantique moins commun pour cette formation.
— Les inconséquences du travail lexicographique. Le partage des tâches et la laxité des programmes rédactionnels sont à l'origine de nombreuses distorsions dans la microstructure de mots construits aux propriétés identiques, ce qu'illustre exemplairement le traitement par le *DFC* des sous-entrées HORIZONTALEMENT (catégorie seule: «adv.») et VERTICALEMENT (catégorie, définition et exemple: «adv. En suivant une ligne verticale: *La pluie cessa de tomber verticalement pour frapper la terre obliquement.*») (cf. D. Corbin 1982, 54 et n. 60; 1987, 33).

3.2.1.2. Types
De l'action des facteurs évoqués au § 3.2.1.1. découle la grande diversité des microstructures qu'un même dictionnaire peut attribuer aux mots qui relèvent d'un même processus de construction. Le sort fait par le *NDFCI,* dictionnaire bimacrostructurel sans dates ni étymologies, aux adverbes en *-ment* (base adjectivale) servira ici d'illustration. Outre la catégorie, toujours mentionnée, divers ingrédients peuvent composer leur microstructure, seuls ou associés (paraphrases, commentaires métalinguistiques, exemples (glosés ou non), synonymes, équivalents, contraires, locutions, marques d'usage), d'où une mosaïque de cas de figure dont l'inventaire suivant n'énumère que les plus typés:
— rien: IMPOLIMENT;
— exemples seuls (un (ABRUPTEMENT) ou plusieurs (AGRÉABLEMENT)), ou glosés (ÉLECTRIQUEMENT), ou accompagnés de marques (CHOUETTEMENT), de synonymes (ANORMALEMENT), d'équivalents (SURABONDAMMENT), de contraires (ACTIVEMENT), ceux-ci étant éventuellement combinés (ABONDAMMENT);
— synonymes seuls (DÉMESURÉMENT);
— locutions glosées seules (MARITALEMENT);
— marques d'usage seules (INDOLEMMENT);
— paraphrases ou commentaires métalinguistiques de types divers (cf. *infra* § 3.2.2.1.), seuls (MAUSSADEMENT) ou accompagnés d'exemples (INCOMPARABLEMENT) auxquels s'adjoignent synonymes, marques, etc. (VACHEMENT). (Typologie détaillée dans D. Corbin 1982, 37—52).

3.2.2. Définitions

3.2.2.1. Types
— Les définitions des mots construits peuvent manifester la structuration de ceux-ci en utilisant leur base dérivationnelle (DIFFÉREMMENT: «D'une façon différente» *(NDFCI)).* Elles peuvent aussi la passer sous silence et prendre les formes qu'elles ont nécessairement pour les mots non construits (GAILLARDEMENT: «Avec entrain et bonne humeur [...] Avec décision et courage, sans hésiter» *(ibid.),* sans référence à GAILLARD, qui est pourtant l'entrée qui domine cette sous-entrée). Entre ces pôles, les lexicographes déploient diverses combinaisons intermédiaires (cf. D. Corbin 1982, 46—50), distribuées de façon non totalement aléatoire, certains sous-ensembles lexicaux privilégiés pouvant favoriser des choix de définitions: ainsi, pour décrire les rapports entre les arbres fruitiers et leurs fruits, un dictionnaire

encyclopédique comme le GDEL donne le pas à la taxinomie botanique sur l'analyse morphologique quand il définit des noms de fruits au moyen du nom des arbres qui les produisent, bien que ceux-ci soient les dérivés morphologiques de ceux-là (ABRICOT: «Fruit de l'abricotier»; ABRICOTIER: «Arbre fruitier du genre *prunus,* de la famille des rosacées»); toutefois il n'applique pas ce principe de façon absolue (POIRE: «Fruit du poirier [...]», mais POIRIER: «Arbre fruitier des régions tempérées, produisant la poire [...]»).

— La variété des définitions rencontrables est accrue par le fait que, pour une formation morphologique donnée, les paraphrases dérivationnelles trouvent à s'exprimer sous diverses variantes, comme le montrent ces quelques gloses d'adjectifs de structure $[[X]_V(a+i)ble_{af}]_A$ à sens de possibilité passive prélevées dans le *DHLF:* «Qui peut être analysé» (ANALYSABLE), «Qui doit ou qui peut être appliqué» (APPLICABLE), «Qu'on peut admettre» (ADMISSIBLE 1.), «Susceptible d'augmentation» (AUGMENTABLE), «Digne d'être aimé» (AIMABLE 2.), etc. L'absence de contraintes suffisantes sur la forme des paraphrases dérivationnelles peut d'ailleurs conduire à des artefacts: quand divers dictionnaires (*PR, RM, GDEL,* etc.) oublient la valeur relationnelle générale du suffixe adjectival -*in* et glosent ADULTÉRIN par la définition restrictive «Né d'un adultère» inspirée par le syntagme *enfants adultérins* qui sert d'unique illustration, ils fabriquent de toutes pièces une idiosyncrasie étrangère au fonctionnement de cet adjectif, qui peut s'employer dans des syntagmes qui l'invalident *(commerce, rapports adultérin(s), GR).*

### 3.2.2.2. Ordre

Un mot construit peut recevoir plusieurs définitions: par exemple une définition générale conforme à sa structure morphologique et une ou plusieurs définitions détaillant des valeurs sémantiques dérivées ou des spécialisations d'emploi. L'approche morphologique suggérerait un classement du plus prédictible au moins prédictible. Mais elle rencontre d'autres principes (historique, fréquentiel, «logique») à l'œuvre dans les dictionnaires et non limités aux mots construits. D'où des écarts, et entre dictionnaires et par rapport à l'approche morphologique, dont le traitement de GOUVERNEMENT dans le *PR* et le *L* donne une idée: l'ordre historique du *PR* rejoint l'approche morphologique en donnant la priorité au sens «Action de V» sur le sens dérivé (par métonymie) «Ensemble des agents qui V», alors que le classement «logique» du *L* les intervertit.

### 3.2.3. Informations sur la structure des mots construits

#### 3.2.3.1. Distribution

La distribution des informations concernant la structure des mots construits varie d'un dictionnaire à l'autre: systématiquement présentes (dictionnaires de langue monomacrostructurels d'une certaine ampleur comme le *PR,* cf. *supra* § 3.2.1.1.), systématiquement absentes (nombre de «petits» dictionnaires), ou présentes de façon intermittente, soit en respect de certains principes, morphologiques notamment (divers dictionnaires encyclopédiques comme le *PLI,* cf. § 3.2.1.1.; dictionnaires bimacrostructurels comme le *L*), soit réparties aléatoirement (*NLE,* cf. P. Corbin 1984a, 39—41). Communément présentées entre parenthèses en début de microstructure, ces informations sont dans certains cas rejetées à la fin, sans parenthèses *(DHLF, TLF).*

#### 3.2.3.2. Statut

Le statut de ces informations est souvent ambigu, hésitant entre l'étymologie et l'analyse morphologique. Ainsi le *PR* (1977) les échelonne-t-il, de la mention d'un étymon non français (DÉPORTATION: «lat. *deportatio*») à la décomposition morphologique (DÉNUCLÉARISER: «de dé-, *nucléaire,* et suff. -*iser*»), en passant par divers traitements mixtes (LABIODENTAL: «de *labium,* et *dental*»). L'ensemble culmine avec les traitements divergents de mots ayant même histoire et même structure (cf. *infra* § 3.2.3.3.).

#### 3.2.3.3. Logiques

L'hétérogénéité et même l'incohérence usuelles des informations affectées par les dictionnaires à des mots construits justiciables d'une même analyse morphologique tiennent à la coexistence de plusieurs logiques susceptibles de déboucher sur des traitements contradictoires:

— La logique de l'attestation: le *DHLF* accorde à INALIÉNABLE une analyse morphologique («de *in-* 1, et *aliénable*») qu'il refuse à INEXPLORABLE («de *in-* 1, et *explorer*») parce qu'il recense dans sa propre nomenclature *aliénable* (et *explorer*), mais pas *explorable* (attesté par exemple dans le *GDEL*).

— La logique de la chronologie des attestations: l'antériorité de l'attestation de DÉBUDGÉTISATION (1953) sur celle de DÉBUDGÉTISER (1966) amène le *PR* (1977) à ne pas dériver le nom du verbe, mais «de *dé-*, et *budgétisation*» (mot daté de 1953 également), contrairement à ce qu'il fait par exemple pour DÉNASALISATION («1906; de *dénasaliser*»), attesté postérieurement à sa base verbale (1838).
— La logique de l'analyse morphosémantique: dans certains cas, celle-ci l'emporte néanmoins, sans raison apparente, sur la logique chronologique. Ainsi le traitement dérivationnel adéquat refusé à DÉBUDGÉTISATION est-il accordé par le *PR* à DÉCENTRALISATION («1829; de *décentraliser*»), en dépit de la postériorité de l'attestation de ce verbe (1834).
[On trouvera une analyse détaillée des pratiques morpho-étymologiques du *PR* appliquées aux dérivés comportant le préfixe *dé-* «négatif» dans D. Corbin 1983; 1987, 613—632].
— L'absence de toute logique claire, illustrée par l'incohérence du sort fait par le *PR* à PALÉOLITHIQUE, dans son traitement propre («mot angl.; de *paléo-*, et gr. *lithos* ‹pierre›»: mention d'un emprunt juxtaposée à une décomposition qui conjoint un élément français et un étymon grec) et vis-à-vis de NÉOLITHIQUE («de *néo-*, et *lithique*»: décomposition discutable mais homogène en éléments français) (cf. P. Corbin 1984b, 115—116).

## 4. Avenir

Pour le métalexicographe, tout ou presque reste à faire. Nous n'avons proposé ici que la trame d'une synthèse. Elle ouvre de nombreuses pistes de recherche, qui seront explorées plus en profondeur dans P. Corbin à paraître.

Quant au lexicographe, qui, selon Rey-Debove (1971, 194), «n'est pas un savant», sans doute gagnerait-il à le devenir: seul l'appui sur une théorie consistante du lexique construit peut permettre à la description lexicographique de rompre avec l'empirisme ambiant, auquel n'échappent pas les dictionnaires actuels les plus «morphologiques». Puisse cet article contribuer, à sa mesure, à cette mutation.

(Plusieurs mots construits absents de tous les dictionnaires ont été disséminés dans le texte que vous venez de lire. Avez-vous su les trouver?)

## 5. Bibliographie choisie (1987)

### 5.1. Dictionnaires

*D2* = Dictionnaire en 2 volumes. Paris 1986 [XIX, 1519 p.].

*DFC* = Jean Dubois e. a.: Dictionnaire du français contemporain. Ed. pour l'enseignement du français. Paris 1971 [XXII, 1224 p.; 1. éd. 1966].

*DFCol* = Jean Dubois e. a.: Dictionnaire du français au collège. Paris 1986 [XXXII, 1060 p.].

*DFFA* = Jacques David: Dictionnaire du français fondamental pour l'Afrique. Paris 1974 [XVI, 421 p.].

*DFLF* = Georges Gougenheim: Dictionnaire fondamental de la langue française. Nouv. éd. Paris 1978 [283 p.; 1.éd. 1958].

*DFM* = Maurice Remy: Dictionnaire du français moderne. Paris 1969 [832 p.].

*DH* = Dictionnaire Hachette. Paris 1980 [XXIII, 1408 p.].

*DHLF* = Dictionnaire Hachette de la langue française. Paris 1980 [1813 p.].

*DM* = Dictionnaire moderne. Paris 1981 [727 p.].

*DMC* = Pierre Gilbert: Dictionnaire des mots contemporains. Paris 1980 [XXV, 739 p.].

*DMN* = Pierre Gilbert: Dictionnaire des mots nouveaux. Paris 1971 [XVI, 572 p.].

*DU* = Dictionnaire usuel. Paris 1986 [XXVI, 964 p.].

*DVE* = Georges Matoré e. a.: Dictionnaire du vocabulaire essentiel. Paris 1980 (1963) [359 p.].

*GDEL* = Grand dictionnaire encyclopédique Larousse. Paris 1982—1985 [10 vol.; XLVII, 11038 p.].

*GLE* = Grand Larousse encyclopédique. Paris 1979 (1960—1964) [10 vol.; 1. Supplément 1 vol. 1968; 2. Supplément 1 vol. 1975; sans pagination].

*GLLF* = Louis Guilbert/René Lagane/Georges Niobey: Grand Larousse de la langue française. Paris 1971—1978 [7 vol.; CXXVIII, 6730 p.].

*GR* = Paul Robert: Le grand Robert de la langue française [...]. 2. éd. revue par Alain Rey, Paris 1985 [9 vol.; LVIII, 9150, CXVII p.; 1. éd. 1953—1964, 6 vol. + Supplément 1 vol. 1970].

*L* = Jean Dubois: Larousse de la langue française Lexis. Paris 1979 [XVI, 2109 p.; 1. éd. 1975].

*LC* = Larousse classique. Paris 1980 (1957) [1288 p.; 1. éd. 1910].

*L2* = L2 Larousse universel. Paris 1984 (1982) [2 vol.; 788, 872 p.; 1. éd. 1922—1923].

*Logos* = Jean Girodet: Logos Dictionnaire de la langue française. Paris 1985 [2 vol.; 3113, 64 p.; 1. éd 1976, 3 vol.].

*LP* = Larousse de poche. Paris 1979 [543, LV p.; 1. éd. 1954].

*L3* = Larousse 3 volumes en couleurs. Paris 1985 (1970) [3252 p.].

*L1* = L1 Dictionnaire encyclopédique Larousse. Paris 1979 [XIX, 1515 p.].

*LXXe* = Larousse du XXe siècle en six volumes. Paris 1928—1933 [1040, 1024, 1120, 1068, 1104, 1146 p.; Supplément 1 vol. 1953: 464 p.].

*MD* = Claude Kannas: Mini débutants [...]. Paris 1985 [512 p.].

*MDV* = Jean Giraud/Pierre Pamart/Jean Riverain: Les mots «dans le vent». Paris 1971 [251 p.].

*MR* = Alain Rey e. a.: Micro Robert [...]. Nouv. éd. Paris 1980 [XIX, 1211 p.; 1. éd. 1971].

*NDFCI* = Jean Dubois: (Nouveau) Dictionnaire du français contemporain illustré. Paris 1980 [XXXII, 1263 p.].

*NLD* = Nouveau Larousse des débutants. Paris 1977 [855 p.].

*NLE* = Nouveau Larousse élémentaire. Paris 1978 (1967) [990 p.; 1. éd. 1956].

*NMDV* = Jean Giraud/Pierre Pamart/Jean Riverain: Les nouveaux mots «dans le vent». Paris 1974 [272 p.].

*PD* = Pluridictionnaire Larousse [...]. Paris 1983 (1977) [XXIII, 1471 p.].

*PL(I)* = Petit Larousse (illustré). Paris 1981 et 1987 [éd. de 1981: XXVII, 1799 p.; éd. de 1987: XXXI, 1799 p.; 1. éd. 1906].

*PPL* = Le plus petit Larousse. Paris 1984 (1980) [590 p.; 1. éd. 1946].

*PR* = Paul Robert: Le petit Robert [...]. Paris 1967 et 1977 [1. éd. 1967 (direction Alain Rey): XXXII, 1971 p.; 2. éd. 1977 (direction: Alain Rey/Josette Rey-Debove): XXXI, 2173 p.].

*RM* = Le Robert méthodique [...]. Paris 1982 [XXIII, 1617 p.].

*TLF* = Trésor de la langue française [...]. Paris depuis 1971 [12 vol. parus; direction: Paul Imbs (vol. 1 à 7), Bernard Quemada (depuis le vol. 8); vol. 1 (A-Aff) 1971: CXXXI, 878 p.; dernier vol. paru: vol. 12 (Nat-Pen) 1986: XX, 1338 p.].

5.2. Travaux

*Bornäs 1986* = Göran Bornäs: Ordre alphabétique et classement méthodique du lexique [...]. Lund 1986.

*Corbin D. 1980* = Danielle Corbin: Compétence lexicale et compétence syntaxique. In: Modèles linguistiques II,2. 1980, 52—138.

*Corbin D. 1982* = Danielle Corbin: Le monde étrange des dictionnaires (2): Sur le statut lexicographique des adverbes en -*ment*. In: Lexique 1. 1982, 25—64.

*Corbin D. 1983* = Danielle Corbin: Le monde étrange des dictionnaires (4): La créativité lexicale, le lexicographe et le linguiste. In: Lexique 2. 1983, 43—68.

*Corbin D. 1987* = Danielle Corbin: Morphologie dérivationnelle et structuration du lexique. Tübingen 1987.

*Corbin P. 1982* = Pierre Corbin: Le monde étrange des dictionnaires (3): *La faisselle* et autres contes, scolies sur le changement lexical. In: Modèles linguistiques IV, 1. 1982, 125—184.

*Corbin P. 1984a* = Pierre Corbin: Le monde étrange des dictionnaires (5): Dériver. In: Cahiers de lexicologie 45. 1984—2, 33—46.

*Corbin P. 1984b* = Pierre Corbin: Lexicographe-conseil. In: Lez Valenciennes 9. 1984, 113—121.

*Corbin P. 1985* = Pierre Corbin: Le monde étrange des dictionnaires (6): Le commerce des mots. In: Lexique 3. 1985, 65—124.

*Corbin P. à paraître* = Pierre Corbin: Aspects du traitement des mots construits dans les dictionnaires français de la deuxième moitié du XXe siècle. A paraître.

*Guilbert 1971* = Louis Guilbert: De la formation des unités lexicales. In: Grand Larousse de la langue française, vol. 1. Paris. 1971, IX—LXXXI.

*Mok 1983* = Q. I. M. Mok: Dictionnaire et dérivation. In: Lexique 2. 1983, 69—77.

*Rey-Debove 1971* = Josette Rey-Debove: Etude linguistique et sémiotique des dictionnaires français contemporains. The Hague. Paris 1971.

*Danielle et Pierre Corbin,
Lille et Valenciennes (France)*


# 90. Standardisierte Wörterbuchartikel des allgemeinen einsprachigen Wörterbuches als Texte: Probleme der Kohärenz und der Thema-Rhema-Struktur

1. Vorbemerkungen
2. Zum Verhältnis von Kohärenz und Thema-Rhema-Gliederung
3. Exemplarische Thema-Rhema-Analysen zum Lemma **Bär** im Duden-GW und Wahrig-DW
4. Ergebnisse und Probleme
5. Literatur (in Auswahl)

## 1. Vorbemerkungen

In diesem Artikel soll der Frage nachgegangen werden, inwieweit auch in stark standardisierten einsprachigen synchronen Wörterbüchern (vgl. Art. 39) eine gewisse Texthaftigkeit nachweisbar ist und ob sich, falls dies der Fall ist, mögliche Konsequenzen für die Strukturierung von Wörterbuchartikeln ergeben. Dabei soll die Texthaftigkeit auf der Basis der Thema-Rhema-Gliederung (TRG) dargestellt werden, deren Stellenwert im Rahmen der Kohärenz und Kohäsion von Texten in 2. diskutiert wird. Der Zusammenhang von TRG und standardisierten Textsorten ist nicht neu (vgl. u. a. Scherner 1973, Beneš 1981, Gerzymisch-Arbogast 1985), wobei in der Fachsprachenforschung bereits Termini als Texte angesetzt werden (Kalverkämper 1987). Für Wörterbuchartikel wird der Bezug Kohärenz — Thema/Rhema-Gliederung — Artikel-Struktur systematisch erstmals von Wiegand (1986) hergestellt, dessen Terminologie in der vorliegenden Analyse übernommen wurde.

In diesem Artikel sollen nach Darstellung des Analyseinstrumentariums in 3. die Wörterbuchartikel zum Lemma **Bär** im Duden: *Das große Wörterbuch der deutschen Sprache in sechs Bänden* (Duden GW) ($WA_1$) und Wahrig: *Das Große Deutsche Wörterbuch* (Wahrig-DW) ($WA_2$) als Beispiele für stark standardisierte Wörterbuchartikel (Wiegand 1986, 9; vgl. Art. 39) auf der Basis des Fächerfixierungsmodells (Mudersbach 1981) und der Hyperthema-Progression (Gerzymisch-Arbogast 1987, 100 ff.) einer T/R-Analyse unterzogen und damit Merkmale für die Texthaftigkeit von standardisierten Wörterbuchartikeln erarbeitet werden.

Die sich über die TRG manifestierenden Textmerkmale dieser beiden Artikel werden in 4. zueinander in Beziehung gesetzt und die sich daraus ergebenden möglichen Fragestellungen für die Strukturierung bzw. Standardisierung von Wörterbuchartikeln skizziert. Dabei kann diese Analyse aufgrund ihres exemplarischen Charakters und des sehr eng gesteckten Rahmens nur heuristischen Wert haben. Sie soll insbesondere deutlich machen, daß

„die lexikographischen Teiltexte als funktionale Textganze in einem größeren Zusammenhang verstanden werden müssen und daß die wichtigsten Teiltexte, die Wörterbuchartikel, ihrerseits als Ganzheiten untersucht werden können" (Wiegand 1986, 63).

## 2. Zum Verhältnis von Kohärenz und Thema-Rhema-Gliederung

Den folgenden Überlegungen soll der in der Textlinguistik weitgehend akzeptierte Textbegriff Beaugrande/Dresslers (1981) zugrundegelegt werden. Damit sind Texte als „kommunikative Okkurrenzen" zu verstehen, die die sieben Kriterien der Textualität — Kohäsion, Kohärenz, Intentionalität, Akzeptabilität, Informativität, Situationalität und Intertextualität erfüllen (1981, 1—14 und passim). Von zentraler Bedeutung für die Texthaftigkeit sind dabei Kohärenz und Kohäsion, wobei Kohäsion bei Beaugrande/Dressler als Oberflächen- und Kohärenz als Sinnrelation verstanden wird. Unter dem Begriff Kohäsion sind „alle Funktionen, die man verwenden kann, um Beziehungen zwischen Oberflächenelementen zu signalisieren" (1981, 4), subsumiert, unter Kohärenz „die Funktionen, durch die die Komponenten der Textwelt, d. h. die Konstellation von KONZEPTEN (Begriffen) und RELATIONEN (Beziehungen), welche dem Oberflächentext zugrundeliegen, für einander gegenseitig zugänglich und relevant sind" (1981, 4). Ein Text ergibt pragmatisch dann einen „Sinn", wenn der Leser eine Sinnkontinuität innerhalb seines Wissens herstellen kann, das durch Ausdrücke des Textes, der sich als Netz aus Konzepten und Relationen darstellt, aktiviert wird. Auf Wörterbuchartikel bezogen bedeutet dies, daß der Wörterbuchbenutzer für einen Wörterbuchartikel Kohärenz potentiell nur im Zusammenhang mit dem gesamten Wörterbuch herstellen kann, also über Kenntnisse der Hyperstruktur des Wörterbuches verfügen muß. Insbesondere muß die Rückgriffsmöglichkeit des Benutzers auf den Metatext gegeben sein, in dem z. B. u. a. die Benutzung der im Wörterbuchartikel als bekannt vorausgesetzten Strukturanzeiger erklärt wird (vgl. Art. 39). In der vorliegenden Analyse ist daher der Wörterbuchartikel als Teiltext in den globalen Zusammenhang des Wörterbuches eingebettet (vgl. dazu Wiegand 1986, 16).

Kohärenz manifestiert sich in unterschiedlich expliziter Weise durch die Kohäsion, d. h.: sie wird durch ein Bündel von kohäsiven Merkmalen im Text signalisiert, bspw. durch Rekurrenzen, Pro-Formen (Anaphora und Kataphora), Paraphrasen, Junktive etc. (Beaugrande/Dressler 1981, 50—87). Zu diesen oberflächenstrukturellen, kohäsiven Mitteln zählt bei Beaugrande/Dressler auch die „funktionale Satzperspektive (FSP)" (1981, 81 f.). Im Gegensatz zu dieser Auffassung, die die primär satzbezogene FSP in einer horizontalen Reihe mit Pro-Formen und Paraphrasen einordnet, soll hier der TRG eines Textes als textregulierendem und textkonstituierendem Prinzip eine vorrangige Stellung im Rahmen der Kohärenz zugewiesen werden: Sie determiniert die Anordnung und Abfolge der Konzepte und Relationen in einem kohärenten Text-Netz. Im Sinne einer Ordnungsrelation soll sie daher als genuin sinnrelationales Phänomen verstanden werden (vgl. dazu auch Hellwig 1984). An der Textoberfläche wird die TRG durch kohäsive Elemente signalisiert, die die Themenverkettung explizit machen, also u. a. Rekurrenzen, Proformen, etc. (Beaugrande/Dressler 1981, 50—87), aber auch und gerade bei Wörterbuchartikeln durch Strukturanzeiger wie z. B. der Tilde als Platzhaltersymbol (zur Unterscheidung von typographischen und nichttypographischen Strukturanzeigern vgl. Wiegand 1987b, 537 u. 547; u. Art. 39). Kohäsive Elemente im Sinne von Beaugrande/Dressler finden sich in stark standardisierten Texten nur selten, obwohl auch im Duden-GW und Wahrig-DW vereinzelt, z. B. bei Adjektivbildungen, auf Pronominalisierungen zurückgegriffen wird. Sie bleiben daher aus der vorliegenden Betrachtung weitgehend ausgeklammert. Im Rahmen von Wörterbuchartikeln werden mit der Reduzierung bzw. Kondensierung eines Volltextes auf Wörterbuchangaben kohäsive Textelemente getilgt (vgl. Wiegand 1986, 43 ff.), deren Funktion z. T. von einem Bündel von Stukturanzeigern übernommen wird. Ohne Kenntnis der Funktion der Strukturanzeiger kann u. U. vom Benutzer im Wörterbuchartikel keine Sinnkontinuität, also Kohärenz, hergestellt werden. Als Gliederungsmerkmale oder Verstehenssignale, die den Weg durch den WA „programmieren", haben die Strukturanzeiger daher eine für Wörterbuchartikel typische kohäsive Funktion und werden nach ihrem Status im Rahmen der TRG in die folgende Analyse einbezogen.

## 3. Exemplarische Thema-Rhema-Analysen zum Lemma **Bär** im Duden-GW und Wahrig-DW

### 3.1. Analyseinstrumentarium

#### 3.1.1. Zur Identifikation der T/R-Einheiten

Zur Identifikation der T/R-Elemente innerhalb des WA wird das pragmatisch-formale Fächerfixierungsmodell (Mudersbach 1981) zugrundegelegt, das sich im Sinne der Fragestellung der vorliegenden Analyse besonders gut zu eignen scheint, da es den Bezug von der Kommunikationssituation (hier der Wörterbuch(Wb)-Benutzungssituation) zur kommunikativen T/R-Gliederung (hier der Wörterbuchartikel-Struktur; vgl. Art. 39) herstellt und neben dem reinen Aussagegehalt der Angaben auch strukturelle Elemente, d. h. Elemente, die Thema und Rhema indizieren, als Gliederungsmerkmale berücksichtigt.

Bezogen auf die Wörterbuchbenutzungssituation lassen sich die Grundzüge des Fächerfixierungsmodells (FFM) wie folgt zusammenfassen:

— Es wird von einem gemeinsamen allgemein-enzyklopädischen Informationsstand von Lexikograph und Wörterbuchbenutzer ausgegangen, wobei in einer gegebenen Wb-Benutzungs- (Perspektive des Benutzers) bzw. Wb-Herstellungssituation (Perspektive des Lexikographen) der Informationsstand des Lexikographen um mindestens die Information, die vom Wb-Benutzer gesucht wird, größer ist;
— In einer konkreten Situation (Wb-Herstellungssituation aus der Sicht des Lexikographen und Wb-Benutzungssituation aus der Sicht des Benutzers) ist jeweils aus dem gemeinsamen Wissensstand ein Teilbereich ausgegrenzt, auf den die Aufmerksamkeit der Kommunikationspartner (hier des Lexikographen und des Wb-Benutzers) gerichtet ist: der Aufmerksamkeitsbereich (AB);
— Die Angaben, die der Lexikograph beim Wb-Benutzer als gesucht antizipiert bzw. die Information, die er als nicht im Informationsstand des Wb-Benutzers enthalten unterstellt (= Neuigkeit), stehen in einer Relation zu einem Objekt aus dem Aufmerksamkeitsbereich (= thematischer Ausgangspunkt); dabei muß der thematische Ausgangspunkt für sich genommen nicht eine dem Wb-Benutzer „bekannte" Größe sein, sondern ist lediglich in Relation zur Neuigkeit bekannte Ausgangsgröße. Thema und Rhema werden also als relationale Größen verstanden, die sich wechselseitig bestimmen und tragen in der FFM-Terminologie die Bezeichnung „Themafächer" und „Rhemafixierung" (Mudersbach 1981, 4 f.).
— Alle Thema-Rhema-Elemente können durch sog. Indikatoren „angezeigt" werden, wobei je nach T/R-Status in Aufmerksamkeitsbereichs-Indikatoren, Thema-Indikatoren und Rhema-Indikatoren unterschieden wird (vgl. 3.1.5. und 4.1.3.).
— Der sukzessiven linearen Gliederung des FFM wird hier die standardisierte Hyperstruktur des Wörterbuches entgegengestellt, deren Kenntnis als „frame" Voraussetzung für eine erfolgreiche Benutzungshandlung ist.

Zur Identifikation der T/R-Einheiten, auf die im Rahmen dieses Artikels nicht im einzelnen eingegangen werden kann (ausführliche Darstellungen finden sich in Gerzymisch-Arbogast 1985 und 1987, 81—95, 141—188), ist eine Analyse der pragmatischen Faktoren aus zweierlei Sichtweisen, der Sichtweise des Hörers (hier der des Wb-

Benutzers) und der Sichtweise des Sprechers (hier der des Lexikographen), nötig. Aus der Sicht des Lexikographen stellen sich dabei die Parameter wie folgt dar: Ausgegangen wird von einem Lexikographen (S = Sprecher), der ein bestimmtes Ziel (Funktion) mit einem Sachverhalt verbindet, das er unter Berücksichtigung situationaler Faktoren (Sit) mit Hilfe seiner kommunikativen Kompetenz über das Wörterbuch einem Wb-Benutzer, so wie er ihn antizipiert (H/S = Hörer aus der Sprechersicht), mitteilt. Dabei spielen die Informationsstände des Lexikographen ($Inf^S$ = Informationsstand des Sprechers) und des Wb-Benutzers aus der Sicht des Lexikographen ($Inf^{H/S}$ = Informationsstand des Hörers aus der Sprechersicht) eine entscheidende Rolle. Zentrale Hypothese des FFM ist die Annahme eines Aufmerksamkeitsbereiches (AB) der Kommunikationsteilnehmer in seiner speziellen Gerichtetheit auf den Kommunikationspartner. Die Parameter aus der Hörersicht, also hier aus der Sicht des Wb-Benutzers, ergeben sich analog (vgl. dazu Gerzymisch-Arbogast 1987, 89 ff.). Voraussetzung für die „richtige" Interpretation der Angaben durch den Wb-Benutzer, also für eine gelungene Benutzungshandlung, ist eine möglichst weitgehende Kongruenz der Faktoren Lexikograph, Wb-Benutzer aus der Sicht des Lexikographen, Wörterbuchbenutzungssituation, Aufmerksamkeitsbereich des Lexikographen, Informationsstand des Lexikographen, Informationsstand des Wb-Benutzers aus der Sicht des Lexikographen (d. h. der Faktoren S, H/S, Sit, $AB^S$, $Inf^S$, $Inf^{H/S}$) mit den entsprechenden Faktoren aus der Sicht des Wb-Benutzers (H, S/H, Sit, $AB^H$, $Inf^H$, $Inf^{S/H}$). Damit wird der Bezug Wb-Benutzungssituation — Wörterbuchartikel-Gliederung deutlich.

### 3.1.2. Das Lemma als Aufmerksamkeitsbereich

Auf der Basis des FFM wird hier angenommen, daß das Lemma den Aufmerksamkeitsbereich indiziert, dem — wie wir oben gesehen haben — in der Regel der thematische Ausgangspunkt entnommen wird. Die einzelnen rhematischen Angaben eines Wörterbuchartikels sind dann entweder direkt oder indirekt über ein Subthema dem Aufmerksamkeitsbereich, dem ausdrucksseitig das Hyperthema entspricht, zuzuordnen. Bei direkter Zuordnungsmöglichkeit ist das Hyperthema gleichzeitig auch Thema der Angabe.

Diese weitere Begrifflichkeit als die Auffassung vom Lemma als Thema hat zum einen den Vorteil, daß auch „gleichlautende Wörter (Homonyme)" (Duden 1977, 4) in die Progression aufgenommen werden können. Außerdem kann mit dem Aufmerksamkeitsbereich bzw. Hyperthema statt des Themas als Bezugsgröße eine Themenvariation über intratextuelle Relationen (vgl. 3.2.2.) innerhalb des Wörterbuchartikels nachgewiesen werden, d. h.: es wird möglich, einzelne Rhema-Angaben, die sich nicht direkt dem Lemma zuordnen lassen, über die Hypothese eines Subthemas indirekt dem Lemma zuzuordnen (vgl. Art. 39: indirekte Adressierung).

Beispiel: $WA_1$: Hier ist die Angabe $R_6$ = „er ist ein richtiger Bär" als Angabe zur übertragenen Bedeutung zunächst ein Rhema ($R_6$) zu **Bär.** In der folgenden Angabe ($R_7$) wird zu dieser übertragenen Bedeutung eine stilistische Angabe gemacht „(ugs.)" und eine umschreibende Erklärung gegeben „(ein plumper, vierschrötiger Mensch)". Damit wird erneut zum Rhema$_6$ „er ist ein richtiger Bär" eine rhematische Angabe, $R_7$, gemacht. Bezugsgröße für diese Angabe ist $R_6$, das damit zum Thema für $R_7$ wird.

### 3.1.3. Thematische Progression

Die Progression des Hyperthemas oder des nach dem FFM rekonstruierten Themas wird über mehrere Einheiten hinweg verfolgt. Dazu wird dem Wörterbuchartikel entsprechend der Hyperthema-Progression (Gerzymisch-Arbogast 1987 100 ff.) eine zweidimensionale Beziehungsstruktur von intertextuellen (direkte Relation Hyperthema—Subthema) und intratextuellen (Relation Subthema—Subthema bzw. Rhemaangabe-Subthema) zugrunde gelegt. Im Rahmen der intratextuellen Beziehungen wird differenziert in konstante intratextuelle Beziehungen (das Subthema wird über mehrere Einheiten hinweg konstant thematisiert) und lineare intratextuelle Beziehungen (eine Rhemaangabe wird zum Subthema der folgenden Angabe). Beim Fehlen von konstanter oder linearer intratextueller Beziehung wird ein „thematischer Sprung" (Daneš 1970, 78) angesetzt. Bei Vorliegen von linearen intratextuellen Beziehungen und im Falle der rhematischen Angaben zu thematischen Sprüngen (wenn T nicht gleich HT ist) kann der Zugriff des Benutzers auf diese Daten nicht mehr separat, sondern nur noch im Textzusammenhang erfolgen. Die Analyse soll u. a. zeigen, welche Arten von textuellen Beziehungen auch bei fortgeschrittener Standardisierung vorliegen.

### 3.1.4. Rhematische Füll- und Leerstellen

Den rhematischen Angaben im Wörterbuchartikel soll, ausgehend vom FFM und in Übereinstimmung mit Mudersbach (1987), im folgenden eine zweiteilige Struktur unterstellt werden: Sie enthalten (a) Daten, von denen der Lexikograph annimmt, daß sie beim Wb-Benutzer nicht vorhanden oder fraglich (im Sinne der Thema-Definition Hellwigs, 1984) sind, also die eigentliche Rhema-Aussage, und (b) Funktionselemente, die dem Wb-Benutzer den Zugriff auf diese Daten ermöglichen oder erleichtern (Strukturanzeiger). Dabei soll bei starker Standardisierung das Rhema als ein Raster mit Füllstellen (ähnlich dem „Datensortiment" bei Wiegand 1985, 41) interpretiert werden, wobei die einzelnen Angaben (z. B. grammatische, etymologische oder Bedeutungsangaben) die Rolle von Füllelementen übernehmen. Die Angabeklassen weisen als „Füllstellen" — unabhängig von ihrer aktuellen Auffüllung — eine Funktion im Rahmen der gesamten rhematischen Angabestruktur des Wörterbuchartikels auf. Ihre Position ist durch die präzedentive Mikrostruktur des Wörterbuches festgelegt. So ist sichergestellt, daß in einer globaleren T/R-Analyse nicht nur aktuell vorhandene, sondern auch virtuell mögliche Rhema-Angaben erfaßbar sind. Bereitgestellte Füllstellen, die nicht durch Füllelemente ausgefüllt sind, sind dann als Rhema-Leerstellen zu betrachten. Die Rhema-Füllstellen sind in sich partitiv hierarchisch gegliedert (vgl. Wiegand 1986, 25 f. und 31 ff. sowie die Diskussion des Informationsprogramms in Art. 39).

### 3.1.5. Indikatoren

Die Strukturanzeiger sollen hier nach ihrer T/R-Zugehörigkeit in Aufmerksamkeitsbereichs-Indikatoren (z. B. die Verweisform ↑ auf ein anderes Lemma), Thema-Indikatoren (z. B. die Tilde als Platzhaltersymbol) und Rhema-Indikatoren (z. B. der Doppelpunkt vor der Bedeutungsangabe) unterschieden werden. In der graphischen Darstellung wird ihre Existenz durch einen Punkt (○) in der entsprechenden Indikatorkategorie angezeigt.

### 3.2. Aufschlüsselung der Wörterbuchartikel in T/R-Einheiten und graphische Darstellung der thematischen Progression

3.2.1. In Abb. 90.1 werden der $WA_1$ zum Lemma **Bär** im Duden-GW und in Abb. 90.2. der $WA_2$ im Wahrig-DW zunächst nach der Anzahl ihrer Angaben (R) und ihrer jeweiligen Bezugsgrößen (T) aufgeschlüsselt und numeriert (vgl. die folgenden Seiten).

3.2.2. Die graphischen Darstellungen der thematischen Progressionen 90.3 und 90.4 veranschaulichen die Textstrukturen von $WA_1$ und $WA_2$ und wurden wie folgt erstellt:

— Aufmerksamkeitsbereich und Hyperthema:

Dazu werden ausgehend vom Lemma als Aufmerksamkeitsbereich die Themen vertikal zum Hyperthema-Strang (Fettdruck der beiden mittleren vertikalen Linien) angeordnet. Innerhalb der Hyperthema-Spalte wird differenziert in Themen, die mit dem Hyperthema identisch sind (rechte Seite der Hyperthema-Spalte) und Themen, die mit dem Hyperthema nicht identisch sind (linke Seite der Hyperthema-Spalte).

— Thema und Rhema:

Thema (T) und Rhema (R) sind horizontal auf gleicher Höhe angeordnet und mit einem Pfeil (→) verbunden. Ein hypothetisches Subthema wird mit Winkelklammern (⟨ ⟩) gekennzeichnet. Die tiefgestellte Zahl entspricht der Numerierung bei der Aufschlüsselung der Texte in 3.2.1. Die hochgestellte Zahl steht für die Indizierung der Homonymie von **Bär** in $WA_1$. Die Angaben in Klammern (a, ..., n) indizieren die Segmente der Rhema-Füllstellen auf der ersten partitiv-hierarchischen Stufe.

— Angabeklassen als Rhema-Füllstellen:

Rechts des Hyperthema-Stranges sind die Angabeklassen als Rhema-Füllstellen entsprechend der präzedentiven Mikrostruktur des Wörterbuches angeordnet, wobei aus schreibtechnischen Gründen die Rhema-Leerstellen am Ende der Füllstellen nur angedeutet werden können. Die Bezeichnung der Füllstellen entspricht den Hinweisen im Metatext des betreffenden Wörterbuches. Dabei sind nur die in den Beispielen identifizierten Füllstellen berücksichtigt. Die Angaben zu einer Füllstelle sind jeweils in einem R plus der Kennzeichnung für die hierarchisch untergeordnete erste Stufe (a, ..., n) zusammengefaßt und in der entsprechenden Füllstelle plaziert.

— Thematische Progression:

Die thematische Progression läßt sich in vertikaler Richtung verfolgen. Intertextuelle Relationen (Hyperthema — Einzelthema) sind als vom Hyperthema zum Thema führende Pfeile (↦) gekennzeichnet. Intratextuelle Beziehungen (Einzelthema—Einzelthema, Angaberhema—Einzelthema) sind durch eine fettgedruckte Linie markiert (|; ——). Ein thematischer Sprung ist mit einem durchbrochenen Rundbogenpfeil (↜) gekennzeichnet.

— Indikatoren:

Die Anordnung der Indikatoren erfolgt von links nach rechts wobei die Aufmerksamkeitsbereichsindikatoren ganz links in der Spalte vor den Thema-Indikatoren angeordnet sind. Rhema-Indikatoren erscheinen in der äußersten rechten Spalte.

90. Standardisierte Wörterbuchartikel des allgemeinen einsprachigen Wörterbuches als Texte

¹**Bär**
↓
$1_{T_1}$ → [bɛːɐ̯]   $1_{R_1}$
↓
⟨$1_{T_2}$⟩ → $\underbrace{\text{der}}_{a}; \underbrace{\text{-en}}_{b}, \underbrace{\text{-en}}_{c} \underbrace{\langle \text{Vkl.} \uparrow \text{Bärchen} \rangle}_{d}$ }  $1_{R_2}$
↓
⟨$1_{T_3}$⟩ → $\underbrace{\text{[mhd. ber,}}_{a} \underbrace{\text{ahd. bero,}}_{b} \underbrace{\text{eigtl. = der Braune]}}_{c}$ }  $1_{R_3}$
↓
⟨$1_{T_4}$⟩ → : großes Raubtier mit dickem braunem Pelz,   }  $1_{R_4}$
  -gedrungener Gestalt u. kurzem Schwanz
↓
⟨$1_{T_5}$⟩ → : $\underbrace{\text{der B brummt;}}_{a} \underbrace{\text{-en jagen,}}_{b} \underbrace{\text{erlegen}}_{b}$   }  $1_{R_5}$
⟨$1_{T_6}$⟩ → : Ü er ist ein richtiger B.   }  $1_{R_6}$

⟨$1_{T_7}$⟩ → $\underbrace{(\text{ugs.:}}_{a} \underbrace{\textit{ein plumper, vierschrötiger Mensch})}_{b}$;  }  $1_{R_7}$

$1_{T_8}$ = * $\underbrace{\textbf{der Große B.,}}_{a} \underbrace{\textbf{der Kleine B.}}_{b}$
  a  a

↳ $\underbrace{(\textit{Sternbilder des nördlichen Himmels;}}_{b} \atop \underbrace{\textit{nach lat. Ursa Major}}_{b} \underbrace{\textit{u. Ursa Minor})}_{c}$;  }  $1_{R_8}$

$1_{T_9}$ = **wie ein B.**

→ $\underbrace{(\text{ugs.;}}_{a} \underbrace{\textit{sehr})}_{b}$   }  $1_{R_9}$

$1_{T_{10}}$ → : $\underbrace{\text{hungrig sein,}}_{a} \underbrace{\text{stark sein wie ein B.;}}_{b}$   } $1_{R_{10}}$
   $\underbrace{\text{schwitzen wie ein B.;}}_{c} \underbrace{\text{schlafen wie ein B.}}_{d}$

⟨$1_{T_{11}}$⟩ → $\underbrace{(\text{ugs.;}}_{a} \underbrace{\textit{sehr fest schlafen;}}_{b} \text{gemeint}$   }  $1_{R_{11}}$
   $\underbrace{\text{ist der Winterschlaf des Bären});}_{c}$

$1_{T_{12}}$ = **jmdm. einen -en aufbinden**
  $\underbrace{\phantom{xxx}}_{a} \underbrace{\phantom{xxxxxxx}}_{b}$
↳ $\underbrace{(\text{ugs.;}}_{a} \underbrace{\textit{jmdm. etw. Unwahres so erzählen,}}_{b}$   }  $1_{R_{12}}$
  $\textit{daß er es glaubt;} \underbrace{\text{H. u.});}_{c}$

²**Bär**
↓
$2_{T_1}$ → [-]   }  $2_{R_1}$
↓
⟨$2_{T_2}$⟩ → , der; -s, -en. fachspr.: -e   }  $2_{R_2}$
↓
⟨$2_{T_3}$⟩ → [vgl. ↑ ¹Bär]   }  $2_{R_{3\,(a,\,b,\,c)}}$
↓
⟨$2_{T_4}$⟩ → (Bauw.)   }  $2_{R_4}$
↓
⟨$2_{T_5}$⟩ → : $\underbrace{\textit{Rammklotz,}}_{a} \underbrace{\textit{großer Hammer (zum Bearbeiten}}_{b}$   }  $2_{R_5}$
  $\underbrace{\textit{von Werkstücken od. Einrammen von Pfählen).}}_{b}$

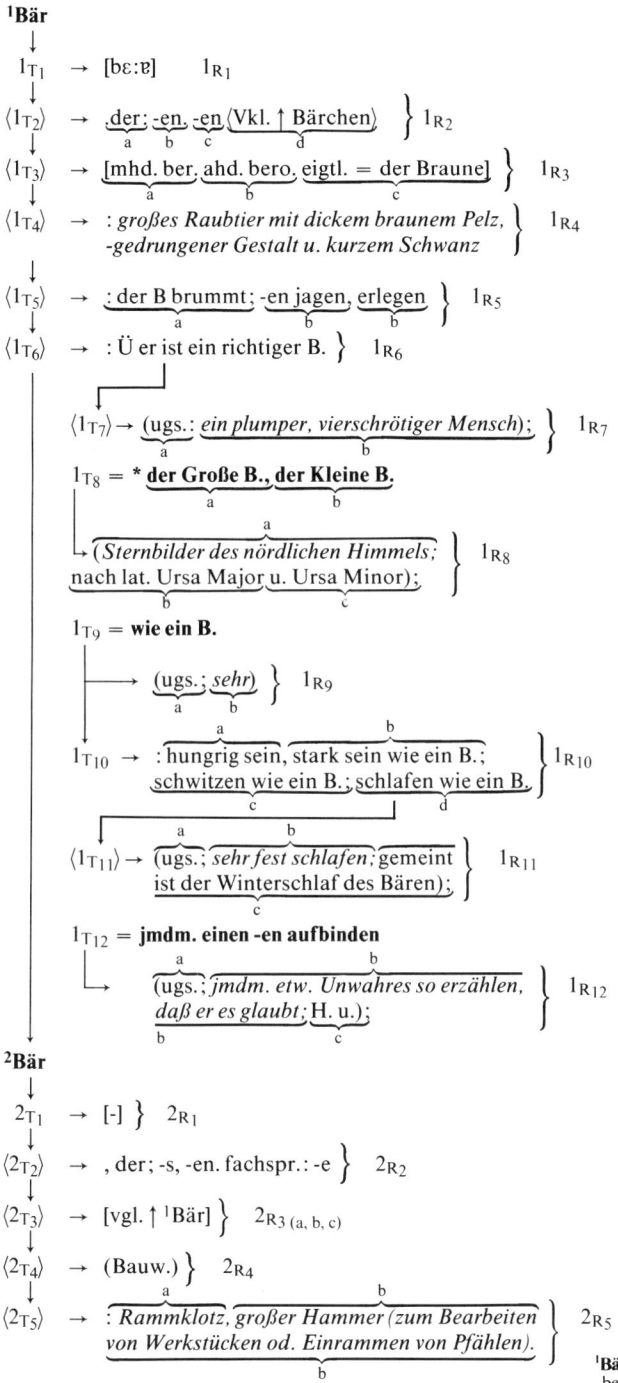

Abb. 90.1: Aufschlüsselung nach T/R-Einheiten WA₁

¹**Bär** [bɛːɐ̯], der; -en, -en ⟨Vkl. ↑Bärchen⟩ [mhd. ber, ahd. bero, eigtl. = der Braune]: *großes Raubtier mit dickem braunem Pelz, -gedrungener Gestalt u. kurzem Schwanz:* der B. brummt; -en jagen, erlegen; Ü er ist ein richtiger B. (ugs.; *ein plumper, vierschrötiger Mensch*); * **der Große B., der Kleine B.** (*Sternbilder des nördlichen Himmels; nach lat. Ursa Major u. Ursa Minor*); **wie ein B.** (ugs.; *sehr*): hungrig sein, stark sein wie ein B.; schwitzen wie ein B.; schlafen wie ein B. (ugs.; *sehr fest schlafen;* gemeint ist der Winterschlaf des Bären); **jmdm. einen -en aufbinden** (ugs.; *jmdm. etw. Unwahres so erzählen, daß er es glaubt;* H. u.); ²**Bär** [-], der; -s, -en. fachspr.: -e [vgl. ↑¹Bär] (Bauw.): *Rammklotz, großer Hammer (zum Bearbeiten von Werkstücken od. Einrammen von Pfählen).*

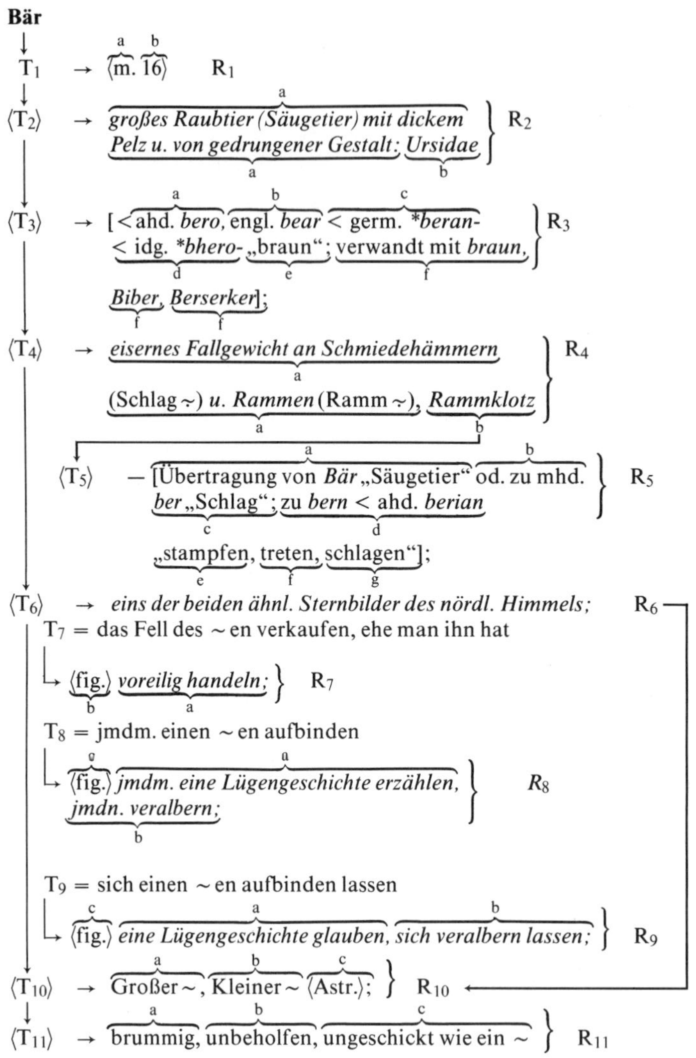

**Bär**

$T_1 \rightarrow$ $\overbrace{\langle\text{m. 16}\rangle}^{a\quad b}$ $R_1$

$\langle T_2 \rangle \rightarrow$ $\left.\underbrace{\text{großes Raubtier (Säugetier) mit dickem}}_{a}\\ \underbrace{\text{Pelz u. von gedrungener Gestalt;}}_{a} \underbrace{\text{Ursidae}}_{b}\right\}$ $R_2$

$\langle T_3 \rangle \rightarrow$ $\left. [\underbrace{<\text{ahd. }bero},\underbrace{\text{engl. }bear}^{b} \underbrace{< \text{germ. }*beran\text{-}}^{c}\\ \underbrace{<\text{ idg. }*bhero\text{-}}_{d} \underbrace{\text{„braun";}}_{e}\underbrace{\text{verwandt mit }braun,}_{f}\\ \underbrace{Biber,}_{f}\underbrace{Berserker}_{f}];\right\}$ $R_3$

$\langle T_4 \rangle \rightarrow$ $\left.\underbrace{\text{eisernes Fallgewicht an Schmiedehämmern}}_{a}\\ \underbrace{(\text{Schlag}\sim) \text{ u. } Rammen\,(\text{Ramm}\sim),}_{a}\underbrace{Rammklotz}_{b}\right\}$ $R_4$

$\langle T_5 \rangle$ — $\left.\overbrace{[\text{Übertragung von }Bär\text{ „Säugetier" od.}}^{a} \overbrace{\text{zu mhd.}}^{b}\\ \underbrace{ber\text{ „Schlag";}}_{c}\underbrace{\text{zu }bern}_{d} < \text{ahd. }berian\\ \underbrace{\text{„stampfen,}}_{e}\underbrace{\text{treten,}}_{f}\underbrace{\text{schlagen"}}_{g}];\right\}$ $R_5$

$\langle T_6 \rangle \rightarrow$ *eins der beiden ähnl. Sternbilder des nördl. Himmels;* $R_6$

$T_7 = $ das Fell des ~en verkaufen, ehe man ihn hat

$\quad \hookrightarrow \underbrace{\langle\text{fig.}\rangle}_{b}\underbrace{\textit{voreilig handeln;}}_{a}\}$ $R_7$

$T_8 = $ jmdm. einen ~en aufbinden

$\quad \hookrightarrow \underbrace{\langle\text{fig.}\rangle}_{g}\underbrace{\textit{jmdm. eine Lügengeschichte erzählen,}}_{a}\\ \underbrace{\textit{jmdn. veralbern;}}_{b}\}$ $R_8$

$T_9 = $ sich einen ~en aufbinden lassen

$\quad \hookrightarrow \underbrace{\langle\text{fig.}\rangle}_{c}\underbrace{\textit{eine Lügengeschichte glauben,}}_{a}\underbrace{\textit{sich veralbern lassen;}}_{b}\}$ $R_9$

$\langle T_{10} \rangle \rightarrow$ $\underbrace{\text{Großer}\sim,}_{a}\underbrace{\text{Kleiner}\sim}_{b}\underbrace{\langle\text{Astr.}\rangle;}_{c}\}$ $R_{10}$

$\langle T_{11} \rangle \rightarrow$ $\underbrace{\text{brummig,}}_{a}\underbrace{\text{unbeholfen,}}_{b}\underbrace{\text{ungeschickt wie ein}\sim}_{c}\}$ $R_{11}$

**NOTATIONEN** (vgl. 3.2.2)

| | | |
|---|---|---|
| HT | = | Hyperthema |
| T | = | Thema |
| R | = | Rhema |
| $\langle\ \rangle$ | = | Tilgung |
| a, b ... n | = | Rhema-Füllstellen-Segmente |
| \| | = | intratextuelle konstante Relation |
| ⌐⌐⌐⌐⌐⌐⌐⌐⌐ | = | intratextuelle lineare Relation |
| ⅍ | = | thematischer Sprung |

Abb. 90.2: Aufschlüsselung nach T/R-Einheiten WA$_2$

**Bär** ⟨m. 16⟩ *großes Raubtier (Säugetier) mit dickem Pelz u. von gedrungener Gestalt:* Ursidae [< ahd. *bero*, engl. *bear* < germ. *\*beran-* < idg. *\*bhero-* „braun"; verwandt mit *braun*, *Biber*, *Berserker*]; *eisernes Fallgewicht an Schmiedehämmern* (Schlag~) *u. Rammen* (Ramm~), *Rammklotz* [Übertragung von *Bär* „Säugetier" od. zu mhd. *ber* „Schlag"; zu *bern* < ahd. *berian* „stampfen, treten, schlagen"]; *eins der beiden ähnl. Sternbilder des nördl. Himmels;* das Fell des ~en verkaufen, ehe man ihn hat ⟨fig.⟩ *voreilig handeln;* jmdm. einen ~en aufbinden ⟨fig.⟩ *jmdm. eine Lügengeschichte erzählen, jmdn. veralbern;* sich einen ~en aufbinden lassen ⟨fig.⟩ *eine Lügengeschichte glauben, sich veralbern lassen;* Großer ~, Kleiner ~ ⟨Astr.⟩; brummig, unbeholfen, ungeschickt wie ein ~

Dabei werden jeweils nur die Indikatoren aufgelistet und mit einem Punkt (○) gekennzeichnet, die in den Beispielen identifiziert werden konnten. Eine mehrfache Verwendung von Indikatoren innerhalb einer Rhema-Angabe und die Zuordnung des Indikators zum einzelnen Rhema-Element konnte aus technischen Gründen in der Graphik nicht nachgezeichnet werden.

## 4. Ergebnisse und Probleme

Im folgenden sollen die beiden T/R-Analysen zusammengefaßt kommentiert werden. Dabei ist noch einmal der Beispielcharakter der Analyse zu unterstreichen: Es ist keine Kritik an der Wörterbuchartikel-Gestaltung intendiert — dazu ist die Analysebasis nicht gegeben —, sondern es soll der Frage nachgegangen werden, wie aufschlußreich T/R-Analysen für die Strukturierung bzw. Standardisierung von Wörterbuchartikeln sein können, bzw. ob die T/R-Analyse Parameter liefert, die für breitere Analysen von Nutzen sein könnten.

### 4.1. Zur Texthaftigkeit der Beispiele

Trotz der starken Standardisierung beider Wörterbuchartikel erscheint $WA_1$ zunächst gegenüber $WA_2$ „übersichtlicher" gegliedert, stärker strukturiert. Ausgehend von der TRG soll nun versucht werden, diese unterschiedliche Texthaftigkeit anhand folgender Parameter zu fassen:

#### 4.1.1. Thema-Bereich
— Variation der Themen:

Für $WA_1$ sind von insgesamt 17 rhematischen Angaben 11 (64,7 %) — bei Inklusion des Homonyms ²**Bär** in das Hyperthema — direkt dem Hyperthema **Bär** zuzuordnen. Sechs der elf Rhema-Angaben sind nicht direkt dem Lemma zuzuordnen, sondern bspw. dem — nicht expliziten — Angabe-Thema: „Wendungen mit **Bär**", das vom Benutzer auf der Basis seiner Metatextkenntnisse und seines lexikalischen Wissens erschlossen werden muß.

Für $WA_2$ sind von 11 rhematischen Angaben 7 direkt dem Hyperthema **Bär** zuzuordnen (63,6 %), wobei sich die Identifikation der letzten beiden Themen aufgrund wechselnder Thematisierung und mangelnder entsprechender Thema-Indizierung als problematisch erweist. Hinsichtlich der Variation der Themen zeigen damit beide Beispiele weitgehende Übereinstimmung.

— Thematische Progression:

In $WA_1$ beziehen sich die ersten sechs Rhema-Angaben direkt auf das HT „Bär", dann folgen sechs Angaben zu 5 verschiedenen Themen (jeweils zu „Wendungen mit Bär") und anschließend werden 5 rhematische Angaben zum Homonym ²**Bär** gemacht. Dabei fällt die konstante Thematisierung eines einmal gewählten Themas, also die konstante intratextuelle Relation zwischen $^1T_1-^1T_6$, $^1T_9-^1T_{10}$ und $^2T_1-^2T_5$ auf. Es finden sich zwei lineare intratextuelle Relationen, nämlich von $^1R_6$ zu $^1T_7$ und von $^1R_{10}$ zu $^1T_{11}$. Zwischen den Themen $^1T_7$ und $^1T_8$, $^1T_8$ und $^1T_9$, $^1T_{11}$ und $^1T_{12}$, sowie $^1T_{12}$ und $^2T_1$ ergibt sich ein thematischer Sprung, wobei allerdings der jeweilige Themawechsel durch Thema-Indikatoren (Halbfettdruck, *) für den Benutzer kenntlich gemacht ist.

Im Beispiel-$WA_2$ alterniert dagegen die Abfolge der Themen, die mit dem Hyperthema identisch sind ($T_1-T_4$ mit konstanter intratextueller Beziehung, $T_6$ und $T_{10}$ jeweils als thematischer Sprung und $T_{10}$ zu $T_{11}$ in konstanter intratextueller Beziehung), mit Themen, die mit dem Hyperthema nicht identisch sind ($T_5$ in linearer intratextueller Relation zu $R_4$ ebenso wie $T_7$, $T_8$ und $T_9$ jeweils als thematischer Sprung). Dabei fällt bei der Abfolge der einzelnen Themen auf, daß in $WA_2$ auch nach einem einmal vorgenommenen Themawechsel wieder auf das Hyperthema **Bär** als Thema zurückgegriffen wird. In $WA_1$ geschieht dies nur für die Angaben zum Homonym. Dieser sprunghafte Themenwechsel erschwert die Identifizierung der Bezugsgröße zur jeweiligen Angabe und damit ihre Verständlichkeit.

— Textuelle Relationen:

Die textuellen Relationen ergeben sich aus der Art der Progression. Analog zur Thematisierung verschiedener Subthemen zum Hyperthema ergeben sich auch mehr oder weniger häufig intratextuelle Beziehungen (in der Graphik durch Fettdruck gekennzeichnet) oder thematische Sprünge (⚹).

Dabei haben die intratextuellen Relationen in den beiden Beispieltexten die in Abb. 90.5 dargestellte Distribution.

⚹ Die Ähnlichkeit der Angaben in $R_6$ und $R_{10}$ verstößt gegen die Logik der TRG-Abfolge von relativ Bekanntem zu relativ Neuem. In Abwandlung zu Lutz (1981, 22) ist damit für $R_{10}$ zumindest zum Teil sozusagen ein Thema im Rhemapelz zu unterstellen. Für die Benutzungssituation bedeutet dies, daß der Benut-

| WA | Intratext. Relationen | konstant | linear | them. Sprung |
|---|---|---|---|---|
| WA$_1$ | Summe | 10 | 2 | 4 |
|  | Prozent | 58.8 | 11.8 | 23.5 |
| WA$_2$ | Summe | 4 | 2 ⊛ | 5 |
|  | Prozent | 36.4 | 18.2 | 45.5 |

Abb. 90.5: Distribution der intratextuellen Relationen

zer der nach Angaben zu *Bär* im Sinne der Astronomie sucht, diese an unterschiedlichen Positionen aus verschiedenen Füllstellen abrufen und daher erst WA$_2$ in seiner Gesamtheit durcharbeiten muß, um die gewünschte Information erschließen zu können. Im Rahmen der textuellen Relationen ist die Frequenz von thematischen Sprüngen im WA$_2$ gegenüber WA$_1$ deutlich höher.

### 4.1.2. Rhema-Bereich

WA$_1$ und WA$_2$ unterscheiden sich in Art, Anzahl, Position und Auffächerung der Rhema-Füllstellen. Dabei werden in WA$_1$ sechs Füllstellen eröffnet (Angaben zur Aussprache, Grammatik, Etymologie, Bedeutung, Phraseologie und zum Stil), die ihrerseits unterschiedlich differenziert sind, wobei die Füllstelle Etymologie mit 5 Segmenten am stärksten aufgefächert ist. WA$_2$ eröffnet insgesamt 4 Rhema-Füllstellen, die wiederum in 2—8 partitive Segmente gegliedert sind. Dabei sind auch hier die etymologischen Angaben mit 8 Segmenten am stärksten differenziert.

### 4.1.3. Indikatoren

In beiden Beispielen finden sich eine Vielzahl von (primär) rhematischen Indikatoren, deren aktuelle Bedeutung mitunter schwer zu erschließen ist, da sie sich aus einer Kombination von Faktoren ergibt, nämlich aus ihrer Form, ihrer Position im Rahmen der präzedentiven Mikrostruktur (z. B. Doppelpunkt vor der Bedeutungsangabe) oder aus ihrer bedeutungstragenden Funktion im Rahmen anderer Bezugsgrößen (z. B. im Falle des Semikolons:

„bei den etymologischen Angaben, wenn die ahd. Form eine von der mhd. Form andere Bedeutung hat, steht nach der mhd. Form Semikolon" (Duden-GW 1977, 14).

Dabei ist allerdings häufig auch bei eingehender Lektüre des Metatextes keine klare 1:1-Zuordnung der Symbole zu einer bestimmten Funktion möglich. Im Sinne der Fragestellung dieser Analyse ist zu den Indikatoren zweierlei bemerkenswert: (a) zum einen erschwert die Polyfunktionalität der Indikatoren in vielen Fällen die Textverständlichkeit und behindert damit den Zugang des Benutzers zu den gesuchten Daten statt ihn zu fördern; b) zum anderen ist von Interesse, daß in WA$_1$ eine größere Anzahl von T-Indikatoren — vor allem zur Indizierung eines Themawechsels (z. B. im Falle der „(idiomatischen) Wendungen zu Bär" — verwendet wird, was — gekoppelt mit einer geringeren Frequenz an thematischer Variation und thematischen Sprüngen bei konstanter intratextueller Progression — möglicherweise für die oben erwähnte größere „Übersichtlichkeit" der WA$_1$-Struktur verantwortlich sein könnte.

### 4.2. TRG und Standardisierung

Im folgenden soll ausgehend von der T/R-Analyse der beiden Beispiele die mögliche Relevanz der TRG für die Standardisierung von Wörterbuchartikeln — im Hinblick auf Metatext, Zugriffs- und Mikrostruktur — skizziert werden. Wenn mit einer Standardisierung u. a. das Ziel verfolgt werden soll, einerseits dem Lexikographen einheitliche Textherstellungskriterien an die Hand zu geben und andererseits dem Wörterbuchbenutzer durch eine stärkere Vereinheitlichung der Textgestaltung einen rascheren und separat möglichen Zugriff auf die fraglichen Daten und damit eine kürzere Benutzungsdauer zu ermöglichen, öffnet die TRG den Weg zu folgenden Perspektiven bzw. Fragestellungen:

Für den THEMA-BEREICH wäre auf der Basis breiterer T/R-Analysen zu untersuchen, ob — bezogen auf die Mikrostruktur — eine möglichst geringe Variation der thematischen Bezugsgrößen bei weitgehend konstanter Themenabfolge unter Vermeidung linearer intratextueller Beziehungen und thematischer Sprünge die Nachschlagehandlung des Benutzers vereinfachen und die Benutzungsdauer senken können. In diesem Zusammenhang wäre auch zu prüfen, ob im Rahmen von strikt initialalphabetischen Wörterbüchern mikrostrukturell auf einen Themawechsel verzichtet werden kann bzw. über welche Thema-Indikatoren dieser zur besseren Textverständlichkeit kenntlich gemacht werden sollte. Schließlich wäre im Hinblick auf eine Computerisierung die Frage zu stellen, ob sich eine stärker thematisch orientierte Zugriffstruktur (im Sinne der thematischen Reihen von Wüster 1972) möglicherweise positiv auf die Benutzungseffizienz (Wiegand 1987a, 2) auswirken würde.

Für den RHEMA-BEREICH wäre zu klären, welche Art und Anzahl von rhematischen Füllstellen vom Benutzer eines allgemeinen Wörterbuches in welcher Anordnung und Segmentierung und bis zu welchem Grad hierarchischer „Tiefe" in konkreten Benutzungssituationen erwartet werden. Im Idealfall wären also Anzahl, Art, Position, Segmentierung und hierarchische „Tiefe" der Rhema-Füllstellen, die in der Mikrostruktur eines Wörterbuchartikels eröffnet werden, auf der Basis von extensiven Wb-Benutzungsanalysen zu identifizieren und im Rahmen einer Standardisierung festzulegen.

Für die INDIKATOREN schließlich ergibt sich die Frage, ob nicht im Rahmen von Thema-, Rhema- und Aufmerksamkeitsbereichsanzeigern die mit komplizierten Erklärungen verbundene Polyfunktionalität der Strukturanzeiger weitgehend vermieden werden könnte. Damit würde zum einen der Metatext vereinfacht, vereinheitlicht und für den Benutzer schneller erschließbar. Zum anderen ließe sich mit der TRG als homogenem Analyse- bzw. Textherstellungsprinzip eine atomistische, ad hoc erfolgende Festlegung der Indikatoren vermeiden und so ein universeller Nutzungswert (Wiegand 1987a, 2) sichern.

## 5. Literatur (in Auswahl)

### 5.1. Wörterbücher

*Duden-GW* = Duden. Das große Wörterbuch der deutschen Sprache in sechs Bänden. Hrsg. und bearb. vom Wissenschaftlichen Rat und den Mitarbeitern der Dudenredaktion unter Leitung von Günther Drosdowski. Mannheim. Wien. Zürich. Bd. 1: A—Ci. Durchges. Nachdr. 1977 [464 S.].

*Wahrig-DW* = Gerhard Wahrig: Das Große Deutsche Wörterbuch. Mit einem „Lexikon der deutschen Sprachlehre". Hrsg. in Zusammenarbeit mit zahlreichen Wissenschaftlern und anderen Fachleuten. Gütersloh. Berlin. München. Wien 1975 [4320 S.; 1. Aufl. 1968].

### 5.2. Sonstige Literatur

*Beaugrande/Dressler 1981* = Robert-Alain de Beaugrande/Wolfgang Ulrich Dressler: Einführung in die Textlinguistik. Tübingen 1981.

*Beneš 1981* = Eduard Beneš: Die formale Struktur der wissenschaftlichen Fachsprachen in syntaktischer Hinsicht. In: T[heo] Bungarten (Hrsg.): Wissenschaftssprache. München 1981.

*Daneš 1970* = František Daneš: Zur linguistischen Analyse der Textstruktur. In: Folia Linguistica 4. 1970, 72—78.

*Gerzymisch-Arbogast 1985* = Heidrun Gerzymisch-Arbogast: Zur Thema-Rhema-Gliederung im Sachbuchtext. In: Special Language/Fachsprache 1/2. 1985, 18—32.

*Gerzymisch-Arbogast 1987* = Heidrun Gerzymisch-Arbogast: Zur Thema-Rhema-Gliederung in amerikanischen Wirtschaftsfachtexten. Eine exemplarische Analyse. Tübingen 1987.

*Hellwig 1984* = Peter Hellwig: Thesen zum Zusammenhang von Text- und Satzstruktur. In: W[olfgang] Kühlwein (Hrsg.): Texte in Sprachwissenschaft, Sprachunterricht und Sprachtheorie. Kongreßberichte der 13. Jahrestagung der Gesellschaft für Angewandte Linguistik, GAL e.V. Tübingen 1984, 154—155.

*Kalverkämper 1987* = Hartwig Kalverkämper: Vom Terminus zum Text. In: M[anfred] Sprissler (Hrsg.): Standpunkte der Fachsprachenforschung. Tübingen 1987, 39—69.

*Lutz 1981* = Luise Lutz: Zum Thema „Thema". Einführung in die Thema-Rhema-Theorie. Hamburg 1981.

*Mudersbach 1981* = Klaus Mudersbach: Ein neues Rhema zum Thema: Thema-Rhema. (Typoskript) Heidelberg 1. Juli 1981.

*Mudersbach 1987* = Klaus Mudersbach: (mündliche Mitteilung an Verf.).

*Scherner 1973* = Maximilian Scherner: Textkonstitution und -rezeption. Zum Aufbau eines Textmodells für den Deutschunterricht. In: Der Deutschunterricht 25/6. 1973, 60—86.

*Wiegand 1985* = Herbert Ernst Wiegand: Fragen zur Grammatik in Wörterbuchbenutzungsprotokollen. Ein Beitrag zur empirischen Erforschung der Benutzung einsprachiger Wörterbücher. In: H[enning] Bergenholtz und J[oachim] Mugdan: Lexikographie und Grammatik. Akten des Essener Kolloquiums zur Grammatik im Wörterbuch 28.—30. 6. 1984. Tübingen 1985 (Lexicographia. Series Major 3), 20—98.

*Wiegand 1986* = Herbert Ernst Wiegand: Wörterbuchartikel als Text. In: Das Wörterbuch. Artikel und Verweisstrukturen. Jahrbuch 1987 des Instituts für deutsche Sprache. Hrsg. v. Gisela Harras. Düsseldorf 1988 (Sprache der Gegenwart LXXIV), 30—120.

*Wiegand 1987a* = Herbert Ernst Wiegand: Zur handlungstheoretischen Grundlegung der Wörterbuchbenutzungsforschung. In: Lexicographica 3. 1987, 172—227.

*Wiegand 1987b* = Herbert Ernst Wiegand: „Shanghai bei Nacht". Auszüge aus einem metalexikographischen Tagebuch zur Arbeit beim Großen Deutsch-Chinesischen Wörterbuch. In: Studien zur neuhochdeutschen Lexikographie VI, 2. Teilbd. Hrsg. von Herbert Ernst Wiegand. Hildesheim. Zürich. New York 1988 (Germanistische Linguistik 87—90), 521—626.

*Wüster 1972* = Eugen Wüster: Begriffs- und Themaklassifikationen. Unterschiede in ihrem Wesen und ihrer Anwendung. In: Nachrichten für Dokumentation 22/3. 1972, 98—104.

*Heidrun Gerzymisch-Arbogast,*
*Heidelberg (Bundesrepublik Deutschland)*


# 90a. Formen der Textverdichtung im allgemeinen einsprachigen Wörterbuch

1. Vorbemerkung
2. Textverdichtung und Standardisierung
3. Verfahren der Textverdichtung
4. Literatur (in Auswahl)

## 1. Vorbemerkung

Auf die hier in Frage stehenden Eigenschaften lexikographischer Texte (Wörterbuchartikel) ist in metalexikographischen Arbeiten bisher kaum eingegangen worden: Eine Untersuchung von G. Ising (Ising 1978) trägt den Titel „Textverdichtung und Redundanz in der Lexikographie". Darüber hinaus finden sich teilweise detaillierte Ausführungen zu diesem textuellen Aspekt verstreut in verschiedenen Arbeiten von H. E. Wiegand (insbes. Wiegand 1988; 1988a; vgl. auch Art. 38a, 4.4. Art. 39), mit Blick auf die lexikalische Paraphrase auch in Wolski (1986).

Als „semantische Dichte" wird in einer gleichnamigen Monographie von P. Blumenthal (1983) „informell" das „Verhältnis einer relativ großen Zahl von semantischen Relationen eines Textes zu einer relativ geringen Zahl von Wörtern" (Blumenthal 1983, 22) angegeben.

Im Unterschied zur „Informationsdichte" (diese „resultiert aus der Beziehung zwischen Text und Sachverhalt"), so Blumenthal, „bezeichne" die semantische Dichte gewisse „innersprachliche Beziehungen" (Blumenthal 1983, 24). Als Beispiele für „semantische Dichte" werden genannt: die lyrische Dichtung, Slogans der Werbesprache, Aphorismen, Buchtitel u. a. m. Als der „klassische Fall von Informationsdichte durch Kürze" (Blumenthal 1983, 22) gilt die Ellipse.

In weiteren sprachgeschichtlichen, textlinguistischen und anderen sprachwissenschaftlichen Untersuchungen sind meist nur versteckt (selten über die Gliederung oder das Register erschließbare) Hinweise auf verdichtete sprachliche Ausdrucksmittel, auf Textverdichtung, Kondensierung und Komprimierung enthalten.

In Viehweger (1978) wird auf sog. „semantische Repetitionen" (d. h. Wiederaufnahmen) im Text eingegangen, in denen „mehrere Sachverhalte [...] kondensiert bzw. komprimiert" sein können. Als „semantische Kondensation" wird eine „semantische Repetition" bezeichnet, „in der die Bedeutung mehrerer Einzellexeme in verdichteter Form in der Bedeutung eines Lexems wiederaufgenommen werden" (Viehweger 1978, 164). Als „semantische Kondensate" gelten „verdichtete Abbilder einer Vielzahl einzelner Sachverhalte" (Viehweger 1978, 165).

H. Ortner geht in einer gründlichen Untersuchung zur Ellipse (Ortner 1987) auf verschiedene Arbeiten zum Zusammenhang zwischen Zeitstil und Gebrauch von Ellipsen sowie Kürzungen aller Art ein. Hier wird u. a. das Streben nach Kürze im Ausdruck und die Vermeidung von Redundanz nach Eggers (1977) als Zeitströmung der Anfangszeit der neuhochdeutschen Schriftsprache angeführt (vgl. Ortner 1987, 163).

Und P. v. Polenz erfaßt die Komprimierung als „stärkste syntaktische Entwicklungstendenz der deutschen Öffentlichkeitssprache seit dem späten 19. Jahrhundert" (v. Polenz 1984, 32). Für die Gegenwart wird die Konzentrierung auf „eine komprimierte, eine verdichtete Sprache" (Sommerfeldt 1978, 49) mit den Erfordernissen des wissenschaftlich-technischen Zeitalters in Zusammenhang gebracht. Die Zunahme des Wortschatzes, insbesondere die Ausweitung der Fachsprachen, dürfte auch, was die Lexikographie angeht, als einer der Gründe für die zunehmende

Präsentation lexikographischer Daten in komprimierter Form gelten können.

Formen der „Straffung (Kondensierung)" von Aussagen in der Wissenschaftssprache werden in Beneš (1981) angesprochen. Der erweiterte Einfachsatz, nominale Präpositionalgruppen u. a. m. bewirken hier eine „inhaltliche" Komprimierung: „Die Ausdrucksweise ist desto kondensierter, je mehr sie die selbständige Prädikation unterdrückt, oder [...] je weniger problematische Elemente sie enthält" (Beneš 1981, 201; vgl. auch Beneš (1973)).

Verdichtete sprachliche Ausdrucksmittel werden in v. Polenz (1985) aus satzsemantischer Perspektive untersucht.

Als satzsemantisch wesentlicher Aspekt der neueren deutschen Satzbauentwicklung wird dort die „Komprimierung durch Nominalisierung", der sog. „Nominalisierungsstil" bzw. „nominalisierende Verdichtungsstil" (v. Polenz 1985, 43) erfaßt.

Hier wird eine Bestimmung des Ausdrucks *Verdichtung* nach H. Eggers angeführt und diskutiert:

„Die Konzentration von möglichst vielem Inhalt auf möglichst wenig Wörter bezeichnet man als 'Verdichtung', und dies ist ein auffallendes Merkmal des heutigen Zeitstils" (Eggers 1983, 137).

Von „komprimierter/kompakter/kondensierter Ausdrucksweise" spricht v. Polenz dann, wenn „Ausdruckseinheiten zugleich mehrere Inhaltsteile auszudrücken haben", wenn „das nicht explizit Ausgedrückte [...] hintergründig mitenthalten ist [...]" (v. Polenz 1985, 26). v. Polenz weist darauf hin, daß die entsprechende Spachökonomie „teuer erkauft" (v. Polenz 1985, 246) wird: Wichtige Inhaltsteile werden nicht mehr ausgedrückt; sie müssen vom Leser erschlossen werden. Der „Vorteil der Raumersparnis" ist „mit dem Nachteil verbunden, daß die Teile so komprimiert zugeordnet sind, daß sie unüberschaubar und schwer zugänglich sind" (v. Polenz 1985, 24).

Wenngleich in v. Polenz (1985) nicht mit Blick auf Wörterbücher argumentiert wird, sind doch mit „Kondensierung", „Raumersparnis", möglichem Mangel an „Textverständlichkeit" Aspekte angesprochen, die auch für Wörterbuchartikel als Texte eine Rolle spielen.

Nach der in Antos (1982) vorgestellten allgemeinen Theorie des Formulierens sind Texte „Verständnisangebote"; jedes Formulierungsresultat ist „interpretationsabhängig und interpretationsbedürftig" (Antos 1982, 198). Der Texthersteller muß (und das läßt sich auch auf lexikographische Texte beziehen) „mit einer prinzipiellen, wenn auch minimierbaren Diskrepanz zwischen im Text Gesagten und Verstandenen" (Antos 1982, 198) rechnen. Wörterbuchbenutzer bauen sukzessive im Akt des Lesens ein (ihr) Verständnis auf, d. h., sie rekonstruieren aus den lexikographischen Daten auf der Basis ihrer sprachlichen und sonstigen Kenntnisse die erforderlichen Informationen. Wenn der Artikeltext einen hohen Grad an Standardisierung und auch Textverdichtung aufweist, muß im Akt des Lesens sozusagen entdichtet werden, d. h. muß der Verdichtungsprozeß rückgängig gemacht werden, damit der Wörterbuchartikel als Text gelesen werden kann. „Im Wörterbuch herkömmlicher Art kann man", wie in Ickler (1982, 16) festgestellt wird, „streng genommen nicht lesen".

## 2. Textverdichtung und Standardisierung

Als erste Näherung an Probleme der Textverdichtung im Wörterbuch kann eine Arbeit von G. Ising angesehen werden. In Ising (1978) werden Textverdichtung und Redundanz phänomenologisch so erfaßt: Die Textverdichtung gilt als „notwendige Anforderung an die Darstellungsweise lexikographischer Werke" (Ising 1978, 9), die Redundanz „als eine Textform", die „dem lexikographischen Stil seinem Wesen nach nicht angemessen ist" (Ising 1978, 9). Wie die zur Charakterisierung verwendeten Grundausdrücke bleibt das Verhältnis von Textverdichtung und Redundanz in Ising (1978) relativ unklar. Textverdichtung und Redundanz als „Grundproblem der Lexikographie" werden vor allem mit Blick auf das Adelung-Wörterbuch und auf das Grimmsche Wörterbuch erläutert.

Was das Adelung-Wörterbuch angeht, wird auf den „zeitgenössischen Darstellungsstil" hingewiesen, der durch eine „Tendenz zur Belehrung und zum Räsonnement" gekennzeichnet ist. Im Grimmschen Wörterbuch ist der „beschreibende und erklärende Text" knapper, die „sprachliche Dokumentation" (vgl. Ising 1978, 11) tritt in den Vordergrund.

G. Ising betont des weiteren zu Recht, daß für zu konzipierende Wörterbücher „Umfang und Art der Textverdichtung" sowohl von der Zielsetzung her, als auch von dem Benutzerkreis (vgl. Ising 1978, 12) des Wörterbuchs abhängig zu machen sind (vgl. auch Art. 38a).

Nicht explizit wird in Ising (1978) der hier als entscheidend anzusehende Gesichtspunkt angesprochen, nämlich der, daß ein Text nur relativ zu einem anderen als verdichtet gelten kann. Und erst durch die Auflösung des aktobjektambigen Nominalausdrucks *Textverdichtung* ist der hier verfolgte Ausgangspunkt für texttheoretische Untersuchungen erreicht: *X wird von einem Agens verdichtet zu Y, X ist verdichtet zu Y* und *Y ist dichter als X*, mit *X* und *Y* als Variable für Textteile. Das Textsegment, das für die Variable *Y* eingesetzt werden kann, soll hier mit Wiegand (1988) als *Kondensat,* und *X* als (möglicher) *Volltext* (vgl. unter 2.1.), oder als historisch vorausgehender *Leittext* (vgl. unter 2.2.) bezeichnet werden, aus dem der für *Y* einsetzbare Textteil verdichtet wurde. Der Prozeß der Überführung von X zu Y kann als *Kondensierung* bzw. auch *Textverdichtung* bezeichnet werden. Die dazu vom Lexikographen auszuführenden Handlungen (Texteingriffe) bestehen in der Anwendung verschiedener Verfahren. Ein Ausgangstext wird dadurch verdichtet, daß als Mittel zur Erreichung von Kondensaten *Verfahren der Textverdichtung* angewendet werden. Verdichtet wird z. B. dadurch, daß aus einem sprachlichen Ausdruck unter Anwendung eines Verfahrens eine Abkürzung hergestellt wird (zu Verfahren der Textverdichtung vgl. unter 3.).

In den neueren Wörterbüchern, den Wörterbüchern der dritten Phase der gemanistischen Sprachlexikographie nach Wolski (1986, 79 ff.), entsteht der Eindruck der Textdichte z. B. durch den Gebrauch von Angabesymbolen, Abkürzungen, Platzhaltersymbolen, Strukturanzeigern (WA steht nachfolgend stets für „Wörterbuchausschnitt"; die abgekürzten Wörterbuchnamen sind über das Literaturverzeichnis auflösbar):

/WA₁/: **Mam|mon** ⟨m.; unz.; Gen. -s; abschätzig⟩ *Reichtum, Geld;* der schnöde ~ [...] (Wahrig)

WA₁ enthält als Teil der Lemmazeichengestaltangabe eine Silbentrennungsangabe und eine Betonungsangabe, sodann weitere grammatische Angaben in abgekürzter Form, gekoppelt mit einer Stilschichtenangabe; außerdem enthält WA₁ Platzhaltersymbole und Strukturanzeiger; zu den Textsegmenten vgl. unter 3. sowie Art. 38 a.

In Wiegand (1988) wird ein standardisierter Wörterbuchartikel handlungstheoretisch bestimmt, und zwar als das Ergebnis der Handlung vom Typ „Einen Wörterbuchartikel nach Instruktionen formulieren" (Wiegand 1988, 35).

Mit der Festlegung von Form und Inhalten der lexikographischen Beschreibungssprache geht die Textverdichtung in standardisierten Wörterbuchartikeln meistens Hand in Hand (vgl. auch Art. 38 a). Dies ist aber nicht notwendigerweise der Fall: Die Instruktionen können auch lediglich zur Vereinheitlichung im Wörterbuch führen, ohne daß damit eine Verdichtung verbunden ist.

Unterschieden sei (nach Hinweisen von H. E. Wiegand aus Wiegand (1989)) zwischen dem Formulieren von Texten (a) nach Standards und einem solchen (b) ohne Standards.

Nach (a) können Standards für die Formulierung von Texten festgelegt werden, ohne daß die Resultate, i. e. die verfaßten Texte, verdichtet sind; sie sind lediglich vereinheitlicht (durch Vereinheitlichung zustande gekommen). Davon kann die standardisierte Verdichtung, die Textverdichtung aufgrund von Standardisierung, unterschieden werden. In diesem Fall können sich die Standards z. B. darauf beziehen, wie zu verdichten ist.

Eine Abkürzungsvorschrift ist z. B. ein Standard, wie man von einem Wort zu seiner Abkürzung übergeht.

Allerdings kann ein Text nach (b) auch verdichtet werden, ohne daß dies nach Standards geschieht.

Berücksichtigt werden soll nachfolgend lediglich die standardisierte Textverdichtung. In diesem Falle werden die Textverdichtungsverfahren — z. B. nach einem Instruktionsbuch — einheitlich (in der Praxis: nur annähernd einheitlich) gemäß den Festsetzungen eingesetzt.

Einer der Gründe für die Textverdichtung von Wörterbuchartikeln ist die Einsparung von Druckraum. In wessen Interesse diese Druckraumersparnis liegt, ist „keineswegs von vornherein klar" (Wiegand 1988, 37). Daß die Maxime der Kürze in Wörterbüchern gilt, wird auch von S. Landau mit Blick auf die dort so genannte „lexikographische Definition" hervorgehoben:

„The need to save space in dictionaries leeds naturally to the injunction 'Be brief': Dictionary definitions should not waste words" (Landau 1984, 137).

Weitere Gründe für die Standardisierung sind: „bessere artikelinterne Auffindbarkeit der Daten" und die Erreichung besserer Textverständlichkeit z. B. durch typographische Auszeichnungen (vgl. Wiegand 1988, 37).

Die Absicht der Wörterbuchmacher, möglichst viele Daten auf eine Druckraumeinheit zu bringen (und damit einhergehende starke Textverdichtung), führt dazu, daß die Wörterbucheinleitung für den Benutzer an Gewicht gewinnt; sie muß studiert werden, um z. B. die eingeführten Symbole verstehen zu können. In Wiegand (1988, 37) wird darauf hingewiesen, daß die Ziele, Druckraumersparnis zu erreichen und Verständlichkeit zu garantieren, kollidieren können. Wenn ein Text stark verdichtet ist, wird das Textverständnis, zumindest das eines nicht sehr kundigen Benutzers, negativ beeinflußt.

Dies ist gerade angesichts der heutigen abnehmenden Lesefertigkeiten und der Abnahme von Kenntnissen im Umgang mit Texten ein Gesichtspunkt, der bei der Konzeption oder Neukonzeption von Wörterbüchern bedacht werden muß (vgl. Wiegand 1988a).

In Wiegand (1988, 38) wird folgende Charakterisierung des standardisierten Wörterbuchartikels gegeben:

„Ein standardisierter Wörterbuchartikel ist ein lexikographischer Teiltext, der nach lexikographischen Instruktionen formuliert wurde, so daß er in bestimmten Texteigenschaften, und zwar vor allem dem Einsatz der Textverdichtungsmittel, der Anzahl der Angaben gleichen Typs, der Reihenfolge dieser Angaben und der Anzahl und der Reihenfolge der Strukturanzeiger, mit denjenigen Artikeln des gleichen Wörterbuchs gleich ist, die fehlerlos nach den gleichen Instruktionen formuliert wurden." (Wiegand 1988, 38).

Standardisierte Wörterbuchartikel entstehen durch die Anwendung geschlossener lexikographischer Beschreibungsmethoden (vgl. Wiegand 1988, 38 f.). Als Beispiele mögen zwei Wörterbuchausschnitte dienen: WA$_3$ weist gegenüber WA$_2$ einen höheren Grad der Standardisierung und auch der Textverdichtung auf:

/WA$_2$/: **Das Denkmahl,** des -es, plur. die -e, und -mähler, ein jedes Mahl oder Zeichen zum Andenken einer Sache. Nimm hin dieß zum Denkmahle unserer Freundschaft. Besonders ein Mahl oder Zeichen eines Verstorbenen. [...] Ingleichen ein Werk, welches die Vorstellung von vergangenen oder veralteten Dingen enthält. [...]
Anm.: Der Plural Denkmahle ist mehr Oberdeutsch, und Denkmähler mehr Niederdeutsch. In der höhern Schreibart ziehet man den erstern dem letztern gern vor. Denkmahl und Denkzeichen bedeuten einerley; nur daß das letzte mehr der gemeinen, das erste aber mehr der höhern Schreibart eigen ist. [...] (Adelung)

/WA$_3$/: **Denk|mal,** das; -s, ... mäler (geh., selten: ... male) [für griech. mnēmósynon = Gedächtnishilfe; zu ↑ $^2$Mal]
**1.** *Zum Gedächtnis an eine Person od. ein Ereignis errichtete, größere plastische Darstellung; Monument:* [...] *sich ein D. setzen* [...] **2.** *erhaltenes [Kunst]werk, das für eine frühere Kultur Zeugnis ablegt* [...] (Duden-U)

WA$_2$ kann als fortlaufender Text gelesen werden; hier finden sich satzverknüpfende Ausdrücke wie *besonders* und *ingleichen*. Die lexikographischen Beispiele sind nicht typographisch (wie in WA$_3$) von den kommentierenden Textsegmenten abgehoben. Pragmatische Angaben (zur Stilschicht) sind in den laufenden Text eingebunden, ebenso eine Synonymenangabe.

### 2.1. Kondensat und Volltext

Aus texttheoretischer Sicht kann ein Wörterbuchartikel als ein „zweiteiliges Kondensat [...] aus einem zugehörigen zweiteiligen Volltext" (vgl. Wiegand 1988, 81) aufgefaßt werden. Bei der Kondensierung wird der Titel des Volltextes zum Lemma, und der Ko-Text zu den artikelinternen Angaben zum Lemmazeichen (vgl. Art. 37). Der Volltext ist ein potentieller nicht standardisierter Wörterbuchartikel oder ein Text, der im Formulierungsprozeß dem endgültigen Formulierungsresultat vorausgegangen ist. Die Kondensierung ist aus dieser — theoretischen — Perspektive der Textverarbeitung ein irreversibler Prozeß, denn es sind mehrere Volltexte zu dem vorhandenen Formulierungsresultat denkbar.

Nach Hellwig (1984) verläuft eine Achse der „Textverarbeitung" von einem Volltext zu einem Kondensat (Hellwig 1984, 75). Ein Text ist nach Hellwig „ein Kondensat eines anderen, wenn er eine Paraphrase der wichtigsten Aussagen des ursprünglichen Textes in verkürzter Form ist" (Hellwig 1984, 3). Beim Übergang vom Volltext zum Kondensat wird vor allem die Kohäsion verdichtet. — „Das Kondensat eines Textes" stellt nach Gülich/Raible (1977, 188) „nichts anderes dar als eine nach gewissen Relevanzgesichtspunkten erstellte Verkürzung des Text-Originals". Bei der Kondensierung spielen mehrere Operationen eine Rolle, nach T. v. Dijk (1980, 45 ff.) die dort so bezeichneten „Makroregeln" des Auslassens, Selektierens, Generalisierens, Konstruierens oder Integrierens.

Mit Blick auf die sog. „lexikographische Definition" werden auch in Landau (1984) Formulierungsprozesse, wenngleich in sehr allgemeiner Weise, erfaßt:

„The first draft of a definition is almost always too long — and should be. The definer begins by constructing the best definition he can device. This work is often creative and rewarding, even it is sometimes exasperatingly difficult. Then the task of cutting begins. Every definition must be pared to say the most in the least number of words." (Landau 1984, 137).

Zu jedem standardisierten Wörterbuchartikel sind unter dem Gesichtspunkt der Textverarbeitung somit mehrere Volltexte denkbar, und zu jedem Textteil von Wörterbuchartikeln mehrere Teil-Volltexte. Dies sei für den Formkommentar aus WA$_3$

/WA$_3$/: **Denk|mal,** das; -s ... mäler (geh., selten: ... male) [. . .] (Duden-U)

veranschaulicht. Zwei der möglichen Volltexte könnten hier sein V$_1$ und V$_2$:

V$_1$: *Denkmal* wird auf der ersten Silbe betont, wobei der Vokal kurz ist, läßt sich trennen zwischen *Denk* und *mal;* der Nom. Sg. trägt den Artikel *das,* der Genitiv endet auf *s,* der Plural heißt *Denkmäler,* aber auch *Denkmale* — dann aber nur gehoben und selten gebraucht.

V$_2$: Das Wort *Denkmal* muß man auf der ersten Silbe betonen, das *e* wird kurz ausgesprochen, und man trennt es nach *Denk;* der Artikel ist *das,* im Genetiv heißt es *Denkmals,* die Mehrzahl ist *Denkmäler;* daneben gibt es auch die Form *Denkmale* im Plural, aber diese Form kommt selten vor, und wenn sie vorkommt, dann nur im gehobenen Sprachgebrauch.

V$_1$ und V$_2$ weisen eine größere Nähe zu WA$_2$ (Ausschnitt aus dem Adelung-Wörterbuch) auf als zu WA$_3$, was die Stilschichtenangabe angeht. Der Formkommentar aus WA$_2$ ist nur geringfügig weniger verdichtet als derjenige aus WA$_3$.

### 2.2. Kondensat und Leittext

Jeder Artikeltext aus Sprachwörterbüchern weist im Vergleich zu einem hypothetisch ansetzbaren Volltext zumindest eine gewisse Textdichte auf; diese ist mit Ising (1978) spezifisch für die Textsorte Wörterbuchartikel.

Allerdings basieren die jeweiligen Formulierungsresultate in Sprachwörterbüchern, i. e. die Artikeltexte, auf den Ergebnisdarstellungen vorausgegangener Wörterbücher. Dieser im Vergleich mit dem texttheoretischen Ansatz (d. h. Kondensat und hypothetisches Korrelat 'Volltext') historisch-konkretere texttheoretische Aspekt kann nur auf der exhaustiven Analyse der Wörterbuchartikel zu einem Lemmazeichentyp basieren. Eine solche Analyse sämtlicher lexikographischer Textsegmente wurde in Wolski (1986) für die Partikeln vorgenommen. — Unter diesem Aspekt läßt sich das Formulieren von Wörterbuchartikeln im Sinne von G. Antos als Prozeß des permanenten Umformulierens von Wörterbuch zu Wörterbuch erfassen. Die drei Zustände dieses Prozesses sind in Antos (1982):

„1. Ausgangstext ('Leitidee', 'Vorlage' etc.), 2. Zieltext, 3. Überführung von 1 zu 2 (Transformation)." (Antos 1982, 139).

Der jeweils erreichte Zieltext (Wörterbuchartikel aus Wörterbuch A) kann wieder Ausgangspunkt für weitere Umformulierungen in den Wörterbüchern B, C ... sein. Somit lassen sich im Sinne von Antos (1982) Texte, also auch Wörterbuchtexte, als Ergebnisse von Umformulierungsprozessen und zugleich als potentielle Ausgangspunkte für weitere Umformulierungen auffassen (vgl. Antos 1982, 199).

In Wolski (1986) wurde ausführlich am Beispiel des Lemmazeichentyps Partikel aufgezeigt, daß und wie sich in einer repräsentativen Menge von Wörterbüchern (vom 16. Jahrhundert an) Textsegmente von Wörterbuchartikeln auf Vorgängerwörterbücher zurückführen lassen.

Leitwörterbücher, in denen Standards der Kommentierung festgelegt wurden, sind für diesen Lemmazeichentyp das Adelung-Wörterbuch und von den neueren Wörterbüchern, deren Artikel stärker standardisiert und mehr verdichtet sind, das WDG (= Wörterbuch der deutschen Gegenwartssprache). Für die für diese Wörterbücher jeweils folgenden Wörterbücher sind deren Wörterbuchartikel die hier so bezeichneten *Leittexte.*

Für Wörterbücher der neueren Phase der Geschichte der germanistischen Sprachlexikographie kann die durchgeführte Rekonstruktion sogar exhaustiv für sämtliche Textsegmente von Artikeltexten erfolgen. In den auf Adelung folgenden Wörterbüchern finden sich häufiger individuelle Ausformungen von Artikeltexten als in denen, die auf das WDG und Wahrig folgen.

Soweit einige Nachfolgewörterbücher des Adelung-Wörterbuchs neben der Umformulierung vorhandener Textsegmente eine eigenständige Weiterentwicklung inhaltlicher Art erkennen lassen, kommen auch deren Texte als Leittexte jeweils späterer Wörterbücher in Frage. So stützt sich das WDG, was die Partikeln angeht, wechselnd von Lemmazeichen zu Lemmazeichen nicht nur auf Formulierungsresultate aus dem Adelung-Wörterbuch, sondern z. B. auch auf das Wörterbuch von H. Paul oder auf das Trübner-Wörterbuch.

Unter dem Aspekt Kondensat und Leittext handelt es sich im Sinne von Antos um „reproduzierendes Formulieren" von Artikeltexten; dies ist an „vorfabrizierten" Formulierungsresultaten orientiert (vgl. Antos 1982, 164).

In der Menge der Wörterbuchartikel zu jeweiligen Lemmazeichen wurden in Wolski (1986) insbes. für Paraphrasen Reduktionsformen und Expansionsformen unterschieden (vgl. Art. 72). Dies sei an folgendem Beispiel erläutert; vgl. auch unter 3. (1):

/WA₄ₐ/: **eben** [...] Zuweilen hat diese Partikel eine bloß einschränkende Kraft, zumahl wenn sie einer Verneinung beygefüget wird, deren Härte sie oft bloß mildert [...] (Adelung)

/WA₄ᵦ/: **eben** [...] Es wird auch verneint, ähnlich wie *nicht gerade* und dient so zu einer Milderung der Verneinung. [...] (Trübner)

/WA₄c/: **eben** [...] /mildert eine Verneinung/ [...] (WDG)

/WA₄d/: ²**eben** [...] abschwächend [...] (Duden-GWB)

/WA₄e/: ²**eben**: schwächt eine Verneinung ab [...] (Duden-U)

WA₄ₐ₋ₑ können zunächst — nach 2.1. — als Kondensate aus hypothetischen Volltexten aufgefaßt werden. Unter dem Gesichtspunkt der historisch gegebenen Beziehung Kondensat — Leittext hingegen ist WA₄ᵦ eine Umformulierung von Teilen der Paraphrase aus WA₄ₐ und ähnlich (bloß geringfügig) verdichtet. Das Kondensat aus WA₄c (im Rahmen eines stärker standardisierten Wörterbuchartikels) ist sowohl auf den Leittext WA₄ₐ als auch auf WA₄ᵦ zurückführbar. Gegenüber WA₄c wiederum ist WA₄d eine stärker verdichtete Formulierung, eine Reduktionsform ohne Relationsprädikat. Schließlich wird sodann im Duden-U eine relativ zu WA₄d expandiertere Form (hier: die 3. Pers. Sg.) gewählt.

Dies zeigt, daß unter diesem historisch-konkreten, aus dem Wörterbuchvergleich gewonnenen Analyseaspekt die Kondensierung auch als reversibler Prozeß betrachtet werden kann. Die Formulierungsvariation bewegt sich, was diesen Wortschatzbereich angeht, in festgefügten Bahnen, weshalb sich für die Wörterbücher auch festlegbare Formulierungsrahmen (vgl. z. B. Wolski 1986, 75 und 196 ff.) angeben lassen. Die Variation von *mildert, Milderung* und *abschwächend/ schwächt ... ab* kann hier unkommentiert bleiben; sie erfolgt aus Imagegründen, aufgrund wörterbuchinterner Formulierungsvorlieben etc. (Zu dieser Schicht und zu anderen Schichten des Kommentierungsvokabulars vgl. Wolski (1986), 196 ff. und Art. 72).

## 3. Verfahren der Textverdichtung

Jedes funktionale Textsegment eines standardisierten Wörterbuchartikels, welches eine Angabe (vgl. Art. 38 a) ist, kann Ergebnis der Textverdichtung sein.

Ein „funktionales Textsegment" ist eine Texteinheit, „bestehend aus einer Form und wenigstens einem, höchstens aber endlich vielen genuinen Zwecken, die der Form in ihrer Ganzheit zugeordnet sind" (Wiegand 1988, 41; vgl. auch Art. 38 a). Die beiden wichtigsten Klassen funktionaler Textsegmente sind Angaben und Strukturanzeiger. Nichttypographische Strukturanzeiger sind z. B. Klammern und Kommata, typographische sind Schrifttypen, z. B. kursiv und halbfett; diese sind Eigenschaften der Form von Angaben. — Zu den Zwecken von Angaben und Strukturanzeigern führt Wiegand aus:

„Wenn der genuine Zweck eines Wörterbuchartikels darin besteht, daß der potentielle Benutzer aus den artikelinternen Angaben Informationen über das Lemmazeichen als einem Ausschnitt aus dem Wörterbuchgegenstand erarbeiten kann, dann trägt jede Angabe mit ihrem genuinen Zweck etwas dazu bei, daß der Wörterbuchartikel (als das Ganze) seinen Zweck erfüllt. Die Strukturanzeiger haben auch einen genuinen Zweck (eine Funktion) oder mehrere. [...] Sie bestehen darin, daß sie dem potentiellen Benutzer solche Ausschnitte aus der artikelinternen Struktur anzeigen, deren Kenntnis etwas dazu beitragen kann, daß er die Angaben identifizieren, unterscheiden und systematisch und damit schneller auffinden kann." (Wiegand 1988, 41 f.).

Nachfolgend werden am Beispiel verschiedener Textsegmente Verfahren der Textverdichtung angeführt:

(1) Auslassung von Formulierungsbestandteilen: Die Auslassung von Formulierungsbestandteilen kann nur relativ zu einem Volltext (oder Leittext) als solche erfaßt werden; es ist das Grundverfahren der Textverdichtung, und es wird für verschiedene Typen von Angaben angewendet. Als Ergebnis der Anwendung dieses Verfahrens läßt sich die pragmatische Angabe (hier: die Fachgebietsangabe) „Technik" aus WA₅ als Kondensat z. B. aus „wird in der Fachsprache der Technik gebraucht" auffassen:

/WA₅/: **ein|spei|sen** ⟨sw. V.; hat⟩: 1. (Technik) *[gespeicherte] Energie o. ä. in die Zuleitungen bringen* [...] 2. (Datenverarb.) *einspeichern* (2) [...] (Duden-U)

In einer möglichen Abfolge der Anwendung von Verfahren der Textverdichtung könnte das Verfahren der Auslassung als das erster Stufe erfaßt werden. Der nächste Schritt der Textverdichtung könnte mit Hilfe des Verfahrens der Abkürzung erfolgen; vgl. unter (2), wie für „Datenverarb." aus WA₅. Schließlich wäre ein noch höherer Grad der Textverdichtung (der Ausdruck hier bezogen auf das Resultat) erreichbar durch Anwendung des Verfahrens der Ersetzung entsprechender Angaben durch Symbole; vgl. unter (3).

Nachfolgend sei für das Verfahren der Auslassung von Formulierungsbestandteilen lediglich auf einen metalexikographisch interessanten Fall eingegangen: die Auslassung von Relationsprädikaten in der Bedeutungsparaphrasenangabe (PARA).

Für die Nennlexik vor allem besteht die lexikographische Formulierungskonvention in den meisten älteren und neueren Wörterbüchern darin, die Relationsprädikate der Art *bezeichnet, bedeutet, ist* wegzulassen; vgl.:

/WA$_6$/: **Der Mammon,** des, -s, plur. car. zeitliches Vermögen im verächtlichen Verstande, und so fern man sein Herz auf eine ungebührliche Art daran hänget [...] (Adelung)

/WA$_7$/: **Mam|mon,** der; -s [...] (meist abwertend od. scherzh.) *Geld als [leidige] materielle Voraussetzung für etw., zur Erfüllung luxuriöser Bedürfnisse o. ä.* [...] (Duden-U)

WA$_6$ und WA$_7$ sind vergleichbar gering verdichtet, wenn von der pragmatischen Angabe abgesehen wird, die in WA$_6$ in die PARA einfließt.

Anders verhält es sich mit WA$_8$ und WA$_9$:

/WA$_8$/: **Die Woge,** plur. die -n, ein vornehmlich in der höhern Schreibart übliches Wort, eine große Welle zu bezeichnen [...] (Adelung)

/WA$_9$/: **Wo|ge,** die; -, -n [...] (geh.): *hohe, starke Welle* [...] (Duden-U)

Im WA$_8$ ist zwar die Stelle nach dem Formkommentar nicht durch ein Relationsprädikat besetzt; es fehlt lediglich im Vergleich zu einem Volltext das Wort *ist*. Allerdings wird angegeben, was jemand mit dem Ausdruck tun kann, nämlich etwas *zu bezeichnen*; das Relationsprädikat ist im Unterschied zu WA$_9$ vorhanden, aber nachgestellt. Die pragmatische Angabe (zur Stilschicht) ist in WA$_8$ nicht wie in WA$_9$ von der PARA abgehoben. — Zu der im Gottsched-Wörterbuch für substantivische Prädikatoren angewendeten Methode, die Relationsprädikate nicht auszulassen, vgl. Wiegand (1985, 32).

Eine andere, durch die Spezifik des Wortschatzbereichs bedingte Praxis zeigt sich fast durchweg in den Wörterbüchern im Bereich der Funktionswörter, insbes. im Bereich der Partikeln (im engeren und weiteren Sinne). Hier werden die Relationsprädikate gewöhnlich nicht weggelassen, da man traditionell davon ausgeht, daß Partikeln dem Ausdruck von Innerlichkeit dienen (vgl. auch Art. 72). Wo die Relationsprädikate fehlen (in den Reduktionsformen) läßt sich die entsprechende Praxis werten als Versuch der Gleichbehandlung von Partikeln mit den Ausdrücken anderer Wortschatzbereiche, für welche die Relationsprädikate (= RP) weggelassen und im Akt des Lesens ergänzt werden (vgl. Wolski 1986, 117).

In der Geschichte der germanistischen Sprachlexikographie wird eine Vielfalt von RP verwendet; diese sind für Lemmazeichen des Typs Partikel sämtlich in Wolski (1986, 240 ff.) nach ihrer Verteilung und dem — in zahlreichen Formulierungsrahmen verwirklichten — Zusammenspiel mit anderen Bereichen des Kommentierungsvokabulars erfaßt und diskutiert.

Expansionsformen von PARA sind solche, in denen das RP nicht fehlt; im Vergleich dazu ist das RP in Reduktionsformen ausgelassen.

Für die partizipiale Form derjenigen Schicht des Kommentierungsvokabulars, mit der auf die (vermeintliche) Funktion der Verstärkung dieser Einheiten hingewiesen wird, ist die Expansionsform mit RP im Vorfeld (RP hier: *dient*) „dient/oft/verstärkend/der X". Die extrem reduzierte Form ist demgegenüber *verstärkend* (vgl. auch Art. 72). Mit den RP im Nachfeld ist der Formulierungsrahmen (am Beispiel des RP *gebrauchen*) so angebbar: „wird/oft/verstärkend/gebraucht/zur X", und mit RP im Vor- und Nachfeld folgendermaßen: „dient/oft/verstärkend/X/zu bezeichnen". Jede durch „/" getrennte Stelle in den Formulierungsrahmen kann durch andere als die angebbaren Ausdrücke besetzt sein; „X" steht für die Prädikate des Kommentierungsvokabulars, mit denen die Bedeutungen von Partikeln kommentiert werden (vgl. Art. 72).

/WA$_{10}$/: **gar** [...] Da dieses Wort hauptsächlich zur Verstärkung der Bedeutung besonders der Partikeln dienet, denen es vorgesetzt ist, so wird der Sinn der Rede gar sehr verändert, je nachdem man dessen Stelle verändert. [...] (Adelung)

/WA$_{11}$/: **gar²** [...] **4** ⟨verstärkend; bes. süddt.⟩ *so(sehr), recht, ziemlich* [...] (Wahrig-dtv.)

In WA$_{10}$ liegt eine nominale Expansionsform vor, mit dem RP *dienet* im Nachfeld. In WA$_{11}$ handelt es sich um eine im Vergleich damit extrem reduzierte (allerdings partizipiale) Form, wie sie in den Wahrig-Wörterbüchern bevorzugt wird.

WA$_{10}$ gilt nach Wolski (1986) — relativ zu den in der Geschichte der germanistischen Sprachlexikographie als PARA für Partikeln erfaßten Textsegmenten — ebenso als PARA wie die extrem reduzierte Form *verstärkend* aus WA$_{11}$ (vgl. auch Art. 72). Dieses Textsegment ist hier mittels nichttypographischer Strukturanzeiger mit der Angabe zum Gebrauchsbereich verbunden; es schließen sich mehrere Synonymenangaben an (zu diesen vgl. Art. 48).

(2) Bildung von Abkürzungen: In abgekürzter Form präsentiert werden meist pragmatische Angaben (zur Stilschicht, zum Gebrauchszeitraum usw.), die geschlossene pragmatische Kommentare sind (vgl. Art. 38a). Im Vergleich zur Anwendung des Verfahrens der Auslassung wird durch Anwendung dieses Verfahrens weiterer Druckraum eingespart; vgl. $WA_5$ und $WA_{12}$ mit „umg." für „umgangssprachlich":

/$WA_{12}$/: **schon** [...] 2. umg. [...] salopp derb Nun halt schon die Klappe [...] (WDG)

In den Wörterbüchern finden sich zahlreiche weitere Abkürzungen anderer Angabetypen: Hierzu zählen z. B. Abkürzungen von Angaben zur Verbform wie „sw. V." für „schwaches Verb" bzw. „ist ein schwaches Verb" aus $WA_5$, Genusangaben der Form „m." für „masculinum" aus $WA_1$ und $WA_{16}$. Außerdem werden je wörterbuchintern festgelegte Abkürzungen auch für idiomatische Ausdrücke und für solche in übertragenem Gebrauch verwendet.

/$WA_{13}$/: **ent|rei|ßen** [...] Ü jmdm. den Sieg e. [...] (Duden-U)

/$WA_{14}$/: **Blu|me** [...] R vielen Dank für die -n (ironische Dankesformel als Antwort auf eine Kritik); *etw. durch die B. sagen [...] (Duden-U)

Diese Abkürzungen im Duden-U in $WA_{13}$ und $WA_{14}$ werden in der Wörterbucheinleitung aufgelöst als „Übertragung" für „Ü" und „Redewendung" für „R".

(3) Ersetzung (von Teilen) eines Volltextes durch Angabesymbole: Angaben als Formulierungsresultate (Textteile) haben stets einen Formulierungsprozeß durchlaufen; sie können nach 2.1. und 2.2. als expandiert oder reduziert erfaßt werden. Natürlichsprachliche Angaben werden in derjenigen Sprache formuliert, die Gegenstand der Kommentierung im Wörterbuch ist. Sie können mit Hilfe verschiedener Verfahren verdichtet werden, z. B. dadurch, daß die unter (1) und (2) angeführten Verfahren angewendet werden. Angaben, die wörterbuchintern nicht so behandelt werden können, als gehörten sie einem geschlossenen Inventar an (wie z. B. die pragmatischen Angaben), lassen sich nicht durch den Gebrauch von Angabesymbolen weiter verdichten, als sie — im Vergleich zu einem Volltext — bereits mit Hilfe der anderen Verfahren verdichtet wurden, so die Bedeutungsparaphrasenangabe, die Synonymenangabe u. a. m.

Gegenüber den anderen Verfahren der Textverdichtung wird durch den Gebrauch von Angabesymbolen, besonders durch ikonische Zeichen, eine qualitativ neue Stufe der Textverdichtung erreicht. — Es lassen sich zwei Typen der komprimierten Präsentation lexikographischer Datenangebote mit Hilfe von Angabesymbolen unterscheiden:

(a) Angabesymbole in Form von Punkten und Strichen: Im Vergleich zu den unter (b) angeführten Symbolen sind z. B. positionsgebundene Angabesymbole in Lemmaposition (vgl. $WA_{15}$ und $WA_{16}$) insofern noch sprachnah, als solche Symbole auch Teil des Schriftsystems sind. Und bei der Zeichenerkennung kann, was sie angeht, auf Kenntnisse ihrer Verwendung in anderen Texten zurückgegriffen werden.

Die Wortakzentangabe bei Kürze z. B. hat in $WA_{15}$ die Form eines Unterpunktes; sie steht unter dem Vokal derjenigen Silbe, die den Wortakzent trägt. — In $WA_{16}$ wird die Wortakzentangabe dadurch gemacht, daß ein Akzentzeichen der betreffenden Silbe vorangestellt wird:

/$WA_{15}$/: **Jam|mer**, der; -s [...] (Duden-U)
/$WA_{16}$/: **'Jam·mer** ⟨m. 3; unz.⟩ [...] (Wahrig)

Die Silbentrennungsangabe wird in $WA_{15}$ dadurch gemacht, daß ein senkrechter Strich zwischen die Silben gesetzt wird, in $WA_{16}$ dadurch, daß ein Zwischenpunkt gesetzt wird.

(b) Angabesymbole mittels Sonderzeichen ikonischer Art: Einige solcher Angabesymbole können als Teil der Illustration im Wörterbuch aufgefaßt werden. Ihre Festlegung erfolgt in der Wörterbucheinleitung, so daß für den Benutzer zusätzliche Nachschlagegänge erforderlich werden. Durch die Berücksichtigung ikonischer Zeichen wird sowohl über die natürlichsprachlich formulierten Angaben (auch die in Form von Abkürzungen) hinausgegangen als auch über die noch relativ sprachnahen Angabesymbole in Form von Punkten und Strichen (vgl. a).

Beispiele für Angabesymbole dieser Art finden sich in älteren und neueren Wörterbüchern besonders häufig für Fachgebietsangaben und andere pragmatische Angaben. Im Sprachbrockhaus z. B. werden verschiedene ikonische Zeichen eingeführt, so ⚭ für „veralteter Ausdruck" und Ⓢ für „Sprachwissenschaft":

/$WA_{17}$/: **Merk** *das*, -s/-e, ⚭ Merkzeichen, Anhaltspunkt. (Sprachbrockhaus)

/$WA_{18}$/: **Lokativ** [...] Ⓢ den Ort bestimmender

Kasus auf die Frage: wo? (Sprachbrockhaus)

Zu diesen Angabesymbolen zählt auch der halbfett gedruckte Stern „*" aus dem WA$_{14}$ des Duden-U für die Idiomatizitätsangabe.

Im HWDG wird metaphorischer Sprachgebrauch durch einen Rhombus angezeigt:

/WA$_{19}$/: **ber<u>au</u>schen** [...] ▭ das Glück, die Freude, der Erfolg hat ihn berauscht. [...] (HWDG)

Der Abschnitt, in dem phraseologische Einheiten (am Ende des Wörterbuchartikels) angeführt werden, ist in diesem Wörterbuch durch „+" kenntlich gemacht. Dieses Symbol wirkt zugleich kohäsionsstiftend im Sinne von: „schließlich seien phraseologische Einheiten angeführt"; und es hat eine textgliedernde Funktion wie die Strukturanzeiger; vgl.:

/WA$_{20}$/: **<u>e</u>ssen** [...] + mit jmd. ist nicht gut ↗ Kirschen e. [...] (HWDG)

In WA$_{20}$ findet sich auch der Verweisungspfeil als Bestandteil des lexikographischen Verweises (vgl. dazu auch Art. 37). Der Verweis kann als „implizite Angabe" (vgl. Blumenthal/Lemnitzer/Storrer 1988, 362) aufgefaßt werden, das Verweissymbol als — im Vergleich zu einer Abkürzung der Form „s." — weiter verdichteter Angabeteil für „siehe unter".

In dem Campe-Wörterbuch finden sich pragmatische Angabesymbole, aber auch andere, durch die auf die Herkunftsbedingungen von lemmatisierten sprachlichen Ausdrücken hingewiesen wird. Diese Angabesymbole werden dem Lemma vorangestellt. Das Zeichen „○" aus

/WA$_{21}$/: ○ **Gleichaltrig,** adj. u. adv. so viel als gleichalt [...] (Campe)

markiert, wie in der Wörterbucheinleitung (dort: XXI) angegeben:

„Neugebildete Wörter, welche theils von guten Schriftstellern bereits angenommen und gebraucht, theils von achtungswürdigen Sprachforschern geprüft und gebilligt worden sind, mit Ausschluß der Campe'schen neuen Wörter, als welche, zu noch größerer Warnung, ein besonderes Abzeichen erhalten [...]."

(4) Substitution (von Teilen) des Lemmazeichens: Das Substitutionsverfahren besteht darin, daß Teile des Lemmazeichens oder das ganze Lemmazeichen durch Platzhaltersymbole in Form von Strichen oder durch die Tilde ersetzt werden. In (Kompetenz-)Beispielangaben konkurriert dieses Verfahren mit dem der Abkürzung für die erwähnten Lemmazeichen. Es wird auch angewendet in sog. Strichartikeln und in den Wortformenangaben (Singular-, Plural- und Genitivbildungsangaben).

Platzhaltersymbole in Form von Strich oder Tilde sind aus texttheoretischer Sicht „kohäsionsanweisende funktionale lexikographische Textsegmente, anhand derer der Benutzer eine anaphorische Beziehung zum Lemmazeichen schafft" (Wiegand 1988, 85).

In lexikographischen Beispielen wird durch Platzhaltersymbole das Lemmazeichen wiederaufgenommen:

/WA$_{22}$/: **gar'nie|ren** [...] eine Gemüseplatte, eine Torte ~ [...] (Wahrig)

Innerhalb der sog. Strichartikel wird das „Bestimmungswort" durch die Tilde (in Duden-GWB) oder durch den Strich (in HWDG) ersetzt:

/WA$_{23}$/: **<u>a</u>benteuer-, <u>A</u>benteuer-** [...] ~**buch** [...] ~**drang** [...] ~**lustig** [...] (Duden-GWB)

/WA$_{24}$/: **<u>A</u>benteuer/<u>a</u>benteuer** [...] **-lust** [...] **-lustig** [...] (HWDG)

Zum Platzhaltersymbol als Bestandteil der Wortformenangabe vgl. WA$_{15}$ und WA$_{17}$.

(5) Ineinanderschachtelung von Formulierungsbestandteilen: Dieses Verfahren der Textverdichtung wird in Bedeutungsparaphrasenangaben und Beispielangaben angewendet.

In Bedeutungsparaphrasenangaben werden durch dieses Verfahren z. B. Konstruktionsalternativen für die zur Kommentierung verwendeten Ausdrücke aufgezeigt, diese selbst erläutert u. a. m.; vgl.:

/WA$_{25}$/: **f<u>a</u>seln** [...] umg. *weitschweifig, nicht sachbezogen von, über etw. reden* [...] (HWDG)

Das lexikographische Beispiel ist „eine lexikographische Dateneinheit, aus der der Benutzer mittels einer kognitiven Operation anhand seines Wissens über lexikographische Textgestaltung das zugehörige Beispiel erst bilden muß" (Wiegand 1988a, 587).

Durch das Verfahren der Ineinanderschachtelung können aus einem lexikographischen Beispiel gleich mehrere sprachliche Beispiele gebildet werden, so aus „ein F. mit sauren Gurken, mit Teer" (vgl. WA$_{26}$): „ein F. mit sauren Gurken" und „ein F. mit Teer". Gleiches gilt, wenn nach diesem Verfahren Formulierungsbestandteile umklammert, d. h. von Ergänzungs- oder Substitutionsklammern nach Wiegand (1988 a, 587) umgeben sind:

/WA₂₆/: **Faß** [...] ein (großes, schweres) F. rollen; ein F. (Bier) anstecken, anstechen, anzapfen; ein F. mit sauren Gurken, mit Teer; der Wein, Whisky schmeckt nach (dem) F.; Bier (frisch) vom F.; [...] (HWDG)

/WA₂₇/: **entwirren** [...] einen Knoten, verwobene Fäden e. [...] (WDG)

Diese Praxis wurde auch in den ausgearbeiteten Vorschlägen für Wörterbuchartikel zu Partikeln in Wolski (1986) verfolgt und erläutert; es handelt sich dort um konstruierte, sog. „prototypische" lexikographische Beispiele (Kompetenzbeispielgaben); vgl. auch die in Wiegand (1988a) für das Große Deutsch-Chinesische Wörterbuch vorgeschlagene Praxis.

(6) Belegschnitt-Verfahren: Das Belegschnitt-Verfahren dient der ökonomischen und zweckorientierten Präsentation von Belegbeispielangaben. Dazu wird ein Beleg für ein sprachliches Beispiel um (die als überflüssig erfaßten) Formulierungsteile aus Vor- und Nachtext beschnitten; beispielinterne Auslassungen werden gegebenenfalls durch Auslassungspunkte angezeigt:

/WA₂₈/: **Doktrin** [...] doktrinär [...] Durch ... den Rücktritt des allzu -en sozialistischen ... Bilanzministers Gioletti ... (Welt 7.11. 64,3) [...] (Duden-GWB)

/WA₂₉/: ²**schollern** [...] Ü während ... die Gitarre schollerte (Th. Mann, Zauberberg 943) [...] (Duden-GWB)

(7) Nischen- und Nestbildung: Die Nischen- und Nestbildung selbst — nicht nur das dabei auch angewendete Verfahren der Substitution von Teilen des Lemmazeichens — kann als Verfahren der Textverdichtung erfaßt werden. Die entsprechenden Artikel, sog. „Strichartikel", sind Ergebnis starker lexikographischer Textverdichtung; vgl. Wiegand (1983, 434) und Art. 37 u. Art. 48:

/WA₃₀/: **ab/Ab-rüsten** [...] **-rüstung** [...] **-rutschen** [...] (HWDG)

/WA₃₁/: **Dampf|bad** [...] ~**be·hand·lung** [...] ~**boot** [...] (Wahrig)

(8) Auslagerung von Textsegmenten (vgl. Art. 38a): Die Auslagerungstechnik als Verfahren der Textverdichtung besteht darin, daß im Artikelkopf (oder unter Hauptgliederungspunkten) solche Textsegmente vorangestellt werden, die für Textsegmentreihen polysemer Lemmazeichen sonst einzeln aufgenommen werden müßten. In diesem Sinne ausgelagert sind zahlreiche Textsegmente, alleinstehend oder auch kombiniert: grammatische Angaben, pragmatische Angaben, Wortartenangaben u. a. m.; vgl.:

/WA₃₂/: **Grummet**, das; -s, /o. Pl./ Landw. 1.1. *Gras, das auf einer Wiese, die bereits gemäht wurde, nachgewachsen ist;* das G. mähen 1.2. *aus 1.1. gewonnenes Heu:* das G. einfahren (HWDG)

Den Textsegmenten unter „1.1." und „1.2." sind nach Anwendung dieses Verfahrens der Textverdichtung nicht einzeln vorangestellt: die grammatische Angabe „/o. Pl./", die pragmatische Angabe „Landw.", aber auch nicht die vorausgehenden Angaben im Artikelkopf.

Wenn für ein Lemmazeichen, das wörterbuchintern per Bedeutungsstellennummer (oft unzutreffend) als polysem erfaßt wird, sämtliche Angaben im Artikelkopf (mindestens auch die Formangaben) als Ergebnis der Anwendung dieses Verfahrens der Textverdichtung gelten können, dann sind Auslagerungen unter einem Hauptgliederungspunkt der Spezialfall dieses Verfahrens der Textverdichtung; vgl. dazu:

/WA₃₃/: **ja** ⟨Adv.⟩ **I betont 1** [...] **2** [...] **5** [...] **II unbetont** ⟨meist verstärkend⟩ **6** aber, doch; sogar, geradezu **7** [...] ... **10** [...] (Wahrig)

In WA₃₃ stehen die Lemmazeichengestaltangabe (zur schriftlichen Realisierung) und die Wortartenangabe im Artikelkopf. Die Betonungsangabe „betont" wird den Gliederungspunkten bis „5" vorangestellt. Den nachfolgenden Gliederungspunkten sind nach „II" vorangestellt: die Betonungsangabe „unbetont", zusammen mit einer Reduktionsform der Bedeutungsparaphrasenangabe, die an eine Häufigkeitsangabe gekoppelt ist.

Die Auslagerung als Verfahren der Textverdichtung basiert darauf, daß gewisse Textsegmente bereits kondensiert sind; nur so können auch mehrere Textsegmente aneinandergereiht werden. Dazu müssen sie aber mit Hilfe verschiedener Strukturanzeiger, die der Textgliederung dienen, auseinandergehalten werden können. Daß Strukturanzeiger vielfältig eingesetzt werden, kann so als Folgehandlung fortgeschrittener Textverdichtung erfaßt werden (vgl. Art. 38a). Die verdichteten Angaben (mit kohäsionsloser Reihung entsprechender Textsegmente) bedürfen aus wahrnehmungstechnischen Gründen nunmehr der Kenntlichmachung ihres Geltungsbereichs.

Wie bereits unter 2. betont, scheint für die Textsorte Wörterbuchartikel immer spezifisch zu sein, daß gewisse Textsegmente verdichtet sind (jedenfalls stets relativ zu denkbaren Volltexten). Wird von einem Wörterbuchartikel prädiziert, er sei als ganzer, oder in Hinblick auf verschiedene Textteile, „dicht" bzw. „verdichtet", so wird damit stets auf ein Übermaß aufmerksam gemacht, was den Einsatz von Textverdichtungsverfahren angeht. Verantwortlich für den Eindruck der Textdichte ist vor allem die Kombination unterschiedlicher Verfahren der Textverdichtung und die Präsentation von Kondensaten mit Hilfe von Strukturanzeigern verschiedener Art.

Jede Angabe in einem Wörterbuchartikel trägt dazu bei, daß der Wörterbuchartikel insgesamt „seinen Zweck erfüllt" (vgl. Wiegand 1988, 41). Der phänomenologisch erfaßte Redundanzbegriff, wie er gelegentlich gegen einen ebenso unverbindlich erfaßten Verdichtungsbegriff ausgespielt wird, löst sich im Argumentationsrahmen des hier verfolgten metalexikographischen Zugriffs auf. Von „Redundanz" im Wörterbuch kann nur dann noch die Rede sein, wenn Gestaltungsmittel eingesetzt werden, die bereits mit anderen — eben: funktionalen — Textsegmenten abgedeckt sind. So kann beispielsweise das Komma zwischen Lemma und Artikelangabe insofern als redundant angesehen werden, als die Angabetypen Lemma und Artikelangabe bereits durch das halbfett gesetzte Lemma hinreichend voneinander abgegrenzt sind; vgl.:

/WA$_{34}$/: **Durch|schlag,** der [...] (Duden-U)

Viele der funktionalen Textsegmente ermöglichen es dem Benutzer, trotz des Gebrauchs von Abkürzungen oder sinnfällig gewählter Angabesymbole, noch die gewünschten Informationen direkt aus dem Wörterbuchartikel zu entnehmen.

Weiterreichende Textverdichtung, z. B. mittels Angabesymbolen ikonischer Art, führt dazu, daß zusätzliche Suchoperationen unter Zuhilfenahme der Wörterbucheinleitung wiederholt erforderlich werden. Die Frage, ob ein stark verdichteter Wörterbuchartikel tatsächlich das Textverständnis erschwert, läßt sich nicht global beantworten.

Aus den bisher für vergleichbare Textsorten durchgeführten Untersuchungen im Bereich der Verständnisforschung (diskutiert z. B. in Groeben 1982) scheinen eindeutige Aussagen hierzu nicht ableitbar zu sein.

Wie in Wiegand (1988a, 40) zur Konzeption des Großen Deutsch-Chinesischen Wörterbuchs ausgeführt wird, dürften für chinesische Benutzer diesbezüglich geringere Schwierigkeiten prognostizierbar sein als für z. B. deutsche Wörterbuchbenutzer — jedenfalls solcher, die im Umgang mit Wörterbüchern nicht geübt sind.

## 4. Literatur (in Auswahl)

### 4.1. Wörterbücher

*Adelung* = Johann Christoph Adelung: Grammatisch-kritisches Wörterbuch der Hochdeutschen Mundart, mit beständiger Vergleichung der übrigen Mundarten, besonders aber der Oberdeutschen. Zweyte vermehrte und verb. Ausgabe. Leipzig 1793—1801. Hildesheim. New York 1970 (Documenta Linguistica) [1796, 1762, 2140, 1992 Sp.].

*Campe* = Joachim Heinrich Campe: Wörterbuch der deutschen Sprache. Reprografischer Nachdruck der Ausgabe Braunschweig 1807—1810. Mit einer Einführung von Helmut Henne. Hildesheim. New York 1969 (Documenta Linguistica) [1023, 1116, 998, 944, 977, 675 S.].

*Duden-GWB* = Duden. Das große Wörterbuch der deutschen Sprache in sechs Bänden. Hrsg. und bearb. vom Wissenschaftlichen Rat und den Mitarbeitern der Dudenredaktion unter Leitung von Günther Drosdowski. Mannheim. Wien. Zürich. Bd. 1: A—Ci, 1976 bis Bd. 6: Sp—Z, 1981 [zus. 2992 S.].

*Duden-U* = Duden-Deutsches Universalwörterbuch. Hrsg. und bearb. vom Wissenschaftlichen Rat und den Mitarbeitern der Dudenredaktion unter Leitung von Günther Drosdowski. Mannheim. Wien. Zürich 1983 [1504 S.].

*HWDG* = Handwörterbuch der deutschen Gegenwartssprache. In zwei Bänden: Bd. 1: A—K; Bd. 2: L—Z. Von einem Autorenkollektiv unter der Leitung von Günter Kempcke. Berlin (DDR) 1984 [1399 S.].

*Sprachbrockhaus* = Der Sprachbrockhaus. Deutsches Bildwörterbuch von A—Z. 9., neu bearb. und erw. Aufl. Wiesbaden 1984 [972 S.].

*Trübner* = Trübners Deutsches Wörterbuch. Im Auftrag der Arbeitsgemeinschaft für deutsche Wortforschung hrsg. von Alfred Götze. Bd. 1: 1940 bis Bd. 8: W—Z: 1957 [482, 493, 510, 829, 503, 695, 774, 564 S.].

*Wahrig* = Gerhard Wahrig: Deutsches Wörterbuch. Mit einem „Lexikon der deutschen Sprachlehre". Hrsg. in Zusammenarbeit mit zahlreichen Wissenschaftlern und anderen Fachleuten. Völlig überarb. Neuaufl. Gütersloh. Berlin 1977 [4322 Sp.].

*Wahrig-dtv.* = dtv-Wörterbuch der deutschen Sprache. Hrsg. von Gerhard Wahrig in Zusammenarbeit mit zahlreichen Wissenschaftlern und anderen Fachleuten. 3. Aufl. München 1980 [942 S.].

*WDG* = Wörterbuch der deutschen Gegenwartssprache. Hrsg. von Ruth Klappenbach und Wolfgang Steinitz. Berlin (DDR) Bd. 1, 1. Aufl. 1961, 10. bearb. Aufl. 1980, bis Bd. 6: 1. Aufl. 1977, 3. Aufl. 1982 [zus. 4579 S.].

### 4.2. Sonstige Literatur

*Antos 1982* = Gerd Antos: Grundlagen des Formulierens. Texterstellung in geschriebener und gesprochener Sprache. Tübingen 1982 (Reihe Germanistische Linguistik 39).

*Beneš 1973* = Eduard Beneš: Die sprachliche Kondensation im heutigen deutschen Fachstil. In: Linguistische Studien III. Festgabe für Paul Grebe zum 65. Geburtstag. Düsseldorf 1973 (Sprache der Gegenwart 23), 40—50.

*Beneš 1981* = Eduard Beneš: Die formale Struktur der wissenschaftlichen Fachsprachen in syntaktischer Hinsicht. In: Wissenschaftssprache. Beiträge zur Methodologie, theoretischen Fundierung und Deskription. Hrsg. von Theo Bungarten. München 1981, 184—212.

*Blumenthal 1983* = Peter Blumenthal: Semantische Dichte. Assoziativität in Poesie und Werbesprache. Tübingen 1983 (Konzepte der Sprach- und Literaturwissenschaft 30).

*Blumenthal/Lemnitzer/Storrer 1988* = Andreas Blumenthal, Lothar Lemnitzer und Angelika Storrer: Was ist eigentlich ein Verweis? Konzeptionelle Datenmodellierung als Voraussetzung computergestützter Verweisbehandlung. In: Das Wörterbuch. Artikel und Verweisstrukturen. Jahrbuch 1987 des Instituts für deutsche Sprache. Hrsg. von Gisela Harras. Düsseldorf 1988 (Sprache der Gegenwart LXXIV), 351—373.

*v. Dijk 1980* = Teun A. van Dijk: Textwissenschaft. Eine interdisziplinäre Einführung. Dt. Übersetzung. München 1980.

*Eggers 1977* = Hans Eggers: Deutsche Sprachgeschichte IV: Das Neuhochdeutsche. Reinbek bei Hamburg 1977.

*Eggers 1983* = Hans Eggers: Wandlungen im deutschen Satzbau. Vorzüge und Gefahren. In: Muttersprache 93. 1983, 131—141.

*Groeben 1982* = Norbert Groeben: Leserpsychologie. Textverständnis — Textverständlichkeit. Münster 1982.

*Gülich/Raible 1977* = Elisabeth Gülich/Wolfgang Raible: Linguistische Textmodelle. Grundlagen und Möglichkeiten. München 1977 (Uni-Taschenbücher 130).

*Hellwig 1984* = Peter Hellwig: Grundzüge einer Theorie des Textzusammenhangs. In: Text — Textsorten — Semantik. Linguistische Modelle und maschinelle Verfahren. Hrsg. von Annely Rothkegel und Barbara Sandig. Hamburg 1984, 51—79.

*Hellwig 1984a* = Peter Hellwig: Titulus oder über den Zusammenhang von Titeln und Texten. Titel sind Schlüssel zur Textkonstitution. In: Zeitschrift für Germanistische Linguistik 12. 1984, 1—20.

*Ickler 1982* = Theodor Ickler: Ein Wort gibt das andere. Auf dem Weg zu einem „Wörter-Lesebuch" für Deutsch als Fremdsprache. In: Linguistik und Didaktik 13. 1982. H. 49/50, 3—17.

*Ising 1978* = Gerhard Ising: Textverdichtung und Redundanz in der Lexikographie. In: Wissenschaftliche Zeitschrift der Wilhelm-Pieck-Universität Rostock 27, Gesellschafts- und sprachwissenschaftliche Reihe H. 12. 1978, 9—13.

*Landau 1984* = Sidney L. Landau: Dictionaries. The Art and Craft of Lexicography. New York 1984.

*Ortner 1987* = Hanspeter Ortner: Die Ellipse. Ein Problem der Sprachtheorie und der Grammatikbeschreibung. Tübingen 1987 (Reihe Germanistische Linguistik 80).

*v. Polenz 1984* = Peter von Polenz: Entwicklungstendenzen des deutschen Satzbaus. In: Die deutsche Sprache der Gegenwart. Vorträge gehalten (...) am 4. und 5. Nov. 1983. Göttingen 1984, 29—42.

*v. Polenz 1985* = Peter von Polenz: Deutsche Satzsemantik. Grundbegriffe des Zwischen-den-Zeilen-Lesens. Berlin. New York 1985 (Sammlung Goeschen 2226).

*Sommerfeldt 1978* = Karl-Ernst Sommerfeldt: Sprachökonomische Tendenzen in der Gruppe des Substantivs. Zum Initialwortkompositum in der Tagespresse. In: Sprachpflege 27. 1978, H. 3, 49—51.

*Viehweger 1978* = Dieter Viehweger: Struktur und Funktion nominativer Ketten im Text. In: Kontexte der Grammatiktheorie. Hrsg. von Wolfgang Motsch. Berlin (DDR) 1978 (studia grammatica XVII), 149—168.

*Wiegand 1983* = Herbert Ernst Wiegand: Was ist eigentlich ein Lemma? Ein Beitrag zur Theorie der lexikographischen Sprachbeschreibung. In: Studien zur neuhochdeutschen Lexikographie III. Hrsg. von Herbert Ernst Wiegand. Hildesheim. Zürich. New York 1983 (Germanistische Linguistik 1—4/82), 401—474.

*Wiegand 1988* = Herbert Ernst Wiegand: Wörterbuchartikel als Text. In: Das Wörterbuch. Artikel und Verweisstrukturen. Jahrbuch 1987 des Instituts für deutsche Sprache. Hrsg. von Gisela Harras. Düsseldorf 1988 (Sprache der Gegenwart LXXIV), 30—120.

*Wiegand 1988a* = Herbert Ernst Wiegand: „Shanghai bei Nacht". Auszüge aus einem metalexikographischen Tagebuch zur Arbeit am Großen Deutsch-Chinesischen Wörterbuch. In: Studien zur neuhochdeutschen Lexikographie VI, 2. Teilbd. Hrsg. von Herbert Ernst Wiegand. Hildesheim. Zürich. New York 1988 (Germanistische Linguistik 87—90. 1986), 521—626.

*Wiegand 1989* = Herbert Ernst Wiegand: Wörterbuchforschung Kap. III: Studien zur Theorie der Lexikographie. Typoskript. 1. Fassung. Heidelberg 1989.

*Wolski 1986* = Werner Wolski: Partikellexikographie. Ein Beitrag zur praktischen Lexikologie. With an English Summary. Tübingen 1986 (Lexicographica Series Maior 14).

*Werner Wolski, Heidelberg*
*(Bundesrepublik Deutschland)*

# VI. Wörterbuchtypen I: Allgemeine Aspekte der Wörterbuchtypologie und allgemeine einsprachige Wörterbücher
# Dictionary Types I: General Aspects of Dictionary Typology and General Monolingual Dictionaries
# Typologie des dictionnaires I: Aspects généraux et types principaux

## 91. Wörterbuchtypologie

1. Vorbemerkungen zum Begriff der Typologie
2. Matrix, theoretische Typologie, praktische Typologie
3. Adäquatheit der Typologie von Wörterbüchern
4. Funktionstypologie der Wörterbücher
5. Phänomenologische Typologie der Wörterbücher
6. Weitere Typen von Wörterbuchtypologien
7. Die im Handbuch gewählte Wörterbuchtypologie
8. Typologie und Titelgebung: das Beispiel des Kollokationswörterbuchs
9. Perspektiven
10. Literatur (in Auswahl)

### 1. Vorbemerkungen zum Begriff der Typologie (F. J. H./H. E. W.)

In den verschiedenen Wissenschaften und auch in der Wörterbuchforschung ist der Begriff der Typologie nicht einheitlich gefaßt. Daher sind einige Vorbemerkungen zu diesem erforderlich.

Hat man eine bestimmte Menge M von Gegenständen, die unter den Begriff des Wörterbuches fallen, dann kann man diese Menge in Klassen zerlegen: man kann M (und damit ihre Elemente, die Wörterbücher) klassifizieren. Welche Elemente zu dieser Menge gehören, ist abhängig davon, wie der Begriff des Wörterbuches definiert ist. Wissenschaftliche Klassifikationen von Wörterbüchern setzen daher eine Definition des Begriffs 'Wörterbuch' voraus. So muß z. B. klar sein, ob Wortindices, DIN-Normen, maschineninterne Lexika oder alpha 8 zur Menge der Wörterbücher gehören sollen oder nicht.

Soll eine Einteilung einer Menge von Gegenständen (z. B. der Menge M von Wörterbüchern) als eine wissenschaftliche Klassifikation gelten, müssen eine Reihe von Bedingungen gelten:

(i) Die Menge M, das Einteilungsganze, muß in n (n > 1) (nichtleere) Teilmengen $K_1, K_2, \ldots, K_n$, die (Einteilungs-)Klassen von M, zerlegt werden.

(ii) Dies muß nach einem Einteilungsgesichtspunkt (Einteilungskriterium, Unterteilungsgesichtspunkt etc.) geschehen, der so deutlich angegeben ist, daß für jedes Element aus M jeweils entscheidbar ist, zu welcher der Teilmengen $K_1, K_2, \ldots, K_n$ es gehört.

(iii) Die Einteilung von M muß scharf sein; d. h.: alle Klassen von M müssen paarweise disjunkt sein.

(iv) Die Einteilung von M muß erschöpfend sein; d. h.: die Vereinigungsmenge aller Klassen von M muß mit M selbst identisch sein.

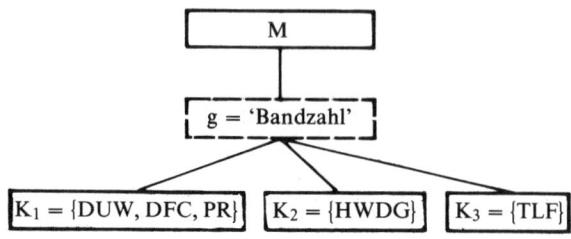

```
                    ┌───┐
                    │ M │
                    └─┬─┘
              ┌───────┴───────┐
              │ g = 'Bandzahl'│
              └───────┬───────┘
        ┌─────────────┼─────────────┐
┌───────────────┐ ┌─────────┐ ┌──────────┐
│K₁={DUW,DFC,PR}│ │K₂={HWDG}│ │K₃={TLF}  │
└───────────────┘ └─────────┘ └──────────┘
```

Abb. 91.1: Veranschaulichung zu einer (einstufigen) Klassifikation

*Beispiel:* Sei M die folgende Menge von Wörterbüchern:

M = { DUW, PR, HWDG, TLF, DFC}.

Der Einteilungsgesichtspunkt (g) sei die 'Bandzahl'. Dann ergibt sich eine Klassifikation, die in Abb. 91.1 dargestellt ist.

Die vorgenommene Einteilung ist eine Klassifikation: Jedes Element von M gehört zu einer Klasse von M, und zwar entweder zu $K_1$, der Klasse der Einbänder, oder zu $K_2$, der Klasse der Zweibänder, oder zu $K_3$, der der Wörterbücher mit mehr als zwei Bänden, so daß $K_1$, $K_2$ und $K_3$ paarweise disjunkt sind ($K_1 \cap K_2 \cap K_3 = 0$); die Vereinigungsmenge der drei Klassen ist mit M identisch ($K_1 \cup K_2 \cup K_3 = M$).

Hat man eine Klassifikation durchgeführt, kann man in der gleichen Weise alle Klassen (im Beispiel $K_1$, $K_2$, $K_3$) als Einteilungsganze auffassen und erneut klassifizieren, so daß man Subklassen erhält und mit ihnen ein Klassifikationssystem, das selbst häufig Klassifikation heißt. Es handelt sich dann um eine **mehrstufige** Klassifikation im Unterschied zu einer einstufigen (wie im Beispiel). Die Stufenzahl wird festgelegt durch die Anzahl der Einteilungsgesichtspunkte (g), die nacheinander zur Anwendung gelangen. Eine Veranschaulichung zu einer zweistufigen Klassifikation zeigt die Abb. 91.2.

Klassifikationen sind grundsätzlich in dem Sinne beliebig, daß jede Eigenschaft eines Elementes des jeweiligen Einteilungsganzen als Einteilungskriterium herangezogen werden kann. Daher gibt es nicht angebbar viele mögliche Klassifikationen von Wörterbüchern. Welche Eigenschaft bzw. welche Eigenschaften ausgewählt werden, wird durch den Zweck festgelegt, dem eine Klassifikation dienen soll: Für eine Wörterbuchbibliographie ist u. U. eine andere Klassifikation zweckmäßig als für eine Handbuchgliederung, und eine Klassifikation für eine Theorie der Lexikographie ist sicher anders als eine für die Aufstellung der Wörterbücher in einer Bibliothek.

Man kann den Begriff der Klassifikation mit dem der Typologie gleichsetzen, oder man kann die beiden Begriffe unterscheiden. Im folgenden wird davon ausgegangen, daß es in einer Klasse von Wörterbüchern besonders typische Vertreter gibt, die sozusagen im Zentrum der Klasse stehen und als Prototypen gelten, während andere, weniger typische, an ihrer Peripherie angesiedelt sind. Eine Typologie ist dann eine Klassifikation, die sich an den Prototypen orientiert.

## 2. Matrix, theoretische Typologie, praktische Typologie

Reichmann 1984 vergleicht 110 historische Wörterbücher auf 30 Merkmale hin und präsentiert das Ergebnis in einer Matrix. Es ist vorstellbar, daß allen Wörterbüchern dieser Erde in einer riesigen Matrix eine riesige Menge von Merkmalen zu- oder aberkannt wird. In dieser Matrix ist dann jedes Wörterbuch als ein ganz bestimmtes Merkmalbündel definiert. Eine solche Matrix ist aber noch keine Typologie. Denn in der Matrix stehen die Merkmale und deshalb auch die Wörterbücher gleichberechtigt nebeneinander. Zur Typologie aber gehört das Privilegieren (Dominantsetzen) eines Merkmals bzw. die Hierarchisierung der Merkmale als Typologiekriterien. In der Matrix fehlt gleichsam die Perspektive. Allerdings ist die Matrix für viele

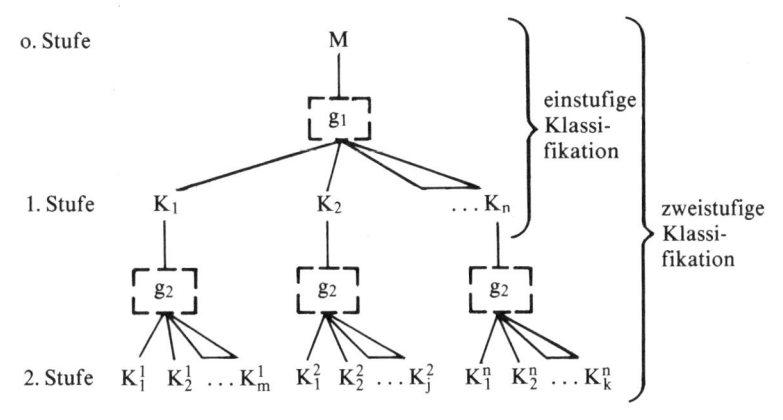

Abb. 91.2: Veranschaulichung zu einer zweistufigen Klassifikation

Perspektiven offen. Sie kann deshalb als sinnvolle Vorstufe der Typologie erachtet werden (vgl. Wiegand 1988).

Geht man davon aus, daß in der theoretischen Typologie jedes Wörterbuch unter zahllosen Perspektiven neu in eine Hierarchie der Unterteilungsgesichtspunkte eingesetzt werden kann, so haben wir es mit einem anderen Typ von Typologie dann zu tun, wenn jedem Wörterbuch ein endgültiger und einmaliger typologischer Standort zugewiesen werden muß, etwa wenn in einer typologisch geordneten Wörterbuchbibliothek das Buch an eine bestimmte Stelle eingeordnet werden muß oder wenn, wie in diesem Handbuch, das Buch einem bestimmten Typenartikel zugewiesen werden muß. Wiegand 1988, 72 nennt diese Art Typologie „extensionalisierte Typologie". Wir wollen sie praktische Typologie nennen. Im Gegensatz zur freien theoretischen Typologie ist die praktische Typologie eine gebundene, die sich definitiv festlegt. In der praktischen Typologie ist eine bestimmte Stufe der Klassifikationshierarchie als Typenstufe herauszuheben, dergegenüber die übergeordneten Stufen Typenklassen (= TK) und die untergeordneten Stufen Typenvariantenklassen (= TVK) tragen.

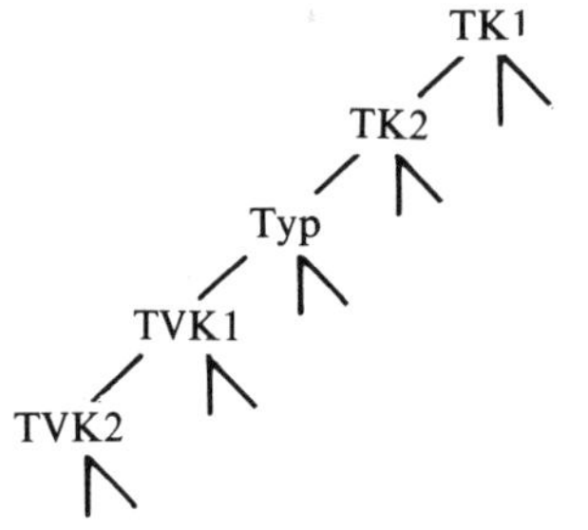

Abb. 91.3: Schema einer praktischen Typologie

## 3. Adäquatheit der Typologie von Wörterbüchern

Die große Zahl möglicher Typologien, auch dann, wenn man die Typologie im extensionalisierten Sinne versteht, erfordert eine Theorie der Adäquatheit von Typologien. Einige grundlegende typologische Unterschiede werden in der Regel ohne Diskussion als adäquat angesehen, z. B. die folgenden, bei denen auf die Nennung des Typologiekriteriums (Unterteilungsgesichtspunkts) verzichtet wird:

Allgemeines Wörterbuch/Spezialwörterbuch
gemeinsprachliches Wörterbuch/fachsprachliches Wörterbuch
synchronisches Wörterbuch/diachronisches Wörterbuch
historisches Wörterbuch/gegenwartsbezogenes Wörterbuch
Gesamtwörterbuch/Differenzwörterbuch
einsprachiges Wörterbuch/zweisprachiges Wörterbuch

Geht es aber um eine Typologie des allgemeinen einsprachigen Wörterbuchs mit einiger Typologisierungstiefe, so ist jede Stufe neu zu begründen und folglich jedes Mal der Adäquatheitsdiskussion ausgesetzt.

Man darf sich also die Frage stellen, welche Typologiekriterien über die oben genannten Typen hinaus von besonderer Relevanz sind. Unstrittig ist das für zwei Kriterien, das Kriterium des Benutzungszwecks und das Kriterium der Zusammensetzung des Wörterbuchs. Die Frage: Wozu dient das Wörterbuch? führt zu einer Funktionstypologie. Die Frage: Wie sieht das Wörterbuch aus? führt zu einer phänomenologischen Typologie des Wörterbuchs.

## 4. Funktionstypologie der Wörterbücher

Eine Funktionstypologie wird die Wörterbücher an dem Gesamt möglicher Benutzungssituationen zu messen haben. Voraussetzung ist demnach eine Typologie von Wörterbuchbenutzungssituationen, wie sie, im Ausschnitt, von Wiegand 1977, 81 oder auch Hausmann 1977, 144—156 entworfen wird. Wichtige Unterscheidungen sind dabei:

Nachschlagen/Lesen (browsing)
praktische Zwecke/wissenschaftliche Zwecke
bei Textrezeption (Hörverstehen, Lesen)/bei Textproduktion (Schreiben, Sprechen)
systematisches Lernen/Lösung bestimmter begrenzter Aufgaben (z. B. Kreuzworträtsel lösen)

Nicht alle Benutzungssituationen sind für die Funktionstypologie relevant. So erlaubt z. B. die „lexikographische Spicksituation" keine sinnvolle Typologie der Wörterbücher.

Eine Funktionstypologie ist reizvoll, weil sie die Wörterbücher ihrem didaktischen Charakter entsprechend als Hilfsmittel und Werkzeuge typologisiert. Sie ist deshalb wissenschaftlich nötig. Als praktische Typologie hat sie es hingegen schwer, die Vielfalt der existierenden Wörterbuchtypen anschaulich zu klassifizieren, denn viele Zwecke können auf ganz verschiedenen Wegen erreicht werden. Funktionstypologie ist deshalb erst dann sinnvoll, wenn vorab die Wörterbücher nach ihren Bauteilen und Informationstypen klassifiziert worden sind.

## 5. Phänomenologische Typologie der Wörterbücher

Ein Wörterbuch liefert Informationen über lexikalische Einheiten. Die phänomenologische Typologie muß demnach nach Einheitstypen und nach Informationstypen fragen. Der Unterschied zwischen Wörterbüchern mit hoher Zahl von Einheits- und Informationstypen (sogenannten allgemeinen Wörterbüchern) und geringer Zahl entsprechender Typen (sogenannte Spezialwörterbücher) wird dabei erst später relevant.

### 5.1. Typen lexikalischer Einheiten und Eigenschaften

Lexikalische Einheiten können einmal *segmental* (nach ihrer Länge und formalen Struktur) eingeteilt werden in:

Abkürzungen          Ableitungen
Affixe               Zusammensetzungen
Affixoide            Wortgruppenlexeme
Wortbildungselemente Phrasal Verbs
Wurzeln              Feste Redewendungen
Silben               Sprichwörter
Wortformen

Sie können ferner nach der *Wortartenzugehörigkeit* unterteilt werden in:

Substantive    Präpositionen
Adjektive      Konjunktionen
Verben         Interjektionen
Adverbien      Partikeln
Pronomen

Nach ihrer *semantischen und morphosemantischen Substanz* können lexikalische Einheiten z. B. folgenden Status haben:

undurchsichtige Wörter    verba dicendi
deonomastische            Abtönungspartikeln
  Bildungen               performative Verben
Kollektiva                Erbwörter
Euphemismen               Dubletten
Metaphern                 Onomatopöien
Handlungsverben

Nach ihrer Zugehörigkeit zu den *Teilsystemen* der Sprache auf der Zeitachse (Gegenwart bzw. Sprachstadien der Vergangenheit), im Raum (nationale Varianten, Regiolekte, Dialekte), nach Sprechergruppen (z. B. Soldaten, Studenten, Frauen, Verbrecher, einzelne Autoren), nach Stilnormen (Sprechstil, Schreibstil) oder zu den Fachsprachen (Technolekten) können lexikalische Einheiten in der verschiedensten Weise *markiert* sein, d. h. diasystematische Eigenschaften haben. Sie können sein:

Archaismen              Fachwörter
Neologismen             seltene Wörter
Regionalismen bzw.      Wörter umstrittener
  Dialektalismen          Grammatikalität und
Fremdwörter               Akzeptabilität
Wörter der Sprechsprache Schimpfwörter
oder der Schreibsprache Tabuwörter

Lexikalische Einheiten haben *historische Eigenschaften,* d. h., sie weisen ein Geburtsdatum auf, ein Sterbedatum und zwischen den beiden eine Geschichte.

Lexikalische Einheiten haben *morphologische Eigenschaften,* d. h., sie haben ein Genus, bzw. eine Konjugation oder Deklination.

Sie haben *syntagmatische Eigenschaften* (Konstruktion, Kollokation). Sie haben *paradigmatische Eigenschaften,* einmal inhaltlicher Art (Synonymie, Antonymie, Analogie, Metaphorizität), zum anderen formaler Art (Homonymie, Homographie, Paronymie, Reimbeziehung), schließlich morphosemantischer Art (Wortbildungsbeziehung). Schließlich haben lexikalische Einheiten *Realisierungsformen* (Graphie, Phonie).

Alle diese Eigenschaften von Einheiten sind sowohl für die Selektion der Wortliste als für die Selektion der Daten von Bedeutung. Folglich könnten die allgemeinen Wörterbücher, mehr noch aber die Spezialwörterbücher, danach unterschieden werden, welche der genannten Einheits- und Eigenschaftstypen sie bearbeiten (adressieren, vgl. Art. 36) und welche der genannten Informationstypen sie den Einheiten zuordnen. Des weiteren kann unterschieden werden, mit welchen Methoden die Eigenschaften beschrieben und mit welcher Präsentation sie zu einem Informationstext verknüpft werden.

## 6. Weitere Typen von Wörterbuchtypologien

Die weiteren wissenschaftlich oder praktisch erarbeiteten Typologien brauchen hier nur kurz besprochen zu werden.

Typologien nach *Größe* oder *Handlichkeit* (Großwörterbuch, Handwörterbuch, Taschenwörterbuch usw.), gebunden an bestimmte Preisklassen, sind in der Praxis unverzichtbar, bedürfen aber der wissenschaftlichen Kritik. Der durch das Format (und oft den Titel) suggerierte quantitative Inhalt sollte durch genaue Zählung und Messung überprüft werden.

Die viel gehandhabte Typologie nach *Benutzergruppen* (Kinder, Schüler, Frauen, Reisende, Laien, Fachleute, Dichter, Fremdsprachler, Muttersprachler usw.) ist deshalb von untergeordneter Bedeutung, weil bei vielen Wörterbüchern der anvisierte Benutzerkreis nur vage umschrieben werden kann. Auch hier hat die Titelgebung durch den Verlag oft mehr Suggestivcharakter als Wirklichkeitswert. So manches Schulwörterbuch unterscheidet sich von allgemeinen Wörterbüchern lediglich durch die Typographie, und so manches *Family Dictionary* hat als unterscheidendes Merkmal zu seiner textgleichen Standardversion lediglich das bunte Bild.

### 6.1. Alain Reys genetische Typologie als Beispiel einer Wörterbuchtypologie

Wörterbuchtypologien wurden mit einiger Tiefe zuerst von Malkiel 1959/1960 und Sebeok 1962 erarbeitet. In Kenntnis dieser und anderer Entwürfe macht A. Rey (1970) den Versuch einer Typologie von Entscheidungen des Lexikographen beim Entstehungsprozeß des Wörterbuchs, wobei der besondere Wert (und die Grenze) der Typologie in ihrem Allgemeinheitsgrad liegt. Genaugenommen handelt es sich nicht um eine Typologie, sondern um sieben typologisch geordnete Entscheidungsfelder betreffend (a) Sprachdaten (b) Bearbeitungseinheiten (c) Wortschatzmengen (d) Datenanordnung (e) Analyse (f) nichtsemantische Information (g) Datenexemplifizierung.

a) Das erste Entscheidungsfeld betrifft die Sprachdaten, die entweder ausschließlich beobachtet (Corpusprinzip) oder sowohl beobachtet als auch von Lexikographen oder Informanten produziert sind (gemischte Sprachdaten). Die Nutzung der beobachteten Daten ist entweder exhaustiv oder nach intuitiven oder objektiven Kriterien ausgewählt. Die Daten weisen funktionale Kompatibilität auf (z. B. in einem synchronen Wörterbuch) oder funktionale Inkompatibilität.

b) Das zweite Entscheidungsfeld betrifft die Bearbeitungseinheiten. Sie sind vorkommende Formen (*tokens,* z. B. in Konkordanzen) oder Typen von Morphemen, Wörtern u. ä. aufgrund von Lemmatisierung. Es sind traditionelle Bearbeitungseinheiten (z. B. polyseme graphische Einheiten) oder distributionell und transformationell ermittelte Bearbeitungseinheiten, wie man sie im DFC findet.

c) Das dritte Entscheidungsfeld betrifft die zu bearbeitende Wortschatzmenge. Der Lexikograph bearbeitet das gesamte funktionierende Zeichensystem (in einem allgemeinen Wörterbuch) oder eine Untermenge. Reys Typologie der Untermengen erscheint in Abb. 91.4.

In allen Fällen kann das lexikologische Modell extensiv oder selektiv sein.

d) Das vierte Entscheidungsfeld betrifft die Anordnung der Daten. Sie ist entweder formal (z. B. initialalphabetisch, finalalphabetisch, ideogrammatisch) oder semantisch (Begriffswörterbuch).

e) Im fünften Entscheidungsfeld entwirft Rey eine Typologie der semio-funktionalen Analyse. Die explizite Analyse ergibt auf der Zeichenebene (Ebene von Inhalts- und Ausdrucksform) das Sprachwörterbuch, hingegen auf der Ebene von Inhaltsform und -substanz die Enzyklopädie, die entweder ausschließlich in natürlicher Sprache verfaßt ist oder auch mit anderen semiotischen Systemen arbeitet, wenn es sich z. B. um eine illustrierte Enzyklopädie handelt. (Eine implizite semantische Analyse steckt etwa in dem Index der Schlüsselbegriffe oder in gewissen Rechtschreibwörterbüchern). Reys Typologie der Sprachwörterbücher unter dem Gesichtspunkt der Analyse findet sich in Abb. 91.5.

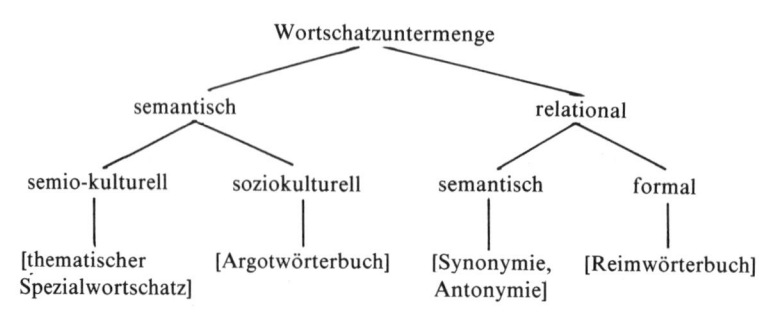

```
                    Wortschatzuntermenge
                    /                  \
            semantisch                relational
            /        \                /         \
  semio-kulturell  soziokulturell  semantisch   formal
        |              |              |            |
  [thematischer   [Argotwörterbuch] [Synonymie, [Reimwörterbuch]
  Spezialwortschatz]                Antonymie]
```

Abb. 91.4: Typologie der zu bearbeitenden Wortschatzuntermenge entsprechend Rey 1970, 60

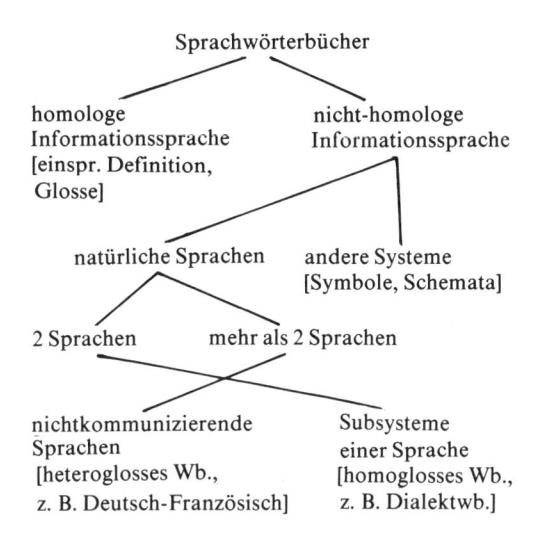

```
                    Sprachwörterbücher
                   /                \
      homologe              nicht-homologe
      Informationssprache   Informationssprache
      [einspr. Definition,  /        \
      Glosse]              /          \
                  natürliche Sprachen   andere Systeme
                   /        \           [Symbole, Schemata]
           2 Sprachen    mehr als 2 Sprachen
           /        \
   nichtkommunizierende    Subsysteme
   Sprachen                einer Sprache
   [heterglosses Wb.,      [homoglosses Wb.,
   z. B. Deutsch-Französisch]  z. B. Dialektwb.]
```

Abb. 91.5: Analysetypologie der Sprachwörterbücher nach Rey 1970, 61

f) Das sechste Entscheidungsfeld betrifft die nichtsemantische Information. Sie ist auf funktionale Information beschränkt (Distribution, Markierung usw.) oder schließt nichtfunktionale Information ein (betreffend die Durchsichtigkeit, die Etymologie, die Norm usw.).

g) Das siebte Entscheidungsfeld betrifft die Datenexemplifizierung. Das Wörterbuch liefert Beispiele oder liefert sie nicht; die Beispiele sind ausschließlich beobachtet (Zitate) oder um selbstgefertigte vermehrt. Das aus dem Kontext herausgeschnittene Beispiel wird gegenüber dem Quellentext unverändert übernommen oder durch Neutralisierung der Wortformen, durch Streichung des Artikels u. ä. bearbeitet.

## 7. Die im Handbuch gewählte Wörterbuchtypologie

Reys typologischem Versuch kommt das Verdienst zu, eine erkleckliche Anzahl relevanter Gesichtspunkte für die Beschreibung und Charakterisierung von Wörterbüchern gesammelt zu haben. Aus der Übersicht spricht auch die Erfahrung des praktischen Lexikographen sowie die besondere Situation der französischen Wörterbuchlandschaft Ende der 60er Jahre, d. h. nach dem Erscheinen der in beiden Fällen sensationellen Wörterbücher *Petit Robert* (PR) (an dem Rey selbst maßgeblich mitgewirkt hat) und *Dictionnaire du français contemporain* (DFC). Der Skopus des typologischen Ansatzes geht bei Rey über das gesamte Feld der Wörterbuchtypen. Dieser Vorteil der Breite ist erkauft durch Schwächen in der Präzision. Im Interesse einer genaueren typologischen Beschreibung der Sprachwörterbücher ist es deshalb ratsam, nicht nur die selbstverständliche Trennung von ein- und zweisprachigem Wörterbuch vorzunehmen, sondern auch in beiden Fällen zwischen einem sozusagen merkmallosen Grundtyp, dem allgemeinen Wörterbuch, und demgegenüber merkmalhaltigen Spezialwörterbüchern zu unterscheiden (cf. Abb. 91.6).

Dieser Unterschied wird im vorliegenden Handbuch für grundlegend gehalten. Die Kap. IV und V des Handbuchs sind dem merkmallosen Grundtyp gewidmet, dem allgemeinen einsprachigen Wörterbuch (auch Definitionswörterbuch genannt). Dessen Typologie erfolgt in Art. 92, die seiner enzyklopädischen Variante in Art. 93. Die Darstellung kann sich deshalb im folgenden auf das dem allgemeinen einsprachigen Wörterbuch deutlich entgegengesetzte Spezialwörterbuch konzentrieren. Die zweisprachigen Wörterbücher (das allgemeine zweisprachige Wörterbuch wie spezifische Typen des zweisprachigen Spezialwörterbuchs) werden typologisch in Kap. XXXIII—XXXV behandelt.

### 7.1. Typologie der Spezialwörterbücher

Quemada 1967, 101 ordnet 17 Spezialwörter-

```
                         Wörterbuch
                        /          \
              einsprachiges          zweisprachiges
              Wörterbuch             Wörterbuch
              /        \             /          \
       allgemeines  einsprachiges  allgemeines   zweisprachiges
       einsprachiges Spezialwörter- zweisprachiges Spezialwörter-
       Wörterbuch    buch           Wörterbuch     buch
```

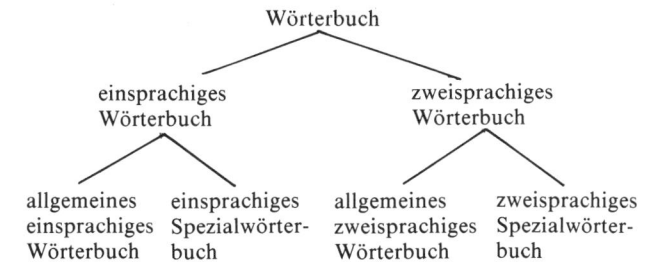

Abb. 91.6: Die im Handbuch gewählte Wörterbuchtypologie (Stufen 1—3)

```
                    ┌─────────────────────────────┐
                    │  DICTIONNAIRES SPÉCIALISÉS  │
                    └─────────────────────────────┘
                                    │
      ┌─────────────────────────┐   │
      │   ASPECTS SÉMANTIQUES   ├───┤
      └─────────────────────────┘   │
                                    │
   Dictionnaires de racines.        │
   Dictionnaires de dérivés.        │
   Dictionnaires de locutions.      │
   Dictionnaires de proverbes.      │
                                    │
      ┌─────────────────────────┐   │   ┌─────────────────────────┐
      │        ASPECTS          │   │   │   ASPECTS SEGMENTAUX    │
      │   MORPHO-GRAMMATICAUX   ├───┼───┤                         │
      └─────────────────────────┘   │   └─────────────────────────┘
                                    │
   Dictionnaires de particules.         Dictionnaires de synonymes.
   Dictionnaires de verbes.             Dictionnaires d'antonymes.
   Dictionnaires d'épithètes.           Dictionnaires idéologiques.
   Dictionnaires de genres.             Dictionnaires analogiques.

      ┌─────────────────────────┐
      │     ASPECTS FORMELS     ├───┘
      └─────────────────────────┘

   Dictionnaires d'orthographe.
   Dictionnaires de prononciation.
   Dictionnaires d'homonymes.
   Dictionnaires de paronymes.
   Dictionnaires de rimes.
```

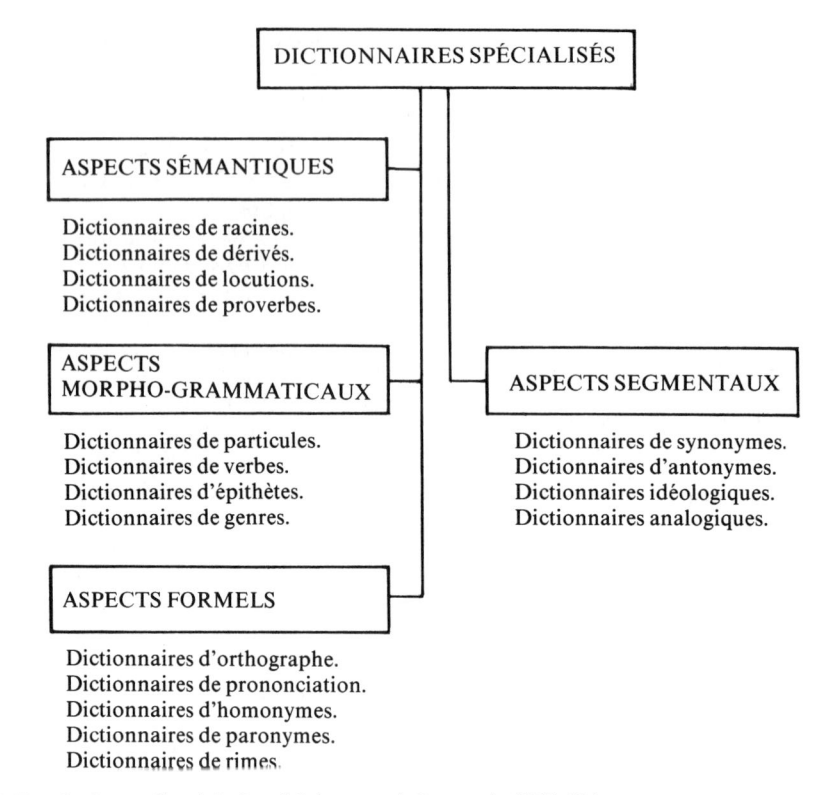

Abb. 91.7: Typologie von Spezialwörterbüchern nach Quemada 1967, 101

bücher in eine Typologie, die semantische von nichtsemantischen Aspekten unterscheidet und letztere wiederum in segmentale, morphogrammatische und formale.

Will man diese Typologie bewerten, so ist zu beachten, daß ausschließlich die französischen Spezialwörterbücher zwischen 1539 und 1863 erfaßt werden, und daß die Typenformulierung sich an den Wörterbuchtiteln orientiert. Das ist für Quemadas begrenzte Zwecke legitim, seine Typologie läßt sich jedoch nicht auf moderne Verhältnisse und auf die ganze Welt übertragen. Wer versucht, eine in Zeit und Raum weit gespannte Typologie der Spezialwörterbücher zu erstellen, darf sich nicht an die Wörterbuchtitel binden. Diese stimmen in vielen Fällen von Land zu Land und von Buch zu Buch trotz vergleichbarer Inhalte so wenig überein, daß auf der Basis der Titel gar kein Reden über die Wörterbücher möglich ist. Eine von den Titeln unabhängige Typologie macht die Verständigung erst möglich. Andererseits sollte doch versucht werden, die Typen so nah wie möglich an den verbreitetsten Titeln zu formulieren, damit die Typologie nicht esoterisch wird und für praktische Zwecke benutzbar gemacht werden kann (vgl. unten 8.).

Die gewählten Prämissen legen eine Typologie nahe, die soweit wie möglich phänomenologisch vorgeht und dabei die Phänomene mit linguistischen Begriffen belegt. Im Falle konkurrierender linguistischer Terminologie ist der verbreitetste und traditionell orientierte Terminus zu wählen. Es trifft sich, daß die Spezialwörterbücher in ihren tatsächlichen Titeln oft mit linguistischen Termini benannt werden. Das Prinzip ist also nicht grundsätzlich neu, sondern wird im folgenden lediglich mit größerer Systematik durchgehalten.

7.2. Die im Handbuch zur Lexikographie gewählte Typologie der Spezialwörterbücher

Die in Hausmann 1977 niedergelegte Erfahrung hatte gezeigt, daß es möglich ist, den überwiegenden Teil der Spezialwörterbücher als Verselbständigung einzelner Bauteile des allgemeinen einsprachigen Wörterbuchs zu fassen. Der Artikel dieses Wörterbuchs enthält nämlich neben der für diesen Typ konstitutiven und deshalb für Spezialwörterbücher irrelevanten Definition im wesentlichen vier Typen von Bauteilen: identifizierende Angaben, Syntagmatik, Paradigmatik und Markierung. Daraus ergeben sich die folgenden Typenkapitel.

Kapitel VII erfaßt die **syntagmatischen Spezialwörterbücher**. Zur Syntagmatik gehört, daß ein Wort Konstruktion (bzw. Valenz oder grammatikalische Kollokation) hat (Art. 94), Kollokation (auch lexikalische Kollokation genannt, Art. 95), daß es teilhat an der Konstruktion von Phrasemen oder Redewendungen (Art. 96), Sprichwörtern (Art. 97) und Sätzen (Art. 99). Das geflügelte Zitat (Art. 98) kommt dem Sprichwort nahe, zusammengesetzte Wörter, Redensarten, Gesprächsformeln, Anspielungen, Anekdoten, Devisen, Mottos, Sinnsprüche bilden eine Restkategorie weiterer syntagmatischer Einheiten (Art. 100).

Eine Schwierigkeit ergibt sich aus dem besonderen Status des Einzelwortes in einer phraseologischen Einheit. Der syntagmatische Gebrauch des Wortes *Kakao* in der Redewendung *jemanden durch den Kakao ziehen* („verspotten") bezieht sich streng genommen nur auf den Signifikanten und nicht, wie bei der Kollokation, auf den Signifikanten und das Signifikat. Die (lexikographisch notwendige) Einbindung des Phrasems in die Mikrostruktur eines der beteiligten Wörter als Lemma (es ist nahezu immer subadressiert) legt aber eine Charakterisierung als syntagmatisch nahe, welche durch eine gewisse verbleibende Teildurchsichtigkeit der Einheit gestützt wird.

Kapitel VIII erfaßt Wörterbücher, welche die Wörter in **Paradigmen** zusammenstellen. Es sind zu unterscheiden: Inhaltsparadigmen (Art. 101—109), Ausdrucksparadigmen (Art. 110—113) und Inhalts-/Ausdrucksparadigmen (morphosemantische oder Wortbildungsparadigmen, Art. 114). Der Terminus „onomasiologisches Wörterbuch" meint hier das inhaltsparadigmatische Wörterbuch. Onomasiologische Perspektive (von der Bedeutung zum Zeichen) findet man auch in Kollokationswörterbüchern (was erklärt, warum es Spezialwörterbücher gibt, die Kollokations- und Synonymeninformation nebeneinander verzeichnen) und in onomasiologisch aufgebauten phraseologischen Wörterbüchern. Im einzelnen ergeben sich inhaltsseitig Synonymenwörterbücher (Art. 102, 103), Antonymenwörterbücher (Art. 104), Begriffswörterbücher (Art. 105), analogische Wörterbücher (Art. 106), Umkehrwörterbücher von der Definition zum Wort (Art. 107), nach Wortfeldern geordnete Bild- und Gestenwörterbücher (Art. 108, 109) sowie, ausdrucksseitig, Homonymen- und Paronymenwörterbücher (Art. 110), Reimwörterbücher (Art. 111), rückläufige Wörterbücher (Art. 112), ferner Anagrammwörterbücher bzw. weitere kombinations- und positionsalphabetisch oder nach Buchstabenzahl geordnete Wörterbücher, wie sie von Kreuzworträtsellösern benutzt werden (Art. 113). Das Wortfamilienwörterbuch (Art. 114) beschließt die Paradigmatik.

Die sich aus den **Varietäten der Sprache** ergebenden Spezialwörterbücher wurden unter dem Aspekt der Zugehörigkeit zum gegenwärtigen Standard aufgeteilt. Innerhalb einer bestimmten nationalen Sprachgemeinschaft funktionieren zu einem bestimmten Zeitpunkt nicht nur neutrale, d. h. unmarkierte Einheiten, sondern auch Archaismen (Art. 115), Neologismen (Art. 116), Regionalismen (Art. 117), Fremdwörter (Art. 118), Internationalismen (Art. 119), umgangssprachliche Wörter (Art. 120), Schimpfwörter (Art. 121), Tabuwörter (Art. 122), Schlagwörter (Art. 123), schwere Wörter (Art. 124) sowie vom Purismus kritisierte Wörter (Art. 125). Diesem Aspekt gilt Kapitel IX. Faßt man hingegen die Sprache als ein über nationale und zeitliche Grenzen sowie über das Gebot der intersubjektiven Verständlichkeit hinausgehendes System, so ergibt sich eine neue Dimension der **Varietät**. Dieser Dimension ist Kapitel XIV gewidmet. Sie betrifft die **Zeitachse** mit Sprachstadienwörterbüchern zur Sprache vergangener Zeiten (Art. 154—156), die **Raumachse** mit Dialektwörterbüchern (Art. 157) und Wörterbüchern nationaler Varianten (Art. 158, 158a), die **Achse der Technolekte** (Art. 159, 160) sowie gruppeneigene Varietäten (Art. 161) und Geheimsprachen (Art. 162).

Daß Kapitel IX und XIV nicht hintereinandergestellt wurden, hat seinen Grund in der von Kapitel VI—XIII gewahrten grundsätzlichen Funktionseinheit der Sprache, die in Kapitel XIV systematisch durchbrochen wird. Das gilt auch für die Fiktion des gesamtsystembezogenen Wörterbuchs (Art. 153), das Sprachmaterial vereint, wie es nie von einer Sprachgeneration beherrscht wurde und das sich dadurch als Spezialwörterbuch erweist, obwohl es evtl. mehr Informationspositionen enthält als das allgemeine einsprachige Wörterbuch.

Der quantitativ riesige Raum der Dialektwörterbücher wird bewußt auf das Beispiel der französischen Wörterbücher beschränkt. Für die deutschen Dialektwörterbücher kann auf das *Handbuch Dialektologie* verwiesen werden (Besch u. a. 1982/1983) und darin speziell auf die Artikel 5, 11, 41, 43 und 79. Einige Hinweise zum englischen Sprachraum finden sich in Artikel 158 des hier vorliegenden Handbuchs.

Kapitel XII sammelt vor allem die auf die identifizierenden Angaben spezialisierten Wörterbücher. Im allgemeinen einsprachigen Wörterbuch stehen diese Informationen in der Regel im Artikelkopf. Im einzelnen handelt es sich um das Orthographiewörterbuch (Art. 140), das Aussprachewörterbuch (Art. 141), das Flexionswörterbuch (Art. 142) und das etymologische Wörterbuch (Art. 144, 145). Das Frequenzwörterbuch (Art. 143) wurde diesem Kapitel zugeordnet, weil es eine ähnliche wissenschaftliche Information zum Lemmazeichen liefert. Zwar erscheint die Frequenzangabe bislang selten in Artikelköpfen (im TLF findet man sie im Artikelannex), doch ist das grundsätzlich denkbar. Das chronologische Wörterbuch (Art. 146) ordnet etymologisch-bedeutungsgeschichtliche Daten zu einer bestimmten Form und ist deshalb dem etymologischen Wörterbuch zuzuordnen. Als Verlegenheitslosung muß hingegen die Einordnung des humoristischen Wörterbuchs (Art. 147) in dieses Kapitel angesehen werden. Da dieser Wörterbuchtyp den Grundsatz ernsthafter Wissensvermittlung durchbricht und damit im Gegensatz zu allen anderen Spezialwörterbüchern steht, gehört er eigentlich in ein eigenes Kapitel. Eine solche Lösung wird jedoch durch Gliederungsgesichtspunkte vereitelt.

Wenn man als Verselbständigung von Bauteilen des allgemeinen einsprachigen Wörterbuchs die Spezialwörterbuchtypen der Kapitel VII, VIII, IX, XII und XIV gewonnen hat, so verbleiben als nächstes alle die Typen, die sich aus den verschiedenen Lemmatypen des allgemeinen Wörterbuchs (und damit aus den oben aufgezählten Typen lexikalischer Einheiten) ergeben, seien sie segmentaler, kategorieller oder semantischer Art. Freilich gilt dies nur, insoweit sie nicht als Bauteil bereits behandelt sind. Denn manches Bauteil, wie etwa die Markierung, expliziert ja nur, was dem Lemma bereits wesenhaft innewohnt (z. B. der Tabucharakter des Worts).

Kapitel X trägt deshalb die Überschrift: Wörterbücher zu bestimmten *weiteren* Lemmatypen. Die Liste der hier denkbaren und auch existierenden Typen ist sehr lang. Da aber viele Typen nur in wenigen Beispielen vorliegen, mußte streng ausgewählt werden. So gibt es z. B. noch Wörterbücher der Kollektiva (Sparkes 1985), Euphemismenwörterbücher (Neaman 1983, Rawson 1981) oder auch volksetymologische Wörterbücher (Palmer 1882). Wörterbücher der Reduplikationen gibt es nicht, aber sie sind denkbar. Der Auswahlcharakter des Kapitels kommt auch in mehreren Sammeltiteln zum Ausdruck. Im einzelnen werden der Behandlung für würdig befunden: das grammatische Wörterbuch (Art. 126), das als typkonstitutives Merkmal grammatische Termini alphabetisiert, das wortklassenbezogene Wörterbuch (Art. 127), das Lemmata bestimmter Wortartenzugehörigkeit auswählt (z. B. Präpositionen oder Partikeln), das Wörterbuch der Wortbildungsmittel (Art. 128), das sich auf Affixe, Wurzeln und ähnliches beschränkt, das Wörterbuch, das sich auf Erbwörter beschränkt und Lehnwörter aussondert (eine deutsche Domäne, Art. 129), das Dublettenwörterbuch (Art. 130), das eine historisch bestimmte Kategorie lexikalischer Einheiten aussondert, das Onomatopöienwörterbuch, das nach diachronischen wie synchronischen Gesichtspunkten erstellt werden kann (Art. 131), das Abkürzungswörterbuch (Art. 135), das auf die Bezeichnung von Berufen (Art. 132) oder von Tieren und Pflanzen (Art. 133) spezialisierte Wörterbuch und schließlich das Wörterbuch der aus Eigennamen entstandenen Wörter (sogenannte Eponyme oder Deonomastika, Art. 134). Die Berufs-, Tier- und Pflanzenbezeichnungen werden auch Berufs-, Tier- und Pflanzen*namen* genannt, womit der Gattungsname gemeint ist. Das Handbuch schließt sich diesem Sprachgebrauch nicht an, sondern beschränkt den Terminus „Namenwörterbuch" auf Wörterbücher der Eigennamen. In diesem Sinn ist das Wörterbuch der Farbnamen (Seufert 1955) kein Namenwörterbuch.

Dem Namenwörterbuch als einer besonderen Kategorie Wörterbücher zu einem bestimmten Lemmatyp ist wegen seiner quantitativen Bedeutung über den ganzen Erdball ein eigenes Kapitel, nämlich das Kapitel XI, gewidmet. Ähnlich wie im Falle des Dialektwörterbuchs hätte eine mehr als exemplarische Darstellung den Rahmen des Handbuchs gesprengt. Es werden deshalb vornehmlich die deutschen Personennamenwörterbücher (Art. 136), Ortsnamenwörterbücher (Art. 137), Gewässernamenwörterbücher (Art. 138) und weitere Typen des Namenwörterbuchs (Art. 139) vorgestellt.

Hat man dergestalt die existierenden Spezialwörterbücher zu nahezu 90 % an die Lemmatypen und die Informationstypen (Bauteile) des allgemeinen einsprachigen Wörterbuchs anknüpfen können, so verbleiben zwei Kategorien, die darüber hinaus eigene Kapitel brauchen.

Kapitel XV sammelt die textbezogenen Nachschlagewerke am Rande des Wörterbuchbegriffs, wie Glossar, Konkordanz und Index. Das Handbuch unterscheidet hier zwischen Autoren-Bedeutungswörterbuch (Art. 164), Konkordanz (Art. 165) und Belegstellenwörterbuch (Art. 166), vgl. dazu Wiegand 1984, 590—600. Hinzugestellt wurde der in der Wörterbuchgeschichte wenig vertretene, aber wünschenswerte Typ des textsortenbezogenen Wörterbuchs (Art. 163).

Schließlich schien es ratsam, die phänomenologische Typologie an einer Stelle durch das Kriterium der adressatenbezogenen Funktion zu ersetzen. Dies geschah in Kapitel XIII, welches dem didaktischen Spezialwörterbuch und dem Kinderwörterbuch gewidmet ist. Dieser Bereich ist der einzige wichtige Spezialbereich, der sich nicht an einem Lemmatyp oder an einem Bauteil festmachen läßt, sondern dessen funktionale Perspektive eine große Zahl von lexikographischen Entscheidungen erfaßt. Theoretisch wäre es deshalb auch denkbar gewesen, die didaktischen Spezialwörterbücher als eine Subkategorie des allgemeinen einsprachigen Wörterbuchs zu fassen, eine Lösung, die sich unter dem Ansatz des Gegeneinander von merkmalhaltigem Spezialwörterbuch und merkmallosem Standardtyp (allgemeines Wörterbuch) jedoch verbot. Im einzelnen werden die didaktischen Wörterbücher unterschieden nach Grundwortschatzwörterbüchern (Art. 148), Kinderwörterbüchern (Art. 149), Schulwörterbüchern für den muttersprachlichen (Art. 150) und für den fremdsprachlichen Unterricht (Art. 151, 152).

Die zehn Typenkapitel des Handbuchs (= Handbuchkapitel VI—XV) sind typologisch so geordnet wie in Abb. 91.8 dargestellt.

### 7.3. Probleme der Wörterbuchtypologie des Handbuchs

Da die vorgestellte Typologie der Spezialwörterbücher eine praktische Typologie ist, in der jedes Wörterbuch nur an einer Stelle eingeordnet werden kann, geht sie zahlreiche Kompromisse ein und verzichtet auf manchen Aspekt, der für wichtig gehalten werden kann. So fehlt z. B. die Kategorie des historischen Wörterbuchs, weil das Dominantsetzen des Aspekts historisch/gegenwartsbezogen in einer exhaustiven praktischen Typologie wenig praktikabel erscheint. Zu viele Wörterbuchtypen müßten mehrfach be-

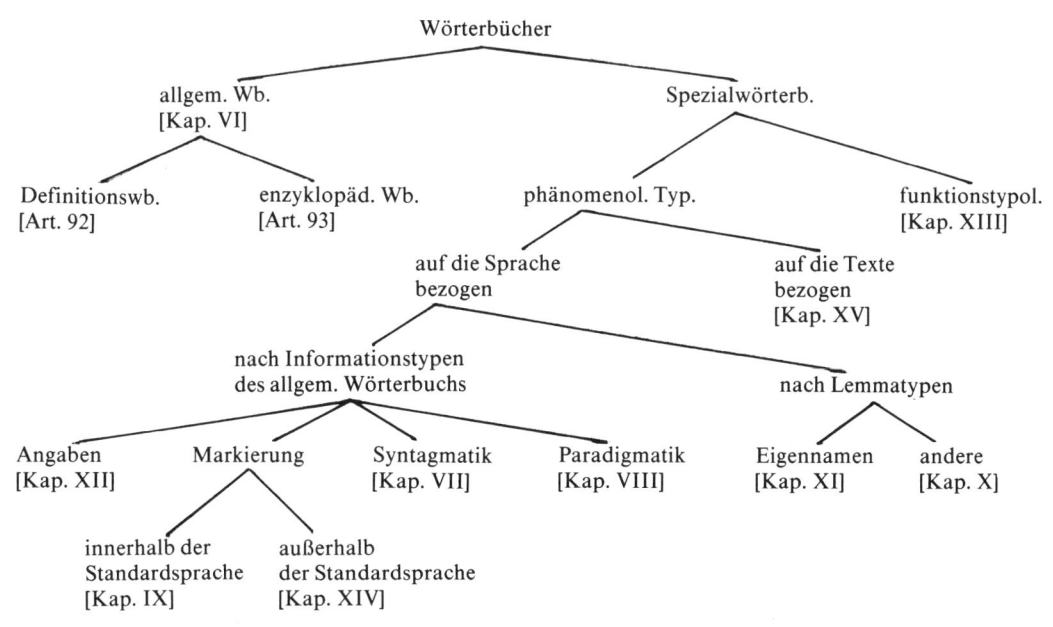

Abb. 91.8: Typologie der den Wörterbuchtypen gewidmeten Handbuchkapitel

schrieben werden. Zudem ist die typologische Sichtung unter diesem Kriterium durch Reichmann 1984 für die deutschen Wörterbücher in Form einer Matrix geleistet.

### 7.4. Typenkombination und Typenkritik

Die vorgestellte Typologie ist idealtypisch, z. B. insofern sie bis zu den kleinsten relevanten Typen unterteilt und somit keine Typenkombination zuläßt. Da derartige Typenkombinationen, z. B. das Wörterbuch der Synonyme und Antonyme, das Wörterbuch der Synonyme und Kollokationen, das Wörterbuch der Kollokationen und Redewendungen usw., häufig vorkommen, muß im Rahmen der vorgestellten praktischen Typologie einer der Typen privilegiert und der benachteiligte „angebundene" Typ in dem ihm gewidmeten Artikel durch einen entsprechenden Verweis vertreten sein (z. B. Verweis von Art. Antonymenwörterbuch auf den Art. Synonymenwörterbuch, der auch die kombinierten Typen behandelt).

Mit den Typenkombinationen hat sich auch die Wörterbuchkritik zu befassen. Denn keineswegs alle vorkommenden Kombinationen sind funktional sinnvoll. Da Synonyme, Antonyme und Kollokationen bei der Textproduktion gebraucht werden, ist die Kombination dieser Wörterbuchtypen höchst wünschenswert. Hingegen erscheint die Kombination eines Kollokationswörterbuchs mit einem semasiologisch geordneten Wörterbuch der Redewendungen (z. B. *jemanden durch den Kakao ziehen* s. v. Kakao) wenig sinnvoll, da das erste der Sprachproduktion dient, das zweite aber der Sprachrezeption. Um die Kombination zu rechtfertigen, müßten die Redewendungen onomasiologisch präsentiert werden, d. h. unter dem Schlüsselbegriff (z. B. *jemanden durch den Kakao ziehen* s. v. Spott). Das aber wiederum gäbe nur Sinn im Rahmen der Gesamtsynonymik. Nun sollte der Typologe gewiß nicht in den Fehler verfallen, die Wörterbücher danach zu beurteilen, wie genau sie in sein typologisches Schema passen, und alle sperrigen Vertreter als hybrid abqualifizieren. Dennoch gilt, daß nicht alle denkbaren und existierenden Kombinationen gleichermaßen nützlich sind.

Besonders große Probleme werfen für den praktischen Typologen bestimmte Exemplare aus der Frühgeschichte des Wörterbuchs auf, z. B. der *Manipulus Vocabulorum* von Peter Levins (1570). Dieses Wörterbuch kann als die Kombination von 8 Spezialwörterbüchern beschrieben werden. Das Wörterbuch ordnet die Makrostruktur nach Reimsilben und ist deshalb unproblematisch in die Gruppe der ausdrucksparadigmatischen Wörterbücher einzuordnen. Die grundsätzliche Beigabe lateinischer Äquivalente macht aber daraus auch ein englisch-lateinisches Hinübersetzungswörterbuch. Die zahlreichen englischen Erklärungen in Form von Definitionen, Synonymen usw. lassen es zudem als englisches Definitionswörterbuch erscheinen. Der Autor selbst nennt neben der Funktion aller Reimwörterbücher, nämlich der Hilfe für Reimeschmiede, noch andere Funktionen. Er unterscheidet die Aussprache homographer Wörter durch Akzentsetzung sowie die Aussprache homographer Endsilben (z. B. *-able*) durch Lautschrift. Damit erhält das Wörterbuch Elemente eines Aussprachewörterbuchs. Der Autor weist darauf hin, daß man in seinem Wörterbuch die Ableitungen und Zusammensetzungen der englischen Sprache lernen kann und kommentiert oft Suffixe. Man könnte es deshalb als Wörterbuch der Wortbildungsbeziehungen oder als Wortfamilienwörterbuch klassifizieren (vgl. Stein 1987). Der Autor nennt als erste Aufgabe der Anordnung des Wörterbuchs nach Reimen im Englischen den dadurch geschaffenen Anreiz für das schulische Erlernen des Lateinischen. Soll man das Wörterbuch deshalb als Lernwörterbuch des Lateinischen klassifizieren? Schließlich ist das Buch voller Tabuwörter, wie im 16. Jahrhundert üblich. Nicht unsinnig wäre deshalb auch eine Rubrizierung als Wörterbuch des Sexualwortschatzes.

Levins Wörterbuch ist kein Einzelfall. Die Wörterbuchgeschichte kennt noch kuriosere Reimwörterbücher. So ist z. B. der *Dictionnaire servant de bibliothèque universelle* (Boyer 1649) eine Art Brockhaus in Reimordnung. Und ähnliche Kombinationen weist das *Novum Dictionarii Genus* von Erasmus Alberus (1540) auf (vgl. Smet 1975).

In der Zeit, in der es allgemeine einsprachige Wörterbücher und Lexika noch gar nicht gab, können „Reimwörterbücher" wie die drei beschriebenen eigentlich gar nicht als Spezialwörterbücher aufgefaßt werden, sondern müssen möglicherweise als zeitgebundener Typ des allgemeinen einsprachigen Wörterbuchs klassifiziert werden, um ihnen gerecht zu werden. Typologische Probleme solcher Art können aber an dieser Stelle nicht gelöst, sondern nur angedeutet werden.

## 8. Typologie und Titelgebung: das Beispiel des Kollokationswörterbuchs

Wie in 7.1. angedeutet, hat die wissenschaftliche Wörterbuchtypologie eine sprachplanerische Dimension. Sie sollte über die wissenschaftliche Terminologie hinaus in der Lage sein, Vorschläge für eine präzise, gemeinverständliche und minimal standardisierte Titelgebung zu machen. Wenn der Titel „Universal-Wörterbuch" zu gleicher Zeit ein dickes einbändiges Gesamtwörterbuch (DUW) und ein höchst selektives Kleinwörterbuch (LUF) schmückt, so kann das den Käufer nur verwirren. Besondere Relevanz hat der Titel im Bereich der Spezialwörterbücher. Das Verhältnis von Typ und Titel soll deshalb an einem Beispiel aus diesem Bereich erörtert werden. Für das Wörterbuch, das ausschließlich oder dominant lexikalische Kollokationen verzeichnet, lassen sich international folgende Titelformulierungen finden (vgl. Art. 95):

Stilwörterbuch
Wörter und Wendungen
Epithetawörterbuch
Wortfinder
Kombinatorisches Wörterbuch
 (Wortkombination)
Wörterbuch der Wortkollokationen
Wörterbuch der Wortverbindungen
Wörterbuch der Wortfügungen
Kontextsammlung, Kontextwörterbuch
Sprachbuch
Syntagmatisches Wörterbuch
Wörter und Begriffe. Die Wörter, die zu den
 Begriffen passen
Substantiv-Verbausdrücke

An dieser Titelgebungspraxis ist manches unbefriedigend. Verwirrend ist zuerst die Vielfalt selbst. Eine gewisse terminologische Eingrenzung wäre wünschenswert. Zum zweiten muß bemängelt werden, daß in vielen Titeln die Kollokationen unausgedrückt bleiben. Das gilt auch für einen Titel wie *Wörter und Wendungen,* es sei denn, man faßte Wendungen als einen wenig nützlichen Oberbegriff für Kollokationen und Redewendungen. Der wichtigste Mangel vieler Titel ist aber ihre Ambiguität. Der Titel *Word Finder* wird auch für kumulative Synonymiken verwandt und ist deshalb nicht hinreichend distinktiv, ganz zu schweigen von dem französischen Titel *Les mots et les idées,* der überhaupt nichts aussagt. Unklar ist auch der verbreitete deutsche Titel *Stilwörterbuch,* der den Eindruck erweckt, es ginge in dem Wörterbuch entweder um Stilebenen oder um eine puristische Auffassung von gutem Stil. (In der Tat stand in dem *Duden Stilwörterbuch* von 1934 über fünf Auflagen hinweg als Einführung eine Abhandlung des Erlanger Germanisten Ewald Geißler mit dem Titel „Vom deutschen Stil. Lockrufe und Warnungen".) Unklar ist aber der Titel *Stilwörterbuch* auch deswegen, weil dieser Titel in der 1911 von Albrecht Reum begründeten Tradition ein textproduktionsorientiertes Wörterbuch meint, das neben den Kollokationen auch die Synonyme, die Ableitungen und Zusammensetzungen und die bildlichen Redewendungen verzeichnet. Der Wörterbuchtypologe wird deshalb darauf bestehen, daß im Wörterbuchtitel oder im Untertitel die syntagmatische Information ausgedrückt wird, wie das in manchen o. g. Titeln bereits der Fall ist.

## 9. Perspektiven

Die Wörterbuchtypologie ist eine wichtige Komponente der Theorie der lexikographischen Sprachbeschreibung (vgl. Wiegand 1984, 560) und damit einer allgemeinen Theorie der Lexikographie. Das bedeutet, daß auch die anderen Forschungsgebiete der Metalexikographie, nämlich die Wörterbuchkritik, die Status- und Benutzungsforschung und die Geschichte der Lexikographie ohne Wörterbuchtypologie nicht bearbeitbar sind, ja mehr noch, Wörterbücher selbst sind ohne Wörterbuchtypologie weder planbar noch machbar. Denn anderenfalls müßte man konstatieren, daß der Verlag (oder Lexikograph) nicht weiß, was er tut. Wissen die Verlage immer, was sie tun?

Wörterbuchtypologie steht im Zentrum von Wörterbuchforschung überhaupt. Dieser zentralen Stellung wird der derzeitige Entwicklungsstand der Wörterbuchtypologie zweifellos nicht gerecht, was schon daraus abgelesen werden kann, daß es keine Matrixdarstellung der Merkmale aller allgemeinen einsprachigen Wörterbücher einer Sprache gibt, die der von Reichmann 1984 zu den deutschen historischen Wörterbüchern erarbeiteten an Breite und Tiefe nahekäme. Derlei typologische Beschreibungen können auch in diesem Handbuch nicht geleistet werden. Sie bleiben dringendes Desiderat, um so mehr, als sie ihrerseits theoretische Vorüberlegungen erfordern wie etwa die als umfassende Grundlegung geplante Darstellung von Wiegand 1988. Typologisch ist die lexikographische Welt noch weitgehend unerschlossen.

## 10. Literatur (in Auswahl)

### 10.1. Wörterbücher

*Alberus* = Erasmus Alberus: Novum dictionarii genus. Frankfurt 1540 [XII, 823 p.; Hildesheim 1975].

*alpha 8* = Langenscheidts elektronisches Wörterbuch Englisch alpha 8. München 1983 [in Form eines Taschenrechners, vgl. Art. 35].

*Boyer* = Paul Boyer du Petit-Puy: Dictionnaire servant de Bibliotheque Universelle. Paris 1649.

*DFC* = Dictionnaire du français contemporain. Paris 1966 [XXII, 1224 p.].

*DUW* = Duden Deutsches Universalwörterbuch. Mannheim 1983 [1504 p.].

*HWDG* = Handwörterbuch der deutschen Gegenwartssprache in zwei Bänden. Berlin (DDR) 1984 [1399 S.].

*Levins* = Peter Levins: Manipulus vocabulorum. London 1570 [Menston 1969].

*LUF* = Langenscheidts Universalwörterbuch Französisch. Berlin 1965 [480 S.].

*Neaman 1983* = Judith S. Neaman/Carole G. Silver: A Dictionary of Euphemisms. London 1983 [New York 1982: Kind Words; 320 p. + Index].

*Palmer 1882* = Abram Smythe Palmer: Folk-etymology, a dictionary of verbal corruptions or words perverted in form or meaning by false derivation or mistaken analogy. London 1882 [716 S.].

*PR* = Petit Robert 1. Dictionnaire alphabétique et analogique de la langue française. Paris 1967 [XXXII, 1971 p. 2. Aufl. 1977].

*Rawson 1981* = Hugh Rawson: A Dictionary of Euphemisms and Other Doubletalk. New York 1981.

*Seufert 1955* = Georg Seufert: Farbnamenlexikon von A—Z. Göttingen 1955 [305 p.].

*Sparkes 1985* = Ivan G. Sparkes: Dictionary of Collective Nouns and Group Terms. 2. ed. Detroit 1985 [283 p.].

*TLF* = Trésor de la langue française. Dictionnaire de la langue du XIXe et du XXe siècle (1789—1960). Paris 1971 ff. [12 Bde. bis 1986].

### 10.2. Sonstige Literatur

*Babkin 1968* = A. M. Babkin: Lexikographie (1968). In: Wolski 1982, 234—236.

*Besch u. a. 1982/1983* = Dialektologie. Ein Handbuch zur deutschen und allgemeinen Dialektforschung. Hrsg. von Werner Besch/Ulrich Knoop/Wolfgang Putschke/Herbert Ernst Wiegand. 2 Bde. Berlin. New York 1982, 1983.

*Cyvin 1978* = A. M. Cyvin: Zur Klassifikation russischer Wörterbücher (1978). In: Wolski 1982, 112—126.

*Denisov 1977* = P. N. Denisov: Typologie sprachpädagogischer Wörterbücher (1977). In: Wolski 1982, 237—239.

*Geeraerts 1984* = D. Geeraerts: Dictionary Classification and the Foundations of Lexicography. In: I. T. L. Review 63. 1984, 37—63.

*Guilbert 1969* = Louis Guilbert: Dictionnaires et linguistique: Essai de typologie des dictionnaires monolingues français contemporains. In: Langue française 2. 1969, 4—29.

*Hausmann 1977* = Franz Josef Hausmann: Einführung in die Benutzung der neufranzösischen Wörterbücher. Tübingen 1977.

*Hausmann 1985* = Franz Josef Hausmann: Lexikographie. In: Handbuch der Lexikologie. Hrsg. v. Chr. Schwarze/D. Wunderlich. Frankfurt a. M. 1985, 367—411.

*Kühn 1978* = Peter Kühn: Deutsche Wörterbücher. Tübingen 1978.

*Malkiel 1959/1960* = Yakov Malkiel: Distinctive Features in Lexicography. A Typological Approach to Dictionaries Exemplified with Spanish. In: Romance Philology 12. 1959, 366—399; 13. 1960, 111—155.

*Malkiel 1962* = Yakov Malkiel: A Typological Classification of Dictionaries on the Basis of Distinctive Features. In: Problems in Lexicography. Ed. by F. Householder and S. Saporta. Bloomington 1962, 3—24. = In: Y. Malkiel, Essays on Linguistic Themes. Oxford 1968, 257—279.

*Quemada 1967* = Bernard Quemada: Les dictionnaires du français moderne 1539—1863. Paris 1967.

*Reichmann 1984* = Oskar Reichmann: Historische Lexikographie. In: Sprachgeschichte. Hrsg. v. W. Besch u. a. Erster Halbband. Berlin. New York 1984, 460—492.

*Rey 1970* = Alain Rey: Typologie génétique des dictionnaires. In: Langages 19. 1970, 48—68.

*Ščerba 1940* = L. V. Ščerba: Versuch einer allgemeinen Theorie der Lexikographie (1940). In: Wolski 1982, 17—62.

*Sebeok 1962* = Thomas A. Sebeok: Material for a Typology of Dictionaries. In: Lingua 11. 1962, 363—374.

*Smet 1975* = Gilbert de Smet: Vorwort. In: Alberus 1540, V—XII.

*Stein 1987* = Gabriele Stein: Peter Levins: A Sixteenth-Century English Word-Formationalist. In: Neuere Forschungen zur Wortbildung und Historiographie der Linguistik. Festgabe für Herbert E. Brekle zum 50. Geburtstag. Hrsg. von B. Asbach-Schnitker/J. Roggenhofer. Tübingen 1987, 287—302.

*Wiegand 1977* = Herbert Ernst Wiegand: Nachdenken über Wörterbücher: Aktuelle Probleme. In: G. Drosdowski/H. Henne/H. E. Wiegand: Nachdenken über Wörterbücher. Mannheim 1977, 51—102.

*Wiegand 1984* = Herbert Ernst Wiegand: Prinzipien und Methoden historischer Lexikographie. In: Sprachgeschichte. Ein Handbuch zur Geschichte der deutschen Sprache und ihrer Erforschung. Hrsg. W. Besch/O. Reichmann/St. Sonderegger. Erster Halbband. Berlin. New York 1984, 557—620.

*Wiegand 1988* = Herbert Ernst Wiegand: Vorüberlegungen zur Wörterbuchtypologie: Teil I. In: Symposium on Lexicography III. Hrsg. von K. Hyldgaard-Jensen/A. Zettersten. Tübingen 1988, 3—105.

*Wolski 1982* = Werner Wolski (Hrsg.): Aspekte der sowjetrussischen Lexikographie. Tübingen 1982.

*Franz Josef Hausmann, Erlangen (Bundesrepublik Deutschland)*


## 92. Das Definitionswörterbuch

1. Einleitung
2. Zur Typologie des Definitionswörterbuchs
3. Kommentierte Wörterbuchausschnitte des Definitionswörterbuchs
4. Zur Geschichte des Definitionswörterbuchs
5. Die Zukunft des Gebrauchswörterbuchs
6. Literatur (in Auswahl)

### 1. Einleitung

Der Prototyp des allgemeinen einsprachigen Wörterbuchs liefert in alphabetischer Reihenfolge einen unter gewissen Vollständigkeitsmaßstäben ausgewählten Ausschnitt aus der Menge aller in der jeweiligen Gegenwart des Lexikographen funktionierenden lexikalischen Einheiten einer Einzelsprache und fügt jeder Einheit mindestens eine Definition (Bedeutungserklärung, cf. Art. 44) zu. Von diesem obligatorischen Bauteil erhält der Typ seinen Namen Definitionswörterbuch. Alle anderen Bauteile, namentlich die Bauteile der Syntagmatik und Paradigmatik, sind fakultativ (cf. Art. 36). Ihr Vorkommen hängt von der jeweiligen, mehr oder minder entwickelten, lexikographischen Tradition ab.

Das Definitionswörterbuch steht im Zentrum der einsprachigen Lexikographie. Erreicht es, wie nicht selten der Fall, hohe Auflagen, so wird es zum *Gebrauchswörterbuch*. Ist es über die Definition hinaus mit sehr vielen Bauteilen ausgestattet, so verdient es die Bezeichnung *Gesamtwörterbuch*.

In den Kap. IV und V wird das Definitionswörterbuch im Hinblick auf seine Bauteile und Beschreibungsprobleme eingehend erörtert. Im folgenden geht es deshalb vornehmlich um typologische Gesichtspunkte (2), illustriert mit kommentierten Wörterbuchausschnitten (3), ferner um die Desiderate wörterbuchgeschichtlicher Forschung (4). Ein Blick in die Zukunft (5) schließt den Artikel ab.

### 2. Zur Typologie des Definitionswörterbuchs

Definitionswörterbücher können sich in allen denkbaren Strukturen und Bauteilen unterscheiden (cf. Art. 36). Abb. 92.1 zeigt die Grobstruktur des Wörterbuchs, Abb. 92.2 und 92.3 geben in Anlehnung an Geeraerts 1984 eine nicht exhaustive gegliederte Übersicht über die Merkmale von Makro- und Mikrostruktur.

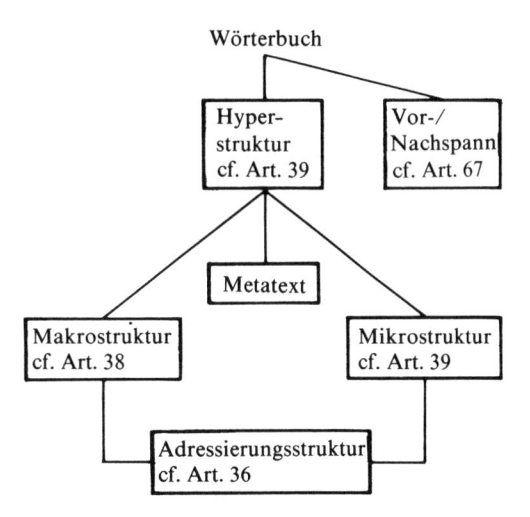

Abb. 92.1: Grobstruktur des Definitionswörterbuchs

Die Unterschiede ergeben sich aus den verschiedenen Maßstäben für die Selektion der zu beschreibenden Einheiten, aus der unterschiedlichen Adressierungsstruktur, aus der unterschiedlichen Datenselektion (Bauteilselektion) und aus der unterschiedlichen Bauteilanordnung. Angesichts der hohen Zahl von Variablen gibt es praktisch eine unüberschaubare Menge von Typenvarianten (vgl. Art. 91). In der Praxis lassen sich jedoch einige Unterteilungsgesichtspunkte als besonders relevant herausheben.

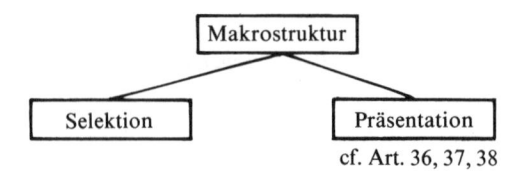

```
                    Makrostruktur
                    /          \
            Selektion          Präsentation
                               cf. Art. 36, 37, 38
```

— geographische Kriterien     — Alphabetisierungstyp
— soziolinguistische Kriterien   — Homonyme Lemmata
— zeitliche Kriterien
— etymologische Kriterien
— formale und
   grammatische Kriterien
    — Abkürzungen
    — Deonomastica
    — Wortformen
    — Ableitungen
    — Affixe
    — Kollokationen
    — Phraseme
— stilistische Kriterien
— didaktische Kriterien
— semantische und
   enzyklopädische Kriterien
— Frequenzkriterien

Abb. 92.2: Merkmale der Makrostruktur im Definitionswörterbuch

Der äußerliche Gesichtspunkt der Bandzahl ist für das Gebrauchswörterbuch keineswegs unerheblich. Das mehrbändige Wörterbuch wird die zentrale Stellung in der Wörterbuchlandschaft in der Regel dem einbändigen Werk überlassen müssen. Von daher ist zu erklären, daß man in den USA in der ersten Hälfte dieses Jahrhunderts mit *Webster's Second* (W2) und *Standard* wahre Buchgiganten produzierte, für die ein eigener fahrbarer Tisch mitgeliefert wurde. Und nicht von ungefähr pressen manche italienischen Wörterbücher bis zu 2700 Seiten zwischen zwei Buchdeckel (Devoto/Oli).

Der wichtigste innere Gesichtspunkt ist das quantitative Verhältnis von Makrostruktur zu Mikrostruktur, das man mit Malkiel 1959 Informationsdichte *(density)* nennen kann. Einem umfangreichen (extensiven) Lemmabestand können dürftige Daten zugeordnet sein und umgekehrt. Ebenso können Makro- und Mikrostruktur gleich reich oder gleich arm sein. Der Typ des makrostrukturorientierten Wörterbuchs wird von Mackensen verkörpert, in mancher Hinsicht auch von DRAE. Die sog. *learner's dictionaries* zeichnen sich dagegen durch ihre Mikrostrukturorientierung aus (COBUILD, LDOCE, ALD). Malkiel 1959 unterscheidet zwischen einer Breitenabdeckung (*coverage in breadth*) und einer Tiefenabdeckung (*coverage in depth*) und meint mit letzterem die

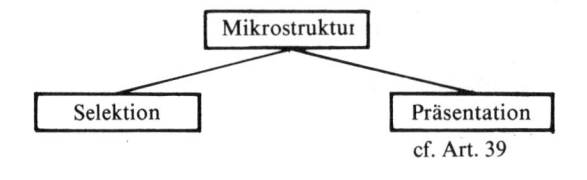

```
                    Mikrostruktur
                    /          \
            Selektion          Präsentation
                               cf. Art. 39
```

— orthographische Daten    — Reihenfolge der Definitionen
— phonetische Daten           cf. Art. 87
— grammatische Daten
— stilistische Daten
— distributionelle Daten
— etymologische Daten     — Ort der Phraseme
— interlinguale Daten       — Ort der Paradigmatik
— illustrative Daten         — Ort der etymologischen Angaben
   — Beispiele, Zitate      — Ort der identifizierenden Angaben
   — Bilder
— semantische Daten
   — Definition
   — Bedeutungsbeziehung
      (Metapher, ...)
   — lexikalische Beziehung
      (Syn., ...)
— normative Daten

Abb. 92.3: Merkmale der Mikrostruktur im Definitionswörterbuch

Zahl der Definitionen und „idiomatic phrases". Dem ist die Zahl aller weiteren Daten (namentlich von Beispielsätzen und paradigmatischen Daten) hinzuzufügen.

Die Definitionswörterbücher unterscheiden sich in ihrer jeweiligen Adressierungsstruktur (cf. Art. 36), d. h. im Ausmaß der Subadressierung sowie in der Alphabetisierungsstruktur. Die erfolgreiche Benutzung der Wörterbücher ist weitgehend von der genauen Kenntnis dieser Strukturen abhängig (z. B. nestalphabetisches, nischenalphabetisches oder glattalphabetisches Wörterbuch; cf. Art. 38).

Ähnliches gilt in der Mikrostruktur von der Reihenfolge der Definitionen. Unter diesem Aspekt ist das Wörterbuch mit frequenzorientierter Polysemiestruktur von dem mit chronologisch geordneter Polysemiestruktur zu unterscheiden. Kommt bei letzterem eine etymologische Angabe sowie eine Lemmazeichenauswahl hinzu, welche über die Gegenwart hinaus in frühere Sprachstadien hineinreicht, so enthält das Wörterbuch eine markante historische Komponente (z. B. PR).

Ein besonderes Problem der mikrostrukturellen Präsentation bieten die Phraseme, die in die Polysemiestruktur integriert oder in einem Artikelannex erscheinen können. Artikelübergreifend läßt sich eine organisierte von einer zufälligen Bearbeitung der Phraseme unterscheiden, je nachdem ob das Problem des Stichworts rationalisiert ist oder nicht (*jemanden durch den Kakao ziehen* s. v. **Kakao** oder s. v. **ziehen** oder beides mit oder ohne Verweise).

Zahlreiche Untertypen ergeben sich durch die unterschiedliche Datenselektion in der Mikrostruktur. Das Wörterbuch kann den Akzent auf die primären Definitionen legen (W3) oder auf die Beispiele (Wahrig). Es kann sich um eine umfassende onomasiologische Vernetzung bemühen (PR) oder darauf ganz verzichten.

Das Wörterbuch kann vornehmlich für die Zwecke der Textrezeption geeignet sein. Es kann aber auch produktionsorientiert sein, weil es Bauteile aufweist, die in Sprachproduktionssituationen Nutzen bringen. Das ist z. B. der Fall bei Integration von Inhaltsparadigmatik sowie dem systematischen Eintrag von Kollokationen im Artikel der Kollokationsbasis (vgl. Art. 95).

Unter dem Gesichtspunkt des Tenors (*E.* tone) unterscheidet Malkiel 1960, 120 das objektive (oder deskriptive) Wörterbuch vom normativ-didaktischen (*detached* vs. *preceptive approach*). Letzteres kann implizit oder explizit normativ sein (cf. Art. 7 u. Art. 24).

## 3. Kommentierte Wörterbuchausschnitte des Definitionswörterbuchs

Der hohe Entwicklungsstand des im Zentrum des Benutzerinteresses stehenden Definitionswörterbuchs kann zu einem gewissen Teil mit Hilfe der graphischen Benutzungsanleitung (*E.* explanatory chart) vorgeführt werden. Ein solcher Metatext wird im folgenden abgedruckt (vgl. S. 984—986, ferner Art. 40 und Art. 66). Leider ist dieser Typ der Benutzungsanleitung in der deutschen und französischen Tradition unterentwickelt. Zur Illustration des produktionsorientierten Wörterbuchtyps mit umfassender onomasiologischer Vernetzung folgt deshalb eine Spalte aus PR 1977.

## 4. Zur Geschichte des Definitionswörterbuchs

Die allmähliche Herausbildung des heutigen Definitionswörterbuchs aus der Glossartradition des Mittelalters und der frühen Neuzeit und aus den zwei- und mehrsprachigen Wörterbüchern wird in den Kapiteln zur Lexikographie der Einzelsprachen beschrieben (cf. Kap. XVII ff.).

Desiderat ist eine gesamteuropäische Darstellung, welche den vielen grenz- und sprachenüberschreitenden Einflüssen gerecht wird. Als methodisch besonders ergiebig muß eine europäische Geschichte der Definitionswörterbücher nach ihren Bauteilen angesehen werden, welche unterschiedliche Traditionen oder auch Entwicklungssprünge in der Definition, in den Beispielen (cf. Hausmann 1987), in der Paradigmatik, in der Bebilderung (cf. Art. 62) usw. herausarbeitet. In den Kapiteln IV und V konnte diese historische Dimension mangels entsprechender Vorarbeiten nur gelegentlich aufgezeigt werden.

## 5. Die Zukunft des Gebrauchswörterbuchs

Seit rund 20 Jahren ist die Konzeption eines umfassend informierenden einbändigen Definitionswörterbuchs in vielen europäischen Ländern zum Durchbruch gekommen, sofern sie nicht, wie in Italien, vgl. Zingarelli und

# Explanatory chart

Numbers in brackets refer to paragraphs in the guide to the dictionary (p xvii).

**angle brackets** enclosing an example of an entry used in context **(7)**

**aah, ah** /ah *often prolonged*/ *vi* to exclaim in amazement, joy, or surprise <*oohing and ~ing ...*>

**abase** /ə'bays/ *vt* ...
*antonym* extol —— **antonym (8.6)**

**capitalization (5)**

**academy** /ə'kadəmi/ *n* 1 *cap* **a** *the* school for advanced education founded by Plato **b** the philosophical doctrines associated with Plato's Academy

usage note indicating the phrase (**collocation**) in which a verb frequently appears **(8.7)**

**acquiesce** /,akwee'es/ *vi* to submit or comply tacitly or passively – often + *in*

**Acts** /akts/, **Acts of the Apostles** *n taking sing vb* the fifth book of the New Testament narrating the beginnings of the Christian Church —— **grammatical information** about an entry **(4.1)**

**adrift** /ə'drift/ *adv or adj* 1 afloat without motive power or mooring and at the mercy of winds and currents 2 in or into a state of being unstuck or unfastened; loose – esp in *come adrift* —— usage note indicating the phrase (**collocation**) in which an entry is frequently found **(8.7)**

arrow indicating the part of speech formed when a **combining form** is added to a word or word part **(10)**

**-agogue** /-əgog/ *comb form* (→*n*) 1 leader; guide <*ped*agogue> – sometimes derog <*dem*agogue> 2 substance that promotes the secretion or expulsion of <*emmen*agogue>

**agranulocyte** /ay'granyoolə,siet/ *n* any of various WHITE BLOOD CELLS that have no conspicuous granules in the CYTOPLASM (jellylike material surrounding the nucleus) – compare GRANULOCYTE —— **cross-reference** recommending the user to look up a related entry **(9)**

**cross-reference** recommending the user to look up the main form of an affix or combining form **(9)**

**al-** —see AD-

**alternative society** *n* *the* group of people who reject conventional social institutions, practices, and values in favour of a life-style based esp on communal ownership and self-sufficiency – compare COUNTERCULTURE —— italicized **definite article** indicating that an entry is always preceded by *the* **(8.7)**

²**amount** ...
*usage* **Amount** and **quantity** are correctly used of mass nouns with no plural, and of abstractions that cannot be counted, in the way that **number** is used of plurals. Compare <*a large* **quantity** *of butter*> <*a certain* **amount** *of influence*> <*a large* **number** (not **amount**) *of people*> <*a certain* **number** (not **amount**) *of mistakes*>. —— **essay** discussing a problem of correctness **(8.6)**

**amorous** /'amərəs/ *adj* ...
*synonyms* **Amatory** describes behaviour or art expressing or inspired by sexual love, while **amorous** relates specifically to sexual desire <**amatory** *poetry*> <**amorous** *advances*>. —— **essay** comparing two or more words of similar meaning **(8.6)**

**anabatic** /,anə'batik/ *adj* moving upwards, esp up a slope; rising <*an ~ wind*> [Gk *anabatos*, verbal of *anabainein*] —— **etymology** showing history of an entry **(12)**

**antebellum** /,anti'beləm/ *adj* existing before the war; *esp* existing before the US Civil War <*an ~ brick mansion*> —— **example** showing an entry used in a typical context **(7)**

**example** consisting of an illustrative quotation showing the use of an entry in an actual context **(7)**

**assignation** /,asig'naysh(ə)n/ *n* 1 the act of assigning; *also* the assignment made 2 a meeting, esp a secret one with a lover <*returned from an ~ with his mistress* – W B Yeats>

## EXPLANATORY CHART

**author** /'awthə/, [*fem* **authoress**] /'awthəris, awthə'res, '---/ *n* **1a** the writer of a literary work ... — **feminine form** of an entry (2)

**homograph number (1.1)** —— [¹] **ban** /ban/ *vt* **-nn-** to prohibit, esp by legal means or social pressure

**bandwagon** /'band,wagən/ *n* **1** a party, movement, cause, or enterprise that ... [– **climb/jump on the bandwagon** to attach oneself to a successful or popular cause, enterprise, etc, esp in the hope of personal gain] —— **idiom (1.3)**

¹**bare** /beə/ *adj* ... [– see also **with one's bare** HANDS, under **bare** POLES] —— **cross-reference to an idiom**, specifying the entry at which it appears (1.3)

**inflection (4)** —— ²**barrel** *vb* [**-ll-** (*NAm* **-l-, -ll-**)] to put or pack in a barrel

**blew** /blooh/ [*past of* BLOW] —— **inflectional cross-reference** giving an inflected form of an entry (9)

**irregular plural (4.1)** —— **boletus** /bə'leetəs, boh -/ *n*, *pl* **boletuses,** [**boleti** /-ti/] any of a genus (*Boletus*) of fleshy fungi (class Basidiomycetes), some of which are edible

¹**bolshie, bolshy** /'bolshi/ *n*, [*informal*] a Bolshevik —— **usage note** indicating the style, attitude, or level of formality of an entry (8.4)

**main entry (1.1)** —— [**'bolt-,hole**] *n* **1** a hole into which an animal runs for safety **2** a place of refuge

**object of a verb (6.3)** —— ³**bond** *vt* **1** to overlap [(e g bricks)] for solidity of construction **2** to put [(goods)] in bond until duties and taxes are paid

**part of speech (3)** —— **bonfire** /'bonfie-ə/ [*n*] a large fire built in the open air

**two parts of speech shown in combination (3)** —— ¹**bop** /bop/ [*vt or n*] **-pp-** *informal* (to strike with) a blow (e g of the fist)

**bottom drawer** *n*. [*Br*] (a place for storing) a woman's collection of clothes and esp household articles and furnishings (e g linen and tableware) kept in anticipation of her marriage —— **regional label**, in this case indicating that the entry is used only in British English (8.3)

²**buoy** *vt* **1** to mark (as if) with a buoy **2a** to keep afloat **b** to support, sustain <*an economy* ~*ed up by the dramatic postwar growth of industry*> **3** to raise the spirits of <*hope* ~*s him up*> [□ (*2&3*) *usu* + *up*] —— **usage note** applying to more than one sense (8.1)

**cacophony** /kə'kofəni/ *n* harsh or discordant sound; dissonance ... [– **cacophonous** *adj*] —— **undefined run-on entry (1.2)**

**sense number (6.1)** —— **cadet** /kə'det/ *n* [**1**] **a** a younger brother or son [**b**] (a member of) a younger branch of a family —— **sense letter (6.1)**

—— **sense divider (6.1)**

**usual/only subject of a verb** —— **caff** /kaf/ *n*, *Br informal* a café; [*esp*] a cheap plain one

¹**call** /kawl/ *vi* **1** ... **c** [*of an animal*] to utter a characteristic note or cry ...

**phrasal verbs listed separately after the entry for their main verb (1.4)** —— ¹**cry** /krie/ *vi* **1** to call loudly ... [**cry down**] *vt* to disparage ...

¹**daring** /'deəring/ *adj* adventurously bold in action or thought [<~ *acrobats*> <~ *crimes*>] —— **swung dash** replacing entry in an example (7)

**synonymous cross-reference to a compound entry (9)** —— **dateline** /'dayt,lien/ *n* **1** a line in a written document or publication giving the date and place of composition or issue **2** [INTERNATIONAL DATE LINE] – **dateline** *vt*

**daystar** /'day,stah/ *n* **1** MORNING STAR **2** [SUN 1a] —— **synonymous cross-reference to a particular sense (9)**

**temporal label** showing that the use of a word or meaning is limited to special contexts (8.2) —— **deer** /diə/ *n*, *pl* **deer** *also* **deers** any of several RUMINANTS ... **2** [*archaic*] an animal; *esp* a small mammal

[**depersonal·ize, -ise**] /,dee'puhsənl·iez/ *vt* **1** to deprive of the sense of personal identity ... —— **verb entry** ending in **-ize** separated by a comma from **-ise**, indicating that the two forms are **equal variants** (2)

# EXPLANATORY CHART

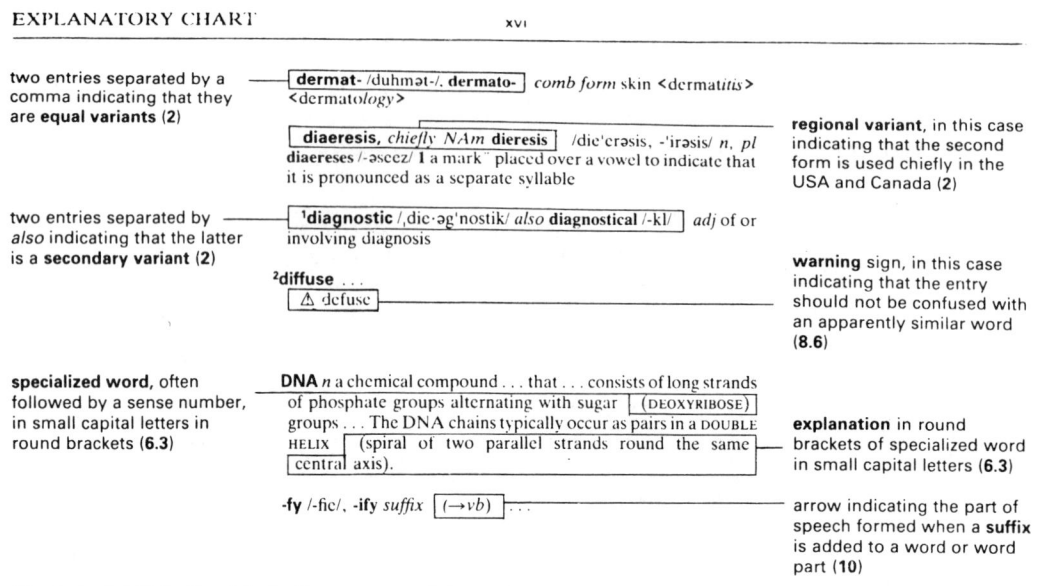

**two entries separated by a comma indicating that they are equal variants (2)** — **dermat-** /duhmət-/, **dermato-** *comb form* skin &lt;dermat*itis*&gt; &lt;dermat*ology*&gt;

**diaeresis,** *chiefly NAm* **dieresis** /die'erəsis, -'irəsis/ *n, pl* **diaereses** /-əseez/ **1** a mark placed over a vowel to indicate that it is pronounced as a separate syllable — **regional variant**, in this case indicating that the second form is used chiefly in the USA and Canada (2)

**two entries separated by *also* indicating that the latter is a secondary variant (2)** — **¹diagnostic** /,die·əg'nostik/ *also* **diagnostical** /-kl/ *adj* of or involving diagnosis

**²diffuse** ... ⚠ defuse — **warning** sign, in this case indicating that the entry should not be confused with an apparently similar word (8.6)

**specialized word**, often followed by a sense number, in small capital letters in round brackets (6.3) — **DNA** *n* a chemical compound ... that ... consists of long strands of phosphate groups alternating with sugar (DEOXYRIBOSE) groups ... The DNA chains typically occur as pairs in a DOUBLE HELIX (spiral of two parallel strands round the same central axis). — **explanation** in round brackets of specialized word in small capital letters (6.3)

**-fy** /-fie/, **-ify** *suffix* (→*vb*) ... — **arrow** indicating the part of speech formed when a **suffix** is added to a word or word part (10)

Textbeispiel 92.1: Graphische Benutzungsanleitung eines Definitionswörterbuchs (aus: LDEL, XIV—XVI)

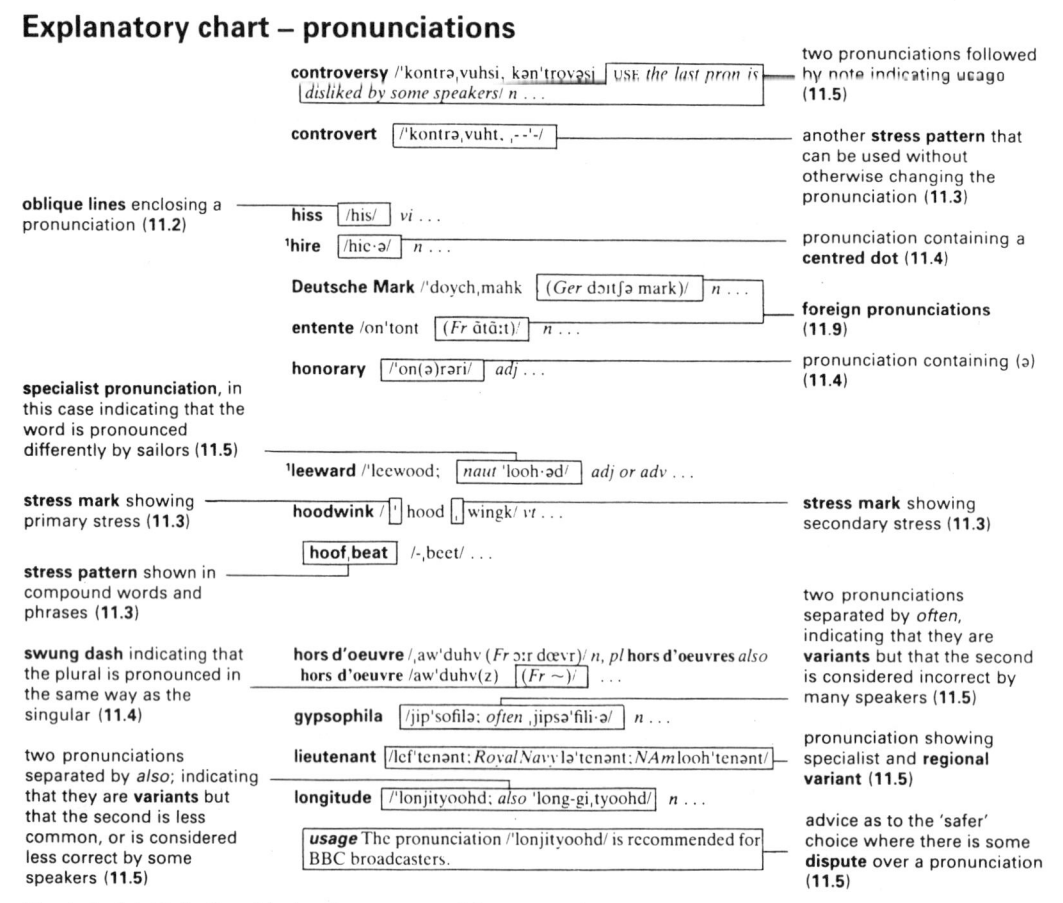

## Explanatory chart — pronunciations

**controversy** /'kontrə,vuhsi, kən'trovəsi USE *the last pron is disliked by some speakers*/ *n* ... — **two pronunciations** followed by note indicating usage (11.5)

**controvert** /'kontrə,vuht, ,--'-/ — another **stress pattern** that can be used without otherwise changing the pronunciation (11.3)

**oblique lines** enclosing a pronunciation (11.2) — **hiss** /his/ *vi* ...

**¹hire** /hie·ə/ *n* ... — pronunciation containing a **centred dot** (11.4)

**Deutsche Mark** /'doych,mahk (*Ger* dɔɪtʃə mark)/ *n* ... — **foreign pronunciations** (11.9)

**entente** /on'tont (*Fr* ātä:t)/ *n* ...

**honorary** /'on(ə)rəri/ *adj* ... — pronunciation containing (ə) (11.4)

**specialist pronunciation**, in this case indicating that the word is pronounced differently by sailors (11.5) — **¹leeward** /'leewood; *naut* 'looh·əd/ *adj or adv* ...

**stress mark** showing primary stress (11.3) — **hoodwink** /'hood,wingk/ *vt* ... — **stress mark** showing secondary stress (11.3)

**stress pattern** shown in compound words and phrases (11.3) — **hoof,beat** /-,beet/ ...

**swung dash** indicating that the plural is pronounced in the same way as the singular (11.4) — **hors d'oeuvre** /,aw'duhv (*Fr* ɔːr dœvr)/ *n, pl* **hors d'oeuvres** *also* **hors d'oeuvre** /aw'duhv(z) (*Fr* ~)/ ... — **two pronunciations** separated by *often*, indicating that they are variants but that the second is considered incorrect by many speakers (11.5)

**gypsophila** /jip'sofilə; *often* ,jipsə'fili·ə/ *n* ...

**two pronunciations separated by *also*;** indicating that they are **variants** but that the second is less common, or is considered less correct by some speakers (11.5) — **lieutenant** /lef'tenənt; *RoyalNavy* lə'tenənt; *NAm* looh'tenənt/ — pronunciation showing specialist and **regional variant** (11.5)

**longitude** /'lonjityoohd; *also* 'long-gi,tyoohd/ *n* ...

**usage** The pronunciation /'lonjityoohd/ is recommended for BBC broadcasters. — advice as to the 'safer' choice where there is some **dispute** over a pronunciation (11.5)

Textbeispiel 92.2: Graphische Benutzungsanleitung zur Ausspracheangabe eines Definitionswörterbuchs (aus: LDEL, XVI)

CÉLESTE [selɛst(ə)]. *adj.* (fin XI^e; lat. *cœlestis*, de *cœlum* « ciel »). ♦ 1° Relatif au ciel. V. Aérien, cosmique. *Les espaces célestes. Les corps, les globes célestes.* V. Astre. *La voûte céleste :* le ciel, le firmament. Fig. « *Les sphères célestes de la philosophie* » (FRANCE). — *Couleur bleu céleste.* V. Azur. ♦ 2° Qui appartient au ciel, considéré comme le séjour de la Divinité, des bienheureux. *La béatitude céleste. La cité, la demeure céleste.* V. Paradis. *L'armée céleste.* V. Ange. *Le Père céleste :* Dieu. — *De Dieu.* V. Divin. *Colère, courroux céleste; feu céleste. Manne céleste :* nourriture de l'âme. *Pain céleste,* l'eucharistie. ♦ 3° (XVI^e). Merveilleux, surnaturel. *Une beauté céleste.* — Détaché de la terre. « *Un sourire héroïquement contraint, tristement tendre, céleste et désenchanté* » (PROUST). — Mus. *Voix céleste :* se dit d'un registre de l'orgue qui produit des sons doux et voilés. ♦ 4° *Le Céleste Empire :* la Chine, l'ancien empereur de Chine étant considéré comme le Fils du Ciel. ◊ ANT. Terrestre; humain.
CÉLESTIN [selɛstɛ̃]. *n. m.* Religieux d'un ordre (règle de saint Benoît) institué vers 1254, par *Célestin V*.
CÉLIBAT [seliba]. *n. m.* (1549; lat. *cœlibatus*, de *cœlebs, -ibis* « célibataire »). ♦ 1° État d'une personne en âge d'être mariée et qui ne l'est pas, ne l'a jamais été. *Vivre dans le célibat. Célibat ecclésiastique,* conséquence du vœu de chasteté. « *L'homme n'est pas fait pour le célibat* » (ROUSS.). ♦ 2° Chasteté, période de chasteté (dans le mariage). « *La prophétesse druidique était astreinte à de longs célibats* » (MICHELET). ◊ ANT. Mariage.
CÉLIBATAIRE [selibatɛʀ]. *adj. et n.* (1711; de *célibat*). ♦ 1° Qui vit dans le célibat. *Il est célibataire.* — Propre au célibataire. « *Les habitudes célibataires* » (QUENEAU). ♦ 2° *N.* Personne qui vit dans le célibat. V. Garçon; fille. *Une célibataire qui coiffe sainte Catherine.* « *L'égoïsme raffiné d'un vieux célibataire* » (FRANCE). *C'est un célibataire endurci.* ◊ Appos. *Mère célibataire* (remplace *fille\*-mère*).
CELLA [se(ɛl)la]. *n. f.* (1842; mot lat. « loge »). *Archéol.* Lieu du temple (grec, romain) où était la statue du dieu.
CELLE. *pron. dém. f.* V. CELUI.
CELLÉRIER, IÈRE [selerje, jɛʀ]. *n.* (fin XIII^e; de *cellier*). Religieux, religieuse préposé(e) dans un couvent au soin du cellier. V. Économe.
CELLIER [selje]. *n. m.* (fin XII^e; lat. *cellarium*, de *cella* « chambre à provisions »). Lieu aménagé pour y conserver du vin, des provisions. V. Cave, hangar. ◊ HOM. *Sellier*.
CELLOPHANE [selɔfan]. *n. f.* (v. 1935; marque déposée, mot angl.; de *cell*(ulose), *o-,* et *-phane;* Cf. Diaphane). Hydrate de cellulose façonné en pellicule transparente. *Viande frigorifiée, fromage sous cellophane :* sous emballage de cellophane.
CELLULAIRE [selylɛʀ]. *adj.* (1740, méd.; de *cellule*).
I. ♦ 1° *Biol.* (Sens mod. v. 1860). Qui se rapporte ou appartient à la cellule (II). *Membrane cellulaire. Division cellulaire.* — Qui est formé de cellules. *Tissu cellulaire. Cryptogames cellulaires* (opposé à *vasculaire*). ♦ 2° *Minér.* *Texture cellulaire d'une roche. Sols cellulaires* ou *polygonaux.*
II. (1845). *Système, régime cellulaire :* d'après lequel les prisonniers sont enfermés dans des cellules séparées. V. Réclusion. *Prison cellulaire. Voiture cellulaire,* divisée en compartiments et qui sert à transporter les prisonniers sans qu'ils puissent communiquer entre eux. V. Panier (à salade). — Subst. *La cellulaire :* la mise en cellule; le régime cellulaire. V. Pénitentiaire. *Un cellulaire :* prisonnier en cellule ou qui a fait de la cellule.
CELLULAR [selylaʀ]. *n. m.* (1904; mot angl. « cellular »). Tissu à mailles lâches. *Chemise, maillot de corps en cellular.*
CELLULE [selyl]. *n. f.* (1429; lat. *cellula,* de *cella* « chambre »).
I. ♦ 1° Petite chambre isolée, où l'on est seul. *Être reclus dans sa cellule.* V. Chambrette, loge. — *Cellule de moine, d'ermite.* ♦ 2° (1845). Local où une seule personne est enfermée. *Cellule de prisonnier.* V. Cachot. *Détention en cellule* (régime cellulaire). *Cellule disciplinaire de prison.* Par ext. *Avoir huit jours de cellule :* de cachot (se dit dans l'armée).
II. ♦ 1° (1668). Cavité qui isole ce qu'elle enferme. V. Compartiment, loge. *Cellule d'un gâteau de cire.* V. Alvéole.
♦ 2° (1830). *Biol.* Unité fondamentale, morphologique et fonctionnelle, de tout organisme vivant, qui comporte généralement une membrane périphérique limitant le cytoplasme au sein duquel se trouve le noyau. *Organismes formés d'une seule cellule* (unicellulaires). V. Protiste, protozoaire; algue, champignon; bactérie. *Organismes comportant plusieurs cellules* (pluricellulaires). V. Métazoaire. *Organisation des cellules.* V. Glande, tissu. *Reproduction des cellules.* V. Amitose, méiose, mitose. *Cellules reproductrices.* V. Gamète, ovule, spermatozoïde. *Première cellule d'un organisme.* V. Œuf. « *L'œuf se divise d'abord en deux cellules; chacune d'elles, à son tour, se divisera en deux, et ainsi de suite* » (J. ROSTAND). *Différenciation des cellules* (V. Embryologie). *Cellules nerveuses* (neurones), *sanguines* (hématies, leucocytes, plaquettes), etc. *De la cellule.* V. Cellulaire, cyto-. ♦

Textbeispiel 92.3: Wörterbuchspalte eines Definitionswörterbuchs (aus: PR, 271)

viele andere, bereits Tradition war. Meilensteine setzten etwa Wahrig 1966, PR 1967, Collins 1979, DUW 1983, LDEL 1984, Van Dale 1984, GDLE 1985, SOB 1986. Im internationalen Vergleich können zweifellos alle diese Werke durch Übernahme bestimmter Bauteile oder Präsentationstechniken noch verbessert werden. Doch wird man vielen schon jetzt einen hohen Standard bescheinigen, der, wenn er entsprechend genutzt wird (vom PR werden derzeit jährlich mehr als 200 000 Exemplare verkauft), die Wörterbuchkultur der Sprachgemeinschaft entscheidend anheben kann.

In diese günstige Situation platzt mitten hinein die rasante Entwicklung der elektronischen Datenverarbeitung, und die Medien verkünden bereits das Ende des Wörterbuchs (und damit vor allem des Gebrauchswörterbuchs), das angeblich in naher Zukunft von Datenbanken abgelöst wird, über die jeder Computer einen umfassenderen Zugriff hat als je mit Hilfe des Buches. Fällt demnach der Höhepunkt des Wörterbuchs zusammen mit seinem Verschwinden? Über diese Frage kann hier nicht weiter spekuliert werden (vgl. Art. 173). Es wäre jedenfalls ein unverdientes Schicksal.

## 6. Literatur (in Auswahl)

### 6.1. Wörterbücher

*ALD* = Oxford Advanced Learner's Dictionary of Current English. 3. Aufl. Oxford 1974 [XLI, 1037 S.].

*COBUILD* = Collins COBUILD English Language Dictionary. London 1987 [1703 S.].

*Collins* = Collins Dictionary of the English Language. London 1979 [XXXV, 1690 S.].

*Devoto/Oli* = Giacomo Devoto/Gian Carlo Oli: Dizionario della lingua italiana. Florenz 1971 [1712 S.].

*DRAE* = Diccionario de la Real Academia Española. 19. Aufl. Madrid 1970 [XXX, 1424 S.].

*DUW* = Duden Deutsches Universalwörterbuch. Mannheim 1983 [1504 S.].

*GDLE* = Gran Diccionario de la Lengua Española. Madrid 1985 [XV, 1983 S.].

*LDEL* = Longman Dictionary of the English Language. London 1984 [auch unter dem Titel Longman Webster English College Dictionary, 28, 1876 S.].

*LDOCE* = Longman Dictionary of Contemporary English. 2. Aufl. London 1987 [53, 1229, 29 S.].

*Mackensen* = Lutz Mackensen: Deutsches Wörterbuch. 10. Aufl. 1982 [XLIV, 1228 S.].

*MR* = Micro Robert. Paris 1971 [XII, 1213 S.].

*PR* = Paul Robert: Dictionnaire alphabétique et analogique de la langue française. 2. Aufl. Paris 1977 [XXXI, 2173 S., 1. Aufl. 1967].

*SOB* = Svensk Ord Bok. Stockholm 1986 [XXI, 1513 S.].

*Standard* = Funk and Wagnall's New Standard Dictionary of the English Language. New York 1947 [2814 S., 1. Aufl. 1913].

*Van Dale* = P. G. J. van Sterkenburg/W. J. J. Pijnenburg: Groot woordenboek van hedendaags Nederlands. Utrecht 1984 [1569 S.].

*Wahrig* = Gerhard Wahrig: Das große Wörterbuch der deutschen Sprache. Gütersloh 1966 [4182 Spalten].

*W2* = Webster's New International Dictionary of the English Language. 2. Aufl. Springfield, Mass. 1934 [XCVI, 3210 S.].

*W3* = Webster's Third New International Dictionary of the English Language. Springfield, Mass. 1961 [64, 2662 S.].

*Zingarelli* = Nicola Zingarelli: Vocabolario della lingua italiana. 11. Aufl. Mailand 1983 [2256 S.].

### 6.2. Sonstige Literatur

*Geeraerts 1984* = Dirk Geeraerts: Dictionary Classification and the Foundations of Lexicography. In: I.T.L. Review 63. 1984. 37—63.

*Hausmann 1977* = Franz Josef Hausmann: Einführung in die Benutzung der neufranzösischen Wörterbücher. Tübingen 1977.

*Hausmann 1987* = Franz Josef Hausmann: Le dictionnaire, catalogue d'emplois. In: Cahiers de lexicologie 50. 1987, 107—114.

*Malkiel 1959/1960* = Yakov Malkiel: Distinctive Features in Lexicography. A Typological Approach to Dictionaries Exemplified with Spanish. In: Romance Philology 12. 1959, 366—399; 13. 1960, 111—155.

*Wiegand 1988* = Herbert Ernst Wiegand: Wörterbuchartikel als Text. In: Das Wörterbuch. Artikel und Verweisstrukturen. Jahrbuch 1987 des Instituts für deutsche Sprache. Hrsg. v. G. Harras. Düsseldorf 1988 (Sprache der Gegenwart 74), 30—120.

*Franz Josef Hausmann, Erlangen
(Bundesrepublik Deutschland)*


# 93. Das enzyklopädische Wörterbuch

1. Begriffsbestimmung in der Metalexikographie
2. Geschichte der Bezeichnung *enzyklopädisches Wörterbuch*
3. Charakteristika des enzyklopädischen Wörterbuchs
4. Geschichte des enzyklopädischen Wörterbuchs
5. Enzyklopädische Wörterbücher der Gegenwart
6. Literatur (in Auswahl)

## 1. Begriffsbestimmung in der Metalexikographie

Da die Erstellung einer Typologie von Wörterbüchern eine metalexikographische Tätigkeit ist, wird zunächst referiert, was in Arbeiten über lexikographische Werke (= Hyperonym von Wörterbuch, Enzyklopädie, Lexikon, Glossar u. ä.) — vgl. Haensch (1982, 128): *obras lexicográficas* — unter dem Begriff 'enzyklopädisches Wörterbuch' verstanden wird. *Nachschlagewerk* (Wiegand 1977, 56 f; Hausmann 1985, 370) bzw. *Verzeichnis* (Schaeder 1987, 38) sollen als Hyperonym für *lexikographische Werke* gelten. Im Hinblick auf die folgenden Ausführungen wird der Begriff auf eine Bedeutung festgelegt. — (1) D'Alembert (1754, Bd. 4, 958 b) gliedert die lexikographischen Werke in „dictionnaires de langues" (= „dictionnaires de mots"), „dictionnaires historiques" (= „dictionnaires de faits") und „dictionnaires de Sciences et d'Arts" (= „dictionnaires de choses" = „l'Encyclopédie") — es handelt sich wohl um den ältesten Klassifizierungsversuch. Als „dictionnaires historiques" bezeichnet er einen Typ von Enzyklopädien, der vornehmlich Orts- und Personennamen enthielt und im 17. und 18. Jh. weite Verbreitung erlangte. Beispiele: Moréri (1674), Bayle (1695—97). Heutige Bezeichnungen: 'historisch-geographisches Realwörterbuch', 'historisch-biographisches Lexikon' (Zischka 1959, XXXII und XXXVII) bzw. 'Eigennamenlexikon' (Hupka 1989, 4.1.1.1).

Nachdem diese Eigennamenlexika aus der Mode gekommen sind — ihre Funktion wird von den Enzyklopädien übernommen —, lebt die Dreiteilung d'Alemberts in reduzierter Form als Opposition zwischen Dictionnaire de mots (Sprachwörterbuch) und Dictionnaire de choses (Enzyklopädie) weiter; bereits Richelet trug in der Ausgabe von

1680 den Untertitel: „contenant les mots et les choses". Vgl. aus den letzten Jahren: „Sprachlexikographie und Sachlexikographie" (Hausmann 1985, 370); ebenso u. a. Matoré (1968, 22), Quemada (1968, 76), Zgusta (1971, 198). Doch d'Alembert selbst gibt einen Hinweis, daß diese Opposition aufhebbar ist, denn „un dictionnaire de langues ... doit être souvent un dictionnaire de choses quand il est bien fait" (loc. cit.). (2) Da die Geschichte der Klassifikationsvorschläge insgesamt noch wenig erforscht ist — zum Französischen siehe Quemada (1968, 19—22, 74—90) —, kann nur festgehalten werden, daß die Handbücher der Lexikographie romanischer Sprachen oft eine Dreiteilung lexikographischer Werke in Sprachwörterbuch, Enzyklopädie und enzyklopädisches Wörterbuch ansetzen, wobei letzteres die Charakteristika der beiden erstgenannten Typen in sich vereint und daher verschiedentlich als heterogen oder hybrid bezeichnet wird (vgl. 3.). Zum Französischen vgl. Quemada (1968, 76), der diese Dreiteilung als „élémentaire" bezeichnet, und Rey-Debove (1971, 32—34). Zum Spanischen siehe Fernández-Sevilla (1974, 66 f.) und Haensch (1982, 128—130). Migliorini (1961, 8) unterscheidet nur Wörterbuch und Enzyklopädie, während Massariello Merzagora (1983, 80) auch italienische Titel enzyklopädischer Wörterbücher anführt, ohne sie jedoch auch terminologisch zu kennzeichnen. Auch wo nur zwei Typen angesetzt werden, wird dies im allgemeinen mit dem Hinweis verbunden, daß die theoretisch so klare Opposition zwischen Sprachwörterbuch und Enzyklopädie sich in der Praxis als Kontinuum zwischen zwei Polen erweist, da zahlreiche Werke eine Mischform aus den beiden 'reinen' Typen darstellen; vgl. Migliorini (1961, 8), Dubois/Dubois (1971, 13), Collignon/Glatigny (1978, 35). Als Bezeichnung hat sich im Französischen *dictionnaire encyclopédique* und im Spanischen *diccionario enciclopédico* durchgesetzt, wobei diese Ausdrücke auch in der Bedeutung 'Enzyklopädie' gebraucht werden (z. B. in Picoche 1977, 47). Dagegen hat italienisch *dizionario enciclopedico* offensichtlich nur die Bedeutung 'Enzyklopädie' (Massariello Merzagora 1980, 80). (3) In der englischsprachigen Metalexikographie verwendet Zgusta (1971, 198) zwar *encyclopedic dictionary* im Sinne von 'Enzyklopädie', doch Collison (1966[2], 4), Roe (1978) und Landau (1984, 118 f.) bezeichnen damit das enzyklopädische Wörterbuch. (4) Dieser Terminus ist jedoch im deutschen Sprachraum noch nicht recht heimisch geworden, da hier die Verbindung von Sprachwörterbuch und Enzyklopädie „selten" ist (Hausmann 1985, 370): Drosdowski (1977, 126) spricht in diesem Zusammenhang von „integrierte(n) Wörterbücher(n)", Hausmann (1985, 370) und Wiegand (1988, 747) vom „Allbuch", ein Begriff, der als Untertitel in 'Der neue Brockhaus' (1937 f., Copyright 1936) auftaucht. *Allbuch* findet sich als Lemma praktisch weder in einer neueren Enzyklopädie noch in einem neueren Wörterbuch, auch nicht in mehrbändigen Werken, nicht einmal in 'Der neue Brockhaus' von 1937 — Ausnahmen: Sprachbrockhaus 1953, der als Erstdatum 1936 angibt (nicht mehr 1984), und Mackensen (1952). Es handelt sich offensichtlich um eine Bildung aus der Zeit des Nationalsozialismus (vgl. *Alldeutschtum*). Umgekehrt bezeichnet Weinrich (1976, 351) und (1978, 14) die französische 'Encyclopédie' von 1751—1780 und Bayle (1695—97) als „enzyklopädisches Wörterbuch". In manchen germanistischen Typologien (Kühn 1978, 4—16, Reichmann 1984, 486 f., der vorausgehende Ansätze integriert) kommt dieser Wörterbuchtyp aus dem obengenannten Grund nicht in den Blick. Immerhin erwähnt Schaeder (1987, 40) einmal den Begriff 'enzyklopädisches Wörterbuch', der ferner wegen seiner Bildungsweise, die die Zwischenstellung dieses Wörterbuchtyps deutlich zum Ausdruck bringt, und wegen seiner internationalen Verbreitung und leichten Übersetzbarkeit den Vorzug verdient. (5) Denn auch in Arbeiten, die sich ausschließlich mit der Klassifikation lexikographischer Werke beschäftigen, wird das enzyklopädische Wörterbuch identifiziert und auch so benannt (Malkiel 1958, 396 und 1962, 15; Guilbert 1968, 14, Rey 1970, 63 und 1977, 73) oder zumindest als Typ erkannt (Hjort 1967, 364, Störig 1986, 185 f.).

## 2. Geschichte der Bezeichnung *enzyklopädisches Wörterbuch*

Die Geschichte des Syntagmas *enzyklopädisches Wörterbuch* in den genannten Sprachen ist noch nicht erforscht. Die historischen und die etymologischen Wörterbücher geben hierzu praktisch keine Hinweise. Das Schwanken des Gebrauchs deutet darauf hin, daß es sich um eine neuere Bildung handelt, die wohl im 18. Jh. entstanden ist. Offensichtlich verwendet als erster d'Alembert (1754, Bd. 4, 968 b f.) die Verbindung *dictionnaire encyclopédique*, und zwar in der Bedeutung 'Enzyklopädie' — Datierung des Bandes nach Möhren (1986, 371). Es schließen sich an Brockhaus (1814 ff.) mit „encyclopädisches Handwörterbuch", Pierer (1822 ff.) mit „encyklopädisches Wörterbuch", Bazzarini (1824 ff.) mit „dizionario enciclopedico", jeweils im Titel — ein englischer Beleg aus dieser Zeit liegt nicht vor. Die zweite Bedeutung, nämlich 'enzyklopädisches Wörterbuch', dürfte sich erst in der Mitte des 19. Jh. herausgebildet haben: Sie erscheint erstmals 1864 im Titel eines spanischen (Diccionario enciclopédico), 1879 eines englischen (Encyclopaedic Dictionary) und 1884 eines französischen Wörterbuchs (Larive/Fleury). Die im 'Trésor' (1971 ff., Bd. 7, S. 173, A1d) zitierte Textstelle von 1870 ist falsch klassifiziert. — In den Jahrhunderten zuvor wurde — allerdings nicht in systematischer und einheitlicher Weise — der Hinweis auf enzyklopädische Elemente und Fachwortschatz in einem Wörterbuch durch die Qualifikation etwa als *Dictionnaire des arts et des sciences* (so Corneille 1694), als *universel* und ähnliche Epitheta in den anderen Sprachen zum Ausdruck gebracht; oft sind jedoch Enzyklopädien damit gemeint.

## 3. Charakteristika des enzyklopädischen Wörterbuchs

Aus der Mittelstellung zwischen Sprachwörterbuch und Enzyklopädie resultiert, daß das enzyklopädische Wörterbuch in sich die Merkmale beider vereint.

(1) Substantive (Gattungsnamen), Adjektive, Adverbien, Verben:
Sprachwörterbuch: +
enz. Wörterbuch: +
Enzyklopädie: nur schwere und/oder fachsprachliche Wörter

(2) Grammatische Morpheme (Artikel, Pronomina, Konjunktionen, Präpositionen):
Sprachwörterbuch: +
enz. Wörterbuch: +
Enzyklopädie: — (z. B. Rey-Debove 1971, 33)

(3) Eigennamen:
Sprachwörterbuch: — (nur Ableitungen (z. B. *Wagnerianer*) und Weiterentwicklungen zu Gattungsnamen (*Krösus*) sind enthalten)
enz. Wörterbuch: +
Enzyklopädie: +

(4) Fachwortschatz, Terminologien:
Sprachwörterbuch: weniger
enz. Wörterbuch: mehr
Enzyklopädie: mehr

(5) Angaben zum Lemma als objektsprachlicher Einheit: Aussprache, grammatische Angaben wie Genus, Deklination, Rektion, Bedeutungsbeschreibung durch Definition, Synonyme, sprachliche Beispiele:
Sprachwörterbuch: +
enz. Wörterbuch: +
Enzyklopädie: —

(6) Angaben zu dem mit dem Lemma bezeichneten Referenten, Beschreibung des mit dem Lemma denotierten Realitätsausschnitts:
Sprachwörterbuch: —
enz. Wörterbuch: +
Enzyklopädie: +

(7) Illustrationen zur Erläuterung des Lemmas:
Sprachwörterbuch: seltener
enz. Wörterbuch: häufiger
Enzyklopädie: häufiger

(8) Vor der Diskussion der mit einigen Charakteristika verbundenen Probleme ist festzuhalten, daß aufgrund des großen Umfangs, der Heterogenität des enthaltenen Wortschatzes und des anwendungsbezogenen Charakters lexikographischer Werke sich nur wenige 'reine' Realisierungen eines Wörterbuchtyps finden lassen — dies ist einhellige Meinung und Erfahrung der Metalexikographie. — Auf die Bestimmung des Typs eines bestimmten Werkes soll der Umstand, daß z. B. ein Sprachwörterbuch und eine Enzyklopädie in einem Band zusammengebunden werden (so beim Petit Larousse oder bei Melzi), k e i n e n Einfluß nehmen, denn dabei würde die Klassifikation in Abhängigkeit von editorischen Gesichtspunkten kommen. Ebensowenig kann ein Anhang mit Eigennamen den Charakter eines Wörterbuchs nachhaltig beeinflussen; der Unterschied geht tiefer. — Als 'enzyklopädische Wörterbücher' werden in der Regel nur einsprachige Werke alphabetischer Anordnung bezeichnet, obwohl auch andere Typen von Wörterbüchern enzyklopädische Informationen enthalten können, z. B. zweisprachige (Gaffiot 1934).

(ad 1) Enzyklopädien bevorzugen substantivische Lemmata, was daraus erklärlich ist, daß die zu beschreibende Realität als dinglich gesehen wird (Rey-Debove 1971, 29; vgl. Leisi 1953, II.A).

(ad 2) Da grammatische Morpheme in der Regel keine unmittelbare und unabhängige referentielle Funktion haben, werden sie in Enzyklopädien, die ja die Dinge der Welt zum Gegenstand haben, nicht verzeichnet.

(ad 3) Eigennamen dienen dazu, wie Etiketten einzelne Referenten zu identifizieren, ohne daß diese dabei inhaltlich qualifiziert werden. Zwar steht das Wesen des Unterschieds zu den Gattungsnamen weiter in der Diskussion, jedoch ist auch so verständlich, daß Eigennamen in Sprachwörterbüchern allenfalls in einem Anhang verzeichnet werden (Hausmann 1977, 13 f.).

Die Mischung von Gattungs- und Eigennamen in e i n e m Alphabet berührt nicht den

Kern der vorgenommenen Klassifikation, sondern gibt nur ein schwaches Indiz, da durch das Vorhandensein oder Fehlen entsprechender Einträge der restliche Teil des Wörterbuchs nicht affiziert wird und Eigennamen nachträglich zwischen die Lemmata eines jeden Sprachwörterbuchs eingefügt werden könnten. Ferner enthält nicht jedes Werk mit Eigennamen auch alle Arten, also Vornamen, Personennamen, mythologische, geographische Namen, Markennamen etc. Die Encyclopédie (1751—80) verzeichnet zwar mythologische und geographische Namen, jedoch wegen Moréri (1674) keine Namen berühmter Personen. Der Sprachbrockhaus hat im Laufe seiner verschiedenen Bearbeitungen das ursprünglich breitere Spektrum der Eigennamen auf die Vornamen reduziert.

(ad 4) Aus der Hinwendung zur Realität ist zu erklären, daß Enzyklopädien und enzyklopädische Wörterbücher mehr Fachwortschatz registrieren als ein vergleichbar großes Sprachwörterbuch. Dies ist ein quantitatives Kriterium, auf das die Unterscheidung nicht gegründet werden kann, und das bei mehrbändigen Werken nicht mehr operabel ist; vgl. Hausmanns (1985a, 696) Charakterisierung des GDEL (1982—85).

**FABLE** n. f. (lat. *fabula*). Petit récit, le plus souvent en vers, d'où l'on tire une moralité : *fables de La Fontaine.* ‖ Litt. Récit mensonger imaginaire : *cette nouvelle est une fable.* ‖ Sujet de la risée publique : *être la fable du quartier.*
■ Au sens ordinaire du mot, la fable se confond avec l'apologue, illustration par un récit d'une vérité morale. Mais l'apologue, plus bref, n'a qu'une valeur démonstrative, alors que l'élément narratif de la fable est souvent développé pour lui-même. Avant d'être un genre littéraire, la fable appartient à la tradition orale de tous les peuples. Le recueil indien du *Pañcatantra*, répandu au VIIIᵉ s. dans une version arabe sous le titre de *Fables de Bidpay* ou *Pilpay*, nourrira l'inspiration de La Fontaine. En Grèce, si l'on trouve des fables chez les plus anciens poètes, comme Hésiode ou Stésichore, c'est Ésope* qui passe pour le créateur du genre. Les récits qui lui sont attribués ont été publiés par Démétrios de Phalère (IVᵉ s. av. J.-C.) ; réduits en quatrains par Ignatius Magister (IXᵉ s.), ils furent ainsi connus tout au long du Moyen Âge. Chez les Latins, Phèdre, affranchi d'Auguste, prolonge la tradition ésopique, qui connaîtra dans la France médiévale une extraordinaire faveur à travers les *Bestiaires* et les *Ysopets*. Les humanistes de la Renaissance adaptèrent Phèdre et Ésope en prose ou en vers latins, mais les meilleures fables se trouvent chez les conteurs comme Rabelais et Bonaventure Des Périers. C'est cette veine que La Fontaine porte à la perfection, faisant oublier ses contemporains (Benserade, Perrault, Fénelon) et rendant fades les œuvres de ceux qui, après lui, osent aborder le genre, de Lessing et Florian à Jean Anouilh. Seul le Russe Krylov a réussi dans ses *Fables* (1809-1844) à traduire la sagesse et le langage savoureux du peuple de son pays.

Textbeispiel 93.1: Wörterbuch *fable* (aus: DEL 1979, 535)

(ad 5) und (ad 6) Das wesentliche Charakteristikum des enzyklopädischen Wörterbuchs besteht darin, daß es sowohl über das Lemma als objektsprachlicher Einheit als auch über den mit dem Lemma bezeichneten Realitätsausschnitt informiert. Während die Angaben zur Aussprache, der Morphologie und Syntax eindeutig als die Sprache betreffende Informationen identifizierbar sind, erweist sich die Trennung in Bedeutungsbeschreibung und Sachbeschreibung als schwierig. Überraschenderweise sehen die Herausgeber enzyklopädischer Wörterbücher darin kein Problem, streifen die Frage allenfalls kurz im Vorwort und trennen in den Wörterbuchartikeln etwa durch graphische Zeichen die sprachliche von der sachbezogenen Information; vgl. Textbeispiel 93.1. In Hupka (1989, 7.5.1) wird gezeigt, daß diese Trennungslinie in jedem Wörterbuch auf andere Weise gezogen wird, und folglich diese Unterscheidung nur intuitiv vorgenommen wird. — Unter dem Einfluß des sich auf Saussure berufenden Strukturalismus, der Zeichenmodelle des 20. Jh. und der strukturellen Semantik wird diese Frage von seiten der Metalexikographie (ein Anstoß dazu ging von Henne 1972 aus) und Linguistik gründlich erörtert. Es lassen sich folgende Positionen unterscheiden: (a) Häufig wird festgestellt, daß die Grenze zwischen den sprachlichen Angaben der Bedeutungsbeschreibung und den sachbezogenen Angaben zwar fließend ist, die Unterscheidung jedoch aufrechterhalten werden kann (z. B. Matoré 1968, 22; Dubois/Dubois 1971, 13; Collignon/Glatigny 1978, 34; Massariello Merzagora 1983, 80). (b) Verschiedentlich wird eine minimale Definition als sprachlich, alle darüber hinausgehende Information als enzyklopädisch angesehen (Weinreich 1962, 32 = 1970, 76; Dittmer et al. 1978, 265). (c) Bei bestimmten Wörtern, vor allem bei fachsprachlichen Termini, fallen Sprach- und Sachbeschreibung zusammen, da diese mehr von den Sachen her bestimmt sind (Zgusta 1971, 255; Schaeder 1981, 15; Haensch 1982, 130; LDEL 1984, Preface). Es handelt sich wohl nur um einen Unterschied gradueller Art (vgl. Leisi 1953), was erklärt, daß laufend Fachwortschatz in die Gemeinsprache übernommen wird und umgekehrt. (d) Die Unterscheidung von Bedeutungs- und Sachbeschreibung wird von Werner (1982) und (1984) aufrechterhalten, aber ihre Verbindung für Teile des Wortschatzes gefordert, um die Verständlichkeit der Definition zu erhöhen. (e) Wiegand (1977 a, 90) geht davon aus, daß der Wörterbuchbenutzer auch erfahren will, „worauf mit einem Lemma Bezug genommen werden kann" und hat folglich einen Sprachbegriff, der „zwischen Sprache und Welt nicht strikt trennt" (S. 100). Daher nimmt er eine weitgehende Überschneidung zwischen Bedeutungserklärung und Sachbeschreibung an (vor allem bei substantivischen Lemmata), sieht jedoch die Frage der Abgrenzung beider Bereiche, deren Existenz er nicht infrage stellt, als „Problembereich" an. (f) Dagegen kommt Haiman (1980) aufgrund linguistischer und sprachphilosophischer Überlegungen (Problematik einer rein innersprachlichen Semantik, Alltagswissen vs. Fachwissen, analytische vs. synthetische Urteile usw.) zu der Einschätzung: „Dictionaries *are* encyclopedias" (S. 331, Hervorhebung Haiman), weshalb er keinen grundsätzlichen Unterschied zwischen Bedeutungs- und Sachbeschreibung anerkennt (S. 339). Weitgehend unabhängig von ihm gelangt Eco (1984, 47) zu demselben Schluß, nämlich „so-called dictionaries are rather impoverished encyclopedias" (vgl. Art. 30). Die semantische Merkmalanalyse, die Eco auf ihre Ursprünge in der Kategorien- und Definitionslehre von Aristoteles zurückführt, erweist sich durch die methodologischen Aporien, in die sie führt, als prinzipiell undurchführbar, so daß die Idee eines rein semantischen Wörterbuchs zum scheitern verurteilt ist. Zur Bewertung der semantischen Merkmalanalyse vgl. Lüdi (1985), der eine Unterscheidung von semantischem Wissen und Weltwissen für nicht ausgeschlossen hält, und Lutzeier (1985), für den eine solche Unterscheidung nicht existiert (S. 86). In Hupka (1989, 7.3—7.5) wird argumentiert, daß auch eine knappe Bedeutungsbeschreibung (Definition) nichts anderes ist als eine auf das Wesentliche konzentrierte Sachbeschreibung, daß folglich der Unterschied zwischen dem Sprachwörterbuch und dem enzyklopädischen Wörterbuch primär in der Organisation der Artikel liegt. Je nach Intention der Herausgeber eines Wörterbuchs wird nur ein durchschnittliches Allgemeinwissen oder darüber hinausführendes Fachwissen zu einem Lemma vermittelt, worunter keineswegs etwas qualitativ Verschiedenes (Bedeutung vs. Sachbeschreibung) verstanden werden kann. Ebenso werden mehr oder weniger detaillierte Angaben zur äußeren Form des Lemmas (Aussprache, Morphologie) und seinen Gebrauchsmöglichkeiten in Äußerungen (grammatische Angaben, sprachliche Beispiele, Synonyme) gegeben. Paradoxerweise evozieren die zahlreichen Beispiele in Sprachwörterbüchern in kondensierter Weise zahlreiche außersprachliche Situationen, so daß sie dadurch ein enzyklopädisches Moment enthalten; vgl. Abb. 93.4 aus Académie (1694).

Aus Raumgründen müssen sich die Herausgeber in der Regel entscheiden, ob sie das Schwergewicht mehr auf die Veranschaulichung der Verwendungsweisen des Lemmas mit der Folge von weniger Sachwissen oder auf die Vermittlung von Sachwissen mit der Folge von weniger Angaben zur Sprache und zum Gebrauch des Lemmas legen wollen. Die Aufnahme von Eigennamen verringert zusätzlich den verfügbaren Platz. Doch bei mehrbändigen Werken muß sich diese Alternative nicht stellen, wie der GDEL (1982—85) zeigt (Hausmann 1985a, 696).

(ad 7) Da Sprachwörterbücher die Sprache und nicht die Realität zum Gegenstand haben, kommen ihnen nach Rey-Debove (1971, 277f.), Picoche (1977, 136) und Collignon/Glatigny (1978, 34) Illustrationen eigentlich nicht zu. In der Tat sind Sprachwörterbücher meist nicht bebildert — dies gilt vor allem für mehrbändige philologische und/oder historische Werke —, doch erschien der DFC (1966), ein von linguistischen Methoden beeinflußtes Sprachwörterbuch, 1980 mit Illustrationen (NDFC). Daher wäre es verfehlt, die Existenz von Illustrationen zu einem entscheidenden Kriterium für die Annahme eines enzyklopädischen Wörterbuchs zu machen.

(9) Demnach lassen sich nach ihrem Informationsangebot die folgenden grundlegenden Typen lexikographischer Werke unterscheiden:

(a) Eigennamenlexikon: ausschließlich Eigennamenartikel.

(b) Enzyklopädie: Vermittlung von Sachwissen (enzyklopädische Information), in der Regel Eigennamenartikel.

(c) Enzyklopädisches Wörterbuch: Vermittlung von Fachwissen (enzyklopädische Information), Definition/Bedeutungsbeschreibung zur Vermittlung eines durchschnittlichen Allgemeinwissens, Angaben zur Sprache, meist Eigennamenartikel. Die enzyklopädischen Informationen folgen im allgemeinen in einem eigenen Abschnitt auf die Angaben zur Sprache und die Definition, sie können jedoch wie in Felice/Duro (1975) auch unmittelbar die Definition erweitern.

Da dies nur die Struktur und nicht den Inhalt der Artikel betrifft, kann in beiden Fällen von enzyklopädischen Wörterbüchern gesprochen werden. Die Grenze zum Sprachwörterbuch (d) ist in beiden Fällen fließend, da eine exakte Abgrenzung von Allgemeinwissen und Fachwissen prinzipiell nicht möglich ist.

(d) Sprachwörterbuch: Vermittlung eines durchschnittlichen Allgemeinwissens in der Definition/Bedeutungsbeschreibung, Angaben zur Sprache (z. B. grammatische Angaben); in der Regel keine Eigennamenartikel.

Aus den Bemerkungen zu den Eigennamen geht hervor, daß sie nur für Typ (a) gegenstandskonstitutiv sind.

## 4. Geschichte des enzyklopädischen Wörterbuchs

Angesichts des Umstandes, daß das enzyklopädische Wörterbuch als Typ nicht einheitlich bestimmt bzw. nicht immer identifiziert wird, kann ein historischer Überblick kaum gegeben werden. Am besten sind noch die Verhältnisse in Großbritannien (Starnes/ Noyes 1946, Wells 1973, Hayashi 1978, Stein

Textbeispiel 93.2: Wörterbuchausschnitt (aus: Balbus 1286, Druck Nürnberg 1483)

HORLOGE. f. f. Machine automate, ou qui a le principe de son mouvement en elle-même, qui sert à mesurer le temps, à marquer & à faire sonner les heures. Elle est composée de roües, de contrepoids, d'un balancier, & d'un cadran ou monstre, & d'un timbre ou sonnerie. Il y a aussi des *horloges* à pendules, dont l'invention est moderne, & dont Huygens a escrit un grand Volume intitulé *de horologio oscillatorio*.

Les Chinois ont esté si surpris des *horloges* qu'on leur a portées, qu'ils ont mis des gardes auprés pour espier si quelqu'un ne les venoit point faire sonner, comme dit le Pere Tricault.

On appelle aussi *horloge de sable*, Ce qui sert à mesurer le temps par l'escoulement du sable. Elle est faite de deux petits verres accollez ensemble par les extremitez, dont l'un est plein d'un sable fort delié qui s'escoule dans l'autre par le petit trou d'une lame de cuivre qui est à la jointure, pendant l'espace d'une demie-heure. On l'appelle aussi sur la mer le *poudrier*. Les Anciens l'appelloient *clepsydre*, parce qu'ils faisoient cette mesure avec de l'eau. D'autres l'ont fait avec du mercure. La meilleure maniere est de la faire avec des coques d'œuf bien sechées & bien pilées. Le temps se mesure sur la mer par des *horloges* de demie-heure; & pour dire, Il y a deux heures, on dit quatre *horloges*.

HORLOGES, s'est dit aussi chez les Anciens, des cadrans sciateriques ou au Soleil, qui marquent l'heure par l'ombre d'un stile eslevé sur des surfaces differentes, en tombant sur des lignes disposées par l'art de la Gnomonique. Ainsi on dit, une *horloge* ou cadran vertical, horisontal, declinant, reclinant, Babylonien, bilimbate, &c.

L'inventeur des *horloges* à roües a esté un nommé Pacificus Archidiacre de Veronne, qui vivoit du temps de Lothaire fils de Louis le Debonnaire, si on doit adjouster foy à son epitaphe que rapporte Ughellus dans son Italie sainte, & qui l'a tirée de Panvinius; on l'a appellée *horloge nocturne*, pour la distinguer des cadrans qui marquoient l'heure par l'ombre du Soleil. Il y a pourtant quelques

Annales de France qui disent que dés l'an 807. les Ambassadeurs d'un Roy de Perse nommé Aaron, envoyerent à Charlemagne une *horloge* d'airain qui marquoit les heures par la chûte de quelques balles de metail sur son timbre, & par des cavaliers qui ouvroient & fermoient douze portes suivant le nombre des heures. Du Cange.

On appelle figurément *horloge*, Certaines observations de choses qui viennent en certain temps, qui apprennent à peu prés l'heure à ceux qui sont loin de l'*horloge* : comme, le chant du coq est l'*horloge* qui fait lever les paysans. un vieillard qui a des cors au pied qui luy font mal quand le temps veut changer, dit que c'est son *horloge*.

On dit proverbialement d'un paresseux, qu'il n'est jamais tard à son *horloge*. On dit aussi d'un impatient, qu'il demande quelle heure il est, quand l'*horloge* commence à sonner. Quand quelqu'un arrive trop tard à un rendez-vous, il dit que c'est la faute de l'*horloge*, que les *horloges* ne s'accordent pas, qu'on a avancé ou reculé l'*horloge*. On dit aussi, C'est l'*horloge* du Palais, elle va comme il luy plaist. On appelle des heures d'*horloge*, celles qui sont comptées & mesurées à l'*horloge*.

Textbeispiel 93.3: Wörterbuchartikel *horloge* (aus: Furetière 1690)

1985, vor allem durch Roe 1978) und Frankreich (Matoré 1968, Quemada 1968) erforscht. (1) Bereits mittelalterliche Werke wie das im 10. oder 11. Jh. in Byzanz entstandene griechische Wörterbuch, genannt Suidas, oder das lateinische Catholicon von Balbus (1286) erhielten im Laufe ihrer langen Wirkungsgeschichte bis zu den ersten gedruckten Ausgaben (1460, Catholicon bzw. 1498, Suidas) vermehrt zusätzliche enzyklopädische Angaben, darunter Exzerpte aus antiken enzyklopädischen Werken, und Eigennamen (Collison 1982, 45, 51). Biographische und geographische Angaben aus Suidas wurden bis in englische Wörterbücher des 16. Jh. tradiert (Starnes 1954, 62). Der in Textbeispiel 93.2 wiedergegebene Ausschnitt enthält zwei Eigennamen, hier mit der Übersetzung ihrer Bedeutung aus dem Hebräischen, und unter *Faba* eine unvollständig aus Isidor von Sevilla entnommene, als enzyklopädisch zu qualifizierende Begründung, warum die Sänger bei den Heiden *fabarii* hießen.

(2) Da Wörterbücher mit minimaler Mikrostruktur kaum als enzyklopädisch qualifiziert werden können — Eigennamen im selben Alphabet mit den Gattungsnamen sind hierfür ein gewisses Indiz —, nehmen erst Werke mit einer entwickelteren Mikrostruktur, in oder bei zweisprachigen, mit einer Volkssprache enzyklopädische Züge an. Angesichts der Fülle des Materials können nur einige grundsätzliche Feststellungen getroffen werden. (3) Roe (1978) sieht in der englischen Lexikographie eine sich von den Anfängen bis heute manifestierende enzyklopädische Tendenz, die vor allem in den älteren Werken vor den ersten englischen Enzyklopädien (Harris 1704, Chambers 1728) und in der zweiten Hälfte des 19. Jh. verstärkt zum Ausdruck kommt. Auch Starnes/Noyes (1946, 91, 118 usw.) und Landau (1984, 47, 50 usw.) verweisen wiederholt auf enzyklopädische Elemente in englischen Wörterbüchern. Die Verfasser verstanden ihre Werke auch als Instrumente zur Vermittlung von Wissen; zu weiteren kulturgeschichtlichen Zusammenhängen geben die genannten Titel und Hupka (1989, 6.3.4) einige Hinweise. (4) In Frankreich setzt die bis heute lebendige Tradition des einsprachigen enzyklopädischen Wörterbuchs mit Richelet (1680) und Furetière (1690) ein, deren Konzeption in Opposition zu der der Académie française stand. Doch sah sich diese veranlaßt, als Ergänzung zu ihrem Sprachwörterbuch (Académie 1694) ein enzyklopädisch orientiertes Werk in Auftrag zu geben (Corneille 1694); vgl. Textbeispiel 93.3 bis 93.6, wobei auffällt, daß das Sprachwörterbuch der Akademie bei *Horloge de sable* in etwa die gleichen sachkundlichen Ausführungen macht wie das enzyklopädische Wörterbuch von Furetière. Nach Quemada (1968, 76—90) unterscheiden sich die beiden Wörterbuchtypen anfangs sowohl durch ihren Inhalt als auch durch den verzeichneten Wortschatz — im enzyklopädischen Wörterbuch vor allem Fachwortschatz —, seit der Mitte des 18. Jh. (vgl. in 1. (1) das Zitat d'Alemberts) verschiebt sich die Unterscheidung ganz auf die inhaltliche Seite. Während zu Beginn die beiden Typen in Konkurrenz zueinander standen — enzyklopädische Wörterbücher beanspruchen, angenehmer lesbar und informativer zu sein —, werden sich die Herausgeber vom Anfang des 19. Jh. an bewußt, daß sich die beiden Formen ergänzen (vgl. Textbeisp. 93.7). (5) Für die italienische Lexikographie vor 1612 registriert Tancke (1984, 22—24) zahlreiche

HORLOGE. f. f. Inftrument, ou machine qui marque & qui fonne les heures. *Une bonne horloge. une groffe horloge. monter une horloge. horloge qui va bien. horloge qui va mal. l'horloge a fonné. horloge detraquée. demonter une horloge. horloge qui advance. horloge qui retarde. les roües d'une horloge. le contrepoids d'une horloge. le balancier d'une horloge. l'aiguille d'une horloge. le timbre d'une horloge. le mouvement de l'horloge. la fonnerie de l'horloge. l'aiguille de l'horloge. le quadran de l'horloge fur lequel l'aiguille marque les heures. compter l'horloge. les horloges ne s'accordent pas. les minutes de l'horloge.*

*Horloge folaire*, ou *horloge au foleil*.

On appelle, *Horloge de fable*, ou abfolument, *Un fable*, Un inftrument fait de deux fioles de verre, où il y a du fable, qui en coulant de l'une dans l'autre fert à marquer un certain efpace de temps. *Les anciens fe fervoient auffi d'horloges d'eau, comme nous nous fervons de celles de fable.*

Textbeispiel 93.4: Wörterbuchartikel *horloge* (aus: Académie 1694)

Wörterbücher mit enzyklopädischen Charakteristika. Dagegen ist der Vocabolario degli Accademici della Crusca (Crusca 1612) ein Sprachwörterbuch, was auch durch seinen Charakter als Verzeichnis der Sprache bestimmter Autoren eines früheren Jahrhunderts (vor allem Petrarca, Boccaccio und Dante) bedingt ist. Das bis Ende des 19. Jh. ungelöste Problem einer einheitlichen Literatur- und später Nationalsprache (Questione della lingua) ist Anlaß zu einer großen Zahl von Sprachwörterbüchern. Enzyklopädische Wörterbücher werden vermehrt wieder im 20. Jh. verfaßt (vgl. 5.). (6) Da die Geschichte der Lexikographie des Deutschen „zur Zeit höchstens in Umrissen erkennbar ist" (Schaeder 1987, 48), kann nach Durchsicht der etwa zehn wichtigsten Wörterbücher des 16. bis 19. Jh. vorläufig festgestellt werden, daß zwar die Wörterbücher des 16. Jh. durch die in ihnen verzeichneten Eigennamen ein enzyklopädisches Element enthalten, in der Folgezeit jedoch beinahe ausschließlich — Frisch (1741) enthält einige enzyklopädische Angaben — Sprachwörterbücher entstehen. Den Informationsbedürfnissen breiterer Gesellschaftsschichten seit Beginn des 19. Jh. kam der für den deutschen Sprachraum charakteristische Typ des Konversationslexikons (z. B. Brockhaus 1809—11, Meyer 1840) entgegen; zur Geschichte des Konversationslexikons vgl. Meyer (1965), Gurst (1976). Daher könnte zwischen dem Fehlen enzyklopädischer Wörterbücher und dem Aufkommen der Konversationslexika ein Zusammenhang bestehen.

## 5. Enzyklopädische Wörterbücher der Gegenwart

(1) Das Land mit der reichhaltigsten Produktion enzyklopädischer Wörterbücher ist Frankreich, wo verschiedene konkurrierende Verlage sowohl einbändige (DEL 1979, vgl. Textbeispiel 93.1, DH 1980) als auch mehrbändige (GDEL 1982—85, DEQ 1977) Werke edieren. Diese Wörterbücher enthalten Eigen- und Gattungsnamen im selben Alphabet und sachkundliche Ausführungen zu gebotenen Lemmata. Durch den Einfluß, den die französische Lexikographie im 19. Jh. auf Spanien und Italien ausgeübt hat (Hupka 1989, 6.6.2.4 und 6.6.2.5), wird dieser Typ des enzyklopädischen

Ho'RLOGE, *f. f.* L'horloge est une sorte de machine composée de roues, de ressorts, de balancier & d'autres choses pour sonner les heures. [Une bonne horloge.]

Textbeispiel 93.5: Artikel *horloge* (aus: Richelet 1680)

HORLOGE. f. f. Machine composée de roües, de ressorts, d'un balancier, & d'autres choses pour sonner les heures. On appelle *Horloge à pendule*, Celle où au lieu de ressort il y a une pendule, & *Horloge d'eau*, Une machine dont on se servoit autrefois pour marquer les heures par le moyen de l'eau, qui en coulant faisoit tourner les parties de la machine, & l'aiguille du cadran. L'*Horloge solaire*, en termes de Gnomonique, est la representation qu'on fait des cercles de la sphere sur un plan, par des rayons qui partent directement du Soleil, ou par leur reflexion, ou par leur refraction.

On appelle *Horloge*, en termes de Marine, l'espace d'une demi-heure, mesuré par un sable delié qui passe d'une phiole en l'autre pendant ce temps dans l'instrument appellé *Empoulette*, ou *Poudrier*, qui est un assemblage de deux petits verres joints ensemble par un col fort estroit, dont l'un est plein de ce sable qui s'écoule dans l'autre. Ainsi pour dire qu'il y a deux heures, on dit qu'*Il y a quatre Horloges*. On appelle *Horloge d'un quart*, Une horloge de sable qui dure tout le temps que dure un quart, c'est à dire trois heures & demie, ou quatre heures. On dit que l'*Horloge dort*, pour dire, que Le sable s'arreste. On dit aussi, que l'*Horloge moud*, pour dire, que l'Horloge passe.

Textbeispiel 93.6: Artikel *horloge* (aus: Corneille 1694)

HORLOGE [òr-lòj'] *s. f.* et, *vieilli, m.*
[ÉTYM. Emprunté du lat. horologium, grec ὡρολόγιον, m. *s.* de ὥρα, heure, et λέγειν, dire, indiquer. Sur le genre, V. § 550. ‖ xii$^e$ s. Uns oriloges par unt l'um veeit cume l'ure del jur veneit, *Rois*, iv, 20.]
‖ Instrument qui sert à marquer les heures. — solaire ou — au soleil, cadran solaire ou gnomon. — d'eau, clepsydre. — de sable, sablier. ‖ *Spécialt.* Machine placée dans un endroit apparent de quelque édifice pour indiquer les heures. L'— d'une église. L'— sonne midi. Monter, remonter une —, en en bandant les ressorts, ou en en haussant les poids. Régler une —, en corriger les variations. *Fig. Famil.* Il est réglé comme une —, il est régulier dans ses habitudes. ‖ *P. anal.* et *fig.* | **1.** — **de Flore**, collection de fleurs qui s'épanouissent ou se ferment successivement aux différentes heures du jour, et qui, disposées en cadran, donnent une sorte d'horloge. | **2. — de la mort**, pou de bois, qui ronge le bois avec un bruit semblable au tic tac d'une montre.

Textbeispiel 93.7: Artikel *horloge* (aus: DG)

Wörterbuchs in den beiden Ländern verbreitet, so daß bis heute zahlreiche entsprechende Werke erscheinen: vgl. für Italien DEI (1955 ff.) und Felice/Duro (1975), für Spanien DEE (1978[8]) und DGI (1982), um je ein mehrbändiges und ein einbändiges Werk zu nennen. Mit dem Namen Pierre Larousse ist das Konzept verbunden — er realisierte es erstmals 1860 —, ein Wörterbuch in einen Sprach- und einen Sachteil zu gliedern, das z. B. von Melzi (seit 1894), Agostini (1964) und in Spanien von der Enciclopedia Teide (1977) übernommen wurde. Doch nach 3. (8) wird nur der Sprachteil zur Bestimmung des Charakters des Wörterbuchs berücksichtigt; demnach ist z. B. der Petit Larousse ein enzyklopädisches Wörterbuch, Melzi ein Sprachwörterbuch.

(2) Englischsprachige Wörterbücher der Gegenwart erhalten oft dadurch ein gewisses enzyklopädisches Moment, daß sie Eigennamen mit den Gattungsnamen im gleichen Alphabet abhandeln und sachkundliche Supplemente (Maße und Gewichte, Geschichte der USA etc.) anfügen. Als enzyklopädisch zu qualifizierende Ausführungen zu Gattungsnamen finden sich kaum. Jedoch manche Angaben in Webster (1961), der konzeptionell aus dem 19. Jh. stammt, gehen über eine minimal erforderliche Definition hinaus (z. B. zu *camel, clock*), dagegen findet sich in Webster's SNCD (1976) der ausdrückliche Hinweis, daß keine enzyklopädische Information gegeben wird. Der LDEL (1984) stellt insofern eine Ausnahme dar, als R. Quirk, der sich (1982, 74f.) ironisch zu der Unterscheidung von Bedeutungs- und Sachbeschreibung geäußert hatte, im Vorwort (S. X) „a full, accurate, and up-to-date record of our language and our world" verspricht.

(3) Im deutschen Sprachraum können gegenwärtig nur zwei Werke aus dem Verlag Brockhaus als in gewisser Hinsicht enzyklopädische Wörterbücher bezeichnet werden: 'Der Sprach-Brockhaus' (1984) enthält auch Vornamen, 'Der neue Brockhaus' (1984—85), „Lexikon und Wörterbuch in einem" (Werbeprospekt 1984), verzeichnet neben den Eigennamen nur fachsprachlichen oder schwierigen Wortschatz, gibt aber bei Bedarf ausführliche sachkundliche Erläuterungen.

(4) Unabhängig von theoretischen Erwägungen dürfte die von Quirk im LDEL (1984, XII) angekündigte „fullness of factual information" den Erwartungen der Benutzer eines einsprachigen Wörterbuchs der Gegenwartssprache am weitestgehenden entsprechen.

## 6. Literatur (in Auswahl)

### 6.1. Wörterbücher

*Académie 1694* = Dictionnaire de l'Académie françoise. 2 Bde. Paris 1694 [802 S.; Neudruck Paris 1968].

*Agostini 1964* = Modernissimo dizionario illustrato. 1. Lingua. 2. Arti, scienze, storia, geografia. 2 Bde. Novara 1964 [Dizionario enciclopedico de Agostini, 1981].

*Balbus 1286* = Jo(h)annes Balbus Januensis/de Janua [Giovanni Balbi]: Catholicon. Summa quae vocatur catholicon 1286 [Erstmals gedruckt Mainz (Gutenberg) 1460, Nürnberg (Anton Koberger) 1483].

*Bayle 1695—97* = Pierre Bayle: Dictionnaire historique et critique. 2 Bde. Rotterdam 1695—1697 [1702 (3 Bde.) u. ö.].

*Bazzarini 1824ff.* = Antonio Bazzarini: Dizionario enciclopedico delle scienze, lettere ed arti. 14 Bde. + 2 Suppl. Bde. Venezia 1824—37 [1830—36 (8 Bde.)].

*Brockhaus 1809—11* = Friedrich Arnold Brockhaus: Conversations-Lexikon oder kurzgefaßtes Handwörterbuch (...). 8 Bde. Leipzig 1809—11.

*Brockhaus 1814ff.* = Friedrich Arnold Brockhaus: Conversations-Lexikon oder encyclopädisches Handwörterbuch für gebildete Stände. 3. Aufl. 10 Bde. Altenburg. Leipzig 1814—19.

*Chambers 1728* = Ephraim Chambers: Cyclopaedia, or an Universal Dictionary of Arts and Sciences. 2 Bde. London 1728.

*Corneille 1694* = Thomas Corneille: Dictionnaire des arts et des sciences. 2 Bde. Paris. Amsterdam 1694 [zus.: 1266 S.; Neudruck Genf 1968].

*Crusca 1612* = Vocabolario degli accademici della Crusca. Venezia 1612 [getrennt pag.; ND Firenze 1976].

*DEE 1978* = Diccionario enciclopédico Espasa. 8. Aufl. 12 Bde. Madrid 1978.

*DEI 1955ff.* = Dizionario enciclopedico italiano. 12 Bde. + 1 Bd. Appendice + 1 Bd. Supplemento, diretto da U. Bosco. Roma 1955—1961, 1963 (App.), 1974 (Suppl.).

*DEL 1979* = Dictionnaire encyclopédique Larousse. Paris 1979 [1730 S.].

*DEQ 1977* = Dictionnaire encyclopédique Quillet. 10 Bde. Paris 1977.

*DFC 1966* = Dictionnaire du français contemporain. Paris 1966 [XII, 1224 S.]

*DG* = Adolphe Hatzfeld/Arsène Darmesteter/Antoine Thomas: Dictionnaire général de la langue française. 2 Bde. Paris 1895—1900 [XXVIII, 2272 S.].

*DGI 1982* = Diccionario general ilustrado. Barcelona 1982.

*DH 1980* = Dictionnaire Hachette. Langue. Encyclopédie. Noms propres. Paris 1980 [1813 S.].

*Diccionario enciclopédico 1864* = Diccionario enciclopédico de la lengua española, ordenado por Nemesio Fernández Cuesta. Madrid 1864.

*Enciclopedia Teide 1977* = Enciclopedia Teide. Bd. 1: Lengua. Bd. 2: Arte, geografia, ciencia, historia. Barcelona 1977.

*Encyclopaedic Dictionary 1879* = The Encyclopaedic Dictionary. 7 Bde. London 1879—88. Supplement 1902.

*Encyclopédie 1751—80* = Denis Diderot/Jean Le Rond d'Alembert: Encyclopédie, ou dictionnaire raisonné des sciences, des arts et des métiers. 35 Bde. Paris 1751—80.

*Felice/Duro 1975* = Emidio de Felice/Aldo Duro: Dizionario della lingua e della civiltà italiana contemporanea [Palermo 1975].

*Frisch 1741* = Johann Leonhard Frisch: Teutsch-lateinisches Wörterbuch. Berlin 1741 [XVIII, 604 S; ND Hildesheim 1977].

*Furetière 1690* = Antoine Furetière: Dictionnaire universel, contenant generalement tous les mots françois tant vieux que modernes, et les termes de toutes les sciences et des arts, sçavoir la Philosophie, (...), 3 Bde. La Haye. Rotterdam 1690.

*Gaffiot 1934* = Félix Gaffiot: Dictionnaire illustré latin-français. Paris 1934.

*GDEL 1982—85* = Grand dictionnaire encyclopédique Larousse. 10 Bde. Paris 1982—85 [zus.: 9994 S.].

*Harris 1704* = John Harris: Lexicon Technicum. 2 Bde. London 1704, 1710.

*Larive/Fleury 1884* = Larive [Pseud.]/J. Fleury [Pseud.]: Dictionnaire français illustré des mots et des choses, ou dictionnaire encyclopédique des écoles, des métiers et de la vie pratique. 3 Bde. Paris 1884—90 [zus.: 2879 S.].

*LDEL 1984* = Longman Dictionary of the English Language. Burnt Mill, Harlow 1984 [53, 1229 S.].

*Mackensen 1952* = Lutz Mackensen: Deutsches Wörterbuch. Laupheim 1952 [836 S.; München 1970, 6. Aufl.].

*Melzi 1973* = Gian Battista Melzi: Il novissimo Melzi. Dizionario enciclopedico italiano in due parti: I. Linguistico. II. Scientifico. 36. Aufl. Milano 1973 [1. Aufl. unter ähnlichem Titel, 1894].

*Meyer 1840* = Das große Conversations-Lexikon für die gebildeten Stände. 46 Bde. Hildburghausen (Josef Meyer) 1840.

*Moréri 1674* = Louis Moréri: Le grand dictionnaire historique, ou le mélange curieux de l'histoire sainte (später: sacrée) et profane. Lyon 1674.

*NDFC 1980* = Nouveau dictionnaire du français contemporain (illustré). Paris 1980 [1263 S.].

*Der neue Brockhaus 1937f.* = Der neue Brockhaus. Allbuch in 4 Bänden und einem Atlas. Leipzig 1937—38 [Copyright 1936].

*Der neue Brockhaus 1984—85* = Der neue Brockhaus. Lexikon und Wörterbuch in 5 Bänden und einem Atlas. 7. Aufl. Wiesbaden 1984—85.

*Petit Larousse* = Petit Larousse (illustré). Paris 1906 [1905] [bis heute jährliche Aufl.].

*Pierer 1822ff.* = Heinrich August Pierer: Enzyklopädisches Wörterbuch der Wissenschaften, Künste und Gewerbe. 26 Bde. Altenburg 1822—36.

*Richelet 1680* = Pierre Richelet: Dictionnaire françois, contenant les mots et les choses (...). Avec les termes les plus connus des arts et des sciences. 2 Bde. Genève 1680 [zus.: 506 S.].

*Der Sprachbrockhaus* = Der Sprachbrockhaus (+ zweierlei Untertitel). Leipzig 1935 [9. Aufl. 1984].

*Suidas* = Suidas: Byzanz 10./11. Jh., erstmals gedruckt Mailand 1498 [Moderne Ausgabe von Ada Adler, Suidae Lexicon. 5 Bde. Leipzig 1928—38].

*Trésor 1971ff.* = Trésor de la langue française. Dictionnaire de la langue du XIX et du XXe siècle (1789—1960), sous la direction de Paul Imbs. Paris 1971 ff [zus. bisher: 15076 S.].

*Webster 1961* = Webster's Third New International Dictionary of the English Language. 2 Bde. Springfield, Mass. 1961 [zus.: 56, 2662 S.].

*Webster's SNCD 1976* = Webster's Seventh New Collegiate Dictionary. Springfield, Mass. 1976 [22, 1220].

6.2. Sonstige Literatur

*D'Alembert 1754* = Jean d'Alembert: Dictionnaire. In: Encyclopédie 1751—1780. Bd. 4, 1754, 958—970.

*Collignon/Glatigny 1978* = Lucien Collignon/Michel Glatigny: Les dictionnaires. Initiation à la lexicographie. Paris 1978.

*Collison 1966* = Robert L. Collison: Encyclopedias. 2. Aufl. New York 1966.

*Collison 1982* = Robert L. Collison: A History of Foreign-Language Dictionaries. London 1982.

*Dittmer et al. 1978* = Ernst Dittmer et al.: Ein interdisziplinäres Wörterbuch — wie und wozu? In: Helmut Henne et al. (Hg.) 1978, 255—270.

*Drosdowski 1977* = Günther Drosdowski: Nachdenken über Wörterbücher: Theorie und Praxis. In: Drosdowski et al. (Hg.) 1977, 103—143.

*Drosdowski et al. 1977* = Günther Drosdowski et al.: Nachdenken über Wörterbücher. Mannheim 1977.

*Dubois/Dubois 1971* = Jean et Claude Dubois: Introduction à la lexicographie: le dictionnaire. Paris 1971.

*Eco 1984* = Umberto Eco: Semiotics and the Philosophy of Language. London. Bloomington 1984.

*Eco 1985* = Umberto Eco: Semiotik und Philosophie der Sprache. München 1985.

*Fernández-Sevilla 1974* = Julio Fernández-Sevilla: Problemas de lexicografía actual. Bogotá 1974.

*Götz/Herbst (Hg.) 1984* = Theoretische und praktische Probleme der Lexikographie. Hrsg. Dieter Götz/Thomas Herbst. München 1984.

*Guilbert 1968* = Louis Guilbert: Dictionnaire et linguistique: essai de typologie des dictionnaires monolingues français contemporains. In: Langue française 2. 1968, 4—29.

*Gurst 1976* = Günter Gurst: Zur Geschichte des Konversationslexikons in Deutschland. In: Hans-Joachim Diesner/Günter Gurst (Hrsg.): Lexika gestern und heute. Leipzig 1976, 137—188.

*Haensch 1982* = Günther Haensch: Tipología de las obras lexicográficas. Aspectos prácticos de la elaboración de diccionarios. In: G. Haensch et al. 1982, 95—187 und 395—534.

*Haensch et al. 1982* = Günther Haensch/Lothar Wolf/Stefan Ettinger/Reinhold Werner: La lexicografía. Madrid 1982.

*Haiman 1980* = John Haiman: Dictionaries and Encyclopedias. In: Lingua 50. 1980, 329—357.

*Hausmann 1977* = Franz Josef Hausmann. Einführung in die Benutzung der neufranzösischen Wörterbücher. Tübingen 1977.

*Hausmann 1985* = Franz Josef Hausmann: Lexikographie. In: Schwarze/Wunderlich (Hg.) 1985, 367—411.

*Hausmann 1985a* = Franz Josef Hausmann: Neue französische Wörterbücher III. In: Die Neueren Sprachen 84. 1985, 686—720.

*Hayashi 1978* = Tetsuro Hayashi: The Theory of English Lexicography 1530—1791. Amsterdam 1978.

*Henne 1972* = Helmut Henne: Semantik und Lexikographie. Berlin 1972.

*Henne et al. (Hg.) 1978* = Helmut Henne et al. (Hg.): Interdisziplinäres deutsches Wörterbuch in der Diskussion. Düsseldorf 1978.

*Hjort 1967* = Kirsten Hjort: Lexikon, Wörterbuch, Enzyklopädie, Konversationslexikon. Versuch einer Begriffserklärung. In: Muttersprache 77. 1967, 353—365.

*Householder/Saporta (eds.) 1962* = Problems in Lexicography. Hrsg. von Fred W. Householder/Sol Saporta. Bloomington 1962.

*Hupka 1989* = Werner Hupka: Wort und Bild. Die Illustrationen in Wörterbüchern und Enzyklopädien. Tübingen 1989.

*Kühn 1978* = Peter Kühn: Deutsche Wörterbücher. Eine systematische Bibliographie. Tübingen 1978

*Landau 1984* = Sidney I. Landau: Dictionaries: The Art and Craft of Lexicography. New York 1984.

*Leisi 1953* = Ernst Leisi: Der Wortinhalt. Seine Struktur im Deutschen und Englischen. Heidelberg 1953.

*Lüdi 1985* = Georges Lüdi: Zur Zerlegbarkeit von Wortbedeutungen. In: Schwarze/Wunderlich (Hg.) 1985, 64—102.

*Lutzeier 1985* = Peter R. Lutzeier: Linguistische Semantik. Stuttgart 1985.

*Malkiel 1958* = Yakov Malkiel: Distinctive Features in Lexicography. A Typological Approach to Dictionaries Exemplified with Spanish. In: Romance Philology 12. 1958/59, 366—399; 13. 1959/60, 111—155.

*Malkiel 1962* = Yakov Malkiel: A Typological Classification of Dictionaries on the Basis of Distinctive Features. In: Householder/Saporta (eds.) 1962, 3—24.

*Massariello Merzagora 1983* = Giovanna Massariello Merzagora: La lessicografia. Bologna 1983.

*Matoré 1968* = Georges Matoré: Histoire des dictionnaires français. Paris 1968.

*Meyer 1965* = Georg Meyer: Das Konversationslexikon, eine Sonderform der Enzyklopädie. Ein Beitrag zur Geschichte der Bildungsverbreitung in Deutschland. Diss. Göttingen 1965.

*Migliorini 1961* = Bruno Migliorini: Che cos' è un vocabolario? Roma 1946 [Firenze 1961 (ed. riveduta)].

*Möhren 1986* = Frankwalt Möhren: Wort- und sachgeschichtliche Untersuchungen an französischen landwirtschaftlichen Texten, 13., 14. und 18. Jahrhundert. *Seneschaucie, Menagier, Encyclopédie*. Tübingen 1986.

*Picoche 1977* = Jacqueline Picoche: Précis de lexicologie française. Paris 1977.

*Quemada 1968* = Bernard Quemada: Les dictionnaires du français moderne. 1539—1863. Paris 1968 (Copyright 1967).

*Quirk 1982* = Randolph Quirk: Style and Communication in the English Language. London 1982.

*Reichmann 1984* = Oskar Reichmann: Historische Lexikographie. In: Sprachgeschichte. Ein Handbuch zur Geschichte der deutschen Sprache und ihrer Erforschung. Hrsg. von Werner Besch/Oskar Reichmann/Stefan Sonderegger. 1. Halbband. Berlin. New York 1984, 460—492.

*Rey 1970* = Alain Rey: Typologie génétique des dictionnaires. In: Langages 19. 1970, 48—68.

*Rey 1977* = Alain Rey: Le lexique: images et modèles. Paris 1977.

*Rey-Debove 1971* = Josette Rey-Debove: Etude linguistique et sémiotique des dictionnaires français contemporains. The Hague 1971.

*Roe 1978* = Keith Roe: A Survey of the Encyclopaedic Tradition in English Dictionaries. In: Papers of the Dictionary Society of North America 1977, Donald Hobar (ed.). Pennsylvania State UP 1978, 16—23.

*Schaeder 1981* = Burkhard Schaeder: Lexikographie als Praxis und Theorie. Tübingen 1981.

*Schaeder 1987* = Burkhard Schaeder: Germanistische Lexikographie. Tübingen 1987.

*Schwarze/Wunderlich (Hg.) 1985* = Handbuch der Lexikologie. Hrsg. von Christoph Schwarze/Dieter Wunderlich. Königstein/Ts. 1985.

*Starnes 1954* = De Witt T. Starnes: Renaissance Dictionaries. English-Latin and Latin-English. Austin 1954.

*Starnes/Noyes 1946* = De Witt T. Starnes/Gertrude E. Noyes: The English Dictionary from Cawdrey to Johnson. 1604—1755. Chapel Hill 1946.

*Stein 1985* = Gabriele Stein: The English Dictionary before Cawdrey. Tübingen 1985.

*Störig 1986* = Hans Joachim Störig: Zur Abgrenzung der Lexikographie. In: Studien zur neuhochdeutschen Lexikographie VI. Teil 1. Hrsg. von Herbert Ernst Wiegand. Hildesheim. New York 1986 (= Germanistische Linguistik 84—86, 1986), 183—195.

*Tancke 1984* = Gunnar Tancke: Die italienischen Wörterbücher von den Anfängen bis zum Erscheinen des „Vocabolario degli Accademici della Crusca" (1612). Tübingen 1984.

*Weinreich 1962* = Uriel Weinreich: Lexicographic Definition in Descriptive Semantics. In: F. W. Householder/S. Saporta (eds.) 1962, 25—43. Französische Übersetzung in: Langages 19. 1970, 69—86.

*Weinrich 1976* = Harald Weinrich: Die Wahrheit der Wörterbücher. In: Probleme der Lexikologie und Lexikographie. Jahrbuch 1975 des Instituts für deutsche Sprache. Düsseldorf 1976, 347—371.

*Weinrich 1978* = Harald Weinrich: Plädoyer für

ein interdisziplinäres Wörterbuch der deutschen Sprache. In: Henne et al. (Hg.) 1978, 11—30.

*Wells 1973* = Ronald A. Wells: Dictionaries and the Authoritarian Tradition. The Hague 1973.

*Werner 1982* = Reinhold Werner: La definición lexicográfica. In: Haensch et al. 1982, 259—328.

*Werner 1984* = Reinhold Werner: Semasiologische und enzyklopädische Definition im Wörterbuch. In: Götz/Herbst (Hg.) 1984, 382—407.

*Wiegand 1977* = Herbert Ernst Wiegand: Nachdenken über Wörterbücher: Aktuelle Probleme. In: Drosdowski et al. 1977, 51—102.

*Wiegand 1977a* = Herbert Ernst Wiegand: Einige grundlegende semantisch-pragmatische Aspekte von Wörterbucheinträgen. Ein Beitrag zur praktischen Lexikologie. In: Kopenhagener Beiträge zur germanistischen Linguistik 12. Kolloquium über Lexikographie, Kopenhagen 1976. Hrsg. von Karl Hyldgaard-Jensen. Kopenhagen 1977, 59—149.

*Wiegand 1987* = Herbert Ernst Wiegand: Vorüberlegungen zur Wörterbuchtypologie: Teil I. In: Symposium on Lexicography III. Hrsg. von Karl Hyldgaard-Jensen/Arne Zettersten. Tübingen 1987.

*Wiegand 1988* = Herbert Ernst Wiegand: Was eigentlich ist Fachlexikographie? In: Festschrift Ludwig Erich Schmitt. Hrsg. von Horst H. Munske et al. Berlin. New York 1988, 729—790.

*Zgusta 1971* = Ladislav Zgusta: Manual of Lexicography. The Hague 1971.

*Zischka 1959* = Gert A. Zischka: Index Lexicorum. Bibliographie der lexikalischen Nachschlagewerke. Wien 1959.

*Werner Hupka, Augsburg*
*(Bundesrepublik Deutschland)*

# VII. Wörterbuchtypen II: Syntagmatische Spezialwörterbücher
# Dictionary Types II: Syntagmatic Dictionaries
# Typologie des dictionnaires II: Dictionnaires syntagmatiques

## 94. Das Konstruktionswörterbuch

1. Satzbildung und Konstruktionswörterbuch
2. Funktionen der Konstruktionswörterbücher
3. Makrostrukturelle Unterschiede
4. Die mikrostrukturellen Merkmale
5. Syntaktisch oder semantisch fundierter Valenzbegriff?
6. Das Konstruktionswörterbuch in Geschichte und Gegenwart
7. Das Konstruktionswörterbuch in der Metalexikographie
8. Literatur (in Auswahl)

### 1. Satzbildung und Konstruktionswörterbuch

Um mit Wörtern Sätze bilden zu können, bedarf es der genauen Kenntnis ihrer Kompatibilitäten und ihrer Distribution. Innerhalb dieser syntagmatischen Verbindungen, die ein Wort mit anderen eingeht, kommt den konstruktionellen Eigenschaften besonderes Gewicht zu. Mit Recht geht die Dependenzgrammatik davon aus, daß Elemente einer Wortklasse — hier vor allem die Verben, aber auch die Adjektive und Substantive — die Elemente ihrer Umgebung strukturell determinieren und somit die richtige Verwendung eines Wortes in erheblichem Maße festlegen.

An einem germanophonen Französischlerner sei exemplarisch aufgezeigt, auf welche Fragen zur Konstruktion ein Nachschlagewerk eingestellt sein müßte. Bei einem Verb wie **croire** „glauben" ergeben sich u. a. folgende Fragen: (a) Kann *croire* wie im Deutschen zwei Objekte bei sich haben? Wenn nicht, wie lautet die französische Entsprechung für *jdm. etwas glauben?* (b) Wie ist die weitere Verteilung und Kombination der Ergänzungen? Erlaubt das Verb z. B. indirekte, intransitive, pronominale oder gar unpersönliche Konstruktion und eröffnet es auch die Möglichkeit der prädikativen Ergänzung des Objektes? (c) Mit welcher Strukturvielfalt ist bei den abhängigen Satzgliedern zu rechnen? Kann die Funktion des direkten Objektes durch einen *que-* oder Infinitivsatz ausgefüllt werden und wie ist dann der Modus bzw. die Präposition (*à, de* oder *Ø*)? (d) Unterliegen die Ergänzungen und das Subjekt bestimmten semantischen Restriktionen? — Bei einem Adjektiv wie **méchant** verlangt der Benutzer neben der Hilfestellung bei der schwierigen Entscheidung über Vor- und/oder Nachstellung Auskunft darüber, ob es sowohl prädikativ als auch attributiv verwendet werden kann. Für andere, wie etwa **caractéristique,** ist überdies von Interesse, wie die Ergänzungen angeschlossen werden: *für jdn./etw. = de qn/qc.* — Vergleichbare Nachschlagesituationen sind bei Substantiven wie **Tendenz** *zu (tendance à inf)* oder **Angst** *vor (peur de/devant)* und auch bei den Nomina als Teil des Prädikats zu erwarten (vgl. etwa *prendre soin de inf*). —

Angaben dieser Art sind ein wichtiger Bestandteil der Grammatiken. Letztere beschreiben die Syntagmatik in der Perspektive syntaktischer Ergänzungsklassen, indem sie eine Unterteilung nach Konstruktionstypen vornehmen und diesen eine repräsentative Zahl von Beispielen zuordnen. Daß zahlreiche Elemente in einem solchen Klassifikationssystem an verschiedenen Stellen gleichzeitig erscheinen, deutet darauf hin, daß Fragen der erwähnten Art nicht als grammatische Regellücke interpretiert werden dürfen. Vielmehr betreffen sie einen Bereich, der gesamthaft idiosynkratische Merkmale aufweist. Insofern kommt das Konstruktionswörterbuch, das vom einzelnen Wort ausgeht und dabei systematisch (sowie ggf. erschöpfend) dessen Verwendungsregeln zu formulieren sucht, dem Bedürfnis des Benutzers nach schneller und umfassender Information stärker entgegen als die Grammatik. Grundlage eines Artikels bilden Einträge der Form: N/Pron + **apply** + (*to* N/Pron) + *for* N/Pron (vgl. Herbst 1987, 41). Mit diesem Verfahren knüpfen viele Konstruktionswörterbücher an die in den Definitionswörterbüchern schon früher verbreitete Praxis an, insbesondere die Umgebung der Verben zumindest im Hinblick auf die Objektergänzungen syntaktisch und 'grobsemantisch' zu charakterisieren (vgl. Art. 45).

## 2. Funktionen der Konstruktionswörterbücher

Analysen von Lernersprache belegen, daß grammatische Unsicherheiten des beschriebenen Typs auf fast allen Stufen des L2-Erwerbs anzutreffen sind. Von daher kann man ein begründetes, in empirischen Untersuchungen bestätigtes Interesse an Informationen zur Konstruktion unterstellen (vgl. Wiegand 1985, 73 ff.). Wer allerdings nicht über eine muttersprachliche Kompetenz verfügt, wird die Erläuterungen in den Definitionswörterbüchern als unzureichend empfinden. Und dort, wo die ("Lerner"-)Wörterbücher diesem Phänomen relativ breiten Raum widmen, bleibt die Benutzung wegen der mangelnden Verständlichkeit, der geringen Explizitheit sowie der Inkonsistenz der Patternsysteme nicht selten erfolglos (vgl. Zöfgen 1985; Herbst 1987). Vor allem für den fremdsprachigen Benutzer ergibt sich daraus ein beträchtliches Bedürfnis nach Konstruktionswörterbüchern, denen zwei (gelegentlich auch drei), einzeln oder verbunden auftretende Funktionen zufallen (vgl. Projektgruppe Verbvalenz 1981, 36 ff.): (a) In der Funktion eines Schreibwörterbuches, das der Behebung grammatischer Schwierigkeiten in der Sprachverwendung Priorität einräumt, bietet das Konstruktionswörterbuch einen Regelapparat an, mit dem die Bildung ungrammatischer Sätze verhindert werden kann. Die Akzentuierung der enkodierenden Perspektive in Verbindung mit einer nicht untypischen stark selektiven Makrostruktur erklärt, warum dieser Wörterbuchtyp — abgesehen von der Korrektursituation — für Zwecke der Sprachrezeption anderen Nachschlagewerken unterlegen ist und warum vor allem die sprachdidaktisch orientierten Valenzlexika eher als Produktions- denn als Identifikationswörterbuch konzipiert sind. (b) Vorzugsweise für die Hand des Lehrers bestimmt sind jene, die sich nachdrücklich als Korrekturhandbuch empfehlen. Einer solchen Zielsetzung wird das Konstruktionswörterbuch freilich erst dann gerecht, wenn es möglichst viele der Strukturen aufnimmt, die in Texten vorkommen können, und wenn es innerhalb der makrostrukturell vorgegebenen Grenzen bedingt auch sprachrezeptiven Aufgaben gewachsen ist. (c) Sofern die zur Illustration der Satzbaupläne aufgeführten Beispielsätze die Zielgruppe sprachlich nicht überfordern, kann das Konstruktionswörterbuch dem Lehrer zudem als geordnete Materialsammlung zu ausgewählten Kapiteln der Grammatik dienen.

## 3. Makrostrukturelle Unterschiede

Frequenzuntersuchungen spielen sowohl bei der Ermittlung sprachlicher Minima als auch bei der Erarbeitung adressatenspezifischer Sprachinventare eine wichtige Rolle. Entsprechend ihrer Bestimmung für den Einsatz beim Unterricht mit Ausländern wählen zahlreiche Konstruktionswörterbücher die Lemmata unter dem Gesichtspunkt der relativen Häufigkeit aus, wobei sie gelegentlich Übereinstimmung mit den sog. Mindestwortschätzen anstreben. Von der rein quantitativen Selektion der Makrostruktur strikt zu trennen ist die (zusätzliche) Beschränkung auf eine bestimmte Wortart, die in aller Regel bereits im Titel zum Ausdruck gebracht wird. Die exponierte Stellung des Verbs als strukturelles Zentrum des Satzes hat zur Folge, daß das Verbwörterbuch das Erscheinungsbild dieses Typs syntagmatischer Wörterbücher klar beherrscht. Seine führende Position kann es selbst gegenüber solchen behaupten, die sämtliche (relevanten) Wortarten einschließen. Gegenwärtig noch von geringer Bedeutung sind Unterschiede, die mit der Anordnung der Lemmata zusammenhängen. Lediglich in zwei Fällen ist die alphabetische Reihenfolge durchbrochen und zugunsten einer Darstellung inhaltlich-formaler Beziehungen (Helbig/Schenkel 1969) bzw. einer konsequent an onomasiologischen Kategorien orientierten makrostrukturellen Organisation aufgegeben (Schumacher u. a. 1986). An der Grenze zum Wörterbuchbegriff liegt das Prinzip der Gruppierung der Lemmata nach Ergänzungsklassen (Le Goffic/Combe McBride 1975). Hier gerät das Konstruktionswörterbuch in die Nähe referenzgrammatischer Beschreibungen, wobei es wie diese den Zugang zur konstruktionellen Identität des Wortes über den beigefügten Index sicherstellt.

## 4. Die mikrostrukturellen Merkmale

Vielgestaltig präsentieren sich die Mikrostrukturen der Konstruktionswörterbücher.

Dies beginnt bereits bei der sprachlichen Ausrichtung [A]. Unter den bilingualen Konstruktionswörterbüchern, die nahezu ein Viertel des Gesamtbestandes ausmachen, reicht das Spektrum von reiner Äquivalentangabe, die mehr die Funktion einer Übersetzungshilfe hat (z. B. Busse/Dubost 1977), über sprachvergleichende Konzeptionen, bei denen sich das kontrastive Moment (etwa in Form von Interferenzangaben) z. T. über die Satzbaupläne hinaus in den Demonstrationsteil erstreckt und die ansatzweise auch ein Wörterbuch der jeweils anderen Sprache enthalten (z. B. Weeren 1977), bis hin zu durchgängig zweisprachig angelegten, die reversibel benutzt werden können (z. B. Engel/Savin 1983). Die Zahl der zweisprachigen Verbwörterbücher dürfte weiter anwachsen, eine Entwicklung, die auf den direkten Bezug zum Fremdsprachenunterricht sowie auf die experimentell bestätigte Tatsache zurückzuführen ist, daß unter den syntaktischen Fehlleistungen der interlingual bedingte Fehler an vorderster Stelle zu finden ist. Sieht man von diesem eher übergeordneten Gesichtspunkt ab, so lassen sich die Konstruktionswörterbücher nach dem zugrundeliegenden Grammatikmodell [B], das dem Explikationsteil sein unverwechselbares Aussehen verleiht, in traditionelle, distributionalistisch orientierte und valenztheoretisch 'begründete' einteilen.

Zu den traditionellen Beschreibungsansätzen rechnen jene, die gestützt auf den Rektionsbegriff nur registrieren, mit welchem Kasus bzw. mit welcher Präposition das betreffende Element verbunden ist. Im Gegensatz dazu berücksichtigt der Valenzbegriff, der auf die Fähigkeit einer Spracheinheit abhebt, Leerstellen zu eröffnen, die ihrerseits nach einem genau festgelegten Plan von den 'Mitspielern' besetzt werden müssen, auch folgende, für präzise Angaben zur Kombinierbarkeit unverzichtbare Phänomene: 1° obligatorische Umstandsbestimmungen sowie sämtliche Präpositionalobjekte; 2° die Unterscheidung zwischen obligatorischen und fakultativen Objekten; 3° Infinitive, Partizipien, *daß*-Sätze usw. als Objekte (also die 'morphologischen Realisationen' einer bestimmten Funktion); 4° das Subjekt (als 'nicht regiertes' Satzglied). Obgleich der Distributionalismus die Bedeutung grundsätzlich als Funktion der Verteilung im Satz faßt und zudem die Komplemente generell nach morphosyntaktischen Kategorien notiert [C], sind die Grenzen zu Darstellungen, die den syntaktischen Aspekt der Valenz in den Vordergrund rükken, durchlässig bzw. fließend (vgl. Happ 1977; Busse 1980).

Ein Vergleich von Apresjan/Páll 1982 mit seinem valenztheoretischen 'Gegenstück' aus der Bundesrepublik (Engel/Savin 1983) unterstreicht

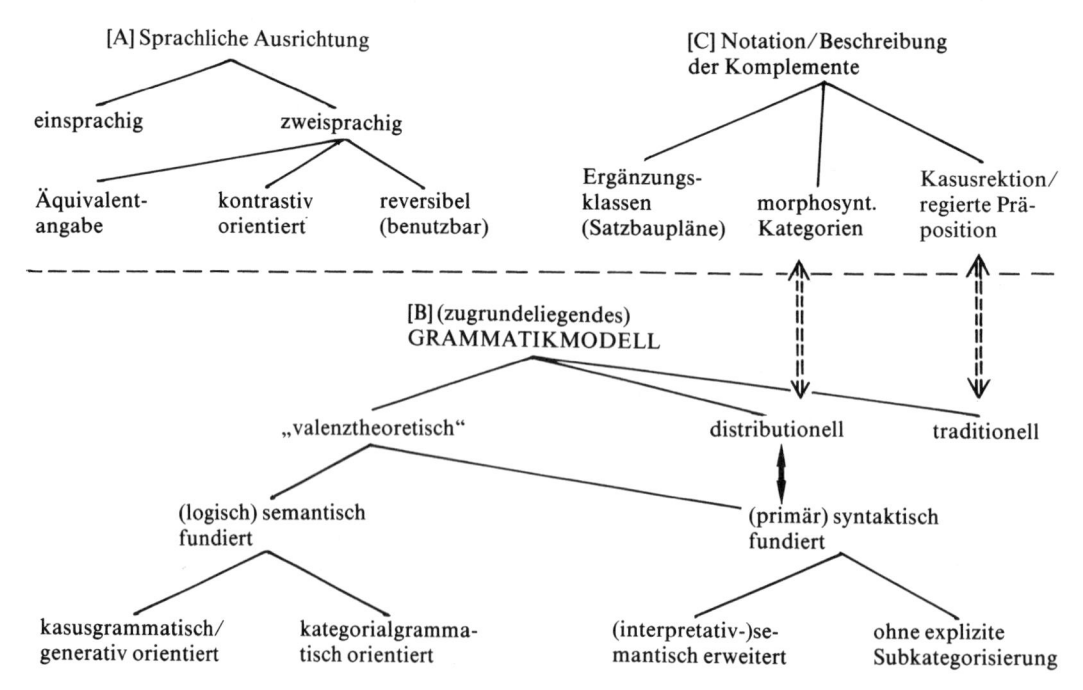

Abb. 94.1: Merkmaltypologie der Mikrostrukturen von Konstruktionswörterbüchern

94. Das Konstruktionswörterbuch

| | | |
|---|---|---|
| • mener¹ᵃ(2) | | führen, lenken |
| | Nqn – V – N | C'est moi qui mènerai le bateau. La mère mène l'enfant par la main. Pierre mène son chien en laisse. |
| • mener¹ᵇ(2) | | führen, lenken, durchführen, anführen |
| | N – V – N | Mener une vie tranquille, une guerre. Il mène très bien ses affaires. L'équipe adverse mène le jeu. La police a mené une enquête rapide. C'est l'argent qui mène le monde. Il mène plusieurs activités de front. La politique de reprise en main que mène le gouvernement/France Soir/. Les partis ont mené une campagne électorale acharnée. Il mène un jeu serré. |
| | | ⊠ N-V-∅ /sport/: C'est Lyon qui mène (sc. le jeu) depuis la mi-temps. |
| | | ⊠ Loc.: mener la vie dure à qn: jm das Leben schwer machen |
| | | ⊠ Loc.: mener par le bout du nez: jn an der Nase herumführen |
| • mener²ᵃ(2+L) | | wohin führen, bringen |
| | N – V – N – qp | Je vous mène à la gare. Le car m'a mené directement chez vous. |
| | N – V – N –(qp) ⟨∅ Inf_fin⟩ | Il mène ses enfants (au zoo) voir les girafes. |
| | ♦N – V – qp | Tous les chemins mènent à Rome. Cette rue mène à la gare. M'interrogeant sur les chemins qui aujourd'hui mènent au pouvoir au sein des entreprises géantes/Pilhes/. |
| • mener²ᵇ(2+L/3/2) | | bringen, führen |
| | N – V – N – qp | Cet acte irréfléchi le mènera en prison. Cette politique mènera le pays à la catastrophe. |
| | | ⊠ mener qc à terme, à bien, à bonne fin: Aucune résolution ne devait avoir lieu avant que le processus d'expropriation n'ait été mené à son terme/LeM/. |
| | | ⊠ mener trop loin; ne mener à rien: Cette analyse (nous) mènerait trop loin, ne mènerait à rien. (De) faire une analyse aussi poussée (cela) ne (nous) mènerait à rien, (nous) mènerait trop loin. Cela mènerait trop loin (que) de faire une analyse aussi poussée. Il/cela ne (nous) mènerait à rien (que) de faire une telle analyse. |
| | N – V – Nqn – à N | dazu bringen |
| | à ce que S Kj 2 | La situation le menait à une attitude plus résolue. La situation le mène à ce qu'il prenne une attitude résolue. |
| | à Inf 2 | Cette situation le menait à se rendre compte qu'il s'était trompé. |
| | Nqc – V – à N | dazu führen |
| | | L'augmentation du prix des menus a mené au boycott du restaurant. |
| | à ce que S Kj/Ind | L'augmentation du prix des menus a mené à ce que plus personne ne vienne/vient manger ici. |

Textbeispiel 94.1: Wörterbuchartikel (aus: Busse/Dubost 1977, 208)

dies insofern, als die Strukturbeschreibungen in der deskriptiven Mächtigkeit einander ebenbürtig sind.

Von dieser Parallelisierung auszunehmen sind Konzeptionen, die sich einem logisch-semantischen Valenzbegriff verschrieben haben und die entweder auf einer bestimmten Version der Kategorialgrammatik beruhen oder aber in enger Beziehung zu kasusgrammatischen bzw. generativen Modellen entwickelt worden sind (vgl. Abschn. 5).

## 5. Syntaktisch oder semantisch fundierter Valenzbegriff?

Ein in der Valenzforschung nach wie vor umstrittenes Problem ist die Unterscheidung zwischen valenzgebundenen und nicht-valenzgebundenen Satzgliedern. Zugespitzt formuliert geht es um die für die Definition der Valenz konstitutive Voraussetzung einer eindeutigen Abgrenzung zwischen Ergänzungen (E) und per definitionem 'freien' Angaben (A). In die gleiche Richtung zielt auch die — wenngleich auf einer anderen theoretischen Ebene liegende, den A- bzw. E-Status der Satzglieder aber unmittelbar berührende — Entscheidung hinsichtlich Fakultativität und Obligatorität der Komplemente. In beiden Fällen wird die grundsätzliche Frage aufgeworfen, ob für die Lösung dieser Probleme die 'Grammatikalität' eines Satzes alleiniger Maßstab sein kann oder ob solche Unterscheidungen nicht vielmehr der semantischen Begründung bedürfen (vgl. resümierend Kotschi 1981, 110 ff.).

Zu klären bleibt insbesondere, in welchem Umfang neben kategorialen Merkmalen auch die semantischen Relationen zwischen Valenzträger und 'Satelliten' (vergleichbar den Fillmoreschen Kasus) anzugeben sind. Damit wiederum eng verbunden ist die Frage, in welchen deskriptiven Grenzen die semantische Komponente gehalten werden sollte und inwieweit durch Einbeziehung der 'inhärenten' Bedeutungsmerkmale eine lückenlose Beschreibung anzustreben ist (vgl. Engel 1980, 8 ff.).

Unverkennbar hat sich der Kern der Valenzforschung seit geraumer Zeit von der Syntax zur Semantik hin verschoben. Einer verbreiteten Auffassung zufolge sind die erwähnten Schwierigkeiten nur dann zu beheben, wenn die syntaktischen Bestimmungen aus einem logisch-semantisch fundierten Valenzbegriff abgeleitet werden. Ihren Niederschlag hat diese von großer theoretischer Unsicherheit begleitete Schwerpunktverlagerung und Infragestellung des ursprünglichen Valenzgedankens in der Modellierung und Planung sog. 'semantisch motivierter' Verbwörterbücher gefunden.

Die Auswirkungen dieses Paradigmawechsels auf die Valenzlexikographie als Ganzes lassen sich nur schwer abschätzen. Insofern bleibt abzuwarten, welche der drei folgenden Positionen, die die gegenwärtige Diskussion um einen adäquaten Valenzbegriff beherrschen, der Lexikographie die entscheidenden Impulse gibt und für künftige Valenzwörterbücher richtungsweisende Akzente setzt:

(a) Für die auf rein syntaktischem Wege eruierten Ergänzungen werden zusätzlich zu ihrer syntaktischen Gestalt semantische Subkategorisierungen in Form entsprechender Selektionsrestriktionen angegeben. Valenz wird als primär syntaktisches, um die semantische Verträglichkeit zwischen Valenzträger und seiner Umgebung erweitertes Phänomen aufgefaßt. Vieles spricht dafür, daß die elaborierte Version einer solchen interpretativ-semantischen Komponente, wie sie Engel/Savin 1983 vorgeführt haben und wie sie in ersten Ansätzen bereits bei Helbig/Schenkel 1969 verwirklicht wurde, als Vorbild für künftige zweisprachige Konstruktionswörterbücher dienen wird.

(b) Die Darstellung geht auf Beschreibungsmodelle zurück, die als Kalkül konstruiert sind. Eine derart formalisierte Grammatiktheorie liegt Schumacher u. a. 1986 zugrunde. Valenz wird im Anschluß an die Grundannahmen der Kategorialgrammatik indirekt als Abhängigkeitsverhältnis i. S. einer Operator-Operand-Relation interpretiert, wobei der Operator als Valenzträger fungiert, die durch die Variablen symbolisierten Operanden hingegen die abhängigen Elemente repräsentieren. In deutlicher Parallele zur in der Logik als Funktor-Argument-Relation definierten Beziehung zwischen sprachlichen Ausdrücken müssen den Ergänzungen in der Basis Argumente des Prädikats bzw. Operanden entsprechen. Der auf diese Weise gewonnene Valenzbegriff ist semantisch 'motiviert' in dem Sinne, daß Zahl und Art der valenzgebundenen Terme nicht mehr von den syntaktischen Proben, sondern von der Verbanalyse abhängen (vgl. Schumacher u. a. 1986, 19 ff.).

(c) Ein auf die Leistungen der Prädikatenlogik vertrauender, Korrespondenz zwischen semantischen 'Tiefenstrukturen' und außersprachlichen Sachverhalten postulierender Beschreibungsansatz kennzeichnet auch die Überlegungen Helbigs (1983) für ein semantisch fundiertes Wörterbuch deutscher Verben. In dem gegenüber Helbig/Schenkel 1969 auf sechs Stufen erweiterten und 'umgedrehten' Modell verdient vor allem die Stufe kritische Aufmerksamkeit, die die Verbindung zu den Tiefenkasusrelationen herstellen soll, zumal sich hier die Frage nach dem Nutzen eines logischen Valenzbegriffs (vgl. Happ 1976, 137 ff.) in aller Schärfe stellt. Abgesehen von den Bedenken, die ungelöste Probleme, wie etwa Status, Inventar und Abgrenzung der 'Kasusrollen' betreffen, ist kaum einzusehen, daß dem Fremdsprachenlerner einzelsprachlich relevante Erkenntnisse mit Bedeutungsrelationen vermittelt werden können, die übereinzelsprachliche Geltung beanspruchen und die einen Rattenschwanz an unerforschter ontologischer Problematik nach sich ziehen. — Von einem ähnlichen Einwand wird auch der Versuch von Lewicka/Bogacki 1983 getroffen, kasusgrammatische Einsichten mit Prinzipien der generativen Semantik zu verbinden. Den Ausgangspunkt ihrer Analyse von 574 Verben mit über 3000 separierten Lesarten bildet die 'semantische' Struktur des Verbs, die in Termen von tiefenstrukturell begründeten 'semantischen Argumenten' und einem begrenzten Inventar kleinster Grundausdrücke, den sog. atomaren Prädikaten («prédicats profonds»), beschrieben wird. Das an sich begrüßenswerte Ziel, Übereinstimmungen zwischen der 'semantischen' und der separat behandelten syntaktischen Struktur aufzuzeigen, kann allerdings nicht über den ad-hoc-Charakter der logischen Explikationssprache hinwegtäuschen.

## 6. Das Konstruktionswörterbuch in Geschichte und Gegenwart

Grammatische Angaben, im besonderen solche zur Konstruktion der Verben, trifft man zu einem recht frühen Zeitpunkt auch außerhalb des hier beschriebenen Wörterbuchtyps an. Unter den syntagmatischen Wörterbüchern ist es der phraseologische dictionnaire von Rémy 1839, der in seiner 5. Auflage 1863 eine Fülle präpositionaler Ausdrücke verzeichnet und sich damit zusätzlich als Konstruktionswörterbuch empfiehlt. Einen wichtigen Platz nehmen grammatische Phänomene von jeher in den Wörterbüchern der sprachlichen Zweifelsfälle ein (vgl. Art. 125), die in Frankreich und Italien seit dem 18. Jh. durch zahlreiche Titel vertreten sind. Gleich einer ihrer ersten französischen Repräsentanten (Saint-Maurice 1672) widmet der Verbkonstruktion in einem eigenen Kapitel verhältnismäßig breiten Raum. In noch stärkerem Maße gilt dies naturgemäß für die „grammatischen Wörterbücher", die speziell auf solche (aber auch auf andere) Fragen Antwort geben. Die äußerst fruchtbare Tradition der «dictionnaires grammaticaux» wird durch Féraud 1761 begründet (vgl. dazu Swiggers 1983). Nicht von ungefähr erleben sie ihre große Blüte in der ersten Hälfte des 19. Jhs., wo sich die Grenzen zu den ihnen eng verwandten «dictionnaires de difficultés» (vgl. exemplarisch Martin 1830; Sou-

## 94. Das Konstruktionswörterbuch

lice/Sardou 1843) zunehmend auflösen und es gelegentlich zu einer Vermischung zwischen beiden kommt (so etwa bei Laveaux 1818).

Konstruktionswörterbücher sind vor allem ein Kind des 20. Jhs., ohne daß der Traditionsstrang der grammatischen Wörterbücher sofort abreißt. Die deutlichsten Spuren hat er bei jenen hinterlassen, die die Rektion bei Elementen aus verschiedenen Wortarten behandeln. Ein frühes Beispiel — dabei einzig in seiner Art, weil umfangreich historisch-philologisch belegend — ist für das Spanische der monumentale diccionario von Cuervo 1886 ff. (vgl. Art. 183). Für das Englische darf die einflußreiche "grammar" von Palmer (1938) nicht unerwähnt bleiben, die im Jahre 1958 durch Leonhardi und im Jahre 1966 durch Leonhardi/Welsh eine Neubearbeitung erfuhr. Aus diesem Korrekturhandbuch, dessen französisches Analogon von Bonnard/Leisinger/Traub 1970 stammt, ist wiederum Friederich 1982 hervorgegangen.

Den Anstoß für tiefgreifende konzeptuelle Veränderungen und somit für den endgültigen Bruch mit der Tradition der grammatischen Wörterbücher gab die verspätete Rezeption der Dependenzgrammatik des Franzosen Lucien Tesnière. Ganz im Sinne ihres Begründers, der von Anfang an eine Applikation auf den Sprachunterricht im Auge hatte, führte die geradezu stürmische Resonanz, die sein Werk in Deutschland gefunden hat, zu einer Serie von Valenzwörterbüchern, zuerst in der DDR, dann auch in der Bundesrepublik. Richtungweisend, zumal unter fehlerlinguistischen Vorzeichen entworfen, war das Verbwörterbuch von Helbig/Schenkel 1969. Sichtbarer Ausdruck seiner nachhaltigen Wirkung sind u. a. die von Sommerfeldt/Schreiber 1974 und 1977 in Anlehnung an jenes Beschreibungsmodell redigierten Valenzwörterbücher zu den deutschen Adjektiven und Substantiven, auch wenn ihnen ein vergleichbarer Erfolg versagt blieb. Am raschen Aufschwung der zweisprachigen Valenzlexikographie hatte darüber hinaus Engel/Schumacher 1976 maßgeblichen Anteil. Dies trifft primär auf solche Wörterbücher zu, die sich an den Deutsch lernenden Ausländer wenden. Zu dieser Gruppe gehören neben Weeren 1977 (deutsch-niederländisch), dem Helbig/Schenkel ²1973 als Vorbild gedient hat, das deutsch-spanische Verbwörterbuch von Rall/Rall/Zorrilla 1980, das im deskriptiven Teil mit Engel/Schumacher ²1978 übereinstimmt. Auf der gleichen Grundlage wurde auch der deutsch-rumänische dicţionar von Engel/Savin 1983 erstellt. Zahlreiche Projekte für Verbvalenzlexika mit Deutsch als Zielsprache scheinen sich ebenfalls diesem Ansatz verbunden zu fühlen (vgl. Schumacher 1986, 375 f.). Aus dieser Filiation heraus fällt Kristinus 1965 (deutsch-türkisch) mit der traditionellen Fokussierung auf den richtigen Gebrauch der Präposition beim Verb. Zur zweiten, auf den germanophonen Fremdsprachenlerner zugeschnittenen Gruppe zählen Rickmeyer 1977 (japanisch-deutsch) mit einem an Helbig/Schenkel orientierten, jedoch um eine Tiefenkasuskomponente erweiterten Valenzmodell sowie das von den germanistischen Vorreitern zwar nicht unbeeinflußte, aber durchaus eigenständige Wörterbuch von Busse/Dubost 1977 zu 5000 französischen Verben. Ein dieser Konzeption (vgl. Busse 1974) folgendes Wörterbuch zu etwa 2000 portugiesischen Verben von W. Busse steht kurz vor der Fertigstellung. Die monolinguale Valenzlexikographie des Deutschen hat diesen Pfad inzwischen verlassen und geht neue Wege (Schumacher u. a. 1986). — International dominieren weiterhin Konstruktionswörterbücher, die von anderen, nicht-valenztheoretischen Prämissen ausgehen, sieht man einmal von den jüngsten lexikographischen Erzeugnissen aus Polen ab, das mit dem auf drei Bände angelegten syntaktisch orientierten Wörterbuch der polnischen Verben von Polański 1980 ff., bei dessen Planung auch Helbig/Schenkel Pate gestanden haben dürfte, sowie mit dem als Gegenpol zum syntaktischen Valenzbegriff auf (generativ-)semantischer Basis entwickelten französischen Verbwörterbuch von Lewicka/Bogacki 1983 eine Sonderstellung einnimmt. Die in den romanischen Ländern erarbeiteten Konstruktionswörterbücher benutzen zumeist traditionelle Konzepte. Für das Französische liegt neben Caput/Caput 1969 und Célérier/Maillard 1979 der aus Rumänien kommende Frînculescu 1978 vor. Als Wörterbuch benutzbar ist darüber hinaus Le Goffic/Combe McBride 1975, das theoretisch auf den distributionellen Ansatz von Gross 1968 zurückgeht. Dem Rektionsbegriff verpflichtet ist auch Fernandes 1940 und 1949, der die portugiesischen Verben sowie Substantive und Adjektive beschreibt. Wesentlich linguistischer gibt sich dagegen die vorläufige Version eines als Pilotprojekt auf brasilianischem Boden entstandenen Verbwörterbuches (Borba 1984), das die abhängigen

Elemente u. a. nach kasusgrammatischen Kategorien bestimmt. — Ein der Situation in Frankreich vergleichbares Bild ergibt sich bei den ein- und zweisprachigen russischen Konstruktionswörterbüchern. Ausführlich werden Kasusprobleme sowie vereinzelt auch der Anschluß freier Angaben an das Verb von Demidova 1969 und Andreeva-Georg/ Tolmačeva 1975 expliziert. Spärlich sind die Angaben zur Rektion bei Daum/Schenk 1963, das in dieser Reihe wegen seiner Bekanntheit und Verbreitung dennoch nicht fehlen darf. Traditionell ausgerichtet sind außerdem Denisov/Morkovkin 1978 sowie Rozental' 1981, die jeweils verschiedene Wortarten behandeln.

Mit einem solchermaßen 'modifizierten' Rektionsbegriff präsentiert sich daneben ein seit langem geplantes Verbwörterbuch für russische Französischlerner, das Rozencvejg bereits 1977 vorgestellt hat.

Demgegenüber basiert das kontrastive russisch-ungarische Verbwörterbuch von Apresjan/Páll 1982 auf dem transformationell-distributionellen Modell von Apresjan, bei dem auffällige strukturelle Gemeinsamkeiten mit dem Forschungskonzept von Gross bestehen. — Im angelsächsischen Raum wurden außer Palmer kaum Konstruktionswörterbücher erstellt. Unter denen, die der Präposition eine Schlüsselrolle zuweisen, verdienen lediglich Wood 1967 und Hill 1968 Aufmerksamkeit. Allerdings gewinnen die Konstruktionsangaben in einigen Definitionswörterbüchern (ALD und DCE) und in den Wörterbüchern der *idioms* und *phrasal verbs* (vgl. Art. 96) große Bedeutung. Ein Valenzwörterbuch des Englischen ist in Erlangen und Augsburg in Arbeit (vgl. zuletzt Herbst 1987). Über das Projekt eines kontrastiven Verbwörterbuches englisch-spanisch berichtet Martin 1984.

Was die reichhaltige valenztheoretische Literatur anlangt, so ist noch auf Arbeiten hinzuweisen, die z. T. umfangreiche, nach Satzbauplänen geordnete und über einen Index zu erschließende Wortlisten enthalten und die damit den Charakter eines Wörterbuches annehmen. Unter diesen seien für das Deutsche Engelen 1975 sowie Götze 1979, für das Französische Gross 1975 sowie Boons/ Guillet/Leclère 1976 erwähnt. Begrenzt als Wörterbuch einsetzbar, da ohne alphabetischen Index und/oder lediglich auf einen Teilaspekt eingehend sind Réquédat 1980 und Colliander 1983.

Mit den beiden kürzlich erschienenen, vorläufig nur für einen kleinen Ausschnitt aus dem Lemmatabestand realisierten erklärend-kombinatorischen Wörterbüchern des Französischen (Mel'čuk 1984) und des Russischen (Mel'čuk/Žolkovskij 1984) wird die Grenze zwischen Konstruktions-, Kollokations- und phraseologischem Wörterbuch in beiden Richtungen überschritten und ein neuer Typ von syntagmatischem Wörterbuch begründet, der grammatische Konstruktion und lexikalische Verbindbarkeit in sich zu vereinen sucht. Das gilt auch für das fertig ausgearbeitete Wörterbuch von Benson 1986.

## 7. Das Konstruktionswörterbuch in der Metalexikographie

Im Gefolge der intensiven Beschäftigung und Auseinandersetzung mit den Eléments de syntaxe structurale von Tesnière (1959) und dem daraus resultierenden sprunghaften Anwachsen der Valenzlexikographie hat das zunächst geringe Interesse, das die Metalexikographie dem Konstruktionswörterbuch entgegenbrachte, spürbar zugenommen. Entsprechend dem Entwicklungsgang der valenzgrammatischen Forschung, deren Zentrum sich — wie unter 5. dargestellt — von der Morphosyntax zur Semantik hin verlagert hat, beherrschten theoretische Erörterungen über die Inadäquatheit eines syntaktisch fundierten Valenzbegriffs lange Zeit die Diskussion. Die fremdsprachendidaktische Relevanz der selektiven Valenzwörterbücher wurde dabei allerdings nie ernsthaft in Zweifel gezogen, obgleich der Wörterbuchbenutzer mit seinen spezifischen Informations- und Lernbedürfnissen in diesen Überlegungen eine untergeordnete Rolle spielte. Unter Berufung auf das primär linguistische Interesse setzte man sich über alle jene Fragen hinweg, die im Zusammenhang mit der lexikographischen Umsetzung von Forschungsergebnissen zwangsläufig auftauchen (vgl. etwa Engel 1980). Offensichtlich wurden die Konsequenzen einer unzureichend 'pragmatisierten' Valenzlexikographie weit unterschätzt. Ersichtlich stellen Valenzwörterbücher mit expliziter semantischer Beschreibung höchste Anforderungen an den Benutzer und bedürfen in aller Regel der Vermittlung durch den linguistisch vorgebildeten Lehrer.

Erschwerend kommt die zumeist geringe Zahl von Stichwörtern hinzu. Insofern müssen sich vor allem die selektiven Konstruktionswörterbücher die Frage nach der Überlegenheit gegenüber dem extensiven, syntaktische Regularitäten z. T. recht ausführlich verzeichnenden Definitionswörterbuch gefallen lassen. Bei einem kritischen Vergleich ist zwar nicht zu bestreiten, daß die Valenzwörterbücher im allgemeinen weit über das hinausgehen, was die Gesamtwörterbücher in dem entsprechenden Bauteil an syntagmatischer Information enthalten. Solange aber nicht endgültig geklärt ist, in welchem Umfang Syntaxfehler gemacht werden und welcher deskriptive Aufwand tatsächlich getrieben werden muß, um die Produktion fehlerhafter Sätze zu verhindern, läßt sich über den Nutzen, den die einsprachige Lexikographie aus den Anstrengungen der (semantisch orientierten) Valenzlexikographie zu ziehen vermag, allenfalls spekulieren. Dem widerspricht nicht, daß es prinzipiell wünschenswert ist, wenn möglichst viele der im Spezialwörterbuch gemachten Aussagen in die Definitionswörterbücher eingehen (vgl. dazu Zöfgen 1985).

Vor diesem Hintergrund kann man sich den Argumenten einiger (Meta-)Lexikographen, die ihre Bemühungen auf die adressatengerechte Auswahl, die übersichtliche Anordnung sowie die benutzerfreundliche Präsentation der Daten konzentrieren, nicht so ohne weiteres entziehen. Besondere Beachtung verdient die These, derzufolge ein nach sprachdidaktischen Gesichtspunkten gestaltetes Valenzwörterbuch nicht nur verständlicher sein kann als ein ausschließlich nach linguistischen Kriterien konzipiertes, sondern auch in puncto Präzision und Prägnanz den Vergleich mit anderen Spezialwörterbüchern nicht zu scheuen braucht (vgl. Zöfgen 1982). Eine weniger an linguistischen Kategorien und mehr am Benutzer orientierte Wörterbuchforschung in Verbindung mit einer intensiven Fehlerforschung könnte dieser Erkenntnis zum Durchbruch verhelfen. Dies erscheint um so dringlicher, als sich die Anzeichen mehren, daß die einseitig linguistisch argumentierende Valenzlexikographie zunehmend der Versuchung erliegt, ihre eigenen Anforderungen zum alleinigen Maßstab zu machen und mit Benutzerbedürfnissen gleichzusetzen.

## 8. Literatur (in Auswahl)

### 8.1. Wörterbücher

*Andreeva-Georg/Tolmačeva 1975* = V[era P.] Andreeva-Georg/V[alentina D.] Tolmačeva: The Russian Verb. Prepositional and Non-Prepositional Government. Moscow 1975 [427 S.].

*Apresjan/Páll 1982* = J[urij] D. Apresjan/E[rna] Páll: Russkij glagol' — vengerskij glagol. Upravlenie i sočetaemost'. [ungar. Titel] Orosz ige — magyar ige. Vonzatok és kapcsolódások. 2 Bde. Budapešt 1982 [834 S. + 835 S.].

*Benson 1986* = Morton Benson/Evelyn Benson/Robert Ilson: The BBI Combinatory Dictionary of English: A Guide to Word Combinations. Amsterdam. Philadelphia 1986 [XXXVI, 286 S.].

*Bonnard/Leisinger/Traub 1970* = Henri Bonnard/Hanno Leisinger/Walther Traub: Grammatisches Wörterbuch — Französisch. Dortmund $^6$1984 [VIII, 412 S.; $^1$1970].

*Borba 1984* = Francisco da Silva Borba [u. a.] (Hg.): Dicionário gramatical de verbos do português contemporâneo. Araraquara (São Paulo) 1984 [Manuskript 177 S.].

*Busse/Dubost 1977* = Winfried Busse/Jean-Pierre Dubost: Französisches Verblexikon. Die Konstruktion der Verben im Französischen. Stuttgart $^2$1983 [XXII, 422 S.; $^1$1977].

*Caput/Caput 1969* = J[osette] Caput/J[ean-Pol] Caput: Dictionnaire des verbes français. Paris 1969 [XVI, 589 S.].

*Célérier/Maillard 1979* = Pierre Célérier/Jean-Pierre Maillard: Dictionnaire des structures fondamentales du français. Paris 1979 [162 S.].

*Cuervo 1886 ff.* = R[ufino] J[ose] Cuervo: Diccionario de construcción y régimen de la lengua castellana. Paris 1886 ff. [Bogotá 1949 ff.; nueva edición: Bogotá 1953 ff.; zuletzt tome 3, fasc. 19 (exceder—exhortación). Bogotá 1987].

*Daum/Schenk 1963* = E[dmund] Daum/W[erner] Schenk: Die russischen Verben. Grundformen — Aspekte — Rektionen — Betonung — Deutsche Bedeutung. Leipzig 1963 [742 S.; Lizenzausgabe München 1963].

*Demidova 1969* = A[nna] K. Demidova: Upravlenie naibolee upotrebitel'nych glagolov v sovremennom russkom jazyke (Posobie dlja inostrancev). Moskva 1969 [259 S.].

*Denisov/Morkovkin 1978* = P[etr] N. Denisov/ V[alerij] V. Morkovkin [u. a.]: Učebnyj slovar' sočetaemosti slov russkogo jazyka. Moskva $^2$1982 [685 S.; $^1$1978].

*De Titta 1904* = Cesare De Titta: Dizionarietto dei verbi intransitivi. Lanciano 1904.

*Engel/Savin 1983* = Ulrich Engel/Emilia Savin [u. a.]: Valenzlexikon deutsch-rumänisch. Dicţionar de valenţă German—Român. Heidelberg 1983 (Deutsch im Kontrast, Bd. 3) [456 S.].

*Engel/Schumacher 1976* = Ulrich Engel/Helmut Schumacher: Kleines Valenzlexikon deutscher Verben. Unter Mitarbeit von Joachim Ballweg [u. a.]. Tübingen $^2$1978 [310 S.; $^1$1976].

*Féraud 1761* = J[ean]-F[rançois] Féraud: Dictionnaire grammatical de la langue françoise [...]. Nouv. édition. Paris 1768, 2 vol. [XII, 312, 280 S. + 529 S.; Avignon $^1$1761, XV, 676 S.].

*Fernandes 1940* = Francisco Fernandes: Dicionário de verbos e regimes. Mais de 11.000 verbos em suas diversas acepções e regências. Pôrto Alegre $^4$1954 [18. Nachdruck 1974, 606 S.; $^1$1940; $^2$1941, 549 S.].

*Fernandes 1949* = Francisco Fernandes: Dicionário de regimes de substantivos e adjetivos. Rio de Janeiro [usw.] ²1960 [3. Nachdruck 1964; 384 S.; ¹1949, 357 S.].

*Friederich 1982* = Wolf Friederich [und Anthony Rich]: Dictionary of English Grammar in Context. Dortmund 1982 [VIII, 235 S.].

*Frînculescu 1978* = Ovidiu Frînculescu: Dictionnaire des verbes français avec leurs constructions spécifiques. Dicţionarul verbelor franceze cu construcţiile lor specifice. Bucureşti 1978 [496 S.].

*Helbig/Schenkel 1969* = Gerhard Helbig/Wolfgang Schenkel: Wörterbuch zur Valenz und Distribution deutscher Verben. Tübingen ⁷1983 [485 S.; Leipzig ¹1969, 311 S.].

*Hill 1968* = L[eslie] A[lexander] Hill: Prepositions and Adverbial Articles. An Interim Classification Semantic, Structural, and Graded. London 1968 [403 S.].

*Kristinus 1965* = Heinz Kristinus: Die deutschen Verben mit Präpositionen und ihre Wiedergabe im Türkischen. 2. [erw.] Aufl. [Ankara 1971] [XIII, 516 S.; ¹1965, 450 S.].

*Laveaux 1818* = J[ean] Ch[arles] Laveaux: Dictionnaire raisonné des difficultés grammaticales et littéraires de la langue française [...]. 6ᵉ édition revue [...] par Ch[arles] Marty-Laveaux. Paris 1910 [VIII, 731 S.; ¹1818, XII, 810 S.].

*Le Goffic/Combe McBride 1975* = Pierre Le Goffic/Nicole Combe McBride: Les constructions fondamentales du français [...]. Paris 1975 (Collection Le Français dans le Monde, Bd. 16) [175 S.].

*Leonhardi 1958* = Arnold Leonhardi: The Learner's Dictionary of English Grammar. Dortmund ⁴1967 [167 S.; ¹1958].

*Leonhardi/Welsh 1966* = Arnold Leonhardi/Brian W. W. Welsh: Grammatisches Wörterbuch — Englisch. Dortmund 1966 [303 S.].

*Lewicka/Bogacki 1983* = Halina Lewicka/Krzysztof Bogacki [u. a.] (Hg.): Dictionnaire sémantique et syntaxique des verbes français. Warszawa 1983 [753 S.].

*Magrì 1963* = Domenico Magrì/Antonio Sferrazzo: Verbi intransitivi italiani con i loro ausiliari. Dizionarietto. Florenz 1963 [65 S.].

*Martin 1830* = Ch[arles] Martin: Le voleur grammatical ou Dictionnaire des difficultés de la langue française et des locutions vicieuses les plus répandues [...]. Paris ⁶1839 [306 S.; ¹1830, 301 S.].

*Mel'čuk 1984* = Igor [A.] Mel'čuk [u. a.]: Dictionnaire explicatif et combinatoire du français contemporain. Recherches lexico-sémantiques I. Montréal 1984 [XVI, 172 S.].

*Mel'čuk/Žolkovskij 1984* = Igor A. Mel'čuk/Alexander K. Žolkovskij: Tolkovo-kombinatornyj slovar' sovremennogo russkogo jazyka. Opyty semantiko-sintaksičeskogo opisanija russkoj leksiki. [engl. Titel] Explanatory Combinatorial Dictionary of Modern Russian [...]. Vena 1984 [992 S.].

*Náñez 1970* = Emilio Náñez: Diccionario de construcciones sintacticas del español: preposiciones. Santander 1970 [275 p.].

*Palmer 1938* = Harold E. Palmer: A Grammar of English Words. One thousand English words [...] together with information concerning the several meanings of each word [...] and the collocations and phrases into which it enters. New impression(s), London 1967 (1969, 1971 [usw.]) [XVI, 300 S.; ¹1938].

*Polański 1980 ff.* = K[azimierz] Polański (Hg.): Słownik syntaktyczno-generatywny czasowników polskich. Bd. 1, Wrocław [usw.] 1980 [406 S.]; Bd. 2, Wrocław [usw.] 1984 [372 S.]; Bd. 3, Wrocław [usw.] 1988 [477 S.].

*Rall/Rall/Zorrilla 1980* = Dietrich Rall/Marlene Rall/Oscar Zorrilla: Diccionario de valencias verbales. Alemán—Español. Tübingen 1980 [292 S.].

*Rémy 1839* = J[oseph] Rémy: Dictionnaire des onze cents locutions, prépositives, conjonctives, adverbiales [...]. Paris 1839 [IV, 104 S.; 5ᵉ édition, Paris 1863 (paginiert 138—220) u. d. T.: Dictionnaire des trois mille locutions ou phrases faites de la langue française].

*Rickmeyer 1977* = Jens Rickmeyer: Kleines japanisches Valenzlexikon. Hamburg 1977 [X, 306 S.].

*Rozental' 1981* = D[imitar] È. Rozental': Upravlenie v russkom jazyke. Slovar' — spravočnik dlja rabotnikov pečati. Moskva 1981 [208 S.].

*Saint-Maurice 1672* = [Robert-Alcide de] Saint-Maurice: Remarques sur les principales difficultez que les estrangers ont en la langue françoise. Paris 1672 [384 S.].

*Schumacher u. a. 1986* = Helmut Schumacher (Hg.): Verben in Feldern. Valenzwörterbuch zur Syntax und Semantik deutscher Verben. Berlin. New York 1986 (Schriften des Instituts für Deutsche Sprache 1) [XIV, 882 S.].

*Sommerfeldt/Schreiber 1974* = Karl-Ernst Sommerfeldt/Herbert Schreiber: Wörterbuch zur Valenz und Distribution deutscher Adjektive. Tübingen ³1983 [435 S.; Leipzig ¹1974].

*Sommerfeldt/Schreiber 1977* = Karl-Ernst Sommerfeldt/Herbert Schreiber: Wörterbuch zur Valenz und Distribution der Substantive. Tübingen ³1983 [432 S.; Leipzig ¹1977].

*Soulice/Sardou 1843* = Th[éodore] Soulice/[A.-L.] Sardou: Petit dictionnaire raisonné des difficultés et exceptions de la langue française. Paris 1843 [IV, 573 S.; letzter Nachdruck 1914].

*Weeren 1977* = Jan van Weeren: Interferenz und Valenz. Zum Problem der 'falschen Freunde' für niederländische Germanistikstudenten. Phil. Diss., Leiden 1977 [Wörterbuchteil: S. 64—88].

*Wood 1967* = Frederick T. Wood: English Prepositional Idioms. London/Basingstoke 1967 [562 S.; letzter Nachdruck 1975].

*Ziegler 1976* = Erich Ziegler: Grammatisches Wörterbuch der gebräuchlichsten spanischen Verben mit Satzbeispielen und Konjugationstabelle. 3. Aufl. Stuttgart-Bad Cannstadt 1976 [159 S.].

## 8.2. Sonstige Literatur

*Bergenholtz/Mugdan 1985* = Henning Bergenholtz/Joachim Mugdan (Hg.): Lexikographie und Grammatik. Akten des Essener Kolloquiums zur Grammatik im Wörterbuch 28.—30. 6. 1984. Tübingen 1985 (Lexicographica. Series maior 3).

*Boons/Guillet/Leclère 1976* = Jean-Pol Boons/Alain Guillet/Christian Leclère: La structure des phrases simples en français. [Band 1] Constructions intransitives. Genève/Paris 1976 (Langue & cultures 8) [Tabellen: S. 281—349; Bd. 2, 3 angekündigt].

*Busse 1974* = Winfried Busse: Klasse — Transitivität — Valenz. Transitive Klassen des Verbs im Französischen. Avec un résumé en français. Tübingen 1974 (Intern. Bibliothek für allgemeine Linguistik, Bd. 36).

*Busse 1980* = Winfried Busse: Distributionelle Beschreibung der französischen Verbsyntax als Grundlage zur Kritik der transformationellen Grammatik. In: Zeitschrift für französische Sprache u. Literatur 90. 1980, 25—46.

*Colliander 1983* = Peter Colliander: Das Korrelat und die obligatorische Extraposition. Kopenhagen 1983 (Kopenhagener Beiträge zur german. Linguistik. Sonderband 2) [Wortliste: S. 71—319].

*Engel 1980* = Ulrich Engel: Fügungspotenz und Sprachvergleich. Vom Nutzen eines semantisch erweiterten Valenzbegriffs für die kontrastive Linguistik. In: Wirkendes Wort 30. 1980, 1—22.

*Engelen 1975* = Bernhard Engelen: Untersuchung zu Satzbauplan und Wortfeld in der geschriebenen deutschen Sprache der Gegenwart. 2 Bde. München 1975 (Heutiges Deutsch, Reihe 1; 3) [Wortliste in Band 2].

*Götze 1979* = Lutz Götze: Valenzstrukturen deutscher Verben und Adjektive. Eine didaktische Darstellung für das Fach Deutsch als Fremdsprache. München 1979 (Heutiges Deutsch, Reihe 3; 3) [Wortliste: S. 287—301].

*Gross 1968* = Maurice Gross: Grammaire transformationelle du français. Syntaxe du verbe. Paris 1968 (Langue et langage).

*Gross 1975* = Maurice Gross: Méthode en syntaxe. Régime des constructions complétives. Paris 1975 (Actualités scientifiques et industrielles, 1365) [Tabellen: S. 234—388].

*Happ 1976* = Heinz Happ: Grundfragen einer Dependenz-Grammatik des Lateinischen. Göttingen 1976.

*Happ 1977* = Heinz Happ: Quelques résultats et problèmes de la recherche valencielle sur le verbe français. In: Lingvisticae Investigationes 1. 1977, 411—434.

*Helbig 1983* = Gerhard Helbig: Valenz und Lexikographie. In: Deutsch als Fremdsprache 20. 1983, 137—143 [wieder abgedruckt u. d. T.: Zu Lexikoneintragungen für Verben unter dem Aspekt der semantischen und syntaktischen Valenz. In: Die Lexikographie von heute und das Wörterbuch von morgen. Analysen — Probleme — Vorschläge. Hrsg. von J[oachim] Schildt und D[ieter] Viehweger. Berlin [DDR] 1983 (Ling. Studien, Reihe A, Arbeitsberichte 109), 166—186].

*Herbst 1987* = Thomas Herbst: A Proposal for a Valency Dictionary of English. In: Robert Ilson (Hg.), A Spectrum of Lexicography. Papers from AILA Brussels 1984. Amsterdam. Philadelphia 1987, 29—47.

*Kotschi 1981* = Thomas Kotschi: Verbvalenz im Französischen. In: Ders. (Hg.): Beiträge zur Linguistik des Französischen. Tübingen 1981, 80—122.

*Martín 1984* = Leocadio Martín: Lexical fields and stepwise lexical decomposition in a contrastive English-Spanish verb valency dictionary. In: R. R. K. Hartmann (Hg.), Lexeter '83 Proceedings. Papers from the International Conference on Lexicography at Exeter, 9—12 September 1983. Tübingen 1984 (Lexicographica. Series maior 1), 226—236.

*Projektgruppe Verbvalenz 1981* = Projektgruppe Verbvalenz [unter Leitung von Helmut Schumacher]: Konzeption eines Wörterbuchs deutscher Verben. Zu Theorie und Praxis einer semantisch orientierten Valenzlexikographie. Tübingen 1981 (Forschungsberichte des Instituts für Deutsche Sprache, Bd. 45).

*Réquédat 1980* = François Réquédat: Les constructions verbales avec l'infinitif. Paris 1980 (Recherches/applications).

*Rozencvejg 1977* = V. Ju. Rozencvejg (Hg.): Materialy k slovarju upravlenija francuzskich glagolov. Moskva 1977 (Institut russkogo jazyka ANSSSR [...]. Predvaritel'nye publikacii. Vypusk 100).

*Schumacher 1986* = Helmut Schumacher: Stand und Aufgaben der germanistischen Valenzlexikographie. In: Studien zur neuhochdeutschen Lexikographie VI.1. Hrsg. von Herbert Ernst Wiegand. Hildesheim. Zürich. New York 1986 (= Germanistische Linguistik 84—86/1986), 327—389.

*Schumacher 1987* = Helmut Schumacher: Valenzbibliographie (Stand: Dezember 1986). Hrsg. vom Institut für Deutsche Sprache. Mannheim 1987.

*Swiggers 1983* = Pierre Swiggers: Le 'Dictionnaire grammatical de la langue françoise' de l'Abbé Féraud. In: Beiträge zur Romanischen Philologie 22. 1983, 271—278.

*Tesnière 1959* = Lucien Tesnière: Eléments de syntaxe structurale. 2e édition revue et corrigée. Paris 1966 [¹1959; deutsche Übersetzung von U. Engel, Stuttgart 1980].

*Wiegand 1985* = Herbert Ernst Wiegand: Fragen zur Grammatik in Wörterbuchbenutzungsprotokollen. Ein Beitrag zur empirischen Erforschung der Benutzung einsprachiger Wörterbücher. In: Bergenholtz/Mugdan 1985, 20—98.

*Zöfgen 1982* = Ekkehard Zöfgen: Verbwörterbücher und Verbvalenz im Französischunterricht. In: Linguistik und Didaktik 49/50. 1982, 18—61.

*Zöfgen 1985* = Ekkehard Zöfgen: Definitionswörterbuch kontra Valenzwörterbuch. Zur lexikographischen Darstellung der Verbsyntax aus pragmatischer Sicht. In: Bergenholtz/Mugdan 1985, 130—158.

*Ekkehard Zöfgen, Bielefeld
(Bundesrepublik Deutschland)*

## 95. Le dictionnaire de collocations

1. Qu'est-ce qu'une collocation?
2. Le dictionnaire de collocations: histoire et actualité
3. Comment faire un dictionnaire de collocations?
4. Bibliographie choisie

### 1. Qu'est-ce qu'une collocation?

On appellera collocation la combinaison caractéristique de deux mots dans une des structures suivantes:

a) substantif + adjectif (épithète)
b) substantif + verbe
c) verbe + substantif (objet)
d) verbe + adverbe
e) adjectif + adverbe
f) substantif + (prép.) + substantif

La collocation se distingue de la combinaison libre *(the book is useful/das Buch ist nützlich/ le livre est utile)* par la combinabilité restreinte (ou affinité) des mots combinés *(feuilleter un livre* vs. *acheter un livre).* La collocation se distingue d'autre part des locutions *(idioms, Redewendungen,* par ex. *monter un bateau à qn/jdn. durch den Kakao ziehen/ to pull sb's leg)* par son non-figement et par sa transparence. Or, cette transparence n'empêche nullement la collocation d'être imprédictible. L'apprenant étranger, tout en la comprenant (s'il comprend les mots combinés), ne saurait automatiquement la reproduire. Il doit l'apprendre, parce que les langues, dans la totalité des combinaisons logiquement possibles, font un choix idiosyncratique. La collocation est une unité, non de la parole, mais de la langue.

Dans la collocation, le statut des deux partenaires combinés n'est pas égal. L'un des partenaires, par ex. *le célibataire,* est autonome sur le plan sémantique. L'autre partenaire *(endurci)* ajoute une caractérisation qui ne modifie pas l'identité du caractérisé. On appellera *base* de la collocation le partenaire caractérisé (le substantif dans a—c, le verbe dans d, l'adjectif dans e, l'un des substantifs dans f) et *collocatif* le partenaire caractérisant qui ne reçoit son identité sémantique que par la collocation. Le rapport base — collocatif est l'orientation de la collocation.

Conformément au statut différent de la base et du collocatif, la collocation a une fonction lexicographique différente selon qu'elle est mentionnée dans l'article de la base ou dans l'article du collocatif. Dans l'article du collocatif (par ex. s. v. **endurci**), la mention de la collocation est plus ou moins indispensable pour compléter la définition, c'est-à-dire pour la fonction de réception. A l'article de la base (par ex. s. v. **célibataire, m.**), la mention de la collocation est sans importance pour la compréhension du mot traité. En revanche, elle est utile pour la production de textes, car le locuteur organise ses textes en allant de la base aux collocatifs et non en sens inverse. La fameuse recherche du mot propre est celle du collocatif. Dans l'optique de la production de textes, mentionner la collocation à l'article du collocatif permet seulement à l'utilisateur de vérifier une hypothèse sur la collocation (peut-on dire *célibataire endurci?),* mais ne lui permet pas de trouver une collocation inconnue ou de retrouver une collocation oubliée.

| | | | |
|---|---|---|---|
| a) | *confirmed bachelor* | *eingefleischter Junggeselle* | *célibataire endurci* |
| b) | *his anger falls* | *Zorn verraucht* | *la colère s'apaise* |
| c) | *to withdraw money* | *Geld abheben* | *retirer de l'argent* |
| d) | *it is raining heavily* | *es regnet in Strömen* | *il pleut à verse* |
| e) | *seriously injured* | *schwer verletzt* | *grièvement blessé* |
| f) | *a gust of anger* | *Wutanfall* | *une bouffée de colère* |

Ill. 95.1: Tableau des types de collocations

## 2. Le dictionnaire de collocations: histoire et actualité

Comme la collocation est avant tout un problème de production de textes (et non de compréhension), le dictionnaire de collocations se doit de mentionner les collocations aux articles-bases. Une telle spécialisation en fait un outil véritablement complémentaire, puisque, comme nous avons vu, les dictionnaires généraux mentionnent les collocations beaucoup plus aux articles-collocatifs qu'aux articles-bases. L'histoire des dictionnaires de collocations nous apprend toutefois que cette loi fonctionnelle, pour avoir été observée jadis, n'est pas toujours respectée de nos jours.

### 2.1. Le dictionnaire de collocations du latin (et du grec)

A l'importance de la collocation pour la rédaction soignée correspond, à l'époque de l'humanisme, une lexicographie collocationnelle d'une grande richesse. Les recueils de Ravisius Textor 1518, Dolet 1539, Toscanella 1563, Nunnesius 1571, Philomusus 1575, Sussanneau 1576, Buccellini 1577, Figulus 1582, Cellarius 1589, Calagius 1590, Goclenius 1598, Vogelmann 1609 contiennent tous les types de collocations orientées vers la base (Hausmann 1982a). Il y a cependant un net accent sur les épithètes auxquelles sont encore consacrées les listes de Reyherus 1704, Dornmeyer 1710 et Apin 1728. (Pour le grec voir Neander 1582 et Dinner 1589).

#### 2.1.1. Le Gradus ad Parnassum

Vers la fin du 16ᵉ siècle la lexicographie des collocations est reprise par un nouveau type de dictionnaire qui s'en détache progressivement pour acquérir en 1666 le titre de Gradus ad Parnassum. Le propre du Gradus est qu'il combine une synonymie cumulative avec un dictionnaire de collocations et de phrases. C'est le dictionnaire de production de textes par excellence. Dans un premier temps il s'appelle *Thesaurus Synonymorum, Epithetorum et Phrasium Poeticarum* (Baccherius 1580, M. L. D. T. 1593, Muret 1597, Schorus 1606, Buchlerus 1615, Salas 1616, Schönsleder 1630). C'est le *Thesaurus* de Nicolas Chastillon de 1652 qui, dans l'édition de 1666, se pare pour la première fois du titre longtemps magique de *Gradus ad Parnassum* repris en Allemagne par Aler 1699, après s'être appelé là aussi *Thesaurus* (1665), *Thesaurus lat. germ.* (1687) ou *Apparatus* (Serra 1672). Inspirant Wagner 1718 en Allemagne et Vanierus 1710 en France (cf. aussi Le Brun 1756), le *Gradus* connut un véritable renouveau au 19ᵉ siècle (Noël 1810, Conrad 1822, Lindemann 1827, Sintenisius 1828, Quicherat 1836, Lindemann 1866, sans parler des versions anglaises). Le grec connut son *Gradus* par Brassius, remanié par Siedhof 1840.

A partir du 17ᵉ siècle l'idée du *Gradus* se trouve également réalisée dans les langues modernes. En 1645, Montméran publie ses *Synonymes et éphithètes* (Hausmann 1982a). Il y aura des dictionnaires comparables pour l'allemand (Männling 1719), pour le portugais (Bluteau 1728, Lusitano 1765, cf. Verdelho 1981, 1983) et pour l'italien (Rabbi 1732), avant que Carpentier 1822, imitant le modèle jusque dans le titre, ne publie un *Gradus français*.

### 2.2. Le dictionnaire de collocations pour les langues modernes

Mis à part le dictionnaire du type *Gradus*, on ne trouve pas, avant 1900, d'autres recueils de collocations des langues modernes que les dictionnaires d'épithètes. L'italien en possède dès la Renaissance (Dolce 1554, Ruscelli 1554, Marinello 1562, plus tard Spada 1648). L'allemand ne semble connaître que Sattler 1617. La plus longue tradition appartient au français: La Porte 1571 (Bierbach 1989), 1596 Goulart (ou La Noue, cf. Hausmann 1979, 1982a et Perrochon 1925), Daire 1759 (cf. Berlan 1985), Levée 1817 et Bar 1930. Pour le hollandais il y a Smijters 1620 (inspiré par La Porte, cf. Vooys 1947) et Hagemann 1771. En anglais aucun exemplaire de dictionnaire d'épithètes n'est connu.

Les langues modernes redécouvrent le dictionnaire de collocations au sens complet à partir du 20ᵉ siècle. En 1900, Heintze crée en allemand le terme de *Stilwörterbuch* (pour un dictionnaire général à forte composante collocationnelle), terme repris par A. Reum (1911, 1913, 1931, 1953) et, à partir de 1934, par la maison Duden (Basler 1934, Grebe 1963, Drosdowski 1970), dont le dictionnaire est ensuite copié (et remanié) en RDA (Agricola 1962). La formule de Reum (combiner l'information sur les collocations, les synonymes et les dérivés et composés d'une langue étrangère, dans un dictionnaire bilingue) est transposée en allemand et de façon monolingue par Becker 1966 (appelé le «seul dictionnaire structuraliste de la langue allemande» par Drosdowski 1977, 131). Le *Fügungswörterbuch* de Troebes 1985 traduit les collocations allemandes en russe, en portant une attention particulière sur les composés (par ex. s. v. **Frieden:** (...) *Separatfrieden* (...) *Weltfrieden* (...)).

Dans la tradition de Reum, une partie de la lexicographie collocationnelle de l'anglais a été produite en Allemagne (Leonhardi 1955, Werlich 1969, Friederich 1979, qui présente toutefois de graves fautes méthodiques). Aux Etats-Unis, les dictionnaires partiels de Badger 1937 et Rodale 1940, 1941 mènent au monumental *Word Finder* de Rodale 1947 (qui suppose toutefois une compétence de locuteur natif). La Grande-Bretagne, pays d'origine du terme de *collocation* (Firth 1951), n'en a pas fourni le dictionnaire. Il est vrai que Cowie 1975/1983 décrit admirablement les collocations des locutions et que Spencer 1975 a collectionné certaines collocations de la langue du droit dans un dictionnaire aussi peu connu que celui, respectable, publié en Pologne par Kozłowska 1988. L'essai récent le plus important est celui de Benson 1986.

En France, la tradition du dictionnaire de collocations semble morte, Lacroix 1931 étant épuisé depuis longtemps et Galisson 1971 paraissant par trop sélectif (tout comme Klein 1956). Le dictionnaire de Brueckner 1975 (publié aux USA) recense malheureusement les collocations à partir des collocatifs (cf. Hausmann 1982, 201). En revanche, la première livraison du grand projet de Mel'čuk 1984 (exilé au Canada) suscite l'intérêt (cf. Kleineidam 1989). Sur le même plan a été fait Mel'čuk 1984a pour le russe, langue qui est en outre servie par Gorbačevič 1979 et Denisov 1983, et, au niveau bilingue, par Bratus 1979 et 1981. Pour l'espagnol on trouve une composante collocationnelle dans Beinhauer 1978, alors que l'italien ne dispose d'aucun dictionnaire spécialisé. Le type du *Stilwörterbuch* allemand se retrouve en Scandinavie (Johannison 1966, Bruun 1980). Le chinois est traduit dans Mau 1980 (en allemand) et Wang (en anglais).

## 3. Comment faire un dictionnaire de collocations?

### 3.1. Les sources

L'expérience montre que, pour être représentatif au niveau des collocations, le corpus doit être immense et a dans tous les cas besoin d'être assisté par la compétence du lexicographe. Toutefois, recourir uniquement à la compétence des locuteurs est une démarche laborieuse et, de fait, impraticable. On a donc intérêt à profiter de l'ensemble des collocations recensées par l'ensemble des dictionnaires existants. Pour une langue bien décrite comme le français, cette démarche produirait déjà un inventaire abondant par la seule consultation des articles-bases. Or, nous avons vu que les dictionnaires généraux sont plus riches dans leurs articles-collocatifs. Redistribuer cette richesse dans les articles-bases, grâce à une informatisation préalable, compléterait l'inventaire de façon significative.

### 3.2. La présentation

Les collocatifs du mot-base ont besoin d'être groupés de façon systématique (cf. Cowie 1986) et le système adopté a, dans chaque article, besoin d'être explicité. L'article doit être balisé, par ex. à l'aide d'archilexèmes soulignés par la typographie:

Doute: (...) FAIRE NAÎTRE: inspirer EXPRIMER: émettre, formuler
FAIRE DISPARAÎTRE: lever, écarter, éclaircir, dissiper, balayer

Ce n'est d'ailleurs qu'à l'intérieur d'un tel cadre sémantique (et syntaxique) et à partir de quelques collocations fournies d'avance que la compétence du locuteur peut compléter l'inventaire. La présentation «paramétrique» de Mel'čuk 1984, outre une lecture difficile de gauche à droite, a le défaut d'être plus ou moins opaque dans sa structure de haut en bas. (On peut du reste penser que la sophistication de la méthode de Mel'čuk est payée en retour d'une lenteur qui finira par anéantir l'entreprise. Pour une langue comme le français, l'application méticuleuse de la paramétricité peut sembler un détour.)

Il va de soi que le marquage diasystématique des mots est indispensable, de même que certaines informations sur la construction de la collocation, voire, à l'occasion, son explication (Benson 1986 est sur ces points un bon modèle).

Les défauts d'une orientation trop exclusive sur les bases (ou sur les collocatifs) peuvent être compensés par des index (Cowie 1975/1983). Il est en revanche inadmissible qu'articles-collocatifs et articles-bases soient mêlés au hasard (défaut des *Stilwörterbücher*, par ex. Agricola 1962).

lĭbīdō. Ārdĕt, ĕt ēbriĕtās gĕmĭnātā lĭbīdĭnĕ rēgnāt. Ov. SYN. Cŭpīdō, vŏlūntās, ārbĭtrĭŭm, *vel* lāscīvĭă, lūxŭrĭēs. EPITH. Tūrpĭs, vēsānă, īnsānă, fŭrĭōsă, caēcă, dāmnōsă, scĕlĕrātă, prōbrōsă, pĕtŭlāns, prōcāx, īmprŏbă, īmpĭă, nēfāndă, īndŏmĭtă, dīră, īllĭcĭtă, prāvă, pērnĭcĭōsă, sēgnĭs, foēdă, ēffrēnātă, vēcōrs, īnfāmĭs, fŭrēns, blāndă, īmpūră, fāllāx, pērfĭdă. PHR. Tūrpĭs cŭpīdō. Lāscīvă lĭcēntĭă. Lĭbīdĭnĭs aēstŭs, ārdŏr, stĭmŭlī. Caēcŭs īgnĭs. Vĕnĕrĭs prōbrōsă, scĕlĕrātă vŏlūptās. Īncēstī flāmmă fŭrōrĭs. Ōbscoēnŭs ārdŏr. Lāscīvŭs īgnĭs. Scĕlēstī ămōrĭs flāmmaē. Prōbrōsă Vĕnŭs. Īnfēstă cōrpŏrĭbŭs ănĭmīsquĕ lŭēs. Vĕnĕrĭs rābĭēs mălĕsānă nĕfāndaē. VERS. Quām caēcŭs īnēst vĭtĭīs ămŏr! Ōmnĕ fŭtūrŭm Dēspĭcĭtŭr, suădēntquĕ brĕvĕm praēsēntĭă frūctŭm, Ēt rŭĭt īn vĕtĭtŭm dāmnī sēcūră lĭbīdō Cōnsĭlĭīs īnĭmīcă bŏnīs. V. *lĭbīdĭnōsus, amor lascivus, Cupido, luxuria, voluptas.*

Extrait textuel 95.1: L'article d'un Gradus ad Parnassum (tiré de: Lindemann 1866, 344)

> Par honnesteté i'ai teu le nom vulgaire de la partie honteuse de la femme, dont les epithetes sensuiuent.
>
> *Enflé, gros, mousslu ou mousslard, poli, lubrique, velu, douillet, mordant, releué, delicat, voilé, chaud, mignard, enbompoint, folastre, plaisant, entre-neu, lascif, creuassé, barbu ou barbelu, grasset, petit, rasé, crespelu ou crespu, vermeil ou vermeillet, ioinct, serré, paillard, rebondi, haut-monté, bien assis, ferme, ioli, sueus, rondelet, fossélu, bien-embousché, espais, sadinet, ombreus, secret, donne-uerolle, pisseus, net, ribaud, malencontreus, lippu, voluptueus, ombragé ou ombrageus, fente vermeillette, reluisant, baueus, troussé ou retroussé, delitieus, mau-ioint, beant.*
>
> Les idolatres de la ieune beauté du sexe femin, ont en si grande reuerence ceste partie de leur corps, qu'ils l'appellent source d'amour & fontaine de douceur: Mais quand ils i ont puisé vne bonne grosse verole, qui les accompagne ordinairement iusques au cercueil, ie m'asseure qu'ils voudroient qu'auant leur naissance telle source & fontaine eut esté tarie, ou pour le moins que leurs courtaus ni eussent iamais esté abbreuuez.

Extrait textuel 95.2: L'article *con* dans un dictionnaire d'épithètes (tiré de: La Porte 1571, 64 verso)

> **Meinung,** die: 1. *Ansicht, Überzeugung:* eine vernünftige, irrige, gegenteilige, weitverbreitete, vorgefaßte M.; die allgemeine, öffentliche M.; die M. der Leute, der Allgemeinheit; das ist meine ganz private M.; was ist Ihre M.?; hier gehen die Meinungen auseinander; er hat keine eigene M.; seine M. vertreten, verfechten, äußern, aussprechen, vorbringen, ändern, aufgeben; ich teile deine M., lasse deine M. gelten; er duldete keine andere M.; er hat sich (Dativ) ihre M. zu eigen gemacht; ich habe mir eine M. darüber gebildet; sie tauschten ihre Meinungen aus; ich bin darüber anderer M. als du; ich bin der gleichen M. wie du; er ist der M. *(er glaubt),* daß... ; wir sind einer M. *(stimmen in unserer Ansicht überein);* der M. eines anderen beistimmen, beipflichten; auf einer M. bestehen, beharren; mit seiner M. nicht zurückhalten; nach meiner M./ meiner M. nach hat er unrecht; von der früheren M. abkommen; nicht von seiner M. lassen. 2. *Urteil, Achtung:* er hat eine, keine hohe M. von ihr; sie hatten alle eine gute, schlechte M. von diesem Werk; sie bekam langsam eine bessere M. von ihm; er ist in ihrer M. gestiegen, gesunken. \* (ugs.:) jmdm. die Meinung sagen *(jmdm. gegenüber unmißverständlich seinem Mißfallen, Unwillen Ausdruck geben).*

Extrait textuel 95.3: L'article *Meinung* dans un dictionnaire de style (tiré de: Drosdowski 1970, 463)

> **opinion** *n.* 1. to air, express, give, offer, pass, state, venture, voice an ~ 2. to form an ~ about (I still have not formed an ~ about the candidates) 3. to mold (public) ~ 4. to entertain, have, hold an ~ 5. (legal) (AE) to hand down an ~ (the court handed down an ~) 6. a conflicting; considered; dissenting; frank, honest; informed; negative; opposing; personal; positive; prevailing, prevalent; strong ~ (she has strong ~s about everything) 7. a high; low ~ of (he has a high ~ of himself) 8. (an) expert; lay ~ 9. public ~ 10. a second ~ (as given by a doctor) 11. shades of ~ 12. an ~ about, on 13. the ~ that + clause (she expressed her ~ that a compromise would be reached) 14. in smb.'s ~ (in my humble ~) 15. of an ~ (she is of the ~ that nothing will help)

Extrait textuel 95.4: L'article *opinion* dans un dictionnaire combinatoire (tiré de: Benson 1986, 171)

| | |
|---|---|
| $Oper_1$ | : éprouver, ressentir, avoir [ART/de ART ~ ], être [en ~ ] |
| $Magn + Oper_1$ | : être sous l'emprise ⟨l'empire⟩ [de ART ~ ] // enrager, **fam** être monté [contre N] |
| $IncepOper_1$ | : se mettre, **pop** se foutre [en ~ ] [*Je me suis mise en colère contre Jean*] // **litt** colérer; la moutarde lui monte au nez |
| $FinOper_1$ | : // décolérer |
| $Caus_{(2/3)}Oper_1$ | : mettre, **pop** foutre [N en ~ ], pousser [N à la ~ ] // enrager [N] |
| $Magn + Caus_{(2/3)}Oper_1$ | : remplir [N de Ø/ART ~ ] |
| $Oper_2$ | : **litt** encourir [ART ~ ] | $C_1 \neq \Lambda$, Y désigne une personne |
| $IncepOper_2$ | : s'attirer [ART ~ ] | $C_1 \neq \Lambda$, Y désigne une personne |

Extrait textuel 95.5: Extrait de l'article *colère* (tiré de: Mel'čuk 1984, 78)

### 3.3. La sélection

S'il est facile d'exclure les locutions figurées (ce que ne fait pas Drosdowski 1970, entre autres) et encore plus de ne pas admettre les verbes et leurs constructions (ce que ne fait pas Benson 1986 qui décrit dans un même dictionnaire les collocations lexicales et ce qu'il appelle les «collocations grammaticales» c'est-à-dire les constructions), il n'est, en revanche, pas aisé de faire le partage entre collocations et combinaisons libres. C'est que l'idiosyncrasie de la collocation ne se relève définitivement que dans l'optique d'une autre langue qui combine, pour exprimer le même fait, des mots différents. On peut supposer qu'il suffit de contraster la combinaison avec celle, correspondante, de l'ensemble des langues de la terre, pour que n'importe quelle combinaison supposée libre se transforme en collocation. Vu cet état de choses, on a intérêt à favoriser les solutions pragmatiques, à essayer de prendre en compte certaines grandes langues de comparaison, à éviter des cas trop évidents du genre *valise rouge* et à se résigner à ne pas être exhaustif dans la périphérie.

## 4. Bibliographie choisie

### 4.1. Dictionnaires

*Agricola 1962* = Erhard Agricola (Hrsg.): Wörter und Wendungen. Wörterbuch zum deutschen Sprachgebrauch. Leipzig 1962 [818 p.].

*Aler 1699* = Paul Aler: Gradus ad Parnassum, sive

Novus Synonymorum, Epithetorum et Phrasium Poeticarum Thesaurus. Cologne 1721 [1. ed. 1699].

*Apin 1728* = Sigismund Jacob Apinus: Grammaticum Lexicon. Nuremberg 1728. Epitheta. In: Id., 625—646.

*Apherdianus 1573* = Petrus Apherdianus: Tirocinium Latinae linguae. Cologne 1573 [Spire 1608].

*Baccherius 1580* = Johannis Baccherius: Flavissae Poeticae sive Synonymorum, Epithetorum, et Phrasium Poeticarum Thesaurus sacro-profanus. Coloniae Ubiorum 1580 [—1671].

*Badger 1937* = Kingsbury M. Badger/Jerome Irving Rodale: The Verb Finder. Emmaus, Penns. 1937.

*Bar 1930* = Elvine D. Bar: Dictionnaire des épithètes et qualificatifs. Paris 1930 [552 p.].

*Basler 1934* = Otto Basler u. a.: Stilwörterbuch der deutschen Sprache. Eine Sammlung der richtigen und der gebräuchlichen Ausdrücke und Redewendungen. Leipzig 1934 [3. éd. 1938, 694 p.].

*Becker 1966* = Henrik Becker: Stilwörterbuch. 2 vol. Leipzig 1966 [1286 p.].

*Beinhauer 1978* = Werner Beinhauer: Stilistisch-phraseologisches Wörterbuch spanisch-deutsch. München 1978 [1043 p.].

*Benot 1941* = Eduardo Benot: Diccionario de frases rimadas. 20 000 frases hechas, epítetos obligados (...). Ed. Joaquín Gil. Buenos Aires 1941 [376 p.].

*Benson 1986* = Morton Benson/Evelyn Benson/Robert Ilson: The BBI Combinatory Dictionary. A Guide to Word Combinations. Amsterdam 1986 [XXXVI, 286 p.].

*Bluteau 1728* = Rafael Bluteau: Vocabulário de Synonimos, e Phrases Portuguezas. In: Id.: Vocabulario Portuguez, e Latino. Supplemento. Parte II. Lisboa 1728, 57—424.

*Bratus 1979* = B. V. Bratus u. a.: Russian Word-Collocations. Learner's Dictionary. Moskau 1979 [367 p.].

*Bratus 1981* = B. V. Bratus et al.: Wortverbindungen der russischen Gegenwartssprache. Lernwörterbuch für Deutschsprechende. 2. ed. Moskau 1981 [384 p.].

*Brueckner 1975* = J. H. Brueckner: Brueckner's French Contextuary. Englewood Cliffs 1975 [613 p.].

Bruun 1980 = Erik Bruun: Dansk Sprogbrug. En stil- og konstruktionsordbog. Kopenhagen 1980 [588 p.].

*Buccellini 1577* = Johannes Buccellini: Officina Epithetorum Appellativorum et Nominum propriorum. Sulzbach 1577 [—1677].

*Calagius 1590* = Andreas Calagius: Duo epithetorum tomi. Breslau 1590 [658 p.].

*Carpentier 1822* = L. J. M. Carpentier: Le Gradus français ou Dictionnaire de la langue poétique. Paris 1822 [VI, 1153, 50 p.; 2. ed. 1825].

*Cellarius 1589* = Jacobus Cellarius: Adjuncta sive Epitheta Ciceroniana. Basel 1589.

*Chastillon 1652* = Nicolas Chastillon: Synonymorum et epithetorum thesaurus. Paris 1652 [768 p.].

*Conrad 1829* = Julius Conrad: Gradus ad Parnassum, sive Thesaurus latinae linguae prosodiacus. 4. ed. Lipsiae 1861 [492, XXXVIII p.; 1. ed. 1829].

*Cowie 1975/1983* = A. P. Cowie/R. Mackin/I. R. McCaig: Oxford Dictionary of Current Idiomatic English. 2 vol. Oxford 1975, 1983 [LXXXI, 396, LXIII, 685 p.].

*Daire 1759* = Louis François Daire: Epithètes françoises, rangées sous leurs substantifs, ouvrage utile aux Poètes, aux Orateurs, aux jeunes gens qui entrent dans la carrière des Sciences, et à tous ceux qui veulent écrire correctement, tant en Vers qu'en Prose. Lyon 1759 [XIV, 456 p.].

*Denisov 1983* = P. N. Denisov/V. V. Morkovkin: Slovar' Sočetaemosti slov russkogo jazyka. 2. ed. Moskau 1983 [685 p.].

*Dinner 1589* = Konrad Dinner: Epithetorum graecorum farrago locupletissima. Frankfurt 1589 [871 p.; 1605, 933 p.].

*Dolce 1554* = Lodovico Dolce: Il Petrarca (...) Con indici de' concetti e delle parole, che nel Poeta si trovano e in ultimo de gli epitetti. Vinegia 1554 [1557, 1560].

*Dolet 1539* = Estienne Dolet: Phrases et formulae linguae latinae elegantiores. Argentorati 1576 [567 p; in: M. Nizolius, Lexicon Ciceronianum, Batavii 1733, rééd. London 1820, t. 3, 329—490; 1. éd. 1539].

*Dornmeyer 1710* = Andreas Julius Dornmeyer: Kleines Lexicon elegantioris latinitatis. 2. ed. Berlin 1718 [296—344: Epitheta].

*Drosdowski 1970* = Günther Drosdowski: Duden Stilwörterbuch der deutschen Sprache. Die Verwendung der Wörter im Satz. 6. völlig neu bearbeitete und erweiterte Auflage. Mannheim 1970 [846 p.].

*Figulus 1582* = Sebastian Figulus: Epithetorum Oratoriorum farrago. Francfort 1582 [1588, 1592).

*Friederich 1979* = Wolf Friederich/John Canavan: Dictionary of English Words in Context. Dortmund 1979 [379 p.].

*Galisson 1971* = Robert Galisson: Inventaire thématique et syntagmatique du français fondamental. Paris 1971 [82 p.].

*Goclenius 1598* = Rudolph Goclenius: Observationum linguae latinae. Lichae 1598 [1624; Analecta epithetorum Ciceronis nominalium, 440—480; Analecta praecipuorum adjunctorum Adverbiorum Ciceronianorum, 480—499, in ed. Frankfurt 1621].

*Gorbačevič 1979* = L. S. Gorbačevič/E. P. Chablo: Slovar' epitetov russkogo literaturnogo jazyka. Moskau 1979 [567 p.].

*Goulart 1596* = [Simon Goulart:] Epithetes recueillis des Deux Sepmaines et autres œuvres Poéti-

95. Le dictionnaire de collocations

ques de G. De Saluste, Seigneur du Bartas et mis en ordre alphabétique pour le contentement et soulagement de ceux qui aiment la poësie Françoise. In: Pierre de La Noue, Le dictionnaire des rimes françoises. Paris 1596 [1631; Genève 1972, 89—140].

*Gradus 1666* = Gradus ad Parnassum, sive epithetorum et phrasium poeticarum thesaurus. Paris 1666 [Cologne 1698, 792 p.].

*Gradus 1698* = Gradus ad Parnassum, sive novus Synonymorum, Epithetorum et Phrasium Poeticarum Thesaurus. Köln 1698 [792 p.].

*Grebe 1963* = Paul Grebe: Duden Stilwörterbuch der deutschen Sprache. Das Wort in seiner Verwendung. Fünfte Auflage. Mannheim 1963 [801 p.].

*Hageman 1771/72* = Henricus Hageman: Verzameling van Nederduitsche bijvoeglijke naamwoorden. 2 vol. Amsterdam 1771/1772 [386, 585 p.].

*Heintze 1900* = Albert Heintze: Deutscher Sprachhort. Ein Stil-Wörterbuch. Leipzig 1900 [694 p.].

*Johannison 1966* = Ture Johannison/K. G. Ljunggren: Svensk handordbok: Konstruktioner och fraseologie. Stockholm 1966 [XII, 891 p.].

*Klein 1956* = Hans-Wilhelm Klein: Les mots dans la phrase. Petit Dictionnaire de Style. Dortmund 1956 [86 p.; 7. ed. 1972].

*Kozłowska 1988* = Christian D. Kozłowska/Halina Dzierżanowska: Selected English Collocations. Rev. and enl. Warszawa 1988 [254 p.; 1. éd. 1982].

*Lacroix 1931* = Ulysse Lacroix: Les mots et les idées. Dictionnaire des termes cadrant avec les idées. Paris 1931 [317 p.; 2. ed. 1956].

*La Porte 1571* = Maurice de La Porte: Les Epithetes. Livre non seulement utile a ceux qui font profession de la Poësie, mais fort propre aussi pour illustrer toute autre composition Françoise. Paris 1571 [1612; Genève 1973, 572 p.].

*Le Brun 1756* = Laurent Le Brun: Novus apparatus Virgilii poeticus. Synonymorum, epithetorum et phrasium, Seu Elegantiarum poeticarum Thesaurum Latino-Germanicum. Una cum explicationibus ex historia, fabula [...]. Cologne 1756 [1182 p.; 1. ed. 1703].

*Leonhardi 1955* = A. Leonhardi: The Learner's Dictionary of Style. Dortmund 1955 [10. Aufl. 1977, 72 p.].

*Levée 1817* = Jérôme-Balthazar Levée: Dictionnaire des épithètes françaises; nouvelle édition, revue et considérablement augmentée. Paris 1817 [XLVIII, 370 p.].

*Lindemann 1827* = Friedrich Lindemann: Novus thesaurus latinae linguae prosodiacus sive Gradus ad Parnassum instauratus. Zittau 1827 [827, 28 p.].

*Lindemann 1866* = Heinrich Lindemann: Gradus ad Parnassum Latinum. Neue Aufl. Leipzig 1866 [XLII, 631 p.; 1. éd. Lindemann 1827].

*Lusitano 1765* = Cândido Lusitano: Diccionario Poético. 2 vol. Lisboa 1765 [407, 343 p.; 1794, 1820].

*Männling 1719* = Johann Christoph Männling: Poetisches Lexicon. Frankfurt. Leipzig 1719 [464, 56 p.].

*Marinello 1562* = Giovanni Marinello: Copia delle parole. Venetia 1562 [374, 642 p.].

*Mau 1980* = Liu Mau Tsai: Chinesisch-deutsches Stilwörterbuch für Konversation. Berlin 1980 [7, 815 p.].

*Mel'čuk 1984* = Igor Mel'čuk: Dictionnaire explicatif et combinatoire du français contemporain. Recherches lexico-sémantiques. Montréal 1984 [160 p.].

*Mel'čuk 1984a* = Igor A. Mel'čuk/A. K. Žolkovskij: Explanatory Combinatorial Dictionary of Modern Russian. Semantico-Syntactic Studies of Russian Vocabulary. Vienna 1984 [992 p.].

*M. L. D. T. 1593* = M. L. D. T.: Phrases et elegantiae poeticae, item epiteta et antiteta. Coloniae 1593 [315 p.; 1601].

*Montméran 1645* = Antoine de Montméran: Synonymes et epithetes françoises recueillies et disposées selon l'ordre de l'alphabet. Paris 1645 [141 p.; 2. ed. 1658].

*Muret 1597* = Marc Antoine Muret: Phrases, elegantiae poeticae, epitheta latine, gallice, teutonice ex classicis auctoribus diligenti studio selecta. Antwerpen 1597.

*Neander 1582* = Michael Neander: De re poetica graecorum (...) libri quatuor. 2. ed. Leipzig 1592 [1—397 Epithetorum graecorum Liber I; 1. ed. 1582].

*Noël 1810* = François Noël: Gradus ad Parnassum, ou Nouveau dictionnaire poétique latin-français. Paris 1810 [LVIII, 919 p.; — 1911].

*Nunnesius 1571* = Petrus Joannes Nunnesius: Epitheta M. T. Ciceronis. Lyon 1571 [— 1588].

*Pareus 1634* = Philippus Pareus: Lexicon Plautinum. Hanoviae 1634.

*Philomusus 1575* = Petrus Philomusus: M. Tullii Ciceronis clausulae, locutiones, epitheta, adiuncta, antitheta et coniuncta. Venetiis 1575 [158, 148 p].

*Quicherat 1836* = Louis Quicherat: Thesaurus poeticus linguae Latinae. Paris 1836 [2. ed. 1875, 1249 p.].

*Rabbi 1732* = Carlo Costanzo Rabbi: Sinonimi ed aggiunti italiani. Bologna 1732 [10. ed. Venise 1817, 578 p.].

*Ravisius Textor 1518* = Jean Tixier de Ravisy: Specimen epithetorum. Paris 1518 [Epithetorum opus absolutissimum. Basel 1558, 937 p.; 1602, 895 p.].

*Reum 1911* = Albrecht Reum/Louis Chambille: Guide-lexique de composition française. Petit dictionnaire de style à l'usage des Allemands. Leipzig 1911 [691 p.].

*Reum 1913* = Albrecht Reum/W. Cramer: Guide-lexique de composition française. Dictionnaire de style à l'usage des Néerlandais. Gouda 1913 [8, 696 p.; éd. 1934, titre néerl.].

*Reum 1931* = Albrecht Reum: A Dictionary of English Style. Leipzig 1931 [771 p.; 3. ed. 1961].

*Reum 1953* = Albrecht Reum/Henrik Becker: Petit dictionnaire de style à l'usage des Allemands. Leipzig 1953 [636 p.].

*Reyherus 1704* = Andreas Reyherus: Compendium epithetorum et Adverbiorum; pro manu-ductione poetica. Gotha 1704.

*Rodale 1940a* = Jerome Irving Rodale: The Adverb Finder. Emmaus, Penns. 1940.

*Rodale 1940* = Jerome Irving Rodale/Theodore C. Ehrsam: The Adjective Finder. Emmaus, Penns. 1940.

*Rodale 1941* = Jerome Irving Rodale: The Substitute for "very". Emmaus, Penns. 1941.

*Rodale 1947* = Jerome Irving Rodale: The Word Finder. Allentown: Rodale Press 1947 [XXV, 1317 p.].

*Ruscelli 1554* = Girolamo Ruscelli/Giovanni Maria Lanfranco: Il Petrarca Con un pieno vocabolario (...) et un raccolto di tutti gli epiteti usuati d'all autore. Venetia 1554.

*Salas 1616* = P. de Salas: Thesaurus poetarum. Vallisoleti 1616.

*Sattler 1607* = Johann Rudolph Sattler: Teutsche Epitheta. In: Johann Rudolf Sattler, Teutsche Orthographey und Phraseologey. Basel 1607 [1658; réimpression Hildesheim 1975, 419—483].

*Schoensleder 1630* = Wolfgang Schoensleder: Apparatus eloquentiae. Monachii 1630 [— 1724].

*Schorus 1606* = Antonius Schorus: Epitheta et Synonyma Poetica. Francfort 1606.

*Serra 1672* = Francisco Serra: Synonymorum, Epithetorum, Phrasium, Historiarum, Fabularum Apparatus. Wien. Nürnberg 1701 [1136 p.; Synonymorum apparatus, Venetiis 1672, 516 + 527 p.].

*Siedhof 1840* = Karl Friedrich Wilhelm Siedhof: Brassii Gradus ad Parnassum Graecus. 2. vol. Gottingae 1839, 1840 [630, 499 p.; original anglais par J. Brassius, London 1832].

*Sintenisius et al 1828* = Carl Heinrich Sintenis/Otto Moritz Mueller/Friedrich Traugott Friedemann/Georg Anton Koch: Gradus ad Parnassum sive Thesaurus latinae linguae poeticus et prosodiacus. 7. ed. Lipsiae 1874 (XXXVI, 404, 460 p.; 3. ed. 1828].

*Smijters 1620* = Anthoni Smijters: Epitheta. Dat zyn Bynamen oft Toenamen. Een Boeck niet alleenlyck bequaem ende dienstlyck voor alle die de Poëtenkonste beminnen maer oock om alle andere Nederduytsche compositien te vercieren. Rotterdam 1620 [429 p.].

*Spada 1648* = Gio Battista Spada: Giardino degli epiteti. Bologna 1648 [2ᵉ éd. Venise 1652, 832 p.; — 1665].

*Spencer 1975* = Arnold Spencer: Noun-Verb Expressions in Legal English. Khartoum 1975.

*Sussanneau 1576* = Hubert Sussanneau: Connubium Adverbiorum id est elegans adverbiorum applicatio. Argentorati 1576 [246 p.].

*Thesaurus 1665* = Novus synonymorum, epithetorum et phrasium poeticarum thesaurus. Ed alterna. Moguntiae 1665 [541, 91, 235 p.].

*Thesaurus lat.-germ. 1687* = Novus synonymorum, epithetorum et phrasium poeticarum thesaurus latino-germanicus. Ed. novissima. Francofurti 1687 [943, 144 p.; 1690; ed. Johann Michael Bischoff 1740, 1752].

*Toscanella 1563* = Orazio Toscanella: Ciceroniana epitheta, antitheta et adiuncta. Venise 1563 [137 p.; Basel 1592].

*Troebes 1985* = Otto Troebes/Kurt Christmann: Fügungswörterbuch Deutsch-Russisch. Eine Sammlung häufig gebrauchter Wendungen für Wissenschaftler und Studenten. Leipzig 1985 [260 p.].

*Vanierius 1710* = Jacobus Vanierius: Dictionarium poeticum. 2ᵉ éd. Lyon 1710 [1346 p.].

*Vogelmann 1609* = Georg Vogelmann: Analectis Epithetorum Ciceronianorum. In: Id., Elegantiae Latini sermonis. Magdeburg 1609.

*Wagner 1718* = Franz Wagner: Universae phraseologiae corpus congestum. Augsburg 1718 [Ed. P. A. Bornet, Brügge 1878; repr. 1965, 912 p.].

*Wang 1985* = Yannong Wang/Jiao Pangyong: A Collocational Dictionary of Common Chinese Verbs (with English Explanations). Heidelberg 1985 [18, 588 p.].

*Werlich 1969* = Egon Werlich: Wörterbuch der Textinterpretation. The Field System Dictionary for Text Analysis. Word fields, defining phrases, word families, and use (fields of collocations). Dortmund 1969.

### 4.2. Travaux

*Aisenstadt 1979* = E. Aisenstadt: Collocability Restrictions in Dictionaries. In: ITL 43—46. 1979, 71—74.

*Bäcklund 1976* = Ulf Bäcklund: Frozen Adjective-Noun Collocations in English. In: Cahiers de lexicologie 28. 1976, 74—88.

*Bäcklund 1981* = Ulf Bäcklund: Restrictive Adjective-Noun Collocations in English. Umea 1981.

*Bally 1909* = Charles Bally: Traité de stylistique française. Genf 1909.

*Benson 1985* = Morton Benson: Collocations and Idioms. In: R. Ilson (Ed.), Dictionaries, Lexicography and Language Learning. Oxford 1985, 61—68.

*Benson 1986* = Morton Benson/Evelyn Benson/Robert Ilson: The Lexicographic Description of English. Amsterdam. New York 1986.

*Bergenholtz 1980* = Henning Bergenholtz: Das Wortfeld „Angst". Eine lexikographische Untersuchung mit Vorschlägen für ein großes interdisziplinäres Wörterbuch der deutschen Sprache. Stuttgart 1980.

*Bergenholtz 1978* = Henning Bergenholtz/Burkhard Schaeder: Ausblicke auf eine deskriptive Lexikographie. In: H. Henne u. a. (Hsg.): Interdisziplinäres deutsches Wörterbuch in der Diskussion. Düsseldorf, 1978, 116—172.

*Berlan 1981* = Françoise Berlan: Epithète grammaticale et épithète rhétorique. In: Cahiers de lexicologie 39. 1981, 2, 5—23.

*Berlan 1985* = Françoise Berlan: *Les épithètes françoises* du R. P. Daire. Stéréotypes culturels et conventions sociales. In: Mélanges de langue et de littérature française offerts à Pierre Larthomas. Paris 1985, 23—36.

*Berry 1973* = Godelieve L. M. Berry-Rogghe: The Computation of Collocations and their Relevance in Lexical Studies. In: A. J. Aitken u. a. (Hsg.): The Computer and Literary Studies. Edinburgh 1973, 103—112.

*Bierbach 1988* = Mechtild Bierbach: Les épithètes comme catégorie spéciale dans les dictionnaires français du XIXe siècle. In: M. Höfler (éd.), La lexicographie française du XVIIIe au XXe siècle. In: Travaux de linguistique et de philologie 26. 1988, 205—233.

*Bierbach 1989* = Mechtild Bierbach: Les *Epithètes* de Maurice de la Porte de 1571: ouvrage lexicographique, encyclopédique et rhétorique. In: Actes du XVIIIe Congrès international de linguistique et de philologie romanes. Trèves 1986. Tome IV. Tübingen 1989, 44—60.

*Blumrich 1985* = Christa Blumrich: Lexikographische Darstellung idiomatischer Adjektiv-Substantiv-Wendungen. In: Beiträge zu theoretischen und praktischen Problemen in der Lexikographie der deutschen Gegenwartssprache. Berlin 1985 (Linguistische Studien Reihe A, 122), 316—337.

*Bolinger 1976* = Dwight Bolinger: Meaning and Memory. In: Forum Linguisticum 1. 1976, 1—14.

*Brederode 1980* = T. v. Brederode: Towards a theory of collocations. In: Linguistics in the Netherlands 1977—1979. Ed. by W. Zonneveld and F. Weerman. Dordrecht 1980, 254—263.

*Carstensen 1969* = Broder Carstensen: Grammatik und Wörterbuch: Kriterien zur Abgrenzung syntaktischer und semantischer Informationen. In: Neusprachliche Mitteilungen 22. 1969, 8—17.

*Carstensen 1970* = Broder Carstensen: Englische Wortschatzarbeit unter dem Gesichtspunkt der Kollokation. In: Neusprachliche Mitteilungen 23. 1970, 193—202.

*Cowie 1978* = Anthony P. Cowie: The place of illustrative material and collocations in the design of a learner's dictionary. In: In Honour of A. S. Hornby. Oxford 1978, 127—139.

*Cowie 1981* = Anthony P. Cowie: The Treatment of Collocations and Idioms in Learner's Dictionaries. In: Applied Linguistics 2. 1981, 223—235.

*Cowie 1986* = Anthony P. Cowie: Collocational Dictionaries — A Comparative View. In: M. G. Murphy (ed): Proceedings of the Fourth Joint Anglo-Soviet Seminar on English Studies. London 1986, 61—69.

*Drosdowski 1977* = Günther Drosdowski: Nachdenken über Wörterbücher: Theorie und Praxis. In: Id. et al., Nachdenken über Wörterbücher. Mannheim 1977, 103—143.

*Engel 1972* = Ulrich Engel: Deutsche Gebrauchswörterbücher. Kritik und Anregungen. In: Festschrift für Hans Eggers zum 65. Geburtstag. Hrsg. v. H. Backes. Tübingen 1972, 253—282.

*Ettinger 1977* = Stefan Ettinger: Kollokationen und Sprachpraxis. In: Lebende Sprachen 22. 1977, 151 f.

*Firth 1951* = J. R. Firth: Papers in Linguistics 1934—1951. London 1951.

*Geiger 1979* = Annamaria Geiger: Britischer Kontextualismus und Fremdsprachenunterricht. Berlin 1979.

*Götz 1976* = Dieter Götz: Stilistik und Idiomatik im Englischunterricht. Dortmund 1976.

*Gorcy 1970* = Gérard Gorcy u. a.: Le traitement des groupes binaires. In: Cahiers de lexicologie 17. 1970, 15—46.

*Greenbaum 1970* = Sidney Greenbaum: Verb Intensifier Collocations in English. An Experimental Approach. Den Haag 1970.

*Greenbaum 1974* = Sidney Greenbaum: Some Verb-Intensifier Collocations in American and British English. In: American Speech 49. 1974, 79—87.

*Hausmann* = Franz Josef Hausmann: Linguistik des Wortschatzlernens im Französischstudium. In: Grazer Linguistische Studien 4. 1976, 49—60.

*Hausmann 1976* = Franz Josef Hausmann: Linguistik des Frankreichaufenthaltes. In: Linguistik und Didaktik 27. 1976, 184—189.

*Hausmann 1977* = Franz Josef Hausmann: Einführung in die Benutzung der neufranzösischen Wörterbücher. Tübingen 1977.

*Hausmann 1977a* = Franz Josef Hausmann: Splendeurs et misères du Trésor de la langue française. In: Zeitschrift für französische Sprache und Literatur 87. 1977, 212—231.

*Hausmann 1979* = Franz Josef Hausmann: Un dictionnaire des collocations est-il possible? In: Travaux de linguistique et de littérature 17. 1979, 187—195.

*Hausmann 1981* = Franz Josef Hausmann: Wörterbücher und Wortschatzlernen Spanisch. In: Linguistik und Didaktik 45/46. 1981, 71—78.

*Hausmann 1982* = Franz Josef Hausmann: Neue Wörterbücher für den Französischunterricht II. In: Die Neueren Sprachen 81. 1982, 191—219.

*Hausmann 1982a* = Franz Josef Hausmann: Kollokationswörterbücher des Lateinischen und Französischen im 16. und 17. Jahrhundert. In: Peter Wunderli/Wulf Müller (Hsg.): Romania historica et Romania hodierna. Festschrift für Olaf Deutschmann zum 70. Geburtstag, 14. März 1982. Bern. Frankfurt a. M. 1982, 183—199.

*Hausmann 1983* = Franz Josef Hausmann: Was taugen die Wörterbücher des heutigen Deutsch? In: Wortschatz und Verständigungsprobleme. Düsseldorf 1983, 195—219.

*Hausmann 1983a* = Franz Josef Hausmann: Wörterbücher in Frankreich und Deutschland. Ein Vergleich. In: Germanistische Linguistik 1—4/82. 1983, 119—156.

*Hausmann 1984* = Franz Josef Hausmann: Wortschatzlernen ist Kollokationslernen. Zum Lehren und Lernen französischer Wortverbindungen. In: Praxis des neusprachlichen Unterrichts 31. 1984, 395—406.

*Hausmann 1985* = Franz Josef Hausmann: Kollokationen im deutschen Wörterbuch. Ein Beitrag zur Theorie des lexikographischen Beispiels. In: Lexikographie und Grammatik. Hrsg. v. H. Bergenholtz u. J. Mugdan. Tübingen 1985, 118—129.

*Heestermans 1979* = Hans Heestermans: Das Woordenboek der Nederlandse Taal. In: Praxis der Lexikographie. Hrsg. v. H. Henne. Tübingen 1979, 68—82.

*Jernej 1983* = Josip Jernej: Reggenze sintattiche e dizionari. In: Studia Romanica et Anglica Zagrabiensia 28. 1983, 67—76.

*Jones 1966* = S. Jones/J. McH. Sinclair: English Lexical Collocations. A Study in Computational Linguistics. In: Cahiers de lexicologie 24. 1966, 15—48.

*Kleineidam 1989* = Hartmut Kleineidam: La notion de 'fonction lexicale' et son application lexicographique dans le *Dictionnaire explicatif et combinatoire du français contemporain* d' I. A. Mel'čuk. In: Actes du XVIIIᵉ Congrès international de linguistique et de philologie romanes. Trèves 1986. Tome IV. Tübingen 1989, 165—177.

*Klappenbach 1980* = Ruth Klappenbach: Zur Bedeutungsanalyse des Wortes. In: Ruth Klappenbach: Studien zur modernen deutschen Lexikographie. Amsterdam 1980, 222—234.

*Le Bidois 1954* = Robert Le Bidois: A propos des mots-tandem. In: Vie et Langage 1954, 554—558.

*Mackin 1978* = Ronald Mackin: On collocations: 'words shall be known by the company they keep'. In: In Honour of A. S. Hornby. Oxford 1978, 149—165.

*Mel'čuk 1981* = I. A. Mel'čuk et al.: Un nouveau type de dictionnaire: Le Dictionnaire explicatif et combinatoire du français contemporain (Six articles de dictionnaire). In: Cahiers de lexicologie 38. 1981, 1, 3—34.

*Michiels 1983* = A. Michiels/J. Noël: Retrieving and Improving Collocability Information in LDOCE: An Interactive Treatment. In: Linguistica Computazionale 3. 1983, Supplement. Computers in Literary and Linguistic Research. Ed. by L. Cignoni and C. Peters, 207—213.

*Mitchell 1971* = T. F. Mitchell: Linguistic 'Goings on': Collocations and Other Lexical Matters Arising on the Syntagmatic Record. In: Archivum Linguisticum 2. 1971, 35—69.

*Olšanskij 1977* = I. G. Olšanskij: O russko-nemetskom slovare sočetaemosti slov. In: Problemy učebnoy leksikografii. Hrsg. v. P. N. Denisov/V. V. Morkovkin. Moskau 1977.

*Perrochon 1925* = H. Perrochon: S. Goulart, commentateur de la première *Semaine* de Du Bartas. In: Revue d'histoire littéraire de la France 32. 1925, 397—401.

*Ponten 1978* = Jan-Peter Ponten: Zum Entwurf eines großen interdisziplinären Wörterbuchs der deutschen Sprache. Die Benutzeraspekte aus der Sicht „ausländischer" Lexikographen. In: Helmut Henne u. a. (Hrsg.): Interdisziplinäres deutsches Wörterbuch in der Diskussion. Düsseldorf 1978, 271—280.

*Püschel 1975* = Ulrich Püschel: Semantisch-syntaktische Relationen. Untersuchungen zur Kompatibilität lexikalischer Einheiten im Deutschen. Tübingen 1975.

*Reuther 1978* = Tilman Reuther: Plädoyer für das Wörterbuch. Materialien zu einem erklärend-kombinatorischen Wörterbuch des Russischen für Deutschsprechende. In: Linguistische Berichte 57. 1978, 25—48.

*Reuther 1983* = Tilman Reuther. Zur semantisch-syntaktischen Klassifizierung und lexikographischen Erfassung von Funktionsverbgefügen. In: Parallela. Tübingen 1983, 134—145.

*Roos 1975* = Eckhard Roos: Kollokationsmöglichkeiten der Verben des Sehvermögens im Deutschen und Englischen. Bern. Frankfurt a. M. 1975.

*Sauvageot 1955* = Aurélien Sauvageot: Les motstandem. In: Vie et Langage 1955, 223—226.

*Schaeder 1981* = Burkhard Schaeder: Lexikographie als Praxis und Theorie. Tübingen 1981.

*Sinclair 1966* = J. McH. Sinclair: Beginning the Study of Lexis. In: In Memory of. J. R. Firth. London 1966, 410—430.

*Sobejano 1956* = Gonzalo Sobejano: El epiteto en la lírica española. Madrid 1956.

*Steele 1986* = James Steele: A lexical entry for an explanatory-combinatorial dictionary of English (*hope* II. 1). In: Dictionaries. Journal of the Dictionary Society of North America 8. 1986, 1—54.

*Steiner 1983* = Erich Steiner: Die Entwicklung des britischen Kontextualismus. Heidelberg 1983.

*Stolt 1972* = Birgit Stolt: Warum surren die Gerüchte nicht? Sinnkopplungen der Schallverben im Deutschen und im Schwedischen als Problem und Aufgabe. In: Moderna Språk 66. 1972, 148—156.

*Stolt 1973* = Birgit Stolt: Deutsche Stilwörterbücher. In: Moderna Språk 67. 144—150.

*Tomaszczyk 1981* = Jerzy Tomaszczyk: Issues and Developments in Bilingual Pedagogical Lexicography. In: Applied Linguistics 2. 1981, 287—296.

*Van Roey 1978* = Jacques van Roey: Collocation in lexical analysis. In: Mélanges de linguistique et de littérature H. Draye. Louvain 1978, 155—162.

*Verdelho 1981* = Evelina Verdelho: Lexicografia sinonímica portuguesa: o Vocabulário de Sinonimos, e Phrases, de RAFAEL BLUTEAU e o Ensaio sobre Alguns Synonymos, do CARDEAL SARAIVA. In: Biblos 57. 1981, 171—221.

*Verdelho 1983* = Evelina Verdelho: Sobre o Dicionário poético de Cândido Lusitano. In: Boletim de filologia 28. 1983, 269—303.

*Viehweger 1982* = Dieter Viehweger: Die Darstellung semantischer Vereinbarkeitsbeziehungen zwischen lexikalischen Elementen im einsprachigen Wörterbuch des Deutschen. In: E. Agricola/J. Schildt/D. Viehweger (Hsg.): Wortschatzforschung heute. Aktuelle Probleme der Lexikologie und Lexikographie. Leipzig 1982, 23—41.

*Vooys 1947* = C. G. N. de Vooys: „Epitheta" van Anthoni Smijters. In: Id., Verzamelde Taalkundige Opstellen. Derde Bundel. Groningen 1947, 113—117.

*Wahrig 1969* = Gerhard Wahrig: The syntagma as a fundamental unit of lexicon entries. In: Zeitschrift für Dialektologie und Linguistik 36. 1969, 257—268.

*Weller 1979* = Franz-Rudolf Weller: Idiomatizität als didaktisches Problem des Fremdsprachenunterrichts — erläutert am Beispiel des Französischen. In: Die Neueren Sprachen 78. 1979, 530—554.

*Zimmermann 1981* = Małgorzata Zimmermann: Zum Begriff der Kollokation in der Sprachwissenschaft und der Glottodidaktik. In: Glottodidactica 14. 1981, 61—68.

*Franz Josef Hausmann, Erlangen
(République Fédérale d'Allemagne)*


# 96. Das phraseologische Wörterbuch

1. Titel, Inhalt, Umfang
2. Die Präsentierung der phraseologischen Einheiten
3. Der Zusammenhang der phraseologischen Einheiten
4. Literatur (in Auswahl)

## 1. Titel, Inhalt, Umfang

### 1.1. Die Vielfalt der Titel

Von den zahlreichen Wörterbüchern, die phraseologische Verbindungen verzeichnen — dieser Ausdruck soll hier als Oberbegriff verstanden werden —, führen nur verhältnismäßig wenige den Terminus *Phraseologie* oder *phraseologisch* im Titel.

Wie aus unseren Literaturangaben hervorgeht, erscheinen daneben insbesondere *Idiom, idiomatisch, Redewendung, Ausdruck, locution, expression* oder *germanisme, gallicisme* o. ä. Viele Wörterbücher führen auch — im Titel oder im Untertitel — gleich mehrere dieser Termini —, während andere sie durch Zusätze spezifizieren (vgl. Galisson, *Dictionnaire [. . .] des expressions imagées*) und damit anzeigen, daß es ihnen nur um einen Teilbereich der phraseologischen Verbindungen geht, oder aber, umgekehrt, (in der Sprachwissenschaft wie im verwissenschaftlichten Gebrauch) übliche Unterscheidungen teilweise oder ganz neutralisieren (vgl. Röhrich, *Lexikon der sprichwörtlichen Redensarten*) und damit zum Ausdruck bringen, daß für ihre Verfasser die Bestimmung „Phraseologismus" zumindest nicht das einzige Kriterium für die Aufnahme einer Einheit ins Wörterbuch darstellt. — Eine Analyse der vielfältigen Titel phraseologischer Wörterbücher wäre sowohl unter linguistischer Perspektive als auch unter Marktgesichtspunkten eine reizvolle Aufgabe, der hier nicht weiter nachgegangen werden kann. In unserem Zusammenhang geht es vielmehr um die Frage: welche Wörterbücher sind überhaupt heranzuziehen, um eine Antwort auf die Frage zu suchen: was ist ein phraseologisches Wörterbuch? Gehören etwa Dony, *Léxico del lenguaje figurado [. . .]*, Spalding, *An . . . dictionary of [. . .] figurative usage*, Rosal, *La razón de algunos refranes [. . .]* dazu — um von den zahlreichen Sprichwort- und Zitatwörterbüchern zu schweigen, die selbstverständlich einen eigenen Wörterbuchtypus darstellen (vgl. Art. 97), aber in aller Regel auch viele phraseologische Verbindungen verzeichnen? Wie steht es mit den im englischen Sprachraum häufigen Wörterbüchern von *phrasal verbs*? — der Laie wird darin nur bedingt phraseologische Verbindungen vermuten. Was verbirgt sich hinter dem Titel *[. . .] Façons de parler* (Mülhause)? — Sind angesichts der Verwirrung stiftenden Uneinheitlichkeit der Titel nicht die Lexikographen am konsequentesten, die einen phraseologischen Ausdruck als Titel wählen — Thérond, *Du tac . . . au tac* — oder, allgemeiner, usuelle Ausdrucksformen und Ausdrucksweisen unter der usuellen Bezeichnung dafür subsumieren — *Das sagt man so* (Gööck)?

Ähnlich wie in der Idiomatikforschung (vgl. Thun 1978, Kap. I, 2), so spiegelt auch bei den phraseologischen Wörterbüchern die Vielfältigkeit der Termini die Uneinheitlichkeit wider, die selbst bei grundlegenden Definitionskriterien noch herrschen. Man muß gleichsam schon wissen, was ein phraseologisches Wörterbuch ist, um die Phraseologien heranziehen zu können, deren Analyse zu einer exakteren Begriffsbestimmung führen soll — ein anschauliches Beispiel für den hermeneutischen Zirkel allen Verstehens (Schleiermacher, Dilthey, Heidegger), insbesondere für den „philologischen Zirkel" (Spitzer 1969, 25).

### 1.2. Die Uneinheitlichkeit in der Aufnahme des Materials

Wenn die Titel keine eindeutige Auskunft geben, ob es sich im gegebenen Fall um ein phraseologisches Wörterbuch handelt oder nicht, gibt dann wenigstens der Inhalt eine klare Antwort, so daß sich definieren ließe: phraseologische Wörterbücher sind die Wörterbücher, die ausschließlich — oder doch wenigstens vornehmlich — phraseologische Verbindungen aufführen (und beschreiben, erklären, illustrieren . . .)?

Die einzige wohl von allen Fachleuten akzeptierte Definition eines phraseologischen Ausdrucks ist: eine Einheit aus mehreren Elementen, deren Gesamtbedeutung verschieden ist von der Summe der Bedeutung der Elemente (vgl. Schemann 1981, 51 ff.). Bei der weiteren Frage aber, welches diese Elemente sind, genauer: ob es nur solche sein dürfen, die in der gegebenen Einzelsprache auch selbständig, als freie Form, vorkommen, oder ob es auch solche Einheiten sein können, die ausschließlich als gebundene Elemente erscheinen, die also immer Morphemstatus haben — seien dies nun Präfixe oder Suffixe (oder Infixe), Kasus, Modus, Tempus, Aspekt ausdrückende Morpheme oder andere gebundene Funktionsträger: bei dieser Frage schon hört die Einheitlichkeit in der Forschung auf. Doch nicht nur dies: trotz der inzwischen kaum noch zu übersehenden Flut von Untersuchungen zur „Idiomatik" oder „Phraseologie" (vgl. u. a. Pilz 1981, Burger/Buhofer/Sialm 1982, Gréciano 1983b) steht eine Darstellung, die den eigenen Status einer phraseologischen Verbindung allgemeinsprachlich einwandfrei klärt, nach wie vor aus. Das liegt in erster Linie daran, daß der Kontextbegriff nicht präzis genug und zu eng gefaßt wird. In allgemeinsprachlicher Perspektive, d. h. ausgehend von der Fragestellung: welche Kontexte operieren in lebendiger Sprache zusammen, um Bedeutung zu konstituieren?, lassen sich folgende Kontexte unterscheiden: (1) der sprachliche Kontext (der zu untergliedern ist in: Wortteil-, Wort-, Wortgruppen-(syntagmatischer), Satz-, Text-Kontext), (2) der nicht-sprachliche Situationskontext (Situation/Umgebung, in der die Äußerung gemacht wird), (3) der allgemeine soziale Hintergrundkontext (die Welt, in der Sprecher und Hörer wenigstens teilweise gemeinsam zu Hause sind oder zu Hause zu sein glauben/scheinen/vorgeben und in die Situation eingebettet ist), (4) der historische Hintergrundkontext (zahlreiche sprachliche Elemente tragen andere geschichtliche Epochen in die Welt der Sprechenden/Hörenden hinein), (5) der vom Sprecher/Schreiber beim Hörer/Leser mit der/durch die Äußerung gestiftete implizite Kontext (a) nach hinten, d. h. mit den in der Äußerung gemachten, in ihr liegenden Voraussetzungen — von denen für die idiomatischen Ausdrücke insbesondere die sog. pragmatischen Präsuppositionen eine äußerst wichtige Rolle spielen, (b) nach vorn, d. h. mit den durch die Äußerung gemachten, in ihr liegenden Folgen oder Folgerungen — in der Rhetorik analysiert unter Termini wie „Wirkung", „Absicht", in Rhetorik, Linguistik und auch Philosophie unter „Intention", teilweise subsumiert unter einen Teilbereich der Metonymie, in der Sprechaktforschung diskutiert, insgesamt indessen systematisch-prinzipiell nicht geklärt, und schließlich (6) die Nicht-Realisierung eines dieser Kontexte, von der die sog. Ellipse, als Nicht-Realisierung bestimmter Formen des sprachlichen Kontextes, lediglich eine Form darstellt (welche im übrigen lediglich vor dem Hintergrund des Operierens der anderen Kontexte verstehbar ist).

Von all diesen Kontextformen berücksichtige die Idiomatikforschung bei ihrem Neuansatz im Rahmen der „modernen Linguistik" aufgrund der damaligen Forschungslage — primär der Ausrichtung auf sprachlich gegebene Elemente insbesondere in der Form bzw. auf der Ebene des Satzes — zunächst (fast) nur den sprachlichen Kontext (mit dem skizzierten Mangel an Differenzierung: welche sprachlich gebundenen Elemente bilden ein Idiom?). Mit dem Vordringen pragmatischer Fragestellungen dehnte dann ein stetig wachsender Teil der Forscher den Bereich der phraseologischen Verbindungen auf die sog. „pragmatischen Idioms" aus. Ein weiterer, allerdings beträchtlich geringerer Teil zog die weitere Folgerung, die Satzgrenze für sekundär zu halten, bezog also auch Sprichwörter, Maximen usw. in die Idiomatikforschung mit ein. Doch wurden schon diese Integrierungen nur ansatzweise in einen inneren Zusammenhang mit der sprachlich-kontextuellen Gebundenheit gerückt, so werden alle anderen Kontextformen bis heute in der praktischen Analyse zwar häufig als mehr oder weniger stabil vorausgesetzt, doch nirgends systematisch die Frage gestellt, inwieweit die Fixierung auf irgendeiner Kontextebene — oder mehreren dieser Ebenen — bei Variabilität/Freiheit der anderen — das allgemeinsprachliche Wesensmerkmal der phraseologischen Verbindungen in all ihren Erscheinungsformen ist (vgl. Schemann 1987).

Abgesehen von den — oder einigen — Phrasalverb-Wörterbüchern haben nun die Phraseologien die von den jeweiligen Strömungen der Linguistik begründeten Einengungen des Begriffs *phraseologisch, idiomatisch* nie mitgemacht. Sei es, daß die Lexikographen sich wenig um die Idiomatikforschung kümmerten; sei es, daß ihre Intuition den linguistischen Ansätzen zuwiderlief; sei es, daß sie ganz bewußt auch andere Kontextbindungen als idiomkonstituierend ansetzten: mir ist kein einziges phraseologisches Wörterbuch bekannt, das (a) sich auf ein Material beschränkte, welches von irgendeiner Definition des phraseologischen Ausdrucks in seinem Umfang exakt abgesteckt werden könnte; und das (b) in den Definitionen, die (in den Vor- oder auch Nachworten) gegeben werden, systematisch-kohärent wäre.

Auch über den Inhalt läßt sich also die Frage nach der Begriffsbestimmung eines phraseologischen Wörterbuchs nicht eindeutig beantworten. Die einzige sinnvolle Frage, die an die Wörterbücher gestellt werden kann — und die dann eine lediglich statistisch zu begründende Basis für eine Begriffsbestimmung der Phraseologie liefert —, ist: um welche phraseologischen Verbindungen geht es ihnen in der Hauptsache. Dies hängt selbstverständlich aufs engste mit der Zielsetzung des jeweiligen phraseologischen Wörterbuchs zusammen.

Alle kleineren Auswahlidiomatiken („1000 Redewendungen...") richten sich an ein breiteres Publikum, für das sprachwissenschaftliche Definitionen irrelevant sind; die Zielsetzung ist: gefallen und Interesse wecken und ein Material bieten, das gebräuchlich ist und das der Käufer in der Praxis benutzen kann bzw. das er hört oder liest (wobei allerdings zu sagen ist, daß bisher keinerlei zuverlässige Erhebungen zur Frequenz der phraseologischen Verbindungen durchgeführt wurden, die jeweilige Auswahl also weitgehend dem Sprachgefühl des Lexikographen überlassen bleibt und zudem bei zwei- oder gar mehrsprachigen Phraseologien der Gebrauch der Ausgangsidioms und der zielsprachigen Äquivalente stark differieren kann). Es erscheinen in diesen Wörterbüchern daher neben den einprägsamen, witzigen und gebräuchlichen Idioms im engeren Sinn (mehrere Elemente, die außerhalb des Ausdrucks auch als freie Form vorkommen — eine Gesamtbedeutung) auch präfigierte, suffigierte u. ä. Einheiten, pragmatische Idioms, in den meisten auch (einige) Sprichwörter und nicht wenige „markante" Einzellexeme und Komposita. — Eine der materialreichsten Phraseologien, die auf dem Markt sind (Beinhauer 1978), bringt eigentlich alles, was dem Autor intralingual (im Spanischen) und interlingual (in der Relation spanisch-deutsch) von Interesse scheint; von einem nicht-phraseologischen (zweisprachigen) Wörterbuch unterscheidet es sich damit in der Hauptsache (lediglich) dadurch, daß die Hauptbedeutungen der Einzellexeme und die mühelos zusammenstimmenden Äquivalentenpaare fehlen. — Röhrich setzt mit größter Selbstverständlichkeit Einzellexeme, Mehrwortfügungen, Sprichwörter (neben Sentenzen u. ä.), dann hochsprachliche bzw. allgemeinsprachliche Einheiten und Dialektalismen, heute gebrauchte, veraltende und veraltete Phraseologismen und schließlich auch (metasprachlich) für heute oder die Vergangenheit, für ganz Deutschland oder nur bestimmte Gebiete geltende Erklärungen (aller Art) nebeneinander. — Werny/Snyckers bringt, was zu Übersetzungsschwierigkeiten führt (*Il m'a attiré dans un guetapens — Er hat mich in einen Hinterhalt gelockt;* S. 34. — Was sollte da, intralinguistisch, phraseologisch gebunden sein?). — Taylor/Gottschalk verzeichnet Einzellexeme (*eine Hexe sein,* 235: Kontextbeschränkung: Sprechaktrestriktion), Komposita (*kohl(pech)rabenschwarz sein,* 252; Morphemgebundenheit), Sprichwörter, situativ- und sprechaktgebundene Sätze wie *Was man nicht im Kopf hat, muß man in den Beinen haben* (293) u. a. m. — Longman 1984, Dubois 1973, Friederich, Lafleur, Rey/Chantreau, Schemann und andere orientieren sich im Prinzip an den Idioms im engeren Sinn, ohne sich indessen streng an dies Auswahlprinzip zu halten.

Es läßt sich also als Fazit sagen: das phraseologische Wörterbuch hat seinen Schwerpunkt in den mehrgliedrigen übertragenen Ausdrücken, dabei unterscheidet sich eine Phraseologie von der anderen im Material insbesondere dadurch, welchen Raum sie Einheiten gibt, die durch andere Kontextrestriktionen definiert sind.

### 1.3. Der allzu begrenzte Umfang

Von den einsprachigen deutschen phraseologischen Wörterbüchern ist Friederich 1976 nach wie vor das umfangreichste. Es hatte in der ersten Auflage rd. 8000 Einheiten, wurde in der zweiten aber auf rd. 6000 gekürzt. Alle anderen (deutschen) Phraseologien sind im Umfang bei weitem bescheidener — abgesehen von Röhrich, der indessen eine kulturwissenschaftliche Zielsetzung verfolgt, also im strengen Sinn kein Wörterbuch ist. — Von den zweisprachigen Phraseologien ist das deutsch-bulgarische (Nikolova-Gălăbova/Gălăbov) das materialreichste, wenn man die 53 264 (!) Einträge zugrunde legt, die es zu verzeichnen vorgibt. Bei näherer Prüfung stellt sich indessen heraus, daß zahlreiche Mehrfacheinträge vorkommen, viel veraltetes oder/und nicht für ganz Deutschland (oder die ganze BRD) relevantes Material erscheint und zudem ein sehr weiter Maßstab für die Idiomatizität angelegt wurde.

Einen Materialvergleich zwischen den wichtigsten deutschen nicht-phraseologischen und phraseologischen Wörterbüchern, einer Reihe von bekannten zweisprachigen Wörterbüchern (insbesondere dt.-engl., engl.-dt.) und einem mehrsprachigen phraseologischen Wörterbuch unternimmt Pilz 1987, 145 anhand einer Analyse der Einträge mit dem Stichwort **Wort** (*Das große Wort führen* u. ä.).

Pilz hat diese Zusammenstellung mit einer Akribie durchgeführt, mit der bis heute kein anderer Wörterbuchvergleich durchgeführt wurde. Trotzdem ist sie nicht ganz schlüssig, weil es nur so wimmelt von Einheiten, die mit „phraseologisch" oder „idiomatisch" nichts zu tun haben (*Worte abwägen, auf mein Wort hin, ein paar Worte aufsetzen, auf js. Wort bauen* ... — in solchen Einheiten liegt keinerlei kontextuelle Gebundenheit vor). Ein (allgemeines) Ergebnis der Untersuchung indessen — für Pilz d a s Ergebnis — wird jeder bestätigen, der mit den vorhandenen für das Deutsche relevanten phraseologischen und nicht-phraseologischen Wörterbüchern länger gearbeitet hat: die allgemeinen (einsprachigen) Wörterbücher geben den Idiombestand des Deutschen von heute ungleich vollständiger und aktueller wieder als alle phraseologischen Wörterbücher. Unter diesem Gesichtspunkt sind die phraseologischen Wörterbücher in der Tat überflüssig. — Dieselbe Feststellung gilt für die übrigen europäischen Hauptsprachen.

Insgesamt gilt also: unter dem Gesichtspunkt der Quantität könnte man auf die phraseologischen Wörterbücher verzichten (um so mehr, wenn man die zweisprachigen Wörterbücher in die Betrachtung miteinbezieht). Eine der vordringlichsten Aufgaben der Lexikographie ist es demnach, möglichst v o l l s t ä n d i g e phraseologische (ein- und zweisprachige) Wörterbücher zu erstellen. Vor allem aber sind an die Präsentierung des phraseologischen Materials hohe Ansprüche zu stellen; denn hier liegt der entscheidende Wert eines phraseologischen Wörterbuchs.

## 2. Die Präsentierung der phraseologischen Einheiten

### 2.1. Die Bedeutungsangabe

Die Präsentierung der Ausdrücke in den einzelnen Wörterbüchern ist nicht weniger unterschiedlich als die Titel und das aufgenommene Material. — Ein zentrales Problem stellt für den Lexikographen (zunächst) die Bedeutungsangabe dar. Prinzipiell kann sie auf folgenden Wegen erfolgen: (1) durch eine Definition (in formal mehr oder weniger stringenter Form); (2) durch eine Umschreibung (die knapp, stichwortartig gehalten sein oder aber in einem oder mehreren (ganzen) Sätzen formuliert werden kann); (3) durch die Angabe von möglichst bedeutungsgleichen, d. h. bedeutungsähnlichen, in diesem Sinn synonymischen Lexemen oder Lexemverbindungen (innerhalb der Ausgangssprache, der Sprache des idiomatischen Ausdrucks — „intralinguale Synonyme" — oder in einer oder mehreren Zielsprachen — „interlinguale Synonyme", Äquivalente); (4) durch ein oder mehrere Beispiele (durch die die Bedeutung vor Augen geführt, evoziert wird).

### 2.2. Definition, Umschreibung, Äquivalente

Definitorische Elemente, Umschreibungen und synonymische Kennzeichnungen gehen in allen idiomatischen Wörterbüchern Hand in Hand. Eine Definition im strengen Sinn versucht kein einziges. Nirgends werden alle — oder möglichst viele — Bedeutungselemente (Seme) analytisch (systematisch) herausgestellt; und vor allem: nirgends werden diese Elemente in eine klare Ordnung gebracht (Semstruktur). Die Metalexikographie, die in manchen nicht-idiomatischen Wörterbüchern zu einer systematisch-präziseren Beschreibung der Bedeutung der Einheiten geführt hat, fand in die idiomatischen Wörterbücher bisher nur bedingt Eingang. Typologisch unterscheiden sich die Phraseologien — auf der hier besprochenen Ebene — dadurch voneinander, ob die Umschreibungen eher treffend, d. h. global auf den Bedeutungskern zielend, oder eher analytisch sind — inwieweit also eher die Vorstellung von der Gesamtbedeutung leitend ist oder eher analytisch-definitorische Züge in die Umschreibung eingehen; welchen Umfang die Umschreibungen haben (knappe Angaben, u. U. mittels Klammern, Satz, mehrere Sätze, ganzer Text); ob Synonyma gegeben werden oder nicht (im gegebenen Eintrag oder/und durch Verweise), und, wenn ja, wieviele; ob bei den Synonyma das Bemühen im Vordergrund steht, wiederum phraseologische Ausdrücke heranzuziehen oder ob Idioms, synonymische Einzellexeme oder Lexemgruppen (mehr oder weniger zufällig) nebeneinanderstehen; welche Kriterien bei der Auswahl der in Frage kommenden Äquivalente oder Synonyme entscheidend sind: wie man in der gegebenen Situation in der Ausgangssprache auch sagen kann bzw. in der Zielsprache sagt, der Bedeutungskern („Denotat"), stilistische (oder konnotative) Markierungen; und schließlich, inwieweit sich diese Punkte gegenseitig stützen, sich glücklich ergänzen, bzw., je nach der Ausgangseinheit, die Akzente mehr oder weniger geschickt gesetzt werden (so daß in den Fällen, wo kaum Zweifel aufkommen können [auch] überflüssig scheinende Angaben vermieden werden). — Eine Klassifizierung der Wörterbücher nach diesen Kriterien hätte ständig Mischformen zu gewichten; eine Merkmalmatrix wäre daher nicht zuverlässig.

## 2.3. Synchronie/Diachronie, wörtlich/übertragen

Der synchronischen Bedeutungsangabe von *de cet acabit* geht bei Rey/Chantreau eine historische Erklärung von *acabit* voraus: frühere Bedeutung, (wahrscheinliche) Etymologie usw. Diese Erklärung wird von der synchronischen Bedeutungsangabe typogra-

> **ACABIT,** *n. m.* Ce mot du XV<sup>e</sup> siècle apparaît avec le sens de « achat, débit » ; il vient peut-être de l'occitan *cabir, caber,* « employer », du latin *capere.* Il ne survit que dans quelques locutions.
> *Péj.* **De cet acabit, de même acabit** [LOC. ADJ.], « de cette, de même nature ». L'obscurité totale du mot *acabit* hors de ces expressions, pour le locuteur actuel, en ferait de véritables adjectifs composés si *acabit* n'y conservait une très relative autonomie (on peut dire : ***d'un tout autre acabit,*** etc.). La valeur péjorative, comme dans *de la même farine, du même tonneau,* est attachée ici à l'« amalgame » ; on compare et on rapproche souvent pour déprécier, et l'emploi que Proust fait de l'expression (*... en braves gens de même acabit,* voir le Robert) n'est pas la norme ou du moins ne l'est plus. En effet, Balzac parlait en ces termes du parti que constituait un marquis, futur-pair de France : « Trouvez donc des mariages *de cet acabit* ! », et Stendhal, dans *Le Rouge et le Noir,* « mon fils et ses brillants amis *de même acabit* ont du cœur... ».

Textbeispiel 96.1: Wörterbucheintrag (aus: Rey/Chantreau 1979, 6)

> **De même acabit.** — Terme méprisant pour dire : de même qualité, du même genre, de même nature. Le mot **acabit,** qui vient de l'ancien provençal, a d'abord eu le sens d'achat, et on disait « de bon acabit ». Mais la locution ne garde plus que le sens du latin *ejusdem farinae,* de même farine.
>
> > — *Il a remporté une éclatante victoire, mais les sondages d'opinion et autres prophètes de même acabit annonçaient une défaite écrasante.*
>
> La critique est aisée, cela signifie qu'elle est d'accès facile. Elle se laisse tripoter dans toutes les feuilles de chou par des rustres et des coquins qui, en fait, n'abusent qu'eux-mêmes et les lecteurs de même acabit. Ils ne s'en prévalent pas moins du titre de critique littéraire, comme si les bricoleurs pouvaient avoir rang d'ingénieurs.
> Bernard Pivot : **les Critiques littéraires,** p. 62.

Textbeispiel 96.2: Wörterbucheintrag (aus: Lafleur 1979, 3)

**kaksi**

| | |
|---|---|
| kahden kesken ⟨*zwischen zweien*⟩ | unter vier Augen, zu zweit, zu zweien |
| olla kahdella päällä ⟨*mit zwei Köpfen sein*⟩ | unentschieden *t.* unentschlossen sein, sich nicht entscheiden können, noch schwanken, noch nicht wissen |
| kahdenlaista ilmaa ⟨*zweierlei Luft*⟩ | unterschiedliche Meinungen *t.* Stimmungen über eine Frage in einer Gruppe |
| olla kahden vaiheilla ⟨*um zwei herum sein*⟩ | unschlüssig sein, schwanken, zögern, im Zwiespalt sein |
| saada kaksi kärpästä yhdellä iskulla ⟨*zwei Fliegen mit einem Schlag bekommen*⟩ | zwei Fliegen mit einer Klappe schlagen, zwei Fliegen auf einen Schlag |
| kaksipiippuinen ⟨*mit zwei Läufen*⟩ | Doppelflinte |
| kaksipiippuinen juttu ⟨*eine zweiläufige Sache*⟩ | eine problematische Sache, ein zweischneidiges Schwert |

Textbeispiel 96.3: Wörterbucheintrag (aus: Schellbach-Kopra 1985, 109)

phisch abgesetzt. — Bei Lafleur werden diachronische und synchronische Gesichtspunkte zwar zusammen behandelt; doch ist sich der Autor ihrer unterschiedlichen Natur bewußt und zieht daher die diachronischen Aspekte (nur) soweit heran, wie sie für die synchrone Bedeutung bzw. ihr Verständnis (noch) eine Rolle spielen. — Anders bei Röhrich, bei dem Diachronie und Synchronie derart kontaminiert sind (vgl. etwa den ganzen Artikel *Schlag, Schläge,* S. 841 ff.), daß der Leser in vielen Fällen nicht entscheiden kann, ob die angegebene Bedeutung veraltet, veraltend oder aktuell ist bzw. ob die Angaben teils für den heutigen, teils für einen früheren Zeitpunkt gelten; selbst für die formalen Elemente der Ausdrücke gilt diese Kontamination.

Mit dem Spannungsverhältnis Synchronie — Diachronie aufs engste gekoppelt ist die Angabe oder Nicht-Angabe der wörtlichen Bedeutung („Bildbedeutung") eines übertragenen idiomatischen Ausdrucks. Wird die Angabe zusätzlich zur übertragenen (bzw. funktionellen) Bedeutung („Sprachbedeutung") gemacht und für den Leser erkennbar von dieser abgehoben, kann auch sie das Verständnis für die (synchrone) Funktion der Einheit und für die konkreten Verwendungsmöglichkeiten u. U. entscheidend fördern. Eine sehr schöne — auch typographisch glückliche — Lösung findet sich in der neuesten finnisch-deutschen Idiomatik von Ingrid Schellbach-Kopra (s. Textbeispiel 96.3). Für Leser, die keine oder unzureichende Kenntnisse des Finnischen haben, fehlen in solchen Fällen „nur noch" die Angaben, inwieweit bestimmte synchronische Kontextrestriktionen der Sprachbedeutung (nach wie vor) konstituiert werden durch die Bildbedeutung oder inwieweit die Lexikalisierung bis zum völligen Verblassen aller Bildelemente fortgeschritten ist und der phraseologische Ausdruck damit prinzipiell genauso operiert wie ein nicht-phraseologischer. Diesen letzten Schritt: historisch-etymologische sowie wörtliche Bedeutungsangaben k o n s e q u e n t unter eine synchronisch-funktionelle Perspektive zu rücken — diesen Schritt macht kein einziges idiomatisches Wörterbuch; nirgends wird zureichend der Erkenntnis Rechnung getragen, daß Geschichte und wörtliche Bedeutung je nach der in Frage stehenden phraseologischen Einheit lebendig-funktionierender Bestandteil der Sprachbedeutung sein k a n n, aber nicht sein m u ß ; daß das also zumindest in den Fällen anzugeben ist, in denen die Diachronie in der Synchronie noch lebendig ist, und daß in diesen Fällen dann die Operationsfaktoren der Diachronie bzw. der wörtlichen Bedeutung für die Konstitution der übertragen-funktionellen Bedeutung präzis aufzuführen sind (vgl. Art. 289, Punkt 4). Solche Angaben ergäben dann zugleich explizitere wie präzisere Definitionen und/ oder Umschreibungen, so daß die differenzierenden Bedeutungsmerkmale, die einen bildhaften Ausdruck auch von seinem bedeutungsnächsten bildfreien Äquivalent abheben, herauskämen. — Man dürfte nicht fehlgehen in der Annahme, daß auf diesem Gebiet einige der zukunftsweisenden Aufgaben sowohl der Idiomatikforschung als auch der Lexikographie der Phraseologie liegen. Bei dem bisherigen Mangel an einschlägigen Vorarbeiten k a n n der Lexikograph die (wünschbaren) Daten nicht mit zureichender Präzision liefern, selbst wenn er die Idiomatikforschung so weit wie möglich rezipiert. Die Phraseologien spiegeln also nicht nur die die Sprachwissenschaft (u. a. in Deutschland) charakterisierende Diskrepanz von Theorie und Praxis wider, sondern vor allem auch die einseitig-alternativen Vorstellungen in den meisten Theorien (synchron versus diachron; funktionell versus bildhaft; semantisch versus pragmatisch; konnotativ (und kontextuell) versus denotativ usw.) — Vorstellungen, die für eine im umfassenden Sinn semantische, geschlossene Darstellung einer phraseologischen Einheit, in der jeder Punkt seinen bestimmten Ort hat, keine oder nur wenig Hilfestellung bieten. — Auf der anderen Seite führen die Wörterbücher, die eine Nachzeichnung der Geschichte eines Ausdrucks und die Beschreibung seiner wörtlichen Bedeutung für eine (synchronische) semantische Analyse halten, selbstverständlich noch stärker in die Irre. Insbesondere rufen zahlreiche Phraseologien, die sich an einen weiteren Leserkreis wenden und aus der Idiomatik so etwas wie eine publikumswirksam aufgezogene impressionistische Bedeutungs- oder Kulturgeschichte machen, bei den Fachleuten nur zu leicht überscharfe Gegenreaktionen hervor (vgl. Krüger-Lorenzen).

Das Gesagte gilt mutatis mutandis auch für Bilder und Zeichnungen. Sie finden sich in den angesprochenen volkstümlicheren Idiomatiken bekanntlich viel häufiger als in den rein sprachlich orientierten Phraseologien und haben daneben zu anekdotenhaft aufgezogenen „Phraseologien" geführt, die in der Spannung von Ausdruck und Bild (und u. U. in dem Kontrast mehrerer wörtlicher

Bedeutungen von Ausdrücken verschiedener Sprachen) eine Grundlage der Komik erkannten (vergleichbar bestimmten Formen der Werbesprache, des literarischen „Spiels" usw.), die bei dem Reichtum des Materials gleichsam unerschöpflich ist. Auch hier liegt eine Chance für zukünftige, sprachlich-synchron orientierte Phraseologien. Für kulturwissenschaftlich ausgerichtete Wörterbücher hat bisher wohl niemand diese Chance so überzeugend genutzt wie Röhrich.

### 2.4. Satzäquivalente

Einen anderen methodologischen Weg geht das *Dictionnaire français-allemand des locutions* von Werny/Snyckers: es stellt grundsätzlich dt.-frz. S ä t z e gegenüber — in denen in der Regel verschiedene Übersetzungsalternativen angegeben werden und die durchweg — zumindest implizit — in geeignete Situationen eingebettet sind. — Auf der einen Seite wird hier der — insbesondere in der kontrastiven Linguistik immer wieder betonte — Grundgedanke beherzigt, daß man nicht auf der Ebene des Wortes oder des Syntagmas übersetzt, sondern auf der des Satzes — und man in der Regel auch auf dieser Ebene nur korrekt übersetzen kann, wenn einem der weitere Kontext bekannt ist; auf der anderen Seite werden (wie aus Textbeispiel 96.4 hervorgeht) die idiomatischen Ausdrücke, als eigene Einheiten, gar nicht oder nur unzureichend abgesteckt, werden die Äquivalente auf der Ebene des Syntagmas nicht bewußt genug gesucht, werden keine Alternativen bzw. Varianten angegeben, wird dem Benutzer kein Mittel an die Hand gegeben zu entscheiden, wie er die Einheit noch gebrauchen kann.

**acabit.** Tous ces gens-là sont du même acabit (sont tous également malhonnêtes) = *Pack schlägt sich, Pack verträgt sich* (Sie sind alle gleich unehrlich). • Il a connu des gens de tout acabit (de toute origine ou appartenance sociale) = *Er verkehrte mit Leuten jeden Schlages* (mit den verschiedensten Leuten).

Textbeispiel 96.4: Wörterbucheintrag (aus: Werny/Snyckers 1976, 3)

### 2.5. Sprechaktrestriktionen

Ob das bei Friederich angegebene Beispiel für *vom gleichen Schlag* („Die beiden sind durchaus nicht *vom gleichen Schlag.* Fritz ist wesentlich begabter"), das Satzbeispiel bei Taylor/Gottschalk mit *vom gleichen Schlag* („Diese beiden Brüder sind keineswegs vom gleichen Schlage [können sich keineswegs die Hand reichen]") und Röhrichs Fazit „keiner ist besser als der andere" in „idiomatischem Deutsch" korrekt sind, scheint zweifelhaft.

Das Element *gleich* drückt einen „negativen Vergleich" aus, der (u. U. resignativ)konstatierend oder/und schlußfolgernd gezogen wird. Zu umschreiben wäre die Einheit u. U.: „'Y ist genau so negativ (frech/dumm/...) zu sehen wie der dem Sprecher und Hörer (für seine Frechheit/...) bekannte, zum Vergleich herangezogene X'". Ähnlich *ihr könnt euch/die können sich/... die Hand reichen*: zu ergänzen (Metonymie der Folge!): „'weil ihr/sie gleich negativ (frech/dumm/...) seid/sind/...'" oder *X ist nicht besser als Y* — ein Ausdruck, der mit dem negierten Komparativ dasselbe Fazit zieht wie in *vom gleichen Schlag sein* gleich mit dem Positiv. — Der zweite Ausdruck läßt sich also nicht in nicht-negierter Form verwenden, der erste und dritte läßt sich nicht negieren (ohne ironische, spielerische o. ä. Funktion): ein solche Verwendung hebt die skizzierte Sprechaktrestriktion auf. Und eine verallgemeinernde Aussage (einem Sprichwort ähnlich) — die die Negativität zumindest ansatzweise aufhebt und eine Schlußfolgerung logisch nicht erlaubt (wenn alle negativ zu beurteilen sind, kann ich nicht die Konsequenz ziehen: X ist (auch) nicht besser als Y) — dürfte am Rande der Akzeptabilität liegen.

Die Sprechaktrestriktionen, so wurde deutlich, sind (in sehr zahlreichen Fällen) m i t  d e r  F o r m des Ausdrucks gegeben. Der Verstoß dagegen hängt daher aufs engste mit dem besprochenen Mangel der unzureichenden Analyse der Bildbedeutung als funktionelles Element der Sprachbedeutung zusammen. — Der Verstoß gegen Sprechaktrestriktionen gehört zu den häufigsten und vielleicht gravierendsten Schwächen fast aller phraseologischen Wörterbücher. (Um diese Restriktionen anzudeuten, habe ich die Form des Eintrags gewählt: *ihr könnt euch/die können sich/... die Hand reichen;* vgl. Schemann/Schemann-Dias 1979).

### 2.6. Form und Funktion der Beispiele

Nur vor dem Hintergrund der gesamten Kontextkonstellation (in dem oben definierten Sinn) realisiert ein Lexem seine volle Bedeutung. Das ist schon für ein nicht-idiomatisches „Wort" der Fall; es gilt doppelt für einen phraseologischen Ausdruck. Die Erkenntnis, daß zu einem idiomatischen Wörterbuch Beispiele gehören, hat sich denn auch gerade in den letzten Jahren zunehmend durchgesetzt. Allerdings sind sie oft — insbesondere in den kleineren Phraseologien — kaum mehr als eine Art syntaktischer Verlängerung des Ausdrucks zum Satz, kurz: das Gegenteil von dem, was ein Beispiel sein soll: eine Situierung des Idioms in seine gesamte Kontextkonstellation, in der seine semantische, seine pragmatische und seine stilistische

Funktion als Einheit anschaulich greifbar wird.

Hat der Ausdruck mehrere Bedeutungen, sind selbstverständlich mehrere solche Beispiele erforderlich — auch dies ein Gesichtspunkt, der nach wie vor in nur wenigen Phraseologien (u. a. Friederich) genügend berücksichtigt wird. Die meisten geben, wenn überhaupt, nur ein Beispiel; oder aber die Beispiele werden nicht präzis genug in Übereinstimmung gebracht mit den zu unterscheidenden Bedeutungen (oder auch Bedeutungsnuancen).

Eine vieldiskutierte Frage betrifft die „Herkunft" der Beispiele: kann oder soll der Lexikograph sie bilden? Oder müssen sie durch vorliegende Texte (Belege) dokumentiert werden? Bei der Antwort sind praktische und theoretische Erwägungen auseinanderzuhalten. Unter praktischem Gesichtspunkt gilt zunächst: in keinem einzigen Land gibt es bisher eine Belegsammlung mit Beispielen für den gesamten Idiombestand; ja, das für den Lexikographen greifbare Material macht in aller Regel nur einen kleinen Bruchteil des Gesamtbestandes aus. Folge: der Lexikograph muß die Beispiele selbst bilden, selbst wenn er es methodisch nicht vorzieht; denn 15—20 000 (passende!) Belege zu suchen übersteigt die Leistungskraft eines einzelnen und auch eines kleineren Teams. — Bei den Phraseologien, die die Idioms mit Beispielen „belegen", handelt es sich denn auch ausnahmslos um Auswahlwörterbücher.

Die Frage hat aber auch eine theoretische Seite. Zum einen: Belege findet man nur in geschriebenen Texten — aus der mündlichen Rede mittels Aufnahmen den Idiombestand zu „belegen" wäre ein noch komplizierteres Unternehmen als der schriftliche Beleg. Ein Teil der Ausdrücke erscheint aber vorzugsweise in der gesprochenen Sprache.

Wichtiger noch ist ein anderes: das Beispiel soll die Kernbedeutung des Ausdrucks illustrieren und den Wörterbuchbenutzer in die Lage setzen, von dieser Kernbedeutung aus die Redewendung in dem ihr gemäßen Kontextrahmen zu benutzen; nicht aber soll ein Wörterbuchbeispiel stilistische (u. a.) Finessen bestimmter Autoren belegen oder zeigen, was sich mit einem Ausdruck alles machen läßt — oder zumindest soll es das nicht in erster Linie. Aus diesem Grund ist es methodisch vorzuziehen, wenn der Lexikograph ein — gutes! — Beispiel bildet, als wenn er einen (für ein Wörterbuch) weniger geeigneten Beleg angibt. — Das Optimale ist natürlich: der Lexikograph macht beides, er bildet ein Beispiel und gibt einen Beleg.

Diese optimale Lösung bietet, soweit ich sehe, nur ein einziges phraseologisches Wörterbuch: Lafleur 1979. Es kann dies, weil es sich auf eine Auswahl von ca. 10 % des frz. Idiombestands beschränkt (2000 Einheiten).

Lafleur hat auch die Funktion der Beispiele mit seltener Umsicht reflektiert (vgl. sein Vorwort).

2.7. Grammatische Angaben

Es macht die Idiomatizität eines phraseologischen Ausdrucks aus, daß er von den Regularitäten der gegebenen Sprache abweicht. Diese Abweichung kann grundsätzlicher Natur sein; sie kann aber auch nur ganz leicht, kaum wahrnehmbar sein. Sie kann sich auf die Form oder auf den Inhalt, auf Inhalt und Form eines, mehrerer oder aller Elemente des Ausdrucks beziehen; sie kann Restriktionen in Tempus, Modus, Person usw., in Kasus, Numerus usw. implizieren, Besonderheiten bei den Ergänzungen (insbes. auch mit Präpositionen) mit sich bringen, sich in Beschränkungen möglicher Sprechakte ausdrücken; sie kann Variantenbildungen fördern u. a. m. Dem Benutzer eines phraseologischen Wörterbuchs möglichst die ganze Palette der Grammatik (oder restringierten Grammatikalität) eines idiomatischen Ausdrucks vorzuführen, so daß er diesen Ausdruck in jedem Kontext, den er zuläßt, korrekt verwenden kann, ist vielleicht die schwierigste Aufgabe des Verfassers eines phraseologischen Wörterbuchs. Die Lösung dieser Aufgabe setzt einmal eine erschöpfende, im genannten Sinn grammatikalische Analyse aller im Wörterbuch erscheinenden Einheiten voraus, zum anderen eine — u. a. anhand dieser Analyse entwickelte — Grammatik, die zugleich vollständig genug und in einem Wörterbuch applikabel, d. h. vor allem: nicht zu verwirrend ist. Am weitesten haben Courtney 1983 und Longman 1984 eine solche „Grammatik der Idiomatik" als integrierenden Bestandteil eines phraseologischen Wörterbuchs entwickelt.

**all of a piece** of the same kind or quality (as something); CONSISTENT (with something): *his car was the most expensive that I had seen, and his clothes and even his manners were all of a piece* ‖ *In England...we expect a person's speech habits to be all of a piece with his age and his class.* (*The Listener* 9 Oct 75) [Adj 1: foll. by *with* + Ⓟ, or Recip]

Textbeispiel 96.5: Wörterbuchartikel (aus: Longman 1979, 253)

Sie wird im Vorwort in extenso dargestellt und im Wörterbuchteil mittels zahlreicher Zeichen, Kürzel u. dergl. angewandt (vgl. Textbeispiel 96.5). Die Akribie der Beschreibung der phraseologischen Ausdrücke, die damit erzielt wird, wurde bisher wohl von keinem anderen Wörterbuch erreicht. Diesem Plus steht als Minus eine vielleicht zu stark in den Vordergrund tretende analytische Fassung der Ausdrücke gegenüber — wenn dem auch die Beispielsätze u. a. entgegenwirken. Abgesehen davon, daß in dieser Grammatik vor allem die Restriktionen in den Sprechakten zu kurz kommen bzw. nicht systematisch (genug) gefaßt werden, ist lexikologisch vor allem zu fragen, (1) ob ein phraseologisches Wörterbuch auch die grammatischen Erklärungen geben muß — oder soll —, die sich auf Erscheinungen beziehen, die sich von denen, die für die Elemente des Ausdrucks in nicht-idiomatischer Verwendung gelten, gar nicht unterscheiden (Muß bei dt. *ins Gras beißen* beißen als Verb, *ins Gras* als Akk. Obj. mit Präp. usw. bestimmt werden?); und (2) ob sich Angaben, die sich aus der Semantik (einschließlich der Pragmatik) des Ausdrucks als ganzen schlüssig ergeben (vgl. Newmeyer 1974), im Wörterbuch nicht erübrigen. (Wenn *ins Gras beißen* „sterben" bedeutet, ist evident, daß man nicht sagen kann: *\*er wurde ins Gras gebissen* — ebensowenig wie *\*er wurde gestorben;* wenn das Idiom *du kannst mir/er kann uns/... den Buckel herunterrutschen* im Sprechakt als Ablehnung, Zurückweisung o. ä. markiert wird, ist evident, daß man nicht konstatieren kann: *\*Franziska rutschte ihrem Onkel dreimal den Buckel herunter).* Entscheidend ist also hier, vom Ganzen ins Detail zu gehen, und nicht: Details zu häufen. Die beiden genannten Wörterbücher schießen in diesen Punkten bisweilen übers Ziel hinaus. Doch trotz dieser einschränkenden Bemerkungen bildet ihre Methode eine unschätzbare Bereicherung der Lexikographie der Phraseologie, die vor allem dort fruchtbar wird (und das ist bei den phrasal verbs häufiger der Fall als etwa bei den Idioms im Sinn von mehrgliedrigen übertragenen Einheiten), wo die Übergänge zwischen dem freien und dem idiomatischen Gebrauch formal identischer Lexeme und Lexemblöcke fließend sind und die unterschiedlichen Bedeutungen anhand dieser Übergänge exakt differenziert werden müssen.

## 3. Der Zusammenhang der phraseologischen Einheiten

### 3.1. Die Funktion der Stichwörter

Wie kommen in den Phraseologien die Beziehungen der idiomatischen Ausdrücke untereinander — insbesondere die semantischen Beziehungen — zum Ausdruck? — Das erste und bei weitem am häufigsten angewandte Vehikel ist das Stichwort. Viele phraseologische Wörterbücher verzeichnen unter einem Stichwort — oder auch unter einem Lexemblock (bei dem dann in der Regel ein Lexem, als Kernlexem, typographisch hervorgehoben wird) — eine mehr oder weniger große Zahl von Ausdrücken, in denen das Stichwort als Kernelement angesehen wird. Mit diesem Kernelement hängen in aller Regel natürlich auch bestimmte — in den meisten Fällen eher lose, in einigen aber auch engere — semantische und daneben auch formale Beziehungen zusammen. Es liegt daher eine gewisse Konsequenz beispielsweise in Donys Methode, das Stichwort als lexematisches und semantisches Ordnungskriterium zu fassen.

Zugleich diffuser und fruchtbarer wird das Stichwortprinzip, wenn die Lexikographen es bewußt locker handhaben: auf der einen Seite kann der Benutzer im Einzelfall nie sicher sein, bestimmte Ausdrücke unter bestimmten Stichwörtern gebündelt zu finden, auf der anderen Seite werden gerade deswegen unter den Stichwörtern (z. T. sehr) umfangreiche Idiomgruppen zusammengefaßt, die nicht nur nach formalen oder eindeutig faßbaren semantischen, sondern nach assoziativen Kriterien zusammengehören.

Beinhauer etwa ordnet unter einem Stichwort idiomatische, halb-idiomatisierte und nicht-idiomatische, aber „stilistisch" auffällige Lexeme, Lexemverbindungen, Konstruktionen und Sätze an und gibt außerdem eine Menge von Synonymen, Antonymen, Oberbegriffen u. a. m. — Röhrich und viele der Phraseologien für einen weiteren Leserkreis (vom Typ Krüger-Lorenzen) bringen in ihren kulturhistorischen Überblicken die vielfältigsten Dinge, die sich dem Stichwort zuordnen lassen und die kaum anders — auffindbar — unter einem Nenner zusammengefaßt und lexikographisch dargestellt werden könnten. Hier muß der Wörterbuchbenutzer, der Beziehungen bestimmter Art sucht, also aktiv mitarbeiten und sich fragen: „wo steht das am ehesten?"

Selbstverständlich werden die Querverbindungen durchweg durch ein Stichwortverzeichnis oder einen Index (fälschlich auch häufiger „Sachindex" genannt) zusätzlich durchlässig gemacht. — Ein solcher Index kann im übrigen auch — allein oder zusätzlich — für die zielsprachigen Äquivalente angelegt werden, die ja auch wieder Kernelemente und abhebbare Lexemblöcke haben.

### 3.2. Verweise

Ein weiteres, vielfach gehandhabtes Mittel, die Beziehungen unter den Einheiten herzustellen, sind die Verweise. Sie können im Wörterbuchteil von einem Ausdruck als ganzem auf einen oder mehrere andere (als ganze) verweisen (aus semantischen und formalen Gründen) oder von einem Stichwort bzw. einem anderen Element (oder Elementenblock) der Wendung auf ein oder mehrere andere — u. a. auch zur Angabe von Varianten; sie können — zusätzlich oder ausschließlich — im Index angebracht werden; und in den zwei- (oder mehr-)sprachigen Phraseologien kann ein solches Verweissystem auch von einer Sprache zur anderen erfolgen — die vielfältigen Möglichkeiten, die das eröffnet, wurden bisher nur in Ansätzen genutzt (vgl. etwa Mülhause). — Von den größeren phraseologischen Wörterbüchern hat wohl Courtney 1983 das Verweissystem am konsequentesten angewandt.

### 3.3. Zusammenfassung in Sinngruppen

Einen Versuch, die semantischen Bezüge stärker hervortreten zu lassen, bilden die Phraseologien, die nach Sinngruppen angelegt sind — beispielsweise die englisch-deutsche oder französisch-deutsche Idiomatik von Müller. Als Sinngruppen fungieren da „Oberbegriffe" wie „Überlegen, Urteilen, Beweisen", „Erinnerung, Gedächtnis" usw. — Eine solche Aufgliederung des idiomatischen Wortschatzes einer Sprache hat sich nicht durchgesetzt; Friederichs *Deutsche Idiomatik,* die in der ersten Auflage nach Sinngruppen angelegt war, wurde in der zweiten Auflage sogar auf die alphabetische Anordnung der Einheiten umgestellt. — Die Gründe liegen auf der Hand. Einmal sind die Sinngruppen nicht eindeutig genug abgegrenzt; der Benutzer weiß im Einzelfall in der Regel doch nicht, wo er eine Einheit findet, schlägt also zunächst (doch) im alphabetischen Register nach. Zum andern geht es dem Benutzer meistens nicht um mehr oder weniger weite Sinnbezüge, sondern entweder — geht er, rezeptiv, von einem bestimmten Text aus — um ganz bestimmte Ausdrücke oder Ausdrücke mit ganz bestimmter Bedeutung (und u. U. ganz bestimmter Form) (als Äquivalente, Synonyme, Antonyme o. ä.) oder aber — ist er, als Verfasser eines Texts, produktiv tätig — um die Frage: was gibt es im Deutschen, Französischen usw. für Möglichkeiten auszudrücken: „ich bin vernarrt in ..." usw. (semasiologischer versus onomasiologischer Ansatz).

Da die Sinngruppen intern unzureichend durchstrukturiert sind und sich auch extern nicht zu einem geschlossenen Ordnungsschema von Sinngruppen fügen, helfen sie bei solchen Fragestellungen nur im Ausnahmefall (rasch) weiter.

### 3.4. Die Synonymik der Idiomatik

Viel schwerer als manche genannten Desiderata wiegt die Tatsache, daß es nach wie vor keine einzige Synonymik der Idiomatik gibt — für keine einzige Sprache. Während nichtidiomatische synonymische Wörterbücher — insbesondere in Frankreich — seit Jahrhunderten zu einem geradezu unverzichtbaren Teil der Lexikographie zählen, ist die Synonymik in der theoretischen wie praktischen Idiomatik immer noch ein Stiefkind. Über die Zusammenstellung kleinerer Idiomgruppen — etwa für „sterben", „trinken" usw. — bzw. die Aufarbeitung eines relativ geringen Prozentsatzes des Idiombestands zu wortfeldartigen Bezügen (Görner) ist man bislang nicht hinausgekommen — für die Forschung wie für die Lehre, für Schriftsteller, Übersetzer, Dolmetscher, für Lehrende wie Lernende gleichermaßen ein Desideratum. Erst eine solche Synonymik könnte die hier skizzierten Verweis- und Beziehungssysteme in einen konsequenten Zusammenhang bringen.

### 3.5. Typographie

Von nicht geringer Bedeutung ist schließlich bei einem phraseologischen Wörterbuch die typographische Anlage. Zahlreiche mögliche Alternativen gehen aus den obigen Textbeispielen hervor. Selbstverständlich spiegelt die typographische Gestaltung eines idiomatischen Wörterbuchs in der Regel die Schwerpunkte wider, die die entsprechende Phraseologie setzt. Doch spielen daneben drucktechnische, marktübliche und preisbezogene Überlegungen eine nicht zu unterschätzende Rolle.

## 4. Literatur (in Auswahl)

### 4.1. Wörterbücher

*Agricola 1976* = Erhard Agricola: Lexikon der Wörter und Wendungen. [...]. München 1976 [792 S.; 1. Aufl. Leipzig 1962 u. d. T. Wörter und Wendungen].

*Beinhauer 1978* = Werner Beinhauer: Stilistisch-phraseologisches Wörterbuch spanisch-deutsch. München 1978 [1043 S.].

*Binowitsch/Grischin 1975* = L. E. Binowitsch/ N. N. Grischin: Deutsch-russisches phraseologisches Wörterbuch. [...]. Moskau 1975 [904 S.; 1. Aufl. 1956].

*Blass 1970* = A. Blass: Französische Redewendungen (Gallicismes) und Sprichwörter. Bamberg 1970 [32 S.].

*Boatner/Gates/Makkai 1975* = Maxime Tull Boatner/John Edward Gates/Adam Makkai: A Dictionary of American Idioms. New York 1975 [392 S.; 1. Aufl. 1966].

*Caballero 1942* = Ramón Caballero: Diccionario de modismos de la lengua castellana. [...]. Buenos Aires 1942 [1180 S.; 1. Aufl. Madrid 1899].

*Cabral 1982* = Tomé Cabral: Novo Dicionário de Termos e Expressões Populares. Fortaleza 1982 [786 S.; 1. Aufl.: Dicionário de Termos e Expressões Populares. Fortaleza 1972].

*Castagnola 1979* = Michele Castagnola: Dizionario Fraseologico Siciliano-Italiano. Palermo 1979 [458 S.].

*Celorio/Barlow 1973* = Marta Celorio/Annette Barlow: Handbook of Spanish Idioms. New York 1973 [460 S.].

*Cellard 1982* = Jacques Cellard: Ça mange pas de pain! Paris 1982 [285 S.].

*Collins 1969* = V. H. Collins: A Third Book of English Idioms. London. Harlow 1969 [205 S.; 1. Aufl. 1960].

*Correas 1627* = Gonzalo Correas: Vocabulario de refranes y frases proverbiales. Ed. Louis Combet. Bordeaux 1967 [XXV, 797 S.; Manuskript 1627; auch Madrid 1906].

*Courtney 1983* = Rosemary Courtney: Longman Dictionary of Phrasal Verbs. London 1983 [734 S.].

*Cowie/Mackin 1975* = Anthony P. Cowie/Ronald Mackin/I. R. McCraig: Oxford Dictionary of Current Idiomatic English. 2 Bde. Oxford 1975, 1983 [LXXXI, 396 S.; LXIII, 685 S.].

*De Backer 1710* = George de Backer: Dictionnaire des proverbes françois. Brüssel 1710.

*Di Stefano 1987* = Guiseppe Di Stefano: Dictionnaire des locutions en moyen français. Montréal (angekündigt).

*Dittrich 1970* = Hans Dittrich: Redensarten auf der Goldwaage. Herkunft und Bedeutung in einem munteren ABC erklärt. Bonn 1970 [282 S.].

*Domínguez 1975* = José Domínguez: Fraseología española en su contexto. München 1975 [260 S.].

*Dony 1951* = Yvonne P. de Dony: Léxico del Lenguaje Figurado. Comparado, en cuatro Idiomas: Castellano, Français, English, Deutsch. 27 846 locuciones distribuidas en 4071 grupos. Buenos Aires 1951 [804 S.].

*Dubois 1973* = Marguerite-Marie Dubois et al.: Dictionnaire français-anglais de locutions et expressions verbales. Paris 1973 [387 S.].

*Engeroff 1975* = Karl Engeroff/Cicely Lovelace-Käufer: An English-German Dictionary of Idioms. München 1975.

*Florian 1985* = Ulrich Florian/Fernando Martínez: Spanische idiomatische Redewendungen. Leipzig 1985 [195 S.].

*Freeman 1952* = William Freeman: A Concise Dictionary of English Idioms. London 1952 [300 S.].

*Friederich 1976* = Wolf Friederich: Moderne deutsche Idiomatik. Alphabetisches Wörterbuch mit Definitionen und Beispielen. München 1976 [565 S., 1. Aufl. nach Sachgruppen 1966, 801 S.].

*Funk 1948* = Charles Earle Funk: A Hog on Ice and Other Curious Expressions. New York. London 1948 [204 S.].

*Galisson 1984* = Robert Galisson: Dictionnaire de compréhension et de production des expressions imagées. Paris 1984 [144 S.].

*Gerber/Storzer 1976* = Barbara L. Gerber/Gerald H. Storzer: Dictionary of Modern French Idioms. 2 Bde. New York 1976 [1228 S.].

*Göock o. J.* = Das sagt man so. Kleines Lexikon der Redensarten. Zusammenstellung: Alexandra Göock; Zeichnungen: Jochen Bartsch. Gütersloh o. J. [128 S.].

*Görner 1984* = Herbert Görner: Redensarten. Kleine Idiomatik der deutschen Sprache. Leipzig 1984 [262 S.; 1. Aufl. 1979].

*Gspann 1971* = Lucien Gspann: Gallicismes et Germanismes à Gogo — Gallizismen und Germanismen in Hülle und Fülle. 2 Bde. Paris. Brüssel. Montréal 1971 [zus. 577 S. Bd. 1: Locutions usuelles et familières. Termes binaires. Expressions proverbiales. Français-Allemand, 16—127; Allemand-Français, 132—216; Locutions géminées, Wortkoppelungen, 220—255. — Bd. 2: Langage populaire. Termes d'argot et La langue verte. Français-Allemand, 268—418; Allemand-Français, 422—575].

*Halm/Gaudray 1973* = Wolfgang Halm/Francine Gaudray: Sätze aus dem Alltagsgespräch. Phrases de tous les jours. München 1973 [68 S.; 1. Aufl. 1968].

*Halm/Donà dalle Rose 1970* = Wolfgang Halm/Maria Catarina Donà dalle Rose: Sätze aus dem Alltagsgespräch. Mille frasi per mille usi. München 1970 [63 S.].

*Halm/Pacheco 1984* = Wolfgang Halm/Miguel Moreno Pacheco: Sätze aus dem Alltagsgespräch. Frases de conversación. München 1984 [63 S.; 1. Aufl. 1968].

*Henderson 1962* = B. L. K. Henderson: A Dictionary of English Idioms. London 1962 [351 S.; 1. Aufl. 1937].

*Humbert 1972* = Jean Humbert: Le français idiomatique. Neuchâtel 1972 [138 S.].

*Johnson 1958* = Albert Johnson: Common English Sayings. A collection of metaphors in everyday use. London 1958 [140 S.].

*Krüger-Lorenzen 1979* = Kurt Krüger-Lorenzen: Deutsche Redensarten — und was dahintersteckt. Mit Zeichnungen von F. Bilek. Ungekürzte Sonderausgabe in einem Band. Wiesbaden 1979 [= I. Das geht auf keine Kuhhaut. 1. Aufl. 1960; 303 S.; II. Aus der Pistole geschossen. 1. Aufl. 1966; 236 S.; III. Der lachende Dritte. 1. Aufl. 1973; 257 S.].

*Lafleur 1979* = Bruno Lafleur: Dictionnaire des locutions idiomatiques françaises. Montréal 1979 [669 S.; Paris 1984: Dictionnaire des expressions].

*Langenscheidt Deutsch* = Dora Schulz/Hans Griesbach: 1000 idiomatische Redensarten Deutsch. Berlin 1981 [253 S.; 1. Aufl. 1961].

*Langenscheidt Englisch* = 1000 englische Redensarten. Von d. Langenscheidt-Redaktion u. R. J. Quinault. Illustriert. München 1986 [239 S.].

*Langenscheidt Französisch* = Hans-Wilhelm Klein: 1000 französische Redensarten. Berlin 1980 [238 S.; 1. Aufl. 1952].

*Langenscheidt Italienisch* = Herbert Frenzel/Hermann Willers: 1000 italienische Redensarten. Berlin 1985 [222 S.; 1. Aufl. 1974 (1939)].

*Langenscheidt Spanisch* = Werner Beinhauer: 1000 spanische Redensarten. Berlin 1984 [179 S.; 1. Aufl. 1980].

*Leghissa/Griesheim 1971* = Livio Leghissa/Ilse von Griesheim: Modi di dire — Redensarten. München 1971 [135 S.].

*Longman 1984* = Longman Dictionary of English Idioms. London 1984 [387 S.; 1. Aufl. 1979].

*Mackensen 1981* = Lutz Mackensen: Zitate, Redensarten, Sprichwörter. Nach Anfängen und Stichworten alphabetisch geordnet. Wiesbaden 1981 [887 S.].

*McArthur 1974* = Tom McArthur/Beryl Atkins: Dictionary of English Phrasal Verbs and their Idioms. Glasgow 1974 [256 S.].

*Meyer 1975* = George A. Meyer: The Two-Word-Verb. A Dictionary of the verb-preposition phrases in American English. The Hague 1975 [269 S.].

*Mülhause 1967* = Reinhart Mülhause: Redensarten — Façons de parler. München 1967 [139 S.].

*Müller 1960* = Walter Müller: Englische Idiomatik nach Sinngruppen. Berlin 1960 [278 S.].

*Müller 1961* = Walter Müller: Französische Idiomatik nach Sinngruppen. Heidelberg 1961 [275 S.].

*Nascentes 1966* = Antenor Nascentes: Tesouro da Fraseologia Brasileira. Rio de Janeiro 1966 [316 S.; 1. Aufl. 1944].

*Nikolova-Gălăbova/Galabov 1958* = Zana Nikolova-Gălăbova/Konstantin Gălăbov: Nemeckobălgarski frazeolgičen rečnik [= „Deutsch-bulgarisches phraseologisches Wörterbuch"]. Sofia 1958.

*Novotny 1980* = Josef L. Novotny: Englisch-deutsches Wörterbuch amerikanischer Zeitwort-Idiome: eine Sammlung von Satzbeispielen mit deutschen Entsprechungen der zitierten Idiome. Horn, Österreich 1980 [464 S.].

*Olivier/Militz 1970* = René Olivier/Hans-Manfred Militz: Französische idiomatische Redewendungen. Locutions françaises. Leipzig 1970 [391 S.].

*Oudin 1640* = Antoine Oudin: Curiositez françoises, pour supplément aux dictionnaires, ou Recueil de plusieurs belles propriétés, avec une infinité de proverbes et quolibets. 2 Bde. Paris 1640 [615 S.; Reprint Genf 1971].

*Pattermann 1953* = Wilhelm Pattermann (unter Mitwirkung v. Th. Reitterer): Deutsch-englisches Wörter- und Phrasenbuch — German-English Dictionary of Words and Phrases. Wien 1953 [1447 S.; 1. Aufl. 1951].

*Pradez 1965* = Elisabeth Pradez: Dictionnaire des gallicismes. Expliqués brièvement, illustrés par des exemples et accompagnés de leurs équivalents anglais et allemands. Paris 1965 [387 S.; 1. Aufl. 1951].

*Raab 1964* = Heinrich Raab: Deutsche Redewendungen. Wien. Köln 1964 [154 S.].

*Ramalho 1984* = Énio Ramalho: Dicionário Estrutural, Estilístico e Sintáctico da Língua Portuguesa. Porto 1984.

*Rat 1957* = Maurice Rat: Dictionnaire des locutions françaises. Paris 1957 [428 S.].

*Rey/Chantreau 1979* = Alain Rey/Sophie Chantreau: Dictionnaire des Expressions et Locutions. Paris 1979 [946 S.].

*Röhrich 1979* = Lutz Röhrich: Lexikon der sprichwörtlichen Redensarten. 4 Bde. Freiburg 1979 [1256 S.; 1. Aufl. 2 Bde. 1973].

*Rosal 1601* = Francisco del Rosal: La razón de algunos refranes. Alfabetos tercero e cuatro de Orígen y etymología de todos los vocablos de la lengua castellana. Ed. B. B. Thompson. London 1975 [178 S.; Manuskript 1601].

*Schellbach-Kopra 1985* = Ingrid Schellbach-Kopra: Suomi-Saska Fraasi-Sanakirja — Finnisch-deutsche Idiomatik. Porvoo. Helsinki. Juva 1985 [302 S.].

*Schemann 1989* = Hans Schemann (unter Mitarbeit v. Renate Birkenhauer): Synonymwörterbuch der deutschen Redensarten. Straelen 1989 [XXXVI, 428 S.].

*Schemann/Knight i. V.* = Hans Schemann/P. Knight: Deutsch-englische Idiomatik. [In Vorbereitung; erscheint 1989/90.]

*Schemann/Raymond i. V.* = Hans Schemann/A. Raymond: Deutsch-französische Idiomatik. [In Vorbereitung; erscheint 1988/9.]

*Schemann/Sanchez i. V.* = Hans Schemann/Roberto Sanchez: Deutsch-spanische Idiomatik. [In Vorbereitung; erscheint 1992.]

*Schemann/Schemann-Dias 1979* = Hans Schemann/L. Schemann-Dias: Portugiesisch-deutsche Idiomatik. Dicionário idiomático português-alemão. München. Braga 1979 [859 S.].

*Schemann/Schemann-Dias/Amorim-Braun et al.* = Hans Schemann/Luiza Schemann-Dias/L. Amorim-Braun u. a.: Deutsch-portugiesische Idiomatik. [In Vorbereitung; erscheint 1990/1.]

*Serpa 1972* = Oswaldo Serpa: Dicionário de Expressões Idiomáticas. Inglês-Português/Português-Inglês. Rio de Janeiro 1972 [305 S.].

*Simões 1984* = Guilherme Augusto Simões: Dicionário de Expressões populares portuguesas. Arcaísmos, Regionalismos, Calão e Gíria, Frases feitas, Lugares comuns, Aportuguesas, Estrangeirismos e Curiosidades da Língua. Lissabon 1984 [432 S.].

*Spalding 1952ff* = Keith Spalding: An historical Dictionary of German figurative usage. Faszikel 1—40. A-Prügel. Oxford 1952ff [1912 S.].

*Taylor/Gottschalk 1973* = Ronald Taylor/Walter Gottschalk: A German-English Dictionary of Idioms. München 1973 [598 S.; 1. Aufl. 1960].

*Thérond 1955* = Maurice Thérond: Du Tac... Au Tac. Formules, Réflexes et Images de la Conversation française actuelle. Paris 1955 [198 S.].

*Turton 1985* = Nigel D. Turton/Martin H. Manser: The Student's Dictionary of Phrasal Verbs. London 1985 [223 S.].

*Urdang/Abate 1983* = Laurence Urdang/Frank R. Abate: Idioms and Phrases Index. 3 Bde. Detroit 1983 [1691 S.].

*Vigner 1981* = Gérard Vigner: Façons de parler. Paris 1981 [96 S.].

*Werny/Snyckers 1976* = Paul Werny/Alexander Snyckers: Dictionnaire des Locutions Français-Allemand. Paris 1976 [636 S.].

*Wood 1969* = Frederick T. Wood: English Colloquial Idioms. London 1969 [306 S.].

*Worrall 1952* = A. J. Worrall: English Idioms for Foreign Students. With Exercises. London. New York. Toronto 1952 [98 S.; 1. Aufl. 1932].

4.2. Sonstige Literatur

*Alexander 1984* = Richard Alexander: Fixed expressions in English: reference books and the teacher. In: ELT Journal 38. 1984, 127—134.

*Bally 1951* = Charles Bally: Traité de Stylistique Française. 2 Bde. Genf. Paris 1951.

*Burger 1973* = Harald Burger, unter Mitarbeit v. H. Jaksche: Idiomatik des Deutschen. Tübingen 1973.

*Burger 1976* = Harald Burger: „Die Achseln zukken" — Zur sprachlichen Kodierung nicht-sprachlicher Kommunikation. In: Wirkendes Wort 26. 1976, 311—334.

*Burger 1979* = Harald Burger: Phraseologie und gesprochene Sprache. In: Standard und Dialekt. Studien zur gesprochenen und geschriebenen Gegenwartssprache. Festschrift für H. Rupp zum 60. Geburtstag. Hrsg. v. H. Löffler/K. Pestalozzi/M. Stern. Bern. München 1979, 89—104.

*Burger 1982* = Harald Burger/Annelies Buhofer/Ambros Sialm: Handbuch der Phraseologie. Berlin. New York 1982.

*Burger 1983* = Harald Burger: Phraseologie in den Wörterbüchern des heutigen Deutsch. In: Studien III. 1983, 13—66.

*Burger 1985* = Harald Burger/Angelica Linke: Historische Phraseologie. In: Sprachgeschichte. Ein Handbuch zur Geschichte der deutschen Sprache und ihrer Erforschung. Hrsg. v. W. Besch/O. Reichmann/St. Sonderegger. 2. Halbbd. Berlin. New York 1985, 2018—2026.

*Burger 1987* = Harald Burger: Normative Aspekte der Phraseologie. In: Korhonen 1987, 65—89.

*Collison 1982* = Robert L. Collison: A History of Foreign-Language Dictionaries. London 1982.

*Coulmas 1985* = Florian Coulmas: Lexikalisierung von Syntagmen. In: Handbuch der Lexikologie. Hrsg. v. Chr. Schwarze/D. Wunderlich. Frankfurt 1985, 250—268.

*Drysdale 1981* = Patrick Drysdale: The Idiocy of Idioms. A problem in lexicography. In: Canadian Journal of Linguistics 26. 1981, 113—117.

*Fleischer 1982a* = Wolfgang Fleischer: Eigenständigkeit und Wechselbeziehungen der Phraseologismen. Zur Charakterisierung der Phraseologismen als sprachlicher Einheit. In: Wortschatzforschung heute. Aktuelle Probleme der Lexikologie und Lexikographie. Hrsg. v. E. Agricola/J. Schildt/D. Viehweger. Leipzig 1982, 107—126.

*Fleischer 1982b* = Wolfgang Fleischer: Phraseologie der deutschen Gegenwartssprache. Leipzig 1982.

*Fleischer 1983* = Wolfgang Fleischer: Zur Bedeutungsbeschreibung von Phraseologismen. In: Die Lexikographie von heute und das Wörterbuch von morgen. Analysen — Probleme — Vorschläge. Hrsg. v. J. Schildt/D. Viehweger. Berlin 1983, 187—206.

*Fleischer 1986* = Wolfgang Fleischer: Die Modellierbarkeit von Phraseologismen — Möglichkeiten und Grenzen. In: Kontroversen, alte und neue. Akten des VII. Internationalen Germanisten-Kongresses, Göttingen 1985. Hrsg. v. A. Schöne. 3. Bd. Tübingen 1986, 218—222.

*Gréciano 1983* = Gertrud Gréciano: Forschungen zur Phraseologie. In: Zeitschrift für germanistische Linguistik 11. 1983, 232—243.

*Gréciano 1984a* = Gertrud Gréciano: „Ins Bockshorn jagen". A propos de la délimitation de l'idiome. In: Verbum 7. 1984, 63—79.

*Gréciano 1984b* = Gertrud Gréciano: L'irréductibilité de l'expression idiomatique vivante à sa paraphrase. In: Recherches en Pragma-sémantique. Hrsg. v. G. Kleiber. Paris 1984, 107—120.

*Gréciano 1986* = Gertrud Gréciano: Déterminants et idiomes. In: Syntaxe et Sémantique. Hrsg. v. G. Kleiber. Paris 1986, 73—86.

*Haensch 1982* = Günther Haensch/Lothar Wolf/Stefan Ettinger/Reinhold Werner: La Lexicografía. De la lingüística teórica a la lexicografía práctica. Madrid 1982.

*Hausmann 1985* = Franz Josef Hausmann: Phraseologische Wörterbücher des Deutschen. In: Sprache und Literatur in Wissenschaft und Unterricht 56. 1985, 105—109.

*Kempcke 1987* = Günter Kempcke: Theoretische und praktische Probleme der Phraseologiedarstellung in einem synchronischen einsprachigen Bedeutungswörterbuch. In: Korhonen 1987, 155—164.

*Kjær 1987* = Anne Lise Kjær: Zur Darbietung von Phraseologismen in einsprachigen Wörterbüchern des Deutschen aus der Sicht ausländischer Textproduzenten. In: Korhonen 1987, 165—181.

*Klare 1989* = Johannes Klare: Le statut des phraséolexèmes dans le cadre d'une lexicologie et d'une lexicographie modernes. In: Actes du XVIIIe Congrès international de Linguistique et de Philologie romanes. Trèves 1986. Vol. 4. Tübingen 1989, 178—187.

*Koller 1974* = Werner Koller: Intra- und interlinguale Aspekte idiomatischer Redensarten. In: skandinavistik 4. 1974, 1—24.

*Koller 1984* = Werner Koller: Überlegungen zu einem Phraseologie-Wörterbuch für Fremdsprachenunterricht und Übersetzungspraxis. Mskr. 16 S.

*Korhonen 1987* = Beiträge zur allgemeinen und germanistischen Phraseologieforschung. Hrsg. v. Jarmo Korhonen. Oulu 1987.

*Kromann 1984* = Hans-Peder Kromann/Theis Riiber/Poul Rosbach: Überlegungen zu Grundfragen der zweisprachigen Lexikographie. In: Studien V. 1984, 159—238.

*Kromann 1987* = Hans-Peder Kromann: Zur Typologie und Darbietung der Phraseologismen in Übersetzungswörterbüchern. In: Korhonen 1987, 183—192.

*Kühn 1982* = Peter Kühn/Ulrich Püschel: „Der Duden reicht mir". Zum Gebrauch allgemeiner einsprachiger und spezieller Wörterbücher des Deutschen. In: Studien II. 1982, 121—151.

*Kühn 1984* = Peter Kühn: Pragmatische und lexikographische Beschreibung phraseologischer Einheiten: Phraseologismen und Routineformeln. In: Studien IV. 1984, 175—235.

*Kühnert 1985* = H. Kühnert: Die Rolle des Bildverständnisses bei Phraseologismen im Fremdsprachenunterricht für Fortgeschrittene. In: Deutsch als Fremdsprache 22. 1985, 223—227.

*Militz 1972* = Hans-Manfred Militz: Zur gegenwärtigen Problematik der Phraseologie. In: Beiträge zur Romanischen Philologie 11. 1972, 95—117.

*Militz 1982* = Hans-Manfred Militz: Zur Äquivalenz phraseologischer Wendungen in der Konfrontation Französisch-Deutsch. In: Beiträge zur romanischen Philologie 21. 1982, 305—315.

*Newmeyer 1974* = Fr. J. Newmeyer: The regularity of idiom behavior. In: Lingua 34. 1974, 327 ff.

*Petermann 1983* = J. Petermann: Zur Erstellung ein- und zweisprachiger phraseologischer Wörterbücher: Prinzipien der formalen Gestaltung und Aufgaben der Einordnung von Phrasemen. In: Phraseologie und ihre Aufgaben. Beiträge zum 1. Internationalen Phraseologie-Symposium vom 12. bis 14. Oktober 1981 in Mannheim. Hrsg. v. J. Matešič. Heidelberg 1983, 172—193.

*Pilz 1981* = Klaus Dieter Pilz: Phraseologie. Redensartforschung. Stuttgart 1981.

*Pilz 1987* = Klaus Dieter Pilz: Allgemeine und phraseologische Wörterbücher. Brauchen wir überhaupt phraseologische Wörterbücher? In: Korhonen 1987, 129—153.

*Rey 1982* = Alain Rey: Encyclopédies et dictionnaires. Paris 1982.

*Rey 1986* = Alain Rey: Les implications théoriques d'un dictionnaire phraséologique. In: Le Moyen Français 14/15. 1986, 119—133.

*Rey-Debove 1969* = Josette Rey-Debove: Le dictionnaire comme discours sur la chose et discours sur le signe. In: Semiotica 1. 1969, 185—195.

*Rey-Debove 1970* = Josette Rey-Debove: Le domaine du dictionnaire. In: Langages 19. 1970, 3—34.

*Rey-Debove 1971* = Josette Rey-Debove: Étude linguistique et sémiotique des dictionnaires français contemporains. Den Haag 1971.

*Schemann 1981* = Hans Schemann: Das idiomatische Sprachzeichen. Untersuchung der Idiomatizitätsfaktoren anhand der Analyse portugiesischer Idioms und ihrer deutschen Entsprechungen. Tübingen 1981.

*Schemann 1987* = Hans Schemann: Was heißt „Fixiertheit" von phraseologischen oder idiomatischen Ausdrücken? In: Korhonen 1987, 23—36.

*Spitzer 1969* = Leo Spitzer: Sprachwissenschaft und Literaturwissenschaft. In: L. Spitzer, Texterklärungen. Aufsätze zur europäischen Literatur. München 1969, 7—33.

*Stepanova 1975* = M. D. Stepanova/I. I. Černyševa: Lexikologie der deutschen Gegenwartssprache. Moskau 1975.

*Studien II—V* = Studien zur neuhochdeutschen Lexikographie II—V. Hrsg. v. H. E. Wiegand. Hildesheim 1982—1984 (Germanistische Linguistik).

*Thun 1978* = Harald Thun: Probleme der Phraseologie. Tübingen 1978.

*Weinreich 1967* = Uriel Weinreich: Lexicographic Definition in Descriptive Semantics. In: Problems in Lexicography. Ed. F. W. Householder/S. Saporta. Bloomington 1967, 25—43.

*Wooldridge 1986* = Terence R. Wooldridge: La locution et les premières dénominations de 'locution' dans le métalangage dictionnairique français. In: Le Moyen Français 14/15. 1986, 437—449.

*Hans Schemann, München (Bundesrepublik Deutschland)*

## 97. Das Sprichwörterbuch

1. Historischer Überblick zur Parömiographie
2. Probleme der Sprichwörterlexikographie
3. Neuhochdeutsche Sprichwörtersammlungen
4. Besondere Typen von Sprichwörterbüchern
5. Europäische Parömiographie
6. Vergleichende Parömiographie
7. Sammlungen für den Fremdsprachenunterricht
8. Sprichwörterbuch und Wörterbuchforschung
9. Literatur (in Auswahl)

### 1. Historischer Überblick zur Parömiographie

Während die Parömiologie (Sprichwörterforschung) Alter, Herkunft, Überlieferung, Form, Inhalt, Funktion usw. der Sprichwörter zum Aufgabenkreis hat, beschäftigt sich die Parömiographie mit der schriftlichen Überlieferung von Sprichwörtern, sprichwörtlichen Redensarten und Sondergruppen wie Wettersprichwörtern, Wellerismen (Sagwörtern) und Rechtssprichwörtern, die in zahlreichen Sammlungen nationaler Kultursprachen sowie regionaler Dialekte zusammengestellt worden sind. Eine globale und historische Übersicht über die wichtigsten Sprichwörtersammlungen müßte mit den in Keilschrift verfaßten Tafeln des sumerischen Volkes beginnen, die die ersten Sprichwörtersammlungen enthalten (Gordon 1968; Alster 1974 u. 1975). Von größter Bedeutung wären natürlich die frühen griechischen Parömiographen, auf deren Sammlungen so viele der allgemeineuropäischen Sprichwörter zurückgehen (Leutsch/Schneidewin 1839, 1851 u. 1961). Für die römische Antike liegt ebenfalls eine grundlegende Sammlung vor (Otto 1890), die biblischen Sprichwörter sind für viele Sprachen gesammelt worden (Schulze 1860), und für das lateinische Mittelalter existiert sogar eine neunbändige Sammlung (Walther 1963—1986), die viele Sprichwörter enthält, die in die europäischen Nationalsprachen lehnübersetzt wurden. — Doch diese wenigen Hinweise auf die wichtigsten Sammlungen der älteren Sprichwörtertradition enthalten kein auch nur annähernd zufriedenstellendes Bild über die komplexe Geschichte der Parömiographie.

Doch gibt es mehrere große Bibliographien, die die bedeutenden Sprichwörtersammlungen auf internationaler Ebene registriert haben (Nopitsch 1822; Gratet-Duplessis 1847; Haller 1883; Bernstein 1900; Bonser 1930; Moll 1958). Allein Otto Molls Bibliographie verzeichnet über 9000 Sprichwörtersammlungen, und hinzu kämen noch die vielen kleineren Regionalsammlungen, die zum Teil in versteckten Bibliographien für gewisse Sprachgebiete erfaßt sind (vgl. die bibliographischen Hinweise bei Mieder 1982).

Diese kurzen Ausführungen müssen genügen, um wenigstens anzudeuten, daß Sprichwörterbücher eine lange Geschichte aufweisen, die keineswegs abgeschlossen ist. Neue Sammlungen erscheinen laufend und ältere Sammlungen werden nachgedruckt (vgl. die jährlichen Bibliographien von Mieder 1984 b u. 1985 a). Das Interesse an Sprichwörtern hat keineswegs nachgelassen, und auch die Diskussion über wissenschaftlich ausgerichtete Sprichwörtersammlungen ist gerade heute sehr aktuell, da sich auch die Parömiographie des Computers als lexikograhischem Werkzeug zu bedienen beginnt.

### 2. Probleme der Sprichwörterlexikographie

Das chaotische Bild der zahlreichen Sammlungen spiegelt sich in den unterschiedlichen Anordnungsprinzipien der vielen Sprichworttexte wider. In den frühen Sammlungen mit moralisch-didaktischen Erläuterungen fehlt eine logische Anordnung der Texte. Dann folgen Sammlungen, die einem oder mehreren der folgenden Aufbausysteme angehören: alphabetisch nach den Anfangswörtern, durchgehend nach dem ABC alphabetisiert, alphabetisch nach Stichwörtern, alphabetisch nach Themengruppen usw. Hinzu kommen zuweilen Themen- oder Stichwortregister, aber es gibt auch populär ausgerichtete Sammlungen, wo alles recht kunterbunt durcheinandergeht (Kuusi 1972; Mieder 1984 a). — Die alphabetische Anordnung nach Stichwörtern wird von internationalen Forschern allgemein als das geeignetste System betrachtet. Außerdem könnte ein zweites oder gar drittes Stichwort für jeden Text in einem Register verzeichnet werden (Levin/Kuusi 1966; Laukkanen 1966; Gardos 1976). Man hat jedoch auch weiterhin für ein logisch-semiotisches Klassifizierungssystem plädiert und sogar ein universales thematisches Verzeichnis ausgearbeitet (Permjakov 1984). Doch auch dieses Anordnungssystem müßte unbedingt durch ein alphabetisches Stichwortregister ergänzt werden (Grzybek 1984).

Wer heute eine umfangreiche Sprichwörtersammlung mit Registern vorbereitet, wird zweifelsohne den Computer zur Hilfe ziehen (Leino 1969; Kingsbury 1984), der die Alphabetisierung von Tausenden von Texten in Kürze und Exaktheit ausführen kann. Als Ideal für neue wissenschaftliche Sprichwörtersammlungen gelten heute die historisch ausgerichteten Sammlungen des amerikanischen Parömiographen Bartlett Jere Whiting, der seine unentbehrlichen Kompilationen noch ohne Computer zusammengestellt hat. Jedes Sprichwort wird nach dem Stichwort alphabetisch eingeordnet und durchgehend numeriert, Varianten in chronologischer Anordnung werden mit bibliographischen Angaben notiert, und am Ende solcher „Kurzmonographien" folgen noch Hinweise auf andere historisch arbeitende Sprichwörtersammlungen (Whiting 1968).

**B301** A **Bird** in the hand is better than two in the wood (*varied*)
c1450 Capgrave *Katharine* 93–5.250–2: It is more sekyr a byrd in your fest Than to have three in the sky a-bove, And more profytable to youre be-hove. c1470 *Harley MS.3362* f.4a in *Retrospective* 309[29]: Betyr ys a byrd in the hond, than tweye in the wode. c1475 *Rawlinson MS. D 328* 119.27: Hyt ys better a byrd yn hon than iiij with-owyt. a1500 *Additional MS.37075* 278.17: Better (*MS.* beeter) ys the byrd yn hond than ij in the wodde. a1500 *Hill* 128.6: A birde in hond is better than thre in the wode. 1509 Barclay *Ship* II 74[3–4]: Better have one birde sure within thy wall Or fast in a Cage than twenty score without. c1525 Heywood *Wit* 24[19–20]: An old proverb makythe with thys, whyche I tak good, Better one byrd in hand then ten in the wood, [22–5], 26[19–20], **1546** *D* 46.181: Better one byrde in hande than ten in the wood, **1555** *E* 152.40. Apperson 48; *Oxford* 44–5; Taylor and Whiting 27; Tilley B363; Whiting *Drama* 155, 221, *Scots* I 139.

Textbeispiel 97.1: Wörterbuchartikel (aus: Whiting 1968, 42)

Andere Sammlungen führen diese Belegkette bis ins 19. Jh. weiter, doch müßte nun die moderne Parömiographie auch die Varianten des 20. Jhs. hinzufügen, wie sie in der modernen Literatur, in Aphorismen, Sprüchen, Graffiti usw. erscheinen (Mieder 1982—1985; Müller-Thurau 1983).

## 3. Neuhochdeutsche Sprichwörtersammlungen

### 3.1. Sammlungen des 16. bis 18. Jhs.

Hier seien nur einige der wichtigsten Sammlungen kurz erwähnt (detaillierte Hinweise auch auf mittelalterliche Sammlungen bei Seiler 1922; Röhrich/Mieder 1977). Im Jahre 1534 brachte Johann Agricola seine große Sammlung von 750 im Sinne der Reformation ausgelegten Sprichwörtern heraus (Agricola 1534; Grau 1968; Gilman 1971), der bereits 1541 eine rund 7000 Sprichwörter enthaltende Sammlung von Sebastian Franck folgte (Franck 1541; Meisser 1974). Der Verleger Christian Egenolff wählte 1548 aus diesen beiden Sammlungen 1320 Sprichwörterbearbeitungen aus, und dieser oft nachgedruckte „Raubdruck" wurde zur populärsten Sprichwörtersammlung des 16. Jhs. (Egenolff 1548; Henning 1968). Bei diesen drei Sammlungen handelt es sich jedoch weniger um „Wörterbücher", sondern eher um zeitbedingte Auslegungen einzelner Sprichwörter, die als Art „Minipredigten" zur moralischen Erbauung des Lesers dienten. — Lexikographisch gesehen bilden die barocken Massensammlungen von Friedrich Petri und Christoph Lehmann einen großen Fortschritt. Hier handelt es sich um regelrechte Textsammlungen: Petri reiht 21 643 durchgehend alphabetisierte Sprichwörter ohne Kommentar aneinander (Petri 1604/05; Mieder 1983 a), und Lehmann bringt es sogar auf 22 922 Texte (Lehmann 1630; Mieder 1986), die er in 286 Themengruppen aufteilt. In jeder Gruppe sind die Sprichwörter durchnumeriert, doch fehlt jede logische Anordnung, so daß das Auffinden eines bestimmten Textes nur mit erheblichen Schwierigkeiten möglich ist. — Das dem Sprichwort eher fremd gegenüberstehende 18. Jh. wandte sich von solchen Massensammlungen wieder ab, was auch einen lexikographischen Rückschritt mit sich brachte. Die wenigen neuen Sammlungen wie die von Johann Bücking und Andreas Schellhorn bieten aufklärerische und pseudowissenschaftliche Sprichwörterauslegungen, die heute zwar kulturhistorisch von Interesse sind, als Wörterbücher aber weit hinter der Sammlung von Petri zurückstehen (Bücking 1797; Schellhorn 1797).

### 3.2. Sammlungen des 19. Jhs.

Drei einbändige Sammlungen (Körte 1837; Eiselein 1840; Simrock 1846) verdeutlichen die rege Sammeltätigkeit während der ersten

## 97. Das Sprichwörterbuch

Hälfte des 19. Jhs. Die Sammlungen enthalten zwischen 7000 bis fast 13 000 Sprichwörter (auch Redensarten) und sind alphabetisch nach Stichwörtern aufgebaut. Wilhelm Körte und Josua Eiselein bringen hier und da einige etymologische oder kulturgeschichtliche Erläuterungen, während Karl Simrock seiner durchnumerierten Sammlung keine Erklärungen beifügt. Ähnlich verhält es sich auch mit den vielen mundartlichen Sprichwörtersammlungen, die seit dem 19. Jh. aufgrund emsiger Feldforschung zusammengestellt wurden.

Für Mundartwörterbücher sind solche Sammlungen von großem Wert, und natürlich bieten sie auch für die Dialektforschung sowie die historische Parömiographie wichtige Varianten (Kirchhofer 1824; Frischbier 1864 u. 1876; Eckart 1893; Rother 1928; Fogel 1929; Berthold 1940; Raub 1976; Büld 1983; Portmann 1983; Liver 1984).

Der eigentliche Höhepunkt der deutschen und internationalen Parömiographie ist jedoch Karl Friedrich Wilhelm Wanders massives fünfbändiges *Deutsches Sprichwörterlexikon* (1867—1880), worin rund 250 000 deutsche Sprichwörter und sprichwörtliche Redensarten mit Quellenangaben und Paralleltexten aus zahlreichen europäischen Sprachen verzeichnet sind. Wander war Parömiologe und Parömiograph (vgl. Eichler 1954; Hohendorf 1979; Mieder 1983 b) und hat sein Lexikon mit beachtlicher wissenschaftlicher Akribie nach folgenden, auch heute noch geltenden, Grundsätzen aufgebaut: die Texte sind alphabetisch nach Hauptstichwörtern organisiert, unter jedem Stichwort wird die alphabetische Ordnung der Sprichwörter nach dem ABC durchgeführt, unter jedem Stichwort werden die Sprichwörter durchnumeriert, sprichwörtliche Redensarten folgen den Sprichwörtern in der Zählung und werden durch * gekennzeichnet, mundartliche Sprichwörter und Redensarten werden aufgenommen, für viele Texte gibt Wander Quellenangaben, oft werden fremdsprachliche Parallelen zitiert, und vereinzelt gibt Wander kurze philologische oder kulturgeschichtliche Erklärungen.

Ob dieses kolossale Werk je erweitert werden wird, ist trotz Computermöglichkeiten fraglich. Kleinere Projekte sind in bezug auf Vollständigkeit der Quellen und Paralleltexte über Wander hinausgegangen, aber als umfassendstes Lexikon ist der „Wander" auch heute noch ein unentbehrliches Werk (Herzog 1957; Liebsch 1978; Pilz 1979).

### 3.3. Sammlungen des 20. Jhs.

Auf das große Wandersche Lexikon folgten mehrere erklärende Sammlungen von sprichwörtlichen Redensarten, die den Rahmen eines „Wörterbuches" sprengen (Borchardt/Wustmann 1888; Krüger-Lorenzen 1960, 1966 u. 1973). Den Höhepunkt solcher sprach- und kulturgeschichtlichen Werke bildet zweifelsohne Lutz Röhrichs illustriertes *Lexikon der sprichwörtlichen Redensarten* (1973), das unter rund 600 alphabetisch arrangierten Stichwörtern Hunderte von deutschen Redensarten erläutert. Einige Stichwortartikel sind regelrechte Monographien, und die zwei starken Bände sind inzwischen in einer vierbändigen Taschenbuchausgabe zu einer Art „Volksbuch" geworden.

An weniger wissenschaftlichen, populär ausgerichteten Sprichwörtersammlungen hat es nicht gefehlt; von beachtlichem Wert sind jedoch nur drei (Mackensen 1973, Hellwig 1981, Beyer 1984). Dabei enthalten die Bücher von Lutz Mackensen und Gerhard Hellwig außer Sprichwörtern und Redensarten auch Zitate. Mackensen ordnet seine rund 10 000 Texte alphabetisch nach dem ersten

---

18 Ein Sperling in der Hand ist besser den zehen auffm zaun (Dache.) — *Petri, II*, 227; *Blum*, 467; *Mathesy*, 236ᵃ; *Eisenhart*, 386; *Siebenkees*, 297; *Lohrengel*, I, 241; *Körte*, 5637.

„Die jungen Gesellen sollen auch hier den gemeinen Vers mercken: Plus valet u. s. w. Es ist ein Sperling in der Hand besser denn ein Kranich auf dem Dache. (*Coler*, 403.) Auch die Araber sagen: Tausend Kraniche in der Luft sind nicht werth einen Sperling in der Hand.

*Böhm.*: Lepší bažant na míse než lítá po dvoře. — Lepší holub v ruce, než jeřábek na střeše. — Lepší ptak v ruce než dva letice. — Lepší vrabec v hrsti, než jeřabek v lese (nežli cap na střeše). — Lepší vrana v pytli jedna, než na vrbe tri. (*Čelakovsky*, 255.)

*Dän.*: Hvo som tager det uvisse for det visse, gaar med tomme hændrene bort. (*Prov. dan.*, 543.)

*Engl.*: A sparrow in hand is worth more than a vulture flying. — One bird in the hand, is worth two in the busk. (*Bohn II*, 72.)

*Frz.*: Alouette en main vaut mieux que grue qui vole. — Il vaut mieux tenir que chasser. — Il vaut mieux un tiens que courir après. (*Kritzinger*, 674ᵇ.) — Moineau en main vaut mieux que pigeon (qu'une grue) qui vole. (*Bohn I*, 39 u. 62.) — Un tiens vaut mieux que deux tu l'auras. (*Lendroy*, 98; *Kritzinger*, 16ᵃ.)

*It.*: Meglio è fringuello in mano che tordo in frasca. (*Kritzinger*, 674ᵇ.)

*Lat.*: Capta avis est melior quam mille in gramine ruris. — Plus valet in manibus passer quam sub dubio grus. — Spem pretio non emo.

*Lit.*: Gerrésnis žwirblis rankoj', nekaip elnis girroj' (*Čelakovsky*, 255.)

*Poln.*: Lepszy wróbel w ręku, jak cietrzew na sęku. (*Čelakovsky*, 255.)

*Port.*: Melhorhe hum passarinho nas mãos, que dons voando. (*Bohn I*, 283.)

*Schwed.*: Bättre en fågel i hand, än tio i skogon. (*Marin*, 6.)

*Span.*: Mas vale pájaro en la mano, que buitre volando. (*Bohn I*, 231; *II*, 72.)

*Wend.*: Wróbli rucy je lepši, hać holb na tsješi. (*Čelakovsky*, 255.)

Textbeispiel 97.2: Wörterbuchartikel (aus: Wander 1876, Bd. IV, Sp. 867)

Buchstaben, doch sind die wichtigsten Wörter jedes Textes als Hinweise in das allgemeine Alphabet eingeordnet worden, was das Auffinden von Texten ermöglicht, wo der genaue Wortlaut nicht bekannt ist. Hellwig ordnet seine 15 000 Texte schlicht nach alphabetischen Stichwörtern, und so geht auch die neuste Sammlung von rund 15 000 Sprichwörtern vor (Beyer 1984), die eine unkommentierte Auslese aus Wander darstellt. Zu erwähnen sind noch die 3000 „Antisprichwörter", die Wolfgang Mieder aus schriftlichen Quellen der letzten 300 Jahre zusammengestellt hat. Es handelt sich bei den Texten um Variationen traditioneller Sprichwörter, die das moderne Weiterleben solcher formelhaften Texte zeigen. Diese nach Stichwörtern aufgebaute Sammlung führt also über die normalen Sprichwörtersammlungen hinaus, und eine neue historische Sprichwörtersammlung müßte solche Texte in der Form von sprichwörtlichen Aphorismen, Sprüchen, Graffiti usw. einschließen. Nur so rückt die Parömiographie in das moderne Zeitalter vor (Mieder 1982—1985).

## 4. Besondere Typen von Sprichwörterbüchern

Zusätzlich zu den allgemeinen Sammlungen gibt es Spezialsammlungen für Wettersprichwörter (Bauernregeln), Rechtssprichwörter, Wellerismen (Sagwörter, Beispielsprichwörter) sowie sprichwörtliche Redensarten und Vergleiche. Auch diese Kompendien sind meistens nach Stichwörtern organisiert, doch enthalten sie oft sprachliche und kulturgeschichtliche Erklärungen. Von zahlreichen Sammlungen können hier nur einige aufgezählt werden (darunter einige fremdsprachliche):

Wettersprichwörter (Swainson 1873; Yermoloff 1905; Pastor 1934; Heyd 1971—1973; Hauser 1973), Rechtssprichwörter (Graf/Dietherr 1869; Winkler 1927; Foth 1971), Wellerismen (Hoefer 1855; Kruyskamp 1947; Speroni 1953; Hofmann 1959; Büld 1981), sprichwörtliche Redensarten und Vergleiche (Schrader 1886; Borchardt/Wustmann 1888; Gottschalk 1930; Krüger-Lorenzen 1960, 1966 u. 1973; Agricola 1962; Friederich 1966; Röhrich 1973; Arora 1977; Lafleur 1979). Hingewiesen sei auch noch auf Sammlungen, die gewisse Themen reflektieren: Musik (Kastner 1885); Medizin (Seidl 1982); Berufe (Strich/Richey 1983); Tiere (Köhler 1881); Religion (Schulze 1860; Champion 1945) usw.

## 5. Europäische Parömiographie

Was über die deutschen Sammlungen gesagt wurde, gilt allgemein auch für die Sprichwörtersammlungen anderer Nationalsprachen. Die englischsprachige Parömiographie ist besonders reichhaltig, aber ähnliches kann für die französische, italienische, russische und spanische Sprache festgestellt werden. Allein für das Holländische gibt es mehrere ausgezeichnete Sammlungen. Die eingangs erwähnten Bibliographien helfen hier weiter (zur jeweiligen nationalen Sprichwörterliteratur vgl. Röhrich/Mieder 1977; Mieder 1982; 1984 d u. 1985 b). Hier seien wenigstens die wichtigsten Standardwerke der anglo-amerikanischen, französischen und holländischen Sprache erwähnt, da es hier besonders viele Parallelen zum deutschen Sprichwortbestand gibt:

amerikanisch (Taylor/Whiting 1958; Whiting 1977), englisch (Bohn 1855; Lean 1902—1904; Apperson 1929; Whiting 1938 u. 1968; Tilley 1950; Wilson 1970; Dent 1981 u. 1984), französisch (Le Roux de Lincy 1842; Quitard 1842; Morawski 1925; Gottschalk 1935—1938; Maloux 1960; Hassell 1982; Schulze-Busacker 1985), holländisch (Harrebomée 1858—1870; Stoett 1901; Cock 1906; Laan 1979).

Als Beispiele für großartige Sprichwörterlexika, die nach den neuesten Erkenntnissen der Sprichwörterforschung ausgearbeitet worden sind, sei verwiesen auf die große vierbändige polnische Sammlung (Krzyżanowski 1969—1978) und die auf fünf Bände angelegte estnische Sammlung (Krikmann/Sarv 1980 ff.).

## 6. Vergleichende Parömiographie

Man hat früh festgestellt, daß Sprichwörter von einer Sprache in die andere entlehnt werden und daß z. B. die europäischen Sprachen viele gemeinsame Sprichwörter besitzen, die auf klassische, biblische oder gemeinmittelalterliche Quellen zurückgehen. Für zahlreiche Sprichwörter läßt sich diese Überlieferungsgeschichte über Jahrhunderte hinweg nachweisen, und den Anfang solcher Forschung bildet für die neuere Zeit Erasmus von Rotterdams ungemein einflußreiches Werk der *Adagia*, die seit 1500 immer wieder aufgelegt worden sind (Suringar 1873; Phillips 1964). Es existiert sogar ein vierbändiges Werk über deutsche Lehnsprichwörter (Seiler 1921—1924), und inzwischen liegen auch Spezialbibliographien zur Quellen- und Tradierungsgeschichte einzelner Sprichwörter vor (Mieder 1977 b u. 1984 c, Urdang/Abate 1983). Umfangreiche Monographien sind zu einzelnen Sprichwörtern und Redensarten verfaßt worden (Kuusi 1957) und auch über die Entlehnungsprozesse ist theoretisiert worden (Tallgren-Tuulio 1932). Es überrascht daher nicht, daß eine Reihe von vergleichenden Sammlungen existieren.

### 6.1. Einsprachige Sammlungen

Diese mehr oder weniger internationalen Sammlungen vereinen meist Sprichwörter in Übersetzung aus mehreren Sprachen. Die Texte sind nach Stichwörtern geordnet, und nach jedem Sprichwort wird die nationale Zugehörigkeit angegeben. Dieses Identifizierungsprinzip ist natürlich problematisch, da viele Sprichwörter in mehr als einer Sprache gängig sind. So sind diese Sammlungen auch meist für den populären Markt gedacht, und oft werden Sprichwörter, Redensarten und Zitate wahllos vermischt (Christy 1887; Davidoff 1946; Mieder 1986 [nur Sprichwörter]). Andere Sammlungen sind nach Themen aufgebaut (Meier-Pfaller 1970; Fergusson 1983), wobei ein Stichwortregister den Wert der Sammlung erhöht. Es gibt auch Sammlungen, die die Texte in nationalsprachliche Sektionen einteilen (Champion 1938; Rauch 1963). Die Sammlung von Selwyn Champion mit dem unglücklichen Titel *Racial Proverbs* (1938) hat besonderen Wert, da jede Sektion von einem Sprichwortexperten des betreffenden Landes eingeleitet wird. Die Sprichwörter sind nach Stichwörtern alphabetisiert und durchnumeriert, und am Ende der massiven Sammlung befinden sich detaillierte Sach- und sekundäre Stichwortregister. Erwähnt seien auch noch drei Sammlungen von Sprichwörtern und Redensarten, die stereotypische (volkscharakterologische) Urteile über nationale und ethnische Gruppen enthalten (Reinsberg-Düringsfeld 1863; Küffner 1899; Roback 1944). An solchen „internationalen Titulatoren", „Ortsneckereien", „blasons populaires" oder „international slurs" wird deutlich, wie sich fragwürdige Vorurteile in tradierten Sprachformeln niedergeschlagen haben.

### 6.2. Mehrsprachige Sammlungen

Auch hier können wieder nur einige repräsentative Beispiele seit dem 19. Jh. herausgegriffen werden. Eine frühe Sammlung bietet sieben große Sektionen für französische, italienische, deutsche, holländische, spanische, portugiesische und dänische Sprichwörter. In jeder Sektion sind die Texte durchgehend nach dem ABC organisiert, und auf jeden Text folgt eine englische Übersetzung, wobei ein gewaltiges Register all diese Übersetzungen in alphabetischer Anordnung enthält (Bohn 1857). Eine großartige Leistung stellt aber auch eine zweibändige Sammlung dar, die die Sprichwörtervarianten der germanischen und romanischen Sprachen sowie deren Dialekte mit deutschen Übersetzungen vergleichend zusammenstellt. Die Sammlung ist nach deutschen Stichwörtern angeordnet, und auf die germanischen Varianten folgen die Paralleltexte der romanischen Sprachen. Größere deutsche, englische, dänische, französische, italienische und spanische Stichwortregister schlüsseln das Werk auf (Düringsfeld/Reinsberg-Düringsfeld 1872 bis 1873).

774. **Hunger** ist der beste **Koch.**
Der hunger ist der beste koch, Der ie wart oder wirdet noch. (ad.)

**md.** Den Honger as de bèschte' Kach. (mrh. L.)

**od.** Der Hunger ist der beste Koch, was er nicht mag, das isst er doch. (bair.)

**pd.** Hunger is de beste Koch. (ns. A.)
Hunger is de beste Kokk. (ns. hlst. A.)
Hunger is de beste Kock. (ns. W.)

---

**dt.** Honger is de beste kok.

**en.** Hunger never fails of a gude cook. (scho.)
*Dem Hunger fehlt's nie an einem guten Koch.*

---

**dä.** Sult er den bedste Kok.
Hunger er god for Madlede. *Hunger ist gut für Appetitlosigkeit.*

**is.** Húngr er hallkvæmr kokkr. *Hunger ist ein nützlicher Koch.*

**nw.** Hungren er beste Kokken.

**sw.** Hungrig mage är bästa kock (gjör en god kock). *Hungriger Magen ist der beste Koch (macht einen guten Koch).*

---

**cw.** Sco Forza gronda rumpa Fier, Schi ei la Fom ilg melgier Cuschinier. (obl.) *Wie grosse Kraft Eisen zerbricht, so ist der Hunger der beste Koch.*

**fz.** Il n'est chère que d'appetit. *Keine Küche gleich dem Appetit.*

**it.** La fame xe 'l mègio cogo che ghe sia. (ni. v.) *Der Hunger ist der beste Koch, den es gibt.*

**si.** Lu megghiu cocu è lu pititu. (s.) *Der beste Koch ist der Appetit.*

Textbeispiel 97.3: Wörterbuchartikel (aus: Düringsfeld/Reinsberg-Düringsfeld, Bd. I, 408)

Ein ähnliches mehrbändiges Lexikon für die germanisch-romanischen Sprichwörter des Mittelalters wird in Bern (Schweiz) vorbereitet, nachdem der schweizer Parömiologe Samuel Singer bereits in den vierziger Jahren eine dreibändige vergleichende Sammlung der mittelalterlichen Sprichwörter vorgelegt hatte (Singer 1944—1947). Auf dem Nachlaß Singers baut sich nun der mehrsprachige „Thesaurus-Singer" auf (Liver/Mumprecht 1977).

Nützlich ist auch das in sechs Tabellen gegliederte Sprichwörterbuch, das deutsche, englische, französische, italienische, lateinische und spanische Sprichwörter gegenüberstellt. In der linken Tabelle stehen die deutschen Texte nach Stichwörtern geordnet, und dann folgen die fremdsprachlichen Paralleltexte ohne Übersetzungen. Alphabetische Register dieser Texte erschließen das Werk (Herg 1933). Eine weitere Sammlung vergleicht 2727 englische, deutsche und hebräische Sprichwörter (Cohen 1961), und eine besonders nützliche Sammlung der gebräuchlichsten Sprichwörter vereint englische, französische, deutsche, italienische, spanische und russische Paralleltexte, die nach Themen angeordnet sind. Sechs zusammengehörende Sprichwörter werden jeweils als Gruppe ohne Übersetzungen abgedruckt. Für alle sechs Sprachen gibt es Stichwortregister, und ein Anhang lateinischer Sprichwörter ist hinzugefügt worden (Gluski 1971). Ein magnum opus stellt schließlich noch eine neue vergleichende Sammlung nordeuropäischer Sprichwörter dar, die 900 balto-finnische Sprichwörtertypen mit russischen, baltischen, deutschen und skandinavischen Parallelen enthält (Kuusi et al. 1985). Quellennachweise am Ende jeder Sprichwörtergruppe sowie analytische Tabellen über Frequenz, Form, Stil, Struktur usw. der Sprichwörter machen diese Sammlung zu einem modernen parömiographischen Meisterwerk.

## 7. Sammlungen für den Fremdsprachenunterricht

Kleinere, meist zweisprachige Sammlungen für den phraseologischen Fremdsprachenunterricht und als Übersetzungshilfen gibt es inzwischen sehr viele (vgl. die Bibliographien von Mieder 1977 a; Kühn 1978; Glaap/Weller 1979; Pilz 1981). Sprachpädagogen haben längst erkannt, daß die tradierte Formelsprache unbedingt Teil des Sprachunterrichts sein muß, und so haben Lehrbuchverlage Spezialsammlungen herausgebracht. Bekannt sind die Langenscheidt-Wörterbücher mit dem Titel „1000 idiomatische Redensarten X" (z. B. Englisch, Spanisch usw.). Die Texte sind nach Stichwörtern geordnet. Auf den fremdsprachlichen Beleg folgen eine deutsche Entsprechung sowie die Verwendung des Textes in einem Satz mit deutscher Übersetzung (Schmidt-Hidding/Dodd 1975; Klein 1976; Willers 1978; Beinhauer 1978). Drei ähnliche Bände mit dem Titel „Redensarten der xen Sprache" sind im Ullstein Verlag erschienen (Voss 1966 u. 1967; Voss et al. 1968), die deutsche Redensarten nach Stichwörtern geordnet haben, wofür dann jeweils der fremdsprachliche Paralleltext mit Satzbeispiel folgt. Am Ende gibt es ein nach Stichwörtern organisiertes Register der Redensarten aus der Fremdsprache. Mehrere zweisprachige Sammlungen wie *English Proverbs/Englische Sprichwörter* (Uthe-Spencker 1977) sind im Deutschen Taschenbuch Verlag in der Reihe „dtv zweisprachig" erschienen, doch handelt es sich nur um populäre Sammlungen, die die Paralleltexte nach Themengruppen zur sprachlichen Unterhaltung zusammenstellen. — Erwähnt seien noch zwei wissenschaftlich ausgearbeitete Sprichwörterbücher, die finnische Sprichwörter und Redensarten mit deutschen Paralleltexten enthalten (Schellbach-Kopra 1980 u. 1985). Hinzu kommen etymologische Erklärungen, kulturgeschichtliche Erläuterungen sowie Register. Für 300 der gebräuchlichsten russischen Sprichwörter und Redensarten gibt es ebenfalls ein für den Sprachunterricht zusammengestelltes Buch mit deutschen Entsprechungen (Permjakov 1985), wobei es zu begrüßen ist, daß der bekannte russische Parömiologe Grigorij Permjakov die Textauswahl aufgrund von Frequenzstudien getroffen hat. Für die deutsch-englischen Sprachverhältnisse gibt es schließlich schon seit über 25 Jahren zwei größere und nützliche Sammlungen, die im Sprachunterricht und für Übersetzungen unerläßlich sind (Engeroff/Lovelace-Käufer 1959; Taylor/Gottschalk 1960).

## 8. Sprichwörterbuch und Wörterbuchforschung

Parömiologen haben sich schon lange mit den Aufbauproblemen von Sprichwörtersammlungen beschäftigt (Mieder 1982 u. 1984 a). Inzwischen zeigen auch Linguisten ein größeres Interesse an den Fragen der parömiographischen Arbeit, und Klaus Dieter

Pilz hat in einer detaillierten Studie einen ausgezeichneten Überblick über Klassifikationsprobleme der verschiedenen phraseologischen Einheiten in den vielen Sammlungen gegeben (Pilz 1978). Die Handhabung der Phraseologie in Wörterbüchern überhaupt ist eine aktuelle Frage, die Lexikographen und Parömiographen in bezug auf Aspekte der Klassifikation, Lexik, Syntax, Semantik usw. stark beschäftigt (Klappenbach 1968; Klein 1972; Rey 1973; Gläser 1978; Hessky 1980; Hietsch 1980; Geyr 1981; Zhukov 1981; Burger et al. 1982; Kühn 1984; Hausmann 1985; vgl. Art. 96). Es besteht kein Zweifel, daß eine nähere Zusammenarbeit dieser beiden Wissenschaftszweige von großem Nutzen sein wird für bessere Sprichwörterbücher sowie allgemeine Wörterbücher. Sprichwörter und sprichwörtliche Redensarten sind ein gewichtiger Bestandteil der sprachlichen Kommunikation, und ihre weitere wissenschaftlich fundierte Erfassung in Wörterbüchern, vor allem solchen der modernen Umgangssprache (Küpper 1982—1984), ist eine Herausforderung an alle lexikographisch interessierten Sprachforscher.

## 9. Literatur (in Auswahl)

### 9.1. Wörterbücher

*Agricola 1962* = Erhard Agricola: Wörter und Wendungen. Leipzig 1962 [792 S.].

*Agricola 1534* = Johann Agricola: Sybenhundert und fünfftzig Teütscher Sprichwörter. Hagenaw 1534. Nachdruck Hildesheim 1970. Neudruck Berlin 1971 [555 S.].

*Alster 1974* = Bendt Alster: The Instructions of Suruppak. A Sumerian Proverb Collection. Copenhagen 1974 [167 S.].

*Apperson 1929* = G. L. Apperson. English Proverbs and Proverbial Phrases. London 1929. Nachdruck Detroit 1969 [721 S.].

*Arora 1977* = Shirley Arora: Proverbial Comparisons and Related Expressions in Spanish. Los Angeles 1977 [521 S.].

*Beinhauer 1978* = Werner Beinhauer: 1000 idiomatische Redensarten Spanisch. 16. Aufl. Berlin 1978 [192 S.; 1. Aufl. 1939].

*Beyer 1984* = Horst und Annelies Beyer: Sprichwörterlexikon. Leipzig 1984. München 1984 [712 S.].

*Bohn 1855* = Henry Bohn: A Hand-Book of Proverbs. London 1855 [583 S.].

*Bohn 1857* = Henry Bohn: A Polyglot of Foreign Proverbs. London 1857. Nachdruck Detroit 1968 [579 S.].

*Borchardt/Wustmann 1888* = Wilhelm-Gustav Borchardt/Georg Wustmann: Die sprichwörtlichen Redensarten im deutschen Volksmund. Leipzig 1888 [518 S.; 7. Aufl. 1954].

*Bücking 1797* = Johann Bücking: Versuch einer medicinischen und physikalischen Erklärung deutscher Sprichwörter und sprichwörtlicher Redensarten. Stendal 1797. Nachdruck Leipzig 1976 [578 S.].

*Büld 1981* = Heinrich Büld: Niederdeutsche Schwanksprüche zwischen Ems und Issel. Münster 1981 [152 S.].

*Büld 1983* = Heinrich Büld: Niederdeutsche zwischen Ems und Issel. Münster 1983 [306 S.].

*Champion 1938* = Selwyn Champion: Racial Proverbs. London 1938. Nachdruck London 1963 [767 S.].

*Champion 1945* = Selwyn Champion: The Eleven Religions and Their Proverbial Lore. New York 1945 [340 S.].

*Christy 1887* = Robert Christy: Proverbs, Maxims and Phrases of All Ages. New York 1887 [1267 S.].

*Cock 1906* = Alfons de Cock: Spreekwoorden en Zegswijzen. Gent 1906 [421 S.].

*Cohen 1961* = Israel Cohen: Dictionary of Parallel Proverbs in English, German and Hebrew. Tel Aviv 1961 [620 S.].

*Davidoff 1946* = Henry Davidoff: A World-Treasury of Proverbs in Twenty-Five Languages. New York 1946 [526 S.].

*Dent 1981* = Robert Dent: Shakespeare's Proverbial Language. Berkeley 1981 [289 S.].

*Dent 1984* = Robert Dent: Proverbial Language in English Drama Exclusive of Shakespeare, 1495—1616. Berkeley 1984 [797 S.].

*Düringsfeld/Reinsberg-Düringsfeld 1872—1875* = Ida von Düringsfeld/Otto von Reinsberg-Düringsfeld: Sprichwörter der germanischen und romanischen Sprachen. 2 Bde. Leipzig 1872—1875. Nachdruck Hildesheim 1973 [I, 552 S.; II, 638 S.].

*Eckart 1893* = Rudolf Eckart: Niederdeutsche Sprichwörter und sprichwörtliche Redensarten. Braunschweig 1893. Nachdruck Hildesheim 1975 [586 Sp.].

*Egenolff 1548* = Christian Egenolff: Sprichwörter / Schöne / Weise Klugreden. Frankfurt 1548. Nachdruck Darmstadt 1972 [182 Bl.].

*Eiselein 1840* = Josua Eiselein: Die Sprichwörter und Sinnreden des deutschen Volkes. Freiburg 1840. Nachdruck Leipzig 1980 [675 S.].

*Engeroff/Lovelace-Käufer 1959* = Karl Engeroff/Cicely Lovelace-Käufer: An English-German Dictionary of Idioms. München 1959 [313 S.; 5. Aufl. 1975].

*Erasmus von Rotterdam 1500* = Desiderius Erasmus von Rotterdam: Adagiorum collectanea. Paris 1500 [zahllose Auflagen und Neuausgaben in vielen Sprachen].

*Fergusson 1983* = Rosalind Fergusson: The Facts

on File Dictionary of Proverbs. New York 1983 [331 S.; Taschenbuchausgabe als: The Penguin Dictionary of Proverbs, 1983].

*Fogel 1929* = Edwin Fogel: Proverbs of the Pennsylvania Germans. Lancaster 1929 [222 S.].

*Franck 1541* = Sebastian Franck: Sprichwörter / Schöne / Weise / Herrliche Clugreden / vnnd Hoffsprüch. Frankfurt 1541. Nachdruck Hildesheim 1987 [2 Teile, 163 Bl. u. 211 Bl.].

*Friederich 1966* = Wolf Friederich: Moderne deutsche Idiomatik. München 1966 [565 S.; 2. Aufl. 1976].

*Frischbier 1864 u. 1876* = Hermann Frischbier: Preußische Sprichwörter und volksthümliche Redensarten. 2 Bde. Berlin 1864 u. 1876 [103 S. u. 264 S.].

*Gluski 1971* = Jerzy Gluski: Proverbs. A Comparative Book of English, French, German, Italian, Spanish and Russian Proverbs with a Latin Appendix. New York 1971 [448 S.].

*Gordon 1968* = Edmund Gordon: Sumerian Proverbs. New York 1968 [556 S. u. 79 Abb.].

*Gottschalk 1930* = Walter Gottschalk: Die sprichwörtlichen Redensarten der französischen Sprache. Heidelberg 1930 [466 S.].

*Gottschalk 1935—1938* = Walter Gottschalk: Die bildhaften Sprichwörter der Romanen. 3 Bde. Heidelberg 1935—1938 [I, 279 S.; II, 356 S.; III, 468 S.].

*Graf/Dietherr 1869* = Eduard Graf/Mathias Dietherr: Deutsche Rechtssprichwörter. Nördlingen 1869. Nachdruck Aalen 1975 [603 S.].

*Harrebomée 1858—1870* = Pieter Harrebomée: Spreekwoordenboek der Nederlandsche Taal. 3 Bde. Utrecht 1858—1870. Nachdruck Amsterdam 1980 [I, 463 S.; II, 517 S.; III, 494 S.].

*Hassell 1982* = James Hassell: Middle French Proverbs, Sentences, and Proverbial Phrases. Toronto 1982 [275 S.].

*Hauser 1973* = Albert Hauser: Bauernregeln. Eine schweizerische Sammlung. Zürich 1973 [710 S.].

*Hellwig 1981* = Gerhard Hellwig: Das Buch der Zitate. München 1981 [544 S.].

*Herg 1933* = Emmi Herg: Deutsche Sprichwörter im Spiegel fremder Sprachen. Berlin 1933 [130 S.].

*Heyd 1971—1973* = Werner Heyd: Bauernweistümer. 2 Bde. Memmingen 1971—1973 [I, 207 S.; II, 198 S.].

*Hoefer 1855* = Edmund Hoefer: Wie das Volk spricht. Sprichwörtliche Redensarten. [eigentlich Sagwörter!] Stuttgart 1855 [227 S.; 10. Aufl. 1898].

*Kastner 1885* = Georges Kastner: Parémiologie musicale de la langue française. Paris 1885 [682 S.].

*Kirchhofer 1824* = Melchior Kirchhofer: Wahrheit und Dichtung. Sammlung schweizerischer Sprüchwörter. Zürich 1824 [366 S.].

*Klein 1976* = Hans Klein: 1000 idiomatische Redensarten Französisch. 21. Aufl. Berlin 1976 [220 S.; 1. Aufl. 1937].

*Köhler 1881* = Carl Köhler: Das Tierleben im Sprichwort der Griechen und Römer. Leipzig 1881. Nachdruck Hildesheim 1967 [221 S.].

*Körte 1837* = Wilhelm Körte: Die Sprichwörter und sprichwörtlichen Redensarten der Deutschen. Leipzig 1837. Nachdruck Hildesheim 1974 [567 S.].

*Krikmann/Sarv 1980—1985 ff.* = Arvo Krikmann/Ingrid Sarv: Eesti vanasõnad. 3 Bde. [geplant sind 5 Bde.] Tallinn 1980—1985 ff. [I, 910 S.; II, 866 S.; III, 911 S.].

*Krüger-Lorenzen 1960* = Kurt Krüger-Lorenzen: Das geht auf keine Kuhhaut. Deutsche Redensarten. Düsseldorf 1960 [306 S.].

*Krüger-Lorenzen 1966* = Kurt Krüger-Lorenzen: Aus der Pistole geschossen. Deutsche Redensarten. Düsseldorf 1966 [304 S.].

*Krüger-Lorenzen 1973* = Kurt Krüger-Lorenzen: Der lachende Dritte. Deutsche Redensarten. Düsseldorf 1973 [283 S.]. Jetzt auch alle drei Bände in einem Band als: Deutsche Redensarten und was dahinter steckt. München 1983 [860 S.].

*Kruyskamp 1947* = C. Kruyskamp: Apologische Spreekwoorden. s'Gravenhage 1947 [150 S.; 3. Aufl. 1965].

*Krzyżanowski 1969—1978* = Julian Krzyżanowski: Nowa księga przysłów i wyrażeń przysłowiowych polskich. 4 Bde. Warszawa 1969—1978 [I, 881 S.; II, 1165 S.; III, 996 S.; IV, 631 S.].

*Küffner 1899* = Georg Küffner: Die Deutschen im Sprichwort. Heidelberg 1899 [93 S.].

*Küpper 1982—1984* = Heinz Küpper: Illustriertes Lexikon der deutschen Umgangssprache. 8 Bde. Stuttgart 1982—1984 [mit sprichwörtlichen Belegen].

*Kuusi et al. 1985* = Matti Kuusi et al.: Proverbia septentrionalia. 900 Balto-Finnic Proverb Types. Helsinki 1985 [451 S.].

*Laan 1979* = K. ter Laan: Nederlandse spreekwoorden, spreuken en zegswijzen. Amsterdam 1979 [433 S.; 4. Aufl. 1983].

*Lafleur 1979* = Bruno Lafleur: Dictionnaire des locutions idiomatiques françaises. Bern 1979 [669 S.].

*Lean 1902—1904* = Vincent Lean: Lean's Collectanea. 4 Bde. Bristol 1902—1904 [I, 509 S.; II, 940 S.; III, 512 S.; IV, 481 S.].

*Lehmann 1630* = Christoph Lehmann: Florilegium Politicum oder politischer Blumengarten. Frankfurt 1630. Nachdruck Bern 1986 [947 S.].

*Le Roux de Lincy 1842* = Adrien Le Roux de Lincy: Le livre des proverbes français. 2 Bde. Paris 1842. Nachdruck der 2. Aufl. von 1859 Genève 1968 [I, 409 S.; II, 619 S.].

*Leutsch/Schneidewin 1839—1851* = Ernst Ludwig Leutsch/Friedrich Wilhelm Schneidewin: Corpus Paroemiographorum Graecorum. 2 Bde. Göttingen 1839—1851. Nachdruck Hildesheim 1965 [I, 541 S.; II, 867 S.].

*(Leutsch-Schneidewin) 1961* = (kein Herausgeber):

## 97. Das Sprichwörterbuch

Corpus Paroemiographorum Graecorum Supplementum. Hildesheim 1961 [672 S.].

*Mackensen 1973* = Lutz Mackensen: Zitate, Redensarten, Sprichwörter. Stuttgart 1973 [887 S.].

*Maloux 1960* = Maurice Maloux: Dictionnaire des proverbes, sentences et maximes. Paris 1960.

*Meier-Pfaller 1970* = Hans-Josef Meier-Pfaller: Das große Buch der Sprichwörter. Esslingen 1970 [304 S.; 2. Aufl. 1979].

*Mieder 1982—1985* = Wolfgang Mieder: Antisprichwörter. 2 Bde. Wiesbaden 1982—1985 [I, 235 S.; II, 222 S.].

*Mieder 1986* = Wolfgang Mieder: The Prentice-Hall Encyclopedia of World Proverbs. Englewood Cliffs 1986 [582 S.].

*Morawski 1925* = Joseph Morawski: Proverbes français antérieurs au XV$^e$ siècle. Paris 1925.

*Otto 1890* = August Otto: Die Sprichwörter und sprichwörtlichen Redensarten der Römer. Leipzig 1890. Nachdruck Hildesheim 1971 [436 S.].

*Pastor 1934* = Eilert Pastor: Deutsche Volksweisheit in Wetterregeln und Bauernsprüchen. Berlin 1934 [454 S.].

*Permjakov 1985* = Grigorij Permjakov: 300 allgemeingebräuchliche russische Sprichwörter und sprichwörtliche Redensarten. Leipzig 1985 [160 S.].

*Petri 1604/05* = Friedrich Petri: Der Teutschen Weißheit. Hamburg 1604/05. Nachdruck Bern 1983 [1052 S.].

*Portmann 1983* = Paul Portmann: Di letschti Chue tuet s Törli zue. Schweizerdeutsche Sprichwörter. Frauenfeld 1983 [173 S.].

*Quitard 1842* = Pierre-Marie Quitard: Dictionnaire étymologique, historique et anecdotique des proverbes et des locutions proverbiales de la langue française. Paris 1842. Nachdruck Genève 1968 [701 S.].

*Raub 1976* = Julius Raub: Plattdeutsche Sprichwörter und Redensarten zwischen Ruhr und Lippe. Münster 1976 [332 S.].

*Rauch 1963* = Karl Rauch: Sprichwörter der Völker. Düsseldorf 1963 [319 S.].

*Reinsberg-Düringsfeld 1863* = Otto von Reinsberg-Düringsfeld: Internationale Titulatoren. 2 Bde. Leipzig 1863 [I, II, 316 S.].

*Roback 1944* = Abraham Roback: A Dictionary of International Slurs. Cambridge/Mass. 1944. Nachdruck Waukesha/Wis. 1979 [394 S.].

*Röhrich 1973* = [s. Art. 96, 4.1].

*Rother 1928* = Karl Rother: Die schlesischen Sprichwörter und Redensarten. Breslau 1928. Nachdruck Osnabrück 1984 [476 S.].

*Schellbach-Kopra 1980* = Ingrid Schellbach-Kopra: Finnisch-Deutsches Sprichwörterbuch. Helsinki 1980 [138 S.].

*Schellbach-Kopra 1985* = Ingrid Schellbach-Kopra: Finnisch-deutsche Idiomatik. Helsinki 1985 [304 S.].

*Schellhorn 1797* = Andreas Schellhorn: Teutsche Sprichwörter, sprichwörtliche Redensarten und Denksprüche. Nürnberg 1797 [160 S.].

*Schmidt-Hidding/Dodd 1975* = Wolfgang Schmidt-Hidding/Robert Dodd: 1000 idiomatische Redensarten Englisch. 13. Aufl. Berlin 1975 [246 S.; 1. Aufl. 1936]

*Schrader 1886* = Hermann Schrader: Der Bilderschmuck der deutschen Sprache. Berlin 1886 [543 S.; 7. Aufl. 1912].

*Schulze 1860* = Carl Schulze: Die biblischen Sprichwörter der deutschen Sprache. Göttingen 1860. Nachdruck Bern 1987 [202 S.].

*Schulze-Busacker 1985* = Elisabeth Schulze-Busacker: Proverbes et expressions proverbiales dans la littérature narrative du moyen âge français. Paris 1985 [356 S.].

*Seiler 1921—1924* = Friedrich Seiler: Das deutsche Lehnsprichwort. 4 Bde. Halle 1921—1924 [I, 305 S.; II, 201 S.; III, 65 S.; IV, 175 S.].

*Simrock 1846* = Karl Simrock: Die deutschen Sprichwörter. Frankfurt 1846. Nachdruck Hildesheim 1974. Nachdruck Dortmund 1978. Nachdruck Stuttgart 1988 [591 S.].

*Singer 1944—1947* = Samuel Singer: Sprichwörter des Mittelalters. 3 Bde. Bern 1944—1947 [I, 198 S.; II, 203 S.; III, 162 S.].

*Speroni 1953* = Charles Speroni: The Italian Wellerism to the End of the 17th Century. Berkeley 1953 [71 S.].

*Stoett 1901* = F. A. Stoett: Nederlandsche spreekwoorden, uitdrukken en gezegden. Zutphen 1901 [744 S.; 4. Aufl. in 2 Bänden 1924—1925: I, 582 S.; II, 639 S.].

*Strich/Richey 1983* = Michael Strich/Werner Richey: Berufe im Sprichwort. Leipzig 1983 [134 S.].

*Swainson 1873* = Charles Swainson: A Handbook of Weather Folk-Lore. Edinburgh 1873. Nachdruck Detroit 1974 [275 S.].

*Taylor/Whiting 1958* = Archer Taylor/Bartlett Whiting: A Dictionary of American Proverbs and Proverbial Phrases, 1820—1880. Cambridge/Mass. 1958 [418 S.].

*Taylor/Gottschalk 1960* = Ronald Taylor/Walter Gottschalk: A German-English Dictionary of Idioms. München 1960 [598 S.; 4. Aufl. 1973].

*Tilley 1950* = Morris Tilley: A Dictionary of the Proverbs in England in the 16th and 17th Centuries. Ann Arbor/Mich. 1950. [854 S.].

*Uthe-Spencker 1977* = Angela Uthe-Spencker: English Proverbs/Englische Sprichwörter. München 1977 [84 S.].

*Voss 1966* = Karl Voss: Redensarten der französischen Sprache. Frankfurt 1966 [214 S.].

*Voss 1967* = Karl Voss: Redensarten der englischen Sprache. Frankfurt 1967 [172 S.].

*Voss et al. 1968* = Karl Voss et al.: Redensarten der italienischen Sprache. Frankfurt 1968 [206 S.].

*Walther 1963—1986* = Hans Walther: Lateinische Sprichwörter und Sentenzen des Mittelalters. 9 Bde. Göttingen 1963—1986 [I, 1095 S.; II, 1030 S.; III, 1027 S.; IV, 1055 S.; V, 945 S.; VI, 209 S.; VII, 941 S.; VIII, 992 S.; IX, 831 S.].

*Wander 1867—1880* = Karl Friedrich Wilhelm Wander: Deutsches Sprichwörterlexikon. 5 Bde. Leipzig 1867—1880. Nachdruck Darmstadt 1964 [I, 1802 Sp.; II, 1884 Sp.; III, 1870 Sp.; IV, 1874 Sp.; V, 1824 Sp.].

*Whiting 1938* = Bartlett Whiting: Proverbs in the Earlier English Drama. Cambridge/Mass. 1938. Nachdruck New York 1969 [505 S.].

*Whiting 1968* = Bartlett Whiting: Proverbs, Sentences, and Proverbial Phrases from English Writings Mainly Before 1500. Cambridge/Mass. 1968 [733 S.].

*Whiting 1977* = Bartlett Whiting: Early American Proverbs and Proverbial Expressions. Cambridge/Mass. 1977 [555 S.].

*Willers 1978* = Hermann Willers: 1000 idiomatische Redensarten Italienisch. 5. Aufl. Berlin 1978 [214 S., 1. Aufl. 1939].

*Wilson 1970* = F. P. Wilson: The Oxford Dictionary of English Proverbs. 3. Aufl. Oxford 1970 [930 S.; 1. Aufl. 1935].

*Winkler 1927* = Leonhard Winkler: Deutsches Recht im Spiegel deutscher Rechtssprichwörter. Leipzig 1927. Nachdruck Leipzig 1977 [272 S.].

*Yermoloff 1905* = Alexis Yermoloff: Die landwirtschaftliche Volksweisheit in Sprichwörtern, Redensarten und Wetterregeln. Leipzig 1905 [567 S.].

## 9.2. Sonstige Literatur

*Alster 1975* = Bendt Alster: Studies in Sumerian Proverbs. Copenhagen 1975.

*Bernstein 1900* = Ignace Bernstein: Catalogue des livres parémiologiques. 2 Bde. Varsovie 1900.

*Berthold 1940* = Luise Berthold: Mittelalterliche Sprichwörter und das moderne Mundartwörterbuch. In: Hessische Blätter für Volkskunde 39. 1940, 64—67.

*Bonser 1930* = Wilfrid Bonser: Proverb Literature. London 1930. Nachdruck Nendeln 1967.

*Burger et al. 1982* = Harald Burger/Anneliese Buhofer/Ambros Sialm: Handbuch der Phraseologie. Berlin 1982.

*Eichler 1954* = Karl Friedrich Wilhelm Wander, 1803—1879. Hrsg. von Ernst Eichler. Berlin 1954.

*Foth 1971* = Albrecht Foth: Gelehrtes römisch-kanonisches Recht in deutschen Rechtssprichwörtern. Tübingen 1971.

*Gardos 1976* = Isolde Gardos: Überlegungen zu einem „Lexikon sorbischer Sprichwörter". In: Letopis, Reihe C, 19. 1976, 56—64.

*Geyr 1981* = Heinz Geyr: Sprichwörter und sprichwortnahe Bildungen im dreisprachigen Petersburger Lexikon von 1731. Bern 1981.

*Gilman 1971* = Sander Gilman (Hrsg.): Johannes Agricola. Die Sprichwörtersammlungen. 2 Bde. Berlin 1971.

*Glaap/Weller 1979* = Albert-Reiner Glaap/Franz-Rudolf Weller: Auswahlbibliographie zur Idiomatik im Fremdsprachenunterricht. In: Die Neueren Sprachen 78. 1979, 586—595.

*Gläser 1978* = Rosemarie Gläser: Syntaktische und semantische Aspekte der Klassifizierung von Phraseologismen. In: Linguistische Studien, Reihe A, 45. 1978, 78—98.

*Gratet-Duplessis 1847* = Pierre Gratet-Duplessis: Bibliographie parémiologique. Paris 1847. Nachdruck Nieuwkoop 1969.

*Grau 1968* = Heinz-Dieter Grau: Die Leistung Johannes Agricolas als Sprichwortsammler. Diss. Tübingen 1968.

*Grzybek 1984* = Peter Grzybek: Zur lexikographischen Erfassung von Sprichwörtern. In: Semiotische Studien zum Sprichwort. Hrsg. von P. Grzybek/Wolfgang Eismann. Tübingen 1984, 345—350.

*Haller 1883* = Joseph Haller: Literatur der Sprichwörter. Regensburg 1883.

*Hausmann 1985* = Franz Josef Hausmann: Phraseologische Wörterbücher des Deutschen. In: Sprache und Literatur in Wissenschaft und Unterricht 16. 1985, 105—109.

*Henning 1968* = Christian Egenolff: Sprichwörter / Schöne / Weise Klugreden. Hrsg. von Hans Henning. München-Pullach 1968.

*Herzog 1957* = Annelies Herzog: Karl Friedrich Wilhelm Wander als Sammler und Bearbeiter des deutschen Sprichwortschatzes. Diss. Dresden 1957.

*Hessky 1980* = Regina Hessky: Überlegungen zum Idiom als Problem der zweisprachigen Lexikographie. In: Acta Linguistica Academiae Scientiarum Hungaricae 30. 1980, 163—171.

*Hietsch 1980* = Otto Hietsch: The Mirthless World of the Bilingual Dictionary. In: Linguistica 20. 1980, 183—218.

*Hofmann 1959* = Winfried Hofmann: Das rheinische Sagwort. Siegburg 1959.

*Hohendorf 1979* = Gerd Hohendorf: Karl Friedrich Wilhelm Wander. 2 Bde. Berlin 1979.

*Kingsbury 1984* = Stewart Kingsbury: On Handling 250,000 Citation Slips for American Dialect Society Proverb Research. In: Proverbium 1. 1984, 195—205.

*Klappenbach 1968* = Ruth Klappenbach: Probleme der Phraseologie. In: Wissenschaftliche Zeitschrift der Karl-Marx-Universität. Gesellschafts- und Sprachwissenschaftliche Reihe 17. Heft 2/3. 1968, 221—227.

*Klein 1972* = Hans-Wilhelm Klein: Scheinentsprechungen bei französischen und deutschen Idiomatismen. Ein Beitrag zur Lexikographie. In: Der fremdsprachliche Unterricht 23. 1972, 44—51.

*Kühn 1978* = Peter Kühn: Phraseologische Lexika. In: P. Kühn: Deutsche Wörterbücher. Tübingen 1978, 47—67.

*Kühn 1984* = Peter Kühn: Pragmatische und lexikographische Beschreibung phraseologischer Einheiten. In: Studien zur neuhochdeutschen Lexikographie IV. Hrsg. von Herbert Ernst Wiegand. Hildesheim. Zürich. New York 1984 (Germanistische Linguistik 1—3/83), 175—235.

*Kuusi 1957* = Matti Kuusi: Regen bei Sonnenschein. Zur Weltgeschichte einer Redensart. Helsinki 1957.

*Kuusi 1972* = Matti Kuusi: Towards an International Type-System of Proverbs. Helsinki 1972.

*Laukkanen 1966* = Kari Laukkanen: Wie soll man ein Sprichwortarchiv ordnen? In: Proverbium 5. 1966, 108—109.

*Leino 1969* = Pentti Leino: A Computer for the Paremiologist? In: Proverbium 14. 1969, 377—379.

*Levin/Kuusi 1966* = Isidor Levin/Matti Kuusi: Wie soll man ein Sprichwortarchiv ordnen? In: Proverbium 4. 1966, 89—91.

*Liebsch 1978* = Helmut Liebsch: Einige Aspekte im Sprichwortschaffen K. F. W. Wanders. In: Wissenschaftliche Zeitschrift der pädagogischen Hochschule Dresden, Beiheft 3. 1978, 31—59.

*Liver 1984* = Ricarda Liver: Aspekte des Sprichwortes: Zu einer neuen Sammlung von schweizerdeutschen Sprichwörtern. In: Proverbium 1. 1984, 93—117.

*Liver/Mumprecht 1977* = Ricarda Liver/V. Mumprecht: Probleme der Redaktion eines mehrsprachigen Sprichwörterlexikons. In: Acta Ethnographica Academiae Scientiarum Hungaricae 26. 1977, 192—198.

*Meisser 1974* = Ulrich Meisser: Die Sprichwörtersammlung Sebastian Francks von 1541. Amsterdam 1974.

*Mieder 1977 a* = Wolfgang Mieder: Hilfsquellen für Sprichwortübersetzungen. In: Sprachspiegel 33. 1977, 56—57.

*Mieder 1977 b* = Wolfgang Mieder: International Bibliography of Explanatory Essays on Individual Proverbs and Proverbial Expressions. Bern 1977.

*Mieder 1982* = Wolfgang Mieder: International Proverb Scholarship: An Annotated Bibliography. New York 1982.

*Mieder 1983 a* = Friedrich Petri: Der Teutschen Weißheit. Hrsg. von Wolfgang Mieder. Bern 1983.

*Mieder 1983 b* = Karl Friedrich Wilhelm Wander. Das Sprichwort. Hrsg. von Wolfgang Mieder. Bern 1983.

*Mieder 1984 a* = Wolfgang Mieder: Geschichte und Probleme der neuhochdeutschen Sprichwörterlexikographie. In: Studien zur neuhochdeutschen Lexikographie V. Hrsg. von Herbert Ernst Wiegand. Hildesheim. Zürich. New York. 1984. (Germanistische Linguistik 3—6/84), 307—358.

*Mieder 1984 b* = Wolfgang Mieder: International Bibliography of New and Reprinted Proverb Collections from 1975 to 1983. In: Proverbium 1. 1984, 251—271.

*Mieder 1984 c* = Wolfgang Mieder: Investigations of Proverbs, Proverbial Expressions, Quotations and Clichés. Bern 1984.

*Mieder 1984 d* = Wolfgang Mieder: Recent International Proverb Scholarship: An Annotated Bibliography for 1982 and 1983. In: Proverbium 1. 1984, 311—350.

*Mieder 1985 a* = Wolfgang Mieder: International Bibliography of New and Reprinted Proverb Collections. In: Proverbium 2. 1985, 373—378.

*Mieder 1985 b* = Wolfgang Mieder: Recent International Proverb Scholarship: An Annotated Bibliography for 1983 and 1984. In: Proverbium 2. 1985, 397—467.

*Mieder 1986* = Christoph Lehmann: Florilegium Politicum oder politischer Blumengarten. Hrsg. von Wolfgang Mieder. Bern 1986.

*Moll 1958* = Otto Moll: Sprichwörterbibliographie. Frankfurt 1958.

*Müller-Thurau 1983* = Claus Müller-Thurau: Laß uns mal 'ne Schnecke angraben. Sprache und Sprüche der Jugendszene. Düsseldorf 1983.

*Nopitsch 1822* = Christian Nopitsch: Literatur der Sprichwörter. Nürnberg 1822. Nachdruck Leipzig 1974.

*Permjakov 1984* = Grigorij Permjakov: Universales thematisches Verzeichnis. In: Semiotische Studien zum Sprichwort. Hrsg. von Peter Grzybek/Wolfgang Eismann. Tübingen 1984, 433—443.

*Phillips 1964* = Margaret Phillips: The „Adages" of Erasmus. Cambridge 1964.

*Pilz 1978* = Klaus Dieter Pilz: Phraseologie. 2 Bde. Göppingen 1978.

*Pilz 1979* = Klaus Dieter Pilz: Wer ist der Begründer der wissenschaftlichen Sprichwortforschung? In memoriam K. F. W. Wander. In: Muttersprache 89. 1979, 201—207.

*Pilz 1981* = Klaus Dieter Pilz: Phraseologie. Redensartenforschung. Stuttgart 1981.

*Rey 1973* = Alain Rey: La phraséologie et son image dans les dictionnaires de l'âge classique. In: Travaux de linguistique et de littérature 11. 1973, 97—107.

*Röhrich/Mieder 1977* = Lutz Röhrich/Wolfgang Mieder: Sprichwort. Stuttgart 1977.

*Seidl 1982* = Helmut Seidl: Medizinische Sprichwörter im Englischen und Deutschen. Bern 1982.

*Seiler 1922* = Friedrich Seiler: Deutsche Sprichwörterkunde. München 1922. Nachdruck München 1967.

*Suringar 1873* = Willem Suringar: Erasmus over Nederlandsche spreekwoorden en spreekwoordelijke uitdrukkingen. Utrecht 1873.

*Tallgren-Tuulio 1932* = O. J. Tallgren-Tuulio: Locutions figurées calquées et non-calquées. In: Mémoires de la société néo-philologique de Helsingfors 9. 1932, 279—324.

*Urdang/Abate 1983* = Laurence Urdang/Frank Abate: Idioms and Phrases Index. 3 Bde. Detroit 1983.

*Zhukov 1981* = V. K. Zhukov: Die Methode der „phraseologischen Applikation" und die Klassifikation des phraseologischen Sprachmaterials. In: Reader zur sowjetischen Phraseologie. Hrsg. von Harald Jaschke/Ambros Sialm/Harald Burger. Berlin 1981, 75—90.

*Wolfgang Mieder, University of Burlington, Burlington, Vermont (USA)*


# 98. Das Zitatenwörterbuch

1. Typen von Zitaten und Zitatenwörterbüchern
2. Funktionen der Zitatenwörterbücher
3. Sprach- oder Sachwörterbücher?
4. Makrostrukturen des Zitatenwörterbuchs
5. Mikrostrukturen des Zitatenwörterbuchs
6. Zur Geschichte des Zitatenwörterbuchs
7. Das Zitatenwörterbuch in der Gegenwart
8. Das Zitatenwörterbuch in der Wörterbuchforschung
9. Literatur (in Auswahl)

## 1. Typen von Zitaten und Zitatenwörterbüchern

Das Zitat ist ein wörtlich wiedergegebenes Textstück mit Angabe der Quelle oder des Autors. Der Inhalt von Zitatenwörterbüchern (auch Zitatenlexika) umfaßt eine weite Spanne von Zitattypen. Neben den in der Sprachgemeinschaft bekannten, „geflügelten" Zitaten des Typs: *Die Axt im Haus erspart den Zimmermann* (Schiller), *To be or not to be that is the question* (Shakespeare), *Qu'importe le flacon, pourvu qu'on ait l'ivresse* (Musset) kommen vor: unbekannte, aber formbetonte Zitate, aphoristische Zitate (Gross 1983, Wortig 1976), inhaltsorientierte Zitate ohne besondere Eleganz der Form, humoristische Zitate (Esar 1949, Delacour 1974, Maloux 1983), gewagte, tabu-überschreitende Zitate (Dag Naud/Dazat 1983, Green 1984), Verszitate, berühmte historische Aussprüche (Latham 1904, Palmer 1976), sowie auch Gedichtanfänge (Granger's 1904, Dühmer 1969). Die Selektion in den Zitatenwörterbüchern ist vielgestaltig: einzelsprachlich oder international, historisch oder gegenwartsbezogen, autorenbezogen (Stevenson 1937, Browning 1974, Dobel 1968, Frey 1982, Brüllmann 1984), einzeltextbezogen (Stevenson 1949, Brüllmann 1981) oder themenbezogen (Bauer 1972, Uhlenbruck/Skupy 1980, Simcox 1975). Eine grundlegende Unterscheidung ergibt sich durch Beschränkung (phraseographische Zitatenwörterbücher) oder Nichtbeschränkung (anthologisierende Zitatenwörterbücher) auf geflügelte Zitate.

## 2. Funktionen der Zitatenwörterbücher

Zitatenwörterbücher gehören zu den am meisten verbreiteten Nachschlagewerken überhaupt. Ihre Beliebtheit verdanken sie drei Funktionen, die einzeln oder kumulativ auftreten: (a) In mnemotechnischer Funktion helfen sie, ein entfallenes geflügeltes Wort und/oder dessen Autor wiederzufinden. Nach welcher Vorlage wählte André Roussin den Titel seines Stücks von 1951: „Lorsque l'enfant paraît..."? Antwort: Nach dem berühmten Vorbild von Victor Hugo aus den *Feuilles d'automne*. (b) In der Funktion eines Schreibwörterbuchs bietet das Zitatenwörterbuch für einen zu schreibenden Text oder für eine zu haltende Rede rhetorische Verschönerung bei gleichzeitiger Authentifizierung des Gedankens durch eine allseits anerkannte Autorität an. Lesser (1983, 2.2) nennt fünf Funktionen von Zitaten: „Glanzlichter", Formulierungshilfen, Anleihen bei fremder Autorität, Hilfen zur distanzierten Darstellung, „Zeit- und Kraft-Sparer". Ein Indiz für die tatsächliche Verwendung von Zitatenwörterbüchern in dieser Funktion liefert Bruno Frappat in seiner Rubrik „Au jour le jour" aus Le Monde vom 25. 1. 84:

«Un long débat en perspective. Les rhéteurs, les procureurs, les pourfendeurs s'échauffent depuis des semaines, impatients d'en découdre. Ils ont peaufiné leurs discours, forgé de petites phrases assassines, consulté fébrilement des dictionnaires de citations».

Insofern die Zitatenwörterbücher ganze Textstücke zur Weiterverwendung anbieten, nehmen sie in besonderer Weise teil am Prinzip der Intertextualität im Sinne von Kristeva 1969, wirken mit an dem, was man das interkulturelle Textverarbeitungssystem nennen könnte. (c) Viele anthologisierende Zitatenwörterbücher rücken in die Nähe von enzyklopädischen Lesebüchern. Sie wollen mit ihren Texten in geraffter Form Kenntnisse vermitteln (Janelle 1976), zur Besinnung einladen, einfach amüsieren oder auf die Frage antworten: Was denkt der Autor X über das Thema Y oder über die Berühmtheit Z?, wenn nicht gar: Wer hat über wen und was welche Dummheit gesagt (Bechtel/Carrière 1983)?

## 3. Sprach- oder Sachwörterbücher?

Mit der letztgenannten Funktion überschreitet die Zitatenlexikographie die Grenze von der Sprach- zur Sachlexikographie (vgl. Art. 30). Teil der Sprache (im Sinne der langue von Saussure) sind nur die geflügelten Zitate, die in enger Berührung zur Phraseologie stehen (vgl. Art. 46 u. 96). Ungeflügelte Zitate können nur in dem Sinne der Sprachlexikographie zugeordnet werden, als sie Belege liefern für das Stichwort, unter dem sie aufzufinden sind, und insofern sowohl die Stichwortselektion als auch die Zitatenauswahl Aufschluß über Denkwelt und Ideologie der Sprachgemeinschaft geben kann. In dieser Hinsicht gerät das Zitatenwörterbuch in die Nähe des Schlagwörterbuchs (vgl. Art. 123) und empfiehlt sich wie dieses als Quelle ideengeschichtlicher Forschung. Gänzlich außerhalb der Sprachlexikographie stehen Zitatenwörterbücher wie der Dictionary of Biographical Quotations of British and American Subjects (Wintle/Kenin 1978), der nur über Eigennamen und nicht (auch nicht im Index) über Stichwörter konsultierbar ist.

## 4. Makrostrukturen des Zitatenwörterbuchs

Vielgestaltig ist auch die Strukturierung der Zitatenwörterbücher, die sich, entsprechend den beiden Merkmalen des Zitats, entweder am Autor oder am Textstück orientiert. Die autorenbezogene Makrostruktur ist entweder alphabetisch oder chronologisch (manchmal mit einer übergeordneten Anordnung nach Sprachen). Die textorientierte Makrostruktur ist entweder alphabetisch oder nach Sachgruppen geordnet. Eine weitere Unterscheidung ergibt sich hier, je nachdem ob als Lemma ein Stichwort angesetzt wird (das grundsätzlich im Zitat vorkommt) oder ein Schlüsselbegriff (oder Leitbegriff), der als onomasiologischer Zugang im Zitat vorkommen kann, aber nicht muß. In stichwortalphabetischen Zitatenwörterbüchern wird auf das Ausdrucken von Lemmata oft verzichtet zugunsten der typographischen Heraushebung des Stichworts im Zitat. Das gleiche gilt für die alphabetische Anordnung nach Zitatanfängen.

```
                    Zitatenwörterbücher
                   /                  \
      autorenbezogene              textbezogene
       Makrostruktur               Makrostruktur
       /    |     \                /         \
   alpha-  chrono- (einzel-    alpha-     nach Sach-
  betisch logisch sprachl.)   betisch     gruppen
                              /    |    \
                     anfangs-  stichwort-  schlüsselbegriff-
                  alphabetisch alphabetisch  alphabetisch
```

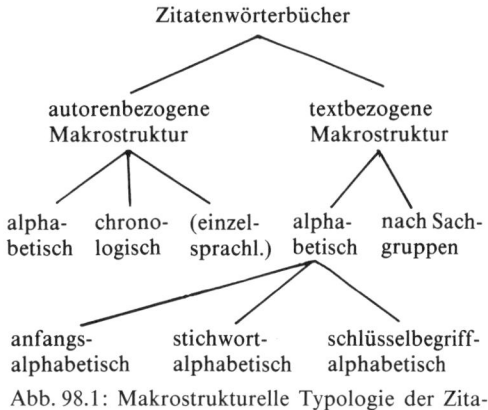

Abb. 98.1: Makrostrukturelle Typologie der Zitatenwörterbücher

Zitatenwörterbücher mit autorenbezogenen Makrostrukturen enthalten in der Regel zusätzliche anfangs-, stichwort- oder schlüsselbegriffalphabetische Indizes, die im Grenzfall die Hälfte des Buches füllen und als weitere Lemmabestände aufgefaßt werden können. Umgekehrt sind Wörterbüchern mit textorientierter Makrostruktur in der Regel Autoren- und Quellenverzeichnisse beigegeben. Viele begriffsalphabetische Wörterbücher (ebenso wie die mit Sachgruppenordnung) fassen diese Leitbegriffe zur besseren Übersicht noch einmal in einem eigenen Register zusammen. Wie ersichtlich, stehen einige Typen von Zitatenwörterbüchern (vor allem die autoren-chronologisch geordneten) aus formalen Gründen außerhalb des traditionellen Begriffes Wörterbuch, dem sie nur durch ihre Indizes untergeordnet werden können. Die klassische deutsche Sammlung von Büchmann 1864 trägt deshalb auch den Terminus *Wörterbuch* nicht im Titel. Ebensowenig wie im angelsächsischen Bereich Bartlett 1855. Dem steht aber die französische Tradition gegenüber, die den Terminus *dictionnaire* unbedenklich auch auf Zitatenwörterbücher mit autoren-chronologischer erster Makrostruktur anwendet (vgl. Carlier 1980, Dupré 1959, Oster 1970).

## 5. Mikrostrukturen des Zitatenwörterbuchs

Sieht man einmal von den unterschiedlich präzisen Quellenangaben ab, die von der bloßen Namensnennung des Autors (im Grenzfall „NN") bis zum genauen Beleg aus einer bestimmten Edition reichen, so lassen sich die Zitatenwörterbücher ihrer Mikrostruktur nach in kumulative und kommentierende Wörterbücher unterscheiden. Die Erklärungen zu den Zitaten können als Fußnoten ausgebracht sein. Der Inhalt des Kommentars bezieht sich auf die Erläuterung der Textstelle, um dem Leser das Nachschlagen im Quellenwerk zu ersparen (Lamb 1983), bei geflügelten Zitaten auf ihre literarische Geschichte (Büchmann 1864), in besonders praktisch angelegten Werken auch auf die wirkungsvolle Verwendung des Zitats. So benutzt Lesser 1983 ein eigenes Markierungssystem mit sog. Gebrauchsmarken des Typs „Schmunzelgarantie", „Killt!" oder „Eignet sich für den Redeschluß!". Hinzu kommen Anweisungen des Typs „Die ersten drei Worte (Verständlichkeit!) wiederholen".

**242. Dictionaries**

### 242. DICTIONARIES
See also 227. Definition; 1057. Words

1. Lexicographer, n. A pestilent fellow who, under the pretense of recording some particular stage in the development of a language, does what he can to arrest its growth, stiffen its flexibility and mechanize its methods. AMBROSE BIERCE, *The Devil's Dictionary* (1881–1911).

2. Neither is a dictionary a bad book to read. There is no cant in it, no excess of explanation, and it is full of suggestion, – the raw material of possible poems and histories. EMERSON, "In Praise of Books," *The Conduct of Life* (1860).

3. When I feel inclined to read poetry I take down my Dictionary. The poetry of words is quite as beautiful as that of sentences. The author may arrange the gems effectively, but their shape and lustre have been given by the attrition of ages. OLIVER WENDELL HOLMES, SR., "The Autocrat's Autobiography," *The Autocrat of the Breakfast Table* (1858), 1.

4. Lexicographer: a writer of dictionaries, a harmless drudge. SAMUEL JOHNSON, quoted in Boswell's *Life of Samuel Johnson*, 1755.

5. Dictionaries are like watches; the worst is better than none, and the best cannot be expected to go quite true. SAMUEL JOHNSON, quoted in Hester Lynch Piozzi's *Anecdotes of Samuel Johnson* (1786).

Textbeispiel 98.1: Wörterbuchartikel (aus: Tripp 1970, 154)

## 6. Zur Geschichte des Zitatenwörterbuchs

Lexikographiegeschichtlich löst sich das Zitatenwörterbuch zu Beginn des 19. Jhs. aus der allgemeinen Phraseographie heraus. Es ist Antwort auf ein Benutzungsbedürfnis des wirtschaftlich erstarkenden, aber sprachlich noch unsicheren Bürgertums, das nicht von ungefähr zur gleichen Zeit dem Wörterbuch der sprachlichen Zweifelsfälle zu einer ersten Blüte verhilft (vgl. Art. 125). Im Rahmen eines im 19. Jh. stattfindenden breiten Strukturwandels der Öffentlichkeit verwirklicht das Zitatenwörterbuch eine Art Demokratisierung der hohen Literatur, die, in Scheibchen geschnitten und lexikographisch, d. h. immer auch didaktisch, aufbereitet, auf das Niveau des breiten Publikums heruntergeholt wird. Das Zitatenwörterbuch macht auch schwierigste Texte wiederverwendungsfähig für den Mann auf der Straße. Es ist der prototypische Vertreter einer auf Flaschen gezogenen Kultur, eine der Stationen auf dem Wege zum gesunkenen Kulturgut, und empfiehlt sich von daher der Aufmerksamkeit kulturwissenschaftlicher Forschung.

Die englische Tradition beginnt mit Sammlungen fremdsprachlicher, vor allem lateinischer Zitate (Macdonnel 1797, so auch Moore 1831). Mit Kingdom 1824 beginnen die Sammlungen englischer Zitate, neu aufgenommen im Handbook 1853 (das 1860 eine erweiterte Auflage erfuhr und 1877 im Fam. Engl. Quot. einging). Es folgen Friswell 1865 und Bohn 1867. Um die Jahrhundertwende ist mit den Büchern von Harbottle, King 1887, Wood 1896, Jones 1900 und Smith 1907 bereits ein dichtes Angebot von Zitatenwörterbüchern festzustellen. — Die außerordentlich fruchtbare amerikanische Tradition wird 1855 durch Bartlett begründet, dessen Wörterbuch heute noch existiert. Es folgt eine Fülle umfangreicher Werke, unter denen die wichtigsten sind: Hoyt/Ward 1882, Bohn/Ward 1883, Douglas 1904, Stoke's 1906, Benham 1907, Walsh 1908, Stevenson 1934, Fuller 1941 und Mencken 1942. — Die wichtigsten Titel aus der Geschichte des französischen Zitatenwörterbuchs sind: Gallois 1822 und 1830, Mabire 1839, Fournier 1855, Alexandre 1892, Condamin 1926, Genest 1923/27 und 1925, sowie Guerlac 1931. — Die deutsche Tradition begründete der heute noch existierende Büchmann 1864, dessen Name sprichwörtlich geworden ist (vgl. den Titel von Schoeps 1971). Bedeutende Nachfolger fand Büchmann vor allem bis zum 1. Weltkrieg in Zeuschner 1884, Eichner 1893, Sanders 1899, Lipperheide 1907 und Zoozmann 1910 (die beiden letzten noch heute im Handel). — Die spanische Tradition beginnt mit einer Übersetzung von Macdonnel durch Borrás 1836. Als größeres Werk ragt Mir y Noguera 1899 heraus. In Italien sind bedeutend Fumagalli 1894 und Finzi 1902.

## 7. Das Zitatenwörterbuch in der Gegenwart

Die andauernde Beliebtheit der Zitatenwörterbücher wird durch Zahl und Umfang der derzeit lieferbaren Bücher nachdrücklich unterstrichen.

In Frankreich etwa erschienen innerhalb von sechs Jahren fünf umfangreiche Wörterbücher (Carlier 1980, Montreynaud/Matignon 1979, Dournon 1982, Dag Naud/Dazat 1983, Montreynaud 1985), die sich den beiden existierenden (Dupré 1959, Oster 1970) zugesellten (vgl. auch Petit 1978). Dieser Boom erklärt sich nicht nur aus dem Marktverhalten der großen Wörterbuchverlage (Larousse, Robert, Hachette), sondern auch aus der oben beschriebenen Typenvielfalt. Die Neuerscheinungen von Dournon 1982, Dag Naud/Dazat 1983 und Montreynaud 1985 füllen nämlich die bis dahin in Frankreich bestehende Lücke an Werken mit textorientierter Makrostruktur. — Umgekehrt überträgt etwa Kirchberger 1977 die in den angelsächsischen Wörterbüchern dominierende autorenorientierte Makrostruktur erstmals auf ein deutsches Zitatenwörterbuch. Der deutsche Sprachraum erlebte etwa 1981 allein sieben Neuerscheinungen (Böttcher, Brüllmann, Eichelberger, Hellwig, Normann, Uhlenbruck/Skupy, Werner) neben den älteren Werken von Zoozmann 1910, Puntsch 1965, Schiff 1968, Hauschka 1968, Schmidt 1971, Kirchberger 1977 und Peltzer/Normann 1979. — Aus dem englischsprachigen Raum seien noch genannt der gewaltige Oxford 1941, Cohen/Cohen 1960, Hyman 1962, Fraser 1983 und Gross 1983. Alle diese Wörterbücher sind autorenalphabetisch, im Gegensatz zum autoren-chronologischen Bartlett 1855 und zu den leitbegriffalphabetischen Bohle 1967, Evans 1968 und Tripp 1970. Die Vitalität des Zitatenwörterbuchs in den USA geht auch aus der Vielzahl der Spezialisierungen hervor (McPhee 1979 und Partnow 1983 zitieren Frauen, King 1981 zitiert Schwarze; vgl. auch Gerhart 1969, Peter 1977 und Woods 1966). — Wichtigere spanische und italienische Zitatenwörterbücher der Nachkriegszeit sind Vega 1950, Goicoechea 1952, die Bücher von Sintes Pros und Spagnol 1971.

## 8. Das Zitatenwörterbuch in der Wörterbuchforschung

Zitatenwörterbücher sind bislang von der Metalexikographie stiefmütterlich behandelt worden (vgl. aber McPheron 1984). Sie fehlen in den meisten Wörterbuchbibliographien ebenso wie in den Darstellungen (Ausnahmen: Claes 1980, Fabbri 1979). Eine weniger an der Lexikologie und mehr am Benutzer orientierte Wörterbuchforschung wird sie jedoch, wie hier geschehen, zu berücksichtigen haben.

## 9. Literatur (in Auswahl)

### 9.1. Wörterbücher

*Alexandre 1892* = Roger Alexandre: Le musée de la conversation. 4. Aufl. Paris 1902 [XXIV, 937 S.; 1. Aufl. 1892].

*Bartlett 1855* = John Bartlett: Familiar Quotations. 15. Aufl. Boston 1980 [LVIII, 1540 S.; 1. Aufl. 1855].

*Bauer 1972* = K. H. Bauer: Aphorismen und Zitate für Chirurgen. Berlin. New York 1972 [179 S.].

*Bechtel/Carrière 1983* = Guy Bechtel/Jean-Claude Carrière: Dictionnaire de la bêtise et des erreurs de jugement. Paris 1983 [540 S.; 1. Aufl. 1965].

*Benham 1907* = William Gurney Benham: Book of Quotations, Proverbs and Household Words. Philadelphia 1907 [1256 S.; unter verschiedenen Titeln bis 1948].

*Böttcher 1981* = K. Böttcher u. a.: Geflügelte Worte. Leipzig 1981 [780 S.].

*Bohle 1967* = Bruce Bohle: The Home Book of American Quotations. New York 1967 [15, 515 S.].

*Bohn 1867* = Henry George Bohn: A Dictionary of Quotations from English Poets. London 1867 [715 S.; zuletzt 1900].

*Bohn/Ward 1883* = Henry George Bohn/Anna L. Ward: A Dictionary of Quotations from English and American Poets. New York 1883 [761 S.; zuletzt 1911].

*Borrás 1836* = José Borrás: Diccionario citador. Madrid 1836 [399 S.; Übersetzung von Macdonnel 1797].

*Browning 1951* = D. C. Browning: Dictionary of Quotations and Proverbs. London 1951 [766 S.].

*Browning 1974* = D. C. Browning: Dictionary of Shakespeare Quotations. London 1974 (Everyman's Reference Library).

*Brüllmann 1981* = Richard Brüllmann: Treffende Bibelzitate. Thun 1981 [268 S.; = Berühmte Bibelzitate. Wiesbaden o. J.].

*Brüllmann 1984* = Richard Brüllmann: Lexikon der treffenden Martin-Luther-Zitate. Thun 1984.

*Büchmann 1864* = Georg Büchmann: Geflügelte Worte. 33. Auflage Frankfurt a. M. 1981 [543 S.; auch als Taschenbuch; 1 Aufl. Berlin 1864].

*Carlier u. a. 1980* = Robert Carlier u. a.: Dictionnaire des citations françaises et étrangères. Paris 1980 [XVI, 896 S.].

*Cato 1981* = Otto Cato: Lateinische Zitate, Kernsprüche und Redensarten. Hildesheim 1981 [151 S.].

*Citas 1972* = Citas y refranes célebres. Barcelona 1972 [216 S.].

*Cohen/Cohen 1960* = J. M. Cohen/M. J. Cohen: The Penguin Dictionary of Quotations. Harmondsworth 1960 [664 S.; letzter Nachdruck 1982].

*Concise Oxford 1964* = Concise Oxford Dictionary of Quotations. 2. Aufl. Oxford 1981 [465 S.; 1. Aufl. 1964].

*Condamin 1926* = James Condamin: Répertoire des citations. Lyon 1926 [VIII, 918 S.].

*Dag Naud/Dazat 1983* = Alain Dag Naud/Olivier Dazat: Dictionnaire (inattendu) des citations. Paris 1983 [XXI, 681 S.].

*Delacour 1974* = Jean Delacour: Tout l'esprit français. Paris 1974 [321 S.].

*Dobel 1968* = Richard Dobel: Lexikon der Goethe-Zitate. Zürich. Stuttgart 1968 [1308 Spalten; Taschenbuchausgabe 1972].

*Douglas 1904* = Charles Noel Douglas: Forty Thousand Quotations, Prose and Poetical. New York 1915 [2000 S.; zuerst 1904 u. d. T. Forty Thousand Sublime and Beautiful Thoughts; zuletzt 1940].

*Dournon 1982* = Jean-Yves Dournon: Le grand dictionnaire des citations françaises. Paris 1982 [906 S.].

*Dühmer 1969* = Anneliese Dühmer: Von wem ist das Gedicht? Berlin 1969 [564 S.].

*Dupré 1959* = Paul Dupré: Encyclopédie des citations. Paris 1959 [XVI, 703 S.].

*Eichelberger 1981* = Ursula Eichelberger: Zitatenlexikon. Leipzig 1981 [920 S.].

*Eichner 1893* = Walter Eichner: Aus Werkstätten des Geistes. Frankfurt a. O. 1893 [800 S.].

*Ermann 1968* = Hans Ermann: Geflügelte Melodien. Tübingen 1968 [355 S.].

*Esar 1949* = Evan Esar: The Dictionary of Humorous Quotations. Garden City, N. Y. 1949 [270 S.].

*Evans 1968* = Bergen Evans: Dictionary of Quotations. New York 1968 [89, 2029 S.].

*Fam. Engl. Quot. 1877* = Familiar English Quotations. London 1877 [VIII, 120 S.; Autor zeichnet das Vorwort mit „G", bezieht sich auf frühere Auflagen von 1852/53 und 1860, die zahlreiche Nachahmer fanden.].

*Fam. French Quot. 1876* = Familiar French Quotations, Proverbs and Phrases. London 1876 [VIII, 116 S.; Autor gibt als Quelle vor allem Macdonnel an].

*Fam. Lat. Quot. 1875* = Familiar Latin Quotations and Proverbs. London 1875 [VIII, 120 S. Autor gibt als Quelle vor allem Macdonnel an].

*Finzi 1902* = Giuseppe Finzi: Dizionario di citazione latine ed italiane. Milano 1902 [967 S.; auch Bologna 1979].

*Fournier 1855* = Edouard Fournier: L'esprit des autres. Paris 1855 [180 S.].

*Fraser 1983* = Donald Fraser: Collins Concise Dictionary of Quotations. London. Glasgow 1983 [483 S.].

*Frey 1982* = Ulrich H. Frey: Lexikon der treffenden Wilhelm-Busch-Verse. Thun 1982.

*Friswell 1865* = James Hain Friswell: Familiar Words. London 1865 [VIII, 434 S.; zuletzt 1880].

*Fuller 1941* = Edmund Fuller: Thesaurus of Quotations. New York 1941 [XIV, 1021 S.].

*Fuller 1943* = Edmund Fuller: Thesaurus of Epigrams. New York 1943 [382 S.; auch 1948].

*Fumagalli 1893* = G. Fumagalli: Chi l'a detto? Mailand 1893 [637 S.; 4. Aufl. 1904].

*Gallois 1822* = Léonard Gallois: Le citateur dramatique, ou choix des maximes, sentences, [...]. Paris 1822 [274 S.; 5. Aufl. 1829].

*Gallois 1830* = Léonard Gallois: Le citateur de fabulistes français. Paris 1830 [409 S.].

*Genest 1923/1927* = Emile Genest: Les belles citations de la littérature française. (Première série). Paris 1923. (Deuxième série) Paris 1927 [383, 498 S.].

*Genest 1925* = Emile Genest: Dictionnaire des citations. Paris 1962 [423 S.; 1. Auflage 1925 u. d. T. Où est-ce donc?].

*Gerhart 1969* = Eugene C. Gerhart: Quote it! Memorable Legal Quotations. Albany, N.Y. 1969 [766 S.].

*Goicoechea 1952* = Cesáreo Goicoechea Romano: Diccionario de citas. 2. Aufl. Barcelona 1962 [XIX, 880 S.; 1. Aufl. 1952, 716 S.].

*Granger's 1904* = Granger's Index to Poetry and Recitations. 3. Aufl. Chicago 1940 [XXIV, 1525 S.; 1. Aufl. 1904; 8. Aufl. 1986].

*Green 1982* = Jonathon Green: A Dictionary of Contemporary Quotations. London 1982 [454 S.].

*Green 1984* = Jonathon Green: The Cynic's Lexicon. A Dictionary of Amoral Advice. London 1984 [19, 220 S.].

*Gross 1983* = John Gross: The Oxford Book of Aphorisms. Oxford 1983 [X, 383 S.].

*Guerlac 1931* = Othon Guerlac: Les citations françaises. Paris 1931 [441 S.; 7. Aufl. 1961; mit Bibliographie].

*Handbook 1853* = Handbook of Familiar Quotations chiefly from English Authors. London 1853.

*Harbottle 1897* = Thomas Benfield Harbottle: Dictionary of Quotations (Classical). London 1897 [648 S.; 3. Aufl. 1906].

*Harbottle 1903* = Thomas Benfield Harbottle: Dictionary of Historical Allusions. London 1903 [306 S.].

*Harbottle 1909* = Thomas Benfield Harbottle: Dictionary of Quotations (Latin). London 1909 [389 S.].

*Harbottle/Dalbiac 1901* = Thomas Benfield Harbottle/Philip Hugh Dalbiac: Dictionary of Quotations (French and Italian). London 1901 [565 S.].

*Harbottle/Hume 1907* = Thomas Benfield Harbottle/Martin A. S. Hume: Dictionary of Quotations (Spanish). London 1907 [462 S.].

*Hauschka 1968* = Ernst R. Hauschka: Handbuch moderner Literatur im Zitat. Regensburg 1968 [558 S.; = Wiesbaden o. J.].

*Hellwig 1981* = Gerhard Hellwig: Das Buch der Zitate. München 1981 [543 S.].

*Hoyt/Ward 1882* = Jehiel Keeler Hoyt/Anna L. Ward: Cyclopedia of Practical Quotations English and Latin. New York 1882 [889 S.; zuletzt 1947, 1343 S.].

*Hunt 1979* = Jonathan Hunt: The Hamlyn Pocket

Dictionary of Quotations. London. New York. Sidney. Toronto 1979 [287 S.].

*Hyman 1962* = Robin Hyman: A Dictionary of Famous Quotations. London 1979 [515 S.; 1. Aufl. 1962].

*Janelle 1976* = Claude Janelle: Citations québécoises modernes ou Comment connaître la littérature québécoise sans avoir besoin de la lire. Québec 1976.

*Jones 1900* = Hugh Percy Jones: Dictionary of Foreign Phrases and Classical Quotations. Edinburgh 1900 [532 S.; bis 1949].

*King 1887* = William Francis Henry King: Classical and Foreign Quotations. 3. Aufl. London 1904 [412 S.; zuerst 1887].

*King 1981* = Anita King: Quotations in Black. Westport, CT 1981 [18, 344 S.]

*Kingdom 1824* = William Kingdom: A Dictionary of Quotations from the British Poets. London 1824 [2. Aufl. 1835].

*Kirchberger 1977* = J. H. Kirchberger: Das große Krüger Zitatenbuch. 2. Aufl. Frankfurt a. M. 1981 [619 S.; 1. Aufl. München 1977].

*Lamb 1983* = G. F. Lamb: Pocket Companion Quotation Guide. Harlow 1983 [266 S.].

*Latham 1904* = Edward Latham: Famous Sayings and their Authors. London 1904 [269 S.; auch u. d. T. Who said that? London 1905, 160 S.].

*Lesser 1983* = Peter Lesser (Hrsg.): Das aktuelle Zitatenhandbuch von A bis Z. Kissing. Zürich. Paris. Mailand 1983 [Lose-Blatt-Sammlung].

*Lipperheide 1907* = Franz Freiherr von Lipperheide: Spruchwörterbuch. Berlin 1907 [1069 S.; Nachdruck 1982].

*Mabire 1839* = J.-L. Mabire: Dictionnaire de maximes. Paris 1839 [560 S.].

*Macdonnel 1797* = David Evans Macdonnel: A Dictionary of Quotations in Most Frequent Use. Taken from the Greek, Latin, French, Spanish, and Italian Languages. London 1797 [127 S.; 1826, 422 S.; zuletzt 1884 u. d. T. A Dictionary of Select and Popular Quotations].

*Mackensen 1981* = Lutz Mackensen: Zitate, Redensarten, Sprichwörter. 2. verb. Auflage. Hanau 1981 [887 S.].

*Maloux 1983* = Maurice Maloux: Dictionnaire de l'humour et du libertinage. Paris 1983 [361 S.].

*McPhee 1979* = Carol McPhee/Ann Fitz-Gerald: Feminist Quotations. New York 1979 [14, 271 S.].

*Mencken 1942* = Henry Louis Mencken: New Dictionary of Quotations on Historical Principles. New York 1942 [XIII, 1347 S.; zuletzt 1960].

*Mir y Noguera 1899* = Juan Mir y Noguera: Diccionario de frases de los autores clásicos españoles. Buenos Aires 1942 [1328 S.; zuerst Madrid 1899 u. d. T. Frases de los autores clásicos españoles, 883 S.].

*Montreynaud 1985* = Florence Montreynaud: Dictionnaire de citations françaises et étrangères. Paris 1985 [544 S.].

*Montreynaud/Matignon 1979* = F. Montreynaud/ J. Matignon: Dictionnaire de citations du monde entier. Paris 1979 [795 S.].

*Moore 1831* = Hugh Moore: A Dictionary of Quotations in Ancient and Modern Languages. London 1831 [VIII, 507 S.].

*Normann 1981* = Reinhard von Normann: Der treffende Vers. Thun 1981 [569 S.; = Berühmte Verszitate aus dreitausend Jahren. Wiesbaden o. J.].

*Oster 1970* = P. Oster: Dictionnaire de citations françaises. Paris 1978 [1. Aufl. Paris 1970, 1626 S.].

*Oxford 1941* = The Oxford Dictionary of Quotations. Second Edition Oxford 1953 [XX, 1003 S.; 1. Aufl. 1941].

*Palmer 1976* = Alan and Veronica Palmer: Quotations in History. New York 1976 [IX, 354 S.].

*Partnow 1983* = Elaine Partnow: The Quotable Woman 1800—1981. 2. Aufl. New York 1983 [608 S.].

*Peltzer/Normann 1979* = Karl Peltzer/Reinhard von Normann: Das treffende Zitat. 7. Aufl. Thun 1979 [740 S.; zuerst 1955].

*Peter 1977* = Laurence J. Peter: Peter's Quotations: Ideas for Our Time. New York 1977 [504 S.].

*Petit 1960* = Karl Petit: Dictionnaire des citations du monde entier. 3. Aufl. Verviers 1978 [480 S.; 1. Aufl. 1960].

*Puntsch 1965* = Eberhard Puntsch: Zitatenhandbuch. 6. Aufl. München 1974 [1056 S.; 1. Aufl. 1965].

*Ronner 1974* = Markus M. Ronner: Die treffende Pointe. 3. Aufl. Thun 1979 [332 S.; 1. Aufl. 1974].

*Ronner 1978* = Markus M. Ronner: Neue treffende Pointen. Thun 1978 [324 S.].

*Sanders 1899* = Daniel Sanders: Citatenlexikon. Leipzig 1899 [VI, 712 S.].

*Schiff 1968* = Michael Schiff: Das große Handbuch moderner Zitate des XX. Jahrhunderts. München 1968 [1013 S.].

*Schmidt 1971* = Lothar Schmidt: Aphorismen von A—Z. Wiesbaden 1980 [620 S.; München 1971, Reinbek 1974].

*Schoeps 1971* = Hans-Joachim Schoeps: Ungeflügelte Worte. Was nicht im Büchmann stehen kann. Berlin 1971 [277 S.].

*Simcox 1975* = Carroll E. Simcox: A Treasury of Quotations on Christian Themes. New York 1975 [IX, 269 S.].

*Simpson 1964* = James B. Simpson: Contemporary Quotations. New York 1964 [500 S.].

*Sintes Pros 1944* = Jorge Sintes Pros: Diccionario de máximas, pensamientos y sentencias. 8. Aufl. Barcelona 1981 [742 S.; 1. Aufl. 1944, 358 S.].

*Sintes Pros 1957* = Jorge Sintes Pros: Diccionario

de frases célebres. 4. Aufl. Barcelona 1972 [797 S.; 1. Aufl. 1957, 394 S.].

*Sintes Pros 1966/1967* = Jorge Sintes Pros: Lo que se ha dicho [...] 20 Bde. Barcelona 1966, 1967.

*Smith 1907* = Robinson Smith: English Quotations. London (1907) [312 S.; 6. Aufl. 1938].

*Spagnol 1971* = E. Spagnol: Dizionario di citazioni. Mailand 1971 [975 S.].

*Stevenson 1934* = Burton Stevenson: The Home Book of Quotations Classical and Modern. New York 1934 [10. Aufl. 1967, 2817 S.].

*Stevenson 1937* = Burton Stevenson: The Home Book of Shakespeare Quotations. New York 1937 [zuletzt 1969].

*Stevenson 1948* = Burton Stevenson: The Home Book of Proverbs, Maxims and Familiar Phrases. New York 1948 [2957 S.].

*Stevenson 1949* = Burton Stevenson: The Book of Bible Quotations. New York 1949 [645 S.].

*Stoke's 1906* = Stoke's Cyclopaedia of Familiar Quotations. London. Edinburgh 1908 [763 S.; zuletzt 1937; zuerst New York 1906].

*Tripp 1970* = Rhoda Thomas Tripp: The International Thesaurus of Quotations. Harmondsworth 1976 [XV, 1088 S.; letzter Nachdruck 1983, 1. Aufl. New York 1970].

*Uhlenbruck/Skupy 1980* = Gerhard Uhlenbruck/ H.-H. Skupy: Treffende Zitate zum Thema „Der Mensch und sein Arzt". Thun 1980 [248 S.].

*Vega 1950* = Vicente Vega: Diccionario ilustrado de frases célebres y citas literarias. Barcelona 1950 [XV, 939 S.; 4. Aufl. 1966].

*Walsh 1908* = William S. Walsh: The International Encyclopedia of Prose and Poetical Quotations. Philadelphia 1908 [1029 S.; zuletzt 1951].

*Werner 1981* = Martin Werner: Sprichwörter und Zitate von der Antike bis heute. Köln 1981 [367 S.].

*Winter 1888* = Georg Winter: Ungeflügelte Worte, zugleich Ergänzungen zu Büchmann. Augsburg 1888 [188 S.].

*Wintle/Kenin 1978* = Justin Wintle/Richard Kenin: The Dictionary of Biographical Quotations of British and American Subjects. London 1978 [XVIII, 860 S.].

*Wood 1896* = James Wood: Dictionary of Quotations. London 1896 [658 S.; ab 1930 u. d. T. The Nuttal Dictionary of Quotations, 696 S.].

*Woods 1966* = Ralph L. Woods: The World's Treasury of Religious Quotations. New York 1966 [14, 1106 S.].

*Wortig 1976* = Kurt Wortig: Zitate mit Pfiff und Schliff. 2 Bde. Thun 1976 [219, 202 S.; auch als Taschenbuch].

*Zeuschner 1884* = Otto Zeuschner: Internationaler Citatenschatz. Leipzig 1884 [470 S.; zuletzt 1910].

*Zoozmann 1910* = Richard Zoozmann: Zitatenschatz der Weltliteratur. Königstein/Ts. 1980 [548 S.; unveränd. Nachdruck der 12. Auflage Berlin 1970, 1. Aufl. Berlin 1910].

9.2. Sonstige Literatur

*Claes 1980* = Frans M. Claes: A Bibliography of Netherlandic Dictionaries. Amsterdam 1980.

*Fabbri 1979* = Maurizio Fabbri: A Bibliography of Hispanic Dictionaries. Galeati 1979.

*Kristeva 1969* = Julia Kristeva: Semeiotikè. Paris 1969.

*McPheron 1984* = Elaine McPheron: Dictionaries of Quotations: A Comparative Review. In: Reference Services Review 12, 4. Winter 1984, 21—31.

*Franz Josef Hausmann, Erlangen (Bundesrepublik Deutschland)*

# 99. Das Satzwörterbuch

1. Geschichte und Gegenwart
2. Literatur (in Auswahl)

## 1. Geschichte und Gegenwart

Das Satzwörterbuch ist ein Wörterbuch, dessen Artikel ausschließlich oder vornehmlich aus Einzelsätzen bestehen. Beim einsprachigen Wörterbuch ist damit der ausdrückliche Verzicht auf die Definition des Lemmazeichens verbunden. Beim zweisprachigen Wörterbuch meint Satzwörterbuch den Verzicht auf oder die Hintanstellung der — im allgemeinen zweisprachigen Wörterbuch dominanten — Wortäquivalente zugunsten von Satzäquivalenten. Satzwörterbücher gehorchen einer Vielzahl von sprachdidaktischen und rhetorischen Zwecken.

1.1. Da Definitionen (vor allem der häufigsten Wörter) für den wenig fortgeschrittenen Fremdsprachler oft schwer verständlich sind, ziehen sich manche fremdsprachliche Grundwortschatzwörterbücher (und einige muttersprachliche Kinderwörterbücher) ganz auf die erklärende Kraft geschickt formulierter Beispielsätze zurück. Sie werden dann zu Satzwörterbüchern (Wohlgemuth 1969, Dubois 1978), auch wenn der Terminus 'Satz' im Titel nur z. Teil auftaucht (Neal 1965, Mattutat 1969). Über den Mindestwortschatz hinaus geht Amet 1926. Die umstrittene Anwendung des Verfahrens auf ein Wörterbuch von 34 000 Einträgen findet sich in Bordas 1972, wo in der Mehrzahl der Fälle der Beispielsatz der Definition vorausgeht (ähnlich auch die Spezialwörterbücher von Meil 1962, 1968, Fleischer 1974 u. Bieler 1981).

1.2. Die historischen Vorläufer heutiger Satzwörterbücher sind die Sammlungen lateinischer *elegantiae* seit der Renaissance. Das gilt trotz des Titels weniger für den nichtalphabetischen, vor allem Zweifelsfälle kommentierenden Valla 1577, als vielmehr zuerst für die ins Alphabet gebrachten Fassungen der *Phrases linguae latinae* oder des *Thesaurus elegantiarum* von Schorus 1548 und Aldus Manutius dem Jüngeren (1579, 1691), die eine ganze Flut solcher meist zitierender Wörterbücher nach sich zogen (Bellengardus 1559, Ulnerus 1571, Buchlerus 1615, Pareus 1616, Arnold 1657; vgl. auch das frühe Beispiel des katalanischen Wörterbuchs von Esteve 1489, sowie die *Phraseologey* von Sattler 1617). Da die lateinischen oder volkssprachlichen Lemmata dieser Wörterbücher oft auch onomasiologisch verstanden werden, müssen die rhetorischen Modellsätze in den Artikeln nicht immer das Lemmazeichen enthalten. Daraus ergibt sich eine typologische Überschneidung mit den Synonymwörterbüchern (Ulner 1571), die auch in den Titeln zum Tragen kommt. Die *Synonymes* von Vivre 1569 (vgl. Streuber 1969, 179—182, und Martens 1887) oder die *Synonyma* von La Noue 1618 (vgl. Martens 1887, 5—6) sind onomasiologische Satzwörterbücher (vgl. für das Griechische Ruland 1563). Ein später und deutlich anachronistischer Nachfahre des *Thesaurus elegantiarum* ist das aus der spanischen Klassik zitierende Wörterbuch von Mir 1899.

1.3. Diese Tradition der Phraseologie (wie das Verfahren auch genannt wurde, cf. Nolten 1780, 14—16) ist für das Lateinische in dem Wörterbuchtyp des Gradus ad Parnassum aufgegangen (vgl. Art. 95) und hat für die neueren Sprachen seine Fortsetzung in zweisprachigen Phraseologien gefunden, die nicht mit den in Art. 96 behandelten phraseologischen Wörterbüchern zu verwechseln

|  | **Refer** (to) **Reference** | a. chiffre (m) – b. référence (f) – c. se référer à – d. reporter a. beziehen – b. Referenz (f) – c. Ziffer (f) |
|---|---|---|
| c/a |  | I am referring to your letter of . . . |
| d/a |  | Simply refer to our letter of . . . |
| c/a |  | In reference to the advertisement which appeared in . . . of . . ., allow me to offer you my services. |
| a/c |  | In reply to your advertisement, reference . . ., |
| b/b | ask | We are obliged to ask you for references for such an important matter. |
| b/b | give | Mr. . . . gave you as a reference. If you wish, I can give you some bankers' references from your area. |
| b/b | has | The candidate has excellent references. |
| b/b | listed | Below I listed as references the names of several firms for which I performed the same kind of work. |
| b/b | quote | Please quote our reference no. . . . |
|  | **Refinance** (to) | assainissement (m) – Sanierung (f) |
|  | plan | If you can submit to us a serious plan to refinance your debts, we are ready to grant you a special loan. |
|  | **Refrain** (to) | a. abstenir a. enthalten – b. unterlassen |
| a/b |  | I will refrain from buying during this period. |
| a/a |  | He refrained from making any comment. |
| a/b |  | It would be better to refrain from dealing with this company. |

Textbeispiel 99.1: Ausschnitt aus einem Satzwörterbuch der Handelskorrespondenz (aus: Duttweiler 1987, 345)

sind. Die Phraseologie (siehe die Titel von Schmitz 1872, Loewe 1877, Beauvais 1883, Wedl 1908, Stabenow 1948) enthält zwar auch idiomatisches Material unterhalb der Satzebene, wie Redewendungen und Kollokationen, füllt aber den meisten Raum mit Sätzen, denen irgendeine Art von Idiomatizität anhaftet (vgl. Hofstetter 1848, der noch die ältere Titelgebung aufweist). Derzeit ist das allgemeine phraseologische Satzwörterbuch selten geworden (vgl. aber den monumentalen deutsch-russischen Paffen 1980).

1.4. Als Fachwörterbuch hingegen lebt das phraseologische Satzwörterbuch fort. In der Frühzeit war die Phraseologie der Handelskorrespondenz noch mit einer allgemeinsprachlichen Komponente verwoben (Rabe 1919, 1924, Fromaigeat 1944), heute tritt sie als reine Speziallexikographie auf (Burfeindt 1961, 1961a, 1972, Duttweiler 1987, Závada 1969, 1971, 1972, 1978, vgl. das frühe mehrsprachige Wörterbuch von Scholl 1886). Ein bemerkenswertes deutsch-englisches Werk zur Phraseologie des Buch- und Verlagswesens ist Stiehl 1977. Großen Erfolg hatte im 19. Jahrhundert ein einsprachiges französisches Wörterbuch der Verwaltungsformeln (Dupont 1836).

## 2. Literatur (in Auswahl)

### 2.1. Wörterbücher

*Amet 1926* = Emile Amet: Dictionnaire donnant le sens des mots par leurs différentes applications. In: Emile Amet, Comment on apprend à parler en public et à traiter par écrit la question du jour. Paris 1926, 215–668 [5. Aufl. 1946].

*Arnold 1657* = Christopherus Arnold: Linguae latinae ornatus. Nürnberg 1657 [Ed. 1679, 631 S.].

*Beauvais 1883* = A. E. Beauvais: Große deutschfranzösische Phraseologie. 2 Bde. Wolfenbüttel 1883, 1884 [976, 956 S.].

*Bellengardus 1559* = Stephanus Bellengardus: Sententiarum volumen absolutissimum. Lyon 1559 [620 S.].

*Bieler 1981* = Karl Heinz Bieler: Deutsche Verben im Kontext. München 1981 [176 S.].

*Bordas 1972* = Maurice Davau/Marcel Cohen/Maurice Lallemand: Dictionnaire du français vivant. Paris 1972 [1342 S.].

*Buchlerus 1615* = Joannis Buchlerus: Thesaurus phrasium poeticarum. Amsterdam 1650 [284 S.; 1. Aufl. Köln 1615].

*Burfeindt 1961* = H. Burfeindt-Moral/L. Rohrbacher: Langenscheidts Satz-Lexikon des französischen Geschäftsbriefes. 15 000 Mustersätze von A–Z. Berlin 1961 [400 S.; deutsch-frz., 7. Aufl. 1983].

*Burfeindt 1961a* = H. Burfeindt-Moral/J. A. Moral-Arroyo: Langenscheidts Satz-Lexikon des spanischen Geschäftsbriefes. 15 000 Mustersätze von A–Z. Berlin 1961 [397 S., 4. Aufl. 1979].

*Burfeindt 1972* = Hildegard Burfeindt-Moral/Hans Hermann Zacher: Langenscheidts Satzlexikon des englischen Geschäftsbriefes. 15 000 Mustersätze von A–Z. Berlin 1972 [400 S.; 8. Aufl. 1986].

*Calani 1966* = Enzo Calani/Herbert Frenzel: Langenscheidts Konversationsbuch Italienisch-Deutsch. Berlin 1966 [288 S.; zuletzt 1986 von U. Foscolo Sguazzini].

*Comenius 1631* = I. A. Comenius: Janua linguarum reserata. 1631.

*Descamps 1976* = J. L. Descamps u. a.: Dictionnaire contextuel de français pour la géologie. Essai de classement d'une concordance de français scientifique et étude critique. Paris 1976 [13, 1617 S.].

*Dubois 1978* = Jean Dubois et al.: Dictionnaire du français langue étrangère. Niveau 1. Paris 1978 [911 S.].

*Dupont 1836* = Paul François Dupont: Mairie pratique. Dictionnaire des formules, contenant les modèles de tous les actes d'administration municipale [...]. Paris 1836 [720 S.; 18. Aufl. 1877].

*Duttweiler 1987* = Cl. G. Duttweiler: The 20 000 sentences and expressions of business and personal correspondence based on key words in alphabetical order. Thun 1987 [460 S.; id., Die 20 000 Sätze und Ausdrücke der Handels- und Privatkorrespondenz, 496 S.; id., Les 20 000 phrases et expressions de la correspondance commerciale et privée, 464 S.].

*Esteve 1489* = Joan Esteve: Liber elegantiarum. Venedig 1489.

*Fischer 1966* = Walter Fischer: Französischer Wortschatz in Satzbeispielen. München 1966 [134 S.].

*Fleischer 1974* = Heinrich Fleischer/Annelies Herzog/Herbert Riedel: Starke und unregelmäßige Verben im Deutschen. Leipzig 1974 [263 S.].

*Frei 1953* = Henri Frei: Le livre des deux mille phrases. Genf 1953 [92 S.].

*Fromaigeat 1944* = Emile Fromaigeat: Deutschfranzösisches Satzwörterbuch. 3 Bde. Zürich 1944–1951 [914 S.].

*Hofstetter 1848* = Johann Baptist Hofstetter: Wörterbuch der Gallicismen, Proverbien und Façons de parler für alle Ergebnisse der französischen Conversation und zum leichteren Verständnis der französischen Klassiker in alphabetischer Ordnung der deutschen Sprache nähergerückt. Wien 1848 [432 S.].

*La Noue 1618* = Pierre de La Noue: Synonyma et Aequivoca Gallica, Phrasibus Sententiisque proverbialibus illustrata in usum linguae Gallicae studiosorum interpretatione donata. Lyon 1618 [514 S.].

*Loewe 1877* = Heinrich Loewe: Deutsch-englische Phraseologie in systematischer Ordnung. 7. Aufl. Berlin 1905 [198 S.; 1. Aufl. 1877].

*Manutius 1579* = Aldus Manutius: Phrases linguae latinae [...] nunc primum in ordinem abecedarium adductae, et in Anglicum sermonem conversae. London 1579 [309 S.; italienische Erstfassung 1557].

*Manutius 1691* = Aldus Manutius: Thesaurus elegantiarum. Ed. Johannis Buchlerus. Köln 1691 [324 S.].

*Mattutat 1969* = Heinrich Mattutat: Deutsche Grundsprache. Wort- und Satzlexikon. Stuttgart 1969 [488 S.].

*Meil 1962* = Kläre Meil/Margit Arndt: ABC der starken Verben. München 1962 [142 S.].

*Meil 1968* = Kläre Meil/Margit Arndt: ABC der schwachen Verben. München 1968 [179 S.].

*Mir 1899* = Juan Mir y Noguera: Diccionario de frases de los autores clásicos españoles. Madrid 1899 [Buenos Aires 1942, 1328 S.].

*Neal 1965* = Eric Neal: A Sentence Dictionary. Amersham 1965 [423 S.].

*Paffen 1980* = K. A. Paffen: Deutsch-russisches Satzlexikon. Hrsg. v. Christa Fleckenstein. Leipzig. München 1980 [1686 S.].

*Pareus 1616* = Philippus Pareus: Calligraphia Romana. Frankfurt 1620 [1228 S.; 1. Aufl. Neapel 1616].

*Rabe 1919* = Deutsch-französisches Satzlexikon für Praxis und Unterricht. Nach Sammlungen von Charles Rieffel ergänzt und bearbeitet von Heinrich Rabe. Stuttgart 1919 [8, 661 S.].

*Rabe 1924* = Heinrich Rabe: Deutsch-englisches Satzlexikon der allgemeinen und wirtschaftlichen Sprache. Stuttgart 1924 [15, 806 S.].

*Ruland 1563* = Martin Ruland: Synonyma graeca. Augsburg 1567 [1. Aufl. 1563; ed. David Hoeschelius, Genf 1612; 1229 S.].

*Sattler 1617* = Johann Rudolph Sattler: Teutsche Orthographey und Phraseologey. Hildesheim 1975 [Reprint von Basel 1617; Phraseologey: 40—410].

*Schmitz 1872* = Bernhard Schmitz: Deutsch-französische Phraseologie in systematischer Ordnung. 15. Aufl. Berlin 1905 [197 S.; 1. Aufl. Greifswald 1872].

*Scholl 1886* = Charles Scholl: A Phraseological Dictionary of Commercial Correspondence in the English, German, French and Spanish Languages. 3. Aufl. London 1902 [898 S.; 1. Aufl. 1884—1886].

*Schorus 1548* = Antonius Schorus: Phrases linguae latinae. Köln 1548 [In: Richardus Ketelius, Scriptores selecti, Amsterdam 1713, 1—304].

*Stabenow 1948* = Karl Stabenow: Französische Phraseologie. Freiburg 1948 [258 S.].

*Stiehl 1977* = Ulrich Stiehl: Satzwörterbuch des Buch- und Verlagswesens Deutsch-Englisch. Dictionary of Book Publishing. With 12 000 sample sentences and phrases German-English. München 1977 [20, 538 S.].

*Ulnerus 1571* = Hermann Ulner: Copiosa supellex elegantissimarum germanicae et latinae linguae phrasium. Frankfurt 1571.

*Vivre 1569* = Gerard de Vivre: Synonymes. C'est a dire plusieurs propos, propres tant en escrivant qu'en parlant tirez quasi tous à un mesme sens, pour monstrer la richesse de la langue francoise. Recueilliz en Francois et aleman. Cologne 1569 [284 S.].

*Wedl 1908* = Rudolf Wedl: Phraseologie der französischen Sprache. Stuttgart 1908 [147 S.].

*Wohlgemuth 1969* = Gisela Wohlgemuth-Berglund: Wort für Wort. Stockholm 1969 [332 S.].

*Závada 1969* = Dušan Závada: Satzlexikon der Handelskorrespondenz Deutsch-Englisch. Wiesbaden 1969 [XXI, 331 S.].

*Závada 1971* = Dušan Závada/René Hartgenbusch: Satzlexikon der Handelskorrespondenz Deutsch-Französisch. Wiesbaden 1971 [XXIII, 407 S.].

*Závada 1972* = Dušan Závada/Igino Schraffl: Satzlexikon der Handelskorrespondenz Deutsch-Italienisch. Wiesbaden 1972 [XXI, 366 S.].

*Závada 1973* = Dušan Závada/Erich Weis: Satzlexikon der Handelskorrespondenz Deutsch-Spanisch. Wiesbaden 1973 [XXI, 383 S.].

*Závada 1978* = Dušan Závada/Krista H. Eberle: Dicionário fraseológico comercial alemão-português. Satzlexikon der Handelskorrespondenz Deutsch-Portugiesisch. Wiesbaden 1978 [XXIV, 435 S.].

### 2.2. Sonstige Literatur

*Martens 1887* = F. Martens: Die Anfänge der französischen Synonymik. Stralsund 1887.

*Nolten 1780* = Johann Friedrich Nolten: Bibliothecae latinitatis restitutae conspectus. In: Id., Lexici latinae linguae antibarbari quadripartiti tomus posterior. Berlin 1780, 1—512.

*Streuber 1969* = Albert Streuber: Französische Grammatik und französischer Unterricht in Deutschland während des 16. Jahrhunderts. In: Zeitschrift für französische Sprache und Literatur 79. 1969, 172—191.

*Valla 1577* = Laurentius Valla: Elegantiarum libri VI. Köln 1577.

*Franz Josef Hausmann, Erlangen (Bundesrepublik Deutschland)*

## 100. Weitere syntagmatische Spezialwörterbücher

1. Linguistisch definierte Syntagmatik
2. Kulturell definierte Syntagmatik
3. Literatur (in Auswahl)

### 1. Linguistisch definierte Syntagmatik

1.1. Wörterbücher zusammengesetzter Wörter existieren für das Französische (Lunel 1846). Das Motiv für Catach 1981 ist das orthographische Problem des Bindestrichs. Bierbach 1982 sammelt Belege für das Muster Verb + Nomen (Typ *cache-nez*).

1.2. Für viele Sprachen wird innerhalb der Phraseologie zwischen den (bildlichen) Redewendungen (cf. Art. 96) und den sogenannten Redensarten unterschieden. So kennzeichnet Duden 1983 die letzteren mit „R" und hebt sie ausdrücklich von den „idiomatischen Ausdrücken (festen Verbindungen und Wendungen; Wortgruppenlexemen)" (18) ab. Neben dem idiomatischen Ausdruck *etwas durch die Blume sagen* steht die Redensart „R vielen Dank für die Blumen". Eine Lexikographie dieses Bereichs gibt es zwar nicht für das Deutsche, recht ausgeprägt aber für das Englische, wo *catch phrases* **(I'm only here for the beer!)** von Partridge 1977, *clichés* **(when all is said and done)** von Partridge 1940 und *slogans* **(Your country needs you)** von Urdang 1984 lexikographiert wurden (vgl. auch Manser 1983, Ewart 1984 und Teile von Urdang 1983 und Hunsinger 1983). Cellard 1982 und Germa 1986 sammeln Redensarten des Französischen, bleiben aber von Exhaustivität weit entfernt.

1.3. Im Zuge der in letzter Zeit neu entdeckten Pragmalinguistik entwickelt sich eine Lexikographie der Gesprächsformeln (Hohmann 1981, 1983), sogar speziell für das Verkaufsgespräch (Hansberger 1985), der *sentence introducers* (Sadasivam 1983) und der *link words* (Ball 1986). Auch diese Lexikographie ist ausbaufähig.

### 2. Kulturell definierte Syntagmatik

2.1. Das Wörterbuch der Anspielungen auf historische oder literarische Namen und Fakten lemmatisiert zum großen Teil Einheiten, die über die Wortgrenze hinausgehen (z. B. *das Ei des Kolumbus*). Der Klassiker ist im anglophonen Raum Brewer 1870 (vgl. auch Hyamson 1922). Einheiten vom Typ *White House* sammelt Montgomery 1906. Smith 1984, Urdang 1982 und Room 1986 bezeugen die Lebendigkeit dieses Typs von Kulturwörterbuch (Henke 1985, 163—168), der in Deutschland nicht und in Frankreich (Larousse 1862) nicht mehr anzutreffen ist.

2.2. Eine besondere Nähe zur Syntagmatik haben die Wörterbücher der französischen Revolution, die von Brigitte Schlieben-Lange (1985, vgl. auch Geffroy 1986) untersucht worden sind. Sie ersetzen die Definition entweder durch engagierte Polemik (und werden zu Pamphletwörterbüchern) oder, zur Vermittlung schwieriger Inhalte, durch Geschichten und Dialoge (und werden zu Anekdotenwörterbüchern: Rodoni 1794, ferner Chantreau 1790). Anekdotenwörterbücher des nicht engagierten Charakters sind keineswegs selten: Dictionnaire 1781, Guérard 1872, Castelbajac 1978; Anekdoten 1842, Frey 1983; Fuller 1942; Vega 1957.

2.3. Als kulturell definierte syntagmatische Einheiten dürfen Devisen, Mottos, Wahl- und Sinnsprüche gelten, die immer wieder auch ihre Lexikographen fanden: Chassant 1878, Dielitz 1884, Gelli 1916, Robbins 1984.

---

**I'm off in a cloud of dust** and **pardon my dust!** These US phrases have a slightly different connotation from the next entry. They precede WW1, for they arose during that period when automobiles were ousting the horse and buggy, and before dirt roads were being hard-surfaced. People in horse-drawn vehicles found themselves covered with a choking cloud of dust every time an automobile passed them. (W.J.B., 1977.) Cf:

**I'm off in a shower** (or **cloud**) **of shit.** I am departing – Goodbye! 'Some US currency, 1930s. Low parody of the racetrack announcer's "They're off in a cloud of dust" [but cf. prec.]' (R.C., 1978). It was a Can. Army c.p. of WW2, and occ., among civilians, since 1945. P.B.: I heard it used by Australian servicemen during the 1960s.

**I'm on agen with Monaghan and off agen with you** had a brief life (English), 1910–*c.* 1914, and was adopted from a song-title that, in 1910, was sung by Maggie Cline, Edward B. Marks, *They All Sang*, 1934. (Thanks to W.J.B.)

**I'm only asking.** I'm merely asking a simple question, not expecting some benefit; I merely wish to know; I ask out of curiosity, nothing more: since *c.* 1910. P.B.: sometimes completed, ....**because I want to know.** See also **I only asked.**

**I'm only here for the beer.** I've no right to be here – all I want is a bit of fun; I'm not a serious person: from late 1971 or very early 1972. From a beer advertisement – for Double Diamond – of 1971.

Often shortened to *only here for the beer*, which has become so widely accepted that, in the *Sunday Times*

Textbeispiel 100.1: Ausschnitt aus einem Wörterbuch der englischen *catch phrases* (aus: Partridge 1985, 156)

### 3. Literatur (in Auswahl)

#### 3.1. Wörterbücher

*Anekdoten 1842* = Anekdotenlexikon. Erfurt 1842 [8, 462 S.; München o. J. u. d. T. Das große deutsche Anekdotenlexikon].

*Ball 1986* = W. J. Ball: Dictionary of Link Words in English Discourse. London 1986 [154 S.].

*Bierbach 1982* = Mechtild Bierbach: Die Verbindung von Verbal- und Nominalelement im Französischen. Tübingen 1982 [161—405, Wörterbuch].

*Brewer 1870* = Ebenezer C. Brewer: Dictionary of phrase and fable giving the derivation, source, or origin of common phrases, allusions, and words that have a tale to tell. London 1870 [Ed. I. H. Evans, London 1981].

*Castelbajac 1978* = Bernadette de Castelbajac: Qui a dit quoi? Origine curieuse des expressions, des noms et des mots. Paris 1978 [277 S.].

*Catach 1981* = Nina Catach/Jeanne Golfand/Roger Denux. Orthographe et lexicographie. Les mots composés. Paris 1981 [185—330, Wörterbuch].

*Cawdrey 1600* = Robert Cawdrey: A Treasurie or Storehouse of Similies. Both pleasant, delightfull, and profitable, for all estates of men in general. Newley collected into Heads and Common places. London 1600 [860 S. + Reg.].

*Cellard 1982* = Jacques Cellard: Ça mange pas de pain! Paris 1982 [285 S.].

*Chantreau 1790* = Pierre Nicolas Chantreau: Dictionnaire national et anecdotique. Politcopolis 1790.

*Chassant 1878* = Alphonse Antoine Louis Chassant: Dictionnaire des devises historiques et héraldiques. Paris 1878.

*Dictionnaire 1781* = Dictionnaire d'anecdotes, de traits singuliers et caractéristiques, historiettes, bons mots, naïvetés [. . .]. Lille 1781.

*Dielitz 1884* = Julius Dielitz: Die Wahl- und Denksprüche, Feldgeschreie, Losungen, Schlacht- und Volksrufe, besonders des Mittelalters und der Neuzeit, gesammelt, alphabetisch geordnet und erläutert. Frankfurt 1884 [476 S.; Nachdruck 1963].

*Duden 1983* = Duden Deutsches Universalwörterbuch. Mannheim 1983 [1504 S.].

*Ewart 1984* = Neil Ewart: Everyday Phrases. Poole 1984 [162 S.].

*Frey 1983* = Ulrich H. Frey: Lexikon der treffenden Anekdoten. Thun 1983 [250 S.].

*Fuller 1942* = Edmund Fuller: Thesaurus of Anecdotes. A New Classified Collection of the Best Anecdotes from Ancient Times to the Present Day. New York 1942 [489 S.].

*Gelli 1916* = Jacopo Gelli: Divise, motti, imprese di famiglie e personaggi italiani. Mailand 1961 [699 S.].

*Germa 1986* = Pierre Germa: „Minute papillon"! Dictionnaire des expressions toutes faites, des formules consacrées et de leurs créateurs. Paris 1986 [174 S.].

*Guérard 1872* = Edmond Guérard: Dictionnaire encyclopédique d'anecdotes modernes, anciennes, françaises et étrangères. 2 Bde. Paris 1872 [Paris 1926/29, 10, 600, 532 S.].

*Hansberger 1985* = Olivier Hansberger: Say it! 888 expressions pour négocier en anglais. Paris 1985 [203 S.].

*Hohmann 1981* = Heinz-Otto Hohmann: Englisch diskutieren. Englisch-deutscher Diskussionswortschatz in Satzbeispielen. Berlin 1981 [88 S.].

*Hohmann 1983* = Heinz-Otto Hohmann. Französisch diskutieren [. . .]. Berlin 1983 [81 S.].

*Hunsinger 1983* = Walter W. Hunsinger: Picturesque expressions. A Thematic Dictionary. 2. Aufl. Detroit 1983 [648 S.].

*Hyamson 1922* = Albert M. Hyamson: A Dictionary of English Phrases, Phraseological Allusions, Catchwords, Stereotyped Modes of Speech and Metaphors, Nicknames, Sobriquets, Derivations from Personal Names, etc. with Explanations and Thousands of Exact References to their Sources of Early Usage. London 1922 [365 S.; Detroit 1970].

*Larousse 1862* = Pierre Larousse: Fleurs historiques des dames et des gens du monde. Clef des allusions aux faits et aux mots célèbres que l'on rencontre fréquemment dans les ouvrages des écrivains français. Paris 1862 [696 S.].

*Lunel 1846* = B. Lunel: Vocabulaire des noms composés de la langue française, avec le pluriel, précédé d'un examen critique des grands dictionnaires. Paris 1846 [71 S.].

*Manser 1983* = Martin Manser: A Dictionary of Contemporary Idioms. London 1983 [219 S.].

*Montgomery 1906* = Hugh Montgomery/Philip G. Cambray: A Dictionary of Political Phrases and Allusions. London 1906 [406 S.; Detroit 1968].

*Partridge 1940* = Eric Partridge: A Dictionary of Clichés. London 1940 [5. Aufl. 1978, 261 S.].

*Partridge 1977* = Eric Partridge: A Dictionary of Catch Phrases. London 1977 [278 S.; ed. Paul Beale, 1985, XXV, 384 S.].

*Robbins 1984* = Ceila Dame Robbins (ed.): Mottoes. Detroit 1984 [768 S.].

*Rodoni 1794* = Rodoni: Dictionnaire républicain et révolutionnaire. Hg. v. B. Schlieben-Lange (im Druck).

*Room 1986* = Adrian Room: Dictionary of Britain. Oxford 1986.

*Sadasivam 1983* = M. Sadasivam: Dictionary of Sentence-Introducers. Erode (Indien) 1983 [44 S.].

*Smith 1984* = Eric Smith: A Dictionary of Classical Reference in English Poetry. Woodbridge 1984 [XI, 308 S.].

*Sommer 1988* = Elyse Sommer/Mike Sommer: Similes Dictionary. A Collection of More Than 16 000 Comparison Phrases. [. . .]. Detroit 1988 [950 S.; themenalph. Zitatwb.].

*Urdang 1982* = Laurence Urdang/Frederick G. Ruffner (eds.): Allusions. Cultural, Literary, Biblical, and Historical: A Thematic Dictionary. Detroit 1982 [487 S.].

*Urdang 1983* = Laurence Urdang/Frank R. Abate: Idioms and Phrases Index. 3 vol. Detroit 1983 [1691 S.].

*Urdang 1984* = Laurence Urdang/Ceila Dame Robbins: Slogans. First Edition. A Collection of More Than 6,000 Slogans, Rallying Cries, and Other Exhortations Used in Advertising, Political Campaigns, Popular Causes and Movements, and Divers Efforts to Urge People to Take Action, the Entries Representing a Broad Spectrum of Time and Origin yet Conveniently Arranged by Thematic Categories and Identified as to Source, the Whole Enhanced by a Specially Prepared Foreword and Introduction and by the Inclusion of Detailed Indexes. Detroit 1984 [556 S.].

*Vega 1957* = Vincente Vega: Diccionario ilustrado de anécdotas. Barcelona 1957 [1077 S.; 3. Aufl. 1965].

### 3.2. Sonstige Literatur

*Geffroy 1986* = Annie Geffroy: Les dictionnaires socio-politiques, 1770—1820. In: Autour de Féraud. La lexicographie en France de 1762 à 1835. Paris 1986, 193—210.

*Henke 1985* = Käthe Henke/Kurt-Michael Pätzold: Englische Wörterbücher und Nachschlagewerke. In: Bielefelder Beiträge zur Sprachlehrforschung 15. 1985, 98—180.

*Schlieben-Lange 1985* = Brigitte Schlieben-Lange: Die Wörterbücher in der Französischen Revolution. In: Handbuch politisch-sozialer Grundbegriffe in Frankreich 1680—1820. Hg. v. Rolf Reichhardt u. Eberhard Schmitt. Bd. 1. München 1985, 149—196.

*Schneider 1989* = Franz Schneider: Comment décrire les actes de langage? Tübingen 1989 (Linguistische Arbeiten 227).

*Franz Josef Hausmann, Erlangen*
*(Bundesrepublik Deutschland)*